发挥开发性金融作用　积极支持中小企业发展

——国家开发银行中小企业融资业务简介

2003 年以来，国家开发银行（以下简称国开行）认真贯彻国务院关于促进中小企业发展的方针政策，以人人享有平等融资权为目标，以机制建设为主要方法，坚持“融资+融智”引导和培育合作机构，形成了以开发性金融和金融社会化理念为核心，以“国开行融资推动、政府组织协调、合作主体协助管理、担保公司担保、信用协会等群众组织民主评议与监督、中小金融机构代理结算”为主要特色的批发融资模式。截至 2015 年 6 月底，国开行中小企业贷款余额 2.66 万亿元人民币，其中，小微企业贷款余额 1.1 万亿元人民币，惠及中小企业、微型企业、个体经营户、农户、创业青年、城市下岗职工等各类社会群体，覆盖制造业、农林牧渔业、批发零售业等近 20 个行业。

国开行坚持以客户为中心，致力建立多元化、个性化的金融产品体系，满足不同类型、不同发展阶段的中小企业客户融资需求。

——与基金会合作，支持城乡统筹发展

在陕西，国开行提供贷款人民币 45 亿元、开元城市发展基金投资人民币 10 亿元，支持临潼城乡统筹建设，改善当地农民生活方式和居住环境，累计安置 1440 户、约 4500 人入住社区，对 3000 余人进行上岗技能培训，带动 1200 多人创业就业。

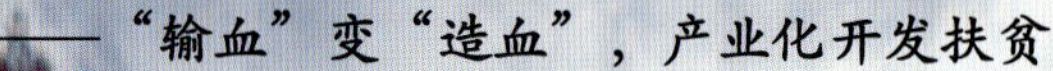

——“输血”变“造血”，产业化开发扶贫

在贵州，国开行通过与政府合作建立农业产业化扶贫机制，有效解决当地农民融资难问题，变“输血”式为“造血”式扶贫，以产业化发展带动当地农民脱贫致富。

——“公司+农户”，促进民族地区群众脱贫致富

在湖南、湖北、贵州、重庆在武陵山连片特困地区，国开行通过创新金融扶贫模式，运用“国开行小额农贷”支持该地区特色农业发展。

——与政府合作创新贷款模式

在吉林，国开行通过与省工信厅、省中小企业服务中心、省内各级担保公司、省农信社以及各行业协会和特色园区的合作，创新推出了面向个体和微小企业的信贷产品——万民创业小额贷款，创建了“融资平台+协会、园区+三级风险分担机制+贴息激励机制+ 止损机制”的运作模式。

——创新抵质押担保，助力地方特色产业发展

在四川，国开行创新抵质押模式支持四川郫县豆瓣产业发展，以企业储椒池内的辣椒作为抵押物，向 50 家企业累计提供贷款人民币 1.4 亿元，市场覆盖率达 64%，直接创造农民工就业岗位 1000 余个，支持了县域特色产业发展，带动配套种植业发展。

借风上万里，双翼展鹏程。支持中小企业成长与发展，开发性金融责无旁贷。在当前和今后一个时期，国开行将继续大力推动普惠金融发展，坚持“突出重点、做出特色、彰显作用”的原则，以创新的思路和方法为解决小微企业融资难融资贵积极探索，为国家经济发展与社会和谐做出新的贡献！

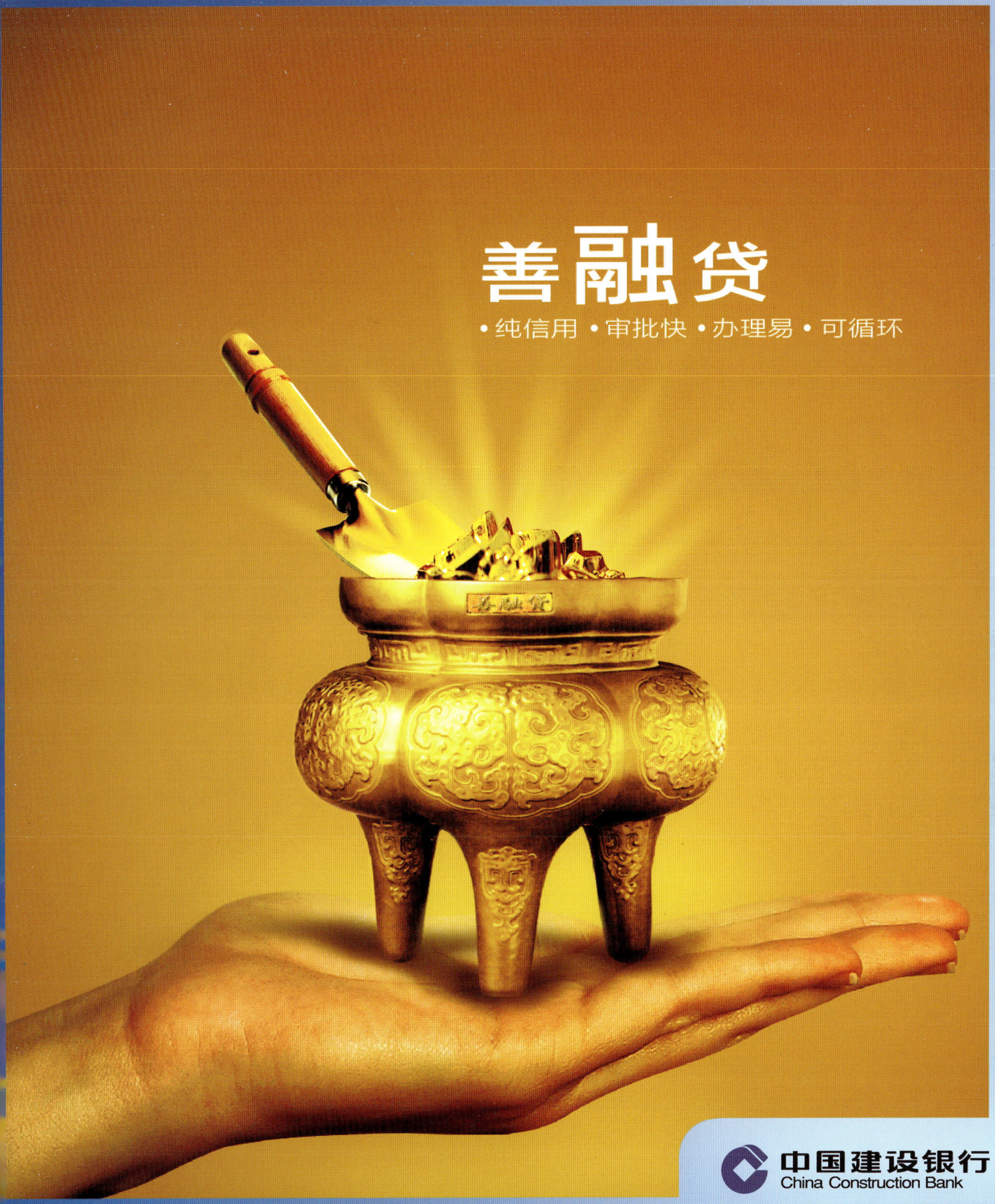

中国中小企业年鉴(2015)

YEARBOOK OF CHINA SMALL AND MEDIUM ENTERPRISES

《中国中小企业年鉴》编委会　编

企业管理出版社

图书在版编目（CIP）数据

中国中小企业年鉴．2015 /《中国中小企业年鉴》编委会编．-- 北京：
企业管理出版社，2015.12
ISBN 978-7-5164-1300-5

Ⅰ.①中… Ⅱ.①中… Ⅲ.①中小企业-中国-2015-年鉴 Ⅳ.①F279.243

中国版本图书馆 CIP 数据核字（2016）第 152052 号

广告经营许可证：京海工商广字第 8127 号

书　　名：中国中小企业年鉴（2015）
作　　者：《中国中小企业年鉴》编委会
责任编辑：尤颖　李蕊
书　　号：ISBN 978-7-5164-1300-5
出版发行：企业管理出版社
地　　址：北京市海淀区紫竹院南路 17 号　　邮编：100048
网　　址：http：//www.emph.cn
电　　话：总编室（010）68701719　发行部（010）68701816　编辑部（010）68701638
电子信箱：80147@sina.com
印　　刷：北京新华印刷有限公司
经　　销：新华书店
规　　格：215 毫米×290 毫米　16 开本　51.5 印张　1900 千字
版　　次：2015 年 12 月第 1 版　2015 年 12 月第 1 次印刷
定　　价：460.00 元

中国中小企业年鉴（2015）

中国中小企业年鉴编委会（2015）

（各地中小企业主管部门）

荆甫智　北京市经济和信息化委员会中小企业处处长
任　鹏　天津市中小企业发展促进局副局长
尚林海　河北省工业和信息化厅中小企业处调研员
张华龙　山西省经济和信息化委员会主任
马　强　内蒙古自治区经济和信息化委员会，中小企业局副局长
赵连生　辽宁省中小企业厅厅长
韩　广　大连市经济和信息化委员会副局长
孙大维　吉林省工业和信息化厅副厅长
王　磊　黑龙江省工业和信息化委员会主任
傅新华　上海市经济和信息化委员会副主任
周毅彪　江苏省经济和信息化委员会副主任
高建明　浙江省经济和信息化委员会副主任
陈炳荣　宁波市经济和信息化委员会主任
陈冬克　安徽省经济和信息化委员会，中小企业局局长
郑李亭　福建省经济和信息化委员会副主任
邓建华　厦门市经济发展局副局长
胡世忠　江西省工业和信息化委员会主任
刑亚民　山东省中小企业局副巡视员
张　琳　青岛市经济和信息化委员会副主任，中小企业发展局局长
万战伟　河南省工业和信息化厅中小企业服务局副局长
刘进文　湖北省经济和信息化委员会副主任
黄东红　湖南省经济和信息化委员会党组成员，中小企业局局长
张文献　广东省中小企业局局长
顾宏伟　深圳市中小企业服务署署长
束 华　广西壮族自治区工业和信息化委员会主任
韩 勇　海南省工业与信息化厅厅长
王任林　重庆市中小企业发展指导局副局长
张国斌　四川省经济和信息化委员会副主任
杨　静　贵州省经济和信息化委员会副主任
许　坚　云南省工业和信息化委员会巡视员，省非公有制办公室常务副主任
朱太中　西藏自治区工业和信息化厅副厅长
尤战存　陕西省中小企业促进局总经济师
冯玉旗　甘肃省工业和信息化委员会（中小企业局）处长
陶兴德　青海省经济和信息化委员会中小企业发展局局长
金立军　宁夏回族自治区非公有制经济服务局办公室主任
周　超　新疆自治区经济和信息化委员会副书记、副主任
李　鸣　新疆生产建设兵团工业和信息化委员会副主任

联络员

嵇　峰　工业和信息化部中小企业发展促进中心副处长
魏　颖　北京市经济和信息化委员会中小企业处副处长
刘　亢　天津市中小企业发展促进局副调研员
王　颖　河北省工业和信息化厅中小企业处主任科员
原晋军　山西省中小企业局办公室副主任
吴满海　内蒙古自治区中小企业局综合处副处长
姚东辉　辽宁省中小企业厅经济运行处副处长
邹春发　大连市经济和信息化委员会副处长

胡志森　吉林省工业和信息化厅中小企业处处长
梁其娟　黑龙江省工业和信息化委员会中小企业局局长
宋晓辉　上海市促进中小企业发展协调办公室副主任
卞春阳　江苏省经济和信息化委员会主任科员
周金榜　浙江省经济和信息化委员会主任科员
董其岳　宁波市经济和信息化委员会正处级调研员
齐　晓　安徽省经济和信息化委员会中小企业局（中小企业培训中心）副主任
罗天进　福建省经济和信息化委员会中小企业处副主任科员
张朝进　厦门中小在线信息股份有限公司董事长
曾　伟　江西省工业和信息化委员会中小企业处副调研员
王功永　山东省中小企业局政策调研处副处长
仇博先　青岛市经信委中小企业发展局规划发展处处长
李　丽　河南省工业和信息化厅主任科员
雷培德　湖北省经济和信息化委员会中小企业发展处处长
陈熹柳　湖南省经济和信息化委员会中小企业处
黄锦南　广东省中小企业局副调研员
刘　广　深圳市中小企业服务署
黄　加　广西壮族自治区工业和信息化委员会中小企业处副调研员
秋锦绣　海南省工业与信息化厅中小企业处副处长
廖　冰　重庆市中小企业发展指导局科技处处长
熊　庄　四川省经济和信息化委员会企业处副处长
王　骥　贵州省中小企业局副局长
张云江　云南省工业信息化委员会中小企业处副主任科员
蒋达春　西藏自治区工业和信息化厅中小企业处副处长
乔洪英　陕西省中小企业促进局非公经济发展处副处长
周　钰　甘肃省工业和信息化委员会（中小企业局）副主任科员
常瑞环　青海省经济和信息化委员会中小企业发展局科员
庞海华　宁夏回族自治区非公有制经济服务局办公室主任科员
苏　勇　新疆自治区经济和信息化委员会企业处副处长
尤文明　新疆生产建设兵团工业和信息化委员会企业处调研员

编 辑 说 明

一、《中国中小企业年鉴（2015）》（以下简称《年鉴》）收录内容为2014年1月1日至12月31日间的相关文献、资料，记述了这一阶段我国中小企业改革与发展的重大事件和主要成就。

二、本《年鉴》收录范围除香港、澳门、台湾三地外全国31个省、自治区、直辖市、5个计划单列市以及新疆生产建设兵团。各地相关资料按最新发布的全国行政区划顺序编排。

三、本《年鉴》以工具书形式编排，分成重要文献、综述、国家扶持中小企业政策与措施、各省市中小企业改革与发展、中小企业统计资料、政策法规、调研与实践、附录等八篇。

四、2014年地方中小企业的主要经济指标统计数据由各地中小企业管理部门协助提供。

五、附录中“年度推荐企业”由各地中小企业管理部门推荐，是宣传展示优秀中小企业的公益性平台。

六、本书的编辑出版得到了工业和信息化部领导和中小企业局领导的重视，得到国家统计局等部门的大力支持，也得到各省市中小企业主管部门和服务机构的大力配合和支持。在各方共同努力下，《年鉴》稿件质量不断提高，使本书信息服务功能不断完善和加强。在此我们向支持、参与本书工作的所有同志致以深深的敬意。

七、对于本书存在的不足、疏漏与错误请大家批评指正。让我们共同努力，不断提高《年鉴》的质量和水平，为我国中小企业事业的发展做出贡献。

《中国中小企业年鉴》编委会

2015年12月31日

全国中小企业工作暨扶助小微企业专项行动电视电话会议

2014年4月3日，全国中小企业工作暨扶助小微企业专项行动电视电话会议在京召开。工业和信息化部部长苗圩出席主会场会议并作重要讲话，部党组成员、总工程师朱宏任主持会议。

2014中小企业信息化服务信息发布会暨中小企业信息化培训启动会

2014年5月5日，工业和信息化部在北京举办“2014中小企业信息化服务信息发布会暨中小企业信息化培训启动会”。工业和信息化部党组成员、总工程师朱宏任出席并讲话。

APEC第21次中小企业部长会议筹备委员会领导小组第一次全体会议在北京召开

2014年5月5日下午，APEC第21次中小企业部长会议筹备委员会领导小组第一次全体会议在北京召开，筹委会领导小组组长、工业和信息化部苗圩部长作重要讲话。会议由筹委会领导小组副组长兼秘书长、工业和信息化部党组成员、总工程师朱宏任主持。

俄罗斯亚洲工业企业家联盟主席来访

2014年5月19日，工业和信息化部中小企业司司长郑昕会见了来访的俄罗斯亚洲工业企业家联盟主席刘丽达一行，双方围绕促进中小企业发展的政策、中小企业融资与创新等方面的议题进行了深入交流。

第八届APEC中小企业技术交流暨展览会

2014年6月19日，第八届APEC中小企业技术交流暨展览会在浙江省义乌市国际博览中心开幕。

工业和信息化部党组成员、总工程师朱宏任出席开幕式并致辞。

2014年6月21日，APEC中小企业融资创新研讨会在浙江省义乌市召开，中小企业司副司长田川出席研讨会并致辞。

全国中小企业厅局长圆桌会议在浙江义乌召开

2014年6月19日，第八届APEC中小企业技术交流暨展览会在浙江省义乌市国际博览中心开幕。

全国中小企业主管部门信息化局长培训班在上海举办

2014年7月17-18日，全国中小企业主管部门信息化局长培训班在上海举办。工业和信息化部党组成员、总工程师朱宏任以《大力推动信息化促进中小企业创新发展》为题为学员授课。

第二次中美中小企业政策对话会议在华盛顿召开

2014年7月23日，第二次中美中小企业政策对话会议在华盛顿召开，会议由工业和信息化部总工程师朱宏任与美国商务部副部长帮办肯·海亚特共同主持。

小微文化企业政策发布暨交流研讨活动在北京召开

2014年8月19日，由文化部主办的“小微文化企业政策发布暨交流研讨活动”在北京召开，活动以发布和解读《文化部 工业和信息化部 财政部关于大力支持小微文化企业发展的实施意见》为主题。工业和信息化部党组成员、总工程师朱宏任出席活动并讲话。

朱宏任一行在山东考察中小企业发展情况

2014年8月14日至15日，工业和信息化部党组成员、总工程师朱宏任同志赴山东考察中小企业和民营企业发展情况。工业和信息化部中小企业司司长郑昕、消费品工业司司长王黎明、产业政策司副司长卢希等陪同考察。

APEC第21次中小企业部长会、APEC第39次中小企业工作组会及相关会议

2014年9月5日，APEC第21次中小企业部长会议在南京召开，中共中央政治局委员、国务院副总理马凯出席开幕式并致辞。APEC中小企业部长会议主席、工业和信息化部部长苗圩主持会议。

中国工业和信息化部部长苗圩在会后新闻发布会上介绍会议取得的主要成果。

2014年9月3日，APEC第39次中小企业工作组会议在江苏南京召开，会议由工作组临时主席，新加坡标准、生产力与创新局副局长陈德钧主持。工业和信息化部中小企业司副司长田川出席会议并致辞。

2014年9月2日，2014年APEC中小企业工商论坛在南京召开。本次论坛是APEC第21次中小企业部长会议重要配套活动之一。中国工业和信息化部总工程师朱宏任和中华全国归国华侨联合会副主席李卓彬出席开幕式并致辞。

2014年9月1日，APEC中小企业融资创新研讨会第二次会议在南京举行。中国工业和信息化部中小企业司副司长田川出席会议并致辞。

第二次中韩中小企业政策交流委员会会议在南京召开

2014年9月6日，第二次中韩中小企业政策交流委员会会议在南京召开，会议由工业和信息化部总工程师朱宏任与韩国中小企业厅厅长韩正和共同主持。

2013-2014年度中小企业经营管理领军人才高级研修班举行结业式

2014年10月13日，2013-2014年度中小企业经营管理领军人才高级研修班举行结业式，工业和信息化部党组成员、总工程师朱宏任出席并致辞，部中小企业司副司长田川、电子五所所长谢少锋、中小企业发展促进中心主任秦志辉、副主任郑红等参加。

深化中小企业金融服务战略合作座谈会在重庆召开

2014年10月17日，工业和信息化部与中国建设银行在重庆市联合召开深化中小企业金融服务战略合作座谈会。工业和信息化部党组成员、总工程师朱宏任和建设银行章更生副行长出席会议并发表讲话。

中小企业融资和担保座谈会在重庆召开

2014年10月17日，工业和信息化部在重庆市召开中小企业融资和担保座谈会，部党组成员、总工程师朱宏任出席会议并讲话。

朱宏任一行赴江苏省太仓市考察中德中小企业合作情况

2014年10月26日，部党组成员、总工程师朱宏任赴江苏省太仓市考察中德中小企业合作情况。工信部中小企业司司长郑昕、产业政策司司长冯飞、中国中小企业发展促进中心副主任郑红等陪同考察。

全国创办小企业工作座谈会在武汉召开

2014年10月28日，工业和信息化部在武汉召开全国创办小企业工作座谈会。工业和信息化部党组成员、总工程师朱宏任同志出席会议并讲话。会议由工业和信息化部中小企业司司长郑昕主持。

第十一届中国国际中小企业博览会

2015年10月10日，由工业和信息化部、发展改革委、财政部、工商总局、质检总局、银监会、广东省共同主办的第十一届中国国际中小企业博览会在广州开幕。工业和信息化部党组成员、总工程师朱宏任出席开幕招待会并致辞。

工业和信息化部总工程师朱宏任10月10日在广州会见了出席第十一届中国国际中小企业博览会的墨西哥国家企业家局局长恩里克·雅各布·罗察一行。工信部中小企业司司长郑昕、副司长田川等参加会见。

2014年10月11日上午，部党组成员、总工程师朱宏任陪同中共中央政治局委员、广东省省委书记胡春华参观了第十一届中国国际中小企业博览会。

2014年10月11日下午，第十一届中博会中国中小企业高峰论坛在广州花园酒店举行。工业和信息化部党组成员、总工程师朱宏任出席论坛并发表演讲。

2014年10月12日，中小企业发展国际研讨会暨2014驻穗总领事圆桌会议在广州举办。工业和信息化部党组成员、总工程师朱宏任出席会议。

2014中国(郑州)产业转移系列对接活动在郑东新区国际会展中心举行

2014年10月31日，2014中国(郑州)产业转移系列对接活动在郑东新区国际会展中心举行。省长谢伏瞻、工业和信息化部部长苗圩、中国工程院院长周济一起启动开幕装置。

中小企业公共服务平台网络建设工作座谈会在北京举行

2014年11月20日至21日，中小企业公共服务平台网络建设工作座谈会在北京职工之家成功举行，工信部中小企业司副司长许科敏出席会议。

印度乡村发展部来访

2014年12月22日下午，中小企业司司长郑昕会见了印度乡村发展部辛格谢卡教授一行。郑昕司长介绍了中国中小企业的基本情况以及促进中小企业发展的政策措施，并就双方中小企业务实合作与印方交换了意见。

目 录

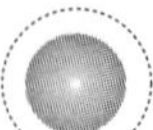

第二篇　综述

第三篇　国家扶持中小企业政策与措施

第四篇　各地中小企业改革与发展

第五篇 中小企业统计

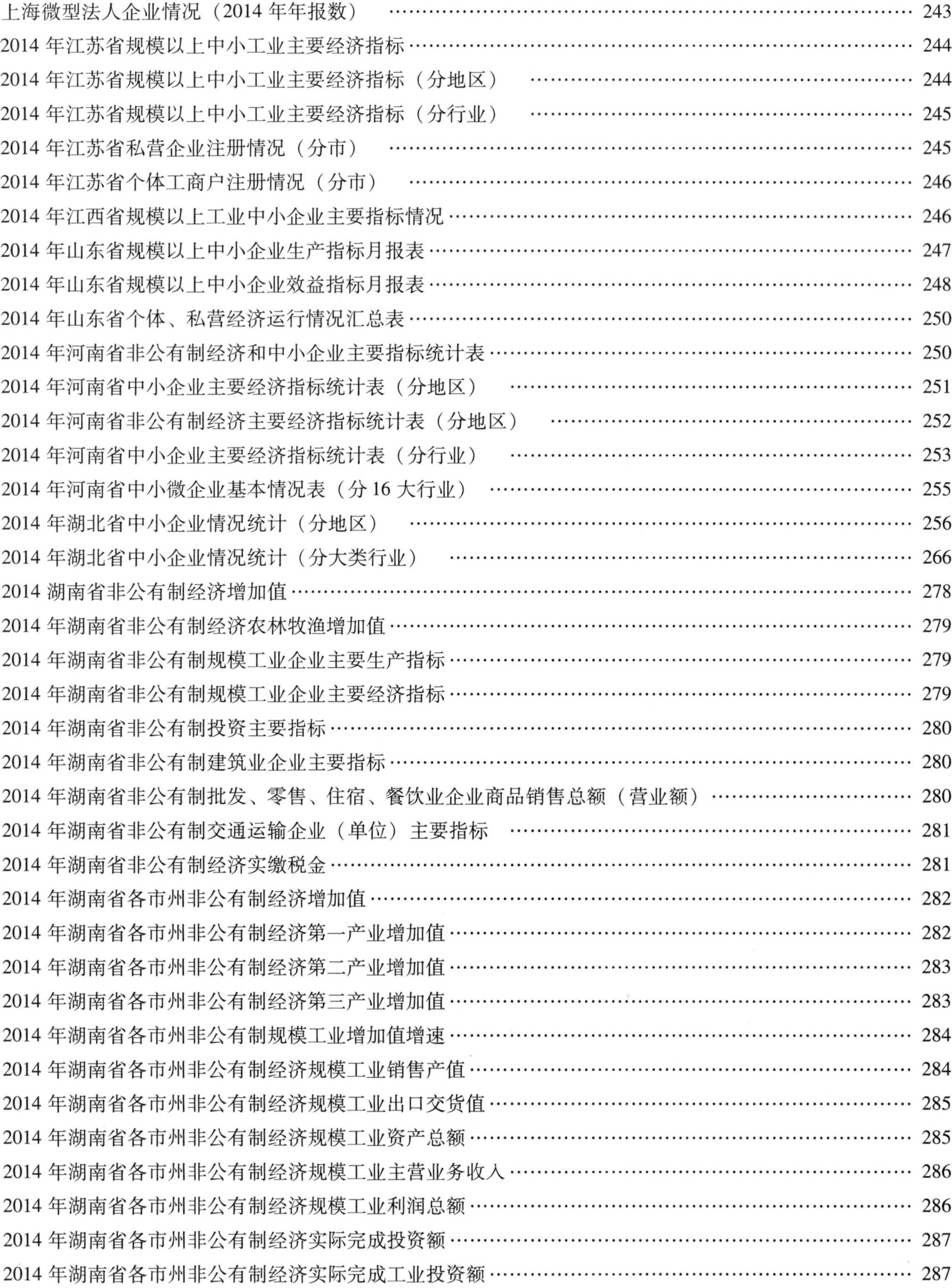

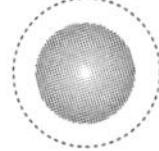

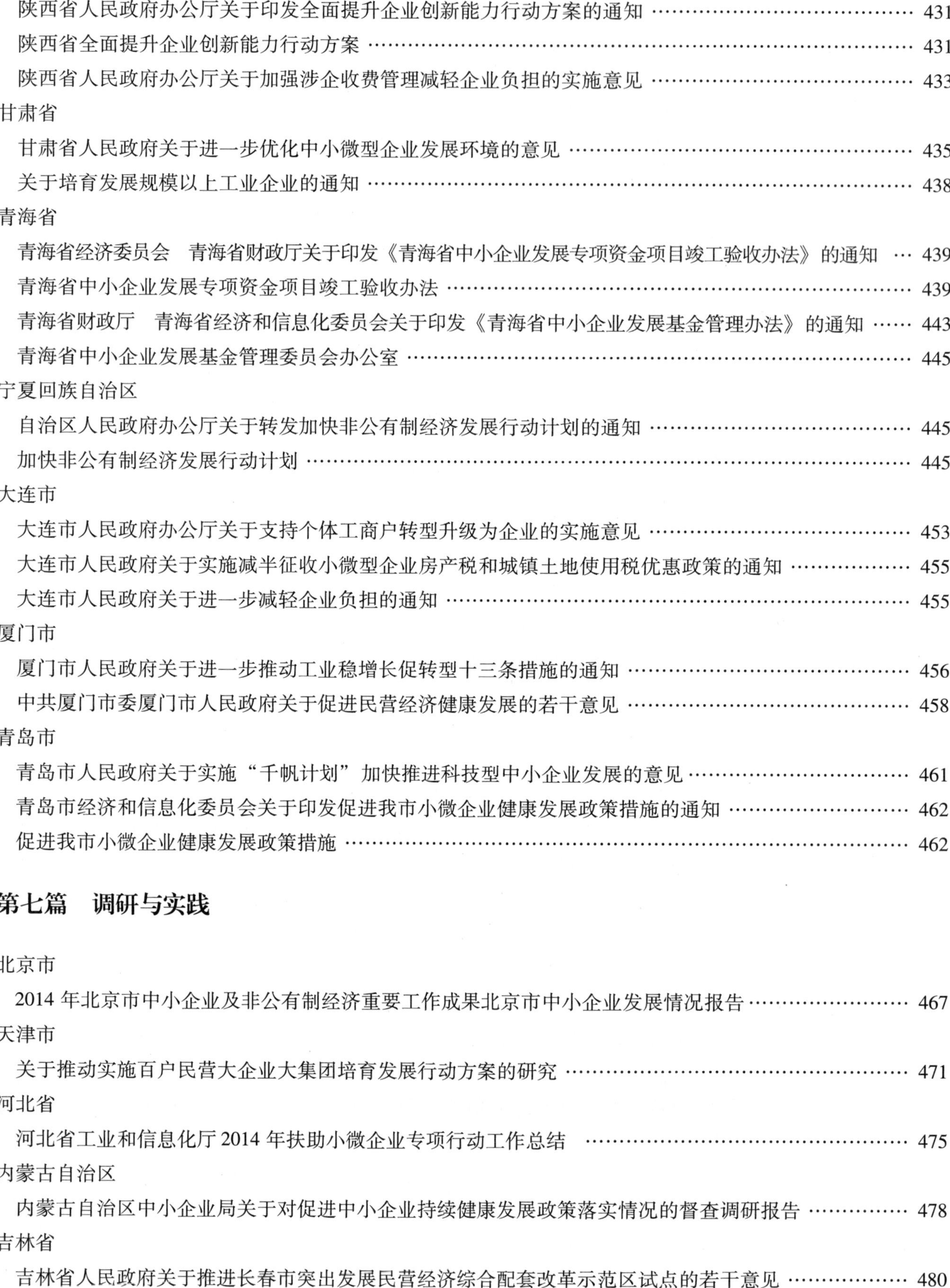

第七篇　调研与实践

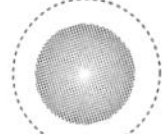

第八篇　附录

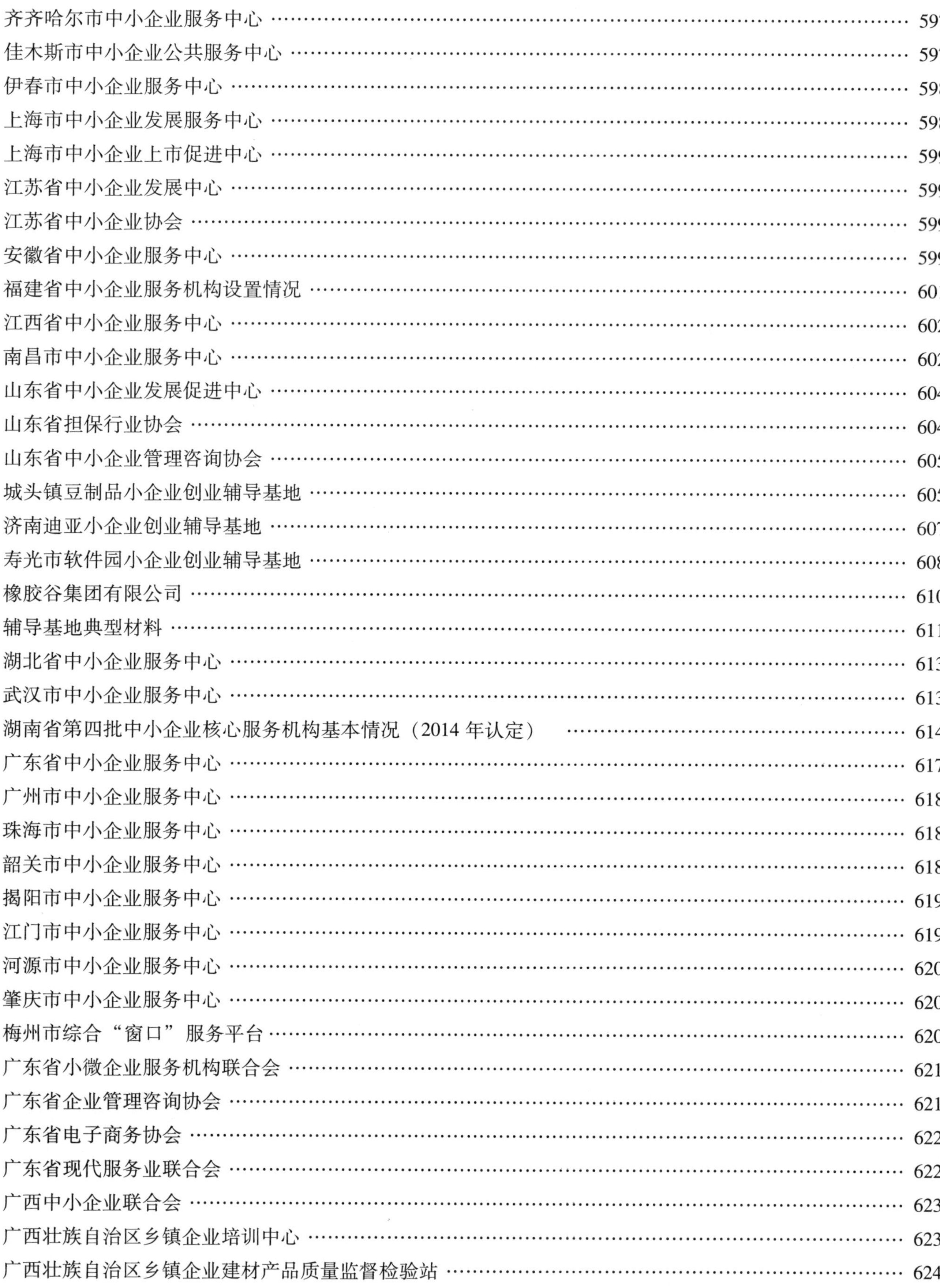

序

中小企业是我国国民经济和社会发展的重要力量。中小企业数量占企业总数的99%以上，对我国GDP贡献超过了60%，并提供了80%以上的城镇就业岗位。中小企业的发展状况，直接影响了整个国民经济的发展水平。随着工业化和信息化深度融合，国内外经济运行环境日趋复杂，中小企业发展既有难得的历史机遇，也面临严峻的挑战。国际经验表明，中小企业的高速发展，离不开有效的社会化服务体系尤其是信息服务体系的支撑。我国在建立完善中小企业服务体系方面也做了大量的工作，取得了显著成效，但其服务功能如创业服务、创新服务、融资服务、管理咨询服务、信息服务、人才培养、市场开拓服务等功能仍需进一步加强。其中，信息服务是其他各项服务的基础。

《中国中小企业年鉴》自创办以来，在中小企业信息服务体系中发挥了重要的作用。作为我国第一部系统、全面介绍我国中小企业现状及趋势分析的信息服务工具书，年鉴多年来坚持不懈地为中小企业、为政府、为各类服务机构提供全面、有效的数据和信息服务。通过整理汇编国务院及各部门指导、扶持中小企业的政策、法规，为中小企业提供政策信息，帮助中小企业了解并充分利用各类扶持资金、政策；通过宣传交流地方中小企业工作成绩和成功经验，促进各地发挥地区优势，发展地方特色产业；通过提供各类中小企业服务机构信息，为中小企业解决资金、技术、人才、市场等问题提供信息支持。

经过多年的积累，年鉴形成了全面、高效的信息征集系统。国家统计局为年鉴提供年度中小企业主要指标数据，并专门撰写中小企业发展状况分析报告。各级中小企业主管部门为年鉴提供权威、翔实的数据和资料。在大家共同努力下，年鉴编辑质量伴随着我国中小企业事业的发展而不断提高，年鉴的信息服务功能不断增强和完善，年鉴工作已成为中小企业服务体系建设的一项重要内容，成为增强服务能力、优化服务环境的重要抓手。在此我对年鉴各组稿单位的辛勤努力表示诚挚的感谢！我相信，在社会各界的支持下，《中国中小企业年鉴》会越办越好，为促进我国中小企业又好又快发展做出更大贡献！

朱宏任

2011年12月2日

第一篇

重要文献

一、部委领导讲话

贯彻落实十八届三中全会精神改革创新努力开创中小企业工作新局面

——在2014年全国中小企业工作暨扶助小微企业专项行动电视电话会议上的讲话

工业和信息化部部长、党组书记 苗圩
(2014年4月3日)

同志们：

这次会议的主要任务是，深入贯彻党的十八大和十八届二中、三中全会精神，交流总结2013年工作，部署2014年中小企业工作和扶助小微企业专项行动，动员各地中小企业主管部门以改革创新的精神，努力开创中小企业工作新局面。

一、2013年的主要工作

2013年，面对国内外错综复杂的经济形势，全国中小企业主管部门深入贯彻党的十八大精神，坚持稳中求进的工作总基调，以贯彻落实国发14号文件为重点，实施以“扶助小微、转型成长”为主题的扶助小微企业专项行动，营造企业发展环境，完善公共服务体系，着力解决突出问题，各项工作取得新进展。

一是政策环境逐步完善。截至2013年年底，有关部门在加强财税支持、完善金融服务、推动结构调整、优化环境等方面，制定了77个配套文件。全国29个省（区、市）及5个计划单列市出台了实施意见。特别是近期，各地区、各部门认真贯彻党的十八届三中全会精神，在深化财税体制改革、转变政府职能等方面，研究提出了一系列支持小微企业发展的改革措施。各地还通过电视、网络、报刊等多种方式，加大对扶助小微企业专项行动的宣传力度。

二是结构调整力度不断加大。我部出台了促进中小企业“专精特新”发展的指导意见，联合发展改革委、财政部等9部门印发了促进劳动密集型中小企业健康发展的指导意见，引导中小企业提高发展质量和水平。我部会同科技部、财政部和天津市政府开展了中小企业创新转型试点工作。实施中小企业信息化推进工程，引导信息化服务商，为中小企业开展线上线下培训3万余场，培训人员达千万人次。辽宁、上海等地举办了区域性专精特新展览与洽谈会，山东、江苏、安徽等8省市出台了“专精特新”产品（技术、企业）认定标准，共认定9500多个“专精特新”产品。

三是公共服务体系不断完善。在中央财政的支持下全国26个省（区、市）及5个计划单列市启动了中小企业公共服务平台网络建设，带动服务资源2.8万家，年服务中小企业124万家。目前，浙江、四川、山东、黑龙江等省市中小企业公共服务平台网络已正式开通。2013年，我部新认定了105家国家中小企业公共服务示范平台。推动各地中小企业公共服务平台和小企业创业基地建设，省级认定了1700多家示范平台，1600多家小企业创业基地。完成了对50万中小企业经营管理人员和1200名领军人才的培训。成功举办第十届中国国际中小企业博览会。

四是缓解融资难、融资贵工作取得进展。继续深化我部与工农中建交五大商业银行合作，推动金融机构加大对小微企业信贷支持。据人民银行数据显示，截至2013年年底，小微企业贷款余额13.21万亿元，同比增长14.2%，增速比上季末高0.6个百分点，比同期全部企业贷款增速高2.8个百分点。2013年，中央财政18亿元支持的816家担保机构新增中小企业担保贷款达8700亿元，受保中小企业15.7万户。浙江、江西、湖北、福建、深圳等省市积极开展中小企业融资服务活动，通过开展银企对接等方式，多渠道解决企业融资难，收到了较好的效果。

五是企业负担进一步减轻。去年，国家先后出台了一系列税收优惠政策，如暂免征收部分小微企业增值税和营业税政策；推进研发费用加计扣除政策试点等。扩大“营改增”试点，取消和免征行政事业性收费348项，减轻企业负担1500多亿元。

据不完全统计，2013年各地组织小微企业主题服务活动4400多场（次），服务企业53万家。一年来，各地积极开展扶助小微企业专项行动的相关活动，做了大量的工作，取得了积极成效。在此，我代表工业和信息化部对全国各级中小企业主管部门同志们的辛勤努力和高效工作表示衷心的感谢！

二、2014年的重点工作

2014年，我国经济发展环境依然错综复杂，从国际看，全球经济总体复苏，但仍面临不稳定不确定因素；从国内看，市场在资源配置中的作用进一步发挥，改革创新共识日益凝聚，经济发展具有不少新的有力支撑和难得机遇。从小微企业情况看，虽然总体上保持了发展势头，但依然存在成本上升过快、市场需求不足、融资难（贵）、负担重等问题，这既有长期存在且政府一直致力解决的老问题，也有经济社会发展产生的新情况、新问题；既有市场机制体制问题，也有政府缺位和越位问题。为此，各级中小企业主管部门要按照党的十八届三中全会的要求，以改革创新的精神，进一步加快职能转变，进一步推动简政放权，放开市场这只“看不见的手”，用好政府这只“看得见的手”，认真履职，着力激发中小企业和非公有制经济的发展活力，促进经济稳定增长。下面，针对2014年的工作，我讲六点意见：

第一，要进一步推动各项政策的落实。

一是要狠抓政策落实。各地中小企业主管部门要切实发挥好牵头部门和协调机制的作用，狠抓政策落实，要让小微企业切实感受到政策的效力。近几年中央和地方政府出台了多项扶持小微企业发展的支持政策，各个部委也出台了多项配套文件，但还有不少企业反映享受不到政策，甚至有的企业还不知晓政策，各地要摸清情况，对落实不好的要与有关部门沟通，也可以向我们反映。去年，我们委托全国工商联对国发14号文件的贯彻落实情况进行了第三方评估，国务院领导也给予了肯定。地方也可以参照这种模式，就相关政策的落实情况做第三方评估，并将评估情况及时向当地党委、政府反映。今年，国务院办公厅还将对促进小微企业发展政策落实工作开展专项督查，目的就是促进小微企业政策的落实，各地也要进一步加强对本地政策落实工作的督促检查。

二是要加强政策宣传。今年我部将继续通过组织中央主流媒体、部属媒体以及新媒体开展专题调研、采访、新闻发布及推送新闻稿等多种方式，对小微企业政策进行全方位宣传。各地也要采用多种方式，加大支持小微企业的政策宣传力度，加强典型经验的总结交流，要让更多的小微企业了解政策，用足政策，享受到政策。

第二，要进一步完善中小企业服务体系。

当前，中小企业对社会化服务的需求十分迫切，而政府的公共服务职能还相对滞后，这就需要我们建立健全中小企业服务体系，不断加强和改善对中小企业的社会服务。

一是加大对服务体系的资金支持。按照财税体制改革的要求，中央财政专项资金的支持方式将由过去直接支持企业转向间接支持，由支持“点”转向支持“面”。更多地通过无偿资助、业务奖励和购买服务等方式，重点支持各类中小企业公共服务平台和服务机构增强服务中小企业能力，提高服务水平和质量，拓展服务业务，改善发展环境。目前，我部正在与财政部等部门抓紧研究新的中小企业发展专项资金管理办法，争取尽快出台。各地中小企业主管部门要按照新的资金管理办法的要求，切实转变思想观念，创新工作方式，扎实做好项目组织和申报工作。

二是做好中小企业公共服务平台工作。目前，绝大部分省市已启动中小企业公共服务平台网络建设，部分先期建设的省市已投入运营。各地中小企业主管部门要加强平台网络项目建设的推进力度，发挥平台网络方便快捷、资源共享、服务协同的优势，组织带动社会化服务资源，创新服务模式，健全服务机制，为中小企业提供“找得到、用得起、有保证”的服务。要进一步发挥国家中小企业公共服务示范平台的作用，建立有进有出的动态管理机制。

三是调动多方资源，服务中小企业发展。各地要充分发挥行业协会和中介组织在中小企业服务方面的积极作用，鼓励和引导各类社会优质服务资源向中小企业倾斜。要大力支持小微企业创业兴业，继续实施创办小企业计划，培育和支持小企业创业基地建设，开展创业辅导等工作。

第三，要进一步推动中小企业创新发展，促进两化深度融合。

一是着力推动中小企业创新发展。今年，我部将继续推动中小企业专精特新发展，组织开展落实企业研发经费加计扣除政策的宣传培训和中小企业质量品牌创新专项工作。各地要加强与税务部门的沟通，促进企业研发经费加计扣除政策落地，使更多符合条件的企业受益。今年还将对中小企业知识产权战略推进工程试点进行总结，推广成功经验。将加快推进与科技部、财政部在天津市开展的中小企业创新转型试点，加快体制机制创新，探索支持中小企业创新发展的新途径、新方法、新政策。另外，我部将全力筹备办好以“创新和可持续发展”为主题的第21次APEC中小企业部长会议，继续办好第8届APEC中小企业技术交流暨展览会和第11届中国国际中小企业博览会。

二是着力推动中小企业两化深度融合。推动中小企业两化深度融合，要根据中小企业的特点实施有别于大企业的做法。要落实中小企业两化融合能力提升行动，深入实施中小企业信息化推进工程。继续发挥电信运营商、信息化服务商和专业服务机构的支撑和服务作用，通过运用云计算、大数据、移动互联、物联网等技术，集聚优质资源，构建信息化平台。各地要进一步促进中小企业的研发设计协同化、企业管理数字化、市场营销网络化，支持中小企业核心业务发展，进一步增强企业活力。继续引导中小企业通过加工设备智能化、管理信息化、推进服务外包等方式，促进中小企业的两化深度融合。

第四，要进一步加强对小微企业的融资服务。

融资难、融资贵问题，是一个长期困扰中小企业的问题。各地区、各部门想了不少办法，做了大量的工作，取得了一定的效果。但从国家统计局调查问卷看，去年四季度有银行借款需求的小微企业中，仍有57.8%的企业没能从银行获得借款，仅有10%的企业获得全部贷款。为此，我们要结合职能，继续加大工作力度。

一是进一步加强与银行业金融机构的合作。继续深化我部与工、农、中、建、交五大商业银行和国家开发银行战略合作协议，推动金融机构加大对小微企业的信贷支持。各地也要加强与所在地相关银行业分支机构的合作，务实帮助有条件的中小企

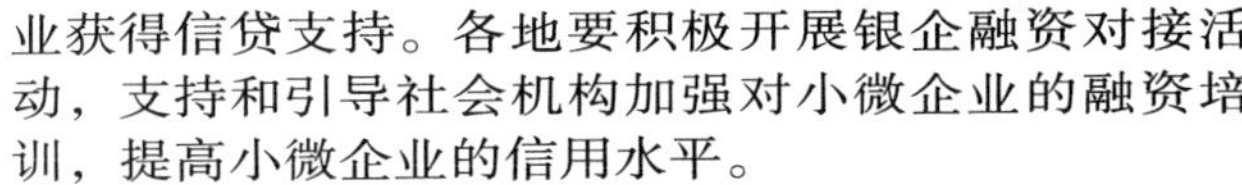

业获得信贷支持。各地要积极开展银企融资对接活动，支持和引导社会机构加强对小微企业的融资培训，提高小微企业的信用水平。

二是继续推动担保机构服务小微企业。运用税收优惠、资金补助等方式，鼓励担保机构提高小微企业担保业务规模，降低对小微企业担保收费。积极发展再担保机构，并支持再担保机构发挥增信作用。今年，中央支持中小企业信用担保的资金将重点对小微企业的贷款担保业务、再担保业务以及小微企业的增量业务进行补贴和奖励。

第五，要进一步提升小微企业管理水平和人员素质。

企业发展归根到底要靠自身的内生动力，这就需要我们着力引导小微企业提升管理水平和人员素质。各地要进一步加强中小企业人才队伍和提高职工素质工作，建立和完善中小企业培训体系，继续深入实施国家中小企业银河培训工程和企业经营管理人才素质提升工程，引导社会优质服务资源，重点对小微企业从业人员开展相关培训。支持企业提高职工素质，注重培养专业技能人才，增强培训的针对性和有效性。要组织开展管理咨询专家与小微企业服务对接活动，提升企业的管理水平。

第六，要进一步减轻小微企业负担。

按照国务院要求，近期我部联合发展改革委、财政部就加大对小微企业支持、清理不合理收费问题进行了研究，并向国务院上报了有关请示。总体考虑是对涉企收费推行清单管理制度，增加涉企收费项目和标准的透明度，明确清单之外的一律不得执行；同时全面深化涉企收费制度改革，不断压减涉企收费项目数量，建立支持小微企业的长效机制。各地主管部门要主动向省政府汇报，推动建立涉企收费清单管理制度，进一步促进涉企收费项目和标准的公开透明，强化社会监督，同时积极争取列入清单的收费项目对小微企业实行减免，建立长效机制。另外，4 月 2 日国务院常务会议审议提出将小微企业减半征收企业所得税优惠政策实施范围的上限，由年应纳税所得额低于 6 万元进一步较大幅度提高，并将政策截止期限延长至 2016 年年底。这是国家减轻小型微利企业税费负担的又一重要举措。各地在政策出台后要进一步加强宣传，要让更多的小微企业知晓政策，享受政策。

为进一步完善促进中小企业发展的法律体系，全国人大已经启动中小企业促进法修订工作，这是营造中小企业发展环境最根本、最基础性的工作，也是今年中小企业工作中的一件大事。目前，部里正在配合全国人大财经委抓紧开展相关工作。

三、抓好落实，确保完成 2014 扶助小微企业专项行动的各项目标

2014 年继续开展扶助小微企业专项行动，在去年年底系统工作会上我已经对此问题做了部署。上个月，我部正式印发了《关于开展 2014 年扶助小微企业专项行动的通知》（工信部企业［2014］105 号），启动了这项工作。据了解，部分省市行动迅速，已经确定了重点，开展了工作。我就做好扶助小微企业专项行动再提几点要求：

第一，明确指导思想，进一步转变政府职能。

今年扶助小微企业专项行动总的指导思想是，深入贯彻党的十八届三中全会精神，以落实好现有支持小微企业发展的政策为重点，以“扶助小微、转型成长”为主题，深化改革创新，转变政府职能，优化发展环境，加强公共服务，推进两化深度融合，提高企业管理水平和人员素质，激发中小企业和非公有制经济的发展活力。各地要把党的群众路线教育实践活动成果，体现到促进中小企业发展工作中去。要进一步增强服务意识，把扶助小微企业发展、加强公共服务作为转变政府职能、加强工作作风建设的具体体现，多深入基层，多深入企业，加强调查研究，为民服务，为小微企业服务。

第二，着力狠抓落实，确保取得实效。

习近平总书记多次讲“一分部署，九分落实”，任何一项方针政策，任何一项工作部署，归根到底都是落实的问题，落实不好，再好的蓝图也是一纸空文。对于小微企业工作尤其是这样。各地要针对制约小微企业发展的新情况、新问题，不断完善相关政策措施，结合本地实际，确定工作重点，明确工作分工，发挥各自优势，着力狠抓各项工作落实，确保专项行动取得实效。通过支持中小企业公共服务平台、小企业创业基地、中小企业信用担保机构、促进产业集群发展等措施，推动各类社会服务机构为小微企业提供优质服务，支持小微企业健康发展。

第三，加强组织领导，形成工作合力。

中小企业量大面广，工作千头万绪，涉及社会的方方面面。从一定意义上讲，发展中小企业就是发展生产力，关心、支持和帮助中小企业发展，特别是小微企业的发展就是最大的民生，也是落实党的十八届三中全会精神的重要着力点，更是党中央、国务院赋予我们全系统的重要职责。各级中小企业主管部门作为促进中小企业发展的政府牵头部门，要进一步加强组织领导，协调好与各部门之间的关系，要把促进中小企业发展工作与推动实施扶助小微企业专项行动密切结合起来，把扶助小微企业专项行动作为促进中小企业发展工作的重要抓手和重要载体，动员社会各方面的力量，集中各方面的智慧，在更大范围整合资源，形成促进中小企业发展工作的强大工作合力，形成全社会支持帮助中小企业发展的良好氛围。

同志们，今年是全面深化改革的开局之年。新的一年，全国中小企业系统的工作任务将更加繁重，责任更加重大。我们一定要紧密地团结在以习近平同志为总书记的党中央周围，深入贯彻落实党的十八届三中全会精神，改革创新，扎实工作，努力开创中小企业工作新局面，为促进中小企业转型升级、实现稳中求进做出新的更大的贡献！

进一步深化改革开放 促进中小企业创新发展

——在《经济日报》（2014 年 9 月 4 日）发表题为《进一步深化改革开放促进中小企业创新发展》的署名文章

工业和信息化部部长、党组书记　苗圩

9 月 5 日，工业和信息化部将举办第二十一次 APEC 中小企业部长会议。这次会议将围绕“创新与可持续发展”的主题，就“增强中小企业创新能力”“改善中小企业创新政策环境”“推动中小企业创新发展”三个议题进行探讨交流。这对于促进亚太中小企业务实合作与长远发展具有重要意义。我们要以此为契机，坚持改革创新，积极务实行动，不断提升国际交流合作的广度和深度，加快推动我国中小企业创新发展，为我国以及亚太地区经济繁荣发展做出不懈努力。

一、促进中小企业发展始终是世界各国面临的共同任务

促进中小企业发展是世界性的问题。一方面，中小企业在世界各经济体经济社会发展中占据着重要地位，具有不可替代的作用。比如，美国把中小企业作为“美国经济的脊梁”，认为只有充分发挥中小企业的实际和潜在能力，才能保障国家安全和经济繁荣。欧盟将中小企业视为“欧盟经济的核心力量”，是确保经济活力和竞争力的经济主体。另一方面，中小企业量大面广，在数量上占有绝对优势，但总体素质较低，由于企业规模小、抗风险能力低，获取市场资源能力弱，在市场竞争中处于弱势地位，在创业和发展过程中面对比大企业更多的困难和问题，需要政府给予大力支持。

为此，亚太地区以至世界多数国家和地区都把促进中小企业发展作为政府的一项重要任务，注重加强支持中小企业发展的法律体系建设，建立高效的政府管理体制和服务体系，并从财税、金融、技术、创业辅导、国际化经营等多个方面，对中小企业发展给予大力支持。比如，美国于 1953 年颁布了《小企业法》，联邦政府成立了专门负责中小企业事务的小企业署，参众两院还分别设立小企业委员会。韩国在 1966 年颁布《中小企业基本法》，并专门设置了中小企业厅。印度成立了微型和中小企业部，颁布了《印度微型、中小企业发展法案》。

同时，各国高度重视中小企业的国际交流与合作，长期以来中小企业都是双边、多边以及国际组织交流合作的一个重要议题。从亚太地区来看，中小企业国际交流合作一直备受关注。作为 APEC 框架下为数不多的、每年都举办的专业部长会之一，APEC 中小企业部长会议始终致力于寻找影响亚太地区中小企业发展的领域，协调政策措施并讨论如何加强合作，推动各成员经济体中小企业共同发展。其中，1998 年 APEC 领导人通过的“加强中小企业发展综合行动计划”（SPAN），提出应通过一系列措施帮助中小企业提升技术能力和加强技术共享；2005 年在韩国第十二次 APEC 中小企业部长会议上通过的“大邱倡议”，提出了促进亚太中小企业创新的七大方面措施；2013—2016 中小企业工作组战略行动计划，围绕中小企业发展的核心议题绘制了路线图。APEC 中小企业部长会议从 1994 年首次举办以来，迄今已举办了 20 次，通过交流成功经验、加强能力建设、强化政策协调，积极创造有利于中小企业发展的环境，为促进亚太地区中小企业的共同成长与繁荣，做出了重要贡献。

二、加快完善我国中小企业创新发展环境

在我国，党中央、国务院高度重视中小企业发展，先后出台了系列政策措施，不断加大财税政策、结构调整、技术创新、创业兴业、服务体系建设等支持力度，推动中小企业发展取得了显著成就。中小企业已成为我国企业中数量最大、最具内生活力和动力的企业群体，在经济增长、技术创新、增加税收、吸纳就业、改善民生等方面发挥了不可替代的作用。目前，我国中小企业数量占企业总数的比重超过 99%，创造了 60% 以上的国内生产总值，为 3 亿以上的城镇就业人员提供了主要的工资性收入，成为国民经济和社会发展的重要力量。

我国已进入全面建成小康社会、加快推进现代化建设的关键时期，巨大的国内市场需求，工业化、信息化、城镇化、农业现代化同步推进，新的改革红利持续释放，结构调整深入推进等等，都为中小企业发展提供了广阔空间和有利条件。但同时，国际国内经济形势依然错综复杂，世界经济复苏面临诸多不稳定不确定因素，我国资源环境约束加大、部分行业产能严重过剩、生产成本持续上升等问题仍然突出。中小企业创新能力不强、整体素质和水平不高、税费负担重、融资贵融资难等问题尚未有效解决。中小企业既要面对国内外经济大环境带来的压力，又要承受自身发展存在的问题，促进中小企业发展还需要付出艰苦的努力。

当前，新一轮科技革命和产业变革正在孕育兴起，科技创新和技术进步对行业、企业发展的支撑引领作用日益凸显。推动中小企业发展，既要强化政策扶持、改善发展环境，更要在提升创新能力和整体素质、激发中小企业发展动力和活力上下功夫。我们要站在全局和战略高度，顺应时代发展趋势和潮流，深化改革开放，完善政策措施，大力推动中小企业创新发展、转型升级。在优化中小企业发展政策环境方面，要扎实落实支持小微企业发展、加强涉企收费管理减轻企业负担等政策文件，及时推动出台新的政策措施，同时更大力度简政放权，清

理废除对非公有制经济各种形式的不合理规定，扩大民间资本市场准入。在加大财税金融政策支持方面，要创新财政资金使用方式，抓好已有税收优惠政策的落实，逐步建立支持中小企业发展的税收优惠长效机制；特别是要针对融资难、融资贵等问题，推动金融体制改革，加快融资担保、第三方征信等服务机构发展，健全多层次资本市场体系，大力发展创业投资、风险投资等直接融资工具。在促进中小企业结构调整和技术创新方面，要支持鼓励中小企业加强技术改造，加大创新投入，推进两化深度融合，加快科技成果转化和产业化，引导和支持有条件的中小企业建立技术中心，参与产业技术创新联盟，建立完善产学研合作机制。在完善中小企业公共服务体系方面，要以平台网络建设和示范平台为重点，通过“政府支持中介，中介服务企业”的形式，创新服务机制，推广购买服务，支持引导各类服务机构为中小企业特别是小微企业提供政策咨询、创业创新、人才培训、市场开拓等公共服务。

三、进一步深化中小企业领域的国际交流与合作

长期以来，我国高度重视中小企业参与国际交流与合作，通过设立专项资金以及提供出口退税、出口优惠信贷以及出口信用保险等政策扶持，促进中小企业对外出口规模和质量稳步提高。同时，建立了与美国、韩国、日本、欧盟、APEC、东盟等在中小企业领域的双边和多边合作机制，与有关国家和国际组织签署系列中小企业领域的合作交流协议，并通过举办中国国际中小企业博览会搭建了一个中小企业展示、交易的平台，通过 APEC 中小企业技术交流暨展览会搭建了一个中小企业技术交流的平台。其中，APEC 技展会已举办 8 届，其中 7 届在我国举行，已成为 APEC 经贸活动中规模最大、参与人数最多的活动之一，在推动亚太地区中小企业技术交流与经贸合作中发挥了重要作用。

当前，经济全球化和区域经济一体化已是大势所趋，在生产要素跨区域流动与配置加速，新产品、新技术、新模式不断涌现的新形势下，各经济体加强中小企业领域的交流合作更为迫切。我们要深入实施更加积极主动的开放战略，按照国家完善全方位的对外开放新格局要求，推动引资、引技、引智有机结合，加快企业走出去步伐。当前，要更加注重支持中小企业稳定和开拓国际市场，鼓励和支持龙头企业“走出去”，带动中小配套企业“走出去”，到境外建立原材料基地、加工制造基地、研发设计基地和营销渠道，稳步扩大投资规模，拓宽投资渠道，深化在能源、资源、高新技术和先进制造业等领域的互利合作；鼓励和支持中小企业通过企业并购、技术转让、人才引进、职业培训等方式，积极引进国外先进技术、设备和管理经验。这方面，要进一步健全贸易、产业、财税、金融、知识产权等政策，并加强政策协调与合作，完善政策对话、合作论坛、双边培训、联合办展等合作平台，用好多边、双边中小企业合作机制，继续深化与世界各国和亚太经济合作组织等的务实合作。同时，利用各类经贸活动帮助中小企业参加投资推介会、合作论坛、洽谈会、博览会等，为中小企业提供增进信息交流、寻找拓展商机的渠道。支持协会建设发展，提升服务能力和水平，指导和帮助中小企业开拓市场，推进行业自律，引导企业合理规避风险，积极履行社会责任。

深化交流合作共绘亚太中小企业美好未来

——在《中国日报》上的欢迎辞

工业和信息化部部长、党组书记　苗圩

时隔 13 年，我们将再次秉承开放、包容、合作、共赢的伙伴关系精神，为了亚太中小企业的持续繁荣，相聚在中国，共同探讨中小企业创新发展的新形势、新机遇、新对策，共同谋划中小企业创新合作的新蓝图、新目标、新愿景，这对亚太继续在世界经济发展方面发挥引擎作用意义重大、影响深远。

今年适逢亚太经合组织成立 25 周年。自 1989 年建立以来，APEC 持续推动着区域贸易投资自由化、便利化和经济技术合作，为促进亚太地区的贸易投资发展和经济繁荣做出了重要贡献。中小企业是亚太最重要的合作领域之一，APEC 中小企业部长会议从 1994 年开始首次举办，是 APEC 框架下为数不多的、每年都举办的专业部长会之一。中小企业部长会议始终致力于寻找影响亚太地区中小企业发展的领域，协调政策措施并讨论如何加强合作，推动各成员经济体中小企业共同发展。通过交流成功经验、加强能力建设，创造有利于中小企业发展的环境，为促进亚太地区中小企业的共同成长与繁荣，为推动形成亚太地区政策协调、增长联动、利益融合的开放发展格局做出了积极贡献。

在 APEC 各经济体，中小企业都在增加就业，促进增长、推动创新与社会稳定等方面发挥着极为重要的作用。因此，促进和支持中小企业可持续健康发展成为各经济体政府的重要议事日程。当今世界，新一轮科技革命和产业变革正在孕育兴起，科技创新对经济社会发展的支撑和引领作用不断增强，新产品、新技术不断涌现，新的商业模式不断取得成功，创新的步伐在加快，中小企业创新的紧迫性比以往任何时候都更突出，创新成为中小企业的生命之源、生存之基。

当前，世界经济复苏步伐加快，但不稳定不确定因素依然较多，中小企业作为推动亚太地区经济发展的基石，必须抓住机遇，直面挑战，通过改革和创新，获取新的发展驱动力和竞争力，为亚太地区继续保持世界经济引擎地位奠定坚实基础。如何帮助中小企业抓住发展机遇，适应新的挑战，实现

可持续的健康发展，是我们面临的共同任务，也正因为这样，我们的相聚才更加具有意义，本次中小企业部长会将聚焦创新，围绕“创新与可持续发展”这一主题，就“增强中小企业创新能力”“改善中小企业创新政策环境”“推动中小企业创新发展”三个议题进行讨论交流。

中国是亚太大家庭的一员，中国愿以自身的改革开放为亚太的繁荣提供机遇，中国也高度重视APEC框架下的中小企业的交流与合作。正如中国国家主席习近平在2013年APEC工商领导人峰会的主旨演讲中强调，“中国高度重视工商界作用，愿意倾听工商界意见和建议，为工商界尤其是中小微企业深入便利参与经济发展和区域合作搭桥铺路”。亚太中小企业地缘相近、市场相接，尽管发展的程度不同，但相互之间有许多可以借鉴交流、互助共赢的机会。我对APEC框架下深化中小企业创新发展的合作充满期待和信心。中国愿同亚太各方携手努力，共同为中小企业的美好未来而努力。为此，我愿意分享几点想法：

第一，推动改革，促进创新要素的合理流动。

通过亚太各经济体共同努力，亚太大市场初具轮廓，但亚太地区中小企业创新合作的机制还有待完善。亚太经合组织应顺应创新要素跨地区流动、创新资源全球配置的趋势，深化改革，破除阻碍亚太地区人才、技术、资本、服务、信息等创新要素流动和优化配置的各种壁垒，提升区域经济一体化水平，优化中小企业创新环境，为亚太合作注入新的动力。

第二，创新理念，拓宽中小企业发展领域。

创新不仅是科技创新、商业模式创新，更是发展理念和增长方式的创新，理念创新和增长方式的创新可以挖掘市场潜能，拓宽中小企业发展领域。亚太应该推动中小企业创新增长，抓住绿色经济、互联网经济、蓝色经济、城镇化等新的经济增长机遇。支持将中小企业整合到大型企业全球供应链，延伸产业链条，提高大中小企业间的协作水平。

第三，深化合作，增强中小企业创新能力。

APEC中小企业创新合作涉及诸多的方面和领域，应加快建立相关机制，鼓励和支持中小企业借鉴和吸收各经济体的创新成果。在产学研合作、信息化应用、知识产权保护、人才培养、公共服务、信息分享等领域加强合作。中国愿与各经济体共同采取措施，为APEC各经济体中小企业创新合作提供融资支持。搭建促进中小企业信息化的支持平台，为各经济体中小企业分享政策经验、信息化最佳实践、提供信息化解决方案。

第四，加强交流，改善中小企业创新环境。

亚太各经济体在探索和建立支持中小企业创新发展的政策体系过程中，积累了很多有益的经验，各经济体应加强政策对话，形成交流密切、取长补短、互鉴互助的良好机制。同时，应采取共同行动，支持产业集群发展以促进知识和技术的转移扩散，进一步整合产业资源，充分发挥各自优势，优化产业分工，提升亚太地区中小企业价值链和产业链。中方愿同各方相互借鉴、平等合作，分享鼓励中小企业创新的经验和有效做法，促进亚太地区中小企业共同发展。

亚太各经济体联系紧密、利益交融，中国是亚太经济发展的受益者，也是推动者。中国政府坚定不移地推进改革开放，审时度势、下最大决心加快经济发展方式转变和经济结构调整，就是为了推动中国经济进入创新驱动、内生增长的发展轨道，使中国的发展对亚太，对世界经济复苏和可持续发展做出更大贡献。我们相信，中国经济具备健康持续发展的基础条件和综合优势，新型工业化、信息化、城镇化、农业现代化带来的发展潜力巨大，中国经济的发展前景依然广阔。我们愿意同亚太各经济体共享发展机遇。

9月5日，APEC中小企业部长会议就将在江苏南京举行。我们诚挚地欢迎各经济体中小企业部长和各方宾客齐聚南京，希望各位通过会议的交流，充分分享各经济体推动中小企业发展的有益做法和成功经验，充分汇聚大家的智慧和创造力，构建亚太中小企业创新发展合作的框架，进一步提升交流合作的广度和深度，共创亚太地区中小企业合作发展的美好未来。

在APEC第21次中小企业部长会议欢迎晚宴上的致辞

工业和信息化部部长、党组书记　苗圩

（2014年9月4日）

尊敬的各位部长，女士们，先生们：

大家晚上好！

非常高兴能和大家相聚在南京这座美丽的城市。首先，我代表中国工业和信息化部，对各位参会的部长们表示热烈的欢迎！

600多年前，中国伟大的航海家郑和七下西洋，航程30多万海里，开启友好合作之旅，我们脚下的土地正是他的航程的起点。今天，怀着交流、合作的愿望，我们又从浩瀚太平洋的不同位置相聚江苏省省会南京。江苏是中国中小企业发展最好的区域之一，也是中国经济最发达，创新活力最强的省份之一。江苏省和南京市为此次会议的筹备提供了周到服务和精心安排，让我们对江苏省和南京市表示衷心感谢！

亚太是全球经济贸易最具潜力和活力的地区，APEC对推动区域经济一体化和经济全球化发挥着重要的引领作用。亚太地区的对外贸易额占全球比重已经升至46%，经济总量占全球比重升至57%，APEC作为本地区规模最大、层次最高的区域经济合作组织，长期以来，中小企业一直是APEC框架下的重要领域，各经济体为优化中小企业发展环境、完善政策、提升中小企业能力和素质，在APEC框架下开展了大量卓有成效的工作。中国高度重视中小企业发展，积极借鉴和吸取各经济体促进中小企业创新发展的好经验、好做法，加强与各经济体的

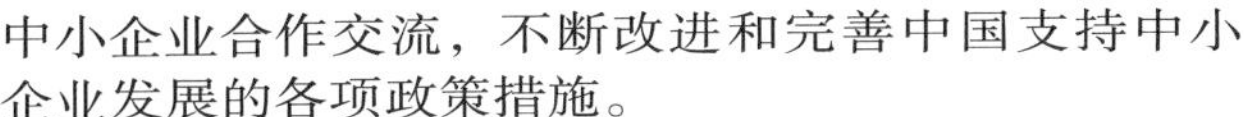

中小企业合作交流，不断改进和完善中国支持中小企业发展的各项政策措施。

中国的中小企业当前已经发展成为数量最大、最具活力的企业群体，在经济增长、推动创新、增加税收、吸纳就业、改善民生等方面发挥了不可替代的作用，长期以来为保持中国国民经济平稳较快发展奠定了重要基础。总体来看，中国中小企业提供了50%以上的税收，创造了60%以上的国内生产总值，完成了70%以上的发明专利，提供了80%以上的城镇就业岗位。

本次APEC中小企业部长会议将围绕“创新与可持续发展”的主题，深入探讨增强中小企业创新能力、改善中小企业创新的政策环境、推进中小企业的可持续发展等议题。创新是中小企业提升自身素质，应对未来挑战的重要基础。无论是发达经济体，还是发展中经济体，支持创新都是实现经济发展目标的重要基础。希望能够通过我们共同的努力，进一步深化亚太地区中小企业合作，促进中小企业创新发展，推动亚太地区贸易投资自由化和便利化、加强成员间的经济技术合作，促进亚太地区经济发展和共同繁荣。

各位来宾，我提议，让我们共同举杯，预祝第21次APEC中小企业部长会议取得圆满成功！也祝大家身体健康、工作顺利，干杯！

APEC第21次中小企业部长会议新闻发布会上的发言

工业和信息化部部长、党组书记　苗圩

女士们，先生们，新闻界的朋友们：

为期一天的2014年亚太经合组织中小企业部长会议已于今天下午结束。会议围绕“创新与可持续发展”主题，针对“增强中小企业创新能力”“改善中小企业创新政策环境”“推动中小企业创新发展”深入讨论交流，达成了一系列重要共识，并发表了《第21次APEC中小企业部长会议部长联合声明》和《关于促进中小企业创新发展的南京宣言》。

会议取得了以下主要成果：

部长们一致认为，中小企业不仅是亚太地区创新活动的主要力量之一，也是经济增长的主要引擎。面对复杂、瞬息万变且竞争激烈的市场环境，创新发展对激发中小企业内生动力、提升企业可持续发展水平至关重要。

会议强调，APEC各经济体应分享经验，鼓励增强中小企业创新能力，改善中小企业创新政策环境，以创新促进中小企业发展。会议认为，中小企业工作组战略规划（2013—2016）已取得积极进展并鼓励各经济体继续参与和支持相关活动，包括开展技术交流、加强知识产权保护、引导产业集群发展、增强灾后恢复能力、加强融资支持等，以创新推动可持续发展。

部长们听取了工作组提出的有关增强中小企业创新能力、改善中小企业创新政策环境以及以创新推进中小企业发展的若干工作建议和下一步行动计划，赞同工作组2014年工作计划，敦促各经济体采取进一步措施促进中小企业融资创新、降低中小企业市场准入门槛和消除监管障碍。部长们认可《APEC强化中小企业灾后恢复能力及巩固全球供应链高层政策对话联合声明》。

部长们讨论并通过《关于促进中小企业创新发展的南京宣言》，呼吁各经济体在自愿的基础上采取更加有力的措施，推动中小企业创新发展。该宣言将为亚太地区中小企业创新发展提供重要指引，是APEC在新的形势下加强中小企业领域合作的重要文件之一。

部长们重申信息技术对推动中小企业发展的重要意义，支持电子商务平台的发展和中小企业的互联互通，以鼓励并帮助中小企业开拓市场。鼓励各经济体积极参与大数据、信息共享和应急备灾相关的能力建设项目。支持中国就建立“APEC中小企业信息化促进中心”开展可行性研究。

部长们鼓励各经济体采用多种方式支持亚太地区中小企业的技术交流与合作，赞赏APEC中小企业技术交流暨展览会、APEC中小企业融资创新研讨会、APEC创业启动大会，以及APEC加速器网络与早期投资的持续合作所取得的积极成果，鼓励各经济体为开展创新合作积极搭建平台。发挥好APEC中小企业服务联盟、APEC中小企业创新中心、APEC加速器网络、APEC中小企业危机管理中心等服务平台的支撑作用。期待即将在澳大利亚举行的“促进妇女领导的中小企业在全球发展研讨会”，赞赏关于“APEC促进中小企业业务持续计划培训师培训研讨会”做出的贡献。

会议强调，要发挥多层次资本市场融资功能，带动资金投向属于创业阶段的创新型中小企业。鼓励银行开发支持企业技术创新的贷款模式、产品和服务，培育和发展创业板市场，促进私募股权投资、风险投资基金的发展。会议同意，加强亚太地区金融机构的合作，鼓励中国国家开发银行与各经济体相关金融机构研究建立合作机制及设立专项贷款，为各经济体中小企业创新与合作提供融资支持。

部长们赞赏在亚太经合组织贸易投资委员会建立加强区域经济一体化和推进亚太自贸区“主席之友”工作组，启动并推进最终实现亚太自贸区的进程。

会议同意鼓励产业集群发展，促进知识和技术的转移推广，有利于加强合作与资源共享，降低中小企业创新、生产和交易成本。鼓励建立产业集群交流机制，加强产业集群协作配套，促进亚太地区人才、技术、资本、服务、信息等创新要素的跨区域流动与共享。

部长们欢迎APEC中小企业商业道德论坛致力于构建利益相关方遵守APEC原则的能力，促进各方协作。通过了《提升医疗器械和生物医药领域商业道德的南京宣言》。

部长们赞赏APEC中小企业工作组对新议题的关注，例如APEC中小企业国际监测指标、金融知识普及以及中小企业如何与全球价值链安全有效地整合。赞赏中国在部长会议之前举办的2014APEC中小企业工商论坛。论坛为APEC政府官员与中小企业工商界代表对话提供了沟通交流的平台。

部长们欢迎APEC工商咨询理事会关于中小企业方面的工作报告。部长们鼓励APEC中小企业工作组继续与包括APEC贸易投资委员会及其相关论坛、APEC应急备灾工作组、APEC工商咨询理事会、联合国国际减灾战略等组织保持合作，在促进中小企业业务持续计划方面实现高效互利。

本次会议在友好、合作的气氛中进行，取得了积极、务实和丰富的合作成果，为今年11月亚太经合组织领导人非正式会议的成功召开做出了积极的贡献。

依法减轻企业负担 改善企业发展环境

——在《经济日报》（2014年11月18日）发表题为《依法减轻企业负担 改善企业发展环境》的署名文章

工业和信息化部部长、党组书记　苗圩

党中央、国务院高度重视减轻企业负担工作。本届政府以来，大力推进简政放权，释放改革红利，激发市场活力，切实减轻企业负担。国务院减轻企业负担部际联席会议各成员单位和各级地方政府认真落实党中央、国务院重大决策，先后取消和下放593项行政审批事项，取消和免征348项行政事业性收费和政府基金，简化企业工商登记程序，建立企业负担举报机制并公布举报电话，开展减轻企业负担政策宣传周活动，针对企业反映强烈的商业银行乱收费等问题开展专项治理，整顿规范进出口环节经营性服务和收费，维护了企业合法权益，改善了企业发展环境，推动了经济稳定增长，得到了广大企业的拥护和认可。

一、提高认识，准确把握新常态下企业负担新变化

当前，我国经济发展正处于增长速度换挡期、结构调整阵痛期和前期刺激政策消化期叠加的新阶段。今年以来，我国经济发展开局平稳，总体运行继续保持在合理区间。但要看到，国内外环境不确定因素增多，内外需增长动力不足，经济下行压力很大。前3季度，我国GDP增长7.4%，规模以上工业增加值增长8.5%，同比放缓1.1个百分点；固定资产投资增长16.1%，同比放缓4.1个百分点；工业企业利润总额同比增长7.9%，同比放缓4.1个百分点；工业品出厂价格连续31个月回落，企业负担很重。随着行政审批制度改革步伐加快，一批行政事业性收费和政府基金被取消或减免，企业承担的合法费用正在不断减少。但在部分地区和行业向企业乱伸手、乱收费、乱摊派、乱罚款等问题有所抬头，不合理经营服务性收费特别是与行政职能挂钩的各种中介服务收费，逐步成为企业反映的重点。

针对最近企业出现的负担情况，国务院领导多次做出重要批示，要求查清问题并加大整治力度。要认真落实国务院领导批示精神，深刻认识新常态下加强减轻企业负担工作的重要性，坚决把减轻企业负担作为稳定经济增长、推动政府职能转变和服务企业发展的重要举措，加大工作力度，深入调查研究，帮助企业缓解困难，调动企业加快发展和社会兴业创业的积极性，推动经济平稳增长。

二、改革创新，加快建立涉企收费目录清单制度

清单制度，是一种国际通行的以法律法规为依据，最大限度减少和规范政府管理的行政管理方式。建立涉企收费目录清单制度，是转变管理职能、发挥好市场在资源配置中起决定性作用和更好发挥政府作用的体现，把该放的权力放掉，该管的事务管好，真正看住向企业乱伸的手，筑牢法治“篱笆”，遏制权力“越线”。目前，财政、发展改革（物价）等部门定期公布收费目录，取得了一定效果，但还有进一步完善的空间。按照国务院30号文件部署，10月29日，财政部公布了最新全国涉企行政事业性收费和政府性基金目录清单。根据工作安排，各地区相应的目录清单要于年底前公布。今年将对落实建立涉企收费清单制度开展督查。

建立涉企收费目录清单制度，就是将现行涉企行政事业性收费、政府性基金和实施政府定价或指导价的经营服务性收费项目以目录清单形式，通过政府网站和公共媒体实时对外公开，主动接受社会监督。涉企收费目录清单应纳入各地区、各部门政务公开范畴，形成常态化的公示机制。目录清单发布后，要严格执行涉企收费目录清单，清单之外的涉企收费，一律不得执行，企业有权拒绝缴费，并可以举报和投诉。清单之内的涉企收费，按照“正税清费”原则，逐步减少项目数量，特别是最大限度减少行政审批前置服务项目及收费，坚决取消没有法律法规依据前置服务项目，同时应尽量降低收费标准。要做好涉企收费目录清单制度和行政审批改革的衔接配合，在公开行政审批事项清单的同时，公开前置服务收费项目。要加强涉企收费目录清单制度监督，进一步健全举报和反馈机制，完善第三方评估制度，强化社会舆论影响，对目录清单之外乱收费行为和各种侵害企业权益的违规行为，一经发现要予以曝光。

三、依法减负，切实做到“法无授权不可为”

党的十八届四中全会指出，要建立权责统一、

权威高效的依法行政体制，加快建设职能科学、权责法定、执法严明、公开公正、廉洁高效、守法诚信的法治政府。减轻企业负担法律法规体系经过多年探索，财政、发展改革（物价）部门制定了行政事业性收费、政府性基金等管理办法，湖北、江西等地方出台了企业负担监督条例，推动和支撑了减轻企业负担工作开展。但与减轻企业负担对法律法规的需求相比，现有工作依据还只是部门规章或地方法规，与“法无授权不可为”的目标还有差距。

要加快减轻企业负担立法工作，推进减轻企业负担政府事权规范化、法律化，完善不同层级政府特别是中央和地方政府事权法律制度，研究起草中央本级企业负担监督法规，推动有关部门完善现有相关涉企收费管理办法，督促没有制定地方性法规尽快出台，使所有减负行政行为在法治轨道上依法办事、程序正当。要严格依法设立涉企收费项目，新设立涉企行政事业性收费和政府性基金项目必须要有法律法规规定，对没有法律、行政法规依据但按国际惯例或对等原则确需设立的要严格履行报批程序，对个别确需实行政府定价、指导价的行政审批前置服务项目要严格核定服务成本和制定服务价格。要依法严肃查处各种乱收费问题，要严格行政收费执法程序，建立执法全过程记录制度。对各种侵害企业权益的违规收费行为，一经发现，要坚决按照有关法律法规及党中央、国务院关于治理乱收费的有关规定严肃处理，追究有关人员的法律责任。今后，要适时通报和查处一批违规收费典型案例。

减轻企业负担工作是一项系统工程，政策性强，涉及面宽，任务艰巨。各级减轻企业负担机构要认真学习党的十八届四中全会精神，牢固树立依法减负理念，坚持服务企业发展，围绕推动经济稳定增长，大胆创新工作思路，共同开创减轻企业负担工作新局面。

加大扶持引导力度
促进担保机构健康发展

——全国融资性担保行业发展与监管经验交流电视电话会议发言

工业和信息化部部长、党组书记　苗圩

（2014 年 12 月 18 日）

促进融资性担保机构发展是工业和信息化部推进缓解中小微企业融资难问题的重要工作。近年来，根据党中央、国务院的部署和要求，我们加强与财政部、税务总局、银监会等部门的协调配合，加大工作力度，规范、扶持、引导担保机构健康发展。

一、加大政策扶持，促进担保机构健康发展

（一）将扶持担保机构发展纳入促进中小企业发展整体工作部署

在中小企业服务年和扶助小微企业专项行动中，我部连续三年都将提高小微企业担保业务规模、降低对小微企业担保收费作为重点。指导地方开展非融资性担保机构清理整顿，开展担保机构非法集资风险专项排查，净化担保市场。印发《关于做好推进中小企业信用担保体系建设有关工作的通知》，要求各地区中小企业主管部门引导担保机构加强对中小微企业服务。

（二）加大对担保机构财政专项资金支持力度

一是与财政部等部门联合印发《中小企业发展专项资金管理暂行办法》，明确专项资金支持中小企业信用担保（再担保）机构的重点和方式。2013 年、2014 年中央财政分别安排 18 亿元、30 亿元支持担保机构为小微企业提供担保业务，推进建立担保代偿补偿机制。其中，14.1 亿元用于支持 744 家担保（再担保）机构，为 32.4 万户中小企业提供担保贷款 12710 亿元。其中小微企业占 82.41%。获得补助的担保机构平均担保费率 1.82%，比上年下降 15%。15.9 亿元用于支持北京等 6 省（市）建立担保代偿补偿资金。二是落实税收扶持政策。2014 年，我部与税务总局联合审核确定对 321 家中小企业信用担保（再担保）机构免征三年营业税，对 398 家符合条件的地方中小企业信用担保（再担保）机构开展免征营业税审核工作。

（三）增强担保机构实力，鼓励多做小微企业担保业务

2013 年、2014 年连续两年安排 2 亿元专项资金，以资本注入方式，增强国有及国有控股担保机构实力。2013 年以来，全国注册资本在 2 亿元以上的担保机构增加了 128 家，其中国有及国有控股担保机构增加 68 家。为鼓励向小微企业提供担保业务，专项资金对担保机构当年小微企业担保业务增长额按不超过 3% 的比例给予奖励，对再担保机构按不超过 1% 的比例给予奖励。2014 年，安排 1.5 亿元专项资金支持 11 家再担保机构开展再担保业务。

二、下一步重点工作

（一）加大政策支持力度

充分发挥国务院促进中小企业发展工作领导小组协调机制、融资性担保业务监管部际联席会议等的作用，正确处理发展与规范的关系，在加强监管和风险防范基础上，进一步完善小微企业融资担保政策。发挥好国有及国有控股担保机构引领作用，提高小微企业担保业务规模，合理确定担保费用。

（二）加强政银担合作

全面落实中小企业金融服务备忘录和合作协议，

推进基层中小企业主管部门与银行分支机构建立合作机制，推动建立银担风险分担机制，搭建中小企业融资服务平台，引导担保机构创新发展。

（三）促进担保行业调整和优化

结合互联网金融、普惠金融等新型金融业态和理念，引导担保机构延长担保业务链，探索开展互联网融资担保业务，提高担保机构盈利能力。探索开展中小企业担保贷款保证保险业务。

（四）发挥财政专项资金扶持和引导作用

更多地向增强担保机构实力和代偿能力等方面倾斜，引导、支持担保机构增加小微企业担保业务规模，发挥好再担保机构的增信和分险作用。继续实施符合条件担保机构免征营业税政策，取消免税行政审批，延续免征营业税政策。

（五）提高担保机构服务能力

引导担保机构加强内部治理机制建设，不断完善业务标准和业务流程，提高担保业务透明度，推进担保机构开展信用评级工作，纳入征信系统。

在第二届中国中小企业投融资交易会新闻发布会上的致辞

工业和信息化部党组成员、总工程师　朱宏任

（2014 年 2 月 25 日）

尊敬的李子彬会长，各位来宾和新闻界的朋友们：

大家上午好！

很高兴参加第二届中国中小企业投融资交易会新闻发布会。我谨代表工业和信息化部对即将在 7 月举办的中国中小企业投融资交易会表示祝贺！缓解中小企业融资难离不开社会各界的共同努力，借此机会我也向一直支持并为促进中小企业发展做出不懈努力、积极贡献的各界人士表示衷心感谢！

中小企业是国民经济发展的生力军，在稳定增长、扩大就业、促进创新、繁荣市场和满足人民群众需求等方面，发挥着极为重要的作用。发展中小企业，不是权宜之计，是我国必须始终坚持的长期战略。党中央、国务院高度重视促进中小企业发展，近年来出台了一系列政策文件。各地区各部门认真贯彻落实，出台配套政策和实施意见，中小企业发展的政策环境不断优化。一是进一步加大财税支持力度。在财政增收压力加大情况下，仍继续增加支持中小企业发展的专项资金规模，2013 年达到 150 亿元。财税部门出台了惠及大量小微企业的税费减免政策，如提高增值税起征点，扩大享受优惠所得税率的小型微利企业范围等。二是进一步采取措施，缓解融资难，确保小微企业贷款继续实现增速不低于全部贷款平均增速和增量不低于上年同期水平的“两个不低于”目标。国家通过营业税减免、准备金税前提取、担保费用补贴等扶持政策，支持中小企业信用担保机构和再担保机构，为中小企业，特别是小微企业提供信用担保服务。三是进一步加强对中小企业结构调整支持力度，鼓励中小企业技术创新和技术进步，引导中小企业提高发展质量和水平，继续实施中小企业信息化推进工程、中小企业知识产权战略推进工程等“十二五”重点工程，促进中小企业创新发展。四是进一步完善公共服务体系，实施中小企业公共服务平台网络建设工程，目前已支持了 20 个省，搭建互联互通的中小企业公共服务平台网络。2012 年、2013 年工信部还在全国范围内组织开展中小企业服务年、扶助小微企业专项行动等活动，推动落实扶持中小企业的各项政策，提高中小企业和产业集群的发展水平。总体看，中小企业发展环境得到明显改善，中小企业整体素质不断提高，产业结构进一步优化，活力和竞争力明显增强。量大面广的中小企业广泛参与市场竞争，促进了市场配置资源决定性作用的发挥，为实现经济社会又好又快发展发挥了重要作用。

同时应该看到，中小企业规模小、实力弱、抗风险能力不强，与大企业相比属于弱势群体，在发展中往往面临更多困难。融资难是其中最突出的困难之一。中小企业融资难的原因是多方面的，既有信用体系不完善的原因，也有金融机构服务不足的因素，产品、服务、贷款管理制度等还不能满足中小企业“短、小、频、急”的融资需求，直接融资比重过低，民间资本进入金融业门槛高、限制多，担保、信用、信息等中介服务发育不足，配套法律法规体系还不完善。

探索建立完善适合中小企业特点的多层次融资体系，形成长效机制，这既是中小企业的殷切期盼，也是政府管理部门和金融机构的重大责任。对此，我提几点看法：

一是强化政策导向，鼓励金融机构加大对小微企业扶持力度。继续改善信贷环境，满足那些有抵押担保条件、符合国家产业政策小微企业的信贷需求。

二是发挥引导作用，建立健全中小企业融资担保体系。建立完善中小企业信用担保体系是各国扶持中小企业发展的通行做法。实践证明，随着中小企业信用担保体系建设的不断拓展与深入，担保成为缓解中小企业间接融资难的重要途径。应通过财税政策继续推进完善中小企业信用担保体系，推动担保机构加强业务创新，探索低成本、可复制、易推广的融资产品和服务模式，强化其分散风险、增强信用功能，降低中小企业融资成本。

三是积极发展与小微企业金融服务需求相适应的小型金融机构。与大型金融机构相比，小型金融机构服务小微企业具有信息、成本等方面的优势，与小微企业更加“门当户对”。加快发展小金融机构是我国构建多层次金融组织体系的重要内容，可以弥补大银行市场供应不足，满足小微企业多样化融资需求。现在社会上民间资本很庞大，打通民间资本进入金融业的通道，建立起广覆盖、差异化、高效率的小微企业金融服务机构体系，既能增加小微企业金融服务的有效供给，又能提高小微企业金融服务的竞争性，可谓一举多得。

四是积极利用资本市场，拓宽中小企业多元化

融资渠道。近年来，我国资本市场发展取得显著成效，应加快发展多层次资本市场，降低中小企业融资门槛，进一步发挥风险投资、私募股权基金、债券市场等的补充作用，鼓励有实力的中小企业尝试多元化融资渠道。

五是引导中小企业提高自身素质，提升融资能力。在金融系统提升服务水平和能力的同时，小微企业也要努力提高自身素质，改善经营管理，健全财务制度，增强信用意识，实现金融服务和小微企业发展的良性互动。

中国中小企业协会、中国银行业协会、中国融资担保业协会、中国开发区协会、中国投资协会联合举办的第二届中国中小企业投融资交易会，是落实政策导向，发挥社会组织功能，破解中小企业融资难题的具体实践，也是为中小企业办的一件实事、好事。对调动各方积极性，推动中小企业融资创新，促进中小企业发展具有重要意义。我们期待，投融会将在各方面关心支持下，成功举办，结出硕果。

只要大家协同努力，不断创新，大胆实践，制约中小企业发展的融资难等突出问题一定会得到有效缓解，伴随中小企业快速成长，我国经济也一定会继续实现持续健康发展。

谢谢大家！

在2014中小企业信息化服务信息发布会暨小企业信息化培训启动会上的致辞

工业和信息化部党组成员、总工程师　朱宏任

(2014年5月5日)

各位来宾，新闻界的朋友们：

大家上午好！

今天，我们在这里组织召开2014年中小企业信息化服务信息发布会暨中小企业信息化培训启动会，推介支持中小企业创新发展的信息化解决方案，启动中小企业信息化培训活动。在此，我代表工业和信息化部，对长期关心中小企业发展，支持中小企业信息化推进工作的信息化服务企业、服务机构、行业协会、新闻媒体等各界人士表示衷心感谢！对今天到会的各方代表表示诚挚欢迎！

中国经济经过30多年的快速增长，目前已进入提质、增效、升级的新阶段。大力推进信息化与工业化深度融合是促进工业转型升级，走新型工业化道路的必然选择，也是党中央、国务院赋予工业和信息化部的重要任务和使命。促进两化深度融合，就是要利用信息技术的渗透性和带动性，充分发挥信息化在改造提升传统产业、培育战略性新兴产业中的重要作用，提高信息化条件下我国企业的核心竞争力，推动企业发展模式创新、商业服务模式创新，促进产业结构调整与升级，提升工业发展的质量和效益。近几年，工信部积极推动两化融合，促进了企业核心竞争力的大幅提升；推动了工业设计、电子商务、现代物流等生产性服务业的快速发展；协同设计、精益制造、定制化生产等新型模式已渗透到企业的生产和经营；信息技术与传统产业的加速融合，壮大了高端装备制造、节能环保等新兴产业；广大中小企业提高了信息化意识和应用发展能力。

中小企业是推动两化融合的基本载体，是国民经济的重要支柱。根据国家工商总局最新发布的全国小微企业发展报告，截至2013年年底，全国各类企业总数为1527.84万户，其中小微企业1169.87万户，占到企业总数的76.57%。若将4436.29万户个体工商户视作微型企业纳入统计，则小微企业在工商登记注册企业中所占的比重就达到了94.15%。

目前，中小企业特别是小微企业发展还面临要素成本较高、市场开拓不足、融资难融资贵等困难，中小企业的信息化基础较弱，普及率还不高，对信息化服务的需求完全不同于大企业。推动中小企业信息化，支持小微企业健康发展，必须借助丰富的社会服务资源，运用互联网、云计算、大数据、移动互联等信息技术，通过构建针对性更强、服务内容更丰富、开放共享程度更高的信息化服务平台，着力解决中小企业在信息咨询、企业管理、技术创新、市场开拓、投资融资、人才培养等方面的突出困难，满足中小企业特别是小微企业的核心业务发展需求，提升竞争力。

实施中小企业信息化推进工程是我部《“十二五”中小企业成长规划》提出的任务。从2005年启动至今已经8年多了。在社会各界的热情关注、积极参与和大力支持下，努力探索发挥企业主体作用和市场配置资源作用的有效途径，凝聚了一支以大企业为主体，专业服务能力强、具有市场开拓能力和一定公信力的专业服务团队，推进工作取得了积极成效。主要表现出以下六个特点：

一是以政府推动为先导。政府积极营造发展环境，搭建工作平台，制定政策措施，建立政企合作机制，组织动员大型信息化服务商、专业服务机构、新闻媒体等广泛参与中小企业信息化推进工程的实施，推动大型服务企业与中小企业供需合作。

二是以专项计划为抓手。充分发挥大型信息化服务商的人才、技术和服务优势，支持服务商实施一批为中小企业量身打造的专项计划，在全国广泛开展信息化培训和信息技术应用推广活动，促进电子商务应用与服务，帮助中小企业提高创新发展能力和信息化应用能力。

三是以服务平台为重点。大型信息化服务商发挥龙头和引领作用，投入了大量人力物力财力建设信息化服务平台，配备专业人员，联合专业伙伴，打造解决方案，共同在研发设计、管理提升、电子商务、融资服务、人才培养等方面全方位支持中小企业发展，形成了遍及全国的服务网络。

四是以资源整合为保障。信息化服务企业发挥市场定位准、运行机制活、互补性强的特点，企业间加强战略合作，组成服务联盟，打造满足中小企业发展需求服务链，形成优势互补、资源共享、合

作共赢的联合服务团队。

五是以服务小微企业为核心。落实国务院《关于进一步支持小型微型企业健康发展的意见》，突出中小企业信息化服务支持小微企业发展的工作重点，探索运用云服务、大数据、移动互联等新一代信息技术，降低小微企业信息化的应用成本和门槛，为小微企业提供经济实惠、简单便捷、省心安全、按需付费的服务。

六是以完善网络为方向。在中小企业服务体系建设过程中，探索服务的协同化、网络化和信息化，使公共服务更加智能、更加便捷、更加有效。推动信息化服务商与地方政府、工业园区、产业集群和行业协会加强合作，促进信息技术的行业应用和集成应用，促进区域经济发展和产业转型升级。

2014 年，中小企业信息化推进工作的思路：

一是贯彻党的十八届三中全会“决定”的要求，进一步解放思想，积极实践，用改革的思路、创新的方法推动中小企业信息化。进一步处理好市场和政府之间的关系，政府要在营造良好环境，扫除发展障碍，实现宏观调控、制定发展战略、制定规则和标准、形成产业政策等方面做更多的工作。而为中小企业的直接服务，要更多发挥服务商的作用。

二是组织实施中小企业两化融合能力提升行动和中小企业信息化推进工程，健全和完善中小企业信息化服务平台，推动为中小企业技术创新、经营管理、市场开拓、投资融资、人才培训、信息咨询等专业化服务，提高信息化服务的有效性。

三是发挥云计算、大数据、移动互联等信息技术的优势，利用互联网和信息化辅导站、培训基地、体验中心、服务中心等，进一步降低小微企业信息化应用的成本和门槛。鼓励小微企业利用智能终端、云服务、SaaS 平台、服务外包等方式，选择使用低成本、低风险、支撑主营业务的软件与服务。

四是总结中小企业特别是小微企业信息化的成功经验和实践案例，研究中小企业信息化服务的特点和规律，努力实现中小企业两化融合的发展目标。到 2018 年，形成一批具有一定影响力和公信力的中小企业信息化服务平台；涌现一批通过信息技术支撑，保持平稳可持续发展的中小企业、工业园区和产业集群。

当前，我国中小企业正处于重要的转型期，促进中小企业健康持续发展，不但需要政府制定和落实各项扶持政策，也需要大型信息化服务商，以及社会各有关方面的参与和支持，更需要中小企业提高自身素质，不断增强竞争力。信息化能够助力中小企业成长已经是无可争辩的事实，中小企业服务市场具有巨大的商机和潜力，为中小企业特别是小微企业排忧解难，是各级政府的期待和义不容辞的责任，也是社会发展和人民幸福的需要。中小企业信息化推进工作任重而道远，为中小企业的服务还有待进一步强化。希望信息化服务商继续发挥带动和示范作用，积极探索市场经济条件下、互联网时代支持中小企业发展的方法和途径，为全面推进中小企业信息化，实现“携手同行、合作共赢”的发展目标而努力，共同开创中小企业信息化推进工作的新局面，取得新成效。

谢谢！

在中小企业经营管理领军人才高级研修班开班式上的致辞

工业和信息化部党组成员、总工程师　朱宏任

（2014 年 5 月 9 日）

各位企业家学员、各位朋友：

大家上午好！

很高兴参加今天的开班式。这次培训班是我部组织开展的“中小企业经营管理领军人才培训计划”的重要部分，由我部中小企业发展促进中心具体负责组织实施。首先，我代表工业和信息化部，向参加本期研修班的各位企业家学员表示欢迎，向为本期研修班付出辛勤劳动的老师和工作人员表示感谢！

中小企业是我国企业中数量最大、最具活力的企业群体，在经济增长、推动创新、增加税收、吸纳就业、改善民生等方面具有不可替代的作用。在我国，中小企业提供了 50% 以上的税收，创造了 60% 以上的国内生产总值，完成了 70% 以上的发明专利，其中最为重要的是，中小企业提供了 80% 以上的城镇就业岗位。因此，没有中小企业的发展壮大和在座各位企业家的努力奋斗，中国经济就不可能取得今天举世瞩目的成就。党中央、国务院高度重视中小企业的发展，出台了一系列促进中小企业发展的政策措施。在完善法律政策、加大财税支持，推动创新、结构调整，缓解融资难，建立公共服务体系等方面都取得了重要进展。据国家工商总局数据显示，截至 2013 年年底，全国工商登记企业已达到 1528 万户、个体工商户 4436 万户，其中大型企业只占 0.3%，中小企业占 99.7%。

去年以来，党中央、国务院坚持稳中求进、改革创新的工作总基调，采取了一系列创新性的政策举措，国民经济继续朝着宏观调控的预期方向和目标前进。中小企业总体保持平稳发展，但小微企业存在的困难仍然比较突出。根据国家统计局调查，2013 年，规模以下小微工业企业主营业务收入同比增长 8.3%，增速同比回落 0.8 个百分点，期末从业人员同比减少 1%。小型企业已持续 25 个月位于临界线下方，说明小微企业总体经营状况仍然趋紧。当前小微企业发展仍存在诸多困难和问题，既有长期存在且政府一直致力解决的老问题，也有经济社会发展产生的新问题；既有市场机制体制问题，也有政府缺位和越位问题。主要表现在以下方面：一是生产成本上升较快。尤其是人工成本这几年连续上升，统计局调查显示，“用工成本上升”已成为小微企业经营面临的最突出问题，连续三年排在第一位。人力资源社会保障部通报，2013 年全国有 27 个地区调整了最低工资标准，平均调增幅度为17%。

今年1—3月份，北京、上海、天津、山东等7个地区又上调了最低工资标准。土地、房租、物流成本近年来也增长迅速，成本过快上涨大大挤压了小微企业的利润空间。二是市场需求不足。根据我部对近两万家小微工业企业的调查显示，今年3月份有22.2%的企业国内订单环比减少，21.4%的企业出口订单环比减少。三是融资难、融资贵问题仍未有效解决。四是转型升级面临较多困难。市场机制倒逼企业转型升级的作用显现，广大中小企业认识到粗放的发展模式已难以为继，转型升级迫在眉睫，但是由于缺少资金、技术、人才、管理等要素支撑，转型困难。

同时，一些地方和企业反映部分政策在执行的过程中还存在不到位、不落实的问题。对此，党中央、国务院高度重视，多次做出重要批示，要求我们梳理完善扶持政策，重点抓好各项政策的落实。近期，国务院派出了7个督查组，就支持小微企业健康发展政策落实情况对14个省市进行了督查，目的就是督促各地方对政策落实不到位的情况抓紧整改，推动各项惠企政策切实落实到位。

面对发展中的问题，归根到底要通过改革来解决。党的十八大和十八届三中全会，对全面深化改革做出了重大部署，为进一步促进中小企业和非公有制经济发展指明了方向。首先，明确了市场在资源配置中起决定性作用和更好地发挥政府作用的改革取向。通过发挥市场的决定性作用，遵循市场规律，用市场规则、市场价格、市场竞争，实现效益最大化和效率最优化，最大限度地激发各类市场主体创业、创新的活力。中小企业作为经济发展中的弱势群体，促进其发展，既要发挥市场的决定作用，处理好政府和市场的关系，又要用政府“有形的手”去配合市场“无形的手”发挥作用，解决市场失灵的问题，扶持中小企业健康发展。其次，《决定》进一步明确了非公有制经济的地位，指出“两个都是”“两个重要”，重申了两个“毫不动摇”，强调了两个“不可侵犯”，提出了“三个公平”，明确了“三个鼓励”。在我国，非公经济与中小企业高度关联，互为主体，中小企业95%以上是非公经济，而非公经济绝大多数是中小企业。促进中小企业发展也就是促进非公有制经济发展，这也是完善社会主义基本经济制度的必然要求。

当前，全面深化改革的成效已经显现，为中小企业和非公有制经济发展带来了新的发展机遇。以工商注册便利化改革为例，党的十八大以来，中央就推进工商登记制度改革做出了一系列重大部署，新登记注册市场主体数量显著增长，市场活力进一步增强。2013年，全国新登记注册企业250.27万户，比上年增长27.63%。其中私营企业232.73万户，增长29.98%。个体工商户新登记注册853.02万户，增长16.39%。由此可见，改革释放的红利是巨大的，对中小企业发展的影响也是巨大的，在这场波澜壮阔的改革浪潮中，中小企业既是改革的推动者和参与者，也是受益者。

下一步，我们将以三中全会精神为指导，按照中央对经济工作“稳中求进、改革创新”的总基调，加强顶层设计和政策协调，统筹各方，形成合力。着力解决制约中小企业和非公有制经济发展的体制机制问题和深层次矛盾，加大工作力度，以更加有力的措施和办法来推进改革，加快转变政府职能，优化发展环境，增强公共服务能力，推进两化深度融合，进一步激发中小企业和非公有制经济的发展活力。

人力资源是企业发展的第一资源，国家高度重视中小企业人才队伍建设。2010年6月，中共中央、国务院颁布《国家中长期人才发展规划纲要(2010—2020年)》，部署了企业经营管理人才素质提升工程等12项重大人才工程，其中我部负责组织实施中小企业经营管理人才培训工作，目前已有来自全国27个省（区、市）中小企业领军人才1265人完成了培训。

我部中小企业发展促进中心为本次研修班做了精心安排，既有知名的专家学者和企业家授课，也有参观访问、考察交流等互动教学，内容丰富。希望中小企业发展促进中心进一步加强教学管理，热情地为各位企业家学员提供优质的培训服务。同时，也希望在座的企业家朋友珍惜此次学习机会，深入交流探讨，我相信，大家一定会学有所成，学有所获，为促进我国经济社会发展做出更大的贡献。

最后，祝大家学习生活愉快。

谢谢大家！

全国中小企业厅局长
圆桌会议材料

在全国中小企业厅局长圆桌会议上的讲话

工业和信息化部党组成员、总工程师　朱宏任
（2014年6月19日）

同志们：

这次利用召开第8届APEC中小企业技展会的机会，套开全国中小企业厅局长会议，是在全系统认真贯彻落实中央一系列决策部署，积极应对经济下行压力，促进中小企业平稳健康发展的关键时期召开的一次重要会议。会议开得非常及时，采取圆桌会议的形式，也有助于交流和沟通，效果很好。刚才听了大家的发言，很受启发。围绕着促进中小企业，特别是小微企业发展，大家都做了大量卓有成效的工作，工作很实，也有创新，中小企业司要好好总结，对大家提出的意见和建议要认真研究。许科敏同志通报了上半年的工作和下一步安排，我都同意。上周，部长办公会听取中小企业司关于扶助小微企业发展情况的汇报时，苗部长指出：一是发挥国务院促进中小企业发展工作领导小组协调机制作用，研究解决国务院对国发14号文件督查中发现的问题；二是重视小微企业融资难问题，研究互联网金融等新举措；三是推动中小企业发展基金的设立，中小企业主管部门要主动作为；四是加大对

小微企业税收优惠政策的贯彻落实力度。根据苗部长指示精神，结合大家刚才的发言，我谈三点意见。

一、准确把握形势，加强研判，坚定信心

今年以来，习近平总书记、李克强总理多次对当前经济工作做出重要批示，要求密切跟踪分析形势的发展变化，高度关注潜在风险隐患，加强走势研判和政策储备，及时开展有效调控，确保经济改革措施顺利推进和经济平稳运行。中央对当前经济形势的总体判断是：我国经济发展的基本面没有变，经济形势总体符合宏观调控和发展预期。中小企业是实体经济的主体，在稳增长、促改革、调结构、惠民生等方面起着举足轻重的作用。我大概理了一下，今年国务院共召开了16次常务会议，其中有7次会议研究提出了要加大对小微企业的扶持力度，涉及财政、金融、社保、税费、创新创业等多个方面。这充分体现了党中央、国务院对中小企业工作的关心和支持。大家要把认识统一到中央对当前经济形势分析和决策部署上来。在座的各位都是中小企业主管部门的负责同志，任务艰巨，责任重大，使命光荣，大家要高度重视，坚定信心，有所作为。

面对当前复杂的经济形势和中小企业发展状况，我们要冷静观察、准确判断，不仅要看现状，还要看趋势，不仅要看总量，还要看结构，要有一个全面的、正确的认识。综合大家的发言看，当前中小企业运行呈现以下三个特点。

第一，中小企业发展速度继续保持在合理区间。今年一季度，规模以上中小工业企业，主营业务收入、利润总额都继续保持较快增长，分别同比增长11.23%和15.03%，比规模以上全部工业企业分别高3.25个和4.94个百分点，为我国经济形势稳中向好奠定了重要基础。今年5月份，中型企业PMI为51.4%，比上月上升1.1个百分点，自去年6月以来首次超过大型企业，成为制造业PMI回升的重要推动力。

第二，中小企业经济增长下行压力仍然较大。刚才大家反映了本地中小企业发展都面临着不少问题和困难。这些问题和困难与当前的经济形势是密不可分、相互关联的。全球金融危机后，外需疲弱，内需放缓，加之国内部分行业产能过剩、劳动力和资金等要素成本上升影响，我国经济增速将在一段时期内承受较大的压力。一季度国内生产总值同比增长7.4%，这是1990年以来最低的增速。不论是大型企业还是中小企业，都面临着一些困难，但小微企业面临的困难和挑战更大一些，5月，小型企业PMI为48.8%，已连续26个月运行在临界线以下。我到地方调研，一些传统产业、劳动密集型小微企业反映，当前生产经营困难加剧，甚至比2008年还要严峻。

第三，中小企业面临的机遇和挑战并存。目前，我国经济正处于增长速度换挡期和结构调整阵痛期，加上世界经济还处于深度调整之中，中小企业发展面临着前所未有的复杂局面。同时也应该看到，随着一系列政策措施的出台落实，国民经济将继续朝着宏观调控的预期方向和目标前进，中小企业发展仍有许多有利的条件和积极因素。今年是全面贯彻落实十八届三中全会的开局之年，在市场准入、行政审批、金融体制、财税体制等领域的改革已经取得了积极进展，中小企业和非公有制经济都是主要受益者，创业和发展的环境将得到进一步优化，活力将得到进一步激发。当前，我国就业形势总体较好，物价水平基本稳定，第三产业比重不断提高，内需拉动持续增强，政策效应不断显现，经济发展稳中向好，为中小企业结构调整、转型升级创造了有利条件。

综合分析，中小企业和非公有制经济发展，机遇大于挑战。对此，大家要坚定信心，要密切关注，做好对形势的预研、预判、积极应对。一方面，要认真贯彻落实中央支持中小企业发展的一揽子政策措施，深入开展扶助小微企业专项行动，结合本地实际，利用好有利条件，进一步巩固中小企业稳定增长的基础。另一方面，要高度重视存在的突出问题，最大程度地克服不利因素，未雨绸缪，防范于未然，做好应对更加复杂、更加严峻形势的准备。在这个方面要重点抓好两项工作，一是加强对中小企业运行情况的监测，及时发现苗头性、倾向性问题，科学分析，准确判断，及时通报有关情况。二是结合形势的变化和小微企业反映的问题，有针对性地研究提出新措施、新办法，提前做好政策储备。

二、狠抓落实，确保政策落实到位

近几年，中央出台了很多扶持中小企业发展的政策，有关部门也出台了多项配套文件。出台了这么多政策，最终还是要由各地方来落实和推动。6月9日，国务院召开稳增长促改革调结构惠民生政策措施落实情况督查动员电视电话会，决定对今年《政府工作报告》和去年下半年以来国务院出台的稳增长促改革调结构惠民生政策措施的落实情况开展一次全面督查，目的就是要打通国务院决策部署和出台政策措施贯彻落实的“最先一公里”和“最后一公里”，力破“中梗阻”，重点督查的内容共有19项，其中有多项涉及中小企业工作。在此之前，国务院已经就督查各地方小微企业政策落实情况进行了部署。4月下旬，国务院派出了7个督查组，赴14个省（区、市）督查支持小微企业发展政策落实情况。从督查的情况看，有些政策，仍然悬着，没有落地，政策落实的“最后一公里”问题还没有完全得到解决。主要问题集中在：部分地方存在配套措施不到位、不平衡问题，可操作性不强；有的政策落实不细致，缺乏细化措施；一些地方涉企收费项目较多，费用较高。甚至存在隐性不作为，选择性执行，象征性执行，以文件代替落实的现象。督察组已经就督查发现的问题与14个地方政府进行了反馈。虽然这次督查的范围只涉及14个地方，但反映出来的很多问题都是共性问题，涉及地方政府的诸多部门。大家作为各地中小企业主管部门的负责同志，承担着落实好本地区中小企业政策的重要职

能，责无旁贷，守土有责。大家要以这两次督查为契机，主动作为，努力破除政策措施落实中的体制和机制障碍，完善和强化抓落实的制度保障，提高行政效能，让中小企业真正得到政策措施带来的实惠，有效提升全系统的公信力和执行力。

当然，在实际工作中，也有些同志反映中小企业工作涉及面广，许多政策涉及诸多部门，作为中小企业主管部门，在推动政策落实的过程中，有责无权，协调难度大，会遇到很多实际问题。大家反映的这些困难的确客观存在，这就需要我们开拓创新，积极探索新形势下做好中小企业工作的新思路、新方法、新路径，重点要强化政策协调，加强机制建设。一要发挥好协调机制的作用。经过这几年，许多地方都建立了中小企业工作协调机制，这既是各地方政府对中小企业工作的重视，也是大家努力推动的结果。发挥好这个机制，关键是要发挥好各部门的积极性。这里有一个工作方法和工作定位的问题，就是要了解情况、发现问题、提出建议、推动工作。我们作为牵头部门，要全面掌握政策执行的情况，主动沟通协调，多提建议多商量，取得各部门的理解和支持，同时，也要帮助其他部门及时发现存在的问题，共同推动工作，形成工作合力。还没有成立协调机制的地方，要向本地党委、政府汇报，争取尽快建立。二要建立督查评估的长效机制。在最近两次国务院常务会议上，李克强总理强调，要通过督查、第三方评估和社会评价等方式推动政策落实，既督地方，也督部门。我们要把这招用好。目前部分地方已经把促进小微企业发展纳入到对地市级政府和有关部门的考核。像山东省实施了小微企业发展量化指标考核试点，江西、辽宁、湖北、广东等省专门成立督查组，对全省小微企业政策落实情况开展了专项督查，这些好的做法可以固化下来，形成机制。去年，我们委托全国工商联对国发 14 号文件的贯彻落实情况进行了第三方评估，评估报告客观地反映了政策落实的情况，党中央、国务院领导高度重视，做出了重要批示，有力地促进了政策的落实。大家可以借鉴这些方法来推动工作。

三、突出重点，促进中小企业平稳健康发展

今年 4 月初，我部召开了全国中小企业工作暨扶助小微企业专项行动电视电话会议，部署了 2014 年中小企业工作和扶助小微企业专项行动。现在大家都已经行动起来，做了很多工作，取得了一定的成效。下一步，要针对中小企业发展面临的突出问题，把扶助小微企业专项行动不断引向深入，重点做好以下几项工作：

（一）改革创新，向改革要动力

十八届三中全会对全面深化改革做出的重大决策部署，为中小企业和非公经济发展指明了方向，增添了动力。当前，中小企业发展遇到的突出困难和矛盾有多方面原因，但根本上还是在于市场经济体制不完善、市场功能发挥不充分。必须通过全面深化改革，进一步发挥市场在资源配置中的决定性作用，激发中小企业发展活力。对中小企业主管部门来讲，要加快自身改革和职能转变步伐，积极推进和参与重要领域、关键环节改革。一是创新工作理念。发挥中小企业主管部门贴近企业、市场的优势，把市场起决定性作用和更好的发挥政府作用作为工作理念，探索一套与市场经济相适应的管理模式。要减少对企业生产经营的干预，市场可以发挥作用的要大胆交给市场。加快转变政府职能，对于市场失灵的地方，要加强宏观管理、维护公平竞争、提供公共服务。要多在发展环境、服务体系、缓解融资、减轻负担等方面下功夫。今年我部已经启动了“十三五”重大课题的研究，大家也要提前谋划本地区“十三五”中小企业发展的总体思路。二是加快简政放权。这是新一届政府深化改革的“当头炮”“先手棋”。到今年年底，部里的行政审批项目要比 2013 年初减少 1/3 以上，制定行政审批事项目录清单并向社会公开。比如，中小企业信用担保机构营业税减免审批也将取消，由审批制改为备案制，各地方要做好衔接。同时，各地要按照总体要求下放和取消一批行政审批管理事项。大家要坚持放管结合、放管并举，做到放活不放任，防止截留改革红利。对于其他部门已出台的简政放权措施是否落实到位，中小企业是否切实感受到了政策利好，大家要密切关注、及时跟踪和反馈，也可以通过简报等多种方式向相关部门反映。三是支持非公有制经济发展。大家要把推动非公经济发展的工作与中小企业工作同研究、同部署、同推进。要推动落实好促进非公有制经济发展的“两个 36 条”，主动联系有关部门清理废除对非公有制经济的各种不合理规定，公平市场准入。重点落实好民间资本进入电信、军工领域的各项政策措施。有条件的地方，可以搭建合作平台，为中小企业进入电信、军工等领域创造条件。四是夯实中小企业发展的制度基础。《中小企业促进法》已实施十多年，为促进中小企业发展提供了坚实的法律保障。经过多年的实践，各地、各部门都形成了很多行之有效的政策体系，有些政策已具备上升为法律的条件。同时，随着经济社会发展，有些内容需要进行充实完善，有些条款已不适应当前形势，需要修订。本届人大已把中小企业促进法修订工作列入一类修法计划，预计明年 5 月完成法律修改草案的起草工作，任务艰巨。目前我部已配合全国人大财经委做了前期准备工作，相关工作进展顺利。这项工作关乎中小企业发展长远的大事和根本，不仅是工信部的重要工作，也是我们整个系统的重要工作。大家要高度重视，献计献策、大力支持、积极配合。

（二）加大支持，用好用足财税政策

一要放大财政资金杠杆作用，提高资金效率。今年，中央财政的专项资金支持方式由过去的直接支持企业转向重点支持服务体系建设。但从今年上报的项目情况看，项目储备是不够的，暴露出服务体系建设还是比较薄弱。同时，各地方在改革资金使用时，要在中央和地方财政资金的使用上体现出分工和互补，体现出地方财政资金更多的灵活性和创新性。目前各地方基本都设立了中小企业专项资金，资金规模逐年加大。财政资金的“量”有了，

如何使用，就是“质”的问题了。在资金安排上，既要充分发挥市场的决定性作用，又要体现政府的引导作用，实现“四两拨千斤”“雪中送炭”的效果，的确不容易。这就要求我们创新工作思路，不断优化专项资金支持重点、方向和范围。现在很多地方已经做出了积极的探索。比如北京、吉林等省市设立了中小企业发展基金，通过财政资金的杠杆和放大作用，引导社会资金，主要用于股权投资、风险投资、科技成果转化、风险代偿等方面，取得了很好的效果。

二要密切跟踪税收优惠政策的落实情况。今年，国家已经把小型微利减半征收所得税标准从6万元提高到10万元，扩大了“营改增”试点范围。大家要配合好有关部门，抓紧落实好这些政策，使这些政策尽快发挥效应，提振中小企业信心。同时，要加强对政策效果的评估。比如，对营业税和增值税起征点偏低的问题，我们已经向有关部门提出了政策建议，并将做进一步的深入研究。各地也要了解情况、反映问题、做好测算，为决策提供依据。

三要进一步减少和规范涉企收费、减轻企业负担。重点是要落实好5月30日国务院常务会议精神。目前，山西、四川、河北等省已经初步建立了涉企收费清单管理制度，其他地方也要按照国务院会议要求，尽快建立起来。清理规范收费项目要加强顶层设计，公开透明，提高公众参与度，同步建立企业负担举报和反馈机制，严查乱收费、乱罚款和摊派等行为。

（三）因地制宜，改善融资环境

金融政策的调整主要在中央层面，但各地方仍大有可为。在担保体系建设方面。北京、江苏、吉林等18个省（区、市）都建立了省级的再担保机构，分散了担保风险。辽宁、浙江、湖南等省设立了中小企业信用担保机构风险补偿资金，提高了担保机构的抗风险能力。在鼓励金融机构加大对小微企业信贷投放方面。天津、四川等省市对金融机构实施财政奖励政策，吉林建立了4个助保资金池实行企业联保联贷，大连市设立了小微企业信贷风险补偿资金。在金融产品创新方面。山东、重庆等多个省市与建设银行合作，推出了“助保贷”产品；厦门市开展小微企业贷款保证保险试点；浙江省首创出口信用保险“小微企业简易承保模式”，发行了全国首单中小企业信贷资产支持证券和小贷公司定向债；北京市2013年完成集合信托融资37亿元，小企业私募债21亿元。在完善金融服务方面。福建省设立了5亿元的省级中小企业资金链应急保障周转金；广州市创新小微企业“首贷贴息”政策；山东省构建了信用担保、创业投资引导、贷款风险补偿、财政存款“以存引贷”、资本市场融资引导和小额担保贷款财政贴息等六大机制。此外，各地还有很多创新性的举措，我就不一一列举了。我这里要强调的是，虽然我们不是金融管理部门，但在缓解中小企业融资难方面，大家可以做的工作很多，可以创新的空间很大。

（四）抓住时机，推动企业转型升级

当前经济下行压力比较大，但大家不能因为经济增速波动而影响结构调整的决心和力度，中小企业是结构调整的主战场，也是难点和重点，需要大家付出更多的努力，下更大的功夫。只有发展质量上了台阶，速度才能稳住，发展才能行稳致远。要因势利导，支持中小企业抓住结构调整的时机，注重在增量和存量上双管齐下，既要积极化解部分行业产能严重过剩矛盾，又要大力支持新兴产业发展，在结构优化升级上取得新进展。

一是化解产能严重过剩矛盾。重点要贯彻落实国务院关于化解产能严重过剩矛盾的指导意见，严格实施环境、技术、安全等市场准入标准，有效化解产能严重过剩等问题，促进中小企业可持续发展。加大淘汰落后产能工作力度，落实今年淘汰落后产能任务，确保提前一年完成“十二五”淘汰任务。现在时间快要过半了，大家要抓紧推进。二是促进“专精特新”发展。贯彻落实好我部关于促进中小企业“专精特新”发展的指导意见，引导和支持中小企业做专做精核心业务，提高竞争力。强化企业创新主体地位，建立产学研协同创新机制，促进制造技术、企业管理、商业模式等多元化创新。支持中小企业兼并重组，发挥政府采购对中小企业自主创新的扶持作用，落实好高新技术企业税收减免、研发费用税前加计扣除等优惠政策，加强宣贯和培训辅导。积极配合金融部门引导信贷资金向结构调整、节能减排、自主创新等重点领域和小微企业等薄弱环节倾斜。三是推进两化深度融合。各地要结合实际，建立信息化和工业化深度融合机制，深入实施两化融合专项行动计划和中小企业信息化推进工程，充分发挥两化融合对中小企业转型升级的促进作用。推广企业两化融合管理体系标准，要广泛的发动中小企业参与贯标达标。支持中小企业在研发设计、生产制造、经营管理、市场营销等核心业务环节的信息化应用。

目前各地方在推进中小企业结构调整方面也采取了很多措施，取得了很好的成效，比如天津市实施了“万企转型升级行动计划”，通过“改造提升一批，产业转型一批，关停重组一批，载体升级一批”，提高中小企业发展质量、增强核心竞争力。浙江省就借助当前倒逼企业转型的市场力量，出台了促进小微企业转型升级为规模以上企业的意见，实施“腾笼换鸟、机器换人、空间换地、电商换市”和“培育知名企业、知名品牌、知名企业家”等政策。这些好的做法和经验都值得推广。

（五）创新方法，强化中小企业服务

一是加强服务模式创新。各地要以服务平台网络建设为基础，以服务平台和小企业创业基地为载体，依托广大社会服务机构，抓好对中小企业的服务。这些年，中央和地方财政投入大量资金，支持各地方建立中小企业公共服务平台网络。现在大多数地区做到了“场地建起来，牌子挂起来，活动搞起来”，应当说服务机构的基础设施得到了很大的改善。接下来，中小企业用不用，用得好不好，是检验我们工作实际成效的关键。有些中小企业反映，服务机构的硬件条件改善了，但还缺少“用得上，用着好”的服务，服务网站内容不够丰富，利用率不高，服务手段单一。我们不能“重建设、轻服务”“重硬件、轻软件”，要充分发挥服务平台网络资源共享、服务协同优势，引入优秀服务机构，建立有效激励机制，把好事办好，为小微企业提供多元化、低成本、高质量的服务。要建立健全中小企业公共服务标准、服务评价和考核奖惩制度，同时创新服务机制，推广政府购买服务，提高公共服务的针对性和有效性。

二是用信息技术提升服务水平。信息技术特别是网络技术的快速发展正在深刻改变我们生产生活的各个方面，一些服务机构通过对中小企业每笔货款、每张订单等数据的分析，利用大数据技术计算企业的客观信用，建立一种低成本、大批量、高效能的信用贷款模式，帮助中小企业获得融资。还一些服务平台利用云计算为中小企业提供工业软件服务和咨询服务，以租用服务代替销售，降低中小企业购买软件的成本。运用信息技术服务中小企业，是我们系统的独特优势，我们要鼓励和引导服务机构运用大数据、云计算、移动互联网等信息技术，推动服务的信息化、智能化。

三是主动服务，做好政策的宣传。一些企业反映，对国发14号文件及配套政策了解不够，包括政策内涵、享受条件、办理程序等，未能及时享受到政策优惠。对此，我们要进一步加强政策宣传。可以通过召开宣讲会、培训班、发放宣传册、政策解读等多种方式，加大政策宣传力度。比如北京开通手机报向中小企业宣传政策，山东省通过向小微企业邮寄“政策优惠明白纸”的方式推动政策落实，取得较好效果。不管是手机报，还是明白纸，都是主动服务，各地方要增强这种主动服务的意识，创新主动服务的方式。同时，加强信息平台建设，提高信息发布的及时性、有效性，着力解决政府和企业之间的信息不对称，特别要帮助小微企业掌握到实用的政策和信息。

同志们，做好新形势下的中小企业工作，责任重大，使命光荣，我们要进一步增强责任感、紧迫感，以改革创新的精神，奋发有为，努力开拓中小企业工作的新局面，为国民经济平稳健康发展做出更大的贡献。

创新思路开拓中小企业“专精特新”发展新局面

——在中小企业“专精特新”工作座谈会上的讲话

工业和信息化部党组成员、总工程师　朱宏任

（2014年6月26日）

各位代表：

大家下午好！

刚才，各省市交流了促进中小企业“专精特新”发展的工作情况，提出了很多好的做法，取得了可喜的成绩，值得肯定。今年以来，国内外经济形势趋于复杂，中小企业发展形势多变，这对中小企业“专精特新”发展提出了新的要求。下面，我就当前国内外形势下，促进中小企业“专精特新”发展讲几点意见。

一、当前中小企业发展面临的新形势

今年6月，克强总理中国科学院第十七次院士大会和中国工程院第十二次院士大会上作经济形势报告。他指出，国内外环境错综复杂，各种困难和问题交织，经济运行总体平稳、主要指标处在合理区间，结构调整发生积极变化，市场预期稳中向好。但经济下行压力仍然较大，各地发展不平衡，制约发展的不利因素依然较多。

从国内形势看，一方面，国民经济处于转型升级的关键时期，各项指标稳中有增，但增速放缓。一季度，我国GDP增幅7.4%，跌破总理底线。全国规模以上工业增加值按可比价格计算同比增长8.7%，增幅比上年同期回落0.8个百分点。一季度规模以上工业企业产销率达到97.1%，同比下降0.1个百分点。规模以上工业企业实现出口交货值25773亿元，同比增长4.2%。另一方面，进出口总额同比下降，外贸型中小企业发展环境进一步恶化。一季度，进出口总额59022亿元人民币，同比下降1.0%。其中，出口30025亿元人民币，下降3.4%；进口28997亿元人民币，增长1.6%。3月份同比降幅增长，进出口总额20314亿元人民币，同比下降9.0%。其中，出口10392亿元，下降6.6%；进口9923亿元人民币，下降11.3%。

从国际形势看，世界经济复苏态势不稳，经济波动较大。去年年底，在发达国家带动下，世界经济呈现温和复苏态势，国内企业订单情况有所好转。据调查，2013年12月，出口订单金额环比增长企业占总调查企业数32.1%，环比提高4.4个百分点。但一季度以来，世界经济出现明显回落，下行风险依然存在，地缘政治风险开始抬头。今年4月，国际货币基金组织（IMF）将2014年全球经济增长预期降至3.6%，较之前预测下调0.1个百分点。其中，新兴市场和发展中国家2014年整体经济增速预计为4.9%，比之前预测下降0.2个百分点。

面对当前复杂多变的经济形势，中小企业发展应立足长远，继续走“专精特新”发展之路，打造自主创新优势，增强技术实力，紧跟转型升级步伐，夯实中小企业在国民经济发展中的基石地位。近年来，我部和各地方在推动中小企业“专精特新”发展方面，均做出大量工作，取得了一定的成绩。但国内外经济形势瞬息万变，加大了工作难度，提出了更高的要求。因此，需要在总结经验的基础上，不断开拓进取，创新工作方法，拓宽工作思路，谋求新的进步。

二、促进中小企业“专精特新”的主要做法

从以往的经验来看，各地促进中小企业“专精特新”发展的做法主要体现在以下几个方面。

（一）出台扶持政策

为切实促进中小企业“专精特新”发展，去年7月，我部印发了《关于促进中小企业“专精特新”发展的指导意见》（工信部企业〔2013〕264号），明确了促进中小企业“专精特新”发展的指导思想和工作目标，确定了增强企业技术创新能力、实施中小企业知识产权战略、提高信息化应用水平、提升产品质量和创建品牌、提高经营管理水平、促进产业协作配套等六项重点任务，细化了加大财税金融支持等五项推进措施。各地均制定了多项扶持政策，支持中小企业“专精特新”发展。如天津制定了《关于促进中小企业创新转型培育“专精特新”产品（技术）的指导意见》《天津市中小企业专精特新产品（技术）认定暂行办法》等文件，山东省制定了《山东省“专精特新”中小企业标准》《山东省科技创新型中小企业条件》等文件，辽宁省较早出台了《辽宁省中小企业“专精特新”产品（技术）认定暂行办法》，江苏省出台了《江苏省万家专精特新中小企业培育工作指导意见》，山西省出台了《关于促进中小企业“专精特新”发展的实施意见》，青岛制定发布《中小企业专精特新产品（技术）认定办法》等。这些政策为各地中小企业“专精特新”发展奠定了坚实的政策基础。

（二）加强资金支持

今年3月，我部会同财政部等部门修订了中小企业发展专项资金管理暂行办法，继续强调专项资金对中小企业科技创新活动的引导作用。同时，各地通过多种方式加强对中小企业“专精特新”发展的资金支持。如天津2014—2016年将运用3亿元市级财政资金对认定的1000个“专精特新”产品（技术）扩大产能的固定资产投资项目进行扶持。2013年，山东省中小企业专项资金共安排资金近1000万元，扶持专精特新产品项目10个。辽宁省，2013年启动创新型中小企业培育政策，选择1000户科技创新型中小企业，每户企业给予100万元。

（三）强化培育和认定

认定“专精特新”产品和技术是各地推进中小企业“专精特新”发展的重要手段。辽宁省2005年出台了《辽宁省中小企业“专精特新”产品（技术）认定暂行办法》，对重点“专精特新”产品（技术）给予扶持。截至2013年，已认定中小企业“专精特新”产品技术1783项。江苏省制定了《江苏省中小企业专精特新产品认定办法》，重点认定国际领先、国内空白、替代进口的产品，关键核心配套产品，在省级以上重大项目、工程中使用的产品，以及在行业细分市场名列前茅的产品。天津市开展“专精特新”产品（技术）的培育与认定，对采用新技术、新工艺生产，拥有自主知识产权和专利技术，处于价值链高端、技术含量高的产品（技术）予以认定，2013年认定了31个产品（技术），今年认定了111个产品（技术）。

（四）助力市场开拓

近年来，各地通过举办展会、技术交流等方式帮助中小企业开拓国内外市场。江苏省建设了“专精特新”产品网上展示平台，开发了江苏中小企业专精特新产品展示推广网，具有申报认定、展示推广、协作配套等功能，提升专精特新产品的认知度和市场占有率。辽宁省先后举办“2011年辽宁中小企业创新成果暨‘专精特新’产品技术展览洽谈会”和“2012年中国东北及环渤海地区创新型中小企业‘专精特新’产品展洽会”，集中展示中小企业在自主创新、资源节约、协作配套、产业集群、公共技术服务等方面取得的成就，提高中小企业创新成果的知名度和影响力。天津以环渤海区域中小企业发展联盟名义与日韩中小企业机构举办2012中日韩（环渤海）中小企业绿色产业峰会；组织70家企业分别参加第七届APEC中小企业技术交流暨展览会和第九届中博会，推进中小企业与大企业、中小企业之间的交流与合作。

（五）改善服务环境

一是优化创业环境。浙江省推动创业基地建设，提升企业素质，为中小企业向“专精特新”发展提供创业环境。全省（宁波除外）已有省市两级小企业创业基地211家，入驻企业数13836家，累计孵化成功3836家企业。同时，针对中小微企业服务需求，开展创业辅导。2013年，完成各类创业辅导活动2000余场，辅导企业2500余家。二是培育示范平台。辽宁省针对中小企业技术创新需求，依托高等院校、科研院所，以技术攻关和破解企业技术难题为纽带，创建并培育了一批社会化、开放式的中小企业共性技术服务平台。浙江省2013年培育创建了30家省级中小企业公共服务示范平台。三是推进产学研合作。辽宁省以高校公共技术平台为依托建立中小企业产学研合作长效机制，为企业搭建了技术合作与人才交流的服务平台，促进高校科技成果转化，促进企业产品技术升级。四是组织多样培训。天津组织实施“圆梦津城”中小企业培训工程和管理提升工程，全年培训中小企业经营管理人员3.5万人次。五是强化融资服务。青岛探索建立融资服务超市、信用信息、统借统还“三大平台”和银行、担保、过桥、融资租赁、直接融资、重点项目扶持“六条路径”，初步形成了多元化、多渠道的企业融资服务新模式。

三、中小企业“专精特新”发展要有新思路

（一）明确目标，完善中小企业“专精特新”发展蓝图

促进中小企业“专精特新”发展是一项长期的、系统性工程，不能将它作为政绩工程，只抓一时，更不能贪多求快，拔苗助长。要以切实提升中小企业创新实力，培育具有自主技术优势的龙头企业，先进带动后进，逐步实现中小企业转型升级为

目标，结合地方特色和产业优势，确定中小企业“专精特新”发展路线图，明确阶段性目标。同时，要坚决加大政策推进力度，在发挥市场经济作用，释放企业创新活力上多做文章。

（二）精耕细作，优化中小企业创新土壤

中小企业底子薄、资金少、技术弱、人才缺乏，其根本原因在于企业发展环境不完善，创新土壤缺乏。当前，我国正处于全面深化改革的关键时期，党中央、国务院多次提出要重视非公经济和中小企业发展，要转变政府职能，强化政府公共服务，真正释放中小企业发展活力。为此，必须从优化中小企业创新环境入手，变审批项目为强化公共服务，为中小企业“专精特新”发展提供长效政策扶持，拓宽企业融资渠道，做好人才储备和人才队伍建设，注重公共技术支撑，切实降低企业创新成本，让企业获得创新红利，促进企业更好地发展。

（三）集团作战，构建中小企业“专精特新”产业体系

新时期国际竞争的不断加剧要求我们不能搞单兵突击，必须采取集团作战的方式。一方面，中小企业“专精特新”发展要全国一盘棋。要避免出现产业结构过度趋同，简单重复建设的现象。在充分尊重地方产业特色的基础上，构建全国统筹的“专精特新”产业体系。打造产业龙头地区和龙头企业队伍，形成地区间人才、资金、产品和技术互动交流的良性循环，构建区域间技术优势互补和支撑、产业链资源合理分配的“专精特新”发展格局。另一方面，集团作战还要统筹各级政府和各部门资源，共同为中小企业“专精特新”发展提供支持。要打破部门利益，在政府职能转变的大背景下，寻求合作与共赢，齐心协力推进中小企业“专精特新”工作。

（四）注重实效，紧抓落实，优化政策环境

政策再好，没有好的落实也只是一纸空文。从以往实际来看，我们制定了多项扶持中小企业创新发展的政策，包括高新技术免税政策等，但政策执行效果都不尽如人意。特别是中小企业申请优惠政策的隐性门槛依然存在，成本高、时间长，把原本有技术、有前景、有效益的项目挡在了门外。因此，必须紧抓政策落实，想企业所想、急企业所急，不能只图政策出台的便利，而让企业得不到实惠，不能只图平衡部门关系，而增加企业享受政策的难度。要加强对企业申报政策的指导，真正发挥政策效力，优化政策环境。

四、促进中小企业“专精特新”发展的几点要求

（一）提高思想认识

要将促进中小企业“专精特新”发展作为推动中小企业调结构、转方式，实现转型升级的重要抓手。要认清中小企业“专精特新”工作的长期性、系统性和重要性。有条件的地方可成立推进工作小组，主管领导要高度重视，明确权责。同时，在推动过程中，要注意与现有工作的有机衔接和融合，系统解决企业融资难、用人难、技术获取难、技术转化难等问题，强化政府公共服务角色，努力为中小企业“专精特新”发展营造良好外部环境。

（二）加强战略规划

要结合本地区产业布局和中小企业发展实际，制定三年计划、五年规划和长远战略，明确阶段性目标和长远目标，细化推进措施和工作手段，完善管理和认定办法。依靠市场资源，创新合作机制，开拓发展领域，拓展发展空间，不断提高本地区中小企业“专精特新”发展的水平。同时，做好经验总结和宣传工作，加强地区间交流，带动全国中小企业“专精特新”工作的稳步推进。

（三）创新工作机制

在推动中小企业“专精特新”发展过程中，要注意发挥各有关部门的职能优势，加强与财政、税务、科技、知识产权等部门的沟通与合作。统筹部门资源，建立联合工作机制，形成相互配合、共同推进的工作合力，把促进中小企业“专精特新”发展工作做得更加扎实有效。

同志们，促进中小企业“专精特新”工作任重而道远，希望各地能继续发挥主观能动性，充分利用本地资源，稳步推进中小企业转型升级，不断探索和总结经验，提升中小企业创新发展水平，开拓中小企业“专精特新”发展新局面。

谢谢大家！

在第十一届中国国际中小企业博览会新闻发布会上的讲话

工业和信息化部党组成员、总工程师 朱宏任

（2014 年 7 月 10 日）

新闻界的朋友们，女士们、先生们：

大家上午好！

由中国工业和信息化部、国家发展和改革委员会、财政部、国家工商行政管理总局、国家质量监督检验检疫总局、中国银行业监督管理委员会、广东省人民政府和墨西哥经济部联合主办的第十一届中国国际中小企业博览会，将于 2014 年 10 月 11 日至 14 日在广州保利世贸博览馆和广州国际采购中心展馆举行。

办好中博会，为中小企业搭建展示、交易、交流、合作的平台，一方面是党中央、国务院交给我们的重要任务，中博会自创办以来，一直受到党和国家领导人的高度重视和亲切关怀。温家宝、张德江、汪洋、曾培炎等同志先后多次对办好中博会提出具体要求并给予殷切期望。《国务院关于进一步促进中小企业发展的若干意见》中强调要“办好中国国际中小企业博览会等展销活动”；《国务院关于进一步支持小型微型企业健康发展的意见》中要求“研究创新中国国际中小企业博览会办展机制，促进在国际化、市场化、专业化等方面取得突破”。另一方面也是贯彻落实党的十八届三中全会精神，开创

中小企业工作新局面的必然要求。

三中全会《决定》中明确指出，要支持非公有制经济健康发展。中小企业与非公有制经济互为主体，高度关联，促进中小企业发展也就是促进非公有制经济发展，在中小企业工作中，必须要用好中博会这个有效举措和有力抓手。

因此，我们认真组织，精心筹备，力争每届中博会都能有创新、有进步、有亮点。自创办以来，中博会已经成功举办了十届，累计使用展览面积110万平方米，国际标准展位5.1万个；参展中小企业3.3万家，其中境外6439家，境内26852家；进场采购的客商和观众230万人次，可以说，中博会已成为我国中小企业开拓国内外市场的重要平台。下面，我代表第十一届中博会组委会向媒体朋友介绍本届中博会有关情况：

目前，第十一届中博会各项筹备工作扎实推进。经过各主办单位的共同努力，目前已经共同审定了总体方案，并联合印发了举办通知，对本届中博会的各项筹备工作做了全面部署。其他工作，如境内招展招商、论坛活动策划、宣传推广等筹备工作，也都在紧张有序地推进。

本届中博会以“节能、环保、低碳、绿色”为主题，将有3000多家中外中小企业和服务机构共同参展，展示推广中小企业的品牌产品、先进技术及相关服务，开展洽谈、对接和交易。同时，将根据中小企业的不同需求，分类举办产品推介、技术推广、技术对接和产销洽谈等专项活动。同期举办中国中小企业高峰论坛，以及投融资、信息化应用、企业管理等专场培训及对接活动。

本届中博会设2万平方米的境外特色展区，将有来自墨西哥、中东欧等境外国家，以及中国香港、台湾等地区的中小企业参展，同期举办中小企业发展国际研讨会，邀请历届中博会联合主办国、中东欧国家、外国驻广州总领事馆（机构）的代表以及中外中小企业出席，与我国中小企业洽谈贸易和探讨合作。

本届中博会还呈现出以下三个新的特点：

一、本届中博会将在改革创新方面取得丰硕成果

本届中博会的改革创新首先体现在“双馆同期”的安排上。“双馆”是指在展馆安排上，往届安排在中国进出口商品交易会展馆，本届安排在与广交会展馆毗邻的保利世贸博览馆和广州国际采购中心展馆同时举办。其中保利世贸博览馆主要安排各省区市和境外展区，广州国际采购中心展馆主要安排专业展区。各省区市展区、境外展区与专业展区分馆同期举办，可以更灵活地在“市场化、专业化”方面作深入探索，更有效地吸引更多、更专业的展商、客商参会。“同期”是指今年中博会由往届的9月调整到10月，与第116届广交会开幕时间更为接近。能借助广交会展馆的辐射效应，部分共享广交会的优质展商客商资源，更方便参加广交会的境内外展商客商顺道到中博会展场参观、洽谈、采购，希望可以更有效地增加参展中小企业洽谈、交易的机会。

相信这样的调整，可以为中博会宣传推广增加新的元素，为办好中博会注入新的动力，在提升中博会品牌知名度、提高中博会吸引力、拓宽中博会发展空间等方面取得更多成果。

二、本届中博会将进一步深化我国中小企业的国际合作

十年来，中博会已先后邀请到法国、意大利、日本、韩国、西班牙、澳大利亚、泰国、俄罗斯、越南、厄瓜多尔、印度尼西亚、联合国南南合作办公室等12个国家和组织联合主办，担任主宾国、联合主办国和嘉宾国，此举带动了70多个国家和地区、6439家境外中小企业前来参加中博会，推动了我国中小企业与世界各国中小企业特别是联合主办国中小企业的交流与合作。

本届中博会邀请墨西哥担任联合主办国，这是中博会办展十年来首次与北美国家携手合作。去年6月，习近平主席在出访墨西哥前接受墨方媒体采访时表示，中方欢迎墨方派团参加中国相关贸易展会。访墨期间，与培尼亚总统共同签署了《中墨联合声明》，在声明框架下，中博会本着服务于中墨双边经贸交流、促进中小企业国际合作的宗旨，积极邀请墨西哥担任联合主办国。在去年第十届中博会期间，墨西哥经济部派员考察中博会，并于9月26日与组委会签署合作备忘录，成为本届中博会联合主办国。墨西哥是G20国家之一，也是北美自由贸易区成员之一。自2003年起，中国成为墨西哥的第二大贸易伙伴；2013年，双边贸易达392.2亿美元，同比增长6.9%。墨西哥十分重视本届中博会，已明确墨西哥经济部为墨方的主办单位，墨西哥国家企业家局为墨方的承办单位，并联合墨西哥驻广州总领事馆以及墨西哥国内的农牧渔业部、投资贸易促进总局等十几个政府机构共同参与主办本届中博会。目前有关筹备工作进展顺利，已确认保利展馆3号馆为墨西哥馆，并计划组织墨西哥国内的150家企业参展，现已向秘书处提供了145家报名参展企业的产品信息。

本届中博会内容还被列入《中国—中东欧国家合作布加勒斯特纲要》。去年11月，李克强总理在罗马尼亚布加勒斯特与中东欧国家领导人进行会晤，会后共同发表了《中国—中东欧国家合作布加勒斯特纲要》，明确提出“中方欢迎中东欧国家参加2014年中国国际中小企业博览会，愿为中东欧国家中小企业设立专场”。作为深化与中东欧国家中小企业合作的重要举措之一，本届中博会特设中东欧中小企业展区，为每个中东欧国家的中小企业提供20个免费展位。

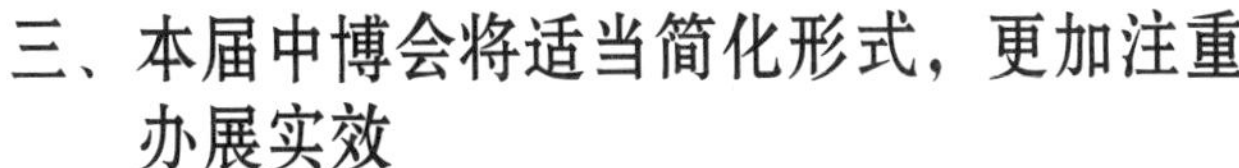

三、本届中博会将适当简化形式，更加注重办展实效

按中央有关精神，本届中博会进一步简化了展会形式，更加注重展会实效。我们在总体安排上，取消了展示宣示性质的活动。将按照少而精的原则，精心办好中国中小企业高峰论坛、中小企业发展国际研讨会、中小企业投融资论坛、中小企业信息化应用推广、中小企业管理专题培训等 5 项论坛活动；全力办好各项对接活动，秘书处也将为有关方面举办的对接活动提供诸如大会宣传、活动场地、交通接送、免费翻译等方面的服务；重点办好中外中小企业对接洽谈活动，根据境外参展中小企业的特点和对接需求，有针对性地邀请专业采购商、经销商、销售代理、生产企业、行业协会、贸易投资促进机构等到展会现场参观、洽谈和采购，并组织一对一的展会现场对接活动和相关产品推介活动。目前境外参展中小企业特别是墨西哥参展中小企业的参展产品信息及其对接需求已在中博会官方网站发布，欢迎有兴趣与之合作的企业和机构踊跃报名，并在本届中博会举办期间亲临展场洽谈合作。请新闻界的各位朋友积极支持，给予大力宣传。

女士们，先生们！

第十一届中博会将努力做到专业、高效、务实、亮点纷呈，欢迎海内外参展商和采购商前来参会，也请包括新闻界朋友在内的社会各界继续关注中博会，关心中小企业的健康发展。在大家的共同关心和支持下，让我们预祝第十一届中博会取得圆满成功！

谢谢大家！

在第十一届中国国际中小企业博览会全国动员会上的讲话

工业和信息化部党组成员、总工程师　朱宏任

（2014 年 7 月 10 日）

同志们：

今天，我们在这里召开第十一届中国国际中小企业博览会全国动员会。刚才，林英秘书长通报了本届中博会筹备工作情况，部分与会代表也做了发言，对筹备工作提出了很好的建议，会后我们要认真研究。现在距离开幕只有 3 个月了，时间紧、任务重、难度高、责任大，希望大家高度重视、统一思想、明确目标，扎实做好各项筹备工作。下面，我就办好本届中博会讲几点意见。

一、办好本届中博会意义重大

（一）办好本届中博会是贯彻落实党的十八届三中全会精神，开创中小企业工作新局面的要求

中博会自创办以来，党中央、国务院一直给予高度重视和亲切关怀。温家宝、张德江、汪洋、曾培炎等同志先后多次对办好中博会提出具体要求并给予殷切期望，要求把中博会办成促进各国中小企业展示、交易、交流、合作的平台，希望中博会越办越好。办好中博会还被写入了国务院两个文件，一个是 2009 年出台的《关于进一步促进中小企业发展的若干意见》，强调要“办好中国国际中小企业博览会等展销活动”；另一个是 2012 年出台的《关于进一步支持小型微型企业健康发展的意见》，要求“研究创新中国国际中小企业博览会办展机制，促进在国际化、市场化、专业化等方面取得突破”。十年来，中博会取得了长足进步，已成为我国中小企业开拓国内外市场的重要平台，为中小企业持续健康发展做出了突出贡献。十届中博会累计使用展览面积 110 万平方米，国际标准展位 5.1 万个；参展中小企业 3.3 万家，其中境外 6439 家，境内 26852 家；进场客商和观众 230 万人次。

党的十八届三中全会《关于全面深化改革若干重大问题的决定》明确指出，非公有制经济在支撑增长、促进创新、扩大就业、增加税收等方面具有重要作用，要支持非公有制经济健康发展。而中小企业与非公有制经济互为主体，高度关联，非公有制经济中 95% 以上是中小企业，中小企业中 95% 以上属非公有制经济，促进中小企业发展也就是促进非公有制经济发展。目前，中小企业提供了 50% 以上的税收，创造了 60% 以上的国内生产总值，提供了 80% 以上的城镇就业岗位，是我国吸纳社会劳动力的主要渠道，发展中小企业就是发展生产力，支持小微企业发展就是保障和改善民生。因此，办好本届中博会，是贯彻落实十八届三中全会精神的要求，是开创中小企业工作新局面的要求。

（二）办好本届中博会是落实国家外交战略，深化中小企业国际合作的重要举措

去年 6 月，习近平主席在访问墨西哥期间，与培尼亚总统共同签署了《中墨联合声明》，将中墨关系由“战略伙伴关系”提升为“全面战略伙伴关系”。习近平表示，中方欢迎墨方派团参加中国相关贸易展会。在《中墨联合声明》框架下，中博会本着服从和服务国家外交战略大局、促进中小企业国际合作的宗旨，积极邀请墨西哥担任联合主办国。在去年 9 月 26 日，墨西哥国家企业家局恩里克·雅各布·罗察局长一行访问广州考察中博会后，代表墨西哥经济部与代表组委会的签署合作备忘录，确定墨西哥为本届中博会联合主办国。墨西哥是第一个与中博会合作的北美国家。

去年 11 月，李克强总理在罗马尼亚与中东欧国家领导人进行会晤，会后共同发表了《中国—中东欧国家合作布加勒斯特纲要》，明确提出“中方欢迎中

东欧国家参加 2014 年中国国际中小企业博览会，愿为中东欧国家中小企业设立专场”。为此，本届中博会特设中东欧中小企业展区，还为每个中东欧国家的中小企业提供不超过 20 个的免费展位，并组织产品及服务推介会，提高中东欧国家中小企业的参展效果，推动中国与中东欧国家中小企业的交流与合作。

（三）办好本届中博会是落实国家支持小微企业政策，扶助小微企业实实在在的具体行动

自国务院出台《关于进一步支持小型微型企业健康发展的意见》以来，各部门、各地区认真贯彻落实，工作取得了积极成效。

当前，中小企业特别是小微企业仍面临着成本压力大、税费负担重、融资难融资贵等方面的问题。对此，今年以来国务院常务会议多次研究提出要加大对小微企业的扶持力度，相关决策部署涉及财政、金融、社保、税费、创新创业等多个方面。今年 3 月，工业和信息化部出台《2014 年扶助小微企业专项行动实施方案》，对本系统今年深化扶助小微企业专项行动进行了总体部署，其中一项重点工作就是办好本届中博会，这也是国家帮扶小微企业发展的一项具体措施，它的突出作用有以下几点：

一是帮助中小企业开拓市场。本届中博会期间将举办中小企业产品、技术和服务的展示、交流和洽谈活动，3000 多家中外中小企业和服务机构共同参展，展示推广中小企业的品牌产品、先进技术及相关服务，开展洽谈、对接和交易。同时，将根据中小企业的不同需求，分类举办产品推介、技术推广、技术对接和产销洽谈等专项活动，帮助参展参会中小企业达成交易与合作。

二是推动中小企业国际交流。本届中博会设 2 万平方米的境外特色展区，将有来自墨西哥等境外国家，以及中国香港、台湾地区的中小企业参展，同期举办中小企业发展国际研讨会，邀请历届中博会联合主办国、中东欧国家、外国驻广州总领事馆（机构）的代表以及中外中小企业出席，我国中小企业与境外中小企业近距离开展交流，探讨加强中小企业国际合作的领域和途径。

三是助力中小企业转型升级。本届中博会以“节能、环保、低碳、绿色”为主题，组织专精特新中小企业参展参会，引导中小企业加快转型升级，同期举办中小企业投融资、信息化应用推广、企业管理等专场培训及对接活动，帮助中小企业解决在转型升级过程中普遍遇到的融资难、创新难以及创新动力不足、管理水平不高等困难和问题。

四是研讨中小企业发展形势。本届中博会将举办中国中小企业高峰论坛，结合当前中小企业发展的新形势、新问题，邀请我国和墨西哥的政府官员、专家学者、企业家出席，主要围绕投融资体制改革、促进非公有制经济和中小企业发展等热点问题进行研讨，发布和解读政府支持中小企业发展的政策措施，交流支持中小企业发展的实践成果，探讨中小企业发展方向。

二、要积极稳妥地推进中博会的改革创新

（一）要充分肯定前一阶段的筹备工作

在组委会正确领导下，本届中博会各项筹备工作扎实推进。经过各主办单位的共同努力，目前已经共同审定了总体方案，并联合印发了举办通知，对本届中博会的各项筹备工作做了全面部署。在联合主办国有关工作方面，启动得比较早，去年就签署了合作备忘录，这为本届中博会的各项筹备工作赢得先机、赢得主动。针对联合主办国的推介会也举办了十多场。目前，墨西哥方面计划组织墨西哥国内 150 家企业参展，现已提供 145 家报名参展企业的产品信息。相比去年有所进步。其他工作，如境内招展招商、论坛活动策划、宣传推广等筹备工作，也都在紧张有序地推进。另外，筹备工作还呈现出两个突出特点，一是改革创新迈出重要一步。这集中体现在“双馆同期”的安排上。为让中博会充分利用广交会的庞大客商资源，秘书处对中博会的举办场地和举办时间作了深入调研论证，多次请示主办单位，征求各方意见，对举办场馆和时间不断进行优化，最后确定了目前这个“双馆同期”的方案。这在中博会改革创新的路上迈出了非常重要的一步。二是适当简化形式，更加追求实效。按中央有关精神，本届中博会进一步简化了展会形式，更加注重展会实效。例如，我们在总体安排上，取消了展示宣示性质的活动，把精力集中到提高办展实效上来，根据企业需求，分类举办产品推介、技术推广、技术对接和产销洽谈等专项活动，着力提升办展实效，进一步适应新形势下广大中小企业对我们中博会的期待和要求。

（二）要充分估计下一阶段可能遇到的困难

本届中博会展馆展期“双调整”，是改革创新步子迈得最大的一届，所遇到的新情况，面临的新困难可能也是最多的一届，请大家对此要高度重视、认真对待、积极沟通、加强协调、相互支持，共同做好各项筹备工作。以下几个问题，需要引起大家重视。

一是转换展馆的硬件设施与之前有一定差距。保利世贸博览馆和广州国际采购中心展馆，在展馆形象、硬件设施、配套服务等方面与中国进出口商品交易会展馆 A 区存在一定差距，但都具备展览的基本条件。希望大家用包容、发展的眼光去看待，加强与秘书处及展馆的沟通与衔接，提早熟悉展馆场地及配套服务，尽早做好本地招展工作以及展务安排，对重大问题要有预案；同时，要做好企业沟通和解释工作，多宣传转换场地的改革意义，坚定参展参会企业信心。在这个方面，广东方面和秘书处一直在积极与两个展馆进行反复沟通协调，力求完善各项服务，尽可能满足大家的需求，同时也希望大家给予理解和支持。展会结束后，希望大家对在参展参会期间所遇到问题及时总结并反馈给秘书处。

二是原有招展计划和进度要重新校准。每年 9 月组织中小企业参加中博会已经成为各省（区、市）的工作惯例。今年调整到 10 月办展，将打破大家往届的工作习惯和工作进度，尤其是已经做好 9

月参加中博会的企业，可能会有些意见。因此，需要大家加强与企业沟通，多做解释说服工作，及时调整招展工作计划；同时要抓紧时间，积极推动，完成各项招展任务。

三是联合主办方对我们工作也提出了更高的要求。本届中博会，墨方计划组织 150 家企业参加，并希望实现 1 个墨西哥企业有 10 个中方企业前来进行对接洽谈。目前，墨方已经提交 145 家参展企业的产品信息和对接需求，参展行业主要包括酒类、加工食品、肉类海鲜、蔬果类、汽车零部件、机械设备、医疗材料、皮革类、电子产品等。这次墨西哥企业不远万里前来参加中博会，既是墨西哥企业走进中国市场的机会，也是我国企业开展与墨西哥企业合作，实施走出去战略的机会，希望大家能抓住这个机会，通过各种途径和方式积极发动本地相关企业前来与墨西哥等境外中小企业对接洽谈，帮助中小企业走入墨西哥等境外市场。

四是布展、交通、住宿等成本会有所上升。由于本届中博会的举办时间与第 116 届广交会举办时间相邻，且本届中博会的举办时间刚好是第 116 届广交会的布展时间，有可能出现布展资源紧张、道路交通拥挤、食宿成本提高等新问题。请各省区市提前做好准备和制定相关应对措施，也请广东方面尽可能做好相关协调工作。

五是展馆统筹协调、安全保障、现场服务等难度有所加大。本届中博会分两馆同时举办，展馆现场服务、两个展馆之间的人流疏导、展馆安全保障等工作更加复杂，统筹协调难度增大。广东方面要充分估计各种可能的问题和困难，提前把工作做到细致周密，没有遗漏，并对突发情况做好应急预案，确保各项工作顺利开展。

三、全力以赴做好本届中博会的各项筹备工作

关于秘书处下一阶段的筹备工作安排，刚才林英秘书长已经作了通报，我都同意。现在总体方案已经确定，举办通知已经印发，下面，我就各省（区、市）如何做好筹备工作讲几点意见：

（一）全面启动各项筹备工作

刚才，组委会召开了第一次会议研究筹备工作，召开了新闻发布会向境内外媒体通报筹备工作情况，现在又召开全国动员会对筹备工作进行动员部署，标志着本届中博会的各项筹备工作全面进入实施阶段。各位代表今天回去以后，要及时向当地政府汇报今年的新情况新变化，抓紧全面启动当地的各项筹备工作：一要高度重视，把支持办好本届中博会作为当前扶助小微企业、促进中小微企业发展的一项重要工作来抓；二要积极争取当地财政支持，切实减轻参展企业负担。

（二）及早制定组团参展参会方案

中博会既是世界中小企业特别是我国中小企业的盛会，也是我国各级中小企业主管部门的盛会和中小企业工作的重要抓手。今年，中博会又采取了改革举措，希望各地高度重视组团参展参会工作，要根据本届中博会的活动安排和政府组团计划及早制定组团参展参会方案。各地组团参展参会要认真贯彻中央“八项规定”要求，体现节俭办展、节约办会原则，务实推动各项筹备工作。为保证各省（区、市）政府代表团、组团单位、各参展商顺利参展参会，请各省（区、市）提前预订好酒店、安排好交通。此外，由于今年展馆展期有较大变化，为确保各省（区、市）展位有较好安排，拟均安排在保利世贸博览馆，但保利世贸博览馆的展位确实不多，希望在座的各位联络员同志尽快与秘书处确定本地参展计划，包括展位数量、行业类别等，以方便秘书处及时做好相关安排。

（三）切实提高参展企业质量

秘书处将根据举办通知的授权向各省（区、市）下达一个指导性的招展计划。这个计划将根据各省（区、市）申请数量做出，各地要努力完成。各地要注重挑选出优秀的、真正能代表所在地中小企业特色的中小企业前来参展。要大力支持专业机构前往本地开展招展工作，积极推荐高质量的中小企业参加相关行业专业展，共同把中博会真正办成精品荟萃的展会。请各地提前选择确定好展务合作单位，安排好展务工作。为配合各地招展工作开展，秘书处将组织工作小组到各地开展推介活动，请各地给予支持配合。

（四）组织企业参加对接洽谈活动

本届中博会将有来自众多国家和地区的中小企业参展参会，众多中外中小企业、专业客商集中展示、交流，所蕴含的商机巨大。各地要密切注意通过中博会官方网站了解本届中博会参展企业特别是境外参展企业的对接需求信息，积极动员所在地相关企业前来洽谈对接，及时将拟前来参加对接企业的相关信息反馈秘书处。秘书处也要及时向各地提供境外企业参展参会情况，方便大家联系。

（五）积极参加论坛活动

根据筹备工作安排，本届中博会将举办中国中小企业高峰论坛、中小企业国际发展研讨会以及中小企业投融资、信息化应用推广、管理培训等 5 项论坛活动，内容非常丰富，对中小企业也很有帮助。请各地积极组织代表团成员和参展参会的企业参加。

（六）合力推动中博会再上新台阶

中博会既是中小企业展示、交易、交流、合作的服务平台，也是各地政府开展中小企业合作、招商引资的工作平台。为进一步丰富组团参展参会内容，各地可尝试把当地与中小企业有关的招商推介会、洽谈会等安排在中博会期间举办，以进一步丰富中博会内涵，提高中博会实效。

历届中博会的成功举办离不开各主办单位的正确领导、离不开各省（区、市）的大力支持、离不开在座各位的努力工作。今年关于展馆展期调整的几轮征求意见，各省（区、市）提出了很多宝贵意见，尤其是在座的联络员同志，花费了大量的时间和精力进行沟通和研究，大家都为了同一个目标，就是要把中博会越办越好。可以说，“双馆同期”方案凝聚了各主办单位和各省区市的智慧和理想，是大家的心血结晶。在此，我代表组委会感谢在座

各位的辛勤付出。但中博会改革的成功与否，还要看今年中博会的实际成效，尤其是在今年实施“双馆同期”方案、时间地点都有比较大变化的情况下，更需要各省（区、市）给予大力支持和配合。

同志们，今年是深入贯彻落实党的十八届三中全会精神，抓好各项支持小微企业政策落实之年，也是中博会第二个十年的启幕之年。今年的中博会，我们赋予了新的内涵，就是要致力将本届中博会打造成为“扶助小微企业专项行动”的一个重要载体，要把“扶助小微、转型成长”的宗旨体现到本届中博会中，以充分体现党中央、国务院对中小企业发展的关心和支持。希望大家积极行动起来，精心组织、周密筹划，全力以赴、狠抓落实，把各项筹备工作抓紧抓细、抓实抓好，共同努力把本届中博会办出水平、办出实效。

谢谢大家！

在第十一届中国国际中小企业博览会组委会会议上的讲话提纲

工业和信息化部党组成员、总工程师　朱宏任

（2014 年 7 月 10 日）

同志们：

上午好！

刚才天生主任介绍了第十一届中博会的筹备工作情况，志庚副省长就本届中博会的改革创新谈了意见，请有关方面抓紧落实好。广东省作为主办单位之一承担着秘书处的日常工作，克服困难有效推动了各项筹备工作的开展，期间各主办单位、承办单位和协办单位给予了悉心指导和支持配合，做了大量卓有成效的工作。下面，我再谈几点意见：

一、要充分肯定前一阶段筹备工作所取得的进展

在组委会正确领导下，本届中博会各项筹备工作扎实推进。经过各主办单位的共同努力，目前已经共同审定了总体方案，并联合印发了举办通知，对本届中博会的各项筹备工作做了全面部署。在联合主办国有关工作方面，启动得比较早，去年就签署了合作备忘录，这为本届中博会的各项筹备工作赢得先机、赢得主动。针对联合主办国的推介会也举办了十多场。目前，墨西哥方面计划组织墨西哥国内 150 家企业参展，现已提供 145 家报名参展企业的产品信息。相比去年有所进步。其他工作，如境内招展招商、论坛活动策划、宣传推广等筹备工作，也都在紧张有序地推进。另外，筹备工作还呈现出两个突出特点，一是改革创新迈出重要一步。这集中体现在“双馆同期”的安排上。为让中博会充分利用广交会的庞大客商资源，秘书处对中博会的举办场地和举办时间作了深入调研论证，多次请示主办单位，征求各方意见，对举办场馆和时间不断进行优化，最后确定了目前这个“双馆同期”的方案。这在中博会改革创新的路上迈出了非常重要的一步。二是适当简化形式，更加追求实效。按中央有关精神，本届中博会进一步简化了展会形式，更加注重展会实效。例如，我们在总体安排上，取消了展示宣示性质的活动，把精力集中到提高办展实效上来，根据企业需求，分类举办产品推介、技术推广、技术对接和产销洽谈等专项活动，着力提升办展实效，进一步适应新形势下广大中小企业对我们中博会的期待和要求。

对这些工作，组委会应给予充分肯定。主办单位、承办单位、协办单位，尤其是在座各位领导和代表，秘书处的全体同志，都是工作在第一线的同志，为此付出了辛勤劳动。在此，我代表中博会组委会，代表工业和信息化部对大家表示衷心感谢！

二、要积极依靠各方支持做好改革创新工作

十年来，中博会取得长足进步。中博会累计使用展览面积 110 万平方米，国际标准展位 5.1 万个；参展中小企业 3.3 万家，其中境外 6439 家，境内 26852 家；进场采购的客商和观众 230 万人次。受到了广大中小企业的欢迎，为我国中小企业的持续健康发展作出了重要贡献。十年来，中博会不断推陈出新，创造出很多新的做法，新的措施，经过积累和完善，形成了一些很有特色并行之有效的做法。在今后的筹备工作当中，这些行之有效的做法都是可以继续使用的。如今，中博会再次站在了新的起点。按照国发 14 号文件的要求，要在国际化、市场化、专业化等方面取得突破，我们今后会不可避免地面临一些新情况和新问题，甚至还有一些硬骨头。可以说，改革难度大、考验多，中博会的改革创新已进入深水区。

这种情况下，我们不仅要有改革的勇气，还要有改革的智慧，更要有敢担当的责任感，更需要得到各方面的大力支持。一是要紧紧依靠各主办单位、承办单位和协办单位的支持、指导和帮助，落实组委会的决策部署，积极稳妥地推进中博会的改革创新工作。工业和信息化部发挥牵头部门作用，继续与其他主办单位一道，加强对秘书处有关工作的指导，共同研究解决筹备过程中出现的重大问题。二是要紧紧依靠各省区市中小企业主管部门的大力支持。中博会是为我国中小企业走出去、引进来搭建的一个交流合作的平台。中博会的改革创新，要以广大中小企业的需求为导向。这就要求秘书处要加强与各地的沟通，充分了解各地的具体需求，充分听取各地的意见和建议，尽量满足各地提出的要求或需要帮助协调解决的事项，方便工作的开展，契合现实的需要，这样展会才能办得更实更好，才能赢得广大企业的认可，才能把好事办好。三是要紧紧依靠展馆业主方的力量，做好展馆现场服务。两

个展馆同时使用，相比往年只使用广交会一个展馆，无论硬件条件还是软件条件，都有不同特点。要按照举办中博会的需要加以完善，请秘书处加强统筹协调，及时汇报反映工作中出现的问题，重大问题请广东省政府协调。

三、对下一阶段筹备工作的几点要求

虽然目前总体方案已经确定，举办通知也已经印发，但是时间已经很紧，接下来的任务很重。下面，我再提几点要求：

一是要加强请示汇报。秘书处在推进具体筹备工作过程中要加强与部省工作层面的沟通联系，提高效率，按照程序抓紧推进相关工作。重要改革内容要充分体现在具体方案中，且要事先广泛征求相关方面意见。

二要坚持两个原则。一是改革要往前走。今年的改革是为以后的改革做铺垫，本届中博会结束后要认真总结并尽早提出明年第十二届中博会的改革思路意见。二是改革要有效果。要让有关各方满意，让大家切实感受到是越办越好。为此，秘书处要多想办法，使本届中博会最大限度地与广交会衔接，尽可能多地利用上广交会的客商资源。

三是要关切三个重点。首先是要安全第一，要把安全保卫工作摆在首位。使用的展馆特别是国际采购中心展馆的安全条件要符合有关规定，消防等相关设施要满足要求。要扎实做好防暴防恐、交通疏导等工作。其次是要方便大家，对两馆之间的人流衔接要做出妥善安排。最后是要注重效果，招商要有实招，要让参展参会各方觉得有效果。

同志们，办好中博会是党中央、国务院交给我们的任务，是促进我国中小企业发展的重要抓手和具体举措。工信部将一如既往对中博会给予大力支持，也请其他各主办、承办和协办单位对各项筹备工作给予积极指导。

同志们，让我们共同携起手来，办好本届中博会，为促进我国中小企业持续健康发展、努力开创我国中小企业工作新局面而共同努力！

谢谢大家。

大力推动信息化
促进中小企业创新发展

——在全国中小企业信息化局长培训班上的演讲

工业和信息化部党组成员、总工程师 朱宏任

（2014年7月17日）

大家上午好！

今天，中小企业信息化培训局长班正式开班了，这是我部第一次为中小企业主管部门的领导举办信息化培训班，在此，我代表工业和信息化部对大家前来参加培训表示欢迎。同时，希望大家珍惜这次机会，通过学习和讨论，能够对当前经济形势和信息技术的高速发展有更充分的认识，通过相互交流、相互启发，更深刻地理解促进中小企业创新发展的重大意义，以及中小企业主管部门所肩负的责任与使命，努力开创促进中小企业创新发展工作的新局面。下面，我就大力推动信息化，促进中小企业创新发展谈几点意见。

一、中小企业创新发展面临的机遇与挑战

中小企业创新发展是一个永恒的话题，也是世界很多国家发展中小企业的经验。信息化是推动中小企业创新发展的重要手段和有效途径。金融危机以来，国内国际形势复杂严峻、瞬息万变，新一轮科技革命给中小企业带来了挑战，也带来了发展的机遇。

（一）国内外经济形势复杂多变，中小企业发展压力不断加大

今年6月，克强总理在中国科学院第十七次院士大会和中国工程院第十二次院士大会上作经济形势报告时指出，国内外环境错综复杂，各种困难和问题交织，经济运行总体平稳、主要指标处在合理区间，结构调整发生积极变化，市场预期稳中向好。但经济下行压力仍然较大，各地发展不平衡，制约发展的不利因素依然较多。

从国内形势看，一方面，国民经济处于转型升级的关键时期，各项指标稳中有增，但增速放缓。一季度，我国GDP增幅7.4%。全国规模以上工业增加值按可比价格计算同比增长8.7%，增幅比上年同期回落0.8个百分点。一季度规模以上工业企业产销率达到97.1%，同比下降0.1个百分点。规模以上工业企业实现出口交货值25773亿元，同比增长4.2%。根据国家统计局的数据，1—5月全国规模以上中小工业企业经济运行总体稳中趋缓，工业增加值同比增长11.1%，增速比上年同期回落1.1个百分点；利润总额同比增长13.64%，增速比上年同期回落5.15个百分点。截至5月末，全国规模以上中小工业企业数量34.68万家，亏损企业5.58万家，企业亏损面为16.10%，比上年同期缩小0.73个百分点。另一方面，进出口总额同比下降，外贸型中小企业发展环境进一步恶化。一季度，进出口总额59022亿元人民币，同比下降1.0%。其中，出口30025亿元人民币，下降3.4%；进口28997亿元人民币，增长1.6%。3月份同比降幅增长，进出口总额20314亿元人民币，同比下降9.0%。其中，出口10392亿元，下降6.6%；进口9923亿元人民币，下降11.3%。根据我部对2.6万家中小工业企业的调查数据，今年6月，有出口订单的企业中，20.7%的企业出口订单减少，较上月上升1.3个百分点；17.1%的企业出口订单增加，较上月下降0.9个百分点，企业出口订单有所下降。

从国际形势看，世界经济复苏态势不稳，经济波动较大。去年年底，在发达国家带动下，世界经济呈现温和复苏态势。从国内看，企业订单情况有所好转。据调查，2013 年 12 月，出口订单金额环比增长企业占总调查企业数 32.1%，环比提高 4.4 个百分点。但一季度以来，世界经济出现明显回落，下行风险依然存在。今年 4 月，国际货币基金组织（IMF）将 2014 年全球经济增长预期降至 3.6%，较之前预测下调 0.1 个百分点。其中，新兴市场和发展中国家 2014 年整体经济增速预计为 4.9%，比之前预测下降 0.2 个百分点。

面对当前复杂多变的国内外经济形势，中小企业如何克服困难，立足长远，开拓进取，努力打造自主创新优势，不断增强发展实力，坚持走创新发展、“专精特新”发展之路，对于保持中小企业健康稳定成长，夯实在国民经济和社会发展中的基础地位具有重要作用。

（二）新一轮科技革命为中小企业提供巨大发展空间

从历史上看，世界经济曾经历了三次科技革命，每一次科技革命都带来世界经济结构的巨大改变和经济总量的大幅提升，谁占据了科技革命的制高点，谁就掌握着国际竞争的主动权和话语权。第一次科技革命发生于 18 世纪 60 年代，以蒸汽动力为主要标志，西方国家通过海外贸易、奴隶贸易和殖民掠夺积累了大量资本，形成了大批雇佣劳动力，促进了工场手工业的发展。第二次科技革命发生于 19 世纪 70 年代，以电力的广泛应用、内燃机和新交通工具的创制以及新通讯手段的发明为标志，世界市场逐步形成。第三次科技革命发生于 20 世纪四五十年代，以原子能技术、航天技术、电子计算机的应用为代表，人工合成材料、分子生物学和遗传工程等高新技术先后出现。

国内外实践经验表明，中小企业不仅对国民经济发展有着至关重要的贡献，同时在历次科技革命中也扮演着极其重要的角色。如第一次科技革命的技术发明，主要产生于工场手工业，源于工人和技师的实践经验。第二次科技革命，钢铁、石油、电气、化工、航空等新兴行业掀起了大工业生产的浪潮，而广大中小企业正是这些新兴产业的重要组成部分。在第三次科技革命中，中小企业更是应用和推广计算机技术的主力军。

20 世纪末，随着通信和信息技术的高速发展，以生物能源、生物信息与生物材料为代表的第四次科技革命，将给世界经济带来了更为深远的影响。将信息通信技术与传统的制造业相结合的数字化制造，可以大大地优化生产流程，提高生产力水平，提高资源和能源利用效率。为此，我们要大力推动信息技术与传统工业的深度融合，转变工业发展模式，提升发展质量，突破发展瓶颈，增强综合实力。而中小企业的创新发展将是助力中国占据新一轮科技革命有利位置的关键力量。

科技革命的成果不仅促进了企业生产经营模式的变革，也极大地改善了中小企业创新发展的软硬件环境。移动互联网、智能终端使中小企业获取信息更为便捷。截至 2013 年年底，我国网民规模达 6.18 亿，其中通过手机上网的网民规模达到 5 亿，占总网民数的 81%。电子商务的发展使中小企业的经营模式出现了前所未有的变化。据中国互联网网络信息中心（CNNIC）发布的报告，全国信息消费整体规模达到 2.2 万亿人民币，同比增长超过 28%。电子商务交易规模突破 10 万亿人民币。网络创业成为大学生创业的新渠道，2013 年，我国个人网店的数量已达到 1122 万家。一些善于借助互联网和信息技术的中小企业已经分享到了技术进步带来的红利，保持了可持续发展的态势。反之，也有一些中小企业在成本、资金、市场、环境等多重压力下被淘汰出局。

（三）改善中小企业创新发展环境，推动两化深度融合

党中央、国务院一直高度重视中小企业发展，特别是在鼓励和引导中小企业转型升级和创新发展方面出台了一系列重要政策。2012 年，中共中央、国务院发布了《关于深化科技体制改革加快国家创新体系建设的意见》（中发〔2012〕6 号），2013 年，国务院办公厅印发了《关于强化企业技术创新主体地位全面提升企业创新能力的意见》（国办发〔2013〕8 号）文件。2011 年，我部发布的《“十二五”中小企业成长规划》提出，要推动实施中小企业创新能力建设计划、中小企业知识产权战略推进工程、中小企业信息化推进工程，支持中小企业“专精特新”发展。国发 14 号文件明确提出，要进一步推动小型微型企业创新发展和结构调整，支持小微型企业开发和应用新技术、新工艺、新材料和新装备，提升小微企业的创新能力。

大力推进信息化与工业化深度融合是促进工业转型升级，走新型工业化道路的必然选择，也是我部的立部之本。2011 年，我部印发了《关于加快推进信息化与工业化深度融合的若干意见》（工信部联信〔2011〕160 号），提出要重点围绕改造提升传统产业，着力推动制造业信息技术的集成应用，着力用信息技术促进生产性服务业发展，着力提高信息产业支撑融合发展的能力。2013 年，根据国务院要求，我部组织编制了《信息化与工业化深度融合专项行动计划（2013—2018）》，把大幅提高信息化条件下的企业竞争力，推动信息技术应用和商业模式创新，促进产业结构调整，提升工业发展质量和效益确定为未来五年的重要工作目标。其中“中小企业两化融合能力提升行动”列入了组织实施的八项行动计划。同时，落实《国务院关于促进信息消费扩大内需的若干意见》（国发〔2013〕32 号），支持中小企业信息化服务平台建设，促进中小企业成为信息消费的主体。我部印发的《物联网“十二五”规划》明确了培育和发展 10 个产业聚集区、100 家以上骨干企业、一批“专精特新”中小企业和建设一批覆盖面广、支撑力强的公共服务平台的目标。为推动云计算和云服务，我部与发改委共同开展云计算服务创新发展试点示范工作，将北京、上海、杭州、深圳和无锡等五个城市确定为试点。各地也纷纷出台云计算发展规划，鼓励应用云计算技术开展云服务。云计算的推广应用进一步降低了中小信息化应用的门槛，全方位地支持了中小企业核心业务发展。

二、促进中小企业创新发展的国际经验借鉴

从国外实践来看，很多国家在对中小企业实施普惠性政策的同时，非常重视培育企业的创新意识和创新能力，从政策引导、财税扶持、服务支持等方面，鼓励中小企业在细分领域和专业市场专注主营业务，打造核心竞争力，成为该行业、该领域的“小巨人”，以致走向国际市场。归纳起来主要包括扶持高成长型企业发展、财税政策引导、强化公共服务、实施专项计划、拓宽融资渠道和构建创新体系等六个方面。

（一）扶持高成长型企业发展

一些国家政府高度重视引导中小企业专注特定领域的细分市场，创造独特的产品或服务，成为具有核心竞争力的行业冠军。如美国的“利基”企业、德国的“隐形冠军”、日本的“中坚企业”都等同于我国的“专精特新”中小企业。这些企业拥有核心技术或差异化资源，以追求精益和独有技术为发展目标，将业务集中在某一细分领域，进行长期投入和实力的积累，并世代传承。政府则通过实施专项计划、提供技术开发补助、完善专利保护环境、推动产学研合作和产业协作等，使这些优强的企业成为拉动区域经济增长的中坚力量，成为维护国家经济稳定发展的生力军。

（二）财税政策支持

德国政府每年在预算中安排一定财政资金专门用于支持中小企业发展。对中小企业特别折旧扣款标准从10%提高到20%。澳大利亚对中小企业实行125%抵扣所得税的优惠政策，并对新增加的研究与开发的投入部分给予175%的奖励性税务减免。同时，澳大利亚加大政府采购，规定在1000万澳元以上的重大采购项目中，联邦一级的采购合同要将10%给予中小企业。韩国规定政府采购中小企业科技产品的比例为5%—10%，并要优先采购已被认可的科技产品。

（三）强化公共服务

英国贸工部中小企业服务中心通过打造“商务纽带（BuisinessLink）”，在全英9大区域，依托服务企业、中介机构和商会分设了100个服务网点，为中小企业直接提供信息、咨询等免费服务。英国小企业局对“企业联系”网络给予财政资助。德国中小企业服务体系坚持市场化运作，其载体包括三类：一是工商会、联合会和行业协会，是最重要的非营利的中小企业服务中介机构。如德国工商大会（DIHT），在全国有82个地方工商会；德国手工业中央联合会（ZDH），在全国设有55个手工业公会、46个手工业专业联合会，在政府与企业间发挥着重要作用。二是由政府资助的非营利的专门服务机构。联邦政府及各州均资助设立面向中小企业的专门服务机构，为中小企业提供有关研究、海外投资、融资、培训等方面服务，不以营利为目的。三是竞争性服务机构，主要是以营利为目的专业服务机构，如审计事务所、会计事务所、律师事务所等。澳大利亚在全国成立合作研究中心，聘用全职研究人员，支持研究生进行实习，执行企业委托的研究合同。

（四）实施专项计划和战略

澳大利亚实施以开发信息技术与通信技术为主要目标，以加强国家的科研能力、加快产业化进程、致力于人才培养、高度重视国家研究的优先领域和项目执行情况的评估为主要内容的国家“创新行动计划”，为创新型中小企业提高生存能力和竞争力提供建议或金融帮助。新西兰政府实施数字化战略，加强互联网基础设备建设，促进中小企业发展电子商务。瑞典政府实施了“国家中小企业技术转让计划”，推动中小企业与研究开发单位（如大学和科研机构等）建立技术转让服务的关系，为中小企业提供更多获得先进技术的机会，降低创新成本，提高创新能力和竞争力。

（五）拓宽融资渠道

英国制定了“中小企业贷款担保计划”，通过政府担保，帮助中小企业从银行获得低于市场利率的长期贷款，帮助中小企业获得国际基金资助，以增强企业的产品出口能力。政府自身或联合银行等投资机构，设立资助小企业发展的专项优惠贷款。如教育就业部的“小企业培训贷款”，小企业可最多借贷12.5万英镑，用于企业雇员培训开支。其他还有“刺激”“精明”“事业开创”等各种政府基金或优惠贷款，分别对新创建的小企业、小企业的技术革新、自我创业的失业人员，以及高新技术小企业给予支持。德国有以中小企业为主要服务对象的合作银行、大众银行和储蓄银行。法规规定，年营业额在1亿马克以下的企业，可以得到总投资60%的低息贷款，还款期为10年。政府在中小企业贷款时充当担保人。同时，对中小企业参加展览展销提供补贴，设立资助出口企业的外贸基金。

（六）构建创新体系

芬兰是世界上第一个把建立技术创新体系列入国家科技政策的国家，创新体系已经成为芬兰经济腾飞的基础和保障。芬兰国家创新体系是由政府、企业、大学、研究机构等共同组成的一体化网络，其目的是要促进技术创新，实现科研成果的产业化，提高经济发展质量和竞争力。在国家创新体系中，企业是主体与核心。国家资助的科技研发和产业化项目，要求企业必须是项目的主要参与者和科技成果产业化的受益者。由企业研发的项目要有大学和科研机构参与，大学和研究机构研发的项目必须要有企业参加，只有做到这两个“必须”，国家才予以立项和资助，资助资金一般占总投资的30%，其余部分由企业、研究机构、金融机构、基金会等提供。在政府的积极引导和支持下，大约50%的芬兰企业都与高等院校和科研机构建立了合作关系，共同实施研究开发和产业化项目。同时，芬兰政府注重推动中小企业新技术和新产品的开发，设有专门机构——芬兰国家技术开发中心，隶属于政府、专

门负责扶持企业技术开发工作，以风险投资或低息贷款的形式对企业研发项目进行支持，激发企业加大研发投入，推动建立企业、高校和研究机构“产学研”三位一体的技术创新机制。

三、要进一步重视和加强促进中小企业创新发展工作

国际经验值得研究和借鉴，推动我国中小企业创新发展要开拓思路，勇于创新，按照“政府支持、市场主导、社会参与、强化服务”的原则，重点从激发中小企业内生动力，提升企业自主创新水平，促进中小企业可持续发展方面加大工作力度。

（一）强化政策引导作用

党的十八届三中全会提出，要加快转变政府职能，加强发展战略、规划、政策、标准等制定和实施，加强对市场活动的监管，丰富各类公共服务。从国外经验看，凡是创新活跃、中小企业发展良好的国家，政府都会多策并举，通过财政资金直接支持、贷款担保、贴息、培训补贴、设立合作基金等方式，鼓励各类中小企业开展创新活动。因此，我们要充分发挥财税政策的导向和带动作用，突出重点，支持中小企业创新发展。一要发挥财政资金支持作用，引导社会化服务机构为小微企业创新提供工业设计、技术开发、技术推广、技术咨询、信息化服务、检验检测、质量控制、设备共享等服务项目的支持。二要进一步落实和优化税收优惠政策，鼓励企业加大研发投入，落实和简化企业研发经费加计扣除政策，扩大政策覆盖范围和受益面。三要引导信贷资金向创新型中小企业倾斜，支持传统产业中小企业的转型升级和战略性新兴产业发展。四要进一步减轻小微企业税费负担，降低研发人员社会保障费用企业负担比例，提高对企业雇用科研人员的培训补贴标准，探索科研人员工资分摊机制，满足企业技术人才需求。

（二）完善企业创新体系

加快建立以中小企业为主体、市场为导向、产学研用紧密结合的技术创新体系。一是充分发挥企业在技术创新决策、研发投入、科研组织和成果转化中的主体作用，吸纳企业参与国家科技项目的决策，产业目标明确的国家重大科技项目由有条件的企业牵头组织实施。二是支持企业自建和联合建立研发中心，鼓励小微企业、大中企业之间，企业与科研院所之间建立合作关系，形成多元主体共同推进的创新格局。三是引导科研院所和高等学校更多地为企业技术创新提供支持和服务，促进技术、人才等创新要素向企业研发机构流动。四是支持行业骨干企业与科研院所、高等学校联合组建技术研发平台和产业技术创新战略联盟，合作开展核心关键技术研发和相关基础研究，联合培养人才，共享科研成果。五是鼓励科研院所和高等学校的科技人员创办科技型企业，促进研发成果转化。

（三）拓宽融资渠道和方式

鼓励和引导社会资源广泛参与，切实解决中小企业创新发展的资金来源问题。一是鼓励金融机构针对中小企业开发高效、便捷、安全的金融产品和服务，创新知识产权质押融资模式。二是大力发展中小企业资本市场，拓宽中小企业板、创业板、新三板以及场外交易市场的覆盖范围。目前，中小企业股份转让系统已扩容至全国，证监会修改了《非上市公众公司监督管理办法》，简化了行政许可程序、缩短了审核期限；正在研究修订创业板首发管理办法，适当放宽对创新型、成长型企业的财务准入指标。三是采取政府引导、市场化运作的方式设立创业、创新引导基金，提高基金运转效率，发挥杠杆作用，带动社会资本支持企业创新活动，形成良性互动和循环机制。四是积极发展私募股权投资基金、风险投资公司、创业投资企业等多种形式投资主体，健全法律环境，保障投资者权益。拓宽互联网融资服务模式，满足创新型中小企业的融资需求。

同时，充分发挥我部相关职能，改善中小企业融资条件。今年，我部会同财政部将修订信用担保资金管理办法，探索建立中央和地方联运的信用担保机构代偿补偿机制，引导担保机构扩大小微企业担保业务，增强风险防控能力。各地要做好政策研究、落实和相关衔接工作，结合实际，细化措施，确保政策执行效果。

（四）健全中小企业创新服务体系

中小企业生存压力大，平均寿命短，发展过程中更容易受到各种因素的制约，需要社会各个方面为其提供必要的服务和支持。而构建比较完善的中小企业社会服务体系，是弥补中小企业自身不足，帮助中小企业克服困难，促进中小企业健康发展的重要措施，也是世界很多国家的通行做法。为维护公平竞争和社会稳定，防止大企业形成行业垄断，过多地并吞中小企业，一些国家的政府从营造公平环境，制定激励政策，发挥行业协会和社会服务机构作用等方面，通过公开招标、购买服务、奖励补助等方式，将公共服务资源和优惠政策向中小企业倾斜，支持在市场竞争中处于弱势地位的中小企业发展。

近几年，工信部将完善以中小企业公共服务平台网络为骨干架构的中小企业创新服务体系建设作为工作重点。2010 年，我部会同国家发改委等 7 部委联合印发了《关于促进中小企业公共服务平台建设的指导意见》（工信部联企业〔2010〕175 号），提出要在中小企业集聚区域和重点行业建立、充实和完善一批满足中小企业发展需求的服务平台；培育一批运作规范、支撑力强、业绩突出、信誉良好、公信度高的示范平台，建立健全中小企业服务体系，不断加强和改善对中小企业的社会服务。2011 年，我部会同财政部启动了中小企业公共服务平台网络建设项目。同时，开展了中小企业公共服务示范平台认定工作，至今已认定了 412 家国家中小企业公共服务示范平台。要发挥国家中小企业公共服务示范平台的示范带动和集聚服务资源作用，通过业务委托、购买服务和奖励等多种形式，鼓励示范平台和服务机构为中小企业提供优质服务。促进创新资

源整合，鼓励高等院校、科研院所和大企业向中小企业开放研发仪器设备和专业技术服务资源，加强共性技术、关键技术研发。发挥各类协会了解政府、熟悉行业、接近企业的优势，鼓励行业协会在标准制定、技术信息发布、促进产学研合作、参与政府政策制定、培训交流、解决企业发展突出难题等方面发挥积极作用。

四、推动信息技术应用，促进中小企业创新发展的几点建议和要求

（一）借助信息化手段，提升中小企业创新发展能力

技术进步是推动中小企业创新发展的原动力，它激发了企业的创新动力，改善了企业的创新发展环境；而企业的创新发展又是技术进步的土壤和源泉。互联网和信息技术的广泛应用有力推动了生产方式变革，改变了传统企业的生产、经营模式，极大提升了企业的信息获取能力，使企业生产和经营决策效率更高、更为准确有效。当前，积极推动“两化”深度融合，深化信息技术在中小企业的研发设计、生产制造、经营管理、市场营销等环节的应用，是提升中小企业创新发展能力的重要手段。要动员和组织社会专业力量，开发和普及中小企业信息化解决方案，帮助中小企业应用云计算、移动互联、物联网等信息化产品和服务，提高数字化、网络化和智能化水平，增强研发能力和资源整合能力。要针对制约我国工业发展的突出矛盾和关键问题，鼓励企业应用前沿技术，通过原始创新、消化吸收再创新等方式突破技术瓶颈，力争在新一轮科技革命中掌握主动。

（二）依托信息化平台，开拓中小企业公共服务模式

随着信息技术的快速发展，中小企业的服务需求呈现出个性化、精细化、移动化和全方位的特点，中小企业需要并寻求成本更低、功能更多、更为便捷的服务，这为中小企业服务体系建设提出了更高的要求。多年来，我部一直重视并不断加强中小企业服务体系建设，取得了可喜的成绩。但有企业反映，服务机构的硬件改善了，但仍缺少“用得上、用得好”的服务，线上服务内容不够丰富，利用率不高，服务手段单一。因此，要大力推动服务的信息化和网络化，充分利用信息化服务手段，打造信息化服务平台，以信息技术支撑服务资源共享和服务协同。鼓励服务模式创新，引导国家中小企业公共服务示范平台、中小企业服务机构等运用云计算等信息技术，改善企业信息化基础设施，为中小企业提供工业软件服务和咨询服务，以租用服务代替购买服务，降低中小企业的创新和发展成本。鼓励各类社会资源为中小企业免费提供信息化咨询评估服务、基础和共性服务，降低中小企业信息化应用的门槛，减少信息化投入和运营成本，提高企业信息化应用效果。引导服务机构与专业信息化服务商开展合作，建立中小企业信息化推进服务联盟，强化信息化服务队伍，运用大数据、云计算、移动互联网等信息技术，扩大服务覆盖面和受益面，推进中小企业信息化服务体系建设。

（三）应用信息化理念，转变中小企业工作方式

在信息技术快速发展和中小企业服务需求不断变化的大背景下，我们需要应用互联网、信息化的理念，探索转变工作方式，更好地支持中小企业创新发展。一是要正确认识信息化给中小企业生产、决策和经营带来的巨大变化，树立应用信息化手段为中小企业提供公共服务的理念。二是注重发挥市场资源力量，借助专业的大型信息化服务商为中小企业提供个性化、全方位的信息化服务。自2005年以来，我部组织实施了中小企业信息化推进工程，其突出的特点和做法，就是充分调动社会力量和市场资源，构建了一支中小企业信息化的专业服务队伍，通过统一产品、统一品牌、统一服务、统一平台、统一管理，形成标准一致、具有一定规模和覆盖面的服务网络，共同为中小企业发展提供信息化产品和服务解决方案，取得了积极的进展和成效。三是注重政府支持与市场为主相结合，发挥服务机构的专业优势，探索“企业投一点、服务让一点、政府补一点”，以及政府购买培训和服务等扶持方式，促进服务与中小企业需求的对接。四是搭建公益性信息化服务平台，筛选、组织一批信息化专家提供线上服务。建立企业意愿反馈机制，挖掘企业信息化需求，有的放矢地提升工作效率和质量。

各位学员，中小企业创新发展需要方方面面的支持，同时，推进中小企业信息化也需要社会各界的协同配合。希望各位学员充分利用这次机会，认真学习信息化相关知识，研究中小企业信息化的特点和服务需求，把学习的收获带回到工作之中，因地制宜，统筹资源，把各地促进中小企业创新发展工作做得更加出色、更有成效。

谢谢大家！

在2014中国民营企业500强发布会上的主旨演讲

工业和信息化部党组成员、总工程师　朱宏任

（2014年8月18日）

尊敬的钦敏主席，哲洙书记，小祥副主席及其他各位副主席，各位嘉宾，企业家朋友们：

大家上午好！

很高兴出席2014中国民营企业500强发布会。本次发布会以“深化改革转型升级促进发展”为主题，发布“中国民营企业500强榜”，这是向社会展示我国民营经济发展成就和企业家风采的重要品牌活动，有利于推动我国民营企业和中小企业健康发展。在此，我谨代表工业和信息化部，对发布会的举办表示热烈祝贺！对入榜的500强企业表示热烈祝贺！对全国工商联长期以来给予我部的帮助和支

持表示衷心感谢！下面，我就非公有制经济和中小企业发展，介绍一些情况。

今年以来，面对国际错综复杂的形势和国内发展的繁重任务，党中央、国务院总揽全局、把握大势，统筹推进、深化改革、扩大开放，加快结构调整、转变发展方式，着力解决经济运行中的突出矛盾和深层次问题，保持了国民经济总体平稳发展。上半年国内生产总值同比增长7.4%，规模以上工业增加值同比增长8.8%，其中，一季度增长8.7%，二季度增长8.9%。总体上看，经济运行处于合理区间，结构调整稳步推进，各项指标符合预期。在面临下行压力的情况下，取得这样的成绩，实属不易，这其中广大民营企业和中小企业功不可没。与此同时，民营企业和中小企业发展也面临着严峻的挑战和问题，特别是部分民营企业和小微企业生产经营困难压力加大，融资难、融资贵、负担重等问题突出。对此，党中央、国务院高度重视，明确要把民营企业和中小企业发展放在更加突出的位置，要求采取有效措施解决民营企业和中小企业发展中的问题。党中央、国务院领导多次深入一线，听取民营企业和中小微企业的意见和建议，帮助解决困难，给予指导和支持。国务院常务会议多次研究并采取了一系列有针对性的政策措施。截至7月底，在今年国务院召开的22次常务会议中，就有12次会议涉及对小微企业扶持问题。各部门、各地区积极贯彻落实党中央、国务院决策部署，采取一系列措施，民营企业和小微企业的相关工作取得重要进展。

第一，进一步鼓励金融支持实体经济，多措并举，着力缓解融资难、融资贵。融资难、融资贵是当前企业特别是小微企业反映十分突出的问题。根据国家统计局抽样调查显示，二季度，有银行借款需求的小微企业中，约3/5的企业没能从银行获得借款，仅有约1/10的企业从银行获得全部借款。不少小微企业依赖于民间借贷，融资成本居高不下。国务院领导高度重视，多次做出重要批示，李克强总理要求解决小微企业融资难、融资贵要尽快见到实效。7月23日国务院常务会议专题研究部署，多措并举缓解融资成本高问题，明确了要“加大支持‘三农’、支持小微企业再贷款和再贴现力度；对小微企业贷款实行差别化监管；积极稳妥发展面向小微企业、三农的特色中小金融机构，加快推动具备条件的民间资本依法发起设立中小型银行；清理整顿不合理收费”等10个方面的要求。国务院还要求要定期督促检查，引入第三方评估，确保政策尽快落实，见到实效。目前，各有关方面正在按照国务院部署落实。如在解决担保难方面，中央财政加大了支持力度，今年拿出了30亿元支持中小企业信用担保，比上年增加了12亿元。据人民银行公布，今年上半年末，金融机构人民币各项贷款余额77.63万亿元，小微企业贷款余额14.17万亿元，占全部贷款余额的18.25%，同比增长15.7%。我们相信，随着各项政策的逐步落实，融资难、融资贵问题将切实得到缓解。

第二，进一步加大财税支持力度。按照全面深化改革的要求，今年中央财政预算中小企业发展专项资金的支持方式进行了改革，由过去直接支持企业转向重点支持中小企业服务体系建设，以放大财政资金的杠杆作用，将资金管理办法、项目申报及拟支持项目名单在网上进行公示，使资金的管理和使用更加公开透明。同时，各地区也都进一步加大了中小企业专项资金的规模，优化了资金的支持重点、方向和范围。在税收支持上，加大营改增力度，除自6月1日起将电信业纳入试点范围外，还将逐步覆盖生活服务业、建筑业、房地产业、金融业等行业。小型微利企业减半征收所得税优惠政策实施范围由年应纳税所得额6万元扩大到10万元。同时，改革税收征管方式，由原来的审批改为备案，并把核定征收的企业也纳入范围。据税务部门分析，这项改革的受益面将扩大30%以上。在减少涉企收费上，民营企业和小微企业的呼吁以及全国工商联的建议，得到了国家的积极响应，国务院明确提出了对涉企收费实行清单管理制度，从严审批涉企行政事业性和政府性基金项目，切实规范行政审批前置服务业项目及收费，坚决查处各种侵害企业合法权益的违规行为，全面深化涉企收费制度改革等政策措施。

第三，进一步狠抓政策落实。为推动和促进中央各项政策措施的贯彻落实，2014年4月，国务院派出7个督查组，对14个省市支持小型微型企业健康发展政策措施落实情况进行了专项督查。6月底到7月初，国务院派出8个督查组，在各地区、各部门自查基础上，对16个省（区、市）、27个部门和单位，就《政府工作报告》部署的2014年重点工作和去年下半年以来国务院出台的稳增长、促改革、调结构、惠民生各项政策措施落实情况，进行了全面督查。李克强总理强调，要通过督查、第三方评估和社会评价等方式推动政策落实。各部门、各地区积极贯彻落实党中央、国务院的要求和部署，认真整改，促进政策落实。比如在推动民营企业市场准入方面的力度不断加大，国家有关部门在基础设施等领域，首批明确了80个符合规划布局要求、有利转型升级的示范项目，面向社会公开招标，鼓励和吸引社会资本特别是民间投资进入。工业和信息化部积极推动民间资本进入电信、军工领域，目前已分两批向19家民营企业发放了移动通信转售业务试点批文，社会反响热烈。

第四，进一步加快企业转型升级步伐。一是以淘汰落后、化解严重过剩产能矛盾为切入点，实施更加严格的环境、技术、安全等市场准入标准，淘汰落后生产能力，积极营造有利于企业兼并重组的市场环境，促进企业转型升级，实现绿色可持续发展。二是重视发展新技术、新模式、新业态、新产业，因势利导，大力培育战略性新兴产业，坚持创新驱动，积极推动中小企业走“专精特新”的发展道路。三是推进两化深度融合。深入实施两化融合专项行动和中小企业信息化推进工程，充分发挥两化融合对中小企业转型升级的促进作用。同时，鼓励引导企业技术创新、产品创新和商业模式创新。

第五，进一步加强服务体系建设。服务体系建设是促进民营企业和中小企业发展的重要举措。目前，中央财政已经支持了31个省市启动中小企业公共服务平台网络建设。截至2014年6月底，全国已建成782个服务平台，开展服务对接活动7.1万次，服务中小企业69.2万家。组织开展了国家中小企业银河培训工程，实施了中小企业经营管理领军人才培训，推动企业提高管理水平。举办中国国际中小企业博览会，为中小企业搭建展览、展示、合作、交易的平台。同时，运用信息化技术提升服务水平，鼓励和引导服务机构运用大数据、云计算、移动互联网等信息技术，推动服务的信息化、智能化。

女士们、先生们、企业家朋友们：

今天发布的500强企业，在规模、效益、增长速度方面，都是行业中的佼佼者。这是企业家、经营管理团队、企业职工共同努力的结果，值得鼓励和祝贺。但是我们也要看到，大不等于强，没有恒强，也不会有恒大，由大到强仍需企业持续不断的努力。面对我国经济发展的新阶段，新常态，我提三点希望和建议，供在座的企业家们参考。

第一，率先垂范，发挥好示范带头作用。民营500强企业都是从小微企业一步步发展起来的，走到今天实属不易。无论在管理、技术和人才方面，都积累了很多很好的经验，既有必要，也有可能与共同前行的中小企业分享。希望大家能够带好头，做好志愿者，发挥好带头和示范作用。在条件允许的情况下，主动向广大的小微企业提供自己成功的管理经验、研发、检测设备和技术，帮助广大中小企业提高技术和管理水平，与中小企业共同前行。

第二，转型升级，不断培育增强核心竞争力。当今世界，新技术、新科技、新产品、新商业模式层出不穷，尤其是信息技术的应用和创新，对企业生产方式、发展模式带来了颠覆性、革命性影响。希望广大民营企业抓住机遇，苦练内功，积极转变发展方式，加大研发投入，加快技术创新；充分利用互联网等信息技术和手段，提高生产和经营管理水平，创新商业模式，加快品牌建设，不囿于以往的优势，进一步培育、提升新的核心竞争力。

第三，回馈社会，积极履行社会责任。500强企业发展到今天，既得益于自身的拼搏和努力，更得益于党和国家的政策，得益于社会各方面的关心和支持。希望各位企业家朋友在健康持续发展的同时，能够进一步回馈社会，依法诚信经营，积极履行社会责任，为国家和社会做出更大的贡献。

谢谢大家！

在支持小微文化企业政策发布暨交流研讨活动上的讲话

工业和信息化部党组成员、总工程师　朱宏任

（2014年8月19日）

各位来宾，同志们：

上午好！

很高兴和大家共同出席支持小微文化企业政策发布暨交流研讨活动。本次活动以文化部、工信部和财政部三部门发布《关于大力支持小微文化企业发展的实施意见》为契机，探讨新形势下促进小微文化企业发展大计，意义重大。在此，我代表工业和信息化部对本次活动的举行，表示热烈祝贺。

一、中小企业保持平稳发展态势

中小企业是我国数量最大、最具活力的经济群体，在稳增长、促改革、调结构、惠民生等方面起着举足轻重的作用。据国家工商总局数据显示，截至2014年7月底，全国工商登记企业已达1678万户，个体工商户4702万户，其中绝大多数都是中小企业，特别是小型微型企业。目前，中小企业提供了全国50%以上的税收，创造了60%以上的国内生产总值，完成了70%以上的发明专利，最为重要的是，中小企业提供了80%以上的城镇就业岗位，因此，促进中小企业发展，不仅是保持国民经济平稳较快发展的重要基础，更是关系民生和社会稳定的重大战略任务。

党中央、国务院历来高度重视中小企业发展，特别是今年以来，在全面深化改革的大背景下，国家先后出台了一系列促进中小企业发展的政策措施，据初步统计，从今年年初到7月末，国务院召开的22次常务会议中，有12次会议研究提出加大小微企业扶持力度，涉及财政、金融、社保、税费等多个方面。在各项政策支持下，中小企业克服了国内外错综复杂经济环境影响，总体上呈现平稳发展态势。

二、中小企业发展环境进一步改善

应该看到，当前经济下行的压力依然较大，中小企业发展仍然面临不少问题和困难，尤其是量大面广的小微企业，无论在技术、管理还是资金等方面都处于弱势地位，又受生产成本高企、市场需求不足、融资难融资贵等诸多因素制约，发展中仍面临较多困难。

为改善中小企业发展环境，督促各项中小企业扶持政策贯彻落实，促进中小微企业持续健康发展，4月下旬，国务院专门派出7个督查组，对天津、山西等14省（区、市）支持小微企业健康发展政策落实情况进行了专项督查，对督查中发现的问题督促各地认真整改，推动各项惠企政策落实到位。按照国务院的统一部署和工作要求，工业和信息化部充分发挥领导小组办公室协调机制的作用，会同各成员单位明确责任分工，抓好政策落实，形成工作合力，各项工作取得积极进展。

一是进一步优化政策环境。根据十八届三中全会精神，今年，中小企业发展专项资金进行了改革，资金政策实现了整合归并，优化了支持结构，改进

了支持方式，更多用于引导各类公共服务平台和服务机构支持中小企业发展。在税收支持上，财税部门出台了多项惠企税费政策，自今年1月1日起，对年应纳税所得额低于10万元（含10万元）的小型微利企业，其所得减半计征企业所得税，并明确实行核定征收的小微企业也可享受该项优惠政策。自7月1日起，将6%和4%的增值税征收率统一简并为3%，此次调整将主要惠及中小微企业，预计减税约240亿元。此外，工业和信息化部正积极配合全国人大做好《中小企业促进法》修订工作，力争通过修改和完善，突出立法的针对性和可操作性，为中小企业发展奠定制度保障。

二是进一步改善融资环境。为缓解中小企业融资难、融资贵，有关部门想了不少办法，做了大量工作，取得了积极成效。据人民银行统计，上半年金融机构人民币小微企业贷款余额14.17万亿元，同比增长15.7%，比同期大、中型企业贷款增速分别高5.6个和2.3个百分点，比同期各项贷款增速高1.7个百分点。与此同时，中小企业融资渠道不断拓宽，截至上半年，共有20家公司在中小企业板上市，27家公司在创业板上市，458家公司在新三板上市，中小企业股份转让系统试点也已扩大至全国。此外，村镇银行、小额贷款公司等小金融机构的数量不断增加，民营银行试点正在稳步推进，中小企业担保体系建设不断完善。8月14日，国务院办公厅出台了《关于多措并举着力缓解企业融资成本高问题的指导意见》，要求从10个方面解决好企业特别是小微企业融资成本高问题，目前，各有关部门正在按照国务院部署抓紧落实。

三是进一步加快转型升级。工业和信息化部会同有关部门推动化解产能过剩，严格实施环境、技术、安全等市场准入标准，促进中小企业转型升级和可持续发展；推进两化深度融合，建立信息化和工业化融合发展机制，深入实施两化融合专项行动和中小企业信息化推进工程，推动企业信息技术应用和商业模式创新，提升信息化条件下的中小企业竞争力；支持企业创新发展，着力促进中小企业走“专精特新”发展道路，推动劳动密集型中小企业转型升级和健康发展，引导各类中小微企业提升发展质量和水平。

四是进一步加强服务体系建设。在中央财政的大力支持下，开展了中小企业公共服务平台网络建设工程，支持地方搭建互联互通、资源共享的中小企业公共服务平台网络，为企业提供各类便捷服务。截至目前，中央财政已安排资金支持26个省（区、市）及5个计划单列市启动了项目建设，带动服务机构2.8万家，年服务中小企业124万家。此外，工业和信息化部还鼓励和引导各类服务机构运用大数据、云计算和移动互联网等新技术，提升中小企业信息化、智能化服务水平，并在全国范围内开展中小企业银河培训工程和经营管理领军人才培训，帮助中小企业提高经营管理水平。

三、共同推进小微文化企业蓬勃发展

本次由文化部、工业和信息化部和财政部联合下发的《关于大力支持小微文化企业发展的实施意见》，是国务院促进中小企业发展工作领导小组成员单位间深化合作的又一有益实践。小微文化企业具有就业多、消耗少，增值多、投入少，层次多、限制少，受众多、约束少，鼓励多、反对少等特点，促进小微文化企业发展，符合国家转方式、调结构的长期战略要求，是推动中小企业转型升级的重要工作领域。《意见》的出台，不仅有利于广大小微文化企业用好用足各项扶持政策，享受到政策带来的实惠；还将促进各级文化部门、中小企业管理部门和财政部门加强分工协作，形成推动支持小微文化企业发展的工作合力。

同志们！

文化是一个民族的灵魂，是一个国家赖以生存的根基。随着经济的快速发展，文化的大发展比以往任何时候都显得更加迫切和需要，而小微文化企业在繁荣文化市场、促进文化创新等方面发挥着不可替代的作用，促进小微文化企业健康发展，是全面深化改革的明确要求，也是全社会的殷切期待，更是我们共同的责任。我相信，《意见》的发布，将成为新的工作起点，在今后的工作中，工业和信息化部将切实履行好领导小组办公室职责，协调推动各项扶持政策贯彻落实，助力小微文化企业蓬勃发展。

谢谢大家！

朱宏任总工程师在APEC中小企业工商论坛开幕式上的致辞

工业和信息化部党组成员、总工程师　朱宏任
（2014年9月2日）

各位工商界的代表、女士们、先生们：

大家上午好！

首先，我谨代表中国工业和信息化部向论坛的召开表示热烈的祝贺，向出席论坛的各位嘉宾致以诚挚的问候！

2008年至今，国际金融危机爆发已有六年。目前世界经济复苏仍然缓慢艰难，增长动力依然不足，影响全球与地区局势的不确定不稳定因素增多。中国经济增长也进入换档期，步入中高速增长阶段。

综合各方面看，中国经济发展的基本面是好的，经济运行总体平稳，而且，我们对今后一个时期中国经济保持持续健康增长充满信心。对今天参会的工商业界中小企业，我想传递关于信心的一些看法。

第一，改革为中小企业进一步发展指引了方向

中国坚持把改革开放作为发展的根本之策，通

过改革加快完善现代市场体系、激发经济活力、增长动力，更大程度更广范围发挥市场在资源配置中的决定性作用，推动经济更有效率、更加公平、更可持续发展。2013年，中国对全面深化改革进行了总部署、总动员，近期又制定了重要改革举措实施规划，突出了每项改革举措的改革路径、成果形式、时间进度。通过取消和下放行政审批事项，推行工商注册制度便利化，降低企业注册门槛，放宽了市场准入。建设了中国上海自由贸易区，探索实施负面清单管理模式，并形成可复制推广的经验。目前改革的成效已逐步显现，中小企业焕发出创业的勃勃生机与活力，简政放权和工商登记制度等各项改革，直接带动了600万新增企业注册，与上千万就业人数的增长。

第二，创新为中小企业进一步发展增添了动力

中国坚持把创新作为加快转变经济发展方式的重要支撑，大力实施创新驱动发展战略，推动科技和经济紧密结合，推动科技创新和新兴产业发展。为中小企业创新发展营造一个更加有利的环境，充分释放科研院所、高等学校、企业及科研人员等创新主体活力，让一切劳动、知识、技术、管理、资本的活力竞相迸发，形成全社会参与和支持中小企业科技创新的良好局面。通过创新，摆脱低要素成本依赖，实现绿色增长；通过创新，催生和壮大新兴业态，拓展新的市场需求；通过创新，推动发展向中高端迈进，实现经济提质增效升级；通过创新，提高劳动生产率，形成新的增长动力源泉。

第三，转型升级为中小企业下一步发展拓宽了道路

中国正在大力推进经济发展方式转变和经济结构调整，面对经济的波动，未雨绸缪、远近结合、防范风险，保持经济运行在合理区间，聚精会神促改革、调结构。虽然经济增速放缓，但城镇就业持续增加，物价总水平保持稳定，企业效益和财政收入平稳增长，增长的质量和效益持续提升。以工业为例，上半年企业技术改造投资达到3.5万亿元，同比增长18%，高技术制造业增加值同比增长12.4%，快于工业整体增速3.6个百分点，产能严重过剩行业投资增速大幅回落，高耗能行业投资、生产增速明显放慢，今年上半年单位GDP能耗同比下降4.2%，这是近6年来的最好成绩。中国的经济总量已超过9万亿美元，但人均GDP只有6800美元，仍排在世界80位以后，还有较大的城乡差距、地区差距，这些差距就是潜力，我们就是要通过调整，补上发展的短板。通过扎实推进工业化、信息化、城镇化和农业现代化，增强发展后劲和优势，提升发展质量和水平。

第四，开放合作为中小企业下一步发展提供了潜力和商机

中国将着力推动新一轮高水平对外开放，一个很重要的方面，就是要扩大服务业包括资本市场的对外开放。将坚持“引进来”和“走出去”相结合，在与国际市场更深度的融合中不断提升对外开放的层次和水平。中国将在更大范围、更宽领域、更深层次上提高开放型经济水平。我们将不断提高服务能力和水平，不断完善市场体系，为各经济体企业家在中国投资兴业提供公平、稳定、透明、规范的营商环境。

25年以来，作为亚太区域经济合作的里程碑，APEC已成为本地区层级最高、领域最广、最具影响力的经济合作组织，在推动各成员经济体贸易和投资自由化、技术合作、人员往来等方面做出了重要贡献。APEC中小企业工商论坛作为工商界与企业、政府对话交流的重要平台，在传播先进的经营理念、沟通管理技术、推动交流合作方面也发挥着不可或缺的作用。

发展中小企业是中国的一项长期战略。近几年来，中国政府不断加大对中小企业的金融服务和财税扶持力度、不断完善公共服务体系、不断优化公平竞争的市场环境，努力为中小企业发展营造良好氛围。

我们支持中小企业创新发展，鼓励走“专业化、精细化、特色化、新颖化”的发展道路，推动企业技术、管理和商业模式的创新，提升企业知识产权保护和信息化应用水平。

中国政府加大金融及财税政策支持，切实缓解中小企业融资难题，减轻税费负担。就在上半年，中国政府将减半征收企业所得税政策小微企业范围从应纳税所得额6万元提高到10万元；实施了涉企收费目录清单制度；综合采取定向降准、缩短融资链条等多种措施着力缓解中小企业融资难、融资贵问题，对中小企业的扶持力度持续增强。

中小企业也一直是APEC框架下重要合作领域。工商界作为推动经济贸易发展的主力军，也是推进APEC地区中小企业交流与合作的重要力量。中国国家主席习近平在2013年APEC工商领导人峰会的主旨演讲中强调，“中国高度重视工商界作用，愿意倾听工商界意见和建议，为工商界尤其是中小微企业深入便利参与经济发展和区域合作搭桥铺路”。中小企业是促进亚太地区繁荣与就业的源泉，中国愿同各经济体一道，发挥APEC中小企业工商论坛的桥梁和纽带作用，拓宽交流空间，深化务实合作，共同推动亚太地区中小企业的创新发展。

我们期待今年的中小企业工商论坛能聚焦“创新与可持续发展”主题，就如何提升中小企业创新能力、改善中小企业创新政策环境、推动中小企业创新发展等议题凝聚共识、勾画蓝图。希望在座工商界朋友们积极建言献策、就各成员经济体共同关注的问题取得实质讨论性成果，并为第21次APEC中小企业部长会议贡献真知灼见。

最后，预祝论坛取得圆满成功！

谢谢大家。

朱宏任总工程师在APEC中小企业工作组会议欢迎晚宴上的致辞

工业和信息化部党组成员、总工程师　朱宏任

（2014年9月3日）

尊敬的各位APEC中小企业工作组的代表们，女士

们，先生们：

大家晚上好！

非常高兴能和大家相聚在美丽的南京。经过了一天紧张的工作，第39次APEC中小企业工作组会议的各项议程顺利推进，大家正在为即将召开的第21次APEC中小企业部长会打下良好的工作基础。作为东道主，我代表中国工业和信息化部对各位嘉宾表示热烈的欢迎和诚挚的感谢！

APEC自创建以来，中小企业一直是一项重要的议题，APEC中小企业工作组围绕提升中小企业管理能力、企业家精神、融资便利化、商业环境、市场开拓和国际化等优先领域，开展了大量富有成效的工作，在APEC各经济体优化中小企业发展环境、完善政策、提升中小企业能力和素质等各个方面，都发挥了独特的重要作用。中国一直以来高度重视中小企业发展，中小企业工作组的工作也让中国从中受益良多。

当前，中国经济正面临全面而深刻的结构性变革，在不出台大规模刺激政策的情况下，继续保持了经济的平稳增长，同时，就业增长甚至超过了去年同期，这是非常不容易的。其中，对新增就业岗位做出最重要贡献的，就是中国广大的中小企业，中国80%以上的城镇就业岗位都是由中小企业创造的。当前，中国中小企业继续保持了勃勃生机，在经济增长、推动创新、增加税收、吸纳就业、改善民生等方面发挥着不可替代的作用。

工业和信息化部是中小企业综合指导和宏观管理部门，我们非常愿意和各经济体的同事们建立和保持良好的交流合作关系，借鉴和吸收APEC其他经济体好的经验和做法，一方面，继续改进和完善中小企业发展的相关政策措施，另一方面，与各经济体加强交流合作，共同推动APEC中小企业的繁荣发展。

希望大家的南京之行愉快而充实，并预祝第39次工作组会议取得圆满成功！最后，我提议，为大家的身体健康、工作顺利，干杯！

合作共赢推动亚太中小企业创新发展

——在中国日报（2014年9月4日）的署名文章

工业和信息化部党组成员、总工程师　朱宏任

中小企业是亚太经合组织（APEC）最重要的合作领域之一，在APEC各经济体，中小企业都在增加就业，促进增长、推动创新与社会稳定等方面发挥着极为重要的作用。中国的中小企业从少到多，已经发展成为中国企业中数量最大、最具活力的企业群体，总体来看，中国中小企业提供了50%以上的税收，创造了60%以上的国内生产总值，完成了70%以上的发明专利，提供了80%以上的城镇就业岗位，在促进经济增长、推动创新、增加税收、吸纳就业、改善民生等方面发挥了不可替代的作用，长期以来为保持中国国民经济平稳较快发展奠定了重要基础。

当前，世界科技革命和产业变革步伐加快、资源环境对发展的约束加强、市场竞争日趋激烈，因此，促进和支持中小企业创新与可持续发展是APEC各经济体面临的重要任务和挑战。在经济全球化背景下，各经济体的发展不可能独善其身，也不应该是“零和博弈”，而是你中有我、我中有你的互利合作。本次中小企业部长会议以“创新与可持续发展”为主题，为各经济体搭建经验交流，合作共赢的平台，共同谋划亚太中小企业创新发展新蓝图。

中国政府高度重视促进中小企业健康可持续发展，坚持把促进中小企业创新发展放在优先战略位置，坚持把增强中小企业创新能力作为加快转变经济发展方式的有力支撑，坚持把营造有利于中小企业创新发展的环境作为政府的重要工作，主要从以下几个方面支持中小企业创新发展。

一是完善支持中小企业创新的财税和金融政策。加大政府对基础科学研究的投入。进一步完善鼓励创新的税收支持政策。实施了包括允许企业研究开发费用加计扣除，给予高新技术企业优惠的企业所得税税率，对企业从事技术转让、技术开发等业务取得的收入免征营业税等项政策。发挥多层次资本市场融资功能，带动社会资金投向属于创业阶段的创新型中小企业。鼓励银行开发支持企业技术创新的贷款模式、产品和服务，完善中小企业知识产权质押等鼓励创新的金融政策，支持中小企业通过债券、信托、票据等产品融资。培育和发展创业板市场，促进天使投资基金、创业风险投资基金和私募股权投资基金的发展。加强中小企业信用担保体系建设。建立和完善技术产权交易市场，多渠道加大对中小企业技术创新的融资支持。

二是提高支持中小企业创新的公共服务水平。重点支持中小企业公共服务体系建设，推动形成一批技术创新服务平台，为中小企业提供设计研发、信息咨询、试验检验等技术和服务。建立和完善中小企业知识产权服务支撑体系和产权保护机制，加大知识产权执法力度，不断提升中小企业知识产权创造、运用、保护和管理能力。加快发展现代职业教育，开展中小企业经营管理人才培训，加强对中小企业创新人才和各类人才的培养。

三是加快建立企业为主体的技术创新体系。引导和支持创新要素向中小企业集聚，加大政府科技资源对中小企业的支持力度。加快建立以企业为主体，市场为导向、产学研相结合的技术创新体系，走联合创新、合作发展的道路，降低中小企业研发成本和风险。健全科技资源开放共享制度，促进高校、科研院所向中小企业开放科技资源，推动建设共性技术研发基地和技术联盟，开展共性关键技术研究和科技成果推广。

四是大力支持中小企业转型升级。引导中小企业采取网络信息技术提高工业研发设计、生产流通、企业管理等环节的信息化水平。鼓励中小企业应用

新技术、新工艺、新材料和新装备改造提升传统产品，提高产品技术含量和附加值，加快产品升级换代。支持中小企业技术创新、管理创新和商业模式的创新。鼓励有条件的中小企业加大研发投入。引导中小企业专业化、精细化、特色化、新颖化发展，走与大企业协作配套的发展道路。

亚太中小企业地缘相近、市场相接，尽管发展的程度不同，但相互之间有许多可以借鉴交流、互助共赢的机会。在亚太各经济体共同努力下，亚太地区资金、信息、人员流动已经达到很高的水平，产业分工日渐清晰，正在酝酿的新技术革命将为亚太地区中小企业积聚优势，这必将推动亚太中小企业发展形成良性互动。特别是一个13亿人口的中国在实施创新驱动发展战略中，所释放的创新需求和市场空间将是空前的，这不仅为中国中小企业注入了动力，也将对整个亚太地区中小企业的创新与发展带来更大机遇。我对APEC框架下深化中小企业创新发展的合作充满期待和信心。为此，我们建议：

一是充分发挥创新在促进亚太合作中的作用。希望各经济体以务实的态度，有力的措施，将中小企业创新作为推动亚太合作的重要着力点，顺应创新要素跨地区流动、创新资源全球配置的趋势，提升亚太地区中小企业价值链和供应链的合作水平，为亚太合作注入新的动力。

二是加强政策的交流和协调。尊重APEC各经济体发展的差异性、互补性和互利性。希望各经济体共同支持和鼓励中小企业在绿色、节能、低碳经济等领域的创新活动，在产学研合作、信息化应用、知识产权保护、人才培养、公共服务等领域加强合作，破除阻碍人才、技术、资金、产品合理流动的体制机制障碍，提升区域经济一体化水平，营造有利于中小企业合作创新的政策环境，实现中小企业互利共赢。

三是构建有利于中小企业创新的合作机制。APEC中小企业创新合作涉及诸多的方面和领域，加快建立相关机制，搭建合作平台，鼓励和支持中小企业借鉴和吸收各经济体的创新成果。希望完善和发挥APEC中小企业服务联盟、APEC中小企业创新中心、APEC加速器网络等现有机制的作用，加快构建合作网络，提升中小企业国际化水平，加强科技创新信息分享，推动中介服务机构跨区域发展，增进知识产权保护的协作，支持中小企业合作创新。

中方愿同各方相互借鉴、平等合作、加强中小企业领域的政策对话，分享鼓励中小企业创新的经验和有效做法，抓住机遇，直面挑战，通过改革和创新，获取新的发展驱动力和竞争力，为亚太地区继续保持世界经济引擎地位奠定坚实基础。

完善政策创新驱动中小企业发展

——在第21次APEC中小企业部长会议上的发言

工业和信息化部党组成员、总工程师　朱宏任

（2014年9月5日）

（议题一：增强中小企业创新能力）

尊敬的主席先生，女士们，先生们：

很高兴同大家相聚在美丽的南京市，共商促进亚太地区中小企业创新发展的新举措。当前，世界经济复苏步伐加快，但不稳定不确定因素依然较多，中小企业作为推动亚太地区经济发展的基石，必须抓住机遇，直面挑战，通过改革和创新，获取新的发展驱动力和竞争力，为亚太地区继续保持世界经济引擎地位奠定坚实基础。

近年来，中国政府坚持把促进中小企业创新发展放在优先战略位置，坚持把增强中小企业创新能力作为加快转变经济发展方式的有力支撑，坚持把营造有利于中小企业创新环境当作政府的重要工作。

一是完善支持中小企业创新的财税和金融政策。加大政府对基础科学研究的投入。进一步完善鼓励创新的税收支持政策。实施了包括允许企业研究开发费用加计扣除，给予高新技术企业优惠的企业所得税税率，对企业从事技术转让、技术开发等业务取得的收入免征营业税等项政策。发挥多层次资本市场融资功能，带动社会资金投向属于创业阶段的创新型中小企业。鼓励银行开发支持企业技术创新的贷款模式、产品和服务，完善中小企业知识产权质押等鼓励创新的金融政策，支持中小企业通过债券、信托、票据等产品融资。培育和发展创业板市场，促进天使投资基金、创业风险投资基金和私募股权投资基金的发展。加强中小企业信用担保体系建设。建立和完善技术产权交易市场，多渠道加大对中小企业技术创新的融资支持。

二是提高支持中小企业创新的公共服务水平。重点支持中小企业公共服务体系建设，推动形成一批技术创新服务平台，为中小企业提供设计研发、信息咨询、试验检验等技术和服务。建立和完善中小企业知识产权服务支撑体系和产权保护机制，加大知识产权执法力度，不断提升中小企业知识产权创造、运用、保护和管理能力。加快发展现代职业教育，开展中小企业经营管理人才培训，加强对中小企业创新人才和各类人才的培养。

三是加快建立企业为主体的技术创新体系。引导和支持创新要素向中小企业集聚，加大政府科技资源对中小企业的支持力度。加快建立以企业为主体，市场为导向、产学研相结合的技术创新体系，走联合创新、合作发展的道路，降低中小企业研发

成本和风险。健全科技资源开放共享制度，促进高校、科研院所向中小企业开放科技资源，推动建设共性技术研发基地和技术联盟，开展共性关键技术研究和科技成果推广。

四是大力支持中小企业转型升级。引导中小企业采取网络信息技术提高工业研发设计、生产流通、企业管理等环节的信息化水平。鼓励中小企业应用新技术、新工艺、新材料和新装备改造提升传统产品，提高产品技术含量和附加值，加快产品升级换代。支持中小企业技术创新、管理创新和商业模式的创新。鼓励有条件的中小企业加大研发投入。引导中小企业专业化、精细化、特色化、新颖化发展，走与大企业协作配套的发展道路。

女士们、先生们，亚太地区的中小企业从来没有像今天这样亲密相连，相互关注，也从来没有像今天这样需要合作共赢。在亚太各经济体共同努力下，亚太地区资金、信息、人员流动已经达到很高的水平，产业分工日渐清晰，正在酝酿的新技术革命将为亚太地区中小企业积聚优势，这必将推动亚太中小企业发展形成良性互动。中方愿同各方相互借鉴、平等合作、加强中小企业领域的政策对话，分享鼓励中小企业创新的经验和有效做法，促进亚太地区中小企业共同发展。

谢谢大家！

深化改革推动中小企业创新发展

——在第21次APEC中小企业部长会议上的发言

工业和信息化部党组成员、总工程师　朱宏任

（2014年9月5日）

（议题二：改善中小企业创新环境）

尊敬的主席先生，女士们，先生们：

面对世界科技革命和产业变革步伐加快、资源环境对发展的约束加强、生产成本不断上升、结构性矛盾日益突出的挑战，大量的传统中小企业经营越发艰难，过去在价值链中低端产品上形成的竞争优势也在逐渐减弱。要保持中小企业的可持续发展能力，只能靠改革，靠创新，才能摆脱发展中的瓶颈，更好地满足客户需求，全面提升自身发展质量，不断拓展新的发展空间。

刚刚过去的2013年是中国改革的新起点，改革的一个目的就是要充分激发各类主体参与创新活动的积极性，引导中小企业走创新驱动的发展道路，加快结构调整和产业升级。

一方面，我们充分发挥市场对中小企业创新方向、路径选择、各类创新要素配置的决定性作用。加强市场体系建设，推进宏观调控、财税、金融、投资领域体制改革，营造更加公平的竞争环境，强化企业在技术创新中的主体地位，健全技术创新激励机制。另一方面，积极推进行政体制改革，加快转变政府职能，简政放权，放宽市场准入。大幅度减少审批事项，实施负面清单管理模式。进一步推进工商注册制度便利化，削减资质认定项目。同时，大力推进中小企业服务体系建设，通过“政府支持中介、中介服务企业”，让更多的中小企业获得支持。随着改革的不断深入，改革红利持续释放，必将为中小企业发展增添了新的动力，促进中小企业的发展质量和效益稳步提升。今年上半年，政府职能转变效果明显，新登记注册企业数量同比增长近7成，其中绝大部分是中小企业。

女士们、先生们，亚太中小企业地缘相近、市场相接，尽管发展的程度不同，但相互之间有许多可以借鉴交流、互助共赢的机会。特别是一个13亿人口的中国在实施创新驱动发展战略中，所释放的创新需求和市场空间将是空前的，这不仅为中国中小企业注入了动力，也将对整个亚太地区中小企业的创新与发展带来更大机遇。我对APEC框架下深化中小企业创新发展的合作充满期待和信心。为此，我提出以下建议：

一是充分发挥创新在促进亚太合作中的作用。希望各经济体以务实的态度，有力的措施，将中小企业创新作为推动亚太合作的重要着力点，顺应创新要素跨地区流动、创新资源全球配置的趋势，提升亚太地区中小企业价值链和供应链的合作水平，为亚太合作注入新的动力。

二是加强政策的交流和协调。尊重APEC各经济体发展的差异性、互补性和互利性。希望各经济体共同支持和鼓励中小企业在绿色、节能、低碳经济等领域的创新活动，在产学研合作、信息化应用、知识产权保护、人才培养、公共服务等领域加强合作，破除阻碍人才、技术、资金、产品合理流动的体制机制障碍，提升区域经济一体化水平，营造有利于中小企业合作创新的政策环境，实现中小企业互利共赢。

三是构建有利于中小企业创新的合作机制。APEC中小企业创新合作涉及诸多方面和领域，加快建立相关机制，搭建合作平台，鼓励和支持中小企业借鉴和吸收各经济体的创新成果。希望完善和发挥APEC中小企业服务联盟、APEC中小企业创新中心、APEC加速器网络等现有机制的作用，加快构建合作网络，提升中小企业国际化水平，加强科技创新信息分享，推动中介服务机构跨区域发展，增进知识产权保护的协作，支持中小企业合作创新。

女士们，先生们，改革与创新相辅相成，互补互进，改革本身就是理念和制度的创新，中国政府将坚定不移地深化改革、扩大开放，支持亚太地区中小企业走创新驱动发展的道路，进一步发挥创新对中小企业的巨大推动作用。

谢谢大家！

鼓励和支持中小企业集聚发展

——在第21次APEC中小企业部长会议上的发言

工业和信息化部党组成员、总工程师 朱宏任
（2014年9月5日）

（议题三：推动中小企业创新与可持续发展）

尊敬的主席先生，女士们，先生们：

对中小企业而言，产业集群能够促进知识和技术的转移扩散，有利于加强合作与资源共享，降低企业的创新成本、生产成本和交易成本，增强企业创新能力，提高企业竞争力，促进企业增长。近年来，产业集群已逐渐成为中国中小企业发展的重要产业组织形式。在促进产业集群发展方面，我们采取的主要措施有以下几点：

一是加强科学规划，完善基础设施。结合区域优势和特色，科学规划，合理布局，统筹区域协调发展，提升产业集群整体优势。坚持土地节约，生态环保的原则，提高土地等资源利用效率，改善交通、电力、通信、污染治理等基础设施水平。

二是注重产业协同，增强服务支撑。在发展制造业的同时，加快发展金融、信息、商务等生产性服务业。在产业集群中，搭建和完善研发设计、检验检测、电子商务、信息服务、投资融资、人才培训、管理咨询、市场推广等各类专业化服务平台和公共技术服务平台。推广节能减排共性技术，采取集中污染处理的方式，降低企业治理成本。完善产业集聚区物流服务网络体系，依托产业集群发展职业教育，引导和推动在产业集群内组建商会协会，加强行业自律。

三是增强创新能力，提升产业层次。鼓励中小企业在产品设计、生产制造等环节采用先进信息技术，提升工业设计水平，大力推广应用先进制造技术。引导中小企业采用国际制造业标准体系，推进产品国际标准认证。

四是发挥龙头企业带动作用，推动协作配套。积极培育关联度大，带动性强的龙头企业，发挥其引领、示范、辐射的积极作用。采取多种方式，支持服务外包、产品配套和技术协作，延伸产业链条，提高大中小企业间的协作水平。

五是促进知识分享，推动品牌建设。在尊重、保护知识产权的前提下，充分利用现代信息技术优势，增强集群内中小企业的联系，促进集群内信息和知识的分享、累积与扩散，形成一个相互学习的整体，支持中小企业的协同创新。支持产业集群培育区域产业品牌。

六是支持产业集聚区建设。积极开展对孵化器、留学生创业园、小企业创业基地等载体的扶持，提升服务能力，提高服务水平。统筹安排产业集群发展用地，优先安排用地计划指标。

发展产业集群是APEC众多经济体促进中小企业创新政策体系里的重要共识。当前，越来越多的孵化器、加速器等产业集聚载体实现了跨区域发展，推动了各种创新要素的跨区域配置，集群创新、联合创新、网络化创新的趋势愈加明显。APEC各经济体在加强产业集群合作方面蕴含着巨大的潜力。

为此，我建议APEC进一步推动产业集群的合作发展，支持各成员经济体之间共同培育中小企业产业集聚区，整合和提升亚太地区中小企业价值链和产业链，加强中小企业产业集群的协作配套，优化亚太地区产业分工和产业布局。建立产业集群间交流的机制，促进产业集群间人才、技术、资本、服务、信息、知识等创新要素的汇集与共享。支持孵化器、加速器等产业集聚载体的跨区域发展，拓展产业集群资源配置的广度和深度，为亚太地区中小企业合作创新提供有效载体。

谢谢大家！

在2014中国（宁夏）非公有制经济发展论坛上的演讲

工业和信息化部党组成员、总工程师 朱宏任
（2014年9月18日）

尊敬的（陈）昌智副委员长，各位嘉宾，企业家朋友们，女士们，先生们：

大家上午好！很高兴和大家相聚在美丽的塞上江南银川，出席由民建中央、工业和信息化部、宁夏回族自治区人民政府共同举办的2014中国（宁夏）非公有制经济发展论坛。在此，我谨代表工业和信息化部对本届论坛的召开表示热烈祝贺！对宁夏回族自治区党委、人民政府为论坛进行的精心筹备表示衷心感谢！刚才，昌智副委员长做了重要讲话，对促进非公有制经济健康发展有很强的指导作用，我们将认真学习贯彻。下面，我就进一步促进非公有制经济和中小企业发展谈几点意见，供大家参考。

非公有制经济和中小企业互为主体，是国民经济的重要基础，在扩大就业、支撑增长、促进创新、增加税收等方面具有重要作用。党中央、国务院高度重视非公有制经济和中小企业的发展，在今年经济下行压力加大、部分中小企业特别是小型微型企业生产经营困难加剧的情况下，国务院领导多次深入一线，了解企业的困难和诉求，国务院多次召开常务会议研究部署加大对中小企业尤其是小型微型企业的财政、金融、税费等扶持政策。昨天，国务院常务会议又一次专题研究部署进一步扶持小型微型企业发展，推动大众创业万众创新，重点提出了六个方面的政策措施。各地区、各部门积极贯彻落实党中央、国务院部署，各项工作取得积极成效。

一是加强督促检查，各项政策在落实中作用逐步显现。为督促国务院促进中小企业和非公有制经

济各项政策措施的贯彻落实，今年4月，国务院派出7个督查组，对14个省市支持小型微型企业健康发展政策措施落实情况进行了专项督查。6月底到7月初，国务院又派出8个督查组，对16个省（区、市）、27个部门和单位，就《政府工作报告》部署的2014年重点工作和去年下半年以来国务院出台的稳增长、促改革、调结构、惠民生各项政策措施落实情况，进行了全面督查。李克强总理强调，要通过督查、第三方评估和社会评价等方式推动政策落实，确保政策“抵达终点”，让企业和群众得到更多实惠。目前，各地、各部门针对督查发现的问题正在进行认真整改，逐项落实。

二是全面深化改革，非公有制经济和中小企业发展环境不断得到改善。去年以来，国务院先后取消和下放了7批共632项行政审批事项，改革了工商登记制度，出台了《企业信息公示暂行条例》，批准了3家民营银行的筹建，修订了政府核准的投资项目目录，向社会推出了首批80个公开招标的示范项目，鼓励和吸引社会资本特别是民间投资进入，等等。如在电信行业，工业和信息化部已分三批向25家民营企业发放了移动通信转售业务试点牌照。这些举措极大地调动了全社会创业兴业的热情，有力地激发了经济发展的内生动力和市场活力，今年1—7月份，民间投资达到16.85万亿元，占全国固定资产投资的比重达到64.9%，同比增长19.6%；1—8月，全国新登记注册市场主体800多万户，出现“井喷式增长”，带动了上千万人就业。

三是加大财税支持，中小企业税费负担有所减轻。在税收方面，继续扩大“营改增”覆盖范围，除自6月1日起将电信业纳入试点范围外，还将逐步覆盖生活服务业、建筑业、房地产业、金融业等行业，并于2015年基本实现行业全覆盖。暂免征收月销售额低于3万元的小微企业、个体工商户等的增值税和营业税；扩大小型微利企业减半征收所得税优惠政策实施范围，由年应纳税所得额6万元扩大到10万元，改革其征管方式，由原来的审批改为备案，并把核定征收企业纳入政策适用范围。在加强涉企收费管理方面，国务院明确提出了建立和实施企业收费目录清单制度，切实规范行政审批前置服务业项目及收费，坚决查处各种侵害企业合法权益的违规行为，全面深化涉企收费制度改革，进一步完善企业负担问题举报和反馈机制，等等。在财政支持方面，按照财政体制改革的要求，财政部会同工业和信息化部等有关部门，对支持中小企业发展的多项资金进行整合归并，设立了中小企业专项资金，调整资金支持结构，支持重点从直接支持企业项目转向支持改善中小企业融资、服务和创业创新环境。对吸纳就业困难人员就业的小微企业，给予社会保险补贴。

四是缓解融资难、融资贵问题，各种措施力度不断加大。融资难、融资贵是当前企业特别是小微企业反映十分突出的问题。根据国家统计局抽样调查显示，二季度，有银行借款需求的小微企业中，约60%的企业没能从银行获得借款，仅有不到10%的企业从银行获得全部借款。大部分小微企业依赖于民间借贷，年化利率超过20%。对此，国务院领导高度重视，多次做出重要批示，李克强总理要求解决小微企业融资难、融资贵要尽快见到实效，7月23日国务院常务会议专题研究部署多措并举缓解企业融资成本高问题，国务院办公厅印发了《关于多措并举着力缓解企业融资成本高问题的指导意见》。目前，各有关部门正在积极贯彻落实国务院部署要求。对“三农”和小微企业信贷采取“定向降准”政策，央行今年两次下调符合定向降准要求的中小金融机构存款准备金率，同时扩大支持小微企业再贷款和专项金融债规模。清理整顿银行业金融机构不合理收费，据有关部门测算，通过规范收费行为，工行、农行、中行、建行四大银行合计每年将减轻企业负担370亿元～390亿元。在解决担保难方面，中央财政加大了支持力度，今年安排30亿元支持中小企业信用担保。拓宽直接融资渠道，“中小企业股份转让系统”（简称“新三板”）试点扩大至全国，目前已有1000多家中小企业挂牌交易。

五是加快转型升级，推动企业创新步伐加快。以淘汰落后、化解严重过剩产能为切入点，实施更加严格的环境、技术、安全等市场准入标准，积极营造有利于企业兼并重组的市场环境，促进企业转型升级，实现绿色可持续发展。今年上半年，高耗能行业投资、生产增速明显减缓，单位GDP能耗同比下降4.2%。推进工业化和信息化的深度融合，深入实施两化融合专项行动和中小企业信息化推进工程。重视发展新技术、新模式、新业态、新产业，大力培育战略性新兴产业；坚持创新驱动，积极推动中小企业走“专精特新”的发展道路。鼓励引导企业技术创新、产品创新和商业模式创新。科技创新以及信息化对经济的支撑和带动作用正在不断增强。今年上半年电子商务交易额超过6.4万亿元，同比增长26.7%，其中网络零售额增长33.4%。

总的来看，经过各方面的共同努力，政策效用正在逐步显现，改革红利进一步释放，非公有制经济和中小企业发展总体上保持了增长态势，产业结构进一步优化，竞争力进一步增强。与此同时，我们也要看到，当前世界经济不稳定、不确定因素依然较多，我国经济正处在深层次矛盾凸显和“三期叠加”阶段，到了爬坡过坎的关键时期，传统的要素驱动型、粗放型发展模式已经难以为继，非公有制经济和中小企业发展面临严峻挑战。转型升级、创新发展已成为企业发展的必然选择。在此新形势下，工业和信息化部作为国务院负责中小企业发展工作的宏观指导部门，将坚决贯彻国务院的部署和要求，会同有关部门，重点做好以下几个方面的工作：

一是进一步抓好政策落实。充分发挥国务院促进中小企业发展工作领导小组办公室的作用，按照国务院领导的批示要求，加强与有关部门的沟通协调，认真梳理中小企业和非公有制经济发展中存在的问题和困难，认真研究解决困难和问题的有效措施，加强对各项惠企政策落实情况的跟踪、评估，提高政策的针对性、导向性和可操作性。加大政策宣传力度，让更多的中小企业知晓政策、享受政策。

会同有关部门配合全国人大财经委抓紧对《中小企业促进法》进行修订，为进一步促进中小企业和非公有制经济发展提供法律保障。

二是进一步支持中小企业创业创新发展。继续实施中小企业创新能力建设计划、创办小企业计划、知识产权战略、信息化推进工程，加大对小微企业创业基地的支持，继续推动和支持中小企业"专精特新"和产业集群发展。推动有条件的非公有制企业建立现代企业制度，引导企业进行管理制度创新和商业模式创新。通过鼓励中小企业和非公有制企业参与两化融合管理体系贯标达标活动，推动工业化和信息化的深度融合，充分发挥信息化在改造提升传统产业、培育发展战略性新兴产业的重要作用。

三是进一步推动改善对中小企业的融资服务。推动落实国务院关于加大金融支持实体经济特别是小微企业的各项政策，提高金融服务中小企业的水平。采取业务补助、增量业务奖励等措施，引导担保、金融和外贸综合服务等机构为小微企业提供融资服务。落实加大支持小微企业再贷款和再贴现力度政策，优化商业银行小微企业贷款管理，采取续贷提前审批、设立循环贷款等方式，提高贷款审批发放效率。继续推进中小企业信用担保体系建设，鼓励和引导担保机构加强对小微企业的担保服务，切实缓解小微企业融资难。

四是进一步完善中小企业服务体系。继续推进中小企业公共服务平台网络建设和国家中小企业公共服务示范平台培育，集聚服务资源，健全服务机制，以购买服务等方式，为中小企业提供技能培训、市场开拓等服务。继续深入开展"扶助小微企业专项行动"，实施中小企业和非公有制企业管理提升工程，开展中小企业领军人才培训。鼓励和引导服务机构运用大数据、云计算、移动互联网等信息技术，为中小企业提供更有效的服务。

五是进一步推动减轻企业负担。继续组织开展减负政策宣传活动，积极落实各项减轻企业税费负担政策；继续清理整顿和规范各种涉企收费，建立企业负担调查评估体系，完善省级互查和区域交流机制，切实减轻小微企业负担。研究完善保护企业权益的相关政策法规。

我国西部地区幅员辽阔、资源丰富。党中央实施西部大开发战略以来，西部地区经济建设取得了巨大成绩，西部地区非公有制企业和中小企业也得到快速发展，在国民经济和社会发展中的地位和作用日益重要。本次论坛以"全面深化改革，激发非公经济活力，促进西部经济转型升级"为主题，将为西部乃至全国的非公有制经济发展起到重要和积极的推动作用。

宁夏是西部地区的"塞上江南"，风景秀美，历史悠久。近年来，在自治区党委、政府的领导下，宁夏经济社会全面快速发展，非公有制经济和中小企业发展也取得巨大进步。今年自治区又成立了非公有制经济服务局，制订了《加快非公有制经济发展行动计划（2014—2017年）》，必将进一步促进中小企业和非公有制经济健康发展。

民建中央在昌智委员长领导下，致力于建设中国特色社会主义事业，在支持非公有制经济发展方面，做了大量卓有成效的工作。民建中央、工业和信息化部和地方人民政府共同举办年度非公有制经济发展论坛，历经十二年而不辍，宣传了党和国家促进非公有制经济发展的方针政策，发挥了民建自身多方面联系经济界和人才荟萃、智力密集的优势，促进了各地非公有制经济的发展。我们相信，在各级政府和社会各界的关心、支持下，在企业家们的不懈努力下，非公有制经济和中小企业将得以活力迸发、健康发展、乘势腾飞！

最后，祝宁夏这颗塞上明珠更加璀璨，祝本届论坛取得圆满成功！

谢谢大家！

在第十一届中国国际中小企业博览会招待晚宴上的致辞

工业和信息化部党组成员、总工程师　朱宏任

尊敬的朱小丹省长，尊敬的恩里克·雅各布·罗察局长，女士们，先生们，同事们，朋友们：

十月广州，花香四溢，在这美丽的金秋之夜，我们在此相聚，共同参加第十一届中国国际中小企业博览会。我代表工业和信息化部、第十一届中国国际中小企业博览会组委会，向来自联合主办国墨西哥及世界各国和各地区的各位嘉宾、各位朋友表示热烈的欢迎！

从16世纪起，著名的"中国之船"就曾载满着中国的瓷器和丝绸，穿越浩瀚太平洋，抵达墨西哥阿卡普尔科港，开辟了连接中国与拉美的"海上丝绸之路"，从此以后，中墨两国经贸往来不断加强，不仅推动了中墨双方的经济繁荣与发展，也促进了太平洋两岸的经济、技术、文化、思想的交流与融合，在人类历史上书写了灿烂的篇章。

中墨两国都拥有悠久的历史和文化，都是重要的发展中大国和新兴市场国家，目前中国是墨西哥第二大贸易伙伴，墨西哥是中国在拉美的第二大贸易伙伴，两国年贸易总额已从1972年建交时的1299万美元增长到2013年的392.2亿美元，其中的大部分贸易额都是中小企业创造的，由此可见，中小企业已经成为推动两国经贸合作的重要力量。

去年6月，习近平主席在访问墨西哥期间和墨西哥总统培尼亚共同宣布建立全面战略伙伴关系，为两国在政治、经贸、文化、教育等多个领域深化务实合作指明了方向。本届中博会，由中国和墨西哥联合主办，这充分显示了中墨两国友谊越来越深厚，经贸联系越来越紧密，中小企业的合作越来越深入。

中小企业作为推动技术创新、促进结构升级和转变发展方式的重要担当者，在稳定增长、扩大就业、促进创新、繁荣市场等方面，发挥着极为重要的作用。世界各国政府都把促进中小企业发展作为重要的发展战略。中国政府高度重视促进中小企业

发展，出台和实施了一系列扶持中小企业发展的政策措施，积极引导中小企业加快结构调整和转型升级，不断改善融资环境，优化公共服务，坚持“互利互惠、合作共赢”的原则，积极鼓励中小企业“走出去”和“引进来”。

自2004年，第一届中博会创办以来，已经成功举办了十届，先后邀请了12个国家和组织联合主办，参展中小企业共约3.3万家。目前，中博会已经成为各国中小企业进入中国、中国中小企业走向世界的重要桥梁。

当前，中国经济运行平稳，经济增长的质量和效益持续提升，经济结构不断优化。通过全面深化改革所迸发的大众创业、万众创新的热潮，正在不断激发中国中小企业的内生动力和活力。新型工业化、信息化、城镇化、农业现代化蕴含的发展潜力巨大，中国经济发展的前景十分广阔，也将为中国和世界各国的中小企业带来巨大的商机。我们愿意同世界各国一道，携手共进，充分发挥中国国际中小企业博览会的桥梁和纽带作用，不断拓宽合作领域，深化合作机制，进一步推动与墨西哥在内的世界各国中小企业的共同发展。

现在，我提议，让我们共同举杯，预祝第十一届中小企业国际博览会取得圆满成功！

促进创新营造环境
推动中小企业持续健康发展

——在中国中小企业高峰论坛上的演讲

工业和信息化部党组成员、总工程师　朱宏任
（2014年10月11日）

各位来宾，各位朋友，女士们、先生们：

大家下午好！很高兴和大家相聚在广州，共同出席中国中小企业高峰论坛。本届论坛以“挑战赢机遇，创新促发展”为主题，具有很强的现实意义。创新是人类社会的永恒话题，也是经济社会发展的不熄引擎。世界经济稳定复苏要靠创新，中国经济提质增效也要靠创新，中小企业实现健康发展更离不开创新驱动。

当今世界，新一轮科技革命和产业变革正在孕育兴起，科技创新对经济社会发展的支撑和引领作用不断增强，新产品、新技术不断涌现，新的商业模式不断取得成功，创新的步伐在加快，中小企业创新的紧迫性比以往任何时候都更突出，创新已成为中小企业发展的生命之源、生存之基。随着经济全球化和网络信息技术的快速发展，开放式创新、合作创新的理念和实践正在得到不断的丰富和完善。中小企业需要提高创新要素的整合能力，充分利用各种支持创新的政策和资源，提高自身创新能力。

中国和墨西哥都是具有悠久文明历史的国家，两国人民都创造了灿烂的文化，都为人类文明进步做出了不可磨灭的贡献。现在两国都进入了经济社会发展的快车道，都呈现出美好的发展前景。中墨两国的中小企业均数量众多，且各具特色，各有所长，经济结构有着很强的互补性，加强双边中小企业合作，具有巨大的潜力和广阔的前景，正面临着前所未有的重要机遇。同时，两国的中小企业在增加就业、促进增长、推动创新与社会稳定等方面都发挥着极为重要的作用。双方应搭建更多的平台，促进两国中小企业加强交流、深化友谊，在贸易促进、市场拓展、投资兴业等方面开展多种形式的互利合作，分享彼此的发展机遇，促进双边中小企业合作平衡发展。

当前，世界经济形势错综复杂，发达国家经济复苏艰难曲折，新兴市场国家经济增速放缓，不稳定不确定因素进一步增多。今年以来，我们坚持稳中求进的工作总基调，保持定力，主动作为，不搞强刺激，没有放松银根，而是强力推进改革创新，大力调整结构，着力改善民生，助推小微企业发展，保持了经济平稳运行。但也必须看到，中国经济目前正处于深层次矛盾凸显和“三期叠加”阶段，到了爬坡过坎的关键时期，传统的要素驱动型、粗放型发展模式已经难以为继，中小企业发展面临着严峻挑战，转型升级、创新发展已成为企业发展的必然选择。对此，我们应当着眼长远，化挑战为机遇，着力改革创新，着力简政放权，不失时机地促进国内外中小企业优势互补和互利合作，携手推动中小企业持续健康发展。

今年以来，为解决中小企业特别是小微企业面临的经营压力大、成本上升、融资困难和负担偏重等问题，中国政府抓住涉及小微企业发展的关键领域和薄弱环节，更多地运用改革创新的办法，精准发力，定向施策，密集出台促进小微企业发展的各类专项政策。各地区、各部门认真贯彻落实，各项工作取得了积极成效。

政策环境逐步改善。大力推进改革创新，尤其是行政审批制度改革，各部门取消和下放了600多项行政审批事项。在全国范围内推行工商登记制度改革，降低企业注册门槛，极大地调动了全社会创业兴业的积极性。今年1—8月，新登记注册市场主体800多万户，其中3—8月工商登记制度改革后新登记注册企业同比增长61%，出现“井喷式”增长，带动超过1000万人就业。

财税支持进一步加大。2014年中央财政中小企业专项资金规模115亿元，更多运用市场化手段引导创业投资、融资担保、公共服务等中介机构支持中小企业发展。财税部门出台惠企税费政策，对年应纳税所得额低于10万元（含10万元）的小型微利企业，其所得减半征收企业所得税。自10月1日起，对月销售额2万元~3万元的小微企业、个体工商户和其他个人也暂免征收增值税、营业税。

缓解融资难取得进展。国家通过实施定向降准以及支持小微企业再贷款等方式，进一步扩大小微企业信贷资金来源。截至今年6月底，金融机构人民币小微企业贷款余额14.17万亿元，同比增长15.7%，增速比同期大、中型企业贷款分别高5.6个和2.3个百分点。同时，国家还通过营业税减免、

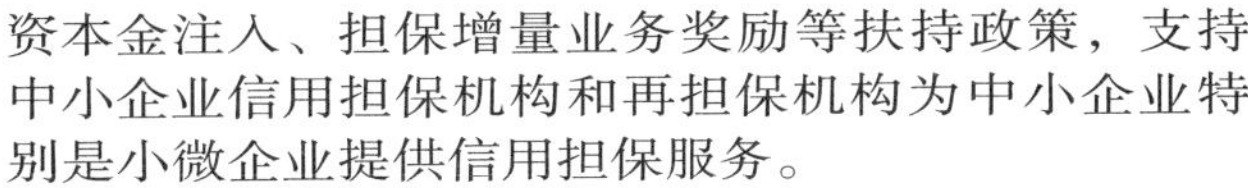

资本金注入、担保增量业务奖励等扶持政策，支持中小企业信用担保机构和再担保机构为中小企业特别是小微企业提供信用担保服务。

结构调整力度不断增强。现阶段，粗放型增长既不可行也难以为继，必须以经济转型谋求长远发展。我们将致力于调结构、转方式、促转型这一重大任务，其中量大面广的中小企业是关键。工业和信息化部会同有关部门着力促进中小企业专精特新发展和劳动密集型中小企业发展，引导中小企业提高发展质量和水平。开展中小企业两化融合能力提升行动，提高中小企业生产制造、运营管理和市场开拓的信息化应用水平。实施中小企业信息化推进工程，引导信息化服务商，为中小企业开展线上线下培训，培训人员近千万人次。

公共服务体系不断健全。实施中小企业公共服务平台网络建设工程，支持了30个省和5个计划单列市搭建互联互通、资源共享的中小企业公共服务平台网络，为企业提供便捷服务。目前，启动建设的26个省和5个计划单列市已带动服务机构2.8万家，年服务中小企业124万户。工业和信息化部共认定了412个国家中小企业公共服务示范平台。同时，开展了中小企业银河培训工程和中小企业经营管理领军人才培训。

市场开拓取得积极进展。继续深化双边和多边合作机制，务实推进双边、多边中小企业合作，举办中美、中欧、中韩等中小企业政策对话。成功举办第21次APEC中小企业部长会议、第11届中国国际中小企业博览会以及第8届APEC中小企业技术交流暨展览会等，为中小企业搭建展览、展示、合作、交易的平台，促进人才、技术、资本、服务、信息等创新要素的流动与共享。

为落实国务院对中小企业工作的总体部署，使市场在资源配置中起决定性作用和更好发挥政府作用，促进中小企业健康发展，2014年工业和信息化部在全国范围内组织开展了扶助小微企业专项行动，以“扶助小微、转型成长”为主题，进一步深化改革创新，转变政府职能，优化发展环境，加强公共服务，推进两化深度融合，提高企业管理水平和人员素质，激发中小企业发展活力。目前，各地都在积极组织开展相关工作。

各位来宾，各位朋友！

女士们，先生们！

我们生活在一个飞速变革的时代，变革呼唤创新，创新推动进步。中国政府所采取的一系列政策，都贯穿着改革创新的理念和精神。多年来，中国国际中小企业博览会和中国中小企业高峰论坛已经成为聚焦中国中小企业创新与发展的重要平台，发挥着独特的作用。希望与会各位畅所欲言，在更大范围、更广领域、更高层次上开展交流与对话，共同探索中小企业改革创新的发展之路。

最后，预祝论坛取得圆满成功！祝各位来宾工作顺利，生活愉快，身体健康！

谢谢大家。

在中小企业经营管理领军人才培训班上的致辞

工业和信息化部党组成员、总工程师　朱宏任

（2014年10月13日）

各位企业家朋友：

大家好！

很高兴参加今天的结业式。首先，我代表工业和信息化部，对各位企业家圆满完成学业，顺利结业表示祝贺。中小企业经营管理领军人才培训是国家中长期人才发展规划纲要确定的十二项重大人才工程之一，是党中央、国务院加强中小企业人才队伍建设的重要举措。大家作为中小企业的佼佼者，完成了一年的培训，今天即将结业。对于大家来说，结业并不意味着结束，而恰恰是一个开始，是大家重新鼓足风帆，引领企业不断开辟新航程的起点。借此机会，我谈几点希望。

第一，要抓住时代机遇。一个优秀的企业家一定是善于把握大局，能够牢牢抓住时代机遇的人。回顾我国改革开放30多年的历程，我们不断破除计划经济体制，逐步建立和完善社会主义市场经济体制。1978年，十一届三中全会拉开了改革开放的序幕。1992年，邓小平同志的“南方谈话”对我国经济改革与社会进步起到了关键的推动作用。1997年党的“十五大”首次把非公经济确定为国民经济的“重要组成部分”。2003年《中小企业促进法》颁布实施后，国家又陆续出台了非公36条、国发36号文件、民间投资36条和国发14号文件等一系列重大政策措施，为中小企业和非公经济带来了巨大的发展机遇。20世纪90年代前后，全国掀起了创业热潮，现在的许多大企业，如联想、华为、阿里巴巴等就是那时候开始创业的，他们抓住了时代赋予的机遇，从小企业逐步发展壮大，成为引领行业发展的龙头企业。

去年，党的十八届三中全会对新时期全面深化改革做出了重要部署，又一次为中小企业和非公有制经济发展带来了新的巨大机遇。去年以来，我们在市场准入、行政审批、金融体制、财税体制等领域的改革已经取得了积极进展。国务院先后取消下放了7批共632项行政审批事项，改革了工商登记制度，扩大营改增试点，设立上海自贸区，等等。这些举措极大地调动了全社会创业兴业的热情，今年1—8月份，全国新登记市场主体800多万户，带动了上千万人的就业，有力地激发了中小企业的内生动力和活力。这说明，改革红利的潜力巨大，以改革促发展的效应巨大。按照三中全会的部署，到2020年，我们将在重要领域和关键环节改革上取得决定性成果，完成各项预定的改革任务，形成系统完备、科学规范、运行有效的制度体系，使各方面制度更加成熟更加定型。在座的企业家是幸运的，你们既是这场改革浪潮的参与者和推动者，更是受益者。我相信，在你们中间，也一定会涌现出

一批像柳传志、马云、任正非一样的领军企业家，造就一批像联想、阿里巴巴、华为一样的领军企业。

第二，要靠创新求发展。企业是创新的主体，我国要实现经济转型升级归根结底要靠每个企业的创新发展、转型升级，需要包括你们在内的广大企业家锐意进取、开拓创新。从国际来看，进入21世纪以来，新一轮科技创新正在驱动产业变革和经济结构调整。信息、能源、生物、材料与先进制造等领域的技术创新和融合发展，带来社会生产方式和生活方式的重大调整，进而带动全球产业格局的变化。面对科技创新发展的新趋势，科技创新已成为国际竞争的制高点和新赛场。从国内来看，经济运行已经进入了转型发展的新常态，特别是经济发展速度的“换挡”，经济结构调整的“阵痛”，以及前期高速发展的产能过剩的“消化”，三者叠加使我国经济由过去两位数的高速增长转为7.5%左右的中高速增长，并成为未来一段时期的新常态。对企业而言，必须紧紧抓住新技术革命和产业变革的难得历史机遇，自觉增强创新意识，把创新理念融入生产经营各个环节。选择适合市场需求和企业自身的创新路径，善于盘活人才、资金、技术等各种创新要素，实现创新驱动发展。这里我要强调一下，对于中小企业来说，转型不代表转行，不是要所有的企业都去从事战略性新兴产业，都去作高科技项目，而是要走专精特新的发展道路。以德国为例，有这样一批被称为“隐形冠军”的中小企业，它们主要的一个特点就是，将全部的企业资源，包括资金、人力以及技术力量高度集中于一个特定的产品领域，虽然名不见经传，但其产品却在市场上占据了很大份额。比如德国伍尔特公司，只生产螺丝、螺母等连接件产品，其产品的应用上至太空卫星下至儿童玩具，几乎涵盖了所有行业领域，产品畅销全球80多个国家。

去年，我部专门印发了促进中小企业专精特新发展的指导意见。引导中小企业专注核心业务，提高专业化生产、服务和协作配套的能力，走精细化生产、精细化管理、精细化服务的道路，用美誉度高、性价比好、品质精良的产品和服务在细分市场中占据优势。鼓励利用特色资源，弘扬传统技艺和地域文化，采用独特工艺、技术、配方或原料，研制生产具有地方或企业特色的产品，促进中小企业培育新的增长点，形成新的竞争优势。

第三，要勇于承担社会责任。自觉履行社会责任，是企业自身发展走向成熟和完善的必然趋势，也是现代企业竞争力的源泉和企业长久发展的支撑力量。在我国，把企业的发展与国家的命运紧密联系在一起，是企业家群体的优良传统。如，近代著名的爱国企业家卢作孚先生，提出了实业救国并为之奋斗，其创办的民生公司是中国近代最具影响力的民营企业集团之一。在发展企业的同时，他不忘服务民生，奉献社会，是近代中国优秀企业家的楷模。作为新时代的企业家，大家在传承优良传统的同时，更要与时俱进，自觉履行社会责任，争做中国特色社会主义事业的优秀建设者。首先要做遵纪守法的模范。市场经济本身就是法治经济，只有在法治的框架内，市场才能有序运行。因此，将企业的经营管理全部纳入法治轨道，是企业安全、健康发展的根本保证。即将在10月20日召开的十八届四中全会，将研究全面推进依法治国的重大问题。可以预见，随着全面深化改革的不断推进，特别是建设法治中国的稳步发展，中小企业和非公有制经济的法制环境将进一步改善，违法成本也将会越来越高。希望各位企业家学法、知法、守法，学会约束自己、规范自己、把握自己，努力成为恪守法律的模范。其次要做诚实守信的模范。诚信是中华民族的传统美德，信誉是企业安身立命之本。“人无信不立，业无信不兴”，诚信是一个企业赢得口碑、走向成功的保证。党的十八届三中全会明确提出要建立健全社会征信体系，褒扬诚信，惩戒失信。市场竞争是一场没有硝烟的信誉战，企业要想做大做强，就必须在产品质量、价格、管理、服务等方面坚持信用至上，履行诚信承诺。三是要做企业文化的建设者和引领者。企业文化是企业全体职工认同的价值观，是企业深层的精神积淀，承载着企业可持续发展的道德力量。要突出价值观引领，积极培育和大力弘扬爱国、敬业、诚信、守法、创新、奉献等先进理念，服务于企业生产经营，推动企业转型升级；要关爱员工、扶贫助困、保护环境，树立企业良好形象。企业家要做企业先进文化的倡导者，身体力行，做好表率，积极践行社会主义核心价值观，实现个人梦、企业梦与中国梦的完美融合。

各位企业家，新的历史条件下，全面深化改革之路已经开启，各位重任在肩，希望你们继续发扬“敢为天下先、爱拼才会赢”的闯劲，进一步解放思想，改革创新，敢于担当，勇于作为，坚定对中国特色社会主义的信念、对党和政府的信任、对企业发展的信心，努力把企业办好，为全面建成小康社会、实现中华民族伟大复兴的中国梦做出新的更大贡献。

谢谢大家！

在工业和信息化部与中国建设银行深化战略合作座谈会上的讲话

工业和信息化部党组成员、总工程师　朱宏任

（2014年10月17日）

尊敬的章更生副行长建设银行各位朋友，中小企业主管部门各位同志：

大家上午好！

今天，我们两个部门的同志相聚在美丽的山城重庆，共同座谈深化战略合作，交流推进双方务实合作，这是落实工业和信息化部与中国建设银行共同签署的《中小企业金融服务战略合作协议》的一项重要活动，是推进政银交流的一种有效形式和有益探索。刚才建设银行小企业部刘守平总经理介

绍了建设银行为中小企业服务情况，8个地区中小企业主管部门和建行分行分别介绍了落实合作协议，加强基层合作，共同推进缓解中小企业融资困难的经验和做法，章更生副行长作了非常重要的讲话。大家利用这次会议的机会，畅所欲言，增进了解，紧紧围绕深化合作，改善中小企业金融服务这一主题，探讨问题，分享经验，交流看法，提出建议。对于每一位同志的发言、讲话，我都认真聆听，认真记录下每一项创新的做法和重要的观点。通过大家的发言，能够感受到我们双方共同签署的战略合作协议在基层得到了有效落实，一些好的做法和经验不仅收到了良好效果，对其他地区也具有借鉴意义。下面，我结合大家的发言，再谈几点看法。

一、认清形势，把大力发展中小企业作为稳增长、保就业的重要工作抓紧抓好

今年以来，受短周期调整和中长期增长阶段转换共同影响，我国经济下行压力加大。中小企业生产和用工成本上升、市场需求不足、融资难、负担重等问题仍然突出，中小企业特别是小微企业生产经营压力加大，发展面临诸多困难和挑战。据国家统计局二季度调查显示，预计生产增速减缓的小微企业占16.5%，比一季度上升2.1个百分点，预计加快的企业占13.2%，比一季度下降4.7个百分点，说明受调查的小微企业对下一步的生产增速预期不佳。今年1—8月，中小企业主营业务收入、利润、税金同比分别增长10.35%、12.18%、11.29%，增速较上半年分别回落1.37、2.12、1.29个百分点，比上年同期增速分别回落2.87、5.49、1.64个百分点。截至8月末，中小企业亏损面为14.76%，比7月末缩小0.40个百分点，比上年同期缩小0.88个百分点。9月，小型企业PMI为48.6%，比上月下降0.5个百分点，连续2个月下滑。

对于经济下行压力加大和中小企业面临的困难，党中央、国务院高度重视。7月23日，国务院常务会议研究部署了多措并举缓解企业融资成本高问题，会议指出，有效缓解这一问题，既可为企业“输氧供血”，促进当前稳增长，又能形成金融与实体经济良性互动，使经济固本培元、行稳致远。要按照定向调控要求，多措并举、标本兼治，推动结构性改革和调整，深化金融体制改革，加强金融服务和监管，为做强实体经济、扩大就业和改善民生提供金融支持。随后，国务院办公厅印发了《关于多措并举着力缓解企业融资成本高问题的指导意见》（国办发〔2014〕39号）。9月17日，国务院再次召开常务会议，研究部署进一步扶持小微企业发展推动大众创业万众创新工作。会议指出，小微企业是发展的生力军、就业的主渠道、创新的重要源泉。在推进简政放权，尤其是实施商事制度等改革后，新设企业大幅增加。加大对小微企业、个体工商户特别是在改革中“呱呱坠地”新生者的扶持，让它们在公平竞争中搏击壮大，可形成示范效应，推动大众创业、万众创新，也能增添社会活力和发展内生动力，促进经济稳定增长和民生改善。会议在继续实施好现有小微企业支持政策的同时，确定再重点推出六项新政策，并要求各地区各部门要确保政策尽快落实，适时提出进一步措施。

最近，李克强总理、马凯副总理分别在我部上报的《关于2014年上半年促进中小企业发展有关工作情况的报告》上做出重要批示。李克强总理指示：有关部门为促进中小企业发展做了大量工作，取得积极成效。中小企业是经济的活力源泉、就业的主力军。今年新登记企业快速增长，但其生存发展仍会面临不少困难。要进一步落实完善政策，加强帮扶，强化服务，优化创业兴业环境。国务院促进中小企业发展工作领导小组要及时予以必要协调和指导。马凯副总理批示：工信部会同有关部门、地方为促进中小企业发展做了大量工作，不断取得进展。但困难、问题和挑战不少，且是一项需要长期坚持的工作。请继续对重要任务、需要研究解决的政策措施等进一步研究，择机召开一次领导小组会。针对李克强总理的批示，马凯副总理再次批示：请秘书局将克强同志批示印送领导小组成员单位各位同志，认真学习领会精神，认真履职履责推进工作，认真梳理存在的问题和困难，认真提出促进问题逐步解决的有效措施。领导的要求就是我们的工作重点。目前，我部正在按照两位总理的批示要求，与领导小组各成员单位进行沟通与协调，深入调研，认真梳理相关政策，研究提出相关政策措施。

当前，稳增长已成为经济工作的重中之重。中小企业规模小、实力弱，抗风险能力不强，对市场环境变化更加敏感。自金融危机以来，受国内外复杂多变的经济形势等因素影响，中小企业生存环境一直未有大的改观。在当前经济下行压力明显加大的形势下，中小企业无疑将面临更大的经营压力。中小企业是促进我国经济发展，稳定社会就业的基础力量，实现“稳增长、保就业”的宏观经济目标，不能缺少中小企业的广泛参与。可以说没有中小企业的“稳增长”，经济的“稳增长”也就无从谈起。因此，作为实体经济基础的中小企业必须承担起更多稳增长的责任。

稳增长、保就业是当前经济工作的主线，也是中小企业工作的主线。各地中小企业主管部门要从“稳增长”的大局出发，密切关注经济形势变化及对中小企业的影响，在稳增长中促进中小企业加快转变发展方式，在保就业中实现中小企业平稳较快发展。要进一步加大对中小企业的扶持力度，把稳增长的各项政策真正落实到中小企业。金融机构要始终坚持服务实体经济的本质要求，全面提高服务实体经济的质量和水平，调整优化信贷结构，把金融服务作为引导和促进中小企业稳增长、保就业的有效手段，重点支持中小企业调整结构、自主创新、创业兴业、专业化发展和节能减排，为保持经济平稳较快发展服务。

二、夯实基础，把提高中小企业素质和发展水平作为推动中小企业健康发展的基础性工作抓紧抓好

企业的生存与发展，归根到底还是取决于企业自身素质。实事求是地讲，当前中小企业融资难首先难在中小企业自身发展水平低、管理不规范、信息不对称、资信不透明。从资金供给方来讲，应该看到近年来我国银行业金融机构的经营理念已经发生了较大转变，银行从自身业务持续发展要求出发，也在挖掘潜在的优质中小企业客户群，对中小企业的服务意识和主动性显著提高。创业投资等风险资本更是扎堆争夺发展前景好、高成长性的优秀中小企业。因此，各地中小企业主管部门要正确认识当前金融形势和中小企业融资环境变化，增强工作责任感和紧迫感，加强工作针对性和有效性，采取措施，不遗余力地提高中小企业素质和发展水平。要对照金融机构的要求，切实帮助中小企业特别是小微企业提高经营管理水平，完善中小企业服务体系建设，加强财务、安全、质量管理、诚信、节能、环保、用工等方面的培训、咨询服务，推动中小企业专业化、集聚化发展。通过全面提高中小企业素质和发展水平，提高中小企业自身融资能力，为中小企业与金融机构供需对接奠定坚实的基础。

三、创新合作方式，把突出地方特色作为改善本地中小企业融资环境的首要目标抓紧抓好

中小企业数量众多，情况复杂，区域、行业、规模、商业模式等差异较大，我部与建设银行签署的合作协议，只能做出一些指导性的规定，明确双方合作的基本方向和内容，贯彻落实工作还需要各地因地制宜，结合中小企业发展实际，创造性地开展工作，延伸和进一步细化双方合作协议和有关支持中小企业发展的政策措施，创新合作形式，深化合作领域，务求合作实效。各地中小企业主管部门要加强与金融机构的沟通联系，以促进中小企业持续健康发展、推动中小企业结构调整和转型升级为目标，帮助银行按照“区别对待、有扶有控”原则优化信贷结构。要做好优质中小企业推介工作，向建设银行分支机构推荐在技术改造、节能减排、创业创新、专业化发展、吸纳就业等方面符合国家产业政策导向的中小企业名单，加强产业政策与信贷政策结合，支持这些企业优先获得金融服务，用好用足建设银行的中小企业信贷产品和信贷规模，共同探索小微企业贷款创新模式。建设银行各分支机构也要把好金融政策关，把信贷资金更多投向符合条件的中小企业，特别是产品有市场、有发展前景、诚信经营的小微企业，把控好信贷资金流向及用途的合规性，有效防范风险。

四、明确合作重点，把支持小微企业作为贯彻落实国务院常务会议和相关文件精神，实施合作协议的优先领域抓紧抓好

国务院常务会议对多措并举缓解企业融资成本高问题，进一步扶持小微企业发展推动大众创业万众创新，提出了明确要求，国办39号文件为缓解企业融资成本高提出了10项政策措施。这些都为我们开展缓解中小企业融资难，推进中小企业发展的各项工作明确了目标，指明了方向。

当前我们的核心工作就是狠抓国务院常务会议精神和国办39号文件的贯彻落实。各地在推进与建设银行合作过程中，要坚持以国务院常务会议和国办39号文件为依据，加大向小微企业倾斜力度，在执行合作协议的过程中贯彻落实好。近年来，在地方政府大力支持下，建设银行在很多地区推出了“助保贷”产品，探索搭建政府、企业、银行三方合作平台，由政府的风险补偿资金、企业缴纳的助保金共同组成“助保金池”为企业贷款增信，银行向企业提供贷款支持，三方共享信息资源，协同控制风险。该产品简便、快捷、灵活，适合小微企业融资特点，有效降低了融资成本，自产品运行以来，取得了较好的效果。

助保贷产品的推出和运行，反映了建设银行充分发挥各方面资源优势，共同努力缓解小微企业融资难问题的积极努力，是一种有益的探索。从已经开展这一业务的地区看，在扩大小微企业信贷额度，降低融资成本，有效破解小企业因保证和抵押不足而面临的融资困境等方面，发挥了重要作用，说明只要大家携手同心，共同努力，缓解小微企业融资难总会有办法。希望建设银行在助保贷业务成功的基础上，利用金融服务专业优势和全牌照经营优势，在落实小微企业信贷政策、拓宽小微企业融资渠道上继续率先垂范，开拓探索。中小企业主管部门要加强配合，共同努力，多解决一些实际操作层面的问题，使有关政策落到实处。我想，类似助保贷这样的业务越多，成果越丰富，我们合作的层次也就会越深入，也才能够把合作协议真正落实好。

五、建立合作机制，把落实合作方案作为深入推进合作的出发点抓紧抓好

各地中小企业主管部门要把建立双方战略合作机制作为落实协议的一项重要内容。要以此次座谈会为契机，与建设银行分支机构主动沟通，加强配合，做好工作衔接。要进一步明确落实合作的重点领域、合作目标和工作计划，形成落实合作协议的工作切入点。双方要加强有关中小企业的产业和财税政策、生产经营和融资情况等信息交流，同时要注意加强宣传，及时总结金融机构支持中小企业发

展的好的做法，突出典型，树立标杆，不断推进本地中小企业金融服务水平的提高。

加强政银合作是缓解小微企业融资难的有效办法，落实我们双方共同签署的合作协议是加强政银合作的重要工作内容。希望以此次座谈会为契机，继续深化已经开展的合作，探索新的合作方式和途径，努力开创携手优化中小企业融资环境的新的工作局面，积极推动双方合作在各地开花，结出丰硕的果实。

谢谢大家！

在中小企业融资和担保座谈会上的讲话

工业和信息化部党组成员、总工程师　朱宏任

（2014 年 10 月 17 日）

同志们：

大家下午好！这次利用深化与中国建设银行战略合作座谈会的机会，套开全国中小企业厅局负责中小企业融资工作负责人会议，主要目的是贯彻落实国务院关于金融支持小微企业发展的政策，交流推动缓解小微企业融资难、融资贵的做法和经验，分析当前小微企业融资方面存在的困难和问题，研究解决问题的对策措施。一会儿，北京、山西、吉林、上海、江苏、广东、广西、贵州、宁波等省（区、市）还要介绍他们的做法，围绕如何做好中小企业融资担保工作，还要听取大家的建议。希望大家畅所欲言，充分发表意见。下面，围绕会议主题我谈几点意见。

一、迎难而上，着力缓解小微企业融资难融资贵

去年下半年以来，受经济下行压力影响，小微企业融资难融资贵问题凸显，成为制约企业发展的突出问题。党中央、国务院对此高度重视，密集出台了多个文件，仅今年就出台了国发 17 号进一步促进资本市场健康发展的若干意见、国发 29 号加快发展保险服务业的若干意见和国办发 39 号多措并举着力缓解企业融资成本高问题的指导意见。每个文件中都涉及小微企业的政策内容，每个文件都有明确的责任分工，国务院要求定期督促检查，引入第三方评估，确保政策尽快落实，见到实效。目前各有关部门正在积极推进各项政策的落实。从各地 9 月上报的小微企业融资情况调研报告看，各省（区、市）中小企业管理部门积极落实国务院金融支持小微企业的政策措施，克服无职能、缺资源、缺手段等困难，迎难而上，大胆创新，主动作为，形成了很多可圈可点的好做法。

一是加大政策引导。各地及时根据企业融资和担保中出现的新情况新问题，研究制定针对性政策。今年，福建省出台了加大贷款风险补偿、支持发债融资等扶持小微企业发展的 9 条措施，以及加强不良贷款风险监控、稳定信贷规模、增强应急资金保障等加强企业融资服务的八条措施；贵州省出台了《扶持微型企业贷款实施方案》，通过建立信用体系、提供打包贷款和担保风险补偿，帮助微型企业获得贷款。上海市、广西壮族自治区实施对商业银行新增小微企业贷款给予奖励，对小微企业贷款损失给予风险补偿的支持政策，引导银行扩大小微企业信贷规模。四川省今年先后出台四个文件，通过政策“组合拳”，扶持创新型、创业型、劳动密集型小微企业多渠道融资。宁波市对金融机构收费实行明码标价，确保收费项目有据可查，提高金融服务收费透明度，抑制企业融资成本上升。

二是加强政银企合作。各地普遍组织开展了各种形式的银企对接活动。山东省、广西壮族自治区通过建立中小企业培育计划项目库，成长型小微企业名录库，定期向金融机构推荐。上海市通过公布“专精特新”中小企业名单，支持商业银行针对该类企业量身定制“优易贷”信用贷款。云南省工信委与工商银行云南省分行联合制定了深化中小微企业金融服务合作工作意见，明确从 2014 年起，省工行安排不低于 100 亿元的贷款规模并按每年 15% 的速度递增。此外，各地因地制宜，探索创新出了多种政银企合作模式，例如“助保贷”，山西省的“产业集群贷”“产业升级贷”，江西省财政、园区、银行三方合作的“财园信贷通”，贵州省的“黔贷通”等，通过政府为企业增信，为银行分险，帮助企业获得低成本的信贷支持。

三是积极开拓融资渠道。山西省设立了总规模 20 亿元的省级中小企业创业投资基金；河南省设立了股权投资引导基金；江苏省中小企业发展基金在创业投资、产业投资和信贷风险补偿三个方面服务中小企业。黑龙江、海南等省通过对上市企业、牵头发行集合债等发债企业予以奖励，设立直接债务融资风险补偿金等政策，鼓励引导企业多渠道融资。山西、内蒙古、云南等省（区）积极推动成长型中小企业到股权交易中心挂牌融资。上海市推动建设了小额票据贴现中心，不论票据金额多小，做到“托底贴现”，解决了一批小微企业的融资问题。宁波市、云南省推动开展了小额贷款保证保险试点，为小微企业提供无抵押、免担保贷款。甘肃省积极推动工商银行“网贷通”、兰州银行“e 融 e 贷”投融资平台等网络金融服务。

四是加大信用服务。浙江省开展了成长型小微企业信用培育，为尚未与银行发生信贷关系的 19.5 万户小微企业建立了信用档案，开展信用评级，与银行合作，帮助参评企业获得信用贷款。广东省鼓励地市开展中小企业征信试点，通过企业用电、用水等非银行信用信息的采集交流与共享，帮助企业增信。广西、四川、宁波等推动开展了诚信企业、信用乡镇等企业信用建设。云南、贵州、青岛等省

市通过政府购买服务，引导资信评估机构为中小企业提供免费或低收费的信用征集与评价服务，建立融资需求征集、信用助贷服务、项目推介与融资对接一条龙服务。

五是推动担保体系建设。安徽省加大政策性担保体系建设，省财政每年安排11亿元，连续安排7年，地方1：1配套，用于增加市县国有出资担保机构的资本金。省财政安排20亿元给省担保集团，由其用于参股市县担保机构，对国有担保机构的代偿损失给予20%的补助，市县政府再给予20%的代偿损失补助。内蒙古呼伦贝尔市组建了中小企业担保联合体，以市担保公司为平台，以旗市担保机构为载体和延伸，通过资源整合和优势互补，实现担保能力、担保规模的最大化。福建省财政筹资17亿元，其中今年增资10亿元，加快省再担保机构建设，将全省80余家担保机构纳入再担保范围，通过再担保的增信分险，提高担保机构的业务能力和抗风险能力。

六是建立融资协调监测机制。上海市在中小企业发展工作领导小组框架内，联手委办，组织商业银行中小企业部门，建立了中小企业信贷季度例会制，全市近30家商业银行参加例会，成为引领中小企业融资工作的重要抓手。云南省经信委与省人行、银监等部门建立了中小企业融资工作联席会议协调机制，加强产业政策和信贷政策的协调配合。青海省建立了每月、每季度信息通报制度和政银联席会议制度，解决影响政银企合作的信息不对称问题。广东省按季对辖内各银行小微企业金融服务覆盖率、贷款覆盖率、申贷获得率等进行监测和通报。上海市将中小企业融资运行监测工作制度化、常态化，按季度开展样本调查，监测中小企业信贷利率、互联网融资利率和小额贷款利率走势，发布季度融资报告，通过对资金供需双方的双向监测，客观反映融资变化，为信贷各方提供信息服务。

还有很多好做法，在此我就不一一列举了。总的看，大家都在积极探索缓解小微企业融资难融资贵的途径和方法，这些努力取得了积极的成效，也为做好下一步中小企业融资和担保工作奠定了坚实的基础。

二、把握态势，冷静面对各种困难与挑战

当前，我国经济发展面临由多年的高速增长到中高速增长的换挡调整期，中小企业的发展也面临着一些新情况和新问题。关于前8个月中小企业总的运行情况，上午我已经做了介绍，不再重复。这里我想重点讲一下中小企业运行中的一些趋势性问题和中小企业融资中的问题。以便大家把握中小企业发展态势，理清思路，谋划做好下一步的工作。

（一）从中小企业运行情况看

在大家的共同努力下，今年前8个月，我国中小企业发展总体处于合理区间，以规上工业为例，中小工业企业的工业增加值、主营业务收入、税金总额、利润总额的增速都快于同期工业增速。但同时也存在一些值得关注的问题。

一是企业产成品存货和应收账款两位数增长。据国家统计局1—8月规上工业统计数据显示，截至8月底，中小企业产成品存货占工业企业的60.33%，同比增长16.93%，增速比上年同期提高9.93个百分点，比7月底提高0.55个百分点。中小企业应收账款增速比上年同期虽有所回落，但同比增长仍达到11.62%。全国31个省市中，24个省市产成品存货增速两位数增长，22个省市中小企业应收账款增速两位数增长。这两项指标与企业的资金密切相关。

二是订单小幅回落，企业投资意愿下降。据国家统计局9月份中国制造业采购经理指数显示，中型企业PMI为50.0%，位于临界点；小型企业PMI为48.6%，比上月下降0.5个百分点，继续处于收缩区间。从订单情况看，在手订单指数为45.6%，比上月下降0.3个百分点，低于临界点；新订单指数为52.2%，比上月小幅回落0.3个百分点，仍高于临界点。据浙江省小微企业监测平台对1.2万家重点培育小微企业调查显示，9月份反映国内订单较上月减少的企业比重为19.8%，比订单增加的企业高5.8个百分点。9月份53.8%的企业明确表示无投资需求，比重较年初上升9.8个百分点。

三是利润回落较快，亏损企业亏损额增加。1—8月，中小工业企业实现利润总额2.28万亿元，同比增长12.18%，增速比上年同期回落5.49个百分点，比1—7月回落2.02个百分点。5个省市中小企业利润负增长。截至8月底，中小企业亏损面为14.76%，有小幅收缩。1—8月，中小企业亏损总额2820亿元，同比增长9.01%，增速较1—7月提高1.93个百分点。

（二）从中小企业融资和担保情况看

根据大家对中小企业融资情况的调查，总的看，国务院一系列金融支持小微企业政策措施出台后，各部门、各地方积极贯彻落实，小微企业的融资问题越来越得到各方面的重视，一些地方反映，虽然资金面总体偏紧，但略好于一季度，企业融资成本也出现了一些细微变化。但是，融资难、融资成本高的问题尚未得到根本缓解。值得关注的有以下几个方面。

一是小微企业信贷风险升高贷款难度加大。一些地区小微企业逾期贷款额不断增加，贷款不良率持续上升。还有的出现民间融资挤兑，企业资金链断裂、老板跑路甚至自杀等现象。其原因主要有，产能过剩行业处于持续低迷状态，为其配套的上下游小微企业贷款额度不断被压缩，不良率上升；资金链断裂、互保圈连带风险等；贷款收缩企业难以适应，银行由惜贷到抽贷、压贷，山西省晋城市调查显示，30户企业中，70%的贷款余额比去年下降；由于资产缩水、效益下降等原因，企业有效抵押资产减少，获得银行的授信额度下降，贷款难度加大；小企业难度更大，成都市的调研数据显示，500万元以下融资需求中，小企业满足率不到10%，50万以下获贷小微企业不到4%。

二是融资成本居高不下。受经济下行、小微企

业信贷风险增高等多重影响，银行贷款审批时间拉长，过去1—2周可以放贷现在平均周期要一个月或更长时间。审核条件更加严格，企业续贷矛盾突出。据温州市统计，8月份当地民间借贷资金中用于资金周转的比例为67.4%，比上月上升15.9个百分点；而用于生产经营的比重仅为24.1%，创年内新低。一些银行变相收取保证金、实行先存后贷、购买理财产品、以承兑汇票放贷等，加上担保费、评估费、中介费等，企业不堪重负。据山东省千户重点监测企业数据显示，全省2645家直报企业，上半年企业财务费用增长了19.6%，应收账款增长了13.9%。

三是资金周转不畅。小微企业资金错配“短贷长用”现象普遍，固定资产投资、原材料采购、存货、应收账款占用资金，一旦收贷或缩贷，资金链即出现问题。大企业拖欠货款、支付承兑汇票、随意增加质保金；资金回笼慢，有企业反映，应收账款回收期普遍在120天以上；加上“三角债”，产成品库存积压造成资金占压等，加重了企业的流动资金不足和融资负担。

四是担保机构风险上升新增业务下滑。受经济下行、小微企业代偿风险增大，以及因个别担保机构“跑路”，一些银行大幅压缩担保授信额度、抬高合作门槛、减少甚至暂停与民营担保机构合作等多种因素，担保机构经营压力普遍增大，代偿增高。一些地区商业性担保机构开始淡出，担保机构新增中小企业担保业务大幅下滑，同比降幅在20%以上。青岛市反映，单月开展担保业务的机构数由年初时的40余家减少到8月份的26家。四川省反映，7—8月全省商业性担保机构没有新增担保业务的现象大面积出现。1—8月，全省备案担保机构发生代偿17亿元，为过去4年代偿的总和。

上述中小企业运行、融资和担保中出现的新情况新问题，一方面，我们要有忧患意识。经济下行压力仍然较大，能否守住底线，确保经济发展处于合理区间，小微企业的平稳健康发展至关重要，对影响中小企业特别是小微企业发展的新情况新问题，要密切关注，加强监测，及早采取针对性措施，防止局部问题演变为全局性问题。另一方面，我们要有创新意识。面对我国经济发展的“新常态”，要改变传统的思维定式，结合财税金融体制改革，对市场经济条件下小微企业的发展规律，以及促进小微企业发展的方式方法、推进路径等，进行认真、冷静的思考，力求把握工作的主动权。

三、开拓创新，努力优化小微企业融资环境

同志们，关于下一步及2015年中小企业融资和担保工作，即将召开的十八届四中全会和年底召开的中央经济工作会议会有新的部署，国家财税金融体制改革正在加快推进，财政资金支持中小企业的重点和方式将按照改革要求进行调整和完善，在这里我先点点题，一会儿也想听听大家的意见。

（一）狠抓落实，确保政策到位

近几年，中央出台了很多扶持中小企业发展的政策，有关部门也出台了多项配套文件。出台了这么多政策，最终还是要由各地方来落实和推动。从今年国务院督查情况看，有些政策，仍然悬着，没有落地，政策落实的“最后一公里”问题还没有完全得到解决。各地中小企业主管部门主管融资工作的负责同志，承担着落实好本地区中小企业政策尤其是金融支持小微企业政策的重要职能，要主动作为，努力破除政策措施落实中的体制和机制障碍，完善和强化落实的制度保障，提高金融服务中小企业的水平，让中小企业真正受惠于各项政策措施。

政策落实需要创新，要有敢于突破现行制度框架的勇气。同时，政策落实也需要加强配合与协调，调动各方面积极性，共同推动政策落实。地方很多创新性好做法也都是协调配合的结果。作为中小企业主管部门，落实有关融资支持小微企业政策要找好工作着力点，选准角度。从根本上讲，我们不是金融政策制定部门，也不是金融行业监管部门，在政策落实中，我们既不能替代其他部门的工作，也不能无所作为。我们的职责是从中小企业的需要出发，协助有关金融部门、引导金融机构共同落实好政策。要特别注意那些中小企业关注度高，影响大的政策落实问题，如提前续贷审批、清理不合理金融服务收费等，努力寻找并反映问题的症结点，积极协助金融机构探索解决问题的途径和方法，推动问题解决。

（二）因地制宜，改善融资环境

金融政策的调整主要在中央层面，但各地方仍大有可为。针对本区域中小企业的现实情况，开发适合其特点的金融产品，推进政银企保合作，搭建好中小企业融资服务平台，鼓励和推动金融产品和服务模式创新等等，都可以成为工作的切入点。

要加大信息和信用服务。根据影响银企合作的症结所在，发挥我们贴近企业、了解企业的优势，采取针对性的措施。当前，影响银行放贷的主要因素，是缺少小微企业的信息和小微企业缺少信用记录。在解决信息不对称方面，银行千方百计通过抓取企业的交易信息、资信信息和行为信息，作为判断贷款风险的依据。一些地方也与银行建立了定期企业和项目信息交换机制。在增加企业信用方面，现在已经开展的像政府增信，比如“助保贷”等等，像担保增信、保险增信，还有像商圈、龙头、核心企业产业链增信，以及园区平台增信等多种方式。在改善小微企业信息和信用环境方面，还有很大的工作空间，要认真梳理总结现有做法，不断总结提高，形成我们的工作特色。

要加大对初创小微企业的融资支持。随着国家工商登记制度改革，今年新登记市场主体快速增长。国务院领导要求，要把目光聚焦到600万新注册的小微企业，不仅要“生下来”，还应该活下来，活得好。我们要认真领会并落实国务院领导批示精神，不仅要关注成长期中小企业，更要关心和帮助初创期小微企业。一些地方通过小额贷款、小额贷款保证保险，在支持初创企业发展方面已经取得经验。希望各地加大这方面的探索与创新，真正使这些初

创企业活得好。

（三）健全机制，加快担保体系建设

继续推进和完善中小企业信用担保体系建设，鼓励和引导担保机构加强对小微企业的担保服务，是当前缓解小微企业融资难中的一项重要工作，也是各地区中小企业主管部门的重要工作抓手。尽管当前担保机构发展中面临着诸多问题，尽管担保机构良莠不齐，个别担保机构甚至出现违规经营、老板跑路等现象，担保贷款仍然是小微企业融资的一个主要方式。要客观评价担保机构的作用和贡献，认真总结近年来促进担保机构发展的经验和存在的问题，进一步发挥好担保机构在缓解中小企业融资难问题中的作用。要正确对待担保机构的规范与发展问题，在配合监管部门加强担保业务监管，及时提示担保机构业务风险，防范和查处担保机构的违法、违规经营行为的同时，更多地关注担保机构的发展问题，深入调研了解担保机构的经营状况，反映并协调解决担保机构面临的困难和问题，加大对为中小企业提供低保费服务的担保机构政策支持力度，引导其提高中小企业担保业务规模，促进担保行业良性竞争，推进担保机构发展。要大力发展政府支持的担保机构，发挥好国有及国有控股担保机构对担保行业的引领作用，积极探索促进担保机构整合和抱团发展的有效途径，逐步改变担保行业“多、小、散、弱、乱”的状况，促进担保行业调整和优化。要适应当前金融领域发展的新形势，结合网络金融、普惠金融，以及影子银行等新的金融业态和观念，在坚持担保机构以中小企业融资服务为主业的同时，引导担保机构以担保业务为基础，延长担保业务链，探索开展担保机构互联网融资业务等，拓展业务范围，增加担保机构盈利能力。要在积极发展再担保机构的同时，发挥保险的社会功能和作用，探索“担保 + 保险”合作新模式，探索试行“中小企业担保贷款保证保险”业务，增强担保机构信用水平，分散经营风险。要引导担保机构加强内部治理机制建设，不断完善业务标准和业务流程，提高担保业务透明度，推进担保机构开展信用评级工作。

（四）加大支持，用足用好财政资金政策

各级财政资金支持是我们开展工作的重要保证。今年中央财政的专项资金支持方式做了改革和调整，由过去直接支持企业转向重点支持服务体系建设。担保专项补助也调整为业务补助、增量业务奖励、资本注入、代偿补偿等方式。由于财政部内设机构作了较大调整，原财政部企业司调整为资产管理司，其承担的对中小企业信用担保机构资金管理工作转由经建司负责。据最近经建司与我部中小企业司沟通情况看，经建司在坚持加大对担保机构支持力度的同时，也在考虑借鉴市场经济发达国家的通行做法，对现在的资金使用方式和支持方向做出必要的调整，以便充分发挥财政资金的引导作用，进一步提高资金使用效率。其调整的目标是简化审批，便利获取，提高财政资金的普惠性，让更多为中小企业提供融资担保服务的机构受益。

目前，我们正在与财政部经建司开展工作沟通与衔接，按照经建司要求，研究提出新的工作思路和资金使用方式、支持方向，并作好相关数据测算工作。在资金支持方向上，我们希望：一是要能够增强担保机构实力，促进具备条件的担保机构做强做大；二是要能够有效化解担保机构经营风险，提高代偿补偿能力，弥补代偿损失；三是要能够逐步改变担保机构依注册地属地化经营的状况，促进担保机构提高社会化水平，适应金融业务全国化和互联网时代发展的需要；四是要能够有利于搭建汇集各类社会资源的中小企业融资信息交流平台，实现以行政机关为载体的审批方式向以公共信息平台为载体的审核方式转换，进而实现公共财政服务社会公共目标，实现财政资金使用的透明与高效。

同志们，每一次困难和危机都会带来新的机遇和挑战。从根本上讲，解决制约经济发展的深层次矛盾，缓解小微企业融资难、融资成本高，最有效的途径就是加快我们自身的改革与创新。随着国家财税金融体制改革的逐步深化，《中小企业促进法》的修改等法律法规的修改完善，中小企业工作特别是中小企业融资和担保工作将会步入新的阶段。面对“新常态”，大家要坚定信心，抓住机遇，开拓创新，有理由相信，在大家的不懈努力下，中小企业融资和担保工作必将迎来新天地，中小企业必定会战胜各种困难，实现平稳健康发展！

谢谢大家！

大力推进创业工作开拓大众创业新局面

——在全国创办小企业工作座谈会上的讲话

工业和信息化部党组成员、总工程师　朱宏任

（2014 年 10 月 28 日）

同志们：

大家上午好！

今天，我们召开全国创办小企业工作座谈会，目的是总结创办小企业工作成果，交流创业工作经验，为进一步做好创办小企业工作献计献策。下面，我就中小企业发展和做好创办小企业工作谈几点意见。

一、中小企业发展环境持续改善

中小企业是国民经济的重要基础，在扩大就业、支撑增长、促进创新、增加税收等方面具有重要作用。党中央、国务院高度重视中小企业发展，特别是在近两年经济下行压力加大、部分小微企业生产经营困难加剧的情况下，国务院领导多次深入一线了解企业发展情况，并多次召开常务会议研究部署扶持中小企业发展的政策措施。同时，各地区、各

部门把促进中小企业发展摆在更加突出的位置，狠抓政策落实，积极推进各项工作，中小企业发展环境不断改善。下面从四个方面总结在促进创业以及中小企业发展方面取得的成绩。

（一）中小企业扶持政策不断强化，落实力度空前加大

近年来，党中央、国务院围绕财税、融资、创业、创新、市场开拓、加强服务等方面出台了一系列扶持和促进中小企业发展的政策措施，各部门积极落实，对中小企业平稳发展发挥了积极有效的作用。今年4月，国务院派出7个督查组，对14个省市支持小型微型企业健康发展政策措施落实情况进行了专项督查。6月底到7月初，国务院又派出8个督查组，对16个省（区、市）、27个部门和单位，就《政府工作报告》部署的2014年重点工作和去年下半年以来国务院出台的稳增长、促改革、调结构、惠民生等各项政策措施落实情况进行了全面督查，进一步推动各项政策的落实，确保政策"抵达终点"，解决政策落实中的问题，让企业和群众得到更多实惠。

（二）改革红利凸显，中小企业发展潜力不断释放

按照全面深化改革的总体要求，国务院不断推进简政放权、转变政府职能，近期取消和下放了7批共632项行政审批事项，极大地释放了中小企业创业创新发展活力，改革红利凸显。特别是今年2月国务院印发了《注册资本登记制度改革方案》后，各地积极稳妥推进工商登记制度改革，变注册资本实缴为认缴登记，实行"先照后证"改革，放宽依据登记要求，取消企业年检制度，切实降低了市场准入门槛，激发了中小企业发展活力，拓展了中小企业发展空间，取得了积极成效。1—9月份，全国新登记注册市场主体920万户，同比增长了13.12%，注册资本同比增长了88.35%。到9月底全国实有各类市场主体6810万户，其中企业1706万户。1—9月，全国新登记注册的企业是264.8万户，增长52.44%。3—9月，商事登记制度改革以来，每月新登记注册企业数超过30万家。

（三）财税支持力度加大，中小企业税费负担持续减轻

今年以来，按照公共财政体制改革的总体要求，财政部会同我部等有关部门，对支持中小企业发展的多项资金进行整合归并，设立了中小企业专项资金，支持重点从直接支持企业项目转向支持服务体系建设和改善中小企业融资环境。2014年中小企业专项资金规模达到115亿元。在税收方面，继续扩大"营改增"覆盖范围，对月销售额2万元~3万元的小微企业、个体工商户等免征增值税和营业税，将年应纳税所得额10万元以下（含10万元）的小型微利企业和核定征收企业纳入减半征收所得税优惠政策范围。在涉企收费方面，国务院明确提出建立和实施企业收费目录清单制度，切实规范行政审批前置服务业项目及收费，进一步减轻中小企业税费负担。

（四）多措并举，中小企业融资难、融资贵得以缓解

小微企业融资难、融资贵已成为制约企业发展的突出问题。党中央、国务院对此高度重视，密集出台了多个文件，仅今年就出台了国发17号文件，提出进一步促进资本市场健康发展的若干意见；国发29号文件，提出加快发展保险服务业的若干意见；以及国办发39号文，提出多措并举着力缓解企业融资成本高问题的指导意见。每个文件中都涉及小微企业的政策内容，每个文件都有明确的责任分工，国务院要求定期督促检查，引入第三方评估，确保政策尽快落实，见到实效。

各地及时根据企业融资和担保中出现的新情况新问题，研究制定针对性政策。如贵州省出台了《扶持微型企业贷款实施方案》，通过建立信用体系、提供打包贷款和担保风险补偿，帮助微型企业获得贷款。广西实施对商业银行新增小微企业贷款给予奖励，对小微企业贷款损失给予风险补偿的支持政策，引导银行扩大小微企业信贷规模。江苏省中小企业发展基金在创业投资、产业投资和信贷风险补偿等三个方面服务中小企业。上海市推动建设了小额票据贴现中心，无论票据金额多小，做到"托底贴现"，解决了一批小微企业的融资问题。小微企业融资问题不是银行一方面的问题，需要我们全社会共同努力。各地有不同的实践，我们在积极开展工作，积极投入资源的同时，也注意总结这方面经验，以使得我们的一些成功案例和经验能在全国更大范围内加以推广。

总的来说，中小企业政策扶持力度不断加大，中小企业发展环境不断改善，总体上保持了增长态势。根据我部对各省（自治区、直辖市、计划单列市）近28000家中小工业企业的调查数据，8月份，企业出口订单有所改善，用工短缺情况持续缓解，原材料能源购入价格有所下降，中小企业生产经营状况呈现了多方面的积极因素。

二、促进小企业创业发展取得了积极成效

2003年，我部提出了"创办小企业、开发新岗位、以创业促就业"，开创了促进小企业创业发展的新局面。经过十多年的发展，在国务院有关部门和地方政府的大力支持下，促进小企业创业发展取得了积极成效。小企业创业发展的体系逐步建立并不断完善，政策体系建设方面，形成了国家总体政策、专门政策、具体政策以及国家政策与地方政策相互协调配套的政策支撑体系，创办小企业的政策环境不断改善。服务体系建设方面，依托省、市、县中小企业服务中心、公共服务平台网络、公共服务示范平台、创业基地等，逐步建立了创业服务体系；涵盖了创业辅导、创业培训、场地提供、政府协调、信息咨询、法律服务、融资担保等全方位的创业服务内容。创业载体建设方面，积极推进小企业创业基地建设，通过基地建设，有效地降低了创业成本、创业风险，提高了创业成功率，引领与带动作用不断凸显与增强。具体成效如下：

（一）政策体系不断完善，扶持引导作用逐渐增强

2003年以来，国家出台了一系列政策措施，加

强对小企业创业发展的扶持与引导。如《中小企业促进法》、非公36条、国发36号文、民间投资36条、国发14号文件等促进中小企业发展的政策法规，覆盖了中小企业工作的各个方面，其中最核心的一点就是在支持中小企业创业进行了聚焦。扶持创业一直是促进中小企业发展政策的重点内容，政策措施涵盖市场准入、优化环境、财政支持、税收减免、小额担保贷款、工商登记注册等方面，有效地改善了中小企业创业环境，降低了创业门槛，减轻了创业负担，切实提升了中小企业创业发展水平。

同时，各地根据本地区发展实际，出台了大量具有地方特色的促进创业发展的政策文件。如北京市颁布了《北京市促进中小企业发展条例》，对中小企业的创业扶持、技术创新、资金支持、市场开拓等方面分别作了规定。青岛市出台了《关于进一步鼓励小企业创业创新发展的意见》，提出了财政支持、税费减免、融资扶持、创新提升、载体建设等方面的政策措施。

（二）服务体系逐步完善，创业环境更加优化

为切实优化中小企业创业环境，强化创业服务体系建设，从2003年以来，我们不断加强顶层设计，夯实服务体系骨干架构，强化服务功能，提升服务质量。一是创业服务体系建设与试点相结合。通过开展创业辅导服务试点，推进创业服务体系建设。早在2003年我们就在唐山、沈阳、上海、重庆等6城市开展创业辅导服务试点，并在2005年扩大试点范围，由此启动了创业服务体系的建设工作。二是创业服务体系建设与基地相结合。鼓励小企业创业基地建立专门的服务队伍，成为最贴近企业的服务机构，创业服务体系的骨干架构。据不完全统计，目前省级小企业创业基地中小企业专门服务人员平均为29人，基地为入驻企业提供了创业辅导、政务代理、信息、融资、法律等各类服务。三是创业服务体系建设与平台网络建设相结合。将创业服务作为中小企业公共服务平台网络建设工作的重点内容之一。截至今年二季度，在建的782个窗口平台中，具有创业服务功能的有326个，已经组织开展创业活动2200多场次，服务企业2.8万家。四是创业服务体系建设与示范平台相结合。通过示范平台引导带动，进一步完善创业服务体系建设。目前，在国家已经认定的412家国家示范平台中，有87家具有创业服务功能，占21.1%。

同时，各地不断完善创业服务体系建设，强化创业服务功能，建立了培训、扶持、服务三位一体的创业辅导机制，提供创业指导、政策咨询、创业培训、信息咨询、政务代理等系列服务。如山西省按照下沉服务网点、靠近企业、贴身服务的原则，全面推广小微企业服务站，以服务平台为依托，以原有乡镇、社区企管站为基础，对产业聚集区、创业基地、社区乡镇中有创业需求的人群提供创业服务。吉林省建立了“创宝网”创业综合信息服务平台，汇集省内高校大学生实训基地、创业孵化基地、金融担保机构、创业导师等资源，提供资源共享、服务对接、产品交易等多种创业服务。

据不完全统计，截至2013年年底，各地现有创业服务机构4175个，其中省级认定1445个，省级认定服务机构的从业人员4.2万人。目前，基本形成了以省、市、县中小企业服务中心、创业中心为核心，社会各类中介服务机构积极参与，为小企业创业发展提供多层次、全方位、社会化服务的创业服务网络体系。

（三）服务模式不断创新，服务功能逐步增强

在积极加强小企业创业服务体系建设的同时，国家以及各地积极探索创新创业服务模式，进一步增强服务功能，优化创业环境。

一是大力推进创业培训与创业辅导工作。2003年以来，我们依托国家中小企业银河培训工程，组织开展创业辅导师培训工作，提出创业培训大纲和培训要求，编制适合小企业创业的培训教材，指导各地开展创业培训工作。2009年以来，我们委托安徽省组织开展赛飞创业辅导师培训，通过培训考核，已有420人获得国际赛飞培训机构颁发的创业辅导师证书。十年来，创业辅导师培训共举办了十八期，已形成服务品牌，具有了一定的影响力。各地省级认定的创业辅导师达到4140人。二是发挥创业载体优势，提供一条龙、全方位的孵化服务。如上海市康桥先进制造技术创业园通过运营“工业区出苗+孵化器孵化+反哺工业区产业化”的管理机制，提供“创业苗圃+孵化器+加速器”一体化的载体链与先进制造技术产业链相耦合的孵化服务。三是创新融资服务模式，解决创业融资难题。如安徽省为基地小企业提供创业投资、融资指导、银行信贷、贷款担保及信用管理等多层次融资和担保服务，通过O2O（线上到线下）模式为中小企业提供股权融资、债权融资和资金申报服务，实现项目与资本的有序对接。四是建立创业者学习和交流平台，切实提升创业服务效果。如江西省率先成立公益性创业大学，为创业者提供理论与实践相结合的学习平台，通过教育提升、培训提升形成了许多有成效的做法，目前已建成省市两级创业大学12所，2013年培训创业学员5109人，开展创业服务活动1017次。

（四）基地建设成效显著，创业载体作用初显

小企业创业基地是小企业创业发展的重要场所，是集聚创业资源、孵化企业主体、创造就业岗位、促进集聚发展、为创办小企业提供有效服务和支撑的平台载体。2003年以来，我们积极推进小企业创业基地建设的发展。一是积极开展创业基地建设相关研究与建设规划。早在2004年，我们就组织了小企业创业基地（园区）的摸底调查；2005年编制了“十一五”中小企业创业平台（基地）建设规划；2007年组织开展小企业创业基地建设项目申报工作；2010年组织各地编制五年创业基地建设方案。通过一系列调研与研究，对指导创业基地建设，促进创业基地发展起到了积极作用。二是运用中小企业发展专项资金支持创业基地建设。2006—2008年，我们运用中央预算内专项资金支持了一批小企业创业基地建设项目。2009—2013年，将小企业创业基地建设纳入中小企业发展专项资金支持范围，共使用8.79亿元支持创业基地项目786个，入驻企业近6万家，新增就业128万人。通过小企业创业基地载体，集聚服务资源，为小微企业创业提供更优质的服务。

同时，各地也高度重视、积极小企业创业基地建设。全国绝大多数省市都出台了促进小企业创业基地建设指导意见，或小企业创业基地认定与管理办法。各地在财政支持、税费减免、土地保障等方面也出台了大量的扶持政策和措施，以有效地推动创业基地建设。如湖南省对新建中小企业创业基地报建费按综合费率不超过40元/平方米征收；利用闲置场所改造建设创业基地，免征各项报建费。河北省出台政策要求各县（市）每年每县确保不少于50亩创业辅导用地指标，加快创业辅导基地建设，完善孵化功能。黑龙江省结合地方产业特色和资源禀赋将创业孵化基地分为五类，包括科技孵化型、工业加工型、市场牵动型、商贸物流型和龙头带动型，加强分类指导与扶持。天津市、重庆市积极推动楼宇经济发展，给予了大量的扶持政策，积累了大量的经验。楼宇经济的发展不仅解决了初创企业的营业场所，还推动了小微企业集群式发展，延伸了产业链条。

据不完全统计，各地现有小企业创业基地3341家，其中，省级认定的有1399家，省级认定的创业基地内现有企业18.7万户。创业基地建设成效显著，创业载体作用逐渐凸显，有效地促进了小企业的创业发展。

三、准确把握创业发展的机遇与挑战

党中央、国务院高度重视促进中小企业创业发展工作，多次就扶持新设立小型微型企业，促进大众创业做出重要批示。近期，国务院常务会议又一次专题研究进一步扶持小型微型企业发展，推动大众创业、万众创新的政策，提出从简政放权、税收支持、融资支持、财政支持、专项资金支持和信息系统建设等六个方面支持创业。同时，由于世界经济形势错综复杂，我国经济增长下行压力依然很大，节能减排、转型升级约束进一步增强，中小企业发展面临严峻的挑战。因此，为了更加有效的促进小企业创业、创新工作，我们中小企业管理部门，对当前的形势要比较透彻的认识，必须准确地把握中小企业发展的形势。总体来看，小企业创业、创新发展将面临以下机遇与挑战。

机遇一：政策红利不断释放，创业发展潜力巨大。随着改革进程的持续推进，扶持政策力度不断加强，中小企业活力空前释放。当前，全面深化改革工作稳步推进，逐步转变政府职能，推进简政放权，推行“权力清单”制度，明确“负面清单”“责任清单”，强调政府的事中事后监管、维护市场秩序和促进改革创新的职能，真正赋予市场主体公平、公正竞争权利，激发创业热情。尤其是在工商登记制度等改革后，新设企业大幅增加，中小企业创业发展活力得以充分释放，创业发展潜力巨大。

机遇二：信息技术快速发展，小企业创业基础环境更加优化。当前，以通信和信息技术的高速发展为特点的新一轮科技革命已给世界经济带来了深远影响。移动互联、物联网、云技术等新一代信息技术的快速发展，不仅促进了企业生产经营模式的变革，也极大地改善了中小企业创业创新发展的软硬件环境。一是信息传输更为高效、精准，创业者获取和发布信息的成本更低。云计算技术为小微企业创业提供了获取创业资源的载体，同时通过免费或低价租用信息化产品和解决方案，租用云存储设备，大幅降低了硬件维护和软件更新的费用，提高企业经营效率。二是移动互联等技术催生了众包营销、网络创新等新模式，使创业者可通过信息网络在更大范围内实现资源共享与整合，极大地提高了创业成功几率，拓展了创业空间。三是创业虚拟化降低了对固定资产条件的要求，创业公司无须租办公室，无须购置基础设施，进一步降低了创业门槛。四是信息技术与传统产业融合，带来众多创业机会，形成新的创业模式。互联网金融快速发展极大改善了企业融资环境，电子商务实现了物流、信息流与资金流的高速流通，实时信息交互通过实时反馈用户需求数据大大提升了教育、医疗、餐饮等传统行业的运营效率。五是互联网创业发展潜力巨大。当前，网络创业成为中小企业，特别是小微企业创业发展的新渠道，2013年，我国网店数量达1122万家。

机遇三：创业主体逐步年轻化，创业思维与理念更加先进。近年来，创业主体不断呈现年轻化趋势，多为“80后”“90后”创业者。这些创业者的思维更为活跃，不受传统观念束缚，敢于尝试和探索，借助发达的信息网络，寻求合作创新机会，能更快速地吸纳新技术，发觉新商机，更具创新意识和创业意识。与此同时，年轻创业者的创业动机逐渐由生存型向机会型转变，变被动创业为主动寻找市场机会，实现自身价值。面对年轻的创业者，我们服务方式要有所转变，以适应新的创业群体。

挑战一：经济增长下行压力依然较大，小企业创业形势严峻。当前，国际方面，世界经济形势错综复杂，发达国家经济复苏艰难曲折，新型市场国家经济增速放缓，不稳定不确定因素进一步增多。国内方面，我国经济目前处于深层次矛盾凸显与增长速度换挡期、结构调整阵痛期、前期刺激消化期的“三期叠加”阶段，面临着近年来少有的复杂局面。整体上，我国经济发展将继续面临外需疲软、内需不足、国内部分行业产能过剩、劳动力和资金等要素成本上升的影响，经济增速在一段时间内依然承受下行压力。对于处于创业阶段的小企业，生存发展的关键是市场问题，持续下行的经济增长压力，给小微企业的创业发展带来了不利的影响。

挑战二：节能减排与转型升级约束进一步增强，小企业创业门槛将有所提高。我国中小企业多为劳动密集型，资源依赖型、加工贸易型和“贴牌”生产型企业所占比例较高；大部分中小企业的装备水平和生产技术较为落后，专业人才短缺，技术创新能力弱，缺乏自主知识产权和品牌，产品技术含量不高，附加值低。整体上，中小企业的增长方式粗放、结构不合理、资源利用率低、环境污染严重问题比较突出。中小企业的客观现实决定了初创阶段的中小企业面临资金、技术、人才、管理等方面的不足，呈现总体素质不高的特点。但现阶段的发展要求决定了企业节能减排与转型升级约束将进一步增强，传统的要素驱动型、粗放型发展模式已经难以为继，转型升级、创新发展已成为中小企业发展的必然选择，势必将提高创业的起点和要求。

四、进一步做好创办小企业工作的几点要求

针对中小企业创业发展的新趋势，创办小企业工作要本着转变政府职能、满足创业需求的总体要求，顺应经济发展新常态，充分利用信息化手段，提高服务准确性、针对性，提升服务水平，促进创业规模不断扩大、质量不断提升。

（一）不断提高认识，加大推动力度

创办小企业增加就业岗位是提高城乡就业率的重要渠道，对就业不越下限具有重要意义。同时，通过创办小企业，特别是高新技术企业，有利于培养和形成更具长远竞争力的新增长点，对于调结构、稳增长同样具有重要意义。各地中小企业主管部门要深刻认识和领会党中央、国务院对促进中小企业创业发展的工作部署和要求，把创办小企业作为推动经济在合理区间运行的重要举措，作为衡量中小企业工作的重要考核指标，切实推动大众创业、万众创新，做好创办小企业工作。

（二）加强沟通协调，推动政策落实

当前，要以落实国务院62次常务会议提出的六项扶持小微企业发展意见为重点，进一步加强与相关部门的沟通，推动信息共享、资源共享，形成合力，共同推动创业政策的落实。要确保政策落实不被“截留”、不打“折扣”、不搞“变通”，防止重布置、轻落实，加大政策执行力度，细化政策具体措施，确保扶持政策落地生根。工作中要加强调查研究，认真跟踪和梳理创业政策的落实情况，研究解决政策落实中的困难和问题，提高政策的可操作性。

（三）创新工作思路，满足企业需求

我们要创新意识，面对经济发展的“新常态”，要改变传统的思维定式，对市场经济条件下小微企业的发展规律，以及促进小微企业发展的方式方法、推进路径等，进行认真、冷静的思考。以营造良好的创业环境和氛围为重点，加强对创业工作的研究，力求把握工作的主动权。要继续按照政府扶持中介、中介服务企业的思路，动员和组织社会专业力量，以小微企业个性化、精细化、多样化的创业需求为出发点，组织动员社会服务资源，为小微企业提供量身定制的服务。

（四）强化载体建设，完善创业服务

各地要大力推进小企业创业基地、孵化园等创业载体建设，依托现有工业园区、创业园区、国家新型工业化产业示范基地等建立小企业创业基地，完善基础设施、创业场地和服务设备设施等，为创业者提供生产经营场所。加强与有关部门的协调，推动落实创业基地用地扶持政策。因地制宜研究创业基地有关税收优惠政策，减轻基地运营负担。当前，我们正在研究制定《促进小企业创业基地建设指导意见》，旨在解决初创期企业和小微企业经营场所问题，降低创业成本，提高创业成功率。下午将征求各地意见，希望大家能依据本地实际和成熟做法研提意见。

要加强创业服务体系建设。通过资质认定、绩效评价、奖励补助等方式，培育一批优质的创业服务机构。采取政府购买服务的形式，委托创业服务机构开展公益性服务。继续推进中小企业公共服务平台网络建设和国家中小企业公共服务示范平台培育，集聚服务资源，健全服务机制，为中小企业提供创业辅导、融资担保、技能培训、市场开拓等服务。

（五）落实金融政策，加大融资支持

随着国家工商登记制度改革，今年新登记市场主体快速增长。国务院领导要求，要把目光聚焦到600万新注册的小微企业，不仅要“生下来”，还应该活下来，活得好。作为中小企业主管部门，落实有关融资支持小微企业政策要找好工作着力点，选准角度，从中小企业的需要出发，协助有关金融部门、引导金融机构共同落实好政策。要特别注意那些中小企业关注度高、影响大的政策落实问题，努力寻找并反映问题的症结点，积极协助金融机构探索解决问题的途径和方法，解决政策落实的“最后一公里”问题。

（六）加强宣传和交流，提高工作效率

各地要充分利用各种媒体加强创业政策宣传，帮助创业者了解、用好创业扶持政策。宣传创业培训、创业服务的经验与成效，宣传创业典型和成功经验，帮助创业者树立正确的创业理念、增强创业意识、掌握创业技巧、提高创业能力。同时，要加强创业工作交流，借鉴成功做法，提高工作效率，切实推动创办小企业工作。

同志们，经过10年的发展，创办小企业工作已经取得了辉煌的成果，推动大众创业、万众创新是在新形势下抓好中小企业工作的重点，是最大的民生工程。面对新的机遇和挑战，大家要坚定信心，抓住机遇，以创新的精神，务实的工作态度，把党中央、国务院扶持中小企业的各项政策落到实处。有理由相信，在大家的不懈努力下，中小企业创业、创新工作必将登上一个新台阶，为经济发展、社会和谐做出更大的贡献！

在第八届中国中小企业节上的演讲稿

工业和信息化部党组成员、总工程师　朱宏任

（2013年11月3日）

尊敬的各位来宾、各位企业家，同志们、朋友们：

大家上午好！

在全国认真学习，深入贯彻党的十八届四中全会精神之际，今天我们相聚在“江海明珠”南通，共同迎来了第八届中国中小企业节。

自2007年首届中国中小企业节举办以来，历届中小企业节都紧紧围绕国内外经济形势，顺应中小企业的发展趋势，积极为广大中小企业搭建服务宣传、交流研讨、合作对接、展示推介的平台，对推动社会各界关注和支持中小企业发展，营造有利于中小企业发展的良好环境做出了重要贡献。本届中小企业节在中国中小企业协会、南通市人民政府的倾力支持下，以“改革激发活力，创新驱动转型”为主题，正逢其时，得到了广大中小企业的积极响应。

今年以来，国际形势错综复杂，国内改革任务繁重，经济下行的压力加大，党中央、国务院总揽全局、把握大势，坚持稳中求进的工作总基调，保持定力，主动作为，强力推进改革创新，大力调整结构，着力改善民生，创新宏观调控的方式方法，使经济运行保持在合理区间。前三季度，我国GDP同比增长7.4%，城镇新增就业1082万人，作为对GDP增长贡献60%以上以及容纳80%以上新增就业人口的中小微企业对此做出了巨大贡献。在此，我代表工业和信息化部向中小企业家们，向给予中小企业关心、支持、爱护的各方面人士表示衷心的感谢！

同时，我们也看到，中国经济正处于转型升级，爬坡过坎的关键阶段，还要面对复杂多变的外部环境，逐步消化三期叠加的压力和结构调整的阵痛，与大企业相比，中小企业面临用工贵、成本高、融资难、市场缺等方面的困难更加突出。党中央、国务院对此高度重视，今年以来，中央领导多次做出重要批示，国务院常务会议10多次研究部署扶持小微企业发展的工作。据不完全统计，本届政府成立以来，国务院公布的正式文件中，明确涉及中小、小微企业的文件就达30个以上。各项政策措施中，有5个方面的着力点十分清晰。

一是进一步简政放权，大力优化市场环境。国务院领导明确要求要大力清理不必要的证照和资质、资格审批，为中小企业降门槛、除去障碍。全面清理有关法规和规章制度，各部门取消和下放了600多项行政审批事项。近期，国务院决定再次修订政府核准的投资项目目录，修订后，中央层面的政府核准投资事项将比2013年减少40%。在全国范围内推行工商登记制度改革，废除企业年检制度，降低企业注册门槛，极大调动了全社会创业兴业的积极性。今年1—9月，新登记注册市场主体920多万户，其中3—9月工商登记制度改革后新登记注册企业同比增长56.5%，出现“井喷式”增长。

二是进一步夯实基础，大力支持结构调整。国家出台了允许企业加速折旧、免征小微企业进口先进设备关税等措施，支持中小企业技术改造。工信部还会同有关部门大力促进中小企业专精特新发展，引导中小企业提高发展质量和水平。在全国59个中小企业集聚区开展知识产权托管试点工作，以“专利服务券”形式为小微企业提供专利代理、咨询和检索等服务。在天津开展了中小企业创新转型试点工作，加快体制机制创新，探索支持中小企业创新发展的新途径、新方法、新政策。开展中小企业两化融合能力提升行动，提高中小企业生产制造、运营管理和市场开拓的信息化应用水平。实施中小企业信息化推进工程，引导信息化服务商，为中小企业开展线上线下培训，培训人员近千万人次。

三是进一步扶弱济困，大力缓解融资难融资贵。8月份，国务院办公厅出台了《关于多措并举着力缓解企业融资成本高问题的指导意见》，提出了包括缩短企业融资链条、抑制金融机构筹资成本的不合理上升、清理整顿不合理收费等十个方面的措施，努力降低中小企业融资成本。扩大支持小微企业的再贷款和专项金融债规模，2014年再贷款新增额度500亿元，今年上半年，55家银行发行小微企业专项金融债4930亿元。加大“定向降准”措施力度，6月起对“三农”和小微企业贷款达到一定比例且符合要求的商业银行下调存款准备金率0.5个百分点。采取业务补助、增量业务奖励等措施，引导担保、金融和外贸综合服务等机构为小微企业提供融资服务。放宽了创业板准入标准，新三板试点扩大到全国，上半年新增挂牌企业458家，批准了阿里巴巴、腾讯等发起设立的5家民营银行。截至6月末，全国共组建村镇银行1128家，设立小额贷款公司8394家。

四是进一步正税清费，大力减轻税费负担。国务院批准，将小微企业减半征收企业所得税优惠政策实施范围的上限，由年应纳税所得额6万元进一步提高到10万元，并明确实行核定征收的小微企业也可享受该政策；将小微企业、个体工商户暂免征收增值税、营业税的标准，由月销售额2万元提高到3万元，同时延长支持和促进重点群体创业就业税收政策时限，简化合并增值税特定一般纳税人征收率，将6%和4%的增值税率统一简并为3%，受惠对象主要是中小企业。国务院办公厅印发了《关于进一步加强涉企收费管理减轻企业负担的通知》，推进实施正税清费、建立涉企收费清单管理制度、清理规范行政审批前置服务收费等措施，减少和规范涉企收费，要切实管住向企业乱伸的手，并将暂免征收小微企业管理类、登记类和证照类行政事业性收费改为长期措施。

五是进一步转变职能，大力加强公共服务。工信部、财政部实施了中小企业公共服务平台网络建设工程，批复了30个省（区、市）和5个计划单列市搭建互联互通、资源共享的中小企业公共服务平台网络，已安排补助资金的26个省（区、市）和5个计划单列市启动了平台网络建设，带动服务资源2.8万家，年服务中小企业124万家。工信部加强对中小企业公共服务平台的管理，认定了412个国家中小企业公共服务示范平台。开展了中小企业银河培训工程和中小企业经营管理领军人才培训。

总的看，中小企业的发展环境正在不断优化，我国中小发展的前景十分广阔，但是，挑战与机遇并存，中小企业犹如负重前行，正处在爬坡过坎的关键阶段，一些体制机制问题的解决还需假以时日，一些政策措施的落地还要解决“最后一公里”的问题，中小企业自身也需要强筋壮骨，在市场经济的大风大浪中，实现转型升级，保持可持续发展，沉着应对挑战，牢牢抓住两个重要的历史机遇，争取大有作为。

一要抓住深化改革的机遇。回顾我国改革开放30多年的历程，我们不断破除计划经济体制，逐步建立和完善社会主义市场经济体制，每一次重大改革都大大拓宽了中小企业的发展空间，一大批中小企业抓住了机遇，实现了企业跨越式发展。现在，历史又再一次拉开了全面深化改革的大幕，去年以来，国家在市场准入、行政审批、金融体制、财税体制等领域的改革已经取得了积极进展。中小企业都是重要的受益群体。各位企业家要牢牢把握时代赋予的历史机遇，将企业的发展与深化改革统一起来，以争取赢得更大的发展。

二要抓住创新发展的机遇。新的科技革命和产业变革正在快速改变着人们的生活和生产方式，科技创新对经济社会发展的支撑和引领作用不断增强，中小企业创新的重要性和紧迫性与日俱增。抓住信息化发展的历史性机遇，是中小企业以创新驱动发展的重要切入点和抓手，信息技术的发展特别是互联网技术的应用，将给企业转型升级，特别是中小企业带来巨大的机遇，成为新一轮科技和产业革命孕育发展的重要动力，两化融合正成为发展现代产业体系的重要途径，电子商务正逐步发展成为主流商业模式。中小企业要自觉增强创新意识，加强生产经营各个环节的信息化应用，通过信息化促进转型升级，实现可持续的健康发展。

中小企业协会是中小企业的娘家，是政府和中小企业之间的重要桥梁。近年来，中国中小企业协会在子彬会长的领导下，在推动中小企业发展工作中发挥了重要作用。协会积极宣传贯彻落实国家支持中小企业发展的一系列政策措施，积极响应工信部中小企业服务年、扶助小微企业专项行动，开展了政策解读、企业巡诊等活动。与银行金融机构签订战略合作协议，帮助中小企业运用各种融资工具，推动缓解中小企业融资难。成功举办了一系列展览展会，推动中小企业交流合作，开拓市场。同时，协会积极献言献策，及时反映企业诉求，得到了中央领导同志的充分肯定并做出重要批示，为政府制定和完善中小企业政策提供了重要参考。在新形势下，我坚信，中小企业协会将会在子彬会长的领导和全体同志共同努力下继续发挥好桥梁纽带作用，会同各方力量，更好地服务于广大中小企业，服务于地方经济社会发展，为中国经济发展做出更大的贡献。

最后，对为本次活动做出通力支持的南通市人民政府和各界人士表示诚挚的感谢！预祝本届中小企业节取得圆满成功！

谢谢大家。

在2014优秀女企业家高峰论坛上的致辞

工业和信息化部党组成员、总工程师　朱宏任
（2014年12月3日）

尊敬的王忠禹会长、陈至立会长、朱蕤会长、各位来宾、女企业家姐妹们：

大家上午好！

在全国上下深入学习、认真贯彻党的十八届四中全会精神之际，中国女企业家协会举办“2014优秀女企业家高峰论坛”，以“女企业家——中国经济转型发展的生力军”为主题，探讨女企业家如何充分发挥自身作用，推动我国经济转型升级、创新发展，为打造中国经济升级版做出贡献，很及时也很有意义。在此，我谨代表工业和信息化部，对论坛的举办表示热烈的祝贺！

今年以来，面对国际错综复杂的形势和国内发展的繁重任务，党中央、国务院总揽全局、把握大势，统筹推进、深化改革、扩大开放，加快结构调整、转变发展方式，着力解决经济运行中的突出矛盾和深层次问题，保持了国民经济总体平稳发展。前三季度，我国GDP同比增长7.4%，规模以上工业增加值同比增长8.5%；高耗能行业投资、生产增速明显减缓，单位GDP能耗下降4.6%。总体上看，经济运行处于合理区间，结构调整稳步推进，各项指标符合预期。在面临下行压力的情况下，取得这样的成绩，实属不易，这其中广大企业家包括在座的女企业家功不可没。

与此同时，我们也要看到，当前世界经济不稳定、不确定因素依然较多，我国经济正处在深层次矛盾凸显和“三期叠加”阶段，到了爬坡过坎的关键时期，步入了以中高速增长为特征的新常态，资源能源日趋紧张，生态环境与经济发展之间的矛盾加剧，传统的要素驱动型、粗放型发展模式已经难以为继。企业发展面临着严峻的挑战，特别是小微企业生产经营困难压力加大。对此，党中央、国务院高度重视，习近平总书记、李克强总理等领导多次深入一线，听取企业的意见和建议。国务院常务会议多次研究和部署，以改革创新为动力，从促进投资、扩大消费、培育新业态新产业、扶助小微企业发展等多方面采取了一系列政策措施，深入推进结构调整、加快转型升级的速度和步伐：一是加快传统产业改造步伐，淘汰落后产能，实施更加严格的环境、技术、安全等市场准入标准，推动企业转型升级，走高端化、低碳化、智能化的发展道路，提升中国产品和服务业在全球价值链中的位置；二是加大简政放权的力度，继续削减前置审批、再次修订政府核准的投资项目目录，深化商事改革，促进有效投资和创业，为各类主体创新创业提供更为广阔的舞台；三是继续实施“定向减税”“定向降准”，加大对新技术、新模式、新业态、新产业以及服务业的支持力度，积极支持云计算与物联网、移

动互联网等融合发展，催生基于云计算的在线研发设计、教育医疗、智能制造等新业态，大力培育战略性新兴产业；推进消费扩大和升级，带动新产业、新业态发展；四是推动创新驱动发展，加强知识产权保护和运用，运用财政资金引导和促进科技成果产权化、知识产权产业化，助力创新创业，鼓励引导企业技术创新、产品创新和商业模式创新，催生更加蓬勃的创新创造创业热潮，升级"中国制造"；五是加大扶持小微企业健康发展的力度，大力减轻企业负担特别是小微企业的税费负担，降低大众创业成本，加快万众创新步伐。

企业是市场的主体，工业是我国经济转变发展方式的主战场，加快转变经济发展方式重点在工业，难点在工业，出路也在工业。中国经济转型，工业任重道远。当前乃至今后一段时期，是我国加快转变经济发展方式的攻坚时期，也是推进我国工业转型升级、由工业大国变为工业强国的关键时期。工业和信息化部将按照党中央、国务院的部署和要求，大力推进产业升级，在淘汰落后产能、化解过剩产能的同时，大力发展高端装备制造业，推动新能源汽车、3D 打印、4G 等新技术、新模式、新业态、新产业的发展；以推进信息通信技术与制造业深度融合为主线，以推广智能制造为切入点，以重大装备自主可控为主攻方向，推动工业转型升级，提升国际竞争力和可持续发展能力，走中国特色的新型工业化道路。目前，我部正在会同有关部门，按照国务院领导同志的批示和要求，研究制定《中国制造 2025 规划纲要》，从国家战略层面对制造业进行全面规划，探寻未来发展的制高点和切入点，选择重点领域和实现路径，实施制造业强国战略，推动工业转型升级、由大变强，从"中国制造"走向"中国创造"。

当前，新一轮科技革命和产业变革与我国加快转变经济发展方式形成历史性交汇，新的国际产业分工格局正在重塑，新一代信息技术尤其是互联网的应用和创新，给企业生产方式、发展模式带来了革命性影响，也为企业转型升级、创新发展提出了更高的要求。这既是一个巨大的挑战，更是一个不容错过的重大机遇。同时，国内全面深化改革的大幕已经拉开，市场准入、行政审批、金融体制、财税体制等领域的改革已有积极进展，市场环境不断优化。转型升级、创新发展既是中国经济转型发展的需求，也是广大企业家包括女企业们的使命和责任。女企业家作为中国经济转型的生力军，要充分意识到时代赋予的重担和责任，抓住发展机遇，勇敢面对挑战。我们相信，一定会有更多的女企业家在经济转型中获得新的发展和提升，也希望各位女企业家在转型创新发展中率先垂范，贡献才智。祝愿各位优秀女企业家在打造中国经济升级版、实现两个百年的目标和中华民族伟大复兴的中国梦中，绽放美丽，创造辉煌！

最后，祝论坛取得圆满成功！

谢谢大家！

王钦敏主席在"2014 中国民营企业 500 强发布会"上的讲话

全国政协副主席、全国工商联主席　王钦敏

各位企业家朋友，各位来宾，同志们：

上午好。首先我代表全国工商联向参加这次会议的企业代表、新闻媒体和各界人士表示诚挚欢迎，向入围 2014 年中国民营企业 500 强、制造业 500 强和服务业 100 强的企业表示热烈祝贺。刚才朱宏任总工程师和 3 位企业家代表分别围绕"深化改革、转型升级、促进发展"主题作了很好的演讲，使我们很受启发。发布会已经成为展示、分享、总结、分析民营企业发展动态的平台，也是 500 强企业互相交流沟通，促进健康发展的盛会。下面我想就大型民营企业的作用，发展方向和应承担的责任三方面谈点看法：

一、民营企业 500 强是中国民营经济的引领者与示范者

民营经济是社会主义现代化建设的重要推动力量，在支撑增长、促进创新、扩大就业、增加税收等方面具有重要作用：

1. 稳增长作用凸显。2013 年，中国民营企业 500 强的门槛同比提高了 17.4%。资产总额达 11.02 万亿元，户均增长 21.28%。500 强营业收入总额合计 13.21 万亿元，占当年全国规模以上工业企业主营业务收入的 12.84%。500 强实现利润总额合计 6504.91 亿元，占当年全国规模以上工业企业利润总额的 10.35%。值得注意的是，在 2013 年经济下行压力较大，部分行业和企业生产经营困难情况下，民营企业 500 强的营业收入仍然实现同比增长了 19.2%，为我国经济增速保持在合理区间做出了贡献。

2. 扩投资成效显著。2013 年，中国民营企业 500 强固定资产投资合计 2.16 万亿元，新增 3386.63 亿元，同比增长 18.58%，比上年提高了 10.92 个百分点，反映大型民营企业的投资意愿提升。随着中国民营企业 500 强的持续发布，500 强企业日益受到地方政府的重视。2013 年，由全国工商联主办或参与主办的大型经贸活动有 18 项，均以 500 强企业为招商重点，体现了 500 强企业在扩大民间投资方面的引领作用。

3. 对税收和就业贡献继续加大。2013 年，中国民营企业 500 强的缴税总额合计 4744.32 亿元，同比增长 9.45%。员工人数合计达到 739.17 万人，比上年增加 63.47 万人，表明 500 强企业在扩大就业方面的作用得到提升。除了直接贡献，500 强企业还影响着择业人群的就业意愿，越来越多的人愿意选择到民营企业就业。同时，500 强企业对科技型中小企业的投资并购日益活跃，带动了一大批大学

生和就业人群选择自主创业。

4. 调结构、科技创新和跨国经营取得新进展。中国民营企业500强中，制造业企业数量从上年的303家减少到299家，服务业地位有所增强，反映随着新型工业化的发展，500强企业的产业结构的新变化。500强的研发费用合计1749.36亿元，占全国研发经费支出的14.69%，比上年提高39.5%，科技创新已经成为一批500强企业的核心竞争力，例如华为2013年研发费用支出达到306.72亿元，占企业当年营业收入的12.83%；研发人员约7万名，占公司总人数45%；截至2013年年底，华为累计申请中国专利44，168件，外国专利申请累计18，791件，累计共获得专利授权36，511件。民营500强企业共实现海外收入1507.61亿美元，比上年增加21.78%；累计海外投资额165.86亿美元，成为中国企业“走出去”的重要力量。

从上述四个方面来看，中国民营企业500强不愧为中国民营经济的中坚、骨干，希望500强企业充分认识这份榜单对于民营经济的重要意义，认识到500强企业对于广大中小微企业的引领示范作用，在三中全会全面深化改革政策的引领下，更上一层楼，再立新功。

二、创新驱动是我国经济发展新常态阶段大型民营企业发展的方向

1. 从国际来看，科技创新引领产业革命。进入21世纪以来，新一轮科技创新驱动产业变革和经济结构调整。信息、能源、生物、材料与先进制造等领域技术创新和融合发展带来社会生产方式和生活方式的重大调整，进而带动全球产业分工格局和力量对比的变化。面对科技创新发展新趋势，各国都在寻找科技创新的突破口。科技创新已成为国际竞争的制高点和新赛场。我们不能在这场科技创新的大赛场上落伍，要抢抓机遇，敢闯敢试、主动转型，必须加快从要素和投资规模拉动发展为主向以创新驱动发展为主转变。当前，从总体上看，我国自主创新原创力还不强，关键领域核心技术受制于人的格局没有从根本上改变。大型民营企业作为企业技术创新主体的一个重要方面，必须紧紧抓住新技术革命和产业变革的难得历史机遇，在技术创新上有更大作为。

2. 从国内发展现状看，经济运行进入转型发展新常态阶段。在错综复杂、曲折坎坷的世界经济复苏缓慢情况下，（一季度，欧元区仅增长0.9%，美国负增长2.9%；新兴经济体，俄罗斯、巴西、印度放别增长0.9%，1.9%和4.6%）我国经济运行中，周期性因素与结构性因素相互交织，特别是经济发展要素环境的变化和经济发展速度的“转档”，经济结构和经济发展方式调整的“阵痛”，以及前期高速发展的产能过剩和债务的“消化”，三者叠加使我国经济由过去两位数超高速增长转为7.5%左右的中高速增长，并成为未来一段时期的新常态。国家的创新发展不仅仅是科技创新，还包括体制机制创新。在新常态环境下推动发展，从根本上需要向改革要动力，向结构调整要助力，向民生改善要潜力。党和政府审时度势，准确把握改革和发展稳定的平衡点，近期目标和长期目标的平衡点，经济和社会发展的着力点，经济社会发展与改善人民生活的结合点，制定了“宏观政策要稳，微观政策要活，社会政策要托底”的经济工作总基调，在建立经济可持续发展的长效机制的同时，继续坚持和完善定向调控、精准发力：一是“激活力”，把该放的权放到位，让市场主体真正放开手脚；二是“补短板”，把该做的事做好，增加公共产品的有效供给；三是“强实体”，把该给的政策给足，夯实发展的微观基础。

中国经济发展的升级版最终靠的是实体经济，企业是创新的主体，常态化时期经济转型升级归根结底要靠企业。民营企业家是改革开放政策的参与者和受益者，在全面深化改革中更应勇当有定力和成熟的改革者。在经济下行的压力下，500强企业能积极应对生产要素价格上升和市场需求不足带来的困难挑战，努力提升技术创新能力，提高劳动效率和产品质量，改进管理机制和营销模式，开拓国内外两个市场，取得上述好成绩。我相信，随着市场在资源配置中起决定性作用和更好发挥政府作用政策进一步发力，中国经济一定会成功跨越中等收入陷阱，成功转型实现中国梦。

3. 从发展前景看，全面深化改革带来经济健康发展的历史性新机遇。7月8日习近平总书记给福建企业家回信时指出：“当前，各级政府正在加快转变职能、大力简政放权，目的之一就是让市场更好发力，让企业创新创造源泉更加充分涌流，这是又一次重要的‘松绑’放权，也是企业家更好发挥智慧力量的历史新机遇。”全面深化改革的核心是理顺政府与市场的关系，发挥市场对资源配置的决定性作用和更好发挥政府作用，两者相辅相成、辩证统一，并坚持权利平等，规则平等，机会平等，消除妨碍经济发展的各种形式的不合理规定和隐性壁垒。当前，按照中央提出的关于全面深化改革工作的路线图、时间表和任务书，各方面改革正在有序推进。今年6月至7月，国务院对新一届政府成立以来有关稳增长、促改革、调结构、惠民生政策措施落实情况开展了全面督查，体现了政府抓铁有痕地推动全面深化改革的决心和信心。全国工商联受国务院委托，承担了对“落实企业投资自主权，向非国有资本推出一批投资项目”政策措施落实情况的第三方评估工作。评估报告已于8月上旬报国务院。评估报告显示，落实企业投资自主权的政策措施取得一定成效，首批示范项目的提出是民间资本进入垄断领域的破冰之举。希望大型民营企业抓住新机遇支持改革、参与改革、推动改革。

三、实现中国梦需要大型民营企业勇于担当经济社会发展责任

中国民营企业500强不仅是一种荣誉，还是一种使命、责任；不仅负有把企业继续做强做大的责

任，还负有示范带动、传递正能量的责任；既要担当经济责任，也要担当社会责任。

1. 大型民营企业要继续做强做大，在稳增长、调结构中发挥更大作用。一是要不断提高自主创新能力。要自觉增强创新意识，提高企业竞争力、实现可持续发展的极端重要性，把创新理念融入生产经营各个环节。要选择适合市场需求和企业自身的技术创新路径，善于盘活人才、资金、技术等各种技术创新要素，实现创新驱动发展。二是要发展生产性服务业，带动上下游小微企业协同发展。生产性服务业涉及农业、工业等产业的多个环节，具有专业性强、创新升级快、行业支撑度高、市场公共服务面广等特点。大型民营企业，特别是传统制造业要打破“大而全”的格局，剥离和外包非核心业务，这既可以调整优化自身结构，降低生产成本；又可以培育新型专业化服务业态，创新产业链，为中小微企业技术创新、转型升级提供更多可以直接利用的公共服务资源。从2014年上半年GDP数据来看，第三产业增加值占国内生产总值的比重为46.6%，已超过第二产业成为第一大产业。这是经济转型发展的必然趋势，不容忽视。三是要积极参与国家关于建设丝绸之路经济带和海上丝绸之路的战略部署。这是时代赋予企业的光荣使命和发展机遇。丝绸之路经济带东连充满活力的亚太地区，穿越资源丰富的中亚地区，西通欧洲发达经济体，沿线国家经济互补性强，互利共赢的合作潜力巨大。“海上丝路”将我国和东南亚国家串起来，必将造福中国与东盟，实现共赢发展。大型民营企业还要善于与不同所有制企业强强联合，与产业链上下游的中小微企业抱团，集群式走出去发展，充分发挥大型民营企业在走出去中的引领作用。

2. 大型民营企业要积极承担社会责任，赢得社会尊重。企业要清楚哪些事该做，哪些不该做，哪些不能做，坚持诚信经营、守法经营，以人为本、关爱员工、保护环境。一是要遵纪守法。市场经济本身就是法治经济，只有在法治的框架内，市场才能有序运行。因此，遵纪守法是对企业最有效的自我保护，将企业的经营管理及公关行为全部纳入法治轨道，是企业安全、健康发展的根本保证。今年10月将召开党的十八届四中全会，研究全面推进依法治国重大问题。可以预见，随着全面深化改革的不断推进，特别是建设法治中国的稳步发展，非公有制经济发展的法制环境将进一步改善，违法成本也将会越来越高。希望大型民营企业学法、知法、守法，学会约束自己、规范自己、把握自己，努力成为恪守法律的模范。二是要诚实守信。诚信是中华民族的传统美德，信誉是企业安身立命之本。“人无信不立，业无信不兴”，诚信是一个企业赢得口碑、走向成功的保证。党的十八届三中全会明确提出要建立健全社会征信体系，褒扬诚信，惩戒失信。市场竞争是一场没有硝烟的信誉战，企业要想做大做强，就必须在产品质量、价格、管理、服务等方面坚持信用至上，履行诚信承诺。三是要加强企业文化建设。企业文化是包括企业出资人在内的全体职工认同的价值观，是企业深层的精神积淀，承载着企业可持续发展的道德力量。要突出价值观引领，把“四信”教育融入企业文化建设的全过程，积极培育和大力弘扬爱国、敬业、诚信、守法、创新、贡献等先进理念，服务企业生产经营，推动企业转型升级；关爱员工、扶贫助困、保护环境，树立企业良好形象。企业出资人要做企业先进文化的倡导者，身体力行，做好表率，积极践行社会主义核心价值观，实现个人梦、企业梦与中国梦的完美融合。

同志们、朋友们，全面深化改革是关系党和国家事业发展全局的重大战略部署。新的历史条件下，全面深化改革之路已经开启，大型民企更是重任在肩，希望你们按照习近平总书记所说：“深刻领会、深入贯彻党的十八届三中全会精神，继续发扬‘敢为天下先、爱拼才会赢’的闯劲，进一步解放思想，改革创新，敢于担当，勇于作为，不断做大做强，促进联合发展，实现互利共赢，为国家经济社会持续健康发展发挥更大作用”，更加坚定对中国特色社会主义的信念、对党和政府的信任、对企业发展的信心、对社会的信誉，努力把企业办好，做合格的中国特色社会主义事业建设者，为全面建成小康社会、实现中华民族伟大复兴的中国梦做出新的更大贡献。

在河北省民营经济发展大会上的讲话

统战部副部长、全国工商联党组书记、
常务副主席　全哲洙
（2014年5月9日）

同志们：

在全国深入贯彻落实党的十八届三中全会精神、推进全面深化改革的开局之年，河北省委省政府隆重召开民营经济发展大会，出台关于大力推进民营经济加快发展的若干意见，奖励发展民营经济先进市县、百强民营企业、优秀民营企业家和创业功臣，充分体现了河北省委省政府对发展民营经济的高度重视和以实际行动落实党的十八大和十八届三中全会精神的务实作风。在此，我代表中央统战部、全国工商联，对大会的召开和受奖励的市县、企业、企业家表示热烈的祝贺！

改革开放以来，我国民营经济持续快速发展，已经成为国民经济的重要组成部分和社会主义现代化建设的重要推动力量。截至2013年年底，我国私营企业超过1250万户，个体工商户超过4400万户，民营经济占GDP的比重已超过60%，占税收的比重已超过50%，民间资本固定资产投资占比超过62%，吸纳了城镇就业的80%和每年新增就业的90%。近年来，河北省委省政府在深化改革、强化服务、优化环境等方面加大工作力度，推动全省民营经济可持续发展，注入了新的活力。截至2013年年底，河北民营企业已达27.6万家，民营经济占

GDP的比重已达66%，财政收入占比已达70.2%，民间资本固定资产投资已占全社会固定资产投资的59.5%，吸纳了72.9%的从业人员，在支撑增长、增加税收、扩大就业、改善民生等方面做出了重要贡献。刚才，张庆伟省长结合河北实际，就如何进一步解放思想、加强服务、大力发展民营经济作了讲话，听了很受鼓舞，周本顺书记还要作重要讲话。借此机会，我谈三点意见。

一、全面深化改革为民营经济发展带来新动力

党的十八届三中全会强调，必须毫不动摇巩固和发展公有制经济，毫不动摇鼓励、支持、引导非公有制经济发展，激发非公有制经济活力和创造力；强调经济体制改革是全面深化改革的重点，核心问题是处理好政府和市场的关系，使市场在资源配置中起决定性作用和更好发挥政府作用，要从广度和深度上推进市场化改革，大幅减少政府对资源的直接配置。这些重大举措，符合市场经济的一般规律，回应了民营经济的重大关切，必将成为民营经济增强发展活力、实现转型发展的最大动力源。

民营经济是“涌动”经济，一有雨露就发芽，给点阳光就灿烂。民营经济在一定意义上也是老百姓经济，发展民营经济就是解决民生问题。在全面深化改革的时代背景下，各级党委政府要把蕴藏在民营经济中的活力和创造力进一步释放出来，就必须把十八届三中全会精神落到实处。全面深化改革不可能是一帆风顺、一马平川的，必须啃掉既得利益这根硬骨头，调整利益关系，打破利益的藩篱；啃掉制度依赖这根硬骨头，坚持解放思想、转变观念、敢为人先，坚持先有实践后有文件；啃掉转变经济发展方式这根硬骨头，这是一场硬仗、持久战，要真正使经济发展转到主要依靠科技进步和劳动者素质提高上来。啃硬骨头是涉险滩，必须有股子壮士断腕的决心和勇气。围绕全面深化改革鼓励支持民营经济发展，当前，一要建立各种所有制经济平等竞争的体制机制。平等竞争是市场经济健康运行的基础。要注重建立起符合市场经济要求的体制机制，在用地、用工、融资、财税、科技等政策支持方面，以及产业结构调整布局、转变发展方式方面，对各种所有制企业一视同仁、平等对待；要积极推进教育、文化、体育、医疗、养老等服务业领域有序开放，加快制定民间资本进入基础设施、基础产业、金融服务、社会服务等领域的实施细则，切实打破“玻璃门”“弹簧门”“旋转门”等隐性壁垒。二要充分发挥市场主体的作用。简政放权、激发市场活力，是推进经济更有效率、更加公平、更可持续发展的关键一招。要向市场放权，把取消、下放、简化行政审批的文章做足、做到位，尽快建立各级政府的权力清单制度，不断激发社会投资和创业创新热情，增强市场主体发展信心。当然简政放权，也不能一放了之，在放权的同时更要加强市场监管。三要积极探索发展混合所有制经济。把国有资本、集体资本、非公有资本等交叉持股、相互融合的混合所有制经济，作为我国基本经济制度的重要实现形式，必将推动各种所有制经济强强联合、优势互补，增添企业发展的内生动力。要加强顶层设计，鼓励不同所有制企业相互参股、持股、兼并重组，鼓励民营企业参与国有企业改革，鼓励发展民营资本控股的混合所有制企业。四要营造良好法治和社会环境。市场经济是法治经济。要始终把市场化改革与法制化建设相结合，在引导民营企业守法经营、诚实经营、承担社会责任的同时，坚持依法行政、依法办事，切实保护民营企业财产权、经营权等各项合法权益不受侵犯，进一步消除“小富即安、大富不安”的种种疑虑。要以多种形式大力宣传民营企业先进典型，推动形成全社会关心、支持民营经济发展，鼓励探索、宽容失败、崇尚创业的浓厚氛围。

当前，不少企业家反映现在是“政策一箩筐意见也一箩筐。”许多政策只落到了“膝盖”，就是不落地。实践证明，在一些地方工作不深入、不落实是最大的形式主义。一定要树立做事不算落实，成事才算落实的理念，注重反对“四风”，在全社会形成深化改革就是要优化市场环境，环境也是生产力的共识，切实解决提法过多、招法过少的问题，建立严格的工作问责机制，坚持一个环节一个环节，一层一层地狠抓落实，使各项政策真正落地。

二、民营企业要抓住全面深化改革机遇加快转型升级

京津冀区域面积达20多万平方公里，人口超过一亿人，在一体化发展的大战略中，河北是重要一环。在承接京津功能转移、产业转移和优质生产要素转移方面，具有广阔的空间，蕴含着重大机遇。但与此同时，河北结构调整、转型升级的压力也较大。我认为，现在机遇和挑战往往是并存，某些时候挑战就是机遇，关键是如何把握。面对能源资源成本的上升、环境约束的加剧、产能过剩矛盾的突显，以及自身素质的制约，高耗能、高污染、低质量、低效益的粗放型经济发展方式已经走到尽头，民营企业必须下决心走质量效益型之路，加快推进转型升级。

当前，转型升级的关键在于创新。一要重视发展战略创新。思路决定出路，战略决定未来。随着改革深化，混合所有制经济在各种经济成分中的比重会越来越大。任何企业在产权问题上不能追求纯而又纯、搞“24K”“18K”“14K”就可以了，杂交优势带来杂交效应。产权不能封闭、单一，制度比能人更重要，民营企业也应建立现代企业制度。有条件的民营企业要积极参与国有企业改革，在优化国有经济结构布局中，实现自身科学发展。目前河北的城镇化发展还有很大空间；在京津冀一体化进程中，互联互通的任务还很重，在高铁、轨道交通等基础设施建设方面还大有文章可做；随着治理污染力度的加大，环保产业也必将成为新的经济增长点。希望民营企业能够从中把握机遇，在自身转型

升级的同时，为京津冀一体化发展做出积极贡献。二要加快企业技术创新。企业转型的核心动力在于技术创新，跨越的根本在于技术的跨越。技术创新并不神秘，归根结底就是要搞清楚生产什么、怎么生产的问题。大型企业是技术创新的骨干力量，要建立市场导向的产业技术创新联盟，加强与高校、科研院所的合作，不断加大研发投入力度，提高资源整合能力。中小微企业要发挥机制灵活的独特优势，注重提升技术标准，努力适应技术路线多元化趋势，力争发展成为科技型“小巨人”企业。三要推进商业模式创新。当前，以云计算、大数据为代表的信息技术，不仅深刻改变着人们的思维、工作和生活方式，也带来商业模式的变革和企业竞争格局的变化。民营企业要增强对信息资源的感知度，要知变、应变、善变，学会借梯上楼、借鸡生蛋、借船出海，以商业模式的创新增强企业可持续发展能力。四要加强管理创新。管理是生产力软要素，要重视“两本”管理，即以人为本的管理和成本管理。要看到人才是企业可持续发展最宝贵的资源，成本控制是企业可持续发展的根本保障，从而坚持不懈地在“两本”管理上下功夫。要树立企业信誉，强化诚信立企、诚信兴企的观念，努力培育先进的企业文化，以文化增强企业软实力。

三、各级工商联要牢牢把握两个健康工作主题

促进非公有制经济健康发展和非公有制经济人士健康成长是工商联一切工作的出发点和落脚点，是必须牢牢把握的工作主题。当前和今后一个时期，各级工商联要认真学习贯彻党的十八届三中全会精神和《中共中央国务院关于加强和改进新形势下工商联工作的意见》精神，在各级党委的领导下，树立有为有位的理念，紧紧围绕中心、服务大局，要主动作为，以改革创新的精神做好促进两个健康的各项工作。

一要深入开展理想信念教育。深入开展以“信念、信任、信心、信誉”为主要内容的非公有制经济人士理想信念教育实践活动，是非公有制经济领域推进全面深化改革的重要举措，是非公有制经济人士坚持和发展中国特色社会主义学习实践活动的实际行动，是今年统一战线和工商联工作的一项重要任务。河北作为习近平总书记指导省级党的群众路线教育实践活动的联系点，在反对“四风”、密切联系服务群众方面为全国做出了表率和示范。在各级党委的领导下，地方工商联组织要结合扎实开展党的群众路线教育实践活动，深入基层“接地气”，认真开展调查研究，切实加强非公有制经济人士理想信念教育实践活动的针对性和实效性。要围绕全面深化改革，把握党的十八届三中全会精神实质，积极引导企业家支持改革、参与改革、推动改革，为全面深化改革凝聚正能量；了解企业发展的实际困难和问题，加大帮扶力度，把服务企业生存发展作为开展理想信念教育实践活动的有效途径；加强典型宣传，以身边人、身边事增强感染力，以点带面，全面推进；引导企业把理想信念教育实践活动融入到企业文化建设，逐步建立富有个性特色、具有扎实员工基础的先进企业文化，让非公有制经济人士潜移默化受到教育，使企业文化成为企业发展的软实力；紧紧围绕建立思想政治工作长效机制，把“四信”教育实践活动有机融入到各项工作中去，坚持经常化，确保活动取得实效。

二要服务民营企业特别是中小微企业转型发展。中小微企业既是增加就业的主渠道，促进民生改善的重要力量，也是影响经济转型升级的主体。当前，中小微企业特别是制造业领域的中小微企业普遍遇到较大困难，转型升级的压力很大。不少企业处于“不转型等死，转型找死”的状态。各级工商联组织一定要高度重视和关注中小微型企业的发展，做到同呼吸、共命运。要多到小微企业走一走、看一看，及时发现它们生产经营中的困难，积极主动帮助服务。去年，受国家发改委委托，全国工商联对“民间投资36条”实施细则落实情况进行了第三方独立评估，对相关政策的落实起到有力地促进作用，得到了国务院的高度重视，在社会上产生较大反响。今年，全国工商联开展了中小微企业技术创新调研，目的是要搞清在全面深化改革的新形势下，如何才能引导广大中小微企业通过技术创新实现转型升级，并从中体现工商联的应有作为。各级工商联都要坚持解放思想、开拓创新，积极争取地方党委政府支持，尽可能帮助中小微企业多解决融资难、用工难等问题，在助推企业转型升级、科学发展中多做贡献。

全国工商联始终重视支持河北民营经济发展，2009年以来，每年都作为支持单位积极参与中国·廊坊国际经贸洽谈会；2012年，全国工商联与河北省政府共同签署了《全国工商联和河北省政府促进非公有制经济发展加速河北经济强省建设战略合作框架协议》；去年，又协助河北成功组织了全国百家知名民营企业进河北活动，为河北经济社会发展做出了积极努力。当前，河北明确了建设全面小康、富裕殷实、山清水秀河北的奋斗目标。实现这一战略目标，加快民营经济发展是希望所在、潜力所在。全国工商联将一如既往地关心和支持河北省的经济社会发展。我在这里建议各级党委政府进一步加强和改进新形势下工商联工作，建立民营经济发展联系协调机制，特别是要定期组织有主要领导同志参加的民营企业座谈会，多与企业家们沟通交流，多听取他们的意见，坚定他们的发展信心。也希望进一步选好配强各级工商联领导班子，帮助工商联解决人员、经费、办公场所等实际困难，为工商联更好发挥作用创造必要的条件。我相信，在河北省委省政府的高度重视下，在全省人民群众创业热情进一步激发，包括工商联组织在内的社会各界共同努力下，河北省的民营经济一定会迎来新的更大发展。

二、省区市领导讲话

在全省民营经济发展大会上的讲话

河北省委副书记、省长　张庆伟
（2014年5月9日）

同志们：

党的十八届三中全会对发展非公有制经济做出了战略部署，省委省政府出台了《关于大力推进民营经济加快发展的若干意见》，推动民营经济大发展快发展的大好时机已经到来。这次全省民营经济发展大会，就是要深入贯彻落实党的十八大、十八届三中全会和全国“两会”精神，按照省委八届六次全会和省“两会”的部署，总结成绩、表彰先进，进一步明确新阶段民营经济发展的目标任务、重点工作和政策措施，促进民营经济持续健康发展。一会儿，中央统战部副部长、全国工商联党组书记、常务副主席全哲洙同志、本顺书记还要作重要讲话，我们要认真学习领会，紧密结合实际，抓好贯彻落实。下面，我讲三点意见。

一、进一步解放思想，深刻认识新形势下民营经济发展的重大战略意义

民营经济是国民经济的重要组成部分，是深化改革开放的中坚力量，是调结构转方式最活跃的主体，在推动经济发展、扩大城镇就业、满足社会需求、促进社会和谐等方面具有不可替代的重要作用。

改革开放30多年来，历届省委、省政府高度重视民营经济发展，在中央和省关于加快发展民营经济等一系列政策方针的指引和推动下，全省民营经济发展呈现出规模不断壮大、结构不断优化、效益不断提升的良好局面。一是对经济社会发展的贡献越来越大。2013年，全省民营经济完成增加值18680.2亿元、占全省GDP的66%，分别比“十五末”增长2.86倍、提高23.6个百分点，增长幅度相当之大；上缴税金2554.6亿元、占全省财政收入的70.2%，对发展的贡献率达到2/3以上，分别比“十五末”增长4.69倍、提高26.8个百分点；民营经济单位255.6万个，从业人员达到2014.6万人，分别比“十五末”增长43.8%、54.2%。二是涌现出了一批大型民营企业和名牌产品。在钢铁、光伏、汽车、能源、玻璃、医药、纺织和食品等领域，出现了长城汽车、新奥燃气、华夏幸福基业、隆基泰和、晶龙、英利、神威药业、以岭药业、六个核桃、承德露露等一批行业领军企业；形成了沙河玻璃、高阳纺织、容城服装、安平丝网、安国中药、盐山管道、孟村管件、清河羊绒、顺平肠衣等各具特色的产业集群，这些企业和产业集群不仅在国内占有一席之地，而且在国际市场都具有一定影响力。2013年我省民营企业拥有中国驰名商标176个、河北省著名商标2578个、名牌产品982个，在全国的知名度、美誉度不断提升。三是造就了一批优秀民营企业家。伴随着民营企业的快速发展，一批民营企业家成为民营经济的领军人物、冀商的优秀代表。这些企业家有本土成长的、有外来落户的、也有国有企业改制造就的，是河北经济发展的引领者、社会财富的创造者、社会责任的担当者，是我们的宝贵财富，为河北改革开放和现代化建设事业做出了重要贡献。

党的十八届三中全会明确提出，要毫不动摇鼓励、支持、引导非公有制经济发展，激发非公有制经济活力和创造力。习近平总书记指出，要支持非公有制经济健康发展，鼓励非公有制企业参与国有企业改革，鼓励发展非公有资本控股的混合所有制企业，鼓励有条件的私营企业建立现代企业制度。李克强总理在今年的《政府工作报告》中强调，要增强各类所有制经济活力，在更多领域放开竞争性业务，为民间资本提供大显身手的舞台。近年来，党中央、国务院制定出台了一系列支持民营经济发展的政策措施，如出口退税、小微企业税费减免、加大财政资金投入等，这些为我们进一步做好新形势下的民营经济工作明确了前进方向、提供了重要指导。同时，随着改革红利的持续释放、转型升级的加快推进、新型城镇化建设的全面启动、京津冀协同发展的深入推进，也为我省民营经济发展提供了更加广阔的舞台、创造了更加有利的条件。各级各部门一定要从全省经济社会发展的大局出发，进一步增强责任感、紧迫感和使命感，把加快发展民营经济提升到新的战略高度，最大程度地释放潜力、激发动力、增强活力，推进民营经济发展实现新跨越。广大民营企业家要抢抓商机、把握机遇，主动作为、谋求发展，为河北科学发展、绿色崛起贡献新的力量。

二、进一步解放和发展社会生产力，大力推动民营经济又好又快发展

当前，我省民营经济发展已经站在新的历史起点上，也到了加快转型升级的重要关口。推动民营经济又好又快发展，就要按照科学发展的要求，做足“好”和“快”的文章。既要好字当头，加快调

结构转方式，提高发展质量和效益，又要好中有进、好中求快。因此，要着眼增强民营经济发展的协调性和可持续性，坚持以全面深化改革为动力，以提质增效升级为核心，以抓好各项政策落实为关键，全力打造我省民营经济发展的升级版。

（一）注重做大总量，增强民营经济的支撑力

发展民营经济，首先要解决“量”的问题。就我省而言，既需要“顶天立地”的大企业，也需要“铺天盖地”的中小微企业。一方面，要加强对重点民营企业的支持帮扶，鼓励大型民营企业通过资产收购、产权转让、参股控股、合资合作等方式开展兼并重组，努力打造一批“民企航母”，力争年内实现千亿元民营企业零的突破。对列入“三个一百”领军企业工程的民营企业，实行“一企一策”对口帮扶，在土地、资金、市场等方面给予适当倾斜，帮助企业做大做强。一方面，要千方百计培育市场主体，认真抓好“个转企、小升规、规改股、股上市”的各项工作，加大对“个转企、小升规”的政策扶持力度。引导企业拓宽融资渠道，支持符合条件的企业上市融资，利用市场资本破解资金难题。鼓励全民创业，完善扶持创业的优惠政策和公共就业创业服务体系，重点抓好因化解过剩产能下岗职工、高校毕业生、农村转移劳动力等人员的自主创业，提高创业成功率。从今年起设立省级中小企业发展基金并逐年增加，支持企业发展壮大，确保到2017年全省民营经济单位数量增长60%以上。

（二）注重提升质量，增强民营经济的竞争力

质量是企业立身之本，效益是企业最高目标。要增强民营企业的市场竞争力，就必须在提高质量和效益上下功夫。要充分发挥省级工业技改资金和中小企业发展专项资金的撬动效用，引导钢铁、化工、纺织、医药等传统产业加大研发和技改投入，运用新技术、新工艺、新方法进行改造和提升，提高产品附加值和竞争力，实现由一般加工向高端制造的转变、由产品竞争向品牌竞争的提升。要鼓励引导民企民资拓展投资领域，大力发展先进制造业、新材料、新能源、节能环保等战略性新兴产业，积极吸纳省外知名民营企业来我省投资发展新兴产业。要支持民营企业积极发展科技研发、工业设计、信息服务、商贸物流、金融保险、文化创意、医疗养老等现代服务业，引导企业由生产产品向提供服务转变，把民营经济培育成现代服务业的生力军。要大力实施品牌战略，加大对技术含量与附加值高、市场潜力大的区域品牌、名牌产品和知名企业培育和推介力度，力争年内新培育中国驰名商标10个以上，省名牌产品和著名商标100个以上，省中小企业名牌产品200个以上。民营企业要像爱护自己的眼睛一样呵护企业的品牌，将维护提升发展品牌作为企业做大做强的现实基础。

（三）注重创新发展，增强民营经济的驱动力

创新是企业发展的永恒动力。目前，创新能力不足是制约河北民营企业发展的主要瓶颈。要用好国家和省支持科技创新的各项政策，引导民营企业加大科技研发投入，建设各类实验室、技术中心、研究中心、设计中心，参与国家和省重大科技计划项目和技术攻关，切实提高自主创新能力。要大力推进协同创新，支持民营企业开展与国有企业、科研单位、大专院校的产学研用对接活动，积极承接京津丰富的科教智力资源，加快科技成果向民营企业转化应用，形成一批具有比较优势的高新技术企业和产品，促进民营企业向“专、精、特、新”方向发展。要培育支持1500家年主营业务收入1亿元以上的科技“小巨人”企业，重点选择像晨阳水漆、先河环保、旭新光电、银隆新能源等行业排名居前、技术水平领先、发展潜力较大的100家企业予以扶持。加强集群内公共技术服务平台建设，解决行业关键性技术难题。力争年内新增省级示范平台30个，争创国家级5个，以集群的整体技术进步推动产业发展。

（四）注重加强管理，增强民营经济的生命力

现代企业制度是企业立于不败之地的法宝，“家族式”管理、“作坊式”生产难以把企业做大做强。国内曾经有很多知名的企业都曾在行业中创造辉煌，但由于忽视企业管理和内部监督，很快便由盛转衰。我省的许多民营企业也存在类似问题，有的企业一开始如日中天，但时间不长就一路下滑，现在已销声匿迹。只有按照现代企业制度的要求，建立合理的产权制度、规范的法人治理结构和科学的管理制度，民营企业才能成为“常青树”。要引导民营企业建立健全现代企业制度，鼓励企业实行公司制改造，培养和引进职业经理人，提高企业制度化、精细化管理水平。要引导民营企业广泛采取现代管理方法，改进企业业务流程和组织结构，建立健全内部激励约束机制，不断加强质量、品牌、安全、营销等方面的管理。要引导民营企业增强抵御风险能力，树立风险管理意识，健全风险和危机处理系统，规范企业财务行为，建立与发展相适应的资金链管理模式，有效防范经营风险。民营企业一定要严格遵守国家财务制度和税收法规，切实做到依法依规经营，自觉抵制违法违纪行为。

三、进一步解放和增强社会活力，真心实意为民营经济发展提供优质服务

政府作为民营经济的引导者、支持者和推动者，必须肩负起加快民营经济发展的重要使命。在服务和发展民营经济过程中，我们要审视和反思，对民营经济在全省发展中所处的地位和发挥的作用认识得深不深？对民营经济的发展轨迹和规律研究得透不透？对民营经济的关爱服务好不好？最近，国务院发展研究中心对涉及企业的8个方面环境进行了调查评估，其中企业家对“政府行政管理水平”关注度最高、占60%以上，这说明政府管理水平对发展环境的影响很大，是优化发展环境的重要内容。各级各部门要把民营经济发展放在重要位置，对民营经济高看一眼、厚爱三分，强化问题导向，增强服务意识，创新服务机制，提高服务水平，努力为民营经济发展创造良好环境。

第一，要加快转变政府职能。国研中心调查显示，党的十八届三中全会明确的15项重点改革任务中，企业家对加快转变政府职能的关注度最高、期望值最大，这就对政府深化改革提出了新的更高的要求，也增强了我们加快改革的内在动力。要按照“非禁即入、非禁即许”的原则，加快取消和下放行政审批，清理不利于民间投资的地方性法规和规定，尽快出台政府限制行业“负面清单”。要打破民营企业发展的“天花板”，鼓励民营企业进入交通、能源、金融、水利、生态、医疗等领域，支持符合条件的民营企业产品和服务进入政府采购目录。要深入推进政府机关标准化建设，全面推进服务承诺、首问首办、限时办结等制度，简化办事流程，完善运行机制，提高政府行政效能。

第二，要加大支持服务力度。认真落实国家和省制定的关于促进民营经济发展的政策措施，为民营经济又好又快发展提供有力保障。建立完善领导干部定点联系民企制度，省市县领导都要选择1家以上民企作为联系点，蹲点调研、解剖麻雀、加强指导，及时帮助企业解决困难和问题。省工信、发改、财税、金融、工商、质监、国土等部门要重心下移、靠前服务，在综合协调、项目建设、工商注册、借贷融资、用地用工等方面搞好保障。要尽最大努力为企业松绑减负，按照正风肃纪要求，坚决杜绝吃拿卡要现象。各级工商联、行业协会、商会要发挥好桥梁纽带作用，加强对民营企业的指导、管理和服务，当好政府的参谋助手，为民营企业排忧解难。

第三，要加强企业家队伍建设。企业家的素质决定企业的发展水平和方向，是打造“百年老店”的关键因素。根据国研中心研究报告，近年来我国企业家队伍的素质在不断提高，但整体素质仍然偏低。大浪淘沙，适者生存，提升自身能力才是正道。民营企业家要从企业长远发展出发，既要加强学习、提高素质，努力掌握市场经济、企业管理、法律法规等方面的知识，不断开阔视野和眼界，争取走在时代前列；又要遵纪守法、诚信经营，争做绿色发展的表率、奉献社会的榜样、依法创业的楷模。各级政府要加强对企业家的培训和引导，关心爱护企业家，使他们政治上有荣誉、经济上有实惠、社会上有地位、发展上有动力，努力打造一支懂经营、会管理、敢担当、有作为的新时期冀商队伍。

同志们，万里云天万里路，展翅凌云正当时。当前河北发展机遇难得、前景广阔，为广大民营企业家施展抱负才华提供了难得的机遇和平台。希望广大民营企业家坚定信心、奋勇拼搏，不负重托、不辱使命，在燕赵大地这片热土上创造出无愧于时代、无愧于自己、无愧于人民的辉煌业绩，为实现中华民族伟大复兴的中国梦做出新的更大贡献。

内蒙古自治区主席王波在自治区促进中小企业发展工作领导小组全体会议上的讲话

内蒙古自治区人民政府副主席　王波

（2014年6月9日）

同志们：

这次会议是自治区促进中小企业发展工作领导小组调整以来召开的第一次全体会议。会议的主要任务是研究部署我区中小企业发展工作。刚才，张金亮同志通报了去年我区中小企业工作情况及今年工作安排，8个部门围绕贯彻落实国务院和自治区支持中小企业发展做了发言，所提建议和措施很有针对性，请各成员单位结合各自职能职责，进一步抓好贯彻落实。下面，我再讲几点意见：

一、进一步增强促进中小企业及非公经济持续健康发展的责任感和紧迫感

中小企业是国民经济和社会发展的重要力量。无论是市场经济高度发达的国家，还是发展中国家，中小企业的地位日益显现，在繁荣市场和增强经济活力中发挥着越来越重要的作用。中小企业特别是小微企业也是促进就业的主渠道，新增就业岗位的吸纳器，在当前协调推进稳增长、调结构、转方式、惠民生方面具有不可替代的作用。同样的资金投入，小微企业可吸纳就业人员平均比大中型企业多4到5倍；新增就业和再就业人口的80%以上集中在中小微企业，中小企业不断拓展服务业的发展空间，对于产业结构的调整起到了不可替代的作用。

近年来，自治区党委、政府高度重视中小企业和非公经济发展，把促进中小企业发展提升到战略高度进行谋划，出台了扶持小微企业发展59条和发展非公经济70条等一系列政策措施，进一步优化了中小企业发展的政策环境，不断加大财税扶持力度，不断完善服务体系建设，使中小企业得到了较快发展。截至2014年3月底，全区中小企业和个体工商户达到135.8万户，同比增长14.7%。其中，中小企业达到19.96万户，中小型工业企业增加值占全部规模以上工业增加值的61.8%，拉动全区工业增长4.4个百分点，带动城镇新增就业4.96万人。

这些成绩来之不易，也说明我们各地各部门开展了卓有成效的工作。但我们也必须清醒地看到，我区中小企业发展与发达地区存在不小差距，中小企业和个体工商户占全国的比重一直徘徊在2%～3%之间，企业法人与个体户之比远小于全国平均水平；规模以上工业中小企业数量只占全国的1.2%左右，特别是在当前经济下行和转型升级的压力下，小微企业生产经营十分困难。一是生产经营成本上升，市场竞争压力加大。劳动力及原材料成本不断上涨，

招工难、用人贵、留人难问题日益突出；同时，市场需求不足、大中型企业的挤出效应与低端产能过剩效应叠加，使得市场竞争加剧。调查显示，一半以上的小微企业反映市场竞争压力加大，产品销售困难。二是中小企业集聚和协作配套程度低，抵御市场风险能力差。中小企业几乎都是处于产业链条的某一部位，产业链条的断裂就意味着企业市场的消失，经济形势严峻时首先传导并危及的就是中小微企业。三是创新成果转化难，转型升级困难。由于资金、市场等原因，大量的科技创新成果没有转化为实际经济效益。中小微企业中科技型企业比重低、低端产品多、信息化技术应用水平不高，多数企业依赖低价格、低技术、低成本、低收益、低附加值的传统发展路径。企业转型升级困难，反过来又抑制了技术研发能力的提升。四是服务体系不健全，社会服务能力与企业需求差距较大。我区三级中小企业公共服务平台建设刚刚起步，大多数园区和产业集聚区没有服务平台，社会化专业服务机构服务能力弱，布局分散，中小企业在寻求服务时存在“找不着，用不起，无保障”的问题。五是融资渠道单一，融资难问题突出。中小企业以银行贷款间接融资为主，产权、股权、债权等资本市场直接融资少，全区80%以上的小微企业得不到银行贷款；小微企业贷款成本一般是大企业的3～5倍。小微企业担保体系不健全，融资性中小企业担保机构担保能力不强，自治区再担保机构尚未建立。六是企业税费负担重，发展环境有待进一步优化。一些优惠政策缺乏具体实施细则，门槛高、普惠性和可操作性差，政策落实的“碎片化”问题严重，各项政策散落在众多部门，小微企业难以了解和掌握。特别是在宏观经济下行压力下，政策和社会资源向大中型企业集聚的倾向更加明显。据调查，实际享受国家相关政策扶持的小微企业不到20%，了解相关政策的不超过50%，近25%的小微企业对相关政策完全不了解。

在看到存在的问题和困难的同时，我们也要看到当前我区中小企业发展面临着难得的历史机遇。一是创业就业的政策环境更加优化。今年以来，国务院连续出台改革注册资本登记制度、放松市场主体准入管制、取消和下放审批权限、推行涉企收费清单制度、扩大减半征收企业所得税优惠政策实施范围等多项切实有效的促进小微企业发展政策，改革和制度创新的力度前所未有。二是产业基础更加巩固。一方面，国家已核准备案的4200万千瓦电力装机、300亿立方米煤制天然气、220万吨烯烃、400万吨煤制油等一批重大项目陆续投产；另一方面，全区加快转变经济发展方式，促进资源转化增值，大力延长资源型产业链条，促进产业向高端、产品向终端发展，为中小企业围绕特色优势产业、龙头企业开展分工、协作、配套、集群发展奠定了牢固的产业基础，拓展了产业发展空间。三是产业转移和区域协作带来新的商机。新一轮京津冀产业转移和区域协作，为我区加大招商引资承接产业转移力度、发展中小企业提供了新的机遇。

对此，各地、各部门一定要站在全局和战略的高度，进一步增强责任感和紧迫感，认真研究当前我区中小企业发展的新情况、新问题，把思想和行动统一到国家和自治区的决策部署上来，强化服务，形成合力，推动我区中小企业发展取得新突破。

二、认真做好2014年中小企业重点工作

这次会议前，自治区中小企业领导小组正式下发了《2014年中小企业工作要点》等3个文件，特别是就加强中小企业政策体系、公共服务体系、融资担保体系建设等工作做出了明确的部署，各部门要从实际出发，切实抓好贯彻落实。

一是进一步完善和落实中小企业政策体系。中小企业政策“碎片化”和落实难是长期存在的问题。各级各部门要进一步梳理、细化现有政策，突出税费减免、完善金融服务、建设公共服务体系等关键政策，加大政策落实的督促检查力度。要切实加强政策的信息公开和宣传解读，通过多种形式多种渠道，不折不扣地把各项政策宣传落实到位，让更多的小微企业了解、掌握和享受政策。要建立和完善各部门协调联动机制，推行行政审批和涉企收费清单制度，促进涉企政策和收费等行政事项的公开透明，完善政策落实责任和权力制约监督体系，形成政策落实和企业减负的长效机制。下半年，自治区中小企业领导小组要组成联合督查组，在全区开展一次支持中小微企业政策落实情况的督查活动。

二是进一步加快中小企业公共服务体系建设。把中小企业公共服务体系建设作为扶持中小企业和非公经济发展的重要抓手，推动政府服务企业方式向支持公共服务、改善发展环境转变。会前印发的《关于加快推进自治区中小企业服务体系建设的工作方案》，明确提出了全区中小企业公共服务体系建设的目标任务和分级建设的一系列措施，既有顶层设计，又有具体措施，可操作性很强，要集中力量把这项基础性工程实施好。要加强各部门各类公共服务资源的互联互通和资源共享，建立起服务协同机制，避免重复建设和资源浪费。经信委要按照整体规划抓紧全区中小企业公共服务平台网络的建设，以开放的理念建设和运行服务平台，集聚全社会各类优质服务资源服务中小企业。要认真研究我区中小企业的需求特点，特别是对小微企业在服务内容、方式、程序等方面加以改造，真正能为中小企业提供“找得着，用得起，有保障”的服务。要不断创新公共服务平台运营机制和模式，探索政府引导的公共服务与企业化运营的市场化服务有机结合的发展模式。

三是进一步强化中小企业融资担保体系建设。要把中小企业金融服务工作，作为支持实体经济发展、促进经济结构调整和转型升级的重要内容来抓，从根本上破解中小企业融资难、融资贵的难题，营造良好的中小企业融资环境。要进一步拓宽中小企业融资渠道，落实国家和自治区完善中小企业金融

服务的各项政策，加大对中小企业信贷投入力度，为中小企业提供多样化的金融创新服务和产品，确保“两个不低于”目标的实现。积极推进产权、股权、债权等多种融资模式，扩展中小企业直接融资渠道。加快完善中小企业担保体系，加大对担保机构的规范、监管、扶持和服务力度，发挥好国家中小企业发展专项资金的作用，提高担保机构防范、控制、化解风险和服务中小企业的能力。要建立支持中小企业融资的协调合作机制，积极推进政银企合作，建立各级地方政府、中小企业和金融机构的信息沟通机制。着力解决银企信息不对称问题，在搭建网络银企对接平台上下功夫，探索形成高效、便捷的银企对接长效机制。财税部门要发挥支持性财税政策的引导作用，强化对中小企业金融服务的正向激励和引导。要进一步完善中小企业助保类融资引导专项资金的实施办法，把财政专项资金的杠杆作用发挥好，引导更多的产业链、企业群中小企业互助合作，通过助保类金融产品获得融资。金融监管部门要实施差异化监管，各金融机构要相应调整绩效考核机制，适度提高中小企业不良贷款容忍度，鼓励调动中小企业金融服务部门和工作人员的积极性。各有关部门要进一步清理相关收费项目，对中小企业减免征收部分管理类、登记类、城建类、评价类等行政事业性收费，把中小企业利息外融资成本降下来。

四是进一步培育中小企业特色产业集群。围绕特色产业分工协作，形成产业集群，形成整体优势和规模效应，是促进中小企业健康发展、培育与提升特色产业竞争优势的重要途径，也是发展县域经济的重要方式。要重视改善小企业集聚区创业环境，加强园区和小企业集聚区服务配套，把公共服务体系建设重点向小企业集聚区延伸，支持小企业集聚区提高服务能力和服务配套水平。探索建立企业协作配套和保护配套企业利益的推进机制和政策，引导大企业将配套产业链延伸至本地中小企业，引导当地中小企业主动为承接转移来的大企业配套服务，积极为小微企业创造更多的协作配套和合作发展机会。要解决好中小企业入园难问题。优化调整现有工业园区的土地存量，鼓励建设园中园、小企业创业园，把引导各类园区高效、健康发展与解决好中小企业入园难问题有机结合起来，提高工业园区整体投入与产出效率和对财政、就业的贡献率。

三、切实加强对中小企业工作的组织领导

中小企业量大面广、布局分散，抗风险能力低，做好中小企业工作不能仅仅依靠一个部门，必须在党委、政府的统一领导下，建立起多部门协调联动的工作体系。

一是充分发挥领导小组的职责和作用。这次会议进一步明确了自治区促进中小企业发展工作领导小组及办公室的职责，建立起了领导小组全体会议制度等“五项”工作制度。领导小组的主要任务是组织动员政府各部门和社会力量形成合力，促进全区中小企业持续健康发展。领导小组要充分发挥议大事抓大事的作用，每年至少召开一次全体会议，研究部署年度重点工作任务，研究重大政策措施和重大专项行动计划及专项资金使用方向；每年至少召开一次全区性的中小企业服务工作大会，对全区中小企业工作进行全面动员部署。中小企业局作为领导小组办公室，又是全区中小企业工作主管部门，要充分发挥组织协调的作用，加大调研督查力度，积极主动当好党委、政府的参谋助手；各有关部门要各司其职，各负其责，将促进中小企业发展放在重要位置，切实做到领导、机构、人员、经费、工作力量到位。

二是加大服务和监管力度。在加大简政放权的同时，更要做好政府该做的事。审批下放，服务不能下放，监管不能下放，责任不能下放。要加强服务型政府建设，相关部门更要强化服务理念、意识和职能，切实把中小企业工作的着力点转变到加强公共服务、改善发展环境上。要加强依法监管，加大对假冒伪劣产品、侵犯知识产权、欺行霸市、垄断经营等违法行为的打击力度，建立公平竞争的市场秩序。

三是在具体政策落实和工作推动上形成合力。中小企业各项扶持政策和服务职能分散在不同的部门，只有协同一致，才能将工作和政策措施落到实处。今年国家对涉及中小企业的 7 个专项资金进行整合，在归口管理的基础上，明确了统一的支持原则、方向和重点。要认真贯彻落实国家支持中小企业发展和自治区出台的《2014 年促进中小企业发展重点工作责任分解方案》等一系列文件精神，围绕全区中小企业年度工作任务，协调统筹全区中小企业各类专项资金使用方向、重点，集中财力办大事，避免支持方向分散、重复投资。

同志们，这次领导小组全体会议，我认为开的很有必要，也很成功，对促进我区中小企业发展意义重大。希望各部门认真贯彻落实好会议精神，强化服务意识和责任意识，坚持改革创新，在促进全区中小企业发展上做出应有的贡献。

关于 2013 年内蒙古自治区中小企业工作情况及 2014 年工作安排的讲话

内蒙古自治区中小企业局局长　张金亮

一、2013 年全区中小企业工作情况

2013 年，全区中小企业及非公经济工作认真贯彻落实自治区“8337”发展思路，以开展中小企业创新年活动为主线，加大自治区扶持小微企业发展

59条、发展非公经济70条政策的落实力度，强化公共服务，优化创业创新环境，加大项目支持力度，创新融资服务方式，有效地促进了中小企业持续稳定发展，为全区统筹稳增长、调结构、促改革、惠民生和促进县域经济发展壮大做出了积极贡献。2013年，全区中小企业和个体工商户达到128.7万户，较2012年增加13.8万户，增长12%，增幅高于全国2.6个百分点。新增城镇就业25万人，占全区城镇新增就业总数的92.6%。其中法人企业达到19.6万户，同比增加1.4万户，增长7.7%。工业中小企业达到1.74万户，同比增长2.3%，从业人员达到108万人。4158户规模以上中小工业企业增加值占全部规模以上工业的64.8%，同比增长11.2%，对全区工业增长拉动7.5个百分点，对工业增长贡献率达61%。

2013年，全区促进中小企业及非公经济发展工作在以下几个方面有了新的突破：

一是中小企业服务体系建设有新突破。全区已培育和扶持国家级公共服务示范平台7个、自治区级公共服务示范平台97个。全区统一的实体平台与虚拟平台相结合、线上与线下服务相结合的中小企业公共服务平台网络建设起步良好，进展顺利，自治区枢纽平台基础建设任务完成80%，第一批7个盟市窗口平台建设全面启动。赤峰市12个旗县区实现了公共服务中心全覆盖，一批旗县中小企业公共服务平台开展了各具特色的服务项目。

二是中小企业融资服务创新有新突破。连续三年开展送“金融服务进旗县、进园区、进企业”活动，组织了255家（次）金融机构深入109个旗县及园区，与2883户中小企业现场对接，达成协议贷款973.42亿元，实际到位资金247.8亿元。自治区财政在全国首家建立了“助保贷”专项引导资金，推动涉及7个盟市的19个旗县建立了小微企业贷款风险补偿基金池，引导产业链、企业群小微企业互助合作开展助保类融资，入池风险金已达1.6亿元，银行授信额达11亿元。积极开拓中小企业直接融资渠道，与上海股权交易托管中心签署战略合作协议，成功推荐10家企业在上海股权交易托管中心挂牌。

三是中小企业专项资金规模及管理使用有新突破。与上年同比，争取国家新增中小企业公共服务平台网络建设资金5500元（分三年到位，去年已到位1100万元）、中小企业信用担保资金达到3890万元；协同自治区财政新增5000万元中小企业发展专项资金，预算外安排2200万元支持服务体系建设。创新财政扶持中小企业方式，自治区财政设立并下拨了5000万元小微企业助保类融资引导专项资金，用于鼓励支持旗县（市、区）政府建立小微企业信贷风险补偿资金。极大地调动了旗县市区及金融机构支持中小企业发展的积极性，数十倍地放大了财政资金的使用功效。

四是中小企业培训工作有新突破。与清华大学联合举办了全区中小企业系统管理干部服务能力提升高级研修班，全区12个盟市2个计划单列市102个旗县（市、区）的中小企业主管部门负责人、小企业创业基地、公共服务示范平台和担保机构管理人员近400名学员参加了为期五天的高端培训。依托内蒙古中小企业公共服务有线电视频道开办中小企业培训大讲堂247期，为中小企业免费提供远程电视培训。各盟市采取现场授课、专家讲座等多种形式集中培训中小企业管理人员11280人次。

总的来看，中小企业发展呈长期向好的趋势，但问题仍很突出。

一是市场主体总量不足，集聚程度较低。我区中小企业和个体工商户占全国的比重一直徘徊在2.2%～2.4%之间。工业中小企业数量占全国比重在1%左右，规模以上工业企业数量占全国比重在下降，只有1.2%。问题的背后是特色产业链条短、企业集聚和协作配套程度低，市场主体增长的产业空间不足。

二是创新能力低。主要表现是处于产业低端产品多，电子信息技术应用水平低。全区专利授权量仅占全国的0.26%。全区拥有国家驰名商标仅为广东省的12%、辽宁省的32%，其中属于中小企业的仅有17件。拥有“内蒙古名牌产品”的企业仅占全部工业中小企业的千分之一。

三是服务体系不健全，服务机构能力弱，机制不活。自治区、盟市、旗县区三级公共服务平台建设刚刚起步，社会化专业服务机构小、散、弱并存。大多数工业园区和产业集聚区没有服务平台，整体服务能力与企业需求差距较大，公共服务与市场化服务有机结合的运行机制没有构建起来。

四是融资渠道单一，融资难融资贵问题突出。中小企业融资以银行贷款为主，产权、股权、债权等直接融资甚少。全区80%以上的小微企业得不到银行贷款；小微企业贷款成本一般是大企业的3～5倍。

五是企业税费负担重，发展环境有待进一步优化。建立公平竞争的市场秩序仍任重道远。中小企业政策落实的“碎片化”问题严重影响政策效应的发挥。

二、2014年全区中小企业工作安排

紧紧围绕自治区“8337”发展思路，以“催生主体、引导集聚，鼓励创新、助力成长，创建平台、破解难题，落实政策、优化环境”为工作重点，引导中小企业实现创新发展和集群化发展。力争今年全区市场主体增长15%以上，中小企业和个体工商户新增就业占全区城镇新增就业的90%以上，其中以创业带就业人数占全区城镇新增就业的30%以上。

（一）不断完善中小企业政策体系，优化政策环境

一是加强政策研究，在政策集成、细化配套、提高政策可操作性上下功夫。

二是着力加大对国家和自治区扶持中小企业及非公经济发展政策的信息公开和宣传落实力度。不断完善政策落实的制度和流程，让更多的小微企业切实享受到政策的实惠。加强对政策落实工作的督

促检查，年内争取由自治区政府组成联合督查组，重点围绕自治区扶持小微企业发展59条和发展非公经济70条政策，突出税费减免、完善融资服务、中小企业公共服务体系建设等重点，对全区各地各部门贯彻落实情况进行专项督查。

（二）加快构建中小企业公共服务体系，改善服务环境

一是加快中小企业公共服务平台网络建设。重点改善小企业集聚区创业环境、中小企业技术改造与产业升级服务环境、培训、信息服务与运行监测环境和融资环境。尽快出台加快推进全区中小企业公共服务体系建设工作方案，加强整体规划和顶层设计。加快建设“1+14+N”全区中小企业公共服务平台网络（包括1个自治区枢纽平台、12个盟市2个计划单列市公共服务“窗口”平台和大量产业集聚区共享平台），年内启动运行自治区枢纽平台，实现与12个盟市2个计划单列市公共服务“窗口”平台的互联互通、协同服务，逐步将建设重点向旗县、园区、特色产业集聚区延伸。

二是加大对社会化服务机构的培育、扶持和集聚力度。研究制定中小企业公共服务平台和服务机构服务规范和评价标准。通过政府购买公共服务、积极争取国家中小企业发展专项资金、加大政策支持力度等措施培育一批专业化、社会化的示范性服务机构，构建政府支持中介、中介服务企业的格局。组建全区中小企业公共服务联盟，集聚一批国内优质服务机构为我区中小企业服务。2014年全区组织100家优质服务机构，在100个旗县、园区举办100场中小企业服务日活动。

三是加强企业经营管理人才和员工技能培训。自治区、盟市、旗县区分级落实100名优秀民营企业家、1000名专业技术管理人才、10000名专业技能人才培训计划。通过发放电子服务券、政府购买公共服务，公开选择优质服务机构开展培训工作。

（三）健全完善中小企业工作体系，形成工作合力

一是推进建立中小企业工作多部门协调联动机制。建议自治区促进中小企业发展领导小组每年至少组织召开一次促进中小企业发展领导小组全体会议和全区中小企业服务工作大会，领导小组全体会议要在全面总结上一年度促进中小企业发展工作的基础上，重点研究新一年度中小企业发展的重大政策措施，资金保障和重点工作，明确各成员单位扶持中小企业的职责任务；全区中小企业服务工作大会要对上一年度促进中小企业发展贡献突出的单位和个人进行表彰奖励，并对新一年度中小企业工作进行全面动员和部署。探索建立领导小组成员单位工作联络员会议制度、部门政策落实和服务事项承诺、公示、报告制度，切实解决政策落实“碎片化”的问题，形成多部门协调联动机制。

二是加强中小微企业运行监测工作。利用国家第三次经济普查的契机联手统计部门开展全区中小企业普查行动。同时，借助内蒙古浪潮公司10万户中小企业网上报税系统开展相关数据的搜集、分析和运用，并加强与统计、工商、调查总队合作，进一步做好中小企业运行监测工作，为自治区党委政府决策提供科学依据。

（四）进一步完善中小企业信用担保体系，优化融资环境

一是加强中小企业融资性担保体系建设。协同相关部门研究出台完善中小企业信用担保体系建设的意见，进一步加强对中小企业信用担保体系的规范、监管、扶持、服务，提高担保机构防范、控制、化解风险和服务中小企业的能力。发挥好国家中小企业发展专项资金的作用，鼓励担保机构提高小微企业担保业务规模，降低对小微企业担保收费。推动自治区政府抢抓国家支持西部地区新设立再担保公司的政策机遇，加快组建自治区中小企业信用再担保有限公司，完善中小企业信用担保体系，为区内中小企业信用担保机构增信、分险，引导金融机构加大对中小企业信贷支持力度。

二是加大中小企业金融服务创新力度。发挥好小微企业助保类融资引导专项资金作用，加大对旗县和金融机构的指导力度，逐步在全区推广“助保贷”融资服务，引导更多的产业链、企业群小微企业互助合作，通过助保类金融产品获得融资。加强中小企业股权、债权融资培训和孵化服务，提高中小企业直接融资比重。开展“上海股权交易托管中心走进内蒙古”系列培训活动，力争全年培训企业1500家，我区在上海股权交易托管中心挂牌融资企业达到60家。

（五）培育中小企业特色产业集群，改善产业发展生态环境

一是围绕五大基地建设，做好全区县域中小企业特色产业集群发展规划。

二是重点突出电力装备制造产业、精细化工等煤化工下游产业、新材料及机械装备制造产业、绿色农畜产品精深加工和印刷包装产业、民族特色旅游产品产业等，培育一批县域特色产业集群示范典型，探索催生主体与促进集聚有机结合的成功模式并加以推广。

调中求进转中促好开创新常态下工业和信息化发展新局面

——在2015年全省工业和信息化工作会议上的讲话

河南省工业和信息化委员会主任　王照平

（2015年2月27日）

同志们：

这次会议的主要任务是，深入学习贯彻省委九届八次全会、省委经济工作会议和全国工信工作会议精神，总结回顾2014年我省工业和信息化工作，分析把握新形势新要求，安排部署2015年工作任务。明天下午，省政府将召开全省工业大会，谢伏瞻省长、张维宇副省长将分别作重要讲话，深入分析新常态下面临的机遇和挑战，深刻阐述建设先进制造业大省的重要意义，安排部署当前和今后一个时期的主要工作，我们一定要认真学习领会，抓好贯彻落实。根据委务会议研究的意见，我讲三个方面问题：

一、关于2014年工作

2014年，面对有效需求不足、下行压力增大的严峻形势，全系统认真贯彻落实省委省政府决策部署，按照调中求进、改革创新的思路，全力稳运行，着力调结构，努力破瓶颈，促进了全省工业经济总体平稳、稳中有进、稳中提质。全年规模以上工业增加值1.5万亿元、增长11.2%，高于全国2.9个百分点，增速居全国第7位；实现主营业务收入6.7万亿元、同比增长11.5%，实现利润4771.4亿元、同比增长7.3%，分别高于全国4.5和4个百分点；主营业务收入超百亿工业企业43家，全面完成省政府确定的责任目标。一年来，主要做了以下工作：

（一）全力稳运行

把稳定工业经济运行摆到更加突出的位置，组织实施工业稳增长调结构促发展活动，建立省工业经济运行监测平台，对全省870家重点企业实施月度动态监测，做好煤电运行资金等生产要素保障协调，组织全省煤电产需衔接，研究提出煤电互保、困难行业解困等政策措施，认定困难企业117家并落实帮扶政策，特别是针对8月份工业增速急剧下滑的情况，组成12个督导组进行月督导，建立旬报告月调度制度，强化调控、稳定运行。制定出台了健全企业服务工作体系构建企业服务长效机制的若干意见和年度企业服务工作实施方案，针对企业市场开拓难，组织举办全省五大产业链产销对接暨电商对接大会，开展名优产品扩销售活动，实施“十百千万”网上促销工程，帮助企业扩大销售1300多亿元。许昌、鹤壁、周口等市组织开展系列产销对接，商丘运行“阿里巴巴·商丘产业带”、信阳开通“品品在线”，有效帮助企业开拓市场。针对企业融资难，开展金融机构与万家中小微企业银企对接活动，累计放贷企业10317个、放贷金额946.9亿元；提出了缓解企业融资难的19条措施建议。新乡、安阳、焦作、济源等市建立了过桥资金池，帮助企业缓解暂时资金困难。为提升企业家素质，移植先进理念，举办了6期“双百”企业及重点企业培训活动，共培训企业家1050名。全年全省各级企业服务机构共受理企业问题5188条、解决5078条，解决率达97.9%。为切实减轻企业负担，制定印发工作方案，建立工作机制和月报告等制度，发布涉企行政事业性收费目录清单。通过稳调促系列活动的开展，全省工业增速除8月份外，其余月份均稳定在11%以上。

（二）强力调结构

制定工业转型升级年度行动计划，实施技改提升工程和工业强基工程，601个重点技改项目全年完成投资829亿元、50个重大示范项目完成投资247亿元，分别占年度计划的102%、105%。组织开展质量标杆评选和交流活动，焦作风神轮胎被评为国家技术创新示范企业，郑州宇通客车等3家企业被评为国家质量标杆，认定三门峡速达纯电动轿车等16家省级工业公共技术研发设计中心；作为全国工业企业质量诊断首个试点省，工信部筛选我省17家重点企业开展了质量标杆移植推广。制定化解产能严重过剩矛盾实施方案，开展淘汰落后产能项目和关闭小企业工作复查，清理水泥、平板玻璃等产能严重过剩行业违规建成或在建项目33个，淘汰电解铝6.25万吨、制革90万标张。实施工业绿色低碳发展专项行动，出台促进铅酸蓄电池和再生铅产业规范发展方案、高风险污染物削减实施计划和电石、铁合金行业能耗限额标准贯彻实施方案，推荐确定郑州高新区和洛阳高新区为国家低碳工业园区试点，组织对14家电解铝企业能耗限额监督检查，对183家水泥企业生产设备进行甄别，推广5个行业36项大气污染防治清洁生产技术，认定70个省级工业节能产品和14家清洁生产示范基地。各省辖市积极行动，洛阳市实施机器人和智能装备发展专项、平顶山市实施工业企业“退城进园”行动、濮阳市实施工业强市“131”工程、南阳市实施“五个一百”计划等，为转型升级注入了强劲动力。通过扩充增量、优化存量，2014年全省高成长性制造业和高技术产业增加值占比达52.6%，手机产量1.4亿部，初步形成全球重要的智能终端生产基地；整车产量56万辆，3000辆新能源汽车示范运营；铝材产量900万吨、同比增长15.4%。全年工业企业单位工业增加值能耗下降11.3%，降幅同比扩大2.9个百分点。

（三）合力抓引进

实施制造业承接产业转移年度行动计划，征集对外合作项目1474个、总投资1.28万亿元，先后成功举办绿色建材、汽车及零部件、现代家居系列合作洽谈和集群引进活动。10月30日至11月2日，省政府和工信部联合9省区共同举办2014中国（郑州）产业转移系列对接活动，同时组织了国际智能终端博览会、制造强国战略报告会、院士中原行等活动，共签约项目643个、总投资3548亿元。特别是把智能终端作为集群引进重点，编制产业发展规划、绘制产业链条图谱，召开全省智能终端工作会议、专家委员会第二次研讨会和现场观摩，举办了香港专题推介、豫台专题对接等一系列活动，正威、酷派、阿里巴巴等一批龙头型、基地型项目成功落户郑州航空港区，全年工业和信息化领域实际到位省外资金2492.6亿元。同时，持续抓好新型工业化示范基地创建，濮阳经开区成功创建国家第6批示范基地，对3家国家级和22家省级示范基地进行复核，目前全省共创建国家级示范基地11个、省级46个。

（四）致力促融合

实施两化深度融合专项行动，14家企业被确定为两化融合管理体系贯标国家试点，3家企业入选国家互联网与工业融合创新试点，对88家企业进行信息化水平测评。实施物联网应用10大示范工程，省电子制造云计算平台列入国家工业云创新服务试点，安阳列入国家工业电子商务区域试点，评选表彰第二届“十优”电商平台，积极推进郑州、济源国家信息消费试点和漯河等9个国家级智慧城市试点。开展政务信息安全检查，开通运行省网络与信息安全管控平台，对全省110个政府网站实时监测。中国联通中原数据基地（一期）投入运营、中国移动（洛阳）呼叫中心（一期）主体工程完工，督促三大运营商全年完成投资332亿元、占年度计划的115%。加强无线电安全保障，联合有关部门开展打击整治“伪基站”和打击非法设置无线电台（站）专项行动，查处“伪基站”违法案件209起、缴获“伪基站”设备158套，查处非法电台387个、各类无线电干扰1985起。全年累计完成重大无线电安全保障37次，防范和打击各类无线电考试作弊23次。

（五）着力惠企业

实施万家中小企业成长工程，从全省筛选141家中型企业为“百家成长企业”、1240家小微企业为“千家培育企业”，带动创办万家以上小微企业，全年全省新增规模以上工业企业2063家。启动省中小企业公共服务平台网络建设，16家中小企业服务平台被认定为国家示范平台，认定首批13家省级中小企业特色产业集群。组织开展中小企业与省高校、科研院所对接活动，成功对接116个产学研合作项目，投入科研经费5.9亿元。分别与全国中小企业股份转让系统公司、上海股权托管交易中心签订战略合作备忘录，144家企业在新三板和股权托管交易中心挂牌。继续联合百度公司实施中小企业“翔计划”，举办中小企业领军人才培训、网上百日招聘高校毕业生等活动。强化担保机构和小额贷款公司监管，加强规划、严格准入，现场核查、防控风险，促进规范发展。339家融资性担保机构新增担保额1006亿元、同比增长7.8%，带动被保企业新增销售收入3400亿元；381家小贷公司累计发放贷款410.3亿元、同比增长18.41%，服务中小微企业和“三农”用户2.7万户。

（六）努力保安全

加强煤炭“基层基础基本功”建设，持续开展“五优”矿井创建和煤矿安全质量标准化达标活动，建成“五优”矿井65处、全国煤炭安全高效矿井67处、安全质量标准化达标矿井229处。制定印发全省煤矿职工安全生产行为10项守则，举办系统培训和知识竞赛活动。对平煤神马88处煤矿矿长逐个谈心谈话，排查郑煤128处煤矿各类安全隐患3100多条，组织450余名矿长签订安全生产承诺书，开展煤矿基本建设安全检查和雨季“三防”专项检查，完成316处生产煤矿瓦斯等级鉴定和生产能力建档登记。审慎组织兼并重组小煤矿复工复产，共验收核准复工复产116处。关闭退出小煤矿42处，淘汰落后产能640万吨。全年共生产原煤1.5亿吨，发生伤亡事故20起、百万吨死亡率0.348。

同时，自身建设扎实推进。深入学习贯彻党的十八大、十八届三中、四中全会和习近平总书记系列重要讲话精神，落实中央八项规定精神，深化教育实践活动和中央巡视反馈意见整改落实，先后组织“企业服务进兰考”“产业转移进兰考”“双百企业进兰考”等活动，加强作风建设和党风廉政建设，机关干部作风和服务水平得到提升，委机关创建省级文明单位通过验收。特别指出的是，国防科工局、盐务管理局在推进国防科技工业和军民融合发展、盐业行业管理等方面都取得了显著成绩。委属各单位全面加强业务和队伍建设，围绕中心、干事创业的能力不断增强。各级工信部门按照地方党委政府和委里的部署，开拓创新、锐意进取，为地方经济社会发展做出了突出贡献。各行业协会充分发挥桥梁纽带作用，在服务产业发展方面做出了积极贡献。在此，我代表委党组，对全系统广大干部职工表示衷心的感谢！

在肯定成绩的同时，我们要清醒地认识到，在新常态下，我省工业同全国一样，面临不少困难和挑战：作为能源原材料大省，受需求不足和产能过剩的双重挤压，经济下行压力不断加大；长期积累的产业结构不合理、内生动力不足等问题更加凸显，传统支柱产业竞争压力加大，高成长性制造业和战略性新兴产业上拉作用不足，动力转换青黄不接；企业特别是中小企业生产经营困难，靠低成本、粗放式发展的时代已经过去；信息化应用普及面不广，新技术、新业态、新模式发展的政策和环境亟待完善等。同时，我们工作中也一定程度存在“四个不适应”，对互联网迅猛发展和科技快速变化带来的挑战和冲击不适应，对经济增速换挡期的变化不适应，对发挥市场在资源配置中的决定性作用不适应，对依法行政、依法管理不适应等。这些问题都需要我们在今后的工作中，切实加以解决。

二、关于2015年重点工作

今年是全面完成“十二五”规划的收官之年，也是全面建设先进制造业大省的关键之年。新常态下，新一轮科技革命和产业变革与我国加快转变经济发展方式形成历史性交汇，我省既面临着工业化城镇化加速推进、扩大内需、新技术革命等历史机遇，也面临着产业转移、区位交通、人力资源、载体平台等特殊机遇，与处于工业化后期的沿海发达地区相比，我省需求潜力大；与西部省份相比，我省综合优势比较明显。对我省来讲，进入新常态，既面临前所未有的机遇，也面临前所未有的挑战，但机遇确实大于挑战。我们必须准确把握发展大势，清醒认识增速换挡的必然性、结构调整的艰巨性、动力转换的长期性，既要正视困难、沉着应对，更要抢抓机遇、乘势而上，牢牢把握工作主动权。2015年全省工业和信息化工作的总体要求是：贯彻落实省委九届八次全会、省委经济工作会议、全国工信工作会议和全省工业大会精神，紧紧围绕建设先进制造业大省，立足于提高发展质量和效益，坚持调中求进、转中促好，以集群引进、扩大增量为重点发展高成长性制造业和战略性新兴产业，以技术改造、优化存量为重点提升传统支柱产业，以创新驱动、融合发展为重点推进制造业数字化网络化智能化，加快信息技术广泛应用和经济社会信息化，为中原崛起河南振兴富民强省做出应有的贡献。工作目标是：2015 年全省规模以上工业增加值增长 10% 左右，中小企业增加值增长 12.5% 左右，单位工业增加值能耗完成约束性指标。为此，要做好以下工作：

（一）深化企业服务，稳定经济运行

保持工业经济在合理区间运行，是做好一切工作的前提。制定 2015 年企业服务工作实施方案，搭建两个平台、搞好四项对接，着力拓市场、破瓶颈、减负担、激活力。搭建两个平台，一是完善工业经济运行监测平台。加强对重点行业、重点企业的动态监测分析，做好工业运行质量评价，密切跟踪苗头性、倾向性问题，加强动态分析、专题调研和政策储备。继续开展煤电互保和电煤合同考核，深入开展工业用电需求侧管理，组织好电力迎峰度夏（冬）等工作，做好煤电油运协调保障。密切关注煤炭、电解铝、钢铁等困难行业运行情况，及时研究提出针对性帮扶措施，特别注意防范企业资金链断裂等风险。制定支持“双百”企业做大做强的政策措施，研究出台加快应急产业发展的意见。二是建设省中小企业公共服务平台。上半年建成省平台网络，指导窗口平台和产业平台建设，并与有条件的分平台实现互联互通；下半年基本实现省市县三级平台互联互通和资源共享，各级工信部门要积极对接、加快推进。依托三级平台网络，整合政府部门、行业协会、产业联盟及中介服务资源，完善政企沟通、问题办理和权益保护等长效机制，为企业提供全方位一站式服务。搞好四项对接，即产销、银企、用工、产学研对接。组织举办重点产业链“手拉手”、五大产业链产销对接、“十百千万”网上促销等活动，扩大本地产品在重大项目和政府采购中的比重，推动上下游供需对接和协作配套，引导鼓励传统企业利用电子商务完善供应链、销售链；组织开展第三届全省中小企业和金融机构对接活动，建设企业融资服务网络平台，鼓励各地设立过桥“资金池”缓解企业资金周转困难，支持资产、证券、担保等第三方机构为企业提供“打包”金融产品，协调保障重点企业资金需求和资金链安全；继续组织高水平企业家培训活动，开展多形式的校企合作及用工对接活动，以“双百”企业为重点建设实训基地，以岗位需求量大的中小企业为重点提供网上用工服务；遴选一批省级产学研合作项目，开展科研项目和企业技术需求对接，选派一批研发人员到中小企业兼职。同时，巩固和扩大企业减负成果，抓好已公布涉企目录清单执行落实，适时公布涉企经营服务性收费目录，规范清理行政审批前置服务项目及收费，建立企业负担举报和问题处理机制，组织专项督查行动，加大对违规收费的查处力度。

（二）调整产业结构，推动转型升级

对我省这样一个结构性矛盾突出的发展中省份，没有调结构，稳增长也是一句空话，必须向调结构要动力。要围绕建设先进制造业大省，制定实施重点产业年度工作方案，明确方向目标、工作重点和政策措施，实施 1500 个左右投资亿元以上重点项目，推动工业转型发展。一是做大做强高成长性制造业。坚持龙头带动、集群引进、完善配套，建设全球重要的智能终端产业基地，推动装备产品和装备制造智能化，提高乘用车产业规模，加快新能源汽车产业化，提升冷链食品、休闲食品、饮料制造三大优势产业链，加快家具、家电等产业集群引进，扩大服装、制鞋、家用及产业用纺织品规模，构筑产业竞争新优势。二是培育发展战略性新兴产业。坚持创新引领、要素集聚，重点发展生物技术药物、新型功能材料、超硬材料、节能环保装备，强化示范应用推广，打造新的经济增长点。三是改造提升传统支柱产业。积极推动煤炭、电解铝、钢铁、建材等行业精深加工、技术改造、兼并重组、淘汰落后，引导城区化工企业搬迁改造和水泥行业整合重组，推动省内能源原材料产业向终端产品延伸、终端消费产品向资源加工方向对接，变资源优势为产业优势。四是加快发展生产性服务业。以工业设计、电子商务、融资服务等为重点，制定加快生产性服务业发展的意见。举办工业设计大赛，创建国家和省级工业设计中心，建设工业设计国家级示范园区，推动装备、钢铁等产业向服务型制造转变，实现制造业延链增值。

在此基础上，聚焦 10 个发展专项，“一业一策”，实施“四位一体”发展模式，即每个专项建立一套工作班子、一个专家委员会（研究期刊）、一个产业联盟、一批产业示范基地，成熟一个实施一个。智能终端：实施智能终端产业发展三年行动方案，推动富士康扩大产能，推进正威、酷派、天宇等项目尽快投达产，再引进一批整机和核心配套企业，尽快形成完整的产业链和研发能力，力争今年智能手机产量突破 2 亿部。节能与新能源汽车：出台加快新能源汽车推广应用及产业化指导意见，制定电动汽车充换电设施建设办法和鼓励购买使用新能源汽车试点方案，加快富士康新能源汽车项目布局和落地，指导行业协会做好低速电动车行业管理。工业机器人：坚持政策引导、应用先行，实施重大应用示范和产业化专项，加快形成机器人本体、关键零部件、系统集成等全产业链推进机制，建设洛阳工业机器人及智能装备示范城市。现代家居：开展家具、家电、厨卫及家居建材等专题对接活动，培育秸秆板材示范项目和示范基地，加快金马凯旋家居 CBD、信阳家居小镇、原阳金祥产业园、民权“中国冷谷”等基地建设。制鞋：坚持品牌引进、集群发展，重点承接运动、休闲鞋龙头和配套企业转移，积极引进品牌终端产品和加工贸易，建设周口出口鞋贸易加工基地。纺织印染：坚持规模化、集群化、清洁化，出台产业布局优化意见，规划建设新乡、周口 2 个纺织产业示范园区，配套建设一批高水平印染项目，提高服装品牌影响力和辅料配套能力。铝精深加工：研究落实支持骨干电解铝企业自备机组管理、降低过网费、加强金融支持等政策措施，加大对铝精深加工、技术改造和产品创新等项目支持力度，发展高性能铝合金及深加工产品和工艺，建设巩义国家铝精深加工示范基地。绿色建材：制定加快绿色建材发展指导意见，扩大中高端耐火材料和玻璃深加工规模，提升非金属矿物深加工水平，大力发展建筑节能、节水环保等材料和产品，建设信阳上天梯、汝阳绿色建材示范基地。软件与信息服务业：制定加快软件与信息服务业集聚发展的指导意见，推出具有国内影响的10款工业软件和10个典型行业解决方案，组织信息安全产业联盟和创新峰会，建设郑州国家级信息安全产品研发生产基地。物联网：实施物联网产业发展三年行动计划，重点建设无线传感网络技术、智能卡与射频识别技术研发平台，力争发明专利和技术标准受理超过40项，示范形成10个细分领域优秀解决方案。

（三）承接产业转移，培育优势集群

抢抓产业转移机遇，实施“百千万”亿级优势产业集群培育工程，制订三年行动计划，依托产业集聚区，坚持链式集群式引进，组团式体系化发展，强化链式整合和横向联合，打造一批创新能力强、产业形态新、带动作用大的优势产业集群。一是大力实施集群引进。制订制造业承接产业转移年度行动计划，发布承接产业转移指导目录，组织开展5项多形式、重实效、有针对性的对接活动，抓好2014中国（郑州）产业转移系列对接活动中600个签约项目的跟踪落实。省级层面重点抓好智能终端（手机）、节能与新能源汽车、现代家居、制鞋等产业集群引进，组建专门工作团队，专向信息收集、专题研究评估、专业对接谈判、专人跟踪落实，迅速形成一批新增产能。总结集群引进典型做法，培育10个左右省级承接产业转移示范区。二是培育千亿级主导产业集群。重点在省辖市层面打造15个左右由上下游产业集聚区组合的千亿级主导产业集群，“一群一策”，明确功能定位、空间布局和扶持政策，推广“整机＋配套”“成品＋原材料”等模式，支持龙头企业整合创新链、供应链和金融链，推动中小企业就近配套；引导各省辖市在县级层面培育一批优势明显、错位发展的百亿级特色产业集群，做强大企业、做长产业链、做大产业群。对每个千亿级主导产业集群，建立省市联动的服务工作组，探索设立产业或集群基金，通过产业研究、动态监测、观摩督导、评比奖励等方式，培育壮大主导产业。三是创建国家和省级新型工业化示范基地。提升创建标准、健全激励机制，抓好公共服务平台建设，推动示范基地成为产业集群发展的先行区和示范区。

（四）实施技术改造，加快创新驱动

技术改造与创新是工业转型升级的重要抓手，越是在经济下行时期，越要重视技术改造工作。要以推动新一轮大规模技术改造为牵引，围绕产业链部署创新链，并与技术创新、对标达标和新产品开发有机结合起来，提升产品质量、品牌价值和竞争力。一是实施技改提升工程。制定2015年全省技术改造工作方案，重点实施投资额1000万以上技改项目1200个，年度计划投资1400亿元。出台大力推动新一轮技术改造指导意见，编制重点产业、重要领域、重大项目技改导向目录及工业强基发展目录，发布重点产品和技术发展路线图，健全完善技改项目备案管理体系、投资统计监测体系，聚焦产品抓技术创新和品牌建设、聚焦基础抓强基工程和平台建设、聚焦装备抓信息化改造和智能化改造、聚焦能耗抓节能降耗和提质增效，推动企业用新技术、新工艺、新设备、新材料促进产品创新和品牌建设。组织开展新产品认定和优秀新产品评选，出台鼓励企业生产和使用首台（套）重大技术装备、首批次重点新材料的政策措施。二是推动技术成果产业化。研究制定促进科技成果转化和产业化指导意见，健全技术转移和产业化服务体系，组织企业筛选百项关键共性技术公开招标、深度对接。加强产学研用合作平台建设，围绕工业机器人与智能装备、节能与新能源汽车等战略新兴领域需求，推进制造业创新中心、工业性实验平台、公共技术研发设计中心建设，引导各类创新资源向企业集聚。三是加强质量品牌建设。坚持走以质取胜的道路，开展质量诊断活动，移植推广质量标杆经验做法，建设食品工业企业质量安全追溯平台，力争培育国家级质量标杆2—3个、企业品牌试点示范企业5～7家、产业集群区域品牌试点单位1～2家。

（五）加快两化融合，扩大信息消费

信息化水平低已成为四化同步发展的突出短板。出台2015年信息化推进实施方案，加强顶层设计、项目示范和统筹协调，凝聚合力、加快突破。最关键的是推进两化深度融合，要以智能制造为主攻方向，以贯标和示范为抓手，做好两化深度融合这篇大文章。一是实施智能制造工程。落实两化深度融合专项行动计划（2014—2018），制定产业集聚区信息化建设规范，推动国家两化融合贯标和企业两化融合管理体系建设，组织规上工业企业制定两化深度融合和信息化应用解决方案；大力推广智能制造生产模式，实施一批示范性智能制造项目，加快企业生产设备数字化、智能化改造，支持企业发展在线监控诊断、融资租赁、全生命周期管理等新业务。力争到年底，培育30个左右“数字化车间”和3～5个“智能工厂”，规上工业企业数控技术应用率达50%。二是积极培育新兴业态。加快国家和省级工业云创新服务试点，鼓励电信企业、互联网企业为工业云提供存储和分析服务，加快工业大数据开发应用。继续举办“豫货通天下”工业企业与电商企业对接活动，推进工业电子商务行业和区域试点，建设一批电子商务职业教育实训基地。加快发展物联网、云计算、大数据、北斗导航等，启动“微农讯”农业信息精准服务和大数据应用项目试点。实施商业模式创新示范工程，引导和鼓励企业利用互联网探索形式多样、市场接受的新型商业模式，推出10个左右典型案例。三是提高社会信息化应用水平和信息安全保障能力。支持利用云计算、大数据等新技术促进电子政务应用和服务，推进教育、卫生、社保等社会领域信息化，推动互联互通、共建共享。加强网络与信息安全监测、检查和技术培训，提升工业控制系统信息安全保障能力。加快数据基地、呼叫中心等信息基础设施重点项目建设，力争三大运营商全年完成投资300亿元。

（六）化解过剩产能，推进节能减排

化解产能过剩矛盾是产业结构调整的重点，也是我省工业转型升级、建设美丽河南的应有之义。一是大力化解过剩产能。研究制定淘汰落后和化解过剩产能“十三五”实施方案，合理制定年度淘汰落后产能计划，确保完成淘汰任务。把行业准入、规范管理与压减过剩产能结合起来，严格执行电解铝、水泥等产业政策和行业准入条件，严格执行产能过剩行业产品、环保、安全等国家标准，探索建立利用节能环保标准促进落后产能退出机制，引导电解铝、煤炭等企业“走出去”。抓住当前存量调整的窗口期，优化兼并重组市场和政策环境，协调推进重点行业兼并重组。二是积极推进工业节能减排。制定工业清洁生产水平提升计划，实施高风险污染物削减清洁生产工程，培育清洁生产示范企业。加强重点用能行业强制性能耗限额管理，加快工业企业能源管理中心建设，开发和推广高效节能电机，公布工业节能产品目录。加强资源再利用行业准入管理，推进工业固体废弃物综合利用，推广应用107项重大环保技术装备，加快节能环保技术装备产业化。

（七）扶持中小企业，壮大市场主体

中小微企业是经济发展的生力军、就业的主渠道、创新的重要源泉。要优化环境、改善服务，切实增强市场主体活力和内生动力。一是营造政策环境。近几年，国家对中小微企业扶持力度空前加大，在税收、资金、创业、平台建设等方面密集出台政策措施，工信部门要发挥好牵头作用，建立健全小微企业考核评价机制，定期对各级各有关部门政策落实情况督导检查，推动各项政策措施落到实处。二是实施中小企业成长工程。制定支持中小企业成长的政策措施，抓好重点培育和动态监测，调整充实企业名单。启动“专精特新”中小企业和产品认定，培育和创建40个中小企业特色产业集群。三是改善中小企业服务。完善政银担企合作机制，分地区开展新三板挂牌辅导，推动企业融资手段创新，提高直接融资比重，探索网络金融服务小微企业新模式。启动中小企业诚信体系建设，开展中小企业信息化推广活动。加强中小企业人才培训，组织创业训练营、青年创业大赛等活动，提高创新创业能力。

（八）强化“三基”建设，提升煤炭安全水平

贯彻落实国家“双七条”和我省强化煤矿安全生产暂行规定、煤矿职工安全生产行为守则“双十条”规定，提高煤矿安全生产保障能力。一是深化煤矿基层基础基本功建设。分级推进煤矿安全质量标准化，一级抓巩固、二级抓提升、三级抓整改。持续开展“五优”矿井创建，力争建成“五优”矿井70处、占全省骨干煤矿总数的50%以上。大力推广“白国周班组管理法”，组织煤炭“安康杯”竞赛和技术比武，提升班组建设整体水平。二是强化安全监管。督促煤矿企业认真落实安全生产主体责任，开展煤炭安全生产大检查，做好煤矿灾害防治。严格控制灾害严重矿井生产能力，做好煤与瓦斯突出、冲击地压等79处煤矿生产能力重新核定。组织煤炭清洁高效利用行动计划，在骨干煤矿中开展绿色开采试点。三是妥善解决兼并重组遗留问题。继续做好小煤矿关闭退出工作，推进兼并重组煤矿深度融合。四是推动煤炭企业平稳运行。目前，煤炭行业进入困难时期，要及早着手、妥善应对，确保不出现行业性风险。引导煤炭企业以市场需求为导向，科学调控煤炭产量，加强内部精细化管理，加快调整产业产品结构，向煤化工、深加工、高附加值发展。加强涉煤收费清理检查，切实减轻煤炭企业税费负担。

（九）加强无线电管理，维护空中电波秩序

加强无线电频谱资源集中统一管理，统筹电信、广电、交通、民航、铁路、航天等部门需求，推进频谱资源高效集约利用。组织频率使用情况专项检查，抓好4G移动通讯频率清理，做好频率和台站管理。加大无线电监测和干扰查处力度，保障重大活动无线电安全。统筹协调军地无线电管理，加强无线电宣传和执法培训，编制无线电管理“十三五”规划。

三、关于需要重点把握的几个问题

在新常态下，工业和信息化发展面临的新情况、新挑战、新问题，超过以往任何时候。在本轮机构改革中，省工信厅更名为工信委，既是省委省政府对我们工作的肯定，更是沉甸甸的责任，我们必须敢于担当、事不避难、义不逃责，在我省加快现代化建设进程中实现更大作为。这里，我强调几个需要重点把握的问题，与大家一起研究探讨。

（一）关于适应新常态

目前，我省工业增速的下滑，已不主要是受经济周期波动或外部性因素影响的反映，而是长期积累的深层次矛盾、环境资源约束等综合作用的结果，不仅稳增长的难度大、调结构的任务更重，以调求进、以转促好的平衡和统一很难把握。认识新常态、适应新常态、引领新常态，是我们做好工业和信息化工作的最核心要求。认识新常态，要科学看待增长速度的回落。综合分析我省GDP8%的增长目标、三次产业发展演进趋势和工业自身特征，我们将今年规模以上工业增速定在10%左右，相比去年有较大幅度的下调。主要考虑是希望大家保持战略上的平常心，不再片面追求增长速度，腾出更多的时间和精力调结构、促转型。有的地方快一点或慢一点，一个时期快一点或慢一点，都不必过于纠结。但要牢固树立底线思维，以释放有效需求为重点，扩大增长点、转化拖累点、抓好关键点、稳控风险点、抢占制高点，确保工业经济运行在合理区间，避免大起大落。适应新常态，要加快产业结构调整。在全国经济减速大背景下，我省工业投资增速从2011年的34%回落到2014年的17.1%，工业销售收入利润率由2011年的8.5%回落到2014年的7.1%，经济增长动能不足，企业投资意愿下降，单纯依靠简单的上项目、铺摊子、刺激扩张已难以为继。反观一些结构调整早、转型升级快的沿海省份，如上海发展“四新”经济、浙江提出“四换”等，工业运行质量稳步提升，赢得了主动。对比可以看出，我省到了只有调结构才能稳运行、促发展的关键阶段，必须把产业结构战略性调整放在突出位置，坚持调中求进、改中激活、转中促好、变中取胜，通过结构调整、动力转换实现更健康更长远的发展。引领新常态，要深化改革、营造环境。作为行业主管部门，核心是正确处理好政府和市场的关系。我们要充分发挥贴近企业、行业和市场的优势，转变职能、强化服务，以企业为中心制定政策、部署工作，在建设法治政府和服务型政府中走在前列。要当好企业“代言人”，及时反映行业、企业情况和诉求，推进相关改革措施的完善和落实，以改革精神和市场规律破解企业难题；要增强规则意识、坚持依法行政，运用法治手段加强和改进行业管理，推进各类市场主体依法公平竞争，创造良好市场环境，充分激发经济发展的活力与动力。

（二）关于培育新业态

当前，以移动互联网为代表的新一轮科技革命风起云涌，电子商务、大数据、云计算、物联网等新兴业态方兴未艾，带来了至少3个方面的革命性影响：一是加速产业升级。在信息技术的牵引下，制造业正在由大规模批量生产向个性化定制生产转变，由集中生产向网络化异地协同生产转变，对传统生产方式产生革命性变化。二是加速跨界融合。互联网以其消除壁垒、提高效率、降低成本等特殊功能，正在颠覆和重构相关产业，催生了平台经济、互联网金融、众筹、创客等新技术、新业态、新模式，在中国造就了百度、阿里巴巴、腾讯等世界级企业，也创造了热议的互联网思维。三是加速企业跨越。传统行业企业市值达到1000亿美元，雀巢咖啡用了135年、丰田汽车用了76年，而运用互联网平台的苹果用了30年、谷歌用了7年，我国的小米从2010年成立不到5年时间销售收入突破700亿元。可以说，信息技术和制造技术融合正在引发新一轮工业革命，而我省大量的中小企业仍处于机械化甚至手工作坊阶段，面临着工业2.0（电气化）补课、工业3.0（信息化）普及、工业4.0（智能化）并行的复杂局面。一方面，我们要对接中国制造2025，不失时机地发展智能装备、工业机器人、3D打印、工业控制芯片等智能制造，发展大数据、云计算、物联网等新兴业态，在制造业高端占据一席之地；另一方面，要注重用智能制造改造提升传统产业，用智能设备取代老旧设备，用信息化手段提高企业经营管理水平。我们还要注意引导企业运用互联网思维，加快商业模式创新，发展互联网主导的平台经济，用电子商务、大数据等提高企业供应和销售服务的效率。

（三）关于完善新举措

面对新常态、新趋势，省委省政府审时度势，提出建设先进制造业大省的重大战略，任务很重、挑战很大，没有一股子拼劲和闯劲，很难完成任务。我们要切实增强使命感和责任感，一步一步把战略转化为行动、把行动转化为实效。关于今年的工作，在稳增长上，我们提出搭建“两个平台”、搞好“四项对接”；在调结构上，提出实施“三个工程”（“百千万”亿级优势产业集群培育工程、技改提升工程、智能制造工程）、聚焦“10个产业发展专项”；在信息化上，突出智能制造和新兴业态“两大重点”，都是落实战略部署的具体举措。同时，我们还要按照省政府总体部署和要求，全面启动工业转型升级、信息化等“十三五”规划编制，突出前瞻性、科学性和对策性，研究提出未来一个时期建设先进制造业大省的措施和抓手，启动智慧河南建设并滚动实施，谋划一批重大项目、重大工程、重大政策，探索运用产业基金、市场机制加快产业发展等重大问题，争取各方面工作的主动。需要强调的是，产业没有先进和落后之分，是不断接续升级的过程，很多战略性新兴产业都是由传统产业孕育孵化而来，大多数国际品牌消费品也都来自服装、轻工等传统产业，我们要增强信心、坚定不移，致力于传统产业技改提升、“挖潜开荒”，推动高端化、低碳化、智能化改造，既要让新兴产业的“新芽”成长为参天大树，也要让传统产业“老树发新芽”，用双“发动机”推动我省工业行稳致远。

（四）关于落实新要求

新常态、新趋势和新任务对我们提出了新的更高要求，全系统要凝神聚力、转变作风、狠抓落实。一要提高专业素养。工信部门的应有之义，首要的是把握时代脉搏、洞悉行业发展的趋势和方向。实事求是地讲，面对新一轮科技革命和产业变革的汹涌大潮，一些同志不知所措、有心无力，存在“本领恐慌”；面对经济下行压力和传统产业困境，一些同志无从下手、无能为力，存在“换挡焦虑”。我们要切实加强学习、拓宽视野、创新思路，把握新趋势、研究新问题、采取新举措，不断增强驾驭工业和信息化发展的能力。二要持续改进作风。我们由厅改委，最大的区别就是要强化“大综合的思路、大工业的视野”，这不仅需要强化专业化水平，更需要锤炼优良作风。要持之以恒抓好作风建设，弘扬团结干事、攻难克坚的工作精神，弘扬敢于亮剑、勇于担当的工作作风，以改进作风新常态推进各项工作取得新成效。各级工信部门要围绕中心，大胆履职、主动作为，叫响工业主战场、打好发展主动仗。委属单位要不断加强自身建设，提高政策、技术、标准、管理等研究水平和服务能力。行业协会要充分发挥专业优势和桥梁纽带作用，在行业管理和服务中发挥更大作用。三要加强廉政建设。严格落实党委主体责任和纪委监督责任，加强廉政教育和纪律建设，严格遵守党的政治纪律和政治规矩，强化对权力运行的制约和监督。各级工信部门领导同志既要从严律己，又要从严管理，认真履行“一岗双责”，抓好班子、带好队伍，确保能干事、不出事。

同志们，做好工业和信息化工作，任务艰巨、责任重大。让我们统一思想、振奋精神，调中求进、转中促好，加快建设先进制造业大省，为中原崛起河南振兴富民强省做出应有的贡献！

在全省半年经济工作会议暨全省第二次民营经济发展大会的讲话

贵州省委书记、省人大常委会主任 赵克志
（2014年7月18日）

同志们：

这次会议的主要任务是，深入学习贯彻习近平总书记重要指示精神和中央的决策部署，研究部署半年经济工作及全省民营经济发展，坚定信心、迎难而上，强化措施、狠抓落实，动员全省上下为完成全年目标任务而努力奋斗。刚才，敏尔同志讲了重要意见，大家要认真抓好贯彻落实。这里，我从领导认识和工作把握上强调几点。

今年以来，全省上下深入学习贯彻党的十八大和习近平总书记系列重要讲话精神，认真落实中央的决策部署。坚持稳中求进，在经济下行压力加大的情况下，统筹做好稳增长、促改革、调结构、惠民生各项工作，全省经济总体上保持了稳中有进、稳中向好的态势。各地各部门扎实开展教育实践活动，全面深化改革开放，创新社会治理方式，加强领导班子和干部队伍建设，深入推进党风廉政建设和反腐败斗争，各方面工作都取得了新的进展。这些成绩来之不易。经济运行调节和统计等工作成效明显，各级各部门做了大量艰辛细致的工作，各族干部群众精神好、心气足，讲实干、求实效，为经济又好又快发展做出了重要贡献。

7月10日—12日，我们举办了生态文明贵阳国际论坛2014年年会，会议取得了圆满成功。李克强总理的贺信和李源潮副主席的主旨演讲，在与会者中引起强烈反响和共鸣。会议形成的一个重要共识就是，发展经济和保护生态环境是可以实现和谐共赢的，关键要创新发展思路和方式。这些理念和共识，完全符合总书记"守住两条底线"的重要指示精神。我们要把习近平总书记正确处理生态环境保护和发展关系的重要指示贯穿于经济社会发展全过程，把这次生态文明论坛的理论成果转化为实践成果，既不能守着绿水青山饿肚子，也不能为了金山银山破坏生态，推动经济发展和生态环境保护相向而行，实现经济效益、社会效益和生态效益同步提升。

做好下半年的经济工作，总体要求是，全面贯彻落实党的十八大、十八届二中全会、三中全会和习近平总书记系列重要讲话精神，坚决贯彻党中央、国务院的各项决策部署，继续坚持稳中求进、改革创新、又好又快的总基调，牢牢守住发展和生态两条底线，紧紧围绕抓好改革开放关键一招，统筹推进工业化、城镇化、信息化、农业现代化和旅游产业化，用好后发优势，实施开放赶超，加快创新发展，推进全面小康。在工作把握上，要把促增长、保总量作为下半年经济工作的首要任务，重点突破工业，着力扩投资、调结构、促转型、抓平台、强基础、增活力、防风险，全力保持经济社会持续健康、又好又快发展，确保完成全年各项目标任务。

一、牢牢把握发展第一要务，继续实施开放型后发赶超战略

改革开放以来，历届省委、省政府带领全省各族干部群众，艰苦奋斗，真抓实干，开拓进取，取得了改革开放和现代化建设的巨大成就。从20世纪80年代到"十一五"时期，是我省以开发扶贫、生态建设为重点的发展阶段，全省贫困人口大幅下降，总体上解决了温饱问题，在交通、水利、能源等方面为加速发展打了下坚实的基础。"十二五"以来，全省发展"进入后发赶超、加快全面小康建设的重要阶段"。这个阶段的重要特征就是新型工业化和新型城镇化，重点任务是"兴工、建城、保生态"。发展目标是后发赶超，与全国同步建成小康社会，走向生态文明新时代。我们要立足贫困落后主要矛盾和加快发展根本任务，全面贯彻落实省第十一次党代会精神，始终坚持以经济建设为中心，坚持发展第一要务，用发展的办法解决前进中的问题，既要"赶"又要"转"，重点解决"慢"这个主要矛盾，奋斗五年，实现"三高于、一达到、五翻番"的目标，努力走出一条后发赶超、加快全面小康建设的新路子。下半年，要继续保持提速转型的态势，进一步把发展速度提起来，努力保持一个两位数的增长速度，确保全年任务目标的实现。

进入后发赶超、加快全面小康建设的重要阶段，在发展方针上，要分析好、利用好、维护好、发展好各种后发优势，避免"不识庐山真面目，只缘身在此山中"。一是用好各级干部团结干事的发展优势，这是生产力中最活跃最重要的因素。二是用好劳动力价格的竞争优势，不能再错过承接产业转移的机遇。三是用好生态环境的后发优势，绝不能靠牺牲环境换来一时发展。四是用好基础设施建设形成的开放优势。还有能源资源丰富，区位条件好，中央政策好，都是我省有优势的生产要素。但我们缺管理、技术、资金、市场等，必须与市场要素尤其是外来的市场要素有效结合才能形成生产力。战书同志早就讲过，开放带来的活力在一定意义上比改革还要大，"越自信、越融入，越开放、越前进"。这就是要求我们，继续实施开放型后发赶超战略，以扩大开放为龙头和抓手，倒逼深化改革，倒逼调整转型，加快推进新型工业化和新型城镇化。要守住生态底线，促进发展与生态平行共进，实现包容性发展，让群众就业创业得实惠，共同分享发展成果。

二、抢抓新一轮改革发展机遇，推动新型工业化跨越发展

无工不富。以湄潭农民种茶为例，亩均茶园年

采茶收入4000元，如果发展加工和销售，还可增收4000元。工业是经济工作的重中之重。我省经济的慢、小、弱，主要原因是工业滞后。要充分发挥后发优势，抓住和用好国家大力支持、新一轮改革、产业梯度转移和对外开放的新机遇，加快新型工业化后发赶超。瑞士是一个富裕文明的发达国家，它的富裕文明来自于工业的高度发达，钟表、机械、化工、电器、食品工业享誉世界。“十二五”以来，我省的实践也证明，哪一个地方对发展工业认识清楚，能在工作中抓住不放，哪一个地方发展速度就快，经济建设就能搞上去。毕节市这几年的发展就是这样。李源潮副主席说，他这一路下来，“贵阳、遵义、毕节城乡面貌变化都很大，特别感到毕节的发展成就出乎意料”，说到底，毕节市在工业发展上实现了突破。我们要大力弘扬“深化改革、锐意创新、埋头苦干、同心攻坚”的毕节精神，走好园区之路，聚工业之气、造工业之势、成工业之强，坚持投资驱动与创新驱动并举，以工业的加快突破，带动经济社会加速发展、加快转型、推动跨越。上半年，全省规模以上工业增加值仅增长11.6%，远低于发展要求。下半年，要集中精力，强化责任，勇于担当，真抓实干，切实把工业抓上去。抓工业关键在项目，各级领导干部要按照“三个一”的原则，“帮一个、上一个、招一个”。要深入开展服务企业服务项目活动，把工业投资、工业用电提起来，帮助困难企业尽早复产脱困，确保工业经济较快增长。

企业是市场主体，需求是市场动力，劳动力要与企业和市场需求有效配置才会形成竞争力。要加快创新发展，努力提升产业，创新技术，留住和吸引人才。当前由于经济下行压力加大，我省传统能矿产业增长乏力，各级政府要采取切实措施帮助企业克服困难。要按照环境友好型、生态友好型的要求，抓好以大数据产业为重点的电子信息产业，加快三个电信运营商数据中心、富士康第四代绿色产业园建设，努力实现后发先行。抓好新医药和健康养生产业，跟踪落实好医药产业专题招商项目，抓紧完成新医药产业发展规划和全省健康服务业发展规划，加快建设一批全国重要的保健疗养中心和康体运动基地。抓好以文化旅游为重点的现代服务业，推进现代服务业集聚区发展规划项目化落实，办好第九届旅游产业发展大会，今年实现新增2个5A级和12个4A级旅游景区。抓好遵循山地经济规律的现代高效农业，抓紧出台支持农业经营主体健康发展的政策措施，确保全年新增100家省级龙头企业。抓好新型建筑业和建材产业，集中力量发展一批在我省注册、服务地方经济发展的骨干建筑龙头企业，确保实现建筑业增长目标。

三、加快新型城镇化进程，让更多农民走出大山进城就业发展

规划是城市发展的龙头，决定着城市建设的品质。我省处在城镇化加速时期，搞好规划，对于保证城镇化持续健康发展具有重要意义。要坚持既要好看更要好用，对外有形象，对内有品质，高起点、高标准、高品位地搞好规划设计。一要着眼长远。研究把握城市发展趋势，对城市人口规模、资源成本、产业发展、交通组织的等进行科学预测，既给当代发展指明方向，也给未来发展留下空间，防止规划三年一变、五年一动。二要全域规划。把全省城乡地域全部纳入规划范畴，使规划纵向到底、横向到边、全覆盖、无盲区。要把城乡规划和行政区划调整结合起来，把中心城市、中小城市和小城镇的个数、规模、特点和阶段目标，以及村庄的数量，都以规划的形式确定下来。注意与土地利用规划相衔接，有效保护耕地资源。三要精细设计。搞好建筑设计、空间设计、城市设计、环境设计，对于中心城区、重点地段和大型建筑，要精细到形态、功能、天际线。要处理好向山要地和保护生态的关系，哪些地方需要削峰填谷，哪些山头要保留下来，要在科学论证的基础上，通过规划予以明确。四要产城互动。把产业与城镇结合起来，以产业发展带动城镇建设，依托城市发展现代产业。要结合教育园区、科技园区、旅游景区规划，完善配套设施，建设城市新区。五要严格执法。城市规划定下来之后，必须不折不扣地严格遵守、坚决执行。

要坚持以前瞻性城市规划为引领，加快农转工、农民市民化步伐。要认真落实我省户籍制度改革政策，开放除贵阳主城区以外的落户限制，积极、稳妥、有序推进农业人口转移。适应交通条件改善和经济社会发展的新要求，今年要完成乡镇撤并工作，加快撤县建市步伐，形成一批新的中小城镇。要把保障性安居工程延伸到乡镇、园区、学校，全面完成棚户区改造等保障性住房、扶贫生态移民房、农村危房改造的建设任务。要加强农民转移就业培训，把农民培养成为技术工人、产业工人，使之稳定融入城市生活。

四、加快推进交通水利基础设施建设，彻底打破经济社会发展的瓶颈制约

以交通和水利为重点的基础设施建设，事关我省发展全局和长远的战略任务。经过历届省委、省政府的不懈努力，我省交通建设取得了重要突破，基本形成了公路、铁路、民航、水运、管道“五位一体”现代综合交通运输体系。过去人们感慨，“不是夜郎真自大，只因无路去中原”。现在解决长期制约我省发展的交通问题近在咫尺、就在眼前。要继续强力推进交通建设大会战，把经济社会发展捆绑在快速前进的车轮上。今年，全省高速公路通车里程要突破4000公里，明年超过5000公里，实现县县通高速公路。铁路通车里程要超过2800公里，确保建成贵阳到广州的高速铁路，迎来高铁时代，明年开通贵阳到长沙、后年开通贵阳到昆明的高速铁路，还要抓紧编制贵阳链接各市州区域中心城市的高速铁路网络规划。要确保完成贵阳龙洞堡

机场1号航站楼扩容改造、六盘水月照机场等项目，争取开通一批国际国内航线。全面建成乌江渡至龚滩等航运工程，加快打通和提升“北入长江、南下珠江”出省水运通道。

工程性缺水将成为制约我省新型工业化、城镇化的最大瓶颈。要扎实推进水利建设“三大会战”，加快建设一批骨干水源工程、引提灌工程、地下水利用工程，加快解决工程性缺水步伐。下半年，要继续推进黔中、夹岩水利枢纽工程，争取年度计划的骨干水源工程全面开工。目前，全省水库总库容468亿立方，其中，有发电功能的442亿立方，无发电功能的26亿立方。要拓展解决用水问题的思路，研究调整现有水库、电站功能，制定切实可行的规划，通过长距离跨区域调水，优化水资源时间和空间配置，把现有水资源科学合理利用起来。滴灌、喷灌等节水农业技术特别适用于山区。要结合发展现代高效农业，大力推广滴灌、喷灌等节水技术。大力推进“四在农家·美丽乡村”建设，确保完成基础设施六项行动计划年度任务，解决好农村饮水安全问题。

五、大力培育壮大市场主体，切实增强民营经济的发展活力

近年来，我省民营经济发展取得了巨大成绩，在国民经济中的比重大幅提升，对经济增长的贡献率接近60%。到今年6月底，我省市场主体注册资本金13552亿元，同比净增3547亿元，进入了快速发展的新阶段。要把发展民营经济作为后发赶超、全面小康的关键举措，思想再解放一点，力度再大一点，步伐再快一点，大力培育壮大市场主体，切实增强民营经济发展活力。在全社会鼓励积极创新创优，激起本土干部群众的创业激情，用自己的双手谱写好中国梦的贵州篇章。一要通过深化改革培育一批。抓住国家放宽市场准入、改革工商登记和促进市场公平竞争的机遇，真正消除“潜规则”、打破“玻璃门”，生成新的市场主体，使注册资本、民间投资、新增就业都有新的突破。二要通过政策支持扶持一批。深入实施提高民营经济比重五年行动计划、“3个15万元”政策和“万户小老板工程”，鼓励在外务工经商人员返乡就业、创办企业，通过产业发展促进群众就业，带动群众致富。三要通过对外开放引进一批。加强区域合作，以发展实体经济为重点，通过专项招商、产业招商、定点招商、以商招商，引进一批引领性项目，今年要在引进世界500强企业上有新的突破。各级干部招商引资，重点是引进实体经济，在招商引资中要守住廉洁勤政这条底线。

民营经济是环境经济。哪里环境好，哪里就能吸引企业投资。要以转变政府职能、优化政务环境、提高服务水平为重点，形成亲商、安商、助商、护商的良好氛围。认真落实权力清单制度，抓紧制定投资负面清单、便民服务清单，切实做到“该放放好、该管管住”、强化开放平台建设，确保贵阳综合保税区年内封关运行，加快推进贵安新区、遵义经济开发区申建综合保税区，积极推进双龙临空经济区、外贸基地、电子口岸建设，提高全省经济的开放水平。坚决治理乱收费、乱罚款、乱摊派、乱检查、乱评比、乱培训等现象，多措并举、对症下药，有效降低融资和交易成本，切实减轻企业特别是小微企业负担。鼓励民营企业立足自主研发、加快产品创新，提高竞争力。扎实教育“9+3”计划，加快各地职教城建设，多办服务当地的专业、多培养能留在当地的人才。

做好下半年的经济工作，要坚持底线思维，高度重视化解当前在社会管理、投资、房地产、征地拆迁等方面面临的矛盾和问题。深入推进信访维稳“百日攻坚战”，有效化解各种不稳定因素，严防发生重大群体性事件。进一步落实安全生产责任，严防发生重特大安全事故。把握好债务规模和结构，用改革的办法化解存量债务，规范新增债务，确保政府性债务总体可控，严防发生地方政府性债务风险。大力促进房地产业健康发展，认真做好就业工作，稳步推进国有企业改革，严防发生市场非正常波动带来经济风险。要扎实开展好教育实践活动，强化督促指导，开好专题民主生活会，确保取得人民群众满意的效果，进一步密切党群干群关系，真正使干部受教育、群众得实惠、地方促发展。着力抓好存在问题的整改落实，深入落实中央八项规定，抓紧制度笼子，防止“四风”问题反弹，确保我省教育实践活动不空、不虚、不偏、不走过场，善始善终、善做善成。

同志们，后发赶超、全面小康事业，是全省各族人民的事业。我们要紧密团结在以习近平总书记党中央周围，倍加珍惜十分难得的历史机遇，倍加珍惜发展积极性的空前高涨，倍加珍惜后发赶超的社会共识，倍加珍惜团结拼搏的大好局面，倍加珍惜来之不易的发展态势，始终保持艰苦奋斗，埋头苦干的昂扬激情，更加出色地完成好下半年工作，为贫困地区全面建成小康社会探索新路子。

在全省半年经济工作会议暨全省第二次民营经济发展大会上的讲话

贵州省委副书记、省长、
省政府党组书记　陈敏尔
（2014年7月18日）

同志们：

刚才，省委、省政府对全省民营经济先进集体和先进个人进行了表彰。等一会，克志书记要作重要讲话，我们要认真领会，抓好落实。下面我先讲两方面具体意见。

一、关于上半年经济工作情况和下半年经济工作任务

今年以来，全省上下认真贯彻落实习近平总书记系列重要讲话精神和中央决策部署，坚持主基调主战略，坚持稳中求进、改革创新、又好又快，牢牢守住发展和生态两条底线，用好改革开放关键一招，统筹稳增长、促改革、调结构、惠民生，经济社会发展呈现出稳中向好、动力增强、结构趋优、民生改善的良好态势。主要经济指标增速继续位居全国前列，生产总值增长10.8%、排全国第2位；固定资产投资增长24.6%、第一产业增加值增长6.1%、建筑业增加值增长20.1%、社会消费品零售总额增长13.1%、公路运输总周转量增长28.4%，均排全国第1位；规模以上工业增加值增长11.6%、排全国第6位，公共财政预算收入增长15.3%、排全国第8位，进出口总额增长46.2%、排全国第3位，金融机构存贷款余额增长21%和23%、排全国第3和第4位，完成进度实现“时间过半，任务过半”。特别是生产总值3780亿元，为2000年以来半年完成进度最高的一年，为确保全年突破9000亿元、争取9200亿元奠定了良好基础。重点抓了以下工作：

一是抓目标分解调度推动经济增长。坚持把目标管理、运行调度作为经济工作的基本抓手，把全省经济工作会议、《政府工作报告》确定的重点任务和支撑生产总值核算的24项指标逐一分解到各地、各部门，层层落实责任，层层传导压力，有力地促进了增比进位。采取月询评估、季度分析、专题研究、专项督查、现场办公等方式，加强经济运行调度，及时解决经济发展中出现的突出矛盾和问题，有效地推动了工作落实。

二是抓改革开放增强发展动力活力。省委全面深化改革领导小组召开4次全体会议研究部署改革工作，省政府有11次常务会议研究改革事项。出台深化行政管理体制改革意见、省国资委监管企业产权制度改革三年行动计划、内陆开放型经济发展意见、旅游业转型发展意见、商贸流通业改革发展意见。召开了全省深化改革扩大开放工作会议和毕节试验区全面深化改革推进大会。推进政府机构、矿产资源配置、营改增等改革，省公共资源交易中心挂牌运行，省级行政审批取消10项、下放21项，煤矿兼并重组基本完成，新增3家大用户直供电企业试点。加快工商注册登记制度改革，私营企业和个体工商户实现井喷式增长，新增登记户数、注册资本分别增长32.1%和51.6%。强力推进贵安新区建设，完成投资286亿元，“两横三纵”主骨架道路基本建成，三大通信运营商数据中心加快建设，富士康第四代绿色产业园智能手机等产品投产。支持贵阳综合保税区加快发展，启动建设双龙临空经济区。加强区域合作，积极融入长江经济带、珠江—西江经济带。大力开展专题招商和行业招商，招商引资实际到位资金3461亿元，资金到位率、开工率、投产率、入园率大幅提高。

三是抓新兴产业培育推进结构调整。召开贵州·北京大数据产业发展推介会、服务业发展大会、建筑业发展推进会、茶博览会等重要会议。编制大数据产业发展应用和现代服务业集聚区发展等规划，出台支持大数据、现代服务业、建筑业等产业加快发展的政策，制定促进信息消费实施办法，实施“7+N”云工程，推进茶产业三年行动计划。对“四个一体化”“五张名片”、新医药和健康养生产业、文化旅游业、现代高效农业等进行调研，召开专题会议部署推进。新增工业企业6212户，新增入规企业206户。19个重点监测的工业行业有17个实现增长。电子信息设备制造业、装备制造业、白酒和精制茶制造业增加值增速均高于全省规模以上工业增加值增速。大力推进科技创新，完成高新技术产业产值1410亿元。现代高效农业示范园区加快建设，农民专业合作社数量、出资总额增长34.4%和52.2%。旅游总收入增长23.2%。

四是抓项目建设扩大投资规模。出台促投资稳增长六条措施，集中开工3批共1552个项目，总投资7149亿元。组织两次全省项目建设现场观摩和多次专题观摩。重大工程和重点项目投资2800亿元。推进基础设施建设大会战，铁路、公路、水运、水利完成投资870多亿元。“四在农家·美丽乡村”六项行动计划完成投资223亿元。“5个100工程”完成投资2249亿元，建成标准厂房380万平方米。召开第二次城镇化推进大会，城建、房地产投资分别完成905亿元和1057亿元，新增城镇道路458公里。

五是抓生态环保建设生态文明。成功举办生态文明贵阳国际论坛2014年年会，《贵州省生态文明先行示范区建设实施方案》获国家批准。召开全省生态文明建设大会，启动赤水河流域12项生态文明制度改革试点。下大气力实施大气污染防治行动计划。12件环保实事有序推进，开展“六个一律”环保“利剑”执法专项行动。完成营造林303万亩。淘汰落后产能509万吨。据有关权威机构最近发布的各省区市生态文明水平指数和区域发展指数，贵州分别排全国第10位和第4位。

六是抓民主改善促进社会和谐。“十件民生实事”完成投资334亿元。扎实推进精准扶贫，在北京召开对口帮扶贵州工作恳谈会。深入实施教育“9+3”计划，花溪大学城和清镇职教城加快建设。城镇保障性住房开工33.9万套，农村危房改造开工22.8万户，扶贫生态移民房建成3683套。城镇新增就业33万人，同比多增8万人。社会保障稳步提标扩面。城镇居民人均可支配收入、农民人均现金收入增长10.1%和13.7%。扎实做好防汛抗灾工作，开展安全生产大检查和专项整治，事故起数和死亡人数实现双下降。

七是抓精准服务化解企业难题。组织“9+1”服务组，开展两轮服务企业、服务项目大行动，共梳理问题4000多项，已解决2400多项。开展落实国务院稳增长促改革调结构惠民生政策措施专项督查活动，出台38条稳增长政策措施和37条支持工业企业加快发展政策措施，加强要素保障，为企业

旅游等现代服务业。加快旅游景区开发建设和改升级，使景点变成景区、景区变成线路，着力打旅游发展升级版。提升旅游综合服务水平，加快建"快进慢游"旅游服务体系，让游客坐下来、下来、静下来。抓好旅游市场开拓，大力发展高旅游。深化旅游综合改革。筹办好旅发大会，推一批重点旅游景区、旅游精品线路对外招商。文广电新闻出版部门要抓住新机遇，谋求新发展。力发展新型建筑建材产业。落实好加快建筑业发的政策措施，促进贵州建工集团等骨干企业做大强，加快花溪新型建材生产基地等项目建设，打一批建筑业示范县、示范镇。与此同时，要加快充优势产业转型升级。提升能矿产业，确保全年成投产17个"四一体化"项目。煤炭、有色、化冶金等行业，要围绕年度目标，加快实施一批改项目和新上项目，狠抓复产达产增产，积极引战略投资者，大力开拓产品市场，尽快走出困局、创新局。力争全年西电东送电量达到430亿千瓦将直购电政策覆盖到铁合金、黄磷、电解锰等业。以"五张名片"为重点的特色轻工业，要加技术改造、产能提升、市场开拓，做大做强烟酒业，加快绿色食品基地建设，抓好"三绿一红"茶叶品牌和一批龙头企业，不断提高市场竞争力占有率，真正使"名片"亮起来。

第三，要在抓改革扩开放精准发力、更加努力。持以改革解放生产力，以开放引进生产力。要以"钉子"精神下好改革先手棋。按照省委十一届次全会、省委全面深化改革领导小组确定的重点革任务和《政府工作报告》明确的改革事项，对半年各项改革推进情况来一次"回头看"，认真好查漏补缺工作，一项改革一项改革抓落实，确尽快取得实质性进展，年底每个部门和单位都要成绩单。要坚持问题导向，聚焦发展体制机制、主体制机制和环境体制机制，进一步明确时间表、线图、责任书，大力推进资源配置、实体经济、乡统筹发展、科技创新、行政管理、财税金融、态文明建设、扶贫开发等重点领域改革和贵安新、毕节试验区等重点区域改革，抓关键促突破、重点带全局。要下更大力气抓开放、抓招商。坚走开放型后发赶超路子。确保贵阳综合保税区9封关运行，加快实施"中瑞自由贸易协定"贵阳范园、吉利集团贵阳清洁能源汽车产业基地等项办好酒博会等招商活动，落实领导干部带头招制度，加强专业专题招商和对口帮扶城市定向招深入实施外贸进出口翻番行动计划。积极争取家将我省相关重大项目纳入长江经济带、珠江—江经济带规划。精心做好迎接高铁时代的各项工制度实施高铁经济带建设方案。

第四，要在建项目增投资上精准发力、更加努稳增长关键是上项目、增投资。要深入抓好国2号文件项目化实物化落实。加快推进基础设施设大会战。全年竣工重大基础设施项目220个以确保建成贵广高铁和贵阳至开阳铁路、15条高公路、3个机场、22个骨干水源工程。推进城际路和跨区域调水工程建设。加快推进"四在农家·美丽乡村"六项行动计划。围绕整村整寨推进，加强统筹协调和施工组织，搞好规划编制和各类规划衔接，加快项目落地，落实支持政策，推进项目整合。加快推进重点发展平台建设。聚焦"5个100工程"内容建设，加强市场主体培育，引进更多更好的企业入驻，形成更多产出，提供更多就业岗位，创造更多效益。加快推进城镇化建设。坚持产城景互动，统筹抓好老城改造、新区建设和村庄提升，促进产业集聚、人口集中。贵安新区要尽快完善骨干路网和配套设施，加快实施一批生态、绿色、高端项目。确保全省下半年完成城建投资600亿元。在项目建设中，要强化几个抓手：一是抓项目集中开工。下半年要再组织几批项目集中开工，确保全年开工重大项目650个以上。二是抓项目现场观摩。抓紧筹备今年全省第三次项目建设现场观摩会。"5个100工程"、六个小康行动计划、教育"9+3"计划、省属国有企业都要继续开展专题观摩。三是抓要素保障。各级财政要确保项目建设配套资金及时足额到位。政银企要携手打造"铁三角"，合力解决融资难、融资贵问题。重视化解地方政府性债务，严格债务举借，加强有效监管，化解存量债务，规范新增债务，切实做到"借得了、用得好、管得住、还得上"。切实保障重大项目建设用地、环境容量、用工等需求。四是抓"双服务"活动。下半年，要再组织开展2至3轮服务企业、服务项目大行动。对已建成和拟建成投产的重点项目，要点对点帮助解决难题，促进尽快投产达产。各市县要比照省里的做法，建立完善领导干部联系企业、联系项目制度。特别是要按照克志书记提出的上一个、扶一个、招一个"三个一"的要求，千方百计把工业企业和项目促上去。

第五，要在重环保优生态上精准发力、更加努力。绿色是多彩贵州的主色调，要把绿色发展这篇文章做深做透做足。推进生态文明体制改革。运用好生态文明贵阳国际论坛成果。坚持可复制、可推广，推进赤水河流域生态文明制度改革试点，并在乌江、清水江等流域推行。加快重点生态工程建设，制定和实施县乡村造林绿化三年行动计划。抓好环保十二件实事。加强调度，强化督查，已开工的要加快建设进度，未开工的要加快前期工作进度，确保全面完成年度建设任务。开展环保"利剑"专项行动。保持环境监管高压态势，对治污项目进展缓慢的要挂牌跟踪督办、直到见效，对重点排污口要实行实时在线监测和驻点环保员制度。推进资源综合利用。加强磷石膏、粉煤灰、酒糟等工业固体废物综合利用，加快循环经济项目建设，确保全面完成今年节能减排各项目标任务。

第六，要在惠民生促和谐上精准发力、更加努力。经济下行压力越大，越要高度重视民生。打好扶贫攻坚战。围绕"六个到村到户"，深入实施片区扶贫、精准扶贫、绿色扶贫、对口扶贫、集团扶贫，在扶基础设施、扶特色产业、扶民生改善上下功夫，切实做到看真贫、扶真贫、真扶贫。加快教育事业发展。深入实施教育"9+3"计划和"百校大战"，召开职业教育工作会议，加强清镇职教城建减免税128亿元。扶持微型企业1万多户，带动5.5万人就业。省国资委监管企业扭转负增长局面，上半年工业增加值和营业收入分别比上年同期增长10.2%和16.6%。

在国内外经济下行压力加大的情况下，能够取得这样的成绩来之不易，难能可贵。这得益于中央持续给力，得益于省委领导有力，得益于各方积极助力，得益于全省干部群众艰苦努力。通过开展党的群众路线教育实践活动，全面加强作风建设，各地各部门抓工作越来越用心，越来越得法，越来越有效。我们要倍加珍惜持续向好的发展局面，进一步提振精气神，凝聚正能量，把各项工作做得更好。

做好下半年经济工作，前提是要认清和把握好当前经济形势。一是要认清和把握好中央宏观政策的定力。今年以来，面对经济下行压力不断加大的严峻形势，中央适应“新常态”，果断出台了一系列“微刺激”和“定向调控”政策，保持经济运行在合理区间，二季度经济发展状况比一季度有所改善，经济运行总体平稳、稳中有进。中央宏观政策定力很足，同时又有定向刺激，无论是产业政策、投资政策，还是财税金融政策，指向越来越准、方法越来越好。对这些调控政策，我们要精准把握，定向争取，提高向国家争取项目、资金支持的针对性。上半年，我们共争取到中央补助1780多亿元，下半年还要再加一把劲，尽最大努力把中央的政策红利用好用足。二是要认清和把握好市场需求的拉力。目前的市场情况下主要是结构性需求不足，有的是需要还没有放大，有的是缺乏市场开拓能力。我省具备能源、劳动力、产业园区、标准厂房等生产要素。但市场要素发育不充分，市场主体少、实力弱，特别是会做生意。会做买卖的经营人才还不多。贵州的工业产品。特色农产品越来越多，但由于市场开拓能力弱，销路、门路普遍不足。另据有关部门调查，我省消费品自给率仅40%左右，这说明我省生产供给能力也比较弱。这两个能力弱，既是差距，也是潜力。我们必须坚持生产、营销两手抓，既要能够生产出适销对路的好产品，又要学会搞销售、找门路，让好产品有个好市场、卖个好价钱，不断增强市场需求对经济增长的拉力。三是要认清和把握好内生发展的动力。由于阶段性原因，目前存量出力不够，增量贡献不足，上半年我省主要经济指标增幅均出现不同程度的回落，用于核算生产总值的24项指标仅有8项完成预期目标。但要看到，随着两大主战率的深入实施，改革开放深入推进，各种生产要素不断被激活，新兴市场主体越来越多，经济增长的新能量加速释放。特别是随着能矿、烟酒等传统优势产业加快转型升级和大数据、新医药等战略性新兴产业加快培育壮大，我省内生发展的动力越来越强。我们必须坚持存量、增量统筹抓，既要让现有企业扩大产出，又要让新增项目加快投产达产，更要大力支持各类市场主体创办企业，不断形成新的生产力。

最近，习近平总书记在主持召开经济形势座谈会时强调，要准确把握改革发展稳定的平衡点，准确把握近期目标和长期发展的平衡点，准确把握改革发展的着力点，准确把握经济社会
民生活的结合点，牢牢把握发展主
理在经济形势座谈会和两院院士大会
坚持区间调控中更加注重定向调控，
适度上下功夫，努力冲出传统发展
实现提质增效的“新生”。省委常委
分析上半年经济形势时认为，当前
好，但经济下行压力仍然较大，要
进、改革创新、又好又快的总基调，
着力扩投资、调结构、促转型、抓
增活力、防风险，全力推进经济持
快发展。这为我们认清形势、做好工
提供了方法。我们要认真贯彻落实
部署，坚定发展信心，保持战略定
为机遇，变危机为生机，始终做到
作为。

第一，要在促增长保总量上精
力。经济工作要拿数字说话，靠作
半年主要经济指标完成进度，下半
保总量作为首要任务，确保生产总
元，全年达到9200亿元；规模以上
1770亿元以上，全社会固定资产投资
以上，社会消费品零售总额完成143
一个目标一个目标抓调度，一个产
育，一个企业一个企业抓产出，一
抓落地，一个要素一个要素抓保障，
有目标、胸中有数字、手上有办法，
月保季、以季保年。省发改委要会同
财政、国资等部门，进一步将下半年
分解到市（州）和部门，并抓好督
部门要认真算好进度账，对增速出
大的任务指标，要找准问题，透视
有效推进。

第二，要在调结构提效益上精
力。因地制宜选择好发展产业，大
型、生态友好型产业，加快培育新
大力发展以大数据为重点的电子信
造基础设施、系统平台、云应用平
配套端产品五个产业链层级。抓紧
发展实施方案、政府数据资源管理
“宽带贵州行动计划”，加快三大电
康等企业数据中心建设。“7＋N”
总体设计方案要在7月底前通过专家
实施，确保年内见到成效。大力发
养生产业。对内要聚焦龙头企业、
培育一批著名品牌、高新品种，加
新区等为重点的新医药和健康养生
对外要加大专题招商引资力度，召开
展大会和投资推介会。对上要加强
国家项目、资金、政策支持。大力发
效农业。突出示范园区建设，注重
设，加强现代农业产业体系、经营体
建设，着力培育新型农业经营主体，
品营销模式。近期，要抓紧召开现代
推介会、山地生态畜牧业现场观摩会

设。加快花溪大学城二期和配套设施建设，基本完成贵州大学新校区二期工程。制定普及15年教育实施方案。促进创业就业。做好今年22.3万高校和中职学校毕业生就业工作。政府购买公共服务和提供公益性岗位，主要用于高校毕业生、城镇困难人员、扶贫生态移民、退役军人就业。改善住房条件。统筹推进“三房”建设，争取国家今年补助我省城镇保障性住房及配套基础设施资金比去年净增35亿元以上，开发性金融支持我省棚户区改造13.6万套。加强安全生产。严格落实安全生产责任制，突出抓好煤矿、道路交通、建筑施工等领域安全生产，统筹抓好防汛抗旱、地质灾害防治工作，坚决防止重特大灾害和安全事故发生。

二、关于更好更快推进民营经济发展

这次会议的一项重要任务，就是全面总结民营经济三年倍增计划执行情况，安排部署下一阶段工作，全力推动全省民营经济跨越发展。这里我着重强调四点：

（一）充分肯定民营经济发展取得的显著成效

省委、省政府高度重视民营经济发展。2011年3月，省委、省政府召开全省第一次民营经济发展大会，战书同志、克志书记做了重要讲话，对我省民营经济发展做出了全面部署。三年多来，各地各部门认真贯彻省委、省政府决策部署，大力实施民营经济三年倍增计划和提高民营经济比重五年行动计划，民营经济几乎占到全省经济的半壁江山，成为推动经济社会发展的主力军。

一是民营经济的贡献加大。全省民营经济增加值由2010年的1608亿元增加到2013年度3430亿元，占GDP比重从35%提高到43%，对经济增长贡献率达到57.3%。2013年民间投资达到5000亿元，是2010年的3.2倍，接近全社会固定资产投资的50%。三年累计上缴税金占全省三年税收总额的37.2%。全省民营经济从业人员369万人，比2010年增长1.1倍。

二是民营经济的作用加大。民营经济在实施工业强省和城镇化带动战略中勇挑重担。2013年，规模以上民营工业企业达到4216户，占全省规模以上工业企业的85%以上，实现工业增加值占比达到59%。民营科技企业达到4937家，是2010年的4.3倍。民营企业专利申请量和授权量分别是2010年的4.9倍和3.9倍。

三是民营经济的潜力加大。民营经济市场主体迅猛增长，2013年达到127万户，注册资本5825亿元，占全省企业和个体工商户注册资本的50%。其中，私营企业19.6万户，个体工商户106.1万户，分别是2010年的2.2倍和1.6倍。目前，已有100多户民营企业参与到省属国有企业产权制度改革中来。

四是支持民营经济的力度加大。2011年以来，省委、省政府每年召开专题座谈会、招商会和协商后，出台了“3个15万元”等支持民营经济发展的若干政策措施。今年又通过开展“9+1”双服务大行动和组织百名厅局长进企业、百名民营企业家东行取经活动，帮助民营企业协调解决近1400项实际问题。

虽然我省民营经济发展成绩斐然，但差距仍然明显，主要是：经济总量不够大，我省民营经济增加值总量仅为东部发达省份的10%左右。主体结构不够优，传统产业市场主体多、新兴产业市场主体少，服务业企业多、工业企业少，个体户多、规模企业少、企业实力不够强，2013年我省民营经济市场主体户均注册资本45.7万元，为全国平均水平的62%。龙头企业不多，民营企业销售收入超过10亿元的仅20家，全国民营企业500强仅1家。发展环境不够好，一些基础设施还不配套，部分要素保障不充足，有的部门落实政策不到位，影响了民营经济发展。

（二）充分把握民营经济的重要地位

民营经济是天然的市场经济，是富民经济、强省经济。民营经济则全局活，民营经济兴则全局兴。要与时俱进地提高对民营经济重要地位的认识，进一步形成共识、形成合力。

第一，要把“三个平等”的要求落实好。党的十八届三中全会指出，要坚持权利平等、机会平等、规则平等，废除对非公有制经济各种形式的不合理规定。民营企业普遍反映，近年来我省民营经济得到了高度重视，但没有受到平等对待。有的干部对发展民营经济仍然抱有漠视甚至歧视心理，有的部门在要素保障方面不能给予同等待遇，有的地方在市场准入方面设置不必要的障碍，对待国企、外企和民企不能一碗水端平，限制了民营经济发展。各地各部门要认真落实“三个平等”的要求，做到一视同仁、平等对待。只要其他企业能够享受的权利民营企业都应享受，只要其他企业能够获得的机会民营企业都应获得，只要其他企业能够使用的规则民营企业都应适用。

第二，要把政府服务的工作开展好。企业创造财富，政府创造环境。有的民营企业认为，政府的最大支持就是不干预企业。各级政府要坚持有所为有所不为，做好服务企业“加减乘除”法，为民营经济发展松绑、鼓劲、助力、铺路。一类是政务服务。要大力推进减政、减负、减支，千方百计提高行政效能，用政府的工作效率换取企业的发展效益，用政府权力的“减法”换取市场活力的“加法”。另一类是公共服务。要注重提供便利化的配套服务，包括水电路气讯等基层设施。注重提供均等化的公共服务，让企业员工更好地获取教育、文化、卫生计生等社会资源。

第三，要把全民创业的积极性引导好。创业，对个人来说是成功之道、致富之本，对地方来说是发展之策、繁荣之路。2013年，我省每万人拥有市场主体数为378户，仅为全国平均水平的84%，创业活跃程度仍然较低。要抓紧研究出台鼓励全民创业的政策措施，点燃每个人的创业激情，让一切创造财富的源泉充分涌流。要发动能人创业，不断催生更多的市场主体，培养更多的致富带头人。要引导返乡创业，降低创业门槛和创业风险，促进返乡农民工就近就业创业。要鼓励大学生创业，加快创业园区和创业孵化基地建设，让大学生拥有人生出彩的机会。要支持妇女创业，深入开展百万妇女创新业、“锦绣计划”等行动，推动民族手工艺品特色产业发展。要促进科技人员创业，发挥中关村贵阳科技园和各类产业园等创业平台的作用，引导科技人员利用科技成果创办民营企业。

第四，要把尊重企业家的氛围营造好。加快发展民营经济，企业家是重要而宝贵的稀缺资源，具有不可替代的作用。我省不乏优秀民营企业家，今天受到表彰的“十佳民营企业家”就是其中的代表。当作家、艺术家、科学家、院士很光荣，当企业家、当老板同样自豪。各级政府要像尊重科学家一样尊重企业家，像尊重老师一样尊重老总。要大力宣传民营企业家的突出贡献和先进事迹，为加快民营经济发展营造氛围、增添动力。对经济贡献大、吸纳就业多、社会反响好的优秀民营企业家，要大张旗鼓地表彰奖励，使他们政治上有荣誉、社会上有地位。民营企业家既要加强学习、提高素质，争取走在时代发展前列，又要遵纪守法、诚信经营，争做创业致富的楷模。

（三）充分发挥民营经济在全省发展中的特殊作用

要着眼于守住发展和生态两条底线，把民营经济作为后发赶超、同步小康的重要突破口，大力提高民营经济的比重。

第一，发挥民营经济在产业发展中的支撑作用。要强化战略导向，引导民营企业主动融入工业强省和城镇化带动战略中来。强化市场导向，引导民营企业根据市场规律、市场需求谋划自身发展。强化实体经济导向，引导更多企业专注实业、专营主业，推动企业做强、做大、做久。要注意把握两个重点：一是引导民营企业投身重点产业发展。民营经济要紧跟省委、省政府发展产业的新思路、新要求，在以大数据为重点的电子信息产业、新医药和健康养生业、文化旅游业、山地现代高效农业、新型建筑建材业等产业发展中大显身手，勇做产业高端化、高新化发展的先行者。二是引导民营企业向园区集聚发展。以“5 个 100 工程”为载体，引导民营企业进园区、进标准厂房发展。要扶持壮大龙头企业，吸引产业链上下游企业向园区集聚发展。要进一步完善园区基础设施和服务设施，为民营经济集聚发展创造条件。

第二，发挥民营经济在深化改革中的推动作用。在我省全面深化改革过程中，民营企业不仅是见证者、受益者，更是参与者、推动者。要着眼于发展混合所有制经济，促进民营企业以多种形式参与国有企业改制重组，实现互利共赢。要鼓励国有企业实施一批战略性项目，带动民营中小企业配套协作，延伸产业链，形成具有区域竞争优势的产业集群。同时，要大力支持民营企业参与教育、科技、医疗卫生、文化等社会领域改革，促进社会事业发展，更好地满足群众多样化的服务需求。

第三，发展民营经济在项目投资中的拉动作用。这次印发会议讨论的《贵州省鼓励民间资本投资重点领域清单》，是一份支持引导民间投资的“正面清单”，几乎涵盖了全省重点发展的产业门类。省发改、经信等部门要提出配套政策，推动清单中的投资领域转化为具体项目，让民间资本真正能够顺利进入。要着力破除制约民间投资的体制机制性障碍，创新民间投资方式，进一步激发民间投资活力，扩大民间投资规模。对于民间投资愿意进入、可以采用市场化运作的项目，政府投资要尽可能退出。

第四，发挥民营经济在改善民生中的基础作用。民营企业就业容量大、带动能力强，是吸纳就业的主渠道、“蓄水池”。只要民营经济发展了，老百姓就容易找到就业的门路、致富的途径。要细化落实促进就业的政策措施，鼓励民营企业创造更多的就业岗位，让更多返乡农民工、高校毕业生就近就业，促进城乡居民收入增加。要引导民间力量兴办职业教育，积极推动职业院校与民营企业合作，开展职工技能培训，提高劳动力素质。

第五，发挥民营经济在生态文明建设中的促进作用。广大民营企业要自觉守住发展和生态两条底线，积极促进生态文明先行示范区建设。一方面要坚决拒绝污染项目。所有民营企业都必须把节约能源资源、保护生态环境放在突出位置，多上一批科技含量高、就业容量大和环境质量好的项目。要加强生态环保技术创新，争取在资源综合利用、污染防治技术研发等方面实现新突破。另一方便要加强环保设施建议。民营企业要落实好环境保护主体责任，加大环保投入力度，切实把环保设施建设好、运营好，最大限度减少污染排放。

（四）充分保障民营企业发展需求

各地各部门要坚持问题导向，进一步加大工作力度，为民营企业发展营造良好环境，提供充足的阳光、雨露、土壤和养分。

第一，加大政策落实力度。不少企业反映，我省“民营经济 38 条”政策非常给力，但配套措施和操作办法不够具体，有的地方和部门落实也不理想。比如，在落实“3 个 15 万”政策上，个别县 2013 年度县级财政补助资金零到位，少数县没有足额到位。要对国家和省出台的政策进行梳理，继续执行的要坚决落到实处，需要调整的加快出台新的政策，完善配套实施办法，让符合条件的企业都能享受到政策阳光的普照。

第二，着力破解“融资难”问题。融资难是我省民营经济遇到的共性问题，企业贷款“吃不到、吃不饱、吃不起、吃不好”的现象比较普遍。破解“融资难”问题，必须多管齐下，打造政银企“铁三角”。银行等金融机构要根据民营企业的特点和需求，有针对性地创新金融产品和金融服务，提供差别化、个性化金融服务，避免盲目惜贷抽贷停贷。省政府金融办。省民营经济发展局、省工商联等单位要健全融资交流机制，定期组织金融机构与民营企业开展交流座谈、项目对接、现场服务等活动，尽可能满足民营企业合理的融资需求。民营企业要想方设法拓宽融资渠道，通过私募基金、发行债券等方式提高直接融资比重，积极创造条件上市融资。

第三，加快培育市场主体。我省丰富的劳动力优势，要靠企业家资源来组织发挥。要深入实施民营企业培育工程，支持中小微企业健康发展，做大做强优势企业，形成大企业顶天立地、中小企业铺天盖地的良好局面。要大力推进工商注册制度便利化，放宽市场准入，减少前置审批。省里已经在毕节市开展了“先照后证”试点，实行主体资格与经营资格的分离。有关部门要及时总结推广。要继续抓好招商引资，灵活采用产业链招商、以商招商、专题招商等方式，引进一批优强民营企业到我省发展。

第四，大力推进简政放权。通过三年多的努力，各级政府不断简政放权，行政审批事项大幅减少，但仍然存在一些突出问题。有的把登记、备案事项搞成变相审批，有的将取消的审批事项以第三方评估等名义搞隐性审批。要继续取消、下放一批省级行政审批事项，对鼓励和允许发展的项目，能备案就备案，能下放审批权则下放。对于搞变相审批、隐性审批的，要切实纠正，严格禁止。需要指出的是，行业协会、商会对民营企业情况熟悉，要充分发挥他们的作用，把政府不该管也管不好的事情授权行业协会、商会管理，更好地解决民营企业反映的实际问题。

第五，切实减轻企业税费负担。税费名目繁多是导致民营企业负担过重的重要原因。有企业反映，一些被取消的行政性收费变脸为罚款或转移到部门所属协会收费。要加大对惠企税收政策的贯彻落实和宣传解释力度，加强对减免税额度的考核，把各项税收优惠政策用好用足。要进一步清理省级行政事业性收费项目，今年从 69 项减少到 53 项。要大力整治“乱收费、乱罚款、乱摊派”问题，发现一起，查处一起。

第六，不断提高政府办事效率。近年来，各级政府“门难进”“脸难看”的问题有所解决，但“事难办”的问题还没有解决到位。我省“民营经济 38 条”中规定，“省、市、县都要查处 3 件以上制约民营经济发展的典型案例，追究相关负责人和责任人的责任，并向社会公布。”要认真落实这一要求，动真碰硬，真正抓出一批典型。要开展专项行动，切实解决一些地方政府欠账不还的问题，提高政府的公信力。要实施好服务体系升级工程，充分发挥各级政务服务中心、中小企业服务中心的作用，实行“一站式”“一条龙”“一章节”“一费清”服务，最大限度地方便企业办事。

第七，抓好产品市场开拓。企业生产新产品，关键要卖得出，卖得好。不少民营企业反映，生产的新产品由于部门未能及时认定，推广困难；有的部门通过指定品牌、设定技术规格或企业资质门槛，限制民营企业产品进入政府采购序列。要大力实施民企产品市场开拓工程，推广使用优质新产品特别是高新技术、生态环保产品。深入实施品牌战略，以知名品牌助推市场开拓。大力鼓励民营企业加强科技进步，加大研发力度，不断推出新产品，优化产品结构，扩大市场份额。

第八，加强人才引进培养。人才资源不足是制约我省民营经济发展的重要瓶颈。我省民营企业中具有硕士以上学历的人员不足 1%，具有高级职称的仅占 5%。要大力实施引贤育才工程，细化配套政策，重点引进具有市场开拓、现代管理、科技创新能力的高端人才。要大力发展现代职业教育，优化专业设置，推进校企合作，加快培育一大批适应民营经济发展需求的经营管理和技术技能人才。民营企业要强化以人为本的理念，重视人才，重用人才，加强人力资源开发，增强企业的核心竞争力。

同志们，当前我省经济发展正处在企稳回升、持续向好的紧要关口，民营经济已形成千帆共发、百花争艳的蓬勃局面。我们要谋势而动，顺势而为，乘势而上，充分调动各方积极性，全力推动经济社会持续快速健康发展，确保全面完成今年各项目标任务，确保民营经济更好更快发展。

发挥宁夏向西开放平台优势 助推非公经济融入 “一带一路”大战略

宁夏回族自治区副主席　王和山

（2014 年 9 月 18 日）

尊敬的陈昌智副委员长，尊敬的各位嘉宾，女士们、先生们、朋友们，同志们：

大家好。刚才，昌智副委员长、辜胜阻副主席、朱宏任总工程师的演讲使我们深受启发，使我们开阔了思路，增添了信心。下面，我就发挥宁夏向西开放平台优势，助推非公经济融入“一带一路”大战略，谈几点看法，不妥之处，请批评指正。

一、“一带一路”战略蕴含着无限商机

去年 9 月 7 日，习近平总书记在哈萨克斯坦纳扎尔巴耶夫大学发表演讲时，倡议亚欧国家共同建设“丝绸之路经济带”。同年 10 月 3 日，习近平总书记在印度尼西亚国会演讲时，提出建设“21 世纪海上丝绸之路”。“一带一路”战略构想得到沿线国家的积极响应，建设“一带一路”已成为我国经济发展和对外开放的重大战略。

丝绸之路经济带这一概念具有历史性、国际性、综合性三大特征。从历史性来看，古丝绸之路为亚欧国家开展全方位合作提供了历史纽带和文化象征，这使得丝绸之路经济带传承历史、关照现在、开启未来，具有丰富的历史内涵；从国际性来看，丝绸之路经济带地跨亚欧两大洲，有几十个国家和地区参与其中，辐射带动能力显著；从综合性来看，丝绸之路经济带是全方位的，包括交通运输带，能源供应带、信息交换带、商品贸易带、农业开发带、旅游发展带、安全保障带、政治互信带，具有广泛的包容性。丝绸之路经济带作为一个全局性战略构想，为亚欧国家提供了一种全新的合作模式。

“一带一路”辐射整个亚欧大陆。从广义范畴

来看，丝绸之路经济带东边始于经济繁荣的东亚经济圈，西边直达经济发达的欧盟经济圈，中间是以中亚为中心的泛中亚经济圈。从空间范围来看，可分为核心区、扩展区、辐射区三个层次，核心区是上海合作组织和欧亚经济共同体的主要成员；扩展区包括印度、巴基斯坦、伊朗等近10个南亚国家，辐射区包括西亚、欧盟、日本、韩国等国家和地区；海上丝绸之路包括东盟10国，延至中东、东北非、地中海经济圈。

“一带一路”幅员广阔，占世界陆地面积的近50%，占世界人口的60%；GDP总量20万亿美元，占全球的1/3。沿线国家资源丰富、人口众多，大多属新兴市场国家，同中国的贸易需求十分旺盛，为非公有制经济发展提供了广阔的市场空间。2013年，中国与“一带一路”主要国家的贸易总额超过1万亿美元，占中国外贸总额的1/4。“一带一路”无与伦比的市场规模，蕴含着无限商机。中国与沿线国家在能源、商贸、产业等多个领域都保持着密切合作，形成了“和平合作、开放包容、互学互鉴、互利共赢”的丝路精神，这将引领我们在这条世界上最长、最具有发展潜力的经济大走廊上阔步前进。

二、非公经济应在“一带一路”中主动作为、有大作为

非公有制经济已成为我国经济的“半壁江山”，面对“一带一路”大战略带来的新机遇，应积极行动、主动作为，这既是实现国家战略的需要，也是非公经济应承担的历史使命，应紧紧抓住这千载难逢的历史机遇。

一是抢占对外开放制高点。“一带一路”战略几乎覆盖了我国东南西北中的所有省区。西北五省、西南五省以及东南的江苏、浙江、广东、福建等省区已提出共建丝绸之路经济带的战略规划和重点项目，河南、内蒙古自治区、山东、山西、湖南、湖北等省区也纷纷采取行动，为融入丝绸之路经济带展开准备，新一轮对外开放格局正在加速形成。非公有制经济队伍庞大、机制灵活、渠道众多、交流便利，具有对外开展交流合作的独特优势，应放开眼界、放开胸怀、放开步伐，积极行动，找准平台，努力搭上“一带一路”大战略的列车，在融入国家大战略中把握机遇，转型升级，跨越发展。

二是抢抓产业发展新机遇。丝绸之路经济带地域辽阔，有丰富的自然资源、矿产资源、土地资源和旅游资源，被称为21世纪的战略能源和资源基地，但该区域发展存在巨大落差。特别是基础设施方面，空间广阔。国家鼓励民间资本走出去，参与“一带一路”铁路、公路、机场等基础建设，树立中国品牌，展示中国力量。同时，我国与沿线国家具有很强的互补性，非公经济应率先而为，在战略能源、经济贸易、科技创新、生态环境等领域推进全方位合作。一方面，有利于拓展增长空间，拉动国内需求，促进我国经济结构优化；另一方面，有利于满足沿线国家对基础产业、生产生活用品的旺盛需求，实现互利共赢，尤其是旅游、贸易、金融、交通等产业领域将首先受益。

三是开创人文交流新局面。国之交在于民相亲。人文交流是民心工程、未来工程。中国与丝绸之路沿线国家的交往源远流长，文化积淀十分深厚。开展人文交流不仅可以起到增信释疑、巩固战略合作的重要作用，同时也具有巨大的经济、社会效益。应该不断深化内容，在教育、医疗、文体、科技、会展、文化旅游等方面都得到拓展。

三、宁夏是丝绸之路经济带上重要战略支点

宁夏是古丝绸之路的重要节点。近年来在推进对外开放上取得积极成效，已成功举办3届中阿经贸论坛和首届中阿博览会，是国家首个也是唯一一个全省域内陆开放型经济试验区。作为中阿博览会永久举办地，我们将主动融入“一带一路”大战略，着力打造丝绸之路经济带上的重要战略支点。全国各地的非公经济，一方面可以通过宁夏平台，聚集周边资源要素，促进自身发展；另一方面可以通过宁夏通道加快走向世界的步伐；宁夏将以最优的环境为大家提供服务保障。

“宁夏平台”为非公经济创造新机遇。西部大开发以来，宁夏发挥能源、农业、旅游三大资源优势，启动建设了国家级宁东能源化工基地、银川经济技术开发区、宁夏生态纺织产业示范区、石嘴山经济开发区、吴忠清真产业园等特色园区，贺兰山百万亩葡萄产业基地、清水河城镇产业带已拉开框架，沿黄经济区初具规模。全区已形成了新型煤化工、煤炭与电力、羊绒纺织、葡萄酒、清真食品与穆斯林用品五大优势产业，石油化工、新材料、新能源、先进装备制造、农副产品深加工五大特色产业，生物制药、汽车、云计算与电子信息、节能环保和临空临港五大新兴产业，为非公有制经济发展提供了丰厚的土壤。宁夏周边资源富集，开发潜力巨大，在产业延伸、配套、拓展、创新上，存在许多看得见的机遇和广阔的增长空间；宁夏已与中东阿拉伯国家建立了能源、化工、金融、旅游等方面的合作渠道，具有进一步挖掘、深化的潜力，需要有识之士共同参与、共同开发。可以说，宁夏的产业平台是非公经济寻找新机遇、开创新事业的可靠平台，需要大家共同把握、积极参与。

“宁夏通道”助力非公经济走出去。宁夏处于雅布赖国际航线和新亚欧大陆桥中段，是空中“丝绸之路”的重要节点之一，也是西北地区东进西出、双向开放的便捷通道。已建成3大内陆口岸、10大物流园区，初步构建了辐射周边、面向穆斯林世界的区域性国际物流中心。特别是开放二、四、五、八航权，争取国际中转旅客72小时过境免签等政策，开通银川直飞迪拜国际航班，加速了西向出境的空中走廊和空中门户建设。我们将实施“123”战略，以实现“五通”为目标，以面向阿拉伯国家为重点，建成国家重要的向西开放通道。即：将“中阿博览会”打造为国际一流的国家级综合性博览会，

建设中阿空中丝绸之路和中阿网上丝绸之路两条纽带，建设中阿人文交流合作示范区、中阿贸易投资便利化示范区、中阿金融合作示范区三个关键载体，成为我国与阿拉伯国家开展经贸合作交流的重要平台。当前，我国非公经济发展已经到了转型升级、结构调整的关键时期，需要在国家战略指引下，开拓新市场，扩展新需求，激发新活力。宁夏通道具有承接、服务、中转、汇集的能力和优势，通过这个通道，非公经济可以寻找走出去的新机遇，更好更快地融入国家大战略。

“宁夏环境”服务非公经济大发展。宁夏是全国最大的回族聚居区，历史悠久、民风淳朴，移民文化、边塞文化、民族文化交相辉映，塞上江南风光和少数民族风情相得益彰，山好、水好、空气好，环境优美、民族团结、社会稳定是宁夏最靓丽的名片和最大的优势，也是我们开发旅游、吸引投资的核心品牌。当前，宁夏正按照国家赋予内陆开放经济试验区“先行先试”的权利，进一步深化改革、简政放权，实行更加灵活的开放政策，加快资本市场对外开放，建立完善贸易投资便利化的工作机制，打造“在西部最优、比东部更优”的投资环境，努力使宁夏成为投资发展的洼地、企业发展的福地和干事创业的基地。全国各地的企业家来宁投资置业，我们都将提供“一门受理”“并联审批”“一站式”服务等综合保障，在用地、用水、用电、用工等方面全力协调支持，帮助企业起好步、开好局，为企业创造公平公正的市场环境。

各位嘉宾、各位朋友，女士们、先生们：

全面深化改革揭开了继往开来的新篇章，也开启了非公有制经济乘风破浪的新航程。历经30多年市场经济大潮洗礼，非公有制经济进入了崭新的历史阶段。我们应以更加开放的理念、更加开阔的视野、更加务实的精神，毫不动摇地加快转型升级、推进科学发展，充分调动投资创业热情，进一步激发非公有制经济发展活力，在国家“一带一路”大战略中，力争不落伍、不掉队，积极行动、主动融入、有所作为。我们诚挚邀请全国的民营企业家们来宁夏这个平台施展才华、发展事业，也衷心希望民营企业能通过宁夏这个通道发现新机遇、开拓新天地。我们愿与各位企业家共享机遇，携手发展，互利共赢，成就出彩的梦想，共创美好的明天！

谢谢大家。

第二篇 综述

2014 年中小企业发展及工作总体情况

2014 年，工业和信息化部贯彻落实党的十八大及十八届二中、三中、四中全会精神，根据党中央、国务院的工作部署，紧紧围绕《国务院关于进一步支持小型微型企业健康发展的意见》（以下简称“国发 14 号文件”）的贯彻落实，深入开展扶助小微企业专项行动，优化发展环境，增强公共服务能力，推进两化深度融合，深化国际交流合作，进一步转变职能，不断激发中小企业和非公有制经济的发展活力。

一、以狠抓政策落实为重点，为中小企业发展营造良好环境

针对小微企业发展面临的突出困难和矛盾，积极发挥国务院促进中小企业发展工作领导小组办公室的协调机制作用，认真履行牵头部门职责，以贯彻国发 14 号文件为重点，积极推进各项工作。一是积极推动政策出台。国务院领导同志高度重视中小企业发展，多次做出重要批示。为认真贯彻国务院领导同志批示要求，我部组织召开领导小组办公室会议，总结梳理政策落实情况及存在问题，研究部署相关工作，提出政策建议。2014 年，国务院常务会议 20 余次研究部署了扶持小微企业发展的工作，密集出台了减轻企业负担、缓解融资成本高、支持创业创新等一系列政策措施，印发了《国务院关于扶持小型微型企业健康发展的意见》（国发〔2014〕52 号，以下简称国发 52 号文件）。二是抓好政策贯彻落实。印发了领导小组成员单位 2014 年重点工作，共分解 84 项任务，涉及 18 个部门。4 月下旬，国务院派出 7 个督查组，分别由工业和信息化部、发展改革委、财政部等 7 部门负责同志带队，对天津、山西等 14 省（区、市）支持小微企业健康发展政策落实情况进行了督查，对督查中发现的问题督促各地认真整改，努力打通政策落实“最后一公里”。按照国务院的要求，工业和信息化部会同统计局、发展改革委、财政部、人民银行等部门开展了中小企业划型标准的完善和细化工作。三是密切跟踪中小企业发展动态。深入福建、湖北等 20 余省市开展调研，召开座谈会听取企业和有关部门意见建议，及时向国务院上报有关情况。开展了大企业拖欠小微企业资金情况的调研，召开了专家及商务部、国资委等有关部门的座谈会，深入研讨解决问题的措施和办法。四是深入开展扶助小微企业专项行动。为进一步营造扶持小微企业发展的良好氛围，继续在全国范围组织实施扶助小微企业专项行动，印发了专项行动方案并召开电视电话会议进行部署，苗圩部长出席会议并作重要讲话。会议在全国设 800 多个分会场，县级以上中小企业主管部门共 12000 多人参加了会议。会后，各地结合实际制定了实施方案，积极组织开展相关工作。此外，还积极配合全国人大财经委做好《中小企业促进法》修订工作，组织开展了专题调研，广泛征求意见，研究起草了法律修改思路和草案大纲。圆满完成了 88 件“两会”建议提案办理和全国人大重点建议的追踪办理工作。

二、以专项资金改革为重点，进一步加大财税支持

一是抓好专项资金改革。根据十八届三中全会精神，积极参与专项资金改革，从中小企业工作实际出发，主动向财政部反映和沟通情况，与财政部等部门联合印发了新的中小企业发展专项资金管理暂行办法，改进支持方式，更多地运用间接方式引导融资担保、公共服务等中介机构支持中小企业发展。二是推动税收优惠政策落实。积极与财税部门沟通，推动落实税收优惠政策，研究提出扩大小微企业所得税减半征收范围、提高增值税、营业税起征点等政策建议。国务院常务会议研究决定将小微企业减半征收所得税政策范围由 6 万元提高到 10 万元，并将政策截止期限延长至 2016 年年底。对月销售额 2 万元 ~3 万元的小微企业也纳入暂免征收增值税、营业税的范围。完善固定资产加速折旧政策，促进企业技术改造，支持中小企业创业创新。据税务总局统计，2014 年小微企业享受企业所得税和增值税、营业税减免合计 612 亿元，其中，享受所得税优惠的小微企业户数为 246 万户，减免税额 101 亿元，受益面达 90% 以上。增值税、营业税起征点提高到 3 万元的优惠政策，共惠及全国约 2200 万户小微企业和个体工商户，减免增值税和营业税 511 亿元。三是国务院办公厅印发了关于进一步加强涉企收费管理减轻企业负担的通知明确建立支持小微企业的长效机制，全面落实已出台的各项收费减免措施，将暂免小微企业管理类、登记类和证照类行政事业性收费改为长期措施。

三、以成功召开 APEC 中小企业部长会议为重点，推动中小企业交流合作

一是按照党中央、国务院的统一部署，在江苏南京组织召开了 APEC 第 21 次中小企业部长会议，国务院副总理马凯出席开幕式并致辞，苗圩部长作为会议主席全程主持了会议，亚太经合组织 21 个经济体负责中小企业事务的部长和代表以及相关国际机构的官员、工商界人士共约 200 人参加了会议。发表了《关于促进中小企业创新发展的南京宣言》和《第 21 次 APEC 中小企业部长会议部长联合声明》，针对亚太地区中小企业面临的新形势，在信息化应用、服务体系建设、知识产权保护、融资支持、合作机制创新等方面提出了 25 条具体措施，达成了新的合作共识，为促进我国中小企业与亚太中小企业的创新合作提供了新的广阔空间。会议前夕，苗圩部长在人民日报发表了题为《进一步深化改革开

放促进中小企业创新发展》的署名文章。中国日报刊发了苗圩部长和朱宏任总工程师的欢迎致辞。会议成果为APEC第22次领导人非正式会议提供了重要支撑，在《北京纲领：构建融合、创新、互联的亚太——亚太经合组织领导人宣言》中得到了充分体现。二是联合浙江省人民政府在义乌成功举办了第八届APEC中小企业技术交流暨展览会，共设展位1600余个，展览面积达4万平方米。三是会同广东省等5部1省成功举办第11届中国国际中小企业博览会，展览面积10万平方米，有22个国家和地区的2322家中小企业参展，展会期间，境内参展中小企业达成合同、意向金额293.7亿元。此外，还举办了中小企业高峰论坛、高成长中小企业投融资论坛暨项目对接会、中小企业信息化论坛等一系列配套活动。四是不断深化双边多边合作机制，为中小企业“走出去、引进来”创造良好环境。召开了第5次中欧中小企业政策对话、第2次中美中小企业政策对话和第2次中韩中小企业政策交流委员会会议。搭建中国—中东欧中小企业会展平台，推动中英、两岸中小企业交流合作。继续深化中德中小企业领域合作，推动中德合作园区建设，圆满完成了双方交流培训任务。

四、以促进中小企业两化深度融合为重点，推动转型升级

一是会同有关部门着力促进中小企业“专精特新”发展和劳动密集型中小企业健康发展，针对“专精特新”中小企业实施电子商务“腾计划”，开展质量提升和品牌培育培训活动，引导中小企业提高发展质量和水平。二是会同知识产权局在32个城市开展了中小企业知识产权战略推进工程试点，总结推广相关经验。各地进一步加大对小微企业技术改造支持力度，提高小微企业知识产权运用水平和创新发展能力。三是推动中小企业创新发展。会同科技部、财政部和天津市人民政府开展了中小企业创新转型试点工作。四是深入实施两化融合专项行动计划和中小企业信息化推进工程，充分发挥两化融合对中小企业转型升级的促进作用，支持中小企业在研发设计、生产制造、经营管理、市场营销等核心业务环节的信息化应用。引导信息化服务商，为中小企业开展信息化推进活动和线上线下培训，培训人员近千万人次。举办了“2014中小企业信息化服务信息发布会暨中小企业信息化培训启动会”，朱宏任总工程师出席并讲话。与中国电信合作，对全国中小企业系统的领导干部进行了信息化应用水平和公共服务能力提升的培训。

五、以中小企业公共服务平台网络建设为重点，不断提高公共服务水平

一是大力推进中小企业公共服务平台网络建设，联合财政部共批复了30个省（区、市）和5个计划单列市中小企业公共服务平台网络建设方案，印发了平台网络共享数据指标目录和设计细则（2014版）以及报送服务信息的通知，建立了信息报送机制。目前，已安排补助资金的26个省（区、市）及5个计划单列市启动了中小企业公共服务平台网络建设，带动服务机构4.7万家，年服务中小企业102万家。2014年还安排中小企业发展专项资金支持1125个服务机构为156.25万户中小企业提供专业服务。二是加强公共服务示范平台认定培育工作。认定了第四批国家中小企业公共服务示范平台99家，目前，共认定了511家示范平台。进一步加强对示范平台服务业绩、服务质量和公益性服务活动情况等管理工作。落实示范平台进口设备免税政策，2014年有9家示范平台获得免税资格。三是推进中小企业创业兴业。积极落实促进高校毕业生就业创业的政策措施，继续实施创办小企业计划。召开了全国创办小企业工作座谈会，朱宏任总工程师出席会议并作重要讲话，对进一步加强小企业创业基地建设，提升创业服务水平做出了部署。目前，各地认定小企业创业基地1700多家，现有企业12多万户，提供就业岗位420万余个。与共青团中央等6部门联合举办首届中国青年创新创业大赛。与人力资源社会保障部等9部门联合印发《关于实施大学生创业引领计划的通知》。与教育部联合举办2014年全国中小企业网上百日招聘高校毕业生活动，共有8232家中小企业发布招聘信息，提供就业岗位8.7万个，有26.7万名大学生提交了就职信息。四是提升中小企业经营管理水平。建立和完善中小企业管理咨询专家库，鼓励和引导管理咨询机构开展中小企业管理诊断和管理咨询服务。依托部人才交流中心组织部属单位、部属高校、行业协会和清华大学等19家社会优质培训机构继续实施中小企业经营管理领军人才培训，培训企业家1100余人。

六、以推动落实金融服务小微企业政策为重点，积极缓解小微企业融资难融资贵

一是推动落实国务院关于缓解中小企业融资难、融资贵的一系列政策措施。组织地方开展了小微企业融资情况调研，开展中小企业贷款情况问卷调查，了解政策实施情况和效果，分析企业贷款环境。召开了全国中小企业融资和担保工作座谈会，朱宏任总工程师出席会议并讲话，部署推动融资政策落实。参与了小微企业金融服务工作情况督查和普惠金融课题调研。二是深化与金融机构的合作。与建设银行共同在重庆市召开深化战略合作座谈会，朱宏任总工程师出席会议并讲话。积极推进各地中小企业主管部门与交通银行、中国农业银行分支机构落实已签署的中小企业金融服务战略合作协议。加强与邮储银行的合作，深化已建立的邮储银行定期通报小微企业融资服务信息制度。推进与平安银行合作，以汽车配套产业为试点在“橙e网”平台开展互联网金融助力百万中小企业成长计划。三是加强中小

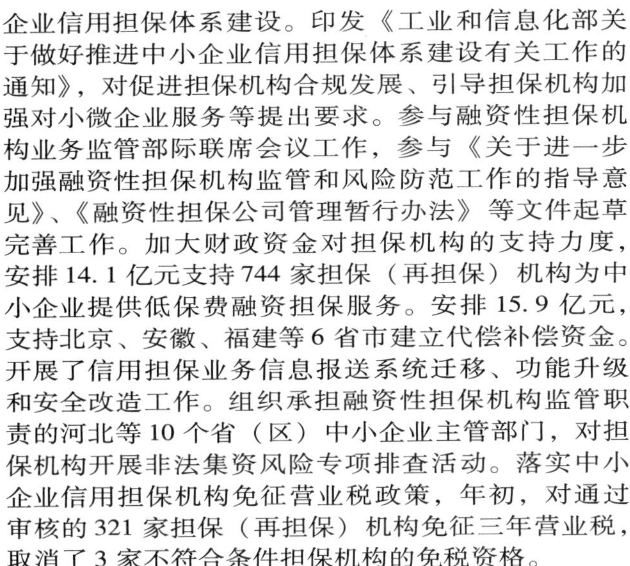

企业信用担保体系建设。印发《工业和信息化部关于做好推进中小企业信用担保体系建设有关工作的通知》，对促进担保机构合规发展、引导担保机构加强对小微企业服务等提出要求。参与融资性担保机构业务监管部际联席会议工作，参与《关于进一步加强融资性担保机构监管和风险防范工作的指导意见》、《融资性担保公司管理暂行办法》等文件起草完善工作。加大财政资金对担保机构的支持力度，安排14.1亿元支持744家担保（再担保）机构为中小企业提供低保费融资担保服务。安排15.9亿元，支持北京、安徽、福建等6省市建立代偿补偿资金。开展了信用担保业务信息报送系统迁移、功能升级和安全改造工作。组织承担融资性担保机构监管职责的河北等10个省（区）中小企业主管部门，对担保机构开展非法集资风险专项排查活动。落实中小企业信用担保机构免征营业税政策，年初，对通过审核的321家担保（再担保）机构免征三年营业税，取消了3家不符合条件担保机构的免税资格。

七、以消除各类隐形壁垒为重点，促进非公有制经济健康发展

贯彻落实十八届三中全会《决定》精神，积极推动促进非公有制经济发展的政策措施的落实。一是推动民间资本准入。按照国务院进一步推动民间投资36条贯彻落实的部署，工业和信息化部积极做好电信、军工市场等领域民间资本准入工作的落实，在移动通信转售业务试点、宽带接入网业务试点、增值电信业务开放等方面取得了积极进展。二是加强政策研究。组织开展了鼓励非公有制企业发展混合所有制、鼓励和引导私营企业建立现代企业制度等促进非公有制经济发展等课题研究，为研究制定相应政策做好理论支撑和基础准备。三是加强与中央统战部、全国工商联、民建中央等单位交流合作。经中央同意，为加强非公有制经济人才队伍建设，中央统战部、工业和信息化部、人力资源社会保障部、工商总局、全国工商联等部门共同开展了第四届全国非公有制经济人士优秀中国特色社会主义事业建设者评选表彰活动，在全国范围内评选出100名优秀建设者，召开了“第四届全国优秀中国特色社会主义事业建设者表彰大会”，俞正声主席出席并发表了重要讲话。落实与全国工商联建立的促进中小企业和非公有制企业发展部际合作机制，加强信息交流与合作，参加了2014年中国民营企业500强发布会等活动。与民建中央、宁夏回族自治区政府在银川联合举办了2014中国（宁夏）非公有制经济发展论坛，朱宏任总工程师出席并发表主题演讲。

（工业和信息化部中小企业司）

第三篇

国家扶持中小企业政策与措施

2014年中国中小企业信息网服务和网络建设情况

2014年中国中小企业信息网的重点工作，一是继续围绕工信部“扶助小微企业专项行动”以及中小企业司各项职能开展信息服务、组织创新中国行及承办有关活动等；二是按照中国中小企业信息网公共服务平台建设的规划要求，进一步完善中小企业公共服务平台网络建设。现将2014年工作情况报告如下：

一、信息服务工作稳中有进

2014年，根据工信部继续开展扶助小微企业专项行动的总体工作安排，编辑部将报道重点放在围绕这一主题所开展的各类活动以及中央有关工作部署上。一是继续及时更新和维护扶助小微企业专项行动专题，注意准确传达中央对发展中小企业的工作思路，第一时间反映和报道各地方扶助小微企业专项行动的工作动态。

二是组织专题报道和开展网上专题活动，对与国民经济及中小企业相关的重大活动和工作动态进行报道，包括：设立了2014年两会专题，为广大中小企业及时提供两会中有关中小企业的相关政策走向，汇总代表提案，从提案中分析当年行业趋势及政策走向。配合中小企业司联合各地方分站顺利完成了2014年全国优秀中小企业网上百日招聘活动。活动期间设立了活动专版及各地方专场。自2014年3月10日至6月17日，全国各地的10994家中小型企业上网发布或更新其招聘信息，企业提供就业岗位117700个。成功对2014年9月在南京举办的APEC中小企业部长级会议进行了全程跟踪，现场图文报道，并参与了APEC会议秘书处的服务工作，圆满完成任务。对2014年10月11日至14日在广州举行的第十一届中博会进行了全程实时跟踪专题报道，完整翔实快速地反映了大会盛况。

第三个重点是对工信部中小企业司和网站本身举办的各项活动进行跟踪宣传报道，如中小企业信息化服务信息发布会，创新中国行，第8届APEC技展会中小企业技术转移论坛，第11届中博会的信息化论坛、中小企业融资护航计划等。

2014年中小企业网的组织发布的信息报道等共142168篇，其中自采自编新闻信息2766篇，重点信息综述128篇，制作专题26个，英文翻译文章349篇。

此外，完成了《国家中小企业公共服务示范本台画册（第三期）》的编辑出版，启动了《信息化推进十年回顾》的编辑出版工作。

二、服务工作进一步拓展

2014年的中小企业服务工作重点围绕工信部“扶助小微企业”指导方针及中小企业司各项职能展开，并在进行中努力维护中国中小企业信息网的品牌影响力和美誉度，注重加强中小企业网作为中小企业司、大企业和中小微企业的桥梁纽带作用。

（一）承办由政府有关部门等举办的大型活动

如：承办了中小企业司、信息化推进司主办的中小企业信息化服务信息发布会，来自政府有关部门、行业协会、信息化服务商和中小企业的代表，以及50多家新闻媒体代表，近150人出席会议。期间，大型信息化服务商发布了相关信息化解决方案，6家信息化服务商与地方中小企业主管部门、工业园区、产业集群的管理机构签署了战略合作或服务协议；承办了第8届APEC技展会APEC中小企业技术转移论坛，120余位中小企业、政府部门、新闻媒体的代表出席了会议，现场发布了5项创新和专利技术，签订合作意向书3份；承办了第11届中博会中小企业信息化应用推广活动暨中小企业信息化论坛，来自全国各地的200余家中小企业、政府部门，和50多家新闻媒体的代表出席了论坛，取得圆满成功，得到了工信部中小企业司、中博会组委会和各参会企业的高度认可。

（二）自行策划举办系列服务计划

2014年继续举办了“创新中国行”系列信息化培训活动，协调大型信息化服务商走入产业集群、工业园区等中小企业集聚区，并尝试了与商业资本性质的百度和欧特克软件公司合作，在6个省的13个地市开展了13场免费培训活动。二是策划开展了中小企业融资服务“护航计划”，针对融资性担保机构，通过培训、网上展示和网上网下的融资服务对接，帮助担保机构提升服务能力，扩大业务宣传和加大与中小企业对接的服务市场。2014年第四季度开始起步，完成了在北京、杭州、西安举办的业务提升能力培训活动。

（三）培训工作

2014年开展了计算机速录师、电气智能化工程师、照明技术设计、中小企业音频技术培训暨全国专业扩声系统设计、全国中小企业舞台灯光技术设计等培训项目。2014年9月，启动了“护航计划”，开展了融资担保机构业务提升培训。全年共举办各类培训14期，培训人数473人。

三、网站建设与技术服务工作

（一）技术支持与服务工作

2014年开展了多项网络技术支持与服务工作，如协助职业经理人协会在全国中小企业发放并回收《中国经理人信用状况调查问卷》，通过培训活动、网站推广、网上征集等方式，成功完成1511份问卷的填写汇总工作。配合工信部信息中心进行了“专项资金申报系统”和“担保业务报送系统”的数据以及系统迁移和测试工作等。

（二）平台建设

（1）进一步完善中小企业公共服务平台的建设和系统集成，扩大中小企业网总网与分网的信息后台联通。对部分频道进行了改造升级。

（2）进一步完善实用分平台的建设和升级，如电子商务平台与金融服务机构等的对接，网上交易安全系统的升级改造；网上融资平台的征信系统完善等。

（三）咨询服务

电话咨询服务：主要通过4部400咨询服务电话，在每次的项目申报工作期间，为政务平台的使用提供技术支持与咨询服务。

网络在线服务：通过10个担保机构信息报送QQ群进行网上咨询和信息报送辅导。

2014年是中国中小企业信息网探索持续发展、实现突破较多的一年。通过合理有效地拓展服务内容，加强市场化运作，获得持续发展的能力。展望2015年，我们充满了信心，相信通过自身不断的努力会获得更长足的进步。在自身成长的同时积极推动中国中小企业信息网的不断发展壮大。

2014年国家中小企业银河培训工程

根据《国家中长期人才发展规划纲要(2010—2020年)》2014年，工业和信息化部继续推动各地实施以中小企业经营管理者和创业者为主要培训对象的国家中小企业银河培训工程，重点围绕法律法规、创业创新、节能减排、经营管理等开展培训。为进一步推动“创办小企业，开发新岗位，以创业促就业，以创业促发展”工作，在国家中小企业银河培训工程的支持下，部分省份中小企业主管部门还组织开展了赛飞创业辅导师培训，各地参训学员积极响应，把学到的赛飞创业辅导知识和方法运用到实践中，取得良好成效。2011年，中央财政设立“企业经营管理人才素质提升工程”专项资金，重点支持中央企业和中小企业经营管理领军人才的培训和培养。根据《企业经营管理人才素质提升工程实施方案》，实施了企业经营管理人才素质提升工程，制定年度实施方案，建立和完善中小企业管理咨询专家库，鼓励和引导管理咨询机构开展中小企业管理诊断和管理咨询服务。2014年，依托工业和信息化部人才交流中心组织部属单位、部属高校、行业协会和清华大学等19家社会优质机构继续实施中小企业经营管理领军人才培训，培训企业家1100余人。

2014年支持中小企业发展财税政策情况

2014年，按照国务院的统一部署，工业和信息化部、财政部、税务总局会同国务院有关部门在继续贯彻落实已出台的一系列支持小微企业发展的财税政策基础上，又适时出台了新的扶持政策，帮助缓解小微企业融资难，减轻税费负担，促进创业创新，推动结构调整和转型升级，营造有利于小微企业发展的良好环境。

一、进一步完善税收优惠政策

一是进一步降低企业所得税税负。将小型微利企业减半征收企业所得税政策，延长执行期限并扩大范围。自2014年1月1日至2016年12月31日，对年应纳税所得额低于10万元（含10万元）的小型微利企业，其所得减按50%计入应纳税所得额，按20%的税率缴纳企业所得税。

二是进一步加大小微企业增值税和营业税优惠力度。为进一步扶持小微企业发展，经国务院批准，自2014年10月1日起至2015年12月31日，将部分小微企业暂免征收增值税和营业税政策的适用范围由月销售额2万元提高至3万元。

三是简并和统一增值税征收率。自2014年7月1日起，将6%和4%的增值税征收率统一调整为3%。

四是继续推进营业税改征增值税试点工作。自2014年1月1日起，在全国开展铁路运输和邮政业营改增试点；自2014年6月1日起，在全国开展电信业营改增试点。至此，营业税制中的交通运输业和邮电通信业两个税目涉及的所有业务都改征了增值税，试点行业增加到“3+7”（交通运输业、邮政业、电信业和7个现代服务业）。据统计，2014年全年有超过95%的试点纳税人因税制转换带来税负不同程度下降，其中，中小企业普遍减税，有力支持了中小企业发展。

五是延长金融机构与小微企业借款合同免征印花税优惠政策。为鼓励金融机构对小型、微型企业提供金融支持，自2014年11月1日起至2017年12月31日止，继续对金融机构与小型、微型企业签订的借款合同免征印花税。

六是延长金融企业中小企业贷款损失准备金扣除优惠政策。自2014年1月1日起至2018年12月31日止，金融企业对中小企业贷款进行风险分类后，按照规定比例计提的贷款损失专项准备金准予在计算应纳税所得额时扣除。

二、继续加大财政资金支持力度

财政部、工业和信息化部等有关部门将原有涉及中小企业的专项资金整合为新的中小企业发展专项资金，整合后的专项资金主要用于支持科技创新、改善融资环境、完善服务体系和促进国际合作四方面，2014 年中央财政安排中小企业发展专项资金 116 亿元，在继续支持科技型中小企业创新项目的同时，加大了对创业投资、信用担保、公共服务等支持力度，其中：完善服务体系项目共安排 17.79 亿元支持 1125 个服务机构为 156.25 万户中小企业提供各类专业服务；改善融资环境项目安排 14.1 亿元用于支持 744 家担保（再担保）机构扩大中小企业特别是小微企业担保规模，安排 15.9 亿元用于支持北京、安徽、福建等 6 省市建立代偿补偿资金。另外，根据《国务院关于进一步支持小型微型企业健康发展的意见》（国发〔2012〕14 号文件）要求，中央财政计划分 5 年安排 150 亿元设立国家中小企业发展基金，采用市场化方式运作，引导地方政府、创业投资企业及其他社会资金支持处于初创期的小型微型企业等发展。目前，国家中小企业发展基金设立和运作方案已初步拟定，基金将由财政部会同工业和信息化部、科技部发起设立，待报国务院批准后正式实施。

三、继续加大清理涉企收费力度

财政部、发展改革委等部门出台了多项减轻企业收费的政策。主要包括：逐步建立涉企收费清单制度，财政部公布了《全国性及中央部门和单位行政事业型收费目录清单》《全国性及中央部门和单位涉企行政事业性收费目录清单》和《全国性政府基金目录清单》。目前，全国及各省市涉企行政事业性收费和政府性基金目录清单均已公布，其中全国共有政府性基金 25 项，涉企行政事业性收费 85 项。据统计，2014 年中央层面实施取消或暂停征收企业 12 项收费，对小微企业免征 47 项收费等多项措施，每年可减轻企业和居民负担 400 多亿元；各地取消、停征、免征的涉企行政事业性收费和政府性基金项目超过 600 项，每年可减轻企业和居民负担超过 1000 亿元。

发展改革委会同银监会对商业银行收费开展联合检查，并大力督促、指导中国银行、中国农业银行等 20 家国有、股份制商业银行相继下发了规范服务收费管理的文件，清理整顿相关收费。主要措施包括：取消一批收费项目，降低部分收费标准，增加对小微企业的减免优惠措施，规范贷款过程中的评估、登记收费等。通过采取一系列措施，规范服务收费，据测算，工商银行、农业银行、中国银行、建设银行四大行合计每年减轻企业负担金额在 370 亿元～390 亿元。

11 月 15 日，国务院常务会议决定 2015 年起实施普遍性降费政策，进一步为企业特别是小微企业减负添力。主要包括：①取消或暂停征收依法合规设立，但属于政府提供普遍公共服务或体现一般性管理职能的收费，包括企业、个体工商户注册登记费等 12 项收费，对小微企业免征组织机构代码证书费等 42 项行政事业型收费。②明确对月销售额不超过 3 万元的缴纳义务人，免征教育费附加、地方教育附加、水利建设基金、文化事业建设费。对在职职工总数 20 人以下的小微企业，自工商登记注册之日起 3 年内，免征残疾人就业保障金。③对养老和医疗服务机构建设减免土地复垦费、房屋所有权登记费等 7 项收费。④继续对高校毕业生、登记失业人员、残疾人和复转军人自主择业创业，免收管理、登记和证照类行政事业性收费。实施上述措施，每年将减轻企业和个人负担 400 多亿元。

四、大力推进商事制度改革

2014 年 3 月 1 日，按照国务院部署，注册资本登记制度改革在我国全面实施，新版营业执照正式启用，工商登记制度其他改革逐步展开。国家工商总局先后印发《关于做好工商登记前置审批事项改为后置审批后的登记注册工作的通知》及《企业公示信息抽查暂行办法》《企业经营异常名录管理暂行办法》《个体工商户年度报告暂行办法》《农民专业合作社年度报告公示暂行办法》《工商行政管理行政处罚信息公示暂行规定》等 5 部规章。2014 年 10 月 1 日起，《企业信息公示暂行条例》正式施行。

商事制度改革一年来，从 2014 年 3 月至 2015 年 2 月，全国新登记注册市场主体 1340.73 万户，同比增长 18.3%，注册资本（金）22.38 万亿元，增长 90.19%。其中，企业 383.23 万户，增长 49.83%，注册资本（金）20.66 万亿元，增长 1.02 倍。平均每天新登记注册企业 1.05 万户。

2014 年非公有制经济发展情况

党的十八届三中全会通过的《中共中央关于全面深化改革若干重大问题的决定》指出，公有制经济和非公有制经济都是社会主义市场经济的重要组成部分，都是我国经济社会发展的重要基础。必须毫不动摇鼓励、支持、引导非公有制经济发展，激发非公有制经济活力和创造力。2014 年《政府工作报告》指出，制定非国有资本参与中央企业投资项目的办法，在金融、石油、电力、铁路、电信、资源开发、公用事业等领域，向非国有资本推出一批投资项目；制定非公有制企业进入特许经营领域具体办法。实施铁路投融资体制改革，在更多领域放开竞争性业务，为民间资本提供大显身手的舞台。这为进一步支持促进非公有制经济健康发展奠定了重要基础，随着国家各项政策措施的贯彻落实，2014 年非公有制经济在新常态下实现平稳增长。

一、开展第四届全国非公有制经济人士优秀中国特色社会主义事业建设者评选表彰活动

第四届全国非公有制经济人士优秀中国特色社会主义事业建设者表彰大会11月25日在北京举行。中共中央政治局常委、全国政协主席俞正声出席大会并讲话。他指出，广大非公有制经济人士和其他新的社会阶层人士要深入学习贯彻党的十八届四中全会精神，在新的历史机遇下敢于担当、勇于作为，努力做到政治上自信、发展上自强、守法上自觉，不断增强对中国特色社会主义的信念、对党和政府的信任、对企业发展的信心、对社会的信誉，为全面建成小康社会、实现中华民族伟大复兴的中国梦做出更大贡献。俞正声首先代表党中央、国务院，向受到表彰的优秀建设者表示热烈祝贺，对他们展现的爱国、敬业、创新、诚信、守法、贡献的“优秀建设者”精神给予充分肯定。他说，2009年第三届表彰大会以来，广大非公有制经济人士和其他新的社会阶层人士积极服务科学发展，自觉承担社会责任，为推动经济发展和经济结构调整、促进社会和谐稳定做出了重要贡献。俞正声指出，党的十八届四中全会对全面推进依法治国做出重大战略部署，必将为非公有制经济发展提供更加坚实的制度保障、更加良好的法治环境。希望广大非公有制经济人士和其他新的社会阶层人士在各种思潮碰撞中，坚定不移走中国特色社会主义道路；在经济发展新常态中，加快转型升级、积极服务全面深化改革；在推进社会主义法治国家建设中，增强法治观念、切实履行社会责任。俞正声强调，各级党委和政府要认真贯彻中央关于鼓励、支持和引导非公有制经济发展的各项方针政策，下大气力解决非公有制企业面临的实际问题。各级统战部门、工商联组织要加强联系，反映意见诉求，维护合法权益，为促进“两个健康”营造良好环境。

经中央同意，中央统战部、工业和信息化部、人力资源社会保障部、国家工商总局、全国工商联等部门组成评选委员会，共同开展了第四届全国非公有制经济人士优秀中国特色社会主义事业建设者评选表彰活动，在全国范围内评选出100名优秀中国特色社会主义事业建设者。

二、非公有制经济市场主体迅速发展

自实施注册资本登记制度改革以来，进一步放宽了市场准入条件，创业成本和门槛大幅度降低，激发了投资者的创业热情，激活了民间投资，催生了发展新动力，个体私营等非公有制企业数量显著增加。国家工商总局数据显示，截至2014年年底，全国实有私营企业数量1546万户，比上年增长19.6%，占全部实有企业数量由上年底82.1%增长至85.0%；注册资本（金）59.2万亿元，比上年增长50.6%；户均注册资本383万元，比上年增加69万元。个体工商户4984万户，比上年年底增长12.4%；资金数额2.9万亿元，比上年增长20.6%；户均资金数额5.8万亿元，比上年增长0.3万亿元。

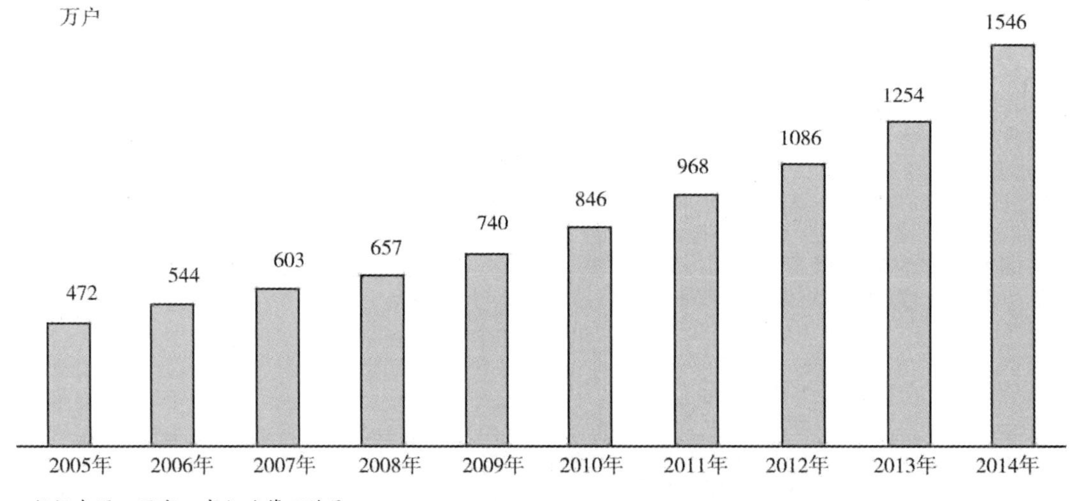

图1 2005—2014年全国私营企业实有情况

三、非公有制经济税收支撑作用增强

非公有制企业在自身发展的同时，也为国家财政提供了大量的税收，对财政收入的贡献日益明显。国家统计局数据显示，2014年全国规模以上非公有制工业企业（以下简称“非公有制企业”）1实现税金总额2.6万亿元，对全部工业税金总额贡献率达到62.4%，拉动全部工业税金总额增长3.8%；占

全部工业税金总额的比重由上年底 52.4% 增长至 53.4%，比重较上年提高 1.1 个百分点；同比增长 7.3%，比全部规模以上工业企业（以下简称“工业企业”）税金总额增速（6.2%）高 1.1 个百分点，比国有控股企业税金总额增速（5.0%）高 2.2 个百分点。其中，规模以上私营工业企业（以下简称“私营企业”）实现税金总额 1.2 万亿元，同比增长 8.1%，增速比上年同期回落 8.9 个百分点，占非公有制企业税金总额的 47.6%。

四、非公有制企业生产经营总体保持平稳

我国经济增长进入换挡期，结构调整阵痛期和前期刺激政策消化期，非公有制企业经济增速虽然有所放缓，但企业生产经营总体保持平稳。2014 年，非公有制企业实现主营业务收入 81.1 万亿元（占全部工业企业主营业务收入的 74.0%），同比增长 8.7%，比全部工业企业主营业务收入增速（7.0%）高 1.7 个百分点，比国有控股企业增速（2.1%）高 6.6 个百分点。其中，私营企业实现主营业务收入 37.0 万亿元，同比增长 9.2%，占非公有制企业主营业务收入的 45.6%。

2014 年，非公有制企业实现利润总额 4.9 万亿元（占全部工业企业利润总额的 75.5%），同比增长 6.3%，比全部工业企业利润总额增速（3.4%）高 3.0 个百分点，明显快于国有控股企业利润总额增速（－5.7%）。其中，私营企业实现利润总额 2.2 万亿元，同比增长 4.9%，占非公有制企业利润总额的 45.7%。

五、非公有制企业吸纳就业作用明显

在个体私营等非公有制企业市场主体数量增长带动下，非公有制企业在吸纳社会就业方面进一步发挥重要作用，吸纳从业人员作用突出。国家工商总局数据显示，截至 2014 年年底，全国私营企业从业人员 14390 万人，比 2013 年 12522 万人，增加 1868 万人，增长 14.9%。全国个体工商户从业人员 10584 万人，比 2013 年 9336 万人增加 1248 万人，增长 13.4%。

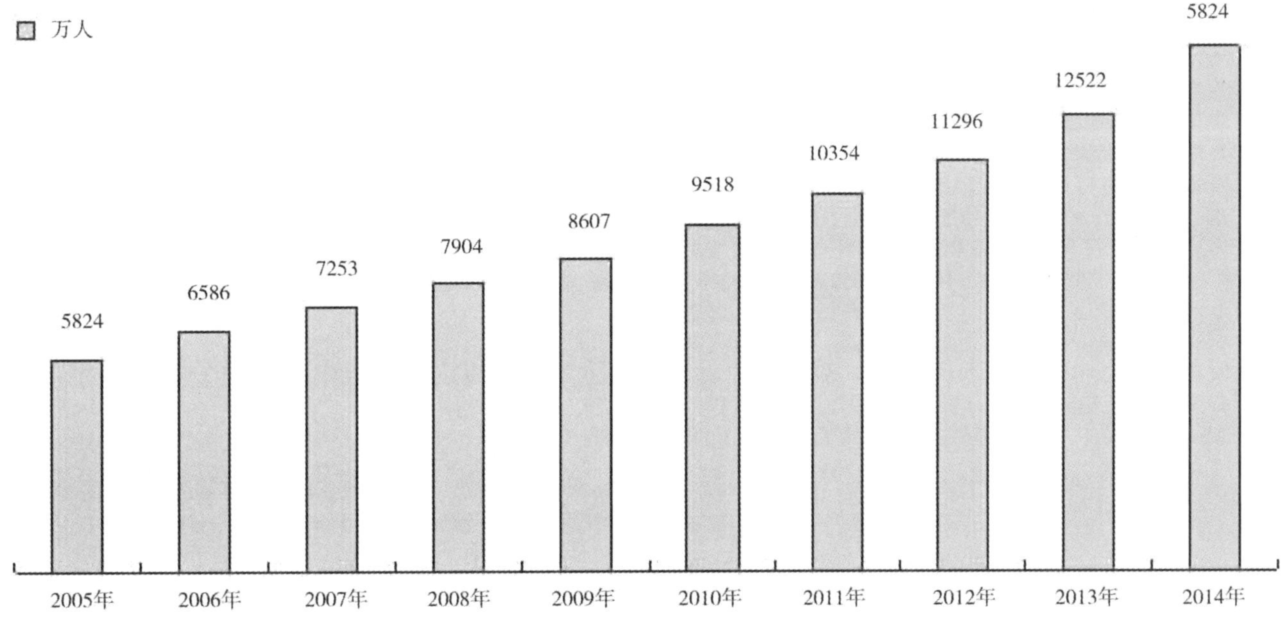

数据来源：国家工商行政管理总局

图 2　2005—2014 年私营企业从业人员情况

六、非公有企业出口继续保持增长

国家出台稳定外贸增长政策措施，进一步提高贸易便利化水平，为外贸企业营造更为宽松的环境。非公有制企业克服困难，积极开拓国际市场，出口增速保持较快增长。海关总署数据显示，2014 年，非公有制企业（不含外商投资企业）出口额合计 10115 亿美元，比上年增长 10.3%，比全国出口增速（6.1%）高 4.2 个百分点；占全国出口总值的比重由上年的 41.5% 增长至 43.2%，提高 1.7 个百分点。

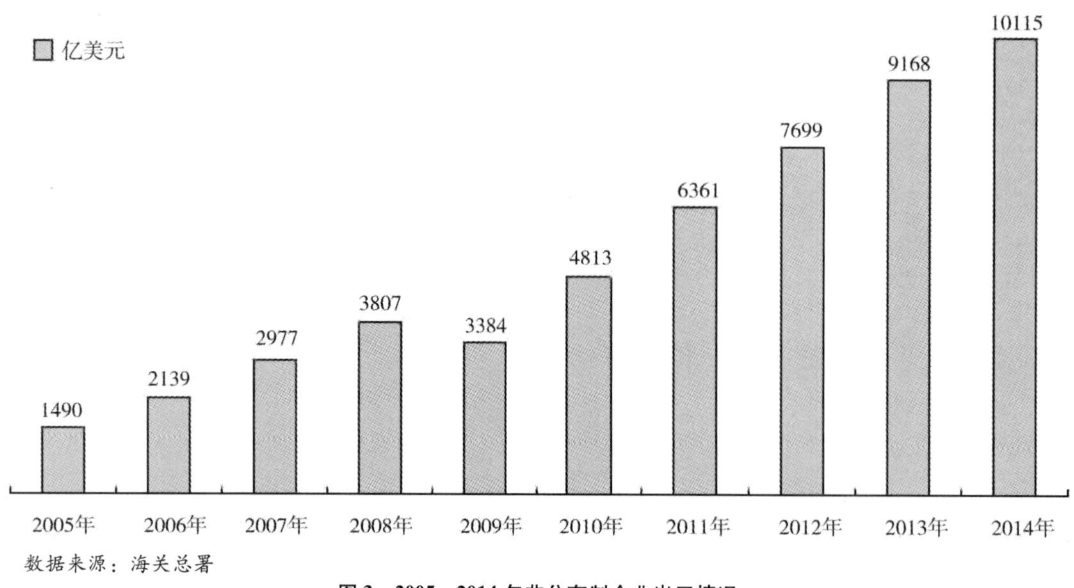

图3　2005—2014 年非公有制企业出口情况

七、非公有制经济投资增速放缓

2010 年，国务院印发《关于鼓励和引导民间投资健康发展的若干意见》（国发〔2010〕13 号，简称“民间投资 36 条”）明确提出鼓励和引导民间资本进入法律法规未明确禁止准入的行业和领域，为民间投资创造良好环境。2012 年，42 个相关配套细则全部出台，进一步优化民间投资的政策环境。2014 年 4 月 23 日，国务院常务会议指出，为加快投融资体制改革，推进投资主体多元化，让社会资本特别是民间投资进入一些具有自然垄断性质、过去以政府资金和国企投资为主导的领域。下一步将推动油气勘查、公用事业、水利、机场等领域扩大向社会资本开放。随着政府不断简政放权、放宽投资准入领域，以及“民间投资 36 条”的推进，民间投资力度逐渐加大。

2014 年，民间固定资产投资 321576 亿元，同比名义增长 18.1%，比全国固定资产投资增速（15.7%）高 2.4 个百分点。民间固定资产投资占全国固定资产投资（不含农户）的比重由上年的 62.9% 增长至 64.1%。其中，工业民间固定资产投资 160157 亿元，同比增长 16.4%，占民间固定资产投资的 49.8%。

2014 年中小企业服务体系建设及服务情况

2014 年，以示范平台和平台网络为抓手，以强化服务功能为核心，以创业、创新为重点，不断完善和推动中小企业服务体系建设。

一、加大政策扶持

为进一步促进小型微型企业健康发展，推动大众创业、万众创新，2014 年 10 月 31 日，国务院印发了《关于扶持小型微型企业健康发展的意见》（国发〔2014〕52 号），从加大专项资金支持力度、加强财税扶持、加强小企业创业基地建设、完善融资担保政策、加强服务平台建设等方面提出具体措施。为推动政策落实，工业和信息化部组织专家对相关政策内容进行了解读，加强政策宣传。

二、培育和认定国家中小企业公共服务示范平台

2 月，工业和信息化部办公厅印发了《关于推荐第四批国家中小企业公共服务示范平台的通知》（工信厅企业函〔2014〕125 号），开展第四批示范平台认定工作。经评审，认定并公布了第四批 99 家国家中小企业公共服务示范平台。2011 年以来，工业和信息化部分四批认定了 511 家示范平台，完成了“十二五”期间培育认定 500 家国家示范平台的目标。

2 月，工业和信息化部办公厅印发《关于开展 2014 年国家中小企业公共服务示范平台（技术类）享受科技开发用品进口免税政策资格申报工作的通知》（工信厅企业函〔2014〕126 号），审定示范平台（技术类）进口设备免税资格。有 8 省市的 11 家示范平台申报，经审核，9 家平台获得免税资格。同时，对首批获得免税资格的 7 省市 10 家示范平台进行复审，其中，8 家平台通过复审，继续享受免税资格。

3 月，工业和信息化部办公厅印发了《工业和

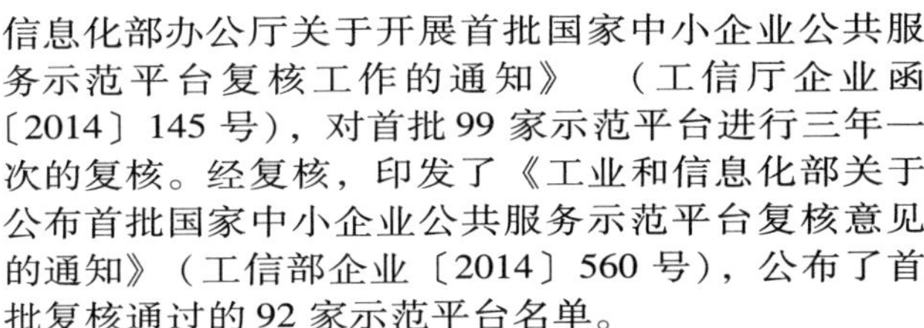

信息化部办公厅关于开展首批国家中小企业公共服务示范平台复核工作的通知》（工信厅企业函〔2014〕145号），对首批99家示范平台进行三年一次的复核。经复核，印发了《工业和信息化部关于公布首批国家中小企业公共服务示范平台复核意见的通知》（工信部企业〔2014〕560号），公布了首批复核通过的92家示范平台名单。

2014年，完成了对前两批307家示范平台上年度的运营情况、服务业绩、服务质量和服务满意度等的检查。完成了对江苏、广东、深圳、四川等40家示范平台的测评工作，形成了测评工作报告。

三、加强中小企业公共服务平台网络建设

2011年以来，工业和信息化部会同财政部分四批批复了30个省（自治区、直辖市）和5个计划单列市（以下简称省市）的平台网络建设方案，支持各地开展平台网络建设。目前，参与平台网络建设的共有847个平台，带动社会服务机构5.37万个。2014年，已开展各类服务活动共计14.5万次，服务企业达143万家。

工业和信息化部办公厅印发了《关于报送中小企业公共服务平台网络服务信息的通知》和《关于印发中小企业公共服务平台网络共享数据指标目录和设计细则（2014版）的通知》，推动平台网络建设。

此外，工业和信息化部组织开展国家中小企业公共服务平台网络服务能力提升培训班，不断提升各地平台网络服务能力。

四、提升中小企业创新发展能力

（一）推动落实企业研发费用加计扣除政策

委托有关单位开展政策宣传、培训和辅导活动。重点解决对中小企业技术创新支持范围和力度不够，以及中小企业管理不规范，财务核算制度不健全，不能准确归集研究开发费用实际发生额等问题。在安徽、江苏、甘肃、桂林、济南、大连等地举办了10余场培训班，培训企业负责人和财务人员2100人，政策宣传辅导人员500多人，并对50多家中小企业进行了一对一辅导，被辅导的中小企业平均获得税收减免84.5万元。开展政策解读、工具使用、财务管理方法等学习和辅导活动。报名人数1227人，选取了研发费用投入较大、销售收入较高的中小企业362人，参加了为期3天的免费培训。

（二）实施中小企业知识产权战略推进工程

工业和信息化部组织实施了2014年知识产权推进计划，委托有关单位开展中小企业知识产权风险评估及预警研究、中小企业知识产权运用能力研究和中小企业知识产权战略推进工程评估研究等任务。会同国家知识产权局，对中小企业知识产权战略推进工程进行全面测评和工作总结。对32个试点城市、50多个集聚区、140多家知识产权服务机构和500家中小企业进行调研和测评，收集了大量数据，完成了《中小企业知识产权发展质量测评研究》报告。

五、实施中小企业信息化推进工程

5月，在北京召开“2014中小企业信息化服务信息发布会暨中小企业信息化培训启动会”。来自地方政府部门、信息化服务商和服务机构、行业协会，以及在京40余家新闻媒体的代表，共200多人参加会议。中国联通、畅捷通公司、中国网库、敦煌网、软通动力、中欧互联主要围绕信息化助力中小企业转型升级、实施扶助小微企业的健康体检行动计划、电子商务促进实体企业腾飞、跨境电子商务帮千百万中小企业走出国门、中小企业云平台应用的实践、学习云平台助推中小企业人才培养等主题进行信息发布。6家信息化服务商与地方中小企业主管部门、部分城市的区人民政府、工业园、产业集群等签署合作协议。

8月，组织召开了中小企业信息化培训局长班和处长班。系统地学习和了解当前国际国内经济形势和互联网、信息通信技术发展，对中小企业发展和中小企业工作带来的影响和挑战，深刻理解当前中小企业发展特点和服务需求，提高组织策划和推动执行能力，推动提升中小企业信息化水平。

10月，在第11届中国国际中小企业博览会期间，举办以“促进信息消费 助推中小企业转型升级”为主题的中小企业信息化应用推广活动暨中小企业信息化论坛。

六、促进中小企业“专精特新”发展

6月，在上海第二届中小企业“精品展”期间，对11个省市促进中小企业“专精特新”发展工作进行了调研，推动落实《工业和信息化部关于促进中小企业“专精特新”发展的指导意见》。

委托有关单位在辽宁省、山东省、天津市、厦门市、南京市、无锡市开展面向“专精特新”中小企业开展质量提升和品牌培育培训活动。委托中国质量协会实施中小企业质量品牌创新专项，编制了《中国质协服务中小企业 提升质量与品牌活动的工作方案》，开展了质量提升和品牌创建、鼓励中小企业参加品牌故事演讲比赛、参加品牌创新成果发布等活动，同时搭建“质量标杆服务平台”，开发包括全面质量管理、质量体系建设、统计技术等20多种方法的50多门课程视频培训课程，为中小企业提供网络上的免费学习，并与标杆企业进行互动交流。

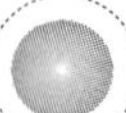

七、促进中小企业创业

一是支持小企业创业基地建设。2014 年安排资金 6.1 亿元，支持了 390 个小企业创业基地建设项目。目前，各地支持认定的小企业创业基地 1700 个，基地现有企业 10 多万家，提供就业约 420 万人。

二是研究制定《关于促进小企业创业基地建设的指导意见》和《国家小企业创业示范基地认定管理办法》，引导、规范和推动地方小企业创业基地建设。

三是工业和信息化部作为主办单位参加了共青团中央等 6 部门联合举办首届“盐商杯”中国青年创新创业大赛。作为 2014 年“创青春”全国大学生创业大赛支持单位，参加了大赛相关活动。

四是人力资源社会保障部等 9 部门联合下发《关于实施大学生创业引领计划的通知》，促进大学生创业就业。

五是继续组织创业辅导师培训。委托安徽省经信委合肥市中小企业服务中心开展赛飞创业辅导师培训，共举办四期。来自全国示范平台、小企业创业基地和服务机构的 165 人参加了培训。

2014 年我国中小企业对外合作与交流情况

按照党中央、国务院的统一部署，在江苏南京组织召开了 APEC 第 21 次中小企业部长会议，国务院副总理马凯出席开幕式并致辞，工业和信息化部部长苗圩作为会议主席全程主持了会议，亚太经合组织 21 个经济体负责中小企业事务的部长和代表以及相关国际机构的官员、工商界人士共约 200 人参加了会议。发表了《关于促进中小企业创新发展的南京宣言》和《第 21 次 APEC 中小企业部长会议部长联合声明》，针对亚太地区中小企业面临的新形势，在信息化应用、服务体系建设、知识产权保护、融资支持、合作机制创新等方面提出了 25 条具体措施，达成了新的合作共识，为促进我国中小企业与亚太中小企业的创新合作提供了新的广阔空间。会议前夕，苗圩部长在人民日报发表了题为《进一步深化改革开放促进中小企业创新发展》的署名文章。中国日报刊发了苗圩部长和朱宏任总工程师的欢迎致辞。会议成果为 APEC 第 22 次领导人非正式会议提供了重要支撑，在《北京纲领：构建融合、创新、互联的亚太——亚太经合组织领导人宣言》中得到了充分体现。联合浙江省人民政府在义乌成功举办了第八届 APEC 中小企业技术交流暨展览会，共设展位 1600 余个，展览面积达 4 万平方米。工业和信息化部会同广东省等 5 部 1 省成功举办第 11 届中国国际中小企业博览会，展览面积 10 万平方米，有 22 个国家和地区的 2322 家中小企业参展，展会期间，境内参展中小企业达成合同、意向金额 293.7 亿元。此外，还举办了中小企业高峰论坛、高成长中小企业投融资论坛暨项目对接会、中小企业信息化论坛等一系列配套活动。不断深化双边多边合作机制，为中小企业“走出去、引进来”创造良好环境。召开了第五次中欧中小企业政策对话、第二次中美中小企业政策对话和第二次中韩中小企业政策交流委员会会议。搭建中国—中东欧中小企业会展平台，推动中英、两岸中小企业交流合作。继续深化中德中小企业领域合作，推动中德合作园区建设，圆满完成了双方交流培训任务。

第四篇 各地中小企业改革与发展

北京市

北京市中小企业改革发展的总体情况 北京市不断完善市场机制 有效促进首都中小企业健康发展

一、北京市中小企业发展基本情况

根据第二次经济普查数据，北京市中小企业共有25万多户，占全市企业总数的99%以上（其中：非公中小企业占中小企业总数的86%）；营业收入、创造利润、上缴税收，分别占全市企业总量的57%、68%、62%；从业人员约占全市企业就业人口的73%。“十一五”期间，中小企业实收资本、营业收入、利润、税收的年均增长率分别为23%、17%、26%、17%。

二、北京市中小企业服务体系建设已初具规模

（一）不断加强机构体系建设，实现分层管理

2009年市政府机构改革中，北京市调整组建了市经济和信息化委，负责中小企业指导和服务等职能从市发展改革委划入到市经济和信息化委。

2011年，为贯彻落实国发〔2009〕36号的有关精神，加强我市促进中小企业发展工作的统筹领导，经市编委批准，设立了由市经信、发展、财政、科委等30个委办局及部门组成的北京市促进中小企业发展工作领导小组，主要负责统筹协调促进本市中小企业发展工作；组织研究并督促落实促进中小企业发展的政策措施；研究解决促进中小企业发展工作中遇到的重大问题等。主管副市长任组长，领导小组办公室设在市经济信息化委。我市首次形成了全市促进中小企业工作的协调机制，加强了我市对中小企业工作的组织领导、统筹规划和政策协调。同年，为进一步调整完善中小企业服务职能，北京市中小企业服务中心由市发展改革委所属调整为市经济信息化委。

2011年，市政府出台了《北京市人民政府关于贯彻国务院进一步促进中小企业发展若干意见的实施意见》（京政发〔2011〕17号文），文件明确要求“各区县也要结合实际建立本区县的相应工作机制，协调推进中小企业发展各项工作”。目前，北京市16个区县中，有13个区县已成立了促进中小企业发展工作领导小组，16个区县已设立完成了中小企业服务中心。

目前，北京市已基本形成了运作有效、实时联动、相互补充的市、区两级服务体系，为实现对中小企业分层管理，建立结构合理、配置科学、制约有效的中小企业协调服务机制奠定了坚实的基础。

（二）不断完善政策法规体系

（1）加快推进《北京市促进中小企业发展条例》贯彻落实工作。2003年《中华人民共和国中小企业促进法》颁布实施后，北京市由于多种原因未出台配套的地方法规。2009年以来，市人大财经委、市政府法制办、市经济信息化委专门组织力量，扎实开展立法基础研究和调研分析，着力推动促进中小企业发展的地方立法工作。2010年12月，市人大常委会论证同意《北京市促进中小企业发展条例》立项。2013年12月27日市人大常委会第八次会议对《条例》草案进行表决，获得通过，自2014年3月1日起正式颁布施行。

为更好地加快推进该条例的贯彻落实，2014年5月份开始，市促进中小企业发展工作领导小组办公室对《条例》中6大章的39项法律条文逐项进行了责任分解，进一步明确了牵头部门和配合部门，共涉及36个委办局和16个区县政府。

（2）出台了若干扶持中小企业发展的政策措施。为应对国内外复杂多变的经济形势，促进中小企业健康发展，市经济信息化委牵头组织市发改、财政、科委等30个部门，研究制定了《北京市人民政府关于贯彻国务院进一步促进中小企业发展若干意见的实施意见》（京政发〔2011〕17号）和《北京市人民政府关于进一步支持小型微型企业发展的意见》（京政发〔2012〕40号），在促进中小企业发展机构设置、资金支持、土地规划、服务体系建设等多方面提出关键措施，实现了多项政策突破：一是市级中小企业发展专项资金由每年5亿元增至8亿元，其中，支持公共服务的比例达到50%以上；二是规定“预算金额在300万元以下的政府采购项目，应当从小型微型企业采购；预算金额超过300万元的政府采购项目，在同等条件下优先从小型微型企业采购”；三是设立北京市中小企业发展基金，初期规模20亿元；四是设立一万平方米的中小企业公共服务大厅。

为落实国务院《关于支持农业产业化龙头企业发展的意见》，我市出台了《关于支持农业产业化龙头企业发展推进农业产业化经营的实施意见》（京政发〔2013〕20号），该意见重点围绕提升企业核心竞争能力、强化企业带动农户增收能力、提高政府为企业服务能力提出17条政策措施。中关村管委会陆续出台了《中关村国家自主创新示范区战略性新兴产业中小企业创新资金管理办法》《中关村国家自主创新示范区企业担保融资扶持资金管理办法》《关于支持瞪羚重点培育企业的若干金融举措》《中关村国家自主创新示范区小微企业信贷风险补偿资金管理办法》等促进中小企业发展的系列政策，支持示范区中小企业健康发展。针对《建筑业企业资质标准》“大而全”的要求与高新技术企业尤其是中小企业“专而快”的发展特点之间的矛盾，市住建委会同中关村管委会制定了《关于扶持中关村自主创新示范区高新技术建筑业企业发展的通知》（京建法〔2013〕21号），规定了扶持高新技术建筑业企业尤

其是中小企业发展的具体措施，突破了企业申报资质只能从最低等级开始、专业资质不能高于总包资质等限制，打破了高新技术建筑业企业发展的瓶颈。为进一步支持高资信的中小微型企业进出口货物快速验放，提高企业通关效率，北京海关制定出台了《北京海关支持中小微型企业发展十项措施》，给予双自主品牌、文化创意、传统文化、动漫产业和国际服务外包的中小微型企业政策支持和通关便利。

（3）积极推动对行业协会立法。起草完成了《北京市行业协会条例（草案）》，明确赋予行业协会履行行业代表、行业自律、行业管理、行业协调、行业服务等职能，规定了具体的培育扶持举措。

（4）研究出台优化社会组织环境意见。为进一步清理不利于中小企业发展的政策和法规，不断完善既有的法规和政策，补充新的法规和政策，北京市一直积极呼吁国务院就1998年和2005年出台的《社会团体管理条例》《民办非企业单位登记管理暂行条例》《基金会管理条例》三个条例进行修订完善。同时北京市正在研究出台“关于改革创新社会组织管理制度的意见”“意见”明确我市将不断优化社会组织环境，进一步促进中小微企业的发展。

目前，北京市促进中小企业发展政策法规体系不断得到充实和完善。

（三）建设服务平台网络，不断提升服务能力

1. 建设中小企业公共服务平台网络

近年来，国家不断加大对中小企业公共服务体系建设的扶持力度。为进一步落实国家政策，2012年4月，市经济信息化委联合市财政局组织编制了《北京市中小企业公共服务平台网络建设方案》，同年该方案获得工信部批准并获得财政部和工信部三年共计5000万元的建设资金支持。目前，北京市已完成市级枢纽网络平台软件开发及系统集成项目、信息化建设监理项目、硬件和基础软件采购建设项目招标采购工作；市级实体公共服务大厅装修改造全面启动，窗口平台建设持续推进。北京市中小企业公共服务平台网络建设累计已确定投资9744.9万元，占计划总投资的61%。该服务平台网络于年底前开通后将最终形成“1+16+N”线上线下立体式中小企业公共服务平台网络体系，为全市中小企业提供信息、政策、场地、资金、技术、市场、管理、人力资源、创业辅导、信息化和电子商务、法律等企业生产经营所需的全要素服务，提供从企业创立到解散全生命周期的服务。

2. 认定了一批小企业创业基地和中小企业公共服务平台

针对首都经济发展特点，地域空间是影响和制约企业创业发展的关键因素，为进一步鼓励社会服务机构提供优质资源，促进中小企业集聚发展，北京市于2012年出台了《北京市中小企业公共服务平台管理暂行办法》《北京市小企业创业基地管理暂行办法》。目前，已认定完成了39家市级中小企业公共服务平台和40家小企业创业基地，12个平台被工信部认定为国家中小企业公共服务示范平台。截至2013年年底，39家中小企业公共服务平台已服务企业数量5.5万户（次），其中公益性或低收费服务占总服务量的43%；40家小企业创业基地已入驻企业4821家，上缴税收58.4亿元，解决就业人员12.4万人。全市中小企业服务环境和创业空间得到了有效改善，科技、文化等新兴产业集聚发展的态势得到了有力提升。

3. 加快引导孵化机构建设发展

北京市已出台了《关于进一步促进首都科技企业孵化体系建设的意见》，着力提升首都科技企业孵化体系的专业化、市场化、国际化水平，打造具有首都特色的孵化服务体系。目前，全市各类孵化机构达到130家，其中国家级孵化器28家，国家级大学科技园14家，在孵企业超过8000家，入驻企业总收入超过千亿元，产出境内外上市公司及新三板公司近70家。战略性新兴产业孵育基地累计达18家，累计产出上市公司近40家，引进千人计划、“海聚”等高端人才100多人。

（四）拓展中小企业政策法规发布渠道

近几年来，为深入贯彻国发14号文、京政发17号文及京政发40号文件精神，我市不断以“服务中小企业、宣传中小企业”为主题，逐步建立起了政府、中介机构和广大中小企业之间信息沟通对接的渠道，解决信息不对称问题。

1. 编制政策普及读物并免费发放

编制了《北京市中小企业政策手册》《北京市中小企业常见法律问题汇编》《北京市中小企业融资手册》《中小企业税收优惠政策辅导手册》，并实现了滚动更新，及时补充新政策、新措施。通过各种渠道免费为广大中小企业发放，截至目前，我市已为广大中小企业免费累计发放手册近5万册。

2. 拓宽渠道加强政策宣传

依托手机报、北京中小企业期刊、广播电视、北京中小企业网、微博、微信、QQ群等各种渠道向社会发布政策信息，努力解决信息不对称问题。我市自2013年8月开通手机报以来，已发送手机报60期，每期受众群体达1.2万人次，累计已达近72万人次；《北京中小企业期刊》自2014年年初启动以来，已刊发四期，共免费为企业发放1万余册。从2014年1月至今，依托市经信委网站、中小企业网、微博等已向社会发送中小企业信息5000余条。联合北京电视台，制作了“小微企业巡礼”系列节目，通过《创投引导基金撬动资本杠杆》《中小企业投融资服务平台：让小企业也能找大机构要钱》《变锦上添花为雪中送炭》等系列报道，集中呈现了我市具有典型性、代表性的小微企业，以点带面，强化了政策宣传，营造中小企业发展良好的舆论环境。

三、积极依托社会中介组织，有效提升服务能力水平

截至目前，全市共登记行业协会商会1177家，其中市级316家，区县级861家。我市一直注重发挥行业协会、商会等社会组织的作用，不断集合社会优质资源，以提高企业核心竞争能力为目标，积极开展创新服务。

（一）推动政府职能向行业协会商会等社会组织转移

2013年6月，北京市制定了《北京市民政局率先转移职能委托社会组织承接工作事项的工作方案》，率先开展向社会组织转移职能试点工作。近期，在北京市政府制定《北京市关于政府向社会力量购买服务实施意见》基础上，北京市民政局又拟定了《北京市承接政府购买服务社会组织资质管理办法（试行）》，作为“1+4”文件向社会发布，明确了具备承接政府购买服务的社会组织资质条件和资质管理的具体内容，进一步规范了承接政府购买服务社会组织的资质管理工作。

（二）组建中小企业服务联盟

北京市已依托中小企业公共服务平台网络，组织行业协会、商会、中介服务机构建立了中小企业服务联盟。该联盟为中小企业提供从成立到发展壮大的全过程的综合类、行业类、专业技术类等各类公共服务，目前已有114家服务机构申请加入中小企业服务联盟。

（三）依托社会组织提供专业化服务

依托社会中介机构，2012至2014年北京市相继开展了“中小企业服务年”“扶助小微企业专项行动”等活动，围绕政策咨询、投资融资、创业创新、转型升级、管理提升等主题开展培训活动，推进特色服务。活动累计覆盖中小企业近5万家，近10万名中小企业管理人员现场接受了指导和培训。

在中小企业信息化建设方面，围绕管理控制、搜索营销、电子商务等主题，遵循“资源换服务”的原则，依托百度、金蝶、畅捷通、中国互联网信息中心等社会力量开展信息化培训。通过开展“腾计划”“青云计划”“企业健康成长计划”等一系列公益活动，引导企业应用信息化手段，实现转型升级。

四、优化市场环境，加大政府采购力度

（一）积极落实工商登记制度各项工作

根据党中央、国务院的部署，自今年3月1日起，注册资本登记制度改革工作正式全面实施。本次改革的各项举措极大激发了社会的投资热情和创业激情，极大地减轻了各类中小微企业的负担。3—5月，北京市新设企业同比增长超过70%，其中注册资本500万以下的企业超过8成。

（二）积极鼓励中小企业参与市场采购

1. 完善政策措施确保中小企业采购份额

一是政府采购为中小企业预留市场份额。各部门要预留本部门年度政府采购项目预算总额的30%以上，专门面向中小企业采购，其中预留给小型和微型企业的比例不低于60%；二是政府采购为小型、微型企业提供评审优惠。对于非专门面向中小企业的项目，中小企业与其他企业同时参与政府采购的，对小型和微型企业产品给予6%—10%的价格扣除，以扣除后的价格参与评审；三是鼓励大中型企业与小型、微型企业组成联合体参加政府采购。对小型、微型企业协议合同金额占联合体协议合同总金额30%以上的，给予联合体2%~3%的价格扣除；四是预算金额在300万元（含）以下的政府采购项目，应当从小型微型企业采购；预算金额超过300万元的政府采购项目，在同等条件下优先从小型微型企业采购。

2. 加大开展新技术新产品政府采购和应用推广

目前，《关于在中关村国家自主创新示范区深入开展新技术新产品政府采购和推广应用工作的意见》已经市政府常务会审议通过。针对创新技术产品在研发、技术转化和市场化三个阶段的不同特点，综合使用订购、首购、推广应用等采购政策，加大政府采购支持中小企业发展政策的执行力度。2013年，我市共开展三次中关村政府采购和新技术新产品应用推广项目征集工作，累计安排政府采购项目共1086项，采购金额104.55亿元，项目总投资648.88亿元。

3. 创新金融支持方式，支持中小企业参与政府采购

协调专业担保机构采取投标担保、履约担保、融资担保等方式，为中小企业参与政府采购活动提供融资服务，增强了中小企业融资能力，有效推动了中小企业积极参与政府采购。

五、切实减轻中小企业负担

（一）严格规范行政管理自主裁量权

北京市于2007年印发了《北京市人民政府关于印发行政执法责任制配套制度的通知》（京政发〔2007〕17号），实行6项配套制度，其中一项是《北京市关于规范行政处罚自由裁量权的若干规定》，详细规范了本市行政处罚自由裁量权工作，各执法部门应按照市政府文件要求予以落实。

（二）减免清理部分涉企收费

2012年以来，按照国家和市政府的规定，落实中央和本市取消、免征行政事业性收费项目和降低收费标准的规定，相继取消了住建、农业、财政、税务、国土资源、工商等部门的部分行政事业性收费项目，共涉及年收费金额约2.85亿元；降低了人事关系及档案保管费、已生产药品登记费等费用。加大收费监督检查力度，治理乱收费、乱摊派、变相增加企业负担的行为。依托12345市非紧急救助服务平台，开设了价格举报服务专区，将12358电话和区县价格举报电话统一接入价格举报服务专区，提供24小时人工服务。强化对价格举报、投诉办理的督办，及时处理涉企违法收费行为的投诉举报。

（三）切实落实税收优惠政策

1. 开展国地税联合税务登记管理工作

为切实贯彻好国务院关于减政放权、转变职能的要求，按照高效便民原则，规范、优化办税流程，以信息化手段为依托，对13项国、地税联办登记管理事项从法律依据、纳税人申请手续、纳税人申请时限、附报资料、税务机关工作流程、税务机关办理时限要求等进行了具体规范和详细说明。简并了

纳税人报送资料，规范了流程，缩短了办理时限，同时也规范简化普通发票领用等非审批事项，大大减轻了企业负担。

2. *贯彻扶持小微企业增值税、企业所得税优惠政策*

按照《财政部国家税务总局关于暂免征收部分小微企业增值税和营业税的通知》（财税〔2013〕52号）文件规定，自2013年8月1日起，对增值税小规模纳税人中月销售额不超过2万元的企业或非企业性单位，暂免征收增值税。自所属期2013年8月至2014年5月，享受优惠政策的小微企业累计达771222户次，累计免征增值税18883.28万元。其中，“营改增”纳税人累计免征增值税8789.85万元。今年9月25日，财政部和国家税务总局联合印发《关于进一步支持小微企业的增值税和营业税政策的通知》（财税〔2014〕71号）规定，自2014年10月1日起至2015年12月31日，对月营业额2万元至3万元的营业税纳税人免征营业税，政策范围不仅涵盖“企业或企业性单位”，同时也包括“个体工商户和其他个人”。北京市将充分落实了税收优惠政策，减轻了小微企业税收负担。按照《财政部国家税务总局关于小型微利企业所得税优惠政策有关问题的通知》（财税〔2011〕117号）文件规定，自2012年1月1日至2015年12月31日，对年应纳税所得额低于6万元（含6万元）的小型微利企业，其所得减按50%计入应纳税所得额，按20%的税率缴纳企业所得税。今年4月份，财政部和国家税务总局联合印发《关于扩大小型微利企业减半征收企业所得税范围有关问题的通知》（财税〔2014〕34号）规定，自2014年1月1日至2016年12月31日，对年应纳税所得额低于10万元（含10万元）的小型微利企业，其所得减按50%计入应纳税所得额，按20%的税率缴纳企业所得税。为了更好地执行此项税收优惠政策，在2013年企业所得税汇算清缴中，北京市简化了小型微利企业税收优惠备案手续，不断减轻了企业负担。同时对符合条件享受减低税率政策的小型微利企业，通过系统监控，进行校验与提示，确保企业能够依法享受税收优惠。

3. *积极落实企业研究开发费用加计扣除政策*

为落实企业研究开发费用加计扣除政策，继续开展企业研究开发项目鉴定工作。今年上半年，北京市共为2342家企业的12439个研发项目出具研发项目鉴定意见书。其中，中小企业占比超过60%。下一步，我市将进一步完善办理流程，编制鉴定工作手册，指导中小企业高效、准确办理相关工作流程。通过以上政策措施的落实，预计为企业减免税收约200亿元。

（四）努力减轻小微企业社保负担

北京市采取了对小微型企业社会平均工资进行单独统计制度，以此确定其社保缴费基数，以减轻小微企业社保负担。

关于社保缴费减轻小微企业社保负担问题。根据《社会保险法》，社会保险目的是保障公民在年老、疾病、工伤、失业、生育等情况下依法从国家和社会获得物质帮助的权利，在面临年老等风险时，不同规模用人单位的职工没有差别。根据社会保险共济性的基本原则，用人单位和个人应按统一规定缴纳资金，进行互助共济，不宜存在差别。国家对社会保险费缴费基数有明确规定。根据《社会保险费征缴暂行条例》（国务院令第259号）：“社会保险费的费基、费率依照有关法律、行政法规和国务院的规定执行。”考虑职工收入并不均衡，为更好的调节社会公平，国务院在《关于深化企业职工养老保险制度改革的通知》（国发〔1995〕6号）中明确养老保险费缴费基数最低为上一年度当地职工平均工资的60%，最高为300%。我市考虑企业和职工缴费负担，一是2010年起，逐步将个体工商户和灵活就业人员纳入职工平均工资统计范围，客观降低了缴费基数；二是进一步降低了缴费下限，将养老、失业保险最低缴费基数设定为上一年度职工平均工资的40%，其余险种最低缴费基数为其60%。2011年，国家审计署对我市社会保障资金审计时，明确指出此做法与国家规定不符，造成养老保险费少征，要求我市进行整改，目前我市尚未按审计署要求整改完毕。考虑上述因素，对于单独制定小微企业社保缴费基数问题，我们认为不符合社会保险共济原则，建议相关部门审慎研究决策，提前向相关中央部委请示，确保与中央政策保持一致。

六、多措并举，有效缓解中小企业融资难题

（一）构建中小企业投融资服务体系

建立了以市中小企业投融资服务平台为核心，16个区县投融资服务平台为支撑，带动100家金融服务机构的“1+16+100”体系架构。目前，北京市中小企业投融资服务平台和北京市中小企业金融服务平台建设初具规模，基本形成了银行融资、担保融资、集合融资、融资租赁、创业投资、上市服务等全方位的融资服务功能。

（二）发挥国有商业银行的主渠道作用

截至2014年3月底，北京地区银行业金融机构小微企业贷款（含个体工商户贷款和小微企业主贷款）余额为5814.44亿元，占各项贷款余额的10.12%，较年初增加442.20亿元，增长8.23%，同比多增156.12亿元。小微企业信贷“两个不低于”完成情况良好。

积极推动各银行设立中小企业信贷专营机构。本市的银行业中小企业专营机构服务面覆盖本市重点发展产业和重要民生工程，目前已形成了为科技型、“三农”、文化创意企业、绿色等多种类型的信贷专营机构体系，其中绿色专营机构、文化创意型专营机构和科技型专营机构均为全国首家。截至目前，北京辖区各银行金融机构共设立信贷专营机构41个，为中小企业发放贷款约310亿元。

在开设小微专营机构的同时，银行业更注重小微金融服务产品的创新，据初步统计，截至目前，辖内中资银行共推出小微企业产品260余种，其中包括民生银行“商贷通”、北京银行“小巨人”和“短贷宝”等一批市场影响力较强的小微特色品牌。

交通银行北京市分行服务文创产业推出“创意贷”；杭州银行北京分行契合批发、商贸市场等小微商户需求推出“租金贷”。

（三）加强民间资本融资等多元化渠道建设

截至目前，北京市已批准设立9家村镇银行、批准小额贷款公司78家，注册资本总计112.2亿元。2014年3月11日，银监会公布了首批5家民营银行试点，设立科技银行的监管政策已经成熟。我市积极与银监会沟通联系，希望在银监会支持和统筹指导下，选择合格的民营资本发起人，在北京设立自担风险的中关村银行。中关村银行将是由众多民营资本发起并参与的民营银行，主要为科技型、创业型、创新型中小微企业提供全面、快捷、低成本金融服务的科技银行。截至目前银监会已经同意继续加强指导，争取尽快成立中关村银行等科技银行。

推动中小微企业借助全国中小企业股份转让系统（新三板）、北京股权交易中心（四板）等场外市场优化股权结构，规范公司治理和拓展融资渠道。“新三板”扩容后将进入加速发展阶段，截至2014年6月初，新三板挂牌公司达776家，总市值1852.31亿元。其中北京地区挂牌公司286家，占比36.8%。

（四）利用资本市场服务首都中小企业发展

北京市利用资本市场服务首都中小企业的广度和深度有了显著提升。截至2014年4月底，我市共有中小企业板上市公司41家，排名居全国前列；创业板上市公司59家，排名全国第一；拟上市公司141家，排名全国第一。新三板挂牌公司275家，占全国的38%，排名全国第一；累计募集金额达70亿元，占全国的92%。中小企业私募债融资34.5亿元。在中小企业直接融资方面发挥了较好的作用。

（五）积极创新融资产品

针对小型、微型企业融资成本高，信用级别较低的特点，采取“统一组织、统一担保、全面推动、分区实施”方式，整合社会资源，2010年6月，依托中小企业投融资服务平台，推出“‘北京中小·成长之星’中小企业集合信托计划”，以此为起点，中小企业融资服务进入了全新的阶段。目前，创新融资已推出了集合信托、集合债券、集合票据、私募债、融资租赁等产品，保险融资等新产品正在积极探索当中。截至2014年9月底，中小企业创新融资额累计已达187.27亿元，融资规模保持快速增长态势，在全国处于领先的地位，有效地缓解了中小企业融资难题。

（六）中小企业创业投资引导基金成效显著

2008年7月，北京市成立了国内首只省级中小企业创业投资引导基金，引导更多民间资金以股权投资的方式入股创投基金，更好地发挥了财政资金的杠杆放大效应和财政资金的循环使用，更有效的支持了我市初创期、科技类、文化类中小企业的发展。

目前，该基金规模达9.2亿元，已与国内创业投资机构共同出资分6批设立了24家参股创投企业。参股创投企业总规模（协议出资总额）将近40亿元，其中：引导基金协议出资额约9.83亿元，合作创业投资机构协议出资额约29.41亿元，财政资金放大倍数约4倍。第七批合作创投企业已签约，注册工作正在开展，将再撬动社会资本10亿元，引导基金参股创投企业的协议出资规模将突破50亿元。参股创投企业已对98家中小企业进行了股权投资，投资额约13.69亿元。其中：投资于北京地区中小企业91家，占总投资项目的比例的93.81%。智美传媒已成功在香港上市；世纪瑞尔、太空板业两家企业已成功在国内证券市场上市；龙软科技、东方时尚、青岛天能电力三家企业已报送证监会审核；德鑫泉、诺思兰德、九恒星三家企业已挂牌中关村“新三板”；壹人壹本、奔跑世纪已成功完成并购。

引导基金运行5年多来，全国先后有20多个省市相关部门到北京了解、学习引导基金工作经验，北京市中小企业创业投资引导基金的运作模式已得到业内公认，成为国内政府创投引导基金的一面旗帜。

（七）设立中小企业发展基金

2013年，经市政府批准设立北京市中小企业发展基金，主要用于引导和带动各类社会资金支持初创期、成长期中小企业。基金主要以股权、担保、引导基金等参股支持方式与社会资金开展合作，扩大全社会对中小企业支持的资金规模，改善中小企业融资环境。目前，《北京市中小企业发展基金设立方案》已完成初稿，初期规划设立创业引导基金、股权投资基金、小微企业风险补偿基金、债权融资基金、融资担保基金。截至目前，市财政已筹措资金19.2亿元。

七、不断推进首都企业诚信体系建设

（一）积极做好诚信体系建设工作

按照北京市信用体系建设工作的整体部署和统一安排，北京市积极推进工商、税务、金融、司法、质检、安监等部门之间的企业信用信息共享工作，不断完善“北京市企业信用信息网”和“北京市法人网上认证统一平台”，逐步建立起全市失信惩戒和守信激励联动机制。

（二）完善纳税信用体系，不断推进中小企业信用服务平台建设

积极开展纳税信用等级评定工作。北京市从2013年起在北京地税系统内统一开展了纳税信用D级企业评定工作，探索开展了纳税信用C级企业评定试点工作，有效推进分类管理和分类服务。

（三）加强首都律师行业诚信体系建设

全市司法行政机关、律师协会将进一步依法依规引导和监督律师及律师事务所的执业行为，强化律师执业纪律和职业道德培训工作，逐步提升律师队伍的诚信执业意识，完善律师事务所作为法律服务中介机构的自我管理、自我完善和自我约束职能，全面推动和加强律师行业诚信体系建设。

（四）推进组织机构代码在社会管理领域的应用

在进一步完善北京市组织机构实名制信息共享

平台建设的基础上，北京市将充分发挥组织机构代码标识作用，推进组织机构代码在市统计局、市地税局、市人力社保局、市住房公积金管理中心、市车管所等部门的应用，服务我市经济普查、税收征管、公积金管理、车辆登记等工作科学有效开展，提高首都社会管理的信息化、精细化和科学化水平，不断夯实对中小微型企业的信用监管和综合服务基础。

天津市

改革发展总体情况

一、中小企业发展概况

（一）基本现状

2014年，全市中小企业市场主体27.65万户，其中，中小企业24.98万家，比上年增加3.69万家；注册资本金3.55万亿元，比上年增加5823.6亿元；从业人员450.65万人，比上年增加39.6万人。增加值8555.74亿元，同比增长18.35%；税收收入2036.38亿元，同比增长15.79%；外贸出口总额156.24亿美元，同比增长14.8%。

2014年，全市有限额以上中小企业1.73万家，职工人数126.31万人，总资产6.7万亿元。营业收入3.92万亿元，同比增长15.14%；利润总额1348.23亿元，同比增长14.76%；税金总额629.77亿元，同比增长5%。

2014年，中小企业数量占全市总量的99.84%，注册资金占全市总量的94.21%，从业人员占全市城镇企业的85%，增加值占全市总量的52%，营业收入占全市的65.53%，税收收入占全市总量的70.27%，外贸出口额占全市总量的29.71%。

（二）产业结构

2014年，全市中小企业中，第一产业1774家，同比增加324家；第二产业6.24万家，同比增加3923家；第三产业18.56万家，同比增加32677家。三次产业数量比重为0.71：24.98：74.3，第三产业比重同比提高2.48个百分点，第二产业比重下降2.58个百分点。

2014年，全市限额以上中小企业中，第二产业与第三产业数量的比重为38.77：61.23；营业收入的比重为39.57：60.43。第二产业6703家，实现营业收入1.55万亿，同比增长10.37%，其中工业企业5031家，实现营业收入1.44万亿，同比增长11.04%。第三产业10585家，实现营业收入2.37万亿，同比增长18.5%。

（三）行业结构

2014年，全市规模以上工业的中小企业以重工业为主。重工业销售收入10960.67亿元，同比增长10.89%，占工业75.85%；轻工业销售收入3488.95亿元，同比增长11.5%，占工业24.15%。年收入超500亿元的行业有黑色与有色冶金、通用与专用设备、食品加工与制造、通信电子及计算机设备、金属制品、化学原料及制品、汽车制造、电气机械及器材等八大行业，上述行业实现销售收入10413.62亿元，同比增长10.8%，占总量72.07%。

2014年，全市限额以上中小企业服务业中，批发零售业4902家，营业收入18844.71亿元；住宿餐饮业623家，营业收入80.52亿元；交通运输业1222家，营业收入1562.19亿元；房地产业1273家，营业收入939.07亿元；社会服务业2565家，营业收入2266.76亿元。

（四）区域分布

2014年，全市24.98万家中小企业分布情况是：滨海新区5.97万家，占总量23.9%；市内六区6.85万家，占总量27.42%；涉农区县12.16万家，占总量48.68%。

2014年，营业收入超2000亿元的区县有8家，分别是滨海新区9803.19亿元，东丽区3524.66亿元，西青区3748.31亿元，津南区2415.43亿元，北辰区3522.85亿元，武清区2112.07亿元，和平区2560.02亿元，静海县2377.74亿元，中央企业2563.63亿元。上述区县共实现营业收入32627.9亿元，占全市中小企业营业总收入的83.22%。

（五）固定资产投资

2014年，全市中小企业共有固定资产投资项目5185项，本年完成固定资产投资4351.5亿元，同比增长17.6%。其中，当年竣工投产项目3844项，新增固定资产2974.47亿元。

投资项目中，第一产业499项，本年完成投资240.79亿元，同比增长5.23%。其中当年竣工投产项目435项，新增固定资产223.04亿元。

第二产业3551项，本年完成投资3191.97亿元，同比增长15.86%。其中当年竣工投产项目2571项，新增固定资产2055.74亿元。其中工业3315项，本年完成投资2966亿元，同比增长16.47%。其中当年竣工投产项目2445项，新增固定资产1929.53亿元。

第三产业1135项，本年完成投资918.74亿元，同比增长28.28%。其中当年竣工投产项目838项，新增固定资产695.69亿元。

二、民营经济发展概况

（一）基本现状

2014年，天津市民营经济市场主体发展到55.27万户，拥有从业人员425.03万人，注册资本金16229.36亿元。民营经济实现增加值7075.11亿元，同比增长17.23%；全年完成外贸出口额114.82亿美元，同比增长23.12%；实现国地税地方收入1202.92亿元，同比增长15.93%。民营企业22.72万家，从业人员367.43万人，注册资本金15983.43亿元，实现国地税地方收入1112.74亿元，同比增长13.9%。限额以上民营企业12838家，资产总额26235.68亿元，实现营业收入22543.35亿元，同比增长17.66%。实现利润总额1027.44亿元，同比增长20.18%。实现税金总额533.51亿元，同比增长22.6%。个体工商户31.26万户，从业人员57.6万人，注册资本金245.93亿元，实现国地税地方收入90.18亿元，同比增长48.76%。

2014年，民营经济增加值占全市地区生产总值的45.2%，实现国地税地方收入总额占全市总量的41.51%。民营企业数量占全部内资企业的93.92%；注册资本金占全部内资企业的48.98%。

（二）产业结构

目前民营经济已基本实现了“非禁即可”，其经营领域已涉及现代服务业、教育、医疗卫生，以及典当、金融信托、金融租赁、国际保理等新兴金融行业。2014年，天津民营企业中已有科学研究、技术服务和地质勘查企业40628家，租赁和商务服务业企业23516家，金融业企业3529家，信息传输、计算机和软件业企业4344家。在全市各类私募基金、股权基金企业中，民营经济成分也占相当比重。

从产业结构看。2014年，天津市民营企业22.72万家，其中，第一产业1574家，占总量的0.69%；第二产业55486家，占总量的24.41%，其中工业41426家，占总量的18.23%；第三产业170170家，占总量的74.89%。

限额以上民营企业中，第二产业实现营业收入11341.19亿元，同比增长16.95%，占总量的50.31%。其中，工业实现营业收入10546.68亿元，同比增长16.92%，占总量的46.78%；建筑业实现营业收入794.5亿元，同比增长17.41%，占总量的3.52%。第三产业实现营业收入11202.16亿元，同比增长18.38%，占总量的49.69%。

从产品结构看。2014年，总量最大的黑色与有色金属冶炼业实现销售收入2929.5亿元，同比增长16.6%；金属制品行业实现销售收入928.97亿元，同比增长6.06%；通用与专用设备制造业实现销售收入781.8亿元，同比增长16.89%；化学原料与制品制造业实现销售收入674.07亿元，同比增长3.32%；交通运输设备制造业实现销售收入855.58亿元，同比增长23.92%；电气机械及器材制造业实现销售收入469.25亿元，同比增长28.76%；食品加工与制造行业实现销售收入1070.17亿元，同比增长25.17%；橡胶制品业实现销售收入350.82亿元，同比增长31.65%；纺织与服装行业实现销售收入165.59亿元，同比增长21.32%。

（三）规模水平

2014年，民营企业户均注册资本金703.4万元，比上年增加23.7万元。注册资本金超千万元企业27929家，比上年增加7165家。其中注册资本金在1000万元~5000万元企业21517家，比上年增加5584家；5000亿元以上企业3651家，比上年增加1040家；亿元以上企业2761家，比上年增加541家。营业收入超5亿元民营企业792家，比上年增加179家。民营企业集团429个，比上年增加49个。

生产规模。目前，天津市有大型企业378家，其中民营企业113家。2014年，天津企业100强中有民营企业15家；全国民营企业500强中有天津民营企业和集团15家；中国企业500强中有天津民营企业3家，分别是天津荣程联合钢铁集团有限公司、天狮集团有限公司、天津友发钢管集团有限公司。

上市公司。截至2014年年底，天津民营企业有境内上市公司13家，新三板挂牌公司39家。其中，上证A股2家，分别是中源协和、天士力；深证A股2家，分别是国恒铁路、鑫茂科技；中小板3家，分别是赛象科技、九安医疗、天汽模；创业板6家，分别是红日药业、瑞普生物、经纬电材、长荣股份、鹏翎股份、凯发电气。

三、2014年重点工作

2014年，天津市中小企业局认真贯彻落实国家工信部和市委、市政府决策部署，坚持党要管党、从严治党的要求，加强作风建设，团结带领广大党员干部扎实推进万企转型升级、民营经济、楼宇经济、区县重大项目、示范工业园区、服务体系等重点工作，取得了较好成效。

（一）实施万企转型升级

一是健全工作制度机制。建立了市领导小组成员单位、帮扶工作组和各县区联席会议工作机制，制定了考核办法。宏江副市长每月组织召开区县现场推动会，采用区县交流和点位点评相结合方式，推动重点工作。二是细化具体路径和操作方案。提出了技术改造、专精特新、专利引领、管理提升、战略新兴产业转型、现代服务业转型、培育电商、关停淘汰、兼并重组、楼宇全面提升、园区转型升级等十一条子路径，协调市有关部门落实责任分工，制定了工作方案和认定标准。三是开发综合信息管理平台。通过网络平台，随时掌握分析各区县和每家企业的工作进展，实现了企业录入便捷化、政府跟踪实时化、动态监测可视化的管理服务功能。四是加大政策宣传落实力度。协调13个市有关部门制定26个政策措施和实施细则，编印和汇编万余册发放企业，开展了系列政策培训活动，确保了各项政策落实到位、资金扶持到位。共运用3.19亿元市级财政资金，支持了680个纳入万企转型升级计划的企业，其中市中小企业局安排1.18亿元资金支持了214个企业，包括运用3300万元市中小企业发展专项资金支持了111个“专精特新”产品（技术），运用8522万元郊区县工业技改专项资金支持了103个技术改造项目；协调市科委、市工信委等部门拨付2.01亿元支持了460多家企业。滨海新区和各区县也投入11.59亿元财政资金支持了2706家企业和园区转型升级。五是开展千家企业重点帮扶活动。市有关部门、各区县分别对市级300家、区级700多家企业进行重点帮扶，为企业讲政策、送服务、解难题，促进企业加快转型升级。六是发挥典型示范带动作用。按照“抓两头促中间”“树典型促带动”的工作思路，发掘了各路径的先进做法和特色亮点，重点选取百家成功转型升级企业，与高等学院合作，帮助企业撰写典型案例，加快推出了一批可复制、可推广、可借鉴的典型经验和成功案例。通过一系列有效措施，转型升级工作取得了明显的阶段性成果。全市申报三年行动计划的企业和载体已达13840家，综合信息管理平台已录入12482家，已推动7132家企业实施了8302个转型升级项目，分别达全年计划的158.49%和172.06%，其中有5841家完成了6902个项目，完成年计划的129.80%和143.05%。首批提升的18个楼宇共计投入5800多万元，用于基础设施改造提升和服务平台建设完善，软硬件水平明显提升，税收同比提高40%以上。全市16个区县均已提前完成全年企业转型升级计划任务。

（二）推动民营经济工作

一是制定了年度工作要点。提出了民营经济五个方面30项重点工作，其中牵头负责14项、配合开展13项、协调落实3项。二是健全了制度机制。制定了领导小组及其办公室工作机制，督促16个区县、61个市有关部门健全了领导小组和工作机构；完善了民营经济发展工作考核办法，开展了2013年度区县民营经济工作绩效考评。三是加强了政策措施完善落实。推动36个市有关部门和各区县制定了贯彻落实市委、市政府“27号文件”的配套措施，编印了万余册政策汇编，向广大企业发放；组织开展80多场政策宣讲活动，培训企业管理人员9000多人次。四是实施了民营大企业集团培育行动。制定18条扶持政策和6项推动措施，对中国企业500强、中国民营企业500强、中国驰名商标等28家企业落实了4720万元奖励资金。五是搭建了民企与国企、外企对接平台。会同市国资委等部门推动民企与国企100多个项目对接，支持民企参与国企改革，发展混合所有制经济，66户放开搞活的国有企业中，有七成与民营企业合作；会同市商务委组织民企与外企开展了对接洽谈。六是开展了系列督查调研活动。在市领导倡导率领下，会同市有关部门开展了科技民营企业调研、发展混合所有制经济调研、各区县工商联和民营办系统民营经济观摩交流等活动；配合市委督查室对130多家企业开展问卷调查和走访座谈，了解政策落实情况，对照五个方面问题提出了18项改进措施；开展万户民企问卷调查，通过第三方评估“27号文件”落实情况，进一步改善民营经济发展的政策服务环境。

（三）改善企业发展环境

一是圆满完成立法工作。《天津市促进中小企业发展条例》于2014年7月1日起正式施行。为宣传贯彻好该条例，及时在网上发布，并印制5万册单行本，向广大企业发放。二是深入开展法律服务。编辑《中小企业法律服务案例集》，免费发放企业，组织开展法律咨询、培训、法律大讲堂、“律师进企业，牵手共发展”等活动，运用财政资金鼓励支持法律服务机构提供优质服务。三是加强公共服务平台等载体建设。组织申报国家级示范平台、创业环境改善、服务体系建设等45个项目，获国家扶持资金7240万元；评定10家市级示范平台、30个创业环境项目，落实扶持资金1300万元；加快了国家级公共服务网络平台建设。四是改善企业融资服务。利用市财政资金并争取国家资金共1050万元，支持中小企业信用担保体系建设项目；搭建融资对接平台，与建行合作推广税务贷等创新融资模式，组织企业参加动产融资、上市挂牌培训对接等活动。五是加强小微企业运行监测，定期跟踪监测2000余家小微企业，撰写监测分析报告，督促落实小微企业政策。六是实施“圆梦津城”系列工程。开展中小企业人才培训4万人次；开展全民创业大赛等活动，搭建创业要素对接平台，激发全民创业活力。七是开展合作交流活动。组织企业参加第八届APEC中小企业技展会和第十一届中博会，充分展示了我市中小企业“专精特新”、转型升级、创新发展的优秀成果。

（四）增强园区载体功能

一是推动示范工业园区调整规划和产业定位。会同市规划局、市国土房管局等部门完成天津华明工业区等9个园区更名和产业定位调整，及西青学府工业区总体规划局部调整和上仓工业区产业定位调整，提升园区承接京津冀一体化优质项目载体功能。二是加快拓展区基础设施建设。落实拓展区基础设施建设贷款贴息资金1.82亿元。29个园区拓展区新建成“七通一平”面积累计达80.1平方公里，基础设施建设资金累计达124亿元。其中20个园区已全面完成拓展区建设。三是启动园区转型升级。有51个工业园区申报转型升级项目，其中11个示范工业园区完成年度目标任务，年税收增长达15%以上。京津电子商务产业园、静海国际商贸物流园、上仓工业区完成了产业结构升级，宁河现代产业区、潘庄工业区纳入未来科技城建设。四是加快项目落户建设。31个园区累计签约招商引资项目2990个，计划总投资9497.58亿元，已开工项目2537个，开工率达84.8%，竣工投产项目2034个，竣工率达68%，累计完成固定资产投入3564.92亿元。其中，新引进项目386个，完成固定资产投入860.11亿元。五是加强安全生产与大气污染防治。组织开展园区安全生产检查，各区县、园区共出动1358组次、6440人次，检查企业8430家，发现和督促整改安全隐患13673项，投入整改资金607.12万元。推动实施园区“四清一绿”工程，建成并投入使用污水处理设施5个，完成锅炉改造16座（20台）。六是不断提升发展质量效益。31个园区注册企业达8668家，比上年末新增1026家，其中驻区企业2938家，共吸纳就业29.66万人，同比增长22.7%。31个园区实现工业总产值3325.95亿元，同比增长20.4%；实现利润261.69亿元，同比增长10.3%；上缴税金143.49亿元，同比增长28.4%。

（五）加大招商引资力度

一是大力开展民企招商工作。会同市合作交流办、市工商联等部门开展“2014天津外埠行”“全国知名民企天津行”等系列活动，成功举办第二届全国民企贸易投资洽谈会，共推进民企项目352个，总投资额3044.2亿元，苏宁集团、农夫山泉、深圳华南城等138个项目签约落户，总投资额1730.4亿元，其中民企500强投资项目18个，总投资额409亿元。二是抢抓京津冀协同发展机遇，借重首都资源。吸引北大资源、清华纳威华瑞、北大天远三维科技等300多个项目落户园区，吸引中国邮政储蓄银行、北京联众互动网络、北京迪信通商贸等首都项目220个入驻亿元楼宇，并积极推进北汽集团汽车零部件基地、奔驰汽车零部件基地、德国欧文托普中国总部等项目，在谈借重首都资源项目600多个。三是加大产业链招商力度。组织各区县、园区赴上海、广州、福州等地拜访知名企业、行业协会，共举办200多场招商活动，对接洽谈客商6000多人，洽谈项目400多个。引进了智美中国、久泰诺创、普南仓储设施、北京绪星实业集团总部等项目，并积极推进慧聪网、一号店、上海佳程等项目。四是夯实招商引资基础工作。加强招商人员技能提升培训，全年培训区县、园区招商人员200多人次，并通过挂职锻炼、专题讲座等形式，培养了一批招商人才，充实加强了招商队伍。策划拍摄了天津民营经济招商宣传片，推动我市开展全国知名民企招商引资工作。示范工业园区招商引资新增实际到位额737.4亿元，比上年增加22.9%。

（六）加快重大项目建设

一是分解落实目标任务。确定全年区县重大项目投资490亿元、新增竣工投产110个的工作目标，分解到季度，落实到区县，坚持月度跟踪督导，重点走访服务，协调解决问题。二是加快推动竣工投产。980个项目全年完成投资510亿元，累计投资5780亿元，投资率达93%；新增竣工投产项目112个，累计竣工投产919个，竣工投产率达93.8%，均超额完成年计划任务。三是力促重点推动项目开工。新推出四批182个重点推动项目，计划总投资673.3亿元；累计六批317个，计划总投资1225.7亿元。六批重点推动项目新开工135个，累计257个，开工率达81%，完成投资386.3亿元，累计630.5亿元，投资率达51.4%。四是着力抓项目储备。积极储备第七批重点推动项目，计划2015年一季度正式推出，这些项目将为区县经济注入源源不断的发展后劲。

（七）提升楼宇经济水平

一是加大跟踪服务和政策落实力度。加强对首批达标的94个亿元楼宇项目跟踪管理，防止税收、服务、品质下滑；协调落实第三批亿元楼宇项目的市级财政补贴资金7900万元；制定“亿元楼”验收标准，实施对实现“亿元楼”目标的物业服务企业奖励政策，推动提升楼宇物业管理服务水平。二是精心打造重点“亿元楼”。推动市重点扶持的亿元楼宇项目加快提升载体功能，优化资源配置，引进优质企业，有效提高了楼宇单位面积税收贡献率。前三批164个亿元楼宇项目全年实现税收294.8亿元，同比增长26%，2014年新增入驻企业3398家，累计达1.96万家，从业人员达21.8万人，税收超亿元楼宇已达123个。第二批34个亿元楼宇项目顺利完成三年税收超亿元目标，全年实现税收67.7亿元。三是加强重点楼宇项目培育。推动新一批亿元楼宇项目，经市政府常务会审议通过，确定了第四批50个亿元楼宇项目。四是加快各类商务楼宇发展。引导商务楼宇明确产业定位，发展特色楼宇，促进科技型中小企业、生产性服务业等企业集聚发展。全市运营商务楼宇已达707个，全年楼宇经济实现税收459.2亿元，税收超亿元楼宇达到162个。五是实施“百村楼”工程，配合市农委、市财政局组织百村商务楼宇项目申报，支持薄弱村发展楼宇经济，改善民计民生。

河北省

2014年中小企业改革发展总体情况

一、中小企业及民营经济发展情况

2014年，全省民营经济总体运行呈现持续平稳向好的发展态势，主要经济指标基本实现了经济“新常态”下的平稳增长，为全省经济发展发挥了重要的支撑作用。

（一）基本运行情况

2014年全省民营经济单位个数达265.5万个，同比增长3.5%；从业人员2077万人，同比增长3.1%；累计完成增加值19800亿元，同比增长7.5%，占全省GDP比重为67.2%，同比提高1.2个百分点；上缴税金2750亿元，同比增长7.7%，占全省全部财政收入的71.5%，同比提高1.3个百分点；实现营业收入95500亿元，同比增长9%；完成固定资产投资15400亿元，同比增长14.5%，占全省全社会固定资产投资的58%，同比下降1.5个百分点；完成利润总额6880亿元，同比增长5%。

（二）主要运行特点

（1）民企数量快速增长。全省民营法人企业达31.2万个，比上年增加3.6万个，同比增长13%。其中，全省小微型法人企业27.8万个，比上年增加3.4万个，占全部民营法人企业的89.1%，比上年提高0.65个百分点。

（2）拉动就业效应明显。全省民营法人企业从业人员比上年增加57万人，累计达到1030万人，同比增长5%。其中，小微型法人企业吸纳从业人员比上年增加32万人，累计达到675万人，同比增长4.5%。

（3）经济效益平稳增长。全省民营法人企业实现营业收入64400亿元，同比增长10%；利润总额4550亿元，同比增长9%。其中，小微型法人企业营业收入达29300亿元，同比增长10.5%；实现利润2420亿元，同比增长9.5%。

（4）投资支撑作用显著。全省民营法人企业全年累计完成固定资产投资15400亿元，平均增幅14.3%，保持了稳定增长；其中民营工业企业完成固定资产投资8900亿元，同比增长18%。投资支撑依然是我省民营经济保持稳定较快发展的重要力量。

（三）制约民营经济发展的主要问题

我省民营经济虽然实现了平稳发展，但仍然面临结构调整、转型升级、环境治理和经济下行压力，小型微型企业生产经营困难。特别是进入经济发展新常态后，增长速度下降、产业结构不优、创新能力不强、发展动力不足等问题更加显现，我省民营经济发展形势不容乐观。当前存在的突出问题是：

一是融资难。银行贷款主要投向大中型企业，小微企业很难达到规定条件，即使能得到贷款，也主要是“流贷”，长期贷款难，且无法享受基准利率，贷款成本高，浮动利率大多在30%～50%以上。多数获贷中小企业难以得到全款，半数以上贷款被以利息保障金或押金之类名目扣下，但企业仍需支付全额利息。

二是用地难。国家对土地宏观调控日益趋紧，管理更加严格，我省用地指标基本保障省级重点项目，多数中小企业项目很难列为重点项目，或达不到政策规定标准，拿不到用地指标。小微企业用地更是难上加难。省委、省政府制定的每年每县（市）安排150亩产业集群发展用地、50亩创业辅导基地用地指标，绝大多数县（市）落实不到位。

三是用工难。招不上、用不起、留不住的现象较为普遍。大部分高校毕业生不愿去中小企业就业，农村青壮年更愿到大中城市打工。员工薪酬成本上涨过快，使多数中小企业难以承受。据河北调查总队调查，31.9%的企业认为用工成本上升过快，用工难成为制约企业发展比较突出的问题。

四是创新难。我省民营企业主要分布在装备制造、金属制品、化工、纺织等产业，受国家宏观调控和低层次产业结构以及企业品牌意识差、装备落后、技术人才短缺、企业管理滞后等因素影响，企业创新意识不强，创新实力不足。

五是扶持弱。相对较大型企业，中小企业获取各种资源的能力相对较弱，对公共服务的现实需求又远比大企业强烈，各级政府自觉不自觉地对大企业大项目关注更多，对中小企业关注不够，在当前复杂多变的经济形势下，更需各级政府加大扶持力度，提升中小企业公共服务平台的服务能力和服务水平，助推中小微企业持续健康发展。

二、2014年主要工作

重点围绕广大民营企业发展缺资金、创业缺场地、提高缺人才、产品缺市场等实际困难，着力做了以下工作：

（一）着力优化发展环境

省委省政府出台了《关于大力推进民营经济加快发展的若干意见》（冀发〔2014〕8号），召开了全省民营经济发展大会，对2013年度民营经济先进市县、百强民营企业、优秀民营企业家、创业功臣等先进典型给予选树奖励，组织新闻媒体开展了系列宣传活动。大力推进工商登记制度改革，以省政府名义出台了《关于推进注册资本登记制度改革的实施意见》，实施“先照后证”“一址多照”“一照多址”，全省新增市场主体62.17万户。落实税收优惠政策，省地税全年为民营企业办理税收优惠92万户次，减免税额49.96亿元。省国税全年为小型微型企业办理企业税收优惠197.07万户次，减免税额15.94亿元。调整用地布局，将符合产业政策的民营企业用地纳入土地利用总体规划，今年共完成166个县级规划的修改调整。加强政策宣贯，组织开展了11场民营经济宣传和政策解读活动，帮助企业熟悉政策解难题、运用政策求发展。组织举办了“善行力量——善行河北典型人物事迹展”，在入选的200余位典型人物中，民营企业的道德典型占较大比例。争取国家中小企业发展专项资金19116万元，支持完善服务体系、改善融资环境和创新发展。省民营经济领导小组办公室、省有关部门和各市县出台配套措施，细化分工，明确责任，并采取汇报、调度、督查等方式，努力打通政策落实“最后一公里”。

（二）努力拓宽融资渠道

着力做大省级、做强市级、做实县级担保机构，加强对融资性担保机构的督查和非融资性担保机构的清理，规范全省融资体系建设。截至目前，全省融资性担保机构587家，全省担保资本金规模666亿元，当年完成担保额1246亿元。加强政银企保对接合作，建立政银会商机制，会同河北银监局、省工商联与16家商业银行签署了总额6851亿元的扶持小微企业贷款战略合作协议，落实贷款8664.82亿元；省市县开展银企保对接活动282次，向商业银行推荐项目3106个，解决小微企业贷款1020多亿元。50亿元支农再贷款和85亿元再贴现限额的60%用于小微企业，并专项安排20亿元支小再贷款限额支持小微企业发展。设立“河北省小额票据贴现管理中心及各市分中心”，为393家小微企业办理小额票据贴现业务9315笔，贴现金额60.35亿元。全省实现新增境内外多层次资本市场挂牌上市企业145家，全部为民营企业。其中，创业板2家、香港2家、“新三板”19家、天交所31家，石交所75家，其他股权交易市场16家。石家庄股权交易所自2013年10月29日开业以来，已完成挂牌企业105家，预挂牌企业42家，帮助企业实现融资7.22亿元。股份制银行在设区市新增分支机构65家，股份制银行、城市商业银行在县域设立网点41家，新设农村商业银行11家、村镇银行21家。新增扶贫小额贷款公司38家，总数达到86家，注册资本达23.86亿元。

（三）尽力放宽民营资本进入领域

为激发民间投资活力，鼓励和引导民营资本进入基础设施、基础产业、公共设施和文化、卫生、教育等领域，推进投资主体多元化，通过项目示范推动国家和省相关政策的落实。一是组织省直部门推出两批交通能源市政等领域鼓励民间投资项目清单，涉及高速公路、一级公路、铁路、清洁能源、热电联产、水力发电、军民品生产、医疗设施以及城市供水、供电、供暖等方面，共82个项目，总投资2894.22亿元。同时，印发了《关于建立“负面清单”制度的实施方案》，发布了《河北省禁止投资的产业目录》，科学引导项目投资，加快产业转型升级。二是组织制定了《河北省医疗机构设置规划指导原则（2014—2016）》和《河北省关于加快发展社会办医的若干意见》，将民营资本办医纳入规划统筹考虑，进一步放宽准入条件，提高审批效率。为给社会资本办医预留一定的发展空间，自2014年6月

5日起，全省暂停了公立医院增加床位规模的审批，同时，开展了民营资本设置医学检验所、血液透析中心试点工作。三是在民办学校“规范管理、提升质量、办出特色”上做文章、下功夫，初步形成了从幼儿园到高等学校，覆盖普通教育和职业教育、学历教育和非学历教育的完整体系。全省民办学校共有5000多所，在校生181万余人。四是积极搭建文化产业民资项目交易平台，引进民资超过1000亿元。目前，在建超亿元的文化产业项目407个，民营项目占70%以上。

（四）全力推动创业辅导

加快创业辅导基地建设，2014年全省新备案创业辅导基地22个；截至目前全省拥有各类创业辅导基地368个，入驻小微企业7688家，安排就业近20万人。创新服务模式，针对企业共性问题，实施50场次“订单式服务”活动，服务企业4200家，帮助小微企业解决困难和问题8000多个。组织“金色阳光”行动5场，为中小微企业提供法律咨询和法律援助。组织“专家学者企业行”活动，邀请相关院校和行业协会的专家学者深入30多家企业开展技术诊断、专业交流和咨询服务。以省委、省政府办公厅名义出台了《关于鼓励创业促进就业的若干意见》，设立1亿元创业扶持资金，用于扶持小微企业发展，创业服务平台和孵化基地（园区）建设，创业培训、实训和师资队伍建设，开展创业宣传和专项活动等；每个设区市已建设不少于2～3个创业孵化基地（园区），每个县（市）至少已建设1个创业孵化基地（园区）；实施“创业帮扶工程”，加大社会各类创业服务机构的服务范围和力度，按每位创业者2000元的标准，给予创业服务机构一次性创业服务补贴。

（五）聚力完善公共服务

切实抓好全省中小企业公共服务平台和平台网络建设，全省新培育37个河北省中小企业公共技术服务平台，总数达到192个；新增省级中小企业公共服务示范平台21个，总数达到119个；争创国家级示范平台4个，总数达到18个。按照国家批复方案要求，坚持边建设边服务的模式，推动全省中小企业公共服务平台网络后续建设和功能完善，目前省平台和市级11个综合窗口、县级28个产业窗口平台已实现互联互通，全面开展线下线上服务；自2012年5月份开始建设以来，全省平台网络开展服务活动1600场次，服务企业29000家，服务165万人（次），带动社会服务资源4500家。

（六）强力做好人才支撑

深入实施民营经济组织和中小企业人才队伍提高工程，促进重点人才培养、实用人才聚集、全员素质提高。依托清华、北大、上海交大等高校优势资源，分别组织110名中小企业经营管理领军人才和360名中小企业高层管理者参加专题培训和短期培训。借助104家省级民营企业人才培训基地，培训中小微企业员工11万人次，全省完成各级各类培训200万人次（含企业自主培训）。通过举办全国中小企业网上百日招聘高校毕业生活动和全省中级专业技术人才招聘会等活动，为企业引智引才1万多人。举办了第三、四届沿海经济隆起带高级人才洽谈会、2014年河北省高层次人才需求信息发布会和第五届“中国河北海内外高层次人才洽谈会”，2万余各类人才参加洽谈；组织培训民营企业技能人才9万余人次。举办“民营企业招聘周”活动，6224家民营企业提供了6.42万个就业岗位，帮助4.35万人与用人单位达成就业意向。在全省1000家民营企业中开展了“五个一”质量提升活动，组织1500名质量管理骨干和班组负责人参加“质量管理知识大讲堂”培训，着力夯实质量基础。

（七）助力企业开拓市场

实施“走出去”战略，以京津冀协同发展为契机，积极搭建和完善对外开放服务平台，帮助企业开拓国际国内两个市场。一方面组织企业参加中国中小企业博览会、APEC中小企业技术交流暨展览会、中国新材料博览会等国际性展会，引导企业开拓国际市场。另一方面参与组织举办“5·18”廊洽会、“新兴产业基地（园区）展”等省内区域特色产业产销对接对标与经贸洽谈活动，达成各类贸易成交协议和意向金额达14.06亿元。同时，开展境外小组团招商考察活动，共签订总投资在1000万美元以上项目20项，协议利用外资24.67亿美元。举办了知名苏商进河北活动，邀请500余名全球知名苏商出席，达成9个合作项目，总投资447.52亿元；举办京津冀民营经济协同发展洽谈会，达成签约项目16个，总投资297.21亿元。

（八）大力推动结构调整

以落实省委省政府《做强产业集群促进县域工业发展的意见》为重点，加快产业集聚、做强县域工业。继续实施产业集群示范和提升工程，年内培育认定8个省级示范产业集群、30家产业集群龙头企业，增加值占全省GDP的20%以上。强化公共技术服务，依托192个省级公共技术服务平台，开展了百个技术平台、千名技术人员、服务万家小微企业转型升级活动，解决了一批企业共性技术难题。打造区域品牌，提升集群知名度，新培育特色产业名县、名镇26个，总数达到121个；累计创“国字号”区域品牌106个。制定支持科技型中小企业发展的政策措施和科技型中小企业成长计划，实施“苗圃工程”“雏鹰工程”“小巨人工程”，推动1.3万家科技型中小企业加快发展，年销售收入超亿元的科技小巨人企业已达610家；大力支持民营企业建立科技研发和公共服务平台，全省民营企业共建国家级重点实验室3家、省级1家，省级产业技术研究院7家，省级工程技术研究中心98家。

山西省

一、2014年中小企业发展情况

2014年，面对复杂严峻的经济形势，山西省认真贯彻落实党中央、国务院的决策部署，坚持稳中求进和改革创新，主动适应经济发展新常态，认真做好稳增长、促改革、调结构、惠民生、防风险各项工作，中小微企业经济实现了新的发展。

（一）关于中小企业发展主要经济指标情况

2013年是第三次全国经济普查年，山西普查结果于2015年1月正式向社会发布。山西省中小企业局依据普查结果，对2013年度全省中小企业常规统计年报主要指标数值进行了调整，2013年中小企业法人单位11.66万户，完成营业收入22425亿元，年末从业人员359万人。

在调整2013年数据的基础上，本着基数调整速度不变的原则，对2014年度主要指标进行了相应的调整。调整之后，2014年中小企业法人单位15.42万户，比2013年净增3.76万户；完成增加值6056.8亿元，同比增长5.6%，占GDP的比重为47.4%，比2013年的45.3%提高2.1个百分点；完成营业收入23752.56亿元，同比增长5.92%；上缴税金961亿元，同比下降3.4%；实现利润总额882.82亿元，同比增长1.04%；年末从业人员378.4万人，比2013年增加19.4万人。

从中小企业营业收入分月增长速度看，全年经济增长呈现前高后低的态势。2014年前7个月，经济增长速度呈逐月增高之势，由年初的7.49%，一路走高，7月份达到9.22%的最高点。8月开始，经济增长出现滑坡，增速逐月回落。8月份增速环比回落0.7个百分点，9月份增速环比回落0.3个百分点，10月份环比回落1.2个百分点。11月份，经济增速环比虽出现小幅攀升，但经济下滑之势仍未能得到扭转。12月份，增速环比继续回落，达0.91个百分点。

（二）关于民营中小企业固定资产投资情况

2014年，全省民营中小企业完成固定资产投资1487.96亿元，同比下降16.5%。在本年完成的固定资产投资中，国家及有关部门扶持资金18.57亿元，占全部投资的1.2%；金融机构贷款21.64亿元，占1.45%；引进资金97.86亿元，占6.6%；自有资金1059.30亿元，占71.2%；其他资金95.81亿元，占6.5%。

2014年，全省民营中小企业固定资产投资中，第一产业投资55.19亿元，同比增长22.67%，占比3.7%，比重提高1.2个百分点；第二产业投资883.34亿元，同比下降24.8%，占比59.4%，比重下降6.6个百分点；第三产业投资549.43亿元，同比下降2.3%，占比36.9%，比重提高5.4个百分点。全省民营中小企业固定资产投资中，煤、焦、冶三大传统产业投资219.87亿元，较2013年减少35.9%，非传统产业投资594.41亿元，较2013年减少15.0%。

2014年，全省民营中小企业固定资产投资施工项目2461个，其中亿元以上项目596个，完成投资909.86亿元；5000万元～1亿元的项目470个，完成投资290.20亿元；1000万元～5000万元的项目939个，完成投资232.88亿元；500万元～1000万元的项目456个，完成投资55.01亿元。全年新开工项目1395个，其中工业项目867个，占62.2%；第三产业项目345个，占24.7%。全年投产项目1121个，其中工业项目731个，占65.2%；第三产业项目255个，占22.7%。

（三）关于民营中小企业出口情况

2014年，全省有产品出口的民营中小企业共264户，比2013年减少23户，实现出口产品交货值911480万元，同比下降36.5%。

按出口规模分，年出口产品交货值在500万元～1000万元的企业52户，实现交货值43019万元；年出口产品交货值在1000万元～3000万元的企业73户，实现交货值159403万元；年出口产品交货在3000万元以上的企业91户，实现交货值678847万元。

按主要产品分，全年焦炭出口企业3户，出口焦炭22万吨，出口产品交货值16560万元；金属镁出口企业9户，出口8670吨，出口产品交货值16424万元；活性炭出口企业4户，出口13064吨，出口产品交货值9431万元；玛钢件出口企业18户，出口81460吨，出口产品交货值89170万元；铸铁件出口企业26户，出口168522吨，出口产品交货值130598万元；汽车配件出口企业5户，出口107372吨，出口产品交货值11932万元；法兰出口企业34户，出口39060吨，出口产品交货值124312万元；磁性材料出口企业1户，出口1004吨，出口产品交货值5950万元；糖醛出口企业1户，出口513吨，出口产品交货值417万元；玻璃器皿出口企业41户，出口74693万件，出口产品交货值100429万元；陶瓷出口企业3户，出口954万件，出口产品交货值2587万元；芦笋出口企业5户，出口4000吨，出口产品交货值4500万元；药品出口企业5户，出口8583万片（粒/支），出口产品交货值84774万元。

（四）关于规模以上民营中小工业企业生产销售情况

2014年，全省规模以上民营中小工业企业3168户，年平均从业人员81.36万人，实现产值4960.65亿元，销售产值4671.72亿元，营业收入4624.57亿元，利润总额300.99亿元，上缴税金259.11亿元，劳动者报酬251.45亿元。

企业个数排在前6位的行业依次为：煤炭开采和洗选业、非金属矿物制品业、农副食品加工业、通用设备制造业、化学原料和化学制品制造业、黑色金属冶炼和压延加工业。

从业人员排在前6位的行业依次为：煤炭开采和洗选业、非金属矿物制品业、石油加工炼焦和核燃料加工业、化学原料和化学制品制造业、有色金属冶炼和压延加工业、黑色金属冶炼和压延加工业。

营业收入排在前6位的行业依次为：煤炭开采和洗选业、石油加工炼焦和核燃料加工业、黑色金属冶炼和压延加工业；化学原料和化学制品制造业、非金属矿物制品业、金属制品业。

（五）关于500万元～2000万元民营中小工业企业生产销售情况

2014年，500万元～2000万元民营中小工业企业3689户，年平均从业人员22.43万人，实现产值571.17亿元，销售产值539.26亿元，营业收入514.22亿元，利润总额34.14亿元，上缴税金24.85亿元，劳动者报酬48.18亿元。

企业个数排在前6位的行业依次为：其他制造业、非金属矿物制品业、农副食品加工业、煤炭开采和洗选业、金属制品业、医药制造业。

从业人员排在前6位的行业依次为：其他制造业、非金属矿物制品业、煤炭开采和洗选业、农副食品加工业、金属制品业、通用设备制造业。

营业收入排在前6位的行业依次为：其他制造业、煤炭开采和洗选业、非金属矿物制品业、医药制造业、农副食品加工业、金属制品业。

（六）关于全省重点监测的中小企业情况

2014年，全省重点监测中小企业1233户，其中工业897户，农林牧渔业95户，建筑业41户，第三产业200户。按企业规模分，中型企业335户，占监测单位总数27.2%；小型企业784户，占63.6%，微型企业114户，占9.2%。

2014年，全省1233户重点监测企业实现营业收入1162.57亿元，同比下降3.2%；营业成本1012.79亿元，同比下降3.9%；利润总额22.48亿元，同比下降14.2%；应收账款201.26亿元，同比增长7.1%；应交税金33.3亿元，同比下降9.7%。分三次产业看，第一产业实现营业收入41.58亿元，同比增长10.7%；第二产业实现营业收入1003.09亿元，同比下降3.7%；第三产业实现营业收入111.10亿元，同比下降4.53%。

2014年，全省897户重点监测的工业中小企业中，采矿业实现营业收入65.18亿元，同比下降8.2%；制造业实现营业收入879.98亿元，同比下降3.1%。其中，农副食品加工业实现营业收入97.59亿元，同比增长5.3%；食品制造业实现营业收入63.66亿元，同比增长5.1%；石油加工炼焦和核燃料加工业实现营业收入125.81亿元，同比下降17.8%；化学原料和化学制品制造业实现营业收入64.93亿元，同比下降5.8%；医药制造业实现营业收入50.60亿元，同比增长17.2%；非金属矿物制品业实现营业收入74.29亿元，同比下降1.6%；黑色金属冶炼和压延加工业实现营业收入121.34亿元，同比增长7.0%；计算机通信和其他电子设备实现营业收入12.51亿元，同比下降11.4%；设备制造业实现营业收入80.96亿元，同比增长8.1%；其他制造业实现营业收入188.28亿元，同比下降12.1%。

2014年，全省200户重点监测服务业中小企业中，住宿业实现营业收入1.00亿元，同比下降27.5%；餐饮业实现营业收入2.23亿元，同比下降17.2%；批发和零售业实现营业收入87.40亿元，同比下降4.6%；交通运输仓储和邮政业实现营业收入10.05亿元，同比增长10.4%；其他服务业实现营业收入10.42亿元，同比下降9.8%。

（七）关于全省重点监测的特色产业集群情况

2014年，全省重点监测的产业集群22个，涉及企业2365户。12月份开工生产的企业1577户，总开工率67.4%，较2013年同期下降5.5个百分点。其中，开工率在80%以上的产业集群10个，分别是大同医药、侯马装备制造、怀仁陶瓷、稷山纸包装、交城铸造机加工、清徐醋业、太谷玛钢、万荣添加剂、闻喜金属镁、榆次液压；开工率在60%—80%的产业集群4个，分别是汾阳白酒、太原不锈钢、屯留农副产品、榆次纺机；开工率不足60%的产业集群有8个，分别是大同县活性炭、定襄法兰、平遥铸造、祁县玻璃器皿、山阴乳制品、阳城陶瓷、阳泉耐火材料、原平皮带机。

2014年，全省重点监测的22个产业集群中，全年营业收入同比增速为正的产业集群有12个，分别是：大同医药、定襄法兰、侯马装备制造、怀仁陶瓷、稷山纸包装、清徐醋业、太谷玛钢、太原不锈钢、万荣添加剂、阳城陶瓷产业、榆次液压、原平皮带机。其中，6个产业集群增速达两位数。全年营业收入增长速度为负的有10个产业集群，分别是：大同县活性炭、汾阳白酒、交城铸造机加工、平遥铸造、祁县玻璃器皿、山阴乳制品、屯留农副产品、闻喜金属镁、阳泉耐火材料、榆次纺机。其中，7个产业集群营业收入降幅达两位数。

（八）关于主要产品价格情况

2014年，全省重点监测的10种产品价格，12月份与年初水平相比，10种产品价格全部都是下降的。其中，降幅在30%以上的有3种产品，水泥下降37.0%，精矿粉下降34.9%，主焦煤下降31.0%；降幅在20%～30%的有5种产品，焦炭下降29.8%，配煤下降25.0%，钢坯下降22.1%，电煤下降21.0%，主焦洗精煤下降20.0%；降幅在20%以下的有2种产品，砖下降14.3%，钢材下降13.4%。

从重点监测的10种产品价格环比变化情况看，12月份，出厂价格环比持平的有主焦煤、主焦洗精煤、配煤、电煤、焦炭和砖等6种产品；钢坯、钢材、精矿粉和水泥价格环比下降。

（九）关于主要产品产量情况

2014年，全省重点监测的44种产品产量中，18种产品产量同比增长，26种产品产量同比下降。产量增幅较大的产品主要有：生铝矾土、成品钢材、电解铝、水泥预制件、杂粮系列产品、中西药等。产量降幅较大的产品主要有：煤、焦、铁、粗钢、电石、耐火砖等传统产业产品。

（十）关于亿元以上民营企业情况

2014年，全省纳入统计报表亿元以上民营企业919户，亿元以上民营企业期末从业人员53.74万人，实现营业收入4234.17亿元，完成产值4188.23亿元。

2014年，全年完成营业收入10亿元以上的企业83户，100亿元以上的企业2户。全年纳税5000万元以上的民营企业94户，1亿元以上的民营企业32户。

（十一）关于各市经济发展情况

2014年，营业收入增速超过全省平均水平的有太原、大同、长治、晋城、朔州、忻州、运城7个市。其中，运城市营业收入同比增速达两位数；长治和晋城增速在9%以上，忻州为8.86%，太原、大同和朔州均在7%以上。营业收入增幅最高的运城（10.44%）与最低的阳泉（-4.80%）相比，两者高低相差15.24个百分点。

（山西省中小企业局原晋军）

二、2014 年主要工作

（一）狠抓政策落实，优化中小微企业发展环境

一是推动扶持政策落地。省中小企业局联合发改、财政等部门，及时下拨省级各类扶持资金；联合税务、物价等部门，积极落实小微企业税费减免政策；联合金融部门，努力改善对中小微企业的融资服务。指导推动太原、阳泉等市出台扶持中小微企业发展的配套措施，吕梁、运城、朔州、阳泉等市扩大“两金”（中小企业发展专项资金、服务体系建设专项资金）规模，全省促进中小微企业发展的政策支持体系进一步完善。

二是落实税费优惠政策。全年共减免小微企业增值税、营业税、所得税 9.37 亿元。暂免征收小微企业部分管理类、登记类和证照类行政事业性收费 26 项，减轻企业负担 4697 万元。

三是加强目标责任考核。2014 年，省委、省政府首次将“小升规”企业培育纳入全省年度目标责任考核指标体系。制定全省中小企业系统目标责任考核办法，细化分解“1＋11”年度任务，基本形成横向到边、纵向到底的责任网络，有效推动了工作任务落实。

四是强化政策落实督查。组织开展“回头看”活动，对中小微企业扶持政策落实情况进行全面梳理、总结评估、推动落实。国务院督查组 4 月份对支持小微企业健康发展政策落实情况进行督查时，认为山西省高度重视中小微企业发展工作，落实国发〔2012〕14 号文件措施有力、成效明显。特别是立足地方实际，在制度建设、政策设计、机制创新、服务保障等方面，出台了一系列务实管用的措施，取得了积极成效。

五是营造良好发展氛围。为帮助广大中小微企业用足用好政策，组织开展了全方位、高强度的集中宣传报道和多形式、多角度的政策宣讲解读。全省中小企业系统以“扶持小微、助力成长”为主题，先后开展“送政策、送专家、送服务”三送活动百余场次，惠及企业 1 万余户。先后组织中央和省级主要新闻媒体，通过多种形式开展政策解读和集中宣传，社会各界对中小微企业扶持政策的知晓率进一步提高。

（二）加强运行监测，促进中小微企业平稳运行

一是认真做好统计监测。初步建立起了省市县乡“四级联动”，全面统计、19 个直报县、22 个产业集群、1500 户重点企业、200 户企业手机快速调查“五位一体”的运行监测体系，及时掌握发展动态，强化预测预警分析，引导中小微企业积极应对经济下行压力，实现平稳增长。

二是切实加强运行分析。按月开展经济运行分析，全面掌握发展情况，为各级各部门指导中小微企业发展提供决策依据；定期参加省政府经济形势分析部门联席会议，积极帮助解决企业生产经营中遇到的困难和问题。

（三）坚持多措并举，缓解中小微企业融资困难

一是完善客户推介机制。2014 年累计向金融机构推荐中小微企业 1645 户，帮助 805 户企业落实贷款 331 亿元。到 2014 年年底，全省小微企业贷款余额 3789.61 亿元，较年初增加 466.12 亿元、增长 14.03%，高于全省贷款平均增速 3.85 个百分点。

二是深化政银企保合作。各级中小企业管理部门与金融机构进一步拓展合作内容、创新合作方式，融资服务更加务实有效。联合建行山西分行继续推广“助保贷”融资模式，采取以奖代补形式下达太原市和 46 个县区 2 亿元风险补偿金，为 236 户企业贷款 15 亿元，省级财政资金放大 7.5 倍。目前，全省“助保资金池”达 62 个，累计为 936 户企业提供贷款 45 亿元。

三是加强担保体系建设。推荐 4 家担保机构申请取得减免营业税资格。争取国家资金 2315 万元、安排省级资金 938 万元，对 24 户担保机构小微企业融资担保业务进行补助。安排资金 8000 万元，扩充山西省中小企业发展融资担保有限公司国有资本金，增强政策性担保公司的引领作用。目前，全省 222 家担保机构，担保责任余额 320 亿元，在保企业近万户。

四是拓宽直接融资渠道。开展“新三板”扩容政策培训，到 2014 年年底，全省有 6 户企业挂牌，5 户企业在审，20 余户企业拟上报审批。在晋中市设立天津股权交易所山西运营中心，4 户企业通过运营中心挂牌，全省在天交所挂牌的企业达 12 户。推荐 345 户中小微企业在山西股权交易中心挂牌展示，到 2014 年底全省展示企业达 1214 户。积极开展中小企业私募债试点，通过山西股权交易中心成功发行 5 单私募债，融资 2.45 亿元。

（四）注重分类指导，助推中小微企业快速成长

一是实施小微企业创办工程。简化工商登记，降低创业门槛，组织“创业大讲堂进高校”系列活动，开办银河创业训练营，落实创业扶持政策，开展创业辅导服务。2014 年，全省新创办小微企业数量再创历史新高、达 5.4 万户，同比增长 51.26%，为全省经济发展注入了新活力。

二是实施“小升规”企业成长工程。建立“小升规”培育企业数据库，落实奖励引导政策，推动小微工业企业规范升级。2014 年，全省共有 361 户“小升规”企业通过国家统计局审核，进入规模以上工业企业行列，成为工业经济发展的新骨干，全省规模以上工业企业达到 3720 户。

三是实施“小巨人”企业培育工程。加强规划引导，制定梯队培育计划，筛选确定 1008 户“小巨人”培育目标企业；完善联系企业制度，实行点对点帮扶指导。2014 年，全省新培育销售收入超亿元的“小巨人”企业 126 户，成为全省中小企业发展的新龙头，全省亿元以上“小巨人”企业总户数突破 1000 户。

（五）加快结构调整，推进中小微企业转型升级

一是推进产业转型。编制《山西中小微企业产业指导目录》，引导企业改造升级和科技创新，支持企业发展新技术、新模式、新业态、新产业。到 2014 年底全省中小采矿业企业户数占比下降 4.43 个百分点，服务业上升 10.6 个百分点。

二是推进技术创新。2014 年，支持新建省级中小企业技术中心 43 个，全省省级中小企业技术中心达 112 个，拥有全国领先技术 108 项、发明专利 105 项、实用新型专利 151 项、外观设计专利 75 项。

三是推进专精特新。制定《促进中小微企业“专精特新”发展实施意见》，筛选确定首批 1000 户专精特新中小微企业进行重点帮扶。组织百家专精特新小微企业与山西传媒学院深度对接，签订合作意向 23 个，涵盖品牌商标设计和命名、品牌全套产品包装设计、平面类广告设计等创意产品。

四是推进管理创新。制定《开展管理标杆企业认定和推广活动的实施意见》。发挥管理咨询机构的专业优势，广泛开展管理咨询服务。在装备制造、特色食品等中小微企业相对集中的行业中，择优选定管理标杆企业 145 户，先后在晋中、忻州、晋城三市，组织现场观摩交流，开展对标示范，提升管理水平。

五是推进人才培训。扎实抓好“3 个 1”经营者素质提升工程，把培训重点放在对 100 名优秀小微企业家的高端培训上；注重延伸培训效果，参训企业通过产品展示、交流洽谈等达成多个合作意向，涉及金额 5300 多万元。在清华大学举办“中小企业经营管理领军人才高级研修班”，70 多名成长型中小微企业负责人参加；组织开展 3 期“银河培训”，960 名企业经营管理人员参加。据不完全统计，全省全年累计培训各类专业技术人员 7000 余人次，企业自主培训超过 5 万人次。

六是推进品牌战略。帮助近千家企业制定了商标品牌发展规划。筹措 2000 万元，对全省中小企业中，新认定的中国驰名商标和重新认定的山西省著名商标进行奖励，并对企业在省级以上主流媒体开展品牌推广活动进行资金补助。

（六）创新服务方式，完善中小企业公共服务体系

一是积极推进公共服务平台建设。2014 年 5 月，省级枢纽平台，长治、晋城等 5 个市级窗口平台，定襄锻造、榆次纺机等 5 个产业集群窗口平台，金融服务、产业信息大数据等 22 个专业应用平台上线运行。特别是金融服务平台运行以来至 2014 年年底，注册企业达 8407 家，征集融资需求 66.86 亿，通过线上对接和线下跟进相结合，帮助 274 户中小微企业多形式融资 21.62 亿元。到 2014 年年底，平台网络已入驻服务机构 415 家，发布服务项目 832 项，达成线下服务成果 2360 项。

二是加快建设小微企业创业基地。推进太原市晋源区山西省中小企业创业示范基地建设，已初步完成第一期 1000 亩用地手续。2014 年，新认定省级中小企业创业基地 19 个，全省省级中小企业创业基地达到 74 个，厂房面积 1924.75 万平方米，带动投资 108.8 亿元，入驻企业 2538 户，吸纳就业 2 万余人。

三是发挥中小企业发展研究院作用。积极支持山西省中小企业发展研究院，开展中小微企业信息的收集整理、数据的统计分析、决策咨询服务和战略性、前瞻性的政策研究。先后就《山西小微企业创业群体构成研究》《山西中小企业融资难、融资贵结构成因研究》等 3 个课题进行重点研究，为促进中小企业发展提供智力和决策支持。

四是新建一批小微企业服务站。制定《加快全省小微企业服务站建设的意见》，指导各市县因地制宜新建小微企业服务站 123 个。全省小微企业服务站达 243 个，累计接待来访人员 2.3 万人次，帮助解决问题 7500 多个。

五是帮助中小微企业开拓市场。先后组织 204 家中小微企业、386 种“专精特新”产品，免费参加第八届 APEC 中小企业技术交流暨展览会、第十一届中国国际中小企业博览会等大型展会，累计签订合同、协议 73 项，资金总额 13.95 亿元。

（山西省中小企业局原晋军）

内蒙古自治区

内蒙古自治区 2014 年中小企业改革发展总体情况

一、关于 2014 年全区中小企业工作情况

2014 年，内蒙古自治区深入开展促进中小企业集群化发展年活动和扶助小微企业专项行动，着力构建中小企业公共服务、融资、工作和政策“四大”体系，引导、扶持小微企业创新发展和集群化发展。2014 年，全区各类市场主体总量达到 151.9 万户，同比增长 13.95%，其中：企业 23.43 万户，同比增长 18.99%；个体工商户 122.17 万户，同比增长 11.16%；农民专业合作社 6.31 万户，同比增长 69.16%。全区累计实现城镇新增就业 27.2 万人。全区规模以上中、小型工业企业总计 4198 户。中小型企业增加值占全部规模以上工业的 66.8%，同比增长 12.6%，增加值增速高于全区平均水平 2.6 个点，对全区工业增长拉动 8.2 个百分点，对工业增长的贡献率达 82.4%。全区规模以上中小工业企业完成工业总产值 13261.25 亿元，增速同比增长 11.6%，高于全区平均水平 2.8 个百分点。全区规模以上小型工业企业 3498 户，占我区规模以上工业企业户数的比重为 80.4%，增加值同比增长 13.4%，增加值增速高于全区平均水平 3.4 个百分点，对全区工业增长的贡献率达到 51.4%，拉动全区工业增长 5.1 个百分点；规模以上中型工业企业 700 户，占全区规模以上工业企业户数的比重为 16.1%，增加值同比增长 11.6%，增加值增速高于全区平均水平 1.6 个百分点，对全区工业增长的贡献率达 31%，拉动工业增长 3.1 个百分点。

2014 年，在经济形势下行压力较大的情况下，全区各级中小企业主管部门攻坚克难，上下共同努力，促进中小企业及非公经济发展的重点工作有了新的突破，归纳起来有以下几个方面：

（一）中小企业工作体系有新突破

以推进建立中小企业工作多部门协调联动机制为重点，努力解决政策落实“碎片化”的问题。6月9日召开自治区促进中小企业发展工作领导小组第一次全体会议，印发了《自治区促进中小企业发展工作领导小组工作规则》《关于加快推进自治区中小企业公共服务体系建设工作方案》《内蒙古自治区2014年中小企业工作要点》，建立了领导小组全体会议制度、成员单位工作联络员会议制度、部门政策落实和服务事项承诺、公示制度、工作报告制度、重点工作和政策落实督促检查制度。并对2014年促进中小企业发展重点工作进行了责任分解。年终对各成员单位落实工作任务情况进行总结评价。形成了政府统筹、部门协同配合的工作格局，合力促进中小企业发展的环境进一步优化。

（二）中小企业政策体系进一步完善

1. 以贯彻国务院召开的支持小微企业发展一系列会议精神和国发〔2014〕52号文件以及自治区扶持小微企业59条、非公经济70条等政策措施为重点，切实加大政策落实督查调研工作力度。8月下旬，自治区促进中小企业发展工作领导小组办公室牵头，自治区政府督查室从7个厅局抽组3个督查调研组，深入35个旗县区对自治区扶持小微企业发展59条、发展非公经济70条政策落实情况进行了督查调研。10月中旬，自治区党委、政府督查室对全区落实发展非公经济70条政策情况、服务业政策落实情况进行了专项督查。

2. 以创新财政资金支持方式为重点，从支持单个企业向重点支持改善融资和服务环境转变，专项资金的政策引导作用明显。一是不断加大财政资金支持力度，自治区安排1.64亿元中小企业专项资金，积极争取国家中小企业发展专项资金1.2亿元，重点支持改善融资和服务环境项目210个。争取国家工业转型中小微企业公共服务平台网络建设资金1400万元（5500万元分三年到位，2013年到位1100万元），有力地支持了我区中小企业公共服务体系建设。二是加强专项资金管理，对2013年中小企业专项资金到位使用、项目实施情况及引导示范效果进行了绩效评价，促进了项目管理水平和资金使用效益的提高。

（三）中小企业公共服务体系建设有新进展

1. 以强化基础设施建设为重点，加快全区“1+14+10+1”的中小企业公共服务平台网络建设。一是加强整体规划和顶层设计，制定出台了《关于加快推进自治区中小企业公共服务体系建设的工作方案》（内促中小组字〔2014〕2号），提出了全区中小企业公共服务体系建设主要任务、目标和具体保障措施，明确了各盟市、旗县以及有关部门的责任。二是已完成11个盟市“窗口”平台、2个产业集群“窗口”平台和1个中小企业数字电视服务平台基础建设。自治区“枢纽”平台完成了运营场地、运行环境、办公设施等一期工程基础建设和市场化运营主体招标。三是一批旗县和产业集聚区服务平台已开展服务，赤峰市12个旗县区全部建立了中小企业服务中心，实现了与市服务中心、10个工业园区服务平台互联互通。

2. 以培育扶持专业化、社会化的示范性服务机构为重点，集聚全社会各类优质服务资源服务中小企业。全区已培育国家级公共服务示范平台10个、自治区级公共服务示范平台135个。完成了自治区中小企业协会换届工作，成立了自治区中小企业公共服务联合会。内蒙古数字电视中小企业公共服务频道、内蒙古中小在线信息服务有限公司充分发挥立体、平面和网络传媒优势，制作播出“精彩内蒙古”“聚集中小企业”“成长之路”专题栏目80期；开展远程教育培训累计达1000余小时；出版《内蒙古中小企业》期刊4期；举办企业经理人培训班4期培训4000余人（次）。

（四）中小企业融资服务创新有新突破

1. 以全面推进“助保贷”融资服务为重点，积极探索财政与金融资金联动机制，走出了一条政银企合作创新中小企业融资服务的新路子。2013年以来，自治区经信委会同财政厅设立了中小企业“助保金贷款”引导资金，两年共安排1.05亿元，引导全区12个盟市的34个旗县（市、区）建立3.61亿元风险保证金池，引导5家合作银行放大到10倍以上授信40多亿元，为304户中小微企业发放贷款14.58亿元。通辽市9个旗县市区中有8个建立了“助保金”贷款平台，政府风险保证金投入7140万元，88家企业累计获得贷款6.435亿元，实现销售收入35.9亿元，同比增长23.8%，实现税收1.98亿元，同比增长26.9%。

2. 以加强中小企业股权、债权融资培训和孵化服务为重点，积极开拓中小企业直接融资渠道。成立了内蒙古中小企业上市孵化基地，组织开展了上海股权托管交易中心“走进内蒙古”专题系列培训活动，15家企业在上海股权托管交易中心挂牌融资。积极支持内蒙古股权交易中心开展股权交易融资业务，全区有156户企业挂牌。

3. 以加大对融资性担保机构财税扶持力度为重点，鼓励担保机构提高小微企业担保业务规模，降低对小微企业担保收费。争取国家中小企业信用担保资金2355万元，对15家业务开展好的担保机构予以扶持。联合地税局、金融办为6家担保机构向国家工信部申请免征营业税。中小企业信用担保机构作用明显。呼伦贝尔市10家担保机构组建了担保联合体，累计为3390户中小企业发放担保贷款79.2亿元，为412户中小企业评定了信用等级。

4. 以持续开展“三进”活动为重点，积极推进银企对接。连续3年在全区深入开展送金融服务进旗县、进园区、进企业“三进”活动，组织293家（次）金融机构深入124个旗县及园区，与3283户中小企业现场对接，达成协议贷款1247亿元，实际到位资金248亿元。

（五）中小企业创业带动就业取得新成效

以培育建设小微企业创业示范基地为重点，推动以创业带动就业，中小企业创业就业环境不断改善。截至11月底，全区成功创业4.4万人，带动就业16.3万人。一是小微企业创业示范基地培育建设有了新进展。2014年培育建设自治区级小微企业创业示范基地28个，全区小微企业创业示范基地数量达到99个，逐步成为各地促进中小企业创业发展的重要载体，有效缓解了创办小微企业场地缺、成本高、能力弱的难题。二是小微企业创业示范基地的示范引领作用日益显现。呼和浩特留学人员创业园通过创业平台引进来自美、英、德、加拿大等国家的海归博士和各类优秀人才103名，引进科技孵化及现代服务业企业70余家，引进和获得国家专利近70余项、国际专利1项，建立市级以上研发中心6个。化德县服装工业园区小企业创业基地初步形成“规模化、集群化、品牌化”的产业格局，有效解决了化德县服装产业规模小、档次低、集中度不高的问题。直接和间接从业人员达3万人，占全县从业总人口的66%。其中80%是城镇下岗职工和农村务工人员。2014年产值预计达到16亿元，占全县生产总值的35%。两个创业示范基地为创业带动就业和引进高素质人才创业提供了很好的示范作用。三是创业服务体系逐步建立。全区各盟市中小企业公共服务网络“窗口”平台在广泛积聚服务资源，为中小企业提供全方位、多层次各类服务的同时，逐步建立了培训、扶持、服务“三位一体”的创业辅导机制。累计完成创业培训5.3万人，城镇技能培训13.7万人。四是中小企业创业财政支持力度不断加大。2014年，国家和自治区中小企业专项资金安排6430万元用于支持30个小企业创业基地改善创业环境，安排8655万元支持为中小企业创业提供服务的机构。全区累计发放小额担保贷款24.5亿元。

（六）中小企业经营管理人才培训工作成效明显

以落实自治区“百千万”培训计划为重点，加强中小企业经营管理人才培训。自治区中小企业局委托中介服务机构举办了全区百名优秀民营企业家暨“小升规”重点培育企业经营管理人员培训班、运行监测暨创新创业班、公共服务平台网络创建和服务能力提升培训班、信用担保机构负责人能力提升培训班等4个培训班，邀请区内外知名专家、学者为800余名参训人员授课。各盟市、旗县（市、区）依托中小企业公共服务中心和服务机构也积极开展中小企业经管管理人员和专业技能人才培训，累计举办培训班66期，培训11000多人。

总的来看，中小企业为全区工业经济实现稳中求进起到了重要作用，但是，一些影响我区中小企业发展的瓶颈问题还没有根本解决。主要有：

（1）政策落实的“碎片化”现象突出，尚未形成落实的合力，政策效应没有充分释放。一是部分地区对中小企业发展重视不够。对中小企业工作研究部署少，落实政策形式上解决表面问题的措施多，实质性解决深层次问题的措施少。扶持政策和专项资金到位率低。二是缺乏政策落实的联动机制，合力没有形成。政策落实职能分散在众多部门，部门间政策落实协同水平低。三是个别部门重收费、轻管理服务，以罚代管、罚而不管时有发生；一些行业主管部门指定或委派中介机构，对服务事项进行变相的行政控制和垄断。

（2）一些政策的配套性、普惠性和可操作性差。有的政策门槛高、普惠性不强；有的简单套用国家和自治区原则，缺乏具体实施细则。据调查，实际享受到国家政策扶持的小微企业不到20%。企业普遍反映现有税收优惠政策力度不够大，税费负担仍然较重。大部分入驻园区的小微企业土地、厂房没有规范手续，企业享受专项资金、融资服务等相关政策受限。

（3）融资难、融资贵问题依然突出。一是信贷风险升高，贷款难度加大。小微企业融资仍以银行贷款为主，80%的小微企业得不到银行贷款。银企信息不对称仍未根本改善，一些地区小微企业贷款质量下降，银行“放款难”和企业“贷款难”并存，银行风险管控更加严格，手续繁杂，惜贷、抽贷、压贷倾向加剧。二是融资成本居高不下。小微企业贷款利率比大企业高30%～50%，附加费用使实际成本更高。三是中小企业信用担保体系不健全。自治区中小企业信用再担保机构未建立；国有控股及参股担保机构的注册资本仅占29%，且政府投入资本金增长甚少；民营担保机构规模偏小，能力不强，经营困难。

（4）服务体系不健全，资源统筹水平低，整体服务能力与企业需求的差距较大。公共服务平台建设处于起步阶段，服务层次较低。自治区顶层设计和“枢纽”平台的集聚统筹、指导推动作用亟待加强。社会化服务机构能力弱，布局散；政府各部门建立的平台间资源共享、协同服务差，存在重复建设。一些创业基地和特色产业、公共服务平台、小微企业集群化发展脱节，未形成完善的服务机制，缺乏清晰的运营模式和专业化的组织管理。

辽宁省

2014年全省民营经济运行分析

辽宁省中小企业厅

一、主要经济指标完成情况

（一）主要指标增速下降

2014年，全省民营经济增加值完成19450亿元，增长7.2%，低于去年同期增幅7.3个百分点，占全省GDP的67.9%；民营经济单位数量为185.4万个，从业人员1153.2万人；出口交货值2124亿元，比去年同期增长1.6%，低于去年同期增幅7.1个百分点，占全省出口总额的57.6%；利润总额4696亿元，比去年同期下降1.9%，低于去年同期增幅13.1个百分点；上缴税金2169亿元，比去年同期增长0.1%，低于去年同期增幅10.4个百分点，占全省的40.3%；固定资产投资完成14361亿元，比去年同期下降6.7%，低于去年同期增幅17.1个百分点，占全省58.8%。总的看，主要经济指标增速全面下降，经济运行趋于低速平稳状态。

据对规模以上工业企业停产、半停产情况调查，截至2014年11月底，规模以上民营工业企业停产、半停产率为6.2%，与去年同期相比上升了2.6个百分点。规模以上工业企业停产、半停产率较高的行业主要集中在采矿业和金属冶炼及压延加工业，停产、半停产率分别是：采矿业19.37%、余属冶炼及压延加工业10.19%。

据对规模以下工业企业停产、半停产情况调查，截至2014年11月底，规模以下民营工业企业停产、半停产率为23.1%，与去年同期相比下降了1.9个百分点。规模以下企业停产、半停产率较高的行业主要集中在采矿业、食品工业、装备制造业，停产、半停产率分别是：采矿业38.5%、食品工业30.56%、装备制造业25.97%。

（二）当前情况和走势预判

据四季度对全省2301户中小企业调查问卷结果显示：

开工状况，正常生产的企业为2176户，占94.6%，与上季度相比，正常生产率降低了0.3个百分点；停产的企业为125户，占5.4%。当前我省中小微企业开工情况基本正常。

景气状况

1. 2014年四季度本行业总体运行状况

保持乐观的为272户，占11.8%；一般的为1819户，占79%。不乐观的为210户，占9.1%。景气指数为102.7，景气指数较上季度下降1.3，运行状况处于微弱景气区间。

2. 2015年一季度本行业总体运行状况预测

保持乐观的258户，占11.2%；一般的为1809户，占78.6%；不乐观的为234户，占10.2%。景气指数为101，景气指数较上季度下降1.8，运行状况处于微弱景气区间，但企业对经济走向的判断持乐观态度。

3. 2014年四季度企业综合经营状况

乐观的为290户，占12.6%；一般的为1775户，占77.1%；不乐观的为236户，占10.3%。景气指数为102.3，较上季度下降1.9，经营状况仍处于景气区间。

4. 对今年一季度企业综合经营状况预测

乐观的为273户，占11.9%；一般的为1796户，占78.1%；不乐观的为232户，占10%。景气指数为101.9，较上季度下降1.6，经营状况仍处于景气区间。

结论：景气指数继续呈下降趋势，已经接近不景气的区间上限，说明全省民营经济下行压力较强。

二、当前民营经济运行的主要特点

（一）民营经济各项指标增速明显放缓但呈平稳趋势

2014年全省民营经济增加值、出口交货值、利润总额、上缴税金、固定资产投资等主要指标虽然仍保持一定速度的增长，但与去年同期相比增速明显下降。根据企业生产经营景气调查情况看，四季度及明年一季度的景气指数分别为102.7和101，全年民营经济整体运行处于景气区间，经济增长进入相对稳定阶段。

（二）创新型中小企业上升势头强劲

虽然经济下行压力较大，但具有自主知识产权的创新型中小企业仍然保持较快增长态势。1～11月，全省创新型中小企业主营业务收入累计增长13.3%，大幅高于民营经济平均增长水平，显示出民营经济通过转型升级实现快速发展的巨大潜力和活力。

（三）规模工业企业运行增速下降

2014年全省规模以上民营工业企业增加值增长3.5%，低于民营经济总体增速3.7个百分点，工业经济增速放缓直接影响民营经济总体增速较大幅度下降。

（四）第三产业增长速度进一步加快

全省民营经济第三产业增加值增长9.2%，上缴税金增长9.5%，分别高于民营经济总体增速2个和9.4个百分点，特别是现代服务业的快速发展，使第三产业结构发生积极变化，对优化民营经济产业结构具有重要作用。

三、当前民营经济运行中存在的突出问题

一是流动性资金仍然不足。中小企业受货款拖欠影响，应收账款明显增多，导致企业资金周转缓慢，严重影响企业正常生产经营活动。

据四季度对全省2301户中小企业调查问卷结果显示：

流动资金资金充裕的企业为52户，占2.2%。其余企业均不同程度的存在流动资金不足的情况，其中近20%的企业为严重不足。

企业产成品库存下降的为212户，占9.2%。近9成企业持平和上升。

企业应收账款，提前回款的211户，占9.2%。近9成企业不能及时回款，其中逾期不还的占10%；

二是传统产业企业利润空间缩小。在生产要素成本上升的背景下，中小企业营业收入虽有所增长，但利润增长空间大大被压缩收窄。

据四季度对全省2301户中小企业调查问卷结果显示：

近期企业的生产总成本下降的为114户，占5%。95%的企业上升或者持平，其中15%的企业大幅上升。

企业盈利增加的为65户，占2.8%；大部分企业处于微利和减少的状态。效益下降形势依然严峻。

三是市场竞争进一步加剧，订单不足。随着市场环境趋紧，再加上一些不确定因素制约，中小企业在手合同量仍显不足，对企业生产经营活动影响仍然较大。

据四季度对全省2301户中小企业调查问卷结果显示：

只有5%的中小企业预计2015年一季度企业生

产增速与去年四季度相比加快；10%的企业接到的产品订货量与上季度相比增加；

四是中小企业融资难、融资贵问题仍然十分突出。中小企业贷款综合利率超过两位数，加上贷款条件高、程序复杂，让中小企业只能望而却步。

据四季度对全省2301户中小企业调查问卷结果显示：

只有不到2%的企业不认为融资难，绝大部分中小企业觉得融资比较难，其中20%的企业感觉非常难。

不到6%的企业认为融资成本下降了，大部分中小企业觉得融资成本过高。

四、2015年重点关注的工作

（一）深化改革，推动建立民营经济发展新机制

鼓励私营企业建立现代企业制度。制定私营企业建立现代企业制度示范标准、认定办法及其配套政策，按照企业自愿的原则，引导支持规模大、信誉度高、市场竞争力强、管理规范的私营企业建立现代企业制度；对建立现代企业制度的私营企业，在财政专项资金项目、大小企业配套项目、金融信贷等方面给予优先安排；加强产权交易市场和职业经理人市场建设，搭建政策咨询、法律服务、信息咨询、资产评估、人才培训等公共服务平台，为私营企业建立现代企业制度提供个性化服务。

推动民营企业参与国有企业改革。充分利用并积极争取国家和我省推进国有企业改革的财政、金融、税费等方面的优惠政策，鼓励引导民营企业参与装备制造、原材料等重要行业和关键领域的国有企业改革；积极推进国有企业装备、技术、人才、市场与民营企业机制灵活等方面优势的互补，实现资源整合嫁接；鼓励支持民营企业在推进国有资产改组改制、主辅分离、服务外包过程中，通过并购、控股、参股等形式参与国有企业股份制改造；加强与国有企业监督管理部门的协同合作，共同探索建立民营企业参与国有企业改革的运作机制。

做好培育壮大一批民营企业集团工作。开展专题调研，完成较高质量的专题调研报告，制定培育壮大民营企业集团和龙头企业工作方案，明确工作目标、任务，提出促进培育壮大民营企业集团的政策措施，力争以省政府名义出台相关政策意见。

继续推进非公有制经济综合配套改革示范区试点工作。起草我省支持综合配套改革试点工作政策意见，会同有关部门加强对营口试点工作的指导。开展辽宁省中小企业“十三五”发展规划编制工作，在全省组织开展规划编制工作调研，认真研究民营经济、中小企业的发展规律和发展特点，为编制规划提供科学依据。

认真落实党的十八届四中全会精神，加快建设法治型机关。建立和完善重大事项集体讨论决定制度，实行重大责任追究制；制定具体的规章制度，规范资金的审批和使用；实行决策终身负责制，对工作流程进行规范监督。

（二）实施创业战略，提升经济活力

推进创业基地建设，开展无费区试点。继续支持辽宁省中小微企业创业基地建设，全面实施“五个四工程”和“四个十目标”，推动探索创业服务新机制；将“无费区”试点向全省推广，省直和每市选择一个创业基地进行创业无费区试点；支持各市、县（市）区建立创业基地，将创业用地纳入地方土地利用总体规划，专门用于创业基地建设；加强对创业基地建设的支持力度，省市相关财政资金，在同等条件下优先对创业基地的基础设施、公共服务项目给予支持。

完善创业培训体系，开展多层次的创业培训服务。在全省各市开办创业辅导培训班，培养创业辅导的骨干力量；调动社会各类培训机构的积极性，与各市中小企业服务中心合作开展创业辅导培训，增强创业培训工作力量。发挥创业基地作用，在创业基地开展公益性现场咨询服务活动。加大对大学生创业的支持力度，举办大学生创业培训班和大学生创业辅导报告会，鼓励大学生以创业带动就业。

加强创业宣传工作，营造良好的创业氛围。与新闻媒体合作，宣传我省在促进创业方面的政策措施，推广辽宁省中小微企业创业基地的经验与做法；在局门户网站开设创业服务专栏，定期发布创业扶持政策和创业项目；与有关部门合作开展大学生创业服务月宣传活动，为大学生提供政策、融资、项目对接等服务，提高大学生创业的成功率。

（三）推进中小企业创新发展，让创新驱动形成新的生产力

引导各类扶持政策措施向科技创新型中小企业倾斜，发挥科技创新型中小企业的领军作用。进一步加大科技研发投入，使企业在项目研发投入上能够享受到3%的加计扣除的科技优惠政策，促进企业不断提高科技创新水平；推进一批高成长性科技创新型中小企业发展，跟踪企业新建、续建项目情况，将更多的优质资源向科技创新型重点企业、重点项目倾斜；大力扶持一批科技创新型中小企业的“专精特新”品牌，加大支持力度，引导企业承接高新技术转化成果，开发一批具有自主知识产权的“专精特新”产品和技术，形成中小企业的自主品牌。

推进信息化与工业化深度融合，不断完善中小企业技术创新体制机制建设。加强与信息化服务商的合作，普及、推广信息化产品应用，帮助中小微企业提高企业信息化管理水平，努力实现重点领域信息化；推进中小企业实现工业与智能化软件产品的普及和应用，提高全面信息化产品的初级应用能力。积极开发适合中小企业创新管理的信息软件产品，为企业创新发展服务。同时做好省、市、县（区）三级中小企业信息服务网络体系建设的维护和管理，不断拓宽信息网络技术的服务功能；开展中小微企业培训工程，提高企业对信息化产品的认知和需求度，引领中小微企业向智能化、信息化方向迈进。

（四）强化直接融资能力，推进融资体系建设

大力推进直接融资。推动“中小微企业板”发挥融资功能，加强与辽宁股权交易中心的合作，加大对挂牌和展示企业的融资服务力度；扩大中小企业债券融资规模和范围，加大与投融资机构和中介服务机构的合作，推进有条件的市积极推进中小企业集合债、中小企业集合票据、小微企业增信集合债券及私募债等债券的发行工作，争取新突破；加大企业上市培育工作力度，建立企业上市培育信息库，开展有针对性的企业上市培训及辅导，组织上市对接，推进更多企业进入上市培育和上市辅导期阶段；拓展直接融资渠道和手段，大力推进投融资机构在我省开展创业投资、风险投资和股权投资，推进融资租赁公司对我省中小微企业拓展业务。

进一步强化银企合作。加强与国有银行、股份制银行、中小银行以及城市银行的合作力度，推进银企合作不断深入；推动银行业金融机构推出更多面向中小微企业的特色金融产品，推进“助保贷”等金融产品在各市的推广应用；继续深入推进金融服务活动，积极推动商业银行、担保机构、融资租赁机构、风险投资机构等深入省内各个产业园区、产业集群，提供有针对性的融资服务；推进融资顾问进创新型中小企业、小微企业、产业集群和产业园区工作。

进一步完善融资服务体系。推进担保体系的不断完善，组织信用担保机构申请国家中小企业发展专项资金中改善中小企业融资环境资金、减免营业税和省贷款担保风险补偿专项资金等相关政策和补助资金支持，争取国家资金规模比上年有所突破；强化对中小企业担保机构的备案管理和培训，推进担保机构提升管理水平。加强信用体系建设，丰富和充实中小企业信用数据库的范围和内容；充分发挥信用数据库的应用功能；开展“诚信中小企业”评选活动，营造诚信经营氛围。

（五）支持企业走出去，抓好市场开拓

支持民营企业、中小企业开拓国际市场。加强与韩国、美国、欧盟各国、新加坡等国家，以及港澳台地区中小企业主管部门和服务机构的沟通与合作，搭建交流平台，举办中小企业产品对接活动，帮助企业开拓国际市场；组织访问团赴发达国家学习考察，研究发达国家中小企业发展的先进经验，帮助我省中小企业开阔视野，提升企业自身素质，提升企业竞争力。

支持民营企业、中小企业开拓国内市场。继续做好大小企业协作配套对接工作，根据行业需要，组织大小企业协作配套对接会，力争涉及协作配套项目金额超过20亿元；搭建大小企业协作配套网络对接平台，调度有需求的协作配套项目在局门户网站进行发布，打破传统协作配套对接会时间和地域上的局限性，促进大小企业配套工作常态化。支持民营企业、中小企业开拓域外市场，继续通过展位费补贴等方式资助中小企业参加中博会、APEC技展会等全国性、国际性展销展洽活动。

协调落实支持中小企业发展的政府采购政策，确保政府采购总额的30%面向中小微型企业采购，并逐步提高采购比例。根据我省中小微企业发展实际，协调省财政厅等政府相关部门，争取对《关于实施促进中小企业发展政府采购政策的指导意见》的有关细则进行修订，不断完善中小微企业政府采购政策。

（六）促进政策法规落实，完善法规体系建设

继续做好政策法规制定工作。研究出台《关于加快民营经济发展的若干意见》，做好政策颁布实施后的解读、宣传、落实等相关配套工作；推进大小企业协作配套立法，召开专家学者论证会，对大小企业协作配套立法可行性与必要性进行充分论证，研究借鉴国外有关立法经验，在立法可行的情况下开展立法调研，起草规章草案。

继续推进政策法规的落实工作。开展对《辽宁省中小微企业权益保护条例》贯彻落实情况的执法检查，与省人大有关专门委员会在全省共同开展该条例的宣传、实施细则或贯彻意见制定情况、维权体系机制建设情况、维权相关措施落实情况等方面的检查；开展中小微企业政策的专题调研，包括近年来国家和我省支持中小微企业的政策落实、政策效应和创业政策调研，通过调研了解当前政策落实情况，评估政策效应，明确下一步政策支持方向。

做好法治辽宁建设和依法行政工作。按照省政府年度依法行政目标工作要求，落实好法治辽宁建设和依法行政重点工作；按照省依法行政年度目标责任考核的要求，健全执法责任制，完善登记备案、过错追究、行政复议等各项制度，确保年度考核达标。

（七）以提升新一代民营企业家素质为重点，加强民营企业家队伍建设

继续实施新一代民营企业家素质提升工程。与北京大学、辽宁大学等高校合作，开展新一代企业家培训工作，增强新一代企业家的战略思维和把握市场的能力，提高经营管理水平，为第一代向新一代企业家平稳过渡创造条件。

继续开展企业中高级管理人员培训。依托清华大学对中小企业经营管理领军人才进行培训，计划培训50人；开展中小企业中层管理人员培训，提高中小企业管理人员的企业战略管理、创新思维等现代化管理水平，提高管理者素质，计划培训100人；开展创新型中小企业经理人培训，举办“转型升级创新培训班”“成长型企业人才整体突破与人力成本控制培训班”，计划培训200人。

继续开展职业技能培训与鉴定工作。开展职业技能鉴定考评员培训，加快职业技能考评员队伍建设，计划培训90人；开展职业技能培训，计划培训2000人次，技能考核通过率95%以上；继续开展“银河工程”培训，计划培训200人；根据2015年新增加的监测企业需要（2015年全省监测企业数量达到1500家，新增企业200家），适时开展中小企业生产运行数据监测申报员培训；继续做好烟花爆竹质量管理、市场营销和燃放安全等方面的培训工作。

（八）推进专项运行监测工作，完善经济运行监测体系

加强专项运行监测工作。制定专项调查工作推进计划，增加调查企业数量，增强调查工作组织力度，提高调查工作质量；组织专项调查企业统计人

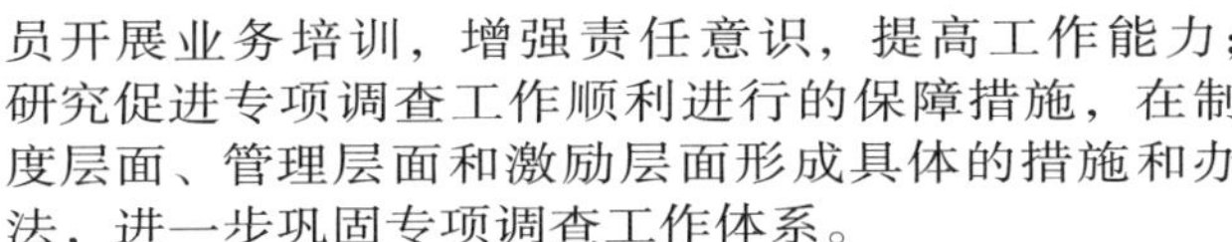

员开展业务培训，增强责任意识，提高工作能力；研究促进专项调查工作顺利进行的保障措施，在制度层面、管理层面和激励层面形成具体的措施和办法，进一步巩固专项调查工作体系。

加强经济运行监测分析工作。制定2015年经济运行监测工作指导意见，对分析工作的时间、频率、内容及质量提出具体要求，以增强分析材料的时效性、针对性和客观性；加强与各级民营经济主管部门之间的业务工作交流，定期开展经济运行分析材料评比活动；继续加强与外省市民营经济发展和工作情况等方面的信息交流工作，为我省民营经济、中小企业发展提供借鉴。

加大经济运行监测督促检查工作。定期检查各市定期报表、中小微企业景气调查、创新型中小企业运行监测及工信部中小企业运行监测平台运行等情况，并进行通报；对经济运行分析工作进行评价，重点评价分析材料的时效性、完整性和客观性，专项调查工作组织的效率、效果及基础材料质量，并将评价结果进行公示。

（九）推进服务体系建设，营造发展良好环境

推进中小微企业权益保护工作。组织全省30家律师事务所、百名律师，送政策、法律服务到园区；举办“中小微企业维权政策咨询暨法律知识讲座”，大力宣传普及维权政策与维权常识；加大协调处理力度，提高重点投诉案件的办结率；完善省级中小微企业维权法律服务平台，在原有10家律师事务所的基础上，再增加20家律师事务所，使维权服务范围能够覆盖到县区中小微企业；积极开展中小微企业法律援助活动，对确实有困难的中小微企业，无偿提供法律援助；继续开展7.28企业维权法律咨询日活动。

推进中小企业服务体系建设。加强我省中小企业公共服务平台网络建设，按照国家工信部的要求，完成好我省平台网络建设的竣工验收工作，通过加强政策扶持和业务指导，不断扩充平台网络服务资源，完善服务功能，提升服务水平，不断增强平台网络的服务能力和社会影响力；加强省中小企业服务联盟建设，发挥该联盟在公共服务网络平台运营中的协调职能，提高网络平台的服务水平和服务质量；加强对中小企业服务机构的管理，促进服务机构提档升级，鼓励更多的机构争创国家级公共服务示范平台，带动提升全省服务机构发展水平。

深入开展宣传工作。联合新闻媒体采取召开推介会、印发典型经验（示范）汇编、组织企业实地考察学习等方式，对认定的建立现代企业制度的私营示范企业开展宣传，促进现代企业制度向全省中小企业推广。结合今年出台的加快民营经济发展的政策文件，全面宣传我省促进民营经济发展的各项政策。在通过电视、广播、报纸等传统新闻媒体宣传的同时，积极开拓网络、微博等新媒体的宣传作用，帮助群众、企业更方便地获取我省民营经济、中小企业发展与政策等方面的信息，为我省民营经济、中小企业的发展营造良好的舆论环境。

吉林省

2014年全省民营经济发展情况报告

近年来，省委省政府始终将中小企业与民营经济统筹推动，先后实施了民营经济腾飞计划、中小企业成长计划、新一轮民营经济腾飞计划，特别是2013年提出全省实施突出发展民营经济的重大战略，经过几年不懈努力，全省民营经济在总量、结构和社会贡献等方面都有了阶段性的提高。

一、全省民营经济和中小企业发展基本情况

2014年全省民营经济主营业务、上缴税金增幅分别达到10.3%和2.2%；私营企业户数和个体工商户分别达到19.7万户和126.6万户；从业人员达到688.6万人；民营经济增加值占全省GDP的比重达到51.1%。目前我省中小企业总体保持平稳运行态势，但发展也面临着一些突出问题，以下分析其原因和问题。

一是主导产品市场需求下降、价格持续下滑，导致下游配套中小企业发展受限。受宏观经济影响，我省钢铁、水泥、化工等原材料行业的产品需求明显下降，市场低迷，主导产品价格持续下滑，大宗产品价格基本处于近年最低水平，2015年1—2月份我厅调度的50种大宗工业产品价格同比10升1平39降，环比19升6平25降，50户直调企业就比去年同期减少产值超50亿元，我省吉化、吉林油田、通钢等大企业产量均不同程度下降，1—2月份民营规上工业企业产品库存高达244.5亿元，同比增长10.97%。

二是企业经营难度加大。随着中小企业综合成本上升，不断挤压企业利润空间，中小企业经营困难，利润逐渐回落。全省规上民营工业企业每百元主营业务收入的成本86元，同比增长1.72%，与上年同期增加0.11百分点，主营业务收入利润率4.65%，与上年同期下降0.02百分点、用电量下降0.1%，应收账款增长13.67%，产成品库存上涨10.39%。我厅重点监测的1000家中小型企业，亏损企业148户，亏损面达27.06%。

三是融资难、融资贵问题依然突出。除劳动力高成本外，融资成本也较高，据我厅调度的500户重点企业流动资金需求189亿元，其中企业自筹32.5亿元，缺口156.5亿元，缺口占比高达82.8%。特别是我省中小企业融资渠道单一，受制于可抵押物不足甚至没有，很难从银行获得贷款，部分中小企业通过小贷公司获得资金的融资成本平均超过12%，有的超20%以上。

四是停产半停产企业有所下降，但仍占一定比例。当前我省停产半停产规上工业企业合计199户，

占全省规上企业3.8%，比去年同期减少395户。全年预计影响产值162.4亿元。从分类看，有108户企业因市场需求乏力、产品销售不畅导致停产半停产，占停产半停产企业的54.3%。有24户企业因重组、异地搬迁、转让等原因停产，占比为12.1%。有42户企业因国家、地方性政策要求停产，占比为21.1%，主要为煤炭、烟花爆竹以及水泥生产企业限产等。有7户企业因资金困难停产，占比3.5%。有18户企业为季节性停产，主要为建材类企业。

二、开展的主要工作

省委省政府高度重视中小企业发展，不断强化对中小企业工作的组织领导和政策支持，成立了省、市、县三级突出发展民营经济工作领导协调机构，全省形成了分工负责、合力推进的工作体系，出台了一系列支持中小企业发展的政策意见，并在全省积极推进扶助小微企业专项行动，取得明显效果。

（一）狠抓政策落实

近几年，国务院为扶持中小企业健康发展，先后出台了一系列支持中小企业发展政策，这些政策含金量高、操作性强，特别是国发14号文件是国务院指导小微企业发展的纲领性文件。意见出台以后，我省迅速反应，跟进落实，2012年至2014年，仅省级层面就出台了省委省政府出台了《关于进一步促进小微企业发展的意见》（吉政发〔2012〕22号）、《关于突出发展民营经济的意见》（吉发〔2013〕5号）等6个重要配套文件，从缓解小微企业融资困难、税收优惠、改善创业环境、财政扶持、政府采购等方面，提出了支持中小企业的政策意见。近期为落实《关于支持小型微型企业健康发展的意见》（国发〔2014〕52号）文件精神，省里出台《进一步促进小型微型企业健康发展的意见》，加大对小微企业的支持力度，鼓励中小企业加快发展。强化绩效考核，省政府将民营经济主营业务收入、税金、从业人员等三项指标纳入市（州）年度绩效考核管理。

（二）加大财税支持力度

我省在财税能力有限情况下，积极创造条件，支持中小企业发展，在国家中小企业发展基金尚未正式建立之前，我省率先投入省级财政资金10亿元，建立了中小企业和民营经济发展基金。同时，还设立了3亿元的专项资金，专门支持中小企业和民营经济发展，在资金支持方式上，主要采取对中小企业无偿资助、贷款贴息、股权投入等多种方式；在资金支持方向上，主要用于鼓励全民创业、创新发展、市场开拓、人才培训、融资担保、公共服务体系建设等方面。在落实税收优惠政策上，在省级财税权限内做到对中小企业税收能免则免、能减则减，在全国率先实行创业孵化基地免征5年房产税和城镇土地使用税的优惠政策；实施了对新办企业两年内免征房产税和土地使用税，去年全省共为中小企业减免地方税近7亿元。在推进中小企业进入政府采购上，实行对小微企业的产品价格6%～10%比例的扣除，并按照扣除后的价格评标，提升了小微企业参与政府采购的竞争力。2014年，全省各级政府采购中小企业产品的额度达100亿元以上，占政府采购总额度的43.7%。

（三）着力缓解中小企业融资困难

通过政策支持和金融创新，着力引导金融机构支持中小企业发展。在落实金融支持中小企业发展政策方面，省政府先后出台《关于进一步强化金融服务小微企业发展的指导意见》等4个文件，综合运用税收优惠、企业补助、损失补偿、业务奖励等方式，鼓励金融机构扩大对中小企业的信贷投放规模。在创新融资渠道上，大力发展小金融机构。目前全省小额贷款公司发展到551家，注册资本金171.4亿元，贷款余额124.5亿元；村镇银行发展到37家，贷款余额达到197.8亿元；全省累计注册成立股权投资类企业125家，注册（认缴）资本101.6亿元。通过大力发展小金融机构，有效缓解了中小企业融资难题。在加强信用担保体系建设上，全省担保机构数量达到197户，资本金规模达到205.4亿元，截至2014年8月底全省担保机构为24140户企业提供了940亿元担保贷款。在探索创新融资担保模式，省、市、县政府多次组织银行、担保公司与企业开展对接活动，2014年全省贷款协议金额达到1200亿元；省里采取财政注资方式，推动银行与企业共建助保金池，实行企业联保联贷，降低中小企业融资成本。

（四）推动中小企业创新和集聚发展

围绕推动中小企业创新发展、结构调整和转型升级，我省探索了一些有效途径和措施。在深化改革创新上，全省启动了民营经济综合配套改革示范区试点，产业创新示范区试点，民营资本参股、控股国有资本发展混合所有制，推进民营经济进入特许经营领域等试点工作，通过改革着力激发民营经济特别是中小企业市场主体的活力和创造力，上述试点任务已列入全省年度绩效考核目标。在推动技术创新上，启动建设十大中试基地，主要面向中小企业开展技术攻关，促进科技成果转化；支持小微企业兼并国外科技型企业，快速实现技术创新；支持集成创新，在长春市建设集成创新大厦，促进企业与科研院所开展科技合作；筹建省技术交易市场，开展需求对接，推动科技成果市场化。在推动中小企业集聚发展上，全省规划了85个特色工业园区、60个重点产业集群，将60%以上的省级工业发展专项资金用于支持集群内的重点项目建设，力争实现销售收入超百亿产业集群达到24个，销售收入达千亿的产业集群达到2个。

（五）加强中小企业公共服务体系建设

按照政府扶持中介，中介服务企业的发展思路，加强了公共服务体系建设。我省已建成覆盖省市县三级中小企业公共服务平台36个，国家示范平台10个，聚集服务机构277家，年服务企业4万户。大力开展创业服务，全省建设创业孵化基地111个，总孵化规模5000户以上，带动就业近10万人。开展“万名创业者、万名小老板和万名技能人才”培训工程，每年培训3万人。开展千名创业导师结对帮扶千名创业者活动，在去年开展的创业导师结对帮扶创业者活动的基础上，我省又把创业孵化工作与创业导师结对帮扶活动有机结合，在全省开展“创业导师走进孵化基地”活动，着力推动各类人才创业。

三、2015 年中小企业经济走势预测

今年经济下行压力不确定性依然存在，但在国家和省里一系列改革任务的相继启动与政策支持下，总体判断，我省中小企业加快发展面临的有利条件进一步增多。第一，国家支持东北振兴将为中小企业提供更大发展空间。国家全力支持东北振兴，并将在东北四省区开展民营经济改革试点，大力发展混合所有制经济，推动中小企业进入基础设施、公用事业等特许经营领域，扩大民间投资领域等改革措施相继实施，必将逐步释放改革红利，激发中小企业创造活力；第二，促进中小企业发展的政策效应逐步显现。落实营改增、费改税和普惠制减税政策，将切实减轻企业负担。金融领域实行“定向降准”政策，鼓励民营银行发展，支持金融创新等政策，将有效破解小微企业融资困境。同时支持中小企业同等进入土地市场，同等享受技术创新，人才引进等政策措施，必将为中小企业发展提供有力要素保障；第三，中小企业发展环境更为优化。推进行政审批制度改革，下放行政审批权力，实行权力清单制度等，将进一步提高政府服务效率。实行工商注册制度改革，实行先照后证，有效降低企业发展门槛、将使市场主体数量大幅增加。此外，随着“国家支持小微企业健康发展意见”的深入实施，将有力推动全省中小企业转型升级、创新能力、市场开拓、企业素质和发展环境的全面提升。

下一步，按照国家工信部和省委省政府统一部署，我省中小企业要以稳增长、调结构、促转型为主线，以贯彻落实支持中小企业发展各项政策为动力，以扶助小微企业，推动全民创业为重点，努力营造发展环境，改善公共服务，激发创业活力，注重改革创新，进一步发挥小微企业繁荣经济，特别是扩大就业、改善民生和深化改革的重要作用。

黑龙江省

一、2014 年黑龙江省中小企业改革发展总体情况

（一）非公经济及中小企业基本情况

2014 年，黑龙江省工业和信息化委员会积极贯彻落实国务院扶持小微企业发展意见、积极改善中小企业发展环境。按照省主要领导的批示精神，组织协调中省直部门，研究我省贯彻落实扶持小微企业意见，实施扶助小微企业专项行动，制定我省支持中小微企业发展 2014 年重点工作意见，出台扶持中小微企业发展政策有关条款。大力推进民营经济改革，制定了《全省民营经济发展改革工作方案》《开展私营企业建立现代企业制度示范发展混合所有制经济工作实施方案》和《建立非公有制经济（中小微企业）发展服务机制工作方案》。同时，积极推进公共服务平台建设，继续实施中小企业成长工程，开展科企对接区域合作活动，帮助中小企业市场开拓。通过上述政策、专项行动、成长工程、专题活动的推出，为中小企业应对经济下滑和调结构、促转型带来的各种不利因素，提供了有力的必要支持，对稳定我省非公经济和中小企业的发展创造了有利的条件，为全省社会经济发展起到了保驾护航的作用。

2014 年，全省非公经济增加值达 7861.9 亿元，同比增长 7.1%，增速较上年降低 3.7%，占地区生产总值的 52.3%，较上年下降 0.5%，其中：企业非公有制经济增加值 4931.2 亿元，比上年增长 5.1%；个体非公有制经济增加值 2930 亿元，比上年增长 8.1%。非公经济户数 191.6 万户，同比减少 0.8%，其中：非公有制企业 21.9 万户，同比增长 1.2%；个体经营户 169.7 万户，同比减少 1.1%。非公经济从业人员 738.3 万人，同比减少 1.0%，新增就业人员减少 7.3 万人。其中：非公经济企业从业人数 298.6 万人，同比减少 1.0%，新增就业人员减少 2.9 万人；非公经济个体户从业人数 439.7 万人，同比减少 1.0%，新增就业人员减少 4.4 万人。私营企业投资者人数 47.8 万人，同比增加 11.3%。非公经济税收总额达 954.4 亿元，同比增长 13.9%，占全社会税收总额的 43.2%，同比增加 4.6%。非公经济进出口总额 223.8 亿美元，同比增长 6.7%，占全省进出口总额的 57.5%，同比上升 6.5%，其中：私营企业进出口总额 210.3 亿美元，同比增长 7.8%，占全省进出口总额的 54.1%，同比提高 7.8%，个体企业进出口总额 1086 万美元，同比下降 83%，外资企业进出口总额 13.4 亿美元，同比下降 5.6%。私营企业注册资金总额 5937.3 亿元，同比增长 30.3%，个体户注册资金总额 636.4 亿元，同比增长 0.6%。全省规模以上非公企业主营业务收入 6210.6 亿元，同比下降 2.4%，占全省规模以上工业企业主营业务收入的 47.5%，同比提高 2.4%；全省规模以上非公企业利润总额 347.2 亿元，同比下降 9.7%，占全省规模以上工业企业利润总额的 35.2%，同比提高 6.3%；全省规模以上非公企业利税总额 511.2 亿元，同比下降 15.4%，占全省规模以上工业企业利税总额的 24.0%。

（二）非公经济发展的主要特点

1. 非公经济总量保持平稳增长

2014 年，全省非公经济增加值达 7861.9 亿元，同比增长 7.1%，占地区生产总值的 52.3%，较上年微降 0.5%，按可比价计算，增速较全省 GDP 高 1.5%，其中：企业非公有制经济增加值 4931.2 亿元，比上年增长 5.1%，增速较全省 GDP 低 0.5%；个体非公有制经济增加值 2930 亿元，比上年增长 8.1%，增速较全省 GDP 高 2.5%，基本保持平稳

增长。

2. 非公经济外贸持续增长

2014年，非公经济进出口总额为223.8亿美元，同比增长6.7%，占全省进出口总额的57.5%，同比上升6.5%，在去年取得快速的基础上继续保持增长，其中：私营企业进出口总额为210.3亿美元，同比增长7.8%，占全省进出口总额的54.1%，同比提高7.8%，对进出口贸易增长贡献较大；外资企业进出口总额为13.4亿美元，同比下降5.6%，在去年取得高速增长后小幅下降；个体企业进出口总额为1086万美元，同比下降83%，出现大幅下滑，但由于其总量较小，因此对全省非公经济外贸影响较轻。

3. 企业经济户数和新增就业人员持续下降

2014年，非公经济户数191.6万户，同比减少0.8%，其中：非公有制企业21.9万户，同比增长1.2%；个体经营户169.7万户，同比减少1.1%。非公经济从业人员738.3万人，同比减少1.0%，新增就业人员减少7.3万人。其中：非公经济企业从业人数298.6万人，同比减少1.0%，新增就业人员减少2.9万人；非公经济个体户从业人数439.7万人，同比减少1.0%，新增就业人员减少4.4万人。连续两年下滑，说明在全球经济不景气及国内宏观经济结构调整的影响下，企业经营和人员就业都出现一定困难。

4. 规模以上企业经营能力不断提高

2014年，全省规模以上非公企业主营业务收入6210.6亿元，同比下降2.4%，占全省规模以上工业企业主营业务收入的47.5%，同比提高2.4%；全省规模以上非公企业利润总额347.2亿元，同比下降9.7%，占全省规模以上工业企业利润总额的35.2%，同比提高6.3%；全省规模以上非公企业利税总额511.2亿元，同比下降15.4%，占全省规模以上工业企业利税总额的24.0%。虽然主营业务收入、利润总额、利税总额都出现不同程度的下滑，但在各项指标在全省总量当中的占比均有提高，说明规模以上非公企业的抗风险经营能力还是较强的。

5. 非公经济产业结构继续得到优化

2014年，全省地区生产总值为15039.4亿元，按可比价分别增长5.6%，其中：一、二、三次产业分别为2659.6亿元、5591.8亿元和6788.0亿元，按可比价分别增长5.6%、2.8%、9.0%；全省非公有制经济增加值为7861.9亿元，按可比价分别增长7.1%，其中：一、二、三次产业分别为904.9亿元、3189.0亿元和3768.1亿元，按可比价分别增长7.1%、3.4%和10.6%；全省非公有制经济增加值增速较全省地区生产总值增速快1.5%，第一产业增速与全口径增速保持一致，第二产业增速明显低于全口径增速，主要是受工业和房地产增速下滑的影响，而第三产业继续保持较快增速。同时，非公有制经济一、二、三次产业增加值占地区一、二、三次产业生产总值的比重分别为34.0%、57.0%和55.5%。由此可见，非公有制经济第三产业增加值增速最快，占比也较高。产业结构调整继续得到优化。

6. 全省大部分地区非公经济保持稳定，部分地区非公经济延续下滑态势

2014年，按现价非公经济增加值保持增长的地区主要有：哈尔滨、大庆、牡丹江、绥化、齐齐哈尔、农垦、佳木斯、黑河、大兴安岭，非公经济增加值分别为2908.6、1064.9、790.8、717.1、669.3、492.6、373.4、109.8、56.2亿元，现价增速分别为：9.1%、8.1%、7.9%、8.6%、8.0%、7.4%、15.1%、8.9%、4.3%，可比价增速分别为：8.6%、7.9%、8.5%、8.4%、8.0%、7.4%、8.2%、8.9%、4.3%，只有大兴安岭地区可比价增速低于全省非公经济增加值可比价增速外，其余8个市地可比价增速均高于全省非公经济增加值可比价增速，其中对全省非公经济增加值贡献较大的地区分别是哈尔滨、大庆、牡丹江、绥化、齐齐哈尔、农垦、佳木斯。按现价非公经济增加值保持负增长的地区主要有：鸡西、双鸭山、七台河、伊春、鹤岗，非公经济增加值分别为196.4、167.1、126.9、111.4、77.4亿元，现价增速分别为：－3.6%、－30.9%、－8.0%、－7.7%、－22.3%，可比价增速分别为：2.2%、－9.8%、4.1%、－7.1%、－7.9%，按可比价统计，2014年有三个市地出现负增长，比去年增加一个市地，去年负增长的七台河市2014年取得4.1%的正增长，去年负增长的鹤岗市连续负增长。

（三）非公经济及中小企业发展存在的主要问题

1. 管理模式落后

全省大部分中小企业都是家族式管理模式，部分企业老板都是业务型，缺乏战略眼光和管理理念，不注重企业整体构架和管理机制的建设，缺乏必要的管理制度和管理流程，喜欢“一言堂”的管理模式，致使企业管理效率低下，有限资源不能集聚，落后的管理模式是阻碍企业发展的重要因素。

2. 企业创新能力不足，获取和整合资源能力差

一些中小企业处于企业初创期和成长阶段，受人员、资金、技术等方面的限制，加之缺乏科学的管理机制，无法吸引高端人才加盟，使企业在技术创新、管理创新方面能力不足，吸纳高新技术的能力较弱，由于中小企业各方面的不足，致使企业获得各种公共资源的能力较差，不利于企业生存发展。

3. 融资难、融资贵，企业借贷难

很多中小企业由于规模小、信用缺失、抵押物不足，致使企业通过正常渠道很难获得必要的发展资金，一些企业为了生存和发展，只有通过付出高额利息向个人、小贷公司、地下钱庄借贷，增加了企业融资成本，融资难、融资贵是阻碍企业发展的最大问题。

（四）2014年主要工作

1. 改善中小企业发展环境

一是贯彻落实国务院扶持小微企业发展意见。按照省主要领导的批示精神，组织协调中省直部门，研究我省贯彻落实扶持小微企业意见。将任务进行分解，以文件形式印发。分别召开了市地工信委和中省直有关部门负责人参加的部分小微企业座谈会，听取各方面意见。二是实施扶助小微企业专项行动。按照工信部关于开展2014年扶助小微企业专项行动

的要求，制定印发了我省扶助小微企业专项行动方案，并组织实施，并将活动效果报工信部中小企业司。三是制定我省支持中小微企业发展2014年重点工作意见。按照国务院中小企业领导小组办公室下发的《关于印发 <关于进一步支持小型微型企业发展2014年重点工作> 的通知》，省工信委中小企业局牵头起草了我省支持中小微企业2014年重点工作任务分工的通知，以办公厅名义在全省范围内印发并组织实施。并形成专题报告上报工信部中小司。四是出台扶持中小微企业发展政策有关条款。将政府采购和支持创业载体、公共服务平台建设等扶持中小微企业有关政策条款纳入65条措施。分别制定了政府采购和创业载体服务平台实施细则，并将采购半径纳入细则中。

2. 推进民营经济改革任务

深入贯彻落实"振兴东北重大举措"，按照改革任务要求，制定了《全省民营经济发展改革工作方案》、《开展私营企业建立现代企业制度示范发展混合所有制经济工作实施方案》和《建立非公有制经济（中小微企业）发展服务机制工作方案》。制订了工作计划，建立了台账，确定了试点企业。就如何建立现代企业制度，发展混合所有制经济，结合资本市场融资等内容，分别于8月、9月份组织举办了两场专题讲座，邀请国家发改委发展研究中心研究员、资深改革战略专家和上海股权交易中心有关专家进行讲座，近400多家企业负责人参加，企业反映很好。目前，已完成股份制改造企业20户，其中上市企业8户，已签协议明年拟上市企业3户。12月18至20日，组织部分试点企业赴上海股权交易托管中心考察学习，重点在企业发展过程中的改制、重组、挂牌方法以及投融资途径进行学习交流。

3. 推进公共服务平台建设

我省平台网络已基本建设完成，总体架构基本形成。截至目前，已形成1个省级枢纽平台、12个市地综合窗口平台、20个产业集群窗口平台及740个服务机构入驻的一体化平台网络体系。在平台网络上创新推出电子商务、行业服务、融资担保、企业成长、对俄合作、中省直部门服务等十大特色平台。上半年工信部中小司在我省组织召开了全国部分省市公共服务平台建设工作会议，举办了平台网络管理及呼叫人员培训班。建立了平台网络国家即时数据汇总系统，完成了评价系统改造，组织全省中小企业服务机构进行信息录入。9月下旬举办了全省中小企业公共服务平台网络现场会，探讨问题总结经验。目前，入驻"平台网络"的服务机构740家，提供各类服务资源1020个，举办各类服务活动732期，服务企业24206户，服务人数60170人次。服务业绩在全国名列前茅。

4. 实施中小企业成长工程

开展成长型中小企业评价工作，并推出系列服务项目。一是委托优秀中介机构帮助成长型企业编制发展规划、开展管理咨询；二是推进云管理信息化工作。10月中旬，省工信委中小企业局与中国电信黑龙江公司共同举办工信系统中小企业信息化主任局长培训班，市（地）工信委中小企业分管领导和部分县（市）工信局长参加了培训。就互联网时代传统商业变革和企业经营、信息技术发展与应用进行了讲座，培训后市（地）反响强烈，纷纷提出应面向企业开展培训，经分管领导同意，分别在哈尔滨、齐齐哈尔和佳木斯市举办区域企业培训，12月10日在哈尔滨市举办了首期培训。截至目前，已有958家企业享受到智慧企业服务，732家企业已使用信息化产品。三是推进邮政直邮服务。截至目前已为175户中小企业开展服务，企业新增2万余客户、1.8万余份订单，累计增加销售收入1.6亿元。

5. 开展科企对接区域合作活动

开展了科企对接系列活动。进行全省主食加工和特色农产品加工调研，征集技术、项目需求，组织省内外专家解决技术难题，提出解决方案。今年，分别在哈尔滨市、木兰县及齐齐哈尔市举办了主食加工科企对接系列活动，聘请国家级专家进行专题讲座，有关专家进行科技成果、新产品发布，专家与企业进行技术对接，开展招商引资洽谈，并在黑龙江日报、生活报5个半版进行专题报道宣传。全国共有16家科研单位和大专院校，47名国内相关领域专家，22家国内有合作投资意向的行业龙头企业、12个主食加工试点省（区、市）管理部门负责人及我省400多户企业参加了活动，参展展品150多种类。发布推介最新科研技术成果76项，征集企业技术和项目需求40项。有27个主食加工产业项目达成意向协议，投资额约45亿元。其中，齐齐哈尔投资贸易活动聘请了中国农业规划设计院院长、上海股权交易托管中心党委书记、总经理进行讲座，将"投资贸易洽谈、科技成果发布、科企银企对接、产品展示推介、专题聚焦研讨"等五个功能为一体，进行展示宣传。

6. 帮助中小企业市场开拓

一是组织参加农业部举办的中国农洽会，我省有34户企业参展，参展产品32个品种，我省代表团被大会组委会评为优秀组织奖。二是开展电子商务创新营销模式。3月份在哈尔滨举办了全省电子商务培训班，聘请阿里巴巴高管人员进行讲座，有近200多家企业负责人及市地工信委分管领导参加了培训。引导小微企业入驻"龙江第一商城"，目前已入驻"龙江第一商城"特产网的中小微企业近300家，产品种类达2000种。全年实现销售额2亿元，为小微企业节省销售费用近2000多万元。

7. 建立完善职业技能鉴定体系

发挥省中小企业技术创新服务中心公益性服务作用，创新服务模式，拓宽服务面，在省技能鉴定站的基础上，创新开展职业技能鉴定服务，建立网格式工作站体系，在全省建立起具有横向9个市、县工作站、纵向4个行业工作站，工作站下设工作点的立体化鉴定工作体系，把服务网络向基层延伸。为机械、电子、建筑、医药乳品、食品等行业的中小企业开展职业技能培训鉴定工作。圆满完成千人鉴定计划。

8. 加强对企业的运行监测

2014年12月初召开了市（地）工信委和部分县（市）工信局分管同志参加的全省中小企业运行监测

及乡镇企业统计会议，下达了1000户监测中小微企业数量指标。

9. 谋划全省第四批产业链

在大量调查研究和分析论证的基础上，组织编制了大蒜产业链和玉米产业链项目，并列入我委第四批工业产业链项目中。

10. 开展各项调研工作。

一是开展了小微企业信息化发展情况调研，形成了发展情况报告上报工信部。二是开展了农产品产后减损专题调研工作，形成了专题调研报告上报农业部。三是开展征集农产品加工共性技术需求，上报农业部。四是撰写我省产业集群发展情况的报告上报工信部。

二、2015年工作思路和安排

（一）工作思路

深入贯彻落实国家和我省扶持非公经济和中小微企业的一系列政策措施，以转型发展为导向，以改革创新为动力，进一步解放思想、更新观念，打破各种隐性壁垒，拓宽创新创业领域，改善企业发展的外部环境。加强公共服务，强化服务意识，跟进服务措施，引导中小微企业向技术创新和管理创新要动力、增活力，把推动发展的立足点真正转到提高质量效益上来，充分发挥政策引导与市场机制的双重作用，全面提升中小企业自身素质和水平，推动企业转型升级。营造全社会关注、服务非公经济、中小微企业的良好氛围，让非公经济在新常态下放手发展规模，努力提高质量，推动非公经济、中小微企业实现平稳健康发展。主要从改革、服务、改善环境三个方面有所突破。

（二）主要工作任务

1. 优化发展环境。积极贯彻落实国家扶持小微企业政策措施，研究制定我省贯彻意见

宣传非公经济发展典型，加强部门间协调配合，调研、征集、梳理企业发展过程中的困难和问题，协调中省直有关部门帮助解决。

2. 深化民营经济改革

加强政策研究，通过培训辅导、学习考察、信息发布、对接咨询机构、建立专家团队、典型推广等途径，引导民营企业向改革创新要动力，通过建立现代企业制度，推进治理结构和治理能力的现代化，增强企业自我生存和发展能力；发展混合所有制经济；引导企业在资本市场上市，拓宽融资渠道。与省工商联合作，创新服务内容，建立服务发展机制。

3. 加强服务体系建设

在优化服务上深处着力，为中小企业发展降低社会成本。重点推进中小企业公共服务平台网络建设，在平台网络聚集社会优质服务资源、整合各类服务机构，使各类企业都能享受到良好的服务。指导中小企业技术创新服务中心开展全省职业技能鉴定工作，在2014年圆满完成千人鉴定计划的基础上，预计2015年鉴定服务数量突破万人。

4. 实施成长工程

继续开展成长型中小企业评价扶持工作。通过政府购买服务或市场化等方式，组织引导社会各类优质服务资源为企业开展编制规划、管理咨询、上市辅导、邮政直邮和云信息化等服务，不断提升企业整体素质和综合竞争力，培育新的增长点。

5. 开展科企对接区域合作活动

以主食及农产品加工为主，开展科企对接、区域合作、投资贸易等系列活动，对全省主食加工业进行调研，征集主食加工技术、项目需求，针对需求与技术难题，组织省内外科研单位、大专院校有关专家提出解决方案，提高企业技术创新能力。

6. 做好运行监测

加中小企业的统计、监测、分析工作。在2014年500户中小企业样本运行监测的基础上，力争扩大到1000户样本，样本监测分析由工业企业拓展到一、二、三产业。

上海市

2014年上海中小企业总体情况

2014年，根据国家中小企业工作部署要求，在市委、市政府部署要求，市中小企业办充分发挥指导、服务、协调作用，在各区县的共同努力下，“1+17+X+N”的服务体系不断完善，“专精特新”企业培育工作不断深化，多层次的融资服务不断创新，全方位的小微企业扶持不断加强。

一、中小企业发展概况

（一）2014年上海市中小企业总体发展情况

根据上海市统计局年报数据显示，截至2014年年底，上海市共有各类法人企业40.79万家，其中：中型法人企业1.18万家，占全市法人企业总数的2.98%；小型法人企业8.60万家，占全市法人企业总数的21.07%；微型法人企业30.83万家，占全市法人企业总数的75.56%。中小微型法人企业（以下简称“中小企业”）合计40.60万家，占全市法人企业总数的99.53%；从业人员831.96万人，占法人企业从业人员总数的72.47%；实收资本总额4.95万亿元，占法人企业总额的77.14%；营业收入总额10.18万亿元，占法人企业总额的58.78%。

1. 中小企业数量增长5.29%

截至2014年年底，全市共有中小企业40.60万家，占全市法人企业总数的99.53%，比2013年净增加2.04万家，增长5.29%，增速与全市企业持平。其中，微型企业数量大，增长速度也最快。2014年中型企业1.18万家，比2013年增加141家，增长1.21%；小型企业8.60万家，增加2649家，增长3.18%；微型企业30.83万家，增加1.76万家，增长6.06%。

2. 中小企业从业人员增长 1.74%

2014 年底，全市中小企业从业人员 831.96 万人，占全市法人企业从业人员总数的 72.47%，比 2013 年底增加 14.25 万人，增长 1.74%，增速较全市企业低 0.39 个百分点。其中，小型企业吸纳就业人员比重较大，微型企业从业人数增长较快。2014 年，中型企业吸纳从业人员 269.10 万人，占全市企业从业人员总数的 23.44%，人数比 2013 年年底有所下降；小型企业从业人员 349.75 万人，占 30.47%，比 2013 年增长 1.77%；微型企业从业人员 213.10 万人，占 18.56%，增长 6.45%。

3. 中小企业实收资本下降 7.35%

2014 年，全市中小企业实收资本达 49490.07 亿元，占全市法人企业实收资本总额的 77.14%，比 2013 年年底减少 3923.39 亿元，下降 7.35%，降幅高于全市企业 0.34 个百分点。其中，微型企业实收资本比重较大，微型企业降幅最小。2014 年中型企业实收资本 12384.89 亿元，占全市企业实收资本总额的 19.30%，比 2013 年增长 -12.17%；小型企业实收资本 18952.30 亿元，占 29.45%，增长 -9.44%；微型企业实收资本 18152.87 亿元，占 28.30%，增长 -1.25%。

4. 中小企业营业收入增长 7.36%

2014 年，全市中小企业实现营业收入总额 101778.22 亿元，占全市法人企业总额的 58.78%，比 2013 年增长 7.36%，增速略快于全市企业。其中，中型企业比重较大，小型企业增速较快。2014 年，中型企业实现营业收入 50335.21 亿元，占全市企业营业收入总额的 29.07%，与 2013 年同比增长 5.56%；小型企业实现营业收入 40286.49 亿元，占 23.27%，增长 10.01%；微型企业实现营业收入 11156.52 亿元，占 6.44%，增长 6.30%。

（二）2014 年上海市中小企业按照三次产业发展情况

1. 中小企业在数量上主要分布在第三产业

2014 年，第一产业、第二产业、第三产业中小企业的户数分别为 1792 户、9.72 万户、30.71 万户，分别占三次产业中小企业总数的 0.44%、23.93%、75.63%。

2. 中小企业从业人员主要分布在第三产业和第二产业

第三产业从业人员 465.16 万人，占中小企业总量的 55.91%；第二产业中小企业吸纳从业人员 364.04 万人，占中小企业总量的 43.76%；第一产业从业人员 2.76 万人，仅占 0.33%。

3. 第三产业中小企业实收资本遥遥领先

第三产业中小企业实收资本达 4.15 万亿元，占中小企业实收资本总量的 83.95%；第二产业、第一产业实收资本分别为 0.78 万亿元、95.51 亿元，分别占 15.86%、0.19%。

4. 第三产业中小企业实现的营业收入规模较大

第一产业、第二产业、第三产业中小企业的营业收入分别为 86 亿元、2.37 万亿元、7.8 万亿元，分别占上海市中小企业营业收入总额的 0.08%、23.25%、76.67%。

（三）2014 年上海市中小企业按照注册类型发展情况

1. 中小企业注册类型分布情况

2014 年年底，中小企业在数量上以私营企业为主，中小型私营企业占中小企业总数的 80.36%，遥遥领先其他注册类型的中小企业；在吸纳就业方面，中小型私营企业占 57.5%，是中小企业中吸纳就业的主力军；在营业收入上，中小型私营企业表现突出，占到中小企业营业收入总额的 40.23%；在实收资本上，中小型港澳台及外商投资企业实力较强，占 32.22%。

2. 各类注册类型中小企业发展情况

（1）中小型国有企业

2014 年，上海市中小型国有企业 3983 户，吸纳从业人员 26.57 万人，实现营业收入 5106.34 亿元，实收资本 5456.86 亿元。

（2）中小型集体企业

2014 年，上海市中小型集体企业 7975 户，吸纳从业人员 18.15 万人，实现营业收入 609.65 亿元，实收资本 298.88 亿元。

（3）中小型私营企业

2014 年，上海市中小型私营企业 32.63 万户，吸纳从业人员 478.36 万人，实现营业收入 4.09 万亿元，实收资本 1.04 万亿元。

（4）中小型港澳台及外商投资企业

2014 年，上海市中小型港澳台及外商投资企业 3.33 万户，吸纳从业人员 174.3 万人，实现营业收入 2.59 万亿元，实收资本 1.59 万亿元。

二、2014 年开展的主要工作

（一）“1 + 17 + X + N”的中小企业服务体系不断完善

1. 基本建成全覆盖的中小企业服务体系核心架构

服务体系延伸取得新进展，截至 2014 年年底，“X”数量由年初的 377 个增加 432 个。

2. “上海中小企业服务云”正式运行，效果初步显现

完成“上海市中小企业服务互动平台”项目建设和项目验收，平台的各项功能逐步显现，截至 2014 年年底，平台注册企业用户 3.2 万多家，各类服务机构填报服务案例近 3 千项，服务档案近 1.8 万条，累计服务企业 19.3 万家次。

3. 中小企业服务机构和公共服务示范平台数量持续增加

通过复核和新认定的市级中小企业服务机构总数达到 327 家，市级中小企业公共服务示范平台总数达到 49 家，其中国家级示范平台 18 家。

4. 形成了与“12345”市民服务热线合作长效机制

协调相关部门、区县解决企业困难问题，共同发布中小企业热点问题分析报告。

5. 信息推送渠道进一步畅通

编印并向中小微企业发放了近 10 万份“上海中

小企业服务指引”。在纸质版、网络版、手机版基础上，推出了“上海中小企业信息速递”微信版，每月向10万家以上中小企业免费推送。

（二）“四新”经济推进及“专精特新”培育工作不断深化

1. 培育发展“四新”经济

抓住全球新一轮产业技术革命的机遇，加快发展以新技术、新产品、新模式、新业态为特征的“四新”经济。依托“创新联盟+产业基地+产业基金+人才基地”的“四位一体”工作机制，形成了网络视听、互联网金融等36个“抓手型”领域，建立了互联网教育、车联网等一批产业新载体和人才实训基地，成立了智慧照明、分布式光伏等产业联盟。

2. 做好“专精特新”工作推进的统筹规划

形成《上海市发展“专精特新”中小企业三年行动计划（2015—2017年）》（征求意见稿），并集中征求了区县及各有关部门意见。

3. “专精特新”企业培育取得新进展

鼓励发展“四新”经济，引导中小企业走“专精特新”发展道路，全市培育的“专精特新”培育企业由年初的1008家增加到1459家，其中，全国细分市场占有率第一的企业达到446家，22家在国内资本市场上市，22家建立了“院士专家工作站”。

4. 组织参加展会和交流对接，帮助中小企业拓展市场

举办了“第二届上海（国际）中小企业精品展”，推出了102个2014年度《上海智造》品牌。利用《解放日报》、移动电视及机场楼宇的LED等渠道，加强企业品牌推广和工作宣传。组织100多家中小企业参加了第八届APEC中小企业技术交流展和第11届中博会。

5. “浦江培训计划”首轮培训全面完成

委托复旦大学、上海交通大学，分20期共培训了850名企业家。在“专精特新”中小企业领军人才培训班的基础上，分6期优选120多名具有行业“隐形冠军”潜质的企业家赴美、德开展了高端研修。

6. 企业家队伍建设成效显现

建立“专精特新”企业及企业家档案库，设立了企业家风采墙。创办“专精特新”企业家联谊会会刊（微信版），2014年累计推送42期。支持联谊会自发成立了“专精特新”绿色建筑企业联合会。推荐29位“专精特新”企业家担任市经信系统知联会理事。16名“专精特新”企业家入选本市及国家第四届“优秀社会主义事业建设者”。

（三）多层次的中小企业融资服务不断创新

1. 完善中小企业融资运行监测工作

监测银行信贷、小额贷款、互联网借贷三项融资利率变动趋势，按季度发布融资情况运行监测报告。

2. 推动中小企业信贷融资对接

按季度召开信贷例会，推进银企对接，评选了6家“2014年度上海中小企业融资服务最佳合作伙伴”。2014年四次信贷例会共帮助200余家中小企业融资对接约25亿元。

3. 支持小额票据贴现中心良好运转

落实小额票据贴现奖励，支持小票中心发挥作用。2014年，小额票据贴现中心受理的100万以下小额票据贴现数量同比增长88%，贴现总额同比增长68%。

4. 做好改制上市培育工作

抓住IPO重启新机遇，将“促上市”与“发展四新经济”“推动专精特新”有机结合，梳理汇集近500家报会（证监会）、报局（上海证监局）和后备培育企业（中小企业办）名单，予以重点关注和支持。举办了第16期“上海市百家中小企业改制培育系列培训”，90余家企业参加培训，截至2014年底，累计培训企业943家次，培训人员1800多人次。

5. 支持担保机构开展小微企业担保业务

支持5家融资性担保机构申报国家中小企业发展专项资金680万元。向国家推荐了4家申请营业税减免的中小企业担保机构。

（四）全方位的小微企业扶持与服务不断加强

1. 组织开展志愿者服务活动

每月组织开展小微企业“走进产业园，服务中小微”——中小企业发展服务志愿团“走进园区”系列活动，开展了25场活动，直接服务中小微企业1700余家次。

2. 专项资金向扶持小微企业倾斜

专项资金重点支持服务体系和环境改善项目，2014年向国家推荐服务体系和融资环境项目55个，申请国家中小企业发展专项资金19227万元。修订完善了中小企业专项资金管理办法，做好2014年度上海市中小企业发展专项资金组织申报工作。

3. 支持中小微企业创业创新

上海市人代会开展了“激发企业活力与创造力，促进各种所有制共同发展”专题审议。上海市人大常委会组织开展了“激发中小企业活力，增强中小企业竞争力”课题研究和专项监督。组织产研对接，启动中小企业“科技大讲堂”系列讲座。

4. 建立中小微企业运行监测体系

会同市统计局、各区县，初步选定了1000家监测样本企业。基本完成中小微企业运行监测报送平台建设，初步建立中小微企业运行监测报送制度。

（上海市促进中小企业发展协调办公室）

江苏省

江苏中小企业及民营经济发展情况

一、中小企业和民营经济发展概况

全省中小企业大力实施创新驱动战略，加快产业结构调整和转型升级，继续保持稳中有进的发展

态势。2014 年，全省中小企业 177 万家，比上年增加 13 万家，约占全省企业总数的 99.4%。其中：规模以上中小工业企业 45735 个，占全省规模以上工业企业数的 97.4%，实现总产值、主营业务收入、利税总额分别为 90078 亿元、87867 亿元、9242 亿元，同比分别增长 10.7%、10.3%、13.5%，占规模以上工业比重分别为 62.1%、61.7%、63.2%。全省规模以下小微工业企业增加值增长 6.1%，较上年下降 0.4 个百分点。中小企业为全省提供了 62% 的生产总值、80% 的从业岗位和 50% 以上的税收，创造了 65% 的发明专利、75% 以上的企业技术创新和 80% 以上的新产品开发。

全省民营经济积极应对经济发展新常态，坚持稳中求进，质量效益进一步提升，在加快创新驱动和转型升级中保持平稳健康发展。2014 年，全省民营经济完成增加值 3.5 万亿元，同比增长 9.1%，比全省 GDP 增幅高 0.4 个百分点，对全省 GDP 增长的贡献率达到 56.8%，与上年持平。其中，规模以上民营工业全年完成增加值 1.7 万亿元，占全省规模以上工业的比重为 53.1%，同比增长 11.8%，比全省规模以上工业增幅高 1.9 个百分点；实现利润总额 4943.6 亿元，同比增长 13.4%，比全省规模以上工业增幅高 0.6 个百分点。截至 2014 年年底，全省工商部门注册私营企业户数累计达到 157.4 万户，比上年底增加 12.3 万户，累计户数比广东省少 37.4 万户，位居全国第二位；私营企业注册资本总额达 5.6 万亿元，比上年年底增长 17.4%。全年完成民间投资 2.8 万亿元，同比增长 14.8%，对固定资产投资增长的贡献率为 65.5%。全省民间工业投资达 1.6 万亿元，占全省工业投资总额的 73.6%。全年民营企业实现出口总额 1128.5 亿美元，占全省出口总额的 33%，较上年提高 0.5 个百分点；同比增长 5%，高于全省出口增速 1.7 个百分点；对全省出口增长贡献率由上年的 31.7% 提升到 46.3%。全省民营经济上缴税金 6012.6 亿元，同比增长 9.5%，占全省税务部门直接征收总额的 56.6%。全省私营企业和个体工商户工商登记的从业人数达到 2615 万人，比上年底增长 2.8%，其中，私营企业从业人数达到 1973 万人，比上年底增长 2.8%；个体工商户从业人数达到 643 万人，比上年底增长 2.9%。

二、工作举措

（一）营造发展环境

配合省委、省政府召开了全省民营经济发展表彰大会，对 100 家优秀民营企业和 30 名优秀民营企业家进行表彰，激励了全省民营企业科学发展、加快发展。将近年来国家和我省出台的有关促进中小企业、民营经济发展的 130 个政策文件汇编成册发放给各地和有关企业。多次派出调研组赴各地，督促检查会议精神的贯彻落实情况，推动各地围绕“政府转职能、企业转方式、社会转观念”营造发展环境。推进简政放权，实施商事制度改革，为企业发展松绑、为创业兴业开路。全年省级层面减少行政审批事项 506 项，精简幅度 40%，非行政许可审批事项全部取消，清理涉企收费 62 项。会同省工商联编撰《2013 年江苏省中小企业发展报告》和《2013 年江苏省民营经济发展报告》，向全社会公开发行，广泛宣传全省民营经济、中小企业发展的成就。

（二）完善服务体系

初步建立了以政府公益性服务机构为主导、以社会化商业机构为主体的省、市、县三级中小企业服务网络，培育国家中小企业服务示范平台 29 家，数量在全国处于领先地位，省三星级以上中小企业公共服务示范平台 445 家。推进平台网络项目建设，两年来累计有 42 家窗口网络平台实现互联互通、信息资源共享，为小微企业提供基本的公共服务。

（三）促进创新创业

打造创新创业载体。全省累计创建省级小企业创业示范基地 216 家，提供创业场地超过 5000 万平方米，吸纳 2 万多家中小微企业进驻，解决就业 90 余万人。营造创业氛围。举办了江苏科技创业大赛，两届大赛吸引了包括北美地区在内的国内外 3580 家小型微型企业和尚未注册成立企业的创业团队报名参赛。举办以“创新创业、共赢未来”为主题的中国江苏中小企业创新创业大赛，开展“大手牵小手”结对辅导等活动，树立一批创业典型，促进一批高成长性创新企业加快发展。2014 年有 102 家小微企业享受高校毕业生培训补贴 52.45 万元，667 家小微企业享受招用高校毕业生社保补贴 1000.23 万元。推动创新发展。实施科技小巨人计划，建立“专精特新”产品库，在细分领域培育了一批“单打冠军”。认定的 50 家省科技小巨人企业中，有 28 家企业在国内细分行业中名列第一；累计认定的 100 个专精特新产品中，有 58 个产品市场占有率在全国处于领先地位。加大科技计划专项对小型微型企业自主创新的支撑。2014 年，有关专项 6050 万元支持了 231 家小型微型企业的技术创新项目，其中 50% 为成立不满 18 个月的初创期企业。我省有 198 家科技型中小企业的技术创新项目获得国家创新基金立项，支持金额 1.85 亿元，其中 76% 为小型微型企业。

（四）缓解融资难题

完善担保体系建设，提升融资性担保机构服务能力。截至 2014 年年底，纳入统计的 379 家法人机构，在保余额 1571 亿元，在保中小企业户数 4.32 万户。全省中小企业统贷平台授信额度近 120 亿元，贷款余额超过 50 亿元，两年来累计为中小企业企业放款超过 100 亿元，累计为企业节约财务成本超过 2 亿元。

（五）助推市场开拓

组织企业参加中国国际中小企业博览会和中国中小企业国际交易会等展会。分别在镇江、无锡和南通举办江苏省现代农业装备产业中小企业协作配套对接会、中小企业环保产业协作配套对接会和中小企业风电产业协作配套对接会，帮助中小企业实现与大企业配套需求总额近百亿元，发布了近 70 项可转化科研成果。

（六）开展专项扶助行动

为促进小微企业发展，我们连续 2 年组织实施

"扶助小微企业专项行动"。以抓好支持小微企业发展政策落实为重点，以"扶助小微、转型成长"为主题，全省各级经信系统结合当地实际，加强纵向横向沟通协调，积极整合各类社会资源，在信息咨询、平台创建、创新创业服务、融资服务、人才培训等方面深化内涵，创新举措，服务小微企业发展，取得积极成效。据统计，2014 年累计服务企业超 20 万家次，开展专项服务活动 400 多场次。

（七）扎实推进企业培训

围绕中小企业经营管理人才面临的突出问题，着力改进培训工作，全年超过 20 万人次参培，培训综合效应进一步显现。一是抓好品牌培训。组织举办高级工商管理硕士学位班、高级工商管理研修班、卓越女性领导力管理研修班、万企升级总裁研修班、德鲁克高层管理总裁班等中小企业品牌培训，帮助企业高管学习掌握现代企业管理和新兴产业、现代科技知识，提升企业家知识层次。二是开展特色培训。组织近 200 名企业家赴浙江、上海等地进行体验式培训，参观阿里巴巴、大众汽车、上海自贸区等，拓宽企业管理者发展思路。组织专家赴各地开展两化融合、自贸区机遇与挑战、股权融资等专题讲座和培训，面对面解答发展难题。三是做好基础培训。委托市县举办 23 期中小企业主管理研修班，开办财务、人力资源和营销总监班，着力为企业中层充电补课、更新知识结构。

（八）做好运行监测工作

持抓好中小企业（民营经济、乡镇企业）经济运行监测基础性工作。组织实施《江苏省民营大企业（集团）统计年报制度》，认真完成 2013 年民营大企业统计年报汇总和分析工作。与省统计局、省工商业联合会共同召开百强民企新闻发布会，发布 2013 年江苏省营业收入百强民营企业（集团）名单。开发建设了"江苏省小微企业运行监测平台"，扩大小微企业监测面，将重点监测企业由上年的 1200 家扩大到 4500 家。围绕重点产业、重点行业、小微企业和中小企业创新发展瓶颈、小微企业经营困难等，先后到 13 个省辖市进行调研，形成调研报告报委领导决策参考。加强与省国税局合作，适时运用国税大数据系统研判中小企业运行态势。及时印发《江苏中小（民营）经济运行》月报，召开全省中小企业运行监测工作会议，交流运行监测工作开展情况，部署 2015 年运行监测重点任务。表彰 2013 年度全省中小企业经济运行监测分析工作先进单位和个人，促进条线队伍建设。

浙江省

一、浙江省中小微企业发展基本情况

2014 年以来，面对极其复杂的内外部经济环境，浙江省紧紧围绕建设工业强省目标，集中精力抓工业，结合"四换三名"、信息经济、"三新开发"、水气共治等重点工作，以推进"小微企业转型升级为规模以上企业"（以下简称"小升规"）工作为抓手，沿着省委省政府确定的"个转企、小升规、规改股、股上市"的发展思路，省促进中小企业发展领导小组各成员单位合力完善政策举措，加大对中小微企业发展的指导、协调、扶持和服务力度，共同推进小微企业上规升级和创业创新，取得显著成效。2014 年，全省新增 4 家企业到中小板上市，累计中小板上市公司达到 111 家；新增创业板上市企业 5 家，累计创业板上市公司达到 34 家。年底全省实有中小微企业 94.19 万家，完成工业总产值 73202.41 亿元。其中，中小型企业 40243 家，工业总产值 51018.23 亿元，同比分别增长 3.3% 和 10.3%；微型企业（工业生产单位）90.17 万家，工业总产值 22184.18 亿元，同比分别增长 1.9% 和 5.0%。

二、2014 年中小微企业的主要工作

（一）进一步推进"小升规"工作

面对宏观经济形势趋紧、增速放缓，行业整治，企业经营难度增大等现状，浙江省总结过去两年经验，进一步完善举措，加强指导督促，以"小升规"工作为抓手深入推进中小企业创业发展。一是扎扎实实推进扶持政策的落实。深入贯彻落实国发〔2012〕14 号、浙政办发〔2012〕47 号、浙政办发〔2013〕118 号等文件，推动政策落地，充分发挥政策效用。在国务院第三督查组来浙江督查促进中小企业发展政策措施落实情况的带动下，全省各市地政府和省促进中小企业发展工作领导小组成员单位对本单位本部门促进中小企业发展的工作进行认真的总结和回顾。省促进中小企业发展工作领导小组办公室对各地方政府和省级部门出台的、贯彻国务院和省委省政府促进中小企业发展的相关政策措施及其落实情况进行仔细的梳理和督查，编撰成《浙江省扶持中小微企业发展政策汇编》和《全省小微企业上规升级白皮书》。国务院督查组对浙江省贯彻落实国家促进中小企业发展政策的工作给予高度评价："浙江省不仅总体上都将国发 14 号文件精神和要求落到了实处，而且还有创新和发展。对照督查的五个方面的内容和重点，浙江省的许多做法值得充分肯定、认真总结和加以推广"。二是有针对性地加强"小升规"工作宣传。在全省范围内排摸确定 6638 家小微企业作为重点培育对象，建立"小升规"培育库。对列入培育对象的重点小微企业开展入库业务培训，对 2013 年实现"小升规"的工业小微企业开展升级培训。推动各地创新宣传方式方法和载体平台，把政策送上门并指导企业创造条件用足用好扶持政策。树立并发挥典型示范作用，在全省范围内组织评选确定了 11 个"小升规"工作重点县和 100 个重点乡镇；从 2013 年新上规的 4588 家工业企业中评选确定 100 家"小升规创业成长之星"，并组织力量深入挖掘"创业成长之星"企业发展历程，编写成功案例。继续加强与浙江日报合作，推出"中小企业之窗"栏目，对各地中小微企业工作

的经验做法和“小升规创业成长之星”的典型案例进行专题宣传报道。三是建立目标明确的工作责任制。在充分调研的基础上确定全省年度“小升规”工业企业3500家的目标任务，并建立工作责任制，把“小升规”工作纳入省政府对各市的目标责任制考核。为进一步推进“小升规”工作，省促进中小企业发展领导小组办公室组建专家指导组分赴11个地市和30多个县（市、区）开展“小升规”工作精准服务活动。在省市县乡各级干部的共同努力下，经统计部门最终核定，2014年全省各市、县（市、区）共实现“小升规”工业企业4551家（不包括新投产企业），超额完成年初确定“小升规”工业企业3500家的目标任务。

（二）加强运行监测与调查研究工作

认真做好乡镇企业的统计工作，完善中小微企业培育库和监测网络建设，优化系统软件，加强指导、督促和服务，引导和持续推进中小微企业进入运行监测网络。截至2014年年底，全省小微企业培育库与运行监测网的入库企业超过22600多家，通过入库企业的定期报表和问卷调查数据，全年发布月度《浙江省小微企业培育监测分析报告》共十二期，其中有五期被国办采纳，有两期得到国办领导的批示。深入各地调查研究，完成《“小升规”企业发展状况、问题及对策建议》《我省科技型中小企业发展现状及对策建议》《建立完善中小企业公共服务体系的对策研究》《成长型中小企业发展跟踪研究》《浙江工业企业互保链调查与建议》《浙江中小企业融资成本调查分析与对策建议》《浙江企业发展的结构研究》《关于建立小微企业融资担保券的思考》《浙江省工业领域产业合作重点的研究》和《浙江省军结合产业基地建设现状和发展思路研究》等10余篇调研成果，编撰出版了《2014年浙江省中小企业发展报告》。

（三）完善服务体系建设与强化服务工作

更新改版浙江中小企业网，采编各类信息1800条，其中，国网录用浙江信息96条。推进浙江省“1+10+42”中小企业公共服务平台建设和网络的运营维护，实现省级枢纽平台与10个市级综合服务平台、42个产业集聚区服务平台的互联互通，初步构建了小微企业“找得到、用得起、有保证”的多层次服务网络。组织评选30家“浙江省中小企业公共服务示范平台”，推荐6家服务机构申报并获第四批“国家中小企业公共示范平台”称号。以“精准服务、精准对接”为主题，组织开展“服务日专场”等线下服务558场，累计服务企业23545家次；通过微博、微信和QQ政策推送等线上服务企业284193家次，服务项目10751个；采编政策法规信息3652条、资讯69253条，累计为646130家中小微企业的723682人次提供了相关的咨询服务。通过全省中小企业服务网络，帮助小微企业解决融资贷款45.21亿元；组织7家企业参加小微企业低碳产品认证服务。组织460余家企业举办中小微企业服务对接活动2场。

（四）强化小企业创业基地建设和创业辅导工作

全省创建和培育了小企业示范基地20家、省级智慧小企业创业基地（楼宇、园区）60家。通过召开示范小企业创业基地工作座谈会，组织对省级创业基地进行案例分析和讨论等方式，推进创业基地信息化应用和服务水平的提升。贯彻工信部《关于促进小企业创业基地建设的指导意见》和《关于创建部省共建小企业创业示范基地的管理办法》精神，结合我省实际，出台《小企业创业基地管理暂行办法》及评价指标体系。优选100名长期从事小微企业发展和研究工作的专家，组建创业指导师队伍；在全省范围内确立了省市县三级共50家的创业辅导中心；同时，在96871网络上建立了创业创新的信息库。组织160余名企业家举办中小企业创业创新能力提升培训班。分别在杭州、绍兴、温州、金华、衢州、舟山等地组织开展省市县三级联动的以“扶助小微、转型成长”为主题的专项行动，累计开展创业辅导活动2000余场次，现场诊断帮扶1000多家企业，咨询辅导超过4万余人次。推进校企合作，助推大学生就业和帮助小微企业提高管理水平，组织开展“全省百日招聘活动”，累计参与活动的小微企业3000余家，招聘人数超过20000人。其中，“浙江省中小企业百日招聘活动暨中小微企业创新能力提升金华专场”活动中，参加活动的480家企业合计提供了8470个岗位，浙江师范大学等5所金华当地高校的12000余名大学生参加应聘，学生与企业签约或达成就业意向近2000项。组织举办“中小微企业创新能力提升发展”专题讲座，10余家省市服务机构现场为参会企业进行了管理咨询和诊断。此外，组织举办了两期共210人参加的知识产权业务培训班。

（五）拓宽融资渠道和融资服务工作

通过完善银行小企业贷款风险补偿政策，将风险补偿、金融机构评优与小微企业金融产品和服务创新、银担合作、信用贷款发放等挂钩，提升银行服务小微企业的积极性，推动96家挂钩风险补偿政策的银行金融机构新增小微企业贷款155.87亿元。与国有银行联合搭建政银企合作平台，推出专门为小微企业融资服务的“助保贷”业务，在杭州、温州、嘉兴等9个地区成功搭建市、县（区）级“助保贷”业务平台30个，落实到位政府风险池资金1.09亿元，信贷投放小微企业1.54亿元。组织在海宁市、海盐县、苍南县、永康市等4县（市）开展中小企业融资租赁试点，帮助当地683家中小企业解决融资27.62亿元。组织3期16家企业赴北京参加“推动企业改制上市和股权融资暨新三板挂牌新三板挂牌操作总裁对接会”。推进与北交所、浙商证券等单位建立合作关系，探索中小微企业股权融资新模式。进一步规范企业应急转贷资金运作，推动省内64个市、县（市、区）政府设立政府应急转贷资金，总规模超83.25亿元，为4191家企业提供了8956笔转贷服务，转贷金额689.98亿元。探索与“浙江在线”开展战略合作，推进浙江小微企业投融资服务网建设，利用互联网开展小微企业融资服务。

（六）推进两化融合和企业信息化服务工作

推动电信、移动、联通浙江公司等从事信息化相关服务的单位联合构建服务机制，共同签署浙江省《中小企业信息化服务战略合作协议》和年度工作备忘录，从信息化的应用普及、信息化培训开发、信息化健康咨询、服务云和大数据等六个方面着手开展系列服务活动，推进中小微企业工业化和信息化融合。组织开展“网络营销”系列巡展活动，先后培训60场次，对6000余家企业进行了培训；推动百度等网络服务商，为中小企业提供精准高、见效快、成本低的服务，指导中小企业普及电子商务，助力企业拓展市场。组织“畅捷通”开展“‘专精特新’——浙江小微企业健康行活动”，推进“小升规”工作与“专精特新”工作相结合，先后开展管理培训140场，推动中小企业转方式、调结构、促转型。在全国“专精特新”工作会议上，浙江省被安排作《加大“小升规”工作力度，积极推进中小企业向“专精特新”发展》典型发言。

（七）规范担保服务业市场秩序

一是加强监管防控风险。印发《关于进一步做好中小企业融资担保和行业监管工作的通知》（〔2014〕134号）、出台《进一步加强融资性担保机构监管工作的意见》（〔2014〕588号），下放行政审批权限，建立资本金第三方托管等制度。明确责任义务、落实监管措施，加强对担保机构的事中事后监管。组织完成对全省非融资性担保公司的全面清理和规范，并按照“减量提质”要求，开展对全省融资性担保机构的经营合规性和业务情况进行全面年审，淘汰不合规机构72家；在《浙江日报》上公告通过年审换证后的机构名称，公开举报电话，接受社会监督。推进担保行业监管信息化建设，建成并试运行全省融资性担保机构监管信息系统，建立行业季度监测分析制度。二是加大对担保行业的扶持力度。组织省内（不含宁波）38家担保机构申报并争取了国家中小企业发展专项资金。安排省级项目资金补助了106家担保机构。同时，组织担保机构向有关部门申报税收减免扶持。三是提升担保服务从业人员素质。组织担保机构和监管部门从业人员805人开展行业业务培训。与浙江工商大学联合举办“浙江省融资担保专业高级研修班”，组织50名优秀担保机构高管进行为期1年的系统培训。四是优化担保服务业发展环境。推动司法机关支持担保公司发展，协调省高院对担保机构代偿后的司法保护、支持融资性担保机构开展诉讼保全业务，支持融资性担保机构开展海关税务保证担保业务。评选2013年度全省百家服务中小企业业绩优秀担保机构，向银行业金融机构推荐。《浙江日报》开设担保宣传窗，编印《2013年度浙江省融资性担保行业发展白皮书》。

（八）推进小微企业信用评级工作

在连续两年试点工作基础上，进一步完善评级的标准、方法和步骤，组织开展小微企业信用评级，并推进评级结果的推广与应用。通过调查摸底，从“浙江省小微企业上规升级重点培育库”中筛选出2350家有融资需求和评级要求的成长型、创新型小微企业进行评级，并将企业评级结果及时向工行、农行、建行、中信银行等国有和商业银行，以及各地方的信用联社推荐，协调金融机构在授信额度、贷款利率、担保物选择等方面给予优惠。将评级信息纳入小微企业评级信息库，以评级信息库为重点内容，探索整合政府相关部门、企业评级机构、信息咨询机构的资源，逐步构建综合性小微企业基础信用信息库。

（九）促进军民企业融合发展

一是积极促进军用技术转民用，探索推进航天军民两用技术成果转移应用及产业化发展。省经信、科技等部门和航天科工三院联合举办“航天军民融合对接交流会”，省内126家中小企业的336名企业法人或技术负责人参加了交流对接活动，其中80家企业代表与航天科工三院进行了深度交流，16家企业与航天科工三院达成合作意向。二是积极推动民营企业参与军工生产。组织民营企业申报《军民两用产品与技术信息共享目录》，拓展中小企业高新技术及产品参与国防建设和军工配套产品生产的渠道。推荐省内企业晨鹰科技参加工信部、国防科工局和总参谋部共同主办的军事训练器材与先进技术展览。三是加快推进军民结合产业基地建设。出台《推进军民结合产业基地建设工作实施方案》，明确总体目标、建设内容、标准和要求，稳步推进省内军民结合产业基地建设。四是抓好相关信息服务工作。及时做好工信部、国防科工局的年度高新技术目录信息工作和航空统计及年鉴工作等。

（十）推进中小企业对外交流合作

举办第八届APEC中小企业技术交流暨展览会，组织省内131家企业参展，312个展位有代表性的展示浙江中小企业创新发展取得的成效，880余名参展人员深入与中外客商洽谈，拓展与APEC成员中小企业交流合作的渠道。先后组织赴瑞士云计算及大数据团等10个中小企业团组，赴相关国家开展对接交流。加强与中国香港贸发局、英国贸易投资总署等合作，搭建平台，推进浙江装备制造业、信息电子产业、智慧城市建设等方面相关中小企业的中外合作。组织省内20余家中小企业赴英参加“中小企业国际化发展培训”，提升中小企业经营管理能力。组织128家企业先后参加了德国汉诺威工业博览会、第九届印尼中国机械与电子产品贸易展览会、美国拉斯维加斯国际五金工具展览会、第18届俄罗斯（莫斯科）国际汽配展、南非国际贸易博览会以及中东国际计算机、通讯&消费性电子信息展等6大国际知名展会；组织12家企业赴台湾参加两岸企业家峰会中小企业合作推进活动；组织70家中小企业参加第十一届中国中小企业博览会；组织企业及地市经信委相关人员参加2014中东欧国家特色产品展、中国香港设计与创新科技博览等展览活动等。

（十一）加强小微工作队伍建设

一是组织开展全省重点乡镇（街道、园区）干部业务培训。以市为单位，组织“小升规”重点乡镇（街道、园区）干部到杭州集中培训，2014年共完成8个市的轮训，累计培训干部960人。二是强化经信系统信息统计队伍建设。对各市、县（市、区）经信系统的120余名信息统计人员、100余名融资担保工作业务干部进行集中培训。组织力量分别赴舟山、金华、柯桥、富阳等30多个市、县（市、区）进行小微企业培育监测入库等专题培训。三是抓好企业入库和信息填报培训。派出师资60余人次，赴各市、县（市、区）对4800余名中小微企业统计人员和421家担保公司统计人员进行业务培训，提升信息化处理能力。

（十二）优化中小企业发展环境

积极争取国家专项资金，重点支持服务机构发展。创新省级财政专项方式，试点使用企业服务券，探索购买第三方服务扶持中小微企业发展。研究出台《浙江省企业权益保护规定》，进一步规范政府及有关部门的涉企行为，改善中小企业的生产经营环境。组织清理行政审批项目，合法性审查各部门实施的行政权力，组织实施“四张清单一张网”工作。开展中小微企业法律维权服务。举办以“互联网背景下中小企业发展机遇及风险防范”为主题的2014浙江中小企业法治论坛。

（浙江省经信委企业规划处 周金榜）

安徽省

安徽省促进中小企业发展2014年工作总结和2015年工作安排

2014年，安徽省经信委中小企业局克服困难，努力工作，圆满完成了企业发展年度各项工作目标任务。主要工作可以概括为“4321”，即：四份文件、三次活动、二场培训、一本书籍。

一、2014年开展的主要工作及目标任务完成情况

（一）理清了中小企业“专精特新”发展思路

研究起草了《关于促进中小企业“专精特新”发展的实施意见》（皖经信中小企业函〔2014〕162号），明确提出把大力培育“专精特新”中小企业作为全省工业结构调整和转型升级的一项战略任务，到2017年，在全省重点培育1000户标杆企业。该文件报经省政府同意，已经印发全省实施。合肥、蚌埠、铜陵、阜阳、池州等市比照省里做法，纷纷开展了市级专精特新中小企业的培育和认定工作。在此基础上，我们会同省财政厅研究制定了《安徽省专精特新中小企业认定标准和程序》（皖经信中小专精函〔2014〕759号），并联合认定了合肥三立自动化工程有限公司等200个“安徽省专精特新中小企业”。

（二）理清了中小企业项目管理思路

按照“加强导向、突出重点、分级管理、择优支持”的原则，我们进一步规范和加强了项目管理工作。一是会同省财政厅联合制定了《安徽省中小企业发展专项资金管理暂行办法》（财企〔2014〕1525号），把项目支持重点从以前的8类缩减为4类，今后只支持“专精特新”中小企业、产业集群专业镇龙头骨干企业、成长性小微企业和公共服务机构等4类项目。二是编制了年度项目导向计划，全年重点实施了323个“安徽省专精特新中小企业投资项目”，力争全年竣工219项，完成投资71.5亿元，新增销售收入165.1亿元。三是编制了年度项目资金计划，支持了省专精特新中小企业投资项目76项，省产业集群专业镇重点企业投资项目35项，成长性小微企业投资项目25项。目前，正按委里统一部署，编制第二批项目资金计划。

（三）理清了扶助小微企业专项行动工作思路

一是研究起草了《省经信委2014年扶助小微企业专项行动实施方案》（皖经信中小企〔2014〕102号），提出大力实施“522”行动计划。二是牵头联合省直9个部门，研究制定了《关于促进劳动密集型中小企业健康发展的实施意见》（皖经信中小企函〔2014〕609号）。三是牵头联合省直17个部门，研究制定了《关于进一步支持小微企业发展2014年重点工作》。这些文件都已印发全省实施。

（四）精心承办了三次大活动

一是组团参加10月份在广州举办的第十一届中国国际中小企业博览会，杨振超副省长、牛弩韬主任率团参加，我们精心组织了41户节能环保企业参展，并对展会及时总结上报省政府，圆满地完成了省政府交给的参展任务。二是承办5月份在合肥举办的第八届全国中小企业协会联席会议，杨振超副省长、牛弩韬主任出席会议，圆满地完成了会议承办任务。三是组团参加6月份在义乌举办的第八届APEC中小企业技术交流暨展览会，吴韦人副主任、陈冬克局长率团参加，我们精心组织了20户中小企业参展，全面展示了我省专精新新中小企业最新的创新成果。这三次大活动，受到了参展领导和活动主办方的肯定，参展企业和产品受到客商的广泛关注，企业借此进一步开拓了市场。

（五）完成了中小企业年度培训任务

按照年初制订的《2014年度中小企业培训计划》，组织开展了针对不同对象、各具特色的系列培训，全局全年累计完成15大项培训，培训场次49场，培训时间116天，培训人数超过5000人，超额完成了年度培训任务。11月份，我们面向400户“安徽省专精特新中小企业”高管，分南北两片举办了2场培训会，吴韦人副主任、陈家宝副巡视员分别到会并讲话。这两场培训，我们不仅邀请了中小企业司领导、国外知名教授以及省内专家分别讲课，也挑选了参训企业老总亲身讲授企业发展经验，本处室就有关工作做了交流和部署。参训企业普遍反映授课效果好，希望年年举办。

（六）开展了“专精特新”系列宣传

一是继续汇编“专精特新”中小企业典型经验。今年，我们会同运行局和省经济报社，进一步聚焦，只汇编中小企业中的“单打冠军”和大型企业中的“领军企业”，通过大力宣传这些“标杆”企业，以一个个鲜活的案例，总结企业发展的成功经验，供企业借鉴。目前，这本书的100个企业已经初步筛

选，案例素材都已收集完成，正在审稿、编辑之中。二是加强宣传，全年承办的三次大活动，我们都会同综合处，邀请相关媒体参会，做了系列报道。特别是第十一届中博会，我们按照省领导的要求，会同省经济报社，及时出了一期中博会专刊，集中报道了我省参展情况和参展企业风采。

此外，我组还承担中小企业运行监测、中小企业信息化和扶贫等工作，我们均按照省经信委领导要求，积极推进各项工作开展。

二、2015年工作谋划

2015年，我们将紧紧围绕中小企业转型升级这条主线，进一步聚焦重点任务，夯实基础工作，不断开拓进取，力争以六抓实现六个推动，全力做好中小企业“专精特新”发展文章，以点带面，促进全省中小企业加快发展，进一步提升对全省工业经济增长的贡献率。

（一）抓示范培育，推动形成全省中小企业“专精特新”竞相发展的新格局

2015年，我们将启动编制《2014年度安徽省专精特新中小企业发展报告》，并继续会同省财政厅培育认定200户“安徽省专精特新中小企业”。在认定标准不变的前提下，争取使每个县都有省级认定企业；在各市的申报上，坚持将工作业绩与名额分配挂钩；在政策扶持上，坚持向省级认定企业倾斜。以此为示范和引领，不断提高全省“专精特新”中小企业的数量比重、整体素质和运行质量。

（二）抓项目实施，推动形成一批全国“单打冠军”和“行业小巨人”企业

2015年，我们将按委里统一部署，积极争取扩大省级专项资金的规模，引导企业坚定不移地走专业化发展道路，支持企业围绕主导产品实施一批技术改造和技术创新项目，不断做精做强主业，培育更多具有核心竞争力的全国“单打冠军”、“行业小巨人”和“配套专家”，激发企业活力，推进产业升级。同时，我们将进一步强化对项目实施情况的调度与督查，力促项目早日竣工，推进项目的总结和验收工作。

（三）抓运行监测，推动建立全省1500户中小微企业月度运行数据平台

加强中小企业生产经营运行监测，是工信部重点推进的一项基础性工作。按照中小企业司的要求，2015年，我省要实现1500户样本企业的月度数据报送任务。为此，我们将进一步整合资源，把运行监测工作和中小局重点工作相结合，将“省专精特新中小企业”、“省重点产业集群专业镇龙头企业”、省担保资金支持企业等纳入样本企业，并重点增加规模以下小微企业数量，确保完成1500户的报送任务，及时准确地把握中小企业发展新情况新问题，提高中小企业经济运行监测分析水平。

（四）抓宣传引导，推动开设“安徽省专精特新中小企业风采”专栏

进一步强化“专精特新”发展导向，大力总结和宣传企业发展的典型经验。2015年，我们将会同省经济报社，在《安徽经济报》上开辟“安徽省‘专精特新’中小企业风采”专栏，通过案例剖析、企业家访谈等形式，围绕企业核心竞争力、内部管理、技术创新、质量品牌、商业模式等进行深度挖掘，开展系列宣传报道。年底，我们在此基础上，对案例进行择优编书。

（五）抓市场开拓，推动企业对外交流合作与扩大产品销售

继续按照工信部和省政府要求，组织中小企业参加第12届中国国际中小企业博览会，积极推荐企业参加其他各类展会，努力为广大中小企业搭建平台，促进产品销售，推进企业的交流与合作。

（六）抓企业培训，推动企业经营管理者素质提升

继续组织实施企业经营者素质提升工程和新生代培养“万人计划”，及时制定《2015年度中小企业培训计划》，通过整合委属培训机构和社会优质培训机构力量，组织开展小微企业创业辅导、专精特新企业转型升级、经营管理领军人才和职业经理人能力提升等梯级培训，积极帮助中小企业成长，力争全省培训人数超过4000名。重点抓好面向“安徽省专精特新中小企业”高管的专项培训。

（安徽省经信委中小企业局）

安徽省民营经济发展情况报告

一、2014年基本情况

2014年，按照省委、省政府的决策部署，全省上下聚焦民营经济，驰而不息抓落实，行稳致远促变革，实现了民营经济总量贡献的持续提升、创业创新的持续进步。初步核算，全年全省民营经济实现增加值11946亿元，增长9.2%，占GDP的57.3%。具体表现为：一是民营经济贡献提升，“稳定器”作用凸显。规模以上民营工业企业实现增加值6462亿元，增长13.9%，占全省工业比重由上年的64.5%提高到67.8%，对全部工业增长的贡献率由上年的72.7%提高到81.2%。民营企业缴纳税收2065.6亿元，增长13.2%，占全省税收的66.9%。二是民间投资增长强劲，“助推器”作用凸显。全省民间投资14681亿元，增长20.9%，高于全省投资增幅4.4个百分点，占全省投资比重由上年的66.5%提高到69.1%，对全省投资增长的贡献率由上年的77.6%提高84.4%。三是民企创新势能积聚，“倍增器”作用凸显。民营高新技术企业2100家，占全省的比重由上年的80%提高到88%；设立院士工作站的民营企业53家，占全省的比重由上年的50%提高到60%。四是全民创业活力迸发，“孵化器”作用凸显。全年新登记私营企业12.1万户，增长60.1%，截至2014年年底，全省私营企业45.6万户、个体工商户183.4万户，同比分别增长

35.5%、17.5%。

一年来，主要开展了以下工作：

（一）狠抓政策落地，改革红利进一步释放

一是省工商局认真贯彻落实国务院注册资本登记制度改革要求，自2014年3月1日起，从放宽注册资本、放宽住所（经营场所）登记条件等方面大力推进工商注册制度便利化改革，并在全省开展营业执照、组织机构代码和税务登记证“三证合一”试点工作，全年新登记内资企业12.49万户，同比增长58.86%。二是省经信委等八部门联合出台了《关于促进个体工商户转为企业和小型微型企业升级为规模以上企业的意见》，努力推进“个转企”工作，全年共完成“个转企”3.1万户。对新进全国民营企业500强、民营企业主导制定国家和行业标准，兑现落实财政奖补资金2000万元。三是省政府金融办在省政府出台《关于金融支持经济结构调整促进转型升级的指导意见》的基础上，下发《进一步加强融资性担保体系建设支持小微企业发展的意见》和《关于多措并举切实降低企业融资成本的通知》，从缩短企业融资链条、清理整顿不合理金融服务收费、提高贷款审批和发放效率等多方面提出切实降低小微企业、民营企业融资成本的具体举措。四是省发改委按照“规则平等”“非禁即入”“非禁即准”的原则，重点针对民间资本市场准入规则中不适当的资金、技术、资质等限制性条件进行了清理，并发布首批28个项目作为安徽鼓励社会资本参与建设营运的试点项目，涉及水利、能源和新能源、交通、城市基础设施、旅游、加工制造业、服务业等7个领域，估算投资超过1000亿元。五是省工商联组织作为第三方对民营经济20条贯彻落实情况实施评估，发布报告，提出改进建议。其他成员单位根据各自职能，及时出台贯彻措施，有力推动了政策的落实。

（二）完善公共平台，企业服务进一步精准

一是省经信委推进“1+44”中小企业公共服务平台网络建设，检查督促完善平台服务功能，并将首批218个社会服务机构有序纳入服务平台，实现平台服务的扩容扩能。据统计，平台提供服务项目1538项，开展成功案例2782项、服务活动856项。二是新认定省级中小企业公共服务示范平台19家，国家级示范平台5家，并为59家中小企业服务机构争取国家扶持资金6885万元。三是综合利用企业服务热线（96871）、网络问政、基层走访、调研帮扶、问卷调查等形式，累计接听企业来电1300余个，网上咨询400余条，发放调查问卷400余份，转交有关单位和地方政府办理110余件。四是依托“一报二网三机一平台”，持续高密度宣传民营政策。企业易信群、微信群关注用户近1万户。五是加强与全国知名民企合作，强化517个5亿元以上民企合作项目调度，累计开工500个，完成投资2562亿元。

（三）加大金融支持，实体经济进一步“输血”

一是省经信委会同省金融办加大民营企业直接融资后备资源培育力度，分类建立后备资源库。截至2014年底，我省融资后备资源库入库各类企业1600多家，民营企业占90%以上。二是省金融办支持民营资本参与全省农村合作金融机构改制及增资扩股，加快农村合作金融机构改制进程。截至2014年年底，全省农村中小金融机构股本金额344.79亿元，其中民间资本持股301.2亿元，持股比例为86.78%，较上年底提升17.83个百分点。积极推动省信用担保集团转型发展，强化再担保功能，为市、县融资担保机构分险增信。截至2014年年底，全省融资性担保机构融资性担保业务在保责任余额1530亿元，放大倍数3.1倍。大力推动全省民营企业到全国股转系统挂牌，支持省股权托管交易中心开展科技创新企业板。“新三板"挂牌企业45家，省股权交易托管中心挂牌企业244家，绝大部分是民营企业。三是省银监局鼓励银行加大小微企业融资服务力度。截至2014年底，全省已设立各级小微企业金融服务专营机构481家和小微企业贷款专业支行、特色支行和重点推进行250家，贷款余额超过4223亿元。

（四）强化市场开拓，产销衔接进一步落实

一是省经信委组织中小企业参加中博会、工博会、广交会、新博会、郑州产业转移对接会、APEC中小企业技展会等展会活动，助力企业争取订单、开拓市场。二是省发改委加强对“走出去”服务的指导，会同省商务厅、国开行安徽省分行出台了《安徽省企业“走出去”发展规划》。全年新批境外投资企业100家，实际对外投资额4.7亿美元，其中新增境外投资主体中，民营企业占90%。三是省商务厅积极组织民营企业参加俄罗斯汽配展、美国国际服装展等“千企百展”活动，拓展国际市场。全年共组织1000余家民营企业参加30多个国家和地区近100场境外知名展会、1000多家民营企业参加广交会、华交会等境内知名展会，意向出口成交60亿美元。

（五）加强产学研联合，自主创新进一步推进

一是省科技厅实施关键核心技术攻关行动，安排民营企业承担科技攻关计划项目55个，支持23家民营资本建设科技企业孵化器。鼓励民营科技企业建立研发和成果转化机构，新组建省级工程技术研究中心75家，民营企业占75%以上。新认定民营省级创新型试点企业187家，占全省的86%。全省高新技术培育企业879家，均为民营科技企业。启动实施科技人才团队创新创业扶持计划，面向全球公开招引高层次科技人才团队来我省创办领办企业。全年共有140个省（境）外团队报名，已有67个与市县对接签约或落户。二是省经信委开展产学研合作，征集技术难题329项、科技成果1339项；认定省级新产品345项、省级企业技术中心115家、省级技术创新示范企业29家，新增国家级企业技术中心14家、国家技术创新示范企业5户，其中新增国家技术创新示范企业数量居全国第1位。

（六）加强帮扶指导，“专精特新”进一步培育

一是省经信委深化“百名干部进千企”活动。省经信委组织处级以上干部选择1000户重点企业加强帮扶指导，宣传讲解企业发展的政策法规，通过电话、网络、调研、召开座谈会、接待来访等多种形式直接联系帮扶对口企业1760余次，帮助解决困难369项。二是印发《关于促进中小企业专精特新发展的实施意见》，认定专精特新企业200户。省中小企业发展专项资金5600万元主要支持专精特新等项目136项、总投资41.27亿元。三是组织认定30个省级产业集群专业镇建设示范点，在项目资金、平台建设、企业培训等方面重点支持，培育形成引领新常态、实现“新四化”的创新点和爆发点。

（七）引导全民创业，市场主体进一步催生

一是省人社厅启动实施“就业提升年活动”、青年创业“万千百”工程。2014年，全省城镇新增就业67.1万人，失业人员再就业25.6万人，就业困难人员再就业10.5万人。支持建立民营创业基地，推进省级创业孵化基地建设，抓好高校创业培训机构和师资队伍建设。加大创业培训力度，加强就业技能培训和企业职工岗位技能提升培训。二是省团委制定《关于加强共青团组织促进青年创业就业服务体系建设的实施意见》，建设教育培训、项目孵化、资金融通、政策扶持、人文关怀等服务体系，打造安徽青年创业园工作平台。三是省经信委推动70个小微创业基地建设，举办“赛飞”创业辅导师培训班，培训创业辅导师70名，截至目前全省创业辅导师300余名。

（八）加强管理培训，企业素质进一步提升

一是省经信委建立企业经营者人才库和企业家培训基地，实施企业经营者素质提升工程和新生代培养“万人计划”，开展“赛飞”创业辅导、“名师大讲堂”、北大EMBA总裁班，全年培训5500人次。二是省人社厅组织实施专业技术人才继续教育、战略性新兴产业“111”人才聚集工程等重大人才项目。启动实施“安徽技能人才振兴计划”。组织选派130名企业技术和管理骨干参加“千人赴港”专题培训。全年培养技师6815人，培养高级工7.3万人，职业技能鉴定65.6万多人次。实施聘请外国专家等引智项目326项，引进各类外国专家2900余人。

（九）推动清费减负，营商环境进一步优化

一是省发改委等推行省级行政权力清单制度，对涉企收费集中开展清理规范，制定《安徽省行政事业性收费目录清单》和《安徽省涉企行政事业性收费目录清单》，实行“涉企收费进清单，清单以外无收费”。严格按照皖政办〔2013〕29号文件要求，停止省级涉企行政事业性收费项目设立审批。2014年取消、缓征等各类收费318项，年减轻企业负担超过17亿元。二是省地税局对近年来涉及民营企业发展的66条税收优惠政策按10个部分进行整理分类，编印2万册《民营经济适用税收优惠政策汇编》，免费发放给纳税人。三是省国税局推进集中办税、集中审批，对纳税人需要到国税机关办理的各项涉税事项，实行“窗口受理、内部流转、限时办结、窗口出件”；取消78个进户执法项目，规范税务人员到纳税人生产、经营场所实地检查的执法行为。扩大营改增试点，落实结构性减税政策，全年减少市场主体税费负担466亿元。四是省人社厅继续实施“五缓两降三补贴”政策，全年累计减收社会保险费40.79亿元，发放就业岗位、技能培训、职业介绍等补贴8.06亿元。五是省委宣传部开展“打造最优投资环境”和“走进中小微企业”集中宣传，推出相关报道200多篇。

（十）完善协调机制，工作合力进一步形成

一是省统计局进一步强化民营经济的统计监测，强化和提升民营经济统计信息服务水平，针对民营经济发展情况进行了专题研究，并根据各专业统计报表制度变化的情况，对《安徽省民营经济统计制度》的部分指标进行了调整和修订。二是省经信委收集整理全省各市、县（区）的各项民营经济考核相关基础数据，会同省统计局完成2012年、2013年度民营经济考核工作。三是省财政厅完善民营经济发展专项扶持资金分配办法，全省各级财政共新安排31亿元充实政策性担保机构国有资本金。

二、2015年工作安排

2015年是全面深化改革的关键之年，是全面推进依法治省的开局之年，也是全面完成“十二五”规划的收官之年。新常态下速度换挡、动力转换、结构调整、方式转变加大经济下行压力的风险，产能过剩与有效需求不足、投资驱动减弱与创新驱动不强的矛盾并存，企业生产成本上升，融资难、用工难等新老问题交织，对我省民营经济发展提出了系列挑战。与此同时，民营企业创新创造创富也面临着难得的发展机遇，拥有无限想象的空间。我省首次明确被纳入长三角一体化发展规划，在全国区域格局中的战略地位更加凸显；我省新型城镇化发展潜力大，通过推动基本公共服务均等化拉动经济增长的空间也很大；全省人均GDP超过5000美元，消费需求加速转型，基础设施互联互通和新产品、新业态、新商业模式的投资机会正在大量涌现；新一轮科技革命和产业变革正在孕育兴起；良好的生态优势有利于集聚人才、资本、技术等高端要素；民营经济“20条”实施以来的政策效应持续扩大等。

为此，2015年全省民营经济工作总体思路是：深入贯彻党的十八大和十八届三中、四中全会及全省经济工作会议精神，主动适应经济发展新常态，以改革创新为动力，围绕主体培育、载体建设、环境营造三大着力点，实施民营经济“创业创新创富创优创融创才”六大行动计划（即小微企业创业无忧行动、专精特新培育成长行动、产业集群提质创牌行动、服务机构能力提升行动、“网融e+服务万家”行动、企业家新生代培养行动），推动大众创业、万众创新，实现民营经济的总量提升、效益提升、活力提升、贡献提升。

主要预期目标是：新登记民营企业5万户，个体工商户15万户；民营经济增加值占全省GDP58%左右。

为实现上述目标，将重点抓好十个方面的工作：

（一）持续发力政策落实，确保精准细化到位

持续高密度宣传民营政策，依托“三网一报一平台”，联合有关新闻单位，开展民营经济政策“20条”回头看、产业集群百镇行、政策“进基层、进园区、进企业”等系列宣传活动，做到最新政策动态即时向社会和企业传导。协调推动各地和省有关部门细化实化国家和省支持民营经济及小微企业发展的政策措施，重点围绕《国务院关于扶持小型微型企业健康发展的意见》和我省八部门《关于促进个体工商户转为企业和小型微型企业升级为规模以上企业的意见》，集中开展一次督查活动。借鉴外省、国外支持中小微企业发展的经验，研究我省民营经济发展新情况和新问题，加强政策储备，推进政策创新。

（二）持续推动深化改革，释放转型升级新活力

坚持把简政放权作为全面深化改革的突破口，重点清理涉及企业生产经营活动的审批事项，进一步减少审批、核准、备案事项；认真梳理并向社会公布“负面清单”“责任清单”和“权力清单”，为企业创造一个更加宽松公平，更有利于创新发展的市场环境。按照宽进严管的原则，守好安全生产、产品质量、环保标准、用户权益保障等“红线”，加强制定法规标准、完善基础设施、提供公共平台，更好为企业服务。全面深化商事制度改革，减少市场主体设立前置审批事项，开展“先照后证”改革和营业执照、组织机构代码、税务登记证“三证合一”改革。积极发展混合所有制经济，引导民间资本通过出资入股、收购股权、认购可转债等多种形式参与国有企业改革重组，鼓励和支持民营资本参与国有大中型企业所属生产性服务业的改革。

（三）持续推动大众创业，发挥基地孵化作用

实施小微企业创业无忧行动，鼓励各地利用闲置厂房、各类创业基地（创业园、创业中心）和风险投资等多融资渠道开展创业创新。出台《安徽省小微企业创业示范基地认定及管理办法》，新认定30个省级小微企业创业示范基地。引导各地加大对创业者和有创业意愿者的培训力度，新认证“赛飞”创业辅导师200名。以“互联网+”为驱动，推动移动互联网、云计算、大数据、物联网等与现代制造业结合，促进电子商务、工业互联网和互联网金融健康发展。继续实施创业者、劳动密集型小企业小额担保贷款和青年创业小额贷款项目。省中小企业专项资金支持小微企业成长和创业基地建设。举办“中国梦·创业行—安徽青年在行动”活动，评选“创业之星”，组织“创青春”安徽省大学生创业大赛等。

（四）持续实施创新驱动，培育专精特新企业

实施产业集群提质创牌行动，以30户省级产业集群专业镇建设示范点为标杆，提升现有149个产业集群的发展质量，突出抓好创新驱动、品牌培育、产业链完善、服务体系建设，打造引领新常态、实现“新四化”的创业创新高地、名品名牌基地。实施专精特新培育成长行动，围绕发展十大高成长性产业，编制《安徽省中小企业“专精特新”发展规划》，新认定“专精特新”中小企业200户，培育一批具有核心竞争力的全国“单打冠军”“行业小巨人”和“配套专家”。加强质量标准品牌设计建设。举办第二届“江淮杯”工业设计大赛。继续对民营企业主导制定国际标准、国家标准和行业标准实施奖补。制定实施“安徽工业精品三年行动计划”，举办安徽专精特新精品展，重点推出名品、名企、名牌、名家，提升区域品牌形象。打造创新驱动“1+6”政策升级版，引导各类创新要素向民营企业聚集，支持民营企业建立研发机构，申报高新技术企业，争创国家技术创新示范企业。

（五）持续扩大对外开放，推动民企“走出去、驻进来”

结合国家实施“一带一路”战略，支持民营企业参与“一带一路”基础设施互联互通建设。借助境外经贸合作区载体平台，引导企业在境外建立研发中心和生产基地。积极推动对外承包工程企业转型升级，有效带动机电设备、技术服务和劳务输出。大力支持优势企业对外投资，拓展化解过剩产能的新途径。组织民营企业参加广交会、华交会、投洽会、中小企业博览会等境内外经贸活动，对参展参会给予经费补贴和支持。深化与全国知名民企合作，举办“百会千企皖江行”活动，谋划和推介一批有基础、有优势、有良好发展前景的重大合作发展项目，推动徽商“凤还巢”。

（六）持续聚焦融资难题，帮助企业纾困解难

加大对小微企业新增贷款的考核力度，引导金融资源更多地投向实体经济。加快推广应用“助保金”“信贷+担保”“信贷+保险”“龙头企业+担保公司+银行+农户”等模式。实施“网融e+服务万家”行动，建立网上中小企业金融超市，丰富中小企业融资服务平台线上和线下业务，推动金融机构产品服务供给与中小企业融资需求精准对接。建立健全再担保体系和担保风险补偿机制，开展银担合作融资性担保业务风险责任分担试点。完善放大省产业集群专业镇中小企业专项贷款风险准备金贷款比例。充实直接融资后备企业资源库，力争累计入库工业企业1500家，重点培育50家企业。加快推进全省小微企业全省征信体系建设，搭建小微企业综合信息共享平台。

（七）持续加强企业培训，提高企业经营者素质

实施企业家新生代培养行动，建立企业经营者人才库和企业家培训基地，开展分类梯级培训。针对小微企业创业者，开展“赛飞”创业辅导培训，提高创业成功率。针对中小企业中高层经营管理者，举办名师大讲堂、北大EMBA总裁班、中小企业领军人才培训。针对“专精特新”企业和产业集群专业镇龙头企业，举办融资、建立现代企业制度试点、产业结构调整、产品转型升级、两化融合等专题培训。搭建职业（技工）院校与民营企业对接平台，建设一批公共职业训练基地，重点加强就业技能、岗位技能提升培训。开展民企“引智”及外国专家专题服务行动。落实民营企业引进高端人才和加强培训的补贴政策。

（八）持续夯实公共平台，互联互通共享资源

实施服务机构能力提升行动，以“1+44”中小企业服务平台网络为基础，在接入218家社会服务机构的基础上，进一步整合资源，扩展功能，打造

"1+44+N+X"的（N是各类专业服务机构，X是适应新业态新模式的新型服务机构）综合服务网络平台，做到企业服务"一网打尽"。建立健全省市县三级联动服务企业长效机制，畅通"96871"企业服务热线，广泛收集企业诉求和舆情信息，及时分类转办、协调服务。

（九）持续治理营商环境，重商安商扶商富商

按照"简化手续、优化程序、在线运行、限时办结"要求，进一步提高审批效率。深入开展落实民营企业市场准入政策集中推进行动，出台《安徽省基础设施和公用事业特许经营暂行办法》。继续落实国家出台的小微企业税收优惠等结构性减税政策。加强行政事业性收费目录清单和涉企收费目录清单执行情况检查。工业用地在符合规划、不改变土地用途的前提下，通过实施拆建、改建、扩建、利用地上和地下空间等途径增加土地容积率的，不再增收土地出让价款。坚持依法行政，严禁滥用行政权力干预民营企业合法生产经营活动，未经法定程序，不得随意查封、扣压、冻结民营企业财产。对侵犯民营企业及企业家合法权益、干扰民营企业合法经营活动的典型事例及时予以曝光。

（十）持续强化评估考核，聚积发展正能量

完善信息报送制度，编发民营经济简报，发布2014年度安徽省民营经济发展报告。对民营经济专项扶持资金使用情况实行评估问效，并优化省专项资金分配方案。做好民营经济统计工作，开展中小微企业监测工作，完善预警、分析、通报机制。继续开展安徽省民营企业百强排序活动。开展2014年度民营经济考核工作。发挥省发展民营经济领导小组作用，定期研究分析民营经济发展面临的形势和问题，部署安排重点工作。

（安徽省经信委中小企业局）

安徽省推进民企合作发展工作报告

一、2014年工作完成情况

今年以来，安徽省推进民企合作发展紧紧围绕年度工作目标任务，履职尽责，有序推动与知名民营企业合作发展，认真做好委对外合作交流工作；着力打造创业平台，强化小微企业创业服务；积极引进国外智力，服务民营经济发展。

（一）强化民企合作项目跟踪服务

进一步健全项目统计调度、通报机制，重点加大对已开工项目的竣工情况进行跟踪调度，督促各市横向对比各市差距，纵向对比月度进展，加快投资进度。引导各地围绕壮大主导产业、培育高成长性产业，积极采取网上招商、展会招商、专题招商等多种形式向全国知名民企推介。

据调度，2013年省与全国知名民企合作发展签约5亿元以上合同项目517个，总投资规模7794亿元，截至11月底，已开工488个项目，占签约合同项目的94%；开工项目累计完成投资额2352.6亿元，占已开工项目投资规模的32.5%。全省累计竣工项目51个，投资规模554亿元．其中：工业及工业信息化项目开工293个，竣工项目30个。马鞍山、芜湖、安庆、六安四市合同项目已全部开工。

（二）推动小微企业创业发展

收集整理创办小微企业的行政法规和扶持政策等内容，编写了《创办小型微型企业政策百问百答》宣传手册。制定了《安徽省进一步支持小型微型企业发展2014年重点工作》。联合团省委、人社厅等单位共同举办安徽青年创业行动、青年创业大赛等活动，扶持青年创业。做好省级小微企业创业基地调研，形成专题调研报告。

（三）积极对接国外智力服务

构建高端人才与民营企业对接平台，开展民营企业引智需求征集活动。首次举办民企"引智"项目对接会，开展现场专题服务，合肥、蚌埠等14家企业与外国人才服务组织进行对接。与省人社厅建立合作机制，整合双方资源，我委已与省人社厅就签署《关于引进外国专家智力服务民营企业发展战略框架协议》达成意向。

（四）引导企业拓展海外市场

组织省内300多家企业参加今年6月份香港贸发局、江苏省经信委等单位共同主办的"转型升级·香港博览"会。举办专精特新中小企业参加"走出去"工作培训，了解和掌握"走出去"有关政策和实务。组织企业参加香港投资推广署、中联办经济部贸易处共同主办的"善用香港优势开拓海外市场"研讨会，帮助企业深入了解香港营商环境、通过香港来更好地拓展海外市场。

（五）加强援藏和对外交流

切实做好委对口支援西藏山南地区工信局工作，组织合肥中南光电和铜陵红星铜艺等省内企业到山南地区进行项目考察、投资合作，举办了为期7天山南地区工信系统业务培训班。加强与各省安徽商会之间的沟通联系，通过"2014国际徽商精英年会"以及徽商协会秘书长会议、徽商杂志、国际徽商协会网站等多种方式主动介绍我省投资环境和相关政策。与甘肃工信委共同承办"甘肃承接产业转移系列对接活动"，打造承接产业转移合作平台。

主要问题：合作项目建设进展较慢。国内部分行业产能过剩，民营企业投资意愿减弱。同时，区域竞争日趋激烈，中西部省份都在积极开发民企项目资源，浙粤等东部发达省份也在引导当地知名民企回归；土地、人工、资金等生产要素供给日益紧张，部分项目开工后，后续资金到位率低或到位不及时，严重影响项目建设进度。小微企业创业门槛提高。中小企业发展继续面临外需疲软、内需不足、劳动力和资金等要素成本上升的影响，同时，节能减排与转型升级约束进一步增强，传统的要素驱动型、粗放型发展模式已难以为继，转型升级、创新发展已成为中小企业发展的必然选择，势必提高创业的起点和要求。

二、2015 年工作思路和重点

总体思路：顺应经济发展新常态，创新合作平台，聚焦高成长产业，发挥地方特色和比较优势，突出产业专项合作，推进民企合作不断向深度和广度拓展；强化创业主体培育工作，推进创业基地建设，催生市场主体；把引“资”和引“智”相结合，着力搭建服务平台，推进企业“引智”服务，提高创新能力，促进中小企业转型发展。

主要目标：

（1）全年开展产业专项合作发展活动 4 次以上；

（2）以创建部省共建小企业创业示范基地为目标，全年创建省级小企业创业基地 20 个；

（3）力争引进外国专家服务 50 家中小企业、10 个重点园区、10 个产业集群专业镇。

重点工作：

（一）创新合作平台，推动民企合作可持续发展

2015，我们将积极做好与知名民企的双向互动交流与合作，形成常态化的工作机制。一是创新合作发展平台。重点加强与在皖的各省商会、协会联系，根据各市产业发展实际，有针对性地组织发达省份知名民营企业家来皖开展专项对接，采取会议交流、实际考察、项目对接等方式为知名民企与地方合作搭建直接沟通的平台。根据相关地市重点产业发展情况，突出高成长产业和工业园区实施精准招商，有针对性开展与知名民企产业专项合作对接活动。二是加大项目跟踪落实力度。以推动项目建设进度为重点，坚持项目定期调度、定期统计、定期分析和通报。定期对调度和服务的项目进行轮换与更新，形成合作项目的滚动发展的机制。强化重大在建项目的调度力度，随时掌握项目推进落实情况和存在的有关重大问题，及时协调有关部门研究解决，推动项目早日落地建设、竣工投产。三是完善合作发展制度。结合当前民企合作发展工作实际，推动出台《安徽省与全国知名民营企业合作发展推进工作考核暂行办法》，使合作发展工作更加科学化、制度化、规范化，推动民企合作发展工作再上新台阶。

（二）提高服务质量，推进创业基地建设

一是加强创业工作机制和制度建设。积极借助省民营办这一平台建立联合工作机制，加强与相关省直部门的沟通、协调与合作，整合各方资源，共同推动小企业创业。二是加强小企业创业基地的指导和服务力度。围绕工信部提出的培育 200 个部省共建小企业创业示范基地和 3000 个省级企业创业基地目标，加强小企业创业基地认定与培育工作。推进创业基地管理运营队伍和创业辅导队伍建设，通过参加赛飞创业辅导师培训、企业融资培训等，提高创业基地服务能力。三是提升小企业创业基地服务功能。依托“1 + 44”综合性网络服务平台和中小企业公共服务示范平台，向小微企业创业基地延伸，为小微企业提供创业辅导、融资担保、技能培训、市场开拓等服务。推动创业基地建设与中小企业平台网络建设有效结合，使创业基地成为平台网络中贴近企业的窗口服务平台。

（三）借用“外脑”，提升中小企业创新能力

一是搭建“引智”服务平台。建立民营企业高端人才需求信息数据库，并借助省人社厅外专局众多外国专家资源优势，共同搭建平台“借脑引智”，提升引智工作的时效性和有效性。二是实施“511 工程”，力争 2015 年组织外国专家为 50 家重点企业、10 个重点园区、10 个产业集群专业镇开展专题服务，解决中小企业发展中遇到的技术、管理和创新等方面的问题，激发创新活力，推动企业转型升级。三是组织重点企业学习国外，重点是德国、日本中小企业先进技术和管理经验，及时收集和掌握企业服务需求，组织外国专家有针对性地开展专题培训活动，提升企业创新能力和竞争力。

（四）实施“走出去”战略，加强对外合作交流

通过举办对外交流活动，引导中小企业“走出去”进行市场营销网络布局，提升品牌影响力；鼓励企业收购国外技术和品牌，促进我省制造业转型升级和产品的更新换代。继续做好支援西藏山南地区工信局工作，发挥当地资源优势，促进产业合作。认真学习和研究国家关于长江经济带发展战略，加强与周边地区产业合作，紧密与长三角地区产业分工与协作，提升皖江示范区产业发展水平。

（安徽省经信委中心企业局）

福建省

2014 年度中小企业发展情况分析

2014 年，受需求减少、产能过剩等因素影响，我省中小微工业企业产销增幅回落，效益下滑。生产成本增加、产品价格加速下跌、融资难等问题进一步加大了企业生产经营压力。

一、发展概况

（一）全部中小微工业

1. 产销同比增长，增幅回落

2014 年，我省全部中小微工业产销同比均呈两位数增长，但增幅同比均回落。其中，增加值增长 11.5%，主营业务收入增长 11.0%，分别回落了 3.5 个百分点和 4.8 个百分点。2014 年我省中小微工业产销同比增幅见表 1。

表1　2014年我省全部中小微工业主要指标

指标名称	计量单位	绝对数	占同口径工业比重（%）	同比增幅（%）	增幅同比上升（百分点）
企业数	个	75541	99.4	1.9	-7.6
工业总产值	亿元	22882.14	55.4	11.9	-4.3
工业增加值	亿元	6152.37	56.1	11.5	-3.5
主营业务收入	亿元	27981.09	73.0	11.0	-4.8
利润总额	亿元	1585.82	72.2	3.9	-14.3
利税总额	亿元	2523.69	68.2	4.8	-14.6
税金总额	亿元	937.87	62.4	6.5	-14.9
从业人员	万人	415.29	80.4	0.3	-2.4

备注：主营业务收入、利润总额、利税总额、税金总额及从业人员五项指标均不含个体工业。

2. 对全部工业增长的贡献率和拉动作用均下降

2014年，我省全部中小微工业对全部工业增加值增长的贡献率为55.0%，下降30.2个百分点；拉动全部工业增加值增长6.5个百分点，下降4.6个点。

3. 企业总体规模进一步扩大

2014年，我省全部中小微工业企业数达75541个，同比增长1.9%。其中，规模以下中小微工业企业59947个，增长2.1%，是带动全省中小微工业企业数增加的主要力量。从业人员数为415.29万人，增长0.3%。

4. 扶持政策初显成效

为了扶持小微企业发展，国家以及各级政府陆续出台了一系列扶持政策，并已初显成效。如：2014年4月8日，财政部和国家税务总局联合下文，将小型微利企业减半征收企业所得税政策范围由年应纳税所得额6万元提高到10万元。据对1063家小微工业企业调查，2014年有10.8%的企业享受过此政策，同比提高7.2个百分点。

（二）规模以上中小微工业

1. 产销增幅回落，为近三年来新低

2014年，我省规模以上中小微工业实现增加值5232.97亿元、主营业务收入25942.75亿元，同比分别增长11.6%和10.8%，增幅比上年同期分别回落4.0个百分点和5.2个百分点，均为2012年以来最低。

2. 出口交货值增幅同比回落

2014年，我省规模以上中小微工业出口交货值为2851.26亿元，同比仅增长8.0%，增幅同比回落4.5个百分点。对规模以上工业出口交货值增长的贡献率和拉动作用均下降。其中，对规模以上工业出口交货值增长的贡献率为56.4%，下降18.5个百分点；拉动规模以上工业出口交货值增长3.3个百分点，下降3.4个点。

3. 盈利能力下降

2014年，我省规模以上中小微工业利税总额和利润总额同比仅一位数增长，且增幅有较大幅度回落。其中，利税总额和利润总额分别为2523.69亿元和1585.82亿元，同比分别增长4.8%和3.9%，增幅同比分别回落了14.6个百分点和14.3个百分点。体现盈利能力的主要指标也有所降低。其中，主营业务收入利润率为5.7%，同比降低0.4个百分点。

（三）规模以下中小微工业

1. 生产增速继续加快

2014年，我省规模以下中小微工业实现增加值919.40亿元，同比增长11.5%，增速比2013年、2012年分别加快0.7个百分点和2.1个百分点。与规模以下中小微工业增加值总量较大的广东省和浙江省相比，我省规模以下中小微工业增加值增幅分别高出广东省、浙江省7.0个百分点和3.7个百分点。

2. 经营状况良好

一是主营业务收入平稳增长。2014年，我省规模以下中小微工业企业实现主营业务收入2058.92亿元，同比增长12.0%，增幅同比回落0.4个百分点。分大类行业观察，列入调查的36个行业中，有29个行业主营业务收入不同程度的增长，14个行业增幅超过15%，农副食品加工业，纺织服装、服饰业，食品制造业，纺织业增幅超过20%。二是效益水平有所提高。2014年规模以下中小微工业企业实现利润总额115.62亿元，同比增长10.7%，增幅提高4.3个百分点；资金利润率达6.1%，提高0.5个百分点。分大类行业看，36个行业中有16个行业利润增幅超过20%，2个行业实现扭亏为盈。

3. 新增企业拉动增长的作用进一步加大

2014年年底，我省规模以下中小微工业企业单位数为59947个，同比增长2.1%。其中，新增企业5014个，成为规模以下中小微工业企业的有效补充和重要增长点。据推算，2011—2014年新增企业占规模以下中小微工业企业的比重逐年递增，分别为13.7%、17.6%、23.5%、38.9%。2014年，新增企业主营业务收入812.81亿元，同比增长22.3%，增幅高出规模以下中小微工业9.0个百分点，拉动规模以下中小微工业主营业务收入增长5.5个百分点。

二、面临的主要问题

（一）新签内贸订单额减少

近几年，在外需下降的同时，内需也逐步萎缩。2012—2014年，全国社会消费品零售总额增幅逐年回落，分别为12.1%、11.5%和10.9%（扣除价格因素）。内需萎缩造成了企业内贸订单减少。从全国看，2014 年 1 至 12 月有 7 个月份新订单指数（制造业 PMI 指数中的其中一项）同比下降。从我省看，据对 4690 户小微工业企业调查显示，列入调查企业 2014 年新签内贸订单额 1910.59 亿元，同比下降 3.2%，增幅比新签外贸订单额增幅低 6.3 个百分点。新签内贸订单额同比下降的企业数为 908 户（有新签内贸订单的企业数为 2908 户），下降面为 31.2%，下降面同比扩大 4.1 个百分点。

（二）产能过剩，库存积压较大

一方面，生产总量增长，需求减少，产能过剩问题日益突出。另一方面，行业竞争趋于激烈，销售更加困难。两方面导致企业库存积压总量增大。2014 年末，我省规模以上中小微工业企业产成品存货 964.85 亿元，同比增长 13.8%；占流动资产的比重为 36.3%，提高 0.6 个百分点。

（三）成本增加，价格加速下跌

一方面，在劳动力、原材料等成本上涨的推动下，2014 年我省小微工业企业成本增加。2014 年，全省规模以上中小微工业企业每百元主营业务收入中的成本为 87.05 元，比上年增加 0.55 元。另一方面，在产能过剩、产品供过于求等因素的影响下，产品出厂价格加速下跌。2012 年 2 月—2014 年 12 月，全省工业生产者出厂价格连续 35 个月下降。尤其是 2014 年 8 月—12 月，工业生产者出厂价格下降幅度从 1.0%扩大到 2.5%。成本及价格两头挤压加剧，导致企业生产经营更加困难，效益下滑。2014 年全省中小微工业利润总额同比仅增长 3.9%，增幅为近三年来的最低值。

（四）贷款难，资金仍较紧缺

2014 年，我省积极落实国务院关于服务小微企业、支持实体经济发展的要求，金融服务小微企业在扩面增户、直接融资平台建设、产品创新等方面取得了新成效。但由于小微企业普遍缺乏抵押物，加之抗风险能力弱，能从金融机构取得贷款的企业数比重较低。据对 1063 户小微工业企业调查，在有借款需求的 316 户企业中，无法借到或少部分借到的企业数比重为 79.4%。贷款难，导致企业资金仍较紧缺。据 2014 年四季度对 270 户小微工业企业调查，企业流动资金缺口额比重和短缺企业数比重同比均提高。270 户企业流动资金缺口额为 6.09 亿元，同比增长 18.9%；缺口额占流动资金需求总量的比重为 4.5%，提高 0.5 个百分点；反映流动资金短缺的企业数比重为 25.9%，提高 1.5 个百分点。

三、对策建议

（一）加快推进“机器换人”

“机器换人”是推动产业转型升级的重要手段。通过“机器换人”不仅可以提高生产效率、降低成本，还可以提高产品质量、减少能源消耗。近几年，我省部分企业通过“机器换人”取得了较好成效。但对于小微企业来说，开展“机器换人”面临着成本高、维护开支大、资金投入回收周期长等问题。为此建议，一是加大优惠政策的宣传和落实力度。目前我省出台了《福建省人民政府关于促进工业创新转型稳定增长十条措施的通知》，鼓励企业实施“机器换人”，对采购工业机器人整机或成套设备的，按其售价的 10% 给予补助，单家企业最高不超过 250 万元。建议加大政策宣传力度，加强落实。二是强化金融机构对企业“机器换人”的支持。鼓励银行加大小微企业金融产品和服务创新，定期组织重点“机器换人”项目推介、银企洽谈等活动，推进银企互动合作；进一步拓宽直接融资渠道，支持企业采用设备融资租赁、股权融资、发行股票等直接融资方式筹集“机器换人”项目资金。三是设立智能装备融资租赁公司，鼓励企业采取租赁方式，降低“机器换人”成本。

（二）创新商业模式，推动产业升级

随着大数据时代的到来，企业进行商业模式创新，不仅是时代发展的需要，还可以改造传统业务，抢占新的市场空间，形成新的盈利增长点。如：近几年，泉州通过发展电子商务，创新商业模式，逐渐从生产型制造向服务型制造转变，取得了明显成效。据泉州市电商中心统计，2014 年全市电子商务交易总额达 1420 亿元，同比增长 33.7%。其中，网络零售额 212.53 亿元，占全市社会消费品零售总额的 9.7%。为此建议：一是鼓励企业导入 C2B（消费者对企业）等电子商务新模式。对导入电子商务新模式的企业以及设立新型电子商务平台的企业，给予一定的奖励。二是推动制造业服务化。鼓励小微企业延伸拓展安装维修、售后服务等业务，实现向制造业服务化转型。对企业组建专业服务公司的，可参照《晋江市人民政府关于推动商业模式创新的若干意见》的做法，在专业服务公司正式运营起第一个完整纳税年度，由财政参照其服务性业务所缴纳的增值税、所得税、营业税地方留成部分总额的 50% 给予奖励。三是鼓励发展商务模式创新平台。鼓励各种社会资本以“天使投资”的形式支持商业模式创新平台建设，对参与商业模式创新平台建设的企业，在财税等方面给予扶持。

江西省

一、2014 年江西省中小企业改革发展总体情况

2014 年，在省委、省政府的正确领导下，全省中小企业和工业园区系统紧紧围绕工业强省战略和推进新型工业化发展目标，以全面深化改革为统领，以加快促进发展升级为主线，努力克服各种因素带来的不利影响，不断开拓创新，迎难而上，全面推进中小企业成长工程，不断完善四大服务体系，积极引导工业园区开展“三区一化”建设（即特色园区、生态园区、新型社区和管理信息化），全省工业园区、非公经济和中小企业继续保持了平稳发展的良好势头。

（一）主要目标完成情况

一是工业园区保持平稳增长。2014年1—9月，全省工业园区主营业务收入15321.1亿元，增长13.3%，今年以来均处于12%以上区间运行。工业增加值增速回升，实现增加值3631.3亿元，增长11.8%，环比提高0.1个百分点，占全省规模以上工业比重为77.1%，同比提高2.8个百分点。全省工业园区实现利税1515.2亿元，增长22%。其中，实现利润918.1亿元，增长22.1%；上缴税收597.1亿元，增长21.8%，增幅达到今年新高，占全省财政总收入的比重为30.1%，比上半年提高4.4个百分点，比去年同期提高3个百分点。预计到年底，全省园区实现主营业务收入22000亿元，增长14%；完成工业增加值5200亿元，增长11.5%；上缴税金900亿元，增长18%。

二是非公经济得到快速发展。今年1—9月，全省私营企业总数突破30万户，达到31万户，注册资本达到1.07万亿元，同比分别增长22.7%、44.2%；个体工商户149.6万户，新增12.2万户；全省非公工业实现增加值3832.2亿元，同比增长13.3%，占全省工业增加值总额的81.4%；上缴税金1154.3亿元，同比增长11.9%，占全省税收总额的69.6%；出口创汇244.6亿美元，同比增长12.6%，占全省出口总额的93.4%；完成固定资产投资8315.1亿元，增长14.4%，占全省固定资产投资总额的76.5%。预计到年底，全省非公经济可实现增加值9300亿元，增长11%；上缴税金1500亿元，增长15%；实现出口创汇290亿美元，同比增长21%。

三是中小微企业稳定向好。随着国家进一步加大扶持小型微型企业发展力度，全面深化改革等利好政策影响，全省中小微企业发展形势逐步趋好。据统计，全省中小微工业企业亏损面持续下降，一季度为8.7%，二季度为6.7%，三季度为6.1%，预计四季度为5.6%。预计2014年全年，全省规上中小微工业企业完成主营业务收入19700.0亿元，同比增长14.8%；实现增加值5300.0亿元，同比增长13.8%；实现利税总额2324.0亿元，同比增长16.5%。规模以下小微工业企业实现增加值510.0亿元，同比增长8.5%；实现主营业务收入1520.0亿元，同比增长8.5%；实现税金总额60.0亿元，同比增长30.5%；实现营业利润115.0亿元，同比增长8.0%。

（二）主要工作及成效

1. 积极扶持小微企业成长

按照工信部的统一部署，制定《2014年江西省扶助小微企业专项工作方案》，在全省开展扶助小微企业专项行动，积极促进小微企业发展。狠抓政策落实，及时开展督查。上半年，由省政府办公厅牵头、省工信委等16个部门相关负责同志组成6个省政府督查组，对全省11个设区市贯彻落实中央和省里支持小微企业健康发展政策落实情况进行跟踪督查，确保有关政策措施及时落地，让小微企业充分享受改革释放的红利。据统计，今年1—9月，全省累计为1.9万户小微企业减免企业所得税4233万元，为22.2万户个体工商户及小微企业免征增值税4.8亿元，切实减轻了小微企业税收负担。积极培育“专精特新”，中小企业，组织开展了首批专精特新中小企业认定，从全省申报推荐的600多家企业中择优筛选出274家具有专精特新鲜明特征，成长性好的中小企业，认定为全省首批“专精特新”中小企业，并从省本级中小企业发展专项资金中切块600万元进行专项支持，鼓励中小企业实施“一企一技”。积极帮助企业开拓国内外市场，组织企业参加第十一届中小企业博览会、农产品加工业博览会等全国性的专业展会。

2. 大力开展中小企业培训辅导

继续依托创业大学开展中小企业培训辅导，打造江西中小企业公益性培训品牌。按照“以企业诊断咨询为主、以导师辅导为主、以开放式办学为主”的办学模式，全省11个设区市创办了各具特色的创业大学，入库的创业导师200余名，累计培训一年制学员企业5109家，开展创业服务活动1017次。省级班主要围绕产业上下游，把供应商、生产商和渠道商等产业链上的企业组织起来进行培训辅导，今年共举办了现代服务业、农业产业、科技型中小企业以及生物医药产业4个总裁班，在训学员300名。同时，联合“财智名家论坛”等社会化培训机构举办中小企业成长大讲堂，邀请省内外知名专家、成功企业家为全省中小企业开展短期班培训，帮助提升中小企业管理理念和经营管理水平，深受广大企业欢迎。

3. 启动建立现代企业制度示范工作

根据省委全面深化改革领导小组工作部署和省政府领导指示精神，在全省开展私营企业建立现代企业制度示范工作。制定和下发了《关于开展私营企业建立现代企业制度示范工作的通知》，召开了全省试点企业座谈会，在“专精特新”企业、战略性新兴产业和现代服务业中择优选定了30家企业为私营企业建立现代企业制度试点企业。以省政府办公厅名义印发《全省私营企业建立现代企业制度试点工作方案》，明确了工作的时间节点和工作阶段，即筛选企业、整改实施、总结推广三个阶段，制定了涉及现代企业制度9个方面的评价标准，同时通过开展诊断咨询，扎实推进试点企业建立现代企业制度。

4. 不断完善中小企业公共服务体系

一是加快推进全省中小企业公共网络服务平台建设，进一步优化了网络域名，采用“赣佑网”作为省平台门户网站的通俗名称，逐步提升网络知名度。开发建成了在线服务和呼叫服务系统、平台网络运营管理系统、共享数据中心，启动了“首届江西省中小企业星级服务机构征集评选”活动，积极打造全省中小企业社会化服务体系的核心资源。目前，全省中小企业公共服务平台网络共有1个省枢纽平台、11综合服务平台、22个产业服务平台，33个服务平台和省枢纽平台均实现了单点登录业务贯通，即时汇总系统有服务机构共计2491家，窗口平台入驻服务机构546家。二是开展了第三批省级示范服务平台申报认定工作，审核认定了10家省级中小企业公共服务示范平台，推荐了4家平台申报第四批国家级示范平台。三是稳步推进小微创业园建设。按照“横向集聚、纵向配套”的要求，重点扶持了以南昌好吖好、淘鑫等为代表的电子商务小微企业创业园，以南工科技为代表的大学生小微企业创业园，以修水、余江雕刻为代表的返乡创业园，以及陶瓷、医药、教具等具有产业特色的小微企业创业园，鼓励和引导各地走“一园一品”集约化、特色化的路子。目前全省共有省级小企业创业基地98家，省级小微企业创业园6个，省级小微企业创业园创建单位48个。四是积极创新“两化”融合新模式，着力搭建江西省工业园区产业集群业务协同系统，为产业集群实现云协同、云交易提供基础环境和工具。首批打造的服装产业云平台，已初步确定运营模式和业务推进关键点。

5. 积极破解中小企业融资难题

一是充分发挥担保机构在促进中小微企业融资中的积极作用，加快完善中小企业信用担保体系。预计到年底，全省注册备案的中小企业信用担保机构149家，累计为7500户小微企业提供新增担保贷款280亿元。二是稳步推进中小企业信用示范区建设，创新“企业信用 + 互助式风险补偿金 + 政策性担保”的信用互助和“小微信贷通”等新模式，积极破解企业抵押物不足与资金需求量大的矛盾，缓解中小企业融资难题。三是积极优化中小企业信用融资的市场环境，制定出台了《江西省工业园区中小企业信用等级评定办法（试行）》，从项目设置、权重、激励机制等方面制定具体的操作细则，努力形成可复制、可推广的制度模式。目前已选定13家工业园区进行重点推广。四是搭建中小企业“网络融资超市”，通过政府搭台、机构唱戏、市场化运作的方式，积极为全省中小企业提供“一站式”网络融资服务。目前，网络超市已整合了全省55家金融服务机构，帮助167家企业获得5亿元银行贷款。五是积极支持中小企业直接融资，安排专项引导资金，补助前20名挂牌“新三板”企业的前期费用，推动中小企业进入“新三板”。目前，全省已有9家中小企业通过“新三板”挂牌上市，14家已报全国股转中心，后备企业70家。

6. 加快推进工业园区转型升级

一是积极推进产业集群发展，围绕规划、龙头和配套三个关键环节，不断加强对工业园区产业集群的培育力度。以省政府名义出台《关于加快产业集群发展促进工业园区发展升级的意见》（赣府发〔2014〕19号），依托省经管学院编撰全省工业园区产业集群发展蓝皮书，建立产业集群发展竞争力评价指标体系，通过顶层设计，鼓励和引导每个园区重点抓好规划编制、龙头培育、产业配套三个核心要素和环节，确定主导产业特别是首位产业，引导设区市属工业园区重点培育2～3个产业集群，县属工业园区重点培育1～2个产业集群。目前，94个园区均明确了1～2个重点发展的产业集群。创新工业园区产业集群支持方式，按照“三聚焦、一放大”原则，建立5000万元的产业集群发展风险补偿金，与有关金融机构合作，调动金融机构6～8倍贷款，帮助龙头企业进行技术改造，并配套1000万元财政贴息资金支持。在去年为14家医药企业提供2.88亿元贷款支持的基础上，今年再支持20家医药及医疗器械企业和10家电子信息企业进行技改。二是在全面开展生态工业园区建设的基础上，深入推进工业园区绿化提升工作，每年挑选20个左右工业园区进行绿化提升试点，扎实开展公共绿化、企业绿化和苗林一体化建设。目前全省94个园区生态工业园区建设规划已全面完成，南昌高新区、南昌经开区、赣州经开区创建国家生态工业示范园区工作稳步推进；第三批21个绿化提升试点园区验收合格，共完成绿化提升面积8.46万亩，绿化覆盖率超过30%。严格控制高能耗、高污染、低附加值项目入园，促进园区产业结构优化，节能减排。预计到今年年底，全省园区万元主营业务收入耗电量为196千瓦时，同比下降23%。三是扎实推进园区物流港建设试点。在吉安市成功召开工业园区物流配送平台启动仪式，由省国控公司牵头组建的总投资30亿元的园区物流港集团顺利注册运营，抚州高新区、井冈山经开区、共青城经开区、丰城高新区等4个园区列入首批园区“物流港”建设试点，吉安万吉全国物流信息平台加快推广，全省园区物流资源实现有效整合。四是加快推进工业园区体制机制创新。制定出台了《关于推进工业园区体制机制创新的意见》（赣府厅发〔2014〕21号）等政策文件，成功召开全省工业园区体制机制创新推进座谈会，总结推广“大部制设置、扁平化管理、企业化运作”、管理信息化等方面的改革经验，推动各地建立统一规范、精干高效的园区管理体制和运行机制。充分发挥考核评价的导向作用，制定《江西省工业园区考核评价办法》，对部分考核评价指标作了调整，着力形成科学合理的工业园区建设与发展绩效评估指标体系。

二、2015年工作思路及举措

2015年工作的总体思路是：深入贯彻落实党的十八大、十八届三中全会和四中全会等中央重要会议以及省委十三届七次、八次、九次全会精神，围绕“发展升级、小康提速、绿色崛起、实干兴赣”的战略部署，坚持“与中小企业共成长”的服务理念，以中小企业成长工程和工业园区提升工程为重点，加大改革创新力度，积极完善中小企业“四大服务体系”，扎实开展工业园区“三区一化”建设，进一步推动中小企业、非公经济和工业园区培植增量、做大总量、提升质量，为富裕和谐秀美江西建设提供强大动力和有力支撑。

主要目标是：全省工业园区实现主营业务收入25000亿元，力争26000亿元，增长14%；完成工业增加值6000亿元，力争6100亿元，增长12%；上缴税金1000亿元，力争1100亿元，增长18%；力争主营业务收入过百亿园区新增5个，过500亿元的园区新增5个。全省非公经济完成增加值10100亿元，增长12%；上缴税金1900亿元，增长20%；从业人员1450万人，新增50万人。全省规模以上中小微工业企业完成增加值6000亿元，增长13%；

实现主营业务收入达到22000亿元，增长15%；孵化催生10000家小微企业。

围绕上述工作思路和目标要求，2015年将重点抓好以下几个方面的工作：

一是抓机制创新，充分激发园区企业活力。根据省委全面深化改革的要求和部署，按照省政府出台的《关于推进工业园区体制机制创新的意见》要求，鼓励支持工业园区探索和创新管理体制和运行机制，试行“大部门制改革、扁平化管理、企业化服务”的运行模式，进一步落实园区管理权限、优化发展环境、创新用人机制、鼓励社会投资，构建更加创新开放的工作体系，积极打造全省产业升级发展的“新洼地”，为促进全省经济平稳增长增添新动力。

二是抓产业集群，积极挖掘产业发展潜力。抓好省政府出台的《关于加快产业集群发展促进工业园区发展升级的意见》的贯彻落实，通过产业集群拉动，促进工业园区产业转型升级。按照工业园区产业规划布局，立足龙头企业和产业配套，积极培育、引进、提升一批产业集群，促进大企业、大项目单体优势转变为集群优势，努力形成一批主导产业突出、特色鲜明、集群发展水平高的特色园区。充分发挥工业园区产业集群专项资金的引领作用，重点支持一批产业集群优强企业和成长型企业开展技术改造，提升产业发展水平。积极改善园区物流环境，推进园区物流港建设试点，以国家级和省级园区为基础，构建覆盖全省园区的物流服务网络，进一步降低企业物流成本，提升我省园区产业竞争实力。

三是抓“专精特新”，努力打造一批科技小巨人。积极推进“专精特新”中小企业培育认定工作，实行政策聚焦，整合中小企业发展专项金等政策资源，重点扶持100家“专精特新”小巨人企业，推动一批小微企业上规模。组织开展“一企一技”示范中小企业评选推广工作，引导中小企业重视技术研发和运用，提升技术成果的转化应用能力，加快促进全省中小企业创新驱动、转型升级。深入推进中小企业培训辅导，整合完善创业大学培训模式，积极鼓励引导企业引进专业咨询机构，运用现代管理理念、知识和技能，从发展战略、团队建设、现场管理、品牌营销等方面提升中小企业内在素质，帮助企业少走弯路，努力做强做大。

四是抓政策落实，积极扶持小微企业成长。抓好中央和省里有关支持小微企业发展政策的贯彻落实，通过强化政策宣传、开展督促检查等方式，狠抓政策落地，不断减轻小微企业负担，释放改革红利，促进经济发展。按照“三为主、一特色”（即建设以初创企业为主、以培育小微企业数量为主、以多层厂房和楼宇为主，培育科技型和集群式小微创业园）的总体要求，继续深入推进小微企业创业园建设，不断完善基础设施，提升承载能力，优化创业服务，发展特色产业，引导小微企业集约抱团发展，降低企业初创成本，积极破解小微企业创业难题。深入推进中小企业服务体系建设，依托省级中小企业公共服务平台网络（赣佑网），开展中小企业星级服务机构征集评选活动，集聚一批优质服务机构，为全省中小微型企业提供“找得着、用得起、有保障”的星级服务。积极帮助我省中小企业加强对外交流、扩展国内外市场，组织我省优秀中小企业参加“中国（国际）中小企业博览会”等全国性的专业展会，加强与发达地区企业的对接交流，帮助企业营造更多商机。

五是抓试点示范，推动建立现代企业制度。在全省试点开展私营企业建立现代企业制度示范工作，通过政策引导、购买服务等方式，鼓励私营企业以上市为动力，完成股份制改造，完善法人治理结构，进一步激发非公有制企业发展活力，提升管理水平，促进转型升级发展。加强非国有企业人才队伍建设，通过开展非国有企业职称评定，建立健全中小企业人才资源库，积极培训提升企业专业技术人员，努力缓解企业技术工人紧缺问题。

六是抓融资服务，着力缓解企业融资难题。积极推动完善省、市、县三级政策性融资担保体系，鼓励和引导各类资金通过设立、增资、混合经营等方式做大做强担保机构，力争市级政策性担保机构注册资本金不低于3亿元，县级担保机构注册资本金不低于5000万元，力争每个工业园区都有担保机构业务覆盖。积极推动组建省级再担保机构，完善我省融资担保体系，健全再担保服务功能。稳步推进中小企业信用示范区建设，以《江西省工业园区中小企业信用等级评定办法》为指引，以萍乡市经开区和奉新信用示范区“企业信用等级评定”和“信用互助融资模式”为样板，在全省工业园区内逐步开展信用示范区建设，重点在小蓝经济开发区等13个工业园区进行推广，结合“财园信贷通”“信用互助”“助保贷”“小微信贷通”等多种融资模式，缓解工业园区内企业融资难、融资贵问题。鼓励引导中小企业通过资本市场进行直接融资。重点是推进银行间市场债务融资实现区域全覆盖、机构全覆盖和工具全覆盖，引导推动我省中小企业利用集合票据、集合债券、集合信托等方式来缓解融资难问题，着重推进中小企业“新三板”挂牌上市。

山东省

一、2014年中小企业发展情况

（一）企业数量快速增长，吸纳就业作用显著

2014年，全省中小企业新增24万户，呈现出井喷式增长，比前三年新增数的总和还多3万户，总量达到114万户。全省中小企业新增就业200多万人，占全省新增就业的90%以上。

（二）中小工业平稳运行，效益指标稳中趋缓

2014年，全省规模以上工业中小企业38012家，新增296户，实现增加值同比增长10.48%，增幅同比回落2.79个百分点，高于全部规模工业0.86个百分点，占全部规模以上工业比重63.67%；实现主

营业务收入9.04万亿元，同比增长11.50%；利润总额5638.42亿元，增长4.68%；利税总额8948.34亿元，增长6.95%，三项指标全部高于全部规模工业。营收、利润和税金总量三项主要经济指标均居全国前列。2014年，规模以下工业企业12.4万户，实现增加值1655.2亿元，同比增长6.9%；主营业务收入5852.8亿元，同比增长6.4%；利润总额440.2亿元，同比增长1.3%；税金总额214.9亿元，同比增长1.6%。

（三）经济结构持续优化，新兴产业发展明显加快

2014年，全省中小企业户数在三次产业比例约为2.1：28.4：69.5。第三产业比重继续提升，产业结构向优化方向发展。战略性新兴产业、生产性服务业中小企业总量持续增长。其中，新增租赁和商务服务业占新增中小企业总量的12.78%；科学研究和技术服务业占3.32%；交通运输、仓储和邮政业占3.11%；信息传输、软件和信息技术服务业占2.44%；居民服务、修理和其他服务业占2.11%；金融业占1.37%。

（四）创新能力增强，创新驱动发展成效显著

2014年新培育418家省级"一企一技术"研发中心和创新企业，省市两级研发中心和创新企业总数达到3166家。全省中小企业技术创新项目3242项，占全省总量的78.7%；新认定中小企业省级企业技术中心194户，占92.4%；中小企业省级技术中心1012户，占82.5%；中小企业国家级企业技术中心72户，占51.4%。

二、2014年主要工作

（一）狠抓政策落实，发展环境明显改善

一是制定了《关于贯彻落实省委省政府加快全省民营经济发展意见的实施意见》，提出发展中小企业壮大民营经济的33条具体措施。从实施创业兴业，培育更多的市场主体；加强技术创新，加快转型升；推动中小企业集约集聚发展；破解中小企业发展难题；推进中小企业两化融合发展；加快公共服务平台建设等10个方面推动中小企业发展。二是开展对小微企业发展的考核督导工作。按照《山东省小型微型企业发展考核办法（试行）》，首次对全省17市开展了2013年度小微企业发展考核工作，促进了政策的贯彻落实。三是调查研究取得新成果，形成一些有价值的调研报告，省中小企业局对曹县、博兴等地"淘宝村"创业模式和经验进行了专题调研，形成《全省淘宝村电商产业发展调研报告》作为省政府"决策参阅"成果专报省委、省人大、省政府、省政协及省直有关部门和各市政府，得到省政府领导的充分肯定。撰写的《山东省中小企业发展报告（2014）》《关于当前中小微企业发展情况的调查报告》，为省委、省政府制定促进中小企业发展政策提供了重要参考依据。

（二）支持创业载体建设，推动创业兴业

一是加强了对创业基地的扶持和管理。省财政厅、科技厅、省中小企业局联合制定了《山东省中小企业创业补助创新奖励资金管理暂行办法》，加大对小微企业创新创业的财政扶持力度。利用国家专项资金对孵化能力强、服务措施完善且具有示范作用的9个基地进行了扶持。二是创业辅导基地孵化能力进一步提高。省级创业辅导基地正在向园区集中，规模不断扩大，功能不断完善，在孵企业增加，平均每个基地在孵企业达91家。孵化企业经营业态多样化，有工业企业，也有物流软件、电商、文化创意等企业。全年新认定省级小企业创业辅导基地29家，在孵企业2660家，安排就业8.9万人。截至2014年底，省级创业辅导基地达到173家，入驻企业1.59万家，安排就业38.8万人。三是创业辅导师队伍素质进一步提高。省人社厅、省中小企业局加强对创业咨询师的培训提升。目前，省、市两级创业辅导师队伍达到606人，有50名辅导师获得国家职业资格证书。

（三）加快公共服务体系建设，平台网络功能进一步增强

一是公共服务平台网络正式建成并投入运行。"全省中小企业公共服务平台网络"建设项目，历时三年时间，总投资2.1亿元，建设和改造服务场地面积7.1万平方米，于2014年9月正式建成并投入运行。在全省形成了以省级网上平台为枢纽、17个市级综合平台和20个产业集群专业平台为节点、县市窗口平台和社会服务机构为基础，功能较为完善、互联互通、资源共享和服务协同的公共服务平台网络体系。省政府为此举办新闻发布会，向社会各界作了宣传推介。二是加强了平台网络管理。2014年，分两次考核验收了各市综合窗口平台，评选认定了第三批79家省级中小企业公共服务示范平台，推荐并获批10家国家级示范平台。截至年底，全省拥有国家级示范平台34个，省级平台100个。三是平台网络聚集更多优秀服务机构。到2014年底，全省公共服务平台共聚集1258家服务机构，能够提供1956个服务产品，累计开展8200多期服务活动，服务企业20万余家。

（四）坚持创新驱动发展，促进中小企业转调升级

一是加快研发创新主体建设。2014年培育省市两级"一企一技术"研发中心522家，其中省级177家；培育"一企一技术"创新企业553家，其中省级242家。二是实施育苗扶壮工程。按照生产专业化、工艺精细化、服务特色化、技术高新化的要求，大力培育"专精特新"中小企业，扩大企业认定范围，引导更多的中小企业进入高新技术产业和现代服务业领域，提升第三产业比重。2014年新认定了400家省级"专精特新"企业，其中"专精特新"工业企业139个，科技创新企业143个，特色服务业企业72个。三是扶持产业集群提高集约集聚发展能力。到2014年底，全省年营业收入过10亿元的产业集群发展到462个，其中过100亿元的188个、过200亿元的102个、过500亿元的16个。四是继续推广合同能源和融资租赁试点。2014年全省开展合同能源管理和融资试点项目29个，经省市主管部门验收，有20个项目完工并达到合同约定效果，认定8家企业为合同能源管理示范企业，12家企业为设备融资租赁示范企业。

（五）打造电商发展交流平台，推进中小企业电子商务

一是制定出台了《关于加快全省中小企业电子商务发展的意见》，提出了今后三年推进电子商务的目标任务、工作重点和措施，全面部署电商推进工作。二是广泛发动和推广应用电子商务。召开全省中小企业电子商务推进会议，组织全省中小企业向电商新高地进军，打造新时代电商山东。在博兴县召开了全省中小企业电子商务“淘宝村”现场会，推广电商村经验。全省农村电子商务快速发展，淘宝村、镇数量增多，由2013年的4个淘宝村增加至13个，占全国的6.16%；新出现2个淘宝镇，即曹县大集乡和博兴县锦秋街道，占全国的10.53%。三是打造电商发展应用交流平台。举办了首届中国（山东）网络商品博览会暨山东中小企业网络商品订货洽谈会，展位612个，415家国内知名电商平台、电商代运营机构和中小企业参会洽谈，取得了良好效果。在省中小企业网络平台建设电子商务专业平台——易商平台，提供PC、手机APP和微信端全网营销平台，聚集众多人才孵化、咨询、代运营等服务机构为企业提供电商服务。

（六）推进管理创新，促进企业提升管理水平

一是深化管理提升百千万活动。按照咨询服务、法律援助、信息化助力三位一体原则，组织优秀服务机构，与管理提升目标企业和商业模式创新、管理方式创新、特色服务创新目标企业组织对接，以咨询诊断式培训切入，注重实效，立体推进。共组织服务机构与企业对接296场，对接企业5495家，其中“一企一策”专家会诊17场，会诊企业53家。二是组织实施小企业会计准则。开展中小企业财务问卷调查，委托专业中介机构为小企业实施会计准则提供服务，帮助企业规范财务管理。对实施小企业会计准则做出突出成绩的19个县级中小企业局（办）进行了宣传表彰，促进各地进一步帮助企业加强财务管理工作。三是深化法律咨询服务。与省律师协会合作，组织法律服务机构为中小微企业开展免费法律咨询、体检和培训，服务企业6000多户。四是大力开展巡回大讲堂和工商管理研修培训。围绕企业急需的政策法规、财税金融、市场营销、生产管理、信息化、电子商务等管理实务，组织巡回大讲堂培训100期，培训人员1.8万人次；联合清华大学、山东大学等高校举办1年期“专精特新”和高级工商管理进修班5期，培训300人。在临沂、济宁等地开展了筹备创业创新大学创办试点工作。

（七）多举措化解市场开拓和融资难题，助推企业快速发展

一是积极组织境内外经贸交流活动，市场开拓工作更加务实有效。积极筹备建设中小企业对外合作交流平台，按照工作方案，基本完成平台框架构建，部分专业中介机构已经入驻参与建设。先后组织160余户企业参加了第十一届中博会、第八届APEC技展会、2014中国农产品加工投资贸易洽谈会等大型展会，签订合同意向53.2亿元，并荣获中博会、农洽会最佳组织奖和APEC技展会优秀组织奖。与省外办联合举办了第十四届“山东省·山口县经贸洽谈会”“山东·阿联酋经贸交流会”和组织企业赴韩国、卡塔尔、阿联酋等国家，以及中国台湾、香港地区开拓境外市场，达成合作意向40余项。组织编印了《山东省招商引资和鼓励投资政策汇编》，积极宣传全省鼓励投资和招商引资的优惠政策和营商环境，推动招商引资工作开展。二是加强融资对接和服务。积极搭建银企合作桥梁，与建设银行山东省分行共同推动小微企业“助保贷”业务，全省共设立覆盖90个县（市、区）的200个助保金池，各级政府安排风险补偿资金达7.55亿元，累计为1131户小微企业发放贷款54.4亿元。与交通银行山东省分行开展了中小微企业知识产权质押融资和产业集群贷创新试点。三是积极落实财税扶持政策，加快信用担保体系建设。帮助36家担保机构获得国家担保业务补助和增量补助6840万元，共为1.7万户中小微企业新增担保贷款320亿元。研究落实担保风险补偿代偿基金，争取国家资金9000万、省财政配套6000万，总担保风险补偿资金达1.53亿元。组织第十批次21家符合条件的担保机构申请国家免征营业税。与人民银行济南分行积极开展担保机构信用评级工作，配合省金融办等单位开展了非融资性担保机构清理整顿活动，促进担保行业规范健康发展。截至2014年年底，全省中小企业信用担保机构发展到464家，注册资本总额达到543亿元，累计为41万户中小企业贷款担保额达到6933亿元。四是积极推动融资创新，不断扩大直接融资比重。与齐鲁股权托管交易中心、上海股权托管交易中心等签订战略合作协议，开展挂牌交易和股权融资。会同省财政厅等部门制定了《山东省省级天使投资引导基金管理暂行办法》，引导企业通过资本市场发展壮大。目前，全省已累计发行中小企业集合票据19支，为90多家中小企业募集资金66.5亿元。

（八）加强监测分析，促进经济平稳运行

一是完善经济运行监测体系。建立“中小企业快报表”月报制度，扩大监测直报企业数量，形成省、市、县三级联动的中小企业运行监测网络，及时掌握经济运行动态。目前，全省重点监测直报企业达到3512家，直报率始终保持在90%以上。编印了《规模以上工业企业统计年鉴》《规模以下小微工业简明资料》。二是坚持季度经济运行分析会制度。2014年，确定“分片召开、专题讨论”的方式召开季度经济运行分析会，每个季度确定一个专题进行深入讨论，突出运行分析的针对性和时效性，切实掌握中小企业发展中面临的困难和问题，研究探讨对策措施。

（九）发挥多种媒体宣传优势，营造良好舆论氛围

一是加强对宣传工作的指导。制定了《关于加强中小企业宣传工作的意见》，明确了中小企业宣传工作的总体要求和坚持原则，建立了重要事项发布和专题工作宣传制度。二是宣传小企业发展成就和创新做法。首次组织编纂并向社会发布了《山东省中小企业发展报告（2014）》，得到省委主要领导充分肯定。召开山东省中小企业公共服务平台新闻发布会，扩大了全省中小企业公共服务平台网络的影响。在大众日报、齐鲁晚报推出“民营经济凤凰涅槃”“民企看亮点”系列专题报道；联合山东卫视推出了中小企业专题新闻，营造关注、支持中小企业发展的良好氛围。三是积极开拓新媒体传播途径。联合山东手机台打造推出了省局网站手机“轻快 APP”。建立并不断完善省局网站中小企业与民营经济（非公经济）政策库，方便中小企业和社会各界查阅政策文件，扩大政策宣传面和知晓率。

（山东省中小企业局　王功永）

河南省

2014 年河南省中小企业、非公有制经济发展概况

2014 年，在省委、省政府的坚强领导下，各级、各部门认真贯彻落实党的十八大、十八届三中全会、四中全会精神，深入实施“河南省促进民营企业中小企业健康发展行动计划”，加强对中小企业的发展指导，完善中小企业公共服务体系，推动各项政策落实，开展系列企业服务活动，着力稳增长、调结构、破瓶颈、促发展，推动我省中小企业、民营经济保持了良好的发展态势。

一、2014 年我省中小企业及非公有制经济基本情况

中小企业情况。截至 2014 年底，全省中小企业单位数 45.14 万家，同比增长 3.77%；从业人数 1294.06 万人，同比增长 7.26%；增加值 20212.81 亿元，同比增长 12.98%；总产出 66062.66 亿元，同比增长 14.99%；营业收入 63833.16 亿元，同比增长 14.08%；实交税金 1769.21 亿元，同比增长 11.99%；利润总额 6491.25 亿元，同比增长 11.56%；资产总额 30960.66 亿元，同比增长 12.38%；出口交货值 1212.68 亿元，同比增长 46.42%。

非公有制经济情况。截至 2014 年年底，全省非公有制经济单位数 292.23 万个，同比增长 3.14%；从业人数 2238.01 万人，同比增长 2.7%；增加值 25815.12 亿元，同比增长 13.06%；总产出 85904.05 亿元，同比增长 16.38%；营业收入 81068.57 亿元，同比增长 12.62%；实交税金 2236.67 亿元，同比增长 17.52%；利润总额 8562.62 亿元，同比增长 10.32%；出口交货值 1352.34 亿元，同比增长 2.74%。

二、存在的困难、问题及原因

（一）融资难、融资贵

据调查问卷显示，80% 的企业认为融资方面“比较困难”或“困难”；在企业生产经营资金来源中，银行贷款仅占 21.7%，大部分小微企业很难从银行获得贷款；65.32% 的企业反映流动资金紧张，且呈上升态势，仅有 5.2% 的企业表示流动资金充裕。另外，由于银行贷款利率普遍上浮、承兑汇票大量使用、民间借贷利率畸高，致使中小企业贷款利率远高于平均利润率。

融资难、资金短缺问题已成为制约中小企业发展的首要问题。究其原因，主要有以下几方面：一是融资渠道狭窄。虽然现在各类金融产品名目繁多，但真正可为小微企业解决问题的少之又少，尤其是初创期小微企业，无抵押物，无经营业绩，很难融到资金。二是银行对小微企业贷款无积极性。受互联网金融的冲击，银行存款持续减少，在信贷资源有限的情况下，银行更愿意选择大型企业放贷。中小企业普遍经营不稳定，财务不规范，信誉度不高，风险较大，银行不愿授信。三是中小企业三角债问题严重，中小企业大多是为大企业配套加工或供应物资，没有话语权，大企业拖延货款现象严重，一拖就是两三年，甚至三五年，致使中小企业资金周转困难，有的撑不下去，只好关门倒闭。

（二）用工难，用工贵

据调查问卷显示，82.99% 的中小企业反映存在用工短缺。招工短缺的企业中，招到不足 25% 的企业占 70.49%，招到 90% 以上的企业仅占 22.13%。劳动密集型企业反映员工流动性大、队伍不稳定，高新技术企业反映高端技术研发人才缺乏，招来也很难留住。大多数小微企业的人工成本占企业成本由之前不足 10% 上升至 15% ~20%，有的行业用工成本甚至占到企业利润的 60%。

主要原因：一是随着近几年员工工资的普遍上涨，我省中小企业员工的平均工资基本都超过 2000 元，而且还要为职工缴纳超过工资总额 40% 的社会、医疗保险等费用。二是新生代高校毕业生、农民工择业期望值普遍较高，我省虽然是人口和劳动力资源大省，但大量劳动力到沿海发达地区务工。省内小微企业大都在县城或乡下，公共设施差，且规模小，利润低，在福利待遇方面有所欠缺，人才流失严重。同样的技术人员，在大城市 2500 元能够招到，在县城就得 3000 元以上才能招到。

（三）用地难，办证难

我省工业用地日趋紧张，土地价格持续上涨，中小企业受实力规模制约，难以获得所需土地，大量中小企业项目因无用地指标而无法落地。部分工业园区入驻门槛较高，且租金太贵，多数中小企业承担不起。

现行的土地审批、发证制度，造成土地审批办证时间长。据有些小微企业反映，征用农用土地的审批手续正常情况下也要 7—8 个月，企业用地办证

相当困难。一些中小企业虽然已经有了用地指标，但由于手续繁、关卡多、时间长，因而迟迟不能取到土地使用证。因没有土地使用证，地上建筑均拿不到合法证件，也无法办理抵押贷款，更难享受到国家的有关扶持政策，严重影响了中小企业的发展。

三、2014 年全省中小企业经济发展趋势判断

今年，我国经济发展环境依然错综复杂，受国内外需求不足影响，中小企业出口压力加大，小微企业所受冲击或短时间内难以消除，面临的发展环境也将更加复杂，但也有诸多有利因素和支撑条件。

近年来，国家出台了一系列支持中小企业发展的政策措施，随着政策效应的逐步释放和全面深化改革的逐步推进，必将推动中小企业持续健康发展。从我省情况看，2 月份，我省召开了全省工业大会，将着力建设先进制造业大省，实施工业转型升级行动计划，以技术改造、优化存量为重点提升传统支柱产业，以集群引进、扩大增量为重点发展高成长性制造业和战略性新兴产业，培育新的增长点，突出项目带动，将建设 1500 个亿元以上重大工业结构调整项目，完成投资 3000 亿元以上，带动中小企业快速发展。另外，我省已将小微企业发展工作纳入部门考核范围，我厅联合科技、财政等八个部门出台了考核评价办法，这项工作的开展，将会进一步推动各地对小微企业发展的重视。3 月份，我省印发了《2015 年河南省扶助小微企业专项行动实施方案》，以扩充总量、提高质量、优化结构、创新提升为重点，从九个方面提出了进一步优化环境、强化服务、减轻负担、推动小微企业发展的重点工作。种种政策措施为我省中小企业营造了良好的发展环境，预计 2015 年上半年中小企业低位运行，下半年会有所企稳，全年保持平稳运行、稳中有调、调中有增、增幅下降的态势，中小企业增加值预计增长 12.5% 左右。

四、2014 年开展的主要工作和成效

2014 年，为促进中小企业、非公有制经济持续健康发展，我省主要开展了如下工作：

（一）强化组织领导

一是建立我省促进中小企业发展工作的组织领导机制。今年 10 月份，我厅提请省企业服务活动联席会议审议，并经批准增设了河南省促进中小企业发展工作办公室，承担中小企业发展的综合协调工作，为进一步加强部门联动、整合政策资源、合力扶持中小企业发展提供了坚强的组织保障。二是探索建立小微企业考核评价机制。经报请省政府同意，小微企业发展将作为主管部门年度目标考核的内容。目前，相关考核评价办法正在制订中。三是推动各地健全完善中小企业和民营经济工作组织领导机制，目前，绝大部分省辖市已建立由政府分管领导挂帅，多个部门为成员的中小企业发展工作领导小组或议事机构。四是指导河南省民营企业协会、河南省民营企业社会责任促进中心等社会机构发挥职能，为全省民营企业、中小企业提供各种服务。

（二）优化发展环境

一是认真开展党的群众路线教育实践“回头看”活动，彻底解决“四风”问题。转变工作作风，强化服务意识，精简会议和文件，加强基层调查研究，狠抓中小企业反映强烈的热点问题。同时，完善工作机制，规范工作程序，确保各项工作透明化、制度化，着力优化政务环境和中小企业发展环境。二是营造发展氛围。充分利用广播、电视、报纸、网络等新闻媒介，广泛宣传中小企业的重要地位和创新发展的成功案例。与新华社河南分社签订了框架合作协议，借助新华社河南分社的媒体优势，加强对中小企业的宣传报道。配合省工商联发布“2014 河南省民营企业 100 强”，在对全省上规模民营企业进行调研的基础上，根据 2013 年度营业收入总额进行排序，将金龙精密铜管集团等前 100 位评为“2014 河南民营企业 100 强”，并发布 100 强企业调研分析报告，着力营造鼓励创业、创业有功的浓厚氛围。

（三）推动政策落实

一是加强政策宣传。编印、出版《河南中小企业年鉴》，汇总整理各地支持中小企业发展的政策信息。联合河南广播电视台成立“河南省中小企业手机台”，充分运用智能手机和平板电脑等新媒体优势，为中小企业提供新闻资讯、政策发布与商务互动服务，目前用户已突破 1 万户，发布各类新闻及信息 13 余万条。在全省组织开办多种形式的中小企业政策大讲堂，培训人数超过 2 万人。二是强化跟踪督导。为让广大中小企业及时了解政策、用好用足政策，4 月份，我厅组成 4 个调研帮扶小组，深入各地产业集聚区和中小企业开展帮扶调研活动，宣传落实各项惠企政策，帮助解决中小企业反映的突出问题。从 10 月份开始，提请省政府组成 12 个督导组，对各地稳增长调结构促发展及落实小微企业政策情况进行为期三个月的督导检查，每月实地督导服务一周以上，确保各项政策措施落到实处。

（四）促进转型升级

一是推进“专精特新”发展。大力支持创新性、创业型、劳动密集型中小企业发展，引导中小企业走专精特新发展之路。启动了省级中小企业特色产业集群认定工作，目前正在进行材料初审。二是开展“百千万”成长工程。按照“中型企业抓成长、小微企业抓培育”的思路，省、市、县三级分别集中各种资源，重点支持帮助相关企业成长发展。三是推进产学研合作。与省教育厅、省科技厅首次联合开展了中小企业产学研对接活动，促使 95 家中小企业与 51 家高校院所成功对接了 116 个产学研合作项目，项目科研经费 5.9 亿元。11 月份，组织部分市县工信部门负责人和企业负责人到四川大学开展产学研对接合作，共征集技术难题 152 个，部分项目达成合作协议。四是推动中小企业信息化建设。继续联合百度公司在全省组织实施助推中小企业市

场开拓“翔计划”，利用百度搜索营销服务平台优势，为全省中小企业提供成本低、见效快、效益好的百度推广服务。共组织中小企业电子商务培训135场次，参与人数超过24000人，免费为14649家企业提供营销服务，为6597家中小企业免费建立网站。

（五）完善服务体系

按照“政府引导、公共服务带动、社会服务广泛参与、协同发展”的思路，整合社会服务资源，不断完善中小企业社会化公用服务体系。一是根据工信部批复的《河南省中小企业公共服务平台建设方案》，强力推进我省中小企业公共服务平台网络建设。目前，全省已建成10家综合窗口服务平台和产业窗口服务平台，在建24家。二是开展省级中小企业公共服务平台和小企业创业基地认定工作。目前，全省已认定90家服务平台和79家创业基地。组织开展第四批国家中小企业公共服务示范平台创建工作，目前全省已有16个国家级示范平台。三是加大对公共服务机构的财政支持。联合省财政厅开展2014年国家中小企业发展服务体系资金申报工作，为我省24家服务机构争取资金4345万元。四是积极培育发展面向中小企业的社会化服务机构，鼓励支持各类服务机构为中小企业提供服务。

（六）强化金融服务

多举并措，着力缓解中小企业融资难题。一是完善银企合作机制。4—10月份，我厅联合省银监局组织开展了第二期“金融机构与万家中小微企业贷款项目对接活动”，发动各银行业金融机构、融资性担保公司、小额贷款公司、中小企业公共服务平台、河南中小企业网络融资服务平台等社会力量积极参与，着力构建融资合作平台。活动期间，指导各地共举办40余场银企对接会，全省共有13088家企业参与活动，10317家企业对接成功，放贷金额946.9亿元，其中小微企业占80%。二是拓宽融资渠道。6月份，我厅会同省政府金融办与全国中小企业股转系统签订了战略合作备忘录，启动我省中小企业新三板挂牌培育工作。之后，在全省分地市开展了18场专题培训，2400多人参加培训。目前，我省已挂牌企业41家，位居全国第11名。12月份，我厅与上海股权托管交易中心签订战略合作协议，并对全省400余家优秀中小企业进行了挂牌融资业务培训。目前，我省共有87家企业在上海股权托管交易中心挂牌。三是创新融资方式。指导有关省辖市开展助保金贷款、应收账款融资贷款、信贷风险补偿等新型融资服务方式。支持符合条件的中小企业在银行间市场发行集合票据、集合债券等直接债务融资工具，鼓励中小企业采取股权质押、知识产权质押、仓单质押等多种方式融资。

（七）大力开拓市场

一是组织100多家中小企业300多人到广州参加第十一届中小企业博览会，共签订产销合同150多项，总金额5亿余元。考察了广州、佛山等地的家居、建材和汽车零部件产业集群并进行深度对接洽谈，拟引进13个汽车及零部件项目，签约金额约260亿元。二是组织100多家企业到浙江参加第八届APEC中小企业技术交流暨展览会，展示我省中小企业的发展成果。河南创世电机科技公司的小型发动机产品荣获“APEC中小企业最佳创新实践奖”。三是开展2014台资企业中西部发展交流对接活动。10月份，我厅会同省台办邀请内蒙古、陕西、湖北、湖南代表团及台湾地区重要客商共计300余人来豫召开洽谈对接会，并深入郑州、洛阳、开封、鹤壁、安阳等地中小企业进行实地考察，达成一批合作项目。四是积极引导指导全省中小企业参加第十二届（食品）博览会、中国特色商品（三门峡）博览交易会、中国电子电器博览会等系列展会。

（八）做好用工服务

一是组织开展网上百日招聘活动。3—6月份，我厅组织中小企业河南网积极参与工业和信息化部、教育部联合举办的“2014年全国网上百日招聘高校毕业生活动”，开辟了“百日招聘河南专场”，共组织1980家企业参与网络招聘活动，提供职位数2405个、就业岗位24687个，组织企业数、提供职位数和就业岗位数均居全国首位，这是河南省连续第11年获得该活动全国第一。二是积极配合团省委参加“青春点亮中国梦”第二届河南大学生暑期见习万岗行动活动。在全省范围内组织省优秀民营企业、“百千万”成长工程企业、“千家小巨人”信贷培育企业征集见习岗位，共征集各类见习岗位2209个。三是联合北京理工大学举办“工业和信息化部中小企业经营管理领军人才北京理工大学（河南）班”二期，共组织71名中小企业家参加培训。四是指导全省中小企业主管部门、各类公共服务平台培训中小企业技术管理人员2万多人次。

（河南省工业和信息化厅中小企业服务局）

湖北省

2014年湖北省中小企业改革发展总体情况

一、中小企业发展情况

市场主体加快发展。截至2014年年底，全省市场主体突破400万户（401.4），连续2年位居全国第五位，连续3年位居中部第一，企业类市场主体75.52万户，比去年增加近12万户，增长18.9%；全省规模以上工业企业达到14842户，比上年新增2037户。中小企业快速成长，市场主体发展壮大。

经济效益稳步提高。2014年，全省规模以上中小工业企业实现主营业务收入25324亿元，同比增长11.66%；实现利润1347亿元，同比增长7.23%；税金总额763.23亿元，同比增长9.04%。今年1—4月，全省规模以上中小工业企业实现主营业务收入7584.8亿元，同比增长7.7%，实现利润400.7亿元，同比增长16.1%。经济效益保持在平稳增长区间，为全省“稳增长”做出了重要贡献。

社会贡献更加突出。截至2014年年底，以中小企业为主体的全省民营经济共实现增加值14905.74亿元，占全省GDP的比重为54.5%，对全省GDP增长的贡献率为61.5%；全省新增私营企业10万余户，是创业创新的主体；私营企业从业人员达485万，个体工商户从业人数达936万，合计提供1421万个就业岗位，是吸纳就业的主渠道。

公共服务逐步健全。全省中小企业服务体系建设取得明显进步，公共服务平台网络初步建成，1个省枢纽平台，17个市州综合窗口平台、15个产业集群窗平台全部开通，服务内容由单一培训服务拓展到信息、培训、管理咨询、信息化、融资等全方位服务，服务方式由线下服务发展为线上服务与线下服务相结合，服务范围不断扩大，为中小企业服务的能力不断提高。

银企合作成绩显著。2014年末，全省中小微型企业贷款余额达10307.54亿元，同比增长17.13%。其中，中型、小型、微型企业贷款余额分别为5832.61亿元、3823.03亿元、652.9亿元，同比分别增长14.58%、17.01%、47.31%。小微企业贷款余额同比增长20.7%，高于全省贷款增幅5.13个百分点，在全部贷款余额中的占比较2013年提高0.7个百分点，实现“两个不低于的目标”。一年来，重点做了以下几个方面的工作

二、主要工作

（一）坚持以中小企业成长工程为抓手，着力做大市场主体增量

一是服务大众创业。全省各地认真落实国家和省支持创业创新的政策措施，加强创业基地建设，改善创业服务，降低创业门槛，开展了一系列创业培训活动，形成了“武汉光谷创业咖啡”“创业门诊”“创业沙龙”“创业实训班”等一批有影响力的创业服务品牌。二是强化分类指导。突出支持小微企业创办、加快发展规模企业、大力培植龙头企业，促进了小企业快速成长和骨干企业发展壮大。切实抓好“成长工程百户重点培育企业”“百户重点企业技术改造示范工程”“百户两化融合试点示范企业”等重点培育工作，形成示范效应，使一批中小企业成为行业龙头、产业骨干。三是培育千户进规。按照年初签订的新增规模以上工业企业1200户的工作目标，各地将成长工程目标任务纳入政府目标管理体系，切实加强组织领导，健全工作机制，强化目标管理。通过高起点招商引资，使一批新投产的企业进入规模以上企业行列；通过重点扶持一批优势小微企业，支持他们加快成长为规模企业。去年全省新增规模以上工业企业2037家，充分反映了全省各地大力实施中小企业成长工程所取得的成效。四是改善经营环境。持续开展减负维权专项行动，与有关部门一道，针对企业反映突出的涉企收费问题，重点整治了中介组织评估、咨询、认证等服务违规收费，涉企协会、学会强制企业入会收取会费、超标准收取会费、利用办培训班违规收费，行政许可、行政审批前置性和强制性准入规定的中介收费等问题，全年共受理涉企乱收费问题投诉2534件，查处444件，涉及金额9218万元，保持了企业减负高压态势。

（二）坚持走“专精特新”发展的路子，推动中小企业结构调整和转型升级

一是打造“专精特新”发展的产业环境。围绕4个传统产业、6个重点产业和一批新兴产业，加快产业集群培育，重点扶持83个重点成长型产业集群发展，扩大产业规模，延伸产业链条。大力推进县域支柱特色产业发展，引导县域依托资源优势、产业基础和骨干企业发展特色产业。集群发展突出产业链、服务链培育，为中小微企业专精特新发展营造了良好的产业环境。二是增强中小企业技术创新能力。支持中小企业不断加大研发投入和技术改造投资力度。加强共性技术中心管理，推动一批共性技术研究及成果应用。开展经常性产学研对接活动，促进科技成果转化，第十届中国·湖北产学研合作项目洽谈会，高校院所与企业会前会上实现技术项目对接1078个，技术交易额3.64亿元。组织实施“技术创新示范工程”“工业企业知识产权应用能力培育工程”，推进工业设计中心、工业设计示范企业的创建工作，全省省级工业设计中心已达20家。三是大力推进中小企业技术改造。围绕实施“两计划一工程”，支持和引导传统产业改造升级以及新兴产业的培育发展，推动传统产业新型化，新兴产业规模化。发布《全省2014年技术改造投资导向计划》和《湖北省工业转型升级与技术改造投资指南》，滚动实施百户重点企业技改示范工程，引导中小企业技改投入，中小企业成为全省技术改造投资的生力军。四是大力推动中小企业“两化”融合。出台了《湖北省加快推进信息化与工业化深度融合行动方案（2014—2017年）》，突出抓重点、抓应用、抓示范，大力实施“两化”融合示范工程，重点培育300家试点示范企业，培育一批“数字企业”，打造一批行业应用解决方案供应商。在中小微企业中开展“三送”推广服务，给中小微企业送培训、送软件、送网页，组织开展信息化技术咨询指导、解决方案推荐、技术讲座、案例分析等丰富多彩活动，帮助中小微企业提升信息化应用水平。

（三）完善创新服务方式，努力提升中小企业公共服务水平

一是公共服务平台网络初步建设。通过三年多的平台网络项目建设，全省初步建成了由1个省枢纽平台、17个市州综合窗口服务平台和15个产业窗口服务平台构成的全省中小企业公共服务平台网络。省枢纽平台和武汉市综合窗口服务平台等14个平台被工信部认定为“国家中小企业公共服务示范平台”，60家服务机构被评为省级示范平台和基地，全省已经形成一个高集成、广覆盖、全服务的平台网络。二是整合社会服务资源效果明显。主动争取政府各部门的支持，加强与行业协会、专业机构的交流合作，积极推进建立“枢纽、窗口、服务点”三联动的工作机制，初步实现线下服务统一行动，

呼叫服务统一号码，在线服务统一网络。2014年，全省平台网络整合服务资源2239家，开展创业辅导、法律服务、融资担保、企业信息化、管理咨询、产学研对接、人才培训、节能减排等服务活动1.6万次，服务中小企业5.4万家，服务成效初步显现。三是资源共享和互联互通初步实现。大力推广“互联网+服务”模式，目前已初步实现全省中小微企业服务资源共享、互联互通和服务协同。服务方式也由传统的窗口大厅服务拓展至线上对接、96500热线呼叫、远程直播共享、中小微企业专版、中小微企业之声、平台APP以及微信、微博等移动互联网新方式。平台在中小微企业和服务机构中的知名度、满意率和美誉度不断提升。四是积极开展服务企业的各项活动。编印《中小微企业政策百问百答》（第二版）、《中小微企业法律服务手册》《中小微企业税收政策解读与运用》等，免费发放全省中小企业。与长江商报联合开办《服务中小微企业》专版，每月2期4个版面，目前已出版14期；与楚天交通广播电台共同开设“中小微企业之声”栏目，每天播出一小时，宣传和解读支持中小企业发展的政策措施；组织开展“服务中小微企业楚天行”系列活动和“扶助小微企业专项行动”，营造全社会都关心支持中小微企业发展的良好氛围。

（四）不断深化银企合作，切实改善中小微企业融资服务

一是深化银企合作。积极开展多种形式的银企合作促进会、对接会、洽谈会、中小企业融资园区行等活动，组织银企对接，搭建银企合作平台，全年共组织银企对接活动110场，银企合作进一步深化，全省中小微型企业贷款余额增幅达到17.13%。小微企业贷款增速高出各项贷款平均增幅5.13个百分点，实现“两个不低于”的目标。二是创新融资服务。全省金融部门和金融机构以改善中小微企业金融服务为切入点，着力推动融资产品创新，推出金融创新产品近100项，满足中小微企业需求。各地积极探索政银合作新做法，建行助保贷、工行银证通、襄阳产业合作基金等创新做法受到中小企业的肯定和欢迎。目前全省共搭建“助保贷”平台75个，贷款余额28亿元；工行“银政通”平台已在各市州完成平台搭建，贷款余额超10亿元。三是规范担保机构发展。大力推动担保资源整合，提高担保机构资质和信用水平，支持资本金大、有良好经营业绩、治理结构规范的信用担保机构加快发展，着力培育一批区域性、主导型担保公司和集团。全面完成规范整改考核验收工作，第三批合格名单公示后，全省416家担保公司中，300家合格，53家通过市州考核，63家未通过省市考核，进入淘汰名单，担保行业规范发展，担保实力进一步加强。

（五）积极谋划非公有制经济改革，扎实推进民营企业建立现代企业制度

一是全面分解改革任务和推进责任落实。积极发挥省支持非公有制经济健康发展体制机制创新专项领导小组办公室牵头作用，针对我省非公有制经济发展体制机制存在的束缚和障碍，统筹协调27家成员单位，研究改革工作、制定工作要点，建立工作台账、全面分解任务、推进责任落实。二是谋划推进非公经济改革工作。会同有关部门清理和修订不适应非公有制经济发展的地方法规、政府规章和规范性文件，进一步营造良好政策环境；支持民营企业参与国有企业改制重组、合资经营和股权多元化改革，投资自然垄断或特许经营行业，促进各类所有制经济融合发展。三是推进民营企业建立现代企业制度。开展促进民营企业建立现代企业制度专题调研，经大量调研、精心起草、广泛征求意见，完成了《关于引导和鼓励民营企业建立现代企业制度的若干意见》的起草工作，现已通过省政府常务会议和第六次省全面深化改革领导小组会议审定，即将印发全省执行。四是扎实推进“123”企业家培育计划。做好第一、第二批培养人选的培育工作。组织企业家赴美国哈佛大学进行“企业战略管理”培训和上海中国浦东干部学院进行“企业创新管理”培训。做好第三批培养人选选拔和集中培训工作，同时加强对市县企业家培育工作的指导，年培养规模扩大至省、市、县三级共1000名。组织我省部分“千人计划”“百人计划”专家与“123”企业家同堂学习，创新建立“资本”与“知本”对接机制。

湖南省

2014年中小企业和非公经济发展基本情况

一、2014年中小企业和非公经济发展情况

2014年，我们在国家工信部和省委、省政府的坚强领导下，认真落实委党组决策部署，大力推进中小企业服务体系建设，着力促进中小企业和非公经济转型升级，各项工作取得新进展，较好地完成了年初确定的各项工作目标。2014年全省中小企业增加值预计比上年增长10.8%左右；全省非公经济实现增加值15896.32亿元，比上年增长10.3%，比全省GDP增速快0.8个百分点，占全省GDP的比重达58.8%。

二、主要工作

（一）优化非公经济和中小企业发展环境

一是出台政策性文件。按照省委全面深化改革领导小组的工作部署和省委主要领导同志的指示，我委配合省委政策研究室对全省非公有制经济发展情况进行了全面调研，形成了专题调研报告，得到了徐守盛书记的充分肯定。我们先后多次征求省直

有关单位和企业等方面建议意见，牵头起草了《中共湖南省委湖南省人民政府关于促进非公有制经济发展的若干意见》，以湘发〔2015〕3号文件正式印发，为促进非公经济发展营造了良好的政策环境。

二是研究起草扶持小微企业发展政策。为贯彻落实国发〔2014〕52号文件精神，针对中小企业特别是小微企业发展中出现的经营压力大、成本上升、融资困难、税费偏重等问题，我委牵头起草了《湖南省人民政府关于进一步扶持小型微型企业健康发展的实施意见》。文件坚持问题导向，从发挥中小企业专项资金作用、落实减税降费政策、降低企业设立门槛、减轻企业负担、扩大中小微企业信贷规模、加强对中小微企业的公共服务等方面制定了针对性、操作性较强的政策措施。经省政府同意，以湘政发〔2015〕13号文件正式印发，进一步加大了对小型微企业的政策扶持力度。

三是开展第三方评估。为检验政策贯彻落实成效，经省政府同意，我们委托省工商联对湘政发〔2012〕18号文件贯彻落实情况进行第三方评估，评估报告客观反映了政策实施的情况，提出了对策建议，有力地促进政策的进一步贯彻落实。

（二）深入实施中小企业“百千万”成长工程

一是制订了《湖南省促进中小企业“专精特新”发展三年行动计划》。明确了“专精特新”标准和发展方向，制定了工作目标和措施，通过重点扶持、加强服务、跟踪帮扶等方式，引导中小企业不断提高自身素质，增强内生动力，提升专业化、特色化发展水平。

二是培育了一批“专精特新”示范企业。通过市州推荐、专家评审、社会公示等程序，我们从全省遴选出459家“专精特新”示范企业。全年安排省级中小企业发展专项资金4577万元，支持中小企业结构调整和优化，以“专精特新”示范企业为重点，积极组织开展各类产业对接活动，推动示范企业与大型企业协作配套，充分发挥了示范企业的标杆作用。

三是组织了“专精特新”发展调研。根据全委统一安排，我们赴市州工业园区调研，形成了《湖南省促进中小企业“专精特新”发展对策研究》，分析了我省中小企业的发展现状，提出了促进我省中小企业“专精特新”发展的对策措施。

（三）完善工作机制，创新开展工作

一是完善运行监测机制。我们加强了对中小企业和非公经济运行情况的监测调度，每季度组织各市州经信委分析中小企业运行情况，形成了季度分析报告和相关专题材料。先后向兰香副省长和省政府办公厅报送了《关于中小企业和非公经济发展情况的汇报》《当前我省小微企业面临的困难及应对措施》《关于非公企业反映的主要问题及意见建议情况的报告》《当前我省中小微企业融资状况与建议的汇报》，得到省领导的充分肯定。同时，指导省企业技术推广站做好国家中小企业运行监测系统的数据调度工作。目前全省已经入库企业1200家，经常上报数据的企业有450家。

二是建立厅际合作机制。按照《关于加强省人民政府有关部门同各民主党派省委、省工商联对口联系工作制度》要求，我委与省工商联签订了厅际合作机制文本。在以往合作的基础上，进一步增进两部门的工作联系，形成相互支持、通力合作、重点推进、共促发展的良好工作格局，共同促进非公经济和中小企业健康发展。

三是建立非公企业问题交办机制。6月，我委与省工商联联合举办“全省促进非公有制经济发展座谈会”。微微部长、报翔副省长出席并作重要讲话。根据省领导指示，我们收集了16个非公企业反映突出的问题，以领导小组办公室交办的形式，督促相关单位协调解决。截至年底，共落实解决问题15个，暂时难以解决的问题也向企业作了书面说明。问题交办机制深受非公企业好评，开辟了服务企业的新途径。

四是开展中小企业专项资金绩效评价。按照省财政厅《关于做好2013年度项目支出绩效自评工作的通知》（湘财绩〔2014〕5号）要求，我们对中小企业发展专项资金使用情况进行绩效评价，并对项目实施情况进行现场抽查，确保资金投入项目建设，产生经济效益。专项资金绩效评估工作得到省财政厅好评。

（四）加快中小企业服务体系建设

一是推动中小企业公共服务平台网络建设。2014年共投入建设资金12610万元，新建3个窗口平台、续建10个窗口平台。加强了项目管理。9月组织有关专家对窗口服务平台进行检查验收，督促相关市州加强整改，确保窗口服务平台按时建成。开通了省枢纽平台。省枢纽平台于7月正式开通，与22个窗口平台实现了互联互通，现已注册服务机构1200多家、注册中小企业13000多家，运行逐步进入正轨。加快整章建制。制定了《湖南省中小企业公共服务平台网络运行管理办法》以及《窗口平台考核办法》，规范运行服务流程，为平台网络规范管理提供了制度保障。

二是加大中小企业专项资金支持力度。2014年共争取国家中小企业发展专项资金9070万元，支持中小企业服务体系类项目50个；省级中小企业发展专项安排资金2500万元，支持服务体系项目82个。通过项目支持，引进了一批优秀服务机构，丰富了服务载体，活跃了服务市场。

三是培育核心服务机构和公共服务平台。2014年新认定57家中小企业核心服务机构，充分发挥核心服务机构的示范引领作用，提升服务能力。继续在工业园区、产业集群区和特色产业区扶持建设公共服务平台，为中小企业提供相关技术服务。2014年，长沙市中小企业服务中心等8个服务机构被工信部认定为第四批国家中小企业公共服务示范平台。

四是促进全民创业。扶持中小企业创业基地发展。全年共争取各类专项资金4823万元重点支持39家创业基地，扩大标准厂房面积，提升创业服务能力。依托各级就业培训中心和职业学校、高等学校，组建了800人的培训师资队伍和500人的创业专家辅导团，全年培训创业人员15万人次。会同团省委等部门举办全省首届青年创新创业大赛和“挑战杯”大学生科技作品竞赛，树立了创业典型，推介了创业经验。

五是开展中小企业融资服务。落实与中、农、建、交等银行机构的战略合作，积极推动银行机构扩大对我省中小微企业的信贷投放。加强省中小企业融资超市建设，基层服务站数量达到12个，服务质量不断提升。下半年分别在株洲市、衡阳市举办中小企业融资服务活动，组织交通银行湖南省分行、渣打银行长沙分行、招商银行长沙分行与中小微企业进行融资对接，吸纳符合融资条件的企业236家，提交融资需求4.2亿元。同时，推动一批科技型中小企业在上海股交所和湖南股交所挂牌。

（五）加强中小企业信用担保体系建设

一是加大财税支持力度。争取国家中小企业发展专项资金4660万元，对29个融资担保项目进行业务补助；省中小企业信用担保资金规模增加到1亿元，共支持63家担保机构，补助力度进一步加大；新增27家公司获批享受免征3年营业税优惠政策，全省享受该优惠政策的公司达到35家。

二是加强县级担保体系建设。配合省财政厅做好全省县级担保体系建设的相关工作，由省财政出资7.6亿元，在全省76个县市设立国有担保机构或办事机构，实现担保业务和机构的县级全覆盖。

三是加强再担保建设。牵头开展再担保调研，撰写了《关于湖南和北京再担保开展情况和有关建议的报告》，获徐守盛书记的重要批示；开展代偿补偿资金账户筹建工作，进一步完善再担保业务模式，初步确定省财政配套2亿元，争取今年争取国家资金3亿元建立规模为5亿元的代偿补偿资金账户。

四是做好担保行业人才培养培训工作。举办全省中小企业信用担保机构高级管理人员培训班，对全省85家担保公司的高级管理人员共220余人进行管理、业务、风险、政策等方面培训，提高了风险意识和业务能力。

（六）深入开展扶助小微企业专项行动

一是出台《湖南省2014年扶助小微企业专项行动实施方案》。围绕政策落实、市场营销、投资融资、创业创新、转型升级、管理提升、舆论宣传等方面组织开展了系列服务活动。各地积极响应，结合实际制定了工作方案，推出了一系列实实在在的扶持措施。

二是组织“腾飞杯”中小企业管理升级活动。印发了《关于征集管理咨询机构的公告》，在北京、上海等发达地区征集了一批优秀管理咨询机构。举办了巡回大讲堂活动，组织12家管理咨询机构开展开展管理升级巡讲，参加活动的企业达1000多家。效果、知行信、福松国际、欧博等咨询公司对接项目突破200家，帮助一批企业管理升级，发挥了示范作用。

三是积极帮助中小企业开拓国内外市场。组织58家食品企业参加在广州举行的第十一届中国国际中小企业博览会，签订销售合同金额4100万元，意向协议金额9300万元。推荐20家高科技企业参加在义乌举行的第八届APEC技术交流暨展览会，共签订意向合同16份，合同金额达5000余万元。举办了“中国湖南—埃塞俄比亚产业投资对接会”，发布产业投资项目110个，我省300多家中小企业参加对接，200家省内企业参加中东投资贸易环境推介会暨巴林龙城项目对接会，一批中小企业将抱团走向非洲、中东。

在肯定发展成绩的同时，但我们也应该清醒地看到，制约中小企业发展的深层次问题仍未得到根本解决。从外部环境看，世界经济复苏缓慢，动力不足。国内经济下行压力依然很大，中小微企业生产经营困难；从中小微企业自身素质看，自主创新能力不足，“专精特新”发展水平不高，管理粗放，产品附加值低，缺乏核心竞争力；从中小企业工作看，政策落实不够理想，服务体系发展速度、发展质量不能满足中小企业发展需要，推动工作的长效机制尚未建立。

三、2015年基本工作思路

2015年，我们要全面贯彻落实全国工业和信息化工作会议和全省加速推进新型工业化工作会议精神，坚持改革创新，稳中求进的工作总基调，以贯彻落实国发〔2014〕52号文件和湘发〔2015〕3号文件为重点，以扶助小微企业专项行动为抓手，着力解决中小企业和非公经济发展面临的突出矛盾和问题，狠抓政策落实，加强服务支撑，推动大众创业、万众创新，推进两化深度融合，提高“专精特新”发展水平，促进中小企业和非公经济转型发展。实现全省非公经济增加值较上年同比增长10%，中小企业增加值较上年同比增长10.5%，新创办小微企业4万家以上的预期目标。为此，我们要重点做好以下几项工作：

（一）狠抓政策落实，优化发展环境

一是确保政策普惠企业。要以湘发〔2015〕3号文件为重点，做好政策的宣传和贯彻落实工作。各市州经信委要发挥促进非公经济和中小企业发展工作领导小组办公室职能，制定好相应的配套政策，细化实施方案，加强部门协调，做好宣传解读，确保政策落地，产生实效，让广大企业享受到政策红利。同时，进一步加强与省工商联的合作与交流，针对中小企业发展的新阶段、新情况、新问题，积极研究提出新的政策建议，继续开展第三方评估和专项督查，建立推动政策落实的长效机制。

二是进一步优化非公经济和中小企业发展环境。今年，省委、省政府将召开高规格的促进非公有制经济发展大会。届时，我们将按照两办的安排，全力以赴做好各项筹备工作。根据省政府相关文件要求，非公经济和中小企业发展工作表彰修改为每五年进行一次，我们将继续优化考核指标，科学评估市州工作情况。通过完善工作考核体系，激发各地工作积极性，开创非公经济和中小企业工作新局面。

三是继续开展“惠企政策落实年”活动。今年，我们将充分利用中小企业公共服务平台网络，创新信息发布载体，做好惠企政策的宣传发布，开展在线政策解读，加强与中小微企业的交流互动。各地要采取资料汇编、专题培训、报刊专栏、短信微信等方式，让广大中小微企业了解政策、熟悉政策、运用政策、享受政策。

（二）进一步推动中小企业创新发展和两化融合

一是着力推动中小企业创新发展。要把促进中小企业“专精特新”发展作为工作的重要抓手，进一步提高中小企业“专精特新”发展能力，鼓励中小企业不断加大研发投入和技术改造力度，增强技术创新能力，引导中小企业转型升级，持续发展。今年要按照超英主任的要求，抓紧研究新产品认定办法和奖励措施，鼓励小微企业创新发展。

二是促进中小企业两化深度融合。今年国家将制订“互联网＋”行动计划，“互联网＋”时代正悄然来临，我们要抓住机遇，继续发挥电信运营商、信息化服务商和专业服务机构的支撑服务作用。通过运用新一代互联网技术，集聚优质资源，构建信息化平台。继续引导中小企业通过加工设备智能化、管理信息化、服务外包等方式，进一步增强企业活力，改造提升传统产业。

三是开展“专精特新”示范企业专题培训。要加强与国内知名高校的合作，组织好“专精特新”示范企业高级管理人员培训班，提高示范企业的自主创新能力和经营管理水平，帮助企业制定好“专精特新”发展规划。

四是主动为企业排忧解难。充分发挥全省促进非公经济和中小企业发展工作领导小组办公室作用，完善企业问题交办机制，加强与相关职能部门的衔接，及时协调解决中小企业普遍关心的用工、物流、供电、税收减免、环境优化等问题。

（三）加强中小企业运行监测分析工作

一是完善省、市、县三级中小企业和非公经济运行监测分析工作制度。每年召开两次经济运行分析座谈会，分析上季度运行态势，明确下阶段工作举措。各级中小企业主管部门要高度重视运行监测分析工作，进一步扩大数据调度覆盖面，真实反映经济运行态势，加强中小企业和非公经济运行的动态跟踪，每月10日之前要报送上月运行数据。

二是做好国家中小企业运行监测系统的企业入库及数据调度工作。继续指导省企业技术推广站做好数据调度工作，维护好线上申报平台，扩大企业样本抽取数量，提升报送时效性，确保数据的真实性。在此基础上，加强数据分析，及时准确提供信息报告。

（四）推进中小企业服务体系建设

一是加快全省中小企业公共服务平台网络建设。要完善省平台和第一、第二批窗口功能，提高服务质量，完成第三批窗口建设任务。继续推进县、市、区窗口建设，帮助服务机构、中小微企业建设“微窗口”“微官网”“微商城”，全面建成运行平台网络。要加强平台网络宣传推广，确保年底集聚服务机构1500家、企业2万家以上。要贯彻落实《湖南省中小企业公共服务平台网络运行管理办法》，规范、引导中小企业平台网络和服务机构服务活动。依托中小企业公共服务平台网络开展服务信息报送、服务绩效考核、服务质量跟踪评价工作，不断增强平台网络服务效能。

二是研究制定《湖南省中小企业服务体系建设“十三五”发展规划》。要组织对“十二五”期间中小企业服务体系建设情况，以及产业、园区公共平台建设情况进行摸底调查，制定“十三五”发展规划，明确中小企业服务体系建设目标和工作思路，有计划地推进中小企业服务体系建设。

三是培育公共服务平台和核心服务机构。要做好第五批国家中小企业公共服务示范平台申报和第五批省级核心服务机构认定工作，加强对现有公共服务示范平台和核心服务机构的动态管理，重点支持研发设计、检验检测等科技创新平台建设。鼓励公共服务平台、核心服务机构集聚社会资源，优化服务能力，提升服务水平。

四是加强中小企业融资超市建设。要进一步扩大融资超市的覆盖面，争取在县市区新建10个以上融资服务站；进一步扩充融资企业数据库，力求全年新增注册企业3000户以上；进一步完善服务，通过线上平台，为9000户以上小微企业提供融资指导、对接服务。

五是建立政府购买服务长效机制。要采取政府购买或事后服务补助的方式，支持创业辅导、管理咨询、技术推广、人才培训、营销策划、法律援助等服务机构改善对中小微企业的服务。

（五）推动大众创业

一是要营造浓厚的大众创业氛围。今年将继续联合团省委等有关单位组织开展创新创业大赛和“挑战杯”大学生创新创业竞赛。同时，按照省委主要领导的指示，配合省委宣传部、省委统战部等单位开展创业先进典型巡回报告会活动。同时，要加大对创业辅导师和创业基地管理人员的培训工作。

二是鼓励各类社会主体创业。要充分利用简政放权、商事制度改革成果，鼓励各类社会主体创业兴业。要充分发挥中小企业专项资金的杠杆放大效应，引导社会资本增加对中小微企业的投资。要大力支持个体工商户转型升级为公司制企业，鼓励规模以下小型微型企业转型升级为规模以上企业。

三是支持中小企业创业基地建设。全面贯彻落实《湖南省人民政府关于推进创新创业园区发展加快实施“135”工程的意见》，争取国家中小企业发展专项资金，重点支持30个中小企业创业基地建设，积极开展创业服务活动，加强创业辅导，提高孵化培育能力。

（六）加强中小企业融资和担保服务工作

一是进一步加强中小企业信用担保体系建设。落实国务院和省政府关于金融支持实体经济特别是小微企业的相关政策，结合财政扶持资金改革，积极争取国家支持，建立规模为5亿元的代偿补偿资金账户，推动开展风险比例分担的再担保业务，发挥再担保的增信分险作用。积极推动银担合作，认真落实国家和省里支持中小企业信用担保体系发展的财政、税收政策，扩大担保服务能力和质量。

二是继续深化与银行金融机构的合作。推动一

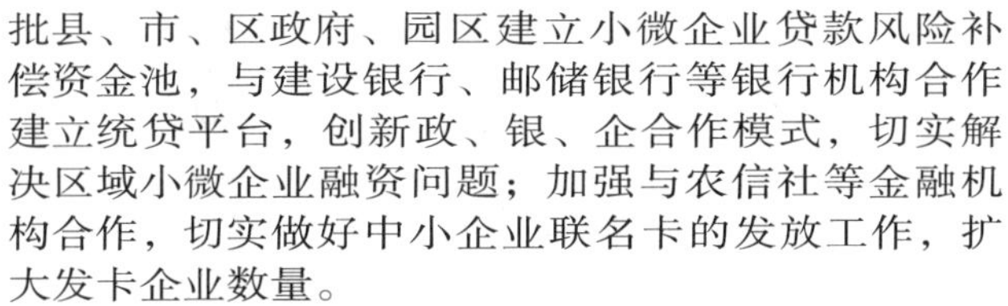

批县、市、区政府、园区建立小微企业贷款风险补偿资金池，与建设银行、邮储银行等银行机构合作建立统贷平台，创新政、银、企合作模式，切实解决区域小微企业融资问题；加强与农信社等金融机构合作，切实做好中小企业联名卡的发放工作，扩大发卡企业数量。

三是拓宽中小企业融资渠道。鼓励支持符合条件的中小企业在新三板、区域性股权交易平台挂牌融资，深化同上海股交所、湖南股交所的战略合作，探索债券融资、网络金融服务小微企业的新模式。

（七）深入开展服务小微企业专项行动

一是出台《湖南省2015年扶助小微企业专项行动实施方案》。以"帮扶小微稳增长，服务创新促发展"为主题，深入开展政策宣讲、产业对接、转型升级、融资服务、问题交办、市场开拓等活动，组织中小企业系统干部深入工业园区，为中小微企业发展排忧解难。

二是开展"腾飞杯"中小企业管理升级活动。继续征集优秀管理咨询机构，建立中小企业管理咨询专家库，运用市场手段，完善企业与服务机构的项目对接机制，组织开展中小企业管理辅导服务活动，加大对管理咨询项目补助，引导和促进一批中小微企业建立现代企业制度、实施精益生产、创新商业模式。

三是加强中小企业人才队伍建设。深化与北京大学、清华大学的战略合作，组织中小企业领军人才培训，年内各举办一期中小企业高级管理人才培训班；支持各市州结合自身需求，开展与省内外知名院校的战略合作，年内培训企业高级管理人才不少于500人次；继续实施"国家中小企业银河培训工程"；多形式开展员工培训，培训人次不少于4.5万人。

四是开展减轻小微企业负担行动。严格执行涉企收费目录清单，取消和停收一批收费项目，降低部分涉企收费标准，对小微企业部分行政事业性收费进行减免。严格推行权力清单、责任清单、负面清单，做到法无授权不可为、法定责任必须为、法无禁止皆可为。完善企业负担投诉举报查处机制。构建省、市、县三级联动、运转顺畅的企业负担投诉举报查处机制，完善企业投诉处理流程，确保企业投诉有门、办理有果。

五是帮助中小微企业积极开拓国内外市场。举办境内外系列对接活动，积极组织中小微企业参加非洲、中东、东南亚等境外展览展销和投资贸易考察活动，帮助企业扩大境外销售和投资，化解过剩产能，提高外向度。组织开展湖南省食品产业对接会，推介名优特色产品，促进产品销售。推荐优秀企业参加第十二届中国中小企业博览会，组织湖南——新疆吐鲁番中小企业合作对接活动，展示我省中小企业特色产业、特色技术、特色产品。

六是继续开展"2015小微企业携手行动"。组织专家学者和知名企业家对小微企业开展"义诊"，帮助一批小微企业突破发展瓶颈，加快转型升级。

广东省

2014年广东省中小企业及民营经济改革发展情况

一、广东省中小企业发展总体情况

（一）基本情况

2014年，广东省中小企业及民营经济保持平稳较快发展态势，企业发展活力进一步增强。

1. 规模以上中小工业企业较快发展

2014年，规模以上中小微工业企业实现增加值15527亿元，同比增长8.9%，较全省规模以上工业增加值增速快0.5个百分点，占全省规模以上工业的比重为53%。其中，小型企业完成工业增加值7834亿元，同比增长12.4%，较全省规模以上工业增加值增速快4个百分点。

2. 规模以上中小工业企业利润较快增长

2014年，规模以上中小微工业企业实现利润总额3285亿元，同比增长13%，较规模以上工业利润平均增速快0.6个百分点；主营业务收入利润率为5.2%，较2013年增加0.2个百分点。

3. 民营经济实现较快发展

2014年以中小微企业为主体的民营经济完成增加值35070亿元，同比增长8.3%，较全省经济平均增速快0.5个百分点；占全省经济的比重达51.7%，较2013年提高0.1个百分点；民营经济对全省经济增长的贡献率达54.2%，较2013年增加1.6个百分点。

4. 中小微企业的创业活力进一步增强

2014年我省民营经济单位数达657.44万户，同比增长15.9%，增速为2008年以来的新高。其中，私营企业194.83万户，同比增长27.4%；个体工商户446.59万户，同比增长11.9%。目前，我省民营经济单位数、私营企业数、个体工商户数均居全国第一位。

（二）主要措施

2014年以来，按照国务院关于扶持小型微型企业平稳健康发展的工作部署，根据省委省政府部署，我们不断完善支持中小微企业发展和做大做强民营企业的政策，以建立健全中小微企业服务体系和融资服务体系为主线，努力推进我省民营经济和中小微企业平稳健康发展。

1. 着力完善扶持政策，切实解决中小微企业发展难题

一是以省促进中小企业发展领导小组办公室名义出台《关于进一步支持小微企业发展的若干政策措施》，具体包括落实支持小微企业发展税收优惠政策、减轻小微企业负担、加快中小企业公共服务平台建设、全面推进工商登记制度改革、加强小微企业创业服务、开展"送政策下基层进企业"活动等

12个方面政策措施。二是抓政策宣贯和解读。举办多种形式的政策宣讲会，举办了超过10场支持中小微企业发展政策宣讲活动。同时，针对国家最新出台的小微企业税收优惠政策，下发《关于进一步做好小微企业税收优惠政策宣贯工作的通知》。三是狠抓政策落实情况的督促检查。积极配合国务院对我省支持小微企业发展政策落实情况的督促检查；同时牵头开展贯彻落实进一步扶持中小微企业发展和培育大型民营骨干企业政策专项督查工作。

2. 着力重点领域，不断营造服务中小企业发展的良好环境

一是中小企业公共服务平台网络不断完善。通过督促检查、宣传推广、服务对接、健全制度等方式，不断建立完善我省中小企业公共服务平台网络。2014年省中小企业公共服务平台网络（1个省级平台和33个窗口）建设基本完成，实现了全省平台互联互通和资源共享，并与国家数据汇总系统实现了即时对接，入库服务机构3066家，发布服务产品4157项，分别居全国第2位和第5位，组织开展服务活动3544场次，服务企业3.85万家次。二是中小企业信息化推进工程不断深入。印发《广东省鼓励中小企业上网触电工作方案》，完成1万家中小企业上网触电工作任务，其中通过第三方电商服务商帮助2455家中小企业实现网上营销，销售额达42.9亿元；通过实施“百度翔计划”，共在十个地市开展培训236场，帮助8000多家企业建设网站。联合省电子商务协会和广东中小企业网，落实2014年中小企业网上百日招聘高校毕业生活动，组织省内600多家企业提供1000多个工作岗位。三是小企业创业服务不断提升。开展省小企业创业基地（第五批）认定，2014年新认定19家省创业基地，目前全省共有创业基地102家，入驻企业数12443家，入驻服务机构1877家，从业人员49.27万人，入驻企业总产值达2925亿元。四是企业家素质提升工程深入推进。在与华南理工大学共建企业家培训学院的基础上，推动了揭阳、顺德、南海等区域性分院工作，培训网络进一步完善。组织实施一批重点培训项目，落实春华书记出访后续工作，全面启动粤意中小企业高管人员培训合作项目。2014年全省超过3万家企业6万余人（次）参加了各类中小企业领军人才素质提升培训活动。

3. 着力关键环节，建设完善中小微企业融资服务体系

一是政银企合作有所提升。在第十一届中博会上，省中小企业局与广东银监局、华兴银行分别签订战略合作备忘录和中小企业金融服务战略合作协议，共同推进完善中小微企业融资服务体系；与建设银行广东省分行召开深化战略合作座谈会，部署地市加强政银合作，搭建中小企业融资服务平台。二是促进担保行业稳步发展。争取国家中小企业发展专项资金3亿元支持我省设立中小企业信用担保补偿资金。落实国家对中小企业信用担保机构的财税优惠政策，2014年共有7家担保机构获得免征营业税资格。认真贯彻全国融资性担保行业发展与监管经验交流电视电话会议及省政府贯彻会议精神，研究加大对中小企业信用担保机构的政策支持力度。三是政府引导更加有力。开展中小企业信贷风险补偿基金工作，省中小企业发展专项资金安排1亿元注资支持珠海、韶关、湛江、江门等4个市基金，引导和支持银行发放中小企业贷款。与广东银监局合作，组织调研汇总500家高成长中小企业的融资需求，指导各银行加强对高成长企业的金融服务工作。四是各地融资服务不断创新。如广州市建设中小企业投融资平台，进驻金融机构70家、注册企业达7800多家，累计为企业融资85亿元。肇庆市建设中小企业融资网上超市，促成72家金融机构为1600多家企业发放贷款超过130亿元。中山、江门等地推出“助保贷”“政银保”等融资担保服务项目，引导银行为企业创新贷款担保方式，提高企业贷款抵押率，减轻企业融资负担。

4. 着力做强做大，培育壮大民营骨干企业

一是制定《2014年促进民营经济做大做强的工作方案》。细化激励企业跨挡升级，推动企业改制上市，支持企业自主创新。二是印发《培育重点骨干民营企业工作方案》，制订2014年主营业务收入超100亿元的民营企业68家以上、省重点培育民营骨干企业增加18家以上的目标。三是重点帮扶500家高成长性中小企业（民营企业）发展，截至2014年年底，500家高成长企业中，23家企业在国内外上市，76家企业进入上市辅导期；62家企业在新三板或区域股权交易中心挂牌，97家企业进入挂牌筹备期；315家企业具有自有知识产权，352家企业具有自有品牌。四是支持符合条件的大型骨干民营企业参加2014年度省级产业结构调整、节能循环经济、战略性新兴产业发展、信息产业发展、省级现代服务业发展引导、省级企业技术中心等专项资金项目申报工作。五是组织两次民营资本与国有资本合作对接活动。2014年2月，首次民企和省属国企的项目合作对接会，有10家省属国有企业与民营企业合作方签订合作协议。9月，第二次广东省国有企业混合所有制项目展示对接活动共推出的对接项目180个，涉及交通物流、金融服务、基础设施、节能环保、生物医疗等17个行业；当场签约项目共43个。六是通过采取前期费用补贴、贷款贴息等方式，充分发挥专项资金的作用，加强“走出去”综合服务平台建设，引导我省民营骨干企业赴境外开办实业、投资设厂、收购兼并境外品牌和技术。

（三）存在问题

1. 融资难融资贵依然突出

目前我省中小微企业融资的主要方式包括银行直接贷款、担保贷款、民间借贷、债券融资等。一是银行直接贷款方面，截至2014年上半年，全省银行机构中小微企业贷款余额14048.57亿元，比年初增加1069.67亿元，同比增长18.80%，高出各项贷款平均增速6.89个百分点。但是小微企业普遍反映目前银行贷款审批手续烦琐、放贷等待时间长、利息成本较前几年大幅上涨，但仍然是成本较低的融资方式。二是担保贷款方面，2012年以来，我省中小企业信用担保贷款规模连续三年大幅下滑。2014年，全省融资担保额约800亿元，同比下降29%。

中小微企业通过信用担保机构获得贷款越来越难。三是民间借贷方面，在银行融资难的情况下，一部分中小微企业通过民间借贷融资。据了解，我省民间借贷利率一般为月息在 1 ~ 3%，年化利率 12 ~ 36%。四是债券融资方面，我省广州、佛山、顺德等地组织中小企业发行集合债券、私募债券融资，据了解，综合年化利率为 12.3%（发行年利率为 9.8%，中介费用 2.5%/年），但由于中小微企业债券市场发育不足，目前能通过债券融资的小微企业数量很少。

2. 企业经营状况不容乐观

一是亏损企业数增加。2014 年 12 月，我省规模以上小微工业企业亏损数是 4097 家，同比增长了 17.2%，增速较中型企业快 6.7 个百分点。二是企业库存积压的现象比较严重。2014 年 12 月，我省规模以上中小工业企业产成品库存同比增长 15.6%，较中型企业产成品库存增速快 2.4 个百分点，较去年同期增速快 11.3 个百分点。三是企业各项费用增长仍然较快。2014 年 12 月，我省规模以上小微工业企业销售费用、管理费用和财务费用分别同比增长了 13.7%、8.9% 和 19.3%。

3. 小微企业在产业链中处于弱势地位

小微企业由于实力弱，在产业链中没有话语权，面临两头受气的情况。一方面，下游企业经常拖延付款，给小微企业造成较大的经营压力，2014 年 12 月，我省规模以上小微企业应收账款同比增长 11.7%，较大型企业快 4.6 个百分点。另一方面，对于制造业的小微企业，其上游原材料供应商往往是处于市场支配地位的大型企业，如钢铁、塑料、玻璃、石化等等，在签订供货、付款等合同条款时，往往对小微企业不利。

（四）下一步工作

2015 年，我们将认真贯彻落实党的十八大、十八届三中全会、十八届四中全会精神，在经济新常态下，努力破解民营经济及中小企业发展难题，营造有利于中小企业、民营经济发展的良好环境。

1. 促进中小微企业加快发展

一是贯彻落实《关于促进小微企业上规模的指导意见》，以现有年主营业务收入 500 万元 ~2000 万元小微工业企业为重点，着力推进小微型工业企业上规模发展。二是编制广东省“十三五”中小微企业成长规划。总结十二五期间我省促进中小企业成长的现状和成效，分析未来五年广东中小企业成长的形势机遇和困难问题，提出十三五期间促进中小企业成长的总体思路、主要任务、工作抓手、政策建议。三是帮扶 500 家高成长企业发展。联合广东银监局指导各银行把高成长企业列入银行支持名单，指导各市中小企业信贷风险补偿基金把高成长企业列为重点支持对象。

2. 强化中小微企业服务体系建设

一是进一步完善公共服务平台网络，研究制定中小企业公共服务平台网络指导意见，创新平台网络运营模式，探索推进市场化改革，形成全省平台网络服务合力。2015 年支持建设 15 个产业集群或综合性窗口服务平台，入库服务机构突破 5000 家，入库服务产品 7000 项以上。二是探索构建“一核两翼”中小微企业公共技术服务体系。推进以国家级、省级中小微企业公共（技术）服务示范平台为核心，以重点产业公共技术服务平台与重点区域公共技术服务平台为两翼的“一核两翼”中小微企业技术服务体系。2015 年，新认定广东省中小企业公共（技术）服务示范平台 15 家以上。三是完善融资服务体系建设。推进省、市、县（区）三级中小企业融资服务中心（平台）建设；继续开展中小企业信贷风险补偿基金工作，指导各有关市发挥中小企业信贷风险补偿基金引导作用，加大对中小企业信用担保机构的支持力度；在区域股权交易市场开设“广东高成长中小企业板”。

3. 着力提升中小企业管理能力

一是实施中小企业经营管理领军人才培训计划，健全培训网络，在原有 4 家区域性培训分院（基地）基础上，推动新增 1 ~ 2 个培训分院（基地）；制订中小企业经营管理领军人才培训项目计划并公布目录，组织实施“一个一千、四个一百”重点培训项目；继续打造现有的“粤意中小企业高管人员培训项目”（GIT）等品牌培训项目。二是提升信息化水平。组织实施百度“翔计划”和苏宁“网商计划”，帮助万家中小企业上网触电；组织广东电信、浪潮公司等信息化服务商，开展中小企业信息化应用系列服务活动；加强信息化应用指导，总结推广一批典型案例，发布中小企业信息化指南。三是提升创业服务能力。继续组织开展小企业创业基地认定，组织开展小企业创业基地高管培训和创业辅导师培训，组织管理咨询机构与中小企业开展咨询服务对接。

4. 推动民营经济发展上台阶

一是促进民营企业做大做强。实施民营大型骨干企业发展经验宣传工作计划，加强典型引导，激发民营企业创业和做强做大的动力，鼓励我省骨干民营企业申报全国民营企业 500 强。二是进一步支持民营企业加快发展。发布“省重点培育民营骨干企业”名单，建立常态化民营骨干企业信息报送机制，督促落实培育民营骨干企业发展的各项措施，并协调解决企业做大做强中的难题。三是帮扶 500 家高成长民营企业发展，指导各银行把高成长民营企业列入银行支持名单，指导中小企业信贷风险补偿基金把高成长民营企业列为重点支持对象。四是进一步推进民营企业建立现代企业制度。积极争取工业和信息化部同意在我省开展民营企业建立现代企业制度试点，选择部分地区和企业先行开展民营企业建立现代企业制度工作。通过推动骨干民营企业开展股份制改造，提升骨干民营企业管理能力，推进骨干民营企业上市加快发展等措施，推动一批骨干民营企业建立现代企业制度，进一步加快我省民营企业的转型升级和持续健康发展。五是进一步激发民间投资活力。鼓励民营企业积极参与国有企业改革，搭建民营企业与国有企业的信息沟通平台，促进国有企业改制重组、合作投资等信息与民营企业信息双向对接，积极发展混合所有制经济。拓宽民间投资的领域，消除阻碍民营投资的各种隐性壁垒，鼓励具有雄厚技术和资金实力的民营企业参与省重大项目建设，在资源开发、市场准入、优惠政策等方面真正落实民营企业的“国民待遇”。六是进一步减轻民营企业负担。实施并不断完善涉企收费目录清单制度，按照“正税清费”原则，进一步减少和规范涉企收费。取消政府提供普遍公共服务或体现一般性管理职能的收费项目，依法将有税收性质的收费基金项目并入相关税种。解决企业税收交叉重叠问题，加快清理和取消不必要、不合理收费。

广西壮族自治区

广西中小企业2014年改革发展总体情况

一、中小企业及非公经济发展概况—基本情况、特点、主要问题和发展趋势

2014年以来，面对发展中遇到的困难和挑战，在自治区党委、政府的领导下，广西各级工信部门认真贯彻落实中央和自治区的一系列重大决策部署，按照“转方式、调结构、上规模、促融合、提质量、增效益”的工作要求，迎难而上，大力开展服务工作，促进了中小企业快速健康发展。据统计，2014年广西全年地区生产总值（GDP）15672.97亿元，比上年增长8.5%。其中，第二产业增加值7335.60亿元，增长10.1%；第二产业增加值占地区生产总值的比重为46.8%，对经济增长的贡献率为60.2%。全年全部工业增加值6065.3亿元，比上年增长10.1%。全年规模以上工业增加值增长10.7%。在规模以上工业中，国有企业增长2.5%，集体企业增长12.4%，股份制企业增长12.0%，外商及港澳台商投资企业增长9.0%，其他经济类型企业增长5.6%。全年保有亿元以上企业2908家，其中新增33家。规模企业户数为5287户。

2014年广西中小企业及非公有制经济当年规模以上工业总产值为1.40万亿元，同比增长14.4%；主营业务收入1.25万亿元，同比增长12.95%；利润740.65亿元，同比增长9.47%；上缴税金376.70亿元，同比增长2.17%。

二、主要存在问题

（一）企业资金缺口大，而且有进一步加剧的趋势

据不完全统计，目前全区中小企业资金缺口在1250亿元左右，相当于同期广西中小企业贷款余额的22%，除了企业已存在的资金缺口外，由于经济下行预期明显，一些行业市场疲软，导致存量资金流动性差。当前全区中小企业的产成品、应收账款两项资金占用总计接近2000亿元，同比增长14%左右。同时企业库存压力加大、应收账款增加，势必造成未来企业经营活动现金流入量减少，使得资金缺口进一步扩大。

（二）融资成本仍然居高不下

当前中小企业生产经营困难总体状况没有明显改善，原材料、人工成本持续不减等问题影响企业扩大生产投入的积极性，企业盈利能力逐步减弱。企业普遍反映融资渠道狭窄，银行贷款难度大，贷款抵押较难。在信贷规模收紧、贷款利率市场化的环境下，银行业金融机构对小微企业“惜贷”“惧贷”，造成小微企业贷款投放不足，迫使小微企业转向民间资本融资，在融资成本上，若通过担保公司进行融资，按可用贷款额来算，企业的融资成本达到15%～20%。

三、2014年中小企业发展的主要工作

（一）做好服务企业工作

1. 落实国务院支持小微企业健康发展政策

4月25－27日，国务院第六督查组一行11人在人力资源社会保障部信长星副部长的带领下对我区支持小微企业健康发展政策落实情况进行了督查。听取了自治区人民政府及有关部门的情况汇报，之后分成两组在南宁市、钦州市开展了督查，实地察看了14户小微企业、3个孵化基地和服务机构，召开了政府部门、金融机构、服务机构座谈会，与部分小微企业进行了闭门座谈，并对南宁市、钦州市和百户小微企业开展了问卷调查。督查结束，督查组对我区开展小微企业政策落实工作情况予以了高度评价，有针对性地指出了存在的问题，对我区促进小微企业发展提出了5点意见。根据国务院督察组提出的意见，我们制定了《国务院扶持小微企业健康发展政策落实督查组对广西支持小微企业健康发展政策落实情况进行督查的反馈意见工作任务分解表》，并将工作任务分解到各单位部门。

2. 深入基层调研，为企业解难题

针对当前复杂的经济发展环境，根据自治区党委、政府的一系列部署要求，委東华主任带队，深入东兰县，开展对口帮扶调研和清洁乡村调研活动，了解掌握了县域中小企业生产经营面临的困难和问题，给予有针对性的指导，并探望了山乡困难村民，并向板逢村捐赠书籍和慰问金。同时，组织一批重点企业赴东兰县开展相关项目实地投资考察，增进了企业对东兰特色产业的了解，促进了企业间的交流与合作。为进一步了解钦州市、北海市工业运行以及重点、重大项目进展情况，委戴翔副主任带队到钦州市、北海市进行调研。针对钦州市、北海市经济发展存在的问题提出对策和建议，现场指导解难题。通过一系列调研工作的开展，及时把握了中小企业发展的整体情况和具体问题，理清了指导企业发展的思路。

3. 开展中小企业服务月活动

2014年“中小企业服务月”以“进企业、解难题、走基层、送服务”为主题，开展“政企面对面、服务零距离”“政银企对接、融资点对点”“校企手联手、专家服务型”“企业大讲堂、提升行动力”“搭建电商平台、促两化融合”“中小企业成长之路主题宣传”活动，活动围绕“企业发展、上市融资、创业创新、管理转型、宣传推广”等六大专题，联合大中专院校、银行金融机构、群团组织、行业协会举办相关活动40项，活动内容覆盖了中小企业投融资、技术创新、市场营销、人才培训、创业、政策、管理咨询等主要领域。

4. 组织中小企业参展，为企业对外交流合作搭建桥梁

充分利用展会优势，积极组织企业开展产品、品牌、特色推介工作，组织企业参加第八届APEC中小企业技术交流暨展览会、第11届中国国际中小企业博览会、广西名特优农产品交易会等全国、全区各地的展览会。通过各种交易会的展示、交易、交流，大大促进了我区企业的品牌推广，打造了良好的合作平台，推动了我区企业的对外交流与合作，帮助我区中小企业拓展国内外市场。

5. 大力推进中小企业服务体系建设

推动中小企业公共服务平台网络建设，鼓励采用云计算、移动互联网等技术和服务模式，促进平台网络的互联互通、资源共享和服务协同，重点开展对小微企业的公共服务。培育中小企业公共服务示范平台，加强对已认定平台运营情况的跟踪测评和监督检查，组织开展服务承诺活动，鼓励示范平台率先为小微企业提供优质服务。

6. 大力实施国家中小企业银河培训工程和中小企业经营管理提升培训计划

以小微企业为重点，开展政策法规、技术创新、质量管理、知识产权、两化融合、安全生产、节能减排、清洁生产、创业兴业、经营管理等培训，大力提升中小企业经营管理水平。2014年，全区共开展各系列培训班32期，参加人数10000多人次。

（二）缓解企业融资难、融资贵的新举措

1. 落实优惠政策

（1）提高对小微企业贷款的奖励标准，引导信贷资源投向小微企业。从2013年起，在广西金融年度奖励方案中，自治区财政将原来对银行业金融机构各项贷款新增额按万分之一给予奖励的政策，调整为对小微企业贷款新增额按万分之一点五给予奖励，提高50%，鼓励银行业金融机构对小微企业贷款。2014年，自治区小企业贷款风险补偿专项资金共为165家银行分行（支行）、小额贷款公司等金融机构补助2930.74万元风险补偿金，引导银行业金融机构为我区小微企业新增贷款58.61亿元。

（2）组织中小企业服务机构、中小企业信用担保机构申报国家中小企业发展专项资金服务体系和融资环境项目资金补助，动员全区中小企业服务机构、中小企业信用担保机构积极为中小企业开展服务。2014年，共有12家融资性中小企业担保公司获得国家融资环境项目资金补助2810万元，20家中小企业服务机构获得国家中小企业发展专项资金补助2590万元。

（3）加大对融资性担保机构的风险补偿，对符合条件的中小企业信用担保（再担保）机构给予资金扶持，鼓励其提高对小微企业的担保业务规模，降低小微企业担保收费。2014年，共有34家融资性担保公司获得了5556.46万元的风险补偿资金，新增小微企业担保贷款平均额172亿元。

2. 开展中小企业融资调查

根据当前我区中小企业存在融资难、发展难的问题，为全面掌握我区中小企业的融资需求和经营状况，我处结合今年5月30日国务院总理李克强主持召开国务院常务会议提出的“确定进一步减少和规范涉企收费，减轻企业负担，部署落实和加大金融对实体经济的支持”。开展全区中小企业融资情况调查，研究破解中小企业融资难题，为政府出台扶持中小微企业政策措施提供依据

3. 出台扶持中小企业发行集合票据、集合债券政策

2014年6月，我委联合自治区财政厅出台了《关于印发广西壮族自治区中小企业债券融资贴息资金管理办法的通知》（桂财金〔2014〕34号），从今年起，自治区财政对我区凡成功参与发行集合票据和集合债券的中小企业，按各企业实际发行金额的1.5%分别给予一次性贴息补助，每家企业补助金额不超过100万元。通过债券融资贴息资金补助，鼓励中小企业利用债券市场融资，拓宽中小企业直接融资渠道，有效降低中小企业融资成本，促进全区非公经济发展。

4. 继续开展万家成长型小企业信贷扶持工程

2012年以来，我委与中国人民银行南宁中心支行在全区开展万家成长型中小企业信贷扶持工程活动，分别在节能环保、新能源和新材料、高新技术、生物与医药、种植业、林业、渔业、畜牧业、服务业等国家扶持产业中，分两批选定近6000家小微企业进入名录库，引导各银行业金融机构对名录内的小微企业进行“一对一”的培植和帮助，使企业结合自身的现状不断完善和提升，逐步成长壮大。据统计，截至10月份，金融机构已累计向名录库内企业提供超过300亿元的信贷支持。

5. 开展“广西诚信企业共建联盟推荐诚信企业活动”

今年4月，自治区工信委联合人民银行南宁中心支行、南宁海关、自治区国家税务局、自治区地方税务局出台了《关于印发广西诚信企业共建联盟推荐诚信企业活动暂行办法的通知》（南宁银发〔2014〕79号），引导中小微企业加强诚信建设，提高中小微企业信息透明度，促进企业获得银行的信贷扶持；引导各市开展向银行业金融机构推荐信誉好的中小微企业工作，帮助中小微企业用信用融资。

6. 开展融资培训咨询活动，提高企业融资能力

针对小微企业融资难、融资渠道、融资风险控制等问题，举办了小微企业财务、融资管理人员融资技术培训。请银行、担保机构为中小企业讲解贷款、担保的程序和条件，解读政策，通过举办中小

企业融资培训班等各种形式活动，丰富企业融资知识，帮助企业熟悉融资产品，促进银企对接。2014年，全区开展融资培训、咨询活动28场次期，参加人员有1600多人次。

7. 开展银企对接活动

在“中小企业服务月”活动期间，全区工信部门举办一系列银企对接活动，通过政府搭台为银行业金融机构、担保机构、风险投资机构等中小企业融资服务机构和中小微企业提供面对面交流合作机会，帮助中小微企业了解最新金融动态，促进银企信息沟通，解决融资难题。

（三）培育亿元企业情况

根据工业跨越发展“1131工程行动计划”，2014年全区亿元企业培育目标任务2875家，据统计，全年实际完成2922家，超额完成47家。

（四）中小企业就业情况

开展中小企业网上百日招聘高校毕业生活动。按照工信部、教育部联合举办2014年全国中小企业网上百日招聘高校毕业生活动要求，一是通过广西中小企业网、广西中小企业联合会网等，广泛发布百日招聘高校毕业生信息，供中小微企业与高校毕业生免费浏览查询和在线联系，使劳务和用工双方能及时了解用工需求情况，促进劳动者和企业岗位有效对接。二是指导各市通过中小企业网及动员企业到大专院校开展现场招聘会。

（五）其他新做法、新成效

1. 深入开展银企对接

通过开展金融服务、政银企推介会、政银企座谈会、让银行金融机构与企业进行项目对接，现场服务解决中小企业融资需求。1—10月，全区共组织32场银企座谈会，现场服务150户企业。共收集500多户中小企业贷款需求信息，贷款需求总额为200多亿元。

2. 推广融资成功经验

在全区重点推广南宁市、柳州市、桂林市以中小企业服务中心为支撑，搭建中小微企业融资平台的成功经验和做法，带动各市中小企业融资平台建设，帮助小微企业拓宽融资渠道。南宁市“两台一会”中小企业贷款平台建立以来，与国家开发银行等11家银行深度合作，面向全市中小微企业，相继开发出中小企业统贷统还、中小企业助保金贷款、中小企业组合式信用贷款等融资模式，企业融资成效显著。柳州市以市中小企业服务中心为核心搭建中小企业融资服务平台，与担保机构及银行合作为中小企业贷款服务。桂林市中小企业服务中心联合广西中小企业信用担保公司和桂林市中小企业信用担保公司与银行合作搭建融资平台，解决小微企业融资难问题。

3. 建立全区中小微企业融资服务数据库

在各市、县收集整理中小微企业融资信息资料基础上，建立健全全区中小微企业融资项目库，并根据企业自身的融资条件划分为符合融资条件的企业、需进一步完善融资条件的企业两类，全面掌握企业的相关信息。把社会信誉好、发展潜力大、产品科技含量高、市场空间广阔的企业向银行推介，让银行和企业实现共赢。2013年7月，建成并开通了“广西中小企业投融资网”以来，进一步扩大了融资服务范围，提高了融资成效，服务小微企业达3000多家。

四、2014年中小企业发展工作的主要经验和体会

认真贯彻落实党的十八大及三中、四中全会精神，深入学习领会习近平总书记一系列重要讲话精神，立足服务中小企业的立场，深化体制改革，以服务中小企业为主要目标，认真开展各项服务工作。在开展中小企业服务工作中，主要有三点经验体会：一是必须按照中央的要求和国家的政策，结合广西实际，开展对中小微企业的各项扶助活动；二是要深入到中小微企业当中，密切联系群众，了解企业在生产经营过程中遇到的困难和问题，了解企业的诉求，有针对性地开展帮扶活动，才能有效地帮助中小微企业解决困难；三是做好服务中小企业工作，需要全区各级工信部门和有关部门的共同努力，形成合力，才能顺利开展工作。

五、2014年本地中小企业及非公有制经济统计数据

据统计，2014年广西中小企业及非公有制经济当年规模以上工业总产值为1.40万亿元，同比增长14.4%；主营业务收入1.25万亿元，同比增长12.95%；利润740.65亿元，同比增长9.47%；上缴税金376.70亿元，同比增长2.17%。

海南省

一、2014年海南省中小企业发展总体情况

截至2014年年底，全省小微企业注册户数8.59万户，有证照个体经营户约24万户，中小微企业及个体经济实现增加值1695.8亿元，占全省GDP的48.4%，创造税收700亿元，占全口径公共财政收入的56%。

二、2014年海南省促进中小微企业发展的主要工作

2014年海南中小企业发展围绕出台政策、融资奖补、简政减负、完善服务等方面开展了一系列工作。

（一）完善中小微企业扶持政策体系

为落实国家《关于进一步支持小型微型企业健康发展的意见》，2014年3月份，省政府出台了

《关于进一步促进小微企业健康发展的实施意见》，从财政资金引导、减轻税费负担、缓解融资难题、优化创业兴业环境、鼓励技术创新、完善公共服务等方面提出了具体的政策措施，力求在帮助小微企业切实解决发展难题的同时，进一步激发企业活力，促进企业健康发展。

（二）加大中小微企业财政扶持力度

2014年从海南省中小企业发展专项资金中安排6500万元，对中小微企业担保贷款给予贴息补助，撬动全省中小微企业担保贷款总额超过30亿元。争取国家资金支持4个综合性服务机构和4个融资担保机构。另外安排资金投入年度扶助小微企业系列服务活动，发挥中小企业公共服务示范平台的辐射带动作用，为小微企业提供政策咨询、创业引导、公共技术支撑等18项专项服务，受益企业2000余家，有效提高了服务小微企业的专业性。

（三）推动贷款融资向小微企业倾斜

调整担保融资奖励政策，对企业、担保公司、银行实施“两补一奖励”，重点支持小微企业担保融资，提高单笔贷款500万以下企业补贴比例，在2014年全部融资性担保贷款总额中，中小微企业占88%；在海南银监局指导下，金融机构单列小微信贷计划，实施专项信贷额度倾斜，小微企业金融服务覆盖面逐步扩大，全年辖区内银行业金融机构小微企业贷款客户数同比增长了22.3%；全省小微企业不良贷款余额、不良率实现“双降”，分别减少2.94亿和下降0.51%。文昌、琼海、三亚、澄迈、昌江等市县稳步推进商圈融资。

（四）大力优化小微企业经营环境

加大简政放权力度，进一步放宽简化企业工商登记手续，取消、下放、调整省级审批事项313项，降低市场准入门槛。以建立涉企收费清单为核心，加大违规收费举报力度，做好企业调查和负担评价工作等。继续推动落实各项税收优惠政策，全年累计减少企业税负近5亿元，可为企业减少行政收费支出8000万元。

（五）积极搭建中小微企业融资平台

一是扶持担保机构发展。落实担保机构免征营业税政策，海口市担保投资有限公司和海南信联盛投资担保有限公司2家担保机构申请享受国家政策。二是推动“政银企保”融资对接。联合省政府金融办、省财政厅、银行等多个部门组织了10余期“政银企保”融资对接会，搭建中小微企业与银行、证券和担保机构间的信息沟通桥梁。

（六）发展建设小微企业创业基地

市县政府积极引导，促进小微企业发展，全省形成了一批发展典型。如文昌佛珠加工、琼海砗磲加工、万宁槟榔加工等“专精特新”产业已初具规模。支持海口江东电子商务产业园发展，鼓励地产商利用闲置地产资源，为“轻资产”的小微企业提供生产经营场地和配套服务。两年来全省5家小企业创业基地吸引了500多家小微企业入驻，提供就业岗位近4000个。

（七）提升小微企业公共配套服务

启动全省中小企业公共服务平台网络建设，构建海南省中小企业公共服务体系骨干架构和基础环境；培育了35家省级中小微企业公共服务示范平台，为中小微企业提供投融资辅导、管理咨询、法律援助、技术支持等全方位服务；实施扶助小微企业专项行动，利用“海南中小企业大讲堂”等公益服务平台，开展中小微企业创业辅导、经营管理、政策解读等专题培训，全年共组织培训20余期，服务企业近万户，组织40余家中小企业参加全国性展会，达成合同意向38个。

（八）强化政策宣传解读

利用网站、报刊、广播、电视等媒体宣传国家和我省中小微企业扶持政策，编印和分发《国家和海南省中小企业政策汇编》，发挥省中小企业公共服务网络平台的各个窗口服务功能，以实地走访、现场咨询、政策宣讲、政企对接会等形式在全省各市县开展中小微企业政策解读。一年来共组织各种政策宣传会10余场，深入企业500余家，发放宣传资料12万份，300余人次接受咨询，10多万人次接受政策宣传辅导。

三、海南省中小微企业发展存在的主要问题

（一）融资难融资贵问题依然突出

银行与担保机构之间风险共担机制尚未形成，影响了担保机构的积极性，对小微企业担保的风控审查过于谨慎，提高了对小微企业的担保门槛，而目前我省多数银行尚未将林权、股权、土地使用权、商标、专利等无形资产纳入有效抵押物范围。大部分小微企业存在经营信息透明度差、财务制度不健全、信用等级低等问题，导致贷款定价较高，增加了融资成本。

（二）小微企业创业发展环境有待改善

我省大企业不多，对上下游小微企业的带动作用不强，经济欠发达，产业依托不足，小微企业自身为大企业提供配套能力总体不强。小微企业创业难、招工难、成本高等问题仍比较突出，营商环境、政务服务有待改善。

（三）小微企业的总体结构不优

我省小微企业主要集中在农产品加工、传统物流、餐饮等传统产业领域，而在电子商务、信息服务业等现代服务业领域的数量不多。大部分小微企业属于粗放型增长模式，技术产品创新能力薄弱，成长后劲不足。

（海南省中小企业局）

重庆市

2014年重庆市中小企业发展情况

2014年，面对错综复杂的国内外经济形势，在重庆市委、市政府的坚强领导下，全市上下全面贯彻落实党的十八大、十八届三中全会、十八届四中全会、

中央经济工作会议精神和习近平总书记系列重要讲话精神，认真执行中央及市委、市政府各项重大决策部署，积极适应经济新常态，坚持改革创新，按照五大功能区域发展战略部署的要求，加强和改进对中小微企业的指导服务，全力完善小微企业扶持机制，全市中小微企业保持平稳向好的发展态势。

一、基本情况

2014 年，全市中小企业达到 48.7 万户，比上年底新增 8.9 万户，增长 22.4%；实现增加值 5306.7 亿元，同比增长 11.2%，占全市 GDP 的比重为 37.2%，对全市 GDP 增长的贡献率达到 48.3%，拉动全市经济增长 5.3 个百分点；上缴税金 893.7 亿元，同比增长 8.7%；新增从业人员 45.3 万人，达到 609.7 万人；提供劳动者报酬 2015.3 亿元，同比年增长 12.3%；实现利润 826.4 亿元，同比增长 15.3%。

二、运行特点

（一）总体规模不断扩大

2014 年年底，全市中小微企业累计达到 48.7 万户，比 2010 年末增加 29.4 万户，增长 152.7%，年均增长 26.1%。其中内资企业 48.2 万户，占 99.0%，港澳台地区及外资企业共计 0.5 万户，占 1.0%。内资企业中，私营企业 44.4 万户，占全部中小企业的 91.3%，比 2010 年年底增加 28.9 万户，增长 186.5%，年均增长 30.1%。

（二）创业活力不断释放

2014 年，全市新设立中小微企业 9.7 万户，同比增长 24.4%。2014 年 7 月《重庆市完善小微企业扶持机制实施方案》实施以来的 8—12 月，新增 4.6 万户中小微企业，同比增长 48.2%。新增中小微企业主要集中在现代服务业、特色效益农业和先进制造业等鼓励类产业，占新增总量近一半。在微型企业方面，截至 2014 年年底，享受补助的微型创业企业主要集中在以电子商务为主要的批发和零售业（34.6%），以特色效益农业为主要的农林牧渔业（29.3%），以文化创意、科技创新为引领的商务服务、文化娱乐、信息软件技术业（10.8%），以及以汽车、电子信息和装备制造为主要的先进制造业（10.7%）等行业。

（三）经济贡献不断增强

2014 年全市中小企业增加值突破 5000 亿元大关，达到 5306.7 亿元，按可比价格计算，同比增长 11.2%，占全市 GDP 的比重达到 37.2%，对全市 GDP 增长的贡献率达到 48.3%，拉动全市经济增长 5.3 个百分点。按现价计算，比 2010 年增加 2045.2 亿元，年均增长 14.2%。

从增加值的产业结构上看，第一产业增加值 86.1 亿元，增长 3.2%；第二产业增加值 3454.4 亿元，增长 12.8%；第三产业增加值 1766.2 亿元，增长 10.2%。三次产业结构比为 1.6：65.1：33.3。

（四）企业效益不断提高

全年中小企业实现利润 826.4 亿元，同比增长 15.3%，增速高于去年 0.8 个百分点。据全市中小企业生产经营监测平台 1300 余户企业数据显示，2014 年监测企业百元收入利润率为 5.3%，较去年同期提高 0.5 个百分点。

（五）支柱产业不断壮大

2014 年，全市以中小企业为主的非公规模以上工业实现销售产值 14290 亿元，同比增长 17.1%，高于全市平均水平 2.5 个百分点，对全市规模以上工业产值增长的贡献率达 79.0%。

从行业来看，39 个工业大类中，有 32 个行业总产值实现不同程度增长，增长面高达 82.1%。其中：支柱行业非公电子行业、非公汽车制造业“双引擎”驱动明显，实现（销售）产值分别同比增长 33.1%和 23.8%，分别高于平均水平 16.0 和 6.7 个百分点，两大支柱产业实现产值 6620.5 亿元，占非公规模以上工业产值的比重达 46.3%，较上年末提高 3.7 个百分点。

（六）就业主体不断凸显

在市场主体数量增长的带动下，中小微企业在吸纳社会就业方面进一步发挥主体作用，超七成新增从业人员在中小微企业中实现就业和再就业。截至 2014 年年底，全市中小微企业从业人员达到 609.7 万人，当年新增从业人员为 45.3 万人。

（七）发展信心不断提升

据全市中小企业生产经营监测平台 1300 余户企业数据显示：市场需求平稳，企业发展信心进一步增强。截至 2014 年 12 月底，九成以上的中小企业反映经营良好或一般，较去年同期高出 3.6 个百分点。其中经营良好的企业占 34.0%，经营一般的占 57.2%。监测企业利润总额保持 30% 以上的增速。企业经营景气状况总体平稳。近七成中小企业反映订单增加或保持不变，较去年同期高出 8.4 个百分点。企业用工状况和原材料购入价格平稳。12 月底监测企业用工 23.2 万人，同比增长 6.3%。原材料购入价格稳定的企业占 63.8%，较去年同期回升 0.5 个百分点。

三、主要举措

（一）全力推动完善小微企业扶持机制专项改革

重庆市委、市政府高度重视中小微企业的发展，将完善小微企业扶持机制纳入全市 2014 年 25 个重点专项改革。按照“放开、减负、解难、引导”的要求，以问题为导向，市委、市政府制定出台了《完善小微企业扶持机制实施方案》（渝府发〔2014〕36 号文件），明确了准入、融资、减负、集聚、服务等五个方面共 16 条政策措施。全市相关部门出台了近 10 个配套文件，构建了较为完善的政策体系。2014 年 8 月市政府召开了扶持小微企业发展推进大会，对贯彻落实《完善小微企业扶持机制实施方案》进行了部署。建立了市级部门联席会议制度，同时大力宣传政策措施。通过各方联动，形成了社会更加关心、各级政府更加重视中小微企业发展的良好氛围。

2014 年，全市认真落实各项扶助小微企业发展的财税政策，确保政策执行到位。在财政资金扶持落实方面，全年下达各类扶持小微企业发展资金 15.5 亿元。其中，市财政下达民营经济发展切块资金 8 亿元，微型企业后续扶持资金 1.8 亿元，创业培训补贴 8549 万元，企业社保补贴 7122 万元，中小企业发展资金 4500 万元；22 个区县安排了 3.7 亿元配套资金。扶持范围包括微企创业补助，小微企业场地租金补贴、贷款贴息、社保和培训补贴，企业技术进步，服务体系完善等。在税收减免方面，全年为小微企业减免税收 18.9 亿元。其中，全市 6.9 万户小微企业免征营业税 1.8 亿元，政策覆盖面 100%。3.1 万户小微企业享受了企业所得税减免优惠，累计减免企业所得税 1.5 亿元。享受月销售额不达 3 万元免征增值税政策的小微企业及个体工商户 64.4 万户，累计减免增值税 15.6 亿元，政策覆盖面 100%。

（二）引导企业集聚，加快推动中小微企业载体建设

2014 年全市新增各类小微企业集聚发展基地 82 个。其中，重点培育楼宇产业园 22 个，培育的市级楼宇产业园和已认定的都市工业园（楼宇）累计达 124 个，总建筑面积 1311 万平方米，入驻企业共计 3771 户。新认定市级小企业创业基地 10 个，累计达 135 个，入驻企业 6004 户。新增微企孵化园 30 个，认定市级微型企业孵化园 10 个、微型企业特色村 50 个，微企孵化平台累计达 228 个，入驻企业 1.2 万户。新增市级创业孵化基地 10 个，累计达 46 个，入驻企业 5100 户。

1. 加快推动楼宇产业园和小企业基地发展

一是强化指导与培育，帮助楼宇产业园进行策划、选址、找准产业定位和招商引资。全年重点培育的 22 个楼宇产业园发展定位清晰，建成后预计可入驻 3000 余家小微企业，提供就业岗位 15 万个。移动互联网等 13 个楼宇产业园已建成开园。二是落实租金补贴扶持政策，降低企业运行成本，促进中小微企业集聚发展。对入驻大渡口移动互联网楼宇产业园、荣隆楼宇产业园的 50 家企业给予了房租补贴，楼宇产业园的入驻率达 90% 和 40%。三是指导帮助楼宇产业园建设公共服务平台，为入驻企业提供物业、融资、法律等方面服务，为企业解决生产经营中的困难和问题。

2. 搭建创业平台，引导微型企业集聚发展

按照五大功能区域发展战略，指导各区县根据功能定位和产业布局建立微企孵化园、创业基地、微企村 229 个，入驻微企 1.18 万户。充分发挥全市 43 个微企协会和近 700 个微企非公党组织作用，为微企提供免费咨询、代账、融资、法律援助等服务，组织开展产品营销、参加会展等活动，促进微企抱团发展。

3. 建设好创业载体，为小微企业发展筑好巢

一是提档升级创业孵化平台。进一步完善我市创业孵化基地建设管理机制，加大对创业孵化基地的政策扶持力度，积极将市级创业孵化示范基地升级打造为国家级创业孵化示范基地。同时着力构建孵化和创业服务的一体化平台，将创业公共服务触角延伸到孵化基地，提高基地内小微企业创业成功率。二是打造大学生创业服务平台。以建设大学城就业创业服务中心为抓手，完善创业服务功能，集中各方资源就近就地为大学生创业者提供全方位、全流程的就业创业服务。三是打造高校毕业生众创空间试点示范。以大学城或渝中、江北国家级创业孵化示范基地为载体，整合资源，落实政策，完善服务，打造我市高校毕业生示范众创空间。

4. 全力推动农产品加工业发展

一是新培育市级农产品加工示范企业 42 户，累计达到 249 户。二是认定 7 个农产品加工基地为重庆市农产品加工基地，累计达 23 个，入驻企业 939 户。三是安排 55 户农产品加工企业收购农副产品、购置设备及技术改造贷款贴息 1700 万元，带动银行贷款 7.8 亿元；安排 260 万元支持农产品加工基地环境整治项目和乡镇企业服务机构服务项目。截至 2014 年底，全市农产品加工企业达 2.2 万户，实现产值 2970 亿元，同比增长 12.5%，从业人员达 70 万人。

（三）加大要素保障力度，着力解决企业的实际困难

1. 强化融资服务，缓解融资困难

2014 年全市银行业小微企业贷款余额 4467 亿元，比年初增加 855 亿元，同比增加 35 亿元，增长 23.7%，比平均水平快 8.9 个百分点。小额贷款公司发放小额贷款 2727.8 亿元，增长 31.5%。

（1）加快推进担保体系建设。一是强化融资担保扶持政策的贯彻落实，促进担保业做强做大。2014 年，全市担保机构达到 167 户，涌现出了瀚华担保集团、三峡担保集团等一批在全国极具影响力的优秀担保企业。向国家申报中小企业发展专项资金融资环境项目，争取到 7230 万元项目资金，比 2013 年多争取项目资金 2670 万元；积极落实市级担保补贴政策，使 61 户担保机构得到市级补贴 2058 万元。同时，16 家的担保机构向国家申请到 1000 余万元的营业税减免，38 户担保机构申请到 1500 余万元的市级营业税减免。二是加快中小企业再担保体系建设。积极筹备设立市级再担保机构，为全市中小担保机构增信，增强担保能力和有效防止担保行业系统性风险，促进中小企业信用担保机构做强做大。

（2）进一步深化银政合作。一是促进商业银行改善小微企业金融服务。2014 年市中小企业局与中国人民银行重庆营管部联合发布了《关于进一步做好小微企业金融服务工作的通知》等重要指导性文件，建立了信息共享、业务共推的工作机制，共同促进商业银行提高服务水平和能力。同时，市中小企业局与中国人民银行重庆营管部、重庆银监局等金融监管部门联合定期和不定期召开中小企业、银行机构等专题调研座谈会，对及时掌握中小企业融

资情况和改进银行机构的金融服务水平起到了积极作用。二是创新中小企业的金融服务模式。紧紧围绕“万户中小企业成长工程”，将全市实施万户中小企业成长工程的区县划分为五大片区，实行每一片区与一家商业银行合作，成为主办银行或主要服务银行的模式，开展专项金融支持活动，形成政府、银行、担保公司、企业四方联动，共同推进中小企业融资工作的新局面。三是促进银行推出创新金融产品。从2014年开始，重庆市中小企业局力促建设银行重庆分行与各区县政府或政府部门合作，推出了“助保贷”信贷业务，截至2014年底，全市已有23个区县与建行重庆分行签订了“助保贷”业务合作协议，政府风险补偿资金全部到位后，形成了30多亿元的小微企业信贷规模。此外，重庆市中小企业局还积极促进民生银行重庆分行为小微企业开发“互助基金”信用贷款业务，目前已为近1800家小微企业发放信用贷款30多亿元。

（3）强化融资服务体系建设。2014年，市中小企业局积极与区县和有关服务机构合作，搭建了一批多层次、多模式的融资服务平台，通过“政府支持中介，中介服务企业”的方式，放大政府部门的服务效能，构建起了相对完善的中小企业融资服务体系，并广泛开展统借统还、融资培训、银企保对接与融资信息发布等融资服务活动，对缓解中小企业融资难题起到了积极作用。

（4）拓宽中小企业融资渠道。针对重庆市中小企业间接融资比例较高的特点，2014年市中小企业局积极探索开展以股权融资等直接融资新模式。市中小企业局联合重庆证监局、市金融办和有关融资服务中介平台，为23户企业发行中小企业私募债近40.85亿元。此外，市中小企业局还对投融资平台建设、推荐中小企业到重庆股券交易所、上海股权托管交易中心等国内外多层次资本市场进行直接融资等方面做了积极的推动工作，取得明显成效。2014年，全市中小企业在上海股权托管交易中心挂牌上市的企业就达到95家。

2. 推动技术进步，着力增强企业核心竞争力

一是大力支持中小企业科技创新。新认定“中小企业技术研发中心”15家，累计达138家，促进中小企业加大研发投入，提高研发能力和水平。新认定的15家研发中心所在企业实现年销售收入8.16亿元；研发投入3366万元；开发新产品46个；新产品销售收入729万元；有效专利121个；专利产品98个；专利产品年销售收入43202万元；获得市级以上成果52个，市级以上科技进步奖3个。对机械制造、医药化工等领域的35个中小企业科技创新项目给予1050万元资金扶持，带动该批企业科技创新项目投资2.15亿元；开展中小企业技术难题专家“一对一”对接诊断活动，组织专家免费开展对接诊断活动20余次，帮助企业解决技术难题。二是积极推动中小企业信息化建设。新认定中小企业信息化示范企业35家，累计超过400家，促进中小企业运用信息化手段进行产品研发和经营管理，提高运行效率和运行质量；加大中小企业信息化建设资金支持力度，安排520万元支持29个中小企业信息化建设项目，帮助中小企业提高信息化水平，增强市场竞争力。三是积极推进中小企业知识产权战略实施工程。新认定中小企业市知识产权试点单位49家，鼓励和引导中小企业贯彻实施《企业知识产权管理规范》国家标准，提高中小企业知识产权创造、运用、保护和管理的能力。

3. 加强人才培训，提升中小企业整体素质

2014年，开展了系列培训，重点实施了中小企业银河培训工程、专业技术人才知识更新工程、中小企业领军人才培训工程。开展学历、创业、产业升级、技术创新、市场开拓、融资担保、职业技能等培训，全年相关市级部门共培训各类急需人才9.8万人次。各区县和企业结合实际开展各类培训，培训人员近50万人次，较好地提升了中小企业经营管理人员的素质和企业整体水平。

（四）搭建服务平台，助推中小微企业发展

1. 完善服务体系

按照“找得着、用得起、有保证”的要求，重点推进“1+39+N”公共服务平台网络建设，以1个市级平台为统领，利用39个区县（含万盛经开区）窗口平台和N个产业园窗口平台承载一大批专业性的服务机构，为广大中小微企业提供服务。一是积极推进全市中小企业云服务平台建设，利用线上方式实现服务的对接与交易。坚持以市场需求为导向，采用市场化模式建设运营重庆市中小企业云服务平台。通过政府政策引导和信息技术的应用，集聚全市各类服务和产品资源，搭建为中小企业提供各类专业服务和产品的“云服务超市”，实现全价值链业务的整合。二是加快窗口平台的建设和示范平台的培育认定。目前全市已建成36个公共服务窗口平台并投入运营，完成投资7577万元，带动900余家服务机构开展服务。全年新增国家级中小企业公共服务示范平台3个，累计达到12个；新增市级公共服务示范平台12个，累计达到44个。三是构建服务协同机制。为充分发挥平台网络功能，市中小企业局印发了《重庆中小企业公共服务平台网络运营管理办法》，制定了平台网络服务指南、热线、网站、标准、资源库和专家团队“六统一”的服务规范，以及公开服务标准、流程、功能、收费、办理时限的“五公开”的服务标准，统一规范了平台的标识和名称。各平台参照相应标准和规范，结合自身实际，积极构建服务协同机制。平台牵头单位重庆市中小企业发展服务中心与各区县平台也建立了良好的协同机制，各平台间相互学习、相互协同日趋频繁。四是加大财政扶持力度，安排中小企业服务体系类专项资金7285万元，鼓励服务机构提供高效、快捷、优质服务。全年36个窗口平台共为18500余家中小微企业提供融资、技术、信息、培训、法律等服务，开展服务活动2500余场次，服务满意度达到90%以上。

2. 鼓励对外开放，帮助中小企业开拓国内外市场

一是举办首届中国·重庆中小微品牌企业采购交易暨大众创业博览会，与香港贸易发展局共同举办《创新驱动发展合作共赢未来》等活动，帮助我

市中小企业利用香港优势平台走出去。二是组织企业参加 APEC 技术交流展览会、全国中博会、农洽会、渝洽会、匈牙利工商会企业推介会、重庆·中国企业国际化及境外投资大会、中国企业国际化及境外投资路演活动等展会。三是组织 6 个考察团 71 家中小企业赴俄罗斯、美国、印度等开展对外投资考察。四是积极做好首届中国重庆小微企业创业投资贸易洽谈会（暂定名）前期准备工作，助推小微企业开拓市场。

3. 加强统计分析，大力实施“百千万工程”

抓好 400 户农产品加工企业和 1500 户中小企业监测工作。全市建立了 1 万户高成长型中小微企业数据库。通过对成长企业的重点指导、服务和扶持，成效明显。2014 年有 1.3 万户微型企业成长为中小型企业，有 5000 余户小型企业成长为“规上”和“限上”企业。成长壮大的中小企业成为全市稳增长的重要支撑。

（五）优化服务环境

1. 建立发展微型企业政策扶持体系

全市建立了扶持发展微型企业“1+3+N”的政策体系，即“创业者自己出一点”，加“财政补一点、税收返一点、金融机构贷一点”，加搭建“创业培训、创业孵化、龙头企业对接”三个平台，加“准入门槛管理分类指导、非银行金融融通、建立成长和退出机制”三项跟踪服务。进一步支持鼓励“大众创业、万众创新”。按照这一政策体系，给予重点扶持类微型企业每户平均 3 万元的创业补助；微型企业营业税和增值税起征点为月销售额 3 万元，并对企业上缴地方税收留存部分给予两年以内的返还奖励；微型企业还可以申请无抵押担保的创业扶持贷款或小额担保贷款，创业扶持贷款最高不超过 15 万元，执行贷款基准利率，小额担保贷款最高 200 万元，按相关规定财政全额贴息。自 2010 年以来，全市已累计发放微企创业补助资金 35.65 亿元，累计兑现税收奖励 1.4 亿元，全市 27 家银行开展了微企创业扶持贷款，累计发放各类政策性贷款 158 亿元。工商、质监、环保、金融等部门免征微型企业管理类、登记类和证照类行政事业性收费 7000 多万元。

2. 落实惠企政策

一是落实社会保险补贴政策。按照《关于做好微型企业社会保险补贴工作的通知》要求，按规定签订 1 年以上期限劳动合同、参加社会保险并按时足额缴纳社保费的，可享受社保补贴；补贴标准按企业实际为员工缴纳社会保险费的 5 个百分点计算，其中基本养老保险 3 个百分点、基本医疗保险和失业保险各 1 个百分点。二是落实岗位补助政策。小微企业按认定的岗位招聘登记失业离校两年内的重庆市户籍普通高等学校贫困毕业生，签订 1 年以上劳动合同并缴纳社会保险费的，享受 6000 元/人的一次性岗位补助。三是落实就业培训制度。完善促进劳动者就业创业的培训机制，引进了创业培训项目，建立以市场为导向的职业培训补贴发放、劳动者终身职业培训、政府购买职业培训成果三个机制，提高培训的针对性和有效性。

3. 强化涉企收费管理，切实减轻企业负担

一是建立并实施企业收费清单制度，新目录清单收费项目由 63 项减至 50 项，涉企行政事业性收费由 88 项减至 84 项，政府性基金由 28 项减至 23 项，粗略估算全年减轻企业负担 18 亿元以上。二是 2012 年以来取消银行业金融机构收费项目 1213 项·次；降低收费标准 505 项·次，清退违规服务收费 3.1 亿元。三是清理规范行政审批前置服务项目、中介协会等服务机构收费，将全市 2000 余个社会团体纳入清理范围。四是依托市政府民营企业维权投诉中心，全年处理各类投拆案件、政策咨询及电子信箱 255 件，办结率为 100%。

四、主要问题

当前，重庆中小企业发展面临很多困难和问题，既有国际国内经济发展速度放缓和企业自身素质的原因，也有中小企业发展环境不优的影响。具体表现在：

一是企业融资困难问题仍然严重。从总体上看，中小企业获取银行贷款的满足率不高，特别是小微企业满足率不足 20%。融资成本高，银行贷款综合成本普遍在 12% 以上，其他途径更是高达 20% 以上。同时，由于目前经济下行压力较大，银行等金融机构抽贷、惜贷、压贷、缩贷现象普遍，也导致企业的整体流动性较差。

二是企业用工难、用工贵严重制约企业发展。用工难主要是结构性缺工，专业技术人才流失频繁，也导致用工成本逐年推高，聘人解聘人员均不易。用工贵主要体现在工资上涨较快，社保缴费基数因社平工资上调而上调，企业用工成本大幅攀升。

三是用地难，工业地产的相关政策需调整和完善。随着土地资源日益紧缺，各工业园区在有限的土地指标供应上设置了较高的准入门槛，小微企业无法入驻。工信部要求加快小企业创业基地建设，但各区县对小企业创业基地的用地问题没能有效解决，小微企业发展受土地制约。都市工业楼宇目前的规定“容积率不超过 3.0，建设高度不超过 40 米”的规定与当前土地资源稀缺和集约用地的要求不相符。都市楼宇工业厂房交易市场不健全，目前是按商业用房对待，交易税费与商业用房一样收取。

四是转型升级难。小微企业成立之初技术和管理水平低、创新能力弱，需要通过转型升级来发展壮大，目前对中小微企业的转型升级的技术改造、技术创新、管理提升等扶持力度不够。

五是政策落实有待进一步加强。国家政策往往比较宏观，具体的实施细则与大政方针的出台有较长的时间差距，落实起来比较困难。一些具体的操作性较强的政策也往往因政策执行部门或人员的理解和水平受到影响。同时，政策的宣传力度还需要加强，许多有益于中小企业发展的专项政策没能做到家喻户晓。

五、发展趋势

（一）2015 年主要预期目标

2015 年，全市中小企业实现增加值 6200 亿元，同比增长 11.0% 左右，新增从业人员 46.3 万人，达到 656 万人。

（二）工作思路

全面贯彻落实党的十八大和十八届三中、四中全会及市委四届五次、六次全会精神，主动适应经济发展新常态，按照“放开、减负、解难、引导”要求，全力推进市委、市政府交办的重点改革专项任务，牵头做好扶持小微企业发展工作，进一步优化中小企业的发展环境。按照五大功能区域发展战略部署的要求，重点围绕“6+1”支柱产业的中小企业集群以及现代服务业和农产品加工业，大力培育市场主体，加快楼宇产业园、小企业创业基地和服务体系建设，推动企业技术进步和转型升级，强化服务，促进全市中小企业的持续健康发展。

（三）工作重点

1. 是全面深化专项改革，进一步营造优良发展环境

继续牵头做好扶持小微企业发展工作，发挥好小微企业联席会议作用。加强与市有关部门、区县的联动，形成合力。积极贯彻落实中央及市委市政府完善小微企业扶持机制政策措施，会同相关部门加强督促检查，确保普惠政策措施“落地”。适应新常态，进一步完善扶持中小企业特别是小微企业的政策措施。落实财政扶持政策，鼓励服务机构为中小企业服务。加大政府购买服务力度，为小型微型企业免费提供管理指导、技能培训、市场开拓、标准咨询、检验检测认证等服务。加大人才培训力度，为中小企业发展提供人才支撑。发挥市政府民营企业维权投诉中心的作用，及时受理和处理违规侵犯企业合法权益，当好中小企业的“保护神”。加强宣传，加大对创业的引导与扶持，营造“大众创业、万众创新”，全社会关心、关注、支持中小企业发展的良好氛围。

2. 大力发展楼宇产业园和小企业创业基地，进一步引导企业集聚发展

积极培育楼宇产业园。按照五大功能区域的功能定位，积极培育楼宇产业园。按照“盘活存量，发展增量”原则，通过利用现有闲置楼宇和新建楼宇两种途径，结合区域发展实际，合理规划布局楼宇产业园。一是加强前期分类指导，积极主动培育。组织区县主管部门、楼宇协会、楼宇促进中心等各方力量，摸清楼宇实际情况，开展现场服务指导，协助区县选定楼宇，找准产业定位，开展招商引资，做到“定位一个、培育一个、成熟一批”。全年重点培育楼宇产业园 30 个（其中认定市级楼宇产业园 10 个），新增建筑面积 400 万平方米户。二是规范运营管理，积极扶持产业园运营机构发展。全年扶持 5～10 家楼宇产业园专业运营服务机构，根据区域产业定位，打造产业定位清晰、配套服务完善、经济效益良好的楼宇产业园。三是落实扶持政策，促进园区招商。按照市、区县两级财政补助和楼宇业主让利的“三个一点”支持方式，落实重点培育的楼宇产业园的场地租金补贴，吸引中小微企业入驻楼宇产业园，力争打造 3～5 个楼宇形象好、业态定位明确、经营绩效良好的典型楼宇产业园。四是建立楼宇产业园建设联席会议制度。加强与财政、规划、国土、建设等职能部门沟通，形成共同协作的工作机制，落实 36 号文件扶持政策，协调解决共性问题，推进楼宇产业园建设。五是统一标准，规范管理。开展楼宇产业园名称转换、统一标识标牌、建立指标体系等规范管理工作。

有序推进小企业创业基地建设。坚持事前指导、事后督促、加强指导力度，培育优秀小企业创业基地，协助做好基地、产业定位等工作。力争培育认定市级小企业创业基地 5 个。强化已认定小企业创业基地的规范管理，完善基地功能，增强服务能力，切实为基地入驻企业发展提供优质高效服务。发挥大型企业产业带动作用，引导产业链上的小型微型企业集聚发展，打造专精特新的产业集群。

3. 多措并举，进一步缓解企业融资困难

一是落实担保机构优惠政策，提高中小微企业融资担保规模。重点完善市级担保机构财政扶持方案，确保小微企业担保收费在 2% 及以下，财政补贴 0.5% 的政策得到落实，降低中小微企业融资成本。继续落实税收减免政策，增强担保机构发展后劲。

二是加强政银合作，创新金融服务。加强与人民银行重庆营管部、重庆市银监局等金融监管部门合作，建立信息共享、业务共推的工作机制，落实好《中国人民银行重庆营管部重庆市中小企业局关于进一步做好小微企业金融服务工作的通知》等指导性文件。同时，加强与建设银行、民生银行等金融机构合作，开展“助保贷”“手机贷”“互助基金”“小微企业 1+1 之家”等中小微企业信贷业务。2015 年，积极争取助保贷业务的政府铺底风险基金，建成市级“助保贷”平台，采取“1+X”发展模式（一个市级平台加上 40 个以上的区县、园区平台），扩大小微企业贷款规模，缓解融资困难。

三是搭建各类中小企业投融资平台，完善中小企业融资服务体系。探索引进中小企业信息化融资模式，助推互联网融资，实现融资高效、便捷和廉价服务。同时，充分整合社会资源，支持、鼓励建立各种类型的专业化中小企业融资服务平台，完善中小微企业融资服务体系。采取内引外联等方式，重点打造市中小企业发展服务中心的融资平台，充实其融资服务功能。此外，积极探索为中小企业实现直接融资的支持方式，发挥财政资金的使用效益。

四是加快建立项目储备库。建立中小企业融资项目储备库，积极推荐符合条件的优质项目对接市小微企业发展产业引导基金、天使基金等投资基金，拓宽中小企业融资渠道。

4. 推进创新驱动，进一步增强企业核心竞争力

启动中小企业科技成果转化计划，强化中小企业在技术创新中的主体地位，出台《重庆市中小企业科技成果转化项目资金补贴办法（试行）》，采用后补助方式支持全市中小企业推广和应用科技成果，促进科技成果产业化。加强“中小企业技术研发中心”培育认定及管理工作，力争全年培育认定市级“中小企业技术研发中心”10家以上。积极推进“产、学、研”紧密结合，开展中小企业技术难题梳理、专家对接诊断工作，帮助企业解决研发、创新、生产、管理等方面难题，促进企业科技创新。建立市级中小企业信息化示范企业评价体系，完善相关管理办法，在现代装备制造、电子信息、有色金属、农产品加工、化工、建材、汽车、摩托车等重点工业行业和服务业中加快培育信息化示范企业，加以重点扶持和推广。贯彻落实党中央国务院“互联网+”行动计划，公开征集适合中小企业信息化建设的软件及平台建设等服务产品，审核后面向中小企业宣传推广，推动互联网与传统产业融合发展，加快推进全市中小企业信息化建设进程。引导和鼓励科技创新服务机构为全市中小企业提供技术研发、技术成果转化等科技创新方面的服务。做好中小企业科技创新项目储备、支持、管理工作，推荐优质项目与产业引导基金、科技风投基金对接。开展质量品牌创新专项行动，帮助企业建立和完善质量诚信体系、改进管理方法、提高质量管控能力。

5. 立足企业需求，进一步优化完善中小企业服务体系建设

坚持“政府支持中介，中介服务企业”的原则，按照“找得着、用得起、有保证”的要求，构建“网络平台、窗口平台、服务机构”三位一体的服务体系。一是重点推进“1+39+N”公共服务平台网络建设，以1个市级平台为统领，利用39个区县平台和N个产业园窗口平台，聚集众多专业性的服务机构，为广大中小微企业提供服务。二是加快培育公共服务示范平台和服务重点机构。力争全年培育市级公共服务示范平台15个，市级中小企业重点服务机构40个。研究制定重庆市中小企业重点服务机构管理办法，不断加强服务机构能力建设，引导服务机构提升服务水平。通过“政府购买服务”的方式，做好服务机构和产品的推荐工作，择优选择优质服务机构为广大中小微企业提供低成本、专业化服务。三是有序推进中小企业云服务平台建设。按照“政府引导、市场运作、整合资源、普惠服务”的原则，采用现代信息网络平台技术，打造互联互通、统分结合、资源共享、协同联动的云服务平台网络体系，建立科学的平台运行和互动服务机制，为广大中小微企业提供用得起、有实效的各类专业性服务。实现中小微企业上网找服务活动，达到资源利用最大化。

6. 加强引导与扶持，进一步推动农产品加工业发展

一是加强农产品加工业形势研判，完善农产品加工业发展政策措施，提请市政府出台进一步促进农产品加工业发展的意见。二是有序开展农产品加工基地创建工作，培育认定市级农产品加工基地5个，扶持培育农产品加工业产业集群，引导农产品加工业集聚发展。三是培育壮大农产品加工示范企业，培育认定市级农产品加工示范企业20个，打造一批自主创新能力强、加工水平高、行业带动作用明显的农产品加工龙头企业。四是充分利用中小企业发展资金、乡镇企业发展资金，加大对农产品加工企业的原料收购、技术改造的支持，支持农产品加工基地开展环境整治、完善服务设施设备、提高服务能力。

7. 办好展会，进一步帮助企业拓展市场

力争办好首届重庆小微企业创新创业展示洽谈会。该展示洽谈会是全市首次以小微企业为主体的集创业、投资、贸易、服务为一体的大型市场开拓活动，旨在加大对小微企业发展的宣传，促进小微企业的创业、投融资合作、产品推广以及为小微企业提供服务。组织中小企业参加中博会、农洽会等，帮助企业开拓市场。

8. 加强规划与监测，进一步增强发展形势研判能力

抓好工信部1500户中小企业在线监测、万户中小企业成长工程，并从全市小型微型企业中抽取一定比例的样本企业，加强监测分析。建立全市楼宇产业园统计报表制度，实现数据动态掌握，为决策提供参考依据。启动重庆市中小企业“十三五”规划有关工作。围绕经济增长新常态、创新驱动发展等热点问题，开展《经济发展新常态下中小企业发展路径研究》《重庆市中小企业成长评价研究》等专项调查研究工作，为进一步细化完善政策措施提供支撑，助推中小企业持续康健发展。

四川省

中小企业发展

一、基本情况与年度特点

2014年，四川中小企业实现平稳较快发展，总量规模再上新台阶；“大众创业、万众创新”活力显现，推动中小企业转型升级；在保增长、保就业、保民生、保稳定、保创新方面作用显著。

（一）总量规模再上台阶，“大众创业、万众创新”活力显现

2014年底，四川中小企业、个体工商户及农民专业合作社户数达到354.9万户，同比增长19.0%，注册资本49224.1亿元，增长17.4%。其中：企业77.3万户，居全国第7位；个体工商户272.9万户，居全国第6位；农民专业合作社47329户，居全国第12位。2014年，我省“大众创业、万众创新”活力显现，新登记各类企业14.0万户，同比增长64.5%，其中新登记私营企业13.1万户，增长68.0%；七大战略性新兴产业市场主体发展较快。全年新登记七大战略性新兴产业市场主体户数中，新一代信息技术产业8278户、新能源产业8010户、高端装备制造产业1229户、新材料产业4486户、生物产业5831户、节

能环保产业13735户、新能源汽车产业4077户，同比分别增长59.86%、123.37%、54.28%、94.69%、86.22%、90.69%、36.1%。

全省工业中小微型企业及个体工业户达24.8万（个）户；从业人员数达390.2万人；实现营业收入27208亿元，比2013年增长7.91%。其中：规模以上工业中小企业12614户，比2013年增加343户，主营业务收入同比增长12.67%；规模以下小微企业3.21万户，从业人员57.6万人，营业收入1447亿元，比2013年增长6.02%；个体工业户20.36万户，从业人员96.3万人，营业收入1766亿元，比2013年增长3.9%。

（二）中小企业经济效益不太理想，但好于大型企业

经济效益不太理想体现在：一是规模以上中小工业企业利润总额和税金总额增长率大幅低于营业收入和财务费用增长率，利润总额增长4.36%，比主营业务收入和财务费用增长率分别低8.31和10.31个百分点，税金总额增长11.11%，比主营业务收入和财务费用增长率分别低1.56和3.56个百分点；二是经济效益有所下滑，主营业务收入利润率同比下滑0.44个百分点。

但是，与大型企业相比，2014年中小企业经济效益下滑幅度较小：一是规模以上中小工业企业全年主营业务收入、利润和税金分别为23995亿元、1339亿元和1030亿元，分别占规模以上工业的63.88%、65.44%和55.65%，此三项占比指标同比分别上升1.09、6.09和2.3个百分点；二是利润总额和税金总额增长率比大型企业分别高19.76和16.21个百分点，而财务费用增长率比大型企业低7.51个百分点；三是主营业务收入利润率比大型企业高0.37个百分点，同比下滑幅度比大型企业小0.56个百分点。

（三）企业结构转型升级加快

一是中型工业企业规模增长最快，规模以上中小工业企业户均主营业务收入为1.90亿元，同比上升9.56%，其中：中型企业户均主营业务收入为4.73亿元，同比上升30.3%，小型企业户均主营业务收入为1.29亿元，同比持平。二是战略性新兴产业充满活力，七大战略性新兴产业市场主体发展较快。全年新登记七大战略性新兴产业市场主体户数达到4.56万户，同比增长81.18%，比其余产业增速高23.69个百分点，约占14万户新登记企业的三分之一。

（四）中小企业吸纳就业作用明显，劳动生产率不断提升

规模以上中小工业企业从业人员达到236.33万人，比大型工业企业从业人数多88%，中小企业在吸纳就业方面的作用日益突出。同时，中小工业企业的劳动生产率不断提高，2014年人均主营业务收入达到101.53万元，比2013年的88.87万元增长14.25%。

（五）全省中小企业融资能力进一步提高

一是中小企业贷款保持两位数同比增长。截至2014年12月底，全省银行业金融机构中小微企业（全社会口径）贷款余额14022.8亿元，比年初增加1631.91亿元，占大中小企业新增贷款额的77.67%。其中小微企业贷款余额6010.17亿元，同比增长21.8%，比各项贷款平均增速高出7.11个百分点，较年初增加1009.7亿元，占大中小企业新增贷款额的49.98%。二是全省有备案中小企业信用担保机构370家，注册资本433.28亿元，其中新增备案担保机构11家，变更82家，新增注册资本41.42亿元。1—12月全省备案担保机构新增融资贷款担保额1395亿元，同比下降8.2%，12月末在保余额1467亿元，同比与上年持平。

二、推动中小企业发展的主要举措

2014年，我省着力营造发展环境，大力加强企业培育，努力提升我省企业档次和规模，引导企业转变发展方式，调整优化产业结构，推动全省中小企业走专精特新发展道路，各项工作扎实推进，有力地促进了全省大中小企业持续平稳健康发展。

（一）狠抓政策落实、加强政策宣传

一是认真开展《中华人民共和国中小企业促进法》修订工作，广泛征求相关部门、企业和社会各界意见建议，并汇总上报，为全国人大常委会修法提供参考。二是深入贯彻落实国务院、省关于支持中小企业微企业发展的一系列方针政策。编制印刷《四川省中小企业政策汇编手册》（以一册多单的政策组合形式汇编）、《四川省贯彻落实国发14号文件主要配套政策》，按照面向基层、服务企业的原则，采取免费发放企业的方式，帮助企业了解各项扶持政策，认真落实省政府稳增长“16条”措施，推动制定支持中小微实体经济企业加快发展“22”条政策。

（二）抓好重点企业培育和小微企业创业升规培育工作

1. 着力培育“小巨人·成长型”中小企业

进一步实施“小巨人”和“成长型”中小企业培育计划，继续抓好重点企业的梯度培育，以主营业务收入2000万元~1亿元“成长型”中小企业转型成长培育、以主营业务收入1亿元~10亿元“小巨人”企业升级（进入大企业行列）培育，完成2014—2015年度“小巨人·成长型”企业（第一批）名单动态调整工作，新增培育“小巨人·成长型”中小企业606户，全省“小巨人·成长型”中小企业达到2400户。

2. 大力培育“专精特新”中小企业

出台《关于培育“专精特新”中小企业实施意见》（川经信企业〔2014〕278号），开展了2014年四川省“专精特新”中小企业培育申报工作，截至申报之日，共有来自全省21个市州的1120户企业申报了“专精特新”中小企业。经初审，959户企业基本符合申报通知要求。959户企业中有369户企业拥有发明专利1254个，占申报总户数的38.48%；160户企业拥有省级以上技术中心或工业设计中心；拥有驰名商标94个，著名商标319个。

3. 精心培育创业升规小微企业

指导创业基地和服务平台加大对初创企业的服务力度，严格执行工业企业升规入统考核办法，指导各市（州）、扩权试点县做好小企业升规规划和计划调整，跟踪监督升规培育工作实施情况，确保完成年度小企业创业升规培育目标。2014 年省级中小企业发展专项资金安排提升小微企业发展能力类项目 145 个、资金 5000 万元，支持各地升规培育企业和初创小微企业加快发展，财政资金引导放大作用得到有效发挥。

（三）推动中小企业两化深度融合

为落实中小企业两化融合能力提升行动，深入实施中小企业信息化推进工程，争取出台《关于推进全省中小企业企业信息化工作的指导意见》，旨在促进中小企业信息化水平提升，提高我省规模以上企业，特别是“小巨人”“成长型”“专精特新”企业生存、发展、创新和竞争能力，促进中小企业的两化深度融合。

（四）加大财政扶持，切实做好省中小企业发展专项资金（基金）项目改革工作

按照深化财税体制改革的要求，一是会同财政厅完成《四川省中小企业发展专项资金管理暂行办法》修订工作，推进专项资金整合。二是在 6 月底前完成了 2014 年省级中小企业项目资金的申报、评审、上报、下达等工作。并于 11 月启动了 2015 年省中小企业发展专项资金的项目申报等工作。2014 年共下达专项资金 3 亿元，有力地支持了中小企业发展；三是根据《中共四川省委办公厅四川省人民政府办公厅关于印发 <贯彻落实省委十届四次全会重要部署责任分工方案>的通知》（川委〔2014〕8 号），配合财政厅完成省中小企业发展基金方案的制定工作，省中小企业基金将于 2015 年 4 月正式启动。四是做好项目资金到位和使用情况的督查工作，及时了解项目实施进度，确保专款专用和项目顺利实施。

（五）大力实施“扶助小微企业专项行动”

以“服务中小微企业、助力转型促成长”为主题，围绕“六项工程、两项计划”开展系列服务活动，开展全省政策大宣讲和技术服务对接活动。组织开展全省小微企业融资情况专题调研，深入分析小微企业“融资难、融资贵、融资慢”问题，提出政策措施建议。举办 4 期“企业家大讲堂”。开展小微企业政策专题宣传，积极营造支持小微企业发展良好环境。

（六）不断强化小企业创业示范基地建设

与财政厅共同开展第三批省级小企业创业示范基地现场考察、专家评审和认定工作，启动第四批次创建工作。全省小企业创业示范基地达到 70 家，为 3100 余户小微企业提供入驻条件。开展全省小企业创业基地发展情况专题调研，深入分析创业基地发展、运营发展情况和存在问题，及时提出针对性政策建议。参加促进大学生创新创业相关政策研究拟定，2 个省级小企业创业示范基地被评为首批省级大学生创新创业示范园。

（七）顺利推进中小企业公共服务平台网络建设

召开全省平台网络建设工作座谈会，定期下发平台网络服务开展情况通报，加快推进平台网络项目建设进度。会同财政厅分批次完成 2011、2012 年共计 24 个平台网络建设项目联通考核和竣工验收工作，推进全省平台网络互联互通，促进线下线上服务协同。按照工信部要求进一步规范平台网络相关建设标准，按时完成国家中小企业公共服务平台网络系统和服务信息即时报送系统申报工作。筛选 7 家平台申报国家第四批中小企业公共服务示范平台，全省国家级示范平台达到 22 家。对全省国家中小企业公共服务示范平台进行专项检查，3 家被工信部抽查测评全部合格。2014 年全省中小企业公共服务平台网络集聚服务机构 351 家，服务中小微企业达 4 万余家。

（八）促进高校毕业生就业工作

按照工业和信息化部、教育部的要求，继续做好“全国中小企业网上百日招聘高校毕业生活动”，依托中国中小企业信息网、中国中小企业四川网和四川省毕业生就业信息网等网络平台，同步发布、免费浏览 2014 年全省中小企业招聘信息以及高校毕业生求职信息。用人单位和毕业生利用平台网络资源进行双向选择。活动期间共有 1640 家中小企业在中国中小企业四川网上发布或更新其招聘信息，共发布职位 2520 个，提供就业岗位 16630 个。我省较前几年取得更好成绩，有效企业数和职位数在全国“百日招聘”活动各省市中排名第二。

（九）加强市场开拓，努力提升中小企业对外开放合作水平

一是组织企业参加 6 月在义乌召开的第八届 APEC 中小企业技术交流暨展览会，组织“专精特新”中小企业积极参展参会，集中展示了我省中小企业科技发展成果。据统计，我省参展企业达成意向协议 60 余项，协议金额 2.5 亿元，正式签署合同 25 项，金额 9558.42 万元。二是组织企业参加 10 月在广州召开的第十届泛珠三角区域合作经贸洽谈会暨第十一届中国国际中小企业博览会。组织 95 户中小企业参展，集中展示四川名优特新产品，重点突出川茶、川酒、泡菜、食品饮料、电子信息等四川传统优势产业名优产品。为加大对我省中博会和泛珠经贸洽谈会的宣传力度，我省在中国中小企业四川网上开辟了中博会和泛珠四川馆分网，分网内容包括参展企业风采展示、工业投资项目对接、成果统计等。同时我省还印制了《四川工业投资项目册》《四川地方名优产品推荐目录》《四川中小企业政策汇编》等纸质宣传资料。据统计，此次展会我省参展企业共签订合同金额 1.54 亿元，意向金额 9.79 亿元，总成交金额 11.33 亿元。参展企业数及展位面积位居全国第二，西部第一。

（十）做好中小企业统计工作

一是联合省统计局等四川省促进中小企业和小微企业发展领导小组成员单位全面梳理 2013 年全省中小企业发展情况，全面梳理 2013 年中小企业各项工作，组织编撰完成《2013 四川中小企业年度发展报告》。二是加强统计分析。做好规模以上中小工业企业统计工作，按季上报的“成长型·小巨人”中小企业经济运行监测情况。继续深化中小微企业运行监测，下发《进一步做好中小微企业运行监测工作的通知》，建立运行监测定期通报制度，进一步充实完善《重点中小微工业企业运行监测月报》，更加直观、详细地反映中小微企业运行情况。

（十一）优化发展环境，减轻中小企业负担

围绕建设服务型、创新型、效率型政府的要求，在全省治乱减负工作中进一步体现和发挥政府的引导和服务职能。努力提高减负工作的针对性和实效性，切实减轻中小企业负担，为中小企业营造了良好发展环境。

三、目前存在的主要问题

2014年，中小企业保持中速增长，但是经济效益继续下滑，制约中小企业发展的突出问题依旧存在，企业经营者信心低位徘徊，工业投资增长乏力，“增势疲软、信心不足，融资困难、要素趋紧，订单减少、库存增加，利润趋薄”等困难和问题依旧普遍存在。

（一）成本费用上升过快

2014年规模以上中小工业企业主营业务成本、销售费用和财务费用同比分别上升13.94%、12.74%、14.67%，分别高出主营业务收入增速1.27、0.07和2.0个百分点；产成品和管理费用也分别上升12.54%和9.6%，与主营业务收入增速基本同步。问卷调查显示，四季度我省规下工业样本企业中有65.1%的企业认为用工成本上涨过快是当前面临的突出问题，认同度达到年内最高。由此，导致不少企业感到用工难，不敢轻易招工扩大生产规模。

（二）原材料价格上涨

问卷调查显示，四季度有41.8%的规下工业样本企业认为原材料价格上涨是企业当前面临的突出问题。由于PPI回落，加上生产经营状况欠好，一些企业感到生产经营压力较大，风险增高。

（三）市场需求不足

问卷调查显示，四季度有25%的规下工业样本企业认为市场需求不足是企业当前面临的突出问题。受当前宏观经济低迷的影响，我省规下工业企业目前仍然没摆脱市场总体需求不足的局面，并且造成产品积压，影响资金周转，企业生产经营困难，发展受到极大限制。比较突出的是由于房地产市场的紧缩，相关行业生产下滑。

（四）企业资金紧张

小微企业普遍存在“资金紧张、融资困难”问题：资金缺口仍大、银行贷款仍难、融资成本仍高、隐性成本仍多。问卷调查显示，四季度规下工业样本企业中有19.3%的企业认为资金紧张是当前面临的突出问题。其中，有6.7%的规下工业企业认为流动资金很紧张，资金缺口在20%以上；19.6%的企业认为资金比较紧张，资金缺口在20%以内。问卷调查还显示，占29%的规下工业企业四季度有向银行借款的需求，但这些企业中只有约27%的企业能全部或大部分获得银行借款。

（省经济和信息化委企业处熊庄赵杨）

贵州省

2014年民营经济、中小企业发展总体情况

一直以来，贵州省委、省政府高度重视民营经济和中小企业发展工作。2014年，围绕“加速发展、加快转型、推动跨越”主基调、“工业强省、城镇化带动”主战略，坚持发展为要、民生为本、企业为基、环境为重，全省民营经济稳中有进、稳中有为、稳中向好，各项主要经济指标继续保持高速增长，增速高于全省平均发展速度。

一、2014年民营经济、中小企业发展概况

（一）经济总量规模迅速扩大、比重提升

据统计，2014年全省民营经济实现增加值4275.4亿元，比上年增加了817.6亿元，占全省生产总值比重为46.1%，比上年增加了2.9个百分点。

（二）投资环境优化，民间资本活跃

2014年，全省计划总投资500万元及以上的民营经济单位固定资产投资4145.8亿元，比上年增长19.9%，占全省固定资产投资的比重达47.2%。

（三）市场主体快速增长，资本实力显著增强

我省全面深化改革工作稳步推进，进一步降低市场准入门槛，极大地激发了全民干事、创业激情。据统计，截至12月底，全省共有私营企业262477户、注册资金8151.05亿元，较上年分别增长67008户、3053.96亿元；全省共有个体工商户1280048户、注册资金657.60亿元，较上年分别增长21.9444户、182.66亿元；全省共有农民专业合作社24136户、注册资金381.57亿元，较上年分别增长5883户、128.7亿元。

（四）社会贡献日益突出

全省共有私营企业从业人员207.82万人，较上年同期增长46.17万人，增长率28.56%；全省共有个体工商户从业人员220.81万人，较上年同期增长35.65万人，增长率为19.26%。

二、主要工作

（一）坚持政策导向，强化引导扶持，改善发展环境

全省中小企业发展环境进一步优化。出台《贵州省鼓励民间资本投资重点领域清单（正面清单）》《关于发布首批鼓励社会资本参与投资项目的通知》《省政府办公厅关于切实用好扶持政策推动微型企业健康发展的通知》《贵州省扶持微型企业贷款实施方

二是虽然国家、省出台了一系列支持小微企业的政策措施，缺乏可操作性的实施细则，申报较为复杂，部分小微企业不具备相应的申报办力。

三是小微型民营企业在实际生产经营过程中遇弹簧门”“玻璃门”“暗卡多”等问题还未得到解决，在小微企业优惠政策落实中还一定程度执行不到位、放水不到田的情况，政策执行最公里问题严重。

2014 年民营经济、中小企业发展运行情况综述

14 年，全省各地大力发展民营经济，积极实营经济三年倍增、五年行动计划，全省民营经济保持较快发展势头。

、民营经济总量扩大，比重继续提高

省民营经济实现增加值 4275. 4 亿元，比上年 817. 6 亿元，占全省生产总值比重为 46. 1%，增加了 2. 9 个百分点。

一、第二、第三产业增加值 655. 3 亿元、亿元、1690. 7 亿元，占全省三次产业生产总重分别为 51. 2%、52. 1%、39. 0%。

省有民营企业 13. 45 万户，从业人员 245. 50 资产总计 23871. 78 亿元，分别比上年增长、41. 7%、105. 9%，占全省全部生产经营企重分别为 95. 5%、68. 4%、35. 6%；个体经 8. 00 万户，从业人员 220. 81 万人，资产总 . 60 亿元，分别比上年增长 20. 7%、、38. 5%。

2014 年全省民营经济发展具有以下特点

民营经济投资增速趋稳

4 年，全省计划总投资 500 万元及以上的民单位固定资产投资 4145. 8 亿元，比上年增长 占全省固定资产投资的比重达 47. 2%；其营企业投资额 1840. 5 亿元，比上年增长 其他有限责任公司投资额 1851. 4 亿元，比长 15. 3%。

民营工业发展快速，但环比增速有所下降

4 年，全省规模以上民营工业企业 5068 个，增长 16. 0%，占全省规模以上工业单位数的 36. 7%；民营工业增加值 1993. 3 亿元，比上 4. 9%，增速比上年下降 5 个百分点。增加省规模以上工业的比重达 55. 4%；全年主营 5278. 5 亿元，比上年增长 30. 2%；利润总 亿元，比上年增长 21. 6%。

煤炭行业实现总产值 1593. 05 亿元，增加值 668. 07 亿元，同比增长 13. 9%；电力行业总产值 27. 81 亿元，增加值 9. 99 亿元，同比增长 42. 8%；建材行业总产值 875. 37 亿元，增加值 182. 44 亿元，同比增长 40. 5%；食品行业总产值 539. 79 亿元，增加值 136. 39 亿元，同比增长 29. 8%；医药行业总产值 333. 64 亿元，增加值 80. 14 亿元，同比增长 12. 6%。

3. 民营建筑业发展迅速

2014 年，全省资质以上民营建筑有工作量单位 578 个，建筑业总产值 376. 05 亿元，比上年增长 37. 5%。

4. 贸经行业数量增长较快，但收入、利润同比下降

2014 年，全省限额以上民营批发单位 624 个，主营业务收入 693. 20 亿元，实现利润 4. 04 亿元，分别比上年增长 13. 2%、-27. 0%、-74. 6%。

全省限额以上民营零售单位 1327 个，主营业务收入 727. 50 亿元，利润总额 9. 61 亿元，分别比上年增长 21. 5%、-22. 7%、-78. 7%。

全省限额以上民营住宿单位 399 个，主营业务收入 34. 10 亿元，分别比上年增长 17. 0%、3. 5%。全年限额以上住宿单位企业利润总额 -2. 43 亿元，上年同期利润总额为 -0. 88 亿元。

全省限额以上民营餐饮单位 371 个，主营业务收入 19. 76 亿元。分别比上年增长 27. 9%、1. 2%。全年限额以上住宿单位企业利润总额 0. 36 亿元，上年同期利润总额为 -0. 30 亿元。

5. 民营单位国税收入恢复增长，比重较上年略有上升

2014 年，全省民营生产经营单位上缴国税 231. 0 亿元，比上年增长 13. 0%，占全部国税收入的比重为 28. 7%；其中民营企业上缴国税 213. 2 亿元，比上年增长 11. 6%；个体经营户上缴 17. 8 亿元，比上年增长 33. 4%。

云南省

2014 年全省民营经济运行分析及 2015 年展望

2014 年，在省委、省政府的正确领导下，全省民营经济暨中小企业工作围绕贯彻落实国家和省有关促进民营、中小微企业发展的政策措施，深入推进民营经济战役，努力克服宏观经济环境趋势紧、市场有效需求不足、实体经济困难等不利因素，加大工作力度，破解发展难题，推进以中小微企业为主体的民营经济保持适度增长，为全省经济平稳较快发展做出贡献。

案（试行）》《省人民政府关于贯彻国务院注册资本登记制度改革方案的实施意见》，进一步加大对小微企业的扶持力度。

（二）坚持金融助力，强化融资创新，改善金融生态

加强“政银企担”中小微企业融资体系建设，与工行、建行、农行、中行、邮储银行、国家开发银行、交通银行、省农信社等16家金融机构签订了合作协议，推出了一批适合贵州工业经济、民营经济、中小企业需求的金融产品，截至目前，“黔贷通”与18家银行、10家担保公司签约，网上注册的企业共计1288家，企业提交有效融资申请信息532条，帮助403家企业与银行对接，帮助企业得到银行授信12.5亿元，银行实际发放金额约为10.9亿。与上海股交中心签订战略合作协议，在贵州设立国内首家上海股交中心联络办事处，搭建贵州中小企业场外融资绿色通道，已有30家企业成功挂牌融资，挂牌企业已累计融资2亿元。组织省内49家担保机构开展2014年国家中小企业信用担保机构资金项目申报，其中47个担保机构成功获得国家资金1.45亿元，申请的担保机构个数和资金量是过去3年的总和。积极发展小型金融机构，支持小微金融服务特色支行和专营机构建设，全省已开业村镇银行41家，小微企业金融服务中心10家，社区银行3家、科技支行1家。加快推进公司注册资本认缴制、一址多照等改革工作，进一步降低创业成本和门槛，在毕节地区开展“先照后证”试点工作，市场主体呈现井喷式增长，目前已在全省推开。

（三）坚持需求导向，强化调查研究，提供决策参考

面对全省量大面广的民营经济、中小企业服务需求，加大对促进企业发展的调查研究。今年以来，一直把深入调研、掌握第一手资料作为工作基础，联合省直部门、政策研究及督查部门等，坚持对省直各部门、单位落实“提高民营经济比重五年行动计划”情况、政策出台情况、项目支持情况及有关数据进行调度，对各市州实施“民营经济三年倍增计划”“提高民营经济比重五年行动计划”“3个15万”情况进行调研摸底、走访解困、督查问效，为省委、省政府年度工作及重大决策部署提供依据。

（四）坚持点面结合，强化公共服务，打造服务网络

加快中小企业社会化公共服务体系建设进度，全省拥有中小企业服务中心85个，公共服务平台76个，小企业创业基地30个，基本做到社会服务机构全覆盖，中小微企业可就近享受到各类专业服务。截至2014年12月底，获工信部财政部2013年批复立项的中小企业公共服务平台网络项目，7个市州窗口服务平台、3个重点产业集聚区窗口服务平台建设已启动（其中4个市州窗口平台、1个产业窗口平台已建成并投入使用）。

（五）坚持政府搭台，强化扩大开放，加强对外交流

一是在连续8年举办多彩贵州旅游商品“两赛一会”基础上，积极打造“两
版，确定了“丝绸之光、升级
手共赢”的活动主题，其中“
将提升为“中国（贵州）国际
产品博览会”，通过邀请国际、
新工艺、专业化团队，正式开
族工艺品市场化运作方式。通
产业化，使能工巧匠在家门口
线上、线下市场平台，打造永
们走出大山、走向世界。二是
旅游商品、装备制造、特色食
参展板块、40多家中小企业参
企业博览会。筹备组织相关中
企业博览会、APEC中小企业
场，成效显著。三是筹备组织
活动，已分别在北京、广州、
动，通过推介活动打造“贵州
流合作平台，促进资本与项目
企业集团、电商等与酒企对
展市场营销渠道，提高贵州
率。截至目前，活动现场累
262.3亿元，其中北京推介会
会74.8亿元，兰州推介会81

**（六）坚持提升素质，强
才队伍**

进一步加强全省民营经
能人才队伍建设，着力增强
一是从2004年开始，通过
训工程”和“贵州省中小
大平台，免费提供从创业辅
务、企业信息化、企业财
理、市场开拓等各种类型的
余人。其中，截至目前本
50期，培训各类人员6653
级管理人员金融管理香港培
员能力提升香港培训班各1
我省家族式民营企业进入新
代交接班高峰期的现状量
式管理提升”等2期香港
指导下，2013年民营经济
工作已全面结束，共评选
中高级经济师129名、高
计师1名，通过率为79.4
通过率为79.72%；初级
80.47%。2014年民营经
工作已全面开展。

三、存

一是由于当前全国经
银行在授信等方面过于谨
业或亏损企业“一刀切”
重，造成部分因市场原因
资金链断裂。

一、运行态势及特点

全省民营经济主要指标多数保持两位数以上增长（见表1），从业人员及民企入滇全面完成省政府年初下达的目标考核任务，增加值占全省 GDP 的比重未完成预定目标（见表2）。

表1 2014 年全省民营经济主要指标完成情况表

指标名称	2014 年	2013 年	2014 年增长率（%）	
民营经济户数（万户）	200.3	174.2	15	
其中：私营企业（万户）	29.3	22.9	27.9	
民营经济增加值（亿元）	5958.8	5397.5	可比价	10.4
			现价	10.1
其中：第一产业	648.9	580	可比价	6
第二产业	2588.4	2402.6	可比价	11.8
民营工业增加值	1824.1	1764.5	可比价	9.9
第三产业	2721.5	2414.9	可比价	8.9
上缴税金（亿元）	521.5	554.5	-6	
民间投资（亿元）	5176.1	5105	1.4	
社会消费品零售额（亿元）	3682.6	3270.1	12.6	
外贸进出口总额（亿美元）	241.2	205.7	20.2	
个私从业人员（万人）	700.5	630.2	11.2	

表2 2014 年民营经济 3 项考核指标完成情况表

指标	完成数	目标数	完成目标任务%
民营经济增加值占 GDP 的比重（%）	46.5	48	97
从业人员（万人）	700.5	687	102
民企入滇（户）	16	16	100

从 2014 年全省民营经济运行情况来看，主要呈现以下特点：

一是民营经济户数快速增长。到 2014 年年底，全省民营经济户数达 200.3 万户，比上年底增长 15%，增速比去年高 6.3 个百分点。其中，个体工商户 169.6 万户，比上年底增长 12.5%，增速比去年高 4.8 个百分点，私营企业 29.3 万户，比上年底增长 27.9%，增速比去年提高 15.1 个百分点。全省个私经济从业人员 700.5 万人，比上年底增长 11.2%。其中，个体工商户从业人员 332.7 万人，比上年底增长 11.6%；私营企业从业人员 367.8 万人，比上年底增长 10.8%。全年累计新增就业 70.3 万人。

二是民营经济成为推动全省经济增长的重要力量。2014 年民营经济预计完成增加值 5958.8 亿元，可比增长 10.1%，占全省 GDP 的 46.5%，比 2013 年提高 0.4 个百分点，拉动 GDP 增长 4.6 个百分点，对全省经济增长的贡献率达 56.8%。其中，第一产业完成增加值 648.9 亿元，增长 6%，占全省第一产业增加值的 32%，拉动 GDP 增长 0.2 个百分点，对全省经济增长的贡献率达 2.5%；第二产业完成增加值 2588.4 亿元，增长 11.8%，占全省第二产业增加值的 48.9%，拉动 GDP 增长 2.8 个百分点，对全省经济增长的贡献率达 34.6%，其中工业实现增加值 1824.1 亿元，增长 9.9%，高于全部工业增速 2.7 个百分点，占全省工业经济增加值的 46.8%，拉动 GDP 增长 1.7 个百分点，对全省经济增长的贡献率达 21%；第三产业完成增加值 2721.5 亿元，增长 8.9%，占全省第三产业增加值的 49.5%，拉动 GDP 增长 1.6 个百分点，对全省经济增长的贡献率达 19.7%。

三是消费需求保持平稳增长。2014 年全省民营经济消费品零售额 3682.6 亿元，比上年增长 12.6%，增速比去年下降 1.4 个百分点，占全省社会消费品零售额的 81%。

四是民间投资大幅萎缩。2014 年全省民间投资 5176.1 亿元，仅比上年增长 1.4%，为有统计以来的最低点，比 2013 年下降 34.4 个百分点，比全省固定资产投资增速低 13.7 个百分点，占全社会固定资产投资的 46.7%，比上年减少 6.4 个百分点。

五是民营企业进出口贸易增速大幅回落。2014

年，全省民营企业共完成进出口总额241.2亿美元，比上年增长20.2%，增速比2013年下降62.4个百分点，占全省进出口总额的81.4%。其中，完成进口总额67.4亿美元，比上年增长5.7%，增速比2013年下降68.6个百分点，占全省进口总额的62.3%；完成出口总额173.8亿美元，比上年增长86.7%，增速比2013年下降59.7个百分点，占全省出口总额的92.4%。

六是对中小微企业贷款的比重减少。2014年，全省中小微企业贷款余额为6844.84亿元，同比增长14%，增速高于各项贷款增速0.1个百分点；较年初增加834.8亿元，占各项新增贷款的38.1%，比上年减少11.2个百分点，同比少增115.7亿元，比省委、省政府《中共云南省委、云南省人民政府关于加快民营经济发展的决定》（云发〔2012〕12号）文件中确定的50%的目标少近12个百分点，为近年来最低。其中，小微企业贷款余额为2991.5亿元，比上年增长7.8%，增速比2013年低2.9个百分点，较年初增加292.6亿元，同比少增161.6亿元。

七是上缴税金呈负增长。2014年全省民营经济上缴税金521.5亿元，比上年减少6%，增速比上年下降16个百分点，相当于全省地方财政收入的30.7%，占全省税收的18.7%。

八是民营企业实现利润降幅较大。2014年，我省纳入财政统计民营企业盈亏相抵后累计实现利润58.17亿元，同比下降25.8%，降幅较上年同期扩大3.8个百分点。民营企业中利润主要来源于医药业、冶金业、轻工业、电力业、建材业，分别实现利润6.06亿元、5.8亿元、5.8亿元、4.7亿元、2.59亿元。

九是成长型中小企业总体较好但亏损面扩大。2014年，纳入统计的361户省级成长型中小企业总体发展态势较好，营业收入达379.8亿元，同比增长16.9%；完成工业总产值259.87亿元，同比增长7.90%；利润总额为23.25亿元，同比增长19.91%；固定资产投资额达35.39亿元，同比增长13.68%；完成用电量22.6亿千瓦·时，同比增长72.29%；上缴税金27.3亿元，同比减少67.3%；利润总额为13.99亿元，同比增长10.94%；从业人员为4.2万人，同比增长11.8%，亏损面为16.34%。

二、2015年全省民营经济发展展望

2015年是全面深化改革的关键之年，是全面推进依法治国的开局之年，也是全面完成“十二五”规划的收官之年，展望2015年，全省民营经济发展机遇和挑战并存。

（一）民营经济、中小企业发展的有利条件

党的十八大、十八届四中全会强调全面推进依法治国，为民营（中小）企业在公平、公正环境发展提供了一个非常重要的基石。全面深化改革不断推进，国家先后出台定向降准、定向再贷款、结构性减税、支持小型微型企业发展等政策措施，支持实体经济，增强经济发展的动力和活力，已逐步形成了稳增长的政策体系，将持续发挥效用。当前，经济发展进入新常态，新兴产业，服务业，小微企业在新常态下作用会更加凸显，生产小型化、智能化、专业化将成为新常态下产业组织的新特征，大众创业、万众创新的氛围已逐渐形成。国家工信部将减轻企业负担、降低企业税费作为今年中小企业工作的重点，民营经济、中小企业的发展环境将得到进一步改善。

从我省来看，省委、省政府高度重视民营经济，将加快民营经济发展摆在突出位置。产业园区平台功能的不断完善、民营经济战役的深入推进、“产业建设年”三年行动计划的深入实施、扶助小微企业专项行动连续实施、“两个10万元”微型企业培育工程深入推开等为加快民营经济发展提供了强大动力。沿边金融改革试验区的建设、互联网金融等新型融资手段的运用、IPO重启、各类产业发展基金的推广，将在一定程度上使融资难问题得以缓解，增强了企业的造血功能。省非公督导组、省民营办强化对政策的宣传和落实的督导，省减负办加大企业减负工作力度，民营（中小）经济发展环境不断改善。

（二）制约民营经济、中小企业发展的因素

我国经济发展处于增长速度换档期、结构调整阵痛期、前期刺激政策消化期“三期叠加”，这使得经济形势更趋复杂，“增长减速”和“结构调整”的压力并存，经济运行中仍然存在不确定性、不平衡性因素。在此背景下，我省宏观经济下行压力加大，企业家信心不足，民间投资乏力，民营经济的增速明显放缓。特别是我省规模以上民营企业主要集中在黑色、有色、化工、煤炭等高耗能、高排放的行业，这些行业都是国家产能过剩调控的重点，也是节能减排和淘汰落后产能、转型升级的重点，短期内企业生产经营困难，亏损面大的局面难以转变。消化好、执行好国家和省支持民营经济、中小企业政策需一个较长期的过程。当前，融资难、用地难、审批难、办事难等制约我省民营经济、中小企业发展问题还未得到根本解决，乱收费、乱摊派、乱罚款等现象依然不同程度存在，企业发展环境仍不宽松。加之我省中小企业公共服务体系不健全，中小企业发展所需要的资金、技术、人才、信息等要素资源不能及时有效地获取，尚未形成较为规范的科技人才引进、培养和保障体系，高校、科研院所等科研资源支撑能力不足，信息化水平落后，导致转型升级难度大、创新驱动乏力，发展后劲不足。

三、工作思路和目标

（一）工作思路

认真贯彻落实党的十八届四中全会、中央经济工作会议和国务院关于扶持小型微型企业健康发展的意见精神，围绕全面深化改革及转变经济发展方

式的主线，准确把握新常态下民营经济、中小微企业发展新趋势、新变化，坚持改善环境、促小扶微、创新驱动、提质增效，实施两个工程、强化三个支撑、提升四项服务，推动民营企业走上内生增长、创新驱动发展轨道，推进民营经济实现创业发展、创新发展、集约发展、融合发展和开放发展的新局面。

（二）工作目标

2015 年，力争全省民营经济增加值增长 11.5%，占全省 GDP 的比重达到 48% 左右；力争民间投资占全社会投资比重达到 50%；从业人员增长 9% 以上；扶持新创办微型企业 3 万户；新认定省级成长型中小企业 500 户；1～2 户以上中小企业上市融资。

四、工作重点

2015 年重点围绕“234”，即：实施两个工程（微型企业培育工程、中小企业成长工程），强化三个支撑（政策支撑、改革支撑、创新支撑），提升四项服务（融资服务、创业服务、市场开拓服务、维权服务），抓好以下工作：

（一）实施好“微型企业培育工程”和“中小企业成长工程”

一是深入推进“两个 10 万元”微型企业培育工程。以发动村干部带头创办一批，鼓励机关、事业单位人员提前退休或辞职创办一批，吸引外出经商务工人员回乡创办一批，扶持下岗、失业、待业、无业人员创办一批，依托“贷免扶补”个转企转型一批等“五个一批”为主抓手，有计划、有步骤地推进微型企业扶持工作，支持 3 万户小微企业的创办。二是继续实施中小企业成长工程。2015 年新增认定 500 户省级成长型中小企业，使省级成长型中小企业达到 1600 户。对省级成长型中小企业进行动态管理并纳入国家重点中小企业监测范围，通过实施中小企业成长工程，培育出一批竞争优势突出、特色鲜明、发展潜力大的骨干企业，发挥示范带动作用，促进广大中小企业健康发展。

（二）强化政策支撑、改革支撑、创新支撑

一是政策支撑，改善环境。抓好政策落实，做好宣传培训，强化非公督导，引入第三方评估，营造有利于非公（民营）经济发展的良好环境。结合我省实际，适时制定差别化促进民营、中小微企业发展的政策措施，积极发现和培育新的增长点，科学编制《民营经济暨中小企业发展十三五规划》。二是改革支撑，激发活力。研究提出非公有制企业进入特许经营领域的办法，开展民营企业建立现代企业制度示范试点。会同省国资委、发改委研究鼓励民营企业参与国有企业改革措施，在金融、油气、电力、铁路、资源开发、公用事业等领域，推出一批示范带动项目，鼓励和吸引民间资本建设营运。深化行政审批制度改革，权力清单管理，营造宽松有利的发展环境，激发民营企业活力和民间创业热情。三是创新支撑，提质增效。组织实施 100 项省级重点民营企业技术改造项目，支持中小企业加大研发投入，加强产学研结合，建立技术中心，重视专利申请注册。加快公共服务平台建设，完善服务功能，拓展服务领域，创新服务模式。鼓励房地产企业、采矿企业及处于产业链低端的初级加工企业向新一代信息技术、生物医药、节能环保等战略性新兴产业及现代物流、软件外包、文化创意等现代服务业转型。通过素质提升培训和政府购买服务等方式，让小企业掌握市场环境变化，认识并复制优秀的商业模式，激发创新能力，创造新业态，创新商业模式。

（三）提升融资、创业、市场开拓、维权服务，助推民营经济健康快速发展

一是创新融资服务。启动并使用好省民营经济转型发展引导基金，进一步扩大基金规模，鼓励有条件的州市、县（市、区）设立创业投资引导基金，研究制定鼓励天使投资、创业投资与股权投资支持中小企业发展的政策措施。完善中小企业上市育成机制，鼓励符合条件的中小企业到资本市场直接融资。继续实施小微企业信用评级推进计划，开展中小企业信息征集和信用等级评价工作，切实推进中小企业信用体系建设。强化融资服务，在中小企业公共服务平台开设融资超市。继续在重点州市及工业园区组织开展融资对接活动及融资规划圆桌会议。鼓励金融创新，对网贷（P2P）、众筹融资等互联网金融方式给予关注和支持。二是提升创业服务。继续做好省级小企业创业基地认定工作，加大财政资金对小微企业创业基地（微型企业孵化园、科技孵化器、商贸企业集聚区等）建设的支持力度，对其场地投资、租金、公用设施给予补助，以此为载体，引导和支持一批小微企业聚集创业。做好创业辅导培训。与优质创业服务机构合作，以在校即将毕业大学生为主，围绕“两个 10 万元微型企业培育工程”，开展 8～10 场不少于 1000 人次的创业辅导培训，引导创业者合理创业和成功就业。三是做好市场开拓服务。组织我省中小企业参加广州“中博会”、上海（国际）中小企业精品展、“南博会”等展会，继续开展“滇之粹中小企业特色产品网络促销行动”，做好“滇之粹”天猫店（淘宝店）商品征集上架、运营推广及云南特色产品公共服务平台展示宣传工作，积极支持有条件的民营企业“走出去”，建立销售网点拓展境外市场，到境外投资举办企业、承办工程，参与企业并购，拓展发展空间，引进先进设备和技术。四是强化维权减负服务。进一步拓展减轻企业负担的深度和广度，加快建立和实施涉企收费目录清单制度，清理和规范强制性准入的中介服务收费、垄断性经营服务收费、越权设立的行政事业性收费，切实减轻民营企业的税费负担。在现有法律服务机构的基础上，再引进 10～15 家，实现 60 家左右法律服务机构，通过现场举办法律服务、在全省各窗口平台开展法律咨询、案例讲评等活动，为中小微企业提供法律维权服务。借助微信、网站等新兴手段为广大中小微企业推送相关的法律、政策汇编。

西藏自治区

2014 年西藏自治区中小企业改革发展工作情况

2014 年，认真贯彻落实中央关于全面深化改革的决策部署，突出抓好服务非公经济和中小企业，积极营造中小企业非公经济发展良好环境；坚持以提高经济发展质量和效益为中心，做精做优特色产业，改造提升传统产业，推进企业技术进步，着力打造产业发展新动力。

一、企业发展情况

（一）工业发展质量明显提升

2014 年，全部工业实现增加值 66.16 亿元，比上年增长 9.3%。规模以上工业实现增加值 48.87 亿元，比上年增长 6.0%。其中：轻工业实现增加值 18.87 亿元，增长 18.3%；重工业实现增加值 30 亿元，与上年持平。全区规模以上工业实现利润总额 12.44 亿元，比上年增长 89.2%。

（二）企业发展活力增强

截至 2014 年年底，全区非公经济主体增长 9.2%，注册资本金增长 32.8%，从业人员增长 11.9%，上缴税金占全区税收总额的 93.4%。自治区中小企业融资信息平台上线运行。获评国家中小企业公共服务示范平台 1 家，新建物联网项目 2 个。工业企业申请专利 300 件以上，新认定自治区著名商标 23 个。积极参加中国国际中小企业博览会、APEC 中小企业技术交流暨博览会等。

（三）产业发展呈现新亮点

2014 年，全区各类天然饮用水产量达 30 万吨，增幅超过两倍。部分企业在产品设计、生产工艺、科技创新方面入围国际奖项，在培育战略支柱产业方面迈出坚实步伐。高原特色食品制造业增长一倍多，特色农畜产品加工业、藏医药业分别增长 20%、6%。命名了自治区第一批 25 名工艺美术大师。19 家藏药生产企业完成新版 GMP 改造。新型干法水泥产能占比超过 70%，新型墙体材料占全区市场 50% 以上。新兴产业发展取得突破，新能源汽车制造项目顺利落地。

（四）园区建设开创新局面

全区工业园区完成投资 173.7 亿元，一大批产业和基础设施项目顺利开工。拉萨经济技术开发区实现税收 46.2 亿元，B 区建设加快推进，园区功能更加完善；藏青工业园区全面开工，已注册企业 103 家，全年招商引资项目 30 个，开工 18 个，竣工投产 2 个，累计完成投资 104 亿元，实现产值 17.8 亿元，上缴税金 2.2 亿元。

二、面临的问题和发展趋势

世界经济仍处于金融危机后的深度调整期，国内投资增速持续放缓，消费需求难有明显回升。西藏经济受历史原因、资源禀赋等因素影响，经济发展主要依靠投资拉动，工业规模总量小、结构不合理；企业要素成本上升，瓶颈制约依然存在，环境约束更加强化，对企业健康发展带来更大挑战。同时，我们更要看到难得机遇和优势。从转型升级和资源环境承载看，西藏没有化解产能严重过剩的包袱，也没有治理环境污染的历史欠账，结构调整难度小，环境保护有较大优势，为发展带来较好机遇；从要素保障看，西藏新兴产业、新型城镇化还处于起步期，投资、消费保需求旺盛。随着一批大型能源基础设施陆续建成运行，电力支撑保障能力大幅提升，一批重大项目即将竣工投产，产业快速发展的基础更加牢固。

三、主要工作

（一）开展结构调整和优化升级服务工作

鼓励、引导中小企业采用新技术、新工艺、新设备、新材料进行技术改造，支持企业向“专、精、特、新”方向发展。进一步加大各类中小企业技术改造和新建项目前期工作力度，积极争取年度国家中小企业发展专项资金、国家重点产业振兴资金和技术改造等专项资金的支持，重点支持以非公有制经济为主体的小型微型中小企业技术创新、结构调整、节能减排、市场开拓，以及改善中小企业发展环境项目。让千家万户的小型微型企业实实在在受益，感受到党和政府的亲切关怀和厚爱。会同自治区财政厅继续加大对中小企业（非公有制经济）发展专项资金项目跟踪考核工作力度，建立项目绩效评估长效机制。

（二）加强合作与交流服务

积极为中小企业发展搭建“展示、交易、交流、合作”平台，为中小企业提供新产品新技术展示、推介、对接和合作平台等服务，加快推动我区中小企业发展，2014 年，筹备并组织天然饮用水、藏药等 10 多个行业 42 家企业分别参加了第八届 APEC 中小企业技术交流暨展览会和第十一届中国国际中小企业博览会，共接待参观、洽谈 7.5 万人次，签订意向性协议 16 个、金额近 2000 万元。积极推进银政合作，与西藏证监局联合组织召开了资本市场培训会；与人行拉萨中心支行联合举办了中小微企业融资业务培训班；与人行拉萨中心支行签署了《中小企业信息共享与信息服务合作协议》。

（三）推进中小企业公共服务平台建设

为了解决中小企业融资信息不对称问题，初步建成西藏自治区中小企业融资信息平台，这是我区中小企业公共服务平台的第一期子平台，年底前上线试运行；2014 年，获得工信部批准国家中小企业公共服务示范平台企业 1 家，填补了我区空白。到相关省区调研中小企业公共服务平台建设经验的基础上，草拟了《西藏自治区中小企业公共服务平台建设意见和工作方案》，并积极推动该方案的执行。

（四）积极推进特色产业发展

认真贯彻区党委、政府决策部署，努力做大做强天然饮用水产业，打造我区特色产业新亮点。代拟的《自治区人民政府关于加快天然饮用水产业发展的意见》已经由自治区政府正式印发；西藏天然饮用水产业发展规划编制工作已正式启动；积极开展整体宣传推介，制作了“西藏好水·世界共享”宣传片；在拉萨雪顿节期间，组织 19 家企业、34 类产品开展了“西藏好水”专场宣传推介活动；立足我区资源禀赋和特色优势，按照严守“三条红线”、坚持绿色发展的原则，起草完成了《西藏自治区鼓励发展的特色优势产业目录》（初稿）；加大中药材生产项目扶持力度，强化项目检查督导。积极推动全区藏药生产企业实施新版 GMP 改造；加大民族手工业技能人才的培养、培训力度；强化节能减排和品牌培育，提升发展质量。

（西藏自治区工业和信息化厅中小企业处）

陕西省

2014 年，在陕西省委省政府的正确领导下，各级中小企业主管部门认真贯彻中省扶持中小微企业发展的政策措施，围绕简政放权、推动大众创业万众创新，加快推进县域工业集中区建设，培育市场主体；加快转型升级和管理创新，持续推进产业结构调整；不断完善服务体系提高服务水平，优化发展环境。中小企业发展稳中有为、稳中向好，为全省经济发展做出了重要贡献。

一、基本情况和主要特点

一是小微企业成长加速，成为创业、创新新动力。2014 年，全省中小微企业有 152.53 万个，其中，企业单位 21.78 万个，个体经营户 131.75 万个；比上年新增小微型企业 8 万个，新增规模以上工业企业 500 多个，其中成长性小企业占到 70%。从业人员达到 835 万人，比上年新增 35 万人。2014 年，全省外出打工回乡创业的人员累计达到 4 万人，兴办各类企业近万户。非公企业占全省中小企业总数的 99.7%；按中小企业划型标准分类，小型微型企业个数、从业人员分别约占全省中小企业个数的 99%、人数的 56%。

二是发展速度稳中有升，经济总量实现新突破。2014 年，全省中小微企业营业收入超过 30050 亿元，实现利润总额 2067.64 亿元，实缴税金 1008.51 亿元，分别比上年增长 19.6%、10.05% 和 15.69%。全省中小企业增加值占 GDP 比重为 51.5%，比上年提高 1.1 个百分点；全省非公经济增加值同比增长 10%，占全省 GDP 比重达到 52.7%。2014 年全省生产总值（GDP）的一二三产业增加值，非公经济增加值分别占到 30.1%、52.6% 和 58.7%。非公经济对全省 GDP 的贡献率达到 57.7%，拉动经济增长 5.6 个百分点。

三是转型升级步伐加快，成为区域发展新亮点。2014 年，全省工业总产值中，以中小工业为主体的非能工业产值所占比重，首次超过涉能工业，标志着全省经济增长的结构和动力正在发生新的重要变化。各地小微企业主动适应经济发展新常态，加快改进生产工艺、产品质量和营销服务，普遍重视人才培育、装备升级和技术创新，努力开拓国内外市场，实现了新的发展。西安、铜川、宝鸡、咸阳、渭南、汉中、安康、商洛、杨凌等 9 个市区的中小企业营业收入增速超过 20%。关中的中小制造业升级提速，陕南中小企业速度继续领先全省，陕北的非能中小企业成为区域经济的新亮点。

四是县域工业集中区建设稳步推进，先进产能不断释放。到 2014 年，全省共确定重点建设县域工业集中区 186 个，其中投产的有 170 个。全省重点县域工业集中区营业收入 8190.82 亿元，同比增长 17.1%；入住法人企业 7517 个，比上年底增加 723 个，其中投产企业达到 5490 个；从业人数 96.49 万人，比上年增加 6.32 万人；实缴税金 325.9 亿元，同比增长 14.26%。各地以标准化厂房和服务平台建设为主体的中小企业孵化园和创业基地建设初具规模，吸引了越来越多的成长性、科技型小微企业入园发展，为县域工业集中区发展注入了新的活力。投资在 5000 万元以上的在建和拟建项目有 540 多个，总投资 3100 多亿元，推动发展的潜力巨大。全省中小企业完成固定资产投资 5900 亿元，同比增长 16.7%，建成投产投资千万元以上的重点项目 1585 个，亿元以上项目 351 个，许多项目的科技“含金量”较高，产品档次进入了高中端水平。

二、主要问题和发展趋势

2014 年，小微企业反映较多的是融资成本、用电成本、物流成本、人工成本等“四项成本”居高不下，利润率走低，影响了扩大发展。全省规模以上中小工业企业亏损面 20%，亏损企业集中在采矿、化工、冶金、建材、机械、食品等行业。一些县域工业集中区发展速度回落较大。主要是一些能源、化工、水泥及关联产业的大中型企业产销回落幅度较大，对当地县域工业集中区发展速度增长影响较大；县域工业集中区入住项目固定资产投资增速放缓，投资拉动作用减弱；一些工业集中区规划滞后或不完整，产业布局和建设还较随意，有的建设用地指标紧缺，发展空间不足；少数工业集中区还出现环境污染问题，给当地生态环境和群众生活带来不良影响。

2015 年全省中小企业发展工作的基本思路是，主动适应经济发展新常态，抢抓全面深化改革和依法治国、“一路一带”建设新机遇，坚持以提高中小企业发展质量和效益为中心，注重转方式、调结构、促升级、提质量，创新工作方式，破解发展难题，狠抓政策落实，搞好协调服务，把解决当前困难和谋划“十三五”发展结合起来，为建设“三个陕西”做出新的贡献。发展预期目标是：全省中小企业营业收入增长16%左右，重点建设县域工业集中区营业收入增长17%，中小企业增加值占GDP比重提高1个百分点，非公经济增加值占GDP比重提高1个百分点；新增小微企业3万户，新增规模以上企业500户，新增从业人员25万人。

1. 深入宣传贯彻和落实中省促进中小微企业发展的政策措施

一是进一步做好政策的梳理、宣传和引导，结合《中小企业促进法》的修订，抓好中小企业政策及发展成就宣传。充分利用《创业》杂志和媒体，送政策进园区、进企业。二是制定贯彻落实国务院进一步扶持小微企业发展，推动“大众创业、万众创新”工作要求的具体举措。三是抓好法律维权和企业减负工作，与各相关部门加强沟通和协作，切实减轻企业负担，维护企业合法权益。四是针对经济发展新常态，联合专家、院校开展全省非公经济发展情况调查研究，提出深化改革的建议和措施。

2. 进一步加强县域工业集中区和重点项目建设

一是深入贯彻落实全省县域工业集中区建设推进会精神，按照省政府确定的目标要求，再审查确定一批重点建设县域工业集中区。二是完善财政扶持机制，推动各市、县设立工业集中区发展专项资金，广泛吸纳各类投资人共同建设工业集中区。重点扶持基础设施建设项目、公共服务项目和设施，改善企业入住条件和发展环境。三是提升招商引资水平和效率，促进项目建设。建立项目库，做好项目资源管理，广泛宣传推介项目。创新招商方式，引进一批有实力、有影响、有潜力的发展项目。四是提升发展质量，严格环境保护管理，支持发展一批规划科学、竞争力强的产业园区。

3. 加大培育规上企业和成长性企业工作力度

一是继续实施对上年新增的成长性规上工业企业奖励措施，调动小微企业争进规上企业的积极性，2015年力争规模以上企业增加500户以上。二是助力小微企业成长，制定培育中小企业成长梯队意见，以工业企业为主，兼顾生产性服务业，三年内培育发展2000~3000个年营业收入500万元以上的行业领军型和高成长性企业。三是组织开展发展课题研究，按计划推进“十三五”全省中小企业发展规划编制工作，制定好今后一个时期中小微企业发展的思路规划。

4. 继续提升家庭工业和配套产业发展水平

一是支持中小企业通过专业分工、分包经营、订单生产等方式，加强与大企业协作配套，积极促成一批新的配套项目。二是以产业链为纽带，发掘和培育50~100个家庭手工业聚集区，发展壮大一批核心企业引领、小微企业聚集、产销经营协作、创新驱动发展、市场知名度高的中小产业集群。三是提升中小企业传统产业，在农副产品加工、特色食品、纺织服装、传统手工艺、家具、机械加工和配套等领域，促进特色中小企业发展。

5. 加快完善中小企业服务体系和公共服务平台建设

一是全力推动服务平台网络建设，年内市县平台和窗口平台全部实现联网，扩大中小企业公共服务体系的惠及面。二是完善服务平台监测管理制度，引导激励各类平台积极发挥服务功能，提高服务效率和水平。适时推荐第五批国家示范平台，认定第五批省级示范平台。三是以平台网络为纽带，引导各类服务和中介机构共同参与，打造中小企业服务联盟，线下与线上服务相结合，公益性与市场化服务相补充，让更多的小微企业享受到便捷、高效、专业化服务。四是建成省中小企业产品技术展示中心，充分发挥其服务中小企业的功能。

6. 大力推进小企业创业和孵化基地建设

一是强化对小企业创业基地建设的指导，出台指导意见，明确建设目标、内容、功能和工作要求。推动未规划小企业创业基地的市、县加快做好规划设计，争取尽快实施建设。二是继续以股权投入方式支持工业集中区配建标准厂房，降低企业用地成本。三是认定一批省级小企业创业基地，推荐一批部省共建小企业创业示范基地，突出重点，加大扶持，催生中小企业，壮大市场主体队伍。

7. 进一步推进中小企业、民营经济创新和转型升级

一是促进神府民营经济转型升级试验区发展，在总结经验的基础上，扩大范围，深化内容，推动其他市县加快转型升级工作。二是推进科技兴企，提升中小企业创新能力。鼓励有条件企业参与产业共性关键技术研发，联合省教育厅、科技厅等部门，促进产学研合作，大力发展科技型企业。三是继续开展中小企业创新研发中心和专利新产品认定工作，适时召开创新研发中心工作交流会，总结经验，探索进一步发展方向。继续支持中小企业知识产权质押贷款项目。

8. 多措并举创新中小企业融资方式

一是推进银行业金融机构与信用评级良好的优秀担保机构签订授信协议，协调金融监管部门加大对中小企业的信贷支持力度。二是加强中小企业信用担保体系建设，做好担保机构备案管理、业务信息统计报送和政策扶持工作。三是开展中小微企业融资需求及融资环境调查，摸清融资需求，集中批量向金融机构推荐。四是组织有关专家、金融机构、担保公司、企业负责人，就中小企业融资进行研讨，梳理中小微企业融资存在的普遍问题，并进行跟踪和诊断，研究和开拓新的融资渠道。

9. 做好新常态下统计监测和目标考核工作

一是完善考核指标体系设置，及时下达年度发展考核计划，按季度督查各市区任务完成进度。二是完善统计制度，强化指导作用。联合省统计局完成《陕西省中小微企业统计制度》修订和备案，与省统计调查总队做好小微企业抽样调查的协调，促进统计工作相互交流、资源共享。三是加强统计监测和运行分析工作。完善统计监测平台软硬件设施，扩大监测面，增加第三产业企业入网数量。四是提高信息服务水平，以信息化手段促进企业发展。广

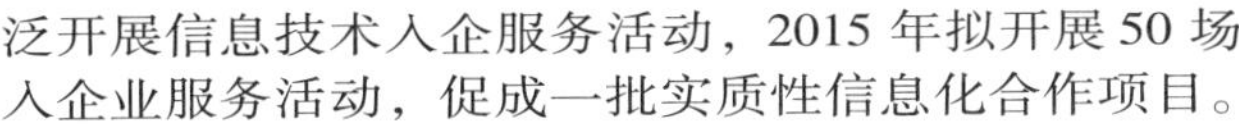

泛开展信息技术入企服务活动，2015 年拟开展 50 场入企业服务活动，促成一批实质性信息化合作项目。

10. 切实转变作风提升服务发展的能力

深入贯彻十八大及十八届三中、四中全会精神，适应发展新常态和工作新要求，不断创新工作。进一步加大局机关干部教育培训，不断提高政治和业务素质。积极开展横向工作交流，学习借鉴兄弟省市经验，拓展工作视野。继续强化非公有企业、中小企业人才队伍建设，加强定期专业培训，不断提升全省中小企业管理者的经营管理水平，提高员工职业技能。加强统计监测队伍建设，重视和完善新常态下重点行业及小微企业运行分析机制，定期开展统计监测业务培训与交流，加强调查研究，形成有价值的分析材料，及时提出稳增长措施建议，促进中小企业平稳健康发展。

甘肃省

一、甘肃省中小企业发展情况报告

截至 2014 年年底，全省共有工业中小微企业 59718 户（含个体工业企业），其中：规模以上 1851（中型工业企业 255 户，小型工业企业 1507 户，微型工业企业 89 户），规模以下工业中小微企业 57867 户（其中个体工业企业 47691 户）。

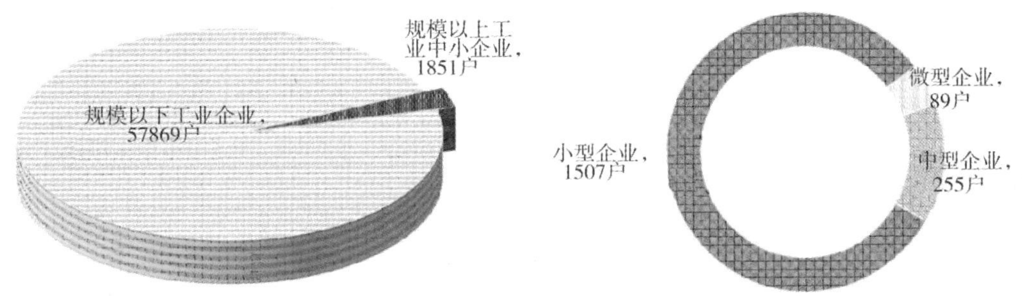

图 1　2014 年全省工业中小微型企业户数情况（单位：户）

从业人员 52.64 万人，其中：规模以上 29.52 万人，规模以下 23.12 万人。

全省工业中小微企业全年累计完成工业增加值 927.98 亿元，与去年同期相比增长 10.26%，其中：规模以上工业中小微企业全年累计完成工业增加值 734.58 亿元，同比增长 9.86%，占全部规模以上工业企业完成增加值的 35.57%，比全部规模以上工业企业增速高 1.46 个百分点；规模以下工业中小微企业全年累计完成工业增加值 193.2 亿元，与去年同期相比增长 11.8%。

全省规模以上工业中小微型企业全年实现主营业务收入 2452.33 亿元，同比增长 8.49%；主营业务成本 2121.15 亿元，同比增加 10.23%；实现利润总额 82.74 亿元，同比下降 13.46%；上缴税金 72.01 亿元，同比下降 2.28%。

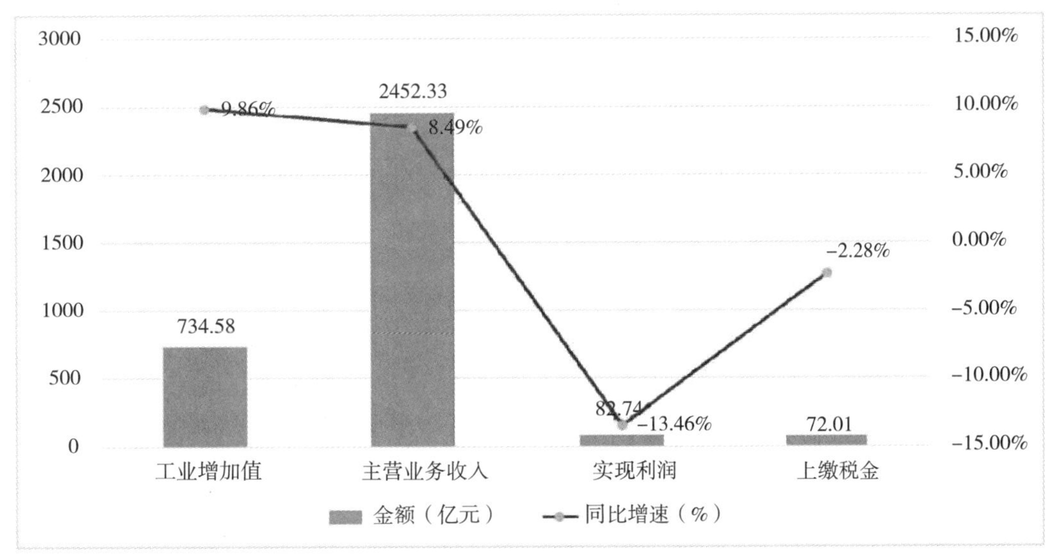

图 2　2014 年全省规模以上工业中小微型企业部分效益指标（单位：亿元、%）

2014 年，全省规模以上工业中小微型企业运行主要呈现以下特点：

1. 生产销售同步增长，生产增幅高于销售

截至 12 月底，全省规模以上工业中小微型企业累计完成工业增加值 927.98 亿元，同比增长 10.26%，高出全省规模以上工业企业增速 1.86 个百分点，高出大型企业增速 3.12 个百分点；实现主营业务收入 2452.33 亿元，同比增长 8.49%。生产与销售指标增速均不及去年增速的 1/2。

2. 效益大幅下滑

全省规模以上工业中小微型企业全年实现利润总额 82.74 亿元，同比下降 13.46%，而 2013 年实现利润总额同比增长 13.25%；全年上缴税金 72.01 亿元，同比下降 2.28%，而 2013 年上缴税金同比增长 6.83%。

3. 企业资金周转滞缓，亏损增加

全省 1851 户规模以上工业中小微型企业应收账款达到 389.33 亿元，较上年同期增长 15.59%；产成品库存 225.68 亿元，同比增长 16.79%，均保持在较高水平线上；全省规模以上工业中小微型企业中亏损企业 516 户，比去年同期增加 61 户，亏损企业亏损总额 44.22 亿元，较去年同期增加 22.52%。

4. 运营成本上升，各项费用支出增加

原材料等主营业务成本 2121.15 亿元，比上年同期增加 196.93 亿元，同比增加 10.23%，每百元主营业务收入中的成本达到 83.40 元，中小微企业的生产经营的各项成本负担依然较重。

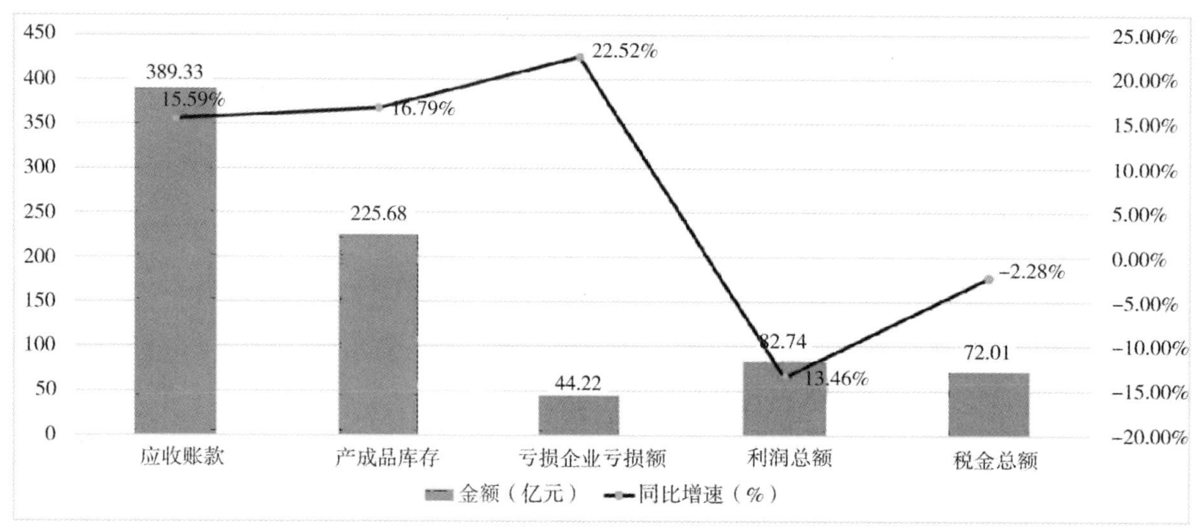

图 3　2014 年规模以上工业中小微型企业生产指标（单位：亿元、%）

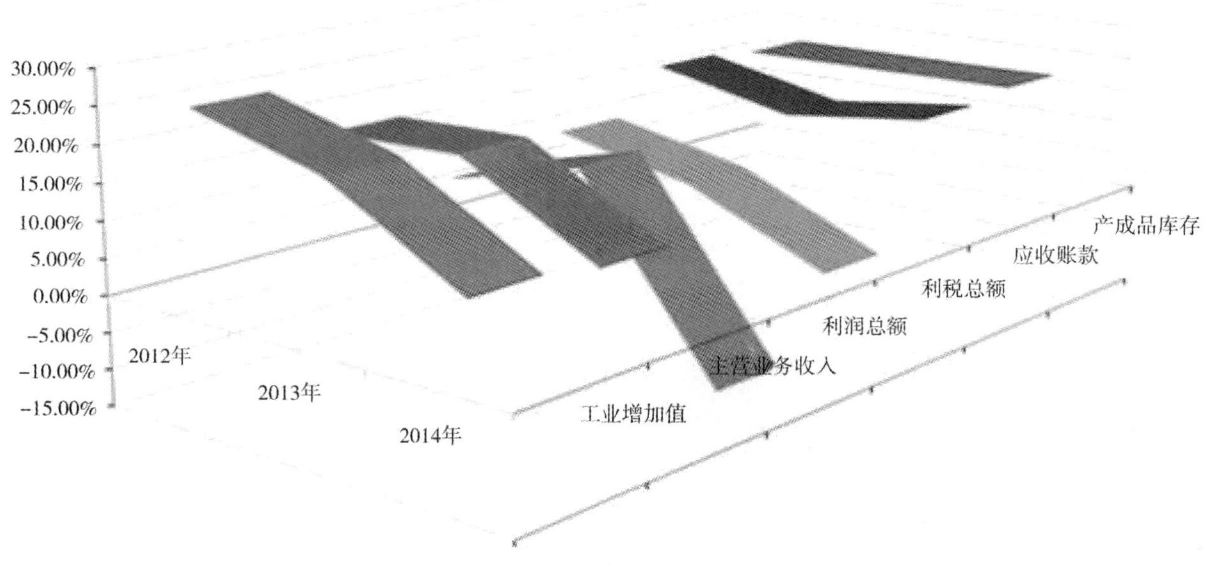

图 4　2012 年—2014 年规模以上工业中小微型企业主要指标增速趋势图（单位：%）

总体上看，在2014年全省工业经济发展进入新常态的形势下，中小微型工业企业发展呈现出以夯实基础、调整结构、转型升级为主要特征的新的发展态势。

分地区看，2014年全省规模以上工业中小企业实现利润前五位的是兰州、酒泉、嘉峪关、陇南、平凉，分别为11.28亿元、11.09亿元、8.35亿元、8.11亿元和7.66亿元，除嘉峪关、陇南外其余三市的利润总额与去年同期相比降幅均超过了两位数；主营业务收入前五位的是兰州、酒泉、武威、平凉、金昌，分别为607.25亿元、291.09亿元、287.10亿元、197.16亿元和168.98亿元；全省规模以上工业中小微企业从业人员共计29.52万人，处在前五位兰州、平凉、酒泉、天水和武威等五市的从业人员占了全省规模以上工业中小微企业从业人员的64.36%。

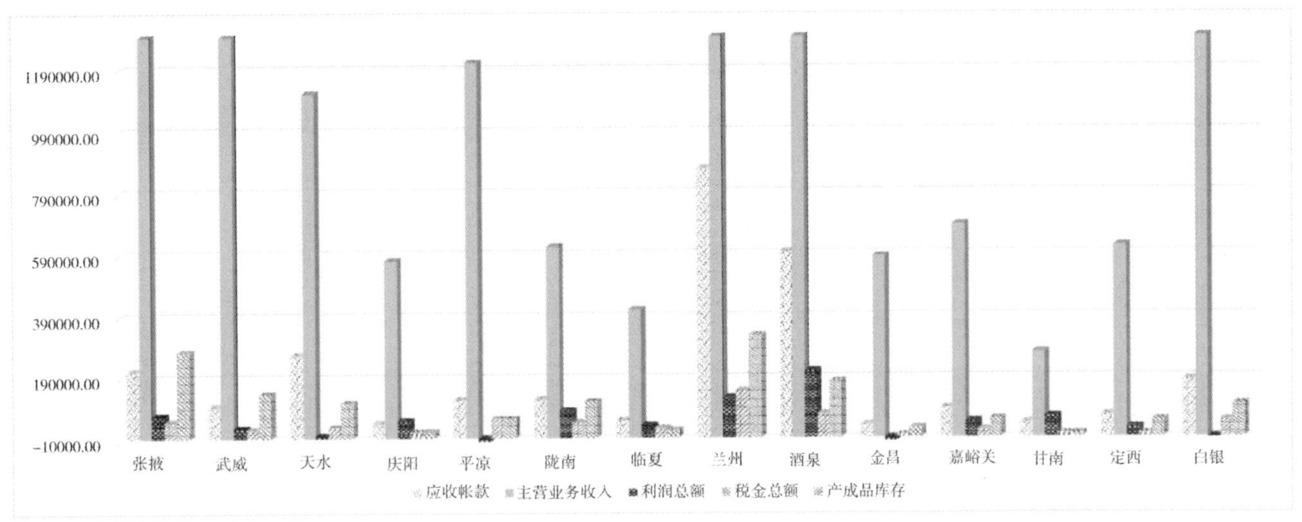

图5　2014年全省规模以上工业中小微企业部分效益指标（分市州）（单位：万元）

分行业看，利润额比上年同期减少的行业达到了25个，占行业分类的一半以上。实现利润情况较好的行业有：农副食品加工业、电力热力生产和供应业仪器仪表制造业、非金属矿物制品业、医药制造业，分别为15.78亿元、13.90亿元、12.88亿元、4.20亿元。

总体上看，在2014年全省工业经济发展进入新常态的形势下运行平稳，中小微型工业企业发展呈现出以夯实基础、调整结构、转型升级为主要特征的新的发展态势。

一、2014年重点工作完成情况

2014年我省中小微型企业工作紧紧围绕《中华人民共和国中小企业促进法》（中华人民共和国主席令第69号）、《国务院关于进一步促进中小企业发展的若干意见》（国发〔2009〕36号）、《国务院关于进一步支持小型微型企业健康发展的意见》（国发〔2012〕14号）、《国务院关于扶持小型微型企业健康发展的意见》（国发〔2014〕52号）和《甘肃省促进中小企业发展条例》（甘肃省第十一届人民代表大会常务委员会公告第13号）、《甘肃省人民政府关于促进小型微型企业发展的指导意见》（甘政发〔2012〕39号）、《甘肃省人民政府关于进一步优化中小微型企业发展环境的意见》（甘政发〔2014〕111号）等"两法五意见"，以"开展扶助小微企业专项行动；建立完善全省中小企业公共服务平台网络"两条主线开展工作，全省中小微型企业运行平稳。

（一）宣传政策措施，加大落实力度

一是加大调研力度，切实掌握全省中小微型企业发展情况和实际问题。一季度，对中小微型企业运行情况、中小微型企业发展环境以及各项扶持中小微型企业发展的政策落实情况进行了调研，重点调查企业在监管服务、企业用地、融资贷款、技术创新、人才用工、生产运营、公共服务等方面遇到的主要困难和问题，形成了《2014年全省中小微型企业运行情况及发展环境调研报告》，对政策执行过程中出现的"弹簧门""玻璃门""旋转门"的相关问题反馈市州。

二是制定政策措施。从2014年4月份开始，我们对国家和有关部门在加强财税支持、完善金融服务、推动结构调整、优化环境等方面制定出台的77个配套文件和全国29个省（区、市）及5个计划单列市出台的实施意见进行了对标，并结合9月17日、11月15日国务院常务会议精神和《国务院关于扶持小型微型企业健康发展的意见》（国发〔2014〕52号）内容，代拟了《甘肃省人民政府关于进一步优化中小微型企业发展环境的意见》。并先后4次征求了省促进中小企业发展工作领导小组19个成员单位、14个市州相关部门和部分重点企业的相关建议和意见。刘伟平省长、黄强副省长先后召开专题会议进行研究审议，11月7日，省政府第61次常务会议正式通过《甘肃省人民政府关于进一

步优化中小微型企业发展环境的意见》（甘政发〔2014〕111号）。

三是加大宣传力度。编印了《中小微型企业政策法规汇编》分发全省。8月1日在《甘肃日报》宣传《甘肃省促进中小企业发展条例》颁布5周年以来，我省中小微型企业的发展成就和政策措施，甘肃电视台“甘肃新闻”栏目对我省扶助小微企业专项行动进行了宣传报道。

（二）开展“扶助小微企业专项行动”

从2011开始，工信部连续3年开展了“中小企业服务年活动”和“扶助小微企业专项行动”。2014年，苗圩部长专门召开电视电话会议进行安排部署，按照《工业和信息化部关于开展2014年扶助小微企业专项行动的通知》（工信部企业〔2014〕105号）要求，我委下发了《关于做好2014年扶助小微企业专项行动有关工作的通知》（甘工信发〔2014〕104号），在全省开展了以“全面提升小微企业自身素质和企业管理水平”为主题，以“强化政策落实，优化服务环境”为重点的扶助小微企业专项行动。主要推动五个方面的工作：一是推动小微企业提升管理水平；二是加强政策落实督查力度；三是提升为小微企业服务的能力；四是加大对小微企业的扶持力度；五是促进担保行业规范发展，不断拓宽融资渠道。截至2014年年底，服务中小企业户数（签订合同数）17418户，组织开展了各类服务活动820场次，参与服务活动的中小微型企业人数达到15310人次，拥有创业孵化场所面积825860平方米，入孵企业数量1645户，累计出孵企业182户。

（三）加快推进中小企业服务体系建设

一是按照《关于印发甘肃省中小企业公共服务示范平台认定和管理暂行办法的通知》（甘工信发〔2013〕414号）和《关于印发甘肃省中小企业公共服务示范平台考核细则的通知》（甘工信发〔2013〕415号），2014年新认定省级平台13个淘汰5个。全省已累计认定省级平台达到90个，其中国家级中小企业公共服务示范平台12个。

二是根据工信部、财政部《关于2013年中小企业公共服务平台网络建设方案的批复》（工信厅联企业〔2013〕130号），2013年12月和2014年1月，我委会同财政厅组织专家，按照“一窗口、一申报、一批复”的原则，分两批对我省中小企业公共服务平台网络建设方案进行了审核、批复，全面启动了以“1个省枢纽服务平台为核心，14个市州综合平台、7个产业集聚区服务平台为窗口的全省中小企业公共服务平台网络体系建设。”同时，会同省财政厅印发了《甘肃省财政厅甘肃省工业和信息化委员会甘肃省中小企业公共服务平台网络建设专项资金管理办法》（甘财建〔2014〕3号）。

截至2014年年底，已有12个市州综合“窗口”平台和5个产业“窗口”平台建成投入运营，到2015年4月，提前8个月全面建成“以1个省级服务平台为枢纽，14个市州和7个产业窗口服务平台为节点，重点县（区、市产业集聚区）综合服务平台为触角，100个省级中小企业公共服务示范平台为支撑”的网络互联互通、资源共享、服务协同，为中小企业提供信息、融资、创业、人才与培训、技术创新与质量、管理咨询、市场开拓、法律等8个方面服务的甘肃省中小企业公共服务体系，为中小微型企业提供“找得着、用得起、有保障、能见效”的一站式服务，使其成为中小企业可以依靠、值得信赖的服务品牌。

（四）推动规模以下小微企业转型升级为规模以上企业

为促进我省规模以下小微企业转型升级为规模以上企业（以下简称“小升规”），先后下发了《甘肃省工业和信息化委员会关于对2014年规模以下小微企业达到规模以上企业有关情况进行摸底调查的通知》（甘工信发〔2014〕186号）和《甘肃省工业和信息化委员会甘肃省财政厅关于做好2014年规模以下小微企业转型升级为规模以上企业有关工作的通知》（甘工信发〔2014〕275号），对各市州主营业务收入在500万元~2000万元之间的规模以下工业小微型企业，到2014年底主营业务收入能够达到2000万元以上的工业小微型企业分三类进行了摸底调查，确认了各市州拟“小升规”共394户。截至2014年底，全省309户中小企业实现“小升规”。

按照11月20日省长办公会议纪要和12月24日刘伟平省长的批示，省工信委会同省财政厅、省统计局、省发展改革委等14个部门下发了10条有针对性和含金量扶持政策的《关于培育发展规模以上工业企业的通知》（甘工信发〔2015〕7号），对今后全省小升规工作奠定了工作基础。

（五）推动“专精特新”中小企业发展

为引导和推动中小企业向专业化、精细化、特色化、新颖化发展。出台并下发了《甘肃省“专精特新”中小企业认定管理暂行办法》（甘工信发〔2014〕306号）和《甘肃省工业和信息化委员会关于做好2014年“专精特新”中小企业申报工作的通知》（甘工信发〔2014〕307号）。经过市州申报、专家评审、公示等环节，2014年认定了“专精特新”中小企业46户。对认定为“专精特新”的中小企业，将在省级企业技术中心认定、省级中小企业公共服务技术示范平台认定、国家级中小企业公共服务示范平台推荐、省级中小企业发展专项资金支持、中小企业公共服务网络平台跟踪服务等方面给予优先扶持

（六）加大招商引资工作力度

组织参加了第八届APEC中小企业技展会，共有15家企业参展，40余人参会。我省被组委会授予“最佳设计奖”和“优秀组织奖”，甘肃中天药业有限责任公司获得了“APEC中小企业最佳创新实践奖”。组织参加了第十一届中博会，32户企业、38个系列、438件（套）产品参展，产品主要集中在机械制造、电工电器、电子信息、医药食品、建筑建材和能源化工6大产业。

（七）做好中小企业运行监测工作

目前国家全国中小企业生产经营运行监测平台报送企业数量已达到796户，已经提前完成了工信部下达我省“十二五”末400户的任务目标。会同

省统计局、国家统计局甘肃调查总队按季度发布《甘肃省工业中小企业运行监测》。

二、2015 年的工作重点

结合省工信委“工作落实年”要求，2015 年突出抓好“政策落实、扶助小微企业专项行动、规下转规上、专精特新、服务体系、运行监测”等工作，力争中小微型企业工业增加值增长达到 10% 以上，新增规模以上企业数增长 10% 以上。

（一）强化督查，抓好各项政策措施的落实

积极落实《国务院关于扶持小型微型企业健康发展的意见》（国发〔2014〕52 号）《甘肃省人民政府关于进一步优化中小微型企业发展环境的意见》和省工信委会同省财政厅、省统计局、省发展改革委等 14 个部门联合下发的《关于培育发展规模以上工业企业的通知》（甘工信发〔2015〕7 号），督促各市州具体实施方案的制定和落实工作，通过定期的督促检查和扶助小微企业专项行动的深入开展，确保各项优惠政策落到实处。

（二）继续实施扶助小微企业专项行动

按照 2015 年 2 月 10 日《工业和信息化部关于开展 2015 年扶助小微企业专项行动的通知》（工信部企业〔2015〕50 号）要求，在全省开展以“大众创业、万众创新”为主题，以“强化政策落实，推动企业发展”为重点的扶助小微企业专项行动。

（三）做好“小升规”企业落实工作

积极落实《关于培育发展规模以上工业企业的通知》（甘工信发〔2015〕7 号），建立全省“规下转规上”后备工业企业信息库，全年新增规模以上企业数增长 10% 以上。

（四）继续认定一批“专精特新”中小企业

按照《甘肃省“专精特新”中小企业认定管理暂行办法》（甘工信发〔2014〕306 号）和 2014 年 12 月 22 日下发《甘肃省工业和信息化委员会关于做好 2015 年“专精特新”中小企业申报工作的通知》（甘工信发〔2014〕649 号）要求，引导和推动全省新能源、节能环保、生物医药、先进装备制造、新材料、有色冶金、现代煤化工等行业以及轻工、纺织等传统产业提升的中小企业向专业化、精细化、特色化、新颖化发展。

（五）全面建成中小企业公共服务平台网络体系

全面建成以省服务平台为枢纽，21 个窗口服务平台为节点的资源共享、服务协同、功能完善、覆盖全省的中小企业公共服务平台网络，为中小企业提供“找得着、用得起、有保障、能见效”的一站式服务，使其成为中小企业可以依靠、值得信赖的服务品牌。

（六）继续做好中小微型企业运行监测工作

扩大工信部重点中小企业生产经营运行监测平台企业数量。加强中小企业经济运行监测体系，尤其是小微企业监测，联合省统计局、国家统计局甘肃调查总队按季度发布《甘肃省工业中小企业运行监测》

青海省

2014 年青海省中小企业工作开展情况

2014 年，针对全省工业经济下行的严峻形势，青海省经济和信息化委员会中小企业发展局围绕委中心工作，全面贯彻落实国家和我省扶持小微企业各项政策措施，以推动中小企业转型升级、项目建设和服务体系建设工作为重点，加大对中小企业集中区（创业园）建设的支持力度，加强中小企业发展专项资金管理，有效提升专项资金的综合使用效益，不断优化中小企业发展环境，着力培育一批创新型、科技型、外向型和补链企业，努力推动千家中小微企业培育工程迈上新台阶，为促进全省经济和社会各项事业健康稳步发展提供有力支持。

一、2014 年主要工作开展情况

（一）强化政策扶持和引导

为加强国家和省级中小企业发展专项资金项目管理工作，确保专项资金安全高效使用，切实发挥资金助推和放大效益，会同财政厅制定印发了《青海省中小企业发展专项资金项目竣工验收办法》；研究设立青海省中小企业发展基金，会同省财政厅制定印发了《青海省中小企业发展基金管理办法》，重点支持我省新兴产业、优势产业初创期及快速发展阶段的中小微企业加快发展。通过发挥基金的引导和带动作用，创新对中小企业的支持方式，带动全省中小企业健康快速发展。

（二）加大专项资金支持力度

安排省级中小企业发展专项资金 8232 万元对 209 个项目和企业给予支持。一是支持省内中小企业工业集中区、创业基地（孵化园）基础设施和标准厂房建设，通过专项资金支持，带动园区不断完善配套服务设施，增强园区服务功能和服务能力，提升产业集聚水平，改善中小企业发展环境；二是加快我省融资担保体系建设。鼓励和引导融资担保机构不断扩大对中小微企业的融资担保规模，降低收费标准，优化中小企业融资环境，缓解中小微企业融资难融资贵，有效改善融资环境，带动全省中小企业健康快速发展。三是支持入驻工业集中区、中小企业创业基地（孵化园）租赁标准厂房的企业，对其上一年度实际发生的标准厂房租赁费给予一定比例的补贴。四是支持中小微企业项目建设和转型升级，带动企业加快项目建设步伐，增强发展后劲，促进中小企业结构优化和产业升级。对规模以下升入规模以上的企业和获得认定的国家级中小企业公共服务示范平台服务机构进行奖励等。

积极争取国家专项资金支持，及时组织符合申

报条件的服务机构和融资担保机构开展项目申报工作，我省30个项目获得国家5392万元的专项资金支持，对于提升中小企业服务机构服务水平和服务质量，鼓励融资担保机构扩大中小企业融资担保规模发挥了积极作用。专项资金有效缓解企业资金压力的同时，也进一步提升了中小微企业的发展信心。

（三）深入实施千家企业培育工程

结合工信部“扶助小微企业专项行动”安排布置2014的培育工作，明确各地各部门年度培育目标分解方案，并制定了《青海省千家中小微企业培育工程年度考核办法》，督促各地各部门按照年度目标和《实施意见》，全面开展培育工作。建立千家培育企业运行监测统计体系，加强对千家培育企业的运行监测和统计分析，促进千家企业培育工作的深入实施。组织新闻媒体对千家企业培育工程开展了大量的宣传报道工作，通过宣传政策营造发展氛围，通过典型宣传鼓舞人心，坚定广大中小企业攻坚克难、持续发展、逆势而上的信心。

（四）加快中小企业服务体系建设

一是根据工信部办公厅、财政部办公厅《关于做好2014年工业转型升级中小企业公共服务平台专项资金申报工作的通知》要求，对照已批复的平台网络建设方案，对在建平台的阶段性建设目标、建设内容、投资进度、资金到位情况、互联互通情况、预期效果进行自查，同时，对拟建平台的建设工作准备情况进行自查。在自查的基础上，根据已批复的平台网络建设方案和年度建设计划，提出2014年专项资金申请文件并上报工信部、财政部，国家已下达我省2014年平台建设资金1000万元。二是为加快我省中小企业公共服务平台网络建设步伐，学习兄弟省市公共服务平台建设、运营管理先进经验，组织省级平台、西宁市平台、海西州平台相关人员组成考察团，赴浙江、江苏、贵州和四川省实地学习考察。并与当地中小企业主管部门就公共服务平台网络的建设思路、工作重点、保障措施和运营管理等方面进行了座谈交流。通过实地考察，学习和借鉴各地公共服务平台建设的经验，将为下一步我省服务平台网络建设工作的顺利开展产生积极的推动作用。三是组织开展省级中小企业公共服务示范单位的认定和融资担保机构的备案工作，鼓励和引导其提高对中小企业的服务能力和水平。截至2014年年底，我省已建立7个国家级和17个省级中小企业公共服务示范平台，对提升中小企业服务质量发挥了积极的推动作用。

（五）努力缓解企业融资难问题

加大银企对接，降低融资成本。一是摸清融资需求，做好企业融资推介工作。年初，我局深入调研，摸清企业融资需求，编制完成全省中小微企业融资推介材料汇编，并组织召开2014年千户全省中小微企业融资推介会，重点推荐有融资需求的企业664户，融资需求为134.77亿元。二是加强银企对接，及时开展银企对接签约活动。针对银政企合作中信息不对称的问题，组织开展多种类型的银企对接会、座谈会及签约会。三次签约会，共计达成535.3亿元融资合作意向，截至10月底，已到位资金361.8亿元，涉及企业643户（次），为全省工业经济稳定增长提供了强有力的资金保障。三是鼓励和引导融资担保机构提高小微企业担保业务规模，合理确定担保费用。加大对小微企业融资担保业务的专项资金支持力度，综合运用业务补助、增量业务奖励等方式，引导担保机构为小微企业提供质更多优价廉的融资服务。

通过采取一系列有效措施，中小微企业融资难问题得到有效缓解。截至11月底，全省小微企业贷款余额645.37亿元，比年初增加106.38亿元，同比增长22.18%。其中：小微工业企业贷款余额282.32亿元，较年初增加46.11亿元，同比增长23.44%。

（六）加强企业人才队伍建设

一是为落实2014年全省工业和信息化工作会议精神，提高企业人才培训的针对性和实效性，提升企业管理水平和劳动者素质，确定了《2014年青海省工业企业人员培训计划》，全年累计培训7000人次，其中：经营管理、设备管理和现场管理等管理人员培训2000人次；一线工人技能培训5000人次。二是为了提高中小企业项目申报和管理水平，组织各级中小企业主管部门和企业相关人员，召开项目申报工作培训布置会3次，培训人数230余人次。三是会同相关部门组织开展青海省2014年全国中小企业网上百日招聘高校毕业生活动，全省共有252家企业发布了招聘信息，提供了涉及行政文秘、机械制造、生产、质检、业务拓展、市场策划、贸易等20多个类别的4870个就业岗位。四是会同省人社厅等相关部门，共同组织举办了2014年青海省重点项目、重点企业和民营企业招聘周活动，开展多场大型招聘活动，为用工单位和求职者提供双向对接平台，有效缓解用工难和就业难问题。期间，参加招聘周活动的民营企业达到2360户，提供各类就业岗位2.9万个，签订就业意向协议的达到8700人。

（七）积极拓展企业发展空间

为进一步推动我省中小企业的区域性合作、外向性发展，扩大市场竞争力和影响力，组织34户优秀中小企业参加由工信部举办的第八届APEC中小企业技术交流暨展览会和第11届中国国际中小企业博览会，免除了参展企业展位费及展台搭建费用，企业参展展品汇集生物医药、绿色食品、特色纺织、民族工艺品等我省五大类特色优势产业的120余种产品。为我省中小企业创造更多的发展机遇，提供更加广阔的交流合作平台。

通过各方共同努力，2014年新增规上企业82户，千家培育企业主营业务收入和增加值分别增长21.3%和20.7%；全年培训企业人员7000人次；新增2个国家级和6个省级中小企业公共服务示范平台。

二、2015年工作目标及主要措施

（一）工作思路

深入贯彻落实国家和我省扶持小微企业各项政

策措施，以推动中小企业转型升级和建立完善中小企业服务体系为重点，围绕千家中小微企业培育工程，把培育“专精特新”企业作为创新转型的重要抓手，努力推动服务平台网络建设，不断优化发展环境，激发市场主体活力，促进中小企业持续快速发展。

（二）工作目标

——千家培育企业主营业务收入年均增幅超过20%；

——向双百行动输送培育企业20户以上；

——新增成长型小微企业1000户以上，同时抓好运行监测；

——培育规模以上企业50户；

——新建立3个国家级和5个省级中小企业公共服务示范平台。

（三）工作措施

1. 强化政策扶持和引导

认真贯彻落实国务院《关于扶持小型微型企业健康发展的意见》（国发〔2014〕52号）精神，及时研究出台鼓励非公经济、中小微企业发展的新措施。协调省财政部门进一步增加青海省中小企业发展基金规模，不断加大对创新型、科技型、成长型中小微企业以及服务体系建设的支持力度。科学合理安排专项资金，专项资金用于千家企业培育工程的比例不低于60%；创新专项资金支持方式，切实提高专项资金使用效率。鼓励非公企业参与混合所有制经济发展。

2. 促进中小微企业集群发展

继续实行财政税收扶持政策，支持各地建设特色产业园，搭建科技研发、标准检验、融资担保、技术支持、产品展示等公共服务平台。抓好10个重点中小企业集中区建设，培育壮大中小微企业群体，促进集群化发展。

3. 深入实施千家企业培育工程

加大对中小微企业科技创新、转型升级的扶持力度，加快建立省内大、中、小、微企业产业配套机制，鼓励中小微企业等非公有制经济进入生产性服务领域，抓好规模以上企业的培育。

4. 积极开展创新服务年活动

以服务企业、提高效能、优化企业发展环境为目标，以“创新服务、提质增效”为主题，以促进中小微企业转型升级和结构优化为重点，以建立健全中小企业服务体系为支撑，全力推进创新型、创业型、劳动密集型中小微企业发展。

5. 加快中小微企业公共服务体系建设

全面启动全省中小企业公共服务网络平台建设；着力提升现有各类创业园、创业基地、孵化器整体创业服务能力。鼓励和支持三大园区、创业园和中小微企业集聚区建设为专业化及综合性服务平台。

6. 努力缓解中小微企业融资难

加大银行业金融机构与企业间的对接工作力度，支持和鼓励融资担保机构为千户培育企业提供贷款担保；鼓励企业通过发行集合债券、短期融资债券等方式实现直接融资；鼓励各金融机构盘活信贷存量、优化增量，支持中小微企业发展。

7. 加强人才队伍建设

建立中小企业人力资源信息库，探索机关事业单位干部到中小企业任职机制。完善职业经理人引进与培育政策，支持企业与大专院校开展实训基地合作，全年完成中小企业管理人员培训任务2000人次。

（青海省经济和信息化委员会中小企业发展局）

宁夏回族自治区

2014年宁夏非公有制经济和中小企业改革发展总体情况

2014年，在全区经济增幅降低、走势趋缓的背景下，非公经济和中小企业保持了稳中向好的发展态势，成为支撑增长、增加税收、促进创新、扩大就业、改善民生的重要力量。

一、基本情况

（一）经济总量持续扩大

据调查测算，2014年全区非公经济实现增加值1320亿元，同比增长8.6%，占全区生产总值的48%，较2013年提高1个百分点。从非公经济增加值的产业构成看，第一、第二、第三产业分别占4.8%、53%和42.2%，对经济增长贡献率分别为2.6%、53.3%、44.1%。

（二）市场主体不断增多

受行政审批和商事制度改革利好驱动，市场主体进一步扩充，注册资本不断增长。2014年新增个体工商户5.4万户，同比增长15.8%，个体工商户总数达到27.9万户，注册资本总额208亿元。新登记注册非公企业1.74万户，新增注册资金1275.7亿元，分别增长28.2%和47.5%；全区注册登记企业累计达到7.16万户，注册资本总额3491亿元。经济普查数据显示，截至2013年年底，全区共有第二产业和第三产业小微企业法人单位25511个，占到了全部企业法人单位的94.5%。

（三）固定资产投资趋缓

据调查测算，非公经济全年完成固定资产投资1774亿元，同比增长18.2%，较2013年下降5.1个百分点，比同期全社会固定资产投资增幅低1.2个百分点；占全社会固定资产投资的比重为55.4%，比上年回落0.6个百分点。一、二、三次产业固定资产投资分别完成70亿元、799亿元和905亿元，同比增长32.6%、17.3%和18.0%，投资结构比例约为4：45：51。

（四）社会贡献日益突出

据调查测算，2014年全区非公有制法人单位从业人员达108.2万人，占全部法人单位从业人员的68%。2013年底经济普查数据显示，小微企业从业人数44.4万人，占全部企业法人单位产业人员的47.7%。全区非公经济实现税收293亿元（含中央级税收），同比增长2.3%，占全部税收总额的62%；实现进出口总额46亿美元，同比增长76.2%，占全区进出口总额的84.6%，较上年提高7.9个百分点。

（五）非公工业支撑作用显著

2014年，全区规上非公工业企业达942家，占到全部规上工业企业的88.8%，实现增加值401.3亿元，同比增长16.3%，高于规上工业增速8.0个百分点，占规上工业增加值的42%，较2013年提高2.33个百分点，有效拉动了工业经济稳中向好。主要行业中，除煤炭、冶金和机械行业外，轻纺、医药、建材、化工行业均保持两位数增长，分别达15.6%、12.5%、11.6%和11.0%。

二、主要工作

（一）推进政策落实，优化发展环境

一是完善政策支持体系。以落实自治区党委、政府《关于加快非公有制经济发展的若干意见》为重点，制定配套实施细则，出台了《加快非公经济发展行动计划（2014—2017年）》《企业投资项目管理体制改革方案》《促进市场公平竞争维护市场正常秩序的工作方案》等一系列措施，强化政策宣传，促使政策红利进一步释放。印发《政府采购促进中小企业发展暂行办法》，细化面向小微企业的采购保障措施。加大简政放权力度，全区精简、取消和调整审批事项422项，比2013年减少了39.2%，压缩办理时限54%。

二是加强涉企收费管理。建立全区减轻企业负担工作联席会议制度，梳理发布了《涉企行政事业性收费项目目录》《涉企经营服务性收费项目目录》，增强了收费项目和标准的透明度。开展全区性行业协会商会与业务主管单位脱钩试点工作，清理公务人员在行业协会和商会兼职。建立企业负担举报和督办制度，创办了“宁夏经济环境网”，及时刊发政策信息，回应企业诉求。通过政府购买服务的方式，开展企业负担调查评价和小微企业发展环境调查评价，为进一步减轻企业负担提供客观依据。

三是认真落实各项降税减费优惠政策。全面落实国家小微企业免征营业税、增值税、减半征收所得税等8项优惠政策。2014年，共为20341户月营业额不超过3万元的小微企业免征营业税3891.69万元，为年应纳税所得额低于10万元的小型微利企业减免所得税2920万元。落实自治区新办小微企业房产税、城镇土地使用税“三免三减半”优惠政策，减免金额1309.6万元，小微企业受惠面达88.6%。自治区本级清理各类行政事业性收费82项，免征12项，降低收费标准20项，免收银川市综合保税区内企业所有行政事业性收费，免收区内各类月收入额低于2万元的小微企业所有行政事业性收费，每年可为企业和群众减负3.6亿元；降低建设工程监理服务、招标代理服务等16项中介服务收费，每年可为企业和群众减负5.86亿元。

（二）构建公共服务体系，提升服务水平

一是加快建设“168”公共服务平台网络。完成自治区中小企业服务大厦改造装修工程和网络系统设计、设备采购工作，指导市县全面启动窗口服务平台硬件建设，2015年底前可实现枢纽服务平台与窗口服务平台的互联互通目标。按照边建设边服务的要求，指导各级服务平台和服务机构共同开展服务，共带动服务资源569家，开展各类活动800余场，服务企业2900余家。

二是培育公共服务示范平台和小微企业孵化示范基地。支持引导各类社会专业服务机构和行业协会为中小企业服务，逐步构建结构合理、功能健全、服务完善、运转高效的社会化服务体系。新培育认定17个自治区级公共服务示范平台，支持创建服务品牌，扩大示范引领效应。制定出台《自治区小微企业孵化示范基地认定管理暂行办法》，年内培育认定了10个自治区级小微企业孵化示范基地，对其服务支出给予一定比例补贴，支持改善服务设施，提升孵化质量。

三是加强人才服务和用工保障。出台《宁夏支持企业引进和培养人才暂行办法》，将小微企业人才引进项目纳入扶持范围给予补助。在各地市和浙江大学分行业举办8期领军人才专题培训班，筛选培训中小微企业高级管理人才700余名。持续开展中小企业星光培训工程，培训小微企业经营管理人才、技能人才、专业技术人才4500多人次。启动“非公企业经营管理人才培训工程”，每年分层次免费培训中小微企业管理人员1000名。组织开展高校毕业生就业服务进校园、网上百日招聘活动，279家企业提供了3000多个职位，需求人数达7800多人。

四是建立统计监测渠道。初步建立以官方统计为主、民间调查为辅的中小企业和非公经济统计监测渠道，扩大监测范围，将“专精特新”中小企业全部纳入监测体系。组织开展中小企业网络直报监测培训，全国中小企业生产经营运行监测平台，在线上报样本企业数达到269户，初步捋顺了报送体系，保证了数据的真实性和及时性。

（三）改善融资服务，缓解小微企业融资难题

一是探索建立小微企业贷款风险补偿机制。与建设银行合作建立小微企业“助保贷”平台，投入风险补偿铺底资金1691万元，撬动银行10倍贷款，帮助小微企业缓解抵押物不足的信贷矛盾，目前已发放贷款8500万元。设立2000万元科技型中小微企业贷款“风险池”，对合作金融机构在支持科技型中小微企业科技成果转化和产业化过程中贷款损失给予补偿，支持合作金融机构在风险资金总规模基础上放大5～10倍贷款授信，对企业予以利率优惠，首批有35个项目受惠。

二是鼓励直接融资。出台《关于加快资本市场建设的若干意见》，新设立5000万元中小企业直接融资基金，加快筹建宁夏法人股权交易中心。对在“新三板”挂牌的企业给予经费补助，对在境内外首发上市的企业，按照所募集资金额度给予50万元～200万元奖励。2014年，全区在“新三板”、天交所、上海股权托管交易中心等挂牌融资企业达到63家，挂牌企业直接股权融资5.3亿元，股权质押融资6.23亿元，上市公司再融资达24.78亿元，发行中小企业私募债19.45亿元、企业债39.4亿元。

三是开展融资培训和银企对接活动。依托宁夏企业家学院，举办融资专场培训。举办动产融资登记服务平台应用推广培训活动，帮助企业深化对融资工具的了解和认识，拓展融资新渠道。协调指导市县（区）中小企业主管部门开展银企对接活动，有效提高了银行信贷和企业需求的信息匹配度。

（四）培育市场主体，引领企业提升竞争能力

围绕壮大市场主体，做大总量，优化增量，积极推动“大做强、小升规、个转企”，构建非公企业梯次培育、滚动成长新格局。继续开展“扶助小微企业专项行动”，着力破解制约小微企业发展的现实问题。制定《“专精特新”中小企业认定管理暂行办法》，组织认定了首批172户“专精特新”中小企业，对53户示范企业予以奖励。编撰《宁夏“专精特新”中小企业典型案例汇编》，宣传推广先进企业成功经验，带动全区中小企业走“专精特新”发展之路。鼓励小微企业突出主业、做大规模，对符合条件的新增入规企业给予一次性奖励。鼓励小微企业科技创新，2014年自治区财政先后对94个企业科技创新项目给予后补助6290多万元，其中小微企业项目占比超过了60%。

（五）搭建交流平台，帮助中小企业拓展市场

与民建中央共同举办2014中国（宁夏）非公有制经济发展论坛，吸引了全国29个省（区、市）的民建组织和会员企业代表团共计841人参会，签署合作项目41个，总投资409.4亿元，为宣传宁夏投资环境、促进区内外企业合作提供了契机。组织市县有关部门、工业园区和企业共参加第八届APEC中小企业技术交流暨展览会，洽谈项目18个，达成意向金额613万元；组团参加第十一届中国国际中小企业博览会，洽谈项目38个，达成意向金额1050万元。

三、存在的主要问题

（一）融资难、融资贵问题仍然突出

中小企业特别是小微企业普遍规模偏小、自身抵押能力差、财务管理不完善，银行及担保机构出于风险考虑，对中小企业支持的信心不足、积极性不高。同时，大多数中小企业难以达到挂牌、发债等直接融资工具的准入门槛，无法实现直接融资。从2014年征集到的全区中小微企业融资需求信息看，355家被调查企业合计资金需求94.86亿元，当期银行获贷率仅为25.5%。小微企业银行融资的平均利率超过8%，小贷公司利率普遍在20%以上，民间借贷超过30%。全区担保机构数量少，担保能力普遍较弱，平均担保放大倍数只有3倍，担保费率在2.4%以上，再担保体系不完善，难以满足中小企业担保需求。区内资本市场发育不够健全，企业融资过多依赖银行信贷和民间借贷。

（二）企业负担依然偏重

近年来，我区企业负担有所减轻，但与全国其他省区对比，还有很大减负空间。工信部2014年11月发布的《地方企业负担调查评价报告》显示，宁夏企业负担综合指数为1.0，虽比2013年下降0.286个百分点，但比全国平均值（0.84）高0.16个百分点，在调查的31个省区中排名第24位，仍属于企业负担偏重的省区。2014年底，我区组织的调查表明，全区企业经营平均净利率仅为3.79%，低于全国平均水平1.03个百分点；全区企业负担综合指数为1.013，高于全国平均水平0.173个百分点。同时，部分企业反映，职工养老保险缴纳负担较重，项目建设前置环评、安评、能评收费过高，个别单位存在指定第三方机构或潜规则行为，个别部门存在裁量权乱用现象，收费依据和标准不够细化，有待进一步加以规范。

（三）企业经营成本压力加大

由于原材料、燃料、人工成本持续上涨，企业生产经营成本增大，加之需求不足、销售不旺，致使部分企业经营困难，开工不足和去库存压力加大，利润大幅减少。从对全区778家中小微企业发展情况调查统计结果看，76.4%的中小企业反映成本增加，62.2%的企业反映劳动力成本上升，38.7%的企业反映原材料成本增加，34.2%的企业反映市场萎缩。从在线监测的141户“专精特新”中小企业生产经营情况分析，2014年月平均营业成本增长率达17.3%。

（四）服务体系不够健全

各地对服务体系建设重视程度不够，投入相对不足，政府主导的区市县综合服务体系链条不完整。社会化中小企业服务机构发育缓慢，服务内容单一，服务范围较窄，缺乏综合性服务人才和服务品牌，各类服务资源尚未得到有效整合，在创业辅导、技术支持、人才培训、管理咨询等方面的服务能力和水平非常有限。

（五）企业产业层次低，转型升级压力加大

我区小微企业数量较多，但高附加值、低能耗、竞争力强的“专精特新”企业较少，缺少精细化管理，整体素质不高，产业层次较低，竞争能力偏弱，多数小微企业缺乏长远发展规划，管理方式落后，结构调整步伐缓慢，转型升级压力加大。

四、下一步工作

（一）强化“两个保障”，优化发展环境

强化政策保障，制定出台贯彻国务院扶持小微企业健康发展政策的实施意见，加强对已有政策落实的督导检查，让政策红利充分转换为发展动力。集中清理行政审批前置收费项目，推进各项减费降税政策落实，进一步减轻企业负担，强化法治保障，提请自治区人大修订完善《宁夏中小企业发展促进条例》，切实维护中小微企业合法权益。

（二）培育“三个梯队”，壮大市场主体

培育“强优企业”，引导企业向规模化、集团化方向发展；培育1000家“专精特新”中小企业，鼓励企业突出发展主业和特色，增强差异化的市场竞争优势；培育50家中小企业孵化示范基地，支持市县规划建设小微企业孵化基地、创业街区和商务楼宇，降低入孵企业的创业成本。

（三）抓好“三个对接”，促进创新发展

抓好融资对接，推动建立区市县三级小微企业“助保贷”平台，探索开展贷款保证保险试点，引导企业在“新三板”及区域性股权交易市场挂牌融资，推动符合条件的企业发行私募债券。抓好技术对接，建立企业技术需求与高等院校、科研院所成果对接平台，推进技术创新和管理创新。抓好人才对接，鼓励企业积极引进高端人才，持续开展领军人才和星光工程培训，加快培育职业经理人队伍。

（四）构建“两个体系”，增强发展活力

着力完善中小企业公共服务体系，加快建设“168”中小企业公共服务平台网络，培育公共服务示范平台，提升服务水平和质量。着力完善吸引民资发展的引领体系，加快建立中小企业发展基金，引导创业投资机构支持小微企业发展；认真落实国家发改委《基础设施和公用事业特许经营管理办法》，力争在发展混合所有制经济等方面实现较大突破。

（五）完善“两个机制”，凝聚工作合力

健全非公经济和中小企业工作协调机制，加强部门联合、市县（区）联动，整合资源力量，切实转变服务职能，提升协同效应。健全非公经济发展评价监督机制，制定全区非公经济发展评价办法，通报评价结果，强化责任落实；进一步完善非公经济和中小企业统计监测渠道，为预警动态、辅助决策、推动发展提供及时准确的参照依据。

（宁夏非公有制经济服务局规划处）

新疆维吾尔自治区

2014年新疆中小微企业发展报告

2014年，我区中小微企业发展工作全面贯彻落实国家和自治区扶持中小微企业发展的各项政策措施，深入实施中小企业成长工程，开展“扶助小微企业专项行动”及“惠企政策落实年”活动，全力推动我区中小微企业健康发展。

一、中小微企业发展情况

近年来，新疆中小微企业获得了蓬勃发展，已遍布国民经济的各个行业、各个领域，在支撑经济增长、增加财政收入、扩大社会就业、改善人民生活、优化产业结构等诸多方面，发挥着越来越重要的作用，已成为增加就业的主力军和非公经济发展的主体。截至2014年年底，全区企业法人数74462户，其中中小微企业占企业法人数的99.6%；从业人员232万人，其中，中小微企业占全区企业法人期末从业人员的88.7%。2014年，全区认定新产品65项，其中中小微企业认定52项，占80%；授予发明专利3151项，其中授予中小微企业2390项，占75.8%。

二、中小微工业企业经济运行情况

2014年，我区规模以上中小微工业保持平稳发展，生产继续增长、企业数明显扩大、主营业务收入和利润等经济效益指标均保持了一定增长，在我区工业经济的增长、缓解就业压力、维护社会稳定等方面起到了积极的作用。

（一）主要特点

1. 中小微工业企业增加值增速高于全区平均水平

2014年，我区规模以上中小微工业企业完成增加值992.41亿元，同比增长13.3%，增速比自治区工业平均增速高3.3个百分点，比大型企业高4.6个百分点；比园区工业高2.3个百分点；拉动规模以上工业增长3.3个百分点，贡献率为33.4%。其中，规模以上中型工业企业实现增加值443.02亿元，增长4.9%；小型工业企业533.02亿元，增长20.5%；微型工业企业16.37亿元，增长13.5%。

2. 中小微企业主要工业产品产量近半数实现增长

在统计的主要工业产品中有19个产品产量实现增长，有12个产品产量实现增长。其中，罐头增长33.5%，番茄酱增长41.7%，碳化钙（电石，折300升/千克）增长22.3%，多金硅增长32.9%，钢材增长49.9%，初级形态的塑料增长12.2%，平板玻璃增长53.8%，粗钢增长1.3倍。

3. 主营业务收入略有增长，小型企业增长较快

1—12月中小微企业实现主营业务收入3190.34亿元，增长4.9%。其中，中型企业1217.66亿元，下降1.2%；小型企业1913.37亿元，增长9.9%；微型企业59.31，下降11.3%。

（二）存在的问题

1. 企业亏损面加大，亏损程度加重

2014年我区规模以上中小微工业企业亏损企业数667家，占中小微企业的31.9%，占规模以上工业企业的30.6%，亏损企业数同比增长25.9%，亏损面为31.9%。其中：中型工业企业117家，增长15.8%，亏损面为36%；小型工业企业519家，增长29.4%，亏损面为31.6%；微型工业企业31家，增长10.7%，亏损面为25.4%。

2014年我区规模以上中小微亏损工业企业亏损125.2亿元，占规模以上工业的54.0%，其中：中型企业亏损46.88亿元，增长33.2%；小型企业亏损额76.99亿元，增长1.1倍；微型企业亏损额1.33亿元，下降29.6%。

2. 两项资金占用继续上升，资金收回难度加大

2014年，中小微企业应收账款584.1亿元，增长13.9%；占规模以上工业企业64.8%，其中，中型企业应收账款217.15亿元，增长4.0%；小型企业应收账款343.56亿元，增长19.2%，微型企业应收账款23.4亿元，增长45.1%。

产成品库存302.89亿元，增长14.4%。应收账款和产成品合计占流动资产的35.0%。企业应收账款和产成品库存的增长导致企业资金回收难度加大。

3. 主营业务成本略有上升，小型企业上升较快

2014年我区规模以上中小微工业企业主营业务成本2649.09亿元，增长4.8%，占规模以上工业企业主营业务成本的37.4%，比重比2013年提高0.1个百分点。其中：中型工业企业1004.01亿元，下降0.88%；小型工业企业1599.39亿元，增长9.55%；微型工业企业45.69亿元，下降17.4%。从增幅来看，除了规模以上小型工业企业主营业务成本有所上升外，其他两种类型企业主营业务成本均呈现不同程度的下降。

三、2015年的重点工作

（一）加强政策引领，优化发展环境

认真贯彻自治区《关于促进中小企业发展的实施意见》《关于进一步支持小微企业健康发展的实施意见》等一系列政策措施，努力将中小企业各项优惠政策落到实处。一是下放投资审批权限。将所有备案管理的鼓励类、允许类企业投资项目全部下放地州；对核准类项目，除国家严格规定由自治区核准的企业投资项目外，全部下放地州核准。通过简化办事手续，优化工作流程，提高了企业投资项目审批效率，为中小企业发展营造了良好投资环境。二是落实财税优惠政策。截至2014年上半年，新疆小规模企业月销售收入小于2万元的共申报375269户次，均享受了小微企业增值税减免政策，减免税额1322.38万元。10月份将起征点调高至3万元后，又新增10300户享受优惠。三是实行差异化金融监管。制定《关于进一步做好小微企业金融服务的实施意见》，提出20条差异化监管支持政策。鼓励中小银行设立小微支行，支持城商行、农商行发行小微企业专项金融债，积极落实银监会不良贷款容忍度、存贷比、资本风险权重等方面的支持政策。四是清理规范涉企收费。自治区下发了《落实国务院办公厅关于进一步加强涉企收费管理减轻企业负担通知的通知》（新政办发〔2014〕97号），从建立和实施涉企收费目录清单制度；规范和完善涉企收费管理；规范收费行为，加强监督检查；强化社会舆论监督，开展收费政策宣传等四个方面对企业减负工作进行了任务部署和分工。同时，自治区人民政府分成3个组，分赴南疆、北疆、东疆开展企业减负专项检查，推进工作落实。五是开展惠企政策执法检查。3月份，积极争取自治区人大常委会对《自治区中小企业促进法实施办法》落实情况开展执法检查，及时发现和解决问题，有力地推动了各项惠企政策的落实，促进了中小企业的发展。

（二）实施“短平快”项目，突出就业促稳定

为突出产业惠民、民生优先政策，实现新疆长治久安的战略目标，一是自治区制定《2014—2015年南疆三地州“短平快”项目实施方案》，整合8.88亿元财政资金，以促进就业为导向，对南疆喀什、和田、克州三地州传统、特色、优势产业中稍加扶持就能增加就业的项目进行了专项扶持，实现劳动力就近就地就业，增加当地居民收入。二是自治区组织召开南疆三地州“短平快”项目目标任务落实签约会，落实目标任务签订责任书，确保“短平快”项目取得实效。三是经信委会同有关部门先后两次对第一批项目建设情况进行了全覆盖、无遗漏的实地督查，全面了解和掌握了项目建设进展情况。截至12月底，第一批297个项目已完成投资61.4亿元，已完工194个，占到总数的65.3%，在建项目103个，占34.7%。到位扶持资金4.96亿元，新增就业3.55万人，项目全面完工后预计可新增就业4.1万人。四是与人社部门密切配合，对南疆三地州企业用工需求进行全面调研，在摸清需求的基础上，采取委托培训、企业自主培训、送出去培训等多种方式加强技能培训，提升了员工就业能力，克服了用工不稳定的突出矛盾。目前已培训各类人员2.08万余人。今后将继续加大培训力度，鼓励农村劳动力就近就地就业。五是联合党委宣传部，组织国内疆内新闻媒体集中宣传报道“短平快”项目建设成效，形成良好的社会舆论氛围，激励社会各方更加有力支持“短平快”项目建设。

（三）加大资金扶持，促进企业发展

2014年争取国家中小企业专项资金7860万元，支持了41个中小企业服务体系项目，是历年最多的。自治区中小企业发展专项资金1.75亿元，支持南疆三地州“短平快”项目5870万元；支持固定资产投资类项目90个，资金5763万元；支持服务体系项目108个，资金4479万元；支持自治区中小企业公共服务平台网络建设项目1390万元。鼓励中小微企业进行结构调整，加快转型升级，走专精特新的发展道路，进一步提升企业的创新能力和竞争能力。2014年固定资产投资类资金重点支持专精特新项目25个1743万元，引导社会投资2.6亿元。

（四）完善服务体系，助力企业成长

按照“政府扶持中介，中介服务企业”的思路，着力构建以中小微企业服务机构为骨干，协会和中介机构为支撑的社会化服务体系，在帮助中小企业顺畅融资渠道，降低用工成本，开拓疆内外市场，缓解经营压力，提升创新能力，推动企业转型升级等方面发挥了积极作用。一是服务机构发展迅速。全区现有各类中小企业服务机构262家，在职从业人员1.5万余人，服务企业13万余户，服务机构户数较去年同期增长1.6倍，发展势头良好。其中，创业基地及创业服务机构64家，较去年增长2倍，服务企业5800户，较去年增长1倍多，增速较快。二是核心服务机构作用突显。在国家和自治区专项政策资金的大力扶持下，目前全疆政府主导建立的中小企业服务中心、生产力促进中心、技术服

务中心等有93余家，覆盖15个地州市，多数运营规范，公益性、开放性高，公信力强，对促进中小企业发展做到了积极贡献，在各地均有一定的影响力。三是平台网络建设稳步推进。今年是实施《新疆中小企业公共服务平台网络建设》的第一年，建成自治区枢纽平台和10个窗口服务平台。目前国家和自治区平台网络建设资金2300万元已落实到位（自治区1500万元，国家800万元），各项工作进展顺利。其中，自治区枢纽平台装修改造基本完工，软件开发招标工作完成；各窗口单位均在积极建设，昌吉、阿克苏、哈密等地州中小企业综合服务窗口和新疆股权交易中心、申新科技孵化创业基地等部分窗口已建成运营。

（五）加大担保补助，增强担保实力

目前，中央及自治区财政每年安排中小企业担保专项补助资金，对担保机构开展的中小企业贷款担保业务给予补偿，对符合条件的担保机构可享受免征营业税优惠政策。在政策、资金的引导支持下，全区融资性担保机构担保能力明显增强。一方面，担保机构助力企业融资作用明显。截至2014年年底，全区融资性担保机构达到164户，注册资本金128.4亿元，全区担保放大倍数为1.95倍，担保整体实力有所增强。当年为10044户企业提供担保178.44亿元。164户担保机构中，列入我区中小企业融资担保体系建设的担保机构有62户，注册资本金67亿元，同比增长9.3%。当年为16767户企业及个人提供担保总额295亿元。在政策、资金的引导支持下，全区融资性担保机构担保能力明显增强，担保机构助力企业融资作用明显。

（六）创新合作方式，做好金融服务

近年来，注重加强与银行的合作，已与新疆银监局、国家开发银行新疆分行、工、农、中、建、交五大银行和乌鲁木齐商业银行等10家金融部门签订了《中小企业金融服务战略合作协议》。一是每年积极开展中小企业流动资金需求调查，组织召开自治区中小微企业银企对接会，通报当前经济、金融运行情况，交流信息、银企签约。二是加强与新疆股权交易中心、新疆产权交易中心合作，开展中小企业融资方式需求调查，跟踪做好服务，目前，股权交易中心利用多层次资本市场支持企业上市、挂牌，为企业融资5.88亿元；三是与建行合作组织召开“深化小微企业金融服务战略合作座谈会”，交流推进助保贷业务，进一步落实合作协议；四是开展新疆创新创业大赛。今年启动的新疆首届创新创业大赛共有189家企业和28个团队报名参赛，10家获奖企业的科技项目共获得860万元的资金扶持。

（七）拓宽融资渠道，缓解融资困难

自治区不断加大金融支持小微企业力度，帮助小微企业解决融资难、融资贵问题，小微企业金融服务的外部环境得到进一步改善。一是小微企业金融服务机构持续增加。截至2014年年底，全疆银行业共建立各种类型小微企业专营部门或团队190个，97%的银行机构实现小微企业信贷计划单列，专职服务小微企业的团队进一步壮大，独立性和专业化水平不断提升。二是小微企业贷款继续保持较大增幅。截至2014年底，全疆小微企业贷款余额1546.6亿元，占全疆企业贷款余额的21.6%，比上年增长189.1亿元，同比增长17.4%，比全疆企业贷款增速高2.8个百分点。三是小微金融产品推陈出新。目前辖区银行业已推出小微金融产品116个，其中结合新疆本地自主创新的产品达47个，金融服务广度、深度有效拓展。四是利用多层次资本市场支持企业上市、挂牌融资。已有481家中小微企业在新疆股权交易中心完成挂牌，为企业融资5.93亿元；股权转让笔数为163笔，总股数为9.51亿股。五是引导鼓励民间资本服务中小企业，截至2014年年底，全区小额贷款公司325家，注册资本金199.57亿元，小额贷款公司贷款余额213.12亿元，其中，中小微企业贷款余额为69.96亿元。

（八）注重品牌打造，培养实用人才

继续推动以政府培养为主导，社会中介机构、高等院校、科研院所为补充的培训体系建设，着力培养中小微企业经营管理人才。一是深入开展银河培训。作为我区中小企业的培训品牌，今年银河培训工程共培训各类经营管理人员1.2万人，受到广大中小微企业的欢迎。二是积极创新培训模式。主动与清华大学、北京理工大学、浙江中小企业培训中心合作，每年选派一批中小微企业经营管理人员到北京、浙江学习培训，今年培训各类人员180余人次。

（九）搭好宣传平台，营造舆论氛围

经信委和新疆人民广播电台共同搭建了新疆中小微企业宣传服务平台，充分发挥政府和企业之间的桥梁和纽带作用，为企业送政策、送服务、送温暖，助力企业成长。《企业之声》栏目每天邀请一位小微企业家走进广播电台直播间进行访谈，着力为新疆中小企业发展营造良好的舆论环境，目前已有500多位疆内优秀小微企业家免费走进直播室宣传了企业，扩大了影响。8月底举办了“丝绸之路经济带的新机遇——中小企业发展论坛”，集各方智慧，共谋共商新疆中小企业发展之计，共推共促新疆中小企业加快发展。6月中下旬，组织新疆22家企业参加第八届APEC中小企业技术交流暨展览会，签约9个合作项目，合同及意向协议总金额1.2亿元。10月中旬，组织新疆45家企业参加第十一届中国国际中小企业博览会，签订意向金额2.5亿元。新疆中小企业期刊（季刊）和中小企业（月刊）继续按期发行，为小微企业提供了工作要情、政策咨询、企业动态、创业创新、融资服务、银河培训、运行监测、地州要情等信息服务，受到广大中小企业欢迎。

四、存在的主要问题

（一）中小企业经济下行压力仍然很大

受市场需求不足、用工成本增加、部分行业产能过剩等多方面原因影响，我区中小微企业工业生产继续放缓，下行压力依然较大。由于市场需求不足，全区有367家中小企业未开工，占规模以上中小微工业企业的17.95%，还有相当一部分企业进行限产。由于企业应收账款和产成品占用资金大幅上升，目前两项合计已占到企业流动资产的32.3%，企业资金回收难度加大。

（二）中小企业融资难问题依然突出

中小微企业融资渠道单一，仍以银行贷款为主，约占80%左右，债券融资不足10%。综合融资成本过高，将银行融资利息（一般是基准利率的2～3倍）和抵押登记费、公证费、评估费、担保费等中介费用相加（一般在2%～4.5%），年息一般在10%～20%，民间融资成本更高。金融服务覆盖面不足，全区银行业目前虽有190家小微企业专营机构，但主要分布在乌鲁木齐、昌吉、伊犁、克拉玛依、哈密等5个地区，约占80%以上，其余地州较少。

（三）中小企业服务体系建设还需完善

受当地经济和中小企业自身发展状况影响，各地州中小企业服务体系建设发展不够均衡，总体北疆好于南疆。目前，全区还有2个地州没有中小企业服务中心或公司，5个地州市没有生产力促进中心，6个地州市没有自治区级的公共服务示范平台或小企业创业基地。

（四）担保机构规模小，经营风险较大

全区中小企业信用担保机构规模小、实力弱、放大倍数低等问题仍然突出，2014年全区担保平均放大倍数仅为1.44倍（全国平均2.34倍），与银行合作独自承担100%的风险责任，影响了担保机构的可持续发展。

五、2015年工作思路、重点工作

（一）工作思路

全面贯彻落实自治区党委经济工作会议精神、自治区党委新春开好局推进中小微企业发展座谈会精神，主动适应新常态，着力解决中小微企业发展面临的突出问题和矛盾，以便捷创业为核心，以创新模式为动力，以创建示范为引领，以增强服务功能为基础，以提高创业成功率和增加就业为目标，开展扶助小微企业专项行动及“大众创业、万众就业”行动，为中小微企业创造良好的发展环境，促进中小微企业平稳健康发展。

（二）主要目标

2015年规模以上中小微工业企业增加值增长10%以上；新增中小微企业3000户，带动就业15000人；建立自治区小企业创业基地（孵化园）10个，建成自治区中小企业公共服务枢纽平台和10个窗口平台，并实现互联互通，认定15户自治区中小企业公共服务示范平台；实现中小企业融资担保总额300亿元以上；创业培训中小微企业急需的经营管理人才7000人次。

（三）重点工作

1. 抓好惠企政策落实，优化中小微企业发展环境

一是完善政策措施。一方面要把国家、自治区已出台的促进中小微企业发展的政策落实到位；另一方面出台《自治区扶持小微企业健康发展的实施意见》，为中小微企业发展提供政策保障。

二是加大政策专项检查。组织自治区有关单位定期对各级各部门落实中小微企业惠企政策情况进行专项检查，确保各项惠企政策落到实处。

三是减轻企业负担。组织协调有关部门进一步规范和完善涉企收费管理，建立和实施涉企收费目录清单制度。

四是抓好政策宣传。进一步加强与新疆主流媒体的合作，创新宣传模式，建好新疆中小微企业宣传服务平台，办好《新疆企业之声》专栏和新疆中小微企业期刊，开展全方位、多角度、宽领域地宣传，营造有利于中小微企业发展的良好氛围。

2. 开展自治区“大众创业，万众就业”行动

一是完善新政策扶持体系。制定出台《自治区关于促进小企业创业基地建设的指导意见》，进一步强化创业服务，改善创业环境，大力发展小企业创业基地和“众创空间”等创业服务平台，构建自治区、地州市、县三级中小企业创业基地网络，实现创新与创业、线上与线下、孵化与投资相结合，引导社会大众自由创业，加快培育各类市场主体，从源头上激发全民创业兴业活力，增强初创小微企业发展信心，推动大众创业、万众就业。

二是加大培育建设小企业创业基地（孵化园）建设力度。着力培育一批国家创业示范基地和自治区级小企业创业基地（孵化园），落实好国家和自治区有关小企业创业基地（孵化园）的优惠政策，做好创业基地项目的储备和推荐工作。依托全区中小企业公共服务平台网络，搭建创业服务平台，建设中小微企业服务中心或公司，为创业者提供公益性、一站式、面对面的服务。各地州市建立培育小企业创业基地至少1家，规范基地运营管理，提升基地建设水平，增强基地孵化能力。加强对创业辅导师队伍的管理和使用，不断提升创业辅导师队伍素质，组织辅导师开展创业辅导培训，为全区经济发展培育更多创业兴业人才。

3. 深入实施自治区“短平快”项目

全面贯彻落实自治区“短平快”项目促就业推进会精神，认真总结2014年自治区“短平快”项目建设工作，抓好2015年自治区“短平快”项目扩展至全疆的工作。

一是在深入调查摸底的基础上，制定《2015年自治区“短平快”项目实施方案》，明确工作目标、重点产业项目和保障措施，明确自治区和地州分级负责、定期考核的工作机制和工作任务。

二是对2015年自治区“短平快”项目全面摸底调查，建立项目库，按照项目建设基础条件好、建设周期短、带动就业人数多的原则优选一批拟支持的项目。积极配合自治区财政厅做好“短平快”项目资金筹措。

三是对自治区“短平快”项目建设进展情况进行全覆盖、无遗漏的实地督查，及时研究解决项目建设中的重大问题，做好项目建设的统筹协调服务工作，保证项目如期推进、取得实效。

4. 强化公共服务建设

一是强化中小微企业公共服务平台建设。建成自治区中小企业公共服务枢纽平台和10个窗口平台，并实现互联互通，支持列入平台网络建设的枢纽和窗口平台、示范平台及创业基地，年服务企业5万家以上。

二是加快社会化服务机构建设。坚持“政府扶持中介、中介服务企业”的思路，依托龙头企业、行业协会、科研院所、大专院校等优势资源，重点培育和引进一批层次高、功能全、服务优的中小企业社会化服务机构，新认定自治区级中小企业公共服务平台15家，为中小微企业发展构筑技术支撑和公共服务载体。

三是加大银河培训力度，抓好领军人才培训，实施企业经营管理人才素质提升工程。继续办好清华大学、北京理工大学培训班，加强与浙江中小企业培训中心合作，为新疆中小微企业培养急需的经营管理人才，全年培训企业经理人和专业技术人才7000人次以上。

5. 大力推进融资担保体系建设

一是大力发展政策性担保机构。中小企业发展专项资金加大对政策性担保机构业务补助和保费补助力度，积极推动建立自治区、地州市、县三级融资担保网络。建立小微企业融资担保风险代偿补偿资金，出台《自治区小微企业融资担保代偿补偿管理办法》，支持政策性担保机构发展。

二是深化政企银保合作。探索建立政企银保信息共享机制和部门联动服务机制，加强与金融管理部门和金融机构的联系合作，建立中小微企业融资需求项目库，举办自治区、地州市多层面的银企对接活动，帮助小微企业增信融资，努力缓解融资难、融资贵，推动金融资本与实体经济的有效融合，营造良好的金融生态环境，促进经济和金融共荣双赢、健康发展。

三是提升担保机构服务实体经济的能力。加快中小企业信用担保体系建设，落实税收优惠、风险补偿扶持政策，推动完善银担合作机制和风险分担机制。积极争取国家、自治区中小企业发展专项资金加大对融资性担保机构的业务补助力度。

四是鼓励支持中小微企业发行私募债、区域集优和小额短期融资债券。自治区中小企业发展专项资金对成功发行的企业给予一定发行费用补助。加大与新疆股权（产权）中心合作，积极开展股权（产权）质押融资业务，不断拓宽中小企业融资渠道。

6. 用好自治区中小企业发展专项资金

2015年自治区中小企业发展专项资金重点支持创新型、创业型和劳动密集型工业企业的固定资产投资类项目以及中小企业服务体系和融资担保项目。对获取资金支持的企业和项目，各地州、市县经信部门要加强资金监管，督促企业加快项目建设，按期投产见效，增强服务功能。同时，与自治区财政部门协商，将委托第三方中介机构监管、评估自治区中小企业发展专项资金绩效考核。

7. 提升中小微企业创新能力

一是深入开展中小微企业信息化推进工程。加强中小微企业信息技术应用，提高中小微企业信息化水平。

二是促进中小微企业向专精特新方向发展。贯彻和落实《自治区促进中小微企业专精特新指导意见》，加大中小微企业专精特新支持力度。今年自治区中小企业发展专项资金将重点支持专精特新发展项目建设，支持企业在专业化、精细化、特色化、新颖化上打造竞争优势，加快结构调整和转型升级步伐。

三是创新发展模式。构建大企业与小企业间的协同创新合作机制，促进小微企业与大企业抱团合作，实现共赢。

（企业处）

大连市

2014年大连市民营经济（中小企业）发展情况

2014年，大连市民营经济（中小企业）面临前所未有的困难，在经济因素与非经济因素双重叠加的不利影响下，民营经济运行主要指标出现较大幅度下滑，全市民营经济（中小企业）实现增加值5371亿元，同比增长2.31%；营业收入16691亿元，增长10.67%；上缴税金579亿元，增长13.2%；固定资产投资3882亿元，增长2%。主要特点如下：

（一）民营经济各项指标增长缓慢

全市民营经济增加值、固定资产投等指标保持个位数的增长，整体运行呈现下降趋势。

（二）新办企业户数快速增长

2014年，全市新办私营企业2.7万户、注册资本1333.42亿元，同比分别增长69.9%和112.8%。个体工商户转企升级1663户。

（三）创新型中小企业上升势头强劲

虽然经济下行压力较大，但具有自主知识产权的创新型中小企业仍然保持较快增长态势。环宇科技、光洋科技、巅峰橡胶等一批创新型中小企业呈现出快速增长态势，表现出订单充足，销售畅通。

（四）规模民营企业好于国有和外资企业

规模以上国有、民营、外商企业三者增加值占全市规模工业总量的比重为20：64：16，去年同期为21：62：17，民营增加2个百分点。在生产相对疲软的情况下，规模以上企业对全市民营经济平稳增长发挥了重要作用。

（五）重点监控小微企业运行平稳

2014年，全市中小企业监测平台共有1255家企业，实现营业收入1205.52亿元，同比增长2.86%，其中，中型企业营业收入407.28亿元，同比下降5.7%；小型企业营业收入652.70亿元，同比增长7.89%；微型企业46.31亿元，同比增长9.08%。

围绕全年任务，我市着重开展了以下工作：

（一）积极营造良好社会氛围，进一步减轻企业负担

面对罕见的困难局面，全市上下采取了一系列积极的应对措施，全力保持民营经济平稳发展。完善了100户重点创新型企业、1000户中小企业数据库，加强运行监测，研判运行走势，及时提出对策建议。年初制定出台了《关于进一步减轻企业负担的通知》，直接为企业减负20多亿元；全面落实各项税收优惠政策，为我市8.16万户民营经济纳税人减免21.45亿元，其中为中小微企业及个体工商户减免1.94亿元。制定实施了《关于促进当前经济稳增长的若干意见》，大力发挥保增长专项资金作用，全力支持企业技术改造、市场开拓、品牌推广和电商平台建设。深入实施“一企一策”工作措施，对企业在项目建设、市场开发、融资等方面问题，建立台账，逐一推动解决。组织扶助中小微企业专项行动，举办了十余场政策宣讲会，开展了30多项送温暖活动，组建企业管理和技术攻关咨询指导两个服务团队，走近百余户企业，累计为企业办实事200余件。通过专项行动，让企业切实得到受益，政府各部门之间形成互联互通、资源共享、协同服务的工作格局，有力地促进中小企业工作全面开展。各区市县结合各地实际，也相继开展丰富多彩的服务活动，初步形成了全社会关注、服务中小企业的良好氛围。

（二）落实东北振兴政策，激发企业发展活力

一是按照国务院《关于近期支持东北振兴若干重大政策举措的意见》，确定工作任务目标，落实了职责分工，加大了工作贯彻落实力度。我们起草了《大连市开展民营经济发展改革试点工作方案》（初稿），率先与省厅以及国家发改委、工信部进行沟通，并进行专题汇报，为列入东北地区民营经济发展改革试点城市做好前期准备工作。

二是研究制定《大连市人民政府关于支持民营经济发展的意见》和《大连市支持非公有制企业进入特许经营领域的办法》，组织召开工作协调会，从融资、服务、创新等企业最关心的关键点入手，提出支持企业创新发展的政策措施。

（三）实施创新培育工程，引领企业创新转型

一是实施省创新型中小企业培育计划，按照培育目标和规定标准的要求，优选一批企业给予重点支持。2014年，落实创新扶持资金5621万元，认定高新技术企业132家、技术先进型服务企业9家，认定“专精特新”产品95个，认定市级以上中小企业创新成果50余项，新源动力、大电机、启明海通、伊科能源等企业在电池、电机、电控系统等领域取得一系列创新成果，多项技术指标达到国内先进水平。

二是起草扶植创新型中小企业发展的“育龙计划”。去年以来，为了加快推动创新型中小企业创新驱动发展，我们前往北京中关村、天津等地进行考察调研，并借鉴国内其他先进城市的经验，起草了大连市扶植创新型中小企业发展“育龙计划”，争取用5年时间，培育一批初创期创新型中小企业茁壮成长，扶持一批成长期创新型中小企业快速发展；推动一批创新型龙头企业做大做强，形成创新型中小企业集群。

（四）实施开放战略，帮助企业开拓市场

一是搭建中国大连中小企业“走出去”公共服务平台，为企业争取海外订单。成功举办中国大连中小企业“走出去”公共服务平台启动仪式暨全球工业贸易投资合作（大连）峰会，迅速吸纳6000余个会员企业进入服务平台。目前，服务平台签约项目协议金额约37亿美元。

二是积极推进企业间配套对接，去年按月份组织实施橡胶制品、节能产品、数字信息、汽车部件等18个专项配套对接会，200多家企业实现产品对接。

三是支持企业实施海外并购、引进海外先进技术和管理经验，全年完成9个海外并购和技术引进项目。

四是资助2287户中小企业开拓市场，落实中小企业国际市场开拓资金1.03亿元，先后组织企业参加第八届APEC技展会、第十一届中博会等各类经贸洽谈活动，帮助企业扩大市场份额。

五是支持企业参与政府采购，通过组织对接活动，帮助企业掌握政府采购优惠政策，全年有30余户企业享受政府采购评审优惠。

（五）实施“成长工程”，推动企业创业发展

一是实施中小企业成长工程，全年新办中小企业2.7万户，同比增长70%；新增小企业创业基地2个，累计达29个；新增中小企业公共服务平台2个，累计达26个，其中6个服务平台被认定为国家级公共示范平台。组织多场创业大赛，硅展科技智能无辐射无线充电项目获得全国第三届创新创业大赛第三名；大连创业工坊被认定为全国首批创新型孵化器，大连双D高科获评“苗圃－孵化器－加速器”科技创业孵化链条建设示范单位，新型创业孵化器的涌现，进一步活跃了创业氛围。

二是加大创业政策支持，新制定了《大连市小企业创业基地和中小企业公共服务平台认定办法》，全年落实扶持资金1220万元，支持10余个创业项目建设。

三是积极推进个转企工作，市政府出台了《关于支持个体工商户转型升级为企业的实施意见》，全年累计引导个体户转企升级1663户。

（六）加强银企合作，拓宽企业融资渠道

一是加大风险贷款支持力度，全年发放风险贷款9.4亿元。金州新区设立1亿元风险补偿专项资金，为32户企业提供融资支持；花园口经济区设立2亿元中小企业风险补偿专项资金，8户企业得到支持。其他区市县也将陆续设立规模不等的中小企业风险补偿专项资金。全市金融机构中小企业贷款余额达5435亿元，较年初增长7%。

二是推动担保业发展，全市123家担保机构为1.2万户企业提供担保贷款269亿元，16个担保机构获国家担保补偿资金1110万元，帮助5家担保机构申请免征营业税，担保机构已成为金融信贷业务不可或缺的重要支持力量。

三是支持企业上市融资，万达、亿达、海昌三大民营企业境外上市；恒锐科技、奥远电子等22家中小企业成功在新三板挂牌。67家中小企业实现股权融资 59.5 亿元，16 家中小企业债券融资 48.6 亿元。

四是支持股权融资，充分发挥5000 万元小微企业发展基金的引导作用，采取参股等方式，帮助小微企业融资，全年完成 18 户企业尽职调查，5 户企业实现投融资。

五是成立大连市中小企业投融资服务中心，聘请投融资顾问 80 人，收集金融产品 170 余个、股权投资机构信息 50 余个。

（七）加强服务体系建设，提高服务质量和水平

一是积极推进中小企业公共服务平台网络建设，在调研基础上，制定了平台网络建设总体方案，建立工作推进机制，平台网络框架基本形成。

二是积极开展培训活动，全年为企业免费提供人才培训 10.4 万人次，先后举办“国家信用管理师”“高级职业经理人”等高层次培训活动，进一步提高了企业高管人员业务水平和整体素质。

三是加强维权服务，通过“96366”法律服务热线，全年为企业提供 10000 人次法律援助服务，办结各类投诉案件 32 件。

四是加大与新闻媒体合作，设立专栏，开展展播活动，帮助企业认清形势，了解政策，把握机遇，增强企业创新发展的内生动力。

2014 年，我市民营经济（中小企业）工作虽然取得了一定成效，但仍存在诸多不足和亟待解决的问题。

一是流动性资金仍然不足。中小企业受货款拖欠影响，应收账款明显增多，导致企业资金周转缓慢，严重影响企业正常生产经营活动。

二是企业利润空间缩小。在生产要素成本上升的背景下，中小企业营业收入虽有所增长，但利润增长空间被大大压缩收窄。

三是市场竞争进一步加剧，订单不足。随着市场环境趋紧，再加上一些不确定因素制约，企业在手合同量仍显不足，对全年运行影响仍然较大。

四是中小企业融资难、融资贵问题仍然十分突出。中小企业贷款综合利率达 10% 以上，加上贷款条件高、程序复杂，中小企业融资进一步困难。

五是经济下行压力仍将持续，民营经济指标或将继续下探，转型升级任务仍很艰巨，许多企业还缺乏调整结构的思路和勇气，从宏观看，激发民营经济发展的体制机制还不完善，资本市场还不够活跃，创新创业氛围还不是十分浓厚，发展的软环境有待进一步优化。

宁波市

2014 年，宁波市中小企业面对错综复杂宏观经济形势和国内外发展环境，认真贯彻市委市政府“双驱动四治理”总体决策部署，以“工业强市”建设为引领，以“智慧城市”建设为带动，全面实施“四换三名三创”工程，大力推进“降耗增效服务企业”和“两化深度融合”等专项行动，工业增长稳中趋好，转型升级稳中有进。

2014 年，宁波市中小企业工业经济运行呈现“低开稳升、质量向好”的基本态势，主要指标逐月回升，产业结构不断优化，经济效益逐渐好转。经济运行呈现“三稳三提升三压力”特点：

三稳：一是中小企业工业生产稳步回升。全市规上企业实现工业增加值 2540 亿元，同比增长 7.4%，增速保持一季度以来的逐月攀升态势，比三季度、上半年分别提高 0.8、1.7 个百分点；累计增速高于全省平均水平 0.5 个百分点。规上企业总产值 13789 亿元、销售产值 13387 亿元，同比分别增长 6.3% 和 6.6%；累计产销率 97.1，工业产销总体平稳。

二是中小企业工业出口缓升趋稳。规上企业实现出口交货值 3021.1 亿元，同比增长 5.5%，增速快于上半年 1.0 个百分点。全市有出口实绩的 30 个行业中，正增长行业 20 个；出口前十大行业全部实现正增长；化学原料制品（30.6%）、汽车制造（20.6%）、仪器仪表（20.1%）、金属制品（13.2%）等行业增速均超过 10%。

三是中小企业效益总体企稳趋好。全市规上企业累计实现利税总额 1280.6 亿元，同比增长 1.23%，增速较三季度、上半年提高 0.93、1.43 个百分点；其中利润总额 648.1 亿元，同比下降 2.94%，降幅较三季度扩大 1.34 个百分点。亏损企业亏损额同比增长 22.2%，规上企业亏损面 16.6%，黑色金属（92.5%）、金属制品（22.5%）、计算机电子设备制造（17.7%）、汽车制造（23.0%）、纺织服装（12.2%）、塑料制品（10.8%）等行业利润增长较快，支撑全市规上工业利润企稳向好。

三提升：一是中小企业投资质量较快提升。工业投资累计完成 1263 亿元，同比增长 19%，总量和速度继续位居全省前列。资金密集型、技术密集型产业成为宁波市工业投资新的增长点。工业投入中，设备工器具投资同比增长 35.3%，占工业投资比重为 42.9%，比去年同期提高 5.2 个百分点。

二是中小企业创新能力持续提升。全市规上工业企业完成科技活动经费支出 174.3 亿元，同比增长 1.3%；全年累计授权发明专利 2832 件，同比增长 26.1%；规上工业企业新产品产值 3607 亿元，同比增长 25.0%；新产品产值率 26.2%，比上年提高 3.2 个百分点，持续刷新历史新高。

三是中小企业要素利用效率持续提升。全市规上工业单位增加值能耗同比下降 8.1%，全市万元 GDP 能耗同比下降 5.5% 左右（全年数据待审定），超额完成年度下降目标。全市规上工业企业全员劳动生产率达到 17.8 万元/人·年，同比提高 9.9%。

三压力：一是中小企业产能过剩需求疲软的压力。许多工业行业面临的市场产能过剩、需求不足的局面难以有效改变。1—12 月份我市 PPI 指数 97.8，已连续 36 个月下降，工业生产领域价格收缩长期化。特别是由于原油价格持续走低，石化行业主要产品（如乙烯、初级形态的塑料、合成橡胶、合成纤维、烧碱等）价格下滑，对宁波市工业经济发展影响尤为突出。

二是中小企业投资后劲不足的压力。受宏观环境影响，企业家投资信心不足投资意愿下滑，新开工项目数呈现下降趋势，投资持续快速增长的后劲不足。列入宁波市3年行动计划的重大工业项目中，部分项目前期工作不扎实，投资内容不确定，市场变化和资金短缺致使部分项目建设受挫。

三是中小企业生产经营风险的压力。2014年全年，宁波市规上工业企业主营业务收入同比增长2.9%，但销售费用、管理费用、财务费用、应付职工薪酬同比分别增长6.3%、5.9%、8.0%和11.0%，远高于主营业务收入增幅。规上工业企业产成品存货占用同比增长9.8%，远高于同期主营业务增长，企业去库存压力依然较大。企业普遍存在的“融资难、融资贵”问题未有缓解；12月底，全市银行贷款不良率已连续数月维持在2%以上，区域性金融风险的可能性依然较大。

宁波市中小企业规模以上工业增加值增速超过省平均数，但与8.5%的年度预期目标有一定的差距；工业经济效益稳中趋好，工业投资、创新投入和全员劳动生产率增长较快，节能降耗超额完成预期目标，发展质量进一步提升。

宁波市中小企业在2014年面对宏观经济发展环境的新形势、新变化，特别是针对部分行业和企业经营困难，紧盯目标任务，创新工作方式，各项工作取得明显成效，主要是做到“八个突出”：

（一）突出精准服务，保持中小企业工业平稳增长

一是完善扶持中小企业政策。召开全市建设工业强市推进大会，制定出台《关于推进工业稳增长调结构促发展若干意见》（甬党发〔2014〕14号），在减免涉企税费、提升宁波制造智能化自动化水平、拓展国内外市场、加强要素保障、强化创新驱动和完善工作机制等方面提出了一系列政策举措。以市政府名义出台发布了12个产业扶持和企业培育政策文件，着力促进工业经济稳定增长。

二是建全服务中小企业机制。建立降耗增效服务中小企业机制，制定出台《全市降耗增效服务企业工作方案》（甬政发〔2014〕53号），开展月度用电与产值的比对分析，开展针对性服务。制定了对销售超10亿元企业精准对接服务制度和工作方案，实行“一对一、全覆盖”服务，督促大企业发挥龙头带动作用。建立了领导联系基层服务重大项目和企业工作联系制度，对列入宁波市经济社会转型发展三年行动计划的63个重大项目，实行不定期联系走访，协调解决项目建设以及基层和企业反映的困难问题。实施企业减负“阳光”行动，建立全市涉企收费目录清单制度和企业负担调查信息平台，全市清理取消专利纠纷案件收费等15项事业性收费。

三是帮助中小企业拓展市场。举办和参加服博会、中博会、义博会等系列展会，组织参加天津·宁波产业对接洽谈会；发布《宁波市自主创新产品与优质产品目录》，举办“企业参与政府招标采购培训班”，鼓励国有投资项目招标（采购）优先使用本地优质产品。去年全年，本地企业参与投标项目中标数和中标总金额分别同比增长13.8%、43.3%。

（二）突出培育谋划，加快构筑中小企业新增长点

一是强化中小企业重点项目引领。大众汽车一期项目已批量生产，二期年产35万辆SUV及中高级多功能车乘用车项目也于2014年6月开建。吉利汽车春晓基地年产10万辆帝豪KC-1生产线，海越新材料混合碳四利用等项目均于三季度竣工投产。这批投资规模大、技术含量高、辐射带动作用强的高水平项目相继投产，有利于相关配套产业的加速集聚，为下阶段宁波市工业经济持续平稳发展积累了后劲。

二是加大中小企业工业有效投入。建立市、县分级管理的工业投资项目储备库制度，加快重大项目建设的跟踪和服务。加快现代化技改，以智能制造、产业链技改、工业强基工程等为重点，建立技术改造项目库。1—12月，工业技改投资累计完成941亿元，同比增长23.9%。有5个项目列入国家产业转型升级和强基工程等技改专项，获国家财政补助近1亿元。

三是培育壮大中小企业新兴产业。启动战略性新兴产业细分产业链培育工作，编制完成新能源汽车产业、轴承钢、模具钢等产业链发展规划，明确新装备、节能环保、新一代信息技术和创意设计产业细分产业链的培育方向。推进“千人计划”产业园、新材料科技城、中意（宁波）生态产业园等一批新兴产业集聚平台建设。加快工业设计产业发展，积极培育工业设计主体，建立工业设计产业运行监测体系。加快软件产业发展，推进高新区软件园二期、鄞州区科技信息孵化产业园建设，推进软件集聚区（孵化器）建设，实施“宁波软件·集成服务”活动。全市软件产业主营业务收入突破300亿元，达到301.4亿元，同比增长28.9%。

四是积极发展中小企业高端装备产业。鼓励中小企业加强与本地科研院所开展“机器换人”技术研究合作，积极扶持装备制造业企业与应用企业开展自动化（智能化）成套装备培育试点，加快南车宁波产业基地、北仑高端装备产业园、杭州湾智能装备产业园等新装备产业发展平台建设，加快高端装备制造业的发展。全年装备制造业、高新技术产业实现工业增加值1055亿元和881亿元，同比分别增长11.1%和6.9%，装备制造业占全市规上工业比重达到41.5%，比上年同期提高1.3个百分点。

（三）突出“四换”工程，加快改造中小企业升级步伐

一是加快实施中小企业“机器换人”。结合宁波市特色块状经济行业特色，编制《2014年度“机器换人”工作实施方案》，统筹新增1亿元财政专项资金，重点用于支持项目试点等工作。建立“机器换人”专家库，为项目评审、企业技术指导和培训提供技术支撑。通过举办“机器换人”现场会、“机器换人”技术对接会等形式，搭建装备制造企业与应用企业的技术对接服务平台，并邀请省级“机器换人”专家指导组为我市家电、文具、汽车零部件等特色块状经济行业企业指导服务，不断扩大成套装备改造试点。

二是积极开展中小企业“电商换市”。制订《宁波市工业企业“电商换市”三年行动计划（2014—2016）》，出台专项资金管理办法，鼓励引导工业企业应用电子商务。积极开展跨境电子商务国家试点，已拥有跨境购、世贸通、敦煌网等B2B/B2C电商平台，第三方支付平台甬易支付、阿凡达工业品供应链等平台上线运营。

三是加快实施中小企业“空间换地”。结合全省“三改一拆”工作，加快传统工业厂房的“空间换地”改造，通过挖掘经典案例等形式推广和交流各地旧厂区改造主要经验和做法，去年全年，我市已累计完成旧厂区改造项目219个，累计完成建筑面积294.6万平方米，完成年度目标任务的216%，各县（市）区均超额完成年度任务。

四是大力推进中小企业“腾笼换鸟”。加快推进重点区块（行业）整治提升和落后产能（设备）淘汰，修订了《宁波市淘汰落后产能专项资金管理办法》，确定了余姚市再生金属熔炼、杭州湾新区印染园区等13个高能耗重污染区块（行业）的整治提升计划和淘汰落后产能（设备）的重点企业名单，全年共有465家企业完成淘汰任务，其中整体关停落后企业232家，腾出用能空间32万吨标煤。

（四）突出中小企业培育，不断增强发展活力

一是启动实施中小企业“三名”工程。制定出台《关于推进三名工程的实施意见》，实行“三位一体”培育方式，加快名企培育，带动名品、名家同步提升发展，推荐申报了5家企业列入省名企试点计划；开展宁波工业品牌企业宣传推介工作；牵头组织举办年度宁波创业创新风云榜表彰颁奖活动，共发布18个榜单。

二是强化中小企业梯队打造。加大龙头企业扶持力度，出台《关于加快工业行业龙头企业发展的若干意见》和龙头企业认定办法，完成了41家行业龙头企业的认定工作。2014年产值超10亿元企业达到170家。加强对高成长企业的动态管理服务，2014年新增42家，淘汰56家，目前在培企业146家；高成长企业完成产值529.9亿元，同比增长19.5%；实现利润45.7亿元，同比增长14.0%；分别高出规上平均13.2、16.9个百分点。加快小微企业上规升级，制订实施《关于促进小微企业转型升级为规模以上企业的实施意见》，建立“小升规”重点培育库，全市共有2790家企业列入重点培育库，完成小升规828家以上，均超额完成省定目标任务，我委被评为2014年度全省小微企业培育监测工作先进单位。

三是加强中小企业社会化服务体系建设。推进中小企业公共服务平台建设，新认定市级平台10家，培育市级示范平台、国家级示范平台各1家。积极引导融资性担保机构服务中小微企业融资需求，全年全市63家融资性担保机构为中小微企业融资担保总额120亿元。积极推进宁波市中小企业公共服务平台网络建设，累计开展信息、融资、技术、培训、市场拓展等各种服务活动210余场次，服务中小企业7.1万家。

（五）突出中小企业顶层设计，深化智慧城市建设

一是增强信息基础设施支撑能力。实施“宽带中国”2014专项行动，提高城市宽带网络质量和覆盖范围。全市光网覆盖能力达335万户，已覆盖所有行政村以上住宅区域；互联网宽带接入用户达285万户，互联网城域出口带宽达2200G。以行业应用推广和公共场所免费上网业务为重点，加快无线网络建设和模式创新，全市4G用户达120万户，已实现乡镇以上城镇区域4G网络全覆盖，4G商业应用逐步推广；城市信息惠民水平不断提高，市民免费无线上网范围不断拓展，全市已累计建设免费WIFI热点300个，“iNingbo”免费无线网络翻番完成年度建设任务。

二是提升政务信息资源整合水平。推进市政务云计算中心建设，促进集约化建设、强化资源整合、促进共建共享，2014年已完成市政务云计算中心基础设施建设，可提供基础计算资源、存储资源、数据库管理资源、视频软件服务以及地理信息共享服务平台等服务资源。政务云计算中心相关的管理制度和运营机制逐步建立，制定《宁波市人民政府关于加快推进市政务云计算中心建设的实施意见》和《宁波市政务云计算中心管理办法》，引导和规范市级有关部门业务系统逐步入驻云计算中心。

三是加快中小企业重点应用项目建设。省级智慧城市试点项目稳步推进，智慧物流协同平台逐步完善，智慧健康应用不断拓展，智慧健康系统还获2014年智慧城市创新应用奖。智慧交通、智慧教育等市级试点项目进展良好，智慧交通便民服务不断推出，“宁波通”出行服务产品下载量达11万次，出租车电召平台等项目深受市民好评，宁波市终身教育公共服务平台和宁波市数字化阅读平台等教育资源应用不断扩大。加大市民卡工程推进力度，发布《宁波市市民卡工程建设发展三年规划》，实现了市民卡在公交、轨道交通、出租车、咪表停车项目和标准化菜场支付项目的应用。

四是不断优化智慧城市发展环境。出台《关于促进宁波信息消费的实施意见》，起草了《关于加快发展信息经济的实施意见》，建立完善有利于信息消费、信息经济发展的政策环境。加快信息产业发展，舜宇集团、一舟集团入榜2014年中国电子信息百强企业；信息服务业领域涌现出物联网、互联网金融等一批新的经济增长点，我市互联网金融项目据保守估计已超过15个。成功举办第四届智博会，参展企业包括11家央企、50余家上市企业和近三分之一的软件百强企业；28个项目签约落地，总投资额70亿元。2014年，宁波市荣获中国智慧城市推进工作十佳城市第2名和第四届中国城市信息化50强第4名。

（六）突出中小企业创新驱动，不断提升内生动力

一是以创新项目为抓手，推进中小企业技术创新。加强中小企业创新能力建设，重点加强省级企业技术中心继续教育、升级指导和认定管理，2014

年新增国家级企业技术中心 1 家（累计 9 家）、省级企业技术中心 16 家（累计 97 家），市级企业技术中心 110 家。加强企业、相关部门和科研院所之间的技术交流合作，开展企业急需技术产学研对接，推进石墨烯应用产学研工作。大力推进工业新产品开发，全市认定三批共 2405 项新产品试产计划项目，其中 276 项技术标准达到国际先进水平，117 项技术填补国内空白。

二是以两化融合为抓手，推进中小企业制造模式创新。制定出台《宁波市加快推进信息化与工业化深度融合专项行动实施方案》，积极推广工信部“企业两化融合管理体系”标准，在 15 家企业开展贯标试点。加大企业两化融合示范项目扶持，实施企业信息化普及工程，开展两化融合贯标培训、普及培训，累计培训企业高管和业务骨干 1500 余名。加快面向产业、行业的云服务平台建设，中之杰“中小企业信息化云服务平台”已于去年 6 月成功上线，至 12 月底我市有近 200 家中小企业入驻运行；服装云和家电云等项目取得积极进展。智能装备、工业软件在石化、纺织、机械加工等行业的示范应用不断扩大。

三是以培训咨询为抓手，推动中小企业管理创新。组织开展“百家中小企业管理创新辅导活动”，辅导 120 多家企业开展管理咨询和创新。开展中小企业领军人才、管理能力、创新创业能力等管理者素质提升的“名家”系列培训，一年以来，全市经信部门完成各类培训 222 期，培训人员 17000 余人次；其中“中小企业素质提升系列培训”34 期，培训中小企业董事长、总经理等经管人员 3668 人。

（七）突出资源集约，加快中小企业绿色发展步伐

一是探索资源要素市场化配置改革。出台《关于开展工业企业单位资源占用产出绩效评价推动工业提质增效的指导意见》，对企业实行分类指导，强化经济手段为主促进产业转型升级和落后产能淘汰。扩大差别电价的试点范围，从去年 7 月 1 日起以“单位用电税收”指标为标准对铸造行业 130 家低效企业执行差别电价，全年共收取差别电费 1688 万元，铸造企业累计淘汰改造 208 台（套）落后工艺设备，17 家企业关闭，整个过程压力恰当、社会稳定、成效显著。继续实施不锈钢差别电价，2014 年累计征收差别电费 2557 万元，又有 16 家不锈钢企业完成淘汰落后熔炼设备，累计淘汰不锈钢企业 66 家、占企业总数的 68%。

二是推进能耗“双控”工作。强化“一把手负总责、分管领导全面负责”的能源“双控”责任机制。继续实行节能目标进展情况红黄绿预警，加强重点地区、行业和企业能耗监测，完善宁波市能源综合管理服务平台。完善推进能源资源要素优化配置，将单位用电产出、单位能耗产出等指标作为安排企业错避峰的主要依据。

三是加强中小企业节能改造和管理。大力推进节能技术改造和节能“四新”推广应用，围绕节能、工业循环经济、合同能源管理等重点领域，2014 年市本级共实施节能技改项目 870 个，当年投资 35.5 亿元，形成年节能能力 73 万吨标煤。贯彻国家能效标准领跑者制度的要求，鼓励和引导企业“上对标杆，下对限额”。加强能源监察，完成 26 个项目能评的后评估专项监察，强化项目的事后监管。

四是精准服务中小企业助推新项目。通过每季度的精准服务中小企业，帮助高载能项目和大项目通过合理能源抵扣、余热梯级利用、光伏发电补充等方式降低单位能耗强度，加快中金石化、昊德化学、大安化学、宁波烟厂等企业项目建设进度。

（八）突出中小企业基础管理，努力提高工作效能

一是深化审批制度改革。全面开展行政权力事项的梳理和规范工作，制定部门权力清单，规范权力运行，对我委涉及的 139 项职能职权进行清理、归并和转移，削减率达 46% 以上。搭建行政审批服务绿色通道，实现“一个窗口受理，一站式办结”。加快能评项目的平台建设，实现在线审查，全年已有 24 个项目实现在线审查和批复。

二是优化政企联动服务机制。深入开展“走亲连心”企业调研活动，广泛征求和听取基层意见信息，强化企业服务，切实协调解决企业关心的热点难点问题。建立覆盖各县（市）区经信局、乡镇（街道）工办、经信系统各行业协会和高成长企业等 1600 多用户信息 APP 平台，实现各部门政策和信息联动。强化宣传舆论环境，加大宣传力度，开通企业政策查询平台；在宁波日报、中国宁波网等媒体开辟专栏专版，开展连续报道，详细解读工业强市 31 条新政。

三是建立完善工作管理制度。调整升格了工业强市领导小组构成，完善了工业强市建设工作例会、督查考核等协调推进制度，建立重点工业乡镇（街道）联席会议制度，加强了上下联动、部门协同的工作合力。健全完善机关办会、办文、规范性文件等多项制度，提升机关履职效能。深化机关人事制度改革，积极探索干部成长成才途径，加强年轻干部锻炼培养。

四是提升机关服务效能。扎实推进第二批群众路线教育实践活动，开展群众路线教育实践活动“回头看”工作，进一步转作风、强服务、促规范，加强党风廉政建设，营造风清气正干事创业氛围。加强工信队伍建设，组织市县两级经信系统领导及干部赴名校参加转型升级、大数据等素质提升专题研修。加强综合研究工作，不断提升决策服务水平，组建了工业经济研究所，针对当前工业发展热点、难点和重大问题，开展前瞻性研究，宁波市经信委一项研究报告获得全市党政系统优秀调研成果二等奖、政府系统调研成果一等奖。

厦门市

2014 年，我市认真贯彻落实工信部关于促进中小企业发展、开展扶助小微企业专项行动的有关精神，不断优化中小微企业发展环境，有力促进了我市中小微企业的可持续健康发展。

一、中小企业发展基本情况

根据我市工商、统计部门公开数据显示，截至2014年12月31日，我市正常经营的中小微型企业总数约12.8万户，比增近20%，占全市企业数的99.5%，其中小微企业约9.22万户，占总企业数的72%，中小微型企业创造了全市60%的GDP，提供了占全市就业总数80%的就业岗位，完成了全市65%的技术创新成果、50%的税收和40%的出口。快速发展的中小企业对保持我市工业经济稳定运行发挥了积极作用，正在成为创造社会财富、推动经济转型发展和构建和谐稳定社会的重要力量。

为认真贯彻党中央国务院精神、落实工信部扶持小微企业发展政策要求，我市自2009年底启动了我市中小企业的运行监测工作，并按照“支柱产业、行业龙头、区域代表”的原则从历年评选出来的成长型中小企业中筛选监测样本企业，样本企业数逐年增长，企业监测服务效率和水平不断提高，服务成效显著提升，准确把握了全市中小微型企业生产运行的总体发展态势，为上级各有关部门掌握我市中小微型企业发展现状、制订企业帮扶措施提供了第一手参考资料。

截至2015年1月27日，纳入统计分析范围的企业共计1082家。按三次产业结构划分，第一产业12家；第二产业715家，其中工业企业664家，占样本企业的61.4%；第三产业355家，其中软件和信息服务业124家，批发零售业148家。按企业规模划分，中型企业253家，占23.4%，小微型企业829家，占76.6%。

2014年，我市中小企业营业收入增速稳中放缓，比2013年回落2.6个百分点；2014年4月以来，利润总额增长逐步下行，但全年增速比2013年高5.9个百分点。工业企业工业总产值增速整体上处于稳中放缓态势，比去年同期低1.5个百分点，减产面为36.0%，比去年扩大5.6个百分点；营业收入平稳增长，但增速比去年低3.6个百分点；利润总额增速逐步放缓，但比去年上升1.0个百分点，亏损面与去年同期基本持平。第三产业营业收入、利润总额均保持较快增长，特别是我市重点培育的软件和信息服务业快速发展，批发零售业营业收入虽然增长较快，但利润处于萎缩态势。

（一）经济运行主要指标

1. 工业总产值累计同比增长9.4%

12月份，664家工业企业完成工业总产值55.06亿元，同比增长7.8%；累计完成工业总产值526.38亿元，同比增长9.4%，比去年同期低1.5个百分点。2014年，实现增产的企业425家，占监测工业企业总数的64.0%，比1—11月上升3.6个百分点，累计增产77.77亿元；减产20%以上的企业101家，占监测工业企业总数的15.2%，累计减产23.50亿元，占总减产量的72.3%；减产50%以上的企业31家，占监测工业企业总数的4.7%，累计减产9.08亿元，占总减产量的28.0%；累计减产上千万的企业86家，占监测工业企业总数的13.0%，累计减产26.70亿元，占总减产量的82.2%。

12月份，监测企业工业用电8636万度，同比增长0.4%；累计用电10.72亿度，同比增长10.3%。

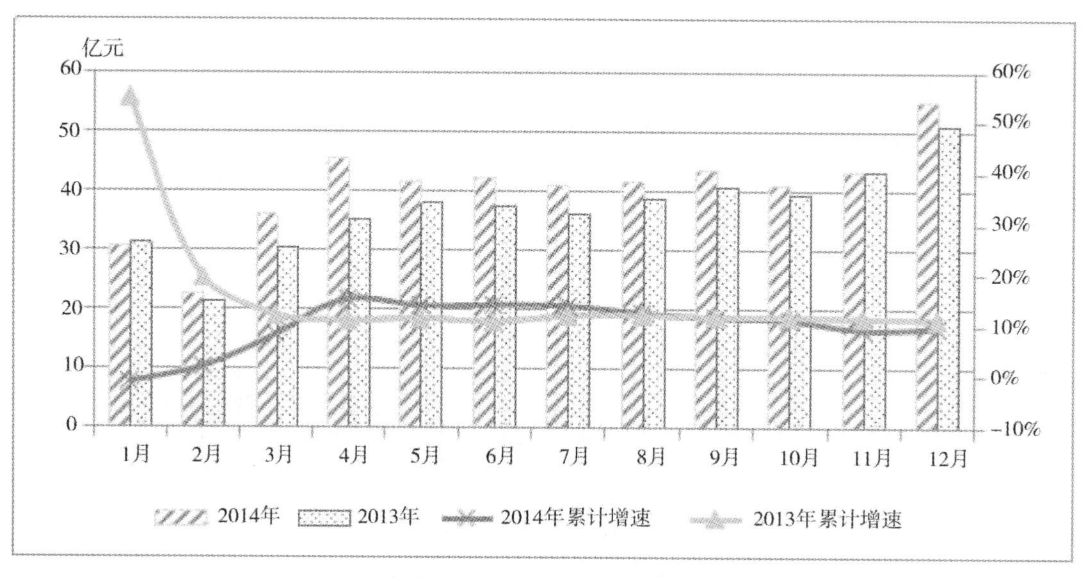

2014年监测企业工业总产值及累计增速

2. 出口交货值累计同比增长4.8%

12月份，工业企业完成出口交货值12.69亿元，同比增长2.5%；累计完成出口交货值129.77亿元，同比增长4.8%。2014年，出口交货值占销售收入的25.6%，比去年同期低0.3个百分点。

3. 营业收入同比增长6.8%，利润总额同比增长6.7%

2014年，监测企业实现营业收入771.35亿元，同比增长6.8%，其中：工业企业实现营业收507.90亿元，同比增长5.8%；第三产业实现营业收入220.28亿元，同比增长11.2%。

2014年，监测企业实现利润总额46.20亿元，同比增长6.7%；亏损企业数175家，亏损面16.2%，比去年同期扩大0.6个百分点，比1—11月缩小8.3个百分点；亏损额3.69亿元，同比增长33.3%。其中：工业企业实现利润总额32.91亿元，同比增长7.4%，亏损企业数85家，亏损面12.8%，与去年同期基本持平，亏损额2.08亿元，同比增长56.3%；第三产业实现利润总额11.64亿元，同比增长12.4%，亏损企业数85家，亏损面23.9%，比去年同期扩大2.0个百分点，亏损额1.49亿元，同比增长5.1%。

2014年，监测企业营业成本629.11亿元，同比增长7.0%，其中：工业企业营业成本411.36亿元，同比增长6.0%；第三产业营业成本181.59亿元，同比增长11.4%。

2014年，监测的工业企业每百元营业收入的成本80.99元，比去年同期高0.15元；收入利润率6.48%，比去年同期高0.09个百分点。

2014年企业收入、成本、利润统计表

月份	营业收入		营业成本		利润总额		亏损额	
	累计（亿元）	同比（%）	累计（亿元）	同比（%）	累计（亿元）	同比（%）	累计（亿元）	同比（%）
1月	44.35	5.07	35.92	6.61	2.49	-4.36	0.89	34.62
1-2月	77.58	4.33	62.87	5.35	3.28	-6.1	1.95	27.81
1-3月	125.61	6.76	101.63	8.03	5.88	4.14	2.37	27.36
1-4月	191.30	9.13	155.29	9.54	9.66	10.92	2.57	3.58
1-5月	245.09	8.51	198.42	9.09	13.33	11.44	2.66	-6.68
1-6月	300.58	9.44	243.48	9.77	16.47	9.03	2.91	25.4
1-7月	354.83	9.28	287.77	9.45	20.20	13.89	3.08	10.21
1-8月	430.18	8.68	351.15	8.96	23.04	9.08	3.66	12.78
1-9月	480.80	9.35	390.89	9.77	26.86	9.61	3.60	9.04
1-10月	546.15	7.54	445.51	7.81	30.06	5.34	4.02	25.89
1-11月	620.67	7.16	505.70	7.31	36.79	7.16	3.95	18.21
1-12月	771.35	6.8	629.11	7.04	46.20	6.71	3.69	33.25

4. 重点产业链培育情况

（1）计算机、通信和其他电子设备制造业69家。2014年完成工业总产值83.19亿元，同比增长21.6%；实现营业收入73.98亿元，同比增长10.8%；实现利润总额6.23亿元，同比增长8.2%。

（2）软件和信息服务业124家。2014年实现营业收入49.13亿元，同比增长21.2%；实现利润总额7.65亿元，同比增长13.2%。

（3）农副产品和食品加工产业链51家。2014年完成工业总产值40.04亿元，同比增长5.6%；实现营业收入41.17亿元，同比增长7.6%；实现利润总额1.91亿元，同比增长2.4%。

（4）输配电及控制设备产业链44家。2014年完成工业总产值35.66亿元，同比增长4.2%；实现营业收入33.10亿元，同比下降4.1%；实现利润总额2.31亿元，同比下降9.5%。

（5）批发零售业148家。2014年实现营业收138.13亿元，同比增长9.7%；实现利润总额1.93亿元，同比下降8.1%。

5. 企业流动资金情况

2014年，工业企业应收账款118.31亿元，同比增长11.0%，产成品存货46.47亿元，同比增长6.3%；第三产业应收账款29.44亿元，同比增长1.7%。

2014年，监测企业期末借款余额141.66亿元，同比增长16.3%，财务费用9.44亿元，同比增长0.7%。工业企业期末借款余额99.51亿元，同比增长11.2%，财务费用6.91亿元，同比下降3.0%；第三产业期末借款余额33.97亿元，同比增长31.7%，财务费用1.95亿元，同比增长7.5%。

6. 固定资产投资额同比下降7.7%

2014年，监测企业完成固定资产投资36.45亿元，同比下降7.7%。工业企业完成固定资产投资28.64亿元，同比下降1.2%，其中：投资100万以上的企业278家（中型企业90家，小型企业188家），比去年同期减少42家；投资500万以上的企业109家（中型企业44家，小型企业65家），比去年同期减少24家；投资1000万以上的企业62家（中型企业34家，小型企业28家），比去年同期减少8家。第三产业完成固定资产投资6.36亿元，同比下降35.4%。

（二）经济运行主要特点

1. 工业企业生产势头较去年进一步减弱

2014年，工业企业生产势头较去年进一步减弱，主要表现在：一是2014年工业总产值增速整体上处于稳中放缓态势，增速比去年同期低1.5个百分点；二是2014年工业企业减产面为36.0%，比去年扩大5.6个百分点；三是样本企业涉及的29个行业中，有18个行业增速比去年下降，其中计算机、通信和其他电子设备制造业工业总产值同比增长

21.6%，比去年低5.4个百分点；农副食品和食品制造业工业总产值同比增长5.6%，比去年低9.5个百分点；橡胶和塑料制品业同比增长17.9%，比去年上升6.1个百分点。尽管如此，仍有部分工业企业逆势增长，工业总产值突破4亿大关，如厦门三维丝环保股份有限公司、厦门宏发汽车电子有限公司、厦门龙胜达照明电器有限公司、厦门金越电器有限公司。

2. 工业企业盈利能力不足

2014年，工业企业营业收入平稳增长，但增速比去年低3.6个百分点。利润总额增速逐步放缓，但比去年上升1.0个百分点，比营业收入增速高1.6个百分点。在664家工业企业中，利润下滑的企业共计299家，比重45.0%，其中：下滑50%以下的企业158家，下滑50%～100%的企业82家，下滑100%以上的企业59家。从亏损情况来看，亏损面与去年同期基本持平，比1—11月缩小5.7个百分点；亏损额同比增长56.3%，其中：亏损100万以上的企业39家，比去年同期增加7家；亏损额1.93亿元，占总亏损额的92.9%。

3. 第三产业发展状态良好

2014年，第三产业营业收入同比增长11.2%，比去年上升1.7个百分点，全年处于平稳增长态势；利润总额增速同比增长12.4%，比去年上升6.0个百分点。作为我市重点培育的千亿产业链之一，软件和信息服务业规模增长进一步提速，营业收入同比增长21.2%，比去年上升13.8个百分点，同时利润总额同比增长13.2%，比去年上升17.9个百分点。批发零售业是第三产业最大的行业，其收入与盈利增长不匹配：营业收入同比增长9.7%，比去年降低1.9个百分点，而利润总额继续萎缩，同比下降8.1%，比去年上升6.9个百分点。

4. 中型工业企业发展势头良好，小微工业企业增长缓慢

2014年，120家中型工业企业完成工业总产值260.14亿元，同比增长16.2%，增产面76.7%；实现营业收入243.87亿元，同比增长10.1%；实现利润总额20.88亿元，同比增长17.4%，亏损面5.0%。544家小微工业企业完成工业总产值266.23亿元，同比增长3.5%，增产面60.8%；实现营业收入264.02亿元，同比增长2.1%；实现利润总额12.03亿元，同比下降6.5%，亏损面14.5%。

5. 中小企业从业人员工资合理增长

根据《厦门市人力资源和社会保障局关于发布2014年厦门市企业工资增长指导线的通知》的工资增长建议，工资合理增长区间为7%～12%，中小企业从业人员工资增长在其合理期间。截至12月底，监测企业从业人员15.41万人，同比增长0.4%；应付职工薪酬78.42亿元，同比增长8.4%；月人均工资4241元，同比增长7.9%。工业企业从业人员11.68万人，同比下降0.3%；应付职工薪酬58.43亿元，同比增长10.0%；月人均工资4170元，同比增长10.4%。第三产业从业人员2.70万人，同比增长2.1%；应付职工薪酬16.18亿元，同比增长8.9%；月人均工资4999元，同比增长6.7%。

（三）中小企业经济月度调查

1月份，参与调查的中小工业企业有664家，其中：中型企业占19.0%；小型企业占77.9%；微型企业占3.1%。问卷调查结果如下：

1. 企业生产经营状况

本月，厦门市监测中小工业企业中（以下简称企业），50.3%的企业认为生产经营状况良好，较上月上升4.8个百分点；44.9%的企业认为生产经营状况一般，较上月下降2.7个百分点；4.8%的企业认为生产经营状况较差，较上月下降2.1个百分点。

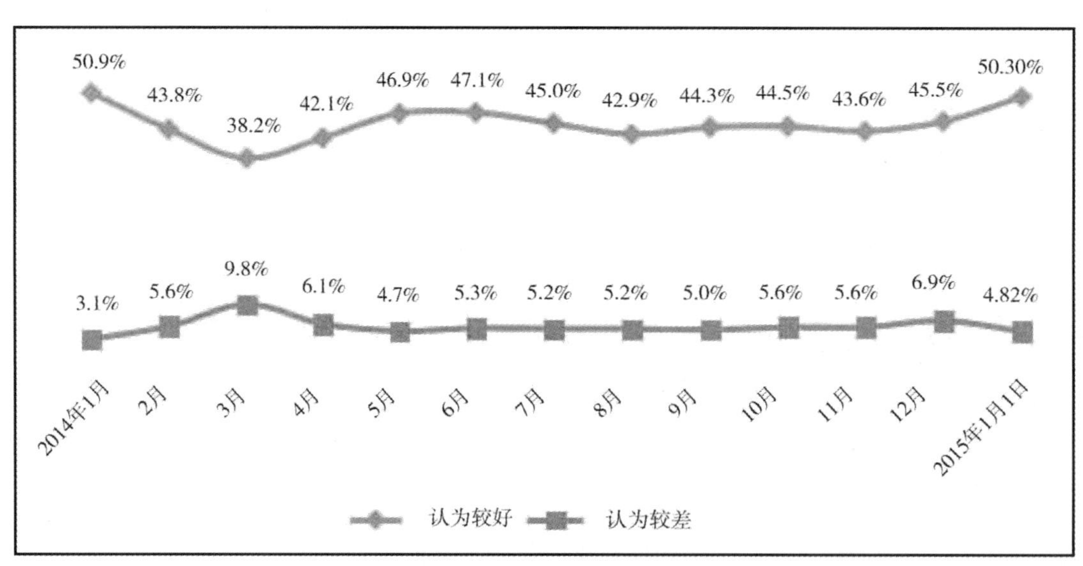

企业生产经营状况变化情况

2. 企业国内市场订单

本月，27.6%的企业表示国内市场订单增加，较上月上升4.4个百分点；23.5%的企业表示国内市场订单减少，较上月下降1.3个百分点。

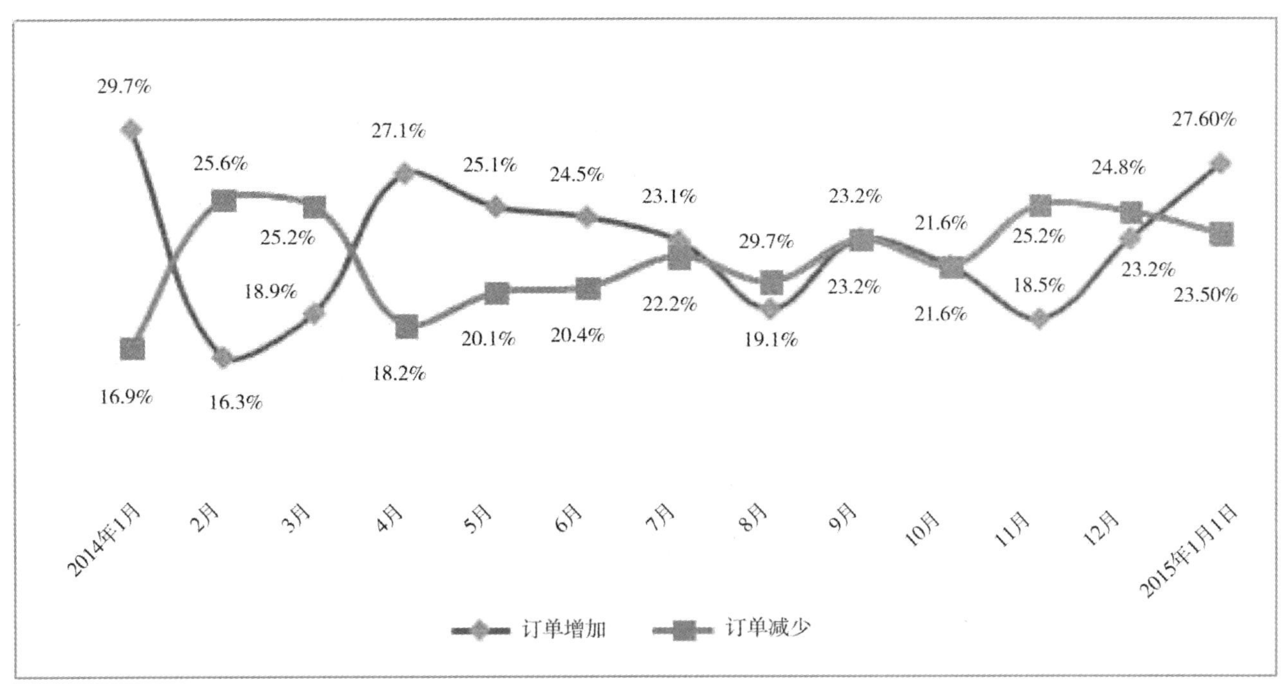

企业国内市场订单变化情况

3. 企业出口订单

本月，在有出口订单的360家企业中，27.5%的企业出口订单增加，较上月上升4.4个百分点；21.4%的企业出口订单减少，较上月下降3.9个百分点。

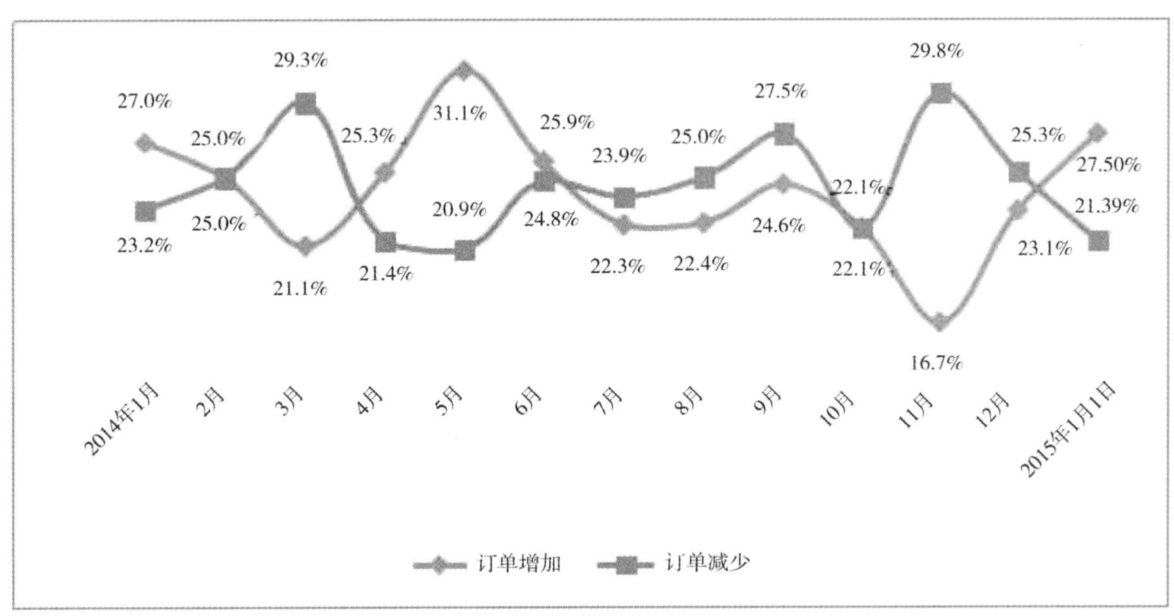

企业出口订单变化情况

4. 融资需求

本月，67.5%的企业反映有融资需求，较上月上升0.5个百分点。在有融资需求的企业中，72.8%的企业融资需求能够得到满足，较上月上升3.1个百分点；27.2%的企业融资需求不能得到满足，较上月下降3.1个百分点。

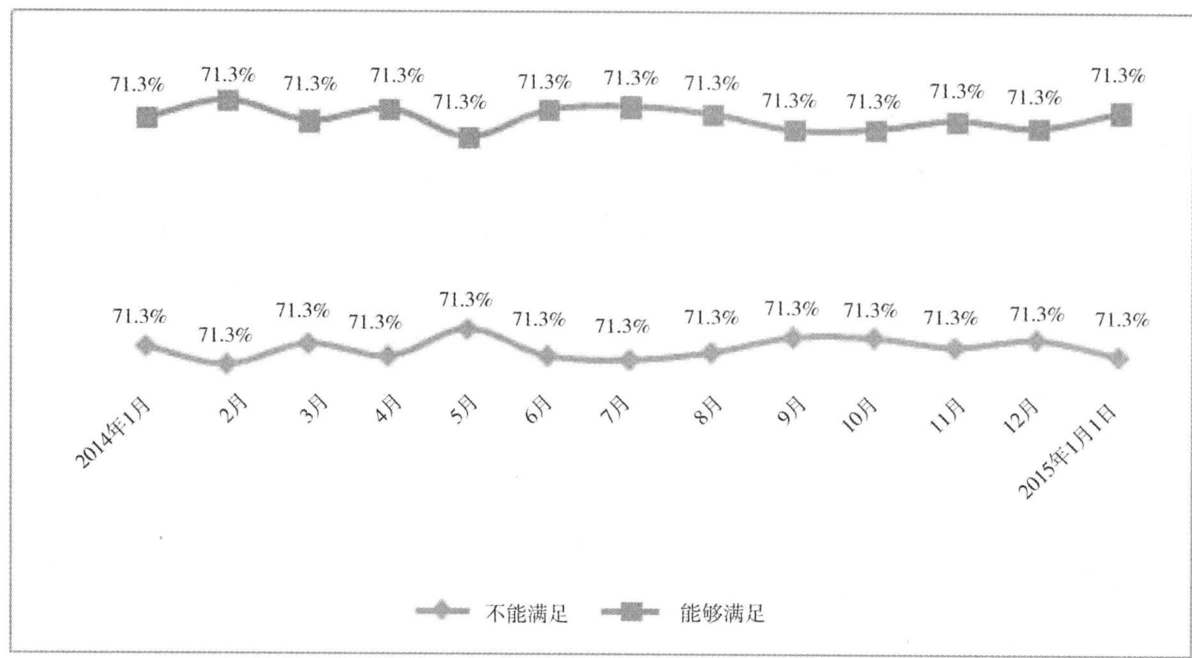

融资需求变化情况

5. 企业流动资金

本月，38.4%的企业反映流动资金紧张，较上月下降0.8个百分点，其中资金缺口在20%以上的占20.8%，缺口在20%以下占17.6%。43.1%的企业流动资金基本正常；18.5%的企业流动资金充裕。

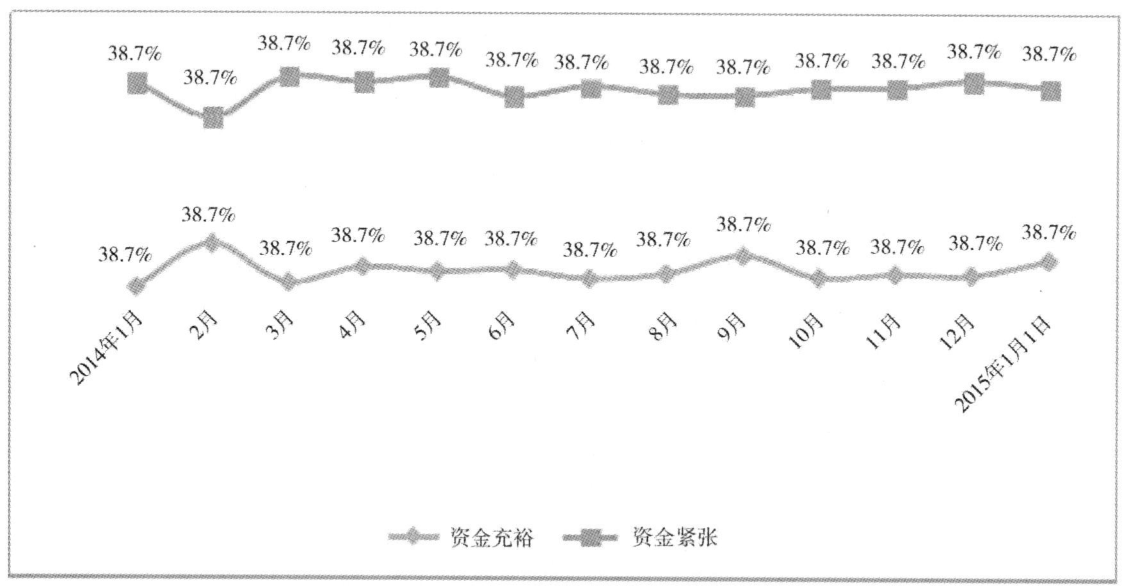

企业流动资金变化情况

6. 企业用工

本月，76.7%的企业反映存在用工短缺，较上月下降1.8个百分点。招工短缺的企业中，招到不足25%的企业占11.8%，招到25%～50%的企业占6.7%，招到50%～75%的企业占13.0%，招到75%～90%的企业占35.4%，招到90%以上的企业占33.2%。

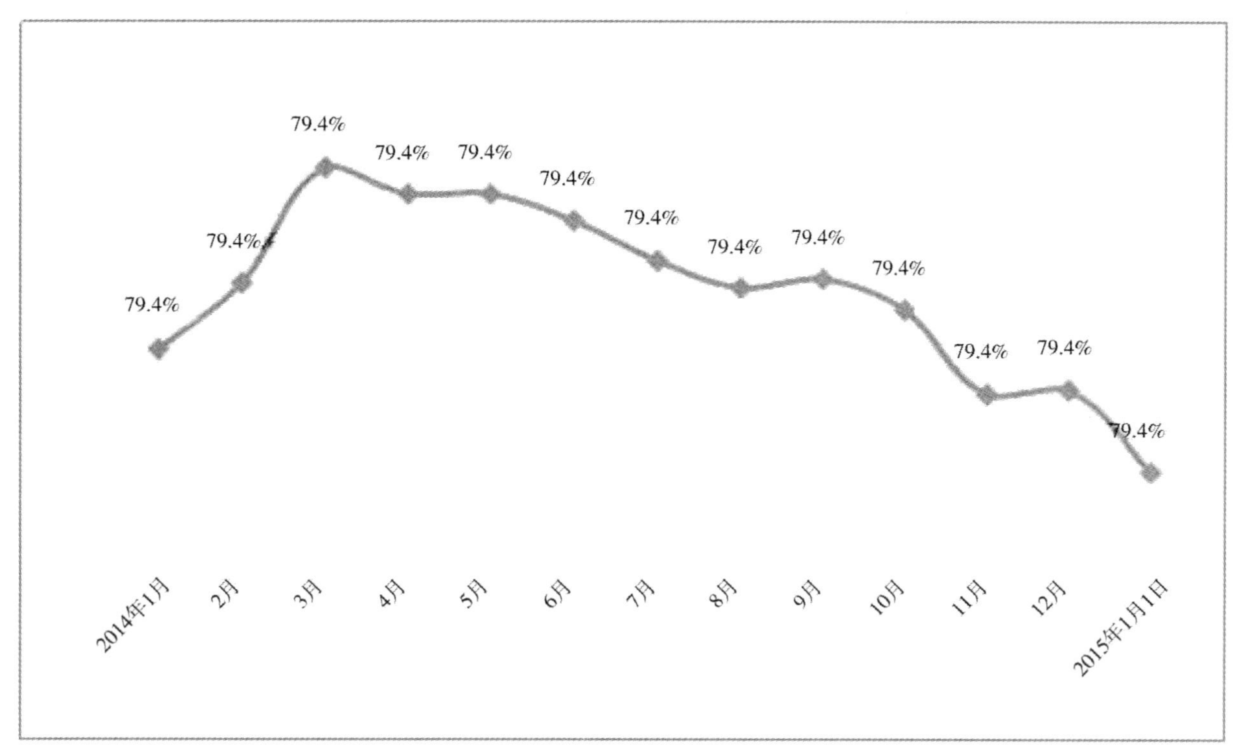

企业用工短缺变化情况

7. 原材料购入价格

本月，15.2%的企业认为原材料购入价格上涨，较上月上升1.1个百分点；8.6%的企业认为原材料购入价格下降，较上月上升1.4个百分点；76.2%的企业认为原材料购入价格较为稳定，较上月下降2.5个百分点。

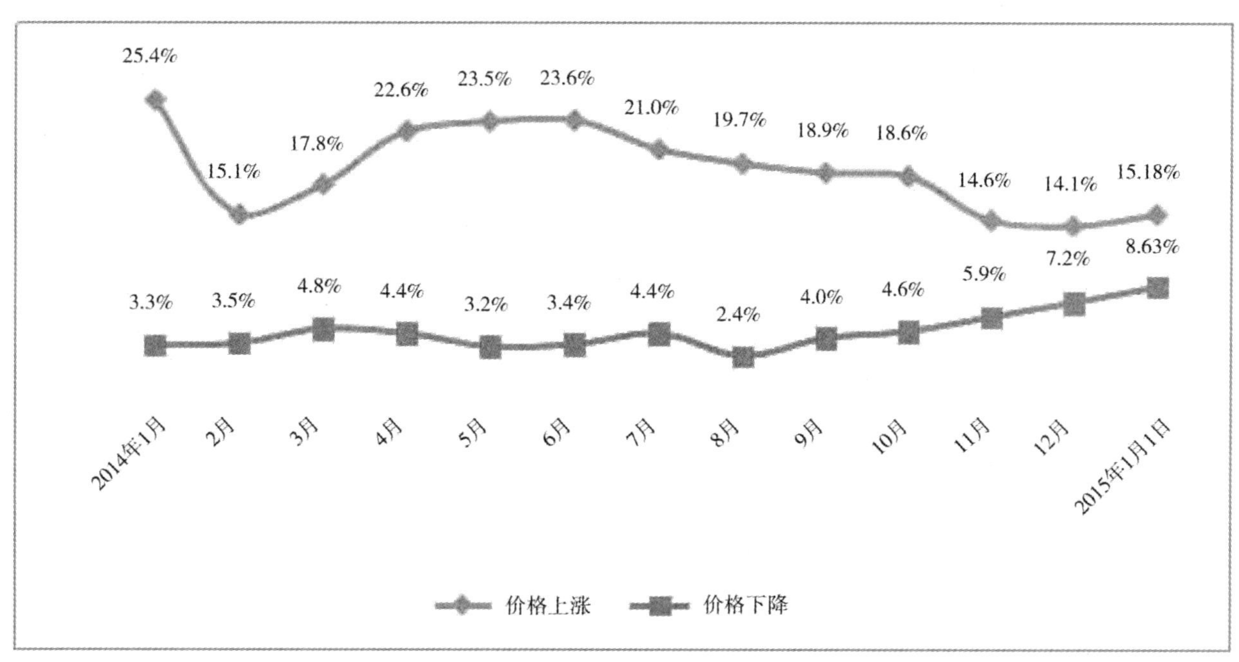

原材料购入价格变化情况

8. 能源购入价格

本月，6.6%的企业认为能源购入价格上涨，较上月上升0.9个百分点；10.5%的企业认为能源购入价格下降，较上月上升1.3个百分点；82.9%的企业认为能源购入价格平稳，较上月下降2.2个百分点。

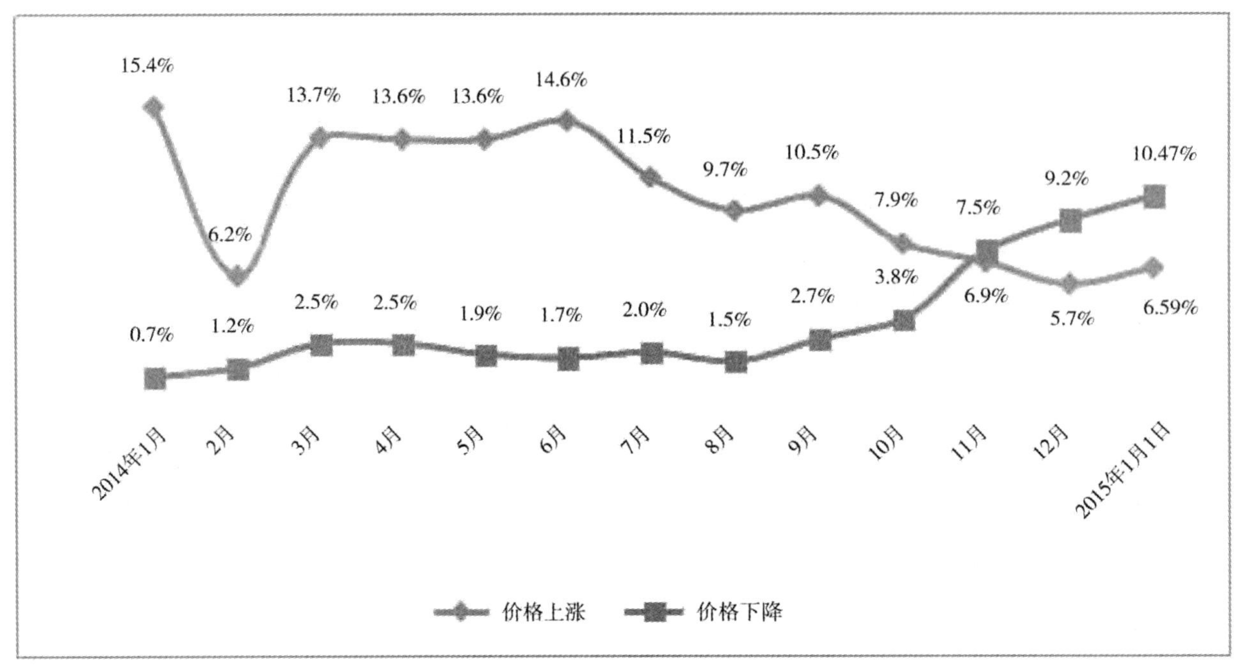

能源购入价格变化情况

二、主要工作

（一）加强政策宣传，营造中小微企业发展环境

修订出台了《关于印发厦门市中小企业发展专项资金使用管理办法的通知》，为主起草了《厦门市经济发展局贯彻落实促进民营经济健康发展若干意见的实施方案》等中小企业发展扶持政策，进一步完善了我市中小企业政策支持体系；同进，加强政策宣传，通过报纸、网络、电台访谈、政策宣讲会及实地走访企业，宣传市中小企业发展专项资金政策等惠及企业的扶持政策，帮助企业了解掌握政策、用好用活政策。

1. 开展调查工作

坚持走访企业，开展运行监测，完成“2013 年小微企业的经营情况”“2014 年厦门市中小企业融资情况调查”“企业节后复工情况调查”等调查工作，及时掌握小微企业生产经营情况和困难问题，提出对策建议，协调各有关部门及时解决落实。

2. 加强政策宣传

结合走访企业，积极宣传市中小企业发展专项资金政策等惠及企业的扶持政策，帮助企业与银行牵线搭桥，鼓励参与中小企业集合信托，拓展直接融资渠道。在厦广电台“经济视点”访谈栏目及各区（管委会）宣讲中小微企业政策。

3. 确定 120 户为重点服务成长型中小企业

认真落实市委、市政府保增长、促发展精神，按照明确重点、分类保障、深入企业、实施“一对一”帮扶政策等工作重点，确定了 120 户为重点服务成长型中小企业，通过定人定点联系、走访企业和运行监测服务等形式，了解企业生产经营情况及困难，及时予以协调服务，并在信息服务、管理咨询、融资支持、技术创新、市场开拓和政府出台扶持政策等各方面予以优先支持。

（二）拓展融资渠道，破解中小微企业融资困境

1. 规范发展类金融机构，服务中小微企业。加强行业监管，规范发展融资性担保机构、小额贷款公司和典当行，发挥类金融机构为小微企业融资服务作用。

（1）担保情况

截至 12 月底，全市 19 家融资性担保公司注册资本金为 23.59 亿元，资产总额 40.74 亿元，负债总额 13.68 亿元，全市融资性担保机构担保总额为 228.78 亿元，其中，融资性担保总额 109.51 亿元；担保在保责任余额为 139 亿元，其中，融资性在保责任余额 49.62 亿元，融资性担保放大倍数 1.83 倍，融资性担保在保户数 2154 户，当年实现净利润 4376 万元。

（2）典当情况

截至 12 月底，全市有 37 家典当行，正常运营的 35 家典当机构注册资金 11.34 亿元，资产总额为 13.49 亿元，负债总额 0.80 亿元，典当余额为 8.29 亿元，开展典当业务笔数 4611 笔，典当总额 55.73 亿元，当年实现净利润 2301 万元。

（3）小贷情况

截至 2014 年 12 月底，全市 10 家小额贷款公司注册资金 211800 万元，资产总额 250439 万元，年末银行借款余额为 19500 万元。全年累计发放贷款笔数 1529 笔，累计发放贷款金额 394912 万元；累计收回贷款笔数 1102 笔，累计收回贷款金额 272081 万元。全年平均单笔贷款额为 258 万元，当年实现净利润 12886 万元。

通过规范发展融资性担保公司、典当行和小额贷款公司，进一步拓宽了企业融资渠道，一定程度上缓解了中小微企业在生产和流通领域中的资金需求。

2. 开展银行业金融机构小微企业金融服务考评工作。会同市财政局、人行、银监局开展2014年度银行业金融机构小微企业金融服务考评工作，评选出银行业金融机构小微企业金融服务工作先进单位和先进个人，并予以表彰，促进小微企业贷款的有效增长。

3. 发挥厦门市"中小企业信贷风险专项补偿资金""小微企业还贷应急周转金""中小企业信保资金"作用，为小微企业融资提供服务。通过开展中小企业信贷风险专项补偿资金贷款工作，660多家小微企业获得约7.65亿元贷款；成功受理并发放还贷应急资金13户17笔，累计发放金额9006万元。微企业信保资金累计31户发放66笔贷款，担保贷款金额为1.28亿元，在保余额1.38亿元。发放"中小企业信贷风险专项补偿资金"4笔共计195.8万元（厦门银行和农商行），用于补偿2013年小微企业信用贷款损失。同时还受理了厦门农商行的5笔信用贷款风险资金的申请，共计金额190.47万元。

4. 开展"新三板"专项培训，帮助企业拓展融资渠道。为引导我市中小微企业更好地把握资本市场的融资契机，了解当前的金融政策和"新三板"运行规则和操作实务，积极开拓资本市场融资新局面，组织市中小企业服务中心、市中小企业协会、中小在线、市担保典当行业协会深入同安区、翔安区、思明区、湖里区，以及在公共服务大厅等，邀请兴业证券厦门分公司、华泰证券厦门营业部、中国银河证券厦门分公司、齐鲁证券福建分公司、北京盈科（厦门）律师事务所、厦门两岸股权交易中心等机构，为近300家企业进行"新三版"相关业务培训，帮助企业了解当前"新三版"的基本知识和操作流程，受到广大中小企业主的好评。

5. 举办2014年小微企业融资对接会，由加入中小企业信贷风险资金贷款的建设银行、工商银行、招商银行、邮储银行、兴业银行、农商银行、厦门银行等进行融资新产品推介及与百余家小微企业现场业务对接。

6. 开展非法集资风险专项排查工作。根据市"处置非法集资工作联席会"工作分工，我局负责牵头担保、典当、小贷、投资咨询、保险代理、房地产中介、第三方理财等信用中介机构。组织召开市"打击和处置非法集资第二工作小组关于开展非法集资风险专项排查活动方案"会议，及时传达部署，严格贯彻落实，认真开展排查工作。目前已将排查结果报送市"打非办"。

（三）加强咨询义诊和培训工作，提升企业管理水平

1. 组织开展管理咨询机构申报2014—2015年度厦门市管理咨询机构推荐名单认定工作，经评审，认定7家为2014—2015年度厦门市管理咨询机构。目前已经组织咨询机构义诊咨询服务中小企业190家。

2. 开展公益培训。一是举办四期"国家中小企业银河培训工程系列培训"，参训学员381人；二是开展五场"市中小微管理提升系列培训"工作，参训学员382人；三是继续开展清华总裁班组织工作，顺利完成了"2013年厦门市中小企业总裁班"培训项目全部工作。同时顺利启动了"2014年厦门市中小企业北大总裁班"培训工作，全市60家中小企业高层管理人员参加。

3. 开展中小企业网络公益培训工程。继续依托"厦门中小企业网络商学院"开展"百企千场万人"公益培训工程，分两批为我市100户（每批50户）中小企业免费提供半年10大学院、21大类共3000余门在线管理课程的学习，企业根据学习账号自由选择课程，组织企业内部人员进行培训。截止9月底，累计组织培训420余次、培训9200余人次，预计全年将累计培训550次以上、超12000万人次。

同时，充分利用网络资源举办网络培训公开课，面向全市中小企业中高层管理人员发放短期个人学习账号，开办"网络公开课"。"网络公开课"每期安排培训课程20门，培训15天，要求每位学员完成不少于8门课程，由学员在规定时间内自由选择完成规定培训课程。截至9月底，组织完成了"顶尖销售高手提升训练营""高效物流管理提升训练营"等20期"小微企业管理提升"网络公益培训，培训学员1410人次。

4. 帮助企业拓展国内外市场。组织20多家厦门中小微企业及金融服务机构参加第十二届中国·海峡项目成果交易会，组织12家企业参加第十一届中国国际中小企业博览会，组织11家企业参加第八届APEC中小企业技术交流暨展览会，帮助企业拓展国内外市场。同时牵头协调香港贸发局组团来厦举办"香港创意营商日"活动，组织300多家企业参与研讨会、商洽活动，还组织成长型企业赴台湾考察，促进交流合作。

（四）促进转型升级，培育"专精特新"中小企业

1. 开展成长型中小微企业认定工作

完成2014—2015年度厦门市成长型中小微企业认定工作，111家企业获得"2014—2015年度厦门市最具成长型中小微企业"、311家企业获得"2014—2015年度厦门市成长型中小微企业"认定。加上2013年评选出269家，目前共有691家成长型中小企业。以成长型中小微企业评选活动为切入点，通过政策宣传、资金扶持、管理提升、融资服务等途径，加大对有市场、有效益、有发展前景重点企业的扶持，培养一批快速健康成长的示范企业，带动更多企业发展。

2. 加大资金扶持，促进企业转型升级

厦门市中小企业发展专项资金规模从2013年的5682万元增加到2014年的7770万元，增长13.7%，主要用于成长型企业贷款贴息、服务体系建设和融资性担保公司补助及银行小企业贷款考核等。

同时积极组织申报国家专项资金，厦门中小在线有限公司"厦门市中小企业公共服务平台网络"项目（二期）获得"工业转型升级中小企业公共服务平台专项资金”1500万元补助，厦门市中小企业服务中心获得“2014年工业转型升级中小企业公共服务体系专项资金”65万元补助。此外，还开展2014年国家中小企业发展专项资金项目申报工作，厦门市博格管理咨询有限公司等7家企业将获得专项资金扶持525万元。

3. 开展“专精特新”小微企业培育工作

一是完成市级中小企业公共服务平台“专精特新”企业展示区展示企业的案例采集工作，将厦门特宝生物等12家专精特新企业案例制作成每家企业3分钟展示视频，在服务大厅展示区内轮流播放，宣传企业和“专精特新”产品，发挥典型示范作用。二是开展2014年度厦门市小微企业专精特新产品（技术）培育工作。共有46家企业网上申报，37家企业通过初审，并最终有厦门普罗太克科技有限公司等4家单位入围获得专精特新小微企业补助资金支持。

4. 举办2014年厦门市小微企业创业大赛工作

本次大赛由我局与邮储银行厦门分行共同主办、市中小企业服务中心承办，共有52家企业报名，经过初选、创业辅导培训、现场评估、初赛、决赛等环节，产生一二三等奖，厦门颉轩光电有限公司获得冠军，获得邮储银行厦门分行最高300万元的信用贷款及市级贴息补助。小微企业创业大赛为创业企业提供展示自我的平台。

（五）构建服务平台，完善中小微企业服务体系

1. 成功举办厦门市中小企业服务博览会

5月22—23日在厦门国际会议展览中心举办。本次博览会联合市商务局外经贸企业服务日和厦门银监局小微企业金融服务宣传月共同举办系列服务活动，设立融资服务、信息化服务、技术创新服务、外经贸服务等7个展区，举办13场论坛，主题论坛——中小企业如何搭上互联网发展快车。为期两天的博览会吸引了数千家中小企业，近万人参会，取得圆满成功，达到预期的办展办会目标。

2. 推进中小企业公共服务平台网络建设

根据我市“平台网络”建设实际情况，重新征集和筛选10个窗口平台，修订“平台网络”建设方案并报工信部、财政部备案；开展“平台网络”建设情况自查并申报2014年专项资金，获得国家财政补助资金（二期）1500万元；完成市级平台2300平方米的公共服务大厅建设并于5月份正式投入运行；开展“网络枢纽平台”建设方案设计、招投标、建设跟踪以及平台运营等工作，目前已经初步完成首期“服务商城”建设并上线运行；开发建设培训、金融、技术创新等垂直应用平台，并实现与枢纽平台单点登录和互联互通；统一“平台网络”形象设计及宣传工作，并利用厦门日报、厦广新闻等媒体统一宣传。

3. 开通“慧企云”云服务平台

在调查研究基础上，整合厦门中小在线网站的云服务资源，结合“中小企业公共服务平台网络”项目建设，推出了我市首个中小企业云服务平台——慧企云（yun. xmsme. gov. cn），并于9月16日上午举办开通上线仪式。目前，慧企云已经开通云培训、云招聘、云创新、云金融和服务商城等五朵“云端”服务，我市中小企业公共服务进入“云时代”。

4. 开展服务平台和服务机构认定工作

开展市级中小企业服务机构和国家、省、市三级中小企业公共服务示范平台申报、推荐和认定工作，提升中介服务机构专业化服务水平。完成国家中小企业公共服务示范平台运营情况检查工作、首批国家中小企业公共服务示范平台复核工作和第四批国家中小企业公共服务示范平台申报工作。目前已认定国家中小企业公共服务示范平台3家、市级中小企业公共服务示范平台16家、“2014年厦门市中小企业服务机构”71家、“2014—2015年度厦门市管理咨询机构”7家，此外推荐国家中小企业公共服务示范平台1家、省级中小企业公共服务示范平台10家上报待批。

5. 加强生产经营运行监测

加强中小企业统计监测工作。按照工信部部署，做好厦门市中小企业生产经营运行监测数据的收集、分析等工作。按照农业部部署，做好乡镇企业统计工作，加强直报点工作。同时，做好商务部产业安全数据月报和财政部企业效益月报工作，积极发动我市工业企业特别是成长型工业企业参与产业安全数据信息报送、发动非国有中小企业参与企业效益月报。配合做好银监局中小企业融资情况调查工作。截至2014年12月底，中小企业运行监测样本企业数突破1000家，商务部产业安全数据月报135家，财政部企业效益月报259家。

同时加强对类金融行业运行情况的监测分析，按月编制《厦门市融资担保机构监管工作简报》《厦门市小额贷款公司监管工作简报》《厦门市典当行业业务运行分析报告》等。

继续做好《厦门中小企业》期刊（月刊）的编辑与发行工作，逐步提升期刊质量和发行数量，目前每月发行量基本保持在5000册。

三、2015年工作安排

继续认真贯彻落实国家、省、市促进中小微企业发展的政策措施，优化发展环境，增强公共服务能力，推进两化深度融合，促进中小企业发展新提升。重点工作和具体措施如下：

（一）加强政策宣传，大力营造发展环境

认真落实国家、省、市扶持中小企业发展的政策措施，通过实地走访企业、举办惠企政策宣讲会、提升“惠企云”信息服务功能、办好《厦门中小企业》（期刊）等途径，加强政策宣传，帮助企业了解掌握政策、用好用活各项惠企政策，促进惠企政策落到实处，营造有利于中小企业发展的社会氛围。

（二）完善融资服务，改善融资环境

加强行业监管，规范发展融资性担保机构、小额贷款公司和典当行，发挥类金融机构为小微企业融资服务作用。发挥厦门市“中小企业信贷风险专项补偿资金”“小微企业还贷应急周转金”“中小企业信保资金”作用，降低小微企业的融资成本，为小微企业提供融资增信服务。加强新三板、股权融资、集合债等宣传，推动中小微企业进入资本市场，拓展直接融资新渠道。着力缓解小微企业融资难问题，推进中小企业信用担保体系建设，引导金融资源向小微企业倾斜。

（三）培育“专精特新”，促进转型升级

开展成长型中小微企业认定活动，举办2014年厦门市小微企业创业大赛，开展“专精特新”小微企业培育工作，鼓励中小企业新业务模式的应用，促进中小企业创新发展。通过政策宣传、资金扶持、管理提升、融资服务等途径，特别是运用各级扶持资金，加大对“专精特新”企业扶持力度，引导企业走专业化、精细化、特色化、新颖化的“专精特新”发展之路。

（四）大力促进管理提升

整合管理、咨询、培训各方优质资源，促进管理、咨询、培训平台和团队建设，提升服务水平。组织管理咨询义诊活动，开展“企业成长培训”“百企千场万人”等公益培训，举办中小企业经营管理创新（总裁）高级研修班，促进企业制度创新和管理创新，提高企业经营管理水平。

（五）大力完善公共服务

举办2015年厦门中小企业服务月活动，为小微企业提供全方位、一站式、专业化服务。开展市中小企业服务机构认定、三级中小企业公共服务示范平台认定和市管理咨询机构认定工作，提升中介服务机构专业化服务水平。推进中小企业公共服务平台网络项目建设，完善垂直平台管理系统建设，持续优化提升“慧企云”云服务平台功能，提升信息化服务水平。

（六）加强企业生产经营运行监测与分析

继续开展工信部中小企业数据直报与分析、商务部产业安全数据直报、农业部乡镇企业统计等工作，加强监测分析工作，编印《厦门市维护产业安全工作简报》《厦门市融资担保机构监管工作简报》《厦门市小额贷款公司监管工作简报》《厦门市典当行业业务运行分析报告》及《厦门中小企业》（期刊）等。

（厦门市经济和信息化局）

青岛市

2014年青岛市中小企业改革发展总体情况

2014年，我市认真贯彻落实国家、省扶助中小企业的决策部署，紧紧围绕市委、市政府工作要求，坚持中小企业发展有政策、服务有平台、融资有渠道、成长有梯队、创业集聚有载体的工作路径，促进全市中小企业总体保持稳速运行态势。

一、中小企业总体发展情况

（一）中小企业数量迅猛增长

截至2014年12月底，全市共有私营企业和个体工商户86.6万户，同比增长57%，其中，私营企业21万户，个体工商户65.6万户，同比分别增长25.6%和71%。新增吸纳就业62.8万人，同比增长51.3%。

（二）中小工业企业平稳运行

全市4507户规模以上工业中小企业完成工业总产值12215.7亿元，实现主营业务收入11373.4亿元、利税1169亿元，同比分别增长11.1%、12.3%和11.4%。

（三）经济社会贡献更加突出

全市规上工业中小企业用规上工业53.7%的资产，实现了规上工业72.9%的产值、70.5%的主营收入、74.7%的利税总额，吸纳规上工业73.8%的从业人员。

（四）创新活力明显增强

2014年，全市中小企业发明专利申请2.6万件，发明专利授权2100件，有发明专利申请的中小企业约1600家。全市423家市级以上企业技术中心和597个青岛名牌产品中，中小企业分别占到88.9%和73.2%。

二、主要工作开展情况

（一）完善政策机制，优化中小企业发展环境

制定出台了《促进我市小微企业健康发展政策措施》等政策文件，从创业、减负、融资等方面进一步加强对中小企业的政策扶持。组织开展全市支持小微企业健康发展政策落实情况督查，涉及15个相关政府部门。完善小微企业诉求解决机制和热线对部门及区市服务评价机制，发布服务评价通报及季度分析12期。建立小微企业发展考核机制，首次对区市小微企业发展情况进行考核。开展“服务进基层，政策送一线”等政策宣传活动，举办小企业之家半月讲坛18期，听课人员3000多人次。通过信息平台向中小企业传递各类政策信息20余万条次。

（二）深化平台建设，提升中小企业服务水平

完善全市三级中小企业公共服务平台网络体系，平台总数达到161个，其中培育认定市级示范平台14个，国家级示范平台7个。2014年，全市平台网络组织开展专项服务活动763次、服务企业20.8万户次。在市级实体平台基础上，投资打造中小企业云服务平台，为小微企业提供“找得到、用得起、有保证”的线上线下服务。云服务平台自2013年12月19日上线试运行以来，至2014年年底累计浏览量超过79万次、信息发布2万余条、发展用户1.15万家、招募合作服务服务商145家，发布服务产品近1000件，实现网上服务对接5.9万次，促成有效服务6400余次。

（三）引导创新发展，增强中小企业核心竞争力

完善专精特新产品（技术）培育、认定、扶持、服务机制，2014年，新认定“专精特新”产品（技术）155个，累计认定453个；培育认定第二批“专精特新”示范企业40家，累计认定97家。争取2025万元国家资金支持。鼓励中小企业研发投入，2014年确认297家企业的38.8亿元研发费享受税前加计扣除优惠，连续7年保持增长。引导和鼓励中小企业建立企业技术中心，争创青岛名牌产品。市级以上认定企业技术中心中，中小企业376家占88.9%；青岛名牌产品中，中小企业423个占73.2%；实施品牌价值提升工程，入库企业700户，中小企业占95%。

（四）完善融资体系，缓解中小企业融资难题

落实中央和省决策部署，进一步修订、完善了中小企业融资扶持政策。根据金融机构小微企业新增贷款的规模，按照不高于0.5%的比例设立风险补偿金；规范了股权挂牌补助政策；健全了融资担保补助政策；增加了债券融资补助种类。共与14家银行合作建立了政府增信、最具融资价值和政府采购贷三类优惠贷款平台，平台利率上浮均不超过15%，信用放大比例达30%～60%。完善以“融资通”为枢纽的融资服务体系，2014年，全市通过各类政策性措施帮助4387家（次）中小企业解决低成本融资290.5亿元。积极推进企业挂牌融资，2014年我市127家企业在齐鲁股权交易中心和青岛蓝海股权交易中心挂牌，其中83家企业融资12.1亿元。加强融资租赁扶持，18家企业申请融资租赁业务补助，融资额1.7亿元。

（五）加快小企业园和创业基地建设，推进中小企业集聚发展

建立完善促进小企业集聚发展的政策体系，出台了《加强小企业产业园扶持资金股权投资管理的通知》，扶持小企业产业园发展；印发《关于优化小企业产业园工业标准厂房分割转让办理流程的通知》，解决了小企业产业园建设运营的厂房土地分割难题。制定培育计划，建立发展情况台账，定期开展调度，加强小企业产业园、创业基地的分类指导和跟踪培育。2014年，新培育认定市级小企业产业园11个，在建拟建的小企业产业园累计达到26个，占地面积1.2万亩，计划总投资450亿元，入驻企业约2000户。新培育认定市级小企业创业基地6个，累计达到31个，计划入驻小微企业约6000户，已入驻企业1947户。

（六）搭建展销平台，帮助中小企业开拓市场

成功举办第三届青岛市中小企业专精特新成果展，161家中小企业的500余个“专精特新”产品（技术）参展，达成贸易合同额1.25亿元。同步升级专精特新3D网上展厅，120件产品通过网络进行三维展示营销。首次成功举办专精特新展采购对接洽谈会。来自美国、巴西等国家，以及中国香港地区的外商和商超采购经理等近40人，与132家小微企业进行了面对面地洽谈，签订出口订单逾800万元，达成采购意向约4500万元，验厂32家次。组织我市51家中小企业参加了第八届APEC技展会、第十一届中博会和山东省网络商品博览会，累计达成贸易合同额超过1亿元。

三、存在的问题

1. 中小企业发展政策环境有待改善

国家虽连续出台支持小微企业发展的税收优惠政策，但仍存在力度不够大，受益面不够广的问题。如2014年小微企业所得税政策调整，应税所得额由6万元扩大到10万元，使我市7.4万户小微企业受惠，预计减免税额将达到3.1亿元，新增加近5万户小微企业享受政策，但政策覆盖面与民营市场主体80余万户相比仍然有限。

2. 自主创新和转型升级能力相对较弱

从我市的情况看，多数中小企业从事一般性加工制造，适应经济新常态下生产小型化、智能化、专业化趋势，小而优、小而强的企业还很少。全市中小企业研发投入占销售收入的比重普遍低于1.5%，中小企业拥有“专精特新”产品（技术）453项，市级以上企业技术中心376家，仅占全市工业中小企业总数的1.7%、1.4%。

3. 融资难、融资贵问题依然突出

受经济增长趋缓影响，我市小微企业贷款增速较低，不良贷款率呈逐月攀升态势，担保代偿也时有发生，银行和担保机构对小微企业的贷款更加谨慎。大多数小微企业缺少抵押物，难以获取银行贷款，只能依靠其他高利率融资渠道，融资成本普遍在10%以上。

4. 产业布局分散等问题还有待解决

小微企业单体投资规模小，用地指标难落实。产业布局较为分散，适合小微企业集约集聚的小企业产业园区和基地发展还不充分，随着市区工业项目逐步外迁，一些企业面临搬迁落地难问题。另外，部分重点工业中小企业因历史遗留问题用地手续不完善，导致土地证、房产证办理不到位，影响企业抵押融资。

四、2015年主要任务

深入贯彻落实党的十八大、十八届三中、四中全会和中央、省、市经济工作会议精神，按照市委、市政府决策部署，坚持稳中求进工作总基调，坚持中小微企业专精特新和集聚兴业发展道路，主动适应经济发展新常态，围绕稳定增长、提升服务、创新升级三项任务，突出政策落实、扶助服务、创新成长、融资解困、载体建设、运行保障六项重点工作，进一步优化中小微企业发展环境，激发创业创新活力，促进全市中小微企业健康发展。

（一）突出政策落实，着力优化发展环境

紧跟国家政策导向，贯彻落实好国务院《关于扶持小型微型企业健康发展的意见》（国发 2014〔52〕号）等系列扶持政策，研究制定我市进一步支持中小企业发展的意见。加强小微企业发展考核，完善考核办法和指标体系，定期组织开展全市范围专项督查和调研，提高政策落实率。升级完善服务热线政策咨询支持系统，汇总编发中小企业《政策速递》，结合行政权力清单和服务清单梳理，编辑《青岛市中小企业服务指南》，为企业提供跨部门、一站式政务咨询服务。做精做专小企业之家半月讲坛，重点围绕相关政策等方面内容进行宣讲。

（二）开展扶助行动，着力提升服务效能

开展市级云平台扩能升级与服务提质行动。建设企业信息数据库和青岛市大数据产业情报服务平台，制定政府通过云平台购买服务办法，开展服务需求征集和对接、特惠产品定制和金牌服务三项活动，提供精准适需、优惠便捷服务。开展“双千”“双百”与扶助小微专项行动。新培育 3 个市级以上示范平台，建立云服务平台 1000 家重点企业用户通讯员联系机制，组织 1000 家企业网上服务定期对接活动，抓好区市、乡镇、园区 100 个服务站点，配备服务助理 100 名，不断延伸服务企业触角。开展“平台网络服务区市行”“双创大赛”等活动，线上线下服务企业 22 万家次以上。

（三）支持创新升级，着力促进内生增长

开展专精特新育苗扶壮工程，新认定专精特新产品（技术）60 个以上，专精特新示范企业 20 家以上。积极推介专精特新产品（技术）进入大企业产业链，筛选一批潜力项目、优质产品和优势企业，从产业引导基金、技改、融资等方面给予优先扶持。重点围绕十条千亿级产业链，培育建设一批中小微企业公共技术服务机构。完善企业技术中心认定管理办法，落实研发费加计扣除优惠政策，探索推行奖励补助、保险补偿等政策措施，支持中小企业技术创新。组织实施第二届青岛市企业管理奖评选工作，引导企业强化管理创新。从信息化与工业化深度融合入手，推动传统产业的升级和管理模式创新。推进中小企业“百千万”成长工程，基本形成全市“万户培育、千户成长、百户升级”的中小企业发展梯队。

（四）创新融资模式，着力缓解融资困难

出台《中小企业融资专项资金管理办法》，完善银行信贷、担保、资金周转、融资租赁、股权融资五大板块统计分析系统。突出有订单有效益的优势企业及专精特新企业，给予重点支持。以政府资金参与，设立过桥基金，解决企业资金周转难题。大力推广政策优惠贷款平台、政府采购贷平台、最具融资价值企业贷款平台，三类平台为企业解决低息贷款 10 亿元以上。推动银行与担保机构合作，再担保额达 15 亿元以上。促进齐鲁股交在青设立实体，推进股权挂牌和配套融资服务。加强“融资通”平台与城乡担保 P2P 平台等的对接，为小微企业融资提供创新通道。各类政策性措施帮助中小企业解决融资 220 亿元以上。

（五）突出载体建设，着力放大集聚量能

制定全市小企业产业园创业基地发展规划，适时召开小企业产业园和创业基地建设发展研讨会，引导提升园区建设档次。大力推广小企业产业园标准厂房分割出让操作办法，打通创业基地、孵化器转出企业的承接通道。研究完善小企业园和创业基地股权投资扶持、项目用地保障、房屋租赁补贴等政策措施，优选投资项目，加大资金扶持力度。制定培育计划，集聚服务资源，推进生产要素、人才资源、上下游产业向园区集聚，重点跟踪培育认定小企业产业园 5 个，累计达到 16 个以上；新培育认定市级小企业创业基地 5 个，累计达到 31 个以上；争创国家级创业基地 1 个。

（六）强化运行保障，着力提升把控能力

依托云平台信息数据库，充分利用大数据和移动互联网技术，做好中小企业月度和季度预警分析。完善中小企业运行监测直报体系，重点监测直报企业数量达到 1000 户以上。举办首届青岛市中小企业中外采购洽谈会，邀请海外采购商、大型商超和电商参会，为中小企业免费搭建交易洽谈平台。组织中小企业参加第十二届中博会等重点展会帮助中小企业树品牌、拓市场、保订单。大力推进中小企业电子商务应用，依托云平台搭建中小企业电子商务服务平台，整合电子商务服务商的相关资源，开展多层次电商推进培训、辅导、对接活动。完善 3D 网上产品展厅，与电商平台合作，提升展厅展销功效。

（青岛经济和信息化委员会中小企业发展局
规划发展处　刘广程）

深圳市

2014 年，在深圳市委、市政府的高度重视和正确领导下，我市认真贯彻落实国家和省市扶持中小微企业发展的各项政策措施，推动中小企业坚持质量引领、创新驱动发展，实现了中小企业在转型升级同时的健康平稳发展。

一、2014 年深圳市中小企业改革发展总体情况

截至 12 月底，全市工商登记注册的中小企业约 84.1 万家，约占全市企业总数的 99.6%。同比增长 35%，今年新增加中小企业 21.4 万家。初步核算，2014 年，全市中小企业创造的生产总值约为 7600 亿元，约占全市 GDP 的 60%（不含房地产业和金融业），占全市全口径 GDP 的 47.5%；中小企业上缴税收 1395 亿元，约占全市企业上缴税收的 43%（不含海关代征税、车辆购置税和股票交易印花税）。

深圳中小企业发展主要呈现以下特点：一是成长速度快。中小微企业数量增长迅猛，截至 2014 年底，全市工商登记注册的中小企业约 84.1 万家，约占全市企业总数的 99.6%，同比增加 27.3 万家，增长 35%。二是上市公司多。截至 2014 年年底，深圳有 117 家小微企业成功登陆中小板和创业板，上市

企业数量连续 8 年位居国内大中城市首位，此外还有 110 多家企业在境外上市，大批中小企业借助资本市场实现跨越式发展。南山区现有上市企业突破 100 家，成为全国密度最高的上市企业集聚区。三是创新能力强。技术创新方面，截至 2014 年年底，深圳国家级高新技术企业 4742 家，市级高新技术企业 1820 家，90% 以上都是中小企业。中小企业拥有授权专利数逐年增加，2014 年达到 38836 件，占全市的 72.3%。商业模式创新方面，“互联网 +”深入不同行业和不同领域，电子商务深刻改变了传统营销模式，大大降低了创业门槛，激发了中小企业创业创新活力。战略性新兴产业涌现了一大批快速发展的中小企业，成为新经济、新业态的重要力量。四是社会贡献大。2014 年，深圳中小企业上缴税收 1395 亿元，占全市企业纳税的 43%，中小企业吸纳就业人数约占全市就业人数的 80% 左右。

2014 年，我们以中小企业生产经营运行监测平台 1624 家企业为样本（其中，工业企业 1024 家、批发和零售企业 395 家、物流企业 40 家、信息传输以及软件和信息技术服务业企业 165 家），对其运行情况进行了分析，分析结果如下。

（一）工业运行情况

1. 营业收入增速加快、用电量增速回落

2014 年，工业企业累计营业收入同比增长 10.1%，增速高于去年同期水平 0.9 个百分点，较前 11 月增速加快了 0.2 个百分点，从全年运行态势来看，今年的增长水平总体高于去年，全年呈现一字式上升趋势。工业企业累计用电量同比增长 8.7%，增速较前 11 月回落了 5.5 个百分点。

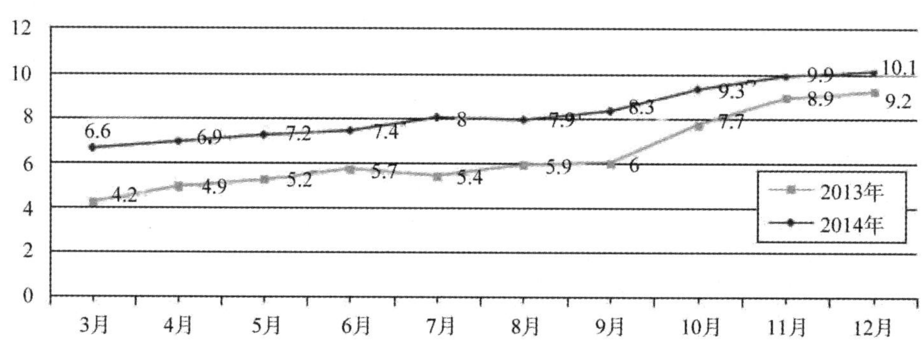

图 1 中小工业企业营业收入同比增长趋势图（%）

从行业看，机械制造业、工艺品（含黄金珠宝首饰）制造业、医药制造业、化学原料和化学制品制造业等主要行业营业收入增长较快，同比分别增长了 15.3%、10.6%、17.2% 和 18.1%。计算机、通信和其他电子设备制造业、家具制造业同比分别增长 8.1% 和 4.4%。纺织服装业制造业营业收入同比下降了 0.9%。

2. 出口交货值同比较快增长

2014 年，工业企业出口交货值同比增长 8.6%。工业出口交货值自 6 月份开始扭转了今年前 5 月的下降趋势（前 5 月出口交货值同比下降 5.1%），表现出持续回升态势。从行业看，机械制造业、工艺礼品（含黄金珠宝首饰）制造业、化学原料和化学制品制造业同比分别增长了 17.1%、29.7% 和 39.5%；计算机及通信和其他电子设备制造业、纺织服装业、医药制造业出口交货值同比分别增长了 5.2%、1.2% 和 7.4%；家具制造业出口交货值同比下降了 1.7%。

3. 成本费用增速低于收入增速，利润同比小幅下降

2014 年，工业企业成本费用合计同比增长 7.2%，增速低于收入增长水平。其中，营业成本同比增长 10.4%、财务费用同比下降 2.1%、应交税费同比下降 21.8%、应付职工薪酬同比下降 8.1%。从工业企业主要成本费用构成来看，营业成本（原材料等生产制造成本）是成本的主要增长因素。

2014 年，工业企业利润总额同比下降 0.5%。其中，亏损企业 246 家，占全部工业企业的比例为 24%。亏损企业中，小微企业 193 家，占全部亏损企业数的比重为 78.5%。

（二）服务业运行情况

1. 商贸业增速回落

2014 年，商贸企业累计营业收入同比增长 2.5%，增速较前 11 月回落了 2.5 个百分点。其中，批发企业累计营业收入同比增长 4.5%，较前 11 月回升了 1 个百分点；零售企业累计营业收入同比下降 1.3%，较前 11 月回落了 10.2 个百分点。自去年下半年以来，商贸业同比增速一直处于较低增长水平，今年上半年逐月回升，下半年后又开始逐月回落，全年增速呈现反“V”型态势。

2. 物流业同比保持较快增长

2014 年，物流企业累计营业收入同比增长 14.9%，增速较前 11 月回升了 0.3 个百分点。今年以来，物流业累计营业收入同比一直处于下降态势，前 5 月开始出现增长，之后出现震荡回升。其中，仓储业同比增长 14.3%，装卸搬运和运输代理业同比增长 17.0%，道路运输业同比增长 10.1%。

3. 信息传输、软件和信息技术服务业增速加快

2014 年，信息传输、软件和信息技术服务业企业累计营业收入同比增长 31.9%，增速较前 11 月加快 13.7 个百分点。其中，软件和信息技术服务业企

业累计营业收入同比增长48.6%，互联网及相关服务同比下降51.8%，电信、广播电视和卫星传输服务同比增长9.2%。

（三）中小微企业经济运行中存在的问题

1. 微型企业税收负担相对较高

一是从法定税率来看，自2012年起，我市企业所得税率由原来的15%增加至25%，城建税税率由原来的1%增加至7%，教育费附加率由原来的3%提高到5%（含2%的地方教育费附加），企业税负增加。二是从税负率来看，根据抽样调查，目前，我市小型工业企业税负率（年纳税额/年营业收入，享受小微企业税收优惠的除外）为2.54%，微型工业企业税负率为2.77%，微型企业的税负高出小型企业0.23个百分点。

2. 招工难、用工贵，工人流动性大

一是招工难。据抽样调查，认为招工达到满足的企业占比36.7%，不能满足的企业占比30%，其他企业表示无招工需求，即有近三分之一的企业反映招工紧张，尤以制造业比较突出；二是用工贵。深圳最低工资标准由2013年的1600元增加到2015年的2030元，两年间增加430元，增长了26.9%，另据对12个行业的问卷调查显示，企业实际用工成本普遍增长幅度更高，仅2014年增幅在15%—20%之间。三是工人流动性大。近年来，受工厂工作环境、劳动强度、收入支出比相对劣势以及以80后和90后为主体的劳动力结构等因素影响，工厂工人流动性越来越大，增加了小微企业管理成本。

（四）2015年运行趋势预测

国内经济方面，我国开始进入新一轮降息降准等适度宽松货币政策周期、国家逐步加大了对小微企业的扶持力度，减税减费力度逐步加大；国际方面，欧美国家经济在逐渐复苏，国外需求将逐步扩大，出口形势将进一步好转。从2014年以来的运行形势看，2014年，我市中小企业运行情况总体好于2013年，鉴于2015年国内外宏观经济环境在逐步改善，可以初步判断，2015年全年的运行态势会好于去年总体水平。但是，由于部分优势传统制造业、工业出口等下降或增长较缓，加之我市订单增加不足、综合成本高等因素影响，2015年我市的经济运行形势仍将面临相当大的挑战。

二、2014年我市中小企业主要工作

2014年，我市认真贯彻落实国家支持中小微企业发展的各项政策措施。主要工作内容如下。

（一）全面推进我市中小企业服务平台网络建设

中小企业服务平台网络建设是我市“十二五”中小企业服务体系建设的重点工作。我市在2013年12月实现枢纽平台与首批13个窗口平台的互联互通的基础上，今年又启动了医疗器械和电子信息2个窗口平台建设，年底前将全面实现“1+15”平台网络的互联互通。目前试运行的平台网络已集聚了260多家专业服务机构，涉及投融资、科技、检验、法律、会计等10多个领域。为规范引导服务机构开展服务并加强交流，平台网络聚集60家单位共同发起组建了市中小企业服务联盟。此外，积极组织服务机构申报国家和省级中小企业公共服务示范平台认定，2014年我市共有2家机构列入第四批国家示范平台公示名单，2家列入本年度省级示范平台认定公示名单，2家通过省级示范平台复核。

（二）落实有关专项资金支持政策

一是完成2014年市中小企业发展专项资金的使用计划。包括企业改制上市培育、国内市场开拓、信息化建设、管理咨询、产业紧缺人才培训、小微贷款担保费补贴和小微企业培育、中小企业公共服务平台网络建设、中小企业公共服务等九类项目的资助工作已基本完成，共有2471家次企业获得总额18，154.079万元的资助。二是组织申报国家中小企业发展专项资金。根据财政部、工信部等四部门印发的《中小企业发展专项资金管理暂行办法》（财企〔2014〕38号）和《工业和信息化部办公厅、财政部办公厅关于做好2014年中小企业发展专项资金服务体系和融资环境项目申报工作的通知》（工信厅联企业〔2014〕65号）要求，经公开组织项目申报、材料审查、专家评审、专项审计和社会公示等程序，共推荐上报21个服务体系项目和7个融资环境项目，其中19个服务体系项目和7个改善融资环境项目于11月份获国家有关部委批复通过。

（三）引导支持中小微企业创新发展

1. 积极推进创新型中小微企业培育梯队建设

按照“专、精、特、新”的要求，受理了1500家创新型中小微企业的备案。落实有关小微企业培育的资助政策，2014年共对131家创新型小微企业进行了资助，资助金额1915万元。

2. 加强创新创业服务体系建设

开展了小企业创业基地和中小企业创业辅导中心备案工作，累计为5家小企业创业基地获得了国家专项资金的政策支持，启动创新帮扶专家团招募工作，举办了创新型中小企业家成长训练营、创新创业CEO研修班等3个产业紧缺人才培训班，培训企业120多家。鼓励创新型中小微企业积极实施管理提升计划，2014年企业管理咨询项目资助计划共资助企业26家，资助金额600万元。

3. 实施企业家培育工程

2014年，继续委托清华大学、北京大学和中国人民大学承办企业家研修班，首次与中山大学合作开办“深圳市创新型企业资本运作高级研修班”、与天津大学合作开办“民营及中小企业高级工商管理研修班”，全年共录取了500名新企业家学员，录取人数创历年新高。此外，为进一步优化培训课程设计，提高课程质量，成立了企业家培育工程课程评审委员会。截至目前，我市已累计培训了2700名企业家学员，企业家培育工程有力地推动了我市中小企业转型升级和创新发展。

4. 实施产业紧缺人才培训计划

完成产业紧缺人才培训计划，2014年支持146个产业紧缺人才培训项目累计培训15408人次，支持金额730.05万元。此外，还组织了2015年产业紧缺人才培训项目计划的申报，培训计划在组织专

家评审后将于年底前下达实施。

5. 研究设立中小微企业发展基金

为进一步优化我市中小微企业创新创业环境，根据《深圳市关于支持中小微企业健康发展的若干措施》要求和市领导有关指示，我市启动了中小微企业发展基金的筹建调研和相关主要文件的起草工作。经过调研和征求相关意见，目前已形成《深圳市中小微企业发展基金设立方案（送审稿）》，待进一步完善方案后，报市政府审定。

（四）继续开展上市及新三板挂牌培育工作

今年以来，我市有13家中小企业在境内外上市，募集资金合计55.37亿元人民币。至此，我市境内外上市企业累计301家，首发募集资金合计2673.09亿元。其中境内上市企业193家（上交所主板12家，深交所主板67家，中小板70家，创业板44家），境外上市109家。我市中小板和创业板上市企业总量连续8年保持国内大中城市首位。此外，今年新三板扩容以来，我市已有46家企业在该板块挂牌，全年新增挂牌企业数位居全国大中城市第四位。

1. 研究制定新三板挂牌补贴政策

今年初，市政府确定深圳市中小企业服务署为新三板工作的牵头单位，要求制定新三板相关扶持政策。我市在征求有关部门和社会有关方面意见的基础上，出台了新三板挂牌的补贴政策，对已在新三板挂牌的企业给予50万元的支持。

2. 继续大力梳理重点培育企业

截至2014年年底，我市上市备案企业已达940家。其中，有3家企业已通过证监会发行审核等待上市；59家企业已向证监会递交股票发行申请文件；60家企业已在深圳证监局辅导备案；595家企业处于改制期或已完成改制尚未辅导，上市培育企业形成有序梯队。另外，拟新三板挂牌的备案企业85家。

3. 加强培训和协调服务

围绕企业关心的问题，共举办了8场新三板知识培训和1场上市专题讲座，培训企业1000多家。全年为拟上市和拟新三板挂牌企业出具了18818份“无违法违规证明协调函”，协调企业上市进程中的各类困难和问题172宗。

4. 推动解决上市及拟上市企业用地问题

根据2014年5月29日许勤市长主持召开会议专题研究上市企业用房用地问题的有关精神，配合市规划国土委做好上市企业产业用地专场招拍挂工作，设定产业用地准入条件，组织46家符合条件的上市及拟上市企业参与8宗地块的竞买，目前相关地块的专场招拍挂公告已发布，部分地块已完成竞买。在市规划国土委产业用地用房供需服务平台的基础上，开发上市企业用房用地需求申报平台。此外，继续梳理具有用房用地需求的重点企业和优质上市募投项目，摸底汇总产业用房用地供应情况，联合区（新区）开展招商引资专场推介会，多渠道解决上市及拟上市企业用房用地问题。

（五）拓宽渠道缓解中小微企业融资难

1. 不断完善融资担保监管

开展了全市融资性担保公司2013年度年审、全市融资性担保公司风险排查、全市非融资性担保公司的清理规范等工作，受理了64家（次）融资性担保公司的设立变更审批事项，完成了向银监会报送2013年度统计数据并撰写了《深圳市融资性担保行业2013年度发展与监管情况报告》。另外，受理了2家融资性担保机构申报2014年融资性担保机构免征营业税，完成了小微企业贷款担保费用补贴的资助工作。

2. 筹建中小微企业贷款联保增信平台

借鉴我市重点民营企业池管理模式，起草了《深圳市中小微企业贷款联保增信平台管理暂行办法》，在征求市财政委、各商业银行、中小微企业等方面意见的基础上修改完善后报市政府审定。

（六）积极帮助中小企业开拓市场

落实有关中小企业国内市场开拓的资助政策，2014年共对1975家中小企业的3187个参展项目进行了资助，资助金额5477万元。重点开展了第十一届中国国际中小企业博览会我市展团的组展工作，共有46家企业参展，参展展位面积630余平方米。完成了第八届APEC中小企业技术交流暨展览会我市展团的组展工作，共有20多家企业参展，参展展位面积250余平方米。此外，为鼓励中小企业积极参与政府采购投标，根据国家有关中小企业划型标准的规定，为企业提供划型证明文件，2014年共出具了60份证明。

（七）监测中小企业经济运行情况

积极配合国家中小企业运行监测平台建设，选取了不同行业的1800家中小微企业作为监测点，监测样本企业数位居全国前列。每月向国家监测平台报送数据，按季度向工信部报送中小企业运行情况。完成了对家具、服装等12个行业的运行情况调研并形成了调研报告。

三、下一步工作措施

（一）继续推进中小企业公共服务平台网络建设

加大服务产品研发力度，继续引入专业服务机构，实现门户网站、服务大厅、移动终端、呼叫中心等多通道有效服务，2015年全面完成我市中小企业公共服务平台网络建设。注重平台网络的服务实效，发挥市中小企业公共服务联盟作用。

（二）进一步促进中小微企业创新发展

继续开展创新型中小微企业备案工作，通过财政资助扶持一批创新型小微企业走专精特新之路。积极引导创新型中小微企业提升管理水平，加快转型升级步伐。出台深圳市小企业创业基地认定办法，认定一批市级小企业创业基地。借助国家专项资金支持小企业创业基地硬件建设和服务体系建设，引导小企业创业基地建设成为创新帮扶服务平台。成立帮扶专家团，每年重点帮扶100家小微企业。建设中小微企业信息平台。

（三）加大上市及新三板挂牌工作力度

联合各区、各有关单位针对拟上市和拟新三板挂牌企业关注的热点问题开展相关培训，调动中小企业上市或挂牌的积极性，梳理和挖潜后备资源。深入做好重点培育企业的协调服务工作，努力帮助解决影响企业上市的重点难点问题，推动企业加快上市或新三板挂牌进程，实现一批企业上市和挂牌。落实我市新三板挂牌补贴政策。

（四）进一步促进融资担保行业规范发展

根据《融资担保公司管理条例》及其配套文件，修订我市相关实施细则和行政许可办法，制定分类监管制度和评价机制。切实履行省政府赋予我市的审批监管权限，做好进入、监管、退出等管理工作，形成优胜劣汰的良好机制，推动我市融资担保行业健康发展。

（五）力争几项重点工作取得新突破

一是争取2015年新增8块产业用地用于上市企业专场招拍挂，努力解决8家上市企业（含重点培育企业）的产业用地，上市企业用房用地供需服务平台启动运行。二是推动实施我市中小微企业贷款联保增信平台。三是推动设立深圳市中小微企业发展基金。

新疆生产建设兵团

兵团2015年中小企业年鉴稿

2014年以来，兵团中小企业系统以党的十八届三中、四中全会精神为指导，认真贯彻第二次中央新疆工作座谈会、中央经济工作会议和兵团党委六届十二次、十三次全委（扩大）会议精神，结合兵团实际，大力推进工业化与信息化深度融合，围绕年度发展目标任务，加快产业升级、结构调整，着力推进中小企业发展，切实提高企业发展质量和效益，促进兵团经济社会持续健康发展。截至2014年年底，兵团全年实现生产总值1738.68亿元，比上年增长16.1%。其中，第一产业增加值416.96亿元，增长7.9%；第二产业增加值776.86亿元，增长22.2%；第三产业增加值544.86亿元，增长14.3%。三次产业占生产总值比重为24：45：31。兵团中小企业占全兵团企业总量的99%以上，中小企业在推动发展、增加就业、优化结构、产业升级以及促进社会稳定和构建和谐兵团等方面，发挥着重要作用。

一、2014年兵团中小企业主要工作

（一）加强政策引导，优化中小企业发展环境

2014年，兵团出台了《兵团关于支持中小微企业健康发展的若干意见》，积极贯彻落实支持中小企业健康发展的各项扶持政策。下发了《创建兵团新型工业化产业示范基地管理办法（试行）》《兵团小企业创业示范基地认定管理办法（试行）》《兵团中小企业公共服务平台认定管理办法（试行）》，不断推进中小企业服务体系建设，提高兵团中小企业公共服务能力，引导产业集聚、集约发展。开展了兵团扶助小微企业专项行动、“消费品促进年”等一系列活动，不断优化中小企业发展环境，推动中小企业加速发展。

（二）转变管理方式，推进中小企业服务体系建设

以兵团中小企业服务中心为龙头，各师中小企业服务机构为支撑，社会各类服务机构参与的兵团中小企业服务体系基本形成。截至2014年年底，兵团建立了15家科技中介服务机构，其中科技综合服务机构4家、知识产权服务机构2家、食品和农业机械专业服务机构2家、科技投融资服务机构1家、精准农业信息等专业生产力促进中心6家。兵团石河子市被确定为全国第二批小商贸流通企业服务体系建设综合试点城市，五家渠金桥中小企业服务有限公司被工信部授予“国家中小企业公共服务示范平台”称号。兵团本级举办了17期中小企业培训班，对1802人进行了企业管理、安全生产等培训。组织近百家中小企业参加了第十一届中国国际中小企业博览会、第八届APEC中小企业技术交流暨展览会和第三届中国新材料博览会，进一步推动中小企业开拓国内外市场。

（三）注重项目建设，促进中小企业提质增效

积极争取国家及本级项目资金支持，争取国家重点产业振兴和技术改造项目资金1760万元，落实中央支持中小企业发展的各类专项资金近3000万元，安排兵团工业发展项目补助资金8900万元，落实中小企业信息化建设专项资金1000万元。同时注重加强项目管理，强化动态监测，及时了解掌握项目进展情况，协调解决项目建设中存在的问题，对进展缓慢的项目加大督促和协调力度。组成调研组赴有关师，对重化工行业续建和新建项目及纺织技改项目进行了调研，督促项目建设规范有序，推动兵团中小企业提高发展质量。

（四）加强经济运行监测，增强中小企业发展后劲

通过兵团工业企业信息管理平台对重点联系工业企业进行在线监测，做好监督检查和跟踪协调服务，对重点师、重点企业、重点项目、重点产品进行在线监测协调并及时向各师通报运行情况，并按月发布运行监测分析报告，促进经济平稳运行。加强了番茄、甜菜、油料等大宗农产品加工及煤、电、油、水泥、纺棉等生产要素的运行协调，确保产供销环节畅通和平稳运行。完成了兵团制糖、番茄加工、乳制品、纺织、聚氯乙烯、建材、电力、煤炭等行业发展报告。积极争取兵团阶段性棉纱生产补贴资金，一定程度减轻了中小企业困难，设备开工率逐步提高。

（五）不断优化产业结构，推动中小企业产业升级

开展了辖区内钢铁、电解铝行业的清理整顿工作，并向国家上报了兵团化解钢铁、电解铝行业产能过剩清理整顿方案。完成了2013年兵团淘汰落后产能检查验收工作，关停落后产能生产线，争取中央财政奖励淘汰落后产能专项资金超过280万元。

向有关师及企业下达了2014年兵团工业行业淘汰落后产能目标任务，积极淘汰落后产能，优化产业结构。参与兵团级循环经济示范试点单位审查工作，一师10团等8家单位被授予2014年兵团循环经济示范试点单位。完成了兵团“质量效益管理年”专项活动，并派出调研督查组赴各师进行调研督查，协助筹备兵团质量效益管理年专项活动现场经验交流会，帮助兵团中小企业提高质量效益。贯彻落实兵团质量行动纲要和“十二五”质量发展规划，制定2014年度兵团工业质量品牌建设工作方案，开展了企业质量标杆的申报工作。

（六）促进两化深度融合，推动中小企业信息化建设协调发展

以筹建兵团工业云中心为切入点，积极搭建资源信息共享的公共服务平台。组织召开了兵团两化融合示范企业经验交流会。按照工信部要求，开展了国家两化融合贯标试点工作，新疆天业集团被确定为国家两化融合贯标试点企业。联合制定下发了《兵团关于推进物联网有序健康发展的实施意见》，六师鑫宝农业科技公司质量可追溯系统项目获得工信部物联网专项支持。积极争取工信部支持，一师阿拉尔市成为国家首批宽带城市试点。兵团与中国电子科技集团和中国航天科技集团公司签署了“战略合作框架协议”，中电科产业园已落户石河子市。

二、2015年工作总体思路

总体思路：认真贯彻落实党的十八届三中、四中全会、中央经济工作会议、第二次中央新疆工作座谈会精神和习近平总书记系列讲话精神，抓住“一带一路”建设的重大历史发展机遇，按照兵团党委六届十四次全委（扩大）会议的部署和要求，主动适应经济发展新常态，认真履行职责，抢抓政策和发展机遇，把促进兵团中小企业平稳快速发展，提高发展质量作为中心任务，紧紧围绕加快转型升级这一主线，以促进中小企业做大做强为目标，着力推进结构调整、转型升级、方式转变、节能减排，促进兵团中小企业实现持续、快速、健康发展。

三、2015年工作重点

（一）抓好经济运行监测，推动中小企业快速发展

突出抓好重点师、重点行业、重点企业的经济运行监测分析和预警调控。高度关注电解铝、聚氯乙烯、纺织品等重要工业产品价格走势，积极做好煤、电、油、运等生产要素的协调平衡和有效供给。加强钢材、电解铝、聚氯乙烯等重点产品铁路出疆运输工作的协调。及时研究解决中小企业生产经营中出现的新情况、新问题。

（二）加强项目和园区管理，增强中小企业发展动力

编制工业投资项目导向计划，提出工业发展专项资金扶持重点，积极争取国家各类专项资金，认真做好项目的储备、优选，加快建成一批影响当前、着眼长远的重大项目。积极争取和落实中央和自治区纺织服装专项资金，支持兵团纺织产业加快发展。组织园区制定、完善园区产业发展规划，努力构建特色鲜明、优势互补、分工有序、协调发展的园区产业格局，推进中小企业集聚发展。

（三）推进结构调整，加快中小企业创新发展

推动传统产业高端化，用高新技术改造提升食品饮料、纺织服装、建材等产业，促进全产业链整体提高竞争能力。结合打造“丝绸之路经济带”建设，加强与援建省市的产业对接，实现“一师一业”特色产业格局。进一步加强淘汰落后产能工作，化解产能过剩。

（四）加大扶持力度，促进中小企业健康发展

进一步贯彻落实《兵团关于支持中小微企业健康发展的若干意见》，积极支持兵团中小企业发展。组织开展兵团中小企业公共服务示范平台、兵团小企业创业示范基地认定工作，加快中小企业服务体系建设。

（五）加快两化融合，提高信息化建设水平

推进“智慧兵团”建设，开展“两化融合”示范工程建设，全面推进农业“三大基地”建设和“信息惠农”进程。组织实施“宽带普及提速工程”，完善兵团“云数据”中心建设，围绕工业强师、支柱行业、重点企业培育一批特色信息产业，不断优化中小企业信息化发展水平。

（兵团工信委企业处）

第五篇 中小企业统计

2014 年天津市中小企业主要经济指标完成情况

	单位	2014 年	2013 年	±%
一、全市中小企业				
市场主体	万户	27.65	23.82	16.08
企业个数	万户	24.98	21.29	17.33
从业人数	万人	450.65	411.03	9.64
注册资本金	亿元	35450.41	29626.78	19.66
增加值	亿元	8555.74	—	18.35
外贸出口	亿美元	156.24	136.10	14.80
税收收入合计	亿元	2036.38	1758.69	15.79
二、限额以上中小企业				
企业个数	个	17288	16605	4.11
从业人数	万人	126.31	127.66	-1.06
总资产	亿元	66671.64	57377.30	16.20
营业收入	亿元	39208.14	34051.88	15.14
营业利润	亿元	1348.23	1174.78	14.76
税金总额	亿元	629.77	599.76	5.00

2014 年天津市限额以上中小企业分行业情况

	企业个数（个）	从业人员（万人）	营业收入（亿元）		营业利润（亿元）		税金总额（亿元）	
			2014 年	±%	2014 年	±%	2014 年	±%
合　　计	17288	126.31	39208.14	15.14	1348.23	14.76	629.77	5.00
一、第二产业	6703	75.89	15514.89	10.37	800.41	13.80	453.11	6.67
工业企业	5031	59.57	14449.62	11.04	769.47	13.38	419.53	6.60
建筑企业	1672	16.32	1065.27	2.01	30.94	25.45	33.58	7.60
二、第三产业	10585	50.42	23693.25	18.50	547.82	16.20	176.66	0.95
批发零售业	4902	9.64	18844.71	18.47	143.23	40.88	113.97	-5.10
住宿餐饮业	623	3.43	80.52	-4.31	-5.89	—	4.00	-3.20
交通运输业	1222	9.71	1562.19	19.88	65.50	42.79	7.98	26.47
房地产业	1273	2.89	939.07	15.60	-9.84	—	3.46	26.06
社会服务业	2565	24.75	2266.76	20.05	354.82	24.45	47.25	13.28

2014 年天津市限额以上中小企业分区县情况

	企业个数（个）	从业人员（万人）	营业收入（亿元）		营业利润（亿元）		税金总额（亿元）	
			2014 年	±%	2014 年	±%	2014 年	±%
合　计	17288	126.31	39208.14	15.14	1348.23	14.76	629.77	5.00
和平区	632	4.44	2560.02	11.88	37.52	-19.53	5.74	-7.17
河东区	488	2.31	835.40	30.25	6.22	613.72	3.23	-1.92
河西区	856	4.85	1957.48	3.83	2.90	-58.06	5.76	-9.09
南开区	740	8.43	1164.44	4.34	15.73	-62.45	9.45	平
河北区	491	1.84	540.75	-0.51	13.09	-44.52	4.33	45.27
红桥区	178	0.81	88.79	9.50	3.26	-30.31	1.82	-3.38
东丽区	1597	10.93	3524.66	4.74	117.70	20.98	55.77	4.69
西青区	1663	16.40	3748.31	14.60	223.41	31.27	78.29	4.14
津南区	1547	9.66	2415.43	23.92	93.53	37.06	46.11	16.98
北辰区	1476	7.99	3522.85	22.49	164.70	67.68	56.54	20.66
武清区	1121	11.11	2112.07	23.55	133.67	35.07	55.95	37.34
宝坻区	733	3.89	940.41	15.77	34.38	-24.85	24.66	18.12
宁河县	444	2.75	745.67	22.77	42.79	24.39	9.30	-42.49
静海县	920	3.33	2377.74	14.93	70.68	-35.89	31.36	1.05
蓟　县	388	2.61	307.23	7.60	11.72	-33.10	9.42	-5.09
滨海新区	3723	27.82	9803.19	16.76	288.67	14.07	182.02	-3.52
中央企业	291	7.14	2563.63	18.91	88.26	51.03	50.03	5.29

2014 年天津市民营经济主要经济指标完成情况

	单位	2014 年	2013 年	±%
一、全市民营企业				
市场主体	万户	24.01	19.94	20.41
企业个数	万户	22.72	18.74	21.24
从业人数	万人	367.43	303.08	21.23
注册资本金	亿元	15983.43	12739.92	25.46
增加值（民营经济）	亿元	7075.11	—	17.23
外贸出口	亿美元	114.82	93.26	23.12
税收收入合计	亿元	1112.74	976.96	13.90
二、个体工商户				
户数	万户	31.26	26.77	16.77
从业人数	万人	57.60	50.49	14.08
注册资本金	亿元	245.93	198.80	23.71
税收收入合计	亿元	90.18	60.62	48.76

2014 年河北省民营经济主要指标综合表

指标名称	单位个数（个）	从业人员（人）	增加值（万元）	营业收入（万元）	利润总额（万元）	上缴税金（万元）	劳动者报酬（万元）
合　计	2664128	20828774	198944645	954328645	68869004	27136473	42034916
按国民经济行业大类分组							
1. 农、林、牧、渔业	71170	489519	2971823	14602679	1288473	249856	914947
2. 工业	787223	11488229	128940501	606363663	42224100	15326464	24640451
其中：采矿业	39038	736104	14003150	60322762	5094296	1449751	1804427
制造业	745743	10665433	113363574	535960329	36597070	13609346	22689468
其中：农产品加工业	81016	1286742	12632188	57476464	4023879	921824	2407190
电力、燃气及水的生产和供应业	2442	86692	1573777	10080572	532734	267367	146556
3. 建筑业	81646	1593396	10832648	48793537	3859045	1872947	2857587
其中：具有资质等级的建筑业	6221	422376	3656244	17917540	1047235	780733	817777
4. 交通运输仓储业	330792	1340289	11433894	55086492	4102832	1191505	2455678
5. 批发零售业	896845	3244318	25961474	136107040	10000680	4585774	6256449
6. 住宿及餐饮业	235919	1365265	8688093	42209477	3376194	1397874	2398019
其中：餐饮业	71941	403656	2594479	12252201	1048581	396339	766766
7. 居民服务、其他服务和娱乐业	190210	839901	5154305	25565169	2034319	1021364	1558647
8. 其他	70323	467857	4961907	25600588	1983361	1490689	953138

2014 年河北省各市民营经济主要指标综合表

	单位个数（个）	从业人员（人）	增加值（万元）	营业收入（万元）	利润总额（万元）	上缴税金（万元）	劳动者报酬（万元）
石家庄市	289394	2641193	31407442	156111259	12066036	4701523	4731702
承德市	197903	983027	8293500	44966824	2666906	1632825	2251927
张家口市	203761	1149059	7995027	32048547	2319615	1203800	2203346
秦皇岛市	107602	779709	7938729	37515701	1549105	1541172	2291270
唐山市	324179	2324022	42063000	177155473	10940135	4249566	5012414
廊坊市	196262	1553722	14217272	79835799	6084370	3628580	4066672
保定市	278276	2687247	18834700	87771691	7542918	2659668	5527038
沧州市	229110	2169887	20583600	102199334	7926953	2440033	4338591
衡水市	210270	1230803	7972216	39323410	3717718	1242405	2618464
邢台市	239157	1831793	11191908	58361299	4418465	1329146	3074964
邯郸市	344864	2850115	19947347	118947744	8204914	2069540	4844478
定州市	24973	367962	1681152	7817280	569067	147033	780308
辛集市	17127	229235	3011516	12274284	862802	164512	399336

内蒙古自治区 2014 年中小企业及非公有制经济统计数据

2014 年，全区各类市场主体总量达到 151.9 万户，同比增长 13.95%，其中：企业 23.43 万户，同比增长 18.99%，个体工商户 122.17 万户，同比增长 11.16%，农民专业合作社 6.31 万户，同比增长 69.16%。

2014 年，全区累计实现城镇新增就业 27.2 万人。

2014 年，我区规模以上中、小型工业企业总计 4198 户。中小型企业增加值占全部规模以上工业的 66.8%，同比增长 12.6%，增加值增速高于全区平均水平 2.6 个点，对全区工业增长拉动 8.2 个百分点，对工业增长的贡献率达 82.4%。

全区规模以上中小工业企业完成工业总产值 13261.25 亿元，增速同比增长 11.6%，高于全区平均水平 2.8 个百分点。

规模以上小型工业企业 3498 户，占全区规模以上工业企业户数的比重为 80.4%，增加值同比增长 13.4%，增加值增速高于全区平均水平 3.4 个百分点，对全区工业增长的贡献率达到 51.4%，拉动全区工业增长 5.1 个百分点；规模以上中型工业企业 700 户，占全区规模以上工业企业户数的比重为 16.1%，增加值同比增长 11.6%，增加值增速高于全区平均水平 1.6 个百分点，对全区工业增长的贡献率达 31%，拉动工业增长 3.1 个百分点。

2014 年辽宁省民营经济主要经济指标对比表（地区）

计算单位：个、人、万元

地区	企业个数			从业人员年末数			增加值			总产值			营业收入			利润总额		
	2014 年	2013 年	增幅%	2014 年	2013 年	增幅%	2014 年	2013 年	增幅%	2014 年	2013 年	增幅%	2014 年	2013 年	增幅%	2014 年	2013 年	增幅%
甲	1	2	3	4	5	6	7	8	9	10	11	12	13	14	15	16	17	18
辽宁省	1854437	1841398	0. 71	11532244	11713762	-1. 55	218918113	212620209	2. 96	843442796	827207703	1. 96	807724097	786087642	2. 75	46960087	47885534	-1. 93
沈阳市	378145	354203	6. 76	2328644	2313884	0. 64	55344143	50685435	9. 19	213364827	198176564	7. 66	196309309	186492083	5. 26	10795893	10291795	4. 90
大连市	295310	283541	4. 15	2518870	2512802	0. 24	53715569	52501889	2. 31	168323161	164469928	2. 34	166914484	150824480	10. 67	10500443	10194276	3. 00
鞍山市	145854	150567	-3. 13	1022035	1008040	1. 39	20115824	19495281	3. 18	72091975	68000464	6. 02	68718944	66873701	2. 76	5345945	5320596	0. 48
抚顺市	89544	88599	1. 07	503638	510990	-1. 44	9125966	8458154	7. 90	29217577	27539144	6. 09	30480966	28493089	6. 98	2714184	2841096	-4. 47
本溪市	72568	72109	0. 64	418054	415319	0. 66	10111491	9054089	11. 68	35337811	28961031	22. 02	30868298	26105430	18. 24	1114375	1047524	6. 38
丹东市	102987	104044	-1. 02	574214	603181	-4. 80	9874114	9763290	1. 14	59435956	59895215	-0. 77	55097443	56426561	-2. 36	1679283	1676310	0. 18
锦州市	145363	153641	-5. 39	737980	739839	-0. 25	10766940	11801636	-8. 77	49944246	52213762	-4. 35	48017456	49129391	-2. 26	3395844	3430952	-1. 02
营口市	116149	115457	0. 60	668586	665142	0. 52	15124362	14017445	7. 90	60488428	56689010	6. 70	57642468	53993429	6. 76	3204030	2950593	8. 59
阜新市	81147	81258	-0. 14	426886	424723	0. 51	4410416	3698807	19. 24	17838267	15525487	14. 90	21269415	17693671	20. 21	1190775	998914	19. 21
辽阳市	55346	61944	-10. 65	481447	473605	1. 66	6731177	6335285	6. 25	27633466	26987046	2. 40	27473659	25349252	8. 38	2163186	2526818	-14. 39
铁岭市	82278	83198	-1. 11	453684	462954	-2. 00	6203010	5908600	4. 98	29024461	27558109	5. 32	28453459	26508586	7. 34	1308776	1220745	7. 21
朝阳市	116088	117616	-1. 30	531710	556553	-4. 46	6888098	7535493	-8. 59	27903464	30077283	-7. 23	27868532	29431311	-5. 31	1897486	2090939	-9. 25
盘锦市	63849	63208	1. 01	273393	287562	-4. 93	7151863	6749698	5. 96	36296864	41230303	-11. 97	32771040	38776875	-15. 49	896519	1148769	-21. 96
葫芦岛市	109809	110013	-0. 19	593103	589946	0. 54	3355140	3278975	2. 32	16542293	16228344	1. 93	15838624	15452855	2. 50	753348	796207	-5. 38

续表

计算单位：个、人、万元

地区	上交税金			劳动者报酬			出口交货值			固定资产投资		
	2014 年	2013 年	增幅%	2014 年	2013 年	增幅%	2014 年	2013 年	增幅%	2014 年	2013 年	增幅%
甲	19	20	21	22	23	24	25	26	27	28	29	30
辽宁省	21690017	21680135	0. 05	30535256	29510583	3. 47	21241646	20918000	1. 55	143608654	154008862	-6. 75
沈阳市	5783532	5441816	6. 28	6853449	6719262	2. 00	1976420	1918435	3. 02	38115863	36318578	4. 95
大连市	5792467	5116870	13. 20	8787081	8249463	6. 52	10359476	10333460	0. 25	38828202	38049890	2. 05
鞍山市	1588775	1790417	-11. 26	2663285	2462918	8. 14	1547322	1475068	4. 90	16445849	15981904	2. 90
抚顺市	975394	1008088	-3. 24	1146929	1118572	2. 54	514379	522165	-1. 49	4418470	4818260	-8. 30
本溪市	1026635	922452	11. 29	856376	781475	9. 58	102484	132326	-22. 55	5019347	5884293	-14. 70
丹东市	584862	615362	-4. 96	981269	938622	4. 54	2020456	2066581	-2. 23	3435104	3573924	-3. 88
锦州市	948038	972770	-2. 54	1326885	1180883	12. 36	1137561	1084274	4. 91	6930994	7714031	-10. 15
营口市	1600426	1750263	-8. 56	1625677	1420426	14. 45	1799203	1682844	6. 91	5044716	6503140	-22. 43
阜新市	444942	381239	16. 71	1046912	928228	12. 79	108844	103574	5. 09	3023326	3157884	-4. 26
辽阳市	871824	858567	1. 54	1183353	1181838	0. 13	704175	586742	20. 01	5045529	4978875	1. 34
铁岭市	388488	370340	4. 90	1190863	1111404	7. 15	65754	80200	-18. 01	4483399	4255531	5. 35
朝阳市	754336	908886	-17. 00	1103469	1231929	-10. 43	182292	191768	-4. 94	2781698	4169182	-33. 28
盘锦市	656770	718939	-8. 65	713252	824928	-13. 54	173269	196771	-11. 94	7282519	6868071	6. 03
葫芦岛市	273528	277372	-1. 39	1056456	987139	7. 02	550011	409377	34. 35	2753638	3675299	-25. 08

2014 年辽宁省民营经济主要

单位：个、人、万元

指标	企业个数			从业人员年末数			增加值			总产值		
	2014	2013	增长%	2014	2013	增长%	2014	2013	增长%	2014	2013	增长%
总计	1854437	1841398	0.7	11532244	11713762	-1.5	218918113	212620209	3.0	843442796	827207703	2.0
一、按登记注册类型分组												
1. 内资企业小计	1846776	1834108	0.7	11237754	11402669	-1.4	207450870	202382880	2.5	801719176	788443183	1.7
其中：(1)集体企业	7264	7299	-0.5	322003	309538	4.0	5285941	5997715	-11.9	17002492	18725665	-9.2
(2) 股份合作企业	8488	7717	10.0	122084	112644	8.4	4013023	3645735	10.1	13744569	12036121	14.2
(3) 联营企业	1452	768	89.1	43961	33219	32.3	2011063	1577726	27.5	7000590	5071444	38.0
(4) 有限责任公司	60601	60203	0.7	1620899	1659293	-2.3	43970785	44131154	-0.4	167812400	170340118	-1.5
(5) 股份有限公司	32366	31274	3.5	582707	578718	0.7	14396226	12387437	16.2	46334339	41836729	10.8
(6) 私营企业	261915	260630	0.5	3603207	3724845	-3.3	76517065	77829748	-1.7	300814266	305489026	-1.5
(7) 个体工商户	1474690	1466217	0.6	4942893	4984412	-0.8	61256767	56813365	7.8	249010520	234944080	6.0
2. 港澳台商投资企业	3196	3237	-1.3	93606	91149	2.7	4324805	3892244	11.1	15546673	14925076	4.2
3. 外商投资企业	4465	4053	10.2	200884	219944	-8.7	7142438	6345085	12.6	26176947	23839444	9.8
二、按国民经济行业分组												
第二产业	335568	353671	-5.1	5888219	6046716	-2.6	147182930	145808168	0.9	593817142	590914643	0.5
(一) 工业	302003	318546	-5.2	5089060	5257547	-3.2	133166311	132811171	0.3	536708858	541731644	-0.9
1. 采矿业	12864	14032	-8.3	433478	442969	-2.1	10886497	11227143	-3.0	46247179	47051371	-1.7
2. 制造业	286921	302396	-5.1	4574935	4731366	-3.3	120319439	120126068	0.2	482340418	488304931	-1.2
3. 电力、燃气及水的生产和供应业	2218	2118	4.7	80647	83212	-3.1	1960375	1457960	34.5	8121261	6375342	27.4
(二) 建筑业	33565	35125	-4.4	799159	789169	1.3	14016619	12996997	7.8	57108284	49182999	16.1
其中：资质等级企业	2944	3605	-18.3	235144	231387	1.6	4151946	4085124	1.6	13342192	13721292	-2.8
第三产业	1518869	1487727	2.1	5644025	5667046	-0.4	71735183	66812041	7.4	249625654	236293060	5.6
1. 交通运输仓储业	237389	254097	-6.6	732594	753902	-2.8	10210730	10522443	-3.0	42810343	41395080	3.4
2. 批发零售业	673535	656296	2.6	2484186	2449193	1.4	29026033	27283846	6.4	103152699	96380476	7.0
3. 住宿及餐饮业	200051	198540	0.8	1041828	1042573	-0.1	11311056	10501248	7.7	40538468	36462100	11.2
其中：餐饮业	114953	117697	-2.3	606696	626843	-3.2	6050271	5712111	5.9	22901206	20721383	10.5
4. 生活服务业	256100	236919	8.1	830742	863586	-3.8	11905316	10182698	16.9	33979754	32720773	3.8
5. 其他	151794	141875	7.0	554675	557792	-0.6	9282048	8321806	11.5	29144390	29334631	-0.6

经济指标对比表（行业，所有制）

单位：个、人、万元

营业收入			利润总额			上交税金			劳动者报酬		
2014	2013	增长%	2014	2013	增长%	2014	2013	增长%	2014	2013	增长%
807724097	786087642	2.8	46960087	47885534	-1.9	21690017	21680135	0.0	30535256	29510583	3.5
769125842	747905386	2.8	44294893	45413664	-2.5	20155586	20190458	-0.2	29338870	28472487	3.0
17514579	19038463	-8.0	740969	922531	-19.7	461371	506265	-8.9	897240	826680	8.5
14160350	12536381	13.0	789779	707009	11.7	580924	532791	9.0	333872	258723	29.0
6820006	4810662	41.8	574468	198776	189.0	349785	159797	118.9	297463	93519	218.1
165655004	165034616	0.4	9184388	10037528	-8.5	5007497	5146004	-2.7	4844061	4923269	-1.6
46513265	40427875	15.1	2956798	2851164	3.7	2093365	1749444	19.7	1941259	1886546	2.9
293542535	289015123	1.6	16818764	17254930	-2.5	7053175	7537005	-6.4	10055575	9637201	4.3
224920103	217042266	3.6	13229727	13441726	-1.6	4609469	4559152	1.1	10969400	10846549	1.1
15301599	14405006	6.2	1118739	1043140	7.2	734089	677563	8.3	412255	341250	20.8
23296656	23777250	-2.0	1546455	1428730	8.2	800342	812114	-1.4	784131	696846	12.5
560888976	550775704	1.8	30650588	31846881	-3.8	13248190	13971494	-5.2	16223862	16282687	-0.4
511731097	508668220	0.6	27584267	28713372	-3.9	11583029	12209525	-5.1	14048549	14116212	-0.5
45424857	45108978	0.7	3093084	3343698	-7.5	1251940	1552929	-19.4	1187417	1161521	2.2
458962821	457262735	0.4	24052636	25003210	-3.8	10175864	10475079	-2.9	12678647	12763598	-0.7
7343419	6296507	16.6	438547	366464	19.7	155225	181517	-14.5	182485	191093	-4.5
49157879	42107484	16.7	3066321	3133509	-2.1	1665161	1761969	-5.5	2175313	2166475	0.4
12677316	13274513	-4.5	787071	822021	-4.3	515215	483368	6.6	762552	690098	10.5
246835121	235311938	4.9	16309499	16038653	1.7	8441827	7708641	9.5	14311394	13227896	8.2
39294581	39958707	-1.7	2377784	2559205	-7.1	997368	1056472	-5.6	1730327	1684763	2.7
108729259	98100934	10.8	6537003	6480949	0.9	3394156	3143646	8.0	6386583	5749116	11.1
36967489	35174855	5.1	2906883	2769698	5.0	1250857	1192272	4.9	2470480	2276278	8.5
20600874	19991169	3.0	1597252	1542329	3.6	658418	641289	2.7	1352866	1242753	8.9
36301448	34698188	4.6	2492940	2305653	8.1	1492465	1235426	20.8	2027272	1949718	4.0
25542344	27379254	-6.7	1994889	1923148	3.7	1306981	1080825	20.9	1696732	1568021	8.2

2014 年吉林省民营经济主要指标完成情况表

指标＼地区	主营业务收入（亿元）		上交税金（亿元）		民营企业户数（户）		“三上”企业单位数（个）		个体工商业户数（万户）		从业人员（万人）		民营经济增加值（亿元）	
	本期实际	同比增长%	本期实际	同比增长%	本期实际	同比增长%	本期累计	同比增长%	本期实际	同比增长%	本期实际	同比增长%	本期实际	占 GDP 比重（%）
全省	30008.2	10.3	763.3	2.2	196928	21.1	12530	1.0	126.6	13.9	688.6	5.1	7053.7	51.1
长春市	10301.3	9.4	352.9	6.7	96901	22.5	3220	7.6	30.7	30.6	208.5	5.0	2222.8	41.3
吉林市	5492.7	9.8	102.4	-10.0	26391	13.5	2681	0.4	16.4	11.0	114.4	4.3	1285.9	47.1
四平市	2518.0	10.1	53.0	11.3	13577	25.6	1018	0.9	15.3	4.8	53.6	2.6	688.3	53.4
辽源市	1715.0	10.2	19.1	-3.1	6980	15.2	575	-5.1	6.1	15.4	34.2	0.4	438.5	57.7
通化市	2831.1	12.1	72.3	-4.0	11100	23.1	1173	-1.6	11.8	8.3	71.9	5.0	570.7	53.3
白山市	1691.7	11.5	33.3	-10.5	7533	11.0	751	-6.9	7.0	12.3	35.0	3.6	373.6	52.2
白城市	1071.9	11.1	32.1	15.9	6729	23.8	550	-12.3	10.6	9.9	28.2	9.5	307.1	41.8
松原市	2307.2	11.4	44.5	7.0	11857	23.0	1299	-1.5	14.7	12.0	79.8	8.2	819.5	47.1
延边州	2039.6	11.3	51.6	-0.5	15439	25.3	1248	6.9	13.4	6.0	60.8	6.6	459.4	51.0
长白山	39.6	11.2	2.0	30.3	421	75.4	39	6.8	0.5	19.2	2.1	5.7	17.5	58.9

全省民间投资完成额8040.58亿元，增长17.4%，占全省固定资产投资（不含农户）的比重为71.4%，同比上升了1.9个百分点。全省民营上交税金占全省全口径财政收入比重为34.9%，同比下降1个百分点。

2014年黑龙江省非公经济主要指标统计表

指　　标	计量单位	2014年1-12月	增幅+-%
一、非公经济增加值	亿元	7861.9	7.1
1. 企业	亿元	4931.2	5.1
2. 个体	亿元	2930.7	8.1
二、非公有制经济户数	万户	191.6	-0.8
1. 企业	万户	21.9	1.2
2. 个体	万户	169.7	-1.1
三、非公有制经济从业人员	万人	738.3	-1.0
其中：新增就业人数	万人	-7.3	—
非公经济从业人员占全社会就业人员的比重*	%	—	—
1. 企业	万人	298.6	-1.0
其中：新增就业人数	万人	-2.9	—
企业从业人员占全社会就业人员的比重*	%	—	—
2. 个体	万人	439.7	-1.0
其中：新增就业人数	万人	-4.4	—
个体从业人员占全社会就业人员的比重*	%	—	—
私营企业投资者人数（来源省工商局）*	万人	47.8	11.3
四、非公有制经济税收总额	亿元	954.4	4.1
占全省税收的比重	%	43.2	—
五、全省进出口总额	亿美元	389.0	0.1
非公有制经济进出口总额	亿美元	223.8	6.7
占全省进出口总额的比重	%	57.5	—
1. 私营企业进出口总额	亿美元	210.3	7.8
占全省进出口总额的比重	%	54.1	—
2. 个体企业进出口总额	万美元	1086.0	-83.0
3. 外资企业进出口总额	亿美元	13.4	-5.6
六、私营企业注册资金总额*	亿元	5937.3	30.3
个体户注册资金数额*	亿元	636.4	0.6
七、规模以上工业非公企业主营业务收入	亿元	6210.6	-2.4
全省规模以上工业企业主营业务收入	亿元	13086.0	-2.9
占全省规模以上工业企业主营业务收入比重	%	47.5	—
规模以上工业非公企业利润总额	亿元	347.2	-9.7
全省规模以上工业企业利润总额	亿元	985.0	-14.9
占全省规模以上工业企业利润总额比重	%	35.2	—
规模以上工业非公企业利税总额	亿元	511.2	-15.4
全省规模以上工业企业利税总额	亿元	2129.2	-12.2
占全省规模以上工业企业利税总额的比重	%	24.0	—

2014 年黑龙江省非公经济增加值占地区生产总值比重、增幅

	代码	现价地区生产总值（亿元）			现价非公有制经济增加值（亿元）			非公有制经济增加值占GDP（%）	
		本期累计	上年同期	现价比上年增减（%）	本期累计	上年同期	现价比上年增减（%）	本期累计	上年同期
甲	乙	1	2	3	4	5	6	7	8
合　计	01	15039. 4	14382. 9	4. 6	7861. 9	7508. 6	4. 7	52. 3	52. 2
哈尔滨	02	5332. 7	5010. 8	6. 4	2908. 6	2665. 1	9. 1	54. 5	53. 2
齐齐哈尔	03	1204. 6	1144. 1	5. 3	669. 3	619. 8	8. 0	55. 6	54. 2
鸡西	04	402. 4	431. 5	-6. 7	196. 4	203. 8	-3. 6	48. 8	47. 2
鹤岗	05	164. 9	206. 5	-20. 2	77. 4	99. 7	-22. 3	46. 9	48. 3
双鸭山	06	320. 8	418. 0	-23. 3	167. 1	241. 7	-30. 9	52. 1	57. 8
大庆	07	4070. 0	4181. 5	-2. 7	1064. 9	985. 4	8. 1	26. 2	23. 6
伊春	08	261. 6	284. 5	-8. 1	111. 4	120. 7	-7. 7	42. 6	42. 4
佳木斯	09	711. 5	669. 7	6. 3	373. 4	324. 6	15. 1	52. 5	48. 5
七台河	10	221. 3	241. 0	-8. 2	126. 9	138. 0	-8. 0	57. 3	57. 2
牡丹江	11	1294. 0	1209. 9	6. 9	790. 8	732. 9	7. 9	61. 1	60. 6
黑河	12	270. 5	251. 0	7. 8	109. 8	100. 8	8. 9	40. 6	40. 2
绥化	13	1275. 1	1185. 0	7. 6	717. 1	660. 2	8. 6	56. 2	55. 7
大兴安岭	14	153. 9	150. 0	2. 6	56. 2	53. 9	4. 3	36. 5	35. 9
农垦	15	1133. 5	1095. 1	3. 5	492. 6	458. 6	7. 4	43. 5	41. 9

2014 年黑龙江省非公有制经济增加值可比价增长速度

	合计	第一产业	第二产业	工业	规上	规下	建筑业	资质内	资质外	第三产业	批发和零售业	住宿和餐饮业	其他
甲	1	2	3	4	5	6	7	8	9	10	11	12	13
全省合计	7.1	7.1	3.4	4.0	3.0	5.7	-0.2	2.5	-4.1	10.6	10.4	9.8	10.9
哈尔滨	8.6	7.2	6.4	8.1	8.2	7.9	1.4	1.7	1.0	10.5	7.2	8.5	12.4
齐齐哈尔	8.0	7.6	5.1	4.6	4.6	4.6	12.3	12.5	10.5	11.4	15.1	11.5	7.3
鸡西	2.2	8.8	-4.9	-5.1	-5.1	-5.1	1.0	1.0	1.0	9.4	11.0	12.0	8.1
鹤岗	-7.9	3.5	-12.3	-13.3	-13.3	-13.3	-1.1	-1.1	-1.1	0.9	-10.0	-16	7.0
双鸭山	-9.8	2.6	-19.5	-20.2	-20.2	-20.2	2.3	2.3	2.3	22.3	15.0	25	26.0
大庆	7.9	8.7	4.8	4.9	4.8	4.9	1.2	1.2	1.2	10.6	7.5	11.9	12.4
伊春	-7.1	3.4	-19.4	-23.2	-23.2	-23.2	-1.0	-1	-1.0	-1.1	1.6	7.7	-5.3
佳木斯	8.2	8.2	7.2	6.9	6.9	6.8	9.2	9.2	9.2	8.9	9.2	7.6	9.1
七台河	4.1	5.3	2.7	2.8	2.9	2.7	0.8	1.1	-1.0	5.4	5.2	8.1	5.1
牡丹江	8.5	7.6	8.8	9.1	9.1	9.0	7.1	7.1	7.3	8.3	9.9	9.8	6.6
黑河	8.7	12.0	6.4	5.9	5.6	6.6	8.1	8.4	6.9	9.7	10.8	10.3	9.2
绥化	8.4	6.9	8.7	9.7	9.5	10.1	1.3	1.3	1.3	9.3	17.2	8.9	4.0
大兴安岭	2.4	10.4	-8.1	-10.0	-10.0	-10.0	-2.5	-2.5	-2.5	7.8	10.0	12.0	7.0
农垦总局	9.8	6.5	0	9.5	-0.2	12.1	-20.7	-27.2	-20.0	24.3	31.0	19.0	20.3
绥芬河	8.9	9.1	10.0	11.5	11.5	11.5	-9.3	-9.3	-9.3	8.7	12.0	7.5	1.6
抚远	6.7	7.2	3.0	6.8	6.8	6.8	-6.1	-6.1	-6.1	8.2	10.0	8.5	7.0

2014 年黑龙江省非公有制经济增加值分产业占地区生产总值比重、增幅

	代码	现价地区生产总值（亿元）			现价非公有制经济增加值（亿元）			非公有制经济增加值占 GDP（%）	
		本期累计	上年同期	可比价比上年增速（%）	本期累计	上年同期	可比价比上年增减（%）	本期累计	上年同期
甲	乙	1	2	3	4	5	6	7	8
合　计	01	15039.4	14382.9	5.6	7861.9	7508.6	7.1	52.3	52.2
一、第一产业	02	2659.6	2516.8	5.6	904.9	857.3	7.1	34.0	34.1
二、第二产业	03	5591.8	5918.2	2.8	3189.0	3367.6	3.4	57.0	56.9
1. 工业	04	4741.8	5090.3	3.0	2739.9	2874.9	4.0	57.8	56.5
2. 建筑业	07	850.0	827.9	0.8	449.1	492.7	-0.2	52.8	59.5
三、第三产业	08	6788.0	5947.9	9.0	3768.1	3283.7	10.6	55.5	55.2
1. 批发和零售业	09	1585.0	1458.1	7.4	1334.6	1189.9	10.4	84.2	81.6
2. 住宿和餐饮业	10	438.8	403.9	8.7	329.3	299.4	9.8	75.0	74.1
3. 其他	11	4764.2	4085.9	9.5	2104.1	1794.4	10.9	44.2	43.9

2014 年黑龙江省非公有制经济总量分地市汇总表

	代码	本期累计				上年同期				增加值可比价增速（%）
		总产出（万元）	增加值（万元）	单位数（个）	从业人员数（人）	总产出（万元）	增加值（万元）	单位数（个）	从业人员数（人）	
甲	乙	1	2	3	4	5	6	7	8	9
合　计	01	220967378. 2	78619168. 6	1916481	7383195	212706017. 9	74050007. 5	1932010	7455825	7. 1
哈尔滨市	02	78335618. 0	29085954. 0	360046	2054258	72752995. 6	26650794. 0	360016	2054108	8. 6
齐齐哈尔市	03	17571347. 0	6693437. 8	225861	737364	16366487. 7	6198324. 1	225880	732881	8. 0
鸡西市	04	5850175. 4	1964367. 6	92517	276744	6044460. 6	2037515. 9	92504	280701	2. 2
鹤岗市	05	2178945. 6	774137. 5	28660	164167	2973714. 9	996646. 5	30837	178389	-7. 9
双鸭山市	06	4607183. 9	1670572. 8	46964	146395	7777880. 6	2417394. 7	46980	152378	-9. 8
大庆市	07	26843222. 3	10649157. 2	196786	850428	25292690. 1	9853817. 0	196580	850013	7. 9
伊春市	08	3007179. 7	1113663. 9	80172	312053	3757454. 2	1206721. 1	80172	319725	-7. 1
佳木斯市	09	13344693. 6	3734411. 2	193532	608182	11933609. 5	3245561. 0	193535	608706	8. 2
七台河市	10	3119762. 6	1268827. 5	36852	126221	3436028. 3	1379568. 0	36728	130714	4. 1
牡丹江市	11	27036899. 1	7908053. 1	159952	659467	25000208. 3	7329282. 6	159287	655673	8. 5
黑河市	12	2949545. 0	1098109. 3	108192	201766	2685458. 8	1008136. 2	108175	201224	8. 7
绥化市	13	20464983. 8	7171069. 9	262337	952564	19144575. 3	6601639. 9	262444	957968	8. 4
大兴安岭地区	14	1807660. 9	561875. 8	16674	54722	1762594. 9	538756. 2	16267	54895	2. 4
农垦	15	13850161. 3	4925531. 0	107936	238864	13777859. 1	4585850. 3	122605	278450	9. 8

2014 年黑龙江省非公有制经济总量汇总表

	代码	本期累计				上年同期				比上年增长（+-%）均为现价增长速度			
		总产出（万元）	增加值（万元）	单位数（个）	从业人员数（人）	总产出（万元）	增加值（万元）	单位数（个）	从业人员数（人）	总产出（万元）	增加值	单位数	从业人员
甲	乙	1	2	3	4	5	6	7	8	9	10	11	12
合　计	01	220967378.2	78619168.6	1916481	7383195	212706017.9	74050007.5	1932010	7455825	3.9	6.2	-0.8	-1.0
一、按产业分组	02	220967378.2	78619168.6	1916481	7383195	212706017.9	74050007.5	1932010	7455825	3.9	6.2	-0.8	-1.0
（一）第一产业	03	18741434.7	9048715.6	574167	1698187	17695220.6	8392276.8	591205	1726513	5.9	7.8	-2.9	-1.6
1. 林牧渔业	04	17863475.3	8580693.4	558058	1634806	16925950.9	7986143.0	575260	1663754	5.5	7.4	-3.0	-1.7
2. 农林牧渔服务业	05	877959.4	468022.2	16109	63381	769269.7	406133.8	15945	62759	14.1	15.2	1.0	1.0
（二）第二产业	06	116246633.6	31889671.1	166913	2358072	117552949.7	31967156.3	166697	2401807	-1.1	-0.2	0.1	-1.8
1. 工业	07	101192415.0	27398913.8	136804	2017986	101930398.3	27087572.3	136623	2053958	-0.7	1.1	0.1	-1.8
（1）规模以上工业	08	66990227.3	16173751.7	3231	564886	70416815.4	16555298.7	3275	586922	-4.9	-2.3	-1.3	-3.8
① 装备制造业	09	9490862.1	2131434.7	527	80854	9782743.1	2110866.9	531	83724	-3.0	1.0	-0.8	-3.4
② 石油化工业	10	7430850.2	1679107.8	428	55029	8228628.6	1891036.8	432	57580	-9.7	-11.2	-0.9	-4.4
③ 能源工业	11	3541158.1	1160972.4	276	74311	4556123.2	1579523.9	315	80202	-22.3	-26.5	-12.4	-7.3
④ 食品加工业	12	28641595.6	6528710.3	1091	169278	30378843.0	6555645.4	1083	170220	-5.7	-0.4	0.7	-0.6
其中：农副产品加工业	13	19232424.7	3909512.0	819	106435	21132982.1	4131075.2	812	109127	-9.0	-5.4	0.9	-2.5
⑤ 医药工业	14	3117148.1	944148.8	94	20259	2919920.5	822036.9	93	20581	6.8	14.9	1.1	-1.6
⑥ 林业加工业	15	5756556.6	1345077.5	336	51812	5600888.5	1274672.6	342	55719	2.8	5.5	-1.8	-7.0
⑦ 其他工业	16	9012056.6	2384300.2	479	113343	8949668.5	2321516.2	479	118896	0.7	2.7	0.0	-4.7
（2）规模以下工业	17	34202187.7	11225162.1	133573	1453100	31513582.9	10532273.6	133348	1467036	8.5	6.6	0.2	-0.9
企业：	18	26756325.1	8316908.5	46676	975465	24537846.2	7889331.0	46553	982288	9.0	5.4	0.3	-0.7
① 装备制造业	19	6632258.3	1942739.9	12455	212462	6088070.6	1787955.0	12388	206851	8.9	8.7	0.5	2.7
② 石油化工业	20	1382331.3	494924.7	2999	52434	1344045.8	482612.0	2988	52894	2.8	2.6	0.4	-0.9
③ 能源工业	21	1021302.4	449321.9	1175	48626	1152057.5	500595.2	1170	55504	-11.3	-10.2	0.4	-12.4
④ 食品加工业	22	7699541.7	1925167.3	8921	144491	7137275.2	1797322.6	8944	148354	7.9	7.1	-0.3	-2.6
其中：农副产品加工业	23	3690987.0	889337.5	4587	80554	3691858.3	918524.0	4589	82866	0.0	-3.2	0.0	-2.8
⑤ 医药工业	24	155114.8	54738.1	529	8839	144680.4	52641.1	532	8865	7.2	4.0	-0.6	-0.3
⑥ 林业加工业	25	2835165.8	776348.1	6769	133840	2637169.4	736166.9	6743	136865	7.5	5.5	0.4	-2.2

续表

	代码	本期累计				上年同期				比上年增长（+-%）均为现价增长速度			
		总产出（万元）	增加值（万元）	单位数（个）	从业人员数（人）	总产出（万元）	增加值（万元）	单位数（个）	从业人员数（人）	总产出（万元）	增加值	单位数	从业人员
⑦ 其他工业	26	7030610.8	2673668.5	13828	374773	6034547.3	2532038.2	13788	372955	16.5	5.6	0.3	0.5
个体：	27	7445862.6	2908253.6	86897	477635	6975736.7	2642942.6	86795	484748	6.7	10.0	0.1	-1.5
2. 建筑业	28	15054218.6	4490757.3	30109	340086	15622551.4	4879584.0	30074	347849	-3.6	-8.0	0.1	-2.2
（1）有资质等级的建筑业	29	10659092.6	2648324.6	1894	223291	11060392.9	2844277.3	2000	231486	-3.6	-6.9	-5.3	-3.5
（2）无资质等级的建筑业	30	4395126.0	1842432.7	28215	116795	4562158.5	2035306.7	28074	116363	-3.7	-9.5	0.5	0.4
（三）第三产业	31	85979309.9	37680781.9	1175401	3326936	77457847.6	33690574.4	1174108	3327505	11.0	11.8	0.1	0.0
1. 批发和零售贸易业	32	30808298.1	13346203.4	633770	1498035	27032693.7	11968662.7	634318	1498074	14.0	11.5	-0.1	0.0
2. 住宿和餐饮业	33	7848144.4	3293406.3	119151	423084	6979325.3	3018710.2	119224	424998	12.4	9.1	-0.1	-0.5
3. 其他	34	47322867.4	21041172.2	422480	1405817	43445828.6	18703201.5	420566	1404433	8.9	12.5	0.5	0.1
二、按企业和非企业分组	35	220967378.2	78619168.6	1916481	7383195	212706017.9	74050007.5	1932010	7455825	3.9	6.2	-0.8	-1.0
（一）企业	36	148455534.6	49311961.9	219455	2985852	145467450.6	46927847.8	216928	3014985	2.1	5.1	1.2	-1.0
1. 民营企业	37	131747320.5	43101080.3	205286	2769647	129579843.3	41129003.9	202777	2797610	1.7	4.8	1.2	-1.0
2. 港澳台及外商投资企业	38	12360951.9	4454906.3	3265	150396	11852185.0	4171090.5	3260	151662	4.3	6.8	0.2	-0.8
3. 民办非企业和社会团体	39	4347262.2	1755975.3	10904	65809	4035422.3	1627753.4	10891	65713	7.7	7.9	0.1	0.1
（二）个体经营	40	72511843.6	29307206.7	1697026	4397343	67238567.3	27122159.7	1715082	4440840	7.8	8.1	-1.1	-1.0

2014 年黑龙江省非公有制经济增加值占地区生产总值比重

名称	序号	地区生产总值（亿元）	非公有制经济增加值（亿元）	比重（%）
甲	乙	1	2	3
合　计	01	15039.4	7861.9	52.3
一、第一产业	02	2659.6	904.9	34.0
二、第二产业	03	5591.8	3189.0	57.0
1. 工业	04	4741.8	2739.9	57.8
2. 建筑业	05	850.0	449.1	52.8
三、第三产业	06	6788.0	3768.1	55.5

上海中型法人企业情况（2014 年年报数）

	单位数	从业人员	营业收入	实收资本
	（个）	（人）	（千元）	（千元）
总　　计	11790	2691047	5033520718	1238488956
一、按三次产业分				
第一产业	304	14182	7488891	5169120
第二产业	2358	1240922	1025722403	225645487
第三产业	9128	1435943	4000309424	1007674349
二、按主要登记注册类型分				
内　资	8262	1814460	3509808631	828987214
国　有	600	154041	355906680	282860527
集　体	162	49946	19432658	3501078
私　营	4542	941921	1273405813	154898156
私营独资	127	14543	31542359	1523188
私营合伙	29	3480	2401571	103160
私营有限责任公司	4219	889053	1203109128	143399744
私营股份有限公司	167	34845	36352755	9872064
港澳台商及外商投资	3528	876587	1523712087	409501742
港澳台商投资	1276	304908	509897735	155207582
外商投资	2252	571679	1013814352	254294160
三、按主要行业分				
农业　01－05	322	14647	7949898	5241660
工业　06－46	1423	763447	774062244	192722637
建筑业　47－50	949	486323	254496054	41274456
批发业　51	3449	264500	2721031133	132690365
零售业　52	1114	143935	218760913	59808302
交通运输业　53－58	176	145386	168933264	47916367
仓储业　59	111	24865	19077597	3810327
邮政业　60	14	10020	5076144	331913
住宿业　61	154	32745	8191508	8098760
餐饮业　62	317	59612	13206389	4316488
信息传输、软件和信息技术服务业 63－65	495	102560	74676447	18113833
金融业　66－69	171	28207	127165290	72333991
房地产业 70	1718	139261	368822259	448447453
租赁业 71	18	10678	7701661	2966885
商务服务业 72	495	323995	192071233	179781114
科学研究和技术服务业 73－75	443	71649	39738857	10122969
居民服务业 79	57	9152	2451013	462099

上海小型法人企业情况（2014 年年报数）

	单位数	从业人员	营业收入	实收资本
	（个）	（人）	（千元）	（千元）
总　　计	85971	3497543	4028649255	1895230358
一、按三次产业分				
第一产业	566	8305	1025548	2445487
第二产业	25504	1752560	1179590575	393378543
第三产业	59901	1736678	2848033132	1499406328
二、按主要登记注册类型分				
内　资	73684	2781810	3126147856	1514364895
国　有	1636	91934	131030481	193942875
集　体	2008	85352	32349499	10305048
私　营	60243	2112389	2071763517	317402951
私营独资	3682	98982	53277261	7257067
私营合伙	1120	29691	25913214	5119268
私营有限责任公司	54361	1930132	1947995512	293620335
私营股份有限公司	1080	53584	44577530	11406281
港澳台商及外商投资	12287	715733	902501399	380865463
港澳台商投资	4249	239061	283323244	134868355
外商投资	8038	476672	619178155	245997108
三、按主要行业分				
农业　01 – 05	592	8623	1074155	2988562
工业　06 – 46	21682	1487647	1091491040	358487933
建筑业　47 – 50	3986	278169	93858696	36081226
批发业　51	16340	264926	1848134476	139145812
零售业　52	4177	81181	135057114	15715803
交通运输业　53 – 58	2557	171528	196318113	89691328
仓储业　59	462	19485	13507971	7651004
邮政业　60	167	9696	1287866	239522
住宿业　61	984	32835	7564161	12763559
餐饮业　62	3536	119510	28461826	7568488
信息传输、软件和信息技术服务业　63 – 65	4334	126454	67724633	28242438
金融业　66 – 69	1138	30881	97626735	100325151
房地产业　70	2905	116118	33732600	141457689
租赁业　71	446	17620	8540680	12181072
商务服务业　72	10634	437788	277225967	867134290
科学研究和技术服务业　73 – 75	6122	149670	65385687	42389235
居民服务业　79	1326	28015	5489825	1620958

上海微型法人企业情况（2014 年年报数）

	单位数	从业人员	营业收入	实收资本
	（个）	（人）	（千元）	（千元）
总　　计	308253	2131004	1115651541	1815287171
一、按三次产业分				
第一产业	922	5117	85974	1935943
第二产业	69305	646934	160583925	165698392
第三产业	238026	1478953	954981642	1647652836
二、按主要登记注册类型分				
内　资	290755	1980344	955483126	1010861160
国　有	1747	19763	23696493	68882104
集　体	5805	46221	9183138	16081523
私　营	261480	1729270	749190340	563347410
私营独资	33590	176892	43122979	80973962
私营合伙	5203	31526	8022699	29567564
私营有限责任公司	220869	1505223	691767944	446527924
私营股份有限公司	1818	15629	6276718	6277960
港澳台商及外商投资	17498	150660	160168415	804426011
港澳台商投资	6978	66084	54952026	285984005
外商投资	10520	84576	105216389	518442006
三、按主要行业分				
农业　01－05	977	5294	90300	1976501
工业　06－46	58675	538390	146352978	122124934
建筑业　47－50	11311	114838	15682547	44627615
批发业　51	93947	601311	654657233	198381539
零售业　52	30377	138223	61488044	22230849
交通运输业　53－58	9874	77210	60247437	74427745
仓储业　59	1443	10784	6018051	334887974
邮政业　60	760	6725	1099336	1199192
住宿业　61	2146	13204	2559972	4657552
餐饮业　62	5633	53536	3072499	3432603
信息传输、软件和信息技术服务业　63－65	10244	68218	16220859	26070619
金融业　66－69	1082	4608	3839344	43924720
房地产业　70	11285	136057	28208884	384699579
租赁业　71	1807	8669	2384537	15648642
商务服务业　72	41328	238477	83393979	482531761
科学研究和技术服务业　73－75	13088	56732	18056396	35227634
居民服务业　79	4518	18008	1228974	911725

2014年江苏省规模以上中小工业主要经济指标

单位：个、亿元

主要经济指标	企业个数	销售收入		利税总额		利润总额	
		实绩	增长%	实绩	增长%	实绩	增长%
总计	45735	87867.15	10.3	9242.17	13.5	5804.54	13.6
1. 国有企业	126	394.40	7.2	60.28	21.4	39.66	28.9
2. 集体企业	284	467.77	12.3	46.64	30.1	26.32	41.3
3. 股份合作企业	101	135.92	13.8	16.67	23.3	10.01	23.3
4. 股份制企业	32002	57071.34	11.3	6001.38	15.0	3656.48	15.2
5. 外商及港澳台投资企业	10410	26453.04	8.3	2750.64	10.3	1852.43	10.3
6. 其他企业	2812	3344.68	8.7	366.56	10.8	219.64	9.3
在总计中：国有控股企业	795	4171.33	6.4	538.10	7.9	354.85	14.8
在总计中：民营工业	34630	57932.34	11.4	6060.72	15.4	3675.93	15.0
其中：私营工业	29031	45473.74	10.5	4716.51	13.5	2833.82	12.8

2014年江苏省规模以上中小工业主要经济指标（分地区）

单位：个、亿元

地区 \ 指标	企业个数	销售收入		利税总额		利润总额	
		实绩	增长%	实绩	增长%	实绩	增长%
苏南地区	24006	41376.04	5.5	3781.32	9.9	2458.99	11.0
南京市	2576	6575.33	6.7	836.41	8.4	551.90	9.4
无锡市	5033	7973.71	-1.9	675.28	3.1	463.00	5.2
常州市	3946	7143.81	12.1	675.67	18.5	418.19	19.8
苏州市	9744	14190.87	4.8	1063.09	8.5	689.49	9.2
镇江市	2707	5492.32	9.2	530.87	14.7	336.41	16.1
苏中地区	10052	22050.14	13.9	2655.39	16.9	1633.23	16.6
南通市	4914	9541.20	11.9	1134.35	15.4	732.79	14.0
扬州市	2592	5960.56	12.0	697.59	10.9	418.38	12.1
泰州市	2546	6548.38	18.8	823.45	24.7	482.06	25.5
苏北地区	11677	24440.97	15.9	285.46	15.4	1712.31	14.5
徐州市	2763	8850.01	14.9	1221.07	11.2	735.71	9.7
连云港市	1509	3344.63	13.5	354.18	21.1	219.67	17.2
淮安市	2199	4041.10	21.1	329.52	27.3	206.60	25.8
盐城市	2722	5403.06	15.5	578.10	19.4	334.64	20.5
宿迁市	2484	2802.17	15.2	322.59	8.6	215.69	10.1

2014 年江苏省规模以上中小工业主要经济指标（分行业）

单位：亿元、%

指标 行业	总产值		销售收入		利税总额		利润总额	
	本期	增长	本期	增长	本期	增长	本期	增长
总计	90078.12	10.7	87867.15	10.3	9242.17	13.5	5804.54	13.6
冶金（有色）	8347.77	6.5	8157.31	6.0	634.28	18.9	380.25	20.9
其中：冶金	4699.03	5.2	4565.25	4.7	409.72	18.4	241.87	17.9
有色	3648.74	8.2	3592.06	7.6	224.56	19.7	138.38	26.5
机械	26727.44	12.0	25744.68	11.6	2934.84	14.0	1870.03	13.8
建材	4865.28	10.4	4754.68	9.9	503.66	11.3	289.68	12.7
石油石化	13611.94	12.1	13291.16	10.8	1367.85	14.0	862.61	13.6
轻工（烟草）	16411.44	12.2	16147.64	11.7	1696.11	11.5	1053.66	11.1
其中：轻工	16398.99	12.2	16135.57	11.7	1693.95	11.5	1052.03	11.1
烟草	12.45	4.5	12.07	0.7	2.16	-0.1	1.63	1.7
纺织	9243.67	6.7	9076.91	6.5	840.24	11.8	484.14	10.7
电子	6211.60	14.4	6104.82	14.2	457.45	19.5	293.45	20.3
医药	2115.00	12.7	2058.26	12.6	317.09	15.8	200.98	14.4
煤炭	20.49	23.8	21.55	34.9	2.63	37.4	1.33	32.5
电力	1249.92	-1.0	1249.28	-0.2	336.06	9.7	259.56	14.0
其他	1273.57	5.3	1260.86	5.9	151.96	6.1	108.86	6.2

2014 年江苏省私营企业注册情况（分市）

项目	户数（户）				注册资本（万元）	
	本期	比上年底增长（%）	今年新注册	同比增长（%）	本期	比上年底增长（%）
全省合计	1574030	8.5	277605	13.9	558250631	17.4
省级	5540	-6.7	228	10.1	14210920	43.7
南京市	200659	16.3	38707	54.8	56428033	39.6
无锡市	159977	9.3	25547	30.5	66253761	16.6
徐州市	112997	12.6	18422	8.1	28572044	20.6
常州市	97909	10.9	15805	33.7	34717066	22.9
苏州市	295562	15.6	54742	43.9	114909616	18.9
南通市	226878	2.9	17918	-32.4	74251116	11.3
连云港市	45806	10.5	10048	1.1	16477232	28.5
淮安市	53490	16.1	14231	28.3	17618888	17.3
盐城市	114044	-16.5	23605	-29.9	34469822	-11.0
扬州市	76879	22.8	20313	31.0	31640872	21.9
镇江市	51634	-9.5	8893	14.5	25226076	-7.5
泰州市	67747	19.1	12682	30.2	26383323	28.5
宿迁市	64908	7.1	16464	-7.2	17091861	31.8

2014年江苏省个体工商户注册情况（分市）

项目	户数（户）		注册资本（万元）	
	本期	比上年底增长（%）	本期	比上年底增长（%）
合计	3710703	-2.2	31856365	-14.4
南京市	344157	13.0	2803628	13.2
无锡市	247638	7.2	1221462	19.4
徐州市	353827	8.9	2160908	23.9
常州市	218945	9.0	1358401	20.0
苏州市	489592	8.9	3392118	16.1
南通市	534077	1.9	2740329	14.6
连云港市	136690	9.7	974525	19.1
淮安市	202709	16.4	2105220	18.3
盐城市	354238	-38.8	3630476	-69.6
扬州市	205080	19.5	1762648	15.0
镇江市	149255	-8.0	2543601	-22.1
泰州市	214121	8.7	5440919	17.8
宿迁市	260374	-25.5	1722130	9.6

2014年江西省规模以上工业中小企业主要指标情况

主要指标 / 地市	企业数	主营业务收入		增加值		利税总额	
		同期数（亿元）	增长率（%）	同期数（亿元）	增长率（%）	同期数（亿元）	增长率（%）
南昌市	1044	2867.93	14.26	710.71	15.32	254.82	24.50
景德镇市	298	787.59	10.98	196.73	13.41	80.92	15.10
萍乡市	653	1554.93	8.29	402.77	11.24	268.40	7.09
九江市	1100	3642.00	26.08	796.15	10.95	369.31	22.80
新余市	297	798.21	7.67	164.22	21.27	64.03	2.64
鹰潭市	208	1192.81	16.56	158.46	11.01	95.30	15.93
赣州市	1078	2751.47	15.28	680.07	21.98	296.13	10.51
吉安市	944	2446.78	16.63	565.04	14.49	319.04	18.15
宜春市	924	2724.40	13.26	657.87	15.69	354.69	14.39
抚州市	822	1457.07	14.77	295.84	15.99	158.17	19.71
上饶市	729	2121.12	9.10	499.52	12.91	310.57	20.53
合计	8097	22344.31	15.10	5175.82	13.89	2571.37	16.42

2014 年山东省规模以上中小企业生产指标月报表

单位：亿元

指标名称	增加值			出口交货值				
	中小企业	全部规模工业	占全部规模以上工业比重（%）	中小企业		全部规模工业		占全部规模以上工业比重（%）
	增减（%）	增减（%）		本月止累计	增减（%）	本月止累计	增减（%）	
全省	10.48	9.62	63.67	4188.01	3.29	8550.82	6.75	48.98
济南	11.19	10.05	54.94	91.86	18.21	246.95	3.04	37.20
青岛	10.04	9.45	74.37	1294.58	7.99	2084.42	9.63	62.11
淄博	3.71	8.60	69.21	169.25	-11.48	335.39	-7.01	50.46
枣庄	9.32	10.45	86.48	51.16	16.02	66.86	16.60	76.52
东营	12.99	11.36	37.90	149.89	13.98	460.87	3.13	32.52
烟台	6.42	9.62	52.09	609.31	-1.55	1913.43	11.42	31.84
潍坊	9.67	10.45	66.82	470.53	1.11	912.96	11.43	51.54
济宁	8.96	11.72	41.12	76.73	2.00	283.33	4.03	27.08
泰安	12.75	11.36	69.83	76.30	3.04	104.67	1.17	72.89
威海	10.59	11.77	71.47	527.90	6.90	889.24	1.23	59.37
日照	2.91	10.86	47.62	102.50	7.94	269.17	12.60	38.08
莱芜	14.11	11.65	53.64	30.65	58.99	88.26	64.58	34.73
临沂	15.47	14.52	73.11	203.00	3.00	300.45	3.53	67.57
德州	15.24	14.02	84.03	79.85	-44.18	106.87	-35.34	74.72
聊城	17.96	11.51	69.57	38.99	17.79	114.69	13.29	34.00
滨州	3.49	9.55	37.92	62.90	10.71	205.70	-1.55	30.58
菏泽	15.05	15.05	77.01	152.61	9.31	167.55	8.31	91.08

2014 年山东省规模以上中小企业

指标名称	企业单位数		全部从业人员平均人数（万人）				主营业务收入（亿元）			
	中小企业	全部工业	中小企业		全部规模工业		中小企业		全部规模工业	
	本月止累计（个）	本月止累计（个）	本月止累计	增减（%）	本月止累计	增减（%）	本月止累计	增减（%）	本月止累计	增减（%）
全省	38012	38962	606.29	1.73	923.12	0.96	90358.47	11.50	143488.14	9.81
济南	1848	1889	25.95	-1.54	39.97	-1.79	2792.96	10.53	5391.04	7.92
青岛	4507	4603	77.68	2.39	105.23	0.77	11373.73	12.32	16435.83	10.66
淄博	2946	3021	43.19	-4.43	64.66	-5.00	7548.57	5.67	11428.13	4.25
枣庄	1395	1413	35.57	0.32	44.69	-1.76	2973.25	8.69	3589.37	6.91
东营	867	921	15.93	3.16	43.81	6.89	6671.54	14.48	13516.34	11.95
烟台	2589	2687	52.69	-0.76	88.99	0.52	7570.80	8.72	14899.58	7.07
潍坊	3799	3907	56.48	2.20	84.95	1.43	7987.99	10.21	12602.55	8.69
济宁	2044	2102	28.83	1.92	57.44	-1.39	2377.06	7.78	5980.14	12.60
泰安	1812	1882	28.87	0.73	51.65	-1.38	4697.20	19.25	7115.11	12.69
威海	1445	1517	34.58	3.31	52.70	3.45	4590.43	11.75	6561.43	9.68
日照	553	573	10.86	-1.87	16.20	-0.22	1415.57	9.93	2875.73	9.16
莱芜	496	511	5.95	-2.09	11.27	-4.05	739.96	14.33	1948.52	6.08
临沂	3861	3934	57.51	3.54	76.55	4.54	7146.64	16.64	10023.14	16.08
德州	3397	3444	44.26	3.82	54.41	3.76	7327.77	17.09	8890.05	15.41
聊城	2563	2602	30.11	7.75	43.99	4.95	5923.27	17.48	8592.91	14.61
滨州	1260	1304	18.95	-1.40	39.28	-3.32	2739.54	-1.19	7463.18	3.12
菏泽	2629	2647	38.88	6.75	42.64	6.95	4852.48	13.64	6267.62	15.41

效益指标月报表

利润总额（亿元）				利税总额（亿元）			
中小企业		全部规模工业		中小企业		全部规模工业	
本月止累计	增减（%）	本月止累计	增减（%）	本月止累计	增减（%）	本月止累计	增减（%）
5638.42	4.68	8763.41	4.64	8948.34	6.95	14263.11	5.64
196.62	14.67	297.13	14.90	321.39	15.61	620.06	17.14
589.30	5.67	863.27	5.57	1169.46	11.42	1676.55	9.32
564.09	-9.25	695.92	-9.80	885.83	-8.08	1194.58	-7.30
166.46	12.51	193.16	5.70	298.31	9.14	363.80	3.56
566.45	1.97	1254.94	1.23	738.52	1.34	1972.50	0.76
561.50	4.03	1077.96	3.51	745.48	4.49	1442.31	4.57
448.45	7.17	695.13	9.24	666.30	11.01	1070.57	10.07
130.65	4.39	341.84	0.76	214.81	11.36	575.68	4.27
350.17	6.36	464.44	3.64	564.01	12.23	768.33	6.89
230.63	11.26	354.44	12.78	376.98	12.70	561.49	11.63
38.68	-6.60	83.74	9.27	65.72	-3.88	122.49	0.54
27.28	17.31	23.13	5.83	37.47	16.29	52.47	1.25
384.75	10.99	530.97	9.94	590.36	14.03	813.90	11.41
442.49	8.16	541.31	10.25	792.66	9.27	958.10	10.00
388.46	10.47	576.74	11.43	565.48	12.70	819.92	10.49
83.20	-24.35	262.97	-10.78	158.03	-18.47	427.80	-7.74
416.76	10.41	507.63	10.45	666.98	11.55	825.10	11.62

2014 年山东省个体、私营经济运行情况汇总表

单位：万户、万人、亿元

指标	合计			私营企业			个体工商业		
	总量	去年同期	同比增幅（%）	总量	去年同期	同比增幅（%）	总量	去年同期	同比增幅（%）
户数	497.1	387.6	28.3	99.66	75.34	32.28	397.43	312.21	27.30
人数	1757.4	1502.3	17.0	926.12	792.55	16.85	831.28	709.78	17.12
注册资金	38000.4	25351.3	49.9	35768.56	23771.10	50.47	2231.85	1580.20	41.24

2014 年河南省非公有制经济和中小企业主要指标统计表

1. 企业单位数（个）	5. 出口创汇（亿美元）
2. 资产合计（亿元）	6. 税金总额（亿元）
3. 营业收入（亿元）	7. 从业人员期末数（万人）
4. 增加值合计（亿元）	

行业名称	行业代码	行业名称	行业代码
农业	0100	橡胶制品业	2900
林业	0200	塑料制品业	3000
畜牧业	0300	非金属矿物制品业	3100
渔业	0400	黑色金属冶炼及压延加工业	3200
农、林、牧、渔服务业	0500	有色金属冶炼及压延加工业	3300
煤炭开采和洗选业	0600	金属制品业	3400
石油和天然气开采业	0700	通用设备制造业	3500
黑色金属矿采选业	0800	专用设备制造业	3600
有色金属矿采选业	0900	交通运输设备制造业	3700
非金属矿采选业	1000	电气机械及器材制造业	3900
其他采矿业	1100	通信设备、计算机及其他电子设备制造业	4000
农副食品加工业	1300	仪器仪表及文化、办公用机械制造业	4100
食品制造业	1400	工艺品及其他制造业	4200
饮料制造业	1500	废弃资源和废旧材料回收加工业	4300
烟草制品业	1600	电力、热力的生产和供应业	4400
纺织业	1700	燃气生产和供应业	4500
纺织服装、鞋、帽制造业	1800	水的生产和供应业	4600
皮革、毛皮、羽毛（绒）及其制品业	1900	建筑业	E
木材加工及木、竹、藤、棕、草制品业	2000	交通运输、仓储及邮政业	F
家具制造业	2100	信息传输、计算机服务和软件业	G
造纸及纸制品业	2200	批发和零售业	H
印刷业和记录媒介的复制	2300	住宿和餐饮业	I
文教体育用品制造业	2400	金融业	J
石油加工、炼焦及核燃料加工业	2500	房地产业	K
化学原料及化学制品制造业	2600	租赁和商务服务业	L
医药制造业	2700	其他行业 *	—
化学纤维制造业	2800		

注：行业划分依据为国家统计局公布的国民经济行业分类标。

2014 年河南省中小企业主要经济指标统计表（分地区）

地区	企业单位数（万个）	营业收入（亿元）	增加值合计（亿元）	实交税金（亿元）	从业人员期末数（万人）
合计	40.91	58138.96	18445.47	1699.84	1166.91
郑州市	8.63	9864.22	4399.41	561.63	183.78
开封市	1.66	2948.49	776.80	49.83	45.91
洛阳市	3.87	5180.55	1621.98	150.37	77.02
平顶山	2.52	2702.46	831.17	68.19	51.89
安阳市	0.70	3847.36	1047.49	152.21	51.86
鹤壁市	0.72	1158.95	417.73	32.56	36.94
新乡市	2.15	3018.15	867.24	81.16	69.09
焦作市	0.92	3063.79	890.09	62.35	44.55
濮阳市	1.48	3807.61	1021.14	77.43	67.01
许昌市	3.07	4837.19	1426.53	126.38	91.09
漯河市	1.06	2237.85	505.69	48.13	34.05
三门峡	0.84	1423.91	483.67	39.83	32.06
南阳市	4.35	4580.23	1469.79	80.24	116.86
商丘市	2.69	2235.80	628.50	35.87	58.91
信阳市	2.19	2014.11	620.80	29.54	68.10
周口市	2.41	2732.80	740.72	30.28	65.10
驻马店	1.27	1754.26	505.88	26.66	62.93
济源市	0.38	731.23	190.84	47.18	9.76

2014年河南省非公有制经济主要经济指标统计表（分地区）

地区	企业单位数（个）	营业收入（亿元）	增加值合计（亿元）	实交税金（亿元）	从业人员期末数(万人)
合计	2630438	72408.56	23503.64	2105.69	1999.77
郑州市	391618	11523.01	4959.68	694.69	235.40
开封市	82650	3519.09	972.29	55.94	68.59
洛阳市	283573	6923.65	2242.26	191.68	162.49
平顶山	173551	3348.00	993.50	86.96	93.34
安阳市	88003	4569.43	1217.90	162.93	83.86
鹤壁市	26298	1241.82	407.27	27.91	25.68
新乡市	118847	3999.44	1989.90	107.55	113.16
焦作市	52778	3484.97	1003.72	81.64	67.89
濮阳市	140232	4433.81	1214.60	91.17	110.27
许昌市	202048	6046.64	1785.69	133.30	154.63
漯河市	40668	2183.24	485.81	49.66	44.06
三门峡	72064	1804.04	570.20	54.46	46.49
南阳市	206760	5575.79	1771.58	152.50	198.8
商丘市	220768	3543.24	987.62	51.68	124.17
信阳市	191453	2938.28	944.21	34.38	129.31
周口市	79684	2891.40	766.45	36.66	114.67
驻马店	232470	3484.10	972.83	58.04	208.35
济源市	26973	898.61	218.15	34.54	18.63

2014 年河南省中小企业主要经济指标统计表（分行业）

指标名称	企业个数（个）		营业收入（万元）	营业收入（亿元）	增加值（万元）	增加值（亿元）
总计	47590	980	393141314	39314.13	62003	6.20
按工业行业分组	47590	980	393141314	39314.13	62003	6.20
煤炭开采和洗选业	503	5	12980992	1298.10	4863605	486.36
石油和天然气开采业	71	0	335010	33.50	127101	12.71
黑色金属矿采选业	411	20	5810644	581.06	2481063	248.11
有色金属矿采选业	733	26	9629137	962.91	3280065	328.01
非金属矿采选业	717	45	8806975	880.70	3452602	345.26
开采辅助活动	126	0	1399081	139.91	364236	36.42
其他采矿业	683	84	8295995	829.60	3350791	335.08
农副食品加工业	3001	49	40809779	4080.98	9707891	970.79
食品制造业	1530	27	14062569	1406.26	3996233	399.62
酒、饮料和精制茶制造业	473	5	7490381	749.04	2109808	210.98
烟草制品业	23	0	555708	55.57	157635	15.76
纺织业	1102	87	20262675	2026.27	6082736	608.27
纺织服装、服饰业	842	44	8066758	806.68	2554406	255.44
皮革、毛皮、羽毛及其制品和制鞋业	587	77	8842684	884.27	2474376	247.44
木材加工和木、竹、藤、棕、草制品业	846	22	8364762	836.48	2222264	222.23
家具制造业	627	27	3769540	376.95	1189093	118.91
造纸和纸制品业	364	6	4913361	491.34	1445867	144.59
印刷和记录媒介复制业	226	0	2054457	205.45	691143	69.11
文教、工美、体育和娱乐用品制造业	155	49	2525178	252.52	854650	85.47
石油加工、炼焦和核燃料加工业	175	1	6552291	655.23	2218579	221.86
化学原料和化学制品制造业	877	53	16853373	1685.34	4711263	471.13
医药制造业	413	20	6210052	621.01	2078186	207.82
化学纤维制造业	156	8	2505251	250.53	778970	77.90
橡胶和塑料制品业	621	9	10615705	1061.57	3039268	303.93
非金属矿物制品业	1801	37	31369188	3136.92	9573099	957.31

续表

指标名称	企业个数（个）		营业收入（万元）	营业收入（亿元）	增加值（万元）	增加值（亿元）
黑色金属冶炼和压延加工业	600	23	13459548	1345.95	4042855	404.29
有色金属冶炼和压延加工业	728	32	24519248	2451.92	6122167	612.22
金属制品业	1652	48	14586334	1458.63	3817038	381.70
通用设备制造业	1723	46	26514669	2651.47	6810475	681.05
专用设备制造业	1044	26	14400671	1440.07	4275681	427.57
汽车制造业	258	11	4197437	419.74	1245538	124.55
铁路、船舶、航空航天和其他运输设备制造业	156	2	3913212	391.32	1253015	125.30
电气机械和器材制造业	414	7	7022068	702.21	1881382	188.14
计算机、通信和其他电子设备制造业	252	13	3360258	336.03	766683	76.67
仪器仪表制造业	192	3	3079025	307.90	1085514	108.55
其他制造业	22931	67	24907595	2490.76	7901879	790.19
废弃资源综合利用业	159	0	1447987	144.80	447451	44.75
金属制品、机械和设备修理业	154	1	1475295	147.53	649849	64.98
电力、热力生产和供应业	121	0	5391056	539.11	1724643	172.46
燃气生产和供应业	40	0	483996	48.40	171387	17.14
水的生产和供应业	103	0	1301369	130.14	422119	42.21

2014 年河南省中小微企业基本情况表（分 16 大行业）

指标名称	企业个数（万个）	从业人员年末数（万人）	增加值（亿元）	营业收入（亿元）	实交税金（亿元）	资产总额（亿元）	出口交货值（亿元）
农、林、牧、渔业	1.84	36.19	324.48	981.83	22.24	474.38	2.18
工业	21.93	854.18	14663.63	47744.72	1181.96	23925.25	1161.15
建筑业	1.68	88.14	968.63	3159.83	120.35	1256.33	2.79
批发业	2.55	36.99	724.55	2277.85	73.60	953.24	3.81
零售业	6.43	77.98	951.94	2969.11	100.31	1370.30	5.26
交通运输业	1.14	27.39	339.33	907.33	39.02	365.38	1.74
仓储业	0.76	9.59	132.11	362.05	13.36	114.06	0.63
邮政业	0.11	5.53	88.99	215.96	11.33	78.18	0.00
住宿业	1.51	25.19	290.70	854.59	30.07	386.59	0.74
餐饮业	3.21	45.11	485.26	1447.12	49.42	603.52	2.04
信息传输业	0.11	2.72	101.32	219.26	12.06	79.00	1.00
软件和信息技术服务业	0.13	4.70	135.02	137.27	6.56	73.97	1.50
房地产开发经营	0.21	17.68	266.66	754.88	34.64	447.49	0.12
物业管理	0.26	7.20	68.12	155.71	8.25	65.42	1.26
租赁和商务服务业	1.18	14.74	140.53	341.07	16.08	124.27	0.43
其他未列明行业	2.06	40.03	511.66	1244.26	49.28	625.57	2.18

2014 年湖北省

地区代码	地区名称	企业单位数	亏损企业			年初存货			流动资产合计		
		2014（个）	2014（个）	2013（个）	增减（%）	2014（亿元）	2013（亿元）	增减（%）	2014（亿元）	2013（亿元）	增减（%）
420000	湖北	14476	1155	1050	10.00	1359.94	1110.83	22.43	7672.53	6949.29	10.41
420100	武汉	2204	314	292	7.53	401.56	333.97	20.24	2113.03	1962.70	7.66
420200	黄石	691	85	70	21.43	66.51	56.85	16.99	389.31	357.81	8.80
420300	十堰	867	122	140	-12.86	67.02	53.49	25.29	370.26	317.38	16.66
420500	宜昌	1363	92	90	2.22	137.11	108.65	26.19	713.29	679.52	4.97
420600	襄阳	1624	89	91	-2.20	191.98	136.20	40.95	946.56	815.74	16.04
420700	鄂州	488	24	21	14.29	32.15	29.02	10.79	159.34	140.76	13.20
420800	荆门	1001	57	50	14.00	72.72	72.80	-0.11	298.68	271.97	9.82
420900	孝感	1119	73	53	37.74	65.28	52.41	24.56	409.33	383.12	6.84
421000	荆州	988	64	57	12.28	105.72	91.00	16.18	492.11	431.66	14.00
421100	黄冈	1287	87	69	26.09	61.19	53.72	13.91	366.64	382.74	-4.21
421200	咸宁	848	68	37	83.78	38.65	30.38	27.22	352.77	325.11	8.51
421300	随州	673	27	26	3.85	40.80	29.38	38.87	210.98	170.70	23.60
422800	恩施	455	25	22	13.64	20.55	14.10	45.74	136.07	111.41	22.13
429004	仙桃	344	12	13	-7.69	31.16	27.37	13.85	170.70	147.26	15.92
429005	潜江	252	9	10	-10.00	11.83	9.98	18.54	362.88	296.44	22.41
429006	天门	261	2	4	-50.00	14.90	10.54	41.37	137.91	138.53	-0.45
429021	林区	11	5	5	0.00	0.81	0.96	-15.63	42.67	16.43	159.71

中小企业情况统计（分地区）

其中：应收账款			存货			其中：产成品			资产总计		
2014（亿元）	2013（亿元）	增减（%）	2014（亿元）	2013（亿元）	增减（%）	2014（亿元）	2013（亿元）	增减（%）	2014（亿元）	2013（亿元）	增减（%）
1992.58	1809.62	10.11	1910.44	1750.94	9.11	907.80	787.81	15.23	15352.66	13664.15	12.36
661.26	604.58	9.38	492.53	457.20	7.73	209.69	175.80	19.28	3597.94	3303.01	8.93
105.16	88.99	18.17	93.74	83.19	12.68	47.55	35.96	32.23	787.21	736.79	6.84
130.39	118.08	10.43	96.14	83.29	15.43	52.96	41.01	29.14	715.20	638.35	12.04
158.92	165.20	-3.80	183.73	170.11	8.01	91.73	78.41	16.99	1681.85	1531.96	9.78
257.47	227.65	13.10	295.86	261.63	13.08	135.20	123.19	9.75	1824.85	1548.39	17.85
42.11	39.63	6.26	44.49	37.14	19.79	25.27	20.26	24.73	344.62	312.74	10.19
59.76	49.31	21.19	91.91	90.19	1.91	44.04	42.87	2.73	727.99	615.51	18.27
101.85	99.23	2.64	109.73	101.34	8.28	47.20	40.86	15.52	938.66	818.92	14.62
136.60	118.96	14.83	140.35	133.21	5.36	76.74	68.02	12.82	943.71	834.30	13.11
97.98	92.58	5.83	109.62	118.95	-7.84	57.95	57.82	0.22	816.31	779.35	4.74
72.04	63.78	12.95	71.93	62.89	14.37	35.28	31.03	13.70	780.78	689.40	13.26
60.24	48.71	23.67	66.61	51.70	28.84	30.72	23.97	28.16	475.77	376.57	26.34
27.01	22.20	21.67	28.93	25.49	13.50	13.98	12.93	8.12	451.35	411.23	9.76
45.39	40.33	12.55	42.47	37.87	12.15	18.47	18.71	-1.28	375.26	302.48	24.06
14.78	13.22	11.80	16.49	16.75	-1.55	9.10	6.55	38.963	496.71	431.88	15.01
17.42	16.10	8.20	25.06	19.20	30.52	11.30	9.88	14.37	328.22	292.72	12.13
4.21	1.08	289.81	0.85	0.79	7.59	0.60	0.53	13.21	66.24	40.54	63.39

地区代码	地区名称	负债合计			营业收入			其中：主营业务收入		
		2014（亿元）	2013（亿元）	增减（%）	2014（亿元）	2013（亿元）	增减（%）	2014（亿元）	2013（亿元）	增减（%）
420000	湖北	7938.70	7022.56	13.05	25560.42	22926.23	11.49	25323.97	22679.24	11.66
420100	武汉	2052.12	1818.60	12.84	4058.73	3570.95	13.66	3965.67	3485.38	13.78
420200	黄石	499.80	471.94	5.90	1053.73	1065.86	-1.14	1022.51	1035.09	-1.22
420300	十堰	439.25	410.72	6.95	849.08	747.66	13.56	840.86	740.89	13.49
420500	宜昌	962.22	834.71	15.28	2765.63	2527.82	9.41	2735.63	2504.93	9.21
420600	襄阳	939.64	831.98	12.94	3786.02	3373.65	12.22	3758.94	3337.61	12.62
420700	鄂州	173.25	163.18	6.17	1100.40	993.84	10.72	1097.29	991.88	10.63
420800	荆门	311.61	262.25	18.82	2094.05	1809.27	15.74	2091.27	1807.42	15.70
420900	孝感	439.94	411.36	6.95	1987.59	1782.74	11.49	1975.59	1770.86	11.56
421000	荆州	465.38	415.68	11.96	1562.23	1376.97	13.45	1553.15	1369.63	13.40
421100	黄冈	409.63	339.88	20.52	1374.81	1248.04	10.16	1370.81	1243.54	10.23
421200	咸宁	342.92	291.37	17.69	1512.41	1398.80	8.12	1506.06	1394.18	8.02
421300	随州	203.86	160.87	26.72	1087.79	943.84	15.25	1084.04	940.97	15.20
422800	恩施	254.77	240.41	5.97	348.69	321.46	8.47	347.30	319.43	8.72
429004	仙桃	160.59	138.77	15.72	859.94	788.22	9.10	858.02	761.61	12.66
429005	潜江	72.47	62.86	15.29	598.08	538.68	11.03	595.76	537.45	10.85
429006	天门	163.18	134.55	21.28	513.60	430.85	19.21	513.45	430.85	19.17
429021	林区	48.06	33.44	43.72	7.65	7.56	1.19	7.62	7.53	1.20

续表

营业成本			其中：主营业务成本			营业税金及附加			其中：主营业务税金及附加		
2014（亿元）	2013（亿元）	增减（%）	2014（亿元）	2013（亿元）	增减（%）	2014（亿元）	2013（亿元）	增减（%）	2014（亿元）	2013（亿元）	增减（%）
22028.77	19655.88	12.07	21825.07	19432.52	12.31	211.37	198.65	6.40	208.89	192.04	8.77
3465.99	3031.16	14.35	3388.07	2955.77	14.63	30.13	24.80	21.49	29.42	24.13	21.92
937.21	958.74	-2.25	908.82	930.92	-2.37	6.47	6.87	-5.82	6.43	6.70	-4.03
735.84	654.48	12.43	728.04	647.03	12.52	5.56	4.51	23.28	5.47	4.37	25.17
2337.39	2101.38	11.23	2312.11	2083.14	10.99	28.89	26.26	10.02	28.68	25.55	12.25
3325.23	2989.00	11.25	3305.11	2955.76	11.82	24.23	23.05	5.12	24.04	20.55	16.98
985.09	894.47	10.13	980.54	890.30	10.14	7.44	8.17	-8.94	7.39	7.30	1.23
1815.64	1551.41	17.03	1814.63	1547.65	17.25	17.47	22.59	-22.66	17.44	22.50	-22.49
1696.37	1502.76	12.88	1684.19	1488.88	13.12	27.77	23.61	17.62	27.61	23.37	18.14
1374.06	1209.82	13.58	1367.21	1193.97	14.51	8.43	8.09	4.20	8.35	8.07	3.47
1212.51	1093.20	10.91	1205.20	1085.10	11.07	12.31	9.74	26.39	11.79	9.44	24.89
1302.58	1181.03	10.29	1297.80	1173.90	10.55	13.93	17.20	-19.01	13.82	16.45	-15.99
911.34	784.82	16.12	908.39	781.21	16.28	8.42	6.61	27.38	8.38	6.59	27.16
281.58	261.78	7.56	280.04	259.51	7.91	4.90	4.70	4.26	4.72	4.69	0.64
677.26	600.88	12.71	675.61	599.31	12.73	5.33	4.47	19.24	5.32	4.38	21.46
542.19	489.89	10.68	541.03	489.30	10.57	4.69	4.22	11.14	4.66	4.20	10.95
422.42	345.04	22.43	422.30	345.03	22.40	4.84	3.24	49.38	4.83	3.24	49.07
6.06	6.02	0.66	5.99	5.75	4.17	0.55	0.52	5.77	0.55	0.52	5.77

地区代码	地区名称	销售费用			管理费用			其中：税金		
		2014（亿元）	2013（亿元）	增减（%）	2014（亿元）	2013（亿元）	增减（%）	2014（亿元）	2013（亿元）	增减（%）
420000	湖北	737.78	660.67	11.67	928.42	821.35	13.04	46.08	41.35	11.44
420100	武汉	127.20	118.87	7.01	201.87	184.53	9.40	7.42	6.63	11.92
420200	黄石	23.03	20.21	13.95	36.78	33.11	11.08	1.74	1.31	32.82
420300	十堰	24.28	22.95	5.80	34.07	29.71	14.68	1.89	1.82	3.85
420500	宜昌	91.05	94.49	-3.64	112.24	108.54	3.41	9.17	8.96	2.34
420600	襄阳	81.28	63.09	28.83	98.48	81.50	20.83	6.38	5.18	23.17
420700	鄂州	30.53	22.42	36.17	43.14	26.06	65.54	1.20	1.02	17.65
420800	荆门	57.56	47.28	21.74	64.03	55.06	16.29	3.22	2.55	26.27
420900	孝感	60.64	54.51	11.25	71.10	63.48	12.00	3.32	2.62	26.72
421000	荆州	42.85	39.52	8.43	49.43	45.69	8.19	2.84	2.61	8.81
421100	黄冈	28.99	25.36	14.31	36.42	31.52	15.55	3.22	2.22	45.05
421200	咸宁	37.44	33.49	11.79	37.75	33.83	11.59	1.45	2.21	-34.39
421300	随州	38.21	31.99	19.44	40.18	32.87	22.24	1.14	1.33	-14.29
422800	恩施	13.64	12.15	12.26	14.89	14.36	3.69	0.72	0.64	12.50
429004	仙桃	53.02	47.47	11.69	53.41	46.58	14.66	1.19	1.16	2.59
429005	潜江	9.33	8.08	15.47	10.93	9.58	14.09	0.35	0.35	0.00
429006	天门	18.60	18.70	-0.53	23.21	24.42	-4.95	0.73	0.65	12.31
429021	林区	0.11	0.11	0.00	0.47	0.50	-6.00	0.11	0.10	10.00

续表

财务费用			其中：利息收入			利息支出			投资收益		
2014（亿元）	2013（亿元）	增减（%）	2014（亿元）	2013（亿元）	增减（%）	2014（亿元）	2013（亿元）	增减（%）	2014（亿元）	2013（亿元）	增减（%）
299.66	272.18	10.10	8.32	11.23	-25.91	207.70	192.69	7.79	24.46	28.14	-13.08
45.45	35.46	28.17	2.61	2.66	-1.88	32.98	25.55	29.08	5.83	5.51	5.81
14.56	13.98	4.15	0.31	0.59	-47.46	11.00	11.02	-0.18	0.47	0.60	-21.67
13.05	11.72	11.35	0.33	0.31	6.45	7.88	7.38	6.78	0.30	0.58	-48.28
34.43	34.13	0.88	1.35	1.51	-10.60	27.57	25.99	6.08	3.47	5.95	-41.68
34.76	30.55	13.78	0.86	3.14	-72.61	29.80	22.34	33.39	2.63	2.81	-6.41
8.75	7.75	12.90	0.14	0.24	-41.67	5.64	5.13	9.94	0.40	0.69	-42.03
16.73	15.34	9.06	0.35	0.23	52.17	12.65	12.32	2.68	0.42	1.43	-70.63
30.18	28.08	7.48	0.45	0.24	87.50	12.61	12.15	3.79	1.07	3.54	-69.77
18.03	16.92	6.56	0.14	0.18	-22.22	10.96	10.24	7.03	6.15	3.68	67.12
16.60	15.55	6.75	0.22	0.31	-29.03	10.02	8.97	11.71	0.65	0.71	-8.45
14.37	13.39	7.32	0.99	0.89	11.24	8.62	8.98	-4.01	0.90	0.64	40.63
15.56	15.02	3.60	0.15	0.48	-68.75	7.40	13.06	-43.34	1.61	0.72	123.61
11.06	9.08	21.81	0.23	0.17	35.29	9.60	9.01	6.55	0.33	0.21	57.14
9.48	8.75	8.34	0.08	0.17	-52.94	8.63	8.08	6.81	-0.02	0.63	-103.17
5.32	4.85	9.69	0.02	0.01	100.00	1.95	1.97	-1.02	0.14	0.28	-50.00
10.14	10.83	-6.37	0.04	0.01	300.00	9.57	10.04	-4.68	0.00	0.15	-100.00
1.19	0.79	50.63	0.04	0.07	-42.86	0.82	0.47	74.47	0.12	0.02	500.00

地区代码	地区名称	营业利润			利润总额			亏损企业亏损总额		
		2014（亿元）	2013（亿元）	增减（%）	2014（亿元）	2013（亿元）	增减（%）	2014（亿元）	2013（亿元）	增减（%）
420000	湖北	1326.80	1236.31	7.32	1346.77	1255.93	7.23	85.12	80.04	6.35
420100	武汉	190.46	170.51	11.70	203.35	178.22	14.10	26.40	26.76	-1.35
420200	黄石	37.60	31.01	21.25	39.06	32.62	19.74	6.29	8.14	-22.73
420300	十堰	34.25	22.56	51.82	34.56	23.69	45.88	4.93	6.27	-21.37
420500	宜昌	168.62	170.56	-1.14	166.62	166.06	0.34	13.56	12.74	6.44
420600	襄阳	192.83	160.70	19.99	193.08	171.17	12.80	5.81	4.22	37.68
420700	鄂州	36.03	37.93	-5.01	35.36	36.63	-3.47	1.12	1.38	-18.84
420800	荆门	112.14	104.36	7.45	111.80	104.37	7.12	2.68	1.80	48.89
420900	孝感	102.26	103.69	-1.38	103.25	104.42	-1.12	4.03	3.67	9.81
421000	荆州	77.09	71.61	7.65	83.00	75.00	10.67	4.93	3.24	52.16
421100	黄冈	57.23	53.43	7.11	57.39	52.37	9.59	4.42	2.00	121.00
421200	咸宁	101.92	113.41	-10.13	102.12	113.34	-9.90	3.12	1.13	176.11
421300	随州	76.49	73.07	4.68	75.97	74.39	2.12	2.55	2.19	16.44
422800	恩施	21.52	19.57	9.96	21.99	19.44	13.12	1.74	1.50	16.00
429004	仙桃	61.34	55.76	10.01	62.02	55.99	10.77	1.04	2.99	-65.22
429005	潜江	23.25	19.72	17.90	23.37	19.78	18.15	1.35	0.98	37.76
429006	天门	34.41	28.63	20.19	34.34	28.64	19.90	0.05	0.06	-16.67
429021	林区	-0.63	-0.22	186.36	-0.54	-0.20	170.00	1.09	0.98	11.22

续表

税金总额			应交增值税			从事工业生产活动的从业人员平均人数			每百元主营业务收入中的成本		
2014（亿元）	2013（亿元）	增减（%）	2014（亿元）	2013（亿元）	增减（%）	2014（万人）	2013（万人）	增减（%）	2014（元）	2013（元）	增减（%）
763.23	699.94	9.04	554.34	507.91	9.14	230.80	221.86	4.03	86.18	85.68	0.50
99.74	101.98	-2.20	70.32	77.85	-9.67	37.01	37.12	-0.30	85.43	84.80	0.63
25.28	26.98	-6.30	18.86	20.27	-6.96	11.76	12.00	-2.00	88.88	89.94	-1.06
21.90	17.49	25.21	16.44	13.12	25.30	9.62	9.17	4.91	86.58	87.33	-0.75
123.16	102.63	20.00	94.47	77.08	22.56	24.59	22.97	7.05	84.52	83.16	1.36
95.21	78.12	21.88	71.17	57.57	23.62	25.81	24.50	5.35	87.93	88.56	-0.63
27.16	25.95	4.66	19.77	18.65	6.01	6.71	6.34	5.84	89.36	89.76	-0.40
58.92	55.92	5.36	41.49	33.41	24.18	11.96	11.24	6.41	86.77	85.63	1.14
69.02	62.88	9.76	41.41	39.52	4.78	18.27	18.35	-0.44	85.25	84.08	1.17
43.22	42.75	1.10	34.87	34.69	0.52	14.80	14.55	1.72	88.03	87.17	0.86
37.16	32.28	15.12	25.37	22.84	11.08	16.69	16.00	4.31	87.92	87.26	0.66
44.44	48.86	-9.05	30.62	32.41	-5.52	12.79	12.54	1.99	86.17	84.20	1.97
30.77	27.61	11.45	22.39	21.03	6.47	9.92	9.38	5.76	83.80	83.02	0.78
15.16	13.70	10.66	10.45	9.01	15.98	4.78	4.41	8.39	80.63	81.24	-0.61
38.98	33.62	15.94	33.66	29.24	15.12	11.00	9.79	12.36	78.74	78.69	0.05
8.76	8.67	1.04	4.10	4.47	-8.28	5.93	5.63	5.33	90.81	91.04	-0.23
22.87	19.08	19.86	18.03	15.84	13.83	9.04	7.74	16.80	82.25	80.08	2.17
1.48	1.43	3.50	0.93	0.90	3.33	0.12	0.13	-7.69	78.61	76.36	2.25

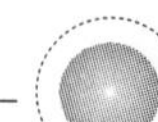

地区代码	地区名称	主营业务收入利润率			主营活动利润（新）			主营活动利润率（新）		
		2014（%）	2013（%）	增减（百分点）	2014（亿元）	2013（亿元）	增减（%）	2014（亿元）	2013（亿元）	增减（%）
420000	湖北	5. 32	5. 54	-0. 22	1310. 61	1215. 87	7. 79	5. 18	5. 36	-0. 18
420100	武汉	5. 13	5. 11	0. 02	185. 82	166. 06	11. 90	4. 69	4. 76	-0. 07
420200	黄石	3. 82	3. 15	0. 67	37. 36	30. 60	22. 09	3. 65	2. 96	0. 69
420300	十堰	4. 11	3. 20	0. 91	34. 16	22. 12	54. 44	4. 06	2. 99	1. 07
420500	宜昌	6. 09	6. 63	-0. 54	166. 20	165. 67	0. 32	6. 08	6. 61	-0. 53
420600	襄阳	5. 14	5. 13	0. 01	191. 40	158. 89	20. 46	5. 09	4. 76	0. 33
420700	鄂州	3. 22	3. 69	-0. 47	35. 85	37. 48	-4. 33	3. 27	3. 78	-0. 51
420800	荆门	5. 35	5. 77	-0. 42	112. 42	103. 58	8. 53	5. 38	5. 73	-0. 35
420900	孝感	5. 23	5. 90	-0. 67	101. 83	100. 80	1. 02	5. 15	5. 69	-0. 54
421000	荆州	5. 34	5. 48	-0. 14	71. 42	68. 38	4. 45	4. 60	4. 99	-0. 39
421100	黄冈	4. 19	4. 21	-0. 02	56. 94	53. 05	7. 32	4. 15	4. 27	-0. 12
421200	咸宁	6. 78	8. 13	-1. 35	101. 66	113. 48	-10. 42	6. 75	8. 14	-1. 39
421300	随州	7. 01	7. 91	-0. 90	75. 36	72. 81	3. 50	6. 95	7. 74	-0. 79
422800	恩施	6. 33	6. 09	0. 24	21. 32	19. 48	9. 46	6. 14	6. 10	0. 04
429004	仙桃	7. 23	7. 35	-0. 12	61. 74	55. 48	11. 29	7. 20	7. 28	-0. 08
429005	潜江	3. 92	3. 68	0. 24	23. 25	19. 56	18. 87	3. 90	3. 64	0. 26
429006	天门	6. 69	6. 65	0. 04	34. 62	28. 66	20. 82	6. 74	6. 65	0. 09
429021	林区	-7. 09	-2. 66	-4. 43	-0. 75	-0. 24	212. 30	-9. 89	-3. 21	-6. 68

续表

三项费用			每百元主营业务收入中的三项费用			主营活动利润（旧）			主营活动利润率（旧）		
2014（亿元）	2013（亿元）	增减（%）	2014（亿元）	2013（亿元）	增减（%）	2014（亿元）	2013（亿元）	增减（%）	2014（亿元）	2013（亿元）	增减（%）
1965. 86	1754. 20	12. 07	7. 76	7. 73	0. 03	1324. 15	1300. 48	1. 82	5. 23	5. 73	-0. 50
374. 52	338. 86	10. 52	9. 44	9. 72	-0. 28	173. 66	166. 62	4. 23	4. 38	4. 78	-0. 40
74. 37	67. 30	10. 51	7. 27	6. 50	0. 77	32. 89	30. 17	9. 02	3. 22	2. 91	0. 31
71. 40	64. 38	10. 90	8. 49	8. 69	-0. 20	35. 95	25. 11	43. 17	4. 28	3. 39	0. 89
237. 72	237. 16	0. 24	8. 69	9. 47	-0. 78	157. 12	159. 08	-1. 23	5. 74	6. 35	-0. 61
214. 52	175. 14	22. 48	5. 71	5. 25	0. 46	215. 27	186. 16	15. 64	5. 73	5. 58	0. 15
82. 42	56. 23	46. 58	7. 51	5. 67	1. 84	26. 94	38. 05	-29. 20	2. 46	3. 84	-1. 38
138. 32	117. 68	17. 54	6. 61	6. 51	0. 10	120. 88	119. 59	1. 08	5. 78	6. 62	-0. 84
161. 92	146. 07	10. 85	8. 20	8. 25	-0. 05	101. 87	112. 54	-9. 48	5. 16	6. 36	-1. 20
110. 31	102. 13	8. 01	7. 10	7. 46	-0. 35	67. 28	65. 46	2. 78	4. 33	4. 78	-0. 45
82. 01	72. 43	13. 23	5. 98	5. 82	0. 16	71. 81	76. 57	-6. 22	5. 24	6. 16	-0. 92
89. 56	80. 71	10. 97	5. 95	5. 79	0. 16	104. 88	123. 12	-14. 81	6. 96	8. 83	-1. 87
93. 95	79. 88	17. 61	8. 67	8. 49	0. 18	73. 32	73. 29	0. 04	6. 76	7. 79	-1. 03
39. 59	35. 59	11. 24	11. 40	11. 14	0. 26	22. 95	19. 64	16. 85	6. 61	6. 15	0. 46
115. 91	102. 80	12. 75	13. 51	13. 50	0. 01	61. 18	55. 12	10. 99	7. 13	7. 24	-0. 11
25. 58	22. 51	13. 64	4. 29	4. 19	0. 11	24. 49	21. 44	14. 23	4. 11	3. 99	0. 12
51. 95	53. 95	-3. 71	10. 12	12. 52	-2. 40	34. 37	28. 63	20. 05	6. 69	6. 65	0. 04
1. 77	1. 40	26. 43	23. 23	18. 59	4. 64	-0. 69	-0. 14	392. 86	-9. 06	-1. 86	-7. 20

2014 年湖北省

指标代码	指标名称	企业单位数	亏损企业			年初存货		
		2014（个）	2014（个）	2013（个）	增减（%）	2014（亿元）	2013（亿元）	增减（%）
	总计	14476	1155	1050	10.00	1359.94	1110.83	22.43
06	煤炭开采和洗选业	145	14	12	16.67	2.40	4.53	-47.02
07	石油和天然气开采业	0	0	0	0.00	0.00	0.00	0.00
08	黑色金属矿采选业	131	17	15	13.33	9.84	13.82	-28.80
09	有色金属矿采选业	52	4	5	-20.00	5.25	2.31	127.27
10	非金属矿采选业	402	21	14	50.00	13.59	10.46	29.92
11	开采辅助活动	2	1	1	0.00	0.03	0.02	50.00
12	其他采矿业	2	0	0	0.00	0.00	0.00	0.00
13	农副食品加工业	1600	48	48	0.00	185.17	146.38	26.50
14	食品制造业	370	19	17	11.76	26.26	21.33	23.11
15	酒、饮料和精制茶制造业	379	22	19	15.79	32.62	25.19	29.50
16	烟草制品业	7	1	0	0.00	1.28	1.22	4.92
17	纺织业	991	81	73	10.96	77.16	64.75	19.17
18	纺织服装、服饰业	500	26	21	23.81	21.83	18.04	21.01
19	皮革、毛皮、羽毛及其制品和制鞋业	126	9	7	28.57	8.09	4.72	71.40
20	木材加工和木、竹、藤、棕、草制品业	247	9	7	28.57	14.08	11.25	25.16
21	家具制造业	105	7	3	133.33	5.73	3.20	79.06
22	造纸和纸制品业	245	33	32	3.13	22.29	22.19	0.45
23	印刷和记录媒介复制业	194	29	17	70.59	17.57	16.31	7.73
24	文教、工美、体育和娱乐用品制造业	98	6	5	20.00	10.96	9.71	12.87
25	石油加工、炼焦和核燃料加工业	45	8	5	60.00	8.55	9.58	-10.75
26	化学原料和化学制品制造业	991	73	68	7.35	98.36	76.56	28.47
27	医药制造业	346	38	28	35.71	36.07	30.85	16.92
28	化学纤维制造业	21	1	2	-50.00	4.63	3.82	21.20
29	橡胶和塑料制品业	561	37	31	19.35	30.03	23.63	27.08
30	非金属矿物制品业	1767	84	76	10.53	84.57	72.68	16.36
31	黑色金属冶炼和压延加工业	329	40	29	37.93	37.74	32.16	17.35
32	有色金属冶炼和压延加工业	165	20	29	-31.03	22.91	23.79	-3.70
33	金属制品业	677	57	38	50.00	93.27	66.18	40.93
34	通用设备制造业	650	64	58	10.34	77.14	65.22	18.28
35	专用设备制造业	554	37	36	2.78	68.08	52.64	29.33
36	汽车制造业	1270	152	168	-9.52	159.53	123.51	29.16
37	铁路、船舶、航空航天和其他运输设备制造业	149	16	9	77.78	20.50	19.25	6.49
38	电气机械和器材制造业	597	71	56	26.79	74.96	66.61	12.54
39	计算机、通信和其他电子设备制造业	258	32	33	-3.03	51.21	36.22	41.39
40	仪器仪表制造业	104	10	8	25.00	11.48	9.39	22.26
41	其他制造业	64	3	5	-40.00	4.42	3.98	11.06
42	废弃资源综合利用业	43	7	7	0.00	5.56	5.78	-3.81
43	金属制品、机械和设备修理业	20	3	4	-25.00	2.15	1.69	27.22
44	电力、热力生产和供应业	147	34	46	-26.09	10.08	8.26	22.03
45	燃气生产和供应业	56	4	2	100.00	1.68	1.35	24.44
46	水的生产和供应业	66	17	16	6.25	2.84	2.26	25.66

中小企业情况统计（分大类行业）

流动资产合计			其中：应收账款			存货		
2014（亿元）	2013（亿元）	增减（%）	2014（亿元）	2013（亿元）	增减（%）	2014（亿元）	2013（亿元）	增减（%）
7672.53	6949.29	10.41	1992.58	1809.62	10.11	1910.44	1750.94	9.11
27.76	29.86	-7.03	3.73	3.26	14.42	4.14	7.00	-40.86
0.00	0.00	0.00	0.00	0.00	0.00	0.00	0.00	0.00
60.54	57.34	5.58	15.89	15.80	0.57	20.87	13.42	55.51
13.84	20.69	-33.11	3.20	3.73	-14.21	3.13	4.07	-23.10
167.83	126.57	32.60	34.02	30.22	12.57	18.95	16.60	14.16
1.30	1.65	-21.21	0.14	0.06	133.33	0.03	0.02	50.00
0.05	0.05	0.00	0.01	0.01	0.00	0.00	0.00	0.00
657.80	584.39	12.56	119.88	95.68	25.29	254.60	238.11	6.93
161.19	157.05	2.64	39.19	35.06	11.78	41.96	43.05	-2.53
211.41	200.76	5.30	34.18	29.68	15.16	47.76	45.27	5.50
25.52	17.30	47.51	5.56	3.26	70.55	2.61	2.87	-9.06
332.76	318.38	4.52	67.33	63.25	6.45	110.03	109.83	0.18
203.87	169.30	20.42	32.64	29.50	10.64	33.08	28.32	16.81
38.32	28.60	33.99	8.66	5.24	65.27	12.94	10.15	27.49
95.01	70.11	35.52	12.92	11.77	9.77	23.75	22.37	6.17
25.55	21.44	19.17	5.33	3.37	58.16	7.66	7.06	8.50
153.14	132.53	15.55	36.02	39.77	-9.43	30.94	29.05	6.51
90.75	141.71	-35.96	28.70	41.83	-31.39	24.68	37.27	-33.78
36.27	36.87	-1.63	5.99	5.28	13.45	14.27	15.77	-9.51
20.77	23.42	-11.32	5.08	4.14	22.71	9.90	10.21	-3.04
641.00	598.39	7.12	136.54	123.44	10.61	147.25	138.93	5.99
221.34	191.09	15.83	49.18	41.84	17.54	48.85	44.33	10.20
17.08	14.70	16.19	4.11	3.10	32.58	6.00	5.01	19.76
196.01	177.91	10.17	55.10	54.34	1.40	45.21	43.89	3.01
640.91	576.82	11.11	173.99	153.29	13.50	132.97	119.55	11.23
215.19	212.46	1.28	47.69	46.00	3.67	48.07	48.58	-1.05
103.52	116.73	-11.32	28.33	33.58	-15.63	26.88	32.84	-18.15
370.56	306.97	20.72	101.48	87.91	15.44	111.35	92.11	20.89
374.11	339.46	10.21	122.26	102.70	19.05	111.81	97.60	14.56
434.41	382.75	13.50	115.97	97.59	18.83	93.07	78.98	17.84
935.57	815.35	14.74	318.72	305.82	4.22	226.81	193.66	17.12
106.20	100.96	5.19	33.09	33.28	-0.57	29.90	26.78	11.65
400.16	361.57	10.67	156.23	133.36	17.15	95.53	85.86	11.26
273.28	236.89	15.36	90.00	79.54	13.15	63.55	51.63	23.09
65.06	53.69	21.18	22.96	19.67	16.73	16.16	12.20	32.46
32.71	31.53	3.74	12.57	12.18	3.20	8.50	7.51	13.18
46.23	34.53	33.88	10.91	5.63	93.78	10.25	8.81	16.35
13.44	13.42	0.15	4.50	4.61	-2.39	1.94	1.99	-2.51
159.43	160.44	-0.63	41.06	41.08	-0.05	19.43	15.13	28.42
39.51	37.92	4.19	4.27	3.91	9.21	2.94	2.51	17.13
63.10	47.73	32.20	5.15	5.87	-12.27	2.66	2.59	2.70

指标代码	指标名称	其中：产成品			资产总计			负债合计		
		2014（亿元）	2013（亿元）	增减（%）	2014（亿元）	2013（亿元）	增减（%）	2014（亿元）	2013（亿元）	增减（%）
	总计	907.80	787.81	15.23	15352.66	13664.15	12.36	7938.70	7022.56	13.05
06	煤炭开采和洗选业	2.06	3.71	-44.47	76.82	76.11	0.93	35.53	39.40	-9.82
07	石油和天然气开采业	0.00	0.00	0.00	0.00	0.00	0.00	0.00	0.00	0.00
08	黑色金属矿采选业	14.40	9.33	54.34	118.87	106.64	11.47	60.47	51.19	18.13
09	有色金属矿采选业	1.93	2.15	-10.23	27.64	36.44	-24.15	15.53	18.39	-15.55
10	非金属矿采选业	12.41	10.52	17.97	328.51	252.45	30.13	166.56	136.65	21.89
11	开采辅助活动	0.03	0.02	50.00	15.68	13.69	14.54	11.43	0.04	28475.00
12	其他采矿业	0.00	0.00	0.00	0.45	0.27	66.67	0.17	0.01	1600.00
13	农副食品加工业	112.45	106.91	5.18	1307.84	1097.62	19.15	574.12	505.41	13.59
14	食品制造业	22.37	22.47	-0.45	357.08	324.35	10.09	147.46	132.33	11.43
15	酒、饮料和精制茶制造业	21.43	19.74	8.56	385.94	353.98	9.03	186.79	190.11	-1.75
16	烟草制品业	1.84	1.53	20.26	35.40	27.06	30.82	5.58	5.65	-1.24
17	纺织业	55.13	52.66	4.69	712.19	655.96	8.57	319.14	314.66	1.42
18	纺织服装、服饰业	19.52	16.10	21.24	349.14	287.88	21.28	128.04	112.05	14.27
19	皮革、毛皮、羽毛及其制品和制鞋业	5.01	5.17	-3.09	71.54	55.11	29.81	36.78	30.15	21.99
20	木材加工和木、竹、藤、棕、草制品业	10.85	8.79	23.44	197.58	183.15	7.88	70.73	65.77	7.54
21	家具制造业	3.86	3.10	24.52	55.24	47.48	16.34	23.56	19.78	19.11
22	造纸和纸制品业	14.59	11.14	30.97	306.48	266.25	15.11	167.32	144.76	15.58
23	印刷和记录媒介复制业	10.63	8.68	22.47	159.24	229.26	-30.54	73.77	90.28	-18.29
24	文教、工美、体育和娱乐用品制造业	4.71	6.01	-21.63	67.79	62.14	9.09	36.29	37.14	-2.29
25	石油加工、炼焦和核燃料加工业	3.49	3.49	0.00	49.88	51.84	-3.78	23.52	28.52	-17.53
26	化学原料和化学制品制造业	68.35	61.42	11.28	1500.82	1329.10	12.92	857.87	731.32	17.30
27	医药制造业	24.19	18.12	33.50	454.96	383.62	18.60	215.50	171.79	25.44
28	化学纤维制造业	2.52	1.92	31.25	38.57	34.10	13.11	19.35	18.60	4.03
29	橡胶和塑料制品业	25.26	22.76	10.98	397.29	357.81	11.03	180.04	162.82	10.58
30	非金属矿物制品业	73.75	66.90	10.24	1443.98	1260.69	14.54	671.35	590.21	13.75
31	黑色金属冶炼和压延加工业	28.65	22.68	26.32	349.84	351.20	-0.39	200.74	196.55	2.13
32	有色金属冶炼和压延加工业	15.35	16.99	-9.65	203.23	208.65	-2.60	122.17	128.99	-5.29
33	金属制品业	65.05	49.74	30.78	633.11	529.84	19.49	345.30	281.10	22.84
34	通用设备制造业	44.22	36.24	22.02	642.30	574.44	11.81	334.80	288.18	16.18
35	专用设备制造业	37.83	29.46	28.41	664.81	568.47	16.95	365.50	305.72	19.55
36	汽车制造业	107.25	97.25	10.28	1526.41	1323.87	15.30	866.93	746.37	16.15
37	铁路、船舶、航空航天和其他运输设备制造业	14.05	6.50	116.15	175.10	164.63	6.36	88.01	96.19	-8.50
38	电气机械和器材制造业	42.41	36.25	16.99	683.54	604.83	13.01	381.02	345.13	10.40
39	计算机、通信和其他电子设备制造业	27.30	19.10	42.93	440.63	383.63	14.86	200.02	163.76	22.14
40	仪器仪表制造业	5.38	4.48	20.09	98.40	74.63	31.85	52.31	39.41	32.73
41	其他制造业	2.99	2.16	38.43	69.95	58.86	18.84	44.84	38.08	17.75
42	废弃资源综合利用业	3.80	2.27	67.40	67.59	48.08	40.58	45.18	20.60	119.32
43	金属制品、机械和设备修理业	0.24	0.53	-54.72	19.89	19.53	1.84	10.76	10.77	-0.09
44	电力、热力生产和供应业	1.04	0.57	82.46	1005.02	1004.43	0.06	682.16	635.83	7.29
45	燃气生产和供应业	1.12	0.64	75.00	127.98	101.32	26.31	80.54	61.82	30.28
46	水的生产和供应业	0.34	0.31	9.68	185.92	154.75	20.14	91.53	67.04	36.53

续表

营业收入			其中：主营业务收入			营业成本			其中：主营业务成本		
2014（亿元）	2013（亿元）	增减（%）	2014（亿元）	2013（亿元）	增减（%）	2014（亿元）	2013（亿元）	增减（%）	2014（亿元）	2013（亿元）	增减（%）
25560.42	22926.23	11.49	25323.97	22679.24	11.66	22028.77	19655.88	12.07	21825.07	19432.52	12.31
119.56	118.29	1.07	119.24	117.89	1.15	96.56	94.35	2.34	96.23	94.17	2.19
0.00	0.00	0.00	0.00	0.00	0.00	0.00	0.00	0.00	0.00	0.00	0.00
339.08	353.32	-4.03	339.06	353.17	-4.00	307.45	323.92	-5.08	304.95	321.04	-5.01
40.80	72.10	-43.41	39.84	70.88	-43.79	32.63	60.73	-46.27	31.86	60.03	-46.93
519.87	443.81	17.14	505.41	442.40	14.24	418.97	350.01	19.70	406.26	348.55	16.56
6.74	4.80	40.42	6.67	4.76	40.13	6.44	4.58	40.61	6.44	4.58	40.61
1.01	1.24	-18.55	1.01	1.24	-18.55	0.78	0.84	-7.14	0.78	0.84	-7.14
3667.10	3269.41	12.16	3658.55	3238.75	12.96	3285.38	2886.73	13.81	3278.40	2876.98	13.95
781.91	666.26	17.36	768.61	664.22	15.72	647.79	544.41	18.99	637.06	542.03	17.53
662.34	604.30	9.60	655.84	598.92	9.50	512.05	459.83	11.36	506.14	454.67	11.32
14.70	19.56	-24.85	14.50	19.41	-25.30	8.43	11.72	-28.07	8.12	11.36	-28.52
1846.53	1646.85	12.12	1840.16	1643.53	11.96	1612.11	1434.80	12.36	1606.86	1429.78	12.39
691.02	614.66	12.42	689.61	613.78	12.35	598.04	530.16	12.80	596.84	529.69	12.68
150.53	114.46	31.51	150.24	113.70	32.14	133.28	100.34	32.83	132.83	99.41	33.62
360.74	320.05	12.71	360.50	319.49	12.84	308.57	271.66	13.59	307.64	270.17	13.87
105.92	84.79	24.92	105.72	84.61	24.95	91.28	71.56	27.56	91.18	71.20	28.06
442.20	396.51	11.52	439.01	393.13	11.67	387.34	344.68	12.38	384.48	341.30	12.65
265.34	233.26	13.75	264.55	232.30	13.88	221.76	196.04	13.12	221.14	195.39	13.18
131.13	134.05	-2.18	131.01	133.89	-2.15	111.78	116.06	-3.69	111.49	115.95	-3.85
118.04	122.64	-3.75	94.88	95.45	-0.60	109.57	115.95	-5.50	86.52	88.93	-2.71
2403.09	2043.57	17.59	2389.60	2027.32	17.87	2096.90	1758.36	19.25	2087.14	1748.87	19.34
643.47	571.57	12.58	642.28	570.06	12.67	518.90	470.81	10.21	517.69	461.33	12.22
74.25	70.13	5.87	73.35	70.08	4.67	68.78	64.16	7.20	68.78	64.04	7.40
851.19	735.32	15.76	849.05	734.27	15.63	736.27	627.79	17.28	734.90	626.00	17.40
2552.03	2257.91	13.03	2543.99	2253.37	12.90	2154.21	1882.24	14.45	2147.22	1875.94	14.46
732.62	741.38	-1.18	718.04	714.58	0.48	668.56	671.49	-0.44	656.12	644.95	1.73
481.62	574.18	-16.12	479.12	569.60	-15.88	453.48	542.42	-16.40	451.23	538.49	-16.20
1163.14	1026.35	13.33	1126.73	977.28	15.29	1021.48	895.96	14.01	984.49	847.22	16.20
906.30	812.18	11.59	903.31	809.29	11.62	760.03	684.80	10.99	757.35	681.75	11.09
746.08	664.67	12.25	743.70	661.63	12.40	629.82	557.80	12.91	627.60	554.70	13.14
2174.29	1889.60	15.07	2144.29	1860.42	15.26	1883.18	1640.03	14.83	1862.53	1619.05	15.04
264.98	254.06	4.30	262.69	253.08	3.80	233.11	221.64	5.18	229.87	220.76	4.13
958.24	854.76	12.11	949.36	848.56	11.88	815.11	732.61	11.26	808.25	723.69	11.68
448.23	382.07	17.32	439.91	377.77	16.45	378.44	320.98	17.90	371.78	317.80	16.99
101.93	90.02	13.23	101.57	89.41	13.60	79.02	70.70	11.77	78.58	69.14	13.65
92.58	79.69	16.18	92.58	79.59	16.32	80.66	67.60	19.32	80.65	67.45	19.57
123.57	93.25	32.51	123.20	92.70	32.90	116.23	86.68	34.09	115.94	86.19	34.52
36.12	33.92	6.49	36.10	33.91	6.46	32.08	29.11	10.20	32.07	29.10	10.21
411.51	420.48	-2.13	394.28	408.02	-3.37	311.25	325.77	-4.46	299.46	316.73	-5.45
87.30	71.29	22.46	86.33	70.41	22.61	67.90	54.89	23.70	67.56	53.89	25.37
43.32	39.47	9.75	40.07	36.33	10.29	33.19	31.64	4.90	30.68	29.38	4.42

指标代码	指标名称	营业税金及附加			其中：主营业务税金及附加			销售费用		
		2014（亿元）	2013（亿元）	增减（%）	2014（亿元）	2013（亿元）	增减（%）	2014（亿元）	2013（亿元）	增减（%）
	总计	211.37	198.65	6.40	208.89	192.04	8.77	737.78	660.67	11.67
06	煤炭开采和洗选业	2.55	2.61	-2.30	2.55	2.61	-2.30	2.95	2.84	3.87
07	石油和天然气开采业	0.00	0.00	0.00	0.00	0.00	0.00	0.00	0.00	0.00
08	黑色金属矿采选业	3.03	2.74	10.58	3.03	2.72	11.40	7.51	6.52	15.18
09	有色金属矿采选业	0.73	0.96	-23.96	0.73	0.96	-23.96	0.70	0.81	-13.58
10	非金属矿采选业	11.74	12.36	-5.02	11.68	12.24	-4.58	18.46	14.10	30.92
11	开采辅助活动	0.01	0.01	0.00	0.01	0.01	0.00	0.06	0.04	50.00
12	其他采矿业	0.00	0.00	0.00	0.00	0.00	0.00	0.01	0.00	0.00
13	农副食品加工业	18.86	16.64	13.34	18.77	16.55	13.41	80.11	70.92	12.96
14	食品制造业	6.35	6.86	-7.43	6.31	6.81	-7.34	38.52	32.10	20.00
15	酒、饮料和精制茶制造业	20.16	18.05	11.69	19.96	17.82	12.01	44.00	40.98	7.37
16	烟草制品业	0.20	0.24	-16.67	0.20	0.24	-16.67	0.23	0.31	-25.81
17	纺织业	16.25	15.16	7.19	16.08	14.95	7.56	44.52	37.07	20.10
18	纺织服装、服饰业	6.71	5.91	13.54	6.69	5.90	13.39	19.33	17.12	12.91
19	皮革、毛皮、羽毛及其制品和制鞋业	1.24	1.00	24.00	1.24	0.99	25.25	3.05	2.45	24.49
20	木材加工和木、竹、藤、棕、草制品业	4.64	4.44	4.50	4.62	4.26	8.45	9.31	7.83	18.90
21	家具制造业	1.04	1.09	-4.59	1.04	1.09	-4.59	3.88	3.27	18.65
22	造纸和纸制品业	2.78	2.38	16.81	2.77	2.37	16.88	14.52	14.60	-0.55
23	印刷和记录媒介复制业	1.68	1.57	7.01	1.66	1.55	7.10	7.83	7.52	4.12
24	文教、工美、体育和娱乐用品制造业	0.91	1.07	-14.95	0.89	1.06	-16.04	3.99	4.05	-1.48
25	石油加工、炼焦和核燃料加工业	0.41	0.44	-6.82	0.41	0.33	24.24	2.12	1.89	12.17
26	化学原料和化学制品制造业	16.98	15.24	11.42	16.67	15.13	10.18	74.37	77.01	-3.43
27	医药制造业	4.23	3.61	17.17	4.17	3.59	16.16	38.46	32.14	19.66
28	化学纤维制造业	0.49	0.35	40.00	0.49	0.35	40.00	1.07	1.06	0.94
29	橡胶和塑料制品业	5.95	5.47	8.78	5.93	5.42	9.41	22.25	19.43	14.51
30	非金属矿物制品业	28.98	27.18	6.62	28.69	26.18	9.59	81.54	71.58	13.91
31	黑色金属冶炼和压延加工业	4.86	4.55	6.81	4.82	4.52	6.64	13.84	13.93	-0.65
32	有色金属冶炼和压延加工业	1.42	1.37	3.65	1.40	1.35	3.70	5.17	5.66	-8.66
33	金属制品业	8.36	8.37	-0.12	8.25	8.29	-0.48	30.27	25.87	17.01
34	通用设备制造业	6.80	6.46	5.26	6.70	5.22	28.35	32.04	29.93	7.05
35	专用设备制造业	6.09	5.18	17.57	5.83	5.15	13.20	23.06	21.44	7.56
36	汽车制造业	9.40	9.92	-5.24	9.16	7.85	16.69	48.42	39.80	21.66
37	铁路、船舶、航空航天和其他运输设备制造业	2.54	2.53	0.40	2.54	2.32	9.48	5.88	4.81	22.25
38	电气机械和器材制造业	6.68	5.44	22.79	6.60	5.34	23.60	28.33	25.45	11.32
39	计算机、通信和其他电子设备制造业	2.79	2.42	15.29	2.76	2.13	29.58	15.78	11.95	32.05
40	仪器仪表制造业	0.87	0.76	14.47	0.83	0.76	9.21	5.03	4.15	21.20
41	其他制造业	0.67	0.76	-11.84	0.67	0.76	-11.84	2.78	2.27	22.47
42	废弃资源综合利用业	0.41	0.34	20.59	0.41	0.34	20.59	1.01	0.84	20.24
43	金属制品、机械和设备修理业	0.27	0.29	-6.90	0.27	0.29	-6.90	0.54	0.77	-29.87
44	电力、热力生产和供应业	3.04	3.91	-22.25	2.88	3.67	-21.53	1.28	3.32	-61.45
45	燃气生产和供应业	0.70	0.56	25.00	0.67	0.53	26.42	3.45	2.91	18.56
46	水的生产和供应业	0.54	0.41	31.71	0.50	0.38	31.58	2.12	1.91	10.99

续表

管理费用			其中：税金			财务费用			其中：利息收入		
2014（亿元）	2013（亿元）	增减（%）	2014（亿元）	2013（亿元）	增减（%）	2014（亿元）	2013（亿元）	增减（%）	2014（亿元）	2013（亿元）	增减（%）
928. 42	821. 35	13. 04	46. 08	41. 35	11. 44	299. 66	272. 18	10. 10	8. 32	11. 23	-25. 91
6. 65	6. 83	-2. 64	0. 18	0. 19	-5. 26	0. 77	1. 03	-25. 24	0. 04	0. 12	-66. 67
0. 00	0. 00	0. 00	0. 00	0. 00	0. 00	0. 00	0. 00	0. 00	0. 00	0. 00	0. 00
9. 01	9. 27	-2. 80	0. 60	0. 69	-13. 04	2. 80	2. 73	2. 56	0. 06	0. 03	100. 00
2. 68	3. 36	-20. 24	0. 08	0. 14	-42. 86	0. 27	0. 37	-27. 03	0. 05	0. 01	400. 00
20. 35	18. 46	10. 24	1. 26	1. 28	-1. 56	8. 07	6. 98	15. 62	0. 09	0. 11	-18. 18
0. 24	0. 16	50. 00	0. 00	0. 00	0. 00	0. 23	0. 09	155. 56	0. 06	0. 02	200. 00
0. 06	0. 07	-14. 29	0. 00	0. 00	0. 00	0. 00	0. 00	0. 00	0. 00	0. 00	0. 00
77. 39	72. 42	6. 86	3. 58	2. 88	24. 31	30. 56	27. 74	10. 17	0. 71	0. 69	2. 90
34. 29	31. 17	10. 01	2. 27	0. 89	155. 06	8. 08	8. 24	-1. 94	0. 05	0. 13	-61. 54
30. 91	26. 48	16. 73	1. 43	1. 20	19. 17	6. 65	5. 25	26. 67	1. 00	0. 60	66. 67
2. 10	2. 63	-20. 15	0. 07	0. 06	16. 67	-0. 20	-0. 13	53. 85	-0. 13	-0. 06	116. 67
60. 86	50. 95	19. 45	2. 33	1. 88	23. 94	27. 24	25. 16	8. 27	0. 17	0. 13	30. 77
25. 17	22. 01	14. 36	1. 25	1. 10	13. 64	6. 79	5. 63	20. 60	0. 08	0. 07	14. 29
5. 48	4. 42	23. 98	0. 19	0. 16	18. 75	1. 53	1. 05	45. 71	0. 05	0. 06	-16. 67
10. 99	8. 76	25. 46	0. 91	0. 81	12. 35	4. 14	3. 25	27. 38	0. 06	0. 05	20. 00
3. 81	3. 14	21. 34	0. 16	0. 14	14. 29	1. 05	0. 87	20. 69	0. 07	0. 01	600. 00
14. 61	15. 87	-7. 94	0. 77	0. 73	5. 48	5. 59	4. 98	12. 25	0. 70	0. 35	100. 00
13. 88	11. 97	15. 96	0. 65	0. 43	51. 16	2. 06	2. 03	1. 48	-0. 02	0. 01	-300. 00
5. 54	5. 13	7. 99	0. 24	0. 25	-4. 00	1. 28	1. 51	-15. 23	0. 02	0. 03	-33. 33
1. 81	1. 45	24. 83	0. 17	0. 16	6. 25	0. 61	0. 50	22. 00	-0. 02	0. 01	-300. 00
76. 15	70. 80	7. 56	4. 20	3. 62	16. 02	28. 01	21. 01	33. 32	0. 85	0. 86	-1. 16
37. 11	30. 67	21. 00	1. 76	1. 41	24. 82	5. 90	6. 00	-1. 67	0. 44	0. 27	62. 96
1. 36	1. 45	-6. 21	0. 09	0. 04	125. 00	0. 98	0. 76	28. 95	0. 00	-0. 02	-100. 00
30. 21	26. 72	13. 06	1. 42	1. 31	8. 40	9. 86	8. 18	20. 54	0. 18	0. 22	-18. 18
84. 55	72. 61	16. 44	6. 23	5. 72	8. 92	30. 91	29. 74	3. 93	0. 86	0. 87	-1. 15
19. 00	18. 44	3. 04	0. 75	0. 61	22. 95	7. 69	9. 07	-15. 21	0. 17	0. 19	-10. 53
10. 94	10. 00	9. 40	0. 45	0. 64	-29. 69	4. 65	5. 14	-9. 53	0. 23	0. 17	35. 29
51. 56	34. 53	49. 32	2. 07	1. 59	30. 19	12. 94	10. 34	25. 15	0. 26	0. 26	0. 00
44. 29	42. 52	4. 16	2. 28	1. 79	27. 37	11. 85	10. 18	16. 40	0. 50	0. 42	19. 05
36. 40	34. 58	5. 26	1. 65	1. 40	17. 86	9. 60	9. 65	-0. 52	0. 11	0. 50	-78. 00
93. 66	81. 33	15. 16	3. 51	4. 94	-28. 95	20. 76	16. 94	22. 55	0. 55	3. 45	-84. 06
9. 69	7. 38	31. 30	0. 29	0. 32	-9. 38	1. 43	1. 78	-19. 66	0. 07	0. 07	0. 00
44. 91	39. 01	15. 12	2. 43	2. 52	-3. 57	9. 66	9. 29	3. 98	0. 27	0. 08	237. 50
27. 96	25. 07	11. 53	0. 75	0. 53	41. 51	5. 11	4. 29	19. 11	-0. 03	0. 47	-106. 38
9. 46	7. 69	23. 02	0. 30	0. 27	11. 11	1. 05	0. 82	28. 05	0. 08	0. 07	14. 29
3. 10	2. 71	14. 39	0. 13	0. 24	-45. 83	1. 05	1. 17	-10. 26	0. 06	0. 03	100. 00
2. 20	1. 83	20. 22	0. 16	0. 07	128. 57	1. 32	1. 10	20. 00	0. 02	0. 01	100. 00
2. 01	2. 17	-7. 37	0. 02	0. 12	-83. 33	0. 43	0. 33	30. 30	0. 01	0. 01	0. 00
9. 85	8. 99	9. 57	0. 87	0. 76	14. 47	27. 33	27. 29	0. 15	0. 57	0. 82	-30. 49
3. 18	3. 47	-8. 36	0. 19	0. 21	-9. 52	0. 87	1. 00	-13. 00	0. 11	0. 13	-15. 38
5. 03	4. 83	4. 14	0. 40	0. 25	60. 00	0. 76	0. 83	-8. 43	-0. 02	0. 00	0. 00

指标代码	指标名称	利息支出			投资收益			营业利润		
		2014（亿元）	2013（亿元）	增减（%）	2014（亿元）	2013（亿元）	增减（%）	2014（亿元）	2013（亿元）	增减（%）
	总计	207.70	192.69	7.79	24.46	28.14	-13.08	1326.80	1236.31	7.32
06	煤炭开采和洗选业	0.59	0.91	-35.16	0.00	0.02	-100.00	10.22	9.85	3.76
07	石油和天然气开采业	0.00	0.00	0.00	0.00	0.00	0.00	0.00	0.00	0.00
08	黑色金属矿采选业	1.94	1.62	19.75	0.15	0.06	150.00	10.49	10.04	4.48
09	有色金属矿采选业	0.19	0.19	0.00	0.10	0.00	0.00	3.93	5.10	-22.94
10	非金属矿采选业	4.90	4.26	15.02	0.32	0.46	-30.43	39.69	37.80	5.00
11	开采辅助活动	0.28	0.11	154.55	-0.02	-0.06	-66.67	-0.29	-0.14	107.14
12	其他采矿业	0.00	0.00	0.00	0.00	0.00	0.00	0.08	0.08	0.00
13	农副食品加工业	20.32	19.76	2.83	4.21	4.11	2.43	170.43	164.98	3.30
14	食品制造业	5.84	5.68	2.82	0.12	0.35	-65.71	47.84	41.81	14.42
15	酒、饮料和精制茶制造业	5.48	4.24	29.25	0.32	1.02	-68.63	48.93	53.79	-9.04
16	烟草制品业	0.00	0.00	0.00	0.00	0.00	0.00	4.14	5.07	-18.34
17	纺织业	14.46	13.68	5.70	0.18	0.62	-70.97	83.12	80.76	2.92
18	纺织服装、服饰业	4.06	3.64	11.54	0.59	0.44	34.09	33.08	31.42	5.28
19	皮革、毛皮、羽毛及其制品和制鞋业	0.73	0.73	0.00	0.00	0.00	0.00	5.63	4.81	17.05
20	木材加工和木、竹、藤、棕、草制品业	1.85	1.70	8.82	0.18	0.19	-5.26	21.08	21.17	-0.43
21	家具制造业	0.71	0.65	9.23	0.00	0.05	-100.00	4.78	4.60	3.91
22	造纸和纸制品业	4.61	3.62	27.35	0.37	0.38	-2.63	16.96	14.06	20.63
23	印刷和记录媒介复制业	1.46	1.50	-2.67	0.10	0.10	0.00	17.80	14.43	23.35
24	文教、工美、体育和娱乐用品制造业	0.69	0.98	-29.59	0.03	0.05	-40.00	7.40	5.80	27.59
25	石油加工、炼焦和核燃料加工业	0.42	0.42	0.00	0.00	0.00	0.00	3.27	2.86	14.34
26	化学原料和化学制品制造业	21.92	15.90	37.86	4.79	4.94	-3.04	111.10	93.61	18.68
27	医药制造业	4.84	4.70	2.98	0.54	2.53	-78.66	41.52	39.56	4.95
28	化学纤维制造业	0.81	0.68	19.12	0.68	0.00	0.00	2.81	2.83	-0.71
29	橡胶和塑料制品业	6.45	5.61	14.97	0.20	0.74	-72.97	44.30	45.39	-2.40
30	非金属矿物制品业	25.40	19.42	30.79	1.57	1.90	-17.37	166.82	159.87	4.35
31	黑色金属冶炼和压延加工业	5.02	6.13	-18.11	0.12	0.05	140.00	18.84	22.18	-15.06
32	有色金属冶炼和压延加工业	3.12	3.18	-1.89	0.05	0.10	-50.00	6.43	8.46	-24.00
33	金属制品业	7.80	7.09	10.01	0.24	0.59	-59.32	47.61	48.07	-0.96
34	通用设备制造业	7.21	6.35	13.54	3.70	1.45	155.17	43.76	36.74	19.11
35	专用设备制造业	6.23	5.86	6.31	0.29	0.72	-59.72	39.85	34.05	17.03
36	汽车制造业	13.85	17.92	-22.71	2.93	2.91	0.69	105.36	87.66	20.19
37	铁路、船舶、航空航天和其他运输设备制造业	0.98	1.08	-9.26	0.07	0.12	-41.67	13.24	13.74	-3.64
38	电气机械和器材制造业	6.12	5.43	12.71	-0.35	0.96	-136.46	52.90	43.30	22.17
39	计算机、通信和其他电子设备制造业	3.77	2.72	38.60	1.68	2.31	-27.27	18.75	17.13	9.46
40	仪器仪表制造业	0.56	0.67	-16.42	0.17	0.10	70.00	6.36	6.43	-1.09
41	其他制造业	0.73	0.88	-17.05	0.12	0.13	-7.69	5.61	5.78	-2.94
42	废弃资源综合利用业	0.56	0.50	12.00	0.02	0.02	0.00	2.41	2.27	6.17
43	金属制品、机械和设备修理业	0.33	0.34	-2.94	-0.04	-0.02	100.00	0.85	0.82	3.66
44	电力、热力生产和供应业	22.03	22.95	-4.01	0.36	0.42	-14.29	56.03	49.65	12.85
45	燃气生产和供应业	0.87	0.94	-7.45	0.01	0.11	-90.91	11.24	9.83	14.34
46	水的生产和供应业	0.55	0.65	-15.38	0.67	0.28	139.29	2.42	0.65	272.31

续表

利润总额			亏损企业亏损总额			税金总额		
2014（亿元）	2013（亿元）	增减（%）	2014（亿元）	2013（亿元）	增减（%）	2014（亿元）	2013（亿元）	增减（%）
1346.77	1255.93	7.23	85.12	80.04	6.35	763.23	699.94	9.04
9.98	9.89	0.91	1.38	1.18	16.95	8.68	8.54	1.64
0.00	0.00	0.00	0.00	0.00	0.00	0.00	0.00	0.00
10.21	10.01	2.00	1.37	1.06	29.25	8.82	9.16	-3.71
3.95	5.12	-22.85	0.26	0.12	116.67	2.98	4.26	-30.05
38.43	37.60	2.21	0.95	0.52	82.69	28.96	27.80	4.17
-0.29	-0.14	107.14	0.33	0.17	94.12	0.01	0.01	0.00
0.08	0.08	0.00	0.00	0.00	0.00	0.05	0.05	0.00
169.92	163.89	3.68	3.65	1.97	85.28	71.64	58.24	23.01
46.38	41.82	10.90	2.62	0.90	191.11	26.84	23.31	15.14
49.61	54.55	-9.06	1.57	1.24	26.61	40.82	36.33	12.36
4.38	5.21	-15.93	0.03	0.00	0.00	1.73	2.04	-15.20
83.72	80.95	3.42	5.10	3.56	43.26	58.44	49.77	17.42
33.15	31.43	5.47	1.19	0.66	80.30	21.74	19.05	14.12
5.85	4.83	21.12	0.41	0.36	13.89	4.05	3.67	10.35
21.02	20.74	1.35	1.24	0.32	287.50	12.14	11.97	1.42
4.75	4.55	4.40	0.25	0.05	400.00	3.46	3.70	-6.49
17.74	16.42	8.04	2.74	2.47	10.93	13.02	11.97	8.77
18.48	14.90	24.03	1.23	0.93	32.26	9.01	8.35	7.90
7.43	5.80	28.10	0.40	0.81	-50.62	3.11	3.78	-17.72
3.80	2.93	29.69	0.42	0.24	75.00	2.16	2.99	-27.76
113.42	96.70	17.29	5.58	9.16	-39.08	65.93	61.17	7.78
42.40	39.52	7.29	2.69	0.78	244.87	22.44	21.26	5.55
2.48	2.75	-9.82	0.96	1.07	-10.28	2.50	1.86	34.41
44.55	45.16	-1.35	1.09	1.06	2.83	24.11	22.45	7.39
168.61	159.25	5.88	5.80	3.32	74.70	96.48	89.42	7.90
19.79	24.37	-18.79	3.72	4.66	-20.17	17.41	19.01	-8.42
6.61	8.84	-25.23	4.52	4.81	-6.03	7.84	7.94	-1.26
48.88	48.25	1.31	3.97	2.61	52.11	30.48	28.44	7.17
48.19	37.80	27.49	3.92	2.99	31.10	25.21	24.13	4.48
40.60	34.50	17.68	3.06	3.68	-16.85	22.19	22.51	-1.42
108.57	94.69	14.66	7.64	8.55	-10.64	46.11	39.96	15.39
13.44	13.49	-0.37	0.83	1.44	-42.36	8.66	7.47	15.93
52.04	45.14	15.29	4.68	4.40	6.36	25.01	21.09	18.59
21.33	19.13	11.50	2.49	3.29	-24.32	10.32	8.50	21.41
7.64	7.53	1.46	0.31	0.11	181.82	4.51	3.93	14.76
5.65	5.77	-2.08	0.12	0.07	71.43	2.09	2.11	-0.95
2.94	2.26	30.09	0.88	0.66	33.33	1.83	1.88	-2.66
1.03	1.00	3.00	0.09	0.25	-64.00	1.64	1.28	28.13
57.29	47.88	19.65	6.11	9.10	-32.86	27.16	26.99	0.63
10.22	9.72	5.14	0.67	0.08	737.50	1.93	1.65	16.97
2.50	1.56	60.26	0.86	1.37	-37.23	1.69	1.90	-11.05

指标代码	指标名称	应交增值税			从事工业生产活动的从业人员平均人数		
		2014（亿元）	2013（亿元）	增减（%）	2014（万人）	2013（万人）	增减（%）
	总计	554.34	507.91	9.14	230.80	221.86	4.03
06	煤炭开采和洗选业	6.13	5.94	3.20	3.15	3.35	-5.97
07	石油和天然气开采业	0.00	0.00	0.00	0.00	0.00	0.00
08	黑色金属矿采选业	5.79	6.44	-10.09	1.90	1.96	-3.06
09	有色金属矿采选业	2.25	3.30	-31.82	0.49	0.80	-38.75
10	非金属矿采选业	17.28	15.56	11.05	4.65	4.34	7.14
11	开采辅助活动	0.00	0.00	0.00	0.04	0.03	33.33
12	其他采矿业	0.05	0.05	0.00	0.05	0.03	66.67
13	农副食品加工业	52.87	41.69	26.82	19.52	18.25	6.96
14	食品制造业	20.53	16.51	24.35	7.37	7.11	3.66
15	酒、饮料和精制茶制造业	20.86	18.51	12.70	4.97	4.61	7.81
16	烟草制品业	1.54	1.79	-13.97	0.25	0.26	-3.85
17	纺织业	42.35	34.82	21.63	23.93	23.53	1.70
18	纺织服装、服饰业	15.05	13.15	14.45	12.86	12.40	3.71
19	皮革、毛皮、羽毛及其制品和制鞋业	2.82	2.68	5.22	3.57	3.20	11.56
20	木材加工和木、竹、藤、棕、草制品业	7.52	7.71	-2.46	3.43	3.25	5.54
21	家具制造业	2.42	2.61	-7.28	1.33	1.31	1.53
22	造纸和纸制品业	10.25	9.60	6.77	4.26	4.19	1.67
23	印刷和记录媒介复制业	7.34	6.81	7.78	3.29	2.98	10.40
24	文教、工美、体育和娱乐用品制造业	2.22	2.72	-18.38	1.76	1.82	-3.30
25	石油加工、炼焦和核燃料加工业	1.75	2.66	-34.21	0.46	0.41	12.20
26	化学原料和化学制品制造业	49.26	46.04	6.99	13.99	13.47	3.86
27	医药制造业	18.28	17.67	3.45	6.64	6.23	6.58
28	化学纤维制造业	2.02	1.51	33.77	0.60	0.56	7.14
29	橡胶和塑料制品业	18.17	17.03	6.69	7.97	7.52	5.98
30	非金属矿物制品业	67.79	63.24	7.19	23.33	22.44	3.97
31	黑色金属冶炼和压延加工业	12.59	14.49	-13.11	4.93	4.98	-1.00
32	有色金属冶炼和压延加工业	6.44	6.59	-2.28	2.62	2.90	-9.66
33	金属制品业	22.23	20.15	10.32	9.39	8.80	6.70
34	通用设备制造业	18.51	18.90	-2.06	9.28	9.05	2.54
35	专用设备制造业	16.36	17.36	-5.76	7.64	7.33	4.23
36	汽车制造业	36.94	32.12	15.01	20.36	19.21	5.99
37	铁路、船舶、航空航天和其他运输设备制造业	6.12	5.15	18.83	2.89	2.85	1.40
38	电气机械和器材制造业	18.41	15.74	16.96	9.72	9.22	5.42
39	计算机、通信和其他电子设备制造业	7.56	6.37	18.68	5.68	5.09	11.59
40	仪器仪表制造业	3.68	3.17	16.09	1.73	1.66	4.22
41	其他制造业	1.43	1.35	5.93	0.96	0.88	9.09
42	废弃资源综合利用业	1.43	1.54	-7.14	0.70	0.60	16.67
43	金属制品、机械和设备修理业	1.37	0.99	38.38	0.79	0.85	-7.06
44	电力、热力生产和供应业	24.28	23.32	4.12	2.31	2.36	-2.12
45	燃气生产和供应业	1.26	1.12	12.50	0.56	0.50	12.00
46	水的生产和供应业	1.19	1.53	-22.22	1.42	1.53	-7.19

续表

每百元主营业务收入中的成本			主营业务收入利润率			主营活动利润（新）			主营活动利润率（新）		
2014（元）	2013（元）	增减（元）	2014（%）	2013（%）	增减（百分点）	2014（亿元）	2013（亿元）	增减（%）	2014（亿元）	2013（亿元）	增减（%）
86.18	85.68	0.50	5.32	5.54	-0.22	1310.61	1215.87	7.79	5.18	5.36	-0.18
80.70	79.88	0.82	8.37	8.39	-0.02	10.28	9.89	3.97	8.62	8.39	0.23
0.00	0.00	0.00	0.00	0.00	0.00	0.00	0.00	0.00	0.00	0.00	0.00
89.94	90.90	-0.96	3.01	2.83	0.18	10.41	10.04	3.61	3.07	2.84	0.23
79.97	84.69	-4.72	9.91	7.22	2.69	3.85	5.13	-24.89	9.67	7.24	2.43
80.38	78.79	1.59	7.60	8.50	-0.90	39.62	37.58	5.43	7.84	8.49	-0.65
96.55	96.22	0.33	-4.35	-2.94	-1.41	-0.27	-0.08	235.97	-4.07	-1.70	-2.37
77.23	67.74	9.49	7.92	6.45	1.47	0.08	0.08	0.00	7.97	6.49	1.48
89.61	88.83	0.78	4.64	5.06	-0.42	167.28	161.90	3.33	4.57	5.00	-0.43
82.88	81.60	1.28	6.03	6.30	-0.27	48.02	41.72	15.09	6.25	6.28	-0.03
77.17	75.91	1.26	7.56	9.11	-1.55	48.91	53.11	-7.89	7.46	8.87	-1.41
56.00	58.53	-2.53	30.21	26.84	3.37	4.17	5.10	-18.34	28.73	26.28	2.45
87.32	86.99	0.33	4.55	4.93	-0.38	83.46	80.64	3.49	4.54	4.91	-0.37
86.55	86.30	0.25	4.81	5.12	-0.31	32.70	31.18	4.88	4.74	5.08	-0.34
88.41	87.43	0.98	3.89	4.25	-0.36	5.67	4.84	17.05	3.77	4.26	-0.49
85.34	84.56	0.78	5.83	6.49	-0.66	21.03	21.11	-0.38	5.83	6.61	-0.78
86.25	84.15	2.10	4.49	5.38	-0.89	4.81	4.58	5.05	4.55	5.41	-0.86
87.58	86.82	0.76	4.04	4.18	-0.14	16.70	13.77	21.27	3.80	3.50	0.30
83.59	84.11	-0.52	6.99	6.41	0.58	17.81	14.42	23.52	6.73	6.21	0.52
85.10	86.60	-1.50	5.67	4.33	1.34	7.42	5.79	28.17	5.66	4.32	1.34
91.19	93.17	-1.98	4.01	3.07	0.94	3.29	2.88	14.34	3.47	3.01	0.46
87.34	86.27	1.07	4.75	4.77	-0.02	107.00	89.25	19.89	4.48	4.40	0.08
80.60	80.93	-0.33	6.60	6.93	-0.33	41.24	37.28	10.63	6.42	6.54	-0.12
93.77	91.38	2.39	3.38	3.92	-0.54	2.15	2.85	-24.59	2.93	4.06	-1.13
86.56	85.25	1.31	5.25	6.15	-0.90	44.38	44.93	-1.24	5.23	6.12	-0.89
84.40	83.25	1.15	6.63	7.07	-0.44	166.29	158.97	4.61	6.54	7.05	-0.51
91.38	90.26	1.12	2.76	3.41	-0.65	18.84	22.27	-15.41	2.62	3.12	-0.50
94.18	94.54	-0.36	1.38	1.55	-0.17	6.42	8.41	-23.69	1.34	1.48	-0.14
87.38	86.69	0.69	4.34	4.94	-0.60	47.67	47.78	-0.24	4.23	4.89	-0.66
83.84	84.24	-0.40	5.33	4.67	0.66	40.33	35.52	13.55	4.46	4.39	0.07
84.39	83.84	0.55	5.46	5.21	0.25	39.81	33.54	18.68	5.35	5.07	0.28
86.86	87.03	-0.17	5.06	5.09	-0.03	103.09	85.30	20.86	4.81	4.58	0.23
87.51	87.23	0.28	5.12	5.33	-0.21	13.25	13.71	-3.31	5.04	5.42	-0.38
85.14	85.28	-0.14	5.48	5.32	0.16	53.58	42.61	25.74	5.64	5.02	0.62
84.51	84.13	0.38	4.85	5.06	-0.21	17.19	14.93	15.14	3.91	3.95	-0.04
77.37	77.33	0.04	7.52	8.42	-0.90	6.23	6.37	-2.21	6.13	7.12	-0.99
87.11	84.75	2.36	6.10	7.25	-1.15	5.53	5.69	-2.83	5.97	7.14	-1.17
94.11	92.98	1.13	2.39	2.44	-0.05	2.41	2.26	6.22	1.95	2.44	-0.49
88.84	85.82	3.02	2.85	2.95	-0.10	0.90	0.85	5.94	2.48	2.49	-0.01
75.95	77.63	-1.68	14.53	11.73	2.80	56.02	49.54	13.08	14.21	12.14	2.07
78.26	76.54	1.72	11.84	13.80	-1.96	11.30	9.78	15.53	13.09	13.89	-0.80
76.57	80.87	-4.30	6.24	4.29	1.95	1.77	0.37	371.95	4.41	1.03	3.38

指标代码	指标名称	每百元资产实现的主营业务收入			产成品存货周转天数		
		2014（元）	2013（元）	增减（元）	2014（%）	2013（%）	增减（百分点）
	总计	659.79	663.90	-4.11	3.74	3.65	0.09
06	煤炭开采和洗选业	620.88	619.58	1.30	1.93	3.55	-1.62
07	石油和天然气开采业	0.00	0.00	0.00	0.00	0.00	0.00
08	黑色金属矿采选业	1140.94	1324.72	-183.77	4.25	2.62	1.63
09	有色金属矿采选业	576.56	778.05	-201.49	5.45	3.22	2.23
10	非金属矿采选业	615.40	700.97	-85.57	2.75	2.72	0.03
11	开采辅助活动	170.15	139.08	31.07	0.42	0.39	0.03
12	其他采矿业	897.78	1837.04	-939.26	0.00	0.00	0.00
13	农副食品加工业	1118.96	1180.28	-61.32	3.09	3.34	-0.26
14	食品制造业	860.99	819.14	41.85	3.16	3.73	-0.57
15	酒、饮料和精制茶制造业	679.73	676.78	2.95	3.81	3.91	-0.10
16	烟草制品业	163.84	286.92	-123.08	20.39	12.12	8.27
17	纺织业	1033.52	1002.21	31.31	3.09	3.31	-0.23
18	纺织服装、服饰业	790.07	852.83	-62.76	2.94	2.74	0.21
19	皮革、毛皮、羽毛及其制品和制鞋业	840.03	825.26	14.78	3.39	4.68	-1.29
20	木材加工和木、竹、藤、棕、草制品业	729.83	697.77	32.06	3.17	2.93	0.25
21	家具制造业	765.53	712.81	52.73	3.81	3.92	-0.11
22	造纸和纸制品业	572.97	590.62	-17.65	3.42	2.94	0.48
23	印刷和记录媒介复制业	664.53	405.30	259.23	4.33	4.00	0.33
24	文教、工美、体育和娱乐用品制造业	773.03	861.86	-88.83	3.80	4.66	-0.86
25	石油加工、炼焦和核燃料加工业	760.87	736.50	24.37	3.63	3.53	0.10
26	化学原料和化学制品制造业	636.88	610.13	26.75	2.95	3.16	-0.21
27	医药制造业	564.69	594.40	-29.71	4.21	3.53	0.67
28	化学纤维制造业	760.69	822.05	-61.36	3.30	2.70	0.60
29	橡胶和塑料制品业	854.84	820.85	33.99	3.09	3.27	-0.18
30	非金属矿物制品业	704.72	714.96	-10.25	3.09	3.21	-0.12
31	黑色金属冶炼和压延加工业	820.99	813.87	7.12	3.93	3.16	0.77
32	有色金属冶炼和压延加工业	943.01	1091.97	-148.96	3.06	2.84	0.22
33	金属制品业	711.87	737.79	-25.92	5.95	5.28	0.66
34	通用设备制造业	562.55	563.53	-0.99	5.25	4.78	0.47
35	专用设备制造业	447.47	465.55	-18.09	5.42	4.78	0.65
36	汽车制造业	561.92	562.12	-0.20	5.18	5.41	-0.22
37	铁路、船舶、航空航天和其他运输设备制造业	600.09	614.91	-14.81	5.50	2.65	2.85
38	电气机械和器材制造业	555.55	561.19	-5.63	4.72	4.51	0.21
39	计算机、通信和其他电子设备制造业	399.35	393.89	5.46	6.61	5.41	1.20
40	仪器仪表制造业	412.89	479.22	-66.33	6.16	5.83	0.33
41	其他制造业	529.41	540.88	-11.47	3.34	2.88	0.45
42	废弃资源综合利用业	729.10	771.21	-42.11	2.95	2.37	0.58
43	金属制品、机械和设备修理业	725.99	694.52	31.47	0.67	1.64	-0.97
44	电力、热力生产和供应业	156.92	162.49	-5.56	0.31	0.16	0.15
45	燃气生产和供应业	269.82	277.97	-8.15	1.49	1.07	0.42
46	水的生产和供应业	86.21	93.91	-7.70	1.00	0.95	0.05

续表

三项费用			每百元主营业务收入中的三项费用			主营活动利润（旧）			主营活动利润率（旧）		
2014（亿元）	2013（亿元）	增减（%）	2014（亿元）	2013（亿元）	增减（%）	2014（亿元）	2013（亿元）	增减（%）	2014（亿元）	2013（亿元）	增减（%）
1965. 86	1754. 20	12. 07	7. 76	7. 73	0. 03	1324. 15	1300. 48	1. 82	5. 23	5. 73	-0. 50
10. 37	10. 70	-3. 08	8. 70	9. 08	-0. 38	10. 09	10. 41	-3. 07	8. 46	8. 83	-0. 37
0. 00	0. 00	0. 00	0. 00	0. 00	0. 00	0. 00	0. 00	0. 00	0. 00	0. 00	0. 00
19. 32	18. 52	4. 32	5. 70	5. 24	0. 45	11. 76	10. 89	7. 99	3. 47	3. 08	0. 39
3. 65	4. 54	-19. 60	9. 16	6. 41	2. 76	3. 60	5. 35	-32. 71	9. 04	7. 55	1. 49
46. 88	39. 54	18. 56	9. 28	8. 94	0. 34	40. 59	42. 07	-3. 52	8. 03	9. 51	-1. 48
0. 53	0. 29	82. 76	7. 95	6. 09	1. 85	-0. 31	-0. 12	158. 33	-4. 65	-2. 52	-2. 13
0. 07	0. 07	0. 00	6. 93	5. 65	1. 29	0. 16	0. 33	-51. 52	15. 84	26. 61	-10. 77
188. 06	171. 08	9. 93	5. 14	5. 28	-0. 14	173. 32	174. 14	-0. 47	4. 74	5. 38	-0. 64
80. 89	71. 51	13. 12	10. 52	10. 77	-0. 24	44. 35	43. 87	1. 09	5. 77	6. 60	-0. 83
81. 56	72. 71	12. 17	12. 44	12. 14	0. 30	48. 18	53. 72	-10. 31	7. 35	8. 97	-1. 62
2. 13	2. 81	-24. 20	14. 69	14. 48	0. 21	4. 05	5. 00	-19. 00	27. 93	25. 76	2. 17
132. 62	113. 18	17. 18	7. 21	6. 89	0. 32	84. 60	85. 62	-1. 19	4. 60	5. 21	-0. 61
51. 29	44. 76	14. 59	7. 44	7. 29	0. 15	34. 79	33. 43	4. 07	5. 04	5. 45	-0. 41
10. 06	7. 92	27. 02	6. 70	6. 97	-0. 27	6. 11	5. 38	13. 57	4. 07	4. 73	-0. 66
24. 44	19. 84	23. 19	6. 78	6. 21	0. 57	23. 80	25. 22	-5. 63	6. 60	7. 89	-1. 29
8. 74	7. 28	20. 05	8. 27	8. 60	-0. 34	4. 76	5. 04	-5. 56	4. 50	5. 96	-1. 46
34. 72	35. 45	-2. 06	7. 91	9. 02	-1. 11	17. 04	14. 01	21. 63	3. 88	3. 56	0. 32
23. 77	21. 52	10. 46	8. 99	9. 26	-0. 28	17. 98	13. 84	29. 91	6. 80	5. 96	0. 84
10. 81	10. 69	1. 12	8. 25	7. 98	0. 27	7. 82	6. 19	26. 33	5. 97	4. 62	1. 35
4. 54	3. 84	18. 23	4. 78	4. 02	0. 76	3. 41	2. 35	45. 11	3. 59	2. 46	1. 13
178. 53	168. 82	5. 75	7. 47	8. 33	-0. 86	107. 26	94. 50	13. 50	4. 49	4. 66	-0. 17
81. 47	68. 81	18. 40	12. 68	12. 07	0. 61	38. 95	36. 33	7. 21	6. 06	6. 37	-0. 31
3. 41	3. 27	4. 28	4. 65	4. 67	-0. 02	0. 67	2. 42	-72. 31	0. 91	3. 45	-2. 54
62. 32	54. 33	14. 71	7. 34	7. 40	-0. 06	45. 90	48. 52	-5. 40	5. 41	6. 61	-1. 20
197. 00	173. 93	13. 26	7. 74	7. 72	0. 03	171. 08	177. 32	-3. 52	6. 72	7. 87	-1. 15
40. 53	41. 44	-2. 20	5. 64	5. 80	-0. 15	16. 57	23. 67	-30. 00	2. 31	3. 31	-1. 00
20. 76	20. 80	-0. 19	4. 33	3. 65	0. 68	5. 73	8. 96	-36. 05	1. 20	1. 57	-0. 37
94. 77	70. 74	33. 97	8. 41	7. 24	1. 17	39. 22	51. 03	-23. 14	3. 48	5. 22	-1. 74
88. 18	82. 63	6. 72	9. 76	10. 21	-0. 45	51. 08	39. 69	28. 70	5. 65	4. 90	0. 75
69. 06	65. 67	5. 16	9. 29	9. 93	-0. 64	41. 21	36. 11	14. 12	5. 54	5. 46	0. 08
162. 84	138. 07	17. 94	7. 59	7. 42	0. 17	109. 76	95. 45	14. 99	5. 12	5. 13	-0. 01
17. 00	13. 97	21. 69	6. 47	5. 52	0. 95	13. 28	16. 03	-17. 16	5. 06	6. 33	-1. 27
82. 90	73. 75	12. 41	8. 73	8. 69	0. 04	51. 61	45. 78	12. 73	5. 44	5. 40	0. 04
48. 85	41. 31	18. 25	11. 10	10. 94	0. 17	16. 52	16. 53	-0. 06	3. 76	4. 38	-0. 62
15. 54	12. 66	22. 75	15. 30	14. 16	1. 14	6. 62	6. 85	-3. 36	6. 52	7. 66	-1. 14
6. 93	6. 15	12. 68	7. 49	7. 73	-0. 24	4. 33	5. 23	-17. 21	4. 68	6. 57	-1. 89
4. 53	3. 77	20. 16	3. 68	4. 07	-0. 39	2. 32	2. 40	-3. 33	1. 88	2. 59	-0. 71
2. 98	3. 27	-8. 87	8. 25	9. 64	-1. 39	0. 78	1. 25	-37. 60	2. 16	3. 69	-1. 53
38. 46	39. 60	-2. 88	9. 75	9. 71	0. 05	53. 48	48. 02	11. 37	13. 56	11. 77	1. 79
7. 50	7. 38	1. 63	8. 69	10. 48	-1. 79	10. 60	8. 61	23. 11	12. 28	12. 23	0. 05
7. 91	7. 57	4. 49	19. 74	20. 84	-1. 10	0. 98	-1. 00	-198. 00	2. 45	-2. 75	5. 20

2014 湖南省非公有制经济增加值

指标	增加值（亿元）		比上年增长（%）		非公有制占比（%）
	全部	非公有制	全部	非公有制	
总计	27048.46	5896.32	9.5	10.3	58.8
农林牧渔业	3266.89	803.46	4.6	5.1	24.6
工业	10749.88	7987.16	9.2	11.2	74.3
建筑业	1744.86	932.98	9.9	10.5	53.5
批发和零售业	2211.82	1902.17	7.6	7.6	86.0
交通运输、仓储和邮政	1257.64	609.96	4.8	5.3	48.5
住宿和餐饮业	545.69	457.83	6.5	6.8	83.9
金融业	897.58	87.96	16.3	17.0	9.8
房地产业	662.82	601.84	1.1	1.5	90.8
其他服务业	5711.28	2512.96	15.3	15.5	44.0
第一产业	3148.75	685.32	4.5	4.8	21.8
第二产业	12481.88	8907.64	9.3	11.1	71.4
第三产业	11417.83	6303.36	11.1	9.8	55.2

2014 年湖南省非公有制经济农林牧渔增加值

指标	总量（亿元）		比上年增长（%）		非公有制占比（%）
	全部	非公有制	全部	非公有制	
农林牧渔增加值	3266.89	803.46	4.6	5.1	24.6
农业增加值	2020.28	0.00	4.2	0.0	0.0
林业增加值	225.48	8.34	5.8	5.8	3.7
牧业增加值	682.43	648.30	4.7	4.7	95.0
渔业增加值	220.56	28.67	5.6	5.6	13.0
农林牧渔服务业增加值	118.14	118.14	7.3	7.3	100.0

2014 年湖南省非公有制规模工业企业主要生产指标

指标	比上年增长（%）		非公有制占比（%）
	全部	非公有制	
工业总产值	8.1	11.2	77.5
新产品产值	13.0	33.1	51.9
工业销售产值	7.9	11.1	77.6
出口交货值	18.3	19.7	85.1
工业增加值	9.6	11.8	74.0
私营经济	10.2	10.2	100.0
港澳台经济	16.3	16.3	100.0
外商经济	42.3	42.3	100.0
其他经济	22.5	22.5	100.0

2014 年湖南省非公有制规模工业企业主要经济指标

指标	总量（亿元）		比上年增长（%）		非公有制占比（%）
	全部	非公有制	全部	非公有制	
企业单位数（个）	13498	12256	1.2	2.4	90.8
流动资产合计	9179.90	5131.90	10.7	13.9	55.9
应收账款	2525.40	1350.40	10.9	7.9	53.5
产成品	847.00	543.40	18.6	13.1	64.2
本年折旧	975.40	633.90	23.5	43.2	65.0
资产合计	20843.50	11889.20	9.8	13.3	57.0
负债合计	11049.90	5468.60	7.8	12.2	49.5
主营业务收入	33303.20	25562.10	6.1	8.9	76.8
主营业务税金及附加	903.50	291.70	7.9	10.7	32.3
利润总额	1523.20	1214.20	-3.7	2.1	79.7
应交增值税	325.80	258.00	2.2	4.1	79.2

2014 年湖南省非公有制投资主要指标

指标	总量（亿元）		比上年增长（%）		非公有制占比（%）
	全部	非公有制	全部	非公有制	
实际完成投资额	21950.77	15078.95	19.4	22.1	68.7
工业	9104.19	8173.55	14.9	16.9	89.8
新增固定资产	14830.92	10415.23	24.3	27.1	70.2
施工项目个数（个）	40308	27194	12.4	12.9	67.47
投产项目（个）	29186	20400	20.0	21.4	69.9
资金来源	24826.56	17335.02	15.9	17.1	69.8
国内贷款	1969.59	1292.91	4.9	21.3	65.6
利用外资	55.29	40.19	-55.6	-61.0	72.7
自筹资金	17583.01	12823.05	21.7	22.6	72.9
其他资金	2493.76	1960.21	-5.9	-5.0	78.6

2014 年湖南省非公有制建筑业企业主要指标

指标	企业单位数（个）	建筑业总产值（亿元）
总计	1470	3219.29
按资质等级分组	—	—
施工总承包	1028	3027.05
特级	3	148.21
一级	124	1348.80
二级	370	954.36
三级及以下	531	575.68
专业承包	442	192.24
一级	32	24.39
二级	84	62.51
三级及以下	326	105.34

2014 年湖南省非公有制批发、零售、住宿、餐饮业企业商品销售总额（营业额）

指标	总量（亿元）		比上年增长（%）		非公有制占比（%）
	全部	非公有制	全部	非公有制	
总计	23896.53	21165.19	14.6	14.7	88.6
批发企业	10498.51	8859.61	13.7	13.7	84.4
限额以上	4578.54	3433.96	7.7	6.5	75.0

续表

指标	总量（亿元）		比上年增长（%）		非公有制占比（%）
	全部	非公有制	全部	非公有制	
限额以下	5919.97	5425.65	18.8	18.8	91.7
零售企业	11279.46	10467.88	15.6	15.6	92.8
限额以上	4532.57	3913.95	14.6	14.4	86.4
限额以下	6746.88	6553.92	16.3	16.3	97.1
住宿业	630.44	496.83	7.4	7.3	78.8
限额以上	184.17	138.74	5.4	4.8	75.3
限额以下	446.28	373.14	8.2	8.2	83.6
餐饮业	1488.12	1340.86	17.5	17.8	90.1
限额以上	250.24	109.79	10.0	4.2	43.9
限额以下	1237.88	246.08	19.1	16.3	19.9

2014 年湖南省非公有制交通运输企业（单位）主要指标

指标	指标	单位	总量		非公有制占比（%）
			全部	非公有制	
公路运输业	旅客周转量	亿人公里	776.5	504.7	65.0
	货物周转量	亿吨公里	2578.9	1444.2	56.0
水路运输业	旅客周转量	亿人公里	2.8	2.4	85.2
	货物周转量	亿吨公里	709.9	463.6	65.3

2014 年湖南省非公有制经济实缴税金

指标	总量（亿元）		比上年增长（%）		非公有制占比（%）
	全部	非公有制	全部	非公有制	
总计	2799.50	1490.96	8.5	6.7	53.3
实缴国税	1538.67	627.46	7.9	7.9	40.8
实缴地税	1260.83	863.50	9.2	5.9	68.5

2014 年湖南省各市州非公有制经济增加值

指标	总量（亿元）		比上年增长（%）		非公有制占比（%）
	全部	非公有制	全部	非公有制	
全省	27048.46	15896.32	9.5	10.3	58.8
长沙市	7824.81	4979.21	10.5	12.0	63.6
株洲市	2160.51	1233.35	10.5	9.6	57.1
湘潭市	1570.56	1048.19	10.7	12.1	66.7
衡阳市	2395.56	2000.25	9.9	11.0	64.2
邵阳市	1261.61	826.24	10.8	11.2	65.5
岳阳市	2669.39	1653.30	9.3	12.1	61.9
常德市	2514.15	1327.76	10.6	11.0	52.8
张家界	410.02	241.53	10.7	15.1	58.9
益阳市	1253.15	812.33	10.8	11.3	64.8
郴州市	1872.58	1312.26	10.9	11.5	70.1
永州市	1299.94	744.28	9.9	9.8	57.3
怀化市	1181.01	676.06	5.1	4.5	57.2
娄底市	1210.91	554.79	8.1	9.6	45.8
湘西自治州	457.00	304.00	8.3	8.5	66.5

2014 年湖南省各市州非公有制经济第一产业增加值

市州	总量（亿元）		比上年增长（%）		非公有制占比（%）
	全部	非公有制	全部	非公有制	
全省	3266.89	803.46	4.6	5.1	24.6
长沙市	318.04	94.59	4.5	-0.2	29.7
株洲市	169.81	61.21	4.5	4.6	36.0
湘潭市	132.01	51.72	4.5	4.5	39.2
衡阳市	364.69	295.86	4.5	5.3	37.6
邵阳市	274.61	82.57	4.8	5.8	30.1
岳阳市	292.24	104.54	4.6	4.7	35.8
常德市	349.70	121.13	4.7	5.1	34.6
张家界	49.23	12.06	4.8	14.5	24.5
益阳市	234.14	76.31	4.9	5.3	32.6
郴州市	181.19	50.57	4.7	4.4	27.9
永州市	284.71	82.93	4.8	4.6	29.1
怀化市	171.47	41.80	4.4	5.3	24.4
娄底市	176.26	82.29	4.7	4.1	46.7
湘西自治州	69.02	24.71	4.4	4.4	35.8

2014 年湖南省各市州非公有制经济第二产业增加值

市州	总量（亿元）		比上年增长（%）		非公有制占比（%）
	全部	非公有制	全部	非公有制	
全省	10749.88	7987.16	9.2	11.2	74.3
长沙市	4245.68	2885.09	11.4	14.5	68.0
株洲市	1281.62	812.83	10.9	10.6	63.4
湘潭市	900.62	715.19	10.6	13.0	79.4
衡阳市	1119.88	964.95	9.1	10.4	76.8
邵阳市	482.22	427.88	11.0	12.1	88.7
岳阳市	1440.08	1090.46	9.0	13.4	75.7
常德市	1198.70	603.95	10.2	10.4	50.4
张家界	99.79	76.93	8.6	8.6	77.1
益阳市	553.20	461.88	10.9	11.9	83.5
郴州市	1064.15	913.77	11.5	11.8	85.9
永州市	491.54	369.90	11.2	10.3	75.3
怀化市	516.52	353.98	6.8	5.4	68.5
娄底市	650.17	340.66	9.0	12.2	52.4
湘西自治州	156.84	130.80	7.2	7.4	83.4

2014 年湖南省各市州非公有制经济第三产业增加值

市州	总量（亿元）		比上年增长（%）		非公有制占比（%）
	全部	非公有制	全部	非公有制	
全省	1257.64	609.96	4.8	5.3	48.5
长沙市	3261.09	1999.54	9.7	10.4	61.3
株洲市	709.08	359.31	11.2	8.0	50.7
湘潭市	537.93	281.27	12.2	12.2	52.3
衡阳市	910.98	739.43	13.1	13.3	59.5
邵阳市	504.78	315.79	13.6	11.4	62.6
岳阳市	937.07	458.29	11.5	10.8	48.9
常德市	965.76	602.68	13.5	13.8	62.4
张家界	260.99	152.53	12.8	18.7	58.4
益阳市	465.80	274.14	13.5	13.8	58.9
郴州市	627.25	347.92	11.5	11.6	55.5
永州市	523.68	291.45	11.3	9.8	55.7
怀化市	493.03	280.28	3.6	3.9	56.8
娄底市	384.47	131.84	8.0	6.3	34.3
湘西自治州	231.14	148.49	10.2	10.6	64.2

2014 年湖南省各市州非公有制规模工业增加值增速

市州	比上年增长（%）		非公有制占比（%）
	全部	非公有制	
全省	9.6	11.8	74.0
长沙市	12.0	16.7	63.8
株洲市	11.6	10.8	61.3
湘潭市	11.0	14.1	79.1
衡阳市	9.3	9.9	83.5
邵阳市	11.6	12.5	90.0
岳阳市	9.3	12.1	80.0
常德市	9.5	10.0	38.3
张家界	8.6	4.4	80.0
益阳市	11.6	14.2	88.4
郴州市	12.0	12.4	86.6
永州市	12.2	10.9	73.1
怀化市	7.1	0.4	73.2
娄底市	9.5	13.5	66.2
湘西自治州	6.8	9.4	84.2

2014 年湖南省各市州非公有制经济规模工业销售产值

市州	总量（亿元）		比上年增长（%）		非公有制占比（%）
	全部	非公有制	全部	非公有制	
全省	34461.01	26739.46	7.9	11.1	77.6
长沙市	8529.02	6879.36	11.9	16.7	80.7
株洲市	2913.00	1762.93	11.1	10.4	60.5
湘潭市	2798.38	2164.43	10.2	14.2	77.3
衡阳市	2473.50	2034.17	-12.4	-12.8	82.2
邵阳市	1676.10	1517.61	14.5	15.4	90.5
岳阳市	4913.63	3770.08	7.5	13.6	76.7
常德市	2238.71	1397.28	5.1	9.6	62.4
张家界	132.38	111.01	-0.6	-0.2	83.9
益阳市	1888.71	1680.86	17.8	22.6	89.0
郴州市	3066.59	2705.02	10.7	11.2	88.2
永州市	939.16	756.66	15.8	15.8	80.6
怀化市	875.82	657.97	-2.0	-1.0	75.1
娄底市	1684.87	1086.96	3.4	7.7	64.5
湘西自治州	258.13	215.12	8.0	8.3	83.3

2014年湖南省各市州非公有制经济规模工业出口交货值

市州	总量（亿元）		比上年增长（%）		非公有制占比（%）
	全部	非公有制	全部	非公有制	
全省	1317.47	1121.01	18.3	19.7	85.1
长沙市	531.56	473.53	28.0	31.6	89.1
株洲市	155.29	120.98	10.9	6.0	77.9
湘潭市	91.20	64.51	30.8	30.3	70.7
衡阳市	124.26	86.22	12.7	25.3	69.4
邵阳市	113.56	113.31	23.6	24.7	99.8
岳阳市	21.44	20.91	-11.6	-11.7	97.5
常德市	28.14	20.76	6.2	13.2	73.8
张家界	7.97	7.97	53.6	53.6	100.0
益阳市	49.91	43.72	12.3	17.9	87.6
郴州市	138.81	131.53	1.6	-0.2	94.8
永州市	22.55	22.21	18.6	19.3	98.5
怀化市	4.68	4.44	-30.6	-30.7	94.9
娄底市	20.41	3.96	24.8	-17.7	19.4
湘西自治州	7.52	6.97	-0.4	-1.6	92.6

2014年湖南省各市州非公有制经济规模工业资产总额

市州	总量（亿元）		比上年增长（%）		非公有制占比（%）
	全部	非公有制	全部	非公有制	
全省	20843.50	11889.20	9.8	13.3	57.0
长沙市	6526.10	4211.90	12.5	13.4	64.5
株洲市	1980.70	939.80	16.9	22.9	47.4
湘潭市	1622.00	616.00	5.7	14.7	38.0
衡阳市	1122.40	657.00	0.6	0.7	58.5
邵阳市	629.10	465.20	11.3	14.8	73.9
岳阳市	1912.70	1202.80	10.7	17.0	62.9
常德市	1454.60	725.30	10.4	12.4	49.9
张家界	83.40	62.30	-1.1	-1.3	74.7
益阳市	792.40	581.80	9.5	14.0	73.4
郴州市	1490.40	1103.60	11.0	9.3	74.0
永州市	521.80	359.80	10.8	12.6	69.0
怀化市	507.20	275.40	18.1	37.7	54.3
娄底市	1099.20	510.80	4.3	3.7	46.5
湘西自治州	227.50	177.50	18.9	22.2	78.0

2014年湖南省各市州非公有制经济规模工业主营业务收入

市州	总量（亿元）		比上年增长（%）		非公有制占比（%）
	全部	非公有制	全部	非公有制	
全省	33303.20	25562.10	6.1	8.9	76.8
长沙市	8140.20	6577.60	11.9	16.9	80.8
株洲市	2691.40	1682.00	9.5	10.2	62.5
湘潭市	2687.50	2073.00	8.4	12.6	77.1
衡阳市	2337.90	1958.70	-13.6	-14.3	83.8
邵阳市	1543.90	1417.50	10.1	10.9	91.8
岳阳市	4616.50	3501.80	1.6	6.3	75.9
常德市	2081.80	1305.80	1.9	5.6	62.7
张家界	118.90	105.30	3.7	5.0	88.6
益阳市	1768.40	1590.70	14.4	18.0	90.0
郴州市	3076.80	2739.20	10.4	10.6	89.0
永州市	875.00	730.70	12.8	13.7	83.5
怀化市	797.50	631.00	-0.4	0.4	79.1
娄底市	1647.30	1048.30	3.3	5.7	63.6
湘西自治州	227.30	200.60	7.8	8.2	88.3

2014年湖南省各市州非公有制经济规模工业利润总额

市州	总量（亿元）		比上年增长（%）		非公有制占比（%）
	全部	非公有制	全部	非公有制	
全省	1523.20	1214.20	-3.7	2.1	79.7
长沙市	503.20	419.10	-1.1	9.4	83.3
株洲市	132.00	74.20	17.1	10.4	56.2
湘潭市	64.90	63.60	3.5	12.6	98.0
衡阳市	89.20	83.80	-31.4	-28.7	93.9
邵阳市	61.70	55.10	11.2	16.5	89.3
岳阳市	115.40	120.10	-13.8	-0.5	104.1
常德市	165.70	60.80	-13.1	-11.4	36.7
张家界	5.20	3.40	13.0	6.3	65.4
益阳市	60.60	55.00	0.8	6.6	90.8
郴州市	194.70	174.80	0.5	1.7	89.8
永州市	37.20	23.60	17.0	3.1	63.4
怀化市	12.50	11.80	-17.2	-6.3	94.4
娄底市	73.10	61.40	-8.9	3.9	84.0
湘西自治州	7.90	7.80	2.6	13.0	98.7

2014 年湖南省各市州非公有制经济实际完成投资额

市州	总量（亿元）		比上年增长（%）		非公有制占比（%）
	全部	非公有制	全部	非公有制	
全省	21950.77	15078.95	19.4	22.1	68.7
长沙市	5435.75	4127.21	18.3	23.1	75.9
株洲市	1837.10	1240.69	22.0	21.5	67.5
湘潭市	1503.35	1060.60	23.7	32.8	70.5
衡阳市	1767.01	1213.32	22.9	15.9	68.7
邵阳市	1267.77	1017.47	23.1	26.0	80.3
岳阳市	1790.13	1203.30	20.5	8.6	67.2
常德市	1547.72	1072.62	20.5	22.1	69.3
张家界	250.90	140.64	19.0	6.8	56.1
益阳市	1030.64	749.69	22.3	24.8	72.7
郴州市	1814.56	1294.90	23.1	36.7	71.4
永州市	1303.54	790.46	21.3	24.9	60.6
怀化市	851.35	396.58	6.2	-1.2	46.6
娄底市	938.94	583.88	19.2	22.2	62.2
湘西自治州	298.95	108.96	20.4	8.4	36.4

2014 年湖南省各市州非公有制经济实际完成工业投资额

市州	总量（亿元）		比上年增长（%）		非公有制占比（%）
	全部	非公有制	全部	非公有制	
全省	9104.19	8173.55	14.9	16.9	89.8
长沙市	1745.35	1591.76	18.9	21.0	91.2
株洲市	947.44	815.55	21.8	22.8	86.1
湘潭市	723.73	667.28	17.5	33.7	92.2
衡阳市	821.09	744.60	4.9	2.9	90.7
邵阳市	596.63	553.88	8.5	9.5	92.8
岳阳市	833.22	774.28	3.2	0.9	92.9
常德市	742.90	677.13	13.7	10.6	91.1
张家界	54.83	5.96	25.0	38.2	83.8
益阳市	564.48	527.91	24.5	28.1	93.5
郴州市	814.74	710.50	21.4	28.6	87.2
永州市	542.45	468.39	21.3	22.4	86.3
怀化市	250.76	186.30	3.2	3.3	74.3
娄底市	404.79	358.37	13.1	20.9	88.5
湘西自治州	61.77	51.66	12.2	8.7	83.6

2014年湖南省各市州非公有制建筑业企业主要指标

市州	企业单位数（个）	建筑业总产值（亿元）
全省	1470	3219.29
长沙市	459	1600.35
株洲市	153	220.91
湘潭市	94	144.27
衡阳市	106	200.20
邵阳市	57	107.93
岳阳市	140	133.23
常德市	100	209.97
张家界	18	31.31
益阳市	71	117.36
郴州市	75	164.89
永州市	56	96.94
怀化市	54	54.97
娄底市	67	121.62
湘西自治州	20	15.33

2014年湖南省各市州非公有制经济全社会批发业商品销售额

市州	总量（亿元）		比上年增长（%）		非公有制占比（%）
	全部	非公有制	全部	非公有制	
全省	10498.51	8859.61	13.7	13.7	84.4
长沙市	4223.59	3886.03	13.3	11.7	92.0
株洲市	943.76	671.46	13.9	16.6	71.1
湘潭市	502.87	426.70	12.4	12.3	84.9
衡阳市	671.08	552.07	15.4	16.9	82.3
邵阳市	470.84	382.69	15.0	16.1	81.3
岳阳市	709.11	534.48	15.4	15.4	75.4
常德市	617.35	508.20	14.2	14.6	82.3
张家界	162.19	121.62	8.2	12.3	75.0
益阳市	373.43	318.18	15.1	17.5	85.2
郴州市	639.68	527.18	15.6	18.4	82.4
永州市	251.61	182.64	15.4	16.2	72.6
怀化市	429.35	352.60	13.6	14.1	82.1
娄底市	320.78	262.44	13.1	14.1	81.8
湘西自治州	182.86	133.33	8.4	5.4	72.9

2014年湖南省各市州非公有制经济全社会零售业商品销售额

市州	总量（亿元）		比上年增长（%）		非公有制占比（%）
	全部	非公有制	全部	非公有制	
全省	11279.46	10467.88	13.7	15.6	92.8
长沙市	3638.41	3571.70	13.3	15.4	98.2
株洲市	790.69	738.18	13.9	15.3	93.4
湘潭市	445.53	436.65	12.4	15.2	98.0
衡阳市	882.67	830.72	15.4	16.3	94.1
邵阳市	587.91	517.53	15.0	15.1	88.0
岳阳市	954.41	724.31	15.4	16.1	75.9
常德市	885.25	817.96	14.2	16.0	92.4
张家界	126.17	103.65	8.2	16.4	82.1
益阳市	517.70	484.05	15.1	16.5	93.5
郴州市	785.63	720.93	15.6	15.6	91.8
永州市	569.87	522.81	15.4	15.7	91.7
怀化市	447.54	406.01	13.6	15.1	90.7
娄底市	416.85	371.28	13.1	16.1	89.1
湘西自治州	230.83	222.09	8.4	14.7	96.2

2014年湖南省各市州非公有制经济全社会住宿业营业额

市州	总量（亿元）		比上年增长（%）		非公有制占比（%）
	全部	非公有制	全部	非公有制	
全省	630.44	496.83	7.4	7.3	78.8
长沙市	156.12	127.51	5.0	5.4	81.7
株洲市	28.45	22.50	10.5	11.1	79.1
湘潭市	26.54	22.03	8.0	9.4	83.0
衡阳市	59.10	47.92	8.9	8.8	81.1
邵阳市	27.44	21.36	11.3	10.9	77.9
岳阳市	53.45	37.49	10.1	8.9	70.1
常德市	54.23	42.96	6.1	5.8	79.2
张家界	23.77	19.07	6.8	6.4	80.2
益阳市	34.97	28.68	8.2	7.7	82.0
郴州市	56.40	43.43	11.0	11.3	77.0
永州市	30.62	24.54	6.9	6.2	80.1
怀化市	30.01	21.24	8.4	7.9	70.8
娄底市	29.84	22.41	3.4	2.7	75.1
湘西自治州	19.50	15.69	3.3	2.9	80.4

2014年湖南省各市州非公有制经济全社会餐饮业营业额

市州	总量（亿元）		比上年增长（%）		非公有制占比（%）
	全部	非公有制	全部	非公有制	
全省	1488.12	1340.86	17.5	17.8	90.1
长沙市	408.85	367.19	18.4	19.0	89.8
株洲市	112.11	102.35	16.8	16.7	91.3
湘潭市	69.20	67.67	15.2	16.8	97.8
衡阳市	130.52	123.59	19.2	18.9	94.7
邵阳市	79.89	72.25	17.8	18.1	90.4
岳阳市	136.77	102.96	17.7	17.2	75.3
常德市	137.72	131.35	17.1	17.2	95.4
张家界	23.09	22.29	17.5	17.7	96.5
益阳市	67.52	66.18	15.0	14.9	98.0
郴州市	122.59	109.44	17.9	18.2	89.3
永州市	56.93	48.39	16.7	17.5	85.0
怀化市	55.79	42.42	17.7	19.8	76.0
娄底市	54.89	52.99	16.5	16.6	96.5
湘西自治州	32.23	31.81	13.1	13.4	98.7

2014年湖南省各市州非公有制经济实缴税金

市州	总量（亿元）		比上年增长（%）		非公有制占比（%）
	全部	非公有制	全部	非公有制	
全省	2799.50	1490.96	8.5	6.7	53.3
长沙市	1365.38	586.88	12.0	4.8	43.0
株洲市	187.21	132.06	12.3	10.5	70.5
湘潭市	101.15	68.41	7.2	6.3	67.6
衡阳市	153.44	99.60	10.2	12.6	64.9
邵阳市	79.01	50.04	9.6	4.8	63.3
岳阳市	191.35	79.77	-5.3	8.2	41.7
常德市	132.09	85.68	9.6	11.7	64.9
张家界	29.85	20.44	16.2	15.8	68.5
益阳市	73.33	53.38	6.8	7.3	72.8
郴州市	146.06	99.15	1.6	1.4	67.9
永州市	80.28	45.09	13.6	3.7	56.2
怀化市	77.25	47.82	-8.1	-3.2	61.9
娄底市	75.47	49.11	-9.7	-6.3	65.1
湘西自治州	50.52	33.54	34.1	53.0	66.4

2014年广东省各市民营经济生产总值及排位

地区	民营经济生产总值（亿元）	增速（%）	各市占各市合计比重（%）	各市增速与全省增速之差（%）	民营经济生产总值排位	增速排位	民营经济占比（%）	占比排位
广东全省	35070.59	8.3	—	—	—	—	51.70	—
广州	6530.97	8.0	18.2	-0.3	1	19	39.09	18
深圳	6132.25	8.1	17.1	-0.2	2	18	38.32	20
珠海	599.92	7.9	1.7	-0.4	16	20	32.30	21
汕头	1213.88	10.0	3.4	1.7	9	10	70.74	5
佛山	4653.59	9.1	13.0	0.8	3	13	61.21	10
韶关	593.55	11.5	1.7	3.2	17	6	53.40	14
河源	443.99	12.3	1.2	4.0	21	4	58.50	12
梅州	527.43	8.7	1.5	0.4	18	15	59.54	11
惠州	1170.79	11.0	3.3	2.7	11	7	39.02	19
汕尾	519.92	10.6	1.5	2.3	19	9	72.51	3
东莞	2806.65	8.2	7.8	-0.1	4	17	47.72	17
中山	1402.54	7.5	3.9	-0.8	8	21	49.68	16
江门	1067.29	8.3	3.0	0.0	12	16	51.24	15
阳江	832.79	12.2	2.3	3.9	13	5	71.27	4
湛江	1439.51	13.0	4.0	4.7	6	1	63.73	9
茂名	1524.82	12.5	4.3	4.2	5	3	64.91	8
肇庆	1204.56	9.4	3.4	1.1	10	12	65.29	7
清远	693.78	8.7	1.9	0.4	14	14	58.41	13
潮州	625.43	9.5	1.7	1.2	15	11	73.56	2
揭阳	1409.21	12.8	3.9	4.5	7	2	79.15	1
云浮	454.44	10.9	1.3	2.6	20	8	68.44	6

2014 年海南省中小型企业及个体经济增加值及构成

	增加值（亿元）		同比增长（%）	构成（%）	
	2014 年	2013 年		2014 年	2013 年
合计	1695.81	1547.42	9.2	100.0	100.0
第二产业	842.17	755.11	12.8	49.7	48.8
工业	480.95	434.93	13.3	28.4	28.1
建筑业	361.22	320.18	10.1	21.3	20.7
第三产业	853.64	792.31	5.8	50.3	51.2
交通运输邮政仓储业	60.46	75.46	13.1	3.6	4.9
批发和零售业	341.32	264.55	15.0	20.1	17.1
住宿和餐饮业	130.15	89.79	7.5	7.7	5.8
房地产业	161.71	228.11	-6.6	9.5	14.7
其他服务业	160.00	134.40	7.4	9.4	8.7

2014 年海南省中小微型企业税收情况

单位：亿元

	2014 年	2013 年	增长（%）
合计	700.38	589.58	17.6
第二产业	255.01	245.94	3.7
工业	164.93	166.60	-1.0
建筑业	90.08	79.35	13.5
第三产业	445.37	343.64	27.5
交通运输邮政仓储业	23.62	13.68	21.4
批发和零售业	50.07	40.88	22.4
住宿和餐饮业	15.81	15.67	0.9
房地产业	235.23	201.46	16.8
其他服务业	120.64	71.96	67.6

2014 年西藏自治区全部工业产值情况表

指标	单位	2014 年	2014 年比 2013 年增长（±%）
工业总产值	万元	1504458	20.8
按轻重工业分			
轻工业	万元	653897	37.3
重工业	万元	850560	10.5
按经济类型分			
国有企业	万元	71600	—
集体企业	万元	38032	18.9
股份合作制企业	万元	11248	86.8
股份制企业	万元	1163230	112.6
外商及港澳台企业	万元	68315	-5.7
其他经济类型企业	万元	152032	-21.9
按企业规模分			
大中型企业	万元	579212	20.7
小型企业	万元	763989	28.3
微型企业	万元	85553	-17.5
个体户	万元	75704	13.6
主要产品产量			
发电量	万千瓦时	322255	10.6
水泥	万吨	342	15.7
中成药	吨	1987	-5.5
啤酒	万吨	15.85	-8.3
铬矿石	万吨	9.11	-31.5
矿泉水	万吨	15.27	59.6

2014 年西藏自治区七地市主要经济指标

地区	地区生产总值（亿元）	增长速度（%）	固定资产投资额（亿元）	增长速度（%）	社会消费品零售总额（亿元）	增长速度（%）
拉萨市	347.45	10.9	455.39	21.1	180.33	13.3
日喀则市	146.40	10.6	115.86	8.5	66.03	12.9
山南地区	101.13	10.8	137.36	28.0	36.06	12.8
林芝市	92.86	10.8	130.69	30.7	25.53	12.7
昌都市	117.11	10.9	152.58	23.9	32.00	13.8
那曲地区	83.39	10.2	87.52	18.9	16.31	12.3
阿里地区	32.92	10.8	40.33	28.4	8.25	12.2

2014年陕西省各市（区）中小企业主要经济指标（分地区）

地区	营业收入（亿元）	营业收入增速（%）	企业个数（个）	从业人员（万人）	增加值占GDP比重（%）
西安市	13158	22.4	106909	260.9	56.3
铜川市	594	19.5	3277	6.1	65.8
宝鸡市	3344	20.4	15728	105.5	60.4
咸阳市	3291	20.6	26293	99.3	52.1
渭南市	2389	19.8	15045	98.6	54.2
汉中市	1401	21.9	17203	71.0	51.2
安康市	1470	27.9	7136	44.4	64.9
商洛市	869	22.0	5061	48.3	60.4
延安市	1160	18.2	8098	34.0	23.0
榆林市	2837	6.7	10941	64.0	50.0
杨凌区	165	18.9	2142	4.1	60.5
韩城市	540	20.7	422	9.2	55.3

2014 年陕西省中小工业营业收入行业分布

工业行业	营业收入（亿元）	工业行业	营业收入（亿元）
煤炭开采和洗选业	1630.2	蔬菜、水果及坚果加工	113.6
金属制品业	1296.2	印刷业和记录媒介的复制业	102.8
非金属矿物制品业	1222.4	纺织服装、服饰业	98.0
通用设备制造业	985.3	精制茶加工	94.8
计算机通信设备其他电子设备	715.7	燃气生产和供应业	93.2
汽车制造业	528.4	淀粉及淀粉制品的制造	85.3
石油加工、炼焦及核燃料加工业	502.9	金属制品、机械和设备修理业	74.4
专用设备制造业	494.4	肉制品及副产品加工	70.0
软饮料制造	492.0	仪器仪表制造业	63.5
医药制造业	490.4	橡胶制品业	55.0
谷物磨制	486.2	白酒制造	52.8
非金属矿采选业	481.9	米、面制品制造	49.5
有色金属矿采选业	477.7	糕点巧克力及蜜饯制造	43.5
化学原料及化学制品制造业	464.5	水的生产和供应业	36.3
有色金属冶炼及压延加工业	427.7	方便面及其它食品制造	33.4
电力、热力的生产和供应业	338.9	化学纤维制造业	26.4
黑色金属冶炼及压延加工业	289.8	制鞋业	26.0
饲料加工	242.1	啤酒制造	22.0
植物油加工业	235.8	豆制品制造	21.5
乳制品制造业	231.7	调味品、发酵制品制造	18.8
纺织业	216.7	烟草制品业	17.9
家具制造业	198.7	葡萄酒制造	12.0
废弃资源综合利用业	198.2	羽毛加工及制品制造	10.7
木料加工及竹藤棕草制品业	162.4	文教工美体育和娱乐用品	8.3
焙烤食品加工	159.7	罐头制造	5.5
其他矿采选业	153.1	蛋品加工	5.3
铁路船舶航空航天其他交通设备	139.3	制糖	5.0
塑料制品业	138.5	皮革制品制造	4.6
电气机械及器材制造业	134.4	速冻食品制造	4.0
造纸及纸制品业	128.4	酒精制造	2.9
禽畜屠宰	128.1	黄酒制造	2.7
黑色金属矿采选业	120.0	毛皮鞣制及制品加工	2.2

2014年甘肃省非公有制经济和中小企业主要指标统计表

一、主要经济指标

1. 企业单位数（个）	5. 出口创汇（亿美元）
2. 资产合计（亿元）	6. 税金总额（亿元）
3. 营业收入（亿元）	7. 从业人员期末数（万人）
4. 增加值合计（亿元）	

二、统计口径

行业名称	行业代码	行业名称	行业代码
农业	0100	橡胶制品业	2900
林业	0200	塑料制品业	3000
畜牧业	0300	非金属矿物制品业	3100
渔业	0400	黑色金属冶炼及压延加工业	3200
农、林、牧、渔服务业	0500	有色金属冶炼及压延加工业	3300
煤炭开采和洗选业	0600	金属制品业	3400
石油和天然气开采业	0700	通用设备制造业	3500
黑色金属矿采选业	0800	专用设备制造业	3600
有色金属矿采选业	0900	交通运输设备制造业	3700
非金属矿采选业	1000	电气机械及器材制造业	3900
其他采矿业	1100	通信设备、计算机及其他电子设备制造业	4000
农副食品加工业	1300	仪器仪表及文化、办公用机械制造业	4100
食品制造业	1400	工艺品及其他制造业	4200
饮料制造业	1500	废弃资源和废旧材料回收加工业	4300
烟草制品业	1600	电力、热力的生产和供应业	4400
纺织业	1700	燃气生产和供应业	4500
纺织服装、鞋、帽制造业	1800	水的生产和供应业	4600
皮革、毛皮、羽毛（绒）及其制品业	1900	建筑业	E
木材加工及木、竹、藤、棕、草制品业	2000	交通运输、仓储及邮政业	F
家具制造业	2100	信息传输、计算机服务和软件业	G
造纸及纸制品业	2200	批发和零售业	H
印刷业和记录媒介的复制	2300	住宿和餐饮业	I
文教体育用品制造业	2400	金融业	J
石油加工、炼焦及核燃料加工业	2500	房地产业	K
化学原料及化学制品制造业	2600	租赁和商务服务业	L
医药制造业	2700	其他行业 *	
化学纤维制造业	2800		

注：行业划分依据为国家统计局公布的国民经济行业分类标准

2014 年甘肃省、区、市中小企业主要经济指标统计表（分地区）

地区	企业单位数（个）		营业收入（亿元）		税金总额（亿元）		从业人员期末数（万人）	
	中型	小型及微型	中型	小型	中型	小型	中型	小型
合计	503	1851	2186.56	—	64.90	—	29.78	—
兰州市	108	350	528.21	—	17.35	—	8.37	—
嘉峪关市	17	38	119.97	—	3.56	—	1.17	—
酒泉市	84	263	326.96	—	6.23	—	2.84	—
张掖市	53	182	171.30	—	5.27	—	2.19	—
武威市	56	174	224.06	—	2.23	—	2.32	—
金昌市	24	64	66.09	—	0.91	—	0.67	—
白银市	52	155	157.81	—	3.99	—	1.89	—
定西市	20	117	102.58	—	1.75	—	1.07	—
平凉市	20	119	135.62	—	6.54	—	2.39	—
庆阳市	4	99	82.43	—	3.35	—	1.34	—
天水市	30	134	117.05	—	4.27	—	3.05	—
陇南市	18	81	68.22	—	5.35	—	1.23	—
甘南州	7	26	28.98	—	1.58	—	0.38	—
临夏州	10	49	57.28	—	2.53	—	0.85	—

2014年甘肃省、区、市中小企业主要经济指标统计表（分行业）

行业代码	行业名称	企业单位数（个）		营业收入（亿元）		税金总额（亿元）		从业人员期末数（万人）	
		中型	小型	中型	小型	中型	小型	中型	小型
0000	总计	1851	—	2186.56	—	81.76	—	29.77	—
0600	煤炭开采和洗选业	100	—	54.99	—	8.18	—	1.92	—
0700	石油和天然气开采业	2	—	8.54	—	3.87	—	0.02	—
0800	黑色金属矿采选业	37	—	56.31	—	0.23	—	0.43	—
0900	有色金属矿采选业	50	—	59.14	—	1.84	—	1.31	—
1000	非金属矿采选业	66	—	31.74	—	6.49	—	0.35	—
1100	其他采矿业	0	—	0	—	0	—	0	—
1300	农副食品加工业	252	—	280.64	—	11.22	—	2.25	—
1400	食品制造业	52	—	47.52	—	1.61	—	0.88	—
1500	饮料制造业	90	—	106.69	—	3.86	—	1.45	—
1600	烟草制品业	1	—	0.91	—	-0.018	—	0.04	—
1700	纺织业	23	—	20.19	—	0.42	—	0.61	—
1800	纺织服装、鞋、帽制造业	8	—	6.88	—	0.18	—	0.17	—
1900	皮革、毛皮、羽毛（绒）及其制品业	10	—	19.82	—	1.52	—	0.18	—
2000	木材加工及木、竹、藤、棕、草制品业	2	—	0.042	—	-0.004	—	0.01	—
2100	家具制造业	3	—	0.65	—	0.02	—	0.03	—
2200	造纸及纸制品业	23	—	17.63	—	0.69	—	0.43	—
2300	印刷业和记录媒介的复制	7	—	5.41	—	0.13	—	0.34	—
2400	文教体育用品制造业	6	—	2.71	—	0.67	—	0.06	—
2500	石油加工、炼焦及核燃料加工业	14	—	46.25	—	1.43	—	0.13	—
2600	化学原料及化学制品制造业	121	—	174.02	—	-3.1	—	2.49	—
2700	医药制造业	66	—	73.98	—	10.16	—	0.92	—
2800	化学纤维制造业	2	—	41.05	—	0.71	—	0.03	—
2900	橡胶制品业	38	—	20.03	—	6.71	—	0.81	—
3000	塑料制品业	60	—	10	—	1.52	—	2.95	—
3100	非金属矿物制品业	254	—	247.18	—	1.14	—	1.26	—
3200	黑色金属冶炼及压延加工业	97	—	108.41	—	0.61	—	0.87	—
3300	有色金属冶炼及压延加工业	54	—	167.91	—	0.84	—	0.47	—
3400	金属制品业	59	—	48.96	—	1.03	—	0.91	—
3500	通用设备制造业	32	—	34.51	—	1.03	—	0.98	—
3600	专用设备制造业	47	—	45.01	—	0.06	—	0.98	—
3700	交通运输设备制造业	6	—	8.56	—	3.11	—	0.33	—
3900	电气机械及器材制造业	51	—	125.93	—	0.08	—	0.09	—

续表

行业代码	行业名称	企业单位数（个）		营业收入（亿元）		税金总额（亿元）		从业人员期末数（万人）	
		中型	小型	中型	小型	中型	小型	中型	小型
4000	通信设备、计算机及其他电子设备制造业	9	—	11.33	—	0.09	—	0.05	—
4100	仪器仪表及文化、办公用机械制造业	8	—	4.38	—	0.12	—	0.06	—
4200	工艺品及其他制造业	2	—	7.7	—	0.13	—	0.27	—
4300	废弃资源和废旧材料回收加工业	7	—	3.43	—	13.69	—	2.53	—
4400	电力、热力的生产和供应业	171	—	273.75	—	0.07	—	0.03	—
4500	燃气生产和供应业	8	—	6.67	—	0.47	—	0.41	—
4600	水的生产和供应业	11	—	7.58	—	0.63	—	0.68	—
E	建筑业	—	—	—	—	—	—	—	—
F	交通运输、仓储及邮政业	—	—	—	—	—	—	—	—
G	信息传输、计算机服务和软件业	—	—	—	—	—	—	—	—
H	批发和零售业	—	—	—	—	—	—	—	—
I	住宿和餐饮业	—	—	—	—	—	—	—	—
J	金融业	—	—	—	—	—	—	—	—
K	房地产业	—	—	—	—	—	—	—	—
L	租赁和商务服务业	—	—	—	—	—	—	—	—
40	其他行业 *	2	—	0.35	—	—	—	—	—

*注：1. 其他行业指上述行业以外的所有其他行业

2. 如统计口径不同，请说明。

填表说明：1. 根据我省统计部门提供的规模以上1382户中小企业数据，将企业数量、主营业务收入、税金总额、从业人数等数据填报。

2. 非公经济部分因我省部门职能调整，目前该项工作由省工商局负责，因未建立统计体系，故暂无数据。

3. 我省规模以上中小企业分行业统计因统计体系尚不健全，故未区分中型、小型企业。

4. 我省规模以下企业只有统计总数，无详细的行业统计数据。

2014 年宁夏回族自治区规上工业企业主要经济指标统计表

	企业单位数（个）	主营业务收入（万元）	同比增速（%）	主营业务成本（万元）	同比增速（%）	利润总额（万元）	同比增速（%）	税金总额（万元）	同比增速（%）
总计	1061	34688509.7	1.1	29851136.5	2.3	1024675.5	-33.0	1634894.0	-6.4
在总计中：大型企业	46	19252826.7	-4.0	16612520.7	-2.3	385616.1	-54.8	1166380.1	-9.1
中型企业	143	7671630.4	4.2	6558401.4	4.9	324834.7	-8.4	260018.6	-6.7
小型企业	815	7558965.5	13.6	6503807.9	13.5	306864.8	-2.7	205812.3	13.4
微型企业	57	205087.1	-12.2	176406.5	-12.5	7359.9	17.6	2683.0	-25.1

2014 年宁夏回族自治区分地区工业增加值及增速

地区	1－2月		1－3月		1－4月		1－5月		1－6月	
	总量（亿元）	增长（%）	总量（亿元）	增长（%）	总量（亿元）	增长（%）	总量（亿元）	增长（%）	总量（亿元）	增长（%）
宁夏	**126.1**	**8.9**	**201.5**	**8.4**	**278.4**	**8.4**	**345.6**	**7.9**	**434.3**	**8.1**
银川市	**60.1**	**7.2**	**101.5**	**9.5**	**137.1**	**9.9**	**170.5**	**9.1**	**216.3**	**11.0**
其中：银川市（不含宁东灵武地区）	32.6	7.2	51.7	7.7	71.5	8.4	92.1	7.9	118.9	9.6
宁东（灵武地区）	27.7	7.0	49.9	11.3	65.8	11.8	78.5	10.2	101.3	12.2
兴庆区	1.6	7.0	2.4	10.1	3.1	6.7	4.1	6.9	4.8	8.7
金凤区	3.1	17.2	4.8	11.9	6.7	8.4	8.8	3.6	11.8	6.2
西夏区	15.4	4.8	24.8	7.4	32.8	6.8	41.9	6.0	51.8	8.8
永宁县	3.4	-0.6	6.6	12.4	8.7	8.7	10.5	2.9	15.0	10.1
贺兰县	3.5	-2.7	6.6	5.8	10.2	10.4	13.4	13.1	17.3	14.8
灵武市	33.1	9.6	56.7	11.4	75.6	12.4	91.8	11.2	116.2	13.1
其中：灵武市（不含宁东）	5.6	24.1	6.8	12.0	10.1	17.0	13.5	19.0	18.3	20.3
石嘴山市	**32.1**	**5.1**	**47.3**	**0.1**	**64.1**	**0.5**	**77.6**	**0.8**	**98.4**	**3.0**
大武口区	11.7	-3.1	16.7	-8.3	22.9	0.3	28.4	0.4	37.5	2.6
惠农区	10.7	16.5	16.2	12.3	21.8	10.7	26.5	9.3	32.8	9.7
平罗县	9.7	9.4	14.4	0.9	19.4	1.4	22.7	1.5	28.2	4.4
吴忠市	**17.7**	**20.4**	**27.6**	**17.1**	**42.2**	**15.1**	**55.0**	**14.0**	**67.5**	**14.9**
红寺堡区	0.2	18.2	0.4	20.1	0.7	29.7	1.0	32.3	1.2	30.6
利通区	5.2	54.0	8.2	34.4	15.0	29.9	19.4	29.2	23.8	28.6
盐池县	2.5	23.6	3.8	19.7	5.2	4.4	7.3	10.8	9.7	24.3
同心县	0.7	2.3	1.6	41.5	2.5	25.9	3.3	26.4	4.0	25.8
青铜峡市	9.1	9.5	13.7	6.2	18.8	6	24.1	4.2	28.8	4.0
固原市	**1.9**	**6.6**	**3.2**	**12.7**	**4.0**	**11.6**	**5.6**	**10.5**	**7.0**	**12.0**
原州区	0.9	4.3	1.4	7.5	1.6	3.9	2.5	3.2	2.9	5.2
西吉县	0.2	13.5	0.2	17.0	0.3	29.4	0.5	5.6	0.6	5.1
隆德县	0.1	24.6	0.2	16.7	0.2	25.7	0.2	24.4	0.3	19.0
泾源县	0.1	12.4	0.1	4.2	0.2	3.0	0.3	10.1	0.5	17.5
彭阳县	0.7	5.4	1.3	21.1	1.7	16.3	2.0	15.4	2.7	17.8
中卫市	**14.3**	**16.8**	**21.6**	**9.3**	**28.2**	**9.0**	**37.2**	**8.3**	**45.2**	**9.4**
沙坡头区	6.9	10.2	10.3	8.7	13.7	11.4	16.2	10.4	20.9	14.4
中宁县	6.8	17.5	10.6	6.2	13.6	3.4	19.1	2.3	22.4	2.0
海原县	0.6	850.1	0.6	280.6	0.8	266.6	1.9	342.2	2.0	266.6

续表

地区	1-7月		1-8月		1-9月		1-10月		1-11月		1-12月	
	总量（亿元）	增长（%）	总量（亿元）	增长（%）	总量（亿元）	增长（%）	总量（亿元）	增长（%）	总量（亿元）	增长（%）	总量（亿元）	增长（%）
宁夏	**514.6**	**8.1**	**600.2**	**8.1**	**688.3**	**8.2**	**777.1**	**8.1**	**868.6**	**8.3**	**954.4**	**8.3**
银川市	**255.6**	**11.0**	**297.2**	**10.5**	**340.0**	**10.7**	**382.3**	**10.4**	**426.8**	**10.5**	**471.7**	**10.5**
其中：银川市（不含宁东灵武地区）	140.6	9.0	165.0	9.0	191.0	9.2	214.5	9.0	239.2	9.1	262.2	9.1
宁东（灵武地区）	115.2	13.2	132.4	11.6	148.9	11.7	167.9	11.2	187.6	11.3	209.5	11.3
兴庆区	4.4	8.6	5.0	8.0	5.8	10.0	6.4	9.8	7.3	9.9	8.4	10.1
金凤区	13.9	6.4	16.7	6.1	19.3	6.0	22.2	6.6	25.0	6.3	28.2	6.5
西夏区	60.9	7.0	69.1	6.5	77.7	6.5	83.9	6.0	91.8	5.8	98.0	5.1
永宁县	18.2	9.3	21.3	10.4	24.8	11.8	27.7	11.5	30.5	12.0	33.1	12.0
贺兰县	21.2	14.6	25.0	14.9	29.0	13.3	33.3	13.0	37.5	13.0	41.1	13.0
灵武市	137.1	13.6	160.0	12.0	183.3	13.1	208.9	12.6	234.8	12.7	262.8	12.9
其中：灵武市（不含宁东）	22.1	17.2	27.9	18.1	34.4	18.8	41.0	20.2	47.2	21.1	53.2	22.2
石嘴山市	**119.8**	**4.0**	**142.5**	**6.1**	**165.2**	**7.4**	**186.2**	**7.4**	**208.1**	**7.5**	**225.5**	**7.5**
大武口区	46.3	3.6	56.5	4.5	65.4	6.5	74.0	6.5	83.5	6.6	88.7	6.6
惠农区	39.3	9.7	45.7	10.0	53.1	10.6	59.7	10.6	66.3	10.3	73.0	10.1
平罗县	34.1	6.0	40.3	10.5	46.7	11.5	52.5	11.6	58.2	11.6	63.7	11.5
吴忠市	**79.3**	**14.0**	**92.4**	**14.2**	**105.8**	**13.6**	**120.4**	**13.3**	**136.7**	**13.4**	**149.8**	**13.2**
红寺堡区	1.6	30.7	1.8	19.0	2.0	31.7	2.3	33.0	2.5	31.7	2.8	30.5
利通区	27.4	27.5	31.6	24.6	36.6	20.3	42.2	20.2	48.6	20.8	54.3	20.8
盐池县	11.8	28.0	14.1	28.0	15.8	27.2	18.3	28.2	20.2	27.1	21.8	26.2
同心县	4.7	19.0	6.0	21.6	7.0	26.3	7.9	26.5	8.7	26.4	9.5	26.1
青铜峡市	33.8	3.8	38.9	4.0	44.3	4.5	49.7	4.5	56.6	5.0	61.5	5.0
固原市	**8.2**	**12.0**	**9.5**	**12.1**	**11.0**	**12.1**	**12.7**	**12.0**	**14.7**	**12.1**	**16.6**	**12.3**
原州区	3.5	6.0	4.0	7.7	4.7	10.1	5.2	10.0	6.0	10.1	6.6	10.2
西吉县	0.7	3.0	0.7	3.6	0.8	3.1	1.1	2.6	1.5	8.8	1.9	10.0
隆德县	0.3	18.5	0.5	22.1	0.5	22.3	0.6	23.5	0.6	23.9	0.7	23.9
泾源县	0.6	18.8	0.6	17.4	0.7	16.2	0.8	14.7	0.9	13.8	1.0	14.0
彭阳县	3.1	16.1	3.7	16.2	4.3	15.0	5.0	13.9	5.7	14.0	6.3	14.0
中卫市	**51.7**	**4.2**	**58.6**	**4.0**	**65.8**	**3.5**	**73.9**	**0.5**	**81.9**	**1.4**	**89.8**	**2.7**
沙坡头区	24.3	14.4	27.9	16.8	31.4	15.0	35.0	14.6	38.7	12.7	42.3	12.4
中宁县	25.2	-7.0	28.3	-7.0	31.7	-8.0	35.8	-10.4	39.7	-7.5	43.7	-5.0
海原县	2.1	129.2	2.4	74.8	2.7	50.0	3.1	45.7	3.4	40.5	3.8	47.5

2014 年大连市民营经济主要经济指标表

单　位：个、人、万元

甲	企业个数	从业人员年末数	增加值	总产值	营业收入	利润总额	上交税金	劳动者报酬
	1	2	3	4	5	6	7	8
总计	295310	2518870	53715569	168323161	166914484	10500443	5792467	8787081
一、按登记注册类型分组								
1. 内资企业小计	292983	2396115	49471058	155577257	154207597	9755336	5337563	8224941
其中：(1) 集体企业	1123	57204	587588	2382991	3622763	58723	83475	230657
(2) 股份合作企业	1996	27895	546327	758916	1499464	137157	144795	34129
(3) 联营企业	754	9043	778164	2637983	2669653	321280	168590	178710
(4) 有限责任公司	17253	283857	8583268	28777442	27498823	1689634	1235931	1090514
(5) 股份有限公司	13198	254995	4561506	10139499	10881199	847596	735132	965572
(6) 私营企业	46480	970725	22858760	73618332	72887569	4026968	2109210	3290883
(7) 个体工商户	212179	792396	11555445	37262094	35148126	2673978	860430	2434476
2. 港、澳、台商投资企业	683	18028	1113323	3428097	3633336	174643	169713	125971
3. 外商投资企业	1644	104727	3131188	9317807	9073551	570464	285191	436169
二、按国民经济行业分组								
1. 工业	46117	1061530	29974847	99123028	94505779	4866065	2589174	3739649
其中：采矿业	328	10756	261095	855776	805423	47651	20890	29478
制造业	45528	1038682	29470049	97355790	92872357	4760818	2551152	3672016
电力、燃气及水的生产和供应业	261	12092	243703	911462	827999	57596	17132	38155
2. 建筑业	6275	240689	5144182	15913629	16130708	1234772	624419	859178
其中：资质等级企业	693	71804	1533445	5337915	4964853	379017	219490	283417
3. 交通运输仓储业	30289	113346	2296921	7633319	7531492	504711	248224	401683
4. 批发零售业	117124	540084	6686832	20284235	21219742	1687490	1028775	1890124
5. 住宿及餐饮业	30908	192833	2419820	6440168	7684318	668189	317417	714906
其中：餐饮业	10664	69231	913519	3042481	3273399	227084	91786	222306
6. 居民服务、修理和其他服务业	38147	209924	3912497	8688902	10152608	782115	605687	596517
7. 其他	26450	160464	3280470	10239880	9689837	757101	378771	585024

2014 年宁波市规模以下中小企业主要经济指标

指标	单位	总计
总计		
企业（单位）数	个	115980
期末从业人员	人	1448403
工业总产值	万元	36235966
资产总计	万元	29398050
企业主要经济指标		
企业数	个	39789
期末从业人员	人	854193
工业总产值	万元	21042452
主营业务收入	万元	20834111
出口产品销售收入	万元	3560625
主营业务成本	万元	16657872
税金总额	万元	1120626
所得税	万元	175978
营业利润	万元	987820
应付职工薪酬	万元	2970472
本年折旧	万元	719520
资产总计	万元	22279149
负债合计	万元	1246987
固定资产原值	万元	8723723
固定资产净值	万元	5414549
应收账款	万元	4592373
利息支出	万元	301277
银行借款利息	万元	278102
民间借款利息	万元	23175
期末剩余订单额	万元	935143
生产能力（设备）利用率	%	81.19
个体工业主要经济指标		
单位数	个	7191
期末从业人员	人	594210
营业收入	万元	15043084
生产支出	万元	11323543
应付职工薪酬	万元	2082184
资产总计	万元	711900

历年宁波市中小企业主要经济指标

年份	总产值（当年价）	固定资产原值	固定资产净值	主营业务收入	利税总额	利润总额	全部从业人员年平均人数
1978	15.79	7.07	—	—	4.29	2.59	—
1979	18.11	8.25	6.28	18.71	4.73	2.86	—
1980	23.73	9.59	7.35	24.89	6.17	3.93	—
1981	29.67	11.38	8.76	30.05	6.94	4.26	—
1982	29.99	13.53	10.49	32.36	7.99	4.86	—
1983	35.23	15.84	12.17	38.98	9.07	5.57	—
1984	50.93	21.09	16.67	54.57	11.30	6.53	—
1985	68.63	32.55	26.43	76.16	14.62	7.65	65.48
1986	81.96	38.43	30.49	86.67	15.86	7.94	68.69
1987	102.16	52.61	41.79	110.96	18.54	9.92	71.29
1988	132.17	62.81	48.85	147.85	23.24	12.00	72.06
1989	159.41	74.80	56.60	162.81	23.64	11.47	69.05
1990	200.00	89.31	64.39	167.35	20.99	8.21	67.71
1991	261.62	107.17	79.45	218.15	25.27	11.79	72.02
1992	341.42	128.57	95.03	282.90	31.65	14.82	73.15
1993	491.07	192.06	147.38	430.65	45.15	22.68	73.94
1994	642.18	276.98	225.18	480.46	53.56	26.06	71.53
1995	837.80	357.05	281.28	664.70	62.61	29.46	66.08
1996	843.48	407.73	312.70	722.15	66.57	28.63	64.60
1997	842.62	496.05	374.92	747.51	78.60	33.32	55.88
1998	940.59	567.09	423.50	835.24	88.00	37.52	50.78
1999	1062.29	668.71	490.07	985.32	118.65	61.21	52.38
2000	1427.70	829.69	601.93	1350.52	163.26	88.11	58.42
2001	1629.66	926.49	648.50	1538.70	213.72	115.95	66.90
2002	2000.16	1058.90	727.01	1945.02	267.09	152.34	77.22
2003	2630.29	1251.24	854.79	2604.90	322.01	189.30	91.96
2004	3815.04	1602.75	1113.37	3660.69	417.63	241.31	128.94
2005	4890.97	1926.51	1337.30	4698.16	446.13	262.36	140.82
2006	6187.91	2469.35	1755.66	5930.59	525.65	312.63	159.64
2007	7789.01	2886.87	2013.56	7456.24	639.84	387.31	174.24
2008	8746.36	3422.49	2363.23	8283.18	489.32	221.25	178.59
2009	8272.85	3908.81	2633.33	7824.88	867.35	462.11	168.67
2010	10853.55	4431.40	2920.36	10396.63	1160.55	657.77	181.09
2011	12044.77	4543.83	—	11803.24	1193.21	631.66	152.25
2012	12155.08	4792.65	—	11795.98	1112.86	553.21	147.06
2013	13010.09	5092.25	—	12594.24	1315.94	701.68	147.50
2014	14028.05	5595.92	—	13254.65	1347.42	688.25	151.84

注：1997年以前为乡及乡以上独立核算工业企业。1998年及以后为规模以上工业企业。

2014 年宁波市各县（市）、区规模以上中小企业总产值（现行价格）

指标	全市	市区	余姚	慈溪	奉化	象山	宁海
工业总产值	140280500	91816608	13354244	19831411	3763341	5396165	6118732
按轻重工业分							
轻工业	38647586	20920228	4438669	7731492	1312040	1843187	2401971
重工业	101632914	70896380	8915575	12099919	2451301	3552978	3716761
按注册登记类型分							
国有企业	6618178	5105570	454625	569901	162062	164570	161449
集体企业	82991	47457	23249	5685	—	—	6599
股份合作企业	107251	63511	8945	5804	—	28992	—
有限责任公司	21036324	13980208	1086363	3413902	198254	989833	1367763
股份有限公司	20082463	17419826	1198057	539163	—	539257	386160
私营企业	41499737	16764041	6233118	10611329	2030337	2499197	3361715
港澳台商投资企业	30705908	23795387	2529138	2526489	931644	491896	431354
外商投资企业	20122025	14614984	1820748	2159138	441043	682419	403692
在总计中：亏损企业	16283107	12189898	737878	1854187	525941	422293	552910
在总计中：国有及国有控股	33932611	30237237	759341	677863	187406	811782	1258983
按规模分							
大型企业	42200816	32034921	1706610	5253935	723204	608148	1873998
中型企业	41778329	25523221	4729320	6759566	1042965	2033357	1689901
小型企业	49513741	28047251	6701333	7627593	1934663	2720320	2482582
按工业行业分							
非金属矿采选业	37042	33022	—	—	—	4020	—
农副食品加工业	1621749	641642	339473	161648	76447	395936	6603
食品制造业	876078	225319	455820	12694	33241	76077	72927
酒、饮料和精制茶制造业	302056	183565	74526	—	24675	—	19291
烟草制品业	1476678	1476678	—	—	—	—	—
纺织业	3769195	2427148	413515	596324	68275	160467	103467
纺织服装、服饰业	6726465	5119030	45240	93626	448471	932627	87472
皮革、毛皮、羽毛及其制品和制鞋业	134639	62180	15112	36267	10597	—	10483
木材加工及木、竹、藤、棕、草制品业	126836	74484	24286	2484	25581	—	—
家具制造业	947148	551621	255273	99573	20508	14896	5278
造纸及纸制品业	1649424	1156107	120159	245225	33107	4022	90804
印刷和记录媒介复制业	815707	637921	59478	56528	32275	21010	8495
文教、工美、体育和娱乐用品制造业	3207034	1582703	117814	491062	75183	17494	922779
石油加工、炼焦和核燃料加工业	16702181	16686199	—	—	9156	6826	—
化学原料和化学制品制造业	14380931	13179399	491978	497385	84375	31233	96561
医药制造业	604026	443870	24010	50996	52042	10995	22114

续表

指标	全市	市区	余姚	慈溪	奉化	象山	宁海
化学纤维制造业	1663084	280052	174258	1129473	8984	70317	—
橡胶和塑料制品业	4054640	1930596	870378	631493	192257	96478	333439
非金属矿物制品业	2336575	1277812	425961	177827	62949	210399	181627
黑色金属冶炼和压延加工业	5244771	3824468	671281	347877	215461	117531	68154
有色金属冶炼和压延加工业	6417383	3530041	1101917	1399759	185413	16942	183312
金属制品业	4141277	2476217	541955	606259	221109	54399	241338
通用设备制造业	8037982	4412802	744505	1367146	555057	508099	450373
专用设备制造业	4181916	2666237	676518	261591	45312	228679	303579
汽车制造业	11150545	5030969	361328	4157709	153660	843458	603422
铁路、船舶、航空航天和其他运输设备制造业	1836694	604883	49727	504402	399868	254875	22940
电气机械和器材制造业	15895591	5878947	2886120	5198581	276827	625914	1029202
计算机、通信和其他电子设备制造业	8727259	6712843	1104733	599952	218682	15851	75198
仪器仪表制造业	1852855	945503	572987	268513	29362	—	36490
其他制造业	464490	178398	57228	172476	33771	—	22617
废弃资源综合利用业	737239	722019	—	12284	—	2936	—
金属制品、机械和设备修理业	62481	9003	—	—	—	46345	7133
电力、热力的生产和供应业	8743197	5661203	636496	578789	164368	614679	1087662
燃气生产和供应业	1100482	1054994	11998	29218	—	—	4272
水的生产和供应业	254851	138736	30172	44252	6330	13660	21701

2014 年宁波市各县（市）、区规模以上中小企业销售产值

指标	全市	市区	余姚	慈溪	奉化	象山	宁海
工业销售产值	136189593	89667576	12836199	19038879	3833302	4968964	5844673
按轻重工业分							
轻工业	37470703	20462946	4293237	7450546	1257814	1751380	2254781
重工业	98718890	69204630	8542962	11588333	2575488	3217584	3589893
按注册登记类型分							
国有企业	6579551	5066943	454625	569901	162062	164570	161449
集体企业	81828	47176	22466	5685	—	—	6502
股份合作企业	104814	61949	8555	5661	—	28649	—
有限责任公司	20565673	13674766	1043100	3354555	192346	962858	1338047
股份有限公司	19906883	17345575	1170272	514964	—	489059	387012
私营企业	39974045	16381015	5979567	10228813	1962895	2245335	3176420
港澳台商投资企业	29620191	22880518	2411106	2378818	1089457	458099	402193
外商投资企业	19331314	14184339	1746507	1980481	426543	620393	373051
在总计中：亏损企业	15900741	11978017	709913	1785970	510171	405912	510758
在总计中：国有及国有控股	33446733	29794463	759341	670924	186613	785223	1250170
按规模分							
大型企业	41332458	31333697	1627422	5035602	892222	575017	1868498
中型企业	40223577	24741898	4541859	6520201	1007838	1837011	1574770
小型企业	47898223	27414612	6457561	7293671	1873630	2527540	2331209
按工业行业分							
非金属矿采选业	35779	32686	—	—	—	3093	—
农副食品加工业	1565484	647131	326368	147970	67953	369443	6619
食品制造业	810501	216520	444943	10339	29717	48652	60330
酒、饮料和精制茶制造业	302292	184076	73907	—	24789	—	19519
烟草制品业	1440136	1440136	—	—	—	—	—
纺织业	3658877	2389981	388199	562386	65378	157465	95469
纺织服装、服饰业	6516805	4971606	43400	95044	436537	901770	68448
皮革、毛皮、羽毛及其制品和制鞋业	131289	59203	15089	35909	10822	—	10266
木材加工及木、竹、藤、棕、草制品业	122602	73013	22383	2366	24840	—	—
家具制造业	922433	540747	242483	98681	20844	14476	5203
造纸及纸制品业	1547798	1065194	121742	238712	32834	3706	85610
印刷和记录媒介复制业	805567	633263	58760	53236	31630	20629	8049
文教、工美、体育和娱乐用品制造业	3125494	1546947	115320	475445	73334	17155	897293
石油加工、炼焦和核燃料加工业	16427301	16411580	—	—	9068	6652	—
化学原料和化学制品制造业	13988149	12831281	461617	494540	82873	31646	86193
医药制造业	558282	418982	22723	45921	45519	10044	15093
化学纤维制造业	1623968	266458	174793	1105551	8641	68525	—

续表

指标	全市	市区	余姚	慈溪	奉化	象山	宁海
橡胶和塑料制品业	3916030	1887785	836199	596953	184624	95375	315094
非金属矿物制品业	2291292	1257156	418822	176752	62140	202536	173887
黑色金属冶炼和压延加工业	5126853	3757727	648967	336734	206245	112699	64481
有色金属冶炼和压延加工业	6295483	3525584	1050545	1350805	179904	16921	171724
金属制品业	3982035	2391130	513267	577665	216711	53296	229967
通用设备制造业	7619148	4234330	694949	1292042	537456	432670	427702
专用设备制造业	4049806	2607770	651522	251546	43482	220757	274729
汽车制造业	10672995	4881418	342886	3967818	149953	748002	582918
铁路、船舶、航空航天和其他运输设备制造业	1764538	454434	48768	492111	578109	168279	22837
电气机械和器材制造业	15387777	5793267	2782339	4988892	268118	574709	980453
计算机、通信和其他电子设备制造业	8410756	6492302	1065693	559773	210260	15049	67679
仪器仪表制造业	1755240	905537	539750	249308	28170	—	32474
其他制造业	451963	173662	54629	169115	32654	—	21904
废弃资源综合利用业	745739	732434	—	11650	—	1656	—
金属制品、机械和设备修理业	62481	9003	—	—	—	46345	7133
电力、热力的生产和供应业	8719711	5641503	633965	578492	164368	613756	1087626
燃气生产和供应业	1100140	1054994	11998	28876	—	—	4272
水的生产和供应业	254851	138736	30172	44252	6330	13660	21701

2014 年宁波市规模以上中小企业主要经济指标

指标	企业个数（个）	亏损企业	工业总产值（现价）	工业销售产值	出口交货值	资产合计	流动资产小计	固定资产小计	固定资产原价
总计	7383	1157	140280500	136189593	30423607	122049745	70776014	34694550	55959206
按轻重工业分									
轻工业	3005	515	38647586	37470703	14880415	39994629	25400532	8126640	13507825
重工业	4378	642	101632914	98718890	15543192	82055116	45375481	26567910	42451380
按注册登记类型分									
国有企业	17		6618178	6579551	24289	3626162	1339623	1827632	3549379
集体企业	11		82991	81828	1145	97479	68221	26121	41050
股份合作企业	24	2	107251	104814	24889	88771	66480	18840	40612
有限责任公司	610	91	21036324	20565673	1896534	22545675	9975019	9704419	15258063
股份有限公司	126	17	20082463	19906883	1013570	11813389	5971172	3702363	5522288
私营企业	4704	619	41499737	39974045	10374715	37129111	24324139	7633744	11553974
港澳台商投资企业	1002	213	30705908	29620191	8340203	29628198	18151322	7043180	11710134
外商投资企业	885	214	20122025	19331314	8748262	17093756	10858180	4734092	8274688
在总计中：亏损企业	1157	1157	16283107	15900741	2297981	20022264	11001012	6369006	8727153
在总计中：国有及国有控股	103	17	33932611	33446733	379527	20307701	7349278	11418079	19751260
按规模分									
大型企业	115	3	42200816	41332458	9351285	32638981	17608210	10051435	15831295
中型企业	965	133	41778329	40223577	9750712	36276662	20906012	9970613	15981021
小型企业	6077	940	49513741	47898223	10950724	47837414	29756789	12822500	20524205
按工业行业分									
非金属矿采选业	5		37042	35779		67600	40453	10230	13785
农副食品加工业	81	14	1621749	1565484	445139	1487963	847605	369888	541171
食品制造业	48	14	876078	810501	414788	803144	466594	205842	266538
酒、饮料和精制茶制造业	20	2	302056	302292	65810	402974	233243	126940	234195
烟草制品业	1		1476678	1440136	24182	1396957	985483	159759	344701
纺织业	287	54	3769195	3658877	906352	4556228	3088186	870947	1578256
纺织服装、服饰业	588	111	6726465	6516805	3254509	6145899	4161585	956682	1578130
皮革、毛皮、羽毛及其制品和制鞋业	29	5	134639	131289	67671	125918	83739	27837	44582
木材加工及木、竹、藤、棕、草制品业	25	2	126836	122602	68238	113453	73274	28322	51924
家具制造业	106	28	947148	922433	515148	1053354	721346	210228	292036
造纸及纸制品业	78	19	1649424	1547798	394572	3218069	1548531	713333	1490210
印刷和记录媒介复制业	90	12	815707	805567	219522	988861	612801	211042	397126
文教、工美、体育和娱乐用品制造业	266	46	3207034	3125494	1447652	2780633	1788047	530396	840645

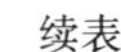

续表

指标	企业个数（个）	亏损企业	工业总产值（现价）	工业销售产值	出口交货值	资产合计	流动资产小计	固定资产小计	固定资产原价
石油加工、炼焦和核燃料加工业	13	2	16702181	16427301	15743	4419947	1836294	2378562	3679867
化学原料和化学制品制造业	228	55	14380931	13988149	1022581	13065410	6218178	5317622	7321617
医药制造业	36	7	604026	558282	83600	596379	353595	160478	236401
化学纤维制造业	65	18	1663084	1623968	182144	1651260	1114925	372200	645609
橡胶和塑料制品业	477	68	4054640	3916030	1322291	3527792	2167748	830097	1369070
非金属矿物制品业	196	21	2336575	2291292	108426	2382658	1642325	537409	882561
黑色金属冶炼和压延加工业	215	32	5244771	5126853	360768	4697669	2482397	1872830	3220030
有色金属冶炼和压延加工业	202	43	6417383	6295483	258277	3248816	2174815	664999	1005811
金属制品业	518	74	4141277	3982035	1788942	3674943	2508732	755426	1210330
通用设备制造业	894	119	8037982	7619148	2262774	8060776	5227244	1894665	3103487
专用设备制造业	394	55	4181916	4049806	1135923	5027598	3145084	1034219	1665111
汽车制造业	486	54	11150545	10672995	1247758	10703539	6127383	2443535	3290482
铁路、船舶、航空航天和其他运输设备制造业	100	18	1836694	1764538	876838	1988002	1275724	496849	756993
电气机械和器材制造业	1220	155	15895591	15387777	6092192	15421843	10423119	2819045	4135004
计算机、通信和其他电子设备制造业	366	53	8727259	8410756	5102995	7213331	4918951	1307167	2607200
仪器仪表制造业	159	18	1852855	1755240	487494	2599072	1627543	379492	578631
其他制造业	65	9	464490	451963	251173	417267	296630	76722	145165
废弃资源综合利用业	53	40	737239	745739	—	253531	211489	11635	20008
金属制品、机械和设备修理业	4	—	62481	62481	107	123459	79735	39383	56410
电力、热力的生产和供应业	42	2	8743197	8719711	—	6938276	1205656	5375692	10361969
燃气生产和供应业	7	2	1100482	1100140	—	1063903	344440	627073	636830
水的生产和供应业	19	5	254851	254851	—	1833224	743124	878005	1357324

2014 年宁波市各县（市）、区规模以上中小企业主要财务指标

指标	全市	市区	余姚	慈溪	奉化	象山	宁海
企业单位数（个）	7383	3461	1193	1323	445	464	497
亏损企业	1157	615	101	179	88	80	94
工业总产值（现价）	140280500	91816608	13354244	19831411	3763341	5396165	6118732
工业销售产值	136189593	89667576	12836199	19038879	3833302	4968964	5844673
出口交货值	30423607	17788254	3691955	4682176	1525812	1299182	1436228
资产合计	122049745	73700887	11940777	18784486	3924233	6627566	7071796
流动资产小计	70776014	40925468	7807766	11839756	2503463	3870763	3828798
固定资产小计	34694550	22457251	2867106	4246076	1022361	1807927	2293829
本年折旧	3309181	2071822	288797	500818	104244	155201	188298
负债合计	73376205	40790468	8085592	13004431	2773071	4290756	4431888
流动负债小计	64286663	35207780	7483665	11360649	2591444	3825805	3817321
所有者权益合计	48393142	32725630	3697259	5692397	1138329	2322617	2816912
实收资本	25218307	18274271	1705355	2552054	576778	1044447	1065401
主营业务收入	132546456	86797915	12779379	18743213	3584924	4938831	5702195
主营业务成本	113392659	74627889	10903657	16158302	3036164	4147819	4518827
主营业务税金及附加	3021154	2716797	56797	163351	26385	23533	34291
销售费用	2713673	1605809	298430	451365	84862	115508	157699
管理费用	6169397	3449989	750027	1077065	276160	245611	370544
税金	232434	128577	32218	42603	6925	8732	13381
财务费用	1767924	854588	237577	312759	81243	124278	157479
利息支出	1933763	954430	251763	356149	80813	128324	162283
营业利润	6259061	4044334	561913	722435	94152	330011	506217
利润总额	6882464	4497107	606148	824292	107142	339367	508409
应交所得税	1319097	892154	98602	135914	23192	59435	109799
亏损企业亏损总额	816102	605943	34747	101315	27543	17634	28920
利税总额	13474199	9405295	987859	1538150	236118	517977	788801
本年应付职工薪酬	7988806	4441708	913114	1379925	417090	365733	471235
本年应交增值税	3533825	2162975	324550	543433	102148	154892	245828
本年进项税额	15912984	10312551	1503120	2507951	404668	566340	618353
本年销项税额	16497061	11138857	1400319	2277120	396567	608287	675912
全部从业人员年平均人数（人）	1518374	770160	205581	284648	90159	72075	95751

2014 年宁波市各县（市）、区国有控股中小企业主要财务指标

指标	全市	市区	余姚	慈溪	奉化	象山	宁海
企业单位数（个）	103	67	9	6	5	7	9
亏损企业	17	10	1	1	1	2	2
工业总产值（现价）	33932611	30237237	759341	677863	187406	811782	1258983
工业销售产值	33446733	29794463	759341	670924	186613	785223	1250170
出口交货值	379527	350189	—	—	2559	26779	—
资产合计	20307701	15705907	1001711	477595	189571	1141184	1791732
流动资产小计	7349278	5833248	545899	155000	90303	327258	397570
固定资产原价	19751260	15214635	633326	439806	207883	1292013	1963596
累计折旧	9395434	7569787	277875	177026	115330	572729	682687
负债合计	10484902	7767589	660160	236000	93006	707928	1020218
流动负债小计	8008708	6107764	501974	179437	65435	539448	614650
所有者权益合计	9815143	7938319	341551	241595	96565	425599	771515
实收资本	6573181	5663661	144056	51588	35472	243500	434903
主营业务收入	30903707	27216587	758191	672228	188140	828007	1240554
主营业务成本	25693171	22637872	699237	636711	170696	672140	876515
主营业务税金及附加	2496778	2474893	3689	1884	1021	5385	9907
销售费用	140492	113423	5044	3925	2743	5739	9619
管理费用	548190	447711	16263	20189	9904	9304	44819
财务费用	192401	112515	11549	5428	1117	20696	41096
营业利润	1959572	1540422	32272	3291	2820	111283	269484
利润总额	2129375	1701188	38513	4699	3158	111490	270327
亏损企业亏损总额	31759	25429	1172	1074	963	923	2199
本年应付职工薪酬	604347	475166	23554	13435	11040	36241	44910
本年应交增值税	1233247	1046415	32657	18527	9147	47426	79075
本年进项税额	3192851	2781627	102199	109949	31492	67673	99910
本年销项税额	4226516	3669238	131743	123098	25038	105145	172256
全部从业人员年平均人数（人）	42421	30026	2337	1705	886	3580	3887

2014年宁波市各县（市）、区规模以上私营工业主要财务指标

指标	全市	市区	余姚	慈溪	奉化	象山	宁海
企业单位数（个）	4704	1888	796	983	334	337	366
亏损企业	619	271	51	115	63	57	62
工业总产值（现价）	41499737	16764041	6233118	10611329	2030337	2499197	3361715
工业销售产值	39974045	16381015	5979567	10228813	1962895	2245335	3176420
出口交货值	10374715	3773223	1501875	3063039	500823	750831	784925
资产合计	37129111	14046500	4907566	10414789	2006155	2521698	3232404
流动资产小计	24324139	9258046	3211339	6733245	1313769	1646973	2160767
固定资产原价	11553974	4237837	1745686	3193673	694000	779827	902951
累计折旧	4460736	1686351	629167	1254672	274420	254508	361618
负债合计	26481578	9717937	3588658	7650847	1476806	1739290	2308041
流动负债小计	24802356	9054174	3448123	7091977	1413990	1605633	2188459
所有者权益合计	10679133	4292876	1298626	2676706	514271	786721	1109933
实收资本	4407176	1731915	510047	1220618	268812	382247	293538
主营业务收入	40048208	16725678	5953465	10055575	1977725	2235944	3099822
主营业务成本	34332790	14435975	5114411	8670090	1671189	1899735	2541390
主营业务税金及附加	198776	89437	27781	40990	12969	10232	17368
销售费用	1064657	424113	143000	285079	56393	52620	103452
管理费用	2419011	979818	342550	610213	150993	123229	212210
财务费用	751200	258031	103761	209975	53725	54985	70724
营业利润	1451798	612073	228552	300877	41399	97141	171756
利润总额	1605702	715754	242454	326021	47117	101695	172661
亏损企业亏损总额	210920	97416	12652	54841	20069	10178	15763
本年应付职工薪酬	3344961	1287153	464311	866190	253642	181600	292065
本年应交增值税	1029492	393120	146108	260634	61635	59256	108740
本年进项税额	5285467	2359942	694519	1377828	239856	260598	352724
本年销项税额	5238373	2454287	658755	1231783	253311	267615	372623
全部从业人员年平均人数（人）	718418	260213	104901	191053	57787	40283	64181

2014 年宁波市各县（市）、区规模以上中小型工业企业主要财务指标

指标	全市	市区	余姚	慈溪	奉化	象山	宁海
企业单位数（个）	1080	516	153	222	71	52	66
亏损企业	136	71	12	28	11	7	7
工业总产值（现价）	83979144	57558142	6435930	12013501	1766169	2641505	3563898
工业销售产值	81556035	56075595	6169281	11555803	1900060	2412028	3443268
出口交货值	19101996	11925216	1854640	2912398	1021877	706884	680981
资产合计	68915643	43476447	5308960	10533330	1983240	3192616	4421049
流动资产小计	38514222	23592969	3388252	6395985	1210824	1788282	2137910
固定资产原价	31812316	21214964	1872273	3722454	911413	1646214	2444998
#累计折旧	13562289	9507106	743736	1332113	358622	739708	881005
负债合计	39259251	22814523	3470347	6932531	1394047	2064368	2583436
流动负债小计	34580338	20094401	3215697	5910554	1357876	1848782	2153029
所有者权益合计	29807093	20642776	1825170	3591341	589126	1118648	2040032
实收资本	14891755	11507970	789452	1263200	230721	493615	606798
主营业务收入	77924257	52981844	6157659	11359448	1648484	2383735	3393087
主营业务成本	66698211	45805738	5287394	9678815	1373354	1920511	2632399
主营业务税金及附加	1819189	1617790	22932	132164	13892	12483	19929
销售费用	1603168	998645	127808	289884	33019	65600	88212
管理费用	3286409	1838329	348305	665921	131760	110159	191935
财务费用	824860	394938	103679	132030	38206	62723	93284
营业利润	4240850	2706930	286347	567297	62606	217776	399895
利润总额	4684208	3023785	313129	657380	69514	222521	397879
亏损企业亏损总额	172933	120447	6548	35863	5334	876	3864
本年应付职工薪酬	4320481	2501152	400502	808763	194116	172581	243369
本年应交增值税	2104867	1302719	139764	361764	42143	96359	162117
本年进项税额	9472986	6419131	758677	1521552	169080	256471	348075
本年销项税额	9857582	6989304	674719	1345348	156582	290515	401114
全部从业人员年平均人数（人）	754304	396660	88457	154562	40472	30247	43906

2014 年宁波市各县（市）、区规模以上中小企业主要经济效益指标

指标	单位	全市	市区	余姚	慈溪	奉化	象山	宁海
产销率	%	97.08	97.66	96.12	96.00	101.86	92.08	95.52
资产负债率	%	60.12	55.35	67.71	69.23	70.67	64.74	62.67
成本费用利润率	%	5.55	5.58	4.97	4.58	3.08	7.32	9.77
每百元固定资产原值实现利税	元	24.08	25.12	22.80	24.05	14.00	19.15	23.21
每百元主营业务收入实现利税	元	10.17	10.84	7.73	8.21	6.59	10.49	13.83
流动比率	%	1.10	1.16	1.04	1.04	0.97	1.01	1.00
速动比率	%	0.84	0.87	0.84	0.81	0.76	0.79	0.79
企业亏损面	%	15.67	17.77	8.47	13.53	19.78	17.24	18.91
亏损率	%	10.60	11.87	5.42	10.95	20.45	4.94	5.38
出口交货值占工业销售产值比重	%	22.34	19.84	28.76	24.59	39.80	26.15	24.57
利润总额占利税比重	%	51.08	47.81	61.36	53.59	45.38	65.52	64.45

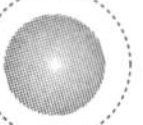

2014年厦门市成长型中小微企业样本主要经济指标汇总

指标	单位	12月	11月	差额	2014年	2013年	同比（%）
企业数	个	1082	920	162	—	—	—
其中：亏损	个	175	225	-50	—	—	—
亏损面	%	16.17	24.46	-8.29	—	—	—
工业总产值	千元	—	—	—	52637766.64	48109939.35	9.41
出口交货值	千元	—	—	—	12976771.01	12386882.42	4.76
用电量	万度	—	—	—	107247.25	97235.24	10.30
营业收入	千元	—	—	—	77134951.63	72226669.60	6.80
营业成本	千元	—	—	—	62911265.67	58774524.97	7.04
利润总额	千元	—	—	—	4619713.62	4329110.76	6.71
亏损企业亏损额	千元	—	—	—	368903.15	276850.57	33.25
应交税费	千元	—	—	—	3045427.65	3144919.42	-3.16
期末借款余额	千元	—	—	—	14166152.35	12182503.38	16.28
财务费用	千元	—	—	—	943894.21	936987.24	0.74
应收账款	千元	—	—	—	16011283.42	14583302.66	9.79
产成品	千元	—	—	—	4646780.31	4372508.73	6.27
从业人员	人	—	—	—	154107	153440	0.43
应付职工薪酬	千元	—	—	—	7841959.48	7233871.66	8.41
资产总计	千元	—	—	—	84679751.71	73627972.98	15.01
负债总计	千元	—	—	—	41248295.95	35904983.66	14.88
固定资产投资额	千元	—	—	—	3644539.59	3949960.49	-7.73

2014 年厦门市成长型中小微企业样本统计数据分类汇总

	企业个数（个）			工业总产值（千元）					出口交货值（千元）				
	12 月	亏损企业数	亏损面（%）	2014 年 12 月	2014 年	2013 年 12 月	2013 年	累计同比（%）	2014 年 12 月	2014 年	2013 年 12 月	2013 年	累计同比（%）
合计	1082	175	16.17	5505790.35	52637766.64	5109529.4	48109939.35	9.41	1268557.89	12976771.01	1237277	12386882.42	4.76
一、按经济类型													
公有经济	38	6	15.79	406663.2	3883337.78	379394.46	3355520.1	15.73	24384.3	322698.2	27378.81	249928.03	29.12
国有控股	19	2	10.53	225270.56	2238024.48	173206.01	1782073.69	25.59	23438.3	310171.2	26614.81	240430.78	29.01
集体控股	19	4	21.05	181392.64	1645313.3	206188.45	1573446.41	4.57	946	12527	764	9497.25	31.9
非公有经济	951	157	16.51	4633432.69	44498440.57	4304927.98	40845668.99	8.94	1128906.35	11516386.93	1082249.49	11020702.59	4.5
外商控股	65	12	18.46	590890.78	6643612.51	581469.51	6012591.67	10.49	192885.59	1983309.87	200963.87	2034524.64	-2.52
港澳台商控股	51	8	15.69	480198.15	4833288.46	471508.99	4568582.26	5.79	307917.5	3005044.65	270583.13	2708177.32	10.96
私人控股	835	137	16.41	3562343.76	33021539.6	3251949.48	30264495.06	9.11	628103.26	6528032.41	610702.49	6278000.63	3.98
二、按企业规模													
中型	253	26	10.28	2817157.23	26111661.36	2435808.54	22792952.22	14.56	786321.12	7796658.97	763819.56	7259994.8	7.39
小型	775	133	17.16	2652824.18	26171934.89	2636759.39	24987001.58	4.74	476355.77	5074672.76	467067.44	5038286.62	0.72
微型	54	16	29.63	35808.94	354170.39	36961.47	329985.55	7.33	5881	105439.28	6390	88601	19
三、按地区													
厦门市	1082	175	16.17	5505790.35	52637766.64	5109529.4	48109939.35	9.41	1268557.89	12976771.01	1237277	12386882.42	4.76
思明区	314	67	21.34	658031.25	5677412.8	644814.76	5380776.06	5.51	158956.31	1500469.07	167054.63	1478219.52	1.51
海沧区	79	9	11.39	616630.07	5886412.14	582517.72	5563277.49	5.81	187463.4	1796500.56	178858.38	1721465.31	4.36
湖里区	243	37	15.23	738500.19	6582800.73	677503	6407975.52	2.73	227373.69	2172391.67	265776.31	2426634.28	-10.48
集美区	144	22	15.28	1141950.55	11275093.93	1028876.97	10463140.22	7.76	216504.1	2356950.47	218263.64	2331947.68	1.07
同安区	177	24	13.56	1226901.35	12623505.44	1209658.21	11630887.3	8.53	335654.34	3557947.65	296005.43	3146325.23	13.08
翔安区	125	16	12.8	1123776.94	10592541.6	966158.74	8663882.76	22.26	142606.05	1592511.59	111318.61	1282290.4	24.19
四、按大行业													
第二产业 1（工业）	664	85	12.8	5505790.35	52637766.64	5109529.4	48109939.35	9.41	1268557.89	12976771.01	1237277	12386882.42	4.76
第二产业 2（建筑业）	51	4	7.84	0	0	0	0	0	0	0	0	0	0
第三产业	355	85	23.94	0	0	0	0	0	0	0	0	0	0
第一产业	12	1	8.33	0	0	0	0	0	0	0	0	0	0

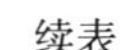

续表

	用电量（度）					应交税费（千元）			从业人员平均数（人）		
	2014年12月	2014年	2013年12月	2013年	累计同比（%）	2014年	2013年	同比（%）	2014年	2013年	同比（%）
合计	86357420.92	1072472460	86057381.07	972352413.7	10.3	3045427.65	3144919.42	-3.16	154107	153440	0.43
一、按经济类型											
公有经济	6084609	88067319.6	6933179.63	77317741.09	13.9	322916.4	271488.05	18.94	8485	8469	0.19
国有控股	2888733	41512044.6	2750264.63	33929698.09	22.35	142723.33	134401.93	6.19	4230	4294	-1.49
集体控股	3195876	46555275	4182915	43388043	7.3	180193.07	137086.12	31.45	4255	4175	1.92
非公有经济	74947998.75	915731653.4	73928114.57	836517950.4	9.47	2497748.98	2669352.85	-6.43	134805	134715	0.07
外商控股	14200752.33	186647835.3	15986598.03	173805810.2	7.39	414943.14	504418.29	-17.74	17975	18977	-5.28
港澳台商控股	8520450	114330425.3	9018446.32	104459795.4	9.45	175149.46	169393.95	3.4	13879	13214	5.03
私人控股	52226796.42	614753392.8	48923070.22	558252344.8	10.12	1907656.38	1995540.61	-4.4	102951	102524	0.42
二、按企业规模											
中型	44348899.56	572838682.5	45997999.77	523899936.8	9.34	1692908.59	1715358.51	-1.31	81636	81774	-0.17
小型	41371541.15	491557190.3	39418902.92	441378129.7	11.37	1341452.86	1415533.85	-5.23	70950	70246	1
微型	636980.21	8076586.7	640478.38	7074347.15	14.17	11066.2	14027.06	-21.11	1521	1420	7.11
三、按地区											
厦门市	86357420.92	1072472460	86057381.07	972352413.7	10.3	3045427.65	3144919.42	-3.16	154107	153440	0.43
思明区	5523244.08	67410744.75	5471692.51	66527126.94	1.33	819692.55	783944.55	4.56	32971	33177	-0.62
海沧区	12997304.65	155252556.3	12986989.7	140550689.8	10.46	314303.96	329291.42	-4.55	14221	13356	6.48
湖里区	6591351.43	81389065.52	6760759.6	76793726.45	5.98	419532.18	460751.64	-8.95	27227	27467	-0.87
集美区	22945522.81	297318266.4	23454670.89	274633894.6	8.26	621775.62	661564.33	-6.01	28573	28411	0.57
同安区	22051811.57	264954852.4	21785890.14	238882376.5	10.91	421365.77	434633.98	-3.05	30314	30823	-1.65
翔安区	16248186.38	206146974.2	15597378.23	174964599.5	17.82	448757.57	474733.5	-5.47	20801	20206	2.94
四、按大行业											
第二产业1（工业）	86357420.92	1072472460	86057381.07	972352413.7	10.3	2229210.84	2363269.4	-5.67	116753	117135	-0.33
第二产业2（建筑业）	0	0	0	0	0	167874.73	163857.93	2.45	9828	9349	5.12
第三产业	0	0	0	0	0	647017.24	615949.48	5.04	26976	26431	2.06
第一产业	0	0	0	0	0	1324.84	1842.61	-28.1	550	525	4.76

续表

	营业收入（千元）			营业成本（千元）			利润总额（千元）			亏损企业亏损额（千元）		
	2013 年	2013 年	同比（%）	2014 年	2013 年	同比（%）	2014 年	2013 年	同比（%）	2014 年	2013 年	同比（%）
合计	77134951.63	72226669.6	6.8	62911265.67	58774524.97	7.04	4619713.62	4329110.76	6.71	368903.15	276850.57	33.25
一、按经济类型												
公有经济	4550707.44	3930384.59	15.78	3420586.24	2897801.43	18.04	538971.6	440255.04	22.42	36689.42	36318.67	1.02
国有控股	2210720.24	1920073.23	15.14	1626603.41	1398476.94	16.31	339607.57	260638.1	30.3	12116	3617	234.97
集体控股	2339987.2	2010311.36	16.4	1793982.83	1499324.49	19.65	199364.03	179616.94	10.99	24573.42	32701.67	-24.86
非公有经济	66321877.53	62470536.21	6.17	54569226.52	51219503.2	6.54	3511924.88	3381367.56	3.86	312630.57	231100.96	35.28
外商控股	6739505	6539600.26	3.06	5402935.67	5155892.45	4.79	449082.41	471996.1	-4.85	25718	18103.23	42.06
港澳台商控股	4836247.3	4585036.27	5.48	3941248.58	3715835.15	6.07	317718.1	341433.57	-6.95	54146.57	10616.55	410.02
私人控股	54746125.23	51345899.68	6.62	45225042.27	42347775.6	6.79	2745124.37	2567937.89	6.9	232766	202381.18	15.01
二、按企业规模												
中型	40319052.52	37560306.03	7.34	32290429.56	30044689.79	7.47	3093378.27	2754458.79	12.3	127048.71	71442.15	77.83
小型	36201522.57	34126056.67	6.08	30112626.84	28287359.44	6.45	1507630.32	1554340.64	-3.01	234008.35	199125.38	17.52
微型	614376.54	540306.9	13.71	508209.27	442475.74	14.86	18705.03	20311.33	-7.91	7846.09	6283.04	24.88
三、按地区												
厦门市	77134951.63	72226669.6	6.8	62911265.67	58774524.97	7.04	4619713.62	4329110.76	6.71	368903.15	276850.57	33.25
思明区	20047699.32	18497381.2	8.38	15799198.69	14472877.18	9.16	1335111.56	1319130.83	1.21	135279.72	97186.71	39.2
海沧区	6938483.62	6352198.88	9.23	5404726.9	5023320.62	7.59	555774.65	484799.13	14.64	15942.31	18549.04	-14.05
湖里区	14471543.04	14264429.22	1.45	12160494.95	11910759.05	2.1	635427.02	638857.68	-0.54	72184.31	58565.35	23.25
集美区	11890396.4	11326002.57	4.98	9860328.34	9411533.11	4.77	675116.98	630701.51	7.04	45900.11	38739.72	18.48
同安区	13265878.37	12341163.67	7.49	11042654.88	10223514.11	8.01	598653.03	555585.1	7.75	74339.99	24324.06	205.62
翔安区	10520950.88	9445494.06	11.39	8643861.91	7732520.89	11.79	819630.38	700036.51	17.08	25256.71	39485.69	-36.04
四、按大行业												
第二产业 1（工业）	50789516.05	48002172.68	5.81	41136410.96	38808419.61	6	3291001.91	3064839.93	7.38	208213.13	133197.28	56.32
第二产业 2（建筑业）	3957169.14	4063508.28	-2.62	3317735.05	3371862.83	-1.61	148584.29	204214.11	-27.24	7978.29	1367.84	483.28
第三产业	22027996.46	19816919.38	11.16	18158889.01	16306124.33	11.36	1163674.9	1035572.61	12.37	149266.22	141979.45	5.13
第一产业	360269.98	344069.26	4.71	298230.65	288118.2	3.51	16452.52	24484.11	-32.8	3445.51	306	1025.98

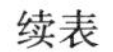

续表

	期末借款余额（千元）			财务费用（千元）			应收账款（千元）			产成品（千元）		
	2014 年	2013 年	同比（%）	2014 年	2013 年	同比（%）	2014 年	2013 年	同比（%）	2014 年	2013 年	同比（%）
合计	14166152. 35	12182503. 38	16. 28	943894. 21	936987. 24	0. 74	16011283. 42	14583302. 66	9. 79	4646780. 31	4372508. 73	6. 27
一、按经济类型												
公有经济	1553312. 49	719100. 42	116. 01	32327. 22	53466. 43	-39. 54	1252605. 84	1479337. 61	-15. 33	301959. 8	290640. 5	3. 89
国有控股	180896. 49	157773	14. 66	12786. 63	16942. 08	-24. 53	544134. 37	494895. 38	9. 95	176750. 8	172317. 42	2. 57
集体控股	1372416	561327. 42	144. 49	19540. 59	36524. 35	-46. 5	708471. 47	984442. 23	-28. 03	125209	118323. 08	5. 82
非公有经济	11678541. 12	10626146. 18	9. 9	846850. 9	816075. 43	3. 77	13527095. 55	12035654. 38	12. 39	4058377. 95	3825579. 82	6. 09
外商控股	1452948. 53	1308254. 91	11. 06	104033. 13	111506. 42	-6. 7	1675094. 5	1769741. 42	-5. 35	640754. 08	518840. 02	23. 5
港澳台商控股	1062258	797168. 73	33. 25	54439. 67	49273. 43	10. 48	1059980. 81	1035388. 87	2. 38	401118. 18	466436. 72	-14
私人控股	9163334. 59	8520722. 54	7. 54	688378. 1	655295. 58	5. 05	10792020. 24	9230524. 09	16. 92	3016505. 69	2840303. 08	6. 2
二、按企业规模												
中型	6161582. 81	5612844. 41	9. 78	424238. 81	450880. 7	-5. 91	7948961. 69	6891341. 95	15. 35	2340038. 6	2061077. 75	13. 53
小型	7835669. 66	6424911. 36	21. 96	508796. 63	476357. 17	6. 81	7878794. 02	7529634. 39	4. 64	2269759. 96	2276549. 3	-0. 3
微型	168899. 88	144747. 61	16. 69	10858. 77	9749. 37	11. 38	183527. 71	162326. 32	13. 06	36981. 75	34881. 68	6. 02
三、按地区												
厦门市	14166152. 35	12182503. 38	16. 28	943894. 21	936987. 24	0. 74	16011283. 42	14583302. 66	9. 79	4646780. 31	4372508. 73	6. 27
思明区	3646122. 87	2551552. 89	42. 9	191122. 73	194204. 88	-1. 59	3775445. 05	3431487. 14	10. 02	648056. 98	560476. 25	15. 63
海沧区	1669280. 02	1408040. 61	18. 55	116645. 41	114230. 29	2. 11	1440204. 24	1132040. 74	27. 22	473889. 63	559771. 87	-15. 34
湖里区	2056836. 44	1775562. 72	15. 84	136592. 79	176540. 35	-22. 63	2988465. 73	2827304. 82	5. 7	614030. 32	630255. 6	-2. 57
集美区	2240917. 63	2224121. 78	0. 76	139370. 71	128300. 76	8. 63	2608806. 89	2397020. 6	8. 84	1085059. 4	1063246. 29	2. 05
同安区	2758705. 11	2525326. 42	9. 24	220370. 52	204436. 25	7. 79	2650827. 44	2496570. 1	6. 18	1128644	953815. 3	18. 33
翔安区	1794290. 28	1697898. 96	5. 68	139792. 05	119274. 71	17. 2	2547534. 07	2298879. 26	10. 82	697099. 98	604943. 42	15. 23
四、按大行业												
第二产业 1（工业）	9950755. 85	8949971. 77	11. 18	690846. 23	711976. 04	-2. 97	11831475. 74	10659859. 33	10. 99	4646780. 31	4372508. 73	6. 27
第二产业 2（建筑业）	723691. 53	569455. 37	27. 08	51778. 04	38462. 69	34. 62	1154620. 51	957180. 1	20. 63	0	0	0
第三产业	3396765. 06	2578538. 06	31. 73	195002. 69	181408. 11	7. 49	2943907. 68	2893769. 03	1. 73	0	0	0
第一产业	94939. 91	84538. 18	12. 3	6267. 25	5140. 4	21. 92	81279. 49	72494. 2	12. 12	0	0	0

续表

	应付职工薪酬（千元）			资产总计（千元）			负债总计（千元）			固定资产投资额（千元）		
	2014 年	2013 年	同比（%）	2014 年	2013 年	同比（%）	2014 年	2013 年	同比（%）	2014 年	2013 年	同比（%）
合计	7841959.48	7233871.66	8.41	84679751.71	73627972.98	15.01	41248295.95	35904983.66	14.88	3644539.59	3949960.49	-7.73
一、按经济类型												
公有经济	616744.77	552072.43	11.71	7424167.23	6018897.73	23.35	3708671.84	3281541.87	13.02	413114.59	251569.78	64.21
国有控股	285912.07	245748.74	16.34	2357926.02	2021229.24	16.66	938143.3	879029.79	6.72	293296.2	136929.28	114.2
集体控股	330832.7	306323.69	8	5066241.21	3997668.49	26.73	2770528.54	2402512.08	15.32	119818.39	114640.5	4.52
非公有经济	6631045.09	6171857.44	7.44	70019568.29	62105753.03	12.74	34675495.73	30117875.84	15.13	2933829.64	3348635.3	-12.39
外商控股	933588.74	907226.02	2.91	8540854.16	7719310.34	10.64	3717144.93	3418233	8.74	503384.29	441238.2	14.08
港澳台商控股	729387.16	648921.1	12.4	5308844.49	4893821.43	8.48	2528154.01	2259770.97	11.88	202764.87	230844.36	-12.16
私人控股	4968069.19	4615710.32	7.63	56169869.64	49492621.26	13.49	28430196.79	24439871.87	16.33	2227680.48	2676552.74	-16.77
二、按企业规模												
中型	4411273.39	4083969.95	8.01	43814628.8	38665717.13	13.32	20133583.65	18345687.81	9.75	2000818.64	1952893.08	2.45
小型	3364096.39	3086517.24	8.99	39867051.49	34104105.74	16.9	20555094.07	17088348.13	20.29	1537025.34	1858518.46	-17.3
微型	66589.7	63384.47	5.06	998071.42	858150.11	16.3	559618.23	470947.72	18.83	106695.61	138548.95	-22.99
三、按地区												
厦门市	7841959.48	7233871.66	8.41	84679751.71	73627972.98	15.01	41248295.95	35904983.66	14.88	3644539.59	3949960.49	-7.73
思明区	1893745.6	1786260.36	6.02	21874532.03	18357548.94	19.16	10610078.6	8726312.59	21.59	690472.57	705387.82	-2.11
海沧区	809183.19	683032.26	18.47	8289932.64	7159726.46	15.79	3800924.99	3382649.15	12.37	647085.25	503014.69	28.64
湖里区	1320830.66	1322554.07	-0.13	13707310.43	11688155.96	17.28	7362929.37	5993642.82	22.85	477189.27	614349.81	-22.33
集美区	1484896.75	1342678.6	10.59	14371772.68	12594804.59	14.11	6135641.34	5890698.27	4.16	528294.19	702874.57	-24.84
同安区	1339347.13	1236783.81	8.29	13656179.59	12294793.92	11.07	7537457.526	6745181.503	11.75	572765.42	625085.9	-8.37
翔安区	993956.15	862562.56	15.23	12780024.34	11532943.11	10.81	5801264.12	5166499.33	12.29	728732.89	799247.7	-8.82
四、按大行业												
第二产业 1（工业）	5842761.92	5311921.58	9.99	59909605.82	52742769.55	13.59	28102926.54	25442554.57	10.46	2863854.4	2898981.09	-1.21
第二产业 2（建筑业）	360931.56	417536.8	-13.56	4345890.88	4121172.38	5.45	2571569.38	2516127.43	2.2	131879.34	53094.49	148.39
第三产业	1618251.19	1485397.54	8.94	19863575.56	16325640.11	21.67	10324549.65	7732006.513	33.53	636411.57	985026.43	-35.39
第一产业	20014.81	19015.74	5.25	560679.45	438390.94	27.89	249250.38	214295.15	16.31	12394.28	12858.48	-3.61

2014 年青岛市中小企业有关数据

	指标	单位	数额	增减（%）	占规上（%）
1	私营企业户数	万户	86.6	57	—
2	规上工业中小企业户数	个	4507	—	97.9
3	规上工业中小企业总产值	亿元	12215.7	11.1	72.8
4	规上工业中小企业税收额	亿元	580.2	17.9	79.6
5	规上工业中小企业利润额	亿元	589.3	5.7	70.5
6	规上工业中小企业主营业务收入	亿元	11373.4	12.3	70.5
7	规上工业中小企业亏损企业数	户	430.0	0	97.3
8	规上工业中小企业亏损额	亿元	48.3	45.8	79.5
9	规上工业中小企业亏损面	%	9.5	—	—

第六篇

政策法规

一、相关法律、法规、部门规章及规范性文件

关于开展2014年国家中小企业公共服务示范平台（技术类）享受科技开发用品进口免税政策资格申报工作的通知

根据财政部、工业和信息化部、海关总署、国家税务总局《关于国家中小企业公共技术服务示范平台适用科技开发用品进口税收政策的通知》（财关税〔2011〕71号）的相关规定，现将开展2014年国家中小企业公共服务示范平台（技术类）（简称示范平台）享受科技开发用品进口免税资格申报工作的具体事项通知如下：

一、符合条件的示范平台通过中国中小企业信息网“国家中小企业公共服务示范平台管理系统”（以下简称管理系统）填报申请免税资格的相关材料。用户名和密码与申报示范平台的相同。

二、首批获得免税资格的上海浦东软件平台有限公司等10家示范平台，其免税资格截至2014年6月15日，须按文件要求进行复审，申请复审的材料通过管理系统填报。

三、请各省中小企业主管部门组织好所辖区内示范平台享受科技开发用品进口免税资格申报和复审工作，并于2014年3月31日前会同财政、海关、税务部门将审核意见及符合免税条件的示范平台相关纸质材料一式四份报送我部（中小企业司）。同时，通过管理系统报送相应材料。

工业和信息化部办公厅
2014年2月25日

工业和信息化部关于开展2014年扶助小微企业专项行动的通知

工信部企业〔2014〕105号

各省、自治区、直辖市及计划单列市、新疆生产建设兵团中小企业主管部门：

为深入贯彻党的十八届三中全会精神，落实好支持小微企业发展的各项政策措施，优化企业发展环境，进一步激发小微企业和非公有制经济的发展活力，我部决定2014年继续开展扶助小微企业专项行动。

各地要按照我部《2014年扶助小微企业专项行动实施方案》提出的目标和重点工作，结合本地实际，确定工作目标和重点任务，明确责任分工，加强组织领导，确保专项行动取得实效。

请就本地区扶助小微企业的具体工作安排填写《各地扶助小微企业专项行动工作安排表》，于3月28日前报工业和信息化部（中小企业司）。

联系电话：010－68205311/5314
传　　真：010－68205316

工业和信息化部
2014年3月12日

附件1：

2014年“扶助小微企业专项行动”实施方案

2013年，我部在全国范围内组织开展了扶助小微企业专项行动，取得了积极成效。当前，小微企业仍面临经营压力大、政策落实不到位、公共服务不足、企业负担重、融资难融资贵等方面的问题，需着力解决。2014年，为使市场在资源配置中起决定性作用和更好发挥政府作用，促进中小企业和非公有制经济健康发展，我们将继续深化扶助小微企业专项行动。

一、指导思想

深入贯彻党的十八届三中全会精神，以落实好现有支持小微企业发展的政策为重点，以“扶助小微、转型成长”为主题，深化改革创新，转变政府职能，优化发展环境，加强公共服务，推进两化深度融合，提高企业管理水平和人员素质，激发中小企业和非公有制经济的发展活力。

二、主要目标

抓好现有支持小微企业发展政策的落实，做好政策宣传工作；开展百场小微企业政策宣传与现场咨询活动；继续认定一批国家中小企业公共服务示范平台；继续支持有条件的省（区、市）建设和完善中小企业公共服务平台网络，年服务企业不少于50万家；支持500家以上担保（再担保）机构为小微企业提供担保服务；完成50万人次中小企业经营管理人员和1000名领军人才培训；建立中小企业管理咨询服务专家信息库，提供开放式服务，提升小

微企业管理水平。组织开展第三届减轻企业负担政策宣传周，编印发放《减负政策手册》，完成3000家企业网上调查。

三、重点工作

（一）加强宣传，推动各项支持小微企业政策落实与完善

一是充分发挥国务院促进中小企业发展工作领导小组办公室的作用，把落实好现有政策与改革完善政策措施相结合，加强对地方、相关部门贯彻落实国发14号文件情况的跟踪检查、政策评估和政策协调。各地要积极帮助小微企业解决政策落实中的问题，研究新情况新问题，及时提出完善扶持小微企业发展的新思路和新举措。支持非公有制经济发展，鼓励非公有制企业参与国有企业改革，鼓励发展非公有资本控股的混合所有制企业。

二是围绕扶助小微企业专项行动重点工作，加强前期宣传策划，通过组织中央主流媒体、部属媒体及新媒体开展专题调研、采访、新闻发布及推送新闻稿等多种方式，进行全方位立体式宣传。鼓励各地采用多种方式，加大支持小微企业的政策宣传，各省（区、市）组织开展小微企业政策宣传与咨询活动应不少于10场（次），人数不少于2000人，让企业了解政策、用足政策，营造有利于中小企业发展的社会氛围。

（二）加快中小企业服务体系建设，促进两化深度融合

一是继续支持有条件的省（区、市）建设和完善中小企业公共服务平台网络，加快推进中小企业服务体系建设。各地要以服务需求为导向，不断完善平台网络各项服务功能，创新服务模式，扩大服务规模，提升服务质量，更好地为小微企业提供“找得到、用得起、有保证”的服务。继续培育认定一批国家中小企业公共服务示范平台，落实好示范平台进口设备免税政策。推动小企业创业基地建设，强化创业培训和辅导服务。继续组织开展大学生网上百日招聘活动。各地要协调配合有关部门加强对政府采购促进中小企业发展有关政策的落实。组织开展中小企业服务日、专家下企业等活动，帮助企业解决实际问题。

二是实施中小企业创新能力建设计划，鼓励中小企业专精特新发展。加快推进在天津市开展的中小企业创新转型试点。实施中小企业知识产权战略推进工程，总结试点经验、推广试点成果。实施中小企业信息化推进工程。开展中小企业两化融合能力提升行动，提高中小企业生产制造、运营管理和市场开拓的信息化应用水平。推动电子商务服务平台建设。鼓励软件和信息技术服务企业及电信运营商运用云计算、大数据、移动互联网技术，开发适合中小企业应用的信息技术产品和解决方案。各地要搭建平台，促进软件和信息技术服务企业与中小企业合作发展。鼓励中小企业利用宽带开展业务。

（三）改善融资服务，缓解小微企业融资难、融资贵

一是深化我部与工、农、中、建、交五大银行和国家开发银行战略合作协议，推动金融机构加大对小微企业的信贷支持。拓宽融资渠道，鼓励各地开展融资培训咨询、银企对接等活动，着力缓解小微企业融资难问题。

二是运用税收减免、资金补助等方式，鼓励担保机构提高小微企业担保业务规模，降低对小微企业担保收费。积极发展再担保机构，探索构建中小企业信用担保建设模式。

（四）提升中小企业管理水平和人员素质

一是深入实施中小企业银河培训工程和企业经营管理人才素质提升工程。组织动员各地中小企业主管部门、行业协（商）会、高等院校、专业培训机构等各方面力量，以中小企业人力资源开发和人才队伍建设为目标，进一步突出培训重点，创新培训形式，完成50万人次中小企业经营管理人员、5万人初创企业经营管理者和1000人领军人才培训。

二是建立为中小企业服务的管理咨询服务专家信息库，入库专家达到500名。组织开展管理咨询专家与小微企业服务对接活动，鼓励和引导服务机构开展小微企业管理诊断和管理咨询服务，提升企业的管理水平。

三是通过推动婴幼儿配方乳粉行业企业兼并重组，着力提高乳粉的质量安全水平，提振社会消费信心。

（五）进一步减轻小微企业负担

继续开展清费减负工作，推动形成涉企收费清单管理模式。加强宣传培训，推动惠企政策落实。完善企业负担调查评价体系。完善减轻企业负担工作机制和制度建设。

四、进度安排

（一）2014年3月，启动2014年扶助小微企业专项行动，印发专项行动实施方案。

（二）2014年7月，组织开展中期检查。由各地中小企业主管部门、部相关司局对工作进展情况进行自查，汇总自查情况，形成阶段性工作小结。

（三）2014年11月，开展年度工作总结。检查专项行动实施方案确定的各项重点工作和目标任务完成情况，总结经验，查找不足，提出2015年支持中小企业发展的工作思路和专项行动计划建议。

五、保障措施

（一）加强组织领导

充分发挥国务院促进中小企业发展工作领导小组办公室作用，加强统筹协调，创新工作方法，保障专项行动顺利实施。各级中小企业主管部门要按照专项行动的有关要求，结合本地实际，确定工作重点，明确工作分工，发挥各自优势，形成工作合力，确保专项行动取得积极成效。

（二）加大政策支持

要针对制约小微企业发展的新情况、新问题，不断完善相关政策措施。充分利用各级中小企业专项资金，突出支持重点，创新支持方式，通过支持中小企业公共服务、小企业创业基地、中小企业公共服务平台网络、中小企业信用担保机构等，促进各类服务机构为小微企业提供优质服务，支持小微企业健康发展。

（三）转变政府职能

各级中小企业主管部门要进一步增强服务意识，把扶助小微企业发展、加强公共服务作为转变职能、改进工作作风的具体体现。继续坚持政府倡导、社会参与、协同推进的总体原则，充分调动发挥社会各方面的积极性，发挥部属单位、大专院校、行业协会、服务机构的作用，组织带动服务资源，开展重点服务活动，共同参与扶助小微企业发展。

财政部国家税务总局关于小型微利企业所得税优惠政策有关问题的通知

财税〔2014〕34 号

各省、自治区、直辖市、计划单列市财政厅（局）、国家税务局、地方税务局，新疆生产建设兵团财务局：

为了进一步支持小型微利企业发展，经国务院批准，现就小型微利企业所得税政策通知如下：

一、自 2014 年 1 月 1 日至 2016 年 12 月 31 日，对年应纳税所得额低于 10 万元（含 10 万元）的小型微利企业，其所得减按 50% 计入应纳税所得额，按 20% 的税率缴纳企业所得税。

二、本通知所称小型微利企业，是指符合《中华人民共和国企业所得税法》及其实施条例以及相关税收政策规定的小型微利企业。

请遵照执行。

2014 年 4 月 8 日

关于印发《中小企业发展专项资金管理暂行办法》的通知

财企〔2014〕38 号

各省、自治区、直辖市、计划单列市财政厅（局）、中小企业主管部门、科技厅（委、局）、商务主管部门，新疆生产建设兵团财务局、工业和信息化委员会、科技局、商务局，有关中央所属单位：

为促进中小企业特别是小型微型企业健康发展，规范和加强中小企业发展专项资金的使用和管理，财政部会同工业和信息化部、科技部、商务部制定了《中小企业发展专项资金管理暂行办法》。现印发给你们，请遵照执行。

财政部　工业和信息化部　科技部　商务部

2014 年 4 月 11 日

附件：

中小企业发展专项资金管理暂行办法

第一章　总则

第一条　为了规范中小企业发展专项资金的管理和使用，提高资金使用效益，根据《中华人民共和国预算法》《中华人民共和国中小企业促进法》等有关规定，制定本办法。

第二条　本办法所称中小企业发展专项资金（以下简称专项资金），是指中央财政预算安排，用于支持中小企业特别是小微企业科技创新、改善中小企业融资环境、完善中小企业服务体系、加强国际合作等方面的资金。

第三条　专项资金的宗旨是，贯彻落实国家宏观政策和扶持中小企业发展战略，弥补市场失灵，促进公平竞争，激发中小企业和非公有制经济活力和创造力，促进扩大就业和改善民生。

第四条　专项资金的使用和管理遵循公开透明、突出重点、统筹管理、加强监督的原则，确保资金使用规范、安全和高效，并向中西部地区倾斜。

第五条　专项资金综合运用无偿资助、股权投资、业务补助或奖励、代偿补偿、购买服务等支持方式，采取市场化手段，引入竞争性分配办法，鼓励创业投资机构、担保机构、公共服务机构等支持中小企业，充分发挥财政资金的引导和促进作用。

第六条　专项资金建立部门共管、专家评审、项目公示、追踪问效的全过程协作管理机制，加强绩效评价及结果运用，实现资金分配的激励和约束。

第七条　专项资金由财政部会同工业和信息化部、科技部、商务部（以下统称相关部门）按照职责分工共同管理。

财政部负责专项资金的预算管理和资金拨付，会同相关部门制定资金分配方案，并对资金的使用和管理情况等开展绩效评价和监督检查。

相关部门会同财政部开展专项资金项目管理工作，确定年度支持重点，组织项目申报和评审，并对项目实施情况进行跟踪服务和监督检查。

第二章　支持科技创新

第八条　发挥财政资金对中小企业科技创新活动的引导作用，支持和鼓励科技型中小企业研究开发具有良好市场前景的前沿核心关键技术，借助创业投资机制促进中小企业科技创新，推动实施国家创新驱动战略。

第九条 专项资金安排专门支出支持中小企业围绕电子信息、光机电一体化、资源与环境、新能源与高效节能、新材料、生物医药、现代农业及高技术服务等领域开展科技创新活动（国际科研合作项目除外）。

第十条 专项资金运用无偿资助方式，对科技型中小企业创新项目按照不超过相关研发支出40%的比例给予资助。每个创新项目资助额度最高不超过300万元。

第十一条 专项资金安排专门支出设立科技型中小企业创业投资引导基金（以下简称引导基金），用于引导创业投资企业、创业投资管理企业、具有投资功能的中小企业服务机构等（以下统称创业投资机构）投资于初创期科技型中小企业。

第十二条 引导基金运用阶段参股、风险补助和投资保障等方式，对创业投资机构及初创期科技型中小企业给予支持。

第十三条 阶段参股是指引导基金向创业投资企业进行股权投资，参股比例最高不超过创业投资企业募集资金总额的25%，且不做第一大出资人，不参与创业投资企业的日常经营和管理。

引导基金参股期内，创业投资企业投资于初创期科技型中小企业的累积金额不低于引导基金出资额的2倍。

第十四条 引导基金参股股权经相关部门和财政部审核后，可按照以下方式退出：

（一）在约定期限内按照约定价格退出。引导基金参股4年内退出的，转让价格为引导基金原始投资额；参股4年以上6年以内退出的，转让价格为引导基金原始投资额及从第5年起按照转让时中国人民银行公布的1年期贷款基准利率计算的利息之和；参股满6年仍未退出的，将与其他出资人同股同权在存续期满后清算退出。

（二）先于保障出资人退出。引导基金参股前，确定一个或多个出资人作为引导基金参股本金回收的保障人（以下简称保障出资人）。引导基金参股后，创业投资企业如发生收益或清算分配，引导基金将先于保障出资人获得分配直至收回引导基金原始投资额及从第5年起按照当时中国人民银行公布的1年期贷款基准利率计算的利息之和，从而实现退出。

第十五条 引导基金股权投资收入上缴中央国库，纳入中央公共财政预算管理。

第十六条 风险补助是指引导基金对创业投资机构投资于年销售收入不超过2000万元的初创期科技型中小企业的投资项目给予一定比例的投资奖励和损失补偿。

（一）投资奖励：引导基金对投资项目，按照不超过实际投资额5%的比例给予奖励，每个投资项目奖励额度最高不超过100万元，每家创业投资机构年度累计奖励额度最高不超过500万元。

（二）损失补偿：引导基金对创业投资机构已获得投资奖励支持的投资项目，按照不超过投资退出时实际损失额50%的比例给予补偿，每个投资项目损失补偿额度最高不超过200万元。

第十七条 投资保障是指创业投资机构将正在进行高新技术研发、有投资潜力的，且年销售收入不超过2000万元的初创期科技型中小企业确定为“辅导企业”，引导基金对“辅导企业”给予投资前保障或投资后保障。

（一）投资前保障：引导基金给予每个项目投资前资助额度最高不超过100万元，用于补助“辅导企业”高新技术研发的费用支出。

（二）投资后保障：创业投资机构对“辅导企业”实施投资后，引导基金给予每个项目投资后资助额度最高不超过200万元，用于补助“辅导企业”高新技术产品产业化的费用支出。

第三章　改善融资环境

第十八条 发挥财政资金对信用担保机构等中小企业融资服务机构的激励作用，引导其提升业务能力、规范经营行为、加快扩大中小企业融资服务规模，缓解中小企业融资难问题。

第十九条 专项资金安排专门支出支持中小企业信用担保机构（以下简称担保机构）、中小企业信用再担保机构（以下简称再担保机构）增强资本实力、扩大中小企业融资担保和再担保业务规模。

第二十条 专项资金运用业务补助、增量业务奖励、资本投入、代偿补偿、创新奖励等方式，对担保机构、再担保机构给予支持。

（一）业务补助：专项资金对担保机构开展的中小企业特别是小微企业融资担保业务，按照不超过年平均在保余额2%的比例给予补助；对再担保机构开展的中小企业融资再担保业务，按照不超过年平均在保余额0.5%的比例给予补助。

（二）增量业务奖励：专项资金对担保机构，按照不超过当年小微企业融资担保业务增长额3%的比例给予奖励；对再担保机构，按照不超过当年小微企业融资再担保业务增长额1%的比例给予奖励。

（三）资本投入：专项资金对中西部地区省级财政直接或间接出资新设或增资的担保机构、再担保机构，按照不超过省级财政出资额30%的比例给予资本投入支持，并委托地方出资单位代为履行出资人职责。

（四）代偿补偿：中央和地方共同出资，设立代偿补偿资金账户，委托省级再担保机构实行专户管理，专项资金出资比例不超过60%。

当省级再担保机构对担保机构开展的小微企业融资担保业务按照代偿额50%以上的比例（含）给予补偿时，代偿补偿资金按照不超过代偿额30%的比例对担保机构给予补偿。该代偿业务的追偿所得，按照代偿补偿比例缴回代偿补偿资金账户。

（五）创新奖励：专项资金对积极探索创新小微企业融资担保业务且推广效用显著的担保机构，给予最高不超过100万元的奖励。

第二十一条 经省级以上财政部门通过竞争性方式选定为从事政府采购信用担保业务的担保机构，可按本办法规定申请专项资金资助。

第二十二条 担保机构、再担保机构可以同时申请以上不限于一项支持方式的资助，但单个担保机构当年获得专项资金的资助额度最高不超过2000万元，单个再担保机构当年获得专项资金的资助额度最高不超过3000万元（资本投入方式除外）。

单个代偿补偿资金账户当年获得专项资金的出资额度最高不超过3亿元。

第四章 完善服务体系

第二十三条 发挥财政资金在构建完善多元化、多层次中小企业公共服务体系方面的激励作用，加快改善中小企业服务环境、提升服务水平，促进中小企业公平参与市场竞争。

第二十四条 专项资金安排专门支出支持各类中小企业公共服务平台和服务机构的建设和运行，增强服务能力、降低服务成本、增加服务种类、提高服务质量，为中小企业提供全方位专业化优质服务。重点支持以下内容：

（一）科技服务。包括技术咨询、研发设计、检验检测、技术转移、技术工程化、技术培训、科技企业孵化等服务。

（二）商贸服务。包括产品认证、市场宣传推介、品牌建设、电子商务、商业特许经营、商标注册等服务，以及参加各类重点展会、创新营销和商业模式、扩大信用销售、发展专业市场和特色商业街、推广现代流通方式等事项。

（三）综合性服务。包括中小企业运行监测、政策宣传、违法违规行为发布、风险预警、数据共享、产供销等信息服务，及管理咨询、创业辅导、创业基地、技术改造、产业升级、人才培训、财务会计、知识产权、工业设计、质量认证、仓储物流、法律咨询、投融资辅导、职业经理人建设等服务。

（四）其他促进中小企业发展的服务。

第二十五条 专项资金运用无偿资助、业务奖励、政府购买服务等方式，对中小企业公共服务平台和服务机构给予支持。

（一）无偿资助。专项资金对服务平台或机构实施的服务场地改造、软硬件设备及服务设施购置等提升服务能力的建设项目，按照不超过项目总投资额30%的比例给予补助。每个建设项目补助额度最高不超过500万元。

专项资金对中小企业参加的重点展会，给予减收或免收展位费、布展费、展品运输费等费用补贴。

（二）业务奖励。专项资金对服务平台或机构开展的中小企业服务，综合考虑其服务中小企业数量、收费标准、客户总体满意度等因素，按照不超过年度实际运营成本40%的比例给予奖励。每个项目奖励额度最高不超过500万元。

专项资金对保险机构面向中小企业开展的内贸信用险业务给予奖励支持。

（三）政府购买服务。专项资金向服务平台或机构购买中小企业发展迫切需要、市场供给严重不足的公共性服务。

第五章 促进国际合作

第二十六条 发挥中央财政资金在中小企业国际合作中的统筹和协调作用，鼓励加快引进国际先进技术，避免盲目重复引进及恶性竞争。

第二十七条 专项资金安排专门支出支持国内中小企业与欧盟企业、研究单位等（以下简称欧方合作机构）在节能减排相关领域开展科研合作。

（一）促进国内中小企业与欧方合作机构联合研究开发国际尖端节能减排技术。重点支持有利于国内中小企业追踪国际技术发展方向，掌握关键核心技术，填补国内技术空白的研发项目。

（二）引导国内中小企业转化中欧节能减排先进技术合作成果。重点支持国内中小企业应用中欧联合研发成果，开展技术延伸研究及小试、中试等活动，推动技术成果产业化的研发项目。

（三）鼓励国内中小企业从欧方合作机构引进消化吸收国际先进节能减排技术。重点支持国内中小企业引进适合我国国情的先进技术，进行消化吸收再创新或本土化改造，提升我国技术研发水平与推广应用能力的研发项目。

（四）推动国内中小企业与欧方合作机构加强节能减排技术交流与合作。重点支持国内中小企业参加欧方合作机构组织的与节能减排技术相关的国际会议、访问等交流项目。

第二十八条 专项资金运用无偿资助方式，对科研合作项目给予支持。研发项目按照不超过项目投资额40%的比例给予资助，每个项目资助额度最高不超过300万元。

交流项目按照不超过实际发生的国际差旅费（仅包括国际交通费、会议费）50%的比例给予资助，每个项目资助额度最高不超过30万元。

第六章 资金管理和工作组织

第二十九条 财政部综合考虑本年度专项资金预算规模、相关部门提出的年度工作计划、上年度预算执行情况、以前年度绩效评价结果等因素，确定各类支持方向的年度预算规模。

第三十条 相关部门分别会同财政部组织开展项目申报工作，在每年3月底前下发工作通知，明确专项资金支持重点、申报条件等事项。

各省、自治区、直辖市、计划单列市及新疆生产建设兵团中小企业主管部门、科技主管部门、商务主管部门（以下统称省级有关主管部门）会同同级财政部门，中央所属单位，按照本办法等规定，在工作通知下发40日内组织项目申报。

第三十一条 省级有关主管部门、财政部门应加强项目的筛选和核实工作，可通过政府购买服务方式引入第三方评估机制，确保申报材料真实可靠，提升项目层次和质量。

第三十二条 省级有关主管部门会同同级财政部门对本地区申请项目进行公示后上报相关部门和财政部。

第三十三条 相关部门会同财政部通过政府购买服务等方式建立项目储备、申报、跟踪管理系统，建立专家评审制度，组织专家对地方和中央所属单位的申请项目进行评审论证。

第三十四条 相关部门建立健全专家库，确保入库专家与评审专家在数量上保持合理比例，加强对入库专家能力、职业道德等素质的前置审核工作，建立比例淘汰机制。

第三十五条 相关部门严格实行专家随机抽取制度和回避制度，在评审过程中建立专家交叉评审、集中评审等相互监督机制，研究建立评审专家责任追究机制，强化对评审专家的责任约束。

第三十六条 相关部门建立健全与评审专家的联系沟通机制，避免部门人员擅自对评审专家施加影响。

第三十七条 相关部门会同财政部根据专家评审意见提出项目立项计划，并向社会公示，公示期不少于10个工作日。

第三十八条 对项目公示期内提出异议的项目，相关部门会同财政部及时组织调查核实。

项目公示期结束后，相关部门将公示期内没有异议的项目和经调查核实没有问题的项目列为立项项目，向财政部提出资金安排建议。

第三十九条 财政部根据当年预算安排情况，对资金安排建议进行审定，在全国人民代表大会批准预算后90日内将项目支出预算指标下达到省级财政部门和中央所属单位。专项资金的支付，按照财政国库管理制度的有关规定执行。

第七章 绩效评价

第四十条 财政部会同相关部门建立专项资金绩效评价制度，明确评价原则、组织实施、评价依据、评价内容、指标体系、分值权重、评分标准等内容。

第四十一条 财政部通过政府购买服务等方式，对专项资金分配使用、项目实施及效果等实施评价，在充分听取相关部门意见后形成绩效评价结果，并将其作为专项资金以后年度支持方向预算安排的重要依据。

第四十二条 财政部会同相关部门根据绩效评价结果，及时完善资金使用、项目组织等管理制度，不断改进专项资金管理机制。

第八章 监督检查

第四十三条 各级财政部门定期或不定期对专项资金使用情况进行监督检查，必要时可委托社会中介机构进行审计或评估。各级中小企业主管部门、科技主管部门和商务主管部门定期或不定期对项目实施情况进行监督检查。

第四十四条 专项资金应当用于规定的支持方向和重点。对违反规定使用、骗取资金的行为，该项目单位三年内不得申请专项资金扶持，并依照《财政违法行为处罚处分条例》等国家有关规定进行处理。

第九章 附则

第四十五条 本办法由财政部会同相关部门负责解释。

第四十六条 本办法自发布之日起施行。《财政部工业和信息化部关于印发〈中小企业发展专项资金管理办法〉的通知》（财企〔2012〕96号）、《财政部 工业和信息化部关于印发〈中小企业信用担保资金管理办法〉的通知》（财企〔2012〕97号）、《财政部关于印发〈地方特色产业中小企业发展资金管理办法〉的通知》（财企〔2013〕67号）、《财政部关于印发〈西藏及四川云南甘肃青海四省藏区中小企业发展创业资金管理暂行办法〉的通知》（财企〔2010〕241号）、《财政部 科技部关于印发〈科技型中小企业技术创新基金财务管理暂行办法〉的通知》（财企〔2005〕22号）、《财政部 科技部关于印发〈科技型中小企业创业投资引导基金管理暂行办法〉的通知》（财企〔2007〕128号）、《财政部 科技部关于印发〈中欧中小企业节能减排科研合作资金管理暂行办法〉的通知》（财企〔2011〕226号）同时废止。

关于做好2014年中小企业发展专项资金服务体系和融资环境项目申报工作的通知

根据财政部、工业和信息化部等四部门印发的《中小企业发展专项资金管理暂行办法》（财企〔2014〕38号，以下简称《暂行办法》），为做好2014年中小企业发展专项资金（以下简称专项资金）服务体系和融资环境项目申报工作，现将有关事项通知如下：

一、指导思想

贯彻落实十八大和十八届二中、三中全会精神，按照深化财税体制改革的有关要求，充分发挥财政资金引导作用，更多采取市场化方式，完善服务体系，改善融资环境，促进中小企业特别是小微企业公平参与市场竞争。

二、支持重点

（一）完善中小企业服务体系

1. 改善小企业集聚区创业环境

重点支持小企业集聚区运营服务机构为小微企业创业实施的原有厂房改扩建，服务场地和相应公用工程更新改造，服务机构软硬件服务设备和设施购置等能力建设项目；以及小企业集聚区运营服务机构为小微企业提供减免租金服务，各类服务机构为小微企业提供创业辅导、政务代理、人才、仓储物流、管理咨询、融资咨询等服务的业务奖励项目。

2. 改善技术改造与产业升级服务环境

重点支持为中小企业技术改造与产业升级提供服务的机构购置软硬件设备的能力建设项目；以及为中小企业技术改造与产业升级提供工业设计、产品研制、工程设计、生产线调试、产品检验检测等服务的业务奖励项目。

3. 改善信息服务与运行监测环境

重点支持中小企业信息服务机构购置和租用服务设备的能力建设项目；以及信息服务机构为中小企业提供信息发布、信息查询、数据共享、信息咨询等服务，满足省级以上政府部门中小企业运行监测需要的中小企业生产经营等相关信息的采集、问卷调查、数据分析和应用等服务的业务奖励项目。

4. 改善培训服务环境

重点支持培训机构为提升中小企业培训能力而实施教学设备购置、培训场地改扩建的能力建设项目，以及培训机构开展中小企业员工岗前培训、在岗员工技能培训和管理者管理能力提升培训等服务的业务奖励项目。

5. 推动职业经理人制度建设

重点支持中国职业经理人协会开展职业经理人资质评价制度建设、社会化考核测评、资质评价和认证等工作。

6. 鼓励中小企业参展中国国际中小企业博览会（以下简称中博会）。

重点支持我国境内及港澳台中小企业参加2014年举办的第十一届中博会。

（二）改善中小企业融资环境

重点支持中小企业信用担保机构（以下简称担保机构）、中小企业信用再担保机构（以下简称再担保机构）增强业务能力，提升小微企业担保服务水平和积极性，扩大中小企业特别是小微企业担保业务规模，探索创新小微企业担保业务模式，着力缓解中小微企业融资难问题。

三、支持方式和额度

（一）完善中小企业服务环境项目

1. 无偿资助

对服务机构能力建设项目，按照不超过2013年度项目投资额30%的比例给予补助，补助额度最高不超过500万元。新征用土地费用不得纳入项目申报范围。

对第十一届中博会给予补助，减免境内及港澳台中小企业的参展费用。每个标准展位，展位费补助不超过3000元。补助标准展位数量不超过4000个。

2. 业务奖励

对服务机构业务补助项目，综合考虑其服务中小企业数量、收费标准，客户总体满意度等因素，按照不超过2013年度实际服务成本40%的比例给予奖励，奖励额度最高不超过500万元。

3. 政府购买服务

向中国职业经理人协会购买职业经理人制度建设服务，购买额度不超过1000万元。

项目申报单位可同时申请无偿资助和业务奖励两种不同方式的支持。项目申报机构无偿资助和业务奖励合计最高支持资金额度不超过500万元。

（二）改善中小企业融资环境项目

1. 业务补助

对符合条件担保机构在保的单户1500（含）~500万元、500万元（含）~100万元、100万元及以下，且年担保费率不超过3%的担保业务，中东部和东北地区分别按照不超过年平均在保余额的0.5%、1%、1.5%给予补助；西部地区分别按照不超过年平均在保余额的1%、1.5%、2%给予补助。

对省级再担保机构开展的一般责任保证业务，按照不超过2013年平均在保余额的0.1%给予补助；对再担保机构开展的中小企业单户企业1500万元（含）~500万元和500万元及以下比例风险分担业务，分别按照不超过年平均在保余额的0.25%和0.5%给予补助。

平均在保余额根据担保（再担保）贷款业务2013年实际在保天数按年折算。

2. 增量业务奖励

对担保机构2013年单户500万元及以下，且年担保费率不超过3%的小微企业担保业务年平均在保余额比上年增长10%以上或增长2.5亿元以上的部分，按照不超过3%的比例给予奖励；对再担保机构2013年单户500万元及以下的小微企业比例风险分担再担保业务年平均在保余额比上年增长10%以上的部分，按照不超过1%的比例给予奖励。

3. 资本投入

对西部地区2012年和2013年新设或增资的担保机构按照不超过省级财政出资额30%的比例给予资本投入支持，并委托地方出资单位代为履行出资人职责。

4. 代偿补偿

中央和地方共同出资，设立代偿补偿资金账户，委托省级再担保机构实行专户管理，专项资金出资比例不超过60%。当省级再担保机构对担保机构开展单户500万元及以下的小微企业担保业务按照代偿额50%以上的比例（含）给予补偿时，代偿补偿资金按照不超过代偿额30%的比例对担保机构给予补偿。该代偿业务的追偿所得，按照代偿补偿比例缴回代偿补偿资金账户。

5. 创新奖励

对积极探索创新小微企业融资担保业务且推广效用显著的担保机构，给予最高不超过100万元的奖励。

单个担保机构、再担保机构最高补助额按《暂行办法》规定执行。担保机构、再担保机构收到的补助资金，纳入一般风险准备金管理，用于弥补代偿损失。

四、申报条件

申报项目的服务机构必须符合《暂行办法》要求，申报的项目须符合本通知支持重点要求。

（一）完善中小企业服务体系项目申报条件

1. 申请专项资金支持的各类服务机构必须同时具备下列条件：

（1）于2012年1月1日以前，按照国家有关法律法规设立和经营，具有独立法人资格。申报的提升服务能力建设和服务事项均应符合现行法律法规和管理规定要求。

（2）主要为中小企业提供服务，主营业务突出，具有的设备和设施主要用于服务中小企业，无违法违规行为。有可持续的服务能力。

（3）具有开展相关服务的服务场地和设施。其中：东部地区服务机构资产不低于500万元，东北和中部地区服务机构资产不低于300万元，西部地区服务机构资产不低于200万元。

（4）具有开展相关服务的专业人才，2013年年底从业人数应不低于10人。

（5）2013年签订合同并提供服务的中小企业客户数量占其签订合同客户量的70%以上。其中：东部地区服务机构2013年服务中小企业数量不低于50家，东北和中部地区服务机构不低于40家，西部地区服务机构不低于30家。

（6）对小微企业收费标准低于其他客户和市场一般标准20%以上。

（7）2013年中小企业客户满意度不低于80%。

（8）东部地区服务机构能力建设项目投入不低于300万元，业务奖励项目服务成本不低于200万元；东北和中部地区服务机构能力建设项目投入不低于200万元，业务奖励项目服务成本不低于150万元；西部地区服务机构能力建设项目不低于150万元，业务奖励项目服务成本不低于100万元。

（9）当年服务机构申报项目未获其他国家财政资金支持。

2. 为小微企业提供减免租金服务的，对小微企业租金减免比例须不低于40%。

3. 申请专项资金支持的信息服务机构满足条件1中的（5），或满足2013年日均发布中小企业所需信息数量东部地区不低于200条，东北和中部地区不低于150条，西部地区应不低于100条。或满足省级以上政府部门运行监测需要。

4. 申请专项资金支持的培训机构，须分别满足下列条件：

（1）主要开展员工岗前培训和在岗培训服务的，平均培训课时不低于90课时；东部地区服务机构2013年培训中小企业员工人数不低于1000人；东北老工业基地及中部地区服务机构不低于800人；西部地区不低于500人。

（2）主要开展管理者培训的，2013年培训中小企业管理者人数不低于300人，平均课时不低于120课时；以及符合条件的培训活动。

5. 中博会项目申报机构须按要求提供参展企业信息，并提供上一年度项目和资金使用情况报告。

（二）改善中小企业融资环境项目申报条件

1. 申请业务补助、增量奖励、创新奖励等方式支持的担保机构必须同时具备下列条件：

（1）申报项目的担保机构具有独立企业法人资格，2012年1月1日前设立，运营须符合融资担保行业管理有关规定，无不良信用记录。

（2）担保业务符合国家有关法律、法规、业务管理规定及产业政策，当年新增中小企业担保业务额占新增担保业务总额的70%以上或当年新增中小企业担保业务额10亿元以上。

（3）东部地区担保机构当年新增担保业务额达平均净资产［即：（年初净资产＋年末净资产）/2，下同］的3.5倍以上；东北和中部地区担保机构当年新增担保业务额达平均净资产的3倍以上；西部地区担保机构当年新增担保业务额达平均净资产的2倍以上。

（4）担保代偿率不超过3%。

（5）平均年担保费率不超过3%。

（6）收取客户保证金比例平均不超过3%。

（7）内部管理制度健全，运作规范，按规定提取准备金，并及时向财政部门报送企业财务会计报告和有关信息，向中小企业主管部门报送业务信息。

（8）近3年没有因财政、财务或其他违法违规行为受到县级以上财政部门及其他监管部门的处理处罚。

2. 申请业务补助、增量奖励等方式支持的再担保机构必须同时具备下列条件：

（1）依据国家有关法律、法规设立和经营，具有独立企业法人资格。

（2）以担保机构为主要服务对象，2012年1月1日前设立。

（3）再担保业务符合国家有关法律、法规、业务管理规定及产业政策，当年新增中小企业再担保业务额占新增再担保业务总额的70%以上。

（4）当年新增再担保业务额达平均净资产的5倍以上。

（5）平均年再担保费率不超过1%。

（6）内部制度健全，管理规范，及时向财政部门报送企业财务会计报告和有关信息，向中小企业主管部门报送再担保业务信息。

（7）近3年没有因财政、财务或其他违法违规行为受到县级以上财政部门及其他监管部门的处理处罚。

3. 申请资本投入方式支持的担保机构和再担保机构须满足下列条件：

（1）担保机构注册资本不低于2亿元，再担保机构注册资本不低于10亿元；

（2）担保机构近两年每年新增担保业务额达平均净资产的2倍以上，其中70%以上用于中小企业担保业务；再担保机构近两年每年新增再担保业务额达平均净资产的5倍以上，其中70%以上用于中小企业再担保业务（新设担保机构、再担保机构除外）。

（3）省级财政出资额或增资额，占此次出资总额或增资总额的50%以上。

4. 申请代偿补偿方式支持的必须同时具备下列条件：

（1）受托管理的省级再担保机构需满足改善中小企业融资环境项目申报条件第2项中所列条件，且再担保业绩突出。

（2）代偿补偿资金总规模不低于5亿元，其中地方出资不低于2亿元，且在三年内到位。

（3）建立完善的资金管理、业务管理、责任认定、风险分担制度和机制。

（4）闲置资金可用于购买国债、金融债券及大型企业债务融资工具等信用等级高的固定收益类金融产品，以及其他规定用途，不得用于创业投资、股票、期货、房地产等高风险投资以及捐赠、赞助等支出。

（5）受托管理的省级再担保机构平均年再担保费率不得超过1%。

五、项目申报事项

（一）项目申报

各省、自治区、直辖市及计划单列市、新疆生产建设兵团中小企业主管部门和财政部门（以下简称省级中小企业主管部门和财政部门）根据《暂行办法》和本通知要求，公开组织项目申报。符合条件的完善中小企业服务体系项目，以及符合项目储备要求的改善中小企业融资环境项目向注册地中小企业主管部门和财政部门提出资金申请报告，并提供项目申报资料（详见附件1）。同时，使用用户名和密码（担保和再担保机构可使用“中小企业信用担保业务信息报送系统”用户名和密码），登录“国家中小企业专项资金项目管理系统”（以下简称“项目管理系统”，网址：www. sme. gov. cn），按使用说明填报相关信息。

（二）项目审核

省级中小企业主管部门和财政部门要结合实际，加强协作配合，严格按照《暂行办法》和本通知要求组织项目审核，对申报材料的真实性进行核查，组织专家对申报项目进行评估论证，并提出审核意见。省级中小企业主管部门应保存项目单位提供的全部资料以及专家评审意见原始资料备查。

（三）项目数量

省、自治区、直辖市申报完善中小企业服务体系项目数不超过80个。计划单列市、新疆生产建设兵团申报完善中小企业服务体系项目数不超过40个。

省、自治区、直辖市申报改善中小企业融资环境项目数不超过50个，计划单列市、新疆生产建设兵团申报改善融资环境项目数不超过25个。

（四）项目上报

省级财政部门会同中小企业主管部门择优选择符合条件的项目进行公示后上报，于2014年5月20日前将资金申请报告、中小企业发展专项资金项目汇总表（详见附件2）上报财政部、工业和信息化部。同时，将项目申报资料（1份）作为附件上报工业和信息化部，并通过项目管理系统提交项目电子文件。超过规定时限上报的不予受理。

本通知未尽事宜，按照《暂行办法》执行，后续将会根据项目实施情况，适时出台代偿补偿资金管理有关规定。

工业和信息化部办公厅财政部办公厅
2014年4月21日

科技部办公厅　财政部办公厅关于2014年度科技型中小企业创业投资引导基金项目申报工作的通知

国科办计〔2014〕24号

各省、自治区、直辖市及计划单列市科技厅（委、局）、财政厅（局），新疆生产建设兵团科技局、财务局，有关单位：

根据《中小企业发展专项资金管理暂行办法》（财企〔2014〕38号，以下简称《暂行办法》）有关规定，为做好科技型中小企业创业投资引导基金（以下简称引导基金）项目申报工作，现将有关事项通知如下：

一、支持对象及条件

支持对象包括在中华人民共和国境内注册并从事创业投资业务的创业投资企业、创业投资管理企业、具有投资功能的中小企业服务机构（以下统称创业投资机构），以及初创期科技型中小企业等。

1. 创业投资企业是指具有融资和投资功能，主要从事创业投资业务的公司制企业或有限合伙制企业。申请引导基金支持的创业投资企业应具备下列条件：

（1）经工商行政管理部门注册登记；

（2）实缴出资额在10000万元人民币以上，或首期实缴出资额在3000万元人民币以上，且承诺在注册后3年内实缴出资额达到10000万元人民币以上，所有投资者以货币形式出资；

（3）资金募集符合国家有关规定；

（4）管理团队具有创业投资或相关业务经验，或委托专业创业投资管理企业进行投资管理；

（5）管理和运作规范，具有严格合理的投资决策程序和风险控制机制；

（6）按照国家企业财务、会计制度规定，有健全的内部财务管理制度和会计核算办法；

（7）不投资于流动性证券、期货、房地产业以及国家政策限制类行业。

2. 创业投资管理企业是指由职业投资管理人组

建的为投资者提供投资管理服务的公司制企业或有限合伙制企业。除符合创业投资企业第（1）、第（5）、第（6）项条件外，申请引导基金支持的创业投资管理企业还应具备下列条件：

（1）实缴出资额在100万元人民币以上；

（2）管理团队有至少2名具备3年以上创业投资或相关业务管理经验的专职高级管理人员。

3. 具有投资功能的中小企业服务机构是指主要从事为初创期科技型中小企业提供投资和孵化服务的公司制企业或有限合伙企业。除符合创业投资企业第（1）、第（5）、第（6）项条件外，申请引导基金支持的中小企业服务机构还应具备下列条件：

（1）有至少2名具备3年以上创业投资或相关业务经验的专职高级管理人员；

（2）对初创期科技型中小企业的投资或委托管理的投资累计金额在500万元人民币以上；

（3）能够为初创期科技型中小企业提供专业、系统的创业辅导服务，或能够向初创期科技型中小企业提供固定的经营场地及专业孵化服务。

4. 初创期科技型中小企业是指符合国家有关中小企业划型标准，主要从事高新技术产品研究、开发、生产和服务的非上市公司。申请引导基金支持的初创期科技型中小企业，应当具备下列条件：

（1）具有企业法人资格；

（2）职工人数在300人以下；

（3）成立期限一般在5年以内，年营业收入不超过5000万元人民币；

（4）具有大专以上学历的科技人员占职工总数的比例一般在30%以上，直接从事研究开发的科技人员占职工总数比例一般在10%以上，每年用于高新技术研究开发的经费一般占营业收入的5%以上。

二、项目类型及要求

1. 阶段参股项目。引导基金向创业投资企业进行股权投资，参股比例最高不超过创业投资企业募集资金总额的25%，且不做第一大出资人。创业投资企业其他出资人投资到位后，引导基金履行出资义务。

引导基金阶段参股的创业投资企业，其管理团队应有至少3名具备5年以上创业投资或相关业务经验的专职高级管理人员，合作经历3年以上，无受过行政主管机关或司法机关处罚的不良记录；有至少3个对初创期科技型中小企业投资的成功案例，即股权转让收入或股权估值高于原始投资额的50%以上；能够为所投资的科技型中小企业提供专业增值服务。此外，创业投资管理企业需参与新设立创业投资企业的认缴出资，且认缴出资额不低于募集资金总额的1%。

在引导基金参股期内，创业投资企业投资于初创期科技型中小企业的累计金额不得低于引导基金出资额的2倍。其中，投资于年营业收入不超过2000万元人民币的初创期科技型中小企业的金额可按实际投资额的150%加计计算；投资于西部地区初创期科技型中小企业的金额可按照实际投资额的120%加计计算。

引导基金参股股权经科技部、财政部审核后，可按照以下方式退出：

（1）在约定期限内按照约定价格退出。引导基金参股4年内退出的，转让价格为引导基金原始投资额；参股4年以上6年以内退出的，转让价格为引导基金原始投资额及从第5年起按照转让时中国人民银行公布的1年期贷款基准利率计算的利息之和；参股满6年仍未退出的，将与其他出资人同股同权在存续期满后清算退出。

（2）先于保障出资人退出。引导基金参股前，确定一个或多个出资人作为引导基金参股本金回收的保障人（以下简称保障出资人）。引导基金参股后，创业投资企业如发生收益或清算分配，引导基金将先于保障出资人获得分配直至收回引导基金参股本金及从第5年起按照当时中国人民银行公布的1年期贷款基准利率计算的利息之和，从而实现退出。退出后的引导基金参股股权由保障出资人持有。

如在参股期内未达到有关要求及违反有关规定，引导基金有权要求提前退出。相关责任单位须组织一次性购买全部引导基金股权，购买价格为引导基金原始出资额，以及阶段参股期内按照购买时中国人民银行公布的1年期贷款基准利率计算的利息之和。如发生严重违约，将向社会公布违约者名单。

科技部、财政部委托科技部科技型中小企业技术创新基金管理中心（以下简称创新基金管理中心）作为引导基金出资人代表，负责阶段参股项目中引导基金股权的投资、管理和退出工作。创新基金管理中心不参与创业投资企业的日常经营和管理，但对创业投资企业投资于初创期科技型中小企业的情况拥有监督权。创新基金管理中心可以根据需要组织专业机构对创业投资企业进行专项审计。

2. 风险补助项目。引导基金对创业投资机构投资于年营业收入不超过2000万元的初创期科技型中小企业的投资项目给予一定比例的投资奖励和损失补偿。

（1）投资奖励。引导基金对投资项目按照不超过实际投资额5%的比例给予奖励，每个投资项目奖励额度最高不超过100万元，每家创业投资机构年度累计奖励额度最高不超过500万元。

（2）损失补偿。引导基金对创业投资机构已获得投资奖励支持的投资项目，按照不超过投资退出时经专项审计的实际损失额50%的比例给予补偿，每个投资项目损失补偿额度最高不超过200万元。

3. 投资保障项目。创业投资机构将正在进行高新技术研发、有投资潜力的，且年营业收入不超过2000万元的初创期科技型中小企业确定为“辅导企业”后，引导基金对“辅导企业”给予投资前保障和投资后保障。

（1）投资前保障。创业投资机构与“辅导企业”签订《投资意向书》和《辅导承诺书》后，共同申请投资前保障。

《投资意向书》和《辅导承诺书》应明确下列事项：创业投资机构向“辅导企业”提供无偿创业

辅导的期限（一般为1年，最长不超过2年）及主要内容；创业投资机构对“辅导企业”投资的时间、金额及相关条件；创业投资机构与“辅导企业”双方违约责任的追究。

引导基金给予每个项目投资前资助额度最高不超过100万元，用于补助“辅导企业”高新技术研发的费用支出。如“辅导企业”获得投资前资助后创业投资机构未实施投资，创业投资机构和“辅导企业”应分别提交专项报告，说明原因。

（2）投资后保障。创业投资机构对“辅导企业”实施投资后，可共同申请投资后保障。引导基金给予每个项目投资后资助额度最高不超过200万元，用于补助“辅导企业”高新技术产品产业化的费用支出。

三、项目申报事项

1. 阶段参股项目

（1）项目申报。阶段参股项目采用常年受理方式，申请单位可根据募资进度需要，提出项目申请。申报材料要求详见创新基金管理中心网站（www. innofund. gov. cn）发布的申报须知，申报材料需附省级科技主管部门推荐意见。纸质申报材料一式两份报送创新基金管理中心，电子版材料发送至创新基金管理中心电子邮箱。

（2）项目评审。创新基金管理中心对申报材料进行初审，将符合条件的项目纳入项目库，并组织相关专家及专业机构进行约谈、尽职调查、专家答辩等评审工作。

（3）出资要求。创新基金管理中心与阶段参股立项项目的出资人共同签署相关法律文件，完成工商注册、变更等事项，并在其他出资人出资到账后履行引导基金出资义务。

2. 风险补助、投资保障项目

（1）项目申报。省级科技主管部门会同财政部门，公开组织本地区项目申报工作，并于5月20日前按照规定要求上报科技部和财政部。申报材料要求详见创新基金管理中心网站（www. innofund. gov. cn）发布的申报须知，纸质申报材料一式一份报送创新基金管理中心。

（2）项目评审。创新基金管理中心受科技部、财政部委托，负责项目申请的受理申请、并组织评审评估等工作。

本通知未尽事宜，按照《暂行办法》有关规定执行。

四、联系方式

1. 科技部
   电话：010－58881654（发展计划司）。
2. 财政部
   电话：010－68552851（企业司）。
3. 企业司廉政信息反馈电话及电子邮箱：
   010－68552809；czbqys@ 126. com。
4. 创新基金管理中心
   电话：010－88656286；
   传真：010－88656286；
   电子邮箱：guofh@ chinatorch. gov. cn
   chenq@ chinatorch. gov. cn。
   通信地址：北京市西城区三里河二区甲18号；
   邮编：100045。

科技部办公厅　财政部办公厅
2014年4月22日

关于在全国中小企业股份转让系统转让股票有关证券（股票）交易印花税政策的通知

北京市财政局、国家税务局：

为落实国务院《关于全国中小企业股份转让系统有关问题的决定》（国发〔2013〕49号）精神，现将在全国中小企业股份转让系统转让股票有关证券（股票）交易印花税政策明确如下：

在全国中小企业股份转让系统买卖、继承、赠与股票所书立的股权转让书据，依书立时实际成交金额，由出让方按1‰的税率计算缴纳证券（股票）交易印花税。

本通知自2014年6月1日起执行。

财政部　国家税务总局
2014年5月27日

关于实施全国中小企业股份转让系统挂牌公司股息红利差别化个人所得税政策有关问题的通知

各省、自治区、直辖市、计划单列市财政厅（局）、国家税务局、地方税务局，新疆生产建设兵团财务局，全国中小企业股份转让系统有限责任公司，中国证券登记结算公司：

根据《国务院关于全国中小企业股份转让系统有关问题的决定》（国发〔2013〕49号）的有关规定，现就实施全国中小企业股份转让系统挂牌公司股息红利差别化个人所得税政策有关问题通知如下：

一、个人持有全国中小企业股份转让系统（简称全国股份转让系统）挂牌公司的股票，持股期限在1个月以内（含1个月）的，其股息红利所得全额计入应纳税所得额；持股期限在1个月以上至1年（含1年）的，暂减按50%计入应纳税所得额；持股期限超过1年的，暂减按25%计入应纳税所得额。上述所得统一适用20%的税率计征个人所得税。

前款所称挂牌公司是指股票在全国股份转让系统挂牌公开转让的非上市公众公司；持股期限是指个人取得挂牌公司股票之日至转让交割该股票之日前一日的持有时间。

二、挂牌公司派发股息红利时，对截至股权登记日个人已持股超过1年的，其股息红利所得，按25%计入应纳税所得额，直接由挂牌公司计算并代扣代缴税款。对截至股权登记日个人持股1年以内（含1年）且尚未转让的，税款分两步代扣代缴：第一步，挂牌公司派发股息红利时，统一暂按25%计入应纳税所得额，计算并代扣税款。第二步，个人转让股票时，证券登记结算公司根据其持股期限计算实际应纳税额，超过已扣缴税款的部分，由证券公司等股票托管机构从个人资金账户中扣收并划付证券登记结算公司，证券登记结算公司应于次月5个工作日内划付挂牌公司，挂牌公司在收到税款当月的法定申报期内向主管税务机关申报缴纳。

个人应在资金账户留足资金，依法履行纳税义务。证券公司等股票托管机构应依法划扣税款，对个人资金账户暂无资金或资金不足的，证券公司等股票托管机构应当及时通知个人补足资金，并划扣税款。

三、个人转让股票时，按照先进先出的原则计算持股期限，即证券账户中先取得的股票视为先转让。

应纳税所得额以个人投资者证券账户为单位计算，持股数量以每日日终结算后个人投资者证券账户的持有记录为准，证券账户取得或转让的股票数为每日日终结算后的净增（减）股票数。

四、证券投资基金从挂牌公司取得的股息红利所得，按照本通知规定计征个人所得税。

五、本通知所称个人持有全国股份转让系统挂牌公司的股票包括：

（一）在全国股份转让系统挂牌前取得的股票；

（二）通过全国股份转让系统转让取得的股票；

（三）因司法扣划取得的股票；

（四）因依法继承或家庭财产分割取得的股票；

（五）通过收购取得的股票；

（六）权证行权取得的股票；

（七）使用附认股权、可转换成股份条款的公司债券认购或者转换的股票；

（八）取得发行的股票、配股、股票股利及公积金转增股本；

（九）挂牌公司合并，个人持有的被合并公司股票转换的合并后公司股票；

（十）挂牌公司分立，个人持有的被分立公司股票转换的分立后公司股票；

（十一）其他从全国股份转让系统取得的股票。

六、本通知所称转让股票包括下列情形：

（一）通过全国股份转让系统转让股票；

（二）持有的股票被司法扣划；

（三）因依法继承、捐赠或家庭财产分割让渡股票所有权；

（四）用股票接受要约收购；

（五）行使现金选择权将股票转让给提供现金选择权的第三方；

（六）用股票认购或申购交易型开放式指数基金（ETF）份额；

（七）其他具有转让实质的情形。

七、个人和证券投资基金从全国股份转让系统挂牌的原STAQ、NET系统挂牌公司（简称两网公司）取得的股息红利所得，按照本通知规定计征个人所得税；从全国股份转让系统挂牌的退市公司取得的股息红利所得，按照财税〔2012〕85号文件的有关规定计征个人所得税。

八、本通知所称年（月）是指自然年（月），即持股一年是指从上一年某月某日至本年同月同日的前一日连续持股，持股一个月是指从上月某日至本月同日的前一日连续持股。

九、财政、税务、证监等部门要加强协调、通力合作，切实做好政策实施的各项工作。

挂牌公司、两网公司、退市公司，证券登记结算公司以及证券公司等股票托管机构应积极配合税务机关做好股息红利个人所得税征收管理工作。

十、本通知自2014年7月1日起至2019年6月30日止执行。挂牌公司、两网公司、退市公司派发股息红利，股权登记日在2014年7月1日至2019年6月30日的，股息红利所得按照本通知的规定执行。本通知实施之日个人投资者证券账户已持有的挂牌公司、两网公司、退市公司股票，其持股时间自取得之日起计算。

财政部　国家税务总局　证监会
2014年6月27日

关于大力支持小微文化企业发展的实施意见

各省、自治区、直辖市文化厅（局）、中小企业主管部门、财政厅（局），新疆生产建设兵团文化广播电视局、中小企业主管部门、财务局，各计划单列市文化局、中小企业主管部门、财政局：

近年来，我国小微文化企业迅猛发展，在活跃文化市场、激发产业活力、促进文化创新、增加社会就业、丰富文化供给、满足人民精神文化需求等方面发挥了积极作用，成为推动我国文化发展的重要力量。但小微文化企业在经营、成本、融资、人才、市场环境等方面仍面临许多困难。为深入贯彻落实党的十八届三中全会关于“支持各种形式小微文化企业发展”的要求，根据《国务院关于进一步支持小型微型企业健康发展的意见》（国发〔2012〕14号），结合当前发展实际，制定本意见。

一、高度重视小微文化企业发展

（一）支持小微文化企业发展，是全面深化

改革战略部署的一项具体任务，是实现文化产业成为国民经济支柱性产业战略目标的重要举措和促进小微企业健康发展战略任务的重要组成部分。本意见支持的小微文化企业，是指演艺业、娱乐业、动漫业、游戏业、文化旅游业、艺术品业、工艺美术业、文化会展业、创意设计业、网络文化业、数字文化服务业等行业及从事非物质文化遗产生产性保护的企业中符合《中小企业划型标准规定》（工信部联企业〔2011〕300 号）的小型和微型企业。要充分认识发展小微文化企业的重要意义，积极营造有利于提高小微文化企业创新能力、扩大发展规模、促进企业可持续发展的良好环境，进一步解放文化生产力，激发全社会文化创造活力。

二、增强创新发展能力

（二）培育企业发展优势。指导小微文化企业以满足人民多层次多样化文化需求为导向，以创意创新为驱动，走“专、精、特、新”和与大企业协作配套发展的道路，在开展特色经营、创新产品特色和服务、提升原创水平和科技含量等方面形成竞争优势。制定贯彻落实国家关于推进文化创意和设计服务与相关产业融合发展政策的配套措施，支持小微文化企业拓展与装备制造业、消费品工业、建筑业、信息业、旅游业、体育和特色农业等产业的融合发展空间。

（三）激发企业创新意识。鼓励小微文化企业把握传统文化与现代元素结合、文化与科技融合的发展趋势，催生新技术、新工艺、新产品、新服务。加快培育产权、版权、技术、信息等要素市场，为企业提升文化创意成果转化和市场化运用水平创造条件。加强文化品牌建设，促进小微文化企业向专业化、品牌化方向发展。加强知识产权保护法律法规、典型案例的宣传和培训，增强小微文化企业知识产权保护意识，提高知识产权保护和运用水平。

（四）提升经营管理水平。通过业务培训、树立典型、总结模式、推广经验等形式，帮助和引导小微文化企业建立与发展阶段和发展目标相适应的管理制度，创新管理手段，提高信息化管理水平，提升企业发展活力。鼓励小微文化企业运用电子商务、第三方支付平台等拓展经营领域，降低企业经营成本，提高资源使用效率。推动文化行业标准化建设，制定并推广一批文化产品、服务、管理等标准，支持小微文化企业提高管理水平。支持创业服务机构、管理咨询机构面向小微文化企业提供管理咨询服务。

三、打造良好发展环境

（五）优化文化市场环境。贯彻落实鼓励和引导民间资本进入文化领域的政策，鼓励社会资本投资、兴办小微文化企业。简化和减少文化市场行政审批事项，做好已取消和下放行政审批项目的落实工作。进一步完善文化市场行政审批信息公开制度，不断提高行政审批效率和查询、办理文化市场行政审批事项的便利程度。建立健全文化市场信用体系，完善失信惩戒和守信激励机制，引导小微文化企业诚实、自律、守信、互信经营。健全 12318 文化市场举报体系，畅通维权投诉渠道，严厉打击各种违法违规经营活动，切实保护小微文化企业合法权益。

（六）推进创业载体建设。引导现有文化产业园区、基地创新运营管理模式，提升服务小微文化企业发展的水平，将服务效果作为认定国家级文化产业示范园区、试验园区的一项重要条件。支持合理利用闲置厂房、场地和废弃工业设施等，将其改造建设成为具有较强创业辅导服务功能，运作规范、业绩突出的小微文化企业创业基地。对小微文化企业自发集聚形成的特色文化产业集群加强规范和引导，完善基础设施建设，提供相应配套服务，改善企业集聚发展环境。鼓励互联网创业平台、交易平台等新兴创业载体的发展，拓宽小微文化企业的互联网创业发展渠道。实施“成长型小微文化企业扶持计划”，培育一批具有发展潜力的小微文化企业和孵化效果显著的小微文化企业创业发展载体。

（七）加快人才培育步伐。将小微文化企业培训工作纳入“国家中小企业银河培训工程”扶持范围，加强对小微文化企业经营管理能力的培养。鼓励高等院校、职业院校、行业协会、小微文化企业创业载体和社会教育服务机构对小微文化企业经营者和创业者开展有针对性的知识教育和技能培训。推进网络课堂建设，创新人才培养模式，不断扩大小微文化企业培训工作覆盖范围。打破文化人才职称评定的体制壁垒，逐步建立面向社会文化艺术人才开放的职称评定制度。实施“文化产业创业创意人才扶持计划”，适应创业创意人才成果转化、市场推广的需要，运用市场化办法，体现普惠性原则，通过合适的平台，加大资金投入、提供展示机会、扩大品牌影响，促进创意成果转化和创业团队孵化。

（八）拓展企业营销途径。鼓励各类文化产业展会、中小企业展会、电子商务平台等面向小微文化企业提供有针对性的服务。政府部门组织企业参加境内外文化展览展销活动，在名额、费用等方面可向小微文化企业适当倾斜。培育一批服务小微文化企业的文化产品和服务经纪、代理机构。充分发挥驻外使领馆文化处（组）、海外中国文化中心等的作用，帮助小微文化企业了解和分析海外文化市场动态、建立和拓展海外营销网络。研究制定文化产品和服务出口的扶持措施，支持小微文化企业开拓国际文化市场。

（九）鼓励参与公共文化服务。鼓励小微文化企业根据政府向社会力量购买服务的相关规定参与公共文化服务，支持有条件的地区探索制定项目补贴、定向资助等具体措施。在政府采购过程中，各级文化行政部门对小微文化企业及小微文化企业份额达到30%的联合体有自主知识产权的投标产品和服务，可在价格扣除优惠政策规定范围内按较高标准执行。

四、健全金融服务体系

（十）创新金融服务方式。巩固和深化文化行政部门、中小企业主管部门与金融机构的合作，鼓励银行业金融机构加大对小微文化企业的信贷投放力度，开展小微文化企业财务咨询、项目对接、贷前辅导等服务，支持保险机构开发适合小微文化企业特点的保险险种，探索开展保证保险、信用保险等业务。引导金融机构不断提升小微文化企业金融服务的便捷化、规模化、个性化水平。鼓励各级政府搭建的中小融资担保平台为小微文化企业提供担保。实施“文化金融扶持计划”，提升面向小微文化企业的金融服务规模与水平。

（十一）拓宽企业融资渠道。大力推广小微文化企业集合债券、集合信托、短期融资券和行业集优债券等。支持小额贷款公司等机构为小微文化企业融资提供相关服务。鼓励符合条件的小微文化企业通过全国中小企业股份转让系统和区域性股权交易市场进行股权融资。积极引导各类型私募股权投资基金、创业投资企业投资小微文化企业。在清理整顿各类交易场所基础上，鼓励文化产权交易场所为小微文化企业发展提供服务。鼓励有条件的地方依托文化金融服务中心为小微文化企业提供中介服务。

五、完善财税支持政策

（十二）加大财政支持力度。充分发挥财政政策引导示范作用，着力改善小微文化企业发展环境，促进小微文化企业创业发展。加大中央财政文化产业发展专项资金支持力度，完善和落实项目补助、贷款贴息、保费补贴等措施，实现财政政策、产业政策与企业需求的有机衔接。支持小微文化企业在项目实施中更多运用金融资本、社会资本，符合条件的可通过“文化金融扶持计划”给予支持。各级财政部门要结合本地区实际，切实加强对小微文化企业发展的促进引导，鼓励有条件的地区制定和实施小微文化企业孵化培育专项计划，并探索建立小微文化企业融资风险补偿机制。

（十三）落实税费优惠政策。落实提高增值税和营业税起征点、暂免征收部分小微企业增值税和营业税、小型微利企业所得税减半征收，以及免征部分小微文化企业文化事业建设费、部分艺术品进口关税减免等各项已出台的税费优惠政策。按照有关规定有序推进动漫企业认定工作，落实支持动漫企业发展的相关税收优惠政策。研究完善有利于非物质文化遗产生产性保护企业发展的税收政策。结合营业税改征增值税改革试点，逐步将文化服务行业纳入“营改增”试点范围。

六、提高公共服务水平

（十四）构建公共服务网络。进一步完善文化产业投融资公共服务平台功能，不断丰富信息发布、政策查询、融资指导、人才培训等服务内容。加快全国文化市场技术监管与服务平台建设，提供政策指导、信息交流、项目与产品查询等公共服务。继续推动中小企业公共服务平台网络建设，有条件的地区，可探索开发面向小微文化企业的特色专业服务产品，发挥平台网络辐射作用，逐步提高服务水平，扩大服务范围。支持建立小微文化企业服务台，符合条件的可作为国家中小企业公共服务示范平台予以重点培育。积极开展小微文化企业信用体系建设，并对信用好的小微文化企业给予重点支持。

（十五）发挥社会组织作用。鼓励文化行业协会、商会吸收小微文化企业入会，充分发挥行业协会、商会在规范市场秩序、开展行业自律、制定行业标准、调解贸易纠纷等方面的积极作用，切实维护小微文化企业权益。支持行业协会、商会与各类小微文化企业载体在发展规划、信息交流、市场推介、创意转化、投资融资、人才培训等方面开展合作，加强对小微文化企业创业发展的指导和服务。

（十六）营造良好舆论氛围。加强与新闻媒体的协调合作，发挥新闻媒体优势，广泛报道小微文化企业发展形势和扶持政策，深入挖掘和宣传成功企业的典型经验，激发全社会的创新创业精神，形成有利于小微文化企业创业和发展的舆论环境，进一步坚定小微文化企业的发展信心。

（十七）强化指导协调机制。各级文化行政部门、中小企业主管部门、财政部门要将支持小微文化企业发展工作作为一项长期任务来落实，并纳入本地区、本部门落实全面深化改革和文化建设的整体工作部署中。充分发挥本地区促进中小企业、小微企业发展工作领导小组作用，将文化行政部门纳入领导小组，做好小微文化企业发展的指导协调工作，形成政策叠加优势。加强对小微文化企业发展的调查研究，逐步建立对小微文化企业发展情况定期抽样调查和常态化监测分析机制。

各级文化行政部门要结合本地区发展实际，会同中小企业主管部门、财政部门抓紧研究制订支持小微文化企业发展的具体办法，明确工作目标，细化工作任务，推动各项政策措施落到实处。

文化部　工业和信息化部　财政部

2014年7月11日

关于做好2014年工业转型升级资金中小企业服务体系专项工作的通知

工信厅企业函〔2014〕480号

各省、自治区、直辖市及计划单列市、新疆生产建设兵团中小企业主管部门，有关单位：

根据财政部、工业和信息化部《关于印发〈工业转型升级资金管理暂行办法〉的通知》（财建〔2012〕567号）以及《工业和信息化部办公厅关于做好2013年中小企业服务体系发展专项资金服务业务项目申报工作的通知》（工信厅企业函〔2013〕178号）有关要求，为做好2014年工业转型升级资金中小企业服务体系专项工作，现将有关事项通知如下：

一、支持重点和范围

（一）按照工业和信息化部《关于开展扶助小微企业专项行动的通知》（工信部企业〔2013〕67号）要求，重点支持在2013年工业和信息化部组织开展的扶助小微企业专项行动中，完成扶助小微企业专项行动公共服务任务；中小企业公共服务平台网络已开通运营并完成平台网络即时报送业务；完成中小企业运行监测信息上报任务，以及工业和信息化部委托的其他中小企业公共服务平台有关事项。

（二）2014年承担工业和信息化部委托的中小企业公共服务事项。

二、工作要求

（一）报送条件

申请服务体系资金的服务机构须满足以下条件：

1. 具有独立法人资格及从事相关服务业务的资质；

2. 服务内容符合支持重点要求；

3. 开展扶助小微企业专项行动中，扶助小微企业业绩突出、成效显著。

4. 服务机构申报的支持事项2014年未获其他国家财政资金支持。

（二）材料报送

1. 请各地组织本地区符合扶助小微企业专项行动要求的1个服务机构（完成中小企业公共服务平台网络即时报送任务的省级枢纽平台，完成中小企业运行监测信息上报任务服务机构，以及承担工业和信息化部委托事项服务机构不占上报指标），以及承担工业和信息化部有关服务事项的中央所属服务机构按要求（附件1第一项）提供相关资料。

2. 承担2014年工业和信息化部委托服务的机构按要求（附件1第二项）提供相关资料。

3. 请各地对照扶助小微企业专项行动服务事项完成情况以及工作计划，对本地区资金申请材料组织测评和审核，根据测评结果提出资金申请意见，填写扶助小微企业服务推荐表（详见附件2）。

4. 地方服务机构通过省级中小企业主管部门向工业和信息化部报送中小企业服务体系资金申请报告，附扶助小微企业服务推荐表和服务机构的相关资料。中央所属服务机构向工业和信息化部报送中小企业服务体系资金申请报告，附相关资料。

5. 请于2014年8月5日前将以上材料报送工业和信息化部（材料纸质件1份、电子文件1份）。

三、支持方式及标准

（一）扶助小微企业服务业务采取以奖代补的支持方式，根据对服务内容、服务企业数量、服务绩效及服务收支情况的综合测评，对符合支持重点和范围要求的服务事项予以奖励支持。省（区、市）及计划单列市服务机构单项服务事项最高奖励额不超过100万元，中央所属服务机构最高奖励额不超过500万元。

（二）工业和信息化部委托的服务事项采取无偿资助的支持方式，根据工作内容、预期成果和经费预算计划综合考虑予以资助，单项委托服务事项最高资助额不超过100万元。

四、有关要求

（一）各地要加强对上报材料的审核，对推荐材料的真实性负责。

（二）资金上报工作要按时完成，报送的纸质文件与电子文件须一致，且数据准确、资料齐全。电子文件需刻制成光盘（不可用U盘）或发送电子邮件至zcgh@sme.gov.cn。

（三）资金申请单位要严格遵守国家有关财务与会计制度，并按有关财务规定妥善保存有关服务业务原始票据及凭证备查。

（四）2014年委托服务事项需在年内完成，并在完成后两个月内向工业和信息化部报送总结报告和委托服务资金使用专项审计报告。对逾期未报或违反规定使用资金的，三年内不再安排委托服务事项，并按国家有关规定进行处理。

联系电话：010－68205311

传真电话：010－68205316

附件：1. 申请服务体系资金资料要求

2. 扶助小微企业服务推荐表

工业和信息化部办公厅

2014年7月18日

附件1：

申请服务体系专项资料要求

一、扶助小微企业服务资料要求

申请资金的服务机构须提交资金申请报告，并附以下资料（请按以下顺序装订成册）：

（一）申请单位的基本情况，包括：单位设立时间，专业服务资质，截至2013年年底的从业人数、资产总额、盈亏额等，附法人证书复印件等。

（二）开展服务业务情况，包括：开展服务活动的时间、主要服务内容和方式，服务中小企业数量，其中小微企业数量；帮助企业解决的主要问题和主要服务成效，企业对所提供服务的反映等。

（三）服务收支情况。请提供本单位2013年度审计报告，以及申请服务体系专项审计报告。专项审计报告内容包括服务收支明细表、主要收支凭证明细表（包括序号、服务业务名称、收付款凭证名称、凭证号码、凭证日期、金额、凭证出具单位名称）。

（四）申请单位对资金申请报告及申报资料真实性负责的声明（须加盖申请单位公章）。

二、工业和信息化部委托服务资料要求

申请资金的服务机构须提交资金申请报告，并附以下资料（请按以下顺序装订成册）：

（一）申请单位的基本情况，包括：单位设立时间，专业服务资质，截至2013年年底的从业人数、资产总额、服务业务收支等，附法人证书复印件等。

（二）承担委托服务的情况

1. 承担工业和信息化部委托服务的依据或凭证。

2. 服务业务预期达成的目标，及分阶段目标。

3. 服务业务包含的工作内容，及完成任务所采取的实施方法、实施途径等。

4. 服务业务预期成果，及服务实施对促进中小企业发展带来的经济效益和社会效益。

5. 进度计划安排。

6. 实施团队人员名单及分工。

7. 经费预算及计划支出情况。

（三）申请单位对资金申请报告及申报资料真实性负责的声明（须加盖项目单位公章）。

（四）项目委托方要求提供的其他有关资料。

附件2：

扶助小微企业服务推荐表

申请单位：			机构类型：	
建议奖励额（万元）：				
开展的主要服务业务内容				
审核情况	服务小微企业数量（家）			
	项目支出（万元）		项目收入（万元）	
	服务效果			
服务效果推荐意见	推荐单位（签章）： 年　月　日			

国务院办公厅关于多措并举着力缓解企业融资成本高问题的指导意见

国办发〔2014〕39号

各省、自治区、直辖市人民政府，国务院各部委、各直属机构：

当前，我国经济形势总体向好，但仍存在不稳定因素，下行压力依然较大，结构调整处于爬坡时期，解决好企业特别是小微企业融资成本高问题，对于稳增长、促改革、调结构、惠民生具有重要意义。当前企业融资成本高的成因是多方面的，既有宏观经济因素又有微观运行问题，既有实体经济因素又有金融问题，既有长期因素又有短期因素，解决这一问题的根本出路在于全面深化改革，多措并举，标本兼治，重在治本。金融部门和金融机构要认真贯彻落实国务院第49次、第57次常务会议精神，采取综合措施，着力缓解企业融资成本高问题，促进金融与实体经济良性互动。经国务院同意，现提出以下意见：

一、保持货币信贷总量合理适度增长

继续实施稳健的货币政策，综合运用多种货币政策工具组合，维持流动性平稳适度，为缓解企业融资成本高创造良好的货币环境。优化基础货币的投向，适度加大支农、支小再贷款和再贴现的力度，着力调整结构，优化信贷投向，为棚户区改造、铁路、服务业、节能环保等重点领域和“三农”、小微企业等薄弱环节提供有力支持。切实执行有保有控的信贷政策，对产能过剩行业中有市场有效益的企业不搞“一刀切”。进一步研究改进宏观审慎管理指标。落实好“定向降准”措施，发挥好结构引导作用。（人民银行负责）

二、抑制金融机构筹资成本不合理上升

进一步完善金融机构公司治理，通过提高内部资金转移定价能力、优化资金配置等措施，遏制变相高息揽储等非理性竞争行为，规范市场定价竞争秩序。进一步丰富银行业融资渠道，加强银行同业批发性融资管理，提高银行融资多元化程度和资金来源稳定性。大力推进信贷资产证券化，盘活存量，加快资金周转速度。尽快出台规范发展互联网金融的相关指导意见和配套管理办法，促进公平竞争。进一步打击非法集资活动，维护良好的金融市场秩序。（人民银行、银监会、证监会、保监会、工业和信息化部等负责）

三、缩短企业融资链条

督促商业银行加强贷款管理，严密监测贷款资金流向，防止贷款被违规挪用，确保贷款资金直接流向实体经济。按照国务院部署，加强对影子银行、同业业务、理财业务等方面的管理，清理不必要的资金“通道”和“过桥”环节，各类理财产品的资金来源或运用原则上应当与实体经济直接对接。切实整治层层加价行为，减少监管套利，引导相关业务健康发展。（人民银行、银监会、证监会、保监会、外汇局负责）

四、清理整顿不合理金融服务收费

贯彻落实《商业银行服务价格管理办法》，督促商业银行坚决取消不合理收费项目，降低过高的收费标准。对于直接与贷款挂钩、没有实质服务内容的收费项目，一律予以取消；对于发放贷款收取利息应尽的工作职责，不得再分解设置收费项目。严禁“以贷转存”“存贷挂钩”等变相提高利率、加重企业负担的行为。规范企业融资过程中担保、评估、登记、审计、保险等中介机构和有关部门的收费行为。在商业银行和相关中介机构对收费情况进行全面深入自查的基础上，在全国范围内加强专项检查。对于检查发现的违规问题，依法依规严格处罚。（银监会、发展改革委等负责）

五、提高贷款审批和发放效率

优化商业银行对小微企业贷款的管理，通过提前进行续贷审批、设立循环贷款、实行年度审核制度等措施减少企业高息“过桥”融资。鼓励商业银行开展基于风险评估的续贷业务，对达到标准的企业直接进行滚动融资，优化审贷程序，缩短审贷时间。对小微企业贷款实施差别化监管。（银监会、人民银行负责）

六、完善商业银行考核评价指标体系

引导商业银行纠正单纯追逐利润、攀比扩大资产规模的经营理念，优化内部考核机制，适当降低存款、资产规模等总量指标的权重。发挥好有关部门和银行股东的评价考核作用，完善对商业银行经营管理的评价体系，合理设定利润等目标。设立银行业金融机构存款偏离度指标，研究将其纳入银行业金融机构绩效评价体系扣分项，约束银行业金融机构存款“冲时点”行为。（银监会、财政部负责）

七、加快发展中小金融机构

积极稳妥发展面向小微企业和“三农”的特色中小金融机构，促进市场竞争，增加金融供给。优化金融机构市场准入，在加强监管前提下，加快推动具备条件的民间资本依法发起设立中小型银行等金融机构。积极稳妥培育立足本地经营、特色鲜明的村镇银行，引导金融机构在基层地区合理布局分支机构和营业网点。（银监会负责）

八、大力发展直接融资

健全多层次资本市场体系，继续优化主板、中小企业板、创业板市场的制度安排。支持中小微企业依托全国中小企业股份转让系统开展融资。进一步促进私募股权和创投基金发展。逐步扩大各类长期资金投资资本市场的范围和规模，按照国家税收法律及有关规定，对各类长期投资资金予以税收优惠。继续扩大中小企业各类非金融企业债务融资工具及集合债、私募债发行规模。降低商业银行发行小微企业金融债和“三农”金融债的门槛，简化审批流程，扩大发行规模。（证监会、人民银行、发展改革委、财政部、银监会、保监会等负责）

九、积极发挥保险、担保的功能和作用

大力发展相关保险产品，支持小微企业、个体工商户、城乡居民等主体获得短期小额贷款。积极探索农业保险保单质押贷款，开展“保险+信贷”合作。促进更多保险资金直接投向实体经济。进一步完善小微企业融资担保政策，加大财政支持力度。大力发展政府支持的担保机构，引导其提高小微企业担保业务规模，合理确定担保费用。（保监会、财政部、银监会、工业和信息化部负责）

十、有序推进利率市场化改革

充分发挥金融机构利率定价自律机制作用，促进金融机构增强财务硬约束，提高自主定价能力。综合考虑我国宏微观经济金融形势，完善市场利率形成和传导机制。（人民银行负责）

从中长期看，解决企业融资成本高的问题要依靠推进改革和结构调整的治本之策，通过转变经济增长方式、形成财务硬约束和发展股本融资来降低杠杆率，消除结构性扭曲。围绕使市场在资源配置中起决定性作用和更好发挥政府作用，继续深化政府职能转变，推进国有企业改革和财税改革，简政放权，打破垄断，硬化融资主体财务约束，提高资金使用效率。落实对小微企业的税收支持政策，切实增强小微企业核心竞争力和盈利能力。引导小微企业健全自身财务制度，提高经营管理水平。各地区、各部门要高度重视降低企业融资成本的相关工作，加强组织领导和分工协作，注重工作实效。对各项任务落实要有布置、有督促、有检查。国务院办公厅对重点任务落实情况进行跟踪督查。各部门有关落实进展情况，由人民银行定期汇总后报国务院。

国务院办公厅

2014 年 8 月 5 日

关于进一步支持小微企业增值税和营业税政策的通知

各省、自治区、直辖市、计划单列市财政厅（局）、国家税务局、地方税务局，新疆生产建设兵团财务局：

为进一步加大对小微企业的税收支持力度，经国务院批准，自 2014 年 10 月 1 日起至 2015 年 12 月 31 日，对月销售额 2 万元（含本数，下同）至 3 万元的增值税小规模纳税人，免征增值税；对月营业额 2 万元至 3 万元的营业税纳税人，免征营业税。

财政部　国家税务总局

2014 年 9 月 25 日

关于金融机构与小型微型企业签订借款合同免征印花税的通知

各省、自治区、直辖市、计划单列市财政厅（局）、地方税务局，西藏自治区国家税务局，新疆生产建设兵团财务局：

为鼓励金融机构对小型、微型企业提供金融支持，进一步促进小型、微型企业发展，现将有关印花税政策通知如下：

一、自 2014 年 11 月 1 日至 2017 年 12 月 31 日，对金融机构与小型、微型企业签订的借款合同免征印花税。

二、上述小型、微型企业的认定，按照《工业和信息化部 国家统计局 国家发展和改革委员会财政部关于印发中小企业划型标准规定的通知》（工信部联企业〔2011〕300 号）的有关规定执行。

财政部　国家税务总局

2014 年 10 月 24 日

国务院关于扶持小型微型企业健康发展的意见

国发〔2014〕52号

各省、自治区、直辖市人民政府，国务院各部委、各直属机构：

工商登记制度改革极大地激发了市场活力和创业热情，小型微型企业数量快速增长，为促进经济发展和社会就业发挥了积极作用，但在发展中也面临一些困难和问题。为切实扶持小型微型企业（含个体工商户）健康发展，现提出如下意见：

一、充分发挥现有中小企业专项资金的引导作用，鼓励地方中小企业扶持资金将小型微型企业纳入支持范围。（财政部、发展改革委、工业和信息化部、科技部、商务部、工商总局等部门负责）

二、认真落实已经出台的支持小型微型企业税收优惠政策，根据形势发展的需要研究出台继续支持的政策。小型微型企业从事国家鼓励发展的投资项目，进口项目自用且国内不能生产的先进设备，按照有关规定免征关税。（财政部会同税务总局、工商总局、工业和信息化部、海关总署等部门负责）

三、加大中小企业专项资金对小企业创业基地（微型企业孵化园、科技孵化器、商贸企业集聚区等）建设的支持力度。鼓励大中型企业带动产业链上的小型微型企业，实现产业集聚和抱团发展。（财政部、工业和信息化部、科技部、商务部、工商总局等部门负责）

四、对小型微型企业吸纳就业困难人员就业的，按照规定给予社会保险补贴。自工商登记注册之日起3年内，对安排残疾人就业未达到规定比例、在职职工总数20人以下（含20人）的小型微型企业，免征残疾人就业保障金。（人力资源社会保障部会同财政部、中国残联等部门负责）

五、鼓励各级政府设立的创业投资引导基金积极支持小型微型企业。积极引导创业投资基金、天使基金、种子基金投资小型微型企业。符合条件的小型微型企业可按规定享受小额担保贷款扶持政策。（财政部会同发展改革委、工业和信息化部、证监会、科技部、商务部、人力资源社会保障部等部门负责）

六、进一步完善小型微型企业融资担保政策。大力发展政府支持的担保机构，引导其提高小型微型企业担保业务规模，合理确定担保费用。进一步加大对小型微型企业融资担保的财政支持力度，综合运用业务补助、增量业务奖励、资本投入、代偿补偿、创新奖励等方式，引导担保、金融机构和外贸综合服务企业等为小型微型企业提供融资服务。（银监会会同发展改革委、工业和信息化部、财政部、科技部、商务部、人力资源社会保障部、人民银行、税务总局等部门负责）

七、鼓励大型银行充分利用机构和网点优势，加大小型微型企业金融服务专营机构建设力度。引导中小型银行将改进小型微型企业金融服务和战略转型相结合，科学调整信贷结构，重点支持小型微型企业和区域经济发展。引导银行业金融机构针对小型微型企业的经营特点和融资需求特征，创新产品和服务。各银行业金融机构在商业可持续和有效控制风险的前提下，单列小型微型企业信贷计划。在加强监管前提下，大力推进具备条件的民间资本依法发起设立中小型银行等金融机构。（银监会会同人民银行、发展改革委、财政部、工业和信息化部、科技部、商务部等部门负责）

八、高校毕业生到小型微型企业就业的，其档案可由当地市、县一级的公共就业人才服务机构免费保管。（人力资源社会保障部、工业和信息化部、工商总局等部门负责）

九、建立支持小型微型企业发展的信息互联互通机制。依托工商行政管理部门的企业信用信息公示系统，在企业自愿申报的基础上建立小型微型企业名录，集中公开各类扶持政策及企业享受扶持政策的信息。通过统一的信用信息平台，汇集工商注册登记、行政许可、税收缴纳、社保缴费等信息，推进小型微型企业信用信息共享，促进小型微型企业信用体系建设。通过信息公开和共享，利用大数据、云计算等现代信息技术，推动政府部门和银行、证券、保险等专业机构提供更有效的服务。从小型微型企业中抽取一定比例的样本企业，进行跟踪调查，加强监测分析。（工商总局、发展改革委、税务总局、工业和信息化部、人力资源社会保障部、人民银行、质检总局、统计局等部门负责）

十、大力推进小型微型企业公共服务平台建设，加大政府购买服务力度，为小型微型企业免费提供管理指导、技能培训、市场开拓、标准咨询、检验检测认证等服务。（工业和信息化部会同财政部、科技部、商务部、质检总局等部门负责）

各地区、各部门要结合本地区、本部门实际，在落实好已有的小型微型企业扶持政策的基础上，加大对政策的解读、宣传力度，简化办事流程，提高服务效率。各地区、各部门要确保政策尽快落实，并适时提出进一步措施。

国务院

2014年10月31日

国务院关于清理规范税收等优惠政策的通知

国发〔2014〕62号

各省、自治区、直辖市人民政府，国务院各部委、各直属机构：

根据党的十八届三中全会精神和《国务院关于深化预算管理制度改革的决定》（国发〔2014〕45号）要求，为严肃财经纪律，加快建设统一开放、竞争有序的市场体系，现就清理规范税收等优惠政策有关问题通知如下：

一、充分认识清理规范税收等优惠政策的重大意义

近年来，为推动区域经济发展，一些地区和部门对特定企业及其投资者（或管理者）等，在税收、非税等收入和财政支出等方面实施了优惠政策（以下统称税收等优惠政策），一定程度上促进了投资增长和产业集聚。但是，一些税收等优惠政策扰乱了市场秩序，影响国家宏观调控政策效果，甚至可能违反我国对外承诺，引发国际贸易摩擦。

全面规范税收等优惠政策，有利于维护公平的市场竞争环境，促进形成全国统一的市场体系，发挥市场在资源配置中的决定性作用；有利于落实国家宏观经济政策，打破地方保护和行业垄断，推动经济转型升级；有利于严肃财经纪律，预防和惩治腐败，维护正常的收入分配秩序；有利于深化财税体制改革，推进依法行政，科学理财，建立全面规范、公开透明的预算制度。

二、总体要求

（一）指导思想

以邓小平理论、“三个代表”重要思想、科学发展观为指导，全面贯彻党的十八大和十八届三中、四中全会精神，落实党中央、国务院决策部署，以加快建设统一开放、竞争有序的市场体系，促进社会主义市场经济健康发展为目标，通过清理规范税收等优惠政策，反对地方保护和不正当竞争，着力清除影响商品和要素自由流动的市场壁垒，推动完善社会主义市场经济体制，使市场在资源配置中起决定性作用，促进经济转型升级。

（二）主要原则

1. 上下联动，全面规范

各有关部门要按照法律法规和国务院统一要求，清理规范本部门出台的税收等优惠政策，各地区要同步开展清理规范工作。凡违法违规或影响公平竞争的政策都要纳入清理规范的范围，既要规范税收、非税等收入优惠政策，又要规范与企业缴纳税收或非税收入挂钩的财政支出优惠政策。

2. 统筹规划，稳步推进

既要立足当前，分清主次，坚决取消违反法律法规的优惠政策，做到符合世界贸易组织规则和我国对外承诺，逐步规范其他优惠政策；又要着眼长远，以开展清理规范工作为契机，建立健全长效管理机制。

3. 公开信息，接受监督

要按照政府信息公开的要求，全面推进税收等优惠政策相关信息公开，增强透明度，提高公信力；建立举报制度，动员各方力量，加强监督制衡。

三、切实规范各类税收等优惠政策

（一）统一税收政策制定权限

坚持税收法定原则，除依据专门税收法律法规和《中华人民共和国民族区域自治法》规定的税政管理权限外，各地区一律不得自行制定税收优惠政策；未经国务院批准，各部门起草其他法律、法规、规章、发展规划和区域政策都不得规定具体税收优惠政策。

（二）规范非税等收入管理

严格执行现有行政事业性收费、政府性基金、社会保险管理制度。严禁对企业违规减免或缓征行政事业性收费和政府性基金、以优惠价格或零地价出让土地；严禁低价转让国有资产、国有企业股权以及矿产等国有资源；严禁违反法律法规和国务院规定减免或缓征企业应当承担的社会保险缴费，未经国务院批准不得允许企业低于统一规定费率缴费。

（三）严格财政支出管理

未经国务院批准，各地区、各部门不得对企业规定财政优惠政策。对违法违规制定与企业及其投资者（或管理者）缴纳税收或非税收入挂钩的财政支出优惠政策，包括先征后返、列收列支、财政奖励或补贴，以代缴或给予补贴等形式减免土地出让收入等，坚决予以取消。其他优惠政策，如代企业承担社会保险缴费等经营成本、给予电价水价优惠、通过财政奖励或补贴等形式吸引其他地区企业落户本地或在本地缴纳税费，对部分区域实施的地方级财政收入全留或增量返还等，要逐步加以规范。

四、全面清理已有的各类税收等优惠政策

各地区、各有关部门要开展一次专项清理，认真排查本地区、本部门制定出台的税收等优惠政策，特别要对与企业签订的合同、协议、备忘录、会议或会谈纪要以及“一事一议”形式的请示、报告和批复等进行全面梳理，摸清底数，确保没有遗漏。

通过专项清理，违反国家法律法规的优惠政策一律停止执行，并发布文件予以废止；没有法律法规障碍，确需保留的优惠政策，由省级人民政府或有关部门报财政部审核汇总后专题请示国务院。

各省级人民政府和有关部门应于2015年3月底前，向财政部报送本省（区、市）和本部门对税收等优惠政策的专项清理情况，由财政部汇总报国务院。

五、建立健全长效机制

（一）建立评估和退出机制

对法律法规规定的税收优惠政策和经国务院批准实施的非税收入及财政支出优惠政策，财政部要牵头定期评估。没有法律法规障碍且具有推广价值的政策，要尽快在全国范围内实施；有明确执行时限的政策，原则上一律到期停止执行；未明确执行时限的政策，要设定政策实施时限。对不符合经济发展需要、效果不明显的政策，财政部要牵头会同有关部门提出调整或取消的意见，报国务院审定。

（二）健全考评监督机制

明确地方各级人民政府主要负责人为本地区税收等优惠政策管理的第一责任人，将税收等优惠政策管理情况作为领导班子和领导干部综合考核评价体系的重要内容，作为提拔任用、管理监督的重要依据。

（三）建立信息公开和举报制度

建立目录清单制度，除涉及国家秘密和安全的事项外，税收等优惠政策的制定、调整或取消等信息，要形成目录清单，并以适当形式及时、完整地向社会公开。建立举报制度，鼓励和引导各方力量对违法违规制定实施税收等优惠政策行为进行监督。

（四）强化责任追究机制

建立定期检查和问责制度，监察部、财政部、审计署、税务总局等部门要按照职责分工，及时查处并纠正各类违法违规制定税收等优惠政策行为。自本通知印发之日起，对违反规定出台或继续实施税收等优惠政策的地区和部门，要依法依规追究政府和部门主要负责人和政策制定部门、政策执行部门主要负责人的责任，并给予相应纪律处分；中央财政按照税收等优惠额度的一定比例扣减对该地区的税收返还或转移支付。

六、健全保障措施

（一）加强组织领导

建立由财政部牵头的清理税收等优惠政策部际联席会议制度，具体负责政策指导和统筹协调，加强监督检查和跟踪落实，研究解决重大问题，重大事项及时报告国务院。省、市、县级人民政府要建立由财政部门牵头、相关部门配合的清理税收等优惠政策工作机制，组织实施本地区的清理规范工作。

（二）完善相关政策

在扎实开展清理规范工作的同时，各地区、各部门要按照党中央、国务院的统一部署，认真落实国家统一制定的税收等优惠政策，大力培育新兴产业，积极支持小微企业加快发展，进一步完善社会保险、社会救助和社会福利制度，加大对城乡低收入群体的保障力度，努力促进就业和基本公共服务均等化。

（三）加强舆论引导

各地区、各部门和有关新闻单位要通过政府或部门网站、广播电视、平面媒体等渠道，加强政策宣传解读，及时发布信息，统一思想、凝聚共识，营造良好的舆论氛围。

规范税收等优惠政策工作事关全局，政策性强，涉及面广。各地区、各部门要高度重视，牢固树立大局意识，加强领导、周密部署、及时督查，切实将规范税收等优惠政策工作抓实、抓好、抓出成效。

国务院

2014 年 11 月 27 日

关于继续实施支持文化企业发展若干税收政策的通知

各省、自治区、直辖市、计划单列市财政厅（局）、国家税务局、地方税务局，新疆生产建设兵团财务局，广东分署、各直属海关：

为贯彻落实《国务院办公厅关于印发文化体制改革中经营性文化事业单位转制为企业和进一步支持文化企业发展两个规定的通知》（国办发〔2014〕15 号）有关规定，进一步深化文化体制改革，促进文化企业发展，现就继续实施支持文化企业发展的税收政策有关问题通知如下：

一、新闻出版广电行政主管部门（包括中央、省、地市及县级）按照各自职能权限批准从事电影制片、发行、放映的电影集团公司（含成员企业）、电影制片厂及其他电影企业取得的销售电影拷贝（含数字拷贝）收入、转让电影版权（包括转让和许可使用）收入、电影发行收入以及在农村取得的电影放映收入免征增值税。一般纳税人提供的城市电影放映服务，可以按现行政策规定，选择按照简易计税办法计算缴纳增值税。

二、2014 年 1 月 1 日至 2016 年 12 月 31 日，对广播电视运营服务企业收取的有线数字电视基本收视维护费和农村有线电视基本收视费，免征增值税。

三、为承担国家鼓励类文化产业项目而进口国内不能生产的自用设备及配套件、备件，在政策规定范围内，免征进口关税。支持文化产品和服务出口的税收优惠政策由财政部、税务总局会同有关部门另行制定。

四、对从事文化产业支撑技术等领域的文化企业，按规定认定为高新技术企业的，减按 15% 的税率征收企业所得税；开发新技术、新产品、新工艺发生的研究开发费用，允许按照税收法律法规的规定，在计算应纳税所得额时加计扣除。文化产业支撑技术等领域的具体范围和认定工作由科技部、财政部、税务总局商中央宣传部等部门另行明确。

五、出版、发行企业处置库存呆滞出版物形成的损失，允许按照税收法律法规的规定在企业所得税前扣除。

六、对文化企业按照本通知规定应予减免的税款，在本通知下发以前已经征收入库的，可抵减以后纳税期应缴税款或办理退库。

七、除另有规定外，本通知规定的税收政策执行期限为 2014 年 1 月 1 日至 2018 年 12 月 31 日。《财政部 海关总署 国家税务总局关于支持文化企业发展若干税收政策问题的通知》（财税〔2009〕31 号）自 2014 年 1 月 1 日起停止执行。

财政部 海关总署 国家税务总局

2014 年 11 月 27 日

商务部关于促进中小商贸流通企业健康发展的指导意见

商流通函〔2014〕919 号

各省、自治区、直辖市、计划单列市及新疆生产建设兵团商务主管部门：

为贯彻落实党的十八大和十八届三中、四中全会精神以及《国务院关于进一步支持小型微型企业健康发展的意见》（国发〔2012〕14 号）、《国务院关于扶持小型微型企业健康发展的意见》（国发〔2014〕52 号）和《国务院办公厅关于促进内贸流通健康发展的若干意见》（国办发〔2014〕51 号）要求，进一步深化改革、转变职能，加强公共服务，完善营商环境，解决中小商贸流通企业面临的突出问题，促进企业健康发展，现提出如下指导意见：

一、高度重视中小商贸流通企业工作

中小商贸流通企业分布在批发零售、住宿餐饮、商务服务、居民服务、仓储物流等众多行业，占全国商贸流通企业总数的 99.8%，占全国中小企业总数（含个体工商户）的 78.5%，从业人员 1 亿多人，既是活跃市场、便利消费的主体力量，也是吸纳创业、扩大就业的主要渠道，在我国经济和社会发展中具有重要的地位和作用。当前我国经济正处于结构调整的关键时期，下行压力较大，企业面临的各种困难增多，社会就业的结构性矛盾比较突出。解决影响企业健康发展的各类难题，激发中小商贸流通企业发展活力，是扩大供给和内需、创造更多就业机会的重要手段，是商务主管部门加快转变职能、加强公共服务、深化体制改革的重要举措。各地商务主管部门要从稳增长、促改革、调结构、惠民生的高度，充分认识做好这项工作的重要意义，准确把握当前中小商贸流通企业发展面临的新情况、新问题，认真抓好各项政策措施的贯彻落实，加强和完善面向中小商贸流通企业的公共服务，帮助中小商贸流通企业提振信心，稳健经营，提高盈利水平和发展后劲，增强企业的可持续发展能力。

二、总体要求

（一）指导思想

深入贯彻党的十八大和十八届三中、四中全会精神，深化体制改革，转变政府职能，以《国务院关于进一步支持小型微型企业健康发展的意见》《国务院关于扶持小型微型企业健康发展的意见》和《国务院办公厅关于促进内贸流通健康发展的若干意见》提出的要求和任务为指针，结合商贸流通行业自身特点，全面落实中小商贸流通企业扶持政策，引导和支持服务平台和服务机构为企业提供各类公益性和市场化服务，改善企业发展环境，促进企业持续健康发展。

（二）主要目标

提升中小商贸流通企业的组织化、品牌化、规范化水平，激发企业创新活力，建立完善规范的服务机制，形成优质高效的服务体系，重点解决中小商贸流通企业在资金、市场、人才、管理等方面面临的困难，使中小商贸流通企业生存环境明显改善，发展能力持续增强。

三、主要任务

（一）发展现代流通方式，提高中小企业组织化程度

扶持培育一批经营模式新、市场接受度高、发展前景好的区域性连锁经营企业。帮助更多的中小商贸流通企业和投资者开展商业特许经营。加快发展自愿连锁，支持大型连锁零售企业、批发企业及各类服务机构为中小商贸流通企业提供联合采购、共同配送服务，降低企业经营成本。

支持第三方物流企业、冷链物流企业和物流信息平台等完善服务功能，为中小商贸流通企业提供质优价适的物流配送等相关服务。加快推动城市共同配送试点，为中小商贸流通企业提供统一配送、集中配送、共同配送服务。鼓励电子商务企业与中小商贸流通企业合作，发展“网订店取”等新型末端配送模式。

引导各类电子商务平台开辟专门通道，制订针对性的优惠政策，为中小商贸流通企业开展网络销售提供便利。鼓励中小商贸流通企业通过互联网社区、媒体和即时通讯工具发展网络营销，增强市场拓展能力。

（二）发展新型营销渠道，提升中小企业品牌化水平

支持中小商贸流通企业参加商务主管部门主办或引导支持的展会，帮助中小商贸流通企业参加各类展销和促销活动，拓宽营销渠道。鼓励和引导特色商业街、专业市场、购物中心、百货商场、商贸功能区等中小商贸流通企业集聚区完善服务功能，更好地吸引并带动中小商贸流通企业集聚发展。

引导中小商贸流通企业注册并规范使用商标，创建知名商品品牌和服务品牌。发掘、培育、宣传一批知名度和美誉度较高的中小商贸流通企业品牌，组织开展品牌展示、集中宣传等活动，多角度、多渠道宣传推广。支持老字号企业应用现代技术传承发展传统技艺，确保商品质量和服务水平，发挥优秀品牌的示范带动作用。

通过举办地方名特优商品大集等方式，帮助品牌企业与大型流通企业建立长期合作关系，形成稳定的品牌产销链条。建立多部门联合执法机制，加强对中小商贸流通企业的法律维权服务，有条件的地区要在中小商贸流通企业集聚区设立常驻点、投诉点，营造商家安心、消费者放心的消费环境。

（三）健全标准信用体系，引导中小企业规范化发展

深入推进流通标准化建设，紧密围绕中小商贸流通企业特点和现实需求，区别轻重缓急，有针对性地做好标准制修订工作。加大标准贯彻实施力度，通过行业倡导、媒体宣传、示范引导等多种方式，引导中小商贸流通企业应用标准，实现规范化发展。

加快建设以中小商贸流通企业为主的商务领域企业信用信息数据库，并面向中介机构、金融机构开放，支持行业协会开展会员企业信用评价，大力发展商业保理、信用保险等信用服务业，逐步形成企业守信、专业评信、机构增信、银行授信的中小商贸流通企业信用体系。

大力开展宣传培训，帮助中小商贸流通企业了解并学习使用商业承兑汇票、信用证、信用保险、商业保理等现代信用产品和工具。引导中小商贸流通企业增强风险意识，加强交易对手信用风险管理，降低交易成本，提高交易效率。

四、政策措施

（一）健全服务体系

加快建设中小商贸流通企业公共服务平台，建立健全服务对接、规范、评价和激励机制，调动各类专业服务机构积极性，针对中小商贸流通企业的现实需求提供专业化服务。逐步将内贸流通领域涉企服务职能委托服务平台承担，把服务平台真正打造成内贸流通领域深化改革、转变职能、加强公共服务的重要抓手。逐步将服务范围扩大到所有中小企业的商贸活动，实现与现有中小企业服务体系的有机衔接，互联互通，资源共享，形成促进中小企业发展的工作合力。

（二）加大政策支持

认真落实国家中小企业发展专项资金支持政策，统筹利用各级政府部门的政策资源，积极争取本级财政支持，对促进中小商贸流通企业发展的各项工作给予支持，真正使中小商贸流通企业得到实惠。积极协调财政、税务、发展改革、工业和信息化等部门，推动已经明确的减免税收、降低费用等政策加快落实。加强对政策落实情况的监督评价，及时发现问题，提出改进建议，进一步推动适应企业共性需求、有助于企业突破发展瓶颈的政策出台。

（三）缓解融资困难

支持银行、担保、保险、典当、融资租赁、商业保理等融资机构开发符合商贸流通行业特点的融资产品。鼓励引导中小商贸流通企业集中与商业银行对接，建立长期合作关系，发展互助担保融资、供应链融资、商圈融资。支持物流企业规范开展担保存货管理业务，鼓励大型流通企业、电子商务平台企业向商业银行开放必要的经营数据，引导市场商圈管理机构与商业银行合作开展商铺经营权质押管理，为仓单、应收账款、商铺经营权质押融资发展创造良好环境。推动设立政府主导的中小企业信贷风险补偿基金，用于包括中小商贸流通企业在内的中小企业信用增级，提高商业银行贷款风险容忍度，降低中小商贸流通企业贷款门槛。

（四）完善营商环境

抓紧组织编制当地中小商贸流通企业发展专项规划，全面分析企业发展现状，为企业指明发展方向，引导企业持续健康发展。加强流通法制建设，合理规范大型商业设施建设，清理地区封锁和行业垄断的相关规定，建立健全举报投诉办理机制，依法查处不正当竞争行为，整顿和规范市场秩序，为中小商贸流通企业创造法治化营商环境。

五、组织保障

（一）加强组织领导

各地商务主管部门要定期向党委、政府汇报，将中小商贸流通企业促进工作与本地中小企业总体工作衔接，积极会同工业和信息化、财政等有关部门，抓紧建立促进中小商贸流通企业健康发展的部门协调机制，形成工作合力，推动落实各项政策措施。要建立工作目标责任制和领导负责制，明确牵头部门，指定专人负责，加强分工协作，认真做好促进中小商贸流通企业发展的各项工作。

（二）发挥协会作用

各地商务主管部门要组织行业商协会深入宣传各级政府部门支持中小企业的政策措施，帮助更多的中小企业用好政策、用足政策。指导行业商协会发挥自身服务优势，立足行业特点和企业需求，面向中小商贸流通企业开展专业化、特色化服务，形成自身服务品牌，切实发挥强化行业自律、促进行业发展的重要作用。

（三）强化宣传指导

各地商务主管部门要充分发挥广播电视、报刊杂志、互联网等各类媒体的作用，加大工作宣传力度，营造良好舆论氛围，提升全社会对中小商贸流通企业和服务体系建设工作的认识。商务部将会同有关方面组成联合督查组，对各地促进中小商贸流通企业发展工作开展专项督查，及时总结推广先进做法和成功经验，并对工作成绩突出的地方给予表扬，对工作落实不力的地方予以通报。

商务部

2014 年 11 月 28 日

关于印发政府和社会资本合作模式操作指南（试行）的通知

各省、自治区、直辖市、计划单列市财政厅（局），新疆生产建设兵团财务局：

根据《财政部关于推广运用政府和社会资本合作模式有关问题的通知》（财金〔2014〕76号），为保证政府和社会资本合作项目实施质量，规范项目识别、准备、采购、执行、移交各环节操作流程，现印发《政府和社会资本合作模式操作指南（试行）》，请遵照执行。

附件：政府和社会资本合作模式操作指南（试行）

财政部

2014年11月29日

附件：

政府和社会资本合作模式操作指南（试行）

第一章 总则

第一条 为科学规范地推广运用政府和社会资本合作模式（Public - Private Partnership，PPP），根据《中华人民共和国预算法》《中华人民共和国政府采购法》《中华人民共和国合同法》《国务院关于加强地方政府性债务管理的意见》（国发〔2014〕43号）、《国务院关于深化预算管理制度改革的决定》（国发〔2014〕45号）和《财政部关于推广运用政府和社会资本合作模式有关问题的通知》（财金〔2014〕76号）等法律、法规、规章和规范性文件，制定本指南。

第二条 本指南所称社会资本是指已建立现代企业制度的境内外企业法人，但不包括本级政府所属融资平台公司及其他控股国有企业。

第三条 本指南适用于规范政府、社会资本和其他参与方开展政府和社会资本合作项目的识别、准备、采购、执行和移交等活动。

第四条 财政部门应本着社会主义市场经济基本原则，以制度创新、合作契约精神，加强与政府相关部门的协调，积极发挥第三方专业机构作用，全面统筹政府和社会资本合作管理工作。

各省、自治区、直辖市、计划单列市和新疆生产建设兵团财政部门应积极设立政府和社会资本合作中心或指定专门机构，履行规划指导、融资支持、识别评估、咨询服务、宣传培训、绩效评价、信息统计、专家库和项目库建设等职责。

第五条 各参与方应按照公平、公正、公开和诚实信用的原则，依法、规范、高效实施政府和社会资本合作项目。

第二章 项目识别

第六条 投资规模较大、需求长期稳定、价格调整机制灵活、市场化程度较高的基础设施及公共服务类项目，适宜采用政府和社会资本合作模式。

政府和社会资本合作项目由政府或社会资本发起，以政府发起为主。

（一）政府发起

财政部门（政府和社会资本合作中心）应负责向交通、住建、环保、能源、教育、医疗、体育健身和文化设施等行业主管部门征集潜在政府和社会资本合作项目。行业主管部门可从国民经济和社会发展规划及行业专项规划中的新建、改建项目或存量公共资产中遴选潜在项目。

（二）社会资本发起

社会资本应以项目建议书的方式向财政部门（政府和社会资本合作中心）推荐潜在政府和社会资本合作项目。

第七条 财政部门（政府和社会资本合作中心）会同行业主管部门，对潜在政府和社会资本合作项目进行评估筛选，确定备选项目。财政部门（政府和社会资本合作中心）应根据筛选结果制定项目年度和中期开发计划。

对于列入年度开发计划的项目，项目发起方应按财政部门（政府和社会资本合作中心）的要求提交相关资料。新建、改建项目应提交可行性研究报告、项目产出说明和初步实施方案；存量项目应提交存量公共资产的历史资料、项目产出说明和初步实施方案。

第八条 财政部门（政府和社会资本合作中心）会同行业主管部门，从定性和定量两方面开展物有所值评价工作。定量评价工作由各地根据实际情况开展。

定性评价重点关注项目采用政府和社会资本合作模式与采用政府传统采购模式相比能否增加供给、优化风险分配、提高运营效率、促进创新和公平竞争等。

定量评价主要通过对政府和社会资本合作项目全生命周期内政府支出成本现值与公共部门比较值进行比较，计算项目的物有所值量值，判断政府和社会资本合作模式是否降低项目全生命周期成本。

第九条 为确保财政中长期可持续性，财政部门应根据项目全生命周期内的财政支出、政府债务等因素，对部分政府付费或政府补贴的项目，开展财政承受能力论证，每年政府付费或政府补贴等财政支出不得超出当年财政收入的一定比例。

通过物有所值评价和财政承受能力论证的项目，可进行项目准备。

第三章 项目准备

第十条 县级（含）以上地方人民政府可建立专门协调机制，主要负责项目评审、组织协调和检查督导等工作，实现简化审批流程、提高工作效率的目的。政府或其指定的有关职能部门或事业单位可作为项目实施机构，负责项目准备、采购、监管和移交等工作。

第十一条 项目实施机构应组织编制项目实施方案，依次对以下内容进行介绍：

（一）项目概况

项目概况主要包括基本情况、经济技术指标和项目公司股权情况等。

基本情况主要明确项目提供的公共产品和服务内容、项目采用政府和社会资本合作模式运作的必要性和可行性，以及项目运作的目标和意义。

经济技术指标主要明确项目区位、占地面积、建设内容或资产范围、投资规模或资产价值、主要产出说明和资金来源等。

项目公司股权情况主要明确是否要设立项目公司以及公司股权结构。

（二）风险分配基本框架

按照风险分配优化、风险收益对等和风险可控等原则，综合考虑政府风险管理能力、项目回报机制和市场风险管理能力等要素，在政府和社会资本间合理分配项目风险。

原则上，项目设计、建造、财务和运营维护等商业风险由社会资本承担，法律、政策和最低需求等风险由政府承担，不可抗力等风险由政府和社会资本合理共担。

（三）项目运作方式

项目运作方式主要包括委托运营、管理合同、建设—运营—移交、建设—拥有—运营、转让—运营—移交和改建—运营—移交等。

具体运作方式的选择主要由收费定价机制、项目投资收益水平、风险分配基本框架、融资需求、改扩建需求和期满处置等因素决定。

（四）交易结构

交易结构主要包括项目投融资结构、回报机制和相关配套安排。

项目投融资结构主要说明项目资本性支出的资金来源、性质和用途，项目资产的形成和转移等。

项目回报机制主要说明社会资本取得投资回报的资金来源，包括使用者付费、可行性缺口补助和政府付费等支付方式。

相关配套安排主要说明由项目以外相关机构提供的土地、水、电、气和道路等配套设施和项目所需的上下游服务。

（五）合同体系

合同体系主要包括项目合同、股东合同、融资合同、工程承包合同、运营服务合同、原料供应合同、产品采购合同和保险合同等。项目合同是其中最核心的法律文件。

项目边界条件是项目合同的核心内容，主要包括权利义务、交易条件、履约保障和调整衔接等边界。

权利义务边界主要明确项目资产权属、社会资本承担的公共责任、政府支付方式和风险分配结果等。

交易条件边界主要明确项目合同期限、项目回报机制、收费定价调整机制和产出说明等。

履约保障边界主要明确强制保险方案以及由投资竞争保函、建设履约保函、运营维护保函和移交维修保函组成的履约保函体系。

调整衔接边界主要明确应急处置、临时接管和提前终止、合同变更、合同展期、项目新增改扩建需求等应对措施。

（六）监管架构

监管架构主要包括授权关系和监管方式。授权关系主要是政府对项目实施机构的授权，以及政府直接或通过项目实施机构对社会资本的授权；监管方式主要包括履约管理、行政监管和公众监督等。

（七）采购方式选择

项目采购应根据《中华人民共和国政府采购法》及相关规章制度执行，采购方式包括公开招标、竞争性谈判、邀请招标、竞争性磋商和单一来源采购。项目实施机构应根据项目采购需求特点，依法选择适当采购方式。

公开招标主要适用于核心边界条件和技术经济参数明确、完整、符合国家法律法规和政府采购政策，且采购中不作更改的项目。

第十二条 财政部门（政府和社会资本合作中心）应对项目实施方案进行物有所值和财政承受能力验证，通过验证的，由项目实施机构报政府审核；未通过验证的，可在实施方案调整后重新验证；经重新验证仍不能通过的，不再采用政府和社会资本合作模式。

第四章 项目采购

第十三条 项目实施机构应根据项目需要准备资格预审文件，发布资格预审公告，邀请社会资本和与其合作的金融机构参与资格预审，验证项目能否获得社会资本响应和实现充分竞争，并将资格预审的评审报告提交财政部门（政府和社会资本合作中心）备案。

项目有3家以上社会资本通过资格预审的，项目实施机构可以继续开展采购文件准备工作；项目通过资格预审的社会资本不足3家的，项目实施机构应在实施方案调整后重新组织资格预审；项目经重新资格预审合格社会资本仍不够3家的，可依法调整实施方案选择的采购方式。

第十四条 资格预审公告应在省级以上人民政府财政部门指定的媒体上发布。资格预审合格的社会资本在签订项目合同前资格发生变化的，应及时通知项目实施机构。

资格预审公告应包括项目授权主体、项目实施机构和项目名称、采购需求、对社会资本的资格要求、是否允许联合体参与采购活动、拟确定参与竞争的合格社会资本的家数和确定方法，以及社会资本提交资格预审申请文件的时间和地点。提交资格预审申请文件的时间自公告发布之日起不得少于15个工作日。

第十五条 项目采购文件应包括采购邀请、竞争者须知（包括密封、签署、盖章要求等）、竞争者应提供的资格、资信及业绩证明文件、采购方式、政府对项目实施机构的授权、实施方案的批复和项目相关审批文件、采购程序、响应文件编制要求、提交响应文件截止时间、开启时间及地点、强制担保的保证金交纳数额和形式、评审方法、评审标准、政府采购政策要求、项目合同草案及其他法律文本等。

采用竞争性谈判或竞争性磋商采购方式的，项目采购文件除上款规定的内容外，还应明确评审小组根据与社会资本谈判情况可能实质性变动的内容，包括采购需求中的技术、服务要求以及合同草案条款。

第十六条 评审小组由项目实施机构代表和评审专家共5人以上单数组成，其中评审专家人数不得少于评审小组成员总数的2/3。评审专家可以由项目实施机构自行选定，但评审专家中应至少包含1名财务专家和1名法律专家。项目实施机构代表不得以评审专家身份参加项目的评审。

第十七条 项目采用公开招标、邀请招标、竞争性谈判、单一来源采购方式开展采购的，按照政府采购法律法规及有关规定执行。

项目采用竞争性磋商采购方式开展采购的，按照下列基本程序进行：

（一）采购公告发布及报名

竞争性磋商公告应在省级以上人民政府财政部门指定的媒体上发布。竞争性磋商公告应包括项目实施机构和项目名称、项目结构和核心边界条件、是否允许未进行资格预审的社会资本参与采购活动，以及审查原则、项目产出说明、对社会资本提供的响应文件要求、获取采购文件的时间、地点、方式及采购文件的售价、提交响应文件截止时间、开启时间及地点。提交响应文件的时间自公告发布之日起不得少于10日。

（二）资格审查及采购文件发售

已进行资格预审的，评审小组在评审阶段不再对社会资本资格进行审查。允许进行资格后审的，由评审小组在响应文件评审环节对社会资本进行资格审查。项目实施机构可以视项目的具体情况，组织对符合条件的社会资本的资格条件，进行考察核实。

采购文件售价，应按照弥补采购文件印制成本费用的原则确定，不得以营利为目的，不得以项目采购金额作为确定采购文件售价依据。采购文件的发售期限自开始之日起不得少于5个工作日。

（三）采购文件的澄清或修改

提交首次响应文件截止之日前，项目实施机构可以对已发出的采购文件进行必要的澄清或修改，澄清或修改的内容应作为采购文件的组成部分。澄清或修改的内容可能影响响应文件编制的，项目实施机构应在提交首次响应文件截止时间至少5日前，以书面形式通知所有获取采购文件的社会资本；不足5日的，项目实施机构应顺延提交响应文件的截止时间。

（四）响应文件评审

项目实施机构应按照采购文件规定组织响应文件的接收和开启。

评审小组对响应文件进行两阶段评审：

第一阶段：确定最终采购需求方案。评审小组可以与社会资本进行多轮谈判，谈判过程中可实质性修订采购文件的技术、服务要求以及合同草案条款，但不得修订采购文件中规定的不可谈判核心条件。实质性变动的内容，须经项目实施机构确认，并通知所有参与谈判的社会资本。具体程序按照《政府采购非招标方式管理办法》及有关规定执行。

第二阶段：综合评分。最终采购需求方案确定后，由评审小组对社会资本提交的最终响应文件进行综合评分，编写评审报告并向项目实施机构提交候选社会资本的排序名单。具体程序按照《政府采购货物和服务招标投标管理办法》及有关规定执行。

第十八条 项目实施机构应在资格预审公告、采购公告、采购文件、采购合同中，列明对本国社会资本的优惠措施及幅度、外方社会资本采购我国生产的货物和服务要求等相关政府采购政策，以及对社会资本参与采购活动和履约保证的强制担保要求。社会资本应以支票、汇票、本票或金融机构、担保机构出具的保函等非现金形式缴纳保证金。参加采购活动的保证金的数额不得超过项目预算金额的2%。履约保证金的数额不得超过政府和社会资本合作项目初始投资总额或资产评估值的10%。无固定资产投资或投资额不大的服务型合作项目，履约保证金的数额不得超过平均6个月的服务收入额。

第十九条 项目实施机构应组织社会资本进行现场考察或召开采购前答疑会，但不得单独或分别组织只有一个社会资本参加的现场考察和答疑会。

第二十条 项目实施机构应成立专门的采购结果确认谈判工作组。按照候选社会资本的排名，依次与候选社会资本及与其合作的金融机构就合同中可变的细节问题进行合同签署前的确认谈判，率先达成一致的即为中选者。确认谈判不得涉及合同中不可谈判的核心条款，不得与排序在前但已终止谈判的社会资本进行再次谈判。

第二十一条 确认谈判完成后，项目实施机构应与中选社会资本签署确认谈判备忘录，并将采购结果和根据采购文件、响应文件、补遗文件和确认谈判备忘录拟定的合同文本进行公示，公示期不得少于5个工作日。合同文本应将中选社会资本响应文件中的重要承诺和技术文件等作为附件。合同文本中涉及国家秘密、商业秘密的内容可以不公示。

公示期满无异议的项目合同，应在政府审核同意后，由项目实施机构与中选社会资本签署。

需要为项目设立专门项目公司的，待项目公司成立后，由项目公司与项目实施机构重新签署项目合同，或签署关于承继项目合同的补充合同。

项目实施机构应在项目合同签订之日起2个工作日内，将项目合同在省级以上人民政府财政部门指定的媒体上公告，但合同中涉及国家秘密、商业秘密的内容除外。

第二十二条 各级人民政府财政部门应当加强对PPP项目采购活动的监督检查，及时处理采购活动中的违法违规行为。

第五章　项目执行

第二十三条　社会资本可依法设立项目公司。政府可指定相关机构依法参股项目公司。项目实施机构和财政部门（政府和社会资本合作中心）应监督社会资本按照采购文件和项目合同约定，按时足额出资设立项目公司。

第二十四条　项目融资由社会资本或项目公司负责。社会资本或项目公司应及时开展融资方案设计、机构接洽、合同签订和融资交割等工作。财政部门（政府和社会资本合作中心）和项目实施机构应做好监督管理工作，防止企业债务向政府转移。

社会资本或项目公司未按照项目合同约定完成融资的，政府可提取履约保函直至终止项目合同；遇系统性金融风险或不可抗力的，政府、社会资本或项目公司可根据项目合同约定协商修订合同中相关融资条款。

当项目出现重大经营或财务风险，威胁或侵害债权人利益时，债权人可依据与政府、社会资本或项目公司签订的直接介入协议或条款，要求社会资本或项目公司改善管理等。在直接介入协议或条款约定期限内，重大风险已解除的，债权人应停止介入。

第二十五条　项目合同中涉及的政府支付义务，财政部门应结合中长期财政规划统筹考虑，纳入同级政府预算，按照预算管理相关规定执行。财政部门（政府和社会资本合作中心）和项目实施机构应建立政府和社会资本合作项目政府支付台账，严格控制政府财政风险。在政府综合财务报告制度建立后，政府和社会资本合作项目中的政府支付义务应纳入政府综合财务报告。

第二十六条　项目实施机构应根据项目合同约定，监督社会资本或项目公司履行合同义务，定期监测项目产出绩效指标，编制季报和年报，并报财政部门（政府和社会资本合作中心）备案。

政府有支付义务的，项目实施机构应根据项目合同约定的产出说明，按照实际绩效直接或通知财政部门向社会资本或项目公司及时足额支付。设置超额收益分享机制的，社会资本或项目公司应根据项目合同约定向政府及时足额支付应享有的超额收益。

项目实际绩效优于约定标准的，项目实施机构应执行项目合同约定的奖励条款，并可将其作为项目期满合同能否展期的依据；未达到约定标准的，项目实施机构应执行项目合同约定的惩处条款或救济措施。

第二十七条　社会资本或项目公司违反项目合同约定，威胁公共产品和服务持续稳定安全供给，或危及国家安全和重大公共利益的，政府有权临时接管项目，直至启动项目提前终止程序。

政府可指定合格机构实施临时接管。临时接管项目所产生的一切费用，将根据项目合同约定，由违约方单独承担或由各责任方分担。社会资本或项目公司应承担的临时接管费用，可以从其应获终止补偿中扣减。

第二十八条　在项目合同执行和管理过程中，项目实施机构应重点关注合同修订、违约责任和争议解决等工作。

（一）合同修订

按照项目合同约定的条件和程序，项目实施机构和社会资本或项目公司可根据社会经济环境、公共产品和服务的需求量及结构等条件的变化，提出修订项目合同申请，待政府审核同意后执行。

（二）违约责任

项目实施机构、社会资本或项目公司未履行项目合同约定义务的，应承担相应违约责任，包括停止侵害、消除影响、支付违约金、赔偿损失以及解除项目合同等。

（三）争议解决

在项目实施过程中，按照项目合同约定，项目实施机构、社会资本或项目公司可就发生争议且无法协商达成一致的事项，依法申请仲裁或提起民事诉讼。

第二十九条　项目实施机构应每 3 – 5 年对项目进行中期评估，重点分析项目运行状况和项目合同的合规性、适应性和合理性；及时评估已发现问题的风险，制订应对措施，并报财政部门（政府和社会资本合作中心）备案。

第三十条　政府相关职能部门应根据国家相关法律法规对项目履行行政监管职责，重点关注公共产品和服务质量、价格和收费机制、安全生产、环境保护和劳动者权益等。

社会资本或项目公司对政府职能部门的行政监管处理决定不服的，可依法申请行政复议或提起行政诉讼。

第三十一条　政府、社会资本或项目公司应依法公开披露项目相关信息，保障公众知情权，接受社会监督。

社会资本或项目公司应披露项目产出的数量和质量、项目经营状况等信息。政府应公开不涉及国家秘密、商业秘密的政府和社会资本合作项目合同条款、绩效监测报告、中期评估报告和项目重大变更或终止情况等。

社会公众及项目利益相关方发现项目存在违法、违约情形或公共产品和服务不达标准的，可向政府职能部门提请监督检查。

第六章　项目移交

第三十二条　项目移交时，项目实施机构或政府指定的其他机构代表政府收回项目合同约定的项目资产。

项目合同中应明确约定移交形式、补偿方式、移交内容和移交标准。移交形式包括期满终止移交和提前终止移交；补偿方式包括无偿移交和有偿移交；移交内容包括项目资产、人员、文档和知识产权等；移交标准包括设备完好率和最短可使用年限等指标。

采用有偿移交的，项目合同中应明确约定补偿方案；没有约定或约定不明的，项目实施机构应按照“恢复相同经济地位”原则拟定补偿方案，报政府审核同意后实施。

第三十三条 项目实施机构或政府指定的其他机构应组建项目移交工作组，根据项目合同约定与社会资本或项目公司确认移交情形和补偿方式，制定资产评估和性能测试方案。

项目移交工作组应委托具有相关资质的资产评估机构，按照项目合同约定的评估方式，对移交资产进行资产评估，作为确定补偿金额的依据。

项目移交工作组应严格按照性能测试方案和移交标准对移交资产进行性能测试。性能测试结果不达标的，移交工作组应要求社会资本或项目公司进行恢复性修理、更新重置或提取移交维修保函。

第三十四条 社会资本或项目公司应将满足性能测试要求的项目资产、知识产权和技术法律文件，连同资产清单移交项目实施机构或政府指定的其他机构，办妥法律过户和管理权移交手续。社会资本或项目公司应配合做好项目运营平稳过渡相关工作。

第三十五条 项目移交完成后，财政部门（政府和社会资本合作中心）应组织有关部门对项目产出、成本效益、监管成效、可持续性、政府和社会资本合作模式应用等进行绩效评价，并按相关规定公开评价结果。评价结果作为政府开展政府和社会资本合作管理工作决策参考依据。

第七章 附则

第三十六条 本操作指南自印发之日起施行，有效期3年。

第三十七条 本操作指南由财政部负责解释。

关于政府和社会资本合作示范项目实施有关问题的通知

各省、自治区、直辖市、计划单列市财政厅（局），新疆生产建设兵团财务局：

根据《财政部关于推广运用政府和社会资本合作模式有关问题的通知》（财金〔2014〕76号，以下简称《通知》），为规范地推广运用政府和社会资本合作模式（Public－Private Partnership，以下简称PPP），保证PPP示范项目质量，形成可复制、可推广的实施范例，充分发挥示范效应，现就PPP示范项目实施有关问题通知如下：

一、经各省（自治区、直辖市、计划单列市）财政部门推荐，财政部政府和社会资本合作工作领导小组办公室组织专家评审，确定天津新能源汽车公共充电设施网络等30个PPP示范项目（名单见附件），其中，新建项目8个，地方融资平台公司存量项目22个。

二、根据《国务院关于加强地方政府性债务管理的意见》（国发〔2014〕43号），各级财政部门要鼓励和引导地方融资平台公司存量项目，以TOT（转让—运营—移交）等方式转型为PPP项目，积极引入社会资本参与存量项目的改造和运营，切实有效化解地方政府融资平台债务风险。

三、各级财政部门要切实承担责任，加强组织领导，严格按照《通知》等有关文件精神，认真履行财政管理职能，并与相关行业部门建立高效、顺畅的工作协调机制，形成工作合力，为项目实施质量提供有力保障。

（一）进一步完善实施方案，必要时可聘请专业机构协助，确保示范项目操作规范，符合《通知》《政府和社会资本合作模式操作指南（试行）》和标准化合同文本等一系列制度要求。

（二）严格按照《政府采购法》等规定，采取竞争性采购方式，引入信誉好、有实力的运营商参与示范项目建设和运营。

（三）综合考虑项目风险等因素合理确定社会资本的收益水平，并通过特许经营权、合理定价、财政补贴等事先公开的收益约定规则，使社会资本获得长期稳定收益。

（四）对PPP示范项目实施全生命周期监管，定期组织绩效评价，评价结果应作为定价调价的重要依据，保证公共利益最大化。

（五）严格按照合同办事，切实履行政府合同责任，保障PPP项目顺利实施。

（六）依法公开充分披露项目实施的相关信息，保障公众知情权，接受社会监督。

四、对示范项目实施过程中遇到的难点和问题，各级财政部门要会同同级政府有关部门积极研究解决，重大情况应及时报告财政部。财政部及下属政府和社会资本合作中心（即中国清洁发展机制基金管理中心）将提供业务指导和政策支持，并适时组织对示范项目实施进行督导。

财政部

2014年11月30日

商务部、银监会关于完善融资环境加强小微商贸流通企业融资服务的指导意见

各省、自治区、直辖市、计划单列市及新疆生产建设兵团商务主管部门、银监局，各商业银行：

为贯彻落实《国务院关于扶持小型微型企业健康发展的意见》（国发〔2014〕52号）和《国务院办公厅关于促进内贸流通健康发展的若干意见》（国办发〔2014〕51号）、《国务院办公厅关于金融支持小微企业发展的实施意见》（国办发〔2013〕87号）精神，深化银商合作，完善小微商贸流通企业融资环境，拓宽小微商贸流通企业融资渠道，缓解小微商贸流通企业融资困难，加大对小微商贸流通企业的支持力度，现提出以下意见。

一、优化创新融资产品的外部环境

（一）加快完善融资政策环境

商务主管部门要会同银行业监管部门研究出台规范开展担保存货管理的政策措施，指导行业组织开展担保存货管理企业的资质评价，引导物流企业和商业银行规范开展担保存货管理业务，防范风险；要会同相关部门加快研究商铺经营权作为权利质押标的物的法律界定，完善知识产权质押登记管理制度，鼓励商业银行与第三方机构建立合作关系，进一步优化质押登记流程，完善质押风险防控机制，促进商铺经营权、知识产权质押融资健康发展。

（二）支持银行创新融资产品

银行业监管部门要鼓励商业银行针对小微商贸流通企业融资需求"短、小、频、急"的特点，以及企业经营资产流动性高、缺少固定资产等抵押物的情况，加大融资产品创新力度，不断开发特色产品，探索推进动产、仓单、应收账款、知识产权、商铺经营权等质押融资。引导商业银行针对小微商贸流通企业融资单体成本高的特点，大力发展供应链融资、商圈融资和企业群融资，降低贷款成本，简化审批手续，扩大放贷金额。

（三）建立市场主体合作机制

商务主管部门要鼓励各行业商协会、市场商圈管理机构，按照"统一组织、批量授信、风险分担"的原则，组织优质小微商贸流通企业，与商业银行建立合作机制；要支持建立第三方信息共享平台，引导全国大型流通企业、电子商务平台企业向商业银行开放必要的经营数据，降低征信成本，大力发展应收账款质押融资；要引导小微商贸流通企业与结算银行建立全面金融服务的长期合作关系，结合企业流动结算资金，发展小额信用融资。

二、发挥其他融资机构的融资补充作用

（一）发挥典当的短期应急融资服务功能

商务主管部门要进一步落实《典当行业监管规定》，推动出台《典当行管理条例》，提高典当行规范服务和风险防范水平，引导典当行加强特色服务和创新服务，满足小微商贸流通企业短期应急资金需求。

（二）发挥融资租赁的设备融资服务功能

银行业监管部门和商务主管部门要支持融资租赁业发展，引导金融租赁公司和融资租赁企业依托适宜的租赁物，加大对小微商贸流通企业的服务力度，鼓励有条件的地区对小微商贸流通企业设备融资租赁业务给予支持，缓解小微商贸流通企业设备投入和技术改造需求。

（三）发挥商业保理的风险转移和融资功能

商务主管部门要加强商业保理行业管理，推动建立健全行业管理机制，引导商业保理机构完善面向小微商贸流通企业的业务渠道、运作模式和管理机制，加快小微商贸流通企业资金周转。

三、完善融资风险防范补偿机制

（一）推动开展信贷风险补偿

商务主管部门要推动各级政府设立信贷风险补偿基金，对商业银行为包括小微商贸流通企业在内的小微企业发放贷款提供风险补偿，促进小微商贸流通企业信用增级，适当提高银行贷款风险容忍度，推广商业银行符合小微商贸流通企业特点的融资服务，提升对小微商贸流通企业的增值服务。

（二）鼓励运用组合融资方式

银行业监管部门要引导商业银行综合考虑经营风险，灵活运用担保融资方式，在加大信用融资等融资业务的同时，鼓励小微商贸流通企业提供必要的资产抵押、仓单质押、应收账款质押、知识产权质押等作为补充担保，建立更为稳健有效的融资服务体系。

（三）健全小微商贸流通企业信用体系

商务主管部门要在统一部署下，按照统一标准，建设以小微商贸流通企业为主的商务领域企业信用信息数据库，并逐步向中介机构、金融机构开放。要发挥中小商贸流通企业公共服务平台作用，推动行业商协会、市场商圈管理机构建立相关企业信用档案，加快形成企业守信、专业评信、机构增信、银行授信、社会重信的小微商贸流通企业信用体系。

四、发挥公共服务平台促进作用

（一）积极组织银企对接活动

各地中小商贸流通企业公共服务平台要充分发挥资源整合作用，通过组织银企对接活动，将银行、担保、保险、典当、融资租赁、商业保理等机构组织起来，为小微商贸流通企业提供一揽子融资解决方案，拓展企业融资渠道和空间，丰富企业融资途径。

（二）协同开发推广特色融资产品

各地中小商贸流通企业公共服务平台要充分发挥组织协调作用，与金融服务机构区域总部建立战略合作关系，协同开发符合行业特点和企业需求的融资产品，组织相互了解并有融资需要的小微商贸流通企业集中与银行对接，提高授信机率，降低融资成本。

（三）落实配套支持政策

各地中小商贸流通企业公共服务平台要充分发挥密切联系企业的特点，加强对相关政策措施的宣传，帮助小微商贸流通企业了解政策、用好政策。整合利用现有政策措施，调整完善政策支持方向，加大对特色融资产品推广、非银融资服务机构发展、融资风险补偿机制建设、公共服务平台建设运营的支持力度。

各地商务主管部门、银行业监管部门要进一步提高认识，加强与相关部门及各金融服务机构的沟通协调，明确分工，落实责任，形成合力，确保各

项措施落实到位，切实优化对小微商贸流通企业的融资服务。

商务部　银监会
2014 年 12 月 9 日

关于对小微企业免征有关政府性基金的通知

财税〔2014〕122 号

各省、自治区、直辖市、计划单列市人民政府，中宣部、教育部、水利部、中国残联：

为进一步加大对小微企业的扶持力度，经国务院批准，现将免征小微企业有关政府性基金问题通知如下：

一、自 2015 年 1 月 1 日起至 2017 年 12 月 31 日，对按月纳税的月销售额或营业额不超过 3 万元（含 3 万元），以及按季纳税的季度销售额或营业额不超过 9 万元（含 9 万元）的缴纳义务人，免征教育费附加、地方教育附加、水利建设基金、文化事业建设费。

二、自工商登记注册之日起 3 年内，对安排残疾人就业未达到规定比例、在职职工总数 20 人以下（含 20 人）的小微企业，免征残疾人就业保障金。

三、免征上述政府性基金后，有关部门依法履行职能和事业发展所需经费，由同级财政预算予以统筹安排。

财政部　国家税务总局
2014 年 12 月 23 日

二、地方性法规、规章及规范性文件

北京市

2014 年北京市出台的有关中小企业及非公有制经济重大法规、规章及规范性文件

北京市促进中小企业发展条例

目 录

第一章 总则

第一条 为了改善中小企业发展环境，维护中小企业合法权益，支持、引导和促进中小企业健康发展，根据《中华人民共和国中小企业促进法》等法律、法规，结合本市实际，制定本条例。

第二条 本条例所称中小企业，是指依法在本市行政区域内设立，并符合国家划型标准的中型企业、小型企业和微型企业。

第三条 本市根据经济社会发展的实际需要，对中小企业实行积极扶持、加强引导、完善服务、依法规范、保障权益的方针，为中小企业平等使用生产要素、公平参与市场竞争、同等受到法律保护创造条件。

第四条 市和区、县人民政府应当将促进中小企业发展纳入国民经济和社会发展规划及计划，制定扶持中小企业发展的政策，负责统筹规划、协调推进本行政区域内中小企业发展各项工作，监督有关部门落实促进中小企业发展的措施。

第五条 市和区、县中小企业工作主管部门负责组织实施本行政区域内促进中小企业发展的政策规划，对中小企业工作进行综合协调、督促、指导和服务，建立健全中小企业公共服务体系，指导行业协会、商会等社会组织参与促进中小企业发展工作。

发展改革、商务、财政、金融、科技、工商、人力资源与社会保障、税务、统计、规划、国土资源、知识产权等有关行政部门应当在各自职责范围内，制定并落实促进中小企业发展的措施，对中小企业工作进行指导和服务。

第六条 本市对中小企业发展实行分类指导，引导中小企业转型升级、调整结构，从事科技、文化创意以及战略性新兴产业等符合首都城市功能定位和资源禀赋条件的产业，严格限制中小企业从事高耗能、高耗水、高污染的行业，逐步淘汰落后产能。

市中小企业工作主管部门会同市发展改革等行政部门，根据本市实际情况，制定和发布中小企业产业分类发展指导目录，明确鼓励、限制和禁止中小企业从事的产业，引导中小企业健康发展。

中小企业从事符合本条第一款规定的产业的，按照相关规定享受政策扶持和资金支持。

第七条 中小企业的合法权益受法律保护，任何单位和个人不得侵犯。

中小企业应当依法经营，遵守社会公德和行业规范，恪守诚实信用原则，不得侵害职工合法权益，不得损害社会公共利益。

第八条 中小企业可以在自愿的基础上，依法发起、设立中小企业协会或者其他中小企业行业组织，加强自我管理，促进行业发展。

中小企业协会和其他中小企业行业组织根据章程承担为中小企业提供行业信息、宣传培训、合作交流等服务，维护中小企业合法权益，向政府及有关部门反映中小企业的诉求和建议，参与中小企业服务体系建设，协助政府公平、有效地实施相关扶持政策和措施。

政府对中小企业的扶持政策和措施可以依托中小企业协会和其他中小企业行业组织予以落实。

第九条 本市建立中小企业统计监测制度。统计部门应当会同中小企业主管部门和政府其他有关部门加强对中小企业的运行监测、分析，定期发布中小企业发展数据和年度发展报告。

第二章 创业扶持

第十条 市和区、县人民政府及有关行政部门应当支持公民、法人或者其他组织依法投资创办中小企业，为中小企业创造公平的市场竞争环境和平等的市场准入条件。

第十一条 本市逐步完善市、区县、乡镇创业服务体系。市和区、县人力资源和社会保障行政部门应当会同中小企业工作主管部门定期发布创业信息，为创业者提供创业咨询、辅导、培训等服务。

第十二条 本市将中小企业发展空间纳入全市产业发展空间布局。市和区县规划、建设、国土资源等行政部门在制定和实施土地利用年度计划和城乡建设规划时，应当统筹考虑小企业创业基地建设

用地需求，优先安排小企业创业基地用地指标，为小型微型企业预留发展空间。

重点产业集聚区和功能区配套建设小企业创业基地，以及利用存量国有建设用地、闲置商务楼宇和产业用房等建设小企业创业基地的，市中小企业工作主管部门按照有关规定给予政策和资金支持。

第十三条 本市小企业创业基地由市中小企业主管部门负责认定。经认定的小企业创业基地可以依据相关规定享受资金支持，并可以作为集中办公区登记为企业住所。

第十四条 农村集体经济组织在符合规划和用途管制的前提下，可以利用农村集体经营性建设用地建设产业用房，出租给中小企业使用；也可以依法将集体经营性建设用地使用权入股，投资设立中小企业或者创建小企业创业基地。

第三章 技术创新

第十五条 鼓励中小企业加大技术创新投入，建设研发中心，提高技术研发、产品创新和科技成果转化的能力。科技行政部门、中小企业工作主管部门等有关行政部门对符合条件的中小企业，给予政策和资金支持。

第十六条 中小企业申报国家或者地方科技型中小企业技术创新基金或者资金项目，承担科技重大专项、科技基础设施建设、各类科技计划项目和高新技术产业化项目，科技行政部门、中小企业工作主管部门等有关行政部门对符合条件的给予政策和资金支持。

支持大企业联合中小企业承担科技重大专项、科技基础设施建设、各类科技计划项目和高新技术产业化项目。科技行政部门、中小企业工作主管部门等有关行政部门应当提供有针对性的指导和服务。

第十七条 市中小企业工作主管部门应当会同有关行政部门定期组织中小企业创新推荐会，向创业投资机构、金融机构推荐中小企业自主知识产权项目、产学研合作项目、科技成果转化项目等。

第十八条 市和区、县科技行政部门应当统筹规划面向中小企业的公共科技服务平台建设，为中小企业创新发展提供产品研制、技术开发、设计、咨询、检测等服务。

中小企业开发新技术、新产品、新工艺发生的研究开发费用，可以依法在计算应纳税所得额时加计扣除。

第十九条 高等院校、科研院所与中小企业开展产学研用合作，市和区、县中小企业工作主管部门会同同级科技、教育等行政部门按照规定对其给予资金支持。

第二十条 市和区、县知识产权行政部门应当为中小企业提供知识产权咨询辅导和服务，提高中小企业知识产权创造、运用、保护和管理水平，并通过补贴、托管、奖励等措施，支持中小企业获得相应的知识产权。

第四章 资金支持

第二十一条 本市支持中小企业发展的财政资金的使用应当加强统筹，重点用于中小企业公共服务体系、设立和补充中小企业发展基金、中小企业融资和小企业创业基地建设。

第二十二条 本市设立中小企业发展基金，并引导社会资本投资中小企业。基金运作方式遵循政策性导向和市场化原则。

中小企业发展基金由下列资金组成：

（一）市级财政预算安排的资金；

（二）基金收益；

（三）捐赠；

（四）其他社会资金。

第二十三条 中小企业发展基金用于下列扶持中小企业的事项：

（一）初创期、成长期小型微型企业的股权投资；

（二）中小企业短期债权融资；

（三）建立中小企业信用担保体系；

（四）中小企业融资风险补偿；

（五）基金管理办法确定的其他事项。

中小企业发展基金管理办法由市中小企业工作主管部门会同市财政部门制定，报市人民政府批准后公布实施。

第二十四条 具备条件的中小企业可以在境内外上市或者运用集合债券、集合票据、集合信托、融资租赁、私募债券等方式筹集资金，市中小企业工作主管部门和金融等行政部门应当给予相应指导和服务。

第二十五条 市中小企业工作主管部门会同有关行政部门建立健全小型微型企业贷款风险补偿机制，支持金融企业扩大对小型微型企业信贷规模和比重。

鼓励社会资本投资村镇银行、小额贷款公司等金融企业，为小型微型企业提供服务。

第二十六条 本市建立健全中小企业融资担保体系，引导社会资本设立为中小企业服务的担保公司。

本市综合运用风险补偿和奖励等多种方式，支持符合条件的融资性担保机构为小型微型企业提供服务。

第二十七条 鼓励金融机构开发面向中小企业的知识产权质押融资、股权出质融资、信用融资等金融创新产品和服务。

第五章 市场开拓

第二十八条 市和区、县人民政府及其部门应当健全政府采购支持中小企业发展的相关制度，不得在政府采购中设置不利于中小企业的歧视性条件。

第二十九条 负有编制部门预算职责的行政部门应当按照市人民政府规定，在年度政府采购项目预算总额中安排一定的比例，面向中小企业采购。

第三十条 本市支持、引导中小企业与国内外大企业建立经济技术协作关系，促进中小企业产品进入国内外大企业的产业链或者采购系统。

第三十一条 中小企业服务机构、行业协会和其他中小企业行业组织可以有计划地组织中小企业参加国内外展览展销活动。拥有自主知识产权、自主品牌的中小企业参加国内外相关展销会以及新产品和新技术推介活动的，市中小企业工作主管部门、商务、科技、文化等相关部门应当给予支持。

第三十二条 中小企业运用电子商务、连锁或者特许经营等方式创新经营模式，商务行政部门会同中小企业工作主管部门为中小企业提供有关信息咨询、技术指导等服务。

第三十三条 鼓励中小企业参与制定地方标准、行业标准、国家标准和国际标准，提高产品质量，增强应对技术性贸易壁垒的能力。

质量技术监督部门及其他有关行政部门应当跟踪研究国际标准、国家标准和行业标准以及国外有关技术性贸易措施，为中小企业参与标准制定、通过质量管理体系、环境管理体系等认证以及开拓市场提供支持、指导和服务。

第六章 服务保障

第三十四条 本市按照行政审批制度改革的原则减少对中小企业生产经营活动的行政许可和非行政许可审批事项。

市和区、县人民政府及有关部门对中小企业办理行政许可、审批、年检和其他服务、管理事项，应当简化程序、缩短期限、减少层级、优化流程，提高行政管理效率和服务水平。

第三十五条 市和区、县人民政府及有关部门应当通过多种方式，主动公开有关支持中小企业发展的政策措施及其适用范围、标准和条件、申请程序等信息，方便中小企业查询。

中小企业工作主管部门应当组织有关部门就国家和本市支持中小企业发展的政策措施及适用为中小企业提供咨询、说明及相关服务。

第三十六条 中小企业工作主管部门会同其他部门实施信息化技术应用推广，引导中小企业利用信息技术提高研发、管理、制造和服务水平。

第三十七条 本市设立市和区、县中小企业公共服务平台，为中小企业提供政策咨询、创业辅导、信息传递等公共服务；引导各类社会中介机构为中小企业提供市场营销、产权交易、技术支持、人才引进、财务指导、法律咨询等社会化专业服务。

第三十八条 本市建立政府资助引导、社会智力支持和企业自主需求相结合的培训机制，引导社会培训机构创新培训方式、完善培训内容，支持中小企业提升人员素质。

鼓励高等院校和中小企业共建实习实践基地，创新中小企业人才培养模式。

第三十九条 市和区、县人民政府及有关部门应当推动中小企业诚信建设，建立健全中小企业守信激励和失信惩戒机制，引导中小企业守法、诚信经营。

本市建立健全中小企业信用信息归集、共享和公开机制，为中小企业信用信息查询提供服务。

第四十条 律师事务所等各类法律服务机构和法学教育研究机构可以通过法律服务热线、法律咨询、志愿服务等方式，为小型微型企业提供法律服务。

第四十一条 行政机关及其工作人员有下列行为之一，情节轻微的，由上级机关或者监察机关责令改正；情节严重的，按照国家及本市有关规定给予行政处分和行政问责；构成犯罪的，依法追究刑事责任：

（一）不履行本条例规定的职责；

（二）违法向中小企业收取费用、摊派财物；

（三）强制或者变相强制中小企业提供赞助或者捐赠；

（四）强制或者变相强制中小企业参加社会团体、考核、评比、达标、培训等；

（五）违法对中小企业实施监督检查；

（六）违法使用支持中小企业发展的资金和基金；

（七）其他侵害中小企业合法权益的行为。

第四十二条 中小企业对行政机关侵犯其合法权益的行为，有权向市和区、县中小企业工作主管部门投诉、举报。

中小企业工作主管部门应当建立健全投诉举报制度，公布投诉、举报电话和信箱；对属于职责范围内的投诉、举报事项，应当及时调查处理；对属于其他部门职责范围内的投诉、举报事项，应当移送有关部门及时处理。处理情况应当记录在案，供投诉举报人查询。

第七章 附则

第四十三条 本条例自2014年3月1日起施行。

天津市

天津市促进中小企业发展条例

（2014年5月23日天津市第十六届人民代表大会常务委员会第10次会议通过）

第一章 总则

第一条 为了改善中小企业发展环境，促进中小企业健康、快速发展，扩大城乡就业，依据《中华人民共和国中小企业促进法》等法律、行政法规，结合本市实际情况，制定本条例。

第二条 本条例所称中小企业，是指在本市依法设立，生产经营规模符合国家中小企业划型标准的各类所有制和各种组织形式的企业，包括中型企业、小型企业和微型企业。

第三条 市和区县人民政府应当加强对促进中小企业发展工作的领导，将中小企业发展纳入国民经济和社会发展规划，并制定相应政策措施，引导、支持和鼓励中小企业发展。

市和区县人民政府应当根据转变经济发展方式和产业发展方向的需要，确定重点扶持的产业和行业，监督、指导和协调有关部门为中小企业发展提供便捷、高效服务，依法保障中小企业参与公平竞争与公平交易的权利。

第四条 市和区县人民政府中小企业发展促进部门负责本条例的组织实施，对全市中小企业工作进行综合协调、指导和服务，督促检查有关促进中小企业发展法律法规和政策的贯彻落实。

发展改革、工商、规划、国土房管、人力社保、科技、财政、金融、税务、经济和信息化、商务、建设、农业等有关行政管理部门，依照其各自职责，落实有关法律法规和政策措施，促进中小企业发展。

第五条 各级人民政府及其所属部门依法保护中小企业享有的自主经营权，维护其合法权益。任何单位和个人不得干预中小企业正当的生产经营活动。

第六条 中小企业应当遵守法律、法规和规章，承担社会责任，守法经营、依法纳税、诚实守信、公平竞争，加强内部管理，建立健全财务、人力资源、合同管理、知识产权等制度。

第七条 行业协会、行业商会等行业组织应当加强行业指导和自律管理，反映行业诉求，为中小企业提供信息、咨询、宣传培训、市场拓展等服务，维护会员的合法权益。

第二章　创业扶持

第八条 鼓励和支持境内外的组织、个人在本市依法创办中小企业。

凡是法律法规未明确禁止进入的行业和领域，中小企业与其他企业享有平等的进入权，任何部门不得设置附加条件。

第九条 市和区县人民政府应当采取措施，鼓励创办科技型、资源综合利用型、节能环保型等中小企业，支持中小企业发展高新技术产业、战略性新兴产业和现代服务业。

第十条 人力资源社会保障行政管理部门应当组织和支持创业培训机构，对有创业意愿和处于创业初期的创业者，开展创业辅导和培训。教育行政管理部门应当鼓励和支持高等学校、职业教育学校开展创业教育，设置创新创业辅导课程，设置模拟创业平台。

工会、共青团、妇联、残联等团体应当结合工作特点，组织开展面向职工、青少年、妇女、残疾人等群体的创业咨询、创业培训，增强其创业意识和创业能力。

第十一条 外地人员来本市投资创办符合本市产业指导目录鼓励类的中小企业，市有关部门和区县人民政府应当依照本市有关规定，为其办理户籍、医疗保障、子女就学等事宜。

第十二条 对小型微型企业，按照国家和本市的有关规定给予财税、融资、担保、劳动保障、技术服务等方面的优惠。

第十三条 小型微型企业在创办期和创业辅导期从事鼓励类行业需要贷款担保的，政府出资的中小企业融资性担保机构应当按照规定优先提供担保。

第十四条 市和区县规划、建设、土地等行政管理部门在制定城乡规划和土地利用年度计划时，应当充分考虑小型微型企业创业基地建设用地需求，优先安排小型微型企业创业基地用地指标。鼓励各类资本在重点产业集聚区和功能区以及利用存量国有建设用地、闲置商务楼宇和工业厂房等，建设、改造小型微型企业创业基地。

第十五条 小型微型企业创业基地应当为创业者提供创业培训、项目策划、技术支持、融资担保、商务代理、法律政策咨询等服务。

第十六条 市和区县人民政府及其有关部门应当引导中小企业进入各类工业园区、经济技术开发区、高新技术产业园区等功能区和商务楼宇、商品交易市场等产业集中区，并为其聚集发展提供服务。

第十七条 中小企业因生产特点、工作特殊需要等原因，经与职工协商，可以向人力资源社会保障行政管理部门提出申请，实行不定时工作制或者综合计算工时制。人力资源社会保障行政管理部门应当及时依法办理。

第三章　资金支持

第十八条 市人民政府应当每年在财政预算中安排一定比例的资金，作为中小企业发展专项资金，重点用于中小企业服务体系、公共服务平台、信用担保体系建设和信息咨询、管理培训以及促进中小企业结构调整等事项。市中小企业发展专项资金应当专款专用，接受财政、审计部门监督。区县人民政府应当根据实际情况，安排一定资金用于扶持本区域中小企业的发展。市和区县人民政府应当加强对支持企业发展其他专项资金的统筹，支持中小企业发展。

第十九条 市和区县人民政府应当引导和支持有条件的中小企业上市融资或者通过其他渠道融资。市中小企业发展促进部门应当会同有关部门，引导中小企业实施股份制改造，对中小企业进行上市辅导，提供相关政策支持和配套服务。

第二十条 鼓励和支持民间资本、境外资本在本市依法设立创业投资、私募股权投资企业或者机构，引导其投资、支持中小企业发展。支持符合条件的创业投资企业、股权投资企业发行企业债券，专项用于投资中小企业，支持创新型中小企业发展。

第二十一条 市人民政府及其有关部门应当组织开展金融机构与中小企业的融资服务对接活动，支持金融机构建立中小企业金融服务专营机构，鼓励金融机构开发适合中小企业特点的金融产品，为中小企业提供融资、结算、理财等金融服务，支持金融机构提高对中小企业信贷规模和比重。

第二十二条 市和区县人民政府通过资本注入、风险补偿和奖励补助等多种方式，鼓励和支持各类担保机构为中小企业提供融资担保。引导中小企业及各类社会组织出资设立或者参与互助性担保机构。互助性担保机构可以为其成员企业提供融资担保。为中小企业融资提供担保服务的担保机构，符合有关规定的，可以向市中小企业发展促进部门申请资金补贴等政策支持。

第二十三条 中小企业对其有权处分的土地使用权、房屋和生产设备、车辆等固定资产以及登记的无形资产，可以依法设定抵押、质押，有关部门应当按照规定办理登记手续。

第二十四条 本市推进以信用信息征集、信用评价、信用培育、信用担保为主要内容的中小企业信用体系建设，促进中小企业守法经营、诚信经营。

有关行政管理部门应当完善中小企业信用信息征集和共享机制，依法提供相关信用信息查询服务。

第四章 创新推动

第二十五条 本市制定和实施知识产权发展战略，支持中小企业研究开发拥有自主知识产权的技术和产品，增强对知识产权创造、运用、保护和管理的能力。

工商、知识产权等行政管理部门应当为中小企业申请商标注册或者国内外专利提供指导和服务，依法保护中小企业的知识产权。

第二十六条 鼓励中小企业开展创新活动，加大科技研发投入，开发和应用先进的技术、生产工艺和设备，开发研制新产品，创新企业管理。

对中小企业自主研发并获得授权的专利，按照国家和本市的规定给予一定资金支持。中小企业为开发新技术、新产品、新工艺发生的研究开发费用，未形成无形资产计入当期损益的，在按照规定据实扣除的基础上，按照研究开发费用的百分之五十加计扣除；形成无形资产的，按照无形资产成本的百分之一百五十摊销。对由于技术进步，产品更新换代较快或者常年处于强震动、高腐蚀状态的固定资产，可以按照规定采取缩短折旧年限或者加速折旧的方法。

第二十七条 市和区县人民政府支持发展科技型中小企业。政府有关部门依照有关规定认定的科技型中小企业，可以享受资金扶持、人员培训、科技政策、金融服务、市场开拓、公共技术服务等方面政策优惠和信息支持。

第二十八条 市和区县人民政府及其有关部门应当鼓励和扶持各类技术服务机构和生产力促进中心、科技企业孵化基地等公共服务平台建设。公共服务平台应当为中小企业提供技术信息、技术开发、技术咨询培训、技术转让等服务。

鼓励和扶持有条件的中小企业建立技术研发机构。经有关部门认定为市级以上研发机构的，可以享受国家和本市规定的资金补贴。

第二十九条 鼓励和引导高等学校、科研院所将其科研设施和设备、科学数据等科技资源向中小企业开放，遴选优秀教师和科技人员，为中小企业提供培训、指导和技术服务。

鼓励本区域内的国家重点实验室、国家工程（技术）研究中心、大型科学仪器中心、分析测试中心等进一步向科技型中小企业开放，为科技型中小企业提供技术服务。

第三十条 鼓励和支持中小企业与高等学校、科研院所加强产学研协同创新和项目交流合作，开展关键技术联合攻关，加快科技成果向企业转移，促进现有中小企业转型，发展科技型中小企业。

科技型中小企业购买高等学校、科研院所科技成果或者实施产学研合作项目，经科技行政管理部门审核，享受资金补贴支持。

第三十一条 市和区县人民政府及其有关部门应当支持有条件的工业园区、科技园区等产业集聚区建立中小企业技术创新基地、产业化基地和科技企业孵化基地，促进科技型中小企业成长。

第五章 转型升级

第三十二条 鼓励中小企业通过以下途径转型升级：

（一）加大技术改造投资力度，采用新技术、新工艺、新材料对现有生产设备、装备进行改造；

（二）引进、吸收、集成应用国内外先进适用技术、知识产权、管理方法；

（三）由传统制造企业向现代服务企业转型；

（四）开展设计创新，加快产品升级换代和品牌建设；

（五）开展人员培训和管理创新，强化智力支持和人才保障。

中小企业通过以上途径转型升级，符合本市有关规定的，有关部门应当给予政策、资金等支持。

第三十三条 市和区县人民政府应当指导和支持各类产业集聚区改造升级公共设施和服务平台，创新管理机制，提升吸纳和承载中小企业的能力。

第三十四条 市和区县人民政府应当按照国家产业结构调整方向和支持重点，推动中小企业集成、集约、集群发展：

（一）培育引进龙头骨干企业，引领带动中小企业发展；

（二）鼓励支持企业间加强研发设计、生产制造、营销服务等全产业链的系统改造和协同创新；

（三）创建集体商标，发展区域特色和品牌；

（四）支持发展产业技术创新战略联盟。

第三十五条 鼓励和支持中小企业实施清洁生产、资源综合利用、节能环保等技术改造项目，实现绿色、循环、低碳发展。

第三十六条 市和区县人民政府及其有关部门应当监督中小企业严格执行环境保护、安全生产、节能降耗等法律法规，对严重超标排放污染物的中小企业，应当依法责令关停，促使其兼并重组、有序退出。淘汰落后产能腾出的国有土地，应当依法优先供给科技型中小企业、龙头项目、创新研发中心等建设。

第六章　市场开拓

第三十七条　支持中小企业参与政府采购，政府采购主管部门应当完善政府采购信息发布制度。对纳入政府采购的项目，采购人和采购代理机构应当公开发布采购信息，为中小企业参与政府采购提供指导和服务。

政府及有关部门在每年政府采购计划中，应当按照国家和本市规定的比例份额，安排面向中小企业的订货合同和服务协议，并逐步扩大比重。

在政府采购评审中，对小型微型企业的产品可以视不同行业情况给予百分之六至百分之十的价格扣除。鼓励大中型企业与小型微型企业组成联合体共同参加政府采购，小型微型企业占联合体份额达到百分之三十以上的，可给予联合体百分之二至百分之三的价格扣除。

第三十八条　支持引导中小企业开拓国内外市场，参加境内外展览展销等商务活动；鼓励有条件的行业协会、行业商会等行业组织利用自身优势，组织开展境内外展览展销活动。商务行政管理部门应当对中小企业参加上述活动提供指导和服务。

以政府名义主办或者政府委托主办的展览展销活动，应当为中小企业提供一定比例的展位或者展馆，并适当降低中小企业参展费用。

第三十九条　鼓励和支持中小企业专业化、精细化、特色化、新颖化发展，支持其产品、技术的研发和产业化应用。符合条件的，经市中小企业发展促进部门认定，享受国家和本市的优惠政策。

第四十条　鼓励中小企业与大企业开展多种形式的经济技术合作，引导中小企业通过专业分工、服务外包、订单生产等方式，与大企业建立稳定的供应、生产、销售等协作关系。

中小企业发展促进部门应当会同有关部门组织搭建中小企业与大企业之间的经济技术交流、协作活动平台，支持中小企业发展。

第四十一条　支持中小企业提高质量管理水平，落实企业产品质量主体责任。

质量技术监督管理部门应当鼓励、引导中小企业通过质量管理体系认证、环境管理体系认证和产品认证等国内外标准认证，提升其产品和服务质量，创建自主品牌。

第四十二条　引导中小企业利用信息技术提高研发、制造、管理和服务水平，鼓励中小企业应用电子商务平台和公共信息平台开拓国内外市场。

鼓励和支持信息技术企业开发和建立行业信息技术应用平台，为中小企业信息化提供软硬件工具、项目外包、工业设计等服务。

第七章　服务保障

第四十三条　市和区县人民政府及其有关部门应当推进中小企业服务体系建设，完善中小企业公共服务平台网络建设，集聚服务资源，为中小企业提供及时便捷服务。

政府主办或者资助建立的中小企业综合服务机构，应当向中小企业提供免费或者低收费的服务。

第四十四条　中小企业发展促进部门应当收集、汇总国家和本市有关中小企业发展的产业政策、扶持措施、行业动态、办事程序、专项资金等方面信息，并集中在中小企业信息网站上发布。有关部门应当予以配合并及时提供信息。

第四十五条　鼓励和支持创业指导、投资融资、技术、法律、知识产权、信息、管理咨询、职业技能培训等各类专业服务机构发展，增强服务功能，引导其为中小企业发展提供良好服务。

第四十六条　市统计部门应当制定符合中小企业特点的统计指标和统计方法。有关部门应当加强对中小企业统计指标数据的采集和动态监测，及时准确反映中小企业发展情况，为政府决策和管理提供服务。

第四十七条　中小企业发展促进部门应当会同有关部门编制中小企业年度发展报告，反映中小企业发展状况、行业分布及发展动态、服务环境建设等情况，及时向社会公布。

第八章　权益保护

第四十八条　任何单位和个人不得违反国家和本市规定的收费项目、标准和范围，对中小企业增设收费项目、提高收费标准、扩大收费范围或者改变计费方式。

任何机关不得将其应当依法履行的管理事项，通过行业协会、商会或者其他机构实施变相收费。

第四十九条　任何单位和个人不得利用职权或者职权影响占有或者使用中小企业财产，强制或者变相强制中小企业购买指定产品、接受指定服务或者提供赞助。

第五十条　任何单位和个人不得利用职权或者职权影响强制或者变相强制中小企业订购报刊图书或者参加考核、评比、达标、研讨、培训等活动。但法律法规规章另有规定的除外。

第五十一条　市和区县人民政府应当健全中小企业维权机制，完善受理投诉和举报制度，公开办理程序和方式，及时办理并给予答复。

第五十二条　国家机关及其工作人员违反本条例规定，失职渎职、侵犯中小企业合法权益的，由其所在单位或者上级主管部门、监察机关责令改正；情节严重的，对直接负责的主管人员和其他直接责任人员给予处分；造成损失的，依法承担赔偿责任；构成犯罪的，依法追究刑事责任。

第九章　附则

第五十三条　本条例自 2014 年 7 月 1 日起施行。2005 年 9 月 8 日天津市第十四届人民代表大会常务委员会第二十二次会议通过的《天津市实施<中华人民共和国中小企业促进法>办法》同时废止。

天津市人民政府关于印发天津市万企转型升级行动计划（2014－2016年）的通知

津政发〔2014〕2号

各区、县人民政府，各委、局，各直属单位：

现将《天津市万企转型升级行动计划（2014—2016年）》印发给你们，望遵照执行。

天津市人民政府
2014年1月29日

天津市万企转型升级行动计划

（2014—2016年）

为深入贯彻党的十八大和十八届三中全会精神，认真落实市委十届三次、四次全会部署，推动我市中小企业转型升级、创新发展，进一步提高经济发展的质量效益，促进美丽天津建设，结合工业和信息化部、科技部、财政部对我市开展中小企业创新转型试点工作要求，制定万企转型升级行动计划。

一、实施万企转型升级行动的必要性

中小企业是最具活力的企业群体，在经济增长、科技创新、促进就业、保障民生等方面具有不可替代的作用。近年来，我市中小企业实现了较快发展，规模不断扩大，社会贡献日益突出，但同时也存在比较突出的问题：一是布局分散，产业集聚度不高；二是企业竞争力弱，产品技术含量和附加值不高；三是经济效益低，单位土地面积实现税收远低于全市平均水平；四是生产经营粗放，部分行业产能过剩；五是一些企业资源浪费、环境污染严重。这些问题必须下大力量采取有力措施加以解决。

实施万企转型升级行动，是提高中小企业发展质量、增强核心竞争力的重要举措，是优化产业结构、增加社会就业、促进资源节约、改善生态环境的有效途径。今后一个时期，要把推进万企转型升级行动作为一项重要任务，集中全市各方面力量抓紧抓好，进一步促进经济社会持续健康发展。

二、实施万企转型升级行动的目标和路径

（一）总体目标

2014年启动实施万企转型升级行动，首批确定1.2万家中小企业。通过3年努力，实现转型升级。企业整体效益提高50%以上（含本数，下同），规模以上工业企业达到6000家以上；工业园区每公顷税收提高50%，商务楼宇每平方米税收提高50%；单位增加值能耗累计下降15%，污染物排放明显下降，努力实现结构优化、效益提高、就业不减、资源节约、环境改善。

（二）主要路径

1. 改造提升一批

支持企业加大技改投入，应用关键技术、共性技术，加快生产工艺、装备的升级换代。支持企业建立技术中心和研发机构，加强产学研合作，增强自主创新能力。鼓励企业开发新产品，形成自主知识产权，走“专、精、特、新”的发展路子。引导企业建立规范的现代企业制度，强化管理培训，提升企业科学化、精细化、信息化管理水平。3年完成技术改造3000家，研发“专、精、特、新”产品（技术）1000项，实现有效专利1000项，实施管理提升企业5000家。

2. 产业转型一批

引导传统加工企业向产业链高端延伸，向新一代信息技术、生物医药、节能环保等战略性新兴产业转型。支持传统制造企业向服务型发展，向现代物流、科技研发、软件外包、文化创意等现代服务业转型。支持企业创新商业模式，大力发展电子商务，开展网络经营。3年实现产业转型500家，培育电子商务企业1000家。

3. 关停重组一批

淘汰落后产能，整治“三高两低”（高能耗、高污染、高排放，低效益、低产出）企业，关停一批环境污染严重、安全隐患突出的企业，3年淘汰关停700家。化解过剩产能，实现优势互补，支持龙头企业整合兼并一批经营不善、长期亏损的企业，支持有条件的企业通过资产收购、产权受让、合资合作等方式联合重组。

4. 载体升级一批

对各类工业园区、商务楼宇，特别是传统产业占较大比重的钢铁、自行车、地毯、轻工等产业集聚区，进行整合改造提升。引导企业向示范工业园区、商务楼宇集聚，培育发展电子商务、装备制造、新能源新材料、文化创意、软件设计等特色产业集群。3年推动30个工业园区转型升级，80个商务楼宇全面提升。

三、支持转型升级企业的政策措施

国家和我市已颁布实施的扶持民营经济、中小企业、科技型中小企业发展等相关政策均适用于符合条件的转型升级企业。充分利用我市支持科技型中小企业、技术改造、技术创新、节能减排及环保等现有各类专项资金，采取市级支持、区县配套的办法，每年从现有市级专项资金中安排3亿元，3年共9亿元。同时，积极争取国家发展改革委、工业和信息化部、科技部、财政部等有关部门的资金支持。

（一）支持企业技术创新

建立专利信息服务平台，对实现发明专利申请零的突破的企业给予一定资金补贴。企业发生技术转让年所得，经认定不超过500万元的部分，免征企业所得税；超过500万元的部分，减半征收企业所得税。鼓励企业与国内高校、科研院所进行产学研合作，可按照不超过其技术交易额或合同额10%、最高50万元的标准给予资金补贴。（市科委、市知识产权局、市财政局、市国税局等负责）

（二）支持企业开发新产品

企业新产品经认定后，根据其新增企业所得税和增值税地方留成部分，给予50%、最高不超过50万元的资金补贴。鼓励各类科技平台和大型仪器等单位为企业转型升级服务，给予一定资金补贴。对首购首用转型升级企业新产品的单位，给予不低于购买成本20%、最高100万元的风险补贴。建立转型升级企业新产品政府采购供应商库，通过预留市场份额等措施，支持企业发展。（市科委、市中小企业局、市财政局等负责）

（三）支持融资创新服务

鼓励银行为转型升级企业开展股权、商标权、专利权、应收账款、仓单等质押和信用贷款业务。支持企业运用中小企业私募债、小微企业集合债券、集合票据等进行融资。对企业通过融资租赁方式购置设备，给予适当的租赁资金补贴。鼓励天津创投之家有限责任公司等融资服务机构为转型升级企业提供融资服务。支持为转型升级企业提供融资担保，适当增加对融资担保机构的资金补贴。对投资转型升级企业1年以上的风险投资机构，给予不超过投资额3%、最高50万元的资金奖励。创业投资企业采取股权投资方式，投资未上市的转型升级企业2年以上的，在持有股权满2年的当年，可以按照其投资额的70%抵扣该创业投资企业的应纳税所得额。（市金融办、市发展改革委、市科委、市财政局、市国税局等负责）

（四）鼓励发展电子商务

对企业在经认定的第三方电子商务平台上开设专营店，网络年销售总额列全市前100名（含第100名）的，按平台年服务费用的30%给予企业一次性资金补贴，最高不超过2万元。对首次加入经认定的第三方跨境电子商务平台、首次创建电子商务网站的转型外贸企业，分别给予5000元的入网费和建网费支持。支持有一定资质的培训机构开展电子商务专题应用培训，根据培训规模、时间、效果给予一次性资金支持，最高不超过5万元。（市商务委负责）

（五）支持产业集聚发展

鼓励和引导企业为重大项目、重点产品和龙头企业进行配套，按配套年销售额给予一定的奖励。迁入区县示范工业园区的转型升级企业、纳入万企转型升级行动并纳入示范工业园区拓展区范围的工业园区，享受现行示范工业园区各项政策，同时给予其一定的资金支持。纳入万企转型升级行动、未达到亿元楼宇标准而形成特色楼宇，3年税收提高50%以上的，经认定后给予一次性资金补贴，最高不超过300万元。（市中小企业局、市经济和信息化委、市财政局等负责）

（六）鼓励集约节约用地

在符合规划的条件下，转型升级企业用地性质为纯生产型工业用地的，按程序允许提高土地利用率和适当增加建设规模，不再增收土地价款。关停并转企业现有用地，可以通过公开出让的方式，依法将土地用途变更为商业、旅游等经营性用地。纳入万企转型升级行动的零散分布的淘汰关停企业，经主管部门论证批准，其现有用地可调整置换使用。区县城乡总体规划确定建设用地范围外的工业园区，已形成规模并纳入万企转型升级行动的，经区县论证后，可对工业园区所在镇（街）总体规划进行局部调整。（市规划局、市国土房管局、市中小企业局等负责）

（七）支持企业重组退出

利用中央关闭小企业补助资金，优先支持关闭技术落后、资源能源浪费、环境污染严重、安全隐患突出的小企业。转型升级企业在资产重组过程中，通过合并、分立、出售、置换等方式，将全部或部分实物资产以及与其相关联的债权、债务和劳动力一并转让给其他单位和个人的行为，不属于营业税征收范围，其中涉及的不动产、土地使用权转让，不征收营业税。（市经济和信息化委、市中小企业局、市财政局、市环保局等负责）

（八）支持企业节能降耗

对工业企业实施的节能改造项目，节能量在1000吨标准煤以上的，每吨标准煤给予240元资金补贴，同一企业补贴金额不超过300万元。对非工业企业实施的节能改造项目，节能量在500吨标准煤以上的，每吨标准煤给予300元资金补贴，同一企业补贴金额不超过300万元。（市经济和信息化委、市财政局等负责）

（九）支持稳岗就业创业

对符合国家和我市产业政策，在转型升级过程中，生产经营出现暂时性困难且恢复有望，不裁员、不减薪的企业，给予相应的稳岗补贴和社会保险补贴。对招用关停并转企业职工的，给予最长3年的社会保险补贴和最长1年的岗位补贴。终止或解除劳动关系的职工，按规定享受失业保险，同时给予其免费职业技能培训；自谋职业的，给予3000元的自谋职业补助费；灵活就业的，给予社会保险补贴；自主创业的，给予创业培训补贴和小额贷款扶持，贷款额度不超过30万元，其中10万元（含）以内部分按照贴息利率全额贴息，10至20万元部分按照贴息利率贴息50%。（市人力社保局、市财政局等负责）

（十）支持开展技能培训

支持转型升级企业开展经营管理和专业技术人才培训，给予企业不超过上年度缴纳失业保险费三分之一的培训补贴。支持转型升级企业开展职工转岗和技能提升培训，对符合职业培训成本及市场需求程度目录范围的，给予50%至90%的培训费补贴；对取得技师以上职业资格的，给予全额的培训费和技能鉴定费补贴。对淘汰关停企业高层管理人员，开展企业家培训并给予资金补贴，鼓励其创办

新企业；对淘汰关停企业的职工，免费开展职工技能培训。（市人力社保局、市财政局等负责）

四、加强万企转型升级行动的组织领导

（一）建立工作机制

成立天津市万企转型升级行动领导小组（以下简称市领导小组），由市人民政府分管领导同志任组长。定期召开相关部门联席会议，研究协调解决中小企业转型升级工作中的重要问题。市领导小组下设办公室，办公室设在市中小企业局。各区县也要相应成立领导小组，并设立工作机构。

（二）明确责任分工

市领导小组办公室要组织专门力量，成立工作组，加强对各区县、各部门的指导、检查和服务。各相关部门要加强协作、密切配合，形成工作合力。各区县要加强对本地区企业转型升级工作的组织推动，确保完成目标任务。

（三）强化管理考核

建立万企转型升级统计调查制度和跟踪评价机制，构建万企综合信息管理平台，转型升级企业的产品、产值、税收、投资、土地和环保减排等信息统一入库管理。对各区县企业转型升级工作的任务目标、政策落实、工作推进等情况，实行年初计划、季度讲评、半年巡查、年终考核制度，加强监督检查，狠抓绩效管理，确保各项工作任务落到实处。

（四）加强宣传引导

充分利用报刊、广播、电视、网络等媒体，做好政策宣传解读工作，及时总结推广企业转型升级的经验做法，大力宣传创新发展的先进典型，在全社会形成关心支持中小企业转型发展的浓厚氛围。

河北省

中共河北省委河北省人民政府《关于大力推进民营经济加快发展的若干意见》

民营经济是就业经济、富民经济，也是强省经济。党的十八届三中全会立足全面深化改革，对鼓励支持引导非公有制经济发展提出了明确要求，省委八届六次全会就激活市场主体，推动民营企业创新发展做出了全面部署。民营经济是我省的差距所在，也是潜力所在。推进民营经济加快发展，是全面深化改革、转变经济发展方式的现实要求，是打造经济增长极、实现跨越赶超的重要途径，是促进转型升级、实现绿色崛起的根本出路，是建设全面小康的河北、富裕殷实的河北、山清水秀的河北的基本战略。为认真贯彻落实中央和省委、省政府部署要求，推进民营经济加快发展，现提出如下意见。

一、基本要求和发展目标

推进民营经济加快发展，核心是处理好政府和市场的关系，使市场在资源配置中起决定性作用和更好发挥政府作用；前提是进一步激活市场主体，大力倡导全民创业、劳动致富的社会风尚；基础是不断优化发展环境，努力提升政府服务效能；重点是破解要素制约，提高资源配置效率和公平性；关键是抓好各项政策落实，尽快让改革的红利转化为民营经济发展的活力。

经过努力，到2017年力争全省民营经济实现总量快速增长、质量显著提升，增加值占全省GDP的比重达到72%以上，上缴税金占全部财政收入的比重达到75%以上，全省民营经济单位数量增长60%以上。

二、主要任务

（一）放开行业准入

1. 深化行政审批制度改革，清理和取消不利于民间投资发展的地方性法规、政府规章和规范性文件，进一步精简和整合涉及民间投资管理的行政审批事项，削减资质认证项目，推行备案制，下放审批权限，规范审批行为。

2. 坚持“非禁即入”“非禁即许”的原则，尽快制定省级有关行业负面清单，积极引导民营企业进入负面清单外的行业和领域，建立向社会公开推介项目的长效机制。对特许经营领域制定具体办法，保证民营企业依法进入的平等机会和权利。

3. 对以政府投资为主的交通运输、能源、水利、生态、电信、医疗、文化、教育等领域，鼓励民营企业以独资、控股、参股和特许经营等多种方式进入。对可实行市场化运作的基础设施、市政工程和其他公共服务领域，行业主管部门每年公布高速公路、铁路及城市轨道交通、港口、机场、供排水、污水处理、垃圾处理、电力、天然气等项目清单，引导支持民间资本投资建设和运营管理。

（二）激活市场主体

1. 继续施行“零成本”注册，除法律法规另有规定外，取消公司设立股东（发起人）首次出资比例、最低注册资本、缴足出资期限的限制，按照国务院推进工商登记制度改革要求，实行注册资本认缴登记制。

2. 清理和取消对企业设立和经营不必要的前置审批，2014年上半年实现由“先证后照”变“先照后证”。

3. 除国家已有规定外，允许涉及前置审批的行业实行筹建登记，方便市场主体先取得营业执照，再办理许可文件以及开展不涉及生产经营的筹备活动。对一般经营项目，允许申请人自行选择国民经济大类、中类或小类项目作为经营范围。

4. 建立市场主体信用信息公示制度，将企业登记备案、年度报告、资质资格等通过市场主体信用信息公示系统予以公示。试行电子营业执照和全程电子化登记管理，简化登记手续，改企业年检为年度报告制度，允许“一址多照”。

5. 抓好“个转企、小升规、规改股、股上市”的各项工作，加大对“个转企、小升规”的政策扶持力度。

6. 完善扶持创业的优惠政策和城乡均等的公共就业创业服务体系，进一步加快和提升创业辅导基地、科技型企业孵化器的建设，组织开展以“订单式”服务为重点的创业辅导和创业培训，提高高校毕业生、农村转移劳动力、城镇失业和困难人员、退役军人等人员的创业成功率。

7. 加大创业资金支持，从2014年起省财政通过整合支持企业发展资金，设立省级中小企业发展基金并逐年增加。主要用于引导创业投资机构和其他社会资金支持处于初创期的中小企业。各市、县（市、区）也要根据财力情况相应设立。鼓励民间资本进入政府设立的产业发展引导基金，并交由专业基金团队管理，实行政府资本和民间资本同股同酬、风险共担。

8. 鼓励发展混合所有制经济，支持有条件的民营企业在现代装备制造、能源、信息技术、海洋等战略性新兴产业，通过资产收购、产权转让、参股控股、合资合作等方式进行兼并、收购、整合，发展民营资本控股的混合所有制企业。充分利用我省结构调整、转型升级的机遇，推动国有资本逐步退出竞争性领域，及时发布国有企业改制重组招股招商及国资项目与非公资本合作信息，支持民营资本全面参与国有企业的改组和改制。在国有企业利用产权交易市场实施产权转让和利用存量资产引进外部资本时，支持民营企业平等竞争，发展民营资本、国有资本交叉持股、相互融合的混合所有制经济。允许混合所有制经济实行企业员工持股，形成资本所有者和劳动者的利益共同体。

9. 推动列入省“三个一百”领军企业的民营企业快速发展。省直有关部门和各市、县（市、区）要对“三个一百”重点民营企业在项目用地安排、生产要素协调、产品市场开拓等方面给予“一企一策”式的对口帮扶。支持和帮助省内有条件的民营企业主动对接世界和中国企业500强、行业龙头企业、上市企业和外商投资企业的资金、技术、管理、人才和信息转移，促其尽快做大做强。

（三）落实用地政策

1. 把符合产业政策的民营企业用地纳入土地利用规划和城镇总体利用规划。各市、县（市、区）政府要按照省政府《关于进一步加快民营经济发展的意见》（冀政〔2011〕36号）等有关文件要求，落实好中小企业创业辅导基地建设用地和县域工业集聚发展用地。

2. 在经济技术开发区、高新技术开发区内设立中小微企业产业园，集约利用土地和各种生产要素，为中小微企业快速成长创造条件。

3. 在土地利用年度计划中，对符合国家产业政策优先发展产业，其建设用地容积率和建筑系数超过《关于发布和实施〈工业项目建设用地控制指标〉的通知》（国土资发〔2008〕24号）所规定标准40%以上、投资强度增加10%以上的民营工业项目、文化产业项目，在确定土地出让底价时，可按不低于所在地的土地等别相对应《全国工业用地出让最低价标准》的70%执行，但拟定的出让价不得低于该项目实际土地取得成本、土地前期开发成本和按规定应收取的相关费用之和。

（四）强化金融服务

1. 各市、县（市、区）要加强金融生态环境建设，加大对银行业金融机构的支持。要把为当地民营经济发展贷款规模大、增长速度快的银行业金融机构，作为市、县（市、区）各类财政资金主要存储、结算银行，按照一事一议、综合评价的原则，确定存储额度。各市、县（市、区）要安排财政资金，按银行业金融机构为中小微企业贷款的年度增长额度给予风险补偿。

2. 银行业金融机构要按照“两个不低于”的要求安排中小微企业信贷规模，积极创新金融产品，提供利用动产、仓单、税单、保单、股权、知识产权、商标权等抵质押贷款业务，以及应收账款、供应链保理融资和票据贴现等融资服务。

3. 鼓励和引导民间资本探索设立自担风险的民营银行、金融租赁公司、消费金融公司。鼓励民间资本发起或参与设立村镇银行、农村资金互助社等小型金融机构，村镇银行主发起行的最低持股比例降为15%。适度放宽小额贷款公司单一投资持股比例，对设立扶贫小额贷款的，允许主发起人持股比例不超过注册资本总额的40%；允许其余单个自然人、企业法人、其他社会组织及其关联方持股比例不超过注册资本总额的30%。引导符合条件的小额贷款公司发行债券和挂牌上市，支持有关公司向其提供再贷款。到2017年，实现新型金融机构全省县域全覆盖。

4. 帮助符合条件的民营企业发行企业债券、公司债券、私募债券、集合债券和中期票据。省级中小企业发展专项资金每年安排一定比例对发行企业给予费用补助，对相关金融机构和融资性担保机构给予奖励。

5. 培育民营企业在境内外多层次资本市场上市融资或股权交易。2014年起，全省每年培育100家上市后备企业，各设区市每年筛选8至10家高成长性企业列入省级上市后备资源库，并给予集中辅导。对境内外上市的企业，根据省政府《关于进一步加快民营经济发展的意见》（冀政〔2011〕36号）规定给予补助或奖励。

6. 鼓励发展金融票据服务机构，由人民银行石家庄中心支行会同省直有关部门成立省级小额票据贴现中心，人民银行石家庄中心支行安排20亿元再贴现额度，专项用于中小企业票据融资需求，增加中小企业融资渠道。根据小额票据贴现平台发展规模，安排省级中小企业专项资金给予支持。

7. 规范发展融资性担保机构、再担保机构。按照适度控制数量、扩大资金规模、防范经营风险、增强担保能力的原则，做强省级、做大市级、做实县（市、区）级融资性担保机构。强化业务监管，规范发展融资性担保机构。以省中小企业信用担保服务中心为主体，增加省财政投入，吸纳其他投融资机构资金组建省级再担保机构，积极扩大再担保业务。对融资性担保、再担保机构，按年度担保责任余额的放大倍数和风险控制的比例给予风险补偿。对符合条件的融资性担保、再担保机构免征营业税。

（五）加大财政扶持

1. 省、市、县（市、区）政府都要设立中小企业发展资金，并逐年扩大规模。重点支持民营经济公共服务体系建设、中小企业科技创新、技术改造和标准化建设。

2. 省级重大科技专项、结构调整、扶持战略性新兴产业、发展文化产业、农业产业化、市场建设、促进出口等专项资金要加大对民营企业的支持力度。

3. 继续执行国家对小微型企业的税收优惠政策。从 2014 年起 3 年内，对符合国家产业目录的当年新增小微型企业，由当地政府给予适当奖励支持。

4. 加大政府购买公共服务力度，凡是部门预算安排为企业服务的事项，适合购买服务的，各级有关部门都要通过委托、承包、采购等方式购买社会组织的服务产品，为民营企业提供信息发布、项目策划、财税代理、商标专利、政策法律咨询、贷款融资、人力资源、创业辅导等公益性服务。

（六）增加政府采购份额

1. 支持符合条件的民营企业产品和服务进入政府采购目录，年度预留政府采购项目预算总额的 30% 以上专门面向中小企业，其中预留给小微企业的比例不低于 60%。

2. 对于非专门面向中小企业的项目，采购人或者采购代理机构要对小微企业产品价格给予 6% 至 10% 的扣除，用扣除后的价格参与评审。

3. 大中型企业与小微企业组成联合体共同参加政府采购，小微企业占联合体份额达到 30% 以上的，可给予联合体 2% 至 3% 的价格扣除。

（七）推进企业技术创新

1. 培育支持 1500 家年主营业务收入在 1 亿元以上的科技“小巨人”企业，其中省级每年筛选 100 家行业排名居前、技术水平领先、发展潜力较大的科技型中小企业，在资金、土地、人才等方面予以扶持。到 2017 年全省科技型中小企业达到 3 万家以上。

2. 组织民营企业实施品牌战略，对认定为驰名商标的企业，省政府一次性奖励 50 万元，对认定为著名商标、省名牌产品和省中小企业名牌产品的企业，由当地政府一次性奖励 10 万元。

3. 分行业、分领域制定民营企业产业技术改造规划，支持和实施一批产业关联度大、技术水平高、市场前景好的重点技改项目。各级工业技术改造资金安排不低于 60% 的资金用于民营企业技改项目贴息。

4. 推进建立覆盖全省主要行业和重点领域的标准体系。支持民营企业强化质量、标准化和计量等基础管理，对具有专利技术的企业主导或参与国家标准、行业标准和地方标准制修订，经审核确定后，由省级和县级财政一次性给予 3 至 10 万元的奖励。

5. 支持民营企业参与国家和省重大科技计划项目和技术攻关。民营企业申报科技立项、科研成果鉴定和奖励，申请科技贷款、技术创新基金、高新技术企业认定、知识产权确权等，符合条件的可享受相关扶持政策。

6. 建立职务发明创造激励机制。对获得职务专利申请与授权发明的民营企业，产生的费用由县级财政给予 90% 的奖励补助；对同一件发明创造在多个国家获发明专利权的，最多按 5 个国家予以奖励补助。对股份制形式实施专利技术的，专利权有效期内，职务发明人（设计人）、主要实施者从项目实施起 3 年内，可享有不低于 60% 的该专利股权收益，3 年后可享有不低于 40% 的股权收益；专利实施转让，专利职务发明人（设计人）可获得不低于 20% 的转让收益。

7. 支持民营企业引进“两院”院士、重点技术领域和行业学术技术带头人等高层次人才，对民营企业新建院士专家工作站、博士后工作站（博士后创新实践基地）和技能大师工作室的，分别由县级财政给予资助。民营企业建立重点实验室、工程研究中心、工程实验室、企业技术中心等研发机构，经省级认定的可享受相关资金奖励。

8. 加强技术创新服务。鼓励和引导科研单位、大专院校面向民营企业全面开放重点实验室、研发中心等技术机构，加快科技成果向民营企业转化应用。支持和帮助民营企业进行新产品研发、技术攻关、科技创新，建立健全“开放、互补、互利”的产学研合作机制，显著提高民营企业技术引进、消化吸收和再创新的水平。允许科研院所、大专院校的科技人员在完成本职工作的基础上，采取兼职兼薪方式服务企业创新。

（八）完善公共服务

1. 实施民营经济组织人才队伍建设提高工程，把民营企业领军人才评选纳入“巨人计划”一并统筹进行，每两年评选一次，评选名额在原有基础上适当扩大。开展民营企业高级管理人员培训，提升经营管理人员整体素质。省级每年选送 100 名民营企业法定代表人到知名高校进修培训，选拔 1000 名中小企业高级管理人才开展短期培训，面向 10000 名小微企业经营管理者进行专题培训，各市、县（市、区）也要进一步加强民营企业从业人员培训，全省每年完成培训 200 万人次（含企业自主培训）。开展好农村劳动力就地就近转移培训，搭建劳动力供求对接平台，扶持各类人力资源服务机构为企业提供用工服务。

2. 进一步做好省、市、县三级中小企业公共服务平台网络后续建设和功能完善工作，实现省平台和市、县两级窗口平台的互联互通，并做好法律援助、信息发布、技术支持、市场开拓、管理咨询、人才培训和投融资等各项服务工作。

3. 完善民营企业诚信体系建设，把民营企业纳入全省统一的信用信息数据库，实现金融、工商、税务、物价、公安、安全生产、环境保护、质监等部门间的共享和公开。

4. 引导上规模民营企业加强制度创新、管理创新，培养和引进职业经理人，建立现代企业制度。引导小微企业健全组织结构，改进管理，优化法人治理结构。加强企业精神文明建设，构建以社会主义核心价值观为统领的企业文化。支持民营企业家积极投身光彩事业活动，自觉履行社会责任。

三、保障措施

（一）加强组织领导

省委、省政府成立民营经济发展领导小组，省有关部门主要负责同志为成员，省工业和信息化厅承担领导小组的日常工作。省民营经济领导小组要切实履行组织推动全省民营经济、中小微企业大发展、快发展的责任，及时组织市、县（市、区）和有关部门解决民营经济发展中的重点难点问题，并注重发挥好工商联作为政府管理和服务非公有制经济的助手作用。各市、县（市、区）要参照调整充实民营经济领导小组。

（二）营造浓厚氛围

宣传部门要组织引导主流媒体充分发挥舆论导向作用，党报党刊、电台和电视台相关频道及省内重点新闻网站要根据实际情况，通过专版、专栏、专题、网络采访、视频访谈等多种形式，有计划、多视角地宣传民营经济发展先进典型，解读促进民营经济发展政策，激发全省人民的创业致富热情，营造全社会重商、亲商、扶商的浓厚氛围。

（三）选树先进典型

省每年对各市、县（市）民营经济发展情况进行考核评价和综合排名，每两年选树百强民营企业、百名优秀民营企业家和百名创业功臣并予以奖励。各市、县（市、区）要积极培树民营经济发展先进典型，并给予奖励。让一切诚信守法经营、积极回报社会的民营企业家在社会上有地位、政治上有荣誉、经济上有实惠。

（四）强化涉企服务工作监督

纪检监察机关要进一步加强监督检查，严肃查处违规违纪违法行为，及时曝光典型问题，对相关责任人依法依规从重处理，切实解决门难进、脸难看、事难办的问题。省直有关部门每年要向社会公布涉企收费项目目录，将减负惠企各项政策措施落到实处。

（五）严格控制入企检查活动

坚持依法行政，各级行政监管部门入企监督检查采取随机抽查和信用分类监管，原则上集中安排，并告知被检查企业所在县（市、区）民营经济领导小组办公室。同一企业、同一事项，原则上不得重复和多头检查、检测。

（六）建立民营经济发展社会环境评价体系

在省、市、县（市、区）行风评议中建立民营企业和非公有制经济代表人士评价政府和政府部门的机制，并增加其评价意见的权重；在全省确定5000家调查基点企业，科学制定采集项目和数据、计算分值和权重，采取定性和定量相结合的方法，每年公布各市、县（市、区）民营企业发展环境指数，并对政府相关职能部门服务民营经济的效率、效果和作风进行综合排名。适时引入第三方评估机制，全面了解政策执行情况，优化民营经济发展环境。

（七）建立领导干部定点联系民营企业制度

省、市、县（市、区）领导班子成员和部门负责人要切实增强关注、关心、关爱民营经济发展的意识，统筹安排或自主选择1家以上民营企业作为联系点，每年安排一定时间深入企业调研指导。对重点民营企业和重点民营经济项目，实行市、县（市、区）领导分包制，帮助解决发展中的关键问题。

（八）干部挂职帮扶民营企业

2014年至2017年，省每年组织100名省直机关优秀年轻干部到规模以上民营企业挂职，协助解决发展中的实际困难和问题。各市、县（市、区）也要参照开展好这项活动。

各市、县（市、区）党委、政府和省直各部门要按照本意见要求，结合本地区本部门实际，制定出台具体措施并抓好落实。

山西省

山西省人民政府办公厅关于扶持高校毕业生创业的意见

晋政办发〔2014〕40号

各市、县人民政府，省人民政府各委、办、厅、局：

为鼓励扶持毕业5年内高校毕业生以及毕业学年高校毕业生（以下简称高校毕业生）自主创业、合伙经营或者组织起来创业，促进以创业带动就业，经省人民政府同意，提出如下意见。

一、高校毕业生从事个体经营或者创办小微企业的，自其工商注册登记之日起3年内免收属于登记类、证照类、管理类等有关行政事业性收费，具体免征收费项目按省财政厅、省物价局《关于免征小型微型企业部分行政事业性收费的通知》（晋财综〔2011〕88号）执行。对创办小微企业的，自工商登记之日2年内，可享受缴纳企业所得税、增值税和营业税省级留成100%、市县留成50%的财政补助政策。

二、高校毕业生从事个体经营或者创办小微企业的，可参照就业困难人员灵活就业社会保险补贴政策，从就业专项资金中给予其最长3年的社会保险补贴。

三、企业、社会组织利用自有创业场所、资金、技术、项目、队伍等资源，对高校毕业生开展不超过6个月创业实训的，可从就业专项资金中根据成功创业人数（指在实训结束后半年内领取营业执照并稳定经营6个月以上的人数）按每人不超过5000元的标准给予创业实训补贴。

四、对高校毕业生自主创业的，可申请最高10万元的小额担保贷款。对合伙经营或者组织起来创业的，可将最高贷款额度提高到每人15万元。对已经成功创业且带动就业5人以上、经营稳定的，可给予最高50万元的贷款再扶持。对上述贷款项目，由财政部门按规定给予贴息。

五、高校毕业生在人力资源社会保障、财政部门指定的金融机构申请到创业贷款并按期还款的，可参照小额担保贷款政策在规定额度内给予财政贴息。支持各级科技、经信部门及工会、共青团、妇联社会组织等为高校毕业生创业提供上述小额贷款。

六、省人力资源社会保障厅、省财政厅要围绕现代科技、现代农业、现代物流、文化传媒、社区服务等重点行业，定期评选30－50个符合我省产业发展方向、成长性好、潜在经济和社会效益好的创业项目，作为“山西省大学生创业星火项目”，从省级创业资金中给予一定的创业扶持。各市、县都要选择一些重点创业项目，对高校毕业生创业给予支持。

七、对高校毕业生自主创业且正常经营6个月以上的，从创业资金中按每年不超过2000元的标准给予最长3年的经营场地租金补贴。

八、对高校毕业生自主创业并带动3人以上就业且正常经营1年以上的，从就业专项资金中根据创业带动就业人数按每人不超过1000元的标准给予创业就业补助。

九、对入驻高校毕业生创业户数占园区总户数70%以上、入驻户数20户以上且稳定经营1年以上的创业园区，从创业资金中按每户不超过5000元的标准给予创建单位一次性建设补助。

十、对自主创业的高校毕业生，公共就业服务机构应当为其免费提供档案存放、代缴社保、代办户口、职称评定等人力资源和社会保障事务代理服务。

十一、各高校要加大对创业指导的资金、人员、设施投入，开设创业指导课程，并对毕业学年高校毕业生按规定开展创业意识教育和创业培训。

十二、加大高校毕业生就业创业扶持政策宣传力度，将高校毕业生就业创业宣传列入全省公益性宣传范围，通过广播、电视、报刊、互联网等媒体及时宣传高校毕业生就业创业工作中的好经验、好做法。

山西省人民政府办公厅

2014年5月16日

山西省人民政府办公厅关于鼓励小微企业吸纳劳动者就业的意见

晋政办发〔2014〕41号

各市、县人民政府，省人民政府各委、办、厅、局：

为鼓励小微企业吸纳城乡各类劳动者就业，发挥小微企业吸纳就业的主渠道作用，确保完成城镇新增就业和转移农村劳动力就业目标，经省人民政府同意，提出如下意见。

一、给予吸纳就业补助

对小微企业新吸纳城乡各类劳动者且稳定就业半年以上的，从就业专项资金中根据吸纳就业人数按每人不超过1000元的标准给予一次性就业补助。

二、给予岗位补贴

小微企业新招用就业困难人员并签订一年以上劳动合同的，从就业专项资金中按每人每月300元的标准给予就业岗位补贴，补贴期限最长不超过3年。补贴期满后距法定退休年龄不足2年的，可延长至退休。

三、给予社会保险补贴

小微企业招用就业困难人员和毕业2年内高校毕业生、签订1年以上劳动合同并足额缴纳社会保险费的，可对企业为招用人员实际缴纳的基本养老保险费、基本医疗保险费和失业保险费给予补贴，不包括个人缴费部分（补贴的社会保险费缴费基数按上年度在岗职工平均工资的60%计算）。社会保险补贴期限最长不超过3年。补贴期满后距法定退休年龄不足2年的，可延长至退休。

四、提供小额担保贷款及贴息

符合贷款条件的小微企业，当年新招用符合小额担保贷款申请条件的人员达到企业现有在职职工总数30%（超过100人的企业达到15%）以上的，可以根据实际招用人数申请不超过200万元的小额担保贷款。小微企业直接向指定金融机构申请小额贷款的，可参照小额担保贷款政策，给予相应的财政贴息。对小微企业扩大规模新招用人员的，可提供贷款再扶持。对同一贷款对象发放的第二次贷款不贴息。

五、给予职业培训和职业技能鉴定补贴

小微企业新录用城镇登记失业人员、转移就业农村劳动者、毕业年度高校毕业生、城乡未继续升学的应届初高中毕业生，与企业签订6个月以上劳动合同的，可从就业专项资金中根据签订劳动合同人数及实际履行劳动合同期限给予一定的职业培训补贴，由企业自主开展职工培训。对签订6个月以上劳动合同的，给予每人不超过300元的职业培训补贴；实际履行劳动合同1年以上的，再给予每人

不超过300元的职业培训补贴；实际履行劳动合同2年以上的，再给予每人不超过500元的职业培训补贴。对新录用人员通过职业技能鉴定并取得初级以上职业资格证书的，可按相应职业技能鉴定收费标准给予一次性职业技能鉴定补贴。

六、给予就业见习补贴

鼓励小微企业安排未就业高校毕业生参加就业见习。对安排高校毕业生参加就业见习的小微企业，可从就业专项资金中给予见习补贴。

七、缓缴社会保险费

对初创的小微企业可缓缴基本养老、基本医疗、失业、工伤、生育5项社会保险费，缓缴期间不征收滞纳金，缓缴期限可延长至企业领取营业执照后的第12个月。

八、提供就业服务。各级公共就业服务机构要加大市场招聘密度，为小微企业提供优质便捷的招用人员和人力资源社会保障事务代理服务。有条件的县（市、区）要开通小微企业QQ群、微信服务平台，为小微企业业务交流搭建服务平台。

山西省人民政府办公厅
2014年5月16日

山西省人民政府办公厅关于帮扶困难企业稳定就业岗位的通知

晋政办发〔2014〕43号

各市、县人民政府，省人民政府各委、办、厅、局：

为积极应对当前经济下行压力，帮扶困难企业渡过难关，鼓励企业不裁员、不降低一线职工收入，确保完成2014年就业目标和城乡居民人均可支配收入目标，经省人民政府同意，现就帮扶困难企业，稳定就业岗位有关问题通知如下：

一、困难企业年度内可缓缴五项社会保险费

在确保社会保险待遇按时足额支付，社会保险基金不出现缺口的情况下，经认定的困难企业可以申请缓缴2014年的基本养老、基本医疗、工伤、失业、生育五项社会保险费。2014年1月至12月企业应缴纳的社会保险费部分，以对应月分别计算，缓缴期一年，缓缴社会保险费的还款期限截至2015年12月31日。企业在缓缴期间，应缴纳的社会保险费继续按月申报；个人应缴纳的部分仍由企业按月代扣代缴。其中，企业缴纳应划入职工个人账户的医疗保险费不在缓缴范围。缓缴期内，企业可以正常办理职工退休手续，经办机构负责正常办理社会保险关系转移手续，参保职工正常享受基本养老、基本医疗、失业、工伤、生育保险待遇。职工缴费年限连续计算，缓缴的社会保险费不计征滞纳金。

二、使用失业保险基金给予困难企业政策补贴

各市在确保失业人员失业保险待遇按时足额支付、失业保险基金不出现缺口的前提下，可以使用失业保险基金对困难企业给予社会保险补贴和岗位补贴。补贴执行期为2014年，补贴期限最长不超过6个月。社会保险补贴标准参照就业专项资金对企业招用就业困难人员的社会保险补贴标准确定，岗位补贴标准参照当地失业保险金标准确定。上述两项补贴，同一企业只能享受1项。各市人力资源社会保障局会同财政局可按照参保人员总量的10%—15%确定用于困难企业的社会保险补贴、岗位补贴资金规模，报市人民政府批准。

对于困难企业组织职工开展在岗培训的，企业在享受社会保险补贴或岗位补贴的同时，还可以享受失业保险基金支付的培训补贴。培训补贴标准参照就业专项资金对个人参加职业培训补贴标准的50%确定，对企业补贴总额度不超过企业培训费用总额的50%。各市人力资源社会保障局会同财政局原则上可按照参保人员总量的5%左右确定困难企业在岗培训补贴资金规模。

三、推动企业与职工开展协商稳定劳动关系

积极推动各类企业建立健全工资集体协商制度。国有和国有控股困难企业要带头落实省委办公厅、省政府办公厅转发的《关于深入推进企业工资集体协商促进劳动关系和谐稳定的指导意见》（晋办发〔2013〕16号），重点围绕工资按时支付、稳岗增效措施等内容开展集体协商，企业方和工会共寻对策，共克时艰，做到不裁员，不降低一线职工收入。鼓励其他困难企业通过开展集体协商，采取灵活用工、弹性工时、弹性工资、组织培训等措施，共同应对当前经济困难，稳定就业岗位。

指导困难企业按照《山西省劳动合同条例》的规定，通过与职工个人协商一致，在继续保留劳动关系的情况下，鼓励职工在约定的时期内，到其他缺工领域劳动。约定期满，劳动者返回原企业工作，继续履行原劳动合同。

四、加强对企业经济性裁员的指导和管理

企业经济性裁员必须按照《中华人民共和国劳

动合同法》规定的条件和程序进行，一次性裁员20人以上或者裁减不足20人但占企业职工总数10%以上的，要提前30日向工会或者全体职工说明情况，听取工会或者职工的意见，制订裁减人员方案并向人力资源社会保障行政部门报告。各级人力资源社会保障部门要加强对企业裁员行为的事前指导、事中监督和事后服务，加强对企业裁员规模的调控，避免将职工集中推向社会。要指导企业妥善处理被裁减人员的劳动关系，依法支付经济补偿，避免引发劳动纠纷。要强化劳动保障监察执法，对企业违规裁员、恶意造假、规避裁员报告等行为给予严肃查处。要认真做好被裁减人员的社会保险接续和再就业服务工作，通过加强技能培训，落实再就业和自主创业优惠政策等措施，为职工实现再就业创造条件。

五、困难企业的条件和认定

（一）困难企业应当同时具备以下条件：

1. 2013年12月底之前，已依法参加社会保险，并按规定履行缴费义务；

2. 受经济下行压力影响，自2013年三季度至2014年一季度，企业连续一个季度以上利润指标同比下降30%以上，出现严重亏损，资金周转困难；

3. 2014年1月以来企业没有裁员，且承诺年内不裁员、不降低一线职工收入；

4. 生产经营活动符合国家及所在区域产业和环保政策。

（二）符合条件的困难企业，填写《山西省受经济下行影响困难企业认定表》，并附企业法人营业执照副本、企业财务报表、社会保险参保缴费证明材料，报当地市级人力资源社会保障局，由市人力资源社会保障局会同财政局共同审核认定。省属以上困难企业直接报省人力资源社会保障厅，由省人力资源社会保障厅会同财政厅审核认定。

六、相关操作程序

（一）申请缓缴社会保险费的程序

经认定的困难企业填写《山西省困难企业缓缴社会保险费申请表》，经参保地社保经办机构初审、省社会保险局审核，报省人力资源社会保障厅批准后，与参保地经办机构签订《山西省困难企业缓缴社会保险费协议书》，办理缓缴及清偿手续。

（二）失业保险补贴的申请、审核和拨付程序

经认定的困难企业填写《山西省困难企业失业保险补贴申报审批表》，向参保地失业保险经办机构提出补贴申请，报市级失业保险经办机构审核，经市级人力资源社会保障局、财政局复核同意后，市级失业保险经办机构将补贴资金拨付困难企业账户。企业同时申请享受岗位培训补贴的，还需提供培训人员花名册、企业支付培训费用的证明、培训考勤表、试卷及培训合格证书等材料。

七、建立统计报告制度

各级人力资源社会保障部门要及时了解掌握企业生产经营变化情况，加强对困难企业帮扶政策落实情况的分析研判，提高帮扶政策的针对性和实效性，要建立困难企业基本台账，每月汇总统计缓缴社会保险费、给予政策补贴涉及的企业户数、职工人数、资金总额等。从2014年6月开始，各市每月底将本行政区（包括所属县、市、区）帮扶困难企业政策落实情况统计表报省人力资源社会保障厅。

山西省人民政府办公厅
2014年5月16日

山西省人民政府办公厅关于印发山西省加强涉企收费管理减轻企业负担工作方案的通知

晋政办发〔2014〕65号

各市人民政府，省人民政府各委、办、厅、局：

《山西省加强涉企收费管理减轻企业负担工作方案》已经省人民政府同意，现印发给你们，请认真组织实施。

山西省人民政府办公厅
2014年8月21日

山西省加强涉企收费管理减轻企业负担工作方案

为贯彻落实《国务院办公厅关于进一步加强涉企收费管理减轻企业负担的通知》（国办发〔2014〕30号）和全国减轻企业负担电视电话会议精神，进一步加强涉企收费管理，切实减轻企业负担，制订本工作方案。

一、总体思路

深入贯彻党的十八届三中全会关于全面深化改革的部署，进一步推进简政放权，充分发挥市场配置资源的决定性作用，加强涉企收费管理，严格涉企收费审批，建立和完善收费目录清单制度、行政事业性收费和政府性基金收缴分离制度、企业负担调查评价制度以及监督检查制度，把权力关进制度的笼子，用制度管住伸向企业的手，激发企业特别是小微企业的活力，为企业发展创造良好的外部环境。

二、基本目标

建立和实施涉企收费目录清单制度，对涉企行政事业性收费、政府性基金和实施政府定价或指导价的经营服务性收费，实行目录清单管理，清单之外的涉企收费，一律不得执行；从严审批涉企收费项目，新设立涉企行政事业性收费和政府性基金，必须依据有关法律、行政法规的规定。全面清理行政审批前置服务项目及收费，对没有法律法规依据的前置服务项目一律取消；规范行业协会、中介组织涉企收费行为；全面深化涉企收费制度改革，进一步清理取消、整合规范现行涉企行政事业性收费和政府性基金项目；坚决查处各种侵害企业合法权益的违规行为。

三、任务分工

（一）建立和实施涉企收费目录清单制度

1. 对依照法律、行政法规和国家有关政策规定设立的涉企行政事业性收费、政府性基金，建立独立的涉企收费项目清单，并定期发布。此项工作2014年底前完成。（牵头单位：省财政厅）

2. 对实行政府定价或指导价的经营服务性收费，进行梳理、分类，并按照管理权限，由省、市两级物价部门按照管理层级实行目录清单管理，建立定期公示制度。（牵头单位：省物价局）

3. 涉企收费具体实施情况纳入部门政务公开范畴，通过政府网站和公共媒体定期对外公开，接受社会监督。涉企收费部门和单位要严格执行收费目录清单，目录清单之外的涉企收费，一律不得执行。（牵头单位：省财政厅、省物价局）

（二）完善涉企收费管理

1. 从国办发〔2014〕30号文件下发之日起，严格审批涉企收费项目，新设立涉企行政事业性收费和政府性基金，必须依据有关法律、行政法规的规定。（牵头单位：省财政厅）

2. 重点对省定涉企行政事业性收费项目进行清理，取消政府提供普遍公共服务或体现一般性管理职能的行政事业性收费项目；进一步清理取消、整合规范现行涉企行政事业性收费和政府性基金项目，减少项目数量；结合部门职能调整，合并在不同部门分别设立的相关行政事业性收费项目。（牵头单位：省财政厅）

3. 建立和完善涉企行政事业性收费和政府性基金收缴分离制度。按照省财政厅、人民银行太原中心支行《关于印发山西省政府非税收入收缴管理改革方案的通知》（晋财库〔2010〕24号），实施“单位开票、银行代收、财政统管”的管理模式，将所有政府非税收入全部纳入全省统一的非税收入收缴管理体系中运行，实现非税收入开票、收款、管理的彻底分离。（牵头单位：省财政厅）

4. 对新设立的地方性法规、政府规章中涉企行政事业性收费和政府性基金进行审查。（牵头单位：省法制办）

5. 完善涉企收费监督检查，进一步强化对涉企收费的事中和事后监管。结合收费许可证年检和收费票据核销工作，开展涉企收费专项检查。（牵头单位：省物价局、省财政厅）

（三）规范行政审批前置服务项目及收费

1. 认真清理行政审批前置服务项目及收费，对现有行政审批前置环节的技术审查、评估、鉴证、咨询等服务项目进行全面清理，对没有法律法规依据的行政审批前置服务项目一律取消。在公开省、市、县行政审批事项的同时，将涉及收费的前置服务项目予以公布。（牵头单位：省编办、省物价局）

2. 对确需实行政府定价、政府指导价的行政审批前置服务严格管理，实行政府定价目录管理，严格核定服务成本，制定服务价格，并按照管理权限进行公示。（牵头单位：省物价局）

（四）查处各种侵害企业合法权益的违规行为

1. 坚决制止各类针对企业的乱收费、乱罚款和摊派等行为，对违规设立的行政事业性收费、政府性基金和行政审批前置经营服务收费项目，一律取消。（牵头单位：省经信委、省财政厅、省物价局）

2. 规范行业协会涉企收费行为。严禁以各种方式强制企业赞助捐赠、订购报刊、参加培训、加入社团、指定服务，严禁行业协会利用行政资源强制收取费用等行为。（牵头单位：省民政厅）

3. 建立和完善企业负担调查信息平台，深入推进企业负担调查工作，完善企业举报渠道，形成发现问题、反映问题和研究解决问题的工作机制。（牵头单位：省经信委、省中小企业局）

4. 强化社会舆论监督，加大查处力度。坚决制止在目录清单以外乱收费的行为，对各种侵害企业权益的违规收费行为，一经发现，坚决曝光，并按照有关法律法规以及党中央国务院关于乱收费的有关规定严肃处理，追究有关单位和人员的法律责任。（牵头单位：省经信委、省财政厅、省物价局、省审计厅）

四、组织保障

为加强对减轻企业负担工作的组织领导，强化部门协作配合，及时解决工作中面临的重大问题，建立山西省减轻企业负担联席会议制度。联席会议由省经信委、省发展改革委、省财政厅、省物价局、省公安厅、省民政厅、省住房城乡建设厅、省交通运输厅、省农业厅、省审计厅、省国资委、省工商局、省质监局、省法制办、省中小企业局、山西银监局等16个部门（单位）组成，省经信委为牵头单位。省经信委主任担任联席会议召集人，分管负责同志担任副召集人，各成员单位有关负责同志为联席会议成员。

联席会议办公室设在省经信委，承担联席会议日常工作。联席会议设联络员，由各成员单位有关处室负责同志担任。

五、工作要求

（一）加强组织领导，落实分工责任

各市要按照本《方案》要求，结合实际，制订具体工作方案，明确分工、落实责任。各市减轻企业负担工作机构负责同志要亲自推动，加强机构建设、完善工作机制，抓好组织保障。要精心统筹安排，创新工作形式，扎实有序推进，切实抓出实效。有关落实方案要在2014年8月底前报省减轻企业负担联席会议办公室（省经信委）。

（二）加强协同配合，形成工作合力

减轻企业负担联席会议成员单位要加强协同配合，形成分工协作、上下联动的工作格局。发挥社会各界的作用，加强公共媒体的舆论监督，并动员协会、专家等社会力量积极参与，整合资源，协同推进。

（三）加强监督检查，切实抓出成效

认真听取企业意见，完善企业负担反映和解决机制。以清单制度作为重点督查内容，督促形成涉企收费目录清单的常态化公示机制。2014年底前，省经信委将联合省减轻企业负担联席会议成员单位对各市、各部门减轻企业负担情况开展专项检查，对工作开展效果突出、企业满意度高的市和部门给予通报表扬；对侵害企业权益的违规收费行为要坚决予以曝光并严肃查处。

辽宁省

辽宁省中小微企业权益保护条例

（2013年11月29日辽宁省第十二届人民代表大会常务委员会第五次会议通过）

第一条　为了保护中小微企业合法权益，优化中小微企业生产经营环境，促进中小微企业健康发展，根据有关法律、法规，结合本省实际，制定本条例。

第二条　本条例适用于本省行政区域内依法设立的中小微企业合法权益保护工作。

本条例所称的中小微企业，是指依照国家有关中小企业划型标准规定的各类所有制和各种组织形式的中型、小型、微型企业。

第三条　省、市、县（含县级市、区，下同）人民政府主管中小微企业工作的部门（以下简称中小微企业工作部门），负责本行政区域内中小微企业合法权益保护的指导协调和服务工作。

发展改革、财政、人力资源社会保障、服务业、经信委、外经贸、税务、工商、质量技术监督、科技、金融、公安、司法行政、监察等相关部门按照各自职责，做好中小微企业合法权益保护的相关工作。

第四条　省、市、县人民政府应当建立中小微企业合法权益保护工作联席会议制度和考核督查制度，加强和改进政府服务，建立中小微企业合法权益保护的投诉机制和责任追究制度，支持、督促有关部门纠正和查处侵犯中小微企业合法权益的违法行为。

第五条　中小微企业工作部门应当制定中小微企业合法权益保护工作制度，组织开展监督检查，对检查出的违法问题及时依法处理，并监督整改；提供有关维护中小微企业合法权益的法律及政策咨询服务，及时受理中小微企业的维权投诉、举报，指导并协调相关部门依法处理侵犯中小微企业合法权益事项。

第六条　中小微企业从事生产和经营管理活动，应当遵守法律、法规和规章，诚实守信，承担社会责任，不得损害国家利益和社会公共利益，不得侵害职工和他人的合法权益。

第七条　法律、行政法规未禁止进入的行业和领域，中小微企业均可以平等进入，不得对其设定歧视性的市场准入条件。

中小微企业在生产经营活动中，可以在经营范围内自主决定经营项目、规模和方式，任何单位和个人不得非法干预。

第八条　人力资源社会保障部门应当会同同级工会、工商业联合会、中小企业联合会以及有关企业方代表建立劳动关系三方协商机制，对劳动争议的预防、集体劳动争议和劳动关系突发事件的处理等重大问题进行协商，维护中小微企业和职工合法权益，促进职工与中小微企业、企业经营管理者之间的和谐与合作。

第九条　工商业联合会以及中小企业联合会、私营企业协会、行业协会等社会组织，应当向有关行政部门反映中小微企业的建议和要求，提出维护中小微企业合法权益的意见、建议，有关行政部门应当及时处理并反馈结果，依法维护中小微企业合法权益。

各类行业协会受政府及其有关部门的委托，可以为中小微企业合法权益保护提供调查和服务。

第十条　中小微企业或者工商业联合会、中小企业联合会、私营企业协会、行业协会等社会组织，认为省、市、县人民政府有关部门制定的规范性文件侵害中小微企业合法权益的，可以建议上一级人民政府有关部门或者同级人民政府予以审查；认为省、市、县人民政府发布的规范性文件侵害中小微企业合法权益的，可以向同级人民代表大会常务委员会提出审查建议。相关机关应当按照有关规定依法受理，并及时予以答复。

第十一条　有关行政部门应当将涉及中小微企业的办事机构、制度和程序予以公示。办理涉及中小微企业的行政审批事项，应当采取首问负责制，一次性说明办理有关事项应当提交的全部材料，准确提供办理有关事项所需信息；对能够即时办结的事项，按照法律、法规规定的期限及时办理；对不符合条件不予办理的，应当当面或者书面说明理由。不得在法律、法规规定之外增设条件。

第十二条 有关行政部门对中小微企业依法取得的行政许可，因公共利益或者其他法定事由撤回或者变更的，应当依照法定权限和程序进行，并依法给予合理补偿。

因公共利益需要，确需征收、征用中小微企业依法取得使用权的土地，或者依法取得所有权、使用权的房屋，应当依照法定程序进行，并依法给予合理补偿。

第十三条 涉及中小微企业的行政事业性收费，应当以法律、法规、国务院及其财政行政管理部门和省人民政府的规定为依据。向中小微企业收取政府性基金，应当以法律、行政法规、国务院及其财政行政管理部门的规定为依据。

向中小微企业收取的行政事业性收费、政府性基金，省财政、价格等行政管理部门应当每年核定一次，列出目录，向社会公布。未列入目录的项目，不得向中小微企业收取。

中介机构受有关行政部门委托对中小微企业进行有关检验、检测、咨询、评估等所需费用，依据法律、法规应当由有关行政部门支付的，不得向中小微企业收取。

第十四条 有关行政部门对中小微企业实施行政处罚，应当坚持处罚与教育相结合。对违法行为轻微并及时纠正，未造成社会危害的，不予行政处罚。

第十五条 有关行政部门对中小微企业实施监督检查，应当有明确的法律、法规、规章依据和监督检查事项，并依照法定权限和程序进行；对不符合规定的，中小微企业有权拒绝。

不同行政部门对中小微企业实施的多项监督检查可以一并完成的，应当由中小微企业工作部门协调有关部门实施合并或者联合检查；同一行政部门对中小微企业实施多项监督检查可以一并完成的，应当合并进行，减少检查次数。

第十六条 有关行政部门依法对中小微企业产品进行检验、检测需要抽取样品的，应当按照规定付费。法律、法规和规章规定由被检验、检测的中小微企业无偿提供的，抽取的样品不得超过技术标准、标准规范要求的数量，应当返还的及时返还。

除法律、法规和规章另有规定外，法定检验、检测机构对同一批次产品依法做出的检验、检测结论或者鉴定结果，有关行政部门应当直接采用，不得重复检验、检测。对重复检验、检测的，中小微企业有权拒绝。

第十七条 有关行政部门依法对中小微企业产品进行检验、检测，对中小微企业实施行政许可、行政处罚、行政强制以及监督检查等行为，应当将有关情况和处理结果予以记录归档，中小微企业有权按照规定查阅。

第十八条 有关行政部门为应对突发事件，依法向中小微企业征用的财产，在使用完毕或者突发事件应急处置工作结束后，应当及时返还。财产被征用或者征用后毁损、灭失的，应当给予合理补偿；经营性财产被征用且遭受经济损失的，应当在补偿财产损失的同时给予生活补助。

第十九条 有关行政部门和法律、法规授权的具有管理公共事务职能的组织，不得非法限制外地中小微企业到本地从事生产经营活动或者外地商品、服务进入本地市场，妨碍公平竞争。

第二十条 中小微企业出口产品受到国外反倾销、反补贴或者保障措施调查的，中小微企业有权请求政府相关部门和行业协会组织协调应诉工作。政府相关部门和行业协会应当帮助中小微企业开展国外反倾销、反补贴或者保障措施调查应诉工作。

进口产品存在倾销、补贴的情形，并对相关产业造成实质性损害或者产生实质性损害威胁时，相关中小微企业有权向有关部门提出反倾销、反补贴或者提出保障措施调查申请。

第二十一条 任何单位和个人不得有下列行为：

（一）强制或者变相强制中小微企业参加各类社会团体，强制或者变相强制中小微企业缴纳会费、活动经费及其他费用；

（二）强制或者变相强制中小微企业参加各类评比、达标、升级、排序、认证和表彰等活动并收取费用；

（三）强制或者变相强制中小微企业接受有偿宣传，征订报刊、图书、音像资料；

（四）要求中小微企业接受指定培训、指定服务或者购买指定产品；

（五）在招标采购活动中，限制符合准入条件的中小微企业参与公平竞标；

（六）干涉中小微企业合法用工自主权；

（七）要求无偿或者廉价提供劳务以及无偿占用中小微企业财物；

（八）将行政管理职能转化为有偿服务；

（九）侵害中小微企业知识产权，或者未经中小微企业允许，公开涉及中小微企业商业秘密的信息；

（十）强制或者变相强制中小微企业为其他经济组织的金融借款提供信用担保，或者以中小微企业名义借款给其他经济组织使用；

（十一）强制或者变相强制中小微企业在接受有关专项性、阶段性监督检查时暂停法律、法规许可的正常生产经营活动；

（十二）向中小微企业摊派、索要赞助以及强制中小微企业捐赠捐献、参加商业保险；

（十三）其他侵害中小微企业合法权益的行为。

第二十二条 有关行政部门侵犯中小微企业合法权益的，中小微企业有权拒绝，并可以向中小微企业工作部门或者法律、法规和规章规定的部门举报、投诉，有关部门应当为举报者、投诉者保密。对可以依法通过行政复议或者行政诉讼解决的事项，中小微企业可以依法申请行政复议或者提起行政诉讼。

对于有关行政部门拖延、推诿或者不予处理举报、投诉的，中小微企业工作部门可以向本级人民政府或者其上一级行政部门报告，并协助举报者、投诉者依法予以解决。

第二十三条 中小微企业工作部门及其他有关行政部门应当建立中小微企业合法权益保护工作投诉、举报制度，公布举报电话和电子信箱，接受举报、投诉。

受理举报、投诉的行政部门，应当在十五个工作日内依法处理，并书面答复举报者、投诉者。有特殊原因不能按期办结的，经该部门负责人批准，可以适当延长办理期限，但延长时间最长不得超过三十个工作日。

有关行政部门认为举报、投诉事项不属于本部门职责的，应当先行受理，并自接到举报、投诉之日起二个工作日内移送相关行政部门，并书面告知举报者、投诉者。

第二十四条 被举报、投诉的单位及其工作人员，应当接受有关行政部门的调查并如实提供有关资料，不得拒绝或者刁难、阻挠，并且不得对举报者、投诉者打击报复。

上一级行政部门发现下一级行政部门对举报、投诉事项的处理决定存在错误的，可以责令下一级行政部门依法重新处理。

第二十五条 鼓励和支持对侵害中小微企业合法权益的行为进行社会监督。

中小微企业工作部门可以聘请社会监督员，协助开展中小微企业合法权益保护监督工作。

新闻媒体应当做好维护中小微企业合法权益的舆论监督工作，对侵害中小微企业合法权益的行为进行客观公正报道。

第二十六条 违反本条例规定，中小微企业工作部门、相关行政部门及其工作人员有下列情形之一的，由其所在单位或者上级主管部门、监察机关责令期限改正，对直接负责的主管人员和其他直接责任人员依法给予行政处分；对有违法所得的，依法追缴；造成经济损失的，依法承担赔偿责任；构成犯罪的，依法追究刑事责任。

（一）拒绝履行法定职责或者未在规定时限内办理有关事项，给中小微企业造成损失的；

（二）利用职权或者职务便利获取利益，或者为他人谋取利益的；

（三）对承办的举报、投诉事项拖延、推诿或者不予处理的；

（四）在侵权调查时，不如实提供有关资料以及拒绝或者刁难、阻挠有关部门调查的；

（五）打击报复举报者、投诉者的；

（六）其他损害中小微企业合法权益的行为。

第二十七条 个体工商户合法权益的保护，参照本条例执行。

第二十八条 本条例自 2014 年 3 月 1 日起施行。

黑龙江省

关于进一步支持中小微企业发展 2014 年重点工作

黑政办综〔2014〕15 号

一、省工信委

（一）出台省政府扶持中小微企业政策。修改完善省政府扶持中小微企业政策，提交省政府常务会议讨论。抓好各部门政策任务分解和贯彻落实，加大支持小微企业的政策宣传。在全省范围内深入开展扶助小微企业专项行动。

（二）进一步推进中小企业服务体系建设。加快全省中小企业公共服务平台网络建设，提高使用效率和解决实际问题的服务能力。培育认定一批国家、省级中小企业公共服务示范平台，落实好国家中小企业公共服务示范平台进口设备免税政策。推进小企业创业基地建设，开展创业培训和辅导服务，强化对基地内创业企业的服务孵化能力；推进落实万名创业小老板培育计划。

（三）进一步推动中小企业创新发展，促进两化深度融合。实施中小企业成长工程，评价扶持 1000 户成长型中小企业，结合企业需求，开展管理咨询、编制规划、云管理信息化等服务工作。鼓励中小企业提升自主创新能力，省级企业技术中心认定评选向中小企业倾斜。实施中小企业知识产权战略推进工程，推进试点城市建设。实施中小企业信息化推进工程，不断完善工业云平台建设和资源的汇集；按照工信部制定的《电子商务“十二五”发展规划》，推动中小企业电子商务服务平台建设，创新企业营销方式；鼓励电信运营商，开发适合中小企业应用的信息技术产品和解决方案。

（四）进一步加强对小微企业融资服务。继续开展工业企业助保金试点，扩大融资服务模式，深化与金融和投融资机构的合作，积极开展融资培训咨询、银企对接等活动，拓宽直接融资渠道。鼓励担保机构提高小微企业担保业务规模，降低对小微企业担保收费。

（五）进一步提升小微企业管理水平和人员素质。深入实施中小企业银河培训工程和企业经营管理人才素质提升工程，建立为中小企业服务的管理服务咨询专家信息库；鼓励和引导服务机构开展小微企业管理诊断和管理咨询服务，提升企业的管理水平。

（六）深入实施主食加工业提升行动。编制主食加工产业链，组织实施全省主食加工发展规划，深入开展主食加工产业科企对接，加强产学研合作，推进主食加工试点工作，树立支持一批带动力强的示范企业，宣传推介一批主食加工知名品牌，推广应用一批先进的技术装备，实施金融扶持主食加工重点项目。积极开展特色加工产品“进京入市”工作。

（七）进一步推进休闲农业健康发展。积极开展休闲农业与乡村旅游示范县、示范点创建活动，大力推进全国休闲农业星级示范创建活动。制定全省休闲农业发展规划，培训从业人员，成立全省休闲农业协会。依托黑龙江省中小企业信息网，配合全国魅力城乡网站建立省级休闲农业网。组织好休闲农业创意精品、最美休闲乡村、美丽田园等推介活动。

（八）进一步促进中小企业健康发展。积极推进农产品加工、休闲农业区域经济合作和对外合作，开展产销对接、科企对接、校企对接活动，整合相关大专院校、科研单位等资源力量，支持中小企业健康发展。抓好乡镇企业技能培训与考核鉴定工作。做好乡镇企业统计调查和运行分析。

（九）进一步减轻小微企业负担。继续开展清费减负工作，推动清单式收费管理，加强宣传培训，推动惠企政策落实，完善企业负担调查评价体系。

二、省发改委

（一）进一步加大中小企业发债力度。扩大小微企业增信集合债券发行规模，研究推出面向中小企业完全信用债券，满足中小微企业融资需求。做好促进私募股权基金发展工作，研究制定鼓励创业投资企业投资于中小企业的操作模式；发挥各级创业投资引导基金作用，通过参股投资创业，支持和引导创业投资企业更好地支持初创期中小企业。

（二）继续鼓励和引导中小企业“走出去”。落实国家境外投资产业指导政策、目录和《境外投资项目核准和备案管理办法》，加强对企业境外投资的宏观指导和服务。继续加强与有关重点省市政府间投资合作，积极推动我省企业境外投资重大项目，协调解决企业遇到的困难和问题。

（三）继续支持中小企业创新发展。继续加强《鼓励和引导民营企业发展战略性新兴产业的实施意见》《关于加快推进民营企业技术创新平台建设的实施意见》等政策的宣贯工作，加快推进落实相关政策措施。继续实施高技术产业化。

三、省科技厅

（一）强化面向科技型中小企业的创新创业载体和服务机构。依托高新区、大学科技园、产业化基地等创新创业载体，充分发挥科技企业孵化器、生产力促进中心、技术转移机构等科技服务机构作用，为科技型中小企业提供研究开发、技术转移、检验检测、创业孵化、知识产权、科技咨询、科技金融等专业科技服务和综合科技服务，促进科技型中小企业集聚发展，提高科技型中小企业市场竞争力。

（二）加大对科技型中小企业技术创新的支持力度。积极推进落实企业研究开发费用所得税前加计扣除等相关政策。研究制定支持技术转移和成果转化的相关政策。加强省应用研究与开发计划、省发展高新技术产业化专项资金和省创新资金对科技型中小企业技术创新的直接支持力度，加大公共技术服务平台项目、创业投资引导基金项目等间接支持方式的资金比重，引导和带动更多社会资本参与支持科技型中小企业创新创业发展。

（三）健全科技型中小企业投融资机制。深化科技金融试点，发挥科技金融服务机构优势，为科技型中小企业融资提供全方位支持。依托风险投资机构、银行、证券机构、担保机构、保险机构、科技服务机构等，通过多种金融工具和金融手段的组合运用，集成科技金融资源为科技型中小企业发展提供融资综合服务，建立多元化、多层次、多渠道的科技投融资体系。

四、省财政厅

（一）整合中小企业专项资金政策。推动中小企业专项资金政策整合，完善政策措施。调整优化支持重点，逐步退出市场竞争领域，重点支持中小企业技术创新、加强国际合作、改善融资环境和服务环境等方面。改进支持方式，从直接支持项目向环境建设改变，更多运用市场化手段引导创业投资、融资担保、公共服务等中介机构支持中小企业，改善中小企业融资环境、服务环境、创业和创新环境，构建“财政支持中介、中介服务企业”的资金政策格局。

（二）完善财政金融支持政策。总结完善我省县域金融机构涉农贷款增量奖励资金政策，做好农村金融机构定向费用补贴政策的落实工作。结合国内外经济金融形势变化和中小企业发展的需要，研究新的支持中小企业发展政策措施。

（三）推动税收优惠、清理收费、政府采购、财务会计等政策的落实。一是继续贯彻落实支持中小企业发展的各项税收政策。二是配合省物价局，督促各市（地）、县（市）财政、价格主管部门严格执行已公布的收费减免政策，确保政策落实到位，切实减轻企业负担。三是继续督促各市县、各部门落实政府采购支持中小企业发展政策，总结政府采购信用担保试点经验，在全省逐步推广。四是继续推动小企业会计准则的实施，规范代理记账行为，提高小企业会计信息质量。

五、省人社厅

（一）加大对小微企业就业和创业支持力度。

完善落实省政府促进就业创业政策文件，促进小额担保贷款规范发展，进一步优化创业环境，制定出台失业保险基金促进就业和创业、稳定岗位的政策措施。加强创业培训管理，提高创业培训质量。加强创业导师队伍建设，健全对创业者的跟踪帮扶机制。出台促进高校毕业生就业政策文件，完善鼓励高校毕业生到小微企业就业的扶持政策。实施新一轮大学生创业引领计划，促进以高校毕业生为重点的青年创业。

（二）引导小微企业构建和谐劳动关系。加强对包括小微企业在内的企业裁员动态监测和规范工作。继续指导各地为小微企业劳动用工提供指导和服务，进一步提高劳动合同签订率。继续推行工资集体协商，指导各地科学合理调整最低工资标准。对申请实行综合计算工时和不定时工作制的小微企业做好审批和服务工作，进一步推进和谐劳动关系创建活动。

（三）加强小微企业人力资源能力建设。进一步推动企业开展岗位练兵和技术比武活动，开展新型学徒制试点工作，指导小微企业参与高技能人才振兴计划，推动企业技能人才队伍建设。进一步加大对小微企业专业技术人才的培养培训力度，开展多种形式继续教育工作。

（四）完善小微企业社会保障。继续指导各地针对小微企业特点，进一步巩固和扩大社会保险参保覆盖面，保障小微企业从业人员的社保权益，进一步研究完善社会保障制度与政策。启动“全民参保登记计划”试点。继续以工业园区企业、中小企业以及农民工、灵活就业人员和“4050”中断缴费人员为社会保险扩面重点。

六、省商务厅

（一）加大对中小商贸流通企业服务。深入开展“中小商贸流通企业服务年”活动，组织各地依托服务平台组织开展服务活动。用5年时间，在省、市建设一批功能完备、运作规范的中小商贸流通企业服务平台，加快建设省、市平台互动机制；扶持一批特色突出、服务能力强的规范性服务机构。

（二）着力破解融资难问题。一是深入贯彻国家即将出台的《关于完善融资环境加强小微商贸流通企业融资服务的指导意见》，建立缓解小微商贸流通企业融资难问题的长效机制。二是进一步规范和促进典当行业发展，加快内资融资租赁试点。三是继续鼓励有条件的地区制定实施信用消费补助政策，引导金融机构创新消费信贷产品，大力开展消费信贷业务，四是支持商业保理发展，进一步扩大商业保理试点范围。

（三）大力支持小微企业开拓市场。一是落实国家即将重新修订的《商业特许经营管理条例》，推动《特许人经营体系成熟度与服务能力评定规范》行业标准落实，为小微企业发展特许经营创造良好环境。二是争取国家扩大城市配送体系建设试点范围，加快建设符合经济社会发展的城市配送体系，建设集中采购分销平台；逐步有序地开展特色商业街、商贸功能区示范创建工作，促进小微企业集聚发展。三是加大对中小企业参加重点展会的支持，利用中央财政对中小企业参加重点展会的展位费予以补助。四是支持老字号企业建设原材料采购基地和加工配送中心建设，提升质量安全能力，发挥引领和带动作用。

（四）大力促进中小企业“走出去”。进一步改革境外投资管理方式，加强对小型微型企业境外投资的服务和指导，加大对中小微企业开拓国内外市场的支持力度。

七、省文化厅

（一）落实支持小微文化企业发展的政策文件。积极落实工业和信息化部、财政部等部门即将出台的《关于大力支持小微文化企业发展的指导意见》，支持小微文化企业发展。

（二）进一步深化文化金融合作。支持有条件的地区设立文化金融服务中心，搭建文化与金融对接的平台，适时在有条件的地区创建文化金融合作实验区，进一步优化小微文化企业融资环境。联合财政部门制定“文化金融扶持计划”，充分发挥财政资金的引导和杠杆作用，提升金融机构面向小微文化企业的金融服务水平。

（三）加大对小微文化企业创业发展能力的培训力度。编印《促进小微文化企业发展政策汇编》，在全省范围内发送并发展促进小微文化企业发展专项培训。与省工业和信息化委员会合作，通过“国家中小企业银河培训工程”加强对小微文化企业经营管理能力的培养。支持创意人才创办小微文化企业。

八、人民银行哈尔滨中心支行

（一）进一步发挥差别存款准备金率、支农支小再贷款、再贴现等货币政策工具的正向激励作用，鼓励和引导各银行业金融机构改进小微企业金融服务。

（二）加强信贷政策指导。完善涉农和小微企业信贷政策导向效果评估，创新评估结果运用方式，促进银行业金融机构加大对中小微企业的支持力度。推进农村金融产品和服务方式创新，改进农村金融服务，增加对县域和涉农中小微企业的信贷投入。

（三）进一步发挥银行间债券市场作用。积极发展适合小微企业融资需求特点的债务融资工具，扩宽中小企业多元化融资渠道。鼓励符合条件的金融机构发行专项用于小微企业贷款的金融债券，确保资金全部用于小微企业贷款。

（四）积极做好小微企业信用培植。会同有关部门探索开展小微企业信用培植工程，持续推进小微企业信用体系建设工作，完善小微企业信用信息征集体系，建立小微企业信用评价和信息通报与应用制度，为小微企业融资提供良好信用环境。

（五）进一步完善小微企业贷款专项统计，确保贷款统计数据质量。联合有部门进一步细化政府投融资平台企业、项目公司等特殊企业的划型，为金融机构更好地执行企业划型标准提供科学和可操作的依据。

（六）加强对小微科技企业的金融服务。进一步贯彻落实《关于大力推进体制机制创新 扎实做好科技金融服务的意见》（银发〔2014〕9号），加强货币信贷政策指导，对小微

科技企业票据优先予以再贴现支持，加快推进科技信贷产品和服务模式创新，支持符合条件的银行发行金融债专项用于支持小微科技企业发展。

（七）加大对小微文化企业的金融支持力度。继续贯彻落实《关于金融支持文化产业振兴和发展繁荣的指导意见》（银发〔2014〕94号）、《关于深入推进文化金融合作的意见》（文产发〔2014〕14号）等文件精神，支持银行业金融机构综合运用统贷平台、集合授信等方式，加大对小微文化企业的融资支持。支持符合条件的中小文化企业通过发行集合债券等拓宽融资渠道。

九、哈尔滨海关

（一）继续落实和完善相关税收优惠政策。继续认真落实国家中小企业公共技术服务示范平台适用科技开发用品进口税收政策等相关税收优惠政策。积极配合国家有关部门研究完善相关政策措施，加强相关政策的宣传解释和咨询服务工作，引导和帮助中小企业用足用好税收优惠政策。

（二）进一步落实国家新改革通关业务。深化落实国家区域通关改革，深入推进通关作业无纸化改革，提高通关无纸化率，年内无纸报关单量达到70%～80%；研究简化报关单随附单证，提升服务水平，提升通关效率。

（三）进一步做好加工贸易转型升级和海关特殊监管区域优化整合工作，引导中小型加工贸易企业延长加工贸易产业链、提高附加值。

十、省国税局、省地税局

（一）积极落实促进中小企业发展的税收政策。积极落实国家税务总局和工业和信息化部共同发布符合条件的免征营业税的中小企业信用担保机构名单。明确外贸综合服务企业出口货物退（免）税有关规定，2014年4月1日起，对外贸综合服务企业以自营方式出口过内生产企业与境外单位或个人签约的出口货物，符合有关条件的，可由外贸综合服务企业按自营出口的规定申报退（免）税。明确外贸综合服务企业以自营方式出口国内生产企业与境外单位或个人签约的货物，符合有关条件的，可由外贸综合服务企业按自营出口的规定申报退（免）税，支持中小企业开拓国际市场。

（二）积极落实国家将生活性服务业纳入营改增改革方案。落实国家扩大小型微利企业减半征收企业所得税优惠政策范围，将小型微利企业范围由年应纳税所得额低于6万元（含6万元）扩大到年应纳税所得额低于10万元（含10万元）。落实国家税务总局和财政部共同研究即将出台的延续金融机构农户小额贷款利息收入免征营业税政策，金融企业涉农贷款和中小企业贷款损失准备金税前扣除政策。落实国家即将出台的支持和促进就业的税收政策。

（三）进一步转变职能、简政放权。落实2014年1月13日，取消和下放企业因国务院决定事项形成的资产损失税前扣除审批等7项审批项目；落实2月21日，取消1994年前签订合同或立项的房地产项目首次免征土地增值税审批、扣缴税款登记核准、房地产开发企业计税成本对象确定核准、非居民企业股权转让选择特殊性税务处理核准等4项涉税行政审批项目。配合国家在全国税务系统开展“便民办税春风行动”，进行流程优化。继续和财政部门共同落实部分小微企业免征增值税、营业税优惠政策。

十一、省工商局

（一）加强制度建设，为中小企业发展创造更加宽松的市场准入环境。按照中央改革工商登记制度的部署，严格落实注册资本由实缴登记制改为认缴登记制，分步推进由先证后照改为先照后证，放宽经营场所（住所）的限制，便捷主体准许登记。

（二）完善监管服务措施，为中小企业发展提供公平有序的市场竞争环境。落实国家2014年1月1日起，停止企业年检和个体工商户验照，实行年报公示制度。研究制定年报公示办法，完善相关的监管措施。鼓励和引导中小企业参加“守合同重信用”企业公示活动。继续推进实施商标战略，以实施新《商标法》为重点，加大商标战略宣传和打击商标侵权的力度。支持小微企业办理动产抵押、商标质权登记，拓宽融资渠道。发挥各级个私协会作用，牵线搭桥，推动“银企对接”，缓解中小企业融资难。

十二、省质检局

（一）进一步提升小型微型企业质量管理水平、积极参与“全国质量强市示范城市”“知名品牌创建示范区建设”、中国质量奖等活动，发挥品牌企业示范带动作用，推动中小企业加强质量管理。严格生产许可审批、提高生产许可准入门槛，督促中小企业建立健全质量管理体系。在全省开展“质量月”活动，动员包括中小企业在内的企业员工特别是一线员工参与到质量月活动中。推动中小企业开展质量管理小组（QC）活动、质量攻关活动。

（二）进一步完善质量诚信体系建设。加快推进包括中小企业在内的全省企业质量信用档案数据库建设并在全省范围内应用。进一步完善产品质量信用信息平台。加快推进重点产品质量安全追溯物联网应用示范工程建设，组织企业发布《企业质量信用报告》，研究建立质量失信企业“黑名单”制度。

（三）进一步加强中小企业检验检测认证服务。深入落实强制性产品认证实施规则，提高强制产品认证实施效率，减轻中小企业负担；强化 CCC 目录内产品的市场监督职能，加大 CCC 制度的社会宣传力度；贯彻落实强制性产品认证数据管理机制，继续为中小企业申请、查询提供便利。进一步支持检验检测机构发展。指导帮助小型微型出口食品企业提升 HACCP 等质量安全管理体系应用水平；积极推荐符合要求的小型微型出口食品企业获得国外注册。加强对 300 人以下小微食品农产品认证机构和获证企业的支持力度。加强对检验检测认证机构的政策引导，为中小企业提供更加贴近企业需求的检验检测认证服务；加强对中小检验检测认证机构的政策支持，提升其创新能力和服务水平；推动与完善认证信息社会查询服务，以权威的信息发布帮助建立社会对中小企业的信任。

（四）进一步推进服务体系建设。规划建设一批质检中心，加强对现有质检中心的指导，为中小型企业提供更好的服务。继续加强“公共检测服务平台示范区”创建工作，规范公共检测服务平台的建设模式和要求，提升相关平台为区域中小企业服务的能力和质量。

（五）加强对小微企业的质量技术帮扶。充分发挥出口工业产品质量安全示范区的示范引领作用，借助产业集聚优势和示范区服务平台优势，加强对集聚产业地区小微企业的质量技术帮扶；及时向小微企业进行国内外新技术法规和标准的通报和解读；及时发现并协助解决小微企业的质量技术难题，促进小微企业质量技术不断提升。

（六）进一步减轻中小企业经营负担。落实质检系统收费管理措施。

（七）进一步提高中小企业计量管理和标准化水平。加强对中小企业计量工作的指导、监督和服务。进一步加大对小型微型企业开展标准化工作的支持力度。

（八）进一步加大小型企业产品质量监督和行政执法力度。一是调查小型企业消费品质量安全状况，加大小型企业消费品监督抽查力度，逐步将重点消费品的小型生产企业纳入分类监管范围。二是继续开展重点产品质量提升行动，会同地方政府培育一批小型企业质量提升示范项目。三是进一步加大执法打假力度，创新执法打假工作体制机制，在法律法规允许范围内，重指导 ，轻处罚，帮助企业进行整改。发挥执法打假作用。

（九）推动区域检验检疫一体化进程，通过负面清单管理和流程再造，进一步简化检验检疫申报和查验程序。

（十）落实行政审批改革的要求，指导行业协会规范对报检企业和人员的管理，建立能力水平管理制度。

十三、省物价局

（一）在减免和规范收费环节继续为企业减负。认真贯彻落实国家关于支持中小微企业发展的各项价费政策和清理取消涉企收费项目、降低涉企收费标准的各项规定。按照国家部署，继续开展涉企收费专项检查，严肃查处涉企乱收费行为。

十四、省统计局

（一）做好非公经济各项统计工作。根据目前的统计制度，努力完成好非公经济统计任务，为省政府和有关部门提供决策的数据支持。

（二）积极推进规模以下工业企业的联网直报工作。

（三）进一步做好统计分析研究工作。

十五、省银监局

（一）继续督导和引领银行业金融机构加强小微企业金融服务。贯彻落实国家即将下发《2014 年小微企业金融服务工作指导意见》，要求银行业金融机构坚持服务小徽企业、支持实体经济的指导思想；单列信贷规模，确保实现小微企业贷款增速和增量“两个不低于” 目标；推动完善监测和考核体系，细化正向激励措施；鼓励小微企业金融创新；强化信息服务体系建设（主要是政策性担保和再担保系统建设）等。重点坚持信贷“两个不低于”的小微企业金融服务工作目标，加强考核，对贷款覆盖率、服务覆盖率和申贷获得率等新增指标进行数据积累和挖掘。

（二）注重发挥现有政策效力，推动差异化监管政策落地。继续督促银行业金融机构落实好国家银监会近年下发的《关于深化小微企业金融服务的意见》《关于进一步做好小微企业金融服务工作的指导意见》及《2014 年小微企业金融服务工作指导意见》等文件精神，在继续推进机构准入、存贷比考核，资本计量优惠以及不良贷款容忍度等方面促进差异化监管政策“落地”。

（三）研究新情况、解决新问题，做好调查研究工作。实地走访地方政府、银行业金融机构和小微企业等，及时了解社会各界对小微企业金融服务工作的反馈。

（四）注重发挥协同效应。会同发改委、工信委、财政厅等部门研究讨论进一步支持小微企业发展的政策措施，争取小微企业财税扶持政策及从事小微金融银行机构的风险补偿政策，完善促进小微企业发展的信息平台建设及担保体系建设等。

（五）配合国家做好第三届小微企业金融服务宣传月活动，加强小微企业金融服务宣传引导工作。借助电视、网络、报刊等媒体平台，进一步营造好良好的社会舆论氛围。

（六）加强信息共享。及时将银监会收集、整理、汇编成册的小微企业金融服务有关法律法规、政策性文件反馈给相关机构和部门。

十六、省证监局

（一）做好新三板挂牌资源培育工作，推动全省更多符合条件的中小企业在新三板挂牌。

（二）推动省内创新型、成长型中小企业在创业板上市融资。

（三）抓住国家推进优先股试点之机，推动省内符合条件的中小企业发行优先股筹资，优化股权结构。

（四）推动规范发展我省区域性股权市场。贯彻落实国家出台的规范发展区域股权市场的政策文件，加强对区域性股权市场的业务指导，督促建立风险防范机制，建立与地方政府协同监管的体制机制。

（五）鼓励私募股权基金发展，规范私募股权基金的运作，督促地方政府为私募股权基金的发展创造良好的外部环境。

（六）继续支持证券公司开展中小企业私募债承销，拓宽融入资金渠道，扩大约定购回式交易和股权质押式回购交易的资金来源，开创创新产品，为中小企业提供融资服务。

（七）加强与有关部门、地方政府、行业协会的合作，提高期货业务培训的有效性和针对性，鼓励中小企业正确运用期货工具规避价格风险。

十七、国家开发银行黑龙江省分行

（一）总结经验，夯实机制，坚持用批发方式做好中小企业金融服务。加强合作机构和合作机制建设，巩固和完善我行“四台一会”统贷模式，择优开展小额贷款公司转贷模式及统贷模式，逐步减少分行自行开发评审与贷后管理的“点对点”直贷模式，重点推动扶贫开发、创业就业、高新科技等小微贷款。

（二）与时俱进、开拓创新，深化与有关部门和地方政府部门的合作。发挥省非公经济发展工作领导小组成员单位作用，加大研究，积极探索，为政策制定和研究提供参考；密切与工信委、发改委等部门的战略合作，不断拓展合作领域与合作深度；探索科技与金融结合模式，扩大金融与科技结合试点区域，支持科技型中小企业发展。

（三）创新机制，丰富产品，积极探索批发贷款的新领域和新产品。继续推动建立优势互补、合作共赢、各司其职、公平竞争的小微企业社会化融资体系。实现小微企业融资需求和金融机构融资服务对接，积极探索批发贷款的新领域、新路径和新产品，不断丰富完善开发银行小微企业贷款业务体系。

十八、省工商联

（一）深入落实“小微企业29条”和“民间投资36条”42项实施细则。贯彻落实《关于强化企业技术创新主体地位全面提升企业创新能力的意见》。

（二）配合全国工商联做好《中央有关部门贯彻落实党的十八届三中全会<决定>重要举措分工方案》中全国工商联承担任务。

（三）配合全国工商联开展中小微企业技术创新综合调研，引导企业加快转型升级。重点了解和摸清中小微企业的成长规律、创新模式，以及在发展中存在的突出问题和需要政府给予扶持的政策等，发现并总结一批典型，提出促进中小微企业技术创新发展的建议。

（四）配合全国工商联开展民营企业“走出去”集群化发展情况调研。配合全国工商联开展民营企业走出去集群化发展情况调研，总结经验教训，提出意见建议。

黑龙江省人民政府关于印发黑龙江省促进经济稳增长若干措施的通知

黑政发〔2014〕15号

各市（地）、县（市）人民政府（行署），省政府各直属单位：

《黑龙江省促进经济稳增长的若干措施》已经省政府第二十六次常务会议讨论通过，现印发给你们，请认真贯彻落实。省政府将及时派出督查组，对贯彻落实情况进行现场督查。

黑龙江省人民政府
2014年6月23日

黑龙江省促进经济稳增长的若干措施

今年以来，我省受能源工业出现负增长等因素影响，经济增速回落，下行压力加大。为贯彻落实党中央、国务院关于稳增长、促改革、调结构、惠民生的决策部署，省政府决定，公布正在实施和今明两年进一步采取促进经济稳增长的若干措施。

一、推进重大基础设施建设

1. 抓住国家加快铁路建设机遇，今明两年投资530亿元。续建哈齐客运专线、牡绥铁路扩能改造、同江跨境铁路大桥，开工建设哈佳快速、哈牡客运专线、牡丹江至佳木斯环线等一批重点铁路项目，实施哈尔滨既有站改造工程。（省发改委、铁路办、哈尔滨铁路局、相关市、县政府负责）

2. 加快国省干道和农村公路建设，今明两年投资270亿元。新改扩建国省干道5478公里。加快建三江至黑瞎子岛、密山至兴凯湖等高速公路建设，新开工伊春至齐齐哈尔高速北安至富裕段等高速公路项目，启动哈尔滨至黑河一级公路兰西至北安段建设项目，建设农村公路约6000公里。（省发改委、交通运输厅、相关市、县政府负责）

3. 推进民航基础设施建设，今明两年投资30亿元。开工建设哈尔滨机场扩建工程和建三江、五大连池、绥芬河机场。（哈尔滨机场扩建指挥部、哈尔滨、黑河、绥芬河市政府、省农垦总局负责）

4. 加强重点水利工程建设，今明两年投资494亿元。实施三江干流、8条主要支流治理和界河防护工程；实施三江平原灌区、尼尔基引嫩扩建配套灌区和松花江干流沿岸灌区农业灌排工程；实施节水增粮、农村饮水安全、水土流失治理和中小河流治理工程；实施鸡西、七台河市引水和穆棱奋斗水库等引水蓄水工程。（省水利厅、发改委、财政厅、相关市、县政府负责）

5. 提高能源基础设施保障能力。今明两年续建和新开工火电、风电、生物质发电、光伏发电、水电等电源项目477万千瓦，完成投资371亿元。其中，国电哈尔滨平南热电厂、神华宝清电厂等火电项目投资193亿元，林甸东明园等风电项目投资105亿元，富裕、讷河等光伏电站项目投资10亿元，五常生物质发电项目和水电项目投资10亿元，电网建设项目投资53.5亿元。（省发改委、电力公司、相关市、县政府负责）

6. 加强保障性安居工程建设。2014年投资300亿元，保障性安居工程新开工15.44万套，续建28万套，竣工16.5万套；2015年增加新开工保障性安居工程数量。（省住建厅、发改委、财政厅、相关市、县政府负责）

7. 推进城市基础设施建设，今明两年投资235亿元。投资30亿元，开工建设哈尔滨轨道交通1号线三期工程、2号线一期工程、3号线一期和二期工程；投资160亿元，改造中心城市供热老旧管网6925公里；投资10亿元，建设哈尔滨、牡丹江高寒城市智能公交系统；投资35亿元，实施大庆庆东新城北部地区市政基础设施迁建等市政工程建设。（省住建厅、发改委、相关市政府负责）

8. 推进城乡环境整治工程，今明两年投资90.5亿元。投入60亿元，推进污水、垃圾处理等项目建设。投入8.5亿元，对农村环境集中整治。安排17亿元，进行兴凯湖环境整治。（省住建厅、财政厅、环保厅、哈尔滨、鸡西市等相关市、县政府负责）

二、推进资源配置市场化改革

9. 对矿产资源开采及深加工产业一体化发展、集中供热热源、风电、光伏发电、粮食仓储设施等通过公开招标确定投资主体，已经审批、核准的占用国家分配建设规模或容量的项目，超过一年没有开工的取消项目建设资格，腾出空间公开招标。（省发改委、国土资源厅、住建厅、粮食局负责）

10. 今明两年投资122亿元，开工建设齐齐哈尔市齐北供热分区等第一批8个公开招标城市集中供热新增热源项目，新增供热能力9800万平方米；招标确定第二批17个集中供热项目投资主体，新增供热能力7696万平方米。（省发改委、住建厅、相关市（地）政府（行署）负责）

11. 组织推进矿产资源开发与深加工产业一体化发展公开招标，第一批对8宗煤矿矿权和4个金属矿资源公开招标，遴选100处找矿勘查成果进行探矿权招拍挂出让。（省发改委、国土资源厅、地矿局负责）

12. 今年投资5.5亿元，开工建设通过招标配置的5万千瓦光伏发电项目。利用国家拟给予我省的风电开发规模和核准没有开工腾出的风电开发空间，公开招标确定投资主体。筹划组织对投资者有吸引力的城市供水、污水处理、垃圾处理项目进行市场化招标。（省发改委、电力公司、住建厅、环保厅、国土资源厅负责）

13. 编制亚布力、五大连池和镜泊湖等重点旅游景区规划，依据规划对重点旅游建设项目进行公开招标。加快推进以哈尔滨历史建筑为载体的经贸、文化产业项目发展，促进旅游、文化、时尚产业融合。（省发改委、文化厅、住建厅、旅游局、相关市政府负责）

14. 对项目需要委托中介机构进行评估的环节，政府职能部门向社会公开推介有资质的国内中介机构，项目单位可自主选择。对省内评估收费标准重新核定，在核定工作完成前，按原收费标准下调50%执行。（省发改委、物价监管局、财政厅等相关厅局负责）

三、确保农业稳定增长

15. 今明两年投资270亿元，建设亿亩生态高标准农田，完成1800万亩建设任务。实施绿色食品精品发展战略，绿色（有机）食品认证面积达到7200万亩以上，打造全国“绿色、有机、无公害、寒地黑土”食品基地。（省农委、粮食局负责）

16. 落实《黑龙江省绿色食品产业发展纲要》，省政府每年安排8亿元专项资金支持绿色食品产业发展。7月底前，黑龙江省绿色食品常设交易中心在哈尔滨市建成开业。组织省内企业举办并参加全国高水平绿色食品博览会，开办100家黑龙江绿色食品旗舰店、3000家独立品牌连锁店，进入主流超市，推进企业网络营销。（省发改委、农委、食品药品监管局、商务厅、粮食局、会展事务局、贸促会负责）

17. 今明两年投资23.1亿元，新建31.5万栋标准化水稻育秧大棚和93个智能化催芽车间。用好国家和省两级财政资金19.3亿元，鼓励开展农业保险业务，2014年种植业保险面积扩大到1.12亿亩。（省农委、黑龙江保监局负责）

18. 在全面建成45个标准化奶牛场的基础上，省政府今年再投入13亿元，引导社会资金47亿元，新建100个存栏1200头规模的标准化奶牛场。实施肉牛保母扩群工程，加快生猪原种场、畜禽标准化规模养殖场建设。（省畜牧兽医局负责）

19. 加快中储粮中央投资5亿元21亿斤仓储设施建设，完成农垦中央投资1亿元7亿斤仓储设施建设；用好中央与省级各投入的3亿元资金，引入社会资金，共同建设53亿斤容量的地方粮食仓储设施。（省粮食局、发改委负责）

20. 用好中央和省投资20亿元，继续支持农机合作社建设。（省财政厅、农委负责）

四、通过引入要素、激活存量、科技成果转化、依托资源形成新的工业增量

21. 进一步梳理分析“十大重点产业”总量、增长趋势、结构、市场潜力、投资机会、合作项目和空间布局，不断完善、及时发布各产业投资发展潜力报告。对30条重点产业链明确缺乏资金、生产能力或技术的环节，定期公布《全省重点扶持发展的产业链目录》和全省闲置工业存量资源信息。梳理并公布企业主要产品目录，鼓励企业间各生产环节、购销环节本地配套。（省工信委、发改委、国资委负责）

22. 对有市场、有订单的企业，在煤电油气运保障等方面优先支持；支持符合国家政策的重点企业参与电力直接交易。对年主营业务收入达到2亿元以上且同比正增长，新增流动资金贷款3000万元以上的企业，省财政给予贷款贴息；对占工业经济总量比重大、产业关联度高的重点困难企业，按新增流动资金贷款给予贴息。（省工信委、财政厅、相关中省直部门负责）

23. 对年主营业务收入5亿元以上、同比增长10%以上且年缴税同比增长10%以上的制造业企业，省财政按企业实缴税增长部分的5%给予奖励，单户企业奖金上限为400万元，50%用于奖励业绩突出的经营管理团队。（省工信委、财政厅、统计局负责）

24. 加强与驻省央企总部对接合作，争取订单、排产、产品外调、地方产品配套、新上项目等方面支持。落实省政府与中石油战略合作协议，力争大庆油田增加值增速正增长。扩大本省原油就地加工及俄油、俄气落地加工量，发展石化精深加工。落实与中石化、中海油、中铝、中铁、中国兵装、中船重工、中煤等企业签约合作项目，搭建联合审批立项、要素保障等服务绿色通道。加快建设新材料、新能源、卫星应用等战略性新兴产业项目，鼓励哈电集团、703所、哈工大、哈工程等企业、科研院所和高等院校参与国家重型燃气轮机专项，支持中小型燃气轮机项目园区建设。（省工信委、发改委、财政厅、国资委、哈尔滨市政府负责）

25. 完善政府采购，促进企业特别是中小微企业发展。重点工程、民生改善项目以及政府采购等，相关管理部门和单位及时发布需求信息，组织企业配套对接。增加政府采购份额，用于采购中小微企业产品。将中小微企业服务纳入政府采购目录，在购买社会服务时予以倾斜。（省工信委、财政厅、市（地）政府（行署）负责）

26. 各市地在完成省下达的《年度新增规模以上工业企业计划》前提下，每净增1户规模以上企业，给予5万元工作经费奖励。对年度达到标准新纳入规模以上统计的企业，每户一次性奖励10万元。当年完成工业固定资产投资增幅同比超过15%且增量超过50亿元、100亿元的市地政府，经税务等相关部门核定后，分别给予1000万元、2000万元奖励。（省工信委、发改委、财政厅、国税局、地税局、统计局负责）

27. 对年内投产的省重点工业产业项目，按照投产当年固定资产投资贷款额度5%给予贴息，单户企业最高不超过2500万元；对投产当年利用自有资金完成固定资产投资给予3%补助，单户企业最高不超过2000万元。（省工信委、发改委、财政厅、国税局、地税局、统计局负责）

28. 支持小微企业创业园、创业基地、科技孵化器等创业载体及公共服务平台建设。对在全省排序前20名的创业载体运营单位、服务机构和公共服务平台，省财政分别给予100万元、30万元和100万元奖励。（省工信委、财政厅、科技厅负责）

29. 鼓励企业研发高附加值产品，对获得国内首（台）套产品认定的企业，按首（台）套产品销售价格50%对贡献突出人员给予奖励，单户企业奖励上限为200万元。（省工信委、财政厅负责）

30. 鼓励企业购买科技成果实现产业化，省、市政府给予奖励。科研院所和高等院校转让实施职务科技成果，以股权方式投入，作价出资额最高可占注册资本总额70%，成果完成人可根据不同转化方式，获得与之相当的股权、收益或奖励；职务科技成果转让可从技术转让净收入中提取不低于35%的比例，奖励科技成果完成人员及成果转化贡献突出人员。（省科技厅、工信委负责）

31. 推进龙煤集团深化改革，完善各分（子）公司法人治理结构，各分（子）公司实行独立核算、自主经营、自负盈亏。省、市政府采取减负担、化债务等措施，支持龙煤集团解决实际困难。省政府多渠道安排30亿元缓解龙煤集团流动资金困难。7月底前，将“三供一业”和42所医院全部移交所在地政府，医院享受公立医院政策。优先给后续资源不足的煤矿企业配置资源。（省国资委、财政厅、

人社厅、龙煤集团、相关市政府负责）

32. 支持鸡西、双鸭山、鹤岗、七台河四煤城转型发展。省级融资平台为四煤城棚户区改造提供融资支持，省政府对四煤城区级财政出现的欠发工资等困难提供5亿元财力保障支持。省财政安排1亿元预算内基本建设资金，支持四煤城采煤沉陷区治理。安排专项资金支持四煤城谋划接续替代产业项目、招商引资、高新技术成果产业化和引进人才。（省财政厅、国资委、科技厅、人社厅、龙煤集团、鸡西、双鸭山、鹤岗、七台河市政府负责）

33. 全面停止重点国有林区商业性采伐，用好每年23.5亿元中央补贴，在重点弥补人员经费缺口的同时，支持林区发展林下经济，加快转型发展。省森工总局通过企业重组整合“黑森”林下产品品牌。省财政安排专项资金重点支持林区矿产资源开发与环境治理。引导林区闲置采伐能力转移，鼓励企业利用进口木材发展深加工产业。（省森工总局、林业厅、财政厅、伊春市政府、大兴安岭地区行署负责）

34. 全面落实中央对我省玉米精深加工企业定向补贴销售政策，对玉米精深加工能力在10万吨以上的企业，按每加工1吨玉米给予100元财政补贴。（省财政厅、工信委、粮食局负责）

35. 对采用新技术完成节能改造，年新实现节能量3000吨标准煤以上的万吨耗能工业企业（不含热电厂、电力公司），给予100万元奖励。对达到国家年新实现节能量5000吨标准煤以上的万吨耗能工业企业，按国家政策奖励。（省工信委、发改委、财政厅、相关部门负责）

五、推动第三产业持续发展

36. 加快文化、旅游、时尚产业发展结合。促进不同需求游客的线路、景区等不同层级旅游产品组合，推动冰雪游、生态游、观光游和边境游结合。对投资1亿元以上新建旅游景区项目（不含土地相关费用），按固定资产投资额3%给予一次性奖励，最高不超过500万元；对新评为国家3A、4A、5A级旅游风景区，一次性奖励30万元、50万元、100万元。对新增的国家级风景名胜区，一次性奖励200万元。（省旅游局、文化厅、财政厅、国税局、地税局负责）

37. 对具有自主知识产权的文化产品、文化服务经国家有关部门评定为文化品牌的企业，一次性奖励100万元。评定为国家级文化产业示范（试验）园区、国家文化产业示范基地，一次性奖励100万元和70万元。认定为国家动漫企业、特色文化产业重点项目，获得国家政府奖或国际大奖的原创文化产品，获得出版部门版号正式上线运营的网游研发企业，连续两届评为国家文化出口重点企业，一次性奖励50万元。新设立投资额5000万元以上的文化创意企业，依据对地方经济社会发展的贡献给予奖励。（省文化厅、财政厅、商务厅、知识产权局、国税局、地税局负责）

38. 大力发展健康服务业和养老服务业。各级政府建立专项补贴资金，鼓励社会力量兴办养老机构，2014年全省新增养老床位1.2万张，每千名老年人拥有养老床位达到27张。扩大健康及养老服务业用地供给，优先保障非营利性机构用地。支持利用以划拨方式取得的存量房产和原有土地兴办健康和养老服务业。注重健康服务业和养老服务业与社会保险政策合理衔接，对非营利性医疗、养老机构建设免征有关行政事业性收费，营利性机构建设减半征收。民办非营利养老服务机构新增床位一次性建设补贴标准提高到2000元，运营补贴标准每月每床提高到100元。（省民政厅、卫生计生委、人社厅、市县政府负责）

39. 加快发展信息服务业，开放政府公共资源，鼓励民间资本进入电信业。数据中心项目按照实际完成固定资产投资（超过1亿元）1%给予补助；信息应用系统和增值业务按照实际完成投资额（超过1000万元）3%给予一次性奖励，最高不超过300万元。今年省财政安排专项支出6000万元，支持信息产业建设。迅速开放政府机关、事业单位、高等院校、旅游景点、车站和展馆等所属建筑物以及公路、道路、桥梁等公共设施，用于支持信息基础设施建设。2014年新建1.5万个通信基站。通信基站环评审批两次改为一次，由省级下放到市地环保部门，审批时间缩减2/3。（省通信管理局、发改委、财政厅、环保厅、中国移动黑龙江分公司、中国电信黑龙江分公司、中国联通黑龙江分公司、市（地）政府（行署）负责）

40. 鼓励主产区、交通运输节点城市以及大城市周边地区，建设特色产品专业批发市场。省财政预算今明两年安排专项资金1亿元，重点用于新建、扩建、升级改造专业批发市场资金补助。（省商务厅、财政厅负责）

六、提升对外经贸合作水平

41. 开展出口退税质押贷款业务。经税务部门出具证明、银行审核，企业最多可按出口退税款90%贷款。推广出口信用保险质押贷款业务，对企业办理信用保险项下融资业务给予奖励。（省商务厅、国税局、地税局、黑龙江保监局负责）

42. 引导企业引进、承接境外或省外先进技术、设备及资源性产品。开展进口预付款保费业务，对投保进口预付款业务的企业，按实缴保费30%给予资助，每户企业每年保费资助金额不超过30万元。（省商务厅、财政厅、黑龙江保监局负责）

43. 鼓励企业参与国家和省组织的大型展会活动。以间接或直接形式，给予支持和补贴。单个企业年度补助额不超过5万元。（省商务厅、财政厅负责）

44. 支持对外经贸企业发展。对在我省新注册并年度内实现1000万美元以上、3000万美元以上和5000万美元以上贸易额的经贸企业，分别奖励100万元、200万元和300万元。（省商务厅、财政厅、国税局、地税局负责）

45. 鼓励对俄开展资源开发合作和工业产业链合作，对进口木材、铁矿砂、煤炭、钾肥等资源性产品给予补贴；对在俄开展投资合作的企业项下产品回运，争取配额支持。支持地产品对俄出口，对业绩优良企业给予奖励。（省商务厅、财政厅负责）

46. 加强与国家有关部门合作，两个月内完成电子口岸建设，促进中央和地方政府有关部门通关信息互联互通。省政府安排专项资金支持口岸基础设施建设。推进通关便利化，实行“一次申报、一次查验、一次性放行”。（哈尔滨海关、黑龙江检验检疫局、省商务厅、财政厅、相关市县政府负责）

47. 引导国内大企业和专业电商企业开展对俄跨境物流业务，对新增跨境电子商务企业按贸易额给予支持和奖励。（省商务厅、财政厅、邮政管理局、哈尔滨市政府负责）

七、加大金融支持实体经济发展力度

48. 扩大“三农”领域和小微企业信贷规模，贷款增速不低于各项贷款平均增速，增量不低于上年同期水平。年内支农再贷款限额达到200亿元，支小再贷款累计投放达到10亿元以上，累计发放再贴现140亿元。（人民银行哈尔滨中心支行、省金融办负责）

49. 巩固与国有银行合作，大力发展与股份制银行和区域性中小商业银行合作。组织企业加强与省内外金融机构、投融资机构对接。鼓励金融机构开展订单融资、应收账款质押融资、存货质押融资、保单融资、产业链授信、完善知识产权质押融资等金融服务；设立工业贷款周转金10亿元，支持企业流动贷款到期倒贷，使用期限不超过1个月，单户企业使用额度不超过1000万元；鼓励金融机构支持重点企业和重点项目融资，努力做到不抽贷、不限贷。（省工信委、财政厅、金融办、人民银行哈尔滨中心支行、黑龙江银监局、省发改委、商务厅、国土资源厅、住建厅负责）

50. 对总部和主营业务均在我省的企业，在境内主板、中小板、创业板以及境外主板、创业板首发上市的，省财政一次性补助1000万元。对我省企业在“新三板”上市的，省财政给予补助200万元。对金融机构作为主承销商、分销商或在银行间交易市场认购人，牵头运作发行区域集优、集合票据、小微企业增信集合债的，省财政按发债额2%给予奖励，上限不超过200万元。（省工信委、金融办、财政厅负责）

51. 设立2亿元省级中小企业直接债务融资风险补偿金，其中省财政1亿元，市（地）、县（市）配套1亿元，依托资信等级高且具有承销资质的投融资机构牵头，引导中小微企业发行区域集优、集合票据、小微企业增信集合债等直接融资产品。（省工信委、金融办、财政厅负责）

52. 政府出资设立或参股融资性担保公司和再担保公司。省财政将代偿风险补助额度调增至1亿元，发展信用贷款；完善《中小企业担保机构贷款担保代偿风险省级财政补助办法》，对代偿比例低、担保余额大，特别是对中小企业担保余额大的担保机构给予重点支持。政策性担保机构重点开展再担保业务。（省财政厅、金融办、工信委负责）

八、进一步优化经济发展环境

53. 坚持“多取消、审一次、真备案”，深入清理行政审批项目，已取消190项，下放127项，重点对省政府公布的363项保留项目清单中，存在两次以上审批的140个审批事项进行再清理，7月底前清理完毕。（省编办、省政府法制办负责）

54. 对于《省级行政审批项目清单》中与国务院对应的21项非行政许可，按照国务院清理步骤统一推进；与国务院没有对应的28项非行政许可，7月底前完成清理任务。（省编办、省政府法制办负责）

55. 进一步完善固定资产投资项目审批流程，项目申请至开工审批时间力争减少100个工作日以上。对于已经获得审批和核准的项目，开工前要进行联合审批，促进项目开工。对于需要集中审批的事项，受理后五日内办结。（省发改委负责）

56. 各级投资管理部门在进行政府投资类项目可研审批和核准类项目可研核准时，除需提供土地、环评、规划等前置要件外，其余全部变更为后置，在项目审批或核准后办理。政府投资类项目的初步设计审批，按现行规定必须前置的审批，由同级政府指定一位领导负责，采取定期联合审批方式办理。（省发改委、市县政府负责）

57. 推进海关、出入境检验检疫等相关收费项目公开透明、程序便利，收费合理。对于建设项目需要电增容和用电审批的，简化审批程序，公开收费标准，限定时间审批。（哈尔滨海关、黑龙江检验检疫局、省商务厅、电力公司、企业投诉中心负责）

58. 推进工商登记制度改革，65项企业登记前置审批许可保留10项，55项由前置许可改为后置许可。取消企业年检年审58项、非企业年检年审39项。（省工商局负责）

59. 对中小微企业以土地使用权、房屋所有权、在建工程、机器设备及其他动产或不动产作为抵押物评估贷款融资，并经具备资质评估机构出具评估书的，登记部门不得另行指定其他评估机构再次评估确认。（省国土资源厅、住建厅负责）

60. 建设用地向重大项目重点倾斜。对保障性安居工程等民生项目用地应保尽保，对投资10亿元以上、牵动力强、经济效益好的重大工业项目建设用地给予优先安排。对批而未征、征而未供、供而未用的土地进行全面清理，对已取得土地2年以上未开工建设且无特殊原因的项目用地予以收回，用于急需开工建设项目。（省国土资源厅、相关市（地）政府（行署）负责）

61. 全面清理涉企行政事业性收费，7月底前全部完成并向社会公布。（省财政厅、物价监管局负责）

62. 核准类项目在可研核准前的各种前置要件只许评估一次。对审批类投资项目，在初步设计批准总概算后，资金拨付前不再进行重复评估；政府补助投资类项目补助投资额度一经政府确定，在项目拨款前不再进行评估。（省发改委负责）

63. 加快专项资金计划拨付进度。项目管理部门要快速履行程序，完成前期工作，达到资金拨付条件，年初预算安排的专项资金要在8月末前安排完计划并拨付到位，上级转移支付资金要在收到后15日内，分解下达到本级有关部门和下级财政部门。超过规定时限仍未安排且无正当理由的全部收回，重新安排用于急需项目。（省财政厅、省直相关部门负责）

64. 严格禁止地方和部门以任何方式征收企业“探头税”，减轻企业社会负担，基本养老保险缴费比例由22%降至20%。全省停止征收防洪保安费，降低哈尔滨机场路收费标准，2015年全面取消哈尔滨市二环路收费。加强涉企收费监督检查。严格控制各类涉企检查、评比、达标、培训等活动。（省地税局、国税局、监察厅、人社厅、财政厅、减负办、物价监管局、审计厅、企业投诉中心负责）

65. 保护企业合法权益。依法查处生产和销售假冒伪劣产品、侵犯知识产权和其他破坏市场环境、影响公平竞争的违法行为。我省企业合法权益在省外（境外）遭受侵害，省内有关部门依法履行保护职责，积极协调境内外相关部门或上级主管部门进行维权。（省商务厅、工商局、质监局、公安厅和省直相关部门负责）

黑龙江省工业和信息化委员会关于印发《全省工业经济稳增长实施方案》的通知

黑工信运行发〔2014〕150号

各市（地、省农垦总局）工信委，委机关有关处室，各行业协会（联合会）、部分直属单位：

现将《全省工业经济稳增长实施方案》印发给你们，请结合本地区本行业实际，认真抓好贯彻落实。

黑龙江省工业和信息化委员会
2014年5月16日

全省工业经济稳增长实施方案

黑龙江省工业和信息化委员会

按照省委省政府的总体部署和要求，为充分发挥全省工业战线力量，应对严峻复杂的经济形势，实现全省工业经济遏下滑、稳增长，特制订本方案。

一、指导思想

认真贯彻落实全省一季度经济形势分析会和全省工业企业电视电话会议精神，以科学发展为主题，以稳中求进为总基调，充分发挥工信系统推动工业发展的职能作用，与有关中省直部门和各市地政府密切配合，进一步加强运行调节，进一步加强产业项目建设，进一步加大服务企业力度，着力帮助企业解决生产经营中面临的突出困难和问题，提高企业竞争力，力争实现全年增长目标，促进全省工业经济平稳增长。

二、工作任务

（一）加强运行调节，促进全省工业平稳增长。各市地工信部门要研判国内外经济形势，密切跟踪国家出台的促改革、调结构、惠民生等政策措施，抢抓机遇，推动本地区经济发展。要对本地区全部规模以上企业分类逐月逐户分析，着重分析200户省重点监测企业生产经营态势。密切监测主要产品价格、订单、用电量等先行指标，及时发现苗头性、倾向性问题，及时预警，及时应对。建立完善部门、行业企业间定期会商和运行情况报送、通报等工作机制，提出政策建议，做好政府的参谋助手（市地工信委、省工信委运行处负责落实）。

（二）加强生产调度，帮助企业化解难题。要加强要素综合协调保障，优化运输组织，协调解决重点企业、重点产品、重点方向阶段性运力紧张矛盾；积极推动大用户直供电试点工作，降低企业用电成本；密切政银企合作，引导金融机构支持项目建设，发挥助保金贷款、发行企业集合票据等金融工具的作用，推进间接融资和市场化直接融资，以开展产业链融资、重点行业融资为重点，有针对性的组织开展银企对接活动，缓解项目建设和企业运营资金紧张矛盾；组织企业培训和人才交流，做好企业人力资源保障。重心下沉，服务基层，组织企业家交流对接，了解企业诉求，集中解决一批企业生产经营和项目建设中面临的突出困难和问题。尽快落实增加生产、新增规模以上企业、招商引资、网络销售平台奖励和中小企业集合债集合票据等补贴、流动资金贷款贴息等新工业17条政策措施，坚定企业发展信心，助推企业发展（市地工信委，省工信委运行处、电力处、交通处、融资处、培训处等负责落实）。

（三）加强产需衔接，扩大省内需求。要积极引导企业开拓市场，组织食品等行业企业，向目标市场定向营销；参加各类展销会、洽谈会，推介产品，扩大销售。跟踪掌握省内外水利、铁路、农机、保障房、棚户区改造、集中供热、污水处理、垃圾处理等重点工程、项目需求信息，组织协调相关企业做好对接工作，帮助企业争取订单。引导企业与相关院校及研究机构开展合作，推动高新技术成果产业化，优化企业生产工艺水平，提高研发水平，开发新产品，创造新需求，开拓新市场（市地工信委，省工信委对外合作处、科技处、装备处、原材料处、消费品处、石化处、食品处、医药处、电子处、软件处负责落实）。

（四）深入挖掘存量，促进全省工业提速增效。引导企业强化内部管理，挖潜增效，最大限度发挥存量作用。加强对央企的协调服务，帮助央企剥离企业办社会职能，突出核心竞争力；引导央企技术外溢，形成新的产业项目；定期公布央企的市场需求和投资计划，鼓励地方企业与央企加强合作，培育地方配套体系；协助央企争取总部在资金、项目、市场份额等方面的支持，增加对我省央企的投资，扩大生产，发挥央企的辐射带动作用（市地工信委，省工信委规划处、装备处、原材料处、消费品处、石化处、食品处、医药处、电子处、软件处等负责落实）。

（五）加快项目建设，增强工业发展后劲。深度梳理行业经济存量、基础工业产品和上游工业产品，采取数量扩张式、技术升级式、合资合作式谋划项目。逐月对工业项目投资情况进行分析，找出存在问题，提出政策建议。充分利用台湾招商、香港招商、哈洽会等平台，抓住全国工商联在我省召开常委会、国务院国资委组织央企来我省进行项目对接的机遇，组织重点产业链进行集中宣传推介，组织产业重点项目进行洽谈对接，确保有合作意向的项目早落地、早建设。重点围绕谋划储备的投资5000万元以上的重点工业项目和“双百工程”重点项目，强化项目建设督导服务，对开复工项目，要加快推进项目建设进度，争取早日投产，对已投产项目，要帮助早达产、早见效，进一步提高项目的质量和效益（市地工信委、省工信委规划处负责落实）。

（六）推动非公经济发展，增强工业发展动力。出台《黑龙江省人民政府关于进一步促进中小微企业发展的意见》，强化服务，降低市场准入门槛，营造宽松发展环境，促进中小微企业健康发展；整合社会资源，建立为中小企业提供研发设计、成果转化、市场开拓、管理咨询等服务平台，建设资源共享、覆盖广泛的全省服务平台网络；深入实施中小企业成长工程，以年营业收入1000万元以上的企业为重点，加强扶持，及时将符合条件的企业纳入规模以上统计，推动非公经济发展，优化所有制结构，最大限度释放企业发展的活力，增强我省工业发展的推动力（市地工信委、省工信委中小局负责落实）。

（七）突出特色优势产业，保持县域经济发展活力。引导各县（市）立足资源禀赋、产业基础和区位优势，通过延伸特色产业链、盘活存量、提升科技含量抓招商、上项目。重点抓好投资5000万元以上县域产业项目建设，协调解决项目建设中遇到的困难和问题，确保重点项目建设成效。引导各县（市）在园区基础设施和服务平台建设上，注重集约用地，提高投资强度，对产业特色鲜明、建设效果显著的园区给予重点支持，鼓励争创省级和国家级新型工业化示范基地。打造好政策咨询、商务信息、融资服务和弱县帮扶等平台。各市地工信委要按月分析县域经济运行情况，省工信委选取有代表性的15个县（市），按月进行重点分析，及时掌握县域经济尤其是县域工业经济运行态势（市地工信委、省工信委县域处负责落实）。

三、工作机制

（一）机构和分工

设立省工信委工业经济稳增长领导小组，统筹全省工业经济稳增长工作，组织机构和分工如下。

组长：孙　珅

副组长：庞光明　高玉学　陈杰　郭禄　方安儒　刘爱丽　王涛　李会　臧毅　于艳善

成员单位：办公室、综合处、运行处、规划处、中小局、县域处、对外合作处、科技处、装备处、原材料处、消费品处、石化处、食品处、医药处、电子处、软件处、电力处、交通处、融资处、培训处，省机械联合会、轻工联合会、建材行业协会、冶金行业协会、石化行业协会、纺织行业协会、企业管理协会、中小企业宣传中心、经贸信息中心。

办公室负责督办有关处室按时间按质量完成稳增长各项工作任务，负责全省工业月度调度例会会务工作。

综合处负责有关综合材料的起草和经验总结。

运行处负责市地工业运行材料的逐月收集、分解；汇总分析全省4138户规模以上企业、分市地、分行业情况和200户省重点监测企业情况；梳理和分解市地反映需要解决的问题。

规划处负责工业投资和项目建设情况材料的逐月收集、分解和汇总分析，牵头组织产业链谋划和推进等工作，梳理分解和协调解决涉及项目建设的相关问题。

中小局负责非公和中小企业情况的汇总分析，协调解决涉及非公经济的相关问题。

县域处负责县域经济情况的汇总分析，协调解决涉及县域经济发展的相关问题。

对外合作处负责组织企业参加各类展会，会同有关行业处组织企业与省内外重点工程、项目对接。

科技处负责组织企业与院校和科研机构对接。

各行业处负责本行业运行、项目建设情况的逐月分析；运行分析包括行业运行总体情况和子行业情况，本行业重点企业生产、效益、订单、价格情况，存在的问题，下步走势。协调相关行业协会负责与本行业企业负责人建立联系，了解掌握企业诉求，做好行业指导。协调解决产需衔接、行业发展等相关问题。

电力处负责电力保障协调，推动大用户直供电。

交通处负责运输保障协调。

融资处负责银企对接，推进企业利用资本市场和债务融资工具直接融资，缓解企业资金紧张矛盾。

培训处负责企业人才培训交流工作。

各行业协会负责行业发展信息的发布、行业指导；与本行业企业负责人建立联系，定期组织企业交流，了解掌握企业诉求，提高企业决策水平，增强竞争力。

省企业管理协会会同各相关行业协会开展营销活动。

省中小企业宣传中心、经贸信息中心负责稳增长工作的宣传报道。

（二）信息报送程序

1. 市地工信部门每月 7 日前报送本地区 200 户省重点企业生产效益情况；每月 8 日报送市地政府月度调度分析会议情况，包括市地全部规模以上工业企业运行分析、重点企业、项目建设情况，存在的问题，采取的工作措施和成效，需要省里协调事宜；每季度25 日前报送工业增量、存量拉动分析。

2. 省工信委运行处、规划处及时将 200 户省重点企业、市地政府月度调度分析会议情况转到各行业处；各行业处结合市地和掌握的其他方面情况形成本行业月度运行和项目建设情况分析，分别提供给运行处、规划处。

3. 省工信委每月 10 日前汇总全省规模以上工业和分市地、分行业运行情况；汇总工业投资和项目建设情况。

4. 省工信委每月 8 日前汇总市地反映需要解决的问题，分类分解，涉及省工信委职能范围内，及时处理解决；涉及其他部门的，及时协调相关部门解决；重大问题，报省政府工业发展与运行联席会议协调解决。

5. 遇紧急问题及时报送，及时处理。

（三）具体制度

1. 每月 7 日前市地政府召开工业月度调度分析会议，了解把握工业运行和项目建设态势，帮助企业解决实际困难和问题。

2. 每月 10 日左右省工信委召开全省工业月度调度例会，听取市地工业运行、项目建设和重点工作推进等方面情况，听取非公经济、县域经济及全省工业分行业等方面情况，共同研究解决企业反映的问题。

3. 每月 12 日前向省政府呈报市地工业月度调度例会情况，包括工业运行、项目建设、重点工作推进以及需要省政府协调解决的问题等方面情况，为 15 日省长调度会做准备。

4. 市地政府和省工信委定期召开央企座谈会，了解掌握央企投资意愿和市场需求，帮助符合条件的地方企业与央企对接。

5. 省工信委融资处和市地工信委定期召开银企对接活动，缓解企业资金紧张矛盾。

6. 各行业协会和企业管理协会定期组织各行业企业交流座谈活动和市场营销活动。

7. 省工信委定期督办、通报稳增长各项重点工作。

四、工作要求

（一）高度重视，勇于担当

各市地工信部门要深入贯彻落实省委、省政府主要领导对工业发展做出的新部署、新要求，充分认识工业对经济社会发展的贡献和带动作用。要勇挑重担，参照省工信委设立的领导机构，设立本地区机构，对口执行相应工作任务。统筹各方面力量，形成合力，推动工业发展。

（二）主动作为，真抓实干

各市地工信部门要坚定稳增长信心，积极应对复杂严峻的经济形势，增强工作的针对性和主动性，迎接挑战，找准路径，加大工作力度，创新工作思路，切实做好运行调节、项目建设、非公经济、县域经济等重点工作。

（三）形成机制，保证时限

各有关部门要强化落实，各项重点工作，要责任落实到位，要有量化目标，要有时间节点。市地工信部门要及时掌握本地区工业运行和项目建设情况，运行监测要对本地区全部规模以上企业按照行业分类深入分析，按照时间要求报送相关材料，及时反映存在的问题。行业分析汇总要细分至子行业，了解掌握行业动态。

（四）顺应市场，服务企业

发挥市场在资源配置中的决定作用，更好地发挥政府作用，与企业共同研究市场，遵循市场规律，加强对企业的协调服务，切实帮助企业解难题，降负担，促进企业加快发展。

（五）加强宣传，推广典型

及时宣传省委、省政府的决策和部署，形成加快工业发展的良好氛围。定期通报全省各项重点工作完成情况，总结市地、企业好做法、好经验，及时推广，发挥典型示范作用。

上海市

上海市经济信息化委、市财政局关于印发《上海市中小企业发展专项资金管理办法》的通知

沪经信企〔2014〕581 号

各区县经济信息化委、经委（商务委）、财政局，各有关单位：

为了贯彻落实国家和本市促进中小企业发展的有关政策，进一步支持本市中小企业发展，我们制定了《上海市中小企业发展专项资金管理办法》。现印发给你们，请按照执行。

上海市经济和信息化委员会上海市财政局

2014 年 9 月 12 日

上海市中小企业发展专项资金管理办法

第一章 总则

第一条（目的和依据）

为了贯彻落实国家和本市促进中小企业发展的有关政策，进一步支持本市中小企业发展，根据《上海市促进中小企业发展条例》《上海市人民政府贯彻国务院关于进一步促进中小企业发展若干意见的实施意见》《上海市人民政府贯彻〈国务院关于进一步支持小型微型企业健康发展的意见〉的实施意见》以及财政资金管理的有关规定，结合本市实际，制定本办法。

第二条（定义）

上海市中小企业发展专项资金（以下简称专项资金）是市政府为了贯彻落实国家和本市促进中小企业发展的有关政策而设立的用于支持本市中小企业发展、改善中小企业发展环境的专项补助性资金。

第三条（标准）

本办法所称中小企业的划分标准，按照工业和信息化部、国家统计局、发展改革委、财政部制定的《中小企业划型标准规定》执行。

第四条（资金渠道）

专项资金由市级财政预算安排，纳入上海市经济和信息化委员会（以下简称市经济信息化委）部门预算。

第五条（资金属性）

专项资金属政府财政资金，应当按照财政预算资金的有关规定管理和使用。

第六条（资金安排原则）

专项资金的安排应当符合国家和本市的产业政策，坚持公开、公平、公正的原则，确保专项资金的规范、安全和高效使用。

第七条（管理部门）

市经济信息化委负责确定专项资金的年度使用方向和支持重点，与上海市财政局（以下简称市财政局）共同对申报的项目进行审核，并对项目实施情况进行监督检查。

市财政局负责专项资金的预算管理和资金拨付，并对专项资金的使用情况进行监督检查。

第八条（监督制度）

专项资金的安排、拨付、使用，依法接受审计机关的审计监督和纪检监察机关的监督管理，并主动接受市人大和社会的监督。

第二章 支持对象及使用范围

第九条（支持对象）

专项资金的支持对象为本市依法设立的中小企业以及中小企业服务机构。

第十条（使用范围）

专项资金的主要使用范围是：

（一）培育“专精特新”中小企业，支持“新技术、新产业、新模式、新业态”中小企业发展。

（二）完善中小企业服务体系，支持为中小企业特别是小型微型企业提供科技服务、商贸服务、综合性服务等。

（三）改善中小企业融资环境，支持中小企业融资。

（四）促进国际合作，支持中小企业开拓国际市场，开展国际合作交流。

（五）与国家相关扶持资金配套使用。

（六）其他经市政府批准需要扶持的项目。

第十一条（除外规定）

已通过其他渠道获取市财政性资金支持的项目，专项资金原则上不再予以支持。

第三章 支持方式及额度

第十二条（支持方式）

专项资金采取贷款贴息、无偿资助、奖励、政府购买服务的方式安排使用。

（一）贷款贴息。贴息额度按照项目贷款额度及人民银行公布的同期贷款利率确定。每个项目的贴息期限不超过两年，贴息额度最多不超过300万元。

（二）无偿资助。资助额度不超过项目总投入的30%，每个项目的资助额度最高不超过300万元。

（三）奖励。每个项目的奖励额度最高不超过300万元。

（四）政府购买服务。资金额度按照项目合同金额确定；符合有关招投标规定的，应当按照规定进行招投标。

第十三条（区县配套）

各区县可以结合实际情况，安排相应的配套资金。

第四章 项目申报及评审

第十四条（项目指南）

市经济信息化委根据本市中小企业发展的实际情况，于每年一季度编制年度专项资金项目指南，确定专项资金的年度支持方向和重点，并在市经济信息化委网站和其他指定网站发布。

第十五条（中小企业申报条件）

申报专项资金项目的中小企业应当具备以下基本条件：

（一）具有独立的法人资格，企业治理结构完善；

（二）财务管理制度健全，信用良好；

（三）经营情况良好；

（四）申报的项目符合专项资金当年度支持方向和重点；

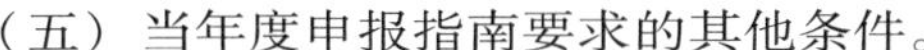

（五）当年度申报指南要求的其他条件。

第十六条（服务机构申报条件）

申报专项资金项目的中小企业服务机构应当具备以下基本条件：

（一）拥有为中小企业服务的相应业务资格；

（二）熟悉国家和本市促进中小企业发展的法律、法规和政策；

（三）具有固定的工作场所、专业的中小企业服务人员及服务设施，在涉及的服务领域拥有丰富的工作经验；

（四）经营规范，具有健全的财务管理制度；

（五）当年度申报指南要求的其他条件。

第十七条（申报流程）

符合申报条件的单位，按照年度专项资金项目指南向区县经委（商务委）提出项目申报。区县经委（商务委）审核同意并征求同级财政部门的意见后报送市经济信息化委。

第十八条（项目评审）

市经济信息化委会同市财政局建立专家评审制度，通过市经济信息化委专项资金项目管理与服务平台，依据本办法第十五条、第十六条的规定以及专项资金的年度支持方向和重点，对申报的项目进行评审。

第五章 预算管理

第十九条（预算编审）

市经济信息化委根据部门预算编制的有关要求，于每年三季度编制下一年度专项资金预算并纳入部门预算中，按照规定程序报送市财政局。

市财政局根据市经济信息化委提出的年度工作计划、上年度预算执行情况、以往年度绩效评价结果等因素，研究确定专项资金年度预算。

第二十条（预算执行）

市经济信息化委应当按照市财政局确定的专项资金年度预算，组织项目申报和评审，建立项目库，综合平衡专家评审意见，结合产业特点、区域分布等情况确定年度专项资金项目安排计划，并根据时间进度合理安排项目支出，确保专项资金预算按期完成。原则上当年预算当年执行。

第二十一条（预算调整）

专项资金年度预算一经确定，必须严格执行，不得随意改变资金使用方向和内容；确有必要调整时，应当按照规定程序报批。

第六章 资金拨付

第二十二条（拨款申请）

对经批准的贷款贴息、无偿资助、奖励、政府购买服务项目，由市经济信息化委根据专项资金年度预算，在批准的支持额度内向市财政局申请拨款。

第二十三条（资金拨付）

市财政局进行审核后，按照国库集中支付的有关规定拨付专项资金。

第七章 项目管理

第二十四条（项目管理合同）

市经济信息化委、区县经委（商务委）应当与项目单位签订项目管理合同。

第二十五条（项目管理费用）

专项资金项目的项目管理、验收等相关费用，在专项资金中列支，每年按照不超过当年专项资金总额的1%从严控制。

第二十六条（验收）

项目完成后，项目单位应当在3个月内报送项目完工情况及其他相关资料。市经济信息化委应当组织有关部门或者委托专业机构进行项目验收。

第二十七条（项目变更和撤销）

专项资金项目发生重大变更，应当由项目单位说明变更事项和理由，报市经济信息化委审核。除不可抗力外，项目因故撤销的，项目单位应当将已拨付的专项资金上交市财政局。

第八章 财务管理与监督

第二十八条（财务管理）

专项资金应当严格执行财政资金管理的有关规定，单独核算，专款专用，并按照国家有关财务规定进行相应的会计核算，严禁超范围、超标准开支。

第二十九条（监督管理）

市经济信息化委、市财政局应当对专项资金的使用情况进行检查，对项目完成情况、预算执行情况、资金使用效果、资金管理情况等进行监督和追踪问效。

市经济信息化委、市财政局可委托审计部门或者社会审计机构对上年度获专项资金支持的完工项目进行审计抽查。

第三十条（法律责任）

专项资金应当严格按照规定的用途使用，不得擅自挤占、截留和挪用。对经审计发现虚报瞒报有关情况、骗取专项资金的，将追回全部已拨付的专项资金，取消该单位三年内申报专项资金项目的资格，并依法追究相关人员的责任。

第九章 附则

第三十一条（应用解释）

本办法由市经济信息化委、市财政局负责解释。

第三十二条（实施日期）

本办法自发布之日起施行，有效期至2019年9月11日。原《上海市中小企业发展专项资金管理办法》〔沪经信法（2010）737号〕同时废止。

江苏省

江苏省人民政府文件

苏政办发〔2014〕36 号

省政府办公厅关于开展小微企业转贷方式创新试点工作的意见

各市、县（市、区）人民政府，省各委办厅局，省各直属单位：

为认真贯彻《国务院办公厅关于金融支持小微企业发展的实施意见》（国办发〔2013〕87 号）精神，着力提升小微企业金融服务能力，有效缓解小微企业贷款转贷中“先还后贷”造成的资金周转压力，现就在全省开展小微企业转贷方式创新试点工作提出如下意见：

一、重要意义

近年来，为控制信贷资产风险，提高企业现金管理水平，银行业金融机构在企业流动资金贷款转贷中普遍要求“先还后贷”。但在实际操作中，小微企业由于受流动资金需求时效、“两项资金”占比、技术创新投入周期等因素制约，资金周转难度较大，有些企业被迫采取“资金过桥”等办法，不仅增加了融资成本，也在一定程度上助长了社会不法金融行为，影响了企业正常生产经营活动和社会金融秩序。目前，省有关部门和部分地方政府、银行业金融机构在创新小微企业转贷方式上开展了有益探索，取得了一定成效。在总结经验的基础上开展小微企业转贷方式创新试点，对切实降低小微企业融资成本，着力提高小微企业信贷管理水平，有效挤压不法金融活动生存空间具有重要意义。

二、基本原则

（一）市场主导

试点工作要充分发挥市场机制的决定性作用，鼓励银行业金融机构自愿参加、自主决策。各地不得以试点的名义对银行业金融机构正常信贷工作进行行政干预。

（二）风险可控

参与试点的银行业金融机构要充分认识和评估试点工作可能带来的风险，建立健全风险防范机制，加强对相关贷款真实性、用途、质量的控制，着力提高风险防控水平，防止出现道德风险。

（三）灵活优惠

尊重基层首创精神，鼓励参与试点的银行业金融机构在全省统一的试点政策指导下，探索形式多样的创新业务模式，不得以试点名义额外增加小微企业融资成本。

三、试点范围

（一）试点银行业金融机构范围

首批试点银行业金融机构以农村商业银行和城市商业银行为主，其中，农村商业银行 8 家，城市商业银行 2 家。首批试点 1 年后，各省内银行业金融机构的省级分行或一级分行、地方法人银行业金融机构（村镇银行除外）可自愿申报，经审核通过后参加试点。

（二）试点小微企业范围

参与试点的小微企业需符合工业和信息化部对小微企业的最新划型标准（详见工信部联企业〔2011〕300 号文）。试点银行业金融机构对生产经营正常、符合转型升级方向、具有较好市场前景、有转贷需求的小微企业建立准入名单，纳入名单制管理的小微企业作为试点业务对象。试点银行业金融机构对名单采取动态管理，按季进行检验或更新，根据小微企业经营发展以及相关条件的变化情况，适时在名单中加入或退出部分企业。

四、试点模式

（一）基本思路。允许符合条件的小微企业在转贷过程中部分还贷，以缓解小微企业融资难、融资贵困难。企业在转贷前归还部分当期贷款本金，一方面减轻资金周转压力，另一方面检验企业现金流管理能力，将银行信贷风险控制在一定范围内。

（二）基本模式。纳入名单制管理的小微企业，可在结清当期所有贷款利息的前提下实行转贷。名单制企业当期贷款到期前，试点银行业金融机构重新进行授信审查或追加贷款保证措施，审查通过新的授信额度和期限后，按照风险可控原则，制定不同企业的当期贷款还本比例，最高不超过 60%，最低不少于 30%。名单制企业按规定未结清的当期贷款本金自动转入下期贷款本金。

（三）符合试点政策的现有小微企业转贷模式。

1. 限额循环模式。银行与借款企业签订一次性授信合同，在授信存续期间和授信额度内，允许借款企业多次滚动取得贷款资金。授信期不低于两年，不超过 3 年。滚动期间借款企业还本比例不高于 60%，不低于 30%。

2. 宽限期模式。银行业金融机构对借款企业二次审批后，可对部分贷款本金给予一定的还款宽限期，还本比例不高于 60%，不低于 30%。还款宽限期不超过原贷款周期。

3. 其他符合试点政策的现有模式。

五、政策保障

（一）省财政厅要将试点银行业金融机构相关贷款纳入小微企业贷款风险补偿范围。按规定享受风险补偿，且对试点工作成效突出的银行业金融机构，可由所在地财政局和金融办联合推荐申报即将出台的省金融创新奖励资金。

（二）人民银行南京分行要充分利用差别存款准备金动态调整、支农再贷款、支小再贷款、再贴现等货币政策工具，对试点银行业金融机构给予政策倾斜。

（三）江苏银监局要在不良贷款率、资本充足率、存贷比等监管指标方面，对试点银行业金融机构相关贷款适当提高容忍度，支持试点成效突出的银行业金融机构发行小微企业专项金融债。

（四）省农联社要筛选推荐首批参与试点的农村商业银行，并做好试点业务系统支撑，加强对试点农村商业银行风险排查、管理、控制的指导。

六、组织领导

（一）工作机构。省金融办、省财政厅、人民银行南京分行、江苏银监局、省农联社共同建立省小微企业转贷方式创新试点工作联席会议制度，联席会议办公室设在省金融办，负责具体工作。

（二）工作程序。

1. 完善政策保障措施。省试点工作联席会议各成员单位按照本意见制定试点具体保障政策措施，经省试点工作联席会议讨论通过后实施。

2. 提出试点申请。拟参与试点的银行业金融机构应认真测算辖内有转贷需求的小微企业情况，科学判断存量与增量，合理安排业务资源，制定详细的试点工作方案，向省试点工作联席会议办公室提出试点申请。农村商业银行的试点申请由省农联社筛选后报送，其他银行业金融机构直接报送。

3. 确定试点资格。省试点工作联席会议办公室收到全部试点申请后，组织专家评审。经专家评审后的试点名单，报省试点工作联席会议讨论通过，并向社会公布。

4. 建立试点工作机制。参与试点的地方法人银行业金融机构，应将小微企业转贷方式创新试点工作纳入总行层面管理，建立完善相应的风险管理控制机制，防止承办分支机构和信贷人员放大风险偏好。参与试点的非地方法人银行业金融机构，在获得总行授权后，实施相应的业务推进和风险防控措施。

5. 建立信息报告制度。试点银行业金融机构应建立试点工作月度信息报告制度，根据有关要求及时向省试点工作联席会议报送工作进展情况。

（三）试点退出。试点银行业金融机构在试点中若出现相关贷款质量下降较快、信贷人员道德风险、提供虚假信息争取试点扶持政策等行为，省试点工作联席会议可以对其停止试点，并提请有关部门依法查处。

江苏省人民政府办公厅

2014 年 5 月 6 日

安徽省

关于促进个体工商户转为企业和小型微型企业升级为规模以上企业的意见

皖经信中小服务〔2014〕265 号

各市、县人民政府，省政府各部门、各直属机构：

为深入贯彻落实《国务院关于进一步支持小型微型企业健康发展的意见》（国发〔2012〕14 号）和《中共安徽省委安徽省人民政府关于大力发展民营经济的意见》（皖发〔2013〕7 号）精神，经省政府同意，现就进一步促进个体工商户转为企业（以下简称“个转企”）和小型微型企业升级为规模以上企业（以下简称“小升规”），提出如下意见：

一、总体要求

以党的十八大和十八届三中、四中全会精神为指导，按照政府引导、主体自愿，分类指导、科学推进，依法依规、强化服务的原则，大力培育壮大市场主体，推动小微企业转型升级，实现经济增长与促进就业创业、维护社会稳定的良性互动。

二、大力促进“个转企”

（一）实行税费减免

1. “个转企”后符合小型微利企业（不含个人独资企业、合伙企业）条件的，减按 20% 的税率征收企业所得税，其中，年应纳税所得额低于 10 万元（含 10 万元）的，2016 年年底前其所得减按 50% 计入应纳税所得额，按 20% 年的税率缴纳企业所得税。2015 年底前月销售额不超过 3 万元的小微企业暂免征收增值税、营业税。

2. “个转企”企业缴纳房产税、城镇土地使用税纳税确有困难的，按权限报批后，可给予减征或免征。按期纳税有困难并符合税法规定的，由纳税人提出申请，经审核批准后，可延期缴纳税款。

3. 转型前的个体工商户与转型后的企业之间划转土地、房屋，投资主体相同的，按照国家现行政策规定免征契税。

4. “个转企”的小规模纳税人，可继续为小规模纳税人；符合条件的，可向其机构所在地主管国税机关办理一般纳税人资格。税务机关可以按照法律、法规规定采取合并征期、调整申报期限等方式，进一步减轻纳税人负担。

5. 对“个转企”的纳税人在个体经营期间取得的固定资产，如果没有原始有效凭证证明其价值，可按照有资质的中介机构出具的评估报告确定的价值，报税务机关确认后，按规定进行固定资产核算和管理。

（二）实行社保扶持

“个转企”企业经认定为重点帮扶企业的，按《安徽省人民政府关于促进经济持续健康较快发展的意见》（皖政〔2013〕5号）享受相关就业和社会保险帮扶政策，政策延续执行到2017年年底。

（三）实行金融支持

1. 引导各金融机构根据企业生产经营需求和现金流等特点，合理确定利率水平和贷款期限，创新还款方式。对符合国家产业政策和信贷政策要求、发展前景和信用较好但暂时有困难的小微企业，贷款利率尽量给予优惠，并采取分期偿还贷款本金等更为灵活的方式，减轻企业还款压力。

2. 引导各金融机构开发适合需求的金融产品，创新信贷产品与还款方式，拓宽抵押担保物范围，积极发展商圈融资、供应链融资等融资方式，合理减轻企业的融资成本，并对创新型和创业型企业优先予以支持。

3. 提高各金融机构对“个转企”企业的信贷审批效率，在符合规定和风险可控的前提下，为“个转企”企业变更银行结算账户提供便利。

（四）实行便捷准入

1. 个体工商户转企时，在其名称符合企业名称登记的相关规定，并且与同一工商行政管理机关核准或者登记注册的企业名称、字号不相同的情况下，可以保留原字号。

2. 各地要在行政服务中心等场所为“个转企”开辟“绿色通道”，提供优质高效便捷的服务。

三、大力促进“小升规”

（一）实行税费减免

1. 各地应根据实际情况，研究落实国务院和省已出台的扶持小微企业发展的各项税费优惠政策。

2. “小升规”企业纳税确有困难的，按权限报批后，可给予房产税、城镇土地使用税优惠扶持。

3. “小升规”企业认定为高新技术企业的，可按规定享受高新技术企业所得税优惠政策。

（二）实行财政支持

1. 鼓励各地通过政府购买服务等方式，为“小升规”企业免费提供技能培训、市场开拓等服务。

2. 对吸纳就业困难人员或招用毕业年度高校毕业生的“小升规”企业，符合有关政策规定的，给予社会保险补贴。

3. 省级中小企业发展专项资金重点支持“小升规”企业加强创新能力建设，走“专精特新”之路。

（三）实行金融支持

1. 进一步创新金融产品和金融服务，满足小微企业多样化的融资需求，积极推广循环贷款、年审制贷款、无还款续贷、宽限期等创新方式，增加对小微企业3—5年期的信贷产品供给。

2. 鼓励和支持小微企业到全国股转系统和省区域性股权交易市场挂牌；通过股权转让、发行私募债券等方式进行融资，促进创新型、创业型、成长型小微企业加快发展。

3. 对各地重点培育的“小升规”企业开展信用评级服务，银行业金融机构、融资性担保机构等根据评级情况，向企业提供优惠融资服务。鼓励各地结合小微企业运行监测和培育工作，探索建立小微企业信用信息数据库。

（四）提供公共服务

1. 各地可委托中小企业服务机构，对列为培育对象的企业经营管理者开展企业管理、投融资、市场拓展、质量标准、信息咨询等培训。

2. 各级中小企业主管部门对列为培育对象的企业做好入库培育、数据报送、指导服务和动态运行监测工作，并加强与统计、工商、地税、国税等部门的沟通协调，确保新上规模的企业及时纳入统计范围。

四、加强组织协调

（一）省发展民营经济领导小组负责统筹协调推进全省“个转企”和“小升规”工作，领导小组办公室要会同有关单位加强跟踪调度和督查检查，推动各地建立和完善相应的工作机制，制定相应的政策措施，扎实推进各项工作。省有关部门要加强配合，研究制定“个转企”“小升规”政策措施的实施细则和操作办法。

（二）各地、各有关部门要广泛宣传“个转企”“小升规”的相关政策，及时总结经验，推广典型，形成示范效应，推动大众创业、万众创新。

安徽省经济和信息化委员会
安徽省工商行政管理局
安徽省人力资源和社会保障厅
安徽省财政厅
安徽省地方税务局
安徽省人民政府金融工作办公室
安徽省国家税务局
中国人民银行合肥中心支行
2014年11月25日

安徽省人民政府关于金融服务“三农”和实体经济发展的意见

皖政〔2014〕50号

各市、县人民政府，省有关单位：

为贯彻落实党的十八大、十八届三中全会和《国务院关于进一步促进资本市场健康发展的若干意见》（国发〔2014〕17号）、《国务院办公厅关于金融服务“三农”发展的若干意见》（国办发〔2014〕17号）精神，提升金融服务“三农”和实体经济发展水平，促进经济持续健康较快发展，现提出以下意见：

一、深化金融体制机制改革

1. 分类推进金融机构改革。深化农村合作金融机构改革，2014年底前全省农村合作金融机构全部改制为农村商业银行，鼓励民间资本参与农村合作金融机构股份制改革或参与农村商业银行增资扩股。加快省农村信用社联合社行业管理去行政化，增强服务功能，实现以城补农。支持徽商银行加快提升服务“三农”和小微企业能力，积极培育发展村镇银行，力争2014年实现徽商银行和村镇银行县域全覆盖并增加乡镇网点。争取在农业人口较多的市辖区设立村镇银行，推动符合条件的小额贷款公司改制为村镇银行。推动民间资本发起设立自担风险的民营银行。支持政策性银行、国有商业银行、股份制银行、邮储银行改革创新。各涉农金融机构要进一步下沉服务重心，切实做到不脱农、多惠农。（安徽银监局、人行合肥中心支行、省政府金融办等按职责分工分别负责）

2. 扩大农村金融综合改革试点。总结推广金寨、凤台县农村金融综合改革试点经验，2014年各市至少选择1个县（市）启动试点，2015年扩大到全省1/3的县（市）。（省政府金融办、人行合肥中心支行、安徽银监局等按职责分工分别负责）

3. 丰富金融服务主体。鼓励建立农业产业投资基金、农业私募股权投资基金、农业科技创业投资基金和主要服务“三农”的金融租赁公司。支持创设产业基金、创业投资基金及基金管理机构等。鼓励设立金融（融资）租赁公司、商业保理公司、典当行等。引导互联网金融健康发展。（省财政厅、省发展改革委、安徽银监局等按职责分工分别负责）

4. 规范发展农村合作金融。坚持社员制、封闭性、民主管理原则，在不对外吸储放贷、不支付固定回报的前提下，发展农村合作金融。支持农民合作社开展信用合作，积极稳妥组织试点，在符合条件的农民合作社和供销合作社基础上培育发展农村合作金融组织，探索建立合作性的村级融资担保基金。积极争取国家农村合作金融试点。（省政府金融办、省农委、安徽银监局、省林业厅、省供销合作社等按职责分工分别负责）

5. 加强融资担保体系建设。省、市、县（含市、区，下同）财政持续充实县担保机构国有资本金，政府出资的县担保机构年新发生的“三农”、小微企业融资担保额占全部新发生的融资担保业务比重不低于70%，2017年底前放大倍数达到5倍以上。积极推动银担合作，探索建立风险分担机制，推进农村合作金融机构、徽商银行等地方金融机构与融资担保机构开展风险分担试点。（省政府金融办、省财政厅、省经济和信息化委等按职责分工分别负责）

二、大力发展普惠金融

6. 优化县域金融机构网点布局。推动大中型银行在皖北、大别山区各市、县增设分支机构，在有条件的乡镇增设具有信贷功能的营业机构。充分利用国家调整农业发展银行分支机构布局的机遇，争取在我省布局更多分支机构。鼓励农村中小金融机构在商业可持续前提下，继续增设标准化服务网点。（安徽银监局、人行合肥中心支行等按职责分工分别负责）

7. 推动农村基础金融服务全覆盖。着力推进基础金融服务向村级延伸，实施金融服务“村村通”工程，设立金融服务室或其他简易、流动服务网点；在不具备设立网点条件的行政村，布设金融电子机具和自助服务终端。推广自助金融服务，开办远程服务功能。（省政府金融办、人行合肥中心支行等按职责分工分别负责）

8. 加大金融扶贫力度。发挥政策性金融、商业性金融和合作性金融的互补优势，切实改进对农民工、农村妇女、少数民族、贫困家庭等金融服务。完善扶贫贴息贷款政策。对我省大别山片区及国家级扶贫开发重点县符合条件的金融机构，其新增支农再贷款利率在现行优惠基础上再降1个百分点。（人行合肥中心支行、省财政厅等按职责分工分别负责）

三、引导加大“三农”和小微企业资金投放

9. 拓展资金来源。落实支农、支小再贷款投放机制，主要用于支持“三农”和小微企业发展。认真落实国家“定向降准”政策措施，县域农村商业银行存款准备金率降低2个百分点，县域农村合作银行降低0.5个百分点，对发放“三农”、小微企业等符合结构调整需要、能够满足市场需求的实体经济贷款达到一定比例的银行业金融机构存款准备金率降低0.5个百分点。开展农业银行县级“三农金

融事业部”考核，对达标机构降低2个百分点存款准备金率；开展县域新增存款主要用于当地考核，对达标机构降低1个百分点的存款准备金率。推动地方法人金融机构发行“三农”和小微企业专项金融债券。积极运用呆账核销、资产证券化、贷款重组、信贷资产转让等方式盘活信贷存量，保持货币信贷和社会融资规模合理增长，力争新增贷款规模不低于上一年，各项贷款增速不低于全国平均水平。各金融机构要积极争取国家涉农资产证券化试点。（人行合肥中心支行、安徽银监局、安徽证监局等按职责分工分别负责）

10. 强化政策引导。跟进建立商业银行新设县域分支机构信贷投放承诺制度。对涉农贷款占比高的县域银行业法人机构实行弹性存贷比，鼓励商业银行单列涉农信贷计划。下放县域分支机构的贷款管理权限，推行尽职免责制度，调动其对“三农”、小微企业信贷投放的积极性，确保涉农信贷投放总量持续增长，小微企业贷款增速不低于各项贷款平均增速、增量不低于上年同期水平。（人行合肥中心支行、安徽银监局等按职责分工分别负责）

四、创新金融产品和服务方式

11. 创新金融产品。推行“一次核定、随用随贷、余额控制、周转使用、动态调整”的农户信贷模式，合理确定贷款额度、放款进度和回收期限。加快在农村地区推广应用微贷技术。推广产业链金融模式。大力发展农村电话银行、网上银行业务。创新和推广专营机构、信贷工厂等服务模式。开发适合生产性服务业特点的金融产品和服务，积极发展商圈融资、供应链融资等融资方式。鼓励开展农业机械等方面的融资租赁业务。（安徽银监局、人行合肥中心支行、省粮食局、省农委等按职责分工分别负责）

12. 创新融资担保方式。积极推进农村集体经营性建设用地使用权抵押融资。推广以农业机械设备、运输工具、水域滩涂养殖权、林权、承包土地收益权等为标的的新型抵押担保方式。加强涉农信贷与涉农保险合作，积极利用涉农保险为农业融资主体增信，探索拓宽涉农保险保单质押范围。对资信情况良好、资金周转量大的涉农主体，积极发放信用贷款。大力发展信用保证保险，积极推广保单质押贷款、“信贷＋抵押（质押）＋担保＋保险”等信贷保险合作模式。探索仓单质押等多种质押融资方式。探索开展农村土地承包经营权抵押贷款试点，争取国家农民住房财产权抵押贷款试点。（人行合肥中心支行、安徽保监局、省国土资源厅、省农委等按职责分工分别负责）

13. 改进服务方式。进一步简化金融服务手续，推行通俗易懂的合同文本，提高贷款审批效率，规范服务收费，严禁在提供金融服务时附加不合理条件和额外费用，切实维护农民和小微企业利益。（省政府金融办负责）

五、加大对重点领域的金融支持

14. 支持农业发展方式转变。推进家庭农场直管直贷试点工作，对试点家庭农场提供“一对一服务”。积极推动金融产品、利率、期限、额度、流程、风险控制等创新，满足家庭农场、专业大户、农民合作社和农业产业化龙头企业等新型农业经营主体的金融需求。对农民扩大再生产、消费升级和自主创业，对耕地整理、土壤改良、农田水利、粮棉油糖高产创建、畜禽水产品标准化养殖、种养业良种生产、林产品基地建设等经营项目，对农业科技进步、现代种业、农机装备制造、设施农业、农产品精深加工、秸秆环保综合利用等现代农业项目和高科技农业项目，对农产品产地批发市场、零售市场、仓储物流设施、连锁零售等服务设施建设，加大信贷支持力度。争取国家金融支持农业规模化生产和集约化经营试点。（安徽银监局、人行合肥中心支行、省农委、省林业厅、省财政厅等按职责分工分别负责）

15. 支持产业转型升级。坚持有扶有控，优先向电子信息、汽车和装备制造、现代服务业等主导产业提供信贷支持，省战略性新兴产业、企业发展专项资金等对符合条件的主导产业项目予以支持。发展科技金融专营机构，为科技企业提供专业性金融服务。加大对企业改造支持力度。加大金融支持消费升级力度，切实满足居民家庭首套自住购房、大宗耐用消费品、新型消费品以及教育、旅游等服务消费领域的合理信贷需求。（省发展改革委、省科技厅、安徽银监局等按职责分工分别负责）

16. 持续改进小微企业金融服务。积极支持符合条件的银行业金融机构发行小微企业专项金融债，资金全部用于小微企业贷款。推动银行业金融机构在基层网点广泛配备小微企业专业团队和资源，支持增设小微专业支行（网点）。创新小微企业各类风险投资基金，积极为创业初期高成长高科技型中小企业提供融资服务。鼓励商业银行再造小微业务流程，实施批量化、标准化、集约化服务。进一步提高各银行业金融机构的小微企业贷款覆盖率、综合金融服务覆盖率和申贷获得率，在市场准入、不良贷款监管容忍度、风险资产权重及监管评级等方面坚持正向激励导向，确保小微企业贷款增速不低于各项贷款平均增速、增量不低于上年同期水平。（安徽银监局、人行合肥中心支行、省经济和信息化委等按职责分工分别负责）

17. 探索支持新型城镇化发展的有效方式。创新适应新型城镇化发展的金融服务机制，重点发挥政策性金融作用，稳步拓宽城镇建设融资渠道，着力做好农业转移人口的综合性金融服务。总结推广产城一体化试点开发区融资模式，完善棚户区改造与开行合作融资机制，充分发挥省级融资平台作用，争取更多低成本、长周期的资金用于城镇化建设。加大金融对农村土地综合整治、农村建设用地减少和城镇建设用地增加挂钩有关项目的支持力度。（省

发展改革委、省财政厅、开发银行安徽省分行、省住房城乡建设厅等按职责分工分别负责）

六、拓展保险的广度和深度

18. 扩大农业保险覆盖面。继续开展大宗农作物和重要畜禽产品保险，鼓励保险公司通过开展政策性农业保险附加商业保险的模式，提高水稻、小麦和玉米等大宗农作物保险保障水平。进一步优化扶贫及涉农资金结构，鼓励有条件的市、县因地制宜开展地方特色优势农产品保险试点，扩大茶叶、果树、蚕桑、毛竹、油茶等特色农业保险品种和范围。逐步拓宽农房保险统保范围。（安徽保监局、省财政厅、省农委、省林业厅等按职责分工分别负责）

19. 创新保险产品。引导商业性保险机构为新型农业经营主体开展保险服务。推广研发天气指数、农村小额信贷保证保险等新型险种。探索开展农产品价格指数、补充收益等保险业务。推动农机具保险，发展设施农业、渔业、制种保险等业务。加强对重点行业和重点领域出口的支持力度，加强海外投资保险的支持力度。（安徽保监局、省财政厅、省商务厅等按职责分工分别负责）

20. 扩大保险资金投入。鼓励保险业以股权、债权、物权等形式参与基础设施、能源资源、医疗健康、养老服务业等项目建设。引导保险公司在皖设立后援中心、灾备和数据处理中心、培训基地。（安徽保监局、省发展改革委等按职责分工分别负责）

21. 完善保费补贴政策。提高财政对主要粮食作物保险的保费补贴比例，逐步减少或取消产粮大县的县级保费补贴。规范农业保险大灾风险准备金管理，加快建立财政支持的农业保险大灾风险分散机制。（省财政厅、安徽保监局等按职责分工分别负责）

22. 加强农业保险基层服务体系建设。加强农业保险经办机构与乡镇政府代办机构合作，强化农业保险经办机构基层服务人员、协保员等专业技能培训，完善基层服务网络体系。（安徽保监局、省农委等按职责分工分别负责）

七、积极培育发展资本市场

23. 加快多层次资本市场建设。积极跟进股票发行注册制改革，加大企业上市力度，力争到2017年全省上市企业数位次中部领先、全国靠前。支持上市公司再融资及并购重组。大力推动竞争性领域的国有企业整体上市。支持科技创新型企业完善上市公司股权激励制度，实施管理层股权激励和员工持股。认真落实与全国股转系统签署的战略合作备忘录，推动中小企业特别是创新型、创业型、涉农企业到“新三板”挂牌，力争到2017年挂牌企业达到100家。推进省股权托管交易中心建设发展，力争到2017年挂牌企业300家以上、托管企业1000家以上。充分利用集中统一的登记结算制度，有效把握进退有序、市场转板顺畅的良性循环机制，加速形成企业梯次上市的融资格局。（省政府金融办、安徽证监局等按职责分工分别负责）

24. 加强上市资源培育。加快推进拟上市企业股份制改造，稳妥解决历史沿革、产权确认、权证办理等问题。建立条块结合的直接融资后备资源库，力争动态储备规模超过5000个。充分发挥国元、华安等证券公司人才优势，建立证券投行业务保荐代表人“一对一”对口联系服务市、县机制，确保所有市、县都有一位证券保荐人对口联系服务。（省政府金融办负责）

25. 扩大债券和私募市场融资。积极争取扩大地方政府债发行规模。支持符合条件的企业发行企业债、公司债和中小企业私募债。逐步扩大企业发行中小企业集合票据、短期融资券等非金融企业债务融资工具的规模。扩大私募市场融资规模。支持符合条件的农村金融机构发行优先股和二级资本工具。（安徽证监局、人行合肥中心支行、省发展改革委、省财政厅、省政府金融办、安徽银监局等按职责分工分别负责）

26. 发挥农产品期货市场的价格发现和风险规避功能。加强信息服务，推动农民合作社、家庭农场等农村经济组织参与期货交易，鼓励农产品生产经营企业进入期货市场开展套期保值业务。（安徽证监局、省农委、省政府金融办等按职责分工分别负责）

27. 发展股权投资机构。构建以财政资金为引导、社会资本为主体的多元股权投资体系。整合省级财政性投资基金，建立50亿元以上的混合所有制高新技术产业投资母基金。大力推进公私合营（PPP）模式融资，吸引社会资本投入准公益性项目建设。（省发展改革委、省财政厅、省科技厅、省投资集团等按职责分工分别负责）

八、完善农村金融基础设施

28. 推进农村信用体系建设。加快推进省公共信用信息共享服务平台建设，推动与人民银行征信系统的信用信息互补共享，扩大信息归集整合和使用范围，2017年基本建成覆盖全省的征信体系。深入开展信用农户、信用乡镇、信用村创建活动，完善涉农信用信息采集、更新和成果运用工作机制，推动农户信用评价结果与农户贷款授信审批相结合。（省发展改革委、人行合肥中心支行、省政府金融办、省公安厅等按职责分工分别负责）

29. 发展农村交易市场和中介组织。探索推进农村产权交易市场建设，积极培育土地评估、资产评估、森林资源价值评估等中介组织，加快建设农产品交易中心。（省政府金融办、安徽证监局、省农委等按职责分工分别负责）

30. 改善农村支付服务环境。积极推广电子支付方式，引导银行业金融机构研发推广使用新型电子支付工具，拓宽农村地区支付结算渠道。稳步推广农村移动便捷支付。（人行合肥中心支行负责）

31. 切实保护农村金融消费者权益。建立全省12363金融消费者投诉咨询热线电话，完善投诉受理处理机制。继续开展送金融知识下乡、入社区、进校园活动，增强广大农民风险识别、自我保护的意识和能力。（省政府金融办、人行合肥中心支行、省公安厅等按职责分工分别负责）

九、加强风险防控

32. 严格债务风险管控。建立政府性债务风险预警监测机制，依靠财政性资金偿债的项目，融资利率一般不得超过同期银行贷款基准利率的1.3倍。逾期债务率超过30%，或债务率超过100%且下一年度偿债率超过20%的地区，原则上不得新增债务余额。除法律法规另有规定外，严禁违规使用BT、BOT方式举借政府性债务。（省财政厅、省审计厅等按职责分工分别负责）

33. 拓宽偿债资金来源。加快建立政府资产负债表。建立健全政府偿债准备金制度，通过财政预算、土地出让金等多渠道筹措资金，建立偿债资金池。规范融资平台管理，做实做优融资平台。（省财政厅、省审计厅等按职责分工分别负责）

34. 降低社会融资成本。规范同业、信托、理财、委托贷款等业务，清理不必要的资金“通道”“过桥”环节，缩短融资链条。坚决取消只收费不服务的项目。（安徽银监局负责）

35. 防范金融风险。金融管理部门要按照职责分工，加强金融监管、信息共享和监管配合，做好风险识别、监测、评估、预警和控制工作。各金融机构要健全制度，完善风险管理。市、县人民政府要切实担负起对小额贷款公司、担保公司、典当行、农村资金互助合作组织等的监管责任，制定完善风险应对预案，守住底线。建立贷款人和小额贷款公司、融资担保公司等金融机构信用评级、分类监管制度，并将相关信用信息接入省公共信用信息共享服务平台。严防影子银行、民间融资和非法集资等外部风险向银行体系传染渗透，防止外部骗贷和违法违规发放贷款案件发生。（人行合肥中心支行、安徽银监局、安徽证监局、安徽保监局、省政府金融办、省商务厅等按职责分工分别负责）

十、加强对金融工作领导和政策支持

36. 加强金融工作领导。各地、各有关部门要高度重视金融在服务“三农”和实体经济发展的重要作用，建立强有力的工作推进机制，及时解决新情况、新问题。要落实工作责任，做到领导力度、目标任务、责任部门、评价机制“四落实”。（省金融工作领导小组负责）

37. 加强金融人才队伍建设。从省金融机构推荐优秀金融人才到县挂职或帮助工作，鼓励各级政府与金融机构开展双向任（挂）职交流，提升县域金融工作领导水平。定期开展各种形式的金融知识培训活动，增强市、县领导干部金融工作能力。建立完善有效的激励机制，培养和引进各类金融人才。（省委组织部、省人力资源社会保障厅、安徽银监局等按职责分工分别负责）

38. 加大政策支持力度。按照“政府引导、市场运作”原则，综合运用奖励、补贴等政策工具，重点支持金融机构开展农户小额贷款、新型农业经营主体贷款、农业种植业养殖业贷款、新型农业经营主体保险、大宗农产品保险，以及银行卡助农取款、汇款、转账等支农惠农政策性支付业务。按照“鼓励增量，兼顾存量”原则，完善涉农贷款财政奖励制度。落实农村金融税收、农户小额贷款税收优惠政策。落实对新型农村金融机构定向费用补贴政策，加大现有政策资源整合力度，鼓励市、县建立“三农”和小微企业担保风险补偿金，对担保代偿损失给予一定比例风险补偿；鼓励市、县对在全国中小企业股份转让系统和省区域性股权交易市场挂牌的企业给予适当奖励。（省财政厅、人行合肥中心支行、安徽银监局、安徽保监局等按职责分工分别负责）

39. 开展政策导向效果评估。完善涉农贷款统计制度。将小微企业和“三农”金融服务情况列为对银行业金融机构评估的重要方面，合理运用评估结果，鼓励各地将财政奖补等政策与涉农评估结果挂钩，更好地引导带动金融机构支持小微企业、“三农”发展。（省政府金融办、人行合肥中心支行、省财政厅等按职责分工分别负责）

40. 强化督促检查。各地、各有关部门要抓紧研究制定配套扶持政策。市、县人民政府要按年度对本地区金融支持“三农”和实体经济发展工作进行全面总结，于次年初报省政府。由省政府督查室牵头，省政府金融办具体组织督促检查工作，确保各项政策措施落实到位。（省政府督查室、省政府金融办等按职责分工分别负责）

安徽省人民政府

2014年6月18日

福建省

福建省人民政府关于进一步推动工业稳增长促转型十一条措施的通知

闽政文〔2014〕1号

一、鼓励先进制造业增产增效

省财政年度安排4亿元资金，对季度产值同比增长13%以上、符合产业政策的规模以上制造业企业分档按用电增量每度给予0.05元、0.1元的奖励；对季度产值同比增长8%及以上的行业龙头企业、重点培育的百亿企业用电增量每度给予0.1元的奖励。鼓励企业错峰生产，适时调整用电谷时段，降低企业生产成本；根据来水情况，在部分特定行业执行丰水期电价，提高企业竞争力。

二、继续支持企业技术改造

省财政年度安排5亿元资金，优先支持科技成果转化、战略性新兴产业、扩大先进产能、年内投产等“百项千亿”重点技术改造项目，对上年度缴纳税收150万元以上（其中福州、泉州300万元以上）的企业，按项目固定资产（包括技术、软件等）投资额的5%给予补助，单个项目最高不超过500万元。继续实施“一业一策”，支持船舶、电机电器、模具、陶瓷等行业发展。用好企业技术改造贷款（融资）和万家小微企业成长贷款等政府增信资金，为企业技术改造提供更多信贷支持。

三、扶持小微企业加快发展

省财政年度安排1.9亿元资金，扶持小微企业发展。省财政2014年度安排3000万元，与海峡股权交易中心共同建立“小微企业发债增信资金池”，为小微企业利用债务工具融资提供增信。引导设区市、县级政府整合优化现有融资性担保机构，设立政府主导的融资性担保机构和再担保机构，对为小微企业提供融资担保的融资性担保机构，按相关规定给予风险补偿。支持小微企业创业、创新服务平台建设。鼓励个体工商户转为企业、规模以下小微企业上规模，对“个转企”的小微企业给予不低于5年的过渡期，在过渡期内，对账证不健全的转型企业税收实行核定征收方式，企业社会保险缴费方式5年不变。对新增的规模以上工业企业，以上年缴纳的省以下地方级税收收入为基数，3年内增量部分的60%奖励给企业扩大再生产，地方水利建设基金当年减半征收。

四、支持企业开拓市场

继续落实省政府办公厅《关于支持工业企业开拓市场六条措施的通知》（闽政办〔2013〕90号），省财政安排8000万元资金（其中3000万元用于电子商务），鼓励企业参加国内知名专业展会、联合进驻省外大型综合市场或专业市场，对地产品促销成效显著的给予参展费用和场租费补助；对参与省外大型项目招投标中标企业，单个中标合同金额1000万元以上的，按合同金额3%给予奖励，单个企业年度最高奖励金额500万元；对使用本省企业生产的首台（套）重大技术装备，按照销售价格60%（国内首台套）给予生产企业和用户补助，最高补助金额500万元；对获得第三方网上支付牌照的省内企业给予300万元的一次性奖励，对注册在我省的电子商务龙头企业自营平台、垂直细分行业电子商务平台给予资金扶持，最高不超过200万元。

五、鼓励企业兼并重组

统筹省级以上关闭小企业专项资金5000万元，用于关闭小企业补助和支持企业兼并重组。落实鼓励企业兼并重组的财政、税收、金融和土地等优惠政策，充分利用并购金融产品，支持行业龙头企业、优势企业围绕产业链延伸拓展开展跨地区、跨行业、跨所有制的兼并重组，对重大兼并重组项目按照“一事一议”“一企一策”制定扶持措施。

六、促进项目对接落地

充分利用招商平台，促进先进制造业项目对接落地。对与世界1000强、台湾百大企业、全国500强企业以及全国500强民营企业对接的制造业龙头项目，纳入省重点项目管理，实行全过程跟踪服务，简化审批审核手续，强化要素保障。省发展改革委、省经济和信息化委各安排1500万元，对重点对接的制造业龙头项目给予前期费用补助。

七、加强工业节能降耗

省财政年度安排1.4亿元资金，支持工业节能降耗和淘汰落后产能。在水泥、钢铁等行业开展能效对标，实施差别电价，对单位产品能耗优于国家标准先进值的企业，给予延长用电低谷时段2小时；对未达到国家强制性标准限定值的企业，电价按0.05元/千瓦时加价征收，企业在两年内整改达标的，累计加价征收部分予以全额返还。推进钢铁、水泥、造纸、印染、合成氨等行业开展能效、效益、环保、管理等全面对标，对省内行业标杆企业每家给予50万元奖励。继续调剂不低于上年度的燃气电厂气量，支持陶瓷、玻璃、石化等行业企业加快转型升级。加大对节能项目和合同能源管理项目的奖励力度。对完成年度淘汰落后产能目标任务的企业按国家规定给予补助。

八、扩大电力直接交易

出台我省电力用户与发电企业直接交易管理办法，完善交易规则，促进公平竞争，推动电力市场化改革，促进优势产业发展。鼓励先进制造业、高新技术企业、战略性新兴产业、能效标杆企业以及节能环保企业参与直接交易。根据全省经济和社会发展的增长，适度扩大电力直接交易规模，为企业发展提供更好的电力市场环境。

九、推动工业集约节约用地。落实省政府《关于促进工业项目节约集约用地八条措施的通知》（闽政文〔2013〕246号），省重点工业项目、重点技术改造项目新增建设用地指标由省统筹优先安排；对符合规划和安全要求、不改变用途，在原有建设用地上进行厂房加层改造，增加用地容积率的，不再增收土地价款，免收城市基础设施配套费用；对新建或通过改建达到工业项目建设用地控制指标的，涉及的房产税、土地使用税至2018年底实行“即征即奖”；对投资新建4层以上标准厂房或将原有厂房改造升级为4层以上厂房的，省级技改专项资金对其新增的货梯给予不低于购买价格30%的补助，最高不超过500万元。

十、加快两化深度融合

省经济和信息化委筹措工业化和信息化融合专项资金8000万元（含软件资金），重点扶持软件产业、两化融合率先发展。对制造业企业应用先进制造技术和信息软件技术推动装备智能化提升和信息系统综合集成的，按与信息化相关软硬件投资的5%予以补助，最高不超过200万元，对由省内信息技术企业提供两化融合全面解决方案的项目予以优先支持。对两化融合软件共性技术及解决方案的研发与产业化项目予以重点支持。

十一、发挥企业资金应急处置机制作用

省企业资金应急处置联席会议要加强对重点企业资金运行异常情况监测，研究、协调、处置可能对区域经济金融产生重大影响的企业资金问题，防范重点企业资金链断裂。各设区市（平潭综合实验区）要建立由经信、人行、银监、金融办等部门参与的企业资金应急处置联席会议，完善企业资金应急处置会商机制，按照“属地负责、分级管理、企业自救、协调联动”原则，帮助资金困难企业开展自救，协调相关金融机构帮助企业渡过难关，促进企业持续健康发展。

福建省人民政府办公厅关于进一步扶持小微企业健康发展九条措施的通知

闽政办〔2014〕1号

各市、县（区）人民政府，平潭综合实验区管委会，省人民政府各部门、各直属机构，各大企业、各高等院校：

为进一步扶持促进小微企业健康发展，增强经济发展后劲，经省政府研究，提出以下措施，请各级各有关部门认真组织落实。

一、引导个体工商户转为企业（以下简称“个转企”）

简化“个转企”程序，按照“一注一开”的原则和程序同时办理；在不违反企业名称有关规定的前提下，可保留原个体工商户的名称及特点。在经营场所（住所）不变并在有效期内，原个体工商户工商登记前置许可的有效证件、经营场所证明可以继续使用；因“个转企”而发生的土地、房屋权属名称变更，不视为交易。对“个转企”的小微企业给予不低于5年的过渡期，在过渡期内，对账证不健全的转型企业征税可以实行核定征收；企业社会保险保持原有缴费方式5年不变。（责任单位：各设区市政府、平潭综合实验区管委会、省工商局、省国土资源厅、省住房和城乡建设厅、省国税局、省地税局、省人力资源和社会保障厅、省经济和信息化委）

二、鼓励创办小微企业

对新创办的小微企业，3年内所产生的省以下地方级税收收入全额奖励给企业。各级地方政府鼓励小微企业进入工业园区，在工业园区规划中，要预留小微企业的用地用房。对小微企业项目用地在年度用地计划指标中优先给予安排，在确定土地使用权出让底价时，参照《福建省人民政府办公厅关于建立地价调节机制促进海峡西岸经济区产业结构调整的通知》（闽政办〔2009〕135号），按不低于所在地土地等别相对应《全国工业用地出让最低价标准》的70%执行。（责任单位：各设区市政府、平潭综合实验区管委会、省国土资源厅、省财政厅）

三、推动小微企业上规模

对新增的规模以上工业企业、限额以上批发和零售企业，以企业上年缴纳的省以下地方级税收收入为基数，3年内每年增量部分的60%奖励给企业扩大再生产。对新增的规模以上企业，地方水利建设基金当年减半征收，如当年已缴纳，次年减半征收。（责任单位：各设区市政府、平潭综合实验区管委会、省统计局、省财政厅、省水利厅）

四、加大小企业贷款风险补偿力度

扩大小企业贷款风险补偿的贷款对象范围，将

上年末在同一金融机构贷款余额1000万元（含1000万元）以下的小微工业企业纳入补偿的贷款对象范围，对相关银行业金融机构给予风险补偿。确保小微企业贷款增速不低于各项贷款平均增速、增量不低于上年同期水平。（责任单位：各设区市政府、平潭综合实验区管委会、省经济和信息化委、省财政厅、人行福州中心支行、福建银监局）

五、支持小微企业发债融资

省财政2014年度安排3000万元，与海峡股权交易中心共同建立“小微企业发债增信资金池”，为小微企业利用债务工具融资提供增信。设区市或县级政府要建立相应的增信机制，在设区市或县级增信机制已为小微企业发债提供担保的基础上，省小微企业发债增信资金池为小微企业发债提供再担保，以提高小微企业发债的信用等级。小微企业发债增信资金池的管理使用工作由海峡股权交易中心承担，省经济和信息化委做好政策指导和监督工作。（责任单位：各设区市政府、平潭综合实验区管委会、省金融办、省财政厅、省经济和信息化委）

六、强化对小微企业的担保服务和融资支持

支持设区市、县（市、区）政府整合现有资源，形成政府主导的融资性担保机构，为小微企业融资提供服务。鼓励各设区市政府设立融资性再担保机构，为融资性担保机构提供再担保支持。扎实推进“万家小微企业成长贷款业务”等“助保贷”项目落实，通过企业缴纳一定比例的助保金和财政提供的增信资金等共同为小微企业融资增信。各银行业金融机构要加强小微企业专营服务机构建设，并向县域和乡镇等小微企业集聚区延伸网点和业务，针对小微企业的发展特点不断创新金融产品，努力为小微企业融通资金。银行业金融机构对有市场、有效益、暂时出现资金周转困难的企业，要制定合理的信贷资金安排计划，满足企业正常营运资金需求，帮助企业渡过难关。（责任单位：各设区市政府、平潭综合实验区管委会、省金融办、省财政厅、人行福州中心支行、福建银监局、省经济和信息化委）

七、完善中小企业服务体系

支持建设一批中小企业公共服务平台项目，争取到2015年建成由1个省级枢纽平台、9个设区市综合服务窗口、36个产业集群服务窗口构成的互联互通、资源共享、服务协同的中小企业服务平台网络，中央和省中小企业服务体系发展专项资金对项目建设投资给予不超过50%的补助。（责任单位：各设区市政府、平潭综合实验区管委会、省经济和信息化委、省财政厅）

八、政府采购向小微企业倾斜

各级政府应当预留本年度政府采购项目预算总额的30%以上，专门面向中小企业采购，其中预留给小型和微型企业的比例不低于60%。采购人或者采购代理机构在组织采购活动时，应当在招标文件或谈判文件、询价文件中注明该项目专门面向小型、微型企业采购。对于非专门面向中小企业的项目，采购人或者采购代理机构应当在招标文件或者谈判文件、询价文件中作出规定，对小型和微型企业产品的价格给予6%~10%的扣除。对采用联合体模式参加政府采购活动，小型、微型企业的协议合同金额占到联合体协议合同总金额30%以上的，可给予联合体2%~3%的价格扣除。（责任单位：各设区市政府、平潭综合实验区管委会、省财政厅、省经济和信息化委）

九、减轻小微企业负担

至2015年12月31日，对年应纳税所得额低于6万元（含6万元）的小型微利企业，其所得减按50%计入应纳税所得额，按20%的税率缴纳所得税，缴纳的所得税由设区市、县（市、区）级财政以“即征即奖”的方式奖励给企业。允许小微企业的民间借贷利息按有关规定据实在企业所得税前扣除。电力、水务等部门要支持中小企业以银行承兑汇票缴纳水电等费用。进一步清理规范各类收费行为。继续对小微企业免征管理类、登记类、证照类等行政事业性收费。规范担保公司等中介机构的收费定价行为。银监部门要督促各银行业金融机构严格按照“七不准、四公开”的原则，严禁对小微企业收取各种额外费用，不得变相增加企业财务成本。（责任单位：各设区市政府、平潭综合实验区管委会、省财政厅、省国税局、省地税局、省电力公司、省物价局、省工商局、人行福州中心支行、福建银监局、省经济和信息化委）

福建省人民政府办公厅
2014年1月1日

福建省人民政府关于加强企业融资服务八条措施的通知

闽政〔2014〕17号

各市、县（区）人民政府，平潭综合实验区管委会，省人民政府各部门、各直属机构，各大企业，各高等院校，各金融机构：

为进一步加大金融对实体经济的支持力度，努力缓解企业融资难、融资贵，促进企业健康发展，经研究，提出以下八条措施。

一、加强政银企沟通协调

各市、县（区）政府要及时掌握当地企业运营和资金需求情况，加强企业融资服务。各级各有关部门要引导企业通过盘活资产，增加有效抵押物，帮助企业解决因信贷资金期限错配、短贷长投造成的暂时性资金周转困难；尽可能帮助企业解决因权证不全导致的质押能力不足问题，对权证办理中应缴交的费用应区分具体情况，尽可能采取缓缴、减缴等措施予以支持；对企业因跨地区、跨行业投资导致资金周转困难的，可帮助引入有实力的企业进行重组整合，有效盘活企业资产和信贷资金，银行要根据其重组整合情况采取发放并购贷款、调整信贷期限等措施予以支持，实现银企双赢。

二、加强不良贷款风险监控

各设区市政府应按月及时报告本地区金融运行风险监测情况及所采取的防范处置措施，省金融办、福建银监局、厦门银监局要进一步加强对银行的风险监测，及时处置风险性苗头。加强重点风险企业的分类处置，对已欠息或逾期贷款本金3000万元以上的企业，各级金融风险应急处置工作领导小组要及时关注，会同相关银行“一企一策”化解风险，帮助企业渡过难关，避免形成新的不良贷款。其中，逾期1亿元以上的由省企业资金应急处置联席会议会同所在地政府负责跟踪协调；逾期5000万元以上的由各设区市政府领导挂钩跟踪协调。支持各银行通过贷款重组、不良资产打包转让等措施处置不良贷款，降低不良贷款率。省金融办、福建银监局和省法院要建立定期沟通协调机制，各设区市金融风险应急处置工作领导小组应主动配合当地法院，加快司法程序，推动银行加快核销不良贷款。

三、保持企业信贷规模稳定

各银行业金融机构应认真贯彻落实中央关于金融支持实体经济发展的一系列政策措施，切实加大对企业的信贷支持力度。按照可持续发展的要求，进一步加强信贷资金的组织和调度，盘活存量，优化结构，努力推动信贷规模的平稳增长，多渠道满足实体经济的信贷需求。坚持风险防控和创新发展并重的原则，在创新发展中缓释信贷风险，进一步拓展信贷增长空间。根据企业项目属性和生产经营周期，积极开发金融产品，调整信贷期限，增加信贷投放，减轻企业短期融资压力。针对企业发展实际，创新信贷审批和还款方式，加快转贷、续贷的审批和放款速度，对能维持正常经营的企业，不能随意降低贷款额度、提高续贷门槛，更不能简单、随意抽贷、压贷，避免因不合理的信贷压缩，给正常经营的企业造成资金周转困难。发展农村普惠金融，加强对“三农”发展的信贷支持。

强化贷款风险共担机制，深入推进小微企业、海洋产业、企业技改和台资企业转型升级等“助保贷”“万家小微企业成长贷款”“微信贷”等贷款业务，推动相关银行建立直（专）营机构，简化贷款审批程序，降低贷款抵（质）押门槛，并给予贷款利率优惠。各市、县（区）政府可根据实际建立多种形式的贷款风险补偿机制，提高企业贷款的可获得性。完善涉农贷款财政奖励、农户小额贷款税收优惠和农村信贷损失补偿等政策。

充分发挥省级国库现金管理对银行信贷资金的撬动作用，在确保国库现金存款安全的前提下，通过对存贷比、信贷规模、重点项目融资、小微企业贷款、增信支持等指标进行考核评价，择优选择国库现金管理代理银行，推动银行增加信贷投放。

四、增强应急资金的保障能力

省财政将根据现有省级企业应急资金使用情况，给予必要的资金支持，以增强该资金的应急周转能力。各市、县（区）政府也要建立企业应急资金，为基本面较好、但还贷资金暂时出现困难的企业提供“过桥”资金周转。要制定企业应急资金使用办法，严格企业应急资金的管理，增强资金使用透明度，确保应急资金安全。

五、成立政府主导的融资担保机构

将省再担保公司改制为政府主导的融资担保机构，主要为地方政府主导的设区市担保公司提供再担保或分保等多种担保服务，同时，为发展前景良好、缺少有效抵押物企业的发债、股权融资、信贷等提供直保、增信等服务；省财政增资10亿元，将省再担保公司注册资本金增加至17亿元，将政府主导的融资担保机构代偿率的容忍度提高到3%。调整融资性担保公司风险补偿金补偿方式，建立政府主导的省级融资担保机构年度资金补偿制度。各设区市和平潭综合实验区都要成立一家政府主导的融资担保机构，省、市两级政府主导的融资担保机构要加强协作，提升联动效应。省金融办要会同省经信委抓紧制定监管办法，加强对省、市两级政府主导的融资担保机构的业务指导和监督管理，杜绝地方政府的干预行为，确保公司的独立评审和市场化运作。

六、发挥小额贷款公司和海峡股权交易中心的作用

支持引导小额贷款公司规范发展，成立省级小额再贷款公司，为省内小额贷款公司提供再贷款、信贷资产转让等融资服务。各银行业金融机构要加强与省级小额再贷款公司的合作，适当扩大授信规

模。鼓励省内小额贷款公司通过增资扩股、引入战略投资者，优化法人治理结构、增强内控管理，提升金融服务能力。支持小额贷款公司通过海峡股权交易中心开展股权融资、发行私募债、转让信贷资产，拓宽小额贷款公司融资渠道。省金融办要会同省经信委抓紧出台省级小额再贷款公司管理办法；省经信委要加强小额贷款公司的监管，进一步引导省内小额贷款公司规范发展。

用好用活“小微企业发债增信资金池”资金，在为企业发债增信的基础上，为省内企业通过海峡股权交易中心发行私募债券、股权质押融资、融资租赁、资产证券化等提供增信服务；省财政根据使用情况，逐步扩大“小微企业发债增信资金池”规模。鼓励各设区市参与设立“小微企业发债增信资金池”子基金，为本地区企业融资提供增信支持。支持各金融机构在海峡股权交易中心开展金融活动，通过资产证券化等方式盘活存量信贷资源；鼓励各类投资基金优先将海峡股权交易中心挂牌企业纳入投资范围；支持政府主导的融资担保公司为在海峡股权交易中心挂牌企业融资提供担保服务。海峡股权交易中心要加强组织引导、完善配套服务。

七、鼓励企业发债融资

进一步加强我省与银行间市场交易商协会和证券交易所的合作，推动相关企业发行企业债、公司债、中小企业私募债、中小企业集合票据、短期融资券、中期票据等。力争保障房私募债和市政建设项目票据发行取得突破。积极帮助企业解决发债所需的增信、担保等问题，由相关专项资金予以扶持。鼓励各市、县（区）政府设立直接债务融资发展基金，为企业发行区域集优票据提供增信支持，批量推动企业发债融资。鼓励保险资金通过债权投资等形式参与省内重点项目建设和企业转型升级。

八、强化融资租赁和信托资金对企业的支持

加快制定促进我省融资租赁业发展的政策措施，对融资租赁公司售后回租业务中承租方出售资产的行为，不征收增值税和营业税；对承租人出售资产的行为，不确认为销售收入；对融资性租赁的资产，仍按承租人出售前原账面价值作为计税基础计提折旧；对以融资租赁方式获得的租赁设备，视同技术改造项目，按技术改造补助政策给予支持。开展农机金融租赁服务，创新抵（质）押担保方式，发展农村产权交易市场。鼓励融资租赁公司探索开展融资租赁与风险投资相结合、租赁债权与投资股权相结合的风险租赁业务。支持信托公司与银行、担保机构等合作，发行各类中小企业信托产品和资金信托计划；鼓励信托公司以固有资金参与私人股权投资信托，并通过信托计划对未上市企业股权、上市公司限售股等进行投资。

山东省

山东省中小企业局《关于贯彻落实省委省政府加快全省民营经济发展意见》的实施意见

各市、县（市、区）中小企业、民营经济局（办）：

为贯彻落实省委、省政府《关于加快全省民营经济发展的意见》，进一步推动我省民营经济转方式、调结构，壮大民营经济总量，实现有质量、有效益、有活力的持续健康发展，结合中小企业工作实际，特提出如下贯彻意见。

一、提高思想认识，创新工作思路

1. 深刻认识发展民营经济的重大意义。民营经济是民生、民本、民强经济，某种意义上讲，民营经济就是中国梦经济。发展民营经济是适应经济发展新常态的一项重要举措，是推动山东经济实现腾笼换鸟、凤凰涅槃的关键，对于转变发展方式、优化经济结构、提高创新能力、激发创业活力、保持经济稳定增长有着重要推动作用。

2. 创新中小企业工作思路。中小微企业是民营经济的基础、依托和主体，中小微企业和民营企业实为一体，要按照省委、省政府的统一部署，把发展中小微企业和壮大民营经济结合起来，适应新常态，研究新问题，加深对经济发展规律的认识，努力实现工作指导方式方法的重大转变，从传统管控式服务为主转变为利用现代化手段主动服务为主，从侧重于抓工业转变为抓工业与其他产业并重，从重点扶持大中型企业转变为重点培育小微企业，从对着点抓企业转变为对着面抓经济，不断拓展中小微企业工作的内容和领域。针对我省民营经济体量小、户数少、产业层次低、创新能力不强、管理相对粗放、服务体系不健全等问题，创新思维，打破常规，加大工作措施，创造良好发展环境，推动我省民营经济实现新发展、新跨越。

二、切实抓好各项政策的贯彻落实

3. 进一步加强政策宣传。充分利用电视、广播、报刊、网络以及培训、讲座等形式，广泛宣传解读国家和省出台的一系列扶持中小微企业、民营经济发展的政策措施，提高政策的覆盖率和知晓面，使各项政策措施能够进企入户、落地生根、开花结果。(政策调研处负责)

4. 加强对政策落实情况的督导检查。围绕行政事项审批、市场准入便利化、企业转型升级、生产要素使用、公共服务体系、营商发展环境等重点，

经常性地开展专项检查和调研，及时了解掌握政策落实过程中出现的新情况、新问题，实施新对策，把政策不折不扣地落到实处。（政策调研处负责）

5. 落实深化改革措施。认真贯彻落实中央、省委关于深化改革的指导意见和工作部署，加强调查研究和典型剖析，了解和掌握中小微企业发展中存在的突出问题和制约因素，坚持问题导向、问题倒逼，研究制定民营经济进入特许经营领域具体办法，以及废除对非公有制经济各种形式的不合理规定，消除各种隐性壁垒，对各种所有制企业实行同等待遇的改革措施。（政策调研处负责）

6. 完善中小微企业发展考核机制。把中小微企业发展考核工作作为推动中小微企业、民营经济发展和贯彻落实各项扶持政策的重要举措来抓，完善考核指标体系，强化考核工作机制，以考核促进政策落实，形成推动中小微企业、民营经济发展的奖惩激励机制。（政策调研处负责）

三、实施创业兴业，培育更多的市场主体

7. 大力培育市场主体。鼓励民营资本加快进入“法无禁止”的行业和领域，探索创新商业模式和产品服务，进一步拓展发展空间。从源头上加大培育各类市场主体力度，激发全民创业兴业活力，让创业的激情迸发，让创业的热流奔涌。到2017年年底，全省中小微企业户数突破130万户、年均增长15%左右；各类业户吸纳就业达到2000万人以上、年均增长8%左右；三产服务业户数占比达到70%左右；生产性服务业、文化产业、现代农业占比有较大提高。（规划发展处、科技管理处负责）

8. 突出抓好创业载体建设。加大中小微企业创业载体支持力度，对孵化成功率高、创业服务功能健全、创业兴业效果明显的各级创业辅导基地给予重点培养和资金扶持。积极培育和建设多形式、多层次的小企业创业示范园、科技孵化器和专业市场聚集区，在完善环境、建设硬件、增强功能、健全服务上下功夫，全面提高创业辅导基地的档次和水平。到2017年年底，在全省建设一批基础设施完善、服务功能健全、具有鲜明特色的“创业载体”，省、市两级小企业创业辅导基地达到500家以上，培育小企业4万家以上，安排就业100万人左右，小微企业的创业孵化成功率达到80%以上。（科技管理处负责）

9. 加强创业人才培训。继续实施中小企业银河培训工程、中小企业经营管理领军人才培养造就工程，开展好山东省中小微企业巡回大讲堂和高级工商管理研修培训活动，造就一大批高素质民营企业家和创业者队伍。到2017年，争取达到每年巡讲500场，各类培训每年完成3万人次以上。加快创业辅导师队伍建设，扩大数量，提高质量，为创业者提供创业策划、商机把握、财务管理、营销策略、政策咨询等各类指导服务。（科技管理处、创新服务处负责）

四、加强技术创新，加快转型升级

10. 深入推行“一企一技术”创新活动。鼓励中小微企业加大研发投入，不断提高研发投入占销售收入的比例，增强自主创新能力。引导中小微企业在产品质量、技术工艺、产业链条上寻求突破，创造更多适合自身发展的技术绝活和专有技术，攻克一批关键技术，开发一批高新技术产品，实现产品更新换代。支持中小微企业与科研院所、高等学校联合建立各类研发平台和产业技术创新联盟，建立以企业为主体、市场为导向、产学研用相结合的技术创新体系。拓宽创新工作领域，扩大“一企一技术”研发中心和示范企业数量，培育发展一批服务业和新型业态“一企一技术”研发中心和示范企业。到2017年年底，全省“一企一技术”研发中心和示范企业达到4000家以上，其中省研发中心和示范企业分别达到700家和1000家。（科技管理处负责）

11. 实施“专精特新、育苗扶壮”工程。引导中小微企业向生产专业化、工艺精细化、技术高新化、服务特色化方向发展，加强品牌培育，增加产品和企业知名度。到2017年年底，培育科技创新型中小微企业10000家，自主品牌1000个，“专精特新”中小微工业企业和特色服务型中小微企业各5000家，形成一批小而精、小而专、小而特、小而优、小而强的科技小巨人和行业排头兵。（科技管理处、创新服务处负责）

12. 加快中小企业转型升级。鼓励支持中小微企业利用高新技术和先进适用技术改造提升传统产业，加快淘汰落后产能，促进制造业转型升级。大力发展研发设计、现代物流、金融保险、电子商务、信息技术服务、服务外包、商务代理、文化旅游、人力资源和品牌建设等生产性服务业和我省具有发展潜力的节能环保、新能源、新材料、新能源汽车、新一代信息技术、生物制药、高端装备制造等战略新兴产业。（科技管理处、创新服务处负责）

五、推动中小企业集约集聚发展

13. 调整完善中小企业产业集群发展规划。在调查研究、摸清底数的基础上，找准产业集群发展的制约因素和突出问题，制定出今后一个时期我省产业集群发展规划，确立新形势下产业集群发展的指导思想、主要目标和保障措施。到2017年年底，全省培育各类营业收入过100亿元产业集群200个以上、营业收入过500亿元的20个以上、营业收入过千亿元的2个以上。（政策调研处负责）

14. 增强集群的协作配套和聚集创新能力。以各类开发区和工业园区为依托，吸引产业集群关联配套企业向园区聚集。围绕集群产业链的短板、配套中的缺项、深加工中的薄弱环节，有针对性地进

行填平补齐，横向加宽、纵向拉长，提高专业化分工和协作配套能力，促进产业链延伸加宽，形成科学合理的现代产业组织体系。加大产业集群科技研发投入，加快推进产学研合作，通过共建企业技术中心，开展重大关键技术攻关，带动和提升产业集群技术创新能力，推动产业集群发展由粗放式、资源型向集约型、创新型转变。（政策调研处负责）

15. 建设产业集群公共技术服务专业平台。在重点产业集群培育打造一批技术研发、检验检测、电子商务、仓储物流、融资担保、人员培训等公共服务专业平台，支撑产业集群发展。到 2017 年年底，每个省重点产业集群培育 6 到 8 家公共服务专业平台。鼓励支持具备条件的产业集群公共服务专业平台与省中小企业公共服务平台网络实现互联互通。（政策调研处负责）

六、破解中小企业发展难题

16. 多渠道化解融资难、融资贵。推动中小微企业发行集合票据、集合债、集合信托及私募债工作，加强与齐鲁股权交易中心、上海股权托管交易中心的合作，每年推介一批成长性好的中小微企业在场外市场挂牌交易或股权融资，提高直接融资比重。开展银企对接活动，推动银行业金融机构创新服务方式，为中小微企业提供贷款便利。加强信用担保体系建设，鼓励发展政府财政出资的中小企业信用担保机构，争取每个县（市、区）都有一家过亿元的财政出资或参股的担保机构。鼓励担保机构探索开展多元化混业经营，拓展业务领域，提高风险承受能力。支持担保机构运用大数据、企业信用信息系统等现代技术手段，创新担保方式，提高风控水平，降低担保成本，放大担保倍数。到 2017 年年底，全省中小微企业担保规模力争达到 1500 亿元以上。（规划发展处负责）

17. 拓宽劳动用工和人才支撑渠道。鼓励民营企业吸纳就业，支持灵活用工和个人灵活就业，鼓励高校毕业生到民营企业就业，切实落实已出台的税费减免、财政补贴和小额担保贷款等扶持政策。支持民营企业与高校和职业院校合作，开展形式多样的定向培养、技能培训、校园招聘、网上招聘，拓宽民营企业人才引进和培养渠道。（创新服务处、规划发展处负责）

18. 统筹解决中小企业发展用地。把中小微企业用地纳入各级用地规划和年度计划，统筹解决结构调整和产业集群发展用地需求。支持各类园区规划建设中小微企业创业基地和孵化器，引导中小微企业向园区聚集。鼓励中小微企业利用存量土地、闲置场地建设多层标准厂房，提高土地利用集约化水平。（规划发展处负责）

19. 帮助中小企业开拓市场。利用国际国内两个市场，搭建平台，完善服务，组织中小微企业参加“中国国际中小企业博览会”等重点展会，为企业开拓市场提供便利。积极协调省外办、台办、商务、贸促会等部门，整合社会资源，逐步建立集中统一、权威发布的中小微企业市场开拓平台。（规划发展处负责）

七、加快公共服务平台建设

20. 建立健全中小企业公共服务实体和网络平台。加快省、市、县综合窗口平台和产业集群专业窗口平台和电子商务等专业平台建设，尽快形成运转流畅、互联互通、资源共享、服务协同的平台网络体系，提升平台运营管理水平和资源聚合功能，为中小微企业提供“用得上，用得好”更多更广的服务产品。（创新服务处负责）

21. 增强公共平台服务能力。按照“政府扶持中介、中介服务企业”原则，调整各级中小微企业专项资金支持方向和重点，逐步扩大政府依托平台购买服务的资金比例。建立中小微企业服务联盟，依托公共平台筛选和聚集一批包含各领域、各层次的骨干服务商，为中小微企业提供全过程、全领域、全覆盖的优质服务。建设中小微企业、民营经济政策信息发布专业平台，完善山东中小企业信息网。（创新服务处、规划发展处负责）

22. 创新公共平台服务模式。利用互联网思维和技术，提升完善平台服务功能。提倡利用微博、微信、QQ、短信、服务热线等新型媒体手段，扩大服务范围，增加服务内容。转变公共平台服务方式，由等企业上门服务，转变为组织服务团队走出门、沉下去，到产业园区、企业聚集区，与企业面对面服务对接，增强服务的针对性和有效性。通过强化对中小微企业的服务，扩大公共平台影响，培育特色服务品牌。（创新服务处负责）

八、推进中小企业两化融合发展

23. 大力推行中小企业电子商务。依托山东省中小企业电子商务平台和优秀电商服务机构，广泛开展电商知识普及、电商专业人员培训，提高中小微企业电子商务的应用率。研究探索“淘宝村”电商创业兴业新模式，推进“淘宝村”建设试点，引导千家万户借助电子商务创业致富。（创新服务处负责）

24. 实施中小企业信息化推进工程。聚集电信运营商和优秀服务商，组织社会专业力量，开发、筛选和普及中小微企业信息化解决方案，帮助企业应用云计算、移动互联、物联网等信息化产品和服务，提高数字化、网络化和智能化水平，增强研发能力和资源整合能力，实现研发、设计、制造、营销及管理的高度集成化。（创新服务处负责）

25. 支持应用现代信息技术。推动省市县中小企业公共服务平台、服务机构等运用云计算等信息技术，改善企业信息化基础设施、提供工业软件服务和咨询服务，以租用服务代替购买服务，降低企业创新发展成本。注重采用大数据、云计算、移动

互联等信息技术，开展案例分析和预测预警，扩大服务覆盖面和受益面。（创新服务处负责）

九、加强对企业指导

26. 推动民营企业建立现代企业制度。鼓励民营家族企业通过股份制改造，完善法人治理结构，突破家族式管理，实行现代企业管理。支持和引导民营企业参与国有企业改制重组，发展混合所有制企业。（创新服务处负责）

27. 强化民营企业社会责任意识。做好企业安全生产、节能环保、劳动保障、危机管理和财务管理。按照《企业信息公示暂行条例》要求，督促和帮助民营企业及时、真实公示信息，引导企业诚信自律、守法经营。建立完善企业法律顾问制度，组织律师事务所开展中小微企业免费法律体检，提高企业防范风险能力，保护企业合法权益。（科技管理处、规划发展处、创新服务处负责）

28. 鼓励中小微企业管理创新。开展一企一策咨询或订单式服务，帮助企业制定和实施个性化管理提升方案，提高中小微企业的管理水平。引导企业创新商业模式和管理方式，培育一批新型商业模式企业、电子商务带动型管理模式创新企业和一批服务业特色企业。（创新服务处负责）

十、完善中小企业统计分析和运行监测

29. 建立完善中小微企业统计体系。按照国发〔2012〕14 号文件和省政府〔2012〕28 号文件关于进一步改进完善中小微企业统计指标体系和办法的要求，尽快协调建立和完善对中小微企业主要领域的统计分析指标体系，完善规模以下工业企业统计，逐步建立商业、服务业和其他类别中小微企业的分类统计季报或月报制度。（规划发展处负责）

30. 加强分类指导。依据企业发展的行业类型、成长阶段、规模大小和地域特色，实行分类指导，助推大中小微企业实现梯次成长。进一步加大对小微企业和初创型企业支持力度，鼓励个体户转制为企业，增强经济发展活力。采取有效措施，扶持一批潜力大、成长性好的科技型、创新型和劳动密集型中小微企业发展壮大。对大中型企业重点是培育龙头骨干企业，发挥行业带头作用，着力培育企业的核心竞争力，增强创新能力，提高品牌知名度。（规划发展处负责）

31. 加强经济运行监测。建立和完善中小微企业统计调查、监测分析和定期发布制度，召开季度和年度运行分析会，加强中小微企业各项指标调度分析，及时掌握生产运营情况。坚持和完善重点监测企业指标制度，全省重点监测企业增加到 3500 户以上，省、市两级直报率稳定在 90% 左右。（规划发展处负责）

十一、积极营造良好发展环境

32. 强化组织领导，营造浓厚氛围。充分发挥各级中小企业发展工作领导小组统筹规划、组织领导和政策协调的作用，中小企业工作部门作为领导小组办公室牵头单位，要加强与相关部门的沟通、协调和合作，形成工作合力。进一步加强舆论宣传工作，大力宣传报道促进中小微企业、民营经济发展的经验做法、成功典型和发展成就，在全社会形成关心、支持其发展的浓厚氛围。（政策调研处负责）

33. 转变工作作风，提升服务水平。认真贯彻落实中央“八项规定”精神，巩固党的群众路线教育实践活动成果，各级中小企业工作部门要牢固树立服务是“第一职责”的理念，转变思想作风，创新工作方式，科学认识新常态，主动适应新常态，积极应用现代信息技术和管理方法改进服务手段，丰富服务领域，提高服务能力和水平。深入基层和企业开展调查研究，倾听呼声，反映诉求，及时掌握中小微企业、民营经济发展的新情况、新问题、新动向，研究提出对策建议，为党委、政府决策提供参考。（综合处、机关党委负责）

河南省

河南省出台的有关中小企业及非公有制经济重大法规、规章及规范性文件（2014 年）

1.《河南省工业和信息化厅关于印发河南省中小企业公共服务示范平台认定的管理办法的通知》（豫工信企业〔2014〕458 号）

河南省工业和信息化厅关于印发《河南省中小企业公共服务示范平台认定的管理办法》的通知

豫工信企业〔2014〕458 号

各省辖市、省直管县（市）中小企业主管部门：

为贯彻落实《国务院关于进一步支持小型微型企业健康发展的意见》（国发〔2012〕14 号）和《河南省人民政府关于进一步促进小型微型企业健康发展的若干意见》（豫政〔2012〕81 号）精神，推动河南省中小企业公共服务平台建设，促进中小企业又好又快发展，现将《河南省中小企业公共服务示范平台认定的管理办法》印发给你们，请遵照执行。

2014 年 8 月 22 日

河南省中小企业公共服务示范平台认定的管理办法

第一章　总则

第一条　为贯彻落实《国务院关于进一步支持小型微型企业健康发展的意见》（国发〔2012〕14号）和《河南省人民政府关于进一步促进小型微型企业健康发展的若干意见》（豫政〔2012〕81号）精神，推动河南省中小企业公共服务平台建设，促进中小企业又好又快发展，根据《国家中小企业公共服务示范平台认定的管理办法》（工信部企业〔2012〕197号），结合我省实际，制定本办法。

第二条　本办法所指的河南省中小企业公共服务示范平台（以下简称“示范平台”）是指经河南省工业和信息化厅认定，除融资担保公司和投资公司以外的，由法人单位建设和运营，为中小企业提供信息、技术、创业、培训、融资等公共服务，业绩突出、运作规范、公信度高、服务面广，具有示范带动作用的服务平台。

第三条　河南省工业和信息化厅负责示范平台的规划、认定、指导和管理工作，各省辖市、省直管县（市）中小企业主管部门负责本地区示范平台的初审推荐、规划和服务工作，协助河南省工业和信息化厅对辖区内示范平台进行认定管理。

第四条　示范平台的认定遵循公开、公平、公正的原则，对认定的示范平台实行动态管理。

第五条　河南省工业和信息化厅对示范平台予以重点扶持。

第二章　主要功能

第六条　示范平台具有开放性和资源共享的特征，提供的公共服务主要包括：信息、技术、融资、质量、节能、环保、创业、培训、管理、商务、仓储、现代物流等。示范平台可以是具有多种服务功能的综合性平台，也可以是以下某一方面具有特色服务专业性平台。

（一）信息服务。提供法律法规、政策、技术、产品、标准、人才、市场、物流、管理等信息服务。

（二）技术服务。提供工业设计、解决方案、检验检测、质量控制和技术评价、技术开发、技术转移、技术咨询、信息化应用、设备共享、节能降耗、清洁生产和污染防治技术应用等服务，知识产权战略实施和品牌建设等服务，推动产学研联合，促进技术成果转化、适用技术推广和创新资源共享。

（三）创业服务。为拟创业人员提供创业场地、创业信息、创业培训、项目策划、政务代理和相关行政许可申报等服务；为创办三年内的小企业提供管理咨询、项目诊断、市场营销、财务管理、筹资融资、财税申报、法律援助、技术支持等辅导和服务。

（四）培训服务。为中小企业提供经营管理、市场营销、技术和创业等培训服务。

（五）咨询服务。提供发展战略、财务管理、人力资源、市场营销等咨询诊断，帮助企业学习、掌握现代企业管理知识和技能，提高科学决策和经营管理能力。

（六）融资服务。提供融资信息、组织开展投融资推介和对接、信用征集与评价等服务。

（七）市场开拓服务。组织开展各类展览展销、贸易洽谈、产品推介、国内外经济技术交流与合作活动；推动建立驻外服务点和营销网络，帮助企业拓宽营销渠道，提高产品的市场占有率；积极帮助中小企业开展现代物流、商务等服务。

（八）质量管理服务。提供质量检验检测，原材料性能测试，推广先进质量管理方法和产品标准；指导企业建立质量管理体系，培养质量管理人员，提供大型加工仪器设备共享服务；帮助企业申请相关体系和产品认证，参与质量评奖活动。

（九）信息化应用服务。积极搭建中小企业信息化应用服务和电子商务平台，实施中小企业信息化推进工程，提升中小企业研发设计、生产制造、经营管理、市场营销等信息化水平。

第三章　认定条件

第七条　示范平台应同时具备以下基本条件：

（一）在河南省注册登记时间两年以上，具有独立法人的机构；

（二）资产总额不低于200万元，财务收支状况良好，经营规范，运行机制良好，企业自身经济效益和社会效益明显，具有良好的发展前景和可持续发展能力。

（三）主要为中小企业提供公共服务，主要服务范围为中小企业集聚的区域或行业。

（四）有健全的管理团队和人才队伍。主要负责人要诚信、守法，具有开拓创新精神、丰富的实践经验和较高的管理水平；从事为中小企业服务的人员不少于20人，其中大专及以上学历和中级及以上技术职称专业人员的比例占80%以上。

（五）年服务中小企业不少于100家，服务业绩突出，用户满意度在80%以上，近两年服务企业数量增长10%以上，在专业服务领域或区域内有一定的声誉和影响力。

（六）有固定的经营服务场所和必要的服务设施、仪器设备等；积极参加各级中小企业主管部门组织的面向中小企业的服务活动，与大专院校、科研院所、行业协会、专业服务机构、企业等相关服务资源有稳定、广泛的合作关系以及带动其它服务资源的能力；有组织带动社会服务资源的能力，集聚服务机构3家以上。

（七）有健全的管理制度，规范的服务流程、合理的收费标准和完善的保证措施；在本业务服务领域受到好评或表彰；对小型微型企业的服务收费要有相应的优惠规定，提供的公益性服务或低收费服务要占到总服务量的20%以上；有明确的发展规划和年度服务目标。

第八条　示范平台应满足相关功能要求：

（一）信息服务。充分利用信息网络技术手段，形成便于中小企业查询的、开放的信息服务系统；具有在线服务、线上线下联动功能，线下年服务企业数量100家以上；年组织开展的相关服务活动3次以上。

（二）技术服务。具有组织技术服务资源的能力，并建立良好的协同服务机制；具有专家库和新产品、新技术项目库等；具备条件的应开放大型、精密仪器设备与中小企业共享；年开展技术洽谈、项目推介和知识产权等服务活动3次以上。

（三）创业服务。具有较强的创业辅导能力，建有创业项目库、《创业指南》、创业服务热线等；开展相关政务代理服务；年开展创业项目洽谈、推介活动3次以上。

（四）培训服务。具有培训资质或在中小企业主管部门备案，具有远程培训能力，有完善的培训服务评价机制，年培训1000人次以上。

（五）咨询服务。集聚省内外知名的管理咨询机构3家以上，提供发展战略、财务管理、人力资源、市场营销等咨询诊断，帮助企业学习、掌握现代企业管理知识和技能，提高科学决策和经营管理能力。服务企业数量100家以上。

（六）融资服务。年组织银企对接活动3次以上；年组织融资知识讲座3次以上；组织开展融资产品咨询、企业融资策划、推荐和融资代理等服务；建立融资超市。

（七）市场开拓服务。组织开展各类展览展销、贸易洽谈、产品推介、国内外经济技术交流与合作活动3次以上。依托产业基础、劳动力、资源等优势，搭建区域性产业转移合作平台，加快产业结构调整，培育产业发展新优势。

（八）质量管理服务。年服务企业100家以上。提供质量检验检测，原材料性能测试，推广先进质量管理方法和产品标准；指导企业建立质量管理体系，培养质量管理人员，提供大型加工仪器设备共享服务。

（九）信息化应用服务。具有计算机信息系统集成资质或通过双软认证，为中小企业在研发设计、生产制造、经营管理、市场营销等方面提供信息化应用服务。年服务企业100家以上。

第四章　认定程序及申报材料

第九条　认定程序

（一）凡符合认定条件的服务机构自愿按要求向当地中小企业主管部门申报。

（二）市（县）级中小企业主管部门按照本办法第七条、第八条规定的条件和要求，负责本地区示范平台推荐工作。

（三）市（县）级中小企业主管部门对推荐的示范平台运营情况、服务业绩、满意度等进行测评，填写《河南省中小企业公共服务示范平台推荐表》（见附件1），并附被推荐示范平台的申请材料，报送河南省工业和信息化厅。

（四）河南省工业和信息化厅组织专家对申请机构进行评审，确定河南省中小企业公共服务示范平台初认名单。

（五）初认名单在河南省中小企业公共服务平台网站和河南省工业和信息化厅网站上公示7个工作日。公示期间，任何单位或个人有异议的，可向河南省工业和信息化厅提出，由主管部门组织人员进行调查，并出具调查结论报告。

（六）河南省工业和信息化厅根据公示结果，对评审合格的示范平台授予“河南省中小企业公共服务示范平台”称号。

第十条　示范平台的评审工作每年开展一次，具体时间按照当年申报工作通知要求进行。

第十一条　申报材料：

（一）河南省中小企业公共服务示范平台申请报告（见附件2）；

（二）法人证书或营业执照副本及机构组织代码证（复印件）；

（三）固定的经营服务场所证明复印件（房产证、租赁合同）；

（四）国家颁发的从业资格（资质）、网站备案、许可证等证明材料（复印件）；

（五）具有资质的第三方审计机构出具的上一年度审计报告及服务收支情况的专项审计；

（六）主要服务设施、软件或仪器设备清单（见附件3）；

（七）主要管理人员和专业技术人员名单、职称及从业经验情况（见附件4）；

（八）签订服务协议的中小企业名单和服务中小企业成效的评价；

（九）发展规划或年度运营计划；

（十）服务机构获得的荣誉称号证明文件或证书（复印件）；

（十一）其他能证明本机构服务能力的材料；

（十二）能够证明符合申报条件的其他材料；

（十三）对申报材料的真实性声明。

第五章　政策扶持

第十二条　加大对示范平台的资金支持力度。原则上只推荐省示范平台参加国家中小企业公共服务示范平台评定。在国家中小企业服务体系专项资金和国家（省级）中小企业发展专项资金中小企业服务体系项目安排中，将优先安排示范平台。

第十三条　各级中小企业主管部门要及时总结示范平台的典型经验，推广成功做法，培育服务品牌，加大对优秀示范平台工作的宣传力度，引导帮助中小企业更好地利用示范平台加快发展。

第六章　监督管理

第十四条　各级中小企业主管部门和示范平台之间要建立工作联系与沟通机制。中小企业主管部门要对示范平台的发展给予积极指导和支持；示范平台要自觉接受主管部门的指导，不断提高服务能力和组织带动社会服务资源的能力，主动开展公益性服务，积极配合主管部门开展各类面向中小企业的服务活动。

第十五条　示范平台要在每年12月31日前向当

地主管部门提供平台建设和运营的相关情况。由各地市（县）收集后统一上报河南省工业和信息化厅。

第十六条 河南省工业和信息化厅对示范平台实行动态管理，每二年复核1次。申请复核的示范平台，需将上年工作总结、上一年度审计报告和服务收支专项审计报告以及《河南省中小企业公共服务示范平台年度运营情况测评表》（见附件3）报市（县）级中小企业主管部门，市（县）级中小企业主管部门组织测评后，填写测评情况及意见，经河南省工业和信息化厅复核，对合格的示范平台予以确认；对不合格的予以撤销。

第十七条 出现下列情况之一的，取消示范平台资格，并在3年内不允许再次申报：（一）受到有关行政主管机关处分的；（二）被司法机关处罚的；（三）1年内无正当理由不参加由中小企业主管部门组织的中小企业服务活动的；（四）运作不规范，被中小企业投诉3次以上经查核实的；（五）不向中小企业主管部门报送示范平台建设工作总结报告的。

第十八条 市（县）中小企业主管部门负责对辖区内示范平台的服务质量、服务收费情况以及服务满意度等进行定期检查，每年底将示范平台工作总结汇总报告和检查情况报告报河南省工业和信息化厅。河南省工业和信息化厅组织专家不定期对示范平台的服务情况进行测评，结果在河南省中小企业公共服务平台网站和河南省工业和信息化厅网站上公布。

第十九条 示范平台认定工作接受审计、监察部门和社会的监督。

第七章 附则

第二十条 各地中小企业主管部门可参照本办法，组织开展本地示范平台的认定工作，并对示范平台给予相应的扶持。

第二十一条 本办法由河南省工业和信息化厅负责解释。

第二十二条 本办法自发布之日起施行。

附件：1. 河南省中小企业公共服务示范平台推荐表

2. 河南省中小企业公共服务示范平台申请报告

3. 河南省中小企业公共服务示范平台年度运营情况测评表

附件1：

河南省中小企业公共服务示范平台推荐表

示范平台承建单位名称：____________________

推荐市（县）：____________________

填报日期： 年 月 日

河南省工业和信息化厅制

推荐单位组织测评情况（随机抽取，不少于10家）						
测评方法	□上门拜访 □电话询问 □网络互动 □书面征求 □其他					
抽样企业名称	被访人员姓名	职务	联系电话	对所受服务的总体评价		
				很满意	基本满意	不满意
对区域中小企业发展的影响和作用						
市（县）级中小企业主管部门推荐意见： （章） 年 月 日						

附件2：

河南省中小企业公共服务示范平台申请报告

申请单位名称：__________________（盖章）
填报日期：______年______月______日

河南省工业和信息化厅制

申请报告的主要内容

一、河南省中小企业公共服务示范平台申请表
二、主要服务设备、仪器及软件清单
三、主要管理人员和专业技术人员名单及职称情况一览表
四、服务的中小企业名单及服务评价表（100家以上）
五、有关情况说明
（一）申请单位的基本情况（包括：创立发展沿革、发展目标以及目前的基本情况）；
（二）服务对象所在区域的行业状况，在区域经济发展中的地位和作用，中小企业发展情况和公共服务需求情况；
（三）管理运营情况（包括：主要管理制度、人员激励、能力提升、可持续发展等）；
（四）近年来的服务情况（包括：主要服务内容、服务对象、服务规模、方式、收费等）；
（五）主要服务业绩及对区域经济和中小企业健康发展的贡献（包括：自测情况或典型案例）；
（六）下一步发展设想。

河南省中小企业公共服务示范平台申请表

<table>
<tr><td colspan="4">一、平台基本情况</td></tr>
<tr><td colspan="2">注册日期：</td><td colspan="2">单位性质：</td></tr>
<tr><td colspan="3">注册地址：</td><td>邮政编码：</td></tr>
<tr><td>联系人：</td><td>联系电话：</td><td>传真：</td><td>手机：</td></tr>
<tr><td colspan="2">网址及备案号（已建网站的填写）：</td><td colspan="2">电子邮件：</td></tr>
<tr><td rowspan="5">注册资本____万元</td><td>其中：主要投资方名称</td><td>性质</td><td>投资比例%</td></tr>
<tr><td></td><td></td><td></td></tr>
<tr><td></td><td></td><td></td></tr>
<tr><td></td><td></td><td></td></tr>
<tr><td></td><td></td><td></td></tr>
<tr><td rowspan="2">上年末总资产____万元</td><td colspan="3">仪器、设备数量______台（套），购买价格______万元，占总资产______%</td></tr>
<tr><td colspan="3">服务场地面积：______平方米，其中：自有______平方米，租用______平方米</td></tr>
<tr><td>从业人数______人</td><td colspan="3">其中：大专及以上学历和中级及以上技术职称的专业人员______人，占总人数______%</td></tr>
</table>

续表

二、平台运营管理（单位：万元）						
年度	营业收入	其中：服务收入	资产总额	利润总额	上缴税金	服务中小企业户数

三、服务能力及业绩		
获得专业服务资质情况		
主要服务产品	服务规模（家、人/次）	服务收入占年营业收入%
合作资源	签订合作协议的单位	
四、政府支持情况		
得到政府扶持的情况		

主要服务设备、仪器及软件清单

序号	名称	数量	购买时间	购买价格	是否处于行业领先水平

管理人员和专业技术人员名单及职称情况一览表

姓名	年龄	学历	毕业学校	职称	主管工作

备注：不少于20人

服务的中小企业名单及服务评价表

序号	服务企业名称	联系人	联系电话	服务内容简述	企业满意度	
					满意	不满意

上一年度共服务企业________家。

附件3：

河南中小企业公共服务示范平台年度运营情况测评表

获得示范平台称号的单位名称：＿＿＿＿＿＿＿＿＿＿＿（盖章）
填报日期：＿＿＿年＿＿＿月＿＿＿日

河南省工业和信息化厅制

<table>
<tr><td colspan="4">一、平台基本情况</td></tr>
<tr><td colspan="2">注册日期：</td><td colspan="2">单位性质：</td></tr>
<tr><td colspan="3">注册地址：</td><td>邮政编码：</td></tr>
<tr><td>联系人：</td><td>联系电话：</td><td>传真：</td><td>手机：</td></tr>
<tr><td colspan="2">网址及备案号（已建网站的填写）：</td><td colspan="2">电子邮件：</td></tr>
</table>

<table>
<tr><td rowspan="4">注册资本＿＿＿万元</td><td>其中：主要投资方名称</td><td>性质</td><td>投资比例%</td></tr>
<tr><td></td><td></td><td></td></tr>
<tr><td></td><td></td><td></td></tr>
<tr><td></td><td></td><td></td></tr>
<tr><td rowspan="2">上年末总资产＿＿万元</td><td colspan="3">仪器、设备数量＿＿＿台（套），购买价格＿＿＿万元，占总资产＿＿＿%</td></tr>
<tr><td colspan="3">服务场地面积：＿＿＿平方米，其中：自有＿＿＿平方米，租用＿＿＿平方米</td></tr>
<tr><td>从业人数＿＿＿人</td><td colspan="3">其中：大专及以上学历和中级及以上技术职称的专业人员＿＿＿人，占总人数＿＿＿%</td></tr>
</table>

<table>
<tr><td colspan="7">二、近2年运营情况（单位：万元）</td></tr>
<tr><td>年度</td><td>营业收入</td><td>其中：服务收入</td><td>资产总额</td><td>利润总额</td><td>上缴税金</td><td>服务中小企业户数</td></tr>
<tr><td></td><td></td><td></td><td></td><td></td><td></td><td></td></tr>
<tr><td></td><td></td><td></td><td></td><td></td><td></td><td></td></tr>
<tr><td></td><td></td><td></td><td></td><td></td><td></td><td></td></tr>
</table>

<table>
<tr><td colspan="3">三、上年度主要服务业绩</td></tr>
<tr><td>主要服务产品</td><td>服务规模（家、人/次）</td><td>服务收入占年营业收入%</td></tr>
<tr><td></td><td></td><td></td></tr>
<tr><td></td><td></td><td></td></tr>
<tr><td></td><td></td><td></td></tr>
<tr><td></td><td></td><td></td></tr>
<tr><td rowspan="9">合作资源</td><td colspan="2">签订合作协议的单位</td></tr>
<tr><td colspan="2"></td></tr>
<tr><td></td><td></td></tr>
<tr><td></td><td></td></tr>
<tr><td></td><td></td></tr>
<tr><td></td><td></td></tr>
<tr><td></td><td></td></tr>
<tr><td></td><td></td></tr>
<tr><td></td><td></td></tr>
</table>

续表

四、市（县）中小企业主管部门测评情况					
测评方法	□上门拜访 □电话询问 □网络互动 □书面征求 □其他				
抽样企业名称	被访人员姓名	职务	联系电话	对所受服务的总体评价	
				基本满意	不满意
对区域中小企业发展的影响和作用					
市（县）级中小企业主管部门推荐意见： （章） 年 月 日					

湖南省

中共湖南省委　湖南省人民政府关于促进非公有制经济发展的若干意见

（2015 年 1 月 15 日）

为贯彻落实党的十八大和十八届三中、四中全会精神，促进全省非公有制经济持续健康发展，根据《中共湖南省委贯彻落实〈中共中央关于全面深化改革若干重大问题的决定〉的实施意见》（湘发〔2014〕5 号）精神，结合实际，现就促进全省非公有制经济发展提出如下意见。

一、深化思想认识

经过多年发展，全省非公有制经济总量规模逐步扩大，质量效益不断提升，发展活力明显增强，社会贡献显著提高，已成为全省稳增长、保稳定、促和谐的强力支撑。促进非公有制经济发展，是坚持和完善基本经济制度、全面建成小康社会的重要途径，是事关全省经济社会发展全局的重大任务。各级各部门要切实消除阻碍非公有制经济发展的体制机制障碍，有效破解市场准入瓶颈问题，确保民间资本进得去、留得住、发展得好。要牢固树立亲商富商理念，坚持国企民企公平竞争、平等发展，大企小企同等对待、相互促进，鼓励支持非公有制经济加快发展。

二、明确发展思路

全省非公有制经济发展，要坚持以邓小平理论、“三个代表”重要思想、科学发展观为指导，深入贯彻习近平总书记系列重要讲话精神，以调整优化结构、加快转型升级为主线，以落实完善政策法规为抓手，以放宽市场准入、建立公平开放透明的市场规则为重点，以推动科技创新、提高企业整体素质为支撑，以优化发展环境、提升政府服务效能、加快社会化服务体系建设为基础，全面提升非公有制经济发展的总量、质量和效益。

三、推动大众创业

鼓励各类社会主体创业。落实国家关于税费减免、信贷支持、用地保障、资金补贴等优惠政策，加大对小微企业、个体工商户的扶持力度，通过创业带动就业。（牵头单位：省经信委、省人力资源和社会保障厅；参加单位：省科技厅、省财政厅、省国土资源厅、省地税局、省政府金融工作办、省国税局）

扶持创业基地建设。鼓励各类投资主体依托城镇、工业园区、产业集聚区建设中小企业创业基地，兴建标准厂房。支持建设一批功能完备、运作规范的省级中小企业创业示范基地。省中小企业发展专项资金等财政专项资金对符合政策条件的中小企业创业基地建设给予重点支持。（牵头单位：省经信委；参加单位：省科技厅、省财政厅、省住房和城乡建设厅、省国土资源厅、省林业厅）

完善创业服务平台。发展创业服务组织。聘请具有创业实践经验的企业家、专家教授，组建创业专家服务队伍。建立创业项目资源库，完善创业项目征集、开发、论证、展示和推介工作机制。坚持创业服务重心下移，依托各级中小企业服务中心，为初创期企业提供各类服务。（牵头单位：省经信委、省人力资源和社会保障厅；参加单位：省教育厅、省科技厅、省工商联）

四、培育发展大型企业集团

加大培育力度。培育一批主业突出、市场占有率高、自主研发能力强、技术装备先进的大型企业和企业集团。发挥大型企业集团的带动效应，促进大企业与中小企业分工协作，延伸产业链条，提升区域产业配套能力。（牵头单位：省经信委；参加单位：省财政厅、省国资委、省工商联）

提升核心竞争力。强化企业技术创新主体地位，鼓励大型企业加大研发投入，促进企业技术中心和研发平台建设。对掌握核心技术、拥有发明专利或国家重大发明创造的大型企业，在技术攻关、产品研发、成果转化等方面，省战略性新兴产业、省新型工业化等相关专项资金给予重点支持。（牵头单位：省科技厅；参加单位：省发改委、省经信委、省财政厅）

支持上市融资。将盈利能力强、科技含量高、有上市意愿的大型企业纳入上市后备企业资源库。落实相关政策，为上市后备企业提供咨询服务、税务辅导和信贷支持。（牵头单位：省政府金融工作办；参加单位：省国土资源厅、省环保厅、省地税局、省国税局、人民银行长沙中心支行、湖南证监局）

加快资源整合。鼓励大型企业集团通过兼并、收购、联合等方式，整合一批产业相近、行业相关、主业互补的企业，提高资源配置效率。引导同行业企业建立产业联盟，制定行业标准，加强分工合作，提升专业化、精细化水平，避免同类产品恶性竞争。（牵头单位：省经信委；参加单位：省发改委、省农委、省商务厅、省林业厅、省国资委）

实施“走出去”战略。鼓励有实力的大中型企业在国际市场获取资源、技术、人才、知识产权等要素，实现研发、生产、销售全球化。组织大中型企业参加国内外各类专业展会，引导其与国内外知名企业建立战略合作关系，实现合作共赢。（牵头单位：省商务厅；参加单位：省发改委、省经信委、省工商联、省贸促会）

五、促进转型升级

加强分类指导。做大做强一批优势产业，加快构建多点支撑产业发展格局。引导非公有制企业进入战略性新兴产业、高科技产业、现代农业、军民融合产业和生产性服务业。鼓励传统产业领域的非公有制企业利用先进技术和新一代信息技术加快改造提升。促进新能源汽车、集成电路、汽车及零部件、移动互联网、信息消费、节能环保等产业领域非公有制企业加快发展。（牵头单位：省经信委；参加单位：省发改委、省科技厅、省农委、省商务厅）

促进“两化”深度融合。加快重点行业生产装备数字化和生产过程智能化进程，全面普及企业供应链、客户关系等管理信息系统。实施信息化示范项目建设，引导非公有制企业业务应用向综合集成和产业链协同创新转变，支持面向非公有制企业的信息化公共服务平台建设。（牵头单位：省经信委；参加单位：省科技厅、省商务厅、省质监局）

提升经营管理水平。引进、培育各类管理咨询机构，开展管理升级服务，帮助非公有制企业突破发展战略、营销、研发、精益生产、人力资源、供应链等方面的管理瓶颈。根据服务效果，省中小企业发展专项资金对管理咨询机构进行补助和奖励。（牵头单位：省经信委；参加单位：省财政厅）

加强质量品牌建设。鼓励引导非公有制企业完善质量管理机制，实行质量管理体系认证，加强企业标准化体系建设，建立产品溯源管理制度。支持企业争创湖南名牌、著名商标和驰名商标，创建国家地理标志产品，依托产业优势，打造知名品牌。鼓励企业商标国际注册，使用自主商标拓展市场。（牵头单位：省质监局；参加单位：省科技厅、省经信委、省商务厅、省林业厅、省工商局）

六、支持企业开拓市场

促进开放升级。充分发挥湖南区位优势，强化区域合作，引导非公有制企业主动承接境内外产业、资金、技术转移。通过精准招商、产业链招商、园区招商、以商招商等多种方式，引进实施一批投资规模大、产业链条长、集聚效应强、外向度高的招商引资项目。（牵头单位：省商务厅；参加单位：省发改委、省经信委、省工商联）

支持开展营销模式创新。鼓励非公有制企业根据市场需求，利用电子商务等新兴载体，创新营销模式，整合线上、线下渠道，降低市场营销成本，带动消费升级。（牵头单位：省经信委、省商务厅；

参加单位：省发改委、省工商局）

推动创新型产品进入市场。鼓励非公有制企业申报“两型”产品，同等条件下政府优先采购、推荐使用“两型”产品。鼓励订购和使用省产首台（套）重大技术装备。支持新材料首批次应用推广。企业在申报生产许可证期间，经有资质的检验机构批检合格的产品，允许标识“试制品”试产、试销。（牵头单位：省质监局；参加单位：省发改委、省科技厅、省财政厅、省交通运输厅、省住房和城乡建设厅、省卫生和计生委、省工商局）

鼓励开拓国际市场。海关和检验检疫部门全面推行“一次申报、一次查验、一次放行”。加快跨境电子商务发展，积极推进贸易平台和国际营销网络建设。加快出口退税进度，保证及时足额退税。发挥出口信用保险作用，促进非公有制企业扩大出口。（牵头单位：省商务厅；参加单位：省国税局、长沙海关、湖南出入境检验检疫局）

七、培育高素质的企业家队伍

建立人才培养机制。制定人才培养规划，把培养非公有制经济企业家作为全省人才发展规划的重点内容，纳入省委党校、湖南行政学院、省社会主义学院的培训计划。引导非公有制经济企业家摒弃“家族式管理”思维，掌握现代企业管理知识，提升管理水平。帮助知名企业建立接班人培养机制，增强企业家社会责任感和依法经营意识，不断做大做强。与高等院校、知名企业联合搭建培训平台，开展非公有制经济高级管理人员培训。每年选送一批非公有制经济企业家到知名高校进修培训，分期分批组织中小企业高级管理人员开展短期培训。（牵头单位：省委组织部、省委统战部、省经信委；参加单位：省教育厅、省人力资源和社会保障厅、省工商联）

发挥企业家在经济社会发展中的积极作用。充分利用人大、政协、工商联和有关人民团体等渠道，通过聘请担任特约人员、参与行风评议和开展政企对话等形式，引导非公有制经济人士有序参与国家政治生活和社会事务；把综合评价作为必经程序，规范非公有制经济代表人士政治安排和社会安排程序。引导非公有制经济人士爱国、敬业、诚信、守法，增强对中国特色社会主义的信念、对党和政府的信任、对企业发展的信心、对社会的信誉，成为合格的中国特色社会主义事业建设者。（牵头单位：省委统战部；参加单位：省经信委、省工商联）

八、加大财税支持力度

发挥省中小企业发展专项资金的支持和引导作用，逐步增加资金规模，重点支持中小企业服务体系建设和中小微企业“专精特新”发展。各市州、县市区应加大财政对中小微企业发展的支持力度。适时设立省中小企业发展基金，引导创业投资机构及其他社会资金支持处于初创期的小微企业，具体管理办法由省财政厅、省经信委研究制定。（牵头单位：省财政厅；参加单位：省经信委）

落实国家关于扶持中小微企业发展的税收优惠政策。企业投资符合国家产业政策的技术改造项目，可按国家有关规定享受税收优惠政策。小微工业企业有特殊困难的，经依法批准可按规定延期缴纳税款。（牵头单位：省地税局、省国税局）

九、加大金融支持力度

加大信贷支持力度。鼓励银行等金融机构为非公有制企业提供1年期以上的中长期贷款，对有足额抵押物或由担保机构提供足额担保的贷款，贷款利率给予适当优惠。严禁“以贷转存”“存贷挂钩”等变相提高利率的行为。鼓励政府出资的担保机构降低为中小企业提供担保的费率。（牵头单位：省政府金融工作办；参加单位：人民银行长沙中心支行、湖南银监局）

提升金融服务水平。建立和完善省、市（州）中小企业融资信息服务平台，通过网上融资超市等形式，创新银企对接方式。鼓励符合条件的非公有制企业采取上市募集和发行企业债、公司债、中期票据、短期融资券、中小企业私募债券等方式融资，支持中小微企业积极运用全国中小企业股份转让系统和区域性股权交易市场开展融资。建立健全创业投资机制，支持中小创业投资公司发展。（牵头单位：省政府金融工作办；参加单位：省经信委、省财政厅、人民银行长沙中心支行、湖南银监局、湖南证监局）

完善金融服务体系。鼓励民间资本投资入股金融机构和参与金融机构重组改造。鼓励民间资本发起设立自担风险的民营银行、金融租赁公司和消费金融公司等金融机构。探索设立民间融资服务中心和民间资本管理公司，规范民间借贷，引导各类资本服务实体经济。（牵头单位：省政府金融工作办；参加单位：人民银行长沙中心支行、湖南银监局）

创新保险服务。引导各类保险机构根据非公有制企业的保险需求，积极推出适合企业需要的保险新产品，多层次、全方位为非公有制企业构建风险保护网。引导非公有制企业以出资入股、参股等形式设立保险代理公司、保险经纪公司等，积极推进保险兼业代理机构专业化。（牵头单位：省政府金融工作办；参加单位：湖南保监局）

十、加强中小企业信用担保体系建设

进一步加大对中小微企业融资担保的财政支持力度。综合运用业务补助、资本投入、代偿补偿等方式，对中小企业信用担保机构、再担保机构给予支持，引导社会各类资本加大对中小企业

信用担保机构的投入力度。（牵头单位：省经信委、省财政厅）

完善再担保体系，创新再担保模式，开展按比例分担责任的再担保业务。争取国家专项资金支持，设立中小企业信用担保代偿补偿资金账户，委托湖南担保有限责任公司实行专户管理。（牵头单位：省经信委、省财政厅）

建立银担风险分担合作机制。支持银行业金融机构积极开展银担合作业务，鼓励优先与加入再担保体系的融资性担保机构开展合作，并在放大倍数、风险分担比例和贷款利率等方面给予优惠。对民营担保机构授信应与政府控股的担保机构一视同仁，不得随意中止与民营担保机构的业务合作。（牵头单位：省政府金融工作办；参加单位：省经信委、人民银行长沙中心支行、湖南银监局）

十一、加强要素保障

强化人才保障。引导相关企业深化与高等院校、科研院所的合作，加大人才培养力度。大力发展现代职业教育，加快生产服务一线技能人才培养，为非公有制企业发展提供人才支持。充分利用国家“千人计划”“万人计划”和省“百人计划”等引才引智工程，组织实施重点引智项目，积极引进高层次创新创业人才及团队。（牵头单位：省人力资源和社会保障厅；参加单位：省教育厅、省经信委）

切实保障非公有制经济发展用地。探索工业用地先租后让和租让结合用地制度，优先保障符合国家产业政策的非公有制企业项目、中小企业创业基地用地。非公有制企业用地的审批程序和税费缴纳应与国有企业、外商投资企业同等对待。（牵头单位：省国土资源厅、省林业厅）

十二、落实企业投资自主权

根据《湖南省政府核准的投资项目目录（2014年本）》，取消和下放一批核准权限。对保留的核准事项，除国家明确规定须由省级政府核准的，以及涉及跨市州或跨流域、危废、垃圾焚烧发电等少数敏感领域外，一律下放到市级或县级人民政府核准。（牵头单位：省发改委、省编办）

落实公司注册资本认缴登记制，企业年检制度改为年度报告公示制度，全面实施先照后证登记制度，探索开展“三证合一”登记制度改革试点工作。（牵头单位：省工商局）

规范审批核准行为。制定实施《湖南省政府核准投资项目管理办法》，规范前置审批条件。对于国家法律、行政法规没有明确规定作为项目核准前置条件的审批手续，一律放在核准后、开工前完成。有关部门应按照便利、高效原则，对本部门实施的多个审批事项尽量简化或合并。（牵头单位：省发改委、省编办）

十三、拓展发展空间

加快发展混合所有制经济。通过产（股）权转让、增资扩股、资产重组等多种方式积极引入各类社会资本，加快国有企业产权多元化改革，支持非公有制企业参与国有企业战略性重组，支持国有资本进入优势及高科技非公有制企业，促进混合所有制经济发展，创新体制机制，激发市场主体活力。非公有制企业并购国有企业，参与其分离办社会职能和企业改制，按有关规定执行国有企业改革的相关优惠政策。（牵头单位：省国资委；参加单位：省经信委、省财政厅、省人力资源和社会保障厅、省国土资源厅、省商务厅、省工商联）

鼓励支持民间资本参与公共领域投资，推动非国有资本进入公共建设领域。市场准入标准和扶持政策实行公开透明，对各类投资主体同等对待，不得单独对民间资本和非公有制企业设置任何附加条件或准入门槛。（牵头单位：省发改委）

定期向民间资本和非公有制企业开放一批政府投资项目。民间资本和非公有制企业可通过合作合资、直接建设、用地开发、股权并购、委托经营、政府购买公共服务等多种方式，全过程参与项目的投资建设、运营管理。（牵头单位：省发改委）

加快县域非公有制经济发展。充分挖掘和发挥本地优势，培育特色产业，扩大对外开放，引导县域非公有制经济由封闭式发展向优势互补、产业配套、区域协作发展转变。（牵头单位：省农委；参加单位：省发改委、省经信委、省财政厅、省林业厅）

十四、建设法治环境

规范市场秩序。强化生产经营者主体责任，严厉惩处垄断行为和不正当竞争行为。广泛运用科技手段实施监管，保障公平竞争。依法保护各类知识产权，坚决打击侵犯知识产权和制售假冒伪劣产品的行为。加快推进征信业发展，积极推进质量诚信体系建设，建立守信激励和失信惩戒机制，积极促进信用信息社会运用，营造诚实、自律、守信、互信的社会信用环境。大力推进电子商务可信交易保障试点工作。（牵头单位：省工商局；参加单位：省高级人民法院、省发改委、省科技厅、省经信委、省公安厅、省质监局、人民银行长沙中心支行）

坚持依法行政。规范市场执法行为，公开市场监管执法信息，强化执法考核和行政问责，确保依法执法、公正执法、文明执法。解决多头执法，消除多层重复执法，规范和完善监管执法协作配合机制，做好市场监管执法与司法的衔接，整合优化执法资源，提高监管效能。切实解决行政不作为、乱作为、慢作为等问题。进一步减少涉企检查评比，减少一般性考察调研，精简与企业生产经营无关的论坛、研讨会议，最大限度减少对企业正常生产经

营活动的干扰。（牵头单位：省政府办公厅；参加单位：省公安厅、省司法厅、省环保厅、省工商局、省质监局、省政府法制办）

保护合法权益。按照“正税清费”的原则，建立和实施涉企收费目录清单制度，目录清单之外的涉企收费，一律取消。全面清理行政审批前置服务项目及收费，对没有法律法规依据的行政审批前置服务项目一律取消。建立支持小微企业的长效机制，将暂免小微企业管理类、登记类和证照类行政事业性收费改为长期措施。建立企业负担调查信息平台，完善举报和反馈机制，强化社会舆论监督，加大查处力度，切实减轻企业负担。坚决查处各种侵害非公有制企业和非公有制经济人士合法权益的行为，依法保护非公有制企业和非公有制经济人士的合法权益。（牵头单位：省优化办；参加单位：省高级人民法院、省编办、省发改委、省经信委、省监察厅、省财政厅、省公安厅、省司法厅、省工商局、省政府法制办）

十五、加强服务体系建设

制定服务体系规划，科学布局服务资源。鼓励、引导社会资源在产业集群区、工业园区投资建设信息、技术、咨询、培训、融资、市场开拓、仓储物流等各类公共服务平台。支持各类科研院所和企业研发中心、工程技术中心对外开放，提供专业化服务。大力引进、培育服务机构和服务人才，整合服务资源，提升服务水平。加强中小企业公共服务平台网络建设，提升平台网络聚集资源、快速响应、组织协同、互联共享、在线记录等服务功能，提供“找得到、用得起、有保障”的服务。加强服务标准体系和服务考评体系建设，促进规范服务。建立政府购买社会服务机制，优化服务供给。（牵头单位：省经信委；参加单位：省发改委、省科技厅、省财政厅、省人力资源和社会保障厅、省工商联）

十六、完善非公有制经济工作领导协调机制

省促进非公有制经济和中小企业发展工作领导小组统筹协调全省非公有制经济和中小企业发展工作。完善非公有制经济工作机制，加强工作力量，加大对全省非公有制经济发展协调服务力度。各市州、县市区要建立和完善促进非公有制经济和中小企业发展工作机制，研究解决非公有制经济发展中的重大问题。（牵头单位：省政府办公厅、省经信委）

建立健全领导干部与非公有制经济代表人士交朋友制度，建立健全各级领导干部与非公有制经济企业家对话交流机制，建立健全非公有制经济企业家反映困难问题和提出意见建议的“绿色通道”。（牵头单位：省委统战部、省经信委、省工商联）

十七、完善非公有制经济考核激励机制

进一步完善《湖南省非公有制经济和中小企业发展考核奖励办法》，优化考核指标体系，建立科学有效的考核激励机制。每年对各市州非公有制经济发展情况开展综合考核，每两年开展一次“民营企业百强”发布活动，每五年召开一次发展非公有制经济表彰会议。（牵头单位：省经信委、省工商联；参加单位：省人力资源和社会保障厅、省工商局、省统计局）

十八、完善非公有制经济统计运行监测分析机制

统计部门要完善非公有制经济统计报表制度，增加规模以下非公有制企业统计指标，扩大规模以下非公有制企业抽样调查样本，全面反映非公有制经济发展状况。工商部门要及时分析、反映个体工商户、私营企业等市场主体发展动态。经信部门要加强重点非公有制企业生产经营情况调度和非公有制经济运行监测分析，及时掌握、反映全省非公有制经济运行状况。（牵头单位：省统计局；参加单位：省经信委、省工商局、省工商联）

十九、构建惠企政策落实机制

建立政策措施贯彻落实督查机制。深入开展“惠企政策落实”活动和“扶助小微企业专项行动”，切实抓好近年来国家和省促进非公有制经济发展政策措施的贯彻落实，及时组织开展促进非公有制经济发展政策措施贯彻落实专项督查。（牵头单位：省委督查室、省政府督查室）

建立非公有制企业问题交办机制。及时收集整理非公有制企业反映的政策性建议、具体问题和部门服务质量方面的意见，采取领导小组交办督办的形式，督促有关部门和单位限期整改落实。（牵头单位：省经信委）

建立政策落实情况第三方评估机制。省人民政府适时委托省工商联等组织对近年来国家和省出台的促进非公有制经济发展政策措施贯彻落实情况开展第三方评估，受托单位要及时向省委、省人民政府报告第三方评估结果。（牵头单位：省经信委、省工商联）

二十、发挥工商联和各类行业商会协会的作用

充分发挥各级工商联作为党和政府联系非公有制经济人士桥梁纽带作用、政府管理和服务非公有

制经济的助手作用，为非公有制经济发展维护权益、献计献策、解决难题，促进非公有制经济健康发展和非公有制经济人士健康成长。发挥湖南省民营经济研究会的作用，加强工商联和商会建设的理论研究。（牵头单位：省委统战部；参加单位：省经信委、省工商联）

发挥非公有制经济党工委、非公有制经济纪工委作用，加强行业商会协会党组织建设，充分发挥党组织在企业职工群众中的政治核心作用、在企业发展中的政治引领作用。支持各类行业商会协会发展和建设，注重发挥商会协会在市场开拓、质量提升、行业发展、招商引资、诚信自律等方面的积极作用。（牵头单位：省委统战部、省工商联）

二十一、加强舆论宣传，形成促进非公有制经济发展的浓厚氛围

坚持正确的舆论导向，引导全社会树立正确的发展观、就业观、财富观。引导非公有制企业走转型发展、科学发展之路。引导广大非公有制经济人士增强发展信心。有关部门和新闻媒体要广泛宣传促进非公有制经济发展的方针政策，大力宣传非公有制经济的重要地位和作用，及时推介非公有制经济发展的成功经验和先进典型，及时曝光侵犯非公有制企业及非公有制经济人士合法权益、干扰非公有制企业合法经营活动的案例，努力营造有利于非公有制经济健康发展的良好社会舆论环境。（牵头单位：省委宣传部）

各级各有关部门要认真抓好本意见的贯彻落实，加强调查研究，制定配套措施，认真解决非公有制经济发展中遇到的矛盾和问题，确保各项政策措施落到实处，促进全省非公有制经济健康发展。

广西壮族自治区

广西壮族自治区人民政府关于2014年我区深化经济体制改革重点工作的意见

桂政发〔2014〕41号

各市、县人民政府，自治区农垦局，自治区人民政府各组成部门、各直属机构：

党的十八届三中全会做出了全面深化改革的决定，自治区出台了《关于贯彻落实〈中共中央关于全面深化改革若干重大问题的决定〉的意见》，对于推动我区科学发展，加快实现“两个建成”奋斗目标，意义十分重大。现就2014年深化经济体制改革重点工作提出以下意见。

一、指导思想和总体要求

指导思想：坚持以邓小平理论、“三个代表”重要思想、科学发展观为指导，深入学习领会、全面贯彻落实党的十八届三中全会和自治区十届四次全会精神，坚持社会主义市场经济改革方向，以更大的决心和勇气，大力推动开放发展、民生改善和社会公平的改革，坚决破除妨碍科学发展的体制机制弊端，为“两个建成”目标的推进提供体制机制保障。

总体要求：正确处理好政府与市场的关系，处理好加强顶层设计与尊重群众首创精神的关系，处理好改革创新与依法行政的关系，处理好经济体制改革与其他各项改革的关系，处理好改革、发展、稳定的关系，确保各项改革有序推进。

二、大力推进年度重点改革

2014年经济体制改革重点工作是，深入推进行政审批制度、工商登记制度、土地管理制度改革，加快推进财税、金融、投资、价格、国有企业、科技体制等领域改革，积极推动社会保障、城镇化、服务非公有制经济等相关改革。

（一）积极发展混合所有制经济

1. 加快推进股权多元化改革。大力引进战略投资者、股权投资基金等各类市场主体参与国有企业改制上市、重组整合、国际并购，大力发展股权多元化。（自治区国资委，自治区党委统战部，自治区发展改革委、工业和信息化委、财政厅、人力资源和社会保障厅、国土资源厅、住房和城乡建设厅、工商局、法制办、投资促进局、工商联。由多个部门负责的，排在首位的单位为牵头单位，下同）

2. 大力提高国有资产资本证券化率。不断完善国有上市后备企业库，探索企业上市最优途径，指导有条件的企业在主板、中小板、创业板和境外资本市场上市，加快企业首发上市和整体上市步伐，提高国有资本的流动性。（自治区国资委，自治区发展改革委、财政厅、金融办，广西证监局）

（二）推动非公有制经济跨越发展

3. 突破非公有制经济发展的体制机制障碍，废除对非公有制经济各种形式的不合理规定，制定非公有制经济进入特许经营领域具体办法。健全非公有制经济服务体系，完善金融、信用担保、技术创新等方面的政策，降低非公有制企业创业创新的风险和成本。（自治区党委统战部，自治区非公有制经济工作领导小组成员单位）

4. 进一步放宽市场准入，支持非公有资本参与重大项目建设，鼓励非公有制企业向各类开发区、特色产业基地等专业园区集聚发展，鼓励非公有制企业参与建设自治区“14＋10”现代产业体系，支持非公有制企业改制上市、债券融资、科技创新、

跨国经营，不断做大做强。进一步优化非公有制经济发展环境，自治区扶持产业发展的专项资金逐步提高对非公有制经济的扶持比重。（自治区工业和信息化委，自治区非公有制经济工作领导小组成员单位，广西保监局）

5. 跟踪检查自治区支持民间投资健康发展的38条措施和实施细则落实情况。实施自治区第四批引入民间资本项目和项目推介活动，鼓励和引导民间资本参与基础产业、基础设施、社会事业、市政公用事业等行业和领域建设。（自治区发展改革委，自治区党委统战部，自治区工业和信息化委、财政厅、国资委、金融办、工商局、投资促进局、工商联，人民银行南宁中心支行）

6. 设立中小企业发展基金，引导更多民间资本进入实体经济领域。（自治区工业和信息化委，自治区党委统战部，自治区发展改革委、财政厅、国资委、工商局、金融办、投资促进局、工商联、人民银行南宁中心支行，广西银监局）

7. 大力培育行业商会、行业协会组织，建立非公有制企业自律机制。巩固行业协会商会与行政机关脱钩成果，推进行业协会商会实行一业多会，引入竞争机制。加快形成政社分开、权责明确、依法自治的现代社会组织体制，使行业协会商会真正成为提供服务、反映诉求、规范行为的主体。（自治区工商联，自治区民政厅、编办，自治区党委统战部，自治区非公有制经济组织和社会组织党工委）

（三）深入推进国有企业改革

8. 加快推进经营性国有资产集中统一监管，重点开展自治区党政机关政企分开工作。完成宏桂集团等6户企业移交自治区国资委管理；建立完善部分自治区党政机关经营性国有资产实施委托监管体制机制；在委托监管期间，指导自治区党政机关与其所属企业采取多种措施实施脱钩。（自治区国资委，自治区党委组织部，自治区发展改革委、自治区工业和信息化委、财政厅、人力资源和社会保障厅、国土资源厅、商务厅、法制办）

9. 支持具备条件的自治区级企业开展跨国界、跨地区、跨所有制、跨企业集团联合重组，打造具有较强竞争力的大企业集团。（自治区国资委，自治区发展改革委、工业和信息化委、财政厅、商务厅）

10. 探索建立国有企业分类监管制度，进一步完善国有企业领导人员管理体制。探索对国有企业按不同的性质、功能进行分类，完善分类考核；加大规范董事会建设力度，探索市场化选聘企业领导人员的体制机制；加强监事会监督，进一步提高监督管理水平。（自治区国资委，自治区党委组织部，自治区人力资源和社会保障厅）

（四）改革完善现代市场体系

11. 加快建设统一开放、竞争有序的产品、技术、产权、资本、人力资源等各类市场，实现商品和要素流动、平等交换。研究开展要素市场化配置改革试点，探索形成集约、高效的要素市场化配置机制。实行统一的市场准入和市场监管制度，建立负面清单管理制度。（自治区商务厅、发展改革委，自治区工业和信息化委、教育厅、科技厅、财政厅、人力资源和社会保障厅、国土资源厅、农业厅、林业厅、水利厅、文化厅、国资委、工商局、质监局、安全监管局、法制办、金融办）

12. 继续深化资源性产品价格改革。落实好调整销售电价分类结构政策；推行实施峰谷分时电价政策；开展输配电价、趸售电价等研究，逐步理顺输配电价、趸售电价矛盾，逐步完善小水电上网电价形成机制。推进天然气价格改革，合理疏导城市燃气经营企业的销售价格，贯彻落实国家成品油价格调整政策；推行我区车用柴油国Ⅳ标准质量升级加价政策。继续理顺城市供水价格矛盾，继续稳步推进水资源费改革工作。推进医药价格改革。（自治区物价局，自治区发展改革委、工业和信息化委、财政厅、住房和城乡建设厅、卫生计生委、水利厅、交通运输厅，广西电网公司）

13. 整合各类产权交易机构，构筑全区产权市场。（自治区国资委，自治区发展改革委、工业和信息化委、科技厅、财政厅、人力资源和社会保障厅、国土资源厅、住房和城乡建设厅、农业厅、林业厅、水利厅、工商局、金融办，广西证监局）

14. 推进质量安全监管体制机制改革，整合检验、检测和认证机构。（自治区质监局，自治区编办、工业和信息化委、农业厅、食品药品监管局）

（五）推进工商登记制度改革

15. 改革公司注册资本登记制度，除法律、行政法规以及国务院决定对公司注册资本实缴、注册资本最低限额另有规定的外，将公司注册资本实行实缴登记制改为认缴登记制度。推行企业年度报告公示制度，将企业年度检验制度改为企业年度报告公示制度。简化住所和经营场所登记手续，制定市场主体住所和经营场所登记规定。适时开展涉及工商登记的地方性法规、政府规章和规范性文件的清理工作，建立与工商登记制度改革相适应的政策法规体系。（自治区工商局，自治区编办、法制办等）

16. 建立统一的市场主体登记许可及信用信息公示平台，将所有审批事项、审批条件、审批机关在统一的登记许可及信用信息公示平台上进行公示，实现经营者按其所从事的行业或项目进行查询，审批部门及相关部门加强审批与监管的信息互通，提高审批和监管的效能。推行电子营业执照和全程电子化登记管理。（自治区工商局，自治区发展改革委、工业和信息化委、财政厅、公安厅、住房和城乡建设厅、商务厅、金融办、政务办、地税局、国税局、南宁海关、人民银行南宁中心支行，广西银监局）

17. 完善市场监管体系，出台工商登记制度改革的后续监管方案，明确各职能部门的监管职能。（自治区工商局，自治区编办、法制办、公安厅、环保厅、卫生计生委、农业厅、国资委、质监局、安监局、食品药品监管局）

（六）深化财税体制改革

18. 深化财政管理改革。继续推进自治区本级预算编列方式改革，清理、整合、规范现有专项转移支付项目，严控新设专项项目，增加一般性转移支付规模和比例，增加对贫困地区的财力性转移支付。推进重点支出与财政收支增幅或GDP挂钩的清理规范工作，加强政府性基金、财政专户和国库资金管理，深化国库管理改革。研究出台规范性文件，强化财政部门政府性债务归口管理职能。研究建立健全权责发生制的政府综合财务报告制度和规范的政府债务管理及风险预警机制。积极稳妥地逐步扩大预算公开范围，细化公开内容，不断完善预算公开工作机制。推进政府购买服务改革，开展政府购买服务改革试点，研究建立政府购买服务相关配套管理制度。完善自治区财政直管县配套改革措施，促进事权和支出责任相匹配。（自治区财政厅，自治区民政厅、审计厅、工商局、统计局）

19. 改革和完善税收制度。按照中央的统一部署，积极推进铁路运输、邮政和电信等行业营业税改增值税试点、煤炭资源税从价计征等项税制改革工作，跟进房地产税立法和环境保护费改税等各项改革，探讨研究地方税体系构建，清理规范各项财税优惠政策。（自治区财政厅，自治区审计厅、国税局、地税局、统计局）

（七）大力推进投融资体制改革

20. 全面放开投资领域，探索建立法治化、国际化、市场化的投资和监管模式，形成“政府引导，企业自主，市场机制，滚动发展”的可持续融资机制，优化基础设施项目融资结构。推行市场竞争机制配置资源，加快出台政府特许经营权管理办法，引导社会资本参与基础设施投资、建设、运营。深化企业投资管理体制改革，严格落实企业投资决策自主权。推进铁路投融资体制改革。创新政府资金扶持产业发展模式，推动我区设立国家参股新兴产业创业投资基金，以基金运作模式引导民间资本投向创新型企业。（自治区发展改革委，自治区工业和信息化委、住房和城乡建设厅、国资委、金融办、法制办）

21. 建立政府投资项目资金统筹平衡机制，引导财政资金集约化使用，实现融、用、还一体化以及决策、执行、监督相分离。利用金融工具盘活存量资产。选择质量好、产权清晰、能产生稳定现金流的基础设施资产，通过资产证券化、信托融资、资产管理计划等方式融资，盘活存量资产，破解基础设施建设周期长、流动性差的难题。加快确立省级统一融资平台，推进地方保障房等政府投资项目的债券发行工作；大力推动有条件的企业在银行间市场发展资产支持票据，盘活存量，优化资产结构。（自治区财政厅、国资委，自治区发展改革委、审计厅、金融办、法制办、人民银行南宁中心支行）

22. 完善金融市场体系，创新中小企业金融服务方式，服务中小企业融资需求。建立健全利益共享、风险共担的中小企业融资担保体系，探索诚信措施，大力发展各类质押贷款业务。发展服务中小企业的特色金融机构，鼓励符合条件的民间资本依法发起设立中小型银行等金融机构，支持民营、外资发起设立创业投资企业、融资担保机构、融资租赁公司和小额贷款公司。拓展中小企业直接融资渠道，以新股发行重启、股票发行注册制改革、新三板扩大、中小企业私募债、集合债券等新型融资工具，扩大直接融资规模，引进培育种子基金、创业投资基金、风险投资基金、私募股权基金、并购基金、产业投资基金及各类资产管理公司，加快建立区域性股权交易市场，拓宽直接融资渠道。降低中小企业融资成本，清理规范金融服务不合理收费，引导金融机构对优质中小企业下浮贷款利率和担保费率。加快组建民营银行，研究试点由民间资本组建非银控股公司作为村镇银行的主发起人，发起设立民营村镇银行，增强金融对实体经济的服务功能。（自治区金融办，自治区发展改革委、工业和信息化委、财政厅、商务厅、国资委、工商联、人民银行南宁中心支行，广西农村信用社联合社、广西银监局、广西证监局、广西保监局）

（八）加快建设沿边金融综合改革试验区

23. 加强金融基础设施建设的跨境合作，完善地方金融管理体制，建立金融改革风险防范机制和健全跨境金融合作交流机制，抓紧出台实施细则，明确具体措施。适时推动人民币与周边国家货币的银行间市场区域交易。加快发展网络金融，服务面向东盟的大宗商品现货交易中心和跨境电商平台建设。设立中国—东盟股权交易中心，建设南宁区域性金融中心。推进北部湾经济区金融服务同城一体化建设；积极探索推动人民币资本项下可兑换，建立健全宏观审慎管理框架下的外债和资本流动管理体系。研究推动中国与东盟国家建立征集交流合作机制，出台财政、产业、金融支持政策，支持沿边金融综合改革试验区建设。（自治区金融办，自治区财政厅、发展改革委、工业和信息化委、国资委、人民银行南宁中心支行，广西银监局、广西证监局、广西保监局）

24. 优先支持地方金融机构在广西沿边金融综合改革试验区增设、升格机构和开展业务创新，开展自治区级农村信用联社改革试点，加快组建全区一级法人广西农村商业银行，大力推动发展普惠金融。（自治区发展改革委、金融办牵头，自治区财政厅、人民银行南宁中心支行，广西银监局、广西农村信用联社）

（九）深化科技体制改革

25. 继续推进科技计划管理改革，加快推进科技计划信用体系建设，改进项目管理流程。继续推进部区会商和厅市会商工作。完善高层次人才培养机制，继续推动创新型企业和产业技术创新战略联盟、中国—东盟科技合作与技术转移平台建设，重点加快中国—东盟技术转移中心建设，深入实施《广西发明专利倍增计划》。（自治区科技厅，自治区发展改革委、工业和信息化委、财政厅、教育厅、人力资源和社会保障厅、国资委）

26. 研究和制定创新资源市场化分配机制，应用技术研究坚持企业主导，产业导向，推动应用技术研究类由科研导向模式转变为市场导向模式，提高企业自主决策权限，实现企业真正成为技术创新主体，积极推动创新效益分配机制改革，优化财政支持科技项目成果的产权管理新办法，充分调动研究团队和研究人员的创新积极性。完善以创新成果知识产权利益依法分享为纽带的产学研融合发展机制，促使高校和科研机构应用技术研究成果主要通过许可等方式向企业转移。（自治区发展改革委，自治区科技厅、工业和信息化委、财政厅、教育厅）

（十）深化土地管理制度改革

27. 规范城乡建设用地增减挂钩、城市低效土地再开发利用、低丘缓坡荒滩等未利用地综合开发利用、土地“只征不转”等改革试点。深入推进征地制度改革，完善对被征地农民合理、规范、多元保障机制。坚持资源要素的市场配置，加快推进农村集体建设用地和宅基地确权登记发证工作。在符合规划和用途管制前提下，允许农村集体经营性建设用地出让、租赁、入股，实行与国有土地同等入市、同权同价。（自治区国土资源厅，自治区发展改革委、财政厅、住房和城乡建设厅、环保厅、农业厅、林业厅）

（十一）完善城镇化健康发展体制机制

28. 推进以人为核心的新型城镇化，推动大中小城市和小城镇协调发展、产业和城镇融合发展，促进城镇化和新农村建设协调推进，进一步加大城镇化改革发展力度。制定实施广西新型城镇化规划，大力推进发展规划、城镇规划、土地利用规划“三规合一”试点，强化规划实施的组织协调。制订出台推进新型城镇化发展的户籍、土地、财税、投融资、保障性住房、公共服务、统筹城乡、行政区划、开放合作等配套政策措施。开展不同层级、不同类型的新型城镇化发展试点示范。（自治区发展改革委，自治区住房和城乡建设厅、工业和信息化委、科技厅、财政厅、公安厅、人力资源和社会保障厅、国土资源厅、农业厅、民政厅、金融办）

29. 按照中央的统一部署，探索研究财政转移支付同农业转移人口市民化挂钩机制。（自治区财政厅，自治区公安厅、民政厅、人力资源和社会保障厅、农业厅、卫生计生委）

30. 有序推进行政区划调整。（自治区民政厅，自治区住房和城乡建设厅、国土资源厅）

31. 继续推进南宁、柳州、桂林、玉林、百色、钦州市自治区级统筹城乡综合配套改革试点，发挥南宁、玉林等市统筹城乡改革试点示范作用，扩大试点覆盖面，创新试点方式，拓宽试点内容。（自治区发展改革委，自治区财政厅、住房和城乡建设厅、民政厅、农业厅、国土资源厅，南宁、柳州、桂林、玉林、百色、钦州市人民政府）

（十二）深化行政审批制度改革

32. 摸底核实全区行政审批项目。进一步推进简政放权，减少行政审批事项和微观事务管理，重点围绕投资项目、生产经营活动和资质资格许可等方面，再次开展行政审批项目清理工作。公开各部门保留的行政审批事项清单，严格控制新增审批项目。推进政务服务中心建设，健全区市县乡四级联动的政务服务体系，并逐步向村和社区延伸。加快部门机构职能重组，推动行政审批职能的适度集中和有机整合，建立决策、审批、监管相对分离又相互协调的新机制。加强行政审批绩效管理，创新审批制度和审批方式，推行网上审批、并联审批和服务质量公开承诺等做法，不断提高行政审批服务水平。建立健全行政审批事中事后监督机制，加强对取消和调整行政审批事项的衔接和后续监管。（自治区编办，自治区监察厅、发展改革委、工业和信息化委、工商局、法制办、政务办、绩效办，自治区行政审批制度改革工作领导小组成员单位）

33. 加快电子政务网络整合和信息资源共享利用，重点推动广西电子政务外网云计算中心、国家电子政务外网华南区灾备中心等重大政务信息化工程建设，为各级政府部门的行政审批业务系统实现全国联网奠定基础。（自治区发展改革委，自治区工业和信息化委、编办、科技厅、政务办）

（十三）改革完善市、县、乡镇管理体制

34. 科学合理划分各级政府的责任和权限，制定权责一致的考评体系，探索自治区直管县改革。（自治区编办，自治区绩效办、发展改革委、住房和城乡建设厅，自治区政府机构改革和职能转变工作领导小组成员单位）

35. 积极推进扩权强县改革，进一步明确自治区、市、县各级的审批权限，加强下放权限的监管，推进综合配套改革。（自治区发展改革委，自治区编办、财政厅、法制办、政务办、绩效办）

36. 积极推进扩权强镇改革，提高乡镇发展能力。制定完善实施扩权事项的监管办法，提高县、镇履职能力和效率。（自治区编办，自治区发展改革委、住房和城乡建设厅、政务办，自治区政府机构改革和职能转变工作领导小组成员单位）

（十四）深化收入分配制度和社会保障体制改革

37. 规范公务员津贴补贴制度，研究建立规范公务员工资调查制度，健全完善公务员工资水平正常调整机制。加快推进事业单位实施绩效工资，进一步完善义务教育学校、公共卫生与基层医疗卫生事业单位绩效工资制度。积极推行工资集体协商制度，完善企业职工工资正常增长机制，依法维护和落实劳动者的劳动报酬权益。（自治区人力资源和社会保障厅，自治区财政厅、发展改革委、工业信息化委、国资委、教育厅、卫生计生委）

38. 进一步完善企业职工基本养老保险政策，积极配合国家做好基础养老金全国统筹工作；推进新型农村社会养老保险和城镇居民社会养老保险两项制度合并实施，加快解决城乡居民基本养老保险与城镇职工基本养老保险制度的衔接问题；按照国家统一部署，做好机关事业单位养老保险制度改革前期准备工作，尽快整合职工医保、城镇居民医保和新农合的管理职责。进一步扩大社会保障覆盖面，重点做好农民工、非公有制经济组织从业人员、城镇个体工商户以及灵活就业人员等群体参加职工社会保险工作。继续做好社会保险扩面征缴工作，引导城乡居民长期参保续保，城镇基本医疗保险参保率稳定在97%以上。新增南宁、北海、防城港、百色、崇左五市启动实施城乡居民大病保险试点工作，做好柳州、梧州两市的工伤预防试点工作。研究建立城乡居民基本养老保险缴费激励机制。做好被征地农民的社会保障工作。建立健全合理兼顾各类人员的社会保障待遇确定和正常调整机制。进一步完善企业职工基本养老保险基金自治区级统筹制度，探索企业退休人员社会化管理服务新办法。推进完善基本医疗保险付费总额控制实施办法。积极预防失业促进就业。健全完善社会保障管理体制和经办服务体系，建立社会保险基金非现场监管常态化机制，加快推进“金保工程”，加速全区社会保障“一卡通”。（自治区人力资源和社会保障厅、财政厅、发展改革委、民政厅、国资委、卫生计生委）完善住房保障机制，实施城镇保障住房建设、农村危房改造等安居惠民工程。（自治区住房和城乡建设厅，自治区发展改革委、财政厅、国土资源厅、审计厅）

（十五）推进事业单位分类改革

39. 积极稳妥推进事业单位分类改革工作。完成全区事业单位分类工作；研究出台相关配套政策，稳步推进行政类及生产经营类事业单位改革工作；积极推进国有林场改革、中等职业教育管理体制等改革工作；加快事业单位法人治理结构及公益事业单位公益目标评估体系建设。（自治区编办，自治区林业厅，自治区分类推进事业单位改革工作领导小组成员单位）

三、完善改革协调推进机制

（一）健全工作机制

完善全区经济体制改革协调推进机制，采取建立经济体制改革专项小组工作规则、办公室工作细则、联络员工作办法等多种形式，加强统筹安排，协调解决重大问题，做好督促检查工作，及时将改革进展情况和重要问题向本级人民政府报告。（自治区发展改革委、经济体制改革专项小组各成员单位等）

（二）认真抓好改革基础性工作

建立改革问卷和改革评估制度，建立改革智库、改革经验库，形成改革科学、民主决策机制。（自治区发展改革委，自治区统计局，广西社会科学研究院、广西科学院、国家统计局广西调查总队等）

（三）扎实抓好改革方案实施和社会引导工作

牵头部门要明确提出工作方案、时间进度和阶段性目标。参与部门要各司其职，积极主动配合。各部门要及时沟通协商，加强工作衔接，形成工作合力。要注重政策宣传和舆情引导，及时回应社会关切，为改革创造良好的舆论氛围和社会环境。（经济体制改革专项小组成员单位）

广西壮族自治区人民政府
2014 年 6 月 20 日

2014 年本地中小企业及非公有制经济重要工作成果

1. 自治区党委书记彭清华在全区经济工作会议上的讲话——适应新常态推动新发展奋力实现“十二五”规划目标（略。文件尚未公开）

2. 自治区主席陈武在全区经济工作会议上的讲话——提升新常态下推动发展的能力和水平努力保持经济持续平稳较快发展（略。文件尚未公开）

海南省

海南省人民政府关于进一步支持小微企业健康发展的实施意见

琼府〔2014〕10 号

各市、县、自治县人民政府，省政府直属各单位：

为贯彻落实国务院关于进一步支持小微企业发展的系列政策措施，加大对我省小微企业的扶持力度，促进小微企业健康发展，结合我省实际，提出如下实施意见。

一、加大财税扶持力度

（一）扩大专项资金规模。2014 年省中小企业发展专项资金增加至 1.45 亿元，以后逐年增加，重点支持小微企业融资担保、创业创新、转型升级、服务体系建设及成长性奖励等；省财政现有的其他专项资金，对符合条件的小微企业应当给予倾斜支持；各市县政府应在本级财政预算中安排中小企业发展专项资金，并随财力增长逐年增加资金额度。（责任单位：省工业和信息化厅、省财政厅、各市县政府）

（二）设立创业投资引导基金。基金的资金来源包括财政性专项资金、基金收益、捐赠等，基金总规模为 10 亿元，首期从省级财政一般预算安排资金 2 亿元。基金主要用于引导创业投资机构及其他社会资金进入创业投资领域，以参股、跟进投资、风险补助等方式，支持科技型、创新型中小企业发展。（责任单位：省财政厅、省工业和信息化厅、省发展改革委、省科技厅、省政府金融办等）

（三）增加小微企业政府采购份额。编制部门预算时，在满足机构自身运转和提供公共服务基本需求的前提下，要预留年度政府采购项目预算总额的 30% 以上，专门面向中小微企业采购，其中预留给小微企业的比例不低于 60%；对于非专门面向中小微企业的项目，采购人或者采购代理机构应对小微企业产品价格给予 6% 至 10% 的扣除，用扣除后的价格参与评审。（责任单位：省财政厅等）

（四）强化税收扶持政策落实。严格落实国家和我省已出台的各项税收优惠政策；按照国家规定的最优标准执行我省小微企业增值税、营业税优惠政策。各级税务部门要及时梳理国家关于小微企业的税收优惠政策，加强政策宣传，做好纳税辅导，细化操作办法，优化办税流程，确保政策落实。（责任单位：省国税局、省地税局）

二、缓解企业融资难题

（五）创新融资服务。鼓励金融机构发展产业链融资、商圈融资及企业群融资；扩大小微企业抵押担保物范围，开展存货、订单、仓单、保单、股权、应收账款、知识产权、林权、土地使用权、海域使用权、商铺使用权等质押贷款和在建工程、机械设备抵押贷款业务；公安、国土、住房和城乡建设、工商、海洋渔业、林业、知识产权、房产交易管理等部门要完善相关产权登记管理制度，简化登记流程，降低收费标准。（责任单位：省政府金融办、人行海口中心支行、银监会海南监管局、省公安厅、省国土环境资源厅、省住房城乡建设厅、省工商局、省海洋渔业厅、省林业厅、省知识产权局、各市县房产交易管理部门）

（六）实行金融服务差异化监管。允许商业银行将单户500万元以下且占本行信用风险暴露总额的比例不高于0.5%的小微企业贷款，视同零售贷款计算风险权重；对商业银行发行金融债所对应的单户500万元以下的小微企业贷款，不纳入存贷比考核范围；对小微企业贷款不良率容忍度，可在全辖各项贷款不良率基础上提高2个百分点。（责任单位：银监会海南监管局）

（七）鼓励小型金融机构发展。鼓励民间资本依法设立融资性担保公司、小额贷款公司、村镇银行、农村资金互助社等，简化小型金融机构的设立审批程序、提高审批效率，有序扩大小型金融机构在各市县的覆盖范围；放宽小额贷款公司法人投资者最高持股比例，自然人投资者合计持股比例提高至60%；资信优良的小额贷款公司融资比例最高可放宽至资本净额的200%；支持符合条件的小额贷款公司根据有关规定改制为村镇银行。（责任单位：省政府金融办、省财政厅、人行海口中心支行、银监会海南监管局）

（八）强化小微企业信贷绩效监督考核。金融监管部门建立小微企业信贷工作定期监测与考评激励机制，按月通报，按季考核，年底对各银行金融机构的小微企业信贷绩效进行年度考核评比；将考评结果与金融奖励政策挂钩，对达到小微企业贷款“两个不低于”要求的金融机构，除了给予一定资金奖励外，优先给予办理再贷款、再贴现业务。（责任单位：省金融办、人行海口中心支行、银监会海南监管局、省财政厅等）

（九）支持融资担保行业发展。综合利用保费补助、奖励和资本投入等方式，支持小微企业融资担保机构建设；设立小微企业担保贷款风险准备金，完善小微企业担保贷款风险补偿机制；支持担保机构与银行业金融机构建立利益共享、风险共担机制，鼓励银行业金融机构与管理规范、信用度高的担保机构协商确定具体的风险分担比例。（责任单位：省财政厅、省工业和信息化厅、人行海口中心支行、银监会海南监管局）

（十）支持小微企业担保融资。继续实施中小微企业担保融资奖补政策，按当年实际发生信用担保贷款额，对小微企业给予不超过2%的贴息，对担保机构给予1%的风险补偿。（责任单位：省工业和信息化厅、省财政厅）

（十一）支持小微企业直接融资。支持符合条件的小微企业上市融资，鼓励小微企业在全国中小企业股份转让系统挂牌融资；加快建设我省区域性股权交易市场，鼓励小微企业进行场外股权交易和流转；对于成功融资、进行场外股权交易和流转的小微企业，省财政给予一定额度的补贴和奖励。（责任单位：省政府金融办、省财政厅、银监会海南监管局、人行海口中心支行等）

（十二）发挥保险行业风险分担作用。引导保险机构发展小微企业履约保证保险、贷款保证保险等产品，鼓励创新展业、承保、理赔和风险管理等服务。（责任单位：保监会海南监管局、省财政厅）

三、优化创业兴业环境

（十三）进一步放开市场准入。取消限制性经营条件，对于法律、法规未明确禁止的经营领域，均向小微企业开放；进一步打破市场垄断，将各类评价、评估、审查、检验、检测、培训等中介服务及相关设备、产品购置推向市场，不得指定供应或服务。（责任单位：省工商局、省国土环境资源厅、省住房城乡建设厅、省国税局等）

（十四）改革企业登记制度。落实《海南省企业登记制度改革十六条意见》，对小微企业登记实行“先照后证、宽进严管、网络管理”，进一步完善企业登记服务，降低企业准入门槛。（责任单位：省工商局）

（十五）推进小微企业诚信制度建设。构建全省统一的市场主体信息公示平台，将企业登记备案、年度报告、资质资格、监管等信息公示，健全守信激励和失信惩戒机制，督促和引导小微企业守信用、重合同。（责任单位：省工商局、省政府金融办、省工商联）

（十六）进一步减轻企业负担。严格落实国家和我省各类取消或减免涉企行政事业收费的规定；全面清理取消省级设立的涉企行政事业性不合理收费及其他不合理收费；执行收费公示制度，防止变相收费和隐性收费，严肃查处乱收费、乱罚款及各种摊派行为。（责任单位：省财政厅、省地税局、银监会海南监管局、省监察厅等）

（十七）实行小微企业首次违规预警制度。小微企业非因主观故意，未造成危害后果的首次违规、违章行为，工商、税务、质监、药监、环保、安全监管、消防、城市管理等行政执法部门实行“处罚预警”制度，企业及时纠正的，不予立案调查和行政处

罚。（责任单位：省工商局、省国税局、省地税局、省质监局、省食品药品监管局、省安全监管局等）

（十八）鼓励高校毕业生到小微企业就业。对小微企业新招用高校毕业生并组织开展岗前培训的，按规定给予培训费补贴；对小微企业与新招用高校毕业生签订1年以上劳动合同并按时给其足额缴纳社会保险费的，按规定给予社会保险补贴；落实已出台的鼓励高校毕业生自主创业的税费减免、小额担保贷款等扶持政策，加大公共就业服务力度。（责任单位：省人力资源社会保障厅、省地税局等）

四、促进结构调整和技术创新

（十九）优化小微企业产业结构。大力发展创新型、创业型和劳动密集型小微企业，引导小微企业向专业化、精细化、特色化方向发展；引导小微企业发展电子信息、节能环保、新能源新材料等战略性新兴产业，发展信息服务、文化创意、现代物流等新兴服务业，发展海岛旅游服务、农产品精深加工、农业休闲旅游等特色产业；引导小微企业实现集约、集群发展，加强与龙头企业的配套链接，形成产业集群，增强竞争力。（责任单位：省工业和信息化厅、省发展改革委、省商务厅、省旅游委、省农业厅等）

（二十）支持成长性小微企业发展。重点扶持机械电子、农产品加工、生物医药、商贸服务、新能源新材料及节能环保等行业的成长性小微企业发展，省财政每年继续安排1000万元资金，对这些行业中纳税情况好、成长性强的50家小微企业给予奖励；发挥省资本市场发展专项资金的激励引导作用，每年筛选2至3家成长性小微企业进行上市前培育辅导，推动成长性企业上市融资。（责任单位：省工业和信息化厅、省政府金融办、证监会海南监管局、省财政厅等）

（二十一）支持小微企业技术创新。加大各类扶持资金对小微企业技术改造和转型升级的支持力度；鼓励大型企业、高校和科研院所向小微企业提供研发试验设施，与小微企业开展智力和技术经济合作，推动产学研成果转化与应用；小微企业的固定资产由于技术进步原因需加速折旧的，可按规定缩短折旧年限；对于小微企业按照《海南省高新技术项目、产品认定暂行办法》认定的高新技术项目、产品，每项给予20万元奖励。（责任单位：省科技厅、省工商局等）

（二十二）支持小微企业提高管理水平。引导小微企业完善法人治理结构；推动小微企业完善安全、环保、节能、质量、财会、营销等基础管理；加强小微企业质量诚信体系建设，开展质量承诺活动；督促小微企业建立健全质量管理体系，严格生产许可、经营许可、强制认证等准入管理；加强品牌建设指导，引导小微企业创建自主品牌。（责任单位：省工业和信息化厅、省质监局、省工商局、省工商联等）

（二十三）支持小微企业创业基地建设。各市县政府要统筹安排，在产业园区规划部分区域用于建设小微企业创业基地，建设标准厂房并减免租金，引导小微企业集聚发展；对小微企业入孵率达到标准的创业基地，可优先认定为省级小微企业创业基地。到2015年，重点支持20家以上省级小微企业创业基地建设。（责任单位：省工业和信息化厅、省财政厅、省地税局、各市县政府等）

五、完善企业公共服务

（二十四）建设小微企业公共服务体系。实施中小企业公共服务平台建设工程，到2015年，重点培育认定50个省级中小企业公共服务示范平台，争创10个国家级中小企业公共服务示范平台，逐步建立资源共享、服务协同、覆盖全省的中小企业公共服务平台网络，为小微企业提供信息、技术、创业、培训、融资等全方面的服务。（责任单位：省工业和信息化厅、省商务厅、省工商联）

（二十五）推进社会化培训。推广“海南中小企业大讲堂”和“中小企业融资大讲堂”培训品牌，联合社会培训机构，开展小微企业高技能人才、经营管理人才和专业技术人才培训，每年培训2万名。（责任单位：省工业和信息化厅、省人力资源社会保障厅）

（二十六）支持开拓市场。支持小微企业参加国家级大型展会，给予展位费补贴；对小微出口企业参加商品展览、开展境外商标注册和专利申请、进行国际市场宣传推介等国际市场开拓活动给予补助；加强对小微企业知识产权的海关保护，提升我省小微企业的进出口贸易质量。（责任单位：省工业和信息化厅、省商务厅、海口海关等）

（二十七）加强信息化服务。完善海南省中小企业信息网络平台建设，全面推行网上申报、许可、审批和招标采购；支持小微企业在研发设计、生产制造、经营管理、市场营销等核心业务环节的信息化应用；鼓励信息技术企业、通信运营商为小微企业提供信息化应用服务；积极探索运用云计算、移动商务等新一代信息技术，提高小微企业信息化水平。（责任单位：省工业和信息化厅、省财政厅）

六、强化保障措施

（二十八）加强组织领导，优化政府服务。省促进中小企业发展工作领导小组要加强对小微企业工作的统筹规划、组织协调和督促检查；各地、各部门要结合实际，建立起领导亲自抓、一级抓一级、层层抓落实的工作机制，切实抓好本实施意见的贯彻落实。（责任单位：省政府办公厅、各市县政府、各相关部门）

（二十九）加强统计和监测分析。各级统计部门要按照国家划型标准，利用经济普查和常规统计及部门行政记录资料，对小微企业开展统计监测和分析；各级中小企业主管部门要加强对小微企业的动态跟踪和监测分析，强化对小微企业的服务协调，指导促进小微企业健康发展。（责任单位：省统计局、省工业和信息化厅等）

（三十）强化监督检查。省促进中小企业发展工作领导小组每年组织开展小微企业工作专项督查，进行绩效评估，对执行政策不力、落实政策不到位的地区和部门予以通报批评。（责任单位：省政府办公厅、各市县政府、各相关部门）

海南省人民政府

2014 年 3 月 4 日

贵州省

贵州省人民政府办公厅关于切实用好扶持政策推动微型企业健康发展的通知

黔府办发〔2014〕17 号

各市、自治州人民政府，贵安新区管委会，各县（市、区、特区）人民政府，省政府各部门、各直属机构：

为进一步落实《省人民政府关于大力扶持微型企业发展的意见》（黔府发〔2012〕7 号），完善扶持微型企业发展的政策和配套措施，及时解决实施中存在的问题，不断提升服务效能，积极推动微型企业健康发展，经省人民政府同意，现就有关事项通知如下。

一、完善发展措施

（一）放宽部分重点行业扶持条件。从事科技创新、创意设计、软件开发和民族手工艺品加工行业的微型企业，创业者实际货币投资额从 10 万元放宽为不低于 3 万元；带动就业人数从 5 人放宽为不得少于 2 人，且原则上按照每 2 万元实际投资额带动 1 名就业人员进行确定；财政补助资金按照创业者实际货币投资额的 50% 进行补助，最高不超过 5 万元。（牵头责任单位：各县［市、区、特区］人民政府）

（二）适当增加重点扶持行业范围。在原有加工制造、科技创新、创意设计、软件开发、民族手工艺品加工和特色食品生产等六大类重点扶持行业外，放宽为各地可结合县域经济发展特点确定不超过两个行业为重点扶持行业（从事第一产业的除外），并逐级上报省扶持微型企业发展工作领导小组。各地扶持的重点行业微型企业不低于年度基础指标任务的 60%。（牵头责任单位：各县［市、区、特区］人民政府）

（三）建立微型企业风险补偿机制。遵循政府引导、市场化运作的原则，2014 年起，按照打捆操作、风险分担、全面覆盖的要求，从省级财政安排的微型企业扶持资金中提取 10%，并从已安排的相关专项经费中筹集部分资金，通过担保再担保平台，建立微型企业贷款风险补偿机制。（牵头单位：省政府金融办；责任单位：省财政厅、中国银监会贵州监管局、人行贵阳中心支行）

二、提升扶持效能

（一）优化扶持微型企业指标管理模式。年度扶持微型企业发展指标由年初一次性下达模式调整为基础指标和调控指标分项下达。基础指标由省扶持微型企业发展工作领导小组于年初下达，调控指标由各地围绕“5 个 100 工程”、扶贫生态移民工程、微型企业创业园区等建设的重点项目，逐级申请上报，由省扶持微型企业发展工作领导小组办公室审核后下达。（牵头单位：省工商局；责任单位：省财政厅）

（二）建立金融机构扶持微型企业发展工作考评机制。将开展扶持微型企业金融服务工作情况纳入全省对金融机构的考核评价体系，由金融监管部门加强考评结果的运用，充分调动银行业金融机构参与扶持微型企业发展工作的积极性和主动性。（牵头单位：省政府金融办；责任单位：中国银监会贵州监管局、人行贵阳中心支行）

（三）引导规范微型企业账务管理。结合税收政策和我省实际，实行有利于微型企业发展的税收征缴方式，引导微型企业规范建账。积极鼓励和引导第三方机构为微型企业提供代理记账服务，降低微型企业财务成本，促进规范健康发展。（牵头单位：省国税局、省地税局；责任单位：省财政厅，各县［市、区、特区］人民政府）

三、加大监督考评力度

（一）严格执行扶持微型企业创业评审规定。按照公平、公正、公开的原则，严格依据相关程序和标准开展创业评审工作。各地要进一步细化职责，优化办理流程，加快财政资金预拨进度，缩短评审时限，完善考核督查机制，督促各级各部门提升履职质量和效率。（牵头单位：各市［州］人民政府，贵安新区管委会；责任单位：省、市、县三级财政主管部门，各县［市、区、特区］人民政府）

（二）严格执行财政补助资金监管规定。按照自有资金先行使用的原则，进一步做好微型企业财政补助资金的使用监管。审计部门要加强对各级财政补助资金的审计监督，切实提高财政资金使用效益。（牵头单位：省工商局；责任单位：省财政厅、省审计厅、人行贵阳中心支行）

（三）加大督办督查力度。对扶持微型企业发展各项政策执行情况进行督办督查，通过定期通报、考核问责等方式，促进各项工作有序推进，确保扶持政策落实不出现偏差。（牵头单位：省政府督查室、省工商局；责任单位：各市［州］人民政府、贵安新区管委会，各县［市、区、特区］人民政府）

（四）完善考核评价机制。依托督办督查、年终考核及绩效核查等方式，以微型企业出生率、存活率、成长率"三率"为主要考评指标对各地工作开展情况进行考核评价，考评结果用于对各地基础指标进行调整。（牵头单位：省工商局；责任单位：省财政厅）

2014 年 4 月 18 日

省经济和信息化委员会关于印发《贵州省鼓励民间资本投资重点领域清单（2014 年）》的通知

黔经信民营经济〔2014〕3 号

各市、自治州人民政府，贵安新区管委会，仁怀市人民政府、威宁县人民政府：

经省人民政府同意，现将《贵州省鼓励民间资本投资重点领域清单（2014 年）》印发给你们，请认真贯彻执行。

贵州省经济和信息化委员会
2014 年 9 月 26 日

附件

贵州省鼓励民间资本投资重点领域清单

（2014 年）

说明：《贵州省鼓励民间资本投资重点领域清单（2014 年）》共 21 个门类、132 个细目，所列重点领域是我省目前具备一定比较优势和部分迫切需要加快发展的产业领域，不具备强制性，没有覆盖所有产业领域，着力解决方向性问题，鼓励和引导民间资本的投资方向与全省经济建设中心任务相契合，在符合相关法律、法规和政策的前提下实施。未列入《贵州省鼓励民间资本投资重点领域清单（2014 年）》，且未被国家、省有关政策明确限制类、淘汰类的产业领域、项目、技术、产品，均属于允许发展类。清单将根据国家、省有关政策和民营经济发展实际适时予以调整或修订。

一、农林业

1. 以山地经济为特征的农、林产品基地建设，100 个现代农业示范区建设，茶叶原料基地、茶园建设。

2. 蔬菜、瓜果、花卉设施栽培（含无土栽培）先进技术开发与应用。

3. 动植物（含野生）优良品种选育、繁育、保种和开发；生物育种；种子生产、加工、贮藏及鉴定。

4. 生态种（养）技术开发与应用。

5. 绿色无公害饲料及添加剂开发。

6. 农牧渔产品无公害、绿色生产技术开发与应用；农林牧渔产品储运、保鲜、加工与综合利用。

7. 道地中药材及优质、丰产、濒危或紧缺动植物药材的种植（养殖）。

8. 发展特色农产品深加工：开展生物农药、生物肥料、生物饲料添加剂、生物兽药及兽用生物制品疫苗等绿色农用生物产品的研究开发与产业化。

9. 种养业新品种、新技术、新设备引进、示范，山地小微型农机生产、推广，生态观光农业。

二、水利

1. 城乡供水及灌溉水源工程、农村饮水安全工程，病险水库、水闸除险加固工程。

2. 水利工程用土工合成材料及新型材料开发制造，水生态系统及地下水保护与修复工程。

3. 农村水利、水资源综合利用、水土保持。

4. 江河治理及中小河流堤防工程。

5. 高效节水灌溉工程。

6. 农村水能资源（农村水电站）开发。

三、煤炭

1. 煤层气勘探、开发、利用和煤矿瓦斯抽采、利用。

2. 煤炭高效洗选脱硫技术开发与应用。

3. 提高资源回收率的采煤方法、工艺开发与应用。

四、电力

1. 余热余压利用机组、热电联产自备电厂。

2. 燃煤发电机组脱硫、脱硝及复合污染物治理、火力发电脱硝催化剂开发生产。

五、新能源

1. 高效太阳能热水器及热水工程，太阳能中高温利用技术开发与设备制造。

2. 甲醇燃料，生物质纤维素乙醇、生物柴油等非粮生物质燃料生产技术，酒糟制生物质燃料。

3. 风能、地热能、页岩气等清洁能源。

六、工业

1. 100个产业园区基础设施、公共服务平台建设。

2. 煤化工：煤电化产业链一体化项目，煤制烯烃、煤制天然气、煤质乙二醇、氯碱化工、大型机焦、焦油深加工系列产品、以电石为原料生产石灰氮的工艺。

3. 磷化工：煤电磷产业链一体化项目，高纯黄磷、精细磷酸盐、磷石膏及磷渣综合利用、回收利用伴生资源发展碘、氟化工。

4. 金属化工：钡、贡等金属化工。

5. 钢铁：煤电钢产业链一体化项目，冷拔银亮棒材、焊丝、镀锌钢丝和钢绞线等钢材深加工产品、预应力钢丝、钢绞线、焊网（丝）、优特钢（不锈钢）板、带、卷系列、新特材料特殊钢系列。(钢铁)

6. 铁合金及工业硅：低碳、低磷、低硫、微碳等精炼铁合金产品。

7. 金属锰：金属锰深加工、高端金属锰粉、渗氮锰、电子级四氧化三锰、锂锰复合氧化物、高纯锰盐和功能材料，利用低品位锰矿冶炼铁合金的新工艺技术。

8. 铝工业：煤电铝产业链一体化项目，铝精深加工、高强度铝合金、铝板、铝材、铝板带、精密锻件等高性能结构的铝合金材料。

9. 钛：钛合金、高钛铁、钛带、电子级高纯钛、钛材深加工。

10. 其他：钒深加工、黄金加工。

11. 难选贫矿、(共）伴生矿综合利用先进工艺技术。

12. 冶金固体废弃物（含冶金矿山废石、尾矿，钢铁厂产生的各类尘、泥、渣、铁皮等）综合利用先进工艺技术，冶金废液（含废水、废酸、废油等）循环利用工艺技术与设备。

13. 高效、低耗、低污染、新型冶炼技术开发，高效、节能、低污染、规模化再生资源回收与综合利用（废杂有色金属回收、有价元素的综合利用、赤泥及其他冶炼废渣综合利用、高铝粉煤灰提取氧化铝）。

14. 新能源汽车及零部件，汽车关键零部件：汽油机增压器、电涡流缓速器、轮胎气压监测系统(TPMS)、随动前照灯系统、LED前照灯、数字化仪表、电控系统执行机构用电磁阀、低地板大型客车专用车桥、空气悬架、吸能式转向系统、大中型客车变频空调、高强度钢车轮、载重车后盘式制动器。

15. 轻量化材料应用：高强度钢、铝镁合金、复合塑料、粉末冶金、高强度复合纤维等；先进成形技术应用：激光拼焊板的扩大应用、内高压成形、超高强度钢板热成形、柔性滚压成形等；环保材料应用：水性涂料、无铅焊料等。

16. 生物可降解塑料及其系列产品开发、生产与应用，农用塑料节水器材和长寿命（三年及以上）功能性农用薄膜的开发、生产，新型塑料建材。

17. 少数民族特需用品制造。

18. 节能环保型玻璃窑炉（含全电熔、电助熔、全氧燃烧技术）的设计、应用；废（碎）玻璃回收再利用。

19. 辣椒、马铃薯、苦荞、竹荪、魔芋等深加工、竹笋、山野菜、野生食用菌等加工。

20. 茶叶初制加工、精深加工以及衍生品开发，浆果果汁、谷物饮料、本草饮料、植物蛋白饮料等高附加价值植物饮料的开发生产与加工原料基地建设；果渣等综合开发与利用；啤酒生产线（灌装生产能力不低于18000瓶/时）。

21. 营养健康型大米、小麦粉（食品专用米、发芽糙米、留胚米、食品专用粉、全麦粉及营养强化产品等）及制品的开发生产；传统主食工业化生产；杂粮加工专用设备开发与生产。

22. 粮油加工副产物（稻壳、米糠、麸皮、胚芽、饼粕等）综合利用关键技术开发应用。

23. 菜籽油生产线：采用膨化、负压蒸发、热能自平衡利用、低消耗蒸汽真空系统等技术，油菜籽日处理油菜籽200吨及以上、吨料溶剂消耗2公斤以下；油茶籽、核桃等木本油料加工生产线。

24. 以休闲度假、山地户外、露营、漂流、探险、宾馆饭店专用品等旅游用品生产加工为重点的旅游装备制造。

七、建筑及建材业

1. 智能建筑产品与设备的生产制造与集成技术研究。

2. 先进适用的建筑成套技术、产品和住宅部品研发与推广等建筑工业化及建筑产业化领域。

3. 房屋建筑、市政、交通水利、机电安装、装修装饰、园林绿化、古建筑、消防、钢结构等建筑业领域建设与经营。

4. 工程咨询、勘察、设计、监理、招标代理、造价咨询、工程质量检测等建筑业相关服务。

5. 建筑节能、绿色建筑等建筑科技领域开发与生产。

6. 高强、高性能结构材料与体系的应用。

7. 水泥：协同处置生活垃圾。

8. 墙材：磷石膏、脱硫石膏、煤矸石、粉煤灰、冶金渣、尾矿砂等工业废渣生产新型墙体材料、包括蒸压加气混凝土砌块、混凝土小型空心砌块、复合保温墙材等。

9. 混凝土及水泥制品：预拌混凝土、预拌砂浆、利用废渣微粉生产高性能混凝土。

10. 石材及竹木制品：石材开采及加工、竹塑、木塑复合材料、竹集层材、竹木纤维板等新型建材产品、林产品加工。

11. 化学建材及其他建材制品：PVC 管材、PVC 门窗、铝塑门窗等制品、各种新型内外墙涂料、平板玻璃深加工产品、建筑陶瓷、保温隔热防水材料、以工业废渣为原料生产的微晶玻璃、岩棉和岩棉制品等高端产品。

12. 信息、新能源、国防、航天航空等领域用高品质人工晶体材料、制品和器件生产装备技术开发；高纯石英原料、石英玻璃材料及其制品制造技术开发与生产；航天航空等领域所需的特种玻璃制造技术开发与生产。

13. 废矿石、尾矿和建筑废弃物的综合利用。

14. 公路工程新材料开发与生产。

八、新医药

1. 中药、民族药开发与生产。独家品种、优势品种、大品种的开发与生产。药食两用产品的开发与生产。以中药材为原料的化妆品、添加剂、日用品等天然绿色产品的开发与生产。中药材专业批发市场、产地交易市场建设。

2. 生物制品开发与生产。

3. 化学药、原料药、医药中间体的开发与生产。

4. 医疗器械、医用材料的开发与生产。

5. 健康管理、智慧医疗产品的开发与应用。

九、城镇基础设施建设

1. 100 个示范小城镇基础设施建设、100 个城镇综合体及周边基础设施建设与开发。

2. 城镇园林绿化及生态小区建设。

3. 城镇立体停车场建设。

4. 城镇节水技术开发与应用，再生水利用技术与工程。

5. 城镇照明智能化、绿色照明产品及系统技术开发与应用。

6. 城镇供水设施建设运营。

7. 城镇管道燃气设施建设运营。

8. 城镇生活污水处理厂建设运营。

9. 城镇生活垃圾无害化处理设施建设运营。

10. 城镇道路、桥梁隧道、轨道交通建设与运营维护。

11. 城镇地下综合管廊建设与运营维护。

12. 城镇生活垃圾清运与道路保洁。

13. 保障性住房建设与管理、棚户区改造。

十、交通运输

1. 高速公路、民用机场、铁路、航运、城市交通建设和经营。

十一、电子信息产业

1. 大数据基础设施系统平台、云应用平台、增值服务配套端产品及“7 + N”云工程等。

2. 宽带网络建设，增值电信服务。

3. 新型电子元器件制造、半导体、光电子器件、新型电子元器件等电子产品用材料。

4. 软件开发生产与服务。

5. 信息安全产品、网络监管专用设备开发制造，无线局域网技术开发、设备制造。

6. 智慧城市、两化融合。

7. 集成电路芯片封装测试、特种芯片及材料，半导体照明衬底、外延、芯片、封装及材料等。

8. 数字音乐、手机媒体、动漫游戏等数字内容产品的开发系统及应用服务。

9. 防伪技术开发与运用。

10. 物联网技术，数字视听与数字家庭产品技术开发、设备制造及应用。

十二、现代物流业

1. 冷链物流建设，农产品物流配送设施建设，食品物流质量安全控制技术服务，药品物流配送技术应用和设施建设，药品物流质量安全控制技术服务。

2. 实现铁路与公路、民用航空与地面交通等多式联运物流节点设施建设与经营。

3. 空港、产业聚集区、商贸集散地的物流中心建设。

十三、金融服务业

1. 信用担保服务体系建设，农村金融服务体系建设，债券发行、交易服务体系建设，农业保险、责任保险、信用保险。

2. 知识产权、收益权、动产、股权、林权等抵（质）押物评估服务行业。

3. 融资性担保行业、小额贷款公司、证券期货业、创业投资、金融中介服务。

4. 组建民营银行、金融租赁公司、消费金融公司，参与城市商业银行增资扩股，投资入股农村商业银行，参与发起设立村镇银行。

5. 资信调查与评级等信用服务体系建设，资产评估、校准、检测、检验等服务。

6. 产权交易服务平台。

十四、科技服务业

1. 科技信息交流、文献信息检索、技术咨询、技术孵化、科技成果评估和科技鉴证等服务。

2. 知识产权代理、转让、鉴定、检索、评估、认证、咨询和相关投融资服务。

3. 国家级和省级企业技术中心、检测中心、技术创新示范企业建设，国家级和省级工程技术研究中心、重点实验室建设，科技创新示范特色产业园和科技企业孵化器建设，生产力促进中心建设。

十五、商务服务业

1. 经济、管理、信息、会计、税务、鉴证（含审计服务）、法律、节能、环保、工程等咨询与服务。

2. 广告创意、广告策划、广告设计、广告制作。

3. 就业和创业指导、网络招聘、培训、人员派遣、高级人才访聘、人员测评、人力资源管理咨询、人力资源服务外包等人力资源服务业，人力资源市场及配套服务设施建设，农村劳动力转移就业服务。

4. 会展服务（不含会展场馆建设）。

十六、商贸服务业

1. 现代化的农产品、生产资料市场流通设施建设。

2. 种子、种苗、种畜禽和鱼苗（种）、化肥、农药、农机具、农膜等农资连锁经营，面向农村的日用品、药品、出版物等生活用品连锁经营。

3. 商贸企业的统一配送和分销网络建设。

4. 旧货市场建设，现代化二手车交易服务体系建设。

5. “百千市场工程”等城乡商贸流通基础设施建设。

6. “万村千乡”“双百市场”“农超对接”等市场体系工程建设。

十七、旅游业

1. 休闲、登山、滑雪、潜水、探险等各类户外活动用品开发与营销服务。

2. 乡村旅游、生态旅游、森林旅游、工业旅游、体育旅游、红色旅游、民族风情游、智慧旅游及其他旅游资源综合开发服务。

3. 旅游景区、旅游度假区基础设施建设、开发。

4. 旅游商品、旅游纪念品开发及营销。

5. 度假酒店、精品酒店、旅游汽车租赁及汽车露营地、连锁经营等旅游服务体系建设。

十八、邮政业

1. 城乡快递营业网点、门店等快递服务网点建设。

十九、教育文化卫生体育服务业

1. 学前教育、高中阶段教育、高等教育、职业教育。

2. 文化创意设计服务、公共文化服务体系建设、文化信息资源共享工程。

3. 广播影视制作、发行、交易、播映、出版、衍生品开发，动漫创作、制作、传播、出版、衍生产品开发。

4. 电子纸、阅读器等新闻出版新载体的技术开发、应用和产业化。

5. 文化创意设计服务、文化演艺业、民族民间工艺品、文化会展、文化休闲娱乐服务业、文化商务服务、文化产品生产销售。

6. 医院、社区卫生服务机构、疗养院、门诊部建设，全科医疗服务，远程医疗服务，心理咨询，卫生咨询、健康管理、医疗知识等医疗信息服务。

7. 老年人、残疾人社会化、专业化康复服务和托养服务。

8. 体育场馆管理活动、体育竞赛表演、体育场馆设施建设及运营、体育健身休闲活动、体育中介活动（体育商务服务、体育竞技咨询服务、体育经纪服务）、其他体育活动（体育培训服务、体育展览服务、体育场馆设计服务、体育场馆保洁服务）、体育产品的制造和销售。

二十、其他服务业

1. 物业服务。

2. 家政服务、养老服务、社区照料服务、病患陪护服务、婚庆服务业。

二十一、环境保护与资源节约综合利用

1. 重复用水技术应用，高效、低能耗污水处理与再生技术开发。

2. 城镇垃圾及其他固体废弃物减量化、资源化、无害化处理和综合利用工程，废物填埋防渗技术与材料。

3. 再生资源回收利用产业化，再生资源回收利用网络体系建设，废塑料、废橡胶、废钢铁等再生资源循环利用。

4. 大气污染防治，土壤污染治理与修复；减震降噪设备研发；环境检测仪器与应急处理设备研发。

贵州省经济和信息化委员会办公室
2014 年 9 月 26 日

陕西省

陕西省人民政府关于进一步优化投资发展环境的意见

陕政发〔2014〕7号

各市、县、区人民政府，省人民政府各工作部门、各直属机构：

省委、省政府历来高度重视投资发展环境建设，西部大开发以来，先后做出改善投资环境、进一步扩大对外开放、促进开放型经济突破发展等一系列决策部署，促进了全省投资发展环境优化和经济社会持续健康发展。我省作为内陆省份，经济外向度不高，投资发展环境仍存在一些突出问题：一是基础设施配套尚不完善，不能很好满足企业生产经营和项目建设需要；二是一些行政审批事项环节多、周期长，行政效能有待进一步提高；三是企业融资难、落地难、负担重等问题仍然突出；四是部分行政执法部门、窗口人员服务意识淡薄，乱检查、乱罚款、推诿扯皮、地方保护等损害投资者权益的情况时有发生；五是政策兑现不到位等情况依然存在。为着力解决这些问题，进一步优化投资发展环境，促进开放型经济发展，现提出以下意见。

一、优化基础设施条件

1. 加快基础设施建设。合理超前规划，完善开发区、产业园区、重点企业周边供水、供电、燃气、公共交通等生产性配套服务设施建设，加快商业服务、金融网点、学校、医院、公租房等生活性配套项目建设，营造综合配套的宜商宜居环境。（各设区市政府、杨凌示范区管委会、西咸新区管委会负责）

2. 规范基础设施项目管理。规范基础设施建设、管理及运营行为，对各类水、电、气、通讯、道路等基础设施建设项目，实行公开招标。严厉查处垄断性企事业单位以不竞标方式指定施工单位、相关产品等不正当竞争行为。（各市、县、区政府，杨凌示范区管委会、西咸新区管委会负责）

3. 加强出入境通道建设。推进口岸基础设施建设，整合口岸联检部门资源，完善大通关机制。加快建设西安咸阳国际机场与西安国际港务区的客货运快速通道，构建西安国际港务区全省共建共享机制，形成陆、空港高效便捷的集、疏、运联动体系。由省财政通过补贴等方式，加大对国际、国内货运航线和“长安号”国际货运班列的支持力度，加密现有国际客运航线，打通货物进出口和人员出入境便捷通道。（省发展改革委、省住房城乡建设厅、省交通运输厅、省财政厅、省口岸办、西安市政府、西安铁路局、西部机场集团负责。列第一位者为牵头部门，其他有关部门或单位按职责分工负责，下同）

4. 完善国际化服务设施。充分利用我省在国家总体外交战略中的地位和影响，为更多国家和地区在陕设立领事和办事机构创造条件，推动友好交往和开放合作。统筹规划，分类指导，重点支持在国家级开发区、西咸新区等地筹建高水平国际社区，提高外籍员工生活便利化，研究解决外籍员工子女就近入学等问题。（省外事办、省教育厅、省住房城乡建设厅、西安市政府、西咸新区管委会负责）

5. 推动电子商务发展。制定我省电子商务发展规划，出台加快电子商务发展的扶持政策，培育一批省级电子商务示范基地。依托电子口岸，建设跨境电子商务服务、交易及第三方支付平台，推动设立跨境电子商务产业园，突破跨境贸易电子商务发展瓶颈。（西安海关、省口岸办、省商务厅、省工商局负责）

二、提高政府服务水平

6. 清理和简化审批事项。实行最严格的行政审批准入制，对现有规范性文件、行政审批事项进行彻底清理，对不符合法律规定、利用红头文件设定的审批、核准事项，一律取消。在不违反法律和行政法规的前提下，简化各类前置性评审程序，缩短审批时限。抓好工商登记制度改革，便利企业登记注册。除国家有规定外，对同一项目涉及的不同审批事项，尽量明确到同一层级。把能够下放的行政审批权限下放到市、区一级，省级各部门要协调一致，同步下放到位。（省编办、省政府法制办、省工商局负责）

7. 规范行政审批流程。编制保留和下放事项目录，逐项明确实施主体、办理条件、程序、时限和监督电话，整合部门内部职能，同一许可（审批）事项相对集中到一个处（科）室审批。除涉及国家秘密和商业秘密的事项外，行政审批事项都应在各级政府及其部门办公场所和门户网站上公开。不得擅自增加审核环节，不得指定中介机构代理服务。任何部门或机构在提供公用事业服务时，不得指定设计单位、施工单位和设备供给单位等。（省编办、省监察厅负责）

8. 推进网上审批和电子监察信息系统建设。加快网上审批系统建设步伐，力争2015年底前实现省本级行政审批公开化、信息化、规范化。开发使用网上监察软件，对行政审批事项和办理过程实行同步全程监控，有效监督行政审批行为。（省工业和信息化厅、省监察厅负责）

9. 加强政务服务中心建设。加强市、县两级政务中心标准化建设，进一步完善政务中心的职能配置、机构设置、管理服务、网络运营、结果考评等，所有审批部门原则上都要在政务中心设立窗口并授权到位，实现“一次告知、一口受理、并联审批”，方便企业及群众办事。（各市、县、区政府，杨凌示范区管委会、西咸新区管委会负责）

10. 严格规范行政执法检查。各级行政执法部门不得随意到企业检查，除法律、法规明确规定外，原则上同一部门对同一企业同一事项的检查1年内不得超过1次，两个以上执法部门对同一事项进行检查，实行联合检查，上下级执法部门要按照管辖级别划分检查范围，避免重复检查。对执法部门的违规检查行为，企业有权拒绝并可向监察机关举报。（省监察厅、省级各有关部门负责）

11. 推进出国（境）审批和涉外服务便利化。简化国有企业人员因公出国（境）开展技术合作、商务考察、项目对接等活动的审批程序，提高审批效率。提升商务、外事、金融、海关、检验检疫、旅游等部门的服务水平，为在陕生活、工作和旅游的国际友人和港澳台同胞提供更便捷服务。（省外事办、省台办、省公安厅、省商务厅、省国资委、省旅游局、省金融办负责）

三、完善政策支撑保障

12. 支持开发区建设。支持现有产业园区创建省级开发区，支持省级开发区升级为国家级开发区。整合现有技术改造及工业和产业发展资金，集中财力积极支持开发区基础设施建设。对符合经济社会发展和行业发展规划的开发区基础设施项目，省级相关专项资金在同等条件下优先予以支持。各设区市也要加大财政支持力度，支持当地开发区和园区的道路、水、电、气、通讯等基础设施和生产配套设施建设项目。（省财政厅、省商务厅、省科技厅、各设区市政府、杨凌示范区管委会、西咸新区管委会负责）

13. 引导开发区科学发展。省级有关部门和市县（区）政府要加强引导，合理规划，科学考核，进一步明确各开发区的定位，坚持发挥优势与错位发展相结合，既要发挥各地优势，又要推进差异化招商，引导项目结合产业定位向各地特色优势产业区聚集，避免同质化竞争，促进区域经济特色化扩张和板块式崛起。（省商务厅、省科技厅、省发展改革委、省工业和信息化厅负责）

14. 减少和规范行政事业性收费。进一步清理整顿、规范涉企行政事业性收费，除国家和省上按规定程序审批设立的涉企行政事业性收费项目外，其他一律予以取消。实行行政事业性收费下限制，凡国家和省上有上下限规定的尽可能按照下限执行。实行涉企收费目录制，按年度公布行政事业性收费项目和标准，凡目录以外的收费项目，企业有权拒缴。（省财政厅、省物价局负责）

15. 畅通企业融资渠道。引导开展多形式、多层次的银企合作，打造银企对接融资平台，定期向金融机构推介符合国家产业政策和我省产业导向的项目，推介中小微企业融资项目。支持金融机构开展金融产品和服务方式创新，鼓励金融机构对符合条件的企业和重点项目实行贷款展期，简化审批流程，提高展期贷款的审批效率。充分利用出口信保、进口贴息、融资担保等支持政策，推动银企合作，帮助中小外贸企业破解融资难题。（省金融办负责）

16. 支持民营企业、高新技术企业和总部经济发展。全面落实《国务院关于鼓励和引导民间投资健康发展的若干意见》（国发〔2010〕13号）及其实施细则，减少政府对微观经济活动的干预，加强市场监管，为各类市场主体营造公平竞争环境。鼓励引导民营资本进入法律没有禁止准入的行业，在铁路、公路、市政、能源、电信、卫生、教育等领域推出一批重点项目，率先向民间投资开放，给予外来投资企业、国有企业和本地民营企业同等市场准入标准和优惠扶持政策。加大高新技术企业认定力度，对已经认定的省外高新技术企业到我省落户且仍从事其主营业务的，协调帮助其及时取得认定。经认定新落户我省的总部企业、金融机构总部、区域总部等，根据注册资本情况按照《陕西省人民政府关于支持经济结构调整加快经济发展方式转变若干财税政策措施的意见》（陕政发〔2011〕32号）规定给予补助或奖励。（省发展改革委、省科技厅、省财政厅、省商务厅负责）

17. 强化招商引资网络建设。充分发挥政府驻外办事机构的作用，依托国家驻外使领馆商务机构，加强与境内外重要商协会组织的联系，形成联系广泛、互动频繁、信息共享、务实高效的招商引资工作网络。重点加强与境内外知名企业和产业集中度高、带动力强的行业龙头企业的交流与合作，加强投资促进，借助其影响和网络，形成务实高效的招商引资平台。（省商务厅、各设区市政府、杨凌示范区管委会、西咸新区管委会负责）

18. 保障企业专业技术人员需求。科学规划引导，探索职业技能培训新模式，根据企业实际需要，充分发挥各类职业技能培训机构的作用，对企业招聘员工进行上岗前订单式专业技能培训，保障企业专业技术人员需求。（省人力资源社会保障厅、各设区市政府、杨凌示范区管委会、西咸新区管委会负责）

四、加快诚信体系建设

19. 建设诚信政府。切实树立诚信意识，以加大招商引资政策落实为核心，强化依法行政和政务公开，积极建设诚信政府。实事求是地制定出台招商引资优惠政策，不折不扣地兑现政策，保持政策连续性。对已出台的政策，要加大督导力度，因政策不兑现而造成重大社会影响的，要严格进行问责。（各设区市政府、杨凌示范区管委会、西咸新区管委会、省监察厅负责）

20. 建立公共信用应用平台。推动地方、行业信用信息系统建设及互联互通，建立全省公共信用信息查询系统，实现信息共享，在保护涉及公共安全、商业秘密、个人隐私等信用信息的基础上，依法使各类社会主体的信用状况透明、可核查，为日常监管、综合整治、联合执法、行政审批等工作提供联动服务支撑。率先在工程招标、食品安全、金融、生态环境和政府采购等重点领域，构建信用平台。（省发展改革委、省工业和信息化厅负责）

21. 加大舆论宣传力度。积极宣传各地在区位、科技、文化、旅游、生态方面的环境优势，高水平策划对外宣传整体形象，及时发布《陕西省投资环境白皮书》，提高陕西的知名度和美誉度。大力开展信用宣传和普及教育，提高全社会的信用意识和信用知识水平。（省政府新闻办、省商务厅负责）

五、狠抓工作督促落实

22. 加大推进落实力度。各级政府要及时研究解决优化投资发展环境中的重大问题，及时查处影响大、涉及面广的重点投诉案件。商务、招商、外事（侨务）、台办等有关部门要做好在陕投资企业的“娘家”，既注重招商、又重视安商，主动服务，积极协调，解决企业的困难和问题。各有关部门要围绕全省开放大局，加强协作，形成合力，共同解决开放中跨领域的问题。各级政府也要加大对优化投资发展环境各项工作的推进落实力度。（省商务厅负责）

23. 实施投资环境主要领导负责制。各级政府主要领导要切实负责推动和优化本地区投资发展环境，完善签约项目跟踪落实服务机制，建立重大落地项目巡访服务机制。要采取“一企一策、一事一议、一对一服务”等办法，协调解决项目建设运营中的突出问题。每年选择一批重点招商项目实行省级领导分包责任制，各地也要建立类似的工作机制，切实有效解决相关问题。（省商务厅、各设区市政府、杨凌示范区管委会、西咸新区管委会负责）

24. 加大投诉案件处理力度。各级政府要设立并公布投诉举报电话、传真、信箱、网络邮箱等，畅通投诉举报渠道，及时收集受理相关投诉，完善招商引资投诉案件处理协调机制和责任追究制度，依法查处投诉案件，维护投资企业的合法权益。各有关部门要加强协作，形成合力，及时查处重点投诉案件，对影响投资环境的典型案件，在媒体上公开曝光，久拖不决的由项目所在地主要领导包抓，加强督办。（省监察厅、省商务厅、各设区市政府、杨凌示范区管委会、西咸新区管委会负责）

25. 严格监督考核和责任追究。建立投资环境评价指标体系，定期发布评价结果。建立奖惩机制，对优化投资环境工作成绩突出的市、县政府要予以表彰，对排位靠后、问题突出的，要追究责任。（省考核办、省商务厅、省监察厅负责）

本《意见》从发布之日起实施，之前相关内容与此不一致的，以本《意见》为准。

陕西省人民政府
2014 年 2 月 15 日

陕西省人民政府办公厅关于印发全面提升企业创新能力行动方案的通知

陕政办发〔2014〕138 号

各设区市人民政府，省人民政府各工作部门、各直属机构：

《陕西省全面提升企业创新能力行动方案》已经省政府同意，现印发给你们，请结合实际，认真贯彻执行。

陕西省人民政府办公厅
2014 年 12 月 30 日

陕西省全面提升企业创新能力行动方案

为深化科技体制改革，深入实施创新驱动发展战略，推进陕西创新型省份建设，进一步强化企业技术创新主体地位，提升企业创新能力，增强企业核心竞争力，加快产业结构调整和转型升级，推动全省经济发展方式转变，制订本行动方案。

一、主要目标

到 2017 年，全省企业创新主体地位基本建立，创新能力显著提升，多元化研发投入体系、研发平台体系、创新人才体系、产学研联动体系、科技金融服务体系和创新创业服务体系更加完善，基本形成以企业为主体、市场为导向、产学研相结合的技术创新体系。企业研发投入、研发机构、研发人员、发明专利申请量和授权量较 2012 年实现翻一番，培育 200 家创新型企业（集团），形成 15 个具有核心竞争力的创新型产业集群，高新技术产业产值占规模以上工业总产值比重达 35% 以上。到 2020 年，企业主导产业技术研发创新的体制机制更加完善，实现区域创新体系整体效能显著提升，带动经济发展方式转变实现重大进展。

二、重点工作任务

1. 引导企业加大研发投入。深入实施企业创新能力提升工程，培育企业自主创新的内生动力。鼓励企业建立研发准备金制度，根据市场需求自主决策先行投入开展项目研发，形成适应市场化和全球化竞争需要、创新驱动发展的内在动力和机制。强化企业技术创新责任，健全企业组织技术研发、产品创新、科技成果转化的机制，引导企业逐年提高研发投入占销售收入的比重，力争大中型工业企业研发经费翻番。启动创新型领军企业培育计划，瞄准世界一流水平，遴选一批具有较强规模优势和创新实力，具备发展潜质的骨干企业，加快培养具有国际眼光、战略思维的创新型企业家，打造在行业内有国际影响的创新型领军企业。（省工业和信息化厅、省国资委、省财政厅、省科技厅。列在首位的为牵头部门或单位，其他部门和单位按职责分工负责，下同。）

2. 加强企业研发投入考核。在省属国有工业企业（集团）研发投入量化考核试点的基础上，建立规模以上工业企业研发投入考核、报告制度，加强对不同行业研发投入和产出的分类考核、评价，不断促进企业增加研发投入。落实和完善国有企业研发投入视同税后净营业利润的考核措施，加大国有资本经营预算科技创新等财政专项资金对企业重大技术研发和创新的支持力度。（省科技厅、省财政厅、省国资委、省工业和信息化厅。）

3. 创新财政科技投入方式。进一步优化科技计划项目经费资助结构，综合运用引导基金、股权投资、科研项目经费后补助、科技贷款风险补偿、科技保险补贴等多种新方式，充分发挥财政资金的引导作用，支持研发投入持续增长、拥有自主知识产权并形成良好经济效益的企业创新发展。鼓励企业、科技园区与政府共同建立研发和科技成果转化基金，开展关键技术攻关，加快成果中试转化、产业化步伐。省级科技计划优先支持相关产业技术创新战略联盟、专利联盟、工程技术研究中心、企业技术中心等依托企业牵头组织实施产业化目标明确的科技项目。（省财政厅、省科技厅、省工业和信息化厅、省知识产权局。）

4. 落实鼓励企业创新的优惠政策。进一步强化企业研发费用税前加计扣除、研发设备加速折旧、高新技术企业认定等税收优惠政策的落实，完善首台（套）大型科研生产装备、替代进口的高新技术产品政府采购及研发补助办法，提高对企业技术创新投入的回报，引导形成公平、普惠的技术创新政策环境。加大省科技奖励对企业技术创新的引导激励，优先奖励企业牵头或产学研合作完成的重大科技创新及产业化成果。积极创建丝绸之路经济带关中国家自主创新示范区，择机先行先试开展科技成果处置权和收益权、股权激励分期纳税、职工教育经费税前扣除等改革试点。（省财政厅、省国税局、省地税局、省科技厅。）

5. 支持企业研发机构建设。实施企业研发机构培育建设工程，按照有研发人员、有研发经费、有研发条件、有研发方向、有研发项目的标准，鼓励支持省内企业自建或共建重点（工程）实验室、工程技术研究中心、企业技术中心（研究院）、院士工作站、博士后工作站、中试基地、设计中心、检测中心、数据中心等研发机构，国有大中型工业企业和高新技术企业至少要建立一个研发平台。（省科技厅、省工业和信息化厅、省发展改革委、省国资委。）

6. 增强企业研发机构创新能力。鼓励现有的企业研发机构对标省级或国家级科技创新平台，提升科研条件建设水平，积极承担省级或国家级各类技术创新项目，提高工程化开发和产品研发能力，持续增强对企业创新活动的支撑与服务能力。新建国家级和省级重点（工程）实验室、工程技术研究中心、企业技术中心以及各类科技计划的立项，优先在已建立研发机构和中试基地的企业布局。支持打造一批集技术研发、人才集聚、成果转化为一体的综合性企业创新平台，抢占技术制高点，确立行业的领先地位。（省科技厅、省工业和信息化厅、省发展改革委、省国资委。）

7. 支持国内外组织来陕设立研发机构。依托省内各类科技园区，大力引进世界500强企业和知名创新型企业来陕建设研发机构，吸引中央企业、军工企业、跨国公司的研发总部或区域性研发中心落户陕西。鼓励和支持省内企业、高等学校和科研院所与国内外机构采取多种形式建立科技合作机制，在陕设立国际科技合作基地，开展科技项目研发和产业化合作。以展会等形式加强我省各类产学研单位与东部省份相关单位、投融资机构、工商企业的互利合作，促进科技成果转化。（省科技厅、省工业和信息化厅、省发展改革委、省国资委、省商务厅、省教育厅、省工商局。）

8. 健全企业知识产权管理制度。在优势企业普遍构建知识产权、技术创新与生产营销“三位一体”的管理体制，增设以知识产权总监为代表的知识产权管理机构，确立企业在知识产权创造、运用、保护和实施中的主体地位与作用，确保企业知识产权战略的实施。推进企业知识产权管理规范化、标准化建设，为创新型企业培养和引进知识产权专家，组织开展知识产权申请、评估、运用、管理和保护等工作。（省知识产权局）

9. 支持组建产业技术创新战略联盟。支持以我省战略性新兴产业、资源主导型产业的骨干龙头企业为主导，以产业技术创新需求和转型升级为目标，围绕产业技术创新链，组建产学研用联合、技术标准构建和应用推广的各类产业技术创新战略联盟。通过联盟完善产学研合作的信用机制、责任机制和利益机制，推进产业链、创新链上下游的对接和整合，促进产业技术集成创新，提高产业技术创新能力，加快区域创新型产业集群的形成和发展。（省科技厅）

10. 强化产学研用协同创新。支持省内相关高等学校联合企事业单位，建立3D打印、“煤的清洁高效利用”等30个省级协同创新中心、5个国家级协同创新中心。充分发挥陕西科技控股集团和陕西省稀有金属科工集团作用，鼓励科研院所联合行业领军企业集团和大型企业组建产业共性技术研发基地，共同开展技术研发和创新，突破产业关键技术。（省教育厅、省科技厅、省国资委、省工业和信息化厅。）

11. 建设企业技术创新团队。支持企业以研发平台为载体，以重大科技创新工程为引导，联合科研院所、高等学校，瞄准产业高端与技术前沿，引进、培育“千人计划”“万人计划”和省“百人计划”“科技新星”人才等高端科技人才和科技创新创业领军人才，在传统优势产业领域、战略性新兴产业领域和社会与民生领域，着力打造高层次技术创新和创业领军团队。（省科技厅、省人力资源社会保障厅、省教育厅。）

12. 创新科技人才激励机制。促进企业建立和完善技术创新绩效评价与收入分配制度，采取股权奖励、股权出售、股票期权、分红激励等方式，激发科技人员的创新活力，吸引创新人才向企业聚集。建立重要人才和特殊人才的补充保险和政府投保制度。省内高等学校、科研院所和国有事业单位利用财政资金形成的职务发明成果在企业转化所得收益，可按最高95%的比例划归参与研发的科技人员及其团队拥有。支持科技成果出资入股并确认股权，调动科技人员创办、领办科技型企业的积极性。（省科技厅、省人力资源社会保障厅、省工业和信息化厅、省教育厅、省知识产权局。）

13. 引导社会资本聚焦科技创新。扩大陕西省科技成果转化引导基金规模，支持商业银行、保险机构、投资机构等带动民间资本，组建40亿元规模的子基金群，投资孵化具有产业化发展潜力的企业研发项目，支持一批成长性高的科技型企业快速发展。加强政府投资对社会资金的引导，促进社会资本和境外资金进入创业投资业，设立创业（风险）投资引导基金，加大对资助创新种子期项目、初创期企业的投资。（省财政厅、省科技厅、省发展改革委。）

14. 引导金融机构支持科技创新。完善科技贷款风险补偿机制，引导金融机构创新金融组织、金融产品和服务模式，增加科技支行数量，发展政策性强的科技融资担保和小额贷款公司，建立融资风险与收益相匹配的激励机制，在信用贷款、知识产权和股权质押贷款、中小企业集合贷款上实现新突破。鼓励金融机构向产业技术创新战略联盟、工程技术研究中心、企业技术中心等平台授信、贷款。完善科技保险补贴机制，简化科技保险补贴资金申请手续，扩大科技保险补贴险种，推动企业购买产品研发责任保险、关键研发设备保险、信用保险、高管人员和关键研发人员团体健康保险等保险服务，有效分解企业创新风险。利用互联网金融平台服务科技创新，完善投融资担保机制，破解科技型中小微企业融资难问题。（省金融办、省科技厅、省财政厅、陕西银监局、陕西保监局、省知识产权局。）

15. 支持科技型企业上市融资。支持科技型企业利用资本市场融资。出台针对创业投资机构的工商注册、财税优惠等政策，鼓励创业投资机构加大对科技型企业的投资。充分利用陕西股权交易中心，加快建立科技型企业股权流转和产权交易平台，为科技型企业提供综合融资服务。加大上市辅导力度，支持科技型企业上市融资。对符合条件的高新技术企业上市融资及已上市创新型企业再融资给予奖励。（省金融办、省财政厅、陕西证监局、省科技厅、省发展改革委。）

16. 强化科技资源统筹中心和生产力促进中心体系服务功能。完善省科技资源统筹中心功能定位，优化运行和服务模式。择优支持各设区市建立科技资源统筹分中心，与省中心联网运行，按照“科技型企业—科技资源统筹中心—中介服务机构—金融机构”四位一体的科技投融资合作运营新模式，建成集风险投资、信贷融资、担保、保险、评估、咨询、法律、财务、培训等多功能为一体的综合性服务平台，实现科技、金融、资源集聚共享和高效对接。支持各级生产力促进中心面向行业技术创新需求，建立专业化、社会化、网络化的产业共性技术服务平台，提高专业化服务能力和网络化协同水平，为科技型中小企业提供研发设计、检验检测、技术转移、大型共用软件、知识产权、标准、质量品牌、人才培训等服务。引导全省各级各类生产力促进中心延伸服务范围，进驻省内科技园区、产业园区，服务产业集群、服务科技型企业。（省科技厅）

17. 加强科技型企业孵化器建设。鼓励和支持企业、社会资本等多元化主体参与投资新建一批专业、创新型或综合类孵化器、加速器，进一步扩大孵化规模，创新孵化模式，完善孵化功能，提升孵化能力。鼓励孵化器合作共建或自建专业和特色公共服务平台，单独或者联合各类社会投融资机构，设立创业种子资金，推广“孵化＋创投”等孵化模式，积极探索基于互联网的新型孵化方式，支持研发团队及其研发成果整体孵化转化为科技型企业。支持省级以上科技型企业孵化器在市、县建设分支机构，支持市、县结合区域特色产业发展态势，建设科技型企业孵化器或者引进省级以上科技型企业孵化器。加强创业教育，营造创业文化，办好创新创业大赛，充分发挥大学科技园在大学生创业就业和高校科技成果转化中的载体作用。（省科技厅）

18. 完善技术交易中介服务体系建设。发展多层次的技术（产权）交易市场体系，支持技术交易机构探索基于互联网的在线技术交易模式，推动技术交易市场做大做强。大力发展研发、设计服务业，完善科技成果供需对接机制，推进企业研发机构成为技术交易和科技成果转化的主要力量。加强技术经纪人队伍建设，引导扶持科技经纪、技术评估、信息咨询等各类机构发展，培育具有专业化水平的技术转移服务机构。鼓励技术转移机构创新服务模式，积极发展国际技术转移服务，为企业提供先进适用技术引进、国际技术收购、技术与知识产权入股等跨领域、跨区域、全过程的技术转移集成服务，促进科技成果加速转移转化。建设国家技术转移西北中心，形成技术转移集聚区。

省科技厅

陕西省人民政府办公厅关于加强涉企收费管理减轻企业负担的实施意见

陕政办发〔2014〕128号

各市、县、区人民政府，省人民政府各工作部门、各直属机构：

为贯彻落实《国务院办公厅关于进一步加强涉企收费管理减轻企业负担的通知》（国办发〔2014〕30号）精神，结合《工业和信息化部关于印发加强涉企收费管理减轻企业负担重点任务分工的通知》（工信部运行〔2014〕304号）要求，经省政府同意，现就我省加强涉企收费管理、减轻企业负担工作提出如下实施意见。

一、工作目标

围绕切实减轻企业负担，全面清理现行涉企收费项目，规范整合行政审批前置服务项目及收费，实施涉企收费目录清单制度，逐步把涉企收费纳入政务公开范围，建立涉企收费目录清单公开、减轻企业负担工作长效机制，为企业健康发展营造良好环境。

二、主要任务

（一）全面清理涉企收费

1. 对涉企行政事业性收费和政府性基金项目进行全面清理登记。包括收费项目名称、收费依据、收费标准等重要信息，填报《陕西省涉企行政事业性收费及政府性基金登记表》。对没有法律法规依据以及行政审批制度改革撤销取缔的收费项目坚决予以清理取缔，对不符合收费管理规定和实际情况的收费项目一律依法依规取消。凡收费标准有上下限设置的，原则上按下限标准收取。

2. 清理规范涉企行政审批前置服务项目及收费。按照统一格式填报《陕西省涉企行政审批前置服务项目及收费登记表》，对没有法律法规依据的行政审批前置服务项目一律取消。

3. 清理规范涉企经营服务性收费。对事业单位、社会团体相关涉企经营服务性收费进行全面清理，制定涉企经营服务性收费管理规定，规范涉企经营性服务收费行为。

（二）建立全省涉企收费目录清单

对依照法律、行政法规和国家有关政策设定的涉企行政事业性收费、政府性基金和实施政府定价或指导价的经营服务性收费，实行目录清单管理。

1. 省级有关部门结合各自职能，对本部门涉企收费项目，包括行政审批前置服务项目及收费进行填报，之后由省工业和信息化厅汇总形成陕西省涉企收费初步清单。

2. 对涉企收费初步清单进行进一步审核确认。由省财政厅清理规范政府性基金，并会同省发展改革委、省政府法制办、省工业和信息化厅等部门，提出涉企政府性基金及行政事业性收费清单。由省发展改革委牵头，会同省财政厅、省编办，负责提出涉企行政审批前置服务项目及收费清单；由省物价局牵头，会同有关部门对涉企经营服务性收费进行规范，拟定我省实施政府定价或政府指导价的涉企经营服务性收费管理目录。

3. 对审核后的涉企收费清单（包括涉企行政事业性收费及政府性基金清单、涉企行政审批前置服务项目及收费清单）和涉企经营服务性收费管理目录，由省工业和信息化厅报请省政府审定后颁布执行。

4. 各市、县（市、区）政府要对本级涉企行政事业性收费项目进行认真清理，建立涉企收费项目清单。

（三）建立涉企收费常态化公示制度

1. 省财政厅负责研究建立政府性基金常态化公示办法，同时商省发展改革委制定省级涉企行政事业性收费项目目录常态化公示办法，对涉企收费项目进行公示。

2. 由省发展改革委会同省财政厅、省编办等部门，对涉企行政审批前置服务项目对外公示，接受社会监督。同时引入竞争机制，通过市场对价格进行调节。对需要实施政府定价或指导价的行政审批前置服务项目，由省发展改革委负责实施政府定价目录管理。

3. 各市、县（市、区）要把实施涉企收费目录清单制度作为政务公开的重要内容，通过政府网站和公共媒体适时对外公开，进一步提高涉企收费透明度。

4. 省工业和信息化厅结合涉企收费目录清单建立“陕西省企业负担数据库”，及时监测反映企业负担情况，为监督和调整涉企收费政策提供依据。

三、组织实施

（一）加强组织领导

参照国务院减轻企业负担部际联席会议模式，成立由省工业和信息化厅牵头，省编办、省发展改革委、省公安厅、省民政厅、省财政厅、省住房城乡建设厅、省交通运输厅、省商务厅、省审计厅、省国资委、省工商局、省质监局、省政府法制办、省中小企业局、省物价局、陕西银监局等部门参加的省减轻企业负担工作协调小组，加强统筹协调，小组办公室设在省工业和信息化厅，负责日常具体工作。各市、县（市、区）要建立相应工作机制，确保工作有序推进。

（二）严格审查清理

1. 省级各部门要认真对各自系统涉企行政事业性收费项目、行政审批前置服务项目进行全面清理，按时填报《陕西省涉企行政事业性收费及政府性基金登记表》和《陕西省涉企行政审批前置服务项目及收费登记表》。凡中央、省级政府及所属部门设立的收费项目、基金或行政审批前置服务项目，由省级有关部门填报，并负责后续的清理工作，其他项目由市、县政府分级负责。此项工作在2014年12月10日前完成。

2. 省发展改革委、省财政厅牵头，会同省政府法制办、省工业和信息化厅等相关部门对涉企收费项目进行严格审查，按照国家有关规定对涉企收费项目进行梳理规范，形成陕西省涉企收费项目清单和收费目录。此项工作在2014年12月20日前完成。

3. 各市、县（市、区）政府要按照省上工作时间节点，对本级涉企收费进行清理规范，建立涉企收费目录清单。

（三）认真组织实施

1. 由省工业和信息化厅将清理后形成的涉企收费清单（包括涉企行政事业性收费及政府性基金清单、涉企行政审批前置服务项目及收费清单）和涉企经营服务性收费管理目录，报请省政府审定，此项工作在2014年12月25日前完成。经省政府同意后，分别由省财政厅、省发展改革委等部门进行公示，2015年1月1日起执行。清单外的涉企收费一律取消，如有违规收费行为的，企业有权拒交、举报和投诉。

2. 各市、县（市、区）政府也要通过政府网站和公共媒体对外公开本地区涉企收费项目清单，自觉接受社会监督。

陕西省人民政府办公厅
2014年11月27日

甘肃省

甘肃省人民政府关于进一步优化中小微型企业发展环境的意见

甘政发〔2014〕111号

为认真贯彻落实《国务院关于扶持小型微型企业健康发展的意见》（国发〔2014〕52号）和2014年9月17日、11月15日国务院常务会议精神，进一步优化中小微型企业发展环境，推动创业创新，促进中小微型企业快速健康发展，提出以下意见：

一、营造中小微型企业政策环境

（一）进一步加大简政放权力度。加快清理不必要的证照和资质、资格审批，为中小微型企业降门槛、除障碍。凡没有明确规定必须由省、市州级行政主管部门承担的行政审批事项，一律下放到县市区。坚持“非禁即准、非限即许”原则，除法律法规明确禁止或限制的行业外，市场主体可依法平等进入各类投资领域。投资项目实行告知备案、审批事项限时办结制度，凡涉及审批事项的部门要向社会公示办结流程及时限，并在规定期限或承诺期限办结。（牵头部门：省审改办、省发展改革委，配合部门：省政府有关部门）

（二）实行收费清单制度。加强涉企收费管理，建立中小微型企业减负长效机制，出台全省统一的涉企收费清单，严格控制收费项目和数量，进一步提高收费政策的透明度，对保留的行政事业性收费、政府性基金和实施政府定价或指导价的经营服务性收费，实时对外公开，清单外的收费一律取消。（牵头单位：省财政厅、省发展改革委，配合部门：省政府有关部门）

（三）不得实行垄断干预。不得强制指定涉及中小微型企业财务审计、法律咨询、安全评价、节能评估、环境影响评价、消防安全、卫生等方面的第三方服务机构，除国家有明确规定必须指定购买的特种产品外，不得指定中小微型企业购买任何相关产品和有偿服务。支持中小微型企业以银行承兑汇票缴纳水、电、燃气等费用。（牵头单位：省发展改革委，人行兰州中心支行，配合部门：省政府有关部门）

（四）政府采购向中小微型企业倾斜。负有编制部门预算职责的单位，在满足机构自身运转和提供公共服务基本需求的前提下，应当预留本部门年度政府采购项目预算总额的30%以上，专门面向中小微型企业进行采购，其中预留给小型和微型企业的比例不低于60%。鼓励大中型企业与小微型企业组成联合体共同参加政府采购活动，联合协议中约定小微型企业的协议合同金额占到联合体协议合同总金额30%以上的，可给予2%～3%的价格扣除。（牵头单位：省财政厅、省公共资源交易局）

二、营造中小微型企业融资环境

（五）落实企业融资服务优惠政策。对于直接与贷款挂钩、没有实质性服务内容的收费项目，一律予以取消。严禁“以贷转存、存贷挂钩”等变相提高利率、加重中小微型企业负担的行为。进一步规范企业融资过程中担保、评估、登记、审计、保险等中介机构的收费行为和工作时限。金融机构要加快受理审批中小微型企业贷款申请，不断优化信贷流程，简化审批程序，缩短审批时间，提高贷款办理效率；在审慎经营的原则下，开展对评估机构的考察筛选，对操作规范、信誉良好的评估机构，要建立合作准入的名单制管理。中小微型企业在银行贷款、直接融资需要进行抵押质押登记时，可自主选择符合金融机构准入条件的评估机构，金融机构不得指定评估机构对抵押物进行评估。（牵头单位：甘肃银监局、人行兰州中心支行、省政府金融办，配合部门：各金融机构）

（六）实行差别化审批监管。加大对中小微型企业贷款支持力度，在风险总体可控的前提下，确保中小微型企业贷款增速不低于当年各项贷款平均增速，增量不低于上年同期水平。加强中小微型企业综合金融服务覆盖率、贷款覆盖率和申贷获得率的考核。进一步优化商业银行对中小微型企业贷款管理，通过提前进行续贷审批、设立循环贷款等方式，对达到标准的中小微型企业直接进行滚动融资。

通过实行年度审核制度等措施，减少企业高息“过桥”融资。对中小微型企业贷款实行差别化监管，不良率容忍度可比一般贷款不良率高出2~3个百分点。（牵头单位：甘肃银监局、人行兰州中心支行、省政府金融办，配合部门：各金融机构）

（七）加快发展中小金融机构。鼓励大型国有银行充分利用机构和网点优势，加大对中小微型企业金融服务专营机构的建设力度，单列中小微型企业信贷计划。积极推行民间资本发起设立中小银行等金融机构，稳妥发展面向小微型企业和“三农”特色的中小金融机构。（牵头单位：省政府金融办，配合部门：甘肃银监局、人行兰州中心支行）

（八）建设中小微型企业信息服务系统，促进中小微型企业信用体系建设。通过信息公开共享，利用大数据、云计算等现代信息技术，推动政府部门和银行、证券、保险等专业机构提供更有效的服务。定期发布诚信企业信用等级评价结果，对诚信度较高的中小微型企业，各金融机构根据信用贷款发放条件，直接授予相应的信用贷款额度。逐步增加适合中小微型企业特征的动产、存货、应收账款、知识产权等弱担保方式比重。（牵头单位：省工信委、人行兰州中心支行，配合部门：甘肃银监局）

（九）大力发展中小微型电子信贷。依托各金融机构，搭建针对中小微型企业的电子融资平台，拓宽资金募集渠道，为中小微型企业提供“金额小、期限短、随借随还”的金融服务。（牵头单位：人行兰州中心支行、省政府金融办，配合部门：省商务厅、省工信委、各银行业金融机构）

（十）落实中小微型企业融资担保相关税收政策。对符合条件的中小微型企业信用担保（再担保）机构免征营业税，融资担保机构在办理抵押登记时按同金融机构平等对待。2015年12月31日前，对符合条件的中小微型企业信用担保机构，按照不超过当年年末担保责任余额1%的比例计提担保赔偿准备，允许在企业所得税税前扣除，同时将上年度计提的担保赔偿准备余额转为当期收入；按照不超过当年担保费收入50%的比例计提的未到期责任准备，允许在企业所得税税前扣除，同时将上年度计提的未到期责任准备余额转为当期收入；其实际发生代偿损失，符合税收法律法规关于资产损失税前扣除政策规定的，应冲减已在税前扣除的担保赔偿准备，不足冲减部分据实在企业所得税税前扣除。（牵头单位：省国税局、省地税局、省财政厅）

三、营造中小微型企业创业环境

（十一）鼓励创办中小微型企业。积极推进企业登记制度改革，依法放宽市场主体住所（经营场所）登记条件，实行注册资本认缴登记制，实行“先照后证”。取消或暂停征收依法合规设立、但属于政府提供普遍公共服务或体现一般性管理职能的收费，包括企业、个体工商户注册登记费等12项收费。自2015年1月1日起，对小微企业免征组织机构代码证书费等42项行政事业性收费。2015年1月1日至2017年底，对月销售额或营业额不超过3万元的小微企业，自登记注册之日起3年内免征教育费附加、文化事业建设费等5项政府性基金。鼓励中小微型企业进入工业园区，各工业园区在规划中要预留中小微型企业的用地用房。对中小微型企业项目用地在年度用地计划指标中优先给予安排，对符合《甘肃省优先发展目录》和《农产品初加工项目目录》且用地集约的工业项目，在确定土地使用权出让底价时，按照《全国工业用地出让最低价标准》，以不低于所在地土地类别相对应的70%执行。（牵头单位：省工商局、省财政厅、省发展改革委、省国土资源厅，配合部门：省工信委）

（十二）简化个体工商户转型升级为企业的程序。按照“一注一开”的原则和程序办理，可保留原个体工商户的字号及行业特点。在经营场所（住所）不变并在有效期内，原登记前置许可的有效证件、经营场所证明可以继续使用；因“个转企”而发生的土地、房屋权属名称变更，不视为交易。对“个转企”的小微企业给予不低于5年的过渡期，在过渡期内企业社会保险保持原有缴费方式不变。（牵头单位：省工商局，配合部门：省国税局、省地税局、省人社厅）

（十三）促进创业带动就业。2016年12月31日前，对持《就业失业登记证》（注明“自主创业税收政策”或附着《高校毕业生自主创业证》）人员从事个体经营的，在3年内按每户每年9600元为限额依次扣减其当年实际应缴纳的营业税、城市维护建设税、教育费附加、地方教育附加、价格调节基金和个人所得税；对商贸企业、服务型企业、劳动就业服务企业中的加工型企业和街道社区具有加工性质的小型企业实体，在新增加的岗位中，当年新招用在人力资源社会保障部门公共就业服务机构登记失业一年以上且持《就业失业登记证》的人员，与其签订1年以上期限劳动合同并依法缴纳社会保险费的，在3年内按实际招用人数予以定额依次扣减营业税、城市维护建设税、教育费附加、地方教育附加、价格调节基金和企业所得税优惠，定额标准为每人每年5200元。税收优惠政策在2016年12月31日未享受满3年的，可继续享受至3年期满为止。对安排残疾人就业未达到规定比例、在职职工总数不超过20人的小微企业，自登记注册之日起3年内免征残疾人就业保障金。对养老和医疗服务机构建设减免土地复垦费、房屋所有权登记费等7项收费。继续对高校毕业生、登记失业人员、残疾人和复转军人自主择业创业，免收管理、登记和证照类行政事业性收费。（牵头单位：省财政厅、省人社厅、省国税局、省地税局、省残联、省国土资源厅、省建设厅）

（十四）加大财政支持力度。逐年增加省级中小企业发展专项资金规模，其中用于小微企业的比例应不低于80%，重点支持中小微型企业创业孵化基地建设、融资、服务体系建设和技术改造。对吸纳就业困难人员就业的中小微型企业，按相关规定

给予社会保险补贴。（牵头单位：省财政厅、省工信委，配合部门：省人社厅）

（十五）落实税收优惠政策。2014 年 10 月 1 日起，月销售额或营业额不超过 3 万元的小微型企业，暂免征收增值税、营业税。2014 年 1 月 1 日至 2016 年 12 月 31 日，将享受减半征收企业所得税优惠政策的小型微利企业范围由年应纳税所得额低于 6 万元（含 6 万元）扩大到年应纳税所得额低于 10 万元（含 10 万元）。对小微企业从事国家鼓励类项目，进口自用且国内不能生产的先进设备，免征关税。自 2014 年 11 月 1 日至 2017 年 12 月 31 日，对金融机构与小微型企业签订的借款合同免征印花税。（牵头单位：省国税局、省地税局、省财政厅、兰州海关）

（十六）支持中小微型涉农企业创业发展。凡从事畜牧业、种植业、林果业等特色优势产业生产、加工、营销的中小微型企业，落实财政、税收、金融、土地、水电等扶持政策。鼓励和引导工商资本到农村发展适合企业化经营的现代种养业，向农业输入现代生产要素的经营模式。对进行陇药种植和精深加工的中小微型企业，给予优先扶持。（牵头单位：省农牧厅、省工信委）

（十七）加快中小微型企业公共服务体系建设。到 2015 年，全面建成 1 个省枢纽服务平台、14 个市州综合窗口平台和 7 个产业集聚区综合窗口平台，形成具有创业、信息、技术、培训、人力资源、法律、融资等特色服务功能，互联互通、资源共享、服务协同、功能完善，覆盖全省的中小微型企业公共服务网络。（牵头单位：省工信委、省财政厅）

四、营造中小微型企业创新环境

（十八）加快企业设备更新和科技研发创新。对生物药品制造业，专用设备制造业，铁路、船舶、航空航天和其他运输设备制造业，计算机、通信和其他电子设备制造业，仪器仪表制造业，信息传输、软件和信息技术服务业等行业企业，2014 年 1 月 1 日后新购进的固定资产，可缩短折旧年限或采取加速折旧的方法。对上述行业的小型微利企业 2014 年 1 月 1 日后新购进的研发和生产经营共用的仪器、设备，单位价值不超过 100 万元的，允许一次性计入当期成本费用在计算应纳税所得额时扣除；单位价值超过 100 万元的，可缩短折旧年限或采取加速折旧的方法。对所有行业企业 2014 年 1 月 1 日后新购进专门用于研发的仪器、设备，单位价值不超过 100 万元的，允许一次性计入当期成本费用在计算应纳税所得额时税前扣除；单位价值超过 100 万元的，可缩短折旧年限或采取加速折旧的方法。符合上述条件的企业最低折旧年限不得低于企业所得税法实施条例第六十条规定折旧年限的 60%，加速折旧方法可采取双倍余额递减法或者年数总和法。对所有行业企业持有的单位价值不超过 5000 元的固定资产，允许一次性计入当期成本费用在税前扣除。（牵头单位：省财政厅、省国税局、省地税局）

（十九）鼓励企业建立技术研发机构。企业开发新产品、新技术、新工艺所发生的研究开发费，未形成无形资产计入当期损益的，在按照规定据实扣除的基础上，按照研究开发费用的 50% 加计扣除；形成无形资产的，按照无形资产成本的 150% 摊销。（牵头单位：省国税局、省地税局）

（二十）加强产学研协同创新。鼓励支持科研机构、高等院校和重点企业作为开放科研设施机构，为中小微型企业实施创新提供研发设计、检验检测、大型共用软件、人才培训等服务。组建一批产业技术联盟，开展行业关键共性技术研发，解决中小微型企业发展中的技术难题。（牵头单位：省科技厅、省工信委、省教育厅）

（二十一）鼓励支持科研机构、高等院校的科技人员创办科技型中小微型企业或离岗到中小微型企业创业

经本单位同意，离岗创业期间允许在一段时间内保留原专业技术职务资格、人事关系和其他待遇，具体内容可由其本人与原单位以合同形式约定，但离岗时间最长不超过 2 年。离岗期满或者离岗期间，本人不愿意回原单位的，按有关政策规定办理辞职、解除合同约定及相关手续。辞职、解除合同约定后，个人档案转入人才市场统一管理。辞职前原单位按国家规定未开展养老保险统筹的工作年限视为社会保险缴费年限，所需养老保险个人账户补助资金部分按相关政策规定的经费来源渠道解决。高校毕业生到中小微型企业就业期间，相关公共就业人才服务机构免费保管档案。（牵头单位：省人社厅、省科技厅）

（二十二）实施股权激励。对有突出贡献的科技人员和经营管理人员，通过科技成果入股、科技成果收益分成、科技成果折股、股权奖励、股权出售、股票（份）期权等方式进行激励，推动科技成果转化和产业化。（牵头单位：省工信委、省科技厅）

（二十三）鼓励制造企业分离发展生产性服务业。分离后的生产性服务企业在不改变土地权属关系、符合土地利用总体规划和城镇规划的情况下，经批准建设的生产性服务业项目，符合规定的减免城市基础设施配套费。（牵头单位：省发展改革委、省建设厅、省工信委）

（二十四）推动中小微型企业两化融合，提高中小微型企业生产制造、运营管理、市场开拓的信息化应用水平。依托全省中小企业公共服务平台网络体系，搭建全省电子商务公共服务平台和特色产业电子商务交易平台。根据市州产业特点、区域优势，扶持电商企业加快发展，重点打造一批电子商务功能区。利用电子商务平台在各县市区布局建设电子超市，形成属地化的购物门户；支持电商物流企业在全省建设消费品物流周转库，为全省消费品生产企业提供高效储存、配货、快递、收件等物流服务。（牵头单位：省工信委、省商务厅）

关于培育发展规模以上工业企业的通知

甘工信发〔2015〕7号

各市、州工信委、财政局、统计局、科技局、发展改革委、人社局、金融办、环保局、安监局、人民银行、银监分局、国税局、地税局、国家统计局各市州调查队：

为认真贯彻落实《国务院关于扶持小型微型企业健康发展的意见》（国发〔2014〕52号）精神，支持规模以下工业企业转型升级为规模以上企业（以下简称“规下转规上”），进一步挖掘“规下转规上”的潜力，通过积极培育扶持一批、改造提升一批、引导促进一批，力争到“十三五”末，全省规模以上工业企业规模和效益在现有基础上翻一番，现通知如下：

一、大力鼓励创办小微型工业企业。全省各类开发区、高新区和工业园区要设立创建一批小微企业创业孵化功能区。各类中小企业专项资金要重点扶持中小微型企业创业孵化基地建设，各市、县（市、区）政府以及园区管委会应给予相应比例的配套支持。对各类科技企业孵化器培育科技型小微企业实行绩效目标管理，每孵化毕业一家小微企业，当地政府可给予一定的奖励；对年孵化毕业率达到30%以上的，可视企业在孵化期间和毕业后三年内的税收贡献，由当地政府给予相应奖励。

二、建立“规下转规上”后备工业企业信息库。每年选择一批成长性好、发展快、科技含量高、创新能力强，主营业务收入在500万元~2000万元规模以下的工业小微型企业作为后备企业进行重点培育，建立本地区“规下转规上”后备企业信息台账。各市州于每年第一个季度推荐上报重点培育后备企业名单及相关信息，由省工信委会同省统计局进行确认，后备企业库每年调整一次。

三、认真落实《甘肃省人民政府关于进一步优化中小微型企业发展环境的意见》（甘政发〔2014〕111号），在对小微企业定向减税和普遍性降费的同时，对首次上规模的小微企业以上一年度缴纳的增值税、营业税、企业所得税等实缴税款为基数，3年内对实缴税款地方财政新增部分给予30%以上的奖励；对纳税确有困难的，按规定报经地税部门批准后，可给予减征或免征房产税、城镇土地使用税。

四、企业由“规下转规上”后，应保持企业原有生产经营、安全、环保、质监等政策不变，入库企业向统计部门报送的数据不作为调整企业征税标准、安全标准化评价、环境评价等的依据。严禁各级行政部门、中介机构等巧立名目，强制要求新入规企业提高安全、节能、环评、消防、卫生等方面的收费标准，并强制指定中介机构进行有偿服务。对以上行为，企业有权拒绝并向甘肃省企业投诉中心进行举报（投诉电话：0931—4609300），对落实查证的涉企乱收费行为，将对责任单位和相关责任人严肃查处。

五、加大对“规下转规上”企业技术改造创新的支持。省级工业发展“六大行动计划”专项、省级中小企业发展专项、省级中小企业科技创新专项、省级工业技术改造专项等要重点支持“规下转规上”企业的技术改造创新，对符合上述政策的“规下转规上”企业技术改造项目，在资金安排上适度给予倾斜。各市（州）、县（区）也应安排相应配套资金，支持的原则、方式、标准等根据实际情况自行确定。

六、强化对“规下转规上”企业的融资支持。对列为培育对象的“规下转规上”企业开展信用评级服务，指导企业增强信用意识。引导银行业金融机构对重点培育的创新型、创业型、劳动密集型和“专精特新”等小微企业优先提供信贷资金支持。组织开展银企合作对接活动，促进银行与列入培养对象的“规下转规上”企业的充分沟通，提高项目资金的可获得性。加强对企业的金融辅导，进一步增强企业利用多层次资本市场融资的意识和能力，组织推动企业分步实现在主板、中小板、创业板上市和在全国中小企业股份转让系统、区域性股权交易市场等不同层级市场间挂牌、交易、融资，鼓励和支持企业通过银行间债券市场实现融资。

七、推进中小企业公共服务平台网络建设，加大对“规下转规上”企业的服务力度。充分发挥我省中小企业公共服务平台网络功能，积极主动地对市（州）和相关企业给予指导和帮助，按照“政府扶持中介，中介服务企业”的思路，各类专项资金对为小微企业提供信息服务、投融资服务、创业服务、人才与培训服务、技术创新与质量服务、管理咨询服务、市场开拓服务、法律服务等八个方面服务的中小企业公共服务机构进行适当补助奖励。

八、鼓励企业兼并重组。推动优势小微企业强强联合、同行业兼并重组，实现规模化、集约化经营。鼓励小微企业通过联合重组开展投资合作，在置换一般性生产能力的基础上，实施符合国家产业政策的项目。鼓励小微企业与大中型企业或战略投资者开展战略重组、生产经营合作，依托大中型企业或战略投资者的资本、技术、人才和品牌等优势，提升发展水平和自身规模。

九、加大对已入规企业的跟踪监测。切实落实好属地监管责任，各级中小企业主管部门要积极会同当地统计部门对已入规企业实施生产统计季度监测，及时掌握新上规模企业的数量及工业总产值、主营业务收入等重要指标，防止已入规企业因主观因素退出，对当年由规模以上转为规模以下的企业取消其享受各类扶持政策；对因市场环境影响、盈利能力下降、效益下滑等客观因素退出的企业，加强协调解决企业运行中的困难和问题，帮助其提高经营效益。

十、切实落实好属地监管责任，加大工作考核力度。每年将“规下转规上”目标任务分解下达到各市（州），定期在省内主要媒体上公示各市（州）“规下转规上”工作进展情况。将“规下转规上”工作纳入省政府对市州年度工作考核内容。对“规下转规上”工作成绩突出的市（州），通过财政转移支付给予奖励支持，对没有完成“规下转规上”目标任务的市州，在财政转移支付总量中进行扣减。各市州要结合实际情况，制定具体的“规下转规上”支持办法。

甘肃省工业和信息化委员会　甘肃省财政厅
甘肃省统计局　甘肃省发展与改革委员会
甘肃省科技厅　甘肃省人力资源和社会保障厅
甘肃省人民政府金融工作办公室
甘肃省环境保护厅
甘肃省安全生产监督管理局
人民银行兰州中心支行
中国银行业监督管理委员会甘肃监管局
甘肃省国家税务局
甘肃省地方税务局　国家统计局甘肃调查总队
2015 年 1 月 6 日

青海省

青海省经济委员会　青海省财政厅关于印发《青海省中小企业发展专项资金项目竣工验收办法》的通知

青经中〔2014〕14 号

各市、州经商（发、工信）委，财政局，省级有关单位：

为加强国家及省级中小企业发展专项资金项目管理工作，我们制定了《青海省中小企业发展专项资金项目竣工验收办法》现印发给你们，请认真遵照执行。

青海省经济委员会青海省财政厅
2014 年 1 月 8 日

青海省中小企业发展专项资金项目竣工验收办法

一、总则

第一条　竣工验收，是全面考核项目建设工作，检查是否符合审批、核准或备案文件要求的重要环节，对促进建设项目及时投产，发挥投资效益，总结建设经验有重要作用。根据财政部工信部《中小企业发展专项资金管理办法》《青海省中小企业发展专项资金管理暂行办法》，为了做好我省中小企业专项资金项目竣工验收工作，特制定本办法。

第二条　凡获得国家中小企业发展专项资金、青海省中小企业发展专项资金支持的项目，竣工后均应按照本办法规定开展验收工作。

第三条　项目竣工验收工作要坚持实事求是、客观公正的基本原则，采取科学的评价机制，充分体现公平、公正、公开，保证验收工作的客观性、严肃性和科学性。

二、组织管理

第四条　省经委会同省财政厅负责指导和监督全省中小企业发展专项资金项目的竣工验收工作。

第五条　各州、市中小企业管理部门和同级财政部门负责组织对本地区项目的实施情况进行检查验收；省管企业负责对其组织申报项目的实施情况进行检查验收。

第六条　验收工作依据项目批复的审批、核准或备案文件所规定的内容组织开展。

第七条　各州、市中小企业管理部门在收到企业项目竣工验收申请后，会同同级财政部门联合成立验收组，验收组由相关单位负责人及专家组成，人数不少于 5 人（专家不少于 3 人，其中相关技术领域的专家不少于 2 人）。验收采取现场查验、会议审查等多种方式，并出具竣工验收意见。验收结论分为“通过验收”和“未通过验收”。

三、验收程序

第八条　项目实施单位在项目竣工后 1 个月内按照项目申报程序向所属各州、市中小企业管理部门和财政部门或省级有关部门提出项目竣工验收申请，并报送项目验收材料。

第九条　项目单位申请竣工验收应提供以下材料：

1. 竣工验收申请书；
2. 青海省中小企业发展专项资金项目执行情况表；
3. 经批准的项目可行性研究报告、项目设计等批复文件；
4. 专项资金使用情况相关资料；
5. 项目单位对所提供资料真实性负责的声明；
6. 项目的其他相关文件。

第十条　各州、市中小企业管理部门收到项目验收申请，对申请资料进行初步审核后，会同同级财政部门成立验收组，确定验收方式、安排验收时间。

第十一条　因特殊原因项目不能按时竣工和有较大调整的（包括项目在实施过程中，由于受市场及技术等原因的影响，需调整投资额、建设内容、目标和完成时间的），项目单位应向所属州、市中小企业管理部门报送项目延期或调整报告，经批准同意并报省经委和省财政厅备案后，方可按批准内容进行项目建设，竣工后按程序申请验收。

四、验收内容

第十二条 项目竣工验收的内容：项目预期经济指标实现情况；专项资金使用情况；项目存在问题等。

第十三条 项目竣工验收基本标准：

1. 项目竣工后基本达到设计要求，主要设施已按设计建设完成，并能满足正常生产使用；

2. 主要生产工艺设备及配套设施联动负荷试车合格，能够达到项目要求生产相关产品；

3. 生产准备工作已满足投产的需要；

4. 环境保护、劳动安全卫生、消防等设施已按照设计要求与主体工程同时建成使用并验收合格；

5. 项目技术资料按照要求归档，能够满足生产使用和维修的需要。

6. 服务体系建设项目竣工验收必须符合以下条件：

按批准的建设内容和方案已完成项目建设，并形成一定的服务功能，达到预期建设目标。

第十四条 有下列情形之一的，不得通过竣工验收：

1. 专项资金使用中有挪用、截留等违规行为；

2. 项目单位提供的验收文件、资料、数据等不真实；

3. 未完成项目可行性研究报告中所提出的建设任务；

4. 未经批准，擅自变更项目建设内容；

5. 有其他违法、违规行为的。

第十五条 各州、市中小企业管理部门和财政部门根据本地专项资金项目检查验收情况，形成中小企业发展专项资金项目检查验收报告，并填写《青海省中小企业发展专项资金项目竣工验收意见表》和《青海省中小企业发展专项资金项目竣工验收合格汇总表》，连同项目单位的验收资料一并报省经委和省财政厅。

第十六条 省经委会同省财政厅对各地上报的验收材料进行抽查，并根据实际情况对项目进行现场抽验。

五、责任

第十七条 项目承担单位和项目负责人对验收材料的真实性、准确性和完整性负责。对拒不验收，以及在验收过程中出现弄虚作假及渎职等行为，一经查实，将终止或取消其继续承担项目的资格并收回财政资金，给国家、社会造成损失的，依照有关法律及规定追究其责任。

第十八条 验收组或中介机构应保守与项目验收有关的技术秘密。未经允许擅自泄露、使用或者向他人提供和转让项目技术成果的，依照有关法律及规定追究其责任。

第十九条 对弄虚作假骗取专项资金或未通过验收的项目单位，省财政厅将收回全部扶持资金。

第二十条 对项目验收率未达到90%的地区，将减少该地区以后年度项目数量和资金补助额度；对管理不到位或验收率较低的地区，暂停其中小企业发展专项资金的补助。

六、附 则

第二十一条 各州、市中小企业管理部门和财政部门可依照本办法，根据本地实际情况制定具体的实施办法。

第二十二条 本办法由省经委、省财政厅负责解释。

第二十三条 本办法自公布之日起施行。

附件：1.《青海省中小企业发展专项资金项目执行情况表》

2.《青海省中小企业发展专项资金项目竣工验收意见表》

3.《青海省中小企业发展专项资金项目验收专家组人员名单》

4.《青海省中小企业发展专项资金项目竣工验收合格汇总表》

附件 1：

青海省中小企业发展专项资金项目执行情况表

项目名称：____

企业名称（公章）：__________________________________

项目执行期：自______年______月______日至______年______月______日

法人代表：________________　电话：________________

通讯地址：____

邮政编码：________________　传真：________________

填表日期：______年______月______日

填报说明

1. 本表由项目单位填写，并加盖企业公章。
2. 表内各项内容要求真实准确，文字简明扼要，不得弄虚作假。
3. 表格及文字部分的各项内容不得空缺，无内容时填“无”，数据有小数时，按四舍五入取整数填写；表中单位为：万元、人、%。

<table>
<tr><td rowspan="2" colspan="2">项目总投资</td><td colspan="2">合计</td><td colspan="2"></td></tr>
<tr><td colspan="2">其中立项后新增</td><td colspan="2"></td></tr>
<tr><td rowspan="4">项目投资来源</td><td>企业自筹</td><td colspan="4"></td></tr>
<tr><td>银行贷款</td><td colspan="4"></td></tr>
<tr><td>政府扶持资金</td><td colspan="4"></td></tr>
<tr><td>其他</td><td colspan="4"></td></tr>
<tr><td rowspan="8" colspan="2">项目执行期内资金支出情况</td><td>合计</td><td>项目总支出</td><td colspan="2">其中由专项资金支出</td></tr>
<tr><td>土建工程</td><td></td><td colspan="2"></td></tr>
<tr><td>设备及安装费用</td><td></td><td rowspan="6" colspan="2"></td></tr>
<tr><td>购置技术等费用</td><td></td></tr>
<tr><td>能源及材料费用</td><td></td></tr>
<tr><td>前期费用</td><td></td></tr>
<tr><td>管理费</td><td></td></tr>
<tr><td>其他</td><td></td></tr>
<tr><td rowspan="3" colspan="2">项目竣工实现的总体目标</td><td>企业当年总资产</td><td></td><td>比上年增长</td><td></td></tr>
<tr><td>企业当年总收入</td><td></td><td>比上年增长</td><td></td></tr>
<tr><td>企业职工人数</td><td></td><td>其中因项目实施新增就业人员</td><td></td></tr>
<tr><td rowspan="4" colspan="2">项目执行期内累计达到的经济效益</td><td>工业增加值</td><td></td><td>年均增长率</td><td></td></tr>
<tr><td>产品销售收入</td><td>年均增长率</td><td></td><td></td></tr>
<tr><td>净利润</td><td>年均增长率</td><td></td><td></td></tr>
<tr><td>缴税总额</td><td>年均增长率</td><td></td><td></td></tr>
</table>

附件 2：

青海省中小企业发展专项资金项目竣工验收意见表

<table>
<tr><td colspan="2">项目名称</td><td colspan="4"></td></tr>
<tr><td colspan="2">承担企业名称</td><td colspan="4"></td></tr>
<tr><td colspan="2">财政支持资金</td><td colspan="2"></td><td>财政已拨付资金</td><td></td></tr>
<tr><td>项目原预计完成时间</td><td></td><td>项目实际完成时间</td><td></td><td>项目验收时间</td><td></td></tr>
<tr><td>项目预期技术及经济指标实现情况</td><td colspan="5"></td></tr>
<tr><td>对项目资金执行情况的评价</td><td colspan="5"></td></tr>
<tr><td>竣工验收组意见</td><td colspan="5"></td></tr>
<tr><td>中小企业部门、财政部门或者省级土管部门意见</td><td colspan="3">（盖章）</td><td colspan="2">（盖章）</td></tr>
</table>

附件 3：

青海省中小企业发展专项资金项目验收专家组人员名单

项目承建单位： 项目名称：

姓名	职务	单位	联系方式	签名

附件 4：

青海省中小企业发展专项资金项目竣工验收合格汇总表

序号	项目名称	承担单位名称	财政支持资金	已拨付资金	剩余专项资金	项目总投资		新增效益			项目竣工验收时间	市级竣工验收意见
						银行贷款	企业自筹	新增产值	新增税收	新增人员		

青海省财政厅　青海省经济和信息化委员会关于印发《青海省中小企业发展基金管理办法》的通知

青财企字〔2014〕1330 号

各市（州）财政局、经（工信、商、发）委：

根据《青海省支持小型和微型企业发展的若干政策措施》（青政〔2012〕16 号）及有关要求，省财政厅和省经济和信息化委制定了《青海省中小企业发展基金管理办法》，现印发给你们，请遵照执行。

附件：1. 青海省中小企业发展基金管理办法

2. 青海省中小企业发展基金管理委员会及办公室名单

青海省财政厅　青海省经济和信息化委员会

2014 年 8 月 5 日

附件 1：

青海省中小企业发展基金管理办法

第一章　总则

第一条　为贯彻落实《青海省支持小型和微型企业发展的若干政策措施》（青政〔2012〕16 号），促进全省中小微企业加快发展，提高财政资金使用效益，特设立青海省中小企业发展基金，并制定本办法。

第二条　本办法所称青海省中小企业发展基金（以下简称基金）是由省财政安排预算资金设立，专项用于支持我省新兴产业、优势产业初创期及快速发展阶段的中小微企业，以及主要为中小微企业开展担保业务的融资性担保机构和中小微企业公共服务平台。

第三条　基金的管理和使用，遵循公开、公正、安全、效率的原则，应具备引导性、间接性，鼓励创新，使用方向必须符合国家产业政策和我省加快转变经济发展方式的有关要求和规定。基金设立宗旨是：

（一）贯彻落实国家、省政府宏观经济政策，促进社会资本合理配置，培育发展混合所有制中小微经济实体；

（二）发挥财政资金的杠杆效应，促进中小企业特别是小型微型企业健康发展，改造提升传统产业，培育发展新兴产业、民族特色产业，促进扩大就业和改善民生；

（三）促进改善中小微企业服务环境。

第四条　基金主要由下列资金组成：

（一）省级财政预算安排的专项资金；

（二）基金收益；

（三）捐赠；

（四）其他资金。

第五条　基金采用有偿使用方式。不投资流动性证券、期货、外汇、房地产业以及国家产业政策限制类行业。参股不控股。

第六条　基金主要采取阶段性参股中小企业的

方式进行运作。参股时间一般为3年，最长不超过5年。参股企业每年按约定的比例缴纳国有资本经营收益。主要参股我省新兴产业、优势产业初创期小微企业、快速发展阶段的中小微企业；参股主要为中小微企业开展担保业务的融资性担保公司；参股对中小企业服务作用明显、业绩较好的中小微企业服务机构平台。

第二章 管理机构及职责

第七条 基金的管理机构由基金管理委员会（以下简称管理委员会）、独立的评审委员会和受托管理机构组成。

第八条 管理委员会由省经济和信息化委会同省财政厅等部门组成，决策基金使用的重大事项。管委会下设办公室，办公室设在省经济和信息化委中小企业发展局，为日常办事机构。

第九条 管理委员会的主要职责：

（一）决定基金基本管理制度和审批基金运行操作规程；

（二）确定基金发展战略规划，包括资金使用的年度计划和中长期规划；

（三）批准基金的参股企业和额度；

（四）批复基金的年度财务收支预算与决算；

（五）研究决定基金其他重大事项。

管理委员会根据评审委员会全体成员三分之二以上通过的评审结果，对拟参股企业进行决策。

第十条 基金评审委员会负责对基金拟参股企业进行独立评审，以确保基金决策的民主性和科学性。评审委员会成员由省经济和信息化委、省财政厅等部门的代表以及社会专家组成。其中：社会专家成员数不得低于半数。评审委员会主任由参与评审的专家推选轮流担任。建立投资评审专家库，随机抽取专家参与评审，确保评审质量。

第十一条 基金的受托管理机构，负责基金的具体管理运营，作为出资人代表，以基金的投资额为限对投资单位履行出资人职责，并履行以下职责：

（一）建立完善基金管理制度和风险控制制度；

（二）负责拟参股企业组织、筛选、尽职调查、论证和投资管理，建立拟参股企业储备库和滚动备选机制；

（三）负责组织评审委员会议，对基金拟参股企业进行评审和风险评估；

（四）编制并组织实施基金年度财务收支预算与决算；

（五）委托第三方评价机构定期对基金参股企业开展绩效评价；

（六）每半年向管理委员会报告基金参股企业发展情况，提交基金管理运作整体情况的书面报告；

（七）组织基金退出，并及时将回收资金纳入基金管理或上缴省财政；按时清缴基金收益；

（八）开展其他符合基金宗旨的活动等；

（九）确定符合条件的商业银行作为基金托管银行，按托管协议进行管理。

第三章 基金使用

第十二条 基金拟参股企业应符合国家、省政府产业发展政策，应主要围绕新能源、新材料、装备制造、生物医药、节能环保、信息、传统产业改造升级等领域。

第十三条 基金对单个企业、机构的参股比例最高不得超过企业实收资本总额的30%，不能成为第一大股东，且对同一单位投资总额度不得超过上年末本基金资产净值的10%。

第十四条 基金的运作程序：

（一）公开征集。按照基金管理委员会审定的年度资金安排计划，由基金管理委员会办公室向全社会公开发布年度基金申报通知，有资金需求且符合基金使用范围的中小企业根据通知要求进行申报；

（二）风险调查。基金管理委员会办公室对经初步筛选的企业，报基金管理委员会集体审定后开展风险调查。委托有资质的专业信用评级机构对参股企业进行信用评级及风险评估，出具评估报告，提出投资建议；

（三）专家评审。专家委员会对基金拟参股企业及信用评级机构出具的报告进行独立评审，并提出评审意见和建议；

（四）社会公示。对专家委员会评审通过的基金参股企业，在网站或社会媒体上公示7天，接受社会各界的监督。对无异议的，上报基金管理委员会；

（五）最终决策。基金管理委员会根据专家评审和公示情况，对基金使用方案进行最终决策，并以书面形式予以确认；

（六）组织实施。受托管理机构与参股企业签订《投资协议书》，对基金的使用年限、国有资本经营收益收取比例等事宜进行约定。办理资金拨付和股权登记手续。

第十五条 基金不参与参股企业的具体经营管理，但应对被投资企业经营重大事项享有知情权，并对企业运作情况进行监测，对违反约定的行为行使一票否决权。

第十六条 基金参股企业、机构应优先保证基金的收益，基金的具体收益率按照不高于银行贷款基准利率上浮后的标准参考确定，具体的收益保障方式可视情况参照市场惯例在出资协议中予以落实。

第十七条 基金参股形成的股权可以通过上市、股权转让、企业回购及清算等方式退出。在有受让人的情况下，基金可以在一年之后随时退出，其他股东具有优先受让权。基金参股投资形成的股权，3年内如有投资者购买，转让价格按基金原始投资额确定；超过3年的，转让价格为基金原始投资额加上转让时人民银行1年期贷款基准利率计算的收益之和。

第十八条 建立风险防范机制。受托管理机构每年按基金年度收益的30%提取风险准备金。

第十九条 基金通过约定方式，明确参股企业出现下列情形时，将提前收回基金的投资：

（一）违反国家相关法律法规；

（二）股权结构和经营策略发生重大变动，无法继续按约定实现政策目标；

（三）拖延缴纳国有资本经营收益的；

（四）违反基金使用约定的其他情形。

第四章　监督管理

第二十条　管理委员会要引入第三方考评机制，委托第三方专业评级（咨询）等机构，按基金管理办法确定的条件对拟参股企业、机构开展评定工作，出具评定意见书。

第二十一条　管理委员会要建立基金监察稽核机制，检查、评价受托管理机构内部风险控制度和基金运作的合法性、合规性和有效性，监督基金受托管理机构内部风险控制制度的执行情况，揭示受托管理机构内部管理及基金运作中的风险，及时提出改进意见，确保国家法律法规和基金受托管理机构内部管理制度的有效执行，保证基金运作的安全，维护基金投资应享有的正当权益。

第二十二条　受托管理机构应严格执行内部风险控制制度，基金实行单独核算，基金资产与自有资产应相互独立，分账管理，并加强对投资单位的监督指导。每年7月底和次年1月底前将基金运作情况报管理委员会。

第二十三条　实行联审联签制度。每笔基金支出业务都必须有管理委员会批准的书面记录并加盖有关印章；加强基金运作的管理控制，实行业务流程控制制度。

第二十四条　基金参股企业应严格执行投资协议和有关财务制度。对于弄虚作假、截留挪用基金等行为，将依法依规对项目单位和相关责任人追究法律责任。

第五章　附则

第二十五条　受托管理机构应当接受国家审计机关依法对基金运行情况进行审计监督。各市财政、中小企业管理部门应加强监管和协调，对出现的重大变化和问题，及时报告省财政厅和省经济和信息化委。

第二十六条　本办法自2014年9月5日起施行。

附件2：

青海省中小企业发展基金管理委员会

主任：张春楠　省经济和信息化委副主任

副主任：王新平　省财政厅副厅长

成员：贠红卫　省经济和信息化委综合处处长

谢银豹　省国资委监察处处长

薛海彦　省国资委产权管理处处长

陶兴德　省经济和信息化委中小企业局局长

李生才　省财政厅预算处处长

张小新　省财政厅国库处处长

任亚光　省财政厅监察处处长

任发贤　省财政厅条法处处长

曲　平　省财政厅企业处处长

青海省中小企业发展基金管理委员会办公室

主任：陶兴德　省经济和信息化委中小企业局局长

副主任：曲　平　省财政厅企业处处长

宁夏回族自治区

自治区人民政府办公厅关于转发加快非公有制经济发展行动计划的通知

宁政办发〔2014〕97号

各市、县（区）人民政府，自治区政府各部门、直属机构：

经自治区人民政府同意，现将自治区经济和信息化委牵头制定的《加快非公有制经济发展行动计划（2014年—2017年）》转发给你们，请结合实际，认真组织实施。

宁夏回族自治区人民政府办公厅

2014年6月17日

加快非公有制经济发展行动计划

（2014年—2017年）

为深入贯彻落实《中共宁夏回族自治区委员会关于深化改革推动经济社会发展若干问题的决定》（宁党发〔2013〕66号）和《自治区党委人民政府关于加快发展非公有制经济的若干意见》（宁党发〔2013〕7号），毫不动摇地鼓励、支持、引导非公有制经济发展，结合我区实际，制定加快非公有制经济发展行动计划（以下简称行动计划）。

一、指导思想

以党的十八大、十八届三中全会和自治区党委十一届三次全会精神为指导，深入贯彻落实中央和自治区关于促进非公有制经济发展的一系列政策措施，紧紧围绕自治区产业转型升级和结构调整总体战略，大力实施“五项工程”，深化“四项改革”，着力创新发展举措，培育壮大市场主体，健全完善服务体系，营造“两优”发展环境，开创非公有制经济活力增强、规模扩大、产业优化、效益显著、贡献突出的良好局面，带动全区经济社会持续健康发展。

二、基本原则

（一）坚持深化改革、创新突破

大力推进体制机制创新，转变政府职能，提高服务效能，放开投资领域，放宽准入条件，更好地发挥市场对资源配置的决定性作用，全面优化非公有制经济发展环境。

（二）坚持分类指导、分级推进

积极培育大型企业，着力壮大中型企业，促进小型企业上规模，扶持微型企业发展，推进全民创业，壮大市场主体、做大经济总量，推动形成产业梯次发展、滚动成长的新格局。

（三）坚持优化结构、提升质量

围绕“做特做精农业、做优做强工业、做活做大服务业”，推进全区非公有制经济在转方式、调结构上取得重大突破，逐步形成特色农业和传统优势产业为基础、战略性新兴产业为先导、现代服务业为支撑的现代产业体系。

（四）坚持集约集聚、协同发展

引导各类产业向产业集聚区集中，支持中小企业围绕大企业、大集团开展协作配套，推进专业化、集约化和集群式发展，走具有宁夏特色和产业优势的“专精特新”发展道路。

（五）坚持开放合作、内外联动

全方位扩大对外开放，加大招商引资力度，加速承接产业转移，积极开展资本、技术、人才、品牌等对接合作，带动全区非公有制经济跨越发展，争创开放型经济发展新优势。

三、发展目标

到2017年，力争全区非公有制经济在市场主体、经济总量、投资、就业和创新能力等方面有较大突破。具体指标如下：

全区非公有制经济发展年度目标（2014年—2017年）

主要指标		计量单位	2013年	2014年	2015年	2016年	2017年	年均增长（%）
市场主体	非公有制法人单位数量	万户	4.0	4.5	5.0	5.5	6.1	11
	个体工商户户数	万户	24.4	26.4	29.0	32.0	35.0	9.5
经济总量	非公有制经济增加值	亿元	1256	1440	1660	1900	2200	15
	占全区CDP比重	%	49	—	50	51	—	—
投资	非公有制经济投资总额	亿元	1538	1850	2290	2650	3170	20
	占全社会固定资产投资比重	%	57	—	59	—	62	—
就业	非公有制经济从业人员	万人	134	140	147	153	160	4.5
	占全区城镇就业总数比重	%	72.4	—	74	—	75	—
创新能力	国家级、自治区级企业技术中心	户	55	60	66	72	80	10
	科技型中小企业数量	个	—	154	200	240	280	20
	非公有制企业科技成果占全区比重	%	16.7	—	19	—	22	—

四、主要任务

（一）实施企业转型升级工程

1. 培育强优企业。在现代工业、生产性服务业、农业产业化经营等关键领域，筛选100家非公有制骨干企业作为重点培育对象，通过目标达成奖励、加强资源要素保障等措施，支持企业跨地区、跨行业、混合所有制进行资产并购重组，加快技术进步、品牌提升、管理创新，向规模化、集团化方向发展。积极引进战略投资者来宁投资兴业，深化强优企业与国内外知名企业合作发展。鼓励企业进入公共社会事业、基础设施、金融服务、资源开发及新能源、新材料、新技术领域发展，围绕主业形成产业关联、资源匹配、符合市场需求的产业链，培育新的增长点。自治区对强优企业主营业务收入增长率、利润总额增长率、应交税金增长率等经营绩效指标和创新发展指标进行综合考评，从强优企业每年上缴地方财政税收增量中拿出10%～30%，对前20名按一二三等奖分别给予50万元、40万元、30万元的奖励。到2017年，培育主营业务收入100亿元以上的企业8家，50亿元以上的12家。

2. 壮大中小企业。通过区、市、县联动，扶助中小企业向专业化、精细化、特色化、新颖化方向发展，每年培育认定一批“专精特新”中小企业，力争到2017年，全区“专精特新”中小企业达到

800家以上。每年通过综合考评，筛选确定不超过50家“专精特新”示范企业，分别给予20万元一次性奖励。每年以现有年主营业务收入500万元—2000万元的工业和服务业小微企业为重点，加强分类指导和扶持，力促小微企业升级为规模以上（限额以上）企业。其中，每年新增规模以上工业企业100家以上。各市、县（区）在权限范围内，制定扶持企业“升规上限”的政策措施，对“升规上限”企业给予奖励。

3. 催生小微企业。规划建设一批小微企业孵化基地、创业街区和商务楼宇，引导社会资金投资发展工业地产，改造闲置房产，建设廉租厂房和经营房。对新建小微企业孵化基地，同级财政给予房租补贴和办公设备购置等资助。自治区每年培育认定10个小微企业孵化示范基地（创业街区），给予一定奖励补助。建立创业培训与创业支持联动机制，健全区、市、县三级创业服务体系，为初创期小微企业提供信息咨询、事务代理、业务培训、技术支持、财务融资、市场开拓等创业服务。以经营资金数额20万元以上且雇工8人以上的个体工商户为重点，建立市、县（区）“个转企”培育后备库，简化变更登记手续，引导个体工商户转为企业。新办及“个转企”小微企业，符合规定条件的，享受自治区新办小微企业财政补贴和税费减免等优惠政策。

（二）实施创新能力提升工程

4. 推进技术创新。建立技术创新导向机制，引导支持企业加大技改投入、淘汰落后产能，积极采用国内外先进标准，建立完善标准体系，应用关键共性技术，加快工艺、装备升级换代。搭建企业与高校、科研院所交流合作平台，每年组织100家以上企业开展技术需求与研发成果对接，促进科技成果转化应用。对购买创新技术成果，并在区内实现产业化的企业，按照实际购买费用给予适当补助。鼓励企业建立研发中心，加大对高新技术企业和科技型中小企业的培育支持力度，深入实施中小企业知识产权战略，提高企业自主知识产权拥有量。对申请专利及获得专利授权的企业，按相关政策给予补贴。

5. 推进管理创新。引导企业建立健全现代企业制度，完善法人治理结构和内控管理体系。支持企业以国内外行业领先企业为标杆，深入开展技术、营销、能效和质量等方面的对标活动，提升管理水平。引导强优企业和“专精特新”中小企业运用卓越绩效管理等先进理念和方法，推行企业资源计划（ERP）、供应链管理（SCM）、客户资源管理（CRM）、业务流程再造（BPR）等管理方式。建立以企业为主体、市场为导向、产学研相结合的质量创新体系和质量创新基地，积极推进企业建立首席质量官制度，开展标准化良好行为信誉工作，鼓励企业争创“政府质量奖”。

6. 推进“两化”融合。支持企业采用现代信息技术提升产品开发、设计、制造及管理水平，促进生产过程自动化、控制智能化及管理信息化。重点培育100家处于创新和集成提升阶段、100家处于单项覆盖阶段、100家处于起步建设阶段的企业，通过梯度培育和示范带动，实现全区企业“两化”融合水平的全面提升。力争到2017年，中小企业应用信息技术开展研发、管理和生产控制的比例达到50%，应用电子商务开展采购销等业务的比例达到45%。

（三）实施公共服务体系建设工程

7. 加快中小企业公共服务平台建设。支持有条件的市、县（区）和社会机构建设规范化的中小企业综合服务大厅和产业集群窗口服务平台。探索完善政府购买社会化服务和服务补偿机制，遴选中介机构入驻服务大厅，为中小企业提供功能完备、方便快捷、优质低价的“一站式”服务。积极争取国家公共服务平台网络建设资金，自治区安排专项资金给予配套支持，建成以1个自治区核心平台为枢纽，6个地市（含宁东能源基地）综合窗口服务平台为节点，8个重点产业集群及中小企业集聚区窗口服务平台为支撑的“168”公共服务平台网络，吸附和集聚各类服务资源。到2015年底，实现平台网络资源共享、互联互通、服务协同，形成线上收集受理企业诉求、线下开展面对面服务的运行机制。

8. 提升服务机构的能力和水平。支持服务机构改善服务场所，购置仪器设施，加强人员培训，拓展服务领域。大力培育国家级、自治区级中小企业公共服务示范平台，评定一批特约服务机构，树立服务标杆，打造服务品牌。到2017年，国家级示范平台达到20个，自治区级示范平台达到60个。对评定为示范平台的服务机构，自治区中小企业及非公有制经济发展专项资金给予优先支持。支持商会和行业协会发挥服务作用，指导组建中小企业服务机构联合会，建立健全服务规范，完善评价和激励机制，提高行业自律和服务水平。

9. 加强融资担保服务。实行中小微企业信贷例会制度，建立融资项目库，分领域、分行业持续开展银企对接活动。加强货币信贷政策支持，综合运用再贷款、再贴现、差别准备金动态调整等货币信贷政策工具，对非公有制经济信贷投放力度大的金融机构予以适当倾斜，鼓励金融机构增加非公有制经济信贷投放。完善小微企业贷款风险补偿政策，加强中小微企业贷款投放考核、贷款差异化监管，确保小微企业贷款增速不低于各项贷款平均水平、增量不低于上年同期水平。进一步扩充自治区重点担保企业资本金，培育壮大区、市、县三级政策性融资担保机构。健全完善风险补偿和再担保机制，鼓励支持民营融资性担保机构为中小微企业提供融资担保服务。设立中小企业直接融资发展基金，加强对非公有制企业发行债务融资工具的宣传、培训、辅导和推介，鼓励支持中小微企业股权、债券融资。到2017年，全区上市、挂牌企业争取达到150家，新增发债企业20家以上，储备上市和挂牌企业50家以上。对成功上市、挂牌或发债的企业，给予相应奖励和补助。

（四）实施人力资源保障工程

10. 开展人才分类培训。整合社会资源，创新培训方式，形成政府引导、社会参与和企业自主培训相结合的培训机制。以强优企业和“专精特新”中小企业为重点，支持社会化培训机构开展经营管理人才、高技能人才和专业技术人才培训。加强领军人才培训，每年组织300名企业家到知名院校学习深造。深入实施中小企业“银河培训”和“星光培训”，每年培训中小企业经营管理骨干和技能型人才3000人次以上。大力推进企业专业技术人才知识更新，每年培训2000人以上。

11. 引进高层次人才。结合实施自治区“国内引才312计划”、“海外引才百人计划”，支持非公有制企业重点引进具有市场开拓、现代管理和创新能力的高端人才。每年定期面向中小企业征集人才需求信息，为企业引进高端人才搭建桥梁和平台。对企业引进的急需关键核心技术人才、领军型人才等高端人才，与企业签订两年以上聘用合同的，给予企业不超过10万元的薪酬补贴。

12. 加强职业经理人队伍建设。加快制定全区职业经理人培训、资质认定、执业管理的制度体系，建立完善职业经理人人才库和人才市场。组织开展职业经理人培训，每年培训不少于200人。探索建立职业经理人信用评价等激励约束机制。力争到2017年，全区职业经理人队伍达到600人以上。

13. 加强企业用工服务。建立统一的招聘信息共享发布平台，为各类求职人员免费提供企业就业岗位信息服务。鼓励企业开展岗前培训、转岗培训、岗位技能提升培训，落实培训经费补贴政策，每年为企业输送3万名以上适岗工人。开展高校毕业生就业服务进校园、中小企业网上百日招聘高校毕业生活动，对吸纳高校毕业生就业的企业，依据就业政策给予补贴。每年开展非公有制企业招聘活动，搭建就业与用工对接平台。

（五）实施市场开拓工程

14. 支持企业打造知名品牌。开展企业品牌培育推广活动，引导企业增强品牌意识，积极争创中国驰名商标、宁夏著名商标、知名品牌示范区、地理标志产品和宁夏名牌产品。力争到2017年，全区有效商标注册量达到18000件，著名、驰名商标年增长在10%以上。引导支持行业商会、协会申请注册集体商标，申报国家地理标志产品，提升区域品牌影响力。鼓励有条件的企业开展商标境外注册，使用自主商标拓展国际市场。通过人物专访、企业宣传、品牌商标展播等形式，每年在主要媒体宣传推广我区特色品牌50个以上。各级政府对品牌创建取得显著成效的企业予以奖励。

15. 支持企业开拓国内外市场。组织中小企业参加国内大型展览展示、投资洽谈等经贸活动，支持企业参加中阿博览会、中国中小企业国际博览会、APEC中小企业技术交流暨展览会等重点展会，对参展企业的展位费及服务机构的公共布展费按照相关规定给予补助。办好中国—阿拉伯国家中小企业合作论坛，力争在技术、资本、项目合作等方面取得实质性成果。支持外向型企业依托银川综合保税区，积极拓展国际市场。鼓励中小企业积极进行境外展览展示、境外商标注册、境外产品认证、境外品牌并购等经贸活动，对企业调整出口商品结构、优化国际市场布局、培育自主出口品牌、建设国际营销网络等方面给予重点支持。

16. 支持企业创新营销模式。支持企业以电子商务为手段，提高网络采购和销售水平，扩大网络营销覆盖率。在装备制造与配套、清真食品、特色农产品、能源化工等重点领域，加快构建行业第三方电子商务平台。积极推进跨境贸易电子商务服务试点建设。支持企业在国内外大中城市设立宁夏特色产品专卖店和外销窗口，鼓励发展连锁经营和特许经营。鼓励建设集中采购分销平台，支持小微企业通过联合采购、集中配送，降低采购成本。

五、改革重点

（一）放宽市场准入

加快梳理和消除非公有制经济发展的隐性壁垒，推进市场准入标准和优惠扶持政策公开透明。制定《宁夏非公有制企业进入特许经营领域实施办法的落实意见》，进一步破除对投资领域的限制。减少投资和涉及企业生产经营活动的审批事项和审批环节，全面落实工商注册制度改革，推进注册登记便利化。细化并落实面向小微企业产品和服务采购的支持政策，每年面向小微企业政府采购项目不低于年度预算的20%。每年推出一批区内国有企业发展混合所有制经济的合作项目，支持非公有制企业以出资入股、收购股权、认购可转债、融资租赁等多种形式参与国有企业改制重组。

（二）推进金融创新

进一步完善促进金融业发展的激励政策，根据支持小微企业贷款的增速和增幅对金融机构给予一定奖励。鼓励商业银行来宁设立分支机构或发起组建村镇银行，引导民间资本投资参与发起村镇银行、金融租赁公司、中小企业投资公司等融资机构，支持开展信托、租赁、基金、典当等业务，鼓励符合条件的小额贷款公司改制为村镇银行。支持金融机构开发小微企业金融产品和服务，推进应收账款、知识产权、专业技术等质押融资创新。充分发挥中小企业融资担保补助资金的撬动作用，积极探索创新支持方式，鼓励担保机构提供低费率担保服务。积极引进私募股权投资和创业投资机构来宁发展，加快筹建宁夏股权交易中心，建立中小微企业融资网上服务联盟。委托第三方开展中小企业、融资性担保机构和小额贷款公司信用评级活动。

（三）减轻企业负担

完善企业负担监测评估机制，落实国家、自治区扶持中小微企业和非公有制经济发展的税收优惠和财政奖励补贴政策。每年定期公布涉企收费目录，明确征收标准和范围，进一步减免涉及小微企业的收费项目。认真落实中央、自治区减免行政事业性收费政策，严格规范依附于行政许可的各种中介服务收费和经营性服务收费。研究建立与经济社会发展相适应的社会保险缴费基数和费率浮动机制。加大督导检查力度，严明纪律，禁止变相收费和隐性收费，严肃查处乱收费、乱罚款及各种摊派行为。

（四）优化发展环境

修订《宁夏促进中小企业发展条例》，完善《关于加快发展非公有制经济的若干意见》各项配套实施细则。制定全区非公有制经济发展评价办法，定期晾晒各地非公有制经济发展情况，激励争先进位，凝聚发展合力。建设宁夏经济环境网，每年组织开展中小企业评议政府部门服务活动，督促提升服务质量。在中宁县开展非公有制经济发展综合改革试点工作，大力推进体制机制创新，在调整产业结构、开放投资领域、深化金融改革、培育市场主体、完善服务体系等方面先行先试，为促进全区非公有制经济改革发展发挥引领和示范作用。

六、保障措施

（一）加强组织领导

自治区工业和非公有制经济发展领导小组负责统筹推进“行动计划”，研究协调解决实施过程中的重要问题。领导小组办公室设在自治区经济和信息化委，非公有制经济服务局负责日常工作。自治区各相关部门要对照责任分工表（见附件），细化工作任务，加强协调配合，形成工作合力，确保“行动计划”顺利实施。各市、县（区）要建立健全加快非公有制经济发展的工作机制，加强对本地区“行动计划”的组织推动，确保完成目标任务。

（二）加大财政扶持力度

加强中小企业发展专项资金财政绩效评价管理，根据评价结果调整年度预算安排，实行财政支持中小微企业和非公有制经济发展资金竞争性分配机制。县级以上政府要在本级财政预算中安排中小微企业和非公有制经济发展专项资金。规范管理自治区中小微企业发展基金，充分发挥基金的支撑带动作用，撬动民间资本投向中小微企业和非公有制经济领域。

（三）完善统计调查监测体系

由自治区统计局和非公有制经济服务局负责，制定覆盖到县（区）的中小企业和非公有制经济统计调查制度，建立监测点和动态数据库，形成健全完善的分类统计监测体系。发挥民间统计机构作用，扩大统计监测覆盖面，构建数据互补共享机制。加强对统计调查数据的分析使用，每季度发布经济运行监测统计报告，为扶助中小微企业和非公有制经济发展提供决策依据。

（四）强化监督考评

将支持、服务中小微企业和非公有制经济发展纳入各地、各部门及领导班子年度效能目标考核内容，建立健全定期报告、工作激励机制，适时召开全区非公有制经济发展大会。自治区政府督查室、非公有制经济服务局牵头，适时组织开展“行动计划”阶段绩效评估。切实维护非公有制企业合法权益，完善投诉办理和查访问责工作机制，加大效能监察力度，严肃处理行政办事服务机关的乱作为、不作为现象，严肃查处侵害非公有制企业合法权益的违法违纪行为。

（五）加强宣传引导

广泛开展政策巡讲活动，深入基层、企业和产业园区送政策、送服务，让企业了解政策，用足用好各项政策。建立宁夏非公有制经济“掌上通”信息平台，及时推送政策信息，采集企业诉求，协调解决反映的问题。在报刊、广播、电视、网络等媒体开设专栏，积极宣传我区非公有制经济政策、非公有制骨干企业和企业家创业事迹，在全社会形成关心支持中小企业和非公有制经济发展的浓厚氛围。

各市、县（区）、自治区相关部门落实“行动计划”的实施意见和工作措施，要及时报送自治区工业和非公有制经济发展领导小组办公室（自治区非公有制经济服务局）。

附件：1. 加快非公有制经济发展“五项工程”任务分工表

2. 加快非公有制经济发展“四项改革”任务分工表

附件 1：

自治区加快非公有制经济发展行动计划“五项工程”任务分工表

序号	工程名称	牵头单位	配合单位	责任分工
一	企业转型升级工程	自治区经济和信息化委、非公有制经济服务局	自治区发展改革委、财政厅、人力资源社会保障厅、商务厅、国资委、地税局、工商局、统计局、各市、县（区）人民政府	1. 筛选100家非公有制骨干企业进行重点培育（自治区非公有制经济服务局）； 2. 支持企业跨地区、跨行业、跨所有制进行资产并购重组（自治区发展改革委、经济和信息化委、国资委、非公有制经济服务局）； 3. 每年组织考评，兑现企业目标达成奖励和上规模奖励（自治区非公有制经济服务局、财政厅、统计局）； 4. 每年培育认定一批“专精特新”中小企业和示范企业（自治区非公有制经济服务局、财政厅）； 5. 着力推动小微企业“升规上限”（自治区非公有制经济服务局、商务厅、统计局）； 6. 各市、县（区）制定政策措施，扶持企业“升规上限”（各市、县（区）人民政府）； 7. 推进小微企业孵化基地建设，每年认定一批创业孵化示范基地（自治区非公有制经济服务局、财政厅、各市、县（区）人民政府）； 8. 建立创业培训与创业支持联动机制，健全区、市、县三级创业服务体系（自治区人力资源社会保障厅、财政厅、各市、县（区）人民政府）； 9. 建立市、县（区）“个转企”培育后备库，促进新办小微企业财政补贴和税费减免等政策落实（自治区工商局、地税局、财政厅、各市、县（区）人民政府）

续表

序号	工程名称	牵头单位	配合单位	责任分工
二	创新能力提升工程	自治区科技厅	自治区经济和信息化委、质监局、非公有制经济服务局	1. 建立技术创新导向机制，引导支持企业加大技改投入，加快工艺、装备升级换代（自治区经济和信息化委、科技厅、质监局、非公有制经济服务局）； 2. 每年组织100家以上企业开展技术需求与研发成果对接活动（自治区经济和信息化委、科技厅、非公有制经济服务局）； 3. 支持企业建立自治区级及以上研发中心（自治区科技厅、经济和信息化委、非公有制经济服务局）； 4. 培育高新技术企业和科技型中小企业（自治区科技厅、经济和信息化委、非公有制经济服务局）； 5. 深入实施中小企业知识产权战略，提高企业自主知识产权拥有量（自治区科技厅）； 6. 支持企业开展管理对标活动（自治区经济和信息化委、非公有制经济服务局）； 7. 引导企业推行资源计划、供应链管理、客户资源管理、业务流程再造等管理方式（自治区非公有制经济服务局）； 8. 建立质量创新体系和质量创新基地，推进企业建立首席质量官制度，开展标准化良好行为信誉工作，鼓励企业争创“政府质量奖”（自治区质监局）； 9. 培育300家“两化”融合重点企业（自治区经济和信息化委）
三	公共服务体系建设工程	自治区经济和信息化委、非公有制经济服务局	自治区发展改革委、财政厅、统计局、人民银行银川中心支行、宁夏银监局、宁夏证监局、各市、县（区）人民政府	1. 建设市、县（区）园区中小企业综合服务大厅，产业集群窗口服务平台（各市、县（区）人民政府、自治区非公有制经济服务局、财政厅）； 2. 推进中小企业公共服务平台网络建设（自治区非公经济服务局、财政厅、各市、县（区）人民政府）； 3. 每年认定一批自治区级中小企业公共服务示范平台，评定一批特约服务机构（自治区非公有制经济服务局）； 4. 成立中小企业服务机构联合会（自治区非公有制经济服务局）； 5. 实行中小微企业信贷例会制度，建立融资项目库，开展银企对接活动（自治区金融办、非公有制经济服务局，人民银行银川中心支行、宁夏银监局）； 6. 完善小微企业贷款风险补偿政策，实施中小微企业贷款投放考核、贷款差异化监管（自治区财政厅，人民银行银川中心支行、宁夏银监局）； 7. 加强货币信贷政策支持，鼓励金融机构增加非公有制经济信贷投放（人民银行银川中心支行）； 8. 进一步扩充自治区重点担保企业资本金，培育壮大区市县三级政策性融资担保机构（自治区财政厅、金融办、非公有制经济服务局、各市、县（区）人民政府）； 9. 健全完善风险补偿和再担保机制（自治区财政厅、金融办、非公有制经济服务局）； 10. 设立并规范管理使用中小企业直接融资发展基金（自治区财政厅、金融办、非公有制经济服务局）； 11. 加强对非公有制企业借助资本市场多渠道融资的宣传、培训、辅导和推荐（自治区金融办、人民银行银川中心支行，自治区发展改革委、财政厅、非公有制经济服务局）； 12. 鼓励支持中小微企业股权、债券融资（自治区金融办、宁夏证监局，自治区发展改革委、非公有制经济服务局，人民银行银川中心支行）
四	人力资源保障工程	自治区人力资源社会保障厅	自治区经济和信息化委、财政厅、教育厅、非公有制经济服务局	1. 组织实施领军人才培训计划（自治区非公有制经济服务局）； 2. 组织实施中小企业“银河培训”和“星光培训”（自治区非公有制经济服务局）； 3. 大力推进企业专业技术人才知识更新（自治区人力资源社会保障厅）； 4. 加强非公有制经济重点领域人才引进（自治区人力资源社会保障厅）； 5. 制定职业经理人培训、资质认定、执业管理的制度体系，建立完善职业经理人人才库和人才市场（自治区非公有制经济服务局、人力资源社会保障厅）； 6. 探索建立职业经理人个人所得税先征后返、信用评价等激励约束机制（自治区人力资源社会保障厅、财政厅、非公有制经济服务局）； 7. 支持企业开展岗前培训、转岗培训、岗位技能提升培训，落实培训经费补贴政策（自治区人力资源社会保障厅）； 8. 开展高校毕业生就业服务进校园、中小企业网上百日招聘高校毕业生活动（自治区人力资源社会保障厅、非公有制经济服务局、教育厅）； 9. 每年开展非公有制企业专场招聘活动（自治区人力资源社会保障厅、非公有制经济服务局）

续表

序号	工程名称	牵头单位	配合单位	责任分工
五	市场开拓工程	自治区商务厅、工商局	自治区经济和信息化委、财政厅、新闻出版广电局、质监局、非公有制经济服务局	1. 开展品牌培育活动，引导企业争创宁夏著名商标、中国驰名商标（自治区工商局）； 2. 引导企业积极争创知名品牌示范区和地理标志产品、宁夏名牌产品（自治区质监局）； 3. 每年在主要媒体宣传推广特色品牌（自治区非公有制经济服务局、新闻出版广电局）； 4. 组织企业参加中阿博览会、中国中小企业国际博览会等重点展会（自治区商务厅、非公有制经济服务局）； 5. 办好中国—拉伯国家中小企业合作论坛（自治区非公有制经济服务局）； 6. 鼓励中小企业进行境外展览展示、境外商标注册等经贸活动（自治区商务厅）； 7. 加快构建重点领域第三方电子商务平台（自治区经济和信息化委、商务厅、财政厅）； 8. 支持企业在国内外大中城市设立宁夏特色产品专卖店和外销窗口，鼓励发展连锁经营和特许经营（自治区商务厅、经济和信息化委）； 9. 支持小微企业建设集中采购分销平台（自治区商务厅、经济和信息化委）

附件2：

自治区加快非公有制经济发展行动计划“四项改革”任务分工表

序号	改革事项	工作关键点	完成时限和要求	牵头单位	配合单位
一	放宽市场准入	1. 加快梳理和消除非公有制经济发展的隐性壁垒，推进市场准入标准和优惠扶持政策公开透明。制定《宁夏非公有制企业进入特许经营领域实施办法的落实意见》，进一步破除投资领域限制	根据国家制定非公有制企业进入特许经营领域具体办法的情况，及时制定我区落实意见，并对非公有制企业进入特许经营领域实施情况进行评估，完善推进措施	自治区发展改革委、经济和信息化委、非公有制经济服务局	自治区工业和非公有制经济发展领导小组成员单位
		2. 减少投资和涉及企业生产经营活动的审批事项和审批环节	进一步压缩涉企行政审批事项，简化审批手续，下放审批权限，压缩审批时限	自治区编办、发展改革委	自治区监察厅、财政厅、经济和信息化委、民政厅、工商局、政府法制办、政务服务中心
		3. 全面落实工商注册制度改革，推进注册登记便利化	认真落实注册资本认缴登记制，细化操作流程，提高服务效率	自治区工商局	各市场主体审批监管职能部门
		4. 细化并落实面向小微企业产品和服务采购的支持政策	2014年8月底前出台政府采购支持小微企业产品、服务的具体办法和操作流程。每年面向小微企业政府采购项目不低于年度预算的20%，采购评审中对小微企业产品给予6%～10%的价款扣除	自治区财政厅	自治区公共资源交易管理局、非公有制经济服务局、各市、县（区）人民政府
		5. 每年推出一批区内国有企业发展混合所有制经济的合作项目，支持非公有制企业参与国有企业改制重组	2014年推出1～2个国有企业发展混合所有制经济试点项目。及时总结推广试点经验，逐步扩大试点范围	自治区国资委	自治区发展改革委、经济和信息化委、非公有制经济服务局
二	推进金融创新	1. 建立健全促进金融业支持中小微企业发展的激励政策	2014年6月底前出台加快资本市场发展的政策意见，做好金融领域落实“两优”发展环境政策的前期准备工作，并抓好组织实施	自治区金融办	人民银行银川中心支行、宁夏银监局
		2. 鼓励商业银行来宁设立分支机构或发起组建村镇银行，引导民间资本投资参与发起新型金融机构，鼓励符合条件的小贷公司改制为村镇银行	2014年力争引进浦发银行、华夏银行来宁设立分支机构，争取获批1家村镇银行，做好宁夏证券公司筹建工作。加强规范管理，积极支持开展面向小微企业的融资业务	自治区金融办	宁夏银监局、宁夏证监局

续表

序号	改革事项	工作关键点	完成时限和要求	牵头单位	配合单位
二	推进金融创新	3. 支持金融机构强化中小企业金融产品和服务创新，鼓励金融机构进一步放宽融资抵押品范围	配套完善抵（质）押物评估、登记、处置等相关管理办法，推进以农村土地产权、应收账款、知识产权、仓单、商铺经营权、股权、特许经营权等为标的的新型抵（质）押担保方式，拓宽非公有制经济主体有效抵（质）押担保物范围	宁夏银监局	人民银行银川中心支行、自治区金融办
		4. 积极探索创新支持方式，鼓励担保机构提供低费率担保服务	认真落实《宁夏中小企业融资担保补助资金管理暂行办法》，鼓励担保机构创新担保产品和担保方式，加强风险管控，为中小企业提供融资增信和低费率服务	自治区财政厅	自治区金融办、非公有制经济服务局
		5. 加快筹建宁夏股权交易中心，建立中小微企业融资网上服务联盟	2014年年底前完成宁夏股权交易中心筹建工作，2016年年底前中小微企业融资网上服务联盟投入运营	自治区金融办	自治区发展改革委、财政厅、非公有制经济服务局、宁夏证监局
		6. 开展中小企业信用评级活动	培育第三方信用评价机构，建立信用信息评价制度和信用资本化指标体系，探索实现信用质押	自治区经济和信息化委、非公有制经济服务局	人民银行银川中心支行、自治区工商局等其他涉企相关部门
三	减轻企业负担	1. 完善企业负担监测评估机制，每年定期公布涉企收费目录，明确征收标准和范围，进一步减免小微企业的收费项目	2014年6月底前发布《自治区涉企收费清单》，以后每年发布一次。定期评估晾晒各地市企业负担监测结果。研究制定进一步减免小微企业收费项目的实施办法	自治区经济和信息化委、非公有制经济服务局	自治区财政厅、物价局
		2. 全面落实减免行政事业收费政策，严格规范依附于行政许可的各种中介服务收费和经营性服务收费	清理减少自治区设立的行政事业性收费项目，指导工业园区建立政府购买中介服务工作机制，加强经营性服务收费动态管理	自治区财政厅、物价局	自治区政府法制办、非公有制经济服务局
		3. 研究建立与经济社会发展相适应的社会保险缴费基数和费率浮动机制	适时调整社保缴费基数，适度降低全区养老、失业保险缴费基数下限	自治区人力资源社会保障厅	自治区财政厅
		4. 加大督导检查力度，禁止变相收费和隐性收费，严肃查处乱收费、乱罚款及各种摊派行为	定期查访企业缴费情况，对违规收费、罚款、摊派等行为及时予以纠正和处理	自治区物价局、监察厅	各市、县（区）人民政府
四	优化发展环境	1. 提请自治区人大加快修订《自治区促进中小企业发展条例》，完善《意见》的各项配套实施细则	2014年组织开展相关调研工作。在《中小企业法》修订后，及时提请自治区人大修订颁布《自治区促进中小企业发展条例》，主动配合做好组织实施和定期检查评估工作	自治区经济和信息化委、非公有制经济服务局	自治区政府法制办
		2. 制定全区非公有制经济发展评价办法，定期晾晒各地非公有制经济发展情况	2014年年底前制定出台评价办法，2015年4月底前公布上年度各地非公有制经济发展综合评价结果。以后定期发布评价结果	自治区经济和信息化委、非公有制经济服务局	自治区统计局
		3. 建设宁夏经济环境网，组织开展中小企业评议政府部门服务活动	2014年年底前建成宁夏经济环境网，制定出台评议办法，并组织开展评议活动，公布评议结果。以后每年度组织评议一次，督促各部门改进工作作风，提高服务质量	自治区经济和信息化委、监察厅、非公有制经济服务局	自治区工业和非公有制经济发展领导小组成员单位

续表

序号	改革事项	工作关键点	完成时限和要求	牵头单位	配合单位
四	优化发展环境	4. 推进中宁县非公有制经济发展综合改革试点工作	2014年完成改革试点方案，报自治区人民政府审批并启动实施。定期召开协调推进会议，完善各项改革措施，适时总结推广经验	自治区经济和信息化委、非公有制经济服务局、中宁县人民政府	自治区工业和非公有制经济发展领导小组成员单位
		5. 修订完善加快发展非公有制经济各项配套实施细则，推进专项领域改革	2014年6月底前完善出台《关于加快非公有制经济发展的若干意见》配套实施细则，编印《宁夏非公有制经济政策解读》。细化操作流程，分领域抓好推进落实	自治区经济和信息化委、非公经济局	自治区工业和非公有制经济发展领导小组成员单位

抄送：自治区党委各部门，自治区人大常委会办公厅，自治区政协办公厅，自治区高级法院、人民检察院，中央驻宁各单位，宁夏军区。

各人民团体，各民主党派自治区委员会。

宁夏回族自治区人民政府办公厅
2014 年 6 月 24 日

大连市

大连市人民政府办公厅关于支持个体工商户转型升级为企业的实施意见

大政办发〔2014〕74 号

各区、市、县人民政府，各先导区管委会，市政府各委办局、各直属机构：

为加快推动我市个体工商户的发展，有力促进我市民营经济发展方式转变和经济转型升级，不断提升市场竞争力和社会责任感，确保我市经济社会的持续健康发展，经市政府同意，现就支持全市个体工商户转型升级为企业（以下简称“个转企”）工作提出以下意见：

一、指导思想

深入贯彻落实党的十八大和十八届三中全会精神，以科学发展观为指导，以服务民营经济发展为宗旨，以提高企业质量效益为立足点，以促进区域经济发展为目标，健全政策扶持体系，全力支持具有一定规模的个体工商户转型升级为企业，加快推进民营经济发展，进一步优化经济结构、产业结构和市场主体结构，促进全市经济社会持续健康发展。

二、基本原则

“个转企”是指个体工商户以现有的生产经营条件为基础，依照《中华人民共和国公司法》《中华人民共和国合伙企业法》《中华人民共和国个人独资企业法》等法律法规，申请登记为私营企业（包括个人独资企业、合伙企业、公司制企业）的组织形式的转换。在实施“个转企”工作中应当遵循以下原则：

（一）政策引导，主体自愿。坚持改革创新，优化审批服务，强化政策支撑，积极引导和扶持“个转企”，充分尊重个体工商户的意愿，注重激发其内在动力，让转型主体多受益，不增加转型企业的负担。

（二）坚持标准，规范管理。遵循市场规律，紧密结合地区产业特点、区位优势和主体自身情况，对产值和规模较大的个体工商户实施转型，对有一定实力且对“个转企”工作存有顾虑的个体工商户实施引导和扶持，对规模较小、潜力较大的个体工商户实施培育。

（三）政府领导，部门联动。在政府统一领导下，各有关部门按照各自职责，分工协作，落实政策措施，加强指导服务，协调解决困难和问题，推动“个转企”工作的顺利实施。

三、主要对象

（一）对从事农（林、牧、渔）业、工业、批发业、零售业、交通运输业、仓储业、住宿业、餐饮业、信息传输业、软件和信息技术服务业、租赁和商务服务业及其他未列明行业的，根据营业收入（资产总额）、从业人员等指标，参照工业和信息化部、国家统计局、发展改革委、财政部联合下发的《中小企业划型标准规定》（工信部联企业〔2011〕300 号），符合小型、微型企业划型标准的个体工商户（对符合小型企业划型标准的个体工商户督促转企，对符合微型企业划型标准上限 50% 的个体工商户鼓励转企）；

（二）从事海洋养殖业的个体工商户；

（三）产值较大的制造业和规模较大的服务业个体工商户；

（四）规模以上从事餐饮服务的个体工商户；

（五）经税务部门认定为增值税一般纳税人的个体工商户；

（六）法律法规要求特定行业经营应具备企业组织形式，目前登记为个体工商户的。

各区市县政府、先导区管委会要结合实际，确定本地区“个转企”的重点行业和具体标准。

四、便捷准入服务

（一）工商登记程序。“个转企”可以按照变更程序办理。申请人应向工商登记部门提交《个体工商户转型升级为企业申请书》。升级企业投资者至少包含1名个体工商户经营者。

（二）名称登记。可最大限度地保留原个体工商户名称中的字号和行业特点。个体工商户转型为个人独资企业和合伙企业的，允许继续使用原登记字号（合伙企业在组织形式后标注“普通合伙”“特殊普通合伙”或“有限合伙”字样）；个体工商户转型为有限责任公司的，允许沿用其原名称加“有限公司”。

（三）注册资本登记。对个体工商户转为有限公司的，除法律、行政法规和国务院决定另有规定外，取消最低注册资本、首次出资比例、货币出资比例、出资期限的限制；实收资本不再作为工商登记事项，登记时无须提交验资报告；实行注册资本认缴制，由股东对其认缴出资额、出资方式、出资期限等自主约定，并记载于公司章程。

（四）住所（经营场所）登记。不改变住所（经营场所）的，转型后企业设立，无须重复提交住所（经营场所）使用证明文件。改变住所（经营场所）的，只要提交合法使用证明即予以登记。

（五）相关审批事项。按变更程序办理的转型企业，原个体工商户经营项目中有法律法规规定需经许可经营的，转型为企业后投资主体、经营场所、经营范围不变的，只要原许可批准文件仍在有效期限内，可先行办理工商登记手续。其中，企业名称没有变化的，可继续沿用原许可批准文件；企业名称变化的，申请人可持工商登记机关出具的《个体工商户转型证明》，相关部门在10个工作日内按相关法律、法规、规章办理审批许可手续，直接更换新证或签署旧证延续使用意见。其中，为企业登记前置许可的，由申请人在30个工作日内向工商登记机关备案。

（六）提供优质服务。工商登记机关要开辟“绿色通道”，积极开展“个转企”工作的咨询、指导及业务办理，主动提供登记指南、登记表格，指导申请人规范填写申请书、准备登记应提交的材料，及时提醒申请人到质监、税务、建委、国土房屋、环保、安监、交通等部门办理各类证照变更等手续。

（七）“个转企”后，原则上可保留转企前的各种荣誉称号，荣誉授予部门应予认可。

五、税费扶持政策

（一）“个转企”后属小型微利企业的（不含个人独资企业、合伙企业），减按20%的税率征收企业所得税；其中，年应纳税所得额低于10万元（含10万元）的小型微利企业（不含个人独资企业、合伙企业），自2014年1月1日至2016年12月31日，其所得减按50%计入应纳税所得额，按20%的税率缴纳企业所得税。

（二）“个转企”后，对增值税小规模纳税人月销售额不超过2万元的企业，暂免征收增值税。

（三）“个转企”后，对商贸企业、服务型企业、劳动就业服务企业中的加工型企业和街道社区具有加工性质的小型企业实体，在新增加的岗位中，当年新招用在人社部门公共就业服务机构登记失业1年以上且持《就业失业登记证》（注明“企业吸纳税收政策”）人员，与其签订1年以上期限劳动合同并依法缴纳社会保险费的，在3年内按实际招用人数予以定额依次扣减营业税、城市维护建设税、教育费附加、地方教育附加和企业所得税优惠。定额标准为每人每年4000元，最高可上浮30%。

（四）“个转企”后，经认定属国家重点扶持的高新技术企业的，减按15%的税率征收企业所得税。企业为开发新产品、新技术、新工艺所发生的研究开发费用，在计算企业所得税时可按规定加计扣除。

（五）“个转企”后，对安置残疾人的企业，实行由税务机关按企业实际安置残疾人的人数、限额即征即退增值税的办法。实际安置的每位残疾人每年可退还的增值税的具体限额为每人每年3.5万元。企业按照上述规定取得的增值税退税或营业税减税收入，免征企业所得税。企业支付给残疾人的实际工资可在企业所得税前据实扣除，并可按支付给残疾人实际工资的100%加计扣除。

（六）“个转企”后，确有困难的小型微利企业，在2015年底前，减半征收城镇土地使用税和房产税。

（七）从转企当年起，其企业基本养老保险统筹基金缴费比例可实行3年过渡。过渡期结束后，统一按企业缴费比例缴纳企业基本养老保险费。“个转企”后，即以上月工资总额作为企业基本养老保险单位缴费基数。原按企业参保缴纳社会保险费的个体工商户转为企业的，仍按原规定执行。

（八）转型前的个体工商户与转型后的企业之间房屋权属转移登记和国有土地使用权主体名称变更登记投资主体、经营场所、经营范围不变的，持工商登记机关出具的《个体工商户转型证明》，免征契税和免收交易手续费。

（九）按照国家、省、市有关规定免征变更登记费、证照工本费等行政事业性收费。

六、金融扶持措施

（一）各金融机构对持《个体工商户转型证明》的“个转企”企业要积极给予贷款支持，根据企业生产经营需求和现金流等特点，合理确定利率水平和贷款期限，拓宽抵押担保物范围，创新还款方式。对符合国家产业政策和信贷政策要求、发展前景和信用较好但暂时有困难的小型微利企业，贷款利率尽量少上浮或不上浮。

（二）各金融机构要提高对“个转企”企业的信贷审批效率；在符合规定和风险可控的前提下，尽可能为“个转企”企业变更银行结算账户提供便利。

（三）各金融机构支持“个转企”企业信贷情况，纳入人民银行小微企业信贷政策评估内容。

（四）对符合政策条件的“个转企”小型微利企业，予以小额担保贷款支持。

七、工作要求

（一）加强领导。各地区、各部门要充分认识“个转企”工作对促进全市经济社会发展的重大意义，切实加强领导，提高认识，强化措施，全面推进。市政府建立市个体工商户转型升级工作联席会议（以下简称联席会议）制度，负责全市“个转企”工作的综合规划、组织协调和督查考核等工作，建立制度，制定方案，推进“个转企”工作顺利开展。

（二）落实责任。各有关部门要各司其职，各负其责，密切配合，形成齐抓共管的工作合力。要建立健全“个转企”台账，全面掌握符合转型升级个体工商户的规模、数量、经营状况等基本情况，定期通报信息，分析形势，研究制定措施，协调解决问题。建立“个转企”培育库，对有转企意愿的个体工商户，要及时开展帮扶、引导、培育等工作，为其提供优质、高效的服务。

（三）强化督查。要根据各地个体工商户现有总量、产业结构等实际情况，将“个转企”工作纳入当地绩效考评范围，定期督导检查，通报工作情况，实行综合考评，推进“个转企”工作的有效落实。

（四）加强宣传。要充分利用各种媒体，采取多种形式，向全社会广泛宣传国家、省、市关于“个转企”工作的相关政策，树立发展典型，强化示范带动作用，增强符合条件的个体工商户转企意愿和主动性，提高全社会对“个转企”工作的认知度，积极营造良好的宣传氛围。

各区市县政府、先导区管委会和各相关部门要根据本意见，结合实际情况，制定具体实施办法和相关配套措施。

大连市人民政府办公厅
2014 年 8 月 15 日

大连市人民政府关于实施减半征收小微型企业房产税和城镇土地使用税优惠政策的通知

大政发〔2014〕45 号

各区、市、县人民政府，各先导区管委会，市政府各委办局、各直属机构，各有关单位：

为加大对小微型企业的扶持力度，依照上级有关政策规定，结合我市实际情况，市政府决定自 2014 年 1 月 1 日起至 2015 年 12 月 31 日止，对我市纳税确有困难的小微型企业减半征收房产税和城镇土地使用税。其中，小微型企业是指符合国家工业和信息化部等四部委制发的《中小企业划型标准规定》（工信部联企业〔2011〕300 号文件印发）的小型和微型企业；纳税确有困难的小微型企业，是指申请减免税所属年度所得税汇算纳税调整后所得为负数的小微型企业。

特此通知。

大连市人民政府
2014 年 11 月 7 日

大连市人民政府关于进一步减轻企业负担的通知

大政发〔2014〕13 号

各区、市、县人民政府，各先导区管委会，市政府各委办局、各直属机构，各有关单位：

为贯彻落实党中央、国务院以及省委、省政府关于加快政府职能转变的决策部署，进一步减轻企业负担，优化企业发展环境，增强全市企业市场竞争力，促进全市经济持续健康发展，市政府决定对我市部分涉企收费等事项做出进一步调整。现将有关事宜通知如下：

一、将我市企业职工基本养老保险统筹基金缴费比例下调至 18%。

二、将我市企业职工生育保险基金缴费比例下调至 0.2%。

三、自 2014 年 1 月起，企业缴纳的工会经费属于基层工会留成部分不再通过地税部门先征后返，直接由企业依法拨付给同级工会，用于职工服务和工会活动。工会经费拨缴中基层工会留成部分按照有关规定予以税前扣除。

四、执行《关于取消缓征部分行政事业性收费和政府性基金项目的通知》（辽财非〔2014〕52 号）要求，缓征河道工程修建维护费，水土流失防治费，征（土）地管理费，渔业船舶登记或变更登记费，价格调节基金；取消城市临时占地费，垃圾排放管理费，商品（服务）和非涉案领域物品价格认证收费，成人高、中等学校招生网上录取费，中专计算机应用基础水平测试费，普通中专录取费（含免试生录取费），有线电视加装费。

五、市有关部门要对全市行政事业性收费和经营性收费项目进行全面排查，提出调整意见；对金融行业涉企收费及融资难、融资贵等情况进行专题调研，制定解决办法；调查了解其他领域涉企收费中存在的不合理问题，一经发现，坚决取缔。针对上述情况的具体意见和措施另行制定。

六、针对重点区域、重点行业企业负担问题进行专题研究，可在本通知规定基础上，制定出台进一步的政策措施。

七、各地区和有关部门要按照本通知精神，严格清理摊派、评比表彰过滥等加重企业负担的各类问题，建立涉企收费审批制度，一律不得出台增加企业负担的工作措施。

八、各地区和有关部门要严格执行国家、省关于减轻企业负担的有关规定和本通知规定，并对取消、减少和缓征的收费和基金项目予以公示，不得以任何理由拖延、截留或拒绝执行。对执行不力的部门和单位要按规定予以处罚，并追究有关责任人员的行政责任。

九、本通知自2014年3月1日起执行。

大连市人民政府
2014年2月28日

厦门市

厦门市人民政府关于进一步推动工业稳增长促转型十三条措施的通知

厦府〔2014〕108号

各区人民政府，市直各委、办、局，各开发区管委会：

为贯彻落实《福建省人民政府关于进一步推动工业稳增长促转型十一条措施的通知》（闽政文〔2014〕1号），现结合我市实际，提出如下实施意见。

一、鼓励制造业企业增产增效

（一）市财政2014年度安排4000万元，对季度产值同比增长8%及以上，且单位产值耗电量同比下降的重点制造业企业，按用电增量每千瓦时给予0.1元的奖励；对其他符合产业政策的规模以上制造业企业，2013年已缴税金达160万元以上，2014年季度用电量在150万千瓦时以上，且单位产值耗电量同比下降的，根据企业季度产值同比增长13%～25%、25%及以上分档，分别按季度同比用电增量每千瓦时给予0.05元、0.1元的奖励。单家企业奖励金额不超过120万元。

新投产规模以上工业企业本年度缴交税金达到48万元的，也可以享受该政策，但奖励金额按实际用电量的30%折算用电增量，并按用电增量每千瓦时给予0.1元的奖励。

（二）市财政2014年度安排2000万元，对新增的规模以上工业企业，第1年按当年缴纳地方级税收收入的50%予以奖励，第2年、第3年按上一年度缴纳地方级税收收入（同口径）为基数的增量部分的60%予以奖励，单家企业年度最高奖励20万元。

（三）对2014年度工业产值和主营业务收入均比2013年度增加1亿元及以上、5亿元以下的企业，按实际增加额的0.25‰予以奖励；增加5亿元及以上、10亿元以下的企业，按实际增加额的0.5‰予以奖励；增加10亿元及以上的企业，按实际增加额的1‰予以奖励。奖励金额采取分段累积计算，上不封顶。企业工业产值和主营业务收入由市统计局负责审核确认，奖励金额由市经发局会同市财政局负责审核确认。

二、支持企业技术改造

市财政2014年度安排5000万元企业技术改造专项资金，重点支持行业龙头骨干企业工艺技术水平提升、产业链（群）重点发展领域及上下游配套、扩大先进产能、产学研成果转化、提高产品附加值、集约节约用地等企业技术改造项目，给予按项目固定资产投资额10%以内的补助或贷款贴息，单个项目补助最高500万元。组织实施市重点技术改造“机器换人”专项，对设备及技术投资500万元以上的“机器换人”生产或应用项目，给予按项目设备和技术投资额10%以内的补助，单个企业补助不超过200万元。

三、扶持中小微企业发展

（一）市财政2014年度安排7770万元中小企业发展专项资金，主要用于支持成长型中小微企业贷款的贴息补助，支持成长性良好、符合条件的成长型中小微企业发行集合资金信托，支持融资性担保机构为轻资产的中小微企业银行融资提供贷款担保，支持金融机构为中小微企业提供免抵押、免担保和放大抵押倍数等信贷产品，支持中小微企业公共服务平台建设等。

（二）市财政2014年度安排4000万元“还贷应急周转金”，为符合产业政策和信贷政策且发展前景良好的小微企业，提供短期资金周转需求，解决暂时性的还贷资金困难。

（三）鼓励个体工商户转为企业，对“个转企”

的小微企业给予不低于5年的过渡期，在过渡期内，对账证不健全的转型企业税收实行核定征收模式，企业社会保险缴费方式5年不变。

四、支持企业开拓市场

（一）支持企业参加国内专业性及综合性的重点展会和行业推介会，并给予一定比例的展位费补助。支持优势特色产业抱团到外地参展，推介厦门产品；支持有实力、有条件的行业协会在厦举办专业性展会，并给予适当补助。

（二）支持企业创新营销模式，鼓励企业发展电子商务。对符合《厦门市电子商务扶持资金管理暂行办法》规定条件的项目，按政策予以扶持。

（三）鼓励本市工程机械、节能环保设备、输变电设备、新能源设备、交通运输设备、网络和通信设备等工业企业，参与我市以外大型工程项目和政府采购项目招投标，对单个中标合同金额1000万元以上的，按合同金额3%给予奖励，单个企业年度最高奖励金额500万元。对经省认定的首台（套）重大技术装备研制生产企业，属于国内首台（套）的，按不超过市场销售价格的60%给予补助；属于省内首台（套）的，按不超过市场销售价格的30%给予补助，用于研发费用补助和用户风险补偿，最高补助金额不超过500万元。

五、推动企业兼并重组

落实好国家鼓励企业兼并重组的财政、税收、金融和土地等优惠政策，支持我市汽车、机械制造、有色冶金、食品等行业龙头企业、优势企业，围绕产业链延伸拓展，开展跨地区、跨行业、跨所有制的兼并重组。对重大兼并重组项目，按照“一事一议”“一企一策”制定扶持措施。

六、促进项目对接落地

充分利用“6·18”“9·8”等招商平台，促进先进制造业项目对接落地。对与世界500强、台湾百大企业、全国百强企业以及全国百强民营企业对接的制造业龙头项目，纳入市重点项目管理，实行全过程跟踪服务，简化审批审核手续，强化要素保障。市发改委对重点对接的制造业龙头项目给予一定的前期费用补助。

七、鼓励行业节能降耗

（一）支持工业企业节能降耗和调整产业能源结构，实施重点行业电机、变压器能效提升工程，开展酒店宾馆、公共机构领域的节能照明改造，加大对节能改造项目和合同能源管理项目的奖励力度。对实施工业锅炉、窑炉、加热炉等“煤改气”“油改气”的，按项目固定资产投资总额的一定比例给予一次性奖励。

（二）开展钢铁、玻璃、造纸、印染等行业能效对标，对单位产品能耗优于国家标准先进值的企业按省政府政策给予享受延长用电低谷时段的优惠政策；对省内行业标杆的本市企业，每家给予50万元奖励。

八、扩大电力直接交易

跟踪落实省电力用户与发电企业直接交易管理办法，鼓励先进制造业、高新技术企业、战略新兴产业、能效标杆企业以及节能环保企业，参与直接交易。根据全市经济和社会发展情况，争取适度扩大电力直接交易规模，为企业发展提供更好的电力市场环境。

九、推动集约节约用地

落实省政府《关于促进工业项目节约集约用地八条措施的通知》（闽政文〔2013〕246号），严格项目用地落地审核，盘活存量土地，提高土地投入产出水平。对新建或通过改建达到《福建省工业项目建设用地控制指标（2013年本）》条件的企业，房产税、土地使用税“即征即奖”优惠政策延至2018年底。对投资新建或对原有厂房进行改造升级，厂房建筑面积达到1万平方米以上且层数达到4层以上的，市技改专项资金对其货梯投资给予补助，单个项目最高不超过50万元。优化产业空间布局，落实好《厦门市促进岛内工业企业搬迁岛外暂行办法》（厦府〔2013〕240号），鼓励岛内工业企业搬迁至岛外专业化园区集聚发展。

十、加快两化深度融合

对工业企业在研发设计、采购销售、经营管理等关键环节的综合集成及模式创新等信息化项目，给予不超过项目新增设备投资额30%的一次性补助，补助金额最高100万元；支持面向产业链、产业集群、行业性和区域性的信息化服务项目，并根据实际投入情况给予不超过总投资的30%的一次性补助，补助金额最高100万元；对软件企业开发嵌入式软件产品，并在本市制造业企业应用且实现新增主营业务收入1000万元以上的项目，分别给予生产企业、软件企业不超过20万元的一次性奖励。

十一、优化企业用工环境

（一）用人单位招用本市新增劳动力、失业人员或引进初次来厦务工人员，且连续工作3个月以上、办理就业登记手续并缴纳社会保险的，一次性奖励标准由300元/人提高到500元/人。

（二）鼓励支持残疾人就业，采取财政补助和税费减免等优惠政策，进一步加强残疾人就业帮扶工作。市、区残联要在尊重本人意愿和双向选择基础上，通过多种形式积极推荐有一定劳动能力的残疾人到企业就业。

十二、支持企业培育自主名优品牌

市财政2014年度安排2000万元品牌建设发展资金，支持企业创品牌、创名牌，重点支持行业优势企业培育自主品牌。

十三、发挥企业资金应急处置机制作用

完善企业资金应急处置联席会议制度和应急处置会商机制，按照“属地负责、分级管理、企业自救、协调联动”原则，及时协调处置好可能对本市产生重大影响的企业资金问题，积极帮助资金困难企业开展自救，协调相关金融机构帮助企业渡过难关。

厦门市人民政府

2014年4月21日

中共厦门市委厦门市人民政府关于促进民营经济健康发展的若干意见

为进一步加大对我市民营经济的扶持力度，加快培育壮大龙头骨干民营企业，营造良好的创业营商环境，使民营经济发展成为支撑我市经济增长的重要力量，特提出以下意见。

一、扩大民间资本投资范围

1. 加快探索制定民间资本投资准入负面清单管理模式，鼓励民间资本平等进入清单之外所有领域，建立权力清单制度，为市场主体营造公平竞争的发展环境。

2. 从2014年起连续5年，市区两级政府每年从经营性基础设施、智慧城市、现代服务业、社会事业、科技创新与转型升级、现代都市农业与城乡一体化等领域选取20个，合计总投资额不低于20亿元的重大项目，鼓励民营企业依法通过独资、合资、合作、联营、项目融资以及特许经营等方式参与投资、建设与运营，并制定相应的配套政策。

3. 鼓励民间资本通过上市公司、产权交易机构等平台，以出资入股、受让国有股权、股权投资基金等方式参与国有企业改制重组。除关系国计民生和保障城市功能的领域外，其他领域均应遵循市场化原则向民间资本开放。鼓励民间资本参与国有企业信息、管理、技术等服务平台建设。至2020年80%以上的国有企业实现产权多元化，形成国有资本引领带动，集体资本、民间资本和外商资本共融共进的多种所有制经济发展新格局。

4. 鼓励民间资本在本市举办二级以上规模的综合医院，对获得国家三甲的民营医院，给予500万元奖励；被评为国家临床重点专科的，给予300万元—500万元的经费资助。对民间资本举办非营利性医疗机构，可参照公立医院标准，按出院人次给予相应补助，对其承担公共卫生服务等方面的职责，给予相应的财政补助。

5. 鼓励民营企业“退二进三”，支持民营企业在符合规划的前提下利用原址发展总部经济、研发设计、电子商务、文化创意等现代服务业或建设中小企业创业示范基地，按“退二进三”改造政策给予扶持。

6. 鼓励民营企业参与“百姓富·生态美”建设，民间资本认养山林、资助划入生态红线内的农民发展生态农业，按规定减免相关税费和享受财政相关奖励。

二、减轻民营企业税费负担

7. 2014年1月1日至2016年12月31日，对符合税法规定条件的年应纳税所得额低于10万元（含10万元）的民营小微企业，其所得减按50%计入应纳税所得额，按20%的税率缴纳所得税，并对2015年12月31日前产生的企业所得税的地方留成部分以“即征即奖”的方式奖励给企业。允许民营小微企业的民间借贷利息按有关规定在企业所得税前扣除。

8. 对确有困难的民营小微企业按规定予以免征房产税和城镇土地使用税。

9. 电力、水务等部门应支持民营中、小微企业以银行承兑汇票缴纳水电等费用。

10. 允许民营企业集团内部在贷款调拨时，各成员企业按资金使用情况分摊利息并按规定税前列支，对集团核心企业或集团所属财务公司将其向金融机构的借款分拨给下属单位并按支付给金融机构的借款利率水平向下属单位收取的利息不征收营业税及其附加。

三、缓解民营企业融资难

11. 充分发挥财政资金的引导和促进作用，从

2014 年起，将市中小企业发展专项资金扩大到 1 亿元，今后按照财力情况逐步增加，通过无偿资助、股权投资、业务奖励、代偿补偿、购买服务等方式，采取市场化手段，引入竞争激励机制，切实惠及广大中小企业。

12. 设立厦门市中小企业发展基金，基金资金来源包括市财政预算安排、基金收益、捐赠等。市财政根据实际使用情况安排预算。基金主要用于引导创业投资机构及其他社会资金支持处于初创期、成长型的小微企业。鼓励向基金捐赠资金，支持基金按规定申请公益性捐赠税前扣除资格，对企事业单位、社会团体和个人等向获得公益性捐赠税前扣除资格的基金捐赠资金的，企业在年度利润总额 12% 以内的部分，个人在申报个人所得税应纳税所得额 30% 以内的部分，准予在计算缴纳所得税税前扣除。

13. 继续安排中小企业信贷风险资金，支持银行增加对小微企业发放免抵押、免担保信用贷款额，为民营中小企业提供金融服务的银行、信托、小额贷款公司及其他非银行金融组织，由有关部门按规定实行风险补偿及享受财政相关奖励。建立多渠道的小微企业贷款风险分担机制，在现有财政分担的基础上，逐步引入民间资本参与，形成财政引导、民间资本共同参与、金融机构具体实施的全社会支持小微企业融资的良好局面。

14. 加快推进市、区两级担保体系建设，从 2014 年起，将中小企业融资担保机构风险补偿资金提高到每年 3000 万元，将厦门市科技型中小企业担保公司注册资本规模扩大到 1 亿元。对积极探索创新中小企业融资担保业务且推广效用显著的融资担保机构，给予最高不超过 500 万元的奖励，并通过业务奖励、风险代偿、资本投入补贴等方式予以支持。

15. 融资租赁公司购入设备并被我市民营企业租赁使用的，按照租赁合同金额 5‰给予奖励，单一企业单笔业务奖励金额不超 20 万元，总奖励金额不超过 200 万元。融资租赁公司购入我市地产设备开展业务的，按照租赁合同金额 6‰给予奖励，单一企业单笔业务奖励金额不超 30 万元，总奖励金额不超过 300 万元。

16. 支持民营企业牵头发起或参股设立小额贷款公司，支持内控机制完善、资产优良、社会效益突出的小额贷款公司增资扩股、引入民间资本。支持小额贷款公司通过市两岸股权交易中心开展股权融资、发行私募债、转让信托资产，拓宽小额贷款公司的融资渠道。

17. 支持民营企业在市两岸股权交易中心挂牌，开展股权登记、托管业务。鼓励民营企业发行集合债券、集合票据、短期融资券、私募债券或者通过集合信托、融资租赁等方式进行融资，市财政根据融资成本情况给予分类补贴。

四、缓解民营企业用地难

18. 加大对民营企业发展用地的保障力度。对民营企业参与城市基础设施、公益性科技和非营利性教育、文化、卫生等社会公益事业项目使用的土地，符合国家划拨用地目录的，按划拨方式供地。对企业利用现有厂区、厂房改造建设的，在符合规划、不改变工业用地用途的前提下提高容积率的，项目增容免收土地出让金。

19. 对于通过招标、拍卖或挂牌方式获得土地使用权的民营医院，在其建成开业、通过医院等级评审、通过国际 JCI 认证时由财政给予一定金额的奖励。

20. 民营企业租赁原国有企业的存量房产用于工业生产，企业依法办理房屋租赁登记后，在征得原房屋所有权人同意的前提下，可将房屋使用权转租、联营、合资、合作、合股。

21. 鼓励民营企业以“民办公助”的模式参与我市产业园区的建设、运营，在我市规划园区范围内，划定产业方向明确的园区交由龙头骨干民营企业从规划、投资、设计、招商、运营各环节自主管理，建设产业特区。

22. 支持民营企业建设中小企业创业示范基地，并对进入示范基地的新设立民营企业，给予 2 年的免租或减租优惠，补贴费用由市中小企业发展专项资金和所属区各负担 50%。

五、推动民营企业做大做强

23. 制定《厦门市龙头骨干民营企业认定办法》，对入选企业进行重点培育。建立市领导与龙头骨干民营企业挂钩联系制度，在资源配置、要素保障等方面采取“一企一策”“一事一议”的方式给予扶持，并加强跟踪服务工作，协调解决相关问题。

24. 支持市区两级商会及行业商协会成立联合投资公司，申请总部企业认定，享受总部经济相关优惠政策，建设“商会大厦”。

25. 鼓励本地民营企业兼并、收购、控股外地企业并在本市纳税，鼓励在外地设有分支机构的民营企业在本市结算、纳税，符合总部企业认定条件的，享受相关优惠政策。

26. 鼓励异地闽商来厦投资，建立、健全与全国闽籍商会组织的沟通联系机制，以项目建设为龙头，构筑闽商资本回归平台。发挥对台交流合作优势，推动闽商在厦与台湾地区进行产业合作对接。

27. 2014 年至 2016 年，对新增的规模以上民营工业企业、限额以上民营批发和零售企业，以企业上年度缴纳的地方级税收收入为基数，2016 年 12 月 31 日前每年增量部分的 50% 奖励给企业扩大再生产。

28. 民营企业税收利润分配给个人的，转为增资或在本市再投资用于扩大再生产部分，其已缴纳的个人所得税由财政部门予以全额扶持。

六、推动民营企业自主创新

29. 鼓励和支持各类投资主体面向重点产业集群和优势产业，建设“技术咨询服务、研发设计服务、检验检测服务、技术转移服务、技术工程化服务、技术培训服务、科技企业孵化服务”等公共服务平台。对公共服务平台进行更新改造、购置服务设备和设施的项目，经认定符合条件的，按项目投资额的30%给予补助，单个项目补贴额最高不超过500万元。

30. 对经认定的公共服务平台为民营中小微企业提供相关服务，综合考虑服务企业数量、收费标准、客户总体满意度等因素，市财政按不超过年度实际运营成本的40%予以奖励，单个平台最高不超过500万元。对民营小微企业使用公共服务平台收费项目减半收取，优惠部分由市财政出资补助。

31. 对民营企业创办具有中试产业化功能、孵化面积在1万平方米以上的科技孵化器，最高给予专项建设经费补助3000万元；晋升为国家级孵化器的，按1：1的比例给予资金配套。孵化器每成功孵化一家科技型企业，给予建设单位20万元奖励。

32. 鼓励民营企业参与各级标准的制定，将市财政对企业实施标准化项目的资助与奖励资金按现有标准提高一倍。

33. 对龙头骨干民营企业利用银行资金进行的技术改造项目，符合条件的，可向市技术改造专项资金申请最高不超过800万元的贴息支持。

七、营造民营企业良好创业环境

34. 对新创办的小微企业，3年内产生的地方级税收收入全额奖励给企业。对小微企业项目用地在年度用地计划指标中优先给予安排，对符合我市优先发展行业目录，集约节约用地的小微企业工业项目，在确定土地使用权出让底价时，可参照《福建省人民政府办公厅关于建立地价调节机制促进海峡西岸经济区产业结构调整的通知》（闽政办〔2009〕135号），按不低于所在地土地等别相对应《全国工业用地出让最低价标准》的70%执行。

35. 民营企业在申办生产许可证期间，经有资质的检验机构批检合格的产品，允许标识“试制品”试产、试销；对国家有限制性规定的条款，可根据实际情况，履行相关手续后允许其在一定期限内逐步达到规定要求。

36. 获得省级各类评比表彰的民营企业或项目，未能获得省级奖励金的，市财政应根据省级标准配套发放。

八、优化民营企业发展环境

37. 市民营经济工作领导小组每年召开一次民营经济工作会议，总结分析民营经济运行情况，部署全市民营经济工作任务，检查促进民营经济健康发展相关政策的落实情况，及时根据新形势、新情况修订有关政策。

38. 建立市领导与民营企业家的对话交流机制，每半年召开一次座谈会，听取民营企业家的反映与建议，及时帮助民营企业解决发展中遇到的问题。

39. 加强民营经济统计数据分析，每年发布民营经济相关数据，完善民营经济运行的预测、预警机制，全面掌握民营经济的发展动态。

40. 全面清理针对民营企业的收费项目，规范涉及民营企业的鉴定、检验、评审等事项，规范执法检查。

41. 建立民营企业申诉受理机制，设立民营企业投诉电话，保护民营企业合法权益。

九、发挥党建保障作用

42. 积极推动民营企业党建工作，充分发挥党组织战斗堡垒作用和党员先锋模范作用，建设基层服务型党组织，搭建企业与党委政府良性沟通的桥梁，为企业排忧解难，促进企业健康发展，形成党企共建双赢。加强党组织对企业工会和群团组织的领导，建立和弘扬先进企业文化，引导企业依法经营，维护职工合法权益，培养社会责任感，参与社会公益事业。

43. 加强民营企业党组织书记和党建指导员队伍建设，为党组织书记提供更多的培训机会和待遇保障，探索建立党组织书记参加或列席民营企业管理层重要会议制度，认真做好党员教育管理和发展党员工作。推动民营企业党员和人才“双向培养”，努力把优秀人才培养成党员、把党员培养成企业骨干。

44. 建立市委组织部、市委非公企业工委重点联系民营企业出资人、同民营企业党组织书记恳谈工作制度。畅通企业表达愿望和诉求的渠道，推荐符合条件的民营企业出资人和党组织书记作为各级人大代表、政协委员、党代会代表人选，提升企业的政治地位和社会影响力。

本意见所指民营企业界定为国家统计局、国家工商行政管理总局《关于划分企业登记注册类型的规定》（国统字〔1998〕200号）中规定的私营企业范畴。

本意见所指中小微企业界定为符合工业和信息化部等4部委联合下发的《关于印发中小企业划型标准规定的通知》（工信部联企业〔2011〕300号）的中型、小型、微型三种类型企业。

我市现有政策与本意见不一致的，按本意见执行；同一企业同一项目按就高原则，不重复享受本意见的不同政策及其他财政相关扶持政策。各区、各部门要根据本意见，制定相关细则，确保意见落实。本意见涉及财政资金有关问题，市财政承担60%，余下40%部分由各区按本区前一年度财政总收入占各区财政总收入的比重分担。

本意见自发布之日起实施，有效期为5年。

青岛市

青岛市人民政府关于实施“千帆计划”加快推进科技型中小企业发展的意见

青政发〔2014〕32号

各区、市人民政府，市政府各部门，市直各单位：

为深入贯彻实施创新驱动发展战略，加快推进科技型中小企业发展，结合我市实际，现提出以下意见。

一、总体要求

以党的十八大和十八届二中、三中、四中全会精神为指导，深入贯彻落实习近平总书记系列重要讲话精神，坚持“市场主导，政府引导，分类扶持”的原则，整合各类科技资源，优化创新创业环境，加快培育一批拥有自主知识产权、创新能力强、成长性好的科技型中小企业，带动形成一批高新技术产业和战略性新兴产业集群，为我市转方式、调结构，实现创新驱动发展奠定坚实基础。

二、发展目标

按照企业初创、成长、壮大不同发展阶段，三年内重点培育和扶持科技型中小企业2000家，其中，年营业收入过亿元企业（“小巨人”）超过500家，高新技术企业超过1000家。全市科技型中小企业总数突破10000家，形成千帆竞发、蓬勃向上的集群发展态势。

三、入选条件

具备下列要求的高新技术企业、孵化器在孵企业和毕业企业可列入“千帆计划”：

1. 符合《中华人民共和国中小企业促进法》和《中小企业划型标准规定》关于中小企业的要求；

2. 符合国家产业政策，企业产品（服务）属于《国家重点支持的高新技术领域》和《战略性新兴产业重点产品和服务指导目录》的范围；

3. 企业掌握自主知识产权（专利、软件著作权、集成电路布图设计、植物新品种、新药生产证书）或专有技术；

4. 企业当年研发费用占企业总收入的3%以上。

四、扶持措施

对列入“千帆计划”的企业，采取以下扶持措施：

（一）创新财政科技资金支持企业方式。建立财政科技投入与社会资金搭配机制，综合运用多种支持方式，引导各类资本支持企业创新发展。通过科技资本运营公司以出资参股、出资引导等方式，广泛吸纳社会资本，组建一批科技金融机构和投资基金，重点支持企业首投、首贷、首保。三年内，债权融资、投资基金规模分别达到100亿元，全方位支持企业融资发展。

（二）为在孵企业提供资金支持。设立孵化投资基金，对优秀初创企业给予50万元～300万元启动资金支持。对孵化器按在孵企业数量给予一定比例房租补贴。对投资于初创期企业的投资机构按其实际投资额的10%给予风险补助，最高补助50万元。为企业开展研发与成果转化提供低息贷款的，给予放贷银行一定比例的利息补助，单个银行年最高补助1000万元。

（三）给予科技信贷风险补偿资金支持。对银行、融资担保等金融机构为企业贷款发生的信贷损失给予一定比例补偿，单一机构年最高补偿1000万元。加大风险补偿金池规模，重点支持企业首贷和信用贷款。

（四）为企业提供科技保险支持。鼓励企业购买责任保险、财产保险、保证保险、信用保险、意外和健康保险等科技保险系列产品，对保险公司发生的赔偿损失给予一定比例补偿。

（五）支持企业加大研发投入。建立企业研发信息管理系统，加强宣传辅导，指导企业规范研发费用财务管理，用足用好企业研发费用税前加计扣除政策。对企业当年加计抵扣确认研发费用给予不超过10%的奖励，年最高奖励100万元。

（六）支持企业成长为高新技术企业。对通过高新技术企业认定或首次申报未通过的企业，按申报过程中实际发生的中介服务费用分别给予40%、60%的补贴，最高补贴10万元。切实落实高新技术企业所得税减免等税收优惠政策，每年向社会公示各区、市政策兑现情况。

（七）支持企业创新国际化。鼓励企业走出去建立海外研发中心，对收购海外研发机构的给予补助。支持企业联合海外知名企业、高校和科研机构来青设立研发中心，或通过国际技术转移开展科技合作。

（八）支持企业承接技术转移。企业购买高校、科研院所技术成果的，按技术合同交易额的10%给予补助，年最高补助30万元。鼓励中介机构为企业提供技术转移服务，按服务量给予定额后补助。

（九）开展专利运营试点。引导和支持知名专利运营机构对科技成果进行专业打造，通过专利许可、转让等方式，实现专利市场价值。支持企业购买专利质押履约保险，对保险公司保险费前三年分别给予一定比例的补助，单个项目年最高补助8万元。

（十）鼓励企业到青岛蓝海股权交易中心展示挂牌。企业在获得财政科技资金资助后，应到青岛蓝海股权交易中心展示，对挂牌企业优先给予科技金融支持，对开展融资活动的给予一定风险补偿。

（十一）支持企业共享研发公共服务平台资源。对企业使用大型科学仪器共享协作平台发生的测试费用给予20%的补贴。鼓励企业通过融资租赁方式取得研发服务设备，对发生的融资费用（租息和手续费）给予20%补贴，年最高补贴50万元，最多补助3年。

（十二）加大新型企业家培养力度。鼓励高校院所开办创业学院，通过创业教育、创业训练等多种形式，对创业者及高级管理人员进行管理、金融、营销等专业培训，培养一批懂科技、善经营、悉金融的新型企业家。

（十三）实施企业动态管理。建立“千帆计划”信息库，对入库企业进行备案和动态管理，公开相关信息。对以补助等无偿资助方式予以扶持的企业，单个企业年最高扶持金额不超过100万元。加强企业诚信管理，优先扶持优质信用企业。

本意见自2014年11月起实施，有效期到2017年11月止。

青岛市人民政府
2014年11月24日

青岛市经济和信息化委员会关于印发促进我市小微企业健康发展政策措施的通知

青经信字〔2014〕94号

各区、市经济和信息化主管部门：

为保持我市经济平稳健康发展，按照市政府部署，市经济和信息化委制定了《促进我市小微企业健康发展政策措施》，现印发你们，请结合实际认真贯彻落实。

青岛市经济和信息化委员会
2014年9月29日

促进我市小微企业健康发展政策措施

为切实缓解当前小微企业面临的经营压力大、成本上升、融资难和税负偏重等突出问题，充分发挥小微企业在扩大就业、推动经济增长和社会稳定等方面的作用，现制定以下措施。

一、支持小微企业创新升级

（一）支持小微企业研发生产“专精特新产品（技术）”。每年培育认定一批中小企业“专精特新”产品（技术）和专精特新示范企业，在研发费加计扣除、产学研对接、技改、融资、培训、市场开拓、品牌创建等方面给予全方位服务。设立中小企业“专精特新”发展引导基金，以阶段参股形式支持中小企业“专精特新”固定资产投资项目。

（二）加强小微企业人才培训。实施“银河培训工程”“千人千企工程”“优秀企业经营管理人才培养造就工程”等，每年培训不少于1000人次，各级财政负责落实培训经费；支持专业培训机构对小微企业从业人员进行专业技术培训，以政府购买服务形式，由各级财政部门给予经费补贴。

二、缓解中小企业融资难

（三）完善中小企业贷款风险补偿政策。每年根据金融机构中小微企业新增贷款的规模，按照不高于0.5%的比例设立风险补偿金，置换金融机构的不良贷款，为中小企业提供普惠服务。引导银行金融机构支持实体经济特别是制造业、农业、科学技术等重点领域的发展。

（四）引导金融机构加大对中小微企业支持力度。鼓励金融机构针对不同类型的中小微企业开展融资模式、服务手段和产品创新，提供多层次金融服务。鼓励银行、担保等机构与政府合作搭建政策性融资平台，为中小微企业提供低利（费）率、信用放大融资支持，财政以提供增信资金的方式给予支持。其中，对金融、担保等机构与区（市）政府合作搭建的政策性融资平台，市级财政按不超过区（市）财政增信资金的50%给予支持。

（五）支持担保机构拓展中小企业贷款担保业务。鼓励我市担保机构开展低收费中小企业、农户融资担保和再担保业务，对符合条件的担保机构开展的融资担保业务，按照不超过年担保额的1.5%给予补助，重点向小微企业贷款担保业务倾斜；对符合条件的再担保机构开展的中小企业融资再担保业务，按照不超过年再担保额的0.5%给予补助。在不提高其他费用标准的前提下，对担保机构开展的担保费率低于银行同期贷款基准利率50%的中小企业、农户融资担保业务给予保费补助，补助比例不超过银行同期贷款基准利率50%与实际担保费率之差。

（六）缓解企业贷款周转难题。落实《国务院办公厅关于多措并举着力缓解企业融资成本高问题的指导意见》（国办发〔2014〕39号）“续贷”新规要求，着力解决小微企业“倒贷”问题。鼓励担保等投（融）资服务机构按要求为中小企业提供政策性（低收费）贷款周转金服务，对符合条件的贷款周转金服务机构和所服务的中小企业，均按不超过周转金额度的0.1%给予补助。

（七）推动企业多渠道融资。鼓励担保机构为中小企业集合债券、集合票据、集合信托和中小企业私募债等提供低收费担保或免收反担保费服务。对发行中小企业集合债券、集合票据、集合信托和私募债提供担保的机构，按担保额的1%（不超过100万元）给予补助，机构须同额减少担保收费；对上述融资方式提供免费反担保的国有控股担保机构，市财政每年按反担保额的1%（单户企业不超过100万元）以注入资本金方式拨付。鼓励大企业带动中小企业发行集合债券，同只债券（票据、信托）中，中小企业发行总额超过50%的，大型企业可享受同等扶持政策。鼓励中小企业通过区域性股权交易市场挂牌融资，对改制挂牌过程中发生的审计、评估、律师、验资、推荐等中介费用按不超过实际发生费用的70%给予补助，每个企业最高补助金额不超过50万元。鼓励中小企业通过融资租赁方式融资，对实现融资的企业按不超过融资租赁额的2%给予补助。

三、减轻小微企业税负

（八）落实小微企业税收优惠政策。自2014年10月1日起至2015年12月31日止，对营业税纳税人中月营业额不超过3万元的企业和非企业性单位，暂免征收营业税。对符合条件的小型微利企业，年应纳税所得额低于10万元（含10万元）的，其所得减按50%计入应纳税所得额，按20%的税率缴纳企业所得税。

四、扶持小微企业创业

（九）鼓励创办小微企业。对失业人员、军队退役人员、残疾人、普通高校毕业生从事个体经营依法免收相关管理类、登记类和证照类等行政事业性收费。对毕业5年内的普通高等学校毕业生、驻青高校毕业年度毕业生，以及本市户籍城乡失业人员、返乡农民工，在本市行政区域内从事个体经营或创办企业的，给予5000元创业补贴。对法定劳动年龄内的各类人员首次创办小微企业，正常经营1年以上、吸纳就业1人以上的，给予1万元小微企业创业补贴。对持《就业失业登记证》人员从事个体经营的，3年内按照每人每年9600元的限额标准扣减相关税费。

（十）落实创业贷款和贴息政策。全市各类符合条件的创业人员，从事个体经营的，可申请最高15万元的小额担保贷款；创办企业的，可申请最高45万元的小额担保贷款；首次小额担保贷款从事微利项目（除国家限制行业外）的，给予全额贴息；对还款及时、无不良信贷记录的，允许再申请一次小额担保贷款。对正常经营满1年以上的小企业，符合条件的可申请最高300万元的小企业小额贷款；对新招收毕业年度和择业期内未就业毕业生达到职工总人数30%的科技型小微企业，可申请最高300万元的小额贷款；对符合条件的小企业、科技型小微企业，按照中国人民银行公布的同期限贷款基准利率的50%给予贷款贴息。

（十一）落实用工补贴政策。对本市行政区域内各类用人单位招用本市城乡就业困难人员和就业困难高校毕业生，以及小微企业新招用毕业年度和择业期未就业毕业生，与其签订1年以上（含1年）期限劳动合同并按规定及时足额缴纳社会保险费的，可享受社会保险补贴和岗位补贴。对同一就业困难人员或就业困难高校毕业生，享受社会保险补贴和岗位补贴期限累计不超过3年；对小微企业招用毕业年度和择业期未就业毕业生的社会保险补贴和岗位补贴期限为1年，政策执行期限截至2015年年底。对法定劳动年龄内的创业人员，在本市行政区域内从事个体经营或创办企业，创造岗位新招用规定人员就业，符合条件的，可按每个岗位2000元的标准，给予一次性创业岗位开发补贴。对符合条件的企业在新增岗位中，当年新招用登记失业1年以上且持《就业失业登记证》人员，3年内根据实际招用人数定额扣减相关税费，定额标准为每人每年5200元。

（十二）大力推进小企业产业园及创业孵化基地建设。设立小企业产业园股权投资基金，以阶段参股形式支持各类资本投资建设小企业产业园。把小企业产业园建设用地纳入各级用地规划和年度计划。小企业产业园内工业中小企业取得土地可分期缴纳土地出让价款，期限原则上不超过一年，特殊项目可约定在两年内全部缴清，首次缴纳比例不得低于全部土地出让价款的50%。鼓励创建创业孵化基地，被认定为市级创业孵化基地的，由市级财政给予补助；对入驻的创业者，给予最长3年的房屋租赁补贴。

五、搭建企业服务平台

（十三）深化中小企业服务体系建设。鼓励各类投资主体在重点乡镇、园区、基地建立中小企业服务平台，对具有公益服务功能的服务平台，市财政可通过参股方式给予支持。各区市要进一步强化公共服务平台建设和运营服务，加大人力、物力和资金扶持力度。加强各级公共服务平台考核、认定，对服务绩效考核优秀的给予表彰。

（十四）支持服务机构提供公益优惠服务。制定政府购买服务目录，通过政府购买服务的方式，支持服务机构为小微企业提供管理咨询、技术服务、财税顾问、工业设计、产品研发、创业辅导等优惠服务；支持中小企业云服务平台组织合作服务商开展中小微企业特惠服务活动；鼓励中介机构、专家解读我市政府相关部门政策，及时到中小企业云服务平台发布。

（十五）扶持小微企业开展电子商务应用。鼓励电子商务交易平台建设运营，初期可采取政府直投的方式，由政府和运营商共同投资建设，政府投入比例不超过20%；对跨境贸易电子商务公共服务平台建设、推广和应用，以及与青岛海关通关管理平台成功对接并正常运行的公共服务平台，政府可按实际投资额的30%进行投资，单个项目投资额最高200万元。

（十六）帮助小微企业开拓市场。组织小微企业参加各类国内外交易会、展销会、博览会等，组织统一参展、布展，并对参展企业展位费给予适当补助。通过政府购买服务方式，支持为中小微企业开拓国内、国外市场开展交流对接与合作的服务活动。

（十七）支持中小企业参与政府采购。落实国家、省支持中小企业发展、节能环保等政府采购政策，严禁在政府采购活动中对中小企业设置门槛。部门预留年度政府采购预算总额的30%以上，专门面向中小企业采购，其中预留给小型、微型企业的比例不低于60%。对于非专门面向中小企业的项目，采购人或者采购代理机构应对小型、微型企业产品的价格给予6%~10%的价格扣除，用扣除后的价格参与评审。对生产环保节能产品的企业，在企业投标时，分别在价格和技术等方面给予4%—8%的加分。定点采购项目，优先购买中小企业的产品和服务。加快推进政府采购信用担保业务，为中小企业提供投标、履约和融资担保等服务。

（以上政策措施有效期截至2015年12月）

第七篇

调研与实践

北京市

2014年北京市中小企业及非公有制经济重要工作成果
北京市中小企业发展情况报告

一、我市中小微企业的总体情况

1. 中小微企业总量显著扩大

截至2013年年底，全市共有中小微企业142.5万个，比2008年年底增长73.3%（略高于全市企业法人单位总量的增速71.6%），年均增长11.6%，占全部有经营活动企业法人单位的97.3%。其中，中型企业8914个，比2008年末增长39.3%；小型企业约6.6万个，增长42.8%；微型企业约35.1万个，增长81.8%。

2. 中小微企业资产总额稳步增加

全市中小微企业拥有资产总额15.9万亿元，比2008年年底增长52.7%（略低于全市法人单位资产总量的增速88.8%），年均增长8.8%，占全部有经营活动企业法人单位资产总计的16.5%。其中，中型企业8.1万亿元，增长43%；小型企业4.4万亿元，增长55.5%；微型企业3.3万亿元，增长78.1%。

3. 中小微企业营业收入接近翻倍

全市中小微企业实现营业收入5.9万亿元，比2008年年底增长95.2%，年均增长14.3%，占全部有经营活动企业法人单位收入总额的43.4%。其中，中型企业3.5万亿元，增长97%；小型企业1.8万亿元，增长79.7%；微型企业0.6万亿元，增长147.4%。

4. 中小微企业利润总额大幅增长

全市中小微企业实现利润总额4104.2亿元，比2008年年底增长70.3%，年均增长11.2%，占全部有经营活动企业法人单位利润总额的20.1%。其中，中型企业2452.7亿元，增长52%；小型企业778.8亿元，减少7.3%；微型企业由2008年年底的-44.1亿元变为872.7亿元，增幅巨大。

5. 中小微企业税收总额增长超九成

全市中小微企业上缴税收总额2267亿元，比2008年年底增长92.2%，年均增长14%，占全部有经营活动企业法人单位税收总额的31.6%。其中，中型企业1177.6亿元，增长66.7%；小型企业650亿元，增长77.7%；微型企业439.4亿元，增长310.2%。

6. 中小微企业从业人数小幅上升

从业人员568.2万人，比2008年年底增长17.4%，年均增长3.3%，占全部有经营活动企业法人单位从业人员的63.1%。其中，中型企业182.8万人，增长8.8%；小型企业241.5万人，增长17.7%；微型企业143.8万人，增长29.9%。

二、我市中小微企业的行业情况

（一）重点行业发展情况

1. 总体看，三产中小微企业增长较快，二产中小微企业明显放缓

三产中小微企业各项指标均占据绝对比重，且增速较高。2013年，三产中小微企业为38.4万个，比2008年增长85.5%，占全部中小微企业总数的90.3%；拥有资产总额14.2万亿元，增长59.3%，占全部中小微企业资产总额的89.5%；实现营业收入4.83万亿元，增长109.3%，占全部中小微企业总收入的81.7%；实现利润总额3580.1亿元，增长88.1%，占全部中小微企业税收总额的87.2%；从业人员432.7万人，增长33.6%，占全部中小微企业从业人数的76.2%。

二产中小微企业从业人员有所减少，其他指标略有增长。2013年，二产中小微企业的数量、资产总额、营业收入、利润总额分别为4.1万个、1.67万亿元、1.08万亿元和524.2亿元，分别比2008年增长了7.6%、13.1%、50%和3.5%；从业人员135.5万人，减少15.4%，占全部中小微企业从业人数的23.8%。

2. 具体看，信息服务业、科技服务业、文体娱乐业、批发零售业以及租赁和商务服务业等5个行业发展较为突出

2013年，信息传输、软件和信息技术服务业中小微企业共3.33万个，拥有资产总额2.26万亿元，实现营业收入0.28万亿元，实现利润总额1384.9亿元，从业人员53.1万人，分别比2008年年底增长113.9%、137.5%、92.3%、222%和66.6%。除收入外，各项指标增速均位居前列。

科学研究和技术服务业中小微企业共4.9万个，拥有资产总额0.85万亿元，实现营业收入0.29万亿元，实现利润总额253.1亿元，从业人员46.6万人，分别比2008年年底增长152.1%、99.1%、73.7%、116.9%和81.7%。除收入外，各项指标增速明显高于全市中小微企业平均水平。

文化、体育和娱乐业中小微企业共1.7万个，拥有资产总额0.17万亿元，实现营业收入0.07万亿元，实现利润总额57.6亿元，从业人员15.2万人，分别比2008年年底增长160.5%、161.9%、144%、245.8%和64.6%。各项指标增速均位居前列。

批发和零售业中小微企业共15.3万个，拥有资产总额2.23万亿元，实现营业收入3.08万亿元，实现利润总额394.3亿元，从业人员104万人，分别比2008年年底增长80.1%、86.1%、125.9%、59%和43.1%。除利润外，各项指标增速均高于全市中小微企业平均水平。

租赁和商务服务业中小微企业共8.2万个，拥有资产总额5.35万亿元，实现营业收入0.6万亿元，实现利润总额1053.7亿元，从业人员104万人，分别比2008年末增长86%、25.3%、131.7%、23.5%和21.8%。

这5个行业合计的企业数、资产、收入、利润和从业人数在三产中的占比均在3/4以上，分别为87%、77%、89%、88%和75%。

3. 制造业中小微企业减员增效

制造业中小微企业数及从业人员均有所减少。截至2013年年底，制造业中小微企业2.68万个，比2008年年底减少6.5%，占全部中小微企业总量的6.3%；从业人数97.2万人，减少9.4%，占全部中小微企业从业人员的17.1%。但资产总额、营业收入和利润总额均稳步增加。2013年，制造业中小微企业拥有资产总额0.98万亿元，实现营业收入0.71万亿元，利润总额380.4亿元，分别排在所有行业的第5，第2和第5，分别比2008年年底增长66.2%、54.1%和66.2%。

（二）细分行业对全部中小微企业增量的贡献分析

1. 从企业数量和从业人数方看，批发零售业增量贡献超过1/3，科技服务业和信息服务业贡献也较大

截至2013年年底，批发和零售业中小微企业数和从业人数比2008年末增长了6.79万个和31.3万人，分别占全部中小微企业增量的37.8%和37.1%，贡献最大。其次为科学研究和技术服务业，分别增长率2.94万个和21万人，占全部中小微企业增量的16.3%和24.9%。然后是信息传输、软件和信息技术服务业，分别增长了1.77万个和21.3万人，占全部中小微企业增量的9.9%和25.3%。三大行业对企业数量和从业人数的增量合计贡献分别为63.9%和87.3%。

2. 从资产总额看，信息服务业、房地产和批发零售业贡献较大

截至2013年年底，信息传输、软件和信息技术服务业中小微企业资产总额比2008年年底增加了1.31万亿元，占全部中小微企业资产增量的24%。其次为房地产业和批发零售业，分别增长了1.12万亿元和1.03万亿元，占比为20.5%和18.8%。三大行业企业增量合计贡献63%。

3. 从营业收入看，批发零售业增量贡献接近六成

截至2013年年底，批发零售业中小微企业实现营业收入比2008年年底增加了1.71万亿元，占全部中小微企业收入增量的59.4%。

4. 从利润总额看，信息服务业增量贡献超过一半

截至2013年年底，信息传输、软件和信息技术服务业中小微企业实现利润总额比2008年年底增加了954.9亿元，占全部中小微企业收入增量的56.3%。

三、我市中小微企业区域发展情况

（一）功能区情况

1. 首都功能核心区

首都功能核心区中小微企业盈利较为突出。截至2013年年底，首都功能核心区共有中小微企业5万个，占全部中小微企业总量的11.8%；拥有资产总额5.1万亿元，占比31.8%；实现营业收入1.14万亿元，占比19.2%；实现利润总额1907.5亿元，占比46.5%，四大功能区中位列第1位；上缴税收517.5亿元，占比22.8%；从业人数76.4万人，占比13.4%。

2. 城市功能拓展区

城市功能拓展区仍占据主导地位。截至2013年年底，城市功能拓展区共有中小微企业25万个，拥有资产总额8.11万亿元，实现营业收入3.38万亿元，上缴税收1155.3亿元，从业人数315.8万人，这5项指标占全部中小微企业总量的比重均在50%以上。实现利润总额1723.1亿元，占比42%。

3. 城市发展新区

城市发展新区中小微企业数量、从业人员和营业收入均居第二。截至2013年年底，城市发展新区共有中小微企业10.1万个，占全部中小微企业总量的23.6%；拥有资产总额2.25万亿元，占比14.2%；实现营业收入1.16万亿元，占比19.6%；实现利润总额394.4亿元，占比9.6%；上缴税收494.4亿元，占比21.8%；从业人数139.8万人，占比24.6%。

4. 生态涵养区

截至2013年年底，生态涵养区共有中小微企业2.5万个，占全部中小微企业总量的5.8%；拥有资产总额0.48万亿元，占比3%；实现营业收入0.24万亿元，占比4%；实现利润总额79.2亿元，占比1.9%；上缴税收99.9亿元，占比4.4%；从业人数36.2万人，占比6.4%。

（二）区县各项指标排名情况

（1）从企业数量看，朝阳区中小微企业数量最多，海淀区紧随其后，处于第一梯队（9万个以上）；丰台区、西城区、大兴新区、昌平区、通州区和东城区5个区县处在第二梯队（2～9万个）；房山区、石景山区和顺义区处在第三梯队（1～2万个）；其他区县处在第四梯队（1万个以下）。具体如下表：

序号	区县	企业数量（万个）	占比（%）
1	朝阳区	9.81	23.1
2	海淀区	9.28	21.8
3	丰台区	4.64	10.9
4	西城区	2.71	6.4
5	大兴新区	2.52	5.9
6	昌平区	2.47	5.8
7	通州区	2.37	5.6
8	东城区	2.30	5.4
9	房山区	1.54	3.6
10	石景山区	1.26	3.0
11	顺义区	1.15	2.7
12	怀柔区	0.67	1.6
13	密云县	0.60	1.4
14	门头沟区	0.54	1.3
15	平谷区	0.47	1.1
16	延庆县	0.19	0.4

（2）从资产总额看，西城区中小微企业资产总额最多，朝阳区和海淀区紧随其后，处于第一梯队（3万亿元以上）；丰台区、东城区和大兴新区处于第二梯队（0.5万亿元～3万亿元）；顺义区、昌平区、通州区、石景山区和房山区处在第三梯队（0.2万亿元～0.5万亿元）；其他区县处在第四梯队（0.2万亿元以下）。具体如下表：

序号	区县	企业数量（万个）	占比（%）
1	西城区	4.11	25.9
2	朝阳区	3.48	21.9
3	海淀区	3.37	21.2
4	丰台区	1.01	6.4
5	东城区	0.94	5.9
6	大兴新区	0.70	4.4
7	顺义区	0.46	2.9
8	昌平区	0.45	2.8
9	通州区	0.41	2.6
10	石景山区	0.24	1.5
11	房山区	0.24	1.5
12	平谷区	0.12	0.8
13	密云县	0.12	0.8
14	怀柔区	0.10	0.6
15	门头沟区	0.07	0.4
16	延庆县	0.06	0.4

（3）从营业收入看，海淀区中小微企业营业收入最多，朝阳区紧随其后，处于第一梯队（1万亿元以上）；西城区、东城区、丰台区、大兴新区处于第二梯队（0.3万亿元～1万亿元）；昌平区、顺义区、房山区、通州区和石景山区处在第三梯队（0.1万亿元～0.3万亿元）；其他区县处在第四梯队（0.1万亿元以下）。具体如下表：

序号	区县	营业收入（万亿元）	占比（%）
1	海淀区	1.43	24.1
2	朝阳区	1.38	23.4
3	西城区	0.64	10.8
4	东城区	0.50	8.4
5	丰台区	0.42	7.2
6	大兴新区	0.36	6.1
7	昌平区	0.23	3.9
8	顺义区	0.22	3.7
9	房山区	0.18	3.0
10	通州区	0.18	3.0
11	石景山区	0.14	2.4
12	密云县	0.07	1.2
13	怀柔区	0.06	1.0
14	平谷区	0.05	0.8
15	门头沟区	0.03	0.6
16	延庆县	0.02	0.4

（4）从利润总额看，西城区中小微企业实现利润总额最多，处于第一梯队（1000亿元以上）；海淀区和朝阳区紧随其后，处于第二梯队（700亿元～1000亿元）；东城区、丰台区、大兴新区处在第三梯队（100亿元～700亿元）；其他区县处在第四梯队（100亿元以下）。具体如下表：

序号	区县	利润总额（亿元）	占比%
1	西城区	1721.1	41.9
2	海淀区	776.3	18.9
3	朝阳区	736.7	17.9
4	东城区	186.4	4.5
5	丰台区	162.5	4.0
6	大兴新区	154.3	3.8
7	昌平区	98.3	2.4
8	顺义区	78.5	1.9
9	通州区	54.1	1.3
10	石景山区	47.6	1.2
11	怀柔区	22.4	0.5
12	平谷区	9.9	0.5
13	延庆县	18.0	0.4
14	密云县	14.6	0.4
15	房山区	9.3	0.2
16	门头沟区	4.4	0.1

（5）从上缴税收看，朝阳区中小微企业上缴税收最多，海淀区和西城区紧随其后，处于第一梯队（300亿元以上）；大兴新区、东城区、丰台区、通州区和顺义区处于第二梯队（100亿元～300亿元）；昌平区、石景山区和房山区处在第三梯队（40亿元～100亿元）；其他区县处在第四梯队（40亿元以下）。具体如下表：

序号	区县	税收总额（亿元）	占比（%）
1	朝阳区	544.5	24.0
2	海淀区	439.0	19.4
3	西城区	377.5	16.7
4	大兴新区	158.6	7.0
5	东城区	139.9	6.2
6	丰台区	126.6	5.6
7	通州区	103.6	4.6
8	顺义区	102.4	4.5
9	昌平区	87.6	3.9
10	石景山区	45.2	2.0
11	房山区	42.2	1.9
12	密云县	28.5	1.3
13	怀柔区	26.3	1.2
14	平谷区	23.1	1.0
15	门头沟区	11.5	0.5
16	延庆县	10.4	0.5

6. 从从业人数看，朝阳区中小微企业从业人数最多，海淀区紧随其后，处于第一梯队（100万人以

上）；丰台区、大兴新区、西城区和东城区，处于第二梯队（30 万人～100 万人）；通州区、昌平区、顺义区、房山区和石景山区处在第三梯队（10 万人～30 万人）；其他区县处在第四梯队（10 万人以下）。具体如下表：

序号	区县	从业人数（万人）	占比（%）
1	朝阳区	128.5	22.6
2	海淀区	125.9	22.2
3	丰台区	47.3	8.3
4	大兴新区	42.5	7.5
5	西城区	42.0	7.4
6	东城区	34.4	6.1
7	通州区	28.0	4.9
8	昌平区	27.7	4.9
9	顺义区	26.1	4.6
10	房山区	15.4	2.7
11	石景山区	14.2	2.5
12	密云县	9.9	1.7
13	平谷区	8.7	1.5
14	怀柔区	8.6	1.5
15	门头沟区	4.7	0.8
16	延庆县	4.3	0.8

（三）区县情况

1. 东城区

截至 2013 年年底，东城区共有中小微企业 2.3 万个，占全部中小微企业总量的 5.4%；拥有资产总额 0.94 万亿元，占比 5.9%；实现营业收入 0.5 万亿元，占比 8.4%；实现利润总额 186.4 亿元，占比 4.5%；上缴税收 139.9 亿元，占比 6.2%；从业人数 34.4 万人，占比 6.1%。

2. 西城区

截至 2013 年年底，西城区共有中小微企业 2.7 万个，占全部中小微企业总量的 6.4%；拥有资产总额 4.11 万亿元，占比 25.9%；实现营业收入 0.64 万亿元，占比 10.8%；实现利润总额 1721.1 亿元，占比 41.9%；上缴税收 377.5 亿元，占比 16.7%；从业人数 42 万人，占比 7.4%。

3. 朝阳区

截至 2013 年年底，朝阳区共有中小微企业 9.8 万个，占全部中小微企业总量的 23.1%；拥有资产总额 3.48 万亿元，占比 21.9%；实现营业收入 1.38 万亿元，占比 23.4%；实现利润总额 736.7 亿元，占比 17.9%；上缴税收 544.5 亿元，占比 24%；从业人数 128.5 万人，占比 22.6%。

4. 海淀区

截至 2013 年年底，海淀区共有中小微企业 9.3 万个，占全部中小微企业总量的 21.8%；拥有资产总额 3.37 万亿元，占比 21.2%；实现营业收入 1.43 万亿元，占比 24.1%；实现利润总额 776.3 亿元，占比 18.9%；上缴税收 439 亿元，占比 19.4%；从业人数 125.9 万人，占比 22.2%。

5. 石景山区

截至 2013 年年底，石景山区共有中小微企业 1.3 万个，占全部中小微企业总量的 3%；拥有资产总额 0.24 万亿元，占比 1.5%；实现营业收入 0.14 万亿元，占比 2.4%；实现利润总额 47.6 亿元，占比 1.2%；上缴税收 45.2 亿元，占比 2%；从业人数 14.2 万人，占比 2.5%。

6. 丰台区

截至 2013 年年底，丰台区共有中小微企业 4.6 万个，占全部中小微企业总量的 10.9%；拥有资产总额 1 万亿元，占比 6.4%；实现营业收入 0.42 万亿元，占比 7.2%；实现利润总额 162.5 亿元，占比 4%；上缴税收 126.6 亿元，占比 5.6%；从业人数 47.3 万人，占比 8.3%。

7. 房山区

截至 2013 年年底，房山区共有中小微企业 1.5 万个，占全部中小微企业总量的 3.6%；拥有资产总额 0.24 万亿元，占比 1.5%；实现营业收入 0.18 万亿元，占比 3%；实现利润总额 9.3 亿元，占比 0.2%；上缴税收 42.2 亿元，占比 1.9%；从业人数 15.4 万人，占比 2.7%。

8. 通州区

截至 2013 年年底，通州区共有中小微企业 2.4 万个，占全部中小微企业总量的 5.6%；拥有资产总额 0.41 万亿元，占比 2.6%；实现营业收入 0.18 万亿元，占比 3%；实现利润总额 54.1 亿元，占比 1.3%；上缴税收 103.6 亿元，占比 4.6%；从业人数 28 万人，占比 4.9%。

9. 顺义区

截至 2013 年年底，顺义区共有中小微企业 1.2 万个，占全部中小微企业总量的 2.7%；拥有资产总额 0.46 万亿元，占比 2.9%；实现营业收入 0.22 万亿元，占比 3.7%；实现利润总额 78.5 亿元，占比 1.9%；上缴税收 102.4 亿元，占比 4.5%；从业人数 26.1 万人，占比 4.6%。

10. 昌平区

截至 2013 年年底，昌平区共有中小微企业 2.47 万个，占全部中小微企业总量的 5.8%；拥有资产总额 0.45 万亿元，占比 2.8%；实现营业收入 0.23 万亿元，占比 3.9%；实现利润总额 98.3 亿元，占比 2.4%；上缴税收 87.6 亿元，占比 3.9%；从业人数 27.7 万人，占比 4.9%。

11. 大兴新区

截至 2013 年年底，大兴新区共有中小微企业 2.52 万个，占全部中小微企业总量的 5.9%；拥有资产总额 0.7 万亿元，占比 4.4%；实现营业收入 0.36 万亿元，占比 6.1%；实现利润总额 154.3 亿元，占比 3.8%；上缴税收 158.6 亿元，占比 7%；从业人数 42.5 万人，占比 7.5%。

12. 门头沟区

截至 2013 年年底，门头沟区共有中小微企业 0.5 万个，占全部中小微企业总量的 1.3%；拥有资产总额 0.07 万亿元，占比 0.4%；实现营业收入 0.03 万亿元，占比 0.6%；实现利润总额 4.4 亿元，占比 0.1%；上缴税收 11.5 亿元，占比 0.5%；从业人数4.7万人，占比0.8%。

13. 怀柔区

截至2013年年底，怀柔区共有中小微企业0.7万个，占全部中小微企业总量的1.6%；拥有资产总额0.1万亿元，占比0.6%；实现营业收入0.06万亿元，占比1%；实现利润总额22.4亿元，占比0.5%；上缴税收26.3亿元，占比1.2%；从业人数8.6万人，占比1.5%。

14. 平谷区

截至2013年年底，平谷区共有中小微企业0.5万个，占全部中小微企业总量的1.1%；拥有资产总额0.12万亿元，占比0.8%；实现营业收入0.05万亿元，占比0.8%；实现利润总额19.9亿元，占比0.5%；上缴税收23.1亿元，占比1%；从业人数8.7万人，占比1.5%。

15. 密云县

截至2013年年底，密云县共有中小微企业0.6万个，占全部中小微企业总量的1.4%；拥有资产总额0.12万亿元，占比0.8%；实现营业收入0.07万亿元，占比1.2%；实现利润总额14.6亿元，占比0.4%；上缴税收28.5亿元，占比1.3%；从业人数9.9万人，占比1.7%。

16. 延庆县

截至2013年年底，延庆县共有中小微企业0.2万个，占全部中小微企业总量的0.4%；拥有资产总额0.06万亿元，占比0.4%；实现营业收入0.02万亿元，占比0.4%；实现利润总额18亿元，占比0.4%；上缴税收10.4亿元，占比0.5%；从业人数4.3万人，占比0.8%。

四、我市中小微企业主要经济类型情况

1. 国有

国有中小微企业数量虽少，但资产较大，盈利能力强。截至2013年年底，国有中小微企业共0.48万个，占全部中小微企业总量的1.1%；拥有资产总额3.34万亿元，占比21%；实现营业收入0.53万亿元，占比8.9%；实现利润总额1139亿元，占比27.8%；上缴税收371.8亿元，占比16.4%；从业人数24万人，占比4.2%。

2. 集体

截至2013年年底，集体中小微企业共0.68万个，占全部中小微企业总量的1.6%；拥有资产总额0.18万亿元，占比1.1%；实现营业收入0.04万亿元，占比0.7%；实现利润总额16.7亿元，占比0.4%；上缴税收19.5亿元，占比0.9%；从业人数12.9万人，占比2.3%。

3. 股份有限公司

截至2013年年底，股份有限公司中小微企业共0.32万个，占全部中小微企业总量的0.8%；拥有资产总额1.35万亿元，占比8.5%；实现营业收入0.22万亿元，占比3.7%；实现利润总额359.3亿元，占比8.8%；上缴税收71.6亿元，占比3.2%；从业人数15.1万人，占比2.7%。

4. 私营有限责任公司

私营中小微企业数量规模及从业人数占有突出地位。截至2013年年底，私营有限责任公司中小微企业共25.1万个，占全部中小微企业总量的59%；拥有资产总额1.74万亿元，占比10.9%；实现营业收入1.38万亿元，占比23.4%；实现利润总额94.6亿元，占比2.3%；上缴税收419.5亿元，占比18.5%；从业人数225.8万人，占比39.7%。

5. 港澳台独资

截至2013年年底，港澳台独资中小微企业共0.23万个，占全部中小微企业总量的0.5%；拥有资产总额0.47万亿元，占比3%；实现营业收入0.15万亿元，占比2.5%；实现利润总额60.7亿元，占比1.5%；上缴税收78.3亿元，占比3.5%；从业人数12.5万人，占比2.2%。

6. 外商独资

外商独资中小微企业以1%的数量，获得超过20%的利润。截至2013年年底，外商独资中小微企业共0.41万个，占全部中小微企业总量的1%；拥有资产总额1万亿元，占比6.3%；实现营业收入0.32万亿元，占比5.4%；实现利润总额852.6亿元，占比20.8%；上缴税收172.2亿元，占比7.6%；从业人数21.1万人，占比3.7%。

天津市

关于推动实施百户民营大企业大集团培育发展行动方案的研究

为认真落实《中共天津市委 天津市人民政府关于进一步加快民营经济发展的意见》（津党发〔2013〕27号）精神，鼓励、支持和引导民营经济加快改革创新、做大做强做优，发展壮大成为“参天大树”，市委研究室会同市中小企业局、市社会科学界联合会，认真研究了我市民营经济特别是民营大企业大集团的发展情况，就进一步推动实施百户民营大企业大集团培育发展行动方案提出对策建议。

一、我市民营经济和大企业集团发展基本情况

近年来，市委、市政府高度重视民营经济发展，自2007年以来，出台了《关于加快民营经济发展的意见》等一系列加快发展民营经济的政策措施，放开领域、放宽条件、放手发展，有效激发了全社会创业、创新、创造活力。特别是新一届市委、市政府把加快民营经济发展作为贯彻落实党的十八大和十八届三中全会精神、开展党的群众路线教育实践活动、推进美丽天津建设的重大战略举措来抓，及时召开了全市民营经济发展工作会议，并出台《关于进一步加快民营经济发展的意见》（津党发〔2013〕27号），推出了一系列含金量高、力度大的

扶持政策措施，有力促进了全市民营经济蓬勃健康发展。

（一）主要成效和特点

一是企业数量迅速增多。截至2013年年底，全市民营经济市场主体总户数已达到46.71万户，为2007年的4倍多。其中，民营企业数量达到18.74万户，是2007年的1.7倍多，民营企业注册资本金达1.27万亿元，是2007年的5.1倍。到2014年一季度末，民营经济市场主体可达47.08万户，其中民营企业18.97万家。

二是社会贡献更加突出。2013年，民营经济实现税收占全市税收总额的45%以上；民营经济增加值占全市国民生产总值43.3%，比2010年提高7.8个百分点；外贸出口占全市出口总额的19%，比2010年提高4.63个百分点。民营企业从业人员占全市城镇单位从业人员的75%，吸纳农村转移劳动力超过70%。2014年一季度，民营经济实现税收331.42亿元，同比增长26.27%，占全市45.87%，实现外贸出口23.88亿美元，同比增长27.17%，占全市20.86%。

三是民间投资大幅增长。2013年，民间投资5103.52亿元，同比增长23.5%，占全社会投资的比重达50.4%；民营企业固定资产投资3112.11亿元，同比增长37.07%，达到全市投资总量的30.75%。

四是科技水平明显提升。自2010年实施科技小巨人成长计划以来，涌现出瑞普生物、东皋膜、长荣印刷等一大批技术水平高、发展潜力大、市场前景好的“顶天立地”的民营科技“小巨人”企业。2013年，民营科技型中小企业达到4.69万家，比2010年增长4.66倍；民营科技“小巨人”达到1878家，比2010年增长近3倍。民营科技型中小企业人员素质越来越高，从事科技活动人员高达46.9万人，比2010年人数增加了3.46倍，其中具备高级职称的科技活动人员达5.4万人，比2010年人数增加2.66倍。

五是专利品牌有效增加。2013年年底，全市科技型民营企业申请专利达到35612件，拥有有效专利23453件，分别是2010年的2.4倍。民营企业品牌拥有著名商标706件，占全市著名商标总量的61.66%；拥有中国驰名商标68件，占全市驰名商标总量的61.82%；拥有市级名牌产品338种，占全市市级名牌产品总量的65.1%。

六是产业结构不断优化。通过加强产业引导，优化投资结构，民营经济的产业结构进一步优化，第三产业比重持续上升。限额以上民营企业营业收入二三产业比重为51：49，第三产业增速加快，超过了第二产业。航空航天、生物技术与健康、节能环保等战略性新兴产业民营企业加速成长；租赁和商务服务业、科学技术服务业、信息服务业、新兴金融、电子商务、教育医疗、旅游业、总部经济、创意产业等现代服务业正在迅速崛起。

七是聚集载体效应凸显。加快区县示范工业园区建设和中心城区亿元楼宇发展，搭建民营经济的支撑载体，有效促进了民营企业集约集聚集群发展。到2013年年底，31个示范工业园区累计签约项目2604个，计划总投资8657.77亿元，竣工投产项目1655个，完成固定资产投入2704.8亿元。这些项目80%以上为民营企业投资项目；31个园区全年实现总产值2510亿元，注册民营企业达6000多家。税收超亿元楼宇达到120座，一批物流楼、金融楼、科技楼、创意楼、律师楼等特色楼宇，聚集了一大批业态先进的民营企业。

八是发展规模持续壮大。2013年，全市民营企业集团有380家，比2008年增加了188家，年均增加38家。主营业务收入在5亿元以上的民营企业已超过700家，其中10亿元以上的超300家。大型民营企业达92家，其中超50亿元和100亿元共30家，创主营业务收入4436.93亿元，占到规上民营企业主营业务收入总额的近1/3。民营企业境内上市公司有31家，占全市上市公司的51.67%。荣程联合钢铁集团、天狮集团超500亿元，俊安煤焦化工公司超300亿元；长城汽车天津分公司、友发钢管集团超200亿元，此6家主营业务收入占规上民营企业主营业务收入总额的15.3%。显示出大企业大集团在民营经济中的旗舰作用和主导作用。

九是竞争实力有所增强。荣程联合钢铁集团、天狮集团、友发钢管集团继续荣登中国企业500强，宝迪农业科技公司、天士力集团、立业钢铁集团、现代集团、恒兴钢业公司、通源钢铁集团继续荣登中国民营企业500强。领先控股集团、塑力线缆集团、聚龙嘉华投资集团、开发区四达石化公司等首次进入了中国民营企业500强行列。天津进入中国民营企业500强的企业达到12家。

（二）不足和问题

一是大企业总体数量偏少。民营企业集团不到400家；大型民营企业不到100家；主营业务收入超5亿元以上的民营企业不到1000家，超50亿元的民营企业不到40家，超100亿元企业不到20家。

二是发展实力弱于先进地区。2013年中国民营企业500强排行榜中，我市仅有12家民营企业（集团）位列其中，远少于浙江、江苏、山东、广东等地区。我市民营大企业大集团竞争实力与先进地区相比差距较大。

三是航母型企业凤毛麟角。2013年中国民营企业500强排名中，我市最大的荣程集团排在34位，比2012年向后错3位。位居其前面的，江苏有9家，广东有5家，浙江有5家，北京有3家，山东有3家。前100名中，我市还有宝迪农业公司（位于98家），而江苏共有24家、浙江有22家、山东有14家、四川有7家、广东有6家、北京有4家、河北有4家、上海有3家。

四是大企业以传统产业为主。我市2013年营业收入前100名民营企业（集团），有78家集中在金属冶炼加工、商贸物流和机械设备制造等行业；有19家属于房地产建筑、化工制品、农副食品加工行业；有3家属于生物制药行业。这种行业高度集中、产业层次较低的现象，反映出民营大企业集团产业结构发展不平衡，也表明企业可进入的行业面过窄、高端行业准入门槛偏高等问题，对民营大企业大集团长期健康发展非常不利。

五是核心竞争能力不强。民营大企业大集团技术创新激励机制和产学研合作机制仍不够健全，创新氛围不浓，拥有自主知识产权和高端技术、具有核心竞争能力的民营大企业大集团不多。

六是国际化水平不高。主动“走出去”参与国际竞争和对外投资的民营企业不多，投资规模偏低，大型项目不多，绝大多数企业对外投资额在100万美元以下。出口额比较小，2013年民营企业创汇仅占全市出口总额的19%。

二、培育民营大企业大集团的指导思想和基本原则

（一）指导思想

民营经济是经济发展中最活跃、最积极、最具竞争力的市场主体，是推动经济发展的重要“发动机”、深化改革开放的有效“催化剂”、促进社会和谐的有力“稳压器”，在支撑增长、促进创新、扩大就业、增加税收等方面具有重要作用。尤其是民营大企业（集团），既是民营经济的骨干力量，也是拉动全市经济增长的强力引擎。因此，要积极培育民营大企业（集团），促进其加快结构调整和转型升级，提升创新能力和核心竞争力，不断做大做强做优，全面带动提升民营经济发展质量效益和水平。

一是加快推动民营大企业大集团结构优化升级。当前，我市民营经济进入了新一轮黄金发展期，面临新的机遇和挑战，进一步加快结构调整、促进产业升级、实现科学发展的任务仍然十分艰巨。因此，要充分发挥民营大企业大集团的明显优势，鼓励支持其主动加快结构调整和创新转型，在推动传统产业转型升级、优势产业集群发展、新兴产业培育壮大等方面，起到强力的引领和示范作用，为全市民营经济发展增添新活力和新动力。

二是切实增强民营大企业大集团综合竞争实力。民营企业的竞争实力强弱，直接影响着区域经济竞争实力，是否有一批具有竞争力强、影响力大、知名度高的民营大企业大集团，已经成为衡量一个地区发展实力的重要标志。因此，要把培育民营大企业大集团作为发展壮大民营经济的重要途径和抓手，聚集民营大企业大集团的人才、技术、资金等优势资源，壮大民营大企业集团规模，打造人才技术资源雄厚、管理制度规范、具有自主知识产权和知名品牌、市场占有率和知名度高、竞争能力强的航母型大企业集团，带动民营经济整体发展质量、效益和水平提升。

三是大幅提高民营大企业大集团经济社会贡献。民营大企业大集团在民营经济中占有相当份额，培育打造一批年营业收入上100亿元，甚至上200亿元、500亿元的民营大企业大集团，可以迅速扩大民营经济总量，提升民营经济在全市经济的贡献率。因此，要引导鼓励民营企业克服“小富则安”的思想，跳出自身发展的框框，树立奉献社会的使命感和责任感，积极发展壮大成参天大树，创造更多社会财富，开辟更多就业岗位，同时，增强诚信守法经营意识，自觉履行社会责任，积极参加社会公益事业，为构建和谐社会多尽义务。

（二）基本原则

培育民营大企业大集团，应把握以下几项原则：

一是坚持发挥企业主体作用原则。充分尊重企业的市场主体地位，遵循市场经济规律，发挥市场机制作用，把握优化经济结构、转变发展方式的总体方向，通过营造良好的外部发展环境和浓厚的社会舆论氛围，全面激发民营大企业大集团向高端高质高新发展的新活力和新动力。

二是坚持发展高端产业导向原则。引导民营大企业大集团加快创新转型，鼓励支持企业转变发展方式，改造传统技术工业，淘汰落后产能，从传统产业向高端制造业、现代服务业和战略性新兴产业转型升级，不断壮大优势产业和支柱产业龙头，促进产业集聚和链条发展。

三是坚持依靠市场配置资源原则。坚持权利平等、机会平等、规则平等，鼓励企业根据自身发展状况和内外资源条件，选择发展方向、目标和途径，加强技术、人才、市场、资金、企业、院校等资源要素的对接服务和信息发布，提高民营大企业大集团利用优势资源的科学性、合理性和有效性。

四是坚持政策引导服务帮促原则。认真贯彻落实市委、市政府27号文件，细化完善、切实落实好扶持民营经济发展的政策措施，进一步研究制定扶持民营大企业大集团的实施方案，调动发挥各区县作用，协调市有关部门履行职责，针对民营大企业大集团发展中的突出问题，开展“一企一策”帮扶服务，提供有力的政策服务支撑。

三、培育民营大企业大集团的总体思路

一是优选区域和行业领军企业。根据全市民营企业2013年营业收入额，对达5亿元以上民营企业进行分析，兼顾各区县和重点行业发展特色，从中优筛选100家符合产业政策、诚信守法经营、经济效益较好、科技实力较强、发展潜力较大的民营企业，纳入支持和培育计划，编制百家民营大企业大集团目录。特别是要把区域和行业的领军企业纳入其中。

二是摸清企业发展状况和服务需求。组织开展对百户大企业大集团的问卷调查，全面系统掌握企业的产业、产品、效益、技术、人才、市场、品牌、融资、用地、管理等方面的情况，包括企业生产经营、新上固定资产投资和技术改造项目、开发新产品等动态信息，弄清企业的发展特点和途径，了解企业各方面的服务需求和困难问题，建立数据库台账，直接进行统计直报和运行监测，实行动态跟踪。

三是建立“一企一策”帮扶机制。百户企业分布在16个区县，每个区县多则10几户，少则几户，而且区县对企业现状、未来趋势和面临问题最清楚，

应由区县为主实现“一企一策”。企业发展的问题，涉及方方面面，需要市有关部门帮助解决，应组织市级部门开展对接帮扶服务，因此应建立市、区县两级的帮扶机制。

四是研究制定针对性政策措施。围绕鼓励企业积极参与合资合作、并购重组，加快技术改造、产品升级、产业转型、上市融资、增资扩股等方面，落实好现有的扶持政策措施，加大倾斜力度，进一步研究针对性的政策措施。

五是跟踪协调解决难点突出问题。加强统筹协调，对企业反映的问题，按照部门职能，及时交由相应部门办理，涉及多个部门的，明确牵头部门，加强部门间配合，共同研究解决。将需解决的问题纳入企业台账，实行动态跟踪，全程定期催办，督促问题切实得到最大限度、最快速度、最佳满意度解决。

六是大力支持企业加强品牌建设。充分发挥民营大企业大集团在品牌创造、品牌经营、品牌提升方面的主导作用，鼓励企业加大品牌培育、延伸力度，提高品牌的知名度，扩大品牌经济规模。鼓励企业争创具有竞争力的世界知名品牌。对获得中国驰名商标的企业加强宣传，落实奖励政策。

七是加强企业高端人才培养引进。发展领军型的民营大企业大集团，必须有一大批领军型人才为支撑，应针对民营企业高端人才缺乏、现有人员能力水平亟待提升的现状，加大人才培养和引进力度，重点加强企业高端人才的培训工作，努力建设一支具有现代经营理念、掌握先进管理知识、熟悉国际惯例的职业企业家队伍，建设一支知识素质高、创新能力强的复合型人才队伍。

八是积极营造良好社会舆论氛围。大力宣传民营经济在全市经济社会发展中贡献作用，提升民营经济的地位，宣传支持民营经济发展的政策措施，推动改善民营经济发展的政策服务环境。策划宣传报道一批贡献突出的优秀民营企业家典型事例，让民营企业家有荣誉、有地位、受尊重，营造全社会关心支持加快民营企业做大做强做优的良好氛围。

四、百户民营大企业大集团培育发展行动方案建议

（一）发展目标

2014—2016年新培育发展营业收入超5亿元民营企业100家以上，重点打造一批营业收入超10亿元、50亿元、100亿元民营大企业大集团。

（二）实施方式

按照“主体自愿、市场运作、政策引导”的原则，由各区县摸排筛选一批符合产业政策、诚信守法经营、经济效益较好、科技实力较强、发展潜力较大，通过合资合作、并购重组、上市融资、创新改造、结构调整等方式，有望在2014年至2016年期间实现营业收入超50亿元、100亿元的本市民营企业（集团），纳入全市百户民营大企业大集团培育发展行动计划。

（三）扶持政策

国家和本市已颁布实施的扶持民营经济、中小企业、科技型中小企业发展等相关政策均适用。符合条件的，可申请国家和我市支持科技型中小企业、技术改造、技术创新、节能减排及环保等现有各类专项资金。纳入重点培育计划的民营企业（集团）优先享受以下扶持政策。

一是支持民企开展与国企、央企和全国知名民企合作。民营大企业大集团开展与国企、央企、中国企业500强、中国民营企业500强、世界企业500强、跨国公司等合资合作，参加市有关部门组织的各类合作交流对接洽谈等活动的，可以减免场地费用。

二是支持民企“走出去”开展境外投资合作。鼓励民企开展境外投资并购、企业重组，收购技术、品牌和贸易性实体，并购国外高端品牌的，按并购金额10%，给予最高不超过100万元的一次性奖励。

三是落实民企相关税收优惠政策。在资产重组过程中，通过合并、分立、出售、置换等方式，将全部或部分实物资产以及与其相关联的债权、债务和劳动力一并转让给其他单位和个人的行为，其中涉及的不动产、土地使用权转让，不征收营业税。

四是落实民企上市奖励政策。支持企业利用产权交易平台进行各类权益转让交割，企业上市以及在新三板、天津股权交易所、产权交易中心挂牌的，按有关规定落实上市挂牌企业奖励政策。

五是落实产业用地倾斜政策。企业项目符合《划拨用地目录》的，可通过划拨方式取得土地使用权；属于有偿使用土地的，采取缩短出让年限或租赁方式供应；投资战略性新兴产业的项目，享受用地规划、指标倾斜政策。

六是支持民企争创品牌商标和全国500强。支持企业保护自主品牌和老字号等传统品牌，争创知名品牌和驰名商标，新认定中国驰名商标的，给予最高不超过100万元的一次性奖励。企业首次被评为中国民营企业500强的，给予一次性200万元的奖励；首次被评为中国企业500强的，给予一次性500万元的奖励。

七是支持民企开展协同创新。企业设立重点实验室、工程研究中心、工程实验室、企业技术中心、工程技术研究中心等国家和市级研发机构，经认定的，给予一定资金奖励。企业建立院士专家工作站、博士后工作站和技能大师工作室的，分别给予50万元、30万元、30万元的建站资助，资助金由市、区（县）各出50%。企业与国内高校、科研院所进行产学研合作的，按不超过技术交易额或合同额的10%，给予最高不超过50万元的一次性补贴。企业发生技术转让年所得，经认定不超过500万元的部分，免征企业所得税；超过500万元的部分，减半征收企业所得税。

八是支持民企开展技术改造和节能减排。企业实施工业技术改造项目，符合条件的，可申请郊区

工业技术改造专项资金。工业企业实施节能改造项目，节能量在1000吨标准煤及以上的，按每吨标准煤240元，给予最高不超过300万元的补贴。非工业企业实施节能改造项目，节能量在500吨标准煤及以上的，按每吨标准煤300元，给予最高不超过300万元的补贴。

九是支持民企利用电子商务开拓市场。企业在经认定的第三方电子商务平台上开设专营店，网络年销售总额列全市前100名（含100名）的，按平台年服务费用的30%，给予企业最高不超过2万元的一次性资金补贴；对首次加入经认定的第三方跨境电子商务平台、首次创建电子商务网站的外贸企业，分别给予5000元的入网费和建网费的支持。

十是支持民企加强人才培训和引进。实施民营企业家和高级管理人员的培训工程，充分利用大专院校优质教育资源，分批举办总裁、职业经理人等高端培训，企业参加培训工程的，按培训费用给予50%的补贴。企业引进高级管理、营销、技术等重要岗位人才的，享受办理居住证以及子女教育、社会保险、住房等公共服务待遇。

（四）推动措施

一是建立完善工作机制。该项工作由市民营办企业发展指导组负责组织实施，相关责任部门（单位）、各区县密切配合，形成把中小企业培育成大企业、把大企业培育成大集团的推动机制。

二是实行台账管理制度。建立市、区县两级重点企业（集团）数据库台账，将企业（集团）主要经济指标、技术产品、人才队伍等信息统一纳入数据库，实行按季度动态监测和跟踪服务。

三是制定实施“一企一策”。各区县根据企业（集团）特点和发展途径，针对技术、产品、人才、市场、融资、用地、项目等方面服务需求和困难问题，制定“一企一策”，给予重点支持。

四是加强协调帮扶服务。由市民营经济发展工作领导小组副组长和市民营办负责人分别带队，成立10个“挂钩”帮扶小组，组织相关区县、责任部门（单位）和服务机构，及时了解和协调解决问题，确保各项政策措施和工作任务落到实处。

五是强化绩效管理考核。将民营大企业大集团培育发展工作纳入区县民营经济绩效管理考评，对任务目标、政策落实、工作推进等情况，实行年初计划、季度讲评、半年巡查、年终考核制度，加强监督检查，狠抓绩效管理，确保各项任务落到实处。

六是加大舆论宣传力度。充分利用报刊、电台、电视、网络等媒体，做好政策宣传解读工作，及时总结民营大企业大集团发展的经验做法，树立先进典型，在全社会形成关心支持民营经济做大做强做优的浓厚氛围。

天津市中小企业发展促进局副局长 王云齐
天津市社会科学界联合会副主席 张同顺
中共天津市委研究室农村处处长 刘宝成

河北省

河北省工业和信息化厅2014年扶助小微企业专项行动工作总结

一、主要目标完成情况

2014年，我省扶助小微企业专项行动紧紧围绕年度工作重点，以完善、落实支持小微企业发展政策为重点，以“扶助小微、转型成长”为主题，创新服务方式、延伸服务触角、拓展服务领域，努力激发中小企业和非公有制经济的发展活力，完成了年初确定的重点工作和任务目标。

一是在优化发展环境方面，省委省政府出台了《关于大力推进民营经济加快发展的若干意见》（冀发〔2014〕8号），召开了全省民营经济发展大会，对2013年度民营经济先进市县、百强民营企业、优秀民营企业家、创业功臣等先进典型给予选树奖励，组织新闻媒体开展了系列宣传活动。加强政策宣贯，组织了11场民营经济宣传和政策解读活动，帮助企业熟悉政策解难题、运用政策求发展。同时，充分发挥省民营经济领导小组办公室作用，协调省有关部门和各市县出台配套措施，细化分工，明确责任，并采取汇报、调度、督查等方式，努力打通政策落实“最后一公里”。

二是在拓宽融资渠道方面，着力做大省级、做强市级、做实县级担保机构，加强对融资性担保机构的督查和非融资性担保机构的清理，规范全省融资体系建设。截至目前，全省融资性担保机构594家，全省担保资本金规模达到661亿元，完成担保额1246亿元。加强政银企保对接合作，建立政银会商机制，会同河北银监局、省工商联与16家商业银行签署了总额6851亿元的扶持小微企业贷款战略合作协议，现已落实贷款7456亿元；省市县开展银企保对接活动235次，向商业银行推荐项目2588个，解决小微企业贷款850多亿元。设立“河北省小额票据贴现管理中心及各市分中心”，为333家小微企业办理小额票据贴现业务7013笔，贴现金额45亿元。全省中小微企业贷款余额11273.44亿元，同比增长13.08%，比年初新增1227.65亿元，占全部企业贷款新增额的86.26%。其中，小微企业贷款余额6326.65亿元，同比增长14.86%，高于全部贷款增速0.56个百分点，比年初新增819.33亿元，占全部企业新增贷款的57.57%。

三是在推动创业辅导方面，着眼为创业者和初创企业提供生产场地，加快创业辅导基地建设，全省新认定创业辅导基地22个；全省拥有各类创业辅导基地345个，入驻小微企业7149余家，安排就业18.9万余人。创新服务模式，针对企业共性问题，实施50场次“订单式服务”活动，服务企业4200余家，帮助小微企业解决困难和问题8000多个。与各设区市合作开展20场次，服务企业1600家。开展送课下乡7场，服务企业900家；开展“金色阳光”行动5场，为中小微企业提供法律咨询和法律援助。组织“专家学者企业行”活动，邀请相关院校和行业协会的专家学者深入30多家企业开展技术诊断、专业交流和咨询服务。省委办公厅、省政府办公厅出台了《关于鼓励创业促进就业的若干意见》，设立1亿元创业扶持资金，用于扶持小微企业发展，支持创业服务平台和孵化基地（园区）建设，创业培训、实训和师资队伍建设，开展创业宣传和专项活动等。

四是在完善公共服务方面，进一步抓好全省中小企业公共服务示范平台和平台网络建设。全省新增省级中小企业公共服务示范平台21个，总数达到121个；争创国家级示范平台4个，总数达到18个。按照国家批复方案要求，坚持边建设边服务，推动全省中小企业公共服务平台网络后续建设和功能完善，目前省平台和市级11个综合窗口、县级28个窗口平台已基本建设完成，基本实现互联互通，全面开展线下线上服务。自2012年5月份开始建设以来，全省平台网络开展服务活动1600场次，服务企业29000家，服务165万人（次），带动社会服务资源4500家。

五是在做好人才支撑方面，深入实施民营经济组织和中小企业人才队伍提高工程，促进重点人才培养、实用人才聚集、全员素质提高。依托清华、北大、上海交大等高校优势资源，分别组织111名中小企业经营管理领军人才和300名中小企业高层管理者参加高端专题培训和短期培训。借助104家省级民营企业人才培训基地，培训中小微企业管理人员11万人次，完成各级各类培训（含企业自主培训）200万人次。通过举办全国中小企业网上百日招聘高校毕业生活动和全省中级专业技术人才招聘会等活动，为企业引智引才1万多人。

六是在助力企业开拓市场方面，实施“走出去”战略，以京津冀协同发展为契机，积极搭建和完善对外开放服务平台，帮助企业开拓国际国内两个市场。仅以我厅为例，一方面组织企业参加中国中小企业博览会、APEC中小企业技术交流暨展览会、中国新材料博览会等国际性展会，引导企业开拓国际市场；另一方面参与组织举办“5·18”廊洽会、“新兴产业基地（园区）展”等省内区域特色产业产销衔接与经贸洽谈活动，达成各类贸易成交协议和意向金额14.06亿元。同时，开展境外小团组招商考察活动，共签订总投资在1000万美元以上项目20个，协议利用外资24.67亿美元。

七是在推动结构调整方面，以落实省委省政府《关于做强产业集群促进县域工业发展的意见》为重点，加快企业集聚、做强县域工业。继续实施产业集群示范和提升工程，年内新增8个省级示范产业集群、34家产业集群龙头企业，全省产业集群增加值占GDP的20%以上。强化公共技术服务，依托193个省级公共技术服务平台，开展百个技术平台、千名技术人员、服务万家小微企业转型升级活动，解决了一批企业共性技术难题。打造区域品牌，提升集群知名度，新培育特色产业名县、名镇25个，总数达到120个，累计创“国字号”区域品牌106个。

八是在减轻企业负担方面，对现有涉企收费进行分类梳理，强化清单管理制度，进一步推动政府性基金、行政事业性收费目录和标准公开；完善负担调查体系，广泛开展企业负担调研。与省纠风办联合开展企业负担问卷调查，通过发放问卷、实地座谈等形式，收集整理企业反映突出的问题及相关政策措施建议，督促有关部门和市县减负机构给予协调解决；加强政策宣贯，继续抓好各项惠企政策落实。梳理国家和省各项优惠政策和收费减免政策，辑印成《支持工业发展政策汇编》，免费发放到企业。2014年共取消、免征18项行政事业性收费，降低19项行政事业性收费标准，通过降低标准每年可减轻企业和群众负担1.6亿元；对经营服务收费进行了全面规范，共取消、取缔45项、规范管理11项经营服务性收费，每年可减轻企业和群众负担4亿多元。截至目前，我省在收的涉企行政事业性收费项目共有56项，比去年减少13项，其中中央立项49项，省级立项仅有7项。

小微企业发展存在的主要问题：一是融资难。银行贷款主要投向大中型企业，小微企业很难达到规定条件，即使能得到贷款，也主要是“流贷”，长期贷款难，且无法享受基准利率，贷款成本高，浮动利率大多在30%～50%以上；二是用地难。国家对土地宏观调控日益趋紧，管理更加严格，多数小微企业项目很难列为重点项目，或达不到政策规定标准，拿不到用地指标。小微企业用地更是难上加难；三是用工难。招不上、用不起、留不住的现象较为普遍。大部分高校毕业生不愿去小微企业就业，农村青壮年更愿到大中城市打工；四是转型难。受国家宏观调控和低层次产业结构以及企业品牌意识差、装备落后、技术人才短缺、创新能力弱、企业管理滞后等因素影响，小微企业面临节能减排、淘汰落后产能的严峻挑战，生产经营和转型发展压力进一步加大；五是扶持弱。相较大中型企业，小微企业获取各种资源的能力相对较弱，但其对公共服务的现实需求又远比大中型企业强烈，各级政府自觉不自觉地对大企业大项目关注更多，对小微企业关注不够，在当前复杂多变的经济形势下，更需各级政府加大扶持力度，全面扶持小微企业，助推小微企业持续健康发展。

二、主要工作体会

小微企业是实体经济的“小舢板”，是市场经济中的“未成年人”，特别需要政府给予特殊的关爱和精心培育。尤其在当前国内外复杂多变的经济形势影响下，更需全面的服务和支持。今年以来，国务院高度重视小微企业工作，出台了一系列支持小微企业发展的政策措施，河北省委、省政府也制定了促进民营经济加快发展、扶持创业促进就业以及支持科技型中小企业发展等一系列政策措施，召开了全省民营经济发展大会，省领导多次听取小微企业发展情况汇报并做出重要指示。

在扶助小微企业专项行动工作中，坚持“三个注重”：一是注重聚合部门力量。我厅充分发挥省民营经济领导小组办公室的作用，聚合部门力量，针对小微企业数量多、规模小、创新能力不强、抗风险能力弱、市场竞争力差、发展基础薄弱的特点，强化责任分工，加强督导协调，在工商登记制度改革、科技型中小企业培育、小微企业税收减免等方面，全面落实国家、省支持小微企业发展的政策措施，助推小微企业发展壮大。二是注重发挥处室合力。2013 年年底撤销省中小企业局后，原省中小企业局职能由省工信厅承担，分配到九个处室。为建立有效畅通的工作推进机制，形成全厅上下齐抓共管的局面，成立了由厅长任组长，主管厅长和总经济师任副组长，中小企业处、政策法规处、财务处、产业政策处、科技处、运行监测协调局、融资担保处、对外经济合作处、人事处等处室主要负责同志任成员的厅中小企业工作推进领导小组，建立了“信息发布统一对外、总结计划统一安排、专项资金统一协调、重大事项统一报告”工作机制。运行一年来，各职能处室相互配合，主动做好职责内的工作，确保了扶持小微企业专项行动目标实现。三是注重调查研究。要精准扶持，需要深入了解和掌握小微企业发展和需求情况。2014 年，我们开展了系列调研活动，撰写了《上半年全省中小企业运行发展情况调研报告》，提出了支持中小微企业发展的 5 条措施；赴盐山、孟村就管道产业发展进行调研，提出了《关于支持盐山、孟村管道管件产业转型升级的若干措施》；就皮毛产业发展开展调研，提出《支持我省毛皮产业发展的 6 条措施》；就冀州市产业集群发展开展调研，提出支持冀州产业发展的意见。这些调研活动，为精准扶持小微企业提供有力支撑。

三、2015 年工作思路及建议

深入贯彻党的十八届三中全会、四中全会和省委八届六次会议精神，认真贯彻落实党中央、国务院支持非公经济、小微企业发展政策和《中共河北省委河北省人民政府关于大力推进民营经济加快发展的若干意见》，进一步优化民营经济发展环境，加强规划引导，完善民营经济发展部门协调推进机制，深入开展扶助小微企业专项行动，完善中小企业服务体系，力争全省民营经济增加值同比增长 8 %，占全省 GDP 的比例达到68%左右。

（一）优化中小企业发展环境

1. 完善政策措施。主动适应经济发展新常态，研究制定《河北省人民政府关于扶持小型微型企业健康发展的实施意见》，全面增强中小微企业核心竞争力和创新驱动力，促进中小微企业结构优化和转型升级。

2. 抓好政策落实。贯彻落实国务院和省委、省政府推动民营经济和中小微企业发展的一系列政策措施，营造有利于大众创业、万众创新的政策环境，配合省委、省政府督查室抓好已出台政策措施的督促检查，加强政策协同配合，推进小企业创业基地建设，开展创业创新。打通政策落实“最后一公里”。

3. 开展环境评估。围绕制约中小微企业发展的融资难、用地难、用人难等突出问题，选择 1 ~ 2 个方面开展专项评估，掌握政策执行情况，评估结果报送省委、省政府及地方党委、政府，供领导决策参考。

4. 搞好舆论宣传。配合有关部门加大民营经济、中小微企业宣传力度，利用报纸、电视等新闻媒体，开设专版、专题节目，选树发展典型，推广典型经验，解读政策措施，营造环境氛围，建立宣传长效机制。

5. 加强规划引导。做深做实民营经济“十三五”发展规划前期研究，广泛听取各方面意见建议，编制民营经济“十三五”发展规划，提出“十三五”时期基本思路、发展目标、指导原则、重点任务和重大举措，引导民营经济科学发展。

（二）着力解决小微企业突出困难和问题

1. 密切关注新设立小微企业发展动态，引导各级政府和支持政策聚焦小微企业。推动缓解中小企业融资难、融资贵问题，完善支持担保、再担保机构服务小微企业政策措施，深化与金融机构的合作，探索网络金融服务小微企业的新模式。

2. 完善协调机制。履行好省民营办职责，定期调度工作情况，发挥政策合力，不断完善民营经济发展部门协调推进机制，解决小微企业突出困难和问题。

3. 搞好调查研究。围绕制约民营经济、中小微企业发展的突出问题，深入开展调查研究，制定发展政策和推进措施，努力破解发展瓶颈。

（三）促进中小企业转型升级

修订完善升级中小企业发展专项资金管理办法，将小微企业纳入支持范围，优化中小企业发展专项资金支持重点、方式和范围；支持引导中小企业加快技术进步和结构调整，提高专精特新发展能力；以提升发展能力为核心，促进产业集群转型升级；开展非公有制企业建立现代企业制度试点。

（四）加强和改善公共服务

1. 发挥专项资金的引导作用。做好国家中小企业发展专项资金项目组织、推荐和省级中小企业发展专项资金项目的组织、申报、评审、评价等工作，充分发挥专项资金对公共服务体系建设和中小微企业发展的引导扶持作用，引导中小企业公共服务机构不断提升服务能力和服务质量，为中小微企业提供“找得着、用得起、有保证”的服务，推动中小微企业健康发展。

2. 完善平台网络功能。进一步加快平台网络建设，实现省平台和39 个窗口平台的互联互通，完善和提高服务功能，实现快速响应、协调服务和资源共享，聚集带动服务机构 800 家以上，提供 8 大类专项服务和特色公益服务，年内服务企业 4 万家以上，着力打造服务品牌。

3. 实施“订单式”服务。继续开展“订单式”服务活动，解决中小企业共性技术需求，满足企业发展需要，为广大中小企业提供优质便捷服务，力争全年举办50场次，服务企业4000家以上。

4. 培育中小企业公共服务示范平台。充分发挥中小企业公共服务示范平台的辐射带动作用，为中小微企业提供优质服务。继续组织开展省级中小企业公共服务示范平台认定和国家级示范平台推荐工作，年内培育省级示范平台10个以上，争创国家级示范平台2～3个。

5. 提升中小微企业信息化水平。加快中小微企业信息化应用，在全省推广全信息化精益管理模式，在每个市选择3～5家企业进行试点，取得经验后在全省范围内开展，提升中小微企业信息化应用水平和创新能力。

（五）推进管理创新

与省企业联合会、中小企业服务中心合作，组织开展四项管理创新活动。

1. 开展管理咨询。年内组织专家对中小企业管理咨询30家以上，组织咨询服务专场20场，服务企业1000家。

2. 河北省企业管理现代化创新成果奖审定，年内认定企业管理创新成果400项以上。

3. 开展“三最”（最具影响力企业、最具成长性企业、最受关注企业家）评选活动，年内认定最具影响力、最具成长性企业60家左右、最受关注企业家20名左右。

4. 实施中小企业管理转型升级提升工程，年内举办中小企业管理培训班2期，培训目标企业50家，培训企业管理人员300人。

（六）几点建议

1. 进一步发挥部门扶助小微企业专项行动的作用。以落实国发〔2014〕52号文件为契机，加强部际之间的沟通协调，围绕资金、资本、信用、信息、场地、用工、税收、服务等扶持小型微型企业发展的手段，拓展专项行动重点任务范围，统筹推进扶助小微企业专项行动工作的开展。

2. 加大对我省中小企业专项资金支持力度。我省小微企业主要以传统产业为主，受产业结构调整和大气污染治理影响，小微企业也面临转型升级的现实压力，企业普遍缺乏创新能力，发展后劲不足，更需要政府大力度的扶持。请求国家中小企业发展专项资金向我省倾斜，支持我省小微企业向“专精特新”发展，推动小微企业信息化建设，促进京津冀协同发展。

3. 充分发挥平台网络服务小微企业的作用。中小企业公共服务平台网络基础建设基本完成，要充分发挥平台网络的作用，切实为小微企业提供“找得着、用得起、有保障”的服务，建议国家继续加大财政资金支持力度，组织开展省市间的学习交流，指导地方建立高效畅通的服务运行机制和考核督导机制，助力全国平台网络实现互联互通。

河北省工业和信息化厅
2014年12月31日

内蒙古自治区

内蒙古自治区中小企业局关于对促进中小企业持续健康发展政策落实情况的督查调研报告

为进一步推动自治区扶持小微企业发展59条、发展非公经济70条等政策的落实，促进中小企业持续健康发展，自治区促进中小企业发展领导小组办公室与政府督查室组成联合督查组，深入12个盟市35个旗县区对全区促进中小企业发展重点政策落实情况进行了督查调研，现将有关情况报告如下。

一、政策落实情况

（一）降低准入门槛。从3月1日起，全区实行了注册资本登记制度改革。至6月30日，全区市场主体日均新增1026户，共新增12.53万户，同比增长8.34%。其中，新登记企业2.1万户，同比增长104.18%。

（二）减轻企业负担。不断加大税收减免力度。上半年，全区地税部门共计减免企业所得税42710万元，其中为所得额在10万元以下的小型微利企业减免所得税448万元。国税部门为1930户小型微利企业减免所得税252.69万元，为6万多户小微企业、个体工商户等暂免增值税1147.97万元。加快精简审批步伐。至7月底，全区取消行政审批手续405项，上级下放审批权限312项，取消行政事业性收费297项，消简率69%。巴彦淖尔市行政审批事项从246项压减到37项，将审批链条由原来的125个精简为38个。

（三）加大财政扶持力度。自治区安排1.1亿元中小企业发展专项资金，从支持单个企业向重点支持改善融资和服务环境转变。全区累计投入小额贷款担保基金10.11亿元，贷款146.8亿元，安排就业90.77万人。阿拉善盟各级财政累计投入就业创业发展基金5768万元，发放小额贷款6.3亿元。

全区已投资建设7个自治区级大学生创业园、6个国家级及19个自治区级科技孵化器和71个小微企业创业示范基地，带动各地建设小微企业创业创新平台。包头稀土高新技术开发区开创了“创业苗圃+孵化器+加速器+产业化基地”四位一体的创新创业平台，孵化面积达8万平方米，累计孵化企业1575家。五原县小微企业和大学生创业就业园围绕农畜产品等主导产业，已入驻项目80个，建成后可满足100户小微企业入园，解决就业3800人。

（四）创新融资服务。截至6月底，全区小微企业贷款余额2390.52亿元，同比增长15.12%，高于同期全部贷款增速0.63个百分点；新增221.1亿元，同比多增128.02亿元，实现了“两个不低于”。

积极推进银企对接。鄂尔多斯市“三进”活动中438户企业与金融机构签订意向贷款274.2亿元，93户企业与股权融资等机构达成意向协议44.8亿元。

拓宽融资渠道。自治区中小企业局组织开展了上海股权托管交易中心走进内蒙古培训活动，已有15家企业在上股交挂牌。内蒙古股权交易中心挂牌中小企业达到156家。

探索财政与金融资金的联动机制。2013年以来，自治区经信委会同财政厅安排1.1亿元小微企业助保类贷款引导资金，目前已引导全区12个盟市34个旗县区建立了3.2亿元的风险保证金池，引导5家合作银行放大10到15倍授信，已为197户小微企业发放贷款12.15亿元。通辽市9个旗县市区中有7个建立了“助保金”贷款平台，政府风险保证金投入7000万元，累计为78家企业发放贷款5.25亿元。企业通过助保贷平台，无须或以部分固定资产抵押，可以基准利率上浮30%的利率获得贷款。锡林郭勒盟与包商银行建立合作机制，为羊肉全产业链追溯体系加工企业、牧户提供5亿元信贷支持。

信用担保机构作用明显。呼伦贝尔市10家担保机构组建了担保联合体，截至6月底累计为3390户中小企业发放担保贷款79.2亿元；为412户中小企业评定了信用等级。

（五）建设公共服务体系。全区“1+14+N”的中小企业公共服务平台网络（1个自治区“枢纽”平台、12个盟市2个计划单列市“窗口”平台和大量产业集聚区信息共享平台）建设步伐加快，9个盟市的窗口平台和一批旗县、园区、特色产业集聚区平台已开展服务。培育国家级公共服务示范平台10个、自治区级97个。赤峰市12个旗县区全部建立了中小企业服务中心，市服务中心实现了与12个旗县区、10个工业园区服务平台网络的互联互通。乌海市中小企业公共服务平台实行企业化运营，网络平台有24项服务模块，已建成包括1000多家企业、40家服务机构、149家专利企业、33名行业专家等数据库，人力资源服务模块已发展4万个人会员、2607家企业会员。

二、存在问题

（一）部分地区对中小企业发展重视不够。有的地区对中小企业工作研究部署少，在经济下行压力下，有忽视小微企业发展困难的倾向；落实政策形式上解决表面问题的措施多，实质性解决深层次问题的措施少。有的盟市出台了扶持文件，但专项资金不兑现；国家和自治区下拨的专项资金到位率低，有的盟市、旗县位率低不足20%。

（二）政策落实的“碎片化”现象突出，尚未形成落实的合力，政策效应没有充分释放。一是政策落实职能分散在众多部门，审批环节多。二是缺乏政策落实的联动机制，合力没有形成。有的盟市未成立促进中小企业发展领导小组，或是形同虚设，部门间政策落实协同水平低。自治区财政每年安排支持非公经济和中小企业专项资金达几十亿元，分散在十几个部门，难以避免重复建设、撒“胡椒面”的做法，集中财力办大事的协同机制没有建立。三是个别部门重收费、轻管理服务，以罚代管、罚而不管时有发生；一些行业主管部门指定或委派中介机构，对服务事项进行变相的行政控制和垄断。

（三）一些政策的配套性、普惠性和可操作性差。有的政策门槛高、普惠性不强；有的简单套用国家原则，缺乏具体实施细则。据调查，实际享受到国家政策扶持的小微企业不到20%。企业普遍反映现有税收优惠政策力度不够大，税费负担仍然较重。有的地区出台了一系列鼓励企业进园区的政策，但大部入驻企业土地、厂房没有规范手续，限制企业享受专项资金、融资服务等相关政策。

（四）融资难融资贵问题依然突出。一是信贷风险升高，贷款难度加大。小微企业融资仍以银行贷款为主，80%的小微企业得不到贷款。银企信息不对称仍未根本改善，一些地区小微企业贷款质量下降，银行“放款难”和企业“贷款难”并存，银行风险管控更加严格，手续繁杂，惜贷、抽贷、压贷倾向加剧。二是融资成本居高不下。小微企业贷款利率比大企业高30%～50%，附加费用使实际成本更高。如办理抵押贷款需向银行认可的中介交付抵押物价值2.5‰左右的手续费且评估仅当年有效；小微企业以1年期以下的流动资金贷款为主，贷款到期不得不通过民间融资等方式筹集日息3%～5%的“过桥资金”倒贷。三是中小企业信用担保体系不健全。中小企业信用担保机构扶持政策少；自治区中小企业信用再担保机构未建立；政府出资的担保机构发展不足，在全区汇总信息的担保机构中国有控股及参股企业的注册资本仅占29%，近年来政府投入资本金增长甚少；担保机构规模偏小，能力不强，经营困难。如鄂尔多斯36家担保机构仅有5家开展业务，乌海市仅3家担保机构且能力均不足。

（五）服务体系不健全，资源统筹水平低，整体服务能力与企业需求的差距较大。公共服务平台建设处于起步阶段，服务层次较低。自治区顶层设计和“枢纽”平台的集聚统筹、指导推动作用亟待加强。社会化服务机构能力弱，布局散；政府各部门建立的平台间资源共享、协同服务差，存在重复建设。一些创业基地和特色产业、公共服务平台、小微企业集群化发展脱节，未形成完善的服务机制，缺乏清晰的运营模式和专业化的组织管理，入驻园区的企业少、经营差、产业层次低，投入产出效益低。

三、建议

（一）进一步提高对中小企业发展的重视程度，建立多部门协调联动的工作体系。经济形势越复杂，越要投入更大的精力扶持中小企业发展。各级政府要把促进中小企业持续健康发展作为稳增长、保就业的根本措施，切实做到领导、机构、人员、经费、工作力量六到位，把各项扶持政策不折不扣地落实到位。充分发挥各级政府促进中小企业发展工作领导小组职责，及时研究部署年度重点工作思路任务、重大政策措施；协调统筹各类专项资金使用方向、重点，集中财力办大事；建立中小企业重点工作任务部门责任分解、落实情况督促检查、公开公示和总结汇报制度；建立对自治区各部门、各盟市发展中小企业的考评制度，将中小企业发展数量、吸纳就业、完成增加值、服务体系建设等目标列入年度考核内容。

（二）完善中小企业政策体系。重点对市场准入、税费减免、财政支持等政策，建立目录清单、信息公开、及时监测、督促检查制度，形成公开透明的常态化政策落实机制，由中小企业局汇总、公布。加快清理不必要的资质、资格、证照审批和涉企收费，列入清单的惠企政策和涉企收费项目要明确标准、依据、对象、服务和监管责任等；将各部门、各单位惠企政策落实及收费事项纳入政务信息公开和考核内容；建立全区中小企业惠企政策落实和负担数据库，完善企业举报和反馈常态机制，按季度、年度及时监测和反映政策落实和企业负担情况；定期开展专项督查，健全惠企政策落实问责制度。

（三）加快中小企业公共服务体系建设。针对我区中小企业布局分散、自我发展能力差的问题，建设适应不同阶段中小企业成长需求，自治区、盟市、旗县三级互联互通的中小企业公共服务平台网络，为各类中小企业提供“找得着、用得起、有保障”的公共服务。加快自治区“枢纽”平台建设步伐，加强对盟市、旗县服务体系建设的指导、协调。保障公共服务平台有建设运营的专门机构、专业人员、固定场所、必要的设施设备、公益性服务经费。加强政府各部门各类公共服务资源的互联共享，建立起服务协同机制。创新服务内容、方式，更加贴近我区中小企业服务需求特点；创新运营机制，探索政府引导的公共服务与企业化运营的市场化服务有机结合的可持续发展模式。引导各地推进特色产业集群化、小微企业集聚、公共服务平台一体化发展，公共服务体系建设向小企业集聚区延伸，提高园区投入与产出效率。

（四）强化中小企业融资服务与信用担保体系建设。一是建立金融监管、中小企业主管部门与商业银行中小企业部门的信贷例会机制，支持建设网络银企对接和融资服务平台，解决政银企信息不对称问题。二是深入推进小微企业信贷差异化监管和绩效考核制度改革，简化贷款审批手续，对有市场、效益、潜力、信用的小微企业适度放宽准入条件。三是发挥支持性财税政策的引导作用，完善小微企业助保类融资引导资金管理办法，加强对旗县和金融机构的指导，引导更多小微企业互助合作，通过助保类金融产品获得融资。四是落实银监会〔2014〕36号文件精神，鼓励银行业金融机构根据小微企业生产经营特点合理设定贷款期限，开办续贷、年审制贷款和循环贷款等创新业务，避免由于贷款期限与小微企业生产经营周期不匹配增加企业资金压力，解决小微企业合理“倒贷”难题。五是对小微企业减免征收管理类、登记类、城建类、评价类等行政事业性收费，把小微企业利息外融资成本降下来。六是加快完善中小企业信用担保体系。尽快出台加快我区中小企业信用担保体系建设的意见，加大对担保机构的扶持力度。组建自治区中小企业信用再担保公司，大力发展政府支持的政策性担保机构；探索促进担保机构整合和抱团发展的有效途径；鼓励担保机构以中小企业融资服务为主的同时，结合网络金融、普惠金融等新金融业态，延长担保业务链，增加盈利能力；探索“担保 + 保险”合作新模式，试行“中小企业担保贷款保证保险”业务，增强信用水平。七是积极推广产权、股权、债权等多种融资模式，扩展小微企业直接融资渠道。

（内蒙古自治区中小企业局）

吉林省

吉林省人民政府关于推进长春市突出发展民营经济综合配套改革示范区试点的若干意见

各市（州）人民政府，长白山管委会，各县（市）人民政府，省政府各厅委办、各直属机构：

在长春市开展突出发展民营经济综合配套改革示范区（以下简称示范区）试点，是省委、省政府突出发展民营经济的重大举措，为全面推进示范区试点工作，提出如下意见。

一、总体要求和主要目标

（一）总体要求

深入贯彻落实党的十八届三中全会和省委十届三次全会精神，以突出发展民营经济综合配套改革为主线，坚持改革创新、先行先试，坚持统筹兼顾、综合配套，坚持市场导向、政府推动，围绕实施全民创业、招商引资、素质提升、集群发展、市场培育“五大工程”，着力抓好体制机制、结构调整、市场准入、要素配置和公共服务创新，激发民营经济市场活力、发展动力和社会创造力，将长春市建成创新发展、统筹发展、绿色发展、开放发展、安全发展的民营经济集聚区、示范区，为促进全省民营经济改革发展发挥积极的示范带动作用，为实现富民强省的目标做出更大的贡献。

（二）主要目标

到2017年，基本形成推动民营经济创新发展、转型升级的体制机制。民营经济主营业务收入突破2万亿元，比2013年翻一番，年均增长15%；民营经济增加值达到4350亿元，比2013年翻一番，占长春市GDP的比重达到50%；民营经济主体数量达到45万户，年均增长10%；民营经济从业人员达到252万人，占长春市城镇从业人员的60%以上。到2020年，全面形成推动民营经济创新发展、转型升级的体制机制。民营经济主营业务收入突破3万亿元，年均增长16%；民营经济增加值达到6000亿元以上，占长春市GDP的比重达到60%；民营经济主体数量达到56万户，年均增长10%；民营经济从业人员达到280万人，占长春市城镇从业人员的70%以上。

二、全面推进民营经济发展体制机制改革

（三）深化行政管理体制改革

进一步简政放权，取消和下放一批行政审批事项。赋予长春市更多的项目核准权限，有关文件明确由省直部门核准的项目，除关系到跨行政区域、战略性资源开发、涉及重大规划布局及政策法规规定不能下放的核准项目外，其他企业投资项目一律下放给长春市核准，报省直有关部门备案。长春市要深入推进行政审批制度改革，将可以下放的行政审批事项，全部下放到县（市）区、开发区。减少和简化行政审批事项，建立权力清单制度，对市场机制能有效调节的事项，一律取消审批，交由企业、市场和社会依法依规自主决策和办理。对确需保留的行政审批事项，开展行政审批流程再造试点。建立行政审批“决策执行制”和“项目审批联席会议”制度，提高行政审批效率。

（四）深化财税管理体制改革

将省级掌握的涉及支持民营经济发展的各类专项资金、专项基金、股权投资基金及实施长吉图战略、新型城镇化、开发区转型升级等资金，重点向长春市倾斜。推进长春市营业税改征增值税改革，促进现代服务业发展。加大结构性减税力度，进一步减轻中小微企业的税收负担。

（五）深化对外开放管理体制改革

放宽外资准入条件，支持长春市探索对外商投资实行准入前国民待遇加负面清单的管理模式，推进金融、教育、文化、医疗等服务业领域有序开放，放开育幼养老、建筑设计、会计审计、商贸物流、电子商务等服务业领域外资准入限制。全面实施长吉图开发开放战略，打造对外开放平台，发挥长春腹地作用，全力推进长吉一体化，建设长春—吉林—珲春的物流大通道，加快长春机场产业大道建设，形成民营经济产业带。以开放促发展，充分利用两种资源、两个市场，促进与东北亚国家合作，加强国际合作，提高产品国际竞争能力和水平。支持长春市以长春兴隆综合保税区、国际物流经济开发区、空港经济开发区等为载体，申报设立东北亚吉林自由贸易区。依托长春临空经济区申报设立出口加工区。积极推进跨境贸易电子商务服务试点和支付机构跨境电子商务外汇支付业务试点，引入具有实力的电子商务企业，大力发展跨境电子商务，扩大进出口业务。创新招商引资体制机制，充分调动各类招商主体的积极性，大力引进民企，着力引进央企和外企，推进民营企业与国有企业、外资企业的合资合作。吸引跨国公司和国外大型企业在长设立地区总部、营运中心、研发中心、配套及服务外包基地、采购中心和物流中心，带动民营企业参与区域、国际产业链配套服务和专业化分工。

（六）深化城乡管理体制改革

统筹城乡基础设施、社会保障体系和各类要素市场交易体系建设，推动城乡要素平等交换和公共资源均衡配置，激发城乡各类市场主体的创业动力和活力，推进形成全民创业的良好环境。支持长春市推进城乡双向一体化试点，把有条件的县城打造成中等城市，重点推进劝农山（莲花山）、合隆、奢岭、卡伦、合心、兰家等新型城镇化示范镇建设。加快推进户籍制度改革，全面放开县及县以下小城镇落户条件，合理确定长春市区落户条件，逐步把符合条件的农业转移人口转为城镇居民，为农业转移人口就业创业创造条件。允许农民以承包经营权入股发展农业产业化经营，鼓励承包经营权在公开市场上向专业大户、家庭农场、农民合作社、农业企业流转，发展多种形式的规模化、专业化、现代化经营。争取国家在长春市开展“粮食银行”试点。建立城乡劳动者平等就业制度、城乡劳动者公共就业服务体系和就业援助制度。建立统一的城乡居民养老保险制度。全面推进“扩权强县”“扩权强镇”改革，扩大县、镇的管理权限，推动行政管理重心下移，进一步增强县级和镇级政府社会管理和公共服务职能。推动城区、开发区与县域开展合作共建，发展壮大县域民营经济实力。

（七）深化社会管理体制改革

按照政事分开、管办分开、事业与产业分开、营利性与非营利性分开的要求，推进社会管理体制创新。制定民营资本进入文化、教育、医药卫生、社会保障等社会事业领域管理办法，允许民营资本开展高等教育、职业教育、义务教育办学。推进医疗机构的管办分离，引导和吸收民营资本参与卫生事业的发展，开放医药卫生投资领域，形成公益医院和民办医院公平竞争的医疗市场体系。鼓励社会力量和民间力量参与兴办文化事业和文化产业，培育民营文化大企业、中介机构、经纪人、公司，把文化市场搞活。加快推进事业单位分类改革，加大政府购买服务力度，促进民营企业发育、发展。支持家政、保安、安全生产等社会服务公司的发展，使社会企业成为社会服务的重要力量。

（八）深化企业管理体制改革

支持长春市开展民营企业产权制度改革，加大民营企业股份制改造力度，形成开放多元的产权结构。大力推动混合所有制经济发展，制定民营企业参与国有企业战略性重组的政策措施，鼓励民营资本以参股控股的方式参与国有企业改制，鼓励发展民营资本控股的混合所有制企业。建立职业经理人制度，健全法人治理结构，引导民营企业由家族式管理向现代企业制度转变。鼓励民营企业通过相互参股、收购兼并、外资嫁接等多种方式开展跨区域、跨所有制联合重组。支持企业通过改革创新，实现规模升级，由规下企业向规上企业转变，由限下企业向限上企业转变，由资质以下企业向资质以上企业转变。支持个体工商户、个人独资及合伙企业转

变为其他企业组织形式，引导生成更多创业主体，促进小微企业生成和发展。

三、着力推动民营经济结构调整和转型升级

（九）提升民营经济产业层次

突出抓好汽车、农产品加工和轨道客车三大支柱产业，全力打造三大世界级产业基地。加快发展医药健康、装备制造、建筑和旅游等优势产业，积极培育生物产业、光电信息、新材料、新能源、新能源汽车、节能环保等战略性新兴产业，率先把生物产业和光电子信息产业打造成新的优势产业。大力发展现代物流、现代金融、商贸流通、服务外包、健康养老、楼宇经济、会展等服务业和文化产业。支持长春市建立制造业和服务业融合发展示范区，开展“二三产分离，制造业服务化”试点。

（十）推动民营企业创新能力建设

鼓励民营企业技术创新，对长春市获得省级以上技术中心的企业，省级在安排科技创新专项资金时，优先给予扶持。鼓励和支持民营企业加大发明专利、实用新型专利和外观设计专利的创造、运用、实施和转化力度，培育形成一批具有自主知识产权优势的民营企业。促进民营企业产品创新，对新认定的长春市中国驰名商标和中国名牌产品的企业，按照省政府的有关规定给予奖励。鼓励企业并购国外知名品牌和专利技术，对并购国外知名品牌和专利技术的，按并购金额给予10%的奖励，由省和当地政府从专项资金中给予补助。推动民营企业管理创新和商业模式创新，提高企业精细化和现代化管理水平。鼓励发展电子商务企业、电子商务产业和电子商务物流产业园区，把电子商务产业打造成新的民营经济增长点。实施企业技术改造和技术创新提升工程，提高企业产品附加值和技术含量，增强企业核心竞争力。

（十一）促进民营经济集群发展

大力培育以民营企业为主体的主导产业和主导产业集群，重点打造形成汽车零部件、农产品加工、轨道客车、装备制造、建材、生物与医药、光电信息、软件、电子商务、出口加工、现代物流、总部经济、现代文化等特色产业集群。对符合规划和生产力布局要求、带动作用强的项目落户到开发区和工业集中区，由省和长春市分别给予专项资金支持。着力培育特色优势产业园区，对形成特色主导产业集群的园区，给予政策支持。推进开发区转型升级，向创新方向转，加快技术创新、产业创新、企业创新、产品创新、金融创新、管理创新、商业模式创新、市场创新；向集约集聚发展方向转，以提高质量和效益为中心，进一步提高投资强度、提高科技含量、提高土地利用率、提高投入产出比；向以特色园区为载体的新型工业化方向转，通过培育特色优势产业，实现园区专业化、差异化、个性化错位发展，培育主导产业、龙头企业和拳头产品。向扩大开放方向转，进一步加大招商引资力度，加快把兴隆综合保税区打造成全省开发开放的新平台和新口岸；助推长吉一体化，把机场大道打造成为带动长吉两市发展的产业大道；向可持续发展方向转，按照“绿色发展”要求，大力发展绿色产业、生态经济、循环经济。鼓励开发区合作建设发展飞地经济，发挥国家级开发区的带动作用，推进建设长德新区、经九合作区、烧锅特色产业园等园区，支持长春市及其所辖县（市）区与省内其它市（县）区，共建产业园区，建立合作方之间相应的税收分成机制。将省直有关部门认定的合作园区纳入全省开发区管理序列，给予专项资金扶持。加强开发区债务风险的管控，积极化解债务负担，大力培育税源经济，培育造血机能，积极利用和引导社会资本参与开发区基础设施建设，实现开发建设的良性循环，为民营经济集聚发展提供发展空间。

（十二）推动民营企业做优做强

实施民营经济“大企业、小巨人”发展战略，支持培育本土企业，大力推动本土企业与国内外有实力企业进行嫁接合作，着力引进一批知名民营企业。推动民营企业向“专精特新强”的方向发展，鼓励个变企，支持民营企业小变大、大变强、“三下”变“三上”，对首次进入“三上”企业的民营企业给予奖励。对年营业收入首次超过10亿元、50亿元、100亿元的民营企业，依据其对当地政府做出的贡献，1至3年内由同级财政给予资金补助。

四、大力提高民营经济市场化水平

（十三）放宽市场准入

在长春市实行统一的市场准入制度，推进负面清单和权力清单管理，坚持权利平等、机会平等、规则平等，进一步清理和废除对民营经济各种形式的不合理规定，消除各种隐性壁垒。按照国家特许经营领域办法，推动民间资本进入金融、石油、电力、铁路、电信、资源开发、公用事业等领域，向民营企业推出一批投资项目。实施工商登记制度改革，全面实行注册资本认缴登记制，由先证后照改为先照后证，由企业年度检验制度改为年度报告公示制度。

（十四）推动市场公平竞争

清理和废除妨碍市场公平竞争的各种规定和做法，建立公平开放透明的市场规则，完善主要由市场决定价格的形成机制，推进资源性产品和公共产品定价机制改革，建立民营企业意见和建议归集、处理、反馈机制，营造公开公平公正的市场竞争环境。在市场准入、市场监管、市场资源配置、生产要素保障、政府扶持、投资者权益和知识产权保护等各方面，消除对民营企业和民间资本的歧视，对各类所有制企业一视同仁，提供均等的市场环境和条件。

（十五）建立现代市场体系

进一步完善商品市场、服务市场，大力推动产权、人才、资本、土地、资源等各类要素市场的建设。以吉林长春产权交易中心为核心，构建区域性产权交易市场，完善省市共建共管体制，加强平台

建设，加快转企步伐。研究设立产权投资引导基金，拓展交易品种，创新交易模式，支持建设以股权、技术产权、文化产权等交易为主，以及物权、债权、知识产权、农村物权交易等多元化、专业化市场平台，为民营经济提供登记挂牌、交易等融资服务。支持长春市建立城乡统一的建设用地市场，完善土地租赁、转让、抵押二级市场。积极探索研究农村集体经营性建设用地流转，充分学习先进地区经验，全力争取国家集体建设用地流转工作试点。试点范围内，在符合规划和用途管制前提下，允许农村集体经营性建设用地通过出让、租赁、入股等形式进行流转，用于项目建设，实行与国有土地同等入市、同权同价。

（十六）加强市场监管

推进市场监管体制改革，建立集中统一的市场监管综合协调机制。加强市场准入管理，规范市场主体行为，禁止各类违法投资和生产经营活动，反对垄断和不正当竞争。积极引导和促进民营企业依法经营、诚实守信，切实履行社会责任，维护职工合法权益。支持长春市探索建立集中统一的市场监管综合协调机制，在质量技术监督、食品药品监管、知识产权、工商、税务、建设等管理领域，实现高效监管。鼓励社会力量参与市场监督。加快建设社会征信体系，整合各类信用资源，建设集公安、工商、银行、税务、海关、土地、环保、质监、统计、安监、人事、劳动、建设等各类信用资源于一体的综合信用平台和民营企业信用信息数据库，实施政府信息共享。推动建立自然人、法人统一代码，对违背市场竞争规则和侵害消费者权益的企业建立黑名单制度。健全优胜劣汰市场化退出机制，建立投资者权益有效保障机制。

（十七）培育开拓市场

支持大企业以本企业大宗物资采购和产品配套为导向，以股份制等形式吸引和创办民营配套企业，当地政府参照配套企业每年为当地做出的贡献，安排资金对大企业予以奖励。政府采购招标要积极面向民营企业采购产品和服务，加大政府采购支持民营企业力度，增加政府采购信息的透明度，降低企业获取信息和参与招标的费用。鼓励采购人允许获得政府采购合同的大型企业依法向中小企业分包。支持大中型企业和其他自然人、法人与小微企业组成联合体，共同参加非专门面向中小企业的政府采购活动，对小微企业协议合同金额占到联合体协议合同金额30%以上的，给予联合体2%至3%的价格扣除。任何单位和个人不得阻挠和限制中小企业和民营企业自由进入本地区和本行业政府采购市场。支持以中标或签订政府采购合同的民营企业向金融机构寻求信贷支持。支持培育现代服务业集聚区、总部大厦和楼宇经济等有形市场，给予专项资金支持。支持企业利用各种平台开拓市场，对参加国内外知名展会的企业给予展位费和会议费补助，提高企业及其产品的竞争力和影响力。省中小企业国际市场开拓资金等外贸发展专项资金给予长春市重点倾斜支持。

五、不断增强民营经济要素整合和配置能力

（十八）完善人力资源保障机制

积极开展“创业者、小老板、企业家和高技能人才”培训，省级人才专项资金向长春市倾斜，对培训经费给予专项资金补助。发挥人才特区“双千计划”及“长白慧谷英才计划”的政策优势，大力培育和引进各类高端人才。推进政府、企业与在长职业技术学校联合创办实训基地，与各类大专院校开展联合办学。推进重点企业开放培训中心。支持公益性社会企业开展创业者和劳动者职业技能培训，鼓励企业家采取合资或独资方式创办营利性不分红的“公益性社会企业”，用于培育创业者创业。加强企业家队伍建设，培育企业家精神，提升企业家能力，营造尊重企业家、支持企业家、成全企业家的良好氛围。

（十九）建立科技创新体系

支持长春市打造科技创新服务平台。推进长春市产学研协同创新机制试点，着力建设“政产学研用金介”协同创新云平台，长东北科技创新中心、吉林长春集成创新综合体等两大载体，企业技术中心、行业中试与检测中心、公共科技服务中心等三类中心，汽车产业、轨道交通装备产业、绿色食品产业、光电子产业、生物产业、医药健康产业、新材料等七大协同创新基地，由省级专项资金给予扶持。充分发挥企业在科技创新中的主导作用，建立企业和战略投资者、高校及科研院所、金融机构、政府“四位一体”的科技创新机制，促进政产学研用相结合，着力形成“企业出题、先行投入、四位一体、协同攻关、市场验收、政府补助”的协同创新机制，推动实现三个转化，即“科技难题向科技攻关转化、科技攻关向中试成果转化、中试成果向产业化转化”。全面落实企业研发费用加计扣除等普惠性措施，积极争取将国家赋予中关村等自主创新示范区的股权激励、科技成果处置权、收益权改革等试点政策，扩大到长春市国家级开发区和具有实力的科研院所。围绕产业链部署创新链，防止科技创新中的“孤岛效应”。支持和引导规上企业建立研发中心，依托开发区和园区建立公共研发检测中心，吸引民间资本建立行业中试中心，组建产业技术创新战略联盟。支持民营企业加大技术创新投入，对技术创新投资占主营业务收入首次达到1%、2%、3%的企业，省级在安排科技创新专项资金时，优先给予扶持。支持长春市建立科技成果转化发展基金，对科技型、成长型企业进行股权投资和风险投资，提升科技成果转化为生产力的能力。依托吉林长春技术产权交易中心，创新科技成果托管、挂牌交易、拍卖等多种交易方式，为科技成果推广转化提供交易平台，通过市场实现产需对接，用市场化手段加快科技成果转化。推进技术资源的整合和开放，实现技术资源市场化和社会化，促进原始创新、集成创新和引进技术消化吸收再创新，促进高校院所科技成果就地转化。成立长春工业发展研究院，依靠专业力量推动传统产业改造升级和战略性新兴产业

发展，指导和服务民营企业优化产业和产品结构，促进企业技术创新。支持民营企业通过兼并国外先进科技型企业，加快提升科技创新能力，对并购资金经市级主管部门认定并报省级主管部门备案后，由省和长春市从相应专项资金中给予各5%的奖励补助。鼓励职务发明的主持者和重要参与者技术投资入股，对于有特殊贡献的个人和对国内省内首（台）套装备的研发人员，当地政府依据其做出的贡献给予奖励。

（二十）推动金融创新

支持长春市健全和完善金融服务平台和体系。全力支持长春市组建服务民营经济的地方银行。更好利用省属位于长春南部都市开发区总部金融基地的建筑资产，最大限度发挥资产的社会效能，支持长春市加快长春金融总部基地建设，更好地发挥金融对民营经济发展的推动作用。尝试由民间资本发起设立自担风险的民营银行，支持符合条件的民营企业发起或参与设立村镇银行、企业集团财务公司、金融租赁公司、信托公司等金融组织。支持长春市建立民营企业融资担保基金，进一步扩大“无抵押贷款”范围，与银行合作开展信用贷款服务，推动中小微企业融资。鼓励银行加大对民营企业的贷款力度，确保小微企业贷款增速不低于各项贷款增长平均水平，贷款增量不低于上年同期水平。支持银行优化贷款审批流程，提高贷款审批效率，对业绩突出的银行给予奖励。加大民营企业直接融资力度，推动民营企业通过发行债券、票据等方式融资，大力推进上市融资。鼓励和引导民营企业进行股份制改造，扩大民营企业在“新三板”和吉林股权交易所等资本市场的挂牌融资规模。大力支持吉林长春股权交易所的建设和发展，依托吉林股权交易所建设功能完备的金融超市，开展交易制度、产品创新、运营模式等方面的先行先试。支持长春市积极探索开展民间融资登记管理试点，设立民间借贷登记服务中心和民间资本管理服务公司，引导民间借贷行为规范化和合法化。

（二十一）完善土地保障机制

支持长春市重点项目建设，保障符合产业发展规划和生产力布局的重点项目用地需求。创新节约集约用地模式，探索工业用地弹性出让，不断提升土地资源利用效率。在符合城乡规划、不改变土地用途前提下，对工业用地通过压缩辅助设施用地，扩大生产性用房，或在原有建设用地上加层改造、提高容积率的，不再增收土地价款。加大工业地产建设力度，对工业地产项目在交易费用补助方面给予支持和奖励。积极推进存量建设用地的二次开发，对闲置土地依法征收闲置费或收回土地使用权。对工业和服务业项目使用地下空间的，给予相应的政策扶持。支持长春市提高工业用地比例，以工业为主的开发区优先保证工业用地指标。

六、创造民营经济发展良好环境

（二十二）加强环境建设

着力创造民营经济平等进入的投资环境、公平竞争的市场环境、同等对待的法律环境、廉洁高效的政务环境。加快服务型政府建设，在项目审批过程中实行“决策执行制”，建立规划、土地、环保、建委、发改、工信等部门联席会议制度，实行高位统筹、联合审批、快速审批。整合执法主体，推进综合执法，完善执法程序，加快建立权责统一，权威高效的行政执法体制。严禁以罚代管，在长春市推行首违不罚制，对非故意的一般性行政违法行为，实行先批评教育、再责令限期整改、对拒不改正者再给予处罚的“三段式”行政执法模式。进一步清理行政事业性收费和经营服务性收费，建立定值、定率收费制度和公示制度，提高收费透明度，对投资项目审批过程中所需的环评报告、安评报告、能评报告等，采取政府招标的方式，确定编制单位和编制价格，减轻企业负担。实行行政事业性收费许可证制度，凡不持收费许可证向民营企业收取费用的，民营企业有权拒绝缴纳，用制度制约“三乱”行为。进一步加大交通、通信、信息、能源、水利等基础设施建设力度，改善和提高民营经济发展的“硬环境”。

（二十三）建立和完善公共服务体系

建立和完善融资担保、人才培训、公共技术、市场开拓、事务代理、电子商务、创业咨询、法律服务、管理诊断、信息网络等公共服务平台。建设与国家和省中小企业公共服务平台相连接的服务网络体系，扩展服务领域和服务内容，实现互联互通、资源共享和协同服务，着力打造民营企业找得着、用得上、成本低、有保障的公共服务体系。在重点行业，关键领域和产业园区，建设一批省级和国家级公共服务示范平台，发挥对各类服务机构和服务平台的引领作用。

（二十四）创新企业孵化和生成模式

鼓励民营资本参与孵化基地建设，支持民营企业、大学、科研单位和政府创办、联办不同层级的专业化孵化基地和创业园，推进孵化楼、孵化车间、孵化厂房和创业园建设。发挥长春光机所、长春应化所、吉林大学、东北师范大学等科研单位和大学的力量，加快长东北科技创新中心建设，加大科技孵化器建设力度，培养一批科技型“小巨人”企业。支持初创企业进入孵化基地，有一定规模的企业进入创业园，规模较大的企业到开发区投资建厂。鼓励有经验、有能力的团队对孵化基地进行市场化运营，着力构建专业化、特色化、规模化的企业孵化模式。引导综合性孵化基地向主业突出的特色产业孵化基地转变。积极争取国家支持，创建一批国家级小企业创业基地。

（二十五）支持领办创办民营企业

支持党政机关、事业单位人员采取辞去公职等符合国家规定的方式领办创办企业。开展创业培训，鼓励大学生、退役士兵、失业人员带薪创业。推荐优秀企业家受聘创业导师，自愿义务与创业者结对帮扶，传授创业经验，积极帮助创业。对新创办的企业，自办理税务登记始，两年内免征房产税和土地使用税。

（二十六）大力推进社会组织建设

重点培育和优先发展行业协会商会类、科技类、公益慈善类、城乡社区服务类社会组织，让社会组织成为社会管理的主体和骨干力量，将适合由社会组织提供的公共服务和解决的事项，交由社会组织承担。充分发挥各级协会商会和工商联的作用，积极争取国内外协会、商会等到长春市创办新企业，构建“政府、商会、企业”三方协调互动机制，建立政商企沟通互动平台。支持工会、共青团、妇联等群团组织为全民创业发展服务。

七、强化民营经济发展的组织保障

（二十七）加强组织领导

建立省和长春市联席会议制度，协调解决试点工作中的重大问题。省工信厅作为示范区试点工作牵头协调部门，重点做好示范区试点涉及国家和省相关政策的协调工作，做好长春市与省直各部门的沟通工作。长春市成立突出发展民营经济综合配套改革示范区试点工作推进领导小组，负责示范区试点工作的协调组织和推动实施，着重探索和解决民营经济发展中的政策保障和服务保障问题，抓好国家、省市突出发展民营经济相关政策的落实工作。试点工作责任单位和部门成立推进组，负责组织本区域、本行业、本单位的试点工作，形成省、市和试点单位多层面联动工作机制，使示范区试点有序、高效推进。

（二十八）创新推进方式

长春市在进行综合配套改革示范区试点工作中，要突出不同区域、不同行业、不同阶段、不同类型、不同重点，在民营经济体制机制、转型升级、市场准入、公平竞争、市场监管、金融和科技创新、发展环境等方面，选择职能部门、县（市）区、开发区、产业园区和产业集群、创业孵化基地等进行试点，及时总结经验，在全省进行推广。

（二十九）健全考核机制

由省和长春市共同研究制定以经济增长、质量效益、社会民生、生态环保、安全生产等指标为主要内容的示范区试点工作综合考核评价指标体系。建立示范区试点工作目标责任制，将各项任务和发展指标进行分解落实。加强对示范区重点改革任务、先试先行政策落实情况的跟踪督查，提高示范区试点的科学性、针对性和有效性。将示范区试点工作纳入政府和部门绩效考核，开展年度考核评比活动。建立示范区试点工作和经济运行的统计监测体系，加强对民营经济综合配套改革实施效果的监测分析。

（三十）营造改革氛围

充分发挥民营企业等市场主体的带动引领作用，发挥政府的引导推动作用，调动社会各界参与示范区试点的积极性，在全省范围内营造全社会支持长春市开展示范区试点的良好氛围。积极发挥国家和省市新闻媒体和网络的作用，广泛宣传长春市示范区试点的改革创新举措、政策措施和阶段性成效，促进示范区试点目标任务全面完成。

黑龙江省

哈尔滨市服务业发展规律及发展方向研究

省统计局

党中央、国务院高度重视服务业的发展，明确提出了“十二五”时期，转变经济发展方式、调整经济结构、加快服务业发展的战略部署，指明了服务业的发展方向。党的十八大再一次做出推动服务业特别是现代服务业发展壮大的战略部署，将进一步激发服务业大发展的活力和动力，也为全市服务业发展创造了难得的历史机遇。本文尝试应用罗斯托的经济成长阶段理论，研究改革开放以来全市服务业的发展规律，并对全市服务业未来的发展方向进行探索。

一、改革开放以来全市服务业发展历程

作为世界发展经济学先驱之一，美国经济学家罗斯托在《经济成长的阶段》一书中提出，社会发展将经历6个阶段：传统社会阶段、起飞准备阶段、起飞进入自我持续增长的阶段、成熟阶段、高额群众消费阶段和追求生活质量阶段。经济成长阶段理论是基于发达国家发展历史的抽象和概括，对发展中国家有较强的启发和借鉴作用。

改革开放以来，全市的服务业经历了三个阶段的发展历程。三个阶段，即从改革开放之初到20世纪90年代初的起飞准备阶段、从20世纪90年代初到21世纪初的起飞进入自我持续增长阶段和从21世纪初到目前的成熟阶段。

（一）起飞准备阶段（1978—1991年）

按照罗斯托的经济成长阶段理论，起飞准备阶段的重要任务是经济体制改革，为发展创造条件。这一阶段的主导产业通常是从这一阶段的特征来看，1978年全市服务业固定资产投资仅相当于全市生产总值的4.9%，1991年全市服务业固定资产投资相当于全市生产总值的7.6%，其间有五年这一比重达到或超过10%，表明为服务业起飞准备所需要资金积累已经基本充足。体制上，在以捋顺计划与市场关系为主线的改革进程中，生产力得到了一定程度上解放和发展，市场机制的作用逐步增强。主要表现为资本市场开始多元化，私营、个体、股份制经济有了初步发展。1990年，服务业增加值占全市生产总值的比重为41.0%，超过第二产业占全市生产总值的比重4.0个百分点。

（二）起飞进入自我持续增长的阶段（1992年—2000年）

按照罗斯托的经济成长阶段理论，起飞阶段的

主要特征是阻碍经济增长的问题得到基本解决，增长成为各部门的正常现象。达到此阶段必须具备3个条件：一是要有较高的积累比例，积累占国民收入的10%以上；二是要有制度上的改革，即建立能够保证“起飞”的制度推动经济的扩张；三是要建立起飞的主导部门，使它发展较快并带动其他部门增长。

从3个条件看，这一时期，全市服务业进入起飞阶段。资金积累上，1992年全市服务业固定资产投资相当于全市地区生产总值的11.6%，此后这一比重均在10%以上，有些年份甚至达到20%以上，表明为服务业起飞所做的积累较为充足。流通、金融、科技等部分领域逐步实现多元化，外资进入部分行业，技术市场和信息市场相继出现。主导产业上，利用富余劳动力和资金大力发展商业，批发零售住宿餐饮业的主导地位进一步强化，1992年，批发零售住宿餐饮业增加值占全市生产总值的15.2%，比1978年提高9.1个百分点。

在这一阶段，各种生产要素迅速向服务业集中。

1. 服务业投资比重占全社会投资一半以上

1992—2000年，每年投向服务业的固定资产投资占全社会固定资产投资的比重在50%~70%之间。

2. 服务业就业比重首次超过二产就业比重

随着社会劳动生产率的提高，农业剩余劳动力先向二三产业同时转移，随后主要向服务业转移。1998年服务业就业比重为31.3%，首次超过第二产业（29.1%），高于第二产业就业比重2.2个百分点。

3. 技术进步直接带动了服务业劳动生产率的提高

1992年服务业劳动生产率为1.2万元/人，比1978年提高4倍以上。

4. 服务业比重稳步上升

1992年服务业占全市经济的比重为46.5%，高于1978年22.7个百分点。

（三）向成熟推进阶段（2001年至今）

罗斯托认为向成熟推进阶段是起飞后经过较长期的经济持续发展所达到的一个新的阶段。这一阶段，具备4个特征，一是国民收入中有10%—20%稳定地用于投资，二是各领域已经有效地吸收了当时技术的先进成果，产业向多元化发展，三是新的主导部门逐步建立并代替旧的主导部门，四是对外贸易的作用加强。

1992年，党中央、国务院做出《关于加快发展第三产业的决定》，这是我国促进服务业发展的第一个重要文件。此后，信息、咨询机构以及内部服务设施和交通运输等部分服务业逐步实现社会化，部分不具优势的工业企业开始退出城市中心区。旧产业的退出与后续产业的接替加快了服务业升级的进程，为服务业发展提供了有利的空间和资源。而工业化、市场化、城市化和国际化的加快推进，也为服务业快速发展提供了更多的机遇，服务业发展迈上新台阶。

从4个特征看，服务业进入向成熟推进阶段。资金投入继续保持一定规模，2001—2012年服务业固定资产投资相当于生产总值的平均比例达到33.4%。在传统产业平稳发展的同时，新兴现代服务业发展迅猛。其中：金融业2012年实现增加值242.4亿元，比上年增长22.8%，高于同期服务业增速13.4个百分点；信息传输、计算机服务和软件业2012年实现增加值133.9亿元，增长5.0%；商务服务、科技服务、房地产业等新兴行业不断发展壮大。对外经贸上，租赁与商务服务业、信息传输计算机服务和软件业、批发和零售业等行业逐步成为服务业利用外资的主要行业。2012年全市进出口总值达到53.3亿美元，是2001年的4.2倍，实际使用外资金额19.0亿美元。

这一阶段投资向服务业的倾斜在三个阶段中最为明显，2001—2012年服务业固定资产投资占全社会固定资产投资的比重平均在71.2%。

技术要素更多地流向服务业，并带动生产效率继续提高，2001年服务业劳动生产率达到3.3万元/人，是1992年的2.75倍。2011年服务业就业人员比2001年增加41.9万人，服务业从业人员比重由2001年的33.4%提高到2012年的75%左右。

二、未来将进入高端服务消费阶段

罗斯托认为，成熟阶段经历时间较长，且呈波动前行态势，在这一阶段后，社会将向高额群众消费阶段迈进。高额群众消费时代是社会在技术上达到成熟和人均收入达到一定水平后可能选择的发展方向。对应服务业，高额群众消费阶段即高端服务消费阶段，社会各领域对高端服务的需求增加。

（一）全市服务业具备向更高阶段转型的基本条件

罗斯托认为在成熟阶段接近结束时会发生三种情况：一是劳动力的变化，受过高等培训的技术人员和专业职业人员增加，这些人在城市中生长，文化程度越来越高，能够得到更高的工资、职业保障和福利。二是企业领导的性质改变，由手段强硬、善于完成任务的能手，转变为把企业管理当作一种专业来管理的人。三是人们对物质产品的追求有所降低，服务需求、文化需求上升。

对照上述情况，全市服务业已基本具备向更高阶段转型的基础。首先，从业人员知识化、专业化水平上升明显。2010年第六次人口普查显示，服务业中大专及以上学历的从业人员占32.1%，高于全市17.7个百分点。其次，作为职业化经营管理专家的职业经理人近年来已成为企业争夺人才的焦点，特别是2010年我国第一个人才中长期规划《国家中长期人才发展规划纲要》中提出：“以战略企业家和职业经理人为重点，加快推进企业经营管理人才职业化、市场化、专业化和国际化”，将职业经理人列入重大人才工程，标志着企业领导性质正在发生转变。第三是企业和居民对服务的需求增加，居民服务性消费支出占消费性支出的比重达到3成左右。

（二）生产性服务业、消费性服务业、公共服务业应并重发展

成熟阶段迈向高额群众消费阶段既是重要战略

机遇期又是矛盾凸显期，主导产业的选择决定了城市未来的发展方向。罗斯托认为“有 3 个主要目标在某种程度上互相争取资源和政治支持，一是追求在国外的势力和影响，二是追求超越基本需要的消费，三是增加社会保障”。这 3 个目标恰好对应了服务业的 3 个组成部分，即生产性服务业、消费性服务业和公共服务业。

从发达国家中心城市的发展规律看，20 世纪 80 年代，纽约、伦敦、东京等城市依靠生产性服务业的专业化、产业化、国际化发展，促进了服务业的转型升级，推动了城市的进一步繁荣和产业高端化。同时，随着人均收入水平的提高，居民消费结构从“衣食”向“住行”和“康乐”升级，人们的生活方式向追求舒适、时尚、个性、便捷转变，由此带动旅游休闲、文化娱乐、体育健身等高端消费性服务需求增加，对经济的拉动作用不断上升。此外，人们对医疗、养老、教育等公共服务的需求不断增加且呈多样化趋势，在政府逐步加大基本公共服务和保障的同时，相关领域的市场化程度不断提高，既缓解了供需矛盾，也成为经济带动力量的一部分。

总体来看，这一阶段服务业主导产业的选择不应以实现单一目标为方向，而需顺应经济社会发展的阶段性特点与变化，兼顾多方面、多层次需求，使产业发展更健康更可持续。

三、制约服务业转型的主要因素

尽管全市服务业发展较快，但发展水平与发达城市相比差距还较大，如何在更高层次上发展服务业，实现服务业向更高阶段的转型是全市服务业面临的主要问题。罗斯托认为经济成长阶段由低向高演变的动力主要取决于机制体制的变革及主导产业的转换。全市服务业以往的发展历程对此进行了印证，未来的发展与转型也与之密切相关。

（一）机制体制方面仍存在诸多不适应

服务业发展是建立在较为完善的现代市场经济环境中，是市场化程度不断提高的必然结果，高度分工和专业化是产业发展的重要基础。以上特点决定了服务业的发展需要更加严谨高效的交易制度安排、更加规范严格的商业规则和服务标准，以及更加公正有效的法治环境。

美国传统基金会 2013 年度发布的经济自由度显示，在全球 177 个国家和地区中，中国经济的自由度仅为 51.9%，排在第 136 位，而市场化程度不高主要体现在服务业领域。以全市服务业企业控股情况为例，目前规模以上服务业国有控股企业的比重达到 70% 以上，其中交通运输、电信、金融等行业均在 80% 以上。

（二）生产性服务业竞争力不强，非生产性服务业发展不足

1. 产业构成有待优化，新兴领域、重点行业仍较薄弱

生产性服务业结构层次不高。无论从世界范围看，还是从全国经济强市看，生产性服务业不仅发展速度快，而且结构也在不断升级。附加值高的知识密集型服务业主导了服务业的发展潮流，创造了更多的产出；而金融服务、信息传输、计算机服务等则为促进制造业的发展提供了有力的支持。

目前，全市生产性服务业占生产总值的比重仅为 12.7%，其中：信息传输、计算机服务和软件业，金融业，租赁和商务服务业，科学研究、技术服务和地质勘查业等新兴服务业占生产总值的比重分别为 3.1%、4.6%、3.3%、1.4%，批发业，交通运输、仓储和邮政业等传统服务业占生产总值的比重分别为 8.0%、6.0%。新兴行业占比大大低于传统行业占比的现象说明全市生产性服务业的结构层次需要进一步优化。

2. 消费性服务业和公共服务业发展不充分

从居民消费意愿调查结果看，休闲旅游、教育培训、保健健身等居前列。但与此同时，相关供给水平较低。2012 年，全市规模以上服务业单位 309 家，其中从事旅游、休闲健身、文化娱乐、技能培训等相关单位 17 家，占比仅为 5.5%。此外，虽然近年来财政用于卫生、社会保障、教育等支出不断增加，但相对于旺盛的需求仍存在总量不足、结构单一、布局不合理等问题，需要适当发挥市场作用加以补充。

四、推动服务业转型的对策建议

国际经验表明，服务业向高端化演进阶段，不是一个简单的制造业比重下降，服务业比重上升的过程，而是政府职能、市场环境、产业布局以及产业结构同时发生深刻变革、调整和转变的过程，应从依靠引入新企业、开发新行业、扩张存量资源做大服务业的外延式增长路径，转向更加注重产业素质提高和能级提升，关注产业发展环境、科技对产业的支撑、产业之间功能耦合的科学发展道路。

（一）创新制度模式，进一步完善机制体制建设

破除严格的服务业规制，建立有利于服务业发展的新的制度环境，是服务业加快发展的内在要求。具体包括：一是研究制定促进服务业民营及中小企业发展政策体系，研究制定适应服务业新型业态的发展政策体系。二是完善政府采购制度，借鉴国外政府在政府采购中扶持中小企业的做法（如美国规定向中小服务企业的采购比重不低于 10%），为民营及中小企业发展创造更广阔的发展空间。三是优化小企业创业环境，大力培育创业主体，增加创业扶持的资金投入。四是在市场准入、退出制度，行业标准制定，知识产权保护，鼓励创新，行业协会建设等方面的机制体制建设也需进一步加强和完善。

（二）提升消费性服务业发展水平，逐步推进非基本公共服务业发展

提升消费性服务业管理水平，营造良好的消费环境；针对高端消费性服务增长较快的特点，大力发展旅游休闲、文化娱乐等行业，并提升服务质量。结合基本公共服务供需矛盾，统筹考虑总量与结构特点，逐步推进养老托幼、医疗健康、教育培训、家庭服务等行业市场化、产业化步伐，丰富服务供给，满足人们不同层次的消费需求和社会需求。

基于SWOT分析模型对鸡西市对俄贸易情况研究

省统计局

2013年8月，黑龙江和内蒙古东北部地区沿边开发开放规划获国务院批复，成为我省继大小兴安岭林区生态保护与经济转型规划和两大平原现代农业综合配套改革试验方案后第三个纳入国家发展规划的地区规划。该规划的实施对全市充分利用地缘优势，加快对俄开放步伐，形成沿边经济发展新增长，推动鸡西市经济社会加快发展、转型发展、科学发展具有重要意义。本文基于SWOT分析法，立足全市对俄贸易的实地情况，综合分析全市对俄贸易内部具备的优势、劣势，以及外部面临的机会和威胁，以期更好的引导全市对俄贸易发展。

一、SWOT分析模型

SWOT分析法（也称TOWS分析法、道斯矩阵）又称为态势分析法，它是由旧金山大学的管理学教授于20世纪80年代初提出来的，是一种能够客观而准确分析和研究一个单位现实情况的方法。

SWOT是一种战略分析方法，通过对被分析对象的优势（strengths）、劣势（weaknesses）、机会（opportunities）和威胁（threatens）等加以综合评估与分析得出结论，通过内部资源（优势和劣势）、外部环境（机会、威胁）有机结合来清晰地确定被分析对象的资源优势和缺点，了解所面临的机会和挑战，从而在战略与战术两个层面加以调整方法、资源以保障被分析对象的实行以达到所要实现的目标。

二、全市对俄贸易基本情况

鸡西市以“建设大商贸、发展大流通、开拓大市场、推动大开放”为目标，依托口岸和资源优势，实施大市场、大通关、大经贸战略，使外贸进出口额实现持续增长。2013年，全市外贸进出口总额再创历史新高，达到12.01亿美元，同比增长11.3%，增幅列全省第3位。其中，对俄贸易完成9.57亿美元，同比增长34.3%，占全市进出口总额的79.68%。

（一）经贸主体情况

通过采取大户带动、政策倾斜、跟踪服务等措施，引导和扶持骨干企业扩大规模，提高进出口能力，促进了对俄经贸发展，初步形成了以密山天瑞、大华；虎林双叶茂盛、远华经贸有限公司；鸡西ESP电子音响、华伟木业等为代表的一批实力雄厚、专业化、规模化的对俄经贸企业群体。2013年，全市有72户企业开展了对外进出口贸易，其中，超亿美元企业2户，超千万美元企业19户。

（二）进出口商品情况

出口商品主要以服装及衣着附件、机电产品、纺织纱线、织物及制品为主，出口额分别为33232.45万美元、25820.99万美元、15052.53万美元。印刷电路、二极管及类似半导体器件、未锻造的铜及铜材、金属加工机床分别增长了5427.71%、3700.79%、2958.08%、1937.64%。合成短纤与棉混纺机织物、自动数据处理设备的零件、数字式自动数据处理设备等则分别下降了98.37%、98.35%、82.27%。进口商品主要以合成橡胶（包括胶乳）、纸浆、锯材为主，进口额分别为893.10万美元、531.54万美元、449.49万美元。塑料制品、纺织纱钱、织品及制品等产品分别增长4580.45%、2728.45%。原木、模型及金属铸造用型箱等产品分别下降了83.6%、81.75%。

（三）对俄经贸合作情况

2013年，全市已有对俄合作企业16户，总投资额4000多万美元，分布在俄罗斯海参崴市、列索市、乌苏里斯克市、犹太自治州、哈巴罗夫斯克市等地。一是农业合作开发。主要以农垦牡丹江管理局、虎林瑞金盈、松海、鸡西宏滴为主，主要从事农业种植、加工、销售。二是建材开发。主要以鸡西美城、鼎盛为主，主要从事异型材加工、可发性聚苯乙烯（EPS）板材加工。三是森林采伐及木材加工。主要以虎林茂盛、远华为主。其中，虎林市茂盛经贸有限公司获得林权26万公顷，采伐期限17年。四是有色金属精深加工。主要以密山润达为主，主要从事废旧有色金属收购、冶炼加工、进出口贸易，密山润达在俄罗斯乌苏里斯克市建有铜、铅、铝锌三个加工厂，年加工能力达8万吨。五是水产养殖。主要以密山水域远东为主。主要从事海产品育苗、养殖及海产品深加工。六是新型建筑材料。主要为鸡西市鑫茂煤炭销售有限责任公司，该公司为2013年新增企业，主要经营建立混凝土搅拌站、新型建筑材料（建筑干粉等）。七是轮胎翻新。主要为鸡西市地源经贸有限公司，该公司为2013年新增企业，主要从事轮胎翻新业务。

（四）境内园区情况

一是密山毛皮产业园。密山市出台了毛皮加工和毛皮动物养殖2个专项优惠政策，制定了毛皮动物养殖业发展规划，建设了黑龙江密山毛皮产业园，引进毛皮加工及贸易企业11家。正在加快发展以貂、貉为主的毛皮动物规模养殖，从俄罗斯进口养殖所需海杂鱼，开展裘皮服装出口及毛皮资源进口，加快打造东方裘都。二是虎林木材进口加工园区。规划总占地面积157公顷，建设木材加工生产区、公用工程配套区、管理中心服务区，目前已有双叶茂盛、远华木业等木材加工企业入驻，主要生产板材、家具、指接拼板、胶合板等产品，

（五）口岸和通道情况

全市有虎林口岸、密山口岸两个国家一类陆路

口岸，虎林口岸年过货能力在260万吨以上，年过客能力在100万人次以上。密山口岸年过货能力在50万吨以上，年过客能力在30万人次以上。2013年，两口岸进出口货物累计实现35223吨，同比下降41.20%。出入境人员累计实现31965人次，同比下降10.66%。出入境车辆累计实现5550辆次，同比下降24.39%。全市先后开通了鸡西至乌苏里斯克和鸡西至伊曼两条国际货运线路，成为两国边贸合作往来的重要通道。

三、利用SWOT模型进行分析

（一）内部因素分析

在区域竞争力分析中，波特的“国家钻石”模型常常被学者们作为经济分析范式运用于不同区域的内部竞争因素分析，即特定区域是否具有国际竞争优势，取决于“要素条件”“需求条件”“相关于辅助产业”“企业策略、结构与竞争”四个内生因素，以及“机遇”和“政府”这两个外生决定因素。依此，我们对鸡西市对俄贸易内部因素进行分析。

1. 优势分析

（1）区位优势。

从全市区位优势和发展基础上看，全市地处东北亚经济圈核心区域，位于黑龙江省东南部，中俄边境线长641公里，占全省的1/5，现已开通密山与虎林两个国家一类陆路口岸。两个口岸对面所能吸引的范围为俄罗斯远东地区，包括滨海边疆区、哈巴罗夫边疆区、萨哈林州、马加丹州、阿穆尔州、勘察加州、雅库特共和国、赤塔州，面积为621.59万平方公里，有人口777.2万人。正在规划中的鸡西海关监管仓库和鸡西—密山—乌苏里斯克国际客货联运通道，正在建设中的鸡西国际贸易物流园区、虎林木材进口加工园区和密山轻工产品进出口加工园区，为中俄经贸深入合作提供了必要的物流支持。利用俄远东铁路、东方港和纳霍德卡等港口，借路达港，借港出海，可以使鸡西市、七台河市等黑龙江东部地区及三江平原地区的粮食、农副产品向俄罗斯、韩国、日本等国家出口。以鸡西为起点，走密档线到俄罗斯纳霍德卡港或东方港，比走大连可缩短陆路运输距离1000公里左右，而从纳霍德卡港到韩国东海岸及日本的港口距离比从大连到韩国东海岸近。

（2）初级生产要素及产业优势。

首先，鸡西市在土地与劳动力资源上拥有比较优势。鸡西全市国土总面积为22453平方公里，其中可开发土地面积达29.48万公顷。鸡西市总人口186.6万人，现有十万左右的农村富余劳动力有待向第二、第三产业转移。其次，鸡西市的自然资源优势也十分明显。鸡西市是黑龙江省农业生产条件比较优越的地区之一，也是黑龙江省的重点产粮地区之一，主要盛产大豆、水稻、小麦、玉米和蔬菜等，绿色食品与有机食品生产环境优越；鸡西市矿产资源十分丰富，现已发现56个矿种，已开发利用19种，重要矿产15种。主要有煤炭、石墨、硅线石、钾长石、大理岩、泥炭、黄金、矿泉水等。鸡西煤田分布广、煤种齐全，有焦煤、气煤、肥煤等7个煤种，总储量80亿吨。鸡西市自然生态旅游资源得天独厚，江河湖泊、森林湿地、近代战争遗址、现代观光农业，煤炭工业文化等构成了以自然生态为主体的特色旅游产品。另外，鸡西市对岸的俄罗斯城市在森林资源和煤炭、铁、铝、铜等矿产资源等方面都异常丰富。

从全市产业优势上看，鸡西工业门类比较齐全、基础较好，煤焦化、医药、食品、电力、冶金、非金属建材和机械七大主导产业占规模以上工业的90%以上；大唐、沈煤、佰亿、深圳宝安等一大批战略投资者纷纷落户鸡西，骨干企业对工业经济增长的贡献率达80%以上。经济实力不断增强，2013年，地区生产总值排全省第7位，地方财政收入排全省第7位，人均地区生产总值已接近5000美元，正处于工业化、城镇化加速发展，产业结构、消费结构加速调整的时期，产业优势是全市加快沿边开发开放的重要支撑。

（3）需求优势。

俄罗斯是当今世界为数不多的未饱和市场，随着俄罗斯的经济复苏，居民收入持续增长，消费水平不断提高，需求结构也在攀升，其中中档商品的供需矛盾日益突出。俄罗斯的产业结构可以概括为：重工业强，轻工业弱；军事工业强，民用工业弱；工业强，农业弱。由于特定产业结构的制约，俄罗斯农牧业和轻工业发展缓慢，日用消费品自给率低，80%以上依赖外部供应。以俄罗斯东部地区的消费品市场为例，进口商品占54%，大部分是轻工产品、日用生活品和各种副食品。需求结构与数量不断攀升的俄罗斯市场将激励鸡西市提升产业结构，加强适应国际市场的能力。

（4）政策与文化优势。

近年来，全市逐步把对俄经贸战略升级作为政府工作重点，在提供从土地到税收支持的基础上，积极推动中俄政府间、企业间以及民间的友好往来。政府间会晤、企业间洽谈、民间文化交流都已经形成了一定的规模，为对俄经贸的顺利进行提供了良好的软环境。

2. 劣势分析

近年来，市委、市政府始终把边贸工作作为经济社会发展的重要推手，依托密山、虎林2个国家一类陆路口岸，大力推进对外经贸合作，贸易额连续多年实现两位数增长。成绩是可圈可点的，但问题也是客观存在的。

一是对俄进出口贸易总额较小。2013年，全市对俄贸易总额达到对俄贸易完成9.57亿美元，同比增长34.3%，仅占全省的4.28%。

二是口岸过货能力较弱。由于鸡西没有跨境铁路，所有对俄进出口贸易都靠汽运，加之受通关时限影响，致使过货能力偏低。2013年，全市密山、虎林两个口岸过货量仅为35223吨，而绥芬河铁路口岸达到931万吨，满洲里口岸为3006万吨。

三是企业微观主体不强，进出口商品结构不合理。由于全市对俄贸易起步较晚，对俄贸易的微观主体亟待增强。目前，全市进出口贸易商品涉及5大类、130余个品种，但出口商品主要是服装鞋帽、家电、建筑装修材料等民用消费品，进口商品主要是木材、废旧金属等生产资料，缺少竞争力强、附加值高的高科技产品。全市真正能够掌握俄罗斯主流市场营销渠道、拥有固定大客户网络、树立起自身品牌的企业还非常少。大部分企业还仅仅依靠低廉的土地和劳动力成本等初级生产要素优势对俄进行低附加值产品的出口，其市场营销方式也大多处于初级交易市场水平。

四是边贸企业实力不足。2013年，全市有进出口业绩的企业72户，但进出口额在1000万美元以上的只有22户，其中，对俄有进出口业绩的企业57户，进出口额在1000万美元以上的只有20户，边贸企业整体实力不足，市场竞争力不强。同时，由于受俄罗斯政治经济形势影响，全市对俄交往长期处在相对不利的环境中，对俄区位优势和潜力无法充分发挥，造成发展动力不足，大部分企业受制于俄罗斯的政策和市场变化，俄罗斯“感冒发烧”，我们就要“打喷嚏”。

五是高级生产要素缺乏。由于鸡西市是“因煤而立”的资源型城市，对于高度依赖天然资源或技术层次较低的产业而言，可能仅具备初级生产要素优势就能得到竞争优势。但这种单纯依靠低要素成本的竞争方式极易受到全球经济景气循环、汇率变化、贸易条件等诸多因素的制约。我国现阶段在国际贸易中所遭遇到的反倾销制裁、技术壁垒、绿色壁垒等现象，就是由于我国出口的劳动密集型产品价格过低、技术含量过低、竞争方式单一所导致。这种竞争方式不仅使发展中地区较易出现贸易的贫困性增长，而且也不符合俄罗斯进口商品市场的需求变化。在这种情况下，全市若想走出“比较优势陷阱”、攀升“比较优势阶梯”，则必须具备高级生产要素的基础。然而，目前全市在人力资本、知识资源、资本资源、信息要素、市场经济经验、规范的国际服务贸易体系、国际化的企业管理能力及市场营销能力、国际化的金融融资能力等方面都相对稀缺。

（二）外部因素分析

1. 机会分析

沿边开发开放规划的全面制定与实施，使全市对俄贸易面临新的机遇。从中俄经贸合作政策上看，中俄战略协作伙伴关系日益升温，《中国东北地区同俄罗斯远东及东西伯利亚地区合作规划纲要》深入实施，特别是金融危机后，俄罗斯实施新东方政策，对中国采取更加务实的合作态度，主动提出在能源、高科技领域加强中俄合作。在双方共同努力下，2013年中俄经贸合作达到892亿美元。2014年5月20日，国家主席习近平在上海与俄罗斯总统普京举行会谈，指出“中俄合作是全方位、多层次的。对中俄务实合作，我们既推动量的提升，也重视质的跨越，通过建立中俄投资合作委员会、高级别专项小组等机制，推进经贸、投资、能源、高技术、航空航天、基础设施建设、民生等领域战略性大项目合作。要对接丝绸之路经济带和俄罗斯跨欧亚铁路建设，拉动两国经贸往来和毗邻地区开发开放，共享欧亚大通道和欧亚大市场。”各项政策的制定和高层会晤，为双边贸易额2015年达到1000亿美元、2020年达到2000亿美元奠定了坚实基础，也为全市进一步加强对俄贸易往来提供了绝佳的政治机遇。从我省经贸发展形势上看，省委、省政府全力推进东北亚经济贸易开发区建设，在基础设施建设、园区建设等方面的扶持力度进一步加大。着眼于应对俄罗斯经济形势不断变化的新情况，制定了《关于推进对俄合作适应性战略调整的意见》。同时，2014年我省出台《黑龙江省对俄服务贸易中长期规划》（2014—2023），确立了今后10年，我省将着力开展对俄旅游、金融、电子商务、中医药等十大领域合作，力争到2023年对俄服务贸易进出口额达到30亿美元，推动双边贸易跨越式发展。同时，为加强与世界500强企业、大型跨国公司的合作，相继组织开展中国首届亚欧博览会、第二十二届哈洽会等经贸合作盛会，搭建起中国企业与国外企业交流合作的平台。各项政策的制定和活动的开展，为全市的对俄贸易提速发展，奠定了坚实的环境基础。

2. 威胁分析

尽管近年来对俄经贸合作有了较快发展，但双方经贸的良好发展依然受到诸多不利因素的威胁。

一是双边贸易贸易商品结构单一。目前，全市与俄罗斯进出口产品主要是一些低附加值的初级产品及原材料等，这在一定程度上制约了贸易的发展水平，贸易规模的扩大将主要靠数量的增加，给双边贸易发展带来了一定的不稳定因素，同时也使双边贸易后劲不足。

二是中俄都属经济转型国家，市场机制都不完善。同市场经济建设有关的法规以及相关的服务都不够规范。如缺乏仲裁机制、海关体制不完善、“灰色清关”等问题突出，银行结算问题长期得不到妥善解决；再加上俄方国内存在严重的腐败现象导致其许多外贸促进法规执行不力，以及俄国人对外资的看法还存在某些心理障碍等诸多原因，使投资者望而却步。

三是俄方口岸基础建设问题。全市两口岸对面的俄方口岸基础设施比较落后，通关能力低。密山口岸至俄乌苏里斯克危桥一直没有得到修缮，车辆绕行70多公里，增加了企业运输成本。虎林口岸对面马尔科沃口岸十分简陋，实行每周5天每天7小时工作制，成为全省唯一实行5天工作制口岸，严重影响了口岸通行能力。

四是双边贸易服务体系发展不完善。关于对俄服务体系方面，由于全市大的市场环境还没有形成，没有买全国、卖全国的大型批发市场和商品贸易集散地；缺少一批擅长经营、熟悉俄方政策、精通外贸操作程序、具有境外市场开拓能力的优秀管理人才和专业技术人才；在食宿、娱乐、商贸等服务行业中，开展对俄业务的商家基本上处于空白，不能满足双边商贸、旅游发展需求。

由于以上诸多的不利因素，全市若想在中俄经贸发展中形成自身的核心竞争优势，则需要通过多年来政府与民间的交往经验、市场渠道、公共关系、边贸政策等优势，为参与中俄贸易的第三边提供服务支持、承担风险，使自身成为通往尚不规范的俄罗斯市场的“适配器”。

四、确立全市对俄贸易战略及产业布局

全市作为沿边开发开放先导带城市，按照国家沿边开发开放战略总体部署，根据区位优势、发展基础和资源承载能力，依托区域中心城市、边境口岸和开放通道，推动对俄贸易的深入推进，从而带动经济社会的整体协调发展。

（一）战略布局上

全市的沿边开放，从战略布局上，主要以发展口岸经济为主导。按照国家、省沿边开发开放的决策部署，实施“建设大鸡西，沿边大开放”战略，依托大口岸，发展大边贸；利用大资源，发展大产业；夯实大基础，优化大环境，力求用三年左右时间，推动对俄经贸合作创新发展与转型升级，努力开创沿边开发开放新局面。努力把密山、虎林口岸打造成我省东部沿边开发开放桥头堡，把全市打造成“黑龙江东部较大的边境贸易中心、口岸商品和物流集散中心、沿边旅游贸易中心”“动力之城”。

（二）重点规划上

一是依托大口岸，发展大边贸。充分发挥地缘优势，走“大口岸、大招商、大加工、大通道、大市场、大旅游”之路，积极推进对外经贸合作大发展。

二是利用大资源，发展大产业。面对国内、国外两个市场，着眼于地面、地下两种资源，积极构建优势明显、特色突出、内外兼具的开放型产业体系。按照规划中，区域中心城市发展重点和定位，要建立重要的煤电和煤炭深加工、煤机制造、农产品生产出口、石墨新材料基地。

三是夯实大基础，优化大环境。把加强基础设施建设摆在沿边开发开放的基础性位置，优先发展。

农垦粮食生产大户发展情况调研分析

省统计局

为深入了解垦区种粮大户发展情况，农垦统计局在共青、饶河、红旗岭、双鸭山、大兴、前进、前锋、格球山、逊克、赵光和嫩北等11个农场开展了调研，并走访了总局粮食局和农业局。调查显示，目前垦区种粮大户生产积极性很高，但其生产投入大、资金不足，农田水利和仓储基础设施薄弱，享受财政政策覆盖面小等问题，需要省政府和垦区各级给予支持解决。

一、垦区种粮大户发展情况

（一）种粮大户数量及种植规模

据有关部门统计，2014年，垦区获批并在财政厅备案的种粮大户有357户，其中种植规模在1000亩至5000亩的种粮户为217户，种植规模在5000亩以上的超级种粮大户140户；种粮大户平均种植水稻2324亩、种植玉米2192亩、种植大豆1832亩。在这357个种粮大户中，2013年保留的大户67户，2014年新增的大户290户，其中：饶河和逊克农场新增1000亩至5000亩的种粮大户分别为20户和27户，赵光农场新增5000亩以上的超级种粮大户67户。

（二）被调查种粮大户家庭劳动力文化程度较高

本次调查抽取的35户种粮大户，占垦区种粮大户的9.8%，其中：5000亩以上15户，1000亩—5000亩20户，合计种植面积131121亩，户均3746亩。大部分家庭主要从事农业生产劳动力为2人，初中或高中文化程度的占79.3%，大专以上学历的占20.7%。

（三）近四成种粮大户2013年粮食收入比上年增加

对于“2013年粮食收入变化情况”，只有5.7%的被调查农户认为比上年增加许多，34.3%的被调查农户认为略有增加，11.4%的被调查农户认为没有明显变化，34.4%的被调查农户认为略有减少，14.2%的被调查农户认为减少很多。对于“2014年种植面积变化情况”，31.4%的被调查农户回答比上年略有增加，57.1%的被调查农户回答与上年持平，11.5%的被调查农户回答比上年减少不多。

二、对种粮大户资格的认定程序和扶持政策落实情况

（一）种粮大户资格的认定程序科学

黑龙江垦区种粮大户资格认定采取农户自愿申报，管理区及农场计财、政研室等相关部门把关，管局农业或粮食等部门复查、上报总局粮食局审核，由省财政厅最终确定的办法，认定程序科学、合理。本次调查显示，有42.8%的种粮大户基本掌握或完全熟悉种粮大户确定程序和财政补贴的申报程序，51.4%的种粮大户对种粮大户确定程序和财政补贴的申报程序有所了解。

（二）部分农场采取多种措施积极扶持种粮大户

按照《黑龙江省种粮大户财政补贴实施方案》的有关要求，各管理局非常重视种粮大户的扶持工作，如建三江管理局下发了《建三江管理局种粮大户财政补贴工作方案》，并通过下发通知、申报操作说明、相关政策文件等方式，将相关事宜和政策认真传达给所辖范围内所属农场，确保种粮大户在基础设施建设、技术服务、生产补贴、资金扶持等方面得到政策落实。该局的大兴农场在协调金融机构

贷款、标准化栽培技术指导、科技气象信息服务、农田水利建设等方面为种粮大户提供支持，农场为种粮大户修建田间道路131公里、沟渠清淤108公里、架设电力线路135公里，使种粮大户的生产条件大幅度改善。此外，红兴隆管局的双鸭山农场按照总局确定的《农机购置补贴机具补贴额一览表》，对种粮大户优先进行农机具补贴，重点补贴大马力拖拉机、免耕精量播种机、水稻高性能插秧机、大型谷物联合收割机、水稻秸秆处理机械、大型植保机械等农业生产设备，如该场为超级种粮大户王志娟落实了农机具购置补贴3万元。调查数据显示：62.9%的种粮大户对管理局或农场扶持的力度表示满意或非常满意，31.4%的种粮大户认为管理局或农场扶持的力度一般，另有5.7%的种粮大户表示不满意。

（三）种粮大户财政补贴工作开展情况

省财政厅出台的《黑龙江省种粮大户财政补贴实施方案》规定，对取得种粮大户资格并纳入管理的粮食生产者主要给予贴息贷款的奖励机制；对超级种粮大户（5000亩以上）主要采取项目补助制度，即超级种粮大户在扩大农田水利基础设施建设、提高土地产能、农机具更新、粮食生产保险等支出给予适当补助，每户每年各项补贴总额度不超过100万元。据总局粮食局介绍，总局已落实2013年度垦区184户超级种粮大户项目补贴资金1889万元，通过粮食补贴“一折（卡）通”兑付到超级种粮大户手中。

三、当前种粮大户在农业生产中存在的主要问题

（一）种粮大户生产资金不足，农田基础设施薄弱

1. 生产资金严重不足

由于种植成本的不断提高，种粮大户在上缴一定数量的承包费后，手中结余资金较少，购买种子、化肥、农药等生产性开支使得资金愈加紧缺；目前农村信用社贷款手续复杂，贷款金额小，部分种粮大户只好通过申请其他金融机构贷款解决资金不足问题，因此资金短缺问题成为种粮大户发展粮食规模化生产的瓶颈。

2. 农田基础设施亟待改善

部分种粮大户的承包耕地地块分散、地势低洼，抗御自然灾害能力较低，突出表现在三个方面：一是农田水利基础设施条件较差，种粮风险较大。本次被调查农户中：对于自家经营耕地水利设施情况，34.3%认为较差或非常差，42.9%认为一般，22.8%认为较好；二是配套机械力量不足，雇佣机械费用价格逐年上涨。对于雇佣机械费用变化情况，68.6%的被调查农户认为大幅上涨或有所上涨，17.1%的被调查农户认为基本持平，仅有14.3%的调查农户认为有所下降。三是农用电力设施不足。建三江管理局大兴农场超级种粮大户宋刚，2013年和2014年种植总面积为5269亩，其中：水稻面积4709亩，由于建三江电业局供电能力有限，目前尚利用7口柴油井取水，该种植户希望自费架设电力线路，但受电力容量限制，这些年一直未能实现电机井取水的愿望。

3. 粮食仓储问题急需解决

本次调查的35户种粮大户中，只有7户拥有储粮仓房24520平方米，3户拥有科学储粮仓。66.7%的被调查农户家中粮食储存设施不够用，30%的被调查农户家中粮食储存设施基本够用。由于没有足够晒场和仓储条件，粮食收获后必须及时销售出去才能降低损失，2013年和2014年玉米在收获期都遇到阴雨天，粮食水分较大增加了保管难度，被调查种粮大户迫切希望能够增加粮食仓储设施和晾晒场地，改善粮食存储条件。部分种粮户打算自费建设水泥晒场，但面临土地审批难、资金不足的矛盾。

（二）部分种粮大户没有享受到贷款贴息的优惠政策

农业生产资金需求大，为缓解生产资金紧张的矛盾，部分农场只能以管理区为单位，划定不同管理区农户在不同的金融机构获取贷款，造成部分种粮大户不能在农村信用社贷款，享受不到贷款贴息的优惠政策。按照《黑龙江省种粮大户贷款融资管理暂行办法》规定，种粮大户获得贷款贴息的前提是只有在农村信用社贷款才能享受补贴政策，在其他金融机构贷款则不能享受补贴，同样都是利用贷款却待遇不同。如大兴农场2013年上报并经审核符合享受补贴的4个种粮大户中，只有一户是在信用社贷款享受了贷款贴息补贴，在其他金融机构贷款的3户不能享受到贷款贴息的优惠政策。

四、促进垦区种粮大户发展的对策建议

（一）加大资金和政策扶持力度

建议按照中央一号文件要求，加大支持黑龙江省进行涉农资金整合试点，涉农资金向种粮大户倾斜，把在其他金融机构贷款的种粮大户都纳入财政补贴范围给予贴息；将超级种粮大户承包的农田纳入农业综合开发项目范围，对超级种粮大户利用自有机械力量实施路、田、水、沟、林综合改造的土地治理项目，纳入财政补贴范畴。

（二）强化农业服务体系建设

一是抓好技术培训，重点培训新品种、新技术、农业标准化、农产品质量安全和市场营销等方面知识，提高种粮大户的素质；二是加强技术指导，农场农业技术人员要有针对性地对种粮大户进行技术指导，要走到田间地头，根据各户的不同地力条件、种植作物品种等情况，帮助解决生产上遇到的实际困难。

（三）农场积极协调农村信用社为种粮大户进行贷款

个别农村信用社以未收到上级通知文件为由，拒绝对种粮大户给予农村信用社贷款贴息的优惠政策。在当前扶持政策没有改变之前，农场要积极协调农村信用社为符合贷款条件的种粮大户优先进行贷款，以取得能够享受补贴的资格。建议省财政厅在全面调研的基础上，增加开展种粮大

户贴息贷款的金融机构数量，改变只有信用社一家金融机构才能开展此项业务的现状，同时提高贴息比例，促进种植户向规模化和机械化方向发展。

发展中的鸡西非公有制经济

省统计局

作为黑龙江省东部重要工业城市的鸡西，近几年来鸡西市委、市政府把大力发展非公有制经济作为全市经济结构调整的战略重点，制定了一系列切实有效的推进措施，助推了全市非公有制经济快速发展，使鸡西市非公有制经济呈现出企业数量增加，经济实力增强，经营规模扩大，经营领域拓宽，经营方式灵活，竞争能力提高的新格局，已成为鸡西国民经济的一支不可缺少的重要力量。

一、鸡西非公有制经济五年来的发展情况

（一）从经济总量规模看

据统计，2009 年全市非公有制经济实现增加值 119.8 亿元，到 2013 年全市非公有制经济实现增加值 211.7 亿元，平均增长速度为 15.3%，非公有制经济增加值占全市 GDP 的比重，从 2009 年的 43.1%增长到 2013 年的 47.9%（不含农垦系统数据）；非公有制经济单位户数从 2009 年的 8.9 万户增长到 2013 年的 9.2 万户；非公有制经济从业人员从 2009 年的 25.2 万人增长到 2013 年的 29 万人。详见表 1。

表 1

主要经济指标	2009 年	2010 年	2011 年	2012 年	2013 年
非公有制经济增加值（亿元）	119.8	150	186.7	212.5	211.7
非公经济增加值占地区生产值的比重（%）	43.1	46.3	46.9	47.1	47.9
非公有制经济单位户数（万户）	8.9	9.1	9.2	9.2	9.2
非公有制经济从业人员（万人）	25.2	28	28.6	29	29

（二）从产业结构看

2009 年全市非公有制经济三次产业结构为 10.2：45：44.8；2010 年全市非公有制经济三次产业结构为 8.8：53.3：37.9；2011 年全市非公有制经济三次产业结构为 8.1：53.4：38.5；2012 年全市非公有制经济三次产业结构为 8.2：56.8：35；2013 年全市非公有制经济三次产业结构为 8.4：51.9：39.7。以上数据显示，五年来全市非公有制经济中三次产业结构均呈“二三一”结构。

（三）从全市固定资产投资中民间投资看

2009 年全市民间固定资产投资额完成 44.57 亿元，同比增长 20.7%，占全市城镇以上固定资产完成量的 39.9%。2013 年全市民间固定资产投资额完成 194.2 亿元，同比增长 26.9%，占全市城镇以上固定资产完成量的 71.3%。

（四）从非公有制经济税收看

2009 年全市税收完成 36.72 亿元，其中非公经济上缴税金 23.53 亿元，占全部税金的 64.1%，2013 年全市税收完成 48.3 亿元，其中非公经济上缴税金 30.7 亿元，占全部税金的 63.5%。

二、四煤城非公有制经济发展情况对比

（一）从经济总量规模看

鸡西市非公有制经济增加值从 2009 年的 119.8 亿元发展到 2013 年的 211.7 亿元，平均增长速度为 15.3%，非公有制经济增加值占全市 GDP 的比重 2009 年为 43.1%，2013 年为 47.9%；七台河市非公有制经济增加值从 2009 年的 137.5 亿元发展到 2013 年的 138.5 亿元，平均增长速度为 0.2%，非公有制经济增加值占全市 GDP 的比重 2009 年为 59.8%，2013 年为 57.5%；双鸭山市非公有制经济增加值从 2009 年的 86.6 亿元发展到 2013 年的 235.6 亿元，平均增长速度为 28.4%，非公有制经济增加值占全市 GDP 的比重 2009 年为 42.2%，2013 年为 58.7%；鹤岗市非公有制经济增加值从 2009 年的 52.2 亿元发展到 2013 年的 90.6 亿元，平均增长速度为 14.8%，非公有制经济增加值占全市 GDP 的比重 2009 年为 37.7%，2013 年为 44.2%。

四煤城非公有制经济增加值平均增长速度显示，双鸭山市非公有制经济增加值平均增长速度 28.4%，位居四煤城第 1 位；鸡西市平均增长速度 15.3%，位居四煤城第 2 位；鹤岗市平均增长速度 14.8%，位居四煤城第 3 位；七台河市平均增长速度 0.2%，位居四煤城第 4 位。

四煤城非公有制经济总量增加各有不同，双鸭山市非公有制经济增加值从 2009 年到 2013 年增加 149 亿元，位居四煤城第 1 位；鸡西市非公有制经济增加值从 2009 年到 2013 年增加 91.9 亿元，位居四煤城第 2 位；鹤岗市非公有制经济增加值从 2009 年到 2013 年增加 38.4 亿元，位居四煤城第 3 位；七台河市非公有制经济增加值从 2009 年到 2013 年增加 1 亿元，位居四煤城第 4 位。

（二）从产业结构看

2009 年鸡西市非公有制经济三次产业结构为 10.2：45：44.8，2013 年为 8.4：51.9：39.7。5 年来四煤城非公有制经济中三次产业结构均呈“二三一”结构。四煤城非公经济中三次产业结构对比情况详见表 2。

表 2

	2009 年	2010 年	2011 年	2012 年	2013 年
鸡西市	10.2：45：44.8	8.8：53.3：37.9	8.1：53.4：38.5	8.2：56.8：35	8.4：51.9：39.7
七台河市	5.1：61：33.9	4.2：67.7：28.1	4.7：67.8：27.5	4.9：64.5：30.6	7：47.4：45.6
双鸭山市	5.3：66.9：27.8	3.6：73.9：22.5	3：78.5：18.5	3：79.3：17.7	3.1：77.8：19.1
鹤岗市	4.8：52.4：42.8	3.4：55.9：40.7	2.8：64.6：32.6	2.5：60.1：37.4	2.5：62：35.5

（三）从吸纳就业看

2009 年鸡西市非公有制经济单位户数 8.9 万户，从业人员 25.2 万人，到 2013 年非公有制经济单位户数达 9.2 万户，从业人员 29 万人；2009 年七台河市非公有制经济单位户数 4 万户，从业人员 13.1 万人，到 2013 年非公有制经济单位户数达 3.7 万户，从业人员 13.2 万人；2009 年双鸭山市非公有制经济单位户数 4.6 万户，从业人员 14.7 万人，到 2013 年非公有制经济单位户数达 4.7 万户，从业人员 15.2 万人；2009 年鹤岗市非公有制经济单位户数 3.1 万户，从业人员 12.4 万人，到 2013 年非公有制经济单位户数达 4.6 万户，从业人员 10.9 万人。

（四）从四煤城非公有制经济增加值增长速度在全省位次看

2009 年鸡西市非公有制经济增加值为 119.8 亿元，比上年增长 17.1%（按可比价计算），位居全省第 6 位，四煤城第 3 位，2013 年非公有制经济增加值为 211.7 亿元，比上年增长 3.4%（按可比价计算），位居全省第 11 位，四煤城第 2 位。四煤城位次对比情况详见表 3。

表 3　四煤城位次对比表

	2009 年		2013 年		2009 年		2013 年	
	增加值（亿元）	比上年增长%（可比价）	增加值（亿元）	比上年增长%（可比价）	全省位次	四煤城位次	全省位次	四煤城位次
鸡西市	119.8	17.1	211.7	3.4	6	3	11	2
七台河市	137.5	22.3	138.5	-9.2	2	1	13	4
双鸭山市	86.6	16.3	235.6	4.0	7	4	10	1
鹤岗市	52.2	21.4	90.6	-7.2	3	2	12	3

三、非公有制经济发展中存在的问题

1. 产品科技含量低，企业竞争力不强。目前全市非公有制产业中，初级产品加工比重大，深加工、精加工的行业相对比较少，产业结构层次较低，自主创新能力不强，产品科技含量较低，产品更新慢、缺乏市场竞争力。

2. 资金短缺成为发展“瓶颈”。企业融资难是非公有制经济制企业发展所面临的共性问题。非公有制中小企业及个体经营户的投资主要依赖于个人积蓄、民间借贷和合伙人共同出资。银行逐步实行商业化运作，银行信贷更倾向于实力强，规模大的企业，对中小非公企业的信贷资金慎之又慎，部分企业尽管得到一定的信贷支持，但在额度上受到较大的限制，制约了非公有制经济制企业规模化发展。

3. 人才缺乏，企业管理方式滞后。部分非公有制经济大中小型企业，本科及以上学历的占全部企业的比重不足。非公企业人才形势不容乐观。一些非公有制企业产权结构单一，法人治理结构不健全、管理粗放、现代企业制度建设滞后、管理者法制观念淡薄、信息不透明、决策管理水平低等影响非公有制企业的长远发展。

4. 非公企业缺乏主动参保意识。由于对维护职工合法权益认识不足，怕增加负担，多数非公企业没有为员工足额缴纳各种保险费用，不能很好地把企业利益与员工利益结合起来，员工合法利益得不到保障，福利待遇较低，使得员工对企业缺乏信任和忠诚度，人才流失，已成为制约非公企业吸引人才和可持续发展的重要因素。

四、促进非公经济发展的对策及建议

1. 拓宽思路，合理布局，增强发展非公有制经济的紧迫感。要在认真总结分析本地非公有制经济发展现状的同时，消除思想认识误区，要把发展非公有制经济与调整经济结构、小城镇建设结合起来，引导非公有制企业向小城镇相对集中、连片发展，逐步形成具有鲜明特色的区域经济发展格局。在调整结构中，要围绕国家产业政策，发挥本地优势，在一二三产业并举发展的同时，重点发展二三产业。

2. 以园区带动，提升非公有制企业规模。加快园区建设步伐，充分整合各类园区资源，对具有特色优势和发展潜力的园区加大扶持力度，提升园区内非公企业发展层次，引导和帮助非公企业进行体制创新、机制创新和管理创新。多形式、多层次地引进外资，扶持一批具有核心竞争力的重点企业，培植一批具有产业特色的优势企业，建设一批具有产业集聚优势的非公经济园区，带动非公有制企业大发展、快速发展。

3. 拓宽非公有制企业融资渠道，建立企业发展基金和贷款担保体系。各级政府要积极鼓励和支持外商有实力的外地企业到境内投资办厂、参股经营，积极做好银企的组织协调工作，同时要逐步建立个体私营企业担保机构，不断充实中小企业信用担保基金，完善以政府出资为导向，民间资本参与的中小企业信用担保机构，不断增强诚信担保有限责任公司的担保能力。

4. 加快技术、人才、咨询等社会化服务体系建设。各级政府要加快人才的"外引内培"工作，建立人才培育基金和奖励基金，切实用于培养和激励人才，同时，积极建立健全技术、人才、咨询等中介服务机构，利用现代信息技术，建立健全技术，人才数据库和人才网，充分利用中介服务机构和信息网络，竭力解决好人才市场不健全、人才信息难掌握的现状。积极营造"尊重知识、尊重人才"环境，努力转变高科技人才对非公有制企业的偏见。

5. 加快高新技术产业发展，发挥品牌效应。着重引导企业转变经营模式和进行产业调整。积极引导鼓励企业增加对技术研发的经费投入，加快高新技术产业发展，帮助企业主动申报立项创新项目和科技项目，争取上级配套经费的支持。扶持和保护民企品牌。引导、鼓励非公有制企业争创驰名、著名商标。对获得省级以上品牌的企业，政府给予奖励。支持企业通过产品质量体系认证、环保认证、安全认证、信用等级认证，使企业实现从经验管理向科学管理，进一步提高企业核心竞争力。

（二）我省试点项目工作经验总结目录及全文

1.《"互联网+"助力黑龙江中小企业信息化快速发展》

"互联网+"助力龙江中小企业信息化快速发展

黑龙江省中小企业服务中心

一、推进龙江中小企业信息化建设主要工作回顾

黑龙江省中小企业服务中心与中国电信黑龙江分公司合作，在省工信委的大力支持下，根据黑龙江省工业和信息化委员会信息化工作整体规划要求，结合本地中小企业信息化需求特征，利用2013年省财政150万专项资金，全面推进龙江中小企业信息化建设取得了一定的成绩。

（一）"智慧云"服务平台提升中小企业内部管理及信息化水平：2013年中心与中国电信黑龙江分公司共同建设了中小企业"智慧云"平台服务，相继推出了适合本地中小企业的信息化服务建设的手机看店、外勤助手、旺铺助手、综合办公4项信息化服务，截至2014年年底，已有339个企业客户、3207名用户使用中国电信信息化应用产品。实际补贴企业占总申请企业的51%，至专项资金补贴活动结束，全省仍有331家中小企业有信息化补贴需求。分地市补贴情况如下：

地市	申请补贴客户数量	实际补贴客户数量	实际补贴占比（%）	补贴额度总计
大庆	90	66	73	239000
大兴安岭	40	8	20	40000
哈尔滨	56	22	39	107468
鹤岗	8	1	13	5000
黑河	10	2	20	7320
鸡西	30	18	60	86400
佳木斯	35	9	26	34900
牡丹江	45	30	67	143840
齐齐哈尔	90	66	73	318272
双鸭山	33	11	33	54640
绥化	200	99	50	424600
七台河	10	2	20	10000
伊春	23	5	22	19749
总计	670	339	51	1491189

（二）开展15场送“信息化应用培训进企业”活动，有效提升企业信息化意识：2014年省中小企业服务中心与中国电信黑龙江分公司聘请国内知名专家，聚焦“电子商务”“大数据、云计算”等方面开展企业信息化巡讲活动，累计培训企业达到1000家，获得了企业的好评，有效地解决了企业对信息化的认识不足、无从下手等问题，推进了全省中小企业信息化建设进展。

（三）中国电信黑龙江分公司为了推进此项工作，专门成立了由50名信息化应用专家组成的团队，专项服务省内中小企业：2014年以来，针对2039家中小企业组织开展智慧企业巡讲，此活动累计服务1500多家中小企业，覆盖全省13地市，全省10000多个用户使用中国电信信息化应用产品，全面提升了中小企业管理效率。

（四）为配合省工信委提升中小企业信息化应用水平工作，中国电信黑龙江分公司先后下发了中国电信黑〔2014〕26号文《关于与省工信委联合开展2014年智慧企业签约活动的通知》《全省联合工信委开展2014年智慧企业签约实施方案》《2014年中小企业巡讲活动工作部署方案》，中国电信黑〔2015〕47号文《关于开展信息化应用拓展能手PK大赛的通知》，并且自投70万营销成本补贴专项资金，用于激励信息化专家团队服务中小企业热情，2014年7—12月份为中小企业面对面培训场次达到100次，中小企业用户购买信息化产品5132个，全面提升中小企业信息化建设水平。

二、推动中小企业信息化，经济效益明显

将信息化投入由“成本中心”转向“利润中心”，黑龙江省中小企业服务中心与中国电信黑龙江分公司响应省工信委号召，全面助推中小企业信息化建设，一方面，利用省财政拨付的专项补贴，每个企业客户可以获得3000元~5000元的信息化应用补贴资金，为企业信息化投入节省资金高达150万；同时，中国电信黑龙江分公司对1634名企业内部用户进行有针对性优惠扶植，给予每名用户20%的优惠折扣，累计为企业内部用户节省通信费用近40万元。通过中国电信黑龙江分公司的“信息化应用培训企业活动”及“智慧企业巡讲活动”，累计为全省中小企业节省信息化应用培训费用20余万元；另一方面，通过提升龙江中小企业信息化建设，通过政府及龙江电信政策杠杆及平台交流，借助于互联网+发展的大形势，信息化为龙江中小企业发展排忧解难，通过调研，自2014年以来，借助于工信委及龙江电信助力企业信息化发展活动，信息化建设提升全省中小企业新增销售额2.5亿元左右，有效解决中小企业发展问题，中小企业信息化建设正在由“成本中心”向“利润中心”转变，社会经济效益明显。

三、下一步推进中小企业信息化建设工作的举措

（一）继续做好智慧云平台服务，增加特色应用

1. 新增“翼机通+”产品，全面提升中小企业管理效率：2015年有针对性开展中小企业信息化应用体验之旅，免费为中小企业提供最新应用产品，“翼机通+”免费为企业提供考勤签到管理，同时还提供企业内外消费服务、移动支付作等特色功能，可以完全替代现有的离线式、白板卡考勤系统。

2. 新增基于云端的“大数据”“云计算”远端服务应用：随着大数据和互联网营销兴起的变革，在激烈的市场竞争下，为了有效整合龙江中小企业资源，依托“龙江商城”互联网交易平台，及信息技术的支持，为中小企业提供大存储、远端便捷操作、实时交易的服务，中国电信黑龙江分公司将做好“大数据”“云计算”基础信息化应用建设。

（二）继续做好中小企业信息化培训服务，全面提升竞争力

中小企业信息化的社会系统工程性质决定了政府制定政策是必要的，政企分开的市场经济特征决定了政府只能以政策来引导和扶持中小企业的行为，黑龙江省中小企业服务中心与中国电信黑龙江分公司将充分发挥自身的技术、资金、平台、渠道、客户的优势，在黑龙江省工业和信息化委员会的指导下，2015年将继续邀请全国知名专家，聚焦“新型电子商务”“互联网+”等方面为全省2000家中小企业做好培训服务工作。

（三）持续强化对外合作，购买更多服务扶持中小企业信息化建设

2015年，计划每年开展20次中小企业信息化讲座，培训中小企业2000家，申请350万补贴资金，服务700家中小企业信息化建设，每家企业补贴5000元，补贴用于在中国电信中小企业智慧云平台购买1年信息化服务项目，用于企业信息化建设。

安徽省小微企业融资成本现状调研报告

为贯彻落实委党组指示精神，全面、准确掌握我省小微企业融资成本现状，省经信委组织调研组开展专项调研。调研组于8月下旬—9月中旬，赴银行、担保公司、相关企业，通过座谈讨论、问卷调查等方式开展调研，摸清小微企业融资成本结构、融资贵的“推手”、造成融资贵的原因，并提出相关建议。现将调研情况报告如下：

一、小微企业融资成本构成

小微企业的融资成本大致可以分为 4 个部分，分别是贷款利息、中介费用、行政事业性收费和“隐形”成本。

（一）贷款利息

银行业金融机构综合考虑小微企业所在地域、行业等因素，实现价格对预期和非预期风险的有效覆盖。

2012 年 4 月，我国全面放开小微企业贷款利率管制。目前，省内商业银行普遍在人民银行基准贷款利率的基础上浮 30% 左右，其中，大型银行、股份制银行小微企业贷款利润上浮在 10% ~30%，地方法人银行小微企业贷款利率上浮在 20% ~70%，总体来看，小微企业贷款利息成本折算年利率为 6% 至 15% 之间。

（二）中介费用

主要包括担保费、抵押物评估费、财务报告审计费等。

担保费。担保机构收费标准为担保额的 2% ~3%。按注册资本金来源，担保机构收费分为两类，一类是政策性国有担保机构，担保费率折算年利率在 2% 左右；另一类是商业营利性民营担保机构，担保费率折算年利率在 3% 左右。一些民营担保机构违规收取客户保证金，比例为担保贷款额的 5% ~20%，以及咨询费、服务费、管理费等。

抵质押物评估费。银行认可的小微企业贷款抵押物是土地、房产，抵押物评估值越高，费率越低，一般为评估金额的 0.01% ~0.5%，涉及房产、土地等多个部门。

财务报告审计费。审计机构收费标准不统一，平均收费在资产总额的 0.01% ~0.06% 之间。

（三）行政事业性收费

主要包括抵质押物登记费、公证费、工商查询费等。

抵质押物登记费。包括房屋所有权登记费和抵押鉴证费两项，按宗收取，一般在 80 元/宗 ~550 元/宗。鉴证费按抵押资产价值的 0.1% 收取，每宗最高不超过 2 万元。该项收费由银行缴纳。

公证费。收费标准为标的额的 0.05% ~1%，随金额递增，收取比例递减，公证机构通常按照贷款金额的 0.1% ~0.3% 收取费用。

工商查询费。收费标准为 50 元/次。

行政事业性收费在小微企业融资成本中占比较低，可以忽略不计。

（四）“隐形”成本

主要指“续贷”引发的“隐形”成本。根据银监会规定，企业贷款必须先还后贷。银行贷款到期时，小微企业资金周转紧张就要先通过小贷公司、民间借贷等方式获得“过桥资金”结清旧贷，再申请新贷。小贷公司月息 1.5 分以上，民间借贷月息高达 3 分 ~5 分。

“过桥”时间成本转化为融资成本。新贷与旧贷之间有个时间差。新贷审批时间越长，“过桥”时间就越长，“续贷”成本就越高。据统计，小微企业倒贷一次，平均抬高融资成本 2 个百分点。

二、造成小微企业融资贵的“推手”

在当前经济形势下，缺乏有效抵押物、内源性融资不足、现金流紧张的小微企业被迫通过民营担保机构增信、民间借贷“过桥”，抬高了融资成本，这类企业切实感到融资贵。

据介绍，小微企业通过国有担保机构增信获得银行 1 年期贷款，每年倒贷 1 次，倒贷期限 1 个月，经测算其年化融资成本率约 15% 左右。其中，贷款利息 8%、国有担保费 2%、过桥转贷成本 2%、第三方收费 0.5%、资金实际使用效率偏低造成的融资成本（承兑汇票贴现损失和企业只能使用贷款资金额度的 80% 和贷款期限的 90%）2%。经分析，造成融资贵的“推手”主要有以下几个方面。

（一）“过桥资金”造成中国式的融资“困局”

资金链紧张的小微企业为维持银行信用，明知高息拆借是火坑也不得不跳，被迫依赖于高息拆借的“过桥资金”倒贷。小微企业自身实体经营收益难以与高息拆借相匹配，新贷迟迟不批，企业被拖入融资贵的“困局”。依存于“过桥资金”的高息拆借市场过于活跃，不利于实体经济发展，也无助于银行防范风险。

（二）银行利率上浮是推高小微企业融资成本的“常态”

银行过于强调风险防控，在规定范围内自主确定浮动幅度，用高定价覆盖小微企业贷款的高风险，小微企业经营利润被贷款利息进一步挤占。2014 年来，国家支持小微企业信贷的一系列微刺激货币政策，并没有促使商业银行将小微企业信贷利率降下来。据介绍，多家银行小微企业贷款平均利率上浮幅度高于 2013 年同期，利率上浮的贷款占比高于去年同期。

（三）民营担保收费偏高使得小微企业融资成本“雪上加霜”

民营担保机构兑付风险的集中暴露和监管措施的不断跟进，部分银行业金融机构已经暂停与民营担保公司的合作。民营担保机构举步维艰，只有通过较高的担保收费维持其运营，一些本身资信条件不过硬的小微企业不能在国有担保机构获得增信，被迫转投民营担保导致融资成本“雪上加霜”。

（四）中介收费成本转嫁是推高小微企业融资成本的“另一根稻草”

抵押物评估费等中介收费在小微企业融资成本中占比较小，在小微企业融资成本重担中只能算是一根“稻草”，但其收费不合理。评估类等中介收费是银行为控制贷款风险而委托中介机构对小微企业资产估价、登记。中介服务是保障银行权益，按照“谁委托、谁付费”的原则，应由银行承担费用。

三、造成小微企业融资贵的原因

（一）小微企业“短贷长用”和现行贷款管理制度助长了“过桥资金”市场“繁荣”

在2009年经济刺激政策引导下，银行业金融机构加大信贷投放量，出现过度授信现象。此前，一些小微企业“短融长用”，将短期流动资金贷款用于固定资产投资，借助较为宽松的信贷政策在多家银行申贷，利用贷款资金腾挪转移。当前金融形势趋紧，银行普遍性收紧银根，严格新贷审核，一些高杠杆、高负债、高风险的小微企业筹措不到还贷资金，被迫“过桥”拆借。

银监会规定，银行贷款到期必须先还后贷，这是银行监控信贷安全的一种手段。鉴于银行小微企业不良资产率持续攀升，银行为控制风险，新贷审批权限上收、流程加长、期限拖延。“过桥”时间的延长是银行审慎控制风险的安全期，为此小微企业却要按日支付高额利息，“度日如年”。

此外，整贷整还、承兑汇票贴现损失、贷款实际使用时间受限等资金利用效率不高等问题，也抬高了小微企业的融资成本。

（二）风险成本和管理成本抬高小微企业贷款利率

银行按照“收益覆盖成本”原则实行风险定价。银行普遍认为小微企业信贷的风险成本、管理成本相对较高，抬高的成本转嫁到小微企业头上，造成小微企业贷款利率上浮。

与大中型企业相比，小微企业财务管理不规范、缺乏有效抵押物。同样一笔贷款发放给小微企业，银行在贷前调查、贷后管理等环节都要花费远远多于大中企业贷款的人力物力，抬高银行管理成本。

经济下行期，小微企业抗市场风险能力较弱，宏观经济形势造成小微企业信贷业务风险加大，同时银行对企业财务考量不准确、风险计量累计不够，抬高银行风险成本。

（三）民营资本的逐利特点和国有担保的政策挤压造成民营担保高收费维持运营

与国有担保机构相比，民营担保机构不仅没有财政资金支持，还面临股东分红压力。前两年市场资金流动性宽裕，一些民营担保机构从事包括资本运作在内的非主营业务，谋取高额利润。2014年开始，民营担保行业金融风险逐步暴露，银行限制民营担保机构担保放大倍数，民营担保业务规模受到限制。

以国有担保为主体构建起来的全省国有担保服务体系，“所有制”优势明显。银行青睐国有担保，不向国有担保机构收取保证金，却要求民营担保机构提取保证金。民营担保机构为维持经营利润将保证金成本转嫁到小微企业头上。

（四）银行强势地位导致中介收费成本转嫁

小微企业贷款的综合收益较低，不能带来结算、发债等中间业务，同时贷款的规模不经济、风险溢价高等因素致使银行面对小微企业处于卖方市场，小微企业缺乏议价能力。银行要求小微企业承担评估类等中介收费成本，企业只能被动承担。

四、相关工作建议

（一）研发符合实际需要的续贷产品

2014年7月，银监会出台银监发〔2014〕36号文，允许银行开办续贷、年审制贷款和循环贷款等创新业务。银行业监管部门和地方金融监管部门要协调、推动省内商业银行加快研发符合小微企业实际需要的续贷产品，根本性解决当前困扰小微企业的“过桥续贷”问题。

（二）呼吁小微企业贷款定向降息

支农、支小是金融服务实体经济所要把控的两个薄弱环节。2014年8月，人行宣布引导农村金融机构降低涉农贷款利率和支农再贷款执行优惠利率。说明人行货币调控工具已由降准转为降息，金融业相关管理部门要积极呼吁小微企业贷款定向降息政策出台，应对经济下行压力，释放经济增长潜力。

（三）加强民营担保机构监管扶持

地方金融监管部门放开担保费率价格引导，支持民营担保机构合理定价；加强民营担保机构乱收费现象的监管、查处与结果运用。经济和信息化部门在民营担保机构申报免征营业税、中小企业担保业务补助时对乱收费担保机构一票否决，金融监管部门在担保机构许可证换证审核时综合考量。引导省信用担保集团将合规经营、发展良好的民营担保机构纳入再担保体系并逐步提高占比。

（四）清理银行收费

银行业监管部门要加强银行收费情况检查与清理。个别企业在调研中反映的“以贷转存”“存贷挂钩”“转嫁成本”等问题仍然存在。监管部门要严格落实问责机制，抓到实处，对各类违规收费行为予以严厉处罚，并退还违规收费。

（安徽省经信委中小企业局）

福建省

2014年福建省促进中小企业发展相关工作情况

2014年，我委全面贯彻落实《国务院关于进一步支持小型微型企业健康发展的指导意见》（国发〔2012〕14号，以下简称14号文件）《国务院关于扶持小型微型企业健康发展的意见》（国发〔2014〕52号）等文件，及时研究出台我省政策措施，不断推进中小微企业政策创新、管理创新、技术创新和服务创新，我省中小微企业持续保持平稳较快发展。主要措施如下：

1. 加强政策引导

一是及时研究我省扶持政策。及时对接国家政策，根据中小企业运行情况，加强政策研究，2014年以来，我省出台了多项政策举措，如推动工业稳增长促转型11条、扶持小微企业发展9条、加快医药产业发展12条、支持龙头企业发展7条等。据测算，这些政策措施拉动工业增长2个百分点左右，对我省工业稳定增长发挥了重要作用。二是加大政策宣传培训。积极做好惠企政策分类梳理、细化解读等工作，充分利用新闻媒体、现场宣讲等多种形式深入开展政策宣传。2014年开展“助力小微企业八闽行”公益服务活动，深入宣讲惠企财税政策，免费发放《“2014年扶助小微企业专项行动”政策文件选编》《福建省中小微企业财税服务手册》及《企业法律知识读本》6000余份，开展“小微企业如何利用好财税政策”专题讲座；带动54家优质服务机构为700多家中小微企业提供面对面咨询服务，达成合作协议85项。三是加强督促检查。2014年，先后多次组织深入全省9地市及平潭综合实验区开展“惠企政策落实情况专项督查”，确保扶持小微企业发展的各种财税优惠政策执行到位。

2. 突出破解融资难题

积极探索拓宽融资渠道，为小微企业提供资金保障。一是健全政银企对接机制。加强与财政、人行、银监和各银行业金融机构的沟通协调，引导开展政银企对接，帮助小微企业解决融资难题。2014年组织政银企对接活动18场，签约金额370亿元。二是强化融资担保服务。至2014年12月底，全省共有512家融资性担保机构，注册资本456.3亿元。2014年1—12月，全省担保总额1173亿元，融资性担保总额1034亿元，累计为2.24万户（次）中小企业提供880.6亿元的融资担保服务。此外，积极引导设立政府主导的融资性担保机构，截至2014年年底全省已设立38个。省级财政筹集17亿元（其中2014年增资10亿元），设立福建省再担保公司，加入再担保体系成员80家，累计再担保额超200亿元，为我省2000多家中小微企业提供再担保服务。三是发挥类金融机构作用。至2014年年底，全省共审批设立小额贷款公司134家，注册资本金合计286亿元，已开业117家，注册资本金267.2亿元。2014年12月底贷款余额297.6亿元，同比增加31.5亿元，同比增长11.8%，贷款对象全部是小微企业和个体工商户。至2014年底，全省（不含厦门，下同）共批准设立典当行262家（分支机构6家），已开业运营262家，注册资本总额59.38亿元，典当从业人员2672人，2014年12月底，全省典当余额45亿元。至2014年底，我省共有融资租赁企业72家，其中外资融资租赁企业65家，内资融资租赁试点企业7家，内资企业数量居全国第8位，占全国总数比例为5.24%。2014年，6家内资融资租赁公司（不含厦门1家）融资额合计22.58亿元，租赁业务收入2.3亿元，实现税前利润7575.68万元，上缴税收4554.92万元。四是支持小微企业直接融资。2014年省级财政安排3000万元，与海峡股权交易中心共同建立“小微企业发债增信资金池”，为小微企业利用债务工具融资提供增信。省再担保公司积极为中小企业直接融资提供担保服务，2014年共为23家中小企业提供担保，新增担保金额3.27亿元。五是健全政府增信机制。省级财政先后安排3.33亿元资金与建设银行、兴业银行、工商银行合作开展“助保贷”“万家小微企业成长计划”业务。2014年共有249户企业获得“助保贷”贷款9亿多元。六是建立资金应急协调机制。建立省市县三级企业资金应急处置机制，全省共有7个市、48个县（市、区）设立中小微企业应急转贷周转金，资金总额32亿元，为主业经营良好、暂时出现资金链紧张，或由于涉及担保、个别金融机构抽贷造成资金周转困难的中小微企业提供应急保障的资金，灵活办理企业转贷，切实帮助企业渡过资金难关。2014年累计发放1298笔，周转资金总额131亿元，为849家企业解决应急转贷困难。

3. 引导企业转型升级

一是强化企业创新能力建设，全省建成省级以上企业技术中心403家、创新型企业302家、高新技术企业1641家，入选国家工信部“质量标杆”企业4家、品牌培育示范企业5家。二是大力发展战略性新兴产业。实施战略性新兴产业专项，推动战略性新兴产业重点项目建设，2014年全省战略性新兴产业增加值2300亿元，增长20%以上。三是大力推进“两化”融合。实施全省两化深度融合五年行动、建设两化融合重点项目库，制定“数控一代”装备创新工程行动，发布省级两化融合示范企业117家。四是坚持“以改造代替关停、以升级淘汰落后”，实施差别电价，引导企业开展对标、节能降耗与淘汰落后，促进中小微企业走绿色发展道路。

4. 进一步减轻企业负担

以涉企收费阳光公开、惠企减负政策阳光透明、涉企不合理负担阳光监督为主要内容，建立企业负担“阳光”监督机制，促进各项惠企政策落实。进一步取消、归并、减少行政事业性收费项目，推行按最低限收取行政事业费，简化企业税费减免申请程序及相关手续，率先推行涉企收费“清单管理”制度，2014年1月，印发《福建省涉及企业行政事业性收费手册》，进一步规范各类收费行为，2014年为全省企业减轻负担120多亿元。

5. 健全中小企业服务体系

坚持“政府扶持中介，中介服务企业”思路，大力培育中小企业公共服务平台，培育中小企业公共服务平台52个，2014年平台共为22.4万家中小微企业提供创业、融资、培训等八大类服务。积极打造由1个省平台、9个设区市综合平台和36个重点产业集群平台构成的福建省中小企业公共服务平台网络，省级枢纽平台实体服务大厅在改造施工，2015年6月底前可投入使用；“福企网”门户网站改造基本完成，具备试运行要求，入驻“福企网”服务机构已有336家、服务专家87人，此外，有5个综合窗口平台、6个产业集群窗口平台基本完成建设，并与省级枢纽平台实现互联互通。平台网络坚持“边建设、边服务”理念，2014年32个窗口平台共带动服务资源1215家，开展服务中小企业活动23992场（次），服务中小微企业3万多家。

江西省

江西省关于支持小微企业健康发展政策落实情况督查报告

根据省政府统一部署，由省政府办公厅牵头，省工信委、财政厅、人社厅、科技厅、中小企业局和人行南昌支行各一位领导任组长，省发改委等12个政府部门相关人员组成6个督查组，于2014年5月中旬赴全省实地督查支持小微企业健康发展政策落实情况。督查组采取听汇报、查资料和座谈交流、走访企业、问卷调查等多种方式，深入到各设区市和24个县（市、区）、15个工业园区，走访了60多家企业，召开了23次座谈会，对200多家企业进行了问卷调查，收集了相关意见和建议。现将有关情况报告如下：

一、关于支持小微企业健康发展政策落实情况

小微企业发展越来越引起各地重视。《国务院关于进一步支持小型微型企业健康发展的意见》（国发〔2012〕14号）和《江西省人民政府关于贯彻落实国务院支持小型微型企业发展若干政策的实施》（赣府发〔2011〕30号）下发后，省政府办公厅、省银监局、省地税局等部门又陆续出台了《江西省人民政府办公厅关于金融支持小微企业发展的若干措施》（赣府厅字〔2013〕131号）、《银行业金融机构进一步改进小微企业金融服务的指导意见》、《江西省地方税务局支持小型微型企业发展税收优惠政策和服务措施30条》《江西省地方税务局关于切实抓好小型微利企业所得税优惠政策贯彻落实工作的通知》等一系列促进小微企业发展的政策措施。全省上下积极贯彻文件精神，小微企业呈现良好的发展态势。据统计，到2013年底，全省中小微企业实现增加值8200亿元，占全省GDP的比重为57.5%；上缴税金1350亿元，占全省税收总额的70.5%。全省个私企业总数达到162.3万户，其中私营企业25.8户，新增3.2万户。从督查情况来看，主要体现在：

（一）结合当地实际，制定出台了支持小微企业发展的政策文件

各设区市结合本地实际，从金融信贷、融资、财税、科技、人才、工商注册、发展环境等各方面，进一步明确了支持小微企业发展的政策措施，提高了针对性和可操作性。南昌市由市领导带队多次进行小微企业发展环境专题调研，先后出台了《中小企业成长工程实施意见》《支持工业和中小微企业发展的若干政策》《2014年扶助小微企业专项工作方案》等政策措施。赣州市以赣南苏区振兴发展为契机，从小微企业发展实际出发，先后制定出台了《赣州市人民政府关于贯彻落实省政府支持小型微型企业发展发展若干政策的实施办法》（赣市府发〔2011〕11号）、《支持小型微型企业发展税收优惠政策及纳税服务措施50条》等文件，建立健全领导挂点支持小微企业发展制度，现场帮助企业解决困难，并将支持小微企业健康发展有关工作纳入政府年度考核的内容，研究制定小微企业年度发展目标任务，严格执行考核制度，为促进小微企业发展营造良好环境。

（二）落实优惠政策，加大对小微企业的财税支持

设区市建立了中小企业发展专项资金，资金额度逐年增加，增幅较大的有赣州市、新余市，2014年分别达到2000万元和1700万元，增长5.7倍和0.7倍。税费减免政策得到落实，全省累计为32.95万户（次）企业免征增值税3064.32万元，累计1.4万户（次）企业享受小型微利企业所得税优惠，减免企业所得税0.23亿元。2013年全省共有68927户中小微型企业享受地税优惠政策，减免营业税和企业所得税共计15694万元。有些地方认真开展中小微企业认定工作，积极鼓励中小微企业参与政府采购，取得初步成效，如南康市2013年至2014年4月，小微企业参与政府采购金额累计达4000余万元，占政府采购总额的30%以上。在全面清理取消不合规收费方面，鹰潭和抚州力度较大。鹰潭市实行收费项目和收费标准“一单清”制度，取消了新办企业税务登记工本费、契证工本费、节能监测费、政府采购招标文件工本费、客运线路牌工本费等各类登记类、证照类行政性收费，减轻企业负担。抚州市编制并向社会公布保留的收费项目和收费标准目录，未列入目录的一律不准向企业收取，对涉企乱收费行为进行了通报批评，2013年取消收费项目4项、免征5项、降低标准1项，可为市本级企业减轻负担500万元。

（三）拓宽融资渠道，缓解小微企业融资困难

各地均出台了支持小微企业金融信贷的政策文件，落实中央和省里支持小微企业发展的各项金融政策措施。担保体系建设在不平衡中推进，发挥了重要作用。2013年，全省备案中小企业信用担保机构161家，共为8500户中小企业提供310亿元的贷款担保服务，获得中央财政补贴7830万元。赣州市组建了全省规模最大、注册资本达30亿元的担保公司，2013年，全市37家中小企业担保机构共为1927家小微企业提供42亿元的担保服务。宜春市不断加大融资性担保机构建设，全市共有22家担保机构，累计为3064户中小企业提供担保贷款63.5亿元，在保余额29.4亿元。小金融机构有加快发展之势。南昌市引进了包括16支基金、4家金融外包公司、5家投资公司、3家小额贷款公司在内的34家金融机构。鹰潭、上饶的小额贷款公司和村镇银行发展较快。积极创新小微企业融资服务。2012年以来，全省大力推广“财园信贷通”“助保贷”“城市商业合作社”“银园保”等多种融资模式，取得了

较好效果。赣州市创新推出了“小微企业信贷通”金融产品，目前已有9个县（区）的592户企业通过“小微企业信贷通”获得银行贷款3.37亿元。九江市结合自身实际，开展了“财企惠贷通”试行和“助保贷”业务，截至目前，全市14户工业企业通过“助保贷”业务获得贷款9550万元。武宁县为了扶持光电产业发展，县财政拿出5000万元作为企业融资续贷周转金，用于帮助企业解决过桥资金困难问题。

（四）注重多方培育，促进小微企业转型升级

全省以创业大学为载体，开展对企业家的培训，提升企业素质，助力企业成长，截至2013年年底，全省创业大学累计培训学员企业5109家，为中小微企业搭建了一个学习、交流、合作、共赢的平台。南昌创业大学以学员企业为骨干发起组建了创业商会、服装商会和电子商务商会，利用南昌市存量资产兴办小微企业创业园。其中，南昌创业商会利用红谷滩秋水广场的存量店面，办起了“台湾风味一条街”，丰富了市民的夜市生活。加大对中小微企业技术改造和创新支持力度。2013年，省工业园区发展专项资金8000万元中，6000万元与北京银行合作设立“生物医药产业风险补偿金”，其中1000万元用于贴息，支持14家成长性好的生物医药企业3—5年期贷款2.88亿元，用于GMP技术改造。吉安市建立协调调度机制，帮助小微企业解决技术改造项目建设过程中遇到的产业政策、用地、环评、资金等困难问题，2013年，全市争取国家产业振兴和技术改造和中小企业技术改造专项资金共计6219万元、省引导资金1.02亿元。赣州市研究制定了《赣州市中小企业品牌创建工作意见》等政策文件，2012—2013年，全市新增国家驰名商标2件、省著名商标140件、市知名商标192件。宜春市鼓励企业强化知识产权意识，注重自主知识产权保护，各类专利数位居全省前列，2013年中小企业专利申请量达到1380件，同比增长43.3%。引导小微企业开展科技创新。萍乡市制定出台了10多个科技创新政策和措施，对小微科技型企业申报工程技术研究中心、研发团队、创新型企业、重点新产品和专利给予了政策支持，2013年，全市获批上级科技项目167项，获批资金近5000万元，省级重点新产品70项，省级重点创新专项1项，国家中小企业创新基金项目20项，争取资金1530万元。抚州市加大创新载体建设，2013年新增3个省级技术中心、总数达17个，新增1个省级工程技术中心、总数达8个。

（五）加强公共服务平台建设，完善中小企业服务体系

目前，全省共有14家国家级示范平台，52家省级示范平台，34家网络窗口平台，截至目前，建成了以省服务平台为核心、11个设区市综合窗口平台为骨干、22个重点产业集群窗口服务平台为依托的中小企业公共服务平台网络。小微企业创业园发挥积极作用。目前共有省级小企业创业基地98家，省级小微企业创业园6个，省级小微企业创业园创建单位48个，两年共安排省级新增用地指标2000亩，支持了20个县（市、区）小微企业创业园建设。修水县建设了6个返乡创业园，建设标准厂房50万平方米，积极引导资金回流、人才回归，激发了民营经济发展活力。景德镇市曙光陶瓷创业园和景光电子创业园是利用停产的原国有企业规划建设而成，落户企业238家，安置就业人员2563人，形成小微企业集聚效应。加大政府创业就业支持力度，据省人保厅统计，2013年以来，全省共为755家小微企业累计发放小贷资金38.4亿元。

（六）进一步简政放权，提高政府办事效率

加大注册制度改革。2014年以来，全省新增内资企业25353户，增长72.7%；注册资本金1246.46亿元，增长168.82%。2013年，各设区市也加大了减政放权力度。上饶市通过精简市级非行政许可审批项目30项，行政审批精简率达10%，项目审批时间平均缩短35%；2014年，上饶市级行政审批事项从原有的328项精简至98项，精简率达70%。萍乡市精简审批项目229项，下放审批项目177项，保留项目只有114项。吉安市建立健全小微企业办事评价机制，构建“马上就办”工作体系，2013年精简了322项行政审批及公共服务事项，今年又精简了229项行政审批和公共服务事项。

二、存在的问题

通过督查，我省小微企业总体上发展是好的。但无论是数量上还是质量上，以及发展环境上都存在一定的问题。主要表现在：

（一）融资问题仍是制约小微企业发展的瓶颈

与小微企业的贡献比较，对小微企业金融服务显得严重不足。小微企业融资问题，主要表现为融资难、融资贵和融资渠道单一。一是融资难。绝大多数小微企业自主发展机制还不健全，财务信息不透明、风险性高，不符合银行的贷款条件。同时又普遍缺乏银行贷款的有效抵押品，比如很多企业反映厂房设备银行不予认可，造成抵押难。一些新办企业由于存续期不长，很难获得银行的流动资金支持。而银行对担保公司的要求也比较高，通常不会同规模较小的民营担保公司合作，一些政策性担保机构则要求企业必须提供反担保物，增加小微企业负担。二是融资贵。小微企业的贷款资金价格一般都在基准利率上浮40%以上，如果涉及民间融资的年化利率则可达到20%～25%，企业无力承担这么高的融资成本。三是融资渠道单一。小微企业的资金来源主要来源于自有资金、民间借贷和银行贷款，在银行贷款中，又以抵（质）押贷款为主要方式，融资渠道非常单一，利用中小企业私募债、中小企业集合票据、挂牌“新三板”等直接融资方式比例偏低。据统计，2013年全省中小微企业新增贷款530亿元，仅占全省贷款总额的26.8%。

（二）企业管理落后、自主研发能力较低，抵御市场风险的能力比较弱

相当数量的小微企业没有差异化的企业发展战略，尚未建立与市场经济要求相适应的现代企业制度，管理方式落后，管理水平低下，管理制度不健全。人才匮乏，招工难。一些中小企业，特别是小微企业，在人才的引进上缺乏吸引力，尤其是缺乏高级管理人才、设计研发人才和技术熟练工人。技术创新能力不强。大多数小微企业，特别是劳动密集型企业，科研经费投入少，技术更新能力弱，劳动力成本突出。从社会层面来看，小微企业在市场竞争中相对处于劣势，经营成本较高，限制了企业的发展。

（三）小微企业缺乏创业场所和资本金投入，制约了小微企业总量的增加，创业率偏低

除部分进驻创业园的小微企业外，有很大数量的小微企业通过租赁店面、住宅、闲置厂房、办公楼进行创业，租金成本高，许多企业因而不敢追加投入、扩大规模。同时，没有土地权证的企业，也难以获得贷款，制约了企业做强做大。我省总人口数4500万人，截至2013年年底，全省包括个体工商户在内的个私企业总数为163.6万户，占总人口的比例仅为3.6%，创业率偏低。

（四）小微企业外部创业成本较高，迫切需要优化创业环境

办事难的问题没有从根本上解决。地方政府对小微企业支持力度不够大，大部分县（市、区）没有设立中小企业发展专项资金。劳动力成本普遍上涨15%以上。物流产业配套不全，物流费用普遍高于沿海省份，运输成本增加。部分设区市燃气价格以及峰谷电价高于周边地区，造成部分行业生产成本增加。

三、几点建议

在充分认识小微企业是提供就业的主渠道，是保民生的重要方面的基础上，进一步树立大企业是由小企业发展而来，小企业是大企业源头的观念，认识到小微企业是本土企业的内生力量，从而在区域发展战略上树立“扶大助小”的理念，有重点、有意识地对科技型、成长性好的小微企业加大扶持力度，帮助企业走上快速发展的通道。建议重点解决融资、场所、创新、服务四大问题。

（一）着力解决小微企业融资难的问题

一是要按照省政府〔2011〕30号文件精神，省、市、县（市、区）三级普遍建立政策性中小企业信用担保机构，为信用贷款融资模式提供担保支持。组建省级层面的再担保机构，提高担保机构的抗风险能力，提升区域性担保的服务功能。二是继续开展工业园区中小企业信用示范区建设，通过试点建立和完善中小企业信用评价体系。加强中小企业的信用评级工作，引导中小企业加强管理，苦练内功，构建良好银企互信关系。大力推广“财园信贷通”“小微信贷通”“互助信贷通”等融资模式，解决科技含量高、成长性好的中小微企业信用贷款问题。三是推动企业进入多层次资本市场。进一步落实《江西省中小企业促进条例》，依法设立中小企业发展专项资金，并且每年有所增长。鼓励有条件的企业进入中小板、创业板和新三板上市融资。通过政府引导资金，积极引进天使投资、风险投资为科技型、成长性好的小微企业解决融资需求。四是引导小微企业抱团发展。鼓励小微企业以企业协会或企业联合会为基础，按一定比例缴纳保证金，合作建立资金池，打包向银行等金融机构融资贷款。五是开展对省内各金融机构的评定。委托第三方机构每年度开展对全省金融机构的测评，对支持小微企业发展的金融机构给予奖励。

（二）努力解决小微企业创业载体问题

要充分利用大学科技园、旧校区建设创新型小微企业创业园区。工业园区要利用存量土地建设标准厂房，规划以配套加工为主的创业园。在城区，利用停产、改制的老国有企业、政府闲置的办公楼、现有已停业的酒店，转型规划改造为以生产性服务业为主的小微企业创业园。在返乡创业人员集中、产业集群度比较高的乡镇，可以探索利用集体土地建设无污染、劳动密集型产业为主的创业园。加大对入驻中小微企业创业园企业的税收优惠力度，探索封闭运行、“放水养鱼”。加大小微企业新产品政府采购力度，落实折扣等优惠政策。

（三）努力解决企业内在素质不高，创新能力不强的问题

选择20家左右民营企业开展建立现代企业制度试点，从管理诊断、培训辅导、人才引进、项目支持、推动上市等方面形成示范，以点带面，逐步推广。积极推进“两化融合”，通过贴息、政府购买服务等方式，推动企业进行设备数字化改造和生产管理流程信息化运用。开展“专精特新”企业认定和“一企一技”（一个企业推广运用一项以上新技术）示范中小企业评选工作，鼓励企业与大专院校、科研机构建立合作关系，引导企业引进科研团队和管理团队，不断开发新产品，创造新的商业模式。对科研成果产业化、获得省级优秀新产品和重点新产品证书以及在细分市场中处于领先地位的中小微企业予以奖励。

（四）努力解决小微企业公共服务平台问题

加强对小微企业发展工作的领导、引导、协调和服务工作，进一步为中小企业发展营造良好的环境。小微企业成长、发展的过程，也是政府对小微企业孵化培育的过程。加大中小微企业减负力度，推行涉企收费清单制度。要加大政府购买服务支持小微企业发展的力度。工信、财政、人保、教育、科技、商务、金融、税务等部门要形成合力，聚焦小微企业创业园，加大扶持力度，构建创业辅导、研发设计、电子商务、法律援助、代办证照、天使投资、政策性担保、物流配送等全方位服务体系，促使创业群体个转企（个体工商户转为法人企业）、企进规（规模以下企业进入规模以上企业）、规转股（规模以上企业变为股份制企业），激发全社会创业活力。

山东省

山东淘宝村电商产业发展调研报告

山东省中小企业局

阿里巴巴定义，年销售收入1000万元以上、网商数量达到当地家庭户数10%以上的村落为“淘宝村”。目前全国共有20个阿里巴巴认定的淘宝村，其中我省曹县丁楼村、张庄和博兴县湾头村、顾家庄4个村榜上有名。为总结我省淘宝村的创业模式和经验，2014年8月省中小企业局（省乡镇企业局）组织调研组赴博兴湾头村、顾家村进行过调研，11月又赴曹县就“淘宝村”进行了专题调研，走访了曹县大集乡的丁楼、张庄、常庙三个村，十多户电商企业，在大集乡召开了部分淘宝业户代表座谈会，与当地党委、政府及有关部门负责同志交换了意见。现将调研情况报告如下。

一、淘宝村电商产业发展情况及影响

我省的淘宝村与外省的绝大多数淘宝村一样，是在当地原有传统特色产业基础上，依托电子商务发展起来的。曹县丁楼村、张庄和博兴县湾头村、顾家庄，在发展农村电商产业方面是很好的典型，具有很强的示范性和说服力。就拿曹县大集乡的丁楼、张庄两个淘宝村来说，他们属偏远落后的农村，早在20世纪八九十年代就有从事影楼布景、摄影服饰加工的传统。2010年丁楼村有三户村民尝试在淘宝网开设网店，没想到订单纷至沓来，吸引周边乡亲不断加入，新开网店数量急速增加，生产规模迅速扩大。截至目前，该村从事网店销售的家庭达287户，占全村总数的95%以上；年销售额实现9500万元，其中年销售收入超100万元的服饰加工户30多家，过500万元的10家。在丁楼村带动下，邻近的张庄村迅速发展，全村400多户村民中80%以上的人员从事网络营销，产品销往美国、东南亚等国家和中国香港地区，年销售收入超500万元服饰加工户10多家。目前，周边村庄迅速跟进，呈现出裂变式、集群式的发展趋势。据乡政府统计，网店数从去年的2000多家发展到现在的7000多家，较大的加工户有480多户，全乡有1.5万人从事淘宝产业。生产组织由家庭加工向有限公司发展，新注册公司138家。产品到如今发展为各种演出类、摄影类服饰道具和服饰辅料等系列产品。物流配套发展迅速，申通、圆通、顺丰、韵达等14家物流企业在大集乡安营扎寨，申通快递2013年在大集乡营业额超过450万元，顺丰快递今年“六一”期间单日峰值达30000单。2013年大集乡演出服饰行业销售额近2亿元，利税总额过千万元，上缴税金300多万元。2014年“双十一”期间，曹县大集乡有近千家淘宝业户第一次参加了“双十一”活动，当天完成了大约2500万元销售额的好成绩。预计2014年曹县大集乡营业收入将超过5亿元。

淘宝村对当地经济社会发展的影响：一是外出务工农民和大学生大量返乡创业，留守儿童、空巢老人等问题缓解。大集乡人口4.5万人，其中约有2万人外出打工。淘宝产业的巨大商机吸引了外出务工人员返乡创业。2013年，大集乡有2500多名外出务工农民、160多名毕业大学生返乡创业。丁楼村任安莹原是华南师范大学生物化学系研究生，研二时毅然放弃学业，回家帮助父亲迅速打开了销路，自己也开了公司。他们带回的先进理念、成熟技术，推动了产品质量提高和网店经营水平提升。全乡从事淘宝经营者80%以上是35岁以下的大学生或青年农民。年轻村民纷纷回归，农村青壮年增多，使农村老人赡养、儿童教育等问题得到改善。

二是农民找到了致富路子，农村生活方式发生转变。淘宝经营依托农村劳动力价格优势，实现了产品低成本生产，利用电子商务便捷大幅增加产品销售，实现了快速增收。曹县丁楼村66岁的村民任庆永原来开设杂货铺，去年开始经营网店，一年净赚12万元。村里70多岁的老人也加入淘宝网店做些力所能及的工作，每月可得2000元收入。淘宝经营一般能保持20%左右利润率，仅丁楼村去年就诞生了30多个百万富翁。农民收入增加后生活条件逐渐改变，高档家电、汽车等不断增加，住房、道路、饮水等基础设施更加完善。由于“人人有事做、人人有钱赚”，社会闲散人员大幅减少，乡村治理有序，治安状况明显好转，村民的精神面貌也发生积极变化，对未来充满自信。

三是地方特色产业快速崛起。从原来单纯的小品种、零散式加工生产，逐步发展到产品成系列，上下游产业关联配套的规模生产，相关服务业也逐步配套。现在产品有影楼服饰、演出服饰、表演服饰、锻炼服饰等1000余种，形成了产业发展配套的面料市场，带动了物流、设计、包装、配件、培训和生活服务等配套业务快速兴起，在当地初步形成了产业链条。当地政府为引导产业发展，正在积极建设产业园，引导企业进园生产。

四是地方财政收入快速增加。起初，曹县的淘宝户都是手工作坊，没有一家注册公司，提供税收很少。大集乡属欠发达地区，财政收入少。当地党委、政府对淘宝村发展积极引导，逐步使其规范，将规模较大淘宝户发展成为公司，并利用旧厂区改造建设产业园，提升产业发展，乡财政收入得到大幅度提高。今年上半年，大集乡实现国税收入378万元，同比增幅高达480%。

二、淘宝村发展中面临的困难

省委、省政府非常重视淘宝村建设与发展。郭树清省长、王军民副书记等省领导多次到淘宝村视察并作重要批示。最近，李克强总理在义乌考察了

青岩刘村“第一淘宝村”时指出，互联网是大众创业、万众创新的新工具。淘宝村要从井喷式增长变为火箭式增长。目前，我省淘宝村发展十分迅速，各市都有一些成长中的淘宝村，到2014年年底预计将有十余个村达到淘宝村标准。从全省情况看，我省淘宝村还处在产业成长的初期，发展中还存在一些困难，引导不好可能会出现发展危机。

当前遇到的主要困难：

1. *人才严重缺乏*

曹县、博兴淘宝村普遍存在人才缺乏问题。淘宝村民反映，只要有一两个会做网店的人，就能带起一个村。但现在更多的村没有这样的带头人。目前在曹县大集乡，企业所聘技术人员、裁缝师大部分是没有经过专业训练的熟练工人，技术起点低、创新能力弱，服装造型和款式设计、色彩搭配、整体效果无法满足市场需求，是今后产业升级、品牌化运作的最大障碍。在网络经营环节，网店运营、网络营销、美工设计、企业管理等方面更是缺少经过专业培训的科班人才。

2. *生产要素短缺*

缺少发展资金是农村淘宝户反映最多、最集中的问题。2014年上半年，据对大集乡30家加工企业统计，流动资金缺口在1500万元以上，直接影响销售收入5000万元。淘宝业户无房无地，加工设备价值不高，很难通过抵押形式得到银行贷款。流动资金的短缺使淘宝业主失去很多市场机会。农村的基础设施还不完善，乡村路况较差，交通运输不便，网络网速也不能满足业户的需要。

3. *龙头企业带动能力差*

目前我省的淘宝村绝大多数加工厂和网店仍采用家庭式经营，好一些的是“公司+家庭”生产模式，一般在二三十人以下，年销售额100万元左右，最大的也只有七八十人，销售收入在1000多万元。企业普遍规模小、实力弱，辐射能力差，带动能力弱。

4. *产品档次低、同质化严重*

我省淘宝村产品主要是手工艺品、服饰用品、土特产品，产品附加值较低。如博兴县湾头村的草柳编、顾家村的老粗布属手工艺土特产品，曹县大集乡淘宝村多为一次性使用的演出服饰，做工不精，质量一般，品牌意识也比较淡薄。曹县大集乡7000多个网店中，仅有曹县乔尚服饰有限公司注册了商标，其他电商的运营模式多是以复制他人图片为主、产品以拿货为主，同质化现象严重。有的同型号服饰，2012年每件赚25元，2013年赚10元，今年只赚一两元。

5. *生产聚集度低*

由于缺少土地指标，大集乡规划建设的淘宝产业集聚区、电子商务经济区等园区迟迟无法开工建设。六七百个加工户分散在丁楼、张庄村的各个角落，存在严重安全防火隐患。现有一定规模的企业都是在村头、路边搭建简易生产板房，生产聚集度较低。

淘宝村之所以兴起，有着时代背景和产生的条件。总的讲就是，互联网为淘宝村发展提供了技术条件，电子商务为乡村与外界联系提供了商务通道，产业门槛低和宽松的创业环境推动了农民创业，创业兴业的模式可复制，农村人口红利成为利润的源泉。关键的是农村有了大量具有商业头脑和创业精神人才，有了一批具有创业经验的带头人。但是，淘宝村的迅速发展也并不是没有风险和危机。

（1）产业技术含量不高，可复制性强，蜂拥而起很容易造成恶性竞争，无序发展。从我省曹县和博兴县淘宝村产业类别看，多属于当地土特产品和传统手工艺品，生产技术简单，家家户户都能做。一哄而起，容易造成低水平产能严重过剩。先走一步的村能够取得商机，后来者只是赔钱赚吆喝，无序竞争会对农村新兴的淘宝产业造成打击。曹县有淘宝业户反映，近来有电商户压价，一单演出衣服卖了170件，只挣了150元。由于淘宝标价非常透明，这一单生意让其他业户没法做了。在调研中我们了解到，目前淘宝业户的利润已出现急剧下降趋势。淘宝网只是打开了通向外界的通道，其产品档次低、同质化的问题并没有得以解决，技术水平低是产业发展难以逾越的坎，产业升级的基础还很脆弱。

（2）淘宝村产业规模化之后的深度整合，对于分散经营的农户来讲是一道难题。淘宝产业快速发展，村头户里的狭小空间已经容纳不了膨胀的产业，再沿用原有的发展方式没有出路，对此必须进行整合，向园区集中，使生产要素聚集，实现专业化生产和产业升级。但是，村民离家进园区也带来一些问题，产业离村离土，会造成生产成本上升，赢利能力下降。农民离家进园区打工不方便，特别是农村分散的富余劳动时间无法利用，老人也无法助阵，再是租赁厂房、水电暖的费用等，造成经营成本大幅上升，利润下降。离家离村能不能走下去，还要经受考验。

（3）电商经营战略的不断变化也给淘宝村带来经营风险。阿里巴巴创建初期，进驻淘宝的门槛很低，吸引了大量生产者经营者上网开店。随着人们接受网上购物的生活方式，网商经营竞争也变得十分激烈。近年来，随着电商队伍的壮大，淘宝公司开始经营战略上的调整，不断出台新的竞争规则。一位电商业户说，“一入淘宝深似海，进去之后就发现各种成本和压力，各种潜规则明规则，让你应接不暇。”在淘宝上开网店坐收红利的时代已经过去，赚钱已不那么容易。“天猫”网店的利润率相对高些，但是“天猫”不缺资源，店铺处于饱和状态，进入的门槛不断提高。现在，开一家普通旗舰店、专卖店，不算品牌要求、授权经营和质检等各种各样的规定，还需交纳价格不菲的保证金、年费和按照销售额提取的技术服务等费用。仅保证金一项，就需5万元、10万元和15万元，直至30万元不同档次。有消息说，明年天猫网店的条件还要更高，保证金也将大幅度提高，最低可能需要20万元，给诸多的小电商业户带来了经营上的风险和压力。

（4）国家金融税费政策的影响。一个小小的税务发票难住了一大批淘宝业户，成为扩大经营的障碍。在调研中了解到，税务部门对小规模纳税人实行最高50万元发票的金额限额，远远满足不了淘宝业户业务开展的需要。淘宝业户要想有足够的发票就必须升级到一般纳税人，这需要配备专职或兼职的会计，一年至少多支出一两万元，还要配备税控打印机等专用设备。这对有一定规模实力的淘宝业户不是问题，但对一个刚刚开始起步、本来就缺少管理人员和盈利水平不高的淘宝业户来说接受不了。处于发展初期的淘宝业户，靠信用从银行根本贷不到款，经营资金短缺是摆在淘宝业户面前的一个普遍难题。现在看来，在一些发达地区不算困难的问题，限制了欠发达地区淘宝业户业务的扩展，设备设施改造、产品提档升级又缺少资金，目前只能维持产品低档次生产、低水平盈利，摆在面前的恐怕也只有商品同质化、低价竞争一条路。

三、推进“淘宝村”建设的对策建议

发展淘宝经济的确是发展农村经济，实现农村中小企业（乡镇企业）再次创业的有效方式。不光在山东，浙江、广东、江苏等省淘宝经济已成为农村经济发展的新业态、新亮点。目前我省现有行政村6.5万个以上，农村网民人数粗略统计大约在1500万人以上，扶持引导好了会产生更多的淘宝村、淘宝乡。省中小企业局把2015年作为中小企业电商推进年，把抓好100个示范村作为推进重点。总的考虑是，加强谋划，正确引导，防范风险，既要把农村经济发展起来，又要避免重蹈20世纪七八十年代乡镇企业第一次创业初期一哄而上、盲目发展又大面积关停倒闭的覆辙。

在当前普及推广初期，主要做好宣传发动、教育培训和典型示范工作，推进农村创业兴业。一是加强规划指导。加强对淘宝电商产业的规划、指导和服务，根据产品特点、产业基础和要素供给情况，确定各市、县、乡镇推进培育目标对象，进行重点培育和指导，引导更多的村民实现上网创业。二是搞好培训辅导，培养专业电商人才。建立农村电商人才孵化基地，开展订单式人才培训，加快人才培养引进，为电子商务产业发展提供人才保障。选择引进一批国内卓越的电子商务咨询机构，为淘宝村电商发展提供技术和人才支持。三是实施典型带动。组织“淘宝村”成功创业人士对专业村或专业市场的负责人、规模业户现身说法，传授经验，由专业机构协助梳理并对示范业户进行专业培训。四是协调完善生产要素供给。鼓励农村信用社、村镇银行等金融机构或小贷公司、担保公司等专业服务机构到“淘宝村”建立金融超市，推出适合网商发展的金融产品和服务，为小微企业和个体加工户提供金融一条龙服务。加快农村宽带网络建设，改善农村的宽带网络接入条件，解决“淘宝村”的网络瓶颈。鼓励物流、快递公司到专业村或专业市场设立业务代办受理，开展配套服务。五是加强政策扶持。落实好国家和地方对小微企业和电子商务的财政、税收、科技、融资、就业等扶持政策，省及市县中小企业专项资金对建店费用、推广费、培训费等给予一定比例补助，发挥财政资金的导向作用。不断加强调查研究和协调调度，及时了解和把握淘宝村电商特色产业发展动态，及时协调解决发展中的重大问题，为培育“淘宝村”发展创造宽松的政策环境。

对达到一定规模的地方，必须强化风险意识，用互联网思维推进产业转型升级。发展农村电子商务，是互联网经济在农村经济中的表现。对于农村中小企业（乡镇企业）再次创业的指导，必须突破传统工业发展的模式，引入互联网思维，探索新型的产业整合和发展模式。

一是科学引领淘宝村发展，建立新型发展方式。科学规划产业布局和产业方展方式，克服工业经济集中规模生产老方式，依靠互联网技术，引入信息经济分布式发展的新概念，建立园区、企业、家庭有机多元协同发展新格局。对机械化制造业可引导有条件的企业向园区集中，提高专业化协作配套能力，形成总部研发+园区企业的发展布局。对特色工艺品可发挥园区和农户两个积极性，形成总部+园区+家庭的发展布局。对农产品可发挥家庭生产优势，形成总部+基地+家庭的产业布局。按照有利于发挥农村家庭生产要素的原则，积极探索农村互联网经济发展的模式，使传统产业从分散到集中，从集中到分布，从低级到高级，建立农村经济分布式发展新形态。

二是建设公共服务平台和电商平台。互联网时代，生产要素、生产者、产品和客户都以网的形式存在，可以实现资源精准配置、客户精准定位、生产精准组织。围绕淘宝村快速发展的实际需要，加快中小企业公共服务平台建设，让更多生产要素注入淘宝式电商产业。培育我省中小企业电商平台，创出品牌，提升功能，作为政府扶持电商发展的切入点。坚持政府引导、多元化投入、市场化运作等方式，在淘宝村产业集聚区，建设一批创意、设计、研发、检测、信息、融资、人才、培训、技术推广等公共服务平台。一方面，大力推进服务能力建设，建立开放式共享合作方式，吸引广大服务商进入平台进行对接；另一方面，鼓励引导服务商与业户在线合作，在设计开发、商业信息、人才培训、政策研读等方面建立新型合作方式，推进信息资源和生产要素在线整合。

三是提升淘宝村产业创新能力。推动淘宝村产业升级，开发技术含量高、个性强、附加值高、新颖时尚的新产品。支持龙头企业加大研发投入，开发先进适用的技术、工艺和设备，研制适销对路的新产品。支持淘宝电商特色产业采用新技术、新工艺、新设备、新材料，对现有产业进行综合性改造。鼓励淘宝企业建立和实施标准体系，加强经营管理，提高网店整体经营水平。鼓励和支持淘宝电商特色产业开展地理标志产品保护申请和商标注册，实施品牌化经营，提高市场竞争能力。

四是加强对淘宝村经营活动的指导。鼓励发展行业协会（商会），发挥其在企业、市场和政府之间的桥梁纽带作用，积极参与当地政策、标准的制定，加强行业自律，规范淘宝电商企业行为，防止恶性竞争。指导企业加强改革改组，建立科学的法人治理结构，加强企业管理信息化、扁平化建设。加强培育适应淘宝事业发展的企业经理人队伍，充分发挥年轻人现代知识丰富、市场经济意识强、思维活跃的优势，形成一批淘宝产业的带头人。完善要素市场建设，推出一批企业进入不同层次的资本市场。利用“大数据产业情报”对淘宝村经营状况进行分析指导，分析本区域产品种类、囤积以及销往区域、销售数量，为中小企业提供快捷、准确的信息数据，对产业发展做出及时精准的指导。

五是借助淘宝村发展加快城镇化建设。淘宝产业发展为农村城镇化建设提供了产业基础和条件。随着淘宝产业的急剧膨胀发展，农业劳动力有的已经转到淘宝产业上，乡村闲人少，农业生产受到影响。现在问题虽然还不突出，但已经有苗头性倾向。曹县大集乡已有机构在做农田经营情况调查，研究如何对土地实行有效管理和集约经营。发展“淘宝村”产业需注意与当地城镇化、新农村建设统筹考虑，按照科学规划、合理布局、土地集约、生态环保的要求，做好各方面结合的文章。

湖南省

关于我省非公有制经济发展情况的报告

省非公有制经济发展联合调研组

我省经济在经历了一个快速发展的周期后，出现了增速回落、下行压力加大等问题，这既是我省经济进入转型发展之后呈现的阶段性特征，也是我省县域经济、开放型经济、非公有制经济发展相对滞后表现的“短板效应”。扭转这种局面，根本途径在于采取有力措施补齐短板、拉长短腿。为深入贯彻落实党的十八大和十八届三中全会精神，促进我省非公有制经济发展，省委政研室联合省经信委、省工商局、省工商联等部门组成调研组，进行了专题调研，深感加快非公有制经济发展既是现阶段稳增长、促改革、调结构、惠民生的有效举措，也是实现我省经济又好又快发展的必然选择。

一、从发展现状看，我省非公有制经济有了长足发展，地位作用不可小看

随着改革开放的不断深入，我省非公有制经济也经历了一个由小到大、由量变到质变的发展过程，初步实现了由“重要补充”向“重要支撑”的角色转变，其地位作用日趋重要。

1. 非公有制经济是全省稳增长的重要基础

2013 年湖南省非公有制经济增加值 14186.06 亿元，占全省 GDP 的比重 57.9%，比上年增长 11.5%，同比增速比全省快 1.4 个百分点，对全省经济增长贡献率为 65.7%，在中部六省中，我省非公有制经济总量列第 2 位。2014 年上半年，全省地区生产总值 11975.1 亿元，增长 9.3%，其中，非公有制经济增加值为 7216.06 亿元，占全省 GDP 的比重达 60.3%，同比增长 10.7%，比全省快 1.4 个百分点。2013 年，全省非公有制经济投资总额 12350.75 亿元，同比增长 27.6%，占全社会固定资产投资的 67.2%。非公有制经济施工项目 24096 个，比上年增长 17.3%，其中投产项目 16807 个，比上年增长 16.6%。2014 年上半年，湖南省非公有制经济投资总额 6246.56 亿元，同比增长 22.8 %，对全省投资增长的贡献率为 72%，成为推动全省投资增长的主要动力。

2. 非公有制经济是市场经济的重要主体

2013 年，我省实有个体私营企业 213.19 万户，占全省全部市场经营主体的 95.8%。其中，个体工商户 182.68 万户，居全国第 8 位、中部第 3 位，出资金额 982.01 亿元；私营企业 30.51 万户，居全国第 7 位、中部第 4 位，企业注册资本 10286.48 亿元。在 2013 年全国民营企业 500 强中，湖南省有 11 家企业入围，列全国第 12 位、中部第 3 位。截至 2014 年上半年，我省实有个体私营企业达 224.63 万户，其中个体工商户 190.25 万户，私营企业 34.38 万户，净增 11.44 万户，增长 5.4%。2013 年，我省非公有制经济实缴税金 1397.05 亿元，同比增长 14.3%，比全省实缴税金增速高 1.0 个百分点，占全省税收总额的 54.1%。2014 年上半年，非公有制经济实缴税金 761.69 亿元，同比增长 4.8 %，比全省实缴税金增速高 5.5 百分点，占全省税收总额的 51.9 %。

3. 非公有制经济是转型升级的重要力量

非公有制企业是创新创造主体。全省 90% 的发明专利、80% 以上的技术创新和新产品开发来自非公有制企业，全省认定的 1300 多家高新技术企业中，非公有制企业占 80% 以上。3D 打印、工业机器人、两型住宅、北斗应用、集成电路等新兴产业发展态势良好，高新技术产业增加值增长 27.6%。非公有制企业是转型升级先锋。2014 年上半年，六大高耗能行业增加值增速同比下降 2.2 个百分点，优势和特色产业在长株潭、洞庭湖生态经济区、湘南和大湘西四大板块中协调发展，全省 127 家园区所聚集的非公有制企业主导产业特色鲜明，蓝思科技新材料等重点产业项目预计今年可新增产值 150 亿元。到 2013 年底湖南上市公司 80 家，其中民营企业 56 家，占总数的 70.0%，爱尔眼科荣获“2013 年中国上市公司口碑榜”转型榜样中的“最佳商业模式上市公司”奖项。

4. 非公有制经济是开放型经济的重要支撑

2013 年，全省累计进出口 251.6 亿美元，非公有制经济完成进出口 179.66 亿美元，占进出口总额的 71.4%，同比增长 18%。其中民营企业完成进出口 116.09 亿美元，同比增长 29.7%；三资企业完成进出口 63.57 亿美元，同比增长 1.4%。我省有进出口实绩的非公有制企业共 2437 家，比上年增加 359 家。其中民营企业 2074 家，比上年增加 256 家。

2014 年上半年我省进出口总额 128.6 亿美元，增长 21.1%，其中，非公有制经济完成进出口总额 94.9 亿美元，占比 73.8 %。

5. 非公有制经济是吸纳就业的重要渠道

到 2013 年底，全省非公有制经济吸纳二三产业从业人员 2102.40 万人，比上年增加 60.1 万，同比增加 2.9%；比 2009 年多吸纳 181.4 万人，五年年均增长 2.4%；总量占全省全社会二三产业从业人员的 87.1%。全省个体工商户和私营企业合计从业人员 730.4 万人，比上年增加 60.4 万人，同比增加 9.0%，占全省城镇就业总数的 34.8%。其中，个体工商户吸纳就业 332.2 万人，私营企业吸纳就业 398.2 万人。

二、从对比分析看，非公有制经济仍是我省经济的一条短腿，发展差距不容忽视

我省非公有制经济发展纵向比较，成效明显。但与沿海发达省市相比，无论发展速度还是发展质量，无论经济份额还是贡献作用都有较大差距。

1. 思想认识差距

思想决定行动，差距源于认识。近年我省非公有制经济能有较快发展，主要得益于思想认识的提高，但我省非公有制经济之所以没有实现大的突破，也主要受制于思想束缚。在发展非公有制经济方面，许多沿海地区能办的事，我省不能办、不敢办；许多许多沿海地区能快办的事，我省办起来很慢，甚至根本办不成。一些地方和部门的同志怕给自己惹麻烦，不敢与民营企业家多接触，有的甚至以没有给非公企业政策支持、资金支持、项目支持为荣。疑字当头、怕字作怪、缩手缩脚、不敢理直气壮支持非公有制经济发展。

2. 规模总量偏小

从总量看，我省非公有制经济增加值只有江苏的 35% 左右，广东的 43% 左右。从占 GDP 比重看，江苏近 70%，我们不到 60%，少 10 个点以上；从市场主体看，江苏每 60 人有 1 家私营企业，每 22 人有 1 户个体工商户，我省每 215 人才有 1 家私营企业，每 36 人才有 1 户个体工商户。我们的非公市场主体不但数量发展较慢，个头小，个体工商户占比多，企业主体少，规模较大的企业更少。2013 年全国民营企业 500 强中，我省仅 11 家企业入围，大多是 100 名以外。

3. 质量效益欠佳

一是产业结构有待进一步优化。2013 年我省非公有制经济一二三产业比例为 5.5：55.7：38.8，虽然第一产业比重有效降低，但第三产业还是发展不快，比重偏低，沿海省市大多占到 45% 左右。第三产业中传统低端服务业多，生产性服务业、新兴服务业少。从第二产业看，行业畸轻畸重，工业支撑点少，战略性新兴产业发展滞后，淘汰落后和过剩产能任务重、难度大。二是核心竞争力不强。除工程机械、生物制药、电子信息等优势行业外，我省大部分私营企业处于产业链中低端，产品附加值不高，自主创新能力不强，转型升级步履艰难。三是部分非公有制企业机制陈旧，优势退化，管理水平低下，阻碍了企业壮大发展。

4. 要素制约加剧

一是融资难、融资贵、融资乱问题依旧突出。90% 以上的受访企业反映融资难。绝大多数私营企业资产规模小、盈利能力低，加上缺少有效的抵押物，无法达到银行风险评估要求，难以获得银行贷款支持。即使贷到款，银行贷款利率普遍上浮 20%—50%，加上评估费、咨询顾问费、抵质押登记费、续贷过桥费、担保费、保证金等费用，融资成本超过 15%。一些欠发达地区不但银行机构少，而且存贷比很低，有的仅 35% 左右，大量资金流向发达地区，当地中小企业贷款更难，不少企业靠借“高利贷”度日。二是用工难、用工贵问题依然严重。无论传统产业还是新兴产业，都反映从普通员工到技术人才都难招难留，人工成本上升过快，加上缴纳“五险一金”压力，许多企业难以承受。三是人员素质偏低。主要是人才引进、培养力度有限，民营企业家队伍整体素质偏低，高素质的职业经理人严重缺乏。四是用地矛盾日趋突出，多数地方中小企业反映一地难求，一些好的企业、好的项目难以落地。五是用电贵且保障不力。省内大用户直供电试点措施效果不尽人意，部分地区电力部门对中小企业实行先预交电费后用电的方式，动辄几十万上百万，给企业造成较大资金压力。

5. 发展环境堪忧

一是扶持政策落实难。国家、省出台了系列扶持非公有制经济发展的政策，但由于配套措施没有及时跟进、部门垂直管理条块分割等原因，存在以“文件落实文件”的现象，部分好的政策难以落实到位，真正惠及企业。如政府采购中小企业产品份额、对小微企业贷款不良率容忍度放宽至 5% 等政策规定，都因没有出台相关具体办法或配套措施而得不到落实。二是部分地区反映减少行政审批事项、下放行政审批权限不到位，有的名减实未减，明放暗不放。三是企业税费负担重。在财税刚性增长的压力下，许多地方仍在收取预缴税、过头税。清理规范涉企收费效果不佳，一些企业反映乱收费、高收费现象依然存在。四是一些部门行政效率不高，依法行政意识淡薄，服务指导少，乱检查、乱摊派、乱罚款等现象时有发生。五是假冒伪劣、侵犯知识产权、强揽工程等侵害企业合法权益的现象仍然较多，困扰企业生产经营。六是社会舆论对非公有制经济存有误解和非议，有的甚至无端将民营企业家与腐败现象画等号，个别媒体和记者热衷负面新闻，有的甚至借机敲诈，损害企业形象和利益。

三、从抢抓机遇看，非公有制经济是我省在新一轮改革发展中跨越前进的希望所在，大力扶持不容迟缓

促进非公有制经济发展是推进“四化两型”、

实现“三量齐升”的重要抓手，也是缓解当前经济下行压力、在新一轮改革发展中赢得优势的关键所在。必须毫不动摇地鼓励、支持、引导非公有制经济发展，以更大力度、更优环境和更有效的举措激发非公有制经济活力和创造力，推动我省非公有制经济实现更好更快的发展。为此，我们建议：

1. 在氛围营造上，切实将非公有制经济发展摆在更高位置

全省上下都要高度重视非公有制经济发展问题，建议省委省政府将加快非公有制经济发展摆在更加突出的位置，采取有力措施，推动我省非公有制经济实现跨越式发展。一是尽快召开一次高规格的全省促进非公有制经济发展大会。这既是贯彻落实党的十八大和十八届三中全会精神的需要，也是加快推进我省全面深化改革的需要，更是在当前经济下行压力加大情况下提振信心的需要。通过召开这样一次会议，表明省委省政府鼓励、支持、引导非公有制经济发展的鲜明态度，出台鼓励、支持、引导非公有制经济发展的最新政策，营造鼓励、支持、引导非公有制经济发展的良好氛围。二是尽快出台《中共湖南省委、湖南省人民政府关于促进非公有制经济发展的若干意见》。新出台的政策既要充分吸纳已有的行之有效的好办法，又要充分借鉴外地改革创新的好经验，着力从培育市场主体、提升内在素质、完善扶持政策、推动改革创新、优化发展环境等方面寻求新的突破，尽可能释放强大的政策效应。三是尽快完善促进非公有制经济发展的工作机制。建立健全统一协调、科学有效的领导协调机制、考核激励机制、检测分析机制和政策落实机制，为非公有制经济健康发展提供有力保障。

2. 在深化改革上，切实为非公有制经济发展拓展更大空间

促进非公有制经济新一轮发展，根本靠改革。一是放开市场准入，制定市场准入负面清单，允许非公有制市场主体依法平等进入清单之外领域。二是鼓励非公有制企业参与国有企业改革，大力发展混合所有制经济，形成各类所有制经济平等竞争、共同发展的格局。三是深化行政审批制度改革，切实转变政府职能，减少审批环节，简化审批程序，提高审批效率，推进投资创业便利化。

3. 在主体培育上，切实为非公有制经济发展打下更牢基础

一是推动全民创业，放手发展非公有制经济，尽力为各类投资主体提供创业平台和创业服务，在全省形成非公有制经济“铺天盖地”发展之势。二是坚持扶优扶强，做大做强龙头企业，引导生产要素向优势产业集聚、向龙头企业集中，加快培育和发展带动力强、辐射面广的非公有制企业，形成一批跨地区、跨行业、跨所有制的大型企业集团，成就更多“顶天立地”的非公有制经济大企业。三是发挥政策引导和释放带动作用，促进转型升级，提升非公企业自主创新能力。四是注重人才培养，努力造就一大批优秀的民营企业家群体。

4. 在政府服务上，切实为非公有制经济发展提供更好环境

要把服务细化到一个一个难题上，明确到一个一个项目上，落实到一个一个产业上，分门别类，一企一策，分类指导，务求实效，以此大力破解企业反映突出的融资难、用地难、用工难等问题。建议由分管省级领导牵头，有关部门参与，全省上下联动，分专题集中梳理、分步骤统一协调，分项目落实责任，分阶段检查落实，力求抓住要害、抓出成效。

继续深入开展经济发展环境整治工作，重点围绕企业和各类投资主体反映强烈的优惠政策不落实、难落实，少数部门不作为、乱作为，一些地方强行阻工、强揽工程，一些不法分子制假售假、扰乱秩序等突出问题加强专项治理，切实营造公平竞争的市场环境、公正严明的法治环境、优质高效的服务环境和宽容和谐的人文环境。

关于河南和北京再担保开展情况和有关建议的报告

省经信委、湖南担保有限责任公司调研组

2014 年 9 月 30 日

为学习兄弟省市开展再担保的做法、经验，进一步推进我省再担保工作，省经信委、湖南担保有限责任公司组成联合调研组并邀请财政厅金融债务处、企业处派员参加，于9 月 22 日至9 月 24 日到河南中小企业担保集团股份有限公司、北京中小企业信用再担保公司进行了考察学习。现将考察情况和有关建议报告如下：

一、河南和北京再担保开展情况

（一）河南再担保开展情况

河南省中小企业担保集团股份有限公司（以下简称河南担保集团）承担全省再担保职能，隶属于河南省人民政府，由省工信厅负责行业管理、业务指导和人事管理，由省财政厅履行出资及其监管职责。至今年 8 月底，担保余额 317 亿元，其中直保 83 亿元、再担保 234 亿元。河南省的主要做法是：

1. 以股权为纽带构建担保、再担保体系，增强再担保实力

河南省委、省政府十分重视财政对担保体系建设的投入。2009 年至今年，省财政对河南担保集团和 16 个地级市、124 个县的担保机构累计投入 33 亿元（2009 年 10.5 亿元、2010 年 2.5 亿元、2012 年 2 亿元、2013 年 16.3 亿元、2014 年 1.7 亿元并承诺安排风险代偿专户资金 2 亿元），其中财政对河南担保集团货币出资 8.4 亿元，以对市、县担保机构的股权出资 24.6 亿元（河南担保集团注册资本 35.2 亿元，其中 2.2 亿元为社会出资）。由财政对市县出资、再担保公司持股的方式，不仅有力地推动了全省政策性担保机构的建立，而且以股权为纽带使各个独立的担保机构成为了一个有机整体，对担保、再担保业务的顺利开展提供了有力支持。

2. 以一般保证、附条件的连带保证方式推进再担保业务，以直保业务保证公司经营可持续性

至今年8月底，加入再担保的担保机构共74家，主要是有财政出资的政策性担保机构，再担保余额234亿元。再担保方式以一般保证责任再担保为主，收费标准为万分之一至二，附条件的连带责任再担保收费标准为千分之二。同时，公司积极开展直保业务，8月底担保余额83亿元，其中政府平台投资类项目担保额占40%，集合债券、集合票据类担保余额达16.5亿元，平均担保费率为2.36%。公司近几年每年纳税4000万元左右，分红6000万元左右，累计代偿额为3810万元、代偿率为0.7%，累计风险准备金达4.26亿元，持续发展能力较强。

3. 政府大力提供风险补偿支持

一是省财政预算每年按不超过对担保机构投资额的5%安排资金，用于补偿政策性担保机构发生的代偿损失和补充风险准备，其中每年2000万元作为再担保补助资金，并承诺当担保机构实际发生的代偿损失在年末担保责任余额5%以内、风险准备金不足部分由财政部门审核后给予一定补偿。二是建立代偿补偿资金专户。今年工信部、财政部关于建立代偿补偿资金专户的政策出台后，省财政厅随即向工信部、财政部出具了2亿元的资金到位承诺函，获得了国家3亿元专户资金支持，成为全国第一批建立5亿元代偿补偿专户资金的5个省市之一。

河南担保集团的发展也存在一些不足。一是货币资本仅8.4亿元，制约其担保、再担保能力；二是直保以平台类、大项目担保业务为主，对中小微企业融资的直接支持小；三是再担保对象主要是政策性担保机构，且以一般保证为主的再担保模式对担保机构的增信分险作用不明显。目前，河南担保集团正在积极研究制定比例分担的再担保方案，以股权为纽带构建的担保体系和政府对担保机构风险补偿的大力支持，为其创造了良好条件。

（二）北京再担保开展情况

北京中小企业信用再担保公司（以下简称北京再担保公司）承担北京市中小企业再担保职能，成立于2008年11月，是经国家工信部批准设立的全国首家中小企业信用再担保机构，目前实收资本20亿元（成立时实收资本10亿元）。公司成立以来专注于再担保业务，再担保额2009年为140亿元、2010年为300亿元，近三年稳定在400亿元左右。北京市的主要做法是：

1. 明确功能定位，政策大力扶持

北京市政府明确北京再担保公司为不以盈利为目的，发挥“增信、分险、规范、引领”功能的政策性再担保机构。2009年、2010年、2013年北京市经信委、财政局、金融工作局等部门先后出台《北京市中小企业信用再担保资金管理办法》《北京市融资性担保机构管理暂行办法》《北京市支持中小企业创新融资资金管理实施细则》，明确了再担保机构的地位、作用、再担保范围和系列扶持措施。主要政策有四项：一是规定再担保资金收益（包括资本金增值收入和担保业务收入）的60%用于补充再担保资本金或应由市财政负担的代偿补偿，其余40%主要用于弥补风险准备金不足、再担保业务经费补助、二是规定分别按当年担保费收入的50%提取未到期责任准备金计入经营成本、按不超过当年再担保责任余额1%的比例提取风险准备金计入经营成本、在税后利润中按不低于20%的比例提取风险准备金、三是代偿率不超过6%的再担保代偿，再担保公司提取的风险准备金不足部分由财政补偿。四是对集合票据等创新类担保业务，对发行企业给予2%的利息补贴、对担保机构给予1%的担保费补贴。

2. 以比例分担、限期一般责任保证模式推进再担保业务，增信分险作用明显

北京再担保公司一直积极探索再担保模式以适应市场需要。目前公司90%的再担保业务为比例分担的再担保模式，即对不同资质等级的担保机构实行五五、四六、三七的代偿分担，收费标准为最高不超过担保机构担保费的30%；10%的再担保业务为限期一般责任保证再担保模式，即对担保机构未能履行且满一年的代偿向银行提供再担保代偿，收费标准为千分之三。银行对加入再担保的担保机构授信倍数平均提高50%，最高的中关村担保达20倍，累计发生再担保代偿1亿多元。2014年，加入再担保的担保机构共28家，其中政策性担保机构21家，民营商业性担保机构7家，预计年再担保额约440亿元。同时，北京再担保每年保持4亿元左右的直保业务，以利于试验创新、培养人才。

3. 建立代偿补偿专户资金

2013年，市财政局开全国先河，设立规模为1.5亿元的代偿补偿专户资金，由北京再担保管理，对重点支持的四个产业、单户500万元以下的担保代偿提供20%的补偿。2014年，财政增加5000万元专户资金并向国家申请3亿元专户资金，使北京市成为全国第一批建立5亿元代偿补偿专门资金的五个省市之一。

4. 以服务促规范，以创新促发展

北京再担保十分重视对担保机构的规范，不仅配备专门教室、培训力量对担保机构进行长期培训，还按照“缺什么、补什么”的原则进行个别指导和服务，帮助担保机构建立制度、培养队伍、规范管理。同时，北京再担保特别注重结合小微企业特点、金融市场趋势和国家政策，研发新的担保融资产品、模式并向担保机构推行，如小微企业债权基金、集合类融资产品等，该类业务规模2014年将达到80亿元，有效地帮助小微企业拓宽了融资渠道、降低了融资成本，促进了担保业务的发展。

北京再担保虽然目前存在覆盖面不广的不足，但其比例分担模式、设立代偿补偿资金专户等做法得到了国家工信部、财政部的高度肯定，为全国再担保提供了良好借鉴。

二、对我省开展再担保的建议

我省担保体系建设相对落后，2013 年担保余额仅占全国的 1.76%，推动再担保是加强担保体系建设的重要环节。湖南担保有限责任公司（以下简称湖南担保）作为省委、省政府决定成立的湖南再担保机构，近几年来积极开展一般保证责任、代偿损失比例分担再担保业务，但合作担保机构少（24家）、再担保规模小（165 亿元），增信分险、规范引领作用未能充分发挥。主要制约因素有四个方面：一是湖南担保注册资本虽为15 亿元，但成立5 年了仍有4.4 亿元没有到位，实际到位资本仅 10.6 亿元，其中5 亿元作为子公司直保资本金，用于再担保的资本金仅 5.6 亿元，再担保实力远远不足、二是一般保证责任再担保要等到担保机构清算破产后才提供再担保代偿（被称为“死亡再担保”），代偿损失比例分担再担保则因代偿损失确定周期长、分担比例低，对担保机构和银行吸引力不够、三是对再担保没有建立资本补充机制、代偿风险补充机制，抗风险能力弱、四是再担保业务无盈利能力，人才缺乏。为此，提出如下建议：

（一）进一步明确湖南担保的政策定位

原来虽然明确了湖南担保以再担保为主，但对再担保的政策性、公益性和要实现的政策性功能不够明确，对湖南担保进行业务规模、利润、风险控制等多项考核。今后，应明确湖南担保为不以盈利为目的的政策性再担保机构，主要功能是为全省担保机构增信、分险、规范、引领和服务，相应取消利润考核指标、放宽风险控制指标。

（二）做大再担保资本金

再担保机构资本实力是扩大与银行、担保机构合作的基础和根本。一是由财政投入 4.4 亿元，尽快解决因原股东—湖南发展集团出资无法到位造成的注册资本不实问题；二是学习河南经验，将省政府拟向市、县担保机构投入的 7.8 亿元财政资金，由省农信担保持股改为湖南担保持股，既使湖南担保以股权为纽带与全省政策性担保机构形成有机整体、壮大担保实力，又发挥再担保对担保的增信分险功能，更好地解决涉农贷款问题，起到事半功倍的作用；三是探索民间资本投入等增加再担保资本途径。

（三）积极稳妥地推进代偿比例分担的再担保模式

借鉴兄弟省市经验，结合国家政策导向和湖南实际，加强对担保机构的调研和规范指导，完善担保机构评级制度和监管办法，对不同类别的担保机构实行最高不超过 50% 的代偿比例分担再担保模式，探索实行适合市场需要的其他模式，积极稳妥地扩大再担保覆盖面，充分发挥增信分险作用。

（四）建立代偿补偿资金专户和补充机制

一是抓住国家大力支持建立代偿补偿资金专户的政策机遇，根据《中小企业发展专项资金管理暂行办法》(财企〔2014〕38 号）的规定，省财政 2015 年预算安排 2 亿元代偿补偿专户资金，相应获得国家 3 亿元资金支持，从而建立 5 亿元的代偿补偿专户资金。二是学习河南的做法，每年安排省中小企业担保资金的 20% 增补代偿补偿专户资金。三是学习北京的做法，对再担保风险准备金支付代偿的不足部分，由财政给予限定条件的支持。

（五）大力加强再担保机构能力建设

一是允许公司按照《公司法》和提供再担保增信、分险、规范、引领、服务的政策性目标，健全法人治理制度，自主经营决策。二是加强研发创新，开发适合小微企业融资特点、银行与担保机构认可的担保产品、模式，引领担保机构发展，创新再担保模式。三是建立健全人才引进、激励、约束和培养机制，加强母公司与子公司人才交流，以高水准的人才队伍保障高水准的再担保服务。

湖南省促进中小企业“专精特新”发展对策研究

中小企业局发展促进处
2014 年 12 月

引导中小企业“专精特新”发展，是促进中小企业转型升级的必由之路。为此，我们进行了深入调查研究。一是收集国内外中小企业“专精特新”发展的理论和实践经验；二是对我省中小企业发展现状进行了全面分析。在此基础上，提出我省促进中小企业“专精特新”发展的对策。

一、中小企业“专精特新”发展的特点和意义

（一）“专精特新”的内涵

“专精特新”的提出，较早的源于改革开放初期，仅指单一的产品专业化、精品化、特色化和新品化。随着国企改革的深化和社会主义市场经济的建立发展，其内涵不断提升和丰富。目前，对“专精特新”的概念比较权威的说法是：“专”即“专业化”，指中小企业应专注核心业务，提高专业化生产、服务和协作配套的能力，为大企业、大项目和产业链提供零部件、元器件、配套产品和配套服务。“精”即“精细化”，包括精细化生产、精细化管理、精细化服务，以美誉度高、性价比好、品质精良的产品和服务在细分市场中占据优势。“特”即“特色化”，指中小企业利用特色资源，弘扬传统技艺和地域文化，采用独特工艺、技术、配方或原料，研制生产具有地方特色的产品。“新”即“新颖化”，中小企业开展技术创新、管理创新和商业模式创新，培育新的增长点，形成新的竞争优势。

（二）兄弟省市的做法

按照国家政策导向和中小企业发展的实际需求，各省市相继将促进中小企业“专精特新”发展作为工作重点。通过发挥标杆示范作用，鼓励和引导全

省中小企业自主创新，提高产品市场竞争力和企业整体素质。上海市制订了“专精特新”中小企业试行标准，对列入“专精特新”1008 家中小企业实行年度动态管理。辽宁省和江苏省组织认定“专精特新”产品及技术，并将其纳入支持重点。安徽省从 2013 年开始加强对 500 户“专精特新”企业和 1000 户成长性小企业的培育。青岛市出台中小企业“专精特新”产品（技术）认定办法，对“专精特新”企业在融资需求上给予优先支持。

（三）发达国家的经验

“专精特新”是中国对那些针对特定细分市场有较强竞争优势的企业或产品特有的称谓，其他国家和地区对这种经营差异化的专注型企业，有不同的表达形式。如，美国的利基企业、德国的隐形冠军、日本的高利基企业、韩国的中坚企业、中国台湾的中坚企业等。

美国的利基企业是指通过对市场的细分，企业集中于某个特定的目标市场，或严格针对一个细分市场，或重点经营一个产品和服务，创造出产品和服务优势。

德国对隐形冠军的定义，是指那些在全球市场的市场占有率为前三名或是在本国所在区域市场占有率第一名，营业额未超过 30 亿欧元（约人民币 240 亿元），通常不具高知名度、但在各自利基市场中具有强大影响力的企业。隐形冠军企业是德国经济在危机中屹立不倒的重要支撑。

日本把在细分市场上市场占有率 50% 以上的产品称为“高利基产品”，其企业称为“高利基企业（Niche Top Company）”。日本的高利基企业推动了战后国家的迅速崛起。

二、我省中小企业“专精特新”发展的现状

（一）促进中小企业“专精特新”发展的主要工作

我省从 2002 年开始探索培育工作。一是实施“小巨人”和“创业”计划。核心内容是通过引导中小企业“专精特新”发展，逐步从小企业成长为“小巨人”企业。2003 年选择 108 户进行重点培育。现在来看，山河智能等一批上市公司就是从那个时候开始培育起来的。2010 年又推出“创业”计划，其中“小巨人”企业 315 家，“创业”企业 573 家，多层次引导中小企业“专精特新”发展。二是实施“百千万”成长工程。2012 年制定了中小企业“百千万”成长工程规划，主要内容是“十二五”期间，全省每年培育新增营业收入过 4 亿元的大企业 100 户以上，新增营业收入过亿元的中型企业 1000 户以上，新创办小型微型企业 30000 户以上。其重点就在促进“专精特新”发展上下功夫。三是加强运行监测。建立了重点企业信息库，对企业生产运行情况进行监测，及时发现发展中的重点难点问题，向省政府提出相关政策建议。四是加大政策扶持力度。每年安排专项资金重点支持企业“专精特新”发展项目建设，提升发展潜力。

（二）主要特点

1. 一批专业化配套企业集聚集群发展。如广汽、福田汽车等生产基地建设，在星沙 20 公里半径范围内，集聚了生产车身、车架、车厢、弹簧等零部件企业 100 余家；中联、三一、山河三大骨干企业周围半径 30 公里之内，聚集了 130 多家配套企业；衡阳特变电工的发展，在衡阳市区聚集了变压器、互感器、电线电缆、高低压开关等成套设备的企业达 49 家。一批先进制造业产业通过众多中小企业集群雏形。

2. 一批区域经济产业特色化发展企业逐步崛起。一是依托历史文化和区域特色资源，已逐步形成了一批乡土气息浓厚，有深厚文化底蕴的产业集群。如，浏阳花炮拥有 1024 家企业，从业人员 40 万，年销售收入 190 余亿元，占全国花炮产量与出口量的 70% 以上。醴陵陶瓷拥有陶瓷企业 540 家，集日用陶瓷、工业陶瓷、电力陶瓷三大类，拥有 4000 多个品种，年度完成工业总产值 424 亿元。二是根植于传统经济特色，形成了一批以汨罗、永兴为代表的循环经济产业集群。永兴依托三百多年前从南洋带回的独特技术，通过回收利用“三废”，创造了“中国银都”。拥有规模企业 100 多家，从业 3 万多人，年提炼白银达 1800 余吨，实现产值 90 亿元。三是围绕区域特色集聚发展，形成特色经济。已经形成了宁乡服装、嘉禾五金、临武鸭业、双峰农机等一批区域特色品牌。

3. 一批企业通过改进工艺，提升管理，降低成本，提高质量和性能，在细分行业的竞争力不断增强。如，浏阳金生烟花利用信息化手段对公司产供销进行全方位管理，有效地拓展了企业的视野，网上业务成倍增长，税收连年翻番。

4. 一批企业不断加大研发投入，开展技术创新，成为细分市场的领头羊。如，湖南三德科技股份有限公司，已累计申请专利 324 项（发明专利 110 项），是行业专利申请数量最多的企业，煤质分析仪器市场已位居行业第一。

（三）面临的主要问题和困难

1. 发展的基础相对薄弱。我省中小企业的特点是“小”“低”“散”“乱”，以劳动密集型较多，体制以民营为主。多数属传统产业，产品的技术含量和附加值不高，管理水平较低。与沿海地区相比，自主创新能力还相当薄弱，缺乏拥有自主知识产权的核心技术和相应的市场竞争力。

2. 产业链不完整。我省多数产业结构不配套，缺乏横向整合，没有形成龙头企业为核心，众多配套企业为支撑的产业链，一些优势产业的主要配件还要依靠国外和外省。

3. 自主创新能力不足，新技术成果转化滞后。主要表现在：一是创业起点不高。多数中小企业起步是在供应链的某个环节为切入点开始创业，缺乏创新基础。二是企业研发投入不足。全省每年用于 R&D 的总投入约占 GDP 的 0.6%，较全国平均水平低 0.5 个百分点。三是产学研转化途径不畅。以企业为主体的转化机制尚未形成。四是鼓励创新创业的政策环境还不优，创新动力难以激发。

4. 市场压力大，中小企业运行艰难。近年来，在复杂严峻的国内外形势下，我省中小企业生产经营出现诸多的困难。资金周转困难等一系列的问题，在一定程度上制约了中小企业“专精特新”发展。

5. 体系尚不完善，服务支撑不够。近年来，我省加大了中小企业服务体系建设力度，但对于“专精特新”发展的需求来讲，服务的面要更广，服务的能力要更强，服务的理念要更新，服务的效果要更好。

三、促进中小企业“专精特新”发展的对策措施

（一）明确内涵，指导发展

研究制定《湖南省促进中小企业“专精特新”发展三年行动计划》，明确“专精特新”发展的特点和方向，确定工作目标和工作措施。就我省中小企业“专精特新”发展的定位来看，我们认为，“专”的关键是，要把专业化配套放在产业链的关键节点上。核心是在现有基础上实现能力的提升，质量的改进，服务的改善。“精”的关键是，提升产品的技术含量和附加值。核心是注重细节、立足专业、科学量化，突出利用信息技术提升管理和服务水平，提高生产效率，节能降耗，不断提升产品和服务的品质的同时，降低成本。“特”的关键是，做到我“有”别人“无”。核心是突出品牌战略，形成差异化竞争优势。“新”的关键是，把握新常态下的供给创新，激活消费。核心是突出创新驱动，注重新技术应用，发挥电子商务和互联网技术的优势，实现产品创新、服务创新。

（二）强化培育，树立标杆

根据“专精特新”的定位，选择一批发展特点鲜明，有较强代表性的“专精特新”示范企业作为中小企业的标杆。可以选择1000户左右，通过重点扶持、加强服务、协调解决发展中面临的困难和问题，强化其“专精特新”的发展特点，增强标杆示范效应。

（三）加强对接，促进专业化

一是积极开展产业对接活动，鼓励中小企业为大企业配套。二是鼓励大企业、大项目提高省内配套率，带动中小企业专业化发展。

（四）提升管理，促进精细化

一是大力实施信息化推进工程，用新一代信息技术改造和提升中小企业管理水平。二是加强管理咨询服务，继续开展管理升级活动，指导中小企业加强精细化管理。

（五）挖掘资源，推动特色化

一是围绕特色产业发展“五个三”工程，推动县域经济特色化发展，发展一批“特色化”企业。二是不断开发地方特色资源，实现产业化发展。

（六）鼓励创新，培育增长点

一是引导和鼓励企业加大技术创新投入，形成的新动力。二是鼓励中小企业引进高端人才，增强自主创新的能力。三是引导企业利用互联网手段创新业务模式，形成新的业态。

（七）加强体系建设，提供服务支撑

一是加强创业基地建设，推动创新创业。特别是依托“135工程”，加大创业基地的建设步伐，催生一批高起点的小企业。二是加强服务平台建设。为企业“专精特新”发展提供各类服务。三是加大政府购买服务力度，重点提供创业辅导、管理咨询、人才培训等方面的低成本服务。

（八）加大融资服务，缓解融资难

一是加强信用担保体系建设。优化再担保业务模式，扩大业务覆盖范围，提升担保机构的担保能力。二是鼓励有条件的县市、园区建立风险补偿资金池等融资平台，推动银行机构加大对小型微型企业信贷支持。三是加强创业投资服务。充分发挥省创业投资引导基金的作用，引导社会资本对企业的股权投入。

（九）加大宣传力度，营造发展氛围

一是加大对“专精特新”示范企业宣传，增强各类中小企业对“专精特新”发展的感性认识和认同感。二是宣传鼓励中小企业“专精特新”发展的政策措施，让中小企业了解政策，参与服务，找准路径，稳步发展。

关于进一步提升中小企业管理水平的几点思考

——从湖南省中小企业“腾飞杯”管理升级竞赛活动调研看中小企业管理水平的提升

非公经济和中小企业不仅是湖南省经济发展的重要支撑、科技创新的重要力量、财税收入的重要源泉，更是解决就业的重要渠道，在经济增长、改善民生、维护稳定、促进和谐等方面发挥着不可替代的重要作用。截至2013年年底，湖南省中小微企业达20余万户，占全部企业户数的99.8%。2013年，全省非公经济完成增加值14186.06亿元，同比增长11.5%；规模以上中小工业企业同比增长13.3%，对社会经济发展贡献巨大。全省70%的发明专利、80%以上的企业技术创新和新产品开发来自中小企业。尽管如此，在中小微企业数量快速增长，对经济社会发展的贡献逐步扩大的同时，中小微企业特别是小微企业自身发展质量和管理水平没有得到同步提升，企业家管理水平偏低、人力资源开发缺位、内部组织结构简单、管理制度形同虚设等问题普遍存在。基于此，结合党的群众路线教育实践活动的开展，增强机关干部尤其是青年干部的基层群众观念，提高综合分析能力和素质，部分机关青年干部围绕提升中小企业管理水平主题，以湖南省中小企业“腾飞杯”管理升级竞赛活动为切入点展开调研，分别召开了管理服务机构和中小企业座谈会，走访了相关企业。现将调研的情况汇报如下，为科学决策提供参考。

一、管理升级活动基本情况

湖南省中小企业“腾飞杯”管理升级竞赛活动连续开展了两年。2013 年从全省 13 个市州遴选 500 多家企业参加集中训练，131 家企业参与了管理升级竞赛活动，取得了比较好的效果。呈现出以下几个特点：

（一）组织领导到位

活动开始前，省经信委及时成立了以谢超英主任为总顾问、黄东红副主任为主任的活动组委会，全面加强工作的领导。与此同时，积极组织发动全省各级经信系统及相关企业广泛参与管理升级竞赛活动，重点做好长沙、株洲的组织动员工作。活动期间，省经信委还及时安排了 600 万元资金进行支持。对完成全程竞赛、管理水平和经济效益显著提升的企业补助竞赛经费 4 万元。对在同类瓶颈突破中取得最佳效果的企业授予单项奖，并奖励 4 万元；对突破效果显著、综合效益大幅增长的企业授予“腾飞杯”，并奖励 10 万元。

（二）服务措施完善

第一是专业机构服务。为了保证活动效果，省经信委选定实践证明有实战能力的湖南效果咨询有限公司、湖南兆富企业管理顾问有限公司、汉鼎咨询管理有限公司作为专业服务机构，分地区负责，并对服务效果进行竞争比较。活动期间，效果咨询专家先后有 493 人次到企业进行调研、辅导，有 557 人次参与训练、方案制作、方案实施等培训、教练工作；兆富顾问专家每月到参赛企业上门三次，共为 19 家服务企业核心团队举办的转型战略、人力资源、融资等专题研讨会就达 47 场；汉鼎咨询派出专家 50 余人次，为企业制订管理升级方案。第二是双向考核机制。活动期间，省经信委与专业服务机构签订服务合同，对服务机构实行服务质量、服务效果双重考核，其中服务质量由各参赛企业对每个阶段的专业服务情况打分；服务效果由省经信委组织对各参赛企业考核期的销售收入、利润、税收增长率等经济指标进行验收，并分别给予每户企业绩效费用 3 万元。专业服务机构与参赛企业签订服务合同，规定双方义务与责任，企业取得实际效果并在考核验收后支付全部服务费用。第三是全过程竞赛。经信系统从自愿报名的企业中筛选成长性好、发展潜力大的企业参赛，采取学习训练、方案制作、方案定案、方案实施、效果考核五步 PK 的方式完成全程竞赛，激发了企业管理升级潜能与活力。

（三）工作成效明显

从考核结果看，管理升级活动可谓“百日突破，成效显著”。一是经济效益实现大幅增长。131 家参赛企业的主营收入、利润、税收等经济指标分别同比增长 43.76%、36.64%、41.07%。另外，从财政资金使用效果来看，此次活动全省实际投入财政资金 600 万元，而 131 家参赛企业同比增加利润 24572.2 万元，财政资金倍数效达到 40 倍。二是系统管理得到强力突破。参赛企业普遍从目标计划、生产组织、资金周转、管理制度、激励机制等方面进行改革完善。从营销方面看，各企业销售战略和目标客户变得非常明确，目标客户成交率由原来的 8% 提高到 28%；从生产组织看，生产准交率由原来最低 35%、最高 82% 全部提高到了 95% 以上；从成本控制看，单位成本平均下降近 5 个百分点，最高的华瑞电气主要产品下降 50%。三是能力水平得到全面提升。131 家参赛企业的近 600 名高管人员参加了培训，企业对管理人员和员工进行了复制培训，共计培训 4100 多人。企业员工在系统学习全价值链诊断、对阵分析等管理方法，在教练指导下通过自我寻找瓶颈、实践执行方案，能力提升极为显著。企业管理意识显著增强，完成了从“要我升级”到“我要升级”的转换。多数参赛企业在宏观经济不景气、行业增长无力情况下逆势上扬，九九矿安、笑呵呵食品等企业更是实现了销售额和利润额的新突破。

虽然中小企业管理升级活动取得了明显成效，但也暴露出一些问题。一是企业不够重视，积极性不高。由于多数中小企业特别是小微企业对企业管理的了解和认识不够，参与管理升级活动的积极性不高，意愿不强。虽然经信系统进行了大量费力的宣传和动员工作，但参与企业仍然很少。有些企业仅是为了应付政府部门布置下来的任务，或是为了跟政府部门建立和保持良好的关系而参加活动，并不是为了真正让企业实现管理升级上的突破。2013 年只有 500 多家企业参加，董事长、总经理下决心参赛的企业只有 131 家，与我省中小企业的庞大体量不成正比。这与中小企业老板对跑项目、争资金的热衷形成了鲜明对比。在调研中，服务机构反映企业的重视程度特别是董事长的重视程度直接影响到活动开展的质量和效果。二是组织动员协调机制有待改进。管理升级活动主要采取行政命令式的动员方式，依靠各级经信部门层层组织发动。活动开展市场化程度不高，政府主动推进与企业被动观望形成鲜明反差，真正有服务需求的企业与政府服务资源的供给并非严密对接，活动缺乏针对性和可持续性。此外，配套扶持政策较为单一，除 4 万元至 10 万元现金奖励外，优胜企业难以获得其他支持。相当一部分参赛企业表示，希望经信部门协调银行、商务、媒体等相关部门，通过参赛获得相应资质，争取企业发展最为迫切的融资授信、市场开拓、品牌推广等支持，以巩固管理升级成果，实现跨越式发展。三是中介机构服务效果有待深化。承办管理升级活动的效果咨询、兆富管理、汉鼎咨询等中介机构在服务方式上各有侧重，取得了显著成效。但随着活动的扩大，每家机构承接多个市州的管理升级业务，参赛企业众多，培训任务繁重，导致精力相对分散，对单个企业的服务时间、服务深度有所下降。部分企业反映，中介机构来企业现场指导次数较少，培训内容较为宽泛，员工难以吃透，特别是没有根据本行业特点，制定有针对性的管理突破方案，导致管理升级治标不治本。此外，我省真正具有实战能力、能为企业发展解决实际问题的中介服务机构太少，难以构建服务多元、竞争充分的培训市场，导致参赛企业可供选择的中介机构不多，培训服务同质化严重。

二、中小企业在管理上存在的主要问题

从中小企业管理升级竞赛活动中反映出我省中小企业管理起始水平较为滞后。2012—2013 年，约60%参加管理升级活动的中小企业自身管理处于较为粗放的水平。这些参赛企业大多是中型企业，在我省还算是成长性较好，综合素质较高的企业。管理水平不高主要表现在以下方面。

（一）管理理念落后

部分企业老板经营理念陈旧，管理层多为亲朋故旧，其管理企业主要凭经验办事，缺乏现代管理理念，没有掌握科学的管理方法，难以实现管理突破。如长沙无名餐饮主要负责人在参加管理升级活动之间，加盟管理思路不太清晰，没有建立统一的加盟政策和配送标准，对加盟店的食品安全把关不严，以致出现“拖把门”事件，致使企业形象受损。

（二）管理制度建设滞后

大多数中小企业没有建立现代企业管理制度，缺乏战略管理长期规划，法人治理结构模糊，部分企业甚至没有制定财务管理、市场营销等基础性管理制度。有的企业没有根据企业自身的实际情况“量身”制定制度或是虽建立了管理制度但没有落实，形同虚设。如龙山县土家巧手民族工艺公司为返乡农民工创办，虽然企业负责人创业热情很高，精神可嘉，但没有建立规范可行的管理制度，导致企业运营成本较高，发展后劲不足。又如衡阳大成锅炉经过前期高速发展，管理体制跟不上，员工难以人尽其才，团队执行力不足，企业运营效率变低。

（三）基础管理薄弱

基础管理问题在参加管理升级的企业中较为普遍。如桃花江游艇公司在订单管理和计划制订环节存在瓶颈。主要表现在：产销协同机制没有建立，没有标准化接单表和工艺参数确认表，没有对销售团队进行技术和商务经验培训。映鸿科技产品设计的标准化及零部件通用程度低，品种繁杂导致技术图纸和 BOM 清单不准确，且生产计划没有依据瓶颈工序产能制订，计划下达后没有对进度进行监控，导致生产准交率不高。

（四）人才管理欠缺

一方面，由于人们的传统择业观念仍然倾向于到大企业、国家企业或者外企工作，导致中小企业难以吸引优秀人才。另一方面，中小企业自身不稳定性以及在人才资源管理方面的不足导致企业难以留住优秀人才。中小企业对于人才资源的管理存在较大偏差，它们希望选拔出来的人才全面并高品质，也没有讲究人才的适用性，往往只看到学历的高低，更加没有一个适当的调配，这样就会错失很多真正适合的人才。加之在企业内部的人才管理制度并不完善，存在管理制度的制定与实施不合理，在管理中过分依赖企业主个人能力、经验、魅力和威望，常借助于传统的家族式、命令式、随意性管理。存在人力资源存量不合理，用人普遍“任人唯亲”“任人唯近”，教育培训体系和激励机制不完善等现象。

三、进一步提升中小企业管理水平的对策和建议

（一）进一步加强引导和宣传

通过调研，我们了解到，很多中小企业对企业管理的认识比较模糊，对企业 5 大价值链不了解或了解不够，对提升自身企业的管理水平不够重视。提升企业管理水平，是中小企业提高核心竞争力，保持可持续发展的重要前提，是企业实现转型升级的重要举措之一。针对当前中小企业管理意识不强，认识不够的问题，政府相关部门要进一步加大引导和宣传的力度，采取加强舆论宣传，组织开展专题活动，融入日常工作等多项措施相结合的方式，逐步增强中小企业的管理意识，加深企业对管理知识的了解以及对提升中小企业管理水平的认识。

（二）加大政策支持力度，建立长效机制

一是加大资金支持力度。适当改变财政资金支持方式。变授之以“鱼”为授之以“渔”，逐渐减少对中小企业的直接资金支持，财政资金重点用于支持管理升级、人员培训、人才培养、技术攻关等活动，普惠广大中小企业，帮助其增强“造血”功能，使财政资金的使用效益达到最大化。二是充实工作力量，强化服务职能。中小企业点多面广，是数量最大、分布最宽、安排就业最多、关系人民群众最密切的市场经济主体，但中小企业在市场竞争中的弱势地位没有改变，对政府公共服务和社会服务的需求和依赖十分强烈，政府主管部门需要在规划、协调、监管、服务等各方面做大量的工作。但目前，从省级到市州、县中小企业管理部门工作力量严重不足，各市州从事中小企业工作的人员平均只有 2～3 名，工作力不从心，不能有针对性地和创造性地开展工作，有的只能疲于应付。这也是导致在中小企业管理升级活动中，真正有服务需求的企业与政府服务资源供给不能紧密对接的重要原因之一。建议要进一步充实中小企业工作力量，强化服务职能，将中小企业服务工作做得更细、更实、更有效。三是加大人才支持力度。要倡导实施人才援企工程。以中小企业为服务重点，积极鼓励大中专毕业生到中小企业就业，并适当给予资金补助。举办人才招聘会或组团外出招聘，积极帮助有发展潜力的中小企业引进急需人才。尤其是发挥财税政策的导向作用，通过税收减免、贴息和研发费用加计扣除等手段，鼓励中小企业加大对研发的投入，公开招聘各种高级人才用于新产品和新技术的研发，增强中小企业抗风险的能力，帮助企业留住人才。如在新产品的研发阶段，株洲达能有限公司因引进一名顶尖人才需要付出 300 万元的昂贵费用最后不得不将相关计划戛然而止。要针对性地开展人才培训。要继续提高企业教育经费提取比例，加大职工培训经费规模。尤其是要重点加强企业经营者的培训，切实转变人才观念，探索建立系统完善的人力资源管理体系，将经营者的个人影响力，以及根据

个人喜好制定企业制度的不利因素降低到最低。要安排专项经费用于定期组织或派遣企业管理人才外出接受专业培训，经常性地聘请资深专家、部分离退休管理和技术人员深入企业开展“传帮带”活动，培训技能型人才和市场营销人员，使企业产品研发能力和市场开发能力得到有力提升。注重企业文化的建设，帮助员工树立共同的价值观，增强企业的认同感。要不断优化人才服务环境。要集中筛选一批有发展潜力的中小企业并将其纳入人才服务直通道范围，建立企业台账和人才库，不断收集人才需求信息，随时了解企业需求，为其排忧解难。对中小企业引进急需人才，需要办理调入手续的，实行无间隙服务制。通过创造良好的人才服务环境，为中小企业加快发展提供全方位、多层面的人才和智力支持。

（三）创新服务方式，追求服务实效

一是要细化服务、分类指导。中小企业在创业期、成长期、成熟期等每一个发展阶段都具有不同的特征，对服务的需求也不尽相同。要进一步细化服务，做好基础性的工作，加强研究分析中小企业在不同发展阶段具备的特点，并据此开展有针对性的、差异化的服务活动。在中小企业管理升级活动中，要针对企业所处的不同发展阶段进行分类指导，分别制定对应每个不同发展阶段的服务主题和方案，确定服务活动的内容。二是大力引进和培育优质服务机构。建议把引进各类优质服务资源作为招商引智的重点，大力引进和培育优质服务机构，优化中小企业服务生态环境，为中小企业提供专业高效、收费合理的专业服务。同时，在中小企业管理升级活动的组织形式上，要充分尊重市场规律，培育管理咨询服务市场。逐步改变官方发动的组织形式，充分发挥协会、商会和管理咨询专业机构的作用，通过参赛企业讲收获、晒业绩，带动业界同行参与，着力打造一批管理示范企业，促进全省中小企业管理水平普遍提升。

湖南省中小企业当前发展情况的调研报告

2014 年 9 月 30 日

7 月份，我们与省委政研室开展非公经济发展情况调研，参与起草了调研报告，守盛书记给予高度评价。8—9 月，我们根据委里“四重一新”专题调研的要求，围绕中小企业和非公经济发展的重点、难点问题进行了针对性调研。在长沙、株洲、岳阳分别召开中小企业负责人座谈会，实地考察了中小企业创业基地和服务平台的运行情况。9 月 16 日，参加了工信部在广州召开的中小企业发展情况调研座谈会，了解到兄弟省市中小企业运行情况及主要工作措施，认真领会工信部下一阶段对中小企业工作的总体部署。9 月 22 日，组织部分企业参加省委政研室召开的创新创业工作座谈会。结合上述调研情况，现就我省中小企业和非公经济发展面临的主要问题和我们的对策简要汇报如下：

一、当前中小企业运行基本情况

湖南省现有中小企业 22.5 万户。今年上半年，全省中小工业企业实现增加值 4088.5 亿元，同比增长 12.4%，与去年同期相比增速回落 0.8 个百分点，与一季度相比增速则回升了 0.2 个百分点。全省非公有制经济实现增加值 7216.06 亿元，同比增长 10.7%，比全省地区生产总值增速快 1.4 个百分点，总量占全省地区生产总值的比重达 60.3%。

今年 1—8 月份，我省中小企业和非公经济整体运行处于合理稳定区间，呈“上半年基本平稳、下半年问题堪忧”发展态势。

“基本平稳”主要表现在中小企业运行总体稳定在合理区间。从上半年运行走势来看，我省中小企业一季度同比增长 12.2%，二季度增长 12.4%；预计三季度会有一定下降。当前形势下，规模工业增长速度下滑较快，四季度中小企业和非公经济肯定会受到较大影响，预计仍然维持下行的态势。要完成年初确定的非公经济增长 10.5%、中小企业增长 11% 的目标有较大难度。建议中小企业和非公经济增长速度的目标值在原目标基础上，分别下调 1 个百分点，分别为 9.5% 和 10%。

“问题堪忧”主要表现在四个方面：

（一）要素制约加剧

一是融资难、融资贵、融资乱问题依旧突出。90% 以上的受访企业反映融资难。绝大多数中小企业资产规模小、盈利能力低，加上缺少有效的抵押物，无法达到银行风险评估要求，难以获得银行贷款支持。即使贷到款，银行贷款利率普遍上浮 20% ~50%，加上评估费、咨询顾问费、抵质押登记费、续贷过桥费、担保费、保证金等费用，融资成本超过 15%。一些欠发达地区不但银行机构少，且存贷比很低，有的仅 35% 左右，大量资金流向发达地区，当地中小企业贷款更难，不少企业靠借“高利贷”度日。二是用工难、用工贵问题依然严重。无论传统产业还是新兴产业，都反映从普通员工到技术人才都难招难留，人工成本上升过快，加上缴纳“五险一金”压力，许多企业难以承受。三是人员素质偏低。主要是人才引进、培养力度有限，民营企业家队伍整体素质偏低，高素质的职业经理人严重缺乏。四是用地矛盾日趋突出，多数地方中小企业反映一地难求，一些好的企业、好的项目难以落地。

（二）增长动力不足

一是产业结构有待进一步优化。2013 年我省非公有制经济一二三产业比例为 5.5：55.7：38.8，虽然第一产业比重有效降低，但第三产业还是发展不快，比重偏低，沿海省市大多占到45%左右。第三产业中传统低端服务业多，生产性服务业、新兴服务业少。从第二产业看，行业畸轻畸重，工业支撑点少，战略性新兴产业发展滞后，淘汰落后和过剩产能任务重、难度大。二是核心竞争力不强。除工程机械、生物制药、电子信息等优势行业外，我省大部分中小企业处于产业链中低端，产品附加值不高，自主创新能力不强，加上缺少资金、技术、人才、管理等要素支撑，转型升级步履艰难。三是部分中小企业机制陈旧，优势退化，管理水平不高，阻碍了企业发展壮大。

（三）宏观形势不佳

一是经济下行，影响了中小企业市场环境。大的形势在收缩，中小企业产成品资金在增加，资金周转的速度在减缓，资金融通的难度加大。二是信贷收紧的影响。三季度信贷投放相对是减少的。信贷投放没有进入实体经济，而是在资本市场、银行间市场空转，导致资金市场利率高企。银行进一步收紧中小企业信贷，不良率及担保代偿率增加，互保圈资金链断裂，一个不好的企业影响了一批好的企业。这一情况有可能加剧。三是改革迟缓，影响中小企业加速成长。目前，非公经济进入市场时“玻璃门”“弹簧门”“旋转门”现象依然存在。

（四）发展环境不优

一是扶持政策落实难。国家、省出台了系列扶持中小企业和非公有制经济发展的政策，但由于配套措施没有及时跟进、部门垂直管理条块分割等原因，存在以“文件落实文件”的现象，部分好的政策难以落实到位，真正惠及企业。如政府采购中小企业产品份额、对小微企业贷款不良率容忍度放宽至5%等政策规定，都因没有出台相关具体办法或配套措施而得不到落实。二是部分地区反映减少行政审批事项、下放行政审批权限不到位，有的名减实未减，明放暗不放。三是企业税费负担重。在财税刚性增长的压力下，许多地方仍在收取预缴税、过头税。清理规范涉企收费效果不佳，一些企业反映乱收费、高收费现象依然存在。四是一些部门行政效率不高，依法行政意识淡薄，服务指导少，乱检查、乱摊派、乱罚款等现象时有发生。五是假冒伪劣、侵犯知识产权、强揽工程等侵害企业合法权益的现象仍然较多，困扰企业生产经营。六是社会舆论对非公有制经济存有误解和非议，有的甚至无端将民营企业家与腐败现象画等号，个别媒体和记者热衷负面新闻，有的甚至借机敲诈，损害企业形象和利益。

二、保增长的工作措施

围绕保增长，实现全年目标任务，我们着重做好“六抓”：

（一）抓扶持政策到位

一是积极推动《中共湖南省委湖南省人民政府关于促进非公有制经济发展的若干意见》的尽快出台。目前，代拟稿已正式呈报省政府。二是配合省工商联做好《湖南省人民政府关于进一步支持中小微企业发展的实施意见》（湘政发〔2012〕18号）的第三方评估，推动相关政策的落实。三是落实好上半年以省非公经济领导小组名义交办的非公有制企业发展中面临的相关问题。

（二）抓缓解融资难

一是抓融资对接服务，引导各类金融服务资源为中小企业提供金融服务。从9月29号开始，在株洲、衡阳等地陆续组织开展多场中小企业融资对接活动。同时，发动市州、县市区、工业园区因地制宜，组织各种形式的融资对接活动，帮助中小企业解决融资需求。二是加强再担保建设，改善中小企业融资环境。9月份已经完成再担保的调研，10月份形成再担保业务的方案，年底前落实设立中小企业信用担保代偿补偿资金账户有关前期工作，积极争取国家专项资金支持。切实改善担保机构与银行机构的合作，扩大为中小企业融资担保能力。三是发挥融资超市等融资平台的作用，为中小企业融资提供信息服务。加大金融服务资源整合力度，扩大基层融资服务站点，探索形成多元化的融资服务模式，为广大小微企业融资提供有效服务。

（三）抓新创企业的兴业

一是抓创业基地的建设。落实好《关于大力推进中小企业创业基地建设的意见》（湘经信中小企业〔2013〕362号），引导社会资本兴建中小企业创业基地，扩大创业基地孵化企业的能力。二是抓创业辅导。加强对创业人员的培训，指导和培育各类创业人员的创业能力。三是抓创业融资。推动设立省中小企业发展基金，支持创业投资机构的发展。

（四）抓中小企业的成长

一是做好中小企业公共服务网络平台建设，既要确保为中小企业提供“找得到、用得起、有保障”的服务，又要确保平台自身“走得远”，实现可持续发展。二是加强服务机构的培育。继续做好中小企业核心服务机构的认定工作，加强核心服务机构核心服务能力的培养，切实满足中小企业的多样化需求。三是抓中小企业市场拓展。做好10月份中国中小企业博览会的组织工作。配合有关处室做好相关产业对接活动。支持“湘飘天下”等各类信息交流、电子商务平台为中小企业拓展市场提供服务。四是进一步将促进中小企业“专精特新”发展工作抓实。按照《湖南省促进中小企业“专精特新”发展三年行动计划》的要求，结合正在起草的《中共湖南省委湖南省人民政府关于促进非公有制经济发展的若干意见》，继续在全省范围内遴选“专精特新”示范企业，带动更多企业“专精特新”发展。

（五）抓中小企业工作的宣传

按照工信部提出的“中小企业工作要多做多说，大做大说”的要求，进一步加强与有关媒体合作，让全社会了解中小企业工作，看到中小企业工作，支持中小企业工作。

（六）抓全年目标的实现

一是做好中小企业运行监测分析工作。二是加强与有关部门的协调，推动热点、难点问题的解决。三是加强与委内各兄弟处室的联系和工作衔接，配合有关处室的工作。

三、工作建议

中小企业和非公经济工作任务重，责任大，目前我们一个局三个处12个人都疲于应付。党的十八届三中全会提出“两个毫不动摇”，省委省政府把发展非公有制经济当作补齐我省经济发展三块短板之一来对待，重视程度空前。发展国有经济有一个国资委在具体承担，而非公经济的行政管理职能虽然明确在我委，却没有明确一个工作处室，目前工作是放在发展促进处。按照发展促进处职能和人员分工，具体承担这项工作也只有1个人，工作力量薄弱。特别是今后一段时期，国家和省对发展非公经济和中小企业提出了更高要求。因此，在当前机构改革“三定”的紧要关头，建议委领导、人事处加大汇报协调力度，在不削弱现有中小企业工作力量的前提下，增强非公经济工作力量。

（中小企业局）

湖南省经济和信息化委员会关于报送湖南省产业集群发展情况的函

国家工信部中小企业司：

按照工业和信息化部办公厅《关于请报送产业集群发展情况的通知》要求，我委组织了调研，现将我省产业集群发展的情况汇报如下：

一、湖南产业集群发展现状

（一）湖南省产业集群基本情况

“十二五”以来，我省实施大力推进新型工业化进程的战略，调整产业结构，加大投入，着力提高优势产业集中度和企业集团化水平，加快工业园区产业集聚发展，产业集群化水平有了一定提高。截至2013年年底，全省规划的37个产业集群规模企业达0.88万家，从业人员达206.2万人。完成主营业务收入10662亿元。优势产业不断壮大，产业集群在引领带动全省工业经济快速发展方面发挥了重要作用。全省37个产业集群中，销售收入过100亿元的26个，50亿元~100亿元5个，20亿元~50亿元6个。

（二）我省产业集群的主要特点

经过近年来的培育和发展，我省许多行业中都已经和正在形成不同发育程度和一定规模的产业集群，呈现出快速发展的好势头。

一是形成了一批先进制造业产业集群雏形。装备制造业已形成长沙工程机械制造、株洲（湘潭）轨道交通设备制造、长沙汽车及零部件制造和衡阳高等级输变电装备制造等一批产业集群；冶金初步形成了以华菱钢铁集团的三个子公司湘钢、涟钢、衡管为龙头，分布在湘潭、娄底、衡阳三市的钢铁产业集群；石油化工形成了以巴陵石化、长岭石化为依托的岳阳石油化工产业集群。此外，浏阳生物医药产业集群也初具雏形。

二是形成了一批传承历史文化、地方特色浓郁的产业集群。由于受历史文化和当地资源的影响，形成了一批乡土气息浓厚，有深厚文化底蕴的产业集群。如浏阳花炮、醴陵陶瓷、湘潭槟榔等产业集群。浏阳花炮产业集群拥有1024家花炮企业，从业人员40万人，目前年销售收入达190余亿元，占全国花炮产量与出口量的70%以上，是全球最大的花炮产业基地。醴陵陶瓷产业集群拥有陶瓷生产企业540家，其中规模以上企业112家。2013年，醴陵陶瓷产业完成工业总产值424亿元。目前醴陵已成为集日用陶瓷、工业陶瓷、电力陶瓷三大类，拥有4000多个品种的陶瓷生产基地和出口基地。

三是形成了一批以汨罗市、永兴县为代表的循环经济产业集群。汨罗再生资源产业集群，有规模企业40余家，从业人员1万多人，2013年回收各种废旧物资70万吨，加工量25万吨，实现工业增加值18亿元。永兴白银冶炼产业集群，有规模企业100多家，从业人员3万多人，2013年，提炼白银达1800余吨，实现产值90亿元。

在推动湖南产业集群发展过程中，“十大标志性工程”建设发挥了巨大作用。2002年年初，我省确定了信息产业、精品钢材、高档卷烟及食品、轻轨地铁、汽车、有色深加工、绿色空调、工程机械、石化、林纸一体化等“十五”工业化十大标志性工程，并将华菱钢铁集团、泰格林纸集团、长丰集团等31个在国内同行业中有一定规模、竞争力较强，市场前景大的骨干企业和企业集团列为标志性工程主体企业予以重点扶持，使之成为体现湖南工业总体发展水平和形象的重要标志。随着“十大标志性工程”企业的快速发展，相应地带动了当地配套产业的迅速发展和相关产业集聚。如广汽菲亚特、三菱、福田汽车等汽车生产基地建设，在长沙市星沙镇20公里半径范围内，集聚了生产车身、车架、车厢、钢板弹簧等零部件企业100余家；中联重科、三一重工、山河智能三大骨干企业周围半径30公里之内，聚集了132多家为其配套的企业；随着衡阳特变电工的发展，使衡阳市区范围聚集了生产变压器、互感器、电线电缆、高低压开关等成套设备的企业达49家。

二、我省产业集群发展面临的主要困难和问题

尽管这些年来我省的产业集群发展较快，但产业集群的发展层次较低，具有竞争优势且产业链较完整的少，龙头企业的本地配套程度不高，许多关键零部件要到省外甚至国外采购、配套成本高。

一是骨干企业数量少，单体规模小，对产业的带动力小。全国500强企业中，我省工业企业只有7家，没有达到省平均数；列入国家统计的1848家大

型企业中，我省只有52家，仅占全国的2.8%；全省销售过200亿的特大型企业只有5家。

二是龙头企业配套性差，产业链不完整。我省多数产业集群内产业结构不配套，缺乏横向整合，没有形成以龙头企业为核心，众多配套企业为支撑的产业链和产业群，从而影响了主导产品和规模企业的形成，影响更高附加值、更高技术含量产品的深度开发。本地现有的配套产品质量低，档次不高，缺乏高技术、高附加值的配套产业环节。一些优势产业的主要配件和关键技术还要依靠国外产品和外省产品。

三是企业缺少创新动力，自主创新能力差。一方面企业发展的活力不足。国企改革不到位，很多国有企业改制基本完成，部分国企尚未建立规范的现代企业制度；产权交易不活跃，非国有资本难以参与国企改革；非公经济和中小企业发展依然面临着体制、机制的制约，发展环境未得到实际性的改善，创新动力难以激发。另一方面研发投入严重不足。全省每年用于R&D的总投入约占GDP的0.6%，与全国平均水平相差0.5个百分点，开发投入不足成为打造优势产业的关键瓶颈。

三、我省下一阶段推进产业集群发展的基本思路

（一）加强组织领导，促进协调发展

一是全省上下统一认识、明确目标、制定措施、落实责任，推动形成各级政府把培育产业集群作为推进工业化的重要举措来抓的局面。二是加强组织领导，实行集群发展目标管理责任制。省直各部门把推进产业集群发展，为集群发展做好服务工作纳入本单位重要议事议程，各级政府把发展产业集群摆在重要位置，各级经信委进一步负起全面推进产业集群发展的责任，一把手亲自抓，分管领导具体抓，其他领导协同抓，明确承办机构和人员，加强与相关部门沟通，切实做好推进产业集群发展的组织协调工作。三是加大对产业集群发展宣传的力度，运用报刊、广播电视、网络，大力宣传发展经验、成就，营造良好的发展舆论氛围。

（二）加强规划导向，搞好分类指导

以十八届三中全会精神为指导，结合我省实际，重点做好产业集群技改规划、核心企业发展规划和中小企业发展规划、循环经济规划、科技创新规划、品牌创建规划、人才培训规划等分项规划的实施，并使之与土地利用总体规划、城市规划等相衔接。突出扶持发展专业特色园区和产业集聚带，引导同行业企业向各专业园聚集，改变目前不同程度存在的园区内企业行业分布散、乱的局面，促进产业集群结构优化升级。指导各市州主动与全省产业集群规划布局相衔接，充分挖掘比较优势，做优做强大企业大集团与加快发展中小企业并举，优化国有经济布局与促进非公经济壮大并举，制定对本地区培育发展具有比较优势和较高市场占有率的产业集群规划，走各具特色的产业集群发展道路，增强区域经济综合竞争力。加强对产业集群发展的分类指导，选择带动力强、比较优势突出的产业集群，分步分类制定产业集群发展指导意见，提出针对性强的推进措施和政策，促进一批产业集群发展实现突破。

（三）加大项目建设力度，大力推进自主创新

把产业集群重点项目建设作为培育壮大产业集群、加快产业集聚发展的突破口，通过大项目带动大发展，加快培育产业集群新的增长点。加强产业发展项目开发，围绕核心企业做优做强做大，推进创国际国内先进水平、有效提升企业核心竞争能力、辐射拉动作用强的项目实施；围绕提升产业集群专业化协作配套能力，推进增长潜力大、与核心企业发展密切相关的中小企业项目建设。加强重点项目建设协调服务，广开资金渠道，确保每年都有一批重点项目竣工投产，使产业集群发展在不同时期、不同领域分别实现突破，不断增强产业发展后劲。大力推进产学研相结合的产业集群技术创新体系建设。继续抓好核心企业国家级、省级企业技术中心建设，加快推进产业集群中小企业自主创新。围绕培育发展产业集群，以突破行业技术瓶颈、形成产业链和高技术产业化为目标，促进产业集群发展急需解决的重点共性技术的开发。支持开发一大批市场前景广、达到国际水平的新产品。进一步推动产学研联合，构筑产学研合作长效平台。积极培育和创建知名品牌特别是区域品牌，加大品牌推广和宣传力度，加强市场整顿，形成强大的保护名牌声势，培育提升集群整体竞争优势。进一步扩大对外开放，大力推进产业集群招商。积极承接世界产业转移和沿海发达地区产业梯度转移，充分利用各种形式的招商引资、投资合作活动，促进更多的项目在产业集群中落地，吸引跨国公司和国内优强企业在湖南投资兴业。

（四）加大政策扶持，改善发展环境

进一步制定和落实产业集群发展的优惠政策。加大财政支持力度，通过贴息、补助的方式，支持引导核心企业重大项目建设、配套中小企业项目建设、产业集群公共服务平台建设；鼓励核心企业分离扩散配套件生产和中小企业为核心企业专业化配套生产，提高核心企业零部件本地配套率；推进产业集群扩大对外开放，鼓励企业积极融入跨国公司全球采购链。加大对产业集群企业技术自主创新投入。优先支持产业集群内突破行业技术瓶颈、形成产业链的共性技术、关键性技术研究和开发。加强项目建设的协调服务，对投资额较大的产业集群发展项目，统一纳入省政府重点项目管理，享受有关项目建设费用减免优惠待遇和重点保证产业集群发展项目用地需要。简化产业集群项目在审批、核准、备案、土地、环保、建设等环节的审批手续，并积极协助项目单位争取国家有关支持。加强对企业上市工作的协调服务，推进集群内重点企业的培育、辅导、推荐等上市工作。建立品牌和新产品保护机制，严格执行品牌、新产品保护的有关法律、规定，完善打假网络，切实维护企业的合法权益。优化生产要素配置，优先保证产业集群重点企业煤、电、油、运等重要生产要素的供给。加强质量监管、诚信监督、知识产权保证、公平竞争等方面的制度建

设，营造有序竞争的市场环境。注重创造和谐的人文环境，推进产业文化建设，培植诚信文化，促进产业融合发展。

（五）加强服务平台建设，营造集群发展优势

加强技术创新平台建设，推进以产业集群企业技术中心为主的技术创新体系建设，重点扶持技术创新能力强、辐射范围广的企业和工业园区建立行业共性技术和关键技术研发中心、服务中心和产品检测中心，积极推进产学研联合，促进新技术的广泛应用和成果共享。加强现代物流平台建设，加快现代物流发展，统筹规划，围绕产业集群建立区域性物流园区和物流配送中心，构建不同能级的现代物流圈。加强商品流通平台建设，紧密结合产业集群发展，推进专业市场的建设和升级，培育形成一批国际性、全国性的产品市场中心。加强融资服务平台建设，建立银企合作机制，积极运用银团贷款、融资租赁等多种业务方式，支持产业集群项目建设和企业生产经营。积极推进中小企业信用与担保体系建设，重点做好对产业集群内企业的融资担保服务，改善中小企业融资环境。加强对外交流平台建设，开展形式多样的针对性较强的对外交流合作活动，大力促进国内外战略投资者参与产业集群建设。加强产业集群公共服务平台建设。推动行业协会发展，充分发挥行业协会作为政府与企业的桥梁纽带作用。加强各级中小企业服务中心建设，整合社会资源，提高专业服务水平。鼓励发展为企业服务的研究、策划、出口代理、信息中心等各类中介组织，为企业提供社会化、专业化和规范化的服务。建设行业信息交流、传输和发布平台，为企业提供生产资料、产品咨询、人才流动、市场行情等信息服务和信息咨询。围绕产业集群发展，加强企业经营管理培训和技能型人才培训，提供人才保障。

四、几点建议

（一）加大对产业集群公共服务平台建设的扶持力度

加强产业集群内的公共服务平台和共性技术服务平台建设，有利于提升产业集群的聚集度，改善集群内企业发展环境。建议中小企业发展专项资金加大对产业集群公共服务平台和共性技术平台建设的扶持力度。

（二）建立对产业集群企业创新持续支持机制

创新是推动产业集群发展壮大的源泉。创新是一个投入大、耗时长、风险高的活动，政府的鼓励和支持是不可或缺的。目前我国鼓励创新的方法：一是研发费用税前加计扣除；二是给予研发项目一次性财政支持。中小企业创新和大企业不同，一是中小企业经常处于资金不足的状态，没有足够的资金用于研发；二是一旦研发失败，对企业的影响可能是致命的。

建议国家建立持续鼓励创新的政策，对企业开展的研发项目，经认定对产业集群发展具有较强推动性的，根据项目研发周期，给予3—5年的持续扶持。

附件：1. 湖南省产业集群发展情况汇总表

2. 湖南省产业集群情况表

3. 湖南省重点产业集群龙头企业情况表

4. 湖南省重点产业集群公共服务平台建设情况表

湖南省经济和信息化委员会

2014年4月10日

湖南省2014年中小企业创新发展和信息化推进工作情况

2014年11月

2014年以来，我委在国家工信部和省委、省政府的坚强领导下，大力推动中小企业创新发展，着力实施中小企业创新能力建设计划、知识产权推进工程和信息化推进工程，取得了显著成效。现将相关情况报告如下。

一、中小企业创新发展基本情况

2014年前三季度，全省新创办各类企业5.2万户，注册资本2086亿元。1至10月，规模以上中型工业企业主营业收入为5252.12亿元，增长4.5%；实现利税总额为444.81亿元，同比增长5.7%。规模以上小型工业企业主营业收入11029.05亿元，同比增长8.3%；利税总额898.79亿元，增长11.8%。

2014年前三季度，全省工业企业专利授权量10883件，申请量为14325件，占全省总量的比重分别达57.3%、48.6%。全省认定的1300多家高新技术企业中，中小企业占80%以上。

二、所做的主要工作

（一）实施中小企业“专精特新”行动计划

研究制定了《湖南省促进中小企业“专精特新”发展三年行动计划》，第一批遴选了459家企业作为全省示范企业，并对 家企业给予了项目资金支持。同时，整合各类服务机构为示范企业提供政策、管理咨询、技术、法律、融资、信息、培训、市场开拓、电子商务等多元化、多层次的服务，促进中小企业转型升级。

（二）加强中小企业创新能力建设

一是出台促进创新扶持政策。2014年7月，湖南省委、省政府出台了《关于进一步加快推进新型工业化的决定》，明确了强化企业技术创新主体地位、推进企业主导产学研用合作和产业技术创新体制机制建设等相关政策措施，对国家技术创新示范企业、全国工业品牌培育示范企业、国家工业产品质量控制和技术评价实验室、国家标准起草企业、中国驰名商标企业、中国专利奖获奖企业和省战略性新兴产业重大专关键共性技术攻关项目、重点技术创新项目和重点专利转化项目、首台（套）重大技术装备的研制与应用、重点新材料产品首批次应用示范和省认定企业技术中心等给予奖励。今年认定的首台套技术装备产品为81项、首批次新材料为44项。

二是推动创新服务平台建设。一方面，支持岳阳精细化工技术研发检测中心、双峰农机产业服务中心等一批公共技术服务平台建设，全省中小企业公共技术服务平台达200家，为近2万家中小企业提供相关技术服务。另一方面，支持国家级、省级企业技术中心建设，今年认定省级企业技术中心25家，累计达212家。

三是组织实施“311”工程。紧紧围绕产业发展重大需求，发布了《湖南省战略性新兴产业重大关键共性技术发展导向目录》，组织企业集中攻克了30项重大关键共性技术。组织省认定技术中心的企业及其他有条件的企业，合计投入8.8亿元，开发100项重点新产品，申请专利388件，预计新产品年增新产品销售收入278亿元。五是组织实施“百项专利转化推进计划”。组织有条件的中小企业与科研院所合作，投入经费3.2亿元，集中转化100项重点专利技术，预计可新增销售收入62亿元。

（三）实施知识产权战略推进工程

一是组织开展企业知识产权运用试点示范。我省94家试点企业已经全部建立知识产权管理制度，企业知识产权年均增长20%。认定了首批30家省级知识产权运用示范企业。首批示范企业获得授权的发明专利平均达49件，研发费用支出占主营业务收入的比重平均达7.1%，通过技术创新，拥有知识产权的新产品收入占销售收入的比重平均达70%。

二是探索构建重点企业知识产权服务体系。以工程机械领域为突破口，通过重点企业、行业协会、服务支撑机构构建专利工作网络，建设重点产业专利数据库和公共服务平台，提高企业、行业专利技术运用保护能力。在部科技司的指导下，我省举办了规模为200人的《工业企业知识产权管理指南》宣贯和实务培训。

三是加强政策引导。我委在重大项目申报、企业技术中心认定等方面将知识产权运用指标作为评审和认定的基本条件。2014年新认定的省级企业中心，平均每家企业发明专利达到4件。

（四）推进中小企业信息化建设

一是建设服务平台推广行业信息化解决方案。目前，我省形成了物流公共信息服务平台、商康医药电子商务平台、裕邦智能法律服务平台、华菱钢材电子商务公共服务平台、移动支付集成应用综合服务平台等一批信息化公共服务平台，为全省的广大中小企业提供物流信息、法律咨询、移动支付等公共信息服务。同时以装备制造、钢铁有色、食品加工等11个重点行业作为推进全省两化融合的重点领域，推广行业信息化解决方案，指导中小企业进行信息化建设。

二是建设中小企业公共服务平台。中小企业公共服务平台网络于7月底建成开通，首批联通窗口达22个，已注册企业6100多家、服务机构1100多家。同时，省平台为686家中小企业或服务机构建设开通了微窗口、微商城、微官网。

三是提升两化融合水平。举办了全省企业两化融合对接会，来自国际国内的50多家信息技术企业、省内200多家工业企业的400多人参加会议，一批两化融合项目在对接会上成功签约。继续实施了中小企业信息化“登高计划”，开展了万家“数字企业”创建、“送信息服务下基层”“送信息服务进企业”、企业信息化“翔计划”培训、“企业信息化巡展”等一系列促进活动。今年创建“数字企业”4837家，三年累计创建10092家;“翔计划”培训4680人次；开展“送信息服务进企业”875场；扶持700余家企业开展网络营销，新增行业信息化用户20万。全省两化融合指数达70%，比去年提高3个百分点。

三、2015年工作重点

（一）大力实施“135工程”

即在明后二年，在全省建设100个创新创业型园区，建成标准化厂房3000万平方米，新增创新创业型企业5000家以上。

（二）继续实施“专精特新”三年行动计划

新认定一批“专精特新”示范企业，对示范企业进行重点扶持。

（三）继续实施“311”工程

组织30项重点产业关键共性技术攻关、组织开发100项重点新产品、组织中小企业集中转化100项专利技术成果，促进新技术产业发展。

（四）大力推进中小企业信息化服务平台建设

重点是抓好中小企业公共服务平台网络、产业信息化应用平台、电子商务平台建设和推广应用。

（五）大力推进中小企业信息化应用

大力推广基于移动互联网、大数据、云计算等新一代信息技术的普及应用和产业化，支持中国电信、用友、神州数码等国内信息化服务龙头企业在湖南发展业务，支持中小企业智能设计、智能装备、智能物流、智能管理、电子商务等信息技术应用。

陕西省

陕西中小微企业税费现状及减负研究报告

为深入了解陕西中小企业尤其是小型微型企业的税费负担情况，小型微利企业所得税优惠政策落实情况，省中小企业局与西安财经大学组成课题组，对全省中小微企业税费现状开展调研。

一、中小微企业税负现状

通过对6个市（县）的实地调研，与18户企业座谈讨论，开展问卷调查，并对收回的200份问卷进行研究分析，反映出我省中小微企业税费情况存在以下突出矛盾和问题：

（一）中小微企业税费负担显著高于大型企业，微型企业税费负担最重

调查数据分析显示，不同经济规模的企业税负水平差距较大（如表1）。大型企业由于自身盈利能力佳、享受多种税收优惠政策，税负水平最低；其他类型企业的税负水平与企业规模成反比，规模越大、税负越轻，规模越小、税负越重，基本符合规模效益对税负水平的影响。

表1 我省不同经济规模企业间的税负统计

企业类型	企业户数	企业平均税收负担率（%）
大型企业	10	2.88
中型企业	22	3.36
小型企业	78	3.37
微型企业	30	5.84

根据我们本次调查得到的200家中小微企业信息，统计显示，有12.63%的企业认为税收负担非常重，52.53%的企业认为税收负担较重，34.85%的企业认为税收负担基本合理。同时，我们对小型微利企业税收负担进行统计，有14.68%的企业认为负担非常重，53.1%的企业认为税收负担较重，32.11%的企业认为税收负担基本合理。

（二）多数小微企业未享受税收优惠政策

调查结果表明，我省中小微企业关于总体税收负担水平认为非常重的占13.57%，比较重的占56.43%，基本合理的占29.29%；其中，有30%的企业认为各种名目收费加重了企业负担，有60%的企业认为税率较高加重企业负担。

为了促进产业升级，我省推出研发费用50%加计扣除所得税优惠政策，但在调研中只有2家企业享受过此项政策，绝大部分中小微企业主表示企业当前的第一要务是维持生存，没有过多经济条件进行产业创新。同样，国家出台的针对小微企业税收优惠政策的实施，也未能落到实处，享受过年应纳税额在3万元以下小型微利企业所得税减按50%计算应纳税所得额的优惠政策的企业仅有11家，所占比例不到7.9%。从调查情况看，中小微企业因属地、产业、产品等情况不同，在缴纳税费种类和比重上有所差异，但总体表现是，合法的税费负担偏高，不合理负担较重。

（三）行政收费不合理加重了中小微企业的费用负担

我们的调查结果显示，140家企业中有109家收费合计负担率超过百分之一。根据对典型企业的调查，法定的行政事业收费虽然并不多，但一些按职工工资（员工人数）缴纳的行政事业收费项目对中小微企业（特别是小微企业）而言负担较重；而且大多数行政收费项目即使企业没有任何生产经营活动或没有盈利也必须缴纳，这更加重了中小微企业的负担。在行政收费的征缴实践中，由于行政资源的不足，中小微企业更可能面对一些乱收费（乱罚款、乱检查、乱认证、乱培训等）形式的收费，使得其行政收费比重往往要高于大中型企业特别是区县开征的行政收费。

（四）我省中小微企业的税收政策存在许多问题

从整体来看，我地区税收优惠政策比较零散，没有形成完整的优惠体系，执行效果一般，管理难度也较大。

从优惠政策的效果来看，接受调查的140家企业中仅13.8%企业认为效果明显，其他近86.2%企业认为效果不明显。我省现行营业税政策很少有专门针对中小微企业的条款，而我省许多中小微企业都是缴纳营业税的企业，即使暂行条例中规定转让技术所得等可以免征企业所得税，但这也是针对所有企业，而不是中小微企业专门享受的优惠，所以，针对中小微企业的重要性而言，现行营业税政策缺乏给予中小微企业税收优惠的力度。其中中小微企业集中的服务业不但没有得到税收优惠政策的扶持，其实际税负甚至已经超越了缴纳增值税的大企业。所以，我省针对中小微企业的营业税政策存在很大不足。

二、我省小微企业税费负担较重的主要原因

（一）税种过多，收费繁杂

目前，我省中小微企业涉及对流转额征税的有增值税、消费税、营业税，关税；对所得额征税的有企业所得税、个人所得税；对资源征税的有城镇土地使用税、耕地占用税、资源税、土地增值税；对财产的征税的有房产税、契税、车辆购置税、车船使用税；对行为的征税的有印花税、城市维护建设税，其他税收有烟叶税、城市维护建设费和教育费附加等多达20余种。

表2 企业基本税种/费目一览表

序号	税种	序号	税种	序号	税种
1	增值税	14	养老保险	27	文化事业建设费
2	营业税	15	医疗保险	28	环保检测费

续表

序号	税种	序号	税种	序号	税种
3	消费税	16	失业保险	29	商标注册费
4	城建税	17	生育保险	30	排污费
5	企业所得税	18	工伤保险	31	车辆通行费
6	印花税	19	住房公积金	32	城市公用事业附加
7	房产税	20	教育费附加	33	公路养路费
8	城镇土地使用税	21	教育发展费	34	车辆年审
9	车船税	22	堤防费	35	绿化补偿费
10	土地增值税	23	平抑基金	36	价格调节基金
11	契税	24	残障金	37	水利建设基金
12	关税	25	产品质量监督检查费	38	就业保障金
13	其他税	26	环卫费	39	注册登记费

近年来，根据中央各级有关进一步清理取消不合理收费、减轻企业负担的总体要求，深入开展涉企收费清理，2008 年至 2012 年，我省对现行行政事业性收费项目进行了多次全面、深入清理，先后公布取消和停止征收 90 项行政事业收费，每年可减轻企业和社会负担 5 亿元。2012 年以后共计取消收费项目 89 项，减轻企业负担 2.51 亿元，包括针对小型微型企业免征企业注册登记费、税负发票工本费、海关监管手续费、货物原产地证明书费、农机监理费等 24 项管理类、登记类、证照类行政事业性收费。其中 2012 年取消 46 项，2013 年取消 43 项。

即便如此，非税收费用多仍是我省小微企业面临的主要问题。

据统计，我省中小型企业目前需要国家行政事业性收费 206 类 500 多项，省级行政事业性收费 56 项；微型企业收费项目有 18 项，其中国家批准设立 16 项，省级设立的 2 项。税费种类之冗杂，涉及部门之繁多，大大加重了中小微企业的经济负担和精神负担。

（二）税收税率高、非税收性负担重

调研中，我省中小微企业认为税费负担过重，已经影响到企业的生存。过高的税率及庞大的收费负担，正在遏制中小微企业的生长，尤其是作为规模小，盈利能力弱，抗市场风险差的小微企业。

据相关资料统计，2013 年我省税收收入为 1057.30 亿元，同比增长 16.5%，我省 GDP 为 16045.21 亿元同比增长 11%。去年我省税收收入快于 GDP 增速 4.5%。在企业缴纳的所有应税税种中，增值税和企业所得税是主要税种，缴纳数额占企业应税税额的 80% 左右。全国增值税率主要为 17%，增值税暂行条例中仅规定粮食和食品植物油税率为 13%，而农产品深加工企业、饮料行业购进材料税率为 13%，但需要按 17% 的税率缴纳增值税；企业所得税采用 25% 的比例税率，虽然对小型微利企业及重点扶持高新技术企业，但通过上文分析发现我省中小微型企业不能普遍享受这些优惠政策 。以零售业为例，在所有零售业高税费的大背景下我省甚至内地城市没有小商店繁盛生长的土壤，然而目前香港的小商店只需交一种税——利润税，即销售所获利润的 7%。

在社保及各项基金、费用方面，中小微企业与大企业虽然按统一标准缴费率（收费标准）缴纳社会保险、工会经费、水利建设基金、文化事业建设费、地方教育费附加等，但由于企业承受能力不同，存在事实上的不公平。经测算，仅社会保险基金一项，我省中小企业如按规定标准缴纳，约 80% 以上的中小微企业和 95% 以上的个体工商户基本无利可图，相当多数甚至难以继续。

（三）税收政策不完善

在现行的税收框架中，中小微企业一直处于弱势地位。中小微企业大部分是处于商品流通区域，而我国传统的重工轻商的思想使中小微企业面临着较高的税收负担。

在现有的税收体系当中，优惠手段单一，主要集中在税率的优惠上；纳税服务体系不健全，对中小微企业的纳税指导不够，已制定的优惠政策宣传力度不够，落实不到位，没有对税收歧视给予纠正，致使税收优惠与歧视之间经常出现难以调和的矛盾。其实对于中小微企业最大的优惠应该是给予大型企业与中小微企业平等竞争的税收待遇及其他公平待遇。只有在竞争中，中小微企业才能够真正成长起来。

（四）执法不规范、行政计划强制征税

在实地座谈调研中，企业反映税收征管过程中存在基层税务机关不按法定税率征收，多采用“核定征收”的办法，个别县区甚至带有计划经济色彩按税负任务强行摊派给企业，人为扩大“核定征收”的范围，使企业苦不堪言。目前，税务部门在税收征管过程中，由于受年度税收计划任务的影响，普遍存在人为调节税收进度的情况，致使收“过头税”、税款滞留和违规“吸税引税”等问题比较突出。

（五）非正规费用加重企业负担

由于政府制定行业标准具有超前性，多数企业难以达标，为了维持企业的正常运转，企业主不得不采用非正规渠道获得经营权限。中型企业因初具规模达到国家行业标准尚且不难，非正规费用重点集中发生在小微企业中。西安市一工业制造企业主反映，该企业生产出的先进产品因没有行业标准被要求自行购买价值300万的检验设备进行检验，否则不能上市流通。最后该企业不得不运用非正规手法，通过“请客吃饭”解决产品销售问题。

另一方面，乱收费行为仍然严重存在。虽然各级党委、政府、重视减轻企业负担，乱收费、乱罚款、乱集资的不法行为得到有效遏制，但一些执法部门在实际工作中存在乱收费行为，其中“搭车收费”为主要表现形式。有关部门和单位利用行政权力或垄断地位，强制企业参加协会、研究会、参与不必要的会议、培训、学术研讨、技术考核、检查评比并收取费用。

中小微企业在消化自身生产经营过程中发生的正常费用时已经捉襟见肘，还要挪用生产经营资金来应对纷繁而至的胡乱收费，人为的加重企业生存的难度。

三、减轻我中小微企业税负的措施建议

中小微企业税费负担过重，影响了中小微企业的发展，进而阻碍了我省经济的发展和各地就业水平的提升。要进一步减轻企业负担，为企业松绑，促进中小微企业的快速发展。

（一）政府实行“减免补增”政策

一是适当加大税收优惠力度。尽可能简化中小微企业的税制规定和征管办法，增强可操作性，降低征纳成本。简化税收优惠申请程序、降低申请条件、完善税收优惠政策大纲，在融通中小企业融资渠道、鼓励中小企业投资行为、促进高新技术产业发展等方面建立更加完备的税收优惠政策体系。

第一，加快营业税改征增值税进程，同时适当降低小微企业（非一般纳税人）的增值税征收率，实现小微企业整体税负的下降。

第二，降低企业所得税税率，实行超额累进税率。实行超额累进税率后，可以体现量能赋税的原则，而且不会妨碍小微企业利润在临界点附近的增长及企业规模的扩大。应当学习美国实行多级超额累税率的经验，每一级税率之间差异不宜太大。

第三，对小微企业房产税、土地使用税给予一定的减征、免征优惠，对生产经营特别困难的小微企业出台免、减、缓政策。

二是免除相关税收，采取“扶幼扶小”的政策。为了激励小型微利企业投资，可参照引进外资初期的税收优惠政策措施予以扶持，如对新创办的小型微利企业实行两免三减半，对投资创办中小企业的投资者按规定投资的40%予以免税等。并且可以给予新办的小型企业更长的免税期，如在企业所得税、增值税和营业税上，给予新办小微企业5年的免税期。

同时免除小企业部分附加税费，避免将本应地方政府承担的行政职能转嫁给企业，特别是小微企业，减少对小微企业的行政干预，减少其遵从成本，减轻企业隐性负担，加大政府对小微企业的补贴力度和资金支持。

政府也可适当引进投资抵免、再投资退税等税收政策，创新减负政策，增强对中小企业投融资的税收引导，在有效的市场机制下发挥政府的宏观调控能力。

三是完善税收政策。

1. 完善增值税政策，酌情减少小规模纳税人的税收负担

我国现行小规模纳税人采取的征收率为3%，单纯从数字上看远远低于一般纳税人的17%，但是由于一般纳税人可以抵扣进项税额，因此中小企业的税收负担并不一定低于大企业，甚至有时会承担超出自身能力的税负，为了公平税收负担，应该调整征收率，在现今实行的3%的基础上继续下调，以切实解决中小企业的负担，同时可以增加中小企业的税后利润，有利于中小企业技术方面的革新和投资，这将是一个良性循环。

加大流转税优惠力度，改革完善增值税制。借增值税转型契机，降低小规模纳税人的征收率，其中商业零售企业的征收率可进一步调低为2%，切实减轻其税负，改变部分小规模纳税人实际税负高于一般纳税人的状况。完善增值税一般纳税人管理办法，建账建制的小规模纳税人纳入一般纳税人管理，允许进行税额抵扣。对金融机构向中小企业贷款取得的利息收入减征营业税，以鼓励金融机构对中小企业贷款。

2. 完善企业所得税政策，实行促进鼓励企业创新的优惠税收政策

实行促进鼓励企业创新的优惠税收政策，可以尽量缩短中小微企业固定资产的折旧年限，更好地适应市场需求，提高竞争力，加快新产品的研发和推广。科技的创新是中小微企业在激烈的竞争中脱颖而出的前提，而鼓励创新的优惠税收政策必将加大小微企业的创新热情。所得税可通过累进税率设计体现对中小企业的优惠照顾。可考虑对小型微利企业的适用税率进一步细分。为了激励小型微利企业投资，可参照引进外资初期的税收优惠政策措施予以扶持，如对新创办的小型微利企业实行两免三减半，对投资创办中小企业的投资者按规定投资的40%予以免税等。

四是实行税收与工资的分配改革，免收个税。如果提高起征点，对低收入者来说只是象征性多拿工资，但是对于高收入者来说，高收入者的税级税率相应下滑，会大幅减少税额，工资越高，税额就会减少得越多，个税是累进税率，要把工资分成几段纳税，各段的税率不同，工资段越高的部分，税率越高。所以，对收入在3871元以下的人来说，把个税起征点提高到3000元平均每月只多拿25元，但对高收入者来说，就多拿几百元、几千元、甚至几万元。免收个税就相当于社会福利保障，可以理解为福利的一部分，因为不是个人的收入，是政府的钱转移过来的。

（二）规范税收执法行为、改进税务征管

一是加大税源监控和税务稽查力度

1. 切实抓好税源监控这一关键环节

税务机关要切实抓好税源监控这一关键环节，要合理安排人力资源，综合考虑所管辖的税源结构、税源地域分布、基层人员数量与素质等因素，对管理员队伍进行优化组合，在优先保证对大企业、纳税信用等级较低的企业以及城区等重点税源户的监管需要的基础上，对于一些面临较大税源流失风险的中小微企业要给予较大的监控力量，来实现管理效益的最大化。

2. 更有效的利用信息技术手段

要在税收日常管理工作的基础上，广泛采取计算机技术和先进的通讯技术，实现网上税源监控。利用高科技、现代化技术实现与相关部门的联网，积极推行多元化电子申报、网络申报，拓宽外部信息交换，提高信息共享度，建成一个“集中管理、相互依托、数据规范、信息共享”的税务综合信息库，并使之成为信息处理中心和税源监控中心。同时，以综合征管软件应用为载体向深度发展，积极开发一些辅助程序，提高数据综合利用率，迅速、准确地对中小微企业进行税收经济指标和企业财务指标的分析，满足监控、分析和决策的需要。

二是以“加强监督”为手段维护企业合法权益。切实减轻企业税费，就要建立健全配套监督体系。一是要监督行政部门贯彻落实中央取消100项行政收费的政策，并且确保不变换名目继续乱收费。二是监督行政执法部门宽松执法，执法标准做到原则性和灵活性相统一，让企业在宽松的环境中发展壮大。税务、工商、城管、质监、药监等行政执法部门在执法中要坚持教育为主、和谐执法，同时各级政法机关对企业要慎用查封、扣押、冻结、罚款以及拘留、逮捕等强制措施，尽量避免企业因此丧失生产经营能力。三是监督小微企业的主管政府机关切实处理好企业的各种投诉，真正成为保护企业合法权益的代言人。

目前国际上所普遍奉行的是税收工作由“监督管理”向“服务管理”转变的服务思想，优化对中小企业的服务体系；扩大实行查账征收所得税的征收范围，尽量缩小核定征收的比重，同时对核定征收的“应税所得率”和“纳税定额”，一定要调查核定准确，以维护中小企业的合法权益。对建账和核算能力弱的中小企业，要按照市场化运作，引导中小微企业开展税务代理，认真搞好建账建证工作，使中小微企业所得税符合其实际盈利水平，以兼顾不同层次纳税人税负公平的需要。

简化中小微企业纳税申报过程，中小微企业往往缺乏处理复杂会计报表的专业技术人员，而当前对大、中、小型企业按同一纳税期限、纳税程序进行管理，中小微企业要承受更大的压力。因此应简化中小微企业纳税申报程序和纳税申报时附送的资料，延长纳税期限，以节省其纳税时间和纳税成本。

我省各级税务机关应采取重服务而轻处罚的管理方式，充分利用自身工作优势，帮扶中小企业尽快建账建制，提高中小企业会计核算水平，或推行中小企业税收代理制度，充分发挥税务代理机构的作用，为中小企业提供税务咨询、税务代理，尽量减少纳税人对纳税细则不了解而造成的纳税失误。促进中介组织发展，更能形成税务机关、中介机构、企业三方互利共赢的局面，促进中小企业发展。

（三）营造公平税负、平等竞争社会环境

一是加快税费改革步伐，坚决清理不合理收费

1. 要坚决取消一些不合理的收费

地方政府在履行公共管理职能时，向社会提供的公共产品和服务，如果已有相关税收为基本保障，就不应再收费。例如可保留伴随流转税征收的教育附加费，取消地方教育发展费，取消平抑基金和价格调节基金。

2. 一些部门利用特殊地位和权力的收费，一律应予以取缔

如取消新型墙体材料专项基金、散装水泥专项资金。

3. 对一些必要的收费予以规范

如经营性收费、已向社会开放标准的事业性收费等，一定要与挂靠单位脱钩，性质相同或相近的收费项目应尽可能合并操作。

4. 应将一些具有税收性质的收费项目有效并入相关税种或开征新税种

将一些具有税收性质的收费项目在法律允许范围内，通过地方政府立法上升为税收，有效并入相关税种或开征新税种，既发挥了税收聚集财政收入的职能，又发挥了现有成熟征管体系的作用，还符合节能环保的要求。比如将社会保障费改为社会保障税，将绿化费、污水排污费等改为环境保护税，将矿产资源补偿费、水资源费等并入资源税等。

二是加强税收服务、优化税收软环境。建立中小微企业服务平台，完善中小微企业服务体系。在“十二五”期间，建设一个从上到下的中小微企业服务体系，包括要建设一定数量的中小微企业服务平台，并将其中一部分作为国家级的公共服务示范平台。同时，中央财政和地方政府还应共同支持中小微企业就业基地建设。中小微企业服务体系应提供更全面的培训、咨询、维权等免费服务，以及其他各种形式的增值服务。

以“优化服务”为导向落实各项政策。税务机关要纠正在税收服务上的“重大轻小”倾向，首先要积极引导中小微企业向查账征收方式发展，为小微企业提供建账建制的业务指导。其次，为推进小微企业税收优惠政策落实到位，就要加强对小微企业的税收宣传、纳税辅导、信息公开，让小微企业最大限度地熟悉和掌握税收政策，以此减少中小微企业因不了解税收优惠而造成的种种失误与损失。最后要建立健全小微企业的纳税预约服务制度、定期纳税辅导制度、定期上门联系制度等，解决因税收管理环节繁多、程序复杂导致小微企业涉税风险的问题，切实做好税前、税中、税后的全方位服务。中小微企业的主管政府机关要进一步转变观念和思维方式，增强服务意识，积极为中小微企业解决问题。其他行政部门应改变以罚代管、一味罚款的错

误做法，尽力引导小微企业完善缺失，修补漏洞，给予善意的帮助。

三是确保政策落实。政府抓紧落实环境评议制度，积极营造非公有制经济的发展环境，有效落实《关于建立非公有制经济发展环境评议制度的通知》，促进中小企业发展，积极减轻企业负担。加快建立和完善省、市、县三级维权工作新体系，规范市、县维权机构的工作机制，健全省、市、县（区）非公有制企业维权工作新体系；主动与相关部门加强沟通和协调，联手查处侵害非公有制企业合法权益的行为和案件，为中小企业提供坚强有力的制度保障。

四是制定与《中小企业促进法》配套的税制新体系。建议参照国外做法，在宪法或民法通则中规定对中小企业权益的保护。以《中小企业促进法》为核心，在促进中小企业发展的融资、创新等方面制定出与之相关的税收优惠政策，使之成为一套专门针对中小企业的税收体系，并赋予地方政府在税收减免上适度的自主权。在《中小企业促进法》和《物权法》之下，制定《中小企业产权保护条例》，规定任何行政主体对中小企业征收的“非税”费用，都须依法、公正、透明、可诉。

五是应实行“多支少收”的宽放政策。“把培养和发展中小微企业作为当前经济增长的首要任务”，将富民政策落到实处。各级政府部门应继续加大对中小微企业的财政支持力度，同时整合分散在各个部门的财政资金统筹使用以充分发挥财政资金的效益。所以，税收管理部门应本着“能免则免、能减则减、能缓则缓”的原则，加大降息、减税和减费的力度。

我省有关行政职能部门应明确划分政府与行业协会商会等社会组织的功能，强化政府向社会提供的服务职能。

加快服务体系建设助推全省中小企业发展

陕西省中小企业局

刚刚过去的2013年，是贯彻落实党的十八大精神，抢抓机遇，加快发展的重要之年，也是实施中小企业“十二五”发展规划的关键之年。

作为经济发展的重要力量，我省中小企业虽然面临种种不利因素，但依然取得了较好的成绩：2013年，中小企业增加值和非公经济增加值占全省GDP比重均超过50%。这一成绩的取得，离不开中小企业主动努力，更离不开我省积极营造的良好外部环境。特别是在省委省政府的高度重视和有关部门的大力支持下，全省中小企业工作部门适应新形势，将服务体系建设作为促进中小企业发展的重要抓手，协调各方力量，落实政策措施，服务体系建设形成了起步发展、有序推进、齐抓共促、成效显著的新局面，不仅是助推中小企业发展的有力引擎，更是支持中小企业成为建设“三个陕西”重要力量的有力保障。

一、政府积极推动，打造全国一流的中小企业服务平台

“平台功能越来越全面，不仅有融资贷款，还有关于法律知识、人员培训等多个方面。如今查政策跑贷款不用到处跑，直接来平台，一次就能解决，方便多了。”说起省中小企业服务平台给自己带来的便利，陕西鸿业标识公司总经理张锦红很是高兴。

张锦红的感受是我省许多中小企业主的共同感受。近年来，虽然中小企业不断成长，并在吸纳就业、活跃创业创新、推动经济发展、促进社会和谐稳定等方面起着重要作用，但中小企业公共服务体系建设滞后，企业所需要服务难以解决。在2012年前，我省中小企业服务机构总量不足，大多各自为政，自成一体。机构之间，纵向缺乏服务衔接和指导，横向缺乏服务沟通和协作，致使有限的服务资源达不到最大化地利用。服务机构与企业脱节，中小企业往往也遭遇服务贵、服务难。

2011年5月，省政府有关领导带领省中小企业局、省财政厅等相关部门负责人赴外省调研考察中小企业发展和服务体系建设情况，积极研究探索新的服务中小企业的模式。省政府领导在考察活动结束后认为，促进中小企业发展，必须抓好服务体系建设，抓好服务体系建设，必须建设中小企业服务平台。随后，省政府多次召开研究中小企业服务体系建设工作会议，并下发《全省中小企业服务体系建设指导意见》，明确了总体思路和目标任务，要求尽快搭建我省中小企业服务平台。

2012年2月，在省委省政府高度重视下，在有关部门支持下，省中小企业局精心组织筹划，我省第一个专门为中小企业服务的大型综合平台成立。投入近千万元，总面积为6150平方米的服务平台，设有服务大厅、展示大厅、信息化体验中心、培训室等多个功能厅，以创业辅导、人员培训、技术支持、信息咨询、市场开拓、融资担保等服务为重点，为中小企业提供全方位服务。这也是全国首个面积大、起点较高，功能齐全的省级中小企业服务平台。

平台运行初期，副省长李金柱、原副省长吴登昌、省级有关部门领导先后赴平台检查指导工作。李金柱明确提出“像抓三农一样抓中小企业发展，像抓招商引资一样抓市场主体培育”，要求在培育市场同时，培育服务体系和打造服务载体，力争用三年时间，形成基本覆盖全省、对接便捷、具有较强社会影响力的中小企业公共服务平台。通过打造服务环境，拓宽服务渠道，为全省中小企业提供“找得着、用得起、有保证”的服务。

至此，中省级财政支持力度也开始向服务体系建设倾斜，有力地促进了省平台正常运行及各级平台建设。引导了地方财政配套支持和社会资本的聚集。自2011年起，省财政连续三年投入服务平台资金达1850万元。用于支持市县服务体系建设和社会

化服务机构的项目资金每年达到3500万元。

二、线下线上融合，提升中小企业公共服务水平

成立后的省中小企业服务平台，吸纳了诸多社会服务机构入驻，共同为中小企业提供一站式服务。

2013年8月，运行了一年多的省中小企业服务平台，迎来了一位特殊的“客人”。在位于省平台2601室布置温馨的一个工作室里，咨询室、演练室、创业模仿区等功能区应有尽有。不时有中小企业业主，带着自己的项目和想法，来这里实地演练，寻找创业发展的政策和资金支持。这正是我省首个中小投融资创业工坊。

作为省中小企业服务平台一个最新入驻机构，投融资创业工坊主要涉及创业投资及相关服务，包括创业项目的收集、评价对接；创业培训、创业辅导；创业投资、组织创业大赛等。并拥有5亿创业投资资金和百人创业顾问团队，可以让创业者或者小微企业享受到包括人员培训、技术支持、市场开拓、融资担保、法律维权等在内的诸多服务。短短几个月，已成功对40多家小微企业提供了资金支持。

事实上，平台运行以来，不仅有投融资创业工坊这样为企业量身打造发展规划的服务机构入驻，同时还有各类金融、咨询、管理类等30多家服务机构入驻。同时，平台每年组织入驻机构实施中小企业百项公益性活动，为中小企业提供多种多样的帮扶。

入驻机构陕西贝易达现代科技有限公司、省中小企业信用担保协会、陕西启迪科技园发展有限公司定期开展企业融资服务。西安时代光、陕西彼岸管理咨询有限公司每周举办陕西省中小企业服务平台网络大讲堂和陕西省中小企业服务平台竞争力大讲堂两个公益培训，邀请国内知名管理专家，为企业家和创业者讲授管理知识。陕西创业促进会组织成功企业家定期为有创业意愿的人员进行创业辅导，共举办创业培训22期，有5000多位创业者及大学毕业生得到免费培训，实现了创业梦想。

为了增强服务体系工作主动性，帮助企业解决实际问题，省中小企业服务中心多次组织平台服务机构和特约服务机构深入渭南、咸阳、延安、安康等地市和园区，进入企业送服务。2013年的5次大型活动，就促成项目融资、电子商务、品牌策划、人员培训等合作意向26项，有效解决了企业的实际困难。

针对2013史上最难就业季，省中小企业服务平台还联合智联招聘和中大人力资源有限公司开展了《“就业有‘位’来”》陕西中小企业大型专场公益招聘活动。来自线上和线下企业共有500家，提供了6000余个职位。既解决了部分大学毕业生的就业问题，又为不少中小企业寻到宝贵的人才。

如今，省中小企业服务平台运行以来，累计服务企业2万家，服务人数45.6万人次，举办大型活动251场。同时，还带动了市县中小企业服务平台建设，为全国其他省市提供了可供借鉴的经验，全国20多个省市中小企业工作部门来陕考察。工信部党组成员、总工程师朱宏任来陕视察省平台后，对我省中小企业服务平台工作给予充分肯定，认为陕西在中小企业服务平台建设上，政府支持力度大、建设起点高，优势发挥比较充分，服务工作实实在在，服务企业成效显著，走在了全国省市前列。

与此同时，我省已不再仅仅满足于实体服务平台的建设。为了给中小企业提供更具特色、有效便捷的服务，2012年，我省开始着手打造以省级中小企业服务平台为枢纽，以设区市和重点产业集群公共服务平台为窗口，通过互联网，资源共享，功能互补，服务协同，形成信息畅通，供需对接便捷，建设具有较强社会影响力的中小企业服务平台网络。目前总投资1.52亿元的全省中小企业平台网络建设项目已经国家工信部批复，涉及全省27个平台网络项目，中央财政已下拨扶持资金4400万元。预计到2015年，我省将建成全省统一的在线服务和呼叫服务系统、服务平台网络运营管理系统、共享数据资源中心和服务知识库等，形成覆盖全省、对接便捷、具有较强社会影响力的中小企业公共服务平台网络。

三、发挥各方作用，开创中小企业服务体系建设新格局

中小企业所需的服务分布在各级各部门及社会各个层面，仅仅依托省级服务平台，难以满足中小企业发展。2011年省政府明确提出用3年时间，基本建成信息畅通、功能完善、资源共享、供需对接、便捷有效的省市县三级中小企业综合服务平台。为了充分调动市县建设中小企业服务平台的积极性，我省还将中小企业服务体系建设任务纳入对市县政府的责任考核。

2012年上半年，汉中市中小企业服务平台作为我省首家市级平台率先启动运行。随后，安康、延安、渭南等市的中小企业服务平台陆续建成。短短一年多时间，11个市级综合服务平台在2013年年底前建成运营，不少市级平台建设也探索出不同模式，如咸阳市市场化运作、宝鸡市政府指导为主、安康市市区共建等，形成“一块场地、一个服务中心、一套服务标准、一帮专业服务团队”的“四个一”标准。与此同时，重点县（市、区）、各类开发区、企业聚集区的“窗口”平台于2014年年底前也将基本完成，打造纵向延伸的三级中小企业服务体系。

同时，省中小企业局联合各部门开展服务活动，先后配合省人大、省政协，组织对中小企业政策落实情况进行检查；联合省纠风办对中小企业治乱减负情况进行检查；发挥非公经济发展联席会议作用，开展非公经济环境评议活动；与司法厅开展百名律师与百家中小企业对接送服务活动；与科技厅联合从大专院校选派百名首席工程师入驻百户成长型企业，长期开展服务；与陕西电信开展信息入企对接活动，促进两化融合等，充分发挥部门协同力量，

服务我省中小企业发展。

为了进一步鼓励支持社会中介服务机构协同服务中小企业，形成专业化服务链条，我省依托省级中小企业服务平台，整合社会资源，聚集了一批立足陕西本土，有特色、实力强和服务功能完善，面向中小企业服务的机构；省中小企业服务平台通过签订协议等形式，吸纳了以西安为重点的优势服务机构，进行多形式、多层次服务企业。

目前，省中小企业局已先后公布确认了85家省级中小企业公共服务示范平台，其中12家服务机构被工信部认定为国家级中小企业公共服务示范平台，已经成为服务中小企业的核心力量。不久，总投资2亿元，总建筑面积2万平方米的“陕西省中小企业产品技术展示中心”也将建成，更好地帮助中小企业推介产品技术，开拓国内外市场，提升市场竞争力。

展望未来，打造功能完善的服务体系，助力我省中小企业发展的任务依然艰巨。但正如省中小企业局局长丁义安所言，全省中小企业服务体系建设要适应新的形势，贯彻落实党的十八届三中全会精神和省委省政府决策部署，创新工作思路，通过加快建设中小企业服务平台网络，打造服务企业长效载体；积极培育中小企业服务机构，实现服务总量质量双提升；促进服务机构与企业对接，在主动服务特色服务上下功夫；强化服务协调工作机制，在统筹服务资源上做文章；努力营造优质的服务环境，助力中小企业发展。力争实现把省中小企业服务平台建设成为省内枢纽、西部一流、全国前列的目标，带动全省各级中小企业服务平台和社会化服务机构发展，形成协同服务中小企业的良好局面。

甘肃省

我省支持中小微企业发展的主要措施

一、支持和推动中小微型企业发展的主要措施

（一）认真落实鼓励、支持、引导中小微型企业发展的各项政策措施，优化发展环境

一是认真贯彻落实国务院2次关于支持小微企业发展的常务会议精神和《国务院关于进一步支持小型微型企业健康发展的意见》（国发〔2012〕14号），出台了《甘肃省人民政府关于促进小型微型企业发展的指导意见》（甘政发〔2012〕39号）。二是加强《甘肃省人民政府关于促进小型微型企业发展的指导意见》的落实，汇总了省直各相关部门根据《意见》制定的本部门相应措施细则和具体办法以及工作落实情况，并对各市州《意见》执行情况进行督查。同时，我们专门对国家和省上近些年出台的扶持中小企业和非公经济发展的《关于鼓励支持和引导个体私营等非公有制经济发展的若干意见》（国发〔2005〕3号）《国务院关于进一步促进中小企业发展的若干意见》（国发〔2009〕36号）《国务院关于鼓励和引导民间投资健康发展的若干意见》（国发〔2010〕13号）《国务院关于进一步支持小型微型企业健康发展的意见》（国发〔2012〕14号）和《中共甘肃省委甘肃省人民政府贯彻<国务院关于鼓励支持和引导个体私营等非公有制经济发展的若干意见>的实施意见》（省委发〔2005〕63号）《甘肃省人民政府关于鼓励和引导民间投资健康发展的实施意见》（甘政发〔2011〕62号）《甘肃省人民政府关于促进小型微型企业发展的指导意见》（甘政发〔2012〕39号）和《国务院办公厅关于金融支持经济结构调整和转型升级的指导意见》等8个文件共224条政策进行了认真梳理和分类归并，并在此基础上在省直相关部门和企业两个层面上进行了调研。三是在政策咨询服务方面，会同工信部中小司编印了国务院《支持小微企业发展答问》《中小企业政策百问百答》《创办小微企业政策百问百答》和《甘肃省促进小型微型企业发展指导意见解读》，同时在主要媒体上开辟专栏，重点宣传省直各部门的配套政策措施。

（二）实施中小企业成长工程，加快推进规下企业进入规上，确保建成投产项目达产达标

为加快中小企业培育，实施中小企业成长工程，加快规模以下工业企业发展，使之尽快达到规模以上水平，根据《甘肃省人民政府关于解决当前工业突出问题促进工业平稳较快发展的意见》（甘政发〔2012〕33号）精神，我委强化手段，与省统计局合作，督促主营业务收入在500万元～2000万元之间的中小企业通过技术改造等多种措施，争取销售收入达到2000万元以上，以做大经济总量，进入统计口径，并对入规企业考核合格后给予一定奖励，目前这项工作已取得初步成效，截至2013年6月底，全省规模以上工业企业共1746户，与2012年初1371户相比，净增加375户，其中新增企业有434户（包括新建企业和326户规下成长为规上企业）。今年上半年，这434户新增工业企业累计完成工业增加值45.6亿元，占全省工业总量4.7%，拉动全省工业增长3.9个百分点，对全省工业增长的贡献率达到29.1%。预计2013年能入规企业达到300户，预计可新增工业增加值20亿元，可拉动全省工业增长1.03个百分点。同时我们对2012年建成投产工业项目达产达标情况进行了摸底和督查，预计全年达产达标项目586项，新增产值515.82亿元。

印发了《甘肃省中小企业创业孵化基地评价认定办法（试行）》（甘工信发〔2012〕500号），按照省政府全民创业领导小组要求，制定了《甘肃省全民创业行动创业孵化基地建设专项工作方案》，鼓励创业兴业，今后每年重点培育和扶持15个小微型企业创业基地，新增加1万户微型企业，增加8万个就业岗位。

（三）加快中小企业信用担保体系建设

我委把加快担保机构建设作为转变政府职能、

解决中小企业融资难的一项重要工作来抓，加之市场需求旺盛、民间资本充裕和投资意愿浓烈，我省的融资性担保取得了快速的发展，已逐步成长为一个全新的行业。特别是省政府以第77号令公布实施了《甘肃省融资性担保机构审批管理办法》，并相应出台了《甘肃省人民政府关于促进融资担保业发展的意见》，有力地促进了全省融资担保业快速发展。经过规范整顿，以中小企业为主要服务对象的全省融资性担保业走上了规范、有序发展的道路，并得到了较快发展，资本实力明显增强，担保实力和能力显著提高。从监管上看，理顺了监管体制，具体负责制定政策、指导发展、审定资格、监督管理等职责。各市州担保机构监管部门对本行政区域内的担保机构实施属地化管理，具体负责本行政区域担保机构设立、变更、退出申报材料的汇总、转报及日常监管和风险处置等工作。

（四）不断拓宽融资渠道，缓解小企业资金困难

进一步创新中小企业融资方式，积极探索金融服务中小企业的新途径，通过政府推荐筛选项目、银行审核放贷、风险投资机构积极参与，搭建了融资服务平台，促进了银企间的合作共赢。融资服务平台作为联系和纽带，有效促进了政府、银行、企业、担保、投资机构间的合作发展，通过有效发挥政府公信力和财政资金的杠杆作用，发挥了财政资金“四两拨千斤”的作用，实现了多方共赢，特别是在近年国家银根紧缩的情况下，对缓解中小企业融资难发挥了积极作用。今年，我们采取从项目库中，把规上和规下以及中小微企业融资需求贷款项目，分别向建行、中行和甘肃银行等5家金融机构进行了推荐。目前，这些合作银行正在分地区、分批次进行前期贷款调查，力争融资规模年底突破15亿元，较去年增长50%。我委还分5期举办了“陇原之星”中小企业精英训练营，训练营期间，5家银行共与124家中小企业达成融资协议36.36亿元。据反馈签约落实情况，签约企业落实贷款达到了80%，贷款额为20亿。

（五）开展中小企业服务年活动，助力中小企业发展

根据工业和信息化部安排，结合我省实际，2012年，开展了“中小企业服务年活动”，制定了《甘肃省中小企业服务年活动方案》，重点开展政策咨询、投资融资、创业创新、转型升级、管理提升、舆论宣传等6个方面的服务活动；2013年，开展了“扶助小微企业专项行动”，制定了《甘肃省扶助小微企业专项行动实施方案》（甘工信发〔2013〕232号），重点推动创新型、创业型和劳动密集型等“三型”小微企业发展和减轻企业负担工作。四是继续做好重点中小企业运行监测工作。目前我省已有超过500户重点监测中小企业纳入国家监测平台，同时相应建立我省的中小企业经济运行监测体系，实现对我省中小企业的综合情况、专项情况、倾向性问题和主要经济指标数据定期收集、汇总分析，并按季度发布《甘肃省工业中小企业运行监测》。

（六）加大财政资金对小微企业的支持力度

从2012年开始，国家中小企业发展专项资金管理办法明显规定，专项资金支持小微企业的额度比例不得少于资金总额的80%，我省今年重新修订了《甘肃省中小企业专项资金管理办法》，也明确规定支持小微企业不得低于80%，扩大了专项资金惠及小微型企业的覆盖面，有力地促进了小微企业成长。

（七）加大承接产业转移力度，积极开展全方位的招商引资活动

为加大承接产业转移力度，省政府出台了《关于加快开发开放积极承接产业转移的实施意见》，同时成立了甘肃省承接产业转移工作领导小组及办公室。确立了以环渤海经济圈、长三角经济圈、珠三角经济区、闽东南地区等5个产业“转出地”为重点的工作方向。发布了《甘肃省承接产业转移指导目录》，规划了兰白核心经济区、关中—天水经济区、河西新能源和新能源装备制造区、陇东能源化工区、金武经济区、民族特色产业集聚区等六大承接产业区域布局，确定了石油化工、有色金属、冶金、机械、电子信息、新材料、食品、医药、建材、轻工、纺织服装、生产性服务业、汽车、航空航天、节能环保等16个优先承接发展的产业，将全省5个国家级和30个省级开发区作为承接产业转移的重要载体。全省储备了679个承接产业转移重点项目，总投资5178亿元，目前，全省承接产业转移工作机制和网络体系已经形成。我们还充分利用中国中小企业博览会会、APEC中小企业技展会、兰洽会等节会，广泛宣传和推介成长性好、发展潜力大、市场竞争力强的产业和项目，吸引各类投资主体来甘投资建设。

宁夏回族自治区

关于促进我区小微企业发展的调研报告

根据《自治区政协2014年度协商计划》，刘小河副主席带领自治区政协提案委员会会同民建宁夏区委会、自治区工商联和非公有制经济服务局组成三个调研组，围绕我区小微企业发展进行了深入调研，并赴浙江、四川考察学习了两省发展小微企业的先进经验，形成调研报告。针对调研中发现的问题，自治区政协8月29日与自治区党委、政府有关部门及五市政府进行专题协商，齐同生和王和山同志参加会议并讲话。自治区政协十届24次主席会议对调研报告进行了审议。现根据专题协商和主席会议意见，将调研情况综合报告如下：

小微企业是我区非公有制经济的主体，占全区企业总数的95.6%。近年来，在中央和自治区相关政策推动下，我区小微企业有了较快发展，经济规模逐步扩大，吸纳就业能力不断增强，促进产业集聚作用初步呈现，企业自主创新能力进一步提升，为推动我区经济社会和谐发展做出了重要贡献。

但是，小微企业发展中也存在一些突出问题，主要表现在：

（一）企业发展环境仍需改善

一是相关优惠政策需要进一步完善和落实。近年来，中央和自治区相继出台了一系列支持小微企业发展的文件，但相关部门在政策配套和贯彻落实上还存在一些突出问题。有些政策操作性不强，落实不到位，致使许多小微企业无缘享受。自治区党委、政府《关于加快发展非公有制经济的若干意见》已下发一年多，目前仍有一些部门没有按要求制定出台具体实施办法，政策落实出现“中梗阻”。二是一些地方政府受考核的影响，把主要精力放在规模大、有影响力的大中型企业上，对小微企业发展重视不够。三是一些职能部门协调配合不够，工作形不成合力，小微企业办事难问题并未从根本上解决。有些优惠政策减免或享受的费用不多，但层层审批、多头管理、手续繁杂，使企业望而止步。四是小微企业服务机构少、项目少、服务意识不强。宁夏百户企业拥有的服务机构仅为1个左右，不到发达地区的十分之一。小微企业公共服务网络平台建设滞后，服务质量有待提高。企业在投资建厂、办理各种行政许可事项时，普遍存在时限过长、手续繁杂、多头审批、办事效率低、政策落实不到位等现象。五是企业负担过重。有关部门监管不到位，乱收费现象依然存在。六是政策宣传不到位。有许多小微企业对优惠政策不了解，也不知道如何申请办理，有些政策甚至一些县区业务部门的工作人员都不清楚。

（二）生产经营面临诸多困难

受经济下滑、市场疲软、原材料涨价、用工成本提高等不利因素影响，许多小微企业利润率很低，一些企业甚至处于亏损状态。主要原因一是小微企业普遍产品单一，工艺技术水平偏低，缺少知识产权或独特技术，自主品牌少，产品附加值低，缺乏市场竞争力。二是企业经营、管理、技术人才紧缺，研发能力不足，持续发展能力弱。三是管理方式落后，企业财务制度不健全，对员工技能培训重视不够，从业人员业务素质普遍较低。

（三）融资难融资贵问题依然突出

一是小微企业融资渠道狭窄，融资成本较高。多数小微企业无缘国有银行信贷，部分企业只能通过民间借贷进行融资，利息高达20%～30%，甚至更高。二是国有金融机构“贷大、贷长、贷集中”的模式没有根本转变。截至2014年6月底，我区向小微企业发放贷款余额1118.96亿元，较年初增加116.54亿元，仅占全部新增贷款的26.78%，70%以上的新增贷款投向了大中型企业。三是担保体系不完善，再担保机构缺失。一些国有担保公司经营管理不善，加之资金有限，对小微企业担保支持很少。

（四）社会信用体系建设滞后

全区统一的公共征信平台和市场主体信用信息公示平台尚未建立，政府、银行、工商、税务等相关部门的信用平台分立，信息不能共享共用。社会信用服务机构发育迟缓，难以满足市场需求。社会信用监管力度偏弱，失信惩戒机制不完善。对相关信用平台、信用评价和监管机构没有第三方监督，造成信用信息的不透明和单方面的话语权垄断。

针对上述存在问题，我们提出如下建议：

（一）切实抓好现有政策的贯彻落实，进一步优化政策环境

一是各级党委、政府要高度重视小微企业发展，将小微企业发展列入各级政府和有关部门效能考核。充分发挥自治区非公有制经济领导小组的指导、协调作用，建立完善成员单位联系协调机制，定期召开会议，研究解决存在的突出问题，及时协调相关部门和地区的关系，形成工作合力，确保政策顺利实施。加强政策顶层设计，建议由自治区非公有制经济领导小组办公室牵头，系统梳理支持小微企业发展的政策，制定我区小微企业中长期发展规划，建立政策效果评估机制。认真研究优惠政策享受范围偏窄、符合减免政策企业数量不多、优惠幅度不大、申报程序复杂、企业非税负担较重等实际问题，并制定相应措施切实加以解决。二是切实抓好小微企业现有政策的贯彻落实。建议由党委和政府督查部门牵头，联合相关职能部门，加大对政策实施的督查、情况通报和责任追究力度。三是实施分类指导。采取按不同行业、不同地区实施差别化扶持政策。对自治区重点发展的行业或产业，应给予特殊政策支持。对南部山区小微企业发展，应给予倾斜性政策支持。四是切实减轻小微企业负担。进一步改革涉企收费制度，建立“公开、公正、透明”的收费清单，加大对各种不合理收费查处力度。积极探索一般投资项目“零审批”，规范非许可项目和竣工验收环节自由裁量。进一步规范中介服务收费，加强对供电、供气、供水、安全、消防等行业的收费监管。五是加强政策宣传力度。通过服务窗口、业务部门上门服务和报纸、电视、广播、网络等媒体，广泛宣传小微企业扶持政策，营造重视、支持、创办小微企业的良好氛围。

（二）积极推动小微企业转型升级，进一步优化成长环境

一是要围绕我区特色优势产业，走集群化发展路子，特别是在煤化工、新材料、装备制造、特色农产品加工等方面，积极培育形成一批龙头企业，围绕龙头企业发展企业集团，走专业化协作的路子。按照布局合理、土地集约、生态环保的原则，引导分散的相关产业向园区集中。二是积极支持科技型小微企业发展。对一些前期投入较大的项目，经认定后，可给予一定比例的先期引导资金，并适当提高补助比例。三是加大财政支持力度。逐步扩大各级财政扶持小微企业发展专项资金规模，探索建立产业引导基金。四是实施梯度培育计划，加大对“个转企、小升规”企业的培养扶持力度，建立激励机制，对当年“转企”和“升规”企业给予奖励或税收返还。建议自治区建立小微企业转型升级救助机制，分担企业转型升级风险。

（三）努力拓展小微企业融资渠道，进一步优化金融环境

一是制定出台银行批量设立小微企业融资专营机构激励政策，支持金融服务机构扩大网点布局。

二是建议人民银行、银监局、金融办按照国务院和自治区近期出台的关于金融支持小微企业发展的要求，引导金融机构开发适合小微企业发展的金融产品，建立小微企业金融服务考核评价激励机制，加强对小微企业贷款投放考核、贷款差异化监管；建立企业贷款利率定价正向激励机制，鼓励和引导金融机构向符合条件的小微企业提供优惠利率贷款。三是加快小微企业担保体系建设。建议成立再担保机构，为民营担保机构开展再担保业务。研究制定合理收费标准和财政支持办法，为小微企业担保服务。四是充分利用资本市场拓展小微企业直接融资渠道。目前为小微企业提供融资服务的机构和新产品在逐步发展，为我区小微企业直接融资创造了有利条件。建议自治区在推进资本市场建设中，积极为小微企业搭建融资平台，落实好相关扶持政策。

（四）完善小微企业服务体系，进一步优化服务环境

一是健全创业服务体系。建议在市、县（区）、乡（镇）建立三级投资代办中心，提供由财政全额保障的投资代办公共服务。制定区、市、县三级小微企业创业服务专项补贴政策，按照“政府扶持中介、中介服务企业”的思路建立政府购买社会化服务和服务补偿机制，为初创期小微企业提供服务。制定并实施“扶助小微企业专项行动计划”，开展灵活多样的小微企业服务日活动。区市有关部门要定期组织小微企业参加“人才招聘会”、经营管理培训班、企业营销策划讲座等，帮助小微企业提高经营管理水平。二是加快小微企业公共服务平台建设。支持有条件的市、县（区）和社会机构建设规范化的小微企业综合服务大厅和产业集群窗口服务平台。进一步优化服务企业的环节和流程，整合服务内容。加快推进自治区小微企业公共服务平台网络项目。三是规划建设一批小微企业孵化基地、创业街区和商务楼宇，引导社会资金投资发展工业地产，改造闲置房产，建设廉租厂房和经营房。对新建小微企业孵化基地，同级财政给予房租补贴等资助。对孵化基地和科技孵化器实行绩效目标管理，根据孵化效果给予奖励扶持。各地在每年安排新增建设用地指标时要统筹考虑小微企业孵化基地建设，盘活的建设用地要优先用于各类园区内的小微企业。四是按照新的企业划型标准，制定覆盖到县（区）、乡镇的小微企业统计调查制度，建立监测点和动态数据库，形成分类统计监测体系，确保小微企业统计数据的统一性、真实性和准确性。五是规范市县（区）政府小微企业管理部门，明确职责和人员，加强对小微企业的管理服务。六是充分发挥行业协会商会的作用。出台鼓励商协会建设的指导性意见，进一步开发商协会资源，利用市场机制，鼓励行业协会、商会在开展联保互保融资、组建企业联盟、招商引资等方面发挥作用。

（五）加快小微企业信用体系建设，进一步营造诚信环境

一是推进小微企业内部信用建设，指导小微企业加强信用管理，提高企业信用管理水平。二是建立企业信用社会化服务平台。组建宁夏信用中心，健全信用信息征集体系，建立宁夏小微企业信用信息数据库。加快信誉评级体系建设，建立量化的信用评估体系，完善信用信息发布应用制度，建立全区统一的信用公示平台。三是完善市场监管体系，对严重失信企业实行“黑名单”管理。以市场交易信用、融资信用、电子商务信用为重点，加强监管，促进企业依法诚信经营。四是加强征信平台与金融机构的合作，鼓励金融机构为信用记录良好的小微企业优先安排信用贷款。对融资担保公司定期进行信用评价，对信用良好公司给予相应的扶持奖励。五是建立和完善信用地方性法规体系，使信用信息征集、查询、应用互联互通、信息安全和主体权益保护等有法可依。

（自治区政协提案委员会）

大连市

大连市扶助小微企业专项行动报告

2014年，围绕全年工作任务，以“扶助小微企业专项行动”为载体，以“扶助小微、转型成长”为主题，不断完善公共服务体系，不断改善企业发展环境，积聚力量，集聚资源，为小微企业送政策、送服务、送温暖。全年召开座谈会20余次，组织开展了30多项送温暖活动，组建企业管理和技术攻关咨询指导两个服务团队，举办了多场政策咨询会，发放调查问卷2000余份，走进百余户企业，累计为企业办实事200余件。对企业提出的人才引进、政策支持、融资需求、电力配套、交通规划、用地许可等方面问题，积极协调相关部门予以解决落实。通过专项行动，让广大中小企业从服务活动中切实得到受益，政府各部门之间形成互联互通、资源共享、协同服务的工作格局，有力地促进中小企业工作全面开展。各区市县结合本地实际，也相继开展丰富多彩的服务活动，初步形成了全社会关注、服务中小企业的良好氛围。主要工作如下：

（一）完善政策服务，优化发展环境

面对小微企业遇到的新困难和新问题，我们积极主动应对，及时研究政策，帮助中小微企业有效应对当前不利影响。市政府制定出台了《大连市人民政府关于进一步减轻企业负担的通知》（大政发〔2014〕13号）文件，将企业职工基本养老保险统筹基金缴费比例由20%下调至18%；生育保险企业缴费比例由0.8%下调至0.2%，还取消、缓征12项行政事业性收费，全年为企业减负20个亿。制定实施了《关于促进当前经济稳增长的若干意见》，发挥保增长专项资金作用，有针对性地支持中小微企业技术改造、市场开拓、品牌推广和电商平台建设。同时，举办多场次政策宣讲会，免费发放政策宣传材料5万余份，邀请专家为我市5000多家中小企业详细讲解国家、省市支持中小企业发展政策措施的具体内容、实施办法和申请程序，让我市中小企业熟悉和掌握国家、省扶持中小企业发展的政策措施，提振中小微企业发展信心。

（二）强化金融服务，拓展融资渠道

强化银企合作，解决创业企业融资难题。一是在全市开展中小微企业融资促进行动活动，成立大连市中小企业投融资服务中心，实施金融顾问帮扶企业工作，聘请80位融资顾问，指导金融顾问结对帮扶企业。二是开通小微企业金融服务平台，将73家小额贷款公司纳入平台内，充分发挥小微机构服务小微企业的积极作用。三是加强融资服务，全年担保机构为企业解决融资达269亿元，发放专项贷款9.4亿元；四是成立东北首家区域性股权交易市场——大连股权交易中心（“四板”市场），首批7家企业挂牌交易，22家中小企业实现新三版挂牌。五是充分发挥我市小微企业发展基金的引导作用，完善创业基金运作机制，采取参股等方式帮助小微企业融资，重点支持智能制造装备、海洋工程等战略性新兴产业领域的小微企业发展。全年完成18户企业尽职调查。

（三）推动创新工作，引导企业成长

一是实施省创新型中小企业培育计划，重点支持103户省创新型中小企业发展，优选20家企业列入省政府重点支持名单中。全年还认定省“专精特新”技术产品95个，认定市级以上中小企业创新成果50余项，引导和支持中小微企业走“专精特新”之路。二是加大对创新型企业的管理人才培训支持，全年组织完成“高级职业经理人”及“信用管理师”两大培训，为企业培训500人次。三是起草制定大连市创新企业“育龙计划”，重点支持一批创新能力强、成长性好的科技型中小微企业发展。用五年时间，培育一批创新型龙头企业，推动一批成长型创新型中小企业做大做强，打造形成一批创新型中小企业集群。四是加大创新宣传，组织电视、广播、报纸等媒体积极宣传优秀创新型中小企业的先进经验，提高企业影响度。通过创新培育，市涌现出光洋科技、环宇科技、大耐泵业、四达高科等一批创新型企业。

（四）实施成长工程，助推企业成长

实施中小微企业成长工程，推进工商登记制度改革，全年新发展各类企业2.7万户，同比增长70%；新增小企业创业基地2个，累计达29个；新增中小企业公共服务平台2个，累计达26个，6个服务平台被认定为国家级公共示范平台，今年平台服务企业2350户，提供技术咨询4800余次，培训2.1万人次，组织服务活动405场次。进一步加大创业辅导力度，全年为企业免费提供人才培训10.4万人次，免费提供法律服务1万余次。各方面组织多场创新创业大赛，涌现出“创业工坊”等新型创业孵化器，硅展科技无线充电芯片技术获得中国创新创业大赛总决赛第三名。

（五）创新服务模式，帮助企业开拓市场

一是搭建中国大连中小企业“走出去”公共服务平台。按照我委“一企一策”的实施意见，加强与西姆集团合作，搭建中小企业走出去公共服务平台，为企业争取海外订单。

二是积极推进大小企业协作配套对接工作深入开展。我们召开工作协调会，成立了大小企业协作配套对接活动工作领导小组，按月份制定大小企业协作配套对接活动实施方案，全年组织实施橡胶制品、节能产品、数字信息、汽车部件等18个专项配套对接会，200多家企业实现交流对接。

三是资助中小企业参加第八届APPEC技展会、第十一届中国中小企业国际博览会和中韩中小企业贸易对接洽谈会等各类经贸洽谈活动，帮助企业扩大市场份额。

四是积极鼓励中小企业参与政府采购，通过提供政府采购信息，组织对接活动等形式，帮助中小企业掌握政府采购优惠政策，全年30余户小微企业享受政府采购评审优惠。

工作经验体会：

（一）领导高度重视是保证中小微企业专项行动顺利进行的关键因素

市委、市政府高度重视扶助中小微企业专项行动，提出要把扶助中小微企业专项行动与我市工作落实年活动有机结合起来，以优化环境为核心，切实提高政府部门服务质量和水平，提高效率，坚持把中小微企业满意不满意作为检验服务成效的根本标准。按照工作部署要求，市领导同志多次听取有关部门工作汇报，并召开专题会议研究和部署，提出要把深入开展扶助中小微企业专项行动作为全年一件重要大事来抓，而且要与贯彻落实国发14号文件深入结合起来，着力解决小型微型企业发展中遇到的突出困难和问题，让国家的政策落实到位，让小型微型企业实实在在受益，使小微企业负担得到进一步减轻。

（二）各级政府部门大力支持是专项行动顺利开展的重要保障

我市扶助中小企业专项行动开展得到了政府各部门和各区市县政府的大力支持。市中小企业局发挥牵头作用，扎实推动和督促落实各项工作，并协调制定总体方案；各部门和各区市县政府根据本单位服务中小微企业的实际，也相继制定了服务行动方案，中山区经信局围绕中小微企业宣传，做出了积极贡献。全市各级部门在服务中小微企业发展方面，群策群力，表现出极大的热情，付出了辛勤努力，形成了强大的合心力。

（三）各家服务机构举全力发挥服务作用是中小微企业专项行动全面展开的基础

在扶助中小微企业专项行动开展过程中，大连市中小企业服务中心、大连市中小企业联合会等一批中介服务机构发挥了主力军作用，显示出强大的核心力和战斗力，组织有关人力，全身心地参与和组织扶助中小微企业专项行动各项活动。各行业协会也发挥桥梁纽带作用，积极反映中小微企业呼声，组织开展融资对接、技术服务、人才培训、管理咨询等多项服务活动，让中小微企业切实感受到政府的温暖。

缓解大连市中小企业融资难问题的政策建议

中小企业是促进大连经济持续快速、健康发展的重要力量，在推动大连经济增长、增加税收、吸纳就业人口、活跃市场经济、扩大出口、促进创新、方便人民生活等方面发挥着重要作用。中小企业作为大连经济运行的微观主体，在大连的经济发展过程中发挥着不可替代的作用，但是融资难已成为束缚大连中小企业未来发展的障碍，资金短缺仍旧是中小企业生产经营的瓶颈，影响了企业储备材料、承接订单能力。

一、100家问卷调查样本中大连市中小企业融资现状

对大连市100家中小企业进行调查发现，目前流动资金紧张的占44.1%，资金很充裕的仅占4.9%，有融资需求的企业占80.7%。企业在创办初期，主要依靠自有资金进行融资，占78.8%，向银行借款的次之，占32.5%，向亲戚、朋友借款的占15.9%。在经营过程中，企业主要通过银行贷款、企业间借贷、政府扶持资金和民间金融中介融资，没有融过资的占17.1%。企业的融资资金主要用于补充流动资金、新建或扩大生产能力以及研发和生产新产品。贷款期限在6—12个月的居多，占58.8%，贷款时主要采用抵押担保和保证担保形式，信用担保仅占6.1%。

二、大连市中小企业融资存在的主要问题

1. 内源性融资能力低

对中小企业来说，与外部融资相比，内部融资可以减小因信息不对称而造成的负面影响，可以节约企业的交易费用，降低融资成本。因此，内部融资在中小企业的生产经营过程中起着相当重要作用的。但大连市中小企业的整体自筹能力低，在美国，中小企业内源融资一般都在50%～60%，有的甚至高达80%，大连市中小企业的内源融资比例还有待于进一步提高。

2. 融资渠道狭窄单一

中小企业融资难不仅仅是贷款难，事实上信贷资金仅仅是中小企业融资渠道的一部分，还应该包括股权融资、债券融资。上市直接融资是解决资本金不足的理想渠道，但在中国股市的现阶段，这个渠道很难被广大中小企业所利用。股权融资、项目融资、企业债券、并购融资等新型的融资形式还没有在实践中得到广泛的应用。

中小企业的间接融资方式不仅仅是指银行贷款，还包括票据贴现、融资租赁等方式。但在我国，在这几种间接融资方式中，由于商业信用和票据市场发展滞后，中小企业通过票据贴现进行融资的比例极小；由于经济体制和企业经营者思想观念落后等多种原因，大连市中小企业通过设备融资租赁进行融资的量也很小；银行贷款由于服务品种多样，手续简单方便快捷，则成为中小企业获得外部融资的主要方式。

中小企业信贷活动“两极分化”越来越明显，效益好的中小企业，越来越成为金融机构争夺的客户，状况并不十分好的中小企业或者受到冷落，或者因担保或抵押条件被拒之门外。中小企业由于规模小、信用度差等因素，要获得银行等金融机构的贷款往往成本也较高。

3. 获得银行贷款难

中小企业的贷款，目前主要依赖于商业银行，因为现有的民间中小银行提供的贷款无论从数额上还是从期限上，都难以满足中小企业的要求。然而，从其性质来讲，国有商业银行是国家的大型金融机构，其服务对象主要集中在“大企业、大集团”。首先，中小企业融资业务的特点是风险高、收益低、流动性管理困难。风险高是由于中小企业个体的抗风险能力弱和抵押担保品不足、收益低是因为其融资额度小，固定成本高导致、流动性管理困难是因为中小企业融资需求频率高，时间短。大银行的市场定位是大额的存贷款业务，因而对于贷款数额少、频率高、风险大、时间性强的中小企业贷款很少涉足。其次，银行经营的原则之一是安全性，要尽量减少呆账、坏账，而中小企业市场风险大，企业倒闭率高，财务制度不健全，资信状况堪忧，缺乏足额的财产抵押，银行考虑到安全性因素对中小企业惜贷、惧贷。

据中国人民银行的调查显示，目前我国中小企业普遍资金紧张，其中八成以上流动资金不能满足需求，超过六成的企业没有中长期贷款。据有关调查，中小企业贷款频率是大企业的5倍，而户均贷款数量仅有大企业的0.5%；银行对中小企业贷款的信息成本和管理成本是大企业贷款的5—8倍。成本收益不对称造成更多的资金涌向大企业。

4. 股权融资受过多因素制约

中小企业的股权融资受过多因素制约，不能有效地发挥作用。我国对股票融资渠道制定了严格的准入条件，中小企业因净资产规模、信用等级、融资额度不达标，资产评估、信息披露费用昂贵等原因难以涉足其中。因此，大连市绝大多数中小企业不能进入公开的证券市场进行股票融资，通常只在发起人、相关部门和内部职工之间认股，这在一定程度上限制了中小企业的融资范围。此外，中小企业自身发展的特点使得非流通股份控股上市公司、在二级市场收购流通股份控股上市公司、借壳上市等融资方式难以实现。而目前，能进入“二板市场”进行融资的中小企业更是凤毛麟角。据统计，美国、日本、法国发行有价证券的中小企业分别占中小企业总数的15.8%、46.6%、23.2%，而我国仅为2.12%。

5. 债权融资难以拓展

我国目前实行“规模控制、集中管理、分级审

批”的管理模式，由于受到发行规模的严格控制，中小企业很难通过发行债券的方式直接融资。同时，即使中小企业获得了一定数量债券的发行额度，由于中小企业规模小、信用风险大等自身特点，投资者由于对其投资信心不足，也很难实现融资。再者，由于国家规定企业债券利息征收所得税，也限制了投资者的积极性。

6. 在一定程度上依赖非正规金融借贷渠道

由于信息相对封闭、资产抵押能力弱等局限，中小企业从银行等正规金融机构获得融资面临较大的约束。企业的融资时效性要求迫使中小企业更多地求助于手续简便的商业信用和民间借贷等非正规金融。虽然这些渠道的融资成本往往高于金融机构的融资成本，但它们能更好地适应中小企业经营灵活性要求。除商业信用外，民间借贷等各种非正规金融活动也是中小企业融资的重要补充。非正规金融的最大优点是借贷过程简便迅速，能满足中小企业应急的资金需求。

7. 结构性矛盾突出

从不同企业规模的融资便利程度看，存在着一部分中型企业融资问题基本缓解与绝大多数中小企业融资依然十分困难的矛盾。从信贷资金供给的期限结构看，存在着短期资金供给相对充裕与中长期投资性资金供给严重不足的矛盾。从内外源融资结构关系看，存在着对内源融资过度依赖和外源融资相对不足的矛盾。从融资方式看，存在着对债务性融资过度依赖与权益性融资市场开发相对不足的矛盾。

中小企业无论是间接融资还是直接融资，都受到外部和内部多种因素制约，这些因素往往交织在一起，加大了中小企业的融资难度和融资成本。

三、缓解大连市中小企业融资难的政策建议

1. 拓宽中小企业的贷款渠道

缓解中小企业融资难，最好的办法是扩大中小企业的贷款渠道，强迫大型金融机构为数百万家中小企业服务是不现实的，必须鼓励中小型金融机构的发展。只有中小型金融机构，才有意愿为当地的中小企业服务，才能了解当地中小企业存在的风险。因此，要加快建立和完善中小商业银行体系，大力发展面向中小企业的小额贷款公司、村镇银行、社区银行和城市商业银行、农村信用合作社等金融机构，鼓励中小型金融机构增加服务网点，积极为地方中小企业服务。还可考虑成立专门的中小企业发展银行和中小企业设备贷款银行，这种专门为中小企业设立对口金融机构的办法，在不干预商业银行自主经营的基础上，凸显了对中小企业的扶持和关爱，对有效解决中小企业的融资困难有很好的作用。

2. 建立和完善中小企业信用体系

多年来，银行对中小企业信任度不够，对它们的信息掌握得不够充分，因此不敢贷款给中小企业。所以建立中小企业征信系统是很必要的，它能使银行系统地、及时地了解和掌握企业的各种信息，加以分析，做出是否贷款的判断。建立中小企业信用体系，应采取政府推动、市场运作、先易后难、循序渐进的方式。在现存征信体系的基础上，可尝试建立对中小企业的信用评级，充分利用人民银行的征信部门专设中小企业评级系统，并鼓励评信公司实现信息共享。同时，要实现政府相关部门之间的信息资源共享，开发和建立中小企业的信息系统，为社会各方提供权威性的信用咨询服务。

3. 建立和完善中小企业融资担保体系

在信贷业务中，确实存在着中小企业欠息严重、不良资产比例偏高等问题。因此，建立起完善的中小企业融资担保体系就显得尤为重要。当下，应大力发展商业担保和互助性信用担保机构。可由政府牵头组织，以政府财政资金与中小企业入股的形式设立担保资金，采取商业运作模式，为中小企业提供贷款担保。如广西壮族自治区建立了区、市、县三级共建的贷款担保体系新模式，在自治区出资设立广西中小企业信用担保有限公司的基础上，由各市、县出资设立担保风险补偿基金并注入广西金融投资集团，再由投资集团注入担保公司，从而增强了担保公司的资金实力。还可以发起设立一种互助式担保机构，如以各市为单位，由各市财政注入启动资金，选择辖区内有良好信用的、成长性强的中小企业自愿入股组建，这样被担保企业既是担保公司的股东，又是被服务的对象。

4. 加大对中小企业的财税扶持力度

政府对于中小企业的财税扶持主要有两种形式，一是财政援助，二是税收优惠。其中财政援助主要包括：实施中小企业资金扶持计划，确保国有商业银行对中小企业的贷款份额；建立主要由政府财政拨款的中小企业发展基金，帮助中小企业加强技术改造和产品结构调整；加大对中小企业的财政补贴。税收优惠主要包括：积极推进增值税转型和固定资产加速折旧，扩大中小企业增值税的抵扣范围，对利用留存收益再投资的行为进行退税；实施税收减免，包括全额减免、定额减免和定比减免，或者将该减免部分税收成立专门的担保基金，为中小企业提供担保，或作为补贴商业银行核销中小企业贷款的基金的专门资金来源，辅助中小企业发展。

5. 创新中小企业融资模式

积极引导鼓励商业银行通过产品创新和机制创新，为中小企业量身设计更多的金融产品，提供多方位金融服务。①发行中小企业集合债券。该种债券由一个机构作为牵头人，以多个中小企业所组成的集合作为发债主体，若干个中小企业各自确定债券发行额度，采用集合债券的形式，使用统一的债券名称，形成一个总发行额度而向投资人发行的约定到期还本付息的一种企业债券形式。它是以银行或证券机构作为承销商，需由担保机构担保，评级机构、会计师事务所、律师事务所等中介机构参与的新型企业债券方式。目前该模式已成为北京、浙江、四川等省市直接融资的重要形式之一。②建立中小企业应急互助基金。这一基金的建立可采取政府组织推动、财政注资引导、企业自愿认缴的办法，可降低交易成本，方便企业相互融资。如，江苏省

南通市为解决中小企业资金周转困难，建立了市县中小企业应急互助基金，对加入互助基金的会员企业，在贷款手续办理过程中或经营中遇到突发事件导致资金周转困难时，可以进行应急互助融通。③大力发展融资租赁业务。融资租赁业是中小企业进行长期资金融通的一种有效手段，它通过企业向租赁公司承租设备将融资与融物相结合，以融物的形式达到了融资的目的。在美国融资租赁是仅次于银行贷款的第二大融资方式，而在大连融资租赁渗透率却很低，所以政府部门要加大力度扶植大连市融资租赁业务的发展，使其更好发挥作用，缓解中小企业融资难的困境。

宁波市

宁波市中小企业行业发展情况

一、以中小企业为主的信息化和信息产业

2014年，宁波市以中小企业为主的信息化和信息产业在市委、市政府正确领导下，认真贯彻落实党的十八大精神，紧紧围绕全省四个“全面推进”任务要求和全市“工业强市”战略总体部署，结合智慧城市年度行动计划，以强化基础、促进应用为主线，以推动重大工程项目建设为抓手，在信息基础设施建设、信息资源整合、重点行业智慧应用、软件产业、智慧产业培育和电子信息产品制造业等方面，取得了显著成效。

2014年，国家工信部发布《国家电子政务发展报告》，宁波市和广州、杭州、深圳、厦门等五个副省级城市被列入发展优秀地区。

加快建设智慧城市应用体系，是推进全市信息化建设，促进信息消费，实现信息惠民，带动产业发展的重要途径和手段。2014年，信息化推进工作按照“强化顶层设计，推进信息共享，突出民生工程，带动产业发展”的工作思路，认真执行《2014年市政府工作报告目标任务责任分解表的要求》《2014年宁波市加快创建智慧城市行动计划》以及委年度工作计划，加强与市级相关部门的沟通协调，积极推进智慧交通、智慧健康保障、智慧教育、智慧空间等应用体系建设，加快推进市民卡工程建设，强化信息技术的推广应用和教育培训工作，市信息化建设水平取得明显进步，

（一）加强顶层设计，确保项目建设的科学性

随着信息化进程的加快，信息化建设已进入了资源整合和共建共享阶段，信息化项目已从单体项目向综合项目，从单一应用向跨部门应用的转变。为保证科学性、可行性，先后与市交通委、市规划局、市教育局等单位完成了《智慧交通一期建设方案》《宁波市智慧交通运输综合指挥中心一期方案》《宁波市火车南站综合管理平台》《智慧空间总体规划》《智慧空间一期建设方案》《智慧教育一期建设方案》等方案的编制工作。同时，完成了《宁波市E邮站建设对策和建议》《宁波市社区信息化建设对策和建议》等理论文章。

（二）加强统筹管理，科学确定项目计划

2014年智慧城市应用体系建设按照“统一规划、整合资源、促进共享和基础先行、民生优先、突出重点”的原则，经与相关部门协调沟通，并报市领导批准，确定智慧城市项目14个，计划安排资金5648万元。

（三）加强项目管理，严格做好前期审核

按照智慧城市建设规划要求和历年项目建设计划，认真组织专家和第三方咨询机构对项目方案进行前期审核，保证建设项目符合智慧城市建设要求，有力地促进了信息资源共建共享。2014年以来，先后完成了《宁波市公众健康服务平台建议方案》《数字化院前急救管理系统建议方案》《宁波市建设用地全程监管系统建议方案》《宁波市车用天然气信息化集成监管系统建议方案》《宁波市智慧交通一期建议方案》《宁波交通运输综合指挥中心一期》的前期审核工作。

（四）深化智慧健康保障项目建设，完成省级试点任务

以省级试点为契机，积极推进智慧健康一期已经立项项目的实施和其余项目方案的编制，完成《宁波市公众健康服务平台》和《数字化院前急救管理系统》前期审核工作，跟踪已审批项目进展情况。9月12日，在部省两化融合国家示范区建设工作座谈会上，我市智慧健康保障项目作为典型案例做经验交流。

（五）积极推进智慧交通项目建设，缓解城市交通拥堵

一是推进《宁波市智慧交通一期项目建议方案》《宁波市交通指挥中心项目建议方案》和《宁波南站智慧枢纽服务平台》等项目方案的编制工作，完成《宁波市智慧交通一期项目建议方案》和《宁波市交通指挥中心项目建议方案》前期审核和立项审批工作。二是跟踪已审批项目进展情况，协助市公安局交通警察局进行单一来源采购工作。三是推进“宁波通”手机APP功能的优化和完善，接入FM939实时路况信息，为市民提供出行参考，接入北仑、鄞州公交实时到站信息查询功能，实现市六区的公交信息查询功能，修正出租车电招模块中出现的程序错误。四是积极推进市民卡在公交、轨道交通、出租车、公共自行车等方面的应用。五是积极做好信息报送的相关工作，每周报送一篇工作动态，每月报送一篇工作月报，做到信息报送100%完成。

（六）加快推进智慧教育等项目建设，确保按时开工建设

指导和推进《宁波市智慧教育项目（二期）》的编制，并多次组织市发改委、市教育局等部门召开研讨会，讨论规划内容。2014年，智慧教育将建设教育云平台、教育公共服务平台和在线学习社区等项目。同时，完成《宁波市建设用地全程监管系统》《宁波市车用天然气信息化集成监管系统》等项目的前期审核。

（七）以试点示范为引领，推进信息技术行业的应用

2014年度以物联网技术、云计算技术、移动互联网技术、遥感遥测技术等新一代信息技术为重点，经各单位申报，组织专家评审、验收，共确定17个项目为2014年度智慧城市应用示范项目，并给予共计500万元的资金补助，有效地调动了企业参加智慧城市建设的积极性。

（八）组织开展国家物联网发展专项资金项目申报工作

根据国家工业和信息化部办公厅、财政部办公厅《关于做好2014年物联网发展专项资金项目申报工作的通知》精神，为争取国家财政资金支持，促进我市物联网健康有序的发展，会同市财政局共同组织了评审和申报工作，我市基于物联网的电网安全防御与预警决策系统、基于大数据管理的异地锅炉集中监测物联网系统、基于物联网技术的无线远程电梯安全参数监控系统和乳制品的质量安全追溯系统研制和应用示范4个项目申请国家专项资金。经国家相关部门审核，最终“基于物联网的电网安全防御与预警决策系统”和“基于大数据管理的异地锅炉集中监测物联网系统”两个项目分别获得国家300万元的资金扶持。

（九）以展示馆为载体，宣传智慧城市建设成果

依托城市光网、无线宽带、移动互联网等通信手段，以云计算、物联网和下一代互联网等信息技术为支撑，借助云平台的强大信息整合能力建设而成的宁波市智慧城市科技馆，于2014年9月12日开馆，全面展现宁波市城市科技化、智能化、倡导低碳环保、推动城市绿色可持续发展的进程和成果，着力于提升城市管理、提高智慧城市综合信息应用服务水平，展现宁波作为智慧城市先行者与实践者风采，推动宁波智慧城市建设和“两化融合”升级。截至2014年9月底，宁波市智慧城市建设应用成果展示厅共接待50批787人次，宁波市物联网与智慧城市体验馆共接待100批1969人次，宁波市智慧城市科技馆72批1038人次。

（十）举办IT项目管理培训班，提高信息化项目管理能力

随着智慧城市建设步伐的加快，解决我市信息化项目管理人才短缺问题，保证智慧城市项目建设的顺利实施。2014年上半年组织IT项目管理培训班，本次共培训85人，多为宁波本地企业精英，从事多年项目管理工作，实践经验丰富，这为提升我市项目管理从业人员理论水平，促进企业长远发展起到了积极的作用。

（十一）开展农村综合信息服务站信息服务员培训工作

为促进农村信息化的发展，按照年度计划，组织各县市区经信局及相关业务部门，对全市各乡镇新增或变更的农村综合信息服务站信息服务员进行为期半天的培训，通过对农村综合信息服务站功能和操作方案的介绍、涉农电子商务介绍、工作经验案例的介绍，提高农村信息服务员的服务能力，推进农村信息化的发展，更好地发挥农村综合信息服务站在新农村建设中的作用。

（十二）认真做好政府实事工程建设，加大市民卡工程的推进力度

市民卡工作是2014年市政府实事工程之一，任务要求是推进市民卡在公共服务和商业领域的应用，实现市民卡功能整合。

完成股权优化，重组市民卡公司。引进中银通支付商务有限公司和市轨道交通集团有限公司入股市民卡公司，完成市民卡公司重组和治理机构的调整。7月份完成注册资本增资和工商变更登记手续，注册资本达到1亿元人民币。

（十三）确立三年规划，明确下阶段任务

2014年5月8日召开新一届宁波市市民卡工程建设领导小组（扩大）会议，会议审议并原则同意《宁波市市民卡工程建设发展三年规划（征求意见稿）》《2014年宁波市市民卡工程建设推进计划（征求意见稿）》和《宁波市市民卡工程建设绩效考评办法（试行）（征求意见稿）》三个文件，经修改完善后，三个文件已于6月3日印发实施。

（十四）新标准升级，稳步开展

积极推进PBOC3.0标准市民卡的发行和环境改造工作。7月份完成市民卡PBOC3.0系统改造；8月完成市民卡所有服务网点的改造升级，受理PBOC3.0市民卡购卡、充值等业务；10月13日，PBOC3.0标准市民卡试发行，并携手轨道交通和银联开展新市民卡试发行宣传推广活动。

（十五）多领域应用，全面推进

一是轨道交通一号线完成PBOC3.0市民卡刷卡应用。自8月起轨道1号线开通市民卡公司发行的PBOC3.0标准市民卡的刷卡应用，轨道交通成为新市民卡的第一个行业应用。二是出租车刷卡项目刷卡应用进入倒计时。PBOC3.0标准市民卡刷卡项目车载机具改造已完成测试，10月13日启动市区4400余辆出租车召回改造工作，计划10月底完成全部改造升级任务。三是公交车项目完成技术突破和路测。8月，单卡槽支持多标准应用的技术方案已经过可行性论证，二合一PSAM卡的解决方案已通过测试。目前，1099张PBOC3.0PSAM卡和5000张二合一PSAM卡已全部到位，并开始部署进场安装工作，计划11月正式上线。四是咪表停车项目稳步推进。咪表改造实施方案、技术方案和业务流程已基本确定。9月，完成市区200台新咪表招标工作，相关技术、业务的对接工作已经启动，预计11月中下旬完成开发工作并正式上线使用。停车场项目年内城区30余个场地的改造计划正积极跟进中，相关可行性实施方案正在制定。五是标准化菜场支付项目稳步拓展。目前，已完成白沙、联心、钟公庙和甬港四家菜场市民卡支付应用上线；华严和阿拉两家菜场的支付应用也将陆续上线。

二、以中小企业为主的信息基础设施建设

以中小企业为主的信息网络基础设施是智慧城市和信息化建设的重要载体和战略支撑。2014年，

宁波市围绕“基础支撑、应用带动、产业突破”的智慧城市发展思路，大力推进信息网络基础设施建设，积极推动信息资源整合共享，完成了宽带中国专项行动任务，实施了无线城市、iNingbo免费无线上网工程、政务云计算中心、电子政务信息安全预警平台等项目，进一步优化了信息惠民和信息消费环境，取得了较好的成绩。

（一）项目引领，带动基础信息网络投资建设

一是以“宽带中国”2014专项行动，引领城市基础宽带网络改造和建设，进一步提升光网城市质量。根据国家住建部关于住宅小区以及小区内光纤到户建设强制性标准要求，以及我市光纤网络共建共享建设标准，积极推进我市通信网络基础设施建设。2014年新建及续建项目的当年投资额约达到20亿元，并已全部完成。项目范围包括三大运营商的光纤到户工程、3G/4G移动网络工程、IDC枢纽机房等。

截至2014年9月，全市光网覆盖能力达334万户，已覆盖所有行政村以上住宅区域；城区平均接入能力达30兆，农村平均接入能力达6M；完成全市宽带接入免费升级，在保持原有费用不变基础上，能够实现4M以上接入。全市3G用户达439万户，4G用户达34万户，互联网宽带接入用户达272万户，互联网城域出口带宽2100G，光网城市质量指标进一步提升。

二是以iNingbo免费无线上网项目，引领城市多种网络泛载覆盖，促进信息消费和信息惠民环境提升。我处在积极推进信息基础设施建设时，特别注重民生服务领域的设施建设。2014年重点对iNingbo免费无线上网项目进行了运营模式完善和网络覆盖面的拓宽，使此项目发展更具持续性和稳定性。至目前，iNingbo免费无线上网项目已覆盖海曙、江东、江北、镇海、宁海等地区的主要公共场所，累计建设约300个热点，近3000个AP。日均认证用户达2万人，日均总流量达4500GB。免费上网的公共场所从原来的行政服务中心、医疗机构、图书馆等场所，逐步扩大到公交车站和公交车内，进一步扩大了市民免费无线宽带上网的范围。

通过政务iNingbo免费无线上网项目的引领，提高了通信运营商的无线业务范围，同时也带动了城市基础无线宽带网络的建设。至目前，全市累计开通4G基站8300个，全市4G商业用户已达75万户，覆盖全大市乡镇以上区域。

三是以驻地网共建共享项目，引领小区通信网络有序建设，逐步探索三网融合形势下的基础设施建设、服务、监管模式。2014年我处会同市住建委、规划局、通信管理局等有关职能处室，严格落实《住宅区和住宅建筑内光纤到户通信设施工程设计规范》（GB50846—2012）和《住宅区和住宅建筑内光纤到户通信设施工程施工及验收规范》（GB50847—2012）标准和我市《住宅小区及商住楼光纤网络接入规范》（DB 3302/T 1049—2012）标准，按照《关于进一步规范我市住宅小区及商住楼网络基础设施建设工作的通知》（甬经信信安〔2012〕148号）要求，加强信息化主管部门在设计会审、合同签署、工程验收等环节的监督，进一步落实新建住宅小区通信网络设施建设的共建共享。在具体实施过程中，积极探索三网融合形势下的有关管道、机房、配线箱、用户线等公共设施的建设、服务、监管模式，积极推动梅山岛通信基础设施建设试点。

（二）制度引领，保证市政务云计算中心项目的投资建设

一是以政府采购相关制度，保证项目建设的各项任务顺利完成。2014年市政务云计算中心开始实质性建设，在建设过程中，我处严格按照政府采购办法等相关法律和管理制度，落实各项目采购任务。在工程管理中，明确任务和职责，会同监理单位认真把关，保证工程质量。至目前，市政务云计算中心已完成3600万元的投资任务，基础设施即服务层建设已基本完成，开始提供基础计算资源、存储资源、数据库管理资源、视频软件服务以及地理信息共享服务平台等服务资源。目前已有智慧宁波网站、省政府服务网、软件服务平台、宁波市地理信息共享服务平台（政务版）、宁波市规划局门户网站群和81890网站群6个系统正处于运行测试中。

二是以项目管理有关制度，保证项目预期作用的充分发挥。为使市政务云计算中心在智慧城市建设中的基础性、核心作用制度化、规范化，逐步形成以政务云计算中心为核心的市电子政务发展框架体系，我处经与市发展改革委、财政等相关部门多次沟通，形成了《宁波市人民政府关于加快推进市政务云计算中心建设的实施意见》和《宁波市政务云计算中心管理办法》，并于2014年6月以市政府名义正式下发。

在加强规范的同时，也着重服务质量的提升。在市政府下发文件的同时，我处也制定了《宁波市政务云计算中心服务指南》手册，对各相关部门进行政策宣传，对拟申请服务的单位主动进行技术对接，做好服务工作。目前与质监局的宁波市车用天然气综合监管信息系统，国土资源局的宁波市建设用地全程监管系统，交通委的宁波市智慧交通一期项目和宁波交通指挥中心，规划局的智慧空间、组织部门、统计局的系统迁移等多个市级部门的应用系统进行了技术对接。

（三）任务引领，信息安全年度工作目标顺利完成

以中央、省、市网络与信息安全工作任务引领，结合宁波实际，创新工作形式，确保各项任务落实。

一是根据中央、省任务，制定下发全市网络与信息安全工作年度要点，并进行落实。为指导全市信息安全工作，明确年度工作目标与任务，起草完成了《宁波市网络与信息安全协调小组2014年度工作要点》，并召开专题会议征求各成员单位意见。工作要点从工作机制、重点环节、监管举措、应急处置和培训宣传等六方面对今年全市信息安全工作做出了明确的部署和安排。

启动市电子政务信息安全预警及处置服务平台项目建设。为加强全市电子政务网络及应用系统安全和保障能力，提高安全风险的事前预警和事后处置能力，根据市发展改革委的批复，完成项目的政府采购计划，确定了项目实施主体，制定了实施计划，正式启动建设。

组织开展网络与信息安全培训。2014 年 7 月，会同市公安局举办了为期 3 天的市级党政机关网站安全管理高级研修班，从国家管理、自身管理、社会观察等多角度、全方位深入研讨党政机关网站安全管理工作，有近 200 位市级党政机关网站安全管理人员参加了培训。

11 月底，宁波市组织全市信息安全员、信息安全主管部门负责人、重要信息系统运营单位的安全员约 100 人进行了培训。本次培训通过在集中培训、演练和赴上海信息安全应急事务管理中心和上海交大考察学习，增强信息安全管理及技术人员对当前信息安全形势的认识，切实提高信息安全防范意识和技术手段，考察相关安全技术和保障支撑机构运作的成功案例，学习相关单位的网络与信息安全建设的先进经验，拓展视野，提高认识。

有序开展信息安全保护等级评定。按照国家、省市有关规定，积极开展全市基础信息网络与重要信息系统的安全等级定级、评审、备案等工作。全年对 52 家单位的 75 个重要网络与信息系统进行专家定级评审，其中二级为 16 个。

积极落实国防信息动员工作。按照市国动委下达的任务，组织电信运营企业和其他相关机构，按时限完成国防信息动员海上力量建设部分任务，并做好海上力量建设迎检工作。积极配合市国动委做好全省国防动员综合考评工作的迎检任务，接受考核组理论考核和现场检查。

二是根据中央、省网信办任务，组织开展信息安全专项检查。根据中央网信办《关于印发〈2014 年国家网络安全检查工作方案〉的通知》和省网信办《关于印发〈2014 年浙江省网络安全检查工作方案〉的通知》的要求，会同市网信办及相关部门，组织实施本年度的信息安全检查。本次检查采取自查与抽查相结合、以自查为主的方式，对全市党政机关，金融、能源、通信、交通等重点行业，以及城市轨道交通、供水供气供热等市政领域的重要网络与信息系统进行安全检查，检查单位 114 家，涉及网络与信息系统 1265 个，检查内容涵盖信息安全管理、技术防护、应急工作、安全教育培训和安全问题整改等方面。中旬，在各部门、各行业自查的基础上，又会同市公安局等 6 个部门和机构组成抽查小组，通过检查，全面掌握了当前我市重点领域网络与信息系统的总体安全情况及存在问题，并为下阶段进一步提升全市网络与信息安全保障水平提供了参考和依据。

（四）政策引领，积极推进行业培育和引导

一是根据软件产业政策，积极推进信息服务业孵化。我处积极利用市信息服务业孵化平台，积极扶持面向互联网的创业、创新项目，并通过政府免费提供 IDC 服务的方式，解决了互联网创业企业的入网门槛，提高了财政资金的效益。2014 年平台在孵企业有 20 家，提供免费 IDC 服务额为 144 万元。出现了甬易支付、仁通科技等具有较好发展前景的互联网企业。

二是加强协会发展政策，积极鼓励协会作用发挥。市互联网协会积极开展行业相关的咨询和调查工作，加强行业发展分析和不良信息举报工作。市不良信息举报中心网站 2014 年共受理举报信息 55 件，其中有效举报信息 55 件。

三、以中小企业为主的电子信息产品制造业

2014 年，宁波市以中小企业为主的电子信息产品制造业紧紧围绕发展新一代信息技术产业，抓住“两化”深度融合的机遇，以龙头企业与重点企业增长为带动，促进全行业整体振兴和效益增长，全行业各项运行指标良好，全年实现工业总产值 1510.85 亿元，同比增长 3.68%。

（一）基本情况

2014 年宁波市 820 家以中小企业为主的规模以上电子信息产品制造业企业累计完成工业总产值 1510.85 亿元、销售产值 1455.26 亿元、出口交货值 710.92 亿元，分别同比增长 3.68%、3.78%、1.99%，生产销售及出口全年趋势性稳步增长；累计产销率 96.3%；内销产值 744.34 亿元，同比增长 5.55%；实现主营业务收入 1454.34 亿元，同比增长 3.19%；实现利税总额 96.46 亿元、利润总额 71.91 亿元，分别同比增长 2.05% 和 1.81%。自 11 月份开始至年底，全市电子信息产品制造业产销、出口、主营业务收入、利税、利润六项指标全线飘红，均实现正增长

（二）主要指标持续回升，全行业小幅平稳增长

2014 年，宁波市以中小企业为主的电子信息制造业工业总产值、销售产值和出口交货值分别同比增长 3.68%、3.78%、1.99%，分别比 2013 年全年增速回升 7.13 个、6.55 个和 10.2 个百分点。自 2013 年第四季度工信部调整电子信息产品制造业产品目录以来，我市纳入统计的行业规上企业数量减少近 200 家。但全市电子信息产品制造业 2014 年工业总产值占全省电子制造业比重 24.9%，出口则占全省电子制造业比重 40.1%；2014 年全市电子信息产品制造业产值占全市工业总产值比重 10.96%，而实现了全市工业中 23.5% 的出口。在统计企业数量减少的情况下，各项指标比重基本持平。

分行业来看，2014 年电子信息产品制造业十大分行业中，家电产品增速、电子测量仪器、电子机电产品、广播电视设备 4 个行业的销售实现较快增长，增速分别是 46.2%、44.83%、9.35% 和 7.36%，大大高于全行业平均增速；电子计算机产品、电子专用设备行业、电子元件、电子器件行业 4 个行业增速持平。通信设备制造、电子专用材料行业销售增速为 -9.4%、-3.25%，低于全行业平均增速。

分企业类型来看，2014 年大型电子制造业企业产、销及出口增速分别为 10%、9.5% 及 0.67%；中型电子制造业企业 2014 年产、销及出口增速分别为 -5.57%、-4.6% 及 3.35%；小型电子制造业企业 2014 年产、销及出口增速分别为 -37%、-14%、-21%；显示大型电子制造业企业 2014 年

对生产销售起显著支撑作用，而中型电子制造业企业出口实绩增加对全行业出口起推动作用，小微型电子制造业企业抗风险能力差，仍然举步维艰。

分产品来看，2014 年全行业部分重点产品生产、销售增长较快，其中，新产品 4G 手机、半导体分立器件、半导体发光二极管（LED）、多晶硅电池等重点产品的产销增速提高较快，液晶显示模组产量略增加 0.33% 达到 5504 万套，但产品单价略下降 10 元。

横向对比来看，2014 年全市电子制造业总产值增速仍然低于全省电子制造业平均增速及全市工业增速，但从全年趋势来看差距在缩小。

（三）出口实现正增长，内销增速创新高

2014 年，宁波市规上电子产品制造业企业实现出口交货值 710.92 亿元，同比增长 1.99%，出口自 2011 年年底开始 31 个月后在 2014 年下半年首次实现正增长。全市电子信息产品制造业 2014 年外贸依存度（即出口占销售产值比重）达 48.85%，分别比全省电子制造业、全市工业和杭州市电子制造业的外贸依存度高 18.63 个、26.28 个和 20.48 个百分点，过高的外贸依存度决定了我市电子制造业更易受全球性市场因素影响。

内销方面，2014 年全市规上电子产品制造业企业实现内销产值 744.33 亿元，同比增长 5.55%，增速创 2013 年 4 月以来新高。全年内销增速分别比一二三季度提高 2.92 个、2.84 个和 0.8 个百分点，比去年同期增加 2.22 个百分点，内销对 2014 年销售产值的增长贡献率达七成五以上。

（四）行业效益稳步提升，结构性缺陷仍较突出

2014 年，宁波市以中小企业为主的规上电子信息产品制造业亏损企业 114 家，亏损面 13.9%，比全省电子信息产品制造业亏损面低 0.7 个百分点，比全市工业规上企业亏损面低 2.7 个百分点（见图 1）；亏损企业亏损额 7.44 亿元，同比下降 9.92%。

2014 年，全行业利税总额 96.46 亿元，同比增长 2.05%，分季度来看，一二三四季度分别实现利税 13.73 亿元、26.81 亿元、24.89 亿元和 31.03 亿元，三季度利税比二季度少收入 1.92 亿元，四季度比二三季度利税分别增加 4.22 亿元和 6.14 亿元。2014 年全行业利润总额 70.91 亿元，同比增长 1.81%。全年利润率 4.88%，比全国电子制造业同期水平高出 0.78 个百分点。一二三四季度分别实现利润 8.6 亿元、20.69 亿元、19.19 亿元和 23.43 亿元，全行业四季度比二三季度多盈利 2.74 亿元和 4.24 亿元。

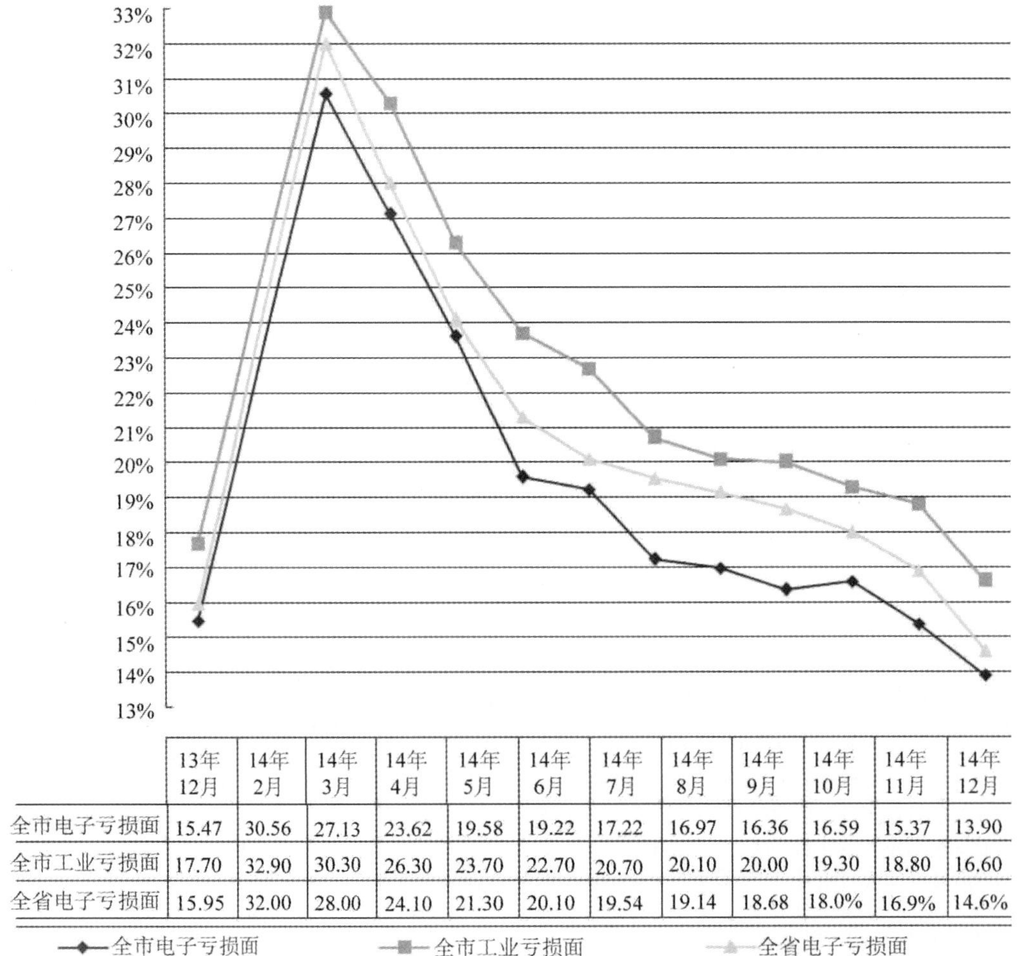

	13年12月	14年2月	14年3月	14年4月	14年5月	14年6月	14年7月	14年8月	14年9月	14年10月	14年11月	14年12月
全市电子亏损面	15.47	30.56	27.13	23.62	19.58	19.22	17.22	16.97	16.36	16.59	15.37	13.90
全市工业亏损面	17.70	32.90	30.30	26.30	23.70	22.70	20.70	20.10	20.00	19.30	18.80	16.60
全省电子亏损面	15.95	32.00	28.00	24.10	21.30	20.10	19.54	19.14	18.68	18.0%	16.9%	14.6%

图 1　2013 年 12 月—2014 年 12 月全市电子制造业、全市工业、全省电子制造业企业亏损面对比图

2014 年全市电子信息产品制造业从业人员 21.47 万人，比 2013 年减少 0.53 万人（减少 2.43%），但应付职工薪酬却增加 9.75%；1—12 月人均应付薪酬 5.03 万元/人，同比增长 12%，大大高于其他生产要素增长水平。我市电子信息产品制造业获得每百元主营业务收入的支出成本高达 87.09 元，比全省电子制造业平均值高出 3.55 元，比杭州电子制造业同期水平高出 10.07 元，由此可见影响我市电子制造业效益增长的结构性缺陷如产品附加值较低、低端粗放型产品较大、全员劳动生产率较低等不利因素仍然较为突出。

（五）企业研发投入不断加大，全行业创新驱动加快

2014 年，在内外经济形势和生产要素成本不断上升态势的倒逼下，宁波市电子信息制造业企业坚持创新发展，牢牢抓住“两化融合”“机器换人”等一系列改革发展机遇，依托各级扶持政策和创新平台，不断加大创新研发投入力度，行业科技投入持续保持较高增长速度，全年实现科技活动经费支出 32.02 亿元，同比增长 1.64%，科技活动经费支出占主营业务支出的比重达到 2.53%，比 2013 年同期高出 0.1 个百分点。2014 年全市规上电子信息产品制造业完成新产品产值 559.89 亿元，同比增长 15.42%，高出全行业总产值增速 11.74 个百分点，新产品产值率达到 37.06%，同比提高 4 个百分点，比全市工业 1—12 月新产品产值率高出 10.9 个百分点。

（六）优势企业进一步做大做强，转型升级初见成效

2014 年，宁波市以中小企业为主的电子信息产品制造业企业加快转变发展方式，进一步做大做强。我市舜宇集团、宁波一舟投资集团 2 家企业入选 2014 年（第 28 届）“中国电子信息百强企业”名单，分列第 70 和 98 位。宁波群志光电继续以近 200 亿元产值列全省电子信息产品制造业企业第一大企业。宁波群志光电等 16 家电子制造企业还入选 2014 年“浙江省电子信息产业百家重点企业”制造业三十强、出口十强、特色优势企业五十强名单。2014 年 139 家重点监测企业中，由中型到大型升级的企业增加了 4 家，我市 25 家年产值超 4 亿元的重点监测企业，19 家产销出口等总体增长较快，4 家产销出口均小幅负增长，2 家较大幅度负增长，综合总体情况好于 2013 年。

（七）部分骨干企业通过“走出去”战略实现快速发展

2014 年，宁波市以中小企业为主的电子制造业企业积极实施“走出去”战略，通过直接投资、跨国并购等方式积极参与国际市场竞争，提高了企业核心竞争力和自主发展能力，使企业实现快速发展。2014 年，我市光伏制造企业东方日升与墨西哥杜兰戈州签署合作意向书，将在该州分期建设 300 兆瓦太阳能光伏电站，总投资额达 5 亿美元，创下了我市单笔境外投资新纪录，也是中国对墨西哥最大的投资项目；我市汽车电子零部件制造企业均胜电子，加快全球化步伐，继 2012 年海外并购德国著名汽车电子企业普瑞集团后，2014 年又一次开展跨国并购，收购了德国汽车方向盘总成的龙头企业德国群英有限公司，成为我市去年最大的并购项目，2013 年均胜电子荣获国家商务部“最具创新力走出去企业 50 强”荣誉称号，同年作为浙江省省级重点企业汽车电子研究院立项，2014 年均胜电子获得北美通用优秀供应商质量奖；国家级高新技术企业舜宇集团，致力于光学仪器、光电产品研发设计和生产，从 2008 年销售产值 5.58 亿元到 2014 年销售产值 87.68 亿元，目前已成为国内最大的手机摄像模组生产企业，已拥有发明专利 38 项，实用新型专利 61 项，外观专利 43 项，在韩国、日本及中国台湾地区建立分公司或设立研发团队办事处，2012 年在美国硅谷成立舜宇光电北美分公司，真正以创新驱动方式实现了企业的腾飞。

（八）龙头企业对行业运行指标影响明显

宁波市以中小企业为主的电子信息产品制造业具有明显的“龙头效应”，在全市 139 家重点监测的企业中，5 家龙头企业产销数据占比较大，对行业影响举足轻重，几家独大的格局容易造成行业运行的不稳定。如 2014 年前三季度，受液晶显示龙头企业增长乏力影响，我市部分传统优势行业增速下滑，拖累了全行业平均增速，特别是电子计算机行业工业总产值负增长 10% 以上。当前我市电子信息制造业需要积极培育一批高成长企业扩充产业实力，从而整体营造一个稳定的行业格局。

（九）产业发展压力仍然较大

宁波市以中小企业为主的电子信息产品制造业全行业经济形势面临的外部发展环境仍然较为严峻，特别是出口低迷，原材料及能源价格、劳动力和管理成本上升等问题使得企业生产能力利用率不高。

（十）关键技术攻关缺乏大、精、尖项目支持

宁波市以中小企业为主的电子信息产品制造业以企业为主导，各类创新载体共同参与的协同创新模式仍未发展成熟，各协同环节仍有待完善，产业缺少大、精、尖项目支持，除部分关键技术已顺利落地并获得国家或本市重大科技计划项目立项外，仍有关键技术由于缺乏创新要素支持，攻关工作相对滞后，从而未能获得相关各级项目立项支持。2014 年，我市电子信息制造业在世界 500 强企业和中国百强企业项目引进方面仍未能实现较大突破。

（十一）人才要素制约明显

宁波市以中小企业为主的电子信息产品制造业人才整体环境不佳，各层次人才紧缺现象较为明显，主要表现在学科带头人和技术领军人物集聚困难，面向中小企业的科技研发、管理以及高素质行业技术工人紧缺等。近年来，我市着力开展了多项人才创业创新重大平台建设，并取得了较大的成果，产业高端领军人才集聚效应明显，为产业发展充实了技术、管理、市场等多方面的人才，但相对于我市电子信息产品制造业尤其是新一代信息技术产业的长远发展来说，人才缺口仍然较大。

（十二）产业发展支撑机制不完善

宁波市以中小企业为主的电子信息产品制造业中大量企业属于民营投资，资本规模小，获得国家的产业支持难度大，融资能力相对较弱，而现有的产业发展支撑机制还不完善，如部分细分产业发展政策不健全，致使其等同于一般产业按市场规律自由发展；新一代信息技术产业固有的资本密集、技术密集，投资风险较大的特性，决定了实现投资的有效引导非常困难；多层次投资机构、金融市场体系发育不成熟，科技担保体系不完善，缺乏金融资金和社会资金的有效支撑等。

表1　2012—2014年宁波（地区）电子信息制造业基本情况

项目名称	单位	2012年	2013年	2014年
工业总产值（现行价）	万元	16276713	14347203	15108525
工业销售产值	万元	15275474	13803984	14552574
出口交货值	万元	7678074	6887564	7109238
流动资产平均余额	万元	10084030	8961668	8755935
固定资产净值平均余额	万元	14724941	12929985	1133785
资产总计	万元	15110834	1223102	139323138
负债合计	万元	9123359	7449525	7743571
主营业务收入	万元	15300192	13866397	14543371
税金总额	万元	290207	247031	255469
利润总额	万元	778150	637805	964578
应交所得税	万元	243202	199374	204891
从业人员年底人数	人	260128	208970	214648
从业人员工资总额	万元	1045566	995772	1079278

数据来源：浙江省经济和信息化委员会电子行业管理办

表2　2012—2014年宁波（地区）电子信息制造业主要经济效益

项目名称	单位	2012年	2013年	2014年
全员劳动生产率	元/人	625719	686568	678000
流动资产周转率	次	1.47	1.57	1.56
产品销售率	%	93.85	96.21	96.32
总资产贡献率	%	8.31	8.32	8.31
资产保值增值率	%			
资产负债率	%	60.38	58.09	55.58

数据来源：浙江省经济和信息化委员会电子行业管理办

表3　2012—2014年宁波（地区）主要电子信息产品产销量情况

产品名称	单位	产量			销量		
		2012年	2013年	2014年	2012年	2013年	2014年
手机	万部	76	587	441.07	67	595	438.07
显示器	万台	4	3	1	4	3	1
其中：液晶显示器	万台	4	3	1	4	3	1
电子元件	万只	863413	355503	419351.1	865517	366503	423364.5
其中：片式元件	万只	160806	134569	114327.1	161646	145118	124292.5
半导体分立器件	万只	4073840	3463407	4713138	3935992	3380409	4715681
单晶硅	公斤	105549	114593	1624	89825	104527	1448
太阳能电池	千伏安	289022	350081	324879	305926	351588	328057
液晶显示模组	万套	5994	5486	5504	6062	5503	5487
半导体发光二极管（LED）	万只	10598	91059.9	108714	107640	78949.6	95375

数据来源：工信部电子制造业统计月报宁波数据

四、以中小企业为主的软件和信息服务业

2014年，宁波市软件产业主管部门以智慧城市建设为契机，以“两化融合”为抓手，开拓创新，务求实效，抓自主创新提升技术水平，抓招商引资优化产业结构，抓环境优化强化产业基础，软件和信息技术服务业快速健康发展。

（一）以中小企业为主的软件产业继续保持较快发展

全年实现软件业务收入301.4亿元，同比增长28.86%，全行业实现增加值20.3亿元，同比增长36%。其中软件开发收入40.32亿元，同比增长48.03%；信息系统集成收入52.15亿元，同比增长35.37%、信息技术咨询服务收入14.22亿元，同比增长39.91%；数据处理和存储服务收入55.32亿元、同比增长15.12%；嵌入式系统软件收入131.63亿元、同比增长48.03%同比增长27.37%；集成电路设计收入7.76亿元，同比增长18.26%。截至12月底，经过认定和年审的软件企业208家，系统集成资质企业54家（其中：两级资质2家，三级资质20家），信息系统监理资质企业5家。新登记软件产品936个，12个软件产品列入《2014宁波市自主创新产品与优质产品推荐目录》。宁波世贸通网络科技有限公司等10家企业，分别被评为宁波市服务业十佳“创新之星”和“成长之星”企业，占受表彰企业总数的一半；2家软件企业成功登陆新三板上市。

（二）中小企业规模效益平稳增长

重点监控的软件企业实现利润总额17.15亿元，同比增长6.54%；实现税金总额6.84亿元，同比增长10.77%；实现软件业务出口1.25亿美元，同比增长1.59%；企业经济效益、税收贡献和出口保持平稳增长。软件企业的规模继续壮大，收入超千万和上亿的企业数（不含按权数计算的嵌入式软件企业）进一步增加，年度收入千万元以上企业171家，总计软件业务收入82.44亿元，户均产值4820万元；其中超亿元企业23家，比上一年度增加5家，实现软件业务收入39.48亿元，企业规模不断扩大推动了部分行业龙头企业的涌现

（三）软件中小企业研发服务能力不断增强

随着我市智慧城市建设和两化融合试点工作的推进，我市软件企业在各类项目中初露锋芒，正逐渐成为转型升级和信息化建设的重要支撑，同时，也成为产业的新增长点。软件产业中软件开发、系统集成、信息系统咨询服务收入均保持35%以上的增长速度，是增长最快的业态；在手机智能软件领域，以TCL移动通讯、波导软件为代表的手机软件收入已接近8亿元，其中TCL移动通信科技（宁波）有限公司当年软件收入4.37亿元，已成为我市最大的软件企业，使我市成为全国重要的手机软件开发基地；在机器换人、大中型装备生产线领域，江宸自动化装备的生产线装备，伊士通技术、宁波弘讯科技股份有限公司为注塑机提供智能控制系统，都为转型升级提供了支撑；在电子商务领域，商帮科技、国技互联等公司，为各类企业提供电子商务综合解决方案，2014年服务收入均过亿元；在物联网领域，2家企业工信部物联网产业专项资金支持，4家企业项目列入国家发改委物联网试点；传统软件企业在医疗、石化、电力等领域不断做深做专，以金唐软件、东海蓝帆、理工监测、东蓝数码为代表的软件企业正积极参与我市智慧城市建设。

（四）中小企业多点发展的产业格局初步形成

高新区和鄞州区是我市软件信息服务业发展的核心区域，其他地区结合当地产业特色，错位发展软件产业，“两翼联动、多点跟进”的发展格局业已形成。从业务规模看，2个地区软件业务收入60亿元以上，2个地区软件收入30亿元以上，10亿元以上的4个地区，其余地区在3亿元~10亿元之间；从增长率看，2个地区增长率40%以上，7个地区增长保持在30%以上，4个地区增长30%以下。鄞州区和高新区2014年软件业务收入分别为69.9亿元和69.5亿元，同比增长32.58%和32.03%，占全市总收入的比重达到23.19%和23.06%，是两个主要集聚区。余姚市和慈溪市以嵌入式软件推进制造业企业转型升级，嵌入式软件收入均超过30亿元，分别达到37.46亿元和32.16亿元；江东区和海曙区充分发挥区位优势，借助大力发展电子商务契机推进软件信息服务业发展，软件业务收入分别达到19.77亿和18.08亿。

各地推进软件产业发展。2014年，各县市区采取措施扶持软件产业发展，在产业园区建设、研发能力建设、公共平台建设等方面做了大量工作，取得了新的成效。

（五）建成一批新的产业园区

各地区着力推进软件产业集聚区建设，一批新的软件产业集聚区投入使用，全市已建设软件集聚区面积达到40万平方米，软件产业发展的支撑载体得到进一步强化。高新区软件园二期，建筑面积5.1万平方米完成竣工验收，宁波太平鸟网络科技有限公司、宁波大家好网络科技有限公司等企业已入驻办公。鄞州区“科技信息孵化产业园”总建筑面积约12万平方米即将投入使用；慈溪浙大网新智慧谷，建筑面积11.9万平方米建成投入使用，已入驻企业16家，园区餐厅、银行、超市等配套服务已到位。江东区e淘电商园正式挂牌开园，一期运营面积1.3万平方米，是全市第一家由专业电商公司运营的电子商务产业园；镇海区大学科技园汇智大厦，建筑面积1.9万平方米开始招商，已有39家企业入驻；奉化市整合利用科技创业服务中心厂房等楼宇资源，引进软件开发、信息服务等相关企业，挂牌成立奉化市软件产业孵化器，建筑面积2.5万平方米，已有20多家企业入驻。全市除一个县市区外，都建立了软件孵化器或集聚区，全市软件园面积达到40万平方米。

（六）引进一批新的研发机构

各地加强软件和信息技术研发机构的引进，着力提升软件产业技术创新能力，为软件产业发展提供技术和人才支撑。高新区与东软集团（宁波）有

限公司共建了宁波（东软熙康）智慧健康云服务研究院，重点研究智慧健康云平台云服务、智慧健康大数据分析等核心技术，已完成智慧健康二期咨询和规划，启动一期健康云运行。慈溪市与中国科学院上海分院签订了战略协议，共建中国科学院慈溪应用技术研究与产业化中心，为软件及信息服务等行业提供技术开发、产业化等服务。镇海区与西安电子科技大学，共建了西安电子科技大学宁波信息技术研究院，依托西安电子科技大学的学科优势与人才优势，围绕智慧城市、北斗定位等重点领域，开展技术研究和科技成果转化工作。江东区引进创业团队设立了宁波克诺普信息科技有限公司，公司负责人入选国家“千人计划”，专注于动态个性化信息需求采集、高价值数据分析等核心技术研发和产业化。宁海县引进创业团队设立了宁波云航信息技术有限公司，公司负责人入选国家“千人计划”，主要从事北斗导航软件服务研发。

（七）搭建一批新的服务平台

各地顺应软件产业发展趋势，推进公共服务平台建设，提供低成本、简单、便捷的信息技术服务，促进两化融合。高新区支持中之杰、SAP 公司等共同搭建 SAP 中小企业信息化云服务平台，为中小型企业提供前沿的信息化解决方案，已有 112 家企业入驻其中。高新区宁波中科院信研院与甲骨文合作共建的“宁波物联网家电网创新云平台”，为宁波家电企业物联化智能化提供平台支撑，已开始试点应用。江东区推动运用电子商务与服务外包的理“世贸通”一站式外贸综合服务平台念对传统外贸服务行业进行改造升级，建立一个集“找订单”和“做订单”于一体的一站外贸综合服务平台，一批进出口贸易企业已使用平台服务。鄞州区高格软件的中小企业信息管理服务云平台为中小企业提供了智能化的企业管理服务；微动天下的新媒体营销平台为广大企业开拓了微博、微信等新的营销模式，增强了企业线上线下的互动。

表 4　2014 年宁波（地区）软件产业人员构成情况

企业类别	企业数（家）	年底从业人员总数（人）	人员构成			
			管理人员（人）	在总人数中所占比例（%）	软件开发研发人员（人）	在总人数中所占比例（%）
内资企业	582	106796	10379	9.72	9159	8.58
国有企业	3	371	66	17.79	135	36.39
集体企业	3	251	4	1.59	61	24.3
股份合作企业	2	160	16	10	12	7.5
联营企业	0	0	0	0	0	0
有限责任公司	250	40029	3388	8.46	3652	9.12
股份有限公司	48	7277	694	9.54	685	9.41
私营企业	223	35089	2927	8.34	3717	10.59
其他内资企业	12	1079	102	9.45	237	21.96
港、澳、台商投资企业	41	12636	1215	9.62	1117	8.84
三资企业	37	9904	747	7.54	763	7.7

数据来源：宁波市经信委和统计局

表 5　2012—2014 年宁波（地区）软件产业基本情况

项目名称	单位	2012 年	2013 年	2014 年
软件业务收入	万元	1787686	2338646	3014008
软件业务出口收入	万美元	18318	25641	53388
软件产品销售收入	万元	394623	454098	800177
增加值	万元	594284	849826	1349527
流动资产平均余额	万元	1022494	1329242	1812847
固定资产投资额	万元	55496	87684	109556
资产合计	万元	2635981	3368616	4081788
负债合计	万元	1320917	1637937	2042521
税金总额	万元	115586	109343	254889

续表

项目名称	单位	2012 年	2013 年	2014 年
利润总额	万元	172391	231000	300187
应交所得税	万元	28916	39349	47498
从业人员年底人数	人	49264	68970	86796
从业人员工资总额	万元	254114	345221	438785

数据来源：宁波市经信委和统计局

表 6 2012—2014 年宁波（地区）软件产业三资企业基本情况

项目名称	单位	2012 年	2013 年	2014 年
软件业务收入	万元	174795	234225	302587
软件业务出口收入	万美元	3653	4130	5903
软件产品销售收入	万元	16373	7261	41009
增加值	万元	45265	56581	78916
流动资产平均余额	万元	76693	104302	144879
固定资产投资额	万元	1360	1822	3150
资产合计	万元	199292	245129	326448
负债合计	万元	120864	159540	206095
税金总额	万元	7881	12292	16748
利润总额	万元	4711	6218	9470
应交所得税	万元	1011	1354	8492
从业人员年底人数	人	3513	4356	9904
从业人员工资总额	万元	15218	21609	25939

数据来源：宁波市经信委和统计局

表 7 2012—2014 年宁波（地区）软件产业主要经济效益指标完成情况

项目名称	单位	2012 年	2013 年	2014 年
全员劳动生产率	元/人	12. 06	15. 07	28. 84
流动资产周转率	次	3. 73	3. 15	1. 66
产品销售率	%	46. 89	24	27. 59
总资产贡献率	%	12. 12	18	15. 18
资产保值增值率	%	140	199	119
资产负债率	%	50. 11	51	63. 1

数据来源：宁波市经信委和统计局

表 8 2012—2014 年宁波（地区）软件产业三资企业主要经济效益指标完成情况

项目名称	单位	2012 年	2013 年	2014 年
全员劳动生产率	元/人	12. 5	28. 29	32
流动资产周转率	次	2. 44	1. 9	2. 09
产品销售率	%	33. 37	26	24. 58
总资产贡献率	%	7. 44	15	15. 1
资产保值增值率	%	97. 85	115	119
资产负债率	%	60. 65	54	55. 9

数据来源：宁波市经信委和统计局

五、以中小企业为主的软件产业经济运行情况

2014 年，宁波市以中小企业为主的软件产业继续快速发展，产业规模和企业规模继续扩大，技术创新能力进一步增强，经济效益良好，“两翼联动、多点跟进”产业格局基本形成。

（一）宁波市以中小企业为主的软件产业继续保持较快发展

2014 年实现软件业务收入 301.4 亿元，同比增长 28.86%。其中软件开发收入 40.32 亿元，同比增长 48.03%；信息系统集成收入 52.15 亿元，同比增长 35.37%、信息技术咨询服务收入 14.22 亿元，同比增长 39.91%；数据处理和存储服务收入 55.32 亿元、同比增长 15.12%；嵌入式系统软件收入 131.63 亿元，同比增长 27.37%；集成电路设计收入 7.76 亿元，同比增长 18.26%。截至 12 月底，经过认定和年审的软件企业 208 家，系统集成资质企业 54 家（其中：两级资质 2 家，三级资质 20 家），信息系统监理资质企业 5 家。新登记软件产品 936 个，12 个软件产品列入《2014 宁波市自主创新产品与优质产品推荐目录》。宁波世贸通网络科技有限公司等 10 家企业，分别被评为宁波市服务业十佳“创新之星”和“成长之星”企业，占受表彰企业总数的一半；宁波畅想软件和宁波世游 2 家软件企业成功登陆新三板上市。

（二）中小企业规模效益平稳增长

重点监控的软件企业实现利润总额 17.15 亿元，同比增长 6.54%；实现税金总额 6.84 亿元，同比增长 10.77%；实现软件业务出口 1.25 亿美元，同比增长 1.59%；企业经济效益、税收贡献和出口保持平稳增长。软件企业的规模继续壮大，收入超千万和上亿的企业数（不含按权数计算的嵌入式软件企业）进一步增加，年度收入千万元以上企业 171 家，总计软件业务收入 82.44 亿元；其中超亿元企业 23 家，比上一年度增加 5 家，实现软件业务收入 39.48 亿元，企业规模不断扩大。

（三）软件中小企业研发服务能力不断增强

随着我市智慧城市建设和两化融合试点工作的推进，我市软件企业在各类项目中初露锋芒，正逐渐成为转型升级和信息化建设的重要支撑，同时，也成为产业的新增长点。软件产业中软件开发、系统集成、信息系统咨询服务收入均保持 35% 以上的增长速度，是增长最快的业态；在手机智能软件领域，以 TCL 移动通讯、波导软件为代表的手机软件收入已接近 8 亿元，使我市成为全国重要的手机软件开发基地，其中 TCL 移动通信科技（宁波）有限公司当年软件收入 4.37 亿元，是我市最大的软件企业；在机器换人、大中型装备生产线领域，江宸自动化装备的生产线装备，伊士通技术、宁波弘讯科技股份有限公司为注塑机提供智能控制系统，都为转型升级提供了支撑；在电子商务领域，商帮科技、国技互联等公司，为各类企业提供电子商务综合解决方案，2014 年服务收入均过亿元；在物联网领域，2 家企业获工信部物联网产业专项资金支持，4 家企业项目列入国家发改委物联网试点；传统软件企业在医疗、石化、电力等领域不断做深做专，以金唐软件、东海蓝帆、理工监测、国研科技为代表的软件企业正积极参与我市智慧城市建设。

（四）中小企业多点发展的产业格局初步形成

高新区和鄞州区是我市软件信息服务业发展的核心区域，其他地区结合当地产业特色，错位发展软件产业，“两翼联动、多点跟进”的发展格局初步形成形成。从业务规模看，2 个地区软件业务收入 60 亿元以上，2 个地区软件收入 30 亿元以上，10 亿元以上的 4 个地区，其余地区在 3 亿元 ~ 10 亿元之间；从增长率看，2 个地区增长率 40% 以上，7 个地区增长保持在 30% 以上，4 个地区增长 30% 以下。鄞州区和高新区 2014 年软件业务收入分别为 69.9 亿元和 69.5 亿元，同比增长 32.58% 和 32.03%，占全市总收入的比重达到 23.19% 和 23.06%，是两个主要集聚区。余姚市和慈溪市以嵌入式软件推进制造业企业转型升级，嵌入式软件收入均超过 30 亿，分别达到 37.46 亿元和 32.16 亿元；江东区和海曙区充分发挥区位优势，借助大力发展电子商务契机推进软件信息服务业发展，软件业务收入分别达到 19.77 亿元和 18.08 亿元。

六、以中小企业为主的宁波软件园建设

2014 年，各地加快推进在建项目，加大已建成项目招商培育，努力开辟新的软件园，全市软件信息服务业发展载体进一步扩大，为做大做强宁波市软件产业提供了发展空间。

（一）建成或扩容一批新的产业园区

各地区着力推进软件产业集聚区建设，一批新的软件产业集聚区投入使用，全市已建设软件集聚区面积达到 40 万平方米，软件产业发展的支撑载体得到进一步强化。

一是高新区继续推进重点园区建设。总建筑面积 50946.7 平方米的软件园二期已完成企业入驻，软件园二期将定位于提供装备制造、电子电器、汽车及零部件、石化、高档纺织服装等宁波市五大优势产业转型升级过程中信息化整体解决方案、水电气等不可再生资源智能化管理系统方案、金融业软件与信息服务、互联网与移动通信领域增值业务等，将进一步完善了软件与服务外包示范园整体功能，促进了高新区软件产业的发展，有利于高新区产业的聚集和软件园整体品牌的树立。

二是鄞州区“科技信息孵化产业园”总建筑面积约 3 万平方米已投入使用；入驻南部商务区的软件信息服务企业数量进一步增加，目前已达近 300 家，约有 5000 名软件人才汇集于南部商务区，其入驻企业数和办公人员数量均占南部商务区总量的 1/3 左右。

三是镇海区重点建设的宁波西电产业园投入使用，产业园办公用房及配套设施达 2 万平方米，依

托西安电子科技大学强大的学科优势与人才优势，重点发展智慧城市、北斗定位相关领域，通过建立专业化的技术创新服务平台，开展技术研究和科技成果转化工作，服务和集聚企业，形成校友集群，产业集群，目前招商情况良好；同时建筑面积18745.5平方米的宁波市国家大学科技园扩容工程——汇智大厦建成投用，已有39家企业入驻大厦，为该区软件信息服务业提供了发展空间。

四是慈溪市智慧谷进入运营阶段，目前已经签约的IT服务企业已经逐步陆续入驻，已有宁波亚联信息技术有限公司等10多家企业进驻办公；江东区e淘电商园正式挂牌开园，一期运营面积1.3万平方米，是全市第一家由专业电商公司运营的电子商务产业园。

（二）稳步推进在建软件产业基地建设

一是高新区智慧园项目顺利推进，项目用地223亩，总投资25亿元。项目建成后，将重点引进软件研发、系统集成、互联网增值服务、物联网、云计算等支撑我市智慧城市建设企业；与智慧城市相关联的高端现代服务业企业、现代制造业和跨国企业区域总部以及公共技术与服务平台与工作、生活配套项目。

二是高新区意创国际动漫城项目稳步推进，项目投资方为联合集团，是美国一家专业从事动漫影视基地开发建设的企业，拥有包括美梦工厂、日本DK3等公司在内的全球动漫影视产业资源；项目占地64亩、总投资12亿元，目前已完成开展地下室施工，计划三年内建成投用；项目建成后成为动漫影视、院线管理、仿真娱乐、影视投资贸易等为一体的大文化创意中心。

三是慈溪慈星纺织软件园已累计完成投资27871万元，新增6844万元。目前主体工程已顺利结顶，装修工程也已经接近尾声。项目能够根据市场变化相应作出调整，对项目功能需求进行了调整，目前已经基本完成A和B地块，功能定位为“营销与服务体系建设项目”和“电脑针织机械研发中心建设项目”，C地块调整为“40组软件、16000件软件加工产品生产线项目”，鉴于项目当前市场形势发生较大变化，尚处于备案审批阶段。

四是江东区以和丰创意广场为载体，积极与和丰创意广场管理方协商，力求在政策上给予企业更大的空间，同时进一步做好对企业的服务工作，让企业在江东留住情，有空间、能发展。同时由于江东区软件孵化园将面临搬迁，积极与相关单位协调，重新选址设立江东区软件孵化园，留住孵化企业，引进软件和信息服务类企业以及相关的配套服务企业，着力打造信息产业新的特色集聚园区。

七、以中小企业为主的智慧城市建设

2014年，宁波市认真贯彻“智慧浙江”战略，落实市委市政府“六个加快”战略部署，加快推进智慧城市建设，取得了积极的进展。宁波市已被列为首批国家信息消费试点城市、信息惠民国家试点城市、中欧绿色智慧城市合作试点城市，获得了中国智慧城市推进工作十佳城市第2名、第四届中国城市信息化50强第4名和中国智慧治理领军城市等荣誉。

（一）信息基础设施支撑能力进一步加强

以提升信息基础设施服务水平和承载能力为核心，坚持基础先行、适度超前的原则，大力实施宽带中国专项行动、无线城市和三网融合工程，着力构建宽带、泛在、融合、安全的信息通信基础网络。

一是实施“宽带中国”2014专项行动，提高城市宽带网络质量和覆盖范围。截至2014年年底，全市光网覆盖能力达334万户，已覆盖所有行政村以上住宅区域；城区平均接入能力达30兆，农村平均接入能力达6M。截至2014年年底，互联网宽带接入用户达285万户，3G用户达446万户，4G用户达137万户。互联网城域出口带宽2200G，市民上网已实现高速宽带化。

二是以行业应用推广和公共场所免费上网业务为重点，积极加快无线网络建设和模式创新。我市是全国TD－LTE 4G规模试点城市，于2013年年底已完成一期试点工程，实现乡镇以上城镇区域的4G网络全覆盖，现场直播、远程专家医疗会诊、公交车车载视频数据传输等商业应用也已逐步推广。扩大“iNingbo”政府免费WIFI热点范围，提高城市信息惠民水平。在海曙区、江东区、江北区、鄞州区、镇海区、北仑区等地全面启动市民免费上网项目，免费上网的公共场所从原来的行政服务中心、医疗机构、图书馆等场所，逐步扩大到公交车站和公交车内，进一步扩大了市民免费无线宽带上网的范围。并进行运营模式创新，通过建设统一接入平台，将热点网络建设和平台运营分离，以商业养公益的方式，形成宁波市免费WIFI网络服务体系。全市已累计建设免费WIFI热点300个，免费AP数3000个。目前，海曙、江东、江北三区已超额完成网络覆盖任务。

三是加快推进三网融合试点，积极探索三网融合条件下的建设、服务、监管模式。以实施用户驻地网共建共享为抓手，实现三网融合基础设施共享，积极探索驻地网第三方维护管理机制，努力完善老小区光纤到户改造。宁波华数广电网络有限公司成立，宁波数字电视正式加入华数集团，全面启动“全省一网”工作。中国电信IPTV业务及中国移动手机电视业务逐步推进。

（二）政务信息资源整合水平进一步提升

以推进大数据建设应用和产业化发展为目标，以“同城双中心”模式，推进市政务云计算中心建设，促进集约化建设、强化资源整合、促进共建共享。

一是市政务云计算中心基础设施即服务层建设已基本完成。截至2014年7月，政务云计算中心可提供基础计算资源、存储资源、数据库管理资源、视频软件服务以及地理信息共享服务平台等服务资源，目前已有智慧宁波网站、省网上政务大厅系统、中小企业软件服务平台、宁波市地理信息共享服务平台（政务版）、宁波市规划局门户网站群和81890网站群6个系统正处于运行测试中。

二是与市级有关部门的开展对接，引导和规范业务系统逐步入驻云计算中心。与质监局的宁波市车用天然气综合监管信息系统，国土资源局的宁波市建设用地全程监管系统，交通委的宁波市智慧交通一期项目和宁波交通指挥中心，规划局的智慧空间等6个市级部门的应用系统进行了技术对接，进一步确保了各应用系统基于政务云计算中心建设框架开展建设。

三是政务云计算中心相关的管理制度和运营机制逐步建立。为使管理机制长效化、制度化，通过市政府下发了《宁波市人民政府关于加快推进市政务云计算中心建设的实施意见》和《宁波市政务云计算中心管理办法》。为简化管理明确流程，制定了《宁波市政务云计算中心服务指南》，逐步实现政务云计算中心管理制度化。

（三）智慧城市重点应用项目建设成效显著

我市按照"试点先行、示范带动、稳步推进"的思路，围绕解决经济转型升级、城市管理服务创新、民生改善等重难点问题，全面统筹推进智慧城市重大应用体系建设。

一是省级智慧城市试点项目稳步推进。智慧物流协同平台不断完善。智慧物流项目开展"1+7"智慧物流协同平台建设，其中"1"为宁波智慧物流公共基础平台，已正式启动建设，将为政府、企业和各类智慧物流应用平台提供广泛的公共基础服务和支撑；第四方物流市场综合应用平台、IBM智慧物流云平台项目一期公共云服务平台等7个智慧物流应用平台项目建设全面开展，部分已投入使用，进入宣传推广阶段，广泛服务于平台、企业，实现港口物流在途可视、资源交易、智能订仓、智慧供应链等服务功能。智慧健康应用不断拓展。我市以卫生专网、区卫信息平台、数据中心、居民健康档案、居民健康卡建设为重点，逐步实现卫生政务电子化、医院服务网络化、公共卫生管理数字化、卫生医疗信息服务一体化，提高医疗保障和健康服务水平，满足市民多样化的医疗卫生服务需求。智慧健康保障数据中心和专网进一步完善，为市级各医疗卫生机构和海曙、江东、江北区提供了基础平台和应用服务；医疗卫生专网已经实现了与11个县（市）区、8家市级医疗机构和5个市级公共卫生机构联网；全市11个县（市）区与市区域卫生信息平台实现了数据交换、信息共享，8家市级医院和疾控、妇幼、血液等公共卫生机构与市区域卫生信息平台实现了系统对接，截至2014年12月，共收集1200万健康档案信息和9.3亿多条健康档案数据，市公共健康服务平台服务量已日均超过8000人次，累计服务人次超过500万，实现了预约挂号、诊疗信息和医疗资源查询等服务。智慧健康系统获2014年智慧城市创新应用奖。

二是市级智慧城市试点项目进展良好。智慧交通一期项目建设启动，统筹及整体推进交通动态感知、资源共享、指挥管理、社会服务等功能。"宁波通"出行服务产品成功发布，依托移动智能终端APP、出行服务网站、短信服务平台、多媒体查询终端，基于智慧交通相关数据的提取和处理等，实时发布道路引导和交通服务信息，帮助公众高效、便捷、舒适地出行。完善公交、定制公交、轨道交通、公共自行车等立体公共交通出行服务体系，其中，公共自行车投放已超过15000辆，租车累计已突破1500万次，成为绿色智慧城市一道靓丽的风景。此外，出租车电召平台、城管停车诱导、交通指挥中心等项目相继开展，将有效地促进节能减排、缓解城市拥堵。我市以资源整合为抓手、以高效应用为目的，开展面向基础教育的"人人通"空中课堂、面向终身教育的宁波市终身教育公共服务平台和宁波市数字化阅读平台的建设。"人人通空中课堂"正式开通，现为全市初二、初三学生开设个人网络学习空间和名师网上直播互动课程，日均页面浏览量保持在1万左右，高峰期日页面浏览量可达2.5万次。终身学习网网站收录精品课程1.8万余节，涵盖了科学技术、职业技能等10个大类，方便老年人、外来务工人员等进行网上学习，接受网上教育。宁波市数字化阅读平台为广大市民特别是高校科研人员提供方便、流畅的数字化图书、文献、期刊等资源的查询和阅读服务。目前数字化学习平台文献数据库容量达到200TB，注册人数达85万，文献年下载量超过1500万篇。

三是社会各领域的智慧城市试点示范效应逐步显现。积极引导各县（市）区结合自身基础和特点，开展智慧城市建设试点探索，为更大范围的推广拓展奠定基础，全年开展了智慧城市创新试点项目申报工作，共认定了区域视频资源整合等6个项目为2014年第一批宁波市智慧城市建设试点项目，同时，以物联网技术、云计算技术、移动互联网技术、遥感遥测技术等新一代信息技术为重点，共确定17个项目为2014年度智慧城市应用示范项目，进一步带动社会各领域的信息技术应用。

（四）智慧产业融合水平进一步提高

我市立足本地产业基础，加快信息产业发展，坚持以两化融合促产业转型发展，重点发展以电子商务为代表的信息服务业，培育和推广一批面向重点行业的新型工业云服务平台，推动产业集聚发展。

一是信息产业规模不断壮大。截至2014年年底，全市819家规模以上电子信息制造企业完成工业总产值1510.85亿元，同比增长3.68%。市舜宇集团有限公司、宁波一舟投资集团有限公司两家电子制造企业入榜2014年中国电子信息百强企业，宁波群志广电有限公司等16家企业入榜2014年浙江省电子信息产业百家重点企业名单。截至2014年年底，我市实现软件和信息服务业实现业务收入301.4亿元，同比增长28.9%。同时，涌现出物联网、互联网金融等一批新的经济增长点，"基于物联网的电网安全防御与预警决策系统"和"基于大数据管理的异地锅炉集中监测物联网系统"物联网试点两个项目分别获得300万元国家物联网发展专项资金扶持。我市互联网金融项目据保守预计已超过15个，多数是P2P业务模式，涉足互联网金融业务的企业已有申贷网、凡奇P2P借贷平台、聚元财富、宁创财富、国骅集团、世贸通、浙江大道等诸多企业。

二是两化深度融合加快推进。编制了《宁波市加快推进信息化与工业化深度融合专项行动实施方案》，加大信息化项目重点扶持提升两化融合示范工程的引领作用，实施企业信息化普及工程，为广大中小企业提供低价（或免费）、正版、高效、便捷的信息化软件和服务；认真组织国家两化融合管理体系贯标工作，在全市选择15家工业企业开展信息化和工业化融合管理体系贯标试点。出台了《宁波市工业企业电商换市三年行动计划（2014—2016）》，引导企业积极应用电子商务手段，创新营销模式，促进传统优势产业与电子商务产业融合发展，带动产业链上下游企业协同创新。按照“一城两区一中心”布局，在宁波江北区、海曙区打造总规划面积达19平方公里的宁波电子商务城，产业集聚效应明显。

三是面向产业、行业的云服务平台发展势头良好。市政府与全球最大ERP软件企业德国SAP公司共建的“中小企业信息化云服务平台”已成功上线，可为中小企业提供信息化解决方案，200余家中小企业入驻运行。宁波市纺织服装创新云平台和智能家电物联网创新云平台等重大合作项目也取得积极进展。同时，积极开展云工程与云服务产业技术创新综合试点，宁波（东软熙康）智慧健康云服务研究院和宁波市中小企业信息化云服务平台研究院成功被列为省十大云服务与云工程省级重点企业研究院。

（五）智慧城市发展环境不断优化

体制机制建设是智慧城市建设的重要保障。我市在推进智慧城市建设过程中，不断重视发展环境的优化。

一是智慧城市建设相关政策体系不断完善。出台《关于促进宁波信息消费的实施意见》，并正在研究制定《关于加快发展信息经济的实施意见》，建立完善有利于信息消费、信息经济发展的政策环境。

二是加强对智慧城市重大项目的统筹管理和协调推进。以重要领域重大项目建设带动智慧城市整体建设，发挥政府投资的引导作用，2014年按照“统一规划、整合资源、促进共享和基础先行、民生优先、突出重点”的原则，确定智慧城市项目13个，并不断建立健全有利于多种投资建设主体共同推进智慧城市建设的项目管理体系。

三是成功举办了第四届中国（宁波）智慧城市技术与应用产品博览会，共设2万平方米展台、1100个标摊，设立了智慧交通、智慧教育、智慧医疗、智慧家居、两化融合等10大主题展区。参展企业近300家，包括11家央企、50余家上市企业、近三分之一的2013年软件百强企业，参观人数约5.8万人，其中专业客商约为3.5万人，同期有总投资达70亿元的28个智慧项目签约，智博会已成为国内智慧城市建设领域规模最大、专业性最强、层次最高的行业盛会。

四是广泛营造智慧城市共建共享氛围。智慧城市科技馆于9月12日正式开馆试运营，智慧城市建设应用成果展示厅和宁波市物联网与智慧城市体验馆建设不断完善，展示宣传了我市智慧城市的建设成果。同时，通过媒体宣传、科普活动、教育培训等方式，提高各界人士对于智慧城市建设的关注度、认可度与参与度，使建设成果更好地为民共享。

（董其岳）

青岛市

关于加快小企业产业园建设推进小微企业集聚发展的调研报告

青岛市经济和信息化委员会

小微企业是发展的生力军、就业的主渠道、创新的重要源泉，也是大中型企业成长的摇篮。近年来，在中央和地方的高度重视和政策扶持下，我市工业小微企业发展环境明显改善。截至2013年，全市共有各类工业企业单位7.35万户，其中数量占99%的小微企业和个体户创造了全市50%以上的工业产值和利税，提供了近70%的就业岗位，为促进经济稳定增长和民生持续改善发挥了重要作用。但应看到，我市小微企业发展仍然面临着资源环境的刚性约束和经济下行的严峻挑战。对此，市经济信息化委调研分析了全市工业小微企业发展现状，特别针对小微企业“用地难”等制约瓶颈问题，对比其他城市经验做法，提出了加快小企业产业园建设、推进小微企业集聚发展的对策建议，现报告如下：

一、建设小企业产业园是破解小微企业发展瓶颈的有效举措

当前，我国经济正进入“三期叠加”的“新常态”，长期制约小微企业发展的“两高两难”（融资难、招工难，成本高、税费高）问题依然比较突出；而日益严峻的工业用地矛盾，已经成为加剧小微企业“两难两高”问题的主要叠加因素，导致一系列后续发展瓶颈问题。一是发展空间受限。生产用地是企业最重要的发展要素，随着土地资源日益稀缺，我市对15亩以下的工业用地已经不再单独挂牌出让，导致用地少的小微企业很难获得生产用地指标，只能通过租赁场地和厂房进行生产，极大限制了企业进行工艺改造、设备更新等固定资产投资的积极性。二是融资渠道过窄。土地和厂房作为最有价值的固定资产，是小微企业获得银行贷款最主要的有效抵押物。很多小微企业或是没有自有土地和厂房，

或是因土地性质问题（如集体用地）办不了土地证，只能通过民间借贷等途径融资，导致“融资难、融资贵”问题长期得不到解决。三是经营成本上升。随着厂房、场地租金节节攀高，小微企业经营成本不断增加，只能搬迁到租金相对较低的地方继续生产，不仅增加了搬迁成本、影响了用工、生产的稳定，也造成大量小工厂出园进村，分散在边边角角，导致安全、环保等监管压力剧增。四是土地资源浪费。少数企业为尽早获得项目用地，采取虚报投资总额、投资强度的方式获取土地指标。一旦土地指标下达后，由于实际投资强度达到不了项目用地所需的标准，造成部分土地闲置浪费，甚至出现个别倒卖土地指标的情况。

随着工商登记制度改革的推进和系列扶持政策的落实，新注册企业数量正在不断增加，以上问题必将更加突出。加快小企业产业园建设，为小微企业集中提供生产经营场所和配套公共服务，对解决小微企业“成长的烦恼”可起到“一点突破、全盘皆活”的效果，是推动全市小微企业转型升级、跨越发展、集聚发展的有效途径。

首先，能够缓解小微企业用地矛盾，促进土地资源集约利用。大力发展小企业产业园，可以通过集中办理土地指标、统一建设生产厂房再分割出让的方式，既保证了土地集约使用，避免出现土地“供而未用”造成闲置浪费的情况，又满足了小微企业最基本的用地和厂房需求，让更多的小微企业享受到改革发展实惠。

其次，能够拓宽小微企业融资渠道，降低企业生产经营成本。小企业产业园分割出让的土地厂房，为企业提供了有效的融资抵押物，可以更加便捷、较低成本获得生产急需的银行贷款。同时，又为企业节省了自建或租赁厂房耗费的时间和成本，可以腾出更多资金和精力来扩大技术改造等有效投资，加快转型升级步伐。

其三，能够完善小微企业公共服务，促进产业集聚协同发展。依托产业集聚区，以“区中园”“区边园”的形式建设小企业产业园和配套公共服务平台，不仅能为入园企业提供信息、融资、技术、品牌、培训等一条龙服务，聚集各种要素资源、改善发展环境、降低企业经营成本和政府管理成本，又能充分发挥集聚区龙头企业的引领和带动作用，推动产业链上下游企业分工协作、“抱团”发展，有效提升产业集聚度、关联度。

二、我市小企业产业园建设存在的问题

2012年，在前期试点的基础上，市政府办公厅印发了《关于加快小企业产业园和创业基地建设的通知》（青政办发〔2012〕30号），对小企业产业园和创业（孵化）基地建设的目标任务、标准类型、扶持政策、保障措施等提出了明确要求，标志着我市小企业产业园建设全面展开。经过近两年的探索和推进，目前，全市在建、拟建小企业产业园有26个，主要分布在城阳区、黄岛区、高新区和四市，规划占地面积1.2万亩，计划总投资450亿元，建设标准厂房852幢，建筑面积540万平米，入驻企业2000户。在已开工建设的19个小企业产业园中，青岛中一机械制造小企业产业园、即墨国际服装产业城、胶州张应镇中小企业产业园、南村电配套产业园、金辉轨道交通配套产业园等10个小企业产业园的部分项目已经竣工投产，已经有192户企业入园开工生产，年收入达到约20亿元，取得了积极成效。但是，与先进城市相比，我市小企业产业园建设工作仍然存在一些问题和不足。

（一）政策支持不尽到位

目前，广州、杭州、温州等南方城市均以市政府名义发布了扶持小企业产业园发展的相关政策。如温州市委、市政府出台了《加快小微企业创业园建设实施办法》，提出了保障用地、产权分割、财税扶持、融资支持等七项政策扶持，市委书记、市长定期调度，并成立市小微园建设管理办公室，统一规划、统一审批、统一管理、统一服务、统一考核评价。而我市尽管由市经济信息化委通过积极创新推动，联合市财政、城乡建设、国土资源房管、公安消防等部门印发了《关于加强小企业产业园扶持资金股权投资管理的通知》（青经信字〔2014〕5号）和《关于优化小企业产业园工业标准厂房分割转让办理流程的通知》（青经信发〔2014〕9号），但相关支持政策仍然不够完善，尤其是在工业标准厂房出让问题上，只是规范优化了流程，缺少更具权威的政策性文件，让各相关部门加快办理相关手续，进而导致具体实施起来仍然存在手续繁杂、时间长，园区建设方投资回报慢、入园企业融资难等一系列问题。

（二）缺乏统一布局规划

温州市在全市规划布局了104个小微园，总规划用地2.92万亩，计划到2015年完成土地出让1.78万亩，为1.6万家小微企业提供2370万平方米生产研发用房。南昌市政府与工信部中小企业发展促进中心共建了首个国家级小微企业园区——“南昌（国家）小微企业产业发展示范园”，一期规划10平方公里，近期规划60平方公里，远期规划120平方公里。而我市目前尚无小企业产业园专项规划，已经出台的经济功能区或产业集聚区规划也基本没有涉及小微企业。规划的缺失不仅导致从各类孵化器、创业园孵化成功的科技型小微企业找不到出口，也容易造成大量传统型小微企业散乱发展、重走同质化无序竞争的老路。

（三）土地指标难保障

为解决小微企业用地指标问题，宁波市则每年从建设用地计划指标总量中安排5%专项用于小微企业发展；温州市明确规定，每年新增建设用地要有40%用于工业并优先保障小微园建设用地需求，利用旧厂房地块开发建设小微园项目可享受工业用地二次开发、城镇低效用地再开发等相关优惠政策。而我市由于新增建设用地指标非常紧张，重点大项目尚存在排队等地现象，小企业产业园建设用地指标更难得到保证，成为困扰小微企业发展的主要问题。与之相对应的是，各区市又存在大量批而未供、

供而未用的闲置土地以及因企业倒闭、转产、转型而出现的大量闲置厂房等等，还没有得到充分的利用。

（四）配套设施不健全

为解决小微园配套服务问题，温州市鼓励园区业主单位建立联合管理委员会，统一园区后勤、环保、研发、检测等公共配套设施的使用和管理；贵州省毕节市财政投入资金，对原国企改制后的闲置厂房和场地实施改造，完善水、电、路、食堂等配套设施，发展小微创业园。而我市多数乡镇小企业产业园周边配套服务设施不完善，给员工生产生活带来诸多不便，导致入园企业招工难问题突出，影响了企业生产经营。

（五）土地集约利用率有待提高

为鼓励小微园集约用地，蚌埠市对在园区建设四层及以上标准厂房按实际投资额的10%给予奖励，单个产权单位最高奖励50万元。按照我市市级小企业产业园建设标准，轻工类建筑容积率不低于1.5，机械制造等其他产业建筑容积率不低于1.0，亩均投资强度不少于200万元。从集约用地角度来看，这一数据虽远大于全国工业项目用地容积率0.3至0.6的平均水平，但是根据实际调查结果，许多小企业园区的建筑容积率明显低于市级标准，最低的容积率仅为0.6，这与温州市小微园平均建筑容积率2.0至3.0的水平差距更远。

三、关于加快我市小企业产业园建设的对策建议

一个地区的经济有没有活力，很大程度上要看中小企业特别是小微企业的发展状况如何。与先进城市相比，我市工业小微企业特别是规模以下小微企业，无论是数量还是经济贡献度都存在明显的差距。2013年，我市6.86万户规模以下工业企业单位（其中，小微企业2.17万户、个体户4.69万户）仅创造了全市8.2%的工业产值；而工业经济规模与我市相当的宁波市，规模以下工业企业单位达到11.83万户（其中，小微企业4.08万户、个体户7.75万户），创造了全市32.2%的工业增加值和22.2%的工业产值。如果我市规模以下工业企业单位数量和经济贡献度能够达到宁波市的水平，全市工业经济总量必将在现有基础上实现较大幅度的跃升。因此，加快小企业产业园建设、推进小微企业集聚发展，已经成为我市工业稳增长、调结构、促升级的重要途径。

（一）将小企业产业园建设纳入重点发展战略

借鉴温州等地经验做法，将小企业产业园建设提升到战略高度，建立市委、市政府统一领导、部门联动、区市负责的推进机制。同时，将小企业产业园建设纳入区市政府目标责任制考核体系，对建设质量高、节约用地多、发展速度快、综合排名靠前的区市，优先在增量土地指标、环境容量配置和财政资金安排等方面给予倾斜。

（二）研究出台小企业产业园布局规划

立足全市产业布局调整和小微企业转型发展需要，坚持以蓝色、高端、新兴为导向，以5年内打造100—150个小企业产业园为目标，组织编制全市小企业产业园总体发展规划，指导各区市制定本区域小企业产业园具体建设规划，明确建设类型、产业定位和发展方向，严格按规划定位调配土地指标、审批落地项目，避免同质化无序竞争。

（三）切实保障小企业产业园建设用地

针对小企业产业园土地需求难以满足的问题，一方面，将小企业产业园建设纳入全市重点项目，每年从土地指标中拿出一定比例定向支持，形成分批供应、滚动推进的良性供地机制。另一方面，借鉴温州、蚌埠等地经验做法，适当提高小企业产业园的容积率，鼓励企业建设多层标准厂房；完善工业用地二次开发、城镇低效用地再开发等优惠政策，支持现有园区改造盘活闲置土地、厂房等存量资源。

（四）进一步完善小企业产业园扶持政策

参照广州、杭州、温州等地做法，以市政府名义出台小企业产业园扶持政策，缓解园区建设资金压力和入园企业融资压力。一是采取“政府组织推动、财政扶持启动、土地批租滚动、内资外资联动”的办法，设立小企业产业园股权投资引导基金，积极吸纳民间资本参与，采取投资公司、龙头企业及抱团联合开发等多种市场化、企业化运营模式，推进小企业产业园基础设施与服务配套建设。二是采取“部门联动、分类辅导、集中办理”的方式，尽快将“小企业产业园工业标准厂房分割转让办理流程”落实到具体操作层面，并着手研究出台小企业产业园按揭销售相关政策。三是设立财政专项资金，采购资金补助、购买服务等方式，加大对小企业产业园各类公共服务平台项目的支持力度，扶助入园小微企业健康发展。

（五）理顺小企业产业园的企业“出入口”

建立小企业产业园与市区创业基地、科技孵化器等创业孵化平台的“入口”以及与产业集聚区、经济功能区的“出口”对接机制，按规划定位有序引导初创型、科技型小微企业入园；对于发展壮大到一定规模的入园企业，优先安排进入更高层次的产业园区。对于长期经营不善、难以继续生存的入园企业，建立相应的退出机制，以滚动利用园区内的土地、厂房资源，吸纳更多的优质企业入园发展。

青岛市促进中小企业“专精特新”发展工作经验交流材料

青岛市经济和信息化委员会
2014年6月26日

近年来，我市按照工信部工作部署，将“专精特新”发展作为加快中小企业结构调整，促进产业优化升级的重要途径和抓手，通过抓专精特新产品（技术）认定、百千万中小企业成长工程和综合服务能力建设，初步培育了一支“专精特新”中小企业队伍，较好地引领了全市中小企业创新发展。

一、“专精特新”工作基本情况

2012 年我市制定出台了《青岛市中小企业“专精特新”产品技术认定办法》，2013 年在完善专精特新产品（技术）“申报—培育—认定—扶持”闭环管控体系的基础上，从历年扶持的 569 个项目中，优选了 298 个产品（技术）认定为中小企业“专精特新”产品（技术），并首批推选产生了 57 个专精特新示范企业。这些被认定的产品（技术），拥有自主知识产权，普遍具有较高的技术含量、附加值和比较显著的经济、社会效益。其中，拥有发明专利和著作权 698 项、实用新型和外观设计专利 2975 项；34 个产品的技术水平达到国际先进，60 余个产品处于国内先进地位，12 个产品的市场占有率进入国内同行业前列。被认定的企业在生产专业化、管理精细化、产品特色化、成长新颖化等方面各具特色，在市场、质量、效益等方面具有较强竞争力，具备先进性和示范性。目前，我们正在开展第三批“专精特新”产品（技术）认定工作，目前已初步完成对 248 个产品（技术）的网上专家评审。根据《青岛市“十二五”中小企业成长规划》的预期目标，到“十二五”末我市将拥有超过 500 个“专精特新”产品（技术）、100 个“专精特新”示范企业。预计实现产值 800 亿元，必将有力地推动全市中小企业的创新能力建设和转型升级步伐。

二、主要举措

（一）突出专精特新引领，规范专精特新工作流程。一是明确中小企业创新发展的标准和评价体系。制定发布《中小企业专精特新产品（技术）认定办法》，明确了“专”“精”“特”“新”产品（技术）标准和指标评价体系，细化了专家认定程序和扶持政策措施，支持中小企业专业化、精细化、特色化、新颖化发展。使我市“专精特新”产品（技术）认定、扶持、服务工作更加规范和公开、公正、公平。二是完善“专精特新”发现培育机制。依托青岛市中小企业云服务平台，建立了常态化、开放式“百千万成长工程及专精特新产品（技术）培育认定申报系统”，所有企业在网上完成申报、认定和享受系列服务；实现了提前确定培育对象，编制培育计划，对申报企业适时跟踪，为企业提供技术研发、产品检测、教育培训、信息搜集、产品展示、商务贸易等服务，提供改制、上市培育、申请专利、资金扶持等政策支持。三是完善监测分析机制。结合工信部中小企业监测直报工作，将“专精特新”中小企业纳入运行监测直报体系，每月跟踪监测生产经营情况。对成长性好的企业积极向名牌认定、上市储备、融资支持等政策靠拢，对生产经营遇到特殊困难的企业，纳入风险防控机制进行重点监控和帮扶。

（二）突出专精特新创新发展梯队，实施百千万成长工程。为实现“创业、培育、成长”三位一体的工作机制，我们制定计划，分类指导，着力推进中小企业“百千万成长工程”。近期重点培育 100 户自主创新能力强、市场前景广、拥有自主知识产权、“专精特新”特点突出的转型升级示范中小企业；培育 1000 户技术创新、产业升级、技术改造、协作配套、节能减排等方面具有特色的成长型小企业，推动全市小企业提质增量；支持 10000 户初创企业实现成功创业。每年滚动培育认定百户拥有“专精特新”产品（技术）的企业，选拔一批高成长型的行业隐形冠军，集中政策扶持成为细分行业领军企业；集中各方面力量，通过改善环境、落实政策、强化服务，打造全市中小企业创新成长梯队，构建“金字塔”式“专精特新”成长梯队。

（三）依托公共服务平台资源，在发展保障上提供综合支持。一是利用展会平台帮助专精特新企业开拓市场。积极组织专精特新企业参加“中国国际中小企业博览会”“APEC 技展会”等展会，并连续三年举办青岛市中小企业“专精特新”成果展。我们按照“展示与服务并举、现场与网上互动”的办展思路，将展会与服务融为一体，开展服务机构进展会活动，向参展企业宣传提供融资、信息化等方面服务产品。专门搭建了中小企业“专精特新”成果网上 3D 展示平台，502 家企业的 1000 多个产品在网上展销，帮助“专精特新”企业提高知名度，开拓市场。今年我们还首次联手青岛制造网，组织跨国采购对接活动，132 家企业与外商进行了 258 次面谈，会后外商验厂 32 次，达成意向成交 4500 万元，深受企业欢迎。

二是利用云服务平台服务专精特新企业。借助市电政办数据中心优势、借鉴电子商务 O2O 发展模式，我们通过中小企业云服务平台，积极为专精特新企业提供“用得着、用得起、有保证”的服务。目前平台拥有政务、融资、技术、培训、信息化、市场开拓、法律、管理、人力资源等 12 个功能板块，通过在线服务、供需对接、信息推送、跟踪反馈、服务评价等手段，可随时给企业提供 12 大项、600 多小项服务和专业化支持，满足全市 20 万家中小企业访问。从今年 4 月 26 日开始，云平台推出为期两个月的特惠服务活动，仅 40 天时间活动专区访问就完成线上咨询 802 次，线下对接 794 次，服务成交实现 697 项。技术创新咨询辅导、网上精品课堂、新材料检验检测、商标注册、融资服务、创业辅导、信息化整体规划与交流、企业基础管理诊断等 9 类服务成为企业需求热点，为专精特新工作提供了重要支撑。

三是利用融资平台帮助专精特新企业缓解融资难题。近年来，我们探索建立了针对中小企业的融资服务超市、信用信息、统借统还“三大平台”和银行、担保、过桥、融资租赁、直接融资、重点项目扶持“六条路径”，初步形成了多元化、多渠道的企业融资服务新模式。并在此基础上，以解决企业融资成本高、渠道单一、信息不通畅三大难题为重点，突出“抓平台、抓机构、抓重点企业”三条工作脉络，拓展改进低息统贷平台模式；推进区域性融资服务平台建设，延伸融资服务触角；建设“融资通”网上融资服务平台，实现融资需求与融资产品的自助匹配，拓宽企业融资渠道，降低企业融资成本，提高融资效率。通过小额贷款风险补偿机制，加大对银行的引导。扩大过桥资金服务机构，更大范围解决企业资金周转难题。通过政府补助和增信等政策，发挥担保机构作用，拓宽企业担保贷款渠道。推进融资租赁业务，解决缺抵押企业融资难问题。建立了融资需求项目库，完善了企业信用信息数据库，采取企业融资大集的形式，为金融机构和企业融资牵线搭桥。2012—2013 年，通过政策性措施解决中小微企业融资 469.3 亿元，2014 年一季度解决融资 70.4 亿元，比去年同期增加 23.3 亿元。

四是积极争取资金引导企业走专精特新的发展道路。截至 2013 年，我市共推荐 99 个专精特新企业争取国家中小专项 7920 万元资金支持，另有 260 个专精特新项目获得 8670 万元市级中小专项资金支持。总计 1.66 亿元专项资金累计支持了 359 个拥有专利技术、标志性产品的专精特新企业，取得了拉动项目总投资近 60 亿元，项目新增销售收入逾 120 亿元的积极业绩。

三、对开展“专精特新”工作的建议

（一）建议从国家层面出台专精特新产品（技术）和企业的认定办法，并给予相应的配套政策扶持。鉴于专精特新工作尚处于起步阶段，影响力和含金量明显不足的现状，建议借鉴科技系统支持高新技术企业的做法，在国家层面出台专精特新产品（技术）和企业的认定办法，并整合多方资源形成合力，给予多手段配套扶持。通过“专精特新”认定，对符合产业政策、科技含量高、拥有自主知识产权、市场前景广、经济社会效益好的技术改造和高新技术产业化项目，参照科技型中小企业的扶持手段进行扶持。

（二）建议国家中小企业专项资金能够与中小企业工作密切结合。这次国家中小企业专项资金取消直接扶持项目企业，不利于基层开展工作。建议在进一步降低申报门槛，并增强可操作性的基础上，研究如何与中小企业工作密切结合，建立中小企业发展专项资金正常增长机制。并从优化专精特新发展环境的角度出发，通过研究出台中小企业服务平台建设和政府为中小企业购买服务指导意见，增强平台服务能力；通过落实小企业产业园、创业基地建设的土地、财政政策，积极回应企业需求，推动企业走专精特新的发展道路。

（三）建议能够更加关注专精特新梯队建设。能够从专精特新梯队建设的角度，考虑设立小微企业创业发展基金。根据国发 14 号文件要求，我市虽已建立市级创业投资引导基金，但主要服务对象是处于成长中后期的优质中型企业，大多是拟上市企业，难以顾及小型微型企业。多数创新型、初创型小微企业由于规模小、经营管理等基本条件与股权投资机构要求相差甚远，而且投资回收期长，收益预期不明朗，导致目前的投资机构无法弥补政府缺位、体现财政普惠意图。如果国家能够考虑设立小微企业创业发展基金，将有力地推动专精特新梯队建设。通过培育一批种子型、成长型小微企业，实现政府扶持政策的普惠性。

下一步，我市将在认真贯彻国家工信部指导意见、学习兄弟省市先进经验基础上，按照发展有政策、服务有平台、融资有渠道、成长有梯队、创业集聚有载体的工作思路，着力提高云平台运维水平，完善三级服务体系，加快推进专精特新和百千万成长工程，不断开创中小企业工作新局面。

青岛市中小企业及园区信息化需求调研报告

中小企业信息化需求调研组编写

2014 年 4 月 9 日

为深入挖掘工业企业和园区信息化需求，为信息化子平台制定服务商招募、服务内容设置、服务方式设定、服务过程设计提供依据，同时引导企业通过云服务平台获取信息和服务，推动我市中小企业的信息化建设，2 月 18 日至 3 月 13 日，市经济信息化委相关处室（创业服务处、信息化推进处等）会同市中小企业公共服务中心及东软集团、青岛一凌网集成、青岛禾软科技等 3 家软件企业，在各区市主管部门的大力支持下，对青岛天正重工机械有限公司等 30 家工业企业（详见附件 1）和中国（即墨）服装品牌孵化中心等 7 个工业园区（详见附件 2）开展了一对一的信息化需求调研和云服务平台宣传推介工作，面对面调研企业 65 家（含园区内企业），收回信息化需求调查问卷 76 份，取得了良好的效果。

一、企业信息化建设现状及信息化需求情况

此次调研的工业企业经济效益较好，调研主要针对企业信息化基础设施、信息系统应用、信息化建设规划、信息化部门人员设置等情况做全面了解，重点了解企业生产经营过程中遇到的问题，并据此深入挖掘企业信息化需求。

（一）企业信息化建设现状

1. 基本情况

（1）企业规模及行业占比情况。所调研企业基本是中小微企业，机械设备、纺织服装、食品饮料行业占比较高。

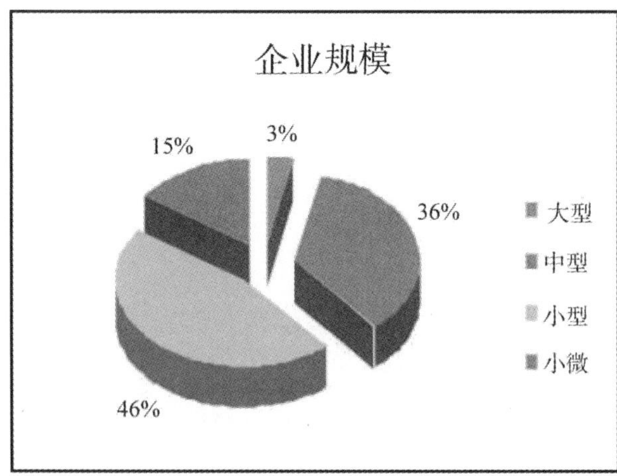

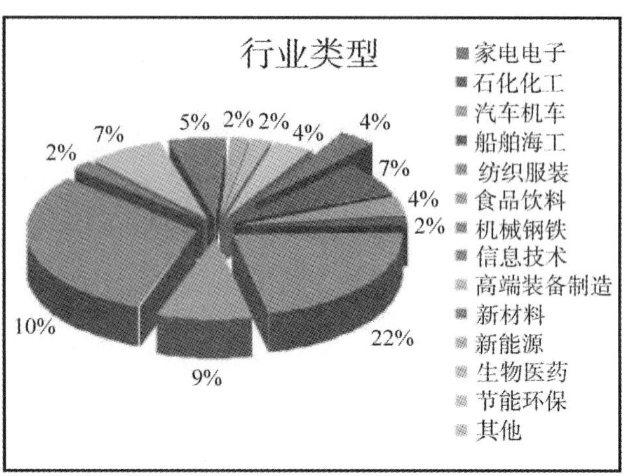

（2）企业信息化基础设施情况。一半企业有信息化部门或专职人员，但部分企业网络设施较差，企业信息化基础设施总体尚可。

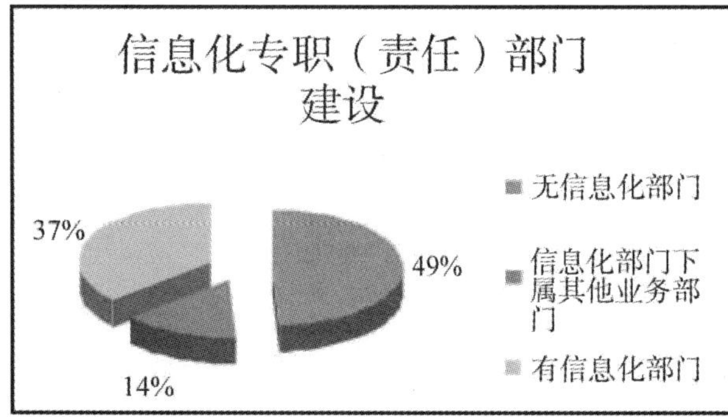

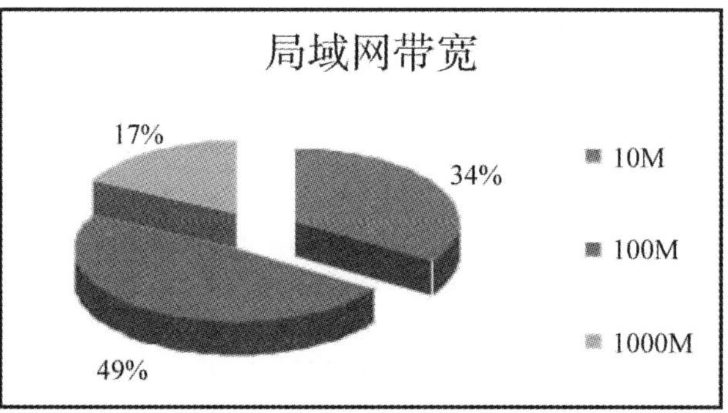

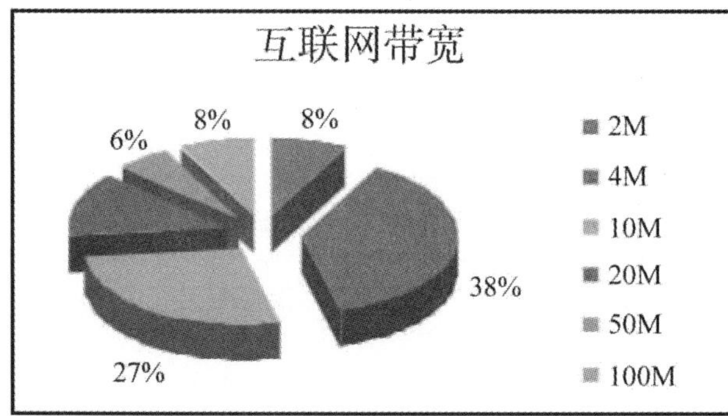

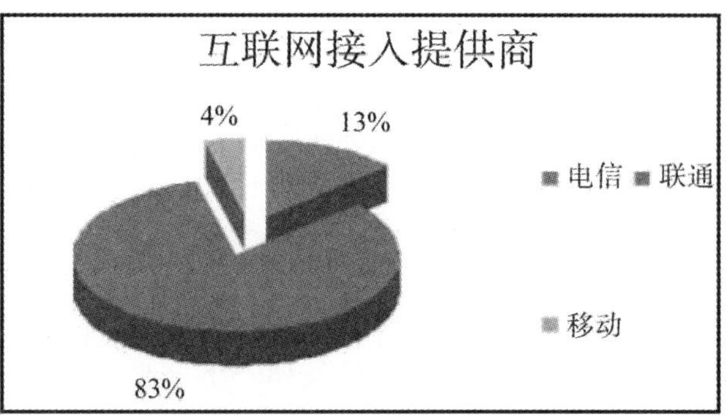

（3）企业信息化实现方式及信息化投入情况。企业年度信息化投入呈现逐年加大的趋势，信息化建设以自建外包结合为主占46%，纯外包占28%，纯自建占21%。

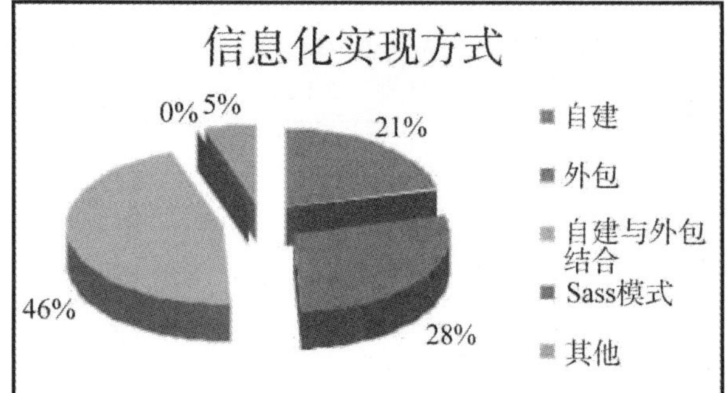

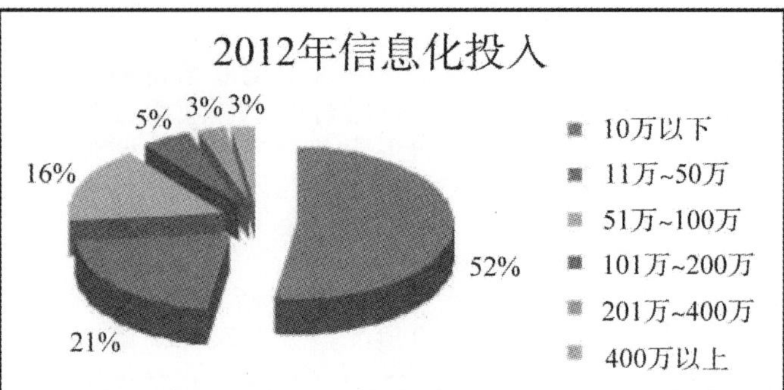

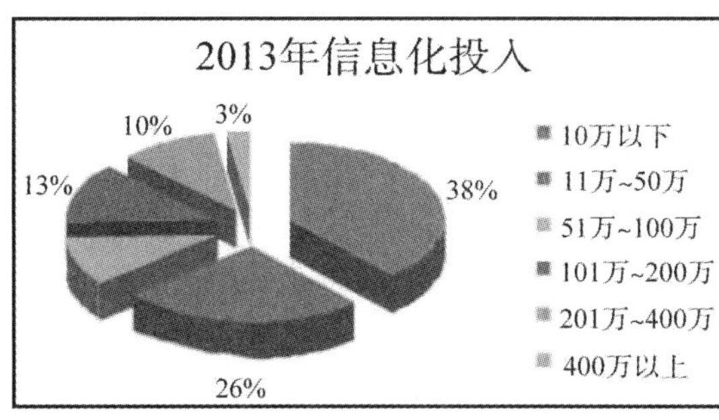

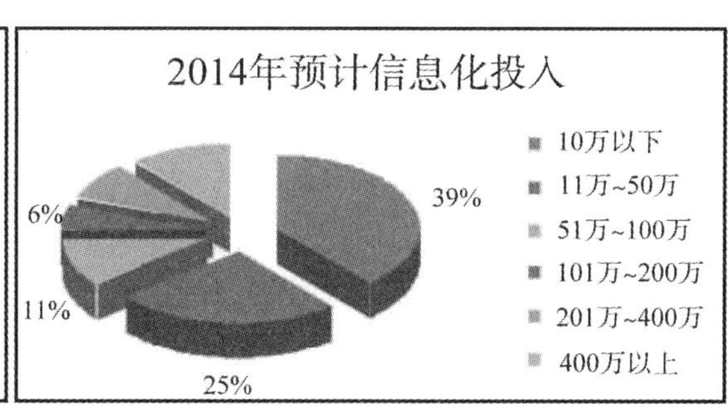

（4）企业信息系统应用情况。信息系统应用依次为 CAD 软件、财务软件、ERP 软件、进销存软件、辅助工艺设计 CAPP 和办公 OA 软件等。本次调研主要是工业企业，所以 CAD 软件使用较普遍；生产企业基本以财务管理系统为基础拓展到仓储管理、生产等环节；标准化生产的企业 ERP 应用较多；少数规模较大、信息化水平较高的企业应用 PDM 系统及 MES 系统。在采购和销售层面上，主要依靠企业门户网站、电子商务平台和供应链管理 SCM 等信息化手段。如下图所示：

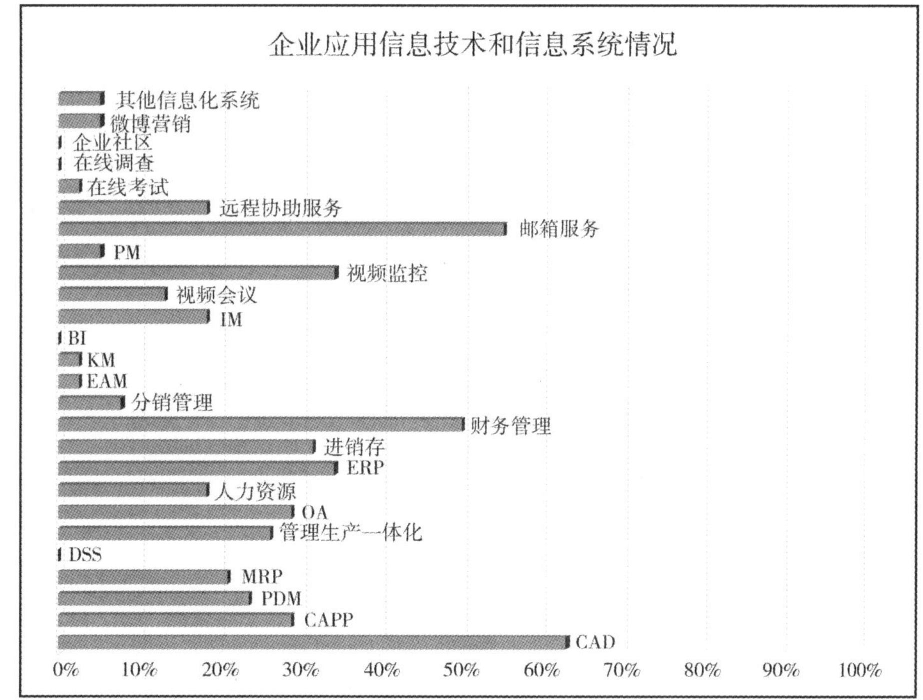

名词解释：CAD：计算机辅助设计；CAPP：计算机辅助工艺设计；ERP：企业资源计划；PDM：产品数据管理；MES：企业生产执行管理；MRP：生产制造管理；DSS：企业决策支持；IM：即时通讯服务；BI：商业智能系统；PM：项目管理服务；KM：知识管理 ；EAM：企业资产管理。

（5）企业信息系统集成情况。从调研企业看，信息化处于单项应用的占 41%，综合集成的占 43%，协同与创新的占 16%。信息系统集成以设计与制造集成、产供销集成为主。

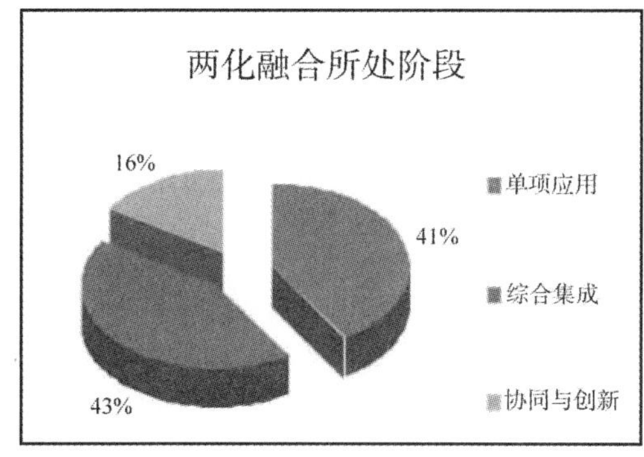

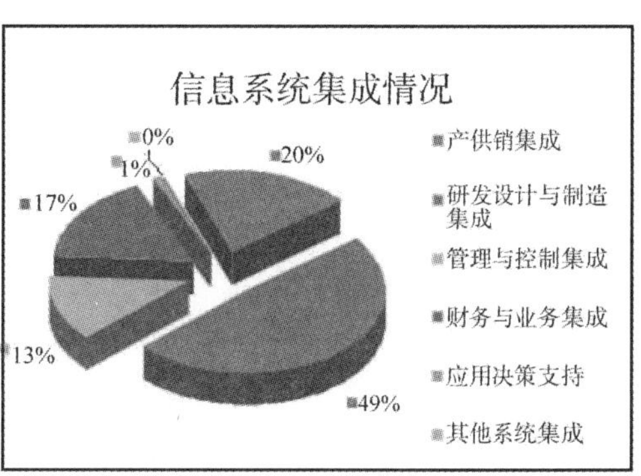

（6）企业信息化建设规划情况。目前大部分企业为了解决生产上的单一问题制定信息化计划，缺少信息化整体规划，信息系统集成是目前企业信息化建设规划的主题。

2. 存在问题

（1）“一把手”重视不够，部分企业信息化水平低。生产企业百分之六十没有管理信息化，客户管理、办公流程等还靠老办法，管理环节流程不规范，工作效率低。部分企业虽经营发展状况很好，但由于“一把手”对信息化不够重视，导致信息化建设滞后。比如青岛佳德食品，年产值上亿，但财务还是采取手工记账的方式，信息化建设落后，制约企业做大做强。

（2）缺乏信息化整体规划，各系统不能互联互通。企业信息化建设每年一规划，缺少整体性和前瞻性，系统建设周期一般为一到两年，有时建完后就已经落后。不同系统比如ERP、PDM等是由不同IT服务商分别建设，数据不能互联互通，重复建设增加了企业成本。比如华仁药业，后期对各个系统进行整合，花费了大量的资金和精力。

（3）员工信息化培训匮乏。生产企业员工信息化水平较低，普遍缺少信息化培训。主要靠员工自学或靠设备提供商培训。员工不懂信息化导致信息化“不能上”，上了信息化也用不起来或者用不好。调研中有的企业员工认为信息化就是使用电子邮箱，对信息化了解甚少。

（二）企业信息化需求情况

1. 从调查表分析的信息化需求情况

所调研企业对信息化有普通的需求，期望通过信息化提高效率、优化流程、信息集成等，期望通过公共服务平台获取价廉质优的信息化解决方案，获取网站建设、信息化培训和IT运维等服务。

企业对软件和数据库租用需求，依次为仓储管理、采购管理、办公自动化、销售系统和生产计划管理等。

2. 本次一对一调研的30家企业信息化需求情况

一对一调研的30家企业信息化需求依次为企业ERP、电子商务、信息化规划、生产线数据采集及自动化设备研发、企业信息安全、办公OA、现有信息系统集成等（详见附件3）。

二、园区信息化建设现状及信息化需求情况

（一）园区信息化建设现状

1. 基本情况

此次调研的园区共有七个，园区的信息化建设水平普遍不高。部分园区建设时信息化基础设施建设重视不够，对网络设施部署缺乏前瞻性；在公共服务方面考虑不多，仅是实现了物理集聚和公用设施整合；园内运营商与企业之间、企业与企业之间信息没有实现互联互通，“信息孤岛”现状阻碍了园内企业特色资源有效整合和供需有效匹配。

在信息化规划方面，新河生态化工园规划建设智能园区，其中包括智能检测、智能安保等核心部分，管理部分较为先进、但对入园企业公共服务规划较少。即墨服装品牌孵化中心有园区管理平台建设规划，而且在尝试提供公共服务，但还没有形成体系。中一精密机械小产业园有一定规划但思路不明确。鲁强模具创业基地为园内企业提供了三坐标激光测量仪、大型线切割机等设备的公共服务，但是信息化建设水平低。其他几个园区还处在有信息化建设想法但无明确规划阶段。

2. 存在问题

（1）现有信息化规划管理多、公共服务少。

（2）园区对信息化基础设施建设重视不够。

（二）园区信息化需求情况

1. 协助做好园区信息化整体规划

针对目前园区信息化规划的现状，组织信息化子平台专家为园区提供信息化咨询服务、协助园区做好信息化整体规划。

2. 促进园区平台与云服务平台的融合

把重点园区公共服务平台作为云服务平台第三级子平台，实现信息互联互通，一方面可以利用云服务平台为园内企业提供公共服务；另一方面园区可以建设自有的特色服务，并作为云服务平台的服务商，为企业提供特色服务。

3. 协助做好园区信息化人才引进和培训工作

园区内企业集聚，便于开展信息化人才引进和信息化人才培训活动。云服务平台可以定期组织信息化人才与园区企业进行对接，定期组织开展信息化人才培训工作，提升园区信息化人才整体水平。

三、下一步措施与建议

（一）建立长期调研机制

服务需求调研和监测是需要长期持续的基础性工作，建议每季度开展一次企业需求的实地调研活动，网上调查可按需开展。通过网上调研与实地调研相结合的形式，分行业和地域，从企业设计、生产、营销、运维和培训等环节不断挖掘企业的服务需求，为招募合作服务商，以及调整服务产品、服务内容和服务方式等提供依据。

（二）创新为企业服务的模式

根据区域及企业分布情况，招募IT服务商，构建企业“半小时服务圈”，线上服务企业的同时，实现线下服务快速对接与实施。根据行业特性，针对不同的企业群，打造专属服务包，降低企业信息化的成本。倡导IT服务商入驻到重点园区（打破IT企业集聚在软件园的习惯），深入一线为企业做好贴身服务。

根据本次调研，建议招募一批实施企业ERP、办公OA、进销存管理、电子商务、自动化设备研发、信息安全等的IT合作服务商。

（三）建立IT服务商合作机制

适时组建信息化子平台联盟，建立沟通、协作和评价考核机制。根据企业的不同需求，合理调配人员形成信息化服务团队，共同承接企业信息化项目；不定期的举办会议、论坛、沙龙等活动，促进

服务商的交流与合作，实现服务商共赢发展。

（四）政府助力推进中小企业信息化建设

建议市财政资金扶持中小企业信息化建设。一是政府购买信息化公共服务，如购买企业信息化SaaS 软件、CAD 等行业专用软件、IT 运维和培训等；二是根据我市的行业特点，在汽车配件、食品、纺织服装和机械设备等行业，树立行业信息化建设典型案例，在同行业中进行低成本复制推广，对行业信息化建设典型案例财政资金给予补贴。

第八篇 附录

工业和信息化部中小企业局

承担中小企业发展的宏观指导，会同有关方面拟订促进中小企业发展和非国有经济发展的相关政策和措施；促进对外交流合作，推动建立完善服务体系，协调解决有关重大问题。

处室设置： 综合处
政策规划处
非国有经济处
融资和担保服务处
创业创新服务处
交流合作处

工业和信息化部中小企业发展促进中心

工业和信息化部中小企业发展促进中心是工业和信息化部专门从事中小企业服务的直属事业单位，是国家层面综合性中小企业服务机构，对外称“中国中小企业发展促进中心”（以下简称“中心”）。

一、成立背景

1978 年我国实行改革开放政策以来，中小企业迅猛发展，成为国民经济和社会发展的生力军，逐步成为对外贸易和吸引外资的重要主体，受到世界各国的重视。

为加强对中小企业对外合作工作的宏观指导，1985 年 8 月 21 日国务院领导批示成立中小企业对外合作协调（指导）小组。协调小组于 1986 年 3 月 30 日正式成立，由时任国家经委党组副书记、副主任的朱鎔基同志担任组长，成员包括原国家经委、原对外经济贸易部及上海市有关单位的领导同志。协调小组设立中小企业对外合作协调办公室，对外名称为“中国中小企业对外合作协调中心”。中心的主要任务是协调各地区及各主管部门有关中小企业的对外合作业务，为国内外中小企业合作开辟渠道，调查研究国外中小企业的基本情况，向国内外中小企业提供服务。

2010 年 1 月，为顺应发展变化的形势和中心实际工作情况，经工信部审核并报中编办批准，中心正式更名为“中国中小企业发展促进中心”。

二、发展目标

中心是在国务院领导直接关怀下成立的一个专司中小企业服务工作的事业单位。经过 20 多年的发展，形成了一支经验丰富、熟悉政策、了解规则、精于谋划、善于协调、踏实做事的干部队伍。面对新的机遇和挑战，中心将坚持以邓小平理论、“三个代表”重要思想为指导，深入贯彻科学发展观，适应新型工业化发展要求，坚持眼前与长远结合，国际与国内结合，服务政府与面向市场结合，业务发展与职工福祉结合，坚持以需求为导向，以服务为核心，以能力为基础，以制度创新为前提，以资源整合为手段做好各项工作。努力成为政府认可、企业满意、国内领先、国际知名的国家层面综合性中小企业服务机构。

三、主要业务范围

1. 宣传落实国家有关促进中小企业发展的法律法规、政策措施，承担政府委托的相关工作。
2. 开展国内外中小企业法律法规、政策措施及发展状况的调查研究，承担相关课题研究任务。
3. 组织实施或受政府委托具体执行中外中小企业交流合作项目。
4. 受政府委托，承担有关中小企业服务体系建设事项。
5. 组织实施或受政府委托开展国内外中小企业商务洽谈及产品展览活动。
6. 开展管理及技术人员培训、信息、咨询、技术创新及融资服务。
7. 负责《中国中小企业》杂志、《中国中小企业年鉴》编辑、出版、发行。
8. 承办工业和信息化部交办的其他事项。

各地中小企业主管部门

北京市经济和信息化委员会中小企业处

一、主要职责

指导和促进本市中小企业发展；会同有关部门拟订促进中小企业发展和非公有制经济发展的相关政策和措施，指导城镇集体企业改革，协调解决有关重大问题；推动建立完善中小企业服务体系；推动中小企业信息化建设；会同有关部门负责北京市中小企业创业投资引导基金使用的决策、监督和管理；指导中小企业开展国内外合作与交流。

二、领导班子成员

任世强　市经济信息化委委员

任世强　处　长（兼）

三、联系方式

办公地点：北京市朝阳区慧新东街6号

邮政编码：100029

电　　话：010－57587756

传　　真：010－57587761

网　　址：www. bjeit. gov. cn

天津市中小企业职能发展促进局

一、主要职责

1. 贯彻执行国家有关发展中小企业、非国有经济的法律、法规和方针、政策，研究起草促进中小企业、非国有经济发展的地方性法规、规章草案，并组织实施。研究提出扶持中小企业、非国有经济发展的政策措施。负责中小企业、非国有经济发展的综合协调、指导和服务。

2. 会同有关部门研究拟定中小企业、非国有经济发展战略、中长期发展规划。分析、监测、评价中小企业、非国有经济运行情况和发展态势，协调解决中小企业、非国有经济发展中的重大问题。

3. 会同有关部门制定中小企业发展产业指导目录，指导和推进中小企业、非国有经济产业结构、产品结构的调整。引导和扶持中小企业开展技术改造、技术创新、新产品开发、新技术推广、市场开拓、专业化发展及与大企业的协作配套。

4. 负责对中小企业专精特新产品（技术）认定工作。负责管理中小企业发展专项资金，会同有关部门对区县工业技术改造贷款贴息扶持资金及乡镇工业区、示范工业园区基础设施建设贷款贴息专项扶持资金使用管理情况进行监督检查。组织协调中小企业招商引资、对外合作与交流。

5. 会同有关部门引导中小企业建立现代企业制度、提高产品质量和经营管理水平。协助有关部门做好中小企业的安全生产、节能减排和环境保护工作。依法维护中小企业、非国有经济的合法权益。协调减轻中小企业、非国有经济负担工作。

6. 会同有关部门推进区县重大项目建设，引导促进中小企业加大固定资产投入，建立完善中小企业固定资产投资项目库，跟踪、监测、分析项目建设进度及投资完成情况。

7. 引导中小企业集聚发展，培育中小企业产业集群。协助推动乡镇工业区、示范工业园区建设和发展。加强中小企业、非国有经济服务体系建设。联系、引导和支持各类中介机构为中小企业、非国有经济发展提供服务。

8. 协调有关部门研究制定楼宇经济发展的有关政策、发展规划。牵头组织有关部门对纳入全市重点支持的商业楼宇的申报进行审核，制定相关检查、考核和验收标准，并开展考核工作。

9. 配合有关部门推进中小企业科技进步、质量管理、人才培训工作。协调有关部门做好中小企业、非国有经济名牌产品、驰名商标和著名商标的推荐和评议工作。

10. 会同有关部门组织推动中小企业信用担保体系建设、建立信用担保风险补偿机制，推进中小企业信用制度和信用担保机构评级制度建设，健全中小企业信用评价服务体系。

11. 负责指导推进全民创业工作，推动和扶持小型微型企业创业基地建设，建立完善创业辅导服务体系，改善中小企业创业和非国有经济发展环境。

12. 负责中小企业公共服务平台建设。协助有关部门推进中小企业、非国有经济信息化和电子商务信息技术应用。

13. 承办市委、市政府交办的其他事项。

二、内设机构

根据上述职责，市中小企业发展促进局设8个内设机构：

1. 综合处
2. 调研处
3. 科技创新服务处
4. 服务体系发展处
5. 非公经济发展处
6. 区县经济服务处（楼宇经济办公室）
7. 规划统计处
8. 经济合作处

三、班子成员（4人）

局长、党组书记：尉永久

副局长：任鹏（党组成员）

副局长：王云齐（党组成员）

副巡视员：司志强

四、对外联络方式及网址

地址：天津市河东区十一经路88号

邮编：300171
电话：022－24308235
传真：022－24305108
网址：www. smetj. gov. cn

河北省中小企业局

2014年，河北省中小企业政府管理职能部门为河北省工业和信息化厅，具体设置如下：

一、中小企业处（民营经济办公室）

承担全省中小企业和民营经济的宏观指导、发展规划、综合协调工作；拟订并组织实施中小企业发展专项资金年度计划和固定资产投资计划；推进中小企业公共服务体系建设，指导中小企业公共服务平台网络运营和管理；承担省民营经济领导小组办公室的日常工作；承担原省中小企业局局属企业改制管理工作。

二、政策法规处

承担拟订全省发展中小企业、民营经济的地方性法规、规章草案并组织实施职责。

三、规划处

承担作为省民委委员单位承担的民族区域自治地区的帮扶职责。

四、财务处

承担中小企业专项资金预算及资金使用的监督检查，指导市、县（市、区）中小企业专项资金的设立和使用等职责。

五、产业政策处

承担推动县域工业发展，拟订并组织实施中小企业产业集群发展规划及建设，统筹指导集群内公共技术服务平台的建设和管理，促进中小企业专业化生产及为大企业配套等职责。

六、科技处

承担拟订并组织实施中小企业创业辅导基地的规划与建设，统筹指导创业辅导机构和辅导队伍的建设和管理，组织中小企业品牌认定，提出鼓励中小企业技术创新措施，指导中小企业技术进步，开展“三下乡”活动等职责。

七、运行监测协调局

承担中小企业、乡镇企业、民营经济统计网络建设、运行监测和统计分析职责。

八、安全生产处

承担烟花爆竹企业的新建、扩建、改建审批，会同有关部门对烟花爆竹企业的安全生产检查等职责。

九、融资担保处

承担企业融资工作，参与企业上市培育；指导企业融资公共服务平台建设，推动中小企业信用担保体系建设；实施对融资性担保机构的监督管理和政策支持，拟订并组织实施对融资性担保机构的风险补偿计划；承担省融资性担保业务监管联席会议办公室日常工作。

十、对外经济合作处

承担指导中小企业对外开放、经济技术交流与合作，组织中小企业市场开拓职责。

十一、人事处

承担指导中小企业、民营企业人才引进、使用和培养，组织实施民营经济组织人才队伍提高工程，负责中小企业、民营企业人才培训项目实施和基地建设等职责。

十二、河北省工业和信息化厅领导班子成员名单

邹　平　厅长、党组书记，省国防科技工业局党委书记
徐振川　副厅长、党组成员，省国防科技工业局局长、省国防科技工业局党委副书记
刘永亭　副厅长、党组成员
段润保　副厅长、党组成员
周军堂　副厅长、党组成员
邵建华　党组成员、省无线电管理局局长
王福强　巡视员
宋进珠　副巡视员
郝莉芙　总经济师
王建分　总工程师

十三、对外联系方式及网址

联系电话：0311—87908778（白天）、87908738（夜间）
传真电话：0311—87908748（白天）、87801583（夜间）
地　　址：石家庄市和平西路402号
邮　　编：050057
网　　址：http：//www. ii. gov. cn/
http：//www. smehb. gov. cn/

山西中小企业局

山西省负责指导、管理、服务中小企业的政府职能部门是省中小企业局。2003年政府机构改革中，中共山西省委、山西省人民政府下发了《关于印发山西省人民政府机构改革方案的通知》（晋发〔2003〕27号），根据文件精神，山西省乡镇企业管理局（民营经济发展局）改组为山西省中小企业局（保留山西省乡镇企业管理局的牌子），为正厅级建制，是省人民政府指导、管理、服务中小企业、乡镇企业和非国有经济的直属机构。2004年4月，山西省中小企业局正式挂牌。

2009年政府机构改革，根据《中共山西省委、山西省人民政府关于印发<山西省人民政府机构改革方案>的通知》（晋发〔2009〕13号），设立山西省中小企业局，副厅级建制，由山西省经济和信息化委员会管理。

2009年9月，山西省人民政府办公厅印发了《关于印发山西省中小企业局主要职责内设机构和人员编制规定的通知》（晋政办发〔2009〕147号），方案规定：

一、职责调整

1. 取消国务院及省人民政府已公布取消的行政

审批事项。

2. 将省中小企业局承担的农产品加工及质量监督管理职责划入省农业厅。

二、主要职责

1. 贯彻执行国家和省有关中小企业和非公有制经济（以下统称为中小企业）的法律法规和方针政策；指导、服务中小企业；研究提出扶持全省中小企业发展的政策，组织或参与起草有关中小企业的地方性法规和规章，并组织实施。

2. 贯彻执行国家及省的产业政策，研究拟定全省中小企业的发展战略和发展规划，指导和推进中小企业产业结构的调整，指导全省中小企业发展园区建设。

3. 监测、分析、预测全省中小企业运行态势，编制并组织实施中小企业近期发展调控目标和措施，协调解决中小企业发展中的重大问题。

4. 指导全省各类中小企业的改革、改组、改造，推进现代企业制度的建立；指导中小企业融资上市工作；促进建立和发展中小企业产权及相关要素市场，指导中小企业的股份制改造。

5. 对全省各种经济成分的中小企业实行宏观指导、协调和服务，规范企业行为；研究提出中小企业技术进步的政策，指导中小企业技术改造和新技术、新设备、新产品开发等工作；建立完善中小企业技术创新支撑体系，指导中小企业创新基地建设，推动中小企业信息化工作；参与指导、管理民营科技企业，向有关部门推荐、申报符合资格认定条件的民营科技企业和科技型中小企业创新基金项目。

6. 研究提出改善中小企业融资环境的政策措施，协调解决中小企业融资的有关重大问题；提出政府扶持中小企业资金的筹集、管理、使用建议，负责省级中小企业发展基金和省级财政对中小企业扶持资金的管理使用，并向有关部门推荐、申报其他相关资金项目。

7. 指导全省中小企业经营管理人员和职工的教育培训及人才、智力引进工作；指导全省中小企业外事、外经、外贸工作；组织中小企业开展国内外经济技术交流与合作；指导中小企业外资引进、利用工作。

8. 指导中小企业服务体系建设，建立和完善创业辅导体系，改善创业环境；协调落实中小企业获得政府采购份额的有关工作。

9. 配合有关部门做好中小企业环保节能、环境监测、安全生产、劳动用工、职业卫生、质量管理、社会保障等工作。

10. 对非公有制经济发展进行规划、指导、监督、协调和服务。保护非公有制经济的合法权益，鼓励、支持和引导非公有制经济的发展。

11. 提出促进县域经济发展的具体政策和措施，指导各县（市）确定符合本地实际的经济发展思路，研究县域经济发展中遇到的问题，推动县域经济发展。

12. 配合有关部门做好全省中小企业党建、工会等工作和精神文明建设工作；指导本系统各类协会、学会和社团工作。

13. 承担省人民政府及省经济和信息化委员会交办的其他事项。

三、内设机构

根据上述职责，省中小企业局设 8 个内设机构和离退休人员工作处。

1. 办公室（省推动非公有制经济办公室）

综合协调机关日常工作；负责机关文电、会务、信息、宣传、督查、档案、机要、信访、提案、保密、保卫、财务、行政、后勤等工作。提出促进非公有制经济发展的政策措施和改革方案，对全省非公有制经济发展提出近期规划和远景目标，并在实施中进行指导和督促。协调工商、金融等部门支持非公有制经济诚信守法经营。

2. 人事处（机关党委）

负责机关和直属单位的人事工作和机构编制工作；承担本系统出国人员的政审工作；配合有关部门做好全省中小企业党建、工会等工作和精神文明建设工作；负责机关和直属单位的党群工作。

3. 政策法规处

起草有关中小企业的地方性法规、规章草案；承办规范性文件的合法性审核工作；监督检查有关法律法规的执行情况；研究提出扶持中小企业改革与发展的综合性政策建议；承办行政复议、行政应诉、行政赔偿及其他法律事务；指导各类中小企业改革，引导中小企业建立现代企业制度；促进建立和发展中小企业产权及相关要素市场，指导中小企业的股份制改造和上市工作；指导中小企业服务体系建设；指导本系统各类协会、学会和社团工作。

4. 发展规划处

研究提出中小企业发展战略、中长期规划和年度目标；负责省级中小企业发展基金和省级财政对中小企业扶持资金的管理使用；负责本系统基建项目管理；指导中小企业的外事、外经、外贸工作；组织中小企业开展国际经济合作与交流，参与组织中小企业国际市场开拓资金项目的申报工作。

5. 管理指导处

贯彻执行国家和省的产业政策，研究提出中小企业的产业发展方向、重点和有关政策，指导中小企业的产业结构和布局结构调整，指导全省中小企业发展园区建设；指导地区间、企业间的协作联合，协助有关部门开展招商引资；组织产品展销等活动；负责中小企业类型划分和认证工作；指导中小企业诚信建设工作；配合有关部门做好中小企业环保节能、安全生产、劳动用工等工作。

6. 经济监测处

监测、分析、预测全省中小企业运行态势，组织对中小企业经济运行中出现的重大问题进行调查研究，并提出对策和建议；会同有关部门研究制定中小企业统计制度并组织实施；负责中小企业统计数据、报表的汇总、分析工作；负责中小企业经济信息的收集、整理、分析和发布工作；研究提出中小企业创业辅导服务体系建设的政策措施，建立和完善创业辅导体系，配合有关部门做好再就业工作；根据城镇化进程提出县域经济发展的具体政策和措施，指导县域经济走新型工业化道路，推动发展特色经济和民营经济；承担县域经济发展的监测和统计工作。

7. 科教质量处

指导全省中小企业人才开发、引进以及教育培训、职称评审、技术进步、产品开发等工作；建立完善中小企业技术创新支撑体系，指导中小企业创新基地建设，参与中小企业新技术、新产品鉴定的有关工作和重大科技成果的推广应用；组织开展国际、国内技术交流与合作，推进中小企业的产学研联合工作；参与指导、管理民营科技企业，负责民营科技企业的申报工作和科技型中小企业创新基金项目的申报；配合做好中小企业质量管理工作。

8. 融资财务处

研究提出改善中小企业融资环境的政策措施，协调解决中小企业融资的有关重大问题；指导中小企业直接融资工作，引导、推动民间资金和风险投资机构投资中小企业；负责推进中小企业信用制度建设，会同有关部门建立和完善信用征集及评价体系；指导中小企业信用担保体系建设工作，引导和规范信用与担保行业发展，制定并实施中小企业信用担保支持计划；协调落实中小企业获得政府采购份额的有关工作；负责局直属单位的财务管理工作。

离退休人员工作处负责机关离退休人员管理服务工作，指导直属单位离退休人员管理服务工作。

纪检监察机构按晋办发〔2005〕17 号文件执行（行政编制 3 名已划转省纪委统一管理）。

四、人员编制

省中小企业局机关行政编制为 45 名（含离退休人员工作处编制 4 名）。其中：局长 1 名，副局长 3 名；正副处级领导职数 19 名（含机关党委专职副书记 1 名、离退休人员工作处领导职数 2 名）。

五、其他事项

1. 省中小企业局不再保留省乡镇企业管理局的牌子。

2. 所属事业单位的设置、职责和编制事项另行规定。

六、领导班子

胡荣华 局党组书记、局长
王怀荣 副局长
闫龙江 局党组成员、副局长
武晨阳 局党组成员、副局长
王 斌 副巡视员

七、对外联系方式及网址

联系电话：0351－5607109
传真电话：0351－5607109
网 址：http：//www. sxsme. gov. cn/

另外：

2012 年，根据山西省机构编制委员会办公室《关于省中小企业局增设服务体系建设处的通知》（晋编办字〔2012〕156 号），山西省中小企业局增设服务体系建设处，正处级建制，核定处级领导职数 1 正 1 副。

主要职责是：研究中小企业服务体系建设的保障措施，培育服务队伍，规范中小企业服务市场；指导省级中小企业公共服务示范平台的建设；负责省级服务体系建设资金的管理和使用；总结推广服务体系建设典型经验和发展模式；协调中小企业获得政府采购份额的工作。

内蒙古自治区中小企业局

一、机构名称

内蒙古自治区经济和信息化委员会中小企业局

二、主要职责

1. 贯彻落实国家和自治区制定的产业政策，组织起草中小企业地方性法规草案和规章。

2. 研究提出自治区扶持中小企业政策的建议，拟定中小企业中长期发展规划及调控目标。

3. 指导中小企业产业结构和布局结构调整，推动中小企业建立现代企业制度。

4. 组织开展培训工作。

5. 审核监督国家和自治区扶持中小企业专项资金的使用。

6. 拟定中小企业服务体系建设的相关政策措施，指导公共服务平台建设。

7. 建立和完善中小企业创业辅导体系，指导中小企业创业基地建设。

8. 推动中小企业及非公经济信息化建设和新技术、新产品开发应用、专业化生产及为大企业配套，协调中小企业获得政府采购份额的有关工作。

9. 承担与有关部门配合中小企业的融资担保工作及中小企业信用担保项目资金的申请审核、监督管理工作。

10. 协调企业、金融部门和中介组织做好信用等级的评定工作。

11. 拟订促进非公经济改革发展的政策措施。

12. 指导全区中小企业对外经济技术交流与合作，指导中小企业及非公经济参与国际贸易和开拓国际市场。

13. 承担中小企业及非公经济运行态势的统计与监测分析工作，收集和发布中小企业及非公经济信息。

14. 指导全区承接产业转移工作。

三、处室设置

设置三个处室，综合处、服务体系指导处、发展规划处。

中小企业局领导班子成员名单：
局 长：暂时空缺
副局长：刘宝森 马 强
综合处处长：张世彤
发展规划处处长：乌海芝
服务体系指导处处长：石补根
中小企业局主页及联系方式：
http：//www. nmgjxw. gov. cn/cms/zxqy/
综合处：0471－4825123
发展规划处：0471－4825120
服务体系指导处：0471－4826512

辽宁省中小企业局

根据《中共中央办公厅 国务院办公厅关于印发<辽宁省人民政府职能转变和机构改革方案>的通知》（厅字〔2014〕26号），设立辽宁省中小企业局（副厅级），由省经济和信息化委员会管理。

一、职能转变

1. 下放的职责。

将省中小企业信用担保机构备案职责下放至市级中小企业行政主管部门。

2. 加强的职责。

加强全省中小微企业合法权益保护的指导协调和服务工作。

二、主要职责

1. 贯彻落实国家发展中小微企业、乡镇企业、民营经济和城镇集体经济的法律、法规和政策，拟订促进全省中小微企业、乡镇企业、民营经济和城镇集体经济发展的地方性法规、省政府规章草案。

2. 制定并组织实施全省中小微企业、乡镇企业、民营经济和城镇集体经济发展的中长期规划，组织全省中小微企业、乡镇企业、民营经济和城镇集体经济运行监测和分析工作，协调解决中小微企业、乡镇企业、民营经济和城镇集体经济发展中的重大问题。

3. 会同有关部门拟订中小企业发展专项资金年度预算建议，按规定负责中小企业发展专项资金项目的实施和管理。

4. 指导全省中小微企业、乡镇企业、民营经济和城镇集体经济的企业制度改革和管理创新，推动中小微企业、乡镇企业、民营经济和城镇集体经济的产业结构、产品结构调整，指导和推进中小微企业产业集群发展。

5. 组织实施全省中小微企业创办的扶持工作，拟订创办中小微企业的扶持政策，推进中小微企业创业辅导孵化基地建设，协调落实创办中小微企业所需要的场地和设施，落实创业辅导、孵化和信息、咨询服务工作。

6. 指导和推动中小微企业、乡镇企业、民营经济和城镇集体经济的科技创新，协调落实中小微企业技术创新项目的各项支持政策，构建中小微企业技术创新服务体系。

7. 推进中小微企业、乡镇企业、民营经济和城镇集体经济融资担保工作，组织开展融资服务，指导中小微企业信用担保机构开展融资担保业务，推进中小微企业融资担保体系建设，配合有关部门协调中小微企业上市、发债、租赁等多渠道融资工作。

8. 推进中小微企业社会化服务体系建设，支持创业辅导、人才培训、技术支持、融资担保、信息服务、市场开拓等中小微企业服务机构发展，引导各类服务机构为中小微企业提供服务。

9. 负责全省中小微企业合法权益保护的指导协调和服务工作，构建中小微企业合法权益保护体系，协调受理中小微企业举报、投诉，配合有关部门开展减轻企业负担工作。

10. 协调和推动中小微企业、乡镇企业、民营经济和城镇集体经济的区域性合作和对外经贸合资合作，帮助中小微企业开拓市场。

11. 承办省政府及省经济和信息化委员会交办的其他事项。

三、内设机构

根据上述职责，省中小企业局设9个内设机构：

1. 办公室（离退休干部处）。

负责综合、文电、会务、机要、档案、督查等机关日常运转工作，承担政务公开、安全保密、信息和财务等工作；负责机关离退休干部工作，指导直属单位的离退休干部工作。

2. 政策法规处。

组织和参与起草有关促进全省中小微企业、乡镇企业、民营经济和城镇集体经济发展的地方性法规、省政府规章草案；构建全省中小微企业、乡镇企业、民营经济和城镇集体经济政策支持体系；承担行政复议、行政应诉等工作。指导全省中小微企业、乡镇企业、民营经济和城镇集体经济的产业结构调整工作。指导协调中小微企业、乡镇企业、民营经济和城镇集体经济人才队伍建设及人才、智力引进工作，引导各类教育培训机构为中小微企业提供培训服务。

3. 发展规划处。

拟订全省中小微企业、乡镇企业、民营经济和城镇集体经济中长期发展规划。负责中小企业发展专项资金的年度支持方向、支持重点以及项目的组织申报工作，会同有关部门对项目进行审核，并对项目实施进行监督检查。编制中小微企业社会化服务体系建设规划。

4. 运行监测处。

承担全省中小微企业、乡镇企业、民营经济和城镇集体经济运行状况的监测工作，拟订经济运行分析报告，协调解决经济运行中存在的突出问题。

5. 科技创新处。

指导和推进全省中小微企业、乡镇企业、民营经济和城镇集体经济的科技进步和信息化建设工作，构建中小微企业技术创新和信息服务体系，协调中小微企业信息服务机构为企业提供信息服务，指导全省中小微企业、乡镇企业、民营经济和城镇集体经济质量管理、品牌创建、知识产权保护工作。

6. 融资服务处。

指导全省中小微企业、乡镇企业、民营经济和城镇集体经济的融资工作，提出促进中小微企业、乡镇企业、民营经济和城镇集体经济发展的金融扶持政策建议，会同有关部门管理使用中小企业信用担保风险补偿专项资金，推进中小微企业信用担保体系建设，引导金融机构、担保机构为中小微企业提供融资和担保服务，推动金融机构与信用担保机构的合作，配合有关部门协调中小微企业上市、发债、租赁等多渠道融资工作。

7. 创业指导处。

推进中小微企业创业辅导基地建设，构建创业辅导孵化体系，组织引导创业辅导机构为创业者提供创业服务，指导全省中小微企业创办工作。

8. 权益保护处。

指导协调全省中小微企业合法权益保护工作，拟订并组织实施相关工作制度，推动中小微企业合法权益保护体系建设，协调受理中小微企业举报、投诉，提供相关法律及政策咨询服务，开展对中小微企业的法律服务，配合有关部门开展减轻企业负担工作。

9. 经济合作处。

指导和推动全省中小微企业、乡镇企业、民营经济和城镇集体经济的区域经济合作和对外开放工作；编制和组织实施中小微企业产业集群发展规划，促进中小微企业与大型企业的协作配套，指导和推动中小微企业、乡镇企业、民营经济和城镇集体经济与国外企业的合资合作、产品出口工作，构建经贸合作服务体系，帮助中小微企业开拓国际市场。配合有关部门做好中小微企业、乡镇企业、民营经济和城镇集体经济节能减排、安全生产、环境保护、职业卫生工作。

机关党委负责机关和直属单位的党群工作。负责机关和直属事业单位机构编制、人事管理、信访工作。

四、人员编制

辽宁省中小企业局机关行政编制48名（不含两委人员编制），其中：局长职数1名（副厅级）、副局长职数3名（正处级）；处长（主任）职数9名、机关党委专职副书记职数1名（正处级）、副处长（副主任）职数9名。

机关工勤人员编制6名。

五、其他事项

所属事业单位的设置、职责和编制事项另行规定。

六、附则

本规定由省机构编制委员会办公室负责解释，其调整由省机构编制委员会办公室按规定程序办理。

吉林省工业和信息化厅（吉林省中小企业局）

一、主要职责

负责中小企业发展的宏观指导，会同有关部门拟订促进中小企业发展和非国有经济发展的相关政策和措施，协调解决有关重大问题。

二、涉及中小企业工作处室设置

中小企业处：

负责中小企业的宏观指导，会同有关方面拟订促进中小企业发展和非国有经济发展的相关政策和措施；协调解决有关重大问题，具体职能：一是负责中小企业宏观指导，会同有关方面拟定促进中小企业、非国有经济发发展的相关政策措施，编制中小企业中长期发展规划；二是负责统计监测中小企业情况用运行趋势；三是组织申报国家中小企业专项资金扶持项目，审核省中小企业发展专项资金扶持项目；四是拓宽中小企业市场合作渠道，引导中小企业加快“走出去”步伐；五是推进中小企业信息建设。

融资服务处：

提出改善工业企业和中小企业融资环境的政策措施，协调解决工业和中小企业融资的有关重大问题；负责提出企业发行债券的初审意见，引导和推动民间资金和风险投资机构投资中小企业；促进中小企业信用担保体系建设。

创业服务处：

负责指导全民创业工作；指导中小企业广泛吸纳社会人员就业工作；指导中小企业加强经营管理；负责服务体系建设，整合社会资源为中小企业、非中有经济发展服务。

民营经济处：

会同有关部门研究拟订促进民营经济发展的相关政策、措施，以及民营经济发展规划，并协调组织实施；推动建立、完善促进民营经济发展的相关服务体系；协调解决民营经济发展过程中的重大问题；完成省突出发展民营洗衣机领导小组交办的其他工作。

三、领导班子成员名单

厅　长：常明（党组书记）

副厅长：马军 张毅 白绪贵 高志国宫毓刚 孙大维（分管中小企业）步民（纪检专员）姚忠龙

四、对外联系方式和网址

联系电话：0431－8890450188904518

网　　址：http://gxt.jl.gov.cn

黑龙江省工业和信息化委员会

一、主要职责

负责中小企业发展的宏观指导，会同有关部门拟订促进中小企业发展和非国有经济发展的相关政策措施，协调解决有关重大问题；指导和推动全省中小企业创业、融资、担保、创新、培训、配套服务体系建设。承担省发展非公有制经济工作领导小组的日常工作。

二、处室设置及其职责

黑龙江省工业和信息化委员会是中小企业的管理部门，其内设机构中有中小企业局、对外合作处、创业处、融资服务处、培训与交流处等五个处室具体负责全省中小企业管理工作。

1. 中小企业局。研究提出扶持乡镇企业发展的政策措施，指导乡镇企业布局及结构调整；协调解决中小企业、乡镇企业和非公有制经济发展中的重大问题；规划指导中小企业产业集群、园区和公共服务平台工作，负责中小企业、非有公制经济统计、分析及成长性企业认定工作；会同财政部门组织国家中小企业专项资金申报、评审工作。承担省发展非公有制经济领导小组的日常工作。

2. 对外合作处。组织开展工业、信息化的对外合作与交流，推动经济技术协作；参与拟定工业、信息化企业利用外资的有关政策及工业利用外资的重点领域、重点项目规划，并组织实施；负责外商投资工业和信息化项目以及工业、信息化企业境外投资项目有关管理工作；协调解决外商投资工业企业运行过程中的有关问题；指导企业市场营销，组织协调工业企业参加重要产品展销活动。

3. 创业处。负责组织开展创业服务工作，指导创业（孵化）基地建设；建立和完善创业辅导体系；制定并组织实施支持创业、创新相关政策；争取相关资金支持企业创业工作，培育微小企业向规模企业发展。

4. 融资服务处。提出改善各类企业融资环境的政策措施，协调解决企业融资的有关重大问题；推动中小企业集合发债和投资公司发展，引导民间资本和风险投资机构投资各类企业；负责中小企业信用担保行业发展的指导、综合组织和协调服务工作，参与中小企业信用担保机构的培训、信用评级、备案工作；组织开展企业上市融资的相关工作；指导中小企业产权交易市场建设。

5. 培训与交流处。负责全省工业和信息化系统管理干部、企业中层以上管理者和专业技术人员的教育培训，组织落实国家和省有关中长期培训规划和年度培训计划；负责企业经营管理人员职业资格管理及人员素质的调查研究；指导企业职业技能培训，负责开展人才合作与交流，指导企业开展校企对接和引进国外智力工作；指导培训基地建设工作；负责本委所属院校的管理工作。

三、黑龙江省工业和信息委员会领导班子成员名单

贲起利　党组书记、副主任
孙　珅　主任、党组副书记
庞光明　副主任、党组成员
高玉学　副主任、党组成员
陈　杰　副主任、党组成员
郭　禄　副主任、党组成员
方安儒　副主任、党组成员
刘爱丽　副主任、党组成员
王　涛纪检组长、党组成员
李　会　副主任
臧　毅　副巡视员
于艳善　副巡视员

四、对外联系方式及网址

1. 黑龙江省工业和信息化委员会门户网站
http：//www. hljiic. gov. cn/public/AA/index. jsp

上海市促进中小企业发展协调办公室

一、机构名称

上海市促进中小企业发展协调办公室。隶属上海市经济和信息化委员会，是上海市人民政府批准设立的专司全市中小企业发展事务的行政机构。

二、主要职责

根据2011年6月1日施行的《上海市促进中小企业发展条例》规定，市人民政府负责促进中小企业发展工作的主管部门应当履行下列职责：

1. 组织拟订本市促进中小企业发展规划和有关政策措施；

2. 综合协调、督促本市有关部门落实国家和本市促进中小企业发展的各项政策措施；

3. 发布相关政策信息，指导、促进中小企业发展，协调处理中小企业发展中遇到的困难和问题；

4. 推动建立和完善中小企业服务体系，扶持中小企业服务机构发展；

5. 会同市有关部门负责市中小企业发展专项资金的使用管理；

6. 市人民政府赋予的其他职责。

三、部门设置

行政秘书部
综合规划部
政策法规部
信用服务部

四、领导班子成员名单

市经济和信息化委主任：李耀新
市经济和信息化委副主任：傅新华
市中小企业办副主任（主持工作）：郑晓东
市中小企业办副主任：宋晓辉、葛东波

五、对外联系方式及网址

上海市促进中小企业发展协调办公室
地址：上海市徐汇区大木桥路108号7楼
邮编：200032
电话：（8621）64225699
传真：（8621）64220924
网址：http：//www. 1128. org，www. ssme. gov. cn

江苏省省经济和信息化委员会

根据《中共中央办公厅国务院办公厅关于印发〈江苏省人民政府机构改革方案〉的通知》（厅字〔2009〕21号）和《中共江苏省委江苏省人民政府关于印发〈江苏省人民政府机构改革实施意见〉的通知》（苏委〔2009〕252号），设立省经济和信息化委员会，为省政府组成部门，挂省中小企业局、省乡镇企业局牌子。

一、涉及中小企业工作的主要职责

制定贯彻国家产业政策的实施意见，推进产业结构调整和优化升级。研究提出产业发展方向和重点行业发展的政策措施。提出优化产业结构、所有制结构和企业组织结构的政策建议。负责信息产业园区、乡镇工业和中小企业集中区规划建设的指导与服务。参与各类工业园区的业务指导工作。联系和指导有关行业协会及其他社会中介组织的工作。

负责中小企业（含民营经济、乡镇企业，下同）发展的综合指导与协调。拟订发展中小企业的地方性法规、规章和政策措施并组织实施。拟订全省中小企业发展专项规划并组织实施。监测分析中小企业运行态势，协调解决中小企业发展的重大问题。指导创业基地建设，推进中小企业自主创新，促进产业结构和产品结构调整。指导中小企业开展国内外经济技术交流与合作，推进中小企业与大企业协作配套发展。指导和推进中小企业服务体系与融资担保体系建设。促进金融机构建立与中小企业的融资渠道，承担或参与中小企业发展基金、担保基金的建立和管理方面的有关工作。负责融资性担保机构的监管。

二、主要领导及分管领导

徐一平　省经济和信息化委员会党组书记、主任

陆元刚　省经济和信息化委员会党组成员、副主任

三、涉及中小企业工作的主要处室

中小企业综合协调处（省民营经济投诉中心）：负责全局业务综合协调工作；落实国家和省有关中小企业法规、方针、政策；拟订促进和扶持中小企业发展的地方性法规及政策；承担中小企业系统的行政复议工作；组织中小企业发展与改革中重大问题的调查研究，提出中长期发展战略和规划；承担中小企业发展扶持资金的预算、管理与监督工作；承担民营经济投诉工作。

中小企业改革发展处（融资担保处）：指导中小企业改革和制度创新，提高经营管理水平，组织企业家队伍培训工作；推进中小企业服务体系建设；研究提出中小企业融资、担保的政策措施；承担全省融资性担保机构的设立与变更审批、关闭和日常监管；开展中小企业创业辅导，指导创业基地建设。

中小企业科技创新处：承担中小企业经济信息的统计、汇总、分析与发布工作，监测中小企业发展态势；指导中小企业信息化建设，推动中小企业应用信息技术化；指导中小企业科技进步、技术创新工作；指导中小企业的财务、会计和内部审计工作。

中小企业产业与合作处（省中小企业国际合作协调中心）：指导中小企业调整产业、产品和布局结构；指导乡镇工业和中小企业集中区规划建设，推动产业集聚；指导中小企业与大企业配套发展；推进中小企业开展国内外经济技术交流与合作；配合有关部门组织和指导中小企业劳动、卫生、环保及节能等方面的工作。

四、对外联系方式

单位地址：南京市北京西路16号苏兴大厦

邮政编码：210008

联系电话：025－86635039

传真电话：025－83328173

网　　址：www. jste. gov. cn

安徽省经济和信息化委员会暨中小企业局

一、安徽省经济和信息化委员会是省政府组成部门，其主要职责

1. 贯彻执行国家有关经济、信息化和无线电管理的方针政策和法律法规，拟订相关地方性法规规章草案；拟订并组织实施经济和信息化的发展规划，推进产业结构战略性调整和优化升级，推进信息化与工业化融合。

2. 制定并组织实施工业、信息化相关行业的规划、计划和产业政策，提出优化产业布局、结构的政策建议；拟订行业技术规范与行业标准并组织实施，指导行业质量管理和安全生产管理工作。

3. 监测、分析经济运行态势，调节经济日常运行；制定和实施近期经济运行调控目标和政策措施，提出解决经济运行中重大问题的意见和建议；收集、整理、分析和发布经济信息；承担工业、信息化相关行业应急管理、产业安全和国防动员有关工作。

4. 负责提出工业、信息化技术改造投资规模和方向的建议，提出行业投资布局建议；按照规定权限，审批、核准国家和省规划内及年度计划规模内工业和信息化固定资产投资项目，并对重点项目进行监管和督查。

5. 拟订并组织实施高技术产业中涉及生物医药、新材料等的规划、政策和标准；组织推动企业技术创新；指导企业技术进步、技术引进和重大技术装备研制，推进高新技术与传统工业改造结合；推动产学研联合。

6. 拟订并组织实施工业、信息化相关产业的能源节约、资源综合利用、清洁生产促进政策；参与拟订能源节约和资源综合利用、清洁生产促进规划；组织协调示范项目和新产品、新技术、新设备、新材料的推广应用；指导和协调工业环境保护和节能环保产业的发展；负责墙体材料革新和建筑材料节能管理、散装水泥推广等工作。

7. 承担煤炭和非煤矿山安全生产监督管理责任，负责煤炭工业生产管理和非煤矿山行业管理工作；负责煤炭固定资产投资规划和年度计划规模内有关技术改造投资年度计划编制工作，衔接平衡煤炭重点企业发展规划和生产建设计划；编制和实施年度煤炭计划，协调煤炭生产和安全管理中的重大问题；指导检查非煤矿山标准化建设和安全生产管理工作。

8. 拟订并组织实施煤电运等要素保障的政策措施，协调重要物资的紧急调度和综合运输；承担电力工业管理与运行监测工作，监督指导电力调度，指导电力生产安全管理，协调电力生产的重大问题；负责全省盐业行政管理和省级医药储备管理。

9. 负责中小企业和非公有制经济发展的宏观指导，拟订促进中小企业和非公有制经济创业创新的政策措施，协调解决有关重大问题。

10. 统筹推进全省信息化工作，组织拟订相关政策措施并协调信息化建设中的重大问题，促进通信网、广播电视网和计算机网融合发展，指导协调电子政务发展，推动跨行业、跨部门的互联互通和重要信息资源的开发利用、共享。

11. 承担信息安全管理的责任，指导和监督政府部门、重点行业的重要信息安全系统与基础信息网络的安全保障工作，协调全省信息安全保障体系建设，指导信息安全防范工作；协调处理网络与信息安全重大事件。

12. 负责无线电频率资源管理，依法监督管理无线电台（站）；负责无线电监测、检测和干扰查处，维护空中电波秩序；协调军地无线电管理相关事宜，协调处理无线电干扰事宜，依法组织实施无线电管制。

13. 承办省政府交办的其他事项。

二、省经信委主要负责人

党组书记、主任　牛弩韬

党组副书记、副主任　张德山

委办公室电话：0551－2871726、2871122

中小企业局、企业发展服务处、推进民营企业合作发展处是经过安徽省编办批准的作为省经信委管理、服务全省中小企业和民营经济发展工作的内设机构，根据工作需要，省经信委决定将一局二处的职能整合、人员统一调配，具体分为四个组即企业发展组、企业服务组、融资担保组、民企合作组开展工作。整合后的主要职能是会同有关方面拟订促进中小企业发展、全民创业和非公有制经济发展的政策措施；拟订改善中小企业融资环境的政策建议，协调解决有关重大问题；指导中小企业和非公有制经济创业、创新，推动建立完善中小企业社会化服务体系；承担省发展非公有制经济推进全民创业领导小组办公室的日常工作。

三、具体职责

1. 会同有关方面研究拟订促进中小企业发展、全民创业和非公有制经济发展的政策措施，并监督检查执行情况；研究提出并组织实施促进全省中小企业和非公有制经济发展战略、工作计划和目标任务；负责提出非公有制经济发展的考核表彰办法。

2. 监测分析中小企业和非公有制经济发展动态，发布相关信息；负责省重点调度的“专精特新”中小企业、成长性小企业和非公有制重要骨干企业及产业集群专业镇的运行监测。

3. 研究提出中小企业和非公有制经济发展专项资金使用方向，培育和扶持“专精特新”中小企业、成长性小企业和产业集群专业镇发展，推动中小企业和非公有制经济创业创新和技术改造，引导中小企业和非公有制经济结构调整、技术进步、节能降耗。

4. 拟订改善中小企业融资环境的政策建议，做好中小企业信用担保机构的指导和服务工作，引导担保机构加大对中小企业融资担保的力度，协调有关金融机构研究、解决中小企业和非公有制企业融资问题。

5. 推动建立健全中小企业社会化服务体系，引导和扶持中小企业公共服务平台建设；规范和促进为中小企业提供服务的自律性中介组织的管理与发展；参与推动中小企业信息化建设；配合开展中小企业培训和创业培训。

6. 指导全民创业载体建设，提出加快创业基地、创业辅导中心建设以及促进产业集聚的措施。

7. 指导和推动中小企业和非公有制企业对外经济技术合作，组织有关对外交流活动。

8. 承担省发展非公有制经济推进全民创业领导小组办公室的日常工作。

分管副主任、党组成员：吴韦人

电话：0551－62871816

中小企业局局长（副厅级）：陈冬克

电话：0551－62871166

中心企业局副局长（正处，负责融资担保组）：刘成全

电话：0551－62871701

中小企业局副局长兼企业发展服务处处长（正处，负责企业服务组）：张立明

电话：0551－62871056

推进民企合作发展处长（正处，负责民企合作组）：李晓帆

电话：0551－62871720

中小企业局副局长（副处，负责企业发展组）：施力

电话：0551－62871725

福建省经济和信息化委员会

一、主要职责

1. 贯彻执行国家工业和信息化发展战略、法律法规和政策；起草并组织实施我省相关地方性法规、政府规章；拟订并组织实施新型工业化、信息化的战略、规划、计划及政策措施，推进现代产业体系建设，指导、监督、检查执行情况；参与拟订全省国民经济和社会发展战略、中长期规划和年度计划。

2. 负责监测分析全省经济运行态势，并发布相关信息；拟订并组织实施工业、信息化运行调控目标、政策和措施；协调解决工业和信息化运行中的有关问题；建立并组织实施重点行业、重点企业、重点产品运行调度机制和经济运行应急调度机制；拟订并组织实施全省重点支农产品、重要工业品、重要生产原材料等的调控方案，组织协调煤电油气运等重要生产要素、重要原材料的调控方案；牵头协调各种交通运输方式；建立工业企业服务机制。

3. 负责拟订并组织实施我省产业发展、结构调整升级的政策措施；负责提出工业和信息化领域固定资产投资方向和目录；按规定负责管理工业和信息化领域企业投资项目，指导推进企业技术改造；拟订并组织实施工业和信息化领域企业投资项目利用政府资金的政策和使用管理办法；负责拟订指导推进民营经济发展的政策措施；牵头承担民营企业产业项目对接；指导、推进工业和信息化领域闽台、闽港、闽澳和对外产业交流与合作；拟订产业龙头促进计划、产业集群建设发展意见和政策措施，统筹、规划、指导、协调全省工业产业园区（基地）建设。

4. 负责相关能源行业管理；负责监测分析能源运行情况并发布能源信息；衔接能源生产和供需平衡，协调解决能源运行中的重大问题；培育和监管能源市场；提出能源价格调整建议；负责煤炭、电力、石油、天然气等能源产品的应急保障工作；负责全省电力运行与调度管理；负责天然气调度及管道安全管理；依法负责全省发电企业并网运行条件审查；依法承担全省电力行政执法工作。

5. 负责全省节能监督管理；组织协调、监督管理循环经济发展工作；组织协调清洁生产促进工作；指导资源综合开发和合理利用；依法承担节能等相关行政执法工作。

6. 负责原材料工业、装备工业、消费品工业、

电子信息工业、软件和信息服务业等行业管理工作；拟订并组织实施行业技术规范、标准、行业准入和产业政策；指导行业质量和品牌工作；协调解决行业运行发展中的重大问题；按规定负责盐业行政管理；负责传统工艺美术行业管理；依法负责农药生产的监督管理；依法管理稀土资源综合开发和合理利用。

7. 负责国防科技工业的综合协调和管理，拟订并组织实施行业发展规划，引导行业布局；推进军民融合发展的武器装备科研生产体系建设；负责民爆器材行业管理和生产经营环节的安全监管；承担国家国防科技工业局交办的任务。

8. 负责指导和服务企业改革和发展；牵头拟订促进中小企业发展的政策措施；负责建立和完善中小企业服务体系和融资担保体系；引导和支持企业提升经营管理水平；负责指导和服务全省乡镇企业的有关工作；依法指导企业法律顾问工作。

9. 负责牵头协调推进战略性新兴产业发展；负责拟订并组织实施企业技术创新的政策措施；指导引进重大技术装备的消化创新；承担指导协调企业技术创新公共服务平台建设有关工作；指导和推动产学研联合，组织实施重大产业示范工程。

10. 负责协调、指导生产性服务业发展，研究提出相关政策措施，推进制造业和服务业融合发展；统筹规划、指导现代物流、工业设计、典当、融资租赁、小额贷款机构等生产性服务业发展；指导推进科技服务、售后服务、服务外包等工作。

11. 负责全省无线电频率资源的分配和管理；依法监督管理无线电台（站）；负责无线电监测和检测；负责协调处理军地间无线电管理相关事宜；负责协调处理无线电干扰事宜，维护空中电波秩序；依法组织实施无线电管制；承担福建省无线电管理委员会的日常工作。

12. 负责指导全省信息产业发展；统筹、规划、协调工业化和信息化深度融合工作；依法承担信息系统工程建设市场的监督管理。

13. 组织开展省际、区域间的经济技术协作活动；指导协调省际、省内、区域、企业的经济技术协作；联系外省政府驻闽办事机构；承担省政府有关对口支援工作。

14. 负责组织协调有关部门做好支前工作，承担省国防动员委员会支前办公室的具体工作。

15. 负责协调推进信息消费工作，会同有关部门研究提出相关政策措施并组织实施。

16. 承办省委、省政府交办的其他事项。

二、处室设置

31 个内设机构

1. 信息产业工会
2. 办公室
3. 综合处
4. 政策法规处（省减轻企业负担办公室）
5. 计划财务处
6. 投资和规划处
7. 产业协调处（省民营企业对接办公室）
8. 技术进步处
9. 中小企业处
10. 能源处（省电力执法办公室）
11. 环境和资源综合利用处（省节能监察办公室）
12. 装备工业处
13. 国防科技工业处
14. 原材料工业处（省烯土办公室）
15. 石化工业处（省履行禁止化学武器公约事务办公室）
16. 消费品工业处
17. 电子信息处
18. 软件服务业处
19. 无线电频率台站管理处
20. 无线电监督检查处
21. 信息化推进处
22. 生产服务业处
23. 经济技术协作处（省政府对口支援办公室）
24. 支前工作处
25. 产业研究室
26. 人事处
27. 机关党委
28. 离退休干部工作处
29. 经济运行局
30. 监察室
31. 行政服务中心

三、领导班子成员名单

林国耀　省经信委党组书记、主任
郭恒明　省经信委党组成员、副主任（正厅长级）、省国防动员委员会支前办公室主任
谢超雄　省经信委党组成员、副主任（正厅长级）、省国防科技工业办公室主任
李长根　省经信委党组成员、纪检组长
郑李亭　省经信委党组成员、副主任
唐亚非　省经信委党组成员、总工程师
林　立　省经信委巡视员
王　怡　省经信委副巡视员
兰　文　省经信委副巡视员

四、对外联络方式及网址

办公地点：福建省政府大院 8 号楼二、三、四层
通讯地址：福州市华林路 76 号
邮　　编：350003
传真/电话：0591－87857032/87833668/87832776
网　　址：www.fjetc.gov.cn

江西省工业和信息化委员会

一、主要职责

1. 贯彻执行国家工业和信息化发展战略、法律法规和政策；拟订工业和信息化地方性法规、规章和政策并组织实施，对政策法规的执行情况进行监督检查。

2. 研究提出全省新型工业化发展战略，协调解决新型工业化进程中的重大问题；在全省经济社会

发展总体规划框架内，拟订并组织实施工业和信息化发展规划，提出优化产业布局、结构调整的政策建议；协调推进有关战略性新兴产业发展。

3. 监测分析工业、信息化运行态势并发布相关信息，协调解决有关问题并提出政策建议；承担综合运输协调的职责，指导协调现代物流工作；负责工业应急管理、产业安全和国防动员有关工作。

4. 拟订并组织实施工业行业技术规范、标准、行业准入和产业政策，推进行业技术基础、知识产权、质量品牌管理，协调行业发展中的重大问题；指导工业和信息化领域加强安全生产管理，参与主管领域安全事故调查处理；负责盐业行政管理；负责农药生产的监督管理，办理国家履行《禁止化学武器公约》有关事项；承担省级药品储备管理工作；依法管理稀土资源综合开发和合理利用；协调烟草工业生产和专营管理工作。

5. 拟订并组织实施企业技术创新的政策措施，以先进适用技术改造提升传统产业，指导引进重大技术装备的消化吸收再创新；组织推进企业创新体系建设和产学研相结合，指导协调企业技术创新公共服务平台建设；组织实施有关科技重大专项，推进相关科研成果产业化。

6. 按省政府规定权限，审批、核准规划内和年度规模内工业和信息化固定资产投资项目（主要指技术改造投资项目）；承担国家工业和信息化部审批、核准的投资项目的审核、申报工作；指导推进企业技术改造。

7. 拟订并组织实施工业的能源节约和资源综合利用、清洁生产促进政策；参与拟订能源节约和资源综合利用、清洁生产促进规划和污染控制政策；组织协调相关重大示范工程和新产品、新技术、新设备、新材料的推广应用；负责新型墙体材料、散装水泥和预拌混凝土、干粉砂浆的管理工作。

8. 负责中小微企业和非公有制经济发展的综合指导和协调，拟订并组织实施中小微企业和非公有制经济发展政策和措施，协调解决有关重大问题；负责中小企业成长工程和国家扶持中小企业发展专项资金项目的组织实施。

9. 推进企业融资服务体系建设，提出政策建议；强化信用管理，配合有关部门指导融资性担保行业发展，搭建投融资平台；促进金融机构与企业建立合作机制，协调解决企业融资问题；负责建立和完善中小微企业服务体系。

10. 依法管理工业园区，组织、指导特色产业园区、生态工业园区及数字化园区建设，协调解决园区发展中的重大问题，承担省工业园区工作领导小组办公室的工作。

11. 促进工业设计发展；配合有关部门，推动工业、信息化领域电子商务应用与发展；指导推进科技服务、售后服务等工作。

12. 建立服务省内工业企业的工作体系；指导企业管理创新，制定企业经营管理人员培训规划，组织实施企业（不含省国资委所监管企业）经营管理人员培训工作，加强企业家队伍建设。

13. 统筹推进全省信息化工作，组织制定相关政策并协调解决信息化建设中的重大问题；推进信息技术和互联网的普及应用，推进信息化和工业化融合；推进信息消费发展；统筹推进电子政务。

14. 按照规定权限，负责信息网络发展规划，协调推进信息化基础设施建设；协调推进通信网、广播电视网和互联网“三网融合”发展；依法监督管理信息服务市场。

15. 承担相关信息安全管理的责任；负责协调信息安全及其保障体系建设；指导监督政府部门、重点行业的重要信息系统与基础信息网络的安全保障工作；协调处理网络与信息安全的重大事件。

16. 依照权限统一配置和管理无线电频谱资源，依法监督管理无线电台（站）；负责无线电发射设备的管理；协调处理军地无线电管理相关事宜；负责无线电干扰监测、检测及查处工作，协调处理电磁干扰事宜；维护空中电波秩序，依法组织实施无线电管制。

17. 开展工业和信息化的对外合作与交流。

18. 承办省人民政府交办的其他事项。

二、主要领导和分管领导

胡世忠　省工业和信息化委员会党组书记、主任

谢光华　省工业和信息化委员会党组成员、副主任

三、工作承担处室

中小企业处：负责全省中小微企业的综合协调、指导和监测分析，提出发展规划和政策措施建议；承担中小企业成长工程的具体实施、服务体系建设工作。监测分析全省非公有制经济发展态势，提出促进非公有制经济发展的政策措施建议；指导非公有制企业加强管理；承担小企业创业基地建设推进工作。

处　长：匡　兵

四、对外联系方式

地　　址：南昌市北京西路省政府大院北二路92号

邮　　编：330046

联系电话：0791－86212913

山东省中小企业局

山东省中小企业局（挂山东省乡镇企业局牌子），负责全省乡镇企业、个体私营企业的规划、指导、协调、服务工作。

一、主要职责

1. 贯彻国家有关发展中小企业的方针、政策和法律法规，研究提出全省中小企业的发展战略、规划和政策法规，会同有关部门监督实施。

2. 根据国家的产业政策，指导中小企业合理布局和产业、产品结构调整，提高产品质量和经营管理水平。

3. 指导中小企业体制改革，对全省中小企业发展中的重大问题提出政策建议。

4. 指导全省个体私营经济的发展，研究拟定有关发展规划、鼓励政策和管理办法。

5. 指导中小企业的财务会计、内部审计、质量、安全、环境 保护、资产管理和资产评估等工作；组织指导中小企业对外经济技术交流与合作，协调和指导中小企业利用外资和出口创汇工作。

6. 负责全省中小企业统计工作；研究掌握中小企业的生产动态，汇集、分析和发布有关经济技术信息，提供信息咨询服务。

7. 组织指导中小企业的科技进步和技术创新，负责乡镇企业技术改造项目审核申报工作；指导中小企业的职工教育培训工作。

8. 组织指导直属企事业单位的改革，推动直属事业单位逐步走向社会、进入市场 ；组织实施机关人员分流工作。

9. 拟订全省中小企业服务体系建设规划和支持服务发展的政策措施；指导推进中小企业管理创新和制度创新。

10. 承办上级机关交办的其他事项。

处室设置　直属事业单位和协会

综合人事处　机关服务中心

政策调研处　省中小企业发展促进中心

规划发展处　省中小企业协会

科技管理处　省担保行业协会

创新服务处　省中小企业管理咨询协会

二、局领导班子成员名单

分党组书记、局长：王兆春

副巡视员：邢亚民

分党组成员副局长　杨亚强

分党组成员副局长　胡立新

对外联络方式：0531 －82037297

河南省工业和信息化厅中小企业服务局

一、处室设置

根据上述职责，中小企业服务局设 2 个处：发展指导处、融资担保处

二、主要职责

（一） 发展指导处

根据《河南省人民政府办公厅关于印发河南省工业和信息化厅主要职责内设机构和人员编制规定的通知》（豫政办〔2009〕115 号） 规定，省工业和信息化厅中小企业服务局负责中小企业发展的宏观指导，会同有关方面拟订促进中小企业发展和非公经济发展的相关政策和措施；推动完善中小企业创业辅导、信用担保等社会化服务体系；提出中小企业发展专项资金安排建议；协调解决有关重大事项。

1. 贯彻落实国家发展中小企业、非公经济的法律、法规和政策；拟订并组织实施促进全省中小企业、非公经济发展的地方性法规、规章和政策，监督检查执行情况，优化企业发展环境。

2. 负责中小企业、非公经济的宏观指导、综合协调和服务；协调解决发展中的重大问题。

3. 引导中小企业转变发展方式，推动中小企业、非公经济产业和产品的结构调整；提出产业集群发展战略及政策措施。

4. 负责中小企业专项资金项目的推荐、申报和审定工作。

5. 指导中小企业改革，促进制度和管理创新；促进中小企业加强经营管理，提高经营者素质。

6. 指导中小企业开展科技进步、新产品开发，提出中小企业技术创新政策措施，建立健全中小企业技术创新支持体系；组织实施中小企业技术改造；指导中小企业公共技术平台建设。

7. 拟订改善中小企业、非公经济融资环境的政策措施，协调中小企业、非公经济享受政府贴息贷款政策的落实；引导和推动民间资本、风险投资机构和金融机构投资中小企业、非公经济；推进中小企业、非公经济信用制度建设，推动和规范中小企业信用担保行业和小额贷款公司发展。

8. 指导中小企业、非公经济服务体系建设；建立和完善创业辅导体系，改善创业环境，组织实施中小企业的人才培训工作；引导各类社会中介机构为中小企业、非公经济提供服务。

9. 指导中小企业开拓市场；协调落实中小企业获得政府采购份额的有关工作。

10. 承办省工业和信息化厅领导交办的其他事项。

（二） 融资担保处

拟订改善中小企业、非公有制经济融资环境的政策措施，拓宽融资渠道；推进全省融资性担保体系建设和小额贷款公司发展，拟定融资性担保行业、小额贷款公司建设规划和扶持发展政策措施；负责全省融资性担保机构、小额贷款公司的准入、退出、日常监管和风险处置；负责全省融资性担保机构、小额贷款公司的人才培养和储备工作；指导全省融资性担保机构、小额贷款公司的征信体系建设；负责河南省融资担保业协会建设工作。

三、领导班子成员名单

沈　超　省工业和信息化厅党组成员、中小企业服务局局长

万战伟　省工业和信息化厅中小企业服务局副局长兼任发展指导处处长

鞠　亚　省工业和信息化厅中小企业服务局副局长兼任融资担保处处长

四、对外联系方式及网址

发展指导处：

联系电话：0371 －6550762165507565

传　　真：0371 －6550760065507565

融资担保处：

联系电话：0371 －65507631 （传真）

通讯地址：郑州市花园路 144 号信息大厦

邮码：450008

网　　址：http：//www. iitha. gov. cn/

湖北省经济和信息化委员会

一、主要职责

1. 贯彻落实国家和省关于新型工业化和信息化的方针、政策和法规，拟订相关地方性法规、政府

规章；提出新型工业化发展战略和政策建议，协调解决新型工业化进程中的重大问题，推进信息化和工业化融合。

2. 拟订并组织实施工业行业规划、计划和产业政策，提出优化产业布局、结构的政策建议，拟订行业技术规范和标准并组织实施，指导行业质量管理工作，负责企业负担监督工作。

3. 监测分析工业经济运行态势，进行预测预警和信息引导，协调解决行业运行发展中的有关问题并提出政策建议；组织重要物资的紧急调度和参与紧急运输协调工作，协调日常经济运行中的突出和重大问题；负责工业应急管理、产业安全和国防动员有关工作。

4. 负责提出工业和信息化固定资产投资规模和方向的意见，按省政府规定权限审核、批准省政府规划内和年度计划内固定资产投资项目。

5. 承担振兴装备制造业组织协调的责任；依托国家和省重点工程建设协调有关重大专项的实施，推进重大技术装备国产化，指导引进重大技术装备的消化创新。

6. 主管电力行政工作；负责编制全省年度电力电量平衡计划并组织实施；履行《电力法》授予的电力监督检查权和行政执法权。

7. 提出企业技术进步政策的建议，组织推动企业技术改造、技术创新；推进产学研结合，促进相关科研成果产业化，推动软件服务业和新兴产业发展。

8. 组织拟订县域经济发展规划和政策，指导县域培育发展特色产业和产业集群；监测分析县域经济发展动态，协调解决县域经济发展中的重大问题；负责县域经济目标考核工作。

9. 负责中小企业发展的宏观指导，会同有关部门拟订促进中小企业发展和非公有制经济发展的相关政策和措施，推进中小企业服务体系建设，协调解决有关重大问题；负责编制中小企业发展资金使用计划和中小企业统计工作。

10. 拟订并组织实施工业能源节约和资源综合利用、清洁生产促进政策，参与拟订能源节约和资源综合利用、清洁生产促进规划，组织协调相关重大示范工程和新产品、新技术、新设备、新材料的推广应用。

11. 负责机械、汽车、石化、信息、轻工、纺织、冶金、建材、磷化、盐业、食品、医药、煤炭、包装等工业行业管理和医药储备管理，指导相关行业加强安全生产管理；承担省履行《禁止化学武器公约》工作领导小组的日常工作。

12. 统筹推进信息化工作，拟订信息化发展战略、政策；负责信息化建设的统一规划、组织协调和监督管理；指导和促进信息技术在国民经济和社会各领域的推广应用；负责规划和组织电子政务建设，协调电子商务发展，协调推动跨地区、跨行业、跨部门的互联互通和重要资源的开发利用、共享；承担省信息化领导小组、省电子政务工作领导小组的日常工作。

13. 负责协调维护信息安全和网络与信息安全保障体系建设；指导监督政府部门、重点行业的重要信息系统与基础信息网络的安全保障工作；协调处理网络与信息安全的重大事件；承担省网络与信息安全协调小组的日常工作。

14. 拟订并组织实施信息资源开发利用和信息基础设施建设中长期规划和年度计划，参与制定相关的支持政策；协调推进通信、广播电视和计算机网络融合发展，跟踪推进信息基础设施重大项目建设；协调通信市场涉及社会公共利益的重大事宜。

15. 负责无线电和电子电器产品维修行业管理工作。

16. 为大企业提供“直通车”服务，承担省大企业“直通车”服务领导小组的日常工作。

17. 承办上级交办的其他事项。

二、处室设置

1. 办公室（财务处）
2. 政策法规处（企业负担监督办公室）。
3. 规划和技术改造处
4. 产业政策处
5. 科学技术处
6. 经济运行处
7. 中小企业发展处
8. 融资担保服务处
9. 节能与综合利用处
10. 县域经济处
11. 运输协调
12. 电力处
13. 煤炭管理处
14. 机械汽车产业处
15. 重化产业处
16. 轻工纺织产业处
17. 医药产业处
18. 电子信息产业处
19. 软件和信息服务业处
20. 信息化推进处
21. 电子政务处
22. 信息安全协调和基础设施管理处
23. 对外经济合作处
24. 人事处
25. 机关党委
26. 监察室
27. 离退休干部工作办公室

三、对处联系方式

地址：湖北省武汉市武昌水果湖省委大院
邮编：430071
电话：027—87233838
网址：http：//www. hbeitc. gov. cn

湖南省中小企业发展促进处、中小企业服务指导处

一、主要职责和处室设置

中小企业发展促进处：研究提出促进全省中小

企业发展的政策措施；拟订中小企业发展战略、中长期发展规划和年度计划并组织实施；监测与分析非公有制经济和中小企业的运行；拟订政策重点扶持中小企业的项目及资金投入方向，会同有关部门管理中小企业发展专项资金。会同有关部门，指导全省非公有制经济发展。

中小企业服务指导处：承担中小企业的综合管理、指导、协调和服务工作；负责中小企业社会化服务体系建设；做好中小企业融资和融资担保的服务与协调工作；负责综合分析全省新型工业化发展情况；协调解决新型工业化进程中的重大问题；会同有关部门对有关新型工业化的工作进行考核、督查。

二、领导班子成员名单

中小企业发展促进处

处　长：谢应钦

副处长：肖成晃 王平

中小企业服务指导处

处　长：夏俊辉

副处长：周　平　谢剑锋

三、对外联系方式及网址

中小企业发展促进处电话：88955551

中小企业服务指导处电话：88955553

网址：http：//www. hnjxw. gov. cn/eca/index. html

广东省中小企业局（广东省民营经济发展服务局）

一、主要职责

贯彻实施国家有关中小微企业和民营经济发展的政策、法规，提出促进中小微企业和民营经济发展的政策、措施；综合协调有关部门搞好中小微企业和民营经济的管理、服务；指导中小微企业和民营经济的改革与创新，推进中小微企业和民营经济服务体系建设；指导中国国际中小企业博览会工作；指导中小微企业与大企业协作配套发展；指导城镇集体企业经营管理工作。

二、处室设置

1. 民营经济处　电话：020－8313334
传真：020－83133281

主要职责：提出营造中小微企业和民营经济公平发展环境、激发中小微企业和民营经济活力和创造力、促进混合所有制经济发展的法规草案、政策措施；研究分析中小微企业和民营经济运行情况，协调解决中小微企业和民营经济发展的重大问题；指导中小微企业和民营经济开展国外经济技术交流与合作；培育发展民营骨干企业；承担省促进中小企业发展领导小组办公室日常工作。

2. 服务体系建设处　电话：020－83135852
传真：020－83135859

主要职责：研究提出中小微企业和民营经济服务体系建设相关法规草案、政策措施，组织拟定中小企业服务体系建设发展规划和计划；统筹中小企业服务体系建设，建立和完善创业辅导、人才培训、市场开拓、信息化应用、管理咨询等服务平台，负责推进中小企业公共服务平台建设；推动中小企业信息化应用；指导小企业创业服务；指导为中小企业提供服务的各类服务机构和中介组织开展工作。

3. 技术进步处　电话：020－83135986
传真：020－83135851

主要职责：研究提出促进中小微企业和民营经济自主创新和创新成果产业化法规草案、政策措施；研究提出中小微企业和民营经济融资政策措施；指导中小微企业和民营经济产业转型、结构优化升级、技术进步；指导中小微企业和民营经济公共技术服务平台建设和推动产学研合作；引导金融机构加强和改善对小微企业和民营经济的服务；推动中小微企业和民营经济的服务；推动中小微企业信用担保行业发展；指导中小微企业和民营经济与大企业配套发展。

三、领导班子成员

局　长：张文献

副局长：官维平　何佐贤　陈慧君

四、处室负责人

民营经济处处长：陈立军

服务体系建设处处长：黄建明

技术进步处处长：谌志群

五、对外联系方式及网址

地址：广东省广州市吉祥路 100 号

邮编：510030

网址：http：//www. gdei. gov. cn

广西壮族自治区工业和信息化委员会

根据《广西壮族自治区人民政府办公厅关于印发广西壮族自治区工业和信息化委员会主要职责内设机构和人员编制规定的通知》（桂政办发〔2010〕173 号）文件精神，广西壮族自治区中小企业的行政管理部门为广西壮族自治区工业和信息化委员会，增挂自治区中小企业局和自治区乡镇企业局牌子。

一、工信委主要职责

1. 提出全区新型工业化发展战略和政策，协调解决新型工业化进程中的重大问题，拟订并组织实施全区工业、信息化的发展规划，推进产业结构战略性调整和优化升级，推进信息化和工业化融合发展。

2. 拟订并组织实施全区工业、信息化的行业规划、计划和产业政策，提出优化产业布局、结构调整的政策建议，研究起草相关地方性法规、规章草案，组织实施行业技术规范和标准，指导行业质量管理工作。

3. 监测、分析全区工业和信息化相关产业运行态势，统计并发布相关信息，进行预测预警和信息引导，协调解决行业运行发展中的有关问题并提出政策建议，建立煤、电、油等重要物资的运行调控机制并组织实施；负责工业和信息化相关行业应急管理、产业安全和国防动员有关工作。

4. 负责提出工业和信息化固定资产投资规模和方向（含利用外资和境外投资）、财政性建设资金安排的意见，负责全区工业和信息化相关产业投资的组织实施，按规定权限审批、核准和备案规划内和年度计划规模内固定资产投资项目及节能项目评估，指导工业和信息化投资项目的招标管理工作。

5. 拟订高技术产业中涉及生物医药、新材料、信息产业等的规划、政策并组织实施，指导行业技术创新和技术进步，以先进适用技术改造提升传统产业，组织实施有关国家和自治区科技重大专项，推进相关科研成果产业化；推动软件业、信息服务业和新兴产业发展。

6. 承担振兴全区装备制造业组织协调的责任，组织拟订技术装备发展和自主创新规划、政策，依托国家和自治区重点工程建设协调有关重大专项的实施，推进重大技术装备国产化；指导引进技术装备的消化创新。

7. 拟订并组织实施全区工业和信息化相关产业的能源节约、资源综合利用、清洁生产、循环经济规划和促进政策；组织协调相关重大示范工程和新产品、新技术、新设备、新材料及散装水泥的推广应用。

8. 推进工业和信息化相关行业体制改革和管理创新，提高行业综合素质和核心竞争力，指导相关行业加强安全生产管理。

9. 负责全区中小企业、乡镇企业发展的宏观指导，会同有关部门拟订促进中小企业、乡镇企业以及非国有制经济发展的相关政策和措施，协调解决有关重大问题；推进农产品加工业发展；负责组织协调减轻企业负担工作。

10. 统筹推进全区信息化工作，拟订相关政策并协调信息化建设中的重大问题，促进电信、广播电视和计算机网络融合，指导协调电子政务发展，推动跨行业、跨部门的互联互通和重要信息资源的开发利用、共享。

11. 依法统一配置和管理无线电频谱资源、依法监督管理无线电台（站），负责无线电发射设备的管理，协调处理军地无线电管理相关事宜，负责无线电监测、检测、干扰查处，维护空中电波秩序，依法组织实施无线电管制。

12. 承担相关信息安全管理的责任。负责协调全区信息安全和信息安全保障体系建设，指导监督政府部门、重点行业的重要信息系统与基础信息网络的安全保障工作，协调处理网络与信息安全的重大事件。

13. 负责全区工业和信息化相关行业的管理工作，研究提出电力工业发展建议，负责全区茧丝绸管理工作，负责电力、煤炭、石油天然气的工业行业管理，负责无线电管理执法监管工作，负责全区铁路、公路、水路、航空、邮电年度运输和生产的综合协调。

14. 负责全区国防科技工业的综合协调和管理，承担全区国防科技工业、民用船舶工业、盐业行业的管理，负责民用爆破器材生产、经销的安全生产监督管理，负责拟订烟花爆竹行业规划和有关标准、规范，承担国家国防科技工业局和各军工部门需要地方政府办理的业务，联系自治区二轻城镇集体工业联合社。

15. 负责全区工业园区管理，牵头研究拟订全区工业园区的布局规划和发展规划，组织拟订全区工业园区管理办法和奖惩措施并组织实施，指导、协调、督促工业园区建设，指导全区承接产业转移工作。

16. 承办自治区人民政府交办的其他事项。

二、内设机构

办公室、政策法规处、综合处、规划处、科技处、投资处、经济运行处、中小企业发展处、节能与循环经济处、能源处、原材料工业处、装备工业处、轻纺工业处、食品医药工业处、自治区国防科学技术工业办公室、工业园区处、电子信息和软件处、信息化推进处、信息安全协调处、人事处、教育培训处等职能处室。其中，中小企业发展处具体负责对全区中小企业、民营企业发展实行宏观指导和管理。

三、领导班子成员名单

委党组书记、主任：束华

委党组成员、副主任：兰红星、潘峰、邱东、侯刚、戴翔、朱鼎朝（挂职一年）

委党组成员、总工程师：陈清

委党组成员、纪检组长：袁煌

巡视员：兰红星

副巡视员：王萍

广西壮族自治区工业和信息化委员会/广西中小企业局地址：广西南宁市民族大道113号工信大厦

联系电话：0771－8095219、8095050（委办公室）

传　　真：0771－2800166（委传真室）

邮　　编：530028

广西壮族自治区工业和信息化委员会网址：

http：//www. gxgxw. gov. cn

中小企业发展处联系电话：0771－8095258（传真），8095070

Email：xqjgx@163. com

地　　址：南宁市民族大道113号工信大厦

邮　　编：530028

海南省工业和信息化厅中小企业处（海南省中小企业局）

一、机构设置

经省政府批准，2006年7月，省级中小企业行政管理职能明确归口于海南省工业经济与信息产业局，2009年7月，海南省中小企业局（正处级）正式挂牌成立，职能隶属海南省工业和信息化厅，核定编制5人。

二、主要职责

承担全省中小企业发展的宏观指导，会同有关方面拟订并组织实施促进中小企业和非国有经济发展的相关政策措施；指导和推动全省中小企业的对外交流合作；推动建立完善服务体系；协调解决全省中小企业和非国有经济发展中出现的有关重大问题。

三、成员名单

海南省中小企业管理机构为海南省工业和信息化厅，业务处室为中小企业处（海南省中小企业局）。

联系方式：网　址：www. iitb. hainan. gov. cn

电　话：0898－65239272

传　真：0898－65362210.

海南省工业和信息化厅领导：韩勇厅长

符传智副巡视员

海南省中小企业局局长：徐晓南（主持全面工作）。

重庆市中小企业发展指导局

一、机构名称

重庆市中小企业发展指导局，简称重庆市中小企业局。另挂：重庆市乡镇企业局、重庆市非公有制经济发展领导小组办公室两块牌子。实行三块牌子一套班子的管理体制。

二、主要职责

贯彻执行有关中小企业、乡镇企业发展的法律、法规、规章和方针政策；起草相关地方性法规、规章和政策并组织实施；负责拟订全市中小企业、乡镇企业的发展战略、规划和年度指导性计划并组织实施；承担全市中小企业、乡镇企业统计分析、预测监测的责任，提出近期调控目标、政策和措施；协调解决运行中的重大问题；指导中小企业、乡镇企业建立现代企业制度以及投资方向、产业和产品结构的调整；负责推进全市都市工业园（楼宇）建设；负责小企业创业基地建设；指导中小企业的特色产业集群建设；负责国家和市对中小企业专项扶持资金项目的管理，协调有关专项资金的组织和安排；指导中小企业、乡镇企业的科技创新、人才建设和信息化建设；指导和规范中小企业社会化服务体系建设，组织、协调行业协会和社会化服务机构向中小企业、乡镇企业提供服务；负责全市农产品加工业的发展并承担相应责任；负责三峡库区淹没工矿企业的关闭、破产和迁建及结构调整工作；承担重庆市三峡库区淹没工矿企业结构调整办公室工作；指导中小企业开展国内外经济技术合作交流及市场开拓工作，指导协调区县（自治县）开展中小企业招商引资工作；负责指导全市中小企业、乡镇企业的融资工作，参与信用担保体系建设；负责中小企业、民营企业的维权投诉工作，依法维护其合法权益；负责协调减轻中小企业、乡镇企业负担工作并承担相应责任；承担重庆市非公有制经济发展领导小组办公室的日常工作；承办市政府交办的其他事项。

三、领导班成员名单及人员编制

局长尹华川，局党组书记、副局长朱建，局党组成员副局长谢卫东、周奎，副局长王任林，局党组成员、纪检组组长陶于祥。

机关行政编制为64名。其中：局长1名、副局长4名，处级领导职数20名（含机关党委专职副书记1名、离退休人员工作处领导职数1名）。纪检组长和机关党委书记按市委有关规定配备。机关后勤服务人员事业编制为6名。

四、内设机构名称及负责人名单

（一）办公室。主任：刘群生；副主任：徐新意。

（二）经济运行处。副处长：石少林（主持工作）。

（三）产业发展处（三峡库区淹没工矿企业结构调整办公室）。副处长：傅晓（主持工作）、王小军。

（四）对外经济合作处。处长：郭平；副处长：张云波

（五）政策法规处（重庆市人民政府民营企业维权投诉中心）。处长：代修超；副处长：吴秋丽。

（六）融资服务处（发展基金管理办公室）。处长：廖冰；副处长：敬徽。

（七）科技处。副处长：李好（主持工作）。

（八）人事教育处（引进智力工作办公室）。副处长：付宗伦（主持工作）。

（九）机关党委。专职副书记：魏学林。

（十）离退休人员工作处。副处长：周玮乔。

（十一）监察室。主任：彭东志。

五、对外联系方式及网址

联系电话：023－67638766

联 系 人：刘群生

单位地址：重庆市江北区红黄路九号

邮　编：400020

网　址：http：//www. cqsme. com/

贵州省民营经济发展局（贵州省中小企业局）

一、主要职责

履行全省民营经济、中小企业发展工作管理、协调和服务职责。贯彻落实国家和省有关推动民营经济、中小企业发展的法律法规及政策，对民营经济、中小企业实行宏观管理和指导；制定全省民营经济、中小企业发展战略规划；提出对民营经济、中小企业的扶持政策及配套措施；对民营经济、中小企业发展政策、法规执行情况进行监督；推进民营经济、中小企业信用体系建设；负责信用担保、融资性担保、小额贷款等行业的管理和指导；管理和使用国家和省财政下拨的中小企业发展专项资金；探索对民营经济高科技项目股权投资和管理模式的有效途径；负责和指导建立、健全全省民营经济、中小企业服务体系；协调和指导全省各类为民营经济、中小企业服务中介组织的工作；组织和指导全省民营经济、中小企业开展对外交流合作；负责全省旅游商品产业推进工作；负责“多彩贵州旅游商品设计大赛、能工巧匠选拔大赛和旅游商品展销大会”省组委会办公室工作；承担全省推动民营经济中小企业发展工作联席会议办公室工作。

二、领导班子

杨　静　贵州省经济和信息化委员会副主任

周　航　贵州省民营经济发展局（贵州省中小企业局）副局长

吴仕华　贵州省民营经济发展局（贵州省中小企业局）副局长

三、处室设置

下设民营经济处、中小企业发展处两个处。

（一）民营经济处

研究制定推动民营经济、中小企业发展的政策措施，协调、督促和检查民营经济、中小企业政策的贯彻落实，协调民营经济、中小企业发展中的重大问题；研究和制定全省民营经济、中小企业发展战略规划；负责对全省民营经济、中小企业运行和发展情况的统计调度分析；负责局重要报告和文件的起草工作；组织和协调综合性的调研活动；负责推动全省民营经济、中小企业社会化服务体系建设；负责民营经济、中小企业的人才培训工作；负责指导各类小企业创业基地的建立和规范；负责全省民营经济、中小企业信息化建设；协调民营经济投诉等工作；负责文秘、会务、机要、保密、督办、目标考核、行政事务及接待工作；承担全省推动民营经济中小企业发展工作联席会议办公室工作。会同有关部门研究制定促进民营经济、中小企业投融资服务的政策，探索民营经济、中小企业投融资的有效途径；探索对民营经济高科技项目股权投资和管理模式的有效途径；协调金融机构建立民营经济、中小企业融资渠道，搭建融资服务平台；负责推进民营经济、中小企业信用体系建设；负责促进中小企业信用担保体系建设，会同有关方面拟订促进中小企业信用担保体系发展的相关政策和措施；负责支持中小企业信用担保机构、小额贷款公司扶持资金的管理。

（二）中小企业处

会同有关部门研究制定促进民营经济、中小企业发展的产业政策及投资方向；促进民营经济、中小企业技术进步和新兴产业发展；负责民营经济、中小企业聚集发展、集群发展；负责全省旅游商品产业推进工作；引导和推动民营经济、中小企业依法经营，加强企业管理，提高经营管理者素质，提高管理水平；组织和指导全省民营经济、中小企业开展对外交流与合作；促进民营经济、中小企业以创业带动就业；管理、使用国家和省级财政用于民营经济、中小企业发展的中小企业发展专项资金及对外招商引资的组织及协调工作；负责指导各类中小企业公共服务平台的建立和规范；负责“多彩贵州旅游商品设计大赛、能工巧匠选拔大赛和旅游商品展销大会”省组委会办公室工作。

四、联系方式

地点：贵州省贵阳市中华北路省政府大院5号楼

邮编：550004

电话：0851－86864035

传真：0851－86864029

网址：http：//www. smegz. gov. cn

西藏自治区工业和信息化厅中小企业处（非公有制经济）办公室

一、主要职责

1. 承担中小企业和非国有经济的宏观指导、综合协调和服务工作。

2. 会同有关部门拟订并组织实施促进中小企业、非国有经济发展的政策措施。

3. 引导中小企业转变发展方式，推动结构优化。

4. 指导中小企业开展对外经济交流与合作。

5. 承担中小企业服务体系建设工作，协调解决有关重大问题。

6. 承担指导民族手工业发展的职责。

二、联系方式

办公地点：拉萨市北京西路62号

邮政编码：850000

电　　话：0891－6198880

传　　真：0891－6198800

网　　址：xzgxzxqyc@163. com

陕西省中小企业局

根据《中共中央办公厅国务院办公厅关于印发〈陕西省人民政府职能转变和机构改革方案〉的通知》（厅字〔2014〕39号），设立省中小企业促进局（副厅级），由省工业和信息化厅管理。

一、职能转变

1. 强化推进全省县域工业化的工作职责。

2. 强化推进全省非公有制经济发展的职责。

3. 强化建设中小企业服务体系的职责。

二、主要职责

1. 贯彻执行有关中小企业、非公有制经济、县域工业化的法律法规和方针政策，研究拟订相关地方性法规和规章草案及政策措施。

2. 负责协调、指导和服务全省中小企业、非公有制经济发展，培育市场主体，促进企业成长。

3. 负责拟订并组织实施全省中小企业、非公有制经济发展战略、中长期发展规划和年度目标计划，促进结构调整和转型升级。

4. 负责全省中小企业、非公有制经济发展运行情况的统计、分析、监测、评价和考核；负责中小企业信息化建设。

5. 负责全省县域工业化、县域工业集中区的发展和考核；负责中小企业招商引资与合作交流。

6. 负责企业自主创新和技术创新，开展技术改造、新产品开发、新技术推广、市场开拓、专业化发展和品牌建设；负责中小企业、非公有制经济人才队伍建设。

7. 承担省促进非公有制经济发展联席会议办公室、省民营经济转型升级试验工作领导小组办公室的工作，引导非公有制企业建立现代企业制度。

8. 负责全省中小企业服务体系建设；组织服务机构对创业者和中小企业开展服务。

9. 负责中小企业信用担保体系建设，指导企业直接融资和间接融资。

10. 承办省政府、省工业和信息化厅交办的其他事项。

三、内设机构

根据上述职责，省中小企业促进局设8个内设机构。

办公室、人事处、发展规划处、企业经济运行处、县域工业处、非公经济发展处、技术创新处、融资服务处；另外，按有关规定设置设机关党委、离退休人员服务管理处、纪检组、监察室。

办公地址：西安市新城区新城大院省政府前大楼四层西侧

电　　话：029－87291898　87291897

邮政编码：710006

网　　址：http：//www. smte. gov. cn/

甘肃省工业和信息化委员会（中小企业局）

一、主要职责

1. 中小企业处

“三定方案”中规定的主要职责是：负责全省中小企业和非公有制经济发展的综合协调、指导和服务，拟订相关政策、规划并组织实施；负责中小企业社会化服务体系建设及服务机构的市场准入、资质认证等管理工作；会同有关部门负责中小企业专项资金、基金的管理使用；负责监测分析全省中小企业和非公有制经济发展动态；指导和组织企业开展招商引资。

2. 融资服务处

“三定方案”中规定的主要职责是：“拟订促进中小企业融资业务发展的政策措施，拟订融资性业务监督管理制度，会同金融机构解决融资性业务监管中的重大问题；协调金融机构建立企业融资体系，引导民间资金和风险投资机构投资中小企业；负责中小企业融资试点工作，指导中小企业产权交易、股权融资，推动中小企业发行债券和上市。”

3. 信用担保体系建设处

“三定方案”中规定的主要职责是：拟订中小企业信用担保行业的规划和政策措施并组织实施；负责审批中小企业信用担保机构设立与变更，建立完善风险补偿和防范机制；会同财政部门负责中小企业信用担保项目审核和相关扶持资金的监督管理；负责中小企业信用体系建设，建立和完善信用信息征集及评价体系，指导担保行业自律组织建设和中小企业内部信用管理制度建设。

二、处室设置

中小企业处融资服务处信用担保体系建设处生产性服务业办公室

三、领导班子成员名单

分管副主任：张富奎

四、对外联系方式及网址

中小企业处：0931－8818361（电话兼传真）

网　　址：http：//www. gsec. gov. cn

青海省经济和信息化委员会中小企业发展局

一、主要职责

中小企业发展局成立于2000年5月，从成立到2003年底，主要围绕省属国有企业结构调整和指导、促进全省中小企业改革与发展等职能开展各项工作。随着政府职能转变和机构改革的需要，2004年4月，将原省乡镇企业局相关职能划入中小企业处，成立了中小企业指导局，编制由5人扩大为8人，2008年经省编办同意更名为中小企业发展局，并挂非公有制经济服务局牌子。主要职能为：拟定扶持非公有制经济发展的地方性政策和法规规章；组织实施全省非公有制经济发展规划；提出中小企业结构调整、产业升级的指导意见；指导推动中小企业跨地区、跨行业的交流与合作；组织推进中小企业服务体系建设；负责中小企业发展专项资金的使用管理；指导乡镇企业统计工作。

二、领导班子

局　长：陶兴德　0971－6138763

副局长：宋积晟　971－6132830

　　　　杨守文　0971－6132830

办公室：0971－6150716（传真）

邮　箱：6151750@163. com

网　址：www. smeqh. gov. cn

宁夏回族自治区非公有制经济服务局

一、主要职责

1. 贯彻实施有关法律、法规、规章，执行国家和自治区关于非公有制经济和中小企业发展的方针、政策；研究提出自治区促进非公有制经济和中小企业发展的政策建议，牵头拟订配套措施并协调落实。

2. 负责全区非公有制经济和中小企业的宏观指导、综合协调和服务；编制全区非公有制和中小企业经济发展规划并组织实施；监测、分析非公有制经济和中小企业运行情况及发展趋势，发布相关信息。

3. 指导全区非公有制经济和中小企业转变发展方式，推动结构调整优化；促进中小企业技术创新、市场开拓、专业化发展及与大企业协作。

4. 培育非公有制经济市场主体，推进非公有制经济和中小企业集聚集群发展；协调推进全区中小企业服务体系建设和创业基地建设；指导中小企业做好节能减排工作。

5. 提出自治区非公有制经济和中小企业发展专项资金的分配使用意见，并组织实施；协调推动中小企业融资、信用制度建设和经济技术交流合作；协调推进中小企业产权及相关要素市场化建设。

6. 承办自治区人民政府和自治区经济和信息化委员会交办的其他事项。

二、处室设置

1. 办公室

负责协调和督办机关日常工作；承担机关文电、会务、机要、档案、信息、宣传、保密、信访、财务和政务公开等工作；承担机关人事工作、机构编制及有关法律事务工作；承担机关重要文件及综合性材料起草工作。

2. 规划发展处

拟订全区非公有制经济和中小企业发展的战略、规划和政策措施；提出非公有制经济和中小企业发展专项资金年度预算及安排建议；协调指导非公有制经济和中小企业改革发展，推动结构调整优化和特色产业集群建设；承担非公有制经济和中小企业运行情况监测分析和信息发布工作。

3. 企业服务处

承担推进中小企业服务体系建设相关工作，引导和支持中介机构为非公有制经济和中小企业发展提供服务；协调推进中小企业创业基地和创业街区建设；协调配合建立完善政府、企业、金融和担保机构信贷合作机制，推进中小企业信用担保体系和信用制度建设；协调指导中小企业拓宽融资渠道。

4. 交流合作处

协调推动全区非公有制经济和中小企业对外交流与合作；协调做好非公有制经济和中小企业人才培训和引进工作；推动非公有制经济和中小企业技术创新支持体系建设；组织开展相关的管理咨询和技术咨询工作；协调指导中小企业做好节能减排工作。

三、领导班子成员名单

马波　宁夏回族自治区经济与信息化委员会党组书记、副主任
　　　宁夏回族自治区非公有制经济服务局党组书记、局长

马立廷　宁夏回族自治区非公有制经济服务局党组副书记、副局长

尤学忠　宁夏回族自治区非公有制经济服务局党组成员、纪检组组长

魏继义　宁夏回族自治区非公有制经济服务局党组成员、副局长

尹　君　宁夏回族自治区非公有制经济服务局副巡视员

四、对外联系方式及联系地址

联系方式：宁夏回族自治区银川市金凤区紫荆花商务中心

联系地址：宁夏回族自治区银川市金凤区新昌西路65号紫荆花商务中心A座4层

大连市经济和信息化委员会（中小企业局）

一、主要职能

1. 贯彻国家新型工业化发展战略和政策，协调解决新型工业化进程中的有关问题；拟订工业和信息化的发展规划并组织实施；推进产业结构调整和优化升级，推进信息化和工业化融合。

2. 制定并组织实施工业、信息产业的行业规划、计划和产业政策，提出优化产业布局、结构的政策建议，起草相关法规和规章草案；拟订行业技术规范和标准并组织实施；负责工业行业管理。

3. 分析工业经济发展趋势，提出调节政策建议和调控目标；负责日常工业经济的调控；监测分析工业运行态势，发布相关信息，进行预测预警和信息引导；协调解决工业运行发展中的有关问题并提出政策建议；负责工业应急管理、产业安全工作。

4. 承担工业和信息化固定资产投资管理相关工作，提出市级财政性建设资金安排的意见，依照有关规定，管理项目建设和资金使用。

5. 拟订高技术产业中涉及工业和信息产业的规划、政策和标准并组织实施；指导行业技术创新和技术进步；指导企业新产品开发和新技术推广工作；组织实施科技重大项目，推进相关科研成果产业化，推动软件业、信息服务业和工业设计产业等新兴产业发展。

6. 承担振兴装备制造业组织协调的责任；拟订重大技术装备发展和自主创新规划、政策，协调重大专项的实施；推进重大技术装备国产化，指导引进重大技术装备的消化和再创新。

7. 拟订工业和信息化的能源节约和资源综合利用、清洁生产促进政策、规划并组织实施，组织相关重大示范工程和新产品、新技术、新设备、新材料的推广应用；负责组织企业节能监察和合理用能评估、审查工作。

8. 开展工业和信息化的对外合作与交流，依照有关规定，实施工业企业合资合作项目和境外投资项目管理，推进企业开展招商引资、技术引进、国际化经营和开拓国际市场。

9. 依照有关规定，组织制定和实施委（局）属企业改革方案，协调解决改革中重大问题和遗留问题；负责对企业实行宏观管理和指导，规范企业行为；宏观指导企业法律顾问工作；参与指导企业融资工作。

10. 依法行使全市电力、煤炭行业行政管理、行政执法和监督工作；负责经济运行资源保障工作，优化资源配置。

11. 依法行使全市盐业行政管理，负责全市食盐专营、食盐生产企业管理和行政稽查；负责黄金行业管理工作。

12. 负责制定全市中小企业、民营经济发展规划；拟订促进其发展的法规、政策和措施，协调解

决发展中的重大问题；指导全市集体企业、乡镇企业改革与发展。

13. 推进全市信息化工作，贯彻国家相关政策并协调信息化建设中的重大问题；指导、协调、促进电信、广播电视和计算机网络融合；指导协调电子政务发展，推动跨行业、跨部门的信息化工程项目建设和重要信息资源的开发利用、共享。

14. 负责信息安全工作，协调推进信息安全和信息安全保障体系建设；指导监督政府部门、重点行业的重要信息系统与基础信息网络（除公共电信网）的安全保障工作。

15. 依照有关法规，管理无线电频率资源，依法监督管理无线电台（站）；依法组织实施无线电管制，协调无线电干扰事宜，维护空中电波秩序；协调处理军地间无线电管理相关事宜。

16. 贯彻执行国家有关国防科技工业的方针、政策；负责军工单位与地方之间的服务协调工作；拟订地方性有关发展国防科技工业的配套政策与法规；协调推进军民结合的武器装备科研生产体系建设。

17. 承办市委、市政府交办的其他事项。

二、内设机构

根据上述职责，设置26个职能处室。

1. 办公室
2. 综合法规处
3. 财务处
4. 投资与规划处
5. 产业政策处（大连市行业协会办公室）
6. 经济运行处
7. 科学技术处
8. 资源节约和综合利用处
9. 中小企业处
10. 企业发展协调指导处
11. 工业园区项目协调处
12. 国际合作处
13. 电力煤炭处
14. 机械装备处
15. 交通运输装备处
16. 军工处
17. 原材料工业处（大连市履行禁止化学武器公约工作领导小组办公室、大连市黄金管理办公室）
18. 消费品工业处（大连市盐业管理办公室）
19. 电子信息产品管理处
20. 半导体产业处
21. 软件与信息服务管理处
22. 信息化推进处
23. 信息安全与网络业务协调处
24. 无线电台站管理处
25. 无线电监督检查处
26. 党委办公室（人事处、机关党委）

三、领导班子成员：

张乙明 大连市经济和信息化委员会主任、大连市中小企业局局长、大连市国防科工办主任

刘 刚 大连市经济和信息化委员会副主任、大连市中小企业局副局长、大连市国防科工办副主任

刘志凯 大连市经济和信息化委员会副主任、大连市中小企业局副局长、大连市国防科工办副主任

于德虎 大连市经济和信息化委员会副主任、大连市中小企业局副局长、大连市国防科工办副主任

韩 广 大连市经济和信息化委员会副主任、大连市中小企业局副局长、大连市国防科工办副主任

李云生 大连市经济和信息化委员会副主任、大连市中小企业局副局长、大连市国防科工办副主任

网 址：http：//www.jxw.dl.gov.cn/

联系电话：83635164

宁波市经济和信息化委员会中小企业处

机构名称：宁波市经济和信息化委员会中小企业处

分管领导：宁波市经济和信息化委员会副主任周学明

处室设置：宁波市经济和信息化委员会中小企业处

处　　长：李国奇

一、主要职责

负责国家中小企业发展专项资金项目工作、市场拓展工作。组织企业参加中小企业博览会、APEC中小企业展览会。指导中小企业制度创新和管理创新工作。做好中小企业信用担保建设工作、中小企业融资环境改善工作、中小企业创业辅导工作。负责中小企业公共技术服务平台和小企业创业基地建设工作、高级工商管理EMBA班相关工作。做好中小企业信用担保机构、中小企业统计、监测和分析工作。

二、对外联系方式及网址

宁波中小在线网

网址：http：//nbsme.gov.cn/xwtjxx/753134435.htm

厦门市中小企业政府职能部门

一、厦门市经济发展局

党组书记 局长：柯继安

厦门市经济发展局是厦门市政府下设一级局，内设办公室、综合和法规处、经济运行处、投资和技术改造处、产业协调处、装备和电子产业处、技术创新处、企业处、信息化推进处、软件服务业处、能源处、环境和资源综合利用处、生产性服务业处、网络和信息安全处、经济协作处、区域合作处、组织人事处、离退休班干部工作处等18个处室，主要

职责为：

1. 贯彻执行国家经济和信息化发展战略、法律法规和政策；起草并组织实施我市相关地方性法规、政府规章；拟订并组织实施新型工业化、信息化的战略、规划、计划及政策措施，推进现代产业体系建设，指导、监督、检查执行情况；参与拟订全市国民经济和社会发展战略、中长期规划和年度计划。

2. 负责监测分析全市工业、信息化经济运行态势，并发布相关信息；拟订并组织实施工业、信息化运行调控目标、政策和措施；协调解决工业和信息化运行中的有关问题；建立并组织实施重点行业、重点企业、重点产品运行调度机制和经济运行应急调度机制；拟订并组织实施全市重要工业品、重要生产原材料等的调控方案；建立工业企业服务机制。

3. 负责拟订并组织实施我市产业发展、结构调整升级的政策措施；负责提出工业和信息化领域固定资产投资方向和目录，按规定负责管理工业和信息化领域企业投资项目，指导推进企业技术改造；拟订并组织实施工业和信息化领域企业投资项目利用政府资金的政策和使用管理办法；指导、推进我市工业和信息化企业与央属企业合作；指导、推进工业和信息化领域对台、港、澳地区和对外产业交流与合作；拟订产业龙头促进计划、产业集群建设发展意见和政策措施，统筹、规划、指导、协调全市工业和信息化产业布局和产业园区（基地）建设。

4. 负责全市相关能源行业管理；负责监测分析能源运行情况并发布能源信息；衔接能源生产和供需平衡，协调解决能源运行中的重大问题；培育和监管能源市场；提出能源价格调整建议；负责煤、电、油、气的应急调度和保障工作；负责全市电力运行与调度管理；负责能源行业安全管理；依法负责全市发电企业并网运行条件审查；依法承担全市电力行政执法工作。

5. 负责全市节能监督管理；组织协调、监督管理循环经济发展工作；组织协调清洁生产促进工作；指导资源综合开发和合理利用；依法承担节能等相关行政执法工作。

6. 负责原材料工业、装备工业、都市产业（消费品工业）、电子信息产业、软件和信息服务业等行业管理工作；拟订并组织实施行业技术规范、标准、行业准入和产业政策；指导行业质量和品牌工作；协调解决行业运行发展中的重大问题；负责传统工艺美术行业管理；依法负责农药生产的监督管理。

7. 负责有关军品的管理，承担市军品生产企业的基本建设、技术改造、科研开发、新产品研制等的审核工作；负责促进军民融合发展和军工技术转民用的工作。

8. 负责指导和服务企业改革与发展；牵头拟订促进中小企业发展的政策措施；负责建立和完善中小企业服务体系；引导和支持企业提升经营管理水平；负责指导和服务全市乡镇企业的有关工作。

9. 负责牵头协调推进战略性新兴产业发展；负责拟订并组织实施企业技术创新的政策措施；指导引进重大技术装备的消化创新；承担指导协调企业技术创新公共服务平台建设有关工作；指导和推动产学研联合，组织实施重大产业示范工程。

10. 负责协调、指导生产性服务业发展，研究提出相关政策措施，推进制造业和服务业融合发展；统筹规划、指导现代物流、工业设计等生产性服务业发展；指导、推进科技服务、售后服务、服务外包等工作。

11. 统筹推进全市信息化工作；组织拟订相关政策并协调信息化建设中的重大问题，指导协调电子政务发展；统筹、规划、协调工业化和信息化深度融合工作；依法承担信息系统工程建设市场的监督管理；负责协调推进信息消费工作；负责协调全市信息安全保障体系建设。

12. 负责指导和组织工业和信息化企业开拓国内外市场，拟订工贸结合的政策，开展工业和信息化产品市场分析调研。

13. 负责制定全市国内合作交流工作规划，指导、组织开展市际间的经济技术协作活动；指导协调市际、区域、企业的经济技术协作；联系外省市政府驻厦办事机构；承担市对口支援和区域经济合作工作。

14. 承办市委、市政府交办的其他事项。

根据上述职责，市经济和信息化局设 18 个内设机构：

1. 办公室

综合协调局机关和直属单位日常行政事务工作；承担局机关文电、机要、档案、保密、信访、政务信息、政务公开、效能建设、应急管理、安全保卫等工作；建立健全局机关各项规章制度；负责局机关重要会议的组织及行政后勤工作；按规定负责编制局机关预决算草案，监督、管理行政事业经费和专项资金使用；指导、监督直属单位的财务工作；负责局机关和直属单位的国有资产管理、政府采购和内部审计等工作。

2. 综合和法规处（审批处、市减轻企业负担工作协调小组办公室）

综合分析工业、信息化经济运行和产业发展的重大问题；牵头组织重大课题研究；负责机关重要文件的起草工作，负责全局各项资料综合和信息汇总；负责对外宣传及内刊编发等工作；指导工业和信息化等行业协会工作；组织、参与起草我市有关工业和信息化领域地方性法规和政府规章；推进机关依法行政工作，承担机关有关规范性文件的合法性审查，承担机关行政应诉工作；指导经信系统法制工作，监督检查机关行政执法工作；承担减轻企业负担协调的有关工作。

3. 经济运行处

监测分析全市工业和信息化运行态势，协调解决工业和信息化运行中的重大问题；拟订并组织实施工业运行调控方案、政策、措施；负责全市工业经济总量平衡，促进产销衔接；组织实施重要工业品的应急调度，牵头组织煤、电、油、气及其他重要物资的紧急调度；监测分析电力运行态势，监督电网调度，协调处理电网运行、电力运行中的重大问题；牵头指导工业和信息化行业加强安全生产管理；建立健全工业企业服务机制；承担工业国防动员工作。

4. 投资和技术改造处

指导推进工业基础能力提升；提出工业和信息化领域固定资产投资方向；承担工业和信息化领域固定资产投资审核的相关工作；推动企业应用信息技术和高新技术改造、提升传统产业，组织实施专项重大技术改造；指导推进产业龙头企业发展；监测分析工业和信息化领域固定资产投资状况；协调解决重大工业项目建设中存在的问题；按规定办理工业和信息化领域企业投资项目进口设备免税确认手续。

5. 产业协调处

研究提出并组织实施我市工业和信息化发展规划；组织实施并监督执行国家产业政策，拟订产业结构调整目录，指导、协调产业结构优化升级；负责组织实施市重点发展、新兴产业的培育工作；负责原材料工业、石化、消费品工业等行业管理工作；负责有关行业准入管理事项；指导、协调我市工业企业与央属企业合作；指导、推进工业和信息化领域对台、港、澳产业合作与交流；指导、协调淘汰落后产能工作；负责我市办理《禁止化学武器公约》的有关事务；依法负责对农药生产实施监督管理；协调上级部门交办的有关盐务管理工作；承担中药材生产扶持项目管理、市级国家医药储备、散装水泥的监督管理工作；承担传统工艺美术行业管理工作；承担有关军品管理的职责，承担促进军工技术转民用的工作；统筹规划、指导、协调全市产业园区（基地）、产业集群的布局规划和建设；负责投资项目园区准入审查工作；负责工业用地增容建设单位高产出比企业认定工作；组织协调有关工业和信息化的会展活动及市场开拓。

6. 装备和电子产业处

负责装备、智能制造和电子等行业管理工作；组织协调装备产业的振兴与发展；拟订并组织实施本市装备产业中长期发展规划和年度计划，参与拟订相关的支持政策；指导协调并组织实施重大技术装备自主化攻关；负责装备、智能制造和电子产业统计分析工作，组织参与相关产业、企业的调整和重组。

7. 技术创新处

拟订并组织实施有关产业技术提升和企业技术创新的政策措施；指导、协调企业技术创新公共服务平台和企业创新能力建设；指导和推动产学研联合，组织实施重大技术开发产业化示范项目；指导推进全市工业企业新技术、新工艺、新产品开发和推广应用工作；统筹协调工业行业技术规范和标准、行业质量提升和品牌管理工作。

8. 企业处（市中小企业管理办公室）

负责指导和服务中小微企业改革与发展；牵头拟订促进中小微企业发展的政策措施，协调解决中小微企业发展中的有关问题；促进中小企业的对外交流合作；指导中小企业服务体系建设；组织协调政银企合作，推进落实中小微企业投融资政策措施；指导相关企业兼并重组工作；指导和培育中小企业管理咨询、培训等服务机构，指导、推动工业和信息化领域企业提升经营管理水平；承担指导和服务乡镇企业发展的有关工作；指导和协调全市产业损害调查与维护产业安全工作。

9. 信息化推进处

拟订地方性信息化法规、规章和标准规范，组织实施信息化发展战略和规划；负责推动重要信息资源的开发利用与共享，推进信息技术的推广应用；负责电子政务基础设施建设，推动政务资源共享和业务协同；负责协调推进信息消费工作，会同有关部门研究提出相关政策措施并组织实施；依法承担信息系统工程建设市场的监督管理工作；指导和推动电子商务支撑技术发展。

10. 软件服务业处

承担软件、集成电路设计和信息服务业管理工作，跟踪行业发展态势，协调解决行业发展中的重大问题；拟订行业发展规划、政策并组织实施；组织实施行业技术规范和标准，承担软件企业认定、软件产品登记等管理工作，指导和监管系统集成资质认定；推动软件和信息服务业公共服务体系建设；负责动漫和网络游戏管理及相关规划；指导行业招商引资工作；指导软件人才培养工作；负责行业经济技术信息统计、汇集、整理和发布工作。

11. 能源处（市电力执法办公室）

负责全市电力、煤炭、石油、新能源和可再生能源等的行业管理；负责监测能源发展情况并发布能源信息；衔接电力、煤炭、石油的生产和供需平衡，协调解决电力、煤炭、石油运行中的重大问题；培育和监管能源市场，提出能源价格调整建议；负责原油、成品油行业的布局规划和监督管理；负责成品油的应急储备等工作；指导能源结构调整，推动新能源交通工具的推广；依法承担组织油、气长输管道的保护和监管；承担全市电力设施保护的监督管理职责，指导全市电力设施保护工作，牵头组织查处危害电力设施的重大违法行为。

组织拟订并协调节能规划和政策措施；按规定监督管理固定资产投资项目节能评估和审查；组织开展节能目标责任评价考核和重点用能单位节能监督管理；依法开展节能行政执法工作；承担市人民政府节约能源办公室的日常工作。

12. 环境和资源综合利用处

组织拟订并协调实施资源节约和综合利用、发展循环经济、促进清洁生产的规划和政策措施；推动相关重点工程建设以及新产品、新技术、新设备、新材料的推广应用；组织开展全市资源综合利用认定，组织开展清洁生产审核；协调工业污染治理；指导再生资源回收利用工作；承担市发展循环经济工作领导小组和市应对气候变化领导小组有关综合协调的日常工作。

13. 生产性服务业处

指导、协调生产性服务业发展工作，牵头拟订并组织实施生产性服务业发展战略、规划及相关政策措施；推进制造业和服务业融合发展，推进生产性服务业功能区和公共服务平台建设；指导推动科技服务、售后服务、服务外包等工作。

14. 网络和信息安全处

统筹协调网络基础设施建设，促进电信网、广播电视网和互联网三网融合；协调我市信息安全保障体系建设；指导监督重要信息系统与基础信息网络的安全保障工作；负责信息安全等级保护工作的协调与相关管理；组织信息安全检查、风险评估工作；协调、监管重大信息网络基础设施建设。

15. 经济协作处（市对口支援办公室）

拟订全市国内合作交流工作规划，建立健全全市国内合作交流工作制度；实施省、市际政府间的经济技术协作计划，协调解决协作中遇到的重大问题；负责各地政府和企事业单位驻厦办事处的联络、协调与服务工作，负责外地企事业单位在我市设立办事处的报备工作；负责我市企事业单位到外地设立办事机构的报备工作；加强与全国各地闽商商会的联系，建立对外联络制度；负责各地政府和企事业单位驻厦办事机构入厦户口的申请确认工作；负责国内友好城市的联络工作。

综合协调全市对口支援和东西扶贫协作工作，拟订并跟踪落实对口支援和东西扶贫协作工作规划和帮扶资金预算安排计划以及有关援建项目审核，负责我市对口支援和东西扶贫协作地区援外工作队的业务指导，组织与对口支援、东西扶贫协作地区间的政府联席会议等活动，承担市对口支援工作领导小组的日常工作。

16. 区域合作处

负责区域合作及省内扶贫、山海协作工作，管理区域经济合作资金及山海协作资金；承担闽西南五市及闽粤赣十三市两个合作区办公室的日常工作，拟订区域经济发展与合作规划及实施方案，督促、协调党政领导联席会议确定事项的落实，负责落实涉及本局的工作任务；协调组织多边或双边的区域合作、山海协作专题、专项会议。

17. 组织人事处

负责系统党的组织、思想、作风、制度建设工作；指导系统基层党组织建设工作，研究和加强党员教育与管理，拟订发展党员工作计划和措施；指导、协调系统精神文明建设、统战、工青妇工作；负责局机关及直属事业单位的机构编制、人事、工资管理等工作；负责指导企业经营管理人才队伍建设；承担我市工程与经济、工艺美术系列专业技术职称评审等有关工作。

18. 离退休干部处

贯彻落实中央、省、市离退休干部工作的方针、政策，指导本系统开展离退休干部工作，做好局机关离退休干部的相关服务、思想政治工作，支持老同志开展关心下一代工作；指导直属单位离退休干部工作。

机关党委负责局机关党群工作。

办公地点：厦门市湖滨北路61号市府东楼七至九层
联系电话：0592—2896783
邮　　编：361022

二、厦门市中小企业管理办公室

根据厦委发〔2003〕14号文精神和市政府常务会研究意见，为整合政府管理中小企业职能，顺应了中小企业提出的有关政府工作部门协调管理中小企业工作，在市经济发展局增挂“厦门市中小企业管理办公室”（简称中小办）。中小办作为全市负责中小（民营）企业管理工作的机构，根据《中小企业促进法》的有关精神，综合考虑全市贯彻实施《中小企业促进法》的工作进展情况，进一步调动和依托经发局企业处“宏观协调和管理各经济成分企业”的职能，以及直接与工信部中小企业司对口争取国家扶持中小企业发展专项资金等优惠政策对全市中小（民营）企业的扶持。

办公地点：厦门市湖滨北路61号市府东楼九层911室
联系电话：0592—2896783
邮　　编：361022

青岛市经济和信息化委员会（中小企业发展局）

一、规划发展处

职能：拟订促进中小企业发展的政策措施并组织实施；监测分析中小企业发展态势，发布相关信息；提出中小企业发展专项资金年度预算建议，并参与组织实施；推动建立中小企业发展基金；组织实施中小企业成长工程；负责全市中小企业的统计；负责促进小企业发展领导小组办公室日常工作。

电话：0532－85912658　85912657
传真：0532－85912659
网址：www. qdeic. gov. cn
邮箱：a85912658@163. com

二、创业服务处

职能：组织完善中小企业发展的服务体系建设；建立中小企业公共服务平台，为中小企业创业、发展提供政策咨询和信息服务；指导中小企业创新发展，鼓励其参与大企业配套合作；推进中小企业特色产业基地建设和转型升级；推进中小企业信息化建设；参与组织中小企业开展国内外经济技术交流合作。

电话：0532－85912662　85912830
传真：0532－85912830
网址：www. qdeic. gov. cn
邮箱：qd85912662@126. com

三、领导班子成员

分管领导：张琳市经济信息化委副主任、中小企业发展局局长

深圳市中小企业服务署

一、主要职责

1. 贯彻落实国家和省、市有关发展中小企业的

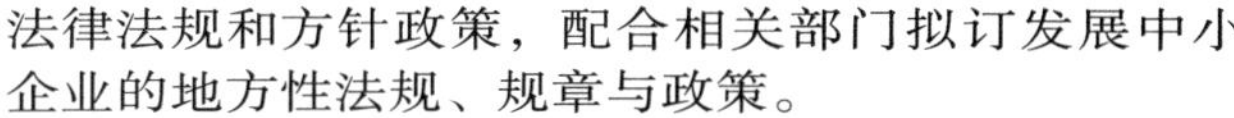

法律法规和方针政策，配合相关部门拟订发展中小企业的地方性法规、规章与政策。

2. 掌握中小企业运行态势，为相关部门制定调控目标和措施提出意见建议；承担有关信息收集与发布等工作。

3. 促进中小企业发展和建立现代企业制度；根据产业发展政策及投资导向目录，引导中小企业调整产业结构和产品结构，推进技术创新；推动中小企业与大型企业开展协作配套。

4. 协助主管部门与财政部门管理市民营及中小企业发展专项资金和专项基金；负责组织中小企业申报国家扶持中小企业发展的各类专项资金及专项基金。

5. 协调联系行业协会、相关部门及其他机构，推进为中小企业提供融资担保、市场开拓、人才培训、创业创新、科技孵化、信息化应用、技术支持、品牌培育、经营管理以及信息咨询等多方面、多层次的服务体系建设。

6. 协助促进完善中小企业投融资市场，牵头引导和推动中小企业改制上市。

7. 扶持中小企业拓展国内外市场；鼓励和扶持中小企业加强技术进步、信息化应用、人才培育和经营管理等工作。

8. 负责中小企业投诉受理工作，维护中小企业合法权益。

9. 承办主管部门等交办的其他事项。

二、内设机构

综合部、上市与融资服务部、监测与市场服务部、创新与创业服务部。

三、领导班子成员名单

顾宏伟　杨宇清　冯德崇　李光文

四、对外联系方式及网址

地　　址：深圳市福田区新洲路4009号七楼

联系电话：82975925

传　　真：82975804

网　　址：www. szsmb. gov. cn

各地中小企业服务机构

北京市中小企业服务中心

中心于2000年12月成立，是北京市经济和信息化委员会直属机构，由北京市财政预算拨款，为北京地区中小企业、民营企业提供政策指导、改制重组、融资担保、创业投资、高管培训、国际合作、专家咨询、企业信息化等全方位服务。

中心设有六部一室：政策指导部、融资担保部、创业投资引导基金管理部、会展培训部、国际合作部、信息开发部和办公室。中心致力于为北京地区中小企业提供政府服务、专业化服务、社会化服务，在三大服务体系建设中务实创新，促进中小企业、民营企业的快速成长。

地　　址：北京市朝阳区工体北路6号
邮　　编：100027
联系电话：010－84018989
传　　真：010－64065056
网　　址：www. BeijingSME. org
E－mail：Bjsme2005@ sina. com

北京市农民就业服务指导中心

北京市农民就业服务指导中心（以下简称中心）是北京市经济和信息化委员会直属的全额拨款事业单位，内设企业综合服务部、职业技能鉴定部、就业服务指导部和办公室等4个部门。中心主要面向郊区15万家中小企业（镇村企业），依托区县经信委、乡镇政府、镇村产业基地、技能鉴定站，开展各项公益性服务工作，主要为郊区中小企业（镇村企业）提供经济运行统计分析、企业经营管理者培训、职业技能培训鉴定、用工招聘、政策信息、市场开拓等服务工作。

中心具有人力资源和社会保障部和农业部核准颁发的《职业技能鉴定许可证》，是北京市唯一的农业行业特有工种职业技能鉴定机构，为北京中小企业（镇村企业）职工和非农就业农民开展职业技能培训和鉴定考核，鉴定考核合格者将获国家人力资源和社会保障部、农业部联合颁发的《中华人民共和国职业资格证书》。

中心积极为企业招聘职工和城乡劳动者求职提供公益性中介和信息服务。中心主办的就业信息网（www. jiuyexinxi. cn）为企业发布招聘信息，为劳动者发布求职信息。目前，网站可提供电工、缝纫工、保安、保洁、财务、司机等上百个工种供求职者选择，已经成为北京郊区企业用工招聘和城乡劳动者求职的重要信息来源平台。

地　　址：北京市朝阳区工体北路6号
邮　　编：100027
联系电话：010－85235995（兼传真）
网　　址：www. jiuyexinxi. cn
E－mail：nongminjiuye@ 126. com

北京国融工发投资咨询有限公司

北京国融工发投资咨询有限公司（以下简称“公司”）成立于1994年，注册资本1000万元，法定代表人及董事长石幼文，总经理王建军。该公司是一家国有控股企业，控股股东为北京工业发展投资管理有限公司，占股比例为94%。

公司拥有一支包括注册咨询工程师、中关村科技园区信用评级分析师、注册会计师、注册造价工程师、注册资产评估师、注册房地产估价师、注册土地估价师及高级工程师、高级经济师，各领域专家在内共计67人的专业人才队伍。

公司经营范围：投资咨询；企业资信等级评估、企业财务资信评估、企业固定资产资信评估及其他资信评估、企业固定资产投资、贷款的可行性评估、金融业务咨询、房地产价格评估；编制建筑（含房地产开发）、轻工、机械、商业、旅游、建议书、可研。

公司拥有国家发展改革委批准的甲级综合工程咨询资格，专业涉及机械、轻工、建筑（房地产开发）、商物粮、综合经济、公路、化工、医药、电子、市政公用工程（环境卫生）、节能。可为企事业单位编制项目建议书、项目可行性研究报告、项目申请报告、资金申请报告和评估咨询。公司拥有人民银行批准的企业信用评级资格，可为各企事业单位进行信用评级。

公司受北京市经济和信息化委员会、北京市财政局委托承建和运营北京市中小企业投融资服务平台，为中小企业提供银行融资、风险融资、上市融资等投融资服务。

该公司本着“客观、公正、科学、高效”的工作理念，在科学发展观指导下力争打造出拥有一流的团队和一流的服务的投资咨询公司，为广大客户提供更加快捷和有效的服务。

地　　址：北京市朝阳区慧新东街6号
邮　　编：100029
联系电话：010－57587440
网　　址：www. bjgyrz. com
　　　　　www. bjsidic. com

天津市中小企业生产力促进中心（天津市中小企业发展促进中心）

一、基本情况

天津市中小企业生产力促进中心和天津市中小企业发展促进中心（2011年12月23日由天津市中小企业人才交流服务中心更名）系天津市中小企业发展促进局直属事业单位，是天津市中小企业发展促进局为解决中小企业“两难”（融资难、创业难）和“三缺”（缺人才、缺技术、缺管理）问题，切实加强中小企业发展促进服务工作的一大举措。中心以为中小企业“创业、创新、转型、发展”提供全程服务为宗旨，联合多家进驻中心的服务机构，为中小企业在金融、法律、信息、创业、科技创新、市场开拓、人力资源培训、诚信等方面提供全程全方位服务，加快中小企业的技术进步，提高市场竞争能力，打造具有公信力的天津市中小企业的服务平台。

二、主要职能

1. 协助政府部门贯彻落实国家和本市中小企业发展的法律法规和方针政策；

2. 整合社会资源，推进并落实天津市中小企业八大服务平台建设；

3. 负责中小企业信息收集和发布，协助主管部门掌握中小企业经济形势；

4. 协调和组织中小企业开展国内外经济技术合作与交流，促进国内外先进技术的推广应用；

5. 协助中小企业组织开展各类专项资金的申报工作。

三、部门设置

天津市中小企业发展促进中心、天津市中小企业生产力促进中心

下属四个部门：

综合部：人事管理、行政管理、财务管理。

运营部：平台管理、会展服务。

培训部：企业培训、管理咨询、管理诊断、人才交流。

服务部：咨询服务、后勤服务、接待服务。

四、联系方式

地址：东丽区榕洋金城A座7楼712室

邮编：300399

电话：022－84399591

天津市中小企业协会

天津市中小企业协会（Tianjin Association of Small and Medium Enterprises，英文缩写TASME）是天津市中小企业、企业经营者及为中小企业服务的机构自愿组成的联合性、非营利性的社会团体。

天津市中小企业协会的前身是天津市乡镇企业协会（天津市乡镇企业协会成立于1992年11月）。2009年天津市中小企业发展促进局成立，2010年10月，经天津市社团管理部门批准，天津市乡镇企业协会更名为天津市中小企业协会。

天津市中小企业协会现有会员单位1084家，由来自不同行业、不同所有制中小企业及其他相关单位组成。接受天津市中小企业发展促进局的业务指导和天津市社团局的监督管理。

协会自成立以来，受到了市委、市政府领导同志和有关领导机关的高度重视与关心支持，使协会工作得到各界的广泛关注和强有力的指导。协会本着“搭建平台、服务企业、合作共赢、创新发展”的宗旨，团结带领广大会员单位，认真贯彻执行党和国家的政策、法规，积极配合政府部门开展各项工作，努力维护企业和企业家的合法权益，及时提供信息、人才、教育培训、创业、科技、管理咨询、金融、出国考察、法律等方面服务及交流合作活动，为促进中小微企业成长，保障民营经济持续、快速、健康发展，推动物质文明、精神文明和政治文明建设同结硕果，付出了辛勤的劳动，受到广泛好评，连续十年（四次）被天津市政府授予“先进社团组织”称号，2011年在中国中小企业协会、中国企业创新成果案例审定委员会主办的“中国创新成果征集活动”中被评为“中国中小企业创新服务先进机构”，2012年被天津市中小企业发展促进局授予“天津市中小企业公共服务示范平台”称号。

协会秘书处设会员服务部、人力资源部、联络交流部、信息服务部、咨询服务部等五个职能部门，以为中小企业服务为宗旨，搭建十个平台，开展注重实效的工作和丰富多彩的活动。

通信地址：东丽区榕洋金城A座7楼709

邮政编码：300399

联系电话：022－2430512813072000842

电子邮箱：tjzxqyxh@ tjzxqyxh. com

传　　真：022－24303412

协会网站：www. tjzxqyxh. com

天津市城市集体经济联合会

天津市城市集体经济联合会始建于1992年8月，是由多种形式集体经济组织和中小企业及其服务人员自愿组成的联合性、非营利性社会组织，为独立社团法人，主管机关是天津市经济和信息化委员会。目前拥有会员2000家，理事366人，常务理事93人。

联合会以支持促进中小企业和集体经济成长发展为历史使命，以强烈的事业心、责任感，以联合的优势、创新的理念、自律的机制、诚信的作风为会员和中小企业提供热诚、有效、卓越的服务。联合会的目标是努力创建一个“四满意协会”：让会员满意，每个会员都能从联合会分享到联合与服务的价值，在联合会有“家”的亲切感；让企业满意，更多的中小企业从联合会的服务中有所收益，在联合会分享到“朋友”的情意；让政府满意，发挥“桥梁纽带”作用，努力成为政府支持促进中小企

业和集体经济成长发展的“帮手”“助手”；让合作者满意，真诚合作，诚信为本，平等互利、实现共赢。

联合会工作人员服务远不能适应中小企业成长发展的需求，联合会服务团队的主体是志愿服务团。我们搭建中小企业服务平台，组建律师服务团40人，管理咨询服务团70人，技术支持服务团35人、创业辅导服务团50人，人才培训服务团30人。让志愿为中小企业服务的专家、企业家和管理者200多人进入服务平台，用知识、智慧和辛勤劳动为会员和中小企业提供“贴紧实际、切实有效”的公益性服务。

联合会设立集体经济法律政策服务热线022－23304892已有10年；编印《中小企业和集体经济适用法律法规政策选编》一年一册，已免费为会员提供10年。

联合会先后创办《联合与创新》(2006年前)《天津中小企业》(2007—2010年)、《企业成长》(2011—2013年）刊物，先后创办《天津中小企业成长网》(2008—2012年)、《集体经济创新网》(2009—2013年)、《企业成长网》（2013年)，及时传播政策法律、调研成果、典型经验，发展趋势、成长规律、成长案例、成长知识以及转型升级、企业文化、团队建设等方面信息。

联合会从2003年开始实施国家和天津市中小企业银河培训项目，10年来，先后举办入世、改制、营销、转型升级、企业文化、修炼提升、财务税收等各类培训班121个，培训中小企业经营管理骨干18000多人（次）。享受政府补贴200余万元。联合会的培训以企业发展需求为中心，以提高三支队伍（领导团队、管理骨干、骨干员工）的品质、素质、能力为主体，已形成“实用为先、专业为主、基础性与战略性相结合”的培训结构，整优化师资网络，完善合作培训机制，打造公益性强、支撑力强、实用性强的培训服务品牌。

联合会从2001年开始对中小企业免费开展政策法律、改革改制及经营管理方面的咨询服务。从2004年开始实施政府支持的公益性半公益性管理咨询服务项目，先后实施了战略、营销、财务、重组、品牌建设、转型升级等48个管理咨询服务项目。已建立70多人参加的管理咨询服务团。联合会的管理咨询服务，注重实用与实效，目的是为中小企业提升管理水平服务，在服务中起帮手和助手作用。

联合会吸收盈科、击水等著名律师事务所的律师免费为中小企业提供法律咨询服务；联合会的技术支持服务团既有退休科技人才，又有在职科技人才，他们量身为中小企业提供科技创新的支持服务，专利与知识产权的支持服务，支持联合开发，促进交流合作；联合会的创业辅导服务团队可为创业者和企业提供注册、资金、立项、招商、财会、劳动关系、法律、信息等方面的创业支持服务，侧重于创业后的管理提升服务。

联合会地址：天津市和平区建设路青岛道13号

邮　　编：300040

联系电话：022－23329470 022－23304892

电子邮箱：tucea@163. COM。

河北省中小企业服务中心

河北省中小企业服务中心，是河北省工业和信息化厅下属事业单位，为河北省中小企业公共服务平台网络承建单位之一，承担了省级枢纽平台的主要建设任务。中心成立于2003年9月，编制15人，内设办公室、综合服务部、服务协调推进部、培训和职业技能开发部。主要承担中小企业创业辅导、法律咨询、对外合作服务、企业宣传、形象策划、广告制作服务、产权交易服务、教育培训服务和相关技能鉴定等。2007年经省编办批准，河北省中小企业服务中心加挂河北省中小企业培训中心牌子，经国家劳动部批准在服务中心建立河北省乡镇企业特有工种职业技能鉴定站，被农业部确定为“高技能人才金蓝领试点单位”，是国家和省级中小企业公共服务示范平台、河北省民营企业人才培训基地、河北省中小企业法律服务平台，全国中小企业服务联盟核心成员单位。

中心近年来结合基本职能和工作实际，打造了具有自身特色的服务品牌，“订单式”服务被国家工信部评为创新服务奖。中心协调省内外专业服务机构、行业协会、大专院校、知名专家，建立全省中小企业服务联盟，以中小企业服务需求为导向，开展各类公益性服务。以“订单式”服务活动为抓手，通过分层分类的协约式培训、“V”咨询服务、送课下乡、特色职业技能鉴定等独具特色的服务形式，充分满足了中小企业专业化、个性化的服务需求。

电话：(传真)：0311－87803322

网址：www. smehb. cn；

地址：石家庄市自强路105号

邮箱：hbsme@126. com

河北省中小企业信息中心

河北省中小企业信息中心成立于2004年3月，是河北省工业和信息化厅下属事业单位。主要职责是：为中小企业的发展提供技术、项目、物资、设备、资金、人才等信息；建立“河北省中小企业数据库”，调查分析中小企业现状，负责“河北省中小企业网”网站的设计制作及运营维护，建立中小企业信息服务平台，推动企业信息化和“企业上网工程”，为企业提供全方位的信息增值服务；为中小企业提供信息管理与应用的解决方案，提供电子商务、资源整合的窗口。主办的中国中小企业河北网和民企在线电子商务网站是省内中小企业关注度高、访问量大的中小企业综合信息服务平台。

“中国中小企业河北网（http：//www. smehb. gov. cn)”是集政府公共服务、非营利机构公益服务和中介机构商业化服务为一体的信息服务网络。为全省各级中小企业主管部门和广大中小企业、民营企业提供政务信息、商务信息，大学生网上招聘，中小企业生产运行监测数据收集与分析，各类供需信息对接，中小企业信息化应用，国际中小企业博览会网上展示和宣传等服务，在推动全省中小企业发展上发挥了重要作用。

“民企在线（http：//www.hebmq.com）”是中小企业电子商务平台为我省中小企业提供大量新的市场机会。通过“民企在线”，企业可以发布自己的产品信息，宣传与企业有关的形象资料；可以加强企业通供应商、客户的联系，收集商品供求信息，提高企业反应能力。通过“民企在线”可将市场需求与销售、采购、生产制造等环节结合起来，使企业管理和业务开支大大降低，提高企业经济效益。

信息发布联系人：高晓莉
电话：0311－87906848；
E－mail：gaoxl@smehb.gov.cn；
QQ：59506041
电子商务、自助建站联系人：王鸿泉
电　　话：0311－87906848；
QQ：405481992

河北省中小企业信用担保服务中心

河北省中小企业信用担保服务中心，是省财政出资设立的专门为中小企业融资服务的政策性融资担保机构，现注册资本金3.55亿元人民币。按照“政策性导向、市场化运作、企业化管理”的经营模式，以支持民营经济、中小企业发展和促进全省信用担保体系建设为宗旨，以信用支撑和资金支持为手段，为符合国家和省产业政策，有产品、有市场、有效益、有发展前景的成长型中小企业提供融资担保，对市、县担保机构进行再担保，为中小企业财务管理、投融资、资信评估提供咨询服务。

担保中心立足政策性融资担保机构职能定位，大力突出政策性、公益性，以低廉的取费为全省中小企业提供优质、快捷的融资担保服务。目前，担保中心与21家银行业金融机构签订了合作协议，协议放大倍数10倍，累计授信超过40亿元，在保责任余额超过18亿元，是省内合作银行最多、资本金放大倍数最高、财政资金杠杆作用发挥最优的融资性担保机构。先后荣获省政府“金融稳定奖”“金融创新奖”、河北省工信厅“先进集体”、河北省中小企业局“河北省十佳融资担保机构”和“全国最具公信力中小企业信用担保机构”等荣誉称号。

省担保中心在减负让利助力中小微企业发展的同时，严格规范业务操作程序，强化风险把控和防范。从市场营销到项目受理，从项目调查到项目评审，从合同签约到抵（质）押登记，从项目代偿到债权追偿，从后期保障到教育培训，部门分工明确，业务流程规范，责任落实到人。业务操作采取纸质流程、网络流程和银行流程同时进行的方式，便于及时准确发现问题，提高效率。坚持项目内审和项目外审相结合，充分发挥金融、法律、环保、会计等相关领域专家评委的专业权威作用，极大提升了业务操作的风险把控和防范能力。

在普惠和服务中小微企业的同时，省担保中心贯彻工信厅党组部署的重要工作，分别到全省20余个县开展支持农村和县域经济发展政策的推广和宣传活动，与威县、巨鹿县、曲周县、涞源县、唐山开平区等十几个县区签署了融资担保战略合作协议。

地址：河北省石家庄市中华北大街50号军创国际6层
联系人：贾保英
联系电话：0311－85366288
网　　址：www.hebdb.com.cn

河北省新技术推广站

河北省新技术推广站是经省编办批准，隶属于河北省工业和信息化厅的事业单位。主要职责是为中小企业提供各类技术项目信息服务；帮助中小企业研究开发新技术、新产品，负责对成熟技术的推广应用；组织新技术交流与培训；开展技术咨询服务，承担技术创新项目的可行性论证和新技术推广以及优秀项目的评审组织工作；参与新技术推广计划的制定并组织实施，对国家重点推广的新技术，建立示范点并组织推广工作；提供模具技术服务。

河北省新技术推广站以“技术为本、服务至上”为工作理念，坚持“开拓创新、真抓实干”的宗旨，扎实为全省企业提供多层次、全方位、高质量的专业化技术性服务。2001年和2004年相继增挂了“河北省企业技术创新服务中心”和“河北省中小企业模具技术中心”的牌子，在原来职能的基础上增加了技术成果转让、技术创新项目咨询、论证、鉴定、各类技术服务、模具研发设计、改造、试模和检测等服务内容，具备为中小企业提供综合技术服务、组织技术创新及新产品鉴定的资质和功能。2004年被全国电刷镀协会确定为理事单位，是河北省表面工程协会牵头单位；是国家和省级中小企业公共服务示范平台。

联系人：谭明
地　址：河北省石家庄市桥西区工农路368号
网　址：www.ctihe.com
电　话：0311－66030776

河北省电子信息技术研究院

河北省电子信息技术研究院（原河北省电子技术研究所）成立于1972年，2000年转制为科技型国有企业；资产总值1246，其中871.5万元为非专项资产总值，科研、办公经营场所建筑面积7014平方米。现有职工人数84名，专业技术人员71人，其中具有高中级职称的人员占科技专业人员的85%，享受国家政府特殊津贴的专家2人，高职以上22人，硕士以上学历15人。

主要从事于计算机应用软件、嵌入式软件模型及算法的研究与应用企业信息化研究与咨询服务；面向政府部门和中小企业提供信息化建设全面解决方案、技术服务和培训服务、工业自动化控制产品；在电子政务、工业自动化领域具有丰富的项目实施和管理经验；面向食品行业开展食品工业企业开展诚信体系建设服务工作。

研究院是经过国家认定的软件企业和高新技术企业，具有计算机信息系统集成资质、安防设计施工资质，是省内唯一家经认定的食品工业企业诚信管理体系建设与评价机构，是河北省“十二五”制造业信息化科技工程组织实施单位，国家信息化测评中心河北省中心也设在我院。

河北省科技厅授予我院“河北省中小企业技术创新公共服务示范机构”称号，河北省工信和信息化厅授予我院“河北省中小企业公共服务示范平台”和“河北省中小企业公共技术服务平台”称号。

联系方式：

联 系 人：陈月

电　　话：0311－86956111，85866048

传　　真：0311－85862315

网　　址：www. hebboao. comwww. smeheb. com

山西省中小企业服务中心

山西省中小企业服务中心成立于2002年9月，是经省政府批准设立的为全山西省中小企业服务中心是政府设立的为全省中小企业提供公益性、扶持性等综合服务的公共服务机构。为正处级全额事业单位，隶属山西省中小企业局。系国家工信部首批命名的“国家中小企业公共服务示范平台”

中心的主要工作职责：配合政府相关部门贯彻落实中小企业扶持促进政策；反映中小企业的呼声，维护中小企业合法权益；承担山西省中小企业公共服务平台建设运营工作，联系引导各类中介机构为中小企业的创立、生存和发展提供多形式、全方位的服务，在全省中小企业公共服务体系中发挥核心和引领作用。

联 系 人：张毅斌

联系电话：0351－7031926

传　　真：7031926

电子邮件：shw324@163. com sxsme@163. com

网　　址：www. sme8718. com

地　　址：太原市迎泽大街329号山西省中小企业服务平台

内蒙古工大华远工程技术有限公司

内蒙古工大华远工程技术有限公司是隶属于内蒙古工业大学的校办公司，始建于2003年11月11日，注册资金600万元，办公地点位于呼和浩特市大学东街巨海商厦写字楼10层东厅，办公面积1050 m^2。公司下设七个分公司：安评公司、节能公司、工程咨询公司、环评公司、设计公司、工程公司、职业卫生公司，以及经营部、技术质量部、计划财务部、综合管理部等四个职能部门。

经过多年的积累和发展，公司建立了一支业务能力强、专业技术过硬的优秀团队。现有员工93人，其中大专以上87人，占公司从业人数的93%，具有教授职称4人、高级工程师8人、中级工程师14人、助理工程师15人。

公司以工程技术服务为核心，为企业提供全过程的工程技术服务，包括项目策划、项目建议书、可行性研究、环境评价、安全评价、节能评估、职业卫生评价、清洁生产评价、清洁生产审核咨询、水土保持方案评估、水资源论证等咨询类技术服务和工程设计、工程项目管理等全过程工程技术服务。截至目前共完成各类技术服务项目1000余项，在业内取得了较为突出的成绩。

公司负责承建运营中小企业公共服务平台网络呼和浩特市窗口平台、运营自治区中小企业公共服务平台网络自治区枢纽平台。

公司先后被认定为内蒙古自治区中小企业公共服务示范平台、内蒙古中小企业公共云服务平台、国家中小企业公共服务示范平台。

地　　址：内蒙古自治区呼和浩特市赛罕区大学东街巨海商厦10楼

联系电话：0471－2231178

传真电话：0471－2231178

网　　址：http：//www. nmgdhy. com/

包头市中小企业公共服务中心

包头市中小企业公共服务中心是包头市经济和信息化委员会所属的自收自支事业单位，负责包头市中小企业公共服务平台的承建和运营，2012年，被认定为自治区级中小企业公共服务示范平台。

包头市中小企业公共服务平台于2013年10月29日正式开通，根据国家、自治区“8＋1”功能服务要求，按照“边建设、边服务、边完善”的思路，依托包头市超级云计算有限公司云服务作为基础平台，汇聚中小微企业所需的社会各类资源于一体，为中小微企业提供政策法规、融资服务、设备共享、人才及培训、项目申报、政企互动、市场开拓、信息化服务和运行监测等十六项公共服务，对解决中小企业共性需求，畅通信息渠道，改善经营管理，提高发展质量，增强市场竞争力，实现创新发展，助力企业成长等众多方面发挥重要作用。2015年5月，正式与自治区枢纽平台实现互联互通、资源共享。

包头市中小企业公共服务中心将以公共服务平台为载体，线上线下协同服务，实现中小微企业“有需求上平台、有困难到平台”的服务宗旨，构建“找得到、用得起、有保障”的全方位服务中小微企业的公共服务平台，成为政府好助手，企业好帮手，真正使其成为中小微企业之家。

地　　址：包头市昆都仑区市府西路八号

联系电话：0472－5148265

网　　址：http：//www. btsmepsp. com/

邮　　箱：btzxpt@ 163. com

包头稀土高新技术产业开发区科技创业服务中心

包头稀土高新技术产业开发区科技创业服务中心创建于1992年，是包头稀土高新技术产业开发区管委会投资兴办的公益性科技服务机构，现有员工46人，大专以上文化程度的占职工总数的80%。中心积极推进创业孵化体系建设，经过20年的建设和发展，创业中心已形成“创业苗圃＋孵化器＋加速器＋产业化基地”四位一体的创新创业服务平台，构建起以创业中心为龙头，以内蒙古软件园、内蒙古留学人员创业园、内蒙古大学科技园、内蒙古稀土专业孵化器、包头大学生创业指导中心为支撑，以高校孵化中心、中介服务体系、国有孵化器、民营孵化基地和产业化基地和软件园区为延伸服务的创新孵化体系，形成了分阶段、分领域、网络化的集群发展创业格局。构建了一个集办公、中试、科贸、服务、培训与科技交流于一体的现代化的孵化创业环境，为初创期科技型中小企业提供物业服务、创业辅导、技术支撑、投融资服务、政策扶持和培训等全方面的服务。1999年被科技部评为“国家高新技术创业服务中心”，2012年被工业和信息化部评为国家级中小企业公共示范平台。

地　　址：包头稀土高新区创业园区软件园大厦A座

联系电话：0472－5326474

邮　　箱：369626673@ qq. com

包头市万佳信息工程有限公司

包头市万佳信息工程有限公司是中国兵器工业集团的骨干企业内蒙古一机集团全资子公司，公司承担着内蒙古一机集团信息化规划、管理、建设、整个数字化生产、研发平台运维工作。公司承建运营的内蒙古中小企业科技创新服务平台是自治区中小企业公共服务示范平台，同时负责自治区制造业信息化技术应用推广工作。公司拥有各种大型企业级网络服务器、工作站、通信设施及光缆、激光扫描及快速成型成套设备等软硬件设备，开发了企业生产管理、制造过程控制等软件系统。主要从事设备数字化技术改造、工程技术应用服务、产品辅助分析、快速成型制造、CAD/CAM/CAE一体化应用、计算机网络系统集成、网上招投标服务、信息化应用软件开发、电子商务服务等一系列技术开发、资源共享服务、信息技术服务、咨询等业务。公司先后完成了国家、兵器工业集团公司各类大型应用项目200多项。通过省部级鉴定50余项，获国家专利2项，部级成果7项。

地　　址：包头市稀土高新区软件园大厦205

联系电话：0472－5301000、0472－3119898

网　　址：http：//www. nmsme. cn/

邮　　箱：nmcxpt@ 163. com

呼伦贝尔市中小企业投资担保有限责任公司

呼伦贝尔市中小企业投资担保有限责任公司是内蒙古中小企业公共服务平台网络的呼伦贝尔市“窗口”平台承建单位和核心服务机构。公司系呼伦贝尔市政府控股的融资性担保机构，成立于2005年，现有从业人员44人，其中专业技术人员占90%。公司在防范风险、确保融资性担保主业发展的基础上，深入探讨贴近中小企业发展需求的服务举措，通过创新服务内容，完善服务机制，增强服务功能，初步形成了以服务中小微企业为宗旨，以融资担保业务为核心，以产（股）权交易和民间借贷服务业务为两翼，以小额贷款业务为补充，以电子商务为延伸，以中小企业窗口服务平台为抓手的综合性服务体系，为中小微企业提供投融资、信用评级、产（股）权交易、咨询培训、信息化服务与电子商务应用服务。公司被认定为国家级和自治区级中小企业公共服务示范平台。

地　　址：呼伦贝尔经济技术开发区

联系电话：0470－2218069

网　　址：http：//www. hlbedb. com/

邮　　箱：80048334@ qq. com

呼伦贝尔市天正中小企业投资担保有限公司

呼伦贝尔市天正中小企业投资担保公司成立于2005年，系呼伦贝尔市第一家拥有专业融资性担保资质的民营担保公司。公司初期注册资本3150万元，2014年增资至2亿元人民币，经专业评级机构评定为A＋等级，获准接入中国人民银行征信系统。公司构建了完备的组织架构、专业的风险防控体系与高效业务管理体系。公司现有职工38人，均具备大专以上学历。公司主要开展企业生产经营性贷款担保、票据承兑担保、个人最高额授信担保、个人消费性贷款担保业务及融资咨询、财务顾问等咨询服务。目前，已累计为1000多家中小企业，提供融资担保服务累计超过30亿元。公司与呼伦贝尔市各银行业金融机构建立了合作关系，并通过与呼伦贝尔市其他国有担保公司的合作，进一步加强了服务中小企业的力度。公司被认定为国家级和自治区级中小企业公共服务示范平台。

地　　址：呼伦贝尔市海拉尔区阿里河路1号龙凤财富中心

联系电话：18697470295

网　　址：http：//www. danbao. com/

邮　　箱：364838500@ qq. com

兴安盟中小企业公共服务中心

兴安盟中小企业公共服务中心成立于2012年5月，现有服务场地200平方米，购买整合设施设备411台（套），价值156.96万元。现入驻服务企业15家，主要服务内容有八大项：信息咨询、技术支持、融资咨询、管理咨询、创业辅导、市场开拓、法律维权。2015年上半年共开展服务活动4次，服务企业281家，服务人数达509人，服务满意度达到90%以上。

兴安盟经济和信息化委员会与兴安盟中小企业公共服务中心共同承担建设兴安盟中小企业公共服务窗口平台，窗口平台建设工作正依照计划有序推进，7月与自治区中小企业公共服务中心网络实现互联互通。

地　　址：内蒙古兴安盟乌兰浩特市兴安盟政务服务中心一层

联系电话：0482－8267125

通辽市工业经济技术服务管理中心

通辽市中小企业公共服务“窗口”平台由通辽市工业经济技术服务管理中心承建，是按照内蒙古自治区关于建设全区中小企业公共服务网络体系方案总体要求建立的区域性综合服务平台。平台按照“政府引导、市场化运作、面向产业、服务企业、资源共享、注重实效”的原则，为全市中小微企业提供信息、技术、创业、培训、融资、仓储物流、电子商务等服务。

通辽市中小企业公共服务“窗口”平台由线下公共服务大厅和线上门户网站共同组成。服务大厅设立服务窗口，通过集聚服务机构，实现企业与服务机构直接对接，并通过制定规范的服务流程和收费标准，降低了服务门槛，减少了服务成本；线上门户网站通过网络在线服务，最大限度将服务机构的服务功能全方位向中小企业进行推介，在此基础上与自治区“枢纽”平台进行全面对接，实现互联互通和资源共享，进一步壮大我市中小企业公共服务水平和能力，助力中小企业又好又快发展。

“窗口”平台的服务大厅占地面积2000余平方米，现已全面建成运营，已吸纳了42家服务机构入驻，分信息、培训、投资、融资、法律、财务、咨询、销售八大板块区域，涉及近20项服务内容，自运营以来已为全市中小微企业提供服务近万次，有效促进了全市中小微企业的健康、快速发展。线上网站建设目前正在开展公开招标工作，预计2015年10月底前全面开通运行，并计划于2015年年底与内蒙古自治区中小企业公共服务“枢纽”平台实现互联互通。

地　　址：通辽市科尔沁区东顺路73号

联系电话：0475—6399863

网　　址：http：//www. nmtlsme. com/

邮　　箱：tladw@ sina. com

赤峰市中小企业服务中心

赤峰市中小企业服务中心是经市政府批准成立的非营利性社会化服务机构。资产总计1250万元，服务面积近1000平方米，固定服务人员21名，外聘专家59名。中心下设综合部、管理咨询部、技术项目部、专家顾问部、网络信息部和平台管理部等6个业务部门，在科技、信息、融资、培训等方面为中小微企业提供从创业孵化、素质提升、信息对接到融资助推、科技指导、品牌培植等全方位优质服务。服务中心先后被认定为“内蒙古自治区中小企业公共服务示范平台”和“国家中小企业公共服务示范平台（技术、融资、培训）”。

地　　址：赤峰市新城区

联系电话：0476－8288981

网　　址：http：//www. smecf. gov. cn/

邮　　箱：cfzxqy@ 163. com

赤峰恒亿投资开发有限公司

赤峰恒亿投资开发有限公司是红山区政府注资的国有独资公司，注册资本29000万元，主要目的是为红山经济开发区进行投融资及国有资产运营等工作搭建的平台，以追求国有资产收益最大化为目标的特殊企业法人。公司以市场为主体，依托赤峰红山经济开发区发展战略，抓住国家实施西部大开发、振兴东北老工业基地和京津冀长三角珠三角等发达地区产业转移的机遇，用活赤峰市城市发展规划、产业结构调整的宏观政策，通过体制和机制的创新，使公司成为以基础设施建设投融资、国有资产运营为主，其他经营行为并举的国有资产经营公司。

2010年，公司以支持中小企业健康发展为目标，根据“政府引导、企业运作、整体规划、分步实施”的基本原则，在原有基础上，建设公共服务平台项目。2011年7月被自治区中小企业局认定为“内蒙古自治区中小企业公共服务示范平台”。2012年10月份被国家工信部认定为第二批国家中小企业公共服务示范平台。

地　　址：赤峰红山经济开发区万泽大道10号

联系电话：8210963

网　　址：http：//www. cfhskfq. gov. cn/

邮　　箱：cfkfq@ 163. com

内蒙古中宏会计师事务所有限责任公司

内蒙古中宏会计师事务所有限责任公司的前身是内蒙古宏达益同会计师事务所（成立于2001年4月30日），于2012年5月经内蒙古财政厅批准，企业名称变更为内蒙古中宏会计师事务所有限责任公司，企业法人营业执照注册号为150400000027703。公司经营范围为：会计培训；审计企业会计报表、出具审计报告、验证企业资本、出具验资报告；办理企业合并、分立、清算事宜中的审计业务、出具有关的报告；基本建设年度财务决算审计；代理记账；会计咨询、税务咨询、管理咨询；法律、法规规定的其他业务。

公司设有审计部、咨询部、验资部、培训部、综合办公室、财务室、档案室等部门。公司办公面积为741.59平方米，现有员工38名（其中注册会计师26名），有高级职称的员工为6名，有中级职称的员工为30名，本科及以上学历人员占员工总数的84.2%。内蒙古中宏会计师事务所有限责任公司属于专业咨询服务行业，是内蒙古自治区5A级会计师事务所。

公司与内蒙古宏大资产评估事务所有限责任公司、赤峰宏达拍卖有限责任公司、赤峰正翔工程造价咨询事务所有限责任公司、赤峰恒瑞税务师事务所、内蒙古中宏经济技术咨询有限责任公司、赤峰嘉盛房地产评估有限公司等六家公司建立了合作关系，合作单位分别拥有从事资产评估、房地产评估、资产拍卖、工程造价咨询、税务咨询等相关执业资格。

地　　址：内蒙古自治区赤峰市红山区南新街花园小区4号楼
联系电话：0476－8236977　13904761080
邮　　箱：neimengzhonghong@163.com

锡林郭勒盟中小企业公共服务中心

锡林郭勒盟中小企业公共服务中心隶属于锡林郭勒盟经济和信息化委员会，负责锡林郭勒盟中小企业公共服务“窗口”平台运营工作。锡林郭勒盟中小企业公共服务“窗口”平台是自治区中小企业服务体系的重要组成部分，由在线服务平台和线下服务窗口两部分组成。在线服务平台于今年4月开通运行，并于6月12日完成与自治区枢纽平台互联互通工作。线下服务窗口入驻盟政务服务大厅，开设中小企业公共服务平台窗口9个，占地面积400平米。平台网络重点围绕政策服务、信息服务、科技服务和金融服务等主要功能，统筹全盟优势资源，集聚优质服务机构，为中小企业提供“找得着、用得起、有保障”服务网络体系和信息畅通、功能完善、服务协同、资源共享、供需对接、方便快捷的服务，打造一站式、专业化、综合性的公益性服务平台，解决中小企业共性需求，改善中小企业经营管理，提高企业效率，增强市场竞争力，助推中小企业健康快速发展。

地　　址：锡林郭勒盟政府服务中心四楼
联系电话：0479－8110280，8110290
网　　址：http://xm.nmgsme.gov.cn
邮　　箱：xlglsme@126.com

乌兰察布市中小企业公共服务中心

乌兰察布市中小企业公共服务市级“窗口”平台由乌兰察布市中小企业公共服务中心管理运营，中心隶属于乌兰察布市经济和信息化委员会，系全额拨款事业单位，编制工作人员5名。中心运营的市本级公共服务平台实体平台面积535 m^2，其中服务大厅面积250 m^2，大厅分设信息市场、项目前期、金融服务、人才技术、法律财务五大服务功能区，涵盖资产评估、财务审计、人才培训、金融服务、信用担保、信息技术、可研、能评、环评、安评、司法公证、法律事务等12项服务。目前，平台共吸纳社会中介服务机构40多家，其中11家入驻服务大厅，从业人员50余人，专业技术人员占85%以上，截止到2015年5月底，已为全市广大中小微企业在融资担保、管理咨询、法律支持、司法公证等方面累计提供服务75次。

地　　址：乌兰察布市集宁新区察哈尔西街市经信委办公楼一楼
联系电话：0474－8159050
邮　　箱：zxqyfwzx417@163.com

鄂尔多斯市中小企业服务中心

鄂尔多斯市中小企业服务中心是内蒙古中小企业公共服务平台网络的鄂尔多斯市“窗口”平台。中心隶属于鄂尔多斯市中小企业局，系全额拨款事业单位。中心成立于2012年，现有员工28人，其中专业技术人员26人。内设综合服务部、金融服务部、规划协调部、管理咨询部、产业集群部、创新创业部、电子商务部、市场营销部，同时设立了上海股权托管交易中心鄂尔多斯企业挂牌孵化基地。中心相关资质健全，可从事QMS质量管理体系认证、OHSMS职业健康安全管理体系认证、HACCP食品安全体系咨询认证、Q/E/OHSMS体系认证、Q/H/卫生注册体系认证、Q/HACCP/有机体系认证、全程管理咨询、环境体系咨询、安全体系咨询、绿色食品咨询、企业规范化管理体系解决方案、QS认证咨询，具备可行性研究报告编制资质、企业能源审计报告和节能规划编制资质、安全预评价报告编制资质、清洁生产审核报告编制资质、环境友好企业咨询、上市公司环境核查资质、会计报表审计资质、企业资产评估资质、企业整体经济效益评价。

先后荣获了中国十大创意策划机构、2011年度著名策划机构、2010中国十大创意策划专家等荣誉称号。中心为中小微企业提供服务咨询热线、法律援助、审计验收、知识产权保护、项目可行性研究、环评、安评、能评报告、节能检测、银企对接、融资担保、企业上市前期咨询、电子商务、信息服务、域名注册、网站服务、网络广告、软件开发、技术研发合作、市场开拓、中小企业经验交流、“品牌培育”项目、各类认证咨询、人力资源管理咨询、财务咨询、市场营销策划、整合品牌推广等服务，是鄂尔多斯市服务中小微企业的主渠道。

地　　址：内蒙古鄂尔多斯市康巴什新区市政府南街金信商务广场A2楼
联系电话：0477－8588789
网　　址：http：//www.ordoszxqy.com/
邮　　箱：jwqye2008@163.com

内蒙古同远企业管理咨询有限责任公司

内蒙古同远企业管理咨询有限公司成立于2003年，是从事中小企业管理咨询服务的专业化机构。主要服务内容有：项目咨询、认证咨询、管理咨询三大板块。包含业务有：可行性研究报告编制、能评、环评、安评、立项及相关项目申报服务；QMS质量管理体系、EMS环境管理体系、OHSMS职业健康安全管理体系、HACCP食品安全管理体系、有机食品、绿色食品、无公害食品、地理标志农产品认证咨询等；中小企业基础管理平台一站式构建、中小企业基础管理体系咨询、中小企业管理制度建设；食品加工企业流程设计及认证咨询、食品出口企业卫生注册（备案）、专利商标知识产权保护及科技技术转移与孵化服务、品牌策划及整合营销推广。在十多年咨询实践中，公司培育了一支专业咨询师团队，目前公司拥有各类国家注册审核员、核查员20余名，并与多家高等院校和科研院所精诚合作，组建专家工作小组，为企业提供专业技术服务。

企业成立以来，先后为千余家中小企业提供了各类咨询服务，尤其是为近千家企业提供了认证咨询服务，认证通过率达到100%，得到企业界及认证机构的好评。特别是公司为鄂托克旗螺旋藻工业园区众多企业提供了“QS”认证咨询和出口卫生登记注册服务，为当地螺旋藻产业出口起到了积极的推动作用，成为公司服务企业的亮点之一。同时为鄂尔多斯市多家食品加工企业提供了“QS”认证咨询服务，为鄂尔多斯市食品安全基础工作贡献了一份力量。

2013年公司被工信部认定为国家级中小企业公共服务示范平台。

地　　址：鄂尔多斯市东胜区维邦金融广场F座5层
联系电话：18647728777
网　　址：http：//www.tyglzx.net/
邮　　箱：tongyuan9000@126.com

巴彦淖尔市经信委中小企业服务中心

巴彦淖尔市经信委中小企业服务中心（以下简称“服务中心”）是内蒙古自治区中小企业服务平台网络的巴彦淖尔市“窗口”平台，也是目前巴彦淖尔市首家大型综合服务平台。服务中心由“实体平台（中小企业公共服务大厅）＋网络平台（中小企业公共服务网络平台）”共同构建而成，服务中心实体平台于2013年10月份正式成立并投入试运行，占地面积近260平方米，服务“窗口”20个，现入驻中介机构14家；网络平台于2014年10月上线投入试运行，现已完成与全市七个旗县区公共服务平台网络互联互通，6月底前将完成与自治区枢纽平台及自治区其他11个盟市和两个计划单列市的互联互通。

服务中心主要职责是以巴彦淖尔市中小微企业为服务对象，立足“政府搭台、社会中介组织参与、市场化运作”的工作原则，为全市广大中小微企业在融资担保、管理咨询、人力资源、法律支持、事务代理和信息一体化服务等方面提供一站式、一条龙的全方位优质高效服务。

地　　址：临河区向阳南路2号
联系电话：0478－8658929
网　　址：http：//www.bynr.nmgsme.gov.cn
微信公共号：bszxzx（订阅号）

内蒙古广电网络资讯传播有限公司

公司是内蒙古中小企业公共服务平台网络的“窗口”平台，系经自治区广电局批准成立的国有企业。公司成立于2008年，注册资金500万元，办公场所800平方米，现有专业技术人员36人。公司下辖综合部、财务部、编播部、市场部、培训部，拥有包头、赤峰、通辽、乌兰察布4个市工作服务站。公司内部制度完善，财务制度健全，有较规范的信息发布管理办法及相关服务流程。公司拥有广播电视经营制作许可证、文化经营许可证、境外节目服务安装许可证、数据广播、电视购物运营批复文件、内蒙古首批中小企业公共服务示范平台批复文件等相关资质。公司以覆盖内蒙古自治区15600多公里的广播电视光纤干线网为依托，通过《内蒙古中小企业频道》《内蒙古足球频道》《电视指南频道》三个电视频道及采用遥控器点击查询的资讯平台，为全区320万有线数字电视用户提供政务和其他媒资服务的多媒体资讯平台。2011年被认定为自治区级中小企业公共服务示范平台。

2012年4月，公司利用内蒙古有线数字电视62频道开办了内蒙古中小企业公共服务频道。与北京、上海、杭州等地的企业培训类节目供应商共同开展中小企业电视培训活动。与自治区人力资源与社会保障厅、自治区工商局、自治区地税局、自治区经信委、内蒙古广播电视台、内蒙古日报社、北方新报、财富手递手杂志、内蒙古人才网、呼和浩特人才交流中心等单位合作开展中小企业政策解读、中小企业访谈、中小企业政策法规的宣传活动。目前，已开办了集中小企业资讯、中小企业动态、政策解答和高端访谈于一体的《视界》《中小企业培训大讲堂》《园区企业风采》《精彩内蒙古》《成长之路》《奋斗》《我财经》《经济生活面对面》等栏目，成为内蒙古乃至全国唯一利用有线数字电视专业频道开展中小企业培训、宣传、节目制作、播出的专业化窗口平台单位。资讯公司依托频道优势同时建立了基于互联网的互动视频网站和基于手机应用的微信平台，打造了集电视频道、互联网站和手机应用于一体的新媒体平台。

地　　址：呼和浩特市新城区兴安北路 88 号
联系电话：0471－6607977
网　　址：http：//www. 96066. tv/
邮　　箱：tvgdxx_ chen@163. com

内蒙古自治区赤峰市中小企业服务中心基本情况及工作开展情况

一、发展沿革

内蒙古自治区赤峰市中小企业服务中心（以下简称中心），是由早在 1992 年成立的赤峰市建材局建材技术服务中心发展而来，2010 年由赤峰市政府注资正式对外挂牌成立，为全额拨款事业单位，隶属于赤峰市经济和信息化委员会。成立之初注册资金 6.3 万元。

二、中心现状

截至 2015 年 6 月末，中心总资产 2400 万元，固定服务场所总面积为 1320 m^2，其中：自有服务面积 220 m^2，合作公用面积 1100 m^2。

中心拥有固定工作人员 20 名，其中管理人员 5 名，技术人员 15 名，从事专业服务的人员占总人数的 75%、大专及中级以上职称人员比例为 100%，另有外聘当地及周边行业离退休专家 59 名。下设综合部、信息咨询部、技术项目部、专家顾问部和网络信息部五个工作部门。

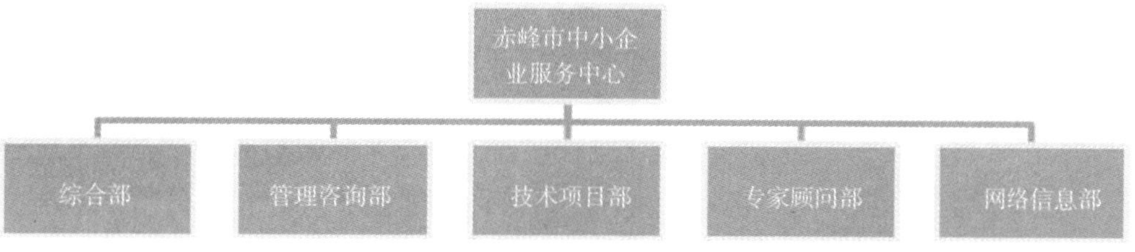

组织机构图例

三、服务业绩与特色

（一）实体平台与网络平台相得益彰

中心服务体系是由中小企业公共服务大厅与公共服务平台网络两部分组成，2012 年实体服务平台创新服务模式，整合吸纳了金融超市、法律财务咨询、投资创业指导、技能培训学校等社会化服务机构入驻，拓展了服务空间的广度，与中心协同搭建起信息、科技、金融、培训四大实体服务平台，中心权威性和社会化机构的专业性优势互补，夯实了服务中小企业的基础。

在平台网络服务平台方面，2012 年在全自治区首批开通运行中国中小企业赤峰网（http：//www. smecf. gov. cn/），2014 年改版升级后新增 14 个板块、实现融资、科技、信息、培训、管理、市场、法律、创业等在线互动功能，点击率已突破 130 万次。2014 年年底平台网络建设完毕与全市 12 个旗县区中小企业服务中心、重点工业园区，3 个特色服务机构、3 个先进地区中小企业服务中心互联互通，横向与 2 个金融机构进行链接共 20 个节点的网络服务体系。服务辐射涵盖近 9 万平方公里范围内的中小企业，运用大数据技术组建了拥有全市 3 万余家中小企业的信息库。让信息多跑路、让企业少跑腿。真正成为中小企业愿意用、能够用、用得起的服务平台。

2012 年被内蒙古自治区中小企业局认定为内蒙古自治区中小企业公共服务示范平台，2013 年被工业和信息化部认定为国家中小企业公共服务示范平台。

（二）专家“巡诊”服务彰显科技魅力

中心组织专家库成员定期与不定期结合方式，开展对中小企业“巡诊”活动，送科技、送信息到车间班组，实地解决中小企业遇到的技术、管理等方面难题。截至 2015 年 6 月末累计为中小企业解决的技术难题 523 批次，满意率达到 99%。

开展专家服务月专题活动，邀请国内知名专家在创业孵化区、产业集聚区开展讲座 30 余次，培训人员 2000 人次，开阔中小企业家眼界，与大思想、大智慧产生共鸣。

为中小企业与高校科研院所牵线搭桥，通过专家服务促成科技成果本地化和落地生根，成功实现产业化的有 5 项。支持辅导大中专毕业生创业 35 批次，创业成功率 70% 以上。

（三）金融服务创新破解中小企业融资难题

2012 年借鉴发达地区成功经验，中心与建设银行合作，在全自治区率先开展了专门针对中小企业的助保金贷款业务，2015 年又引进交通银行，截止

2015 年 6 月底中心风险金补偿金达到 2100 万元，贷款融资规模放大十倍到 2. 1 亿元，2015 年实现了网上申报办理，极大方便了广大中小企业。

内蒙古自治区中小企业局已在全区十二个盟市进行了推广，并设立了专项扶持资金。实践证明助保金贷款确实是解决中小企业抵押物不足、融资难的好办法。

（四）服务能力不断提高、服务理念日臻完善

经过五年的发展，到 2014 年末中心总资产增长了 28 倍，为中小企业服务场地面积增加了 20 倍。形成了实用性强又独具特色的“积极主动、热情周到、马上就办、快捷高效、永不言不”的服务理念。从目前看，中心未来服务范围、服务数量、服务方式、服务质量都呈现良好的递增态势。

四、联系方式

服务办公地点：内蒙古自治区赤峰市新城区市信访局办公大楼 4 楼东

服务大厅地址：赤峰市红山区桥北新区内蒙红山物流园区管委会东大厅一、二层

邮　　编：024000

办公（传真）电话：0476 －8288981

邮　　箱：cfzxqy@ 163. com

中心官方网站网址：http：//www. smecf. gov. cn/

官方微信公众号：SME0476 二维码：

热线电话：400 －188 －0476

科技服务：0476 －8867593

金融服务：0476 －8288980

信息服务：0476 －8867662

网络服务：0476 －8288983

投诉电话：0476 －8260099

吉林省促进中小企业发展服务中心

吉林省促进中小企业发展服务中心是 2009 年 3 月 10 日经省编委批准设立的副厅级建制全额拨款事业单位，是政府政策扶持的公益性的大型综合服务机构，隶属于吉林省工业和信息化厅。现有事业编制 60 人。内设 6 个县处级部门，即综合部、融资服务部、创业服务部、技术服务部、市场服务部、管理咨询与维权部。中心集聚一批法律、经济、管理、计算机、英语、会计等专业人才，拥有一支高素质、专业化的服务团队。为广大中小企业提供创业、融资、人才、技术、信息、市场、咨询和维权等综合服务。中心的主要职责是：

一、协助主管部门贯彻落实国家和省有关促进中小企业发展的法律法规和方针政策；

二、负责开展创业服务，即整合社会资源，提供创业咨询、创业培训、创业指导、创业孵化和创业代理等服务；

三、负责开展融资服务，即整合社会资源，提供融资咨询、融资策划、贷款担保、银企保对接、上市咨询与培育、多渠道融资与完善投融资市场、信用征集与评价等服务；

四、负责开展人才服务，即整合社会资源，提供人才开发、创业者和企业经营管理者培训、人才培育、人力资源配送等服务；

五、负责开展技术服务，即整合社会资源，构建中小企业公共技术服务平台，提供技术设计、研发、试验、检测、咨询、培训、产学研合作、科技创新、技术改造、科技成果转化与应用等服务；

六、负责开展信息服务，即负责中国中小企业吉林信息网建设，提供政策、市场等各类信息的采集、分析、加工、传播和企业信息技术支持等服务；

七、负责开展市场服务，即提供展览展销、贸易洽谈、产需衔接、国内外经济技术交流与合作等市场开拓服务；

八、负责开展管理咨询服务，即整合社会资源，提供管理咨询、管理诊断、管理创新等服务；

九、负责开展维权服务，即整合社会法律资源，提供法律咨询、法律顾问、法律维权、法律援助等服务；

十、承担全省中小企业服务联盟秘书处工作；负责对全省市、县两级中小企业服务中心的业务指导。

中心系全国中小企业服务联盟执委会副主任单位，组建伊始即坚持以服务企业、促进发展为宗旨，坚持高起点起步、高标准要求、高效率工作、高质量服务，努力打造全国一流的公益性的综合服务机构。

对外联络：综合部，联系人：张东武。

电　　话：0431 －81151161、138431113

传　　真：0431 －81151159/81151161

邮　　箱：cjfwzx@ 126. com

地　　址：长春市朝阳区建设街 2838 号，130021

网　　址：http：//www. smejl. gov. cn

黑龙江省中小企业服务中心

一、中心情况简介

黑龙江省中小企业服务中心(加挂黑龙江企业技术创新中心牌子)隶属于黑龙江省工业和信息化委员会，是财政全额预算拨款公益性事业单位，按处级事业单位管理，核定编制 15 名。办公地点分别在黑龙江省政府第二办公区和哈尔滨市宣化街 412 号，使用面积 820 平方米，其中办公用房 9 间(180 m^2)，会议室 1 间（60 m^2），服务大厅 580（ m^2）。现有工作人员 23 人，其中：正处级和副处级各 1 名，正科级干部 9 名，副科级干部 1 名，一般干部 3 名，聘用人员 8 人。具有正高级职称 5 人，副高级职称 6 人，中级职称 9 人，初级职称 2 人。博士 1 人，研究生学历 6 人，本科 10 人，大专 5 人。

二、主要承担的工作

（1）在全省范围内推广应用和实施国家级重大新技术，指导企业开展重大的新技术推广，接受政府和有关部门的委托整合社会资源为企业技术创新提供支持。

（2）利用我中心“黑龙江省技术创新网”，加强产、学、研之间的联合，促进科研成果向生产力

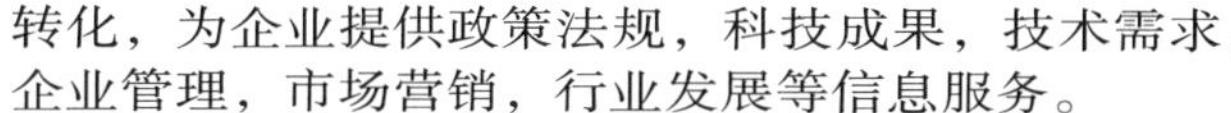

转化，为企业提供政策法规，科技成果，技术需求，企业管理，市场营销，行业发展等信息服务。

（3）建立了“黑龙江省企业资源库”和“黑龙江省科技人才资源库”。以省内外高校、科研院所、大中型企业技术研发中心的专家、教授和科技人员为依托，成立了专家咨询委员会，为企业解决各种难题。

（4）为中小企业提供各种有效服务，如开展工业设计、技术研发、知识产权保护、信息化应用、产品性能和质量检测等工作；为企业提供各种信息服务。

（5）组织承办全省车用乙醇汽油推广使用工作。主要负责乙醇汽油宣传工作；组织技术培训和咨询服务；统计分析乙醇汽油的使用情况；协助工商等行政执法部门对市场运行进行监管；协调乙醇汽油在销售和使用过程中出现的相关问题。

（6）受省工信委委托开展全省优秀新产品评审工作，每两年组织一期评审工作，目前，已完成4期评审工作。

（7）开展全省企业技术工程中心的评审认定工作，协助委科技处对全省企业技术工程中心进行管理。

（8）协助省工信委开展黑龙江省中小企业科技成果推广应用奖评审工作。

三、联系方式和网址

联 系 人：周大伟
电　　话：0451 – 82513238
传　　真：0451 – 82513238
Email：zdw29@163. com
网　　址：www. hljeis. com. cn

黑龙江省中小企业技术创新服务中心

一、单位基本情况

黑龙江省中小企业技术创新服务中心（原黑龙江省乡镇企业技术开发中心）是1984年由原国家科委和黑龙江省编委批准成立的，为中小企业提供公益性服务的财政全额拨款的事业单位。按处级事业单位管理，核定编制15名，实有在编14人。下设3个部门：综合部、网络信息部、培训鉴定部。其中：高级技术人员4人，中级技术人员5人，初级技术人员和工勤人员5人。办公地点在黑龙江省工信委第四办公区大楼二楼，办公室7间，办公场所300多平方米。

二、单位目前承担的主要工作

（1）网站信息服务工作。以中国中小企业黑龙江网（www. smehlj. gov. cn）为龙头，市（地）、县（区）分网为支撑，骨干企业网站为网点，面向全省中小企业、非公有制企业以及中小企业服务机构为重点服务对象的政府公益型信息网络平台。

（2）中小企业生产运行监测平台工作。2009年11月，按照国家工信部中小企业司关于建立中小企业生产运行监测平台的部署、受省工信委委托，黑龙江省中小企业技术创新服务中心承担全省中小企业生产运行监测数据收集、平台管理和数据录入工作。

（3）全国农产品（大豆）加工预警工作。2008年，经农业部乡镇企业局批准，中心成为全国农产品（大豆）加工预警项目承建单位。为农业部农产品加工所按时提供准确的大豆加工企业预警信息，为农产品加工企业提供及时的市场走势及价格浮动等信息

（4）技术推广和咨询服务。一是开发技术交流服务系统，为技术项目供求双方搭建平台。开发建设中小企业新技术新项目数据库，建立技术成果网上交易平台。二是积极开展科技成果推广服务，利用宣传资源优势，采取网络发布、开办和参加展会、搭建展厅等各种方式为企业提供科技成果推广服务，促进产学研对接。三是整合资源，积极开展技术咨询服务。联合大专院校、科研院所，组建专家组，根据企业实际需求为企业提供各种项目技术咨询服务。

（5）职业技能培训鉴定工作。

2004年经农业部乡镇企业局批准建立黑龙江省中小企业职业技能鉴定站，中心为原国家劳动部核准的22个农业工种五个等级进行职业技能鉴定。

三、联系方式

电话：0451 – 536309460451 – 53637478 – 19
传真：0451 – 53630946
Email：53637478@163. com
网址：www. smehlj. gov. cn

鹤岗市中小企业服务中心

鹤岗市中小企业服务中心是按照国家工信部和黑龙江省工信委的总体要求，借鉴先进地区的经验和做法，结合鹤岗市中小企业实际，经市政府批准成立的市级综合性服务机构。中心定位于“鹤岗市中小企业之家”，面向全市中小企业提供一站式综合性服务，重点在“小企业催生、保姆式服务”两个方面发挥作用，以补充和完善各职能部门为企业服务缺失和断层问题，是我市集中解决中小企业共性需求、获取信息、提升素质、融资担保、人力资源、技术支持、法律服务等综合性服务平台，为全市中小企业平稳快速发展起到助推作用。

一、基本情况

鹤岗市中小企业服务中心成立于2012年8月，是经市政府批准设立的综合服务性事业法人单位，位于鹤岗市南山区铁西路，隶属于市工信委。服务中心平台面积800平方米，其中：办公区300平方米，服务大厅内设培训中心及信息服务、融资服务、创业服务、投资合作、法律援助、政务服务等6个窗口和综合办公区。培训中心设有投影仪配套的音响设备，中心门前设有条形滚动字幕式电子显示屏，一楼大厅和6楼大厅设有大型电子显示屏等，办公设施配套齐全。

二、主要职责

（1）贯彻执行国家和省有关中小企业和非公有

制经济（以下统称为中小企业）的法律法规和方针政策；指导、服务中小企业；研究提出扶持全市中小企业发展的政策，起草有关中小企业的地方性规章草案。

（2）贯彻执行国家及省的产业政策，研究拟定全市中小企业的发展战略和发展规划，指导和推进全市中小企业产业结构的调整，指导全市中小企业发展园区建设。

（3）监测、分析、预测全市中小企业运行态势，编制并组织实施中小企业近期发展调控目标和措施，协调解决中小企业发展中的重大问题。

（4）指导全市各类中小企业的改革、改组、改造，推进现代企业制度的建立；指导中小企业融资上市工作；促进建立和发展中小企业产权及相关要素市场，指导中小企业的股份制改造。

（5）对全市各种经济成分的中小企业实行宏观指导、协调和服务，规范企业行为；研究提出中小企业技术进步的政策，指导中小企业技术改造和新技术、新设备、新产品开发等工作；建立完善中小企业技术创新支撑体系，指导中小企业创新基地建设，推动中小企业信息化工作；参与指导、管理民营科技企业，向有关部门推荐、申报符合资格认定条件的民营科技企业和科技型中小企业创新基金项目。

（6）研究提出改善中小企业融资环境的政策措施，协调解决中小企业融资的有关重大问题；提出政府扶持中小企业资金的筹集、管理、使用建议，负责市级中小企业发展基金和市级财政对中小企业扶持资金的管理使用，并向有关部门推荐、申报其他相关资金项目。

（7）指导全市中小企业经营管理人员和职工的教育培训及人才、智力引进工作；指导全市中小企业外事、外经、外贸工作；组织中小企业开展国内外经济技术交流与合作；指导中小企业外资引进、利用工作。

（8）指导中小企业服务体系建设，建立和完善创业辅导体系，改善创业环境；协调落实中小企业获得政府采购份额的有关工作。

（9）配合有关部门做好中小企业环保节能、环境监测、安全生产、劳动用工、职业卫生、质量管理、社会保障等工作。

三、内部机构及职能

服务中心下设“六部一办一中心”，即信息服务部，融资服务部、人力资源服务部、创业服务部、交流合作部、政务服务部、法律咨询服务部、综合办公室和培训中心。

1. 信息服务部

负责建立项目库，推介专家团为中小企业提供国家、省、市重点扶持项目申报系统的技术支持和服务，推介重点支持项目，为中小企业开发项目建设提供前期市场预测服务；负责设立中小企业服务热线，开展政策发布、咨询解答、企业投诉等服务工作；负责建立企业信息化体验中心，系统介绍各类信息化技术和产品，普及相关信息化技术，搭建信息化和产品供需桥梁。

2. 融资服务部

负责帮助企业拓展融资渠道，策划融资方案，寻找融资机构，协助融资谈判，落实抵押、质押或担保条件，实现融资贷款；负责为中小企业提供专业化的融资顾问、财务顾问、管理顾问服务；其他融资业务。

3. 人力资源与创业服务部

负责开展各类人员工培训工作；负责组织企业进行用工招聘和人才库建设工作。

负责为中小企业提供有关项目建设前期咨询、立项和相关行政许可的申报，指导企业编制项目可研，定期发布工业和信息化投资指导目录和项目信息；负责企业入驻创业基地工作；为中小企业提供创业辅导、管理咨询、催生小企业等智力服务。

4. 交流合作部

负责发布技术供求信息，开展产学研交流活动。负责建立中小企业之间的技术交流、对接、合作平台，建立以对俄贸易为重点的中小企业经贸合作服务平台。

5. 政务服务部

负责发布政策信息，受理中小企业政策咨询和投诉求助，组织政企恳谈。负责与纪检监察部门联合组织“中小企业评议涉企部门”活动，优化经济发展环境。

6. 法律咨询服务部

与司法局合作，为中小企业提供民商经济纠纷、合同争议、知识产权保护法律咨询服务，优惠帮助中小企业维权和诉讼服务。

7. 综合办公室

负责综合协调本单位日常工作，负责本单位文电、会务、督查、档案、机要、信访、提案、保密、保卫、行政、后勤等工作。

根据服务窗口和实际工作需要，中心设主任1人，工作人员22人，大专以上学历为100%。

四、发展目标

以电子信息技术为手段，以网络为平台，以知识管理为核心，有效整合各类社会资源，全面建设服务于中小企业的网络工作平台。为广大中小企业提供政策法律和技术经济信息咨询，项目合作服务，融资担保服务，国际交流/合作服务、人才培训/招聘、信息化建设、管理咨询诊断、新产品设计开发、市场开发/推广等信息资源和业务服务，建成具有综合性、开放性特点的一站式综合性信息服务系统。

将服务平台打造成贯彻执行国家及省、市关于中小企业的发展方针、政策和法律法规的中心；打造成研究企业发展战略、发展规划，研究企业发展中的问题并提出相应对策、建议和措施的中小企业之家；打造成推动全民创业，促进扩大就业，提供融资服务，改善企业运行质量，提供法律援助，保护企业及职工合法权益的职工活动之家。切实为企业解决实际问题，让企业得到实惠，最大限度地发挥服务平台的作用。

五、服务基础条件

1. 服务场地

为满足中小企业快速发展的需要，按照国家和省工信委的要求，2012 年鹤岗市中小企业服务中心承建了中小企业服务平台项目，项目已于 2012 年 8 月完工并运行。平台服务场所面积 800 平方米，其中服务大厅及培训室 500 平方米，办公区 300 平方米。服务大厅设立六个服务窗口，即信息服务、融资服务、创业服务、投资合作服务、政务服务、援助诉求服务，以及综合办公室。多功能培训室可容纳 70 人进行培训。

2. 服务设施

购置安装“窗口”服务所需的软、硬件设备 59 台（套）。主要用来满足网络接入、信息查询与发布、项目发布、产品展示、商务交流、培训等服务。

3. 人员设置及人员结构

主任：1 人，工作人员 22 人。

年龄结构：30 岁以下 3 人，占 12%；30 岁以上的 8 人，占 32%；40 岁以上的 6 人，占 24%；45 岁以上的 8 人，占 32%。

知识结构：大专以上学历 100%。

4. 合作资源

服务中心以不同的形式与相关中介机构合作，有 6 家金融机构、9 家律师事务所、5 家会计师事务所分别与中心鉴定合作协议。遇到重大项目，还可以咨询鹤岗市专家顾问组。除此之外，还广泛联系政府部门、大专院校、科研院所等，中心具备强大的技术业务后援。服务中心不仅拥有一支高级的管理人才和专业的技术人才队伍，并且有完善的激励机制，保证了服务中心运营发展的长期性和稳定性，为全市中小企业提供优质、高效的综合性服务。

齐齐哈尔市中小企业服务中心

齐齐哈尔市中小企业服务中心，是经齐齐哈尔市政府正式批准成立的事业单位，隶属于齐齐哈尔市工业和信息化委员会，是为中小企业、微企业及社会各界人士提供公益性服务的政府机构。

服务宗旨：整合一切资源，为中小企业提供全方位服务。

业务范围：信息服务、人力资源、融资担保、政府服务、交流合作、法律咨询援助、中介服务、扶持项目咨询、创业指导、商务代办、会展服务、企业并购、专家服务、项目对接等服务。

齐齐哈尔市中小企业服务中心分为服务窗口和办公场所两部分，服务窗口设在齐齐哈尔市党政办公中心的政务大厅内，包括：服务窗口和会议中心；办公场地包括：中心人员办公室和中心机房，主要有主任办公室、副主任办公室、办公室、财务室、档案管理室、信息处理部、技术支持部、金融服务部、综合业务部、外联部、培训中心等。中心实行主任负责制，设有主任 1 名、副主任 1 名、其他工作人员多名，均为大学以上学历。

在市委市政府的指导下，在市工信委的具体领导下，齐齐哈尔市中小企业服务中心联合政府相关部门，整合社会服务机构，搭建综合性服务平台，以市场化运作和信息化保障为手段，重点突出对中、小、微企业及社会各界提供服务的持续性、准确性、全面性。在企业的创业、发展、壮大的每个阶段，提供公益、免费的帮扶服务，推动中小企业的健康、快速发展，提升企业竞争力，帮助企业解决发展中的瓶颈，促生更多新企业，推动中、小、微企业成为我市经济发展中的重要力量。

佳木斯市中小企业公共服务中心

佳木斯市中小企业公共服务中心是经市政府批准成立的综合类公益性事业单位，定位于“中小企业之家”，面向全市中小企业提供一站式、综合性服务平台。按照开放性和资源共享性的原则，为中小企业提供信息查询、技术创新、融资担保、政策法规、管理咨询、创业指导、市场开拓、人员培训和农机协作配套等服务，是集中解决中小企业共性需求的综合性服务中心。按照开放性和资源共享性的原则，为佳木斯市区内以及所辖十个县（市）区的中小企业提供信息查询、技术创新、融资担保、政策法规、管理咨询、创业指导、市场开拓、人员培训和农机协作配套等服务，是集中解决中小企业共性需求的综合性服务中心。

服务功能：佳木斯市中小企业公共服务平台建设以“政府引导、无偿服务、市场运作”为发展思路，最大限度地发挥政府服务功能和商业服务功能作用。在组建初期突出重点，按照总体规划、分阶段实施的原则，先行启动“信息网络、融资担保、人力资源、催生创业、农机协作、政务窗口、法律咨询”7 个服务平台和 18 家中介服务机构，并逐步向“9 + 1”服务平台领域扩展，形成“以服务中心为主体，以中小企业协会和入驻中介部门为两翼，以各职能部门联动为助推”的多角度、多方位、多层次的运营模式。

主要职能：集中解决中小企业共性需求，中小企业反映诉求、获取信息、学习交流、催生企业、提升素质、融资担保、人力资源、技术支持、政务窗口、法律咨询等综合性服务，逐步建立超市式、全过程、系列化的服务体系平台，与有关部门联系向全市中小企业推介金融服务、创业指导和开展各类专业技术人员的培训服务，服务中心将成为企业家与政府的桥梁、企业与市场的纽带，为全市的中小企业健康发展起到助推作用。

需求服务程序：企业或创业者可以通过电话、书面和网络申请需求服务，本中心接到申请后协调办理登记服务手续，程序简便、快捷。

从事中小企业服务的 26 名工作人员均为大学以上学历，组成了一支高级的管理人才和专业的技术人才队伍。服务中心还广泛联系政府部门、大专院校、科研院所、授权投资主体等，具备强大的技术业务后援，为全市中小企业提供优质、高效的综合性服务。

伊春市中小企业服务中心

伊春市中小企业服务中心，成立于2005年1月20日，是隶属于伊春市工业和信息化委员会科级事业单位，单位性质为全民所有制事业单位，单位地址伊春市新兴西大街（伊春市行政服务中心一楼）。伊春市中小企业服务中心是伊春市中小企业综合性、公益性服务机构，现有人员23人，其中管理人员3人，技术服务人员20人。其中从事中小企业信息化服务技术人员、大专及中级以上职称人员19人，占全员比例78.3%以上。中小企业服务中心现在服务场，配套条件包括交通、供电、供热、通讯、通风、消防、环保、国际互联网络服务平台等设施条件齐备。

伊春市中小企业服务中心现有办公及服务场所500平方。服务中心实行主任负责制，设主任1人、副主任2人、高级专职网管1人，专业服务工作人员20人。中小企业服务中心现下设企业策划服务部、培训部、信息服务部、法律咨询和服务部、产业技术公共服务部，各业务部门负责相应服务业务。

项目实施前，伊春市中小企业服务中心依托伊春市工业和信息化委员会网站，伊春市行政服务中心网站，承担伊春市行政管辖区内的中小企业服务网络业务，到目前为止，为全市中小企业提供融资、信息等各项窗口服务100次，服务企业13000户，服务人数26000人次，为中小企业协调解决融资贷款累计8.5亿元，有力促进了项目建设的进程。

伊春市小企业服务中心是不以营利为目的窗口单位，可以为全市中小企业提供各项法律咨询、政策、技术等方面的综合服务，是伊春市政府指导联系和推动伊春市中小企业技术创新工作的纽带和桥梁。为促进全市中小企业的发展开辟了新的服务领域和强有力的支持。

目前伊春市中小企业7.9万户、规模以上企业183户和八大工业园区企业93户，伊春市中小企业和规模以上企业的创业和发展亟需解决整合服务资源、畅通信息渠道、改善经营管理、提高发展质量、增强市场竞争实力、实现创新发展等共性需求，需要在政务、创业、人力资源、信息来源、企业发展、创新与合作、财经服务、法律咨询和服务、金融、市场发展和公共技术支持等公共服务方面提供直接、全面、优质、免费的综合服务。

目前，伊春市为中小企业和规模以上企业提供综合服务的机构较少、能力较弱，而且没有专职的中小企业窗口平台。伊春市中小企业服务中心只有通过市工信委、伊春市行政服务中心、市科技局等网站，扶持市内少数企业，这些信息平台主要为规模以上企业提供研究开发等技术类服务，面向中小企业开展多方位、多种类的综合性服务还很不够。

伊春市中小企业窗口平台的建立，将极大地解决伊春市中小企业发展中的管理升级、产业升级和效益升级的问题，解决中小企业发展的难题，如企业管理、人才招聘、企业认证、专利代理、科技成果推广、工程项目咨询、财务会计审计、产品检测和计划统计等方面的实际问题。

“十二五”期间，是实现全面建设小康社会目标承前启后的关键时期，是深化改革、加快转变经济发展方式的攻坚时期，也是工业和信息化发展的加力提速期。加速建设中小企业窗口平台，对于保持全市工业快速发展的良好态势，提升工业发展水平，构筑现代产业体系至关重要。按照科学发展观和新型工业化的要求，依据《伊春市国民经济社会发展及生态建设第十二个五年规划纲要》，围绕调整和优化结构、进一步扩大总量规模、提高自主创新能力、实现可持续发展做好基础的窗口平台建设。

上海市中小企业发展服务中心

2010年11月，经上海市编制委员会批准，撤并原有的上海市小企业（生产力促进）服务中心和上海市小企业（贸易发展）服务中心，组建成立上海市中小企业发展服务中心。中心为市财政全额拨款的非营利性事业单位，是本市专司中小企业发展的综合性服务机构。服务中心隶属于市经济信息化委，业务指导单位为上海市促进中小企业发展协调办公室。人员编制定为80名。

上海市中小企业发展服务中心体现为中小企业发展提供综合服务的特性，面向各种所有制、各行业中小企业，协助落实政府部门政策举措，发挥中小企业服务主渠道作用，引领各类社会服务机构为中小企业服务。

上海市中小企业发展服务中心的基本职责和主要任务是：推动政策落实、反映企业诉求、建设服务体系、提供公共服务。近年来，在市中小企业办直接指导下，服务中心做了大量服务工作，主要有：

一、推动政策落实

自国家《中小企业促进法》颁布以来，国家和地方政府各个部门相继出台了一系列的扶持政策。服务中心组织人员收集整理中小企业各类政策，发布中小企业政策排片表；开通市级和17各区县中小企业服务热线，开通“中小企业诉求直通车”，受理中小企业个性化需求；开展中小企业发展资金的项目申报、初审和后期跟踪问效工作。

二、建设服务体系

推动全市17个区县建立了中小企业服务中心，在各区县建立了中小企业服务联络员队伍，指导区县服务体系向乡镇街道、主要园区等延伸，与二十多个行业协会建立了合作服务机制，在本市200多个街镇和都市产业园区设有工作站或联络点，与40多个信息化软硬件供应商建立了战略合作伙伴关系，在17个区县设立了50多家中小企业信息化推进服务站，与本市十多个委办局和行业协会共建中小企业品牌建设推进委员会。

三、提供公共服务

组织推进中小企业品牌建设；支持中小企业人力资源开发；开展管理咨询和法律援助服务活动；办好“上海中小企业”网、《上海中小企业信息速递》和《上海中小企业》杂志；帮助中小企业科技创新和产业升级；促进中小企业的经贸合作与国际交流，组织开展中小企业主题服务活动，组织企业参加中博会等展会；推进都市产业集聚发展；推进中小企业信息化建设；开展中小企业融资服务。

四、反映企业诉求

服务中心建立了中小企业与政府部门、服务机构间的诉求传导机制。调研分析本市中小企业经济运行的基本态势和发展需求，对已有政策落实情况开展问效和评估，及时反映共性的困难和问题，反映中小企业关注的热点问题和新动向、新模式，并提出建议。

服务中心设立了咨询热线电话和专门工作窗口。及时反映和协调解决影响中小企业经营和发展的政策措施和工作环节，维护企业合法经营权利，帮助企业解决实际困难。

地址：上海市徐汇区大木桥路108号6楼

邮编：200032

电话：(8621) 54521128

传真：64165939

网址：http：//www. ssme. gov. cn

上海市中小企业上市促进中心

2012年4月，经批准将原有的上海市小企业综合服务事务所变更为上海市中小企业上市促进中心。中心为市财政全额拨款的非营利性事业单位，隶属上海市经济和信息化委员会。其主要职能是对本市中小企业经济运行和发展趋势进行监测、分析和研究，以及对拟上市中小企业进行改制培育服务等。

目前中心下设三个部门，分别为运行监测部、上市促进部和综合部。其主要职能包括：

一、上市促进工作

通过开展“百家中小企业改制上市培育”系列公益培训活动，帮助企业及时了解和掌握资本市场的最新动态和规则；梳理和研究促进中小企业上市的相关政策和法规，做好政策咨询和协调服务；组建专家服务团队，对企业的改制上市工作进行专业指导等工作，引导和推动中小企业借助资本市场实现快速发展。

二、运行监测工作

重点围绕“专精特新”中小企业、小型微型企业的运营情况和发展状况，在相关部门指导下，开展运行监测和统计分析工作，帮助协调企业困难问题，及时反映企业发展过程中遇到的共性问题。

三、政策研究工作

收集整理国内外中小企业发展服务情况及政策法规，针对热点难点问题开展调研，前瞻性开展中小企业工作研究，提出相应政策建议。

地址：上海市徐汇区大木桥路108号7楼

邮编：200032

电话：(8621) 64221590

网址：http：//www. ssme. gov. cn

江苏省中小企业发展中心

江苏省中小企业发展中心是江苏省经济和信息化委员会、省中小企业局、省乡镇企业局下属的全民事业单位。为全省中小企业发展服务。负责调研提出我省中小企业服务体系建设发展规划，为我省中小企业提供政策指导、创业导向、金融支持、对外交流、法律咨询、信息沟通及培训等服务。中心下设综合发展部、咨询培训部、对外合作协调部和研究室。

联系电话：025－83737871

地　　址：南京市广州路199号天诚大厦9楼

邮　　编：210009

江苏省中小企业协会

江苏省中小企业协会是经江苏省民政厅核准成立，并注册登记的、具有独立法人资格的社团组织。协会接受业务主管部门江苏省经济与信息化委员会（江苏省中小企业局）和江苏省民政厅的业务指导与监督管理。协会的业务范围：贯彻《中华人民共和国中小企业促进法》《国务院关于鼓励支持和引导个体私营等非公有制经济发展的若干意见》和《江苏省中小企业促进条例》，宣传国家和省扶持中小企业发展的政策措施，促进中小企业健康发展。引导中小企业遵纪守法，诚信经营，发展经济，提升职业道德，加强自律管理，承担社会义务；组织会员交流和总结发展经验，开展中小企业发展的理论研究和学术交流活动，提高会员综合素质和经营管理水平；为会员提供各种信息、培训、咨询、论坛、考察、市场开拓和经贸洽谈等多种服务；发挥纽带、桥梁作用，促进会员企业与政府部门之间、会员与高校和科研单位之间、会员与其他企事业之间，以及会员之间的沟通联系与广泛合作；维护会员企业和企业家的合法权益，反映中小企业建议、呼声和诉求。

地址：南京市西康路1－8号河海大厦2楼

邮编：210024

电话：025－83205664

安徽省中小企业服务中心

安徽省中小企业服务中心于2009年5月由四家单位发起成立，系民政部门注册的民办非企业单位。2010年被安徽省经信委认定为“安徽省中小企业公共服务示范平台”，2011年被工信部认定为“国家级中小企业公共服务示范平台”。现为安徽省中小企业协会副会长单位、中国中小企业服务联盟副主任单位。省中心现有办公场地900平方米，员工32人，全部拥有大专以上学历，其中从事专业技术工作人员占90%以上。

2011年，省中心承担安徽省中小企业公共服务平台网络省级平台建设项目。在各主管部门支持、建设单位和服务机构的共同努力下，全省平台网络自2014年1月正式上线运营，基本完成省服务平台与44个“窗口”服务平台的互联互通、信息共享、资源统筹的建设和改造目标。

一、2014年主要工作情况

（一）完善平台功能，全力推进平台网络建设

经过3年的建设，安徽省中小企业公共服务平台网络省级平台项目已经改造服务办公场地800平方米，建立了全省服务平台网络门户网站，完成平台运营管理系统、共享数据资源管理系统、网络培训资源管理系统、融资服务对接服务系统、信息化在线服务系统、电子商务系统等的开发部署工作，与5家窗口单位自建系统实现了“互联互通”，建成全省统一呼叫中心，共有50个座席分布在全省45个窗口服务平台，初步建成了服务机构数据库、企业数据库、政策信息库、专家库、企业成长性评价库、培训课件库、企业需求和产品库等全省共享的资源数据库群。2014年结合企业需要和移动互联网应用趋势，建立了安徽省中小企业公共服务微信平台、手机app、大数据竞争情报服务平台和中小企业节电公共服务平台等新增服务系统。截至2014年年底，全省平台入驻的各类服务机构共1046家，可提供的服务项目1629项，已开展的服务活动948项，累计服务企业2万多家，服务过程及服务评价16789家次，平台网络的服务能力明显提高，有力地促进了全省中小微企业的发展。

（二）起草工作标准，努力抢占行业制高点

省中心成立之初，即在主管部门支持下，联合高校、研究机构开展了安徽省中小企业成长性评价指标体系和评价系统的研究开发工作。经过5年多的努力，现已编制三个安徽省地方标准（中小企业成长性评价指标体系、中小企业成长性评价方法、中小企业成长性评价系统功能规范），即将迎接评审。通过中小企业成长性评价，可以为企业、服务机构和政府部门了解企业成长性的比较优、劣势，并由专业化服务机构有针对性地提供融资、管理、技术等方面解决方案。这三个地方标准一旦通过评审发布，将成为全省平台网络评价中小企业、推动主动服务、为政府部门决策提供依据的有效工具，也将确立省中心在这一领域的核心地位。

（三）努力整合资源，促进平台网络服务能力提升

平台网络要达到“互联互通、资源共享、协作服务”的效果，关键是省级枢纽平台要起到“整合资源、引领服务”的作用。2014年，省中心加大了“整合资源”的工作力度，全年新增服务机构600家，新增服务项目1000项，新增服务系统和服务手段7项，实现窗口平台自建系统与省平台互联的5项，尤其是2014年在全省平台网络中试点推广“社会化公共服务协作平台”软件，并在芜湖市窗口服务平台试点成功。该软件实现了“机构与企业互动、协作任务建立与督促、服务解决与知识库建立、多终端平台共用”等综合功能，现有700家企业和机构注册使用，较好地提升了平台网络的协作与服务能力。2015年该软件将正式在全省推广使用。

（四）开展调查研究，为完善服务体系建设提供决策依据

2014年，受主管部门委托，对全省社会化服务体系进行了一次摸底调查，编制了“安徽省中小企业社会化公共服务体系年度发展报告”。研究制定了全省平台网络运营评价考核标准，结合平台项目验收进行试点运行。组织研究机构开展“中小企业公共服务资源管理”课题研究，向主管部门汇报研究成果和提出建议。年底，着手策划全省中小企业服务机构典型服务模式和服务案例汇编工作，2015年成册，将优秀服务机构服务模式向全省推广。

二、2015年主要工作目标

安徽省中小企业服务中心2015年工作总体思路是按照“政府搭建平台、平台服务企业”的理念，以满足中小企业需求为宗旨，以中小企业公共服务平台为依托，以“互联网+服务”的模式，整合线上线下服务资源，扩展延伸服务功能，提升精准服务能力，打造全省中小企业的“服务淘宝”。力争全省中小企业服务平台年访问量突破200万次，平台网络窗口数量达到100个，年服务企业超过2万家次，开展各类服务活动500场次。

实现工作目标的主要措施如下：

（一）抓资源，夯实服务基础

（1）挖掘需求资源。一手抓平台网络注册企业增量，一手抓注册企业有效需求发布，争取今年底注册企业1.5万家，发布有效需求1万项次。

（2）加强数据采集。完善全省中小企业成长性评价数据资源库、直接融资后备企业资源数据库、中小企业供应链资源数据库等在线数据库。

（3）整合服务资源。今年底全省中小企业公共服务平台接入社会服务机构1000家，编制发布首批安徽省中小企业公共服务平台服务项目目录。

（二）抓规范，提高服务质量

（1）加强人才队伍建设。探索建立全省中小企业公共服务人才培训课程体系，推动试行服务平台“首席咨询师”认定制度，加强全省平台核心服务业务骨干培训。

（2）编制服务评价标准。编制全省中小企业公共服务平台网络服务和评价标准，实现服务过程的评测、评价。

（3）规范服务品牌标识。规范全省中小企业公共服务平台建设，统一机构标识、名称、规范、咨询热线，公开服务标准、流程、收费。开展服务平台“星级”评选，打造一批规范、高效、优质的公益性服务品牌。

（三）抓活动，打造服务品牌

（1）开展创业无忧扶助活动。联合省级小微企业创业基地建立全省“创业无忧”综合服务平台，组织各类专业机构建立创业项目库、创业辅导资源库、创业讲师团队库、创业要素对接库等在线资源库；开展中小企业创新、创业辅导活动，评选年度

最佳创业企业、创业人物和创业项目。

（2）开展转型升级提升活动。面向装备制造、机械加工等产业集群专业镇，建立全省检验检测、测试试验、关键加工设备、重大仪器仪表共享数据库，实现检测加工能力动态展示和使用调剂，提高关键加工、检测设备的利用率；推广模具制造协同系统，试点开展“云制造协同”服务。

（3）开展融资对接促进活动。继续加强全省中小企业融资对接服务平台建设，实现融资对接服务平台的全省覆盖，最大程度实现融资需求与融资机构的对接。

（4）开展两化融合推进活动。完善“全省中小企业两化融合公共服务子平台”“电子商务公共服务子平台”“行业大数据服务子平台”功能，整合两化融合服务资源，为中小企业两化融合提供专业化服务。

（5）开展技术创新培育活动。完善技术创新公共服务子平台及技术成果共享数据库、产业化项目推广共享数据库、产业投资基金数据库，聚合各类生产力促进中心、高校、研究院所、技术服务公司，推动技术转移、成果转化和产学研合作服务。

（四）抓运营，创新服务方式

（1）加强组织体系建设。建立全省服务平台和服务机构的行业自律组织，指导各级平台和服务机构尽快实现自我管理、自我完善、自我提升；支持优质服务机构市场化实体的运营，以全省统一的共享资源和服务手段为支撑，为企业提供有价值的各类市场化服务。推动全省平台网络窗口单位扩至100个，并新增中小企业云制造、节电、检测检验等专业服务平台，实现服务资源“一网打尽”。

（2）构建新型服务模式。利用互联网思维和手段，采集企业服务需求和经济运行数据，开展统计分析，分析企业发展态势，建立企业共性需求和关键性需求数据库，加强与新业态、新模式下诞生的新型服务机构的战略合作，不断配置优质资源，形成新的服务模式，逐步将各项服务移植到网络上来，形成“O2O”或“B2B”服务业态。

福建省中小企业服务机构设置情况

一、我省市、县中小企业服务中心情况

近年来，各级中小企业服务中心，作为各地服务中小企业的龙头单位，开展了各类服务活动，为提升中小企业发展质量、推进各地中小企业服务体系建设发挥了积极作用。截至2015年5月，我省九个设区市中，厦门、宁德、莆田、泉州、漳州、龙岩、三明、南平等八个设区市已设立市中小企业服务中心或类似服务机构。其中，福州的永泰县、泉州的鲤城区、南安市、德化县、龙岩的长汀县、三明的寿宁县、南平的邵武等七地已设立中小企业服务中心。从目前情况看，大部分市级中小企业服务中心运作良好，但是与外省对比起来存在制度不够完善、活动运作经费不足、专业服务人才欠缺等问题；大部分的县（区）、乡镇还未建立中小企业服务中心，已经建立的县级中小企业服务中心存在服务人员及经费严重不足，未能发挥出相关的服务职能。

二、我省省级、国家级中小企业公共服务示范平台情况

2012年6月，我省出台《福建省中小企业公共服务示范平台管理认定办法》和《福建省省级小微企业创业基地管理办法》。2012年、2014年两年福建省经济和信息化委员会、福建省财政厅已共同认定了52家福建省中小企业公共服务示范平台、26个省级小微企业创业基地，其中全省共有14家国家级中小企业公共服务示范平台，分别为标协（福建）技术咨询有限公司、福建电子产品监督检验所、福建金贸科技信息有限公司、福建省中小企业服务中心、莆田市企业与企业家联合会、三明市生产力促进中心、厦门中小企业在线信息服务有限公司、厦门市中小企业服务中心、福建省企业与企业家联合会、厦门邑通软件科技有限公司、福建省科学技术咨询服务中心、宁德市乡镇企业生产力促进中心、福建中海创集团福大自动化公司、厦门中开信息技术有限公司。

三、福建省中小企业服务中心简介

福建省中小企业服务中心于2005年9月正式成立，是隶属于福建省经济和信息化委员会的财政全额拨款的事业单位，是国家级、省级中小企业公共服务示范平台。

（一）中心的主要职责

（1）宣传、贯彻国家和省有关发展中小企业的法律法规和方针政策，配合政府有关部门拟订发展中小企业的地方性法规、规章与政策。

（2）负责建设完善我省中小企业公共服务平台网络，负责省级中小企业公共服务大厅建设与管理。

（3）协调相关部门、行业协会及其他机构；联系和引导各类社会服务机构为中小企业创立、生存和发展提供全面的社会服务，规范中小企业服务内容，推进为中小企业提供融资担保、创业创新、技术支持、管理咨询、市场开拓、法律服务和人才培训等多方面、多层次的服务体系建设，在全省中小企业服务体系建设中发挥核心和引领作用。

（4）负责对福建省中小企业公共服务示范平台和省级小微企业创业基地进行动态管理，发挥服务示范作用。

（5）构建多层次分行业监测分析平台，动态掌握中小企业运行态势，为上级部门制定政策提供意见建议；负责我省乡镇企业统计调查与信息直报工作。

（6）组织中小企业开展国内外经济技术合作与交流，促进先进技术的推广应用；帮助中小企业拓展国内外市场。

（7）承办主管部门等交办的其他事项。

（二）2014年中心主要活动及成效

一是中小企业公共服务平台网络建设稳步推进。在多方调研认证的基础上，做好顶层设计；稳步推进首期1个省级中小企业公共服务平台、7个设区市窗口服务平台、24 个产业集群窗口服务平台的建设工作，有 7 个窗口服务平台已完成服务场地改造并试运行；已完成了服务场地设计方案和整体造价，确定了基础装修项目施工单位；运营管理系统和门户网站已于 10 月份进入内部测试和试运行阶段；赴各地市考察已建窗口平台建设情况，对项目建设进行指导；制定了相关制度，规范平台网络建设；积极整合社会服务资源，目前已经征集 144 多家中小企业服务机构及 81 位服务专家。

二是大力宣传扶持中小微企业的政策。组织汇编《“2014 年扶助小微企业专项行动”政策文件选编》《福建省中小微企业财税服务手册》及《企业法律知识读本》，免费发放给中小微企业各 5000 本。

三是精心打造服务小微企业的品牌。分别在南平、宁德、三明、福州组织了 4 场 2014 年“助力小微企业八闽行”系列公益服务活动，给企业面对面提供扶助小微企业政策宣讲，就减轻小微企业负担、鼓励节能降耗、解决融资难问题、支持企业市场拓展等方面的惠企政策做了详细的介绍；邀请财税专家就“小微企业如何利用好财税政策”做了专题讲座。共带动 54 家省市优质服务机构为现场 800 多家中小微企业提供政策、法律、技术创新和质量管理、人才培训等面对面咨询服务，达成了 50 多项服务对接。同时成功举办第十七届海峡两岸纺织服装博览会福建省纺织服装产业集群馆中小企业服务对接会，共为 100 多家企业提供了政策咨询、法律咨询、信息化应用、品牌管理等咨询服务。

四是开展人才与培训服务。成功举办 3 场福建省中高级人才招聘会。现场组织 203 家企业提供 1800 多个中高级管理和专业技术岗位，吸引了上千名求职者参加，有效促进企业与人才的对接。5 月份组织了 30 多位服务机构负责人进行服务能力提升培训并考察厦门市中小企业公共服务平台，学习厦门服务中小企业的先进工作经验，受到了很大的启发。组织设区市经贸委、34 个窗口服务平台建设单位的负责人和计算机技术人员参加全省中小企业公共服务平台网络建设工作培训会，参会人员达 108 人。

五是积极帮助中小企业开拓市场。今年来，组织了德化陶瓷、政和竹木制品、漳州钟表等 3 个产业 22 家中小微企业第八届 APEC 技展会。现场展品销售十多万元。有 13 家企业与客商达成合作意向，预计合作金额达 500 多万元。组织 14 家食品企业参加中国农产品投资贸易洽谈会。部分企业现场销售产品 10 万多元，一些企业找到意向客户，还有一些企业找到优质产品供应商。同时多家参展企业的参评产品获得表彰。组织了 29 家中小企业参加中国国际中小企业博览会，福建展团现场贸易成交额达 100 多万元，意向合同金额达 36.8 万元，共找到意向客户 150 多个，进一步拓展了省外销售渠道。

六是做好中小企业生产经营运行监测统计分析及乡镇企业统计工作。每月持续报送运行监测数据的企业有 350 家，实时掌握我省中小企业生产经营运行态势，同时做好全省乡镇企业信息统计调查和直报工作，为制定中小微企业政策提供依据。

电话：0591 - 88023380，88016036（传真）
邮箱：zxqyfwzx@ fjetc. gov. cn
网址：www. fujiansme. com

江西省中小企业服务中心

江西省中小企业服务中心是由江西省工业和信息化委员会主管的正处级全额财政拨款公益性事业单位，在省工信委领导下，主要承担以下三大项工作：一是负责全省中小企业公共服务体系建设及省本级公共服务平台网络的建设运营；二是负责全省中小微企业运行监测；三是负责全省中小企业公益类教育培训、负责组织全国领军人才的培训、江西创业大学（公益性）的日常工作。

一、平台网络

江西省中小企业公共服务平台网络（网址：www. jx968969. cn）是经工业和信息化部批准的全国首批十个试点中小企业公共服务平台项目之一，平台建设思路是“政府搭台、机构唱戏、互连互通、市场运作”，建设原则是“门户与专业相结合、公益与市场相结合”。平台网络秉承“立足江西，放眼全国，着力打造成中小企业服务产品供应商”的经营理念，通过综合窗口、产业窗口建设，优化服务分类，积极整合服务机构资源，为广大中小企业搭建一个线上寻找服务产品的平台，最大限度降低中小企业寻找服务的成本。

二、江西创业大学

江西创业大学坚持“三为主”的培训模式，即以学员企业诊断为主，通过“一家诊断、多家受益”的方式，提升企业管理水平；以导师辅导为主，通过建立导师库、开展互动式办学，提升企业解决问题的能力；以开放式办学为主，组织企业走出去向先进企业学习，开阔企业视野，产生标杆激励作用。创业大学秉承公益性办学宗旨将学历教育与沙龙式的商学教育进行嫁接，全面整合筛选教育资源为中小微企业提供了一个独具特色的智力支撑平台。

联系方式

地址：江西省南昌市高新大道 8 号
网址：www. jx968969. cn
电话：0791 - 968969
传真：0791 - 82136753

南昌市中小企业服务中心

南昌市中小企业服务中心根据国家工信部中小企业公共服务平台网络建设要求，配合江西省中小企业服务平台网络建设工作需要，在南昌市政府与南昌市工信委的大力支持下，建立并完善了南昌市中小微企业综合化服务体系，建设了南昌市中小企业综合服务窗口平台。于 2013 年获得“国家示范服务平台”称号。

南昌市中小企业综合窗口服务平台坐落于南昌市洪城路655号南昌海联大厦内。大楼13层开通了多个低柜化、一对一式的服务窗口。在2层，由南昌创业大学学员自发建设了“商巢”南昌创业大学学员俱乐部。在14层设立了6个服务保障部门。凝聚了全国顶尖的专业服务力量，实现了一站式、综合化的服务模式。同时，平台亦可通过“江西中小企业服务平台网络（http://www.jx968969.cn）”和“南昌市中小企业网上服务超市（http://www.jxncesm.com/）”接受企业的在线服务申请。开通了中小企业服务热线：0791－86625053提供电话咨询服务。使企业即使足不出户，也可享受专业服务支持。

搬迁新服务地址后，服务中心通过各窗口平台，已接待企业问询11121次，达成服务3400余件，服务转交专业机构办结1771件，服务回访率满意度达97%以上。举行培训、座谈、技术支持、专家寻访企业实地等各类活动约550余次。服务涉及企业达11000余家。

目前，平台整合带动社会服务资源已达93家，现场入驻服务机构16家，形成了“窗口服务、在线服务、实地现场服务”三位一体的服务解决方案。通过对接江西省中小企业服务平台网络，实现了全省中小企业服务功能的互联互通，共享协作。同时，向下延伸至全南昌市各区、县、部分乡镇、部分街道以及重点企业的现场，形成超远程的延伸服务网络。

南昌市中小企业综合窗口服务平台独具特色地建设了一流综合化办事服务大厅；开设了实体与网络媒体互联互通的中小企业技术成果与产品成就的综合展示大厅；开放了超市化的中小企业综合服务超市；拥有投融资服务平台、技术创新平台、培训教育平台、信息咨询平台、信用建设平台、中介服务平台这六大服务平台和覆盖市、县（区）、部分乡镇（街道）、重点企业的四级服务网络；打造了全省领先的南昌创业大学、南昌市中小企业网上综合服务超市、南昌市中小企业综合服务平台网站；组建了涵盖全市中小微企业的南昌市中小企业协会、南昌市中小企业信用促进会、南昌市中小企业专家服务团、南昌创业大学导师团等优质的服务抓手。最大程度的缩短了服务办事响应时间与流程手续，简化服务环节，提升服务效能。

南昌中小企业服务中心循着打造全新服务品牌，助力当地中小企业发展的清晰思路，充分发挥自身的体量优势，把创新型、创业型中小微企业作为服务的重点对象，立足综合化服务创新思路的理念，不断整合社会资源，激活和带动社会优质专业服务力量，积极探索中小企业服务中心服务企业的新模式，初步走出了一条符合南昌本地服务需求的助力中小企业发展之路。

（1）开辟了一条为中小微企业融资开渠的新路径。中心中小企业投融资服务平台，截至2015年6月，南昌平台共为近450户企业累计融资达55亿元，增加企业销售收入102亿元，为地方财政提供税金近6亿元，累计新增就业岗位2.68万个。半年新增四户1810万担保业务。

（2）建设了一个增强南昌市中小微企业的核心竞争力的“摇篮”。南昌平台在实现树立起精品化短期培训品牌的同时，联合南昌大学、江西财经大学、江西师范大学创建了南昌创业大学。实现了一年制长期培训和精品化短期培训相结合的丰富办学模式。为确保创业成功率，缩短企业成长周期，避免企业经营弯路。南昌中小企业培训服务平台建立了一条龙的创业扶持流程，在南昌创业大学先后开设了高级总裁研修班、商业模式创新班、品牌营销班、投融资班、创业孵化班等5个一年制专业班型。围绕企业关注的高层管理、财税政策解析、宏观经济、人力资源等方面，年均开设短期精品班8个。平台累计教学达10000多个课时，培训总人数累计近5000余人。

同时，南昌创业大学还充分利用和优化社会资源及中心自身优势资源，坚持“动态培训与常态培训相结合、企业所需与课程设置相结合”的原则，凝聚南昌创业企业的发展优势，建立南昌企业发展的合作新模式，成功构建企业间互信交流的大舞台。企业学员经过长期的培训交流，建立了深厚的学习友谊和信任感。碰撞出了大量的商业合作的“火花”。自平台办学以来，企业学员共同建设了如红谷滩秋水广场台湾美食街、建立了服装行业商会在线电子商务及研发平台、成立了南昌市创业商会、南昌市创业企业沙龙、商巢企业家俱乐部，开设了“淘宝网·江西馆”等很多合作项目。使南昌中小企业创业发展更加团结一致，也使南昌企业整体品牌形象，得到进一步提升。

（3）整合社会专业力量，组建了一支南昌市中小企业专家服务团、南昌创业大学导师团。南昌平台不断打造全新的南昌市中小企业服务品牌链，为南昌市中小微企业发展提供专业、高效、实用、独具特色的专业化服务。为此，平台集合了一大批专家技术资源，将在技术领域有极强实力，且愿意为中小企业服务的专家学者集合在一起，分设工业、农业等六个服务队，采用“窗口坐诊、网络咨询、实地巡访”相结合的形式，为企业提供技术支持与工艺指导。每年还将结合各自的一线服务实际，为市政府提交六份产业分析调研报告，帮助政府在产业决策时，掌握第一手的信息资源。目前，专家技术团在近三年间已对接我市600多家高新技术企业，服务解决了500余项企业生产工艺、运营管理、技术开发等方面的难题。每月提供近50余次的技术咨询应答服务。

（4）推广赣商企业，建设了一个南昌市中小企业优秀产品与技术成果展示大厅。展示厅面积达100 m^2，陈列南昌市优秀中小企业产品与技术成果百余项。每季度进行产品陈列更新，备选产品近千个。月均参观140余人次。展示厅创造了实体展示与网络媒体互联互通的长期展览模式的先河。利用多媒体手段，将南昌企业的优秀产品成果，通过图片、视频与实物相结合的形式，进行最完美的呈现。观摩者既可以在实体展示大厅看到实物展品，更可以通过多媒体手段，了解企业咨询和展品的基本信息、规格、联系方式等。

使企业产品展示推广更加高效便捷。

中小企业在社会经济中的地位日趋重要。南昌市中小企业服务中心将充分把握此次建设运营的契机，继续调动各方面力量，集聚社会资源，准确把握企业需求，营造良好氛围，为中小企业搭建一个实实在在的高效、优质、公益的综合服务平台！

山东省中小企业发展促进中心

山东省中小企业发展促进中心（简称“中心”）是经山东省编委批准，2013 年 2 月由原山东省乡镇企业科技服务中心和山东省乡镇企业职工中等专业学校整合而成的省级公共服务机构，主管部门为山东省中小企业局。

一、“中心”主要职责

1. 宣传落实促进中小企业发展的法律法规及方针政策，调查研究中小企业存在的问题及发展需求，承担中小企业发展政策研究和政府委托的相关工作。

2. 按照构建“以企业为主体、市场为导向、产学研相结合的技术创新体系”要求，依托山东省中小企业公共服务平台建设政策库、专家库、科技成果库等资源贮备，搭建中小企业科技创新服务平台，为中小企业提供政策解读、技术创新、科技成果转化等公益性服务和电子商务工作特别是移动电子商务工作。

3. 组织带动中小企业系统及社会服务资源，构建中小企业服务体系，搭建公共服务平台，充分发挥省级服务平台的龙头作用，全面开展中小企业人员培训、信息咨询、交流合作等服务活动，重点做好银河培训、领军人才培训、巡回大讲堂、管理提升等服务工作，为中小企业提供综合性的公益服务和智力支持。

二、“中心”主要工作介绍

（一）科技创新工作

1. 政策咨询工作

（1）建立中小微企业发展政策库，为中小微企业提供有关法律法规、科技创新、财税扶持等发展政策咨询服务。

（2）组织开展中小微企业的政策落实和共性问题专题调研，为领导决策当好参谋和助手。

2. 创新服务工作

（1）科技创新工作：指导帮助中小企业申报国家和省有关科技计划、技术创新计划、国家高新技术企业；帮助企业加强创新能力建设，创建省级技术研发中心；开展科技成果和新技术新产品鉴定验收；建立项目资源库、专家库，搭建政产学研商合作创新平台和专利知识产权、科技成果转化服务平台，推动科技成果转化。

（2）定期组织中小企业科技创新与扶持政策培训。

（3）帮助企业及时掌握国家扶持政策信息，帮助申报有关专项扶持资金项目。

（二）培训咨询工作

（1）协助省局相关处室研究制定全省中小微企业教育培训、管理咨询长远规划、年度计划和有关政策措施。

（2）协助省局相关处室指导市、县中小企业主管部门的培训、咨询工作，总结全省工作情况，推广先进经验，促进全省中小微企业教育培训、管理咨询工作高效、有序开展。

（3）组织开展全省中小微企业的培训与咨询工作。根据社会经济发展和中小微企业需求，积极组织开展多形式、多层次、多渠道的业务素质提升培训和管理咨询服务，为中小微企业健康、持续发展提供人才支持和智力支撑，促进全省中小微企业不断提升管理水平。

（4）加强对外合作交流。与有关职能部门联合，组织开展服务业高管人员培训、技术工人“金蓝领”培训等工作，并组织出省、出国（境）考察、交流、培训等活动。

（5）承担国家银河培训工程和领军人才培训等工作；承担山东省中小微企业巡回大讲堂、山东省中小企业高级工商管理进修班等工作。

（6）承担中小企业管理咨询服务项目。

（三）中小企业服务平台

“中心”负责中国中小企业山东网和山东省中小企业公共服务平台的建设与管理工作，并建立“中心”的门户网站——山东省中小企业发展促进中心网。

1. 利用山东省中小企业公共服务平台开展电子商务活动，帮助企业拓宽营销渠道，降低营销成本。

2. 搭建中小微企业专业化功能化服务平台，不断创新服务模式和拓宽服务领域，组织社会资源，为企业提供服务。

三、“中心”机构设置及联系方式

“中心”下设综合科、科技创新科和培训咨询科三个科室，代表中心开展工作，并向山东省中小企业家协会、山东担保协会、山东管理咨询协会、山东中小企业信息中心等单位派驻工作人员，加强横向合作，共同组成省局中小企业服务体系。联系电话如下：

科技创新科：0531－82037251；

培训咨询科：0531－82037263；

综合科：0531－82037259。

山东省担保行业协会

山东省担保行业协会，是依照国家有关法律法规和省委、省政府关于建立完善信用担保体系建设，促进中小企业、民营企业发展的一系列政策措施的要求，为实现担保行业实现自律管理和担保机构的可持续发展，经山东省中小企业办公室、山东省民政厅批准成立的非营利性社会团体法人。它是由山东省各类担保机构及相关组织和人员自愿组成的中小企业融资合作平台，是山东省内担保机构与政府部门联系的纽带，是担保机构之间开展交流的桥梁，是扩大担保机构与金融部门合作，促进中小企业、民营企业发展的组织者和推动者。

山东省担保行业协会的宗旨是：遵守国家法律、法规和有关政策及规定，为政府业务主管部门、全省担保机构提供优质服务；建立和完善担保体系，逐步规范担保行业行为，实行行业自律；组织业务培训和信息交流，指导担保机构开展业务工作；发挥桥梁和纽带作用，反映担保机构呼声，维护担保机构的合法权益；适应担保机构发展需要，不断扩大业务服务范围，缓解中小企业融资困难，促进中小企业、民营企业健康发展。

山东省担保行业协会将竭诚为会员提供以下优质服务：

（1）行业调查研究。开展行业调查研究，做好本行业发展情况的统计和分析，制定行业发展规划，为政府制定经济政策提供依据；

（2）行业自律管理。制定行业自律标准，并监督执行，引导同业公平有序竞争、健康持续发展；

（3）协调沟通服务。充分发挥协调服务作用，协调担保机构、金融机构、中介机构、中小企业的合作关系，接受会员单位委托，开展担保配套服务工作；

（4）信用评级、升级服务。联合有关信用评级机构，开展对担保机构和中小企业的信用评级工作，提供信用升级服务；

（5）信息平台服务。搭建信息服务平台，努力开发、收集、发布会员所需的信息资源，及时掌握国内外相关行业的发展动向，为会员单位提供信息咨询服务；

（6）组织交流考察。组织会员参加国内外同行业的交流考察活动，学习交流国内外先进经验；

（7）组织业务培训。组织不同专题的业务培训，提高担保从业人员素质和资格；

（8）业务创新研发。集中专家资源，总结国内外担保行业的先进经验，为会员单位提供业务创新指导服务，研究解决担保机构发展中的困难和问题；

（9）维权服务。发挥政府和企业之间的桥梁作用，收集会员意见，研究政府政策，向政府和金融部门反映会员单位的意愿，维护会员的合法权益；

（10）业务合作服务。组织参与再担保、联保、分保等合作方案设计和中小企业融资前方案咨询设计等工作，提供会员合作服务。

山东省担保行业协会是一个巨大的、与融资相关的综合信息平台，蕴藏着大量的商机：

担保机构，将获得有效信息服务、咨询指导、业务拓展、政策支持、信用提升、增资扩股、活动参与等机会和权益；

银行、信用社、投资机构等，将获得有效信息服务、咨询指导、近距离了解担保机构、拓展业务、防范风险、参与活动等机会和权益；

综合服务（信息、人才、技术、市场等）、信用管理、资产评估、会计审计、法律咨询、管理咨询等中介机构，将获得相关信息服务、咨询指导、信用提升、活动参与等机会和权益；

各类中小企业，将获得相关信息服务、融资优先、咨询指导、政策支持、信用提升、活动参与等机会和权益；

各类科研机构、大专院校、社会团体或个人等，将获得相关信息服务、实践活动参与等机会和权益。

管理、关注和支持担保行业发展的各级中小企业、财政、科技、工商、房产、国土、银监、人行、司法等机关或个人，将获得相关信息服务、近距离了解担保行业、活动参与等机会和权益。

联系电话：0531－82037289

山东省中小企业管理咨询协会

山东省中小企业管理咨询协会（Shandong SME Management Consulting Association 简称：SD－MCA）是由山东省民政厅批准成立，受山东省中小企业局和省社会组织管理局监督管理的非营利性服务机构。

山东省中小企业管理咨询协会以“搭建服务平台、规范咨询行业、助力企业发展”为宗旨，秉持“专注、专业、专心，实战、实用、实效”的工作作风，汇聚省内最具专业实力的战略规划、企业文化、组织管控、人力资源、财务管理、营销管理、品牌战略、生产运营、资本运作、风险管理、企业信息化等多领域的管理咨询机构及相关专家，服务中小企业、助力山东经济。

山东省中小企业管理咨询协会主要以六个方面为重点工作目标：

（1）建立健全管理咨询行业管理体系，制定行业规范和服务标准，引导业内规范服务、诚信经营、公平竞争，维护企业和咨询行业的利益；

（2）组织管理培训、管理诊断，管理高峰论坛和企业间交流等活动，推动咨询机构与企业开展多种形式的管理咨询合作，提升企业管理水平；

（3）进行区域产业和企业集群研究，引导中小企业实现协同发展；

（4）搭建管理咨询信息服务平台，及时发布企业管理动态和管理咨询行业信息，宣传行业、宣传企业、宣传经典案例，促进山东管理咨询行业的健康发展；

（5）组织管理咨询机构进行国内外同行业的考察、学习和交流，提升管理咨询机构的服务水平；

（6）建立管理咨询顾问评价体系，对山东省管理咨询从业人员开展素质能力评价，引导行业从业人员服务能力的提升。

联系电话：0531－82037221

城头镇豆制品小企业创业辅导基地

为促进小企业创立发展、增强经济发展的活力，我们按照《省中小企业促进条例》和省中小企业办《关于“十二五”期间加强小企业创业辅导基地建设的意见》的有关要求，坚持“创办小企业、开发新岗位、以创业促就业”的指导方针，积极培育创业主体，搭建创业平台，降低创业成本，完善创业服务，提高创业成功率，小企业创业辅导基地各项工作有序推进，为小企业的创立与发展创造了良好环境和条件，有效促进了境内中小企业又好又快发展。现将小企业创业辅导基地的有关情况汇报如下：

一、基地建设运行情况

山东枣庄城头镇豆制品小企业创业辅导基地依托山亭区豆制品标准化生产基地建设。城头豆制品生产起步于二十世纪七十年代末、八十年代初，生产历史30余年，享有“中国豆制品第一镇”和“中国豆谷”美誉。基地始建于2007年初，位于城头镇驻地，按照“产业化、标准化、组织化、企业化、市场化”的理念，规划占地3平方公里，截至目前实际建成面积1.4平方公里，生产经营厂房面积80余万平方米，立足创业促就业，重点吸引豆制品加工、豆制品机械制造、休闲食品加工、研发培训、交易物流等相关企业及业户入驻生产经营。先后被评为全国农产品加工创业基地、中国豆制品产业基地、全国巾帼现代农业科技示范基地、山东省民营经示范园区、山东省特色产业集群、枣庄市民营创业带头人活动先进集体和枣庄市就业工作先进单位。

二、创业服务主要做法

一是健全完善服务平台。为更好地服务创业，区政府专门在基地设立了正科级事业单位豆制品基地管理服务办公室，镇政府成立创业服务中心，健全了基地管理服务制度，组建了豆制品加工业协会。财政先后投入资金近8000万元，配套建设了基地电子交易中心、产品质量检测中心、研发中心、监控中心、文化展览中心、人力资源就业服务中心等8大公共服务平台，服务于创业发展，其中城头豆制品电子交易平台和豆制品监测中心均为国家首家。特别是豆制品电子交易平台，采取现货交易的模式，建立专业网站，发布买卖信息，扩大交易范围、降低交易成本，真正实现了城头豆制品“买全国，卖全国”的市场格局。

二是加大扶持政策力度。各级对创业辅导基地建设发展高度重视，省政府将其列入全省重点产业集群发展规划，市政府将其列为全市民营经济“十朵金花”之首，省市领导先后多次到基地调研指导，解决土地资金等发展难题。为建好创业辅导基地、发展特色产业，市区镇出台了一系列文件规定，加大财政扶持力度，完善信用担保服务，根据年度财政收入状况，设立了豆制品产业发展专项资金，重点用于促进创业、技术改造、市场开拓、人才培养、创业辅导、信息平台等社会化服务体系建设。规定对进入基地创业的前10名实体每家给予1万元创业补贴，对新注册公司及成为规模以上企业的予以重奖，对取得著名商标、驰名商标、绿色认证、进出口经营自主权的企业予以重奖，对基地厂房实行一年零租金、三年零税收、零摊位费入驻；山亭区和城头镇分别设立了1家财政出资和企业、个人联合组建的担保机构，综合运用风险补偿、资本注入等方式，提高担保机构对小企业的融资担保能力，建行、工商行、农村信用社先后授信贷款5亿元，人社部门通过失业人员再就业小额贷款担保为基地创业人员贷款322万元，切实解决企业在发展中融资难的问题。企业通过质量管理体系认证、环境管理体系认证的，镇政府将给予5000元—10000元奖励；支持民营企业制定或参与制定企业（行业）技术标准，并给予1000元～2000元补助。入驻项目在办理审批手续和建设过程中，免、减收基础设施配套费；项目建成投产达效后，三年内免缴一切行政事业性收费，第四年起的七年内按正常收费的50%缴纳。

三是积极开展创业培训。为促进创业就业，扩大基地规模，城头镇大力实施了“全民创业”工程和“老板培育”工程，下大力气抓好创业培训工作。先后与山农大及枣庄学院等高等院校建立了合作关系，并依托枣庄技术学院成立了豆制品培训中心，政府拿出专项资金，免费对企业管理人员、生产业户和创业人员进行管理知识及技能培训，三年累计培训人员2.6万人次。先后邀请民营经济研究专家、教授来城头讲课20余次，组织400多名企业老板和业户赴珠三角、长三角等地学习创业经验、扩宽眼界思路；组织8名基地内企业负责人到浙江大学脱产进修。通过大规模、多层次培训，为基地及入驻企业发展提供了有力保障。结合全市“创业助推1+3+1”活动，利用创业促进会的导师资源，实行“一对一”的导师跟踪服务，共扶持创业29人。

四是多层次开展就业服务。豆制品加工属劳动力密集企业，用工需求大。对此，市区镇人社部门及基地积极搭建平台，在基地设立了就业服务大厅，针对豆制品企业开展了11次“春风行动”招聘会，借助市区“民营企业招聘月”“人力资源支撑计划”“高校毕业生就业服务月”设置了招聘专场，为豆制品创业基地输送就业人员1120人。

五是人才支持到位。为增强入驻企业的发展后劲，镇政府实施了“一民企一名大学生”人才工程，把基地作为山东农业大学、枣庄学院的大学生就业基地，引进和培养了一批高素质专业技术人才，进一步确保了基地产品的档次和质量。采取产学研结合的方式，成立了市级豆制品工程技术研发中心，发展省市级科技创新企业6家，其中中国专利技术山东明星企业2家，近年来获豆制品及机械成型国家专利50余项，为基地企业发展提供了人才技术支持。

六是强化宣传推介。先后成功举办了两届中国（城头）豆制品文化节、三届豆制品展销会、赏梨花品豆花休闲游、城头豆制品形象代言人评选、全国首届“全豆宴”名厨争霸赛、第二届美食节、摄影征文大赛、大豆趣味运动会、城头豆制品台儿庄运河古城推介、全国豆制品经销商联谊会等一系列特色节会活动，增进了与社会各界的交流与合作，有效扩大了知名度与影响力。

三、创业服务主要成效

一是创业实体数量多。基地已入驻各类企业业户320余家，多为小微企业，其中规模企业28家，固定员工5人以上的生产经营实体182家，省市区级农业龙头企业45家，近3年每年新增创业实体均超过20家，是名副其实的创业型基地。

二是带动就业能力强。豆制品加工属劳动密集型企业，基地2014年底统计从业人员9587人，不仅解决了当地富余劳动力就业问题，还促进了周边地区劳动力的转移。

三是生产经营规模大。整个基地年产豆制品30余万吨，豆制品机械4万台套，豆油1万吨，在全国同类产品中，非发酵（干法）豆制品产量和豆制品机械产量分别占全国的65%和70%，在同行业中，规模全国最大。

四是产业关联度较大。豆制品产业的发展，带动了大豆物流、专业市场、原料加工、设备制造、包装材料、电子商务、餐饮娱乐等相关产业的发展，并促进了城镇建设和工业旅游开发，形成了从大豆贩运到产品销售完整的产业链条。

五是市场占有率高。城头豆制品已销往全国30个省市自治区，并成功进入了航空、航海、铁路等高端市场，并远销日本、韩国、马来西亚、津巴布韦等海外市场。在全国同类产品中，市场份额超过65%。

六是产品质量可靠。依托枣庄市质监局，先后建立了豆制品质量检测中心和监控中心，对所有原料和产品进行统一检测，并在黑龙江建立了20万亩绿色、有机大豆种植基地，保证了产品质量。目前已有3家企业被评为全国食品质量安全示范单位，近三年来，在省市质量抽检中产品全部达标。

今后，我们将在省市有关部门的指导支持下，按照创业辅导基地建设发展规划，进一步完善服务设施，加大创业扶持力度，争取利用3—5年的时间，基地建成面积达到3平方公里，入驻企业超过500家，从业人数达到15000人，综合产值过百亿元，打造成国内具有一定影响力的现代化创业示范辅导基地。

济南迪亚小企业创业辅导基地

济南迪亚实业有限公司成立于1998年底，公司成立至今已经16个年头。成立之初也是以建筑材料研发、生产、销售等传统产业为主营业务的企业，随着高新区投资环境的不断优化，从2009年起，公司在第二个10年规划的时候决定腾笼换业，转变经营思路，在立足原有产业的基础上，涉足科技服务业，依托高新区优势，全力打造为中小企业提供服务的创业辅导基地。经过五年多的努力，迪亚小企业创业辅导基地孵化面积已达73000平方米，其中为中小企业提供综合服务的面积达到6762平方米。基地内除配套水、电、暖、消防等基本设施外，还设立了公共检测平台、设备共享平台、大型会议室、档案室、休闲活动中心、职工餐厅和大型停车场等公共设施；为促进创新创业的发展，还设立了1300平方米的创业苗圃和500平方米的创业咖啡厅，与驻济高校联合，共同促进创业团队的发展。同时，为满足中小企业创业发展的需要，基地加强创业导师培训体系建设，完善科技服务团队和投融资服务团队建设，在公司财务部基础上设立代理记账公司，为基地企业提供全方位服务，全面提升创业辅导基地的服务能力。目前，基地内已入驻企业141家，创业团队11家，毕业企业25家，创业带动就业人数2560人；共计研发各类科技项目235项，自主知识产权新增121项，知识产权总数已经达到189项；2014年基地实现产值25.16亿元。

济南迪亚实业有限公司在国家各级政府部门的大力支持下，通过企业员工的不懈努力，被省中小企业局认定为山东省小企业创业辅导基地，成为中小企业和创业团队创业发展的摇篮。

下面具体地介绍一下基地的创业服务工作：

首先是投、融资服务。对企业来讲，流动资金就好比人体的血液，如何解决好创业团队和创业企业流动资金问题是孵化基地的头等大事，基地主要从五个方面来解决这个问题。

（1）基地设立1000万元创业天使基金，主要是针对创业苗圃内的创业团队而设立的，可以有效解决初创型企业的资金问题。基地内的创业苗圃面积1300平方米，已经与山东大学、山东财经大学、山东建筑大学、济南大学、齐鲁工业大学、山东中医药大学等驻济高校签订了大学生创业战略合作协议，共同推动大学生创业的发展。目前已成功注资多家大学生创业团队。

（2）基地还设立2000万元风险投资基金，以股权质押和专利质押的形式为基地企业提供流动资金支持。基地内企业多为科技型医药创新企业，对银行来讲没有抵押手段，融资非常困难，但企业发展前景很好，针对这种情况，公司推出股权质押融资模式，截至目前，已经为多家园区企业提供资金支持。

（3）与齐鲁银行合作，推动“资金池担保贷款”业务。通过公司与齐鲁银行共同组织宣传，在园区优选15家优秀企业，取贷款额度的10%纳入“资金池”作为担保，为企业贷款承担风险。基地内济南康博生物技术有限公司等15家在孵企业作为首批享受“资金池”项目的企业，分别获得了100万—500万元不等的贷款融资，解决科技型企业融资难问题。

（4）引进投资机构，推动基地企业做大做强。基地通过几年的努力，引进多家投资机构入驻，定期组织项目路演和创业沙龙，推动投资机构和创业企业的有效对接，园区已有诺安诺泰、普赛通讯等五家企业获得了风险投资。

（5）迪亚—中国银行“中行园区卡”租金贴息支付政策。为了解决基地内内中小微企业初创期资金紧张的问题，将有限的资金用在科学研究上，与中国银行合作，为中小微企业办理“中行园区白金卡”，分期支付房租并由济南迪亚实业有限责任公司按年利率4.5%予以贴息，目前已有济南光动力生物技术有限公司、济南英盛生物技术有限公司、山东康美乐医药科技有限公司、济南康和医药科技有限公司等35家中小企业享受了此政策。

其次是从创业者的角度思考问题。协助企业解决创业难题，用好国家政策，减少行政开支，降低创业成本，提高创业成功率。围绕这个中心基地主要做了以下几件事情。

（1）公共检测和设备共享服务。

针对基地内企业80%以上为科技型医药企业的特点，为解决企业科研和检测难题，公司提供场地，引进山东非金属材料研究所（中国兵器工业部第五三研究所）入驻园区，为企业提供新药检测服务，为初创型医药企业提供设备、技术共享服务。

（2）引进国家网络检测中心 为了适应周边企业软件产业急速发展、软件市场急需规范的形势，帮助企业提高产品的质量，增强周边企业软件产业的市场竞争能力。基地于2013年引进国家网络软件产品质量监督检验中心（济南），该中心位于基地二期九层，面积900平方米。充分发挥其质量监督检验优势，按照国家有关要求，对网络软件产品和信息系统实施质量监督检验。

（3）建成1300平方米的创业苗圃、500平方米的创业咖啡，为创业团队免费提供办公、网络设施及水、电、暖服务，降低大学生创业成本，提高创业成功率。以咖啡为沟通桥梁，吸引和集聚大量创业者和投资人并提供创业路演平台，使得创业者在创业咖啡厅向天使投资人宣传、推介自己的创意、想法，打磨、优化创业计划，链接创业资源，提高创业成功率。

（4）构建科技服务团队，为创业企业提供科技和政策服务。几年来，公司组建了高素质的科技服务团队，帮助企业解决科技项目申报、高企认定和人才政策等方面的难题，协助企业申报各级、各类科技项目和高新技术企业，争取政府创业资金支持和人才政策支持，提高企业创业兴业能力。

（5）创业导师服务。建立基地创业导师服务体系，推行“创业导师＋专业辅导＋创业投资”的创业企业辅导模式，定期组织专业培训和辅导工作，推行创业导师和创业企业“双赢”发展模式，解决企业发展过程中遇到的技术瓶颈和创业难题。

（6）代理记账咨询服务。为减少创业企业行政开支，基地依托公司财务部，建立代理记账咨询公司，帮助企业解决财务管理、税务咨询、工商注册等日常管理难题。

（7）构建销售平台。引进中国医疗器械山东有限公司入驻基地，共同打造销售服务平台，推动园区内好的产品进入平台，协助企业解决销售渠道问题。

最后，作为创业基地管理部门，积极做好国家要求的基地内企业的经济数据统计工作，认真做好基地内企业的档案管理、毕业企业跟踪和绩效评价工作，全力做好组织和宣传工作，响应国家各级部门号召，组织基地企业积极参加创新创业大赛和国家要求的各项工作，其中在2014年科技部组织的创新创业大赛中，济南磐升生物科技公司凭借“长着人类皮肤的裸鼠，人工皮肤的奥秘”取得生物医药行业企业组三等奖（全国总排名第五）的好成绩并获得“优秀企业”称号，同时对获奖企业加大宣传力度，吸引社会各界的重视和支持，推动企业快速发展壮大。

迪亚小企业创业辅导基地在以后的工作中将坚持“创办小企业、开发新岗位、以创业促就业”的指导方针，宣传国家“大众创业、万众创新”的精神，集聚整合创新创业政策，与更多优秀创业服务中介机构合作，大力发展新型创业服务模式，最大限度地盘活利用基地内已有的有利条件，优化和完善创业服务工作的运营机制，为中小企业和创业团队提供低成本、便利化、全要素的创业服务平台，更有力地推动中小企业的创业兴业工作。

寿光市软件园小企业创业辅导基地

寿光市软件园创建于2008年，是寿光市政府借鉴美国斯坦福大学在校园内建设工业园区并成就硅谷的成功做法，依托潍坊科技学院建设的高新技术产业园区。现占地812亩，已投资5.9亿元，完成建筑面积26万平方米。孵化大厦、会展中心、动漫大厦、呼叫中心、信息中心等先后交付使用。建筑面积分别为3.8万平方米的山东半岛蓝色经济工程研究院和文化创意大厦内部装修已基本完成，企业本月底即可入驻。园区各种设施配套日臻完善，具备各类软件研发、文化创意、电子商务等企业“即入即开”条件。截至目前，已有中国普天、北京恩源、山东广聚等102家企业、研发中心入驻，2014年产值10亿元，从业人员1500多人，累计毕业企业36家。软件研发、文化创意、电子商务等产业已初具规模。

园区先后被确定为国家级科技企业孵化器、团中央青年就业创业见习基地、山东省服务外包示范基地、山东省小企业创业辅导基地、山东省大学生创业孵化示范基地、山东省电子商务示范基地、省级公共服务平台等。

园区立足实际，积极探索政府、高校、园区、企业四位一体的运作模式，完善政策扶持、人才培养、创业培训与指导、资金扶持的工作机制，拓宽服务平台，推进“三园”建设，有力推动了小微企业的发展。现将我们的工作向在座的各位领导汇报如下：

一、拓宽服务平台，推进“三园”建设

借助以上服务平台及寿光当地经济，寿光市软件园的目标是将园区打造成“电子商务园”“文化创意园”和“大学生创业园”。

（一）大力实施“电商换市”，加快电商园区建设

2014年，我市加快推进“电商换市”扶持力度，将扶持电子商务产业发展作为调整经济结构、转变发展方式、促进产业升级的重要举措，市电商企业、网商数量不断攀升。园区抓住我市大力发展电子商务产业的有利时机，将发展电子商务产业确定为园区大力扶持发展的四大产业之一。

园区积极推进电子商务平台建设。园区良好的发展环境吸引了许多知名电商企业落户。山东大河

集团、山东乐物信息科技有限公司将与潍坊科技学院合资，在园区建设运营农圣网，通过电子商务平台将种苗、蔬菜、农资等产品交易辐射到全国各地，打造知名的农产品电子交易平台。寿光恩信信息科技有限公司已扩建座席300席，业务覆盖山东全省及北京、天津、上海等十几个大中城市。奥博斯网络公司旗下的仓圣网将贴近生活的市场搬上网络。九州书画商城网上会员已发展到6000多家，被市委、市政府列为重点扶持的文化网上交易平台。

2014年新入园电子商务企业16家，有12家园区传统企业成功转型为电子商务企业。目前，园区电子商务企业已达35家。

2013年，寿光恩信信息科技有限公司获得“山东省电子商务支撑和服务企业”称号。

2014年，园区被山东省商务厅认定为第一批省级电子商务示范基地、3家企业入选山东省电子商务企业。

（二）规划建设载体，打造文化产业园

党的十八大、十八届四中全会就全面深化文化体制改革、推动文化大发展大繁荣、建设社会主义文化强国做出重要部署。在此情况下，园区文化创意产业在已有成绩的基础上，把握有利契机，加快产业集群化的进程，进一步巩固发展优势，增强发展竞争力。

园区的潍坊科苑数字科技有限责任公司是一家专业的软件研发、影视动漫制作、3D游戏开发和解决方案提供商，被山东省商务厅认定为重点服务外包企业。2014年公司获得“国家文化出口重点企业”和“潍坊市文化产业示范企业”称号。

为进一步壮大文化产业地载体，园区投资建设了文化创意大厦，近期中动传媒、济南漫博通等文化创意企业将陆续入驻文化创意大厦，将形成动漫游戏、文化传媒、广告会展、艺术品交易等行业快速发展的文化创意园区。

（三）促进大学生创业就业，发展大学生创业园

创业是就业之源，寿光市党委政府始终高度重视高校毕业生创业就业工作，完善促进高校毕业生就业创业的政策措施，不断加大促进高校毕业生就业创业的工作力度。

园区制定出台了《寿光市软件园大学生创业孵化基地优惠政策》近3年来，寿光市财政和学院累计分别拨付308.8万元、326.92万元用于大学生创业园的设施建设、创业资助和创业贷款等。

大学生创业园区目前已有寿光青宏科技信息有限公司、寿光市潍科飞翔旅行社有限公司等30多家大学生创业公司入驻。

二、出台优惠政策，促进小微企业发展

寿光市委、市政府和软件园先后出台了《扶持文化产业软件园发展政策》《推进文化寿光建设打造文化强市若干政策》等，为入驻园区的小微企业提供政策扶持。根据这些政策，入驻园区的企业，前三年免收房租；对因生产原创性文化作品确需贷款的文化企业，给予贴息补助；动漫企业的原创性动漫影视作品，按照在不同层次电视台播放，给予原创企业一次性播放发行奖励。

三、发挥学院优势，为小微企业提供多方位服务

潍坊科技学院是经教育部批准成立的普通本科院校，每年有本专科毕业生7000多人，可为入园企业提供高素质的专业人才。学院根据企业对人才规格的要求，修订人才培养方案，调整课程设置，开展订单教育和定向培养，为企业“量身打造”专业型人才，确保育人与用人的零距离对接，学生一上岗就能顶岗，节省了企业的人力资源成本。学院的会议室、实验室、图书馆、数字平台等免费为入驻的企业开放。与山东仓圣律师事务所签订合同，由软件园出资聘用律师，为入园企业免费进行咨询和服务。

四、开展创业培训，不断提升创业能力

强化创业培训指导，提升创业带动就业能力。寿光市就业指导中心在园区设立了大学生创业服务工作站，由财政、税务、工商等部门人员、创业成功人士和专家学者等组成，为大学生创业提供政策信息，在市场分析、项目策划、创业经验等方面做专门指导。园区现有创业咨询师8人，创业辅导师2人，同时聘请了包括政府部门政策专家、企业家、行业管理人士等为创业者提供创业后续创业指导。自2010年起，寿光市人力资源和社会保障局在软件园启动了SYB创业培训项目，采取集中授课、专家现场咨询和案例分析等方法，开展包括产业政策、风险评估、营销策略等方面的“一体化”创业实训，累计培训学员2000余人。

园区企业实行“领导包靠责任制”，根据企业规模、产值、利润等指标组建创业帮扶小组，深入企业，为企业解决在生产、生活中遇到的困难。每年对在孵企业进行量化综合评价，对优秀企业根据相关规定进行表彰奖励。

五、今后工作打算

李克强总理在今年的政府工作报告中提出：“大力发展众创空间，增设国家自主创新示范区，办好国家高新区，发挥集聚创新要素的领头羊作用。中小微企业大有可为，要扶上马、送一程，使“草根”创新蔚然成风、遍地开花。”“着力促进创业就业。坚持就业优先，以创业带动就业。今年高校毕业生749万人，为历史最高。要加强就业指导和创业教育，落实高校毕业生就业促进计划，鼓励到基层就业。实施好大学生创业引领计划，支持到新兴产业创业。”寿光市软件园作为国家级科技企业孵化器，要积极落实李克强总理的政府工作报告，助推小微企业做大做强，在今后的工作中要做到：

（一）加强园区建设，提高服务水平

要进一步加强硬件配套设施完善，加强生活设施配套建设，丰富园区的生活气息和人文气息，提升创意创新的氛围。积极建设各类服务平台，重点推进服务平台的数字化、网络化建设，实现各功能区、各集聚区之间的平台互联互通，实现资源共享。要围绕产业链建设，吸引培训机构、经纪机构、金融服务机构、科研机构等入驻，为园区企业之间开展合作搭建起桥梁。

（二）落实政策，完善机制

寿光市软件园将深入贯彻落实关于扶持小微企

业发展的各项政策措施，进一步加强政府、高校、园区与企业的联合，完善扶持小微企业发展的工作机制，强化管理服务企业工作的专业化建设，促进小微企业健康快速发展，为区域经济社会发展做出更大贡献。

橡胶谷集团有限公司

橡胶谷成立于2011年2月，是以平台经济理念打造的“政产学研资”五位一体、高度融合、O2O联动的化工橡胶行业生态圈。近年来，在国家工信部和省、市各级政府部门的政策扶持和指导下，橡胶谷以小企业创业孵化工作为重点，着力打造化工橡胶行业科技企业孵化基地，创业孵化作用显著。

橡胶谷成立4年以来，“橡胶谷模式”已获得政府、业内外的组织、机构的广泛关注和认可，现为青岛市科技企业孵化器协会会长单位，也是世界唯一的橡胶科技型专业孵化器。先后被科技部评为国家级孵化器、国家现代服务业橡胶产业化基地，国家知识产权局评为国家版权交易中心、国家专利产业化试点基地，中国产学研合作促进会评为中国产学研合作创新示范基地等，并被认定为青岛首批“青岛市小企业创业（孵化）基地”。

一、积极打造橡胶谷创业孵化模式

近年来，橡胶谷坚持公益性服务与市场化服务相结合，已建成完善创业创新科技服务孵化链条，为企业提供从创业苗圃（种子期）——孵化器（初创期）——加速器（成长期）——放大器（成熟期）的全生命周期的孵化服务，形成了“研发+孵化器+产业+风险投资”的孵化服务模式，使企业从种子期就获得健康、有益的成长支持。

一是打造橡胶谷苗圃特色——“拎包创业”。橡胶谷牵手青岛科技大学共建创业苗圃，创业苗圃的最大特点在于“拎包创业”，苗圃对创业大学生免除一切场地、物业、网络、集中办公区管理等费用，并提供打印、传真、发票打印等公共商务服务，满足创业团队的基本办公要求。同时提供创业导师“一对一”辅导、政策咨询及协助项目申报、统一财税代理、基金等一系列高附加值服务。截至2014年12月，橡胶谷创业苗圃共孵化成功25支创业团队成功注册成立企业，其中有中国创新创业大赛（山东赛区）一等奖、三等奖，团中央“创青春”创业大赛银奖和山东省优秀大学生创业者等优秀团队和项目。

二是创新创业大赛——成为孵化基地创业项目、人才储备库。2014年10月，京博杯·第二届中国大学生高分子材料创新创业大赛在橡胶谷成功举办，大赛以“创新·创业—中国化工新材料”为主题，吸引了来自全国25个省市的130所高校报名，参赛作品数量达432个。在进入决赛的71个项目中，30个项目已申请获得知识产权专利证书。此次大赛不仅有国内知名的高校参加，还吸引了包括俄罗斯沃罗涅日国立大学等国外大学参赛。

橡胶谷孵化器为32个大赛优秀创业项目提供了不同生命周期的个性化孵化服务，大赛获奖的大学生，都纳入橡胶谷的“金种子”人才库，成为行业储备人，参赛队伍有机会免费进入橡胶谷“创业苗圃”，直接享受拎包创业。71个获奖作品，其成果直接进入橡胶谷科技创新平台，直接面向全行业和社会投资机构进行发布，并有机会获得橡胶谷“天使投资基金”和其他社会投资基金的投资支持，所有参赛队伍的指导老师也纳入橡胶谷的行业专家资源库。

三是7.7亿打造加速器——建设完整孵化器产业链。为充分体现自身研发和技术优势，彻底突破企业在加工制造方面的瓶颈，橡胶谷孵化器联合软控股份投资7.7亿元在胶州市胶东镇建设占地550亩的软控装备产业园。目前，园区一期建设工程已竣工，并正式投入使用。现拥有多台大型精密加工设备和各类世界先进的数控生产设备，可完成各种高端橡胶装备产品的加工、制造；采用世界先进的运营管理体系，以项目信息流为中心，带动物流、资金流的运作；设有智能化物料配送系统，实现物料高效率配送；实践环保理念，采用先进的地源热泵和燃气辐射技术满足园区供暖供凉需求，与传统工厂相比运营能耗节省30%以上，污染物排放减少40%以上。

园区的建设启用，标志着橡胶谷孵化器全产业链条的完整，代表着我国化工橡胶行业轮胎装备水平达到了一个新的高度。同时，该产业园的建设也是响应青岛市委市政府“环湾保护、拥湾发展”战略号召的具体体现，为地方工业发展和带动区域就业起到积极示范作用。产业园内现已入驻软控股份有限公司、青岛科捷自动化设备有限公司、青岛机电工程有限公司、青岛卓尤新材料有限公司、青岛检测设备有限公司、青岛菲尔斯特物流有限公司等十几家企业。

二、强化创业孵化平台服务模式

橡胶谷孵化器突出化工橡胶行业特色，积极打造具有专业性、针对性的中小企业公共服务平台，搭建起“橡胶谷平台金字塔体系”：科研创新平台、企业孵化平台、知识产权平台、教育人资平台、商品交易平台、电子商务平台、仓储物流平台、会展博览平台、信息网络平台、中介服务平台、金融资本平台、文化交流平台等四大群属十二大服务平台，为驻园中小微企业提供优质服务，包括培训与创业服务、科技政策咨询服务、信息化服务、知识产权服务、人力资源服务、检验检测服务、会展服务、技术中介服务等。

一是培训与创业服务。2014年橡胶谷孵化器共为驻园中小微企业组织开展各类创业培训15场。

二是科技政策咨询服务。橡胶谷作为孵化器运营单位积极为在孵企业提供科技政策咨询服务。2014年青岛科标化工分析检测有限公司、青岛华控能源科技有限公司等9家在孵企业和毕业企业在橡胶谷孵化器专业人员的辅导下分别被认定为高新技术企业、企业研发中心培育基地、科技企业孵化器创新创业项目。

三是信息化服务。为解决我国化工橡胶制造业行业整体供应链上企业之间联系薄弱，供应链整体流程中存在大量的信息孤岛问题，橡胶谷通过建立第三方供应链管理电子商务公共云服务平台，加速化工橡胶行业中小企业原料供应商、生产商、销售代理商与最终用户之间的信息流动，提高行业整体实力，强化国际市场竞争力。截至2014年12月底，橡胶谷搭建的橡胶谷－渤海商品交易所天然橡胶现货交易中心已实现天然橡胶（橡胶谷）成交总量2676万吨，成交总金额3600亿元。自主开发的橡胶行业咨询助手APP“胶e商”2014年2月份上线以来，共注册用户600多名，每天免费推送7—8条信息，日最高点击量8000余人次。

四是知识产权服务。橡胶谷孵化器下属的青岛橡胶谷知识产权有限公司为企业提供知识产权挖掘申请、鉴定认证、调解仲裁、诉讼维权、信息服务、管理咨询、价值评估、展示交易、媒体会展等一站式服务。去年共受理专利代理212件、商标代理51件、版权代理60余件，出具各类专利分析报告16项，为青岛中科软件股份有限公司等多家企业提供知识产权贯标服务。

五是人力资源服务。橡胶谷人力资源部为橡胶谷入园企业提供人才招聘、教育培训、人才选拔、薪酬福利等人力资源服务。2014年6月启动了首届“金种子”管理培训生计划，经过层层甄选，26名来自全国各大高校和海外留学归国的优秀应届毕业生参加了此计划。依托青岛科技大学，与美国阿克隆大学合作，进行高端技术人才联合培养、研修，建立了并完善大学生实习基地，培育科学理论与动手操作相结合的实践性人才1000余人。

六是检验检测服务。依托橡胶谷橡塑新材料公共研发平台和园区内已建成的重点实验室、工程中心等研发机构，为在孵企业提供技术攻关、基础理论研究、检验检测等科研服务。2014年8月份投入使用的橡胶谷橡塑新材料公共研发平台总投资3亿元，是目前我国橡胶行业建设水平最高、仪器设备最全、服务范围最广、服务功能最强的公共研发平台。2014年重点打造的科技服务中介平台“众研网”上线。目前，众研网已整合了全国130多家高校和58所科研机构资源，利用线上线下O2O模式，为行业中小企业提供科技研发、成果转化、检验检测等一站式服务。

七是金融资本平台。为完善创业孵化链条，形成“研发＋孵化器＋产业＋风险投资”的孵化模式，橡胶谷孵化器与青岛众城产业投资中心（有限合伙）共同申报组建“天使投资组合基金”。另外，智库基金已完成申报，方案基本获市科技局通过，计划2015年上半年完成基金组建并正式运营。这两只基金的运营将最大限度地保障孵化器内企业资金运转及风险控制。

三、橡胶谷创业孵化显成效

橡胶谷不断加强自身建设，推动园区企业创新发展，已建立起“政、产、学、研、资”五位一体的产业生态园区，园区内有3个世界级实验室，6个国家级实验室和51个省市级实验室，已引进科技及现代服务业企业180多家，各类企业在橡胶谷彼此为上下游、供需方，相融共生、资源共享，便捷享受橡胶谷提供的一站式综合服务及供应链解决方案。

2013年园区内企业总产值达50亿元，税收3700万元。2014年，橡胶谷园区内企业交易额突破75亿元，园区内入驻海内外企业、实验室、协会、机构共计239家，总人数达到3000人，在孵企业71家，25支创业团队孵化成功并注册成立企业。2015年，挑战与机遇并存，橡胶谷将坚定信念，提升服务，以平台金字塔体系为核心，完善平台功能，推动全孵化链条升级和虚拟孵化，实现商业模式创新与优化，履行化工橡胶行业专业孵化器的职责，使园区内创业企业更加便捷的享受橡胶谷提供的一站式综合服务及供应链整体解决方案，共赢发展。

辅导基地典型材料

中国石油大学国家大学科技园是东营市与中国石油大学（华东）合作共建的区域创新创业平台，是山东省第四批小企业创业辅导基地。目前，大学科技园已拥有创新园区、胜利园区和高新园区三个分园，总建设用地858亩，建成区设施面积26万平方米，在建7万平方米。2014年园区企业总数达到270家，从业人员达到6000人，实现技工贸销售收入21亿元，利税4.5亿元。大学科技园已成为培育科技型中小企业成长的重要载体，成为区域经济发展的重要推动力量和新的增长点。主要做法如下：

一、精心策划，建设生态型创业服务基地

通过充分考察了解国内外科技型园区建设的模式和经验，理清大学科技园建设思路和功能定位。提出以服务黄河三角洲高效生态经济区建设和建设一流国家大学科技园为目标，建设集研发创新、孵化创业、信息交流于一体的生态产业技术研发社区——生态谷。在园区设计、建设过程中，集成应用了多项建筑节能技术，确保了园区生态理念的实现。同时，着力打造园区创业服务软硬环境。园区建有专家公寓、生态谷餐厅、多媒体教室、生态书吧、休闲娱乐中心等硬件设施；同时设有网络信息平台2个（中国石油大学国家大学科技园www.upcsp.com，东营市协同创新网www.dyxtcx.com），分子生物学实验室、先进自动化实验室、稠油热采实验室等研发测试平台；建有石油装备研发产业化公共服务平台、油田化学品研发产业化公共服务平台等公共研发服务平台；设有大型仪器设备共享平台，其中大型专业仪器设备50台（套），技术装备原值达2650万元；大学科技园硬、软件与服务平台齐全，具备了优良的创新创业环境。2014年大学科技园被认定为山东省大学生创业示范园（目前全市共有两家），大学科技园管委会办公室被国家机关事务局、国家发改委、财政部等联合表彰为全国首批节约型公共机构示范单位，大学科技园被住建部批准为国家二星级绿色建筑，同时获批承担国家住建部绿色建筑示范工程项目。

二、立足服务，完善园区各项服务平台建设

自园区成立以来，围绕创新、创业服务，统筹布局，重点建设并完善了8个创业服务平台，为300余家企业提供优良的创业环境。

一是行政服务平台。依托东营经济技术开发区行政审批服务中心，由东营市大学科技园发展有限责任公司统一代理，提供一站式服务，为自主创业开通绿色通道办理工商注册、税务登记、机构代码、环保审批、科技立项、科技奖励、高新技术企业申报等各项行政审批事项。

二是创业孵化平台。整合大学科技园现有孵化设施，探索构建中介服务、技术融资、创业培训、政策支持等创业服务的协同机制，通过为种子期企业提供创业培训和创业指导、为初创期提供产业孵化服务和增值服务、为创业企业提供投融资及政策支持，构建创业企业"接力式"的创业环境，克服创业风险，降低创业成本，提高创业成功率。

三是融资担保平台。引进山东东科源泰科技创业投资有限公司，为创业企业提供风险投资及股权投资服务。联合优秀贷款担保机构，构建以"政府增信、组团担保、集合贷款"为特点的创业企业贷款平台，主要为创业企业提供小额度、低利率贷款支持，破解初创企业融资瓶颈。

四是管理咨询平台。引进东营市京东智库管理咨询有限公司，坚持"独立、客观、公正、科学"的原则，为创业企业提供发展决策咨询服务。主要开展企业人力管理咨询、企业发展战略研究、企业营销策划方案、ISO9001系列质量认证咨询等工作，为创业企业发展提供全方位智力支持。

五是信息传播平台。引进东营人力资源市场和东营市科技企业协会，发挥东营协同创新网（www.dyxtcx.com）、12341服务热线电话、短信服务平台等信息平台作用，为创业企业提供相关领域的科技成果、市场需求、技术发展动向等信息服务。

六是技术服务平台。引进东营国家示范生产力促进中心，联合中国石油大学、山东大学等高校院所及大学科技园省级以上工程技术研究中心，构建创业企业技术服务平台，协助解决创业企业的技术瓶颈，相关技术及专利面向区域内所有企业实现技术共享，以降低入园创业企业技术创新投入，降低发展成本，推动行业技术进步，提升企业的竞争能力。

七是事务代理平台。以山东金正联合会计师事务所为依托，为入孵创业企业办理工商注册、税务登记、验资、税费减免等各项行政审批事项，为创业企业注册、运营提供全方位行政代理服务。

八是人才培训平台。以东营腾马培训学校为依托，展开大学生创业培训课程；联合清华大学、浙江大学等，联合开展高级职业经理人培训、MBA及EMBA培训、软件专业人员培训、财务人员培训等培训工作，在培训中，注重管理培训和技能培训并重的方针，积极开展各种资格认证的培训，全面提升创业企业人员素质。

三、筑巢引凤，集聚高端创新资源

园区始终把创新资源的积聚作为重要特点和主要功能，根据区域发展的特色和产业发展定位，科学制定招商引资方案和产业发展规划，以可持续发展和生态化发展为导向，加强政策引导，促进产业聚集，形成链条完整、优势互补、协同创新的园区产业体系，使科技园区成为要素毕聚、精英咸集的创新创业基地。东营市人民政府出台了《关于印发中国石油大学国家大学科技园优惠政策的通知》，中国石油大学（华东）印发了《关于加强大学科技园建设的若干意见》等政策文件，在资金、土地、税收、人才、科研资源等方面全面支持大学科技园发展。目前山东大学东营研究院、北京交通大学风电室外实验室、天津大学东营研究院、黄河三角洲可持续发展研究院、北京化工大学绿色化工产业技术研究院等78家研发机构入驻"生态谷"，园区与中科院合作建设了中科院黄河三角洲滨海湿地生态试验站，与农科院合作建设了中国农科院农业环境野外科学试验基地，与青岛科技大学合作建设了新材料中试基地项目，与山东鲁台产研合作交流中心合作，引进台湾方面成熟科技成果、项目进行推广。园区机构承担了包括国家科技支撑计划首批服务业项目、国家服务业发展引导资金、山东省科技成果转化重大专项在内的省级以上项目65项，获得各类扶持资金5000多万元。并通过系统思考和深入总结，在科技园区建设中形成了多项理论和实践创新成果。

四、招才引智，打造创新人才高地

园区按照人才、项目、基地一体化建设的思路，建立高端人才平台，加快园区科学家工作室建设步伐，加强博士后科研工作站、院士工作站、泰山学者岗、黄河三角洲学者岗等人才平台建设，探索高端人才引进与培养的有效途径。园区博士后工作站在站人员达到3名，1名博士完成研究任务顺利出站，1名博士在园区创业，获得山东省博士后创新资金项目1项。大学科技园在完成现有的6名东营市黄河三角洲学者年度考核的基础上，又有4名专家入选黄河三角洲学者和东营经济开发区首批汇智学者，学者总数达到10名。园区引进的张贵才教授、于君宝教授、贺爱华教授、岳吉祥博士入选黄河三角洲学者，园区博士后项目先后获得省人社厅"黄河三角洲重点引进人才项目"和"山东省博士后发展专项资金"资助，并依托博士后科研工作站，承担了国家科技支撑计划项目——石油装备研发产业化平台应用示范。

在进行高端人才建设的同时，积极与东营市人力资源部门合作，筹建东营市人才市场大学科技园分市场。针对大学生在创业之初缺乏经营管理经验，创业成功率较低的实际，划出专门场地建设了创业苗圃。为创业学生提供创业咨询、工商代理、信息服务、项目推介、专业化辅导等综合服务。在企业家以及管理、技术专家中募集志愿者，组建创业导师团队，实施创业导师行动计划，助推大学生创业企业顺利通过初创期，目前，苗圃已经注册大学生创业企业50多家。

五、加强培训，助推创业者不断成长

近年来，针对创业和产业发展的特点，分别与山东大学、石油大学、青岛科技大学、北京理工大学等高校建立了大学生创业孵化的长期合作关系，引进了北京正保育才教育等培训机构，逐步建立起多层次、多渠道的园区人才引进培养体系。共开展高级职业经理人培训5期，培训人员达到109人；开展创业培训30期，培训人员1100多人。通过“全球创业实训平台”举办6期学习班，共培训学生300余人次；通过“虚拟商业社会环境VBSE平台”举办学生班与企业班共九期，共培训人员530人次。

在借助外部力量的同时，结合自身实际，充分挖掘潜力，建设自己的创业导师队伍，为企业提供优良的培训服务，努力推行、实践建立创业导师体系的各种探索，初步建立了由联络员制度、辅导员制度和创业导师制度组成的创业导师体系，并在工作中取得了一定的成效。大学科技园先后聘请了石油大学张贵才教授、綦耀光教授、蔺爱国教授，可持续发展研究院孙波主任、杨长军副主任、魏清泉研究员等组成了大学科技园创业导师团队。在创业导师的指导下万明电子、晶昌石油、凝道信息、天元信息、久越机械、智点传媒等80余家创业企业迅速发展壮大。

六、资金扶持，化解创业企业资金瓶颈

为加快大学科技园的建设步伐，东营市人民政府出台了《中国石油大学国家大学科技园优惠政策》(东政发〔2010〕1号)；中国石油大学出台了《中国石油大学科技园优惠政策》（中石大东发〔2009〕25号)，支持创业者到园区创业，并开放学校的图书馆、实验室、校办企业等学校资源为创业者服务。

一是成立种子基金，用于支持培育和孵化具有自主知识产权的初创企业和科技创新项目。目前已有20家初创企业得到了专项资金的支持。同时，东营市大学科技园发展有限责任公司还积极帮助创业企业争取来自国家、省、市各类科技创新创业扶持资金，截至目前，累计为大学科技园内的科技创业企业及创业企业争取上级无偿扶持创业资金2000余万元。

二是积极帮助创业企业拓宽融资渠道，加强银企合作，强化与金融及风投机构的对接，引导社会资金对具有成长潜力的创业企业进行投资，累计为创业企业争取项目贷款2000余万元，引入项目风险投资590万元，既解决了创业企业发展初期的资金瓶颈问题，又为金融或风险投资机构找到了信誉度高，发展前景好的投资项目，取得了双赢的良好效果。

三是协助落实税收优惠政策。高校毕业生创办的高新技术企业、软件生产企业、小型微利企业或从事农林牧渔业，符合现行税法规定条件的，均可享受相关税收优惠。高校毕业生自主创办企业开发新产品、新技术、新工艺发生的研究开发费用，未形成无形资产的，在按规定据实抵扣的基础上，再按照研究开发费用的50%加计扣除；形成无形资产的，按照无形资产成本的150%摊销。企业技术开发费加计扣除部分形成的年度亏损，可以用以后年度所得弥补，但结转年限最长不得超过5年。

湖北省中小企业服务中心

湖北省中小企业服务中心成立于2003年，隶属于湖北省经济和信息化委员会，是政府联系全省中小企业和各类社会服务机构的桥梁和纽带，是政府面向全省中小企业提供各种服务的执行机构。中心下设办公室、信息服务部、技术服务部、融资服务部、培训咨询部、综合服务部、体系指导部。

近年来，中心以建设全省中小企业公共服务平台为重点，以打造精品工程、创建服务品牌、提供优质服务为主线，组织各地服务中心和窗口平台，协调各类行业协会（商会）和社会专业服务机构，切实抓好“三起来、三联动、三结合”，为全省广大中小微企业提供“一站办理、一网打尽、一呼百应”的优质、高效、便捷服务，有力助推了中小微企业发展。

中心被工信部认定为“国家中小企业公共服务示范平台”；被湖北省人民政府表彰为“湖北省就业先进工作单位”；连续两年被省经信委表彰为“先进单位”和“省实施中小企业成长工程先进单位”。

联系电话：027－87327399

邮　　箱：smehub@163.com

武汉市中小企业服务中心

武汉市中小企业服务中心（以下简称“中心”）是武汉市经济和信息化委员会直属的公益性事业单位。为中小企业提供融资撮合、管理咨询、上市辅导、技术推广、产业对接、创业帮扶、市场引导、法律维权、人才培育和财税代理等方面的服务。

作为公益性服务机构，引领182家社会化专业服务机构结成中小企业服务联盟，共同为企业提供服务，具有较强的服务资源整合力、公信力和号召力。

武汉市中小企业服务中心是“国家银河培训工程武汉培训机构”“全国重点支持的创业服务机构”；被湖北省经济和信息化委员会认定为“中小企业服务体系建设示范单位”，被中国中小企业协会评选为“中国中小企业创新服务先进机构”；是APEC中小企业服务联盟中国委员会副主任单位、全国中小企业服务联盟副秘书长单位。

由我“中心”建设运管的武汉中小企业公共服务平台，被国家工信部授予首批“国家中小企业公共服务示范平台”称号。

电话：027－85316789

网址：www.whsme.net.cn

湖南省第四批中小企业核心服务机构基本情况（2014 年认定）

序号	单位名称	简介	联系方式
1	湖南省粮油科学研究设计院	湖南省粮油科学研究设计院为湖南省粮食局直属的粮油加工与储藏科研、粮油工程设计咨询、粮油科技推广、粮食行业技能人才培训等职能的科研机构，现拥有"国家粮食－稻谷产后工程技术研究中心""国家粮食质量监测中心""稻谷及副产物深加工国家工程实验室营养安全与品质控制分实验室"等研发平台。	0731－84864243
2	湖南轻工研究院有限责任公司	湖南轻工研究院是由原事业单位湖南轻工研究所转制而来的科技型股份制企业，是湖南省精细化工、电化学、食品及微生物制品的重要科研基地和信息、检测中心，是中国洗涤用品工业协会科技委员会和湖南省化学轻工学会常务理事单位及省食品罐头工业协会副理事长单位。	0731－85133553
3	湖南省宏远经贸研究院	湖南省宏远经贸研究院主要承担我省企业特别是中小企业的国际合作、政策咨询、组织商务考察、国际展览及招商引资等研究分析和促进工作，承办政府部门委托的其他相关经贸研究与促进工作，并为政府制定相关经贸发展政策方针提供参考依据。	0731－89920760
4	湖南有色金属研究院	湖南有色金属研究院创建于1958 年，现隶属于湖南省有色金属管理局，是湖南省第一批知识产权密集型科研院所。在有色金属采、选、冶及深加工和资源综合利用工艺研发，新型合金和新材料研发，工程咨询设计及节能环保咨询工程服务等领域具有较大影响，同时是湖南省内唯一有色金属产品质量监督检验机构。	0731－85239114
5	长沙生产力促进中心	长沙生产力促进中心（长沙新技术创业服务中心）是1996 年成立的正县级全民事业单位，着力于高新技术企业孵化培育、产学研合作与技术转移服务、公共培训与技术推广、创新创业信息服务、工业分包与生产协作服务、管理咨询与投融资服务、产品检测与质量改进等科技服务。	0731－82842001
6	浏阳市中小企业服务中心	浏阳市中小企业服务中心下设融资服务部、综合服务部、创业服务部等服务窗口，主要职责是为中小企业创立和发展提供创业指导、人才培育、信息发布、市场开拓、融资中介、管理咨询、技术支持和法律维权等服务。	0731－83611964
7	湖南金信担保有限责任公司	湖南金信担保有限责任公司成立于2005 年6 月，是国家开发银行与浏阳市政府合作成立，以解决中小企业融资困难为宗旨的开发性担保公司，公司注册资本1 亿元。	0731－82911079
8	浏阳市浏阳河劳务服务有限公司	浏阳市浏阳河劳务服务有限公司成立于1999 年8 月，旗下设有托普职业技术（培训）学校、人力资源市场、现代职业介绍所、家政服务中心多个载体，为用人单位提供劳动事务代理、人力资源策划、劳务派遣、人才招聘和培训、劳动政策法规咨询等优质服务。	0731－83640308
9	湖南湘通融合法商风险管理咨询有限公司	是中国首家研究民企法商风险管理的综合性咨询服务机构，用"法律、经济、管理三位一体""事前，事中，事后三位一体"的法商风险管理新型模式来有效管控与规避企业风险，致力于做"民营企业法商风险管理第一智库"。	0731－89672218
10	长沙凯仕达信息技术有限公司	长沙凯仕达信息技术有限公司成立于2000 年，以 Internet 网络为基础，构建区域性的协同设计与制造服务网络，并致力于为企业提供 CAD/CAM/CAE/PDM 全方位集成解决方案、产品创新设计和工程仿真分析服务。	0731－89787069
11	湖南竞网科技有限公司	湖南竞网科技有限公司是一家区域互联网营销综合服务提供商，百度公司的湖南总代理，主营以网站平台建设、网络推广为主的搜索营销外包服务、以竞网服务管家、信息化软件开发为主的竞网增值服务，以及针对大客户和成长型企业的品牌策划及网络营销整合解决方案服务。	0731－82735268
12	湖南省医疗器械行业协会	湖南省医疗器械行业协会成立于2008 年11 月，由全省范围内从事医疗器械生产、经营、研发、使用、产品检测、认证咨询以及教育的企事业单位，自愿组成的行业性、非营利性的社会团体。	0731－88938700

续表

序号	单位名称	简介	联系方式
13	湖南惠华企业咨询有限公司	公司主要服务于科技型中小企业，专为企业申报科技、工信、发改和财政部门的各类项目，支持中小企业的发展。	0731－88988003
14	湖南九方焊接技术有限公司	湖南九方焊接技术有限公司的前身是株洲电力机车厂焊接实验室，成立于1999年。目前是我省唯一专业从事焊接技术研究、焊接项目开发、焊接工艺推广应用、焊接技术培训、技术咨询服务、新型焊接设备研制及检验与检测服务的民营科技型企业。	0731－28287017
15	攸县中小企业信用协会	攸县中小企业信用协会是由攸县人民政府、株洲市世富投资公司、株洲市丰叶担保公司联合发起出资1000万元成立的社会团体服务机构，主要是为中小企业提供高效的融资担保服务，加强银企交流合作，解决中小企业融资难问题。	0731－24335198
16	湖南宏微创业咨询管理有限公司	湖南宏微创业咨询管理有限公司致力于创业孵化器建设和运营，其投资建设的创业微工场，是集创业咖啡、创业办公场地、创业讲堂、创业墙于一体的校园创新创业新型孵化器；致力于为中小微企业与高校青年大学生创业群体之间打造一个整合创业智库、激发创业思维、对接创业资本、开启创业项目的交流与互动平台。	0731－52636577
17	湖南雅特检测技术有限公司	湖南雅特检测技术有限公司是专门从事科技情报与科技信息研究、开发和应用、环境检测的综合型企业，已构建企业发展所需的“技术服务、融资服务、中介服务、检测服务”四大创新创业服务体系。	0731－52546988
18	湘潭市汇智专利事务所	湘潭市汇智专利事务所成立于1985年，前身为湘潭市专利事务所，是一所集专利代理和商标代理于一体的知识产权机构。	0731－58257694
19	湖南三石策划设计有限公司	湖南三石策划设计有限公司创建于2014年4月，主营品牌战略咨询、整合营销策划、平面设计等领域，为政府和企业提供全过程、全方位、一站式的品牌整合营销传播解决方案及服务。	0731－58283709
20	湖南融兴融资担保有限公司	湖南融兴融资担保有限公司成立于2006年3月，注册资本金15000万元，业务涉及融资担保、履约担保、投融资业务等多项领域。	0734－8151439
21	湖南省衡阳市产商品质量监督检验所	衡阳市产商品质量监督检验所成立于1982年，是一家综合性的国家法定产商品质量检验机构，主要承担产商品质量监督检验、委托检验和仲裁检验、型式检验、质量鉴定为社会和公众提供公正科学检测数据。	0734－8226234
22	湖南业达律师事务所	湖南业达律师事务所成立于1996年，是一家综合性律师事务所，承办各类刑事、民商、行政及国家赔偿等案件的诉讼仲裁，同时提供法律咨询、代写法律文书、调查取证、审查经济合同等各项非诉讼法律服务。	0734－8146358
23	邵阳县中小企业服务中心	邵阳县中小企业服务中心成立于2014年4月，致力于为中小企业的创立、生存和发展提供信息指导、投融资指导、技术支持、创业辅导、市场开拓、管理咨询、人才培训等服务。	0739－5325967
24	华容县中小企业服务中心	华容县中小企业服务中心主要职责是为企业技术改造提供技术咨询和技术服务，维护中小企业合法权益，组织为中小企业培训管理和技术人才。	0730－4181379
25	平江县工信中小企业服务中心	平江县工信中小企业服务中心，成立于2012年，主要为全县中小微企业提供有关政策法律咨询、创业辅导、市场开拓等服务。	0730－6223625
26	岳阳县中小企业服务中心	岳阳县中小企业服务中心成立于2013年10月，主要为企业提供政策法规咨询、行业发展趋势、教育培训、信息化建设、管理咨询、法律咨询、技术需求、市场营销、人力资源等服务。	0730－7667128
27	临湘市浮标协会	临湘市浮标协会成立于2010年3月，是临湘市委、市政府指导下的民间组织，经过十多年的培育、发展，现已形成一定规模并在全国渔具界中具有很大的影响力。	0730－3763222
28	岳阳长岭设备研究所有限公司	岳阳长岭设备研究所有限公司是由中国石化长岭炼化公司设备研究所改制而成，公司现有大机组运行监测及故障诊断、节能监测及节能设备研发、腐蚀与防护、工业水处理、设备清洗、带压堵漏及开孔、隔热衬里、炼油化工助剂等8个技术专业。	0730－8478699

续表

序号	单位名称	简介	联系方式
29	湖南碧灏律师事务所	碧灏律师事务所主要业务包括战略咨询法律业务、民商诉讼相关业务、刑事、行政案件辩护或代理。	0730－8848966
30	岳阳市湖南昌言律师事务所	昌言律师事务所创立于1984年，已形成了一套成熟的、以专业化和团队化为特色的服务模式，并成长为了中国优秀律师事务所之一，已经在上海 、长沙 、岳阳等多地设立执业机构。	0730－8865566
31	湖南华青管理咨询有限公司	湖南华青管理咨询有限公司主要为客户提供优质的管理咨询服务、管理培训服务以及搭建高端商业资源平台。公司下设内训事业部、《华青大讲堂》事业部、华箐荟——资源学习型私人会所三大服务机构，为客户提供全方位的管理升级配套服务。	0736－7361666
32	常德市正信会计服务有限公司	常德市正信会计服务有限公司是常德市首家综合性专业财务服务公司。公司主要为企业提供代理记账、代理电子申报、代办工商执照、税务策划、财务咨询、财务策划等全方位的财务服务。	0736－7654333
33	桃源县中小企业服务中心	桃源县中小企业服务中心致力于为中小企业的创立、生存和发展提供信息指导、投融资指导、技术支持、创业辅导、市场开拓、管理咨询、人才培训等服务。	0736－6639753
34	张家界市中小企业服务中心	张家界市中小企业服务中心是现有在职员工12名，主要从事全市中小企业发展的相关咨询和服务，为全市中小企业提供信息咨询、融资担保、管理咨询、创业辅导、人员培训、市场开拓、法律援助等方面服务。	0744－8222444
35	慈利县零阳镇中小企业服务中心	零阳镇中小企业服务中心现拥有120平米的办公场所，电脑等信息设备基本齐全，工作人员涵盖财会、工程技术、企业管理等各方面人才，为辖区1000余中小家企业提供服务。	0744－3223051
36	益阳银城中小企业服务有限公司	益阳银城中小企业服务有限公司与益阳市中小企业服务中心两块牌子一套人马合署办公，负责益阳市中小企业公共服务平台的建设、运营与管理。	0737－2173158
37	益阳碧源节能环保科技有限公司	公司是一家专注于节能行业、环保行业的高科技创新型企业，其中节能领域主要为节能评估咨询和合同能源管理，环保领域主要致力于废水、废气、固废、噪声领域的治理工作。	0737－3102366
38	益阳资元天台会计师事务所有限公司	益阳资元天台会计师事务所主要经营承办审计查征及咨询服务，资产评估，基建预决算审计，培训审计，会计人员及会计用品的销售。	0737－4227604
39	益阳搜空高科软件有限公司	益阳搜空高科软件有限公司是湖南省委、省政府在第七届泛珠论坛上签约的重点招商引资项目，主要致力于电子商务产业、服务外包公共平台建设、云计算等领域产品的研发及系统集成。	0737－2173850
40	湖南麻布仕竹麻企业服务有限公司	公司于2010年7月成立，致力于竹麻产品的品牌运营、技术推广、电子商务、创业服务、融资咨询、市场开拓、商标代理服务等。	0737－4688066
41	郴州市中小企业服务中心	郴州市中小企业服务中心是郴州市经济和信息化委员会领导下，面向全市中小微企业的综合服务机构，为中小微企业的创立和成长提供多层次、多渠道、多功能、全方位服务。	0735－2368700
42	郴州鼎胜中小企业发展服务有限公司	郴州鼎胜中小企业发展服务有限公司是一家以中小企业发展服务为中心的专业公司，主营广告代理、营销策划、企业文化和CI设计等。	13017352200
43	嘉禾县铸造协会	协会成立于2002年10月，协会宗旨是遵守法律法规，贯彻国家方针政策，协助政府实施行业管理，在政企间发挥桥梁纽带作用。	0735－6893828
44	嘉禾县铸鑫质量检测技术服务有限公司	嘉禾县铸鑫质量检测技术服务有限公司是湖南·嘉禾铸锻造产业科技服务平台的重要参与单位之一，为中小企业提供铸锻造产品质量检验检测、铸锻造及小五金技术服务、人力资源服务、创业孵化服务、信息咨询服务、技术培训服务等。	0735－6625259
45	郴州杰瑞项目数据分析有限公司	一家专业从事项目数据分析的服务性机构，主要业务包括投资项目评估、经济效益评价、项目数据分析研究、项目融资、投资项目策划等。	0735－2293733

续表

序号	单位名称	简介	联系方式
46	道县中小企业服务中心	道县中小企业服务中心的主要职责是为全县中小企业的提供信息指导、投融资指导、技术支持、创业辅导、市场开拓、管理咨询、人才培训等服务。	0746－5223468
47	双牌县中小企业服务中心	双牌县中小企业服务中心成立于2011年1月，要职责是为中小企业提供技术、信息、咨询、辅导、培训、融资、市场开拓等创业服务，并重点加强对双牌县中小企业创业基地的建设和经营管理。	0746－7723679
48	娄底市华南娄职煤矿技术服务有限公司	华南娄职煤矿技术服务有限公司成立于2012年4月，主要从事煤炭机械设备研发、推广、销售和煤矿技术咨询服务。	0738－8325966
49	湖南天胜人力资源有限公司	湖南天胜人力资源有限公司成立于2013年6月，是一家提供人力资源中介、劳务派遣、技能培训的专业服务机构。	0738－8650077
50	双峰县中小企业服务中心有限公司	双峰县中小企业服务中心有限公司是经双峰县经济和信息化局授权，由联邦兴业担保投资集团有限公司控股设立的中小企业专业服务机构。	0738－6839826
51	娄底市中小企业服务中心	娄底市中小企业服务中心致力于打造中小企业和政府之间的桥梁，整合各种优势资源，为中小企业提供贴心的专业化服务。	0738－8973965
52	湖南百贤设计有限公司	百贤设计有限公司成立于2010年，是一家知名品牌策划机构，主要为广大中小企业提供品牌战略、品牌营销、品牌策划项目为一体的专业服务。	0738－6791897
53	湖南宇能律师事务所	湖南宇能律师事务所成立于1994年12月，是娄底境内成立最早、执业人员最多、业务规模最大的律师事务所 。	0738－8311158
54	湖南龙兴联合会计师事务所	湖南兴龙联合会计师事务所是一家致力于为企业及政府机构提供报表审计、资本验证、管理咨询、投融资服务、工程造价、资产评估等的专业机构。	0738－8333866
55	湖南联胜税务师事务所有限公司	湖南联胜税务师事务所是一家从事税务咨询、税收筹划、财税顾问、财税培训、涉税鉴证、纳税方案设计等业务的专职税务代理机构。	0738－6826058
56	冷水江市恒超中小企业服务有限公司	冷水江市恒超中小企业服务公司成立于2013年10月，是一家为中小企业提供创业辅导、信息咨询、市场开拓、技术咨询、法律咨询、人才培训、投资融资服务等服务的综合服务机构。	0738－5363355
57	湘西自治州产商品质量监督检验所	湘西自治州产商品质量监督检验所成立于1984年，是湘西州质监局依法设立的第三方公正检验机构和湘西州唯一的公益性综合产品检验服务机构。	0743－8222317

广东省中小企业服务中心

广东省中小企业服务中心是依据《中华人民共和国中小企业促进法》，经省编办批准，在有着40年技术推广服务工作经验的广东省技术推广站基础上，于2002年12月成立的中小企业综合服务机构。2012年，按照省编办要求，通过资源整合和功能优化，与省农业厅下属的省乡镇企业科技服务中心整合组建全新的广东省中小企业服务中心，隶属于广东省经济和信息化委员会，是财政补助一类事业单位。主要职能：一是为中小企业开发新技术、新产品，提供信息、资金等方面的咨询服务；二是推广先进、成熟、适用技术，促进中小企业的技术创新；三是联系和引导各类社会中介机构为中小企业提供服务。

根据工作需求，中心内设办公室、发展规划科、项目推广科、信息技术科、监测分析科、培训交流科、企业服务科、物业管理科、老干后勤科和财务科等10个科室。现有编制47人，85%以上为专业技术人员，其中高级职称4人，中级职称9人；大专以上学历39人（研究生学历6人），占在职人员总数的98%。有6104平方米的办公、培训和技术服务场地及336台（套）培训、技术服务仪器和设备。

中心定位服务政府、服务企业两大功能，推动产业结构调整和企业转型升级，为中小企业发展营造良好环境。承担广东省中小企业公共服务平台网络省级枢纽平台建设，配合省中小企业局指导“窗口”平台建设，实现平台网络互联互通，打造了全省中小企业服务的骨干架构和基础环境；承担广东省中小企业生产经营运行监测工作，定期发布《广东省中小企业生产经营运行监测简报》；开展全省服务体系建设情况调研、省小微企业公共技术服务平台调研和省优质技术改造项目建设发展及用地情况调研，为政府决策提供依据；完成省民营企业（中小企业）创新产业化示范基地、中小企业公共技术服务示范平台认定（复核）、跟踪服务与管理；开展“两化”融合管理体系贯标活动；设计完成广东省科技成果产业化信息网，做好科技项目成果对接；

积极开展中小企业人才培训工作，认真开展新技术、新工艺的推广活动；牵头建设广东省小微企业服务机构联合会，发挥全省服务龙头和对中小企业服务机构联系引导作用，提升服务机构素质能力，推进服务质量提升。有力地促进全省中小企业稳定健康发展。

中心被国家工信部认定为首批“国家中小企业公共服务示范平台”，连续三年被中国中小企业发展促进中心评为“中国中小企业首选服务商”，被省经济和信息化委、省中小企业局评为“广东省中小企业公共服务十佳单位”“广东省中小企业综合服务示范单位”“广东省中小企业培训示范机构”，荣获省直系统2011—2013年度精神文明建设先进单位。

单位名称：广东省中小企业服务中心
地　　址：广东省广州市越秀区连新路11号
邮　　箱：83353339@ gdsme. com. cn
网　　址：http：//www. gdsme. com. cn
联 系 人：罗晓光
电　　话：020 - 83353339

广州市中小企业服务中心

广州市中小企业服务中心（以下简称“中心”）成立于2005年10月，是广州市经贸委领导下的中小企业公益性综合服务机构，也是上百家产学研权威机构共同打造的中小企业专业服务平台，中心凭借逾百名核心专家资源、逾千名外围专家资源及18多万家中小企业服务项目资源，倾力推动广州市中小企业成长工程，通过开发适合中小企业成长需求的系列服务产品，为中小企业提供高效的投资融资、技术支持、创业辅导、财务税务、法律援助与咨询、会展营销、信息化工程、管理咨询、人才培训、品牌培育、竞争力评估、产业集群升级服务等涵盖中小企业整个生命链的系统服务。

“中心”具有综合服务、培训咨询、信息管理、项目策划等功能，同时聘有兼职的专家教授140多人，专业覆盖工程、机械、化工、审计、会计、经济、项目论证、电子信息、网络技术、经纪、投资融资等领域，已为多家成长型、创新型企业提供技术进步系统的策划、改善辅导和咨询诊断。

“中心”已与中国科学院广州工业研究院、清华大学深圳研究生院、华南理工大学工商管理学院、中山大学管理学院、香港理工大学创业服务中心等大专院校、科研院所达成产学研合作关系，并与100多家专业的知识产权、认证、检验和试验、人才培训、法律、会计师、评估师、拍卖行、担保机构、金融机构、证券公司和相关机构建立战略合作伙伴关系，服务能力和技术服务体系已日趋完善与成熟。

2007年，“中心”分别获广东省中小企业局、广州市经贸委认定为“广州市中小企业综合服务机构”。2008年被广东省中小企业局认定为“广东省中小企业培训示范机构”，2009年获广东省经信委授予“百场培训送温暖”巡回公益活动优秀单位称号，2010年被中国中小企业协会、中国企业创新成果案例审定委员会授予“中国中小企业创新服务先进机构”称号，2011被广州市中小企业局认定为中小企业公共服务示范平台。

联系地址：广州市麓景路7号7楼
联 系 人：徐嘉文
联系电话：83495492
传　　真：83508477
网　　站：www. smegz. org. cn
邮　　箱：smegz@ 163. com

珠海市中小企业服务中心

珠海市中小企业服务中心是2004年根据珠海市编办《关于成立市中小企业服务中心的批复》（珠机编〔2004〕44号）成立的市财政全额拨款的公益一类事业单位，主要履行为全市中小企业及民营企业提供投资融资、人才培训、市场开拓、技术推广、信息化建设和初创中小企业登记注册代办等具体服务工作。中心正式在编人员11人，大专及以上学历和中级及以上技术职称的专业人员11人。设立了综合服务部、培训服务部、融资服务部、市场拓展部、信息服务部五个部门。服务中心现拥有300多平方米集办公、会议及培训于一体的现代化办公场所，配置了200多万元的软硬件办公设施。

珠海市中小企业服务中心对外联络方式
单位地址：珠海市政府大院3号楼一楼
邮政编码：519000
综合服务部：0756 - 2219380，林先生
E - mail：zxlz@ zhuhai. gov. cn
网　　址：http：//zh. gdsme. com. cn

韶关市中小企业服务中心

韶关市中小企业服务中心于2005年4月20日经市编委批准成立。该中心为韶关市经济和信息化局下属事业单位，是全市中小企业综合服务机构，致力于为中小企业提供公益性、扶持性等综合服务。其基本职能是：向政府有关部门反映中小企业情况，配合政府有关部门落实中小企业扶持政策；维护中小企业合法权益；为中小企业的创立、生存和发展提供全面的社会服务；接受政府及其部门的委托，联系或委托区域、行业和各类社会服务组织为中小企业提供服务。

“中心”目前设置有服务中心办公室、企业服务部、编辑部、培训中心等内设部门；负责四个服务机构运作：韶关市企业家协会、韶关市中小企业发展促进会、韶创中小企业服务中心、韶关市尚进创业服务有限公司；设有三个服务平台：韶关市中小企业公共服务平台网络市级平台、韶关市中小企业创业（工业）基地、韶关市中小企业创业（商贸）基地。编制8人，现有工作人员26人，其中大专以上学历22人。

联系电话：0751—8206088
传　　真：0751－8609308
邮　　箱：919133503@ qq. com
网　　址：Http：//sg. gdsme. com. cn
（中国中小企业广东韶关信息网）
地　　址：韶关市风度北路125号市政府大楼703室

揭阳市中小企业服务中心

揭阳市中小企业服务中心成立于2007年（原为揭阳市经贸信息中心并加挂揭阳市中小企业服务中心牌子，以上两个中心于2012年6月21日整合并入新设立的民营经济服务中心，加挂揭阳市中小企业服务中心和揭阳市经贸信息中心牌子），属市经信局属下社会公益性一类正科级事业机构、编制人数8人，设主任一名，副主任二名，主要职能是：贯彻落实上级有关发展民营经济的法律法规和方针政策；做好民营经济信息、情报资料收集、整理，为民企提供政策、法律、管理咨询等服务；为企业提供创业辅导、企业诊断、信息咨询、市场营销、融资担保、技术支持、人才引进、人员培训、对外合作、展览展销、信用和技术评估等服务；建立民营企业数据库，完善民营经济发展网络平台等。单位现有总资产389万元，固定资产217万元，办公服务场地1200平方米。

我中心充分发挥作为广东省中小企业公共服务平台示范单位的带头作用，以整合成立市民营经济服务中心为契机，配套、完善现有服务设施，建设设备先进、管理科学、服务一流的公共服务平台，建立受理企业诉求、提供直接服务的示范平台，为日益壮大的中小企业群体提供创业辅导、人员培训、现场咨询、事务代理、企业信息化体验等特色优质服务，打造与省、县以及合作单位信息互通、资源互享、服务互动的平台集结点，引导带动我市其他中小企业服务机构发展提升，从而促进我市中小企业服务体系健全和完善，推进综合服务机构能力建设，以适应我市扶持民营经济加快发展的需要，为建设民营经济强市做出积极贡献。

地　　址：揭阳市区新河路沟口村市妇女儿童活动中心10楼
联 系 人：陈逸华
手　　机：13502608800
电　　话：0663－8221475
网　　址：http：//www. jieyang. net
邮　　箱：jczx@ jieyang. net

江门市中小企业服务中心

江门市中小企业服务中心（以下简称“服务中心”），于2005年4月经江门市机构编制委员会办公室批复同意设立，是江门市经济和信息化局（江门市中小企业局）属下正科级、公益三类事业单位。经机编办认定的专业服务资质主要包括：负责为中小企业提供融资、创业辅导、市场开拓、技术支持等社会服务，承担中小企业信息平台建设等。目前，服务中心设副主任1名（法人代表），共有工作人员15人，其中包括1名博士学历，2名在读硕士生，有5名工作人员拥有中高职称，大专以上人员占总人数的100%。中心下设3个部，分别是：

（1）咨询培训部：为我市中小企业提供各类人才培训服务；

（2）融资服务部：为我市中小企业在投融资及担保方面提供指导及协助服务；

（3）综合协调部：为进驻大厅的服务机构提供统筹管理、协调及后勤服务。

由服务中心负责建设和运营管理的江门市中小企业综合“窗口”服务平台—江门市中小企业服务大厅，是经国家工信部和省局于2012年认定并重点支持的国家中小企业公共服务平台网络体系窗口服务平台项目，是为广大中小企业提供各类专业服务的综合服务平台。目前，服务大厅自有服务场地面积约1000平方米，共有两层，其中一楼为综合服务大厅，面积约600平方米，配套了一个可容纳80多人的多媒体培训室，可提供给各服务机构开展培训、会议等活动；二楼为办公区，面积约400平方米，并有办公设备等固定资产一批。此外，正在改造建设中的“江门市民营企业家培训中心”，拥有约300平方米的多媒体培训及活动场所，可提供举办200人以上培训场地。

服务大厅于2013年10月15日正式揭牌运营，于2014年任广东省小微企业服务机构联合会副会长单位。目前已有近20家专业服务机构进驻并安排专人为企业提供点对点的一站式窗口服务，可为江门市中小企业提供融资担保、管理咨询、信息查询、人才培训、技术创新、节能环保、信用评级、创业辅导、商务推广、市场开拓、财税法律及知识产权等服务。

服务中心自成立以来，服务能力逐年提升，尤其是自2012年纳入国家中小企业公共服务平台网络—江门市中小企业综合“窗口”服务平台（服务大厅）完成场地改造建设和投入运营以来，共组织各类服务机构举办各类服务活动超过80场，累计服务中小企业13000多家次。近年来年均服务企业超过2000家次。

今后，服务中心将通过加强整合和优化提升各类服务资源，进一步提升服务能力和综合竞争力，面向广大中小微企业提供各类综合服务，立足于江门，辐射粤西，力争打造成为粤西地区最具规模和影响力的中小企业综合服务平台。

地　　址：广东省江门市蓬江区白沙大道西36号109
邮　　编：529000
联 系 人：雷钧（法人代表）
电　　话：0750—3279859，1924686163
Email：jmsme2013@ 126. com

河源市中小企业服务中心

河源市中小企业服务中心于2006年12月成立，是河源市政府指定的负责全市中小企业、民营经济服务的综合服务机构。2011年8月起，中心承担广东省中小企业公共服务平台网络——河源市中小企业综合窗口服务平台项目建设，目前项目进入验收阶段。2012年中心被省中小企业局认定为“广东省中小企业公共服务示范平台”。中心以服务为宗旨，通过优化、整合，利用各类专业服务资源，已初步建成人才培训、投资融资、技术支持、信息咨询和市场开拓等五大服务平台。近年来，中心加大硬件、软件基础建设，实施中小微企业公共服务平台网络、自主创新能力提升、企业家素质提升等六大工程。组织开展了中小企业银担企、政担企融资推介会，中小企业服务推广日、中博会等服务活动。对缓解我市中小微企业融资难、融资贵问题，开拓国内外市场，提升企业整体竞争力等方面，都取得良好的效果。

地　　址：河源市红星路145号
网　　址：smc. hcyuan. gov. cn
联 系 人：钟尧基
电　　话：0762－3888766
传　　真：0762－3886301
邮　　箱：hyzhongyj@163. com

肇庆市中小企业服务中心

肇庆市中小企业服务中心（肇庆市技术推广站）是于1999年8月5日依肇庆市编制委员会肇编办〔1999〕13号文件批准成立，事业单位法人登记证号事证第244120000013号。宗旨和业务范围是：为我市中小企业提供创业辅导、信息咨询、市场营销、资金融通、技术创新、对外合作、人才培训、法律咨询、展览展销、物业管理等方面服务。服务功能定位为“服务肇庆、对接珠三角，联通全国”的网络窗口平台，着力打造面向我市广大中小微企业多层次的综合性公共服务平台网络体系。

现有在册人员21人，其中高级职称3人，中级职称5人，初级职称6人，大专以上学历20人，占全部人数的95%，服务中心还在全市范围内建立了专业技术专家库，拥有2740平方米的服务场所和办公场地，包括服务大厅、信息交流厅、培训教室、多功能媒体室、大型会议室等，能满足日常为中小微企业服务需要，本中心还有20多家入驻服务机构，随时可以为中小企业提供技术创新、财务咨询、专利申报、品牌培育、新三板挂牌培育、高新技术企业认定等多种服务。

肇庆市中小企业服务中心2008年12月荣获广东省节能技术服务单位，2010年承担了“省中小企业融资服务平台”建设项目，2011年5月荣获2010年广东省中小企业公共服务示范平台（2014年7月已通过复审），2011年承担了“国家中小企业公共服务平台网络肇庆市中小企业综合窗口服务平台”暨首批广东省“1＋11”中小企业公共服务平台网络建设项目，2013年11月被肇庆市中小企业局认定为“肇庆中小微企业新三板上市培育实训基地”。

通过多年的建设和发展，服务范围已经拓展为信息咨询、技改创新、资金融通、市场开拓、人才培训、人才引进、法律咨询、展览展销、新三板挂牌培育等服务。2013—2014年服务中心举办公益性服务活动20场和专业培训服务活动30场，累计参加活动的企业近2000家次、人数4000人次。1353家企业用户通过本中心的“中小企业融资超市平台”共申请融资2353次，累计实现融资金额达168亿元。

肇庆市中小企业服务中心（肇庆市技术推广站）
地址：肇庆市端州区古塔中路23号
电话：0758－2723077
传真：0758－2240778
邮箱：zq2240778@163. com
网址：http：//fwzx. zhaoqing. gov. cn/
联系人：陈荣斌1302854686，赵嘉13827550419

梅州市综合“窗口”服务平台

梅州市综合“窗口”服务平台承建单位是梅州市中小企业服务中心，是梅州市唯一一家经市政府批准成立的市级中小企业综合服务机构，先后被国家认定为“中小企业综合‘窗口’服务平台”，获得了“广东省中小企业公共服务示范平台”“广东省中小企业综合服务机构示范单位”“广东省中小企业公共服务十佳单位”和“广东省中小企业培训示范机构”等荣誉称号。

梅州市综合“窗口”服务平台主要为全市中小企业提供人才培训、管理咨询、信息化服务、创业辅导、投资融资、技术支持、法律服务和市场开拓等服务，主要服务功能：①人才培训：制订切实可行的企业人才培训计划，通过自主办班、省市联办和网络办班等形式，进一步提升对中小企业各层次人才培训服务；②管理咨询：推动中小企业与管理咨询机构的服务对接，帮助企业解决发展管理中的困难与问题，提高中小微企业现代管理水平；③创业服务：推动小企业创业基地建设，扶持和发展创业服务机构，为创业人员和初创企业提供创业辅导等综合服务；④法律服务：组织法律服务机构开展中小企业政策法规宣贯、法律援助和企业维权等服务，积极帮助中小微企业建立健全法律顾问制度，增强依法治企能力；⑤技术支持：整合各类公共技术资源，为中小企业提供技术咨询、工业设计、技术开发、产品检测检验、质量认真和知识产权等技术支撑服务；⑥市场开拓：组织和发动企业参加“中博会”等各类专业博览会、展销会，搭建中小企业“展示、交易、交流、合作”平台，宣传推介中小企业品牌和产品，提高中小企业知名度；⑦信息化服务：大力实施信息化推进工程，加快建设信息化和电子商务应用平台，积极鼓励引导广大中小企业“触电上网”，大力发展电子商务；⑧融资服务：强化政银担企合作，推进中小微企业与金融机构实现对接，缓解中小企业融资难问题；协助制订企业进入主板和新三板市场、股权交易中心挂牌等个性化融资方案拓宽企业直接融资渠道。

我中心率先启动了梅州市50家专业服务机构加盟省平台工作；开展了大型的中小企业融资专题报告会暨融资项目对接活动，邀请省中小企业局张文献局长、梅州市政府谭君铁市长出席活动；协助制定出台了中共梅州市委、市政府《关于促进民营经济发展上水平的实施意见》和《关于扶持中小微企业发展的若干政策措施》两大政策措施，协助组织召开高规格的梅州市促进民营企业发展座谈会，引导全市各级各部门牢固树立“崇商重企”服务理念，大力实施“暖企行动”相关计划；协助举办2012－广东客商转型升级高级研修班，通过省市联手搭建梅州民营企业与知名院校、知名企业之间的学习、交流、合作平台，引领梅州民营企业家进一步开阔视野、更新观念。

与梅州市职业技术学校达成合作，设立梅州市中小企业培训基地，举办电子商务知识、运行监测培训和税收筹划培训等各类专业技术人才培训班50期以上，培训人次达4500人次以上。

办公地址：广东省梅州市梅龙路41号
办公电话（传真）：0753－2241022
网　　址：http：//www.mzzxqy.com/

广东省小微企业服务机构联合会

广东省小微企业服务机构联合会（简称联合会）成立于2013年8月8日，是在广东省中小企业局的指导下，由省内中小企业服务机构自愿加入组成的全省性联合会组织，是一个为中小企业提供企业管理咨询、创业辅导、市场开拓、知识产权维护、法律维权、企业信息化、人才培训社会化、专业化的服务平台，协助中小企业提升核心竞争力，协助政府管理部门加强对我省中小企业服务机构的指导和协调，引导中小企业服务机构提升服务能力，促进我省中小微企业平稳健康发展。

联合会由指导委员会、执行委员会组成，下设专业委员会、秘书处等部门，指导委员会由省中小企业局相关人员组成，执行委员会由省及各地市中小企业服务中心组成。联合会整合了全省118家中小企业综合服务机构，专业服务机构及15个领军人服务团队，设立了7个地市服务工作站。服务专业委员会由综合、投融资、财税、法律、管理咨询、市场开拓、技术、人才、信息化等专业委员会组成；服务领军团队由信息、投融资、创业、人才、技术创新和质量、管理咨询等多方面的专家队伍组成，服务工作站是地市中小企业服务中心与联合会共同建立的服务站点。

为帮助企业健康成长，联合会开展了多项服务活动：举承办了全国中小企业服务联盟能力竞赛表彰总结及经验交流工作会议、省级财政中小微企业发展专项资金申报工作培训、服务机构市场化运作实务培训、黑马创二代企业家创业大赛、创业者如何向投资人融资专题讲座、企业长青基于顶层设计的股权激励专题讲座、解读国家《新商标法》培育企业品牌讲座等活动，为企业提供实质性的服务，并取得了良好的满意效果。

联系方式：
单　　位：广东省小微企业服务机构联合会
地　　址：广州市越秀区连新路11号二楼
联系电话：020－83383233
传　　真：020－83396770
邮　　箱：gdsmesa@163.com

广东省企业管理咨询协会

广东省企业管理咨询协会（简称为“省咨协”）成立于2005年，业务指导单位是广东省经济和信息化委员会，接受广东省社会组织管理局的登记和监督。协会具有独立法人资格，是国内最早开展管理咨询行业资质认证和制定地方行业标准的省级社团组织，主要负责全省企业管理咨询服务机构和咨询行业的归口管理工作，与国际上知名咨询机构，如：麦肯锡、埃森哲、普华永道等建立长期的合作关系，多次受国际管理咨询协会理事会（ICMCI）组织邀请，参加国内外企业管理经典案例交流和经验分享。

协会坚持“团结业界、规范行业、服务社会、实现共赢”的服务宗旨，主要职能：组织研究国内外先进企业管理理论、方法、技术及交流成果；制定和发布行业发展分析报告；制定行业标准及规范行业发展；表彰行业先进单位和先进工作者；建立诚信、公平机制维护企业合法权益；承接政府相关课题研究及购买服务；帮助中小企业解决生产经营中遇到的相关问题，为中小企业提供常年管理咨询顾问服务。

协会现有专职工作人员15人，团体会员230家，个人会员300多名。下设秘书处、会员和行业管理部、咨询与培训服务部、项目服务部以及七个专业委员会。协会组建了“两库”（1000位“专家智库”和近3000例成功案例“知识数据库”），培训咨询师资质人员720名，国际注册管理咨询师260名，是全国管理咨询师职业水平考试广东省管理机构。

协会资质成果：

2005年12月成为中国企业联合会第五届执行委员单位；

2006年4月获中国企业联合会颁发的“最具有影响力中国管理咨询机构100家”称号；

2008年1月获“全国管理咨询师职业水平考试先进工作单位”称号；

2009年4月获省中小企业局认定的“广东省中小企业服务示范平台单位”；

2009年7月被认定为“全国管理咨询师职业水

平考试广东省管理机构”；

2010 年 6 月被授权为“中国职业经理人资格认证广东省评价管理中心”

2011 年 1 月荣获广东省人力资源和社会保障厅认定的“广东省专业技术人员继续教育基地”资格；

2013 年复核通过广东省中小企业局认定的“广东省中小企业公共服务示范平台单位”；

2013 年被广东省民政厅纳入“第二批具备承接政府职能转移和购买服务资质”单位；

2014 年 3 月份当选广东省社会组织总会第二届理事会“理事单位”；

2014 年 4 月份当选广东企业联合会、广东省企业家协会“常务理事单位”。

联 系 人：陈勇达 梁小梅
电 话：020－83494413 020－83494459
传 真：020－83580496
邮 箱：mcahuiyuan@163.com
网 址：www.gdmca.org

广东省电子商务协会

广东省电子商务协会（英文名称：Guangdong Province Electronic Commerce Association. 英文缩写 GDECA）是由广东省民政厅核准登记注册，广东省信息中心、广东省电子邮政局、广东省电子商务认证中心等单位于 2003 年 4 月 3 日在广州广东大厦发起建立的电子商务行业、非盈利的全省性新型社会组织。其业务活动受广东省经济和信息化委员会和广东省商务厅的指导以及广东省民政厅的监督管理。

协会性质是面向电子商务，由社会各界从事电子商务的经营、管理、使用以及相关的科研、教学、设计等单位自愿组成的电子商务行业、非盈利的全省性社会团体组织。协会成立的目的是为加快广东省信息化进程，促进广东省电子商务的规范化、产业化发展。

协会设办公室、会员管理部、对外合作部、科学研究部和咨询培训部五个部门；信用工作、融资、跨境电商、代运营、电商园区、法律与知识产权、名牌推进、农产品电商、设计与微电影、电商标准化等 11 个专业委员会。

协会成立以来，以“团结业界、规范行业、倡导诚信、交流发展、服务社会”为指针，坚持“创新超越、诚信服务、协同发展”的宗旨。依据国家法律、法规和业务指导部门的要求，团结、联合业界和社会各界，开展省内外行业企业交流，研究总结电子商务业企业管理的先进理念、方法、技术和理论；表彰电子商务业企业管理先进单位和先进工作者，加强行业的规范管理、监督，维护会员企业合法权益，促进行业健康发展。目前已有包括各地市电子商务协会等六百余家会员单位。

协会重点建设了资源库和专家库，搭建了广东省电子商务业信息平台、广东省电子商务综合服务平台等公共服务平台。先后完成数十项省部级电子商务业发展研究课题，完成研究成果二十余项，为 30 余家地方政府、产业园区、专业镇、企业提供优质咨询策划服务。开展了一系列大型活动：广东（国际）电子商务大会、广东电商大讲堂、广东电商节等。协会联合全省 15 个地市电子商务协会成立“华南电子商务联盟”，每年举办广东电商节和华南电商联盟峰会。

联系方式
联系电话：020－83725071
单位邮箱：gddzswxh@126.com
单位网址：http://www.gd－eca.org.cn/

广东省现代服务业联合会

广东省现代服务业联合会是经省政府批准、省民政厅注册登记的法人社团组织（粤社证字第 1214 号），2010 年 7 月成立。由从事现代服务业的各类协会、商会；和各种所有制的企事业单位等自愿参加的新型社会组织。业务指导单位：省发改委、省经信委、商务厅等。中国民建副主席、广东省原副省长、华南理工大学现代服务业研究院院长宋海为名誉会长。主要会员单位有：广州毅昌科技、广东中旅集团、广州岭南国际企业集团、广东联通、广东电网、广东国旅、东风日产、广东邮政、友邦保险、深圳国贸、广州地铁、东莞银行、中信银行、银达担保、东莞发展控股、深圳华南城、富力地产、佛山创意产业园、河源高新区等企业（单位），广东物流行业协会、省人力资源管理协会、省创意产业协会、省信用担保协会等千余家会员。目前协会设 6 个部门，10 个专业委员会，员工 20 人。

“省服联”成立以来，以“团结业界、规范行业、倡导诚信、交流发展、服务社会”为指针，坚持“增强服务创新，促进服务交流，提升服务价值，推进服务强省”的宗旨。在省发改委、省经信委、省商务厅、省民政厅的领导指导下，华南理工大学现代服务业研究院的大力支持下，团结进取，扎实工作，创新发展，把联合会建成“会员之家、企业之友、行业之窗、政企之桥”。各项工作取得一定成效：

（1）社会资质：省社会组织具备承接政府职能和购买服务资质单位、省非营利组织免税资格单位、省专项资金扶持社会组织评级第二名等。

（2）承接政府职能：广东省现代服务业重点联系企业跟踪监测与服务制度工作（含省现代服务业监测平台）；联合编著《广东现代服务业发展研究报告》（白皮书）梳理并发布广东现代服务业 100 强企业等。承接省发展和改革委员会、省商务厅《广东省进口商品交易中心》推荐评估工作。

（3）搭建了四大公共服务平台：省发改委同我会联合建立“省现代服务业重点联系企业监测与服务平台”；省经信委同我会联合建立“广东省招商选资公共服务平台”；广东省标准化研究院共同搭建的“广东省企业标准化公共服务平台”及“广东现代信息服务业咨询培训公共服务平台”。

（4）开展了丰富多彩的活动：省劳动用工守法

大会、珠三角经济转型高峰会、产学研交流会、广东现代服务业发展高峰会、华南信用管理论坛，2015 年将召开的广东现代服务业大会等。

（5）项目评审工作：开展全省范围内的“优秀信用企业”“优秀企业、优秀企业家”“百佳优质服务示范企业”“十强企业、十大品牌”等项目的申报评审工作。积累了丰富的项目评审组织和实施经验。

（6）科研成果成绩突出：年度《广东现代服务业发展报告》，中国社科文献出版社出版；年度《广东社会信用体系建设发展研究报告》，南方日报出版社出版；《企业创新标杆》，科学出版社出版；《区域创新标杆》，科学出版社出版；《蓝天战略——工业设计？王者归来》，羊城晚报出版社等。

（7）会员创意服务：海南、华东、东盟三国等考察交流活动；省重点企业学习交流活动；产学研交流活动；咨询培训服务；与重点会员项目合作；以及其他创意服务等。

（8）广泛的交流合作：同政府部门；会员与非会员企业；上海、浙江、江苏、海南等国内兄弟联合会；台湾、港澳、东盟三国相关机构等进行了交流合作。

（9）咨询培训服务：近年来，我会咨询培训中心主要完成了科技、信息咨询培训项目及各类企业所需的培训活动。

省服务业联合会在省发改委、经信委、商务厅的指导下，汇聚全国专家的专家库强力支持下，为企业、政府搭建一个高效率、低成本的信息交流和服务体系平台，服务广东产业的转型优化升级，助推地方新一轮大发展，大力推进广东现代服务业新跨越；精心打造“广东服务”品牌。为广东实现产业竞争力和自主创新能力“双提升”做出重要贡献。

地　　址：广州市越秀区越华路 116 号轻化集团副楼 513 – 516 室

邮　　编：510034

网　　址：http：//www. gdmsia. com/

邮　　箱：gdmsia@ 163. com

联 系 人：崔爱琼办公室主任

电话/传真：020 – 83543434

手　　机：13424473361

广西中小企业联合会

广西中小企业联合会是经广西壮族自治区民政厅登记、由在广西境内注册的中小企业自愿组成的非营利、行业性的 5A 级社会组织。业务主管部门为广西壮族自治区工业和信息化委员会。

广西中小企业联合会（以下简称“联合会”）于 2009 年 2 月 25 日成立，本着“合作共赢，做强做大”的宗旨，以围绕推动广西中小企业持续健康、快速发展为总体目标，为各会员提供如下服务：

（1）提供创业辅导、企业诊断与管理咨询、投资融资、技术支持、企业信息化、人员培养与人才引进、对外合作、展览展销和法律咨询等服务；

（2）促进广西中小企业与政府、金融、工商、税务等有关部门的交流沟通，帮助广西中小企业融资贷款、招商引资、增资扩股，帮助中小企业拓展市场，协调解决会员企业相关问题，促进企业相互间的交流与合作；

（3）组织推广优秀中小企业发展经验，在会员中开展评选、表彰、宣传优秀中小企业活动，促进广西中小企业品牌建设与自主创新工作；

（4）我会作为广西中小企业公共服务平台网络建设项目的建设单位，在自治区工业和信息化委的领导下，接入与引进 14 个市级窗口服务平台、多个自治区级专业服务平台以及广西重点产业集群窗口服务平台，积极开展包括信息、投融资、创业、人才与培训、技术创新和质量、管理咨询、市场开拓、法律及其他服务在内的九类专项服务，为政府、服务机构、中小企业、创业者提供线上（公共服务平台网络）和线下（窗口服务平台）服务；

（5）搭建广西中小企业微企业投融资平台——广西投融资网，通过中小企业诚信体系与信用体系建设，引导广西中小企业守法诚信，遵守国家法律法规，提升职业道德，加强行业自律，积极承担社会责任；

（6）在政府委托和指导下，开展广西民营企业系列职称评审工作，开展广西中小企业资质与资格认证，开展中小企业管理升级、中小企业信息化建设等业务。

广西中小企业联合会地址：南宁市双拥 38 号广西新谊金融投资大厦 8 楼

邮　　编：530022

联系电话：0771 – 5802377、5883811

传　　真：0771 – 5802379

电子邮箱：gxsme888@ 163. com

广西壮族自治区乡镇企业培训中心

广西壮族自治区乡镇企业培训中心，于 1986 年经自治区人民政府批准，由自治区编委确定编制，定为正处级事业单位，编制 15 人，财政全额拨款。系原自治区乡镇企业管理局直属单位。

2003 年 4 月，广西壮族自治区乡镇企业培训中心，获得国家安全生产二级培训机构资格。2004 年 11 月 23 日，经农业部人事劳动司审查批准，获得“农业行业特有工种职业技能鉴定站”资质证书。

2004 年，由于机构改革，撤销广西壮族自治区乡镇企业管理局，归广西壮族自治区经济委员会建制，是广西壮族自治区经济委员会直属二层机构。

2010 年，自治区党委、自治区人民政府对自治区人民政府个别机构进行调整，设立自治区工业和信息化委员会，为自治区人民政府组成部门。原自治区经济委员会（自治区中小企业局）的职责划给自治区工业和信息化委员会。原自治区信息产业局的职责划给自治区工业和信息化委员会。自治区工业和信息化委员会增挂自治区中小企业局牌子和广西壮族自治区乡镇企业局牌子。广西壮族自治区乡镇企业培训中心归为自治区工信委直属二层机构。

培训中心现有干部职工 10 人（在职 10 人、退休 9 人）。其中具有研究生学历 2 人、大学本科学历

3人、大专学历4人及高中学历1人；高级职称1人、中级职称5人及高级技工职称1人；教师相关专业有法学、机械制茶、食品工程、电子声像、工业自动化、电子商务及计算机应用等，并且具有丰富的教学经验和专业的管理能力。

二十多年来，该中心主要开办了水泥标准、化学检验，砖瓦生产技术、建筑系列工程职称、企业领导骨干，贫困地区乡、镇、村企业骨干，政策法规、产业政策、烟花爆竹、企业经营管理、安全生产、职业健康、环保、食品检验、WTO、农产品加工、企业创新、信息化管理等培训班，旨在努力提高主管部门领导和企业厂长、管理人员的法律意识，社会责任感、办公业务素质、经营管理能力及技术创新能力，并使中小企业从业人员充分认识和努力发挥自身经营灵活、转型负担少的优势，促进企业转型升级，创造更多的经济效益和社会效益。该中心2014年举办各种培训班30期，为各市、县乡镇企业主管部门和企业培训领导干部、管理人员及特种作业员工逾2000人。

广西壮族自治区乡镇企业培训中心地址：广西南宁市星湖路43号

邮　　编：530022

联系电话：0771－5854739。

广西壮族自治区乡镇企业建材产品质量监督检验站

一、组织机构

广西壮族自治区建材产品质量监督检验站（简称：建材站，下同）是根据广西壮族自治区人民政府桂编〔2000〕76号批准成立的事业单位。广西乡镇企业建材产品质量监督检验站（简称：乡镇建材站，下同）是根据广西壮族自治区编制委员会桂编〔1987〕71号批准成立的事业单位。两站都是经过广西壮族自治区质量技术监督局资质认定授权的省级建材产品质量监督检验机构。

建材站同时是中国合格评定国家认可委员会认可实验室、广西出入境检验检疫局认可分包实验室、全国工业产品生产许可证办公室批准的水泥产品生产许可证检验机构。

建材站的前身是广西建材产品检测中心，于1982年在广西建筑科学研究所内成立。1984年9月，根据桂编〔1984〕99号文件，建材站随广西建筑材料科学研究设计所从广西建筑科学研究所分出。于1989年12月通过广西技术监督局和广西建筑材料工业局共同审查认可，更名为广西技术监督局建材产品质量监督检验站。2000年12月通过省级法定质检机构换证审查，获得继续授权，开始使用广西壮族自治区质量技术监督局建材产品质量监督检验站的名称。2004年2月，广西质量技术监督局桂质监发〔2004〕27号文，将上述名称更名为广西壮族自治区建材产品质量监督检验站。

乡镇建材站成立于1987年3月31日。依据广西质量技术监督局1993年桂监字（1993）第121号，乡镇站曾经以广西壮族自治区建材产品质量监督检验二站的名义开展检验业务工作。2007年4月28日，广西质量技术监督局桂质监发〔2007〕78号，将上述名称更名为广西乡镇企业建材产品质量监督检验站。

2006年8月10日，广西壮族自治区经济委员会以桂经人事〔2006〕311、312号文件，将建材站和乡镇建材站合并运作，两站同一个领导班子。2013年2月26日，广西壮族自治区机构编制委员会桂编〔2013〕80号文件调整机构，本站是广西壮族自治区工业和信息化委员会管理的相当正处级财政全额拨款事业单位，广西乡镇企业建材产品质量监督检验站事业机构及人员编制并入广西壮族自治区建材产品质量监督检验站，在广西壮族自治区建材产品质量监督检验站增挂广西乡镇企业建材产品质量监督检验站牌子。

本单位申明，除了必须以乡镇建材站名义开展业务和出具检测报告外，都以建材站的名义运行管理体系和出具检测报告。

二、职责任务

承担全区建材产品质量监督检验及建材生产企业的节能环保检测的技术性和事务性工作。

三、质量方针

诚实守信，科学规范，客观公正，开拓创新。

具体的含义就是坚持诚实守信的职业道德，以科学的态度严格执行标准及规范，实事求是、客观、公正地为客户提供满意服务，牢固树立创新理念，不断开拓社会及客户需求的新的检测项目。

四、人力资源

本单位共有人员37人。其中技术人员35人，高级工1人。技术人员中高级工程师8人，工程师14人，经济师1人，会计师2人，馆员1人，助理工程师9人。

五、场所及设施、设备的配备情况

办公和检验场所：

广西南宁市星湖路南二里6号，广西南宁市星湖路43号。

本单位在广西南宁市星湖路南二里6号与广西建筑材料科研设计院共处一栋大楼，本单位使用相对独立的该楼的地下室、一楼、二楼、三楼、2栋3单元1楼33号房共计1715 m^2 的办公和检验场地。在广西南宁市星湖路43号使用办公楼的地下室、三楼、十三楼及办公楼附属场地等共计733 m^2 的办公和检验场地，两处场地面积合计2448 m^2。

本单位配备有建材产品质量检验的各种先进精良仪器设备500多台（套）。固定资产1800多万元。

六、业务范围

检测（验）产品及项目包括：水泥、水泥熟料、水泥包装袋、水泥助磨剂、黏土、煤、掺合料、石灰、墙体材料、建材产品能耗测试、瓦、路面砖、陶瓷砖、卫生陶瓷、石材、钢材、混凝土管、井盖、集料、混凝土、砂浆、建筑节能保温材料、土工、建筑涂料、建筑防水卷材、管材管件、室内空气质量、水和废水、环境空气和废气、噪声与振动以及其他新型建材产品。

七、检验（测）技术及科研成果

本站经过二十多年的建设与发展，已形成技术力量雄厚、检测设备先进，具有检测和提高产品质量开发科研能力的建材专业质检站。经广西质量技术监督局计量认证和授权认可，是中国合格评定国家认可委员会（CNAS）认可的检测实验室和广西出入境检验检疫局认可的分包实验室，出具的检验报告得到中国及与其签署多边互认协议的国家和地区的承认。本站水泥品质指标检验水平位居全国前列，多次获全国品质指标检验大对比特等奖。本站还注重检测、科研与服务相结合，为建材企业提供提高产品质量、降低能耗技术服务，主持或参与了“研制水泥分散剂”“用高新检测技术装备中小水泥企业实现增产、高质、降耗、减排”“广西建筑主体材料放射性调查与研究”等科研项目，其中“研制水泥分散剂”项目获广西科技进步二等奖。本站建筑材料放射性核素检测使用了美国 CANBERRA 生产的 GC 3018 高纯锗 γ 谱仪，检测精度位居广西领先水平。在广西率先开展窑炉热平衡测试项目，填补了广西空白，该项目处于全国先进水平。由我站主编的广西工程建设地方标准 DBJ45/011 - 2012《烧结砖单位产品能耗限额标准》经广西壮族自治区住房和城乡建设厅批准并公告（桂建标〔2013〕12 号）已于 2013 年 3 月 30 日发布，2013 年 4 月 30 日实施。该标准是在本站对广西众多烧结砖企业能耗监测的基础上，参考了国家有关标准和其他省市地方标准，经广泛征求意见，反复修改完善后制定完成的，是符合广西实际的烧结砖能耗限额标准，对推动广西节能减排有重大意义。2013 年本站作为参编单位，参加国家标准《烧结墙体屋面材料单位产品能源消耗限额》的制定，该项目正在实施过程中。

八、相关资质情况

（1）中国合格评定国家认可委员会 证书编号：No. L0249；

（2）广西质量技术监督局资质认定计量认证，证书编号：2012 201643 Z；

（3）广西质量技术监督局资质认定授权认可，证书编号：（2012）（桂）质监认字 023 号；

（4）广西质量技术监督局资质认定计量认证，证书编号：2012 201642 Z（乡镇建材站）；

（5）广西质量技术监督局资质认定授权认可，证书编号：（2012）（桂）质监认字 022 号（乡镇建材站）；

（6）广西出入境检验检疫局认可分包实验室，证书编号：GLAC01/14；

（7）广西建设厅建设工程质量检测机构，证书编号：桂建检字第 4501239 号；

（8）全国工业产品生产许可证办公室批准的水泥产品生产许可证检验机构；

（9）国家普通硅酸盐水泥标准样品的定值单位。

（注：上列资质除标明外，其余均为建材站。）

质检站地址：广西南宁市星湖路南二里 6 号，
广西南宁市星湖路 43 号

邮政编码：530022

电话（传真）：0771 - 5314042（站长室）
0771 - 5332188（业务室）

电子邮箱：gxjczjz@163.com

广西壮族自治区通用机械产品质量监督检测站

该站是广西壮族自治区工业和信息化委员会管理的全额拨款事业单位（桂经人事〔2004〕126 号文），是通用机械产品质量监督检验机构，宗旨是为通用机械产品质量安全提供监督检验保障服务并为客户提供科学、公正、可靠数据检验报告，业务范围是为客户对通用机械产品质量进行几何量检测、材料性能检测、无损探伤检测、整机检测。

联系方式：

电　　话：0771 - 3307196

传　　真：0771 - 3307196

Email：gxtjzjz@126.com

地　　址：广西南宁市北湖北路 22 号

广西包装食品塑料机械产品质量监督检验站

广西包装食品塑料机械产品质量监督检测站正式挂牌成立于 1988 年 12 月。1991 年 10 月通过广西质量技术监督局计量认证。2013 年 10 月，通过广西质量技术监督局资质认定计量认证/授权复评审。本站是一个依法设立的法定质量监督检验机构，将依照法律、法规的规定和政府的授权，独立承担第三方公正检验任务。本站为包装、食品、塑料机械产品提供质量监督检验保障服务，授权负责全区包装机械、食品机械、塑料机械、农副产品加工机械、现代农业装备等机械产品质量监督检验任务。

地　　址：南宁市大学东路 170 号广西农业机械研究院内东楼五楼

联系电话：0771 - 2273011

广西壮族自治区汽车内燃机质量监督检验站

广西壮族自治区汽车内燃机质量监督检验站，主要从事汽车、内燃机、低速货车、拖拉机、工程机械、建筑机械、柴油发电机组、摩托车等产品及其零部件的质量监督检验、质量技术仲裁、内燃机生产许可证检验等业务，是自治区直属事业单位。

地址：广西壮族自治区柳州市柳南区河西路 18 号

电话：0772 - 3839230
0772 - 3839230 - 2847

广西壮族自治区水力机械质量监督检验站

广西壮族自治区水力机械质量监督检验站位于广西壮族自治区风景秀美的工业城市——柳州市，是一个依法设立的法定质量监督检验机构。取得了中国合格评定国家认可委员会实验室认可证书、广西壮族自治区质量技术监督局计量认证和资质认定授权证书。

该站占地面积 1545 m^2，检测区面积：447 m^2，拥有检测仪器设备 246 台（套）。以离心泵、杂质泵、混流泵、轴流泵、旋涡泵、潜水泵、内燃机冷却水泵等泵类产品、微型水力发电机组、阀门、涂塑软管、消防水带等产品的检验为主。承接指令性或授权产品的各种检验任务，接受科技成果行政主管部门的委托对新产品进行鉴定检验，参与国家标准、行业标准、地方标准、企业标准的制定、审核和修订工作，研究开发新的检验标准、检验方法和检验仪器设备，开展质量与检验技术方面的技术咨询服务，定期向上级质量技术监督部门和企业主管部门反映被检企业的质量状况，为客户出具客观、公正、准确的检验报告。

该站将秉承“独立公正、科学准确、管理高效、客户满意”的质量方针，为客户提供高效、优质、权威的服务。

单位地址：柳州市箭盘路东一巷 12 号
联系电话：0772－2619214
传　　真：0772－2619214
邮　　箱：gxslzjz88@163.com

广西壮族自治区冶金产品质量监督检验站

该站成立于 1981 年 8 月 20 日，初始站名为“广西壮族自治区标准局冶金产品检测中心站”，挂靠广西冶金研究所（院），2004 年 1 月站院分离，成为独立法人事业单位，隶属于广西壮族自治区工业和信息化委员会。

广西壮族自治区冶金产品质量监督检验站是广西壮族自治区质量技术监督局依法授权的省级冶金（含有色金属）行业产品质量监督检验技术机构，也是广西科学技术厅授权的广西科技成果检测鉴定单位、广西壮族自治区出入境检验检疫局社会分包实验室、广西壮族自治区交通厅船舶检验局授权的合格检验单位，具备广西壮族自治区国土资源厅授予的地质勘查乙级实验测试（岩矿测试）资质。

广西壮族自治区冶金产品质量监督检验站于 1989 年 11 月首次通过广西壮族自治区质量技术监督局组织的计量认证/审查认可评审，之后连续通过广西壮族自治区质量技术监督局组织的实验室资质认定计量认证/授权复查评审，具有化学、机械、无损检测 3 大类、164 个产品、586 个参数的省级实验室资质认定计量认证证书和授权证书。2009 年 2 月，广西壮族自治区冶金产品质量监督检验站通过中国合格评定国家认可委员会（CNAS）检测实验室认可评审，成为国际互认检验机构，获得认可证书及岩石与矿物、金属与合金等 7 个检测领域、111 类产品的检测项目授权。主要检验领域：金属矿、非金属矿、金属材料冶炼及压延产品、冶金辅料、耐火材料、化工产品等。

广西壮族自治区冶金产品质量监督检验站仪器设备齐全，技术力量雄厚，多次出色地完成了上级下达的冶金产品质量监督抽查、质量调研和检验任务；为公安、检察、法院、检验检疫局、工信委、科技厅等政府部门和社会各界提供了公正、科学的产品仲裁检验、鉴定验收和委托检验服务，取得了较好的社会效益。曾主持起草锰矿石、锡精矿、高纯氧化铟、高纯氢氧化铟、废铟料等 20 多项国家标准，参与起草或修订铝土矿、铁矿石、锑锭、高纯氧化钪等国家（或行业）标准 10 多项，荣获广西科技进步二等奖 1 项（2010 年）、中国有色金属工业科技进步二等奖 1 项（2010 年）、广西科技进步三等奖 3 项（1993 年、1997 年、1999 年）、中国有色金属工业科技进步三等奖 1 项（2003 年）。

联系电话：0771－5626560
联系传真：0771－5653360
联系地址：广西壮族自治区南宁市长堽路 40 号

广西壮族自治区化工产品质量监督检验站

广西壮族自治区化工产品质量监督检验站，业务活动范围有：化工产品监督。本单位是国有企业，公司秉承“顾客至上，锐意进取”的经营理念，坚持“客户第一”的原则为广大客户提供优质的服务。

联 系 人：廖元荣
电　　话：0771－3315054、0771－331737
手　　机：3315054
Email：3315054@hotmail.com
网　　址：http：//1723037.1024sj.com/
地　　址：广西壮族自治区南宁市西乡塘区望州路北二里 7 号
邮　　编：530001

广西壮族自治区化工环保监测站

广西壮族自治区化工环保监测站是广西壮族自治区工业和信息化委员会直属事业单位，具有独立的事业单位法人地位，是广西壮族自治区质量技术监督局授权的产品质量检验机构。

内设综合室、业务室、监测室等 3 个部门。

服务方向：

为政府部门、受监测单位及社会客户提供科学、公正、有效的环境监测数据资料。负责石化系统的环保、环境监测；化工重点污染企业定期监测；进行环保监测及环保治理方法研究等。同时，还进行

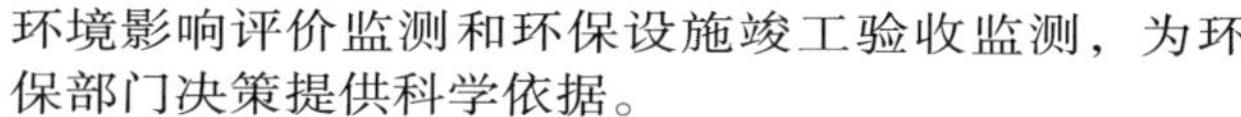

环境影响评价监测和环保设施竣工验收监测，为环保部门决策提供科学依据。

广西化工环保监测站综合室电话：0771－3331730

广西壮族自治区轻工产品质量监督检验站

广西轻工产品质量监督检验站1980年10月16日经广西标准局、广西轻工业厅联合以桂标字〔1980〕017号，［80］轻科字87号文批准成立，是全额拨款的事业法人单位，2000年12月18日本站经广西事业单位登记管理局发证为独立法人，更名为广西壮族自治区轻工产品质量监督检验站，隶属广西工业和信息化委员会领导，有独立账户和独立核算，经济来源属财政拨款。是广西最早成立的省（自治区）级检验站，首批通过广西质量技术监督局审查认可及计量认证，并于2011年5月通过国家实验室认可。本站具有独立开展产品质量检验业务的权利，所提供的检验数据及结论具有法律效力，对所有客户均一视同仁并提供优良服务。

服务方向：

承担授权产（商）品的各种检验；受有关部门委托对实行认证、生产许可证的产品进行质量检验及产（商）品质量争议仲裁检验；承担企业新产品鉴定检验；申办营业执照产品质量检验；标准制、修订工作中的验证检验及其他委托检验。

广西轻工产品质量监督检验站办公室

电　　话：0771－4921832、0771－4916069

网　　址：http：//nanning037754.11467.com

单位地址：亭洪路33号

邮政编码：530031

广西壮族自治区纺织产品质量监督检验站

一、机构概况

广西壮族自治区纺织产品质量监督检验站建于1981年，是广西首批成立的省级产品质量监督检验站之一。本站自1988年起通过了广西质量技术监督局的计量认证和审查认可，获得了广西质量技术监督局的授权，对社会开展各类纺织产品委托检验，是具有独立法人资格全额拨款的事业单位，位于南宁市亭洪路43号，现直属广西壮族自治区工业和信息化委员会管理。本站作为独立设置的产品质量监督检验机构，经广西质量技术监督局和广西科学技术厅授权，依法开展纺织产品检验、纺织仪器检定/校准、纺织科技成果鉴定等第三方检测业务。

二、服务信息

授权检测范围包括：以棉、毛、丝、麻、化纤为原料的各种纱线、机织物、针织物、印染织物、服装、复制品、非织造布、蓬盖布、特种工业用布、绳线带、过滤布、帘子布等，涵盖服用、装饰用、产业用三大类纺织品。站内设有计量检定机构“广西纺织计量站”，建立了纺织仪器计量标准十项，可开展20多种纺织仪器设备检定/校准计量工作。

广西壮族自治区纺织产品质量监督检验站办公室电话：0771－2240778。

广西壮族自治区电子产品监督检验所

一、机构概况

广西壮族自治区电子产品监督检验所是广西壮族自治区工业和信息化委员会直属事业单位，是具有独立法人的第三方电子信息产品监督检验机构，是全国电子信息产品质量监督检验系统成员单位，是广西唯一具有“涉密信息系统测评”资质的检测机构。内设有办公室、检测中心、网络测试中心、智能化检测中心、业务技术室。

二、服务信息

经授权对外开展业务有：信息系统安全等级保护测评；信息安全风险评估；信息网络系统、通信网络系统、综合布线系统、计算机房系统、安全防范系统、视频监控系统、有线电视、公共广播系统检测；智能建筑工程验收测验；计算机软、硬件产品检测；电子信息应用产品、广播电视产品、日用电子器具、电子医疗器械、电子元器件检验；声级计、声校准器计量检定；电子信息产品科研成果检测鉴定等。

广西壮族自治区电子产品监督检验所办公室电话：0771－2343152。

武汉市中小企业服务中心

武汉市中小企业服务中心（以下简称“中心”）是武汉市经济和信息化委员会直属的公益性事业单位。为中小企业提供融资撮合、管理咨询、上市辅导、技术推广、产业对接、创业帮扶、市场引导、法律维权、人才培育和财税代理等方面的服务。

作为公益性服务机构，引领182家社会化专业服务机构结成中小企业服务联盟，共同为企业提供服务，具有较强的服务资源整合力、公信力和号召力。

武汉市中小企业服务中心是“国家银河培训工程武汉培训机构”“全国重点支持的创业服务机构”；被湖北省经济和信息化委员会认定为“中小企业服务体系建设示范单位”，被中国中小企业协会评选为“中国中小企业创新服务先进机构”；是APEC中小企业服务联盟中国委员会副主任单位、全国中小企业服务联盟副秘书长单位。

由我“中心”建设运管的武汉中小企业公共服务平台，被国家工信部授予首批“国家中小企业公共服务示范平台”称号。

电话：027－85316789

网址：www.whsme.net.cn

贵州省经济和信息化委员会
中小企业发展促进中心

一、单位简介

贵州省经济和信息化委员会中小企业发展促进中心（贵州省技术创新服务中心）（以下简称“中心”）是贵州省经济和信息化委员会直属县团级事业单位，二类公益性科技服务机构。

“中心”的前身为成立于1984年的贵州省新技术交流推广站和成立于1986年的贵州省经贸委经济技术市场发展中心。2010年，根据工作需要，经贵州省编办批准更名为贵州省经济和信息化委员会中小企业发展促进中心。2011年加挂贵州省技术创新服务中心。2013年，我“中心”被贵州省中小企业局（民营经济发展局）批准为“贵州省中小企业公共服务示范平台”，2014年，被工业和信息化部批准为“国家中小企业公共服务示范平台”。

目前，“中心”经过30多年的发展，已具有较强的经济技术服务能力和丰富的服务资源。自有6000平方米的办公场地，拥有省内一流的服务设施和服务队伍，服务流程规范，知名度较高。常年为企业提供技术创新、质量管理、品牌建设咨询、信息、技术培训、组织对外考察学习交流、开拓市场、知识产权保护、科技成果转化等服务。每年服务中小企业1000家以上，提供各类服务达2000次以上。

“中心”目前还拥有4个技术创新示范基地，主要从事信息化、新材料、软包装、节能技术、原生态绿茶的研究开发，成果转化和产业化服务。

二、主要职能

根据贵州省编办［2010］177号《关于贵州省经贸委经济技术市场发展中心更名等事项的批复》；贵州省编办发［2011］378号《关于省经济和信息化委员会中小企业发展促进中心加挂牌子等事项的批复》。中心主要为全省中小企业提供技术创新等公共服务；提供开拓国内外市场服务；开展新产品开发、科技成果转化与融资、技术交流与推广、技术培训与信息化建设等工作；参与产学研的协调服务工作。

三、部门设置

办公室：负责人事、行政、财务、后勤等日常工作。

市场科：负责新技术推广；企业技术咨询；科技成果转化；市场开拓等相关服务。

培训科：负责企业培训、管理咨询、组织企业对外考察交流。

信息科：负责企业信息化咨询、建设等工作。

四、联系方式

地　　址：贵州省贵阳市中华北路181号

邮　　编：550004

联系电话：0851－86834029、86822884

网　　址：http：//www. jxwzxzx. com

贵州省中小企业服务中心

贵州省中小企业服务中心在贵州省中小企业局指导下，于2007年7月经省民政厅批准注册成立的民办非企业法人。为中小企业提供各类服务的社会性、综合性的非营利性服务机构，是全省中小企业社会化服务体系的核心机构。

基本职能：向政府有关部门反映中小企业情况，配合政府有关部门落实中小企业扶持政策，维护中小企业合法权益，为中小企业的创立、生存和发展提供全面的社会化服务，组织带动各类社会服务机构为中小企业提供优质服务。

中心自成立以来，以推进中小企业成长为己任，积极履行“研究企业需求，整合社会资源，构建服务平台，优化发展环境”的工作职能，构建强实的综合服务平台。针对企业的需求和我省省情，联结社会资源，在各级政府和有关方面的大力支持和通力合作下，为中小企业提供政务服务、信息服务、管理咨询、创业辅导、投融资服务、技术服务、人员培训、展览展会、法律服务、市场拓展等近20种服务内容，为民众创业和中小企业成长提供了大量富有成效的服务工作。

中心现有服务场所面积5000多平方米，拥有15个服务机构和平台包括中国中小企业贵州网、两赛一会官方网站、贵州中小企业总部基地、“96968”中小企业服务呼叫中心、贵州省中小企业公共服务平台网络、贵州省中小企业发展促进会、黔贷通－政银企担一体化网络融资服务平台、乾贷网P2B互联网金融平台、融资岛—互联网＋金融综合服务O2O平台、法务通－移动网络法律服务平台等。2011年中心获得国家工信部认定的首批“国家中小企业公共服务示范平台”称号，同年由中心负责运营的“中国中小企业信息网贵州网”被省政府授予贵州省民营经济“十佳优秀服务机构”，2014年中心被省政府授予“贵州省民营经济优质服务奖”。

中心已成为服务功能完善、特色鲜明、运营规范、方便快捷、具有社会影响力的综合性中小企业公共服务示范平台，为全省中小企业提供找得着、用得起、有保证的服务。

联系电话：0851－85555010

地　　址：贵州省贵阳市南明区都司路100号安厦大厦裙楼5楼

网　　址：http：//www. smegz. gov. cn/

西藏自治区中小微企业（民营企业）
发展服务中心

西藏中小微企业（民营企业）发展服务中心经自治区民政厅批准，于2013年9月注册，直属西藏自治区工业和信息化厅，是面向中小微企业提供综合性专业服务的民办非企业法人机构。其业务范围包括：宣传国家非公有制经济（中小企业）法律、法规及政策；向政府部门反映非公有制经济（中小企业）的情况，维护非公有制经济（中小企业）的合法权益；协助政府有关部门落实非公有制经济（中小企业）的扶持政策；整合社会资源，构建非公有制经济（中小企业）服务体系；开展创业辅导、融资担保、技术支持、管理咨询、信息服务、市场开拓、人才培训、法律援助等社会化服务；组织非公有制经济组织（中小企业）开展经济技术合作与交流，促进先进技术的推广应用，帮助中小企业拓展国内外市场；建设、管理、营运西藏中小企业信息网站；承办主管部门交办的其他事项。业务上受自治区工信厅中小企业处的管理和指导。

联系电话：0891－6198880

邮　　箱：xzgxzxqyc@163.com

陕西省中小企业服务中心

陕西省中小企业服务中心是陕西省中小企业促进局下属单位，是为我省中小企业提供综合性服务的机构，成立于2002年12月，以“搭建政企桥梁，整合社会资源，创新发展平台，服务中小企业”为服务宗旨。其主要职能是：配合政府有关部门落实中小企业扶持政策，依法维护中小企业合法权益，同时为政府部门产业政策决策提供基础调研辅助服务；为中小企业提供项目申报咨询、融资服务、业务辅导、管理咨询、信用管理、信息服务、公益性人才培训、达标认证、法律援助、市场开发、技术产品展示、国内外合作交流服务。管理运营面积为6150平方米的省级中小企业服务平台，目前正在筹建陕西省中小企业产品技术展示中心。2010年通过了ISO9000体系认证，2009年被评选为全国中小企业服务联盟副主任单位。

单位地址：西安市长安北路1号会展国际大厦2606、2607、2608室

邮编：710061

电话：029－85201091－8031
029－87435118

传真：029－87435118

陕西省中小企业协会

陕西省中小企业协会是在省民政厅正式登记注册的社团法人，协会成立于2002年6月。

陕西省中小企业协会是陕西省中小企业、企业经营者自愿组成的全省性、综合性、服务性的社会团体。协会的宗旨是“会员至上、服务第一”，以促进中小企业健康发展为中心，在进行行业自律和管理的同时，围绕提升中小企业竞争能力和自主创新能力、提高经营管理水平、维护中小企业和企业家合法权益、反映中小企业建议和要求，开展各项配套服务。

陕西省中小企业协会共设立综合部、咨询部、融资部、培训部、信息部、会员部等六大部门，为中小企业提供创业辅导、企业诊断、管理咨询、投资融资、技术支持、企业信息化、人员培训、人才引进、对外合作、展览展销和法律援助等服务。

单位地址：西安市长安北路一号会展国际大厦2707室

电话：029－85201091－8070
029－85201876

传真：029－85201876

电子邮箱：sxzxqyxh@126.com

陕西省创业促进会

陕西省创业促进会是全省创业公共服务平台，是由省政府主要领导倡导，省民政厅批准，省中小企业促进局主管，省财政厅等13个厅局支持，我省知名企业和企业家共同发起组建的具有独立法人资格、非营利性的公益社团组织。

陕西省创业促进会是旨在扶持创业者成功创业的公共创业服务机构，通过为准备创业者提供创业训练，为初始创业者提供启动资金，为成长型中小企业提供融资支持，为创业者提供企业家创业导师辅导，引导创业者进入商业网络，扶持成长型中小企业做大做强，对接龙头企业制定集群创业扶持计划带动创业者集群创业，构建从选择创业者、培训创业者、启动创业项目、扶持成长型中小企业和集群创业等一套我省阶梯扶持创业的模式和标准。

平台位置：平台2703室

单位地址：西安市环城南路西段18号，金花豪生国际大酒店2楼

电　　话：029－85201091－8048
029－88422127

传　　真：029－88422722

邮　　箱：bpas001@126.com

网　　址：www.bpas.org.cn

陕西贝易达现代科技有限公司

陕西贝易达现代科技有限公司成立于2007年，是一家致力于为中小企业提供电子商务、软件开发、IT应用以及企业资讯服务的高新技术企业。

公司致力于打造中小企业电子商务公共服务示范平台，利用现代信息科技手段帮助中小企业实现高效运营，快速发展。目前已经形成集信息、信用、金融、会展、科技成果转化、物流、交易为一体、融贝易达“陕西模式”和共性衍生项目为两翼的区域型电子商务综合服务平台体系，旗下网站有“陕西中小企业商务网”“融资超市”“软件超市”“乐购陕西”等。

地　　址：西安市长安北路1号会展国际大厦2705室

邮　　编：710061
电子邮箱：sxbyd@ smesw. com
电　　话：029 －85201091 －8049
029 －88227766 88332007
传　　真：029 －88319848

陕西中小在线信息服务有限公司

陕西中小在线信息服务有限公司成立于2004 年9 月，为贯彻落实国家发改委（发改办企业〔2004〕830 号、〔2004〕1465 号）文件精神，在省委、省政府指导下公司负责运营的中国中小企业陕西网（www. smeshx. gov. cn）于2005 年5 月18 日正式开通，网站由陕西省中小企业促进局主办，作为我省中小企业综合信息服务平台，网站自开通以来以助力中小企业可持续健康成长为使命，遵循“政府支持、资源整合、资讯领先、服务制胜”的理念，为我省中小企业提供及时、高质量的综合信息服务。目前，网站已形成覆盖全省78% 的省—市—县三级架构的中小企业综合服务平台网络，是陕西省访问量最大、最专业的中小企业门户网站。

公司地址：西安市长安北路1 号会展国际大厦2701、2702 室
电　　话：85201091 －8046
400 －6017 －518
邮　　箱：info@ smeshx. gov. cn

陕西省中小企业信用担保有限公司

陕西省中小企业信用担保有限公司隶属于陕西金融控股集团有限公司，是陕西省内成立最早、唯一面向全省中小企业提供融资担保的国有控股担保公司。

公司坚持“政府引导，企业参与，规范化经营，市场化运作”的指导思想，秉持服务全省中小企业宗旨，坚持稳健、高效、务实、创新的经营理念，与省内数十家金融机构合作开展了担保业务，有效地解决了我省部分中小企业融资难的问题。公司先后荣获陕西省信用协会评选的“陕西省信用建设先进单位”荣誉称号，西安市经济委员会颁发的“西安市中小企业特约服务机构”奖牌等诸多荣誉。

公司地址：西安市北二环西段金泰财富中心B座1801 室
电　　话：029 －85201091 －8076
029 －8162 9433 / 6861 2288 / 6861 2299
传　　真：86 +029 +6893 2669
邮　　箱：sgtbrand@ 163. com
网　　站：http：//www. sgtbrand. com

陕西彼岸企业管理咨询有限公司

陕西彼岸企业管理咨询有限公司是一家专业的企业人员培训机构，公司成立于2005 年，至今已有7 年的历史，先后为我省数千家中小企业，近十万人次实施了培训，受到了客户的一致好评。公司通过整合社会上具有竞争力的讲师资源，现已形成了一支专业的师资团队，服务于企业因战略决策、企业经营管理方法和企业员工素质滞后造成发展困境的各中小企业。

7 年的时间里彼岸已成为陕西省杰出的人员培训公司之一，依靠科学先进的管理工具引导企业铸造强大的创新能力；使企业经营管理人员掌握科学的管理方法；协助企业培养符合其战略思想的员工队伍；使企业实现可持续发展。

地　　址：西安市长安北路一号国际会展大厦2807B 室
邮　　编：710061
电　　话：029 －85201091 －8070
029—85200306、86570319
邮　　箱：bi －port@ 126. com

陕西启迪科技园发展有限公司

陕西启迪科技园发展有限公司成立于1998 年，由启迪控股股份有限公司、西安蓝溪科技投资控股有限公司、西安清华校友会三家股东共同创建，注册资本16000 万元，主要承担着清华科技园（陕西）西安园区和咸阳园区的开发、经营与管理工作。公司以科技园的开发、经营、管理和服务为主业，以科技投资业务为辅，构成公司业务发展格局，并且拥有一支高素质的经营队伍。

清华科技园（陕西），是以促进医疗器械领域的科技成果转化、高新技术企业孵化和创新创业人才培养为宗旨的科技创业辅导机构，是陕西省人民政府、北京清华科技园发展中心重点支持建设的国家高新技术创业服务中心，是清华大学科技园在中国西部最早的辐射园区和重要的有机组成部分。

清华科技园（陕西）依靠所拥有的丰富的科研优势和人才优势，通过“官、产、学、研、金融、中介、贸、媒”的结合，为中小企业提供代办企业注册、项目融资、技术支持、管理咨询、人才引进、平台搭建等一系列完善的创业辅导服务，以及高新技术项目认定、专利申报、中小企业专项资金及科技部创新基金项目申报等增值服务，营造适宜科技型中小企业创业和发展的优良环境。基于“聚集、聚合、聚焦、聚变”四聚模式，致力成为中国最具创新活力的“科技创新创业环境解决方案提供商”和“科技创新增值服务运营商”。

平台位置：平台28 层06B 室
公司地址：西安高新区科技二路65 号清扬国际

大厦 B 座
电　　话：029 - 85201091 - 8068
029 - 33691687
邮　　箱：zyj@ landsea. net. cn

甘肃省轻工研究院

甘肃省轻工研究院（原甘肃省轻工业科学研究所）始建于 1959 年。是甘肃省最早成立的以轻工、化工研究开发为主的科研院所，2001 年 9 月转制为科技型企业。目前是集科研开发、技术服务、成果转化、工程咨询、工程设计、产品检验、人员培训为一体的应用开发研究单位，是甘肃省重点科研院所。在职职工 93 人，其中高级工程师 20 人，中级职称 28 人；甘肃省农产品加工行业领军人才 2 名，省级学科带头人 1 名；相关农产品加工、食品、发酵、造纸等轻化工行业知名专家 8 名，注册咨询工程师 11 名。内设机构有食品发酵研究室、分离中心、工艺设计室、造纸室、轻工产品质检站、中试车间及华瑞新技术开发公司和行政职能部门。甘肃省特色农产品（食品）加工行业科技创新服务平台、天然产物提取科技创新团队、甘肃省天然产物萃取分离工程技术研究中心，甘肃省农副产品深加工中小企业服务平台都设在我院。具有工程咨询甲级资质、工程设计乙级资质、清洁生产审核资质等。拥有办公、科研、中试车间面积 7500 平方米，拥有超临界 CO_2 萃取设备、亚临界萃取设备、分子蒸馏设备、液相色谱仪、气相色谱仪、生化培养箱等天然产物提取、食品发酵、精细化工、产品检测等试验和中试科研仪器设备 400 多台套。可开展天然产物的提取分离、农副产品加工、食品、发酵、造纸、日化、香精香料等轻工行业的科研及新产品开发、成果转化、技术推广、工程咨询、工程设计、技术服务、产品检测等工作。是西北民族大学、甘肃农业大学、兰州理工大学研究生和大学生联合培养及实习基地。

对外联系方式及网址：
联系电话：0931 - 81265110931 - 8126510
网　　址：http：//www. gsqgyjy. com/

甘肃省科学院生物研究所

甘肃省科学院生物研究所成立于 1978 年，是以生物资源的生物技术研究开发与可持续利用研究和成果转化为主，为地方经济和社会发展提供科技支撑和技术服务的应用型省属重点科研院所。拥有甘肃省微生物资源开发利用重点实验室、甘肃省工业微生物工程技术研究中心、甘肃省生物催化与生物转化工程实验室、甘肃省工业生物技术产业行业技术中心、中国工业微生物菌种保藏管理中心甘肃分中心、国家中小企业公共服务示范平台等重要科研平台，也是省内外部分企业的兰州技术研发中心依托单位，部分高校的人才联合培养基地。我所依托以上优质研发平台、一个工程咨询中心（具有农业和轻工领域咨询资质）和占地 30 多亩的中试试验基地，开展面向国内外经济社会层面的应用基础研究和成果转化，以及面向企业的技术及产品中试、产品研发、工业设计、工程设计、产品检验检测、技术及检测人员培训等技术服务。

服务行业包括农林牧、医药、轻工食品、环保等，服务领域涉及生物医药、循环经济、生态环境、生物质能源等。全所现有科研人员 50 人，平均年龄 38 岁，中、高级以上职称占 61%，有国务院特贴专家、甘肃省领军人才、甘肃省优秀专家、甘肃省省属院所学科带头人、“甘肃青年科技奖”获得者、中科院“西部之光”等各类人才 8 人；博士、硕士占 46%；兼职教授、硕导 4 人，拥有甘肃省首批科技创新团队（工业生物技术研究与应用创新团队）。建所以来共承担完成包括国家自然科学基金、国家科技支撑计划、国家“863”计划等项目和省部级计划项目 130 多项；在国内外各类学术期刊上，共发表学术论文 200 多篇，撰写专著 8 部；申报国家专利 28 项；获得国家技术创新奖 1 项，国家食品科技进步优秀项目奖 2 项，省科技进步奖 15 项。

对外联系方式及网址：
联系电话：0931 - 8613554（传真）
0931 - 8768420（传真）
网　　址：http：//www. gsmsc. cn

甘肃省建材科研设计院

甘肃省建材科研设计院成立于 1976 年，2005 年整体转制为国有独资科技型企业，现隶属甘肃省工业和信息化委员会。院有各类职工近 200 人，其中：正高级工程师 5 人，高级工程师 25 人，省委省政府专家顾问团顾问 1 名，甘肃省领军人才 3 名，兰州市领军人才 1 名，国家专业技术执业资格注册人员 50 人（次）。主要从事建筑、建材行业的新材料研究开发、工程设计、工程咨询、工程监理、建材产品质量监督检验、科研成果产业化、节能环保工程总承包等工作。现拥有建筑工程设计、建材工程设计、建材工程咨询、建筑和冶炼工程监理、建筑材料检验检测认证等 7 个甲级资质和国家中小企业公共服务示范平台、国家工信部工业产品质量控制和技术评价实验室、甘肃省节能墙体屋面材料重点实验室、甘肃省建筑材料标准化委员会等 20 个技术创新服务机构与平台。在绿色建筑、新型建筑材料、建筑节能、太阳能热利用、工业项目节能减排、固体废弃物资源综合利用等方面的研究开发能力居全国先进水平，是国家太阳能光热产业技术创新战略联盟的副理事长单位。

对外联系方式及网址：
联系电话：0931 - 46874210931 - 4680740
网　　址：http：//www. gssjcy. com

兰州鑫标管理咨询有限公司

兰州鑫标管理咨询有限公司始创于2001年，是西北地区最具规模和实力的综合管理咨询及服务公司，公司业务开展立足甘肃辐射西北，秉承“承担社会责任、提升企业管理、推进西北地区发展”的宗旨为企业提供优质、专业化服务，经过15年的不懈努力，公司规模不断发展，业务范围逐步拓展，服务质量不断提高，目前服务企业1000多家，获得了业界同仁和顾客以及政府主管部门的广泛认可及好评，并获得了多项荣誉证书，营造了西北咨询行业的良好影响和信誉。

公司主要开展业务包括管理咨询、认证咨询、企业培训、工程项目评价、信息技术、服务代理，是首批取得国家专业咨询机构资质和甘肃省首家批准的能源评价的公司，公司注册资本金500万元，拥有1700多平方米自有办公场所，专兼职人员150多名，其中咨询师35名，培训师18名，评价师12名，并取得国家工信部专家库咨询专家资格人员2名，注册咨询工程师5名，并且与国内多家管理咨询、培训、信息技术服务机构建立了合作关系。公司凭借15年的专业服务实践，潜心研究企业经营管理问题，总结了一套科学企业管理咨询方法，能够系统、规范、有效地为企业提供个性化管理咨询服务，公司服务覆盖了建筑、勘查、钢铁、化工、电力、制造、食品、运输、服务等多个行业，形成了系统的符合行业特点，实用性强的咨询、培训、评价体系，信息技术依托管理基础进行软件开发及信息化平台建设，充分体现了国家“工业化和信息化融合管理体系建设”战略导向。公司通过不断努力，在西北打造了一批具有先进管理理念、较高管理水平、管理成效显著、竞争实力稳固的企业，公司立足为西部企业提供全方位管理咨询服务，为企业发展奠定坚实基础

公司联系方式：

电　　话：0931－8186400　0931－8186401
0931－8186402

网　　站：www. lzxbzx. com

微信公众号：lzxbgs

甘肃新一工程咨询有限公司

甘肃新一工程咨询有限公司成立于2005年，位于“中国旅游标志之都”“中国葡萄酒城”——甘肃省武威市，注册资金609万元，是按照现代企业模式创办的一家专业性工程咨询服务单位，是甘肃省工程咨询协会会员单位。

公司具有发改、工信、城建、财政等资质主管部门审批颁发的工程咨询甲级、工程招标代理乙级、政府采购代理乙级、工程造价乙级、工程监理乙级及节能评估、工程项目管理等资质，并通过ISO9001：2008质量管理体系认证。专业涵盖建筑、市政、水利、农业、移民、轻工、新能源、生态、旅游、公路工程等多种行业。业务涉及投资项目管理、编制发展规划、编制产业规划、政策研究、经济形势研究、编制项目建议书、编制可行性研究报告、项目评估、节能评估、工程概、（预、结）算、招标标底及投标报价的编制、工程造价审查、工程招标代理、政府采购代理、工程监理、环境影响评价、社会稳定风险评估等。为业主的建设项目提供满意的整体解决方案，为业主提供“一站式”全过程策划咨询服务。

公司历经10年发展历程，已聚集了一大批技术精湛、经验丰富，长期从事工程咨询的专家型人才队伍。现有专业技术人员156人，其中：注册咨询工程师23人，注册造价工程师14人，注册招标工程师6人，注册监理工程师15人，注册一级建造师3人，甘肃省省内造价工程师6人，全国造价员23人；有高级工程师22人，中级职称29人，形成了比较雄厚的专业技术力量，建立了以能力和业绩为导向的专家库系统。专家库成员参与公司进行的重大项目的编制，提供项目可行性研究报告、项目建议书、项目资金申请报告等工程咨询服务；参加公司进行的固定资产投资项目的评估和论证，并提出评审意见；参与公司进行的区域经济发展战略、重要发展规划、重大建设项目决策过程中的研究和工程咨询工作，开展学术交流工作。

公司在2014年建立了项目库，项目库以业主为主体、项目为载体、园区为轴线、科学发展观为指导，与国家、省、市、县（区）及园区的各类产业政策和发展规划相衔接，从武威市及各区、县的实际发展状况出发，结合各园区产业功能、发展优势及园区入驻优惠政策，现已经编制入库项目1000多个。逐步形成了项目的筛选、论证、储备、推介、落地、实施“六位一体”的工作机制，基本形成“规划一批、储备一批、建设一批、投产一批”的良性滚动发展态势。

公司成立以来，本着“以人为本，以信立业，用心服务”的经营理念，坚持“以客户满意为中心，品牌经营，服务取胜”的服务理念，遵循“独立、科学、公正”的原则，以“服务业主、回报社会”为宗旨，以“专业化、系列化、规范化”为目标，客观、科学的为政府项目决策服务、为业主工程建设服务、为社会投资领域服务。

近年来，公司累计提供工程咨询服务3150多项，项目总投资1600多亿元，其中争取国家项目资金220.5亿元；项目实施中，为政府及业主节约建设资金18.3亿元，取得了良好的社会效益和经济效益，得到了客户认可，深受社会好评。公司连年获省、市级“守合同重信用企业”；2012年被武威市工信息化委员会认定为“武威市中小企业公共服务示范平台”，2013年被省工信委认定为“甘肃省中小企业公共服务示范平台”，2014年被甘肃省建设工程造价管理协会认定为“甘肃省工程造价咨询企业执业诚信评价优秀企业”。

十年来，公司在改革中谋发展，以质量求生存，

业务领域不断扩大，服务足迹遍布甘肃省二十余个市、县（区）。公司先后在武威市天祝县、民勤县、古浪县，以及庆阳、陇南、白银、兰州、金昌、张掖、嘉峪关等市分别成立了分公司或办事处，极大地促进了公司各项事业的发展。

近年来，公司深入贯彻落实科学发展观，积极顺应国家投资体制改革的要求，主动投身于武威市及甘肃省的工程项目建设。借西部大开发东风，抢抓丝绸之路经济带建设机遇，努力走集团化、集约化之路，以工程咨询、工程造价为抓手，完善工程监理、工程项目管理，做大做强工程招标代理、政府采购，逐步形成“各业并举、多业发展”的“多条腿”跑路新局面。争取在“十三五”时期形成“专业发展有特色、服务能力有提升”的咨询服务企业。在“培育特色、打造品牌、面向市场”方面上一个新台阶，极大地推动公司综合实力跨越式发展。在甘肃省工程咨询行业形成影响大、作用强、实力雄厚的综合咨询服务机构。

公司联系方式：0935－2316831（行政办公室）
0935－6991968（人力资源部）
0935－2316832（业务经营部）

公司网站：http：//www. gansuxinyi. com/index. asp

公司微信公众号：gsxygczx

青海省化工设计研究院有限公司

青海省化工综合技术服务平台，是以青海省化工技术服务建设与发展的社会需求和企业实际需要为出发点，主要开展面向全省的化工技术研究与开发、技术成果转化、化工工程设计、化工咨询、化工项目清洁生产评估、石化企业的安全评价和安全标准化、危险化学品登记、职业卫生检测评价、消防安全评价、化工产品检验检测等技术服务的化工综合服务一体化平台。近年来，通过上述服务形式和服务手段，平台技术服务能力、服务特色和服务品牌得到了全面提升。青海省化工综合技术服务平台现已累计拥有省内化工、石化及生物医药行业技术服务对象600余家。

服务平台现有实验室和技术服务办公面积2000平方米，试验中试基地4000平方米，员工总数105人，其中具有高级职称人数30人（研究员3人，副研研究员3人，高级工程师24人），中级职称人数26人，高级技工10人。持有注册化工工程师、注册咨询工程师、注册安全工程师等各类职业许可证的员工超过40人。多数人员从事专业工作10年以上，积累了丰富的科研与化工技术服务化经验。

服务平台自2014年被国家工业和信息化部同意授予国家中小企业公共服务示范平台称号以来，先后承担完成省级科研和重点技术创新项目5项、取得科研成果2多项，获国家实用新专利2项；完成省内大中小化工企业的工程设计、可行性研究报告、安全评价报告、化工产品检测、职业卫生检测评价等技术服务300余项。2015年实现技术服务主营收入3498万元。

通过技术服务平台为载体、运行服务积累的成功经验为依托，逐步建立起以青海盐湖工业股份有限公司、中信国安科技有限公司为技术服务龙头，辐射周边中小化工企业客户集群的服务体系。力争通过3年建设，使之成为本省科研、化工产品检测、职卫评价检测服务设施、仪器设备最全、化工综合技术服务手段多样、技术服务最全面、客户满意度最高，本省最具竞争力的化工综合技术服务平台。

平台网址：www. qhhgy. com

平台联系人：孙 刚

联系电话：0971－6301115　18697268955

中国科学院西北高原生物研究所

一、研究所概况

中国科学院西北高原生物研究所成立于1962年，是从事青藏高原生物科学研究（包括基础理论、应用基础和应用开发研究）为主的公益性综合研究所。

研究所现有在职人员194人，专业技术人员165人，管理人员17人，在现有专业技术人员中院士1人，研究员34人。2个中科院重点实验室，5个青海省重点实验室，4个野外台站，2个工程中心和1个的分析测试中心，是生物学、生态学一级学科博士后科研流动站，为生态学、生物学一级学科博士培养单位和生态学、动物学、植物学、中药学硕士培养单位。

重点发展青藏高原生态、特色生物资源持续利用和高值生态农牧业领域，解决高寒草地对全球气候变化的响应、高寒草地的健康与生物安全、高原生物适应与进化、藏药现代化、特色生物资源持续与高值利用、高原作物与牧草改良、高原农业资源高效利用和区域可持续发展等方面重大科学问题和关键技术。

二、主要科研成果

1. 三江源与青藏铁路沿线等典型区域生态恢复重建

针对典型生态区功能衰退、生态恶化形势，在三江源区、青藏铁路沿线、祁连山区等地开展了生态保护与恢复重建，创建了植被恢复配套模式6套，研发技术26套，建立了4个恢复试验基地和样板，在国家生态保护工程中推广应用，在青海省“十二五”规划中被采纳。获国家科技进步奖2项，省部级奖5项。咨询报告《三江源区生态保护与可持续发展咨询建议》得到国家领导批示。参与完成的《青藏铁路工程》获国家科技进步特等奖（单位排名16/54）。

2. 引领高原特有畜牧业模式，建成全国唯一生态畜牧业可持续发展实验区

基于农牧耦合理论和生态畜牧业技术集成，建立全国唯一以生态畜牧业为主体的实验区－海南州生态畜牧业可持续发展实验区。集成和应用人工草地建植和牛羊冷季育肥成套技术，完成饲草基地88万亩、育肥出栏164万羊单位，保护天然草场2706

万亩，产值达6.1亿元。科技引领藏区传统畜牧业向生态畜牧业模式转变；高寒牧区人工草地及牛羊育肥技术成果获国家科技进步一等奖1项（个人排名11/16）；生态畜牧业发展模式被青海省“十二五”规划采纳。

3. 解决脆弱生态区资源保护和产业化发展的难题，实现高原特色生物的生态产业化

以保护和恢复青藏高原生态环境为前提，围绕高原浆果资源（白刺、沙棘等）开展可持续利用关键技术及产业化研究，实现了安全和高值利用，开发出60余个产品，50件专利与43项成果得以转化，近3年企业新增产值20亿元，带动农牧民增收4.3亿元，近100万亩天然生态林得到保护。获得国家科技进步二等奖1项，省科技进步一等奖2项，组织成立了“青海省生态经济林浆果资源产业联盟”；推动1家公司上市，基本形成生态产业化和产业生态化格局。

4. 春小麦品种选培由常规育种向分子育种转变，引领区域品种更替

常规与分子育种结合，培育出了实现品种更替的主导品种。重点开展基因发掘、分子标记、转基因技术的研究与应用，构建了常规育种与分子育种并行的研究平台，建成了青海省作物分子育种重点实验室；人工合成了六倍体小麦，建立了8000余份材料组成的麦类作物种质库，育成新品种7个，青海省通过国审的2个品种皆由我所选育；高原448自2004年成为青海省及甘肃天祝、甘南等地区的主导品种，新育成的高原437有望成为新的主导品种。

地　　址：西宁市新宁路23号
联系电话：0971－6143618　13519719519

宁夏回族自治区中小企业综合服务平台

自治区中小企业综合服务平台由宁夏回族自治区中小企业服务中心（宁夏经济管理干部培训中心）承建，该中心成立于1978年，是自治区经信委直属事业单位，是为我区中小企业提供综合服务的国家级公共服务示范平台。多年来，我中心紧紧围绕服务中小企业，促进中小企业发展这个目标，从中小企业的需求出发，着力打造五大服务平台：培训服务示范平台、创业服务平台、融资服务平台、咨询评价服务平台、信息服务平台。

中心一方面大力推进宁夏回族自治区非公有制企业经营管理人才培训工程，涵盖“企业家现代能力升级工程”“非公有制经济领域领军人才培训工程”“中小企业银河、星光培训工程”等政府公益培训项目，另一方面积极整合宁夏企业家学院等社会资源，对我区中小企业经营管理人员进行形式多样的各类管理培训，对小微企业主进行创业培训，针对不同岗位管理人员开展素质能力提升培训，充分发挥培训示范平台的作用，为我区企业人才建设多做贡献。

联 系 人：廖玲
联系电话：18009511559

宁夏回族自治区固原中小企业公共信息服务平台

固原中小企业公共信息服务平台由固原银海科技有限责任公司承建，公司成立于2003年，注册资金518万元，是固原市一家专业的网络科技公司。经过多年的发展，已有办公、技术服务场地1500平方米，设有技术服务、电子商务、软件开发、项目策划、培训咨询、系统集成等业务部门，同时拥有1个培训基地（中小企业及创业人员培训基地）和2个服务中心（电子商务交易服务中心、网络信息服务中心），为中小企业提供创业培训和专业服务。2013年组建特聘博士在内的36人专家团队。包括企业管理、市场营销、信息技术、工农业产品加工、财务管理等专业形成互补。公司团队精诚团结、勇于进取，为做大做强的企业发展目标奠定了坚实的基础。

公司以“管理联合式、运行企业式、建设开放式、资源共享式”的运营机制，以专业的技术服务团队和完善的设备为固原市及周边地区中小企业提供网络信息系统建设、技术培训与咨询、管理软件开发、系统集成、电子商务、物联信息、互联网增值等综合性公共技术服务。公司秉承以用户需求为中心，以优质、用心的服务博得了众多客户的信任和好评，也得到了政府领导的肯定和赞誉，在固原市逐步树立起公司良好品牌，也取得了很好的业绩。固原银海科技公司在提供综合性公共技术服务的同时还建立了完善的售后服务体系，为客户在开展工作中遇到的困难提供有效地帮助。我们置信，经过我们的不断努力和追求，一定可以实现与合作伙伴的互利共赢！

联 系 人：贾来海
联系电话：13895444000
网　　址：http：//www.gyzxqy.com

宁夏青年创业中小企业公共服务平台

宁夏青年创业中小企业公共服务平台由宁夏创业促进会承建，宁夏创业促进会（英文译名为：The Business Association Of Ningxia.）是由宁夏有志创业青年、青年企业家、青年经营管理者、有关企业以及辅助青年创业的人士自愿组成的联合性、非营利性的具有独立法人资格的社会团体。2008年1月15日促进会经自治区民政厅（宁民发［2008］19号）核准成立，业务主管单位是宁夏经济和信息化委员会。2012年由国家工信部授予第二批“国家中小企业公共服务示范平台”。宁夏创业促进会的主要业务是青年创业项目孵化，同时提供“一对一”导师辅导、培训、咨询、专家会诊、项目巡检、企业发展融资、宣传等多元化的创业服务。主要与宁夏中小企业服务中心、宁夏经济管理干部培训中心建立了

紧密的合作关系，共同开展创业服务工作，为了更好地开展创业服务工作，宁夏创业促进会与宁夏西部创业技能培训学院、宁夏企业家学院、宁夏企业和企业家联合会，各类媒体，高校，及创业相关的各职能部门建立了良好的工作关系。

联 系 人：万昊仪

联系电话：18009511860

网　　址：www. nxqncy. com

宁夏装备制造业技术服务与质量检验检测服务平台

宁夏装备制造业技术服务与质量检验检测服务平台由宁夏机械研究院股份有限公司承建，是自治区认定的第一批公共服务示范平台，2012 年被认定为国家中小企业公共服务示范平台。服务平台拥有总资产 2900 万元，场地面积 3100 m^2，仪器设备 150 多台套，从业人员 36 人，大专以上学历 35 人，专业配套齐全。

平台下属的宁夏机械产品质量监督检验站是自治区技术监督局授权的质检机构，下设力学实验室、化学分析实验室、金相分析室、计量检定室、无损检测室、设备检测室。通过 ISO9001：2008 质量管理体系认证、CMA/CAL 计量认证、国家实验室（CNAS）认证、获得司法鉴定中心司法鉴定许可证、建设工程质量检测机构资质证书。

平台依托“宁夏质检·中国”网站，通过数字质检平台进行信息查询及汇总、检测项目时间过期预警、检测报告完成签收管理等功能，实现平台的信息化经营管理。

平台将装备制造业的中小企业作为服务对象，利用在宁夏机械行业内形成的技术与品牌优势，针对中小企业技术相对薄弱的现状，提供专用设备、自控系统、实验装备的研发设计、试验试制、技术改造及技术咨询；同时为中小企业提供产品质量检测、新产品质量鉴定、质量仲裁以及标准化等技术服务。

联 系 人：邹本芬

联系电话：0951－502515013709597947

网　　址：http：//宁夏质检．中国

http：//nxjixie. com

宁夏交通物流港中小企业公共服务平台

宁夏交通物流港中小企业公共服务平台由宁夏交通国际物流港承建，注册资本 3000 万元，所属有银古物流中心、银古物流冷链车队、银川驾驶员培训中心、宁夏交通职业技能鉴定所、银古物流零担快运公司等 8 家单位。企业经营“运输、配载、货运代理、仓储、配送、快递、停车、修理、信息服务”等十七项物流业务，职工总数 163 名，其中管理人员 52 名、具有大专以上学历和初级职称 30 人，中级职称 8 人，高级职称 6 人。企业 2007 年被国家人事部和中国物流与采购联合会授予“全国物流先进企业”称号，2010 年通过了 ISO9001 质量管理体系认证，成为我区第一个国家 4A 级物流企业，2012 年被国家工信部和自治区经信委授予“国家中小企业公共服务（信息）示范平台”。

宁夏交通国际物流港主要经营场所银古物流中心是提供信息服务的实体平台，在这个实体平台上，我们提供了 3000 多个就业岗位，而且多为中小业户和失地创业的农民；我们为仓储业户、零担运输业户、从事货运信息交易的业户、搬运工、修理工、司机、库管员这部分人员提供了创业、经营的场所，使这些业户在银古物流这个实体平台上生存和发展。企业升级改版宁夏公共物流信息平台，并更名为宁夏物流网，客户已经达到 627 家，每日发布有效车源、货源信息近 1000 条，发展趋势良好。企业大力发展物流信息化以期更好地将银古物流中心这个实体平台和宁夏物流网这个虚拟的网络平台优势互补，为广大客户提供货运配载信息服务，不断走向品牌化经营。

联 系 人：王雪蓉

联系电话：0951－6150007　13909519905

网　　址：www. nx56. com

宁夏低碳减排中小企业公共服务平台

宁夏低碳减排中小企业公共服务平台由宁夏清洁发展机制环保服务中心（以下简称“中心”）承建，是宁夏“第三批自治区中小企业公共服务示范平台”“第二批国家中小企业公共服务示范平台”。为宁夏区内外广大中小企业提供低碳减排和碳资产开发与交易公共服务的同时，深入研究节能减排领域的各项前沿技术，并通过成果转化，为中小企业提供各项技术与服务，推进宁夏乃至全国中小企业的低碳发展。

宁夏低碳减排中小企业公共服务平台立足宁夏、面向全国，通过主动为企业输送自有核心技术与服务，并与相关企业共同开展技术研发、技术咨询与培训，参与构建了行业资源共享体系，向宁夏区内外中小企业提供碳资产开发与全流程、立体式和主动式的服务。包括以下开放式、功能多样和鲜明特色的服务项目：碳资产开发与交易技术服务、碳盘查技术服务、低碳技术开发与服务、节能减排技术成果引进与推广服务、低碳技术与管理咨询服务和低碳技术人才培训服务等九项。通过不懈努力，将“平台”建设成“组织网络化、功能社会化、服务特色化、手段现代化”的综合性低碳技术服务示范平台，为全国的中小企业走上低碳发展之路提供有力的技术保障。

联 系 人：柳杨

联系电话：0951－6193263

网　　址：http：//www. nxdtjp. com

http：//www. tangongye. com

宁夏中小企业防伪物流追溯公共服务平台

宁夏中小企业防伪物流追溯公共服务平台由宁夏世纪信通信息安全有限公司建设、运营，是国家级中小企业公共服务示范平台，旨在为中小企业提供基于产品管理的防伪物流追溯技术服务。企业通过一维条码、二维码、RFID标签等方式对单个产品赋予身份证，实现一件一码，对产品的生产、仓储、分销、物流运输、市场巡检及消费都等环节进行数据采集跟踪，实现产品生产环节、销售环节、流通环节、服务环节的“全生命周期管理”。

通过平台，生产企业和经销企业可以迅速了解产品市场情况，实现品牌推广，掌握物流信息；消费者可以借助短信、电话、网络以及终端设施等形式查询产品真实性和质量信息；监管执法部门可以及时掌握有关产品假冒违法的信息并迅速采取执法行动，对质量问题进行流程追溯和责任追究，将政府监管、企业自律和社会监督很好地结合起来。同时提供一个消费者、生产厂家、监管机构三方的互动沟通平台；为消费者提供购买参考。

平台由以下五个部分组成：中国西部质量与品牌防伪物流追溯平台、银川12365防伪平台、宁夏名牌防伪系统、宁夏金质产品质量电子记录信息追溯系统、宁夏农产品质量追溯系统。

服务平台是按照开放性和资源共享性原则，为区域和行业中小企业提供信息查询、技术创新、质量检测、市场开拓、设备共享等服务的实体。在解决中小企业共性需求，畅通信息渠道，改善经营管理，提高发展质量，增强市场竞争力，实现创新发展等方面发挥着重要支撑作用。

联 系 人：刘绍祥

联系电话：18995130101

网　　址：http：//www. ccxb315. com

宁夏建材行业中小企业公共服务示范平台

宁夏建材行业中小企业公共服务示范平台由宁夏建筑材料研究院（有限公司）承建，公司成立于1972年，属宁夏回族自治区四大工业研究院所之一，是宁夏建筑材料行业最具权威和实力的一家综合性研发、检测与咨询机构，主要从事建筑材料及新型建材的研究、开发、中试及推广应用、技术转让、技术咨询技术服务以及建材产品及建筑工程质量监督检验检测、建材职业技能培训与鉴定等相关业务。2006年组建成立了建材与节能技术咨询中心，同时拥有“宁夏石膏工程技术研究中心”“宁夏建材产品质量监督检验站”质量和计量认定机构、“宁夏建筑材料防火质量监督检验中心”；宁夏回族自治区住房和城乡建设厅授权的建设工程质量检测机构；宁夏回族自治区人事和保障厅批准许可的“宁夏建材职业技能培训中心”和国家原劳动和社会保障部批准的“建材职业技能鉴定站”。2009年宁夏建筑材料产品质量监督检验站450余个项目通过国家实验室认可（同时我院是砌墙砖抗压强度试验用净浆材料国家唯一指定生产与销售的企业）。

目前资产总额近7000万元，职工112人，其中：高级工程师16人、工程师33人、助理工程师26人、研究生8人。2008年1月被国家科技部确定为创新型（试点）企业、2008年4月被自治区人民政府确定为首批科技创新团队、2008年8月被国家科技部确定为首批国家技术转移示范机构、2011年4月被国家科技部确定为创新型企业、2012年被国家科技部复审认定为高新技术企业；2013年被国家工业和信息化部认定为国家中小企业公共服务示范平台。

联 系 人：武恒

联系电话：13995311220

网　　址：http：//www. nxjcyzx. com

盐池青年创业园国家服务平台

盐池青年创业园国家服务平台由宁夏三木装饰材料制造有限公司承建，按照“政府引导、企业运营、自主创业、配套服务”的原则，有效整合社会资源，为进驻创业园的创业者提供“创业项目+创业孵化+创业培训+创业导师指导+小额贷款+协会”的一条龙创业服务，为青年创业搭建起“创业、就业、培训、实习、交流”的创业孵化基地。被盐池县全民创业工作领导小组办公室认定为盐池县城乡失业人员创业就业示范基地和盐池县大学生创业就业见习基地。

该平台主要是一个面向中小企业、提供综合性信息服务的工作平台，可为广大中小企业和各类中介服务机构提供政策法律、技术经济信息咨询，项目合作，融资担保，国际交流/合作、人才培训/招聘、信息化建设、管理咨询诊断、新产品设计开发、市场开发/推广等信息服务，使企业各项工作有一个协调资源的共享平台，可以有效降低企业服务成本，提高为企业服务的效率，最大程度地发挥信息网络和信息技术优势。

通过引进、聘请、合作等形式，组建一支高素质的创业辅导师资队伍，为企业开展有针对性的创业辅导培训活动。召开企业座谈会，协助担保公司调研企业现状及发展前景，并为其提供准确资料；积极协调，为入驻企业提供融资担保服务。根据创业园内企业需求，邀请高级管理人员，组织开展管理、咨询、财务等方面的诊断和辅导，帮助会诊中小企业在发展中遇到的管理难题，并提出解决方案，提高这些企业的管理水平。聘请专业创业、管理讲师现场讲解，以提高中小企业管理者管理水平为重点，落实各类培训课题，切实做好培训工作。

自开业以来为企业减免租金共计1660万元，开业补贴150万元，装修补贴264万元，并与多家合作单位合作先后为创业园孵化企业提供创业前辅导培训15期共220家、创业知识培训8期共160家、导购员培训10期共260家、法律、法规知识培训6

期、电子商务培训5期、木工培训2期等。还协助入园企业共举办了10余次大型促销活动、表彰会3次，活动经费共计200万左右。

联 系 人：李凤梅

联系电话：0953－6021999

网 址：http：//www. nxsm. net

大连市中小企业服务中心

1. 服务中心宗旨：创建服务平台，发展中小企业。基本职能为：落实政府扶持中小企业和民营经济健康快速发展，营造政府支持中介、中介服务企业的良好发展环境。

2. 服务中心共设立5个部门，分别为培训部、信息部、协调部、投诉部及综合部。

3. 职能：为全市中小、民营企业在创业辅导、人才培训、网络信息、信用评级、管理咨询、产权交易、融资担保、法律服务、市场开拓、技术创新等方面提供十大平台服务。

http：//www. smedl. gov. cn/

联系电话：84507299

大连市中小企业联合会

大连市中小企业联合会是中小企业和企业家的联合组织，被市政府确立为中小企业的服务平台。现有团体会员近千户，涵盖了我市各行业、各种不同所有制的经济组织，是我市影响最大、联系范围最广、服务功能最强的综合性社团组织之一。

大连市中小企业联合会自成立以来，在市中小企业局的领导下，始终坚持面向中小企业、为中小企业和企业家服务的宗旨，充分发挥桥梁和纽带作用，将实践性、社会性和服务性融为一体，围绕中小企业、企业家的需求开展服务，搭建高水准的服务平台：

交流合作服务平台。组织中小企业参加国内外商务考察、经贸洽谈、项目对接、经济交流与合作等。为有发展前途、有偿债能力的中小企业或项目寻找资金支持，帮助企业破解融资难题。

政策信息发布平台。开展政策咨询、信息服务工作，为中小企业提供国家、省、市等各级政府发布的政策信息。编辑出版内部刊物《企业之窗》，推介企业的产品、品牌与形象，宣传优秀企业经营者的新经验、新智慧与新思想。建设协会网站，为会员企业提供互联网链接服务。

管理创新服务平台。组织专家对中小企业在管理制度、管理方法和管理手段等方面的经验，进行培育、总结、跟踪、指导，评选企业管理进步成果，并进行推广交流，推动中小企业扎实、持续地开展管理创新。

提升管理素质服务平台。针对中小企业需求，突出实践性和可操作性，采取集中办班、专题讲座、现场观摩、企业间经验交流等形式，开展培训与研讨。联合大专院校、管理咨询公司、律师事务所、会计师事务所等智力支持机构，为中小企业开展管理咨询活动。

维持合法权益服务平台。帮助中小企业妥善处理劳动争议个案，指导企业维护自身合法权益；引导中小企业尽快建立健全各项劳动规章制度，依法规范劳动管理，做好劳动争议防范工作。开展调查研究，发挥沟通、协调的作用，及时反映中小企业的意见和呼声。

大连市中小企业联合会在今后的工作中，将进一步完善服务功能，提高服务层次，更加有效地连接政府、企业、机构和市场，及时集成、转换和传播信息，助推企业增强核心竞争能力，把自身架构成一个更具影响力的社团组织。

地 址：大连市甘井子区商城花园街2号

电 话：3965110839651105

网 址：http：//www. dlec. org. cn

电子邮箱：dlqixie2000@163. com

大连市信用担保协会

大连市信用担保协会成立于2006年1月9日，是全市信用担保机构自愿结成的地方性、行业性、非营利性的社团组织。协会接受业务主管单位大连市金融发展局、社团登记管理机关大连市民政局的业务指导和监督管理。

大连市信用担保协会宗旨是：遵守宪法、法律法规和国家政策，遵守社会道德风尚，独立负责地开展各种社会活动；发挥桥梁和纽带作用，反映会员呼声，维护会员合法权益；加强行业自律管理，规范担保行业行为，逐步完善全市中小企业信用担保体系；推广和宣传大连市信用担保，提供信用担保配套服务，促进行业健康发展，改善信用环境，服务经济建设。

协会倡导恪守诚信、文明经营的理念，对违反《自律公约》行为、扰乱市场秩序行为，将会加强制度上的约束。

目前，全市有130家担保机构已成为协会会员，其中大连市企业信用担保有限公司、联合创业担保有限公司等30家担保机构为协会理事单位。

协会的主要业务范围：

（1）组织制定自律性行规行约；制定会员间业务合作的技术标准和业务规范；研究担保行业发展问题，参与制订行业发展规划；

（2）建立担保行业客户信息系统和客户信用评估系统；

（3）为担保机构会员单位提供担保业务推介服务，为企业会员单位提供担保推荐和相关服务；为会员单位提供资信评定、资产评估、会计审计等社会中介服务及政策法规、科技创新、国际合作等信息咨询服务；

（4）组织和参与担保行业统计、调查，收集发布行业信息；组织经验交流，开展企业管理、专业技术、信息化建设及法律事务等的咨询服务；

（5）组织开展银行、担保及企业合作与发展的学术研讨及经验交流活动；组织协会会员的业务培训和考察调研活动；

（6）编辑行业出版物，建立主网站，举办行业研讨活动，加强信息化建设；

（7）促进会员间的业务合作、维护会员合法权益，维护担保行业内的公平竞争，协调会员关系；发展与有关团体和组织的合作关系；

（8）其他服务或活动。

电话：041139917789
传真：041139917757
地址：大连市中山区中山路 88 号天安国际大厦 49 层

大连中小企业“走出去”公共服务平台

一、平台定位

1. 中国最专业的走出去公共服务平台

整合资源，为中小企业搭建全行业跨领域国际工程总承包平台；整合信息，为中小企业提供国际投资海外并购一站式解决方案；整合人才，为中小企业提供走出去各种专业人才和顶级专家；整合金融，为中小企业提供“走出去”灵活适用的全套投融资解决方案；整合市场，为中小企业开拓国际市场提供最高效的、最经济的解决方案。

2. 中国最有影响力的外贸综合服务平台

为中小企业扩大进出口贸易、开拓国内国际市场，提供低成本、高效率、全流程服务方案；为从事进出口贸易的中小企业，提供 O2O + B2B2C 外贸电商综合服务平台；

3. 世界知名的工业品跨境电商综合服务平台

培育从事工业品跨境电商业务的中小企业产业集群；为从事工业品跨境出口电商提供物流、仓储、分拨、支付等综合服务；为从事工业品跨境进口电商提供产业园区及配套的综合服务；为国际知名的电商企业与中国进行跨境电商业务提供解决方案。

依托西姆全球广泛的国际市场营销和售后服务体系，利用西姆现有的国际营销和售后服务人才队伍，充分发挥西姆国际经济贸易合作综合能力，为中小企业走出去提供专业化服务。

同时基于互联网及移动通信、大数据、云计算、社交平台、搜索引擎等信息技术，实现走出去信息共享、融资担保、市场开拓、产品进出口、技术引进、对外投资等多项服务。

二、走出去公共服务平台的功能

服务内容：工程总承包，产品销售，市场渠道拓展，技术输出，国外的先进技术引进，国外的资金引进，转移国内企业过剩产能，促进国际合作并购、资源整合，平台企业内部产权和股权交易，线下和线上交易，技术交易，提供各企业老板交流互动的各种机会。

三、走出去公共服务平台的作用

1. 为企业“走出去”决策提供外脑和智囊团服务，发挥助手作用；

2. 为企业提供全套市场开拓营销决策方案服务，发挥帮手作用；

3. 为政府促进中小企业升级转型和发展提供政策研究和咨询服务，发挥抓手作用；

4. 为金融担保机构向平台上成员企业解决融资难题、提供融资担保解决方案服务，并代金融担保机构对平台上成员企业的资金流、物流和信息流进行全流程、封闭式监管，发挥把手作用；

5. 为国外客户和买家寻找诚信可靠的中国供应商提供诚信尽职调查和代理服务，发挥买手作用；

6. 为国内外企业间形成行业联盟，产业联盟和合作联盟提供“一站式”咨询和解决方案服务，发挥推手作用。

联系电话：82511729
地　　址：中山区人民路 71 号（成大大厦 17 楼）

宁波中小在线网（8718 公共服务咨询平台）

宁波中小在线网是宁波市中小企业公共服务咨询平台。这个简称“8718”的公共服务咨询平台，是以现代通信技术和互联网技术为基础，以强大的集成数据库为支撑，整合政府资源和社会资源，为广大中小企业提供实时互动、方便快捷、优质廉价的远程咨询服务平台；是展示政府形象、沟通政企联系、了解企业需求、提高服务效率和实现公共服务模式的创新型实事工程。

一、整合信息资源，构建政企互动平台

“8718”是在宁波市人民政府大力支持下，由宁波市经济和信息化委员会主办，由宁波市经济和信息化委员会信息中心和宁波中小在线网承办的公益性咨询服务平台。在设计和建设过程中，得到了国家发展和改革委员会中小企业司的业务指导和市政府各直属部门的支持和协助。目前，已经有 41 家市级政府管理部门加入“8718”的咨询热线并确定了信息联络员；与 50 多个经信委系统的行业协会建立了业务联系并建立了信息中心；与中国中小企业信息网在各省市的 40 多个分站建立了业务联盟；与 20 多个社会中介机构开展业务合作。这使得“8718”在较短时间内建立起一个具有 20000 多条数据的知识库、政务资源交互库和会员企业信息库，为构建动态的、无障碍的、方便快捷的政企交互平台打下了坚实基础。

宁波市 8718 平台存在感和影响力逐步扩大，已成为中小微企业与政府的“连心桥”、各级政府部门联系服务企业的“高速路”。2014 年，市 8718 平台电话服务联系企业 72549 家次，工作日日均 290 家次；企业服务信息采访发布 8961 条，“万家老总短信送”送政策、送服务、送信息计 80.1 万条；企业政策库新增入库 908 条，查询 453.4 万次，日均 1.2 万次。

2014 年，市 8718 平台更注重整合社会资源服务企业，先后组织企业参加调研、对接、座谈、培训等企业服务活动 35 次，同比增长 94.4%；帮助 256 家企业解决融资需求，搭建 800 家“小升规”企业网站，与 2013 年相比均实现翻番，分别同比增长 118.8%、100.0%。

二、七大服务体系，服务企业多种需求

“8718”针对企业不同发展时期的特点和需求，建立了法律法规、反倾销预警、信息化推进、人才培训和中介、融资和担保、科技创新、品牌创建等七大服务体系，协助企业克服困难、共度时艰、同谋发展。

七大服务体系的服务内容，主要包括三个方面：

一是企业经常需要的政策性、知识性、指导性服务内容，如法律法规服务体系，从中央到地方，对各行各业的各类规章、法律都可以快速查询。

二是企业应对竞争、加快发展需要的深层次服务内容，如反倾销预警服务，对服装、注塑机、文具、打火机等重点行业，定期提供预警报告等。

三是企业面临的经营性服务内容，如人才培训和中介服务、科技成果推介服务等。随着时间推移，服务体系也将逐步扩大。

三、五种咨询模式，方便各类人员咨询

“8718”针对企业用户特点，以网络咨询为主，多种咨询模式并举，方便各类人员的咨询需要。

一是电话咨询，设置了 87188718 咨询热线，有 30 多条中继线和 10 多位话务员，提供全天候服务。

二是网上自助咨询，设置了 www.87188718.com 门户网站，以搜索方式自主查询相关内容。

三是移动短信咨询，设置了短信咨询平台，无论使用中国联通手机还是中国移动手机，都可以方便咨询。

四是网上互动查询，以 QQ 对话模式，在网上与呼叫中心值班员互动咨询。

五是预约咨询，针对复杂问题，可以预约有关专家或官员当面咨询。

四、不断扩大影响，受到企业广泛关注

“8718”得到宁波日报、宁波晚报、东南商报、宁波电视台、宁波人民广播电台等新闻媒体的积极推动，影响力逐步提升，2014 年已受理各类咨询 7867 次，其中有效回复 7822 次，占 99.4 %。

按咨询内容分类，排在前三位的分别是行政政策、法律法规咨询，科技创新咨询和金融服务咨询。按用户地域分类，宁波大市范围（11 个县、市、区）内占 98% 以上，其中老四区（江东区、江北区、海曙区、鄞州区）居更多；外地用户占比不足 2%，涉及浙江、上海、江苏、山东的 11 个城市。

按回复处理途径分类，绝大多数依靠有关职能部门的支持回复，占 78% 以上；其次是通过自身数据库查询回复，占 19% 多；其他则通过调用外地合作单位数据库回复。

通过对以上数据的分析，从中得出以下结论：

一是“8718”受到了中小企业的广泛关注，初步显示出她强大的生命力。

二是“8718”需要得到各级政府部门支持才能充分发挥她应有作用。

三是“8718”的影响力将超越宁波市本身，这对于提升宁波“文明城市”的整体形象有着潜在的积极意义。

厦门市中小企业服务中心

厦门市中小企业服务中心（以下简称“中心”）是厦门市中小企业综合服务平台的建设运营单位，该中心是依据《中小企业促进法》，经厦门市编委批准设立的财政核拨经费事业单位，主要职责有：

1. 制定全市中小企业服务体系建设发展规划，提出政策建议。

2. 为中小企业直接提供融资担保、信息、培训、市场开拓、技术创新、信用评价、政务代理和法律维权等服务。

3. 联系、引导各类社会中介机构为中小企业提供服务；沟通与政府的联系，反映情况，提供信息，促进服务机构良好运作。

4. 组织各类中介机构间交流与协作，指导和促进其开展业务活动，提高服务水平。

中心下设综合部、监测与市场服务部、融资与上市服务部、创新与创业服务部等内设机构，现有职工 29 名，其中高级职称 9 名，中级职称 10 名，大专以上学历和中级以上职称人员占全体工作人员的 96.55%，现有办公、服务场所面积 2300 平方米，硬件服务设施齐全。

中心成立后努力加强自身建设，不断创新工作机制，积极整合社会服务资源，想方设法解决中小企业共性需求问题，采取灵活多样的方式，为全市中小企业提供融资、信息化、管理提升、技术创新、公益培训、创业等服务工作。是国家级、省级（福建省）、市级（厦门市）“中小企业公共服务示范平台”。

单位地址：厦门湖滨南路 83 号港澳中心 6 楼
联 系 人：梁兴全
联系电话：0592－2237763
邮　　箱：LXQ361@126.COM
网　　址：www.xmsme.cn

厦门中小在线信息服务有限公司

厦门中小在线信息服务有限公司是按照工信部中小企业司关于建设运营中小企业公共信息服务平台的统一部署，由厦门市中小企业服务中心（厦门市经发局下属事业单位）与中国中小企业信息网（工信部中小企业司下属机构）联合投资设立的企业实体。公司成立于 2004 年 9 月，主要承担厦门中小在线网（中国中小企业厦门网）建设，为中小企业提供信息服务以及推进中小企业信息化建设等。

“厦门中小在线网”（www.xmsme.gov.cn）是厦门市民营经济工作领导小组办公室（市中小企业管理办公室）的官方网站，是工信部认定的首批“国家中小企业公共服务示范平台”、国家发改委确认的中国中小企业信息网首批一级地方分网（发改办企业〔2004〕1465 号）、科技部火炬高技术产业开发中心认定的“中国创新驿站厦门基层站点”（国科火字〔2012〕164 号），也是福建省经贸委、财政厅认定的“福建省中小企业公共服务示范平台”和厦门市经发局、财政局认定的“厦门市中小企业公共服务示范平台”。

公司主要以“厦门中小在线网｜慧企云”服务平台和《厦门中小企业》杂志为载体，借助于网络平台，着力为中小企业解决政策信息不对称、获取专业服务不便捷、市场开拓能力不强、人力资源匮乏等问题，为全市范围内的中小企业提供政务云、金融云、招聘云、创新云和服务商场等“一站式”中小企业公共云服务。目前，“厦门中小在线网｜慧企云”日均访问量达 10 万次，注册用户数达 12000 多，是厦门市规模最大、服务最全面的中小企业公共信息服务平台，已经成为厦门市中小企业第一门户网站。

联系方式：

公司地址：厦门湖滨南路 83 号港澳中心 5 楼

联 系 人：杨双

电　　话：0592－2207107

邮　　箱：info@ xmsme. gov. cn

网　　址：www. xmsme. gov. cn

厦门市中小企业服务行业协会

厦门市中小企业服务行业协会于 2015 年正式注册成立，是中小企业服务机构自愿组成的具有法人资格的地方性、综合性、非营利性的社会团体。接受厦门市经济和信息化局的业务指导和厦门市民政局的监督管理。

本协会的宗旨为：倡导会员单位遵守宪法、法律、法规和国家政策，遵守社会道德规范，促进会员单位在遵守商业道德的基础上对中小企业开展服务，搭建厦门市中小企业服务资源平台，探索中小企业服务机构发展模式和策略，促进厦门市中小企业的健康发展。加入本协会的会员单位将成为协会乃至政府部门的重点联系和服务对象，优先被推荐获得各级中小企业服务体系项目的支持。主要工作内容：

（1）为厦门中小微型企业提供政策咨询、信息化、法律服务、财税审计、市场开拓、创新创业、投资融资、金融服务、资产评估、人才开发、品牌服务、管理提升等培育和规范企业发展的专业化服务。

（2）组织包括交流学习、政策宣讲、大型公开课、行业论坛等培训项目；组织相关政府资金扶持项目的申报辅导；组织承办中小企业各类展览会等会展服务。

（3）促进中小企业服务机构与中小企业之间的协调与交流，鼓励成员实现双边和多边形式的联合、互补、创新、发展，增进会员之间的了解和支持，实现沟通和互惠共赢。

（4）跟踪研究我市中小企业服务行业发展情况，举办产业发展论坛，发布有关产业发展的综合或专题分析研究报告，为政府制定政策提供建议。

（5）承办政府有关部门委托的其他事项。

地址：厦门市湖滨南路 83 号港澳中心 5 楼

网址：www. xmsme. gov. cn

厦门投融汇网络有限公司

厦门投融汇网络有限公司成立于 2012 年，由知名大学研究机构、银行界、投资机构资深人士联合创立。公司致力于搭建资金方与企业方的投融资信息化专业平台，以“线上平台为依托，线下服务相结合”，促进及改善中小企业金融服务水平，为中小企业提供多元化融资服务。

平台运营至今得到专业的评定：获得 2012 年度和 2013 年度本项目的科技查新报告；获得中华人民共和国国家版权局对“银品超市”“信托超市”“融资管家”“基金超市”四个系统的计算机软件著作权及银品超市系统的软件产品登记证书；获得厦门大学经济学院、王亚南经济研究院授予“金融创新示范基地”的荣誉。

投融汇旗下在线平台——厦门市中小微企业云金融服务平台（Http：//trhui. xmsme. gov. cn），站隶属于厦门中小在线旗下，由厦门市经信局、人民银行厦门中心支行、银监会厦门银监局联合指导，厦门中小企业管理办公室主办。2014 年该平台服务被评选入厦门中小在线网｜慧企云之“云金融”，并入驻厦门中小企业公共服务平台大厅的融资窗口。2014—2015 年度获得厦门市经信局、财政局“厦门市中小企业公共服务示范平台”认定。目前“云金融服务平台”线上与线下联动服务至今，服务需求方会员达 3585 个，其中个人有 1843 个，企业有 1742 个，融资需求达到 371 亿元，共服务了 506 个融资项目，入驻平台的投融机构达 1473 家。这种以“线上平台为依托、线下服务相结合”的投融资服务体系，共同为中小微企业创造社会经济效益。

公司地址：厦门市思明区鹭江道 266 号世侨中心 23 楼

联 系 人：易惠平

联系电话：0592－5908738

邮　　箱：info@ trhui. com

网　　址：www. trhui. com

中国海峡人才市场厦门分部

中国海峡人才市场厦门分部于 2003 年 1 月经福建省人事厅批准成立，是国家级人才市场、福建省政府直属事业单位、中国海峡人才市场的直属机构。

在厦门有关部门的关心指导下，中国海峡人才市场厦门分部立足厦门，辐射周边地区，坚持以诚信、服务、创新、奉献的市场精神，以服务人才、服务民生、服务社会为宗旨，通过积极开展人事代理、继续教育培训、职称评审、劳务派遣、人才招聘、企业培训等工作，采取线上线下结合的方式，为广大中小企业及人才搭建全方位的人力资源配套服务平台。每年可服务企业近万家，服务人才数万人次。

单位于2014年、2015年连续两次被厦门市经济发展局、厦门市财政局评为“厦门市中小企业公共服务示范平台”；2014年被福建省经济和信息化委员会、福建省财政厅评为“福建省中小企业公共服务示范平台”；被福建省人力资源和社会保障厅授予“国家职业技能鉴定站”“闽台合作培养高技能人才基地”；被福建省信息化局授予“福建省软件人才实训基地”等称号。同时也是“福建省人力资源服务行业协会理事单位”“两岸合作EAP发展中心”“台湾1111人力银行厦门联络处”。2013年被厦门市公务员局评为“厦门市市级人才中介诚信服务示范机构”。2014年被厦门市人力资源和社会保障局评为厦门市十家“厦门市成绩显著人才服务机构”之一。

公司地址：厦门市思明区会展路75号明发国际新城二层
联 系 人：陈清扬
联系电话：0592－2213152

厦门高新技术创业中心

厦门高新技术创业中心于1996年12月成立，是国家科技部重点扶持、火炬高新区管委会直属的科技企业孵化服务机构，是不以盈利为目的的国家级孵化器。负责厦门留学人员创业园、厦门台湾科技企业育成中心和厦门光电子孵化器的运营管理，拥有孵化场地总面积超过40万平方米。

经过十多年集群化、品牌化发展，在全国首创“以企业孵化为基础、以产业孵化为导向、以价值孵化为归依”的轮次孵化模式，园区建设、孵化规模与孵化业绩三位一体，齐头并进，已发展成为中国规模较大、配套设施较为完善、人才扶持政策制度化程度较高的国家级科技创业基地，先后被认定为“国家高新技术创业中心”“国家留学人员创业园”“国家对台科技合作与交流基地”“国家技术转移示范机构”“中国大学生创业园”，经人事部批准设立“博士后科研工作站”，获得了国家实施火炬计划十五周年、二十周年先进单位等荣誉称号。

创业中心现有员工43人，员工大专以上学历占83.7%，中高级职称17人，涵盖电子、结构设计、统计、会计、金融、工民建、环境工程、化工、数学、工商管理、电气设备等10多个专业。在服务内容上，创业中心不断丰富内涵，从一般性服务向以支持企业快速成长为核心的专业深层服务拓展；在服务对象上，积极搭建多种功能性平台，从创业园企业向区外企业辐射。日前，获批工信部“厦门市中小企业服务平台——火炬高新区综合窗口服务”单位，“厦门市公共服务平台示范单位”。

公司地址：厦门留学人员创业园诚业楼一楼
联 系 人：林莉
联系电话：0592－3726387

厦门创新软件园管理有限公司

厦门创新软件园管理有限公司成立于2005年，系厦门信息集团控股的园区运营管理公司。公司根植于软件园，以服务创造价值为理念，以助力产业发展为己任，一方面不断完善园区公共硬件配套服务，搭建软件产业发展平台，助力企业发展；另一方面，坚持“美丽园区·共同缔造”，定期举办各类丰富多彩的公益活动，形成“团结、奋进、激情、活力”的特色园区文化，建设和谐园区。

创新公司先后获得“2011—2012年中国软件和信息服务业最佳服务机构”“2013年度中国小企业首选服务商”“2012—2013年中国软件和信息服务业最佳服务园区奖”“2013年度中国软件和信息服务特色产业园区奖”“2013年度中国软件和信息技术服务业最具品牌影响力的产业园区”“2014年度中国金软件金服务最信赖的产业园区”“厦门市生产性服务业功能示范区”、厦门市中小企业公共服务平台（软件园综合窗口）、2014年度中国软件和信息服务领军产业园区等荣誉称号。

公司服务的软件园从无到有、从小到大，产值逐年增长，从2009年起的5年内，每两年园区产值增长100亿。公司不断发挥园区聚集、对接、促进的纽带作用，提升智慧服务，顺势而上，紧紧围绕“美丽厦门”战略：努力服务产业，打造优质园区软环境；尽心服务企业，营造良好的产业氛围；全心服务员工，构建活力园区文化；用心服务社会，共建美丽生态园区；积极服务两岸，打造智慧园区。

公司地址：厦门软件园二期观日路33号4楼
联 系 人：方晓燕
联系电话：0592－5953115

厦门爱爱特信息技术有限公司

厦门爱爱特信息技术有限公司成立于2012年7月，由厦门小鱼网联合创始人姚锦程与著名天使人蔡文胜及互联网行业领域82位知名企业家共同发起、借由自媒体众筹创立的厦门首家互联网创业咖啡馆，也是平台的起点。

平台主要服务于互联网创业创投产业，为创业者提供项目投融资对接、投资管理、信息技术咨询、培训、创业孵化以及行业信息交流等服务，其核心平台包括：爱特咖啡、爱特创业加速器、爱特创业公寓。其中，爱特咖啡坚持以非盈利为目的开展创业沙龙、创业大赛、导师辅导、投资人下午茶等活动，至今已举行200多场活动，期间邀请到的导师包括李开复、蔡文胜、徐小平、袁岳、郭台铭等，为创业者提供了一个交流沟通、资源共享的创业平台；爱特创业加速器通过“投资＋孵化”的模式，为团队提供种子投资及孵化服务（包括共享工位、行政、媒体宣传、导师辅导、后续融资等）；爱特创业公寓（筹备）是一个为创业者提供创业公寓、创业工位、创业客厅、生活配套、投融资对接的线下线上空间；同时，平台还配套有一支规模为3000万元的爱特创业投资基金以及形式丰富并具有品牌的爱特创业系列活动（如游戏黑客松、创业周末等）。

公司地址：厦门市软件园二期望海路10号负一楼

联 系 人：姚锦程

联系电话：0592－2932585

青岛市中小企业公共服务中心

青岛市中小企业公共服务中心（以下简称“中心”），是青岛市市级中小企业综合公共服务平台，由青岛市经济和信息化委员会主管，定位于打造青岛“小企业之家”，建设国内一流、面向全市中小微企业的一站式、综合性服务平台。是企业反映诉求、获取信息、学习交流、提升素质，享受公益性和低费优质服务，集中快捷解决中小微企业共性需求的主要渠道和场所。

“中心”以实体服务平台和中小企业云服务平台为依托，汇聚了优质的专业服务机构和专家资源，能够最大限度满足中小微企业服务需求。实体服务平台于2010年11月启用，总面积近5000平方米，设有开放式服务大厅、商务洽谈厅、展览交易厅、各种会议室及大型培训教室，功能齐全，设施完备，吸引了投融资、法律、管理、技术、电子商务等一批特色服务机构入驻。

云服务平台利用青岛市电子政务共享平台的网络和服务器资源，采用先进的云计算技术，整合政务资源和优质社会服务资源，构建了在线服务、在线呼叫、数据和运维四大中心，于2013年11月上线运营，云服务平台设置了12项大类服务功能、近200个服务项目，扩容升级了实体平台服务功能，具有“应用技术先进”“服务资源丰富”“访问便捷和实时快速响应”“服务定制和推送”“在线双向评价”等特点，可容纳5万人同时在线，年点击量3000万次以上，满足全市25万家中小企业访问需求，年实现服务对接20万次以上。

地址：青岛市市北区辽源路257号7#楼

邮编：266034

青岛市中小企业服务热线：0532－55585558

青岛市中小企业云服务平台：

http：//www. smeqd. gov. cn

官方微博：http：//weibo. com/u/1622528225

微信公众号：青岛市中小企业云服务平台（sme5558）

深圳市商业联合会

一、简介

深圳市商业联合会（以下简称：深商联）是深圳市商业服务业领域各类企业、事业单位和个人自愿参加的综合性商会。深商联通过直接服务和间接服务的形式，积极推进国内外商贸信息、技术和经验的交流，促进深圳商贸企业资源和社会资源的有效配置，积极主动地为企业牵线搭桥、排忧解难，为会员提供各种资讯、培训、宣传、投融资、展会、人才推介等服务，致力打造为国内外具有较高社会知名度、公信度的有较强的组织能力、创新能力和资源配置能力，致力于推动会员企业成长，让会员及社会满意的现代商会。

深商联是代表深圳商贸流通领域行业的主导力量，目前拥有国内外行业协会团体会员近30家，各类会员近1000家，是深圳市商贸流通领域的权威自律和自治机构，是深圳市商贸流通企业对外交流与合作的重要桥梁。

二、对外联络方式

电话：0755－83643486

传真：0755－83643450

网址：http：//www. sz－gcc. cn

深圳市中小企业发展促进会

一、简介

深圳市中小企业发展促进会（以下简称：促进会）是1999年5月经深圳市人民政府批准，在市民政局注册登记的具有法人资格的社会团体，属于综合性协会。2009年7月被民政局授予“深圳5A级社会组织”称号，2010年1月被国家民政部评为全国先进社会组织。促进会共有会员3000家，遍及IT、电子、通讯、医药、化工、建材、印刷、服装、钟表、食品、工艺礼品、咨询、贸易、拍卖、租赁等70个行业，副会长和常务理事单位均是该行业的龙头企业，在业界起着推动行业发展的先进表率作用。促进会是全市乃至全国第一家通过ISO9001质量体系认证的协会，拥有一支专业素质高、忠诚敬业的精英队伍，内设秘书处、行政人事部、会员服务部、国际事务部、信息编辑部等部门，另下属两个机构：深圳市中小企业决策管理研究院、深圳中小企业投融资联盟。促进会自成立以来，本着“为中小企业献全面服务”的理念，努力发挥政府和企业间的桥梁和纽带作用，在政策咨询、市场开拓、融资服务、信息传递、企业培训以及管理水平提升等方面提供专业化、综合性的系列配套服务，促进了深圳市中小企业的发展壮大。

二、对外联络方式

电话：0755－82821654 82821669
82821653 82821670

传真：0755－83288453

网址：http：//www. szsme. com

新疆生产建设兵团
兵团中小企业服务中心

2012 年 6 月，兵团机构编制委员会（兵编发〔2012〕34 号）批准成立兵团中小企业服务中心并挂“兵团工业节能服务中心”牌子，隶属兵团工业和信息化委员会管理的事业单位。主要负责为兵团中小企业发展提供政策引导、技术创新、市场开拓、信息交流、人员培训及工业企业节能降耗等服务。

中心下设投融资服务部、培训和咨询服务部、技术创新和信息服务部、节能宣传服务部四个职能部门。

多年来，中心本着“求真务实、开拓创新、诚信服务”的宗旨，并与多家服务机构合作，不断提升服务能力，一直在为兵团中小企业提供全方位服务，促进了兵团中小企业社会化服务体系建设。目前，中心已成为在兵团区域内具有一定影响的综合性中小企业服务机构。

负 责 人：袁红革
电　　话：0991－4692360
手　　机：13899877060
联 系 人：谭娟
电　　话：0991－2634280
手　　机：13999139498

2014 年中小企业工作大事记

工业和信息化部中小企业工作大事记（2014 年）

1 月

19 日—26 日，工业和信息化部党组成员、总工程师朱宏任率团赴意大利、比利时访问，与意大利经济发展部副部长斯莫纳·维卡里女士进行会谈，就进一步落实两部间合作备忘录、加强中小企业和消费品领域合作等交换意见，在比利时欧盟总部与欧盟委员会企业和工业总司中小企业司司长德瑞克女士共同主持召开第五次中欧中小企业政策对话会议。

3 月

3 日，工业和信息化部党组成员、总工程师朱宏任赴天津调研，现场了解企业自主品牌建设、加快科技创新，促进转型发展的有关情况，并与天津市政府、市经信委、北辰区政府、天津市中小企业发展促进局座谈。

13 日，工业和信息化部印发《关于开展 2014 年扶助小微企业专项行动的通知》（工信部企业〔2014〕105 号）。

18 日，工业和信息化部党组成员、总工程师朱宏任主持召开国务院促进中小企业发展工作领导小组办公室会议。

20 日，2014 年 APEC 第 21 次中小企业部长会议筹备委员会秘书处第一次全体会议在江苏省南京市召开。筹委会领导小组副组长兼秘书长、工业和信息化部总工程师朱宏任出席会议并作重要讲话。期间，朱宏任还与江苏省副省长史和平就下一步筹备工作交换了意见。

4 月

2 日，工业和信息化部部长苗圩参加国务院常务会议，研究扩大小型微利企业减半征收企业所得税优惠范围等工作。

3 日，工业和信息化部召开全国中小企业工作暨扶助小微企业专项行动电视电话会议。工业和信息化部部长苗圩出席主会场会议并作重要讲话，对做好 2014 年重点工作提出三点要求：一是要进一步推动各项政策的落实；二是要进一步完善中小企业服务体系，推动中小企业创新发展，促进两化深度融合；三是要进一步加强对小微企业的融资服务，减轻小微企业负担，提升小微企业管理水平和人员素质。部党组成员、总工程师朱宏任主持会议。

18 日，工业和信息化部党组成员、总工程师朱宏任出席国务院支持小微企业健康发展政策落实情况督促检查动员会。国务院派出 7 个督查组对地方制定出台扶持小微企业发展政策措施、加大对小微企业财税支持、缓解小微企业融资困难、促进小微企业创新发展、结构调整和集聚发展以及加强对小微企业公共服务等方面情况进行专项督查。

5 月

5 日，APEC 第 21 次中小企业部长会议筹备委员会领导小组第一次全体会议在北京召开，筹委会领导小组组长、工业和信息化部部长苗圩出席会议并作重要讲话。会议由筹委会领导小组副组长兼秘书长、工业和信息化部党组成员、总工程师朱宏任主持。

2014 中小企业信息化服务信息发布会暨中小企业信息化培训启动会在京召开，工业和信息化部党组成员、总工程师朱宏任出席并讲话。

9 日，工业和信息化部党组成员、总工程师朱宏任出席中小企业领军人才高级研修班开班仪式。

6 月

19 日，第八届 APEC 中小企业技术交流暨展览会在浙江义乌举办，朱宏任出席开幕式并致辞。

全国中小企业厅局长圆桌会议在浙江省义乌市召开。工业和信息化部党组成员、总工程师朱宏任出席会议并作重要讲话。

7 月

10 日，第十一届中国国际中小企业博览会组委会会议、全国动员会和新闻发布会在京召开，工业和信息化部党组成员、总工程师朱宏任出席。

17 日—18 日，全国中小企业主管部门信息化局长培训班在上海举办。工业和信息化部党组成员、总工程师朱宏任以《大力推动信息化促进中小企业

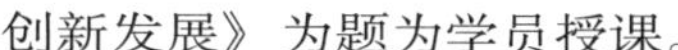

创新发展》为题为学员授课。

23 日，工业和信息化部党组成员、总工程师朱宏任与美国商务部副部长帮办肯·海亚特在华盛顿共同主持召开了第二次中美中小企业政策对话会议，双方就促进中小企业创新与发展、支持中小企业的政策措施、国际贸易中的中小企业等议题进行了交流。

8 月

13 日—15 日，工业和信息化部党组成员、总工程师朱宏任赴山东考察中小企业和民营企业发展情况。

18 日，工业和信息化部党组成员、总工程师朱宏任在北京出席了 2014 中国民营企业 500 强发布会，并就促进中小企业和非公有制经济发展做了主旨演讲。

9 月

1 日，工业和信息化部党组成员、总工程师朱宏任赴南京检查 APEC 第 21 次中小企业部长会议筹备工作，并看望慰问全体工作人员和志愿者。

2 日，2014 年 APEC 中小企业工商论坛在南京召开。工业和信息化部党组成员、总工程师朱宏任和中华全国归国华侨联合会副主席李卓彬出席开幕式并致辞。来自 APEC 各成员经济体的工商界领袖、专家、学者等共 200 余名代表参加了论坛。

5 日，亚太经合组织（APEC）第 21 次中小企业部长会议在南京召开，马凯副总理出席。马凯表示，APEC 中小企业部长会议为促进 APEC 各经济体改善贸易投资环境、促进中小企业成长与繁荣发挥了重要作用，希望大家利用这个平台畅所欲言，充分交流，求同存异，增进共识，共同为亚太区中小企业发展献计献策。会议发表《关于促进中小企业创新的南京宣言》和《APEC 第 21 次中小企业部长会议联合声明》。工业和信息化部部长苗圩主持会议，部党组成员、总工程师朱宏任率中国代表团与会。

6 日，朱宏任与韩国中小企业厅厅长韩正和在南京共同主持召开第二次中韩中小企业政策交流委员会会议，就两国工业及中小企业发展趋势、支持中小企业政策措施、中小企业创新研发以及具体合作建议等进行交流。

15 日—16 日，工业和信息化部党组成员、总工程师朱宏任赴广州调研中小企业发展情况。

17 日，工业和信息化部部长苗圩参加国务院常务会议，讨论《关于扶持新设立小型微型企业的意见》，研究关于进一步加大小微企业税收支持力度的政策措施等。

18 日，由中国民主建国会中央委员会、工业和信息化部、宁夏回族自治区人民政府共同主办的 2014 中国（宁夏）非公有制经济发展论坛在宁夏银川市隆重开幕。全国人大常委会副委员长、民建中央主席陈昌智出席论坛并发表主旨演讲。工业和信息化部党组成员、总工程师朱宏任出席论坛并发表主题演讲。

25 日，工业和信息化部党组成员、总工程师朱宏任主持召开国务院促进中小企业发展工作领导小组办公室会议。

10 月

10 日，由工业和信息化部、发展改革委、财政部、工商总局、质检总局、银监会、广东省共同主办的第十一届中国国际中小企业博览会在广州开幕。工业和信息化部党组成员、总工程师朱宏任出席开幕招待会并致辞。

工业和信息化部党组成员、总工程师朱宏任 10 月 10 日在广州会见了出席第十一届中国国际中小企业博览会的墨西哥国家企业家局局长恩里克·雅各布·罗察一行。

11 日，工业和信息化部党组成员、总工程师朱宏任陪同中共中央政治局委员、广东省省委书记胡春华参观了第十一届中国国际中小企业博览会。

第十一届中博会中国中小企业高峰论坛在广州花园酒店举行。工业和信息化部党组成员、总工程师朱宏任出席论坛并发表演讲。

12 日，第十一届中博会高成长中小企业投融资论坛暨项目对接会在广州花园酒店举行。本场活动以“整合金融资源，支持中小企业创新发展”为主题，包括高成长中小企业投融资论坛和投融资项目对接会两个部分。中博会组委会副主任、工业和信息化部党组成员、总工程师朱宏任出席论坛。

中小企业发展国际研讨会暨 2014 驻穗总领事圆桌会议在广州花园酒店成功举办。工业和信息化部党组成员、总工程师朱宏任出席会议。

13 日，工业和信息化部党组成员、总工程师朱宏任出席了 2013—2014 年度中小企业经营管理领军人才高级研修班结业式并致辞。

17 日，工业和信息化部与中国建设银行在重庆市联合召开深化中小企业金融服务战略合作座谈会。工业和信息化部党组成员、总工程师朱宏任和建设银行章更生副行长出席会议并发表重要讲话。

中小企业融资和担保座谈会在重庆市召开，工业和信息化部党组成员、总工程师朱宏任出席会议并发表重要讲话。

26 日—27 日，刘利华陪同张高丽副总理赴江苏苏州出席中国—新加坡双边合作机制会议，并考察经济运行、科技创新、中小企业发展等情况。张高丽强调，中小企业在促进经济增长、技术创新、增加税收、吸纳就业、改善民生等方面具有不可替代的重要作用。各地区各部门一定要贯彻落实好中央出台的促进中小企业发展的各项政策措施，不断优化中小企业发展环境。

工业和信息化部党组成员、总工程师朱宏任赴江苏调研中德中小企业合作情况，出席第九届中国工业设计周有关活动。

28 日，全国创办小企业工作座谈会在武汉召开，工业和信息化部党组成员、总工程师朱宏任同志出席会议并做重要讲话。

11 月

3 日—4 日，第八届中国中小企业节在江苏南通举办，工业和信息化部党组成员、总工程师朱宏任出席开幕式并演讲。

20 日，工业和信息化部印发《关于公布第四批国家中小企业公共服务示范平台名单的通告》（工信部企业〔2014〕490 号）。

28 日，工业和信息化部党组成员、总工程师朱宏任主持召开国务院促进中小企业发展工作领导小组办公室会议。

12 月

18 日，工业和信息化部部长苗圩出席全国促进融资性担保行业发展经验交流电视电话会议。

28 日，工业和信息化部党组成员、总工程师朱宏任在大连调研中小企业服务体系建设情况。

2014 年工业和信息化部中小企业发展促进中心工作大事记

2014 年，按照部党组的要求，在中小企业局和有关司局的大力支持下，中心领导班子带领全体干部员工认真学习贯彻十八届三中、四中全会精神，深入落实中央八项规定和中心群众路线教育实践活动制订的各项整改措施，紧紧围绕扶助小微企业专项行动确定的任务，加强规章制度和人才队伍建设，稳中求进，切实做好各项业务工作。

（一）全力做好重点支撑服务工作

一是协助做好 APEC 中小企业部长会议及相关活动。派人赴台湾地区参加第 38 次 APEC 中小企业工作组会，做好第 39 次 APEC 中小企业工作组会、第 21 届 APEC 中小企业部长会及中韩中小企业政策交流委员会第二次会议支撑服务工作，承办部长会重要配套活动——APEC 中小企业工商论坛。初步统计，该项活动中心共有 16 位同志参与，培养和锻炼了队伍，保证了各项任务的圆满完成。

二是协助做好示范平台相关工作。建立了共有 24 名专家的国家示范平台测评专家信息库；编写制作了《国家中小企业公共服务示范平台测评工作指引》；开展示范平台培训；做好第四批示范平台的评审服务工作；完成 40 家示范平台测评工作；编写各省份上报的首批和第二批共 307 家示范平台 2013 年度运营情况检查分析报告，并上报部里。

三是配合落实“企业减负专项行动”。参与起草《国务院办公厅关于加强涉企收费管理减轻企业负担工作的通知》（国办〔2014〕30 号文）；根据《工业和信息化部关于印发加强涉企收费管理减轻企业负担重点任务分工的通知》（工信部运行〔2014〕304 号）文件规定，中心承担对落实情况的第三方评估工作；在全国范围内开展企业负担调查，4000 多家企业参与调查，完成《企业负担调查评价报告》，在媒体发布，并上报国办；协助组织开展减轻企业负担政策宣传周活动暨电视电话会议；参加减负工作督查检查，撰写国务院文件落实情况第三方评估报告。

支撑服务工作得到了部相关司局的鼓励和认可，部办公厅、中小司和经济运行局等专门来信表扬了中心及相关同志。

（二）认真开展政策研究与咨询服务活动

一是加强研究力量。依托地方和高校的优势，建立了浙江台州、重庆中小企业研究基地；进一步充实了咨询专家队伍，目前中心共有各类咨询专家 86 人。

二是认真开展政策研究。包括：工信部委托的中小企业市场开拓机制研究，中小企业融资模式的探索与实践 - 直接融资市场下企业融资的新方法新路径，企业负担调查评价和减负政策评估；文化部委托的促进文化产业小微企业发展的政策研究；国家发改委委托的产城融合带动中小企业集群的合作机制研究等。2014 年，共完成各类研究课题 10 项。

三是组织开展中小企业政策大讲堂全国巡讲活动。开展了成都、天津、湖北、江西和广东等地 12 期重点班巡讲活动，共计有 3456 名中小企业管理者参加了培训学习，圆满完成中小司的委托任务。

四是印发中小企业相关政策汇编。包括《中小企业政策百问百答》《支持小微文化企业发展政策汇编》《减轻企业负担政策解答》等。在此基础上，还绘制了中小企业扶持政策一览表。

五是做好信息报送和舆情分析工作。每月向部里报送上网信息 8 条，上报信息 4 条；收集整理中小企业相关信息，在中心网站刊登；派人参加部办公厅中小企业舆情分析会，并受到了表扬。

六是做好咨询服务工作。帮助三门峡百年农机公司挂牌上市新三板；赴广西等地对具备一定条件的中小企业进行尽职调查等。

此外，还派人到中国政府网参加了《国务院关于扶持小型微型企业健康发展的意见》（国发〔2014〕52 号）的访谈，完成了关于平台建设及创业基地政策的解读等工作。

（三）扎实推进各类培训项目

一是做好中德培训合作项目。选派两期共 34 名学员赴德培训；完成第三期德国中小企业经理人来华交流班一行 20 人交流培训工作；派人赴德国波恩参加中德政府合作 MP 项目指导委员会第六次工作会；派人赴德国柏林参加由德国联邦经济和能源部、德国国际合作机构主持召开的中小企业经营管理人员合作培训项目十六国伙伴会议；编写《中德中小企业合作成果汇编》等。此项工作受到了朱总和其他部领导的肯定，苗圩部长批示：不断总结提高，争取越办越好。

二是做好援外培训工作。2014 年，受商务部委托，承办双多边援外项目 2 期，培训发展中国家官员 34 人。同时，加强援外项目深度开发，与部分国家洽谈合作事宜。

三是做好中小企业经营管理领军人才培训工作。共培训学员 104 人，研修班集中授课 15 天，共举办了 26 次专家授课，9 次主题活动，9 次参观考察，1 次企业拓展，多次学员故事分享及交流活动。培训突出了政策解读和参观考察，受到了企业的欢迎。

四是举办中小企业节能减排及能源管理师培训。在部节能司的指导和支持下，分四个批次对 660 人次进行了节能减排培训；还举办了四期“全国能源审计师、节能评估师职业资格培训班”，共培训学员 208 人。

此外，还继续举办了中国中小企业大讲堂—全国中小企业股份转让系统挂牌辅导与对接系列活动等。

（四）成功举办第八届 APEC 中小企业技展会等会展活动

一是承办第八届 APEC 技术交流暨展览会。本次活动于6月19日在浙江义乌举办，全国人大路甬祥副委员长、全国政协经济委员会李毅中副主任，工信部朱宏任总工程师，浙江省梁黎明副省长等出席了大会开幕式。21个 APEC 成员经济体均组织企业参展参会，展览面积近4万平方米，参展企业1135家，近5.3万人次进场参观、洽谈、采购，贸易成交总额21.3亿元。在本届技术交流会上，首次进行了 APEC 中小企业最佳创新实践发布，得到了各成员经济体的关注和赞扬。

二是主办中国中小企业大讲堂（2014年）报告会。报告会于6月29日在国家行政学院举行，全国人大常委会成思危副委员长，北京大学党委常委、常务副校长、著名经济学家刘伟等出席并发表演讲，近300名中小企业家和服务机构代表参加。

三是主办第七届中国中小企业国际交易会。交易会于2014年12月5日在四川省德阳市成功召开。本届展会展览面积达12400平方米，参展企业318家。展会还设置了电子商务主题论坛、采购信息发布会、重点客户联谊等配套活动。该展会为推动区域经济发展搭建了平台。

此外，还参与主办了第五届“两岸中小企业合作发展论坛”“2014商会大会”，指导举办了国际激光大会，策划了 ACD 工商大会等。

（五）深入推进园区建设

一是继续做好太仓中小企业合作示范园服务工作。派人随同朱总赴太仓调研，落实相关工作；总结并宣传推广太仓园区经验；组织第三期德国中小企业经理人来华交流班赴太仓交流考察，同时继续选派太仓优秀中小企业高层管理人员赴德国培训等。

二是组织专家完成中意（云浮）中小企业产业园产业发展总体规划报告，为中意（云浮）中小企业产业园揭牌。

三是组织专家完成中德（蒲江）中小企业合作园产业发展总体规划，为中德（蒲江）中小企业合作园揭牌，组织德国中小企业经理人来华交流班赴蒲江交流考察。

四是为中瑞（张家口）中小企业国际合作园揭牌，与张家口市人民政府共同主办的河北怀安产业园区暨项目资源推介会分别在北京、上海、深圳举行。

此外，协会领导还赴中德（蒲江）中小企业合作园、中德（太仓）中小企业合作示范区、中瑞（张家口）中小企业国际合作园进行调研；选派上述地方企业家赴德培训；利用《中国中小企业》杂志等媒体对上述园区进行宣传推介；同时，与芜湖等地有关部门探讨园区建设合作事宜。

（六）努力做好“全国中小企业服务联盟”工作

一是加强联盟组织建设。自2009年更名以来，联盟已有80家服务中心成员单位和9家团体会员，遍布全国各省市，并在2014年7月顺利进行了换届选举，成立了会员、活动、宣传和培训四个专业委员会。

二是提升联盟能力水平。开展了联盟年度能力竞赛评比工作，评选出2014年度优秀综合服务机构5家、创新服务项目8个、优秀中小企业服务工作者10名。设立了 QQ 群、微信群以及手机 APP 软件，促进沟通交流。

三是整合社会资源服务联盟成员。先后为联盟成员推荐了政策、财税、产权交易、电子商务等培训项目，顺利完成了3场财税专题讲座，14场电子商务巡讲，参加免费培训人员近5千人，发放《中小企业政策百问百答》等资料5000多册，回收有效企业反馈问卷近3千份。此外，还协调联盟成员组织企业参加 APEC 技展会、中交会及首选服务商评选等相关展会和活动。

（七）探索开展新业务

一是参加了国家中小企业公共服务平台网络顶层设计相关工作，编写了国家中小企业信息化公共服务平台产业园区服务白皮书；以国家中小企业信息化公共服务平台建设为载体，建设了平台的互联网门户网站、园区服务云平台、手机 APP 移动互联平台等。

二是与天津中小企业局签订战略合作协议，共同推动中小企业“万企转型升级”行动计划，开展天津市中小企业公共服务平台网络规划，更好地整合、配置和优化各级、各类服务资源，提升服务能力；建设中小企业特色园区，开展园区产业规划、开发模式、招商策略等研究，指导园区开发建设和招商运营；选择相关区县作为转型升级试点，以培训为手段，以系列行业项目对接为核心，推动中小企业调整结构，转变发展方式，实现转型升级。

三是与上海联合产权交易所合作，整合资源，建设中国中小企业信息发布系统，为中小企业提供企业信息发布服务和信用报告；搭建中小企业并购重组平台，提供融资解决方案；编制“中国中小企业发展指数”，择机发布。

四是在运行局指导支持下，组织编写《中国应急产品推荐指南》，组织中德应急产业座谈会，派人随团赴德就应急产业合作事宜进行磋商。

五是在部里的指导和支持下，整合资源，筹建小微企业投资基金，缓解小微企业融资难问题。目前，已几易其稿，并向相关部领导做了汇报。

（八）进一步加强舆论宣传和引导示范工作

一是继续编辑出版《中国中小企业年鉴》，对机构人员变动较大的部分地区采取多种渠道进行联系，重新确定了编委、联络员，较好地完成了组稿工作，并于11月底完成出版。

二是继续开展中小企业首选服务商项目。4月召开“中国中小企业服务创新大会暨首选服务商发布会”，发布了“中国中小企业首选服务商”名单，入选服务商代表在会上宣读了《中国中小企业首选服务商倡议书》。

三是实施中国成长企业5020工程。专门网站于5月16日上线，10月21日进行新版发布，组织了2次工作组会议，2次投融资对接会。截至2014年年底，共有400多家企业申报5020工程重点联系企业。

四是举办2014年（第三届）中国品牌领袖峰会暨2014C－BPI年度行业第一品牌颁奖盛典。活动于12月5日在北京成功召开，178家企业成为行业第一品牌，涉及8500个主流品牌，为全社会树立品牌意识、推动企业品牌建设发挥了重要作用。

五是继续办好《中国中小企业》杂志。1月，杂志社主管单位由国家发改委划转到工业和信息化部；共用120个版面，刊发专题报道8个，宣传报道小微企业；共用100个版面，宣传报道服务体系；每期5个版面刊发小微企业相关政策信息；另外，“封面故事”“特别报道”等栏目，也不定期安排多个版面，全方位多角度宣讲解读国家有关小微企业的大政方针。

（九）大力做好协会工作

一是做好协会会员发展工作。创新会员发展模式，通过增设行业分会，采取合作和委托方式，发展壮大企业会员队伍，2014年，新发展企业会员75家，截至2014年年底共有会员314家。

二是做好协会会员服务工作。采取多种手段如网站、电子邮箱、QQ群、微信群、寄送《中国中小企业》杂志等，为会员提供政策信息；邀请150家会员参加第八届APEC技展会技术交流大会；组织京沪湘粤等地10余家企业会员参加APEC工商论坛等活动；通过在协会网站开设不同栏目，宣传会员。

三是起草协会分支机构管理办法，增设分会。目前，成立了深圳办事处和激光产业分会，门窗幕墙五金建材分会正在筹备成立，水电能源行业分会、文化创意产业分会已经秘书长办公会审议通过。

四是创新协会工作机制，拓展服务手段。与英国TCG集团开展合作，在无锡、常州市分别举办了“国际化·社会化营销—企业海外社会化营销和新媒体应用研讨会”；与俄罗斯驻华商务代表处开展合作，组织北京20余家会员企业参加俄罗斯汉特曼西自治区中小企业圆桌会议；指导会员企业湖南电器研究所申报2014年中小企业示范服务平台；推荐广东、湖南会员企业选派高管人员参加中德培训面试选拔等。

2014 年各地中小企业工作大事记

北京市

2014 年 2 月 27 日，市经济信息化委会同市财政局、市国土局等十余部门在北京市新闻办公室新闻发布厅联合召开《北京市促进中小企业发展条例》新闻发布会。会议由北京市人民政府新闻办公室主任王惠同志主持。会上，市经济和信息化委新闻发言人姜贵平同志以“优化公共服务增强经济活力，依法促进北京市中小企业健康发展”为题对《北京市促进中小企业发展条例》有关情况进行了介绍；市财政局王婴副局长结合《条例》重点介绍了我市支持中小企业发展的相关财政政策；市国土局王兵副总规划师结合十八届三中全会精神和《条例》重点就如何促进解决中小企业发展用地方面的问题提出了新的思路和看法。会上，三位发言人还分别回答了各新闻媒体及记者的提问。

2014 年 5 月上旬，市经济信息化委任世强委员带队调研了大兴、丰台等区县，深入了解区县中小企业工作进展及我市中小企业公共服务平台及小企业创业基地发展情况。调研组先后与大兴区经信委、丰台区经信委进行了座谈；实地走访了云基地、嘉捷科技园、汇龙森科技园等平台和基地；听取了中小企业公共服务市级枢纽平台信息化系统及实体大厅建设情况汇报。

任世强委员在调研中表示，区县中小企业工作要紧密围绕本区域的功能定位，科学布局，统筹规划中小企业集聚发展，加快产业升级；区县在服务体系建设方面，要充分整合各类服务资源，利用现代信息技术，创新服务理念、提升服务能力和水平，促进中小企业健康可持续发展。在中小企业公共服务大厅，任世强委员在听取中小企业公共服务市级枢纽平台信息化系统及实体大厅建设情况汇报后指出，要积极协调各相关单位，进一步加快我市中小企业公共服务平台网络建设进度。认真谋划平台运营管理模式，扎实做好运营前的各项准备工作，以市场化运作为基础，有效发挥平台服务核心功能，并实现可持续发展。

2014 年 6 月 19 日至 22 日，我委组织参加了在浙江省义乌举行第八届 APEC 中小企业技术交流暨展览会。本届展会主题为“技术提升经济，合作创造未来”。我委组织 11 家中小企业参展，涉及电子电器、网络信息、节能环保、生物医药等行业。展会期间，我委任世强委员出席了全国中小企业厅局长圆桌会议，并代表华北地区作了发言；中小企业公共服务平台和小企业创业基地代表参加了“前沿技术报告会”“科技创新成果与中小企业对接会”等专题技术交流活动。

7 月 22 日下午，市经济信息化委在汇龙森国际企业孵化（北京）有限公司组织北京市中小企业公共服务平台、小企业创业基地建设经验交流活动。我市 60 多家服务平台、基地以及区县中小企业主管部门，近 130 人参加活动。会上，汇龙森负责人对该平台（基地）的整体运营情况、服务体系、服务模式及典型服务案例作了经验介绍。

8 月 7 日，市经信委组织召开了区县促进中小企业发展工作会。会上，市经信委中小企业处通报了 2014 年上半年工作完成情况，并部署了 2014 年下半年重点工作；各区县分别汇报了本地区贯彻落实《北京市促进中小企业发展条例》、京政发〔2011〕17 号文件和京政发〔2012〕40 号文件的基本情况，并就下一步重点工作进行了座谈交流。

任世强委员在听取了各区县工作汇报后指出，区县是中小企业工作的重要责任主体，工作要有套路、有规划、有抓手，要借势而为；在下半年的工作中，要主动作为，加强协调，切实将各项政策措施贯彻落实到位，加快推进公共服务体系建设，切实提高服务能力和服务水平。

8 月 12 日，市编办左铭飞副主任一行调研我市中小企业工作，市经济信息化委党组书记李平同志、刘京辉委员、任世强委员陪同调研。调研组一行参观了北京市中小企业公共服务平台实体大厅，并听取了全市中小企业工作情况汇报。市编办左铭飞副主任对全市中小企业工作取得的成果表示了充分肯定，并表示在人员编制等方面可给予必要的支持。市经济信息化委李平书记指出，在未来的工作中，应进一步充实力量，积极作为，确保我市中小企业平稳健康发展。

2014 年 9 月 6 日至 8 日，由市经济和信息化委任世强委员任团长、北京利民恒华农业科技有限公司等 15 家农产品加工企业共 42 人组成北京市代表团，参加了由农业部支持、河南省人民政府在河南省驻马店市成功举办的“2014 年中国农产品加工业投资贸易洽谈会”（以下简称“农洽会”）。

本届“农洽会”，我市在核心展区设立了占地 60 平方米的特装展位参展，取得丰硕成果。一是北京荣涛食品有限公司与郑州路发商贸有限公司、驻马店华丛副食店等 6 家企业现场达成供销协议，北京绿山谷芽菜有限责任公司与郑州农委等 3 家单位、北京利民恒华农业科技有限公司与郑州伟业商贸公司、郑州金丰实业有限公司等多家企业达成合作意向；二是北京市经济和信息化委员会被大会组委会评为“2014 年中国农产品加工业投资贸易洽谈会组织工作先进单位”；三是北京利民恒华农业科技有限公司生产的“乐乐菇牌红烧牛肉香菇酱”被大会组委会评为“2014 年中国农产品加工业投资贸易洽谈会优质产品”。

9 月 17 日，市经济信息化委任世强委员主持召开小微企业融资座谈会。银行、担保、信托、租赁、创投等9家金融机构参会并发言。会上，任世强委员向参会金融机构介绍了我市中小企业主要工作进展情况和下一步工作计划，听取了各金融机构就小微企业近期融资情况、存在的突出问题及主要原因进行了分析，并提出改善小微企业融资环境的相关政策措施建议。

2014年10月11—14日，我委组织参加在广州举行的为期四天的第十一届中国国际中小企业博览会。博览会以“加强合作，扩大交流，互利共赢，携手发展”为主题。本届博览会，北京展团在展区里运用展板、灯箱和视频等形式，通过展览展示优化法律政策环境，完善公共服务体系建设，强化创新服务等手段取得的积极成果，充分宣传了北京市委、市政府对促进我市中小企业发展所做的各项工作。北京展团还参加博览会举办的中国高成长中小企业投融资论坛暨项目对接会、专题讲座等活动，增进了与各省市间的相互学习与交流。

10月24日，我委组织召开了促进中小企业健康发展建议案座谈会。市政协经济委员会吴杰主任，刘桓、冯春勤、祝明扬副主任及11位市政协委员参加了座谈。会议由任世强委员主持。会上，中小企业处介绍了我市促进中小企业发展总体工作情况；汇报了《关于完善市场机制促进首都中小企业健康发展的建议案》（以下简称建议案）的答复意见。与会的市政协委员就我市在中小企业创新融资、小额贷款公司、中小企业公共服务平台建设及如何处理好政府与市场的关系等问题提出了建设性的意见和建议。

最后，吴杰主任对我市中小企业工作及我委在办理建议案中开展的工作给予了充分肯定，对建议案的答复意见表示满意，并表示下一步市政协将给予我委更大的工作支持，进一步促进我市中小企业平稳健康发展。

11月27日，市经济信息化委在认定的市级中小企业公共服务平台——星美今晟影视城组织开展了“北京市中小企业公共服务平台、小企业创业基地文化创意产业专场交流会”。8家文化创意、影视传媒、新媒体等领域的市级中小企业公共服务平台、小企业创业基地运营单位参加了交流活动。会上，各家平台、基地就自身的运营情况、服务特点、资源优势以及服务案例进行了介绍，并根据自身建设情况、服务情况、发展经验等问题进行了交流互动。通过交流，星光影视园、星美今晟影视城、瀚海智业、汇龙森、尚8等单位达成了初步共同发展意向，并表示将继续保持沟通，寻求更进一步的合作。

12月8日，市经济和信息化委组织召开了全市37个委办局参加的市促进中小企业发展工作领导小组联络员工作会。会上，市经信委中小企业处介绍了北京市中小企业公共服务平台建设及下一步工作情况；通报了《北京市促进中小企业发展工作条例》责任分解工作情况。与会人员重点就完善条例责任分解方面提出了合理化的意见和建议。

最后，任世强委员对领导小组成员单位给予我委在中小企业工作方面的支持表示衷心感谢，并指出要加快推进《北京市促进中小企业发展工作条例》的贯彻实施及我市中小企业公共服务平台建设，如期启动平台开通仪式，尽快发挥平台在公共服务资源、中小企业专业服务、数据支撑等方面的作用，切实提高服务能力和服务水平。

2014年12月15日，我委组织参加为期四天的2014年中国（海南）国家热带农产品冬季交易会（以下简称冬交会）。本届冬交会以“园区塑造农业品牌，电商促进市场营销”为主题，不断推进本届冬交会向品牌化、市场化、国际化、网络化方向发展。按照农业部的通知要求，本届冬交会我委组织了6家农产品加工企业代表进行了布展参展。在农业部组织的农产品加工业区域经济合作交流会上，我委作为代表做了经验介绍和工作交流，有效增进了与各省市间的相互学习与交流。

天津市

1月7日，市中小企业局、市国土房管局、市规划局批复天津马家店工业区等2个园区开展拓展区建设，至此，31个示范工业园区已有29个被批准开展拓展区建设，并已进入建设阶段，其中20个园区已完成基础设施建设。

1月16日，王宏江副市长赴京拜访国家工信部部长苗圩，国家工信部党组成员、总工程师朱宏任以及工信部中小企业司的同志，就工信部等在天津市开展中小企业创新转型试点工作以及天津市万企转型升级行动计划等相关工作进行交流。市中小企业局尉永久局长陪同。

1月22日至2月12日，市中小企业局与市政府督查室、市规划局、市国土房管局、市环保局、市财政局等部门组成联合考核组，对2013年度31个示范工业园区开发建设、招商引资、产业集聚、产出贡献、发展环境等情况进行考核检查。评定天津华明高新技术产业区等12个园区为2013年度优秀示范园区，海河工业区等17个园区为2013年度达标园区，茶淀工业区、滨海物流加工区为2013年度未达标园区。

2月6日，黄兴国市长组织召开市内六区主要负责同志及相关单位楼宇经济座谈会。

2月6日至15日，以任鹏副局长为团长，由市侨办、红桥区、北辰区及我局企业投资促进中心相关同志组成的招商代表团一行6人赴澳大利亚、新西兰、韩国开展招商引资活动。在外期间紧张有序地开展工作，举办五场招商对接会，拜访二十余家企业和机构，接触客商300余人，涉及装备制造、生物医药、金融证券、电子商务等产业，推动具体项目十余个。

2月7日，在市政府会议室，王宏江副市长主持召开市内六区及相关单位楼宇分管领导座谈会，会上听取了各区楼宇经济发展情况及对今后楼宇经济发展的建议，并提针对楼宇经济发展提出了要求和部署。

2月10日，在市政府会议室，于忠诚副秘书长主持促进中心城区加快发展楼宇经济联席会议，各楼宇联席会议成员单位参加。市中小企业局局长尉永久、副局长将颖参加会议，会议对第四批亿元楼宇项目进行了初审，并原则通过。

2月12日，召开万企转型升级行动帮扶工作组和区县及有关部门会议，贯彻落实全市促发展惠民生上水平活动暨万企转型升级动员会精神，研究部署下一步工作，副市长王宏江出席会议并讲话。市中小企业局局长尉永久汇报万企转型升级行动进展情况。

3月3日，工信部党组成员、总工程师朱宏任率中小企业司司长郑昕、消费品工业司司长王黎明等一行莅临我市调研指导工作。副市长王宏江陪同调研考察，并主持座谈会。市政府副秘书长于忠诚、市中小企业局局长尉永久、北辰区区长高学忠以及有关部门的负责同志参加了调研座谈活动。

3月5日至6日，山西省中小企业局胡荣华局长一行6人，来我局进行调研考察，永久局长主持，志强同志和综合处、调研处、经济运行处、创新发展处及中小企业生产力中心领导参加。

3月8日，市中小企业局会同市妇联、市教委、市人力社保局、海河教育园管委会联合举办了“春风送岗位服务进校园”天津市女大学生创业就业专场服务活动，促进女大学生就业。市中小企业局副局级巡视员司志强出席了此次活动，并对我市首批认定的16家女大学生就业见习基地进行了授牌。

3月9日至18日，以于忠诚同志为团长，蒋颖同志为副团长的天津市代表团出访瑞典、波兰、俄罗斯，开展招商活动。本次出访共举行了3场小型推介会，搭建了3个招商渠道，推动了3个重点项目，走访了6家企业，落实了20个小型项目源，洽商了40家企业。

3月19日，市委副书记、市民营经济发展工作领导小组组长王东峰主持召开全市民营经济发展工作专题会议。总结2013年全市民营经济发展工作情况，研究部署2014年重点任务。市委常委、统战部部长、领导小组副组长刘长喜，副市长、领导小组副组长王宏江出席会议。

3月19日，健全了市民营经济工作体制机制。一是制定《天津市民营经济发展工作领导小组及其办公室工作机制》。二是制定《天津市民营经济发展工作考核办法》。

3月20日，“天津市万企转型升级行动大型公益讲座”在天津迎宾馆6号楼召开。讲座聘请了新加坡南洋理工大学南洋科技创业中心主任夏智强教授、天津市城市集体经济联合会张恒杰会长等2位专家进行授课。市中小企业局有关处室、各区县中小企业局负责人、部分转型升级中小企业，以及有关中小企业服务机构，共计300余人参加了此次活动。

3月24日，党组成员、副局长蒋颖退休。

3月28日，副市长王宏江率有关部门负责同志在天津卓朗科技发展有限公司主持召开全市万企转型升级行动联席会议，听取转型升级工作进展情况汇报，研究部署下一步任务。市中小企业局局长尉永久汇报了万企转型升级行动进展情况，领导小组各成员单位和帮扶工作组负责人汇报了帮扶工作开展情况，各区县分管领导负责同志参加了会议。

3月28日，天津市人民政府批复华明工业区等九个园区更名和产业定位调整（津政函〔2014〕24号）。

3月31日，在迎宾馆6号楼召开天津市示范工业园区及亿元楼宇招商工作及培训会议，总结2013年招商引资情况，部署2014年招商重点工作。中心城区亿元楼宇主管部门负责同志、滨海新区及涉农区县示范工业园区主管部门负责同志及31个示范工业园区管委会招商负责同志参加。任鹏副局长主持会议，尉永久局长出席会议并讲话。

4月14日，全市民营经济暨万企转型升级政策培训会召开，副市长王宏江出席并讲话。市发改委、市商务委、市国资委、市财政局、市科委、市工商局、市行政审批办、市知识产权局、市人力社保局、市中小企业局等部门负责同志分别解读了相关政策。各区县主管中小企业、民营经济发展工作区（县）长及主管部门负责人，市中小企业局相关处室负责人，部分民营企业界的市、区（县）人大代表和政协委员共300余人参加培训。

4月16日，在市中小企业局会议室，王云齐副局长主持，召开心城区楼宇经济工作座谈会，各区楼宇主管部门负责同志参加，会上各区对本区楼宇经济进展工作与楼宇专项资金配套到位及拨付使用情况进行了专题汇报。

4月22日至25日，尉永久局长和市合作交流办张建国主任率南开、河北、宝坻、宁河、蓟县等区县招商人员赴南京、宁波、上海等“长三角”地区，开展知名民企专项招商对接活动。专项对接商业地产、电子信息、日用消费品等领域的知名民企。共举办了2场投资合作恳谈会，接触了“长三角”地区70余家企业和商会、协会等招商中介机构，达成投资意向的项目有20余个。

4月23日，在蓟县渔阳宾馆召开“天津市百村商务楼宇现场会”黄兴国、王东峰、尹德明、王宏江和市相关部门有涉农区县主要负责同志及分管同志参加。

4月28日至29日，市中小企业局副局长任鹏分别赴静海县、西青区、武清区和北辰区等重点涉农区县，对工业运行情况进行调研。

5月6日，市中小企业局副巡视员王云齐赴静海县大邱庄示范工业园区对春季安全生产大检查工作进行督查。

5月7日至10日，任鹏副局长率队会同宁河县、市体育局赴武汉参加2014中国国际体育用品博览会，借助相关论坛与参会企业、中介机构深入洽谈，推介我市投资环境，沟通体育产业在津投资和发展方向。

5月13日，市中小企业局副局长任鹏主持召开区县示范工业园区工作会议，会议总结了示范工业园区拓展区建设管理和安全生产等工作进展情况，分析了存在问题，部署了下一步工作。

5月13日至14日，营口市人民政府副市级领导李松立一行7人，来我局进行调研考察，尉永久局长主持，司志强副巡视员和综合处、调研处、创新发展处、服务发展处参加。

5月15日，市委副书记、市民营经济发展工作领导小组组长王东峰调研民营科技型企业，推动“千家民营科技型企业提质增效行动”，研究解决企业发展中的实际困难和问题。副市长、市民营经济发展工作领导小组副组长王宏江参加。

5月18至22日，任鹏副局长、市工商联耿伟副主席及市国资委、市中小企业局企业投资促进中心相关同志赴南京、上海、杭州、福州开展民营企业招商对接活动。为将于6月份和10月份在我市举办的“全国知名民企天津行”和“第二届全国民企贸易投资洽谈会”做招商宣传。

5月23日，市十六届人大常委会召开第十次会议，审议并通过了《天津市促进中小企业发展条例》，于7月1日起施行。

5月27日，在河东区嘉诚大厦召开市内六区楼宇经济暨万企转型升级工作现场推动会，副市长王宏江出席会议并讲话，于忠诚副秘书长主持会议。市发改委、市财政局、市国土房管局、市中小企业局负责同志、万企业转型升级第二帮扶组、市内六区分管楼宇工作的负责同志及区楼宇经济、中小企业主管部门负责同志参加，宏江副市长针对我市楼宇经济整体进展情况及万企转型工作作了讲评，并针对下一步工作进行了布置。

5月30日，在迎宾馆6号楼召开全国民企天津行活动部署暨第二届民洽会动员会。我市相关委办局负责同志和各区县主管区县长参会。尉永久局长汇报了全国民企天津行活动和第二届全国民企贸易投资洽谈会方案及筹备情况。王宏江副市长出席并做重要讲话。

6月3日至20日经济运行处参加全市大气污染和水环境污染防治工作检查活动。

6月6日，“全国民企天津行活动”在海河假日酒店举行，来自全国20余个省市的260余家民营企业家参会。刘长喜部长、王宏江副市长、黎昌晋副主席出席会议。尉永久局长做了我市投资环境推介，王宏江副市长主持会议，刘长喜部长做了重要讲话。

6月6日，副市长王宏江率有关部门负责同志在北辰区召开万企转型升级工作现场推动会，听取汇报，总结交流经验，研究部署下一步任务。市中小企业局局长尉永久汇报万企转型升级行动进展情况。

6月17日至20日，任鹏副局长和市合作交流办、河西区、河东区、宝坻区、西青区领导及招商人员赴成都、重庆两市，专项对接电子信息、商贸物流、餐饮娱乐等领域的知名民企。共举办2场投资合作恳谈会，60余家“川渝”企业及商协会参加，洽谈具体项目20多个。

6月19日，市中小企业局副局长薄云为团长的天津代表团参加了在浙江省义乌市国际博览中心举行的第八届APEC中小企业技术交流暨展览会。会议期间召开了全国中小企业厅局长圆桌会议，朱宏任总工程师出席会议并作重要讲话。我市中小企业局薄云副局长率服务发展处参加会议。

6月26日，工信部中小企业司在上海召开部分省市中小企业“专精特新”工作座谈会，中小企业司许科敏副司长主持，郑昕司长参加会议并讲话。市中小企业局副巡视员司志强参会并介绍了我市促进中小企业“专精特新”发展工作的进展情况。

7月2日至3日，市中小企业局副局长任鹏分别到第二批群众路线教育联系点南开区天津索思仪表测控系统技术有限公司、津南双港工业区调研。

7月7日至8日，市委统战部、市中小企业发展促进局、市工商联联合举办工商联系统民营经济观摩交流活动。市委常委、市委统战部部长刘长喜出席活动并讲话。市政协副主席、市工商联主席黎昌晋出席活动，市委统战部部长刘剑英，市委统战部副部长、市工商联副主席李广文，市民营办主任、市中小企业局局长尉永久参加。市、区县工商联和民营办负责同志参观考察了和平区天津新世纪儿童医院、河北区一宫文化广场、红桥区中国星合伙人预孵化基地等10个民营经济项目，现场进行交流点评，并在东丽区科创慧谷（天津）科技园召开总结座谈会。

7月7日至9日，尉永久局长率62家我市中小企业协会理事单位及红桥区、武清区等区县领导和中小企业主管部门负责人共一百余人赴北京参加第二届中国中小企业投融资交易会。尉永久局长在投融会“京津冀一体化”联动论坛上，与国家发改委城市和小城镇改革发展中心主任、秦皇岛市市长、泛华集团总裁等嘉宾就“京津冀一体化”的产业转移、资源配置和企业投资等进行了深入探讨。

7月17日，天津市人民政府批复天津西青学府工业区局部调整总体规划（津政函〔2014〕57号）。

7月18日，编印发行《2014中国天津中小企业发展白皮书》。

7月18日，市中小企业局与建行天津分行联合召开银政合作协议签约仪式，市中小企业局局长尉永久和建行天津分行行长高德高出席会议并致辞，市中小企业局副局长薄云和建行天津分行副行长屈宏志签署合作协议，各区县中小企业局负责同志、建行各区县分支行行长参加会议并进行了工作对接。

7月20日，副巡视员王云齐任命为副局长、党组成员。

7月23日，在天津大礼堂召开天津市区县示范工业园区重大项目及万企转型升级推动会，副市长王宏江出席会议并讲话。

7月22日至25日，尉永久局长和任鹏副局长赴湖北、湖南开展招商对接活动，期间分别参加了在武汉和长沙举办的两场津鄂、津湘投资合作恳谈会，分别走访了九州通医药集团、湖北卓尔集团、湖南泰富集团、红太阳集团等知名中国500强民企，共接洽企业和商会、协会80余家，达成投资协议15项。

7月31日至8月2日，辽宁省中小企业厅副厅长宋维国一行7人，来我市进行调研考察。尉永久局长主持，司志强副巡视员和综合处、调研处、创新发展处参加。

8月4日至5日，市中小企业局副局长任鹏赴静海县、蓟县调研示范工业园区建设发展及招商引资情况。

8 月 11 日，市民营经济发展工作领导小组召开第三次会议，总结上半年全市民营经济工作，交流工作情况，研究部署下半年重点任务。市委副书记、市民营经济发展工作领导小组组长王东峰出席并讲话。市委常委、市委统战部部长、市民营经济发展工作领导小组副组长刘长喜主持会议，副市长、市民营经济发展工作领导小组副组长王宏江总结部署工作，市政协副主席、市工商联主席、市民营经济发展工作领导小组副组长黎昌晋出席。

8 月 17 日，宏江副市长带队赴穗就工业和信息化部电子五所支持参与天津市中小企业创新转型试点工作，开展合作事宜进行调研考察，出席合作交流座谈会暨签约仪式。国家工信部中小企业司司长郑昕、市中小企业局局长尉永久、广东省中小企业局局长张文献、工信部电子五所所长谢少凤、党委书记李敏以及相关部门的负责同志参加。

8 月 18 日至 19 日，刘长喜部长、王宏江副市长、黎昌晋副主席、叶礼敏副秘书长、朱清相副秘书长分别带队赴各区县督导第二届民洽会招商及筹备情况。有关委办局负责同志及工作人员陪同。

8 月 20 日至 23 日，内蒙古呼伦贝尔市经信委组织园区管理部门主要领导来津考察园区工作，在市委党校召开工业创新管理体制专题培训班。市中小企业局副局长任鹏陪同考察并介绍区县示范工业园区发展及促进政策创新、招商引资理论与实践。

8 月 25 日，副市长王宏江赴津南区调研推动万企转型升级工作，并召开部分区县经济发展座谈会。市中小企业局局长尉永久、津南区区长赵仲华陪同，市农委、西青区、宝坻区分管负责同志参加。

8 月 26 日，市中小企业局对党总支，党支部进行改选。

8 月 31 至 9 月 2 日，尉永久局长率队赴南京参加 2014 年 APEC 中小企业工商论坛。

9 月 10 日至 11 日，济南市经济和信息化委员会姜华副主任一行 8 人，来我局调研考察，王云齐副局长主持，综合处、调研处参加。

9 月 12 日，在天津大礼堂小剧场南开厅召开第二届全国民企贸易投资洽谈会招商推动会，我市相关委办局负责同志和各区县主管区县长参会。尉永久局长汇报了第二届全国民企贸易投资洽谈会方案及筹备情况。王宏江副市长出席会议并做重要讲话。

9 月 15 日至 17 日，辽宁省中小企业厅黄兴利处长一行 3 人，来我局调研考察，综合处、调研处、创新发展处处长参加。

9 月 18 日，副市长王宏江率有关部门负责人赴武清区召开万企转型升级行动现场点评推动会。市政府副秘书长朱清相出席活动，市中小企业局局长尉永久通报了兴国同志在 8 月底 37 次市政府常务会议上对万企转型升级行动的指示精神。

9 月 22 日，市中小企业局代市政府批复天津上仓工业园产业定位调整（津中小企函〔2014〕28 号）。

9 月 24 日，在第三批亿元楼宇项目“天津青年创业园”举办了大学生创业项目投融资对接活动，13 位创业团队代表分别介绍了项目的研发情况、市场发展潜力、融资需求等。天津市创业之星王晓东和张坤宇介绍了自己的创业经验，并对项目进行了创业指导。投资机构代表介绍了投资方向、方式情况，会后，大学生创业项目与投资机构和企业家进行了深入洽谈，部分创业项目初步达成投融资意向。

10 月 9 日，在市政府一楼常务会议室，召开市政府第 40 次常务会议，会上审议并通过天津市第四批亿元楼宇项目，尉永久局长参加会议并就第四批亿元楼宇项目情况进行了汇报。

10 月 11 日至 14 日，市中小企业局副局长薄云为团长的天津代表团参加了在广州举行的第十一届中国国际中小企业博览会暨高峰论坛等活动。来自我市近 30 家“专精特新”成长型中小企业参展，达成多项合作意向，意向金额达 800 余万元。市中小企业局、各区县中小企业主管部门、市中小企业发展促进中心及企业参加。

10 月 17 日，工业和信息化部与中国建设银行在重庆市联合召开深化中小企业金融服务战略合作座谈会，工业和信息化部党组成员、总工程师朱宏任和建设银行章更生副行长出席会议并发表重要讲话，来自全国各地的中小企业主管部门和建行一级分行参加了会议。市中小企业局副局长薄云率队参加了会议。

10 月 17 日，市中小企业局经济运行处召开三季度区县工业经济运行工作会，总结前三季度工业运行情况、主要特点和存在问题，部署第四季度重点工作。

10 月 17 日至 18 日，第二届全国民企贸易投资洽谈会在我市滨海新区举办。来自全国 400 多位知名民营企业家、15 余家异地商会、行业代表参会。本次大会，全市共洽谈重点民企项目 352 各，项目总投资额 3044.2 亿元；落实签约项目 138 各，总投资额 1730.4 亿元，其中民企 500 强项目 18 各，总投资额 409 亿元。

10 月 20 日，在天津环球金融中心会议室召开天津市楼宇经济工作现场推动会，朱清相副秘书长主持，王宏江副市长出席并讲话。市发改委、市财政局、市国土房管局、市中小企业局负责同志；市内六区分管楼宇工作的负责同志参加。会上传达了政府第 40 次常务会议精神和全市第四批亿元楼宇情况。各区汇报了楼宇经济及商务楼宇转型升级工作进展情况。

10 月 23 日，天津市召开民营上市企业做强做优座谈会。市委常委、市委统战部部长刘长喜出席并讲话。市政协副主席、市工商联主席、市民营经济发展工作领导小组副组长黎昌晋主持会议。天津证监局局长张海文介绍了天津民营上市公司总体发展情况，市发展改革委、市科委、市市场监管委、市财政局（市地方税务局）、市金融工作局、市中小企业局（市民营办）、市国税局、天津海关、天津证监局等 9 家单位负责同志出席会议并就支持民营上市企业做优做强做了发言。天士力制药集团股份有限公司、中源协和干细胞生物工程股份公司、天津赛象科技股份有限公司、天津长荣印刷设备股份有限公司和天津红日药业股份有限公司5家企业交流了企业发展情况，渤海证券、中信证券2家中介机构讲解了并购重组再融资政策及成功案例。

10月24日，工信部电子五所与市中小企业局联合召开天津市万企转型升级“质量提升TSQ”项目对接会。工业和信息化部电子第五研究所技术推广处总工程师彭文忠、赛宝认证中心副总经理连俊鑫与赛宝认证中心培训部主任李旭波；河西、东丽、北辰等区县的中小企业主管部门负责同志与17家企业代表参加了会议。

10月29日，工信部中小企业司吴义国副司长到北辰区专题调研中小微企业发展情况。

11月2日至4日，尉永久局长率天津中小企业协会、企业投资促进中心等部门赴江苏南通参加第八届中国中小企业节。

11月7日，工信部中小企业司郑昕司长出席我市深化改革开放、促进中小企业发展报告会，并做专题报告。

11月7日，市中小企业局召开群众路线教育上下联动工作总结会，局机关和各区县中小企业主管部门领导参加会议。

11月10日，市委副书记、市长黄兴国主持召开科技企业、民营企业座谈会，听取企业发展情况汇报，征求对金融服务实体经济发展工作的意见和建议。市委常委、常务副市长崔津渡，副市长王宏江、何树山出席会议。键凯科技、中科遥感、久日化学、海泰环保科技、勇猛机械制造等5家科技企业和领先控股、聚龙嘉华、华今集团、小刀电动车业、华源工业等5家民营企业负责人先后发言。市科委、市中小企业局、市财政局、市金融局、人民银行天津分行、天津银监局、天津证监局、天津保监局、市政府研究室主要负责同志，有关科技企业、民营企业、商业银行负责人参加座谈会。

11月16日至21日，市中小企业局赴深圳参加第十六届中国国际高新技术成果交易会。

11月17日，市政府下发《天津市人民政府关于同意实施国金广场等50个亿元楼宇项目的批复》（津政函〔2014〕90号），同意将国金广场等50个商务楼宇作为我市第四批重点支持亿元楼宇项目。

11月21日，副市长王宏江率有关部门负责人赴滨海新区召开万企转型升级行动现场推动会。市中小企业局局长尉永久汇报了万企转型升级行动改造提升路径进展情况和万企转型升级标准及考核办法的说明。

11月26日至28日，王云齐副局长带队赴杭州学习考察楼宇经济，中心城区楼宇经济主管部门主要负责同志参加。

12月3日，“圆梦津城中小企业培训工程”——第五期天津中小企业高级管理总裁研修班在清华大学主楼举行。由北京三鉴正元企业管理研究院院长、清华大学工商管理硕士卢岩，职业经理训练中心教授、北京大学管理学博士吴新华，财政部科研所研究生副主任、教授、博士生导师杨照南等专家授课。清华大学、天津市中小企业协会、项目组全体人员及来自全市中小企业的47位总裁及高管参加。

12月8日，市中小企业局、市财政局下达区县示范工业园区拓展区基础设施建设贷款市财政贴息资金（第二批）计划（津中小企〔2014〕55号）。

12月9日至10日，大连市中小企业局局长靳国卫一行5人来我局调研考察，薄云副局长主持，综合处、创新发展处参加。

12月11日，中心城区楼宇主管部门主要负责同志参加实践教育征求对市中小企业局、领导班子和成员在教育实践活动查找问题整改落实情况、深化作风建设情况、工作开展情况等方面的意见。

12月12日，市中小企业局在南开区苏商科技大厦召开群众路线教育活动，暨区县示范工业园区主管部门征求意见座谈会，市中小企业局党组书记、局长尉永久出席并讲话，党组成员、副局长任鹏主持。

12月13日，市中小企业局经济运行处组织召开区县规模工业经济运行及小微企业运行监测年度培训工作会议。

12月16日，投资中心会同相关区县招商人员赴北京参加第五届网易经济学家年会。

12月17日，天津市编办印发《天津市中小企业发展促进局主要职责内设机构和人员编制规定的通知》（津编发〔2014〕98号）

12月23日，经天津市统计局审核批准，市中小企业局印发2014年度《天津市中小微企业经济运行监测报表制度》，规定对天津市16个行政区域内小型微型企业、涉农区县年主营业务收入500万—2000万元工业企业、区县示范工业园区及园区内全部企业等运行情况进行统计监测。

12月24日至26日，开展亿元楼宇和转型升级商务楼宇考核验收工作。市中小企业局副局长王云齐为组长、市督查室、市中小企业局、市发改委、市财政局、市国土和房管局为成员的亿元楼宇项目考核小组，对中心城区的亿元楼宇项目和转型升级商务楼宇进行考核验收工作。

12月26日，为确保局机关网络安全，预防失泄密情况发生，完成了局域网（OA办公系统）的建设工作。

河北省

4月28日，省委、省政府出台了《关于大力推进民营经济加快发展的若干意见》冀发〔2014〕8号。

4月22日，省民营经济领导小组组织召开了民营经济先进市县、百强民营企业、优秀民营企业家、创业功臣评审会议。杨崇勇、范照兵、张杰辉三位省领导出席，25个省直部门参会。原则通过了2013年度发展民营经济先进典型初选名单和全省民营经济发展大会会议方案。

5月9日，省委、省政府召开了全省民营经济发展大会。石家庄市政府、固安县政府、新奥集团公司发言，张杰辉副省长宣读省委省政府《关于奖励2013年度发展民营经济先进市县（市）百强民营企业优秀民营企业家和创业功臣的决定》，省委书记周本顺、省长张庆伟、中央统战部副部长全哲洙出席会议并作重要讲话。省政府对3个民营经济先进市、10个民营经济先进县（市）、10名优秀民营企业家、10名创业功臣给予了奖励。

省委宣传部组织主要新闻媒体开展了民营经济百日集中宣传活动，省工信厅与河北日报报业集团新闻网联合开展了《关于开展“中国梦·赶考行——绿色崛起民企当先锋”》专题宣传报道活动，会同省工商联，组织了11场全省民营经济发展大会精神和省委省政府《关于大力推进民营经济加快发展的若干意见》宣讲活动。

8月6日，国家工商总局、科技部、工信部、人社部、财政部组成调研组，由工商总局张茅局长带队到河北，就扶持新创设小微企业进行调研，张杰辉副省长陪同，王昌厅长向调研组汇报全省小微企业发展情况，10家小微企业和有关单位负责人参加了调研活动。

11月26日，张庆伟省长到石家庄市振新工业园、科技创新服务中心，就中小微企业发展进行调研，并主持召开座谈会，听取了王昌厅长关于全省中小企业发展情况汇报，与10家企业进行座谈，发表了重要讲话。

12月6日张杰辉副省长主持研究中小微企业融资情况汇报会，省长助理江波出席，省工信厅对全省中小微企业融资情况进行了汇报，省人行、银监局、金融办、证监局、财政厅等部门出席会议。

完成中小企业公共服务平台网络建设，1个省枢纽平台，11个综合窗口平台，28个产业窗口平台具备了互联互通条件。

新认定省级中小企业公共服务示范平台21个，总数达到119个；4个平台获国家级示范平台，总数达到18个。

山西省

1月16日，山西省中小企业局与山西证监局签订战略合作协议，合力推动资本市场服务中小微企业持续健康发展。

2月18日，山西省召开全省中小企业工作暨中小企业系统党风廉政建设会议，总结2013年工作，安排2014年任务。

3月27日，山西省中小企业局与中国联通山西分公司，就推动中小企业信息化建设战略合作进行签约。

4月2日，山西省中小企业局、山西省财政厅联合印发晋企发［2014］38号文，认定清徐县王答乡新型建材创业基地、太原留学人员创业园等11个单位为2014年第一批省级中小企业创业基地。

4月14日，国务院公布《关于晋陕豫黄河金三角区域合作规划的批复》，明确将黄河金三角四市发展目标定位为“中西部地区新的经济增长极和欠发达地区实现一体化、跨越式发展的国家级示范区”。

4月16日，山西省中小企业局印发晋企发［2014］54号文，认定山西省科技咨询服务中心、三合盛节能环保技术股份有限公司等33个单位为第三批山西省中小企业公共服务示范平台。

4月17日，天津股权交易所山西运营中心在晋中市挂牌成立。

4月28日至29日，以中国银监会副主席阎庆民为组长的国务院督查组，对山西省支持小微企业健康发展政策落实情况进行督查。

5月7日，2014年山西省政银企项目对接月启动仪式暨运城市洽谈会召开。

5月8日，“山西省平遥县日升隆小额贷款有限公司非公开发行2014年私募债券”在天津股权交易所成功备案，这是山西省第一只小贷公司私募债。

5月14日，山西省副省长郭迎光到山西省中小企业公共服务平台、小微企业服务站，太原市三益中小企业创业基地调研。

5月16日，山西省政府出台《关于帮扶困难企业稳定就业岗位的通知》《关于扶持高校毕业生创业的意见》《关于鼓励小微企业吸纳劳动者就业的意见》《关于政府购买基层公共服务岗位吸纳高校毕业生就业的意见》等4个文件，推动中小微企业创业创新发展。

5月20日，山西省中小企业公共服务平台正式上线试运行。

5月21日，山西省省长李小鹏就小微企业发展状况和相关政策措施落实情况在太原市调研。

6月17日，山西省中小企业局与山西传媒学院联合组织百家专精特新小微企业进高校活动，促进企业创新创意发展。

6月19日至22日，山西省组织102户中小微企业、206种产品，参加第八届APEC中小企业技术交流暨展览会，签约项目23个，投资总额12.76亿元。

6月29日至7月1日，山西省组织35户中小微企业、30多种产品，参加中国·海拉尔第十届中俄蒙经贸洽谈暨商品展销会。

6月30日，山西省中小企业局、山西省财政厅联合印发晋企发［2014］84号文，认定山西新环橡塑制品有限公司技术中心、平遥同妙机车有限公司技术中心等42个单位为第三批山西省中小企业技术中心。

7月1日，山西省委书记、省人大常委会主任袁纯清来省中小企业局调研指导工作。

7月18日，山西省耐火材料产业技术创新战略联盟在阳泉市成立。

7月31日，山西省中小企业局、山西省财政厅联合印发晋企发［2014］102号文，认定山西汽运集团迎泽物流有限公司电子商务物流创业基地、临猗县小微企业孵化基地等5个单位为2014年第二批省级中小企业创业基地。

8月1日，山西省政府金融工作办公室与全国中小企业股份转让系统在京签署战略合作备忘录。

8月12日至13日，国家工业和信息化部中小企业司司长郑昕，就中小微企业缺资金、负担重、转型难等问题来晋专题调研。

8月13日，山西省政协副主席、九三学社山西省委主委刘滇生，就改善创业环境、提升中小微企业创新能力等情况，来山西省中小企业局调研。

8 月 21 日，山西省中小企业局印发晋企发［2014］125 号文，公布山西海玉食品有限公司、山西汾阳王酒业有限公司等 1000 户企业为 2014 年度山西省专精特新中小企业。

8 月 28 日，山西省百名优秀小微企业经营者清华大学总裁研修班在北京正式开班。

9 月 28 日，山西省中小企业产业信息大数据应用服务平台在太原开通，这是全国首个为中小企业提供产业信息服务的大型专业平台。

9 月 28 日，山西省千名小微企业经营者创业创新能力提升研修班在太原开班。

10 月 11 日至 14 日，山西省组织 103 户中小微企业、150 余种产品，参加第十一届中国国际中小企业博览会，签订贸易类合同、意向 50 个，销售总额 1.19 亿元。

10 月 23 日，山西省委常委、副省长付建华主持召开省政府专题会议，听取中小微企业帮扶政策落实情况汇报，研究进一步完善和落实中小微企业帮扶政策的具体措施。

10 月 24 日，山西省文化创意与设计研究中心揭牌仪式暨首届文化创意产业高峰论坛在山西传媒学院国家动画教学研究基地举行。

10 月 24 日，山西省朔州市润臻新技术开发有限公司、大同市吧吧啦食品销售有限公司在上海股权托管中心中小企业股权报价系统（“Q 板”）成功挂牌上市，成为朔州市、大同市唯一成功登陆“Q 板”的中小微企业。

10 月 26 日，中国民营企业联合会、中国统计协会、中国管理科学研究院企业研究中心联合发布 2014 年中国民营企业 500 强名单，山西美锦能源集团、大昌汽车集团、建邦集团、安泰控股集团、通达集团、沁新能源集团、通洲煤焦集团、永泰能源股份有限公司等 8 户民企上榜。

10 月 29 日，山西省中小企业局印发晋企发［2014］147 号文，公布山西青玉油脂有限公司、大同市金阳光印业有限责任公司等 145 户中小微企业为 2014 年度山西省中小企业管理标杆企业。

11 月 18 日，山西民营企业社会责任报告新闻发布会在太原举行，50 户民企向社会公布了 2013 年度社会责任报告。

11 月 25 日，第四届全国非公有制经济人士优秀中国特色社会主义事业建设者表彰大会在北京召开，山西运城通达集团远勤山、长治南烨集团李建明、大同华岳建设集团昝宝石等 3 名企业家获“非公有制经济人士优秀中国特色社会主义事业建设者”殊荣。

11 月 27 日，山西省政府法制办发布《山西省支持中小微企业加速壮大专项资金管理办法》，支持中小微企业做大做强。

12 月 15 日，山西省中小企业局、山西省财政厅联合印发晋企发［2014］169 号文，认定山西传媒学院大学生创业基地、山西创升电子商务中小企业创业基地等 3 个单位为 2014 年第三批省级中小企业创业基地。

12 月 20 日，山西首届创业众筹峰会在太原举行，传播众筹理念，开启小微企业全新融资模式。

12 月 25 日，由山西美锦能源集团、晋商世纪集团等共同发起设立的小微企业发展和研究基金暨“百企公益培训工程”在太原启动。

12 月 25 日，太原市政府正式出台《关于支持小型微型企业健康发展的实施意见》，进一步支持小微企业健康发展。

12 月 25 日，山西省三合盛、山大合盛、和信基业等 3 户中小高新技术企业在全国中小企业股份转让系统（“新三板”）正式挂牌，标志着山西中小微企业驶入资本市场股权转让“快车道”。

内蒙古自治区

（一）送金融服务进旗县进园区进企业活动走进鄂尔多斯市

2014 年 4 月 21 至 27 日，自治区中小企业局会同 21 家金融机构在鄂尔多斯市开展了银企对接活动，拉开了 2014 年送金融服务“进旗县、进园区、进企业”活动的序幕。在活动中共考察企业 70 户，举办 8 场银企对接会和 8 场座谈会，对接企业 800 余户，签订意向协议项目 351 个，达成协议贷款 106.9 亿元。

（二）送金融服务进旗县进园区进企业活动走进巴彦淖尔市

2014 年 5 月 20 至 24 日，自治区中小企业局会同 20 家金融机构在巴彦淖尔市 7 个旗县区开展了银企对接活动。此次活动实地走访了 50 户企业，参会企业 400 家，促成 76 户企业与金融机构签订意向性贷款协议 39 亿元，到位资金 12.4 亿元。

（三）扶持中小企业信用担保机构发展

自治区中小企业局通过免费培训融资性担保机构、奖励补助搭建银、担、企合作平台等措施，不断提高中小企业信用担保机构对中小企业的融资担保能力。特别是服务和引导全区中小企业信用担保机构积极争取国家政策扶持，取得了明显的效果。2014 年 15 家担保机构争取国家补助资金达 2355 万元。2013 年 5 月，自治区中小企业局与自治区地税局、自治区金融办联合上报工业和信息化部、国家税务总局为 6 家担保机构向工信部、国家税务总局申请免征营业税。目前，内蒙古元盛投资担保集团股份有限公司等 6 家担保公司已通过工信部和国家税务总局审核。

（四）推进自治区中小企业公共服务平台网络建设

至 2014 年末，内蒙古自治区已完成呼和浩特市、包头市、鄂尔多斯市、赤峰市、通辽市、呼伦贝尔市、乌海市、巴彦淖尔市、乌兰察布市、兴安盟、锡林郭勒盟等 11 个盟市“窗口”平台、呼和浩特市鸿盛产业园区、呼和浩特市循环经济产业园区等 2 个产业集群“窗口”平台和中小企业数字电视服务平台即数字电视“62”频道基础建设。自治区“枢纽”平台完成了运营场地、运行环境、办公设施等一期工程基础建设和市场化运营主体招标。一批旗县和产业集聚区服务平台已开展服务，赤峰市 12 个旗县区全部建立了中小企业服务中心，实现了与市服务中心、10个工业园区服务平台互联互通。

（五）助保贷业务助力县域经济发展

2013年以来，自治区经信委会同财政厅设立了中小企业“助保金贷款”引导资金，两年共安排1.05亿元，引导全区12个盟市的34个旗县（市、区）建立3.61亿元风险保证金池，引导8家合作银行放大到10倍以上授信36.1余亿元，为304户中小微企业发放贷款14.58亿元。通辽市9个旗县市区中有8个建立了“助保金”贷款平台，政府风险保证金投入7140万元，88家企业累计获得贷款6.435亿元，实现销售收入35.9亿元，同比增长23.8%，实现税收1.98亿元，同比增长26.9%。

（六）开展上海股权托管交易中心走进内蒙古、走进呼和浩特、走进赤峰专题系列培训活动

2013年末，内蒙古中小企业上市孵化基地在上海股权托管交易中心挂牌成立，该上市孵化基地由呼和浩特市中小企业公共服务平台主办，可为内蒙古中小企业提供了面向全国融资服务渠道。2014年上半年，举办了上海股权托管交易中心走进内蒙古、走进呼和浩特、走进赤峰专题培训活动，累计200余家企业400余人参加了活动，共有37家企业达成意向。目前已有25家企业在上股交Q版挂牌、4家企业在上股交E板挂牌。

（七）认定38家自治区级中小企业公共服务示范平台

2014年12月11日，根据内蒙古自治区经济和信息化委员会《内蒙古自治区中小企业公共服务示范平台认定的管理办法》（内经信服指字〔2013〕68号）要求，认定38家平台为第四批“内蒙古自治区中小企业公共服务示范平台”。目前自治区级中小企业公共服务示范平台达到135家。

（八）举办全区中小企业公共服务平台网络暨中小企业信用担保机构服务能力提升班

2014年12月25日，为推动内蒙古中小企业健康发展，提升中小企业公共服务平台网络和担保机构服务能力，自治区中小企业局委托内蒙古中小企业协会，举办全区中小企业公共服务平台网络暨中小企业信用担保机构服务能力提升班，邀请专家讲授当前中国宏观经济形势、中小企业政策法规解读及服务体系建设、电子商务、担保公司风险防范等课程。各盟市相关管理人员和自治区级中小企业示范平台负责人、信用担保机构负责人等共计370余人参加了培训。

（九）3家自治区级中小企业公共服务示范平台被认定为国家中小企业公共服务示范平台

2014年8月29日，根据工业和信息化部《关于公布第四批国家中小企业公共服务示范平台名单的通知》（工信部企业〔2014〕490号），我区呼伦贝尔市天正中小企业投资担保有限公司、内蒙古中宏会计师事务所有限责任公司、包头市万佳信息工程有限公司三家企业被认定为国家中小企业公共服务示范平台。目前，内蒙古辖区内国家中小企业公共服务示范平台已达到10家。

（十）2014年6月19日至22日，第八届APEC中小企业技术交流暨展览会在浙江省义乌市国际博览中心举行

我区25户中小企业参展并展示了民族特色纺织服饰、地方特色食品、铝产业制品、化工衍生品等产品，增强了国家间、地区间、企业间的技术交流与合作，拓展了产品销售市场，对进一步推动我区中小企业技术创新、转型升级具有重要意义。

（十一）2014年10月11日至14日，我区31户企业、130余人参加了第十一届中国国际中小企业博览会

展品主要涉及轻纺服装、农畜产品加工、装备制造、新材料、节能环保等5大产业、近30个子行业，近70多个专精特新产品。我区获得优秀组织奖和先进个人奖。

辽宁省

2014年1月15日，全省中小企业工作会议在沈阳召开，全省各市及绥中、昌图中小企业局长，厅机关各处室处长、副处长、厅直属单位主要领导同志参加了会议，会议由省中小企业厅党组副书记、副厅长李秀林主持。会议听取了部分中小企业局长的工作汇报，省中小企业厅党组书记、厅长赵连生同志做了重要讲话。

1月15日，辽宁省中小企业公共服务平台网络正式开通。该平台网络设有全省服务热线“96680”和互联网服务门户。

辽宁省中小企业公共服务平台是以省级服务平台为枢纽，以全省各市和重点产业集群公共服务机构“窗口”服务平台为支撑，汇集全省优质服务资源，形成的形象统一、资源共享、服务协同、全方位、一体化、开放式的网络体系。平台网络利用互联网门户，在线交流，呼叫服务，开放式“窗口”服务大厅等便捷服务通道，为中小企业提供信息、投融资、创业、人力资源与培训、技术创新和质量、管理咨询、市场开拓、法律等八大类服务，为全省中小企业提供“找得到，用得起，有保证”的服务。

1月28日省中小企业厅召开2013年度机关及直属单位工作总结表彰大会，厅党组书记，厅长赵连生及党组成员出席会议，并做了重点讲话。李秀林副厅长主持了会议，厅机关全体人员及直属单位领导参加了会议。会上，修海峰副厅长代表党组对全厅2013年度机关工作进行了总结，肯定了成绩，提出了2014年度机关工作的要求。周英俊副厅长宣读了对2014年度优秀党支部，优秀共产党员，优秀公务员，先进工作者的表彰决定。厅领导为受表彰的先进单位和个人颁发了荣誉证书。

2月27日，省政府新闻办举行《辽宁省中小微企业权益保护条例》颁布实施新闻发布会，省中小企业厅副厅长夏榕就《辽宁省中小微企业权益保护条例》颁布实施有关情况进行了介绍。发布会由辽宁省人民政府新闻办公室外宣新闻处处长张绍瑞主持。

《辽宁省中小微企业权益保护条例》于2014年3月1日开始实施。这是继《辽宁省促进中小企业发展条例》之后，我省颁布实施的又一部中小企业方面的地方法规，也是国内第一部保护中小微企业权益方面的地方法规。《保护条例》的实施，对进一步改善我省中小微企业生产经营的外部环境，促进中小微企业健康发展具有重要意义。

4月21—23日，由工信部总工程师朱宏任带队的国务院督查组一行9人，对我省支持中小微企业健康发展政策落实情况进行督促检查。省政府高度重视国务院这次督促检查工作，按照督查组的要求，认真组织安排相关工作，检查期间，谭作钧副省长代表省政府向国务院督查组汇报了我省贯彻落实小微企业政策情况，在省政府督查组，省中小企业厅主要领导陪同下，督查组先后走访了沈阳，丹东两市，分别在两市组织召开了小微企业座谈会，走访了部分小微企业，对落实小微企业政策情况进行了深入了解。

2014年5月 为认真贯彻落实省委省政府关于支持辽西北加快发展的战略部署，着力打造具有高新技术特点和高附加值的新兴特色园区，大力发展中小微企业，进一步促进创业和就业，经省政府批准，阜新市与中小企业厅联合会在阜新林产品基地内创建省内第一家中小微企业创业基地。

5月16日，经省政府批准，由阜新市人民政府，辽宁省中小企业厅共建的辽宁省中小微企业创业基地在彰武举行成立仪式，成立仪式由阜新市副市长金东海主持，市长杨忠林、省中小企业厅厅长赵连生、副厅长郑学伟参加了成立仪式，市有关部门的领导，彰武县委、县政府、县人大、县政协的主要领导和乡镇领导参加了成立仪式，省中小企业厅各处（室）长、直属单位主要领导以及渤海重工等省内央企及50多家中小企业参加了成立仪式。成立仪式结束后，在彰武县政府召开了辽宁省中小微企业创业基地招商推介座谈会。省政府副省长谭作钧出席座谈会并做了重要讲话。

6月下旬，由省政府督查室、省中小企业厅、财政厅、国土资源厅、省税务局、省政府金融办、人民银行沈阳分行七部门联合组成五个督查组，对全省12个市及绥中、昌图两县，就落实《国务院关于进一步支持小型微型企业健康发展的意见》（国发〔2012〕14号）及《辽宁省人民政府关于支持小微企业发展的若干意见》（辽政发〔2012〕19号）及《辽宁省中小微企业权益保护条例》情况进行督促检查。督查期间，各督查组分别听取了各地政府情况汇报，召开了部分小微企业座谈会，实地考察了部分企业，向市县政府及部分小微企业发放了调查问卷。

6月12日在沈阳举办了“2014中韩贸易对接洽谈会”，来自韩国多家中小企业与我省70多家中小企业进行了一对一的洽谈，共达成洽谈件数116件，洽谈金额1058万美元，意向签约件数58件，意向签约金额683万美元。

8月8日上午，厅机关纪委组织机关干部及直属单位领导班子成员30余人参加了省反腐倡廉展览馆，厅党组副书记，副厅长李秀林同志参加了参观活动。

8月19日，全省中小企业公共服务平台网络建设与运行培训会在盘锦召开，省中小企业厅副厅长修海峰，周英俊出席了会议，盘锦市政府副秘书长邵炳南到会致辞，全省各市中小企业局分管领导，相关业务处（科）负责人和12个综合窗口及15个产业集群窗口的负责人参加了会议。

8月26日上午，辽宁省推进中小企业信用体系建设工作会议即省信用与融资促进会二届 在沈阳召开。会上，省信用办副主任王钰介绍了全省社会信用体系建设情况及下一步工作部署；省信用与融资促进会副会长马琳做了工作报告，总结促进会过去一年的工作，并介绍了今后一个阶段的工作思路，促进会会员一致通过了工作报告和关于增补与调整部分会员的方案，省中小企业厅副厅长郑学伟做了重要讲话，强调了中小企业信用体系的重要意义，重点介绍了全省中小企业信用体系建设取得的成绩，对下一步的工作提出了要求。

12月9日，省中小企业局和省贸促会联合在沈阳金城宾馆举办了“辽宁中韩中小企业贸易对接洽谈会”。本次活动有30多家韩资企业，16家台湾企业和100多家省内中小企业，相关服务机构等，共约150家企业300多人参加。省中小企业局特别邀请了沈阳家乐福、沈阳大东兴隆百货、沈阳兴隆大天地、沈阳华润万家商城、沈阳都市绿洲等著名商家的采购部门负责同志参加，特别邀请了辽宁日报，华商晨报、时代商报等新闻媒体记者参会。

活动分为集中会议和现场展览洽谈两部分，省贸促会副会长朱琳出席会议并致辞。

黑龙江省

1月5日，省级农业科技园区增至33家。黑龙江省新批建17家省级农业科技园区。全省共有33家省级农业科技园区，基本完成了布局，成为科技引领传统农业向现代农业跨越的新的突破口。

1月9日，阿城寒地博览会签约成果丰硕。在1月9日举行的哈尔滨国际冰雪节暨哈尔滨寒地博览会合作项目签约仪式上，阿城区共签约三个项目，分别是合众人寿保险股份有限公司投资75亿元的合众人寿养老健康城项目、海航机场集团有限公司投资40亿～60亿元的通用航空产业基地项目、哈尔滨工程大学和派芬自控（上海）股份有限公司投资9.5亿元的船用双燃料发动机关键系统研发和生产基地项目。

1月15日，八项金融模式创新服务地方经济。中国人民银行哈尔滨中心支行紧紧抓住“两大平原”现代农业综合配合改革实验、黑龙江沿边开发开放规划以及深入推进老工业基地改革振兴等区域经济发展的重大机遇，全面做好各项金融改革和服务创新工作，使金融在促进经济结构调整和转型升级中发挥更大的作用。

1月17日，新一轮工业项目建设大幕拉起。围绕“十大产业”和“五大规划”，龙江新一轮工业项目建设大幕拉起：2014年计划实施开复工项目6000个以上，完成工业投产项目3000个以上。

1月17日，林口“双百工程”提速县域经济。振西工业园被黑龙江省工信委纳入全省16个重点工业园区之一，被省商务厅确定为全省9个新材料产业专业园区之一，被省发改委列入对俄合作境内外园区发展规划；“八女投江”纪念馆成为全省首批中共党史教育基地，“八女投江”革命烈士陵园成为国家级爱国主义教育基地；林口县被国土资源部授予“国土资源节约集约模范县”称号，被农业部授予“全国杂交玉米种子生产基地”。

1月18日，黑龙江省安徽商会在哈尔滨成立。该商会是经黑龙江省民政厅登记的具有社会团体法人资格的异地商会。是以在黑龙江省投资兴业的安徽籍工商企业界人士自愿组成、不以盈利为目的的社会团体。该商会的成立为促进黑龙江省经济发展注入了新鲜的动力。

1月24日，哈尔滨5户企业登陆“新三板”。深受业界瞩目的“新三板”扩容全国后，首批企业集体挂牌仪式在北京举行，来自全国28个省区市的266户企业成功登陆全国中小企业股份转让系统（新三板），黑龙江省有5户企业榜上有名，均来自哈尔滨市。“新三板”扩容全国，极大地拓宽了中小微企业的融资渠道，为哈市广大中小微企业规范融资发展提供了难得的机遇。

2月9日，集贤“四达”效应激活县域经济。四达中俄国际贸易中心项目，总投资20亿元，占地百余万平方米；年交易量400万吨，交易额180亿元，利税3.2亿元，建成一个规模大、功能全、标准高、服务优的国际贸易中心和东北地区重要的商贸物流集散地……地处我省东部的集贤县。

2月12日，黑龙江省企业投诉中心挂牌成立。1月23日，省政府常务会议讨论通过《黑龙江省企业投诉中心组建工作方案》。经过紧张筹备，1月28日，黑龙江省企业投诉中心正式挂牌成立，标志着我省在深化行政审批制度改革，优化经济发展环境方面又迈出了坚实的一步。

2月12日，尚志大项目驱动转型发展。尚志市坚持“双轮驱动”，即一手抓招商引资，引进外资、培植财源，一手抓城镇建设，扩大内需、改善民生。实施“三大突破”，即“激活一点”——力促开发区提档升级，“炒热一线”——以301国道沿线新型城镇化和商贸物流、旅游产业发展为重点打造“一线多点”经济热线，“推开一面”——全面推广食用菌、浆果、乳品产业链，扩大“黑白红”三色经济覆盖面。

2月19日，宾西开发区迎来世界500强企业。宾县宾西经济技术开发区管委会与洋河股份（苏酒集团）举行了白酒灌装项目签约仪式。这是该开发区迎来的首家世界500强企业。

2月21日，小微服务企业发展难题待解。国家统计局哈尔滨调查队近日发布数据显示，小微服务业企业发展有“四难”。

近年来，虽然哈尔滨市出台了一系列扶持小微企业发展的政策，但由于哈市小微服务业企业大多经营粗放，生存状况不容乐观。融资难。获取资金的主要来源中，75.6%的企业依靠自有资金进行经营，17.1%的企业通过银行贷款和专项资金进行融资，另外7.2%的企业依靠民间借贷来维持经营。招工难。55.3%的企业认为当前面临的突出问题是用工成本上升快，14.5%的企业认为当前面临的突出问题是招工难。市场需求不足。在企业面临的突出问题中，认为市场需求不足的占40.8%。税收优惠政策享受难。近年来，国家加大了对小微企业的扶持力度，各级政府也采取了减免企业税收等优惠政策，但有些政策由于缺乏进一步的操作细则和配套措施，企业仍难以享受优惠政策。有91.4%的企业认为没有很好地受到税收优惠政策的扶持。

2月20日，大庆企业投诉中心挂牌成立。全省地市级城市首家企业投诉中心——大庆市企业投诉中心挂牌成立，大庆企业对行政问题投诉有了新门路。

2月24日，哈尔滨小微企业商会在哈尔滨成立。该商会旨在更好促进小微企业健康发展，团结会员企业，抢抓机遇，合作共赢。

3月5日，尚志小企业信贷支持养貂产业。哈尔滨银行尚志市支行在人民银行的指导下，通过银企对接，充分发挥小企业流动资金信贷优势，发放4000万元信贷资金支持尚志国有林场管理局扩大水貂养殖规模，实现产值1.8亿元。

3月14日，非公企业工会劳动保护将加强。黑龙江省将突出加强非公有制企业工会劳动保护工作，着力拓展和延伸工作领域，建立和完善非公有制企业工会劳动保护监督检查网络体系。

4月7日，哈尔滨加快非公有制经济发展。2014年哈市将继续鼓励、支持非公有制经济发展。预计2014年非公有制经济增加值增速将比全市GDP增速高一个百分点，占全市地区生产总值55%左右。

4月10日，黑龙江省非公经济人士义务植树。黑龙江省委统战部、省及哈尔滨市工商联组织黑龙江省非公有制经济人士，开展了以“弘扬生态文明，共建绿色哈尔滨”为主题的春季义务植树活动。

4月10日，黑龙江省再建200个现代农机合作社。黑龙江省将以现代农机合作社、各类农机服务组织为载体，加快发展农业机械化，力争组建200个现代农机合作社，使全省现代农机合作社总量突破1000个。并在建设中改变以往现代农机合作社建设规模“一刀切”的做法，按照宜大则大，宜小则小的原则，边规范、边建设，成熟一个，发展一个。

4月11日，政府搭台，企业牵手。哈尔滨市新型农机装备制造产业对接会召开。66家农机企业踊跃参会。3家农机主机生产企业和3家农机配套企业现场签订了配套合作协议。

4月12日，黑龙江省扶持万户小企业培育万名小老板。2014年全省计划培育1万名创业小老板，扶持新创办和创业初期的小企业1万户，实现增加值20亿元，就业8万人，新辟建创业基地10个。

4月26日，科企对接助力龙江主食加工提速。黑龙江省规划到2018年形成主食加工10亿元至30亿元规模。为期两天的“主食加工业提升行动暨黑龙江主食加工科企对接主题活动”和“2014年黑龙江省（哈尔滨木兰）主食及特色产品加工科企对接会”26日落下帷幕，来自国内的47名相关领域专家、16家科研单位和大专院校及22家国内有合作及投资意向的行业龙头企业与我省主食加工产业进行对接，共征集科研成果76项，企业技术和项目需求40项，19个主食加工产业项目达成协议，涉及投资15亿元。

5月4日，龙江工业云信息化服务平台启动 黑龙江省工业云信息化服务平台正式启动。龙江“工业云”分三期建设，目前平台一期建设已经完成。

5月8日，小微企业所得税优惠扩围，全省2万余户企业受惠。2014年起，小型微利企业减半征收企业所得税优惠政策实施范围进一步放宽，黑龙江省将有22250户企业从中受益。

5月1日至5日，大庆56家企业成为首批线上电商。大庆市首届地方农副产品“名优特精”展销会在大庆高新区中科创业园举行，56家参展企业分别与黑龙江省易道韦德电子商务公司、大庆高新区克莱电子商务公司和龙泰集团签署加入“淘宝网特色中国馆”“销售宝”“仓买网”意向协议，大庆市首批利用电子平台直接开展网上农副产品销售的电子商家就此诞生。

5月8日，黑龙江省金融服务科技产业水平不断提升。深入实际、创新谋划，人民银行哈尔滨中心支行积极引导金融机构不断提升对全省科技产业的金融支持力度，创新产品不断涌现，融资模式推陈出新。截至目前，全省科技产业贷款余额408.9亿元，同比增长9.9%。

6月4日，黑龙江省农发行扶持粮油，全产业链小微企业群。黑龙江省农发行加大对涉农小微企业的信贷支持力度，截至目前，贷款余额232.86亿元，比2013年同期增加5.23亿元。

6月6日，柴河局以绿为基兴产业。走进柴河局威虎山饮品公司宽敞明亮的生产车间，现代自动化的流水线，将“原生态、纯天然、零污染”的14种松仁饮品运往全国各地。如今他们订单不断，产品知名度越来越大，一张遍及大半个中国的经销网络已经形成。

6月10日，木兰倾力打造“主食加工业”。木兰县工业园区，在原有道路基础上设计建设2条新路和相关配套附属工程，10月中旬投入使用。新入园的哈尔滨东来园肉羊深加工项目、朗力威咖啡啤酒项目以及宏伟电杆电缆厂、宝德生物药业等一批企业正加紧开复工。东来园肉羊深加工项目总投资1.1亿元，企业投产达效后年可屠宰、加工肉羊40万只，实现年产值1.2亿元。

6月13日，哈尔滨中小企业成经济发展主力军。近几年，哈市中小企业呈快速增长趋势，其总量和对全市社会经济的贡献不断增加，成为促进哈市社会经济发展的主力军。目前，中小企业户已占全市企业户数99.9%以上，在中小企业从业的人员已达116.9万。中小企业在成为哈市吸纳就业的主渠道的同时，还是哈市的主要税源企业。

6月13日，龙江诚邀民企共兴发展大业。全国工商联十一届四次常委会议在哈尔滨隆重召开，“民企龙江行”活动也正式开启，400多家全国知名民营企业汇聚龙江，谈合作、谋发展、促共赢。这是全国工商联对龙江加大支持力度、扩大支持范围、提升支持层次的又一重大举措，为龙江加快发展带来了难得机遇，必将对促进民营经济发展、增强龙江发展活力产生重大影响。

6月23日，全力引进产业支撑型大项目。年初以来，哈尔滨市道里区凝心聚力抓项目，全区产业建设取得阶段性成果。截至5月末，年初确定的100个大项目已开工52个，完成投资28亿元，投资完成率27.5%。

6月26日，可口可乐在哈尔滨建新厂。可口可乐（黑龙江）饮料有限公司绿色工厂项目在哈尔滨市哈南工业新城举行奠基仪式。该项目累计投资额达6.2亿元人民币。新厂一期工程将于2016年正式投产。

6月27日，建设阳光企业确保国资保值增值。黑龙江省国资委日前印发《关于加强和规范省国资委出资企业资产租赁管理有关事项的通知》。《通知》对加强出资企业资产租赁管理，规范资产租赁行为，提高资产租赁公开透明度，建设“阳光企业”，确保国有资产保值增值，防止国有资产流失，提出了明确要求。

6月30日，南岗加速推动科技成果产业化。南岗区委、区政府召开“南岗区科技成果转化和产业化发展联盟”成立大会，联盟以科技成果转化为纽带、以市场为导向、以企业为主体、以科技中介机构为依托，配置共享资源、优化要素组合，加速推动科技成果产业化，带动区域产业技术升级，实现协同创新、合作共赢。联盟的成立，标志着南岗区在加快发展、转型发展、科学发展上又迈出了新的步伐。

7月3日，黑龙江信息服务产业 报告对接会举行。一场以“智慧时代的企业信息化发展之路”为主题的黑龙江信息服务产业报告对接会在哈尔滨市中国云谷举行。会议邀请了国家“千人计划”和中组部“千人计划”特聘专家、意大利驻华专家和北京邮电大学教授等5位信息化方面的专家，就物联网、云计算、大数据信息产业国际化合作、智慧城市等内容进行专题报告。中国移动黑龙江有限公司哈尔滨分公司还与哈尔滨乐辰科技有限责任公司等5家企业就智慧医疗等项目举行了合作签约仪式。

7月7日，哈尔滨推动非公经济快速发展。继2014年5月份出台了《哈尔滨市政府关于进一步扶持中小企业发展的若干政策》后，目前哈尔滨市工信委正着手制定《鼓励非公经济发展的实施意见》和《非公有制企业进入特许经营领域具体办法》等政策措施，以进一步推动非公经济发展步伐，预计到2014年年底实现非公有制经济增加值增速高于GDP 1—2个百分点。

7月7日，哈市将建企业环境信用评价体系。为建立哈市环境保护“守信激励、失信惩戒”的机制，督促企业改进环境，履行环境保护法定义务和社会责任，哈市就制定《哈尔滨市企业环境信用评价办法》向社会征询意见，《办法》将于年内出台。

7月16日，鹤城2000名“小老板”引领6000人就业。齐齐哈尔市采取以创业带动就业的方式，切实有效用好国家相关政策，对想创业的大学生、城市失业者、返乡农民以及失地青年给予一定支持，并对他们的创业进行跟踪扶持。对近三年来已经贷款的创业者要“扶上马送一程”，继续扶持并扶壮。通过发放小额担保贷款5亿元，培养2000个“小老板”，由此带动6000人实现再就业。

7月24日，1050家企业 获专利普惠制奖励。黑龙江省知识产权局会同省财政厅联合下发了《2014年第一批省专利技术专项资金项目导向计划》，对全省企业2013年专利申请、专利授权、拥有发明专利权、首次申请专利、全年专利申请量“超50”和“超100”的企业给予普惠制奖励。全省共有1050家企业获得普惠制奖励资金，同比增长11%。

7月25日，小微企业产融资本峰会举行。为促进全国小微企业深度交流合作，推动农业、养老、健康产业健康发展，日前，由哈尔滨市总商会小微企业商会主办、光彩居家养老服务中心等单位承办的首届小微企业产融资本“光彩众生”高端峰会暨农业、养老、健康产业经济论坛在哈尔滨举行。

8月8日，齐齐哈尔绿特产业园开工建设。在齐齐哈尔梅里斯达斡尔族区城区碾北公路南侧地段，总规划占地面积32.2平方公里的齐齐哈尔市绿色食品特色产业园8日正式开工建设。作为省委、省政府确定的“两大平原”现代农业综合配套改革试验专业园区，绿色食品特色产业园分为10平方公里绿色特色食品加工园区、10平方公里绿色特色农作物种植基地、7.2平方公里共和镇畜牧养殖加工基地和5平方公里梅里斯乡大八旗村新型社区四个部分。

9月2日，龙江新材料基地签约30亿元。哈南工业新城南岗产业园区的黑龙江省新材料产业基地喜获丰收，高性能碳纤维加强板材料、金属表面涂层材料、植物橡胶培育生产等6大新材料项目签约入驻南岗产业园区，签约项目累计总投资达30亿元。

9月5日，融资平台助力中小微文化企业发展。为解决哈市中小微文化企业融资难题，近两年，哈尔滨宣传文化部门充分发挥文化产业引导资金作用，与哈市企业信用融资担保服务中心共同探索开展文化产业融资担保业务，有针对性地为中小微文化企业设计贷款担保方案。目前，该担保服务中心已为12户文化企业提供14笔担保，担保额达4920万元，并有8家企业获得首批3180万元授信额度，文化产业引导资金的使用效益进一步放大。

9月5日，佳木斯18条新政助力全民创业。佳木斯市政府近日下发了《促进全民创业若干政策的通知》，在延续之前创业优惠政策基础上，推出了拓展创业空间、加大资金扶持、减免税费额度、减轻创业负担、加强孵化引导等6大类18项新政策，旨在从根本上解决创业者的实际困难，引领推动更多劳动者投身创业。

9月8日，黑龙江省推进小煤矿整合。为扭转安全生产形势的被动局面，黑龙江省全力推进小煤矿关闭整合工作，通过开展煤矿安全生产大检查大整顿，深入排查治理瓦斯、水、火、冲击地压等灾害，并计划利用3年时间，将煤炭企业总数控制在100家以内，煤矿数量控制在500处以内。

9月23日，肇东食品企业与农户结成“共同体”。落户肇东市绿色食品产业大园区的韩美食品有限公司，与种植户结成可靠、稳定的利益联盟机制，实现了合作共赢。

10月10日安达 放大五大优势做强县域经济。安达市确立了“新材料高新化工、全产业链特色乳业、现代化物流、都市圈休闲旅游、持续性风电能源”五大产业格局。预计2014年末，规模以上工业经济销售收入可达203亿元，利税30亿元。

10月17日哈尔滨现代服务业稳步发展。今年以来，哈市商贸、金融、会展等多个行业集体发力，实现两位数以上增长，推动现代服务业发展，使服务业新增就业61219人，占城镇新就业总数的77%，成为吸纳劳动力的主渠道。与此同时，哈市近百个亿元以上服务业大项目正在加速建设，为哈市现代服务业备足后劲。

10月19日绥芬河成为俄货向全国扩散大平台。在绥芬河，让很多游客流连忘返、记忆犹新的，是众多充满异域风情的工艺品和“舌尖美味”，以及星罗棋布般遍布在大街小巷的俄罗斯商品店，让各地游客不出国门就能购买到正宗俄货。

从品种繁多的俄罗斯特色食品，到制作精美的俄罗斯工艺品，遍布在绥芬河的200多家俄货商店各具特色，不论是乌克兰的巧克力、伏尔加河的海鱼、还是波罗的海的琥珀、摩尔多瓦的红酒；或是孩子们喜欢的俄罗斯望远镜、大头娃娃；老人们青睐的虎头酒、俄产蜂蜜，还有日常生活离不开的面粉、豆油……应有尽有，琳琅满目。

在摒弃了家庭作坊式规模小、品种杂的经营模式后，专项经营也成为绥芬河市俄货商品市场的主要发展趋势。不论是俄罗斯海产品、啤酒、面粉，都能够在绥芬河市找到专项经营的公司。

除了实体店经营之外，随着电子商务的发展，绥芬河大多数经营俄货的业主还通过网络来销售。打开淘宝网，搜索“俄罗斯商品”，销量排在前几位的几乎全部是来自绥芬河的俄货商店。在旗镇街经营俄货的店主王洪英，网络销售额占了整个营业额的一半，买家遍布全国10多个省份。这种线上线下同步经营的销售模式，不仅让店铺营业额得以提升，更让绥芬河的俄货品牌声名远播。

10月25日充分调动各方力量 推动我省科技进步。20日下午，省十二届人大常委会第十五次会议分组审议了《黑龙江省科学技术进步条例（草案修改稿）》。大家认为，条例经过修改后，站位更高、框架更完整、内容更充实，符合我省实际。

10月26日着力推进科技创新 发展壮大高新产业。25日，省委副书记陈润儿深入到哈尔滨市高新技术产业开发区企业、项目建设一线进行调研，他强调，要依托基础，发挥优势，大力推进科技创新，发展壮大高新产业。

10月31日东宁对俄出口逆势发力强劲增长。年初以来，面对卢布持续贬值、俄罗斯市场购买力下降等不利因素，东宁多措并举，逆势而为，拉动贸易额强劲增长。1—9月，累计完成对俄贸易24.3亿美元，同比增长28.2%，对俄出口23.8亿美元，同比增长50%，占全省对俄出口贸易的38.3%，成为全国沿边对俄出口第一大口岸。

11 月 5 日龙江县农村金融改革破解“贷款难”。今年龙江县水稻获得大丰收，亩产达到 600 公斤以上，稻农心里乐开了花。许多稻农说，“农村金融改革”帮了大忙。

11 月 10 日 木兰县水务局为促进县域经济发展积极做贡献。2014 年，木兰县水务局在县委、县政府的正确领导下，在省水利厅、市水务局的关怀帮助下，坚持以科学发展观为指导，积极践行可持续发展治水思路，紧紧围绕发展和民生两大主题，紧扣“抓机遇、抓项目、抓建设、抓管理”的工作思路，突出“服务经济、服务基层、服务民生”的工作重点。

11 月 11 日 我省产业项目审批权减放百项。产业项目建设是撬动龙江加快发展的“总开关”，但大项目审批环节多、时间长，是企业普遍反映的突出问题。省发改委作为全省经济体制改革的牵头部门，主动“削权”，取消和下放一批行政审批项目，优化审批流程，缩短审批时间，提高审批效率。

11 月 11 日 我省各界人士献计时尚产业发展。10 日，全省时尚产业发展研讨会在哈尔滨举行。

11 月 12 日 哈尔滨工业投资持续回升。前三季度完成工业固定资产投资 733.4 亿元，今年以来，哈市工业投资持续回升，前三季度，全市完成工业固定资产投资 733.4 亿元，同比增长 18.8%，高出全省工业投资增幅 18.8 个百分点，在全省 13 个地市中，位居第一，占全省工业固定资产投资近三分之一，工业固定资产投资额创“十二五”以来同期最好成绩。

11 月 15 日 国家科技基础平台首家工作站落户龙江。14 日，国家科技基础条件平台黑龙江工作站成立。记者从当日在省科技大厦召开的 2014 年全国科技平台与资源共享工作交流会上获悉，黑龙江工作站是国家科技基础条件平台在国内建立的首家工作站。

11 月 15 日更大力度加快行政审批改革步伐，优化发展环境，发挥带动作用。14 日上午，省委副书记、省长陆昊深入哈尔滨市政府行政服务中心就推动行政审批制度改革、优化发展环境进行调研。

11 月 16 日五大产业项目释放发展“内生”动力。日前，记者在黑河市利源达专用汽车生产项目现场看到：刚建完的三栋厂房和专用车展销平台大楼赫然矗立在北黑公路旁，工人们正在紧张铺设供热管线。预计年底，生产设备安装完毕，明年 2 月进入生产阶段。这里将成为东北三省最大的专用车生产基地。

11 月 16 日我省开通科技服务电商平台，海量科技资源服务全省创新创业。点开改版升级的我省科技创新创业共享服务平台网站，可预定有关饮用水水质、动植物产品农药残留等 24000 余项检测服务，“租用”3000 多台套“高大上”的仪器设备。这是 15 日记者在省科技大厦召开的省科技资源共享服务工作推进会议上获悉的。

11 月 18 日企业求对接 专家来支招。11 月 12 日，黑龙江日报 8 版刊发了《链接中国“双十一”备战西洋“星期五”》一文，介绍了由黑龙江赛格国际贸易有限公司运营的 Come365 中国站，龙江跨境电商串起中俄网购潮的情况，该网站上线运营两年就已成长为我省最大跨境电子商务平台和俄罗斯对华采购最受欢迎的电子商务平台之一，拥有全中国唯一在线卢布交易平台，注册用户近 30 万，年销售额超亿元，正在努力打造自主供应链，并希望帮助省内中小企业走出国门开辟跨境市场。报道刊发后，引起了省内外专家学者、中小企业和商业协会等社会团体的广泛关注。

11 月 20 日全省日均增长公司制企业近 150 户商事制度改革让民间资本投资空前活跃。18 日，省工商局数据库显示，自 3 月 1 日全省实施以注册资本登记制度改革为开局的商事制度改革以来，全省资本尤其是民间资本投资空前活跃，为全省经济发展注入强劲动力。3 月 1 日至 10 月 31 日，全省新登记公司制企业 3.67 万户，比去年同期增长 65.4%，日均增长公司制企业 149.84 户。

11 月 20 日我省首家科技型农企与资本市场成功对接。19 日上午，伴随一声响亮的敲锣声，黑龙江荘施美生物科技开发有限公司（以下简称荘施美）在上海股权托管交易中心 Q 版顺利挂牌（股权代码：202323），正式登陆资本市场。作为我省首家在上海股权托管交易中心挂牌的科技型农业企业，此举意味着我省新兴农业企业迈开了资本市场运营的第一步，与资本市场实现成功对接。

11 月 22 日转变观念健全机制加大政府支持力度加快我省高新技术成果产业化。在连日深入高校调研后，21 日上午，省委副书记、省长陆昊在哈尔滨主持召开全省高校、科研院所高新技术成果产业化座谈会，研究部署加快高新技术成果产业化工作。

11 月 25 日 全省支农再贷款 比年初增 60 亿元。我省金融业支持地方经济发展力度再度增强。截至 9 月底，全省本外币各项贷款余额为 13039.4 亿元，同比增长 14.1%，增幅比上年提高 1.4 个百分点。

11 月 25 日混合产权农机抵押贷款获突破。为解决农机专业合作社享受国家补贴的农机具混合产权不能抵押问题，人民银行哈尔滨中心支行在鹤岗市尝试开办混合产权农机具使用权抵押贷款。近日，该行指导辖内金融机构对鹤岗绥滨县联合水稻种植专业合作社投放了 200 万元贷款，打破了一直以来困扰混合产权农机抵押贷款推进的坚冰，有效盘活了农民专业合作社资产，增加了合作社债权担保能力。

11 月 26 日省机器人产业技术创新战略联盟成立。25 日，省机器人产业技术创新战略联盟在省科技大厦成立。哈尔滨工业大学、哈尔滨博实自动化股份有限公司等 36 家省内高校和企业将协同创新，共同突破机器人产业关键技术，推动机器人技术产业化，使机器人产业成为我省新的经济增长点。

11 月 29 日黑龙江文化金融服务中心成立，成为全国首家省级文化金融服务平台。冬日的黑龙江吹来一缕文化产业改革的春风。28 日，黑龙江文化金融服务中心在哈尔滨揭牌。该中心不仅是全国首家省级文化金融专业服务机构，更成为我省又一重要的文化地标。

11 月 29 日龙江食品企业赴俄哈巴深度对接市场。26 日至 27 日，九三集团、北大荒集团、北味菌业、高泰食品等我省知名食品企业共赴俄罗斯哈巴罗夫斯克，深度对接俄罗斯食品市场。27 日，黑龙江省对俄食品出口对接会召开。

11 月 29 日哈大齐工业走廊装备制造业服务基地揭牌。28 日，齐齐哈尔大学与齐齐哈尔市政府在齐大音乐厅举行"哈大齐工业走廊装备制造业服务基地揭牌暨技术创新战略联盟成立仪式"，校地共建的"哈大齐工业走廊装备制造业服务基地"揭牌，同时成立"哈大齐工业走廊装备制造业技术创新战略联盟"。

11 月 30 日 云计算将助力龙江企业发展。28 日，联想集团在哈尔滨举办了以"新云力量"为主题的企业级解决方案品鉴会，向近百名行业客户和合作伙伴展示了联想在企业级领域的最新业务布局和产品解决方案。

今年 9 月，联想提出由云计算、企业级应用、移动互联行业应用和 IT 服务组成的全新 CEMS 2.0 商用客户价值体系，并发布了云计算市场，致力于成为云基础架构的领导者。在企业级应用方面，联想实现在服务器、存储和网络安全等企业级硬件领域实力的提升。尤其是云计算将广泛应用于我省老工业基地企业，在煤炭、飞机制造、数控机床、发电机制造等方面提供云服务。

12 月 3 日省进出口银行 14 亿元"输血"农业产业化。为贯彻中国人民银行《关于做好家庭农场等新型农业主体金融服务的指导意见》的相关精神和落实《农业部中国进出口银行支持农业"走出去"战略合作协议》的相关要求，近日，中国进出口银行黑龙江省分行向黑龙江象屿农业物产有限公司提供 8 亿元农业产业化发展贷款，用以满足该公司农业全产业链的资金需求，至此该行已向该公司提供了 14 亿元贷款。

12 月 3 日首场创业融资对接会举行。省科技大厦每月将举办一至两场高新技术成果专业发布对接会，11 月 28 日，由省科技厅、省教育厅主办，省科技成果转化中心承办的哈尔滨工业大学、省工业技术研究院高新技术成果发布暨创业融资对接会在省科技大厦举行。来自哈尔滨工业大学、省工业技术研究院的 52 项成果作了发布，现场重点推介了 20 个具有高科技含量、高附加值和高投资回报率的项目，并与我省 12 家融资机构进行了对接。

12 月 3 日融入互联时代打造创业教育升级版。12 月 1 日，我省 12 所高校大学生参加了全国大学生网络商务创新应用大赛。在颁奖典礼上，中国互联网协会专家表示，近年来在移动互联网上进行创业已经成为青年创业者的首选，已经成为大众创业、万众创新的新工具。只要"一机在手""人在线上"，就可以对接众多创业投资，引爆无限创意创造。发展移动互联经济，不但可以推动经济发展，还能够缓解就业压力。

12 月 3 日省森林资源管理局政务服务中心挂牌。近日，省森林资源管理局政务服务中心和资源举报中心挂牌运行，这是龙江森工资源管理部门落实《行政许可法》要求，进一步强化森林资源管理的一项重要举措。

12 月 3 日服务"三农"创新金融产品。齐齐哈尔市农村信用合作社联合社积极创新金融产品，以"三农"服务为己任，放眼城乡，服务鹤城，连续四年成为全市唯一一家存款、贷款、贷款累计投放三超"百亿"的金融机构，促进了现代农业的快速发展。

12 月 4 日黑龙江经济发展环境座谈会召开。3 日下午，团省委、省青联与省企业投诉中心联合召开黑龙江省经济发展环境座谈会，与会青联委员企业家代表面对面沟通交流我省优化经济发展环境工作情况，听取广大青联委员的意见建议。

12 月 11 日大庆前三季度服务业实现增加值 572 亿元。日前从大庆市现代服务业发展局了解到，今年前三季度，大庆服务业实现增加值 572.3 亿元，同比增长 8%，成为大庆经济新常态下的新动力。

12 月 14 日 实施五大计划提升科技服务能力。全省科协系统以"转变工作作风，提升服务能力强化年"为主题，积极谋划 2015 年和"十三五"工作，将以创新思路为引领，深入实施能力提升计划、素质提升计划、智库提升计划、服务提升计划和文化提升计划。这是 12 日记者在全省科协系统总结 2014 年谋划 2015 年工作会议上获悉的。

12 月 16 日东宁黑木耳在渤海商品交易所竞买平台上市。立足全市、着眼全省、面向全国。12 月 15 日，东宁黑木耳在渤海商品交易所竞买平台隆重上市，它改变了过去传统销售方式，通过现场交易与电商交易并行，将带动黑木耳大宗交易，主导全国黑木耳交易和价格信息发布，是全国黑木耳交易方式的一大突破和创新，对进一步带动东宁、牡丹江乃至龙江黑木耳产业良性发展，提高产品的知名度、美誉度和品牌的扩张性，巩固东宁县黑木耳产业在全国的主导地位具有重要意义。

12 月 21 日 "协商座谈"力促小微企业发展。近日，七台河市政协围绕深化工商登记制度改革、促进小微企业发展议题，政协分管领导带领部分委员深入新登记的企业实地调研，召开工商、质监、食药监、税务、银行等部门座谈会，组织委员与相关对口部门协商座谈，共议实施中存在的问题，共谋破解问题的良策，取得了实效。

12 月 21 日省 3D 打印产业技术创新联盟成立。近日，省 3D 打印产业技术创新战略联盟在黑龙江科技大学成立。黑龙江科技大学、哈尔滨东安发动机（集团）有限公司、省科学院自动化研究所等 34 家省内高校、企业和科研院所将共同推动 3D 打印产业成为我省新的经济增长点。

12 月 23 日新林区龙头示范带动全民创业。新林区以林下经济为主阵地，以点带面，在健全完善创业组织管理模式、创业科技支撑体系、创业营销网络中积极发挥龙头示范带动作用，并建立健全利益链接。截至目前，林下经济从业人员已累计达到 13260 人。

12 月 24 日龙江科技成果转化取得新成效。龙江高新技术成果发布对接，为系统性、有针对性地促进高校的高新技术成果与我省十大重点产业需求有效对接，并在省内实现产业化，22日，继哈尔滨工业大学、省工业技术研究院高新技术成果发布会后，省科技厅、省教育厅联合在省科技大厦召开了哈尔滨理工大学高新技术成果专场发布对接会。

12月26日我省鼓励科技人员创新创业入法。创新、转化贡献突出者可破格晋职，明确科技人员以智力要素参与分配比例，允许科技人员兼职创业或离职创业。

12月28日佳木斯347个新开工大项目彰显发展活力。在经济下行压力增大的不利情况下，佳木斯市迎难而上，扎实推进新一轮产业项目攻坚。今年1至10月，全市固定资产投资393.1亿元，同比增长19.5%，增幅在全省各地市名列第一。全市共开复工产业项目517项，其中，新开工产业项目347项，完成投资167.7亿元。新开工产业项目已成为佳木斯市彰显经济活力的“主力军”。

12月28日团省委多举措引导青年开展电商创业。家住五常市杜家镇七一村车家屯的陈洪力，提起自家大米能在网上卖的事儿，总是乐得合不拢嘴。2012年，在哈尔滨团市委提供的十万元全额贴息贷款帮助下，他在淘宝网上注册了“陈大力稻花香米店”，至今已累计销售20.5万余公斤五常大米，是淘宝网上五常大米销售量最高的卖家。

12月30日黑龙江动漫基地和动漫产业加快转型升级。文化是城市发展的驱动力，是展示城市形象、城市精神的重要窗口，文化产业的发展能够带动和促进其他产业的提档升级，从而带来城市文明和经济发展。

12月30日龙江动漫基地整合资源促产业再升级。从最初的8家动漫企业、年生产能力千余分钟，到现在手握七块国家级奖牌，年动画生产能力超过40000分钟的全国十强基地，黑龙江动漫产业（平房）发展基地用八年的时间实现了数次跨越，如今随着基地载体建设的深入，企业项目的不断引进和培育，龙江动漫基地的产业集聚度和品牌影响力正在节节攀升，这是记者从29日举行的黑龙江动漫产业（平房）发展基地重点项目揭牌签约仪式暨基地成立八周年纪念活动上了解到的。

12月30日冰城大学生创业项目竞标大赛收官。29日，由哈尔滨市妇联主办的《让梦想飞翔》冰城大学生创业项目竞标电视大赛收官。

12月30日我省完善科技成果转化全链条服务，推进创新驱动发展。12月29日，省科技厅、省教育厅联合在省科技大厦召开了黑龙江大学高新技术成果专场发布对接会。会场气氛热烈，有些专家现场发布科研成果后，立刻有高科技投融资机构上前洽谈转化。据悉，这是2014年我省最后一场高新技术成果发布对接会。2015年，省科技厅将按照省委、省政府的部署，建立常态化的科技成果发布对接机制，完善科技成果转化全链条服务，破解创新成果落地产业化的“最后一公里”，推动龙江科技成果转化落地和创新驱动发展。

上海市

改善环境

2014年1月14日，为做好“激发企业活力与创造力，促进各种所有制共同发展”代表专题审议准备工作，市人大财经委组织召开工作协调会，分别听取市经信委、市商务委、市国资委关于本市民营（中小）企业、外资企业、国有企业情况的汇报。1月21日，市十四届人大二次会议组织了“激发企业活力与创造力，促进各种所有制共同发展”专题审议，会议由市人大常委会洪浩副主任主持，市政府周波副市长、徐逸波副秘书长出席会议，来自民企、央企、地方国企、集体企业、混合所有制企业及高校等140多名市人大代表参加审议，市经信委、市发改委、市商务委、市国资委、市财政局、市税务局、市工商局、市金融办、市科委、市知识产权局、市人社局等有关政府部门负责同志列席。市经信委李耀新主任、傅新华副主任参加会议。

2014年1月20日，工信部在广州召开部分省市促进非公有制经济发展座谈会，上海、天津、广东等14个省、直辖市、副省级城市的中小企业主管部门参会，工信部中小企业司司长郑昕出席会议并讲话。市经信委傅新华副主任代表上海参加座谈。

2014年4月3日，工业和信息化部召开全国中小企业工作暨扶助小微企业专项行动电视电话会议，上海市设立分会场，市经信委主任李耀新、副主任傅新华，各区县商务委、经委分管领导，各区县服务中心负责人及部分服务机构代表参加会议。工信部总工程师朱宏任主持会议，上海、福建、湖北、四川等4省市进行了工作经验交流汇报，工信部党组书记、部长苗圩出席会议并讲话。

2014年5月20日市经信委组织召开2014年度“两会”提案意见集中答复会议，会同市科委、市金融办等会办部门，当面听取代表和委员的意见建议。2014年仅市中小企业办承办的提案意见就达23件，其中主办件15件。

2014年6月19日，工信部在浙江义乌召开“全国中小企业厅局长圆桌会议”，全国31个省（区、市）及5个计划单列市、新疆生产建设兵团的中小企业主管部门负责同志参加会议，工信部总工程师朱宏任出席会议并讲话。市经信委副主任傅新华参加会议。

2014年6月26日，工信部在沪召开“部分省市中小企业‘专精特新’发展座谈会”，11个省市中小企业主管部门负责同志参加座谈，工信部中小企业司郑昕司长出席会议并讲话。市经信委傅新华副主任参加会议并交流发言。

2014年10月11日，全国首家非公经济法治研究会——上海市法学会非公经济法治研究会正式成立。成立仪式之后，围绕“发展非公经济的法治保障”主题，举办了首届非公经济法治论坛。上海法学会会长陈旭、常务副会长林国平等领导参加论坛。市经信委傅新华傅主任作为嘉宾，就中小企业、民营经济的法治保障与依法行政等方面做了主旨演讲。

2014 年 9 月 28 日，市人大常委会正式启动“激发中小企业活力、增强中小企业竞争力”专项监督工作，启动会上听取了市经信委、市科委等部门工作汇报，市人大常委会洪浩副主任出席会议并提出工作要求。10 月 28 日，市人大常委会殷一璀主任、洪浩副主任带队，先后视察了上海万丰文化传播有限公司、上海物景智能科技有限公司、上海华测导航技术有限公司等“专精特新”中小企业和“四新”企业。11 月 19 日，市十四届人大常委会第十六次会议听取并审议了市人民政府关于“激发中小企业活力、增强中小企业竞争力”情况的报告，市经信委主任李耀新受市政府委托，向大会报告了本市相关工作情况，市政府副市长周波及市发改委、市商务委、市科委、市人社局、市财政局、市税务局、市金融办、市工商局、市知识产权局、市质量技术监督局等部门相关负责同志列席会议。

2014 年 11 月 25 日，由工信部中小企业司许科敏副司长带队，国家发改委财金司、财政部经建司、税务总局政策法规司、人民银行金融市场司、银监会等领导一行，专程来上海与小微企业、服务机构及专家进行座谈，听取对推动政策落地“最后一公里”问题的意见建议。市经信委傅新华副主任，中仿科技、友人家茶文化馆、创源企业咨询等企业、服务机构以及有关专家学者共同参加座谈会。

2014 年 12 月 10 日，上海市召开民营经济发展联席会议第二次全体会议，会议由市政协副主席、市工商联主席王志雄主持，市委常委、统战部部长、联席会议总召集人沙海林，市政府副市长、联席会议第一召集人周波出席并讲话。联席会议秘书长、市经信委傅新华副主任参加会议并作交流发言。

强化服务

2014 年 1 月 8 日，上海市区县中小企业服务工作会议召开，17 个区县经委（商务委）分管领导及区中小企业服务中心负责人参会，上海市经信委傅新华副主任出席会议并讲话，会议对完善服务体系、加强中小企业服务工作提出了要求。截至 2014 年底，全市 98 个街道、110 个乡镇、224 个园区和楼宇建立了中小企业服务中心分中心或联络点。

2014 年 1 月 8 日，由上海市促进中小企业发展协调办公室、上海市青年联合会、上海市中小企业发展服务中心会同各区县中小企业工作部门、产业园区等单位共同举办的 2014 年“走进产业园，服务中小微”系列志愿服务活动的第一场在杨浦科技创业中心拉开帷幕。2014 年累计开展有关“中小企业发展服务志愿团”主题活动 25 场，直接服务中小微企业 1700 余家次。

2014 年 1 月 11 日，工信部党组成员、总工程师朱宏任一行莅临指导上海市中小企业服务互动平台建设情况，上海市经信委副主任傅新华和市中小企业办有关领导陪同调研。12 月 5 日和 17 日，“上海市中小企业服务互动平台（一期）”项目、“上海‘专精特新’中小企业成果展示厅项目”分别通过专家验收通过。截至 2014 年年底，“上海市中小企业服务互动平台”注册企业用户 32047 家，各类服务机构填报服务案例 2897 项，服务档案 17896 条，累计服务企业 193221 家次。

2014 年 4 月 29 日、7 月 30 日、10 月 30 日、12 月 29 日，市经信委联合市金融办、人行上海总部、上海银监局等部门，分别组织召开了 2014 年季度上海中小企业信贷工作例会。其中，“2014 年度四季度上海中小企业信贷工作例会”上公布了“2014 年度中小企业融资服务最佳合作伙伴”评选结结果，上海农商银行等 6 家金融机构被评为 2014 年度上海中小企业融资服务最佳合作伙伴，工商银行上海市分行等 9 家金融机构被评为杰出合作伙伴，上海银行等 16 家金融机构被评为优秀合作伙伴。2014 年全年四次信贷例会共帮助 200 余家中小企业融资对接约 25 亿元。

2014 年 6 月 19 日，以“技术提升经济、合作创造未来”为主题的第八届 APEC 中小企业技术交流暨展览会在浙江省义乌国际博览中心开幕，市经信委副主任傅新华参加开幕式。上海共有 56 家“专精特新”企业参展。

2014 年 7 月 17 日至 18 日，全国中小企业服务联盟换届大会在上海召开，工信部中小企业司副司长许科敏、中国中小企业发展促进中心主任秦志辉、上海市经信委副主任傅新华等领导及联盟成员单位代表等参加会议。

2014 年 8 月 28 日，第八届上海中小微企业金融洽谈会在东亚展览馆召开，上海市委常委、副市长屠光绍宣布“金洽会”开幕。此次“金洽会”为期三天，来自上海及长三角地区的 150 余家金融服务机构推介和展示了中小微企业融资产品与服务，开展现场业务咨询和融资洽谈，参会中小微企业超过万家。

2014 年 9 月 23 日，市经信委会同市金融办、上海银监局召开“服务小微企业融资座谈会”，邀请中国银行、浦发银行、农商银行，大众小贷、张江小贷、春宇小贷、东虹桥小贷，中小企业金融信息服务公司、拍拍贷、你我贷等 10 家单位，听取相关机构对地方落实 9 月 17 日国务院会议精神、支持小微企业融资的意见和建议。市经信委主任李耀新出席座谈会并讲话，市经信委副主任傅新华、徐子瑛参会。

2014 年 10 月 11—14 日，本市组织中小企业赴广州参加了由工信部等部门联合举办的第 11 届中国国际中小企业博览会，上海共有 45 家中小企业参展。

2014 年 12 月 25 日—27 日，2014 年“上海市百家中小企业改制培育系列培训”举办，本市 90 余家改制上市后备企业及部分区县改制上市工作推进人员参加培训。市经信委傅新华副主任出席开班仪式并致辞。

推进“专精特新”工作

2014 年 1 月 14 日，周波副市长、徐逸波副秘书长、市经信委李耀新主任、傅新华副主任等领导参加以“创新？升级”为主题的 2014“上海企业家沙龙”活动，与上海思乐得实业有限公司、上海春秋国际旅行社有限公司、上海快钱支付清算信息有限公司、上海晨光文具股份有限公司等 18 家具有代表性的“专精特新”中小企业和民营企业进行深入交流。

2014年2月20日，周波副市长调研上海铂利德钻石有限公司（钻石小鸟）、上海儒竞电子有限公司和上海新通联包装股份有限公司等“专精特新”中小企业。市经信委李耀新主任、傅新华副主任及市国资委、市商务委领导、闸北区领导陪同调研。

2014年4月10日，市经信委、市商务委、市发改委、自贸区管委会、市工商联等部门在中小企业办共同召开了“专精特新”企业“走出去”座谈会，瑞尔实业有限公司、上海和鹰机电科技股份有限公司、允成机电科技（上海）有限公司、上海思乐得不锈钢制品有限公司等企业参加座谈。

2014年4月11日，上海市“专精特新”中小企业领军人才培训班（浦江12期）开学典礼在复旦大学举行，标志着2014年度“专精特新”企业家培训工作正式启动。全年委托复旦大学、上海交通大学，集中开展了9期400余名“专精特新”中小企业领军人才培训。截至2014年年底，全面完成了20期“浦江培训计划”首轮培训，共培训企业家850名。在“专精特新”中小企业领军人才培训班的基础上，2014年4期，优选具有行业“隐形冠军”潜质的80多名“专精特新”企业家，分别赴美国、德国实施海外高端培训。

2014年6月18日，市中小企业办联合市机器人行业协会举办了“机器人产业发展研讨会”，20多家“专精特新”企业及10多家从事机器人制造和应用的机器人协会会员企业参加了会议。市经信委副主任傅新华到会并致辞。

2014年6月26日至28日，在工信部支持下，市经信委会同市政府合作交流办、市台办、长宁区政府等单位，共同举办了“第二届上海（国际）中小企业精品展”，来自国内外的263家企业参展，观众23804人次，展会现场交易金额215.48万元。展会期间，发布了2014年度《上海智造》品牌，推出102个“专精特新”中小企业精品；举办了“专精特新企业发展论坛”，工信部中小企业司郑昕司长、樊纲、王均豪等嘉宾做了交流。

2014年7月23日，周波副市长召开“专精特新”企业家海外研修座谈会，与上海亚泽新型屋面系统股份有限公司、上海运良企业发展有限公司、上海思乐得不锈钢制品有限公司等9名赴德、美研修的“专精特新”企业家代表交流。市经信委李耀新主任、傅新华副主任及市商务委、市科委、市国资委和张江管委会等相关委办局负责同志参加座谈。

2014年11月13日，市中小企业办组织召开浦江1—20期班长会议，共商“专精特新”企业家联谊会组建工作及“专精特新”中小企业培育措施。市经信委傅新华副主任出席会议并讲话。

江苏省

1月23日，省经信委召开六大片区扶贫开发帮扶工作座谈会，会上总结通报了2013年全委扶贫工作开展情况，研究部署2014年帮扶工作。委党组成员、副主任周毅彪，委党组成员、副局长陆元刚，委党组成员、机关党委书记周频以及委扶贫帮扶工作领导小组成员处室主要负责同志参加了会议。

2月28日，省经信委、中小局在南京组织召开了省中小企业公共服务平台网络建设项目布置会。会议全面总结了我省中小企业公共服务平台网络第一阶段建设工作情况，对第二阶段的建设任务进行了布置和再动员；南京市、淮安市综合服务，泰兴减速机产业集群服务等三家第一批建设窗口平台在会上做了交流发言；省平台与第二批窗口建设单位签订了建设责任书；有关专家还就窗口平台建设主要技术问题进了专题辅导。省经信委（中小企业局）、省财政厅、省中小企业发展中心等有关处室和中心，第一批、第二批服务窗口平台建设单位负责同志参加了会议。

5月20日至21日，以“创新创业、共赢未来”为主题的2014中国江苏中小企业创新创业大赛在南京成功举办。本次大赛由省经信委、中小企业局主办。省经信委副主任周毅彪出席本次活动并讲话，省委组织部人才处处长过利平致辞。有关市、县经信委（中小企业局）负责人、新闻媒体记者及参赛企业负责人共100多人参加了本次大赛活动。大赛通过企业申报、各地推荐、专家评审的基础上，甄选出45名符合条件、创新创业业绩突出的选手进行现场决赛。来自金融、创投、传媒、政府、高校、企业等方面的9位专家对参赛选手展示创业能力、创业业绩，及创新创业项目的优势、市场前景、融资能力、运营能力和现场答辩表现给予打分，现场评选出30名获奖选手，其中一等奖3名，二等奖5名，三等奖8名，优胜奖14名。

7月23日至24日，我委在镇江召开2014江苏省工程机械和现代农业装备产业中小企业协作配套对接会。共有江苏、浙江、山东和安徽四省的28家大中型主机企业，农业部南京农机化研究所、江苏大学、南农大工学院、扬州大学等7所科研单位，20多家重点配套企业和我省各地近190家中小配套企业总计400多人参会。

7月31日，全省经信系统六大片区帮扶工作座谈会在南京顺利召开。会议总结交流了上半年帮扶工作进展情况，研究部署下一步做好片区帮扶工作的任务。片区所在的市、县（市、区）经信委（局）分管领导、联系处室负责人、我委涉及帮扶工作处室负责同志50余人参加会议。委党组成员、副主任周毅彪，委党组成员、机关党委书记周频出席会议。周毅彪副主任作重要讲话，充分肯定前一阶段帮扶工作成效，强调经信系统做好片区帮扶工作要找准四个定位。一是要找准帮扶工作中的定位，要围绕经信部门的工作职能，在推动片区工业和信息化发展方面抓住重点、突出亮点，做出成绩。二是要找准在产业帮扶中的定位，要围绕省委省政府的总体要求，在促进片区产业发展方面将当前阶段性的目标和推动产业持续发展有机结合，通过我们的工作要不断提升产业比重、发展水平。三是要找准企业、产业、集聚区的发展定位，片区的区位条件、自然条件、发展基础相对要薄弱，发展中对生态环境的保护又有较高要求，我们在推动区域工业经济发展方面要因地制宜，不能贪大求快，我们要做到在发展产业的同时，保护好当地的生态环境。四是要找好产业规划的定位。产业规划的制定过程，是对产业发展的再认识、再梳理，对下一步发展的再讨论，省市县和产业规划编制单位要密切配合，共同做好六大片区工业和信息化产业发展规划的编制工作。

9月15日至16日，六大片区创业载体负责人工作培训会在苏州市召开。来自六大片区的60多位分管帮扶工作、创业载体培育工作的负责人、创业载体运营单位负责人参加了培训。通过两天的培训和考察交流，参会人员了解苏南发达地区创业载体和公共服务平台先进的服务和运营模式，开阔了眼界，激发了思维，对苏北六大片区通过创业载体帮扶，建立健全中小企业服务体系，助推小微企业发展有很好的启示和借鉴作用。

9月16日，尼日利亚出口加工区管理局局长库耶一行访问南京，徐一平主任代表我委与尼方签订了《谅解备忘录》。徐主任对苏尼合作充满信心，表示会利用尼日利亚举国实施《工业革命规划》的有利时机，以江苏优势产业为基础，依托代表处这一平台，鼓励和推动更多江苏中小企业到尼日利亚进行考察，开展投资和贸易活动，切实促进双方经贸交流，树立江苏与非洲合作的典范。

10月26日至27日，工信部党组成员、总工程师朱宏任率中小企业司、产业政策司和中小企业发展促进中心有关负责同志来我省调研中德（太仓）中小企业合作示范区建设情况，一行参观了中德中小企业工业园、太仓规划展示馆和舍弗勒、托克斯等德资企业，听取了中德（太仓）中小企业合作示范区建设情况汇报。陆元刚副主任陪同调研。

11月27日，省经信委在南京召开六大片区产业发展规划项目对接会。六大片区市、县（市、区）经信委（局）扶贫工作联络员、我委涉及帮扶工作处室负责同志以及规划编制单位40余人参加会议。会议通报了六大片区产业发展规划编制情况，对规划文本进行了深入研讨。各市、县（市、区）结合各地实际情况，委各相关处室结合自身职能，围绕产业发展方向、产业支持政策和生态节能环保等要求，对产业发展规划提出了意见和建议。规划编制单位南京大学城市规划设计研究院表示，下一步将充分吸收大家的意见建议，对规划进行深化和完善，并在征求相关专家意见后，尽快形成最终成果。

山东省

1月，省中小企业局被认定为2013年度全国乡镇企业信息统计调查直报工作优秀省级主管部门；我省28个农业部直报点全部认定为合格等次以上。

2月17日，省中小企业局党的群众路线教育实践活动总结大会召开。局党组书记、局长刘新风同志作了总结讲话，省经信委督导组靖士宽处长出席会议并讲话。

3月5日，省中小企业局召开促进民营经济发展座谈会。部分市中小企业局长和民营企业家代表参加了会议，会议由省中小企业局刘新风局长主持。省政府党组成员、省民营经济促进及招商工作领导小组办公室主任张德宽出席会议并讲话，省委政研室、工商联、工商局等部门有关人员列席了会议。

3月12日，省中小企业信息中心在省中小企业局召开了“山东中小企业电子商务平台运营模式和业务合作推广研讨会”，省中小企业局邢亚民副局长出席研讨会并致辞。

4月25日至28日，国务院支持小微企业健康发展政策落实情况第四督查组对山东省进行了督促检查。督查组听取了省政府及有关部门关于贯彻落实国发14号文件，支持小微企业健康发展政策落实情况的工作汇报。省政府张超超、邓向阳副省长分别出席情况反馈会和汇报会，省中小企局参与全程活动。

4月29日，山东省召开电视电话会议专题部署2014年全省扶助小微企业专项行动。会议在济南设主会场，各市设分会场。省中小企业局刘新风局长主持会议并讲话。刘新风局长通报了2013年全省小微企业发展绩效情况，并就有关问题进行了解释说明。

5月上旬，省中小企业局就中小微民营企业当前发展情况和重点扶持项目绩效情况分三组进行专题调研。调研组分赴淄博、威海、潍坊、泰安、莱芜、日照、济宁、枣庄、临沂等9个市，到了14个县的35家中小微民营企业，通过实地察看、座谈和查阅资料，与企业共同分析形势，研究加快转调创的具体措施，引导企业树立信心，克服困难，稳中有为，稳中求进。

省委组织部、省经信委到我局召开全体干部大会，宣布任命王兆春同志为省中小企业局分党组书记、局长。

8月11日，省中小企业局王兆春局长主持召开会议，学习全省民营经济工作会议精神和省委、省政府关于加快全省民营经济发展的意见，研究省中小企业局贯彻落实全省加快民营经济发展意见的细化措施。

9月3日，全省中小企业公共服务平台运营管理座谈会在济宁召开。会议由王兆春局长主持，邢亚民副局长作了“贴近需求，创新服务，提升管理，努力做好我省中小企业公共服务平台发展服务工作”的讲话。

9月4日，全省中小企业局长会议在济宁召开。省中小企业局王兆春局长出席会议并作重要讲话。会议听取了各市局贯彻落实全省民营经济会议和当前中小企业、民营经济发展情况以及下步工作打算，听取和征求了对《山东省中小企业局关于贯彻落实省委省政府加快全省民营经济发展意见的实施意见（征求意见稿）》的建议。

由省中小企业局、省外办与阿联酋代表团联合举办的“山东·阿联酋经贸交流会”在济南顺利举办。会前，夏耕副省长会见了代表团，对今后双方加强经贸合作提出希望和要求。会上，阿联酋经济部副部长阿卜杜拉先生、省外办刘渊主任、省中小企业局王兆春局长分别致辞，代表团与参会企业进行了对接洽谈。来自省直有关部门和130余家企业代表参加交流会。

10月22日至23日，由省中小企业局、省外办与日本山口县联合举办的“第十四届山东省-山口县经贸洽谈会”在济南、青岛两地成功举办。省中小企业局邢亚民副局长、省外办李永森副主任、山口县商工劳动部金子政司审议监参加开幕式并致辞。

来自日本山口县和我省的近150家中小企业参加了一对一的对口洽谈，洽谈件数达到200件，达成40余项合作意向。参加企业产品涉及食品、机械、纺织、建材、节能环保、医疗设备、工艺品等，合作方式包括进出口贸易、技术引进、委托加工和合资建厂。本次洽谈会，参加企业、洽谈件数及达成意向都为历届最多，有力促进了双方中小企业的经贸交流与合作。

10月26日，由山东省中小企业局支持，山东省中小企业协会、山东省电子商务协会主办的“2014中国（山东）网络商品博览会暨山东中小企业网络商品订货洽谈会”在济南舜耕国际会展中心拉开帷幕。国家工信部中小企业司副司长韦向群、山东省经济和信息化委员会副主任王信、山东省中小企业局局长王兆春、济南市人民政府副秘书长耿建新等省市有关领导出席开幕式并讲话。

10月26日，全省中小企业电子商务推进会议在济南召开。省、市、县三级中小企业主管部门主要负责同志、各市局（办）分管科室负责人和部分优秀电商企业、服务机构的代表参加了会议。

11月13日上午，省政府在南郊宾馆举办山东中小企业公共服务平台新闻发布会。省政府新闻办公室副主任，新闻发布处处长陈强同志主持会议，省中小企业局局长，省促进中小企业发展领导小组办公室主任王兆春同志向新闻单位介绍了山东中小企业公共服务平台建设情况，中央驻鲁新闻单位，香港媒体，省直媒体和济南市媒体40多家新闻单位的记者出席了新闻发布会。

12月4日，省促进中小企业发展领导小组办公室组织召开领导小组成员单位联络人会议，专题研究《山东省中小企业发展报告（2014）》。省各有关成员单位派员参加了会议。

12月29日下午，省中小企业局召开党的群众路线教育实践活动整改落实“回头看”动员大会。

经省文明委研究决定，授予省中小企业局2014年度省级文明单位称号。

河南省

3—6月份，河南省工业和信息化厅组织河南网参与工业和信息化部、教育部联合举办的“2014年全国网上百日招聘高校毕业生活动”，开辟了“百日招聘河南专场”，共组织1980家企业参与网络招聘活动，提供职位数2405个、就业岗位24687个，组织企业数、提供职位数和就业岗位数均居全国首位。

3月，组织开展省级中小企业公共服务平台和小企业创业基地申报认定工作。2014年认定省级中小企业公共服务平台24家，目前，全省已认定90家服务平台和79家创业基地。

3月29日，河南省工信厅利用“工业和信息化部中小企业经营管理领军人才培训工程”平台，举办了“工业和信息化部中小企业经营管理领军人才北京理工大学（河南）班Ⅱ期”，经择优推荐的我省80余名中小企业经营管理领军人才学员参加了在北京理工大学隆重举行开班典礼。工业和信息化部中小企业司郑昕司长、人事教育司刘素文副巡视员、河南省工信厅中小企业服务局沈超局长、北京理工大学纪委书记杨蜀康、管理与经济学院党委书记李金林等出席开班典礼并致辞祝贺。

5月，联合百度公司在全省组织实施助推中小企业市场开拓“翔计划”，共组织中小企业电子商务培训135场次，参与人数超过24000人，免费为14649家企业提供营销服务，为6597家中小企业免费建立网站。

6月，联合河南广播电视台成立“河南省中小企业手机台”，充分运用智能手机和平板电脑等新媒体优势，为中小企业提供新闻资讯、政策发布与商务互动服务，目前用户已突破1万户，发布各类新闻及信息13余万条。

6月，河南省工信厅会同省政府金融办与全国中小企业股转系统签订了战略合作备忘录，启动我省中小企业新三板挂牌培育工作。之后，在全省分地市开展了18场专题培训，2400多人参加培训。目前，我省已挂牌企业41家，位居全国第11名。

6月，由河南省工信厅中小企业服务局局长沈超带队，组织20家中小企业参加第八届APEC（亚太经济合作组织）中小企业技术交流暨展览会，产品涉及电子机械、高端装备、节能环保、工艺美术等行业及中小企业“专精特新”产品，取得丰硕成果。其中，河南创世电机科技公司小型发动机获得组委会秘书处颁发的“APEC中小企业最佳创新实践奖”。

8月，河南省工信厅与省教育厅、省科技厅首次联合开展了中小企业产学研对接活动，促使95家中小企业与51家高校院所成功对接了116个产学研合作项目，项目科研经费5.9亿元。

9月，河南省工信厅与新华社河南分社签订了框架合作协议，借助新华社河南分社的媒体优势，加强对中小企业的宣传报道。

10月，由省政府副秘书长带队，组织100多家中小企业300多人到广州参加第十一届中小企业博览会，共签订产销合同150多项，总金额5亿余元。考察了广州、佛山等地的家居、建材和汽车零部件产业集群并进行深度对接洽谈，拟引进13个汽车及零部件项目，签约金额约260亿元。

10月，河南省工信厅会同省台办邀请内蒙古、陕西、湖北、湖南代表团及中国台湾重要客商共计

300 余人来豫召开洽谈对接会，并深入郑州、洛阳、开封、鹤壁、安阳等地中小企业进行实地考察，达成一批合作项目。

11 月，组织部分市县工信部门负责人和企业负责人到四川大学开展产学研对接合作，共征集技术难题 152 个，部分项目达成合作协议。

4—10 月，为缓解中小企业融资难，进一步拓宽融资渠道，河南省工信厅联合省银监局组织开展了第二期“金融机构与万家中小微企业贷款项目对接活动”，并于 10 月 21 日成功召开金融机构与中小微企业贷款项目对接暨签约会议。活动期间，指导各地共举办 40 余场银企对接会，全省共有 13088 家企业参与活动，10317 家企业对接成功，放贷金额 946. 9 亿元，其中小微企业占 80%。

12 月，河南省工信厅与上海股权托管交易中心签订战略合作协议，并对全省 400 余家优秀中小企业进行了挂牌融资业务培训。目前，我省共有 87 家企业在上海股权托管交易中心挂牌。

湖北省

3 月 18 日，2014 年中小微企业和民营经济创新发展大讲堂正式启动，省内的 600 多家企业分别在枢纽平台主会场和 11 个窗口平台同步参加首场讲座。此项活动是湖北省经信委今年服务中小微企业和民营经济发展的一项重要举措，也是提升中小企业和民营企业家管理素质、促进企业创新发展的一个重要抓手。

3 月 27 日，全省支持非公有制经济健康发展体制机制创新专项领导小组召开第一次会议，研究制订非公有制经济投资准入特别管理措施（负面清单）等支持非公有制经济健康发展改革创新工作。副省长、专项领导小组组长许克振同志出席会议，大会由省政府副秘书长陈新武主持，省经信委、省发改委等 21 个专项领导小组成员单位负责同志参加了会议。

4 月 16 日，全省一季度工业经济运暨中小企业成长工程工作座谈会在汉召开。副省长许克振同志出席会议并作重要讲话，省经信委主任欧阳万坤同志通报一季度全省工业经济运行和中小企业成长工程情况。会议由省政府副秘书长陈新武同志主持。武汉市政府、荆州市政府、当阳市经信局、武汉农村商业银行负责同志在会上交流发言。全省各市州、直管市、神农架林区政府分管工业的副市（州、区）长，经信委主任，省直部门和金融机构的负责同志，部分企业主要负责同志参加了会议。

4 月 22 日上午，省委在武昌召开今年第二次党外人士双月座谈会，向各民主党派、省工商联、无党派人士、省政府参事、省文史馆馆员代表，征求对发展非公有制经济的意见和建议。会议由省委常委、统战部部长张岱梨主持，省长王国生出席座谈会并讲话。

4 月 23 日至 25 日，国家税务总局党组成员汪康率国务院第五督查组来到湖北，督导检查我省支持小微企业发展政策落实情况，并在武汉市、孝感市进行实地调研。副省长许克振向督查组汇报了全省支持小微企业发展政策落实情况。

5 月 6 日，省中小企业服务中心、省中小企业协会、省律师协会联合成立了湖北省中小微企业法律服务团。成立仪式结束后，法律服务团副团长、湖北今天律师事务所刘兆君律师为省枢纽平台、14 个窗口平台、500 余家中小微企业作了中小微企业法律风险防范专题讲座。

6 月 9 日至 13 日，湖省重大人才工程“123”企业家培育计划“民营企业家创新管理培训班”在中国浦东干部学院成功举办，来自首批和第二批培养人选的 60 位民营企业家在校接受了为期 5 天的专题培训。本次培训是根据当前全省改革新形势和民营企业发展实际而针对性开设的“创新管理”专题培训活动。

6 月 19 日，第八届 APEC 中小企业技术交流暨展览会在浙江义乌国际博览中心隆重开幕。以胡树华副主任为团长、黎力副巡视员为副团长，市州直管市林区、部分县（市、区）经信委（局）和 20 多家中小企业组成的湖北省代表团参加了本届技展会。技展会期间，省经信委领导出席了“第八届 APEC 中小企业技展会开幕式”和“全国中小企业厅局长圆桌会议”等活动。

9 月 10 日，湖北省中小企业公共服务平台网络建设现场会在京山县召开。会议通报了平台网络项目建设进度和服务活动开展情况，总结交流了平台网络和服务体系建设工作经验，并对平台网络建设下一步工作任务进行研究部署。黄冈市经信委、仙桃市中小企业服务中心和京山县工信局做大会典型发言，省经信委副主任胡树华出席会议并讲话。各市、州经信委负责服务体系建设工作的副主任、科（处）长、平台网络项目建设单位负责人及部分县市（区）经信局相关负责人参加了会议。

9 月 17 日至 18 日，湖北省重大人才工程——“123 企业家培育计划”（民营企业）第三批培养人选答辩评审会于在武昌新海天大酒店顺利举行。本次答辩评审会由省委组织部和省经信委共同组织实施，参 72 位来自不同行业领域的民营企业家参加了答辩。

10 月 28 至 29 日，工业和信息化部在武汉召开全国创办小企业工作座谈会暨中小企业公共服务平台创业服务能力提升培训班，工业和信息化部总工程师朱宏任出席会议并做重要讲话，省经信委欧阳万坤主任致辞。湖北、山西、上海、浙江、福建、江西等 6 个省市中小企业主管部门相关负责同志作经验交流。来自全国各省市区和新疆建设兵团的中小企业主管部门负责同志参加了会议。

11 月 6 日至 8 日，第十一届“中国光谷”国际电子博览会暨第十届中国·湖北产学研合作项目洽谈会在武汉国际博览中心成功举办。本届洽谈会共发布技术需求逾 724 项，技术成果逾 4438 项，其中最新成果 1601 项；高校院所与企业会前会上实现技术项目对接 1078 个，技术交易额 3. 64 亿元，其中，正式合同 815 项，技术交易额 3. 19 亿元。

11 月 16 日，湖北省重大人才工程“123”企业家培育计划（民营企业）第三批培养人选集中培训班在华中科技大学管理学院开班。欧阳万坤主任、省委人才办专职副主任刘仲初、华中科技大学校长助理许晓东、管理学院党总支书记金凌志出席，开班仪式由刘仲初同志主持，全省50名第三批培养人选参加了开班仪式并获入选证书。

12月22日，湖北省省长王国生主持召开省政府常务会议，研究引导和鼓励民营企业建立现代企业制度等工作，省经信委欧阳万坤主任参加汇报。大会讨论通过了湖北省经信委起草的《关于引导和鼓励民营企业建立现代企业制度的若干意见》，同意报省全面深化改革工作领导小组审定。

湖南省

1月，开展优秀服务机构征集活动。发布了《关于征集管理咨询机构的公告》，向北京、上海等发达地区征集一批优秀管理咨询机构。

2月，印发《2013年促进非公有制经济和中小企业发展工作情况及2014年工作要点》。

2月至9月，开展省中小企业信用担保资金申报工作。与省财政厅联合下发项目申报通知，确定支持业务补助项目56个、信息化建设项目7个，资金已于9月底全部下发。

3月，全省中小企业工作会议在长沙召开。谢超英主任到会并作重要讲话，黄东红副主任对全年工作进行部署。

3月，举办“中国湖南—埃塞俄比亚产业投资对接会”，埃塞俄比亚驻华使馆发布产业投资项目110个，我省300多家中小企业参加对接。

3月至4月，组织申报第四批国家中小企业公共服务示范平台。共有长沙市中小企业服务中心、湖南长达检测股份有限公司等9家单位获得国家中小企业公共服务示范平台称号。

3月至12月，组织开展“扶助小微企业专项行动”。下发《关于印发<湖南省2014年扶助小微企业专项行动实施方案>的通知》，围绕政策落实、市场营销、投资融资、创业创新、转型升级、管理提升等方面组织开展系列服务活动。

4月，向黄兰香副省长呈送《关于湖南省中小企业和非公经济发展情况的汇报》。

4月，对一季度非公经济和中小企业运行情况进行分析，提交运行分析报告。

5月，出台《湖南省促进中小企业“专精特新”发展三年行动计划》（湘经信中小发展〔2014〕179号），从全省遴选459家“专精特新”示范企业进行重点扶持。

5月，在清华大学举行全省中小企业服务体系建设培训班。

5月，举办全省中小企业信用担保机构高级管理人员培训班，对全省85家担保公司的高级管理人员进行管理、业务、风险、政策等方面培训。

5月，向黄兰香副省长呈送《当前我省小微企业面临的困难及应对措施》。

5月至6月，开展国家中小企业发展专项资金项目申报工作。争取国家专项资金共9070万元支持建设项目50个。

5月至12月，研究起草《中共湖南省委湖南省人民政府关于促进非公有制经济发展的若干意见（代拟稿）》。成立以超英主任为组长、东红副主任、学工局长为副组长的起草工作组。制定了起草提纲，形成了《若干意见（代拟稿）》初稿，两次征求39个省直单位的政策建议，并进行修改完善。10月30日，省政府第37次常务会议审议并原则通过《若干意见（代拟稿）》。11月25日，省委全面深化改革领导小组第六次会议审议并原则通过《若干意见（代拟稿）》。2015年1月15日，省委将《若干意见》以（湘发［2015］3号）文件的名义印发。

6月，与省工商联联合举办“全省促进非公经济发展座谈会”。微微部长、报翔副省长出席会议并作重要讲话。

6月，向省政府办公厅呈送《关于非公企业反映的主要问题及意见建议情况的报告》。

6月，建立省经信委、省工商联厅际合作机制。与省工商联签订了《湖南省经济和信息化委员会湖南省工商业联合会厅际合作机制》文本，从建立多层级联系制度、联合召开座谈会、联合开展调研等方面开展广泛合作。

6月，黄东红副主任参加全国中小企业局长圆桌会议。

6月，组织部分中小企业赴浙江义乌参加第八届APEC技术交流暨展览会。我省20家高科技企业参会，共签订意向合同16份，合同金额达5000余万元。

6月至7月，开展2013年度省级中小企业发展专项资金的绩效评价工作，形成了绩效评估报告。

6月至8月，积极提出机构改革建议。8月中旬，向省编办提交了《关于进一步加强非公有制经济和中小企业管理工作的报告》，提出设立中小企业发展处和中小企业服务处，增设非公有制经济促进处的建议。

6月至12月，建立非公企业问题交办机制。以省促进非公经济和中小企业发展工作领导小组办公室交办的方式，向15个省直部门和单位交办非公企业反映突出的问题16件，已落实解决10件。

6月至12月，开发“湖南省中小企业运行监测及项目管理系统”。进一步完善湖南省“专精特新”示范企业信息库，建立省中小企业发展专项资金促进中小企业转型升级项目申报、评审及跟踪管理的信息化工作机制。

7月，对上半年非公经济和中小企业运行情况进行分析，提出运行分析报告。

7月，省中小企业公共服务平台网络正式开通运营。省政府副秘书长陈仲伯出席并讲话。省枢纽平台与22个窗口平台实现了互联互通，现注册服务机构达1144家、注册中小企业达7242家。

7月，配合省委政研室开展全省非公经济发展情况调研，形成了调研报告。守盛书记给予高度评价，并批示：“孙金龙同志，调研报告有血有肉很丰满，有说服力，请你就相关方面对所提建议研究落实具体意见”。

7 月至 12 月，开展中小企业管理升级活动。印发《关于组织举办中小企业“腾飞杯”管理升级巡回大讲堂活动的通知》，组织管理咨询机构开展管理升级巡讲，1000 余家企业参加活动。

8 月至 9 月，开展省级中小企业发展专项资金项目申报和专家评审工作。中小企业发展处安排项目资金 4577 万元，支持企业 186 户。中小企业服务处安排项目资金 2500 万元，支持公共服务平台及服务项目 85 个。

8 月至 12 月，建立第三方评估机制。报经省政府领导同意，委托省工商联对《湖南省人民政府关于进一步支持中小微企业发展的实施意见》（湘政发〔2012〕18 号）的贯彻落实情况开展第三方评估，形成了评估报告。

9 月，组织 200 家省内企业参加中东投资贸易环境推介会暨巴林龙城项目对接会。

9 月，开展再担保代偿补偿资金账户筹建及再担保业务模式调研。赴河南、北京进行调研，形成《关于河南和北京再担保开展情况和有关建议的报告》，报省委、省政府主要领导，获得守盛书记批示。

9 月至 10 月，分别在株洲、衡阳举办 2 场中小企业融资服务活动。组织交通银行湖南省分行、渣打银行长沙分行、招商银行长沙分行与中小微企业进行融资对接。

9 月至 10 月，圆满完成迎接中央办公厅调研资料提供工作。根据省委办公厅要求，牵头起草了《湖南省中小微企业技术创新的有关情况汇报》材料，提出了加大支持科技型中小企业发展的相关建议。

9 月至 11 月，开展中小企业公共服务平台网络验收。联合省财政厅下发通知，组织专家对申请完工验收的窗口服务平台进行检查验收，确保服务平台按时保质完成建设任务。

9 月至 12 月，组织中小企业核心服务机构和省级中小企业创业基地申报。新认定了 57 家核心服务机构，加强了对省级中小企业创业基地的遴选与监管工作。

10 月，组织 58 家食品企业赴广州参加第十一届中国国际中小企业博览会，签订销售合同金额 4100 万元，意向协议金额 9300 万元。

10 月，召开部分市州中小企业运行分析会。分析整理第三季度中小企业运营情况、存在的困难问题和有关建议等情况，形成了相关专题分析报告，上报省政府。

11 月，调整全省促进非公有制经济和中小企业发展工作领导小组。根据省人民政府办公厅《关于调整部分议事协调机构组成人员的通知》（湘政办函〔2014〕55 号）精神，明确黄兰香副省长为领导小组组长，省人民政府副秘书长陈仲伯、省经信委主任谢超英、省财政厅厅长郑建新为副组长，省经信委副主任黄东红兼办公室主任。

11 月至 12 月，研究起草扶持小微企业发展政策。按照省委全面深化改革领导小组第六次会议要求，组织起草《湖南省人民政府关于进一步扶持中小微企业健康发展的实施意见（代拟稿）》，并征求相关省直部门意见。

11 月至 12 月，组织开展全省中小企业创业基地调研。通过走访、调查、召开座谈会等形式，调研了全省 116 家各种不同类型的创业基地，为进一步制定和完善支持创业基地发展的政策措施奠定了基础。

12 月，总结全年工作。对中小企业局 2014 年工作进行总结，并明确 2015 年非公有制经济和中小企业工作重点。

广东省

1 月 8 日，广东省经济和信息化委员会赖天生主任率队到省中小企业服务中心进行调研。省中小企业局局长张文献及相关处室负责同志参加调研。赖天生主任、张文献局长一行参观了省中小企业公共服务大厅，详细了解了省中小企业公共服务平台网络建设情况，并召开座谈会听取省中小企业服务中心工作汇报。

1 月 20 日，全国部分省市促进中小企业和非公有制经济发展座谈会在广州市召开。来自 14 个省市中小企业主管部门的同志参加了座谈，工业和信息化部中小企业司司长郑昕同志出席座谈会并讲话。会上，与会代表交流了各地促进中小企业和非公有制经济发展的主要做法和经验，结合学习三中全会，探讨新形势下进一步促进非公有制经济健康发展的工作思路、工作重点及相关政策措施。会议由工业和信息化部中小企业司副司长吴义国同志主持。

2 月 28 日，广东省经济和信息化委（民营经济发展服务局）与广东省国资委共同举办省属国有企业与民间资本对接会，共有 10 家省属企业与合作方现场签约，引入民间资本超过 500 亿元。会上推出省属国有企业 54 个招商项目，引入民间资本超过 1000 亿元。

3 月 11 日，刘志庚副省长赴湛江市督导产业园区扩能增效建设，现场察看佛山顺德（廉江）产业转移工业园和廉江市聚信电器有限公司等企业。省经济和信息化委赖天生主任陪同调研。

3 月 12 日，刘志庚副省长赴茂名市督导产业园区建设工作，现场察看茂名产业转移工业园、化州民营科技园、高州工业园。省经济和信息化委赖天生主任陪同调研。

3 月 12 至 13 日，刘志庚副省长赴阳江市调研督导产业园区扩能增效工作，现场查看珠海（阳江）产业转移工业园，在阳江市召开阳江、湛江、茂名三市产业园区扩能增效专题座谈会，听取三市工作汇报。省经济和信息化委赖天生主任陪同。

4 月 9 日，省经济和信息化委赖天生主任会见了汕头市委书记陈茂辉、市长郑人豪，戚真理巡视员、邹生副主任、省中小企业局张文献局长参加会见。

4 月 29 日，2014 年广东省中小企业服务联盟（联合会）工作培训活动在广州召开，省中小企业局副局长何佐贤出席本次活动，活动由广东省中小企业服务联盟（联合会）主办，省中小企业服务中心承办，旨在完善服务体系，提升服务能力，整合社会服务资源，更好地为有需求的中小企业及服务机构之间搭建交流对接平台，促进我省中小企业持续平稳健康发展。来自省内各地市县的中小企业服务中心的领导及相关服务机构的代表等约60人参加了活动。

4月29日，“中小企业政策大讲堂广东巡讲（茂名站）”在茂名市迎宾馆举办，本次活动特邀北京中财讯财税研究院院长、中央财经大学客座周华洋教授主讲，茂名市各县（市、区）中小企业行政主管部门，各中小企业服务中心、有关行业协会、中小企业负责人及财务主管等近300人参加活动。

6月6日，省中小企业局、省财政厅公示申报2014年国家中小企业发展专项资金项目企业名单。

6月11日，广东省中小企业局印发《广东省鼓励中小企业上网触电工作方案》。

6月27日，省经济和信息化委赖天生主任与广东省中小企业发展促进会会长游宁丰率领的12家高成长型民营企业负责人座谈，邹生副主任、省中小企业局局长张文献参加了座谈会。

6月30日，省中小企业局、省民营经济发展服务局公示第三批拟重点帮扶高成长性150家中小企业（民营企业）名单。

7月3日，广东省中小企业局公布2014年省中小企业公共服务示范平台和小企业创业基地名单（第五批）。

7月10日，广东省中小企业局、省社科院产业经济研究所、省中小企业服务中心和省南方民营企业发展研究院组成联合调研组，对全省中小企业公共技术服务平台情况进行调研。

7月10日，第十一届中国国际中小企业博览会新闻发布会在北京举行。广东省副省长、组委会副主任兼执行主任刘志庚，工业和信息化部总工程师、组委会副主任朱宏任，墨西哥驻中国特命全权大使胡利安·本图拉出席发布会，介绍了中博会相关筹备情况。发布会由广东省政府副秘书长、组委会秘书长林英主持。省经济和信息化委主任、组委会副秘书长赖天生参加发布会。

7月14日，省中小企业局、省民营经济发展服务局公布第三批重点创新帮扶高成长性中小企业（民营企业）名单

7月21日，省中小企业局、省地税局公示2014年广东省拟申报免征营业税中小企业信用担保机构名单。

7月28日，广东省中小企业局、省民营经济发展服务局公布2014年广东省中小企业公共（技术）服务示范平台和民营企业（中小企业）创新产业化示范基地名单

7月31日至8月1日，省经济和信息化委员会党组成员、省中小企业局（省民营经济发展服务局）局长张文献率委技术改造投资处、技术进步处有关人员赴汕头市调研重点工业项目进展情况。汕头市经济和信息化局负责同志参加调研。

8月4日，中共广东省委统战部、省经济和信息化委员会、省人力资源和社会保障厅、省工商行政管理局、省工商业联合会联合开展广东省第四届全国非公有制经济人士优秀中国特色社会主义事业建设者推荐评选工作。

8月13日，省中小企业公共服务平台网络能力提升培训班在省中小企业服务中心的“平台网络服务体验大厅”举行。省中小企业局张文献局长、何佐贤副局长出席培训活动并讲话。参加本次培训活动的有部分地级以上市、县（市、区）中小企业行政主管部门、“窗口”服务平台建设单位、中小企业服务中心等的代表共93人。

8月18日，广东省经济和信息化委通告公开遴选2014年省级中小企业发展专项资金服务体系建设项目评审服务机构。

8月20日至27日，根据群众路线教育实践活动及委领导专题调研活动安排，省经济和信息化委党组成员、副主任李向明率调研组到广州、湛江、茂名、肇庆、云浮五市开展了中小微企业服务体系建设情况调研。调研组一行深入到各市进行调研，召开了五场座谈会，并到十余家企业进行了实地调研，认真听取了各地中小微企业服务体系建设情况汇报，与服务机构和企业进行了交流。李向明充分肯定了各市经信部门（中小企业局）及有关服务机构在服务中小微企业方面所取得的成效。

9月4日，第十一届中博会广东省筹办工作会议在广州召开，广东省副省长、中博会组委会副主任兼执行主任刘志庚出席会议并讲话，省政府副秘书长、中博会组委会秘书长林英主持会议，中博会组委会副秘书长赖天生主任参加会议并通报有关筹备工作情况。

9月16日，工业和信息化部中小企业司在广州召开中小企业发展情况调研座谈，深入了解当前中小企业发展情况、存在问题及其主要原因，研究进一步支持中小企业发展的政策措施。浙江、福建、湖北、湖南、四川、贵州、广东省及省内部分地市负责同志和中小企业代表参加调研。

9月17日，广东省经济和信息化委公布减轻企业负担举报电话、邮箱和地址。

9月23日，省经济和信息化委党组成员、省中小企业局（省民营经济发展服务局）局长张文献带领服务体系建设处和技术进步处有关同志赴中山、顺德等地调研我省中小微企业服务体系建设情况。调研组在中山、顺德等地召开专题座谈会，实地调研了当地中小企业服务机构和相关企业，倾听他们的呼声与建议，认真听取了中小企业行政主管部门关于中小微企业服务体系建设情况的汇报。

9月28日，广东省经济和信息化委印发《2014—2015年度省重点支持大型骨干企业目录》。

9月29日，省经济和信息化委（民营经济发展服务局）联合省国资委、发展改革委、财政厅和商务厅等部门共同举办“第二次广东省国有企业混合所有制项目展示对接会”，活动共有300多家民营企业和50多家国有企业参加，推出的对接项目180个，涉及交通物流、金融服务、基础设施、节能环保、生物医疗等17个行业，引入民间资本超过770

亿元。

10月8日，第十一届中国国际中小企业博览会组委会新闻发布会在广州举行。中博会组委会秘书长、省政府副秘书长林英通报第十一届中博会的筹备情况，工业和信息化部中小企业司副司长田川、墨西哥驻广州总领事馆总领事大卫·纳赫拉、省中小企业局（省民营经济发展服务局）局长张文献出席会议。

10月10日，副省长刘志庚在广州会见了前来参加第十一届中国国际中小企业博览会的墨西哥国家企业家局局长恩里克·雅各布·罗察一行。双方就加强合作和往来深入交换了意见。

10月10日，第十一届中国国际中小企业博览会组委会在广州花园酒店举行开幕招待会，热烈欢迎前来参会的海内外嘉宾。广东省省长、中博会组委会主任朱小丹出席招待会并宣布本届中博会开幕。工业和信息化部党组成员、总工程师、中博会组委会副主任朱宏任，国家工商总局党组成员、副局长孙鸿志，广东省副省长、中博会组委会副主任兼执行主任刘志庚，墨西哥国家企业家局局长恩里克·雅各布·罗察出席招待会。

10月11日，第十一届中国国际中小企业博览会在广州保利世贸博览馆正式开幕。上午9时30分，墨西哥展馆举行了开馆仪式。广东省副省长林少春、国家工商总局副局长孙鸿志、墨西哥国家企业家局局长恩里克·雅各布·罗察、墨西哥驻华大使胡利安·本图拉出席开馆仪式并致辞。

10月11日，第十一届中博会中国中小企业高峰论坛在广州花园酒店举行。中博会组委会副主任兼执行主任、副省长刘志庚，中博会组委会副主任、工业和信息化部总工程师朱宏任，中博会组委会副主任、国家工商总局副局长孙鸿志以及联合主办方墨西哥国家企业家局局长恩里克·雅各布·罗察出席论坛并发表主旨演讲。国家质检总局总工程师刘兆彬、赖天生主任、中方各主办单位领导、联合主办方墨西哥代表团嘉宾、有关国家驻华使领馆代表出席论坛。

10月12日，在第十一届中博会高成长中小企业投融资论坛上，省中小企业局与广东银监局签订了中小微企业融资服务战略合作备忘录。省中小企业局（省民营经济发展服务局）副局长何佐贤、广东银监局副局长何晓军分别代表双方签约。工业和信息化部中小企业司副巡视员韦向群、中国银行业监督管理委员会银行二部副主任邱小秋、广东省中小企业局（省民营经济发展服务局）局长张文献见证签约仪式。

10月14日，第十一届中国国际中小企业博览会（以下简称“中博会”）在广州闭幕。第十一届中博会于2014年10月11日—14日在保利世贸博览馆和广州国际采购中心展馆举行，展览面积10万平方米。4天来，累计入场196588人次，其中到会参观129706人次，专业客商66882人次；初步统计展会合同金额54.63亿元，意向金额239.1亿元，总成交金额293.73亿元。本届中博会境内展位总数2714个，参展企业1762家，来自全国37个省（区、市、兵团）的企业参展。设置6个专业展（汽车零部件展、节能展、五金机械展、智慧城市及物联网展、管理咨询服务展和中小企业服务展），展位总数1516个，占境内展位数近六成。另外，还设境外展区展位1146个，共有来自21个国家和地区的560家境外企业参展，参展行业包括工艺品、食品饮料、服务、生活消费品、服装、皮革、家用电子、化工、保健品、机械、家具、节能环保、医药、珠宝等。

10月16日广东省经济和信息化委通告公开遴选2014年度广东省减轻企业负担第三方评估服务机构。

11月14日，省经济和信息化委、省财政厅联合发文公示2014年省级中小企业发展专项资金中小企业（民营企业）自主创新能力提升工程项目和服务体系（公共服务平台）项目安排计划。

12月8日，省经济和信息化党组成员、省中小企业局局长张文献等委领导带领机关处室、委属单位帮扶责任人和联络员赴龙川县通衢镇葛藤村开展对口帮扶活动。在对口帮扶活动中，委领导和各处室、各单位帮扶责任人和联络员深入挂钩帮扶贫困户，了解帮扶项目进展和帮扶需求等情况，并为贫困户送上生产帮扶资金。

12月22日，省经济和信息化委、省财政厅联合发文公示2014年省级中小企业发展专项资金（中小企业信贷风险补偿基金）的安排计划。

12月22日，省经济和信息化委、省财政厅联合发文公示了2014年省级中小企业发展专项资金服务体系（民营企业家素质提升工程）项目计划安排、服务体系（中小企业上网触电）项目计划安排。

12月23日，省经济和信息化委、省财政厅联合发文公示中央财政中小企业服务体系发展专项资金（公共服务平台网络）的12个项目计划。

12月26日，省中小企业局在广州召开2014年广东省中小企业政策落实及运行监测工作座谈会。省中小企业局局长张文献，副局长官维平、何佐贤出席会议并讲话。省中小企业局相关处室、省中小企业服务中心，全省各地级以上市、顺德区中小企业行政主管部门主要负责人和全省中小企业运行监测直报点负责人参加会议。

广西壮族自治区

1月9日，广西工信委召开2013年乡镇企业统计年报布置会议。各市工信委负责上报信息工作的统计人员、各乡镇企业统计直报点负责上报信息工作统计人员，中小企业发展处领导和工作人员等约30人参加会议。会议总结了2012年度全区乡镇企业统计年报工作情况，布置了2013年度全区乡镇企业统计年报工作，并就2013年版乡镇企业统计软件的使用进行了讲解。

1月14日至15日，广西壮族自治区人民政府召开《全区工业和信息化工作会议》（视频会议），自治区政府副主席陈刚出席会议并讲话，自治区政府黄敏副巡视员主持会议，自治区工信委领导、自治区有关厅局领导、各市政府分管领导，自治区工信委正、副处长及各市工信委主任、委直属机构领导，有关企业和媒体代表等参加会议。

4月18日，下午广西工信委在南宁桃源饭店组织召开第四批国家中小企业公共服务示范平台评审会。

4月25日，广西壮族自治区人民政府在荔园山庄召开国务院支持小微企业健康发展政策落实情况督查工作汇报会，自治区工信委潘峰副主任代自治区人民政府作综合汇报发言。

4月29日，下午广西工信委召开《2014年国家中小企业发展专项资金申报工作布置会议》。会议传达学习了近期国务院督查组到我区开展发展小微企业政策落实情况督查活动时的领导讲话精神；传达了工信部4月28日关于通报2014年中小企业发展专项资金项目申报工作有关情况会议的精神。根据形势的发展，国家今后对中小企业的资金扶持将从直接扶持中小企业，转变为扶持中小企业服务机构，如担保机构、培训机构、各类服务体系等；会议还研究、布置了我区申报2014年国家中小企业发展专项资金项目工作有关事宜。

6月17日至20日，广西工信委领导戴翔副主任等3人赴义乌参加工信部举办的第八届APEC中小企业技术交流暨展览会，广西8家企业利用8个展位参会参展，取得了一定成效；戴副主任还出席了工信部同期召开的《全国中小企业厅（局）长圆桌会议》。

7月2日，广西工信委主办、广西中小企业联合会承办的“2014年度广西民营企业系列高、中级专业技术资格申报培训班”在南宁市举行，广西工信委中小企业发展处处长主持会议，广西工信委领导戴翔副主任，自治区人社厅职改办副主任、专业技术人才管理处处长杨春华出席并讲话，有关专家讲解职称申报相关政策与知识。各市工信委有关负责人、企业代表300余人参加培训。

9月26日，广西壮族自治区政府主办，自治区农业厅、工信委、水产畜牧兽医局、商务厅等单位承办的《广西第六届名特优农产品（上海）交易会》在上海市农展馆隆重举行开幕式，自治区副主席唐仁健等自治区政府领导，上海市政府领导，自治区有关厅局领导及业务处室负责人，新闻办负责人和媒体记者，广西各市政府负责人及参团代表，特邀嘉宾及客商代表等出席；广西工信委领导戴翔副主任等出席了开幕式及相关活动。

10月10日至13日，为期4天的第十一届中国国际中小企业博览会在广州保利世贸博览馆和广州国际采购中心展馆隆重开幕，广西壮族自治区人民政府副主席张晓钦，自治区工信委主任束华、副主任戴翔以及自治区各地市经信委负责人和45家广西参展企业出席此次博览会。工信委部分同志及广西中小企业联合会、广西乡镇企业培训中心有关人员参加会议。此次中博会参展，我区主打“文化”品牌专题展，20个展位悉数交由钦州市布置，45家坭兴陶企业共1000多件坭兴陶精品组团亮相，以特有的文化名片，展示了广西浓郁的文化艺术品味，取得了较好的效果。

10月31日，根据广西工信委领导指示和《关于将自治区中小工业企业信贷引导资金转拨各市的函》（桂工信投资函〔2014〕1584号）文件要求，由广西乡镇企业培训中心向全区14个市的中小企业服务机构下拨2014年自治区中小工业企业信贷引导资金2.5亿元，由各市配套2.5亿元后，作为合作银行的贷款风险补偿资金，鼓励合作银行积极为中小企业提供贷款，解决中小企业发展融资困难。

12月2日，上午8:00—9:00广西工信委举行《广西壮族自治区工业和信息化委员会 中国邮政储蓄银行广西分行中小企业金融服务深化合作协议签约仪式》；广西工信委领导戴翔副主任主持仪式，束华主任和邮储银行广西分行史军保行长分别致辞，并共同签署了《广西壮族自治区工信委 中国邮政储蓄银行广西分行中小企业金融服务深化合作协议》；工信部中小企业司融资担保处处长王海林，中国邮储银行总行处长蔡禹，邮储银行广西分行部分领导和员工，各市工信委分管领导、科长、中小企业服务中心主任，各市邮储银行分行领导，我委机关干部，中小企业联合会、有关企业代表、媒体记者等160余人出席了签约仪式。

12月2日，上午签约仪式后，9:30—12:00广西工信委召开《全区中小企业融资和担保座谈会》，委领导戴翔副主任，工信部中小企业司融资担保处处长王海林、干部夏静，中国邮储银行总行处长蔡禹，邮储银行广西分行副行长梁玉锦，建设银行广西分行副行长、邮储银行广西分行部门领导，各市工信委分管领导、科长，各市邮储银行分行领导，我委有关同志，中小企业联合会、有关企业代表、媒体记者约100人参加会议。会上，邮储银行广西分行副行长梁玉锦、建设银行广西分行副行长黄诚东、邮储银行广西分行小企业金融部总经理郭东、柳州市工信委中小企业局副局长谢彩玲、南宁市中小企业服务中心主任黄启年，以及桂林市中小企业担保协会、广西中小企业担保公司、百色市福地金融投资有限公司等单位的代表就开展中小企业融资担保工作进行了典型发言。最后，工信部中小企业司融资担保处处长王海林、中国邮储银行总行处长蔡禹对我区今后开展中小企业融资担保工作做指示，委领导戴翔副主任对大会进行了总结。

12月9日，广西工信委领导戴翔副主任等到桂林市参加《第七届广西名特优农产品交易会》开幕式，并陪同自治区副主席唐仁健等领导进行巡馆活动；广西工信委、农业厅等部门通过各市组织农产品加工企业参加农交会，提高广西农产品加工企业及其产品的知名度，从而提升了企业的市场竞争能力。

12月10日，广西工信委组织召开全区乡镇企业统计年报布置会，传达11月份（重庆）全国乡镇企业统计年报布置会议精神，布置2014年度全区乡镇企业统计年报工作。各市工信委统计工作负责人、18个直报点的统计员等共33人参加会议。

12月29日，广西工信委与财政厅联合召开《广西中小企业公共服务平台网络建设项目市级窗口建设方案评审会》，各市工信委分管领导、中小企业科科长、服务中心主任、广西中小企业联合会有关人员约60人参加。当晚继续召开《各市中小企业服务中心工作座谈会》，交流工作情况，上述人员参加会议。

海南省

3月4日，《海南省人民政府关于进一步支持小微企业健康发展的实施意见》正式颁布实施。

4月8日，工业和信息化部党组成员、总工程师朱宏任一行听取我省中小企业发展情况汇报，并考察海南立昇净水科技实业有限公司等企业。

6月5日，蒋定之省长在海口、定安调研中小微企业发展并召开座谈会，听取企业和行业协会代表意见建议，研究解决企业发展面临的问题，共商中小微企业发展之路。

8月13日，以"政银企保对接，助力灾后重建"为主题的中小微企业融资服务对接会在海口召开，省工信厅、省政府金融办、省地税局、省工商联，多家银行、担保机构、保险公司、中小企业服务平台单位、海南省股权交易中心和近百家受灾中小微企业176名代表参会。

9月11日，为落实我省减轻企业负担实施方案，做好企业减负工作，完善我省企业减负网上举报和反馈机制，省工业和信息化厅在全国范围内率先开通企业减负举报"直通车"。

10月8日，我省下发了《海南省人民政府办公厅关于印发海南省加强涉企收费管理减轻企业负担行动实施方案的通知》，以建立涉企收费清单制度为重点，对企业减负工作提出了5个方面的要求，确保"涉企收费进清单，清单以外无收费"。

10月11日，我省成功组团参加第十一届中国国际中小企业博览会。共40家企业参加，共签订或达成合同意向24个，涉及金额1.57亿元。

12月31日，全省新增中小企业担保贷款超过33亿元，完成了年初海南省政府确定的30亿元融资目标。

重庆市

1月7日，局长助理朱建主持召开2013年处室述职报告会，各处室就上一年度工作分别做报告，随后评选先进处室。

1月9日，经市委批准，朱建同志任重庆市中小企业发展指导局副局长、中共重庆市经济和信息化委员会党组成员，中共重庆市中小企业发展指导局党组书记（副厅局长级），免去其重庆市中小企业发展指导局局长助理职务；

马奇昌同志任中共重庆市经济和信息化委员会党组成员，免去其重庆市中小企业发展指导局副局长、党组成员职务；

免去马发骧同志的中共重庆市经济和信息化委员会党组成员的职务，中共重庆市中小企业发展指导局党组书记职务。

1月21日，局党组书记、副局长朱建主持局中心组学习，传达贯彻习近平总书记在教育实践活动第一批总结会和第十八届中纪委第三次会议上的重要讲话精神。

1月25日，市审计局发文通知对原局长马发骧任期内经济责任进行审计。

1月25日，局长尹华川在市委礼堂参加教育实践活动第一批总结会。

1月27日，局机关党的群众路线教育实践活动阶段总结会和局机关年终总结会在局大会议室召开，局领导尹华川、朱建、王任林、周奎、冉生泽、刘大文出席会议。

2月12日，局领导尹华川、朱建、王任林、周奎赴市政府办公厅向刘伟副市长专题汇报全市中小企业工作。

2月24日，黄奇帆市长主持召开全市中小企业工作座谈会，全市20家中小企业参加。

3月10日，经市委批准，免去冉生泽同志中共重庆市中小企业发展指导局党组成员职务，市纪委监察局派驻市中小企业局纪检组长职务。

3月17日，副局长周奎陪同翁杰明常务副市长参加与重庆企业家对话座谈会。

4月17日，工信部中小企业司田川副司长一行来渝对中小企业及电子信息产业发展进行专题调研。

4月28日，局党组书记、副局长朱建主持召开我局中心组学习会，学习宣讲习总书记"三严三实"讲话精神。

5月8日，陶于祥同志任中共重庆市中小企业发展指导局党组成员、中共重庆市纪律检查委员会派驻重庆市中小企业发展指导局纪检组组长。

5月14日，完成重庆市工程技术高级职务市中小企业局评审委员会换届调整工作。

5月14日，局长尹华川、副局长周奎陪同刘伟副市长调研曙光都市工业园。

5月19日，局长尹华川、副局长周奎一行参加荣昌县2014年工业经济暨园区发展提升年活动动员大会并签署共同打造重庆荣隆楼宇产业园合作框架协议。

5月23日，局长尹华川、副局长周奎一行调研重庆移动互联网楼宇产业园并与大渡口区政府签署合作打造重庆移动互联网楼宇产业园合作协议。

6月18日，局长尹华川出席工信部在浙江义乌举办的第八届APEC技展会及各省市中小企业主管部门负责人座谈会。

6月20日，局长尹华川、副局长周奎一行赴江苏省调研中小企业服务体系建设工作。

7月16日，局长尹华川、副局长周奎陪同孙政才书记、黄奇帆市长调研重庆市网商产业园。

7月30日，局长尹华川、副局长周奎参加完善小微企业扶持机制专项方案新闻发布会。

7月31日，市政府印发《重庆市完善小微企业扶持机制实施方案的通知》（渝府发〔2014〕36号）文件。

8月6日至7日，工信部中小企业司小微企业信息化绩效评估课题组在南岸区、永川区召开企业信息化建设座谈会。

8月13日，局长尹华川、副局长周奎陪同刘伟副市长考察我市楼宇产业园。

8月22日上午，全市扶持小微企业发展推进会在雾都宾馆召开，吴刚副市长主持会议，刘伟副市长在会上讲话，对贯彻落实渝府发〔2014〕36号文件进行部署。局全体领导及各处室负责人，全市各区县政府领导，财政局、中小企业局（经信委）、工商局主要负责人参加会议。下午，我局主持召开各区县中小企业局（经信委）扶持小微企业发展业务工作会。

9月6日，局党组书记、副局长朱建出席在河南驻马店举办的第十七届中国农产品加工业贸易洽谈会。

9月10日，局长尹华川率有关处室负责人及部分企业家一行9人，赴台湾就中小企业育成中心楼宇产业园进行为期7天的商务考察。

10月全月，局领导带队分成5组赴各区县调研指导贯彻落实渝府发〔2014〕36号及楼宇产业园、小企业创业基地建设等工作。

10月11日，局党组书记、副局长朱建陪同市政府副秘书长郎展出席工信部在广州举办的第十一届中国国际中小企业博览会。

11月10日，局长尹华川向刘伟副市长汇报楼宇产业园发展情况。

11月28日，局党组书记、副局长朱建出席在香港举行的曙光国际珠宝产业园签约仪式。

12月4日，局党组书记、副局长朱建主持召开全局干部职工大会纪念国家宪法日。

贵州省

推动“大众创业、万众创新”进程。继续实施“3个15万元”政策和“万户小老板工程”，以创业带动就业、加快发展。截至12月底，扶持新创业小老板2168户，惠及全省40余个县区，带动就业2万余人。全省累计扶持微型企业60871户，注册资本（实际货币投资）76.34亿元，带动就业人员33.48万人；2014年新增扶持微型企业20871户，注册资本（实际货币投资）27.85亿元，带动就业人员11.40万人。

国家级数字音像出版生态产业园暨贵州省茶产业链项目组团签约。4月25日，国家级数字音像出版生态产业园暨贵州省茶产业链项目组团签约仪式在贵州饭店国际会议中心举行。国家级数字音像出版生态产业园是利用三大运营商国家级数据中心落户贵安新区的战略机遇，以“国家级数字音像传播服务监管平台”为核心，“国家级数字音像出版及版权备案库”为基础，打造国内最大的数字音像产业基地，并使项目落户国家级贵安新区。项目拟分期投入和引导投资100亿元，在贵安新区建设以版权管理大数据为核心的“国家级数字音像传播服务监管平台”及“国家级数字音像出版及版权备案库”，形成国家级音视频产业运用企业集群和国家级智慧城市创新型产业园区。

我省“黔贷通”等特色服务获工信部中小企业司肯定。5月5日，工信部中小企业司在2014中小企业信息化服务信息发布会上对我省开通“黔贷通”中小企业融资平台等工作给予充分肯定。认为：“贵州省开展‘黔商在线’‘黔翔计划’‘贵企走进上股交’‘黔贷通’等特色服务。建立全省中小企业基本信息数据库和项目申报管理信息系统。‘黔贷通’中小企业融资网络平台自2012年底开通以来，已累计成功发放贷款9亿多元”。

开展医药产业招商活动推动做大做强。“四盯住、四切入”的原则，在长三角、珠三角、环渤海、东三省及其他省等重点区域开展医药产业招商工作。其招商重点是省内现有医药产业整合、并购、重组项目；化学药、中药、生物制品、医疗器械、药用包装材料等医药制造业项目；贵州独家品种、优势品种、大品种的合作项目；医药大健康产业项目；医药制造业与商业、种植业结合发展项目，医药研发、物流、仓储、商贸项目；行业配套企业抱团集聚进园区项目。5月17日，“贵州·长三角医药产业发展投资对接会”在上海召开，进一步促进了医药产业快速发展，实现合作共赢。

上海股交中心中小企业股权报价系统贵州企业专场挂牌仪式在沪举行 。上海股权托管交易中心与贵州省中小企业服务中心联合主办的“贵州企业专场挂牌仪式”5月29日下午在上海隆重举行。通过合作，一是通过上海股交中心让我们西部地区充分享用到上海金融资源对我们的支持；二是量身定做的金融服务产品使我们的企业受益显现；三是能使我们的企业开眼界、走出去，接受新的经营理念，去接触和面向全国乃至世界市场。6月28日，贵州首家民营建材企业在上股交E板挂牌上市 ，至此，贵州在上海股权交易托管中心挂牌的民营企业已达36家（其中E板4家、Q板32家）。

全省半年经济工作会议暨全省第二次民营经济发展大会召开 。7月18日，我省召开了“全省半年经济工作会议暨全省第二次民营经济发展大会”，对评选出的10名“贵州省十佳民营企业家”、100名“贵州省百佳创业小老板”、100名“贵州省百佳个体工商户”、30名“贵州省民营经济创新发展奖”、30名“贵州省民营经济社会贡献奖”及30名“贵州省民营经济优质服务奖”进行了表彰。省委、省政府主要领导在会上充分肯定了第一次民营经济发展大会以来取得的显著成绩，深刻阐述了民营经济、中小企业的重要地位和特殊作用，对民营经济、中小企业大发展再次做出了全面部署。

第八届中国品牌节在贵阳开幕。第八届中国品牌节暨2014贵州品牌与投资推介会在贵阳国际生态会议中心隆重开幕，我省多家民企荣登品牌榜。贵阳南明老干妈风味食品有限责任公司的老干妈牌油辣椒系列、贵州董酒股份有限公司的董字牌董酒、贵州省都匀市茶叶协会的都匀毛尖牌绿茶、贵州省湄潭县茶叶协会的湄潭翠芽牌绿茶、贵阳朗玛信息技术股份有限公司的朗玛信息、中天城投集团股份有限公司的中天未来方舟、贵州西洋肥业有限公司的西洋牌复合肥等10个企业、品牌及其产品荣膺“贵州民营企业杰出贡献奖”。同时，贵州青酒集团有限责任公司青酒品牌、贵州天朝上品酒业管理有限公司天朝上品品牌、遵义金紫阳食品有限公司金紫阳品牌、贵州北极熊实业集团公司北极熊品牌、贵州五福坊食品有限公司黔五福品牌等33个企业及产品获“贵州民营企业突出贡献奖”。300个贵州民营企业特色品牌及其产品荣登“贵州品牌榜单”。其中，贵州兴达兴建材股份有限公司荣获2014年中国建材绿色行业循环经济奖。

制定贵州省鼓励民间资本投资重点领域清单。按照中央和省委关于全面深化改革的工作部署，为充分激活民间资本活力，鼓励和引导民间资本的投资方向与全省经济建设中心任务相契合。9月16日，经省人民政府同意，省经济和信息化委员会正式印发了《贵州省鼓励民间资本投资重点领域清单（2014年)》（以下简称“清单”)。“清单”共分为21个门类、131个细目，所列重点领域均为我省当前具备一定比较优势和部分迫切需要加快发展的产业领域，不具备强制性，着力解决方向性问题。

2014“多彩贵州城杯”两赛一会盛大开幕。1月29日，2014“多彩贵州城杯”旅游商品设计大赛、旅游商品能工巧匠选拔大赛暨中国（贵州）国际民族民间工艺品·文化产品博览会盛大开幕。邀请到省外嘉宾近百人到会，其中国家级、省级工艺美术大师40余人，促成中国新光控股集团、浙江青田石雕集团公司、龙泉市天艺青瓷厂、广州轻工工艺美术企业板块团队、福建省工艺美术工业总公司、深圳市五十六民族文化产业股份有限公司等与我省企业签订50余项合作协议，达成意向投资总额100多亿元。

全国首家省级民营文化产业协会在贵州成立。2月26日，全国首家省级民营文化产业协会，“贵州省民营文化产业协会”在贵阳成立。贵州民营文化产业协会将入驻多彩贵州品牌研发基地。成立大会上，贵州首支民营文产创投基金也宣告启动。

陕西省

2014年1月23日上午，在全省工业系统工作会议之后，省局随即召开了全省中小企业工作会议。会上，局党组书记、局长丁义安作了《认清形势积极作为 全力推进中小企业发展实现新突破》的工作报告。

2014年3月22日，工信部中小企业经营管理领军人才西北工业大学（陕西）班2013级结业暨2014级开学典礼在西安举行。120多名新老学员参加了本次典礼。工业和信息化部中小企业司副司长吴义国出席会议并作重要讲话。

2014年4月25日至27日，由人民银行党委委员、行长助理郭庆平同志率领的国务院第七督察组对陕西贯彻落实《国务院关于进一步支持小型微型企业健康发展的意见》落实情况进行督查。

2014年6月19日至22日，第八届APEC中小企业技术交流暨展览会，在义乌国际博览中心隆重召开。我省以丁义安局长为团长、党红忠副局长为副团长的陕西代表团在技展会上精彩“亮剑”。本届技展会我省“秉承发展‘专精特新’，促进企业成长”的理念，汇集了来自我省12个地、市的40多家企业的80多种先进适用技术和产品，以及200多名企业代表参展。本次技展会我省致力于宣传打造“陕西智造”，努力做好中小企业品牌推广和产品交易，推动我省中小企业开拓国内外市场。

2014年09月06日上午，中国农产品加工业投资贸易洽谈会在河南省驻马店市开幕。来自全国30个省区市和国内外190多个代表团的近2万名嘉宾客商参会。本届会议以“开放合作、绿色科技、共赢发展”为主题。我省组织100多家企业参会参展。

2014年9月17日上午，陕西省教育厅、陕西省中小企业局、陕西省工商业联合会三家单位联合举办“校企合作科技成果转化对接发布会”。西安交通大学、西北工业大学等15所省内知名高校征集600多项最新的科技成果，发布会上100多项科技成果与企业见面，包括：电子信息类近20项、新材料、生物医药分别这10余项。参加对接的中小企业有160多家。

2014年9月19日至23日，第六期全省中小企业市县局长创新管理高级研修在清华大学成功举办。清华大学原副校长胡显章，省局党组成员、副局长党红忠参加开班仪式并讲话。

2014年10月11日上午，第十一届中国国际中小企业博览会在广州开幕。我省以绿色、环保、低碳为特色，组织70家企业160余种产品亮相中博会。省中小企业促进局局长丁义安、副局长李玉怀率团参展。

2014年10月23日上午，工信部中小企业司司长郑昕一行在省中小企业局党组书记、局长丁义安、副局长党红忠、总经济师尤战存、省中小企业服务中心负责人陪同下，专程到陕西省中小企业产品技术展示中心和陕西省中小企业服务平台调研指导工作。

2014年11月5日下午，由国家知识产权局专利管理司、陕西省知识产权局、陕西银监局、陕西省中小企业促进局联合举办的知识产权运营暨质押融资对接会在西安举办。省知识产权局、陕西银监局、省中小企业局领导；省内部分企业、高校、银行、中介机构代表；第21届中国杨凌农业高新技术成果博览会国家知识产权局展团部分代表；新闻媒体等150余人参加了会议。

2014年11月11日至12日，全省县域工业集中区建设推进会在商洛市山阳县召开，副省长李金柱出席并讲话，省中小企业局局长丁义安通报了全省县域工业集中区建设情况。会上为新确定的重点建设县域工业集中区进行了授牌，商洛市政府、山阳县、高陵县、眉县和汉台区等5个市、县政府负责同志做了交流发言。大会由省政府副秘书长张宗科主持。省级有关部门和各设区市、韩城市、杨凌示范区和西咸新区有关负责人、新闻媒体等 180 余人参加了会议。

2014 年 11 月 21 日，全省中小企业经营管理领军人才培训工作会议在西安召开。

2014 年 11 月 27 日，中国中小企业发展促进中心和陕西省中小企业服务中心联合主办的“2014 年中小企业大讲堂——电子商务专题全国巡讲陕西站”在省中小企业服务平台启动。

甘肃省

1 月，根据工信部、财政部《关于 2013 年中小企业公共服务平台网络建设方案的批复》（工信厅联企业〔2013〕130 号），我委会同财政厅组织专家，按照“一窗口、一申报、一批复”的原则，分两批对我省中小企业公共服务平台网络“1 个省枢纽服务平台、14 个市州的综合窗口平台、7 个产业集聚区窗口服务平台”的建设方面进行了审核、批复。{《甘肃省工业和信息化委员会 甘肃省财政厅关于 2013 年全省中小企业公共服务平台网络建设方案的批复》（甘工信发〔2013〕846 号）、《甘肃省工业和信息化委员会 甘肃省财政厅关于 2014 年全省中小企业公共服务平台网络建设方案的批复》（甘工信发〔2014〕27 号）。} 22 家平台建设方面的批复，标志着我省中小企业公共服务平台网络建设工作的全面展开。

1 月 14 日，为促进我省中小企业公共服务平台网络建设，规范专项资金使用管理，提高资金使用效益，确保工作顺利开展，我委会同省财政厅印发了《甘肃省中小企业公共服务平台网络建设专项资金管理暂行办法》（甘财建〔2014〕3 号）。

3 月 3 日，我委印发了《甘肃省工业和信息化委员会关于做好 2014 年扶助小微企业专项行动有关工作的通知》（甘工信发〔2014〕104 号），2014 年全省扶助小微型企业专项行动将以“全面提升小微企业自身素质和企业管理水平”为主题，以“强化政策落实，优化服务环境”为重点，推动小微企业平稳健康发展。

4 月，为全面了解我省中小企业发展情况，我委印发了《关于对全省中小企业发展情况调研的通知》（甘工信发〔2014〕76 号），对全省中小微型企业运营情况进行了调研。

6 月 12 日，为促进全省中小企业增强自主创新能力、加快转型升级，根据工信部《关于促进中小企业“专精特新”发展的指导意见》（工信部企业〔2013〕264 号）和《“十二五”中小企业成长规划》，我委印发了关于印发《甘肃省“专精特新”中小企业认定管理暂行办法》（甘工信发〔2014〕306 号），并首批认定的甘肃省专精特新中小企业 46 户。

6 月 12 日，我委印发了《关于对全省平台网络建设情况督查审核的通知》（甘工信函〔2014〕108 号），我委会同省财政厅，组织专家对全省 22 家平台网络承建单位建设情况和建设进度进行了现场督查，并提出了督查整改意见。

9 月 22 日至 24 日，在兰举办了全省中小企业平台网络建设暨省级中小企业示范平台培训班。培训主要围绕典型窗口平台、示范平台现场观摩；平台网络建设运营情况和示范平台服务情况座谈交流经验分享；专家培训讲授；平台网络建设和示范平台服务工作要求四个部分进行。来自 14 个市（州）工信委分管领导和科长、22 家平台网络建设承建单位负责人、90 家省级中小企业公共服务示范平台负责人共计 170 多人参加了培训。

12 月，为认真贯彻落实《国务院关于扶持小型微型企业健康发展的意见》（国发〔2014〕52 号）和 2014 年 9 月 17 日、11 月 15 日国务院常务会议精神，进一步优化中小微型企业发展环境，推动大众创业万众创新，我委代拟的《甘肃省人民政府关于进一步优化中小微型企业发展环境的意见》（甘政发〔2014〕111 号）出台，对我省中小微型企业发展意义重大。

青海省

1 月 8 日会同财政厅制定印发了《青海省中小企业发展专项资金项目竣工验收办法》，加强国家和省级中小企业发展专项资金项目管理工作，促进建设项目及时投产，确保专项资金安全高效使用，切实发挥投资效益。

3 月 5 日，省委常委、常务副省长骆玉林对我委 2013 年中小企业发展工作作出重要批示“去年省经委在中小企业方面做了大量工作，取得了明显的成效，乃我省中小企业发展最快的一年”，充分肯定了我委一年来在中小企业发展方面的工作成绩。

3 月 10 日至 6 月 17 日，我委会同省教育厅，组织各相关单位和各高校开展我省 2014 年全国中小企业网上百日招聘高校毕业生活动。全省共有 252 家企业发布了招聘信息，提供了涉及行政文秘、机械制造、生产、质检、业务拓展、市场策划、贸易等 20 多个类别的 4870 个就业岗位。

3 月 10 日，按照《工业和信息化部办公厅关于开展首批国家中小企业公共服务示范平台复核工作的通知》要求，组织开展我省第一批共 2 家国家中小企业公共服务示范平台的运营情况、服务质量、服务收费情况以及服务满意度等检查测评工作，并报送工信部顺利通过复核。

3 月 24 日，我委组织召开全省 2014 年中小微企业融资推介会，搭建交流对接平台，实现银企信息共享，着力解决企业融资难题。省金融办、人行西宁中支、省银监局等部门参加了融资推介活动。

4 月 10 日，我委印发《2014 年青海省工业企业人员培训计划》，全年计划培训 7000 人次，其中：经营管理、设备管理和现场管理等管理人员培训 2000 人次；一线工人技能培训 5000 人次。

4 月 24 日，为不断推动千家企业培育工程深入实施，确保培育工作取得实效，我委制定印发了《青海省千家中小微企业培育工程年度考核办法》。

5月，组织我省符合申报条件的中小企业服务机构及融资担保机构开展国家中小企业发展专项资金申报工作，积极争取国家专项资金支持，完成了35家企业的39个项目的审查、专家评审和汇总上报工作。我省最终共有28个项目获得国家专项资金4302万元支持。

5月中旬，为加快我省中小企业公共服务平台网络建设步伐，学习借鉴兄弟省市公共服务平台建设、运营管理先进经验，组织省级平台、西宁市平台、海西州平台相关人员组成考察团，赴浙江、江苏、贵州和四川省实地学习考察。

5月22日，我委会同相关部门，举办以“帮人才就业、促民企发展”为主题的2014年青海重点项目、重点企业和民营企业招聘周暨高校毕业生就业洽谈会。省人大、省政府领导出席启动仪式。期间，参加招聘周活动的民营企业达到2360户，提供各类就业岗位2.9万个，签订就业意向协议的达到8700人。

6月19日至22日，我委组织省内15户优秀中小企业参加在浙江省义乌市国际会展中心举办的第八届APEC中小企业技术交流暨展览会，为我省中小企业创造更多的发展机遇，提供更加广阔的交流合作平台。

7月8日，省经信委组织省内部分中小微企业和担保机构召开中小微企业融资担保工作座谈会。省经信委副主任张春楠、省信保集团董事长肖玉海以及省金融办、西宁经济技术开发区、海东工业园区管委会、西宁市经委、海东市工信委等单位负责同志在座谈会上共同探讨和研究了缓解我省中小企业融资难、融资贵问题的新方法和新思路。

7月11日，我委会同财政厅下发《关于做好青海省2014年中小企业发展专项资金申报工作的通知》，组织省内各县域工业集中区、中小企业创业基地（孵化园），以及融资担保机构开展项目申报工作。并对符合条件的209个项目和企业给予8232万元的专项资金支持。

8月5日，我委会同财政厅研究制定了《青海省中小企业发展基金管理办法》，首批安排5000万元设立青海省中小企业发展基金，着力加大对科技型、创新型中小微企业的扶持力度，采取阶段性参股等多种方式，支持中小企业加快结构调整、产业升级、专业化发展、与大企业协作配套以及技术进步、综合利用和品牌建设等。

10月8日，我委公布第二批青海省中小企业服务示范单位名单，中国检验认证集团青海有限公司、青海省科学技术信息研究所等6户服务机构被认定为“青海省中小企业服务示范单位”。

10月8日至14日，组织省内19户优秀中小企业参加第11届中国国际中小企业博览会，参展的生物医药、绿色食品、特色纺织、民族工艺品等五大类特色优势产业的120余种产品在各展会期间销售火爆，我省参展企业与广东、上海等地客商达成合同金额6500万元，意向金额1.06亿元，总成交金额1.71亿元，大幅拓宽了中小微企业产品销售市场，提升了我省优秀企业和特色产品的知名度。

10月21日至24日，“国家中小企业银河培训工程”2014年青海省中小微企业经营管理培训班在西宁可可西里国际酒店会议室开班，全省各州、地、市经商局，开发区各园区经发局主管负责人以及全省200余家中小企业366人参加了培训。

10月26日至11月8日，为进一步提高中小微企业经营管理水平，组织省内150余名中小企业管理人员分别赴山东、广西培训学习，在系统学习企业经营管理理论知识的基础上，组织学员参观了海信集团、青岛啤酒集团、双星集团、双汇集团等国内外知名企业。

11月19日，我委制定了《关于规范推进非公有制经济组织建立现代企业制度的指导意见》，印发各地（园区）执行。

11月13日至28日，分别在青海大学、青海民族大学、青海建筑职业技术学院举办“国家中小企业银河培训工程”2014青海省大学生创业指导培训，680余名在校及毕业生参加了培训，为大学生自主创业提供创业辅导和帮助。

12月3日至6日，“国家中小企业银河培训工程”2014年青海省中小微企业信息化管理与应用专题培训班将在西宁可可西里国际酒店会议室开班，全省各级中小企业主管部门负责同志和部分中小微企业管理人员共260余人参加培训。

宁夏回族自治区

整理制订并发布涉企收费清单。按照自治区党委、政府关于打造“两优”发展环境和减轻企业负担的要求，为加强我区涉企行政事业性收费和涉企经营服务性收费的监督管理，规范部门和单位的收费行为，增强收费项目和收费标准的透明度。经不懈努力，我局会同自治区财政厅、物价局清查整理形成《宁夏回族自治区涉企行政事业性收费项目目录》《宁夏回族自治区涉企经营服务性收费项目目录》，报经自治区人民政府批准，两个目录分别于2014年5月21、22日在《宁夏日报》全文刊发。这是我区第一次公布涉企收费清单，也走在了全国其他省份的前列，此项工作进一步体现了我区对减轻企业负担工作的高度重视，国务院网站以《宁夏公布涉企行政事业性收费项目目录》为题对此事进行了报道，全国数十家知名网站进行了转载。

制定发布《加快非公有制经济发展行动计(2014—017年)》。为促使《关于加快发展非公有制经济的若干意见》（宁党发〔2013〕7号）全面落地实施，我局对全区非公经济发展情况进行了深入细致的调研，摸清了全区非公有制经济家底，理清了工作思路，明确了工作抓手，在此基础上，起草并提请自治区政府于2014年6月17日印发了《加快非公有制经济发展行动计划（2014—2017年）》，《行动计划》明确了非公经济发展目标、主要任务、改革重点、政策保障及责任分工，提出了实施企业转型升级、创新能力提升、公共服务体系建设、人力资源保障、市场开拓“五项工程”，抓好放宽市场准入、推进金融创新、减轻企业负担、优化发展环境“四项改革”，为当前和今后一个时期全区中小企业和非公经济发展提供了行动指南。

首次开展“专精特新”中小企业认定。为进一步激发中小企业发展活力，扶助中小企业向专业化、精细化、特色化、新颖化方向发展，2014年6月，我局制定了《自治区“专精特新”中小企业认定管理暂行办法》，启动开展“专精特新”中小企业认定工作。共组织认定了首批172户“专精特新”中小企业，并对53户示范企业分别给予20万元一次性奖励。10月下旬，对首批认定的“专精特新”中小企业和示范企业进行了集中授牌和政策宣传培训。计划按照分类指导、分级推进的办法，通过区、市、县联动，每年培育认定一批“专精特新”中小企业，力争到2017年，全区“专精特新”中小企业达到800家以上。

拓展融资渠道，开展“助保贷”业务。为缓解我区小微企业融资难、融资贵问题，2014年8月26日，我局与建行宁夏区分行签订合作协议共同开展“助保贷”业务。10月份，我局与自治区财政厅联合下发了《自治区小微企业“助保贷”业务管理暂行办法》规范了“助保贷”业务操作规程，下达专项资金1600万作为风险补偿金，合作银行按不低于到账风险补偿金的10倍投放贷款额度。2014年有70家小微企业提交入池申请资料，申请贷款金额3.45亿元，向建行推荐企业47家，被推荐企业正办理相关手续，年内发放贷款1.6亿元，受惠企业50余家。

成功举办2014中国（宁夏）非公有制经济发展论坛。由民建中央、自治区人民政府主办，我局牵头承办的2014中国（宁夏）非公有制经济发展论坛于9月17日至19日在银川成功召开，全国人大常委会副委员长、民建中央主席陈昌智出席论坛并作主旨演讲，李建华、刘慧、齐同生等自治区领导同志出席论坛开幕式，工信部党组成员、总工程师朱宏任，全国人大常委、财经委员会副主任、民建中央副主席辜胜阻，中央党校国家战略研究所副所长周天勇等9位领导、专家学者、企业家作了主题演讲和专题演讲。通威集团、天合光能公司等一大批知名企业董事长、总经理汇聚论坛。全国29个省（区、市）的民建组织和会员企业代表团共计841人参会，签署合作项目41个，总投资409.4亿元，使本届论坛成为全国层次较高、交流广泛、影响深远的一次非公经济年度盛会，受到了民建中央领导的充分肯定，受到了与会各省区市领导和广大企业的高度评价。

大连市

2月10日，省委常委、市委书记唐军来到金州新区，专题调研创新型中小企业发展情况，并主持召开座谈会。唐军强调，抓创新型中小企业发展就是抓大连的未来，要切实解决发展难题，营造最优发展环境，大力实施创新型中小企业振兴工程，培育一批创新型领军企业，为打造大连经济升级版提供强大助力。市委常委、秘书长张世坤，副市长刘岩，金州新区党工委书记徐长元参加调研。

《辽宁省中小微企业权益保护条例》于2014年3月1日起开始实施。这是继《辽宁省促进中小企业发展条例》之后，辽宁省颁布实施的又一部中小企业方面的地方法规，也是国内第一部保护中小微企业权益方面的地方法规。《条例》共28条，内容涉及中小微企业及其权益的规范、政府及部门职责、保护权益的主要措施、罚责规定等相关内容，对促进中小微企业健康发展具有十分重要的意义。

为深入开展《辽宁省中小微企业权益保护条例》宣传活动，2月26日，大连市中小企业局在市中小企业服务中心组织开展《辽宁省中小微企业权益保护条例》宣传活动，进一步加大宣传力度，解读《条例》的主要内容和立法精神，引导全社会关注、关心和支持中小微企业发展，推动全市中小企业转变发展方式，全面提升相关部门的服务质量和水平，为中小企业营造良好的发展环境。

2月28日，举办了橡胶制品采购对接活动，巅峰集团详细介绍了企业产品类型、优势和特点，并与会大企业就本年度橡胶制品采购计划，分别提出企业所采购的规格型号、数量以及具体要求。参会企业一致认为本地大小企业配套，不仅带动小企业的发展，同时也降低了大企业采购、维护成本，是一举多得的好模式。

由市信用协会和市中小企业局联合举办的大连市信用人才职业培训学校第十期信用管理师职业资格培训班于3月22日开班。本次培训活动有八十多名创新型中小企业高管人员参加了培训。

4月12日，第三期高级职业经理人资质认证培训班正式开课。为贯彻落实好国家这些政策和措施，我们把高级职业经理人资质认证培训作为大连扶助小微企业专项行动活动之一。通过实施高级职业经理人资质认证培训，旨在培养造就一支高素质的现代企业家队伍和职业经理人，提高企业管理水平和核心竞争力。本次活动得到国家职业经理研究中心、省中小企业厅、沈阳市新兴职业经理资格认证培训中心的大力支持。

5月19日，“走出去”平台融资对接会在成大大厦17楼会议室举行。西姆集团、建行、民生银行、大连银行相关负责人、税务专家、媒体代表及我市百余家中小企业进行了融资对接交流。会上，与会嘉宾对走出去平台企业如何融资，分别提出自己的意见与看法，与会专家就中小企业提出走出去融资问题，给予了详细解读，银行负责人也表示，进一步加强与走出去平台对接合作，在信贷业务中将更加关注中小企业的需求，努力推出符合中小企业走出去发展的金融业务。

5月29日至30日，大连市中小企业联合会与辽宁省扶贫协会大连办事处共同举办政策宣讲报告会。报告会邀请到辽宁省发改委、省经信委、省科技厅和省中小企业厅的有关领导、专家，就扶持我市中小企业创新发展相关政策进行了全面讲解和现场答疑。来自我市创新型中小企业企业负责人和财务人员、金融机构负责人、中小型科技企业的孵化器、中介机构等200多家企业的工作人员以及各区市县中小企业行政部门负责同志共计300余人参加报告会。

与会专家为我市中小企业详细讲解国家、省市支持中小企业发展政策措施的具体内容、实施办法和申请程序，让我市中小企业熟悉和掌握国家、省扶持中小企业发展的政策措施，有力企业争取财政资金支持，充分利用优惠政策，应对危机、抱团取暖、克服困难、走出低谷。

6月27日，由市经济和信息化委员会（市中小企业局）、市委市政府咨询委员会共同举办的中国大连中小企业“走出去”公共服务平台启动仪式，在我市仲夏花园酒店举行。辽宁省中小企业厅领导、省内有关市县领导、大连市各区市县经信局负责人，国内外大企业代表，我市创新型中小企业相关负责人，平台加盟企业单位负责人，金融机构负责人，部分高校院所主管领导以及新闻媒体记者等300人参加会议。

大连中小企业“走出去”公共服务平台的启动，就是帮助我市广大中小企业走出困境、开拓海外市场搭建一个合作平台，为企业提供专业、高效的社会化服务，带动我市广大中小企业，加强与国内外企业的合作，推动我市中小企业实现更好、更快发展。启动仪式上，西姆集团成功与4个战略合作伙伴加盟商、4家金融机构、4家走出去企业进行了签约，3家国内外企业代表先后进行了发言。

伴随中国大连中小企业“走出去”公共服务平台的建设启动，首届全球工业贸易投资合作（大连）峰会（GITICS峰会）昨天在我市仲夏花园酒店举行。首届GITICS（大连）峰会的举办，对全球工业贸易投资合作将形成重要影响。这项活动在大连的常态化举办，将为更多的来自中国和世界其他国家地区的工业企业带来更为丰富的资讯和更为直接的机会，也必将带动和激发区域性工业品进出口贸易、服务进出口贸易、跨国并购、资源和技术的输出和引进、政治经济合作。

6月28日，2014年设计服务对接活动在大连世界博览广场二层第七会厅举行。本次活动由大连市经信委、中国工业设计协会、高新园区管委会、大连市工业设计协会共同主办，国内知名设计企业20余家，我市有工业设计需求企业近60家企业参会。会上，北京主语上道设计公司、大连后青春工业设计有限公司等几家知名设计企业，详细介绍了工业设计所能提供的服务，红山科技（大连）有限公司和大连云帆科技有限公司等设计需求企业，同时也提出了各自在外观美化、结构改善、品牌建设等设计服务方面的需求。大连后青春工业设计有限公司与东软集团、大连吉润集团、瓦房店重型机床有限公司、大连高端科技发展有限公司进行了设计服务合作签约。

10月9日，我市从百余城市中脱颖而出，成为国家工信部和国家发改委两部委2014年度“宽带中国”示范城市（城市群）。至此，我市“宽带中国”申报工作获得圆满成功。

为贯彻落实国务院《“宽带中国”战略及实施方案》，国家工信部和发改委于今年初启动了“宽带中国”创建工作。市委、市政府高度重视“宽带大连”建设工作，今年1月明确提出，要加快“宽带大连”、“无线城市”建设，不断提升信息基础设施的功能与水平。我市从今年初开始着手准备“宽带大连”申报工作，市政府划拨专项资金用于城市宽带网络建设，并出台了《大连市人民政府办公厅关于印发“宽带大连”工程实施方案的通知》和《关于“宽带大连”工程光纤改造财政专项补贴使用的指导意见》等文件。刘岩副市长多次召开协调会，并向国家工信部、省政府等上级单位汇报情况，有力推动申报工作深入开展。市经信委和市通信管理局在申报过程中积极组织，精心准备答辩材料，主要领导带队赴京参加遴选答辩会，经过专家评审，最终使我市成功入选“宽带中国”示范城市（城市群）。

在由国家科技部、教育部等部门主办的2014中国第三届创新创业大赛中，我市半导体企业大连硅展科技有限公司的“iNPOFi智能无辐射无线充电”项目荣获大赛电子信息行业团队组第三名，并获得“半决赛优秀团队”称号。

大连硅展科技有限公司是我市引入的由硅谷高科技团队创立的集成电路设计企业，其自主研发生产的“智能无线充电管理芯片”产品获得多项国内、外专利，填补了国内空白，处于世界领先行列，且多次获得国际奖项，得到业界的认可。此次获奖充分体现了硅展科技公司的技术和团队实力，未来该公司将进一步提升技术和产品水平，积极开拓市场，为我市集成电路设计产业发展起到积极的促进作用。

9月25日，为帮助小微服装企业融资发展，借助第25届大连国际服装节大连2014秋季时装周，市服装纺织协会在Z28时尚硅谷举办了《互联网创新融资方式及小微企业融资贷款银企对接专题讲座》。此次主讲嘉宾是中国银行、建设银行、邮政储蓄银行、广发银行内部专家，为到来的40多家服装纺织企业领导、相关工作人员进行了培训并对企业在金融方面提出的问题做了解答。

12月5日上午，省委常委、市委书记唐军在棒棰岛宾馆主持召开中小企业负责人座谈会，了解企业发展情况，就进一步为企业搞好服务、把握当前经济形势、谋划下步经济工作听取意见建议。市委常委、秘书长张世坤，副市长刘岩，市政协副主席马世侠参加座谈会。

座谈会上，大连巅峰集团、麦花食品、博涛多媒体、瑞光非制造布集团、现代高技术集团、英特工程仿真技术（大连）有限公司、华理创投（大连）财富管理有限公司、大连企业信用担保有限公司、智云股份有限公司、智诚股权投资有限公司负责人先后发言，介绍了企业经营发展情况以及遇到的困难和问题，并就营造公平公正的发展环境、促进通关便利化、推进智慧城市建设、搭建人才项目与企业对接平台、加大民生项目支持力度等提出意见建议。唐军一边认真听取大家发言，一边仔细记录大家反映的问题，并就一些具体问题现场研究解决办法。

唐军代表市委、市政府感谢各位企业家为大连经济社会发展做出的贡献。他说，一个城市中小企业发展得怎么样，直接关系到城市发展活力、潜力、竞争力。市委、市政府将认真吸纳大家的意见建议，实实在在帮助中小企业解决实际困难。

唐军指出，当前我国经济发展进入从高速增长转向中高速增长的新常态。虽然我市经济下行压力较大，但发展的基本面是好的。中小企业在经济增长、技术创新、增加税收、吸纳就业、改善民生等方面发挥了重要作用，对全市经济发展举足轻重。要始终把中小企业发展摆在重要战略位置上来抓，以改革创新促进中小企业转型升级提质增效。

唐军强调，推动中小企业更好更快发展，关键要提高自主创新能力，始终把技术研发、产品升级、产业结构调整作为企业生存和发展的灵魂，提高产品竞争力，扩大市场占有率。要提高现代企业管理水平，树立现代企业管理理念，引进现代企业管理经验，建立现代企业制度，积极参与混合所有制经济发展，分享更多改革红利。要加快转变政府职能，大胆向市场放权，积极为企业松绑，持续改善软环境，不断提高服务效率，完善支持中小企业发展各项政策，为中小企业创新发展营造更加良好环境。

国家工业和信息化部总工程师朱宏任一行 12 月 27 日至 12 月 28 日在大连开展调研。

朱宏任总工程师与大连市经信委（中小企业局）进行了座谈，听取了大连市中小企业服务体系建设情况，及存在问题和下一步工作安排；考察了中国大连中小企业走出去公共服务平台（西姆集团）和大连工业大学食品工程技术转移中心。

朱宏任总工程师对大连市中小企业服务体系建设所取得的积极成效给予了充分肯定，特别是对中国大连中小企业走出去公共服务平台（西姆集团）建设给予高度评价，他指出，走出去平台建设方向正确，工作扎实，措施得力，成效显著。他强调，要从五个方面推动走出去平台向高度、广度、深度、热度拓展，一是要拓展服务领域，在做好大连本地走出去服务的基础上，要面向辽宁、东北三省以及全国各地中小企业，最终上升为国家级中小企业走出去平台；二是要着重服务中小企业，这是平台服务的根本方向，要把服务中小企业作为走出去平台的制高点；三是要服务产业升级，推动走出去平台建设要与化解国内产业过剩结合起来，发挥桥头堡作用，实施以大带小机制，解决好中小企业对外投资和产品出口；四是要服务国家战略，推动走出去平台建设要与国家一带一路战略相结合，主动参与国家走出去行动；五是要服务中国梦的实现，走出去平台要通过创新集聚资源，树立优质、高效、进取、卓越理念，推动全国中小企业真正实现走出去梦想。

朱宏任总工程师对食品公共服务示范平台建设也给予充分肯定，他指出，平台工作扎实高效，不仅创造了可观的经济效益，更为行业发展、企业进步和经济社会改革带来了良好的社会效益。他强调，平台今后应注重三个“着眼”，进一步发挥作用、提升水平。一是要着眼全局、引领发展。从国家战略高度出发，深刻领会中央经济工作会议精神，以海洋产品的发展来支持对于消费者需求的发展，在满足市场需求基础上，提出供给的创新以激活潜在需求，促进消费品工业的转型发展，为我国广大食品类中小企业注入最关键的科技核心竞争力，为食品产业发展不断注入新动力；二是要着眼产业、突出重点。不但要重视食品技术的提升，更要关心食品安全。要进一步提升我国食品行业的科技含量，制定标准以保障食品安全质量，助力产业发展；三是要着眼未来、攀登高峰，大力培养食品领域的一线人才、领军人才，创造一流成果，造就一流企业家，提升我国食品行业整体水平，将服务成果惠及社会，惠及民生。

工业和信息化部相关司局和部属单位有关负责同志参加了调研。

厦门市

1 月 3 日，由厦门市经信局、财政局主办，厦门市中小企业服务中心承办的“银河工程”之《生产计划与交期管理》公益培训在白鹭洲大酒店开班。

1 月 8—9 日，由厦门市经信局、财政局主办，厦门市中小企业服务中心承办的“银河工程”之“HR 战略管理”系列第一期“如何制定企业年度培训计划”和第二期“企业年终调薪全指导”公益培训在音乐岛酒店举行。

1 月 15 日上午，由市经信局、财政局联合主办，市中小企业服务中心承办的“2014 年厦门市小微企业融资对接会”在厦门宾馆召开。

3 月 5 日，市经信局联合邮储银行厦门分行联合举办“2014 年厦门小微企业创业大赛”。

3 月 27 日上午，厦门市小微企业贷款保证保险业务签约仪式举行，试点工作正式开启。

4 月 18 日至 5 月 7 日，市中小企业服务中心会同有关部门举办的 4 场中小企业“新三板”专场培训会。

5 月 22 日上午，为期两天的 2014 年厦门市中小企业服务博览会正式开幕，厦门市中小企业公共服务大厅正式启用，首期市级综合枢纽也上线服务。

5 月 22 日上午，福建省中小企业服务中心主任座谈会在厦门召开。

9 月 16 日，厦门中小企业云服务平台“慧企云”上线运行。

10 月 28 日，南平市经贸委副主任张信文一行来厦与市经信局中小企业处等部门负责人座谈交流中小企业融资服务。

11 月 6 日、7 日，黑龙江省齐齐哈尔市政府副秘书长王金章一行，新疆维吾尔自治区昌吉回族自治州经信委副书记张苏明一行，深圳市中小企业公共服务平台范颖总经理一行，先后来厦交流中小企业服务工作。

11 月 17 日，由市经信局、市财政局联合主办的“北京大学——2014 年厦门市中小企业总裁班”在北京大学多功能培训室举行了开学典礼。

11 月 27 日，厦门市中小企业协会在市中小企业公共服务大厅会议室召开 2014 年第一次理事会。

12 月 9 日，中国国际中小企业博览会事务局副局长一行，来厦门调研中小企业参展需求及我市组展情况。

12 月 18 日，厦门仲裁委员会中小企业咨询中心在市中小企业公共服务平台揭牌成立。

12 月 25 日，由中国质量协会承办，厦门市质量协会、厦门市中小企业服务中心协办的“全国现场管理星级评价标准”公益培训在厦召开。

12 月 25 日，2014 年度厦门市中小企业运行监测工作会议在市中小企业公共服务大厅培训室举行。

12 月 31 日，市中小企业服务中心工会启动“读书会”创建学习型组织。

青岛市

1 月 22 日，为进一步促进小企业产业园建设，为小企业创业发展提供有效载体。根据青岛市人民政府办公厅《关于加快小企业产业园和创业基地建设的通知》（青政办发〔2012〕30 号），青岛市经济和信息化委员会、青岛市财政局联合制订印发了《加强小企业产业园扶持资金股权投资管理的通知》（青经信字〔2014〕5 号），每年从市支持中小企业发展专项资金中安排一定额度，以股权投资形式支持符合条件的小企业产业园建设。由市经济和信息化委中央领导员会同市财政局确定符合条件的小企业产业园纳入股权投资项目库，股权投资最高不超过 500 万元，且不占控股地位，促进了小企业产业园的发展。

3 月 7 日，为促进全市中小企业健康发展，切实为中小企业提供找得到、用得起、有保障的服务，根据工信部《关于开展 2014 年扶助小微企业专项行动的通知》和我市《2014 年全市中小微企业工作要点》，以青岛市促进小企业发展领导小组办公室名义印发了《2014 年全市平台网络服务提升行动方案》（青小办〔2014〕3 号）。以市经济和信息化委员会、区（市）中小企业主管部门、全市中小企业公共服务平台网络体系和有关服务机构等主要力量为依托，充分调动各种服务资源，组织开展专题、定向服务，全市平台网络开展集中专题服务活动 70 次以上，年服务中小企业突破 20 万家。

4 月 17 日，为进一步提升创新创业的氛围，提升我市小微企业创新创业理念、扶助小微企业成长，青岛市经济和信息化委员会指导，市中小企业公共服务中心联合青岛市温州商会、半岛都市报共同举办了“温商杯”青岛市首届小微企业创新创业大赛，大赛历时 4 个多月，共有 150 多名创业者和小微企业报名参赛，带动中小企业云服务平台专页浏览量接近 8000 次。大赛组委会筛选了 40 名选手，组织举办了 7 次初赛路演和复赛，并于 8 月 26 日进行了企业组 6 名、个人组 4 名共计 10 名选手的决赛，其中“环境微生物技术与产品”“甲醛检测仪”项目分获企业组和个人组第一名，企业组前 3 名和个人组前 2 名均获得了奖杯、资金奖励，进入复赛的 20 名选手获得了云服务平台特惠服务大礼包，青岛温商投资集团等 5 家投资机构与 5 位选手在决赛现场签订了投资意向书。

4 月 26 日至 30 日，2014 第三届青岛市中小企业“专精特新”成果展在青岛国际会展中心成功举办。本届“专精特新”成果展，以“服务专精特新，助力企业升级”为主题，突出“务实、创新、高效”的特点，设立“专精特新”、公共服务两个展区，成功举办融资产品发布对接会、跨国采购对接洽谈会两项活动，全新打造的云服务平台及“专精特新”3D 网上展厅在展会现场亮相，同时围绕参展企业需求，组织了丰富多彩的服务对接活动，整个展会组织严密、安全有序、客商云集、洽谈活跃。5 天来，参观人数超过 15 万人次，12 个区市的 161 家参展企业，现场销售额达到 823 万元，达成采购意向 1.25 亿元，120 件专精特新产品进行了三维展示。跨国采购洽谈会，签订出口订单逾 800 万元，达成采购意向约 4500 万元。融资产品展示对接洽谈会及融资服务进展位等活动，对接洽谈 322 家次，帮助 142 家企业达成融资意向额 6.65 亿元。以云服务平台、“1+13”平台网络和创业载体等为重点内容的中小企业服务体系，共送政策、送服务到展位 669 家次，对接洽谈企业 1024 家次，705 家企业现场体验云平台，注册 508 家。

5 月 26 至 27 日，工信部中小司司长郑昕一行来我市考察调研中小企业发展情况。调研组先后到青岛市中小企业公共服务中心、中德生态园进行了实地考察，并与相关部门和企业进行了座谈。

6 月 19 日至 22 日，第八届 APEC 中小企业技术交流暨展览会在浙江省义乌市国际博览中心成功举行，我市组织 16 家中小微企业参加了本次展会。展会期间，我市参展企业与国内外客商进行了一系列洽谈沟通、合作交流，并参加了中小企业技术需求与对接项目、国家级技术转移示范机构交流论坛、APEC 成员体企业项目推介与技术交流推广等一系列活动。海普润机械、亚坦文具、海蓝生物等企业全面展示了企业产品并取得了良好成绩，会上签订了 30 项意向销售合同，初步达成贸易合同额 862 万元。我市组展工作多次得到国家工信部、APCE 组委会和义乌市领导的肯定及表彰，并获得展会最佳组织奖和最佳设计奖。

7 月 29 日，青岛市委常委、市长张新起先后到我市百洋健康科技园、海丽雅集团、一洲时装有限公司 3 家中小微企业和市中小企业公共服务中心走访调研，并召开由我市相关部门和 10 家中小企业负责人参加的座谈会。会上，他听取了有关部门的情况汇报，详细了解了中小企业发展情况及面临的困难，与企业家一起探讨改革发展的有关问题。他强调广大中小企业要着眼长远，坚持以世界眼光谋划未来，从战略高度思考企业发展问题，积极融入全市向现代化、国际化城市迈进的进程中，自觉转变发展理念，做转方式调结构的主力军，走符合企业自身特点的“专精特新”发展道路。针对企业提出的融资难融资贵、用地、人才匮乏与培养、新兴产业发展、科技成果转化、打造本土品牌和发挥行业协会产业联盟作用等问题和意见建议，张新起市长要求政府相关部门要高度重视，积极帮助解决，为企业发展营造良好环境。

8 月 5 日，青岛市中小企业云服务平台通过软件与系统集成项目验收，正式上线运营。青岛市中小企业云服务平台，利用我市电子政务共享平台的网络和服务器资源，采用先进的云计算技术，整合政务资源和优质社会服务资源进行建设，设有区、市二级网页服务站点，具有“应用技术先进”“服务资源丰富”“ 访问便捷和实时快速响应”“服务定制和推送”“在线双向评价” 等特点，可容纳 5 万人同时在线，满足全市 25 万家中小企业访问需求，并与区市、专业化平台实现互联互通、数据共享、线上线下服务联动。2014 年年底，云服务平台累计点击量超过 79. 9 万余次、发布信息 2 万余条，成立了合作服务商联盟，发展了 145 家合作服务商，发布服务产品近 1000 件，企业注册用户 1. 15 万家，实现服务对接 5. 9 万次、有效服务 6400 次。

8 月 19 日，为贯彻落实青岛市人民政府办公厅《关于加快小企业产业园和创业基地建设的通知》（青政办发〔2012〕30 号），优化小企业产业园工业标准厂房分割转让办理流程，引导小微企业入园发展，促进企业集中、产业集群、用地集约，推动工业经济发展和土地节约集约利用，青岛市经济和信息化委员会、青岛市城乡建设委员会、青岛市国土资源和房屋管理局、青岛市公安消防局联合制定印发了《关于优化小企业产业园工业标准厂房分割转让办理流程的通知》（青经信发〔2014〕9 号），允许小企业产业园内的厂房和土地进行小单元分割转让，解决了小企业产业园建设运营的厂房土地分割难题。

8 月 19 至 20 日，山东省中小企业局局长王兆春一行 4 人来青调研青岛市中小企业发展情况。调研组实地考察了市中小企业公共服务中心，并于有关部门和中小企业代表进行了座谈交流。

9 月 25 日，国家发改委原副主任、中国中小企业协会会长李子彬一行 5 人来青考察调研。李子彬会长一行参观了青岛市中小企业公共服务中心，并与部分中小企业代表进行了座谈。李子彬会长详细询问了中小企业在实际发展中遇到的问题，听取了他们对协会工作的建议。座谈中，李子彬会长充分肯定了青岛市服务中小企业的做法，对青岛市中小企业创业创新的热情给予高度评价，对下一步协会加强与青岛市政府、企业间的合作进行了展望。青岛市政府副秘书长王卫平、市经信委副巡视员朱祥庆参加了座谈，并介绍了我市相关工作情况。

9 月 29 日，为切实缓解当前我市小微企业面临的经营压力大、成本上升、融资难和税负偏重等突出问题，充分发挥小微企业在扩大就业、推动经济增长和社会稳定等方面的作用，根据市政府部署，市经信委会同市财政局、市地税局、市人力资源社会保障局等部门，制定出台了《促进我市小微企业健康发展政策措施》（青经信字〔2014〕94 号），多措并举推动小微企业健康发展再上新台阶。融资方面，每年根据金融机构中小企业新增贷款的规模，按照不高于 0. 5% 的比例设立风险补偿金，置换金融机构的不良贷款；发债补助由原来的集合票据补助拓展到私募债、集合信托；进一步明确了通过区域性股权交易挂牌融资的扶持政策。创业方面，对符合条件的创业者给予 1 万元的一次性创业补贴；符合条件的创业人员，从事个体经营的，可申请最高 15 万元的小额担保贷款，创办企业的可申请最高 45 万元的小额担保贷款。正常经营满 1 年以上的小企业，符合条件的可申请最高 300 万元的小企业小额贷款。

10 月 11 日至 14 日，第十一届中国国际中小企业博览会在广州成功举办。我市结合企业实际和行业特点，组织青岛道一空优科技、莱菲迪光电科技、创想机器人制造、川一硅藻土等 17 家中小企业参加了本次展会，集中展示了我市“专精特新” 技术和产品，借此平台进行一系列合作交流推介招商，达成贸易合同额 5200 余万元。

11 月 18 日，工业和信息化部公布了第四批“国家中小企业公共服务示范平台” 名单，我市城阳区中小企业公共服务平台被授予“国家中小企业公共服务示范平台” 称号。城阳区中小企业公共服务平台是我市首批建成运行的区市级综合公共服务平台，是全省首家集创业孵化、管理培训、中介服务“三位一体” 的中小企业公共服务平台，经过几年的努力取得了明显成效，平台共孵化创业项目 43 个，孵化科技成果 15 个，累计为城阳区中小企业开展公益服务 4. 2 万余人次，服务中小企业 5000 余家。

年度推荐企业

北京创世漫道科技有限公司

北京创世漫道科技有限公司（以下简称创世漫道）创立于2009年，注册资金1500万元，是一家专业从事增值电信业务的高新技术上市企业，股票代码000889。

创世漫道业务范围涵盖增值电信服务、电子商务信息化解决方案、移动应用、企业移动信息化、金融行业移动信息化解决方案等，拥有政府机关、银行、保险、第三方支付、电信运营商、电商互联网、快速消费品、物流快递等不同类别的客户，有效客户约一万家。其是全国人民代表大会、中国人民政治协商会议的唯一指定短信服务商，是中国人民银行、中国工商银行、招商银行、广发银行、华夏银行、中信银行、平安银行、韩亚银行、东亚银行等银行的专业短彩信服务商，也是京东商城、腾讯、阿里巴巴、当当、国美、顺丰、快的打车、1号专车、美团、金山、新浪等众多知名企业的专业短彩信供应商。通过漫道科技系统发送的短彩信年均达100多亿条，2014年达150亿条。

自成立以来其业绩发展迅猛，连续两年翻倍增长，2011年创世漫道销售总额超过1.5亿元，净利润超过3500万元。2012年同样保持高速的增长速度，月销售额均在1500万元以上，年营业额将超过2亿元。目前日均发送量上千万条，圣诞节、春节最高峰日发送量达数亿条，系统运行稳定，获得用户一致好评。

公司突出的历史业绩，以及良好的发展前景深受资本方青睐，公司已经获得两家权威行业投资机构的投资，公司上市计划也正在落实之中。

优异的业绩的背后是强大的技术服务保障力量的支持，在移动商务通讯服务及技术领域处于领先地位。

一、资质齐全可靠，是行业领军企业

创世漫道是中国移动集团、中国联通、中国电信的优秀合作伙伴。拥有中华人民共和国工业和信息化部颁发的全网资质，获得《中华人民共和国短消息类服务接入代码使用证书》《高新技术企业证书》《ISO9001》《CMMI》《海淀区创新企业证书》《中关村高新技术企业》《计算机软件著作权登记证书》《中国移动通信集团北京有限公司集团业务销售代理授权书》《中华人民共和国增值电信业务经营许可证》《中国移动通信集团北京有限公司集团业务销售代理授权书》《2011—2012中国软件和信息服务业最具竞争力产品》《2012年度优秀移动互联网企业》《电商两会“最佳移动服务商”》《2012年度中国移动商务平台最佳解决方案奖》等多项荣誉和许可，深受用户信赖。

二、技术及产品优势

（一）创世漫道产品及运维能力

创世漫道专注短信彩信行业应用，公司根据短信、彩信及语音业务市场需求推出完善的移动商务通讯服务及技术解决方案，自主研发四大产品线，并且拥有完全的知识产权，能够充分满足各行业用户需求。

（二）银行等高端客户平台

银行等高端用户专用系统采用高级加密及安全接入模式，系统采用专业监控与安全技术，确保客户信息万无一失。

（三）客户端版功能亮点

（1）短信、彩信、语音、邮件等网络通信功能集为一体。

（2）支持上行、下行短信。

（3）随时查询客服人员的记录，培训管理客服人员。

（4）随时管理下级的通讯资费。

（5）平台部署简单、方便、安全，几乎无成本。

（四）网络版功能亮点

（1）无须安装客户端随时随地管理移动商务。

（2）强大的联系人管理模块，操作简单。

（3）电信级数据库、不对称加密技术保证数据安全。

SDK（短信接口）：

创世漫道自主研发的SDK软件开发包，又称短信接口，可广泛嵌入于国家机关办公及行政管理系统、电子商务网站、银行/证券业系统软件、企业税务系统行业软件、汽车行业软件、餐饮行业软件、酒店预订行业软件、物流行业管理软件、“家校通”校园管理软件 、保险行业管理软件，并可帮助已具备了OA、CRM、ERP、SCM、HRM等系统及网站平台的企业快速实现移动商务的基本应用。

创世漫道标准化SDK软件开发包（短信接口）适应Basic、C、Java等多种主流开发语言，适应Windows、Linux、Unix等运行环境，彻底解决各个合作伙伴不同开发语言及开发环境的需求。

三、产品优势

（1）可扩展性：标准化SDK软件接口（短信接口）适应Basic、C、Java等所有开发语言，适应Windows、Linux、Unix等所有运行环境，能与OA、CRM等所有应用系统软件集成。

（2）多样性：拥有五大产品：银行高端短信、SDK版（短信接口）、Web版（网络版）、客户端版、APP版（手机版）。

（3）功能齐全：产品功能齐全，能够支持短信上行下行、返回报告、定时发送、触发发送、彩信短信群发、语音短信、语音+文字短信、个性短信等多种功能。

（4）三网合一通道；支持移动、联通、电信三网通道并发，全网发送。

（5）安全性：独家获得公安部和国家保密局依据《信息安全等级保护管理办法》验收及批准的短信服务商。

四、信息安全保密说明书

公司信息安全保密制度严格依据公安部、国家保密局制定的《信息安全等级保护管理办法》所要求的最高级别制定，并经过权威部门验收。在制度建设上严格依照《信息安全等级保护管理办法》规定严格制定管理措施，在硬件软件设施建设上重点投入，严格依照《信息安全等级保护管理办法》的要求进行部署和设置。银行各项账户信息短信年发送量超100亿条，无一泄露。

典型用户

长期以来公司坚持抓质量、重服务，尤其是在与用户诚实合作、信息数据安全、系统稳定性方面深受用户的信赖，2012年中金数据系统有限公司成为了全国人民代表大会及全国政协代表大会的指定短信彩信服务商，诚信和产品服务质量均受到广大客户的高度好评。京东商城、慧聪、银河证券、中信银行、深发展、民生银行、三星电子、新浪、搜狐、腾讯、人民网、朝阳大悦城、申通快递等十余万家企业是公司的忠实合作伙伴。

典型客户列表

公司级别	公司名称	合同名称
A级客户	京东商城	北京京东世纪贸易有限公司
A级客户	国美	国美在线电子商务有限公司
A级客户	搜狐	北京搜狐新时代信息技术有限公司
A级客户	360	北京奇虎科技有限公司
A级客户	申通快递	申通快递有限公司
A级客户	新浪	北京新浪互联信息服务有限公司
A级客户	腾讯	深圳市腾讯计算机系统有限公司
A级客户	快的打车	杭州快迪科技有限公司
A级客户	华为	华为软件技术有限公司
A级客户	易车	北京易车互动广告有限公司
A级客户	双安商场	北京双安商场有限责任公司
A级客户	百盛集团	百盛商业发展有限公司北京太阳宫店

公司名称：北京创世漫道科技有限公司
公司地址：北京市海淀区长春桥路万柳亿城中心B座10层
联 系 人：尚玉（市场部）
电　　话：010－56733999－3935

中金数据系统有限公司

一、企业概况

中金数据系统有限公司，成立于2005年，国家高新技术企业，是国内领先的面向企业的云计算运营服务商、信息技术系统外包服务专业提供商和行业解决方案提供商。

中金数据位于亦庄开发区的北京数据中心，目前占地100亩，总规模约10.5万平方米，其中一期5.6万平方米，已稳定运行5年多，入驻率达到98%以上；在建二期工程4.9万平方米目前已基本完工。中金数据的北京数据中心先后投资达15亿元，是目前北京规模最大、设施等级最高的专业数据中心之一。其所建设的高标准机房符合国家最新标准A级机房和国际行业规范T4级要求，并且依据ISO27001、ISO20000、ISO9001国际标准体系化管理要求，可为客户提供7×24小时不间断的专业服务。中金数据的北京数据中心员工总人数超过500人，60%以上人员具有大学本科及以上学历。研发团队成员包括国内领域内知名专家、前沿技术学者，以及具有多年行业经验的专业技术人员。

中金数据系统以自主建设、覆盖全国的大规模、高等级数据中心为基础，以符合国际规范和标准的运行管理体系为保障，以专业和富有经验的服务团队为支撑，为高度依赖信息技术系统来运作其关键业务的行业客户提供信息技术系统的场地基础设施和系统运营管理服务、灾难备份和业务持续性管理服务，并在此基础上，提供数据存储、计算能力和行业应用平台等云计算服务。

技术方面，公司拥有自主知识产权超过50项，内容涵盖云计算技术、云架构技术、大数据技术、海量存储技术、数据挖掘、数据安全等方面。在业务资质上，中金数据也已获得包括从系统集成到运营管理以及电信运营的多种专业许可，具备了全方位的资质认证。取得荣誉资质及各类奖项近百项。公司还在四十多个联盟及协会作为理事单位或联盟协会成员参与产业发展规划，目前已参与制定多项云计算领域国际、国家，及行业相关标准并发布。目前，中金数据众多的客户及合作伙伴中，不仅有包括多家银行客户在内的金融类企业，同时也有国家税务总局金税三期工程等国家级应用，这些企业与项目对技术平台、数据与安全都有着极为严苛的要求，而中金数据的高等级数据中心则为这些客户和项目提供了稳定可靠的IT支撑环境，以及全方位的服务。

二、成功经验

公司多年来一直秉承服务为先，用心服务的理念，积极创新，勇于实践。

2008年，中金数据“灾难恢复与业务连续性技术服务项目”被国家发改委认定为信息安全专业化服务项目，并获专项资金支持。

2009年，中金数据率先向云计算服务领域拓展，自主研发出多个云计算产品，成为国内云计算服务领先企业。目前已服务的客户包括国内多家国家级银行，保险公司、大型互联网企业、电商企业等。

2010年年底，中金数据被北京经信委指定为“祥云工程”核心企业，主持起草了“祥云工程”产业链规划。

2011年7月28日，北京“祥云工程”中金云后台启动仪式在北京经济技术开发区的中金数据系统有限公司举行，北京“祥云工程”的云后台正式落户中金数据，是我国新兴的云计算产业中率先建成投入使用的公共云后台，这标志着北京“祥云工程”示范项目获得了重大进展，北京“祥云工程”的云计算产业链进一步完善，对于推动北京市信息技术产业全面升级，充分发挥创新引领优势，打造“智慧北京”，落实“科技北京”行动纲领，将北京打造成世界级云计算产业基地具有重大意义。北京市原副市长苟仲文、工信部原副部长杨学山、国务院参事曲维枝出席了此次发布会，并对于北京“祥云工程”中金云后台的启动给予高度的肯定。

2012年11月29日，由中国信息化推进联盟智慧城市专业委员会主办，北京赛迪世纪信息工程顾问有限公司承办的中国智慧城市高峰论坛在北京国宾酒店举行。中金数据系统有限公司的北京“祥云工程中金云后台”项目获2012十佳智慧城市优秀典型案例，成为智慧城市专委会树立的相关领域“智慧城市”建设标杆。

2013年1月8日，中关村国家自主创新示范区“十百千工程”第三批重点培育企业名单正式出炉，第三批入选的企业共计120家，中金数据系统有限公司作为新一代信息技术类企业成功入选。

2014年9月26日，作为国内首个聚焦于高科技产业创新孵化的综合服务云平台，中关村创新云平台正式启动上线。创新云平台将能够为中关村科技园区的科技型创新企业提供云计算支持和大数据分析的基础资源以及数据应用，还开创性地将融资服务、创投服务、资质认定服务等核心创新要素引入统一的云平台之中，为创新企业提供IT服务、金融服务、政务服务、云计算服务等全方位的综合服务。

三、对外联系方式

公司名称：中金数据系统有限公司

公司地址：北京市北京经济技术开发区博兴八路1号

邮政编码：100176

北京正辰科技发展有限责任公司

一、公司介绍

北京正辰科技发展有限责任公司（以下简称正辰科技）成立于1995年，是高质量的企业互联网解决方案提供商。其致力于为企业打造一站式互联网服务整体解决方案，用专业的服务、创新的视角、领先的技术帮助企业快速、低成本建立个性化的企业互联网应用。

20年来，正辰科技一直致力于从事IT服务、软件开发、互联网、移动技术、IT实用教育等业务，以“市场为导向，客户为核心”为市场原则，以“科技为本，创新发展”为宗旨，以“诚信、合作、共同发展”为理念，应用系统设计商业、电信、金融、教育、政府等领域，集咨询、解决方案、实施、运营、维护于一体，实现IT业务全流程的一站式服务，为客户提供最适宜的信息化服务，赢得了众多企业、政府、社团客户的信任与合作。

正辰科技已经历了“创业—平庸—优秀”的跨越，并向卓越顶峰迈进。历经其前身公司至今近10年的发展，注册资本已从成立初期的200万元增资至目前的700万元，规模从十几人扩充至超逾百人。现拥有网络、互联网、应用软件、电子商务、移动软件和软件资源等事业部，形成了基于网络、互联网、应用软件、移动等行业的完整产品线及服务内容，打造了IT服务“以产品为核心，以服务为主”的竞争优势。

正辰科技目前拥有多项具有自主知识产权的软件产品，每年带来数千万元的收益。其中网站开发及后期建设的长期客户达到近千家，包括北京18个区县的工商联及私营个体企业协会。近几年，通过全体员工的不懈努力，公司不仅建立了国内固定的客户群，还与国际知名跨国公司：摩托罗拉公司、美国微软公司等签订了长期的合作合同，促进了公司的业务发展。公司的经济效益也得到了相应的提高：主营业务收入年近5000万元，总资产额超过6000万元。

二、企业人员基本情况

正辰科技聚集了海内外业界精英，组成了包括技术、管理、市场和服务等多方面人才在内的高素质的团队。其利用地处高校人才集中区域的优势，积极吸引了大批的优秀人才，员工多数具有信息技术服务相关知识背景，年轻向上且富于朝气。其中所有技术人员均具有大学本科以上学历，半数以上员工具有软件开发、实施、服务的工作经验，核心员工都是IT服务领域耕耘多年的专家人才，其坚信人才是企业发展之本，并将这一理念贯穿于其经营管理的各个方面。同时，根据业务的发展不断招聘具有相关工作经验和专业知识且认同其企业文化的青年人来充实员工队伍，不断增强综合实力。以公开、公正的方式引进人才，全面考核，择优录用。用事业留人，待遇留人，感情留人，综合运用工资、奖金等多种有竞争力的福利待遇来吸引员工，稳定队伍，结合公司和个人绩效来奖励员工，为公司的长远发展做好人才的保障工作。

正辰科技目前员工总数超逾百人，全部为大专以上学历，其中：管理人员 25 人，包括博士 1 人，硕士 9 人，学士 15 人，管理人员中 30—40 岁人员 14 人，40 ~ 50 岁 3 人；技术开发人员占总人数的 81%，销售人员占 7%，管理人员占 12%。正辰科技的技术队伍始终保持占公司人员总数 80% 的高比例，坚信雄厚的技术力量是公司立足市场的强大后盾。

三、获得荣誉、资质

正辰科技是一家高新技术企业，同时也是一家获得“双软”资质的软件企业，目前拥有多项具备自主知识产权的产品。公司发展至今，连续多年获得“守信企业”称号，被中关村信用促进会评为 AZC + 信用等级企业，是中关村软件协会理事会员、西城区工商联理事会员、中关村企业信用促进会会员、北京市青年企业家协会会员。

此外，正辰科技从创建之初就热心于社会公益事业，关心贫困的学子和家庭，为社会精神文明建设贡献着自己的一份力量。多年来，公司不断获得“北京市先进私营企业”“首都文明单位”“北京市优秀私营企业”“全国青年文明号”“北京市工商联系统文明单位”“首都文明单位标兵”“西城区按比例安排残疾人就业先进单位”“西城区文明单位”“市私个协系统文明单位”“中关村企业信用促进会优秀会员”“北京西城区科技先进单位”“西城区志愿奥运好团队”“首都非公有制经济参与奥运服务奥运先进集体”“北京奥运会、残奥会志愿者工作突出贡献单位”等荣誉称号。

四、成功案例

2014 年

正辰科技中标天安门旅游服务网建设项目

正辰科技中标密云生态商务区综合服务信息平台

正辰科技中标北京市总工会大数据二期建设项目

正辰科技中标北京市总工会 Web 站点 Html5 技术升级项目

正辰科技中标南水北调中线干线工程电子围栏项目

正辰科技签订北京市总工会劳动午报新媒体移动端项目

正辰科技签订北大国家发展研究院校友信息项目

正辰科技签订北京祥龙赵公口长途汽车客运站网站维护项目

正辰科技签订北京红都集团公司网站建设项目

2013 年

正辰科技中标北京市总工会数据中心一期建设项目

正辰科技中标北京职工服务中心大楼信息化系统运维项目

正辰科技与北京红都集团公司签订信息化整体维护项目

正辰科技中标北京市职工服务中心在职职工职业发展主推计划建设项目

正辰科技与北京市西城区私营个体经济协会签订网站托管维护合同

正辰科技与共青团怀柔区委员会签订官方网站改版合同书

2012 年

正辰科技中标北京园博会官网运维项目

正辰科技中标经信委信息运维项目

正辰国学网网上商城正式上线

正辰科技中标团市委官网运维项目

正辰科技中标德国马牌轮胎项目

正辰科技中标联想培训系统项目

正辰国学网隆重举办“艺术品投资于收藏”活动

五、对外联系方式

公司名称：北京正辰科技发展有限责任公司

地　　址：北京市西城区西直门内南小街国英一号大厦九层

邮　　箱：www. oppo. com. cn

客服电话：4008991995 58561995

北京数码大方科技股份有限公司

北京数码大方科技股份有限公司（CAXA）（以下简称数码大方）是中国领先的工业软件和工业互联网公司。

数码大方是中国领先的 CAD、MES 和 PLM 软件和服务供应商，也是工业云服务的倡导者和领跑者。公司主要面向以装备、汽车、电子电器、航空航天为主的制造业和以大中专院校为主的教育行业客户，为企业提供数字化设计（CAD）、数字化制造（MES）、产品全生命周期管理（PLM）以及工业云的产品和服务，为大中专院校提供数字化教学、数字化实训等解决方案，致力于全面提升工业企业的创新设计能力、先进制造能力以及人才保障能力。公司产品是两化融合的重要支撑，能够帮助传统企业转型升级，支持并促进实现互联网工业和智能制造。

数码大方始终坚持技术创新，自主研发二维、三维 CAD 和 PLM 平台，是最早从事此领域全国产化的软件公司，研发团队拥有多年专业经验积累，具有国际领先技术水平，在中国北京、南京和美国亚特兰大设有三个研发中心，截至 2014 年年底拥有 189 项专利、专利申请及著作权，并参与多项国家 CAD、CAPP 等技术标准的定制工作。

数码大方的产品拥有自主知识产权，产品线完整：

数字化设计（CAD）产品包括二维 CAD、三维 CAD、工艺 CAPP 和制造 CAM 等软件，产品具有建模快、装配快、出图快、编制快、后置全等特点，简单易学、兼容性好，能为企业研发设计和技术准备各环节提供完整的设计、工艺、制造数据等，能帮助企业进行产品创新、缩短产品周期、提升产品竞争力。

数字化制造（MES）产品包括 MES 制造过程管理以及 DNC 设备互联，帮助制造企业将产品生产所需要的各种设备用网络互联互通在一起，实现以大数据为基础，互联网、物联网环境下的多层次无纸化制造、数字化制造和智能化制造，对于改变传统的生产模式、保障产品质量、降低生产成本、提高生产效率、提升制造业的核心竞争力具有非常重要的意义。

产品全生命周期管理（PLM），具有平台化和集成贯通的鲜明特色，包括 PLM 平台及其 PDM、CAPP 和 MES 解决方案，将成熟的二维 CAD、三维 CAD、PDM、CAPP 和 MES 技术整合在统一的 PLM 平台上，重点解决企业在深化信息化管理应用后面临的跨部门协同、区域协同以及企业产品数据全局共享的应用需求，实现企业数据流程和业务流程的全面集成贯通应用。经过近 10 年的技术沉淀和经验积累，数据大方完全自主知识产权 PLM 产品已取得多项发明专利及专利申请，可支持企业贯通并优化营销、设计、制造和服务全业务流程。

工业云是整合了工业软件、云计算、移动互联、工业物联、工业大数据等新一代信息技术，融合线下软件和线上服务，为企业、产业园区、行业提供了云端供需对接平台和协作平台，促进标准服务、检测服务、监测服务、诊断服务、物流服务等生产性服务业发展，有效降低创新、创业门槛。

数码大方拥有 8 个营销和服务中心，用户包括沈鼓集团、西电集团、兰石集团、中国二重、东方电气、北汽福田、东风汽车、格力电器、新飞电器、沈飞、哈飞、中石油、中石化等知名制造业企业，以及清华大学、北航、北理工等知名大中专院校。

数码大方的美国子公司 IronCAD 已经成长为美国知名 CAD 供应商，其客户遍及美国、日本、德国、瑞典、韩国、加拿大、巴西、英国、澳大利亚、南非等海外 24 个国家和地区。

数码大方经过多年的技术积累和市场发展，已经成为中国国产工业软件的著名品牌、中国最大的 CAD 和 PLM 供应商之一、工业云的倡导者和领跑者，彻底打破了国外软件巨头的垄断。多年来公司一直坚持“一切以用户为中心”的技术和服务理念，重视用户体验、不断提升本土化服务能力，在各机构调查榜中“用户满意度”高达74%，高于国内外品牌，并始终居于“工业软件品牌——品牌影响力”以及“工业软件品牌——用户关注度”第一的位置。

数码大方是国家规划布局重点软件企业，是国家级高新技术企业及中关村国家自主创新示范区创新型企业，公司拥有北京市认定的企业技术中心和北京市中小企业公共服务平台。公司是全国信息技术标准化技术委员会、全国技术产品文件标准化技术委员会、全国工业自动化系统与集成标准化技术委员会工业数据分技术委员会、全国技术产品文件标准化技术委员会 CAD 制图分技术委员会和全国技术产品文件标准化技术委员会工艺文件与技术信息分技术委员会等行业技术标准组织的委员单位。中国工业软件产业发展联盟理事长单位，互联网与工业融合创新联盟——副理事长单位，也是中关村未来制造业产业技术国际创新战略联盟的发起单位。曾先后荣获中国版权最具影响力企业奖、中国工业软件产业发展联盟年度贡献企业奖、中关村最具发展潜力十佳创新企业、中国软件行业最具成长力企业、中国制造业信息化发展突出贡献奖、中国制造业信息化杰出本土供应商、中国机械行业两化融合推进贡献奖、中国版权最具影响力企业等荣誉。公司产品获得“中关村国家自主创新示范区新技术新产品”称号、“中国十大创新软件产品”“北京市自主创新产品”“优秀软件产品”等荣誉。

数码大方一直坚持“梦想、创新、务实、共享”的企业价值观，把“用软件和信息技术服务推动中国工业和社会进步”作为企业使命，目标是致力成为世界一流的工业软件和工业互联网信息技术服务公司。

公司名称：北京数码大方科技股份有限公司
公司地址：北京市海淀区丰秀中路 3 号院 9 号楼
邮　　编：100094
电　　话：010－62490300
网　　址：www. caxa. com

北京彼速信息技术有限公司

北京彼速信息技术有限公司（以下简称彼速）创立于 2002 年，是国家高新技术企业，国家首批“知识产权品牌服务机构”。2014 年成为中关村知识产权协作组织理事单位，拥有 ISO9001 质量管理体系认证证书。2015 年成为首都知识产权服务业联盟理事单位。

彼速专注于知识产权行业，为用户提供全方位的知识产权管理与应用软件解决方案，经过十多年的快速发展，已成为知识产权软件与服务行业领军者。

彼速定位“知识产权管理专家”，致力于为企业知识产权管理与运营打造全面解决方案，为知识产权代理机构业务运转提供高效协同平台，同时为专利工作者和研发人员等提供专利情报检索、挖掘和分析的强大工具软件。彼速先后成功地研发出

“协同空间”“专利之星”“商标之星”“星合—企业知识产权管理系统”“专利搜索引擎”“专利数据中心”“区县知识产权管理平台”“科园智通” 等多款系列软件产品。产品用户遍布国内外，拥有千余家企业和代理机构等用户，覆盖知识产权代理、电子、通讯、生物、医药、石化、汽车、国防等众多行业。

彼速创造性地将互联网引入知识产权领域，开发并运营“彼速云” 平台，其将为行业带来新的变革和活力。

彼速总部位于北京上地，在中国上海、广州，以及加拿大多伦多设有子公司，并以此为依托构建了覆盖全国和海外市场的高水平服务体系和网络。

彼速公司以“创新信息技术，助力知识经济”为理想，以先进的商业模式与专业技术，打造更好的软件与服务产品，为客户创造更大价值，推动中国知识产权的进步与发展。

目前企业客户拥有 700 多家，事务所客户 600 多家，全国 70% 的事务所在应用彼速的软件。

一、中国石化

该系统有效地管理了中国石化及下属 200 多家二级单位的全部专利档案，实现了中国石化总部与下属单位的专利申报、专利费用申报的电子化，有丰富的报表和统计分析功能，极大地提高了中国石化的专利管理效率和质量。目前，此系统由彼速学校进行维护，使用稳定。基于此系统，彼速还为中国石化多家下属单位开发了便捷的数据申报与更新接口及各自内部的知识产权管理系统（如北化院、石科院、抚研院、工程院等）。

二、上海通用汽车

作为国内外汽车行业中的一流学校，上海通用汽车的自主研发能力一直是国内的佼佼者，在国内拥有数千人研发团队，研发中心遍布全国各地，近年来专利申请数量更是突飞猛进。

2009 年，彼速为通用汽车提供了完整的提案及专利管理系统解决方案，实现了从提案开始，经过严格的评审审批，到专利申请全过程的线上、电子化管理、无纸化办公。

2011 年，随着上海通用内部提案、专利数量的激增，申请策略的调整，应上海通用的要求，彼速又为上海通用提供了系统的二期开发。

目前彼速为上海通用汽车提供的解决方案已在上海通用总公司及各地区的研发中心广泛使用。

三、联想集团

作为中国 IT 学校的龙头公司，联想集团的专利数量近年来实现了飞速增长。为了有效管理其大量的专利，彼速为联想提供了完整的专利管理系统解决方案，实现了从提案开始，经过内部评审，到专利申请全过程的电子化管理，且取得了良好的应用效果。

四、大唐移动

大唐移动是中国的专利大户，为了有效管理其专利，大唐移动采用了彼速的“专利管理系统解决方案”，使其专利管理水平得到了极大的提高。之后，又引入《彼速专利搜索引擎》，服务于科研部门。

五、上海商用飞机研究院

随着中国大飞机项目的深入，上海商用飞机研究院的专利工作也得到了巨大的推动，为了有效管理其专利提案评审过程、管理其大量的专利，2010 年，上海商用飞机研究院委托彼速完成了提案评审与专利管理系统的开发上线工作。采用了彼速的专利检索、建库、分析系统，构建起了完整的企业专利情报库。

六、飞亚达公司

作为国内手表业的民族品牌，飞亚达公司非常重视专利的高质增长和品牌效应，为了更好地规范管理其知识产权，2013 年彼速为飞亚达公司提供了完整的知识产权系统解决方案，实现了从提案开始，经过内部评审，到专利申请全过程的电子化管理以及整个公司的品牌战略规划管理，且取得了良好的应用效果。

七、德昌电机（深圳）

德昌电机（深圳）做知识产权的人员遍布很多国家，2013 年彼速为其提供了英文版的专利管理系统，帮其有效管理了大量的专利，包括从研发部门提案申请到专利管理的全过程，配置了各个主要国家的专利申请流程及官方期限管理，使其专利管理水平得到了大大提高。其后又引入《专利搜索引擎》，服务于科研部门。

八、中石化工程技术研究院

2012 年彼速成功实施了工程技术研究院的全院知识产权系统，系统现在为客户解决异地管理和内部协调的工作、保密文件的全面处理、海外专利的战略布局分析、个性化的提醒功能、简便的电子审批功能。

九、陕西煤业化工集团有限责任公司

2013 年彼速为陕西煤业化工集团有限责任公司实施全面的集团知识产权系统，涵盖了研发人员的提案系统、多种评审流程、多角度的业务管理系统，商标的全系统管理，保证了集团一目了然的管理及规范的制度。大大降低了专利的管理出错率，提高了全面的知识产权应用范围。

十、京东方科技集团股份有限公司

2013 年彼速为京东方科技集团股份有限公司实施企业知识产权系统，此系统建设实现了将原有知识产权管理部门小范围应用扩展为全公司协同应用的知识产权管理系统，各地、各组织发明人、联络人，可以实时进行线上提案提报、评审。此外实现历史数据全集团升级处理，并配合集团知识产权战略规划，完成专家评审、项目专利成果监控等关键业务需求。

十一、北京清洁低碳能源研究所知识产权管理系统

该系统基于北京彼速星合一企业知识产权管理系统的基础上，结合客户部分需求，进行了二次开发。该系统包含：专利提案、评审、专利管理、决策支持模块，覆盖了从发明人提交提案到各级领导评审，以及专利律师汇总管理并利用汇总统计呈现完整、精细的报表形式供学校决策层查看的全过程。同时依托星合一企业知识产权管理系统的专利精细化管理，极大提升了专利律师的工作效率。

十二、上海欧普照明知识产权管理系统

该系统是在星合一企业知识产权管理系统的产品基础上，结合客户的额外需求，进行的一个二次开发项目。该系统囊括了企业知识产权事务的全部管理和应用内容，可以管理科研人员的创意、提案，实现提案的在线提交及审批；管理专利申请过程中每个阶段的文件、期限、费用、发明人的奖金以及授权后的年费维持监控及评估；使得企业的知识产权管理人员可以随时把握学校知识产权数据的动态变化；管理商标申请活动中每个阶段的文件、期限、费用以及事件，随时统计不同国家、不同类别的商标信息动态；管理域名、版权、技术秘密、公开技术等。

2013 年启动的二期项目，将为其开发实施法务、技术标准等的管理系统。

公司名称：北京彼速信息技术有限公司

公司地址：北京市海淀区上地东路 29 号七层

公司网址：www. bizsolution. com. cn

公司电话：010 －82743980

天津市国威给排水设备制造有限公司

天津市国威给排水设备制造有限公司成立于 2000 年 3 月，坐落在东丽开发区，是一家专业开发、生产和推广给排水设备的民营企业，是我国北方地区最大的专业生产水力自控阀的高新技术企业之一。公司始终坚持“靠科技创名牌，靠质量求发展，靠诚信赢市场”的企业宗旨，把“为天津市争光，为中国人争气，为水工业做贡献”作为奋斗目标。经过 10 年努力，已成为业界资质最全最强的企业之一。

公司始终坚持全面发展无短板，以自主创新提升核心竞争力，以节能降耗为导向促进成果转化，走出了一条独特的“创新、创业、创名牌”之路，实现“争光、争气、争贡献”的崇高理想。2014 年，企业的“无须外配导管的丝扣型倒流防止器”获得天津市“专精特新产品”称号。其做法和经验主要有以下几个方面：

一是抓住国家节能节水主题，贴近市场需求搞研发。结合自身技术优势改变原产品依靠电动启动和传动控制、耗电量大、不安全的困扰，实现了不用能源和人工的完全自动控制，供水效率提高了 20% ~50%；还研制了不用人工不用电依靠介质本身压力差实现自动启闭的自控节能阀门，研制了软硬密封技术相结合的密封节水阀门等，均实现节水率 100%；从根本上解决了客户的问题。

二是突破行业焦点难点，提高产品附加值。公司研制的水力控制阀、倒流防止器产品，改变了国外产品尺寸大、水损大（8 米）而导致用水安全问题，使尺寸减小 2/3、水损降低到 2 米，并打破国外产品的长期垄断地位，被国家建设部强制推行广泛使用，目前正被北京、天津、重庆、广东、山西等市政单位用作市政水确保供水安全的核心部件。公司采用膜片式结构研制了达到 600 万次的新型耐用膜片，创造了世界最高品质膜片耐用度的新纪录。

三是狠抓产品质量和服务，促进企业品牌建设。企业成立之初就申请了注册商标，始终坚持靠科技创名牌、靠质量求发展、靠诚信赢市场，在企业成长过程中始终狠抓品牌建设，经过不断努力，2009 年公司商标被市工商局评定为天津市著名商标，成为天津乃至全国高科技阀门的代表企业之一，成为行业中少有的品牌过硬的高端产品，除此之外，公司还在抓拳头产品的产业化。

四是坚持管理创新，加快推进转型升级。公司秉承“以人为本，科技创新”的企业经营理念，依据国家节能减排的产业政策，组建了资深的行业精英团队，并按照现代企业制度，建立了比较完善的管理制度。各项管理制度的建立和实施，使公司的各项工作有章可循，保证了企业管理的科学、有序，实现了管理的制度化。

2014 年，公司实现销售收入 4528. 8 万元，利税 128. 68 万元。公司新研发的新产品倒流防止器，2015 年有望进一步做大，其产业化前景光明无限。公司将下设北京办事处、山西办事处、上海办事处、重庆办事处，总人数会增长到 100 人左右。预计年产值可达到 4000 万元，主营业务收入达到 3500 万元，实现利税 150 万元。

联 系 人：刘永

联系电话：18920677316

天津市顺达汽车零部件有限公司

天津市顺达汽车零部件有限公司始建于 1991 年 3 月 13 日，是专业从事汽车零部件研发、生产、销售、服务于一体的国家级高新技术企业。公司位于天津中塘工业区内，注册资金 1. 15 亿元，总厂占地面积 9. 8 万平方米，建筑面积 6. 3 万平方米。现有员工总数 520 人，其中管理人员 70 人，技术人员 52 人，质量管理人员 26 人，形成一支集研发设计、制造、市场开拓于一体的精干团队。公司历经二十几年的发展，形成了汽车车身大型冲压覆盖件、底盘悬挂系统、玻璃升降器总成三大产品系统。公司现成为海南马自达、北京奔驰、神龙公司、郑州日产、天津一汽、长安铃木、长城汽车、现代等大型汽车企业的主要零部件供应商。顺达人始终坚持科技创新是企业的根本，近几年，每年都投入几千万元用于研发和技术改造，公司现有数控加工设备 28 台、德国大型冲压流水线 2 条、升降器生产线 6 条、日本松下微电机生产线 2 条、意大利康隆仪表板生产线、机器人自动焊接工作台 26 台等生产设备及研发试验设备。2013 年完成产值 3. 4 亿元，税金 750 万元。

随着汽车工业的不断发展，对汽车焊接质量也提出了更高的要求。传统人工焊接所带来的劳动成本高，占用空间大，焊接质量低及环境污染严重等问题的日益突出。由于自动化焊接机器人动作采用点到点的序步轨迹，具有很高的焊接自动化水平，降低劳动力成本，改善工作条件，节省空间，提高产品质量和生产率又节能环保等优点。

公司2013年开始投资6000多万元改善建设多条采用光机电一体化技术建设的机器人数字化、自动化焊接技术生产线，可实现汽车全景天窗加工生产过程中智能化全自动焊接，取代传统多人分序加工工艺，形成了以电控模块化数字技术及完善的工艺结构设计为一体的自动化程高、控制系统稳定可靠、工件焊接质量一致性好、工作效率高的节能环保型专业全景汽车天窗生产线。全面投产后将满足汽车主机厂对产品质量精细度的严格要求，减少传统人工手工焊接所带来的质量不稳定、劳动成本高、占用空间大，工作效率低以及环保等问题。实现公司产品结构的调整，进而实现公司焊接技术由传统的手工焊接到自动化焊接生产的转型，逐步推动本行业的快速发展。预计2014年可实现产值4.4亿元，同比增长30%，上缴各种税金1100万元，同比增长50%，效益增速明显高于产量增速。预计到2016年可实现产值6亿元，比2013年增长近80%，上缴各种税金2000万元，比2013年增长160%。

联 系 人：吴宝成

联系电话：13820559216

天津众达精密机械有限公司

天津众达精密机械有限公司于2007年2月在宝坻区林亭口镇注册成立，注册资金1330万元，主营业务属于精密机械制造领域，主营发动机配件、机床配件。公司由三家股东构成，具有独立法人资格，公司占地9万平方米，工业厂房4万平方米。

公司产品技术全部拥有自主知识产权。2011年申请专利11项，其中发明专利1项，实用新型专利10项。2012年专利22项，2013年专利25项，2014年专利28项。近年来公司生产经营稳步增长，截至2014年，公司共有员工212人，其中研发、技术人员55人，占公司总人数的26.2%；资产总额9003万元，主营业务收入达1.36亿元，净利润1380万元，实现税收230万元。

正时齿轮室作为一个空腔体，一般布置在柴油机的前端，将曲轴齿轮、凸轮齿轮、喷油泵齿轮、空压机齿轮等柴油机齿轮系统封闭在腔体内，通过齿轮传动实现柴油机内部构件的运动。其结构的合理性与可靠性对柴油机的经济性、可靠性及降低噪音具有重要的影响。天津众达精密机械有限公司开发出一套新的技术工艺，实现了产品的优化生产并获得发明专利一项，主要具有定位准确、装夹快捷、一次加工成型、齿轮室精度高等优点。产品实现了柔性化生产，可以生产十几种机型的正时齿轮室，克服了以往专机生产只能生产一种定型的产品的弊端。

天津众达精密机械有限公司以生产正时齿轮室产品为主，关键加工工艺技术均为自主开发，产品精度高，柔性生产，供货及时，于2011年成为天津雷沃动力有限公司的核心供应商，2012年被天津雷沃动力有限公司认定为战略性合作伙伴。配套率从最初的40%上升为70%。该产品的销售收入从最初占总收入的18%提升到总收入的32%。

联 系 人：史鹏博

联系电话：022－82533969

天津重钢机械装备股份有限公司

天津重钢机械装备股份有限公司（以下简称天津重机）成立于2002年4月，2007年12月改制为股份制民营企业，注册资金7560万元，年生产能力超过5万吨，下设天津（汉沽）振汉机械装备有限公司和天津（临港）格林兰机械装备有限公司两家子公司。天津重机是一家以生产非标机械装备和高端钢制品为主的高新技术企业，主要研发和生产堆取排输机械、造桥机械、港口机械、索道设备等连续搬运机械以及起重机械、冶金设备、船舶舾装件等，产品先后出口到美国、德国、西班牙、日本、韩国等二十多个国家。天津重机长期与日本、挪威、德国、瑞典、丹麦、美国、芬兰、加拿大等国知名企业合作，是世界各国高端客户在中国的主要生产基地。天津重机凭借与国际接轨的经营理念、优秀的员工素质、先进的生产设备、完善的生产体系、高质量的生产质量、良好的售后服务和诚信吸引了各国客商，已成为多家国际知名公司在中国的生产制造基地，天津重机产品也遍布全世界，一流的产品、一流的质量和一流的诚信为天津重机获得了广泛好评，为天津重机赢得了声誉，也获得了源源不断的订单。

公司占地16.6万平方米，生产厂房5.6万平方米，拥有先进的大型加工装备和专门化生产线，销售收入达3亿元～5亿元，获得了挪威DNV、加拿大CWB、德国DIN18800、ISO3834、ISO9001等国际质量体系认证，天津重机具有专科以上学历人员达138名，在有42人组成的研发团队中研究生学历3人、高级技术职称7人、中级技术职称16人，在生产队伍中拥有高级技师3人、中高级工上百人。公司设有天津市认定的工程技术中心，研发上走产、学、研并举的发展之路，与河北工业大学、天津滨海职业学院建立了长期技术合作关系，每年投入的研发经费达700万元以上，配备了先进的研发设备和实验仪器共400多台套，是一家研、产、专并举的高段专业化制造企业。

天津重机2008年获得了国家级高新技术企业，2009年获得了天津市工程技术中心，并先后获得了天津市“科技型中小企业”“十佳科技创新示范企业”“十一五制造业信息化示范企业”“优秀科普单位”“最具设计创新影响力企业”“十一五百优科技型中小企业”以及中国农业银行天津分行评定的“AAA”银行信用企业等称号。

天津重机产品堆取排输机械产品是由排土机、堆料机、取料机、堆取料机、皮带输送机等所组成，具有堆取装卸能力大、料场占地面积小、装卸搬运方便、机械化作业高、容易实现自动控制等优点，彼此之间既可以联合作业使用，又可以单独作业使用，甚至一台设备集上述功能于一身，被广泛应用在矿山、露天矿、料场、码头等生产领域，以及运输、钢铁、煤炭、建材、土木、水利、电力、化工等国家命脉产业。近年来随着物流业的高速发展，使先进的堆取排输机械得到了越来越广泛的使用。

大型物料搬运装备在港口、钢铁、矿场生产等方面，高效物料装卸搬运装备与传统机车装卸搬运相对比，其工作面积少占地80%，设备重量减少54.6%，人员减少81.3%，效率提高54.5%，投资减少31.7%，因此它具有效率高、设备简单、操作人员少等优点。堆取排输机械在矿山、煤炭生产等方面，我国的生产装备是比较落后的，机械化和自动化程度低，缺少大型成套高效的生产装备，部分地方矿山、煤炭生产设备陈旧简陋、生产条件极差，有的根本没有机械设备，仅为人工开采作业，不符合有关开采的有关法规要求，资源破坏和浪费十分严重，安全生产形势也不容乐观，事故频发。天津重机是生产该产品的专业化极强的高新技术企业，自天津重机成立起就与国际知名企业进行合作生产，熟知该产品国内外技术标准，掌握了该产品生产制造技术和质量规范，形成了自己独特的生产工艺和知识产权，该产品已成为天津重机的主导产品，到目前为止已形成了港口装卸类、矿山搬运类、冶金输送类、工程排出类四大系列产品，在该产品上已申请专利12项，现已获得授权7项，在国内外权威刊物发表论文16篇，并获得滨海新区自主创新重大项目支持资金175万元。该产品的生产不仅有利于增强企业的自主知识产权转化和重型机械装备制造能力，提升了产品的档次，扩大了生产规模，提高了企业的综合实力和市场竞争力，而且促进企业良好的经济循环，成为公司主要经济保障点，2013年该产品就实现销售收入4227.87万元，占企业总营业收入21.03%，预计2015年销售收入将达到4500万元左右。

联 系 人：李坤
联系电话：13821936336

勇猛机械股份有限公司

勇猛机械股份有限公司成立于2010年12月，注册资金12000万元，是国内领先的集自主研发、生产、销售、服务为一体的收获机械专业生产制造企业。新建厂区坐落在天津宝坻区九园工业园区，占地324亩，年产能达10000台，成为国内生产收获机械的大型专业制造企业。公司研发生产系统高效，市场营销渠道快捷，产品服务网络健全。产品受到专家及用户的一致好评。现产品主销东三省、内蒙古、西北、华北、中原等地区，作为主场，公司还将占领天津玉米收获机的销售市场，成为生产量及销售量最大的玉米收获机专业厂商。

公司被认定为“天津市科技型中小企业”“高新技术企业”，与天津工业大学机械工程学院共建了“天津市大型、通用谷物联合收获机技术工程中心”，另外还获得“国家火炬计划重点高新技术企业”“天津市著名商标”等荣誉。2014年，公司共完成产品产销3500台，市场占有率高达18%，连续三年蝉联国内四行大型玉米收获机产销量首位。2014年，公司资产总额达71377万元，主营业务收入67962万元，净利润7661万元，税收4000万元。

“勇猛系列”自走式玉米联合收获机拥有专利48项，通过农业部农机试验鉴定总站鉴定，该机可一次性完成摘穗、输送、剥皮、集箱、秸秆还田等玉米收获全过程，结构紧凑，重心低，稳定性好，外观设计新颖美观，消化吸收了国内外先进技术，在摘穗和剥皮方面有所改进创新，在同类产品中处于领先水平。

该机型的主要特点：割台采用对刀式拉茎，具有剪切性，拉茎速度快，不易堵塞，果穗反弹性小，不易损失，独特的专利割台设计，以及精确的速度配比，使得收获速度大大高于同类产品，耗油量更低，经济效益更为可观，全橡胶五组剥皮辊，大大优于其他剥皮装置，使净率达到90%以上，且不伤籽粒，1000系列前桥，及先进的边减设计使行走部分更可靠，无级变速让驾驶员操作起来更简便。

公司致力于自走式玉米收获机械的研究事业，针对各省、市、地区的不同地形、不同种植农艺进行深一步市场调研，并有针对性研制、开发了3行、4行、5行、7行、8行等系列产品以及茎秆回收、茎秆撂朴、剥皮型、不剥皮型、籽粒回收型、籽粒回仓型、茎穗兼收型等二十余种玉米收获机以适应用户不同的需要。通过玉米收获机械的研发，公司补全了产品种类，基本适应了国内大部分地区的玉米种植农艺。

联 系 人：王勇
联系电话：022－29928877

河北冀凯实业集团

——全信息化精益智慧管理模式实现企业跨越式发展

河北冀凯实业集团主要是从事装备制造的高新技术企业。目前拥有国家级制造业信息化科技工程应用示范企业、国家级国际科技合作基地、全国企事业知识产权试点单位、国家级创新型试点企业等多项国家级荣誉，同时还获得河北省企业技术中心、河北省煤矿采掘工程技术研究中心、院士工作站等多项省级荣誉。企业已经获得和正在申请的专利达160多项，其中发明专利30多项，国际PCT专利2项。拥有软件著作权7项，参与制定国家行业标准2项。

企业经过多年的管理创新，形成了较为完善的全信息化精益智慧管理模式，为每位员工搭建了创新平台，激发了员工创新的积极性，实现了冀凯集团的跨越发展。

一、全信息化精益智慧管理模式包括的主要内容

全信息化精益智慧管理模式（简称 WIMS）涵盖了传统 ERP、PLM、MES、BI、OA 等系统功能，摒弃了割裂式的概念和定义，紧密围绕机械制造业信息化具体、核心的需求，提供了一揽子、一体化的解决方案。该方案大体可总结为“一个核心，六大保障体系，一个管理平台”。

（一）一个核心：价值管理

价值管理是企业管理体系中的高层次管理，也是精益管理的核心。企业活动就是创造价值的过程，企业必须能够对价值的创造进行有效规划和执行，对价值创造进行精细化评估，对价值创造实施有效的激励，才能使企业的价值创造循环提升，达到精益化的管理水平。因此，企业推行的智慧管理模式就是对企业中各部门和每个人创造的价值进行精细化核算和管理。在人、财、物、事等四个方面做到精益管理。具体包括：

（1）价值核算到个人：对每个员工创造的价值，进行精细化核算。

（2）实物管理到单件：要对每个物料、零件和产品，记录其从进厂到消耗或出厂的全过程的各类管理信息。

（3）实时出具各类账表：企业外部和内部的所有经济行为，均需实时记账，财务账表和内部价值核算账表，要能实时反映企业经营的真实信息，为决策提供依据。

（4）事事有人管：对企业所有的业务活动，均需纳入制度，超出制度以外的业务活动为不受控的状态。

（二）六大保障体系

六大保障体系是价值管理的基础，也是公司业务职能管理的重点。具体包括：基础管理体系、计划管理体系、质量保障体系、产品研发管理、制造保障体系和业务流程体系等六大体系。

六大保障体系将产品研发创新、生产、销售、质量管理、计划、采购以及员工考核等企业所有涉及的各业务环节集于一体，各环节互相联系、互相影响，形成有机整体。

（三）一个管理平台：WIMS 软件

WIMS 软件是全信息化精益智慧管理模式的载体，是全信息化精益智慧管理模式的落地工具，管理平台上运行着公司的所有业务流程、时刻交换着所有管理数据。帮助公司把人、财、物、信息实时连接起来，成为一体化的综合管理平台。实现了企业管理的一体化、管理和软件一体化、软件本身一体化的一整套管理体系。

二、全信息化精益智慧管理模式的实施效果

（一）实现了图纸无纸化，提高了效率，有效防止了图纸外泄

通过采用数字显示终端代替原有纸质图纸，遇有图纸变更，技术人员只需在系统后台瞬间操作，就完成了所有使用终端图纸的更改过程。避免了原来多人手工发放图纸而出现的效率低下、更改不及时而产生的废品现象。除此之外，数字显示终端还提供了多种人性化浏览功能，操作者可以浏览到各种加工参数、可以实现二维和三维立体图形的转换以及图形缩放、旋转等功能，数字显示终端只提供浏览功能，不提供下载功能，不仅加深了操作人员对加工对象的理解，同时也有效防止了图纸外泄。

（二）实现了产品成本随设计完成而同步计算完成的转变，保证了企业盈利

企业如果需要良性发展，必须实现盈利，为了达到这个目标，企业规定了自己的定价规则，要求产品必须达到一定的利润水平，否则不允许进行投产，因此研发人员就需要在产品设计出来的同时就能知道产品的成本。由于企业产品品种多、各类产品相差较大，设备复杂由上万个零件组成，采用传统的手工计算，需要一二个月的时间才能计算出产品成本，不能满足快速响应市场的要求。通过一体化的信息管理系统，产品成本可以随着设计的完成而同步完成，新研发产品达不到企业要求的利润水平就不能进入投产，研发人员必须进一步优化产品设计，不断创新，直到满足企业的利润水平。

（三）实现了质量检测的自动化和质量责任的明确化，做到了质量的有效管理

在质检环节，对每一个受检零部件都打上激光编码作为该产品的“身份证号”，该“身份证号”伴随产品的整个生命周期。如果用户在使用产品过程中出现制造质量问题，通过该“身份证号”可以将责任落实到责任人的头上，实现了奖罚分明。同时，该套系统配合自动化检测设备实现了产品的自动测量、自动判定，不仅提高了质量检测的精度和效率，而且避免了人为原因左右产品质量的因素，做到了产品质量的有效管理。另外，企业自身加工的零部件凭此“身份证号”和质检合格单入库的同时可自动计提各种辅助费用，外协加工的零部件可凭此“身份证号”和质检合格单自动计入供货商的应付款。

（四）系统的异常停止功能，保证了生产现场问题的及时发现和解决

在系统中，设置了异常停止功能，当生产现场出现问题时，规定了不同级别的领导解决不同问题的时间，当异常停止启动时，系统就开始记录时间，如果在规定的时间问题得不到解决，系统将会使问题自动升级至上一级，直至企业的最高领导，问题解决情况同时对应着考核，这样生产现场存在的问题得到了最大限度的暴露和有效解决，工作效率大大提高。同时也将对基层生产管理者处理和解决问题的能力评价由定性上升到定量的跨越。

（五）系统的实时结账功能，为及时准确决策提供依据

企业打造的一体化管理平台，使数据采集实现了“一次录入，共享使用”，避免了重复劳动，不仅差错率大大下降，而且效率大幅提高，财务人员减少了一半，加班现象几乎没有了，报表报出时间由原来的 10 天缩短到现在可以实时结账。将财务的事后监督职能变成事前和事中监督，另外，现代市场竞争是快鱼吃慢鱼，而不是大鱼吃小鱼，管理者在

市场竞争中要科学和快速决策才能立于不败之地，所以这套系统能够为管理者及时准确决策提供依据。

（六）精细核算功能使企业真正做到了按劳分配、多劳多得，实现了员工的自我管理、自我约束

工人通过指纹系统，在工序完成后进行完工汇报，系统自动计算，当天就可以看到自己的收入情况，如果出现扣罚，也能及时找出原因，避免不知情的情况下重复犯错，工人较少了扣罚，企业减少了浪费。

通过对每个人创造的价值进行精细核算，按照多劳多得的原则进行公平分配，从而对每个人价值创造进行有效激励，并配合多种考核指标，每个员工可以实现自我管理和自我约束，使管理变得简单、有效，也避免有的车间管理者杀富济贫、削峰填谷。

经初步测算，该系统的实施使新产品开发周期缩短40%，平均生产成本降低5%左右，生产周期缩短50%，实现质量问题的过程追溯，使得质量管理达到事前、事中、事后闭环的全程控制，废品损失降低80%，使管理变得更简单、更有效、更节约。

对外联系方式：0311－85090766　85323606

河北生物医药产业发展的新高地

——保定九孚生化有限公司以高端理念打造企业航母

保定九孚生化有限公司（以下简称九孚生化）位于满城县于家庄乡庞村，长期专注于甾体药物中间体的研发生产。九孚生化自2002年以2万元起步，面对白热化的市场竞争，在改革开放中找出路，在创新驱动中争主动，不断续写“草根创业”新的传奇。历经12年的不懈努力，发展成为占地200余亩，拥有员工613人，固定资产3.5亿元，年销售收入9.1亿元、利税1.5亿元，满城县纳税大户的生物制药企业，是国内甾体药物研发领军企业和最大的中间体生产商之一，是中国禁化武办公室和联合国核准的合法生产厂家，五项主打产品均占全球50%—80%的市场份额，2010年被授予“河北省高新技术企业”称号。生物医药是全省重点发展的战略性新兴产业，九孚生化以其产品、技术、规模、市场和潜力，必将成为促进河北生物医药产业加快发展、创新发展、聚集发展的新高地。

一、企业发力：以核心技术的持续研发勇立行业潮头

企业具备核心竞争力，关键在技术，根本在人才。九孚生化立足于“全球规模最大、成本最低、质量最好”的战略定位，始终致力于新产品、新技术、新工艺的持续研发，这是其在激烈的市场竞争中立于不败之地的制胜法宝。

（一）突出核心技术研发，抢占市场竞争制高点

甾体药物由于技术要求高、生产要求高、管理要求高等特点，导致行业门槛很高，国际上只有美国辉瑞、英国葛兰素史克等少数公司长期处于技术垄断地位，国内仅有浙江仙琚、天津天药等个别企业有所突破。立足以高新技术引领产业变革，九孚生化创始人赵云现带领他的团队，以“超人”眼光和错位竞争的思维，聚焦甾体药物这一新兴产业，全力培植能在市场上攻关夺隘的当家产品。从2002年开始，经过3年反复试验、研发，2005年取得了生物酶催化新技术替代传统化学合成技术的重大突破，不仅打破了美国辉瑞公司等国际巨头近30年的技术垄断，而且用植物油脂下脚料（核桃、大豆、菜籽等榨油后的下脚料均可），成功替代了以人工种植黄姜为主的传统生产原料，将生产工艺从原来的8步缩短为1步，成本降低50%。九孚生化在原料、工艺、环保、成本等方面形成了令行业震惊的竞争优势。

（二）突出科技平台建设，牢牢掌控市场话语权

在企业发展的实践中，九孚人清醒地认识到，未来的市场竞争并不是目前产品的竞争，而是企业科研开发实力的竞争。围绕提高科技创新能力，九孚生化建成现代化研发中心，配备了国内先进的实验及分析检测设备。2013年又投资3000万元，新建了建筑面积4500平方米的国内先进的甾体研究和应用中心，始终保持每年2—3个新型技术产品储备。目前，市场上已经推出的七大类甾体药物产品，九孚生化都可以用自己的生物技术进行升级替代。九孚生化主打的黄体酮、17－羟基黄体酮、醋酸可的松、去氢表雄酮、二乙胺基乙硫醇等五项主要产品，分别占据全球市场的60%、70%、70%、50%和80%，部分产品已经超过美国辉瑞公司的市场份额。

（三）突出发展合作创新战略，力促集聚效能最大化

在掌握并巩固核心技术的同时，九孚生化加快实施以创新为目标、以合作为手段、以资源互补为内容的技术创新方式，与德国马克斯·普朗克研究所、俄罗斯科学院、中科院、浙江大学、天津大学等多家科研单位和高等院校，建立了产学研一体化的合作机制，先后开发了基因工程及微生物高通量、甾体结构改造及应用、绿色合成及杂质分析等十多项新技术、新产品，使整个产业的技术结构、利润结构、市场竞争结构都发生了翻天覆地的变化。

（四）突出打造高端创业团队，注入产业发展正能量

高速成长的九孚生化，坚持把“做中国人用得起的良心药”作为理想追求，用创业理想、文化价值凝聚高端人才，大力实施不求所有但求所用、不拼待遇拼理想的人才竞争策略，以“挖人参”的虔诚、耐心和执着寻求人才、服务人才，凝聚了一支有理想、有追求的创业团队。现任总工程师储消和，是浙江省享受国务院特殊津贴的高级人才，曾在浙江一家年销售收入160多亿元的上市公司工作，经过10多年的情感融通实现价值认同，最终看中了九孚生化这个有理想、有追求的企业，毅然举家来到保定加盟。这种长线长效的人才观，已经形成了一人引多人、以才引才的聚集效应。目前，该企业集聚了来自天南海北的高级工程师12人、工程师25人、本科大学生200多人。同时，聘请了一批国际、国内顶级专家、院士等技术权威担任顾问。正是九孚生化的强大磁场吸引着各类高端人才，一批高端

人才铸就了九孚生化辉煌。

二、市场助力：以“舍得”理念的深入实践谋求战略合作

创新可以创出乘数效应、集聚效应。面对发展的“瓶颈期”，九孚生化深度解放思想，坚持先“舍”后“得”，在发展之路上迈出了从企业到产业、从产业到园区的战略步伐。

（一）创新资本运作方式，在联大联强中做大做强

面对市场空间飞速拓展、生产供应资本告急的现状，九孚生化大胆跳出“抱着金娃娃不撒手”的误区，积极寻找与龙头企业的对接点，采取以股权换资本、换市场的做法，拓宽融资渠道，为其长足发展、跨越发展夯基聚力。2011 年，九孚生化果断出让 51% 的股份，整体并入中国远大集团。远大集团是中国医药领域的龙头，同时涵盖置业投资、物流贸易、金融服务等多个领域。远大集团看中的是九孚生化在甾体药物领域的自主研发能力，九孚生化看中的是远大集团的龙头地位、品牌优势和庞大的销售网络。通过“卖身求强”的双赢交易，仅一年时间，九孚生化税收由 430 万元增加到 4700 万元，10 倍飙升的发展奇迹使企业从名不见经传的小厂一跃成为满城县的纳税状元。

（二）创新市场竞争方式，在和谐相处中赢得主动

九孚生化在甾体药物方面拥有的生物技术，可以说是一统江湖的“杀手锏”，只要开足马力生产，其成本和价格优势足以让整个行业重新洗牌。但九孚生化并没有这样做，其认为成熟的市场就像鱼塘，大鱼和小虾都是生态链的有机组成部分。凭借这种生态型的竞争艺术，九孚生化与众多的竞争对手和谐相处，在市场竞争中赢得了高倍率的利润回报，在和谐相处中赢得了广大同仁的尊重，成为行业瞩目的风向标。

（三）创新优化组合方式，在产业延伸中放大优势

九孚生化依托自己的技术优势和品牌优势，与天药集团共同投资，组建了保定北瑞甾体生物有限公司，是全国率先应用生物发酵法生产高端甾体化合物获得研发突破并成功规模化生产的企业。与此同时，不断加快产业链、技术链、价值链的优化组合，推进合作共赢，甾体药物的产业链条逐渐拉长。甾体药物下游产品生产商瑞合生物科技公司主动找上门，投资 15 亿元建设占地 500 亩的生物医药产业园。预计到 2017 年，园区产值将超过 30 亿元，与浙江仙琚、天津天药一起，形成甾体医药行业三足鼎立的新格局。

三、政府给力：以政务环境的全面优化保障跨越发展

九孚生化从小到大，离不开企业的艰苦奋斗，与满城县委、县政府持续打造“三低一高”（行政成本最低、商务成本最低、生活成本最低，服务品质最高）的发展环境也是分不开的。

（一）一诺千金，筑牢共赢基础

县委、县政府始终把企有所需、我有所助作为工作的着力点，真心实意解决企业实际困难。企业废水排放和用电曾一度困扰其发展。从九孚生化到污水处理厂，地下管网要经过 2 县（区）4 乡 8 村，如果排水入不了管网，九孚生化随时都会因环保问题遭到关停；从九孚生化到最近的变电站，电力专线要横跨 2 县（区）4 乡 9 村，随着九孚二期工程的上马，电力供应全面告急，由于生物技术的特殊工艺，几分钟的停电事故就会给企业带来几十万元的经济损失。这两个难题仅靠自身力量根本无法解决，九孚生化萌生了远走他乡的念头。得知这一情况后，县乡领导主动上门承诺，想尽一切办法，力争最短时间帮助企业克服困难。为此，成立专门工作领导小组，实行分片包干负责制，挂图作战，倒排工期，手续办理、征地补偿、群众工作、跨县协调等难题全部由县乡两级安排专人办理，短短一个多月的时间，两大难题迎刃而解。县乡两级以重诚守信的实际行动奠定了企地双赢的坚实基础。

（二）一政常态，提升服务效能

为最大限度地服务企业发展，满城县从整合行政部门审批职能和权限入手，推行重点项目服务全程代办制，对九孚生物医药产业园等县级以上重点项目，从项目确定到投产运营，由县政府指定代办员全程负责协调服务，核心是做到“两不见面”，即：项目方在行政审批、收费环节不与部门见面，在征迁占环节不与被征地农民或拆迁户见面，大大提高了服务效率，项目审批开工时限由原来的 200 多天压减到 120 天（包括征占地时间），得到了项目方的认可和赞许。同时，加强园区水、电、路、气、讯等基础设施建设，改善园区基础环境，保障企业发展需求。

（三）一抓到底，破除发展障碍

通过完善落实制度，持续打造规范、高效、廉洁的服务环境。严格落实县级领导推进重大项目和分包企业捆绑责任制，定期深入企业现场办公，研究解决实际问题。健全“三公开三清单”及涉企检查备案、企业“宁静日”、一次查实下岗等制度，完善优化环境“110”投诉举报平台，采取上评下议、明察暗访、投诉举报查处等方式，对“吃拿卡要”“小鬼难缠”“中梗阻”等违规违纪问题严肃查处，有力地推动了发展环境大优化、企业满意度大提升，确保了九孚生化等一批重点企业落地生根、苗壮成长。

对外联系方式：0312－5939717
传　　　　真：0312－5939727

新奥集团股份有限公司

——以转型升级促持续发展

新奥集团股份有限公司（以下简称新奥）是河北土生土长的民营企业，25 年前从卖液化气起步，至今已发展成为总资产超 600 亿元的新型能源企业，正持续为国内外 100 多个城市的上千万个家庭和数万家企业提供清洁能源服务。很多人问，让新奥“化蛹成蝶”的奥秘是什么？答案是：紧跟国家战略，不断转型升级，让企业健康持续发展。具体来说，主要有以下几个方面：

一、通过战略升级

为转型找对方向。新奥的跨越式发展，主要得益于两次成功的战略升级。第一次是在2004年，从单纯的城市燃气分销，向多品类清洁能源的制造与分销的升级。第二次是在2008年，从多品类清洁能源的制造与分销，向为客户提供清洁能源整体解决方案的升级。两次战略升级都是紧跟国家战略，让企业的发展与国家的发展紧密结合在一起。

二、通过管理变革，为转型保驾护航

为了推动企业战略的升级和落地，近几年新奥创建了符合企业特点的“市场与战略绩效管理机制”。这一机制的最大好处是，根据市场制定战略目标，根据市场规划进行资源配置，根据市场绩效进行价值分配，这就让企业和员工的一切行动都围绕市场和战略展开，真正实现了“上下同欲”。同时，还建立了“价值共创、价值共享”激励机制，以及“能者上、平者让、庸者下”的用人机制，做到了“人尽其才、才尽其用”，充分调动了团队的积极性，激发了整个企业的活力。

三、通过持续创新，为转型打造核心竞争力

近年来，新奥把可支配的大部分利润都用在了技术创新上，集中力量打造核心竞争力。新奥自主开发了“泛能网”，将信息网、能量网和物联网融为一体，并布局了以泛能机、泛能能效平台、泛能云平台等三大技术为核心的技术体系，先后获得发明专利300余项，承担“863”“973”等国家重点项目16项，并获批建成了煤基低碳能源国家重点实验室。目前，这些技术已成功用于中国工程院办公楼、长沙黄花机场、青岛中德生态园区等多个项目，平均节能率达25%以上。

四、通过国际化，为转型搭建更广阔的平台

新奥抓住国际天然气行业大发展、大变革的机会，加快海外市场的开发和项目投资。目前，已在美洲、欧洲和亚洲等多个国家开展了天然气分销与贸易、太阳能电站投资与建设、清洁能源技术合作与市场开发等。在探索过程中，新奥逐渐发现了一些做好国际化的“门道”：一是结合国家战略和企业实际，找准定位和切入点；二是充分了解投资国，实现长久的合作共赢；三是要有真本事，不能光靠财大气粗、简单粗放的直接投资。

现在，新奥又开始了新一轮的战略升级。互联网时代的到来和美丽中国的建设带来了新的发展机遇。顺应新的形势，新奥布局了清洁能源、节能环保、文化健康三大产业协同发展的事业格局。清洁能源产业，致力于创新清洁能源，推动现代能源体系的变革，努力成为全球领先的清洁能源运营商。在生产端，以煤的清洁化利用、光伏高效转化和天然气的储运分销为依托，为客户提供可靠、经济、可持续的清洁能源。在应用端，以分布式能源和泛能网运营为核心，为客户提供清洁能源整体解决方案。节能环保产业，致力于改善生存环境，助力生态城市的打造和运营，努力成为技术领先的节能环保解决方案服务商。一方面，根据分布式能源的特点，借助泛能网技术，实现节能减排和可再生能源的充分利用；另一方面，借助新奥自主创新的超临界水气化技术和热解技术，对污水、污泥、生活垃圾进行处理利用。文化健康产业，以“传绎世界，乐享生活”为使命，致力于成为受人尊敬的高品质生活方式服务商。在文化方面，整合文化资源，提供文化产品和体验，正在建设“梦廊坊”文化产业园。在健康方面，以中国传统医学为本，以现代先进技术为手段，建立一套健全健康管理体系，打造“一站式”健康养生服务平台。依托这三大产业的协同发展，新奥将真正实现“创新清洁能源、改善生存环境、提高生活品质”的企业使命，在圆“新奥梦”的同时，为家乡河北的经济发展、为“中国梦”的实现做出更大贡献。

对外联系方式：0316－2599518
0316－6080999

旭阳集团“三高企业”

——变身循环经济示范

旭阳集团成立于2003年，经过十年发展，从当初一家只生产焦炭的炼焦小企业，发展到产品有50多个品种，集煤焦化工、新材料、新能源为一体的引领行业、享誉全国、支撑区域经济发展的知名大企业，生产园区成为河北省煤化工基地、省级循环经济示范区。一个传统的“三高企业”变身为循环经济示范，根本在于旭阳集团坚持科技创新，走出了一条有中生新、跨越发展的成功之路。

一、放眼全球，高端定位

旭阳集团始终坚持“放眼全球、高端定位”发展理念，干就干好、干就一流，高标准谋划、高标准推进。一是高端定位。2008年，旭阳集团邢台园区销售收入56亿元，实现了由小到大的跨越，但又遇到了新的课题。面对成本压力、环保压力、市场竞争压力，旭阳集团重新定位，确定了以技术创新为引领，打造世界最大单体炼焦企业、建设煤化工国际技术博览园的目标。二是长远规划。为抢占发展先机，旭阳集团咬定目标，自我加压，大力实施“三步走战略”：第一步，到2012年，产能规模焦炭达到420万吨，化工产品90万吨，销售收入突破100亿元；第二步，到2015年，产能规模焦炭达到500万吨，化工产品287万吨，销售收入突破300亿元；第三步，到2017年，销售收入突破500亿元。三是强强联合。几年来，旭阳集团坚持以开放的胸怀在全球寻找高端战略合作伙伴，先后与中煤集团、冀中能源、美国卡博特等全国乃至世界500强企业开展合作，企业规模越来越大，实现了跨越式发展。

二、创新研发，科技引领

旭阳集团始终坚持自主创新、合作开发与消化吸收再创新“三位一体”，倾力打造独具特色的企业创新体系，用科技支撑引领企业发展。一是自主创新。组建了河北省煤化工工程技术研究中心，下设生物化工研究所、煤化工研究所、石化研究所、新材料研究所、焦化研究所等5个专业研究所，建有检验检测中心、专业研发试验室及中试基地，每年科技创新投入都不少于1亿元，研发中心拥有博士后、博士、硕士等研发人员近200人，获得专利技术、专有技术合计近300项。近年来，旭阳集团参与起草了《炼焦用煤技术条件》国家标准和《煤化工用煤技术导则》国家标准，牢牢掌握了煤化工行业的话语权。二是合作开发。先后与中科院下属五大研究所、清华大学、天津大学、日本九州大学等22家国内外知名院所的70名院士、专家、教授建立了长期合作关系，合作开发的项目多达45个。三是消化吸收。旭阳集团特别注重引进技术的消化吸收，依托研发中心开展引进技术的再创新，近年来形成效益的多达上千项，正在进行再创新的有70多项。依靠科技进步，使旭阳集团站在了巨人的肩上，仅仅是沥青这样看起来很简单的产品，根据软化点、固体液体的不同，就可以生产出8个品种。目前，旭阳集团已谋划了碳材料、芳烃新材料、新能源三条产业链，实现了煤焦化到煤化工的跨越。

三、生态立企，循环发展

旭阳集团始终秉承强烈的社会责任感，坚持生态发展和资源化、再利用的循环发展理念，努力把煤炭“吃干榨净”，做到废气、废水、废渣三个“零排放”。一是大力发展循环经济。旭阳集团在项目动工之前就制定了详细的循环经济规划，通过加强管理、创新技术、改造工艺流程、延伸产业链条等方式，实现了废气、废水、废渣、余能和焦炭副产品的综合利用，被评为省级循环经济示范区。过去焦炭生产过程中产生的煤气，只能眼睁睁地点了“天灯”。现在，旭阳集团通过回收废气，大力发展循环经济，延伸产业链条，过去的副产品煤气延伸到甲醇等高端产品，成了发展循环经济的宝贝。二是深入推进节能减排。旭阳集团先后投资近4亿元完成防风抑尘墙、烟气脱硫、污水处理等一系列节能减排重点项目，实现了废水循环利用、焦炉无烟生产，最大限度减少了环境污染。总投资1.2亿元实施焦化系统节能减排、焦炉烟道气余热回收、蒸气余热发电等节能减排项目，每年可以节约5.7万吨标煤。三是精心打造花园式企业。旭阳集团始终注重厂区生态环境改善，每年投入厂区绿化、美化、亮化资金近2000万元，几年来累计植树110万株，厂区绿化率达到35%。2014年在厂区周边租地3000亩，植树16.5万株，建设了一座绿色屏障。走进旭阳集团，整个厂区绿树成荫、绿草茵茵，干净整洁、井然有序，成为一座名副其实的“花园式工厂”。

对外联系方式：010－63701616
传　　　　真：010－63701860

晨光生物科技集团股份有限公司

——民营生物科技企业的创业管理

晨光生物科技集团股份有限公司（以下简称晨光生物）是一家以天然植物提取为主的出口创汇型企业，是农业产业化国家级重点龙头企业、国家火炬计划重点高新技术企业，总部位于河北省曲周县。2000年4月由集体企业改制为股份制有限公司，2010年在创业板上市。主要研制和生产天然色素、天然香辛料提取物和精油、天然营养及药用提取物、油脂和蛋白四大系列80多个品种，天然色素70%以上出口，出口额连年居全国植物提取物行业第一名，是世界最大的辣椒红色素生产供应商之一。辣椒精、水溶色素等产品，产销量位居全国之首，建有全国最大的棉籽综合加工基地。为国家认定企业技术中心和河北省天然色素工程技术研究中心，通过了国家实验室认可。2011年销售收入10.7亿元，出口创汇7644万美元，实现利润8780万元。

晨光生物以建设世界天然提取物产业基地为目标，及时把握天然色素行业发展机遇，努力攻克不同创业阶段的难题，实行错位发展策略，大力开拓国内外市场，优化资源配置，规范企业管理，强化质量控制，建立良好信誉，打造知名品牌，树立“人与企业共发展”理念，形成一支富有凝聚力的创业团队，使企业成功渡过创业期、走上了良性发展的轨道。主要做法是：

一、深入分析天然色素行业发展趋势，明确创业目标

晨光生物最初决定以辣椒红色素为主导产品，一方面是因为早期接手的曲周县天然色素厂，对天然色素产品有了一定的认识，更主要是因为与在国际上处于领先地位的印度相比，我国辣椒产量大、品质好、价格低，具有天然原料优势。随着2001年中国加入世界贸易组织，市场开放带来了新的竞争形势，廉价原料和劳动力，逐步让位于技术的优势，产品和服务的质量、生产成本、工艺技术进步最终决定企业的生存。晨光生物通过对天然色素行业发展趋势、外部发展环境以及公司内部优劣势的分析，明确提出了先集中全部力量发展辣椒红色素、再发展其他色素产品的思路。同时晨光生物制定了分阶段的发展目标：第一阶段，3年内实现辣椒红色素规模化生产；第二阶段，5年内辣椒红色素产销量达到国内第一；第三阶段，8年辣椒红色素产销量实现世界第一；第四阶段，20年内由单一色素产品，发展成为植物提取物多元化品种，建成世界天然植物提取产业基地。

二、采用全员入股滚动发展的方式，积极筹措创业资金

2000年年初，晨光生物由于缺乏信用等级致使向银行贷款难，又因产品科技含量不高得不到政府资助资金，资金短缺成为创业难的根本问题。经过反复讨论，决定成立股份制公司，员工自愿把拖欠的工资（3000元、2000元、1000元）入股支持企业继续生产，共筹集到38万元现金，有效缓解起步资金困难。

2002年晨光生物开始积极争取办理出口押汇业务，在国外收汇到达之前从银行得到垫款，加速资金周转。经过多方努力，办成了邯郸市第一笔出口押汇业务。为了能及时押汇，货物从港口发货后，立即将单据交给开往邯郸的公共汽车司机，派财务人员提前在车站等候，拿到单据后当天办理出口押汇，从发货到资金进账只需要两天时间，有效缓解资金周转压力，实现了企业滚动发展。

良好的企业信誉可以为企业发展赢得机会。2003 年，在得知西班牙埃特亚公司需要中国辣椒后，晨光生物争取到与其合作的机会，在与对方谈好辣椒的数量和价位后，抓紧组织到山西收购。当按照承诺把 50 吨辣椒准备好后，对方却并未如期而至。由于天气变热，部分辣椒褪色变成花皮辣椒，姗姗来迟的埃特亚公司采购人员看后表现出不满意的神情。总经理没有过多解释，他说："你代表公司利益来采购，如果认为辣椒不好，可以不要。"为此，付出了 10 万元的代价。但晨光生物的态度赢得了对方的好感和认同，订购了几十吨辣椒红色素，这几乎相当于当时全年的产量。

2008 年晨光生物为保护农户种植积极性，提价大量收购原料，导致资金紧张。供应商允许其延期付款，以缓解资金困难。晨光生物主动提出支付利息，供应商开始并未当真，在按期支付本息后，供应商深受感动地说：只听说还欠款时想方设法少给钱，从未见过多给的，晨光生物和别的企业不一样。

与银行系统保持良好信贷关系。晨光生物从未出现不良延期还款记录，多年来银行信用等级一直为 AAA 级。在创业过程中，积极争取各家银行支持，从开始得不到银行贷款到 2004 年农业银行一家授信 500 万元，如今多家银行授信达 5 亿多元。

通过积极筹备，2010 年 11 月晨光生物正式上市，解决了创业发展过程中资金瓶颈问题。

三、组织力量攻克不同创业阶段的技术难题

（一）注重研发、技术、装备的有机结合，实现连续化、规模化生产

晨光生物创业之初，国外辣椒红生产企业原料预处理主要用简单的农业机械，有小规模的提取设备；国内的原料预处理还是作坊式，用罐组式提取，与国外相比产品成本高，品质差。晨光生物技术人员来自不同制造业的下岗职工，他们将辣椒加工各工序进行分段细化，利用设备与工艺配套优化整合的原则进行组合集成创新，把面粉加工、饲料造粒、环保除尘、粮食烘干等设备进行有机组合改进，用小麦脱粒设备和大米加工中常用的色选设备，提高了辣椒皮和辣椒籽的分离精度，2004 年建成国内第一条连续辣椒加工生产线，摆脱作坊式磨辣椒粉的加工方式，实现了连续化、规模化生产，带动辣椒加工的发展，并为食品、医药等行业原料加工提供宝贵经验。

传统辣椒提取工艺以辣椒粉为原料，辣椒粉具有黏性大的特点，造成萃取环节过滤慢、萃取效率低、下料易堵等问题，无法进行连续化、规模化生产。2003 年在一个养殖场从饲料造粒方法得到启示，晨光生物通过无数次地把辣椒粉造成颗粒再进行萃取试验，成功解决大批量生产过程中过滤和萃取不透的问题，并把饲料造粒机械成功应用于原料预处理，通过用棉花加工厂的风送设备进行改进，实现装料过程自动化，把大豆油萃取设备应用于辣椒红色素的萃取，建成国内第一条可连续投料、连续生产、全密闭式的色素生产线。生产能力由 500 公斤/天提高到 50 吨/天，溶剂消耗由最初的吨料 300 公斤降低到吨料 3 公斤。

（二）采用实验室试验—中试放大—规模生产模式开发新产品，提高成功率

为提高新产品开发成功率，晨光生物采用实验室试验—中试放大—规模生产模式开发新产品。其中，中试放大过程是回避新产品开发风险的主要手段之一，在中试车间里，分别有 50 升、300 升、1500 升的中试设备，保留从实验到大规模生产的升级过程。新产品开发经过几个阶段：

（1）市场调研：参加国内外展会、考察市场，了解需求，确定新产品种类。

（2）项目立项：成立研究小组，通过数据库，查专利、论文、同行业资料，搜集数据，查询原料信息，核算成本，形成可行性报告。

（3）试验室研发：反复进行试验，确定新产品工艺参数。

（4）中试试验：新产品进入中试生产线，测算试验效果，改进工艺参数，确定生产工艺流程；通过从中试过程中解决放大生产过程中工艺问题。

（5）成本核算：依照生产数据比对可行性报告数据，核算实际生产成本。

（6）市场反馈：使用中试线，生产出小批量产品，分发给目标客户，根据客户反馈意见改进工艺，提高产品质量，利用大中试线，小批量生产产品。

（7）规模生产：待工艺技术成熟，原料市场、销售市场均达到规模化生产的条件后，企业可根据情况新建生产线，市场条件足够成熟时，可设立独立的子、分公司。

（三）改善产品品质，降低生产成本

辣椒红色素得率的三个主要因素为：光、热、氧。产品与氧气接触时间越长、光照越强、温度越高损失就会越大。采取隔氧密闭萃取、降温浓缩措施来减少氧与产品的接触和降低温度，通过设备能力配套减少半成品在各阶段存留的时间，使得产品得率从 85% 提到 95% 以上。

辣椒柄中含有纤维素、胶质、蛋白质、木质素等成分，会在溶剂提取工序中部分溶出，影响产品品质，2000 年前国内一直存在"辣椒不去柄，不能生产辣椒红"的行业共识。但是由于缺乏专业的去柄设备，干辣椒去柄为纯人工操作，费时费力，当时一吨辣椒去柄需要 1200 元，严重制约了辣椒红色素提取产业的规模化发展。晨光生物率先提出辣椒带柄加工的思路，经过反复试验，有效去除了提取液中的其他物质，使辣椒带柄加工成为现实，攻克产业规模化的瓶颈。按年加工 8 万吨干辣椒计算，每年可节省成本 9600 万元，提高企业竞争力。

传统辣椒红色素和辣度分离环节需要重复 8 ~ 10 次，分离效果差、耗时长、产能小、产品品质差。晨光生物将间歇沉淀分离改为连续离心分离，实现多级逆流连续脱辣，创建国际首条连续离心分离线。使红辣素日分离能力由 100 公斤提高至 20 吨；同时产品品质大幅度提高，辣椒红中辣椒素含量降至 5 毫克/公斤以下，胶质含量降至 0.3% 以下，仅为传统工艺的 1/10，油溶性、流动性显著改善，所得产品品质远优于国际最高标准 JECFA 的要求，打破了

印度在国际市场对该类产品的长期垄断地位。

（四）转变思路，充分提取辣椒中的有效成分

过去，国内辣椒提取一般只注重色素提取，辣度不能有效兼得，食品企业使用进口辣椒精，辣椒红色素提取后剩余的辣椒渣辣度含量高，无法当饲料应用。晨光生物认真分析辣度所带来的潜在经济效益，开始致力于辣椒红色素与辣椒素高效兼得的研究。2004 年萃取由单一溶剂改为复合溶剂提取，辣椒红、辣椒素的提取收率分别达到 98% 和 95% 以上，比传统工艺分别高 8% 和 55%，比原世界第一的 Synthite 公司高 5% 和 10%，下脚料还可作为饲料销售，辣椒精由全部依赖进口到替代进口再到批量出口，辣椒精占国内市场 80% 以上。

四、积极开拓国内外市场

（一）主动走出去，积极开拓国际市场

晨光生物成立初期，国内食品企业大都使用合成色素，天然色素产品市场需求量有限，国内有十几家辣椒红色素生产厂在正常生产销售，规模较小，年总产量不超过 100 吨。要实现快速发展、后来居上，市场开发成为主要问题。晨光生物最开始以国内市场为主，但由于国内市场不规范，货发出去后，往往不能及时收到货款，为了避免这种情况，经常让利于客户，即使这样货款也经常被拖欠，给企业的再生产带来了很大的阻力。2000 年外经贸部《关于调整私营生产企业和科研院所申请自营进出口经营权资格条件的通知》，为晨光生物提供了良好政策机遇和错位开发市场的启示。晨光生物 2001 年取得自营进出口权，2002 年参加了欧洲食品配料展，第一次踏进国际市场。为节省成本，花费 5000 元租赁了一个 9 平方米展位的 1/8。在展会上，一位斯洛伐克的客商与总经理反复商谈，最终以产品性价比打动了客户。那时辣椒红色素市场的价格为 37 ~ 40 美元/公斤，斯洛伐克客商当场签订了一份 100 公斤计 3500 美元的订单。通过这次展会，晨光生物开阔了视野，奠定了开拓国际市场与国内同行错位发展的决心。之后，在欧洲健康配料展、欧洲食品配料展、美国食品科技展览会等国际知名的交易会、展览会上，晨光生物的产品逐渐成为客户的重点关注对象。

（二）提升客户服务水平，不断扩大市场占有率

晨光生物成立之初就有较强的客户服务意识，能根据客户不同意见，及时调整产品含量、提高产品品质、开发新产品满足客户需求，千方百计让客户满意。售前，为客户演示产品的使用方法；售中，使用直达专线物流，缩短发货时间，如往长沙发货，从 10 多天缩短到 3 天，满足了客户对产品的紧急需求；售后，进行跟踪回访，对客户提出的意见及时反馈，提高客户满意度，建立良好的企业形象，保证市场份额的不断扩大。如 2002 年，有家青岛代理商打算出口辣椒红色素到日本，对产品的色价、溶残、胶质等多个方面要求极高，青岛代理商在国内合作的几家企业无法接单，晨光生物不厌其烦的主动与其沟通交流，试验改进工艺技术，最终生产出了该客户满意的产品，自此以后与该客户建立了长期稳定的合作关系。

（三）从危机中抓住机遇，实行小步快跑策略

2002 年由于供求关系原因辣椒价格暴跌，其他企业都按买涨不买跌的思维，越跌越不敢收购。晨光生物经过考察分析，敞开收购，共收购了 3000 吨辣椒。第二年，辣椒价格大幅反弹，由于低价原料储备充足，晨光生物抓住了第一次迅速发展的机会，积累了发展资金，奠定了发展基础。

晨光生物对全国各地辣椒产量、种植情况有系统跟踪，预测到 2008 年辣椒大丰收，于是提前扩大了辣椒加工的生产能力，并联系了周边各县的冷库，为贮藏辣椒做准备。随后金融危机的爆发，很多同行业的企业停产，农产品大量积压，对农户利益造成严重的伤害，挫伤种植积极性。晨光生物产品出口也受到了冲击，面对种种困难，其迎难而上，实行保护价大量收购辣椒，将原料加工成易保存的半成品，以备来年使用，保护了农户的利益及种植的积极性，建立了企业良好的信誉，为企业的长足发展打下良好基础。

五、在原料产区建厂，降低原料成本

植物提取物企业成本主要是原料成本，原料成本中除原料本身价格外，运费是一笔不小的开支。早期晨光生物主要原料为辣椒、万寿菊，而优质的辣椒、万寿菊主要产自新疆地区，2005 年晨光生物从新疆购入了 5000 吨干辣椒，运费高达 500 万元，从新疆收购原料的往返运费差不多能在新疆建半个工厂。晨光生物转变思路，2006 年率先在新疆库尔勒市建立新疆晨光天然色素有限公司，建成年生产能力 1000 吨的色素萃取生产线。之后，相继在新疆建立新疆晨曦椒业有限公司、晨光集团喀什天然色素有限公司、晨光生物科技莎车有限公司。新疆投资建厂，将原料加工成半成品运回总部精深加工，降低生产成本，为企业的精深加工提供了优质产品。同时，带动植物提取行业其他企业纷纷进军新疆投资建厂，在新疆形成番茄、辣椒、棉花“两红一白”的加工产业，推动植物提取物行业良性循环。

印度辣椒辣度高，做辣椒素优势大。2009 年晨光生物经过了多次考察，决定在印度安德拉邦投资建厂，该地区为印度最大的辣椒产地，占印度全国辣椒产量的 2/3。2010 年 9 月拿到当地政府颁发的营业证书，2011 年 12 月顺利竣工投产。

六、强化质量管理，打造知名品牌

（一）注重检测，保证产品质量安全

晨光生物建厂之初检测技术落后，资金紧张，无法配备相应的检测手段，部分检测靠经验和土方法进行，质量难以保证，过程无法控制，曾一度出现因质量问题被客户退货的情况。为了保证产品质量，晨光生物一方面把关键指标外协检测，委托中船重工 718 所进行出厂检测，确保出厂产品合格，对用户负责；另一方面筹集资金购进关键仪器，建立自己的实验室，保证原料、半成品、成品质量均达标。之后不断加强检测实验室建设，从 20 平方米扩建到 1800 平方米，从国外引进液质联用仪、气质联用仪、液相色谱仪、全自动凝胶净化系统等高端的检测设备，成为行业内率先引进高端检测设备的企业，满足重金属、农药残留、苏丹红、三聚氰胺、

罗丹明B等危害物检测和超痕量分析检测，达到国际知名的第三方检测机构欧陆坊的检测水平。2010年，检测中心通过"国家实验室"认可。

为了提高检测准确率，实行检测对比方式。检验员自身检测的纵向对比，每批次产品检验员需检测3次以上进行纵向对比；检验员之间的横向对比，每批次产品检验需两名以上检验员，双方检测结果进行对比；与第三方检测机构进行检测对比，每年与第三方检测机构进行合作，将自己的产品送检，国内合作单位如国家果类及农副加工产品质量监督检验中心、河北省产品质量监督检验院，国外合作单位如谱尼测试、欧陆坊。通过检测结果的多方对比试验，提高检测的准确率，保证产品质量。2011年与欧陆坊合作开展"天然色素中有害物质监测与控制技术联合研发"项目，攻克天然色素中有害物质检测技术瓶颈，建立健全天然色素的食品安全风险评估和技术保障体系，提升我国天然色素产业的国际竞争力。

（二）加强质量管理，与国际市场接轨

晨光生物制定了《检验管理办法》《标准品标准样品管理制度》《检验报告管理制度》等十余项质量管理制度和质量管理程序。同时，建立质量管理日常巡查监督体系，实行三级巡查制度，由班组长、部分负责人、质检部分别进行巡查，加强日常质量安全管理。

积极引进质量管理体系，认真贯彻认证标准，严格按照标准要求去做好、做实。2001年参加ISO9001质量管理认证，当时晨光生物只有20多名员工，是全国制造业中规模最小的参加认证企业；2002年通过ISO9001质量管理标准体系认证。认证过程是一次变革过程，也是从人为管理到系统管理、制度管理的一次蜕变。2003年通过HACCP食品安全管理体系认证，之后相继通过了美国FDA产品注册、STAR－K KOSHER认证、FAMI－QS认证、HLHAL认证、ISO14001环境管理体系认证和OHSAS18001职业健康和安全管理体系认证。

积极参与国家标准制定，建立检测平台。2003年开始，晨光生物积极推动植物提取物产品国家标准制定，参与多项国家标准的起草和制定。主导及参与国家、行业标准修订起草19项，其中6项为晨光生物执笔，《食品添加剂－辣椒红》《食品添加剂－红米红》《食品添加剂－辣椒油树脂》等6项已颁布实施。

晨光生物注重硬件建设和省校合作，积极建设天然植物提取物质量与安全检测平台，与国际标准对标。2002年与天津科技大学建立合作关系，2008年共建"河北省天然色素工程技术研究中心"；2010年12月与北京工商大学、江南大学、华南理工大学等9家高校和科研院所、中国食品添加剂和配料协会以及其他20家食品添加剂行业骨干企业成立了"食品添加剂产业技术创新战略联盟"；2011年设立院士工作站、博士后创新基地。

（三）坚持诚信经营，打造知名品牌

晨光生物坚持诚信经营，提出了"以天然为本色，以诚信立天下"的品牌意识。如率先将电子秤和笔记本电脑配套使用收购原料，不压质压价，带动原料采购市场的规范化发展，实现公平交易。2001年前后，国内天然色素市场比较混乱，大多客户没有检测天然色素色价的条件，通常以眼观为主，很多供应商靠此钻空子、谋利，如E150色价的辣椒红色素市场上多数仅到E120色价，1%的辣椒精市场也多为0.6%的含量。晨光生物坚持原则，不仅足量供应给客户，还为避免误差将产品含量调高供应给客户，很快在市场上建立起好口碑，客户纷纷表示赞赏，形成良好的品牌形象，也为市场开拓奠定坚实的基础。2000年注册了"晨光"商标，2007年在马德里协议国注册了"晨光"商标，2010年该商标被认定为"中国驰名商标"。

七、树立"人与企业共发展"理念，打造一支富有凝聚力的创业团队

县域环境差，企业规模小，导致企业招聘人才困难，优秀员工容易流失，晨光生物成立伊始就非常注重员工凝聚力的打造，提出了"人与企业共发展"的文化理念，围绕这一理念开展了多种增强员工凝聚力的措施。

（一）思维敏捷、胆识过人的创业领军人

卢庆国自2000年始担任晨光生物董事长兼总经理。他最早是一名机械工人，对于天然色素来说是位门外汉。1997年，已是曲周县五金厂厂长的卢庆国被迫接收县破产企业河南疃色素厂。尽管他是第一次接触色素企业，但比起生产螺丝扳手，他认为植物萃取行业的前景更为光明。

形势起初对他并不利。当时国内外辣椒红色素企业已有不少，如印度辛赛德公司、西班牙易维莎公司、青岛红星色素厂等，想要再挤入这个市场也不是件容易的事，而且曲周县及周边地区无原料优势，有专家告诉他没有500万元就别做色素行业。但这并没有动摇他的决心。他说服员工入股、寻找合伙人筹集了38万元，在接收色素厂30天后恢复开工生产辣椒红色素。

卢庆国有着敏锐的洞察力，更有不达目的誓不罢休的毅力，在他的带领下，技术人员克服重重困难，经过60多个日日夜夜的不断组合调试，终于探索出了当时国内第一条连续化、规模化的辣椒加工生产线。分歧很快出现。2003年他提出投资兴建年产500吨叶黄素的生产线，为以后的经营做预留，但董事会7人中的5人投了反对票。他写下5页的"给各位董事的一封信"，以他对未来发展的预判说服了董事。他下的赌注是对的。历时11年，他带领默默无闻的晨光生物发展成为行业领军标杆企业。

（二）稳定创业团队，避免优秀人才流失

晨光生物招聘的第一批人才多为在其他企业下岗的中专生。这批中专生基本素质高，具有爱岗敬业精神，卢庆国非常注重人才培养，通过轮岗制度，让每个员工找到适合自己的工作岗位，发挥自己的一技之长。与公司共同成长起来的部分普通员工，如今有10余人成为公司的高级管理人才，有50余人成长为公司重要部门领导和科技创新带头人。

为了稳定创业团队，晨光生物为员工缴纳"五险一金"，启动轿车进家庭计划、股权激励政策，实行就餐、住宿、通讯补助，发明创造及合理化建议奖励，员工出国旅游等措施。这一系列措施使得晨光生物形成了富有凝聚力的创业团队，无关键人员流失。

（三）提供发展平台，用事业留住人才

由于曲周县交通闭塞、远离城市，招聘来的新员工常常因为地域问题离职。为解决这一问题，晨光生物提出以“建立最好的做事业平台，培养国内外行业知名专家”为口号，积极开展平台建设，建立了国家认定企业技术中心、河北省天然色素工程技术研究中心，试验检测平台已经实现同美国、德国等发达国家知名实验室进行科研合作和数据共享。刚过30岁的高伟，是质检部副经理，复旦大学博士后，曾在上海一家知名企业做过两年科研，由于不习惯国有企业按部就班的环境和论资排辈的氛围，毅然辞职来到了晨光生物做研究工作。他在晨光生物工作不到2年就攻克植物生物提取中影响品质的2个致命技术性难题，其学术论文被美国食品杂志刊载。

晨光生物还保证人人有课题，鼓励技术人员参加专利、国家标准制定，发表论文，帮助课题研究人组织科技成果鉴定、申报科技奖项、申报职称、推荐行业专家。目前，已有40余人获得过省部级以上科技奖励，100多名研究人员科技成果通过鉴定，行业专家20余名。

鼓励员工学习深造，出台在职读研、读博制度，国外深造制度等，资助员工攻读硕士、博士学位，委派员工赴国外留学深造；邀请高校专家或院士到企业做培训；组织员工参加各类国际交易会、博览会、展销会，开阔眼界，接受新理念、新知识。

（四）建立人才选拔机制，创造公平竞争环境

晨光生物实行全员成才计划，建立起公平的人才选拔任用、考核、培训机制，为每名员工开辟适合自身发展的职业成长通道，全力打造敬业精干、富有激情的职工队伍。建立内部竞岗机制，有了空缺职位在全公司范围内进行竞岗选聘。公平对待每一个员工，制定合理的管理制度、薪酬制度，赏罚分明。李凤飞从最初的车间操作工做起，凭借努力逐渐升为班长、车间主任，通过内部竞岗升任经营部经理、主管经营的副总经理，现为集团副总经理。全公司10余名高层、30余名中层及90余名主管，均是通过这种方式培养、选拔出来的。

（五）坚持以人为本，不断改善工作和生活环境

晨光生物先后投资2000万元建立高标准的员工住宿公寓，配备家具和日常家电，实行公寓化管理；建设员工福利食堂和文体活动中心，定期举办单身联谊会等各类文娱活动，帮助员工组建小家庭；鼓励员工办理驾驶证和购买个人轿车，购置员工上下班班车，周日及节假日安排赴市班车，方便员工出行；在各车间和科室安装空调或调温设施。与员工建立良好的沟通渠道，在员工及其家庭遇到困难时给予全力帮助；每年安排慰问外地工作员工家属，解除员工的后顾之忧。通过努力，让每一名员工时时处处感受到大家庭的温暖，增强归宿感。

八、建立和完善相关制度，加强规范化管理

（一）建立现代企业管理制度

2000年成立有限公司后，依照《公司法》规定，制定了公司章程，设立股东大会、董事会、监事会。严格执行公司章程，注重股东的作用，积极发挥集体的智慧，让股东参与企业建设。每月召开董事会，讨论企业日常管理事宜，而涉及企业经营计划、投资方案、年度财务预算方案等问题，则召开股东会讨论共同决策。创业期董事会、股东会对把握企业方向和决策的正确性起到了关键作用，股东会、董事会的决策和支持也给管理人员莫大的鼓励和支撑。

建立每周经理办公会制度，总经理、副总经理参加会议，主要研究分析企业发展中遇到的问题，涉及采购、生产、销售、财务、人事、行政管理等环节，充分沟通意见，共同协商决策，并制定下一阶段重点工作方向，下达任务，将任务目标分解到部门考核目标，通过考核反馈下达任务的执行情况。十多年来，通过采取良好的沟通交流方式，形成稳固的管理层，核心管理技术人员没有一人流失，保证了企业文化、管理制度的有效贯彻实施，增强了企业凝聚力。

（二）完善企业管理，保证执行力

晨光生物领导高度重视制度建设，从自身做起，带头执行各项规章制度，保证制度上下运行顺利，在公司内部建立良好的工作秩序，营造高效规范的经营氛围。成立以来，共形成各项规章制度59项，涵盖日常管理、生产销售、安全、采购、人力资源、财务、质检研发等多个方面。

各项制度的修订、发布执行和监督检查由办公室统一负责，每年制定制度建设考核方案，分月进行总结考核，对制度检查情况及时形成检查报告，督促制度修改、更新和完善。制度修订、修改遵循严格的工作程序，编写制度前，要深入各部门进行调研，广泛征求意见，开展制度修改讨论会，确保制度条款切合工作实际，增强制度的可操作性，促使制度运行上下畅通，确保各项规章制度能够较好的促进企业经营管理水平的不断提升。

（三）加强财务规范化管理

制定《财务管理办法》《财务监督办法》等严格的内控管理制度。注重财务软件使用，2001年引进财务核算软件——财务通，实行财务电算化。2003年引进U8一体化管理软件，实现企业管理信息化，节约了人员成本，提升了管理水平。2010年引进NC集团化管理系统，将集团内部所有资源整合在一起，优化财务系统，同时实现子、分公司规范化管理，将办公自动化系统、业务流、人力资源、资金流、项目管理工作整合在同一平台上，实现全面信息化管理，做到科学内控、增收节支、高效决策。

严格审计。最初实行企业内部审计检查，2004年开始聘请外部专业的会计公司进行财务审计。2006年新疆子公司建立后，开始实行子公司异地现场监督审计，各子公司财务部发财务原始凭证影像资料给总公司进行审计，有效节约审计时间和成本，便于对子公司的监督管理。

九、民营生物科技企业的创业管理效果

（一）企业成功渡过了创业期，走上了良性发展轨道

晨光生物创立十多年来，一直保持良好的发展势头，主要经济指标始终处于同行业前列，出口创汇连年居行业第一。2007 年晨光生物辣椒红色素实现了世界产销量第一，占到世界辣椒红产销量的 50% 以上，打破了国内天然色素从印度进口局面，并开始批量向印度等天然色素生产国出口；由单一品种，发展成为天然色素、香辛料和精油、天然营养及药用提取物、油脂和蛋白四大类产品，从天然色素行业过渡到天然植物提取物行业；2010 年、2011 年连续两年上榜《福布斯》中国最具发展潜力的企业。2000 年销售收入仅 187 万元，2011 年达到 107125 万元，出口额 7644 万美元，实现了飞速发展。培育了独具特色的企业文化——人与企业共发展，这一核心价值理念，深入每一位晨光人心中，“敬业、奉献、和谐、创新”的创业精神，激励着每一名员工奋发向上、开拓创新。

（二）促进了我国天然色素行业快速发展

晨光生物通过持续不断的技术创新，降低消耗提高得率，提高产品质量，积极开拓国际市场，由小批量出口日本、韩国到率先打开欧洲市场，最终实现了辣椒红色素产销量世界第一的目标，带动了国内同行业的发展，使我国辣椒提取产业成为国际领先的产业。同时，在中国也形成了广阔的市场，在我国形成新的朝阳产业。2001 年全国植物提取物出口额仅为 1.91 亿美元，2011 年已超过 10 亿美元；1999 年我国植物提取物出口超过 100 万美元以上的企业只有 31 家，2011 年已达 104 家。据不完全统计，我国现有从事植物提取物生产和销售的企业约 2000 多家。

（三）提高了农产品附加价值，带动了区域经济发展

随着生产经营规模不断扩大，带动了我国种植业的发展和产业化进程。晨光生物在新疆、山东、河北、河南、内蒙古、甘肃、辽宁等地建立了大型种植基地，带动 10 万农户种植辣椒上百万亩，农户每年增收 5 亿元以上，成为农业产业化国家重点龙头企业。晨光生物上缴税金占曲周县财政收入的 1/5。直接为晨光生物服务的企业有 16 家，就业人数达到 500 人。晨光生物目前共有员工 842 人，其中招收下岗职工 150 人、农民工 242 人，招聘大专以上学历 450 人。

对外联系方式：0310－8851666/8851100/8851999

内蒙古工大华远工程技术有限公司

一、企业概况

内蒙古工大华远工程技术有限公司是隶属于内蒙古工业大学校办公司，始建于 2003 年 11 月 11 日，注册资金 600 万元，办公地点位于呼和浩特市大学东街巨海商厦写字楼 10 层东厅，办公面积 1050 平方米。公司下设七个分公司：安评公司、节能公司、工程咨询公司、环评公司、设计公司、工程公司、职业卫生公司，以及经营部、技术质量部、计划财务部、综合管理部等四个职能部门。

经过多年的积累和发展，公司建立了一支业务能力强、专业技术过硬的优秀团队。现有员工 93 人，其中大专以上 87 人，占公司从业人数的 93% 以上，具有教授职称 4 人、高级工程师 8 人、中级工程师 14 人、助理工程师 15 人。

公司以工程技术服务为核心，为企业提供全过程的工程技术服务。包括：项目策划、项目建议书、可行性研究、环境评价、安全评价、节能评估、职业卫生评价、清洁生产评价、清洁生产审核咨询、水土保持方案评估、水资源论证等咨询类技术服务和工程设计、工程项目管理等全过程工程技术服务。截至目前共完成各类技术服务项目 1000 余项，报告通过率达 100%，在业内取得了较为突出的成绩。

2011 年 3 月，公司负责承建运营“呼和浩特市中小企业公共服务平台”；2011 年 7 月被内蒙古自治区经信委认定为“内蒙古自治区中小企业公共服务示范平台”；2013 年 9 月被自治区发改委认定为“内蒙古中小企业公共云服务平台”。2013 年 10 月 24 日被国家工信部认定为“国家中小企业公共服务示范平台”。2014 年 12 月 3 日，公司通过公开投标成为内蒙古自治区中小企业公共服务平台的运营主体。

二、公司资质

（1）2004 年 9 月取得了国家质监总局颁发的第一、第二类压力容器设计许可资质，2013 年取得压力容器、压力管道设计资质。

（2）2009 年 8 月取得了国家发改委颁发的工程咨询资质，2013 年 8 月化工专业由丙级升为乙级，并扩充了煤炭丙级资质。

（3）2010 年 4 月取得了 ISO9000 质量管理体系认证。

（4）2014 年 5 月由公司投资组建的内蒙古安评科技咨询有限责任公司取得了国家安监局颁发的安全评价甲级资质。

（5）2011 年 9 月取得内蒙古自治区经信委颁发的节能评估服务机构资质。

（6）2013 年 6 月取得了国家发改委和财政部批准的第五批节能服务公司资格。

（7）2014 年 5 月取得了内蒙古自治区节能与应对气候变化中心颁发的节能评估服务机构推荐资质。

（8）2015 年 4 月获得了内蒙古自治区经信委及环保厅颁发的清洁生产审核资质。

三、成功经验

（一）稳步推进建设工作，完善基础保障

（1）创新运营管理思路，健全制度建设。

不断创新思路，转变理念，形成了“以市场需求为基础、以服务质量为核心、以技术创新为导向”的科学、合理的运营管理思路；建立健全各类管理制度，规范服务流程和收费标准，切实为中小企业提供“找得着、用得起、有保障”的优质服务。

（2）完善服务功能，服务特色突出。

公司形成了以工程技术服务为核心，融资、信

息、培训等各类服务全面推进的完善的服务体系，为广大中小企业提供项目策划、项目建议书、可行性研究、环境评价、安全评价、节能评估、职业卫生评价、清洁生产评价、工程设计、工程项目管理等全过程服务。

（3）提高服务能力和组织带动社会服务资源的能力。

截至2015年年中共服务各类中小企业1000余家，其中服务满意度达95%以上，在业内树立起较好的口碑、声誉和良好的企业形象。

（二）大力开展服务工作，业绩收效显著

1. 融资服务

公司与上海股权托管交易中心、内蒙古股权交易中心、“新三板”等金融机构开展合作，并与上海股权托管交易中心建立战略合作关系，挂牌成立了“内蒙古中小企业上市孵化基地”，积极拓展融资渠道，寻求融资途径，为全区中小企业提供多样化、全方位的融资服务。

（1）组织企业挂牌上市。

2014年，公司共组织19家内蒙古中小企业在上海市股权托管交易中心成功挂牌上市。其中，内蒙古蓝色牧野肉业股份有限公司获得中国银行1500万元的股权质押贷款。

（2）创新融资对接方式。

公司积极开展在线资本相亲会，通过在线路演、视频连线的方式，供需双方只需通过网络视频互联，为金融机构与企业提供更为便捷的对接服务，使资本与项目的对接突破地理空间限制，节约融资成本。

（3）与投融资服务机构开展广泛合作。

截至目前，公司已与7家投融资服务机构签订战略合作协议，业务内容涵盖融资咨询、推荐挂牌、包装上市、私募基金和债券发行等，2014年累计为60余家企业提供融资服务。

2. 技术服务

2014年，公司累计为全区中小企业提供各类技术服务401项，其中安全评估162项，节能评估37项，工程咨询82项，工程设计120项（数据截至2014年12月31日）。

3. 培训服务

公司定期组织举办企业诚信倡导、税务知识普及、管理能力提升、中小企业扶持政策解读等培训，2014年，公司累计为200多家中小企业提供各类培训服务。

4. 信息服务

搜集、汇总、整理各类市场行情、政策动态等信息，并定期通过门户网站、微信公众账号以及新浪官方微博等平台进行发布。截至目前公司通过门户网站、微信公众账号以及新浪官方微博共计发布了3000余条涉及广大中小企业的行业、政策等信息。

（三）积极整合服务资源，增强市场竞争力

1. 承接呼市循环经济产业集群“窗口”服务平台

2014年2月公司正式承建、运营呼市循环经济产业集群“窗口”服务平台，遵照“政府指导、园区监管、市场化运作”的机制，以“整合现代服务、助力传统产业转型升级”为使命，推进园区“窗口平台”的建设和运营工作。

2. 成立呼和浩特市中小企业公共服务中心

2014年6月公司登记成立民办非企业单位“呼和浩特市中小企业公共服务中心”。

3. 开展政务协助工作

参与并协助相关业务指导单位开展2014年中小微企业技术进步贴息和助保贷引导资金项目评审会、2014年内蒙古自治区中小企业公共服务示范平台评审会等政务工作。

4. 承接内蒙古自治区中小企业公共服务平台运营工作

2014年12月公司正式成为内蒙古自治区中小企业公共服务平台运营主体，按照“政府委托，企业运营；服务外包，量化考核；合同约束，特许经营”的指导思想，对内蒙古自治区中小企业公共服务平台进行企业化运营。

5. 发起成立内蒙古中小企业服务联合会

2014年12月在内蒙古自治区中小企业局的指导下，公司联合其他服务机构发起成立了内蒙古中小企业服务联合会。联合会是由全区各类专业服务机构自愿参加，面向全区中小微企业提供专业化服务的公益性、服务性、开放式组织；是各服务机构之间加强协作、资源共享、发挥优势、沟通信息、合作共赢，促进中小企业全面发展的平台；是内蒙古中小企业公共服务体系的重要组成部分。

四、联系方式

地　　址：内蒙古自治区呼和浩特市赛罕区大学东街巨海商厦10楼

联系电话：0471－2231178

传真电话：0471－2231178

网　　址：http://www.nmgdhy.com/

内蒙古自治区呼和浩特留学人员创业园

一、园区基本情况

呼和浩特留学人员创业园（以下简称留创园）是2004年国家人事部批准设立的省部共建的国家级留学人员创业园。2010年3月26日揭牌正式启动运行。机构设置为“三部一室”即产业促进部、项目服务部、综合管理部、办公室。现有工作人员20人，全部大专以上。其中研究生5人，本科12人。为入园企业提供工商、税务、融资、专利申报、产品推介、市场推广、项目申报、咨询培训等相关服务。

（一）基地建设成果

2010年10月留创园申报国家级科技企业孵化器，12月22日国家科技部（国科发火〔2010〕725号）正式批准呼和浩特留学人员创业园为国家级科技企业孵化器（高新技术创业服务中心）。

2012年4月7日，内蒙古自治区团委与呼和浩特留学人员创业园共建的“内蒙古青年创业人才示范基地”和“内蒙古青年就业创业见习基地”成功揭牌。

2012 年 4 月 25 日，留创园被内蒙古自治区党委组织部（内组通字〔2012〕16 号）正式批准认定为“内蒙古自治区高层次人才创新创业基地”，并在 2012“草原英才”表彰晚会上得到表彰。

2013 年 9 月 13 日，留创园被自治区人才工作协调小组认定为首批“自治区级人才改革试验园区”。

2013 年 12 月 30 日，留创园被内蒙古自治区中小企业局授予“自治区小企业创业示范基地”称号。

（二）阶段成果

截至 2015 年 3 月底，留创园通过“资金支持、政策扶持、服务支撑”三大招商引智举措，已引进张波、杜飞、马骁、于怡然、廖汝棠、乌力吉等来自美、英、德、加拿大等国家的海归博士和各类优秀人才 212 名，其中博士 91 名、硕士 121 名。注册科技孵化及现代服务业企业 140 家，从业人员 2156 人；获得知识产权近 80 项，国际发明专利 1 项，建立市级以上研发中心 6 个。共获得草原英才奖项 10 项：其中，源创科技的“短距离低功耗无线传感网创新人才团队”与天一环境的“介电电泳分离膜产业化创业人才团队”入选“草原英才”产业创新创业人才团队项目；陈永波博士、马骁博士、张波博士、马文博士、杜飞博士，朱敦尧博士、张润厚教授入选引进“草原英才”个人项目。

重点企业呈现出了良好的市场前景，科技成果转化已初见成效：德国不来梅大学杜飞博士创办的天一环境率先将介电电泳技术放大应用于膜分离领域，已开发出 29 项国家专利技术。经过孵化，已入驻如意中小企业示范园区，即将投产；由高级畜牧师张全友团队创办的硕高生物在彻底解决牛奶抗生素残留方面取得了突破性成果，经过在留创园的孵化已经完成中试，即将在沙尔沁新区实现产业化。内蒙古盛凯源农业科技有限公司 150 亩年产 30000 吨中药饮片厂项目已在沙尔沁新区开工建设，计划投资 2.1 亿元，预计年收入 1.5 亿元。

（三）科技扶持

2011 年以来，留创园根据《呼和浩特经济技术开发区管理委员会鼓励留学人员和各类高层次人才入驻中国呼和浩特留学人员创业园创业发展暂行规定》经过初步筛选、专家评审、结果公示程序，为 20 家企业提供了 565 万元研发及办公场地扶持资金。

二、基地平台建设

（一）孵化场地建设

2011 年至今，留创园在现有 3000 平方米科技孵化场地的基础上。2011 年 4 月又启动了总面积 7.7 万平方米的创业大厦，预计 2015 年 4 投入使用。正在规划建设的 202 平方公里沙尔沁工业新区中，已规划留创园 3 平方公里产业化基地，以实现孵化 + 加速 + 产业化示范的发展模式。

（二）扶持政策建设

2010 年出台了《中国呼和浩特留学人员创业园管理暂行办法》和留创园《优惠政策 18 条》。

留创园已与多家科技服务机构签订合作协议。为留创园内企业提供法律、金融、财税、知识产权、工程咨询等多方面的服务。

（三）产学研平台建设

2013 年 4 月，留创园与内蒙古大学 EDP 教育中心签署战略合作协议，加快留创园产学研的步伐，举办了为期半年的留创园 - 内大 EDP 创业精英班，同时“留创园—内大 EDP 创业精英俱乐部”正式成立。

2014 年，留创园与清华大学计算机科学与技术系达成合作意向，在留创园建立清华大学工程硕士培养工作站。园区内的英诺威科技公司与上海硅酸盐研究所建立合作，并在内蒙古工业大学建立实验室；源创科技公司与中科院合作进行技术研发；益稷生物公司与内蒙古农业大学建立合作关系。

（四）创业导师体系建设

留创园为了提高创业成功率，激发自主创业的活力，提速留创园内企业发展，建立了 16 人团队的创业导师团。主要邀请了新材料、新能源、电子信息、环境保护、现代农牧业、生物、文化创意产业、工商、税务、金融等领域专家，帮助和指导广大劳动者自主创业，加速留创园内企业孵化成长，实现创业带动就业。

（五）宣传推广活动

为加大宣传力度，提升留创园知名度和影响力。留创园成功地承办了由中国致公党中央委员会、科技部、人社部主办的“2011 年中国发展论坛 - 呼和浩特论坛”，论坛对进一步推进呼包鄂区域经济发展与人才引进结合，与经济转型结合，与管理体制机制创新结合，充分发挥呼包鄂区域的比较优势，积极引进高端人才，对形成具有鲜明特色的区域经济具有重要意义。同时，先后举办了“内蒙古首届‘招才之道’交流会暨专场网络招聘大会”“呼和浩特首届海归创业培训和政策说明会”“内蒙古介电电泳应用技术新闻发布会”“留创园首次银企对接会”“创新创业大会”“内蒙古技术创新方法基础培训”“财税政策专题培训”、呼和浩特人才创新创业“海归英才”座谈会等重大活动，并与多家知名媒体合作，广泛宣传了留创园及留创园内企业。

三、未来工作规划

留创园未来将以营造优良的创业环境、实施优惠的扶持政策、提供优质的全程服务、培育优秀的企业和人才的“四优”条件、力争将其建设成内蒙古自治区高层次人才创新创业、高科技企业孵化培育、高新技术研发和产业示范、高附加值产业集聚发展的“四高”基地。根据这一目标在今后将重点抓好以下几项具体工作：

（1）积极推进创业园大厦搬迁工作，完善新园区办公、研发及生活服务配套区。

（2）积极协调上级各职能部门，优先解决重点企业进入到产业化阶段的用地问题。加快苗圃、加速器的建设，助推企业健康、有序、快速发展。

（3）加快推进政府引导基金和担保贷款保证金体系建设。加快科技创新基金建设，切实解决企业引资、融资难的问题。

基地名称：呼和浩特留学人员创业园
联 系 人：李博
联系电话：461422018748146333
Email：18403596@ qq. com
网　　址：3W. HHHTIBI. GOV. CN

呼伦贝尔市中小企业投资担保有限公司

一、公司概况

呼伦贝尔市中小企业投资担保有限责任公司成立于2005年，公司注册资本金15037万元，是经呼伦贝尔市政府〔2004〕160号文件批准，由市政府控股，法人资本和自然人资本参股的，承担政策性担保职能的融资性担保机构。

公司自成立以来，依照《公司法》《融资性担保公司管理暂行办法》和《公司章程》规定，设立了股东会、董事会、监事会，建立了较为完善的内部管理制度、担保运作机制和风险防控制度。公司内设担保业务部、风险控制部、投资发展部、资产保全部、财务部、信息管理部、办公室6部1室。公司正式员工44人（不含参控股公司），临时员工2人。

公司参控股四个公司，分别是：亿中民间借贷服务中心有限公司成立于2015年5月，前身为亿中资产管理公司，注册资金600万元（市投资担保公司独资600万元），主要承担规范服务和引导呼伦贝尔市民间借贷市场的各项职能；亿廪小额贷款股份有限公司成立于2014年，注册资金10400万元（市担保公司出资1700万元，相对控股），主要开展小额贷款业务，为中小微企业融资提供有效补充；亿购电子商务股份公司成立于2012年，注册资金1100万元（市担保公司出资630万元，控股），率先开发了呼伦贝尔市电子商务平台——亿购商城，并在天猫和京东开设了呼伦贝尔特色商品专营店；呼伦贝尔产权交易中心有限责任公司成立于2015年，前身为内蒙古产权交易中心呼伦贝尔办事处，注册资金100万元（市担保公司参股40万元），主要开展市域内产权交易业务。公司还与内蒙古股权交易中心合作，设立了内蒙古股权交易中心呼伦贝尔办事处，为我市中小微企业直接融资提供服务。

公司成立近十年来，始终将扶持中小微企业发展与推动非公经济发展作为公司业务的出发点和落脚点，初步形成了以服务中小微企业为宗旨，以融资担保业务为核心，以产（股）权交易和投融资中介业务为两翼，以小额贷款业务为补充，以电子商务为延伸，以中小企业窗口服务平台为抓手的综合性融资担保服务模式。在保障公司持续、稳健发展的同时，切实推动了我市中小微企业融资担保服务体系建设，为全市中小微企业又好又快发展发挥了助推器的作用。2008年被内蒙古自治区人民政府授予自治区级金融创新奖，2011年被内蒙古自治区经信委授予“内蒙古自治区中小企业公共服务示范平台”称号，2012年被国家工业和信息化部授予“国家中小企业公共服务示范平台”称号，2014年被内蒙古自治区人民政府授予自治区级金融优质服务奖。2013年，为整合金融资源，公司联合市域内担保机构和担保基金发起组建了呼伦贝尔市担保联合体，联合体运营模式得到了国家工信部主要领导的表扬和肯定。

二、成功经验

2014年，公司在市政府金融办的领导下，继续加大对中小微企业融资担保的支持力度，不断创新，增强服务中小微企业的能力，公司及各参控股公司取得了较好的成绩。

（一）中小企业融资担保服务

2014年，公司全年实现担保业务量12.5亿元，较上年同期增加4.5亿元，增长56.09%。全年共扶持中小微企业150户。2014年年底担保责任余额9.6亿元，在保企业户数130户，分别比上年同期增长33.7%和26.21%，为缓解中小微企业融资难、融资贵、寻保难起到了积极作用。

（二）投融资中介服务

亿中民间借贷服务中心有限公司2014年共为1000余名投资人实现了4.6亿元的有效投融资对接，共发放担保委托贷款1184笔，解决了71户中小微企业的资金需求。通过阳光规范运作，不仅重点解决了中小微企业的融资难问题和民间资本投资难问题，而且在一定程度上平抑了民间借贷价格，为促进县域经济、非公经济发展和增加社会就业做出了积极贡献。

（三）支持中小微企业、个体工商户及农牧户小额贷款服务

亿廪小额贷款股份有限公司是我市第一家资本过亿元的小贷公司。2014年该公司共为我市107户中小微企业及农牧民发放贷款3.3亿元，资金周转3.18次，创造了小贷公司资本周转的最佳速度。为实现创新发展，亿廪小额贷款股份有限公司还积极配合内蒙古股权交易中心呼伦贝尔办事处开展小贷资产收益权转让业务和小贷私募债业务，增强公司的服务能力。

（四）呼伦贝尔特产电子商务平台

亿购电子商务股份公司主要为市域内生产、流转本土有机、生态、特色商品的生产厂家和中小商户提供网络销售平台，销售的特色商品具有极强的地域特色、民族特色、绿色概念。2014年年底已签约上线产品近300件，全网用户接近20万人，订单覆盖全国各省市，真正实现了通过亿购特产网络销售平台，将本土特产销往全国，对于扶持市域内中小企业利用电子商务模式拓展市场、提升价值链，获取更大发展空间意义深远。

（五）区域产权交易服务

我公司与内蒙古产权交易中心，通过建立盟市级办事处的模式，在全区率先开展了区域性产权交易服务，为投资者、国有资产持有单位、民营资本、中小企业提供阳光合法、功能齐全、规范安全的产权交易平台。2014年，产权办事处成交挂牌项目15宗，成交总额1.64亿元，溢价总额855.64万元。通过“公平、公正、公开”的交易，已累计为全市40多户中小企业提供了产权交易类服务，满足了市域内中小企业多元化的投资需求。2014年12月由内蒙古产权交易中心和呼伦贝尔市投资担保公司等四家国有法人机构共同出资，注册成立了呼伦贝尔产权交易中心有限责任公司。公司的成立，将为市域内的中小企业提供更好、更规范的各类产权、股权

等交易服务。

（六）区域股权交易服务

2014年，经呼伦贝尔市政府金融办与内蒙古股权交易中心协商，确定市投资担保公司作为内蒙古股权交易中心驻我市办事机构。办事处借助集团公司多元化多功能的综合服务优势，成功运作发行了小贷收益权转让产品，小贷私募债和中小企业私募债，合计备案挂牌金额3400万元。上述三项产品的发行，均为内蒙古自治区首创，不仅为解决我市小贷公司和中小微企业融资问题开辟了新路径，更是内蒙古自治区多层次资本市场建设的重要里程碑。在此基础上，办事处将积极参与股权交易中心全区大宗商品交易所、资产管理公司、金融产品交易所、农村产权交易所等资本创新领域的建设工作，为我市中小微企业提供更为广阔的投融资服务平台，推进我市资本市场建设与发展。为更多中小企业通过多层次资本市场直接融资提供服务。

（七）中小企业信息化服务

公司依托市域中小企业信息化服务网站——呼伦贝尔担保网、我市中小企业信息化服务电子刊物——《发现360°》以及我市中小企业电子商务平台等服务载体，并配备专业技术人员及高端信息化设备，实现了信息资源的整合和优化。目前，可为全市中小企业提供大容量的信息阅览、网站建设与托管、宣传片采录制作、产品360全景与三维动画展示、办公软件与系统开发应用、信息化培训、营销宣传策划以及其他各类信息化服务。

（八）中小企业信用评级服务

市投资担保公司协助市政府金融办对全市中小企业开展的信用评级工作为全区首创。自2006年至今，连续9年对市域内的中小企业开展了信用评级工作。截至2014年年底，累计参评、复评的企业数量达到547户，为提高本地区中小企业整体信用水平，提升金融生态环境发挥了重要的作用。2014年，针对中小企业发展中出现的新情况，新变化及业内人士提出的改进信用评级指标的意见和建议，对2006年制定的《中小企业信用评级办法》进行了修订和完善，按照新办法对中小企业进行的信用评级，更有利于金融机构的参考、采纳和利用，充分发挥了信用评级结果的应用。

（九）中小企业信息库建设

为全面掌握和储存市域内中小微企业的有关信息，进一步加大对中小微企业的扶持力度，我们启动了中小微企业信息库建设工作。经过努力，信息库于2014年年底已将运行架构建设完毕。

三、对外联系方式

市投资担保公司网址：http://www.hlbedb.com
电子邮箱：perple999@126.com
传真电话：0470－2218069
担保业务咨询电话：0470－2218022
亿中民间借贷服务中心电话：0470－3569980
亿廪小贷公司电话：0470－3569878
亿购电子商务公司电话：0470－8301500
产权交易公司电话：0470－3569918
股权交易办事处电话：0470－3569916

内蒙古自治区金海国际五金机电城

——自治区级小企业创业示范基地

一、基本情况

金海国际五金机电城位于西部商贸、物流经济开发区板块核心区域，连接西二环和海西街两大主路交汇处，毗邻呼包高速、京包高速和110国道三大干线。是呼和浩特市、回民区两级政府重点招商引资项目，回民区“3321”工程重点建设商圈——“金海商圈”的龙头市场。

整体分为三期开发，一期建筑面积12万平方米，总投资4.5亿元，于2010年4月28日正式开业。现有经营商户近600家，大部分商户来自产品产地和厂家，具有明显的产品及价格优势。市场开业五年累计上缴税收8500万元，解决就业2500余人，在各级政府的大力支持及全体商户的共同努力下，市场已成功度过培育期，全面实现繁荣。

目前正在招商的二期项目，是对一期的资源优化、产业更新与容量补充。占地近80亩，接邻一期市场的南侧，沿海西街，规划建筑面积约11.5万平方米，总投资约5亿元，规划建有五金机电商铺、商用写字楼、公寓等，完成后将增加商户500余家，增加就业岗位3000余个，增加经营税收1000余万元，利用电子商务平台，进一步提升现代商贸物流水平，使金海国际五金机电城的规模效益不断显现。

2012年连续获得内蒙古自治区消费者协会授予的“诚信单位”、呼和浩特工商行政管理局授予的“市级文明诚信示范市场”、2013年被内蒙古信用信息管理中心评为2013年度“诚信示范单位”，并于2013年率先成为自治区商贸流通业的中小企业创业基地、2015年初又被评为自治区服务业集聚区。

二、金海国际五金机电城小企业创业基地成果

（一）政务代理

市场建设之初为工商、税务机关提供办公场所及办公设施，开展政务服务。在市场部下设综合服务部，提供包括免费为入驻商户代办工商、税务相关证照，代征代缴税款代开发票，证照年检，消费投诉受理等多项政务代理服务，在代理各项实际业务的同时，积极协助各职能部门开展各类活动，监督商户有证、亮证经营，提升产品质量意识。

（二）创业策划

为减轻商户负担，扶持商户经营，解决在创业之初的困难，提升了创业成功率。对入住商户实行减免物业费、暖气费、给予搬迁补助，开展补贴油费、免费送货、补贴物业费系列活动，补贴金额逾百万元，免费送货里程超万公里。这一系列举措给予入驻金海国际五金机电城经营的创业者强有力的支持，

（三）融资担保

通过让利房款、租金等优惠方式引进传统金融机构，建立中小企业扶助基金，为会员企业解决短期内的经营资金困难。连续三年举办银企对接活动，邀请包含工商银行、中信银行、兴业银行、包商银

行、民生银行等十多家金融机构参与活动，并为金海国际五金机电城内有融资需求的客户提供担保服务，促成贷款金额5000万元。

（四）人才培训

市场管理方积极组织各类型集体培训活动，举办提升商品质量意识的现场培训会、消防安全现场培训会、学习十八大精神现场会、315保障消费者权益现场会、针对五金机电产品开展电子商务活动的系列培训等几十场，累计接受培训人次超千人。

（五）技术支持

每年组织商户前往全国大型五金机电产品展会参观、考察，引导会员企业学习先进的经营理念，引进名优产品，前往五金机电产业发展先进地区考察、学习，邀请全国各地包含港澳台地区优秀企业来金海交流，为金海国际五金机电城内的商户提供了强有力的技术支持。

（六）市场开拓

市场运营方投入大量的人力物力开展系列旺市活动，成功举办六届内蒙古五金机电采购节，采购节辐射呼、包、鄂金三角地区及周边城市，组织了来自电力、城建、铁路、工程、矿业等领域的多个采购团体上万名专业采购者参加，参展商累计达上千家，累计销售额近5亿元。开展“走下去请进来”的异地推广活动，前往呼、包、鄂及周边旗县，开展推广活动，建立异地采购商沟通合作平台。组织商户参展中国西部新能源暨电力设备展、电力博览会，煤炭能源展，扩大项目行业内影响力。为了提升市场的知名度一直保持高频的媒体投放，自项目投建起，广告投入费用几千万元。为顺应时代发展潮流，积极推进电子商务平台建设，投资300万元建立金海国际五金机电城电子商务平台——“五金商海网”，利用自身的优势，进行网上销售，同时为平台用户提供最新的行业发展咨询和营销解决方案。为保证资金安全，完成线上交易，成功引进知名第三方支付平台——支付宝。“五金商海网”是西部地区首个五金机电类供销平台。目前网站已拥有会员千余名，300多家商户建立起了自己的网店，开展网络营销、抢占商机。

（七）物管后勤

组建呼和浩特市金光物业服务有限公司，拥有国家物业管理四级资质，是一家以发展物业管理及相关产业为主的独立法人资格的公司。公司下设客户服务部、工程维保部、保洁绿化部、行政办公室等部门，拥有在职员工50多人。为机电城内客户提供24小时无间断服务。进驻服务几年来，机电城内治安良好、环境整洁，物业公司的工作反应迅速、处理及时，得到了广大客户一致认可。

三、金海国际五金机电城小企业创业基地发展规划

（一）不断完善基地相关配套，创造良好的创业环境

2015年6月28日金海国际五金机电城与途家正式签约，本次合作，不但可以给广大创业者提供良好的创业环境，同时也有效填补了城西区域内缺乏星级酒店式公寓的市场空白，对于提升区域内的基础设施配套以及居民生活品质具有积极的意义，后续金海国际五金机电城二期还将继续引进知名服务机构，为创业基地的创业者提供全面的配套服务，随着配套的不断提升，区域内的商业价值继续提升，创业成功率也将大大提高。

（二）建立大学生创业基地

近年来，就业压力逐步加大，与此同时更多的大学生对于未来的职业规划拥有自己的想法，越来越多的大学生投入到创业大军中来，尽管信心满满，却因缺少资金或平台，往往无法如愿。针对这一现状，金海国际五金机电城作为内蒙古自治区级小企业创业示范基地、回民区青年创业就业基地，特别规划建设大学生创业基地，旨在通过搭建引导、服务、扶持、大学生创业的有效载体，降低大学生创业初期的门槛，风险和成本，助力广大创业大学生成就梦想。

（三）实现内蒙古五金机电大型城市综合体美好远景

在一期成熟运营，二期顺利招商的大好形势下，三期也在筹划之中，计划紧邻机电城东北侧征地200～300亩，使项目总规模达到占地近500亩。全面建成后，全市90%的五金机电行业商户超3000家全部可进驻经营，预计年营业额达20亿元，税收近5000万元，就业总数达10000人，成为西北地区最大规模的五金机电集散地。届时金海国际五金机电城也将成为西北部最大的集交易、展览、信息服务、仓储物流、金融保险、电子商务、国际贸易、娱乐休闲、商务办公、生活居住十大功能于一体的内蒙古五金机电大型城市综合体。

项目名称：金海国际五金机电城

联 系 人：石雨

联系电话：0471—4930145186860056 36

Email ：413707340@ qq. com

网　　址：www. jinhai360. com

内蒙古自治区五原县小微企业和大学生创业就业园

一、建设单位的基本情况

内蒙古大和通建设创业有限公司（原名为巴彦淖尔市大和通工程机械有限责任公司）成立于2008年11月，注册资金8000万元，是一个集路桥工程、农田水利工程、房屋建筑工程、市政工程、园林绿化工程施工于一体的施工企业。公司现有6个项目部和5个职能科室，干部职工60余人，工程技术人员32人，其中经济师1人，律师1人，审计师1人，工程师7人。

公司2008年11月成立至今，已投资建设逾5亿元的基础设施项目，其中，五原县校安工程被评为市级“优良工程”、磴口穿沙公路，巴彦淖尔市沿黄公路获得市级“文明样板公路”的荣誉称号，乌拉特前旗西小召土地整理项目获得内蒙古国土资源局“2011年土地整理全区第一名”的优异成绩。因为业绩突出，公司多次受到业主及有关部门嘉奖，

连续被工商局、城建局、交通局、水务局、国土资源局授予“优秀施工企业”“先进单位”“重信用守合同企业”等荣誉称号，并连续被五原县农商行、包头商业银行、五原县工商银行评为“AAAA”级信用企业，2014年开始进行五原县小微企业创业服务中心及五原县小微企业创业园区西区统建工程建设，2015年被五原县人民政府授予五原县小微企业（大学生）创业园“突出贡献企业”。

二、创业就业园的总体概况

2013年启动建设五原县小微企业和大学生创业就业园（以下简称园区）。园区位于五原工业园区最中心位置，按功能区、统建区、自建区三种模式建设运行，占地面积1500亩，总投资6.2亿元，建筑面积20万平方米，分三期建设实施，项目全部建成后，可满足100户小微企业进入园区发展，带动解决就业3800人。一二期工程2014年年底建成运营，完成投资4.51亿元，三期工程2015年投入使用。现已入驻企业80户，自建区56户，统建区24户，正在商谈准备入驻企业20户。

公共平台建设项目于2014年开工建设，处于市场化初期，公共服务特征明显，具有服务产品创新、模式创新、业态创新的特征。项目区占地51.74亩，建筑面积21557平方米，功能分区为综合服务楼5489平方米、周转宿舍6388平方米、职工食堂1300平方米，职工公寓6000平方米，职工浴室346平方米，信息服务中心1186平方米。引进信息化设备、办公设备。经营范围有政策法律、企业信息、技术经济信息咨询、技术创新、质量检测、中小企业合作项目服务、人才培训招聘服务、产品推广服务。

构建公共服务平台，开发在线培训/远程培训服务系统、产品发布、推介、展示、电子商务系统、企业技术经济信息管理分析系统（中小企业知识管理系统），为中小提供更全面的服务。

公共服务平台建设项目每年为小微企业1000名职工提供食宿等后勤服务，每年为100户小微企业、10户科技入孵企业提供政策法律、企业信息、技术经济信息咨询、技术创新、质量检测、中小企业合作项目服务、人才培训招聘服务、产品推广服务。力争使年培训达到2000人次以上，常年合作企业达到5家以上，稳定培训项目控制在20个左右，组织人才招聘会5次以上，安排就业人员1000人，年提供政策法律、管理咨询、项目咨询1000次，发布企业、产品信息6000余条，金融机构提供担保、贷款3亿元，为农产品加工企业提供产品质量检测800批次，提供技术服务100项。

目前项目建设基本完成土建工程，职工公寓楼6000平方米，7月开工，11底完工。公共服务平台已具备入住条件，五原县职业培训学校、五原县青年创业促进会、五原县宣德律师事务所、五原县就业局培训中心、五原县桑农担保有限责任公司、五原县中小企业服务有限责任公司、五原县诚信保险代理公司、五原县古郡会计事务所、五原县天翼测绘有限公司、内蒙古天翔培训学校、内蒙古新桥培训学校、内蒙古南北翼科技有限公司、五原县中信评估有限公司于5月中旬入住。

河套电子商务产业园位于园区内，利用五原县工业园区（中小企业创业园）内的办公楼、厂房，建成创业、孵化、培育功能的生态电商产业园区，是全区首个县级电子商务产业园。该项目总投资8000万元，一期占地面积4000平方米，目前一期主体工程已完工，园区全部建成后可入驻300户电商创业团队，创造1000个就业岗，形成42家第三方机构。三是全民培训创造氛围。为了扭转领导干部整体对电子商务认识较低、电子商务专业人才缺乏的现状，彻底从2015年2月初，启动了“万人培训计划”。截至目前，已经对全县党政机关领导干部轮训2次，已开办电商基础培训班14期，培训人次达2000余人，目前建成六个功能区，包括多功能展示厅、众创空间、实训中心、第三方服务中心、智能化仓储配送中心等。其中已投入使用四个区，第三方服务机构即将入驻，仓配中心设备七月中旬到货安装后即可投入使用。园区于6月6日启动试运营，已入驻两批电商，共计164人，其中企业38家，合作社2家，个体电商75户，包括大学生创业者74人。预计第三批可入驻45户电商创业团队和8家第三方服务机构。金融方面已与农业银行、邮储银行、中国银行洽谈，给予电商低息贷款；与县电信、联通公司洽谈，给予同价格享受双倍带宽的优惠，园区实现WIFI免费全覆盖；与各邮政快递物流企业洽谈，达成园区电商物流特惠价，及改善农村物流配送体系，协议近期将会签署；人社局、团委、农牧业局等部门的各项政策亦在稳步推进中。

目前被中华全国供销总社评为2015年全国电子商务示范县。

园区于2014年被内蒙古自治区经济和信息化委员会确定为“内蒙古自治区小企业创业示范基地”，2015年2月被巴彦淖尔市政府确定为“标准化创业园（孵化基地）”。

三、当地政策支持情况

目前，五原县政府出台了《五原县小微企业创业园实施细则》《关于支持小微企业和大学生创业就业园发展的意见》等一系列支持五原县中小微企业发展的优惠政策，具体内容有：

（1）“助保贷”引导资金使用情况和业务开展情况。

五原县人民政府2013年第四次政府常务会议研究，制定了《小微企业“助保贷”风险补偿暂行办法》，五原县“助保贷”业务由政府委托五原县工业园区负责，并成立了助保金管理中心（机构设在五原县工业园区管委会），专门负责此项业务的办理和监督管理。在五原建行设立了助保金专户，用于存放企业缴纳的助保金和政府风险补偿金，截至目前内蒙古自治区财政已匹配到位“助保贷”引导资金500万元，五原县财政局已打入“助保贷”专户资金800万元。现有20户企业已在五原建行填报了贷款申请及相关手续，有8户企业已成功办理了助保金贷款，其中有7户企业，每户贷款200万元，有一户企业贷款100万元，8户企业共计贷款1500万元。计划2015年再注入800万元风险抵押补偿金，目前正在择优选择合作银行，已有中国银行、包商银行等银行回应并有合作意向。

（2）2015 年事业单位人才储备考试中，安排 10 个企业服务生岗位，组成园区服务团，包联进驻企业，开展全方位、巡回式服务。

（3）工业园区完善、丰富工业展览馆布展内容，启动住宿楼项目，为园区企业员工提供免费的住宿场所；企业聘用的优秀人才可优先申请公租（廉租）房，其子女优先就近入学；人社局、就业局要统筹安排一定比例的资金用于企业聘用全日制专科以上优秀人才工资补贴；从 2015 年开始，企业聘用的大学生人才，组织的事业单位人才储备考试或事业单位公开招聘考试工作满两年后，报考参加县内试，可适当放宽报名条件，同等条件下优先录用。为支持园区企业发展壮大，符合条件的企业入驻统建区经营的，三年内免收厂房租金。力争将小微企业和大学生创业就业园打造成为全区中小微企业孵化示范基地。

（4）发改、经信、财政、人社、就业等有关部门的项目资金要优先向园区倾斜；人社局、就业局要充分利用园区基础设施优势，整合县内培训资源，集中到园区开办各类各层次企业就业培训班。重新认定的培训机构、实训基地要向园区集中，园区提供培训场地，租金三年内全部免收。就业培训项目资金、实训基地奖补资金、创业发展资金及创业贷款要优先安排园区中小企业业主、创业人员。力争将打造成为全国就业创业培训示范基地。

四、电子商务产业园优惠政策

（1）三年内免费提供办公场所、会议室、仓储中心、公寓及物业服务。

（2）三年内免费提供网络、电脑设备、技术支持、设备维修等运营资源。

（3）免费提供技能培训、电子商务培训、摄影培训、开店业务培训、网店基础知识培训、代运营及托管培训。

（4）项目资金优先向电子商务产业园区企业倾斜。

（5）入驻电商可优先申请创业贷款、助保贷款。

（6）举办电商推荐会、产品展销会、电子产业论坛、电商企业沙龙等线下推广活动。

（7）提供农畜产品企业名录、产品信息及团购优惠价格。

（8）提供物流快递团购优惠价格。

（9）对发展潜力较大的商户提供奖励扶持资金。

（10）提供包装企业、销售企业等信息。

（11）设立电子商务公司注册、行政审批事项绿色通道，实现各项手续一站式办理服务。

（12）成立电子商务协会，加入全国电子商务协会等机构。

（13）入驻电子商务产业园区企业可优先申请用工补贴。

联 系 人：刘长河
联系电话：13947810599 0478－7933878
传　　真：0478－7933878
电子邮件：wyzhm888@126.com

长春市韩模具有限公司

长春市韩模具有限公司是一家专业从事集模具设计、开发、生产、服务于一体的专业性公司，为飞机、汽车、客车、家电、医疗器械等行业生产各类大型冷冲模具、级进模具、塑料模具、检具、非标设备及塑料制品等。

拥有三家全资子公司，吉林省三友模具服务有限公司：经营数控、电加工设备、模具标准件及工具；模具生产基地——吉林省吉韩模具有限公司：包括产品研发部、模具车间、数控车间，拥有大行程数控龙门铣床 13 台，普通机加工设备 60 余台，具备大型模具及零件加工能力；注塑件生产基地——长春市吉韩模具有限公司：拥有 10 余台全电脑注射成型机，具备为主机厂配套生产的成型经验。现有厂房总占地面积 37000 多平方米，现有员工 150 多人。

公司已于 2002 年通过 ISO9001 质量管理体系认证，被一汽集团和哈飞工业集团评为“工装定点加工企业”，被长春轨道客车股份有限公司确定为 B 级供应商，并持续稳定的为第一重型机械有限公司、第一汽车集团公司技术中心、唐山轨道客车股份有限公司等企业配套。

企业不断地发展壮大，建立健全科学规范的管理制度至关重要，2009 年年初公司通过政府搭建的平台，与英雷诺阿企业管理咨询（北京）有限公司进行了洽谈，由颇具经验的咨询师进驻企业，引进了为期一年半的精益生产管理和法人治理项目，通过对经营绩效的改善、管理现场的改善、员工素质的提升、凝聚力的形成、法人结构治理等几个方面，全面提升企业管理水平，增强市场竞争能力。

2011 年公司又请来了简柏特公司的管理咨询人员，对公司的组织机构进一步进行优化，完善 KPI 绩效考核系统，巩固精益生产管理成果。通过战略绩效管理，积极探索企业法人治理结构的新机制，规范企业法人治理结构，并依靠企业团队的不断努力，在与时俱进，开拓进取，建立健全科学、高效的法人治理结构，实现企业管理制度创新，使公司的管理水平和技术水平能够走向规范化、规模化，逐步向先进企业行列靠拢，使企业的规范化管理水平更上一层楼。

与此同时，公司始终坚持技术创新是企业发展壮大的根本，因此几年来与吉林大学陆续开展了汽车注塑件气辅成型工艺开发，模具设计与制造、汽车关键零部件冷精密成形工艺开发，模具设计与制造、车体部件高精度拉弯成胎具开发及数值模拟技术研究等多个项目的技术合作，其中汽车注塑件气辅成型工艺开发项目，荣获“吉林省优秀产学研联合项目”三等奖。

自 2003 年开始，我公司先后为哈尔滨飞机工业集团、哈尔滨玻璃钢研究院、北京航空航天大学、长客玻璃钢等企业生产树脂复合材料成型模具，收到了良好的经济效益。但是，由于受到技术水平的限制，产品质量无法提升，因此2013年又与吉林大学合作了车用结构件树脂传递模塑成型关键技术开发项目，目标是开发汽车复合材料构件（如发动机罩、行李箱盖板、车厢、保险杠等）树脂传递模塑成型技术，掌握汽车复合材料构件的树脂传递模塑成型工艺和成型模具的设计制造技术，并建成树脂传递模塑成型制件及模具产业化生产基地，实现为一汽集团提供10万件车用复合材料构件、50套车用复合材料构件模具的配套生产能力。

项目成果来源自吉林大学鉴定成果——《车用大型结构件复合材料树脂传递模塑制造技术》，在国内居于领先水平。树脂传递模塑（简称RTM）技术被誉为21世纪主要复合材料成型技术之一。已经在国外汽车零部件（车体及部件、卡车车顶、车身构件等）广泛应用。其是将树脂注入闭合模具中，通过浸润增强材料并固化而得到制件，具有投资少，生产效率高，节能，环境排放物低，工艺适应性强，制品内外表面均光洁，外观质量好等特点。

公司自1998年成立以来，先后被评为省级AAA级信用企业，长春市制造业信息化工程示范企业，2001年被省政府命名为“人民满意服务单位”，被吉林省技术监督局评为“质量信得过单位”，被一汽集团和哈飞工业集团评为“工装定点加工企业”，被长春轨道客车股份有限公司评为B级合格供应商，2004年被长春市工商业联合会认定为“重信誉、守信用、讲信义”单位，2007年获得了“百姓口碑最佳单位”，被二道区政府评为“明星级企业”。

联系方式：

地　　址：长春市二道区吉长公路零公里处（师范学院正门对面）长春市九台工业园区

电　　话：0431－84731953
8435346
82561541

传　　真：0431－84738765
82561540

网　　址：www.ccjihan.com

Email　：ccjihan@163.com

吉林省鑫泰食品调料有限公司

一、企业简介

吉林省鑫泰食品调料有限公司成立于1992年，位于长春市宽城区利国街20号，占地面积1万平方米，共3个生产车间20条生产线，150名员工，年产能5000吨，销售额达4000万元，年均上缴税金42万元。公司主要从事各类植物油和调味料的生产和销售，是省内生产规模最大、品种最全、专业化程度最高的调味品生产企业之一，也是省内本行业中率先运作全国市场的企业。

公司旗下“吉百家”“吉每家”“鑫泰大众”三大品牌，品牌下设芝麻油、芝麻酱、调味油、调料酒四大系列百余款产品，销售网络覆盖范围、覆盖深度、销售份额上都位居吉林省内芝麻油销售行业首位，占吉林省市场份额90%。目前是吉林省本行业内率先运作全国市场的企业，凭借严格的品质管理和强大的市场拓展能力，在20世纪90年代起迅速建立起一个享誉省内外调味品王国，畅销产品达百余种，分销网络遍布全国，占全国市场份额60%。

从业20年来，在政府相关部门的关心指导下，公司生产的产品以符合国家标准为前提，达到了出口食品生产企业卫生标准，吉林省质量技术监督局颁发的“标准化良好行为示范企业”AAA级企业，ISO9001：2008质量管理体系认证企业，严把产品质量让公司得到了政府及社会消费者的一致好评。公司现任吉林省调味品协会副会长单位，长春市食品、酒水行业协会理事单位，长春市宽城区食品调料行业协会秘书长单位，中国企业商业信用评价中心诚信AAA等级企业。公司不但致力于为消费者提供高品质的产品，更在产品的外观包装上不失时机地设计新的品牌标识，不同于早期传统的外观造型，新包装采用国际视觉审美的流线设计，因而更富近代感和美感，更易为消费者接受。“吉百家”系列产品外观包装已经获得国家专利局的《外观设计专利证书》，2011年“吉百家”商标获得了长春市工商局颁发的“长春市知名商标”荣誉称号，2012年“吉百家”获得了吉林省工商局颁发的“吉林省著名商标”荣誉称号，2013年“吉百家”获得了吉林省质量技术监督局颁发的“吉林省名牌”荣誉称号。

“关注质量，心系民生”是公司发展的中心主旨。响应国家对于“强化食品安全管理工作”的号召，力求在本行业内起到表率和引领作用，从市场参与者的角度履行监督和指导职能，为吉林省调味品行业向着规范化、规模化的方向发展而倾尽全力。

二、成功经验

公司发展至今日，离不开工信中小企业处及政府相关部门的服务与支持。从帮助解决融资途径、减少融资成本，到无偿为企业提供讲师进行公司管理培训，再到组织企业参加国内外对接展会，让企业零费用提高国内外销量，等等。中小企业公共服务平台更是给企业提供大量地丰富资源，并有效地对企业困难提出全方位解决方案，细心的指导、政策的解读，都是企业在发展的道路上的一盏明灯。

企业注重以人为本，培育出独具特色的优秀企业文化，提升企业竞争能力。以为消费者有滋有味的生活提供高品质服务为宗旨，以为社会创建一个具有百年发展力的卓越企业和优秀品牌为使命，以为员工搭建实现人生价值的舞台为责任，以培养一流的员工，建设一流的队伍，使用一流的设备，实行一流的管理，生产一流的产品，提供一流的服务，塑造一流的品牌为追求。科学管理，确保质量，拓宽市场，提高效益，以品质优势、服务优势赢得市场及树立品牌。力争打造中国调味品行业最具品牌价值的企业。

三、联系方式

地址：吉林省长春市宽城区利国街20号

邮编：130052

电话：0431－82690033/82690022

黑龙江彩格工业设计有限公司

一、彩格简介

黑龙江彩格工业设计有限公司是集系统方案构建、产品创意设计、供需资源整合、企业技术服务、创新模式应用于一体的综合性服务机构。企业核心产品为：模块式野外饮食保障装备系列产品、餐饮业标准化控制智能机械设备系列产品。

二、彩格定位

饮食机械智能化产品的研发与制造。

运用工业设计的理念引领新的产业形式。

搭建互联网工业设计平台，整合资源、协同创新。

三、彩格文化

愿景：实现服务于人类的全球化工业设计协作。

使命：为人类健康而发明创造。

价值观：关注——人才与需求。

专注——品质与品牌。

倾注——精力与情怀。

四、彩格团队

公司董事长孙建斌，系工商管理硕士、高级工程师，现担任黑龙江省政协委员、黑龙江省工业设计协会副会长、黑龙江省科技创新协会副会长、哈尔滨市侨联常委、哈尔滨市道里政协常委、侨商会副秘书长等多项社会职务。目前，公司拥有员工 67 人，其中科研设计人员 42 人，在这个涉及多学科、多领域的科研设计团队里，博士 1 人、硕士 4 人，其余均为大学学历，在科研团队里，拥有高级工程师 8 人、中级工程师 17 人。同时聘请中国台湾籍博士担任创意总监，聘请英国、俄罗斯及国内优秀的研究生担任公司各部门负责人，使研发团队的创新能力、设计水平呈现多元化、国际化。

公司聘请了清华大学、华南理工、哈工大、哈工程、哈理工等院校和中科院计算机所，中国地震研究所，解放军、武警部队军需研究所，黑龙江电力设计院，黑龙江机械研究所等科研机构的 24 位学者、行业专家组成顾问团队。同时，公司还与哈工大、哈工程、哈理工等院校成立了联合创新实验室。

五、研发成果

公司成立的时间虽短，但是，在发展和设计创新的艰难历程中，却显示出了强大的生命力，取得了令人瞩目的成绩。

工业设计所包含的内容极其广泛，作为一个以研发为主体的工业设计公司，不可能兼顾工业设计所涵盖的所有设计内容，公司所确定的研发方向是饮食机械。近年来，在研发的诸多产品中，模块式野战厨房系列产品已被中国人民武装警察部队列为后勤保障装备，并多次荣获武警部队科技进步一、二等奖，该产品在汶川、玉树地震，青藏维稳，新疆平暴及大兴安岭火灾等重大事件中，发挥了积极有效的保障作用。

在工业设计蓬勃发展的大背景下，公司设计新的战略定位是强化以创新为主体、广域的工业设计，满足更广泛的设计需求，拓展更广阔的设计领域。公司站在国际高度，整合全球设计资源，提出了“实现服务于人类的全球化工业设计协作”的宏伟愿景。

公司通过 GID 环球工业设计平台的资源整合和运营，取得了各个方面的设计成果。

在服务农业方面：主要研发了红菇娘脱皮机、收割机等。

在服务民生方面：主要研发了感应式颈椎保健枕、智能家用豆腐机。

在服务工业方面：主要研发了管板自动焊接生产线、液体净化滤膜生产线。

在服务餐饮方面：主要研发了全自动系列制饼机、砂锅快餐制作系统、烹饪调料自动供给系统。

公司之所以能在多领域满足不同的设计需求，研发出客户满意的创新产品，其主要原因除了高起点、高视野的定位外，公司还运用了 **TRIZ** 理论，系统分析及项目管理工具等科学的创新方法和有效的管理途径。

六、彩格荣誉

几年来，公司先后获得国家专利 75 项，其中发明专利 17 项。

2014 年：代表黑龙江省侨联组织并参加第十七届北京国际科学技术博览会，荣获优秀参展企业奖；荣获中国侨联授予的中国侨界贡献奖（创新成果奖）；被国家工信部认定为国家中小企业公共服务示范平台；董事长孙建斌被评为中国工业设计十佳推广杰出人物。

2013 年：被评为省、市优秀侨属企业；被认定为黑龙江省中小企业公共服务示范平台。

2012 年：成为中国工业设计协会会员单位；成为黑龙江省科技创新协会副会长单位；荣获中国优秀工业设计奖；荣获中国人民武装警察部队科学技术进步一等奖和二等奖。

七、彩格战略

四个管理中心：产品研发中心、系统构建中心、资源服务中心、新媒体发展中心。

一个服务平台：GID 环球工业设计平台。

GID 环球工业设计平台简介

“GID 环球工业设计平台”是集“环球工业设计网站”“环球工业设计杂志”和“环球工业设计服务”三位一体的门户网站，是全国首家工业设计综合性资源服务平台。该平台以为中小企业、科研院所、大专院校从事设计的人员和自由设计师提供技术创新等方面的电子商务及信息服务为目的，努力实现全球化工业设计协作。

环球工业设计网站：打造全球性、开放地交流互动、资源共享、技术互补的工业设计门户。

环球工业设计杂志：传递全球前沿的、权威的设计资讯，提供展示新理念、新设计、新方法、新产品的途径。

环球工业设计服务：建立数据支持、资源对接、设计服务、成果交易、网上支付的快捷通道。

八、联系方式：

联 系 人：康女士

联系电话：0451 - 84316177
邮　　箱：cgsjklj@126. com
传　　真：0451 - 84317177
地　　址：哈尔滨市道里区河柏小区 209 栋 1 单元 201
网　　址：环球工业设计网站（www. gidweb. cn）
环球工业设计杂志（www. gidmag. cn）
环球工业设计服务（www. gidservice. cn）

奥宇石墨集团有限公司

奥宇石墨集团有限公司是中国石墨产业技术创新战略联盟理事长单位，中国非金属矿工协会轮值理事长单位，石墨协会会长单位，国家技术支撑项目牵头单位，国家火炬计划项目单位，黑龙江省石墨产品标准化委员会主任委员单位，中国企业家联合会会长单位，国家高新技术企业，天然鳞片石墨国家标准、行业准入条件和行业规划参与起草、制定企业；中国低碳经济理事长单位，黑龙江省“双百工程”重点推进项目单位，国家重点项目支持企业，质量信誉之星企业，服务、质量、信誉 AAAAA 级企业，世界华商矿产行业 500 强企业，中国非金属行业十强企业，改革开放示范基地，荣获民营企业开拓奖；优秀民营企业家金奖；“龙江骄傲——代表黑龙江的 100 张名片”等 400 余项荣誉奖励。

奥宇石墨集团有限公司在各级领导和朋友的支持下，历经近 30 年的历练，从采矿、选矿、贸易、包装到近几年投资的球形石墨、高纯石墨、负极材料、石墨纸、石墨密封材料、超导热石墨散热膜、超精细球形石墨、低硫膨胀石墨、尾矿砂空心砖等 9 个石墨精深加工产业项目，4 户高新技术企业，形成了一个完整的节能、环保、新材料、新能源不可缺少的产业链。

院士工作站、研发中心自主研发了 28 项专利产品，超薄石墨纸、超精细球形石墨、低硫导热膜尾矿砂空心砖等四个项目得到了国家金奖、重点新产品奖、列入火炬计划、十二五规划，填补了行业空白，低铁球形石墨、密封材料、低硫可膨胀石墨等填补了东北三省空白。

1988 年奥宇石墨集团有限公司扶持起了麻山倒闭的 13 家石墨企业，组成奥宇石墨集团有限公司，领导行业走出了一条自主创新的发展之路.

2003 年被萝北招商过去，把石墨专委会落在了萝北，带领 18 家企业规模、规范化生产，为“中国石墨城”奠定了坚实的基础，引领着行业打造出了中国优秀的民族品牌。

2009 年被鸡西市政府请回鸡西，拉开了东北三省的石墨精深加工序幕，圆了龙江人 30 年精深加工的石墨梦，打造了让世界敬畏的“中国石墨产业之都”。

2013 年在萝北县政府的惠招下，投资了 5 亿元建设了先进的现代化工厂，6 万吨石墨选厂，4 千吨石墨烯负极材料车间，2014 年已正式投产，又一次为行业树立了标杆。

奥宇石墨集团有限公司正朝着高新科技方向发展，随着产业链的持续延伸、市场的不断推广，希望能与有识之士联合发展。将中国石墨这个世界上占八大第一，十大产业不可缺少的国家战略资源、朝阳产业，荣获过四个诺贝尔奖的优秀民族品牌弘扬起来，长国人志气、扬我国威。

地　　址：黑龙江省鸡西市鸡冠区西山路 78 号
邮　　编：158100
电话/Tel：0467 - 2355466
传真/Fax：0467 - 2355466
网址/Web：http：//www. aoyugroup. cn

齐齐哈尔市精铸良装备制造有限公司

齐齐哈尔市精铸良装备制造有限公司成立于 2010 年，位于龙沙区明海公路 66 号，注册资本 7500 万元，公司是省委省政府重点扶持企业。公司以生产国内、外高速铁路及提速、重载铁路货车产品为主营业务。产品主要定位于欧美高端装备行业的多家世界 500 强企业，如美国西屋集团、意大利菲亚特集团等。在民营装备制造行业中，从公司建设规模、技术水平、设备先进程度、生产能力等方面综合考量，公司位居第三位。公司产品正处于生产前的国内资质认证阶段，8—10 月份可完成国内资质认证，进行国内产品生产及销售，同时进行国外产品资质认证。

公司现有各类生产及检测设备近 400 台套，均处于国内先进水平。产品的造型、制芯采用国内先进的酯硬化水玻璃砂工艺，制芯采用盒内挤压锁芯成型工艺和制芯线生产，并采用造型线进行机器造型。下芯采用机器人自动下芯，该项工艺不仅符合国内交通装备行业的技术政策要求，而且具有操作简便，型、芯质量稳定，设备运行平稳，生产效率高等特点。钢水冶炼采用三相电弧炉加 LF 精炼炉精炼，能冶炼多种特殊优质钢水。高铁产品热处理采用先进的悬挂式连续热处理生产线生产，质量稳定生产效率高。

公司拥有一支 56 人的专业科研队伍，自主研发能力强。目前已申报专利 11 项，8 项已获得授权，其中 7 项发明专利，1 项实用新型。其中“ - 60℃低温冲击球墨铸铁的制备方法”和“一种抗零下 70 度低温冲击的 B 级钢及其制备方法”两项专利是专门针对俄罗斯及挪威等高寒地区对铁路产品的特殊要求而研发的。“低成本制备高延伸率球墨铸铁的方法”专利荣获 2013 年度“国家专利优秀奖”。公司建有达到国内一流水准的光谱实验室、理化性能实验室、无损探伤实验室、型砂检测实验室及金相分析等十余个检测实验室，可对公司生产的所有产品进行检验检测，也可对外进行检验检测服务。同时，公司与哈尔滨工业大学、哈尔滨理工大学等多所高校建立了产学研合作关系，技术后备力量强。

高铁是国内、外铁路未来的发展趋势，尤其是国家出台的“一带一路”政策的实施给铁路产品带来了发展机遇和挑战，具有广阔的发展前景。

公司拥有具有自主知识产权的先进技术、精良先进的设备、专业的人才队伍以及多年与世界500强企业合作的丰富经验，保证了企业产品的高品质，满足用户的高标准要求。产品性能稳定、安全可靠，具有较强的市场竞争优势。

公司产品主要为高速铁路、提速重载铁路产品，具备年生产、销售72000吨铁路产品的能力，预期年销售收入可达15亿元，净利润2亿元，可提供1200多个就业岗位。公司产品占国内市场份额的20%左右。产品的国际市场主要分布在北美、南美、非洲、俄罗斯等国家和地区。目前，公司已与美国西屋集团签订了产品全球采购量30%份额的意向性购销协议。

公司地址：齐齐哈尔市龙沙区明海公路66号
联系电话：0452－617927815946219830
邮　　箱：jzl6179278@163.combing7654005@126.com
网　　站：www.jingzhuliang.com

黑龙江参鸽药业有限公司

黑龙江参鸽药业有限公司（以下简称参鸽药业）位于松嫩平原上的工业重镇齐齐哈尔市，是黑龙江省西部地区最大的中成药生产企业之一。老厂位于齐齐哈尔市建华区军校街248号，占地面积1.13万平方米；2014年新增厂址位于富拉尔基经济技术开发区，占地面积9.3万平方米。参鸽药业注册资本4695.5万元，现有员工275人，其中工程技术人员38人，占总人数的13.8%。

参鸽药业前身普太和药房始创于1910年，至今已有105年的历史，从“坐堂先生”诊脉开方、前店后厂、看病抓药一条龙的传统方式做起，历经三代传承，到1956年由正心堂药局、中原大药房、先锋安瓶厂、起华制造所联营组建成国药生产合作社。在百年的发展中，参鸽人始终坚守“药乃仁业质唯上”的制药理念，以“参鸽中药，真材实料”“做放心药，做良心药”为宗旨，采用北方得天独厚的地道药材生产，传承下了制药过程中精益求精的严细精神，以及独特的炮制工艺，产品以配方独特、选料上乘、工艺精湛、疗效显著而深受广大患者的青睐。100年来，参鸽中药为东北地区的卫生保健和防病治病起到了重要作用，其未来发展空间巨大，价值无可限量，现已为省级非物质文化遗产，参鸽药业将以“百年参鸽无凡草，药石不语真良言”和“毋减毋糙修精品，勤心勤力济苍生”的企业文化和经营理念世代传承，流芳百世。

为加快企业的升级换代，2011年投资2.39亿元在富拉尔基经济技术开发区开工建设中药生产基地。新厂建设总占地面积9.3万平方米，一期工程用地4.6万平方米，总建筑面积2.3万平方米，引进国内先进的全自动生产线，配备了精密的检验仪器，产能大幅度提高，产品质量更加均一、稳定。该项目连续三年被列为黑龙江省重点产业项目，2010年被国家发改委列为东北老工业基地调整改造专项项目；2012年获得黑龙江省政府重点生物产业项目；2013年获得黑龙江省科技厅产业投资项目，三年累计获得资金支持2810万元。

企业结合自身产品和工艺特点，按照国内中药现代化先进水平的标准设计建设，车间工艺平面布置合理，配备了规模大、自动化程度高的丸剂、片剂、胶囊剂生产线，辅以自动化的中央净化空调系统、纯化水系统、压缩空气系统等完善先进的公用工程设施，以及粉尘、噪声、污水处理等环保设施，保证药品生产稳定高效，产品质量优良；质检和研发中心装备精良完善，充分保证产品品质和技术先进性。全厂从装备水平到生产效率、产品品质保障能力、节能环保各方面指标均达到国内中药行业先进水平，为企业全面转型升级奠定了坚实基础。2014年12月12日公司丸剂（蜜丸、水蜜丸）、散剂、中药前处理通过新版GMP认证，2015年2月5日获得GMP证书。认证专家对参鸽药业的发展建设给予高度评价：它的建成投入引领齐齐哈尔乃至黑龙江省医药行业的大发展，它代表了黑龙江医药产业发展的新高度！

经过多年的努力与实践，参鸽药业不断发展和壮大，积淀下了丸剂（大蜜丸、水丸、水蜜丸）、片剂、散剂、颗粒剂、胶囊剂、酒剂六大剂型174种产品，形成品种系列化、品牌化，并包含了国家医保目录品种104个，基药品种53个。其中，独家产品风寒双离拐是普太和大药房的秘方产品，拥有自主知识产权，针对风湿骨病有确切疗效；娃娃宁泡腾片为自主研发的国家级四类新药，是儿科用药的首选；原研产品史国公酒为民族英雄史可法遗方改良而来，曾荣获“黑龙江省优质产品”称号。这些优秀产品是参鸽药业一代代科技人员呕心沥血的结晶，更是参鸽药业适应时代发展潮流，得以不断发展壮大的基石。

近几年来，参鸽药业以“稳中求进，快中求好”为原则，追求最大经济效益和社会效益，取得了丰硕成果，也得到各级政府和广大消费者的认可。2007年，国家商务部授予参鸽药业“中华老字号”证书；连续多年被国家科技部评为“国家级高新技术企业”；2013年，参鸽药业被评为“黑龙江省诚信示范企业”；连续多年获得“黑龙江省名牌产品”“黑龙江省用户满意产品”等殊荣；“参鸽”牌商标连续荣获黑龙江省著名商标；参鸽牌血府逐瘀丸、明目蒺藜丸、娃娃宁泡腾片、风寒双离拐胶囊、接骨七厘散、止咳喘颗粒等多个品种被评为高新技术产品。这些无疑为崛起的参鸽药业插上了腾飞的翅膀。

2015年百年参鸽开启新的百年征程，这是沉香蕴华的积淀，是令世人瞩目的传承与发展。参鸽将紧跟药业发展的历史契机，依托现代科技，百年文化软实力的优势，以“承中药之文化，扬国药之精髓”，致力于民族产业的传承与发展，成就众多杰出的中成药经典，厚积薄发、继往开来，铸就着中药文化发展的历史丰碑！

公司地址：黑龙江省齐齐哈尔市建华区军校街248号
黑龙江省齐齐哈尔市富拉尔基区纬四路南纬五路北
联 系 人：陈洁
联系电话：4000－814－999 0452－6918000

邮　　箱：hlj_ sgyy@ 163. com
公司网址：www. hljshenge. com

哈尔滨朗昇电气股份有限公司

哈尔滨朗昇电气股份有限公司（股票代码：831593）创立于2005年3月，是专门从事电力产品的研发、制造、电力工程设计及电力工程施工的股份制企业，是国家高新技术企业。下设哈尔滨瑞兴变压器制造有限公司、哈尔滨奥普特电气有限公司、哈尔滨瑞兴达物流有限公司及黑龙江省博瑞特高新技术开发有限公司（研发中心）。公司坐落于哈尔滨市平房区哈南工业新城星海路19号，占地面积10000平方米，其中生产厂房面积12000平方米，办公楼2200平方米。

公司主营业务为高低压成套设备的制造、节能产品的制造以及电力施工工程。目前是黑龙江省输变电设备行业的龙头企业。随着我国城乡电网升级改造的大面积展开和超高压电网维护以及智能电网的建设提速。预计未来输配电成套设备的需求将大幅增加。据国家输配电行业协会预测，每年市场需求量将保持20%以上的增张，而且由于黑龙江省的特殊地理位置和市场情况，今后增长速度将更高。市场前景良好。

公司主导产品有：气体绝缘真空断路器柜、箱式变电站、高中低压开关柜、配电变压器、直流屏、电缆分支箱、高压起动柜、动态无功补偿装置、智能封闭母线、电缆桥架、电力配件等。公司具有机电工程Ⅴ级承装、承修、承试资质，承接电力施工工程。有进出口业务资质，产品远销至非洲、东欧、东南亚等国家和地区。另外，我公司自主研发的智能低压开关设备和封闭电缆接头健康诊断系统填补了国内空白，市场前景广阔。

公司技术力量雄厚，设有输配电行业技术研发中心和产品设计中心，专业技术人员占公司总人数的20%以上，且全部具有大学本科及以上学历。生产部门分为机械加工、铆焊、电气装配、表面喷涂四个车间。公司设有严谨专业的质检部和高效的售后服务部。各部门建立了严格的标准化审核程序，产品制造及检验严格遵照ISO9001国际质量管理体系规程执行。公司严把产品质量关，荣获黑龙江省质量技术监督局颁发的黑龙江省质量奖证书。

公司拥有先进的加工制造设备，（比利时LVD公司）数控冲、剪、折钣金制造设备和先进的激光切割机、母排加工机、导线自动下线机等专业机具及先进齐全的出厂检测试验设备。所有钣金、装配、喷涂、调试等操作人员均具有十分丰富的工作经验，是公司能够优质、高效制造产品的有力保障。公司的年设计生产能力近五亿元。

居安思危，为了增强企业的核心竞争力，公司本着“先做强，再做大，练内功，成大业”的方针，稳步发展。公司将在三年内逐步发展为产业链完整，技术优势明显，产品科技含量高的制造企业。通过创立或收购电力设计院、升级电力施工资质等一系列完善措施，将打造成一家具有国际竞争实力的总承包集团公司。为了保证可持续发展，公司还将与国内知名院所合作，不断开发新产品。自由创新，打造“中国制造”。同时，还将积极寻求与施耐德、ABB、西门子等企业的合作，不断提升自己，完善自我。

“打铁还需自身硬”公司将不断进取，逐步建立起现代化的企业管理制度，打造一流的管理团体和员工队伍。

我们的宗旨是“诚信至上、科技争先、打造国际一流企业”。我们坚持“诚信立足，创新致远，服务社会，共赢未来”的经营理念，用情做人，用心做事，追求卓越、精益求精。以一流品质、一流服务为广大用户提供满意的产品和服务。

联 系 人：陈满生
联系电话：0451 – 82932299 13704518666
邮　　箱：langsheng_ electro@ 163. com
公司网址：www. lsecn. com

上海东升焊接集团有限公司

上海东升焊接集团有限公司是一家国内专业研发和制造各类焊割电源设备及成套设备的集团化企业。自创立以来，一直致力于研发和制造各种先进性、实用性的焊割设备产品，集团拥有良好品牌形象及先进的经营理念，为社会和用户奉献出优质的产品和服务。集团拥有专业的管理人才和优秀的设计团队，有大批掌握着精巧工艺技术的工人，有一支管理高效、服务一流的专业营销队伍。同时，与上海交通大学、同济大学、复旦大学和上海市焊接协会、学会等著名高校、专业协会联手，以高校产学研项目合作，建立研发平台，增强企业品牌和产品自主创新能力及市场竞争能力；集焊接设备、焊接工艺于一体，为用户提供全过程的解决方案。

集团主要产品有IGBT单管逆变焊机、数控切割机、焊接机器人、传统弧焊机等产品，并可根据用户需求设计制造各种专用焊接设备及焊接成套设备。产品广泛应用于航天、航空、造船、汽车、锅炉、化工、矿山、建筑、油田、钢构、冶金、机械等行业，获得了用户的一致好评。

近年来，随着科技的不断发展，中国企业面临用工难、成本不断增加等因素，机器人这个新兴行业不断崛起，集团战略性地进入了机器人行业，紧跟政府制定的“中国制造2025”计划的实施，对工业机器人4.0的发展和应用领域做了深入的了解，自主研发国产机器人，同时搭建全国性的机器人连锁服务平台——“机器人365”，利用此平台全面整合机器人领域，协同企业提高生产效率，推动中国制造业的产业升级做出贡献。

地址：上海市奉贤区叶庄公路111 – 121号
电话：021 – 57463991
网址：http://www. sh – donsun. com

上海广为电器集团有限公司

上海广为电器集团有限公司（以下简称广为）最早建厂于1997年，历经了作坊式手工生产、传统生产流水线制造和基于物联网的智慧制造发展阶段。核心成员企业有上海广为电器工具有限公司、上海广为焊接设备有限公司、上海广为美线电源电器有限公司。创业十余年来，广为始终专注于12V汽车随车工具和逆变焊机领域，依靠诚信的经营理念、不懈的技术创新和严格的质量控制，使企业在激烈的国际市场竞争中逐渐取得了领先地位，在同行业中具有优势地位。

历经十余年精心的国际市场耕耘，广为的销售区域已遍布七大洲，拥有美国林肯、固特异、德国博士、法国米其林等多家世界知名企业客户，并与之建立了良好的业务往来和技术合作关系，拥有稳定的市场份额。2014年广为实现营收6.3亿元，其中出口创汇超过1亿美元。在全球经济放缓、人民币升值的大背景下，广为近三年的销售收入仍保持着平均约10%的增长率。

据中国机电产品进出口商会统计，2014年，上海广为电器工具有限公司汽车应急启动线类产品出口额2633.9万美元，位列全国同类产品出口排行第1位，占全国同类产品出口份额的26.2%；上海广为焊接设备有限公司逆变焊机类产品出口5655.4万美元，位列全国同类产品出口排行第1位，占全国同类产品出口份额的12.3%。

未来几年，广为将以智能制造为主要抓手，争取到2018年实现销售规模突破10亿元，人均产值超过200万元，单位面积产出超过5万元/平方米，努力打造广为成为全球知名的逆变焊机和12V随车工具品牌企业。

地址：上海市闵行区虹梅南路4916弄18号
邮编：200241
电话：21－64501185
传真：21－64501187
网址：http://www.guangwei－china.com

上海和鹰机电科技股份有限公司

上海和鹰机电科技股份有限公司成立于2006年，公司以成为“全球软性材料裁剪专家”为经营宗旨，以普及自动化裁剪技术促进下游产业升级为已任。公司生产的数控裁剪设备连续8年市场占有率第一。产品广泛应用于服装、箱包、鞋帽、汽车内饰、航空航天、家居等行业的软性材料裁剪领域。

目前公司已完成三维人体测量、3D试衣系统、CAD排料软件、自动铺布机、数控裁剪机、定寸裁断机、智能吊挂系、智能仓储系统等系列产品的全面整合，是全球率先集缝前、缝中、缝后整个服装工艺产品线于一体的数字化设备解决方案供应商。公司总部位于中国上海。在上海、江苏拥有两大生产基地，在全国设立了几十家办事处，并在美国、日本、德国设立子公司。产品销往亚洲、南美洲、北美洲、欧洲等国家和地区。

地 址：上海市浦东新区秀浦路2388号A栋17楼
电 话：021－6118 2378
传 真：021－6118 2380
Website：http://www.yingroup.com

上海天诚通信技术有限公司

上海天诚通信技术有限公司隶属于天诚智能集团，天诚智能集团是目前国内率先从事全系列弱电线缆、综合布线产品及管线安装和智能家居、企业云、IP广播等智能化产品研发、生产、销售，及工程方案设计、营运与建筑智能化云平台服务的集团企业。作为集团重要成员，上海天诚通信技术有限公司成立于2002年，核心业务是“智能化布线产品”“IP网络音视频广播产品”及相关系统集成解决方案的产品提供商。

公司产品通过国家信息产业部、泰尔认证中心、国家质量监督管理中心等国家权威机构的检测和认证。作为国家综合布线工作组的会员单位，公司参与了多项国家标准、行业标准的编撰。至今为止，公司已获得实用新型专利授权15项，外观设计专利1项，商标注册1项，获得“高新技术企业”“上海市科技小巨人”“上海市高新技术成果转化项目”等众多荣誉，并于2010年、2011年、2012年、2013年、2014年连续5年获得了“中国市场综合布线十大品牌”等殊荣。

地址：上海市松江区光星路618号
电话：021－57783666
传真：021－57783000
网址：www.tcgroup.com.cn

上海嘉成轨道交通安全保障系统股份公司

上海嘉成轨道交通安全保障系统股份公司（以下简称嘉城股份）成立于2002年，公司现有员工近200人，其中研发团队40余人；公司拥有技术中心、测试实验室及设备系统生产基地，具有强大的技术开发实力和完备的运营保障售后服务支持系统。

嘉成股份自成立以来，承担了多项国家科技部和上海市科技创新项目，先后获得了国家高新技术企业称号、国家民营科技发展贡献奖、上海市科技小巨人企业、上海市优秀工程咨询一等奖、2013年度上海市重大工程优秀集体称号、2014年度上海市市政工程金奖、上海市重大工程质量优胜奖、上海市品牌产品、上海市高新技术成果转化项目百佳奖、上海市专利工作试点企业、上海市专精特新企业、上海市自主创新产品、文明单位、企业技术中心、经济贡献奖等荣誉称号。

随着国家“十三五”规划的提出，更好地体现出生态文明建设的要求，采取有力措施促进绿色循环低碳发展，推进生态环境保护。嘉成股份将“社会公共安全、节能环保、绿色科技”作为科技创新重点，多年来投入研发资金近亿元，已拥有专利一百多项，研发了系列轨道交通安全系统、空气净化系统、基于物联网的环保生态型工厂化水产养殖智能装备，并以智能化循环水系统为基础，结合国家文化建设的战略，积极打造中国首创的鱼文化科技主题馆，作为具有一定影响力的文化科技项目与迪士尼乐园同步建成、交相辉映。

地址：上海市普陀区祁连山南路 2891 弄 105 号 408 室
邮编：200331
电话：021 －32533116
传真：021 －32533115
网址：www. shjiacheng. com

常州市同和纺织机械制造有限公司

常州市同和纺织机械制造有限公司成立于 1999 年，注册资本 1188 万元。公司主营各类棉、毛纺细纱机、粗纱机、集聚纺装置、罗拉和摇架，其中后三类产品的产量、质量、品种均居世界第一，市场占有率分别为 50%、70%、40%，是中国纺机协会副会长单位，江苏省高新技术企业、江苏省创新型企业。建有“江苏省高端智能纺机装备及牵伸专件工程技术研究中心”和“江苏省高端智能纺纱成套装备工业设计中心”。

公司生产的 TH578J 型集聚纺自动落纱细纱机攻克了集成式集聚纺自动落纱细纱机的技术难题，达到国际先进水平，填补国内空白。主要特点：

（1）高速结构设计，平均运行速度较传统结构细纱机提高 30% 以上。

（2）自动化物流输入系统。

（3）物联网技术，实现对用户的远程实时监控。

（4）实现模块化设计，组装结构稳定、装机效率提高 30%。

产品已拥有授权专利 33 项，其中发明专利 6 项；受理专利 5 项，其中发明专利 2 项。2013 年 2 月通过部级科技成果鉴定，鉴定意见为产品性能达到国际先进水平。目前产品已经形成产业化。

联系人：鲍玉荣
电　话：13606146469
E -mail：swgs2001@ pub. sz. jsinfo. net
sm – sales@ jssw – metal. cn
http　：www. jssw – metal. cn

常州方圆制药有限公司

常州方圆制药有限公司是常州市生物医药行业骨干企业之一，是一家集化学创新药物、生物技术药物、诊断试剂开发、生产、销售于一体的高新技术企业，被评为国家火炬计划重点高新技术企业。公司主要产品有硫酸依替米星及制剂、更昔洛韦及制剂、帕米膦酸二钠及制剂、复方骨肽注射液、地氯雷他定及片剂等产品，建有 76000 平方米高标准的生产厂房和先进的质量检测化验中心。

公司坚持科技创新，近三年研发投入占销售收入的 10% 以上，在氨基糖苷类抗生素领域处于国内领先地位。“创成”商标荣获中国驰名商标称号，被评为为国家重点新产品、江苏省高新技术产品、江苏省名牌产品和江苏省优秀新产品。

联系人：蒋维平
电　话：85121666

常州精研科技有限公司

常州精研科技有限公司成立于 2004 年 11 月，注册资本 1444 万元，现有职工 883 人。是一家专门从事粉末冶金注射成形技术研发，并将这一技术应用于大规模生产的内资企业。主要产品有：手机卡托、手术刀柄、胃镜钳头、笔记本金属风扇、智能手表表扣等高精度、形状复杂、机械性能良好、外观精致的各类金属结构件。公司通过了 ISO9001：2000 版质量管理体系认证，并连续获得“国家火炬计划高新技术企业”“江苏省高新技术企业”等荣誉，目前是“江苏省钛合金粉末注射成型技术工程中心”的承建单位。

一、成功案例：笔记本电脑金属风扇零件

2014 年，联想集团向全球用户发布全球最薄笔记本电脑“YOGA 3 PRO”，13. 3 英寸，重 1. 19 千克，厚度仅为 1. 28 厘米。在如此轻薄的笔记本中，内置了一整套散热模块：业界率先使用粉末冶金工艺一体成型的散热风扇，这也是全球最薄的金属风扇之一。这款风扇正是出自于公司总工程师梁爱民带领的设计研发团队。该产品采用金属粉末注射成形工艺加工制造而成，拥有多项自主知识产权，申请发明专利 2 项，授权 1 项，实用新型专利 5 项。

二、对外联系方式

地　址：常州市钟楼开发区童子河西路 16 －8 号
联系人：邬均文
电　话：13915891019
邮　箱：wujunwen@ jsgian. com

金石机器人常州有限公司

金石机器人常州有限公司成立于 2010 年 9 月，是国内首批研发和生产桁架式工业机器人的专业公司，技术管理团队具有 12 年的桁架机器人研发和制造的经验，是国内率先大批量在桁架机器人上成熟使用滚轮导轨（欧洲标准）的公司，产品最大的抓取能力超过4吨，在大型桁架机器人和重型桁架机器人领域填补了国内空白，整机技术在行业内处于优势地位，是有望超越国外同类产品的桁架机器人，能广泛运用于各种高端智能制造、特别是重型智能制造场合。

采用三个直线轴和三个以上的旋转轴实现六自由度，是直角坐标和关节机器人优势的完美结合，能够提供数字化、无人化车间乃至互联工厂建设的整体解决方案。

公司现为国家级高新技术企业、江苏省民营科技企业、江苏省科技型中小企业、江苏省两化融合试点企业，“D2 重型桁架式机械手”（应用于马钢晋西轨道交通装备有限公司车轴生产线）被评为江苏省首台（套）重大智能装备和关键部件、江苏省高新技术产品，“桁架式机械手在数控机床上下料中的应用”被认定为2014年度省工业和信息产业转型升级专项引导资金“专新特精发展项目”，并获江苏省财政厅、江苏省经信委2013年度省工业和信息产业转型升级专项引导资金扶持。

目前公司拥有发明专利5项，实用新型专利14项，外观专利2项，软著4项。

联系人：肖鑫

电　话：0519－83600228 18505209118

邮　箱：xiaoxin@stonrobot.com

碳元科技股份有限公司

碳元科技股份有限公司成立于2010年8月，是一家专注于碳材料在电子产品散热领域的高新技术企业，是国内率先量产人工合成高导热石墨材料的企业，是常州龙城英才计划第一批重点建设企业、国家高新技术企业、江苏省优秀民营企业、民营科技企业、江苏省科技小巨人。公司以世界领先的石墨散热技术，服务于国内外多家手机及平板电脑厂家。目前主要客户有中兴、华为、联想、欧珀、小米、三星、HTC等，涵盖了手机行业一半以上的厂家。

公司紧抓时代热点，专注技术革新、秉承高性价比特色，拥有完全自主的知识产权，现有授权专利32项，其中发明专利9项。公司是一家蓬勃发展的新兴企业，2011年9月投产，当年实现盈利，2012年销售破亿；2013年销售额超2.7亿元，利税突破1亿元，2014年销售达3.3亿元，现公司占有80%的市场份额，并且仍保持着持续增长的态势。为了更好地适应市场的快速发展，公司于2013年4月在西太湖科技园开工建设8万平方米石墨散热膜产业园，2015年预计销售达5亿元。

联系方式：0519－81581151

安徽省

安徽白兔湖动力有限公司

——坚持走“专精特新”发展之路推动科技创新促进企业发展

公司清楚认识到要增强企业核心竞争力、企业的发展离不开科技创新，公司把企业科技创新作为可持续发展的头等大事来抓，坚持走“专精特新”发展之路，加速企业转型升级发展。

一、企业发展成就及发展特点

安徽白兔湖动力有限公司，始终专注于内燃机零部件的研发、生产及销售。现有职工860余人，各类工程技术人员275人。位于安徽省桐城市经济开发区白兔湖工业园内，占地面积500亩，建筑面积约18万平方米，拥有总资产4.9亿元，各类设备1640多台（套）。主要从事集内燃机曲轴、缸套、活塞等关键配件的研发、设计、生产与销售为一体的科技型企业，是安徽机械制造行业的骨干企业，国家高新技术企业、产学研联合示范企业，拥有省级优秀企业技术中心、省级博士后工作站。现通过ISO9001质量管理体系认证、ISO10012计量检测（保证）体系认证、ISO/TS16949汽车质量体系认证和AAAA级标准化良好行为企业认证等体系认证。另外，还先后荣获安徽省质量奖、安徽省诚信企业、安徽省民营科技先进企业等280多项荣誉。公司现拥有发明及实用新型专利近40项，先后主持或参加国家和行业标准制定13项，其中6项已颁布实施。根据中国汽车工业协会和内燃机工业协会统计数据，公司产品在全国同行业中综合实力名列前三之内。“白兔湖”商标为“中国驰名商标”“白兔湖”牌气缸套、铝活塞、曲轴产品荣获“安徽省名牌产品”称号，已拥有很高的市场知名度，公司产品与潍柴、玉柴、常柴、锡柴、扬柴等60多家知名主机企业配套并远销美国、俄罗斯、东欧、非洲、东南亚、南美等几十个国家和地区。

企业近期所获主要荣誉

序号	获得的荣誉名称	授予部门	授予时间
1	省优秀企业技术中心	安徽省发改委、经信委、科技厅、财政厅等	2012.8
2	高新技术企业	安徽省科技厅、财政厅、国税局、地税局	2013.10
3	中国驰名商标	国家工商总局商标局	2009.9
4	安徽名牌产品	安徽质量技术监督局等	2012.12
5	安徽省博士后科研工作站	安徽省人力资源和社会保障厅	2012.1

续表

序号	获得的荣誉名称	授予部门	授予时间
6	安徽省产学研联合示范企业	安徽省经信委、教育厅	2009.12
7	安徽省自主创新品牌示范企业	省发改委、经信委、商务厅、财政厅等	2012.1
8	安徽省质量奖	安徽省经信委	2010.11
9	安徽省汽车零部件知名企业	安徽省企业品牌促进会等	2011.11
10	守合同重信用单位	安徽省工商行政管理局	2013.6
11	AAAA 标准化良好行为企业	安徽省质量技术监督局	2011.2
12	先进基层党组织	中央组织部	2012.7

序号	标准名称	标准号
1	内燃机主轴瓦及连杆轴瓦技术条件	GB/T1151 –2012
2	内燃机整圆主轴承技术条件	JB/T9760 –2011
3	内燃机镶耐磨圈铝活塞技术条件	JB/T9762 –2011
4	内燃机铝活塞用内冷油道盐芯技术条件	JB/T11208 –2011
5	内燃机气缸套高磷铸铁金相检验	JB/T5082.2 –2011
6	内燃机气缸套平台衍磨网纹技术规范及检测方法	JB/T5082.7 –2011

企业主持或参与制定且已颁布的国家和行业标准

公司专利证书

截至 2012 年年底公司授权专利 36 项；2013 年受理发明专利 7 项，实用新型专利 12 项。

二、企业在“专精特新”方面主要做法和经验

（1）观念创新，奠定企业创新发展的基石。几年来，公司上下求真务实，努力营造心齐、风正、气顺、劲足的工作氛围。以“诚信为本”塑造企业的良好形象，公司提出了“转型”的中心工作，以科技进步、自主创新为先导，不断优化产品结构，增强成套能力，开拓国际市场，全力实现由速度效益型向质量水平效益型转变。公司提出了以创新促发展，打造国内领先的现代化企业的目标，以观念的创新推动各项工作蓬勃开展，为企业自主创新奠定了坚实的基础。

（2）加快技术中心和试验室建设，打造创新平台公司投资 1500 多万元加大技术中心和试验平台建设，将技术中心建设成国内一流的研发中心。同时，建立理化试验室、检测中心试验室，打造公司产品的创新平台。

（3）为增强企业的持续创新能力，不断加大技术创新投入力度，提升企业核心竞争力。公司致力于打造技术先导和创新型科技企业，连续多年科技投入在 5% 以上。

公司近三年研发投入情况

年度	2012 年度	2011 年度	2010 年度
研发投入（万元）	2958.31	1603.59	780.61
营业收入（万元）	55817.56	31443.24	15612.95
所占比例（%）	5.3%	5.1%	5.0%

（4）技术人才的引进和培养竞争靠的是人才。加强技术人员队伍和素质建设，引进人才，逐步培养自己的专家队伍，是公司坚持的人才战略。通过对广大工程技术人员进行系统培训，提高技术中心的整体素质。聘请德国和日本专家来公司指导。在人才激励机制方面，强化以工作环境和待遇留人，技术人员收入直接与绩效挂钩，以贡献核定收入，真正实现了能者多得，庸者少得，闲者淘汰的竞争机制。

（5）发展产品优势，培育产品特色公司以企业技术中心为创新主体，围绕产品特色抓科技创新，加大自主创新和再创新力度，结合当前国际、国内先进技术和市场需求的发展趋势，巩固主导产品优势，提高产品的技术含量，开发专有技术。目前，公司气缸套、铝活塞、曲轴等主要产品，技术达到国际先进和国内领先水平。近两年公司自主开发省级高新技术产品 9 个和省级新产品 5 个。

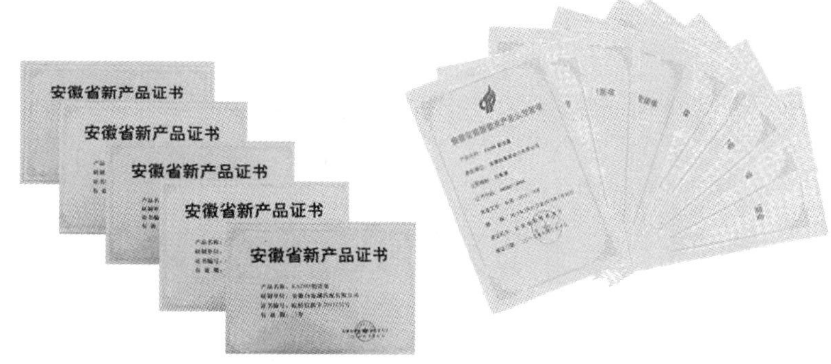

近两年获得省级新产品和高新技术产品证书

（6）围绕创新转型和新型战略产业升级，建设项目均是围绕生产瓶颈进行，引进的装备均是国内顶尖的技术装备。公司围绕产品结构和“专精特新”特点，加大技术攻关力度，目前基本形成了以汽车零部件制造出口基地形成了独特的加工能力。加强与国内知名院校、主机公司的战略合作。以高、精、尖的技术装备和检测手段为依托，加大工艺技术的攻关，提高技术水平和质量水平。现已具备了参与国际市场竞争的能力。

（7）加快企业信息化公司实施 CAXA/ERP 的集成应用，提高设计和管理水平。为技术人员从事技术创新创造良好的环境和平台。同时，加快设备的数控化升级改造，达到提高产品水平和生产效率的目的。

（8）具有较强的盈利能力和较高的管理水平。企业资产负债率始终处于合理水平之下，银行信誉等级连年被评为“AAA”级。公司秉承“诚信为本、客户至上、变革创新、精致管理”的经营理念，已建立了全新的现代企业管理制度。

三、企业下一步发展规划

根据汽车及其配件市场的发展现状及长远走向，公司适时调整了企业技术创新战略与规划，把战略重点从生产低附加值的普通产品向生产高附加值的高端产品转移，加速淘汰落后产能。将自主创新与合作开发有机结合，以自身的研发实力为基础，加强技术中心建设，依托多家大专院校、科研院所，加速研发拥有自主知识产权的专利技术与实现自主品牌的高新技术新产品投入市场。

企业依靠科技进步创效益，公司制定了“十二五”技术创新战略。公司将在 2014 年完成上市目标，为长远战略目标的实现打下坚实的基础。公司以汽车发动机核心零部件为发展方向，定位于世界一流的汽车、船用发动机核心零部件的生产、研发、人才基地。

淮南万泰电子股份有限公司

——构建创新体系打造“万泰”品牌

一、企业发展成就及发展特点

淮南万泰电子股份有限公司成立于 2009 年，前身是成立于 1998 年淮南市万泰电子有限责任公司。是一家集矿用电子产品的开发、生产、销售、服务于一体的国家高新技术企业。公司立足于让煤矿生产更安全，围绕感知矿山、逐级分解、实现终端产品的物联网功能为指导方向，现主导产品有智能化高低压起动器、智能化多功能组合开关、电控监控系统、智能化高低压馈电开关、各类智能化传感器、通讯照明系统、智能化软启动器、变频器等 8 大系列 300 余种。

公司注册资本 5408.844 万元，员工 700 余人，目前下设万泰上海分公司、沈阳万泰科技有限公司、淮南万泰荣博照明科技有限公司等 3 个分、子公司。2012 年公司总资产近 5 亿元，公司实现了销售收入

3.05 亿元，利润总额 5680 万元。

公司重视人力资源的建设、管理与投资，强调企业运作效率与员工的持续培训。在公司的经营中运用科学的手段管理企业，牢固树立“不接受不良、不制造不良、不输出不良”的质量方针，尊崇“营造优秀的企业文化，制造高质量的产品，奉献全方位的服务”的企业宗旨，坚持以销售为龙头，以技术创新为依托，以科技进步为推动力，以开发高新技术产品增强市场竞争力，以增加就业岗位回馈社会，以感恩的心为客户提供超值的服务，不断壮大企业规模，增强企业发展动力，勇于承担社会责任，努力把公司建设成一个高科技现代化的优秀企业。

二、在“专精特新”方面主要做法和经验

（一）强化自主知识产权，掌握产品核心技术

我国防爆电器起步于 20 世纪 50 年代，至今已经历了 50 多年的发展历程。改革开放后，进入了快速发展的时期，但现整个产业依旧呈现集中度低，生产企业过多的现状。在这样的行业环境下，要想能够脱颖而出，其产品技术水平，拥有核心的自主知识产权就尤为重要。

公司成立以来就十分重视企业的知识产权保护，采用了多重举措加强知识产权管理工作，制定了专利、标准、软件相结合知识产权战略。企业成立专门知识产权管理部门，直接由企业总工程师领导，并聘请资深专利代理人对公司的知识产权工作予以指导，以保护企业的核心利益。

2010 年公司被列入“全国企事业知识产权试点企业”。截至 2012 年，企业拥有专利 85 项。在重视企业知识产权体系建设的同时，更加注重成果的转化，专利技术均在第一时间转化为产品，增强了产品在市场上的核心竞争力。

加强“产学研”联合，共同建设研发机构。

公司自成立以来，坚持“产学研”紧密结合，积极利用外部科研力量，提升公司研发水平。2004 年公司成立企业技术中心，2009 年被省经信委认定为省级企业技术中心和省产学研联合示范企业。

在多年的实际工作中，企业摸索出一套适合企业发展的产学研结合的工作方法。2009 年企业与安徽省理工大学联合建设“安徽省矿用电子工程技术研究中心”，致力于煤矿综合自动化的研究。多年来，每年研发出十余种新产品，其中“矿用隔爆兼本质安全型真空组合开关”获得 2011 年国家重点新产品称号，另有 11 个产品获得安徽省高新技术产品的称号。

现公司又与中国科学技术大学地球和空间科学学院共同成立“万泰－微赛思微地震联合实验室”，致力于微地震技术在矿山动力灾害预警、矿产安全开发方面的应用。这将大大加强万泰在我国防爆电器行业技术领先的优势。

这种与高校联合建设研发机构、平台的产学研合作的方式，开拓了新的合作模式，更加深入的促进高校与企业间的技术交流与合作，推进研发中心各项目与课题的研发，保证了公司对前瞻性技术研究的投入，更快的推进研发成果的产业化转化。

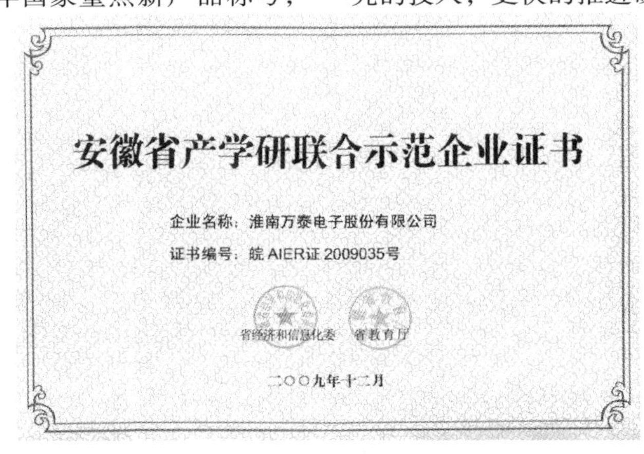
安徽省产学研联合示范企业证书

企业名称：淮南万泰电子股份有限公司

证书编号：皖 AIER证 2009035号

省经济和信息化委　省教育厅

二〇〇九年十二月

（二）建立倡导鼓励创新的企业文化

公司积极推进鼓励创新的企业文化建设，在公司内部形成倡导创新的良好组织结构和人文氛围。公司组织经常性的企业内部技术交流活动，同时保持员工与国内外先进技术接触交流的信息渠道畅通，使员工能不断跟踪国内外先进技术；鼓励知识产权保护和专利申请，对专利的主要贡献人以及主要的著作权人给予表彰和一定的物质奖励；鼓励公司员工提出创新的技术或产品建议，对表现突出的创新型人才破格提拔，使公司对员工保持持续的凝集力和向心力，增强核心技术人才队伍对公司的归属感。

（三）公司建立了有效的激励约束机制

公司在薪酬激励上向科技人员倾斜，对有特殊贡献的技术人员给予重奖。公司在研发体系中建立科技带头人、关键技能带头人制度，加大对科技带头人、关键技能带头人的考核和奖励，从而稳定了公司的核心技术人员和关键人员，提高公司竞争力。另外公司将加快人才队伍建设，不断完善人才选拔、培养机制。公司专门制定了技术人员激励制度，对在技术工作中有特殊贡献的工程技术人员，可破格提级，可不受学历、工作年限的限制，并提供更多的工作机会，为人员知识与技能的提升创造更好的条件。

（四）强化品牌意识、打造万泰精品

公司坚持自主品牌的建设，以“改变采矿现状、实现采矿自动化，使其更节能、更安全”为产品发展理念，开发拥有自主知识产权、高附加值的高端矿用防爆电器产品，努力打造“万泰”精品。2006年，公司注册了图像商标“ ”，2009 年，该商标被评为淮南市著名商标。2010 年又被评为安徽省著名商标。

公司在进行品牌的宣传上不遗余力，每年均参加国内外的大型专业展会。如：中国国际煤炭采矿技术交流会及设备展览会、中俄（呼伦贝尔）国际煤炭及能源工业经贸洽谈会、悉尼亚太国际矿业展、印度尼西亚国际采矿暨设备技术展览会等。并设立了多个 4S 店，为客户提供优质、快捷的售前、售中和售后服务。这些举措使得万泰牌的矿用电器产品在业内享有很高的知名度、扩大了品牌影响力。

三、下一步发展规划

公司始终围绕以实现感知矿山为导向，充分发掘公司目前的核心技术优势和产品种类优势，继续加大市场拓展力度，提高现场服务水平，进一步提升品牌形象、公司知名度和市场占有率，进一步提升管理水平、规范公司治理，并通过不断引进高素质人才、整合行业等方式，实现“又好又快”的发展目标，努力将公司打造成为受全社会尊重的国内领先、国际先进的煤炭防爆电器领军企业，让公司成为榜样的愿景真正得以实现。未来发展方向具体如下：

（1）加大人才培养，夯实团队建设。公司处在快速的发展阶段，经营管理和技术研发对高端技术、管理人才的需求十分迫切。解决人才稀缺的问题既要加大外部的招聘力度，又要注重内部人才的培养，同时积极扩大同全国大专院校的合作，引进外部技术、人才支撑。

（2）按照以市场为导向、以客户为中心的理念调整公司的组织结构和薪酬体系，成立微震事业部和自动化控制事业部，统一负责研发、生产、服务，更好地满足客户需求。

（3）拓宽销售渠道和客户群体，加大对煤炭配套企业的销售力度，完善销售政策，进一步调动和激发业务人员的积极性。另外，积极发展代理销售渠道，同时，启动国际贸易，2013 年争取在俄罗斯、土耳其、南非、加拿大以及东南亚市场有所创收。

（4）进一步优化生产流程、完善工装模具、适度采用自动化设备以降低生产成本，并成立技改项目组，从研发与设计环节开始在产品设计、材料选用、生产工艺方面着手，进一步降低生产成本。

（5）加大研发投入和技术合作，在变频器产品系列、电控系统和微震系统方面提高自主知识产权，并通过应用开发促进功能的完善进而拓宽市场需求。

（6）适应客户需求升级的形势，大力提升煤矿子系统的研发、生产能力，以及工程实施能力。围绕微震系统、自动化控制系统、人员定位与通信系统和节能系统等万泰优势产品，大力提升新产品的研发和老产品的改进力度，组建技术团队，建立公平合理的薪酬奖励制度，积极与市场需求挂钩，激发科研人员积极性，研发提升自己的拳头产品，通过优质的产品、周到的服务来提升万泰的竞争力。

江西飞达电气设备有限公司

一、企业概况

江西飞达电气设备有限公司坐落于美丽的生态城市——宜春市，以高校和企业产学研联合科技创新团队为支撑。公司成立于 2004 年，是集专业制造起重机械安全保护装置、安全监控管理系统的研发、销售、系统集成、云计算服务于一体的高新技术企业。

公司拥有一支以新世纪百千万人才工程国家级人选为带头人，由 3 位博士生导师、4 位博士、5 位高级工程师、多名硕士研究生组成的研发团队。公司于 2004 年通过了 ISO9001：2000 质量管理体系认证，于 2008 年参与国家标准 GB12602－2009《起重机械超载保护装置》的起草、制定，于 2012 年参与国家标准 GB/T 28264－2012《起重机械 安全监控管理系统》的起草、宣贯工作，于 2012 年建立江西省起重机械安全监控管理系统工程技术研究中心，于 2013 年入选为全国起重机械臂架起重机标准委员会委员单位。公司基于国家标准研制出起重机械安全保护装置、起重机械安全监控管理系统，产品经国家指定型式试验机构检验合格。公司与江西省物联网与智能计算高水平工程研究中心合作，研制基于物联网起重机械监管云服务平台，为政府、企业提供信息服务。

为全面贯彻执行国家相关法规、行业技术标准，在“以人为本、科技创新”原则的指导下，公司致力于发展起重设备安全预防、保护的物联网管理和云监控平台，为政府监管部门、设备管理部门、设备使用企业等综合客户提供高端产品和服务。公司研制的安全保护产品，配套于全国800多家企业生产的单双梁桥（门）式起重机、港口起重机、建筑起重机等起重设备。

二、成功经验

公司致力于产品升级和创新，在产品技术创新、升级方面硕果累累。公司自主研发的安全监控服务平台为创新升级的“TXL型塔机安全监控管理系统”（该产品获评“江西省自主创新产品”“江西省重点新产品”“国家重点新产品”和“江西省科技厅2008—2009年度优秀科技新产品”）提供可靠的数据及信息服务，得到中小企业各界的一致好评。该技术经过省科技厅鉴定与国内同类技术比较，处于国内先进水平。该产品已成功推向全国市场并得到市场的验证及业界的高度评价。

自成立以来凭借企业的高素质人才、严格的质量管理体系、先进的设备、一流的工艺技术，依托华东交通大学高水平科技创新能力和实验平台，公司与华东交通大学、南昌市建筑行业安全管理监督站合作建设南昌远程监控服务平台，其中研发的“基于物联网的塔机群运行监控与安全管理系统”通过了科技成果鉴定，该技术通过了省科技厅组织的本领域院士、长江学者、杰青等专业鉴定委员会与国内、外同类技术比较认定为：整体技术处于国内领先水平，其中采用物联网技术对塔机群实现运行监控与安全管理处于国际先进水平。该产品在南昌市运行2年，通过应用情况产生了良好的经济效益和社会效益，并得到了南昌市建委的大力支持。公司研制的这套系统就是典型的工业物联网，实现了工业化和信息化的高度融合，通过两化融合解决起重机械安全信息“孤岛”问题，也是我们智慧城市，智慧建筑工地的发展方向。

三、对外联系方式

地址：江西省宜春市经济开发区宜工大道
电话：0795－3245168、3241828
传真：0795－3245060
网址：www. jxfeida. com
邮箱：jxfeida@ 163. com

江西钜维科技有限公司

江西钜维科技有限公司专业从事视频监控、基于3G/4G无线通信技术的数据采集与远程控制、北斗/GPS卫星导航监控定位、社会综合管理、应急管理、智能交通、智慧城市、环境监测领域的产品及软件设计、研发、生产与销售；软件开发；智能化工程的设计、施工与维护。

公司坚持自主创新原则，始终处于本行业技术发展的前沿，拥有多项具有完全自主的知识产权，软件著作权等，涵盖安防、警用、工业、民用视频监控系列等领域。

2009年应吉安市井开区领导的热情邀请，公司在井开区注册并成立。公司自成立起，目标为创立江西省标杆安防企业，目前是江西省内技术先进的公共安全示范企业，高新技术企业。公司创立了江西省内知名的安防品牌“钜维科技”，在近几年吉安发展历程中，得到了省市领导的亲切关怀及高度重视。目前公司拥有多项专利及软件著作权。2013年有3项产品通过江西省重点新产品鉴定，其中JW－03型移动智能监控一体机的研发获得国家科技创新基金，吉安市科技进步奖一等奖。2014年获得江西省守合同重信用AAA级企业称号。

目前企业产品已运用于江西省公安厅，江西省消防总队，江西省安监应急管理指挥中心，江西省应急指挥办，吉安市人民法院执行指挥中心，井冈山旅游车队应急指挥平台等单位。

一、“专”

公司先后获得ISO9001：2008质量体系认证证书，江西省安防一级资质证书，吉安市“重合同守信用”企业等荣誉和称号。获得省级创业创新大赛（企业组）三等奖，企业技术进步投资促进会会员证书。

公司目前已拥有专利8项，软件著作权6项，2个注册商标。自主研发的“公共安全远程视频管理平台”等产品已在省内外多个大型项目中使用并获得好评。自主研发的JW－03型移动智能监控一体机获得了国家科技型中小企业创新项目，并于2014年获得吉安市科技进步奖一等奖。

二、“精”

2012年为井冈山定制开发的“旅游景区远程综合管理平台”及“车辆GPS、远程视频监控管理平台”在风景秀丽的井冈山正式运行。获得了客户的好评，提高了井冈山的旅游安全和旅游服务形象。2012年公司作为江西省公安厅十八大应急指挥演习的唯一装备供应厂家，为江西省社会公共安全，城市应急指挥系统起到了重要的示范作用。2013年2月公司产品在江西省两会会场作为指定警用监控配套装备正式亮相，为两会的安保服务做出了自己的贡献。2013年8月省消防总队在新余市进行演习，公司的无人飞机受邀请首次精彩亮相江西省，空中航拍火情及整个演习过程同时传输到市级指挥中心、省级指挥中心和北京消防部局指挥中心，在消防领域首次实现了空地一体化远程视频实时传输，本次演习获得了巨大的成功。

三、“特”

公司自主研发的公共安全远程管理平台、JW－01型红外防爆监控摄像仪、JW－02型智能红外高速球形摄像仪与JW－03型移动智能监控一体机等系列产品为江西省内公共安全服务提出了新概念、指出了新方向，远程视频实时管理将成为智慧城市、智能交通的发展方向和重要组成部分。从2009年至今公司的发展为江西省安防行业起到了示范和带头作用，带动了省内安防销售、施工、安装等配套产业，提供了更多的就业机会，为地方经济发展做出了很大的贡献。目前，公司遵循客户要求量身定制最佳产品，本着不断完善服务引领市场。在公共安全行业领域处于省内领头，国内前列的地位，技术处于国内领先水平。因产品技术含量高，服务意识强，产品销售情况良好，供不应求。

四、“新”

三年来公司面临着巨大的市场发展前景，在金融、公安、军事等传统行业已得到普遍性应用，交通、旅游、建筑、电力、水利、气象、矿山、港口、教育及医疗等新兴安防应用行业对公司产品需求也呈快速增长趋势。

公司将发挥研发能力强，创造能力强的特点，为消防、警卫、交警、公安、人防、押运、旅游、电力、药监、水利、教育等行业提供可视化应急产品和3G/4G/卫星通信多网络融合空地一体化应急指挥系统建设方案。配合江西省“十二五”规划中信息化建设要求，为各行业量身定制完善的方案和产品。为江西省公共安全防范体系建设做出较为突出的贡献。

公司联系方式：4000－830－3450796－2099826

邮　　箱：kong_ yy50@163. com
网　　址：www. lneiec. net

江西森源科技有限公司

一、企业概况

江西森源科技有限公司，是江西省南昌市国家级高新技术开发区招商引进的企业之一，成立于2006年，注册资本3008万元，专注于配电网高低压成套设备的研发、生产及销售。经过近几年的发展，公司与江西省50多个市、县建立了业务往来关系，为顾客提供优质的产品和服务。公司产品还远销湖南、贵州、山东、云南、辽宁等省及广西壮族自治区。

公司自创立以来，对产品的质量层层把关，并不断完善和升级产品，获得了北京兴国环球“ISO9000”质量体系认证证书，相关产品取得“3C”国家强制性产品认证证书。公司所有产品均通过国家权威检测机构检测合格，2008年被南昌市工商行政管理局授予“重合同守信用单位”荣誉称号。

提供卓越的配电设备是公司的兴企之本，满足顾客的需求是公司的永恒追求。近年来公司不断加大科研投入，取得20多项专利；公司自主研发的ZW32－12F型户外分界真空断路器被江西省科技厅评为“江西省自主创新产品”，属国内先进技术水平；2014年4项新产品经过江西省科技厅、江西省工信委以及资深电力专家的鉴定，属于国内先进的新产品，其中户外高压喷射式熔断器经鉴定属于国内先进水平；并在同年取得了“江西省专精特新中小企业”及“高新技术企业”证书；2015年上半年成功申报3项省级重点新产品并通过鉴定。

面对新形势，森源人奉守“质量是本、信誉是根”的宗旨，不断提高产品服务意识，为广大客户提供优质的产品和一流的服务，携手共创美好明天。

二、成功经验

（一）业务开拓

公司自2006年成立以来，专注电力产品的研发生产和销售，仅从江西南昌市场开始，直到如今遍布全国十几个省及50多个县市，并在省公司招投标中多次中标。

（二）规模扩大

公司2006年成立之初仅有3名员工，办公用地只有几十平方米，发展至今已有50多名员工，厂房面积3000多平方米。生产团队和销售团队不断扩大，在云南、赣州设立了办事处。

（三）开拓创新

公司注重研发，逐年加大研发投入，截至2015年已经有21项专利，其中有6项发明专利。成功申请7项省级重点新产品并通过验收。公司自主研发的喷射式熔断器不仅被评为领先水平新产品，并成功申请企业标准。公司被相关政府部门评为“专精特新”中小企业、市级技术中心企业、高新技术企业等荣誉称号。

（四）企业文化

（1）早会文化：公司从2014年8月份开始，实行7＋1上班制，即1个小时开会学习，7个小时工作，达到“7 +1 >8”的管理效果。在开会学习的环节中，我们运用了美国缅因州贝瑟尔实验室发现的学习金字塔原理，在开会的过程中尽可能采用学习金字塔底层的学习模式，让每位员工把自己已经消化吸收的知识内容来向其他人讲授，这样能提高员工学习的主动性。公司整个早会程序遵照 PDCA 进行，早会中的每个模块也遵照 PDCA 执行，意义在于每天的早会中不断反馈不足，改进工作，周而复始。早会中的每个模块都会抽出一小部分时间，反复温故旧的知识点，让每一个知识点都深入人心，达到温故而知新的效果。通过一年的不断改进，如今的早会已经深具公司特色，每天的早会第一环节便是互动热身，通过唱歌、跳舞、做操等环节调动大家的热情，让接下来的环节状态十足。歌曲也是通过公司员工改编而成，有《咱森源的人》《三大目标八项注意》等。

（2）乐捐文化：公司设置乐捐制度的目的是为了让大家规范自身行为，并不是为了让员工去乐捐，引导员工出现问题向内看，从根本上杜绝重复犯错。森源人在不断学习中，每个人的素质都得到了提高，心态也得到了很大的改变，出现问题从逃避到积极面对主动承担责任。如今每个员工犯了错误，都能够主动承认，并从自身分析原因，用乐捐来表明自己的态度，用承诺来杜绝下一次错误的发生。

（3）PK 文化：公司通过设置一系列的 PK 项目（如：军训、户外拓展、课件大赛、销售业绩 PK、早会学习分享比赛等），让整个团队变得有激情活力，让每个小队伍变得更有凝聚力。通过每年五一、十一及元旦等大型节日，让员工参加各项户外拓展训练，并设置各种奖项激发员工的斗志，让员工在参与活动、比赛的过程中凝聚团队力量，去达成共同的目标，共同享受胜利的喜悦。

（4）军队、学校、家庭：公司向优秀企业借鉴，将企业文化的方向定为军队、学校加家庭，通过培训、拓展、团队 PK 等来实现。这样不仅能够让员工学会严明的纪律、进取的精神，更加让员工感受到家庭的温暖，让员工把公司当成自己的家，为自己努力，更加怀揣一颗感恩的心为公司的不断发展而努力。

三、对外联系方式

电话：0791 -87700229/87700230
传真：0791 -87700270
邮箱：mayy1008@163. com
地址：江西省南昌市高新区天祥大道 2799 号佳海产业园 26 栋
邮编：330095

江西林恩茶业有限公司

林恩茶业有限公司成立于 2001 年，经过 10 多年的发展壮大，目前已成为一家集种植、生产、加工、分装、研发、销售于一体的现代茶叶企业。下辖林恩实业、亚曼茶业、林恩茶研园、林恩浮梁县现代农业种植基地。位于南昌望城新区的生产基地拥有 10000 多平方米的食品级茶叶生产加工厂房，120 多人的产、学、研、销一体化的团队，控股，合作链接专业合作社，茶叶经纪人 30 多家，茶农 4000 多户，上游加工企业 80 多家，涉及茶园面积 50000 多亩，建立起横跨国内长江以南茶叶主产区的战略伙伴货源基地和遍及 5 大洲的海外销售网络。产品包括定位于国内中端市场的林恩商礼茶，服务老南昌百姓老字号的“春蕾”茉莉花茶系列，面向白领和时尚人士准备的亚曼英式红茶三大系列 50 多个品种，在南昌 、北京有直营店，加盟店 5 家。通过海外食品进口监管当局的连续 3 年验厂认定，产品 5 个类 40 多个品种 80% 以上以品牌小包装方式进入海外终端市场如麦德龙，沃尔玛，欧尚等，部分品种的市场占有率在 20% 以上，2011 年、2012 年、2013 年连续实现年经营茶叶 4500 吨，企业所在工业园作为劳动密集型农产品的亩均纳税在 16 万元以上，名列前茅，招收的失地农民工年收入以 25% 的速度上涨。

10 多年的发展主要积累了以下经验：

（1）始终贯彻安全健康制茶理念。

从指定茶叶产地、精挑细选原料、机械化清洁生产，将安全健康贯彻制茶的全过程。除自建的基地外，还与国内外 80 多家产茶基地紧密合作，高山出好茶，全球化的产茶基地，确保使用优质的原料。生产基地设专门的原料评审中心，每一批原料采购进来，会有专门的评审人员进行评审，并保存样本两年。同时设专门的追溯体系，每一批原料都有唯一的检索编号，整个过程全部通过纸质和电子文档备档 。确保茶叶在市场一有投诉就能很快通过追溯系统查到相关问题环节，减少事件带来的危害。采用欧洲最新卫生安全标准，自建了涵盖种植、加工、运输、包装物料、生产监控、检验检测和物流安全等多达 60 多个流程控制程序，以独一无二的细致与专注确定产品品质。

（2）持续保持产品研发创新热情。

坚持做与众不同的产品，一直保持产品创新热情，努力引导消费需求。设立了新产品研发部，与国内知名院校专家教授合作，紧跟国际市场潮流，引进专门人才从事茶产品的科技研发和持续创新，走环保、美味、多样化和便利化、国际化的消费新路子，引入国际大企业参与投资和全球合作，通过对茶产品的深入研究和海外市场的流行趋势摸索，围绕中国茶的多品种做文章，每年定期向市场推出一批国际流行的新类别、新口味、新款式，同时储存一批，准备一批，树立起中国茶在国际市场时尚、安全、健康的新形象，走在了产业链的最前端，实现了科技创新的最佳价值，近年陆续开发了林恩慢享、随享、果味茶、映象赣鄱、Mini、冷泡茶、春蕾等，每一款都是一种全新的体验。公司还引进和研发了一批新技术。2011 年上半年投资引进的金字塔型三角包环保型袋泡茶生产线投入使用，成为国内不多，省内率先引进三角包装生产技术的茶叶企业，产品已陆续进入京沪穗等地的中高端商超终端。企业的微胶囊缓释增香果味茶技术，全自动控制果味茶标准化加工技术荣获 2013 南昌市科技进步二等奖创新以食品安全为基础的全产业链新型茶业生产合作模式，国内率先按国际标准建造的千吨级立体专业货架式茶叶仓库已新近投入使用，果味茶自动化生产线已经实现量产。

（3）不断促进全产业链延伸升级。

从茶叶的种植，产品研发到产品生产、包装、品牌营销和文化推广，业态延伸，全力构建完整全产业链，不断拓宽发展路子。近年来，在做好主品的同时，推出了一系列自己研发副产品，包括一些茶点、茶食、茶具，茶枕、茶礼等。在做好传统渠道营销的同时，整合网络资源，打造电商团队，在天猫设立了品牌直销旗舰店，并做好微信公众平台，致力于利用互联网，开拓市场，营销品牌。在做好传统业态的同时，迎合新的消费趋势，尝试发展新业态，选择在近郊风景区和茶叶种植基地，创立林恩茶研园，为消费者打造一个体验式消费，集茶生活、茶文化推广和品牌传播于一体的开放式、国际化茶主题客栈，让人们在感受城市近郊山水美景的同时，可以品尝口味独特的茶饮、茶点和茶食，体现慢节奏生活，享受不一样的休闲时光。

（4）努力塑造价值认同企业文化。

以做受人尊敬和信赖的百年茶企为目标，积极倡导有机、健康、美味、时尚的茶叶消费，践行林间茶语·恩礼世界的承诺，永远不追求速度，不过度扩张，而是更强调质量，将最简单的理念（客户满意，员工满意）坚持，不求第一，不急功近利，但做质量，让产业链的每一个环节都持续受益。为促进茶文化传播，与江西省文联、作家协会合作，连续三年成功举办林恩·谷雨茶诗会，通过网络媒体和文联作家，文学爱好者的平台，每年征集茶诗近千首，从中遴选优秀作品编辑成册，成为林恩宣传茶文化，倡导茶文明的重要载体。坚持以员工满意提升客户满意理念，努力在企业内部打造基于制度的人性化管理模式，通过设立了员工子女励志奖学金，无上限助学金，员工应急帮助基金、培训基金等，举办中期培训，秋季郊游，年末讲堂和春节年会等活动，造就了一批忠诚、专业、学习创造力强的员工队伍，为企业持续发展奠了扎实人才基础。

江西林恩茶业有限公司
南昌新建望城新区兴业大道81号
电　　话：0791－83670929
传　　真：0791－83670919
网　　页：www. riantea. com
微信公众号：林恩茶研园
电子信箱：ydyuan@ chinaspringtea. com

南昌同心紫巢生物工程有限公司

南昌同心紫巢生物工程有限公司（以下简称同心紫巢）成立于2007年，是由多名生命科学领域硕士研究生自主创业而发展起来的民营企业。同心紫巢以“立足生命科学、传播健康文化”为宗旨，是一家集蜜蜂养殖、生物制品、保健食品的研发、生产、销售与服务于一体的高新技术企业。

同心紫巢注册资本300万元，企业总资产达到1800万元。同心紫巢专注于蜂产品、灵芝相关产品尤其是软胶囊类保健品行业，积极拓展国内保健品市场，在广东、山东、山东等省及广西壮族自治区、上海直辖市占据了良好的市场份额。2014年年产值8000多万元，产能利用率达到85%以上。

同心紫巢拥有自营养蜂场、灵芝种植基地、保健食品生产加工基地、蜂蜜加工基地、同心紫巢南昌大学合作研发中心以及100家自营店。同心紫巢拥有先进的软胶囊自动生产线、蜂胶乙醇超声波提取生产线、超临界CO2萃取生产线及大型全自动冷冻干燥生产线，其中软胶囊生产线年生产能力达到数亿粒的规模。

同心紫巢拥有国家食品药品监督管理局批复的保健食品证书10多个，国家授权发明专利2个，在报专利2项，授权实用新型专利6项，承办国家级、省级创新基金项目2项，拥有省著名商标1项，公司员工人数超过100人，其中大专以上学历超过60%，其中硕士研究生6人，本科12人。

同心紫巢从成立至今，历时八年，从几个人的小企业发展到现在的规模，在这不断的发展中也有自己的特色和优势：

（1）注重基础，稳扎稳打。

根深才能叶茂。沙滩上是绝对盖不成高楼大厦的，基础扎实牢固，才可能有高、精、尖。同心紫巢的发展是行序渐进、一步一个脚印式的发展，不盲目冒进。例如，同心紫巢做好了蜂胶才去做灵芝孢子油，做好了灵芝孢子油才去做灵芝的种植，做好了质量才去做包装等。

（2）专注于产品质量，把产品质量安全放在第一位。

“靠质量树信誉，靠信誉拓市场，靠市场增效益，靠效益求发展”，是企业生存和发展的生命链。对于食品尤其是保健食品生产企业，产品质量事关消费者的人身健康和安全，所以任何一个负责任和有良知的企业都应该遵纪守法、注重质量。同心紫巢视质量为生命，制定严格的内控标准，从产品的原辅料到生产的成品，每一步都严格把关，力争做好每一瓶、每一粒。

（3）重视研发和技术创新。

技术创新是一个企业持续发展的动力源泉。在企业的竞争中，成本和产品的差异化一直都是核心因素，技术的创新可以降低产品的成本，增加产品的差异化，增加公司的无形资产。同心紫巢一直都注重技术研发，拥有健康的技术开发机制和人员结构。积极发展同高校的合作，重视产学研相结合。先后与南昌大学、常熟理工学院等多家院校进行合作，开发了多体多级超临界CO_2灵芝孢子油萃取技术，解决了灵芝孢子油三萜类化合物提取不高的问题；开发了梯度升温法超临界CO_2蜂胶萃取技术、中草药生物载体复合法超临界CO_2蜂胶萃取技术并将其转化为生产力，解决了普通超临界CO_2萃取技术萃取蜂胶成分时成分不能完全萃取及功能成分含量不高的难题，获得了较好的经济效益，其超临界提取技术拥有自主发明专利，属于国内先进水平。

（4）合理的产业链延伸。

公司的不断发展必然伴随着产业链的延伸。同心紫巢目前处于由小到大和产业链延伸的阶段，其从以前的微型工厂到现在拥有蜂蜜加工基地、软胶囊加工基地、养蜂合作社、灵芝生产基地和上百家直营生活馆，但是延伸都没有脱离蜂产品和灵芝产品这个轨道，而且是逐步的、循序渐进的。从目前发展的形势上看，这种延伸模式和方式是合理和健康的。

（5）合适的生产和销售模式。

保健食品不同于普通食品，其有自身的保健功能，所以有特殊的消费人群。虽然随着人们生活水平的提高以及对健康的需求越来越多，保健食品近年来需求量不断加大，但是由于其特征人群性，消费量还是非常有限，加之价格比较昂贵，所以不适合大量囤货式生产。同心紫巢基本上采用订单式生产，这样不会压货，不会造成库存压力。

同心紫巢的销售模式采用经销和直营相结合的方式，同时结合了线上和线下销售方式，即利用传统的销售方式也利用互联网平台进行销售。这样的优势是不把鸡蛋放到一个篮子里面，在市场销售上能取得主动位置，同时也可以提高利润空间。

（6）志存高远，争做强者。

有目标才有动力，同心紫巢也是如此。同心紫巢的宗旨是“立足生命科学、传播健康文化”，希望服务人民，服务社会，为人们的健康生活做出贡献。同心紫巢立志做一个合理、完善、全面、健康的大型集团企业，同心同德同创天下，一步一步做到软胶囊乃至整个保健品行业的领头军。

当然公司的发展在于企业自身，但同时也少不了各主管单位的帮助和培育。兹有南昌同心紫巢生物工程有限公司申请加入中国中小企业年鉴（2015）名优企业。

公司名称：南昌同心紫巢生物工程有限公司
公司地址：南昌小蓝工业园金沙一路西A区2支路
联 系 人：章晋武
邮　　箱：574468939@qq.com，
固定电话：0791－85297571
手　　机：13767152855

广东小冰火人网络科技有限公司

广东小冰火人网络科技有限公司（简称小冰火人）是一家电子商务专业运营公司，致力于帮助企业从传统营销渠道走向网络营销渠道，提供电商综合服务，建立企业的网络品牌和网络渠道体系，提高企业及品牌知名度，提升品牌价值，为企业提供电子商务整体解决方案。目前已与美的、贝尔莱德、奥德尔、福田、铁三角等多家知名品牌企业建立良好合作关系，在与众多合作企业当中树立了卓越的运营商品牌与良好的口碑，拥有约400人的专业团队，旗下十多家网络店铺、几百家网络分销商及覆盖国内主流B2C商城。

公司在2014年销售额5.3亿元。所运营品牌贝尔莱德，全年销售额突破2亿元，在淘宝全网上挂烫机产品销售排名第一；代运营美的小冰火人专卖店，全年销售额达1.57亿元，是淘宝上电饭煲销售最高的店铺之一。小冰火人与佛山泊金投资有限公司是兄弟企业关系，一起建设和运营“原动力创业产业园”，获得顺德区电子商务示范产业园称号，吸引众多电商企业进驻，还吸引电商相关企业进驻，如摄影、设计、电商培训等，致力于打造成为健康的电子商务生态圈。

小冰火人致力于打造成电商综合服务平台，目标给各电商相关企业提供自身发展需要的服务类型。小冰火人主要提供5种服务，电商运营类服务、电商培训类服务、视觉优化服务、IT技术服务和仓储物流服务。电商培训类服务包括电商课程培训、电商咨询和电商诊断，是由小冰火人内部各领域优秀的实战精英组成，他们拥有多年的行业管理及运营经验，在服务过程中能够结合自身的各种经历为企业提供更有参考价值的干货，服务范围包括运营、客服、设计、策划、摄影等全方位电商业务。能为各类企业提供培训类服务，特别是中小型企业，尚未接触电商，能让他们快速地了解电商，以及快速开展电子商务业务。视觉优化服务来源于小冰火人5年专业电商视觉服务积淀，以及专注于品牌创意策划设计和全案整合传播推广，提供一站式一流的电子商务视觉营销服务。版面是给予消费者的第一印象，在很大程度上影响消费者的购买欲望，小冰火人的视觉优化服务是消费者第一印象的捕捉器，从消费者出发，做出能捕捉消费者心理需求的描述。IT技术服务是根据小冰火人在运营过程中对IT技术的需求，不断开发、优化电子商务数据分析工具而来，植根于电子商务运营过程中的需求，适合于各大电商企业及制造型企业，同时也可以根据企业实际需要进行单独开发，因为我们更了解电商，所以我们相对传统IT企业更好设计电商软件。电子商务销售过程中，将产生大量的数据信息，而小冰火人的IT服务就能很好地利用这些数据，通过软件自动筛选和计算，呈现出我们想要的数据，给予我们做出正确的运营决策。仓储物流服务是小冰火人与天天快递合作提供的服务，全国拥有5大仓库，可提供北、上、广、江、浙、皖、豫7省次日达服务；团队拥有8年成熟仓内运营经验，可提供仓库设计、建设、管理服务，物流方案设计服务，物流成本节约服务，物流全程信息服务，代收货款服务等。仓储物流服务是电子商务的后端保障，保证快速把产品运输到消费者手中。

网　　站：www.miniice.com
招商电话：0757－28877880
培训电话：0757－28877889
传真电话：0757－28877872

比音勒芬服饰股份有限公司

比音勒芬服饰股份有限公司是走在中国行业内前端的高尔夫服饰企业，主要从事自有品牌比音勒芬高尔夫服饰的研发设计、品牌推广、营销网络建设及供应链管理。公司产品定位于高尔夫运动与时尚休闲生活相结合的细分市场，目标群体为高尔夫爱好者以及认同高尔夫文化、着装倾向于高尔夫风格的中高收入消费人群。公司产品分为专业高尔夫系列和生活休闲系列。

比音勒芬品牌已经成为国内高端高尔夫服饰的领军品牌，现为中国驰名商标、广东省名牌产品、中国国家高尔夫球队官方专业高尔夫服装赞助商和指定品牌。截至2014年12月31日，公司拥有覆盖全国31个省、直辖市、自治区的559个终端门店，覆盖了国内主要城市的核心商圈。2011年，公司获得中国纺织工业联合会颁发的产品开发贡献奖。2012年，公司获得“2011—2012年度中国服装行业竞争力20强企业”。2012年，公司被中国纺织工业联合会授予“国家高尔夫服装产品开发基地”称号。2013年，公司被评选为2013中国纺织服装行业“十大服装品牌”。2014年，公司荣获“2013年全国服装行业百强企业”称号，名列销售利润第十名。

差异化的品牌定位。比音勒芬品牌在国内率先提出“生活高尔夫”理念，品牌风格兼容运动、休闲两大特性，专注于高尔夫休闲市场细分领域，通过差异化定位，在品牌、产品、风格、文化等方面和其他服饰品牌区别开来。

独特的产品设计研发优势。公司建立培养了一支高素质的设计研发团队，设计师均具有多年高尔夫服饰设计经验，在设计理念、色彩应用、工艺设计与表现、面料处理与把握等方面具有较高的专业素养。他们具备敏锐的时尚捕捉能力，在精准把握国际流行时尚趋势的同时，根据中国消费者的着装心理、功能需求和审美取向的差异，通过服饰设计元素和服饰载体以满足不同消费者的个性化需求。公司在打造内部团队研发设计能力的同时，积极与外部设计团队、科研院所等合作，打造核心研发设计优势并取得良好效果。2013年公司获得中国服装协会颁发的“杰克·第九届中国服装品牌年度大奖创新大奖”。2013年1月，公司和北京服装学院合作成立“高尔夫服饰人体工程研究中心”，以建立高尔夫运动人体三维数据库和模型，开展高性能高尔夫服饰产品功能性与版型研发，建立高尔夫服饰特殊功能面料的评价批准和体系。

创新的运营模式及销售渠道。公司定位于高端高尔夫服饰品牌，非常注重运营模式及销售渠道的开拓与创新，公司采用轻资产的品牌运营模式，致力于附加值较高的业务链上游的设计、研发和业务链下游的品牌运营和销售渠道建设，产品生产环节外包。在终端销售渠道建设方面，公司采取直营和加盟相结合的模式。除传统百货专柜和专卖店外，公司还开发了高尔夫球会所店、机场店、高铁站店、高档酒店专柜等销售渠道，这些销售渠道对于销售业绩的提升和高端品牌形象的展示起到了良好的推动作用。

公司地址：广州市番禺区南村镇兴业大道309号
比音勒芬大厦
联系电话：400－113－2228
公司网址：http://www.biemlf.com

广州酷漫居动漫科技有限公司

广州酷漫居动漫科技有限公司（以下简称酷漫居）成立于2008年12月，是一家以动漫创意文化整合提升传统产业，打造B2C＋C2B＋O2O模式，并基于城市儿童数据进行营销的电子商务及社群营销平台。目前酷漫居的经营业务已涉及儿童家具、家居、其他动漫衍生产品渠道包装与设计，以及动漫形象相关衍生产品的研发与设计，并通过OEM的方式由传统家居行业创新转型升级促成了动漫衍生家居产品产业化、规模化的生产。

2011年开始，酷漫居率先建设国内以青少年儿童动漫家居为主题的专业电子商务平台。该平台通过创新的电子商务商业模式，利用所拥有的授权品牌、创意设计和应用技术等优势，充分整合从授权、设计、生产、物流、网络等动漫产业链上的各个环节的资源，在物流、资金流和信息流的有机统一基础上，通过线上线下互动、业务数据挖掘分析、多种营销渠道复合集成、在线增值服务、统一客服管理体系等技术和手段，打开了国内动漫儿童家居市场这片蓝海。目前全网销售全国排名第一。

酷漫居特色经验。酷漫居首创动漫儿童家居，提供儿童房一站式解决方案。通过精准社群营销，酷漫居以极致产品和极致服务打造核心竞争力。为保证产品的环保安全，酷漫居，率先使用E0级环保板材进行生产，采用UV油墨打印技术进行图案打印，杜绝重金属污染，甲醛释放量低至植物水平。酷漫居对儿童居室健康的专注和坚持，使其成为目前国内率先获得GREENGUARD认证（世界权威室内空气质量认证）的儿童家居品牌。基于广大父母对儿童家居的需求建议，酷漫居在大规模生产的基础上打造个性化C2B创新模式；产品设计跨度10年成长阶段，更好的陪伴孩子成长。酷漫居把儿童家居产品家电化包装，快速物流送达客户手中，并以类宜家产品安装结构让安装更加便捷。服务方面，酷漫居以互联网思维为用户营造同产品、同价格、同体验、同支付、同服务的店网五同体验，做到产品、交易、营销、价格等多类信息同步，满足消费者贯穿线上线下的整体体验需求。此外，酷漫居还提供免费上门设计、五包到家、免费甲醛检测等服务，让用户体验更进一步。

品牌塑造。酷漫居品牌定位“孩子分房，就找酷漫居”。酷漫居作为国内知名儿童家居品牌，长期关注3～12岁儿童身心成长，以高环保标准和高品质的产品为载体，将儿童以及儿童房紧密联系起来。2014年，洞察孩子成长需求的酷漫居首创“中国儿童科学分房”理念，并根据儿童生活路径，将儿童分房系统划分为活动、起居、色彩、收纳、学习、照明六大系统，提供孩子分房系统解决方案。高品质的产品和服务，科学的儿童健康发展理念，儿童房一站式解决方案，酷漫居得到消费者的大力认可，获得“网购消费者喜爱的广货品牌”“丫丫网妈妈帮最信赖奖”“消费者最佳口碑品牌奖”等。

科技＋文化。2014年酷漫居凭借出色的创新能力，入选美国著名商业杂志《快公司》评选的“中国最佳创新公司50强”榜单。酷漫居用自主研发的UV油墨将动漫元素打印在儿童家具产品上，完美结合工业化产品和个性化定制。酷漫居创新性地采用UV油墨打印到家具板材的技术，传递积极健康文化的动漫元素，把迪士尼动漫形象、Hello Kitty等打印在家具上，实现“科技+文化”的创新结合。家具通常是标准化的，即使定制，也是对尺寸进行定制。尺寸定制能够满足空间利用的需求，但对孩子而言，儿童家具家居产品不仅要满足儿童房空间需求，还要满足孩子的精神需求，他们的“个性化需求”，而酷漫居的产品，满足了孩子的个性化需求。

渠道特色。酷漫居打造O2O模式，整合线上线下渠道，打通供应链，做到网店一体化。依据用户习惯，酷漫居提供官方商城、天猫、京东等线上渠道、线下实体店（目前150多家）、微信移动端、商业合作机构等便利渠道进行产品销售。

网站：www. kumanju. com

电话：020－28209999－8176

地址：广州市科学城科学大道182号创新大厦C2栋8楼

广东贵族茶业有限公司

广东贵族茶业有限公司是一家集产、供、销于一体的茶叶经营专业企业。公司自有生产基地位于福建省福安市白云山麓，生产加工全过程环保标准控制，锐意创新，致力于打造“互联网＋环保、健康、文化”的茶叶行业专精企业。

始创于1850年间的公司以传承中华千年茶道文化为己任，汇集十大名茶，成功的运用现代化企业运作管理手段，全面覆盖产、供、销以及健康茶文化传播整个产业链，创造性的创立了引领中国茶业走向标准化的道路。公司不仅从最基本的源头种茶开始，严格按照贵族功夫茶叶生产技术标准，创造了严苛的无公害茶叶种植标准，而且创立了数字化的初加工和精加工生产体系，从而奠定了贵族功夫茶叶精品在现代化商业运营中的顶级地位，系列产品荣获“中国著名品牌”“茶王金奖”“全国产品质量公证十佳品牌”“斗茶大赛银奖”“ISO国际质量体系认证”等一系列荣誉。

目前贵族功夫茶建设销售渠道有加盟商、专卖店、连锁店、电商以及贵族功夫移动手机商城APP端，在全国已经有上千家个人合作代理商。贵族功夫茶结合中国几千年茶叶文化历史，立志把贵族功夫做成中国茶叶第一品牌。

贵族功夫红茶是中国红茶系经典中最为独特的代表之一。贵族功夫红茶源于明洪武四年（公元1371年）之福建省福安，背山面海，境内地貌支离，高低悬殊，海拔千米以上高峰有31座（西北部尤多），立体农业气候明显，各种生物在不同的气候条件和不同的土壤条件下呈现出丰富的多样性特点。全年春长冬短，雨量充沛，光照充足，为孕育出最经典的贵族功夫红茶提供了得天独厚的自然条件。公司现于宁德地区拥有1万多亩绿色无公害、生态茶园，实现了产品源头控制，保证茶源和茶叶原生态、高品质，公司以自产、自制、自销名优茗茶深受新老顾客赞誉。

公司一直秉承着“经营天然、环保、绿色、健康的茶品”的理念；经营卓越的价值观及和谐丰盛的茶文化理念；经营悠闲自在、幸福温馨的生活方式；经营卓越领袖的创造平台。在实际运营的过程中，结合市场现状以诚信、贡献、共赢为核心价值观提出了一条新思路。以自营实体店为中心，配合加盟代理商，通过自主研发的手机APP端口，走出了一条以口碑换信任，以信任换销量的共赢路子。在今后的发展中公司将全面以“互联网＋”为方向，以实体店体验为中心，加大对电商的投入，实现O2O模式的创新，用两条腿走。使公司发展更进一步。

贵族功夫立志成为茶中君子，在从“自主创新”“自主经营”到“自主品牌”的发展道路上，公司立志“仁”为立身之本；以“和”为经营之道打造中国茶文化第一连锁品牌 。

公司地址：东莞市道滘镇华南茶叶交易中心A1座2楼

联系电话：0769－22501386

传　　真：0769－22501389。

公司网址：http://www. gzgfc. com

http://zggzgfc. taobao. com

公司邮箱：zggzgfc@163. com952615052@qq. com

江门市新会仁科电力集团有限公司

江门市新会仁科电力集团有限公司是一家致力于发展广东银洲湖纸业基地循环经济的集团式企业，目前已初步形成了以发电供热、环保治污、海运物流为主业，造纸、电气安装、建筑工程、节能服务等为辅业的多元化经济格局。属下双水电厂是一家中型燃煤热电联产企业，现有总装机容量30万千瓦，计划扩建2×60万千瓦热电联产超超临界机组，其中一期1×60万千瓦已获得国家发改委核准批复，将建设成为我国发展区域集中供热供冷、近零排放和数字化电厂的示范。属下仁科环保是一家从事供水、废水和固废处理的环保领域企业，现有处理能力8万立方米/天的工业给水、废水处理厂以及5000立方米/天的生活污水处理厂，该公司采用先进的工艺技术和创新的管理，致力发展区域水资源集中梯级、循环和再生利用管理，成为低水耗、零排放的示范。

发展循环经济特色经验。公司致力于发展广东银洲湖纸业基地循环经济和循环化改造，基地于2004年经广东省发改委批准成立，是《珠三角地区改革发展规划纲要》规划建设的三大造纸产业集群之一，是以循环经济为发展模式构建，实现造纸产业转型升级的大型专业化工业园区。基地曾被评为国家循环经济试点园区、省循环经济工业园、国家工业循环经济重大示范技术工程、省环保厅首批绿色升级示范工业园区和省园区循环化改造示范试点。基地循环经济产业链条主要通过鼓励产业集群内的造纸、电力和环保等企业和项目实行关联配套互补，横向和纵向资源整合，通过副产品、能源和废弃物的相互交换，形成具有循环特质的产品链和废物利用链的产业集群。

能源利用产业链条：主要通过基地内的大规模热电冷联产构建，采用大型高效环保供热机组替代高污染、高能耗的落后分散锅炉，将发电后产生的低品位蒸汽集中供应给各造纸生产线，并利用一部分低品位蒸汽用于集中制冷，能源利用率达到60%以上，吨纸能耗低于0.3吨标煤，大气污染物减排100%以上，实现最大限度的节能减排，有效减少大气污染。

水资源利用产业链条：主要通过行业内外梯级用水构建，由给水处理厂统一取水，首先供给以一次纤维（原木浆）为原料的纸品生产线，其次产生的废水经过再生处理后用于以二次纤维（废纸）为原料的纸品生产线，最后排放污水到集中污水处理厂进行集中处理达标后作为中水回用热电机组循环冷却水、脱硫用水补充水，水重复利用率达95%以上，吨纸废水排放低于2立方米，水体污染物减排100%以上，实现最大限度提高水资源利用率，减少清水耗用和废水排放。

固废资源利用链条：基地大量使用废纸等二次纤维作为原料，造纸生产线产生的浆渣回用于生产中低档纸，采用脱墨污泥回用于生产纱管纸，水处理厂产生的污泥通过新型干法水泥回转窑协同、堆肥综合利用，电厂产生的粉煤灰、脱硫石膏综合利用生产新型建材，工业固废资源综合利用率达100%。

下一步公司将继续推动基地的园区循环化改造，按照物质、能量、信息流动的生态规律，构建企业内部、基地企业之间、基地内外的物质交换、废物循环利用、能源梯级利用网络，构建信息共享机制，从而减少污染物排放，提高资源生产力，实现闭环，全面提升纸业基地的竞争力和可持续发展能力，把银洲湖纸业基地打造成造纸业循环经济发展的典范，带来巨大的经济、环境和社会效益。

公司地址：江门市新会区双水镇工业开发区

联系电话：0750－6417071/6411088

广西国泰粮食集团有限公司

广西国泰粮食集团有限公司成立于2001年6月，是为了贯彻国务院关于深化粮食流通体制改革、分流安置国有粮食企业职工而组建的企业。公司成立以来，在自治区粮食局和有关部门的大力扶持下，目前已发展成为国家级农业产业化重点龙头企业、自治区粮食应急加工重点企业和自治区农产品加工重点龙头企业。公司的核心企业有广西农乐种业有限公司、广西国泰粮食仓储有限公司、广西国泰物流有限公司、广西贵港国泰米业有限公司等。

公司现位于南宁市仙葫经济开发区，占地面积500多亩，计划总投资5亿元，已建成年可加工优质稻谷30万吨车间，仓容量20万吨的标准粮库，是自治区最大的大米加工企业之一。公司现有员工250多人，有经济管理、粮食储藏、粮食加工、食品科学、工业自动化等方面的专业人才。公司的总体发展战略是以优质稻产业化经营为核心，形成“农、工、科、贸”相结合的集生物工程、种业、米业、食品及仓储物流业一体化经营的粮食产业集团。

近年来，公司在自治区粮食局大力扶持下，开展优质稻产业化经营，采用“科技为依托、利益为纽带、基地先示范、订单连农户”的一体化经营模式，建立优质稻原料订单种植基地。目前公司在武鸣、宾阳、邕宁区、兴宁区、横县、上林、象州、桂平、港北、港南、永福、田阳、扶绥等20多个县（市）建立了135万亩优质稻新品种推广和优质稻原料订单种植基地。公司自筹资金用于订单基地良种补贴，大力推广优质水稻“油占8号”“八桂香”“马坝银占”“农乐系列”等拥有自主知识产权的优质稻优良品种，充分调动了基地农民种植优质稻的积极性。公司直接和间接带动全区种植优质稻达135万亩，带动农民增收超过亿元，充分发挥重点龙头企业的辐射带动作用，为自治区粮食安全，促进农民增收、企业增效做出了应有的贡献。

注册资本：2000万元

注册年份：2001年

经营模式：制造商，贸易商

经营范围：粮食收购、粮食储备、大米加工，粮食及制品，饲料及饲料原料，食用植物油、油脂、油料，白糖、农副产品的销售（凡涉及许可证的凭证经营）及对外贸易经营。

联 系 人：李庆华

邮　　件：410889571@qq.com

地　　址：南宁市青秀区南宁仙葫经济开发区五合大道国泰工业园

广西防城港市昌海木业有限公司

广西防城港市昌海木业有限公司创建于2012年11月，法定代表人刘云，是一家集研究、开发、生产、销售于一体的现代化胶合板大型企业，是中国胶合板行业产品最多、销售量最大的企业之一。在生产规模、产品质量、市场占有率、经济效益等方面一直处于国内胶合板行业的优势地位。公司总投资5000多万元，现有8条年产6万立方米的胶合板生产线，主要生产产品是5毫米~28毫米多层桉木胶合板，产品应用于装修、家具、办公、建筑等行业，产销网点遍及全国各地，还销售到韩国、新加坡、马来西亚等国家及中国台湾等地区。

面对胶合板激烈的市场竞争，公司积极地强军备战，始终坚持“追求卓越，提升品牌竞争力，实现速度与效益的同步增长”的目标，以品牌为战略核心开展各项工作，积极推动本企业技术创新活动，促进产品的研发及生产流程的技术改造，从而达到不断开发新产品，创造新市场，降低成本，提高竞争优势。

公司依靠品牌带动战略以及以人为本的管理模式，借助改革的浪潮逐步向着“规模化、集团化”的发展目标昂首迈进，必将能成为胶合板行业上一匹骏马，在激烈的市场竞争中纵横驰骋。

公司联系电话：0770－2407579
联　系　人：农小姐
传 真 号 码：0770－2407228
公 司 网 站：http://qy.58.com/1117184571566/
公 司 地 址：广西防城港市港口区大西南临港工业园（公车路线：乘市104路公车、106路公车至念坛路口下车即到）

经理联系电话：86－0774－3863770
手 机 号 码：13977481180
传 真 号 码：86－0774－3863770
公 司 地 址：中国广西梧州市广西梧州市外向型工业园区一路1号
邮　　　编：543002
公 司 网 址：http://aoqili.cn.gtobal.com
http://www.aoqili.cn

广西奥奇丽股份有限公司

广西奥奇丽股份有限公司是一家集科研、生产、销售于一体的大型日化企业集团，营销和管理总部设于广州。公司前身为中国植物油料厂梧州分厂。

1958年更名为中国油脂公司梧州炼油厂。

1962年更名为梧州市日用化工厂。

1992年组建成梧州市日用化工总厂。

1994年改组为梧州日用化工股份有限公司。

1998年组建为广西奥奇丽集团股份有限公司。

2002年改制为广西奥奇丽股份有限公司，由著名的晓升机构入主和控股。

2003年，国外资本注入，成为中外合资股份制企业。

目前，奥奇丽集团是由广西奥奇丽股份有限公司、江苏奥奇丽股份有限公司、黑龙江奥奇丽股份有限公司等数十家企业共同组建而成的民营股份制公司、集团，总部设于广州。集团公司拥有梧州、丹东、南京、哈尔滨、张家口等多家骨干生产基地，10个大型物流中心，营销网络覆盖全国并递延欧、美大陆，旗下品牌“田七”“康齿灵”等饮誉市场。公司提供品类方案整合优势资源，依托强大的生产资源优势，奥奇丽集团公司可为客户提供多达几十种的品牌组合及几百种套装组合方案，客户可以任意优化组合，选择各自所需要的套装产品。公司产品拥有一流品质，适用于各级酒店。在OEM合作生产方面，奥奇丽集团公司拥有强势的生产技术，达到年产牙膏5亿支、洗洁精5万吨、洗发露6500吨、香皂6000吨、年产值15亿元的生产能力。除日化产品生产外，公司拥有多套国际领先的自动化设备。可生产牙膏、牙刷、环保梳、沐浴露、洗发水、湿巾、药妆棉签、面膜、面霜、精油皂等几十种日常生活中不可缺少的生活用品。在ODM品牌制作方面，奥奇丽集团公司除了拥有强大的生产能力，公司旗下更是拥有10几个品牌，上百种自主知识产权的产品。公司主导品牌之一的“田七”，2004年11月被国家工商总局认定为“中国驰名商标”，2005年10月荣获“中国名牌产品”称号；主导品牌之二的“康齿灵”，名列中国10大知名牙膏品牌集群。除此之外个人护理品牌2month更是邀请韩国演员、歌手——张娜拉作为品牌代言人，续写品牌辉煌。奥奇丽，正在领航日化行业远洋万里，独钓商海财富巨鲸。

公司注册资本：3328万元
法人代表/责任人：于晓声
联　　系　　人：黎广萍女士

柳州市楷都汽车零部件有限公司

柳州市楷都汽车零部件有限公司成立于1999年底，公司坐落于柳州市柳江县新兴工业园区内，公司比邻广西大动脉桂柳南高速公路，距白莲机场仅三公里，距市中心仅12公里，交通、航空便利。

企业从创建至今一直稳步、健康的发展，2007年投资4000多万元，搬迁至广西柳州市新兴工业园区，企业厂区占地面积35亩。公司拥有现代化的标准厂房约15000平方米，办公楼、职工宿舍为5000平方米，固定资产近8000万元。现有职工200多人，其中专业人员占30%。企业具有雄厚的技术力量、先进的生产设备、科学的管理制度、持续改进的质量体系和极负责任的团队精神使企业蓬勃发展。

公司属于生产制造汽车冲压、焊接件的专业厂家，并具备中、小冲压件模具、夹具、检具的开发及加工能力，产品主要集中供应柳州地区各大汽车制造商。公司将不断开拓市场，未来产品市场将辐射整个西南地区。

公司先后通过了ISO 9001：2000、ISO/TS16949：2009质量管理体系认证，为公司快速发展打下坚实的基础。

公司秉承“务实、真诚、创新、团队”的企业精神，导入先进的日式管理模式及精益生产，并不断创新，形成独特的产品研发、体系管理、品质管理、计划管理、制造管理及物流管理等管理体制。

近年来，公司不断投入各类设备，并大力进行技术革新，引进各类管理人才、技术人才，并充分借鉴国内外先进企业的先进管理经验，积极推进各类改善，务实、创新推行精益管理，建立“符合ISO/TS要求的、具有可操作性”的管理体系，使公司管理真正步入规范化、流程化，并着力提高企业制造能力、管理能力，打造“高品质、低成本、高效率”的企业核心竞争力，使公司最终成为西南地区最具管理水平和效率的汽车冲压焊接零部件企业之一。

联系方式

联系电话：0772－7505588
联 系 人：秦小姐
邮　　箱：nanhaiHR@163.com
公司地址：柳江县新兴工业园新兴路12号——到达路线：市内乘坐21路公交车（仅限新兴工业园支线）到［新兴路东］站下车后，往前走约80米，右手边
邮　　编：545112

广西恩度高科技股份有限公司

广西恩度高科技股份有限公司是从事农产品深加工及植物提取生物工程的高科技股份制企业。公司总部位于南宁市高新技术开发区，占地52.5亩，总投资额1.5亿元。公司先后荣获国家高新技术企业、国家科技部星火计划、中国最具潜力财富企业、中国最具成长力新徽商企业等荣誉。

公司以打造中国一流科技型企业和创立国际知名品牌作为长远发展的战略目标，以高科技生物工程和农产品高层次转化作为经营方向，引进欧美及国内高端生产设备与技术，在设备、技术和规模上都达到了同行业较高水平，其中围绕纳滤技术进行的工艺创新设计，获得了行业工艺国际大奖——“尤里卡国际金奖”。公司生产厂房严格按照GMP洁净标准设计，同时全面贯彻实施ISO9001：2000国际质量管理体系和ISO22000：2005国际食品安全标准体系，严格执行科学化、标准化管理，在原料种植、产品生产和质量检测等各个环节全面实现与国际接轨。

在产品研发和创新上，采用国际先进的冷冻干燥技术、生物提取技术、纳米膜滤反渗透技术、生物工程活菌传代发酵应用技术等高新技术工艺，开发生产适应国际、国内市场需求的FD冻干果蔬系列、生物工程植物提取系列、生物活性果蔬产品、膳食纤维素、无添加纯果汁饮品、各类休闲保健食品等高端产品，年加工转化农产品能力达20万吨，总产值5亿元。公司还与美国、德国、丹麦及中科院、中国发酵食品研究院、中国农大等知名机构院校合作，成为中科院科技成果转化华南示范基地，并积极筹创中国亚热带果蔬研究技术学院、国家级亚热带果蔬研发企业技术分中心，通过强强合作，长期保持技术、工艺和产品的先进性与前瞻性。

进入21世纪以来，以保障人类健康生活为目标的相关产业已成为全球经济发展的重要组成部分。我们以此为契机，秉承“科技为本、农业为本、创新为本、发展为本、人才为本、健康为本”的经营理念，持续加大在科研、人才、创新、管理等方面的投入，坚持走国际化、标准化、健康化的发展之路，致力打造一支高素质、高追求的经营管理团队，不断提高企业的市场竞争力，积极服务于人类日益提高的高品质健康生活，坚韧不拔，永续经营。

成立时间：2005年11月14日
经营范围：水果制品（水果干制品）、蔬菜制品［蔬菜干制品（冷冻干燥蔬菜）］等
主营产品或服务：FD冻干水果系列；生物工程植物提取系列；膳食纤维素；FD冻干蔬菜系列；软饮料；进出口贸易；农业项目的投资
主营行业：干果类；脱水蔬菜；食品饮料代理加盟；食品饮料加工
注册资本：1人民币5000万元；
经营地址：中国广西南宁高新区高新东二路3号
联系人：周冬菱
联系电话：18677192382
固定电话：771－5688188－805

海南美合泰生物科技有限公司

海南美合泰生物科技有限公司成立于2011年，注册资金1000万元，拥有员工28人。公司目前有两个项目——第一个是“针叶樱桃和沙棘的天然营养素提取”、第二个是“雨生红球藻的养殖和虾青素提取”，前者属于世界唯一，后者属于世界少有、中国唯一，都有着很高的科技含量、很大的难度、但也有很好的前景，产品以海南的鱼鳞、针叶樱桃为原材料生产胶原蛋白肽系列产品。

公司将“五化”作为自己的发展要素——天然化、本土化、国际化、产品多元化、高附加值化。已有3款产品问世——纯鱼鳞胶原蛋白肽、天然VC胶原蛋白肽和氨糖胶原蛋白肽，主要针对人们骨骼关节病痛和美容美白等需求。

公司特点：一是自主研发。公司在动物蛋白提取、植物蛋白提取和天然营养素提取方面拥有独特技术和优势；二是自主生产。生产区地处海口火山口的森林之中，环境优美，空气清新，水质独特，占地近14亩，厂房3000多平方米，拥有多条生产线，能满足3种以上产品的生产，具有年产3亿元的生产能力。

2013年12月公司产品获得QS认证；2014年1月“纯鱼鳞胶原蛋白肽”产品通过测试，获准销售；2014年9月成为海南股权交易中心首批挂牌的企业（企业代码：90025）。

海南八百里物流股份有限公司

海南八百里物流股份有限公司成立于2008年4月，2013年12月31日成功在上海股权托管交易中心挂牌上市（股份代码100173），注册资金1061.5万元。

海南八百里物流股份有限公司专门是集全国汽运物流信息调度、仓储、配送、物流金融等服务于一体的现代物流企业。公司摆脱国内传统的物流模式，率先迈入数字化物流的新时代，并建立起适应“互联网＋物流”的新模式，采用先进的GPS定位技术、GPRS无线通信技术和基于Internet、智能手机、第三方支付等技术自主研发、建立的物流信息管理平台，实现物流资源合理搭配，平台充分将各地信息资源整合后，形成无数个虚拟的物流集散地，从而能为同一辆货车关联7天以内3个有效的运输订单，切实做到立体调度，减少汽运空载率，达到节能降耗，提高经济效益之目的。

利用“互联网＋物流”这一新业态，公司成立7

年来，致力于研发解决将1100万台的社会闲散运力整合后为生产型企业、第三方物流公司提供立体调度的全国性汽运物流电子商务平台，“微运”运力调度平台手机APP客户端已进入公测阶段，预计上线后，可以将汽运物流服务作为电商产品在网上进行竞价交易，降低汽运空载率（目前中国的汽运空载率为40%），提高从业人员的经济收益，节能降耗。

海南惠农网科技有限公司

海南惠农网科技有限公司是海南省网上菜篮子的主要运营方，海南省网上菜篮子的目标是建设常年蔬菜基地对接城市社区、生产者（农民）直销消费者（市民），减少中间环节惠农惠民的城乡互动、诚信互助型农村电子商务公共服务平台。项目由“农民—常年蔬菜基地—海南惠农网—配送中心—冷链保鲜配送—社区智能配送柜—市民”完全封闭农业产业链分工构成。网上买菜全程可监控，保障市民买到新鲜、实惠、安全的放心菜。

通过海南惠农网一手连接城市居民、一手连接农村农户，减少中间环节，创新商业模式，培养农村青年致富带头人领创办农民专业合作社参与常年蔬菜基地建设，推动“农村瓜菜直供城市社区”项目发展，促进农村青年创业就业，同时在源头上控制农产品质量，在生产过程中加强生产者和消费者互动了解、互助互信，培养双方的公共服务精神推动社会建设良好的社会秩序，把农产品流通的中间环节利益返给农户和消费者，提高农户种植积极性，使市民受惠，并最终达到促农村发展，让农民致富的目的。

通过这个业务发展带动企业其他互联网O2O业务落地运营，并逐步建立起海南省“惠农网”型互联网农业现代化发展体系，利用互联网技术创新配套的服务功能实现建设基于海南全省城乡互助型服务平台的创业梦想。

贵州信邦制药股份有限公司

一、公司概况

贵州信邦制药股份有限公司成立于1995年元月，注册地为黔南州罗甸县，管理总部设在贵阳市。2010年4月16日，公司在深圳证券交易所成功挂牌上市，成为贵州省内第18家上市公司。

目前公司注册资本12.5亿元、总资产63亿元、净资产25亿元，下属21家控股企业，员工4300余人，现已发展成为集医药工业、医药流通、医疗服务于一体的医药医疗大健康产业集团。

二、产业布局

（一）医药工业产业板块

在医药工业产业板块，公司以中药材种植、中药饮片生产、中成药及生物制品生产、新药研发、药品销售为主要业务，拥有国药准字号品种67个，销售网络遍及全国。

1. 中药材种植

为保证中药原材料来源的可靠与稳定，公司自2002年起开展中药材规范化种植技术研究、基地建设及试验示范推广工作，已在铜仁、黔南和毕节等地区建设中药材规范化种植基地，种植了何首乌、太子参、丹参、银杏、半夏等50多个中药材品种。目前，公司自建中药材种植基地近2万亩，通过企业带动，农户参与，“政府+公司+基地+合作社+农户”订单农业利益联结模式，带动民族地区10万户农户种植各类中药材累计20万余亩，实现企业发展有保障，群众增收奔小康。

2. 中药饮片生产

2013年8月，公司与江苏省中医院签署了《中药材产业战略合作协议》，共同投资在铜仁成立贵州同德药业有限公司，建设中药饮片生产基地。同德中药饮片生产基地是苏黔两省战略合作的首批项目之一，总投资2亿元，占地150亩，总建筑面积12.9万平方米，其中生产厂房面积2.5万平方米，年处理中药材2万吨。2015年2月，同德中药饮片生产基地全面建成并通过新版GMP认证。

中药饮片生产基地的建成投产，一方面将解决中医药发展过程中原料质量控制与安全问题，另一方面为广大药农解决市场，稳定和提高种植收入，进一步带动中药材产业的发展，率先实现中药从种植基地建设、中药饮片生产到医疗机构使用的无缝连接。

3. 中成药生产

公司在贵阳、罗甸等地建立了注射剂、口服制剂生产基地，拥有片剂、胶囊剂、颗粒剂、滴丸剂、大容量注射剂、小容量注射剂、粉针剂、冻干粉针剂等多条GMP生产线。其中，罗甸GMP生产基地占地150余亩，于2013年元月通过新版GMP认证。现拥有国药准字号品种67个，其中国家基本医疗保险品种38个，益心舒胶囊、脉血康胶囊、银杏叶片、六味安消胶囊、贞芪扶正胶囊等17个品种入选《国家基本药物目录》（2012年版）。

公司营销网络遍布全国，在各地设立了办事处69个，营销人员680余人。此外，公司还采取招商、代理等多种营销模式将市场网络由省会城市、中心城市不断向地县级城市纵深拓展，扩大销售渠道，增强市场覆盖率。

4. 生物制品生产

2015年2月，公司启动了与杭州中肽生化有限公司的重大资产重组项目。杭州中肽生化是一家致力于多肽类试剂和医药中间体的集研究、开发和生产于一体的企业，在国内乃至国际范围多肽领域具有领先地位。通过收购中肽生化，将填补公司在生物制药方面的空白，提升公司的研发实力、产品附加值和盈利能力，同时有助于提升公司下属医院的医疗服务能力。另外，诊断试剂将成为公司的主要产品之一，带动公司医药流通业务的发展，进一步实现全产业链协同发展的战略规划。

（二）医疗服务产业板块

在医疗服务产业板块，公司拥有贵州省肿瘤医院、贵州医科大学附属白云医院、贵州医科大学附属乌当医院、贵医安顺医院、仁怀新朝阳医院、道真县中医院、黔东南众康医院、六枝博大医院等8家医疗机构，在贵阳、遵义、安顺、六盘水、黔东南等地形成优质医院网络，床位4500余张。

1. 贵州省肿瘤医院

贵州省肿瘤医院是省内唯一一家三级甲等肿瘤专科医院，是全国十佳肿瘤专科医院。医院集医疗、教学、科研、预防、保健、康复、宁养为一体，设有33个临床科室和11个医技科室，尖端肿瘤治疗室5个、重点学科3个，开放床位近800张。目前，医院新外科大楼正在紧张建设中。将实现建筑面积15万平方米，新增床位1000余张，年门诊量25万人次，年出院病人7万人次的目标。

在“大专科、强综合”战略理念指导下，贵州省肿瘤医院整合医疗资源，按照三级甲等标准开设的新综合院区于今年5月正式开诊，增设床位300余张，以专业的诊疗服务为片区及周边逾十万群众的健康保驾护航。

2. 贵州医科大学附属白云医院

贵州医科大学附属白云医院是一家集医疗、教学、科研、急救、预防保健、健康管理、康复于一体的三级综合医院，是全国306家、贵州省6家“国家卫生计生委脑卒中筛查与防治基地”医院之一，与西京消化病医院合作成立了“西京消化病医院贵阳协作中心”。设有18个临床科室、12个医技科室、16个一级临床学科，开放床位600余张。白云医院新建5万多平方米的新住院综合大楼投入使用后，将实现3000张的床位规模，建成贵州省一流、西南地区乃至全国都有影响力的集科教研为一体的高标准“三级甲等”综合医院，并建设成为信邦集团旗下医疗人才的培养基地。

3. “贵医云”互联网医疗平台

为积极响应中央和省委、省政府关于大力发展“互联网+”的号召，公司与贵医附院合作，率先在省内利用移动互联网和云计算技术，整合了医疗、渠道、品牌优势资源，建设“贵医云”互联网医疗大平台。该平台以省内知名三甲医院为中心，结合全省范围内的县、乡镇和社区医院以及大型药店，形成集医生、药师、患者、数据、服务为一体的“互联网+大健康”云端医疗联合体，通过互联网和移动互联网将健康管理和远程医疗服务延伸至全省各个角落，全方位覆盖4300万人群，真正让用户享受大数据、云平台带来的高效、免费新医疗方式。

（三）医药流通产业板块

在医药流通产业板块，公司拥有6家医药流通公司，主营药品、器械、耗材的批发和零售，配送网络覆盖全省各地州市。

1. 医药分销

公司拥有贵州科开医药有限公司、贵州信邦药业有限公司等6家医药流通企业，主营药品、器械、耗材等4000余个品种，其中，全省唯一总代理品种1100余个。配送网络以贵阳为中心，覆盖全省各地州市。公司对既有销售网络的全面覆盖，凭借强有力的终端支撑，以市场换市场，现已发展成为省内医药流通的企业龙头。

目前，科开医药、信邦药业、卓大医药、盛远医药等医药流通企业已先后通过了新版GSP认证检查，取得《药品经营许可证》和《药品经营质量管理规范认证证书》。

2. 医药零售

贵州科开大药房有限公司主营医药零售，现拥有7家零售门店，已经初步形成了覆盖公司下属医院和主要合作医院的医药零售网络，并将继续增加零售网点，实现连锁化经营。目前，已有4家分店通过新版GSP认证，并取得《药品经营许可证》和《药品经营质量管理规范认证证书》。

三、积极履责

作为负责任的企业公民，公司一直坚持“精诚至信，众志兴邦；健康民众，发展民生”的企业理念和“诚信合作、求实创新、追求结果”的核心价值观，加强管理，开拓创新，持续完善公司治理。倡导并履行主流的社会价值观念和道德理想，为社会创造价值的同时，积极承担企业社会责任，专心、专注、专业地致力于大健康事业的发展，为百姓健康不懈努力，为股东创造最大价值，为员工营造美好家园，为社会贡献绵薄力量，并始终秉承“诚信”“责任”“协作”“学习”的文化，在企业社会责任领域不断学习和探索，大力推进技术创新、管理创新、经营模式创新，不断做大做强，全面推进医药医疗产业与经济、社会、环境的可持续发展。

公司自2011年开始已连续四年公开在省级平台发布《企业社会责任报告》，2013年、2014年在国家平台进行了发布。2015年，公司获评“中国工业行业履行社会责任五星级企业”“贵州省履行社会责任五星级企业”。

四、企业荣誉

秉承“精诚至信，众志兴邦；健康民众，发展民生”的企业理念，公司坚持诚信经营和创新发展，先后被评为农业产业化国家重点龙头企业、国家扶贫龙头企业、国家高新技术企业、国家创新型试点企业、国家“重合同、守信用”企业、国家中药现代化科技产业基地建设十周年优秀单位、中国工业行业履行社会责任五星级企业、全国民族贸易和民族特需商品生产百强企业、贵州省农业产业化经营优秀龙头企业、首批贵州省银行协会“信贷诚信企业”和首批贵州省纳税信用等级A级企业、2014贵州100强企业、2013年与2014年中国上市公司口碑榜“最具成长性上市公司”“最佳商业模式上市公司”和中国上市公司价值评选“中国中小板最具成长性上市公司十强”，2015年中国最具竞争力医药上市公司评选“中国最具投资价值医药上市公司十强”和中国上市公司口碑榜“最具成长性上市公司”。

五、发展规划

面对新医药和健康养生业蓬勃发展的大趋势，公司将充分借助资本市场，将内生式发展和外延式并购有机结合，进一步整合资源，实现更好更快发展。

在医药工业产业板块，公司将继续加大对既有品种的支持和投入，并通过收购兼并引进优质企业和产品，不断丰富产品结构，提升市场竞争力。公司还通过与杭州中肽生化公司的重组合作引进生物药品种，进军生物制药领域，以不断延长产业链，拓宽产业幅。

在医疗服务产业板块，公司下一步的打算是到2020年，公司将在省内建成床位数2万张的医疗服务规模：一是对我公司现有4家医院进行扩建，包括省肿瘤医院的二期建设和白云医院的二期、三期建设；二是新建医疗服务和健康养生机构；三是打造好集医生、患者、数据、服务于一体的“互联网＋大健康”医疗大平台。

在医药流通产业板块，公司将进一步对既有的销售网络进行覆盖，增加药品品种代理权，优化配送效率，同时收购实力较强的医药公司，并根据需要新设立医药流通企业，不断优化销售和配送网络，实现规模化、集约化经营。

贵州长博肉牛产业集团有限公司

贵州长博肉牛产业集团有限公司是一家以有机肉牛产业为基础，集绿色蔬菜水果农业开发、农业土地改良、饲料加工销售、肉牛养殖、品种繁育、肉牛屠宰、牛肉食品研发销售、精深加工、生物制药、冷冻储存、仓储物流、工业旅游、特色餐饮等多功能于一体的多元化现代农业产业化集团公司。

2014年1月23日，贵州长博肉牛产业集团有限公司总投资15亿元的肉牛产业项目顺利落户凤冈，以“贵州第一、全国一流、世界知名”为目标，紧紧围绕“用工业理念发展农业”的思路，坚守发展与生态两条底线，着力“根在一产，身在二产，魂在三产”的新型农业产业模式，打造“饲料生产—肉牛养殖—屠宰分割—食品加工—生物制药—工业旅游”的全产业链经营模式，将长博凤冈生态产业园建设成为“产城、产研、产旅”三位一体的国家级富锌富硒有机肉牛产业园。产业园占地700余亩，总建筑面积40万平方米，建设内容为：年产20万吨肉牛饲料加工厂，年屠宰、分割20万头肉牛自动化生产线；2万吨冷冻、冷藏库及现代化物流配送中心；年产4万吨的牛肉精深加工生产线；牛副产品生物制药业；办公大楼、职工宿舍、专家楼、卧牛湖旅游区和世界牛文化博物馆，并与高校联合建设集黔东北食品研发检测、博士后工作站和研究生实习基地的长博肉牛研发中心等与产业发展配套的设施；同时，在各地建设总存栏3万头规模的生态肉牛养殖场。

一、全力推进建设进度，规模初显

秉承“国际一流、国内领先、特色鲜明”的原则，规划高起点、建设高标准，将产业功能、城市功能、生态功能融为一体，构筑新型工业化、绿色城镇化、农业现代化和旅游产业化“四化”融合的升级版工业园区。紧紧围绕“产业生态化、生态产业化”的发展理念，使生态和产业“你中有我、我中有你”各美其美、美美与共，着力“一产养牛、二产宰牛、三产吃牛、四产吹牛”的全产业链模式，努力将长博产业园打造成为AAAA工业旅游景区和世界牛文化博览胜地。目前，年产20万吨的肉牛饲料加工厂已全面投产；屠宰生产线将于11月29日正式投入运营，冻库和食品深加工厂主体建设已基本完工；凤冈首个2000头规模标准化肉牛示范养殖场已实现上栏架子牛300余头、澳大利亚进口黑安格斯能繁母牛150头，牧草种植已完成1500余亩，现正在积极开展南方草地畜牧业项目的相关工作。结合玛瑙上古军事遗址，将绥阳养殖场打造成为AAA旅游景区，以实现长博牛“养在3A休闲旅游景区、宰在4A工业旅游景区、吃在5星级饭店”的“牛”天下产业格局。

二、加强企业经营管理，打造农业产业化龙头企业

2014年年底，相继在凤冈注册成立了贵州长博肉牛产业集团有限公司，下辖贵州凤冈长博养殖、饲料、屠宰、冷链物流、食品有限公司、贵州长博餐饮文化有限公司、重庆长博牛肉食品有限公司和武胜县长博生态农业开发有限公司八个全资子公司，并集聚了一批行业经验丰富的精英团队。10月，在重庆成立了贵州长博肉牛产业集团有限公司全国营销管理中心，组建成立了华东、华南、华中、华北、西北、西南、东北7个地区的销售网络和团队建设。现已成立遵义长博销售有限公司，并积极寻找强力合作伙伴开发牛副产品、生物制药项目，延伸有机肉牛产业链，进一步做大做强肉牛产业，达到“一头牛换一部车，四条腿换四个轮胎”，实现肉牛“强一接二连三升四”的大升值。

2015年，着力打造一批以长博饲料、养殖、屠宰、冷链物流、食品公司为代表的遵义市农业产业化龙头企业群，2016年将着力打造贵州长博肉牛产业集团有限公司成为贵州省农业产业化龙头企业，2017年奋勇前进，努力成为国家级产业化重点龙头企业。

三、科技支撑、产品先行，市场销售全面拉开

贵州长博肉牛产业集团有限公司与西南大学深度合作，已研发推出“德汇长博”系列牛肉休闲食品13个品种、牛排8个品种，其中，自加热熟制牛排和烧烤牛排在中国首创。目前，采用OEM方式，“德汇长博”系列牛肉产品在全国已全面上市。2015年5月12日，“德汇长博”牛肉休闲食品在京东商城正式上线，另牛排系列产品也于9月1日天猫商城正式上线销售，当前已电商已实现销售额1500万元，2015年将实现销售收入7000万元；牛排产品已进驻国内大中城市商超系统和KA卖场2320家（年底将突破3000家），当前已实现销售回款8000万元，2015年预计实现销售回款3亿元。同时，“德汇长博”饲料产品在遵义、铜仁等地产销两旺，当前已实现销售收入2000万元，2015年将实现销售收入5000万元。下一步，研发推出的牛肉菜肴特色食品及热鲜、冷鲜肉也将全面上市。

四、富强凤冈，“头牛”引路奔小康

2015年，计划在凤冈建设总存栏4500头的标准化生态肉牛养殖场；与凤冈县境内各大养殖场（户）订单合作养殖肉牛1万头，与周边各县区订单育肥肉牛1万头。2016年计划湄潭、务川分别建设存栏2000头的标准化生态肉牛养殖场，实现年出栏肉牛8000头；与凤冈县境内各大养殖场（户）订单合作养殖肉牛2万头，与周边各县区订单育肥肉牛3万头。逐步建设以贵州为中心，辐射周边重庆、四川等地的肉牛产业格局，着力打造肉牛产业“1121”工程（即建设种牛基地1万头，签约订单育肥10万头，年屠宰肉牛20万头，实现肉牛产业年产值100亿元）。

自2015年6月起，组织养殖技术及饲料专家在遵义、仁怀、铜仁等市辖各县进行了100余场肉牛养殖技术的免费培训，各县参会培训养殖农户达2500余人。在为现有养殖户培训养殖技术的同时，大力宣传养殖肉牛所能带来的经济效益及切实为农户增收致富的方法，带动更多的农户参与到肉牛产业发展的大潮中来。自长博入驻凤冈短短的一年多时间里，遵义乃至贵州的畜牧养殖业得到了较大的发展，集团创新推出集约化生态养殖、农户代养养殖、农户自养保障养殖的肉牛养殖模式，用秸秆、茶渣、果渣、酒糟养牛既能防治环境污染，又能为农户创造效益，实施实物贷款体系，多样化利用农工业副产物发展循环经济的变废为宝模式，大力推行三金增收机制，多途径的带动农民实现增收致富。

贵州六盘水恩华酒厂有限责任公司

一、公司简介

贵州六盘水恩华酒厂有限责任公司，位于中国凉都六盘水市钟山区大河镇。此地气候舒适宜人，春秋相连，盛夏如春。夏季平均气温19.8°C，全年凉爽舒适天数达223天以上，是罕见的消夏避暑胜地。

贵州六盘水恩华酒厂有限责任公司主要从事白酒生产与销售，酒厂基础建设总规划分三期进行，已建一期工程占地30亩，投资1亿元，基础设施有窖池61个、50吨白酒储罐8个、1吨储酒土坛1000只、现代化包装线2条，年产白酒5000吨，完成年产值2亿—3亿元，实现利税7000万元~1亿元，可解决200多人的就业问题。拟建二期工程预计2016年实施建设，占地26亩，预计投资1亿元，新增窖池40个、100吨储酒罐20个、1吨储酒土坛2000只、生产线2条，年产白酒达到1万吨，完成产值4亿元~6亿元，实现利税2亿元左右，可解决500多人的就业问题。拟建三期工程将于2017年实施建设，占地107亩，预计投资3亿元，在二期工程的基础上新增窖池200个、200吨储酒罐20个、1吨储酒土坛5000只、生产线4条，年产白酒10000吨，完成年产值10亿元以上，实现利税2亿元~3亿元，可解决1000人左右的就业问题。

贵州六盘水恩华酒厂有限责任公司是六盘水钟山区第一家规模化白酒生产企业。酒厂现有国家级勾调师1人、贵州省白酒评酒委员会委员2人、酿造高级工程师2人、一级和中级技师若干，职工200人。公司以突出主业、保证质量、提升品牌影响力为出发点，以发展绿色循环经济、可持续发展为核心理念，以促进地方经济发展、解决地方就业为落脚点，加快产业化调整，实现以工带农的发展模式，把我省得天独厚的酿酒原料资源转化经济优势，最终实现产业结构转型，带动多产业的同步发展，为地方经济发展做突出贡献。

二、企业发展历程

公司前身为恩华商行，成立于1997年，为几个下岗青工筹建，承包一家私人小酒厂业务，从生产到销售，全渠道经营。发展至2003年，与贵州奇星酒厂合作，专门从事低端白酒的开发生产与销售。于2005年升级为恩华商贸有限公司，主要从事个性光瓶酒的设计与开发，并销往全国各地。期间公司申请并取得了“月亮石”注册商标，“青柠子”“小炸弹”等产品专利，公司产品一度在云南省、广西壮族自治区、重庆直辖市、湖南省、陕西省等地区畅销，成为贵州知名的专业小酒运营商。自2011年第一届中国（贵州）国际酒类博览会在贵阳举办以来，小炸弹酒脱颖而出，成为西南地区有代表性的小酒品牌。

公司于2013年在钟山区大河镇投资1亿元，建成年产5000吨白酒的贵州六盘水恩华酒厂有限责任公司，现已投产，运营良好。公司在钟山区大河农业观光园区投资1.68亿元，建设了“恩华红酒温泉山庄”，并将于2017年6月建成投入运营，届时将为当地蓬勃发展的旅游业提供新的资源。

三、企业发展前景

经营变革与管理创新是企业持续发展的永恒主题，在以“变”为主要特征的新经济时代，适时进行经营变革与管理创新，有效地进行调整和转型，加大产品与服务的研发投入，建立一个持续的产品与服务开发系统去持续赢得市场竞争优势，形成企业自主拥有的、能够为客户创造独特价值的、竞争对手在短时间内难以模仿的核心专长与技能，整合价值链资源，实现内部整合与外部扩张。在团队的不懈努力下，将企业打造成为一流的、专业的白酒生产企业。

贵州省黔东南州九黎苗妹工艺品有限公司

贵州黔东南州九黎苗妹工艺品有限公司成立于2010年3月29日。公司位于贵州省黔东南州凯里经济开发区开司大道南侧（管委会旁），现有职工116人，其中管理员8人，工艺师20人，主要经营银饰、刺绣、民族民间工艺品、服饰加工销售、竹木石雕等。自2012年以来，先后荣获国务院颁发的“全国团结进步集体”“贵州省文化产业示范基地”“贵州省少数民族传统手工艺保护传承示范基地”“贵州省农业龙头企业”“黔东南州扶贫龙头企业”等称号；2015年3月，“苗妹银饰”荣获“贵州省著名商标”称号。

一、狠抓旅游商品开发规划，着力打造黔东南民族工艺品品牌

公司在抓好生产发展的基础上，确定调研课题，分组带题深入车间员工开展调查研究。以召开座谈会形式、职工大会、设立意见箱和发放问卷等，收集员工意见和建议。围绕企业如何实现科学发展和科学跨越、如何充分发挥民族旅游商品资源优势，带动农户发展致富、如何与金井村、鸭堂村、舟溪村等村镇开展良性互动，带动村镇发展，以及征求要求公司如何开展帮扶的意见等方面进行大讨论。通过归纳整理，去粗取精，形成了指引企业科学发展明晰思路：以优

质民族商品资源为基础，以银饰刺绣加工销售为目标，带动农户以发展优质旅游工艺品致富奔小康。

黔东南州苗族侗族文化旅游资源十分丰富，民族手工艺品是其重要内容，开发旅游商品的市场潜力巨大。黔东南州内有许多擅长制作各种特色民族用品的民间艺人，应包装、宣传一些著名民间艺人，提高他们的知名度，并通过他们提高黔东南特色民族工艺品的市场认知度。公司按照“公司＋农户＋基地”的模式，成立旅游商品企业，将分散的民间艺人组织起来从事旅游商品生产，重点开发银饰、刺绣、乐器、服饰、生活用具、金银制品等旅游商品，做好旅游商品开发规划。主要规划打造银饰产品、刺绣产品、蜡染产品、绵织品。

二、努力开发特色资源，带动地方经济及农户发展致富

在发展旅游商品不仅体现为对地方经济的推动作用，而且更重要的是传承、保护、弘扬民族智慧、民族文化及民族工艺，能够最大限度地吸引旅游者购物，推动旅游产业跨越式的发展，成为黔东南州旅游产业发展程度的重要标志。旅游商品开发是与旅游业的繁荣相伴而生的新兴产业，两者相辅相成，互为促进。黔东南州以其独特地域文化和民族文化，使其丰富多彩的民族工艺品也成了不可多得的旅游商品资源，特别是近年来开发的银饰、木艺木雕、民族服饰、刺绣、蜡染、织锦、挑花、竹编、泥哨、造纸、纺织、农民铜版画、石砚、根雕以及木建筑工艺、酿酒、民族乐器、茶艺、特色食品、民族医药等旅游工艺品及民族生活用品等，备受国内外旅游者青睐。

银饰刺绣旅游商品具有独特的民族文化内涵、精美的艺术造型、适用的艺术价值、精湛的工艺技术、高雅的情趣品味、自然和谐的品格。旅游商品是当地少数民族千百年厚重的文化生活的印证，是勤劳勇敢的苗族侗族人民的象征，是千百年来苗族侗族人民留下的宝贵文化遗产。银饰刺绣旅游工艺品以用料精良、构图精巧、造型典雅、色彩艳丽、纯朴自然、技艺精湛而著称，真实地装载着各民族的历史、经济、文化、艺术的智慧。银饰刺绣旅游商品利用历史人文元素与现代科技相结合，通过高超的艺术加工手法，将产品真实客观地反映了各族人民的生产生活、民族性格和审美情趣，具有独特的民族性，有丰富的文化价值、民俗价值、美学价值和实用价值，具有不可估量的潜在市场和广阔的产业发展前景。

目前公司开发的银饰刺绣产品有侗族鼓楼、风雨桥、牛、马、羊、茶具、蝴蝶、人物、民族建筑物、服饰装饰、戒指、手镯、脚链、手链、耳环、项链、烟斗、装饰工具、观赏价值的标志性物品及建筑以及有实用价值的生活用品等共计1000多种产品。随着旅游业的发展，民族商品的审美艺术价值和收藏价值为越来越多地受到中外游客所重视，银饰刺绣旅游商品将是旅游商品中的一颗闪耀的明星，从而带动地方经济发展，直接或间接带动2000户农户发展致富。

三、探索“公司＋农户＋基地＋旅游”的生产经营模式

“公司＋农户＋基地＋旅游”的生产经营模式是以资金雄厚的公司为龙头，以农村作为基地指导农户集中发展文化旅游工艺品产业，由公司组织协调技术指导、资金支持、技术支持等配套的方式，利用农村的劳动力来实现产出，再通过公司的经营销售，实现把利润共赢结合在一起的一种综合合作增长模式。2010年3月，公司就开始主营民族旅游工艺品，考察探索公司发展模式。由于黔东南州是一个苗族侗族人口较多的地区，公司发展必须依靠当地农户，在公司开始生产阶段，发动了当地农户200户，生产了10万件旅游工艺品，年销售收入达800万元，取得公司成立以来的使人满意的成绩。

西安福科材料科技有限公司

西安福科材料科技有限公司坐落在南依秦岭、北临渭河的关中腹地，人杰地灵、紫气东来，自古的京畿之地——西安户县，这里是驰名世界的诗画之乡、鼓舞之乡，秉持深厚的文化底蕴，追求持续的经济增长，在实施工业强县、科技兴县的号召下，一批有着院校支持的科技型骨干企业相继落户，成就了“两园一基地”战略，福科公司的诞生推动了金属材料强度国家重点实验室产学研基地进程、丰富了基地的内涵和外延。公司由从事传统电线电缆行业的西安三星线缆有限公司升级转型而来，专业从事纳米涂层材料的研发、应用和推广。公司与西安交通大学金属材料强度国家重点实验室共同成立的产学研基地，由西安交大承担技术保障，公司负责开发、推广，实现了经营模式创新。研发的相关涂层技术及产品，主要为高端工具、模具及机械零部件的高强度、高温耐磨提供保障。经过几年的转型发展，不仅全资收购了陕西地金成表面工程有限公司，使产品服务进入航空、航天等尖端领域，已和西航、西飞、航空六院、九院建立了稳定的合作关系，完成了ISO9001、ISO14001、GB/T28001三体系、汽车行业TS16949、国家高新技术企业等一系列的资质认证，为公司腾飞夯实了基础、提供了条件。

公司生产的面向高温、磨损、腐蚀、冲击等条件使用的高精度叶片产品，是基于纳米复合超厚涂层真空气相沉积技术应用，通过降低纳米复合薄膜摩擦系数、增加薄膜强韧性、改善结合性能及提高抗高温氧化性能，开发出了纳米复合薄膜、抗高温氧化纳米复合薄膜，其产品应用于机械耐磨件及电子产品。研发的高功率脉冲电源可有效调节脉冲占空比及脉冲功率，实现成套脉冲高功率磁控溅射工业设备的集成。研发的Ti（Al，Si）N/a－C/ZrSiN梯度纳米复合超硬自润滑薄膜，具有制备技术上的工艺创新性，对涂层应力的梯度调控，保证薄膜具有较大的厚度、超高的硬度、足够的韧性和结合强度，可较好地突破苛刻工况条件下叶片产品使用寿命短的技术难题。新研发的叶片材料，广泛应用于热能风机、汽轮机叶片及航空发动机叶片等，这类材料对于国家发展具有举足轻重的作用。

公司与西安航空发动机制造公司、西安飞机制造公司以及陕西鼓风机制造有限公司的项目合作，均为陕西省乃至全国的叶片制造企业龙头。针对企业中不同产品规格和应用条件，面向叶片表面超厚真空气相硬质涂层强化技术，开发工业型高功率脉冲磁控溅射涂层成套设备，进而立足于设备研发，率先提出纳米复合薄膜与润滑C材料复合的概念，且针对高温冲蚀条件下，C材料与钢基体可能发生的触媒反应导致强化失效，基于前期公司专利技术，开发具有高温介质阻挡层的超厚梯度多层TiAlSiCN/ZrSiN纳米抗冲蚀磨损涂层材料。超厚梯度TiAlSiCN/ZrSiN纳米复合涂层工艺，优化工艺方案，获得具备40GPa以上超高硬度且摩擦系数低于0.1的耐磨减磨涂层制备工艺，并具有抗1000℃以上高温冲蚀和磨损性能，在典型复杂结构精密叶片上产业化应用，使叶片提高寿命3—4倍。在未来转型发展中，公司还将围绕纳米涂层装备以及相关材料开发，瞄准航空、航天、汽车、微电子等重大行业，产、学、研一体发展，为国家经济建设做出贡献。

陕西天宇制药有限公司

——育诚信人、做放心药

陕西天宇制药有限公司是以投资高科技医药产业为核心，以主打产品聚桂醇硬化剂为载体，以研发、生产和销售高科技产品于一体的现代化民营高科技制药企业，为国家高新技术企业。公司主营业务：原料药（聚桂醇）、小容量注射剂的生产；保健品的生产、加工与销售，药物技术的研究与开发。公司成立以来，本着“诚信、优质、高效”的企业理念，坚持以“科技为依托、市场为导向、质量为中心”的企业经营宗旨。公司永恒的信念是：全力打造中国硬化治疗领域第一品牌，全心全意致力于人类健康事业。公司先后被列为“西安市知识产权优势培育企业”“西安市民营科技企业”“陕西省民营科技企业”及“陕西省创新型企业”。公司立志创新、厚积薄发，为聚桂醇中国药品质量标准起草单位、聚桂醇国家标准品生产单位、聚桂醇硬化治疗使用方法起草单位、中国硬化治疗技术标准起草发起单位，硬化剂的先行者。

公司主导产品聚桂醇及其注射液是历经十多年成功研制，经国家药监局审批的具有疗效确切、科技含量高、市场前景极其广阔的国内独家产品，属国家级新药，具有自主知识产权，拥有国家发明专利证书。聚桂醇注射液于2008年10月正式上市，2009年11月30日已列入国家医保目录，2011年12月荣获“陕西省中小企业专精特新产品”称号，2012年10月被陕西省中小企业促进局、陕西省知识产权局评定为“陕西省中小企业专利新产品”，市场销售及疗效反馈情况良好，在全国同行业中名列前茅。公司为西安市规模以上工业企业，工业产值翻番，公司主导产品聚桂醇原料药及其注射液在全国市场拥有良好的发展前景，有可能登陆美欧等发达国家市场，成为企业重要的增长点。

公司总部位于西安市高新技术开发区西安软件园，生产基地设在西安经济技术开发区泾河工业园区长庆西路108号，厂区占地面积42.8亩，主厂房总建筑面积5558平方米，质检控制区面积336平方米，交通便利，生产环境优越。公司为医药行业，国家药品食品监督管理局就提高药品生产质量、规范药品经营秩序提出了相关行业规定。为确保药品质量生产安全，促进医药经济结构调整和产业升级，进一步增强医药产业竞争力，国家食品药品监督管理局于2011年2月25日发布《关于贯彻实施＜药品生产质量管理规范（2010年修订）＞的通知》。通知明确指出：自2011年3月1日起，凡新建药品生产企业、药品生产企业新建（改、扩建）车间均应符合《药品生产质量管理规范（2010年修订）》的要求。现有药品生产企业血液制品、疫苗、注射剂等无菌药品的生产，应在2013年12月31日前达到《药品生产质量管理规范（2010年修订）》要求。其他类别药品的生产均应在2015年12月31日前达到《药品生产质量管理规范（2010年修订）》要求。未达到《药品生产质量管理规范（2010年修订）》要求的企业（车间），在上述规定期限后不得继续生产药品。公司积极响应国家药品食品监督的相关通知，于2014开始进行新版GMP认证改造，实行经济产业转型升级。2014年2月完成国家食品药品监督管理局对公司小容量注射剂认证的现场检查，4月份取得小容量注射剂新版GMP认证证书，证书号为CN20140199；2014年7月完成聚桂醇原料新版GMP改造，8月份取得新版药品GMP认证，证书号为SN20140105；公司经济转型升级硬件基础工作已经完成。公司实施新版GMP认证，首先有利于企业的进一步发展；其次，新版GMP标准实际上已与国外主要发达国家的标准实现了初步接轨，为公司开拓国际市场，承接跨国制药企业的产业转移提供了保证；最后，新版GMP更注重软件动态管理、质量控制以及“人”这一关键要素。新版GMP的实施，必将大大提高我公司的质量管理水平，更有利于公司的长期快速发展。

公司是一家正在快速发展的民营高新技术企业，已经步入良性发展轨道。公司具有法人资格，有经营管理自主权，实行独立经济核算，遵守国家法律法规，财务制度健全。拥有自主知识产权的国家级新药，具有国家发明专利，具有广阔的发展前景。公司已完成民营经济转型升级工作，在行业处于领先地位，贡献突出，对陕西省乃至整个医药行业转型升级示范作用显著。公司正在按照新三板上市要求对公司进行组织机构、运营模式的调整，通过挂牌新三板，规范公司财务流程及经营管理，加强团队建设，整合资源，为公司创业板快速上市奠定基础。

陕西新天地固体废物综合处置有限公司

——打造陕西环保第一品牌

陕西新天地固体废物综合处置有限公司，公司于2010年设立，注册资本3000万元，具有独立法人资格的民营企业，公司注册地为咸阳市礼泉县西张堡镇陕西资源再生产业园，专门从事一般工业固体废物和危险废物的收集、贮存、处置、运输；金属废料和碎屑的加工处理、销售；非金属废料的碎屑的加工处理、销售；环保设备制造及销售。

近年来，随着国家西部大开发战略的深入推进，陕西作为国家重要的能源化工基地，工业总量快速增长，固体废物产生量不断增加，如何有效的控制和治理固体废物污染环境，已成为陕西省当前环境保护工作迫切急需解决的问题。目前，陕西省固体废物综合利用处置率仅为78%左右，每年约20%左右的固体废物未做到无害化处置、规范化贮存，露天堆放，风吹雨淋，造成严重的大气、土壤、水体污染。公司现有独立的技术研发中心，拥有各类实验室13个，配套AA－6800原子吸收分光光度计、GC－2014气相色谱分析仪、UVmini－1240紫外可见分光光度计等多台先进的检测分析设备，能够开展各类分析项目100多项。现有研发人员18人，能够独立完成工业固体废物的资源化利用等研发工作。获得国家知识产权局授权认可的“高浓度含重金属废液一步法中和固化系统”和“焚烧飞灰气力输送系统”两项实用新型专利。

陕西省危险废物处理处置中心为国务院2003年12月批准的《全国危险废物和医疗废物处置设施建设规划》中31个综合性危险废物处置中心项目之一。该项目承担陕西省各市（除汉中市和安康市）的工业及其他危险废物的集中处置，同时承担咸阳市和杨凌现代农业示范区的医疗废物处理任务。项目总投资1.3亿元，设计年处理原生废物15538吨，物化处理车间处理能力8400吨/年，焚烧车间处理规模7920吨/年；稳定固化车间规模7500吨/年，安全填埋规模12500吨/年，一期安全填埋库容8万立方米，服务年限8年。该项目的投产将进一步改善陕西省的环境质量。

近年来公司技术人员和研发人员通过查阅相关资料，借鉴国内外先进的技术经验，并且在实验室做了大量的实验，技术水平得到了较大的进步。贵金属回收项目通过中试验证了项目的可行性，并且拟投资进行产能扩建，拟投资建设有机溶剂蒸馏和含重金属废灯管资源化回收利用项目。不断对现有生产工艺进行技术改造，完成了固化车间皮带输送系统、危废库空气净化系统、高浓度含重金属废液一步法中和固化系统和焚烧飞灰气力输送系统等的建设与改造，其中高浓度含重金属废液一步法中和固化系统和焚烧飞灰气力输送系统获得国家知识产权局授权的实用新型专利。

企业以打造陕西环保第一品牌为目标，建立集收集、运输、处置和资源回收一体化、专业化的危险废物处置中心。目前，我们在危险废物的收集、运输和处置工作中已经取得了卓越的成效。

白河县歌风春燕茶业有限公司

——发展循环经济打造绿色品牌

歌风春燕茶业有限公司位于陕西省安康市有着“秦头楚尾”之称的白河县境内。县域内层峦叠嶂、气候温润，海拔千米以上，原生态的环境对发展有机茶具有得天独厚的自然条件。通过近几年的发展，已成为集茶园栽培管理、名优茶精加工、销售、科研和弘扬茶文化于一体的农业产业化重点龙头企业。公司经过几年的转型发展，拥有了现代化生产厂房1500平方米，标准化采茶队伍，自主的良种茶苗培育基地210亩，茶叶品种对比园12亩，北京、上海、西安、石家庄、武汉、青岛等地建立了销售网点。公司建设的标准化茶叶基地3000亩，2013年被安康市政府列入市级现代农业园区。目前，园区规划的3000亩标准化茶叶示范园已完成土地流转和整理，及茶苗种植和500立方米保鲜库。转型中，公司将抓住市级园区这个平台，以“茶”来带动第三产业链的发展，达到农业观光、特色旅游、循环发展的目的。

近年来，公司在黄从高总经理带领下，以新茶种的选育和新技术的研发为转型重点，把先进的标准化生产设备用于传统的制茶工艺，精心研制出了色绿汤清、花香十足的富硒茶，汤美味香，得到了市场认可。公司坚持创新经营机制，大力实施“公司＋基地＋合作社＋农户”的发展模式，做到生产基地、市场营销、品牌战略协调发展，走上了品牌化、标准化、绿色化和产业化的发展轨道，实现了公司的跨越发展。公司2011年被陕西省工商局授予“陕西省著名商标”，2013年在第十届“中茶杯”全国名优茶评比中喜获“特等奖”，2014年荣获“陕西省十大名茶”。

“饮歌风源头水，品歌风春燕茶”。“歌风春燕”源起远近闻名的宋家镇歌风古楼的传说，后又赋予其春天使者燕子般的神韵。传统的歌风茶因其“香醇可口、色绿汤清”，是明清时期的贡茶之一。歌风春燕茶叶基地位于海拔千米的宋家镇水洞溪的青山碧水间，处于陕鄂交界地带，也是白石河的发源地，地域内土质肥沃，森林茂密、云缠雾绕、生态优美，清泉甘露滋润着绿色无污染的歌风春燕茶。纯天然的鲜叶和先进高效的管理使“歌风春燕”通过了“有机”等多项认证。下一步，公司将致力于富硒红茶和富硒乌龙茶的开发，以填补白河县红茶、乌龙茶生产的空白。

天水华天电子集团

天水华天电子集团（以下简称华天）也有自己的“华天梦”，即通过10年的努力，不断创新，产业升级，形成半导体封装产业链配套体系，掌握关键核心技术，2015年实现销售额45亿元、利税4亿元，到2020年建成国际封装业知名企业、中国封装业第一品牌，销售额突破100亿元，税金8亿元。

一个曾经负债经营、濒临倒闭的特困企业何以快速崛起，成为我国集成电路生产十强企业，工信部重点监控企业，国内模拟集成电路重点供货商之一？

华天的发展得益于企业体制改革、科技创新、产业升级、项目建设。华天电子产品广泛用于航空、航天、兵器、船舶、军用电子整机、电子信息、工业自动化控制、计算机、网络通信和各种消费电子产品领域，为“长二捆”火箭、“风云一号”卫星、“神舟五号”“神舟八号”“嫦娥三号”“天宫一号”提供了高品质产品。

华天每年用于产品研发的投入超过1亿元，占销售收入的5%，去年达到了6.2%，远远超过了国家对高新技术产业科技投入不低于3%的规定。主研发的104项成果中12项达到国际先进水平，89项填补了国内空白。正在建设中的总投资36亿元的天水华天电子科技园，6项重点建设内容中，4项是产品升级项目，研发资金占总投资额的近96%。分两期建设的科技园，要形成以华天为本部，西安、昆山为前沿的产业结构格局和发展布局，到2020年建成具有完整半导体产业链条的产业研发生产基地，产品涵盖集成电路、电源模块、MEMS传感器以及集成电路封测设备、材料、备件等各个领域，形成具有持续竞争力的产业集群，实现“华天梦”。

红峰机械有限责任公司

——“军转民”的成功之路

进入21世纪以来，在“军转民”型国有企业陷入困境、面临何去何从抉择的关键时刻，红峰的领导班子通过冷静分析，及时调整发展目标，确定了“做专做精主导产品，做强做大企业规模”的发展思路，大刀阔斧地实施了调整产品结构、创新销售机制、剥离辅助等一系列内部改革措施，使原红峰经营形势实现了好转；通过实施原红峰的政策性破产，重组成立了甘肃红峰机械有限责任公司，以新公司的成立为起点，企业加快了建立现代企业制度、由粗放式管理向精细化管理转变的进程，开创了自军品生产、二次创业之后实现科学发展的新局面。

成功改制后的公司充满了生机和活力。公司连续五年实现了收入过亿、税金过千万的经营目标。职工人均年收入比改制前翻了一番多。2012年，与改制前相比，销售收入增长79.43%；工业增加值增长124.61%；上缴利税增长47.68%；职工人均年收入翻了一番多，提前两年实现了公司“十一五”规划目标，“十二五”规划进展良好。2007年5月，公司被省总工会授予“甘肃省五一劳动奖状”；2008年1月，被省科技厅认定为“科技创新型企业”“高新技术企业”；2006年至2011年，公司连续六年被崆峒区委、区政府评为“财税贡献十强企业”和“全市纳税先进企业”；2011年，被省人力资源和社会保障厅等单位联合授予“第二届甘肃省劳动关系和谐企业”；2012年，被省企业质量信用等级评价委员会认定为“甘肃省企业质量信用AAA级”，被省知识产权局评为“甘肃省第一批企事业知识产权示范单位”；2013年，被平凉市崆峒区委、区政府授予“2012年度十强品牌企业”，“红峰”牌商标陆续荣获“市知名商标”“省著名商标”“国家驰名商标”等多项殊荣。

在改革和发展的进程中，公司充分认识到只有改革与发展才是唯一出路。

（1）在管理机制上，按照现代企业制度和现代经营理念的要求，改革企业产权结构、管理体制和运行机制，实现了从工厂制到公司制的转变。

（2）在生产经营中，确立了公司“质量、速度、效益”型的发展方式，严格遵循“以销定产，以产促销，宁丢价格，不丢市场”的原则，实现了生产经营高质高效。

（3）在科技创新中，大力推行自主创新，2008年至今公司共自主研发高参数疏水阀新品20余种，共获得国家发明、使用新型、外观专利25项，其中，获得发明专利的有2项，拥有国际先进水平科技成果2项、国内领先水平科技成果10项、国内先进水平科技成果2项，有7项分别获得省级、市级科技进步奖。2012年，经省技术监督局审核，公司标准化体系达到“AA”级，获得了全省“标准化良好行为企业”证书。

“市场高于一切，创新重于一切，精细融入一切，拼搏成就一切。”这是新红峰精神。要让公司在激烈的市场竞争中立于不败之地，就需要不断创新，不断拼搏。公司深知的主打产品疏水阀与国际同行业还有距离，为赶超行业前沿，公司将按照国际水准、现代管理理念，紧跟新兴市场不放松，对重要市场、重大项目实行组团销售、全程跟踪，着眼全球节能市场产业，着力开发国际市场。同时，着手研发国家重点行业所用到的主要依赖进口的超临界疏水阀、智能化疏水阀等核心关键阀门，使其最终实现“以国代进”，使公司的产业链条由“外围”向“核心”延伸。

天水昊峰集团

——控股有限公司的崛起之路

昊者，大也，博厚也；峰者，高也，崇峻也。一家根植于羲皇故里天水这片沃土的民营企业——甘肃省天水昊峰集团控股有限公司（以下简称昊峰集团）沐浴着改革开放的春风，踏着创新时代的步伐，不断开拓进取，茁壮成长，谱写出一曲曲壮丽乐章，正呈迅猛崛起之势屹立在美丽的陇原大地上。

在现代市场经济中，企业实行多元化经营，是在市场机制下主动谋求发展、不断开拓进取的手段，有利于适应并应对不断变化的外界环境，合理利用企业资源，实现企业效益最大化。

昊峰集团的崛起之路便是如此。

作为一家民营企业，自1996年创立以来，风雨17年，一个不足10人的小公司已经成长为拥有总资产116亿元、实现年利税总额上亿元的集团公司。昊峰集团下属企业19家，横跨甘、青、川三省，形成以铁、铜、金采矿业为主，涉足房地产开发、旅游休闲、体育健身、餐饮娱乐、酒产品酿造、电子工业、包装印务、小额贷款、机动车检测、法律咨询、医药生产等领域各具特色的多元化集团企业。

昊峰集团公司作为一家民营企业，始终坚持两手抓两手都要硬的方针。党委书记、董事长程俊峰用“抓好企业的党建工作为企业谋发展，为员工谋福利，为社会做贡献”的质朴语言表明了昊峰集团党建工作的价值取向。在注重企业经济效益的同时，把党建提升到社会主义现代化建设战略全局上认真落实，创新民营企业思想政治工作的思路、内容、载体，推动了企业生产经营的大发展。昊峰集团之所以能在激烈的市场竞争中从小到大、由弱变强，与公司党政领导班子坚持紧紧围绕企业的生产经营和改革发展，大胆改革创新，卓有成效地开展党建工作有着密切关系。

一、人才兴企，打造西北知名企业

随着科学技术的迅速发展，科技创新成为推动企业经济发展的驱动力，而科技创新发展科归结为人才战略的可持续发展。人才是企业可持续发展的动力之源，是企业永葆生气的发展之本。实施“人才兴企”战略，积极培养与企业发展相适应的人才，既能挖掘个人在各方面的潜力，也为企业发展带来突出贡献。

在艰苦创业的历程中，昊峰集团不断探索民营企业快速持续发展的新路子，尤其注重以人为本，不断提高全体员工的素质和能力，为打造西北部知名企业注入精神力量。一方面，公司始终重视和保护职工的合法权益，录用员工均按国家劳动合同规定，并按属地管理的原则由其所属企业为员工办理“三金”保险；另一方面，公司坚持企业发展和社会贡献“双效并举”，安置了大量的社会待业人员、下岗职工和农村贫困户务工就业。

“以人为本，科学管理”是昊峰集团的管理理念，善于发现人才、善于培育人才、善于留用人才是昊峰集团全面实施“人才兴企”战略的重要体现。昊峰集团坚持“人才兴企”战略，切实加强员工专业培训和人才引进工作，造就了一支高素质的人才队伍。这支人才队伍集学习型、实用型、技术型和创新型为一体，成为企业发展的中坚力量。为保持这支人才队伍的活力，昊峰集团积极组织开展各类争先创优活动，树立表彰一大批先进分子，在全公司营造了“学习先进、争当先进”的浓厚氛围，激发昊峰集团全体员工的学习热情。为进一步实施“人才兴企”战略，昊峰不断创新形式，发展企业文化，为员工打造富有企业特色的人文环境。近年来，昊峰集团加大企业文化设施的建设力度，投资兴建了职工培训中心、职工娱乐中心、阅览室、荣誉室、篮球场、排球场、足球场等，大大丰富了员工的业余生活。

目前，昊峰集团通过不断探索创业新思路，大力革新管理新模式，积极打造特色企业文化，逐步形成了“紧贴市场需求，不断优化产业、科学整合资源”的昊峰集团内各企业优势互补、链融一体，凝聚实力共同发展的经营模式，企业文化发展模式也呈现多元发展模式：规范言行，狠抓日常养成，坚持每日早操的形象文化；对员工负责，对企业负责，对合作伙伴负责，对社会负责的诚信文化；成立员工读书会，开展每日一篇字、每周一堂课，每月一篇文的学习文化；完成任务雷厉风行，一抓到底，不讲借口的执行文化；组织常态化体育健身活动、定期举行职工运动会的体育文化；每年组织一次义务献血、义务植树，大力资助社会公益的文化，在天水市第二中学成立昊峰班，长期资助品学兼优的贫困学生的重教文化。多维企业文化的共同发展，推动昊峰集团不断向知名企业行列迈进。

二、以诚为本，树立民企知名品牌

诚信是中华民族的传统美德，也是现代企业必须要遵守的黄金法则。现代企业信用管理的目标，即是力求企业在实现销售最大化的同时，将信用风险降至最低，使企业的效益和价值得到最大程度的提高。企业是市场经济的主体，“以诚为本”打造企业品牌效应，既有利于维护企业自身形象，也有利于有效维护市场经济秩序，最终为企业发展营造良好的社会环境。

昊峰集团高度重视和加强诚信建设，始终坚持“诚信为本，信誉第一”，坚持“为企业谋发展，为职工为福祉，为社会做贡献”的经营宗旨，秉承“开拓、创新、诚信、奉献”的经营理念，立足现有资源，加快产业转型，走出了一条“立足当地，艰苦创业，社会担当”的创业之路。

在不断发展壮大的历程中，昊峰集团加强领导、健全机构，确保创建活动深入持久。一是健全组织，加大“文明单位”创建活动的领导力度。公司把诚信单位工作摆上重要位置，专门成立创建诚信单位工作领导小组和工作机构，为创建活动顺利推进提供组织保证。二是狠抓党建工作，加强对诚信单位创建工作的统揽。昊峰集团始终把各级党组织建设做为重要工作来抓，以抓党建工作统揽全局，充分发挥党组织在诚信单位创建活动中的领导作用、带头作用。三是狠抓党风廉政建设，切实促进创建活动落到实处。认真坚持领导班子每年一次的民主生活会制度，并把班子成员自身廉洁自律作为民主生活会和考评的重要内容。

在“以诚为本”的信条指引下，经过多年发展，如今的昊峰集团已是西北民营企业的知名品牌。昊峰集团誉满西北，连续三年被评为甘肃民营企业100强，连续8年名列天水民营企业纳税之首。曾先后获得“全国全民健身活动先进单位”“甘肃省五一劳动奖状”、省非公经营“先进党组织”、省精神文明建设先进单位、天水市“文明单位”、天水市非公有制企业党建“示范党组织”“思想政治先进集体”和首届“天水民营企业50强”等诸多荣誉。党委书记、董事长程俊峰同志个人先后被评为天水市“优秀共产党员”、甘肃省“十大杰出青年”“十大青年企业家”“十佳光彩之星”，获得甘肃省劳动模范、“五一”劳动奖章、“五四”青年奖章、优秀中国特色社会主义事业建设者、中华慈善突出贡献人物、甘肃省首届非公经济风云人物等荣誉。

三、回报社会，勇担企业社会责任

企业的发展离不开社会，作为一家正处于较好发展和振兴时期的民营企业，回报社会是昊峰集团应尽的责任和义务。自创立伊始，昊峰集团在不断夯实基础，提高经营管理水平的同时，积极投身社会公益事业，以最大努力回馈社会，造福桑梓。

在科学发展观的指引下，昊峰集团走出了一条企业拓展、效益提升的成功之路，取得年上缴利税上亿元的显著业绩，为天水经济社会又好又快发展做出了贡献。在成绩面前，昊峰集团不忘回报社会，自觉承担社会责任，坚持企业发展和社会贡献“双效并举”。在合作改制期间，昊峰集团开辟3100多个就业岗位，接纳近400名职工，其中包括待业人员、下岗职工和农村贫困农民。据不完全统计，近年来为“帮困济贫、兴学助教、赈灾捐助、慈善事业、光彩事业”等各项公益事业捐助资金就达3900多万元。集团公司设立公益基金，每年拿出200万元进行社会捐款。集团党委书记程俊峰还以个人名义，资助30名贫困学生。2008年，昊峰集团被甘肃省授予“造福后代”匾额。

昊峰集团的发展不仅需要良好的社会环境，还需要各级领导、各级部门和社会各界的大力支持。同时要打造成经营一流、实力雄厚、多元发展的新型民营企业，就要以更大的成绩、更大的效益和更大的贡献，回报社会。昊峰集团始终认为，公司的发展源于整个社会的支持，因此对社会的回报便甘之如饴。如今，积极参加公益事业已成为昊峰集团发展战略中的重要一项，成为昊峰集团作为企业公民不可或缺的重要组成部分。

路漫漫兮修其远，吾将上下而求索。昊峰集团将载着“中国梦”的美好愿景，乘着十八届三中全会的东风。继续带领全体员工解放思想，开拓创新，同心同德，顽强拼搏，携手并进，一路高歌，努力开创新时代的美好局面。

天祝玉通碳化硅有限责任公司

天祝玉通碳化硅有限责任公司位于甘肃省天祝县华藏寺镇，成立于2007年8月，是一家以生产、加工、销售碳化硅为主的民营企业，公司占地面积300余亩，现有员工160名，厂区位于华藏寺镇水泉工业园内（新建厂区在宽沟工业园），距离省城兰州136公里，距中川机场80公里，丝绸之路重镇武威140公里，312国道和兰新铁路自厂区西侧通过，运输条件便捷，地理位置优越。

公司目前已建成2条12500千伏安的碳化硅生产线和6条加工线，年生产能力4万吨，碳化硅深加工3万吨，2012年实现工业总产值18943万元，上缴税金923.73万元。荣获“2009—2010年度市级重合同、守信用企业”“甘肃省诚信守法民营企业”、被中国农业银行评为“AA级信用企业”。2012年通过ISO9001：2008质量管理体系和ISO14001：2004环境管理体系认证，是甘肃省企业质量信用等级A级企业。同年获得货物进出口权。2012年由甘肃省工信委等六部门批复成立了天祝玉通碳化硅有限责任公司省级技术中心。中心联合西安交通大学等科研院所，建立甘肃省新型碳化硅陶瓷材料工程技术研究中心，为甘肃省发展碳化硅先进陶瓷材料高新技术产业提供研发和科技成果转化平台，促进甘肃省碳化硅产业步入一个新的发展阶段。依托资源优势，汇集了众多的碳化硅生产技术及管理人才，是国内最大生产碳化硅产品的企业之一，“玉通”品牌是甘肃省的名牌产品，也是国内同行业知名品牌。公司主要实施以质量竞争为主的市场营销战略，依托技术优势和品牌影响力，同类产品均价高于其他企业产品。

近年来，公司以西安交通大学为技术依托，通过自主开发与对外合作，引进消化吸收的手段相结合，在引进设备和技术的同时，不断消化吸收这些设备和技术，并且不断提高自身的能力，进而提升产品的档次，扩大产品创新的范围。通过以项目为载体，开展人才培养，开展基础技术的研究及产品的开发，促进科技成果向生产力的转化。目前技术中心重点开发了碳化硅陶瓷制品项目，它具有耐高温、抗氧化、高强度、耐极冷极热、抗热震性好、高温变小、热传导性好、耐磨、耐腐蚀等特点。作为节能耐火材料在卫生陶瓷、日用瓷、电瓷、磁性材料、微晶石、粉末冶金、钢铁热处理等行业的高温窑炉中被广泛应用，由它制成的各种部件也逐渐应用在发电、造纸、石油、化工、机械密封、水泵、表面处理、热交换、选矿、航天等领域，日益受到人们的重视。

公司坚持以科学发展观为指导，按照县上提出的“工业强县”战略目标和发展抓项目的工作思路，充分发挥资源优势，加大以商招商引资力度，抢抓市场机遇，2012年投资3000万元在宽沟工业园区建设30000千伏安黑碳化硅生产线一条。届时公司在水泉上滩工业园区和宽沟工业园区建成年产10万吨碳化硅生产基地，深加工能力达到8万吨以上，力争在“十二五”期间实现工业总产值6亿元以上，上缴税金3000万元以上，安排就业人员700多人。

公司在努力打造10万吨碳化硅生产基地的同时，不断改进生产工艺，做好循环经济，提高产品附加值，延伸碳化硅产业链条，根据市场需求加工不同规格的段砂、粒度砂和细粉。推动和扩大产品的销售。诚信赢得市场，善待赢得口碑，由于为社会发展做出了贡献，近几年公司先后多次被省、市、县授予“先进私营企业”“纳税先进企业”“先进党支部”等20多项殊荣。2009年被县委、县政府评为“天祝县十强企业”。2010年被武威市、天祝县委县政府评为“功勋企业”和“武威市纳税快速增长企业”“统战工作先进集体”，被甘肃省工商局评为“甘肃省十佳文明诚信民营企业”“诚信守法企业”“甘肃省私营企业100强”等荣誉称号。公司生产的“玉通”牌碳化硅段砂、细粉荣获甘肃省名牌产品。

经过多年的努力拼搏，公司现已经成为天祝县规模以上工业企业，逐步形成了具有自身特色的工业经营体系。公司多年来坚持以人为本的科学发展理念，诚实守信、求真务实、与时俱进、客户至上、奉献社会的企业精神。关心职工生活，不断提高员工收入，积极从事公益事业。公司将进一步解放思想，攻坚克难求突破，奋力赶超促跨越，努力提高经济效益和社会效益，为天祝藏区经济跨越式发展做出积极贡献。

甘肃正阳农工贸（集团）有限责任公司

甘肃正阳农工贸（集团）有限责任公司成立于2001年11月，是一家农业开发、特种养殖、农副产品加工、销售、建筑安装、房地产开发于一体的集团化公司，也是武威市农业产业化龙头企业之一。公司现拥有资产1.75亿元，现有员工196人，其中高级工程师3人，高级经济师1人，工程师12人，会计师3人，助理工程师及其他各类专业技术人员36人。

公司在发展中看到西北地区马铃薯资源丰富，产量大，但还没有一家大型马铃薯加工企业，于是紧抓这一机遇，利用外国政府贷款，从荷兰、美国引进世界先进水平的马铃薯生产设备，建成了国内先进的高原无公害年产万吨马铃薯雪花全粉及马铃薯休闲食品生产线，该生产线成为西北地区最大的马铃薯加工生产线，技术含量高，生产的产品品质好。生产线于2010年年底建成，2011年正式投入运行。

目前，已形成了以马铃薯产业加工、研发、育种、扩繁、贮藏、休闲食品开发为一体的纵向循环经济产业链。公司现与中国食品工业集团携手合作，共同研发马铃薯雪花全粉及深加工产品。公司主导产品“正阳”牌马铃薯雪花全粉，广泛应用于复合薯片、符合薯条、膨化食品、婴幼儿营养食品、薯泥、快餐、面包等食品领域。

公司在发展中始终坚持“以质量求生存，以信誉求发展”的经营理念，相继通过了ISO9001食品质量安全体系认证、ISO14001环境管理体系认证和HACCP食品安全管理体系认证，并连续3年被交通银行甘肃分行评定为AAA企业。

公司注重技术交流合作，推进企业技术进步和技术创新能力，积极学习世界先进工艺水平，不断进取，努力使产品质量达到国际先进水平。公司计划在“十二五”期间，以年产万吨马铃薯雪花粉生产线为依托，按照国家、省、市关于大力发展循环经济的要求，建设马铃薯循环经济产业园区。

青海蕃雅堂虫草生物科技开发有限公司

一、基本信息

青海蕃雅堂虫草生物科技开发有限公司于2005年12月成立，是专业从事青藏高原特色生物资源精深加工的科技型企业，公司现拥有青海省著名商标“蕃雅堂”牌虫草胶囊系列产品、“蕃雅堂”牌黑枸杞有机枸杞系列健康产品、“蕃雅堂”牌青藏土特产系列（藏雪莲、藏红花、青藏八宝、鹿产品、牦牛鞭、红景天、肉苁蓉、野生大黄、佛手参、藏秘八珍、龙胆花、人参果）产品。公司注册资本300万元，法定代表人为丁金萍女士。

公司是一家集重点开发冬虫夏草系列保健营养品，土特产精深加工、销售于一体的科技型公司。10多年来，公司以青藏高原无污染的生态环境生长的特色产品冬虫夏草为原料，相继开发出虫草含片、虫草王胶囊、冬虫夏草胶囊、羊胎素胶囊、虫草菌丝体胶囊、虫草口服液等营养保健品，品种达39个，已开发生产枸杞干果、野生黑枸杞干果、黑枸杞袋泡茶、黑枸杞含片、黑枸杞泡腾片、黑枸杞饮品等柴达木有机枸杞系列健康产品，现已成为青海省冬虫夏草、枸杞系列深加工行业最具核心竞争力的企业之一。是集研发、生产、销售和虫草生产草场保护为一体的科技型、资源节约型、环境保护型企业。公司设立一个中心实验室，下设理化生物实验室、产品中间检测实验室和原料检测实验室，公司现有科技人员8人，其中高级职称5人，大专以上文化程度34人。主要管理人员9人，具有大专以上文化程度的占80%，平均年龄35岁，技术人员全部具有大专以上文化程度；生产工人30人，占总人数的50%；销售人员15人，占总人数的25%。

公司以青藏高原无污染的生态环境生长的特色产品冬虫夏草为原料，以国家产业政策为发展导向，相继开发出虫草含片、虫草王胶囊、冬虫夏草胶囊、羊胎素胶囊、虫草菌丝体胶囊、虫草口服液等营养保健品，品种达39个，其产品适宜于不同年龄人群的消费。同时公司还经销青藏土特产品，如黑枸杞、藏雪莲、藏红花、青藏八宝、鹿产品、牦牛鞭、红景天、肉苁蓉、野生大黄、佛手参、藏秘八珍、龙胆花、人参果、枸杞系列等。

二、成长历程

2005年1月荣获青海商业联合会“诚信企业”荣誉称号。

2006年12月荣获西宁工商局“先进私营企业”荣誉称号。

2007年12月荣获西宁工商局“先进私营企业”荣誉称号。

2007年9月成为青海省冬虫夏草协会会员单位。

2008年12月荣获西宁工商局“先进私营企业”荣誉称号。

2009年12月荣获西宁工商局“先进私营企业”荣誉称号。

2009年“蕃雅堂”牌注册商标被西宁工商局评为“青海省好商标”荣誉称号。

2011年荣获西宁工商局“先进私营企业”荣誉称号。

2012年荣获西宁工商局“文明诚信企业”荣誉称号。

2013年荣获西宁工商局“先进私营企业”荣誉称号。

2014年“蕃雅堂”牌注册商标被西宁工商局评为“青海省好商标”荣誉称号。

2013年根据国家发改委发布的《西部地区鼓励类产业目录》，我公司成功申报了“冬虫夏草含片及口服液系列产品加工生产建设项目”

2015年3月建成冬虫夏草粉含片生产线一条，年生产冬虫夏草粉含片30000瓶（90粒/瓶、每粒0.35克）；建成冬虫夏草口服液生产线一条，年生产冬虫夏草口服液100000支（150毫升/支）已达标投产。

公司总经理丁金萍女士2014年11月被富强巷社区党委评为诚实守信道德模范荣誉称号。

2014年9月被西宁市精神文明建设指导委员会被为第二届西宁市诚实守信道德模范荣誉称号。

2015年1月被西宁市城东区人民政府评为西宁市第六届城东区德模范荣誉称号。

2015年3月被西宁市城东区人民政府评为西宁市城东区民族团结进步先进个人荣誉称号。

三、核心竞争力

公司以药品的生产标准（GMP）生产食品，将制药领域的提取纯化、膜分离、微胶囊包裹等技术应用于食品深加工产品的生产。以国际先进的粉压技术为核心技术并结合现代高科技技术，“头期”原草—经专业清洗后低温灭菌—将虫体破膜、草体破壁后粉碎至700目的细小颗粒→把纯冬虫夏草粉压制成片—最后用惰性气体进行密封包装。依托青藏高原特有的自然资源进行研究、深加工的生物高新技术。公司拥有一支多年从事粉压技术研究的强有力科技研发队伍，且有数名技术人员到内地进行了学习和培训。不仅与多家科研院所进行深度合作，而且组建了一支由多名教授和专家带队的科研队伍，在青藏高原特色资源研究开发领域已取得丰硕成果，并研发出5种可供规模化生产的特色系列产品。营销上重点选择高端领域寻求突破，以“蕃雅堂”品牌专卖店、外省直营店和机场、高档商超专柜为主体，探索了一条快速创立品牌和打造产品形象的成功之路。

公司自成立以来，经过十多年持之以恒的专业化经营和良好服务，取得了客户的信任，树立了“蕃雅堂”品牌的良好形象，并在国内保健品市场及其他相关领域拥有较强的市场影响力。为在国内保健品市场上巩固公司产品的市场地位，营销网络的建设、营销队伍的管理成为市场竞争的关键点。因此，公司成立6个大区中心，加强营销网络建设，提升销售管理模式，是适应市场竞争环境，提高市场竞争能力，巩固并进一步提升产品市场占有率的必然选择。通过公司营销网络的建设，将进一步增强公司在西北、西南、华东、华中、华北、华南等地市场的销售能力，从而形成公司的利润增长点。

2014年公司建成植物分离纯化技术平台、制剂技术平台、分析检测技术平台、植物筛选及安全性评价技术平台、信息平台及局域网管理系统、学术研讨培训中心等配套设施在内的创新研究中心。新研究中心的实施将极大地促进公司的科研实力，有利于公司新产品的开发及大健康品种的研发，为青藏特产绿色食品走出国门夯实了坚实的基础。

所属行业：生物科技

企业代码：757449969

公司网站：www. bytcc. com

公司地址：青海省西宁市城东区互助东路12号

公司电话：0971－8121154/400－870－0079

公 司 QQ：5314435269

青海久实虫草生物科技有限公司

青海久实虫草生物科技有限公司立足青藏高原，以实现青藏高原特色生物资源的可持续利用，促进地区特色产业发展为宗旨；以实现“优势自然资源”转变为“优势市场资源”为目的；以优质的产品造福广大消费者，推动人类健康事业的发展。

公司立足自主技术创新，申请国家发明专利技术6项，其中已授权3项，获得了国际先进水平科研成果1项，国内领先水平科研成果3项，申请注册国家保健食品5项，注册“久实”“久实宝”商标10余项，“久实”商标已被认定为“青海省知名商标”。

几年来，在社会各界的广泛厚爱和各级政府的大力支持下，通过全体员工的艰苦努力，公司2011年，被评为青海省“优秀青年创业企业”；2012年被评定为青海省“高新技术企业”；2013年被评为青海省“国家优秀高新技术企业”、西宁市农牧产业化“市级龙头企业”，公司自主知识产权核心技术“中国被毛孢静置细胞增殖技术的开发与产业化”荣获“西宁市科学技术进步”一等奖。

一、核心研发、生产蝙蝠蛾被毛孢（冬虫夏草菌丝体）

公司生产的“久实牌蝙蝠蛾被毛孢胶囊”2014获得国家保健食品批复，通过了国家保健食品GMP认证，取得了进出口许可及产品的销售、广告备案等。同时公司的特色精制中藏药饮片通过了国家药品GMP认证，取得了国家药品生产、销售许可证。

公司目前已建成2000平方米的十万级净化级别的保健食品、中药饮片生产、质检场所。公司现有冬虫夏草蝙蝠蛾被毛孢细胞静置增殖设备，胶囊剂、片剂、颗料剂等制剂设备，中药饮片炮制设备，中药材提取浓缩、分离、喷雾干燥设备，产品质量化验、检测仪器、设备等70余台套。各种硬件设施齐全，国家准入手续完备。目前，年产蝙蝠蛾被毛孢20吨，产值5亿元；黑果枸杞片3000万片，产值3500万元。

公司是目前冬虫夏草蝙蝠蛾被毛孢生产行业领域内率先具有自主知识产权的生产企业，其技术水平处于国际先进水平。

二、黑果枸杞资源研究、产品开发与产业发展

青藏高原由于其特殊的地理位置和自然条件，孕育了丰富的生物资源。黑果枸杞（Lycium ruthenicum Murr）系茄科枸杞属植物，棘刺灌木，是我国西北荒漠地区特有的一种野生植物。黑果枸杞根系特别发达，生命力极强，是干旱、半干旱地区用于水土保持和造林绿化的重要生态经济植物，在我国荒漠地区生态环境建设中发挥着重要的作用。黑果枸杞不仅是具有显著生态效益的植物资源种类，也是具有特殊功效的珍贵药食两用植物资源。黑果枸杞资源的综合开发利用，对促进产业结构调整、发展区域经济、增加农牧民收入，有着重大而深远意义，也是经济、社会、生态效益共赢的好项目。

广阔的市场前景也吸引了我省众多生物资源开发企业投入到黑果枸杞产品的开发利用，呈现出黑果枸杞产业蓬勃发展的良好局面。黑果枸杞作为新食品原料需尽快取得国家相关部门的审定，并有望成为保健品领域的领军品牌。

公司在青海省科技厅的关怀与大力支持下，与中国科学院西北高原生物研究所合作，自2014年积极开展了特色生物资源黑果枸杞国家新食品原料准入研究与申报、黑果枸杞产品标准化开发等各项工作。

目前，相关工作按计划顺利实施，已完成国家指定的第三方机构的检测检验；已完成黑果枸杞的安全性评价和黑果枸杞产品的标准化开发工作等。将要进入国家指定的风险评估机构进行风险评估和行政审批。同时开展了黑果枸杞保健食品的准入研究。随着这一工作的顺利完成，将对青海省新兴黑果枸杞产业健康、有序的发展奠定良好的基础。

地址：西宁市经济技术开发区生物园区经四路22号

邮编：810003

客服：400 0990 195
传真：400 0990 195 转 9

青海文泰粮油科技有限公司

青海文泰粮油科技有限公司成立于2011年12月29日，公司位于青海生物科技产业园区经二路北段25号，占地面积10593.52平方米，注册资金3000万元，总投资6364.2万元，其中固定资产投资2915.5万元，是一家由自然人出资的有限责任公司。于2011年与大通文泰油菜专业合作社达成了长期合作协议，成立青海文泰粮油科技有限公司。走上了农户+基地+合作社+公司的产业化发展道路，2013年在大通县逊让乡成立了大通县油清清双低油菜专业合作社，在当地流转了1000亩土地进行有机种植。2012年被认定为青海省科技型企业，2013年被认定为农牧业产业化龙头企业，是一家全开放、参观型、科技型的新型油脂企业。

公司认为企业发展必须依靠科技创新进行产业升级和市场结构调整，既可实现企业盈利，又可提高青海特色资源附加值，同时保证农牧民增收，具体做法如下：

（1）不断进行科技创新。

在科技创新的过程中，公司参加了由青海大学农村科学院春油菜研究所主导的青海省油菜产业科技创新平台，和西北高原研究所合作开展了活性油润肠通便功能研究，和西安医学院合作进行了“清清油”牌菜籽油成分及功效学研究，和上海食品研究所进行了原生态菜籽油成分的检测和功能研究。以上的各项工作都极大地推动了我公司科研创新的能力。现在我公司所生产的“清清油”“活性油”系列产品都有较高的科技含量，同时在食用的过程中受到了消费者一致好评。

公司有7项实用新型发明专利，2013年研究成果高原菜籽油冷加工新工艺获得了国内先进成果鉴定并获得了国家火炬计划证书，审核备案了一项原生态菜籽油企业标准，研发部与青海大学农牧学院合作成立的清清油高原优质菜籽油艺研发中心被西宁市科技局认定为西宁市科技研发中心。公司从小处着手，处处着手，从原料收购到压榨每个环节都在不断地调整创新，压榨出更适宜于人体的健康食用油。

（2）提高产品附加值。

青海小油菜是我省地方特色的大宗农产品，具有品质好、含油量高的特点，尤其是近几年来繁殖推广的浩油11号油菜，其产量指标均高于其他常规白菜型油菜品种15%以上。

公司从技术及加工理念解决菜籽油的质量安全问题，发展我省菜籽压榨产业链，调整农业结构，可提升我国在菜籽生产领域的竞争力。青海菜籽油行业由于受总产量相对较低的影响，产品加工必须走高起点、高标准的精深加工之路，努力提高产品的附加值，如公司生产的活性菜籽油，用无精炼静态挤压技术压榨菜籽能保留菜籽油中植物甾醇、维生素E等生物活性成分，是目前为止最健康的菜籽油之一。普通的菜籽油价格不超过10元/公斤，而活性菜籽油售价80元/公斤，公司让利于农户，以增加就业，带动农户增收。

（3）持续开发新产品，始终处于油脂行业前端。

目前公司产品有活性菜籽油系列，活性亚麻籽油系列，青海土榨油系列，目前正在积极研发有机菜籽油及活性油润肠通便功能食品。2014年公司与兴海县有机办合作在兴海县河卡镇五一村，种植2000亩有机油菜示范基地，预计2015年进入河卡有机工业园区，生产出有机菜籽油产品，改变我国没有有机菜籽油的历史。它不仅可以用于常规吃法，用于炒、炸、凉拌作为一日三餐所用，而且还可以开发其功能性作用。

公司“活性油”系列产品依据全新理念和高新技术工艺，还原中国最古老的原始静态挤压技术，并采用休眠贮存原料、水洗水选原料、静态冷挤压加工技术、不精练技术，实现“零添加”“零使用”“零污染”“零破坏”“零流失”五大黄金健康标准油，留住了青海高原独有菜籽的多种天然成分。由于在生产过程中不使用酸、碱、白土、活性炭、溶剂油等化工原料，对保护生态具有良好的示范作用。

（4）努力开拓市场。

目前我公司产品在青海的销售网点有三百多个，分布在西宁及格尔木各大中型超市，其中在西宁市王府井超市植物油类产品中处于中上。目前公司已经在1路公交车、电梯轿厢画框、海晏路1号国贸大厦的超高清LED显示屏、LED广告机等发布了青海土榨油广告。由于产品定位迎合市场，科技含量高，适合广大消费者的习惯，2014年年底，西宁公交公司总工会在职工福利中采取招标制，参加招标的公司5升菜籽油最高报价每桶53元，而我公司“青海土榨油”以每桶100元中标。

由于菜籽油普遍价位不高且运费昂贵，除大型知名品牌如金龙鱼等在全国销售，大部分都在本土进行销售，公司的活性菜籽油属于高附加值的高端油，只在青海本省销售难以体现其价值，目前公司已经在杭州成立销售处，努力开拓杭州、宁波市场。

虽然说酒香不怕巷子深，但是现在只有做好宣传，让百姓知道公司青海有好油，好油在文泰，提高产品的知名度，才能有销量，才能不被埋没在众多产品中。

公司预计生产的一系列活性花生油、活性葵花籽油、土榨花生油、土榨葵花籽油等产品年销售额在2015年达到6000万元，2016年销售额超过1亿元。形成一个大型的集种植，生产、销售于一体的企业。

综上所述，在当前经济新常态下，注重科技创新、持续开发新产品，努力开拓市场，前景必将更加广阔。

通讯地址：西宁市城北区生物科技产业园经二路北端25号
联系电话：1399716415

青海新绿康食品有限责任公司

一、企业基本情况

青海新绿康食品有限责任公司成立于2005年8月，是我省一家以高原特色农产品青稞、荞麦、苦荞、燕麦等杂粮为原料，生产具有高原特色杂粮系列食品系列产品的专业公司，经过多年的经营，先后研制开发出各种杂粮食品达100多个品种，产品远销北京、上海、广东、河南、河北、山东、湖北等地的大中城市，且供不应求。

2006年在北京农业博览会和上海绿色食品博览会上被评为最畅销品牌。2006年6月被市农业产业化办公室命名为市级龙头企业。2008年元月公司经过科学的市场调研，依据市场需求，多方筹资、成功实施了厂址搬迁，完成了日产4万包青稞速食面系列产品生产线扩建及技术改造项目，厂区占地面积22亩，建筑面积达3000多平方米。

2009年元月，日产4万包青稞速食面流水线正式投入生产。年加工原材料（青稞）近2000吨，解决了近万户青稞种植户农产品销售难的问题。农民收入增加，还为周边地区农村富余劳动力创造了就业机会。直接或间接的带动了当地面粉加工业及运输业的进一步发展。

2010年为了保证原料的质量，加之产品的市场需求量增加，公司新建粮食碾磨加工生产线一条，实现年加工各种杂粮面粉2000吨的生产能力。

2011年至2012年，公司不断加大新产品研发力度，先后开发出出杂粮方便粥、杂粮炒面、杂粮米、苦荞茶等新产品。使企业产品结构更加完善，原材料利用率不断提高，减少了生产过程中的损耗，增加了效益。

2014年年末公司资产总额3304万元，其中非流动资产1866万元，流动资产1438万元。负债总额1033万元。从业人数90人，其中技术人员8名，2013年实现销售收入2776万元，利润总额338万元。

二、主要产品介绍

（一）“青穗”牌杂粮速食面系列

其原材料青稞等杂粮产自青藏高原海拔2700米以上的高寒地带，生产环境独特，无污染。产品在生产过程中采用了先进的生产工艺，使青稞等杂粮原始的各种营养成分得以完整的保存，非油炸加工科学的配方，使产品口味纯正，独具特色，且绿色、环保、食用方便。青稞（杂粮）速食面系列产品可谓佳品天成，饮食、健康两者兼得，自投放市场以来，深受广大消费者的喜爱，市场前景广阔。

（二）杂粮面粉系列产品

公司以青藏高原出产的青稞、荞麦、苦荞、燕麦、黑大麦、豌豆等杂粮通过碾磨加工成各种杂粮面粉，满足了企业生产杂粮速食面的需求，并且投放青海本地及甘肃、宁夏市场。公司本着对消费者负责的态度，坚持生产优质产品，产品一上市就受到广大消费者的肯定，销售量不断增长仍很难满足需求。

（三）杂粮炒面及杂粮方便粥系列产品

公司在生产青稞炒面的基础上开发出了荞麦炒面、苦荞炒面、燕麦炒面、青稞燕麦方便粥、苦荞燕麦方便粥等产品，并不断改进生产工艺和产品配方，以使产品适合不同地域，不同层次消费者的饮食习惯。

（四）苦荞茶、杂粮米系列产品

2012年公司引进设备，开始生产苦荞茶、青稞米、黑大麦米等产品。由于近几年来国内对苦荞的不断研究宣传，另外原料全部采用青海地区高寒无污染条件下种植的苦荞品种，所以产品一经推出就受到广大消费者的喜爱。

随着近年来青藏地区开发力度的加大，青藏地区产品也受到内地群众的喜爱，其中青稞米就是最受欢迎的产品之一，目前公司生产的青稞米远销广东、上海等地，销量不断增长。

单位名称：青海新绿康食品有限责任公司

法人代表：朱宪宾

公司地址：西宁市湟中县鲁沙尔镇海马泉村

联系电话：0971－2232222

青海缘汇木雕工艺有限公司

一、公司概况

青海缘汇木雕工艺有限公司是一家以藏传佛教文化和地方传统文化为依托，以传统木雕工艺及榫卯工艺为基础，集藏式家具与实木家具设计、开发、制造、销售于一体的综合性民营企业。同时也是湟中县“八瓣莲花”特色文化实体产业之一。公司位于湟中县甘河滩镇上营村，距佛教圣地塔尔寺约5公里，公司成立于2008年5月，总资产约4200余万元，现有员工150余名，现已开发生产的产品有“格桑花”牌藏式家具、民族家具、佛教用品、木雕旅游工艺品等四个系列600多种。

公司成立以来，以质量求生存，向管理要效益，产品赢得到了市场的青睐。目前公司生产的“格桑花”牌藏式家具已销售到甘肃、成都、云南、内蒙古、河北、北京、南京、上海、广州、台湾等地，并出口到了蒙古国，成为我省家具行业率先出口创汇企业。为了适应市场需求，扩大产品辐射区，公司建立了自已的产品销售网站（www. qhgsh. com），并在淘宝网开通了企业商铺（格桑花藏式家具）。

几年来，公司在传承地方文化和传统工艺技术以及为地方经济的发展等方面做出了应有的贡献。2011年公司被确定为“青海省文化产业示范基地”、被湟中县人民政府评为优秀非公企业。2012年元月通过ISO9001质量体系认证，成为全省家具行业首家通过质量认证的企业、“格桑花”商标被西宁市工商管理局认定为西宁市知名商标。公司设计和制作的木雕工艺品获得西宁市职工优秀技术创新成果二等奖；木雕唐卡在第八届中国（深圳）国际文化产业博览交易会上获得“中国工艺美术文化创意奖”银奖。并且获得首届“八瓣莲花”工艺品创意设计大赛金奖及铜奖。

公司创办人及法人尤其红2012年被中华人民共和国国务院评为全国就业创业优秀个人，2014年被西宁市人民政府评为西宁市劳动模范。现任西宁市人大代表、湟中县工商联副主席。

二、公司由来

藏式家具是中华民族历史文化的重要组成部分。是中华民族家具宝库中的一颗瑰丽明珠。它那庄重古朴的造型、充满神秘色彩的绚丽文饰、特殊的加工工艺、彰显着高原民族文化的博大精深和发展历史。它绝不仅仅是用品，而是浓墨重彩的高原文化符号。随着社会经济的发展它已成为人们喜爱的时尚精品。民族文化市场不可缺的精品。

六大佛教寺院之一的塔尔寺所在地——湟中，是古藏式家具的发祥地之一。然而，随着时间的推移和多重因素的影响，藏式家具制作，这门古老的手艺已几乎失传。抢救传统技艺，传承传统文化，对于弘扬民族文化，展现地方特色，促进地方经济的发展都具有十分重要的意义。

公司成立以后以弘扬传统文化，展现地方特色，抢救传统工艺技术，发展地方经济为目标，在完善基础设施、强化公司化管理、研究传统工艺，开发藏式家具新产品等方面做了大量卓有成效的工作。经过短短几年的发展，公司管理体系趋于健全，管理更加规范。生产线技术水平及生产能力在我省同行业中首屈一指。特别值得一提的是公司在认真研究传统家具制作工艺的基础上，探索整理出了一套完整的藏式家具制作工艺，并完善了相应的验收内控标准，公司的“格桑花”商标得到了市场的认可。同时，为提高生产效率，使生产出的产品更具文化产品所特有的精致之美，在保持手工工艺特色的基础上在部分工艺中大胆采用现代精雕技术及装备，为规模化、稳定生产奠定了基础。

三、企业发展经验

（1）企业的发展离不开党的好政策和政府的引导和扶持。回想过去，公司发展的每一步都离不开党的好政策和各级政府的大力扶持。在产业创办的酝酿期，是党的大学生自主创业的好政策使他从传统就业观念的缚束下摆脱出来，给他创业的胆量和信心。使他能一无返顾地走上了自主创业的道路。在企业发展遇到迷茫时，是各级领导亲临现场指导工作、指点迷津，指明前进的道路，如公司的产品质量出现波动，在要不要抓质量的问题上一度产生了分歧，有部分干部认为，公司要讲效益，要抓产量，产品卖得出去就行。有的干部认为，公司所生产的家具，不仅仅是家具，是传统文化的载体，精和细是文化产品的精髓，必须以质取胜，不能滥竽充数。在这种质量和效益的矛盾不可调和时，上级领导在来公司指导工作，明确指出质量是企业的生命，文化产业尤其如此，从而使公司坚定了抓产品质量的信心。公司在推进技术进步，提高生产水平而无充足的资金支撑时，是省、市经委，文化厅、外贸局，县经济和商务局、文化局的领导急企业所急，想企业所想，雪中送炭，多次给公司的发展以资金扶持，才使公司能一步一步实现发展的梦想。

（2）技术人才是企业的真正财富。在企业的发展中公司深深地体会到了人才的重要性。如果一个企业没有一个团结能干的管理干部队伍，企业就没有发展后劲。如果没有一批技术人才，企业就没有活力。尤其是手工劳动占主导的行业更是如此。因此，公司把人才的录用、培养做为重是之重来对待，从制度等各方面形成了比较完善的机制，保证了人才的相对稳定和技艺的传承。

（3）质量是企业的生命所在。质量是企业的生命，这话千真万确。在多年的生产实践是公司深刻地体会到，产品适用性、可靠性、安全性、经济性等质量指标能满足市场需求时，产品就供不应求，否则，产品就无人问津。所以公司一直把产品质量、效率、安全作为工作的重心来抓，制定了完善的工艺质量标准和质量验收标准，并严格贯彻落实。根据生产情况不定期召开质量工作会，开展质量会诊，及时解决问题，及时提出质量改进要求，从而使产品质量稳步提高，一年一个新台阶。

（4）管理是企业效益的所系。一个企业的管理好不好关系到企业的稳步发展，尤其是这种植根农村的企业，员工大部分是农民和农民中有传统技艺的人，他们的文化程度一般比较低，有的甚至是文盲，接受新事物的能力较差。对他们的管理难度一般较大。为此公司总结多年的实践经验，从管理机构设置入手，合理定岗、完善职责，规范管理行为、落实业绩考核，形成了一套较完善的制度管理体系，保证了公司管理工作的正常进行。

四、今后的发展思路

（1）依托文化开发新产品，拓展新市场。目前公司的产品比较单一，生产规模也比较小，这些都不利于公司的长远发展，公司计划以现有的藏式家具生产为基础，仍然以弘扬传统文化为核心，集中精力开发生产民族家具和旅游纪念品，拓展市场，并在湟中县旅游文化产业园建设新的生产线，不断扩大生产规模。

（2）进一步加强企业管理。目前公司在管理方面虽然做了大量工作，但从纵向看，还只能说是一般的粗放性管理，距精细化管理的要求还有很大差距。今后公司将把管理水平的提升作为首要工作来抓，以管理的提升带动公司产品质量、工作效率、经济效益和安全水平等各项工作的提升，促进公司更快更好的发展。

公司法人：尤其红
公司地址：青海省湟中县甘河滩镇上营村369号
联 系 人：张若梅
联系电话：18097235802

宁夏汇川服装有限公司

一、企业发展成就及发展特点

中美合资宁夏汇川服装有限公司（以下简称汇川）成立于1993年9月，地处银川市国家高新经济技术产业开发区，经过21年的努力，汇川现已发展成为总资产14544.55万元，年产200万件/条各类服装的综合性规模服装企业。是银行评定的AAA+级企业。汇川连续20年保持销售增长，21年连续实现盈利。作为西北服装行业龙头企业，汇川以

“专业化、精细化、特色化、信息化”不断引领企业发展。

（1）技术专业化。汇川连续21年专业化生产西服、衬衫等系列化服装产品，引进了世界上先进的设计、裁剪、缝制、整烫设备，并达到了国内的服装技术装备水平，是中国西部12省规模最大、质量最好的服装企业之一，是中国纺织服装行业500强企业。

（2）质量精细化。汇川通过聘请意大利阿玛尼首席设计师伊万诺·凯特林先生，引进了世界先进的西服设计工艺，掌握了服装技术高水平的全麻衬、半麻衬设计工艺技术。西服品质得到了国内外西服专家的好评。除国内销售外，目前为美国、加拿大、澳大利亚等国家及中国香港地区客户加工定制各种高端西服商品。

（3）产品特色化。汇川借助中阿博览会的影响力，先后研发、设计500款穆斯林服饰，取得了15项回族服饰外观专利，受到国内外宾客一致好评。

（4）工业信息化。汇川是全国服装行业中率先使用863计划服装集成系统CIMS应用示范企业，是中国纺织行业信息化建设先进企业。汇川计算机集成制造系统（CIMS）项目正式通过国家863计划专家组的验收，现代化“敏捷生产”模式的建立，为全国服装行业及西部中小型企业实现“跨越式”发展起到典型示范作用。计算机信息技术还在生产管理、质量管理、销售管理、物流管理、财务管理中起到积极作用。

多年来，汇川形成了人才培育机制、员工激励机制、新产品研发机制、市场快速反应机制、销售服务机制、生产经营成本控制机制、产品质量保证机制、财务监管机制。通过应用信息化技术改造传统服装工业，形成了“敏捷生产”的市场快速反应机制，“高品质、低价位、优质服务”的核心竞争力。公司多次荣获“自治区先进企业”“质量管理先进企业”国家级“重合同守信用企业”“全国纺织行业信息化建设优秀企业”“全国纺织行业和谐企业”等荣誉。

二、在“专精特新”方面主要做法和经验

（1）汇川尊重人才、培养人才，注重人才队伍建设。引进与自行培养并举，形成了西服制版、工艺技术、计算机信息技术人才百余人的阶梯队伍。从2010年，汇川每半年一次邀请世界服装设计大师、管理者协会主席意大利阿玛尼首席设计师伊万诺·凯特林先生传授西服设计工艺技术，指导西服样板设计、面辅料配备、西服流水线作业规划、西服工艺技术改进，西服设计工艺技术达到国际国内先进水平。与此同时，外聘专家还为汇川培养了一批高层技术人才，汇川已经完全掌握了世界先进的西服设计工艺技术。

（2）汇川为实施科技创新创造更好的条件。近几年，不断进行技术改造，引进服装计算机CAD智能排料系统、CAD多层智能裁床、全自动铺布机、坎尼吉塞粘合机、服装智能吊挂生产线、全自动钉扣机、智能上袖机等关键智能化设备1200余套，使汇川品牌质量提升，品质保证，产能扩大，效率提高。

（3）重视产品研发工作，应用很多新型面料。汇川大力实施企业技术创新战略，设计、研发和销售团队面对多订单，小批量、多款式、多品种、个性化的市场趋势，按市场需要不断推出高品全麻衬西服、半麻衬西服、弹力西服、贴体韩版西服、婚庆礼服、高级女职业装、精粗纺羊绒面料系列服装、高档男式尼克服、粗纺毛呢休闲服、记忆面料夹克衫、全棉抗皱针织印花提花休闲系列衬衫等市场畅销品。

（4）充分发挥企业技术中心作用。每年制定关键技术攻关项目进展顺利，效果突出，不断进步。在精益化生产研究、新产品研发、计算机服装信息技术研究、技术创新、人才培养等方面引导效果明显，成绩突出。

（5）合作创新取得丰硕成果。汇川先后与银川市汇成科技公司合作，优化升级计算机信息管理系统，提高企业市场快速反应敏捷生产能力；与意大利阿玛尼首席设计师伊万诺·凯特林先生合作，汇川西服设计工艺技术能力达到世界先进水平；与杰尼亚、夏梦技术总监、东华大学教授男装研究中心主任申孝海教授合作，优化西服流水线设计与关键智能化设备引进工作；与福建厦门信普公司合作，改“捆包流”为“单件流”，进一步优化流水线作业方式，使产品精准精细化作业、生产效率提高25%以上；与吉林恒盛毛纺厂、兰州三毛厂、广东佛山源兴盛制造厂合作，研发抗皱西服面料、弹力西服面料、液氨免烫衬衫面料，应用在服装上取得很好效果；借助中阿博览会的影响力，聘请意大利留学归来的设计师金玲女士，设计500款穆斯林服饰等特色产品，取得15项外观专利；依托宁夏羊绒资源和产业配套优势，研发200余羊绒面料系列产品，并积极寻求为宁夏羊绒企业和国内外服装企业贴牌生产羊绒制品，不断提高羊绒面料系列服装规模化生产水平，把羊绒服装研发生产销售项目作为汇川新的增长点，提高汇川销售和盈利能力。

三、下一步发展的规划愿景

面对国际国内服装行业激烈的市场竞争，汇川将走集成创新的道路，将汇川的产业链变成价值链，用服装信息化技术手段，将创新的触角伸向包括产品设计，原料采购、订单处理、技术管理、质量检验、员工培训、精益生产、营销管理及终端零售的垂直高效整合。

汇川还将通过人才培养战略、品牌建设战略、服装及信息化技术引领战略，大力培育企业经营人才、技术人才、销售人才、管理人才。不断增强企业“高品质、低价位、优质服务”的核心竞争力，积极推进服装市场渠道建设，进一步开拓国际国内大市场；不断加大技术创新和新产品的开发力度。研发基于物联网技术的生产流水线系统，将以信息化带动工业化走“两化融合”的道路，以提高生产效率为目标，研发服装模块化生产技术，带动企业建立现代化的“敏捷生产”模式。加大新型西服版型设计工艺技术研究力度，加大穆斯林服饰的研发力度，依托宁夏优质羊绒服装面料资源，加大羊绒系列服装的研发力度，以附加值高的新产品提高汇川赢利能力，继续引进先进的智能化服装生产设备，努力建设数字化、智能化的服装企业。

宁夏银晨太阳能科技有限公司

宁夏银晨太阳能科技有限公司成立于 2009 年 12 月，是集平板太阳能集热器、太阳能热水器、绿色恒热站、空气源热泵热水器、燃气壁挂炉、燃气热水器、搪瓷储热水箱、新型采暖散热器产品研发、生产、销售和技术服务于一体的国家高新技术企业。公司现有职工 350 余名，其中专业技术人员 80 余名。

目前公司通过了 ISO9001：2008 质量管理体系、28001：2011 职业健康安全管理体系认证、ISO14001：2004 环境管理体系，中国节能产品认证、中国环保产品认证，产品通过了国家强制性产品 3C 认证。2012 年“宁家乐”牌太阳能热水器成功中标国家“家电下乡”产品，是西北地区率先中标太阳能热水器的企业。同年 9 月又有七款“宁家乐”牌太阳能热水器产品入围由国家发改委、财政部、工信部共同组织的“节能产品惠民工程”，是西北地区率先入围的太阳能热水器企业，2013 年平板太阳能热水器入围国家工信部“能效之星”产品目录，2013 年企业被认定为国家高新技术企业，是平罗县国家高新技术企业。先后荣获宁夏名牌产品，宁夏著名商标，宁夏回族自治区级创新型试点企业、宁夏回族自治区知识产权试点企业，宁夏优秀企业、全国“标准化良好行为优秀企业”，宁夏“专精特新”示范企业，宁夏中小企业 50 强等荣誉。

作为新能源领域国家级高新技术企业，以地球村绿色环保为己任，科技创新为手段，致力于可再生能源与绿色建筑光热利用技术研究、推广与应用，开发节能、低碳、舒适、智能家居产品，同时结合企业产品特点、区域特点积极与多家科研院所合作，获得区级科技成果登记 2 项、市级科技成果登记 3 项，起草国家标准 2 项、地方标准 2 项。以示范工程推广产品应用，为用户提供恒温、恒湿、恒氧、恒净的居家气候环境——PM2.5 全屋气候系统。通过加强和引进国内外先进光热、光伏、制冷专业人才，开展以高效太阳能集热器、绿色恒热站（空气能）、分布式光伏上网发电等多能源互补新技术和新工艺的研究，不断提高有效转换效率及在新型材料应用方面有所突破，创新型发展战略的实施将有力保证公司的技术优势。

公司获得授权专利 80 余项，依托国内外高校技术优势，先后与美国新泽西里大学、哈尔滨工业大学、清华大学、西安科技大学、宁夏大学建立技术合作，成立博士生实习基地、研究生工作站和银晨石嘴山、深圳科研基地。现拥有六大科研中心：恒热能技术应用研究中心、恒智控技术应用研究中心（深圳）、国家授权太阳能能效检测中心、宁夏光伏材料重点实验室银晨光热与器件研究中心、宁夏光热利用（平罗）技术创新中心、宁夏回族自治区企业技术中心。

根据国家大力发展清洁能源和加强节能减排政策，公司充分利用积累的各项竞争优势，通过自主创新和开发，提高核心竞争力和市场占有率，做精做强公司主营业务。利用现有的产品、技术和人才优势，精心打造品牌，争取用 3—5 年的时间完成太阳能光热、光电、空气能等多能源互补供暖、制冷、供热水系统与绿色建筑紧密结合的技术平台建设，加大技术研发投入，满足国内外市场客户不断增长的需求，成为国内先进的太阳能、空气能等多能互补应用产品运营商和制造商。

中卫市金帝冷冻食品有限责任公司

中卫市金帝冷冻食品有限责任公司位于宁夏回族自治区中卫市宁夏红科技园，创建于 2010 年 6 月，总投资 8500 万元。是汇冷饮、冷冻米面食品于一身，集科研、生产、销售、服务于一体的全区具有规模的清真冷冻食品私营企业。主要生产冰淇淋、雪糕、冰棍、乳酸菌饮料、凝固型酸奶、月饼、速冻水饺、汤圆八种冷饮、冷冻食品。

公司创建的“不倒翁”品牌，八大系列冷饮、冷冻食品八十多种产品，深受消费者的青睐，“追求最好，当然不倒”，产品畅销西北五省区。经过多年的苦心经营，企业也得到了长足发展，企业产品连续多年被自治区消费者协会评为“推荐产品”，被中国质量检验协会列为“打假扶优重点保护企业”，被列为市级特殊发展骨干龙头企业，是市级“再就业明星单位”“卫生先进单位”“先进私营企业”，社会治安综合治理“平安模范单位”。在银行信用等级评定中，公司被认定为“AAA”级信用企业。为公司今后的发展奠定了基础，积蓄了力量。

公司的发展，标志着宁夏冷冻饮品事业的发展。公司以“助力产业、服务企业、惠及民生”为宗旨，以“服务专精特新，助力企业升级”为导向，坚持世界眼光、国际标准和本土优势，通过坚持“专”“精”“特”“新”的创新研发之路成为行业先进企业，在公司自身不断壮大的同时，对全市经济发展的贡献也与日俱增。

宁夏早康枸杞股份有限公司

宁夏早康枸杞股份有限公司成立于 1999 年，由中宁县早康枸杞开发有限公司 2010 年股份制改制而来，公司注册资金 5000 万元，实有资产 1.8 亿元，是目前国内枸杞行业集种植、加工、销售于一体的规模最大的民营企业之一，是农业产业化国家重点龙头企业、自治区农业产业化优秀龙头企业、农产品骨干流通企业、自治区科技型中小企业。公司已全面通过 ISO9001：2008 质量管理体系认证和 ISO22000：2005 食品安全管理体系认证，并取得了自营出口经营权。2014 年 1 月，公司成功登陆全国中小企业股份转让系统，成为枸杞行业率先挂牌企业（证券简称：早康枸杞，证券代码 430631）。

为发挥先进企业的带动作用，公司率先运用“公司＋基地＋农户”的经营运作模式，成立农民专业合作社，示范带动农民发展枸杞生产基地，带动周边农户脱贫致富，先后被评为“自治区产业化扶贫龙头企业”和“全国扶贫开发先进集体”。目前公司已发展种植基地 10000 余亩，拥有自建枸杞种植基地 4200 亩，其中获得美国和欧盟有机认证证书的有机种植基地 1500 亩。

一个产业腾飞的希望在于深加工，一个企业竞争的实力来自于科技创新。经过几年的经营和发展，公司领导层深切认识到：如果单纯从事枸杞原料加工和销售，公司终将落伍于无情的市场竞争。为此，公司适时调整发展思路，做出了坚持以现代农业理念为指导，立足中宁资源特色，在枸杞系列产品加工上下功夫、求突破，推动公司生产由初加工向深加工转变。公司积极推进科技创新，奋力开拓枸杞深加工领域，坚持以开放的胸襟抓创新，不断研制开发新产品。通过积极与中国科学院、天津科技大学及国外科研单位和高等院校联姻，目前已拥有液态枸杞和枸杞浓缩鲜汁的发明专利，建有年产 600 吨速冻枸杞鲜果生产线一条、1000 吨枸杞原汁生产线一条、日产 80000 瓶液态枸杞生产线一条、1000 吨净化机械干燥枸杞生产线和 2000 吨枸杞干果加工生产线一条。公司生产的速冻枸杞鲜果、液态枸杞、枸杞汁和枸杞干果已销往全国 26 个省、市、自治区 3000 多个销售网点，部分产品出口英、日、美、澳、欧盟等十多个国家和地区。凭借先进的生产工艺和严格的质量管控，公司生产的产品被评为宁夏名牌产品、中国名牌农产品、全国百佳农产品品牌，多次在农产品博览会、森林产品博览会、绿色食品博览会上荣获金奖。公司生产的"红五千生杞原液"日益受到国内高消费费阶层的青睐，已经成为公司新的利润增长点。

公司坚持高水平起步，努力生产质量一流的产品。净化枸杞干果是公司加工枸杞干果的一种新模式，完全采用从美国引进的蒸汽隔离烘干技术。净化枸杞干果完全避免了在自然晾晒过程中粉尘、蚊蝇、空气等造成的二次污染，产品果香浓郁、洁净卫生，自投放市场以来，受到了广大客户欢迎，已批量出口日本市场，美国沃尔玛、雀巢等世界著名食品企业慕名纷纷求购，销售前景十分看好。把红似玛瑙、玲珑剔透的枸杞鲜果打入国际市场是长久以来许多人的梦想。公司和日本正荣食品工业株式会社合作共同投资450万元，新上了速冻枸杞鲜果生产线。机声隆隆，水流潺潺。无柄无叶的枸杞鲜果在生产线上经工人精挑细选和灭菌处理后，在风太郎洗果机上用冲浪式流动的自来水反复清洗，然后送进速冻库冷冻，最后送入低温恒温库保存待售。速冻枸杞鲜果打入荷兰、英国市场后，以其冰凉甜脆的口感和强壮身体的功能被戏称为来自东方的"水果伟哥"。枸杞浓缩汁是公司开发的又一深加工产品，2007年公司投资400多万元新上全套设备，对原年产能力1000吨的枸杞浓缩汁生产线进行扩建，使其生产规模达到5000吨。在整个加工过程中，从原料进购、喷淋冲洗、拣选杀菌、破碎磨浆、胶磨调配、均质浓缩到最后罐装冷却、包装入库，均采用目前国内先进的工艺，从而在生产环节确保了产品质量。净化枸杞干果、速冻枸杞鲜果、枸杞浓缩汁等产品顺利通过ISO9001：2000质量管理体系认证，获得HACCP体系和QS认证证书。早康公司产品在第三届中国国际农产品交易会上获得"畅销产品奖"，被宁夏名牌战略推进委员会授予"名牌产品"称号，已列入参选"中国名牌"产品目录。

公司始终把品牌化当作决胜市场竞争的一张王牌。进入21世纪，随着人们生活水平的提高，对绿色健康食品表现出越来越强的消费渴求。公司积极适应这一消费时尚变化，深入挖掘中宁枸杞所独有的文化内涵和品质特性，把源于自然、崇尚绿色、追求健康的消费理念，贯穿于产品功能设计、生产加工、外观包装、形象设计等各个环节，努力打造出符合市场潮流、满足顾客需求的健康食品。公司把产品冠名为"早康"牌，寓意来自宁夏中宁县的天然绿色食品，就像早晨冉冉升起的太阳，喷发出耀眼光芒，带给人们健康的享受。公司向国家商标总局申请注册并获准启用了"早康牌"商标，收购了"早安情"商标使用权，申报获得"宁夏枸杞"专用地理标志使用权。建立和开通了网站，下设公司新闻、行业资讯、产品动态、网络营销等9个栏目，定期刷新网页、更新内容，报道公司最新经营动态，先后在百度、google做推广广告，通过网上交流，与国内、外客户洽谈生意、沟通信息，寻求合作意向，扩大订单数量。积极开展电子商务，先后建立了淘宝天猫早康食品旗舰店及苏宁易购早康枸杞旗舰店，与苏宁易购、京东商城、当当网、壹号店等电子商务巨头建立了合作关系。"早康"牌枸杞干果和"红五千"液态枸杞被中国建设银行的"善融商务平台"选为推荐产品。积极参加国内、外各类商品交易和展示活动，多角度、多形式加强对公司的宣传，"选择早康、自然健康"成为人们越来越熟悉的话语，早康公司品牌形象逐步深入人心。

瀚海弄潮千帆舞，九万里风鹏正举。未来三年，早康将坚持发展宁夏特色产业之路，继续走具有中国特色和宁夏中宁特点的高端品牌打造和产业发展之路，紧紧围绕"只做中国好枸杞"的品牌诉求，做大做强"早康"品牌，力争销售收入连续三年翻番，到2017年销售收入突破10亿元。公司在市场经济大潮中搏浪前行，以良好的经营业绩赢得了世人瞩目，相信在科学发展观指引下，踏着社会主义新农村建设的强劲节拍，在创业富民的征程上必将以新的作为铸就更大辉煌。

撰稿人：王静 18309656366
审核人：朱万军 18995463111

宁夏沙湖清真食品有限公司

宁夏沙湖清真食品有限公司始建于1998年，主要从事辣椒制品的收购、加工和销售，是我区规模最大的辣椒深加工企业之一，是石嘴山市最大的调味品深加工企业。公司自成立以来，一直坚持走清真食品企业发展之路，通过不断的努力和探索，现已发展成为拥有资产2356万元，员工120人的公司，公司形成以"科技特派员＋协会＋合作社＋农户＋龙头企业＋经销商"的产业链加工生产模式，在助推周边农户共同发展的同时，使公司总体能力和效益得到不断的提升。

公司目前拥有"沙湖""红宝"两个品牌，"沙湖"商标被评为自治区著名商标，"沙湖"牌调味品被评为自治区名牌产品。经过多年的努力，公司先后获得自治区级"农业产业化重点龙头企业""农业产业化优秀龙头企业""农产品骨干流通企业""最具成长性企业""科技型中小企业""宁夏中小企业50强""专精特新中小企业"、石嘴山市"先进企业""2013年度全市农业产业化示范性农产品加工流通龙头企业"我公司产品荣获农业部"优质产品奖"、全国"清真品牌大众口碑奖"等二十多项荣誉。

2012年公司与宁夏科苑农业高新技术开发有限公司签订了技术合作协议，引进宁夏农科院资深专家培育的枸杞辣椒进行示范种植，当年栽培的枸杞辣椒亩产3000公斤左右，每公斤按订单农业保护价2.3元计算，亩产值最高可达6900元。2013年3月与宁夏农科院枸杞辣椒发明人王成玉、马贵龄达成专利权出让协议，由公司买断其枸杞辣椒的专利权，以开发远缘杂交培育的枸杞辣椒，生产加工转化枸杞辣椒制品，延长枸杞辣椒深加工产业链。

枸杞辣椒以番茄为砧木嫁接枸杞，再以此枸杞与辣椒杂交经反复选育出枸杞辣椒，该枸杞辣椒兼备了枸杞和辣椒的品性。枸杞为茄科植物中公认的保健佳品，并且枸杞苗在生产中有较强的抗病与抗逆性，通过引进茄科植物属间杂交选育出的枸杞辣椒新品种，测试结果与羊角椒相比，经食品机构检测每100克中维生素C含量为77.4毫克，枸杞多糖1.70克，蛋白16.7克，均高于羊角椒的成分含量。其加工的产品不仅口感好，还具有养生保健功效，而且枸杞辣椒种植具有早熟、丰产性能佳，尤其大大增强了辣椒的抗逆性（抗盐碱能力），加工后属发展潜力较大的高端清真特色食品。枸杞辣椒已成为公司一大发展趋势，

公司将致力于打造清真特色辣椒制品，形成从原料、配方到工艺的独特性，成为宁夏清真调味品领域的特色企业。建立企业技术研发中心，加大院企合作力度，利用技术平台吸引大批农学专家，对“枸杞辣椒”进行深加工研发，经过检测，“枸杞辣椒”中的VC、枸杞多糖、辣椒红色素等成分均高于普通的羊角椒，通过技术研发的手段提取“枸杞辣椒”中的有益成分，加工成多种特色的辣椒制品。形成“龙头企业＋合作社＋农户”经营模式，争取在农户带动、解决农村剩余劳动力就业等方面成为地域代表性企业，并在3年内争创“国家级重点龙头企业”。

大连创新零部件制造公司

大连创新零部件制造公司（简称大连创新）组建于1998年，是股份合作制企业，从业人数2565人。公司主要从事车用发动机零部件、海事发动机零部件和液压零件的加工、铸造、冲压及焊接，部件研发及制造，物流配送、服务、信息，电动车（道路、场地）改装业务。分别为德国道依茨、美国康明斯、德国克诺尔、道依茨（大连）、美国水星、美国伊顿等国内外知名公司配套。

大连创新在通过9000：1998质量体系认证的基础上于2006年12月通过了德国莱茵（TÜV）公司ISO/TS16949：2002、ISO9001：2002质量管理体系及ISO14000：2004环境管理体系认证。

大连创新由本部和下属公司构成，本部由零部件事业部、转向系统事业部、服务事业部组成。下属公司由4个全资子公司，2个内资合资公司，5个外资合资公司组成。

大连创新于2006年8月被国家商务部、国家发展和改革委员会认定为国家汽车零部件出口基地企业，公司是辽宁省装备制造业重点企业，是大连市汽车零部件制造行业状元企业。2012年被批准为高新技术企业。

大连创新奉行“为顾客、股东、员工、社会创造价值”的企业宗旨，致力于“在全球范围内让我们成为顾客首选，并实现持续增长”的企业愿景，不断提高在全球范围内的业务竞争力，逐步将公司建设成为本业务领域内具有国际一流水平的公司。

企业联系电话：0411—87586901

大连齐维科技发展有限公司

郭方准，理学博士，大连齐维科技发展有限公司（以下简称齐维科技）董事长、大连交通大学教授、千人计划国家特聘专家。1993年到日本留学，2000年获得日本大阪市立大学物理学博士学位。郭方准发表国际论文百余篇，出版科学著作2本。2003年获得第七届国际纳米科技大会青年科学家奖，2008年获得日本国家科技领域最高奖—文部科学大臣奖，2009年获得日本金属学会优秀论文奖。回国后于2009年以工程技术组第一名的成绩获得中国科学院“百人计划”荣誉；2010年入选中组部第三批“千人计划”，获得国家特聘专家荣誉，以第一名的成绩入选大连市首届“海创工程”，同年也获得中国侨联特聘专家荣誉；2011年获得国务院侨办重点支持的海外高端人才荣誉；2013年1月，当选大连市政协常委兼市侨联副主席。

齐维科技以科研装备研发生产为核心业务，正是国家急需的高端装备制造产业。目前已经拥有17项国家专利，获得国家高新技术企业认证。齐维科技为中科院物理所和中国科技大学等集成了角分辨光电子能谱系统，为我国超导材料的机理研究做出了贡献；为中科院大连化物所和浙江大学集成了扫描隧道电子显微镜系统，为我国的表面科学和凝聚态物理领域获得原创性科研成果做出了贡献；为中科院北京高能物理研究所和上海同步辐射研究中心提供了光束线真空腔体，为我国大科学装置的发展做出了贡献；为中科院兰州近代物理所和哈尔滨工业大学设计生产了重离子辐照系统，为我国的航空航天和核原料的处理做出了贡献。

齐维科技的发展，也带动一个新的产业链，提高了大连市高端装备制造业水平。目前，在高新区周边有十余家中小企业专门为齐维科技加工部件，这些企业不仅依托齐维科技度过了2008年国际严峻的经济不况，也都成功实现了技术的转型升级，拥有勃勃生机。

在大连市委市政府和高新区的支持下，齐维科技一定能把企业做精做强，发挥示范引领作用，带动大连市高端装备制造产业的发展，为科教兴国做出应有的贡献。

企业联系电话：0411—84793535

大连现代高技术集团有限公司

大连现代高技术集团有限公司成立于1992年，注册资金5050万元，资产超亿元。公司是国家863计划成果产业化基地，多项产品列为“国家重点”新产品，建有辽宁省城市交通优化控制及识别技术工程实验室、辽宁省城市交通自动化工程研究中心、大连市医疗影像技术工程实验室等研发机场，拥有专利及软件著作权100余项。公司具有一批博士、硕士学历的高级人才，是辽宁省博士后科研基地，具备高层次人才引进和培养良好条件。

在“智慧交通”民生科技领域，公司自2000年起就致力于近距离和远距离RFID识别技术的研发，成果已在全国五十多个大中城市“一卡通”“智慧公交”等方面广泛应用。同时，在大连建成了涵盖城市

公交、BRT、轻轨、地铁和出租汽车等公共交通全领域的信息化管理系统。公司近几年先后承建了大连轻轨3号线、7号线（3号线续建工程）、8号线（202路延伸线）自动售检票系统以及大连地铁清分中心（ACC）系统、大连市出租汽车服务管理信息系统等一系列民生重点信息化工程项目。目前，公司自主研发的“基于可视化的泊位实时引导及廊桥对接导航系统”通过了辽宁省科技部门成果鉴定，技术达到国内先进水平。该系统通过先进的图像识别处理技术、引导技术创新，实现了无人飞机停靠引导和廊桥高效对接，提高了飞机停靠的效率和安全性。公司“智慧交通”产品极大的方面了市民出行，推动了行业管理水平提升。

公司在第十二届全运会期间，公司开发的“大连赛区食材跟踪追溯管理系统”，为全运会的食品安全提供了有力保障，并为全面进行食品安全管理进行了探索有效尝试。

在“高端医疗设备”民生科技领域，公司于1999年开始从事医疗信息技术研发及推广应用，是国内最早从事以医疗影像处理技术为核心的精确放射治疗技术、医疗影像信息技术等单位之一。公司在精确放射治疗、三维/四维图像处理、医疗手术引导航、精确粒子植入引导设备等方面进行了开发，技术达到国际先进水平。开发的自动多叶光栅适形调强放射治疗系统（国家863计划项目）在国内数十家医院广泛应用，使中国成为继美国、德国之后第三个具有精放设备的国家，已为十余万恶性肿瘤患者提供了精确放疗服务，提高了患者疗后生活质量。公司医疗设备产品的研发推广为我国高端医疗产品国产化和服务患者做出了贡献。

公司产品在国内交通、环保、医疗等行业应用广泛，并树立了良好的“现代”企业品牌形象，为民生服务贡献我们力量。公司将一如既往地通过产品创新为民生服务，回报社会。

企业联系电话：0411—39721206

展翔海事（大连）有限责任公司

展翔海事（大连）有限责任公司是一家从事新型高技术船舶研发、设计、建造和技术服务的国家火炬计划重点高新技术企业。公司针对特种高技术船舶为全球客户提供从方案设计、产品建造、技术服务到市场运营全产业链解决方案。公司注册于大连高新技术产业园区七贤岭爱贤街10号，注册资本2049万元，法人代表苗伟明。

公司研发中心辽宁省轻质材料船舶工程研究中心拥有一支在国内新型高速船舶设计、建造领域经验丰富的研发团队，现有团队成员40人。公司通过“产、学、研”相结合方式与大连理工大学、大连海事大学以及英国BMT Nigel Gee公司开展战略合作和技术转化，目前已经形成铝合金多功能高速工作船、铝合金高速运输船、铝合金高速巡逻艇和游艇为主导的四大系列多型铝合金高速船主营产品，具有高速、高效率、快速反应、机动灵活、低碳环保等优势，填补国内空白。同时，公司先后承担国家、省、市高技术船型研发项目，自主研发设计的多款产品代表了我国铝合金高速船领域设计的最高水平，拥有自主创新专利技术36项，形成与欧洲、中东和东南亚等国际知名公司的业务合作关系，在大型铝合金高速船研发设计领域具有较强的技术基础和领先优势。基于已形成的创新成果，公司依托大连市高性能海洋工程船舶工程研究中心开展中试转化和技术验证，为大型铝合金高速船的产业化示范积累经验。

公司作为一家专业的高技术船舶制造商和解决方案供应商，将立足于研发和国内外市场开拓优势，整合各类资源，面向全球市场为客户提供全方位的产品和服务，打造国际领先的铝合金高性能船舶设计建造专业公司。

企业联系电话：0411—84978809

大连创业工坊科技服务有限公司

大连创业工坊科技服务有限公司（以下简称创业工坊）创建于2011年年末，是一家创新与创业综合服务机构，2014年被科技部认定为创新型“国家级孵化器”。创业工坊致力于以创业活动为核心的创业文化推广、发掘并投资于种子期和初创期项目、提供全方位创业服务，旨在培育高科技企业和企业家，通过他们的成长而成功。创业工坊的主要业务分为创业文化推广、小微企业服务和投资融资管理三个部分。

创业工坊认为，创业项目固然重要，但更重要的是人、是创业者，比人更重要的则是创业文化环境。创业文化和创新精神是创业者和企业家的摇篮、是创新创业项目生长的土地、是区域经济发展的发动机。因此，创业工坊以弘扬创业文化和创新精神为己任，也形成了“以人为本、投资于人”的投资理念。

传统孵化器和小微服务平台注重场地服务等硬件，创业工坊则更注重场外孵化、虚拟孵化、孵化服务等软件。创业工坊旗下咖啡厅、苗圃、孵化基地是硬件，品牌活动、互联网社区、投资人资源、技术市场人才培训等服务是软件。创业工坊力图以“虚实互补、软硬结合、打造创业服务生态”的服务理念，联合专业服务资源和第三方机构的能力，完善服务内容，打造尽可能大的平台。

创业工坊聚合了一批以企业家和投资人为主的创业导师、公益服务者，为早期的创业者提供包括创业教育、创业辅导、创业投资、团队融合、产品构建、技术与商业模式创新等多方面的服务内容，致力于实现与创业相关的知识流、资金流、人才流、信息流等流动性资源的最大化利用。

创业工坊已成为大连市创新与创业思想最活跃、最具创新活力的人才和项目聚集地，也必将成为优秀创业项目和成功创业家的摇篮。

企业联系电话：0411—84458134

大连融科储能技术发展有限公司

大连融科储能技术发展有限公司（以下简称融科公司）是专门从事大规模储能技术工程化和产业化的新能源高新技术企业，由大连博融控股集团有限公司、中国科学院大连化学物理研究所和自然人共同出资组建。融科公司成立于2008年10月，注册资本5001万元，位于大连高新技术产业园区信达街22号，占地8600平方米，投资7000多万元建设了9300平方米实验楼和中试车间，并租赁生产厂房2506.6平方米，成为我国储能设备研发生产基地之一，目前拟投资6亿元，在普湾新区建设全钒液流电池储能装备产业化项目，具备年生产300兆瓦电堆模块的能力，已完成10万余平方米征地和部分前期投入。融科公司拥有专利共122项，已获专利44项，其中9项为国际专利，正在受理的专利78项，承担了国家973计划“大规模高效液流电池储能技术的基础研究”项目和国家863计划“液流储能电池性能检测评价方法、规范及标准的研究开发”项目在内的多项国家、省、市重大科技项目。获国家能源局批准设立“国家能源液流储能电池技术重点实验室”，成为液流电池领域内率先成立的国家级研究机构。融科公司目前在牵头筹建国家“能源行业液流电池标准化技术委员会”，负责国内液流电池标准的制定工作，并参与了欧洲和国际IEC液流电池标准的制定工作。

融科公司组建以来完成了100千瓦及以下系列产品定型及示范应用工程项目；完成了260千瓦储能电池的研发制备，已通过性能测试，融科公司已成为继日本住友电工之后，世界上第二家掌握该技术的企业，填补了国内空白。拥有以张华民研究员（国家973液流电池首席科学家）为首的一大批以研究员、博士生为主的研发团队。在国内率先成功开发了多套千瓦～百千瓦级电池系统，并在大连、北京、西藏等地开展光/储、风/光/储等项目的应用示范；研制出国内第一套最大规模的500千瓦全钒电池子系统，兆瓦级已成功应用。融科公司目前已掌握了千瓦～兆瓦级液流储能电池的设计、集成、生产技术，技术水平处于国内、国际先进地位。

企业联系电话：0411—84796788

青岛红妮集团有限公司

青岛红妮集团有限公司成立于1997年8月，是一家集设计、研发、生产、销售于一体的专业针织内衣品牌企业。公司占地8万多平方米，建筑面积3万多平方米，资产总额达1.5亿元，注册资金2000万元，固定资产6000多万元，员工800多人。公司全套引进德国、日本等具有国际先进水平的现代化生产线，拥有先进的进口专业设备1000余台，拥有自主知识产权的国家专利15项，年生产能力1500多万套。

公司通过与世界500强企业美国杜邦、奥地利兰精的战略合作，自主研发的OUTLAST智能调温纤维针织内衣等科技类产品，使“红妮”品牌跻身行业前列。产品种类达到三十余个系列上百个品种，几乎涵盖了针织内衣行业所有的品类。历经十年的发展，已形成完善的营销网络，产品畅销全国30多个省市自治区，经济指标连年提升。

地址：即墨市泰山一路568号

电话：053287558689

网址：www.hongni.com

青岛海丽雅集团

青岛海丽雅集团始建于1922年，是中国率先建厂的专业织带、特种绳缆、安防自救产品生产厂家。公司坚持走“专、精、特、新”的发展道路，先后获得国家高新技术企业、中国专利申请50强、全国“百佳”安全生产科技创新型中小企业、国家AAA标准化良好行为企业、中国海洋工程科学技术奖、中国管理科学创新奖、山东省专利明星企业、山东省著名商标、山东省纺织工业（针织）“十一五”综合竞争力十佳企业、“十一五”山东纺织优秀企业发展奖、青岛市专精特新示范企业、青岛市创新型企业、青岛市AAA信誉等级企业、青岛市党建示范点、青岛市先进基层党组织、青岛市思想政治工作优秀企业、青岛市文明单位等多项殊荣，2013年，被国家工信部认定为首批“工业企业知识产权运用能力培育工程”企业（青岛市仅6家）。公司通过ISO9001质量管理体系和ISO14001环境管理体系认证。公司产品品种达1000余种，拥有专利1600余项。2014年销售收入达1.5亿元。

地址：青岛市北区大沙路2号

电话：0532－84867571

网址：www.hailiya.com.cn

青岛海德威科技有限公司

青岛海德威科技有限公司2005年成立，2006年通过DNV船级社的ISO9001质量管理体系认证；2007年通过德国BSH体系认证；2008年被评为“山东省船舶工业先进企业”；2009年通过2008版质量体系认证，获得了8大船级社颁发的型式认可；2013年被评为“青岛市专精特新示范企业”，同时获得“中国（青岛）蓝色经济品牌”荣誉称号。拥有专利33项，在全球56个国家和地区建有120多个服务网点，产品70%以上远销国外，2014年销售收入25000万元。“海德威”品牌成为船舶行业的知名品牌，企业发展成为中国高端船配制造的领军企业。

地址：青岛市崂山区株洲路177号5号楼4层

电话：88702808

网址：www.headwaytech.com

青岛乾程电子科技有限公司

青岛乾程电子科技有限公司成立于2005年7月，是我市最大的电力营销设备研发和制造公司之一，现有员工196人。2014年公司实现销售收入4.1亿元。“乾程”牌系列产品的综合竞争力已经达到同行业的先进水平，在国网招标中标企业排名已经进入前10名，在省内同行业名列第一，开始与国外知名品牌抢占高端市场。拥有30项有效的自主知识产权和技术专利。其中，研究成果“电力线载波通信技术”达到了国际先进水平，基于Blackfin和嵌入式LINUX技术的配网自动化测控终端获2012年度国家创新基金重点项目支持。

地址：青岛市崂山区松岭路169号

电话：88036567

网址：www.techen.cn

青岛蔚蓝生物股份有限公司

青岛蔚蓝生物股份有限公司创立于1995年，集兽用原料药、兽药制剂、兽用生物制品、饲料添加剂产品与生物技术开发等高新动物用保健品的研发、生产和销售于一体，保障畜牧、水产健康养殖，是全国动源性食品安全保障的源头。企业2014年销售收入7656万元，人员261人。拥有行业内唯一的国家动物用保健品工程技术研究中心、国家认定企业技术中心、博士后科研工作站、国家示范型国际科技合作基地。申请国家专利342项，获得授权发明专利53项；申请国际PCT专利4项，其中一项获得授权；拥有实际授权的发明专利量和连续3年专利申请数量位居行业前列。

地址：青岛市高科园苗岭路29号山东高速大厦12A

电话：0532－88966607

网址：www.continent.com.cn

阿克苏新农乳业有限责任公司

一、企业概况

阿克苏新农乳业有限责任公司坐落于阿克苏温宿县托木尔峰山脚下，公司成立于2002年9月，注册资金1.2亿元，是全国农业产业化重点龙头企业，南疆首家上市公司新农开发股份公司控股的，集良种乳牛养殖、乳制品生产及销售于一体的现代化乳制品公司，2008年年底公司总资产达2.5亿元，到2014年年底公司资产已达3.2亿元。目前，公司有三个奶牛养殖场，现存栏奶牛4200多头，日产鲜奶50吨；一个日处理能力达150吨的液态奶加工厂和一个全套进口设备日处理能力达200吨奶粉加工厂。

液态奶加工生产线是引进瑞典利乐公司的超高温灭菌设备和技术，能使牛奶的保质期延长20倍，主要生产常温奶和低温奶产品，常温奶主要以利乐砖包装高端产品为主，低温产品包含酸奶、巴氏奶以及乳酸菌饮料等产品。

奶粉加工生产线，前处理设备是从瑞典利乐公司引进，适用于国内所有的奶粉生产加工工艺；蒸发干燥设备是从丹麦尼鲁公司引进，蒸发系统采用三效顺流降膜式真空浓缩，干燥系统采用的是压力喷雾干燥法。生产线可生产全脂奶粉、脱脂奶粉、中老年配方奶粉、婴幼儿配方奶粉等系列产品。封闭式生产，全自动生产流程，生产区域达到了10万级的净化标准，整套生产线为国际先进水平，产品质量可达到欧盟标准。

公司三个奶牛养殖场被中国奶业协会评为“全国奶牛养殖示范场”、被兵团列为“良种奶牛繁育基地”。公司主持的“优质高产奶牛规模化养殖技术集成与示范”项目，被科技部列为国家级“星火计划”项目。公司通过了IS09001国际质量体系认证，是新疆首家获得中国有机产品认证的乳制品企业之一，在第六届中国食品安全年会上被授予“食品安全示范单位”“自治区首批学生饮用奶定点生产企业”，2014年9月公司又升级为“全国学生饮用奶定点生产企业”。公司产品销售网络除东北三省、西藏、青海省外，已覆盖全国50多个主要城市，公司生产的“新农”牌有机奶粉已远销巴基斯坦、俄罗斯等国。

为使企业得到健康可持续发展，2015年3月公司在阿拉尔市中小工业园区内开工兴建综合性乳制品加工基地。该基地占地110亩，计划投资2.5亿元，项目将建成日处理200吨奶粉生产线一条和日处理200吨液态奶生产线一条，达产后年产各类奶粉可达5000吨、各类液体乳制品50000吨左右。

二、成功经验

用制度规范人的行为。俗话说：“没有规矩不成方圆”。公司每年都要深入员工之中调查研究，认真按目标任务编制科学、合理、规范、人性化的可操作方案，同时认真客观地总结饲养、加工、销售中存在的各类问题，做好市场调研，完善、更新各场（厂）、部门等十几种各项规章制度。

努力提高各岗位员工技能。公司现有员工334人，每年都会从疆内外高校引进畜牧、食品等专业方面的大中专毕业生、研究生来公司工作，同时分批选送各岗位优秀员工、青年骨干、技术能手到塔里木大学、石河子大学去进修。目前，该公司有95%以上的员工都接受了不同程度的培训，在公司工作的大中专毕业生有149人，占全公司员工总数的44.7%。

加强牛场管理，制定科学合理的牛群更替计划。基础母牛群决定着牛场的生产规模和生产能力，犊牛、育成牛对生产规模的扩大提供保证。公司通过多年的养殖管理经验，坚持每年两次合理调整牛群结构，牛群不同，饲喂要求不同。同时运用科学手段，加强对受孕奶牛前期（28天）的定胎检测，缩短空胎奶牛的饲养期，提高受孕率，降低饲养成本，充分发挥奶牛的生产能力。

节本降耗。公司倡导养殖、加工、销售各环节及非生产部门严格厉行节约制度，在养殖上对每头牛实行单耗控制；在加工上做到了从收奶到生产的每一个环节都设立成本量化、细化考核指标，每月进行成本核算；在销售上突出销售量和销售费用控制考核，费用包干，实行独立核算；非生产部门实行预算管理，在综合分析上一年的费用后，把各项费用再降低10%。

注重产品质量，提高服务意识。公司以“用心创造浓情”作为企业发展理念，向消费者郑重承诺：要做良心奶、放心奶。因此，在质量管理上做到层层把关，管理范围涉及26个环节和部门，公司抽调专人对奶牛的饲养、挤奶、储存、拉运等各个环节严格把关，全程跟踪进行质量监控，确保每一批产品质量合格达标；同时提高跟踪服务意识，对有瑕疵的产品进行召回、更换，使顾客满意率达到100%。

研发新产品，建全营销网络。公司以市场为导向，加大新产品研发力度，使产品层次多元化、系列化，保证产品质量，以销定产，满足各类消费人群的需求。同时在稳定原有地区销量的基础上，积极拓展和完善疆外地区销售网络建设，逐渐在江苏、广东等沿海城市形成销售区域，增加销量。并积极主动筹建国外中亚地区的奶粉销售渠道，逐步建立国外销售市场。

三、对外联系方式

新农乳业公司办公室电话：0997—6259007

阿拉尔市西域神农果业有限公司

阿拉尔市西域神农果业有限公司成立于2011年8月，是由农一师七团出资设立的有限责任公司。注册资金1000万元，实际完成投资4000万元，固定资产1800万元。公司依托兵团垦区百万亩特色林果业资源，以军垦精神为企业发展的不懈动力，以神农尝百草的奉献精神致力于打造绿色有机健康产品，做大、做强健康产业为已任。

公司位于七团工业开发区，交通便利、地理位置优越，占地60余亩，建筑面积8000平方米，厂区内草地成片、绿树成荫，绿化面积达到35%。公司现有正式员工70人，高级职称5人，中级职称17人，各类专业技术工人48人，冬季可为本团解决劳动力300余人。技术力量雄厚，管理经验丰富，具有先进的业内专业技术人才团队。

公司的经营理念是“扎根兵团、服务社会、严管质量、顺势而上、创建强势品牌”，公司一直把产品质量作为企业发展的生命线；把农一师果品品牌建设，作为第一要务；把农一师特色果品走出疆域作为第一职责。在经营过程中始终树立“品牌”意识，抓管理、促质量，不断降低成本，提高效益，做到以质量求发展，不断扩大市场占领份额，提高兵团果品知名度。公司先后注册了“兵团明珠”“西域神农”两个品牌，“兵团明珠”在2014年10月被阿拉尔市人民政府评为《阿拉尔知名商标》。首先在基地选择上，有严格的标准，把生态环境优良、地块相对独立、土壤腐殖含量高的区域作为种植区。建立种植有规程、田管有教案，从原料上保证产品质量。其次是抓生产流程，把握收购、清洗、烘干、精选等关节点，做到加工有标准、检测有记录、售后有跟踪的管理体系。确保产品质量在行业内率先提出“蒸汽秘制，后熟专家”的加工理念，让每一粒红枣都达到色正糯甜、甘醇丰润、浓郁幽雅、回味绵长的口感与品质。

公司是阿拉尔市惠丰投资有限责任公司，与李少鹏共同出资（49：51），组成的西域神农果业有限公司。

公司目前拥有分级设备六套、清洗设备两套、烘干设备十四套、消毒设备一套、包装设备十一套。公司计划分三期完成投资，总投资额6000万元。全部建成后，年加工能力达20000吨，可生产干制枣、枣条、枣片、枣浆、红枣粉和红枣浓缩汁等系列产品，实现红枣生产及其附产品的全部自动化。公司生产设备是江苏福尔喜公司，经过多年研发试验改造，自动化程度高，技术性能优越，可造性强，多项设备获得发明专利，特别是广电分选机功能齐全，分级准确，既解决了用工难的问题又给企业降低了成本。公司现有产品两大系列，四十几个品种，经过两年市场运作，产品远销北京、上海、广州、深圳等21个中等城市。产品深受广大顾客的欢迎。近两年实现销售收入3220多万元，利润－350万元，资产负债率83%，已交税金3万元。被建行授予银行信用等级A＋。公司为了进一步扩大再生产提高产品质量，公司派出14名管理技术人员，到内地院校及设备厂家进行技术培训，不断提高团队人员管理能力，和技术人员操作能力，为公司稳步发展奠定坚硬基础。

公司自组建以来，先后注册了“西域神农”“兵团明珠”两个品牌，并且是一牌多品。“兵团明珠”系列：骏枣、灰枣、核桃、葡萄干、巴旦木，公司先以公司名称注册了“西域神农”品牌，在此基础上根据公司地域及产品产地注册了“兵团明珠”，两者的关系属公司两个品牌并列，多品牌架构。

公司由第一师七团出资成立果品加工企业。第一师的前身是前“三五九”旅，三五九旅在抗日战争解放战争时期，在陕北南泥湾开展大生产运动，自力更生，艰苦奋斗，进疆后一直驻塔里木河两岸屯垦戍边，第一师隶属新疆建设兵团，公司是立足兵团扎根团场，成立之初就把兵团文化，兵团特产作为公司品牌宣传的主旋律，一直打造推动兵团文化的传播。

公司是服务团场广大果农的，作为团场第二产业的龙头企业，尤其是新疆水果享誉海内外，以质优、品好、果甜、味美响彻大江南北，所以企业商标叫“兵团明珠”，乃现兵团特色，突出果品是稀有罕品的这一思路，尤其在商标设计上，更是体现出了这一特点，三个兵团战士站在戈壁滩上，背后是雄伟的山峰，天山潺潺清水从身边流过，预示着兵团种植的物品是天山雪水浇灌的，是亘古戈滩上栽培的，是纯有机的果品。商标的设计是出自郑州画院的郑云教授之手，他出生在塔里木，对兵团有着深刻的了解和深厚的感情，所以在商标的设计和商标的名称上，经过深思熟虑之后才定稿。商标的文字与图案是品牌宣传的载体，此商标的文字与图案是品牌宣传的载体，此商标的文字、图案用在果品加工企业上是非常合适的，给人一种绿色天然、干净淳朴的视觉冲击，对品牌宣传起到举足轻重的作用。企业品牌创立之后，获得了“兵团职工创业基地企业”“师市双百强企业”“师市知名品牌企业”等殊荣。

联 系 人：李少鹏
联系电话：13709976258
地　　址：阿拉尔市玛滩镇七团友谊路
电　　话：0997－4978880
传　　真：0997－4978088

石河子市鑫磊光电科技有限公司

一、企业基本情况

石河子市鑫磊光电科技有限公司（以下简称鑫磊光电）成立于2012年12月27日，注册资本为1.6亿元，是一家专注于人造蓝宝石晶体制造和加工的高科技企业。由新疆生产建设兵团第八师国有资产经营（集团）有限公司、福建鑫晶精密刚玉科技有限公司、自然人柳祝平三股东共同出资组建的有限责任公司出资组建。其中新疆生产建设兵团第八师国有资产经营（集团）有限公司出资：6000万元，持股比例37.50%；福建鑫晶精密刚玉科技有限公司出资：8000万元，持股比例50%；自然人柳祝平出资：2000万元，持股比例12.50%。

鑫磊光电现有职工140人，其中大专以上人员80人，占职工总数的67%；其中管理人员30人，生产人员90人，其他辅助人员20人。

鑫磊光电专注于大口径人造蓝宝石晶体的制造与加工计划五年内在石河子经济技术开发区投资15亿余元，投产460台100公斤～220公斤级蓝宝石晶体生长系统及配套年产200吨高纯氧化铝生产的项目，项目利用自主研发的TSTGT技术，突破了大尺寸蓝宝石晶体生长技术瓶颈，填补了国内空白，提升了我国LED/消费类电子产业的国际竞争力。

鑫磊光电在各级政府部门和领导的关怀下，发展迅速。目前一期厂房于2014年1月份开始投入使用并进行设备安装调试，6月份安装调试蓝宝石长晶炉达70台，8月份一期100台100公斤级蓝宝石长晶设备全部投入正常生产运营。经过近半年的工艺改良和完善，目前基本达到预期目标良率，单颗晶体良率最高达92%，平均良率超过60%。二三期计划投资10亿余元，于2016年年底建成360台100公斤～220公斤级蓝宝石晶体生长炉及配套的高纯氧化铝生产项目。最终建成年产3600万毫米晶棒（TIE），年产值达20亿元的蓝宝石单晶生产基地。

二、成功经验

（一）充分发挥技术优势

在蓝宝石晶体生长项目的研发过程中，发明出独创的顶部籽晶温度梯度法（TSTGT）技术、分段水冷结构炉体和适时可调温度场技术，同时自行研发完全拥有自主知识产权的TSTGT专用设备，该设备全部由总公司元亮科技生产。TSTGT晶体生长系统主要包括炉体、真空系统、自动控制系统、电源系统、热场系统和冷却系统等。TSTGT技术优势包括：

（1）晶体生长设备上，结合了国内外先进的真空、电子和机械技术，设计制造出专用设备，尤其是在信号采集和温度控制上进行创新，实现了晶体生长的实时控制。

（2）热场使用上，采购多个独立发热体，通过热电偶测量的温度对整个温馨的轴向和径向温度梯并真正做到实时可控调节，调节固液面以适合晶体的生长，得到高质量的单晶，晶体内部气泡和散射极低。

（3）晶体生长过程中，坩埚、晶体和发热体皆不移动，晶体生长界面稳定，无机械扰动，浮力对流小，大大降低了晶体内部的机械应力和热应力以及晶体内部的缺陷，进而提高晶体的整体良率。

鑫磊光电于2001年开始即对蓝宝石生长设备进行工艺摸索和设备改进实验，并于2003年依据自主研发的TSGTG技术成功研发第一颗9千克的晶体，后经过几年的不懈努力，陆续产出18千克、35千克、80千克、100千克、150千克级蓝宝石晶体，与此同时也对蓝宝石的炉体作了优化完善。

鑫磊光电的蓝宝石衬底片产品已经获得国内外主流LED芯片外延企业的认可，并已经开始批量供货。鑫磊光电的消费类电子产品用蓝宝石材料（手机面板和智能手表面板）已获得苹果、华为、联想等智能手机大厂的认证，并开始批量供货。

（二）加强团队管理和人才队伍建设

鑫磊光电依托于元亮科技创业的原班人马，自成立之初就设有专门的研发部门，建立了集综合管理、产品开发、工艺研究、设备研究、新品试制、产品试验于一体的研发运作系统。鑫磊光电现有研发人员13人，其中博士2人，全部具有多年光电子材料研发经验。同时，还聘请行内顶级专家做技术顾问，为鑫磊光电发展提供意见和支持，指导并推进公司研发工作。

鑫磊光电拥有具有完全知识产权的蓝宝石晶体生长设备及技术，围绕此核心装备和技术，鑫磊光电已有实用新型专利8项。鑫磊光电专利合计215项。核心技术团队十多年前即开始进行蓝宝石晶体技术研发，沉淀了丰富的蓝宝石晶体生长经验。同时，还培养了一大批技术功底扎实的技术人员。蓝宝石晶体生长对人的依赖性较大，这就对员工的综合素质提出了很高的要求。如何培训和挑选优秀的、有才华的团队成员，这对于蓝宝石晶体生产企业显得尤为重要。鑫磊光电的核心团队大多自己培养，并有五年以上的行业从业经验，忠诚度和凝聚力非常高，这一要素也为鑫磊光电快速成长奠定了坚实的基础。

三、联系方式

地　　址：石河子市开发区东七路与北九路交汇口
联系电话：0993－2709669－8001
联 系 人：陈女士
传　　真：0993－2709669－8001
邮　　箱：chenhuan@ ulightech. net

新疆白桦林原生态板业科技有限公司

一、企业概况

新疆白桦林原生态板业科技有限公司是国内率先利用棉花秸秆制造零甲醛的生态板材企业，也是新疆率先生产零甲醛原生态绿色环保板材企业。公司于2010年由农业产业化国家重点龙头企业新疆银隆农业国际合作股份有限公司出资设立，地址位于新疆石河子市北泉镇工业园区，占地100余亩，注册资金3333万元，现有员工65人。公司拥有一支专业的工艺设备管理队伍，是中科院科技创新重点支持企业、兵团与自治区节能减排的重点企业。公司主要经营零甲醛生态秸秆板材的研发与生产。

二、成功经验

自成立以来，公司依托新疆兵团棉花主产区集约化棉花种植模式，棉秸杆原料充裕且可实现大规模机械收割进行收获；采用专利技术并引入德国MDI助剂，结合现代人造板材成熟工艺开发零甲醛棉香板，改变了传统的人造板必须以脲醛胶才能制成的工艺，从源头上杜绝了板材内部的甲醛含量，减少了可再生资源的浪费。在产品销售服务方面，公司一直秉承以用户需求为核心，在专注乌鲁木齐本地市场开拓的同时，逐步使产品辐射全疆，目前已与多家新疆知名橱柜家具品牌及板材经销商进行合作，并用质量和服务赢得客户的信任和好评，同时不断完善售后跟踪及服务体系。通过奋力开拓市场，公司生产的“棉香”牌原生态环保板材填补了新疆本地无零甲醛板材生产商的市场空白，未来发展空间无限。公司相信，通过对质量和服务的不断努力和追求，一定能够实现与广大客户的互利共赢！

三、联系方式

公司电话：0991－3333208（销售）或
　　　　　0993－6609209（工厂）
传真电话：0991－3333640
电子邮箱：390712482@ qq. com
公司网址：www. bhlby. com
联 系 人：王瑞

新疆穗峰绿色农业科技有限公司

新疆穗峰绿色农业科技有限公司，成立于2005年7月，地处兵团第一师军垦新城阿拉尔市，注册资金5000万元，总公司办公地点位于阿克苏市东大街2号新农大厦十楼。经近十年多发展，成长为集林果业种植、脱水蔬菜和多种干果加工、高科技环保农资产品经营及外贸进出口于一体的综合性农业企业。公司下辖四个穗峰农场、龙腾果蔬分公司、新疆老帅哥食品有限公司、阿拉尔惠丰绿农果品种植农民专业合作社、新疆中植穗峰农作物管理有限公司，共四家子（分）公司。公司总资产现已突破3.6亿元。

公司先后荣获2012品牌中国（农业行业）“金谱奖”、新疆维吾尔自治区“雪莲花金奖”、兵团农业产业化重点龙头企业、第一师阿拉尔市中型企业百强企业、全国循环农业示范基地、为阿拉尔地区农业带头性企业，以“科技兴企、作一流绿色有机产品”为宗旨，以创新的机制、创新的经营、创新的管理，为全国人民提供最优质的放心绿色农产品。

公司现有职工200余人，在册干部职工50人，其中本科以上学历10名，大专学历30名，高中以上学历10名，拥有专业技术职称人员14人。企业为员工提供了良好的发展平台。运用科学、合理、先进的国际化理念的管理模式结合兵团精神对企业文化进行全方位的诠释和延伸，努力开创一种全新的企业经营理念。为共创和谐社会、促进经济繁荣、打造新型团场做出积极的探索。力争在将来的发展中，尽企业之能更多更好地安排再就业工作岗位，肩负起更多的社会责任。

一、分公司、子公司简介

（1）穗峰农场，现已拥有开发面积3.8万余亩的土地，其中有4000余亩红枣种植基地；3万余亩棉花良种繁育及种植基地。农场土地历经十余年耕种改良，土壤肥沃，土地利用价值高，适合种植各类农作物及林果苗木等，条田规划有序，大型机械耕作便利。主支斗排相通布局合理，已开发建设公路、林带、居民点、供电以及滴灌工程等设施，周边交通十分便利。

（2）阿拉尔惠丰绿农果品种植农民专业合作社，拥有农民种植户上千户。通过土壤综合改良、严格把控投入品使用、加强科学栽培管理等工作的落实，导入“作物8S全程植保管理模式”，加速推进阿拉尔果品产业发展；制定从“检不出农残、化学激素的绿色果品”向“有机果品”发展的渐进式目标，不断提升果品品质及品牌价值；通过培训提高种植者专业技术水平。建立全程可追溯的质量管理体系；建立技物服务体系；建立客户档案，信息化管理，完善产品品质保障体系；建立销售信任体系，做好销售端的产销链接；整合产学研资源，为阿拉尔果品的持续良性发展提供后备力量。

（3）龙腾果蔬分公司，占地50亩，拥有脱水蔬菜、干果加工、分级、包装现代化生产线三条，具有2.8万余吨商品枣和脱水蔬菜加工生产能力。公司配备4个保鲜冷库储存量达到1000余吨，以及200余亩干果晒场。公司分别在北京、上海、杭州、重庆设立了销售办事处。分大区拓展、管理销售渠道。公司以“龙的传人食龙枣，龙枣健康天下人”为使命；以“绿色有机工程，道德良心产业；引导科学膳食，推崇健康理念”为兴企标准，致力于开发阿拉尔优良果品、蔬菜的健康价值，让“穗峰科技”成为普天之下消费者喜爱和称道的品牌。业务上主要采用加盟联营和省级代理模式。目前公司面市的主打产品有：穗峰“龙枣”系列的金龙枣、银龙枣、玉龙枣、海龙枣、飞龙枣、醉龙枣；穗峰龙眼系列的“龙眼核桃枣”“龙眼巴旦木枣”“龙眼花生枣”“龙眼葡萄枣”；穗峰干果系列的“穗峰薄皮核桃”“穗峰无花果”“穗峰葡萄干”“穗峰苹果圈”；以及穗峰脱水蔬菜系列的姜豆，西红柿，蒜片，胡萝卜，红、绿椒，葱等数十个品种。上述产品原料100%源于阿拉尔特殊地理环境圈，绿色、天然、无污染，品质绝佳，富含多种营养成分，是馈赠亲朋好友和居家食用的精品。

（4）新疆老帅哥食品有限公司，占地120亩，拥有太阳能烘干车间、果蔬加工生产线、吊干杏烘干生产线，全自动氮气包装生产线，具有1万余吨吊干杏和脱水蔬菜加工生产能力。公司配备3000平方米保鲜冷库，吊干杏全部采购于四团，充分利用四团的绝佳地理位置（地处托木尔峰南麓），拥有适合杏树及蔬菜生长的良好光热条件和土地资源。四团种植的吊干杏果形硕大、果肉甘甜，富含钙、磷等营养元素。

（5）新疆中植穗峰农作物管理有限公司，专为阿拉尔惠丰绿农果品种植农民专业合作社的社员以低于市场30%价格提供生物农药和有机肥，产品全部厂家直销，打破传统农资经销商的价格泡沫，避免农资市场假药和过期药的情况，为广大社员提供培育绿色有机的高品质农产品生产资料。

新疆穗峰绿色农业科技有限公司几年来在师农业产业化办公室的指导和帮助下，在公司的领导下，在各原料供应基地的紧密配合下，农业产业化经营机制不断完善，农企利益联结更加紧密，公司发展到今天总结以下经验：

二、紧紧把握机遇，走产业化发展之路

紧紧抓住团场农业产业结构调整的机遇，利用本地的红枣资源优势和产业发展优势，在充分摸清市场的基础上，成立了以农副产品加工为主的龙腾果蔬分公司。2014年，公司和聚天红、大漠、西域圣源等企业强强联合，成立了果品集团公司，形成了公司带基地，基地连农户，产供销一体的产业化格局。

三、加大研发投入，走自主创新之路

公司新产品的开发始终以各地市场和客户需求为导向。穗峰公司将红枣去核，加入各种干果，创新为干果“龙眼枣”，产品一投入市场，就深受消费者青睐，2012年销量为50吨，2013年为500多吨，2014年为800吨，销量稳步增长。

四、“发展循环经济，走可持续发展之路”

公司成立之初就积极探索循环农业经济之路，坚持“基地＋农户＋公司”的运营模式。由阿拉尔惠丰绿农果品种植农民专业合作社为社员提供全程免费8s技术服务，由专业技术人员深入田间，从土壤、修枝、施肥、病虫害防治，保花保果等方面向农户讲授种植知识和管理技能，做好每个基地、每个农户的果品种植、生长、管理日志，及时解决农户种植过程中出现的各种问题，2014年收购果品2000吨，带动农户近1000户，每户增收1000元以上。从源头保障了产品品质；农产品在有专业设备和职业化团队的穗峰果蔬加工厂加工，加工过程中产生的料渣经农资公司处理后，又返还到了农场。不仅充分发挥了四个农场各自的资源优势，而且形成了完美互补的循环经济链。

五、“实施商标战略，走品牌营销之路”

品牌是企业的无形资产，商标是企业核心竞争力的重要组成部分。因此，带领公司围绕核心商标构建战略商标。2011年3月穗峰公司将“龍枣”成功申请为核心品牌，目前正在积极申报“新疆著名商标”，以增强公司在市场上的综合竞争力，为公司发展提供更加有力的支撑和保障。

六、“整合资源优势，走市场推广销售之路”。

公司销售团队在北京、重庆等主要城市设立办事处，对产品信息、市场需求及时进行发布和反馈。穗峰公司“龙眼枣”系列产品已经在南北两大市场形成了品牌效力，扩大了市场份额，销售业绩实现了稳步上升。

创业创新服务案例

互联网 + 供应链金融 橙 e 网 助力中小企业转型升级

——平安银行

在两化融合领域，看清了方向的传统商业银行，已经开始利用自身资源、信息和技术等方面的优势后发追赶。其中，平安银行借助互联网技术来推进 O2O 服务，其旗下的橙 e 网专注服务于“熟人的生意圈”，构建商流、物流、资金流、信息流“四流合一”的供应链金融综合服务平台，推动最适合供应链“熟客交易”的协作生态圈，支持中国企业的电商化转型和供应链协同发展。

平安银行是业内最早提出并践行供应链金融的银行，在供应链金融领域一直深耕不辍，始终保持在此领域的领先地位，以创新的理念和服务模式持续服务于实体经济。

2005 年，平安银行提出“1 + N”的供应链金融模式，自主建立了自偿性贸易融资授信体系。2009 年，平安银行首创供应链金融线上化，实现银行与核心企业、物流公司、借款企业的四方联网、在线作业，开创了供应链金融的 2. 0 时代，实现商流、物流、资金流、信息流的归集和整合，提供适应供应链全链条的在线融资、结算、投资理财等综合金融与增值服务。

随着互联网的快速发展，实体经济中各产业向互联网转型的步伐也越来越迅速。从 2013 年开始，平安银行启动了橙 e 网的建设，将供应链金融从围绕核心企业的“1 + N”模式升级到以任一企业为核心的“N + N”的 3. 0 时代。橙 e 网定位于发展“互联网金融 + 供应链金融”，致力于多方协同建立“熟客生意”生态圈，强化平台与平台之间的合作，以金融功能为基础，与多方市场主体建立广泛联盟，服务模式从 B2B 向 B2C、C2B 延展，实现“四流合一”，打造产业链金融生态圈。

平安银行建设橙 e 平台以来，不断创新服务于实体经济的产品线，打造了“创业易”“转型易”“升级易”组合金融解决方案，为工业互联网的供应—制造—分销全链条的电商化给予全面金融支持。

“创业易”支持初创型企业

首先，平安银行以创新模式专门为初创型企业提供金融解决方案“橙 e · 创业易”，联合众多企业云服务提供商为中小企业搭建云服务平台，让“创业、创新”企业借力互联网平台快步前行。

由于初创型企业个体规模小，对价格敏感，缺少专业的财务人才，不熟悉金融服务，对运营企业过程中的财务管理没有配套的金融服务支撑。为此，平安银行推出适合初创型企业的优惠套餐服务，以免费或极低价格降低初创型企业的成本费用，对开立基本户的初创企业，提供为期一年的企业网银转账、短信收发、账户管理等免费服务；对于开立一般结算户的中小企业，平安银行将结算服务打包推出多款优惠套餐，比如包年 100 笔 100 元、1000 笔 1000 元。

平安银行还打造了业内唯一一个针对公司业务的微信服务号平台，丰富手机银行等移动端服务形式，创新探索对公 O2O 服务模式，在线上实现传资料、填单、银企对账、票据预约预审、国际业务全流程在线监控等功能。通过高效率低成本的 O2O 服务模式，橙 e 网解决了初创企业开户难、办理业务贵等问题。截至 2015 年一季度末，仅微信开户一项就服务了客户 40966 户，覆盖了全行对公开户的 36%，累计节约客户时间 20000 个小时。

此外，平安银行推出了免费中小企业电商云服务平台——“生意管家”。“生意管家”用户不管是制造型企业、流通型企业还是服务型企业，一开始就可以借助互联网云平台体验“互联网 +”的真正福利，让中小企业的商务活动能够以最快速度、零成本实现企业商务流程的电子化。企业可以利用“生意管家”在 PC 端和手机端在线管理进销存，在线与上下游协同做生意，在线支付、融资，在线发货，在线购买保险、理财产品等，实现“订单、运单、收单”与金融服务的一体化。“生意管家”系列整合服务推出 10 个月，已有 20 多万小企业下载注册，每天以 3000 ~ 5000 的数量持续增长。

“升级易”为电商提供一体化服务

平安银行为垂直/综合性电子商务平台推出“升级易”，依托电子商务资金管理统一服务平台，提供集“多银行网上支付和集中收款、以平台和用户钱包账户体系为基础的资金账户管理、交易结算见证和担保支付、账户自动增值、电商商户数据信用贷、电商平台物流发货宝”为一体的服务。

比如，橙 e 网和国内知名的电商平台蘑菇街合作，用户可通过蘑菇街注册理财账户，并直接购买橙 e 网的优质“宝宝”类理财产品，蘑菇街借助平安银行的金融支持，可以更便利地为其 9000 万用户提供更多增值服务，双方的合作可视为橙 e 网深度经营消费金融目标客户的新尝试之一。另外，平安银行与杭州阿思拓电子商务有限公司合作的“元宝铺”平台有效注册客户数已超 20 万人，在客户、交易数据、风控支持、贷后监控方面拥有明显优势，逐步成长为一个更加完善的互联网金融平台。

“转型易”助力传统企业“互联网+”转型

为了助力传统企业电子商务转型，橙 e 网以融资、理财、支付、账户管理等金融功能为基础，通过与各类供应链服务平台联盟合作、整合服务资源，推出了“转型易”服务方案，来帮助传统企业向“互联网+”转型。通过该方案，平安银行橙 e 网输出用户管理体系、网络支付解决方案等，构建起高标准的订单—运单—收单一体化交易闭环功能，来更快地构建电商平台。同时，为网络融资预留接口，一旦交易活跃一段时间，银行将依据交易数据“信息+信用”给予网络融资。

2015 年，平安银行橙 e 网生意管家与江门花春天电子商务平台进行了全面合作。花春天电子商务平台目前已有自己的网上微店，且有众多的线下加盟展示店，形成了典型的 O2O 商务模式，即终端客户通过微店下单，然后到线下门店自提，也可直接在线下门店购买。而在与平安银行合作后，现在线下门店老板可通过生意管家的进货订单发起在线订单，根据进货订单发起在线付款，花春天平台随即确认订单，立即收款，然后通过物流公司给线下门店老板发货。这整个过程，不仅可以实现实时到账且付款无需手续费。而当门店老板积累一定的交易流水后，平安银行将对贷贷卡持有者——门店老板进行授信。在短期内，有近 10 家线下门店通过此模式实现线上订货与线上付款，每天交易流水数近十万。

此外，平安银行线上供应链金融系统还与北京合力中税科技发展有限公司的财务供应链平台对接，能及时了解和掌握企业与上游供应商之间的订单、收货、发票、付款等信息，为客户提供从借款、还款到尾款转出及查询等操作的全流程线上融资和应收账款管理服务，并推出了创新网络金融产品——发票贷，供应商以开出的发票数据作为贷款审核依据，而无需提供抵押担保，目前可以为汽车、医药、品牌消费品、电器等行业供应商客户群体服务，其中面向全国 30 万商超供应商，向已核准的 400 家商超、百货的供货发票均可申请融资。

橙 e 网融资案例集锦

案例一：海尔采购自由贷，凭借与大企业的合作年限和采购订单就能贷款

2014 年 8 月末，平安银行与海尔集团合作推出“采购自由贷”。只要是海尔认定的经销商，合作一年以上，无需任何抵押担保，即可通过橙 e 网申请该贷款产品。项目投产上线两个多月，项目主办分行——平安银行青岛分行收到经销商申请资料 1600 余份，开立账户 750 多户，批复授信 20 亿元，出账客户近 200 户。

橙 e 平台与海尔集团的 B2B 平台合作推出“采购自由贷”，经销商从在线发起订单，到平安银行橙 e 网网络融资平台完成贷款交易，最快只要 6 分钟。

海尔从去年开始，已经以全资子公司模式建立了自有的 B2B 平台，定位为集信息流、物流、现金流为一体的大型开放式服务平台。海尔集团的两万多家经销商可在平台上在线下订单，发起在线融资申请，实现对订单、物流、资金等信息的跟踪。平安银行橙 e 网与这个 B2B 平台实现无缝对接，双方共享订单、物流、资金等信息，合作推出“采购自由贷”。该产品极大降低了经销商的准入门槛，大幅简化了经销商的授信资料，对业务进行批量授信、批量开发。经销商无需抵押，免担保，只要和海尔生意往来超过一年时间，无论经销商规模大小，都可以向银行申请融资。

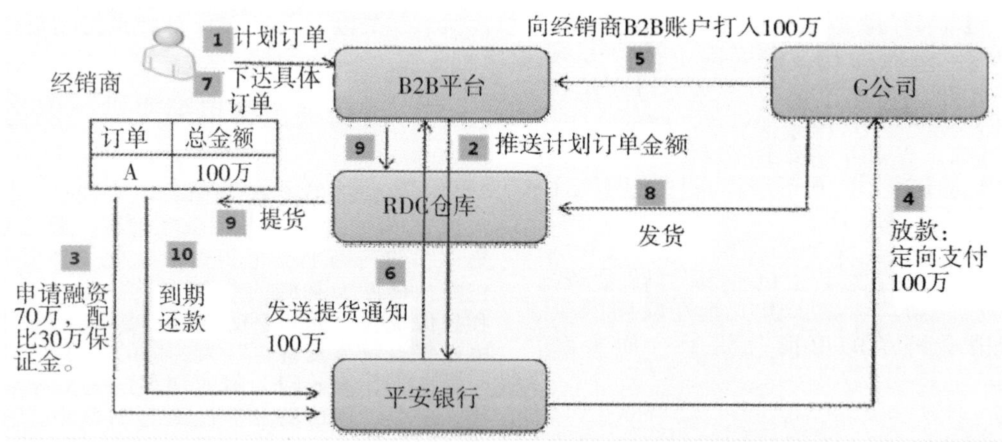

案例二：平安银行和商派启动国内电商圈首个大数据信贷项目

2015 年 5 月 27 日，平安银行与国内领先的电子商务服务和技术供应商商派软件有限公司正式宣布战略合作，并联合启动“电商数据贷”项目，吹响了双方在互联网电子商务和金融领域的合作号角，是平安银行在“互联网+”形势下“互联网+金融”的一次重要实践。

“电商数据贷”与仍由信用中介主体主导的融资的传统产业链有着鲜明区别，“电商数据贷”以

大数据应用为基础，在获得相关企业的授权之后，通过商派和平安合作推出的数据分析平台，对中小电商企业一定周期内的经营数据进行全面、系统、科学和深入地分析，进而判断该企业的企业实力和信用水平，从而决定他们的融资水平。

“电商数据贷”项目基于商派多达380万的庞大电子商务客户群体和海量的数据资源，商派客户通过数据贷平台向平安银行申请贷款融资，经由商派和平安银行联合，充分挖掘开发后，将大大缓解中小电商企业的融资难问题。

案例三：政务税金贷，互联网金融开启银政合作新篇章

2014年12月，平安银行与西安市高新区达成合作，联合推出橙e税金贷——一款基于互联网数据采集技术的互联网金融产品，纳税人在税务机关的纳税记录将可以作为平安银行的授信依据，凡是年纳税额超过30万的客户都会有资格申请该产品。这一银政合作新模式，对逐步优化中小企业经营生态，提高企业纳税意识，增加政府扶持企业力度等，是一个实实在在的落地举措。目前，这一模式正在厦门、苏州等十多个城市的政府主流园区复制推出。其中，按照平安银行与厦门市经济与信息化局约定，对纳入扶持范围的企业贷款逾期1个月未还的，厦门市经信局按贷款本金的40%先行拨付补偿。

对比以线下进行信息、数据交互为主，贷款流程繁琐的传统“银政”合作模式，“橙e税金贷”凭借互联网的长尾效应，不仅让银行的放贷成本降了下来，更优化了线上贷款的流程，使客户能够更及时、更便宜地拿到优质贷款。

移动金融，一贯领航

——恒丰银行

近年来，为解决小微企业、“三农”等融资难、融资贵的问题，国家积极推动发展普惠金融，希望让金融成为一池活水，更好地浇灌实体经济。在信息技术快速发展的背景下，互联网金融成为了发展普惠金融最重要的方式之一。党中央、国务院对互联网金融行业的健康发展非常重视，并于2015年7月颁布了《关于促进互联网金融健康发展的指导意见》，鼓励金融创新，提出支持互联网金融稳步发展的政策措施。

“唯改革者进，唯创新者强，唯改革创新者胜。”创新是银行健康发展的基石，也是保持生命力的动力之源。在此大变革、大转型背景下，恒丰银行作为一家有着近三十年历史的全国性股份制商业银行，制定了面向未来五年的数字化银行战略，力争建成以客户为中心、持续创新和高效协同的一流数字化银行，借力互联网金融，扬长避短、顺势而上、弯道超车，实现跨越式发展。

2014年12月，恒丰银行推出了独立的互联网金融品牌“一贯”，为中小企业和个人零售客户提供普惠金融服务。平台坚持以客户需求为中心，通过互联网技术手段，不断创新金融服务、丰富产品种类，降低企业融资成本，满足中小企业多元化的金融需求，以支持实体经济发展，实现大众财富增值。

上线不久，一贯平台便得到了社会各界和广大用户的认可和好评。2014年年底荣获由新浪深圳金融/互联网金融频道与新深金学术委共同颁发的“2014年度最具互联网思维金融机构”和“最优体验移动互联网金融/移动互联网应用”奖项。

让金融服务更简单更省心

一贯平台以客户多元化的金融服务需求为导向，秉承“开放、平等、协作、分享、共赢”的理念，打破金融信息不对称的壁垒，通过不断创新和持续改进，为客户提供更简单更省心的金融服务。

“以客户需求为中心”是一贯平台发展的核心理念。平台产品和服务均围绕客户需求开发，将用户体验作为判断产品和服务优劣的根本标准。“把简单留给客户，把复杂留给自己”的理念推动着一贯平台持续改进用户体验。

“开放、平等、协作、分享、共赢”是一贯平台的价值观。平台相信通过互联网可以消除传统金融服务在时间和空间上的限制，让个体和企业以平等的地位、开放的态度实现协作和分享，让金融服务效率更高、信息更透明，最终实现各方利益的共赢。

“让金融服务更简单更省心”是一贯平台发展的宗旨。平台坚持以用户需求为中心，运用互联网思维改造创新金融服务，支持实体经济发展，促进大众财富增长。

创新金融服务，助力中小企业发展

由于为中小企业提供金融服务风险大、成本高，传统金融机构普遍不愿意涉足。专门为中小企业设计和开发的金融产品和服务不多，技术含量低，产品同质化现象严重，导致中小企业的金融需求无法得到满足，融资难和融资贵也成为了制约其发展的掣肘。互联网金融凭其成本低、效率高、覆盖广、发展快的特点，成为了为中小企业提供综合金融服务最好的方式之一。

一贯平台围绕“存、贷、汇”的基本需求，相继研发了相关产品，为中小企业提供全方位综合金融服务。平台为企业提供移动收单、智能收付、线上信用评级与授信、线上资金管理等服务，初步形成了从客户接触、跟进营销、商机发掘、产品销售、尽职调查到业务办理的O2O金融服务模式。

（一）资金管理

“小金贯—企业版”是一贯平台深度挖掘中小微企业客户资金使用特点、智能定制的集约化线上流动性管理服务，日复利计息（T日申购，T+1日起息），申赎灵活。在保证企业资金安全、高流动性

的基础上，起投金额低、预期收益率高，申购赎回无任何费用。以企业客户需求为核心，为企业生命周期各阶段提供优质金融方案，是一贯秉承的理念。

（二）信用贷款

"数据信用贷"是一贯平台结合大数据分析应用、专项开发的用于扶持中小企业发展的电子化授信产品。通过协同线上信息数据平台、线下配合实体尽调，共同开展金融服务的创新型产品。企业无需任何抵押担保，即可获得信用贷款。借助基于数据的决策模型，实现自动化审批流程，提高业务审批效率。在授信金额、利率、期限等方面，满足小微企业"短、频、快"的融资需求。通过不断积累小微信贷业务数据，结合业务实际情况与风险特征，一贯平台持续进行产品创新。

（三）收单支付

围绕收单支付这一金融基础服务，一贯平台相继推出"移动收单"及"智能收付"业务，满足中小企业客户的不同支付需求。

"移动收单"是一贯平台为中小企业商户提供的创新型收单服务。商户可依据自身需要，灵活选择标准POS、mPOS以及智能POS等产品，在享受便捷POS收单服务的同时，还可实现收单资金自动理财增值。凭借商户积累的历史经营业绩，商户还可申请无抵押信用贷款来满足日常经营的资金周转需求。"智能收付"是一贯平台为中小企业提供的在线资金收付及托管一体化服务。企业可通过智能收付一点接入，实现线上资金收付及资金托管功能，并通过支付服务，延伸至理财、信贷等全面金融服务。

一直以来，恒丰银行将支持三农、小微企业作为其履行社会责任的重要内容。借此互联网金融发展的机遇，恒丰银行将以互联网思维优化经营模式，通过金融创新，满足中小企业多元化的需求。未来，恒丰银行将积极把握国家战略、结构调整、产业升级带来的新空间和新机遇，充分借鉴互联网思维、技术和商业模式，大力开拓新市场、开发新产品、开创新业务，全面提升市场竞争力，服务实体经济发展。

支持实体经济发展新举措——"网速贷"产品融资快

——北京银行

近年来，互联网行业与金融行业的融合生长给传统的银行经营模式带来了挑战与机遇，同时也为锐意创新者转型发展和增强竞争力提供了新的重要途径。北京银行作为国内一家中小企业特色银行，提出以打造国内一流的在线供应链管理平台为目标，致力于支持中小企业实体经济发展，近年来不断推出创新产品。在"互联网+"大热的时代背景下，2015年北京银行全面上线了供应链金融业务品牌新产品："网速贷"，该产品也是北京银行"资金快链"旗下的互联网金融新产品。

"网速贷"即客户一经获得北京银行授信批准后，便可根据自身用款需要，自主确定融资金额并在网银端发起融资申请。从融资申请提出到融资款项入账实现全流程自动化处理。通过全流程在线方式实现企业资金的快速融通，使客户"足不出户"就可以享受到北京银行高效便捷的供应链服务。"网速贷"产品贷款额度最高可达2000万元，合同一次签订，随借随还，借款额度可循环使用，且未用贷款额度不计息。客户的借款、还款款项实现了实时到账，并且可以自主提前还款。有效地降低了企业财务成本，达到对客户个性化融资需求的快速响应，帮助众多中小企业获得高效便捷的供应链在线金融服务。

"网速贷"一经推出就引起了业界的广泛关注，2014年5月，来自政府机构、金融监管机构及企事业单位的近40位嘉宾参加了北京银行举办的"网速贷"的产品发布仪式。在产品发布会上，北京银行与中国电子商务创新推进联盟、中国重汽集团、五矿电子商务平台、畅捷支付及中通汽车5家单位签署了战略合作协议，将为企业提供全面在线供应链金融服务，支持企业整合资金链和产业链，满足企业快速融通资金的需求。

"网速贷"诞生的背景：

截至2014年年底，北京银行公司贷款余额达到4819亿元，较2014年年初增长414亿元，增幅9.4%，其中小微企业人民币公司贷款余额1953亿元，较年初增加352亿元，增速22%。小微企业贷款余额占公司总贷款余额41%，总量和比重都非常可观。然而，传统的线下产品模式不仅要花费大量的人工成本，而且使得企业的融资成本提高，融资效率低下。尤其是异地授信的中小企业客户融资困难问题更加突出。"网速贷"的推出使得客户"足不出户"就可以解决企业的融资问题，原来需要客户奔波于企业和银行之间，2～3天完成的贷款放款工作，现在客户只需要在网银端动动手指便可实现贷款资金的实时到帐。节约了企业和银行的人工成本，提高了融资效率。此外，"网速贷"产品的应用还有效地降低了中小微企业的融资门槛。在供应链业务领域，存在着大量的频繁、小额的散单。在以前的供应链金融业务模式下，这些散单因为手工处理成本太高，所以很难获得银行融资支持。线上平台的推出突破这一瓶颈，降低了原先的融资门槛，使得更多小微客户能获得银行的融资支持。

十八届三中全会指明了健全支持实体经济发展的现代化金融体系的新方向，强调要加紧落实金融支持实体经济，特别是要有效解决中小企业融资难、融资贵等问题。推出供应链创新产品，是北京银行支持服务实体经济的重要措施。全球性分工合作与业务外包的发展使得供应链成为实体经济的重要构成形式，英国供应链管理专家马丁·克里斯托弗曾表示："21世纪的竞争将不再是企业与企业之间的竞争，而是供应链与供应链之间的竞争。"紧跟这一发展趋势，北京银行近年来针对供应链的资金融通开展了大量业务创新。

北京银行是较早认识到产品对于金融服务实体经济重要性的国内商业银行之一。在公司业务领域，2007年，北京银行凝聚公司业务精华，推出“财富1+1”公司金融服务品牌。2008年，在“财富1+1”公司金融服务品牌推出一周年之际，北京银行根据客户的新需求，精心设计了科学的产品体系构架、整合供应链业务，推出全新供应链品牌“资金快链”。目前，北京银行“资金快链”供应链金融服务品牌下已包含“科技链”“制造链”“网络链”三大子品牌，涵盖债权类、货权类、票据类三大类、十五项产品、多项行业解决方案。形成可覆盖大型集团和中小微企业的产品、服务体系，多个领域的行业解决方案处于市场领先地位。在传统的企业融资中，北京银行往往只是针对企业个体进行信用风险评估并据此做出是否授信的决策，而在供应链金融模式下，北京银行可以更为关注供应链条的稳固性、竞争力，同时需要综合评估企业的真实贸易背景、历史信誉状况等，通过这种模式，过去一些因实力较弱难以获得银行融资的中小企业，可以凭借在供应链中的真实交易背景获得贷款，满足其资金需求。

由于高度依赖供应链上下游企业的信息流，供应链金融业务与互联网的结合具备天然优势。互联网金融这一迅速崛起的崭新业态也给银行“服务实体经济，拓展互联网蓝海”提供了新的机遇。北京银行将供应链金融和互联网技术相融合，于2013年11月推出网络供应链品牌——“网络链”，通过搭建在线融资平台和结算平台，降低传统金融的服务门槛，实现对大中小客户金融需求的全面覆盖，既帮助产业链上下游众多中小企业获得包括产品、信息等全方位金融服务，又盘活了核心企业的资金链，让产业链的整体竞争力得到提升。

“网络链”目前包括第三方支付线上供应链融资、供应链上下游线上融资、小微企业流动资金贷款线上融资等多个行业解决方案，可满足不同类型客户专业化、个性化、便捷化的供应链融资需求。“网络链”所有产品均通过在线方式实现，使客户在网银端享受到个性化、高效的金融服务。

在互联网大潮来袭之时，北京银行将供应链金融业务作为布局互联网金融的重要突破口，将持续丰富在线供应链系列产品，以打造国内一流在线供应链管理平台为目标，在竞争激烈的银行服务中形成自身的特色，从而树立互联网信贷产品的新品牌，构筑北京银行市场竞争的新优势。

北京银行简介

北京银行成立于1996年，是一家中外资本融合的新型股份制银行。成立以来，北京银行依托中国经济腾飞崛起的大好形势，先后实现引资、上市、跨区域、综合化等战略突破。目前，已在北京、天津、上海、西安、深圳、杭州、长沙、南京、济南及南昌等十余个中心城市设立近400家分支机构，发起设立北京延庆、浙江文成及吉林农安北银村镇银行，成立香港和荷兰阿姆斯特丹代表处，发起设立国内首家消费金融公司——北银消费金融公司，首批试点合资设立中荷人寿保险公司，设立中加基金管理公司、北银金融租赁公司，开辟和探索了中小银行创新发展的经典模式。

截至2014年12月底，北京银行资产达到1.52万亿元，实现净利润156亿元，成本收入比仅24.65%。ROA1.09%，ROE17.96%，不良贷款率0.86%，拨备覆盖率为324.22%，资本充足率11.08%，各项经营指标均达到国际银行业先进水平，公司价值排名中国区域性发展银行首位，品牌价值201.36亿元，一级资本排名全球千家大银行99位，首次跻身全球银行业百强，被誉为中国最具创新能力和发展潜力的中小银行。

成立19年来，北京银行积极履行社会责任，在医疗、教育、慈善、赈灾等方面向社会捐助超过1亿元。凭借优异的经营业绩和优质的金融服务，北京银行赢得了社会各界的高度赞誉，先后荣获“全国文明单位”“亚洲十大最佳上市银行”“中国最佳城市商业零售银行”“最佳区域性银行”“最佳支持中小企业贡献奖”“最佳便民服务银行”“中国上市公司百强企业”“中国社会责任优秀企业”“最具持续投资价值上市公司”“最受尊敬银行”“最值得百姓信赖的银行机构”及“中国优秀企业公民”等称号。

支持小微企业发展，助力产业升级

——南海农商银行

南海农商银行前身是具有60多年历史的南海农村信用社，总部位于广东金融高新区。

南海农商银行小微金融部前身为南海农商行小企业专营中心，于2010年7月成立，专注小微企业融资服务。在发展过程中，小微金融部不断深化服务方式与功能，推动业务向专业化方向发展，为不同层次的小微客户提供专业和细致的金融服务。2014年1月，南海农商银行以50万元为分界线，设立微贷中心；2015年3月，该行参照富国银行模式，成立电话营销平台；2015年9月，为响应国家“大众创业、万众创新”的号召，助力地方产业升级，南海农商银行成立了科创中心。

构建产品多样化体系，扶持小微企业发展

以人民币50万元为界，南海农商银行致力打造了“信速贷”品牌与“南商蜜蜂小微贷”品牌。“信速贷”品牌产品主要经营50万元以上1000万元

以下贷款，除通用产品外，针对南海各区行业发展情况及特色，还创新推出个性产品系列；“南商蜜蜂小微贷”系列产品主要经营50万元以下贷款。围绕双品牌模式，南海农商银行不断创新推出一系列以本地产业特征为主导的小企业信贷产品，截至2015年10月，“信速贷”品牌名下产品共有73款，其中通用产品25款，个性产品48款；“南商蜜蜂小微贷”品牌名下共有8款产品。

除经营性贷款外，2015年8月，南海农商银行创新推出“花得乐”个人消费性系列贷款，更进一步满足金融消费者多样的融资服务需求。此外，新成立的科创中心，主要针对科技型、创新型、创业型客户提供新型综合金融服务，创新推出多种模式的贷款产品，以满足科技型企业初创期、成长期、成熟期各阶段的需求。

从小企业“信速贷”到微贷“蜜蜂小微贷”，从“工业宝”“物业宝”到“育鹰宝”“政银科技宝”，南海农商银行小微专营业务的产品品牌逐步进入到佛山五区工厂企业，走进千家万户，深受小微企业及企业主的认同与厚爱。2012年“信速贷”小微金融特色服务品牌获中国人民银行广州分行、中国银监会广东监管局、中国证监会广东监管局、中国保监会广东监管局联合颁发的“2012年度广东金融业十大亮点工程入围奖”；2013年“信速贷”品牌旗下“育鹰宝”普惠金融专项产品荣获中国银行业协会颁发的“2013年服务小微企业二十佳金融产品”称号；2015年，我行自主开发的政银科技宝产品荣获“2015年佛山市劳动模范创新室优秀创新成果三等奖”，“挂牌宝”“蜜蜂小微贷”产品荣获优秀奖。这些荣誉的获得，证明了南海农商银行小微专营团队专业的态度、专注的服务、专心的理念获得社会的极高认可。

践行普惠金融，助力地方产业升级

南海农商银行作为一家本土区域银行，近年来，积极响应国家“普惠金融”的号召，心系小微企业的发展，针对小微企业普遍缺乏有效抵押物的融资状况，大胆对融资担保方式进行创新，通过租金收益权质押、动产抵押、100%物业抵押、政府专项资金担保、互保、联保、信用等多种贷款方式，全方位、多渠道对小微企业进行信贷扶持，有效解决了小微企业抵押物价值不足或没有抵押物的融资难题。

南海农商银行不断强化政银企三方合作关系，充分利用政府的扶持政策，通过中小信用担保基金，与政府合作创新多款无抵押、低利率的普惠产品，推出了育鹰宝、政银科技宝、挂牌宝等多款产品。这些产品的创新推出，有效降低了小微企业的融资成本，也真正体现了我行作为地方银行对本地实体经济的扶持，以及为小微企业提供普惠金融服务的切实行动。

2015年7月，我行与南海区国、地税共同推出“税融通”项目，该项目由税务部门定期向我行提供近年度纳税人信用等级评定结果及变动情况，使其成为企业融资的重要信用证明，让纳税信用等级评定结果的应用范围拓展至银行领域，进一步开拓了税银合作的空间，也是我行积极响应国家支持小微企业发展号召，解决其融资难、融资贵问题的一项重要举措。

推进政银企合作，打造科技金融新模式

南海农商银行一直积极贯彻落实政府精神，深入分析南海地区的产业集群特点和政府鼓励支持的方向，以确定资金投向，与地区产业实现同频共振。2012年5月，南海农商银行与南海区经济促进局联合推出“育鹰宝”产品，通过“雄鹰计划”将政府专项资金担保对象下延，为中小微企业提供500万元以下的无抵押、有贴息、利率低的贷款。同年12月再次与政府联手推出两个引入政府专项信用担保基金的信贷产品，一是以扶持、引导西樵纺织行业技术改造、产能升级为主的信贷产品“升织加新”；二是以切实帮助进出口贸易公司下游接单生产的或有自营进出口经营权的区内生产型企业实现融资目的的产品“政银企外贸宝”。2013年，通过政银合作，为小微企业再创新推出了一款普惠性产品——“设备升级宝”。这些产品的推出，获得政府贴息和银行让利双重优惠，有效降低了小微企业融资成本，力助本地小微企业做大做强。

2015年，为响应国家与地方政府产业升级的政策，进一步提升对科技型企业的扶持力度，南海农商银行切合地方经济发展需要，成立了科创支行，成为首家设立专业支行扶持科技企业发展的本土银行。我行通过组建专业的团队，针对科技型企业的融资需求，参照国内外科技银行的先进经验，逐步开展投贷联动类产品，丰富产业模式，服务佛山五区科技企业发展壮大，助力地方产业升级。

多渠道市场拓展体系，拉近银企距离

目前，南海农商银行已建立了多渠道的市场拓展体系，包括各支行小企业专营中心、电话营销平台、科创中心、微贷中心、一线营业网点、线上服务等六个渠道，通畅的产品融资渠道，大大缩小了银企之间的距离，减少企业融资的时间成本，让更多中小企业受惠。

（一）各支行小企业专营中心

南海农商银行在南海区各镇街设立11个小企业专营中心，异地建立2个营销业务部门，配备了近百人的小微企业信贷专职客户经理团队。集产品研发、市场营销、贷款审批、风险管控、中后台支持于一体，实行全流程管理。

小企业客户经理作为传统的贷款营销主力渠道，在客户识别、风险控制方面有其独到的优势，能够面对面地了解客户需求，有针对性地提供适合的产品，是中小微企业融资的基础渠道。

（二）科创中心

南海农商银行科创中心于2015年9月正式成立，集中运营科技型、创新型、创业型企业的金融业务，并形成以科创中心为核心，向各分支机构辐射的“1+N”模式，推动创新信贷业务，积极探索与产业引导基金、风投等机构合作开展投贷联动类金融产品。本着服务科技型、创新型、创业型客户的目标，契合“大众创业、万众创新”时代的客户融资需求，科创中心进一步扩大科技信贷服务范围，深度开发佛山市科技型金融业务，促进金融、科技、产业三方面的统一融合，为更多处于成长阶段的科技型中小微企业提供更多专业的金融服务和信贷资金支持。

（三）微贷中心

2014年，南海农商银行以50万元为分界线，将小微客户群体细分为小企客户与微贷客户，在小企业专营中心基础上建立微贷中心。

微贷中心实行“营销到贷后管理”业务链条的封闭式运行模式，做到“岗位分离、流程控制、环节清晰、衔接紧密”，在加强单户分析技术积累的基础上，进一步强化后台职能，打造专业、高效的大后台，向流程化的管理模式迈进，实现微贷业务的深入拓展，为不同层次的小微客户提供更加专业和细致的金融服务。

（四）电话营销平台

2015年3月，南海农商银行借鉴了富国银行的业务模式，建立电话营销平台，通过电话营销的方式，向目标客户群体开展主动营销，为客户提供咨询专线，缩短营销的时间与距离，进一步促进业务的发展。截至2015年10月底，已接收来自佛山五区的咨询电话352个，我行主动呼叫电话56305个，转介客户1445户，成功拓展客户305户，金额达2791万元。

（五）一线营业网点

“做我们熟悉和了解的客户”一直是南海农商银行小微业务开展的核心经营理念。2015年，南海农商银行将微贷业务下延至网点，一方面充分利用遍布五区的网点优势，使小微金融服务更贴近市场，靠近客户；另一方面充分利用网点人员的人缘与地缘优势，使更多的微小客户及时获得我行的金融服务，提高服务覆盖面。

（六）线上渠道

目前，南海农商银行正在打通线上融资渠道，将以更便捷的方式满足小微企业的需求。

专业让贷款更简单，助力中国实体经济发展

——平安普惠

一、了解平安普惠

平安普惠金融业务集群（以下简称“平安普惠”）是中国平安保险（集团）有限公司（以下简称“中国平安”“集团”）旗下成员，以创新的科技和卓越的客户体验，为广大个人和小微型企业提供专业的贷款服务，助力中国实体经济发展。

2005年中国平安最先于深圳开启个人消费金融业务，2007年成立信用保证保险事业部，首创“保证保险+银行贷款”的业务模式，帮助个人及小微企业客户获取无抵押贷款，2015年在信用保证保险事业部基础上，整合平安直通贷款业务、陆金所辖下的P2P小额信用贷款业务，成立平安普惠金融业务集群，服务于个人和小微型企业的融资需求。

平安普惠历经十年发展，已成长为中国最大的消费金融品牌，累计帮助超过200万客户获取超过800亿元贷款，拥有全国最大的P2P交易规模。超过2万人的线下销售和服务团队，分布于全国135个城市约700家网点，线上超过3000人的远程销售服务团队，7×24小时为个人及小微企业客户提供专业的融资服务，帮助客户解决当下问题，提高生活品质，带来美好生活。

平安普惠小微企业贷款业务（下称平安普惠SME），是平安普惠三大业务线之一，专注于向中国中小、小微企业提供融资服务。主要于中小、小微企业信用贷款市场，网点覆盖全国40个城市。本着“专业让贷款更简单”的精神，借助自身平台“天地网”的资源，整合前、中、后台的优势，聚集中国最顶尖的小微企业贷款业务专家，凭借强大的产品开发、风险管理和线上线下的销售能力，助力中国实体经济发展，做中国小微企业贷款服务首选供应商。

未来，平安普惠将致力于不断通过互联网创新技术，为广大小微型企业和个人客户提供更灵活多样的消费金融产品和更优质的服务体验，打造成为全球领先的消费金融品牌。

二、了解我们的产品

平安普惠SME专营面向小微企业和个体工商户的贷款产品，在30万元~300万元信用贷款领域有核心竞争力。主要分为信用类和抵押类两大类。其中信用类包括生意贷、海尔贷、POS贷、快E贷、网E贷等产品，抵押类则以房易贷为主打产品。专攻小微企业客户，以衣食住行等商贸流通和服务性行业为主。

产品名称	生意贷	房易贷	POS 贷	网 E 贷	快 E 贷
产品特点	最高可贷 60 万元 纯信用，无抵押	最高 8 成抵押率 接受二押 唯一住房 每月最低还款 1% 接受别墅、商铺、办公楼	POS 流水满足条件即可申请 纯信用，无抵押 期限可达 6 个月	针对天猫和淘宝商户的信用贷款； 门槛低 凭身份即可贷 5 万元最高可贷 50 万元	有按揭贷款即可申请 纯信用、无抵押 最高可贷 60 万元，最长 2 年 每月只需还款 2%
贷款金额	最高 60 万元	1 万元～1000 万元	5 万元～25 万元	5 万元～50 万元	3 万元～60 万元
还款期限	12/24/36 个月	12/24/36 个月	3/6 个月	3/6 个月	6/12/24 个月

这几大产品各有优势，可满足不同资质客户的差异化融资需求。生意贷产品无需任何抵押，最高可提供 60 万元的信用贷款。POS 贷门槛低，申请简单，纯信用、无抵押，只需满足 POS 机刷卡流水等条件即可申请贷款，期限可达 6 个月。网 E 贷是针对电商客户的专属信用贷款，凭电商身份即可贷到 5 万元保底，最高可以叠加贷到 60 万元，是市场同类产品无法达到的，解决了电商客户的燃眉之急。快 E 贷则是有按揭贷款即可申请，提供最高 60 万元，最长 2 年的纯信用、无抵押贷款，每月只需还款 2%。房易贷目前提供最高达八成的房产抵押率，接受个人住房、别墅、商铺、办公楼，且接受二次抵押，可满足相当部分大额资金需求。

小微企业和个体工商户因业务规模小、稳定性较低，一直是传统金融机构避而远之的客户，却恰恰是我们产品定位的主要客群。现有产品主要包括 5 万元—60 万元的纯信用贷款及 1000 万元以内的有抵押贷款，未来产品线将覆盖 300 万元以内的纯信用贷款以及为特殊集群打造的定制类贷款产品。

三、案例

案例一：私营业主，新资金需求 50 万元

丁先生，45 岁，已婚，做服装批发，年营业额大概 450 万。平安普惠 SME 客户经理陈先生了解到贾先生最近需要一笔紧急资金，50 万元，用于进货，由于银行所需材料证明较多，审批时间太长，短时间内无法拿到贷款，丁先生非常着急。

解决结果：丁先生了解到平安普惠 SME 生意贷产品，无需抵押，提供的资料简单且审批速度快，于是尝试申请，最终获批贷款 50 万元，赶上了旺季销售，当月销售额环比增长 160%。

案例二：私营业主，资金需求 20 万元

张小姐，28 岁，未婚，开了一家零售小超市。临近年底，烟酒年货需求量攀升，利润可观，正是销售的好机会。然而，仅靠自有资金难以满足短期大量备货的需求，需要 20 万元左右的资金，而担保条件无法落实，也很难取得银行支持，只能眼睁睁地看着客户流失，该挣的钱赚不到手。

解决结果：朋友推荐，得知平安普惠 SME 的 POS 贷，仅需 POS 机流水达到条件，和一些简单材料就可以申请贷款，张小姐联系到 SME 的客户经理，上门直接办理，最终获批贷款 20 万元，赶上季节性销售期，当月销售额环比增长 200%。

案例三：私营业主，资金需求 220 万元

蒋女士，48 岁，已婚，经营一家制鞋企业，流水大概 500 万元，她的企业接下了某厂商的大笔订单，但她的企业属于小型企业，流动资金一直比较紧张，这次要实现大批量交货，光原材料采购这一项就已经让企业的自有资金捉襟见肘，加之近期人工成本和辅料价格都上涨不少，企业在完成部分订单任务后陷入了流动资金枯竭的局面。蒋女士有 220 万元的融资需求，但蒋女士的房子已经抵押给银行，因此无法在银行申请到贷款，她只能另求他法。

解决结果：得知房易贷产品可以接受二次抵押，蒋女士抱着试一试的心态，经过审核后，满足二次抵押的需求，最后获批 220 万元贷款。

总的来说，SME 主打便捷型小微企业贷款产品，它兼顾了时效、额度、风险等考量因素。我们有理由相信，将会为全国千千万万的小微企业注入新鲜血液，并与它们一起发展壮大，生生不息。

附：平安普惠 SME 的业务模式说明

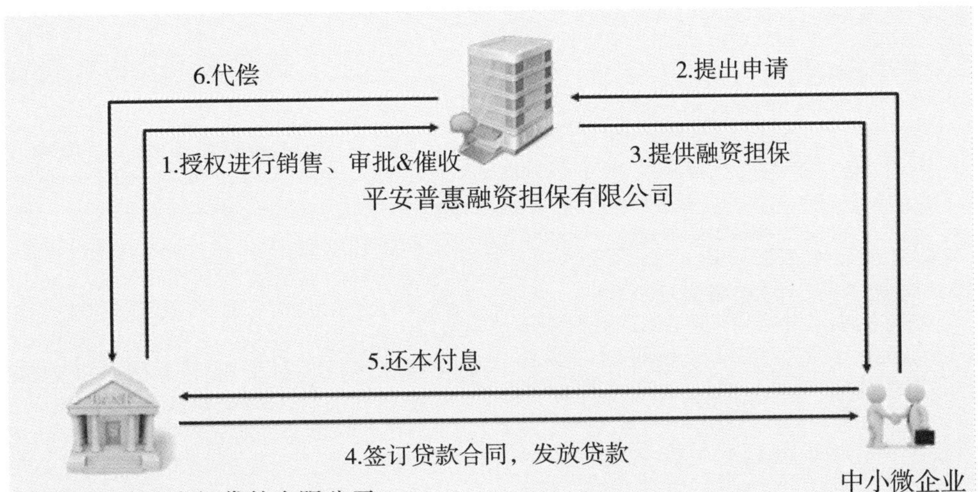

四、大力发展小微企业贷款业务意义重大

近七年以来，我公司对小微企业贷款领域进行了深入的研究分析。大力发展小微型企业贷款业务是符合国家政策导向、适应市场需求、积极进行金融创新之举，具体表现在以下三个方面：

（1）小微企业贷款业务支持国家经济发展，符合国家政策导向的有益尝试。

在我国，小微企业创造的最终产品和服务价值相当于 GDP 的 60%，纳税额占国家税收总额的 50%，提供了 75% 以上的城镇就业岗位，完成 65% 的发展专利，80% 以上的新产品开发，为国民经济和社会发展做出了重要贡献。但其经济地位和可以获得的贷款资源极不相称。2005 年起，国家从经济和金融政策法律法规入手，以期改进对小微企业的金融服务。2005 年 2 月，国务院下发《国务院关于鼓励支持和引导个体私营等非公有制经济发展的若干意见》。2005 年，银监会发布《银行开展小企业贷款业务指导意见》。2009 年国务院发布 36 号文《国务院关于进一步促进中小企业发展的若干意见》，旨在加大对中小企业，特别是小微企业的扶持力度。2014 年《中国普惠金融实践报告》指出，中国依旧有一半以上的人未被传统金融服务体系有效覆盖，主要集中于广大农村、牧区。全国工商联发布的数据显示：我国 95% 的小微企业未曾从金融机构获得过贷款。90% 的民营企业在发展中最大的瓶颈是资金紧张，尤其占比 99% 的中小企业融资难度更大。全国有 2 亿农户，4000 多万个体经营者和 1200 万家小微企业，占企业总数的 76. 57%，蕴含的金融需求以百万亿元计。基于以上分析，我公司认为大力发展小微型企业贷款业务将极大地支援小微企业的发展，是顺应国家政策导向、为促进国民经济增长所进行的有益尝试。

（2）小微贷适应市场需求，是发挥社会管理功能的集中体现。

2008 年中国经济增长放缓，小微企业由于缺乏良好的金融服务，抵御风险的能力更加薄弱，导致大批民工返乡，城镇失业率高企，给社会安定带来隐患。为了促进我国经济平稳持续增长，创造和谐社会，必须加大对小微企业的扶持力度。在 2011 年 10 月，时任国务院总理温家宝专门召开会议指出了小型和微型企业在促进经济增长、增加就业、科技创新与社会和谐稳定等方面具有不可替代的作用，并提出了支持小型和微型企业发展的 9 大金融、财税政策措施。

（3）小微企业贷款业务加快行业发展，积极进行金融创新的有力举措。

我国小微企业在初期创业时普遍规模较小、缺乏合格的抵押物、信息不透明，银行对其谨慎放贷。而通过发展小微企业贷款业务，有效提高小微企业的融资机会，为化解小微企业融资供求矛盾提供新的思路。同时，该业务的发展也有助于提高企业对信用的重视程度，推进信用社会的建立。我们认为这是一个可以实现快速发展，切实可行，兼具较高商业价值和社会价值的创新举措。

综上所述，大力发展小微型企业贷款业务的意义重大，极具市场潜力。我公司试点经营情况良好，市场反馈热烈。我公司将继续坚持积极稳妥与风险可控的原则，积累经验，稳健发展，助力小微型企业的成长，进一步促进地区经济发展。

创新服务措施，支持中小微企业发展

——北京燕鸿融资担保有限责任公司

一、燕鸿担保公司概况

（一）燕鸿担保成立背景

多年来，各级政府为了发展经济、解决中小企业融资难、抵押难的矛盾，积极推动成立信用担保公司。燕鸿担保公司成立于2009年8月，注册资本金10亿元，是按照“政府出资、企业化运作、规范化操作”的原则，秉承“服务企业、科学管理、创新发展”的经营理念，建立起以服务中小微企业为定位的专业化担保机构。燕鸿担保面对复杂多变的金融市场，通过提高风险管理水平、创新服务措施、拓宽融资渠道，使担保资金放大效益显著，为促进中小微企业的发展壮大发挥了积极作用。

（二）积极打造担保行业的知名品牌

经过短短6年的发展，燕鸿担保公司的品牌影响力及行业地位均跻身于北京担保行业前列。燕鸿担保是获得北京市金融局颁发五年期融资性担保机构经营许可证的担保公司，行业信用评级为AA。燕鸿担保是北京信用担保行业协会常务理事单位、北京市融资担保业协会理事单位、北京中小商贸企业融资服务平台成员单位、北京市科技金融促进会常务理事单位，2012年公司被北京市经信委认定为北京市中小企业公共服务平台；2014年度被工信部评选为中国中小企业首选服务商；公司被工信部批准享受国家免税政策，多次获得工信部、市经信委等政府部门政策支持，在业内具有较高的知名度。这些工作为燕鸿公司在业内争取了有利地位，提高了企业的知名度和社会认知度。

（三）稳固中小企业融资服务平台

作为北京市唯一一家从事担保行业的专业类中小企业公共服务平台，在建设、发展过程中，燕鸿担保公司摸索并创建了独具特色的业务运行机制与担保产业链，即：以担保财力支撑机制、担保网络支撑机制、银担合作支撑机制、风险管理机制及再担保机制为核心的“五位一体”担保业务运行机制，搭建起坚实的融资担保架构。公司通过科学管理、完善的风险控制和良好的信用，获得社会各界认可，吸引众多金融机构和担保公司开展合作。目前，我们与工行、中行、农行、建行、北京银行、华夏银行等19家银行建立了密切的合作关系。并积极与北京市再担保公司、北京市首创担保公司、北京市农业担保公司等担保机构开展合作，并通过逐渐调整合作方式，提升自身地位，形成互惠互利的合作关系，为优化区域融资环境、促进中小企业发展创造了良好的条件。

二、燕鸿担保公司支持中小微企业案例

燕鸿担保自成立以来，累计提供融资担保2682笔，担保金额205. 2亿元 。2015年，燕鸿担保直接提供融资担保服务项目627笔，担保金额792212万元。支持中小微企业占公司业务比重超过90%。公司始终践行政府赋予信用担保支持中小微企业发展的使命，以服务广大中小微企业、促进经济社会发展为己任，不断创新担保业务种类，为广大中小微企业提供多元化、多层级、全方位的融资服务。公司通过多年经营，助力一批个体工商户、中小企业走上良性发展道路。

三、燕鸿担保公司社会贡献显著

（一）立足地区是小微企业融资担保的主渠道

中小微企业是国民经济发展的重要主体，为其提供及时、高效的融资担保服务，对促进经济社会发展具有重要意义。作为一家政策性担保机构，燕鸿担保公司始终按照政府政策导向开展融资担保工作，自成立以来，在社会各界的大力支持下，公司担保规模稳步发展，解决了一大批中小微企业发展的燃眉之急，对缓解中小微企业融资难、活跃市场经济、改善信用环境做出了积极贡献。

（二）是中小微企业融资发展的坚实基石

近年来，世界经济增长放缓，我国经济面临较大的下行压力，中小微企业发展面临着更大的生存困难。燕鸿担保公司勇挑重担，积极为广大中小微企业做好融资担保服务，支持了一大批中小企业、尤其是小微企业走上快速健康发展的道路。公司扶持小微企业业务比重超过90%，充分体现了对中小企业、尤其是小微企业的重点担保扶持，帮助一大批中小微企业度过难关，走上持续发展道路。

（三）是经济社会和谐发展的有力助推器

多年来，燕鸿担保公司积极提供及时、高效的融资担保服务，经担保扶持的一批中小微企业从小到大、由优到强，实现了快速发展，有些已成长为行业龙头。燕鸿担保公司服务范围目前已扩展到全行业。在累计担保项目中，工业项目50%以上、商业项目30%、农业及其他项目20%。通过担保资金的支持，一批科技型、税源型、就业型企业一批实体经济企业通过担保资金的及时注入，获得了长足的发展。在安置就业、增加税收等方面取得了显著的社会效益，有效地促进了区域经济的和谐发展。

2015年至今后，担保公司将以“开拓市场、审慎经营、做大做强、细化管理、规范运营”为宗旨，充分发挥担保资金引导作用，积极构建小微企业专业化担保服务平台，进一步提升综合服务能力，着力为小微企业提供高效、优质的担保融资服务，为促进担保行业的发展做出积极的贡献。

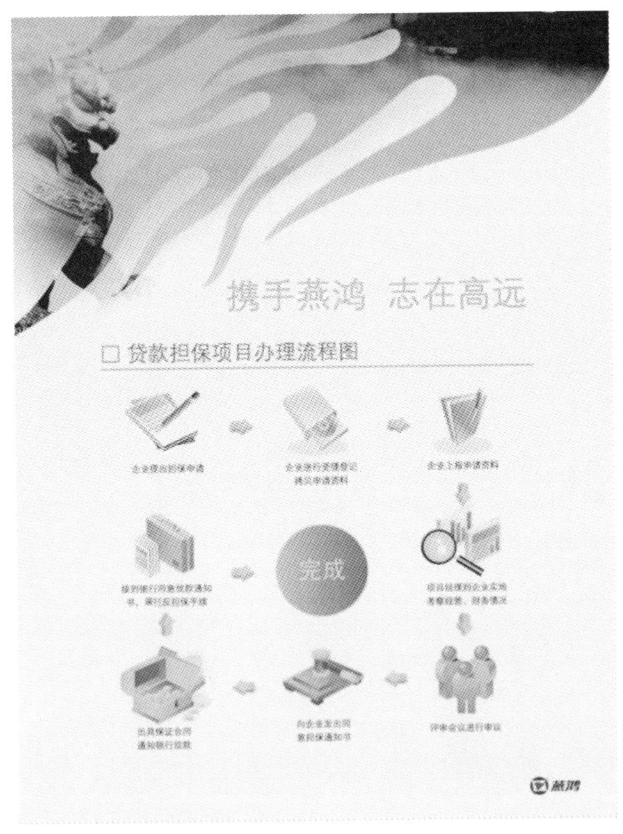

信息安全的“守门人”

——上海众人网络安全技术有限公司

上海众人网络安全技术有限公司（简称“众人科技”）是专业从事网络信息安全技术研发和产品生产的高新技术企业，已通过 ISO9001 质量管理体系和 ISO27001 信息安全管理体系认证。企业成立于 2007 年，以“做中国自己的网络安全技术”为企业使命，主要技术和产品包括拥有完全自主知识产权的动态密码身份认证系统、基于云的统一身份认证平台、面向有信息安全需求的加密邮件系统和可广泛应用于移动互联网的 SOTP 创新安全认证技术等。

众人科技坚持“自主研发、自主设计、自主生产”的“国产化”发展战略，成为国内信息安全关键细分领域——身份认证的领航企业，拥有动态密码专用安全芯片、后台认证系统、全自动化生产线、以及对应不同行业的各类型终端产品的全产业链自主知识产权，申报国家发明专利过百项，核心技术“填补国内空白，达到国际同类产品先进水平”是国内身份认证领域唯一具备完整产业链的企业，建立了以密码技术为基础、以身份认证技术为核心、以互联网应用为拓展、以信息安全为主导的产业模式，是国家密码管理局正式批准的商用密码产品生产定点单位和销售许可单位。

iKEY 多因素动态密码身份认证系统由众人科技自主研发的基于时间同步技术的多因素认证系统，是一种安全便捷、稳定可靠的身份认证系统，分别获得由国家密码管理局颁发的国内首张动态口令产品及挑战应答产品型号证书，可应用于动态口令产品和挑战应答产品的超低功耗专用安全芯片也获得了国内首张产品型号证书，同时还获得了公安部信息安全产品销售资质、国家保密局涉密产品资质，通过了中国人民解放军总参和总装的信息安全产品检测许可等。其强大的用户认证机制替代了传统的基本口令安全机制，从而帮助消除因口令欺诈而导致的损失，防止恶意入侵者对资源的破坏，解决了因口令泄密导致的入侵问题，有效提高了身份认证的安全性和便捷性。其动态口令产品为非接触性独立设备、不会中木马，第二代的挑战型动态口令产品更能防“钓鱼”，适用于不同的终端设备及应用场景，只要有数字键盘的地方都能使用动态口令产品进行身份认证，包括时间型密码令牌、时间挑战型密码令牌、声波型令牌、短信密码令牌、手机密码令牌、PC 密码令牌、云令牌等。

在此基础上进一步开发的“统一身份认证平台”，以动态密码的核心技术为基础，用云计算搭建统一身份认证云平台。此平台现已在工业和信息化部软件与集成电路促进中心（CSIP）运行，用于中国电信全国 31 省的 WiFi 接入认证，以其强大的用户认证机制以及安全监管功能，在大数据时代为国家信息安全保驾护航。

众人科技在信息安全身份认证领域继续着探索和创新。SOTP（Super One – Time – Password）是众人科技联合了国家信息安全工程技术研究中心成立“身份认证联合实验室”，在多名院士及业界资深密码专家的指导下，最新发明的一套创新性的密码体制，不仅再次填补国内空白，更是获得国际发明专利。SOTP 这一密码体制完全国产、自主可控，其特点是实现了密钥与算法的紧密融合，且每个用户拥有唯一算法，同时还包含完整的认证、加密协议。同时在实践中采取“先加固，后替换”的策略，即首先在原有网络系统不改变的情况下做到安全机制的加固，保证系统继续正常工作，待新密码体制获得市场接受后，逐步替换现有安全机制，构筑起中国自己的网络安全长城。SOTP 作为一种创新的密码体制，其应用场景可以覆盖互联网的方方面面，解决了移动终端无硬件安全模块条件下的双向认证、传输加密和完整性校验问题。在不降低用户使用便捷性的同时提升了安全性，该新技术必将给移动互联网时代带来一场颠覆性的认证安全变革。

众人科技是信息安全行业专家级的企业，是国家相关标准的积极参与者和推动者。众人科技作为国家密码管理局国标项目组组长单位，参与制定了国家密码行业标准 GM/T 0021 – 2012《动态口令密码应用技术规范》；作为国家密码管理局密码检测标准制密项目组组长单位，组织编写《动态口令密码检测规范》；同时参与制定工信部动态口令产品行业标准、央行身份认证技术相关标准以及银联身份认证技术相关标准。众人科技于 2011 年被工业和信息化部从百家企业中遴选为首批 11 家基于安全可控软硬件产品云计算解决方案的供应商。众人科技与上海市信息安全行业协会共同建立和运营“众安认证服务平台”，并参与“国家863基地”的信息安全产品测试平台项目的建设。

众人科技的技术和产品应用广泛，针对不同行业客户的不同应用场景和需求，提供不同的系统方案和配套产品，如金融服务身份认证方案及动态口令密码器、移动安全支付方案及智能终端、公共WiFi上网管理平台方案、电信系统安全方案、云安全综合方案等，拥有丰富的信息安全服务经验和优良的服务业绩。公司的技术和产品已广泛应用于政府、军队、金融、电信等涉及国家和民众网络信息安全的重要领域，已成功签约项目有上百个包括国家开发银行、中国进出口银行、中国银联、工商银行、农业银行、招商银行、民生银行、海通证券、东方证券、西南证券、中国电信、中国石油、东方航空、CCTV、人民网、搜狐畅游、完美时空等。众人科技已成为了国家“信用等级AAA”企业、上海市“四新企业”、“专精特新”企业、“诚信创建企业”“SHCERT网络安全应急服务支撑单位”等，多年来荣获了信息安全领域的各类大奖，并获得中央和地方政府部门的高度关注，更受到了党和国家领导的肯定和接见。

银行动态密码案例——中国工商银行

中国工商银行作为中国五大银行之首，世界五百强企业之一，拥有中国最大的客户群，是中国最大的商业银行。

客户需求：

·满足高强度的身份认证，认证手段安全可靠；

·满足多种认证方式，支持各种情况下使用；

·满足便捷性使用的要求，给用户带来良好的使用体验；

·系统成熟、可靠、稳定。

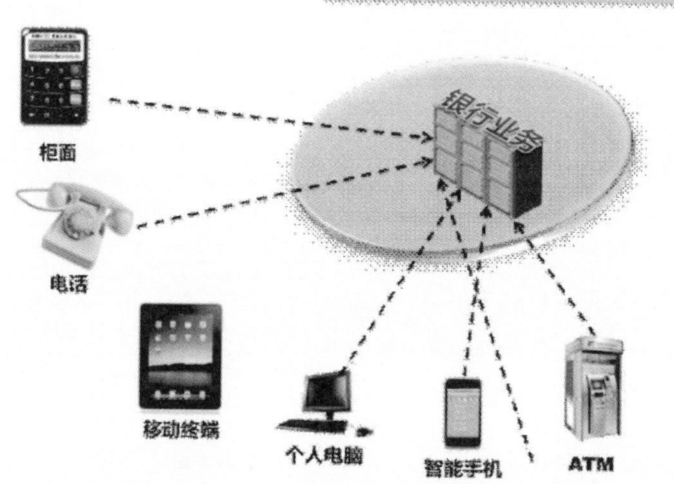

方案描述：

随着中国工商银行业务的不断发展，网上银行及自助银行成了银行业务发展的主流趋势，客户与银行信息安全保障刻不容缓。面对多层次的用户结构，安全产品的简单易用成为了推广使用的重要条件。众人科技自主研发的isKEY500挑战应答式动态密码器可为中国工商银行账号提供全面的保护。通过动态密码，可以有效防止盗号木马攻击，有效保护用户交易的真实性和安全性，防止中间人攻击。充分满足中国工商银行电子银行的认证需求，有效保证了用户的身份安全。

中国工商银行采购项目的密码器采用的是众人科技自主研发的超低功耗动态口令专用安全芯片ssx1203，符合GM/T0021－2012《动态口令密码应用技术规范》，满足2013年10月1日银监会在（2013）242号文件《中国银监会办公厅关于执行动态口令密码有关标准的通知》中的规定。众人科技将为工行提供7×24×1的全方面服务，即物流配送，服务机构的覆盖和服务保障措施。

银行统一身份认证平台案例——招商银行营业网点WiFi改造项目

移动互联网正在改变我们的生活，智能终端已经成为我们在生活中沟通交流、购物消费、工作学习等必不可少的移动设备，而实现这一切功能还需要一个更重要的环节，就是无线网络的普及。

招商银行作为国内第一家完全由企业法人持股的股份制商业银行，凭借持续的金融创新、优质的客户服务、稳健的经营风格和良好的经营业绩，招行现已发展成为中国境内最具品牌影响力的商业银行之一。招商银行在中国大陆110余个城市设有113家分行及943家支行，将根据市场需求完善、优化全国1500多家营业网点的WiFi网络，优化业务办理流程，提升客户满意度。

通过在招商银行营业网点部署 WLAN 网络带来以下益处：

· 为用户提供一个娱乐的途径，消除等待的焦躁感，提升用户满意度；

· 通过 WLAN 网络的下载加速功能，引导用户下载并使用手机银行；

· 通过对用户行为数据进行收集分析，为后续的精准营销提供基础。

据统计，在银行网点营业厅提供公众 WiFi 服务，可分流 20% 以上前来办理业务的人员，通过手机网上银行办理业务，节省了 30% 的排队等候时间。

破解融资难题 助力中小微企业发展

——吉林省促进中小企业发展服务中心

当好企业的“娘家人”，做好企业的“服务员”，帮扶企业成长、助力企业成功，是吉林省促进中小企业发展服务中心不懈的追求。作为政府政策扶持的大型公益性综合服务机构，省中心秉承着“服务企业、促进发展”的宗旨，始终怀揣着心系企业、全心全意为企业服务的意识和情操，想企业之所想、急企业之所急、解企业之所困，为企业的发展营造良好的外部环境。经过探索和实践，省中心已构建了信息咨询、政策解读、人才培训、技术支持、创业辅导、市场开拓、管理咨询、融资担保、法律维权等要素服务平台，年服务企业 3 万户（次）以上，化解了中小企业成长中的各种“烦恼”，成为服务中小微企业成长、成功的“生力军”。其中，省中心所搭建的融资担保平台已运行 9 年，不断创新的融资服务产品让无数中小微企业的资金难题得以破解，一个个创业者的梦想成为现实。

一、背景

中小微企业作为国民经济的重要组成部分，在保证经济稳定增长、激发经济社会发展活力、促进产业结构调整、增进人民福祉等方面发挥着积极作用，然而，由于中小微企业普遍存在单体规模小、综合素质低、抗风险能力差的问题，在其发展壮大过程中也遇到了诸多阻碍，其中，融资难、融资贵就是长期困扰中小微企业发展的重要瓶颈。2006 年 9 月，为有效缓解中小微企业融资难题，大力发展民营经济，推动全民创业工程实施，吉林省政府根据原省中小企业发展局的申请，批准组建了吉林省中小企业贷款服务平台（以下简称“省贷款平台”），开展了一系列旨在有效解决中小微企业融资难题的服务项目。

二、主要做法与经验

2006 年，省贷款平台批准组建后，就与国家开发银行吉林省分行（以下简称“开发银行”）合作开展了以省贷款平台为借款主体的中小企业贷款工作。

2007 年 6 月，省贷款平台重点针对我省小微企业经营实际和融资难现状，通过有效整合社会公益服务机构、银行和担保机构等多方资源优势，与开发银行合作开展了“万民创业小额贷款”工作。该项工作以省贷款平台为依托，通过采取“三台一会”的操作模式，即以吉林省中小企业信用融资服务中心（2010 年机构改革后，与原省中小企业发展局其他事业单位合并为“吉林省促进中小企业发展服务中心”）（以下简称“省中心”）为借款主体，以省、市（州）、县（市）三级担保机构为担保平台，由开发银行、省中心、省担保公司和各市县合作办（由开发银行和市县政府有关部门联合组建，负责与开发银行合作贷款项目的开发、推荐和监督等）共同组建合作审议平台，并以吉林省中小企业信用促进会为信用自律组织，按照贷款项目开发、初审、路演审议、银行审批、统贷统还的步骤，最终实现贷款由开发银行向省贷款平台批发，再由省贷款平台向各地区创业者零售的贷款新模式。

2008 年 7 月，原省中小企业发展局为进一步完善省贷款平台融资服务功能，由省银监局牵头，组织省贷款平台、吉林银行和相关担保机构赴浙江考察学习后，开启了与吉林银行的全面合作，最终形成了以银行信贷资金为纽带，以省中心为龙头，以省、市、县三级优秀担保机构为支撑的覆盖全省的中小企业融资服务网络。

与此同时，根据我省中小微企业融资需求情况和金融机构业务发展实际，省贷款平台还先后与吉林省农村信用社联合社、中国建设银行吉林省分行、中国银行吉林省分行和交通银行吉林省分行等省内多家银行开展了“登记备案”模式的“万民创业小额贷款”工作。

通过省贷款平台多年来的中小微企业融资服务实践，我们总结出：

（一）政府主管部门的高度重视是省贷款平台做好服务工作的重要前提

省贷款平台成立以来，得到了政府主管部门的大力支持，从组织建立到具体工作开展，都倾注了大量的心血，引进高级专业人才，打造了专业化的融资服务团队；积极协调各家金融机构和相关部门，在资金和政策上给予了大力支持，这些都为省贷款平台的高效运作注入了强大的动力。

（二）不断创新的运作模式是省贷款平台做好服务工作的有效载体

省贷款平台组建九年来，我们在实践中不断探索，在服务中创新。事实证明，“三台一会”运作模式是成功的，这种模式最初由与开发银行的合作开始尝试，经过不断摸索和实践，在和省内其他银行的合作中逐步加以完善，并最终形成了以银行信贷资金为纽带，以省中心为龙头，以省、市、县三级优秀担保机构为支撑的覆盖全省的中小企业融资服务网络的新模式。

（三）财政扶持政策是省贷款平台做好服务工作的必要条件

对于中小微企业融资工作来说，财政的专项扶持资金和政策能够起到放大和导向的作用。几年来，正是有了公共财政对“万民创业小额贷款项目”的贴息、对担保机构的补助和对金融机构的奖励，才使得省贷款平台的各项融资服务项目能够有效实施。财政专项扶持资金充分发挥了杠杆功能、导向功能和保障功能，这些功能对公共服务平台而言是必不可少的，今后需要进一步强化。

（四）加强队伍建设是中心做好服务工作的坚实基础

我们始终坚持一手抓项目，一手抓队伍。通过不断地学习、锻炼，提高人员的自身素质和识别企业项目的能力，建立健全各项制度，定期组织培训和考核，组织人员去企业考察调研，为企业融资工作出谋划策，提出建议。建立一支高素质的融资团队，打造为中小企业融资服务的优秀队伍，是省贷款平台可持续发展的重要基础。

（五）克服困难、乐于奉献是省贷款平台做好服务工作的精神支撑

省贷款平台成立以来，一直存在着人员少、手段不足等问题，但省贷款平台全体成员始终坚持工作第一，事业第一，服务第一，不怕困难，甘于奉献。去农村考察项目，无论条件多艰苦，我们的同志都坚持走到第一线了解情况；项目批量上报时，由于时间紧、任务重，加班加点就成为一种生活习惯；在工作忙时有的同志还坚持带病工作。正是因为我们的同志有这样的工作热情，有一种不畏困难、乐于奉献的精神，才保证了省贷款平台工作顺利、有序、优质、高效地运行。

三、主要成效

省贷款平台组建 9 年来，以开展“万民创业小额贷款”项目和“中小企业贷款”项目为主要工作，以促进全民创业、实现城乡居民增收和发展县域经济为主要目的，以融资推动个人信用建设、支持中小微企业发展和产业集群建设为主线，旨在为全省有资金缺口的中小微企业和创业者提供贷款支持。截至 2014 年年底，已累计向全省 9 个地区、31 个县（市、区）5 万余户小微企业和创业者发放“万民创业小额贷款”51．89 亿元；向 423 户中小企业发放“中小企业贷款”30．29 亿元，两项合计 82．18 亿元。据不完全统计，仅“万民创业小额贷款”项目运行八年来就增加小微企业和创业者收入 78 亿元，增加税收 22 亿元，创造就业岗位 20 万个，被小微企业和创业者誉为“富民工程”“惠民工程”。2011 年，“万民创业小额贷款”业务荣获中国银行业协会“2011 年服务小企业及三农十佳特优金融产品”奖，这是我省第一次获得该类奖项。

（一）践行“为民、惠民”宗旨，推动全民创业

省贷款平台始终秉持“为民、惠民”的宗旨，对符合国家和地区产业政策，有利于推动全民创业，增加群众收入，改善人民生活水平的贷款项目给予大力支持，扶持了涉及种植、养殖、农副产品加工、服务等贴近人民生活的贷款项目近 5 万个，对促进县域经济社会和谐发展起到了积极作用。特别值得一提的是，2009 年向辽源东北袜业工业园发放的大学生创业贷款，使一批大学生在走出校园后迅速成长为企业小老板，开创了我省大学生创业的新模式。

（二）发挥资金扶持作用，帮扶企业成长

“万民创业小额贷款”工作开展以来，充分发挥其覆盖范围广、审批周期短、融资成本低、操作手续简便等优势，有效满足了县域地区广大小微企业和创业者的资金需求。通过贷款扶持，大量创业者的致富梦想变成现实，并推动和见证了一批小微企业从无到有，从小到大的过程。看着企业能顺利贷款扩大规模，长岭县太平川镇晨龙牧业有限公司负责人刘亚茹心中充满感激。“我的融资难题在吉林省促进中小企业发展服务中心找到了解决方案。如果没有中心开展的万民创业小额贷款项目，我的企业根本达不到现在的规模。”刘亚茹经营的牧业公司成立于2007年，是内蒙古蒙牛乳业股份集团公司的签约企业，2010年为了壮大公司规模，使公司成为规范化、产业化的大型养殖企业，她向省中心申请“万民创业小额贷款”90万元，用于购入奶牛及牛舍改建、扩建。接到贷款申请后，省中心融资服务部的同志第一时间到企业进行调研，对贷款项目进行考察论证，认为该项目有很好的发展潜力和市场前景，融资服务部的负责同志又与相关银行、担保公司进行沟通协调，经过多次商谈论证，银行同意给予该公司90万元的贷款支持。如今，公司建成具有高标准和高效率的生产车间2000平方米，可流水作业、机械化生产，年实现销售收入近2000万元。像这样通过“万民创业小额贷款”扶持起来的小微企业在全省数不胜数。

（三）发挥导向作用，助推集群发展

省贷款平台通过开展贷款业务，促进了东北袜业、长春君子兰、蛟河天岗石材、双阳鹿业、抚松人参等省内一批极具地域特色的产业集群的形成与发展。吉林省东北袜业纺织工业园正是这样一个缩影。2007年园区刚刚建成时，由于缺少资金，园区入驻企业几乎为零，空旷的厂房里没有一台设备，省贷款平台在得知此情况后，积极协调银行和担保机构，仅仅用了几天时间就将1990万元贷款发放到了园区创业者手中，使创业者有了启动资金。此后，万民创业小额贷款又先后支持东北袜业园区8次，累计贷款1．31亿元，惠及园区内创业者551个。如今，东北袜业纺织工业园中的企业已发展到500余户，年安置就业5万余人，新办乡镇缝头厂百余家，形成了织造、缝头、染整、设备及配件维修、原料、包装物、物流、生活服务等完整的产业链条。抚松的人参种植产业也是省贷款平台重点支持的产业之一，针对人参种植周期长、收益延后的特点，开发银行与省贷款平台共同设计了贷款期限5年，分批次、小额度还款的万民创业小额贷款品种，业务开展九年来已累计发放贷款1．7亿元，扶持种植户810人，如今抚松的人参已经种进了黑龙江大兴安岭，参产品远销日本、韩国。省贷款平台正是从扶持集群最基础的组成元素——创业者入手，通过有组织、有计划、有步骤、批量式地贷款扶持，使创业者逐步发展成小微企业、中小企业，以致最终成为规模企业，形成地区特色产业集群。

（四）加强银保合作，推动金融产品创新

省贷款平台经过不断地探索与实践，在中小企业融资方面，已经逐步形成了将政府组织优势和银行资金优势相互结合、相互促进的融资新模式。在此基础上，通过不断加深与银行和担保机构的合作，陆续推出了多款中小企业融资新产品。2009年，与开发银行联合开展了以产业集群为客户群体的中小企业贷款“抚松模式”，累计为长春、抚松、江源、德惠和梅河口等地的103户中小企业发放贷款2．44亿元；2010年，与吉林银行联合推出以矿山采矿权和企业联保作为反担保方式的“天岗融资模式”，为当地47名矿山小老板融资2320万元；2011年，与开发银行联合开展了以助推中小企业成长为目的的“千户成长型企业贷款”项目和“青年金融助业贷款”项目，累计为53户中小企业贷款2．2亿元。